D1672038

Werner Helsper · Jeanette Böhme (Hrsg.)

Handbuch der Schulforschung

Werner Helsper
Jeanette Böhme (Hrsg.)

Handbuch der Schulforschung

2., durchgesehene und erweiterte Auflage

Bibliografische Information der Deutschen Nationalbibliothek
Die Deutsche Nationalbibliothek verzeichnet diese Publikation in der Deutschen Nationalbibliografie; detaillierte bibliografische Daten sind im Internet über <http://dnb.d-nb.de> abrufbar.

1. Auflage 2004
2., durchgesehene und erweiterte Auflage 2008

VS Verlag für Sozialwissenschaften ist Teil der Fachverlagsgruppe Springer Science+Business Media.
www.vs-verlag.de

Umschlaggestaltung: KünkelLopka Medienentwicklung, Heidelberg
Satz: Format.Absatz.Zeichen, Susanne Koch, Niedernhausen
Druck und buchbinderische Verarbeitung: MercedesDruck, Berlin
Gedruckt auf säurefreiem und chlorfrei gebleichtem Papier
Printed in Germany

ISBN 978-3-531-15254-7

Inhalt

Vorwort

Das Handbuch der Schulforschung erfährt vier Jahre nach seinem Erscheinen eine zweite Auflage. Das ist erfreulich und bestätigt uns zudem nachdrücklich darin, dieses Projekt vor nun fast acht Jahren auf den Weg gebracht zu haben. Wir haben die Möglichkeit einer zweiten Auflage aber nicht nur für Korrekturen und Fehlerbereinigung genutzt, die bei einem Vorhaben dieses Umfangs nicht gänzlich zu vermeiden waren. Die positive Resonanz eröffnete uns auch die Möglichkeit für eine erweiterte Auflage. Wir haben zwei substanzielle Beiträge, die in der ersten Auflage leider entfallen mussten, nachträglich ergänzt: Es ist ein Beitrag zur international vergleichenden Leistungsforschung sowie ein Beitrag zu Haltungen und Orientierungen von Schülerinnen und Schülern gegenüber der Schule. Damit sind gewiss nicht alle thematischen Ergänzungen realisiert, die möglich oder sinnvoll wären, aber zumindest zwei zentrale Leerstellen der ersten Auflage geschlossen. Wir hoffen, dass das Handbuch dadurch noch gehaltvoller geworden ist.

Wir danken den alten und neuen Autorinnen und Autoren, für die konstruktive Zusammenarbeit bei der zweiten Auflage des Handbuchs. Wir haben immer noch Edmund Budrich dafür zu danken, dass wir das Handbuch im Jahr 2001 unkompliziert und ohne Probleme in Angriff nehmen konnten. Wir danken dem VS Verlag und insbesondere Frau Laux für das Interesse an unserem Projekt und ihre Unterstützung bei der zweiten Auflage. Wir haben darüber hinaus einer Reihe von Freunden, Kolleginnen und Kollegen für Kommentare, Hinweise und kritische Anmerkungen zu danken: Heinz-Hermann Krüger, Arno Combe, Hartmut Wenzel, Bernhard Stelmaszyk, Rolf-Trosten Kramer und Jörg Hagedorn. Wir danken auch den Rezensentinnen und Rezensenten für ihre nahezu durchgängig sachliche Kommentierung und konstruktive Kritik.

Für die Erstellung der Erstauflage haben wir uns für das sorgfältige Korrekturlesen bei Stephan Krätzig zu bedanken. Am Layout und der verlagsgerechten Bearbeitung der Manuskripte arbeiteten Marion Sommer und Josephine Dutschke mit. Unser besonderer Dank für die tatkräftige und zeitaufwendige Einarbeitung von Korrekturen sowie die Erstellung der Druckfahne gilt Anja Eckold. Sie stand uns auch bei der Betreuung der zweiten Auflage hilfreich zur Seite.

Wir hoffen, dass das Handbuch der Schulforschung auch in seiner zweiten, erweiterten und durchgesehenen Auflage eine positive Resonanz finden wird und den Erwartungen an einen derartigen Forschungsüberblick gerecht werden kann.

Halle und Essen, im November 2008 *Werner Helsper, Jeanette Böhme*

Werner Helsper | Jeanette Böhme

Einleitung in das Handbuch der Schulforschung

1 Der Gegenstand der Schulforschung und die Verflechtung mit anderen Forschungsfeldern

Die Schulforschung bezieht sich, auf der Grundlage unterschiedlicher methodischer Zugänge und theoretischer Hintergründe, auf die Teilgebiete und Dimensionen der Schule sowie deren Zusammenhänge mit anderen sozialen Handlungsfeldern und Teilsystemen, auch unter der Perspektive ihrer historischen Entwicklung und gesellschaftlichen Transformation. Damit ist selbstverständlich ein sehr breites und ausdifferenziertes Forschungsfeld in den Blick genommen.

Bisherige Handbücher und Überblicke haben diese Komplexität dadurch bearbeitet, dass zwischen Schul- und Unterrichtsforschung unterschieden wurde, bzw. Kombinationen von Schule und Unterricht gewählt wurden (vgl. etwa Twellmann 1981ff.). Damit wird eine Mikro-/ Makroschneidung favorisiert bzw. auch eine Differenzierung nach internen Binnen- und eher externen Außenbezügen nahegelegt. Diese Unterscheidung wird in diesem Handbuch in dieser Deutlichkeit nicht getroffen. Zum einen weil ein komprimierter, in einem Band zu bündelnder Überblick gegeben werden soll, der immer zu Schwerpunktsetzungen zwingt, und zum zweiten weil Unterricht ein zentraler Bestandteil von Schule ist und somit Schulforschung immer auch Forschungen zum Unterricht mit einschließt.

Allerdings bringt der Verzicht auf diese Unterscheidung auch Probleme mit sich: Die Unterscheidung von Schul- und Unterrichtsforschung – die auch zwei Bände nahelegen würde – hätte eine stärkere Differenzierung erlaubt. Vor allem der „Binnenbereich" des Unterrichts wäre dann stärker auszudifferenzieren gewesen. Daraus resultiert, dass einige Bereiche der Schule in diesem Handbuch eher nur knapp in den Blick kommen: So wurde etwa auf eine differenzierte Darstellung der fachdidaktischen Forschungen verzichtet, weil diese einerseits zum Teil in den Forschungen zum Unterricht mit berücksichtigt werden. Andererseits aber hätte eine Ausdifferenzierung nach Fächern oder zumindest Fachgebieten nahegelegen, die den Umfang eines auf einen Band angelegten Handbuches weitgehend gesprengt hätte.

Das vorliegende Handbuch weist eine Schwerpunktsetzung auf Forschungsergebnisse zur Schule auf. Das führt dazu, dass Überblicke über theoretische Ansätze, programmatische Positionsbestimmungen, inhaltlich-programmatische Entwicklungen im Bereich Schule und Unterricht bzw. auch über geschichtliche Transformationen und Entwicklungen zwar nicht ausgeblendet werden, aber nicht im Vordergrund stehen. Allerdings nehmen diese Bezüge in einigen Beiträgen durchaus einen gewichtigen Raum ein: Etwa in jenen Beiträgen, die Teilbereiche des Schulwesens in den Blick fassen oder die Bezüge zwischen der Schule und anderen Bereichen des Erziehungssystems sondieren, werden immer auch Aspekte der Systementwicklung und -geschichte mit bedacht. Trotzdem liegt das eindeutige Schwergewicht auf der Darstellung des Forschungsstandes und der systematisierten Aufbereitung von empirischen Forschungsergebnissen. Wer also das Handbuch vor allem darauf hin liest, etwas über die Entwicklung des Schulsystems, seine Organisation, seinen Aufbau und seine Struktur zu erfahren, wird zwar nicht grundsätzlich enttäuscht, ist aber mit anderen Übersichtswerken, z.B. für die historische Entwicklung des Bildungssystems und der Schule mit dem „Handbuch der Deutschen Bildungsgeschichte" (vgl. Berg u.a. 1996ff.) oder dem Bericht des Max-Planck-Instituts für Bildungsforschung über das „Deutsche Bildungssystem" (vgl. Cortina u.a. 2003) besser bedient. Wer allerdings vor allem etwas über den Stand der empirischen Forschung und die damit gewonnenen Erkenntnisse zur Schule erfahren möchte, der trifft mit diesem Interesse ins Zentrum dieses Handbuches.

Der Gegenstand der Schulforschung weist neben seiner inneren Differenzierung auch vielfältige Überschneidungsbereiche mit anderen Gegenstandsfeldern auf, die inzwischen häufiger auch in Form von Handbüchern präsentiert und aufbereitet sind. Hier soll lediglich – ohne Anspruch auf Vollständigkeit – auf einige wesentliche verwiesen werden:

- Die Schulforschung kann als Teil einer umfassenderen „Bildungsforschung" verstanden werden (vgl. schon Roth/Friedrich 1975; Tippelt 2002). Während mit der Schulforschung also ein zentrales Feld von Bildung und Erziehung im Zentrum steht, nimmt die Bildungsforschung den Gesamtzusammenhang von Bildungsprozessen, -zeiten und -räumen in den Blick und öffnet damit den Horizont dafür, dass Bildung in höchst unterschiedlichen sozialen Feldern und deren Zusammenspiel erst konstituiert wird. Dem wird in diesem Handbuch dadurch Rechnung getragen, dass der Zusammenhang von Schule und anderen bedeutsamen sozialen Feldern (Jugendkultur und -freizeit, Familie, Medien etc.) in einem eigenen Abschnitt thematisiert wird.
- Die Schulforschung weist ebenfalls wesentliche Überschneidungsbereiche mit der Entwicklungs- oder Sozialisationsforschung auf (vgl. Hurrelmann/Ulich 1980, 1992; Schneewind 1994). Wenn unter der Perspektive der Sozialisation danach gefragt wird, wie sich der Individuationsprozess zur Entwicklung sozial handlungsfähiger Individuen im Zusammenspiel zwischen den sozialen Anforderungen und Regeln in unterschiedlichen Handlungsfeldern und der aktiven, eigensinnigen Auseinandersetzung der Akteure mit diesen Anforderungen vollzieht, so kommt der Schule darin ein besonderer Stellenwert zu (Tillmann 1997). Denn die Schule bildet über weite Strecken der Kindheit und Jugend jenes Handlungsfeld, das Kinder und Jugendliche am deutlichsten mit sozialen Anforderungen im Rahmen organisationsförmiger Strukturen konfrontiert. In einer ganzen Reihe von Beiträgen, insbesondere jenen, die sich auf Schüler[1] und Unterricht beziehen, wird diese Linie im Handbuch aufgegriffen.
- Dies verweist auf einen weiteren zentralen Überschneidungsbereich der Schulforschung, nämlich mit der Kindheits- und Jugendforschung (vgl. Fend 2000; Behnken/Zinnecker 2001; Krüger/Grunert 2002). Obwohl hier beklagt wurde, dass es lange Zeit wenige Bezüge zwischen diesen Forschungslinien gegeben habe, zeigen sich hier in den letzten Jahren doch vielversprechende Brückenschläge (vgl. Helsper/Böhme 2002), die auch in diesem Handbuch in einer Reihe von Beiträgen aufgenommen und bilanziert werden.
- Schließlich besitzt die Schulforschung enge Bezüge zur historischen Bildungsforschung, die sich mit der Systembildung und Ausdifferenzierung des Bildungswesens insgesamt

1 Aus Gründen der Lesbarkeit wird sich an dieser Stelle und im Weiteren auf die Nennung der männlichen Form beschränkt.

beschäftigt und darin natürlich der Entwicklung und Ausdifferenzierung des öffentlichen Schulsystems und seiner Verknüpfung mit anderen Bereichen des Bildungssystems besondere Aufmerksamkeit schenkt (vgl. etwa Berg u.a. 1996ff.). Neben einigen Beiträgen im Handbuch, die dies explizit zum Thema haben, werden historische Entwicklungslinien in einer Reihe von Beiträgen mit aufgenommen. Daneben ergeben sich natürlich Überschneidungen zu anderen Teildisziplinen des Erziehungssystems: Etwa zur Erwachsenenbildung (vgl. Tippelt 1999) dadurch, dass die Lehrerausbildung und vor allem die Lehrerfort- und -weiterbildung ein wesentlicher Aspekt von Erwachsenenbildung ist; zur Sozialarbeit und Sozialpädagogik dadurch, dass Kinder und Jugendliche auch in außerschulischen Feldern der Kinder- und Jugendarbeit handeln und es – etwa in Form des Zusammenspiels von Schule und Jugendhilfe – zu Kooperation und Überschneidungen kommt. Auch diesen Bezügen ist in Beiträgen zur Lehrerbildung oder zu Schule und Jugendhilfe in diesem Handbuch Rechnung getragen worden.

Neben diesen Überschneidungen zu anderen pädagogischen Teilgebieten gibt es zudem Verbindungen zu spezielleren Forschungslinien: Etwa zur erziehungswissenschaftlichen Biographieforschung (vgl. Marotzki/Krüger 1999) und zur Lebenslaufforschung oder zur geschlechtsspezifischen bzw. Genderforschung (Lemmermöhle u.a. 2000; Faulstich-Wieland 2004). Auch diese Perspektiven sind in einzelnen Beiträgen zentraler Gegenstand und werden in anderen mit thematisiert.

Schließlich nimmt das Handbuch der Schulforschung selbstverständlich methodische und methodologische Fragen auf, die natürlich nicht bereichsspezifisch begrenzt, sondern für die unterschiedlichsten Forschungsgegenstände gleichermaßen relevant sind, hier jedoch in ihrem Gegenstandsbezug abgehandelt werden (vgl. Kapitel II des Handbuchs). Dabei kann auf eine inzwischen elaborierte und ausdifferenzierte sowohl quantitative als auch qualitative Methodendiskussion verwiesen werden (vgl. Bortz/Döring 1995; Friebertshäuser/Prengel 1997; Flick/Kardorff/Steinke 2000; Wellenreuther 2000; Atkinson u.a. 2001; Diekmann 2001), an der die Schulforschung partizipiert, wenn auch mit eigenen Schwerpunktsetzungen und thematischen Bezügen.

Die Schulforschung muss somit – dies konnte hier nur angedeutet werden – im Gesamtzusammenhang der erziehungswissenschaftlichen und interdisziplinären Forschung zu Fragen von Bildung, Erziehung und Sozialisation eingebunden und im Überschneidungsfeld verschiedener Forschungsperspektiven und -gegenstände verortet werden. Dies wird zwar in der Konzeption des Handbuchs und in einer Vielzahl seiner Beiträge systematisch aufgenommen, kann aber nicht immer in der ganzen Breite entfaltet werden. Von daher verstehen sich die hier skizzierten Verknüpfungen zu anderen Forschungslinien, Handbüchern und Überblickswerken auch als Einbettung der Schulforschung in den Kontext der Forschung.

2 Überblicke und Kompendien zur Schul- und Unterrichtsforschung

Überblicke, Nachschlagwerke oder Handbücher zur Schul- und/oder Unterrichtsforschung sind im deutschsprachigen Raum bislang eher Ausnahmen geblieben und insgesamt erst relativ spät entstanden – im Unterschied etwa zum angloamerikanischen Forschungsraum (vgl. beispielsweise Gage 1963ff.; Travers 1973; Leithwood u.a. 1996; Biddle/Good/Goodson 1997; Hargreaves u.a. 1998).

Die im ersten Drittel des 20. Jahrhunderts entstandenen Lexika und Handbücher hatten zumeist theoretische oder programmatische Ausrichtungen, auch wenn ansatzweise erste Bezüge zu Forschungen vorlagen (vgl. etwa Nohl/Pallat 1933).

Den ersten zentralen Meilenstein eines im engeren Sinne auf Schule und Unterricht bezogenen forschungsorientierten Handbuchs bildet das, aus der deutschen Bearbeitung des amerikanischen „Handbook of Research on Teaching" (vgl. Gage 1963ff.) resultierende und von Ingenkamp (1970ff.) herausgegebene „Handbuch für Unterrichtsforschung", das einige Jahre später in Auszügen als Studienausgabe veröffentlicht wurde. Dieses erste forschungsbezogene Handbuch markiert – mitten in der Ära der Bildungsreform – den erreichten Stand der Forschung zu Schule und Unterricht, allerdings mit starkem Bezug auf die Forschungen im angloamerikanischen Raum. Dies dokumentiert auch den bis dahin entfalteten Stand einer empirischen Schul- und Unterrichtsforschung in Deutschland.

Die nächste zentrale Veröffentlichung stellt gut zehn Jahre später das von Twellmann herausgegebene Handbuch „Schule und Unterricht" dar (vgl. Twellmann 1981ff.). Dieses bislang umfangreichste Kompendium zu Schule und Unterricht dokumentiert – allerdings nicht nur als Handbuch der empirischen Schul- und Unterrichtsforschung, sondern vor allem auch als Handbuch zu Schule und Unterricht selbst – den Stand der Schul- und Unterrichtsforschung am Ausgang der ersten großen Ära der empirischen Schulforschung in Deutschland. Es stellt bis heute – mit 8 Bänden (davon vier Doppelbände) – die umfangreichste und detaillierteste Darstellung zu Schule und Unterricht dar, die im deutschsprachigen Raum erschienen ist. Im Unterschied zum hier vorliegenden Handbuch ist insbesondere auf die breite und detaillierte Darstellung zu didaktischen (Didaktik der Schulformen und Schulstufen) und insbesondere der inhaltlichen fachdidaktischen Bereiche hinzuweisen (vgl. Twellmann 1982, Band 4.1., 4.2. und 5.1., 5.2.).

Nahezu parallel wurde von Dieter Lenzen die „Enzyklopädie Erziehungswissenschaft" herausgegeben (vgl. Lenzen 1983), die nach wie vor die umfassendste Darstellung der Erziehungswissenschaft und der erziehungswissenschaftlichen Forschung in Deutschland darstellt. Verschiedene Teilbände der Enzyklopädie widmen sich ausschließlich oder zumindest in wesentlichen Abschnitten der Schule und dem Unterricht. So beschäftigt sich Band 3 im Zentrum mit Fragen der Didaktik und des Unterrichts, Band 4 mit Methoden und Medien von Unterricht und Erziehung mit starkem Schulbezug. Beide Bände im Übrigen mit Bezug auf inhaltliche übergreifende Lehrbereiche. Band 5 behandelt organisatorische, ökonomische und rechtliche Aspekte des Bildungssystems, insbesondere auch der Schule. Und in den Bänden 7 bis 9 werden schulische und unterrichtliche Themen unter der Perspektive der Altersgruppen entlang dem Primarschulalter, der Sekundarstufe I und schließlich der Sekundarstufe II thematisiert.

Mit diesen beiden Werken lagen nun umfassende Überblicke vor, die die Entwicklung des erziehungswissenschaftlichen und teilweise auch interdisziplinären Denkens, der Theorie- und Konzeptentwicklung, aber auch des empirischen Forschungsstandes zu Schule und Unterricht bis zu Beginn der 1980er Jahre gut und umfassend dokumentierten. Sie bieten damit gewissermaßen auch eine Bilanz des Aufschwungs der erziehungswissenschaftlichen Theoriebildung und auch der empirischen Forschung in Deutschland im Anschluss an die Bildungsreformära der späten 1960er Jahre und sind somit auch als Bilanz zu Pädagogik, Schule, Bildung und Unterricht am Ende dieser Phase zu lesen.

Allerdings ist dem in den letzten zwanzig Jahren keine umfassende, interdisziplinär angelegte Übersicht zur Schul- und Unterrichtsforschung mehr gefolgt. Zwar entstanden zusammenfassende Bände zu Teilausschnitten der empirischen Schul- und Unterrichtsforschung: etwa eine Bilanz der bis dato vorliegenden Längsschnittforschung unter dem Titel „Schule und Persönlichkeitsentwicklung" (vgl. Pekrun/Fend 1991; Fend 2000) oder der Lehr-Lern-Forschung (vgl. Treiber/Weinert 1981; Buer/Nenninger 1992; Gruber u.a. 1992) bzw. auch im Bereich der qualitativen Schul- und Unterrichtsforschung Überblicke mit zusammenfassenden Bilanzierungen etwa im „Forum Qualitative Schulforschung" (vgl. Combe/Helsper/Stelmaszyk 1999; Breidenstein u.a. 2002) oder auch Handbücher zu einzelnen Aspekten von Schule und Unterricht, wie etwa das „Handbuch der Schulentwicklung" (vgl. Altrichter/Schley/Schratz 1998). Hervorzuheben ist ferner die zweibändige Bestandsaufnahme zur Empirischen Pädagogik, die 1992 den Stand der quantitativen empirischen pädagogischen Forschung von 1970 bis 1990 mit zentralen Bezügen auf Schule und Unterricht zusammenfasst: So werden etwa die Lehr-Lern-Forschung, die Forschung zu Lehrern und Schülern oder zum Schulklima bilanziert (vgl. Ingenkamp u.a. 1992). Von Bedeutung ist auch die von Finkbeiner und Schnaitmann (2001) herausgegebene Zusammenstellung empirischer Forschungsergebnisse zu Lehren und Lernen mit fachdidaktischen Bezügen. Mitte der 1990er Jahre gab Hans-Günter Rolff einen Band mit dem Titel „Zukunftsfelder der Schulforschung" heraus (vgl. Rolff 1995), der zentrale Felder der Schulforschung behandelt und bilanzierende Überblicke zum Stand der empirischen Schulforschung mit Forschungsperspektiven verbindet. Und das Dortmunder Institut für Schulentwicklungsforschung (IFS) dokumentiert und bilanziert mit seinen Jahrbüchern der Schulentwicklung seit 1980 kontinuierlich wichtige und bedeutsame Forschungsfelder im Bereich der Schul- und Unterrichtsforschung (vgl. Rolff u.a. 1980ff.). Hervorzuheben sind auch die beiden Überblickskompendien zu Forschungsergebnissen des DFG-Schwerpunktprogramms Bildungsqualität von Schule (BIQUA), der von 2000 bis 2006 durchgeführt wurde (vgl. Doll/Prenzel 2004, Prenzel/Allolio-Näcke 2006).

Daneben ist auf bilanzierende Enzyklopädien in anderen Disziplinen hinzuweisen, die für die Schul- und Unterrichtsforschung eine zentrale Bedeutung besitzen. Insbesondere ist hier die in den 1990er Jahren erschienene „Enzyklopädie Psychologie" zu nennen, für die im Teilbereich der Pädagogischen Psychologie drei Bände vorliegen, mit denen der Stand der psychologischen empirischen Forschung zu Schule, Lehrern, Schülern und Unterricht in einer ganzen Reihe von Beiträgen bis zur Mitte der 1990er Jahre vorzüglich dokumentiert ist (vgl. Schneewind 1994; Weinert 1996, 1997).

Trotz dieser Veröffentlichungen – andere wären zu ergänzen – fehlt aber seit Mitte der 1980er Jahre ein umfassender, interdisziplinär und über verschiedene Forschungsmethoden hinweg angelegter Überblick über den Stand der Schulforschung. Dies ist deswegen besonders bedeutsam, weil mit der Wende und der deutschen Vereinigung, der daran ansetzenden Transformationsforschung, der starken Orientierung auf Schulqualität und die Einzelschulforschung, die inzwischen ausdifferenzierte qualitative Schulforschung sowie die seit Ende der 1990er Jahre vehement einsetzende Internationalisierung der Schul- und Unterrichtsforschung in Deutschland im Zuge von TIMSS, PISA und IGLU ein wesentlicher Aufschwung der empirischen

Schulforschung zu verzeichnen ist. Genau diese Lücke versucht das vorliegende Handbuch in einer komprimierten, einbändigen Form zu schließen.

Erwähnenswert ist, dass seit Erscheinen der ersten Auflage des Handbuchs einige weitere Handbücher zu Schule und Unterricht gefolgt sind, die zumeist Teilaspekte der Schulforschung abdecken oder als Ergänzung zum hier vorliegenden Handbuch fungieren: Bedeutsam als ergänzende Ausdifferenzierung der Unterrichtsforschung, insbesondere hinsichtlich der Unterrichtsfächer und der Fachdidaktik, ist das „Handbuch Unterricht" (vgl. Arnold/Sandfuchs/Wiechmann 2006), das auch Forschungsbezüge enthält. Des weiteren ist etwa auf das „Handbuch Lehrerbildung" (vgl. Blömeke/Reinhold/Tulodziecki/Wildt 2004) oder auch das Handbuch „Qualität von Schule" (van Buer/Wagner 2007) hinzuweisen, die zwar keine direkten Forschungshandbücher darstellen, aber ebenfalls deutliche Forschungsbezüge aufweisen. Damit hat sich insgesamt der Stand von Kompendien und Überblickswerken zu Schule und Unterricht seit der ersten Auflage des Handbuchs der Schulforschung durchaus verbessert.

3 Ein Abriss der Schulforschung

Einen skizzenhaften Entwurf der Entwicklung und des Standes der Schulforschung zu wagen, birgt mehr Risiken als Erfolgschancen. Daher soll hier nicht im Entferntesten der Eindruck erweckt werden, dass der sich ausdifferenzierenden Schul- und Unterrichtsforschungslandschaft mit der folgenden holzschnittartigen Skizze Gerechtigkeit widerfahren kann. Vielmehr werden gezielt und bewusst selektiv bedeutsame Neuansätze, Strömungen, Zäsuren und Höhepunkte benannt und gezielt schwerwiegende Probleme und Desiderate markiert (vgl. für einen differenzierteren Einblick die Beiträge von Leschinsky und Drewek in diesem Handbuch).

Wenn die Entwicklung der empirischen Schulforschung im engeren Sinne in Deutschland in den Blick genommen wird, dann sind drei große Schübe festzuhalten: Eine erste umfassendere Entwicklung zu Beginn und in den ersten Jahrzehnten des 20. Jahrhunderts, eine vehement einsetzende Entwicklung seit der zweiten Hälfte der 1960er Jahre im Zuge der beginnenden Bildungsreformära und schließlich – nach einem Abschwung der Schulforschung seit Ende der 1970er Jahre, der parallel von einem Aufschwung der Jugend- und Kindheitsforschung begleitet wurde – ein erneuter Forschungsschub seit den 1990er Jahren, insbesondere im Anschluss an die internationalen Leistungsvergleichsstudien TIMSS, PISA und IGLU.

Zu Ende des 19. und zu Beginn des 20. Jahrhunderts setzte im Zuge der sich entwickelnden Psychologie auch eine Entwicklung der schulbezogenen Forschung ein, die insgesamt in eine Erforschung von Kindheit und Jugend eingebettet war. Besonders bedeutsam waren die Arbeiten von Meumann (1920) oder auch Lay (1903; vgl. als Überblick Gstettner 1981; Depaepe 1993). Insgesamt ist hier eine deutliche Dominanz der Forschungsentwicklung im Bereich von Kindheit, Jugend und Schule in der psychologischen Disziplin festzustellen. Aber auch in der beginnenden erziehungswissenschaftlichen, pädagogischen Disziplinbildung entstanden empirische Forschungsperspektiven: Etwa die „Tatsachenforschung" von Petersen an der Jenaplan-Schule, die durchaus eine Parallele zur Forschung an der Bielefelder Laborschule in den letzten Jahrzehnten aufweist, in der Anfänge einer beobachtenden und experimentellen Unterrichtsforschung zu sehen sind (vgl. Petersen/Petersen 1965).

Dieser Schub einer auch schulisch ausgerichteten empirischen Forschung verebbte allerdings – nicht zuletzt auch im Zuge der Dominanz der geisteswissenschaftlichen Pädagogik – und wurde dann insbesondere durch die nationalsozialistische Ära in Deutschland grundlegend unterbrochen, im Unterschied zu anderen Ländern, etwa der USA (vgl. Depaepe 1993, Drewek in diesem Band).

Die Entwicklung der Nachkriegszeit bis in die 1960er Jahre ist für Westdeutschland dadurch gekennzeichnet, dass im Bereich der Pädagogik eine deutliche Anknüpfung an geisteswissenschaftliche Strömungen stattfand, die auch bis in den Beginn der 1960er Jahre hinein dominierten. Eine im engeren Sinne empirische Schulforschung wurde in den pädagogischen Strömungen der 1950er Jahre erst in Ansätzen entwickelt. Die Herausbildung einer umfassenderen Schulforschung war somit in Deutschland über Jahrzehnte hinweg unterbrochen und bis in die 1960er Jahre hinein – entsprechend dem Stand der erziehungswissenschaftlichen Disziplinenbildung – eher eine Angelegenheit psychologischer und auch soziologischer Forschung.

In Westdeutschland kam es erst im Zuge der Pichtschen Formel von der „Bildungskatastrophe" (Picht 1964) und der demokratietheoretisch untermauerten programmatischen, aber auch auf erste empirische Studien gestützten Schrift „Bildung ist Bürgerrecht" (Dahrendorf 1965) und den im Zuge der Bildungsreformära große Bedeutung erlangenden „Gutachten des Deutschen Bildungsrates" (etwa Roth 1969) zu einer – dann allerdings vehement einsetzenden – Welle der Schul- und Unterrichtsforschung. Eine Entwicklung, die bereits Roth (1962) mit der Forderung nach einer „realistischen Wende" in der Pädagogik vorbereitet und angemahnt hatte. In diesem Zusammenhang ist auch die Institutionalisierung des Max-Planck-Instituts für Bildungsforschung in den 1960er Jahren sowie die Gründung der Arbeitsgruppe für empirische pädagogische Forschung (AEPF) 1965 in Hamburg zu nennen, die anfänglich siebzehn Mitglieder umfasste, aber schnell anwuchs und 1969 in die Deutsche Gesellschaft für Erziehungswissenschaft (DGfE) integriert wurde (vgl. Ingenkamp 1992; von Saldern 1992). Der beginnende Aufschwung der empirischen Schul- und Unterrichtsforschung muss dabei in einem engen Zusammenhang mit der sich ausbreitenden gesellschaftlichen Reform- und Umbruchsstimmung der zweiten Hälfte der 1960er und frühen 1970er Jahre verstanden werden.

Dabei waren die verschiedenen theoretischen Strömungen innerhalb der seit den 1960er Jahren expandierenden und sich ausdifferenzierenden Erziehungswissenschaft recht unterschiedlich an der Ausarbeitung und Weiterentwicklung der Schulforschung beteiligt. Die geisteswissenschaftliche Pädagogik trug mit ihrer tendenziell empirisch abstinenten Haltung eher wenig zur Entwicklung einer empirischen Erziehungswissenschaft bei. Allenfalls kann in der hermeneutischen Tradition ein nicht unwesentlicher Weg- und Vorbereiter für die beginnende Rezeption Sinn verstehender, qualitativ empirischer Ansätze gesehen werden, auch wenn diese ihre Impulse vor allem aus der Aufnahme der US-amerikanischen interpretativen Mikrosoziologie in der Tradition symbolisch-interaktionistischer oder ethnomethodologischer Ansätze bezogen. Wesentliche Impulse gingen auch von der An-knüpfung an die Tradition der empirischen Pädagogik aus, vor allem aber von der Adaption der empirischen Forschungsstandards und Methoden, die sich in der Psychologie und der Soziologie entwickelt hatten. Überhaupt ist der Einfluss dieser Nachbardisziplinen in den 1960er, vor allem aber im Laufe der 1970er Jahre innerhalb der Erziehungswissenschaft und hier wiederum insbesondere auf die Entwicklung der empirischen Schulforschung nicht zu unterschätzen. Nicht zuletzt auch deswegen, weil im Zuge der Expansion der Disziplin eine nicht unerhebliche Anzahl von Professuren mit Vertretern der Pädagogischen Psychologie besetzt wurden, die zu einem großen Teil empirischer Forschung verpflichtet waren, was sich auch in der starken Repräsentation von Psychologen in der Arbeitsgruppe für empirische pädagogische Forschung (AEPF) zeigte und zeigt. Dies bedeutet natürlich nicht, dass es nicht auch aus der pädagogischen Disziplin bedeutsame Vertreter einer empirischen Pädagogik gab, wie etwa Karl-Heinz Flechsig (vgl. etwa Flechsig 1975) oder auch Konzepte einer integrativen, interdisziplinären pädagogischen Forschung entstanden (vgl. Roth 1965). Aber auch diese bezogen wesentliche Impulse aus den forschungsmethodischen und forschungstheoretischen Erfahrungen der psychologischen, der human- und sozialwissenschaftlichen Nachbardisziplinen.

Die kritische Erziehungswissenschaft, die im Zuge der Entfaltung der Kritischen Theorie am Ende der 1960er und vor allem in den 1970er Jahren die geisteswissenschaftliche Pädagogik als „Leittheorie" ablöste, hatte zur Empirie ein eher gespaltenes Verhältnis. Im Zuge des „Positivismusstreits" entstand eine Skepsis gegenüber der quantitativen empirischen Sozialforschung. Im Zuge dieser kritisch-theoretischen Orientierung kam es zur Suche nach alternativen Forschungskonzepten und empirischen Ansätzen: Dies mündete einmal in die Entwicklung von Aktions- und Handlungsforschungsansätzen, mit denen die Subjekt-Objekt-Trennung zwischen Wissenschaft und Praxis überwunden und die Wissenschaft selbst praktisch werden sollte, ein empirisches Programm, das in nicht unerhebliche Rollenkonflikte und Probleme mündete, aber heute noch in Form von Schulentwicklungs- und Praxisforschung entscheidend nachwirkt und im letzten Jahrzehnt neuen Aufschwung genommen hat (vgl. etwa Altrichter/Schley/Schratz 1998). Zum anderen knüpften kritisch-theoretische Positionen in der Pädagogik verstärkt an sinnverstehende Verfahren aus dem Zusammenhang interpretativer soziologischer Traditionen an oder bedienten sich in kritischer Zielsetzung der Verfahren der quantitativ-statistischen Empirie.

Weitgehend abstinent gegenüber empirischer Schul- und Unterrichtsforschung blieb über lange Zeit die didaktisch orientierten Ansätze, die sich vor allem der systematischen Entfaltung einer Theorie der Didaktik bzw. der direkten Konzeptentwicklung für die Planung und Analyse von Unterricht verpflichtet sahen, auch wenn es vorübergehend eine kurze Hochphase der Curriculumforschung gab (vgl. etwa Tütken 1975). Ähnliches galt für die in verschiedenen bildungsphilosophischen Traditionslinien stehenden Entwürfe einer Allgemeinen Pädagogik, die nur selten in eine Verbindung mit empirischer Forschung mündeten, wie dies ansatzweise etwa für die phänomenologisch orientierten Ansätze einer Allgemeinen Pädagogik festzustellen ist (vgl. etwa Lippitz 1993) bzw. in dekonstruktivistischen, sich rhetorischer Analyse bedienenden Richtungen vorliegt (vgl. Koller/Kokemohr 1994; Koller 1999) und auch im Zuge einer „empirischen Wende" in verschiedenen Linien der erziehungswissenschaftlichen historischen Anthropologie mit durchaus direkten Bezügen zur Schulforschung inzwischen zu finden ist (vgl. etwa Wulf u.a. 2001).

So kann festgehalten werden, dass in den 1960er und 1970er Jahren Anstöße und Ansätze zu einer empirischen Schulforschung vor allem aus der Rezeption psychologischer und soziologischer Ansätze im Zuge einer die Forschungsmethoden und -erfahrungen aus anderen Disziplinen adaptierenden Erziehungswissenschaft stammten, was wiederum vor allem in Anknüpfung an angloamerikanische Forschungstraditionen erfolgte.

Nicht von ungefähr datiert mit 1970 die Herausgabe des ersten im engeren Sinne auf die Schul- insbesondere aber die Unterrichtsforschung bezogenen Handbuchs in Deutschland auch zur Zeit der Hochphase der Bildungs- und Schulreform und stellt wiederum die deutsche Bearbeitung eines amerikanischen Handbuchs dar (Ingenkamp 1970ff.). Die 1970er Jahre können als ein erster Höhepunkt der empirischen Schulforschung in Deutschland betrachtet werden. In diesem Zeitraum begannen sich zentrale Linien einer Schul- und Unterrichtsforschung in Deutschland auszudifferenzieren, von denen im Folgenden einige exemplarisch Erwähnung finden sollen:

- Dies gilt insbesondere für die umfassend angelegten Schulformvergleiche, die im Zuge der Einführung der Gesamtschule als breit angelegte Evaluation der verschiedenen Schulformen und insbesondere des Gesamtschulversuchs fungieren sollten (vgl. etwa Fend 1976, 1977; Haenisch u.a. 1979; Helmke/Dreher 1979; Lukesch u.a. 1979; zusammenfassend Fend 1982; Baumert 1983). An diese vergleichenden Forschungen waren große Erwartungen und Hoffnungen geknüpft, auf einer empirisch gesicherten Basis fundiert bildungspolitische Entscheidungen treffen zu können. Im Zuge dieser groß angelegten Studien entwickelten sich die Konturen einer umfassend angelegten Schulforschung, die über die Schulformen und die Schulorganisation, das Schul- und Klassenklima sowie die Schüler- und die Lehrerebene ein Mehrebenenkonzept der Analyse entwickelte, in dem – auch für die weitere Schulforschung – zentral bleibende Dimensionen und Ebenenvergleiche realisiert wurden (vgl. bilanzierend Fend 1982, 1998).
- Im Anschluss an die Arbeiten von Basil Bernstein (1971) in England, Pierre Bourdieu und Jean Claude Passeron (1973) in Frankreich und schließlich Christopher Jencks in den USA (1973), die intensiv rezipiert und schnell übersetzt wurden, wurden Studien zur schichtspezifischen Sozialisation bzw. zum Zusammenhang von Bildung und Schulerfolg mit der sozialen Lage seit Ende der 1960er und in den 1970er Jahren bedeutsam (vgl. Rolff 1967; Oevermann 1969, 1972; zusammenfassend Steinkamp 1980). Dies stand natürlich im engen Zusammenhang mit der Thematisierung von Chancengleichheit und dem Ziel einer Verringerung der Bildungsbenachteiligung durch integrierte Beschulung und kompensatorische Erziehung im Kontext der Bildungsreform. Fragen, die wiederum im Zuge der Untersuchung von Chancengleichheit in verschiedenen Schulformen zentral waren (vgl. Fend 1982; Baumert 1983) und die auch im Anschluss an Dahrendorf (1965) und Pross (1969) die Frage geschlechtsspezifischer Bildungsbenachteiligung relevant werden ließen.
- Insbesondere die Lehr-Lern-Forschung, die im engeren Sinne auf die Effektivität des Unterrichtsgeschehens und der Unterrichtsgestaltung zielte, wurde im Verlauf der 1970er und 1980er Jahre zu einem weiteren bedeutsamen Forschungsstrang, der nicht zuletzt durch ein Schwerpunktprogramm der Deutschen Forschungsgemeinschaft unterstützt wurde (vgl. einige Themenhefte der Zeitschrift für Pädagogik 1976/H. 2, 1982/H. 3 und 4; Treiber/Weinert 1981; Buer/Nenninger 1992; Gruber u.a. 1992).
- Daneben aber bilden die 1970er Jahre auch den Beginn einer verstehenden, sinnrekonstruktiven, auf die qualitative Erforschung der schulischen Mikroprozesse orientierten Forschung. Diese Forschungsrichtung wendete sich insbesondere – auch im Zuge der „Alltagswende" in der Erziehungswissenschaft – der Exploration des Schul- und Unterrichtsalltages zu, den Sichtweisen und Deutungen der schulischen Akteure (Projektgruppe Jugendbüro 1975; Arbeitsgruppe Schulforschung 1980), den Schülersubkulturen und jugendkulturellen Artikulationsformen und Peertaktiken im Unterricht, kurz: dem Unterleben und dem Selbstmanagement der Schülerinnen und Schüler (Reinert/Zinnecker 1978; Heinze 1980), wobei hier wiederum die Rezeption von Schulforschungsstudien aus dem angloamerikanischen Sprachraum bedeutsam waren (vgl. etwa Zinnecker 1973; Willis 1979; zusammenfassend Zinnecker 2000).

Allerdings kam es – kaum nach einem Jahrzehnt einer beginnenden Schulforschungs-„Blüte" und einer Ausdifferenzierung von methodischen Zugängen und Themenbereichen – zu einem Abschwung der Schulforschung und zu einem Verlust an öffentlicher Aufmerksamkeit: Gründe dafür sind vor allem im Ende der Bildungsreformära, in Enttäuschungen gegenüber den

– allerdings auch unrealistisch überhöhten – Erwartungen an Schule und Bildung und auch gegenüber der empirischen Schulforschung zu sehen, die mit dem Anspruch direkt anwendbare und für bildungspolitische Entscheidungen eindeutige Ergebnisse liefern zu können überfordert war. Hinzu kam auf Grund des zyklisch wiederkehrenden Wechsels von Überfüllung und Mangel im staatlich-öffentlichen Arbeitssegment, die nahezu völlige Schließung der Schule für junge Lehrerinnen und Lehrer für fast zwei Jahrzehnte, verbunden mit entsprechenden Verschiebungen im universitären Ausbildungsbereich. Insgesamt schlug seit den späten 1970er Jahren die vorher erreichte Wertschätzung von Lehrern, Pädagogen und damit einhergehend auch der gesellschaftlichen Bedeutung von Pädagogik, Erziehungswissenschaft und Schulforschung um: Standen Lehrer, Pädagogen und Erziehungswissenschaftler um 1970 für Aufbruch, Reform und Emanzipation, so nach 1980 eher für soziale Probleme (Lehrerarbeitslosigkeit), das Scheitern und Abklingen von Reformen und rückten damit aus dem Zentrum des öffentlichen Interesses.

Trotz dieser Entwicklung sind die 1980er Jahre aber auch weiterhin durch wichtige Entwicklungen im Bereich der Schulforschung gekennzeichnet, die teilweise erst in den 1990er Jahren in Form von Publikationen und weiteren Forschungsvorhaben umfassend zur Geltung kamen bzw. eine Weiterentwicklung und Ausdifferenzierung erfuhren:

- In den 1980er Jahren entstanden eine Reihe von quantitativen Längsschnittstudien (vgl. früh etwa Lange/Kuffner/Schwarzer 1983; für eine Zusammenfassung Pekrun/Fend 1991; Fend 2000). Inzwischen liegt eine Reihe anspruchsvoller, komplexer Längsschnittstudien vor, die gerade für die Erklärung von Zusammenhängen besonders bedeutsam sind. Ohne Anspruch auf Vollständigkeit ist hier die inzwischen in fünf Bänden ausgewertete Längsschnittstudie zur Entwicklung des Schülerselbst in der Sekundarstufe I von Fend zu nennen (vgl. etwa Fend 1997, 2000). Daneben ist auf die Längsschnittstudie des Max-Planck-Instituts für Bildungsforschung hinzuweisen, die von Jürgen Baumert koordiniert wurde (BIJU), die unterschiedliche Aspekte der jugendlichen Entwicklung im Zusammenhang von Schule und Unterricht untersucht hat (vgl. exemplarisch für die breite Literatur Gruehn 1998; Schnabel 1998; Schnabel/Köller/Baumert 2001). Besonders bedeutsam für den Grundschulbereich sind die Münchner Grundschulstudie (SCHOLASTIK) und die mit dieser teilweise verbundene Longitudinalstudie zur Genese individueller Kompetenzen im Kindesalter (LOGIK) geworden (vgl. Weinert/Helmke 1997; Weinert 1998), die die kognitive, soziale und emotionale Entwicklung von Grundschulkindern im Zusammenhang mit Merkmalen von Schule und Unterricht im Längsschnitt erhoben haben.
- Die schulische Sozialisationsforschung entwickelte sich – auch in Verbindung mit diesen Längsschnittstudien – wesentlich weiter, differenzierte sich aus und gewann unter anderem mit der im Kontext des Bielefelder Sonderforschungsbereichs angesiedelten Studien zu Schule, psychosomatischen Belastungen und der Gesundheitsentwicklung bei Jugendlichen auch neue zentrale Themen hinzu, wobei vor allem die Schule als Mitverursacher von Suchtbelastungen, Stressreaktionen und psychosomatischen Belastungen detailliert untersucht wurde (vgl. etwa Hurrelmann/Holler/Nordlohne 1988; Nordlohne 1992; Engel/Hurrelmann 1993; Holler-Nowitzki 1994; Hurrelmann/Mansel 1998) bzw. in den 1990er Jahren Fragen der Gewalt in Schulen eine besondere Aufmerksamkeit erfuhren (vgl. Forschungsgruppe Schulevaluation 1998; Tillmann u.a. 1999; Fuchs/Lamnek/Marek 2001; Popp 2002).
- In den 1980er Jahren entstanden auch – wiederum angeregt durch Vorarbeiten im angloamerikanischen Sprachraum (vgl. etwa Rutter u.a. 1979; Purkey/Smith 1983) – Studien,

die auf die Erforschung der Qualität von Schule und Unterricht zielten und dabei die große Bedeutung der konkreten Konstellation und Ausgangslage der Einzelschule hervorhoben, die in den Schulformvergleichsstudien der 1970er Jahre eher vernachlässigt worden waren (vgl. Fend 1987; Steffens/Bargel 1987, 1993). Im Zuge dieser Entwicklung wurde auch die Forschungslinie von detaillierten Fallstudien zur Einzelschule weiter ausgearbeitet und insbesondere entwickelte sich in diesem Zusammenhang die Schulentwicklungsforschung mit entsprechenden Konzepten und Evaluationsperspektiven. Diese Orientierung auf Fragen der Schul- und Unterrichtsqualität im Zusammenhang mit der Rezeption der TIMSS-Ergebnisse führte auch zur Einrichtung eines Schwerpunktprogramms der Deutschen Forschungsgemeinschaft mit dem Thema „Die Bildungsqualität von Schule" (vgl. Prenzel/Doll 2002) und insgesamt zu einer verstärkten Auseinandersetzung mit Fragen pädagogischer Qualität (vgl. Helmke/Hornstein/Terhart 2000; Terhart 2000a).

- Die 1980er Jahre müssen zudem auch als Weiterentwicklung, Ausdifferenzierung und vor allem im Zuge der Entwicklung anspruchsvoller, qualitativer Methoden als Beginn einer methodisch fundierten qualitativen Schulforschung betrachtet werden, die seit den 1990er Jahren etablierte und zahlreiche Studien hervorbrachte. Hier kann nur auf einige bedeutsame Strömungen hingewiesen werden: So entstanden etwa in Anknüpfung an die objektive Hermeneutik Rekonstruktionen zu schulischen Mikroprozessen und unterrichtlichen Handlungsstrukturen oder auch umfassend zu Schulkulturen und deren Vergleich (Koring 1989; Helsper/Böhme/Kramer/Lingkost 2001; Wernet 2003). Daneben entwickelten sich insbesondere biographieanalytische Zugänge, die anfänglich noch wenig methodisch systematisiert waren aber schließlich, etwa in Anknüpfung an das Verfahren des narrativen biographischen Interviews von Fritz Schütze zunehmend methodisch gesicherte Studien sowohl zu Schüler- als auch Lehrerbiographien hervorbrachten (vgl. Combe 1983; Hurrelmann/Wolf 1986; Nittel 1992; Böhme 2000; Dirks 2000; Kramer 2002). Eine weitere bedeutsame Linie qualitativer Schul- und Unterrichtsforschung knüpft an ethnographische Traditionen an, die für Untersuchungen der Peerkultur im Unterricht, des Unterrichtsalltages und schulischer Interaktionen – etwa in Internatsschulen – fruchtbar gemacht werden (vgl. Oswald/Krappmann 1995; Kalthoff 1997; Breidenstein/Kelle 1998). Daneben entwickelten sich im Überschneidungsfeld qualitativer Unterrichts- und fachdidaktischer Forschung – auch hier wiederum inspiriert durch angloamerikanische Studien, etwa der ethnomethodologischen Unterrichtsforschung (vgl. z.B. Mehan 1979), aber zunehmend auch auf der Grundlage der eigenen qualitativen Traditionsbildung seit den 1970er Jahren – zunehmend Studien zu fachlichen, unterrichtlichen Lernprozessen bzw. zur Unterrichtsgestaltung und -interaktion (vgl. etwa Ehlich/Rehbein 1986; Krummheuer 1992; Krummheuer/Naujok 1999; Wiesemann 2000).

In den 1990er erhielt die Schulforschung durch das historische Großereignis der Wende und die anschließende deutsch-deutsche Vereinigung neuen Auftrieb. So standen in den 1990er Jahren lange Zeit die Erforschung der Schultransformation und deutsch-deutsche Vergleiche im Mittelpunkt (vgl. als Überblick etwa Weishaupt/Zedler 1994; Melzer/Stenke 1996; Tenorth 1997; den Thementeil „Die Transformation der Schule" in der Zeitschrift für Pädagogik 2001/H. 6): Diese bezogen sich auf die Ebene von Schulformen, die Schulstrukturen und Schulorganisation (vgl. Böttcher/Plath/Weishaupt 1997; Zymek 1997; Helsper/Böhme/Kramer/Lingkost 2001), die Auswirkungen der veränderten Bildungslandschaft auf Kinder und Jugendliche, die Bewältigung von und die Auseinandersetzung mit den schulischen und unterrichtlichen Transformationsprozessen auf Seiten der Lehrer und die Konsequenzen für die Berufsbiographie und die Lehrerprofessionalität (vgl. etwa Gehrmann 2003; Fabel 2004), die historische Rekonstruktion der Schul- und Bildungsrealität der DDR (vgl. etwa Tenorth/Kudella/Paetz 1996; Häder/Tenorth 1997) – um nur Einiges zu nennen. Diese Forschungen schärften den Blick für den komplexen Zusammenhang gesellschaftlicher, kultureller, schulisch-institutioneller und pädagogischer Transformationsprozesse.

Vor allem aber ist ab Ende der 1990er Jahre der Beginn der bundesdeutschen Beteiligung an den internationalen Leistungsvergleichsstudien hervorzuheben. Das Ende des 20. und der Beginn des 21. Jahrhunderts besitzt für die deutsche Schul- und Bildungsforschung damit wohl eine ähnliche Bedeutung, wie die Initialzündung der Bildungsreform um 1970. Etwas plakativ können TIMSS, PISA und IGLU (vgl. Baumert/Lehmann u.a. 1997; Baumert/Bos/Lehmann 2000a, b; Baumert u.a. 2001, 2002 a, b; Bos u.a. 2003, PISA-Konsortium 2004, 2005, 2006) – ohne die vorhergehenden internationalen Kontakte und international vernetzten Studien zu ignorieren – als der Eintritt der deutschen Schulforschung in die globale Schulforschung bezeichnet werden. Bereits TIMSS sicherte der Schulforschung eine öffentliche Aufmerksamkeit, wie sie seit zwei Jahrzehnten in Deutschland nicht mehr bestanden hatte. Und spätestens mit der PISA-Studie sind Schule, Bildung, Lehrer und Unterricht wieder in den Mittelpunkt des öffentlichen Interesses gerückt und werden Fragen schulischer Bildung ähnlich intensiv diskutiert, wie zu den Hochzeiten der Bildungsreform. Dies zeigt sich bis auf die Ebene der Semantik, wenn – ähnlich wie in den 1960er Jahren metaphorisch von Bildungskatastrophe und -notstand gesprochen wurde – heute die Rede vom PISA-Schock ist.

Mindestens ebenso bedeutsam aber ist, dass von diesen Studien auch neue Impulse nicht nur für die Bildungsdiskussion (vgl. etwa Terhart 2001, 2002; Benner 2002; Ingenkamp 2002; Kilius/Kluge/Reisch 2002; Pekrun 2002; Fuchs 2003; Oelkers 2003; Roeder 2003; Vereinigung der Bayerischen Wirtschaft 2003; Rau 2004), sondern auch für die empirische Schulforschung ausgehen: Denn mit diesen Studien wird nicht nur ein internationaler und nationaler Leistungsvergleich möglich und damit eine fundierte Einschätzung der Leistungsfähigkeit des deutschen Bildungssystems, sondern zugleich werden in diesen Studien auch wichtige und weiterführende Hinweise für die Schulforschung insgesamt möglich: Etwa auf fachspezifische Kompetenzkonzepte und damit einhergehende Bildungsstandards, die Gestaltung des Unterrichts, nicht zuletzt in den qualitativen Video- und Begleitstudien zu TIMSS (vgl. Baumert/Lehmann u.a. 1997; Roeder 2001), hinsichtlich der Bedeutung von Selbstregulation für Kompetenzerwerb und vor allem auch hinsichtlich der Bedeutung der familiären und sozialen Lebensverhältnisse für Bildungsbeteiligung und Kompetenzentfaltung. Damit hat die PISA-Studie – insbesondere mit dem Aufweis, dass das deutsche Schulsystem den Spitzenplatz hinsichtlich der sozialen Unausgewogenheit im internationalen Vergleich einnimmt – auch ein zentrales und „unerledigtes" Forschungsthema der 1960er und 1970er Jahre wieder in den Vordergrund treten lassen, nämlich den Zusammenhang zwischen den sozioökonomischen Lebensbedingungen, der sozialen Lage, dem kulturellen Kapital und Bildungserfolg bzw. Chancengleichheit (vgl. Baumert/Watermann/Schümer 2003; insgesamt den Schwerpunkt Soziale Ungleichheit der Zeitschrift für Erziehungswissenschaft 2003/H. 1).

Nicht zuletzt kommt der deutliche Schub für die Schulforschung seit Ende der 1990er Jahre auch in dem von der Deutschen Forschungsgemeinschaft aufgelegten Programm zur Stärkung der empirischen Bildungsforschung zu Geltung (vgl. Deutsche Forschungsgemeinschaft 2002). Damit ergeben sich für die deutsche Schulforschung – der ja von Seiten ihrer Kritiker mit einem, mitunter gezielt eindimensional anmutenden Blick nur Defizite und Provinzialität bescheinigt werden (vgl. Weiler 2003) – neue Möglichkeiten einer gezielten Weiterentwicklung und der Arbeit an noch bestehenden Defiziten.

Derartige Defizite sind im Bereich der Schul- und Unterrichtsforschung vor allem in den folgenden Punkten zu sehen:

- Trotz des Schubs an Internationalisierung in den letzten Jahren ist der erreichte Stand der internationalen Forschungskooperation noch weiter zu entwickeln. Dies gilt vor allem auch für die qualitative Schulforschung, die sich hier bislang besonders schwer tut, vor allem auch deswegen, weil sich hier tiefreichende methodische Schwierigkeiten auftun.
- Trotz des inzwischen erreichten Standes an methodisch anspruchsvollen Längsschnitt- und Lebenslaufstudien sind derartige Longitudinalstudien in der Schulforschung noch weiter zu entwickeln und zu fördern, weil darin große Erkenntnismöglichkeiten über Prozessverläufe und Ursachen von Bildungsverläufen ruhen.
- Bisher bestehen die quantitativen und qualitativen Ansätze und Forschungsrichtungen innerhalb der Schulforschung noch zu häufig unverbunden nebeneinander, mitunter immer noch bis hin zur Ignoranz der Forschungsergebnisse der jeweils „anderen Seite". In vorliegenden Forschungsvorhaben wird bislang noch zu selten eine Triangulation von qualitativen und quantitativen Zugängen versucht (vgl. Merkens 2001). Somit können die jeweiligen Ansätze, mit ihren je spezifischen Grenzen und Schwächen, zu wenig von den Möglichkeiten und Stärken der jeweils anderen Forschungsrichtung „profitieren" und sich darin ergänzen (vgl. ansatzweise Baumert/Lehmann u.a. 1997; für die schulische Gewalt- und Demokratieforschung etwa Tillmann u.a. 1999; Krüger/Reinhardt u.a. 2002; Popp 2002).
- Vor allem fehlt es auch noch an Brückenschlägen zwischen Schule, Unterricht und anderen für Bildungsprozesse und Heranwachsende bedeutsamen Lebensbereichen: Studien, die gleichermaßen schulische und außerschulische Zusammenhänge von Bildungsprozessen erheben und methodisch anspruchsvoll vermitteln, sind immer noch selten, ebenso wie Studien, die auf verschiedenen Ebenen – etwa der soziostrukturellen, der organisatorisch-institutionellen, der interaktiven und der personalen Ebene – Daten erheben und damit komplexe Ebeneninterdependenzen auszuleuchten vermögen.
- Daneben gibt es natürlich Forschungsthemen und -bereiche, die – bei aller Bedeutsamkeit – bislang weniger erforscht sind. Exemplarisch ist hier auf die Forschung zu Lehrerinnen und Lehrern hinzuweisen und hier insbesondere wiederum – darin ist Weiler (2003) zuzustimmen – auf die Erforschung der verschiedenen Phasen der Lehrerbildung und der Entstehung und Entwicklung beruflich-professioneller Kompetenzen, Wissensbestände und Standards (vgl. etwa Bromme 1992, 1997; Radtke 1996; Mandl/Gerstenmeier 2000; Oser/Oelkers 2001; Terhart 2001).
- Trotz dieser Monita – das vermögen auch die Beiträge in diesem Handbuch zu verdeutlichen – ist der erreichte Stand und die Differenziertheit der Forschungsgebiete und -ergebnisse im Bereich der Schulforschung in den letzten vier Jahrzehnten in Deutschland bemerkenswert erweitert worden. Dies gilt es – bei aller berechtigten Kritik und Hinweisen auf Defizite der deutschen Bildungs- und Schulforschung – auch anzumerken.

4 Aufbau und Struktur des Handbuchs

Der aufmerksame Beobachter der erziehungswissenschaftlichen Publikationen wird sich nicht ganz des Eindrucks erwehren können, dass Handbücher zur Zeit „boomen“. Waren bis in die 1990er Jahre hinein groß angelegte Handbücher oder Enzyklopädien eher die Ausnahme, so werden in den letzten Jahren in schneller Abfolge Handbücher zu umfassenden, aber auch engeren Teilgebieten der Erziehungs- und Sozialwissenschaft vorgelegt.

Dies mag mit den Veränderungen des Buchmarktes zu tun haben, die das verlegerische Interesse stark auf die langfristig wirkenden, „sicheren“ Investitionen in Handbücher oder vergleichbare Kompendien lenken, so dass der Eindruck nicht ganz von der Hand zu weisen ist, dass jedes Buch mit einem etwas umfassenderen Zuschnitt leicht im Haupt- oder Untertitel als „Handbuch“ apostrophiert wird. Demgegenüber ist das hier vorliegende Handbuch von Anfang an als solches konzipiert und mit einem umfassenden systematischen Anspruch versehen gewesen. Allerdings sind auch inhaltliche und zeitdiagnostische Hintergründe für die Welle von Handbüchern der letzten Jahre relevant: Inzwischen kann der Blick auf über vier Jahrzehnte einer expandierenden und sich ausdifferenzierenden empirischen Forschung im Bereich von Erziehung, Bildung und Unterricht gerichtet werden. Es gilt damit tatsächlich mehr und Umfassenderes zu bilanzieren und aufzubereiten, als etwa noch in den 1980er Jahren. Zudem stehen wir inmitten eines umfassenden Generationswechsels in der Erziehungswissenschaft und am Beginn eines neuen Jahrtausends. Alle Schul- und Unterrichtsforscher, die die „realistische Wendung“ der Erziehungswissenschaft seit den späten 1960er Jahren mit ihrer empirischen Forschung getragen haben, stehen entweder kurz vor dem Abschluss ihrer akademischen Karriere oder haben diese bereits beendet. Auch diese Zäsur lädt förmlich zu einem bilanzierenden Rückblick und perspektivierenden Ausblick ein. Für den Bereich der Schule ist zudem festzuhalten, dass das letzte, sehr umfassend angelegte – was auch die lange Zeit des Erscheinens eines neuen „Kompendiums“ mit erklären kann – Handbuch „Schule und Unterricht“ (vgl. Twellmann 1981ff.) inzwischen zwei Jahrzehnte zurückliegt. So reiht sich das vorliegende Handbuch keineswegs nur einfach in die „Handbuchwelle“ ein, sondern versucht – durchaus nicht frei von den skizzierten Rahmungen – die seit längerem bestehende Lücke eines Überblicks zur Schulforschung zu schließen.

Entsprechend der Interdisziplinarität der Schulforschung versammelt das Handbuch Beiträge von Vertretern unterschiedlicher Disziplinen: Etwa der Psychologie, der Soziologie, unterschiedlichen Teildisziplinen der Erziehungswissenschaft oder auch der Ökonomie. In den Beiträgen selbst wird die Forschung Disziplin übergreifend gesichtet und präsentiert. Neben der interdisziplinären Anlage ist das Handbuch auch einer angemessenen Darstellung der inzwischen erreichten Methodenvielfalt und -ansätze verpflichtet: So finden die Ergebnisse der empirischen, quantitativen Schulforschung und die inzwischen ausdifferenzierte Breite der qualitativen Ansätze und deren Ergebnisse gleichermaßen Berücksichtigung, wenn dies sicherlich auch je nach dem spezifischen Gegenstand der Beiträge unterschiedliche Gewichtungen erfordert. Zudem ist das Handbuch auch dem Anspruch verpflichtet, über die deutschsprachige Schulforschung hinaus die internationale Schulforschung mit zu berücksichtigen und in den Blick zu nehmen, was angesichts der Bandbreite internationaler Forschung und der jeweils spezifischen Thematik natürlich nur selektiv und exemplarisch möglich ist.

Das Handbuch ist in vier übergreifende Kapitel aufgeteilt. Auf die Darstellung der Entwicklung der Schulforschung (Kapitel I) folgt ein Überblick zu methodischen Forschungsansätzen in der Schulforschung (Kapitel II). Daran schließt sich die Darstellung verschiedener Forschungsfelder der Schulforschung an (Kapitel III). Beendet wird das Handbuch mit einem Ausblick auf Schule und Unterricht in internationaler und globaler Perspektive (Kapitel IV).

In Kapitel I wird in zwei Beiträgen die Entwicklung der Schulforschung bilanziert. In einem ersten Beitrag wird die Entwicklung der Schulforschung vom Beginn des 20. Jahrhunderts bis in die 1960er Jahre vergleichend zwischen Deutschland und den USA präsentiert. Daran anschließend wird die Entwicklung und der Verlauf der Schulforschung von den 1970er Jahren bis in die Gegenwart in den Blick genommen.

In Kapitel II werden in vier Beiträgen methodische Ansätze der Schulforschung dargestellt: Neben der Entwicklung quantitativer Ansätze und Methoden sowie der Entstehung und Ausdifferenzierung qualitativer Ansätze wird die Triangulation quantitativer und qualitativer Methoden thematisiert. Ein vierter Beitrag ist den methodischen Zugängen der Handlungs- und Praxisforschung gewidmet.

Das umfassende Kapitel III vermittelt einen Überblick über die inhaltlichen Felder und Bereiche der Schulforschung in neun Abschnitten. Der Aufbau dieses Kapitels folgt der Logik von der Makro- zur Mikroperspektive: Zuerst werden die historischen Entwicklungslinien, die systemische und organisationsförmige Strukturierung der Schule mit ihren Übergangs- und Statuspassagen sowie die Verknüpfung der Schule mit anderen Teilsystemen bzw. Handlungsbereichen und deren Durchdringung mit soziokulturellen Verhältnissen in den Blick genommen. Daran schließen sich Abschnitte zu den schulischen Lehr-Lern- sowie Unterrichtsprozessen, zur Lehrer- und zur Schülerforschung an.

Im ersten Abschnitt des Kapitels III wird die Forschung zur historischen Entwicklung und Ausdifferenzierung des Schulsystems in zwei Beiträgen dargestellt. Nachdem Entwicklungen und Veränderungen im Schulsystem skizziert worden sind wird in Abschnitt 2 das Schulsystem mit seinen Schulformen und seiner inneren Ausdifferenzierung zum Gegenstand: In einem ersten Beitrag wird die Forschung zum Vergleich der Schulformen und zur Bedeutung der Einzelschule bilanziert. Daran schließen sich drei Beiträge an, in denen die Forschungsergebnisse zu berufsbildenden Schulen, zu Sonderschulen und auch zu Reform- und Alternativschulen präsentiert werden. Abschnitt 3 hat die Schulentwicklungs- und Schulqualitätsforschung zum Gegenstand: In drei Beiträgen werden Forschungsergebnisse und -ansätze zur international vergleichenden Leistungs- und Qualitätsforschung an Schulen sowie zur Organisations- und Schulkulturentwicklung bzw. zur Handlungs- und Praxisforschung dargestellt. In Abschnitt 4 wird in vier Beiträgen ein Überblick zur Forschung des Verhältnisses der Schule zu an die Schule angrenzenden zentralen Handlungsfeldern gegeben. Es wird das Verhältnis der Schule zur Familie, zur Jugendhilfe und Sozialpädagogik, zu den Medien sowie zur Freizeitkultur der Schüler beleuchtet. Daran anschließend wird die Schule in ihrer verlaufs- und karriereförmigen Strukturierung mit ihren zentralen Übergängen und Statuspassagen in den Mittelpunkt gerückt: In vier Beiträgen wird in Abschnitt 5 der Forschungsstand zu den Übergängen zwischen Kindergarten und Schule, zwischen Grundschule und Sekundarstufe I, zwischen der Schule und der Berufsausbildung und schließlich zwischen Schule und Studium gesichtet. Im 6. Abschnitt steht der Zusammenhang der Schule mit soziokulturellen Differenzverhältnissen im Mittelpunkt. Unter vier Perspektiven wird der Beitrag der Schule bzw. die Verknüpfung der Schule mit Differenzverhältnissen betrachtet: Mit der Erzeugung sozial-regionaler Ungleichheit, mit Fragen des Zusammenhangs von Schule und Ethnie, mit dem Zusammenspiel von Schule und Geschlecht sowie mit Fragen des Zusammenhangs von Schule und Generation. Die schulischen Lehr-Lern-Prozesse bilden den Gegenstand des Abschnitts 7. In drei Beiträgen wird der Stand der schulischen Lehr-Lern-Prozesse bilanziert: von der Unterrichts- und Lehr-Lern-Forschung im engeren Sinne, über die didaktische Forschung bis hin zur Interaktion im Unterricht. In Abschnitt 8 wird schließlich der Stand der Lehrerforschung in fünf Beiträgen aufbereitet: So werden neben Studien zur Lehrerpersönlichkeit auch die Forschung zur Lehrerbiographie und beruflichen Entwicklung sowie der Stand der Forschung zur Kooperation und Interaktion zwischen Lehrern in den Blick genommen. Zwei Beiträge zur Lehrerprofessionalitäts- und zur Lehrerbildungsforschung runden diesen Abschnitt ab. An den Abschluss dieses Kapitels ist ein Überblick zur Schülerforschung in Abschnitt 9 gestellt: Aus pädagogisch-psychologischer Perspektive wird der Stand der Forschung zur Schülerpersönlichkeit bilanziert. Dem folgen Überblicke zur Bedeutung der Schule in der Schülerbiographie und zum Verlauf der Schulkarriere sowie zur schulischen Peer-Interaktion und -Kultur. Abschließend werden die Haltungen und Orientierungen Heranwachsender gegenüber der Schule an exemplarisch ausgewählten Bezügen diskutiert, etwa der schulischen Gewaltproblematik.

Der Abschluss des Handbuchs gilt der Entwicklung des Schulsystems. In zwei Beiträgen wird in Kapitel IV die Schule im Kontext internationaler und globaler Zusammenhänge betrachtet: In einem ersten Beitrag steht die Universalisierung der Schule im globalen Zusammenhang im Mittelpunkt. Im abschließenden Beitrag wird die schulische Bildung in den Horizont des Verhältnisses von nationalstaatlicher Entwicklung und Weltgesellschaft eingerückt.

Abschließend muss auf einige Probleme des Handbuchs verwiesen werden: Die unterschiedliche Aktualität der Forschungsüberblicke resultiert aus den unterschiedlichen Abgabezeitpunkten der Beiträge. Das Handbuch kann in der Breite der Beiträge beanspruchen den Stand der Schulforschung bis etwa 2003 abzubilden. Die beiden neu aufgenommenen Beiträge bilden den Forschungsstand bis zum Jahr 2007 ab.

Leider weist das Handbuch – trotz aller Systematisierungsbemühungen – auch einige Lücken auf. Einige sind von den Herausgebern bewusst in Kauf genommen worden, um ein einbändiges Werk zu ermöglichen: Das gilt etwa für die geringe Ausdifferenzierung der didaktisch-unterrichtlichen Forschung und insbesondere für die Ausblendung spezieller inhaltlich differenzierter fachdidaktischer Forschungen. Daneben ist aber auch auf das Fehlen eines Beitrages zu Schule und Recht oder zur Schulforschung in der DDR zu verweisen. Durch die beiden neu aufgenommenen Beiträge zur internationalen Leistungsforschung und zu den Haltungen von Heranwachsenden gegenüber der Schule konnten allerdings zwei Lücken der ersten Auflage geschlossen werden.

Literatur

Altrichter, H./Schley, W./Schratz, M. (Hrsg.): Handbuch zur Schulentwicklung. Innsbruck 1998

Atkinson, P./Coffey, A./Delamnont, S./Lofland, J./Lofland, L. (Eds.): Handbook of Ethnography. London 2001

Arbeitsgruppe Schulforschung: Leistung und Versagen. München 1980

Arnold, K.-H./Sandfuchs, U./Wiechmann, J. (Hrsg.): Handbuch Unterricht. Bad Heilbrunn 2006

Baumert, J.: Gesamtschule. In: Skiba, E.-G./Wulf, C./Wünsche, K. (Hrsg.): Enzyklopädie Erziehungswissenschaft. Bd. 8: Erziehung im Jugendalter – Sekundarstufe I. Stuttgart 1983, S. 228-270

Baumert, J./Artelt, C./Klieme, E./Neubrand, M./Prenzel, M./Schiefele, U./Schneider, W./Tillmann, K.-J./Weiß, M. (Hrsg.): PISA 2000 – Die Länder der Bundesrepublik Deutschland im Vergleich. Opladen 2002a

Baumert, J./Artelt, C./Klieme, E./Neubrand, M./Prenzel, M./Schiefele, U./Schneider, W./Tillmann, K.-J./Weiß, M. (Hrsg.): PISA 2000 – Ein differenzierter Blick auf die Länder der Bundesrepublik Deutschland. Opladen 2002b

Baumert, J./Bos, W./Lehmann, R. (Hrsg.): TIMSS/III. Bd. 1: Mathematische und naturwissenschaftliche Grundbildung am Ende der Pflichtschulzeit. Opladen 2000a

Baumert, J./Bos, W./Lehmann, R. (Hrsg.): TIMSS/III. Bd. 2: Mathematische und physikalische Kompetenzen am Ende der gymnasialen Oberstufe. Opladen 2000b

Baumert, J./Klieme, E./Neubrand, M./Prenzel, M./Schiefele, U./Schneider, W./Stanat, P./Tillmann, K.-J./Weiß, M. (Hrsg.): PISA 2000. Basiskompetenzen von Schülerinnen und Schülern im internationalen Vergleich. Opladen 2001

Baumert, J./Lehmann, R./Lehrke, M./Schmitz, B./Clausen, M./Hosenfeld, I./Köller, O./Neubrand, J.: TIMSS – Mathematisch-naturwissenschaftlicher Unterricht im internationalen Vergleich. Deskriptive Befunde. Opladen 1997

Baumert, J./Watermann, R./Schümer, G.: Disparitäten der Bildungsbeteiligung und des Kompetenzerwerbs: Ein institutionelles und individuelles Mediationsmodell. In: Zeitschrift für Erziehungswissenschaft 6 (2003), H. 1, S. 46-72

Behnken, I./Zinnecker, J. (Hrsg.): Kinder – Kindheit – Lebensgeschichte. Ein Handbuch. Seelze-Velber 2001

Benner, D.: Die Struktur der Allgemeinbildung im Kerncurriculum moderner Bildungssysteme. In: Zeitschrift für Pädagogik 48 (2002), H. 1, S. 68-90

Berg, C. u.a.: Handbuch der deutschen Bildungsgeschichte. München 1996ff.

Bernstein, B.: Soziale Struktur, Sozialisation und Sprachverhalten. Aufsätze 1958-1970. Amsterdam 1971

Biddle, B.J./Good, T.L./Goodson, I.F. (Hrsg.): International Handbook of Teachers and Teaching. Vol. II. Part One and Two. Dordrecht/Boston/London 1997

Blömeke, S./Reinhold, P./Tulodziecki, G./Wildt, J. (Hrsg.): Handbuch Lehrerbildung. Bad Heilbrunn 2004

Böhme, J.: Schulmythen und ihre imaginäre Verbürgung durch oppositionelle Schüler. Ein Beitrag zur Etablierung erziehungswissenschaftlicher Mythosforschung. Bad Heilbrunn 2000

Bortz, J./Döring, N.: Forschungsmethoden und Evaluation. Berlin 1995

Böttcher, I./Plath, M./Weishaupt, H.: Gymnasien in Thüringen – Vier Fallstudien. Arnstadt 1997

Bos, W./Lankes, E.-M./Prenzel, M./Schwippert, K./Walther, G./Valtin, R. (Hrsg.): Erste Ergebnisse aus IGLU. Schülerleistungen am Ende der vierten Jahrgangsstufe im internationalen Vergleich. Münster/New York/München/Berlin 2003

Bourdieu, P./Passeron, J.C.: Grundlagen einer Theorie der symbolischen Gewalt. Frankfurt a.M. 1973

Breidenstein, G./Combe, A./Helsper, W./Stelmaszyk, B. (Hrsg.): Forum Qualitative Schulforschung 2. Opladen 2002

Breidenstein, G./Kelle, H.: Geschlechteralltag in der Schulklasse. Ethnographische Studien zur Gleichaltrigenkultur. Weinheim/München 1998

Bromme, R.: Der Lehrer als Experte. Zur Psychologie des professionellen Wissens. Bern 1992

Bromme, R.: Kompetenzen, Funktionen und unterrichtliches Handeln des Lehrers. In: Weinert, F.E. (Hrsg.): Psychologie des Unterrichts und der Schule. Enzyklopädie der Psychologie. Themenbereich D. Serie I. Bd. 3, Göttingen/Bern/Toronto/Seattle 1997, S. 177-215

Buer, J. van/Nenninger, P.: Lehr- und Lernforschung: Traditioneller Unterricht. In: Ingenkamp, K./Jäger, R. S./Petillon, H./Wolf, B. (Hrsg.): Empirische Pädagogik 1970-1990. Eine Bestandsaufnahme der Forschung in der Bundesrepublik Deutschland. Bd. II, Weinheim 1992, S. 407-471

Combe, A.: Alles Schöne kommt danach. Die jungen Pädagogen. Reinbek 1983

Combe, A./Helsper, W./Stelmaszyk, B. (Hrsg.): Forum Qualitative Schulforschung 1. Weinheim 1999

Cortina, K.S./Baumert, J./Leschinsky, A./Mayer, K.U./Trommer, L. (Hrsg.): Das Bildungswesen in der Bundesrepublik Deutschland. Strukturen und Entwicklungen im Überblick. Reinbek 2003

Dahrendorf, R.: Bildung ist Bürgerrecht. Plädoyer für eine aktive Bildungspolitik. Hamburg 1965

Depaepe, M.: Zum Wohl des Kindes? Pädologie, pädagogische Psychologie und experimentelle Pädagogik in Europa und den USA 1890-1940. Weinheim 1993

Deutsche Forschungsgemeinschaft: Stellungnahme zur strukturellen Stärkung der empirischen Bildungsforschung. Ausschreibung von Forschergruppen in der empirischen Bildungsforschung. In: Zeitschrift für Pädagogik 48 (2002), H. 5, S. 786-798

Diekmann, A.: Empirische Sozialforschung. Grundlagen, Methoden, Anwendungen. Reinbek 2001

Dirks, U.: Wie werden EnglischlehrerInnen professionell? Eine berufsbiographische Untersuchung in den Neuen Bundesländern. Münster/New York/München/Berlin 2000

Doll, J./Prenzel, M. (Hrsg.): Bildungsqualität von Schule: Lehrerprofessionalisierung, Unterrichtsentwicklung und Schülerförderung als Strategien der Qualitätsverbesserung. Münster 2004

Ehlich, K./Rehbein, J.: Muster und Institution. Untersuchungen zur schulischen Kommunikation. Tübingen 1986

Engel, U./Hurrelmann, K.: Was Jugendliche wagen. Eine Längsschnittstudie über Drogenkonsum, Streßreaktionen und Delinquenz im Jugendalter. Weinheim/München 1993

Fabel, M.: Ostdeutsche Lehrerinnen und Lehrer im doppelten Modernisierungsprozess. Berufsbiographische Pfadverläufe und Professionalisierungspotenziale. Opladen 2004

Faulstich-Wieland, H.: Einführung in Gender-Studies/Frauenstudien. Einführungstexte Erziehungswissenschaft. Bd. 12, Wiesbaden 2004

Fend, H.: Sozialisationseffekte der Schule. Soziologie der Schule II. Weinheim/Basel 1976

Fend, H.: Schulklima: Soziale Einflußprozesse in der Schule. Soziologie der Schule II.1, Weinheim/Basel 1977

Fend, H.: Gesamtschule im Vergleich. Weinheim/Basel 1982

Fend, H.: „Gute Schulen-schlechte Schulen" – Die einzelne Schule als pädagogische Handlungseinheit. In: Steffens, U./Bargel, T. (Hrsg.): Erkundungen zur Wirksamkeit und Qualität von Schule. Beiträge aus dem Arbeitskreis Qualität von Schule. Heft 1. Wiesbaden 1987, S. 55-79

Fend, H.: Der Umgang mit Schule in der Adoleszenz. Aufbau und Verlust von Lernmotivation, Selbstachtung und Empathie. Entwicklungspsychologie der Adoleszenz in der Moderne. Bd. IV, Bern/Stuttgart/Toronto 1997

Fend, H.: Qualität im Bildungswesen. Schulforschung zu Systembedingungen, Schulprofilen und Lehrerleistung. Weinheim/München 1998

Fend, H.: Entwicklungspsychologie des Jugendalters. Opladen 2000

Finkbeiner, C./Schnaitmann, G.W.: Lehren und Lernen im Kontext empirischer Forschung und Fachdidaktik. Auer 2001

Flechsig, K.-H.: Forschungsschwerpunkte im Bereich der Unterrichtstechnologie. In: Roth, H./Friedrich, D. (Hrsg.): Bildungsforschung. Probleme – Perspektiven – Prioritäten. Teil 2. Gutachten und Studien der Bildungskommission 51. Stuttgart 1975, S. 125-181

Flick, U./Kardorff, E. von/Steinke, I. (Hrsg.): Qualitative Forschung. Ein Handbuch. Reinbek 2000

Forschungsgruppe Schulevaluation: Gewalt als soziales Problem in Schulen. Untersuchungsergebnisse und Präventionsstrategien. Opladen 1998

Friebertshäuser, B./Prengel, A.: Handbuch Qualitative Forschungsmethoden in der Erziehungswissenschaft. Weinheim/München 1997

Fuchs, H.-W.: Auf dem Weg zu einem neuen Weltcurriculum. Zum Grundbildungskonzept von PISA und der Aufgabenzuweisung an die Schule. In: Zeitschrift für Pädagogik 49 (2003), H. 2, S. 161-180

Fuchs, M./Lamnek, S./Luedtke, J.: Tatort Schule: Gewalt an Schulen 1994-1999. Opladen 2001

Gage, N.L. (Hrsg.): Handbook of Research on Teaching. Chicago 1963ff.

Gehrmann, A.: Der professionelle Lehrer. Muster der Begründung – Empirische Rekonstruktion. Opladen 2003

Gruehn, S.: Unterricht und schulisches Lernen. Münster/New York/München/Berlin 2000

Gruber, H./Mandl, H./Renkl, A./Schreiber, W.H./Weidenmann, B.: Lehr- und Lernforschung: Neue Unterrichtstechnologien. In: Ingenkamp, K./Jäger, R.S./Petillon, H./Wolf, B. (Hrsg.): Empirische Pädagogik 1970 – 1990. Eine Bestandsaufnahme der Forschung in der Bundesrepublik Deutschland. Bd. II, Weinheim 1992, S. 471-515

Gstettner, P.: Die Eroberung des Kindes durch die Wissenschaft. Aus der Geschichte der Disziplinierung. Reinbek 1981

Häder, S./Tenorth, H.-E. (Hrsg.): Bildungsgeschichte einer Diktatur. Bildung und Erziehung in SBZ und DDR im historisch-gesellschaftlichen Kontext. Weinheim 1997

Haenisch, H./Lukesch, H./Klaghofer, R./Krüger-Haenisch, E.M.: Gesamtschule und dreigliedriges Schulsystem in Nordrhein-Westfalen – Schulleistungsvergleich in Deutsch, Mathematik, Englisch und Physik. Paderborn/München/Wien/Zürich 1979

Hargreaves, A./Lieberman, A./Fullan, M./Hopkins, D. (Hrsg.): International Handbook of Educational Change. Vol. 5. Part One and Two. Dordrecht/Boston/London 1998

Heinze, T.: Schülertaktiken. München/Wien/Baltimore 1980

Helmke, A./Dreher, E.: Gesamtschule und dreigliedriges Schulsystem in Nordrhein-Westfalen – Erzieherische Wirkungen und soziale Umwelt. Paderborn/München/Wien/Zürich 1979

Helmke, A./Hornstein, W./Terhart, E. (Hrsg.): Qualität und Qualitätssicherung im Bildungsbereich: Schule, Sozialpädagogik, Hochschule. Zeitschrift für Pädagogik. 41. Beiheft. Weinheim 2000

Helsper, W./Böhme, J./Kramer, R.T./Lingkost, A.: Schulkultur und Schulmythos. Gymnasien zwischen elitärer Bildung und höherer Volksschule im Transformationsprozeß. Rekonstruktionen zur Schulkultur I. Opladen 2001

Helsper, W./Böhme, J.: Jugend und Schule. In: Krüger, H.-H./Grunert, C. (Hrsg.): Handbuch Kindheits- und Jugendforschung. Opladen 2002, S. 567-597

Helsper, W./Herwartz-Emden, L./Terhart, E.: Qualität qualitativer Forschung in der Erziehungswissenschaft. Ein Tagungsbericht. In: Zeitschrift für Pädagogik 47 (2001), H. 2, S. 251-271

Holler-Nowitzki, B.: Psychosomatische Beschwerden im Jugendalter. Schulische Belastungen, Zukunftsangst und Streßreaktionen. Weinheim/München 1994

Hurrelmann, K./Holler, B./Nordlohne, E.: Die psychosozialen „Kosten“ verunsicherter Statuserwartungen im Jugendalter. In: Zeitschrift für Pädagogik 34 (1988), H. 1, S. 25-44

Hurrelmann, K./Mansel, J.: Gesundheitliche Folgen wachsender schulischer Leistungserwartungen. Ein Vergleich von identisch angelegten repräsentativen Schülerbefragungen im Jahr 1986 und 1996. In: Zeitschrift für Soziologie der Erziehung und Sozialisation 18 (1998), H. 2, S. 168-183

Hurrelmann, K./Ulich, D. (Hrsg.): Handbuch der Sozialisationsforschung. Weinheim/Basel 1980

Hurrelmann, K./Ulich, D. (Hrsg.): Neues Handbuch der Sozialisationsforschung. Weinheim/Basel 1992

Hurrelmann, K./Wolf, H.: Schulerfolg und Schulversagen im Jugendalter. Fallanalysen von Bildungslaufbahnen. Weinheim/München 1986

Ingenkamp, K. (Hrsg.): Handbuch der Unterrichtsforschung. Teil I-III. Weinheim/Berlin/Basel 1970ff.

Ingenkamp, K.: Die Anfänge der Arbeitsgruppe für empirische pädagogische Forschung. In. Empirische Pädagogik 6 (1992), H. 1, S. 109-117

Ingenkamp, K.: Die veröffentlichte Reaktion auf PISA: Ein deutsches Trauerspiel. In: Empirische Pädagogik 16 (2002), H. 3, S. 409-418

Ingenkamp, K./Jäger, R.S./Petillon, H./Wolf, B. (Hrsg.): Empirische Pädagogik 1970-1990. Eine Bestandsaufnahme der Forschung in der Bundesrepublik Deutschland. Bd. I und II, Weinheim 1992

Jencks, C.: Chancengleichheit. Reinbek 1973

Kalthoff, H.: Wohlerzogenheit. Eine Ethnographie deutscher Internatsschulen. Frankfurt a.M./New York 1997

Kilius, N./Kluge, J./Reisch, L. (Hrsg.): Die Zukunft der Bildung. Frankfurt a.M. 2002

Koller, H.-C.: Bildung und Widerstreit. München 1999

Koller, H.-C./Kokemohr, R. (Hrsg.): Lebensgeschichte als Text. Zur biographischen Artikulation problematischer Bildungsprozesse. Weinheim 1994

Koring, B.: Eine Theorie pädagogischen Handelns. Theoretische und empirisch-hermeneutische Untersuchungen zur Professionalisierung in der Pädagogik. Weinheim 1989

Kramer, R.-T.: Schulkultur und Schülerbiographien. Rekonstruktionen zur Schulkultur II. Opladen 2002

Krüger, H.-H./Grunert, C. (Hrsg.): Handbuch Kindheits- und Jugendforschung. Opladen 2002

Krüger, H.-H./Reinhardt, S./Kötters-König, C./Pfaff, N./Schmidt, R./Krappidel, A./Tillmann, F.: Jugend und Demokratie – Politische Bildung auf dem Prüfstand. Eine quantitative und qualitative Studie aus Sachsen-Anhalt. Opladen 2002

Krummheuer, G.: Lernen mit >Format<. Weinheim 1992

Krummheuer, G./Naujok, N.: Grundlagen und Beispiele interpretativer Unterrichtsforschung. Opladen 1999

Lay, W.A.: Experimentelle Didaktik. Leipzig 1903

Leithwood, K./Chapman, J./Corson, D./Hallinger, P./Hart, A. (Hrsg.): International Handbook of Educational Leadership and Administration. Vol. I. Dordrecht/Boston/London 1996

Lenzen, D. (Hrsg.): Enzyklopädie Erziehungswissenschaft. Handbuch und Lexikon der Erziehung in 11 Bänden und einem Registerband. Stuttgart 1983

Lange, B./Kuffner, H./Schwarzer, R.: Schulangst und Schulverdrossenheit. Eine Längsschnittanalyse von schulischen Sozialisationseffekten. Opladen 1983

Lemmermöhle, D./Fischer, D./Klika, D./Schlüter, A. (Hrsg.): Lesarten des Geschlechts. Zur De-Konstruktionsdebatte in der erziehungswissenschaftlichen Geschlechterforschung. Opladen 2000

Lippitz, W.: Phänomenologische Studien in der Pädagogik. Weinheim 1993

Lukesch, H./Schuppe, S./Dreher, E./Haenisch, H./Klaghofer, R.: Gesamtschule und dreigliedriges Schulsystem in Nordrhein-Westfalen – Chancengleichheit und Offenheit der Bildungswege. Paderborn/München/Wien/Zürich 1979

Mandl, H./Gerstenmeier, J. (Hrsg.): Die Kluft zwischen Wissen und Handeln. Empirische und theoretische Lösungsansätze. Göttingen/Bern/Toronto/Seattle 2001

Marotzki, W./Krüger, H.-H. (Hrsg.): Handbuch erziehungswissenschaftliche Biographieforschung. Opladen 1999

Mehan, H.: Learning Lessons: The Social Organization of Classroom Instruction.Cambridge 1979

Melzer, W./Stenke, D.: Schulentwicklung und Schulforschung in den ostdeutschen Bundesländern. In: Rolff, H.-G. u.a. (Hrsg.): Jahrbuch der Schulentwicklung. Bd. 9, Weinheim/Basel 1996, S. 307-336

Merkens, H.: Integration qualitativer und quantitativer Methoden in der Lehr-Lern-Forschung. In: Finkbeiner, C./ Schnaitmann, G.W. (Hrsg.): Lehren und Lernen im Kontext empirischer Forschung und Fachdidaktik. Donauwörth 2001, S. 79-106

Meumann, E.: Abriss der experimentellen Pädagogik. Leipzig 1920

Nittel, D.: Gymnasiale Schullaufbahn und Idenitätsentwicklung. Weinheim 1992

Nohl, H./Pallat, L. (Hrsg.): Handbuch der Pädagogik. Langensalza 1933

Nordlohne, E.: Die Kosten jugendlicher Problembewältigung. Alkohol-, Zigaretten- und Arzneimittelkonsum im Jugendalter. Weinheim/München 1992

Oelkers, J.: Wie man Schule entwickelt. Eine bildungspolitische Analyse nach PISA. Weinheim 2003

Oevermann, U.: Schichtenspezifische Formen des Sprechverhaltens und ihre Einflüsse auf die kognitiven Prozesse. In: Roth, H. (Hrsg.): Begabung und Lernen. Stuttgart 1969, S. 297-355

Oevermann, U.: Sprache und soziale Herkunft. Frankfurt a.M. 1972

Oser, F./Oelkers, J. (Hrsg.): Die Wirksamkeit der Lehrerbildungssysteme. Von der Allroundbildung zur Ausbildung professioneller Standards. Chur/Zürich 2001

Oswald, H./Krappmann, L.: Alltag der Schulkinder. Weinheim/München 1995

Pekrun, R.: Vergleichende Evaluationsstudien zu Schülerleistungen: Konsequenzen für die Bildungsforschung. In: Zeitschrift für Pädagogik 48 (2002), H. 1, S. 111-128

Pekrun, H./Fend, H. (Hrsg.): Schule und Persönlichkeitsentwicklung. Ein Resümee der Längsschnittforschung. Stuttgart 1991

Petersen, P./Petersen, E.: Die pädagogische Tatsachenforschung. Paderborn 1965

Picht, G.: Die deutsche Bildungskatastrophe. Olten 1964

PISA-Konsortium Deutschland (Hrsg.): PISA 2003. Der Bildungsstand der Jugendlichen in Deutschland – Ergebnisse des zweiten internationalen Vergleichs. Münster 2004

PISA-Konsortium Deutschland (Hrsg.): PISA 2003. Untersuchungen zur Kompetenzentwicklung im Lauf eines Schuljahres. Münster 2006

PISA-Konsortium Deutschland (Hrsg.): PISA 2003. Der zweite Vergleich der Länder in Deutschland – Was wissen und können Jugendliche? Münster 2005

Popp, U.: Geschlechtersozialisation und schulische Gewalt. Geschlechtstypische Ausdrucksformen und konflikthafte Interaktionen von Schülerinnen und Schülern. Weinheim/München 2002

Prenzel, M./Doll, J. (Hrsg.): Bildungsqualität von Schule: Schulische und außerschulische Bedingungen mathematischer, naturwissenschaftlicher und überfachlicher Kompetenzen. Zeitschrift für Pädagogik. 45. Beiheft. Weinheim 2002

Prenzel, M/Allolio-Näcke, L. (Hrsg.): Untersuchungen zur Bildungsqualität von Schule. Abschlussbericht des DFG-Schwerpunktprogramms. Münster 2006

Projektgruppe Jugendbüro: Die Lebenswelt von Hauptschülern. München 1975

Pross, H.: Über die Bildungschancen von Mädchen in der Bundesrepublik. Frankfurt a.M. 1969

Purkey, S.C./Smith, M.S.: Effective Schools: A Review. In: The Elementary School Journal 83 (1983), 4, pp. 426-452

Radtke, F.O.: Wissen und Können – Grundlagen der wissenschaftlichen Lehrerbildung. Opladen 1996

Rau, J.: Den ganzen Menschen bilden – wider dem Nützlichkeitszwang. Weinheim 2004

Reh, S.: Berufsbiographische Texte ostdeutscher Lehrer und Lehrerinnen als ‚Bekenntnisse'. Bad Heilbrunn 2003

Reinert, B./Zinnecker, J. (Hrsg.): Schüler im Schulbetrieb. Reinbek 1978

Roeder, P.M.: Vergleichende ethnographische Studien zu Bildungssystemen: USA, Japan, Deutschland. In: Zeitschrift für Pädagogik 47 (2001), H. 2, S. 201-217

Roeder, P.M.: TIMSS und PISA – Chancen eines neuen Anfangs in Bildungpolitik, -planung, -verwaltung und Unterricht. Endlich ein Schock mit Folgen? In: Zeitschrift für Pädagogik 49 (2003), H. 2, S. 180-198

Rolff, H.G.: Sozialisation und Auslese durch die Schule. Heidelberg 1967

Rolff, H.G.: Wandel durch Selbstorganisation. Weinheim/München 1993

Rolff, H.G. (Hrsg.): Zukunftsfelder der Schulforschung. Weinheim 1995

Rolff, H.G. u.a. (Hrsg.): Jahrbuch der Schulentwicklung 1-12. Weinheim/München 1980ff.

Roth, L.: Die realistische Wendung in der pädagogischen Forschung. In: Neue Sammlung (1962), H. 2, S. 461- 478

Roth, L.: Empirische pädagogische Anthropologie. In: Zeitschrift für Pädagogik 13 (1965), H. 2, S. 207-221

Roth, L. (Hrsg.): Begabung und Lernen. Stuttgart 1969

Roth, L./Friedrich, D. (Hrsg.): Bildungsforschung. Probleme – Perspektiven – Prioritäten. Teil 1 und 2. Gutachten und Studien der Bildungskommission 51. Stuttgart 1975

Rutter, M./Maughan, B./Mortimer, B./Ouston, J.: Fünfzehntausend Stunden. Schulen und ihre Wirkungen auf Kinder. Weinheim 1979

Saldern, M. von: Zur Geschichte der AEPF. In: Ingenkamp, K./Jäger, R.S./Petillon, H./Wolf, B. (Hrsg.): Empirische Pädagogik 1970-1990. Eine Bestandsaufnahme der Forschung in der Bundesrepublik Deutschland. Bd. II, Weinheim 1992, S. 681-705

Schnabel, K.: Prüfungsangst und Lernen. Münster/New York/München/Berlin 1998

Schnabel, K./Köller, O./Baumert, J.: Stimmungsindikatoren und Leistungsängstlichkeit als Prädikatoren für schulische Leistungsentwicklung: Eine längsschnittliche Vergleichsanalyse. In: Finkbeiner, C./Schnaitmann, G.W. (Hrsg.): Lehren und Lernen im Kontext empirischer Forschung und Fachdidaktik. Donauwörth 2001, S. 208-222

Schneewind, K.A. (Hrsg.): Psychologie der Erziehung und Sozialisation. Enzyklopädie der Psychologie. Hrsg. von Birbaumer, N./Frey, D./Kuhl, J./Prinz, W./Weinert, F.E. Themenbereich D. Serie I. Bd. I, Göttingen/Bern/Toronto/Seattle 1994

Steffens, U./Bargel, T. (Hrsg.): Erkundungen zur Wirksamkeit und Qualität von Schule. Beiträge aus dem Arbeitskreis Qualität von Schule. H. 1, Wiesbaden 1987

Steffens, U./Bargel, T. (Hrsg.): Erkundungen zur Qualität von Schule. Neuwied 1993

Steinkamp, G.: Klassen- und schichtenanalytische Ansätze in der Sozialisationsforschung. In: Hurrelmann, K./Ulich, D. (Hrsg.): Handbuch der Sozialisationsforschung. Weinheim/Basel 1980, S. 253-285

Tenorth, H.-E. (Hrsg.): Kindheit, Jugend und Bildungsarbeit im Wandel. Ergebnisse der Transformationsforschung. Zeitschrift für Pädagogik. 37. Beiheft. Weinheim 1997

Tenorth, H.-E./Kudella, S./Paetz, A.: Politisierung im Schulalltag der DDR. Durchsetzung und Scheitern einer Erziehungsambition. Weinheim 1996

Terhart, E.: Qualität und Qualitätssicherung im Schulsystem. Hintergründe – Konzepte – Probleme. In: Zeitschrift für Pädagogik 46 (2000a), H. 6, S. 809-830

Terhart, E.: Perspektiven der Lehrerbildung in Deutschland. Abschlussbericht der von der Kultusministerkonferenz eingesetzten Kommission. Weinheim 2000b

Terhart, E.: Lehrerberuf und Lehrerbildung. Forschungsbefunde, Problemanalysen, Reformkonzepte. Weinheim 2001

Terhart, E.: Nach PISA. Bildungsqualität entwickeln. Weinheim 2002

Tillmann, K.-J.: Sozialisationstheorien. Reinbek 1997

Tillmann, K.-J./Holler-Nowitzki, B./Holtappels, H.G./Meier, U./Popp, U.: Schülergewalt als Schulproblem. Weinheim/München 1999

Tippelt, R. (Hrsg.): Handbuch der Erwachsenenbildung. Opladen 1999

Tippelt, R. (Hrsg.): Handbuch Bildungsforschung. Opladen 2002

Travers, R.M.W. (Hrsg.): Second handbook of research on teaching. Chicago 1973

Treiber, B./Weinert, F.E. (Hrsg.): Lehr-Lern-Forschung. Ein Überblick in Einzeldarstellungen. München 1981

Tütken, H.: Forschungsschwerpunkte im Rahmen der Curriculumentwicklung. In: Deutscher Bildungsrat (Hrsg.): Gutachten und Studien der Bildungskommission 51. Bildungsforschung. Probleme – Perspektiven – Prioritäten. Teil 2. Stuttgart 1975, S. 87-125

Twellmann, W. (Hrsg.): Handbuch Schule und Unterricht. Bd. 1-8.2, Düsseldorf 1981ff.

Van Buer, J./Wagner, C. (Hrsg.): Qualität von Schule. Ein kritisches Handbuch. Frankfurt a. M. u.a. 2007

Vereinigung der Bayerischen Wirtschaft (Hrsg.): Bildung neu denken. Das Zukunftsprojekt. Opladen 2003

Weiler, H.N.: Bildungsforschung und Bildungsreform – Von den Defiziten der Deutschen Erziehungswissenschaft. In: Gogolin, I./Tippelt, R. (Hrsg.): Innovation durch Bildung. Beiträge zum 18. Kongreß der Deutschen Gesellschaft für Erziehungswissenschaft. Opladen 2003, S. 181-207

Weinert, F.E. (Hrsg.): Psychologie des Lernens und der Instruktion. Enzyklopädie der Psychologie. Hrsg. von Birbaumer, N./Frey D./Kuhl, J./Prinz, W./Weinert F.E. Themenbereich D. Serie 1. Bd. 2, Göttingen/Bern/Toronto/Seattle 1996

Weinert, F.E. (Hrsg.): Psychologie des Unterrichts und der Schule. Enzyklopädie der Psychologie. Hrsg. von Birbaumer, N./Frey D./Kuhl, J./Prinz, W./Weinert F.E. Themenbereich D. Serie 1. Bd. 3, Göttingen/Bern/Toronto/Seattle 1997

Weinert, F.E. (Hrsg.): Entwicklung im Kindesalter. Weinheim 1998

Weinert, F.E./Helmke, A. (Hrsg.): Entwicklung im Grundschulalter. Weinheim 1997

Weishaupt, H./Zedler, P.: Aspekte der aktuellen Schulentwicklung in den neuen Ländern. In: Rolff, H.G. u.a. (Hrsg.): Jahrbuch der Schulentwicklung 8. Weinheim/München 1994, S. 395-429

Wellenreuther, M.: Quantitative Forschungsmethoden in der Erziehungswissenschaft. Eine Einführung. Weinheim 2000

Wernet, A.: Pädagogische Permissivität. Schulische Sozialisation und pädagogisches Handeln jenseits der Professionalisierungsfrage. Opladen 2003

Wiesemann, J.: Lernen als Alltagspraxis. Lernformen von Kindern an einer freien Schule. Bad Heilbrunn 2000
Willis, P.: Spaß am Widerstand. Frankfurt a.M. 1979
Wulf, C./Althans, B./Audehm, K./Bausch, C./Göhlich, M./Sting, S./Tervooren, A./Wagner-Willi, M./Zirfas, J.: Das Soziale als Ritual. Zur performativen Bildung von Gemeinschaften. Opladen 2001
Zeitschrift für Erziehungswissenschaft 6 (2003), H. 1
Zeitschrift für Pädagogik 22 (1976), H. 2
Zeitschrift für Pädagogik 28 (1982), H. 3
Zeitschrift für Pädagogik 28 (1982), H. 4
Zeitschrift für Pädagogik 47 (2001), H. 6
Zinnecker, J. (Hrsg.): Der heimliche Lehrplan. Weinheim/Basel 1973
Zinnecker, J.: Soziale Welten von Schülerinnen und Schülern: Über populare, pädagogische und szientifische Ethnographie. In: Zeitschrift für Pädagogik 46 (2000), H. 5, S. 667-691
Zymek, B.: Die Schulentwicklung in der DDR im Kontext einer Sozialgeschichte des deutschen Schulsystems. Historisch-vergleichende Analyse von lokalen Schulangebotsstrukturen in Mecklenburg und Westfalen, 1900-1990. In: Häder, S./Tenorth, H.-E. (Hrsg.): Bildungsgeschichte einer Diktatur. Bildung und Erziehung in SBZ und DDR im historisch-gesellschaftlichen Kontext. Weinheim 1997, S. 25-55

I Die Entwicklung der Schulforschung

Peter Drewek

Entwicklungsformen der Schulforschung in Deutschland und in den Vereinigten Staaten vom Beginn des 20. Jahrhunderts bis in die Zeit nach dem Zweiten Weltkrieg

Für Peter Martin Roeder

Die Anfänge der Schulforschung im ausgehenden 19. Jahrhundert fallen in die Periode der Modernisierung und Expansion der Bildungssysteme in Europa und in den Vereinigten Staaten Nordamerikas und zugleich in die Zeit der Herausbildung und Differenzierung der modernen geistes- und sozialwissenschaftlichen Disziplinen. Je nach ihren historischen und gesellschaftlichen Voraussetzungen vollzogen sich Modernisierung des Bildungssystems und Disziplinbildungsprozesse von Land zu Land in unterschiedlicher Weise. Während in Deutschland die bereits relativ festen Strukturen des im frühen 19. Jahrhundert begründeten Bildungswesens lediglich Teilreformen des Gesamtsystems zuließen (1900 und 1908: höheres Knaben- bzw. Mädchenschulwesen; 1920: Einführung der allgemeinen Grundschule), die die vertikale Schulgliederung weiter stabilisierten, waren der Transformation und Modernisierung des amerikanischen Schulwesens seit dem ausgehenden 19. Jahrhundert vor allem deshalb weitaus größere Entwicklungsspielräume eröffnet, weil hier der für Deutschland geltende straffe systemische Charakter fehlte.

Unterschiedliche Entwicklungsvoraussetzungen und Strukturen des Bildungssystems wirkten nicht nur auf die Schule und ihre Entwicklungspotenziale als Gegenstände der Schulforschung zurück. Mit diesen Unterschieden korrespondierten zugleich auch unterschiedliche kognitive und soziale Profile der sich in Anlehnung an die Geistes- bzw. an die Sozialwissenschaften ausdifferenzierenden Erziehungswissenschaft. Während die Sozialwissenschaften in den Vereinigten Staaten pragmatisch-professionsbezogen, die Erziehungswissenschaft zugleich verwaltungs- und klientelnah ausgelegt wurden, war die „wissenschaftliche Pädagogik" in Deutschland seit den 1920er Jahren mit ihrer Orientierung an der Philosophie als Leitdisziplin paradigmatisch auf den Bildungsbegriff und dabei eher institutionenfern ausgerichtet (Drewek 2002; Keiner/Schriewer 2000; Wagner/Wittrock 1991).

In der Folge unterschiedlicher Organisationsformen der Schule als Gegenstand der Schulforschung sowie damit auf bestimmte Weise korrespondierender unterschiedlicher Disziplingestalten variieren im internationalen Vergleich Ansätze, Umfang und Stellenwert der Schulforschung nach dem Ort, Grad und Profil ihrer Institutionalisierung erheblich. Hatten sich die frühen Forschungszugänge um 1900 zunächst durchaus geähnelt (Depaepe 1993), kam es in Deutschland durch die Dominanz der geisteswissenschaftlichen Pädagogik seit den 1920er Jahren zu einer längerfristigen Marginalisierung der empirischen Schulforschung, die erst Ende der 1950er und Anfang der 1960er Jahre sukzessive überwunden wurde. Demgegenüber nahm die Schulforschung in den Vereinigten Staaten schon seit den 1920er Jahren eine wissenschaftlich weitaus zentralere Rolle von zugleich hoher bildungspolitischer Bedeutung ein.

Als Gegenstand der Erziehungswissenschaft, der Psychologie, der Soziologie und der Medizin sowie der Volkswirtschaft, der Rechts- und Verwaltungswissenschaften ist die Schulforschung ein genuin interdisziplinäres Forschungsfeld. Im Zuge der Ausdifferenzierung dieser Disziplinen wurde sie im Verlauf des 20. Jahrhunderts zum Forschungsfeld bestimmter Subdisziplinen, wie der Pädagogischen Psychologie, der Bildungssoziologie, -ökonomie oder des Bildungsrechts. Dieser vor allem in Deutschland zu Forderungen nach einer stärkeren Koordination und einheitlicheren Organisation der Schulforschung führende Prozess erschwert in Bezug auf die Historiographie der Schulforschung eine zusammenhängende entwicklungsgeschichtliche Darstellung.

Dies ist nicht nur als Problem der angemessenen Isolierung der jeweils schulspezifischen Forschungen innerhalb der verschiedenen (Sub-)Disziplinen zu verstehen, sondern zugleich Folge der allgemeinen Entwicklungslogik wissenschaftlicher Disziplinen und ihrer darauf bezogenen historiographischen Rekonstruktion. Wenn sich Disziplingeschichten vorrangig an Ausdifferenzierungsprozessen, Paradigmenentwicklungen, Schulenbildungen etc. und nur in zweiter Linie an den materialen Erkenntnisfortschritten in konkret abgegrenzten Forschungsgebieten orientieren, so reflektiert dies auch, dass disziplinäre Autonomie eher kognitiv über einen eigenständigen szientifischen Fokus, anerkannte Paradigmen und Methoden erlangt bzw. kontinuiert werden konnte, die sozial zu starke und exklusive institutionelle Bezüge mit der Gefahr möglicher Abhängigkeiten genetisch und damit auch im historiographischen Selbstbild ausschließen.

Nicht also nur die Zugehörigkeit der Schulforschung zu unterschiedlichen (Teil-) Disziplinen, sondern auch deren notwendigerweise gegenstandsübergreifende historische Selbstrekonstruktion erschweren es, die Entwicklung der Schulforschung im Zusammenhang darzustellen. Dies erklärt den auch heute noch kaum zu übersehenden Umfang und die Vielfalt weitgehend unbearbeiteter schulforschungsgeschichtlicher Quellen. Geht man über die einschlägigen historischen Monographien hinaus, so eröffnet sich ein weit ausgedehntes Feld hochgradig parzellierter und partikularisierter Einzelforschungen, die in unterschiedlichem Umfang an unterschiedlichen Orten dokumentiert und in sehr verschiedener Weise aufbereitet worden sind.

1 Die Entwicklung der Schulforschung in Deutschland seit dem ausgehenden 19. Jahrhundert bis zur Reformära der 1960er und 1970er Jahre

1.1 Bibliographien, Periodika und Quellen

Aufgrund ihrer Zugehörigkeit zu unterschiedlichen Disziplinen bzw. Teildisziplinen liegen keine übergreifend angelegten Bibliographien zur Schulforschung vor. Insgesamt betrachtet ist der größte Teil der Schulforschung – im Vergleich mit den anderen einschlägigen Disziplinen – in der Erziehungswissenschaft bzw. ihren verschiedenen Teilgebieten angesiedelt. Für den Zeitraum von 1925 bis 1941 ist das entsprechende Schrifttum einschließlich der pädagogisch-psychologischen Titel in der „Erziehungswissenschaftliche(n) Forschung“ erfasst; hier sind auch die erziehungswissenschaftlichen Hochschulschriften nachgewiesen (Hoffmann 1927-1943).

Einen größeren, bis in das 19. Jahrhundert zurückreichenden Zeitraum erschließt hierzu die Bibliographie von Friederich und Herrmann (1983).

Die Entwicklung der Erziehungswissenschaft bzw. Schulforschung nach 1945 ist bis in die 1960er Jahre in einzelnen speziellen Bibliographien dokumentiert. Neben der Auslese für weiterführende Schulen (Schaffernicht 1962) sind besonders die nach Autoren gegliederten Publikationen des Deutschen Instituts für internationale pädagogische Forschung (DIPF) (Verzeichnis der Veröffentlichungen 1978) und hier zusätzlich die Bibliographie ihres ersten Leiters, Erich Hylla, zu nennen (Bibliographie 1911-1966, 1967). Eine kürzere, auch die Nachkriegszeit umfassende Literaturübersicht zur erziehungswissenschaftlichen Forschung bieten Correll und Slotta (1958). Umfangreiche Literaturangaben zu den 1950er Jahren enthalten verschiedene Abhandlungen der beiden von Heckel, Lemberg, Roth, Schultze und Süllwold (1958) sowie von Lemberg (1963a) herausgegebenen Sammelbände.

Wenngleich Beiträge zur Schulforschung in sehr unterschiedlich ausgerichteten Periodika publiziert worden sind, können die Zeitschrift für Pädagogische Psychologie – in engeren Grenzen auch die Zeitschrift für Kinderforschung – und ihre jeweiligen Vorläufer als wichtigste periodische Quellen zur Entwicklung empirischer Forschung genannt werden. Eine nach Themen gegliederte Aufstellung der von 1899 bis 1924 veröffentlichten Artikel liefert das Gesamtregister der Zeitschrift für Pädagogische Psychologie (1925).

In dieser Zeitschrift wurden außerdem für den Zeitraum vom Wintersemester 1911/12 bis zum Wintersemester 1918/19 regelmäßig die erziehungswissenschaftlichen Lehrveranstaltungen der deutschen Hochschulen aufgeführt (Die pädagogischen Kollegs 1911/12-1918/19). Für einen begrenzten Zeitraum sind diese Angaben auch in der „Erziehungswissenschaftliche(n) Forschung“, hier zusätzlich auch für die Pädagogischen Akademien in Preußen, enthalten. Diese Aufstellungen zeigen, in welchem Umfang und mit welchen Themen die empirische Pädagogik in der Lehre vertreten war.

Wie bei den vorgenannten Angaben handelt es sich auch im Bereich der Monographien und der unselbständigen Literatur als Quellen der Schulforschung angesichts des historiographischen Forschungsstandes notwendigerweise nur um eine vorläufige Auswahl aus der einschlägigen Forschungsliteratur des 20. Jahrhunderts. Besonders hervorzuheben sind dabei für das frühe 20. Jahrhundert die Publikationen von Meumann (1901, 1911b, 1913b, 1914c, 1914a), für die Weimarer Zeit das Handbuch für Pädagogik (Nohl/Pallat 1928, 1933) sowie für die Nachkriegszeit der von Lemberg (1963a) herausgegebene Sammelband „Das Bildungswesen als Gegenstand der Forschung“, der zugleich eine Übersicht über die erziehungswissenschaftliche Forschung in anderen Ländern bietet. Schließlich ist für die Soziologie des Bildungswesens das von Heintz herausgegebene Sonderheft der „Kölner Zeitschrift für Soziologie und Sozialpsychologie“ mit dem Titel „Soziologie der Schule“ zu nennen, darin besonders der Übersichtsbeitrag von Brookover (Heintz 1959; Brookover 1959).

1.2 Grundzüge und Kontexte der Entwicklung der Schulforschung in Deutschland

Die Geschichte der Schulforschung in Deutschland setzte um 1900 geradezu schubartig und mit hoher Entwicklungsdynamik ein, deren Richtung und Resultate nach 1918 im Kontext der Disziplinbildung der Erziehungswissenschaft und der nunmehr dominierenden geisteswissenschaftlichen Pädagogik allerdings rasch relativiert worden sind. Dabei wurden durch Wechselwirkungen mit Schulreformen und Disziplinbildungsprozessen die zunächst weit ausgreifenden Fragestellungen restrukturiert und modifiziert. Während für die 1920er und frühen 1930er Jahre, in denen der Schulforschung eine begrenzte, in der Wissenschaftssystematik der Erziehungswissenschaft entsprechend nachgeordnete Bedeutung zukam, das gleichwohl außerordentlich umfangreiche, bislang aber eher in bestimmten Ausschnitten bearbeitete Material (Ingenkamp 1990) umfassendere Interpretationen noch nicht erlaubt, lässt sich der Prozess nach 1945 als eine in zwei Schritten langsam wieder ansteigende Entwicklung beschreiben. Blieb es zunächst bei der vorherigen partikularisierten, quantitativ zugleich noch schwach ausgeprägten Einzelforschung, wurde seit Mitte der 1950er Jahre in verschiedenen, teils sehr publizitätswirksamen Beiträgen erstmals offensiv die Notwendigkeit einer disziplinübergreifenden institutionellen Infrastruktur der Schulforschung thematisiert. Dieser Diskurs mündete in der Gründung des Max-Planck-Institutes für Bildungsforschung in Berlin, mit der die relativ lange Periode einer schwachen Institutionalisierung in den 1960er Jahren abgeschlossen wurde und sich die empirische Schulforschung in Deutschland zu verstetigen begann (Leschinsky 1996).

Insofern die Impulse um 1900 (Auszweigung der experimentellen Pädagogik aus der experimentellen Psychologie, Professionalisierungsbestrebungen der Volksschullehrer) und um 1960 (bildungs- und wissenschaftspolitische Initiativen) extern bedingt waren, wurde die Schulforschung in Deutschland jeweils von außen in die „wissenschaftliche Pädagogik" einzuführen versucht. Dabei waren die zu Beginn des Jahrhunderts noch erfolglosen, nach 1960 dann gelingenden Institutionalisierungsversuche beide Male durch Forschungsprogramme charakterisiert, die die Schulforschung weit über den engeren Rahmen pädagogisch-psychologischer Forschung hinaus ausgelegt haben. Demgegenüber erscheint die schulbezogene Forschung während der langen Latenzperiode von den 1920er bis zu den 1950er Jahren nicht nur äußerlich zersplittert und fragmentiert, sondern zugleich inhaltlich durch die Limitierung und Spezifizierung ihrer Fragestellungen in einer Weise beschränkt und festgelegt, die von Ansprüchen an eine umfassende wissenschaftliche Analyse, Reflexion und Steuerung des Bildungswesens insgesamt, wie sie dann erneut um 1960 formuliert wurden, weit entfernt war. An die Periode der thematischen Spezialisierung und disziplinären Randständigkeit während der Weimarer Zeit schloss im Nationalsozialismus eine rassistische Ideologisierung an, mit der die Schulforschung ihre wissenschaftliche Bedeutung einbüßen musste.

Aus sozialgeschichtlicher Perspektive waren es weniger wissenschaftlich-inhaltliche (Roth 1963) als im Wesentlichen bildungssystemspezifische Faktoren, die die Entfaltung und Kontinuität der Schulforschung in Deutschland nach 1918 gebremst und modifiziert haben. Unter organisatorisch-institutionellen Gesichtspunkten bestand um die Jahrhundertwende bereits ein auf die Reformära am Beginn des 19. Jahrhunderts zurückgehendes und insofern relativ entwickeltes, ausdifferenziertes staatliches Schulsystem (D.K. Müller 1977, 1981). Die mit der Systemförmigkeit verbundene Fülle staatlich-bürokratischer Regelungen und Bestimmungen stand seit dem frühen 19. Jahrhundert prinzipiell unter dem Anspruch, die Einheitlichkeit der Schulverhältnisse über die unterschiedlichen lokalen und regionalen Bedingungen hinweg zu gewährleisten und dadurch die Varianz auf der Ebene der Einzelschulen zu reduzieren und – politisch wie administrativ – zu kontrollieren (Jeismann 1996a). Im Medium der wiederholt modifizierten, (fach-)wissenschaftlich immer anspruchsvolleren Prüfungsbestimmungen für das höhere Lehramt (Führ 1985) bzw. der Abiturregelungen wurden von der preußischen Unterrichtsverwaltung frühe Ansätze der Qualitätssicherung im Schulwesen verfolgt (Drewek 1995; Jeismann 1996a). Dadurch substituierte die staatliche Schulverwaltung eben jene Leistungen und Funktionen des – in moderner Terminologie –„Systemmonitoring" und „Schulmanagements", die aufgrund des heterogenen und unübersichtlichen Schulwesens in den Vereinigten Staaten die Schulforschung dort überhaupt erst anstießen. Vor allem mit dem außerordentlich komplizierten staatlichen Schulsystem ist es zu erklären, dass die einschlägige zeitgenössische Literatur zum Schulwesen bis zum Ende der Weimarer Zeit vorrangig durch informierende Darstellungen, z.B. Handbücher, eben dieses Systems geprägt war, weniger dagegen durch analytisch anspruchsvolle, theoretisch problematisierende und insofern forschungsorientierte Beiträge.

Zugleich war dieses System unter institutionssoziologischen Gesichtspunkten durch die enge Verzahnung der höheren Schulen mit der Sozialstruktur (D.K. Müller 1977) und die daraus resultierenden sozialen Reproduktionsfunktionen signifikant in seinen von der frühen Schulforschung aus dieser Perspektive ‚naiven', nämlich unter neutralen – wissenschaftlichen – Kriterien thematisierten Entwicklungsspielräumen eingeschränkt. Nachdem vor allem die städtischen Schulsysteme im Verlauf des 19. Jahrhunderts noch als gesamtschulartige, mobilitätsfördernde Organisationen fungiert hatten, war der Zusammenhang zwischen sozialer Herkunft und Bildungsteilnahme im ausgehenden 19. Jahrhundert zunehmend straffer geworden (D.K. Müller 1977; Kaelble 1983; Neugebauer 1992). Institutionell drückte sich dies in einer offen sozial kanalisierend angelegten Ausdifferenzierung des höheren Schulwesens aus, die dann ihrerseits in Form einer zunehmend stärkeren vertikalen Segmentierung des Gesamtsystems in karriererelevante höhere und berechtigungslose niedere Schularten auf die Pflichtschulen und deren Entwicklungsmöglichkeiten zurückwirkte. Vor diesem Hintergrund erhöhte die administrative Steuerung dieser Prozesse den politischen Legitimations-, nicht den wissenschaftlichen Forschungsbedarf.

1.2.1 Schulforschung vor dem Ersten Weltkrieg

Als sich parallel zu der Durchsetzung eines sozial differenzierten und dadurch auf soziale Reproduktion angelegten Schulsystems die „experimentelle" oder auch „empirische" Pädagogik in enger Anlehnung an die „experimentelle Psychologie" herausbildete, zielte sie gleichermaßen auf die Erneuerung der in ihrer herbartianischen Ausrichtung im Abstieg begriffenen wissenschaftlichen Pädagogik (Oelkers 1989) wie auf die Rationalisierung des Schulsystems nach pädagogisch-psychologischen Kriterien.

Als Schlüsseltexte können vor allem die programmatischen Schriften Meumanns gelten, deren erste als vierteiliger Beitrag über die „Entstehung und Ziele der experimentellen Pädagogik" in der „Deutschen Schule" 1901 erschienen ist und die erweiterte Fassung des gleichnamigen Vortrages vor Schulvertretern des Kantons Zürich ein Jahr zuvor anlässlich der Ernennung zum Ordinarius darstellt. Weitere programmatische Dokumente sind insbesondere die Einleitungen zu den beiden Auflagen seines Hauptwerkes, den „Vorlesungen zur Einführung in die experimentelle Pädagogik und ihre psychologischen Grundlagen" sowie die Einleitung für den „Abriß der experimentellen Pädagogik" von 1914 (Meumann 1907; 1911b; 1913b; 1914c; 1914a).

Bezogen auf die wissenschaftliche Pädagogik dokumentieren diese Texte eine Entwicklung, derzufolge die experimentelle Pädagogik zunächst noch als empirisches Korrektiv („Unterbau") der pädagogischen Theorie („Oberbau") (Meumann 1901, S. 288) beschrieben wird, am Vorabend des Ersten Weltkrieges dagegen bereits als Zentrum der wissenschaftlichen Pädagogik schlechthin erscheint (Meumann 1914a). Diese starke, gegen eine rein philosophische Orientierung gerichtete Option stützt Meumann durch zahlreiche wissenschaftliche und wissenschaftspolitische Aktivitäten wie den Herausgeberschaften einschlägiger Periodika und seiner Kooperation mit den zeitgenössischen Reformströmungen vor allem in den Lehrerverbänden. Schon die „Vorlesungen zur Einführung in die experimentelle Pädagogik" richteten sich nicht an ein studentisches Publikum, sondern wurden vor Volksschullehrern gehalten. Seine hochschul- bzw. schulpolitischen Auffassungen hat Meumann in verschiedenen Beiträgen zu der nach der Jahrhundertwende virulenten Frage der pädagogischen Lehrstühle bzw. in seinem Votum für eine „Parallelbewegung" von Schulreform und paradigmatischer Erneuerung der wissenschaftlichen Pädagogik ausgedrückt (Meumann 1909, 1911a).

Meumanns allgemeines wissenschaftliches Interesse an der experimentellen Pädagogik konzentrierte sich im Besonderen mehr und mehr auf die Begabungsforschung. Während ihr in der ersten zweibändigen Auflage seiner ‚Vorlesungen' schon umfangreiche Teile gewidmet waren, wurde die Begabungsforschung in der zweiten, dreibändigen Auflage nunmehr in dem eigenständigen, 1913 erschienenen zweiten Band abgehandelt. Wenngleich Meumann hier hauptsächlich die entsprechende (auch internationale) zeitgenössische Literatur referiert und kompiliert, ergänzt er sie zugleich durch weiterreichende eigene Überlegungen. Vor dem Hintergrund eines bis dahin eher der Medizin und Psychiatrie vorbehaltenen, auf die nach unten abweichenden Stufen der (Minder-)Begabung gerichteten Begabungsbegriffs zielt Meumann auf eine Fokuserweiterung im Sinne der Analyse allgemeinerer Zusammenhänge von Anlage und Milieu, Vererbung und Entwicklung (Drewek 1989).

Im Kontext derartiger Überlegungen forderte Meumann „Begabungsunterschiede nach Möglichkeit auszugleichen und Begabungsmängel durch besondere Übungen zu beseitigen" (Meumann 1913b, S. 763). Die Genese von Begabungsdifferenzen sah er vor allem durch schicht- und milieuspezifische Sozialisationsprozesse bedingt. Wenngleich Meumann keineswegs zu den Vertretern eines radikalen Einheitsschulprogrammes zählte und seine vergleichenden Studien zur Begabungsverteilung die bestehende Schulstruktur auch prinzipiell bestätigten, waren es gerade Teilergebnisse wie etwa eines 4% über dem Begabungsdurchschnitt liegenden Anteils von Volksschülern (Meumann 1913a), die für den sozial sensiblen Bereich der Karriereschulen schon unter quantitativen Aspekten durchaus irritierend wirken mussten. Als Stern (1916, S. 289) von 2% „Höchstbefähigten" in Volksschulen ausging, die zum Besuch einer höheren Schule infrage kämen, wies er bereits darauf hin, dass die Aufnahme dieser Gruppe den aktuellen Schülerbestand der höheren Schulen um 25% vergrößern würde.

Mit der gerade wegen moderat-zurückhaltender Interpretationen ernst zu nehmenden Empirisierung der Zusammenhänge zwischen Begabung und Schulstruktur gingen schließlich immer weiter ausgreifende Überlegungen zu den Entwicklungspotenzialen der empirischen Pädagogik einher. Sie ziele mit den Mitteln des Experiments, der Statistik, der Umfrage und „alle(r) Arten systematischer Beobachtung" auf „die großen Probleme der Schulorganisation, der Beziehung sozialer und kultureller Fragen zum Erziehungswerk" und erweitere dabei „ihren Forschungsbereich auf die Gesamtheit der äußeren Bedingungen, unter denen Erziehungsziele verwirklicht werden" (Meumann 1914a, S. 13).

Derartig weitreichende Vorstellungen zum Gebiet und zu den Aufgaben der empirischen Pädagogik begleiteten ungewöhnlich moderne Auffassungen zum Modus der kindlichen Entwicklung oder auch zu den Erziehungszielen. Meumann verstand das Wesen des kindlichen Entwicklungsprozesses nicht als passive Anpassung an die vorgegebene Umwelt sondern vielmehr als ein „aktive(s) Verarbeiten der Umgebungseinflüsse" (ebd., S. 423). Die Entwicklung des Kindes sei „nicht bloße Adaptation an die Umgebung, sondern vielmehr individuelle Transformation der Umgebung" (ebd., S. 424). Die in der experimentellen Forschung erwiesene „außerordentlich große Bedeutung seiner Spontaneität, Selbsttätigkeit, seines Selbstmachens und Selbstfindens" (ebd.) legte Meumann auch seinen Überlegungen zu den Erziehungszielen zugrunde, wo er dezidiert für die Zielsetzung der „autonome(n) Einzelpersönlichkeit" (Meumann 1914b, S. 8) plädierte. Modern erscheint schließlich auch die Richtung, in die Meumann die empirische Pädagogik strategisch auszuweiten plante. Neben der Begabungslehre und der Lehre von der Arbeit des Schulkindes nannte er bereits 1911 den „fremdsprachliche(n) Unterricht und die mathematischen Fächer“ (Meumann 1911b, S. IX) als die auch heute aktuellen Gegenstände empirischer Schulforschung.

Meumanns Konzeption, die oft fälschlich (vgl. Meumann, 1914a, S. 27, 421) in enger Nachbarschaft zu Lays experimenteller Didaktik gesehen wird, war schon vor, stärker noch nach seinem Tod 1915 scharfen, dabei teils schwerwiegenden Kritiken ausgesetzt. Dies gilt für die empirische Fundierung der Erziehungswissenschaft als akademischer Disziplin überhaupt wie für die Bedeutung des Experimentes in der Pädagogik im Besonderen, schließlich auch für die von ihm thematisierten Zusammenhänge zwischen Schule und Begabung.

Hinsichtlich des Fokus’ und der paradigmatischen Orientierung der wissenschaftlichen Pädagogik argumentierte Eduard Spranger (1913, S. 479), dass sie „bisher von manchen Seiten in einem sehr engen Sinne aufgefasst worden“ sei, „nämlich als Theorie einer Erziehungstechnik, die (...) in ihrer Bedeutung aber kaum über die Grenzen der Schule und die Bedürfnisse des Lehrers hinausreicht. Im Gegensatz zu dieser Auffassung erscheint mir die Erziehung als ein Kulturvorgang, der in den Zusammenhang des ganzen geistigen Lebens eingebettet ist, und folglich die Pädagogik als eine Wissenschaft, die in ihrem historischen, beschreibenden und normativen Teil mit allen übrigen Kulturgebieten eng verwoben ist“. In einem „Akt der Notwehr“ hatte er sich schon zuvor gegen die „völlige Verselbständigung der Pädagogik“ auf empirischer Basis gewandt und betont, „dass die Pädagogik im Zusammenhang der philosophischen Problemstellung ihren ganz eigenen Ursprung hat und dass sie nur dann ihre Selbständigkeit als Wissenschaft erringen kann, wenn sie sich ihres eigentümlichen methodischen Charakters und ihrer zunächst nur von der Philosophie aus bestimmbaren Aufgabe bewusst ist“ (Spranger 1910/1973, S. 222).

Bei der Relativierung der empirischen Pädagogik spielte vor allem der zeitgenössische Kulturbegriff eine zentrale Rolle. So sah beispielsweise Ziertmann (1914, S. 29ff.) die Grenzen der Bedeutung der Pädagogischen Psychologie „unausweichlich gesetzt durch die Bedürfnisse unserer Kultur, mögen wir von dieser halten, was wir wollen“. Dies aber heiße: „bei der eigentlichen Zielbestimmung kommt die Natur des jungen Menschen und die Wissenschaft von ihr nicht in Betracht“. Die Psychologie sei „eigentlich nur Mittel – und das mit Recht“. Die Ziele der höheren Schulen und Hochschulen hingen vorrangig ab „von dem jeweiligen Zustand der Wissenschaft und Technik, die nun eben wichtige Stücke unserer Kultur selber sind“. Psychologischen Fragestellungen und Innovationen seien am ehesten diejenigen Teile des Bildungswesens zugänglich, die „von den letzten Zielen am weitesten abliegen – sei es dem Gegenstand, sei es dem Alter der Schüler nach“. Zwar ließen sich noch der Zeichenunterricht und der Elementarunterricht unter psychologischen Gesichtspunkten reformieren, die Oberstufe der Volksschule dagegen schon schwieriger. In den oberen Klassen des Gymnasiums schließlich „werden psychologische Erwägungen kaum Einfluß erlangen können: Die Reifeprüfung entnimmt nun einmal ihre Anforderungen nicht der Natur des Schülers, sondern der Beschaffenheit der Wissenschaft und des Lebens der Gesellschaft“. Dies erkläre, warum sich Oberlehrer „nur wenig“, Volksschullehrer dagegen „recht eifrig“ mit der Pädagogischen Psychologie auseinander setzten, „die Hochschullehrer sie fast ganz vernachlässigen würden“. In vergleichender Perspektive könne man „fast sagen: Je inniger ein Bildungswesen mit den verschiedenen Gebieten der Kultur zusammenhängt, je genauer es auf sie vorbereitet, je besser es also seine Aufgabe erfüllt, desto unabhängiger muß es von aller entwicklungsgeschichtlichen oder pädagogischen

Psychologie sein“. Das bedeute umgekehrt, „je mehr es auf die Psychologie des jungen Menschen Rücksicht nimmt, desto weniger kann es den sachlichen Anforderungen unserer Kultur genügen: Das scheint das amerikanische Schulwesen zu zeigen. Es kann in seinen Zielen den Anschluß an die heutige Kultur nicht finden, da in ihm der Druck fehlt, durch den die Anforderungen der Kultur zu überwinden wäre (wir üben diesen Druck durch das Berechtigungswesen aus); daher wendet es sich an die Psychologie, sucht aus ihr seine Ziele zu bestimmen und gibt ihren Erwägungen Raum“ (ebd., S. 32f.).

Als auf der „Pädagogischen Konferenz“ des preußischen Ministeriums der geistlichen und Unterrichtsangelegenheiten 1917 die Frage der Einrichtung pädagogischer Professuren verhandelt wurde, hieß es in enger Anlehnung an derartige Argumentationen, die pädagogische Professur müsse „wirkliche und eigentliche Wissenschaft sein, die sich von praktischen Vorübungen oder erbaulichen Mahnungen ebenso scharf trennt wie von wissenschaftlich verkleideten politisch-sozialen Interessen. Eine solche Professur muß dem deutschen, wissenschaftlichen Geiste entsprechen und darf nicht in der Weise der heute in Amerika Mode gewordenen pädagogischen Fakultäten an allem Möglichen herumexperimentieren, als ob es noch kein festes Schulwesen und keine Bildungsrichtung der Nation gäbe. Es handelt sich nicht um das Sammelsurium einer pädagogischen Fakultät, die ein Heer heterogener Arbeiter bis zum Schularzt umfaßt, sondern um die wissenschaftliche historisch-philosophische Bearbeitung unseres tatsächlich bestehenden gesamten Schulwesens, wobei die praktisch-begeisternde Wirkung gar nicht die Hauptsache ist, sondern die Erkenntnis des Bestehenden und die Fortbildung des Bestehenden zu reinem Ausdruck einer einheitlichen Kulturgesinnung“. Der prominente Berichterstatter – Ernst Troeltsch – formulierte weiter, er wehre sich „dagegen, die Disziplin von der Psychologie aus zu konstruieren“, er „konstruiere sie vielmehr aus Unterrichtsgeschichte, Institutionenforschung und Kulturphilosophie. Von der Psychologie aus kann weder das gegebene Unterrichtswesen erfaßt werden, das vielmehr eine historisch-politische Tatsache ist, noch das Bildungsziel und Kulturideal“. Das Unterrichtswesen würde sonst „in den Dienst eines angeblich soziologisch und sozialpsychologisch begründeten Fortschrittes gestellt, der die Gleichartigkeit der Bildung aller und eine wesentlich utilitaristische Hebung der Massen erstrebt. Das ist die heute die Führung so vielfach beanspruchende Psychologie, die in Wahrheit eine versteckte Metaphysik und utilitaristische Fortschrittslehre ist“ (Troeltsch 1917b, S. 23f.; vgl. auch 1917a).

Die qualifizierteste, weniger normativ, sondern analytisch reflektierende Kritik entwickelte Max Frischeisen-Köhler am Gegenstand des Experiments als dem Kernverfahren der empirischen Pädagogik. Ohne „die Möglichkeit des psychologischen Experimentes“ grundsätzlich „anzufechten“ (Frischeisen-Köhler 1918/1919/1962, S. 212), sah er dessen Anwendungsbereiche doch entschieden begrenzt. Wenn wir im „Laboratorium die geschichtliche Welt hinter uns“ lassen, „auf dass das naturhafte Wesen der Gattung Mensch rein und ungestört zur Beobachtung und Analyse gelange“ (ebd., S. 122), dann könne man dort aber nur „einfachste Reaktionen auf typische und gleichförmig wiederkehrende Reize“ untersuchen, insofern nur hier „die erforderte Absehung von der geschichtlichen Welt prinzipiellen Bedenken“ (ebd., S. 122f.) nicht unterliegt. Wenn man aber annimmt, dass die Menschen „noch in einem ganz anderen Sinne als die Organismen Erben der vergangenen Geschlechter“ sind und sich ihre Identität als „Kulturmenschen“ aus dem „Erbgut des geschichtlich-gesellschaftlichen Lebens“ (ebd., S. 124) bestimme, dann bleibe es bei „höheren Bewußtseinsgestaltungen und zusammengesetzteren Kuturleistungen“ unklar, „von welchem Einfluß die sozial-historischen Faktoren auf die im Laboratorium isolierte Versuchsperson sind“ (ebd., S. 123).

Im Zusammenhang solcher Kritiken wurden die Aufgabenbereiche der empirischen Pädagogik radikal begrenzt. Frischeisen-Köhler sah die „Zukunft der experimentellen Pädagogik (...) in der Richtung einer allgemeinen ‚Hygiene der geistigen Arbeit' und einer Technik für den rationellen Erwerb von spezifischen Fertigkeiten". Sie könne „im Bunde mit der Medizin (...) der Heilpädagogik wertvolle Dienste leisten" (Frischeisen-Köhler 1962 [1918/1919], S. 148). Spranger prognostizierte, im „didaktischen Gebiet des Lesens, Schreibens, Memorierens, des Vergleichens, Wiedererkennens usw. wird also diese Methode ihre berechtigten Triumphe feiern" (Spranger 1916, S. 51). 1930 resümierte er rückblickend, die „Anwendung des Experimentes einschließlich der statistischen Erhebung" habe man seit Meumann „in der pädagogischen Forschung, wennschon unter vorsichtigerer Beschränkung auf geeignete Gebiete, mit gutem Recht beibehalten. Aber die psychologischen Anschauungen wandelten sich doch gerade in dieser Zeit (1900-1920, P.D.) beträchtlich (...) von einer rein naturwissenschaftlichen zur geisteswissenschaftlich orientierten Psychologie" (Spranger 1930, S. 92).

1.2.2 Schulforschung und Schulreform in der Weimarer Zeit

Wenn weder die hier zitierten Prognosen noch die Durchsetzung der geisteswissenschaftlichen Psychologie – von ihr „spricht heute noch niemand in der Welt außer den Deutschen" urteilte Karl Bühler 1927 (Bühler 1927, S. 18) – die Entwicklung der 1920er Jahre korrekt traf, so bezieht sich dies in erster Linie auf die dabei vernachlässigte und erst in den letzten Jahren intensiv aufgearbeitete Begabungsdiagnostik (Ingenkamp 1990, Laux 1990). So vielfältig und umfangreich die entsprechenden zeitgenössischen Untersuchungen auch erscheinen, vollzog sich mit ihnen doch eine bedeutende Perspektivenverschiebung innerhalb der empirischen Pädagogik, die diesem spezifischen Forschungssegment zu einer enormen Konjunktur verhalf (vgl. Drewek 1989, S. 392).

Die mit der Begabungsdiagnostik verbundene Perspektivenverschiebung meint den Übergang von den weiter gefassten Fragestellungen der Begabungsförderung und des Begabungsausgleichs sowie damit verbundener Konzepte zur Individualisierung innerhalb des Schulwesens in der Zeit vor 1914 zu der engeren Frage der psychologischen Rationalisierung von Übergangsentscheidungen von der Grundschule zu weiterführenden Schularten bzw. von Abgangsentscheidungen in einen bestimmten Beruf als Aufgabe der nach 1918 ebenfalls aufblühenden psychologischen Berufseignungsforschung. Mit diesem Übergang wurden die vorherigen Freiheitsgrade pädagogisch-psychologischer Forschungsfragestellungen in jenem doppelten Sinne eingeschränkt, durch den diese einerseits stärker an die gegebene Schulstruktur angepasst, andererseits in der zeitgenössischen Wissenschaftssystematik einem in seinem Aufgaben- und damit auch Entwicklungsbereich begrenzten Teilgebiet der Erziehungswissenschaft zugeschrieben wurden.

Diese Modifikation und Spezifizierung der Fragestellungen der Schulforschung korrespondierten freilich mit den Schulreformen zu Beginn der Weimarer Zeit, besonders mit der sukzessiven Einführung der gemeinsamen Grundschule. Erst durch die in der Weimarer Reichsverfassung festgelegte Abschaffung der privaten Vorschulen als traditioneller Unterbau des höheren Schulwesens im Primarbereich und durch die begabungsorientierte Schülerauswahl für die höheren Schulen stellte sich die Frage einer an rationalen schulspezifischen und nicht an selbstselektiv wirksamen klassen- und schichtspezifischen Kriterien ausgerichteten Übergangsentscheidung (Herrlitz/Hopf/Titze 1993; Drewek 1997). Empfing die Schulforschung als Begabungsforschung ihre Impulse insofern aus einem durch die Schulreform selbst erst entstandenen Bedarf, in dessen Bearbeitung zumindest prinzipiell ein historischer Zuwachs an schulischer Autonomie angelegt war, setzte sich die Idee einer pädagogisch-psychologisch basierten Begabungsauslese jedoch weder in der wissenschaftlichen Pädagogik noch in der Schulwirklichkeit in größerem Maßstab durch.

Nohls polemisch-verzerrendes Bild des „Positivist(en)", der „vor dem Kinde steht" und „eingreifen" will „in diese kleine Maschine" (Nohl 1933a, S. 4) wie auch Sprangers Urteil, man sei „im Begriff, ein (...) intellektuelles Parvenütum geradezu zu züchten", insofern „unsere neuesten Intelligenzprüfungen (...) sich ausschließlich auf diese seelenlosen Eigenschaften der Seele: auf mechanisches Gedächtnis, auf schnelles Kombinieren und assoziatives Reagieren" richten würden, die nur dann „einen tieferen gesellschaftlichen Wert darstellen, wenn sie mit Charakter und vollem Menschentum verbunden sind" (Spranger 1919/1923, S. 182), waren auch in ihren schulpolitischen Konsequenzen durchaus eindeutig. So mahnte Spranger explizit, „dass man sehr vorsichtig damit sein muß, einen Menschen in eine andre Klasse hineinzutreiben" und dass – positiv gewendet – „für die große Mehrzahl (der Tüchtigen, P. D.) (...) nur die Hebung innerhalb der eigenen Klasse in Betracht" komme (ebd., S. 191). Sprangers daraus abgeleitete Vorschläge zur Errichtung eines anspruchsvollen Fachschulwesens (ebd., S. 224ff.) lagen ganz in der Entwicklungslinie des Schulsystems während der Weimarer Zeit. Gegenüber den ohnehin inhomogenen und kontrovers diskutierten Einheitsschulkonzepten (Sienknecht 1968; Herrmann 1987; Drewek 1997) folgten sie dem Modell einer fortlaufenden – und fortlaufend unübersichtlicheren – Differenzierung insbesondere der mittleren und höheren Schulen, teils auch der Volksschulen (Löffler 1933; Leschinsky 1978; Zymek 1987, 1989).

Im Rahmen dieser überlagernden Entwicklung spielte die Begabungsauslese eine eher nachgeordnete Rolle. Entsprechende Tests waren keineswegs verbindlich und wurden als allgemeines Instrument der Schülerauslese nicht in der erhofften Weise anerkannt (Moede/Piorkowski/Wolff 1918; Moede/Piorkowski 1919; Bobertag/Hylla 1925). In der rückblickenden Sicht Bobertags (1934) war die Begabungsauslese nicht zuletzt auch an der „grundsätzlichen Einstellung der Elternschaft und der höheren Schule hinsichtlich der Bewertung einer höheren Schulbildung" gescheitert (ebd., S. 7). Im Kontext der kriegs- bzw. inflationsbedingten demographischen Entwicklungen mit der Folge erheblicher Geburtenschwankungen und ihrer Rückwirkungen auf die Schülerzahlen war die „Willkür" der Aufnahmeprüfungen mitunter eng mit der jeweiligen Interessenlage der Schule insofern verbunden, als sich „die Strenge der Anforderungen (...) oft nach dem Schülerbedarf der aufnehmenden Schule" richtete (ebd., S. 10). Die höheren Schulen hätten dabei zugleich „aus standespolitischen Gründen" (ebd., S. 9) dem zunehmenden, aus den immer höheren Bildungsvoraussetzungen der verschiedenen Berufe resultierenden Druck der Eltern nachgegeben. Dabei habe „die Grundschule" gegen die „allzu große Milde, mit der die höhere Schule die Eignung der Schüler meistens beurteilte (...) vielfach protestiert" (ebd.). Nicht also nur durch im Kleide des Elternwillens auftretende schichtspezifische Bildungsinteressen, sondern zusätzlich durch das Zusammenspiel von Selbsterhaltungsstrategien der höheren Schulen, demographischen Faktoren und der im Zuge der Entwertung von Schulzertifikaten steigenden Bildungsaspirationen wurde die Begabungsauslese unterlaufen.

Es ist im Ergebnis signifikant, dass sich der Begabungsgedanke – wenn schon nicht beim Übergang von der Grundschule zu weiterführenden Schularten wirkungsvoll zum Tragen gekommen – in den 1920er Jahren vor allem zur inneren Differenzierung des Pflichtschulbereichs durchgesetzt hat. Hier wurden in Fortführung des am Beginn des 20. Jahrhunderts viel diskutierten „Mannheimer Systems" (Sickinger 1908) der begabungsspezifischen Differenzierung von Schulklassen „Förder-“ und „Abschlußklassen“, „Begabtenklassen“, „gehobene Klassen, höhere Abteilungen der Volksschule, Klassen mit erweitertem Lehrziel und Aufbauten mannigfacher Art“ eingeführt (Löffler 1932, S. 235; Sachße 1933).

Wenngleich die Pädagogische Psychologie die Entwicklung schon in den ersten Jahrzehnten des 20. Jahrhunderts zwar durchaus beherrscht hatte, war die Schulforschung jedoch keineswegs vollständig in psychologischen Untersuchungen aufgegangen. So wäre die Entwicklung der Schulforschung verkürzt beschrieben, würde man die einschlägigen Arbeiten der historischen Bildungsforschung, insbesondere die überaus publizitätswirksame „Geschichte des gelehrten Unterrichts“ des Nestors der deutschen Bildungsgeschichte, Friedrich Paulsen, nicht berücksichtigen (Paulsen 1885, 1896/1897). Paulsen hatte auf der Grundlage stupender Quellenanalysen die These begründet, dass die Schulentwicklung der allgemeinen gesellschaftlichen und kulturellen Entwicklung grundsätzlich folge und aus historischer Sicht keine selbständigen Sonderwege der Schulentwicklung im Sinne des überkommenen „Monopols“ des humanistischen Gymnasiums bei der Universitätsimmatrikulation zu rechtfertigen seien. Paulsens Arbeiten haben eine kaum zu überschätzende Bedeutung bei der Reform des höheren Schulwesens durch die Gleichberechtigung der modernen Gymnasialtypen beim Universitätszugang gehabt und in korrespondierenden Beiträgen zur Neufassung des Bildungsbegriffs bis weit in das 20. Jahrhundert hinein nachgewirkt (Drewek 1991, 2002).

Modernisierungsprozesse des Bildungssystems spielten sodann gegen Ende der 1920er Jahre auch bei der hier aufkommenden vergleichenden Pädagogik eine Rolle. Neben der Gründung der „Zeitschrift für vergleichende Erziehungswissenschaft“ durch Friedrich Schneider ist in diesem Zusammenhang die außerordentlich informative und schon durchaus theorieorientierte Abhandlung von Sergius Hessen (1928) zum Vergleich der Bildungssysteme der modernen „Kulturnationen“ zu nennen.

Weiterhin ist in der deutschen Schulforschung vor 1933 ein eigenständiger schultheoretischer Zweig repräsentiert, der im Wesentlichen geisteswissenschaftlich-hermeneutischen und damit nicht-empirischen Denkformen folgt (Kramp 1970). In historisch reflektierenden Kontexten finden sich Beiträge dieses Zuschnitts vor allem in dem von Nohl und Pallat herausgegebenen fünfbändigen Handbuch der Pädagogik, dessen beide hier einschlägigen Bände „Die Theorie und die Entwicklung des Bildungswesens“ (Nohl/Pallat, Bd. 1, 1933) sowie „Die Theorie der Schule und der Schulaufbau“ (Nohl/Pallat, Bd. 4, 1928) vorrangig Fragen des „Wesens“ der Schule, der „Theorie der Bildung“, des „Schulaufbau(s)“ bzw. der „Entwicklung der Bildungsorganisation“ vor dem Hintergrund der „Geschichte von Bildung und ihrer Theorie“ abhandeln. (Es ist bislang nicht untersucht, wieweit im ersten Drittel des 20. Jahrhunderts der in bestimmten Strömungen der kindzentrierten Reformpädagogik vertretene Holismus auf seine Weise – ähnlich wie die geisteswissenschaftliche Pädagogik – nicht ebenfalls die Marginalisierung empirischer Schulforschung befördert hat.)

Gleichwohl ist vor dem Hintergrund der historisch gewachsenen, komplizierten Systemstruktur des deutschen Bildungssystems davor zu warnen, das Bild einer zersplitterten, fachlich eher desintegrierten deutschen Schulforschung aus einer abstrakten, relationsfrei-neutralen Sicht zu überzeichnen. Zwar entsprach der nach außen bereits unübersichtlichen Differenziertheit der Schulorganisation auch nach innen eine kaum noch nachvollziehbare Regelungsdichte amtlicher Vorschriften für die Lehrämter, schulinterne Abläufe, den Schulbau, etc. Diese wurde jedoch in Textgattungen zusammengefasst und ediert, die – wenngleich auch nicht der Schulforschung zuzurechnen – nach wissenschaftlichen Kriterien aufbereitete Informationen für detaillierte Strukturbeschreibungen lieferten.

Dazu zählen beispielsweise schon seit dem 19. Jahrhundert Handbücher für das höhere Schulwesen (Rönne 1855; Wiese 1864, 1902), für das Lehrpersonal (z.B. Beier 1902) oder – in der Weimarer Zeit – das groß angelegte „Handwörterbuch des gesamten Schulrechts" (Vorbrodt/Herrmann 1930). Als tiefergehende Abhandlungen des schulverwaltungs- und rechtsbezogenen Diskurses sind in der Weimarer Zeit Beiträge wie der von Landé (1929) zur Einheitsschule oder – nach Kahls „Geschichte der Schulaufsicht" (1913) – von Spranger (1928) zur Entwicklung des Schulrechts und der Schulverwaltung sowie zum Erziehungsrecht (Moormann 1934) anzuführen. – Für den Bereich des medizinischen Wissens dokumentieren vor allem für die Zeit vor 1914 verschiedene Handbücher und zahlreiche Monographien im Bereich der Schulhygiene bzw. der Gesundheitserziehung ebenfalls eine Fokussierung der Schule nach wissenschafts- und forschungsorientierten Maßstäben (Burgerstein/Netolitzky 1895; Selter 1914; Bennack 1990; Stroß 2000). Sie werden ergänzt durch Handbücher und Monographien aus dem Bereich der Kindheits- und Jugendforschung (Biedert 1906; Schreiber 1907, 1930; Rein/Selter 1911/1927; Handbuch der Jugendpflege 1913; Krüger/Grunert 2002). Im diesem Kontext wurde kontinuierlich auch die seit dem ausgehenden 19. Jahrhundert viel diskutierte Überbürdungsfrage abgehandelt (Holtorf 1931).

Wie sehr die Differenziertheit und Entwickeltheit der Schule auf den Modus ihrer Reflexion während der Modernisierungsschübe des modernen Bildungssystems zurückgewirkt hat, zeigen schließlich erste vergleichende Normierungen. Hier geht es nicht um die isolierte Betrachtung der Effizienz und Effektivität verschiedener nationaler Bildungssysteme, sondern vor allem um die Äquivalenz ihrer Schulzertifikate mit den „Berechtigungen" der deutschen höheren Schulen angesichts eines weltweit zunehmend dynamischeren Stroms internationaler Studierender. Wenngleich der erste Versuch Münsterbergs (1911), ein Ranking der amerikanischen ‚colleges' und ‚universities' nach dem Maßstab der deutschen Reifeprüfung vorzunehmen, noch als ein ganz handwerkliches Unterfangen erscheint, folgten in den 1920er Jahren zwar weiterhin primär normativ gerichtete, aber doch zugleich an international breit erhobenen Informationen elaborierte und fast schon global angelegte Übersichten über die jeweiligen nationalen Leistungsanforderungen der höheren Schulen, die im Ergebnis freilich allein dem Zweck einer optimaleren Einstufung ihrer Absolventen im Rahmen des deutschen Universitätsstudiums dienten (Remme 1929/1932). Das Wissen einer in diesem breiteren Sinne verstandenen ‚Schulforschung' war insofern auch hier vor allem auf Bildungsmanagement, nicht auf weiterführende Forschung ausgelegt (Drewek 1999).

1.2.3 Schulforschung und Nationalsozialismus

Obwohl bis 1941 unter dem Begriff der „erziehungswissenschaftlichen Forschung" zahlreiche schul- und jugendbezogene Beiträge nachgewiesen sind (Hoffmann 1927ff.), ist die Zeit des Nationalsozialismus primär wissenschafts- und nicht im engeren Sinne forschungsgeschichtlich von Interesse (Tenorth 1997, 2000). Der zwischen beiden Ebenen bestehende Zusammenhang wird auf Seiten der ‚Forschungs'entwicklung allerdings durch die Politisierung der Forschungsinhalte nach den Leitbegriffen der nationalsozialistischen Ideologie wie „Rasse", „völkisch", etc. grundsätzlich aufgelöst (Dudek 1990; Laux 1990; Harten 1993). Neben der zeitgenössischen Kritik an dem Wissenschaftscharakter eben dieser Terminologie (Litt 1933) sollte nicht übersehen werden, dass trotz aller Inkompatibilität zwischen erziehungswissenschaftlicher Forschung und nationalsozialistischer Ideologie, gerade begabungsbezogene Argumentationen zur Legitimation ethnischer Diskriminierung und der ihr folgenden „Ausmerze" dienten. Vor diesem Hintergrund erscheint es mehr als befremdlich, dass Autoren wie Wilhelm Hartnacke und Karl Valentin Müller trotz ihrer politischen Affinität zum Nationalsozialismus bis weit in die 1950er Jahre ihre „sozialbiologischen" Beiträge zur Begabungsproblematik – neben Albert Huth – im Kontext der Restaurationsperiode publizitätswirksam zur Geltung zu bringen wussten (Hartnacke 1915, 1930, 1951; Huth 1948, 1956, 1957; Müller 1948, 1952, 1956). Den dabei vorgetragenen Thesen zum Begabungsverfall wurde freilich schon hier aus der reformpädagogischen Denktradition heraus entschieden widersprochen (Lehmensick 1950a, 1950b).

1.2.4 Schulforschung nach dem Zweiten Weltkrieg

Als Schlüsseltexte der Schulforschung nach dem Zweiten Weltkrieg dürfen unmittelbar am Beginn der Reformära der 1960er Jahre verschiedene Publikationen der „Hochschule für internationale pädagogische Forschung", des heutigen „Deutschen Instituts für Internationale Pädagogische Forschung" (DIPF) in Frankfurt am Main, gelten. Besonders in dem 1963 erschienenen dritten Band der Institutsreihe mit dem Titel „Das Bildungswesen als Gegenstand der Forschung" (Lemberg 1963a), der aus einem Symposion anlässlich des zehnjährigen Institutsbestehens im gleichen Jahr hervorgegangen ist, und hier wiederum in der ausführlichen Abhandlung Eugen Lembergs wurde das Programm einer interdisziplinären Bildungsforschung entwickelt und zugleich ihre Notwendigkeit mit einer souveränen Analyse des historischen Wandels des Bildungssystems begründet (Lemberg 1963b). Schon die Zwischenüberschriften, wie „Die Veränderung der Bildungsstruktur", „Vom Gebildeten zum Intellektuellen", „Das neue Bildungsbedürfnis der ‚Ungebildeten'", die „Soziologisierung des Bildungsbegriffs", „Zweifel am Primat der Allgemeinbildung" oder auch „Bildungsdenken in veralteten Kategorien", komprimieren einen Argumentationsgang, der sich einerseits intensiv an der deutschen Bildungstradition abarbeitet und andererseits die These einer zunehmend größeren Diskrepanz zwischen den traditionell trägen Reflexionsformen des Bildungswesens innerhalb der wissenschaftlichen Pädagogik auf der einen und seiner dynamisch wachsenden Bedeutung auf der anderen Seite entwickelt.

Gegenüber der Tradition partikularisierter Schulforschung beklagt Lemberg die großflächigen Desiderate der bislang „kaum" untersuchten „Wirkungsweise bestimmter Bildungsideen und -systeme, ihre(r) Abhängigkeit von den jeweiligen gesellschaftlichen Gegebenheiten, (der) Wechselwirkung zwischen Ideologie, Bildungsstruktur, Bildungsstil und Konstruktion des Bildungswesens". „Die ‚Bildungsrelevanz' der Macht, des Rechtes, der Wirtschaft" sei fast nur als „Teilfunktion dieser Bereiche, nicht aber in ihrer Zugehörigkeit zu einem überall die gleiche Funktion erfüllenden, den gleichen Gesetzen gehorchenden Bezugssystem(s) ‚Bildungswesen' bewußt" geworden (Lemberg 1963b, S. 47). Während der Systemcharakter der Wirtschaft historisch frühzeitig deutlich geworden und deren Gesetze schon lange Gegenstand weit ausgreifender Theorien seien, ginge es auf die nur sukzessive historische Durchsetzung eines alle gesellschaftlichen Gruppen erfassenden, die „Selbstergänzung der (früheren alten) Funktionsgruppen" ersetzenden Bildungswesens in einer „egalitär und mobil gewordenen Gesellschaft" zurück, dass „das Bildungswesen entsprechend spät als Ganzes vorstellbar und zum Gegenstand nicht nur gelegentlichen Philosophierens, sondern einer besonderen Wissenschaft, ja einer Gruppe von Wissenschaftsdisziplinen geworden" ist (ebd., S. 46f.). Derartige Modernisierungskonzepte, wie sie hier wissenschaftsbezogen Lemberg, davor schon schulbezogen Becker vorgetragen hat (Becker 1954, 1957), wurden zugleich durch ausführliche Beispiele zur Bildungsforschung ergänzt (Lemberg 1963b, S. 60ff.).

Die zeitgenössischen Argumentationen berührten zugleich zwei große, seit der Weimarer Zeit virulente Themenflächen der deutschen Bildungsentwicklung. Es waren dies die in der nach 1945 wieder fortgeführten föderalen Verwaltungstradition angelegte Problematik des Zusammenhangs und der Einheitlichkeit des im regionalen Vergleich durchaus unterschiedlich aufgebauten ‚deutschen' Schulsystems, nicht nur unter schulverwaltungstechnischen Aspekten regionaler Mobilität oder des Schulferienbeginns, sondern vor allem im Blick auf die Entwicklungsrichtungen und -potenziale der Ländersysteme (v. Carnap/Edding), sowie – anfangs schwächer ausgeprägt – die an reformpädagogische Traditionen des Einheitsschulgedankens anschließende Frage der sozialen Auslese. Beide Themenfelder waren im schulpolitischen und wissenschaftlichen Diskurs seit den 1950er Jahren – kontrovers – vorbereitet worden. So hatte der „Rahmenplan" des ‚Deutschen Ausschusses' 1959 den Modernitätsrückstand des deutschen Bildungswesens beklagt; die Kontroverse war durch den „Bremer Plan" des „Allgemeinen Deutschen Lehrerverbandes" weiter angeregt worden (Deutscher Ausschuss 1959, 1960). Helmut Schelsky hatte mit seinen viel beachteten Überlegungen zur Rolle der Schule in einer „nivellierten Mittelstandsgesellschaft" bzw. zur Schulreform Habermas zu einer in der „Neuen Sammlung" veröffentlichten, ebenso grundsätzlichen wie überlegenen Kritik herausgefordert (Schelsky 1959, 1961; Habermas 1961). Etwa zeitgleich zu Lembergs Abhandlung legte Schaffernicht (1962) die im Auftrag der „Max-Träger-Stiftung" entstandene erste umfangreiche Bibliographie über „Die Auslese für weiterführende Schulen" für den Zeitraum von 1945 bis 1962 vor.

Zur Bearbeitung und Lösung der teils mit dramatisierender Rhetorik vorgetragenen Herausforderungen an die Modernisierung des Bildungswesens erschienen die intellektuellen und organisatorischen Kapazitäten der universitären Erziehungswissenschaft allerdings denkbar ungeeignet: „Wo bleibt demgegenüber die Pädagogik mit ihren meist noch Ein-Mann-Lehrkanzeln an den philosophischen Fakultäten?" (Lemberg 1963b, S. 50) Überdies betrachte „die ursprüngliche Kerntruppe der Erziehungswissenschaften die neu herandrängenden Fragen und Disziplinen mit Mißtrauen und – in einer alten Hierarchie der Wissenschaften befangen – mit Geringschätzung. Das ist verständlich, aber unzeitgemäß und bringt auf Dauer jenen Kern selbst in Gefahr: Die revolutionären Konstruktionsprobleme des Bildungswesens, wie sie heute in den Entwicklungsländern auftreten, verlangen eine wissenschaftliche Bearbeitung auf der ganzen Breite der hier entwickelten Front. Erfolgt diese nicht, dann können die mit diesen Problemen Beschäftigten die Leistungen jener Kerngebiete der pädagogischen Wissenschaften als hybride Erzeugnisse einer Spätkultur, als ideologisch und deklamatorisch empfinden" (ebd., S. 54). Mit pädagogischer Sensibilität wird aber auch empfohlen, den „Verteidigern von Ganzheitsvorstellungen" die empirischen Denkformen „wie das Heinrich Roth an Hand von Beispielen tut, mit Schonung und Takt zur Kenntnis bringen" (ebd., S. 58). – Jüngere Analysen zur Entwicklung der Lehrgestalt der Universitätspädagogik bzw. der Hochschulschriften (Macke 1990; Hauenschild/Herrlitz/Kruse 1993) belegen in der Tat eine enorme Schere zwischen dem zeitgenössischen Themenkanon der wissenschaftlichen Pädagogik und den damals aktuellen Modernisierungsanforderungen an das Bildungswesen.

Wenngleich für die sukzessive Überwindung der Dominanz des geisteswissenschaftlichen Zugangs in der deutschen Pädagogik programmatisch die 1962 gehaltene Göttinger Antrittsvorlesung von Heinrich Roth über „Die realistische Wendung in der erziehungswissenschaftlichen Forschung" und institutionell vor allem die Gründung des „Max-Planck-Institutes für Bildungsforschung", das im Oktober 1963 in Berlin seine Arbeit aufnahm, stehen, sollten die unmittelbar vorausgehenden Vorläufer dieser Entwicklung nicht vernachlässigt werden. Neben den erwähnten Sammelbänden der „Hochschule für Internationale Pädagogische Forschung" ist besonders der zu Unrecht wissenschaftsgeschichtlich bislang wenig beachtete Beitrag von Hylla über „Notwendigkeit und Aufgaben der empirischen Forschung in der Pädagogik" hervorzuheben, der bereits 1956 die späteren Begründungen empirischer Bildungsforschung in nuce vorwegnahm. Mit Blick auf die typischerweise meist externen – hier: die internationalen – Impulse der deutschen Schulforschung ist es bezeichnend, dass es sich dabei um die Übersetzung eines Vortrags handelt, den Hylla als einer der beiden Hauptredner auf der UNESCO-finanzierten „Erste(n) Internationale(n) Arbeitstagung für Pädagogische Forschung" der „American Educational Research Association" im Februar 1956 in den Vereinigten Staaten gehalten hatte.

Obwohl den Arbeiten des Max-Planck-Instituts ohne Zweifel eine herausragende Bedeutung bei der Etablierung und Entwicklung der Bildungs- und Schulforschung in Deutschland zukommt, sollten darüber hinaus weniger spektakuläre, gleichgerichtete Aktivitäten in den 1960er Jahren, besonders die 1965 erfolgte Gründung der „Arbeitsgruppe für empirische pädagogische Forschung" (AEPF) nicht übersehen werden (v. Saldern 1992). Ende der 1960er, Anfang der 1970er Jahre schließen sie zusammen mit dem von Roth im Auftrag der „Bildungskommission" des „Deutschen Bildungsrates" herausgegebenen Sammelband über „Begabung und Lernen" den hier betrachteten Entwicklungsprozess der Schulforschung in Deutschland vorläufig ab (Roth 1968). Bildungspolitisch wird der Einschnitt um 1970 durch den „Strukturplan" des Bildungsrates (Deutscher Bildungsrat 1970), wissenschaftsgeschichtlich durch die Formulierung von der „Geisteswissenschafliche(n) Pädagogik am Ausgang ihrer Epoche" (Dahmer 1968) unterstrichen.

Vergleicht man die nach den Anfängen zu Beginn der 20. Jahrhunderts erst in den 1950er Jahren wieder einsetzende und dann nach 1960 in immer breiterem Maßstab fortgeführte Schulforschung in Deutschland mit dem amerikanischen Beispiel, so werden nunmehr wie in einem Zeitraffer zusammengefasst in nur wenigen Jahren Entwicklungen nachvollzogen, die zu diesem Zeitpunkt in den Vereinigten Staaten bereits einen Vorlauf von gut fünf Jahrzehnten hatten und die in Deutschland – wie in der zeitgenössischen Literatur wiederholt beklagt worden ist (Schultze 1963) – unter einer vergleichsweise minimalen Ressourcenausstattung begonnen worden sind.

2 Die Entwicklung der Schulforschung in den Vereinigten Staaten seit dem ausgehenden 19. Jahrhundert bis in die Zeit nach dem Zweiten Weltkrieg

2.1 Bibliographien, Periodika und Quellen

Vor dem Hintergrund der in den Vereinigten Staaten sehr viel früher als in Deutschland einsetzenden Schulforschung und des von vornherein zugleich stärker vereindeutigten Begriffs der Erziehungswissenschaft als primär schulbezogene und dabei erfahrungswissenschaftlich angelegte Disziplin liegen hier in großem Umfang Bibliographien, Literaturübersichten, Periodika und Quellen vor.

Im Bereich der Bibliographien wird als Beispiele auf die Arbeiten von Monroe und Asher (1927) sowie Monroe und Shores (1936) verwiesen, die jeweils umfangreiche weiterführende

Hinweise auf andere Bibliographien enthalten. Monroe und Shores integrierten auch erziehungswissenschaftliche Dissertationen. (Analoge, nahezu den gesamten hier behandelten Zeitraum abbildende Aufstellungen für Großbritannien liefern die von Blackwell herausgegebenen Bibliographien (Blackwell 1950-1958).

Sehr informative Literaturübersichten und Entwicklungsinterpretationen zur erziehungswissenschaftlichen Forschung in den Vereinigten Staaten finden sich in den Darstellungen von Monroe, Odell, Herriott, Engelhart und Hull (1928) bzw. in der „Review of Educational Research" (Twenty-Five Years of Educational Research 1956) für die Zeiträume bis 1928 bzw. 1931 bis 1956. Die den Einzelabhandlungen in der letztgenannten Publikation beigegebenen themenspezifischen Literaturverzeichnisse ergänzen zeitlich und sachlich die genannte Bibliographie von Monroe und Shores.

Im Unterschied zu der relativ schmalen einschlägigen Zeitschriftenliteratur in Deutschland sind in den USA zahlreiche für die Schulforschung relevante Periodika erschienen. Besonders hervorzuheben sind die „Review of Educational Research", das „Journal of Educational Research" sowie der „Teachers College Record" und „The Havard Teachers Record" bzw. als Nachfolgerin „The Havard Educational Review".

Von herausragender Bedeutung für die Dokumentation und Entwicklung der amerikanischen erziehungswissenschaftlichen Forschung sind die verschiedenen Ausgaben der „Encyclopedia of Educational Research" (Monroe 1950; Harris 1960). Wichtige frühe Quellen für die Diskussion um den Wissenschaftscharakter der Pädagogik bzw. die Begründung und den Zuschnitt der Schulforschung stellen die Beiträge von Royce (1891) und Rice (1912) dar.

In welchen Formen und mit welchen Fragestellungen Schulforschung außerhalb der Vereinigten Staaten praktiziert worden ist, erschließt sich anhand der länderspezifischen Übersichten, die der Review of Educational Research 1957 veröffentlicht hat (Educational Research in Countries Other than the U.S.A. 1957). Entwicklung und Perspektiven der Bildungssoziologie in den Vereinigten Staaten und anderen Ländern sind – wie bei den deutschen Quellen bereits erwähnt – bei Brookover 1959 dargestellt.

2.2 Die „pioneer period" vor 1918

Stellt sich die Herausbildung der amerikanischen Schulforschung im Vergleich zur deutschen auch sehr verschieden dar und zeichnet sich die dann folgende Entwicklung vor allem durch eine weitaus höhere Kontinuität aus, so sind Begriff, Dimensionen und Methodenbewusstsein in den Vereinigten Staaten doch zugleich weit von klischeehaften Interpretationen – wie etwa bei Spranger – einer undistanzierten empirisch-positivistischen Forschungspraxis entfernt. „The chronological placement of the beginning of educational research depends upon the interpretation given to the term", heißt es beispielsweise 1928 problembewusst im Rückblick auf „Ten years of educational research" (Monroe/Odell/Herriott/Engelhart/Hull 1928, S. 30). Wähle man „educational measurements and the use of objective data", so begänne sie 1894 mit den Arbeiten von Rice. Wenn aber „the idea of determining the merit of an educational procedure by trial – that is, by experimentation" – zugrunde gelegt würde, müsse man Pestalozzi und Herbart, in den USA Sheldon berücksichtigen und damit die Anfänge sehr viel früher datieren. Bezöge man ‚educational research' dagegen auf Laborexperimente, so setze sie mit den Arbeiten von Wilhelm Wundt in seinem Leipziger Institut Ende der 1870er Jahre, nach dem Kriterium der Entwicklung elaborierter statistischer Methoden mit Francis Galton wiederum erst in den 1880er und 1890er Jahren ein (ebd.).

Rice' Arbeiten gelten dann insofern als Beginn der synonymisch mit Schulforschung gebrauchten ‚educational research', als sie gleichermaßen forschungs- wie schulverwaltungsorientiert ausgerichtet waren – dies bringt schon der Titel seiner 1912 erschienenen Monographie „Scientific Management in Education" prägnant zum Ausdruck (Rice 1912) – und zudem entscheidende Anschlüsse bei Thorndike, Courtis, Stone, Ayres und anderen amerikanischen Schulforschern inspirierten. Bei seinem Vorschlag von 1902, ein ‚department of educational research' einzurichten, fasste Rice als Trägerinstitutionen zwar auch das „United States Bureau of Education", die „National Education Association" und die „Departments of Pedagogy" der Universitäten ins Auge, blieb aber sehr skeptisch, in welchem Zeitraum sich in diesen Einrichtungen ein Forschungsdepartment überhaupt etablieren ließe (Monroe u.a. 1928, S. 31). Anders als in Deutschland, wo die programmatischen Texte zur experimentellen Pädagogik ihr Profil aus dem expliziten Kontrast zur (spekulativen) pädagogischen Theorie bezogen, positionierte Rice das ‚research department' als dezidiert feld-, also schulbezogene Institution mit den Aufgaben des wissenschaftlichen ‚monitoring' und der wissenschaftlichen Begleitforschung zur Unterstützung der lokalen Schulverwaltungen.

Rice' Erwartung, dass auf die initiale Gründung eines solchen ‚departments' in einer Stadt zahlreiche weitere Gründungen folgen würden, wurde rasch bestätigt. In den Jahren 1913 und 1914 entstanden – meist in Großstädten wie New York, Boston oder New Orleans – gleich zehn lokale ‚bureaus', aber auch ‚departments', die von ‚colleges' bzw. ‚universities' sowie vom Staat getragen wurden. Kurz darauf wurden im Kontext der ‚testing movement' auf staatlicher Ebene darüber hinaus verschiedene ‚centers' mit der Aufgabe vergleichender Untersuchungen gegründet (Monroe u.a. 1928, S. 32).

Finanziell von ‚foundations' und ‚voluntary organizations' getragen, symbolisieren Veröffentlichungen wie das erste, 1911 erschienene Jahrbuch der 1902 begründeten „National Society of College Teachers of Education" „Research within the Field of Education, Its Organisation and Encouragement" oder „The measurement of Educational Products" der 1915 aus der „National Association of Directors of Education" hervorgegangenen „Educational Research Association" die enorme Konzentration einer datenbasierten schulbezogenen erziehungswissenschaftlichen Forschung schon in der Zeit vor 1918 (ebd., S. 34).

Neben einer Serie von ‚tests' erschienen prominente Monographien wie 1913 die überarbeitete Fassung von Thorndikes „Introduction to the Theory of Mental and Social Measurements" von 1904 oder, 1917, Ruggs weitverbreitete „Statistical Methods Applied to Education", „commonly employed as a textbook in universities and teachertraining institutions", durch das „thousands of workers in the field of education an elementary but practical knowledge of statistical methods" vermittelt werden sollte (ebd., S. 36). Diese Entwicklung reflektiert die gegenüber dem Laborexperiment der Psychologie nun auch insofern erweiterten Forschungsmöglichkeiten, als die dort analysierten Probleme „‚may now best be studied in the form of the school experiment'" (zit. n. ebd., S. 34).

Darüber hinaus wurden vor 1918 verschiedene ‚questionnaires' entwickelt, deren Ursprünge allerdings schon um die Mitte des 19. Jahrhunderts in Manchester, Berlin und Connecticut nachgewiesen sind (ebd., S. 36f.), und ‚school surveys', von denen 1917 bereits etwa 125 bibliographisch erfasst werden konnten (ebd., S. 38). Im Kontext der ‚school surveys' wird ein weiteres Mal die enge Verschränkung von administrativen und wissenschaftlichen Motiven deutlich: „Apparantly there were two chief causes, one economic and the other scientific, for the rapid spread of the survey movement. The chief factor in the former was the desire of the average citizen both to limit expenditures and to know for what they were being made. The scientific influences, on the other and, had to do with the desire of educators to subject objectives, curricula, methods of teaching and of administration, and so forth, to critical analysis" (ebd., S. 38f.).

2.3 „Quantity production" nach 1918

Die „pioneer period" der Schulforschung vor 1918 lässt sich von der anschließenden Periode sowohl durch einen weiteren Institutionalisierungsschub als auch durch die daraus folgende „quantity production" abgrenzen (Monroe u.a. 1928, S. 46ff.). Neben der dafür bedeutsamen Errichtung des „Bureau of Educational Research" an der University of Illinois im Juni 1918 zeigte sich in diesem Zusammenhang eine eigentümliche Verschränkung von zeitgeschichtlicher Entwicklung und erziehungswissenschaftlicher Forschung.

Nachdem 1917, im Jahr des Kriegseintritts der USA, die ersten psychologischen Massentests an Rekruten durchgeführt worden waren, entwickelte sich „a popular interest in the measurement of intelligence. A number of the examinators were from the faculties of teachertraining institutions, and their army experience made most of them enthusiastic advocates of the use of intelligence test in our schools" (ebd., S. 3). Der nun einsetzende Test-Boom, der auch in Deutschland, hier aber nur dem Ansatz, nicht der Ausdehnung nach, sein Pendant hatte, resultierte indessen schnell in Konflikten zwischen der aufkommenden Testindustrie und erziehungswissenschaftlichen Forschungsinteressen, wie sie für das „Bureau of Educational Research" offen referiert worden sind (ebd., S. 4ff.) und die kurz darauf zu vernichtenden Urteilen über die Wissenschaftlichkeit „statistischer" Methoden führten.

Nach Ruggs Auffassung von 1922 „most of our socalled ‚educational research' is not educational research at all'" (zit. n. ebd., S. 26). In der renommierten "School Review" wurde 1926 eine „Bibliography of Secondary Education Research 1920-25" mit den Sätzen kommentiert: „At least nine tenths of the titles cited in the bulletin refer to purely descriptive accounts of what is going on in some department of some high school. (...) There is a danger (...) that a certain complacence and consequent neglect of real research will result from the use of the word ‚research' to cover descriptive and trivial writings on educational matters" (ebd.).

„Quantity production" als Indikator der auf die „pioneer period" folgenden Entwicklung drückte sich zunächst in der sprunghaft steigenden Zahl von ‚bureaus' oder ‚departments of educational research' aus. Bestanden vor 1918 sieben davon an Lehrerbildungseinrichtungen und achtzehn in Verbindung mit lokalen ‚public school systems', erhöhte sich diese Zahl bis 1926 auf 29 bzw. 69 (Monroe u.a. 1928, S. 46). Parallel dazu wuchs ungefähr im gleichen Zeitraum die Zahl erziehungswissenschaftlicher Dissertationen von 50 bis 60 auf etwa 180 pro Jahr. Von den knapp 1.000 Dissertationen bis 1927 waren nahezu 400 in den Jahren 1926 und 1927 angenommen worden; ein Drittel sämtlicher Arbeiten war am Teachers College der Columbia University in New York entstanden, jeweils mehr als 50 der Gesamtzahl an den Universitäten von Chicago, Iowa, New York (ohne Teachers College) und dem Peabody Institute (ebd., S. 47). In ähnlicher Weise verdoppelte sich zwischen 1918 und 1927 die Zahl der „Reports of Educational Research and Related Materials" von etwa 160 auf 330 pro Jahr, so dass für den Gesamtzeitraum insgesamt nahezu 2.500 ‚reports' nachgewiesen werden können.

Vergleicht man die amerikanische mit der in der „Erziehungswissenschaftlichen Forschung" dokumentierten deutschen Entwicklung, so bleibt diese quantitativ keineswegs weit hinter der amerikanischen zurück. Die zentralen Unterschiede beziehen sich vielmehr auf die in Deutschland deutlich geringere Zahl empirischer pädagogisch-psychologischer Untersuchungen bzw.

Dissertationen sowie – im Hintergrund – auf die weitaus schlechtere institutionelle Infrastruktur der erziehungswissenschaftlichen Forschung.

Gleichwohl ist der skizzierte Expansionsprozess in den Vereinigten Staaten nicht ohne weiteres mit tatsächlichem Forschungsfortschritt und -erfolg gleichzusetzen. Mit der „popularization of educational research" (Monroe u.a. 1928, S. 48) war schon aus Sicht der Zeitgenossen auch „pseudosimplicity of educational research" (ebd., S. 51) einhergegangen. Vor diesem Hintergrund wird verständlich, dass Ende der 1920er Jahre unter den verschiedenen alternativen Forschungskonzepten „educational research as critical, reflective thinking" als die elaboriertere „ascendent view" (ebd., S. 26f.) der Schulforschung angestrebt wurde.

2.4 Entwicklung der Schulforschung von den 1930er bis Mitte der1950er Jahre

Während die „First Edition" der „Encyclopedia of Educational Research" von 1940 sowie die beiden weiteren Auflagen der „Revised Edition" von 1950 und 1960 jeweils umfassende Querschnitte dreier aufeinanderfolgender Jahrzehnte repräsentieren (Monroe 1950; Harris 1960), eignet sich der 1956 in der „Review of Educational Research" unter dem Titel „Twentyfive Years of Educational Research" erschienene Überblick über die Zeit von 1930 bis 1955 als ausgezeichnete Quelle zur längsschnittlichen Entwicklungsanalyse der amerikanischen Schulforschung. Nachdem in der vorausgegangenen, bis 1928 reichenden Darstellung der „Ten Years of Educational Research" das auch hier schon außerordentlich umfangreiche Material der im Anhang beigegebenen Bibliographie von etwa 3.500 Titeln in eher allgemeiner Form zusammengefasst worden war, unternahm es diese Folgeübersicht erstmals, die erneut enorm gewachsene monographische oder in Periodika publizierte Literatur auf mittlerem Niveau – und insofern durchgängig relativ materialnah – entlang bestimmter Themenfelder zu strukturieren. Es sind dies – in bereits signifikanter Reihenfolge –„I. School Administration", „II. Curriculum Research", „III. Educational Psychology", „IV. Educational Measurements", „V. Counseling and Adjustment", „VI. The Historical, Philosophical, and Social Framework of Education" sowie „VII. Methods of Research".

Ähnlich zu dem aus Anlass des zehnjährigen Bestehens des „Bureau of Educational Research" erschienenen Berichts über die ersten zehn Jahre erziehungswissenschaftlicher Forschung lagen auch im Fall dieser Dokumentation Jubiläumsdaten zugrunde. Zum einen feierte die „National Education Association" (NEA) im Jahr nach dem Erscheinen, 1957, ihr hundertjähriges Bestehen, zum anderen waren die „American Educational Research Association" (AERA) 1930 als ‚department' der NEA anerkannt und ein Jahr darauf die „Review of Educational Research" gegründet worden, die damit 1955 fünfundzwanzig Jahre alt wurde (Morrison 1956, S. 205ff.; Urban 1998).

In nahezu jedem Bericht der etwa 150 Seiten umfassenden Darstellung wird in einer erstaunlich nüchternen, durchgängig selbstkritischen Weise mit kontinuierlich strengem und informationsdichtem Sachbezug versucht, die wesentlichen Entwicklungslinien innerhalb des jeweiligen Gebiets nachzuzeichnen, zu dem jeweiligen Ertrag Stellung zu beziehen und einen Zukunftsausblick zu geben. Aufgrund der Fülle und Vielfalt des jeweils heranzuziehenden Materials wird gelegentlich neben den Auswahlkriterien sogar das peer-review-Verfahren im Detail vorgestellt.

Insgesamt bestätigen diese Berichte jüngere Forschungen in dem Urteil, „educational scholarship has not been monolithic" und unterstreichen die Formulierung: „Although it is true (...), that Edward L. Thorndike, the Teachers College psychologist, ‚won' and the philosopher

John Dewey ‚lost', Thorndikes triumph was not complete" (Lagemann 2000, S. XI, vgl. auch Oelkers/Horlacher 2002).

Viele der Texte durchziehen klare, mitunter auch pragmatisch-illusionslose Feststellungen zu den Kontextabhängigkeiten der Schulforschung. „In a modern technical world which cannot be described without emphasis upon the speed and extent of change, it is not strange that changes in the curriculum should seem to bee geared in some fashion and degree to societal factors, rather than to research", heißt es beispielsweise erwartungsrelativierend in dem Beitrag über „Curriculum Research" (Cook/Hovet/Kearney 1956, S. 224).

Der Berichterstatter zum Bereich „General Theory" im Feld der „Educational Psychology" schließt seinen Überblick mit den ernüchternden Sätzen: „It would seem that the productive innovations (...) during the past 25 years did not spring from intensive development of Thorndike's early work on original nature, laws of learning, and individual differences, nor from innumerable experiments on teaching school subjects. The new light came rather from the impact of research carried on outside the field of learning and teaching. We understand the psychology of education better today than we did a generation ago largely because of the case studies and theories which came from psychoanalytic and other ‚depth psychology' clinics, because of the altered picture of mental processes which came from laboratory studies of perception; because of the experiments of some social psychologists in group cohesion, leadership, morale, and productivity; and because other social psychologists observed the formation and change of social norms, attitudes, and prejudices" (Watson 1956, S. 244).

Wenn die Entwicklung der Erziehungspsychologie seit den 1930er Jahren nicht nur „currents within psychology" gefolgt war, sondern ebenso auch auf „changing demands upon education arising from the broader social context" (ebd., S. 241) antwortete, hatte sich dabei ihr Fokus sukzessiv von institutionell präformierten Forschungsvorgaben zu den spezifischen individuellen Voraussetzungen des Lernens verschoben. Die mit Sprangers Diktum zur Lehrerbildung („man lerne mehr durch Menschen zu wirken als durch Institutionen" [Spranger 1920, S. 273]) konstruierte Opposition wurde in diesem Kontext mehr und mehr zu überwinden versucht. „It has become almost a joke in educational circles for a teacher who is asked, ‚What subject do you teach?' to reply, ‚I don't teach subjects, I teach children'" (McKillop 1956, S. S. 260). Es sei „much easier to study the logical organization of subjectmatter and the relative effectiveness of various methods of presentation than it is to explore the personality dynamics of the learners or the purposes that learning may play in their lives" heißt es unter der Überschrift „The Focus shifts to the learner" (ebd.).

In derartigen Formulierungen kehren in ganz auffälliger Weise Forschungsperspektiven wieder, wie sie schon Meumann zu Beginn des 20. Jahrhunderts prognostiziert hatte: Die wissenschaftliche Pädagogik „wird mehr eine Wissenschaft vom Lernenden als vom Lehrenden werden, denn den Ausgangspunkt aller experimentellen Untersuchungen bildet das lernende und arbeitende Schulkind" (Meumann 1901, S. 285). Aus Sicht der amerikanischen Schulforschung war sie davon jedoch entfernt. Bevor man Fragen beantworten könne, „how children feel about themselves, about others, and about learning", sei ein „new approach to research design" nötig (McKillop 1956, S. 262). Die bisherige Forschungsqualität erscheine – von wenigen sehr entwickelten Gebieten abgesehen – über die vergangenen Jahre hinweg „uneven, and on the whole disappointing" (ebd.).

Mit diesen aus der Erziehungspsychologie selbst heraus vorgetragenen Überlegungen zu den Grenzen des behavioristischen Konzepts sowie zu erforderlichen Neuorientierungen scheint ein entgegengesetzter Wandel auf der Ebene der Erziehungstheorien einher gegangen zu sein.

So war im Kontext des in den 1930er Jahren dominierenden Themas der Wechselbeziehungen zwischen Erziehung und sozialem Wandel von „distinguished scholars“ noch betont worden, „that education must prepare the way for a new social order which would recognize the collective character of modern society and in which democratic social planning would play a significant role“ (Stanley/Smith 1956, S. 308). In welchem geringen Grade jedoch die Tradition der amerikanischen Erziehungstheorie den Anforderungen zur Anpassung der Schule an die „requirements of an emerging age of collectivism“ gewachsen schien, hatte eine langfristig angelegte historische Studie über führende amerikanische Erziehungstheoretiker vom 17. Jahrhundert bis zu den 1930er Jahre gezeigt, derzufolge diese traditionell – mit wenigen Ausnahmen – als „highly conservative“ beurteilt wurden (ebd., S. 309). In den 1940er Jahren ging sodann das zuvor hohe Interesse an „education as an instrument of social reconstruction“ siginifikant zurück. „Naturally the philosophy embraced by the social reconstructionists was violently denounced as radical, if not subversive, by many conservatives in and out of the educational profession“ (ebd.).

Bezogen auf die Ausdifferenzierung der Theorien und Theorieströmungen („Freedom of Teaching in the Public Schools“, „The Role of Religion in Education“, „Diverse Educational Theories“, „Value Theory and Education“, „Philosophical Analyses of Concepts and Systems“, „Historical Studies of Education“ [Stanley/Smith 1956, S. 311ff.]) werden die „Sociological Studies of Education“ nicht zufällig vorangestellt. Obwohl „educational sociology is still in its infancy (...) the work that has been done clearly indicates, that the study of the sociological bases of education is potentially fully as important as the study of the psychological bases of education“ (ebd., S. 311).

3 Entwicklung und Perspektiven der Erziehungssoziologie nach dem Zweiten Weltkrieg

Über die Entwicklung und den Entwicklungsstand der Erziehungssoziologie in den Vereinigten Staaten und verschiedenen anderen Ländern hat Brookover (1959) in einer luziden Übersicht in der „Kölner Zeitschrift für Soziologie und Sozialpsychologie“ informiert. Auch er thematisiert zunächst die Verschiebungen der Zielsetzungen erziehungssoziologischer Forschung im Verlauf der letzten zwei Jahrzehnte, die dabei von der zunächst verfolgten wissenschaftlich fundierten Normierung der Rolle der Erziehung in der Gesellschaft weggekommen sei und nunmehr anerkenne, dass „die Normen der Gesellschaft als Ganzes (und nicht primär die Erziehung, P.D.) die Richtung des sozialen Wandels bestimmen“ (ebd., S. 175).

Wenngleich die Erziehungssoziologie „kein Feld der Forschung“ darstelle, „dem die amerikanischen Soziologen bisher einen Vorrang vor anderen eingeräumt“ (ebd., S. 177) habe, indiziere Orville Brims „Sociology in the Field of Education“ (1958) in Verbindung mit verschiedenen Textbüchern und Sammelwerken das neuerdings gestiegene Interesse der amerikanischen Soziologie an der Erziehungssoziologie. Dies bestätigte auch die wachsende Zahl entsprechender Dissertationen. Wenn demgegenüber der Anteil erziehungssoziologischer Vorlesungen in der Lehrerausbildung stagniere, seien dort immerhin die speziellen Soziologien gut vertreten (ebd., S. 177f.). Die Feststellung, dass die ‚colleges‘ der Pädagogik „ganz allgemein (...) mehr und mehr von der Soziologie und Sozialpsychologie Gebrauch machen“ und neben der Erziehungssoziologie auch die „Soziologie der Gemeinde, der sozialen Schichtung, des

Berufs (...) , die Industriesoziologie, die Familiensoziologie, die Rollentheorie und so weiter" (ebd., S. 180) in ihrem Lehrprogramm führen, demonstriere den scharfen Kontrast zwischen der amerikanischen und der an ihren traditionellen Wissensformen ausgerichteten deutschen Lehrerausbildung in der Nachkriegszeit. Für die Zurückgebliebenheit der deutschen Entwicklung erscheine es „bezeichnend (...), dass René König (ebenso wie W.E. Mühlmann an anderer Stelle, P.D.) die Soziologie der Erziehung oder der Schule in seinem kürzlich in den Vereinigten Staaten erschienenen Überblick über Trends in der deutschen Soziologie nicht nennt" (ebd., S. 182).

Wenn Brookover (1959) in seinem Durchgang durch die amerikanische Entwicklung und die anderer Länder auf die jeweiligen Themenschwerpunkte, z.B. die Bedeutung der Gruppe oder der Gemeindeschule in den USA oder das „gänzlich klassendeterminierte" (ebd., S. 181) englische Erziehungswesen, eingeht, betont er schließlich doch seine „Befürchtung, dass unser Glaube an die Wirksamkeit der institutionellen Erziehung für die Wandlung der Gesellschaft übertrieben ist" (ebd., S. 184). Damit kontrastierten indessen steigende Herausforderungen an die erziehungswissenschaftliche Forschung in Bezug auf die Funktionen der Schule für Prozesse der Elitenrekrutierung, soziale Mobilität sowie für die Zusammenhänge zwischen ökonomischen Wachstum und Schulorganisation.

„Bisherige Modelle" ließen aber schon im Blick auf die Alternativen begabungshomogener oder -heterogener Schülergruppen „keineswegs klar (...) erkennen, welche Wirkungen die Aufteilung nach Begabung auf die Leistungen der Kinder auf den verschiedenen Fähigkeitsstufen" habe (ebd., S. 186). Bei einem begabungsdifferenzierten Modell bestünde die Gefahr, „an die Stelle der ehemals rassisch bestimmten Trennung eine neue Art der Trennung zu setzen", die „einschneidende Änderungen in den Mobilitätschancen hervorrufen" (ebd.) könne. Bezogen auf den Zusammenhang zwischen dem „allgemeine(n) soziale(n) Klima oder (den) Normen des Schulsystems mit dem Leistungsniveau der Schüler", müsse man in Zukunft „wahrscheinlich noch viel größeres Gewicht der Frage beimessen, wie durch Schulgruppen ein bestimmtes Leistungsniveau als wünschenswert festgelegt wird" (ebd., S. 193). „Experimente", heißt es in hellsichtiger Antizipation gegenwärtig aktueller Diskussionen, „über die Möglichkeiten, die Schulkultur in Richtung auf eine Anhebung des Leistungsniveaus oder eine Beschleunigung des Lernprozesses zu modifizieren, werden sich anschließen" (ebd.).

4 Zusammenfassung und Forschungsdesiderate

Herausbildung und Entwicklung der Schulforschung haben sich im Kontext unterschiedlicher Schulsysteme, wissenschaftlicher Disziplinen und Disziplingestalten vollzogen, deren Differenzen zu einem hohen Grad in den jeweiligen nationalen Traditionen des Bildungswesens bzw. der Bildungs- und Erziehungstheorie historisch begründet und vermittelt sind. Diese Traditionen waren im Zuge des Ausbaus und der Modernisierung der bereits bestehenden Bildungsstrukturen seit dem ausgehenden 19. Jahrhundert zu unterschiedlichen Graden belastbar. Während im deutschen Fall die historisch überkommene duale Struktur eines sozialen Klassenschulsystems prinzipiell beibehalten und durch Teilreformen fortlaufend weiter differenziert und modifiziert worden ist, orientierte sich die Entwicklung der amerikanischen Schule stärker an dem modernen Modell einer integrierten, stufenförmig aufgebauten Gesamtschule. Damit wurden Segregation und Integration im Bildungswesen in beiden Ländern strukturell auf ganz verschiedene Weise bearbeitet.

Die differenten Modi der schulorganisatorischen Reflexion von Modernisierungsherausforderungen haben Formen und Kontinuität der Schulforschung historisch nachhaltig beeinflusst. Im Kontext der spannungsreichen Wechselbeziehungen zwischen Schulsystem und Schulforschung wurden deren Freiheitsgrade in der deutschen Entwicklung weit mehr eingeschränkt als in den Vereinigten Staaten. Übernahm sie hier eine aktive Rolle bei der Analyse und Steuerung des Bildungswesens, blieb ihr in Deutschland lange Zeit nur der Part einer nachgeordneten Wissensform, deren wissenschaftliche Rationalität mit der Kontinuität straffer Zusammenhänge zwischen Bildungsbeteiligung und Sozialstruktur in einem vertikal gegliederten System nur schwer zu vereinbaren war. Vor diesem Hintergrund fragt sich, wie weit der Schulforschung nicht sogar dort, wo sie – wenn auch nur partiell – zur Geltung kam – bei der Begabungsauslese – letztlich nicht ähnlich legitimierende Funktionen für Selektionsprozesse im Bildungswesen zukamen, wie sie die geisteswissenschaftliche Pädagogik für die bildungstheoretische Rechtfertigung der Strukturen des Gesamtsystems beanspruchte, die die pädagogisch-psychologische Schulforschung nach 1918 als Kontext wiederum eher ausblendete.

Derartige historische Zuschreibungen tendieren jedoch mit Blick auf den langen Entwicklungsbogen des 20. Jahrhunderts zu Vereinfachungen. Wie die Sozialgeschichte und Soziologie des deutschen Bildungswesens anhand der Öffnungsschübe während der 1920er und 1950er Jahre eine, wenngleich begrenzte, soziale Dynamik der Systementwicklung nachgewiesen hat (Kaelble 1983; W. Müller 1998), die mit der Wirksamkeit der traditionellen, konservativen schulpolitischen Rhetorik auch die Annahmen einer langfristig stabilen hohen sozialen Selektivität des gegliederten Schulsystems durchaus infrage stellt, sollten auch die sozial integrativen Effekte des amerikanischen Systems nicht überschätzt werden. Die ‚public high schools' werden hier von einem weit ausgefächerten System privater Schulen sowie – im Hochschulbereich – unterschiedlich selektiver ‚colleges' und ‚universities' ergänzt, durch die soziale Selektion in andere Systemsegmente verlagert, aber keineswegs aufgehoben wird.

Und wie bereits Systemdynamik und Systemförmigkeit nicht in einfachen Schemata zu beschreiben sind, folgt auch die Schulforschung nicht einem historisch geradlinigen, wissenschaftlich uniformen Prozess. Dies dokumentieren gerade in den Vereinigten Staaten die von Beginn an kontinuierliche Kritik an bloßer Deskription und ‚educational measurements' sowie die kompensierend vorgeschlagenen Konzepte der produktiven Anreicherung der Schulforschung durch Wissenstransfer aus den verschiedenen Bezugsdisziplinen der Schulforschung, aus der Psychologie und Soziologie, ebenso aber auch aus der Geschichte und Philosophie.

Allerdings scheint die amerikanische Schulforschung gegenüber der deutschen grundsätzlich dadurch wissenschaftlich im Vorteil, dass hier eine bürokratisch schwächer übersetzte und insoweit eher lose formalisierte Systemstruktur des Bildungswesens von vornherein die in Deutschland stets umstrittenen äußeren Formen der Bildungsorganisation hinter Fragen der Entwicklung von Individualität, der Parameter individuellen Lernens, der Bedeutung von Gruppenzusammenhängen, Interaktion, Schulkultur, etc. forschungsstrategisch zurücktreten ließ. Nachdem sich die deutsche Schulforschung in der stark gebliebenen Tradition des Einheitsschulgedankens und der historisch nicht minder persistenten Vertikalität des Gesamtsystems nach dem Zweiten Weltkrieg zunächst geradezu zwangsläufig mit Fragen der Makroorganisation und der Makrosteuerung des Bildungssystems auseinandergesetzt hatte, wird erst heute, im Kontext der Diskussion über neue Steuerungsformen im Schulwesen, über Schulautonomie und Qualitätssicherung, die Modernität eines Zweiges amerikanischer Schulforschung deutlich, dessen Fokus auf die dort seit jeher größere Bedeutung lokaler Bildungsstrukturen und der Einzelschule zurückgeht.

Insofern Schulsysteme zu einem hohen Grad nationalen Entwicklungsmustern folgen, sich in ihren äußeren Formen dabei zwar annähern können, ohne doch zugleich ihre spezifische individuelle Struktur und historisch entwickelte Semantik gänzlich aufzugeben, erscheint eine Entwicklungsdarstellung der Schulforschung, die von starken Interaktionen zwischen Systemen und Systemreflexion ausgeht, solange verkürzt, wie nicht auch andere Länder in die historische Analyse einbezogen werden. Dies gilt umso mehr, als es sich bei der Betrachtung der Entwicklung der Schulforschung in Deutschland und in den USA um einen Sonderfall handelt.

Nachdem die Rezeption der experimentellen Psychologie Wundts in den Vereinigten Staaten im ausgehenden 19. Jahrhundert in erster Linie über das Studium von Amerikanern an deutschen Universitäten im ausgehenden 19. Jahrhundert erfolgt war, vollzog sich der Transfer der amerikanischen Psychologie (und Schulforschung) nach 1945 über entsprechende wissenschaftliche Austauschprogramme. Waren daher beide Prozesse im Wesentlichen extern – im 19. Jahrhundert durch den anfangs geringen Ausbaustand des amerikanischen Hochschulwesens, nach 1945 durch die politische Entwicklung in der Nachkriegszeit – bedingt, wurden dadurch beide Länder in einer besonderen Weise aufeinander bezogen. Dies gilt indessen nicht in gleicher Weise für andere europäische und auch außereuropäische Nationen, deren Ansätze und Entwicklungen zur Schulforschung fast gänzlich unbekannt geblieben sind.

Als weitere historiographische Desiderate erscheinen die Beiträge der nicht-psychologischen bzw. -soziologischen Disziplinen zur Schulforschung. Während sich in den hier betrachteten Fällen Deutschlands und der Vereinigten Staaten Oppositionen vor allem zwischen philosophisch-hermeneutischen und psychologisch-empirischen Wissensformen zeigen, sind alternative, kohäsivere Kombinationen ebenso wie unterschiedliche Konfigurationen volkswirtschaftlichen, rechts- und verwaltungswissenschaftlichen Wissens in der Entwicklung der Schulforschung bislang nicht untersucht worden.

Der starke Kontrast zwischen der deutschen und der amerikanischen Schulforschung, der sich in der ersten Hälfte des 20. Jahrhunderts vor allem aus den zeitlichen Unterschieden ihrer Institutionalisierung ergibt, hat in der vorliegenden Darstellung den Blick vor allem auf die Geschichte der Schulforschung gerichtet und unterschiedliche Entwicklungsformen gezeigt. Die Frage, auf welche Weise die (zeitbezogene) Geschichte der Schulforschung und die (sachbezogene) Entwicklung der Schulforschung miteinander verschränkt sind, wird sich weitergehend erst auf einer größeren Vergleichsfläche beantworten lassen, die andere, nicht so stark negativ miteinander korrelierende, eher benachbarte Fälle einbezieht.

Wenn der Reichtum der Schulforschung in ihren Beziehungen zu verschiedenen wissenschaftlichen Disziplinen liegt und zugleich durch die Heterogenität der empirischen sozialen und historischen Bezüge der Schulentwicklung selbst gefördert wird, erzeugen diese Sachverhalte schließlich bereits aus sich selbst heraus systematische Defizite der wissenschaftsgeschichtlichen Rekonstruktion. Eine zu stark vereinheitlichende, aus der Perspektive nur einer Disziplin betrachtete Entwicklungsgeschichte der Schulforschung würde umgekehrt aber leicht Gefahr laufen, gerade die Vielfalt ihrer Bezüge zu reduzieren, sie aus ihren verwickelten, oft externen Impulsen herauszulösen und ihre ohnehin erst wenig erforschte, spannungsreiche Geschichte fälschlich zu harmonisieren.

5 Bibliographien, Periodika und Quellen

5.1 Deutschland

Bibliographien, Literaturberichte und -übersichten

Bibliographie [Erich Hylla] 1911-1966. In: Deutsches Institut für Internationale Pädagogische Forschung: Mitteilungen und Nachrichten. Erich Hylla zum 80. Geburtstag. Sonderheft. Mai 1967, S. 179-196

Correl, W./Slotta, G.: Literatur zur Frage der Pädagogik als Wissenschaft und zur Forschung in der Pädagogik. In: Heckel, H./Lemberg, E./Roth, H./Schultze, W./Süllwold, F.: Pädagogische Forschung und pädagogische Praxis. Heidelberg 1958, S. 221-232

Friederich, G./Herrmann, U.: Bibliographie der deutschen erziehungswissenschaftlichen Hochschulschriften 1885-1945. Mit einer Bibliographie der Hochschulschriften und Bibliographien. Weinheim/Basel 1983

Hoffmann, A. (Hrsg.): Die erziehungswissenschaftliche Forschung. Erfurt 1926-1943

Schaffernicht, A.: Die Auslese für weiterführende Schulen. Bibliographie der von 1945 bis 31.3.1962 erschienenen Bücher- und Zeitschriftenaufsätze. Frankfurt a.M. 1962

Verzeichnis der Veröffentlichungen des Deutschen Instituts für Internationale Pädagogische Forschung und seiner Mitarbeiter. Stand 1.7.1978 Frankfurt a.M. 1978

Periodika

Die Kinderfehler. Zeitschrift für pädagogische Pathologie und Therapie in Haus, Schule und sozialem Leben 1896-1899, ab 1900-1906: Zeitschrift für Kinderforschung mit besonderer Berücksichtigung der pädagogischen Pathologie; ab 1907: Zeitschrift für Kinderforschung

Die Experimentelle Pädagogik mit besonderer Berücksichtigung der Experimentellen Didaktik und der Erziehung schwachbegabter und abnormer Kinder 1905-1907; ab 1907-1910: Zeitschrift für Experimentelle Pädagogik, psychologische und pathologische Kinderforschung mit Berücksichtigung der Sozialpädagogik und Schulhygiene; 1911 aufgegangen in: Zeitschrift für pädagogische Psychologie und experimentelle Pädagogik

Zeitschrift für pädagogische Psychologie 1899-1910; 1911 aufgegangen in: Zeitschrift für pädagogische Psychologie und experimentelle Pädagogik

Zeitschrift für pädagogische Psychologie und experimentelle Pädagogik 1911ff.

Quellen vor 1945

Beier, A. (Hrsg.): Die höheren Schulen in Preußen und ihre Lehrer. Sammlung der wichtigsten, hierauf bezüglichen Gesetze, Verordnungen, Verfügungen und Erlasse. 2. überarb./ergänz. Aufl. Halle 1902

Biedert, Ph. (Hrsg.): Das Kind, seine geistige und körperliche Pflege von der Geburt bis zur Reife. Stuttgart 1906

Bobertag, O./Hylla, E.: Begabungsprüfung für den Übergang von der Grundschule zu weiterführenden Schulen. Langensalza 1925

Bobertag, O.: Schülerauslese. Kritik und Erfolge. Berlin 1934

Bühler, K.: Die Krise der Psychologie. Jena 1927

Burgerstein, L./Netolitzky, A.: Handbuch der Schulhygiene. Jena 1895

Deutschen Zentrale für Jugendfürsorge (Hrsg.): Handbuch für Jugendpflege. Langensalza 1913

Fischer, A.: Pädagogische Soziologie. In: Vierkandt, A. (Hrsg.): Handwörterbuch der Soziologie. Stuttgart 1930/1959, S. 405-424

Fischer, A.: Soziologische Pädagogik. In: Vierkandt, A. (Hrsg.): Handwörterbuch der Soziologie. Stuttgart 1930/1959, S. 589-592

Frischeisen-Köhler, M.: Grenzen der experimentellen Methode (1918/1919) In: Frischeisen-Köhler, M.: Philosophie und Pädagogik. Weinheim 1962, S. 110-150

Gesamtregister der Zeitschrift für pädagogische Psychologie und experimentelle Pädagogik 1899-1924 und der mit ihr verbundenen Zeitschriften. Leipzig 1925

Hartnacke, W.: Das Problem der Auslese der Tüchtigen. Einige Gedanken und Vorschläge zur Organisation des Schulwesens nach dem Kriege. In: Zeitschrift für pädagogische Psychologie und experimentelle Pädagogik 16 (1915), S. 481-495 u. 529-545

Hartnacke, W.: Naturgrenzen geistiger Bildung. Leipzig 1930

Herget, A.: Die wichtigsten Strömungen im pädagogischen Leben der Gegenwart. Teil 1: Kunsterziehung. Arbeitsschule. Staatsbürgerliche Erziehung. Moralpädagogik. Prag/Wien/Leipzig 2. überarb./ergänz. Aufl. 1917; Teil 2: Die experimentelle Pädagogik. Die Sozialpädagogik. Die Individualpädagogik. Die Persönlichkeitspädagogik. Die Nationalschule. Die natürliche Erziehung. Prag/Wien/Leipzig, 2. überarb./ergänz. Aufl. 1919

Hessen, S.: Kritische Vergleichung des Schulwesens der anderen Kulturstaaten. In: Nohl, H./Pallat, L. (Hrsg.): Handbuch der Pädagogik. Bd. 4: Die Theorie der Schule und der Schulaufbau. Langensalza 1928, S. 421-510

Holtorf, H.: Die höhere Schule einst und jetzt. Das Problem der Überbürdung in jugendpsychologischer Beleuchtung. Leipzig 1931

Kahl, W.: Zur Geschichte der Schulaufsicht. Gesammelte Aufsätze. Leipzig/Berlin 1913

Die pädagogischen Kollegs/Die Vertretung der Pädagogik und der Psychologie/Die Vertretung der Psychologie und Pädagogik an den deutschen Hochschulen/Universitäten im WS 1911/12-1918/1919. In: Zeitschrift für pädagogische Psychologie und experimentelle Pädagogik XII-XX (1911-1919)

Landé, W.: Die Schule in der Reichsverfassung. Ein Kommentar. Berlin 1929

Litt, Th.: Die Stellung der Geisteswissenschaften im nationalsozialistischen Staat. In: Die Erziehung 9 (1934), S. 12-32

Lochner, R.: Deskriptive Pädagogik. Umrisse einer Darstellung der Tatsachen und Gesetze der Erziehung vom soziologischen Standpunkt. Darmstadt 1927/1967

Lochner, R.: Erziehungswissenschaft. Kurzgefaßtes Lehrbuch zum Gebrauch an Hochschulen. München/Berlin 1934

Löffler, E.: Querverbindungen und Zubringerorganisationen. In: Zentralinstitut für Erziehung und Unterricht (Hrsg.): Das Deutsche Schulwesen. Jahrbuch 1930/32. Berlin 1933, S. 233-240

Meumann, E.: Entstehung und Ziele der experimentellen Pädagogik. In: Die deutsche Schule V (1901), S. 65-92, 139-153, 213-223, 272-288

Meumann, E.: Zur Frage der Professuren für Pädagogik. In: Zeitschrift für Experimentelle Pädagogik VIII (1909), S. 135-145

Meumann, E.: Experimentelle Pädagogik und Schulreform. In: Zeitschrift für Pädagogische Psychologie XII (1911a), S. 1-13

Meumann, E.: Die soziale Bedeutung der Intelligenzprüfungen. In: Zeitschrift für Pädagogische Psychologie XIV (1913a), S. 433-440

Meumann, E.: Abriß der experimentellen Pädagogik. Leipzig/Berlin 1914a

Meumann, E.: Zur Frage der Erziehungsziele. In: Zeitschrift für Pädagogische Psychologie XV (1914b), S. 1-9

Meumann, E.: Vorlesungen zur Einführung in die experimentelle Pädagogik und ihre psychologischen Grundlagen. Bd. 1/2 Leipzig 1907; 2. überarb./ergänz. Aufl.: Bd. 1 Leipzig 1911b; Bd. 2 Leipzig 1913b, Bd. 3 Leipzig 1914c

Moede, W./Piorkowski, C./Wolff, G: Die Berliner Begabtenschulen, ihre Organisation und die experimentellen Methoden der Schülerauswahl. Langensalza 1918

Moede, W./Piorkowski, C.: Die Einwände gegen die Berliner Begabtenprüfungen sowie ihre kritische Würdigung. Langensalza 1919

Moormann, H.: Das Erziehungsrecht der Eltern und der Staat. Die Entwicklung in Preußen und von der Reichsgründung ab im Reich seit dem Allgemeinen Landrecht. Borna/Leipzig 1934

Münsterberg, H.: Das Studium der Amerikaner an deutschen Hochschulen. Berlin 1911

Nohl, H./Pallat, L. (Hrsg.): Handbuch der Pädagogik. Bd. 1: Die Theorie und die Entwicklung des Bildungswesens. 1933; Bd. 4: Die Theorie der Schule und der Schulaufbau. Langensalza 1928

Pädagogische Konferenz im Ministerium der geistlichen und Unterrichts-Angelegenheiten am 24. und 25. Mai 1917. Thesen und Verhandlungsbericht

Paulsen, F.: Geschichte des gelehrten Unterrichts auf den deutschen Schulen und Universitäten vom Ausgang des Mittelalters bis zur Gegenwart 1885; 2. Aufl. 1896/97, 3. erweit. Aufl. Leipzig 1919/1921

Petersen, P. (Hrsg.): Der Aufstieg der Begabten. Vorfragen. Leipzig/Berlin 1916

Rein, W./Selter, P. (Hrsg.): Das Kind. Seine körperliche und geistige Pflege von der Geburt bis zur Reife. 2 Bde. Stuttgart 1906; 2. Aufl. Stuttgart 1911; 3. überarb. Aufl. Stuttgart 1927

Remme, K.: Das Studium der Ausländer und die Bewertung ausländischer Zeugnisse. Berlin 1929; 2. Aufl. Berlin 1932

Rönne, L. v. (Hrsg.): Die höhern Schulen und die Universitäten des Preußischen Staates. Berlin 1855

Sachße, A.: Die Entwicklung der Bildungsorganisation und ihr gegenwärtiger Zustand in Deutschland. In: Nohl, H./Pallat, L. (Hrsg.): Handbuch der Pädagogik. Bd. 1: Die Theorie und die Entwicklung des Bildungswesens. Langensalza 1933, S. 377-463

Schreiber, A. (Hrsg.): Das Buch vom Kinde. Leipzig/Berlin 1907

Schreiber, A. (Hrsg.): Das Reich des Kindes. Berlin 1930

Selter, H. (Hrsg.): Handbuch der deutschen Schulhygiene. Dresden/Leipzig 1914

Sickinger, A.: Schulsystem, Mannheimer. In: Rein, W. (Hrsg.): Enzyklopädisches Handbuch der Pädagogik. 2. Aufl. 8. Bd., Langensalza 1908, S. 324-336

Spranger, E.: [Ohne Titel]. In: Zeitschrift für pädagogische Psychologie 14 (1913), S. 479

Spranger, E.: Fünfundzwanzig Jahre deutscher Erziehungspolitik. Berlin 1916

Spranger, E.: Das Problem des Aufstiegs (1918). In: Spranger, E.: Kultur und Erziehung. Leipzig 1923, S. 205-226
Spranger, E.: Die wissenschaftlichen Grundlagen der Schulverfassungslehre und Schulpolitik. Berlin 1928
Spranger, E.: Pädagogik. In: Abb, G. (Hrsg.): Aus fünfzig Jahren deutscher Wissenschaft. Die Entwicklung ihrer Fachgebiete in Einzeldarstellungen. Berlin/Freiburg/München/Leipzig 1930, S. 86-103
Spranger, E.: Die Verschulung Deutschlands (1928). In: Spranger, E.: Schule und Lehrer. Gesammelte Schriften III. Heidelberg 1970, S. 90-101
Spranger, E.: Antrittsvorlesung: Die philosophischen Grundlagen der Pädagogik (1910). In: Spranger, E.: Philosophische Pädagogik. Gesammelte Schriften II. Heidelberg 1973, S. 222-231
Spranger, E.: Begabung und Studium (1917). In: Spranger, E.: Hochschule und Gesellschaft. Gesammelte Schriften X. Heidelberg 1973, S. 7-81
Spranger, E.: Die pädagogische Wissenschaft und ihre Bedeutung für das Volksleben (1920). In: Spranger, E.: Philosophische Pädagogik. Gesammelte Schriften II. Heidelberg 1973, S. 260-274
Stern, W.: Zum Vergleich von Vorschülern und Volksschülern. In: Zeitschrift für angewandte Psychologie und psychologische Sammelforschung 8 (1914), S. 120-123
Stern, W.: Die Jugendkunde als Kulturforderung. Mit besonderer Berücksichtigung des Begabungsproblems. In: Zeitschrift für Pädagogische Psychologie und Experimentelle Pädagogik, 17 (1916), S. 273-311
Troeltsch, E.: [Eröffnungsreferat]. In: Pädagogische Konferenz im Ministerium der geistlichen und Unterrichts-Angelegenheiten am 24. und 25. Mai 1917. Thesen und Verhandlungsbericht 1917a, S. 9-10
Troeltsch, E.: [Schlußwort]. In: Pädagogische Konferenz im Ministerium der geistlichen und Unterrichts-Angelegenheiten am 24. und 25. Mai 1917. Thesen und Verhandlungsbericht 1917b, S. 23-25
Vorbrodt, W./Herrmann, K.: Handwörterbuch des gesamten Schulrechts und der Schul- und Unterrichtsverwaltung in Preußen. Leipzig 1930
Weiß, C.: Pädagogische Soziologie. Leipzig 1929
Wiese, L. (Hrsg.): Das höhere Schulwesen in Preußen. Berlin 1864
Wiese, L. (Hrsg.): Das höhere Schulwesen in Preußen. 4. Bd., 1874-1901. Berlin 1902
Ziertmann, P.: Pädagogik als Wissenschaft und Professuren der Pädagogik. Berlin 1914

Quellen nach 1945

Becker, H.: Forderungen an unser Bildungssystem. Schule, Hochschule, Volkshochschule und Gesellschaft. In: Merkur XI (1957), S. 956-978
Becker, H.: Die verwaltete Schule (1954). In: Recht der Jugend und des Bildungswesens 41 (1993), S. 130-147
Brookover, W.B.: Entwicklungstendenzen in der Soziologie der Erziehung. In: Heintz, P. (Hrsg.): Soziologie der Schule. Kölner Zeitschrift für Soziologie und Sozialpsychologie. Sonderheft 4 (1959), S. 173-200
Busemann, A.: Beiträge zur Pädagogischen Milieukunde aus dreißig Jahren. Berlin/Hannover/Darmstadt 1956
Carnap, R.v./Edding, F.: Der relative Schulbesuch in den Ländern der Bundesrepublik 1952-1960. Frankfurt a.M. 1962
Correll, W./Süllwold, F. (Hrsg.): Forschung und Erziehung. Untersuchungen zu Problemen der Pädagogik und Pädagogischen Psychologie. Festschrift zum 80. Geburtstag von Erich Hylla. Donauwörth 1968
Dahmer, I./Klafki, W. (Hrsg.): Geisteswissenschaftliche Pädagogik am Ausgang ihrer Epoche – Erich Weniger. Weinheim/Berlin 1968
Dahrendorf, R.: Bildung ist Bürgerrecht. Plädoyer für eine aktive Bildungspolitik. Hamburg 1965
Deutscher Ausschuß für das Erziehungs- und Bildungswesen: Rahmenplan zur Umgestaltung und Vereinheitlichung des allgemeinbildenden öffentlichen Schulwesens. Folge 3, Stuttgart 1959
Deutscher Ausschuß für das Erziehungs- und Bildungswesen: Zur Diskussion des Rahmenplans - Kritik und Antwort. Folge 5, Stuttgart 1960
Deutscher Bildungsrat, Empfehlungen der Bildungskommission: Strukturplan für das Bildungswesen. Bonn 1970
Deutsches Institut für Internationale Pädagogische Forschung: Mitteilungen und Nachrichten. Erich Hylla zum 80. Geburtstag. Sonderheft. Mai 1967
Edding, F.: Ökonomische Forschung im Dienste des Bildungswesens. Zur Wirtschaftlichkeit und Rentabilität des Bildungsaufwands. In: Lemberg, E. (Hrsg.): Das Bildungswesen als Gegenstand der Forschung. Heidelberg 1963, S. 101-124
Geissler, G.: Themen pädagogischer Prüfungsarbeiten als Grundlage kritischer Besinnung in der Lehrerbildung. In: Zeitschrift für Pädagogik 3 (1957), S. 121-142
Gerstenmaier, E.: Die Bildung und die Macht. In: Lemberg, E. (Hrsg.): Das Bildungswesen als Gegenstand der Forschung. Heidelberg 1963, S. 7-20
Habermas, J.: Pädagogischer „Optimismus“ vor Gericht einer pessimistischen Anthropologie. In: Neue Sammlung 1 (1961), S. 251-278

Hartnacke, W.: Genetik, Rassenhygiene und Bevölkerungskunde. In: Münchener Medizinische Wochenschrift 93 (1951). Teil 1: Die Naturbedingtheit des Geistigen, S. 1781-1788; Teil 2: Wie kann man den Begabungsschwund im Nachwuchs aufhalten?, S. 2349-2352

Heckel, H.: Eine Grundordnung der deutschen Schule. Stuttgart 1958

Heckel, H.: Die Zukunft der Hochschule für Internationale Pädagogische Forschung (HIPF) (1955). In: Döbert, H./ Kopp B.v./Martini, R./Weiß, M. (Hrsg.): Bildung vor neuen Herausforderungen. Historische Bezüge – Rechtliche Aspekte – Steuerungsfragen – Internationale Perspektiven. Köln 2003, S. 15-22

Heckel, H./Lemberg, E./Roth, H./Schultze, W./Süllwold, F.: Pädagogische Forschung und Pädagogische Praxis. Heidelberg 1958

Heintz, P. (Hrsg.): Soziologie der Schule. Kölner Zeitschrift für Soziologie und Sozialpsychologie. Sonderheft 4, 1959

Hilker, F.: Die Schulen in Deutschland (Bundesrepublik und West-Berlin). Bad Nauheim 1954

Hilker, F.: Vergleichende Pädagogik. Eine Einführung in ihre Geschichte, Theorie und Praxis. München 1962

Huth, A.: Rückgang der Begabung bei deutschen Kindern? In: Grenzgebiete der Medizin 1 (1948), S. 141-143

Huth, A.: Die veränderte Leistungsfähigkeit der heutigen Jugend. In: Universitas 11 (1956), S.705-715

Huth, A.: Die richtige Schule für dein Kind. München 1957

Hylla, E.: Notwendigkeit und Aufgaben der empirischen Forschung in der Pädagogik. In: Die deutsche Schule 48 (1956), 3, S. 97-107

Lehmensick, E.: Die Meinungsbildung über die Grenzen der Bildsamkeit und die erbpsychologischen Untersuchungen. In: Die Sammlung 5 (1950a), S. 458-475

Lehmensick, E.: Die begabungsstatistischen Untersuchungen und die erzieherische Verantwortung. In: Die Sammlung 5 (1950b), S. 688-700

Lemberg, E.: Aufgaben einer Soziologie des Bildungswesens. In: Heckel, H./Lemberg, E./Roth, H./Schultze, W./Süllwold, F. (Hrsg.): Pädagogische Forschung und pädagogische Praxis. Heidelberg 1958, S. 58-98

Lemberg, E. (Hrsg.): Das Bildungswesen als Gegenstand der Forschung. Heidelberg 1963a

Lemberg, E.: Von der Erziehungswissenschaft zur Bildungsforschung: Das Bildungswesen als gesellschaftliche Institution. In: Lemberg, E. (Hrsg.): Das Bildungswesen als Gegenstand der Forschung. Heidelberg 1963b, S. 21-100

Lemberg, E.: Pädagogische Forschung in der Sowjetunion. In: Lemberg, E.: Das Bildungswesen als Gegenstand der Forschung. Heidelberg 1963c, S. 253-312

Lempert, W.: Über einige Mißverständnisse zwischen deutschen Pädagogen und Soziologen. In: Lemberg, E. (Hrsg.): Das Bildungswesen als Gegenstand der Forschung. Heidelberg 1963, S. 125-146

Lochner, R.: Erziehungswissenschaft im Abriss. Wolffenbüttel/Hannover 1947

Müller, K.V.: Begabung und Begabungseigenart im schulischen Nachwuchs. Erster Bericht über die Niedersächsische Begabtenuntersuchung nach den Ergebnissen des Regierungsbezirks. In: Die Sammlung 3 (1948), S. 360-370

Müller, K.V.: Die sozialbiologische Prognose in der Bewährung. In: Die Sammlung 7 (1952), S. 502-507

Müller, K.V.: Begabung und soziale Schichtung in der hochindustrialisierten Gesellschaft. Köln/Opladen 1956

Picht, G.: Die deutsche Bildungskatastrophe. Analyse und Dokumentation. Olten/Freiburg im Breisgau 1964

Pidgeon, D.A.: Pädagogische Forschung in England und Wales. In: Lemberg, E. (Hrsg.): Das Bildungswesen als Gegenstand der Forschung. Heidelberg 1963, S. 202-232

Robinsohn, S.B.: Schulreform im gesellschaftlichen Prozeß. Ein interkultureller Vergleich. Stuttgart 1969

Roth, H.: Pädagogische Psychologie des Lehrens und Lernens. Berlin/Hannover/Darmstadt 1957

Roth, H.: Die Bedeutung der empirischen Forschung für die Pädagogik. In: Heckel, H./Lemberg, E./Roth, H./Schultze, W./Süllwold, F.: Pädagogische Forschung und pädagogische Praxis. Heidelberg 1958, S. 5-57

Roth, H.: Die realistische Wendung in der pädagogischen Forschung. In: Die deutsche Schule 55 (1963), S. 109-119

Roth, H. (Hrsg.): Begabung und Lernen. Stuttgart 1968

Schelsky, H.: Schule und Erziehung in der industriellen Gesellschaft. Würzburg. 2. Aufl. 1959

Schelsky, H.: Anpassung oder Widerstand? Soziologische Bedenken zur Schulreform. Heidelberg 1961

Schultze, W.: Werden die Vereinigten Staaten ihr Schulwesen nach europäischen Vorbildern ändern? In: Die deutsche Schule 53 (1961), S. 205-212

Schultze, W.: Pädagogische Forschung in den Vereinigten Staaten von Amerika. In: Lemberg, E. (Hrsg.): Das Bildungswesen als Gegenstand der Forschung. Heidelberg 1963, S. 147-201

Sjöstrand, W.: Neue pädagogische Forschung in Schweden. In: Lemberg, E. (Hrsg.): Das Bildungswesen als Gegenstand der Forschung. Heidelberg 1963, S. 233-252

Spranger, E.: Innere Schulreform (1949). In: Spranger, E.:Schule und Lehrer. Gesammelte Schriften III. Heidelberg 1970, S. 177-187

Süllwold, F.: Eine empirische Untersuchung über die Beziehung zwischen Klassenfrequenz und Schülerleistungen. In: Schule und Psychologie 7 (1960), S. 193-204

5.2 Vereinigte Staaten

Bibliographien (Vereinigte Staaten und Großbritannien)

Blackwell, A.M.: Lists of Researches in Education and Educational Psychology presented for Higher Degrees in the Universities of the United Kingdom [, Northern Ireland,] and the Irish Republic from 1918 to 1948; 1949/1951; 1952/1953; 1954/1955; 1956/1957. London 1950-1958

Herbst, J.: The History of American Education. Northbrook 1973

Monroe, W.S./Asher, O.: A Bibliography of Bibliographies. University of Illinois Bulletin. Vol. 24, No. 44. Bureau of Educational Reserach Bulletin No. 36. Urbana 1927

Monroe, W.S./Shores, L.: Bibliographies and Summaries in Education to July 1935. A Catalog of more than 4000 annotated Bibliographies and summaries Listed under Author and Subject in one Alphabet. New York 1936

Periodika

Educational Review, 1891-1928 (aufgegangen in School and Society)

The Pedagogical Seminary, 1891ff.

Teachers College Record, 1900ff.

The Journal of Educational Psychology, 1910ff.

School and Society, 1915-1972

Journal of Educational Research, 1920ff.

Review of Educational Research. A Quarterly Publication of the American Educational Research Association, 1931ff.

The Harvard Teachers Record 1931-1936/The Harvard Educational Review 1937ff.

Quellen

Cook, W.W./Hovet, K.O./Kearney, N.C.: Curriculum Research. In: Twenty-Five Years of Educational Research. Review of Educational Research XXVI (June 1956), 3, pp. 224-240

Cooper, D.H.: School Administration. In: Twenty-Five Years of Educational Research. Review of Educational Research XXVI (June 1956), 3, pp. 211-223

Educational Research in Countries Other than the U.S.A. Review of Educational research XXVII (1957), 1

Harris, Ch.W. (Ed.): Encyclopedia of Educational Research. Third Edition. New York 1960

McKillop, A.S.: Educational Psychology. Psychology of the School Subjects. In: Twenty-Five Years of Educational Research. Review of Educational Research XXVI (June 1956), 3, pp. 258-263

Monroe, W.S. (Ed.): Encyclopedia of Educational Research. Revised Edition. New York 1950

Monroe, W.S./Odell, Ch.W./Herriott, M.E./Engelhart, M.D./Hull, M.R.: Ten Years of Educational Research 1918-1927. Bureau of Educational Research, College of Education 42, Urbana 1928

Morrison, J.C.: The National Education Association and Educational Research. In: Twenty-Five Years of Educational Research. Review of Educational Research XXVI (June 1956), 3, pp. 205-209

Rice, J.M.: Scientific Management in Education. New York 1912

Rivlin, H.N.: Educational Psychology. Psychology of Learning. In: Twenty-Five Years of Educational Research Review of Educational Research XXVI (June 1956), 3, pp. 246-250

Royce, J.: Is There a Science of Education? In: Educational Review 1891, pp. 15-25 u. 121-132

Stanley, W.O./Smith, B.O.: The Historical, Philosophical, and Social Framework of Education. In: Twenty-Five Years of Educational Research. Review of Educational Research XXVI (June 1956), 3, pp. 308-318

Walker, H.M.: Methods of Research. In: Twenty-Five Years of Educational Research. Review of Educational Research XXVI (June 1956), 3, pp. 323-343

Watson, G.: Education Psychology. General Theory. In: Twenty-Five Years of Educational Research. Review of Educational Research XXVI (June 1956), 3, pp. 241-246

6 Sekundärliteratur

6.1 Erziehungswissenschaftliche Forschung und Schulforschung

Benner, D./Brüggen, F.: Theorien der Erziehungswissenschaft im 20. Jahrhundert. Entwicklungsprobleme – Paradigmen – Aussichten. In: Benner, D./Tenorth, H.-E. (Hrsg.): Bildungsprozesse und Erziehungsverhältnisse im 20. Jahrhundert. Praktische Entwicklungen und Formen der Reflexion im historischen Kontext. In: Zeitschrift für Pädagogik. 42. Beiheft. Weinheim/Basel 2000, S. 240-263

Brinkmann, W.: Zur Geschichte der pädagogischen Soziologie in Deutschland. Würzburg 1986
Clifford, G.J./Guthrie, J.W.: Ed School. A Brief for Professional Education. Chicago/London 1988
Depaepe, M.: Zum Wohl des Kindes? Pädologie, pädagogische Psychologie und experimentelle Pädagogik in Europa und den USA 1890-1940. Weinheim 1993
Dolch, J.: Pädagogische Systembildungen in der Weimarer Zeit. Versuch einer Darstellung mit besonderer Berücksichtigung des Bildungsbegriffs. Darmstadt 1929/1966
Dolch, J.: Erziehung und Erziehungswissenschaft in Deutschland und Deutschösterreich von 1900 bis 1930. Darmstadt 1933/1968
Drewek, P.: Begabungstheorie, Begabungsforschung und Bildungssystem in Deutschland 1890-1918. In: Jeismann, K.-E. (Hrsg.): Bildung, Staat, Gesellschaft im 19. Jahrhundert. Mobilisierung und Disziplinierung. Stuttgart 1989, S. 387-412
Drewek, P.: Friedrich Paulsen. In: Schmoldt, B. (Hrsg.): Pädagogen in Berlin. Auswahl von Biographien zwischen Aufklärung und Gegenwart. Hohengehren 1991, S. 171-193
Drewek, P.: Die Herausbildung der „geisteswissenschaftlichen" Pädagogik vor 1918 aus sozialgeschichtlicher Perspektive. Zum Strukturwandel und zur Lehrgestalt der Universitätspädagogik im späten Kaiserreich und während des Ersten Weltkriegs. In: Leschinsky, A. (Hrsg.), Die Institutionalisierung von Lehren und Lernen. Beiträge zu einer Theorie der Schule. Weinheim/Basel 1996, S. 299-316
Drewek, P.: Die bilaterale Rezeption von Bildung und Erziehung am Beginn des 20. Jahrhunderts im deutsch-amerikanischen Vergleich. In: Caruso, M./Tenorth, H.-E. (Hrsg.): Internationalisierung – Internationalisation. Semantik und Bildungssystem in vergleichender Perspektive. Frankfurt a.M. 2002, S. 185-210
Drewek, P.: Friedrich Paulsen. Bildungstheorie und Bildungsgeschichte. In: Horn, K.-P./Kemnitz, H. (Hrsg.): Pädagogik Unter den Linden. Von der Gründung der Berliner Universität im Jahre 1810 bis zum Ende des 20. Jahrhunderts. Stuttgart 2002, S. 101-124
Drewek, P.: Defensive Diszplinbildung. Die Akademisierung der deutschen Pädagogik im Kontext der Modernisierungsprobleme des Bildungssystems und der Erziehungswissenschaft am Beginn des 20. Jahrhunderts. In: Hofstetter, R./Schneuwly, B. (Hrsg.) Erziehungswissenschaft(en) 19.-20. Jahrhundert. Zwischen Profession und Disziplin. Bern 2002, S. 111-222
Drewek, P.: The Inertia of Early German-American Comparisons: American Schooling in the German Educational Discourse 1860-1930. In: Charle, C./Schriewer, J./Wagner, P. (Eds.): Transnational Intellecutal Networks and the Cultural Logics of Nations. Frankfurt/M. 2004, S. 225-268
Drewek, P.: Internationale Rezeption in pädagogischen Zeitschriften im deutsch-amerikanischen Vergleich. i.V.
Drewek, P./Lüth, Chr. (Eds.) in cooperation with Aldrich, R./Scholtz, H./Schriewer, J./Tenorth H.-E.: History of Educational Studies. Geschichte der Erziehungswissenschaft. Historie des Sciences de l'Education. Gent 1998
Drewek, P./Tenorth, H.-E.: Das deutsche Bildungswesen im 19. und 20. Jahrhundert. Systemdynamik und Systemreflexion. In: Apel, H.-J./Kemnitz, H./Sandfuchs, U. (Hrsg.): Das öffentliche Bildungswesen. Bad Heilbrunn 2001, S. 49-83
Dudek, P.: Jugend als Objekt der Wissenschaften. Geschichte der Jugendforschung in Deutschland und Österreich. Opladen 1990
Führ, Chr.: Institutsgründung als Lebensarbeit. Erich Hylla und die Gründung der Hochschule für Internationale Pädagogische Forschung in Frankfurt a.M. als Beispiel deutscher Gelehrtenpolitik in der Nachkriegszeit. In: Geißler, G./Wiegmann, U. (Hrsg.): Außeruniversitäre Erziehungswissenschaft in Deutschland. Versuch einer historischen Bestandsaufnahme. Köln 1996, S. 15-31
Führ, Chr.: Die Rolle des Deutschen Instituts für Internationale Pädagogische Forschung in Bildungsforschung und Bildungspolitik. In: Bildung und Erziehung 55 (2002), S. 319-333
Führ, Chr.: Das DIPF – eine ‚ewige Baustelle'. Hans Heckels Memorandum ‚Die Zukunft der Hochschule für Internationale Pädagogische Forschung (HIPF)' vom 9. Februar 1955. In: Döbert, H./Kopp B.v./Martini, R./Weiß, M. (Hrsg.): Bildung vor neuen Herausforderungen. Historische Bezüge – Rechtliche Aspekte – Steuerungsfragen – Internationale Perspektiven. Köln 2003, S. 13-15
Geißler, G./Wiegmann, U. (Hrsg.): Außeruniversitäre Erziehungswissenschaft in Deutschland. Versuch einer historischen Bestandsaufnahme. Köln 1996
Harten, H.-Chr.: Rasse und Erziehung. Zur pädagogischen Psychologie und Soziologie des Nationalsozialismus. Ein Forschungsbericht. In: Zeitschrift für Pädagogik 39 (1993), S. 111-134
Hauenschild, H./Herrlitz, H.-G./Kruse, B.: Die Lehrgestalt der westdeutschen Erziehungswissenschaft von 1945 bis 1990. Pädagogisches Seminar der Georg-August Universität Göttingen. Göttingen 1993
Helm, L./Tenorth, H.-E./Horn, P./Keiner, E.: Autonomie und Heteronomie – Erziehungswissenschaft im historischen Prozeß. In: Zeitschrift für Pädagogik 36 (1990), S. 29-49

Horn, K.-P.: Erziehungswissenschaft. In: Krohn, C.-D./Mühlen, v.z.P./Paul, G./Winckler, L. (Hrsg.) Handbuch der deutschsprachigen Emigration 1933-1945. Darmstadt 1998, S. 721-736

Horn, K.-P.: Erziehungswissenschaft in Deutschland im 20. Jahrhundert. Zur Entwicklung der sozialen und fachlichen Struktur der Disziplin von der Erstinstitutionalisierung bis zur Expansion. Bad Heilbrunn/Obb. 2003

Ingenkamp, K.: Pädagogische Diagnostik in Deutschland 1885-1932. In: Ingenkamp, K./Laux, H.: Geschichte der pädagogischen Diagnostik. Bd. II, Weinheim 1990

Ingenkamp, K./Jäger, R.S./Petillon, H./Wolf, B. (Hrsg.): Empirische Pädagogik 1970-1990. Eine Bestandsaufnahme der Forschung in der Bundesrepublik Deutschland. Weinheim 1992

Keiner, E.: Erziehungswissenschaft 1947-1990. Eine empirische und vergleichende Untersuchung zur kommunikativen Praxis einer Disziplin. Weinheim 1999

Keiner, E./Schriewer, J.: Erneuerung aus dem Geist der Tradition? Über Kontinuität und Wandel nationaler Denkstile in der Erziehungswissenschaft. In: Schweizerische Zeitschrift für Bildungswissenschaften 22 (2000), S. 27-50

Kramp, W.: Theorie der Schule. In: Speck, J./Wehle, G. (Hrsg.): Handbuch pädagogischer Grundbegriffe. Bd. II, München 1970, S. 529-589

Krapp, A./Prenzel, M./Weidenmann, B.: Geschichte, Gegenstandsbereich und Aufgaben der Pädagogischen Psychologie. In: Krapp, A./Weidenmann, B. (Hrsg.): Pädagogische Psychologie. Ein Lehrbuch. 4. überarb. Aufl. Weinheim 2001, S. 1-29

Krüger, H.-H./Grunert, C.: Geschichte und Perspektiven der Kindheits- und Jugendforschung. In: Krüger, H.-H./Grunert, C. (Hrsg.): Handbuch Kindheits- und Jugendforschung. Opladen 2002, S. 11-40

Lagemann, E.C.: An Elusive Science. The Troubling History of Education Reserach. Chicago/London 2000

Laux, H.: Pädagogische Diagnostik im Nationalsozialismus 1933-1945. In: Ingenkamp, K./Laux, H.: Geschichte der pädagogischen Diagnostik. Bd. II, Weinheim 1990

Leschinsky, A.: Das Max-Planck-Institut für Bildungsforschung in Berlin. In: Geißler, G./Wiegmann, U. (Hrsg.): Außeruniversitäre Erziehungswissenschaft in Deutschland. Versuch einer historischen Bestandsaufnahme. Köln 1996, S. 171-190

Leschinsky, A.: Die Ausdifferenzierung und Weiterentwicklung der Schulforschung seit den 1970er Jahren. In Helsper, W./Böhme, J. (Hrsg.): Handbuch der Schulforschung. Opladen 2004

Macke, G.: Disziplinformierung als Differenzierung und Spezialisierung: Entwicklung der Erziehungswissenschaft unter dem Aspekt der Ausbildung und Differenzierung von Teildisziplinen. In: Zeitschrift für Pädagogik 36 (1990), S. 51-72

Oelkers, J.: Das Ende des Herbartianismus. Überlegungen zu einem Fallbeispiel der pädagogischen Wissenschaftsgeschichte. In: Zedler, P./König, E. (Hrsg.): Rekonstruktionen pädagogischer Wissenschaftsgeschichte. Fallstudien, Ansätze, Perspektiven. Weinheim 1989, S. 77-116

Oelkers, J.: Schulreform und Schulkritik. 2. überarb. Aufl. Würzburg 2000

Oelkers, J.: Anmerkungen zur Reflexion von „Unterricht" in der deutschsprachigen Pädagogik des 20. Jahrhunderts. In: Benner, D./Tenorth, H.-E. (Hrsg.): Bildungsprozesse und Erziehungsverhältnisse im 20. Jahrhundert. Praktische Entwicklungen und Formen der Reflexion im historischen Kontext. Zeitschrift für Pädagogik. 42. Beiheft. Weinheim/Basel 2000, S. 166-185

Oelkers, J./Horlacher, R.: John Deweys Philosophie der Erziehung im Kontext. In: Dewey, J.: Pädagogische Aufsätze und Abhandlungen (1900-1944). Hg. v. R. Horlacher und J. Oelkers. Zürich 2002, S. 7-22

Röhrs, H./Lenhart, V. (Hrsg.): Die Reformpädagogik auf den Kontinenten. Ein Handbuch. Frankfurt a.M. 1994

Saldern, M.v.: Zur Geschichte der AEPF. In: Ingenkamp, K./Jäger, R.S./Petillon, H./Wolf, B. (Hrsg.): Empirische Pädagogik 1970-1990. Eine Bestandsaufnahme der Forschung in der Bundesrepublik Deutschland. Bd. 2, Weinheim 1992, S. 683-705

Schubeius, M.: Und das psychologische Laboratorium muss der Ausgangspunkt pädagogischer Arbeiten werden! Zur Institutionalisierungsgeschichte der Psychologie von 1890-1933. Frankfurt a.M. 1990

Schwenk, B.: Pädagogik in den philosophischen Fakultäten – Zur Entstehungsgeschichte der „geisteswissenschaftlichen" Pädagogik in Deutschland. In: Haller, H.D./Lenzen, D. (Hrsg.): Wissenschaft im Reformprozeß – Aufklärung oder Alibi? Stuttgart 1977, S. 103-131

Stroß, A.M.: Pädagogik und Medizin. Ihre Beziehungen in „Gesundheitserziehung" und wissenschaftlicher Pädagogik 1779-1933. Weinheim 2000

Tenorth, H.-E.: Das Zentralinstitut für Erziehung und Unterricht. Außeruniversitäre Erziehungswissenschaft zwischen Politik, Pädagogik und Forschung. In: Geißler, G./Wiegmann, U. (Hrsg.): Außeruniversitäre Erziehungswissenschaft in Deutschland. Versuch einer historischen Bestandsaufnahme. Köln 1996, S. 113-135

Tenorth, H.-E.: Erziehungswissenschaft in Deutschland – Skizze ihrer Geschichte von 1900 bis zur Vereinigung 1990. In: Harney, K./Krüger, H.-H. (Hrsg.): Einführung in die Geschichte von Erziehungswissenschaft und Erziehungswirklichkeit. Opladen 1997, S. 111-154

Tenorth, H.-E.: Erziehungswissenschaftliche Forschung im 20. Jahrhundert und ihre Methoden. In: Benner, D./Tenorth, H.-E. (Hrsg.): Bildungsprozesse und Erziehungsverhältnisse im 20. Jahrhundert. Praktische Entwicklungen und Formen der Reflexion im historischen Kontext. In: Zeitschrift für Pädagogik. 42. Beiheft. Weinheim/Basel 2000, S. 264-293

Urban, W.: Educational Research in a Non-Academic Setting in the USA: The Reserach Division of the National Education Association 1922-1930. In: Drewek, P./Lüth, Chr. (Eds.) in cooperation with Aldrich, R./Scholtz, H./Schriewer, J./Tenorth, H.-E.: History of Educational Studies. Geschichte der Erziehungswissenschaft, Historie des Sciences de l'Education. Gent 1998, pp. 603-620

Wagner, P./Wittrock, B.: States, Institutions, and Discourses: A Comparative Perspektive on the Structuration of the Social Sciences. In Wagner, P./Wittrock, B./Whithley (Eds.) Discourses on Society. The Shaping of the Social Science Disciplines. Dordrecht/Boston/London 1991, pp. 331-357

Wallace, J.M.: Ursprung und Entwicklung der „Progressive Education" in den USA: Reformer der Neuen Welt und die Alte Welt. In: Röhrs, H./Lenhart, V. (Hrsg.): Die Reformpädagogik auf den Kontinenten. Frankfurt a.M. 1994, S. 141-155

6.2 Schulgeschichte und Schulentwicklung

Baumert, J.: Langfristige Auswirkungen der Bildungsexpansion. In: Unterrichtswissenschaft 19 (1991), S. 333-349

Bennack, J.: Gesundheit und Schule. Zur Geschichte der Hygiene im preussischen Volksschulwesen. Köln 1990

Berg, C. (Hrsg.): Handbuch der deutschen Bildungsgeschichte 1870-1918. Bd. IV, München 1991

Diederich, J./Tenorth, H.-E.: Theorie der Schule. Ein Studienbuch zu Geschichte, Funktionen und Gestaltung. Berlin 1997

Drewek, P.: Die Entwicklung des Bildungssystems in den Westzonen und in der Bundesrepublik von 1945/49 bis 1990: Strukturelle Kontinuität und Reformen, Bildungsexpansion und Systemprobleme. In: Müller, D.K. (Hrsg.): Pädagogik – Erziehungswissenschaft – Bildung. Einführung in das Studium der Erziehungswissenschaft in den alten und neuen Bundesländern. Köln/Weimar/Wien 1994, S. 239-259

Drewek, P.: „Allgemeine Prüfung", „Pädagogik" und „praktische Ausbildung" in den preußischen Prüfungsordnungen für das höhere Lehramt 1810-1917. In: Kemper, H./Rau, E. (Hrsg.): Formation und Transformation. Frankfurt a.M. 1995, S. 121-144

Drewek, P.: Begriff, System und Ideologie der „Einheitsschule". Ein Kommentar zu Gerhart Neuners Beitrag über „Das Einheitsprinzip im DDR-Bildungswesen". In: Zeitschrift für Pädagogik 43 (1997), S. 641-659

Drewek, P.: Geschichte der Schule. In: Harney, K./Krüger, H.-H. (Hrsg.): Einführung in die Geschichte von Erziehungswissenschaft und Erziehungswirklichkeit. Opladen 3. erweiterte und aktualisierte Aufl. 2005, S. 205-229

Führ, Chr.: Gelehrter Schulmann – Oberlehrer – Studienrat. In: Conze, W./Kocka, J. (Hrsg.): Bildungsbürgertum im 19. Jahrhundert. Teil I. Stuttgart 1985, S. 417-457

Führ, C.: Die Schulpolitik des Reiches und der Länder am Beginn der Weimarer Republik. In: Herrmann, U. (Hrsg.): „Neue Erziehung" – „Neue Menschen". Ansätze zur Erziehungs- und Bildungsreform in Deutschland zwischen Kaiserreich und Diktatur. Weinheim/Basel 1987, S. 161-176

Herrlitz, H.-G.: Geschichte der gymnasialen Oberstufe. Theorie und Legitimation seit der Humboldt-Süvernschen Reform. In: Blankertz, H. u.a. (Hrsg.): Sekundarstufe II – Jugendbildung zwischen Schule und Beruf. Enzyklopädie Erziehungswissenschaft. Bd. 9, Teil 1. Stuttgart 1982, S. 89-107

Herrlitz, H.-G./Hopf, W./Titze, H.: Deutsche Schulgeschichte von 1800 bis zur Gegenwart. Eine Einführung. Mit einem Kapitel über die DDR von Ernst Cloer. Weinheim/München 1993

Herrmann, U.: „Neue Schule" und „Neue Erziehung" –„Neue Menschen" und „Neue Gesellschaft". In: Herrmann, U. (Hrsg.): „Neue Erziehung" – „Neue Menschen". Ansätze zur Erziehungs- und Bildungsreform in Deutschland zwischen Kaiserreich und Diktatur. Weinheim/Basel 1987, S. 11-32

Jeismann, K.-E. (Hrsg.): Bildung, Staat, Gesellschaft im 19. Jahrhundert. Mobilisierung und Disziplinierung. Stuttgart 1989

Jeismann, K.-E.: Das preußische Gymnasium in Staat und Gesellschaft. Bd. 1: 1787-1817/Bd. 2: 1817-1859 Stuttgart 1996a/1996b

Jeismann, K.-E./Lundgreen, P. (Hrsg.): Handbuch der deutschen Bildungsgeschichte 1800-1870. Bd. III, München 1987

Kaelble, H.: Soziale Mobilität und Chancengleichheit im 19. und 20. Jahrhundert. Göttingen 1983

Köhler, H.: Der relative Schul- und Hochschulbesuch in der Bundesrepublik Deutschland 1952 bis 1975. Berlin 1978

Krei, Th.: Gesundheit und Hygiene in der Lehrerbildung. Strukturen und Prozesse im Rheinland seit 1870. Köln/Weimar/Wien 1995

Langewiesche, D./Tenorth, H.-E. (Hrsg.): Handbuch der deutschen Bildungsgeschichte. Bd. V: Die Weimarer Republik und die nationalsozialistische Diktatur. München 1989

Leschinsky, A.: Sekundarstufe I oder Volksschuloberstufe? – Zur Diskussion um den Mittelbau des Schulwesens am Ende der Weimarer Zeit. In: Neue Sammlung 18 (1978), S. 404-430

Leschinsky, A./Roeder, P.M.: Schule im historischen Prozeß. Zum Wechselverhältnis von institutioneller Erziehung und gesellschaftlicher Entwicklung. Stuttgart 1976

Leschinsky, A./Roeder, P.M.: Gesellschaftliche Funktionen der Schule. In: Twellmann, W. (Hrsg.): Handbuch Schule und Unterricht. Bd. 3: Historische, gesellschaftliche, juristische und wissenschaftliche Einflußfaktoren auf Schule und Unterricht. Düsseldorf 1981, S. 107-154

Lundgreen, P.: Schule im 20. Jahrhundert. Institutionelle Differenzierung und expansive Bildungsbeteiligung. In: Benner, D./Tenorth, H.-E. (Hrsg.): Bildungsprozesse und Erziehungsverhältnisse im 20. Jahrhundert. Zeitschrift für Pädagogik 42. Beiheft. Weinheim/Basel 2000, S. 140-165

Müller, D.K.: Sozialstruktur und Schulsystem. Aspekte zum Strukturwandel des Schulwesens im 19. Jahrhundert. Göttingen 1977

Müller, D.K.: Der Prozeß der Systembildung im Schulwesen Preußens während der zweiten Hälfte des 19. Jahrhunderts. In: Zeitschrift für Pädagogik 27 (1981), S. 245-269

Müller, W.: Erwartete und unerwartete Folgen der Bildungsexpansion. In: Friedrichs, J./Lepsius, M.R./Mayer, K.U. (Hrsg.): Die Diagnosefähigkeit der Soziologie. Opaden 1998, S. 81-112

Neugebauer, W.: Das Bildungswesen in Preußen seit der Mitte des 17. Jahrhunderts. In: Büsch, O. (Hrsg.): Handbuch der Preußischen Geschichte. Bd. II: Das 19. Jahrhundert und große Themen der Geschichte Preußens. Berlin/New York 1992, S. 605-798

Scholtz, H.: Erziehung und Unterricht unterm Hakenkreuz. Göttingen 1985

Sienknecht, H.: Der Einheitsschulgedanke. Geschichtliche Entwicklung und gegenwärtige Problematik. Weinheim/Berlin 1968

Weber, R.: Die Neuordnung der preußischen Volksschullehrerbildung in der Weimarer Republik. Köln/Wien 1984

Zymek, B.: Schulen. In: Langewiesche, D./Tenorth, H.-E. (Hrsg.) Handbuch der deutschen Bildungsgeschichte. Bd. V: 1918-1945 München 1989, S. 155-208

Achim Leschinsky

Die Ausdifferenzierung und Weiterentwicklung der Schulforschung seit den 1970er Jahren

Über die inhaltlichen Perspektiven der Erziehungswissenschaft seit den 1970er Jahren geben zusammenhängend drei Sammelveröffentlichungen Auskunft: Das erste Werk dieser Art gab der Deutsche Bildungsrat 1975, im letzten Jahr seines Bestehens, unter dem Titel „Bildungsforschung. Probleme – Perspektiven – Prioritäten“ in zwei Teilbänden heraus (vgl. Deutscher Bildungsrat 1975). Rund zwanzig Jahre später unternahm Rolff unter dem Titel „Zukunftsbilder der Schulforschung“ erneut den Versuch einer Standortbestimmung für die moderne Schulforschung und griff dafür auf eine Tagung der „Kommission Bildungsorganisation, -planung und -recht“ der „Deutschen Gesellschaft für Erziehungswissenschaft“ im Jahre 1994 zurück, die auf die ältere genannte Veröffentlichung des Bildungsrats bewusst Bezug nahm (vgl. Rolff 1995). Im Jahre 2001 publizierte dann Oelkers das 43. Beiheft der „Zeitschrift für Pädagogik“, das den „Zukunftsfragen der Bildung“ gewidmet war (vgl. Oelkers 2001). Zwar war von der Anzahl der dabei mitwirkenden Autoren her der Umkreis der abgedeckten Felder nicht so umfassend wie bei den vorgenannten Veröffentlichungen, aber der Titel des Beihefts brachte den Anspruch grundlegender Orientierung deutlich zum Ausdruck.

Wenn man diese Sammelwerke miteinander vergleicht, fällt das erstaunlich geringe Maß von Veränderung ins Auge, mit dem die inhaltlichen Themenfelder der deutschen Erziehungswissenschaft im Zeitraum von etwa zwanzig Jahren formuliert werden. In verschiedenen Bereichen ist das Problembewusstsein gewachsen; charakteristischer- und fälschlicherweise spielte das Problem der wachsenden Zahl nichtdeutscher Schülerinnen und Schüler für den Bildungsrat noch keine Rolle. Sicher haben auch äußere Entwicklungen – z.B. im Bereich der Neuen Medien – neue Impulse gegeben, aber der generelle Wandel durch die zunehmende Aufmerksamkeit auf die einzelnen Einrichtungen des Bildungssystems, den Rolff als grundlegenden „Paradigmenwechsel“ charakterisierte, hat den neueren Überblicksversuchen nicht eine vollkommen neue Gestalt geben können. Nicht so sehr die Fragestellungen haben sich gewandelt, vielmehr ist ein Fortschritt bei ihrer Bearbeitung zu verzeichnen. Dies gilt vornehmlich für Untersuchungen, die der Konzentration des Blickwinkels auf einzelne Institutionen folgen; er verleiht ihnen zugleich eine wachsende praktische Durchschlagskraft, wie das seinerzeit die Bildungsforschung der 1970er Jahre angestrebt hatte. Das sinnfälligste Beispiel dafür ist die Forschung zur Qualität von Bildungseinrichtungen, die auch unmittelbare praktische Konsequenzen für die Schule anzielt (vgl. Fend 1998; Helmke/Hornstein/Terhart 2000; Terhart 2000). Es gehört in diesen Zusammenhang, dass die Umfangsbestimmungen für die Überblickssammlungen im Laufe der Zeit überhaupt abgenommen haben und differenzierter ausfallen: Statt von Bildungsforschung, die in den 1960er und 1970er Jahren erst als Begriff kreiert wird (vgl. Becker 1971), ist beispielsweise in dem von Rolff herausgegebenen Werk nur noch von Schulforschung die Rede. Gleichzeitig ist der starke Bezug auf die internationale, vor allem die angelsächsische Forschung nicht zu übersehen, für die sich die deutsche Erziehungswissenschaft in den 1960er und 1970er Jahren endlich geöffnet hat und die aus der Diskussion nicht mehr wegzudenken ist. Entsprechend sind in der von Oelkers betreuten Veröffentlichung ausländische Autoren vertreten, denen trotz ihrer gewachsenen Bedeutung in Deutschland sonst immer noch zu wenig Raum gegeben wird.

Die Gründe dafür, dass die späteren Sammelpublikationen der Sache nach erstaunlich wenig über die Leitlinien hinausgehen, die in der Veröffentlichung des Bildungsrats für die Disziplinentwicklung gezogen wurden, sind sicher auch in der relativ hohen Qualität der einzelnen damaligen Beiträge zu suchen. Seinerzeit wurde hier nicht ‚der Mainstream' der pädagogischen Forschung in Deutschland umrissen, vielmehr basierte die Skizze der Perspektiven und Probleme der Bildungsforschung, die die verschiedenen Autoren hier vornahmen, auf einer Auseinandersetzung mit und Abgrenzung von den bis dahin vorherrschenden Themenfeldern und ihrer üblichen methodischen Bearbeitung in der Bundesrepublik. Es waren gewissermaßen die damaligen namhaften „Außenseiter", die die Definition der künftigen Arbeitsfelder der Erziehungswissenschaft vornahmen; heutzutage fungieren sie geradezu als „Klassiker". Bestimmte Lücken, die aus damaliger Perspektive relativ rasch in Deutschland behoben werden sollten, sind charakteristischerweise offen geblieben. Dies zeigt sich beispielsweise an der Bildungsökonomie, die zwar hervorragende deutschsprachige Vertreter besitzt (vgl. Weiß 1995, 2001), aber noch immer vornehmlich auf angloamerikanische Forschungen zurückgreifen muss, weil dort nach wie vor das dynamische Zentrum für das entsprechende Themenfeld besteht (vgl. Böttcher/Weishaupt/Weiß 1997). Wichtige Nachbardisziplinen, allen voran die Pädagogische Psychologie und die Bildungssoziologie, deren Orientierung und Repertoire die moderne Erziehungswissenschaft eigentlich aufnehmen sollte, behielten ihre eigenständige Bedeutung und erwiesen sich für bestimmte Forschungsfelder als unverzichtbar (z.B. Oehler 2001). Dafür sind die Untersuchungen zur sozialen Ungleichheit, die sich als außerordentlich aufwendig erwiesen haben, ein ernüchterndes Beispiel (vgl. Müller/Mayer 1976; Bloßfeld/Shavit 1993; Müller/Haun 1994; Erikson/Jonsson 1996; Henz 1996; Müller 1998; Schimpl-Neimanns 2000; siehe aber Ditton 1995). Eine mögliche Konsequenz ist, dass die Frage zwar nicht vergessen, aber für Deutschland nicht gebührend beachtet worden ist, wie die PISA-Untersuchung zeigt. In der Unterrichtsforschung herrschen oft bis heute psychologische Orientierungen vor (siehe beispielsweise die Veröffentlichungen in der Zeitschrift für Unterrichtswissenschaft) – mit der Folge, dass dabei bisweilen wichtige erziehungswissenschaftliche Traditionen und Fragestellungen aus dem Blick geraten.

Insgesamt aber sind wesentliche damalige Prioritäten für die deutsche Erziehungswissenschaft, beispielsweise die verstärkte methodische empirische Ausrichtung oder die Übernahme von Orientierungen der sozialwissenschaftlichen Nachbardisziplinen beherrschend geworden. Das zeigt u.a. die historische Bildungsforschung, die gegenüber der weitgehend ideengeschichtlich orientierten pädagogischen Geschichtsschreibung der Vergangenheit einen merklichen Wandel vollzogen hat und sich nicht zuletzt aufgrund eines mehrbändigen Handbuchwerkes (Handbuch der Bildungsgeschichte 1987/1997; vgl. dazu Leschinsky 2000) als fester Bestandteil der Schulpädagogik etablieren konnte (vgl. dazu auch das seit 1995 erscheinende Jahrbuch für Historische Bildungsforschung). Die inhaltlichen Prioritäten der Erziehungswissenschaft, die sich in den 1960er und 1970er Jahren einbürgerten, wie z.B. die Vereinheitlichung der Lehrerbildung oder die curriculare Ausrichtung an den Wissenschaftsdisziplinen sowie ihren Ergebnissen, bestimmen trotz aller Problematisierung weiterhin die Diskussion und die bildungspolitische Zielrichtung der Erziehungswissenschaft in Deutschland. Es würde wenig bringen, wenn diese nicht neuen Perspektiven für diesen Überblicksartikel noch einmal resümiert würden. Außerdem hat die Entwicklung zu einer beispiellosen äußeren Expansion der deutschen Erziehungswissenschaft, und mit ihr zu einer Differenzierung in unterschiedliche Teilbereiche geführt, denen der folgende Beitrag erst einmal Rechnung tragen muss. Zwar haben sich die Proportionen zwischen diesen Bereichen (z.B. Allgemeine Pädagogik, Schulpädagogik, Sozialpädagogik etc.) wenig verschoben, aber durch das Größenwachstum hat auch der interne Differenzierungsgrad erheblich zugenommen, so dass in diesem Überblick nur exemplarisch Entwicklungen verdeutlicht werden können. Auch wenn sich zwischen den verschiedenen erziehungswissenschaftlichen Teilbereichen inhaltliche Berührungen und Überlappungen identifizieren lassen (vgl. z.B. Helsper 1998; allgemein Stroß/Thiel 1998), ist ihre Scheidung unverkennbar – mit der Konsequenz, dass verschiedentlich die Integrierbarkeit zu einer gemeinsamen Disziplin in Zweifel gezogen wird (vgl. dazu kritisch Roeder 1990).

In dem folgenden Beitrag werden die Entwicklungen am Beispiel der Schulpädagogik als einem der größten Teilbereiche der Erziehungswissenschaft dargestellt. In einem ersten Abschnitt sind die mit der Expansion einhergehenden Veränderungen zu skizzieren; denn die inhaltlichen Diskussionen haben in Deutschland damit einen neuen Zuschnitt erhalten. Im zweiten Abschnitt steht das Bemühen im Vordergrund, die empirische „Wendung“ der Erziehungswissenschaft als entscheidende methodische und auch inhaltliche Signatur seit den 1970er Jahren des letzten Jahrhunderts herauszustellen. In einem dritten Abschnitt werden exemplarisch aktuelle Diskussionen (um eine neue Didaktik) aufgegriffen um damit sowohl neue Tendenzen als auch ältere Traditionen und Probleme nachzuzeichnen: auch inhaltliche Weiterentwicklungen befreien die deutsche Erziehungswissenschaft offenbar nicht von ihrem strukturellen Erbe in Form von reformpädagogischen Reprisen.

1 Die Expansion der Erziehungswissenschaft

Die Entwicklung der erziehungswissenschaftlichen Forschung seit den 1970er Jahren ist maßgeblich durch die Veränderung der Rahmenbedingungen beeinflusst worden, die sich zu Beginn dieser Zeitspanne bzw. kurz zuvor vollzogen. Sie betraf zwar nur den Westen Deutschlands, schuf aber dort eine neue Situation grundsätzlicher Art, die den Unterschied zwischen Ost und West noch deutlicher machte. Die Entwicklung in den beiden Teilen Deutschlands war durch einen unterschiedlichen Takt von Reformen gekennzeichnet, die auch eine verschiedene Dynamik bedingte: die wesentlichen Veränderungen in der SBZ/DDR erfolgten bereits nach dem Ende des Zweiten Weltkriegs bzw. zu Beginn der 1950er Jahre, wohingegen in der alten Bundesrepublik der eigentliche Einschnitt erst später, aber mit größeren Konsequenzen vollzogen wurde. Denn in der (alten) Bundesrepublik stand die Erziehungswissenschaft an den wissenschaftlichen Hochschulen bis zu der Veränderung um die Wende der 1970er Jahre weitgehend in der Kontinuität zur Vorzeit und brachte nur ein sehr allmähliches Größenwachstum bzw. einen Ausdifferenzierungsprozess mit sich (vgl. Horn 2001). Dagegen wurde in der SBZ/DDR ein Bruch mit der Tradition bereits nach dem Ende des Zweiten Weltkriegs vollzogen, ohne dass in der Folgezeit nochmals ein Wandel eintrat. Die Lehrerbildung wurde dort damals mit Ausnahme der Ausbildung für Grundschullehrer an den wissenschaftlichen Hochschulen vereinheitlicht, was im Vergleich zur (alten) Bundesrepublik einen höheren Ausdifferenzierungsgrad bedingte. Aber erst nach 1990, in den Jahren nach der Vereinigung, wurde für die Erziehungswissenschaft und die Lehrerbildung eine vollkommen neue Lage geschaffen, die innerlich und äußerlich große Anforderungen stellte (z.B. Wissenschaftsrat 1992), insofern die in der (alten) Bundesrepublik seit Beginn der 1970er Jahre bestehenden Verhältnisse gewissermaßen „abrupt“ hinüberschwappten. Die öffentliche Diskussion hat darauf bekanntlich mit dem irreführenden Schlagwort von der „Überstülpung“ reagiert, das freilich mehr als nur die Expansion der Hochschulen, die Stellung und die Ausdehnung der Erziehungswissenschaft bzw. die Veränderung der Lehrerbildung bezeichnen soll. Viel spricht dafür, dass die Struktur der Erziehungswissenschaft in den neuen Bundesländern sich auch nach der Vereinigung erkennbar von der in den alten Bundesländern unterscheidet (vgl. Otto/Krüger/Merkens/Rauschenbach/Schenk/Weishaupt/Zedler 2000).

Die Veränderung, die sich in den genannten Jahren für die Erziehungswissenschaft im Westen Deutschlands vollzog, hatte insgesamt drei Bestandteile. Sie implizierten gemeinsam ein gewaltiges Größenwachstum der Disziplin, das in der DDR durch die etwa gleichzeitig vorgenommenen Beschränkungen der Hochschulfrequenz und des universitären Sektors insgesamt zurückgedrängt wurde (vgl. Arbeitsgruppe Bildungsbericht 1994). Der erste Faktor besteht in dem rapiden Wachstum der Studentenzahlen, durch den die wissenschaftlichen Hochschulen der (alten) Bundesrepublik eine andere Gestalt erhielten. Neben Neugründungen, durch die sich die Zahl der Hochschulen im Universitätsrang (Pädagogische Hochschulen) von 33 im Jahre 1960 auf 71 entsprechende Einrichtungen 1975 erhöhte, wurden auch bestehende Hochschulen erheblich erweitert. Die Zahl der Studenten, die im Jahre 1960 bei 250.000 gelegen hatte, stieg bis 1970 auf 420.000 und sollte sich bis 1980 nochmals auf 840.000 erhöhen; im Jahre 2000 umfasst sie 1.576.182 Studierende in den alten Bundesländern.

Der Anteil der Erziehungswissenschaft an dieser Entwicklung variierte im Zeitverlauf und wird im Wesentlichen durch zwei Studienrichtungen, nämlich das Magister- bzw. Diplomstudium sowie vor allem die verschiedenen Lehramtsstudiengänge, bestimmt. Zu Anfang der 1970er Jahre war im Zusammenhang des Generationswechsels im Lehrberuf und der dadurch bedingten hohen Nachfrage nach angehenden Lehrern (vgl. Köhler 1975) der Prozentsatz von Lehramtsstudenten ungewöhnlich hoch und lag bei etwa einem Drittel der Studentenschaft, wohingegen ihr Anteil in den folgenden Jahrzehnten fortlaufend sank und beispielsweise zum Ende der 1980er Jahre bzw. vor der Jahrhundertwende nicht einmal mehr 10% erreichte.

Der gegenwärtig wieder zunehmende Bedarf an Lehrern aufgrund des altersbedingten Ausscheidens der „nächsten“ Lehrergeneration wird gemildert durch den gleichzeitigen und langfristig prognostizierten Rückgang der Schülerzahlen. Auch wenn die Erfahrungen von den ungünstigen Rückwirkungen des ausgeprägten Lehrermangels, der Überalterung der Lehrkräfte und der Neueinstellungen ganzer Kollegien um die Wende der 1970er Jahre in der Folgezeit den Vorsatz einer bewussten Gegensteuerung allgemein bestärkt haben, zeichnet sich aber für den Beginn des neuen Jahrhunderts wieder ein eklatanter Lehrermangel ab. Die durch den Wechsel von Mangel und Überangebot ausgelösten Ausbildungskonjunkturen haben insgesamt der Entwicklung des Hochschulstudiums in Preußen und Deutschland ihren Stempel aufgedrückt (vgl. Titze/Nath/Benedict-Müller 1985; Titze u. Mitarb. von Herrlitz/Müller-Benedict/Nath 1987, 1995; Titze 1999; Leschinsky 2000).

Auch aufgrund eines anderen Problems gelang es offenbar in unzureichendem Maße Konsequenzen zu ziehen: Die skizzierte Erhöhung der Studentenzahlen war zu Ende der 1970er Jahre von den Ministerpräsidenten der Länder mit der Entscheidung beantwortet worden die bundesdeutschen Hochschulen auf weitgehend gleichem Niveau des Ausbaus zu halten und trotzdem den expandierenden Studentenzahlen zu öffnen. Auf eine Normalisierung wurde nach dem erwartbaren demografischen Abschwung gesetzt. Die entsprechende Strategie der sogenannten Untertunnelung hat allerdings nicht getragen, weil sich die Studienneigung mit gewissen Schwankungen im gleichen Zeitraum erhöht hat und die Studentenzahlen trotz der demografischen Wende in den entsprechenden Altersgruppen weiter steigen, so dass die Überlast der Hochschulen weiter zunimmt.

Aber um die Wende der 1970er Jahre ging mit der Steigerung der Studentenzahlen auch eine gewaltige Erhöhung des Personals einher. Damit ist der zweite Faktor genannt, der der Phase bis Mitte der 1970er Jahre das Signum eines umfassenden Aufschwungs gab. In der Zeitspanne von 1965 bis 1975 steigerte sich die Zahl der Personalstellen, die haushaltsmäßig für die wissenschaftlichen Hochschulen (ohne medizinische Einrichtungen) verzeichnet wurden, von 26.900 im Jahre 1965 auf 54.656 zehn Jahre später. Vornehmlich betraf die Expansion die Sozialwissenschaften, darunter die Erziehungswissenschaft, die insgesamt an den wissenschaftlichen Hochschulen in der alten Bundesrepublik bis zu diesem Zeitpunkt nur schwach institutionalisiert waren und den Schritt zu einer etablierten Wissenschaftsdisziplin vor sich hatten (vgl. Keiner 1999). Zwischen 1966 und 1980 erhöhte sich die Zahl der hauptberuflichen Professoren in der Pädagogik von 196 auf 1100 (vgl. Abb. 1).

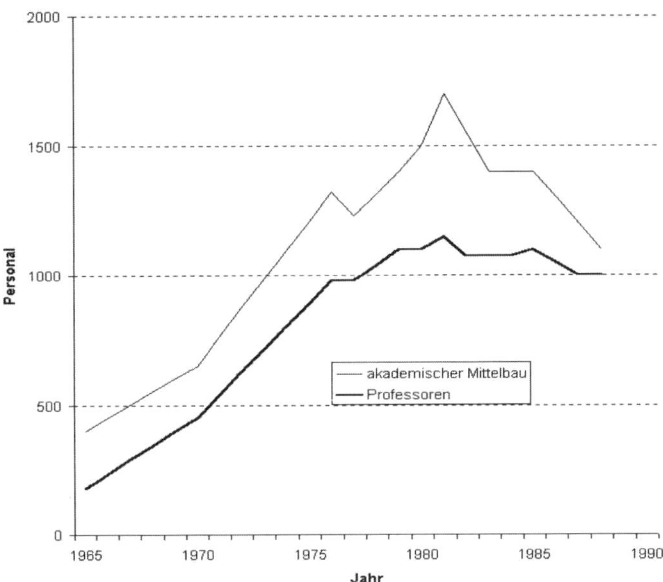

Schätzungen unter Verwendung der Kollektiv- und Individualerhebungen des statistischen Bundesamtes sowie eigener Erhebungsergebnisse

Abb. 1: Hauptberufliches wissenschaftliches Personal der Erziehungswissenschaft an Wissenschaftlichen Hochschulen der BRD (einschl. Pädagogischen Hochschulen) nach Dienststellung 1966-1987[1]
Quelle: Statistisches Bundesamt: Fachserie 11, Reihe 4.4, Personal an Hochschulen, eigene Berechnungen; Max-Planck-Institut für Bildungsforschung, „Zur Lage der Erziehungswissenschaft", 1988
Aus: Baumert/Eigler/Ingenkamp/Macke/Steinert/Weishaupt 1992, S. 19

In diesem Zeitraum dürften unter Berücksichtigung des Ersatzbedarfs rund 1000 Professuren in der Erziehungswissenschaft neu besetzt worden sein. Das stärkste Wachstum des Faches lag in der ersten Hälfte der 1970er Jahre, auch wenn die Expansion bei bereits wieder abnehmenden Zahlen für die Lehramtsstudenten noch bis 1980 abgeschwächt fortdauerte. In der Folgezeit sollte sich die Abnahme der Professuren noch fortsetzen, so dass trotz der Neubesetzung in den neuen Bundesländern nach der Vereinigung ein negatives Saldo besteht (vgl. Otto u.a. 2000). Die Entwicklung des akademischen Mittelbaus erfolgte bis 1980 weitgehend parallel zu der der Professorenschaft; dessen Zahl lag allerdings – entsprechend dem in der Tradition der Pädagogischen Hochschulen üblichen schlechten Ausstattungsgrad – nur wenig höher. In der Folgezeit ging die entsprechende Zahl des Mittelbaus noch weiter zurück, weil dieser aufgrund der höheren Disponibilität leichter abzuschmelzen war. Zwar ergaben sich hier trotz der Expansion des Universitätssystems zwischen den einzelnen Hochschulen erhebliche Unterschiede, die etwa im Extrem dazu führten, dass noch Mitte der 1970er Jahre das vom Wissenschaftsrat 1968 empfohlene Doppelordinariat für die Erziehungswissenschaft einer breiten Besetzung mit verschiedenen erziehungswissenschaftlichen Professuren gegenüberstand.

Aber der genannte Institutionalisierungsschub führte insgesamt dazu, dass die Disziplin der Erziehungswissenschaft einer neuen, auch von den Nachbardisziplinen der Psychologie und der Philosophie relativ unabhängigen Status erhielt. Ein Kennzeichen war die interne fachliche Differenzierung, die ihren Ausdruck darin fand, dass über die einzelnen Hochschulen hinweg sich sozial auf Dauer gestellte Kommunikationsgemeinschaften bilden konnten (vgl. Keiner 1999). Jede anerkannte Subdisziplin der Erziehungswissenschaft verfügt mittlerweile über eigene Fachzeitschriften, die die fachspezifische Kommunikation erleichtern und bündeln. Etwa zehn derartige Differenzgruppen (Allgemeine Pädagogik, Schulpädagogik, Sozialpädagogik, Erwachsenenbildung etc.) lassen sich aktuell unterscheiden, wobei sich diese Unterteilung schon in den 1950er Jahren in Vorformen ausprägte und in der DDR – wohl aufgrund der Einbeziehung der Lehrerbildung – sehr viel stärker ausgeprägt war als in der frühen Bundesrepublik. Unter diesen Subdisziplinen besitzt die Schulpädagogik bzw. Allgemeine Didaktik mit einem Anteil von knapp einem Drittel der Professoren – gefolgt von der Allgemeinen Pädagogik – das größte Gewicht. Bezeichnenderweise ist aus verschiedenen Gründen, bei denen sicherlich die institutionelle (universitäre) Herkunft und Orientierung eine Rolle spielen, eine starke Stellung der Allgemeinen Pädagogik in der nun generell universitären Lehrerbildung erhalten geblieben.

Dass diese Aufgabe den Universitäten zufällt, ist selbst ein Ergebnis der Veränderungen während der späten 1960er Jahre und zu Beginn der 1970er Jahre. Dieser institutionelle Strukturwandel, der die Expansion des Faches begleitete, ist der dritte Faktor, durch den die genannte Zeitphase den Charakter einer Zäsur erhielt. Zwar reichen die Traditionen der Integration der Disziplin und ihrer verschiedenen Aufgaben für die Ausbildung zu den einzelnen Lehrämtern bis in die 1920er Jahre zurück. An den sächsischen und thüringischen Hochschulen war wie in anderen Regionen die Lehrerbildung einheitlich an die wissenschaftlichen Hochschulen verlagert worden, aber schon in den 1930er Jahren waren die entsprechenden Regionalansätze durch den Nationalsozialismus beseitigt worden. Im Unterschied zur DDR, wo nur die Ausbildung der Grundschullehrer mit den 1950er Jahren besonderen Einrichtungen unterhalb des Universitätsniveaus zugewiesen wurde, hielt jedoch die frühe Bundesrepublik an der Trennung der Lehrämter fest, so dass die Ausbildung der angehenden Volksschullehrer an Pädagogischen Hochschulen (gewissermaßen den Nachfolgern der preußischen Pädagogischen Akademien), diejenige der angehenden Gymnasiallehrer an Universitäten erfolgte.

Schon in den 1960er Jahren zeichnete sich allerdings unter den Pädagogischen Hochschulen der (alten) Bundesrepublik ein Konzentrationsprozess ab, so dass sich ihre Anzahl von 64 auf

51 reduzierte. Aber erst in den folgenden Jahren kam es zu einer Integration in die Universitäten; von den 51 Pädagogischen Hochschulen des Jahres 1970 arbeiteten nur ein Jahrzehnt später noch acht (sechs in Baden-Württemberg, zwei in Schleswig-Holstein) als selbstständige Einrichtungen. Inzwischen gibt es nur noch sechs baden-württembergische Hochschulen, die allerdings jeweils Universitäten zugeordnet sind. Die Pädagogischen Hochschulen in der DDR hatten von vornherein Universitätsrang; die Bezeichnung brachte im Wesentlichen die Differenz der verwaltungsmäßigen Zuordnung (zum Volksbildungsministerium und nicht zum Hochschulressort) zum Ausdruck. Zwischen den eher kleineren Pädagogischen Hochschulen und den Universitäten unterschied sich die Orientierung von Studenten und Professoren traditionell, bei letzteren insofern an den Pädagogischen Hochschulen mit ihrer vorwiegenden Ausbildungsfunktion die praktische Orientierung im Vordergrund stand. Dadurch, dass das Berufsziel dominierte, war der Blickwinkel beschränkt. Wie Analysen zeigen, blieb bei vielen in der Erziehungswissenschaft tätigen Personen diese Orientierung auch in der Folgezeit erhalten; die gewachsenen Möglichkeiten zu einer wissenschaftlichen Verbreiterung wurden vielfach durch die traditionelle Ausrichtung der universitären Pädagogik an der philosophischen Nachbardisziplin geprägt.

In den Zusammenhang der institutionellen Veränderungen während der in Rede stehenden Zeitphase gehört auch die Gründung außeruniversitärer Institute (vgl. Weishaupt/Steinert/Baumert 1991). Hingewiesen sei hier insbesondere auf die Gründung des Max-Planck-Instituts für Bildungsforschung zu Anfang der 1960er Jahre (vgl. Leschinsky 1996b), das neben das schon länger bestehende Deutsche Institut für internationale pädagogische Forschung trat. Zu erwähnen ist aber auch die Einrichtung von Landesinstituten mit der Aufgabe curriculare Entwicklungen und die Fortbildung der Lehrkräfte zu übernehmen; eine Nebenwirkung war allerdings, dass der Zugang zu den Schulen für die unabhängige Forschung sich einengen ließ, weil die dem politischen Zugriff offenstehenden Einrichtungen der Landesinstitute mit entsprechenden Aufgaben betraut wurden (vgl. Baumert/Eigler/Ingenkamp/Macke/Steinert/Weishaupt 1992).

Die Konsequenzen der geschilderten Veränderungen in der Erziehungswissenschaft um die Wende der 1970er Jahre waren also durchaus ambivalent. Einerseits erlangte die Erziehungswissenschaft durch das gewaltige Größenwachstum und den institutionellen Strukturwandel den Status einer institutionalisierten Sozialwissenschaft. Auf der anderen Seite waren die Nachwirkungen des sich relativ abrupt vollziehenden Entwicklungsschubes (vgl. dazu Baumert/Roeder 1989, 1990a und b, 1994; Rauschenbach/Christ 1994; Otto u.a. 2000), also die Schwierigkeiten bei der Rekrutierung von qualifiziertem Personal und bei der Überwindung herkömmlicher Orientierungen, lange Zeit spürbar, insofern der Wandel nur sehr allmählich zu neuen Orientierungen genutzt wurde. Dies wird auch deutlich an den zeitgenössischen Themen der erziehungswissenschaftlichen Diskussion, an den Formen ihrer Bearbeitung und an der methodischen Ausrichtung der Disziplin.

2 Die empirische „Wendung"

Mit der skizzierten Expansion wuchs der Anteil empirischer Forschungen in der Erziehungswissenschaft allerdings merklich an. Sowohl die Zahl von Forschungsprojekten, die von staatlichen Stellen finanziell gefördert und z.T. in Auftrag gegeben wurden, aber auch über Drittmittel finanziert wurden, als auch die Zahl entsprechender Qualifikationsarbeiten, d.h. von Dissertationen und Habilitationen, nahm im Zeitraum der 1970er Jahre erheblich zu (vgl. Eigler/Macke 1985; Macke 1989, 1990; Baumert u.a. 1992; Hauenschild/Herrlitz/Kruse1993). Zwar vergrößerte sich gemäß dem exponentiellen Wachstum der Disziplin in dieser Phase auch die Zahl nicht-empirischer Arbeiten, dennoch steigerte sich der relative Anteil empirisch verfahrender Untersuchungen überproportional: Sie bildeten jedoch nach wie vor nur die Minderheit von Forschungsaktivitäten der Disziplin in Deutschland, auch wenn sich ihre wissenschaftliche und politische Bedeutung im Vergleich zur Zeit vor und nach dem Zweiten Weltkrieg gewaltig erhöhte. Die empirische Pädagogik wurde in jener Zeitspanne der 1960er und 1970er Jahre nicht neu entdeckt; vielmehr lassen sich ihre Wurzeln bis zur Wende vom 19. zum 20. Jahrhundert zurückverfolgen, wo Lay und Meumann innerhalb der Lehrerbildung und der Universität dafür gewissermaßen den Grund legten. Aber das Gewicht der empirischen Pädagogik war durch konkurrierende Strömungen, insbesondere durch die geisteswissenschaftliche Pädagogik, die nach Ende des Zweiten Weltkrieges in der (alten) Bundesrepublik besonders stark wurde und durch die mit dem Nationalsozialismus verbundenen politischen Veränderungen kontinuierlich verringert worden war (vgl. dazu auch Baumert u. a. 1992, Horn 2001). Die Entwicklung zu Ende der 1960er und zu Beginn der 1970er Jahre, die durch angelsächsische Einflüsse vorbereitet wurde, stellte darum so etwas wie einen Neubeginn dar.

Die skizzierte Entwicklung spiegelt sich im Prinzip im Profil der „Zeitschrift für Pädagogik", die Mitte der 1950er Jahre ins Leben gerufen worden war und die – für die in Rede stehende Zeit – als führendes Organ der deutschen Erziehungswissenschaft bezeichnet werden kann. In ihr überwogen immer Publikationen mit stärkerer theoretischer Orientierung, bei der alle übrigen methodischen Ausrichtungen zurücktraten. Aber im Verlauf der 1970er Jahre stieg der relative Anteil empirischer Aufsätze (vgl. Tenorth 1986); ein Jahrzehnt später – als die Bedeutung empirischer Arbeiten in der Gesamtdisziplin schon wieder leicht rückläufig war – bezifferte er sich auf etwa ein Viertel der publizierten Beiträge (vgl. Leschinsky/Schoepflin 1991). Sicher spiegelten sich in diesen Quoten nicht nur die Gesamttendenz der Disziplin, sondern auch die spezifischen Einflüsse der unterschiedlichen Schriftleitungen der Zeitschrift für Pädagogik. Mit den genannten Prozentwerten dürfte ein Minimum der Bedeutung bezeichnet sein, die empirische Orientierungen seinerzeit in der deutschen Erziehungswissenschaft hatten. Wie eine kritische Betrachtung zeigt, ging damit auch ein verändertes Verständnis der Erziehungswissenschaft einher: sie suchte ihre Einheit nicht mehr vornehmlich in gemeinsamen Handlungsbezügen und deren Reflexion, sondern als mehrperspektivische Bedingungsanalyse der erziehungswissenschaftlichen Situationen (vgl. auch Keiner/Schriewer 1990). Dennoch schwankte dabei das Verständnis von empirischer Orientierung, wie die folgende Abbildung exemplarisch deutlich macht: je nachdem, welche Bedeutung den objektiven Wirkungszusammenhängen gegenüber den subjektiven Interpretationen und Handlungsperspektiven gegeben wird, variiert auch der Anteil empirisch-quantitativer gegenüber empirisch-qualitativen Verfahren. Soweit die älteren Traditionen der Pädagogik noch Einfluss hatten, war auch die Bedeutung der sogenannten weichen Empirie (vgl. Hopf/Weingarten 1993) sehr stark. Trotzdem wäre es falsch, diese qualitativ-empirischen Arbeiten pauschal als rückwärtsgewandt abzutun: Sie orientieren sich stärker als an der Psychologie an der Nachbardisziplin der Sozialwissenschaften. Von persönlichen Vorlieben abgesehen, die die Aufgabe eines Überblicks bei der allein durch die schiere Masse der Veröffentlichungen bedingten Unübersichtlichkeit generell erschweren, stehen im Folgenden die „harten" empirischen Arbeiten im Vordergrund. Denn das Neue seit den 1960er und 1970er Jahren besteht gerade in ihrem Bedeutungsgewinn für die Schulforschung.

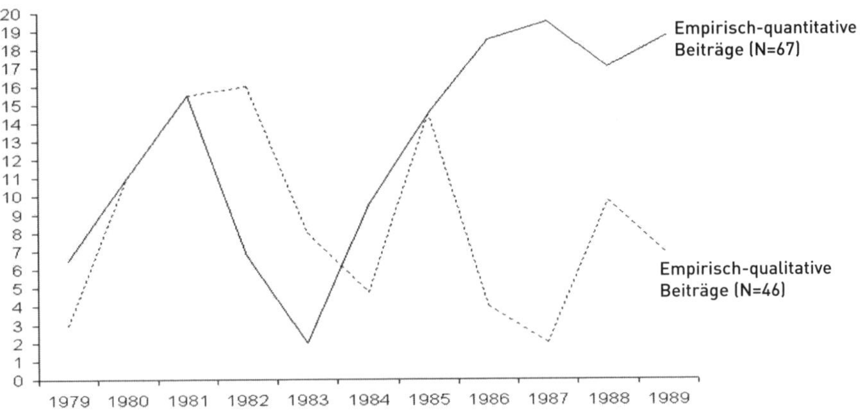

Abb. 2: Entwicklung empirischer Beiträge in der Zeitschrift für Pädagogik (in Prozent der jährlich publizierten Beiträge. Quelle: Leschinsky/Schöpflin 1991, S. 74

Auch jenseits der getroffenen Unterscheidung zwischen qualitativer und quantitativer empirischer Forschung muss allerdings vor einer falschen Einschätzung des mit den wachsenden empirischen Ausrichtungen einhergehenden Wandels gewarnt werden. Eine genaue Untersuchung der empirischen quantitativen Forschungsprojekte in der bundesdeutschen Erziehungswissenschaft zu Ende der 1980er Jahre ergab, dass diese überwiegend nur begrenzt das methodische Repertoire empirisch verfahrender sozialwissenschaftlicher Untersuchungen ausschöpften. Es überwogen bei weitem Querschnittsuntersuchungen, während experimentell angelegte Studien und Interventionsstudien nur eine schmale Bedeutung hatten. Dafür dürften nicht nur die Präferenzen der einzelnen Wissenschaftler, sondern die schlechten Rahmenbedingungen der Hochschulen verantwortlich gewesen sein, wo die empirischen Forschungen jeweils platziert waren. Ein Problem, in dem dies zum Ausdruck kam, ist die hohe Quote der Einzelforschungen gewesen, wobei die Qualifikationsarbeiten, also Dissertationen und Habilitationen, an den Hochschulen für die empirische Forschung eine große Bedeutung besaßen. Aber selbst unter Einbeziehung der außeruniversitären Institute hatten nicht einmal 40% der empirischen pädagogischen Projekte mehr als einen Bearbeiter (Baumert u.a. 1992; vgl. auch Weishaupt u.a. 1991).

Bei allen Unvollkommenheiten und trotz der notwendigen Kritik muss aber doch festgestellt werden, dass sich im Verlauf der 1960er und 1970er Jahre in der deutschen Erziehungswissenschaft mit der stärkeren empirischen Orientierung eine bedeutsame Veränderung vollzog. Dieser „Wendung", die Heinrich Roth 1962 in seiner bekannten Göttinger Antrittsvorlesung als notwendig postulierte (vgl. Roth 1964), wurde auch in den sozialwissenschaftlichen Nachbarwissenschaften zugearbeitet, die bei diesem Wandel der Pädagogik überhaupt einen stärkeren Einfluss erlangten. Hinzuweisen ist hier exemplarisch auf Peiserts und Dahrendorfs Untersuchungen zum engen Zusammenhang von Schulerfolg und sozialer Herkunft im bundesdeutschen Bildungssystem, die in Orientierung an entsprechenden amerikanischen Untersuchungen nachdrücklich die massive Benachteiligung „unterprivilegierter" Schichten offen legten und auf verändernde Maßnahmen drängten (vgl. Peisert 1967; Peisert/Dahrendorf 1967). Auch Georg Pichts alarmierende Warnung vor einer deutschen „Bildungskatastrophe" (Picht 1964), die offenbar viel zu bewegen vermochte, beruhte auf erfahrungswissenschaftlichen Erkenntnissen des Konnexes von Bildung und Wirtschaft, der so gar nicht von der in Westdeutschland damals vorherrschenden geisteswissenschaftlichen Schule in der Pädagogik beachtet wurde. Dass Pichts Zahlen über die Bildungsbeteiligung der Wirklichkeit hinterhereilten, weil es damals keine Beobachtung der Systementwicklung des Bildungswesens in der Bundesrepublik gab und die Bildungsexpansion damals schon einsetzte, sollte sich erst im Nachhinein herausstellen (vgl. Hüfner/Naumann 1977; Naumann 1980; Hüfner/Naumann/Köhler/Pfeffer 1986; Arbeitsgruppe Bildungsbericht 1994).

Die große öffentliche Reaktion auf die genannten Arbeiten lässt allerdings – jedenfalls im Rückblick – Gefährdungen erahnen, mit denen die empirische Wendung in der deutschen Erziehungswissenschaft von vornherein belastet war: Sie verschwisterte sich mit einem Anspruch, der ihr gewaltige bildungspolitische Schubkraft gab. Aber gleichzeitig belastete er sie mit praktischen Erwartungen, die im Grunde der Aufgabe einer erkenntniskritischen Haltung und einer entsprechenden Distanz gegenüber praktischen Schlussfolgerungen, wie sie mit der empirischen Wendung doch auch erreicht werden sollten, grundsätzlich widersprachen. Das generelle Thema der empirischen Forschungen, die in der Folgezeit entstanden und gewissermaßen zur weiteren Entwicklung der empirischen Pädagogik in der Bundesrepublik beitrugen, war in erster Linie die Einführung der Gesamtschule, die der festgestellten Chancenungleichheit im deutschen Bildungswesen entgegenwirken sollte. Auch wenn durchaus nicht alle Wissenschaftler, die sich empirisch mit den in den 1960er und 1970er Jahren versuchsweise eingeführten Gesamtschulen und ihren Effekten beschäftigten, Befürworter der Gesamtschulidee (vgl. Raschert 1974) waren, gerieten sie leicht ins Fahrwasser bildungspolitischer Optionen oder überzogen den wissenschaftlichen Erkenntnisanspruch mit der Erwartung unmittelbarer bildungspolitischer Handlungskonsequenzen: Die Ergebnisse ihrer Analysen sollten direkte praktische Konsequenzen haben und den in der Bundesrepublik damals vorherrschenden bildungspolitischen Meinungsstreit über geltende Wege zur Verbesserung der Chancengleichheit im Schulsystem „entscheiden". Ganz abgesehen davon, dass die Eindeutigkeit empirischer Befunde dabei überschätzt wurde, war das Vorstellungsmodell überaus naiv, insofern zwischen Politik und Wissenschaft fälschlich eine absolute Trennung vorgenommen und die Möglichkeit einer Entpolitisierung von Entscheidungen unterstellt wurde.

Dies ist zu erkennen an der Empfehlung, die die Bildungskommission des Deutschen Bildungsrats im Jahre 1969 für die „Einrichtung von Schulversuchen mit (integrierten) Gesamtschulen" abgegeben hat (Deutscher Bildungsrat 1969). Sie ist bekanntlich zum Ausgangspunkt des lang dauernden Konflikts über die Anerkennung der Gesamtschulen in der Bundesrepublik geworden, der erst zu Beginn der 1980er Jahre mit einem formellen Beschluss der Kultusministerkonferenz beigelegt wurde (vgl. Hüfner/Naumann 1977; Raschert 1980; Hüfner u.a. 1986; Arbeitsgruppe Bildungsbericht 1994; Köller/Baumert/ Schnabel 1999) und in den die empirische Erziehungswissenschaft eingebunden war (z.B. Fend 1982, dazu insgesamt Leschinsky/Mayer 1999). Zwar wurde schon im Vorwort dieser Empfehlung, die geradezu mustergültig alle bei diesem Unternehmen zu beachtenden Kautelen aufführte und erörterte, die Öffentlichkeit darauf hingewiesen, dass die angeregten Versuche im Gegensatz zu vielen bildungspolitischen Meinungsäußerungen in der Bundesrepublik als „offen" zu betrachten seien. Aber der Bildungsrat machte gleichzeitig darauf aufmerksam, dass dem Ausgang der Versuche, die sorgfältig wissenschaftlich begleitet werden sollten, strategische Bedeutung zukommen würde. Zur Debatte stand eine Grundentscheidung über die künftige Entwicklung des bundesdeutschen Bildungswesens, deren Vorbereitung die Bildungskommission des Deutschen Bildungsrats insgesamt als ihre Aufgabe ansah (vgl. Hüfner/Naumann 1977; Raschert 1980). Die genannte Empfehlung zu Schulversuchen wurde vom Bildungsrat dafür als besonders wichtig erachtet. Es waren nicht nur der Umfang der empfohlenen Schulversuche und deren komplexe Voraussetzungen, die auch eine Abstimmung mit dem bestehenden Schulsystem einschlossen, durch die die dabei zu beteiligende empirische Pädagogik, praktische und politische Bedeutung erhielt. Vielmehr trug dazu die – die gesamte Konstruktion tragende – Vorstellung über das Verhältnis von Politik und Wissenschaft bei, wonach politische Kontroversen letztendlich dem Richterspruch der Wissenschaft unterworfen werden könnten. Es war ein bezeichnendes Signal, dass die damalige sozialliberale Bundesregierung schon wenig später einen „Bildungsbericht" veröffentlichte, der die generelle Einführung eines integrierten Schulsystems in Deutschland forderte (vgl. Bundesministerium für Bildung und Wissenschaft 1970).

Es ist hier nicht der Ort um die Auseinandersetzung um die Einrichtung von Gesamtschulen, die mit einer Polarisierung der Bundesländer als Trägern der bildungspolitischen Verantwortung und einer bis heute fühlbaren Lähmung der schulischen Entwicklung in der Bundesrepublik verbunden war, im Einzelnen nachzuzeichnen (dazu beispielsweise Raschert 1980). Die politischen Spannungen hatten Rückwirkungen auch für die empirische Forschung, die ja einen prominenten Stellenwert bei dem Streit um die Gesamtschule in der Bundesrepublik hatte (Bund-Länder-Kommission 1982). Die vorhandenen Überblicke zeigen, dass in den 1980er Jahren die Zahl der empirischen Forschungsprojekte innerhalb der deutschen Erziehungswissenschaft und die entsprechend orientierten Qualifikationsarbeiten gegenüber dem Jahrzehnt zuvor zurückgingen, und dies offenbar nicht nur in Folge des leicht rückläufigen Personalbestandes, sondern in ihrem relativen Gewicht (vgl. Baumert u.a.1992). Ein erneuter Aufschwung dürfte erst mit der Zunahme von Untersuchungen nach der Wende zum 21. Jahrhundert wieder eintreten, die sich – in Verbindung oder im Anschluss an internationale Vergleichsstudien zum Leistungsstand – mit der Qualität von Schule beschäftigen (vgl. Baumert 2001; Lange 2001a, b). Diese geben der empirischen Erziehungswissenschaft ihre praktische Bedeutung gewissermaßen zurück, von deren Dominanz in einer bestimmten Ausrichtung sie sich ursprünglich gerade losgesagt hatte; die zweischneidigen Folgen einer solchen bildungspolitischen Akzentuierung hatte sie im Konflikt um die Gesamtschulen selbst zu spüren bekommen. Aber die Konsequenzen der Ergebnisse empirischer Forschungen sind, wie die aktuellen Interpretationen der PISA-Ergebnisse zeigen (Deutsches PISA-Konsortium 2001), d.h. der groß angelegten Evaluationsstudien im Rahmen des „Programme for International Student Assessment", nicht mehr so einfach geschnitten. Abgesehen davon, dass die negativen Ergebnisse in der Bundesrepublik Deutschland förmlich eine Katastrophenstimmung erzeugt haben, obwohl Experten sie nach den nur mittelmäßigen Ergebnissen der TIMSS-Studie (vgl. Baumert/Lehmann/ Lehrke/ Schmitz/Clausen/Hosenfeld/Köller/Neubrand 1997; Baumert/Bos/Lehmann 2000) geahnt haben, liegen die praktischen Konsequenzen nur scheinbar auf der Hand und stehen unterschiedlichen Deutungen offen (vgl. z.B. Benner 2002; Pekrun 2002; Terhart 2002); allein damit und auch, weil sie einen vorsichtigeren bildungspolitischen Anspruch stellen, sind die Forschungen resistenter gegenüber politischen Instrumentalisierungen als in dem früheren bundesweiten Konflikt um die Schulstruktur.

Die Entwicklung, die mit den internationalen Vergleichsuntersuchungen eingetreten ist und in der Bundesrepublik förmlich eine Lawine von Evaluationsstudien – auch regionaler und langfristiger Art – ausgelöst hat, trägt gewissermaßen paradoxe Züge: sie hat der Erziehungswissenschaft gewissermaßen ihren politischen Stellenwert zurückgegeben, gerade weil diese politisch enthaltsamer als noch in den 1960er und 1970er Jahren geworden ist. Zwar trägt zu dem Bedeutungsgewinn die umfassende nationenweite Befundlage der Schuluntersuchungen bei – trotz der deutlichen regionalen Differenzierung (Deutsches PISA-Konsortium 2002) –, die eine große Betroffenheit ausgelöst und – wie traditionell in Deutschland vertraut – dem Thema Bildung politische Aufmerksamkeit in schwarzem Gewand gegeben haben. Aber entscheidend war sicher die Bereitschaft der politischen Instanzen, von den Ergebnissen der Studien auch Gebrauch zu machen, da sie sich von der Erziehungswissenschaft nicht mehr herausgefordert fühlen müssen und werden. Vielmehr sind sie selbst die treibende Kraft (in Form der Kultusministerkonferenz bzw. der die Kulturhoheit beanspruchenden Länderregierungen), die durch Aufträge und Alimentierungen die Disziplin in Zugzwang setzt. Wenn heutzutage von der späten Durchsetzung der „empirischen Wendung" geredet wird, hat man nicht zuletzt dies im Auge, den empirischen Charakter der Bildungspolitik selbst. Paradox ist die Entwicklung übrigens auch deswegen, weil der empirischen Erziehungswissenschaft in einem Moment besonderes Gewicht gegeben wird, wo ihre quantitative Bedeutung innerhalb der Gesamtdisziplin deutlich im Abnehmen begriffen ist. Es scheint nicht gelungen schon in den „Blütezeiten" der quantitativen empirischen Pädagogik das Nachwuchsproblem zu lösen. Heute stehen für die Bearbeitung der angefallenen Befunde aufgrund ihrer methodischen Qualifikationen oft nur pädagogische Psychologen zur Verfügung, aber damit sind auch dauerhaft nicht gewollte Modifikationen und zum Teil auch Verengungen bei der Deutung der Ergebnisse verbunden.

3 Eine neue Didaktik?

Die im letzten Abschnitt beschriebenen Veränderungen haben nicht dazu geführt, dass die bundesdeutsche Erziehungswissenschaft insgesamt empirisch-quantitativ verfahren würde. Dies ist aufgrund der unterschiedlichen Fragestellungen und Möglichkeiten in den verschiedenen Forschungsfeldern auch nicht zu erwarten (gewesen) und nicht einmal wünschenswert. Es ist, wie die obengenannten Zahlen verdeutlichen, nur eine Minorität der Erziehungswissenschaftler, die der empirischen Orientierung folgen; darüber hinaus weist viel darauf hin, dass ihr Anteil in den 1980er und 1990er Jahren (gegenüber dem Stand zu Beginn der 1970er Jahre) erheblich geschrumpft ist.

Schon deswegen blieb der Einfluss der Pädagogischen Psychologie bei den entsprechenden Fragestellungen, wie bereits gesagt, sehr groß; überhaupt haben die Nachbardisziplinen der Erziehungswissenschaft, vornehmlich die Psychologie und die Soziologie, aber auch die Ökonomie, anders, als bei der empirischen Wendung seinerzeit erhofft und unterstellt, fortlaufend eine starke Stellung behalten. Die „Arbeitsgruppe für empirische pädagogische Forschung" (AEPF), die Mitte der 1960er Jahre ins Leben gerufen worden ist und bis vor kurzem eine eigenständige Sektion innerhalb der „Deutschen Gesellschaft für Erziehungswissenschaft" darstellte, ist beispielsweise – auch in der inzwischen modifizierten organisatorischen Zusammensetzung – vor allem ein Forum der pädagogischen Psychologen gewesen und geworden, die ihre eigenen Standards und Fragestellungen verfolgen.

Es ist nicht einfach in dem Überschneidungsbereich von Erziehungswissenschaft und Pädagogischer Psychologie althergebrachte Unterschiede und Gegensätze zu überwinden: während viele Psychologen bei den Erziehungswissenschaftlern und Didaktikern eine mangelnde Trennschärfe und die Gefahr normativer Überfrachtung beklagen, wird seitens der Erziehungswissenschaft eine allzu starke Spezialisierung und Verengung der Forschungsarbeit der pädagogischen Psychologen bemängelt, bei der die eigentliche interessierende Fragerichtung und wichtige Erklärungsgrößen unberücksichtigt blieben. Man hat in jüngerer Zeit für das kompliziert Verhältnis von allgemeiner Didaktik und Pädagogischer Psychologie, die sich in getrennt organisierten Fachzirkeln gleichermaßen des Unterrichts annehmen, das Bild von den „fremden Schwestern" verwendet. Bei dieser Trennung ist es umso erstaunlicher, dass sich dennoch bestimmte, durchaus kritisch zu bewertende Berührungen ergeben, wie eine starke reformpädagogische Orientierung – sei es, dass diese durch eine „Traditionsblindheit" zustande kommt, sei es, dass die Forschungsergebnisse und Theoriekonzepte bewusst reformpädagogisch gewendet werden.

Es hängt wohl mit dieser Entwicklung und der damit einhergehenden Verselbstständigung der Perspektiven zusammen, dass sich in Deutschland während des letzten Jahrzehnts ein neuer Ansatz der Didaktik etablieren konnte. Die „konstruktivistischen" Theorien haben die älteren didaktischen Konzepte zwar nicht verdrängt und weisen in sich eine große Heterogenität auf (vgl. Klauer 1999; Terhart 1999a, b), die unterrichtspraktische Konsequenzen betrifft. Über die älteren didaktischen Ansätze, nämlich die bildungstheoretischen, lerntheoretischen und kommunikations- bzw. interaktionstheoretischen Konzeptionen, gibt im Wesentlichen noch immer die Darstellung von Blankertz (1969/1991) einen informativen Überblick, der durch andere Lehrbücher, beispielsweise Peterßen (1983/1996) oder Gudjons/Winkel (1980/1997) leicht ergänzt bzw. modifiziert werden kann. Insgesamt besteht bei dem konstruktivistischen Konzept – und das gilt insbesondere für den so genannten, dabei im Zentrum stehenden Situationsansatz (vgl. dazu Gerstenmaier/Mandl 1995, 2000; Renkl 1996; Gruber/Mandl/Renkl 2000) – unverkennbar eine Spannung zu Prinzipien, die für das (in Schule und Hochschule) institutionalisierte Lernen gegolten haben und in der erziehungswissenschaftlichen Diskussion auch gegenwärtig Beachtung finden. Andererseits ist nicht zu übersehen, dass in der „konstruktivistischen" Didaktik verschiedene neuere theoretische Tendenzen aufgenommen werden, die auch die neuere Entwicklung der Erziehungswissenschaft insgesamt beeinflusst haben und beeinflussen. Zu denken ist hier etwa an die Auseinandersetzung mit dem Kognitivismus, die Rezeption der Ergebnisse der Gehirnforschung oder an die Berücksichtigung der Systemtheorie, wobei alle diese Bezüge das Ziel haben die Eigenständigkeit der lernenden Subjekte angemessen zu konzipieren (vgl. dazu auch die Themenschwerpunkte in der Zeitschrift für Pädagogik 6/1995, 5/1999, 3/2000, den Themenschwerpunkt in „Pädagogik" 7-8/1998 sowie das einer neuen Kindergartenpädagogik gewidmete Heft 4/1995 der Neuen Sammlung).

Wenn den konstruktivistischen Ansätzen eine mangelnde Anerkennung der institutionellen Gegebenheiten und damit eine gewisse Einseitigkeit der Argumentation vorgehalten wird (vgl. Terhart 1999a, b), ist gleichzeitig allerdings darauf hinzuweisen, dass auch in der Schulpädagogik selbst (und aus anderen Motiven gespeist) entsprechende Entwicklungen beobachtet werden können. Symptomatisch dafür ist die Diskussion um das neue Konzept der Allgemeinbildung von Klafki (1996). Im Hintergrund stehen Bestrebungen, das Verständnis von Lern- und Bildungsprozessen auf eine (zeitangemessene) Grundlage zu stellen. Allgemeine Kompetenzen, die das Verhältnis von fachbezogenem und fachübergreifendem Lernen betreffen, stehen im Vordergrund, wobei sich charakteristischerweise der Akzent von den geforderten „Schlüsselqualifikationen" auf (politische und gesellschaftliche) „Schlüsselprobleme" (der aktuellen Wirtschafts- und Gesellschaftsordnung) verschiebt. In der Folge wird die Vermittlung überfachlicher Qualifikationen stärker als der Erwerb fachbezogenen Wissens gewichtet, das durch die Fachgliederung des schulischen Unterrichts traditionell den Vorrang besitzt. Letzten Endes erfolgt auch auf diesem Wege eine Infragestellung von grundlegenden Elementen des institutionalisierten Lernens in der Schule zugunsten reformpädagogischer Vorstellungen, in deren Linie die Überwindung des engen und lebensentfernten Wissens immer gelegen hatte (vgl. z.B. Münzinger/Klafki 1995).

Wahrscheinlich tut man gut daran eine derartige Opposition nicht nur für zeitbedingt, also historisch, sondern für ein strukturelles Problem der Institutionalisierung von Lehren und Lernen zu halten: Wie bereits Luhmann und Schorr (1988) vermerkt haben, bringen die Einseitigkeiten und Mängel, die mit dem Vorgang der Institutionalisierung verbunden sind (vgl. Leschinsky/ Kluchert 1999), immer wieder Gegenvorstellungen hervor, denen allerdings komplementäre Probleme und Fehleinschätzungen zugrunde liegen (vgl. z.B. Leschinsky 1996a).

Die gemeinsame reformpädagogische Stoßrichtung der beiden ganz heterogenen Ansätze (der Bildungstheorie und der konstruktivistischen Didaktik) lässt sich an dieser Stelle nicht im Einzelnen aufklären. Kritiker haben dem Allgemeinbildungskonzept Klafkis vorgehalten, dass damit eine Überdehnung der pädagogischen Argumentation ins Politische erfolge, also individuelle Bildungsansprüche auf die moderne sozialstaatliche Demokratie bezogen würden und deren politische Ausgestaltung bezwecke, die den „Schlüsselproblemen" wie z.B. Solidarität und Frieden erst ihre Konturen gäben (vgl. die Kontroverse zwischen Giesecke 1997 und Klafki 1998); bei dem „konstruktivistischen" Ansatz für eine neue Didaktik kommt dagegen eher eine Engführung ins Spiel. Hier werden die Gegebenheiten institutionellen Lehrens und Lernens zugunsten von lernstrategischen Erwägungen unzulässig verkürzt.

Typisch ist dafür der situative Ansatz, der sich bei den Protagonisten des „konstruktivistischen" Ansatzes großer Beliebtheit erfreut, allerdings unterschiedlich radikale unterrichtspraktische Konsequenzen hat. Ihm liegt die Aussage zugrunde, dass Lernen und Verhaltensleistungen nur in konkreten situativen Kontexten stattfinden und dass es mithin darauf ankommt, diesem Sachverhalt auch in der Schule bzw. anderen Bereichen institutionalisierten Lernens Rechnung zu tragen. Die Kritik am bestehenden Zustand ist, dass andernfalls dort nur ein oberflächlich erworbenes „träges Wissen" von den Lernern angeeignet werde, das in konkreten Problem- und Anwendungssituationen nicht zur Verfügung stehe (vgl. Renkl 1996, Gruber u.a. 2000). Damit aber wird mehr oder weniger dem institutionalisierten Lernen seine Berechtigung abgesprochen, denn dies ist in der Tat – selbst, wenn man Schule als spezifische soziale Situation nimmt – auf die Überwindung bloß situativen Lernens angelegt und vermittelt nur bzw. kann nur „die stellvertretenden Erfahrungen" vermitteln (Leschinsky 1996a; Baumert 1998). Als eigentliche Stärke der Schule kann gerade gelten, dass hier eine institutionelle Trennung vom Leben, seinen Anforderungen und engen Bindungen, vorliegt, dass also Wissen kumulativ und reflexiv erworben werden kann, wenngleich durch die Abtrennung von den realen Situationen immer wieder auch Gefahren entstehen. Reformpädagogische Ansätze, auf die charakteristischerweise von der „konstruktivistischen" Didaktik teilweise zurückgegriffen wird, haben aus letzterem Grund der Schule vielfach eine Absage erteilt und eine grundlegende Annäherung an den Alltag verlangt. Gewinnbringender als diese radikale Folgerung erscheinen indessen Versuche eine Balance zwischen dem systematischen Lernen in der Schule, das sich auf bestimmte Wissensdomänen bezieht, und lebensweltlichen Problemen der Schüler, beispielsweise zwischen Fachunterricht und altersbezogenen Projekten herzustellen. Es lässt sich fragen, ob nicht die letztere Konsequenz dem „konstruktivistischen" Konzept selbst eigentlich näher steht als die Angleichung an Alltagssituationen, denn diese haben – jedenfalls historisch – immer auch bestimmte Lösungsmuster vorgegeben und damit (nicht zuletzt durch die fälschlich wieder aufgewerteten Formen der Meisterlehre etc.) den Vorstellungskreis der Lerner begrenzt.

	Behavioristisch	Konstruktivistisch	
		kognitiv	sozial
Lernen	- ist Erweb von Fakten, Fähigkeiten und Begriffen - geschieht durch Übung und Praxis - vollzieht sich im Kopf des Individuums - beinhaltet oberflächliche Aneignung	- ist aktives Konstruieren und Rekonstruieren von bereits erworbenem Wissen - geschieht bei vielen Gelegenheiten und anhand verschiedener Prozesse der Verknüpfung von neuem Wissen mit bereits vorhandenem Wissen - vollzieht sich durch Interaktion mit anderen und der Umwelt - beinhaltet tiefgehende Veränderungen	- ist gemeinsame Konstruktion von sozial definiertem Wissen und Werten - geschieht durch sozial konstruierte Gelegenheiten - vollzieht sich durch Interaktion mit anderen und der Umwelt
Lehren	- ist Darbietung und Weitergabe	- ist Herausforderungen, Unterstützung des Denkens zum Zweck eines vollständigen Verstehens	- ist gemeinsame Konstruktion von Wissen (zusammen mit Schülern) - Erweiterung des je individuellen Lernrepertoires
Rolle des Lehrers	- ist vordefiniert - ist primäre Wissensquelle - Manager oder Supervisor - ermutigt zur direkten Aufgabenerledigung - korrigiert falsche Antworten	- ist jeder selbst oder jeder andere mit größerer Expertise - nur eine Quelle unter anderen - Unterstützer, Führer, (Guide) - Schaffung für Gelegenheiten für Interaktion mit Ideen, Material, anderen - achtet auf Ideen und Fehlvorstellungen	- ist jeder selbst oder jeder andere mit größerer Expertise - nur eine Quelle unter anderen - Unterstützer, Führer, (Guide) - Partner (coparticipant) - gemeinsam mit Schülern Konstruktion von Gelegenheiten für Interaktion, Ideen, Materialien, anderen - co-konstruiert verschiedene Interpretationen zum Wissen; beachtet sozial konstruierte Begriffe
Rolle der Mitschüler	- im Wesentlichen irrelevant	- sind nicht notwendig, können jedoch Anregungen geben, Fragen aufwerfen	- Fester Teil im Prozess der Wissenskonstruktion - tragen zur Definition von Wissen bei (im Intersubjektivitätsraum von Gruppen) - helfen bei der Definition von Lerngelegenheiten
Rolle des Schülers	- passive Aufnahme von Information - Arbeiter (worker) - aktiver Zuhörer - erledigt Arbeit in vorgegebener Zeit	- aktive geistige Konstruktion - Quelle für Wissen - Konstrukteur - aktiver Denker, Erklärer, Interpret, Fragensteller - versteht, fragt, erklärt	- aktive Co-Konstruktion mit anderen und sich selbst - Quelle für Wissen - Co-Konstrukteur - aktiver Denker, Erklärer, Interpret, Fragensteller - versteht, fragt, erklärt, kooperiert, interpretiert sozialen Kontext

Abb. 3: Der systematische Kern der Konstruktivistischen Didaktik. Aus: Terhart 1999a, S. 30

Dem Gedanken, dass Wissen letztlich durch die Individuen selbst erarbeitet, „konstruiert" wird, tragen auch Theorien kognitiver Flexibilität Rechnung: Dabei wird Wert gelegt darauf, bestimmte Lerninhalte aus multiplen Perspektiven und in unterschiedlichen Kontexten zu betrachten (vgl. Gruber u.a. 2000). Auch für diese Form der Dekontextualisierung, die gewissermaßen exemplarisch durch den historischen Prozess der Erkenntnisgewinnung hindurchgeht, existieren ältere unterrichtsdidaktische Konzepte (im Rahmen des Herbartianismus), wie schon angemerkt worden ist (vgl. Klauer 1999). Auch wenn man zweifeln kann, ob wirklich die „konstruktivistische" Didaktik zu einer eigenen Gestalt findet, ist doch festzuhalten, dass sich inzwischen eine neue Beweglichkeit andeutet. Hier schließt sich gewissermaßen ein Kreis: Ältere starre Fronten – das zeigen auch die Ergebnisse der PISA-Untersuchungen – müssen zugunsten einer aufgabenbezogenen Pluralisierung überwunden werden, die beispielsweise auch dem bisher immer pauschal geschmähten Frontalunterricht einen Ort gibt und die Notwendigkeit von methodischen Hilfestellungen für die sonst in freieren Unterrichtsformen sich selbst überlassenen Schüler berücksichtigt (vgl. z.B. Weinert 1998). Weinerts Argumentation, bei der der Lernerwerb in vier „Kompetenzbereichen" (Erwerb intelligenten Wissens, Erwerb situierter Strategien der Wissensnutzung, Erwerb metakognitiver Kompetenzen, Erwerb von Handlungs- und Wertorientierungen) unterschieden wird, läuft im Grunde auf eine Überwindung der oben dargestellten Polarität von institutionalisiertem Lernen und reformpädagogischer Opposition hinaus. Wie weit dies gelingt, mag man allein nach der historischen Erfahrung skeptisch einschätzen. Sicher ist aber der Grundtenor von Weinerts Überlegungen, mit denen er – erst recht nach den PISA-Befunden – nicht alleine steht, zu beherzigen: Das Ziel aller äußeren Verbesserungen im Schulwesen kann nur die Optimierung der „inneren" Schulreform sein, die lange Zeit in den hier interessierenden letzten Jahrzehnten hinter der „äußeren" Schulreform (gerade im Bewusstsein der pädagogisch Tätigen) zurückgetreten ist; die Stärkung dieser Belange ist kein eben leichtes Geschäft.

Literatur

Arbeitsgruppe Bildungsbericht: Das Bildungswesen in der Bundesrepublik Deutschland. Strukturen und Entwicklungen im Überblick. Reinbek 1994

Baumert, J.: Fachbezogenes-fachübergreifendes Lernen/Erweiterte Lern- und Denkstrategien. Forum 5 bei „Wissen und Werte für die Welt von morgen" – Dokumentation zum Bildungskongress des Bayerischen Staatsministeriums für Unterricht, Kultus, Wissenschaft und Kunst vom 29./30. April 1998 in München, S. 213-231

Baumert, J.: Vergleichende Leistungsmessung im Bildungsbereich. In: Zeitschrift für Pädagogik (2001) 43. Beiheft, S. 13-36

Baumert, J./Bos, W./Lehmann, R. (Hrsg.): TIMSS/III. Dritte Internationale Mathematik- und Naturwissenschaftsstudie. Mathematische und naturwissenschaftliche Bildung am Ende der Schullaufbahn. Mathematische und naturwissenschaftliche Grundbildung am Ende der Pflichtschulzeit. Bd. 1; Mathematische und physikalische Kompetenzen am Ende der gymnasialen Oberstufe. Bd. 2, Opladen 2000

Baumert, J./Eigler, G./Ingenkamp, K./Macke, G./Steinert, B./Weishaupt, H.: Zum Status der empirisch-analytischen Pädagogik in der deutschen Erziehungswissenschaft. In: Ingenkamp, K./Jäger, R.S./Petillon, H./Wolf, B. (Hrsg.): Empirische Pädagogik 1970-1990. Eine Bestandsaufnahme der Forschung in der Bundesrepublik Deutschland. Bd. 1, Weinheim 1992, S. 1-88

Baumert, J./Lehmann, R. H./Lehrke, M./Schmitz, B./Clausen, M./Hosenfeld, I./Köller, O./Neubrand, J.: TIMSS – Mathematisch-naturwissenschaftlicher Unterricht im internationalen Vergleich. Deskriptive Befunde. (Sekundarstufe I) Opladen 1997

Baumert, J./Roeder, P.M.: Zur personellen Situation in der Erziehungswissenschaft an den wissenschaftlichen Hochschulen der Bundesrepublik Deutschland. In: Max-Planck-Institut für Bildungsforschung (Hrsg.): Beiträge aus dem Forschungsbereich Schule und Unterricht. Berlin 1989

Baumert, J./Roeder, P.M.: Forschungsproduktivität und ihre institutionellen Bedingungen – Alltag erziehungswissenschaftlicher Forschung. In: Zeitschrift für Pädagogik 36 (1990a), S. 73-97

Baumert, J./Roeder, P.M.: Expansion und Wandel der Pädagogik zur Institutionalisierung einer Referenzdisziplin. In: Alisch, L.M./Baumert, J. /Beck, K. (Hrsg.): Professionswissen und Professionalisierung. Braunschweiger Studien zur Erziehungs- und Sozialarbeitswissenschaft. Bd. 28, Braunschweig 1990b, S. 79-128

Baumert, J./Roeder, P.M.: „Stille Revolution" – Zur empirischen Lage der Erziehungswissenschaft. In: Krüger, H.-H./Rauschenbach, T. (Hrsg.): Erziehungswissenschaft. Die Disziplin am Beginn einer neuen Epoche. Weinheim/München 1994, S. 29-47

Becker, H.: Bildungsforschung und Bildungsplanung. Frankfurt a.M. 1971

Benner, D.: Die Struktur der Allgemeinbildung im Kerncurriculum moderner Bildungssysteme. Ein Vorschlag zur bildungstheoretischen Rahmung von PISA. In: Zeitschrift für Pädagogik 48 (2002), S. 68-90

Blankertz, H.: Theorien und Modelle der Didaktik. München 1969/1991

Bloßfeld, H.-P./Shavit, Y.: Dauerhafte Ungleichheiten. Zur Veränderung des Einflusses der sozialen Herkunft auf die Bildungschancen in dreizehn industrialisierten Ländern. In: Zeitschrift für Pädagogik 39 (1993), S. 25-52

Böttcher, W./Weishaupt, H./Weiß, M.: Wege zu einer neuen Bildungsökonomie. Pädagogik und Ökonomie auf der Suche nach Ressourcen und Finanzierungskonzepten. Bd. 3, Weinheim/München 1997

Bundesministerium für Bildung und Wissenschaft: Bildungsbericht `70. Die bildungspolitische Konzeption der Bundesregierung. Bonn 1970

Bund-Länder-Kommission für Bildungsplanung und Forschungsförderung, Projektgruppe Gesamtschulen: Modellversuche mit Gesamtschulen. Auswertungsbericht. Bühl 1982

Deutscher Bildungsrat: Einrichtung von Schulversuchen mit Gesamtschulen. Empfehlungen der Bildungskommission. Stuttgart 1969

Deutscher Bildungsrat: Bildungsforschung. Probleme – Perspektiven – Prioritäten. Gutachten und Studien der Bildungskommission. Teil 1 und 2, Stuttgart 1975

Deutsches PISA-Konsortium (Hrsg.): PISA 2000. Basiskompetenzen von Schülerinnen und Schülern im internationalen Vergleich. Opladen 2001

Deutsches PISA-Konsortium (Hrsg.): PISA 2000 – Die Länder der Bundesrepublik Deutschland im Vergleich. Opladen 2002

Ditton, H.: Ungleichheitsforschung. In: Rolff, H.-G. (Hrsg.): Zukunftsfelder von Schulforschung. Weinheim 1995, S. 89-124

Eigler, G./Macke, G.: Entwicklung und Bedingungen erziehungswissenschaftlicher Forschung – eine Initiative der Deutschen Gesellschaft für Erziehungswissenschaft. In: Aurin, K./Schwarz, B. (Hrsg.): Die Erforschung pädagogischer Wirkungsfelder. Bericht über die 37. Tagung der Arbeitsgruppe für empirische pädagogische Forschung in der DGfE (AEPF) vom 27.3.-29.3.1985 in Freiburg. Freiburg 1985, S. 82-90

Erikson, R./Jonsson, J.O.: Can education be equalized? The Swedish case in comparative perspective. Oxford 1996

Fend, H.: Gesamtschule im Vergleich. Bilanz der Ergebnisse des Gesamtschulversuchs. Weinheim/Basel 1982

Fend, H.: Qualität im Bildungswesen. Schulforschung zu Systembedingungen, Schulprofilen und Lehrerleistung. Weinheim/München 1998

Gerstenmaier, J./Mandl, H.: Wissenserwerb unter konstruktivistischer Perspektive. In: Zeitschrift für Pädagogik 41 (1995), S. 867-888

Gerstenmaier, J./Mandl, H.: Die Kluft zwischen Wissen und Handeln. Empirische und theoretische Lösungsansätze. Göttingen u.a. 2000

Giesecke, H.: Was ist ein „Schlüsselproblem"? Anmerkungen zu Wolfgang Klafkis neuem Allgemeinbildungskonzept. In: Neue Sammlung 37 (1997), S. 562-583

Gruber, H./Mandl, H./Renkl, A.: Was lernen wir in Schule und Hochschule: Träges Wissen. In: Gerstenmaier, J./Mandl, H. (Hrsg.): Die Kluft zwischen Wissen und Handeln. Empirische und theoretische Lösungsansätze. Göttingen u.a. 2000, S. 139-156

Gudjons, H./Winkel, R. (Hrsg.): Didaktische Theorien. Hamburg 1980/1997

Handbuch der Deutschen Bildungsgeschichte. 6 Bände, München 1987/1997

Hauenschild, H./Herrlitz, H.-G./Kruse, B.: Die Lehrgestalt der westdeutschen Erziehungswissenschaft von 1945 bis 1990. Göttinger Beiträge zur erziehungswissenschaftlichen Forschung. Nr. 6/7, Göttingen 1993

Helmke, A./Hornstein, W./Terhart, E.: Qualität und Qualitätssicherung im Bildungsbereich. Schule, Sozialpädagogik, Hochschule. Zeitschrift für Pädagogik (2000) 41. Beiheft, Weinheim/Basel

Helsper, W.: Zum Verhältnis von Schulpädagogik und Allgemeiner Erziehungswissenschaft – fließende Grenzen und schwierige Übergänge. In: Zeitschrift für Erziehungswissenschaft 1 (1998), S. 203-222

Henz, U.: Intergenerationale Mobilität. Methodische und empirische Untersuchungen. In: Max-Planck-Institut für Bildungsforschung (Hrsg.): Studien und Berichte 63, Berlin 1996

Hopf, C./Weingarten, E.: Qualitative Sozialforschung. Stuttgart 1993

Horn, K.-P.: Erziehungswissenschaft in Deutschland im 20. Jahrhundert. Diss. Humboldt-Universität Berlin 2001

Hüfner, K./Naumann, J.: Konjunkturen der Bildungspolitik in der Bundesrepublik Deutschland. Der Aufschwung (1960-1967). Bd. 1, Stuttgart 1977

Hüfner, K./Naumann, J./Köhler, H./Pfeffer, G.: Hochkonjunktur und Flaute: Bildungspolitik in der Bundesrepublik Deutschland 1967-1980. Stuttgart 1986

Jahrbuch für Historische Bildungsforschung. Sektion Historische Bildungsforschung der Deutschen Gesellschaft für Erziehungswissenschaft. Bad Heilbrunn, erscheint jährlich seit 1995

Keiner, E.: Erziehungswissenschaft 1947-1990. Eine empirische und vergleichende Untersuchung zur kommunikativen Praxis einer Disziplin. Weinheim 1999

Keiner, E./Schriewer, J.: Fach oder Disziplin. Kommunikationsverhältnisse der Erziehungswissenschaft in Frankreich und Deutschland. In: Zeitschrift für Pädagogik 36 (1990), S. 99-119

Klafki, W.: Neue Studien zur Bildungstheorie und Didaktik – Zeitgemäße Allgemeinbildung und kritisch-konstruktive Didaktik. Weinheim 1996

Klafki, W.: „Schlüsselprobleme" in der Diskussion – Kritik einer Kritik. In: Neue Sammlung 38 (1998), S. 103-124

Klauer, K.J.: Situated Learning: Paradigmenwechsel oder alter Wein in neuen Schläuchen? In: Zeitschrift für Pädagogische Psychologie 13 (1999), H. 3, S. 117-121

Köhler, H.: Lehrer in der Bundesrepublik Deutschland – Eine kritische Analyse statistischer Daten über das Lehrpersonal an allgemeinbildenden Schulen. In: Max-Planck-Institut für Bildungsforschung (Hrsg.): Studien und Berichte 33, Berlin 1975

Köller, O./Baumert, J./Schnabel, K.: Wege zur Hochschulreife: Offenheit des Systems und Sicherung vergleichbarer Standards. Analysen am Beispiel der Mathematikleistungen von Oberstufenschülern an integrierten Gesamtschulen in Nordrhein-Westfalen. In: Zeitschrift für Erziehungswissenschaft 2 (1999), S. 385-422

Lange, H.: Qualitätssicherung und Leistungsmessung in der Schule auf internationaler und nationaler Ebene. In: Zeitschrift für Pädagogik (2001a) 43. Beiheft, S. 127-150

Lange, H.: Die bildungspolitische Bedeutung von Schulleistungsstudien. In: Recht der Jugend und des Bildungswesens 3 (2001b), S. 262-282

Leschinsky, A.: Einleitung. In: Leschinsky, A. (Hrsg.): Die Institutionalisierung von Lehren und Lernen. Beiträge zur Theorie der Schule. In: Zeitschrift für Pädagogik (1996a) 34. Beiheft, S. 9-20

Leschinsky, A.: Das Max-Planck-Institut für Bildungsforschung in Berlin. In: Geißler, G. (Hrsg.): Außeruniversitäre Erziehungswissenschaft in Deutschland. Köln u.a. 1996b, S. 171-190

Leschinsky, A.: Ein Jahrhundertwerk. In: Recht der Jugend und des Bildungswesens 1 (2000), S. 19-25

Leschinsky, A./Kluchert, G.: Die erzieherische Funktion der Schule. Schultheoretische und schulhistorische Überlegungen. In: Leschinsky, A./Gruner, P./Kluchert, G. (Hrsg.): Die Schule als moralische Anstalt. Erziehung in der Schule: Allgemeines und der >Fall DDR<. Weinheim 1999, S. 15-42

Leschinsky, A./Mayer, K.U.: The comprehensive school experiment revisited: Evidence of Western Europe. Frankfurt a.M. 1999

Leschinsky, A./Schoepflin, U.: Produktive oder nur projektive Funktionen? Die „Zeitschrift für Pädagogik" zwischen 1979 und 1989. In: Max-Planck-Institut für Bildungsforschung (Hrsg.): Beiträge aus dem Forschungsbereich Schule und Unterricht. Berlin 1991

Luhmann, N./Schorr, K.E.: Strukturelle Bedingungen der Reformpädagogik. Soziologische Analysen zur Pädagogik der Moderne. In: Zeitschrift für Pädagogik 34 (1988), S. 463-480

Macke, G.: Rekonstruktion von Wissenschaftsentwicklung. Analyse der methodischen Grundorientierung erziehungswissenschaftlicher Qualifikationsarbeiten. In: Bos, W./Tarnai, C. (Hrsg.): Angewandte Inhaltsanalyse in Empirischer Pädagogik und Psychologie. Münster 1989, S. 68-101

Macke, G.: Disziplinenformierung als Differenzierung und Spezialisierung. Entwicklung der Erziehungswissenschaft unter dem Aspekt der Ausbildung und Differenzierung von Teildisziplinen. In: Zeitschrift für Pädagogik 36 (1990), S. 51-72

Müller, W.: Erwartete und unerwartete Folgen der Bildungsexpansion. In: Kölner Zeitschrift für Soziologie und Sozialpsychologie. Die Diagnosefähigkeit der Soziologie. Sonderheft 38 (1998), S. 81-112

Müller, W./Haun, D.: Bildungsgleichheit im sozialen Wandel. In: Kölner Zeitschrift für Soziologie und Sozialpsychologie 46 (1994), S. 1-42

Müller, W./Mayer, K.-U. (Hrsg.): Chancengleichheit durch Bildung? Untersuchungen über den Zusammenhang von Bildungsabschlüssen und Berufsstatus. Stuttgart 1976

Münzinger, W./Klafki, W. (Hrsg.): Schlüsselprobleme im Unterricht. Thematische Dimensionen einer zukunftsorientierten Allgemeinbildung. In: Die Deutsche Schule (1995) 3. Beiheft, Weinheim

Naumann, J.: Entwicklungstendenzen des Bildungswesens der Bundesrepublik Deutschland im Rahmen wirtschaftlicher und demographischer Veränderungen. In: Max-Planck-Institut für Bildungsforschung. Projektgruppe Bildungsbericht (Hrsg.): Bildung in der Bundesrepublik Deutschland. Daten und Analysen. Entwicklungen seit 1950. Bd. 1, Stuttgart 1980, S. 21-102

Oehler, C.: Bildungssoziologie als eine Grundlage der Professionalisierung von Lehramtsstudierenden. Bericht über ein Forschungsprojekt. In: Zeitschrift für Pädagogik 47 (2001), S. 739-748

Oelkers, J.: Zukunftsfragen der Bildung. Zeitschrift für Pädagogik (2001) 43. Beiheft, Weinheim/Basel

Otto, H.U./Krüger H.-H./Merkens, H./Rauschenbauch, T./Schenk, B./Weishaupt, H./Zedler, T.: Datenreport Erziehungswissenschaft. Opladen 2000

Peisert, H.: Soziale Lage und Bildungschancen in Deutschland. München 1967

Peisert, H./Dahrendorf, R.: Der vorzeitige Abgang vom Gymnasium. Kultusministerkonferenz Baden-Württemberg. Schriftenreihe A. Bd. 6, Neckar 1967

Pekrun, R.: Vergleichende Evaluationsstudien zu Schülerleistungen: Konsequenzen für zukünftige Bildungsforschung. In: Zeitschrift für Pädagogik 48 (2002), S. 111-128

Peterßen, W.: Lehrbuch: Allgemeine Didaktik. München 1983/1996

Picht, G.: Die deutsche Bildungskatastrophe. Olten 1964

Raschert, J.: Gesamtschule: ein gesellschaftliches Experiment. Möglichkeiten einer rationalen Begründung bildungspolitischer Entscheidungen durch Schulversuche. In: Max-Planck-Institut für Bildungsforschung (Hrsg.), Stuttgart 1974

Raschert, J.: Bildungspolitik im kooperativen Förderalismus. Die Entwicklung der länderübergreifenden Planung und Koordination des Bildungswesens der Bundesrepublik Deutschland. In: Max-Planck-Institut für Bildungsforschung (Hrsg.): Daten und Analysen. Entwicklungen seit 1950. Bd. 1, Stuttgart 1980, S. 103-216

Rauschenbach, T./Christ, B.: Abbau, Wandel oder Expansion. Zur disziplinären Entwicklung der Erziehungswissenschaft im Spiegel ihrer Stellenbesetzungen. In: Krüger, H.-H./Rauschenbach, T. (Hrsg.): Erziehungswissenschaft. Die Disziplin am Beginn einer neuen Epoche? Weinheim/München 1994, S. 69-92

Renkl, A.: Träges Wissen: Wenn Erlerntes nicht genutzt wird. In: Psychologische Rundschau 47 (1996), S. 78-92

Roeder, P.M.: Erziehungswissenschaften – Kommunikation in einer ausdifferenzierten Sozialwissenschaft. In: Zeitschrift für Pädagogik 36 (1990) S. 651-670

Rolff, H.-G. (Hrsg.): Zukunftsfelder von Schulforschung. Weinheim 1995

Roth, H.: Die realistische Wendung in der pädagogischen Forschung. In: Röhrs, H. (Hrsg.): Erziehungswissenschaft und Erziehungswirklichkeit. Frankfurt a.M. 1964

Schimpl-Neimanns, B.: Soziale Herkunft und Bildungsbeteiligung. Empirische Analysen zu herkunftsspezifischen Bildungsungleichheiten zwischen 1950 und 1989. In: Kölner Vierteljahreshefte für Soziologie 52 (2000), H. 4, S. 636-670

Shuell, T.J.: Teaching and Learning in a Classroom Context. in: Berliner, D.C./Calfee, R.C. (eds.): Handbook of Educational Psychology. New York/Macmillan 1996, pp. 726-760

Stroß, A.M./Thiel, F. (Hrsg.): Erziehungswissenschaft, Nachbardisziplinen und Öffentlichkeit. Themenfelder und Themenrezeption der allgemeinen Pädagogik in den 80er und 90er Jahren. Weinheim 1998

Tenorth, H.E.: Transformation der Pädagogik – 25 Jahre Erziehungswissenschaft in der „Zeitschrift für Pädagogik". In: Zeitschrift für Pädagogik (1986) 20. Beiheft, Weinheim/Basel, S. 21-85

Terhart, E.: Konstruktivismus und Unterricht. Eine Auseinandersetzung mit theoretischen Hintergründen, Ausprägungsformen und Problemen konstruktivistischer Didaktik. Landesinstitut für Schule und Weiterbildung NRW (Hrsg.) 1999a

Terhart, E.: Konstruktivismus und Unterricht. Gibt es einen neuen Ansatz in der Allgemeinen Didaktik? In: Zeitschrift für Pädagogik 45 (1999b), S. 629-648

Terhart, E.: Qualität und Qualitätssicherung im Schulsystem. In: Zeitschrift für Pädagogik 46 (2000), S. 809-829

Terhart, E.: Wie können die Ergebnisse von vergleichenden Leistungsstudien systematisch zur Qualitätsverbesserung in Schulen genutzt werden? In: Zeitschrift für Pädagogik 48 (2002), S. 91-110

Titze, H.: Wie wächst das Bildungssystem. In: Zeitschrift für Pädagogik 45 (1999), S. 103-120

Titze, H. unter Mitarbeit von Herrlitz, H.-G./Müller-Benedict, V./Nath, A.: Das Hochschulstudium in Preußen und Deutschland 1820-1944. Datenhandbuch zur deutschen Bildungsgeschichte Bd.I/1 Göttingen 1987

Titze, H. unter Mitarbeit von Herrlitz, H.-G./Müller-Benedict, V./Nath, A: Wachstum und Differenzierung der deutschen Universitäten 1830-1945. Datenhandbuch zur deutschen Bildungsgeschichte Bd. I/2 Göttingen 1995

Titze, H./Nath, A./Müller-Benedict, V.: Der Lehrerzyklus. Zur Wiederkehr von Überfüllungen und Mangel im höheren Lehramt in Preußen. In: Zeitschrift für Pädagogik 31 (1985), S. 97-126

Weinert, F.E.: Neue Unterrichtskonzepte zwischen gesellschaftlichen Notwendigkeiten, pädagogischen Visionen und psychologischen Möglichkeiten. Rede aus „Wissen und Werte für die Welt von morgen“ – Dokumentation zum Bildungskongress des Bayerischen Staatsministeriums für Unterricht, Kultus, Wissenschaft und Kunst vom 29./30. April 1998 in München, S. 101-125

Weishaupt, H./Steinert, B./Baumert, J.: Bildungsforschung in der Bundesrepublik Deutschland. Bad Honnef 1991

Weiß, M.: Mikroökonomie der Schule. In: Rolff, H.-G. (Hrsg.): Zukunftsfelder von Schulforschung. Weinheim 1995, S. 41-62

Weiß, M.: Quasi-Märkte im Schulbereich. Eine ökonomische Analyse. In: Oelkers, J. (Hrsg.): Zeitschrift für Pädagogik (2001) 43. Beiheft, S. 69-86

Wissenschaftsrat: Empfehlungen zur künftigen Struktur der Hochschullandschaft in den neuen Ländern und im Ostteil von Berlin. Bd. I-IV, Köln 1992

II Forschungsansätze in der Schulforschung

Oliver Böhm-Kasper | Horst Weishaupt

Quantitative Ansätze und Methoden in der Schulforschung

Angesichts der Komplexität des Untersuchungsfelds Schule stehen Ansätze und Methoden der Schulforschung vor dem Problem einen Gegenstandsbereich angemessen zu erfassen, der es weder gestattet, sich auf eine einzige Erfahrungsgrundlage zu stützen, noch es sinnvoll erscheinen lässt, auf das theoretische und methodische Instrumentarium einer einzelnen Disziplin zurückzugreifen (vgl. Fend 1981, S. 1).

Die Struktur des Gegenstandsbereichs der Schulforschung spiegelt sich zunächst in einer sehr heterogenen Datenbasis, die mit der Schule und dem Unterricht unmittelbar verbunden ist (Gesetzestexte, Lehrpläne, Lehrbücher, Ergebnisse aus Leistungstests usw.). Ergänzt werden die für Forschungsaktivitäten relevanten Materialien durch die regelmäßig erfassten statistischen Informationen über die Schüler, die Lehrer und den Unterricht. Von diesen Daten erscheinen jedoch nur wenige Teile in den jährlichen statistischen Veröffentlichungen. Beispielsweise fehlt eine vergleichende Auswertung zentraler Indikatoren auf der Ebene der einzelnen Schule (vgl. Spangenberg 2002). Über eigene Erhebungen und Beobachtungen können weitere Aspekte der Schule und des Unterrichts erfasst werden. Inzwischen existieren unter den Erhebungsstudien der empirischen Schulforschung Datenbestände, die verstärkt für Sekundäranalysen zugänglich gemacht werden sollten. Besonders zu nennen sind in diesem Zusammenhang die regelmäßig durchgeführten repräsentativen Befragungen zur Schulentwicklung des Instituts für Schulentwicklungsforschung (z.B. die IFS-Umfrage 2000; Rolff/Holtappels/Klemm/Pfeiffer/Schulz-Zander 2002) und die Absolventenbefragungen des Bundesinstituts für Berufsbildung (Bundesministerium für Bildung und Forschung 2002, S. 73-81). Aber auch die internationalen Leistungsvergleichsstudien sind vorrangige Datensätze für sekundäranalytische Forschungen (Baumert/Bos/Lehmann 2000; Deutsches PISA-Konsortium 2001, 2002).

Neben der Durchführung von eigenen Primärerhebungen und der Analyse von Dokumenten bietet sich folglich die Sekundäranalyse statistischer Daten und von Umfragedaten an. Sekundäranalysen sind eine erneute Datenauswertung unter einer anderen Fragestellung. Zunehmend existieren auch Replikationsstudien, also Wiederholungsbefragungen, die es gestatten zeitvergleichende sekundäranalytische Auswertungen vorzunehmen. Solche unechten Panelstudien mit unterschiedlichen Befragten können aber keine echten Längsschnittstudien ersetzen, bei denen die gleichen Personen mehrfach befragt werden. In der Schulforschung besteht ein großer Mangel an entsprechenden Studien. Dadurch ist das Wissen beispielsweise über individuelle Bildungsverläufe oder die Entstehung von Burnout bei Lehrern sehr unbefriedigend.

Diese Systematisierung der Forschungsansätze nach der Art der Datengrundlage (vgl. Alemann 1977) wird nachfolgend nicht weiter verfolgt, sondern das mit den Untersuchungen verbundene Forschungsinteresse der weiteren Darstellung zugrunde gelegt. Der zweite Hauptabschnitt behandelt dann verschiedene Methoden der Datenerhebung. Abschließend wird auf ausgewählte komplexe Verfahren der Datenauswertung eingegangen.

1 Forschungsstrategien und Gütekriterien quantitativer Schulforschung

Die Fülle der empirischen Forschungsarbeiten auf dem Gebiet der Schulforschung ist mit einer schwer zu systematisierenden Anwendungsbreite quantitativer Forschungsansätze verbunden. Selbst in den einschlägigen Lehrbüchern zu den empirischen Forschungsmethoden in der Erziehungswissenschaft ist keine einheitliche Klassifikation der Forschungsansätze erkennbar. Eine in den Augen der Autoren bewährte und logisch stringente Gliederung empirischer Untersuchungen ist von Skowronek und Schmied (1977) vorgelegt worden. Die auch für die nachfolgenden Darstellungen angewandte Systematik beinhaltet eine Einteilung der Forschungsansätze nach dem Forschungszweck, der sich mit den Begriffen Erklären, Beschreiben, Bewerten und Verändern charakterisieren lässt (vgl. ebd., S. 18):

Ist das Forschungsinteresse primär auf die Erklärung und die Prognose eines Sachverhaltes gerichtet, handelt es sich zunächst um die so genannte explanatorische Forschung. Diese wird nach dem Ausmaß der Kontrolle, über das ein Forscher bei der Durchführung einer Untersuchung verfügt, in experimentelle und kausal-vergleichende Forschung unterteilt. Nur experimentelle Forschung (vgl. Abs. 1.1) ermöglicht aufgrund der optimalen Bedingungskontrolle Kausalerklärungen. Der Forscher greift bei Experimenten kontrolliert verändernd in die Wirklichkeit ein (Setzung eines Stimulus oder Treatments) und beobachtet, was sich unter ebenfalls kontrollierten Bedingungen an Wirkungen ergibt. Von kausal-vergleichender Forschung (vgl. Abs. 1.2) wird gesprochen, wenn der Forscher einen Wirklichkeitsausschnitt untersucht, ohne in den natürlichen Handlungsablauf einzugreifen. Insbesondere die weiter unten näher beschriebenen und in der Schulforschung oft angewandten Ex-post-facto-Untersuchungen zählen zu diesem Forschungsansatz. Aufgrund der eingeschränkten Kontrolle der Untersuchungsbedingungen ist die Gültigkeit und Vorhersagekraft der gewonnenen Erklärungen geringer als bei streng experimentellen Studien. Ist es das Ziel empirischer Forschung Kenntnisse über die Beschaffenheit von Sachverhalten in der schulischen Wirklichkeit zu erlangen und diese Sachverhalte in ihrem „Sosein" zu erfassen, wird dieses Vorgehen als beschreibende oder deskriptive Forschung (vgl. Abs. 1.3) bezeichnet. Hier sind es insbesondere Surveys und Korrelationsstudien, die dem Forscher als Untersuchungstypen zur Verfügung stehen. Steht die Bewertung eines sozialen Sachverhaltes im Mittelpunkt des Forschungsinteresses, so wird von Evaluationsforschung (vgl. Abs. 1.4) gesprochen. Die Evaluationsforschung kann als komplexe Forschungsstrategie mehrere der oben genannten Untersuchungstypen beinhalten.

Die so genannte Handlungsforschung liegt dann vor, wenn Untersuchungen in einem sozialen Feld mit dem Ziel durchgeführt werden, dieses Feld empirisch zu erfassen und gleichzeitig handelnd an dessen Veränderung mitzuwirken (vgl. ebd., S. 19). Diese besonders in den 1970er Jahren intensiv diskutierte Forschungsstrategie wird hier nicht näher dargestellt, da die empirische Erfassung des sozialen Feldes mit den zuvor dargestellten Forschungstypen möglich ist.

Für alle Forschungsstrategien gilt, dass sie sich vom „laienhaften", alltäglichen Sammeln und Auswerten von Informationen durch ihr systematisches und methodisches Vorgehen unterscheiden. Es ist daher für jede empirische Untersuchung – unabhängig davon, welcher Forschungsstrategie sie zuzurechnen ist – unabdingbar, dass die verwendeten Methoden den Standards der empirischen Sozialwissenschaft entsprechen. Diese Standards bzw. „Gütekriterien" der Messung, Auswertung und Interpretation empirischer Daten werden als Objektivität, Zuverlässigkeit (Reliabilität) und Gültigkeit (Validität) bezeichnet:

Die Objektivität einer empirischen Untersuchung zielt in erster Linie auf die Unabhängigkeit des Messinstruments vom Untersucher, d.h. jeder x-beliebige Untersucher muss mit demselben Messinstrument zu dem gleichen Ergebnis kommen. Je nach Untersuchungsphase wird zwischen Durchführungs-, Auswertungs- und Interpretationsobjektivität unterschieden. Die Durchführungsobjektivität nimmt mit der Standardisierung des Messverfahrens zu. Auch die Auswertungsobjektivität steigt mit zunehmender Standardisierung der Messinstrumente. Die Ergebnisse der Auswertung sollten daher unabhängig vom Auswerter sein; eine Bedingung, die bei gebundenen Antworten und vorab vereinbartem Codeplan gewährleistet ist. Interpretationsobjektivität ist dann gegeben, wenn verschiedene Interpreten aus den gewonnenen Ergebnissen einer Untersuchung die gleichen Schlüsse ziehen.

Die in empirischen Untersuchungen verwendeten Erhebungsmethoden müssen zudem die Daten zuverlässig erheben. „Das Kriterium der Zuverlässigkeit (Reliabilität) besagt, dass bei einer Wiederholung der Messung unter gleichen Bedingungen auch die gleichen Ergebnisse erzielt werden" (Wellhöfer 1997, S. 105). Die Reliabilität einer Messung kann dabei durch verschiedene Verfahren ermittelt und numerisch beschrieben werden (vgl. Bortz/Döring 1995, S. 181ff.).

Die Validität (Gültigkeit oder Aussagekraft) einer empirischen Untersuchung lässt sich zunächst in eine innere Gültigkeit (interne Validität) und eine äußere Gültigkeit (externe Validität) unterscheiden. Eine Untersuchung ist intern valide, wenn die gewonnenen Ergebnisse eindeutig interpretierbar sind. Die innere Gültigkeit sinkt demzufolge mit einer wachsenden Anzahl plausibler Alternativerklärungen für die beobachteten Befunde. Äußere Gültigkeit besteht dann, wenn die Ergebnisse einer Untersuchung über die besonderen Bedingungen der Untersuchungssituation hinausweisen und generalisierbar sind. So sinkt die externe Validität mit wachsender Unnatürlichkeit der Untersuchungssituation und mit abnehmender Repräsentativität der untersuchten Stichproben. Die Ausführungen machen deutlich, dass es in empirischen Untersuchungen nur selten gelingt, beide Validitätskriterien gleichzeitig perfekt zu erfüllen. Veränderungen in der Untersuchungsplanung zugunsten der internen Validität wirken sich meistens nachteilig auf die externe Validität aus (und umgekehrt), so dass sich der Forschende in der Regel mit einer Kompromisslösung begnügen muss (vgl. ebd., S. 52). Die Kontrolle der Gütekriterien wird in der praktischen Forschung leider oftmals als Idealforderung angesehen und unzureichend beachtet.

1.1 Experimentelle Forschung

Experimentelles Vorgehen ist eine grundlegende Eigenschaft menschlichen Verhaltens, das den Versuch darstellt, den Zusammenhang zwischen einer Ursache und deren Wirkung (Kausalität) zu erfassen. Die wissenschaftliche experimentelle Untersuchung gilt als das exakteste Forschungsverfahren, „da es die methodologischen Prinzipien empirisch-analytischer Forschung optimal einlöst und die eindeutige Widerlegung oder Bestätigung von theoretischen Sätzen bzw. daraus abgeleiteten Hypothesen erlaubt. In der Phase der Theorieüberprüfung ist das Experiment daher an Präzision und Beweiskraft allen anderen erfahrungswissenschaftlichen Forschungsansätzen überlegen" (Skowronek/Schmied 1977, S. 49).

Das wohl wichtigste Merkmal einer experimentellen Untersuchung ist die bewusste und planmäßige Manipulation derjenigen Bedingungen (Ursache), die zu einer bestimmten Wirkung in den abhängigen Variablen führen.[1] Planmäßigkeit bedeutet das absichtliche Eingreifen des Forschers in die soziale Realität zu einem festgelegten Zeitpunkt um die Bedingungen eines zu erforschenden Ursache-Wirkung-Gefüges gemäß den Untersuchungsintentionen zu verändern (vgl. ebd.; Cohen/Manion/Morrison 2000, S. 211).

Die Kontrolle der unabhängigen Variablen wird in echten Experimenten durch die Bildung von mindestens zwei Gruppen erreicht. Nur die Experimentalgruppe wird einer Manipulation der unabhängigen Variablen (Treatment) ausgesetzt, die Kontrollgruppe erfährt keine Manipulation. In beiden Gruppen wird vor der Setzung des Treatments die Ausprägung der als abhängig geltenden Variablen (z.B. Schulleistung) gemessen (Pretest). Danach wird nur in der Experimentalgruppe das Treatment eingeführt (z.B. die Nutzung neuer Unterrichtsmethoden), worauf eine erneute Messung der abhängigen Variablen in beiden Gruppen erfolgt (Posttest). Dieses Pretest-Posttest-Design mit Kontrollgruppe gilt als das „klassische" Design in den Sozialwissenschaften (vgl. Skowronek/Schmied 1977, S. 67). Es gibt darauf aufbauend eine Reihe weiterer Designs, die den Anspruch an ein „echtes" Experiment erfüllen. Zur weiteren Vertiefung dieser Designs sei auf die entsprechende Fachliteratur verwiesen (z.B. Lewis 1974; Lewis-Beck 1993; Todman/Dugard 2001).

Ob nun personale Bedingungen oder Umweltbedingungen als unabhängige Variablen kontrolliert variiert werden, hängt vom Gegenstand der Untersuchung ab. Wichtig ist dabei die Konstanthaltung so genannter externer Faktoren oder Störvariablen. Diese Variablen können einen Einfluss auf die abhängige Variable ausüben, der außerhalb des vom Forschungsdesign berücksichtigten Kausalzusammenhangs wirkt. Um den Einfluss der Störvariablen bei einem Experiment kontrollieren zu können muss sichergestellt sein, dass sich die Experimental- und Kontrollgruppe hinsichtlich derartiger externer Faktoren nicht wesentlich voneinander unterscheiden (statistische Äquivalenz). Um dies zu gewährleisten bieten sich prinzipiell zwei Möglichkeiten der Gruppenbildung an: die Parallelisierung (bzw. Matching) und die Randomisierung.

Bei der Parallelisierung wird versucht Personenpaare, die hinsichtlich der externen Faktoren vergleichbar sind, auf die beiden Gruppen (Experimental- und Kontrollgruppe) zufällig zu verteilen. In der Praxis ist das Bilden von Paaren jedoch mit großen Schwierigkeiten verbunden, da es oftmals mehrere Störvariablen gibt, die es zu berücksichtigen gilt. „Lässt sich eine Vielzahl von Faktoren (n > 3) identifizieren, die einen Einfluss auf die zu untersuchende Variable nehmen könnten, ist es rein technisch gesprochen schwierig, die Untersuchungsgruppen in all diesen Faktoren noch gleichzusetzen" (Skowronek/Schmied 1977, S. 55). Weiterhin ist häufig schwierig, die für die Parallelisierung relevanten Störvariablen zu bestimmen, denn dazu müsste a priori bekannt sein, welche der externen Faktoren die abhängige Variable störend beeinflussen. Die Randomisierung (Zufallszuweisung) gilt als die Kontrolltechnik schlechthin. Bei diesem Verfahren werden die Versuchspersonen nach dem Zufallsprinzip der Experimental- oder Kontrollgruppe zugeordnet. Mit anderen Worten: Jede Person einer bestimmten Population muss die gleiche Chance haben, einer der beiden Gruppen zugeteilt zu werden. Ist diese Bedingung erfüllt, dann kann – bei genügend großen Stichproben[2] – davon ausgegangen

1 Die Unterscheidung von abhängigen und unabhängigen Variablen bringt in der emprischen Forschung zum Ausdruck, dass Veränderungen der einen (abhängigen) Variablen mit dem Einfluss einer ursächlichen (unabhängigen) Variablen erklärt werden sollen (z.B. didaktische Innovation als unabhängige Variablen und Lernerfolg als abhängige Variable).

2 Bei kleinen Stichproben (n < 30) ist das Zufallsverfahren mit Vorsicht anzuwenden, da hier das Zufallsprinzip bei einzelnen Variablen u.U. nicht voll wirksam werden kann (vgl. Skowronek/Schmied 1977, S. 55).

werden, dass sich die externen Faktoren mit hoher Wahrscheinlichkeit auf die beiden Gruppen gleich verteilen (vgl. Cohen/Manion/Morrison 2000, S. 213). In vielen Fällen in der Schulforschung ist es jedoch nicht möglich, die Versuchsgruppen zufällig zusammenzustellen, da aus praktischen Gründen der Untersuchungsdurchführung auf schon bestehende Gruppen, wie Schulklassen oder Kurse, zurückgegriffen werden muss und so auch nicht die Chance besteht, die Gruppen aufgrund eines Vortestes zu parallelisieren. Eine Möglichkeit der (statistischen) Kontrolle externer Faktoren bietet in diesem Zusammenhang die Kovarianzanalyse (vgl. Bortz 1999, S. 349ff.). Die Interpretation der Ergebnisse einer Kovarianzanalyse kann jedoch nur dann seriös erfolgen, wenn sicher gestellt ist, dass keine weiteren unkontrollierten oder gar nicht-gemessenen Variablen die abhängige Variable beeinflussen (vgl. McMillan/Schumacher 1997, S. 377).

Obwohl das Experiment als das wirkungsvollste Instrument der Variablenkontrolle gilt, ist es nicht frei von Fehlerquellen. Die in der Schulforschung am häufigsten auftretenden Fehlerquellen sollen deshalb kurz erwähnt werden (vgl. Schnell/Hill/Esser 1999, S. 207ff.; Cohen/Manion/Morrison 2000, S. 126ff.):

- Reifeprozesse: Die Veränderung in der abhängigen Variable wird eher durch „intrapersonale“ Entwicklungsprozesse bedingt, als durch die Einwirkung eines Treatments. Dieses Problem ist vor allem bei langfristigen experimentellen Untersuchungen im pädagogischen Bereich relevant, weil dann durch die „normale“ biologisch-psychologische Reifung der Probanden eine Änderung der Messwerte eintritt.
- Messeffekte: Die Veränderung in der abhängigen Variable wird als Auswirkung des ersten Messvorgangs auf den zweiten erzeugt. So können die Probanden aus dem Pretest (z.B. Leistungstest) lernen und u.U. über die Richtigkeit der gegebenen Antworten nachdenken. Dieser Umstand kann im Posttest dazu führen, dass die Probanden ihre Resultate bei der zweiten Messung verbessern wollen und damit die Werte des Posttestes unabhängig vom Stimulus ansteigen.
- Regression zur Mitte: In pädagogischen Untersuchungen, die Leistungs- oder Fähigkeitstests anwenden, ist zu beobachten, dass Schüler, die sehr hohe Werte im Pretest erreichen, einen Leistungsabfall im Posttest aufweisen, während Schüler, die im Pretest sehr schlecht abschnitten, im Posttest bessere Werte bekommen (Regression zur Mitte). Das experimentelle Treatment scheint die schlechten Schüler gefördert, die guten Schüler aber benachteiligt zu haben. Tatsächlich zeigt sich dieser Effekt aber unabhängig von der Wirkung eines Stimulus. Pädagogisch-psychologische Tests sind immer mit einer gewissen Ungenauigkeit, dem Messfehler behaftet. Jeder individuelle Testwert ist daher mit einem mehr oder weniger großen Messfehler verbunden, der die „wahre“ Leistung der Testperson über- oder unterschätzt. Allein aufgrund des Messfehlers werden sich demnach die Werte zwischen einer ersten und einer zweiten Messung mit der Parallelform eines Testes verändern. Die (mathematische) Wahrscheinlichkeit, dass extreme Messwerte bei einer zweiten Messung noch extremer werden, ist deutlich geringer als die Wahrscheinlichkeit, dass sich die Messwerte dem Mittelwert annähern.

Die bislang aufgezeigten Fehlerquellen werden auch als Beeinflussungsfaktoren der internen Validität einer experimentellen Untersuchung bezeichnet (vgl. Cohen/Manion/Morrison 2000, S. 126). Ein Experiment gilt dann als intern gültig, wenn das Treatment tatsächlich für die Variation in der abhängigen Variable verantwortlich ist.

Nach Prüfung der internen Gültigkeit eines Experimentes schließt sich die Frage nach der äußeren Validität (auch externe oder ökologische Validität) an. Äußere Validität ist gegeben, wenn die Resultate einer experimentellen Untersuchung über die Versuchspersonen hinaus auf andere Populationen oder Situationen übertragen werden können. Diese Generalisierbarkeit der Ergebnisse experimenteller Forschung kann wiederum durch verschiedene Störfaktoren beeinträchtigt werden. Dazu zählen Innovationseffekte, reaktive Effekte oder der so genannte Hawthorn-Effekt (für eine vertiefende Darstellung dieser Fehlerquellen siehe ebd., S. 127f.; Skowronek/Schmied 1977, S. 59). Eine Vielzahl ausgefeilter Techniken der Kontrolle von Störvariablen schließen eine Reihe der vorgestellten Fehlerquellen aus bzw. ermöglichen eine Abschätzung der damit verbundenen Effekte. Dennoch sollte sich ein Forscher bei der Planung und Durchführung experimenteller Untersuchungen der möglichen Fehlerquellen bewusst sein und durch geeignete Designs eine maximale Fehlerminimierung erreichen.

1.2 Kausal-vergleichende Forschung

Obwohl sich die experimentelle Forschung als das differenzierteste Mittel zur Datengewinnung und zur Überprüfung von Kausalhypothesen in der sozialwissenschaftlichen Forschung etabliert hat, ist sie, im Gegensatz zur Psychologie, in der pädagogischen Schulforschung eher selten anzutreffen (vgl. Seel 2002, S. 430). Die optimale Bedingungskontrolle bei der Manipulation unabhängiger Variablen ist in vielen Untersuchungen aus forschungspraktischen oder ethischen Gründen nicht zu erreichen. So ist es augenscheinlich sehr schwierig, ein experimentelles Design zu entwerfen, bei dem als unabhängige Variable der sozioökonomische Status (SES) der Schülerfamilie systematisch manipuliert wird, während die Schulleistungen als abhängige Variable betrachtet werden. Dennoch soll auf empirischem Wege geprüft werden, ob der sozioökonomische Status der Schülerfamilie (unabhängige Variable) Ursache für die Ausprägung der Schulleistung von Schülern (abhängige Variable) ist. Damit bewegt sich der Forscher in der gleichen Logik, wie sie die experimentelle Forschung kennzeichnet: Man versucht die empirische Gültigkeit von Kausalaussagen des Typs „wenn X, dann Y" zu ermitteln. Der Unterschied zu einem Experiment besteht aber darin, dass der Forscher erst in den Realitätsausschnitt eingreifen kann, wenn die Einwirkung der unabhängigen Variable bereits abgeschlossen ist und somit keine systematische Variation der unabhängigen Variable erfolgen kann (vgl. Skowronek/Schmied 1977, S. 124). Forschungsdesigns, die in derartigen Situationen zur Anwendung kommen, werden daher als Ex-post-facto-Untersuchungen oder kausal-vergleichende Untersuchungen bezeichnet (vgl. McMillan/Schumacher 1997, S. 303). Die unabhängige und abhängige Variable werden im Rahmen eines Datenerhebungsprozesses gemeinsam gemessen. Eine kontrollierte Manipulation der unabhängigen Variablen ist damit im Gegensatz zum Experiment nicht möglich.

Das Ziel kausal-vergleichender Forschung ist analog zum experimentellen Vorgehen die Überprüfung von Hypothesen. Die theoriegeleitete Formulierung möglicher Ursachen für die beobachtete Ausprägung der abhängigen Variablen ist damit ein erster Schritt in der Planung kausal-vergleichender Untersuchungen. In einem zweiten Schritt sind Überlegungen über alternative Hypothesen anzustellen, die gleichfalls zu einer kausalen Erklärung der zu untersuchenden Beziehungen beitragen. Die Aufstellung derartiger alternativer Hypothesen führt zur Identifikation von Drittvariablen, die ebenfalls einen Zusammenhang mit der abhängigen Variable aufweisen können. Solche Drittvariablen (Störvariablen) sind in Ex-post-facto-Anordnungen wesentlich schwieriger zu kontrollieren als im experimentellen Design, da die Einwirkung unabhängiger Variablen nicht nach dem Zufallsprinzip auf die Versuchspersonen verteilt werden kann, sondern ohne Kontrolle des Forschers bereits vorliegt (vgl. Schnell/Hill/Esser 1999, S. 222). Ist eine im Hinblick auf relevante Drittvariablen vorzunehmende Homogenisierung der Vergleichsgruppen nicht zu erreichen, dann muss bei der statistischen Datenanalyse wiederum auf die Kovarianzanalyse (siehe oben) zurückgegriffen werden.

Neben dem Problem der Kontrolle der Drittvariablen ergeben sich bei kausal-vergleichenden Untersuchungen in der Schulforschung zwei weitere methodologische Probleme: Zum einen das Problem der Varianz in der abhängigen Variable und zum anderen das Problem der kausalen Reihenfolge der Variablen (vgl. ebd., S. 220).

Bei einer nachträglichen Klassifizierung der erhobenen Daten in eine (Quasi)-Experimentalgruppe und eine Kontrollgruppe kann es geschehen, dass die interessierende Merkmalsausprägung der unabhängigen Variable relativ selten auftritt (geringe Varianz). Damit stehen für die statistische Analyse u.U. zu wenig Fälle zur Verfügung um zu überprüfen, ob die unabhängige Variable systematische Zusammenhänge mit den Ausprägungen der abhängigen Variable aufweist. Die Entwicklung eines angemessenen Ex-post-facto-Designs erfordert daher Kenntnis über die Verteilung der unabhängigen Variablen in der potenziellen Probandengruppe. Die dazu benötigten Informationen können aus anderen Studien oder der amtlichen Statistik gewonnen werden. Durch eine entsprechende Stichprobenauswahl (z.B. disproportional geschichtete Stichproben) kann dann eine Maximierung der Varianz in den unabhängigen Merkmalen erreicht werden.

Das Problem der kausalen Reihenfolge der Variablen ist mit der gleichzeitigen Erhebung[3] aller Daten zu einem Untersuchungszeitpunkt verbunden. Ein notwendiges Kriterium zur Kennzeichnung eines Zusammenhanges als kausal ist jedoch gerade die Zeitdifferenz von Ursache und Wirkung. Die gleichzeitige Erhebung von unabhängiger und abhängiger Variable im Rahmen einer Ex-post-facto-Untersuchung wird diesem Kriterium nicht gerecht. Das generelle Problem bei der zeitgleichen Erhebung von abhängiger und unabhängiger Variable besteht somit darin, dass die gewonnenen Daten prinzipiell mit verschiedenen Hypothesen vereinbar sind.

Trotz der beschriebenen Probleme kausal-vergleichender Forschung wird sie in der Schulforschung sehr häufig eingesetzt. „Gerade Ex-post-facto-Untersuchungen haben nicht selten die Meinungs- und Bewußtseinsbildung in der Wissenschaft und der Öffentlichkeit erheblich beeinflußt oder angeregt" (Skowronek/Schmied 1977, S. 128). Diese Wertschätzung kausal-vergleichender Forschung darf jedoch nicht darüber hinwegtäuschen, dass die fehlende kontrollierte Manipulation der unabhängigen Variablen nur eingeschränkte Aussagen über die interne Validität postulierter Kausalbeziehungen zulässt. So kann kausal-vergleichende Forschung zwar Zusammenhänge zwischen Variablen aufdecken, aber letztendlich keine Kausalität beweisen (vgl. Wallen/Fraenkel 2001, S. 332).

3 In einer Untersuchung werden die Variablen i.d.R. nicht simultan erhoben, sondern es ergeben sich durch Abfolge der Datenerhebung (z.B. das Ausfüllen eines Fragebogens) Zeitunterschiede. Diese zeitlichen Differenzen können aber nicht als ein Indikator für einen kausalen Zusammenhang dienen, „da der konkrete Beantwortungszeitpunkt in keiner eindeutigen Beziehung zu dem interessierenden Ursache-Wirkungs-Mechanismus steht" (Schnell/Hill/Esser 1999, S. 221).

1.3 Deskriptive Forschung

Eine Vielzahl der Untersuchungen im Bereich der Schulforschung lässt sich als ‚deskriptiv' (beschreibend) bezeichnen. Deskriptive Forschung ermittelt die in der Schulwirklichkeit existierenden Sachverhalte oder pädagogisch relevante Entwicklungen im Zeitverlauf ohne dabei Ursache-Wirkungs-Zusammenhänge zu explizieren. Der deskriptive Charakter derartiger Forschung kommt vor allem in Überblicks-Untersuchungen zum Ausdruck.

Eine deskriptive Untersuchung beinhaltet im Allgemeinen die Beschreibung bestehender Bedingungen, die Identifikation von Standards, die als Maßstab des Vergleichs der vorfindbaren Bedingungen dienen oder die Aufdeckung von Beziehungen, die zwischen spezifischen Sachverhalten existieren. Die Komplexität deskriptiver Überblicksuntersuchungen variiert dabei zwischen Studien, die einfache Häufigkeitsauszählungen liefern und Forschungsvorhaben, die multivariate Datenanalysen vornehmen (vgl. Cohen/Manion/Morrison 2000, S. 171). Der Zweck deskriptiver Untersuchungen kann somit einerseits als rein beschreibend, andererseits aber auch als analytisch bezeichnet werden (vgl. Rosier 1997, S. 154). Im Gegensatz zur kausal-vergleichenden Forschung zeichnen sich deskriptiv-analytische Untersuchungen durch eine „quasi-induktive Orientierung" (Alemann 1977, S. 172) aus. Sie „setzen damit zunächst einmal eine deskriptive Orientierung voraus, gehen aber darüber hinaus, indem entweder beansprucht wird, dass den Aussagen eine mittels statistischer Schlussverfahren gesicherte Geltung zukommt und/oder dass die Ergebnisse der Untersuchung in ein Kausalmodell einmünden, dass also die Datenanalyse zur Theoriefindung eingesetzt werden soll, ohne explizit den Test von Theorien anzustreben" (Alemann 1977, S. 172f.). Diese Weiterentwicklung deskriptiver Forschung steht in enger Verbindung mit dem Aufkommen der computergestützten Datenanalyse und leistungsfähigerer statistischer Analyseverfahren.

Bei der erstmaligen Untersuchung eines pädagogisch relevanten Phänomens sind deskriptive Überblicksuntersuchungen am Beginn einer Forschungsreihe anzusiedeln. Sie liefern dabei „Hinweise und Hypothesen über die Genese oder über Beziehungen zwischen den beschriebenen Phänomenen, die im nächsten Schritt mit den Mitteln kausal-vergleichender oder experimenteller Forschung zu prüfen sind" (Skowronek/Schmied 1977, S. 201).

Deskriptive Untersuchungen (Surveys) basieren typischerweise auf Daten großer Stichproben, die mittels standardisierter Befragung, Testverfahren oder Beobachtungen gewonnen wurden. Es sind auch deskriptive Untersuchungen mit kleiner Datenbasis denkbar; hier ist die Generalisierbarkeit der gewonnenen Ergebnisse jedoch sehr stark eingeschränkt. Eine weitere Datenquelle deskriptiver Überblicksuntersuchungen stellen die Informationen aus der amtlichen Statistik dar. Mithilfe dieser Statistiken können detaillierte Aussagen über eine Vielzahl an Parametern des Schulsystems getroffen werden (vgl. Rosier 1997, S. 155). Idealerweise umfassen Surveys die Vollerhebung der interessierenden Population. Aus untersuchungspraktischen und finanziellen Gründen ist dies in der Regel jedoch nicht zu gewährleisten. Um dennoch die Repräsentativität der Ergebnisse sicher zu stellen sollte dann auf eine Zufallsstichprobe aus der interessierenden Population zurückgegriffen werden. Die Durchsicht von Arbeiten zur empirischen pädagogischen Forschung zeigt jedoch, dass häufig ganze Schulklassen oder Jahrgänge in eine Stichprobe eingehen – es sich also um so genannte Cluster- oder Klumpenstichproben handelt. Diese aus erhebungstechnischen Gründen in der Schul- und Unterrichtsforschung oft bevorzugte Art der Stichprobenziehung ist jedoch mit einigen Nachteilen verbunden, die sich insbesondere in einer erhöhten Varianz der Stichprobenelemente und einer aufwendigeren Berechnung statistischer Prozeduren zeigen (vgl. Kish 1965, S. 150).

Klumpenstichproben sind allgemein betrachtet im Vergleich zu gleich großen Zufallsstichproben mit präziseren Schätzungen von Populationsparametern verbunden, wenn die einzelnen Cluster die Grundgesamtheit möglichst gleichmäßig repräsentieren. Zudem sollten die Cluster untereinander sehr ähnlich, die einzelnen Klumpen in sich aber heterogen sein (vgl. Bortz/Döring 1995, S. 409f.). Diese Eigenschaft der Klumpenstichproben ist jedoch nicht auf Schulen oder Schulklassen anzuwenden. „Klassen und Schulen unterscheiden sich leistungsmäßig in Deutschland allein aufgrund der Gliederung des Schulwesens erheblich: Schülerinnen und Schüler innerhalb einer Klasse oder Schule sind sich ähnlicher als Schülerinnen und Schüler unterschiedlicher Klassen und Schulen“ (Baumert/Bos/Lehmann 2000, S. 50). Diese von den Autoren der Third International Mathematics and Science Study (TIMSS) für den Leistungsbereich getroffene Feststellung ist für andere Phänomene der Schulwirklichkeit zweifellos ebenso relevant.

Die Berechnung des Standardfehlers eines Populationskennwertes führt nur unter der Voraussetzung einer einfachen Zufallsstichprobe (voneinander unabhängige Stichprobenelemente) zu vertretbar genauen Schätzungen. Bei Klumpenstichproben wird der Standardfehler in der Regel systematisch unterschätzt (vgl. ebd., S. 52). Klumpenstichproben, wie sie regelmäßig in der Schulforschung verwendet werden, sind also weniger effektiv; sie weisen eine verringerte Testpower zur Prüfung von Unterschiedshypothesen auf. „Der Effizienzverlust – der so genannte Cluster- oder Designeffekt – hängt von der Homogenität und der Größe der einzelnen Cluster ab. Diese Effizienzverluste von Clusterstichproben können bei Schuluntersuchungen erheblich sein“ (ebd., S. 50).

Der Design-Effekt (deff) lässt sich rechnerisch bestimmen und als das Verhältnis der faktischen Stichprobenvarianz zur entsprechenden Varianz einer einfachen Zufallsstichprobe (simple-random-sampling) interpretieren (vgl. Kish 1965, S. 161; Lehmann/Peek/Gänsfuß/Lutkat/Mücke/Barth 2000, S. 45). Aufgrund der Kenntnis der Höhe des Design-Effekts ist abzuschätzen, wie groß eine entsprechende einfache Zufallsstichprobe sein müsste um den gleichen Stichprobenfehler zu erhalten. „Erstaunlicherweise wird bei fast allen Untersuchungen der Schulforschung, die mit Klassenstichproben arbeiten, das Problem der effektiven Stichprobengröße nicht thematisiert und bei der statistischen Prüfung von Unterschieden oder Zusammenhängen die Unabhängigkeit der Stichprobenelemente vorausgesetzt“ (Baumert u.a. 2000, S. 81). Die Ignorierung des Design-Effekts kann zu Fehlschlüssen in der Datenauswertung führen, da die Standardformeln zur Berechnung der Stichprobenvarianz die tatsächliche Varianz unterschätzen und damit zu Signifikanztests mit inflationiertem α-Signifikanzniveau führen. Die Signifikanztests signalisieren dann fälschlicherweise ein (auf dem 5%-Niveau) signifikantes Ergebnis, das in Wirklichkeit insignifikant ist (vgl. Engel 1998, S. 16). Für eine tiefergehende Auseinandersetzung mit der Problematik komplexer Stichprobendesigns empfehlen wir die Arbeiten von Kish (1965, 1987).

Deskriptive Überblicksuntersuchungen können als längs- oder querschnittliche Studien angelegt sein. Der weiten Verbreitung des Querschnittdesigns in der Schulforschung steht dessen Mangel gegenüber Entwicklungsverläufe individueller Merkmale (Schulleistung, Fähigkeiten, Interessen, Einstellungen) nicht abbilden zu können. Nur mit längsschnittlichen Designs ist die Analyse derartiger intraindividueller Veränderungen möglich, da die gleiche Stichprobe von Individuen mehrmals zu verschiedenen Zeitpunkten mit demselben oder einem vergleichbaren Messinstrument untersucht wird (vgl. Daumenlang 1995, S. 310). Zu diesem Vorteil der Abbildung von individuellen Entwicklungsverläufen und der unmittelbaren Vergleichbarkeit von Altersgruppen kommt hinzu, dass für die Analyse der Daten derartiger abhängiger Stichproben statistisch effizientere Verfahren als bei unabhängigen Stichproben zur Verfügung stehen (vgl. ebd., S. 311). Die „klassische“ Längsschnittmethode birgt jedoch auch einige (in bestimmten Forschungssituationen schwerwiegende) Probleme. Auf die Effekte der Messung und der Regression zur Mitte wurde schon bei der Darstellung des experimentellen Designs aufmerksam gemacht. Ein weiteres Problem ist mit der Frage verbunden, ob beobachtete individuelle Veränderungen auf biologische Prozesse, Umwelteinflüsse oder pädagogische Interventionen zurückzuführen sind (vgl. Keeves 1997, S. 139). Die so genannte „Panelmortalität“ – Ausfälle in der Stichprobe über die Zeitdauer der Untersuchung durch Umzug, Krankheit oder Nichtinteresse – führt nicht selten zu selektiven Stichprobenveränderungen, die eine erhebliche Verzerrung der Ergebnisse der Untersuchung nach sich ziehen können.

Zur Lösung des Problems der Konfundierung von biologischen, sozialkulturellen und pädagogischen Effekten wurden mehrere Methoden und sequenzielle Versuchspläne (z.B. Schaie 1965; Baltes 1968) entwickelt, auf die im Rahmen dieses Überblicks jedoch nur verwiesen werden kann. Weiterführende Informationen zu den längsschnittlichen Methoden finden sich u.a. bei Daumenlang (1995), Keeves (1997) sowie v. Eye und Spiel (1997).

Eine in der einschlägigen Literatur separat behandelte Gruppe deskriptiver Studien sind die Korrelationsuntersuchungen. Sie sind darauf gerichtet, Beziehungen zwischen zwei und mehr Variablen zu analysieren. Sie bleiben dabei insoweit deskriptiv, als die Kausalität der Beziehungen – was ist Ursache, was ist Wirkung – nicht geklärt wird. Korrelationsuntersuchungen erlauben jedoch – als Vorstufe zu kausal-vergleichender oder experimenteller Forschung – irrelevante Variablenbeziehungen auszuscheiden, sobald Nullkorrelationen anzeigen, dass Zusammenhänge nicht bestehen und somit die Frage nach der Kausalität überflüssig wird (vgl. Skowronek/Schmied 1977, S. 203f.). Für den numerischen Ausdruck der Stärke und der Richtung von Beziehungen sind eine Reihe von sogenannten Assoziationsmaßen (z.B. Pearson‘s Produkt-Moment-Korrelationskoeffizient) entwickelt worden. Eine für den pädagogischen Bereich relevante Übersicht dieser Koeffizienten findet sich bei Cohen, Manion und Morrison (2000, S. 192).

1.4 Evaluationsforschung

Die Evaluationsforschung nimmt in der bislang verfolgten Systematik eine Sonderstellung ein, da sie als komplexe Forschungsstrategie die bislang dargestellten Forschungstypen beinhaltet. Doch nicht nur die Forschungsstrategie ist komplex, auch die Begriffsbestimmung variiert in den Lehrbüchern sehr stark. Nach einer aktuellen Definition ist Evaluation „die systematische Untersuchung der Verwendbarkeit oder Güte eines Gegenstandes“ (Joint Committee on Standards for Educational Evaluation 2000, S. 25). Zu den Gegenständen einer Evaluation im erziehungswissenschaftlichen Kontext gehören Programme, Projekte und Materialien, die der Erziehung oder Aus- und Weiterbildung dienen.

Die in der genannten Definition aufgeführten Begriffe der Güte und Verwendbarkeit verweisen auf ein zentrales Merkmal der Evaluation. Evaluationsforschung beschränkt sich nicht auf die Deskription und Analyse eines untersuchten Gegenstandes, sondern beinhaltet darüber hinaus auch dessen Bewertung mit dem Ziel, pädagogische Praxis zu verbessern. Die Überprüfung eines pädagogischen Gegenstandes kann dann nicht in allgemeinen Aussagen münden, sondern nur Aussagen bereitstellen, die auf spezifische Zwecke in einem konkret anzugebenden Verwendungszusammenhang bezogen sind. Evaluation ist von daher ziel- und zweckorientiert (vgl. Ditton 2002, S. 777). Sie bewegt sich damit in einem Spannungsfeld „zwischen wissenschaftlich-methodischer Exaktheit, der Nachvollziehbarkeit der angewandten Verfahren und ihrer Standards auf der einen Seite sowie der Praxisbezogenheit, Wertsicherheit und praktischen Anwendbarkeit auf der anderen Seite" (ebd., S. 778). Die eingangs aufgezeigte Sonderstellung der Evaluationsforschung impliziert bereits, dass sich dieses Forschungsdesign durch ein breites Spektrum der zugrunde gelegten Methodologie und angewandten Verfahren charakterisieren lässt. In konkreten Evaluationsstudien werden häufig quantitative und qualitative Verfahren kombiniert (Triangulation; vgl. dazu den Beitrag von Krüger/Pfaff in diesem Band) um Daten und Informationen unterschiedlicher Art und Herkunft einbeziehen zu können (vgl. Ditton 2002, S. 779). Die frühere Vormachtstellung experimenteller/quasi-experimenteller Verfahren ist in der letzten Zeit vielfältigen neuen Evaluationsformen gewichen, die auf eine realistische Einschätzung pädagogischer Handlungsfelder ausgerichtet sind (vgl. Prell 2001, S. 993).

Ein eindrucksvolles Beispiel der international vergleichenden Evaluationsforschung liefern die umfassenden Unternehmungen der International Association for the Evaluation of Educational Achievement (IEA) und der Organisation für wirtschaftliche Zusammenarbeit und Entwicklung (OECD). Studien wie die „Third International Mathematics and Science Study" (TIMSS) oder das „Programme for International Student Assessment" (PISA) haben „ein außerordentlich hohes Niveau erreicht, was die Technologie und Logistik, die methodischen Grundlagen und anspruchsvolle Auswertungsstrategien anbelangt (Stichworte: Matrix-Sampling, Ankeritems, Jackknifing, Mehrebenenanalyse, Item Response Theorie, Rasch-Skalierung, value-added approach etc.)" (Helmke 2000, S. 154). Die Standards evaluativer Forschung gehen dabei über die in der schlussfolgernden Forschung geforderten Gütekriterien der Objektivität, Reliabilität und Validität hinaus. Für Evaluationsstudien werden zusätzlich die Rechtzeitigkeit, Verfügbarkeit, Anwendbarkeit, Veränderbarkeit und Angemessenheit der erhobenen Daten bzw. der angewandten Verfahren und Ergebnisse eingefordert (vgl. Ditton 2002, S. 779).

Zur Klassifikation von Evaluationen lassen sich eine Vielzahl unterschiedlicher Systematiken erkennen (McMillan/Schumacher 1997; Wottawa/Thierau 1998; Prell 2001; Ditton 2002). Für den Bereich der Schulforschung sind vor allem zwei Unterscheidungen relevant: Zum einen der Kontrast zwischen formativer vs. summativer Evaluation. Diese Unterscheidung bezieht sich auf den Zeitpunkt, zu dem Evaluationsforschung einsetzt. Formative Evaluation zielt auf die Verbesserung eines pädagogischen Programms noch während seiner Durchführung. Die summative Evaluation gibt hingegen eine abschließende Beurteilung, ob ein Programm fortgeführt, modifiziert oder besser beendet werden sollte (vgl. Skowronek/Schmied 1977, S. 257; Prell 2001, S. 992). Zum anderen die Differenz zwischen interner vs. externer Evaluation: Führen die Beteiligten eines Programms oder Projekts eine Evaluation selbst durch, so wird diese als interne Evaluation bezeichnet. Externe Evaluation wird von Außenstehenden übernommen. Oftmals ist eine eindeutige Beziehung zwischen den beiden Klassifikationen erkennbar. Formative Studien werden häufig durch interne Evaluatoren durchgeführt, während summative Untersuchungen externen Fachleuten übertragen werden. Im Schulbereich ist seit den Diskussionen um Schulautonomie eine Weiterentwicklung der Schule ohne Formen interner Evaluation nicht denkbar. Über allgemeine Ablaufschritte einer schulinternen Selbstevaluation geben Burkhard (1996) sowie Rolff (1996) Auskunft (vgl. Prell 2001, S. 998). Die Notwendigkeit externer Evaluationsforschung für den Schulbereich fand in Deutschland erst spät breitere Anerkennung. Aber spätestens seit der Teilnahme der Kultusministerkonferenz (KMK) an dem Programme for International Student Assessment (PISA) hat in Deutschland eine „empirische Wende" stattgefunden, die auf eine systematische und dauerhafte Evaluation schulischer Leistung ausgerichtet ist (vgl. Helmke 2000, S. 137).

2 Methoden der Datenerhebung

Die aus einem Forschungsproblem abgeleiteten Hypothesen und deren Operationalisierung bedingen den Forschungsansatz, die Wahl der Stichprobe sowie die Art der Datenerhebung. Mit der Datenerhebung soll „Beweismaterial" für die Gültigkeit der Hypothesen gesammelt werden (vgl. Skowronek/Schmied 1977, S. 34). Welche Daten konkret erhoben werden, ist durch die operationale Definition der in den Hypothesen verwendeten Begriffe festgelegt. Es ergibt daher keinen Sinn, Daten über einen Gegenstandsbereich zu erheben, ohne vorher theoriegeleitete Hypothesen über dieses Forschungsfeld formuliert zu haben.

Welche Datenerhebungsverfahren stehen für die Schulforschung aber überhaupt zur Verfügung? Die gebräuchlichsten Messverfahren lassen sich zunächst in zwei Gruppen unterteilen: reaktive und nicht-reaktive Verfahren. Bei reaktiven Messverfahren ist die Person, über die man Daten erhalten will, selbst am Messvorgang beteiligt. Die wichtigsten reaktiven Messverfahren sind Befragungen (vgl. Abs. 2.1) und Tests (vgl. Abs. 2.2), die häufig unter dem Sammelbegriff „paper-and-pencil-Test" zusammengefasst werden. Bei nicht-reaktiven Messverfahren wird gemessen, ohne dass die zu untersuchenden Personen aktiv am Messprozess beteiligt sind. Inhaltsanalyse (vgl. Abs. 2.3), nicht-reaktive Verhaltensbeobachtung (vgl. Abs. 2.4) und Feldexperimente gehören diesen Verfahren an (vgl. Wellenreuther 2000, S. 265f.). Im Folgenden wird auf die einzelnen Erhebungsverfahren detaillierter eingegangen und dabei jeweils der Bezug zu den Fragestellungen der Schulforschung hergestellt.

2.1 Befragung

Allgemein werden unter dem Begriff der Befragung Methoden verstanden, „mit denen Daten (Informationen) gewonnen werden, die aus verbalen Kommunikationen hervorgehen" (Irle 1983, S. 55). Eine weitere Definition liefert Jaide (1995, S. 309): „Mit dem Begriff der Befragung wird die Planung, Ausführung und Auswertung einer Frage-Antwort-Operation bezeichnet, bei der die Befragten durch eine Reihe von thematisch gezielten Fragen zu entsprechender Beantwortung veranlaßt werden".

Die Befragungstechnik differenziert zunächst grob zwischen (mündlichen) Interviews und schriftlicher Befragung mittels Fragebogen. Aufgrund der Fokussierung auf quantitative Methoden der Schulforschung beschränken wir uns auf einen Überblick über die Methode der standardisierten Befragung mittels Fragebogen. Es sollen in diesem Beitrag nicht die Techniken zur Erstellung eines Fragebogens erörtert werden, dazu liegen zahlreiche einschlägige Veröffentlichungen vor (z.B. Hagmüller 1979; Friedrichs 1990; McMillan/Schumacher 1997; Konrad 1999; Wellenreuther 2000). Wir möchten vielmehr auf grundlegende Aspekte hinweisen, die vor dem Einsatz eines Fragebogens als Erhebungsinstrument in der Schulforschung überdacht werden sollten.

Die Erstellung und Verwendung eines Fragebogens ist mit einer Reihe von Anforderungen verknüpft, die oftmals nur unzureichend reflektiert werden. „Ein Fragebogen, der das gerade interessierende Gebiet umfasst, ist nach einer weitverbreiteten Meinung schnell erstellt; und es scheint auch, dass man mit seiner Hilfe die gestellten Fragen und Probleme lösen kann" (Wellenreuther 2000, S. 307). Eine unabdingbare Voraussetzung für die Erstellung eines Fragebogens ist die theoretische Begründung der in den Fragebogen aufgenommenen Indikatoren. „Der Fehler vieler sozialwissenschaftlicher Untersuchungen liegt darin, dass Variablen unbegründet in die Studie eingehen, (...) dass über die Methoden eher entschieden wird als über das

Konzept, dass Daten erhoben werden und dann erst nach statistischen Prüfkriterien gesucht wird, dass die Auswertung relativ planlos, weil hypothesenlos erfolgt“ (Friedrichs 1990, S. 55). Das zentrale Merkmal quantitativer empirischer Forschung – die Überprüfung von wissenschaftlichen Hypothesen[4] – muss daher bei der Erstellung eines Fragebogens Berücksichtigung finden. Auch diejenige Forschung, deren Ziel die Exploration eines Phänomens mittels standardisierter Befragung ist, kommt nicht umhin Hypothesen über diesen Sachverhalt aufzustellen.

Erst nach der Formulierung falsifizierbarer Hypothesen, der Entscheidung über die Art der Datenauswertung und die Festlegung der Stichprobe kann ein Befragungsinstrument sinnvoll erstellt werden. Die Operationalisierung der in den Forschungshypothesen enthaltenen Begriffe, d.h. die Entwicklung von Indikatoren, die eine zweifelsfreie Beobachtung und Messung des zu untersuchenden Phänomens gewährleisten, muss nicht bei jeder Befragung von Neuem erfolgen. Irle (1983) kritisiert zu Recht, dass durch verschiedene Operationalisierungen desselben Sachverhaltes die Ergebnisse empirischer Forschung schwer miteinander vergleichbar sind. Erst der Rückgriff auf etablierte Messinstrumente erlaubt die Vergleichbarkeit zwischen den Ergebnissen empirischer Forschung und ist somit für das Voranschreiten der Theorieentwicklung im Sinne des kritischen Rationalismus (Popper 1934/1994) unabdingbar. In der praktischen Konsequenz muss daher nicht mit jedem Fragebogen „das Rad neu erfunden werden“. Mittels gründlicher Literaturrecherche lassen sich zu vielen Bereichen der Schulforschung vorliegende Untersuchungen finden und deren Messinstrumente – vorausgesetzt sie erfüllen die Gütekriterien empirischer Forschung – nutzen. Für konkrete Forschungsvorhaben ist mit diesem Vorgehen eine lückenlose Dokumentation der verwendeten Messinstrumente und deren soziometrischer Qualität verbunden.

Die durch qualitativ hochwertige Messinstrumente operationalisierten Indikatoren wissenschaftlicher Hypothesen sind jedoch noch keine hinreichende Bedingung für eine adäquate Prüfung dieser Hypothesen, wenn diese in der Form von Kausalhypothesen[5] formuliert wurden. Wie schon bereits ausgeführt wurde ist die Kausalstruktur wissenschaftlicher Hypothesen nur in Längsschnittuntersuchungen bzw. Experimenten überprüfbar[6].

Eine ebenfalls vor einer Fragebogenerhebung zu klärende Problematik ist mit der voraussichtlichen Antwortbereitschaft der zu Befragenden und der sich daraus ergebenden Rücklaufquote verbunden. Eine niedrige Rücklaufquote führt mit hoher Wahrscheinlichkeit zu einer systematischen Verzerrung der Messwerte, „da aussagebereite Personen vermutlich anders denken, fühlen und handeln als aussageunwillige Personen“ (Wellenreuther 2000, S. 312). Derartige systematische Verzerrungen können die Repräsentativität einer ausgewählten Stichprobe zunichte machen und verbieten somit die Verallgemeinerung der gewonnen Ergebnisse.

4 Hypothesen als Annahmen über reale Sachverhalte haben die Form von Konditionalsätzen (Wenn-Dann-Aussagen). Der Wenn-Teil einer Hypothese beinhaltet die unabhängige Variable, der Dann-Teil die abhängige Variable. Hypothesen weisen über singuläre Ereignisse hinaus (Generalisierbarkeit, Allgemeinheitsgrad) und sie sind durch Erfahrungsdaten widerlegbar (Falsifizierbarkeit). Eine wissenschaftliche Hypothese formuliert die Beziehung zwischen abhängiger und unabhängiger Variable, die für eine bestimmte Gesamtheit vergleichbarer Objekte oder Ereignisse gelten soll (vgl. Bortz/Döring 1995, S. 9ff.)

5 Mittels Konditionalsätzen formulierte Hypothesen werden dann als Kausalhypothesen angesehen, wenn ein Vertauschen von Wenn-Teil (Ursache, Bedingung) und Dann-Teil (Wirkung) logisch und sprachlich nicht sinnvoll ist (vgl. Bortz/Döring 1995, S. 13).

6 Von einigen Autoren wird selbst diese Vorgehensweise kritisch hinterfragt (vgl. Zimmermann 1997, S. 112).

2.2 Tests

Neben den Befragungsmethoden nehmen Testverfahren einen wichtigen Platz in der Schulforschung ein. Der Begriff „Test" wird in den Sozialwissenschaften in mehrfacher Bedeutung genutzt: Die konkrete Durchführung einer Untersuchung, statistische Prüfverfahren oder Instrumente zur Erfassung von Persönlichkeitsmerkmalen werden als Test bezeichnet (vgl. Hagmüller 1979, S. 108). Im Folgenden soll die Darstellung von Testverfahren auf die zuletzt genannte Bedeutung zielen. Eine allgemeine Definition charakterisiert ein Testverfahren zunächst „als ein psychologisches Untersuchungsverfahren besonderer Art, mit dem unter möglichst konstant gehaltenen Bedingungen interindividuell unterschiedliches Verhalten in bestimmten, genau definierten Bereichen möglichst zuverlässig und gültig erfaßt und einer möglichst objektiven Auswertung und einheitlichen Interpretation zugänglich gemacht wird" (Ingenkamp zit. in Hagmüller 1979, S. 109).

Eine einheitlich verwendete Klassifikation der in der Schulforschung eingesetzten Testverfahren lässt sich in der einschlägigen Literatur nicht erkennen. Eine Möglichkeit Testverfahren zu systematisieren besteht darin, sie nach der Funktion bzw. dem Gegenstand des Verfahrens zu charakterisieren. Wird diese Sichtweise gewählt, so sind im Rahmen einer funktionalen Klassifikation folgende Testverfahren zu unterscheiden (vgl. Hagmüller 1979, S. 113):

- Allgemeine Intelligenztests;
- Spezielle Intelligenz- bzw. Begabungstests;
- Leistungstests;
- Persönlichkeitstest.

Im Schulbereich werden Intelligenztests in der Form von Entwicklungstests (Schulreifetests) oder so genannten allgemeinen Begabungstests, die zusätzlich auf die Entwicklungsfähigkeit eines Intelligenzmerkmals verweisen, angewendet. Für viele Intelligenztests ist kritisch anzumerken, dass sie stark von allgemeinen sprachlichen Fähigkeiten abhängen und relativ hoch mit der Schulleistung korrelieren. Die Sprachabhängigkeit von Intelligenztests führt daher nach Meinung von Kritikern zu einer Benachteiligung weniger sprachkompetenter Personen. Spezielle Intelligenz- und Begabungstests dienen der Diagnose begrenzter Fähigkeitsbereiche oder werden auch in der Form von Eignungstest für die Prognose zukünftigen Verhaltens – etwa späterer Schul- oder Berufserfolg – eingesetzt (vgl. ebd., S. 114).

Während Intelligenz- und Begabungstests allgemein und unspezifisch die intellektuelle Leistungsfähigkeit eines Individuums abschätzen, sind Leistungstests eher auf die Überprüfung spezifischer und kurzfristiger Unterrichtsvorgänge ausgerichtet. Die Erhebung von Schulleistungen mittels entsprechender Tests ist für die Schulforschung von besonderem Interesse, da Schulleistung in vielen Forschungskontexten als abhängige Variable erscheint (vgl. Skowronek/Schmied 1977, S. 195). Aber nicht nur auf dem Gebiet der Schulforschung erlangen Schulleistungstests hohe Aufmerksamkeit. Auch die Bildungspolitik zeigt in zunehmendem Maße ein Interesse an Schulleistungsdaten. Die International Association for the Evaluation of Educational Achievement (IEA) legt seit 1959 die Ergebnisse international vergleichender Schulleistungsuntersuchungen vor. Deren Befunde dienen der Organisation für wirtschaftliche Zusammenarbeit und Entwicklung (OECD) als Indikatoren für die vergleichende Darstellung der Leistungsfähigkeit der Bildungssysteme ihrer Mitgliedsstaaten. Für die Zukunft wird von der OECD mit dem „Programme for International Student Assessment" (PISA) ein „System der Dauerbeobachtung für wichtige Qualifikationsleistungen von Bildungssystemen aufgebaut" (Baumert u.a. 2000, S. 20). Interessant ist in diesem Zusammenhang die Abkehr von curricular validen Tests, die unmittelbar auf die Lehrplanvorgabe bezogen sind, und die Hinwendung zu Kompetenztests, die darauf ausgerichtet sind, wichtige Kenntnisse und Fähigkeiten, die Individuen im Erwachsenenalter benötigen, zu erfassen.

Unter dem Begriff Persönlichkeitstest werden Testverfahren gefasst, die auf die Erhebung so genannter nicht-kognitiver Eigenschaften, wie Interessen, Einstellungen, Selbst-Konzept, Werthaltungen oder Vorstellungen, abzielen. Ein solches Ensemble von Eigenschaften generiert aus psychologischer Sicht die „Persönlichkeit" eines Individuums. Im Unterschied zu Intelligenz- und Leistungstests konzentriert sich die Interpretation von Ergebnissen aus Persönlichkeitstests weniger auf die Analyse individueller Testwerte als vielmehr auf den Vergleich zwischen verschiedenen Gruppen von Testpersonen bzw. das Aufdecken von Zusammenhängen zwischen nicht-kognitiven und kognitiven Leistungen untersuchter Personen (vgl. McMillan/Schumacher 1997, S. 251).

Weitere Einteilungen der Testverfahren orientieren sich an den Verfahrensweisen der Testkonstruktion, der Testdurchführung oder der Auswertung (vgl. Hagmüller 1979, S. 113). Da diese Einteilungen jedoch eher deskriptiv als systematisch aufgebaut sind, folgen wir dem Beispiel von McMillan und Schumacher (1997, S. 245ff.) und konzentrieren uns in der weiteren Darstellung auf so genannte standardisierte Testverfahren. „Standardisierte Tests müssen wissenschaftlich entwickelt, hinsichtlich der wichtigsten Gütekriterien untersucht, unter Standardbedingungen durchführbar und normiert sein; diese Informationen müssen in Testmanualen, -handbüchern usw. publiziert und verfügbar sein" (Heidenreich 1995, S. 389). Standardisierte Testverfahren lassen sich in einer grundlegenden Unterscheidung in normorientierte und kriterienorientierte Tests differenzieren: Normorientierte Tests werden eingesetzt um individuelle Testergebnisse mit den Leistungen einer großen Norm- oder Eichstichprobe (z.B. Schüler in den Abschlussklassen der Sekundarstufe I eines Landes) zu vergleichen. Mithilfe derartiger Tests ist es möglich, Unterschiede zwischen Personen präzise zu analysieren. Bei der Anwendung ist darauf zu achten, auf welche Normgruppe ein Test bezogen ist. Bei kriteriumsbezogenen Tests dienen vorab festgelegte Leistungsstandards (z.B. Lehrziele eines Curriculums) als Bewertungsmaßstab. Leistungsstandards werden im Allgemeinen dadurch operationalisiert, dass eine Klasse oder ein Gebiet von Aufgaben definiert wird, die Testpersonen – wenn sie z.B. die Lehrziele eines Curriculums erreicht haben – lösen können sollten (vgl. Spada/May 1995, S. 610). Bei kriteriumsorientierten Tests liegt der Fokus nicht auf dem Vergleich zwischen Individuen, sondern auf der Gegenüberstellung von individuell erreichtem Testwert und anvisiertem Leistungsziel.

Die vorgestellte Unterscheidung von norm- und kriterienorientierten Tests, die in vielen Lehrbüchern bis heute unkritisch referiert wird, wird in den letzten Jahren zunehmend in Frage gestellt. „Lange Zeit wurden in der pädagogisch-psychologischen Forschung normorientierte und kriteriumsorientierte Leistungsmessung als rivalisierende, methodisch unterschiedlich fundierte Verfahren diskutiert.(...) Neuere Arbeiten zur pädagogischen Diagnostik betonen jedoch, dass ein und derselbe Test prinzipiell – je nach Fragestellung – sowohl normorientiert als auch kriteriumsorientiert interpretierbar sein kann" (Klieme/Baumert/Köller/Bos 2000, S. 114). In der Forschungspraxis ergibt sich aus dem geplanten Anwendungskontext eines Testverfahrens meist eine eindeutige Entscheidung für eine der Alternativen.

Die Qualitätsanforderungen an Testverfahren sind sehr hoch gesteckt. Zunächst gelten die schon vorgestellten Gütekriterien sozialwissenschaftlicher Forschung in analoger Weise. Zusätzlich kann für den Bereich der Gültigkeit (Validität) eines Testes (wie bei anderen Erhebungsmethoden auch) eine tiefergehende Differenzierung in Inhalts-, Kriteriums- und Konstruktvalidität vorgenommen werden: Inhaltsvalidität (Augenscheinvalidität) ist dann gegeben, wenn das Messinstrument das zu messende Konstrukt inhaltlich ausgeglichen repräsentiert. So würde man z.B. einem Test zur Erfassung der Leistungen in den vier Grundrechenarten wenig Inhaltsvalidität bescheinigen, wenn Aufgaben zur Multiplikation fehlen (vgl. Bortz/Döring 1995, S. 185). Die Kriteriumsvalidität wird dadurch bestimmt, dass man das Untersuchungsergebnis zur Messung eines latenten Merkmals (z.B. Berufseignung) mit Messungen eines korrespondierenden manifesten Merkmals (z.B. Berufserfolg) vergleicht und die Enge des Zusammenhangs mittels Korrelation bestimmt. Leider ist es in manchen Fällen schwierig, ein geeignetes Außenkriterium zu finden. Aus diesem Grund kommt der Konstruktvalidität in den Sozialwissenschaften besondere Bedeutung zu. „Ein Test ist konstruktvalide, wenn aus dem zu messenden Zielkonstrukt Hypothesen ableitbar sind, die anhand der Testwerte bestätigt werden können. Anstatt ein einziges manifestes Außenkriterium zu benennen, formuliert man ein Netz von Hypothesen über das Konstrukt und seine Relationen zu anderen manifesten Variablen“ (Bortz/Döring 1995, S. 186). Die Konstruktvalidität setzt damit natürlich voraus, dass es überhaupt eine bestehende Theorie über das zu messende Merkmal und seine Beziehungen zu weiteren Außenkriterien gibt.

Die Anforderungen, denen ein Test genügen muss um aufgrund des Testergebnisses auf die tatsächliche Ausprägung des zu testenden Merkmals zu schließen, ist Gegenstand der Testtheorie (vgl. ebd., S. 178). Diese wird unterteilt in eine klassische und eine probabilistische Testtheorie: Die klassische Testtheorie geht davon aus, dass das Testergebnis die wahre Ausprägung des zu messenden Merkmals widerspiegelt, dass aber jede Messung bzw. jedes Testergebnis messfehlerbehaftet ist (z.B. durch Ermüdungseffekte oder ungeeignete Items). Das gewonnene Testergebnis lässt sich als additive Verknüpfung von „wahrem Wert“ der Merkmalsausprägung und einer den Testwert vergrößernden oder verkleinernden Fehlerkomponente beschreiben. Eine zusätzliche Annahme besteht darin, dass sich bei wiederholter Testanwendung positive und negative Messfehler ausgleichen, d.h. der Mittelwert des Messfehlers Null ist. Weitere Axiome der klassischen Testtheorie besagen (vgl. ebd., S. 180):

- Messfehler und wahrer Wert sind unkorreliert (Fehlereinflüsse sind z.B. bei Personen mit hoher und niedriger Intelligenz gleich wirksam);
- die Höhe des Messfehlers ist unabhängig vom Ausprägungsgrad anderer Persönlichkeitsmerkmale (Messfehler eines Leistungstests sollten nicht mit Prüfungsangst oder Konzentrationsfähigkeit korrelieren);
- die Messfehler verschiedener Testanwendungen (bei verschiedenen Personen oder Testwiederholungen bei einer Person) sind voneinander unabhängig (Personen, die bei einer Testanwendung besonders unkonzentriert sind, sollten bei einer Testwiederholung keine analogen Konzentrationsschwächen aufweisen).

Die Formulierung der Axiome macht deutlich, dass es sich hierbei weniger um empirisch beobachtbare Tatsachen als vielmehr um grundsätzliche Festlegungen und Definitionen handelt. Damit werden auch die Grenzen der klassischen Testtheorie deutlich: „Die Präzision eines Tests ist nur dann bestimmbar, wenn wahre Merkmalsausprägung und Fehleranteil getrennt zu ermitteln sind“ (ebd., S. 179). Aus der Grundgleichung der klassischen Testtheorie lässt sich jedoch nur der Messwert X ausreichend bestimmen. Dessen Aufspaltung in wahrer Wert und

Fehlerwert ist prinzipiell willkürlich, „weil der wahre Wert (...) nur durch den Fehlerwert und der Fehlerwert durch den wahren Wert definierbar ist; hieraus ergibt sich die Zirkularität von wahrem Wert und Meßfehler“ (Heidenreich 1995, S. 361). Ein weiterer Kritikpunkt an der klassischen Testtheorie ist die Stichproben- bzw. Populationsabhängigkeit der Itemparameter (Reliablität, Validität, Trennschärfe, Schwierigkeit); diese können nicht unabhängig von der Zusammensetzung der realisierten Stichprobe geschätzt werden. Eine Übertragung der Testergebnisse von einer Population in eine andere ist daher nicht möglich. Messungen, die sich der klassischen Testtheorie bedienen sind damit grundsätzlich „normorientiert“, da sie nur relativ zu einer sozialen Bezugsnorm (Eichstichprobe) interpretiert werden können (vgl. ebd., S. 361).

Einen anderen Zugang bietet die probabilistische Testtheorie. Sie basiert auf der Annahme, dass die Wahrscheinlichkeit der korrekten Beantwortung einer Testaufgabe von der Ausprägung einer latenten Merkmalsdimension abhängig ist. Die Reaktionen von Personen auf Testaufgaben sind direkt beobachtbar, sie lösen die Items richtig oder falsch. Auch die mit einem Test gemessene Leistung stellt eine beobachtbare (manifeste) Variable dar. „Die Fähigkeit einer Person, die hinter diesem Testergebnis steckt, ist dagegen nicht direkt beobachtbar, sondern muss über die Testleistung erschlossen werden. Deswegen stellt die Fähigkeit eine latente Variable dar“ (Baumert u.a. 2000, S. 61).

In aktuellen Testentwicklungen (z.B. bei TIMSS oder PISA) wird als probabilistisches Testmodell das Rasch-Modell (vgl. Rasch 1960) zugrunde gelegt. Dieses Modell formuliert die Lösungswahrscheinlichkeit einer Testaufgabe als Funktion zweier Parameter, der latenten Personenfähigkeit und der Schwierigkeit des Items. Da beim ursprünglichen Rasch-Modell die Beantwortung der Testaufgaben nur mit ja/nein möglich ist und die Berechnung der Antwortwahrscheinlichkeiten durch eine Logarithmierung der Wahrscheinlichkeitsquotienten (odds-ratios) erfolgt, spricht man auch vom dichotom logistischen Modell. Erweiterungen des Rasch-Modells für Items mit mehrkategorialen Antworten stehen ebenfalls zur Verfügung (vgl. Baumert u.a. 2000, S. 64). Fundamentale Annahmen im Rasch-Modell sind (vgl. Bortz/Döring 1995, S. 193; Baumert u.a. 2000, S. 63):

- die lokale stochastische Unabhängigkeit der Items (ob eine Person ein Item löst oder nicht, hängt ausschließlich von der Personenfähigkeit und der Schwierigkeit des Items ab);
- Testhomogenität (alle Items messen dasselbe Merkmal);
- Personenhomogenität (die Bestimmung der Itemparameter ist unabhängig von der gewählten Personenstichprobe);
- spezifische Objektivität (die Bestimmung der Personenparameter ist unabhängig von der realisierten Itemstichprobe).

Aufgrund dieser Axiome ist es möglich, Vergleiche zwischen Schülern vorzunehmen, die unterschiedliche Zusammenstellungen der Testaufgaben – bei Messung desselben latenten Merkmals – bearbeitet haben. Bei Längsschnittstudien können so ohne Beeinträchtigung der Vergleichbarkeit verschiedene Aufgabenstichproben eines Tests vorgelegt werden. Störende Wiederholungs- oder Lerneffekte lassen sich dadurch vermeiden (vgl. Spada/May 1995, S. 614).

Das probabilistische Testmodell besitzt gegenüber „klassisch“ konstruierten Tests den Vorteil, dass die einem Test zugrunde liegenden Annahmen auch geprüft werden. Dies ist aber mit einer aufwendigen Entwicklung und computergestützten Prüfung der Modellannahmen probabilistischer Tests verbunden. Die zu testenden latenten Merkmalsdimensionen sollten zudem genügend erforscht und präzise definierbar sein. „Erscheint ein Merkmal definitorisch noch nicht ausgereift, sollte eine weniger aufwendige Testkonstruktion auf der Basis der klassischen Testtheorie favorisiert werden" (Bortz/Döring 1995, S. 193). Eine Anleitung zur konkreten Testkonstruktion kann dieser Beitrag nicht leisten, doch steht dafür eine umfangreiche Literatur zur Verfügung (z.B. Hopkins 1998; Lienert/Raatz 1998; Lester/Bishop 2000).

2.3 Quantitative Inhaltsanalyse

Die Inhaltsanalyse ist nicht nur als eine Methode der Erhebung von Daten anzusehen, sondern umfasst auch Aspekte der Auswertung der erhobenen Merkmale. Als Methode der Datenerhebung wird mittels quantitativer Inhaltsanalyse versucht Kommunikationsinhalte hinsichtlich vorab festzulegender Kriterien (stilistische, grammatische, inhaltliche oder pragmatische Merkmale) zu quantifizieren. Demgegenüber steht bei der qualitativen Inhaltsanalyse die Interpretation von Texten und die Aufdeckung latenter Sinnstrukturen im Vordergrund des Forschungsinteresses. Die bei der quantitativen Inhaltsanalyse zu analysierenden Kommunikationsinhalte bestehen in der Regel entweder aus vorgefundenen Textquellen (z.B. Schulbücher, Schulprogramme, Unterrichtsmaterialien) oder werden im Verlauf von Forschungsaktivitäten selbst erzeugt. Je nach Fragestellung der Untersuchung ist zu entscheiden, ob ein quantitatives Vorgehen ausreicht oder ob ein „fruchtbares Wechselspiel zwischen quantitativer und qualitativer Vorgehensweise" (Merten 1995, S. 53) angezeigt ist. „Prinzipiell sind quantitative Inhaltsanalysen immer dann indiziert, wenn es darum geht, ausgewählte Einzelaspekte von Texten oder eng umgerissene Fragestellungen systematisch und u.U. hypothesengeleitet zu überprüfen" (ebd.).

Der systematische und objektive Charakter einer quantitativen Inhaltsanalyse ist im Wesentlichen durch das Kategoriensystem geprägt, das festlegt, welche Textmerkmale durch Auszählen erfasst werden sollen. In der Literatur wird vorwiegend die Entwicklung eines Kategoriensystems vor Beginn der Inhaltsanalyse empfohlen. Dies ist insofern sinnvoll, als sich das Kategoriensystem auf die Fragestellung der Untersuchung bezieht und unter Rückgriff auf den empirischen Forschungsstand sorgfältig erarbeitet werden muss. Dieses theoriengeleitete (deduktive) Vorgehen kann jedoch in einigen Forschungsvorhaben (z.B. der Auswertung offener Fragen eines Fragebogens) nicht immer umgesetzt werden. In diesen Fällen verfährt man induktiv, d.h. nach der Sichtung des Textmaterials werden die für eine Auszählung geeigneten Kategorien festgelegt. Dabei abstrahiert man vom konkreten Textmaterial und versucht übergeordnete Kategorien zu finden. Bortz und Döring (1995, S. 141) weisen zurecht daraufhin, dass in der Praxis häufig Mischformen zu finden sind, d.h. ein hypothesengeleitetes (deduktives) Kategoriensystem wird im Verlaufe der Auswertungen (induktiv) revidiert, wenn sich z.B. herausstellt, dass relevante Kategorien vergessen wurden oder eine feinere Differenzierung der Kategorien notwendig ist.

Das zu erstellende Kategoriensystem impliziert bereits die Zielrichtung der späteren Auswertung und damit auch Art und Umfang der Datenerhebung. Es lassen sich für die quantitative Inhaltsanalyse drei Auswertungsstrategien unterscheiden (vgl. ebd., S. 141f.; Diekmann 2001, S. 496ff.): die Häufigkeits- oder Frequenzanalyse, die Kontingenzanalyse sowie die Valenz- und Intensitätsanalyse: Über die Frequenzanalyse werden Häufigkeiten bestimmter Wörter oder Wortgruppen, von Begriffen, Ausdrücken spezifischer Bedeutung oder Themen erfasst. Das Kategoriensystem einer Frequenzanalyse kann im einfachsten Fall aus einer Kategorie bestehen. Je nach Fragestellung der Untersuchung ist das entsprechende Kategoriensystem mehr oder weniger stark zu differenzieren. Die Kontingenzanalyse beruht zunächst auch auf der Häufigkeitsauszählung von Textmerkmalen, doch wird zusätzlich das gemeinsame Auftreten bestimmter Merkmale betrachtet. Das Ergebnis der Ermittlung so genannter Assoziationsstrukturen in Texten oder anderer inhaltsanalytischer Materialien wird in Kontingenztabellen eingetragen. So könnte z.B. überprüft werden, ob das Auftreten weiblicher Personen in Schulbüchern mit der Darstellung von Tätigkeiten im Haushalt verknüpft ist. Die Kontingenztabelle vergleicht die erwartete Häufigkeit unter der Annahme, dass keine Verknüpfung zwischen den Analyseeinheiten besteht, mit der beobachteten Häufigkeit von Kombinationen der zu analysierenden Textmerkmale. Valenz- und Intensitätsanalysen arbeiten mit ordinal- oder intervallskalierten Variablen, die durch Schätzurteile quantifiziert werden. Bei dieser Art der Auswertung besteht das Kategoriensystem aus einer Reihe von Merkmalen, deren Ausprägungsgrad jeweils von geschulten Urteilern auf Rating-Skalen eingeschätzt werden. Diese Art der Auswertung ist sehr zeitintensiv, da sie in mehreren Arbeitsschritten verläuft (für eine detaillierte Übersicht siehe Diekmann 2001, S. 500ff.). Der Prozess der Zuordnung von Textmerkmalen zu den Kategorien wird Kodierung genannt. Die Kodierung ist intersubjektiv nachvollziehbar, wenn die zugrunde liegenden Kategorien eindeutig definiert, disjunkt (klar voneinander abgegrenzt) und erschöpfend sind. Eine Inhaltsanalyse gilt als objektiv, wenn die systematische Zuordnung von Textmerkmalen zu Kategorien unabhängig von den Personen ist, die die Zuordnung vornehmen (vgl. Bos 1989, S. 62).

Weitaus problematischer gestaltet sich die Bestimmung von Reliabilität und Validität einer quantitativen Inhaltsanalyse. Unter Reliabilität wird im Rahmen der Inhaltsanalyse das Ausmaß an Übereinstimmung des Kodierprozesses verstanden. Hierbei bietet sich das Wiederholungsverfahren an: Ein Kategoriensystem wird von verschiedenen Bearbeitern auf denselben Inhalt angewandt. (Eine Variante dieses Verfahren besteht darin, dass ein Kodierer das Material nach einem gewissen zeitlichen Abstand mit dem gleichen Kategoriensystem noch einmal bearbeitet.) Die Höhe der Reliabilität wird dann durch den Grad der Übereinstimmung der Zuordnungen bestimmt (Intercoderreliabilität) (vgl. ebd.). Zu diesem Zweck stehen eine Reihe von inhaltsanalytischen Reliabilitätskoeffizienten zur Verfügung (vertiefend dazu Merten 1995). Der Nachweis der Validität von Inhaltsanalysen ist anhand der zu diesem Thema publizierten Anleitungen und Vorstellungen schwer zu systematisieren. Wir folgen daher den Ausführungen von Bos (1989, S. 62), da sich diese an den schon dargestellten messtheoretischen Differenzierungen der Validität (Inhalts-, Kriteriums- und Konstruktvalidität) orientieren: Inhaltsvalidität kann nur über den Sachverstand des Analytikers bzw. das Sprachverständnis des Verkoders sicher gestellt werden. Die Verkoder sollten daher präzise geschult werden, damit eine korrekte Zuordnung des zu analysierenden Materials zu den induktiv oder deduktiv gewonnenen Kategorien erfolgt. Zuvor muss die logische Gültigkeit der Operationalisierung von Hypothesen, die sich in der Konstruktion des Kategoriensystems niederschlägt, überprüft werden. Das bei der Überprüfung der Kriteriumsvalidität herangezogene Außenkriterium wird mittels Vergleich mehrerer unabhängiger Analysen des gleichen Inhalts gewonnen. „Zwar ist das Voraussetzen der Validität der dazu herangezogenen Kontrolluntersuchungen problematisch, aber immerhin scheint diese Form der Validitätsprüfung besser als die bloße Inhaltsvalidität" (ebd., S. 63). Die Konstruktvalidierung erfolgt durch den Vergleich der gemessenen Ergebnisse mit den aufgrund theoretischer Vorstellungen formulierten erwarteten Ergebnissen der Inhaltsanalyse. Ist zwischen beiden Werten eine hohe Übereinstimmung festzustellen, wird von hoher Konstruktvalidität gesprochen. Mit dieser Vorgehensweise ist jedoch kein verbindlicher Nachweis einer fehlerfreien Analyse verbunden, da auch das theoretische Wissen des Analytikers fehlerbehaftet sein kann.

In der Praxis ist die Kontrolle der genannten Validitätsarten nur beschränkt möglich. So scheitert die Kriteriumsvalidierung meist am Fehlen geeigneter Kontrolluntersuchungen. Bos (1989) schlägt aus diesem Grund eine Verbesserung der Inhaltsvalidität mittels einer Reliabilitätsprüfung einzelner Kategorien vor. Im Rahmen eines Pretests kann für jede Kategorie einzeln die Übereinstimmung verschiedener Kodierer festgestellt werden. Kategorien mit niedriger Übereinstimmung können dann neu überdacht und noch einmal bearbeitet werden. Mit diesem Vorgehen wird eine Verbesserung der Qualität und somit der Validität einzelner Kategorien erreicht, da versucht wird, die Feststellung der Reliabilität in den Prozess der Erstellung des Kategoriensystems in Auseinandersetzung mit dem zu analysierenden Material zu integrieren. „Die Gütekriterien Objektivität, Reliabilität und Validität werden gewissermaßen vereint, wenn die endgültige Dimensionierung inhaltsanalytischer Kategorien durch einen iterativen Prozeß im Spannungsfeld von Deduktion und Induktion erfolgt" (ebd., S. 63).

2.4 Beobachtung

Keine der bislang dargestellten Datenerhebungsmethoden kann auf Beobachtung verzichten. Empirische Methoden beruhen definitionsgemäß auf Sinneserfahrungen – vor der Erhebung von Daten müssen die zu erforschenden Objekte oder Ereignisse wahrgenommen bzw. beobachtet werden (vgl. Bortz/Döring 1995, S. 240). In Abgrenzung zu den individuellen Alltagsbeobachtungen werden die Beobachtungsmethoden in den Sozialwissenschaften zunächst als systematische Erfassung wahrnehmbarer Tatbestände charakterisiert (vgl. Lüdkte 1995, S. 313). Es müssen nach Feger (1983) zwei Merkmale erfüllt sein, damit wir von wissenschaftlicher Beobachtung sprechen können (vgl. Greve/Wentura 1997, S. 13): Zum ersten hat die wissenschaftliche Beobachtung die Überprüfung von Theorien oder Hypothesen zum Ziel. Die Systematik einer wissenschaftlichen Beobachtung besteht darin, dass die Selektion der Wahrnehmung vom Untersuchungsziel und Forschungsplan gelenkt wird (vgl. Friedrichs 1990, S. 271). Diekmann (2001, S. 458) macht in diesem Zusammenhang zurecht darauf aufmerksam, dass bei einer theoriegeleiteten Beobachtung jedoch die Gefahr besteht, nur diejenigen Erscheinungen wahrzunehmen, die die Hypothese bestätigen. Das zweite grundlegende Merkmal wissenschaftlicher Beobachtung ist die Orientierung an den schon vielfach erwähnten Gütekriterien sozialwissenschaftlicher Forschung. Erst die potenzielle Replizierbarkeit einer Beobachtung, die klare Definition der zu beobachtenden Tatbestände und deren intersubjektiv vergleichbare Interpretation kennzeichnen eine wissenschaftliche Beobachtung in Abgrenzung zur Alltagsbeobachtung.

Die nachfolgende Darstellung der wissenschaftlichen Beobachtung als Datenerhebungsmethode in der Schulforschung macht weitere Eingrenzungen nötig (vgl. Lüdtke 1995, S. 313). Zunächst sollen die vorzustellenden Beobachtungsverfahren auf die Erfassung menschlichen Verhaltens beschränkt sein. Weiterhin sei eine direkte Beobachtung, also die Gleichzeitigkeit von Ereignis und Rezeption unterstellt, unabhängig davon ob ein direkter oder technisch vermittelter (Videoaufzeichnung) visueller Kontakt vorliegt[7]. Außerdem beschränkt sich dieser

7 Im Gegensatz dazu ist die indirekte Beobachtung nicht auf das Verhalten selbst, sondern auf dessen Spuren, Auswirkungen und Objektivationen ausgerichtet (vgl. Schnell/Hill/Esser 1999, S. 358).

Text auf die Fremdbeobachtung menschlichen Verhaltens, „was nicht ausschließt, dass Selbstbeobachtung und Selbstkontrolle des Beobachters eine zentrale methodische Komponente der Beobachtung von anderen (...) ist“ (ebd.).

Eine in den Lehrbüchern immer wieder zu findende Abgrenzung der einzelnen Verfahren direkter Verhaltensbeobachtung orientiert sich an Dimensionen der Stellung (teilnehmend vs. nicht-teilnehmend) und Sichtbarkeit des Beobachters (offen vs. verdeckt), der Standardisierung der Beobachtung (standardisiert vs. unstandardisiert) sowie der Art der Beobachtungssituation (natürlich vs. künstlich). Weitere Kriterien unterscheiden zwischen der schon erwähnten Fremd- oder Selbstbeobachtung, thematisieren den Standort des Beobachters (stationär vs. variabel) oder berücksichtigen die Zahl der Beobachtungsobjekte (Einzelfallstudie – Mehrfällestudie, komparative Studie) (vgl. u.a. Friedrichs 1990, S. 273; Lüdkte 1995, S. 314; Greve/Wentura 1997, S. 26; Schnell/Hill/Esser 1999, S. 359f.).

In der Schulforschung, speziell der Unterrichts- und Klassenbeobachtung lassen sich die eingesetzten Verfahren in der Regel als nicht-teilnehmende, offene und standardisierte Beobachtungen in natürlichen Beobachtungssituationen klassifizieren. Die Tatsache, dass mit der wissenschaftlichen Beobachtung der Mensch als Messinstrument eingesetzt wird, birgt gewisse methodische Probleme, die im Folgenden kurz skizziert werden sollen.

Der Begriff der nicht-teilnehmenden Beobachtung suggeriert eine Unabhängigkeit des Datenerhebungsprozesses von der zu beobachtenden Situation, die in der Praxis kaum einzulösen ist. Jedes Auftreten eines Beobachters führt zu entsprechenden Reaktionen der zu beobachtenden Personen und damit zu einer Veränderung der zu untersuchenden Situation. Um derartige reaktive Effekte zu vermindern werden verschiedene Strategien vorgeschlagen (vgl. Friedrichs 1990, S. 283; Lüdkte 1995, S. 316), die jedoch keine vollständige Reduktion der Reaktivität garantieren. Als Konsequenz ist daher den Forschenden anzuraten offensiv mit reaktiven Effekten umzugehen, diese in der Untersuchungsplanung zu berücksichtigen und ihre Wirkung in der späteren Datenanalyse abzuschätzen (vgl. Lüdtke 1995, S. 317).

Eine zweite häufig referierte Fehlerquelle betrifft den Beobachter selbst und ist nur durch gründliche Schulung zu minimieren. Eine ausführliche Beschreibung dieser Fehlerquellen, wie die Beurteilungstendenz zur Mitte, Milde- oder Großzügigkeitseffekte, Fehler aufgrund der zeitlichen Abfolge von Wahrnehmungsinhalten oder Halo-Effekte, findet sich z.B. bei Faßnacht (1995). Auch bei Eindämmung der potenziellen Fehlerquellen ist eine wissenschaftliche Beobachtung immer selektiv. Die Selektion der wahrzunehmenden Verhaltensweisen sollten aber allein vom Untersuchungsziel und vom Forschungsplan gelenkt werden und nicht dem Beobachter überlassen bleiben.

Das Mittel zur Erfassung derjenigen Interaktionen, die zur Prüfung vorab formulierter Hypothesen herangezogen werden, ist das Beobachtungsschema oder -instrument. Es enthält die Beobachtungsitems (welche Verhaltensweisen zu beobachten sind), die Kategorien der Beobachtung (worauf ist bei dem Verhalten zu achten und in welcher Intensität tritt es auf) sowie generelle Angaben zu Ort, Zeit, Zahl der beobachteten Personen, sofern diese Angaben nicht bereits schon zu den Beobachtungsitems zählen (vgl. Friedrichs 1990, S. 275). In der Literatur werden mindestens drei Arten von Beobachtungsschemata (auch Beobachtungssysteme) unterschieden (vgl. Schnell/Hill/Esser 1999, S. 361; weiterführend dazu auch Faßnacht 1995, S. 172-203):

- Zeichen-Systeme erwarten vom Beobachter lediglich das Aufzeichnen des Auftretens einer oder mehrerer Verhaltensweisen, die vorab im Beobachtungssystem festgelegt wurden. Der weitaus größte Teil des Verhaltenstromes wird dabei ausgeblendet.
- Kategorien-Systeme klassifizieren jedes auftretende Verhalten nach zuvor fixierten Kategorien. Die Anforderungen an die Beobachtungskategorien sind zunächst die gleichen, wie sie auch für die Inhaltsanalyse gelten. Darüber hinaus sollten sich die Kategorien an beobachtbarem Verhalten orientieren und dieses durch möglichst viele Verben und Adjektive beschreiben, die leicht verständlich sind und übereinstimmend gebraucht werden. Die Zahl der verwendeten Kategorien sollte nicht zu groß sein, da Beobachter ansonsten überfordert werden.
- Schätz-Skalen (Rating-Verfahren) stellen ein drittes Beobachtungssystem dar. Dieses verlangt vom geschulten Beobachter eine Beurteilung des Ausprägungsgrades eines wahrnehmbaren Verhaltens auf einer Skala, die mindestens Ordinalskalenniveau aufweist (vgl. dazu die Kritik von Faßnacht 1995, S. 159ff.). Schätz-Skalen werden oftmals in Kombination mit Zeichen- oder Kategoriensystemen eingesetzt. Da die erforderliche Bewertungsleistung zu einer starken Belastung des Beobachters führt, empfiehlt es sich, die zu beobachtenden Verhaltensweisen mit technischen Hilfsmitteln aufzuzeichnen und nachträglich zu bewerten.

Das Ziel einer (quantitativen) Beobachtungsstudie ist, das beobachtete Verhalten zu quantifizieren. Schon Ende der 1920er Jahre des vorigen Jahrhunderts wurde von Willard C. Olson (1929) eine der bekanntesten Quantifizierungstechniken entwickelt – das Time-sampling-Verfahren[8] (vgl. Galton 1997, S. 335). Das Time-sampling-Verfahren umfasst wesentliche Merkmale, die dieses Verfahren von anderen abgrenzen: Das Verhalten eines Individuums oder einer Gruppe wird in einer natürlichen Umgebung direkt beobachtet. Vor der Beobachtung definierte Verhaltensweisen werden in Abhängigkeit von ihrem Auftreten in einer spezifizierten Zeiteinheit aufgezeichnet. Die Zeiteinheiten werden mit einer bestimmten Häufigkeit wiederholt. „Aus der Zusammenfassung kurzer Zeit-Teile (‚short samples'), die man mit diesem Verfahren erhält, werden quantitative Maße der totalen Häufigkeit, der durchschnittlichen Häufigkeit und der Variabilität der Auftretenshäufigkeiten des Verhaltens abgeleitet" (Arrington 1937 zit. nach Faßnacht 1995, S. 137). Ein weiteres häufig genutztes Quantifizierungsverfahren ist das Event-sampling. Bei diesem Verfahren werden die zu untersuchenden Verhaltensmuster über einen festgelegten Beobachtungszeitraum (z.B. eine Unterrichtsstunde) immer dann aufgezeichnet, wenn sie wahrgenommen werden. Mit dieser Methode ist die Messung der Häufigkeit und Dauer von Verhaltensereignissen präzise möglich (vgl. Faßnacht 1995, S. 127). Gerade für Videostudien bietet sich dieses Verfahren an, da durch die technische Unterstützung längere Beobachtungszeiträume realisiert werden können als dies bei Simultanbeobachtern der Fall wäre. Ein weiterer Vorteil des Einsatzes von Tonband- und Videoaufnahmen liegt in der Erhöhung der Beobachterreliabilität, da die Aufnahmen mehrfach abgespielt und dem Beobachtungsschema entsprechend kodiert werden können.

In den meisten Beobachtungsstudien wird die Beobachterübereinstimmung als Maß für die Reliabilität verwendet, wobei das einfachste Maß zunächst der Prozentsatz an Übereinstimmungen zwischen zwei Beobachtern ist. Diese Vorgehensweise berücksichtigt jedoch nicht,

---

8 Die englische Bezeichnung wird beibehalten, da diese sich auch in der deutschsprachigen Forschung durchgesetzt hat. Eine mögliche deutsche Übersetzung wäre Zeit-Teil-Methode. Eine falsche Vorstellungen vermittelnde Übersetzung ist Zeit-Stichproben-Verfahren. Der Begriff „Sample" wurde von Olson in der Bedeutung Muster oder Teil eines Ganzen gebraucht (vgl. Faßnacht 1995, S. 136).

dass selbst Beobachter, die rein zufällig das wahrgenommene Verhalten verkoden, mit einer bestimmten Wahrscheinlichkeit die gleichen Kategorien wählen werden. Übereinstimmungsmaße, die eine Korrektur für zufällige Übereinstimmungen beinhalten, wurden bspw. von Scott (1955) oder Cohen (1960) entwickelt (vgl. Galton 1997, S. 336; Schnell/Hill/Esser 1999, S. 371). Mittlerweile gibt es eine Vielzahl von Kennwerten für die Beobachterübereinstimmung (vgl. Greve/Wentura 1997, S. 96ff.); in einigen Arbeiten wird von über 20 Maßen gesprochen (vgl. ebd., S. 52). Wird ein Beobachtungsschema von Forschern genutzt, die dieses Instrument nicht entwickelt haben, so stellt sich auch die Frage nach der „interinvestigator"-Übereinstimmung, da jede Forschungsgruppe hohe Maße der Beobachterübereinstimmung erreichen kann, aber die verwendeten Kategorien unterschiedlich interpretiert (vgl. Galton 1997, S. 336).

Für die Überprüfung der Validität von Beobachtungsstudien wird in der Literatur übereinstimmend das Verfahren der simultanen, multiplen Messungen mit verschiedenen Beobachtungsschemata vorgeschlagen. Obwohl dieser Typ der Cross-Validierung als adäquates Mittel zur Kontrolle der Validität gilt, setzen nur wenige Studien dies bislang ein (vgl. ebd., S. 337). Die Objektivität der Beobachtungsverfahren wird durch die Ausführlichkeit des Beobachtungsschemas bestimmt. Obwohl die Wahl der Beobachtungskategorien und deren Definition sehr subjektiv erscheinen – reflektieren sie doch die Werthaltungen der Entwickler – so ist das Beobachtungsverfahren an sich objektiv, i.d.S. dass die Kriterien, mit denen das Verhalten im Schulalltag beschrieben werden, klar definiert sind. Wird das Beobachtungsschema ausführlich dokumentiert und korrekt angewendet, so ist es unanfällig gegen Verzerrungen durch individuelle Beobachter (vgl. ebd., S. 335).

Beobachtungsstudien werden häufig als sehr zeitintensiv und methodisch anspruchsvoll charakterisiert. Ein bislang noch nicht erwähntes methodisches Problem ist mit der Stichprobenauswahl bei derartigen Studien verbunden. „Die Komplikation liegt nun weniger in den entsprechenden mathematisch-statistischen Modellen als vielmehr darin, die Grundgesamtheit zu bestimmen" (Friedrichs 1990, S. 285). Mögliche Grundgesamtheiten ergeben sich aus der Zeit- und Raumabhängigkeit der Beobachtungen. Bei der Festlegung einer Zeitstichprobe sollte geklärt werden, welche Zeitpunkte (z.B. Schuljahr, Wochentag, Stunde) anvisiert werden, welche Stichprobenelemente innerhalb des gewählten Zeitraumes gezogen werden und wie lang die einzelnen Beobachtungsintervalle sein sollten. Diese Dreistufigkeit der Stichprobenauswahl gilt analog für Raum-Stichproben. Für beide Ansätze, „wie aber auch auf andere Beobachtungseinheiten, für die die Grundgesamtheit und die Elemente angebbar sind, lassen sich die Verfahren der Stichprobentheorie anwenden" (ebd., S. 286).

Die referierten methodischen Schwierigkeiten von Beobachtungsverfahren sind sicherlich in einem nicht unerheblichen Maße dafür verantwortlich, dass die Beobachtung „nur relativ selten oder nur in einzelnen Disziplinen der Sozialwissenschaft als ‚systematisches' Instrument (vorwiegend in der Sozialpsychologie) angewandt wird" (Schnell/Hill/Esser 1999, S. 373). Beobachtungen sind jedoch dann unverzichtbar, wenn komplexe Verhaltensmuster ermittelt werden sollen, die von den einzelnen Akteuren nicht angemessen wahrgenommen, zumindest jedoch nicht zuverlässig berichtet werden können (vgl. Friedrichs 1990, S. 274). Ein gelungenes Beispiel für die Beobachtung komplexer Verhaltensmuster in Unterrichtssituationen stellt die TIMSS-Videostudie dar (vgl. Baumert u.a. 1997; Klieme/Knoll/Schümer 2001).

3 Ausgewählte Verfahren der Datenauswertung

Ein Ziel quantitativer Schulforschung ist die Formulierung wissenschaftlich fundierter Aussagen über die Schulwirklichkeit. Dieser Anspruch ist mit einfachen uni- oder bivariaten Analyseverfahren nicht einzulösen, da damit die Komplexität des Bildungsgeschehens sowie Haupt- und Interaktionseffekte der untersuchten Variablen nicht abbildbar sind (vgl. Seel 2002, S. 436). Erst durch den Einsatz multivariater statistischer Verfahren ist eine adäquate Auseinandersetzung mit der Schulwirklichkeit gegeben, d.h. eine gleichzeitige Untersuchung (möglichst) aller als relevant erachteten Einflussgrößen auf das Lehr- und Lerngeschehen in der Schule. Multivariate Verfahren sind somit komplexe Analyseverfahren in empirischen Untersuchungen, die es erlauben sollen, die entscheidenden Einflussfaktoren und deren relative Beiträge zur Erklärung eines bestimmten sozialen Phänomens zu ermitteln. Im Rahmen dieses Beitrages kann keine Einführung in multivariate statistische Verfahren gegeben werden. Wir möchten jedoch das Augenmerk auf ausgewählte fortgeschrittene Analyseverfahren richten, die in letzter Zeit immer größere Bedeutung in der Schulforschung erlangt haben. Zu diesen Verfahren zählen die Mehrebenenanalyse, die Analyse linearer Strukturgleichungsmodelle und die Data Envelopment Analysis.

3.1 Mehrebenenanalysen in der Schulforschung

Zahlreiche Datensätze in der Sozialforschung weisen eine hierarchische Struktur auf, d.h. es liegen Variablen für Untersuchungseinheiten vor, die übergeordneten Einheiten zugeordnet werden können (vgl. Ditton 1998, S. 12): Einzelne Schüler bilden Schülergruppen oder Klassen, diese sind in Schulen zusammengefasst. Eine Anzahl von Schulen sind in einem Schulbezirk enthalten, dieser ist wiederum einem bestimmten Bundesland zugehörig. Wie schon im Abschnitt zu den Forschungsdesigns erwähnt, werden in der Schulforschung aus erhebungspraktischen Gründen oftmals ganze Schulklassen oder Schülergruppen untersucht. Eine derartige Clusterung ist in vielen Fällen sogar erwünscht um Beziehungen und Beziehungsstrukturen zwischen den Individuen innerhalb der Einheiten, denen sie angehören, zu berücksichtigen sowie Wirkungen des gemeinsamen Kontextes zu analysieren. Die Unabhängigkeit der Beobachtungen – eine notwendige Bedingung zur Anwendung der gebräuchlichen multivariaten Analyseverfahren – muss jedoch im Schulbereich bei einer Clusterung der Stichprobenelemente verworfen werden, denn die untersuchten Individuen sind innerhalb von so genannten Aggregateinheiten (Schulklassen, Schulen, Schulsystemen) gemeinsamen Einflüssen oder Erfahrungen ausgesetzt, die für die Einheiten eines Aggregats gerade charakteristisch sind (ebd., S. 15).

In diesem Zusammenhang ist die Schulforschung besonders am Zusammenwirken von individuellen und Aggregatfaktoren interessiert, z.B. der Frage nach der Wirksamkeit unterschiedlicher Lehr- und Lernmethoden, der Qualität des Unterrichts oder der Qualität einzelner Schulen. Dabei stellt sich auch die Frage, ob die Aggregatmerkmale für alle Schüler gleichförmig wirken oder ob in Abhängigkeit von Individualmerkmalen verschiedenartige Wirkungen zu konstatieren sind (vgl. ebd.). Drei Arten von Effekten im Hinblick auf die zu untersuchende(n) abhängige(n) Variable(n) sind somit von Interesse: die Effekte individuumsbezogener Variablen (z.B. Alter, Geschlecht, Vorwissen), die Effekte von Aggregatmerkmalen (z.B. Unterrichtsstile der Lehrer, Schul- und Klassenklima, Schulprofil) sowie Effekte, die durch ein Zusammenwirken von Individual- und Aggregatmerkmalen (Interaktions- oder „cross-level“-Effekte) gekennzeichnet sind (vgl. Engel 1998, S. 27).

Die herkömmliche statistische Auswertung derartig hierarchisch strukturierter Daten unterscheidet zwei Vorgehensweisen: die Ergänzung von Individualdaten um Aggregatmerkmale oder die Aggregierung von Individualdaten: Die Ergänzung der Individualdaten um Aggregatmerkmale erscheint auf den ersten Blick ein erfolgversprechender Ansatz zu sein, der auch häufig beschritten wurde. Lehrer-, Schul- oder Klassenmerkmale werden jeweils dem einzelnen Schüler zugeordnet und die Datenanalyse auf der Individualebene vorgenommen. Wird diese Vorgehensweise gewählt, dann sind jedoch die Signifikanztests der klassischen Regressionsanalyse nicht mehr korrekt, da sich deren Freiheitsgrade zum einen auf die Zahl der Individuen bezieht, ein Teil der Variablen aber Aggregatmerkmale beinhaltet, die mit einer deutlich geringeren Anzahl an Freiheitsgraden verbunden sind (vgl. Ditton 1998, S. 32). Ditton (1998) führt noch weitere Mängel dieses Vorgehens an, die zu der zusammenfassenden Kritik am Individualebenen-Modell führen (ebd., S. 33f.), dass es den Mehrebenencharakter der Daten ignoriere und somit die Regressionskoeffzienten eine „uninterpretierbare Mischung“ der tatsächlich wirksamen Bedingungen innerhalb und zwischen den Aggregateinheiten darstellen.

Die zweite herkömmliche Methode des Umgangs mit hierarchischen Daten ist die Aggregierung von Individualdaten. Bei dieser Vorgehensweise werden aus den Individualdaten zusammenfassende Statistiken erzeugt und mit vorliegenden Aggregatdaten verbunden. Die Datenanalyse beschränkt sich in diesem Fall auf die Aggregatebene. Auch diese Auswertungsstrategie ist in mehrfacher Hinsicht problematisch: Nach einer Aggregierung sind nur noch Aussagen auf der Gruppenebene (z.B. Schulklassen) möglich, nicht mehr auf der Ebene individueller Einheiten (z.B. Schüler), da die Varianzen innerhalb der Aggregateinheiten verloren gehen. Damit werden die Aggregateinheiten als in sich homogen betrachtet; eine Annahme, die keinerlei Bezug zur schulischen Realität aufweist. Es ergeben sich zudem in Analysen auf Aggregatebene Ergebnisse, die von denen aus Individualanalysen erheblich abweichen können (aggregation bias). Weiterhin wird mit der Aggregierung von Individualdaten die Gefahr eines „ökologischen Fehlschlusses“ virulent, wenn aufgrund von Ergebnissen (insbesondere Korrelationen zwischen Merkmalsreihen) die anhand der Aggregateinheiten gewonnen wurden, auf Eigenschaften der Individuen in diesen Aggregateinheiten geschlossen wird (vgl. Diekmann 1995, S. 116). Im Hinblick auf das Erkenntnisinteresse von Untersuchungen im schulischen Bereich macht es die Aggregierung zudem unmöglich, cross-level-Effekte zwischen Individual- und Aggregatebene zu untersuchen. Es lassen sich zwar noch Differenzen zwischen den Aggregateinheiten feststellen – z.B. im Leistungsniveau von Schulklassen – „aber keine Differenzen hinsichtlich des Zustandekommens der unterschiedlichen Leistungsniveaus in den Aggregateinheiten“ (Ditton 1998, S. 32).

Die methodologische Kritik an den beiden vorgestellen Vorgehensweisen zur Analyse hierarchischer Daten hat in den 1980er Jahren zur Entwicklung angemessener Analysemethoden geführt, die seither unter der Bezeichnung „Mehrebenenanalysen“ zum Standardrepertoire internationaler Forschung gehören (vgl. Bryk/Raudenbush 1997, S. 549; Ditton 1998, S. 6). In der deutschen Schulforschung werden die Möglichkeiten der Mehrebenenanalyse hingegen bislang kaum genutzt (von einigen Ausnahmen abgesehen, z.B. Rüesch 1998; Gruehn 2000; Schwippert 2001; Trautwein/Köller 2002).

Der gegenwärtig verbreitetste Modellansatz zur Mehrebenenanalyse im Bereich der Schulforschung ist das Hierarchical Linear Modelling (HLM), das von Bryk und Raudenbush (1992) entwickelt wurde. Ausführungen zu den mathematischen Grundlagen und Anwendungen des hierarchisch linearen Modells – auf die wir im Rahmen dieses Beitrages nicht eingehen können – finden sich bei Bryk und Raudenbush (1992), Ditton (1998) sowie Engel (1998).

3.2 Der LISREL-Ansatz der Kausalanalyse

Nicht nur in der Schulforschung, sondern bei vielen Fragestellungen im praktischen und wissenschaftlichen Bereich ist es das Ziel, „die Variabilität (Unterschiedlichkeit) der Merkmalsausprägungen bei verschiedenen Untersuchungsobjekten kausal zu erklären“ (Bortz/Döring 1995, S. 12). Im strikten Sinne ist die Analyse von Ursache-Wirkungs- Beziehungen aber – wie bereits ausgeführt wurde – nur bei experimentellen Studien möglich. Werden jedoch vor der Anwendung statistischer Verfahren auch bei nicht-experimentellen Studien Überlegungen über die Beziehungen zwischen den erhobenen Merkmalen (Variablen) angestellt, dann kann auf der Basis eines theoretisch fundierten Hypothesensystems mit Hilfe der Kausalanalyse überprüft werden, ob die theoretisch aufgestellten Beziehungen mit dem empirischen Datenmaterial übereinstimmen (Backhaus/Erichson/Plinke/Weiber 2000, S. 391). Ohne zugrunde liegende Theorie bieten sich dem Forscher eine unüberschaubare Fülle alternativer Beschreibungen der Zusammenhänge zwischen Variablen mit jeweils sehr unterschiedlichen praktischen Konsequenzen (vgl. Bortz/Döring 1995, S. 483f.).

Die rechnerische Überprüfung a priori formulierter Kausalmodelle mit mehreren unabhängigen Variablen ist mit dem Instrumentarium der Pfadanalyse durchführbar. Eine Weiterentwicklung der Pfadanalyse sind lineare Strukturgleichungsmodelle, die nicht nur wechselseitige Kausalbeziehungen der untersuchten Merkmale analysieren, sondern zusätzlich Hypothesen überprüfen, die sich auf latente, nicht direkt beobachtbare Merkmale bzw. deren Beziehungen untereinander und zu den untersuchten Merkmalen beziehen (vgl. ebd., S. 487). Latente Variablen sind durch abstrakte Inhalte gekennzeichnet, „bei denen sich nicht unmittelbar entscheiden läßt, ob der gemeinte Sachverhalt in der Realität vorliegt oder nicht“ (Backhaus u.a. 2000, S. 393). Begriffe wie Intelligenz, Sozialisation, psychosomatische Beschwerden, Beanspruchung, Schulklima oder Einstellung sind Beispiele für derartige hypothetische Konstrukte.

Es ist möglich, mittels Indikatoren latente Variablen zu operationalisieren. Dieses Vorgehen ist in den Sozialwissenschaften mit zwei generellen Problemen behaftet (vgl. Jöreskog/Sörbom 1989, S. 2): Es ist zum einen zu fragen, was ein Indikator (beobachtete Variable) tatsächlich misst bzw. wie gut er das intendierte theoretische Konstrukt repräsentiert. Mit anderen Worten: Wie können Validität und Reliabilität der Messung einer latenten Variablen ausgedrückt werden? Das zweite Problem betrifft die kausalen Beziehungen zwischen latenten Variablen und die Erklärungskraft derartiger kausaler Zusammenhänge. Wie kann man komplexe kausale Beziehungen zwischen Variablen analysieren, die nicht direkt beobachtbar sind, aber durch messfehlerbehaftete Indikatoren operationalisiert werden? Wie kann die Stärke latenter Zusammenhänge geschätzt werden? Ein statistisches Verfahren, dass auf die Lösung dieser beiden Probleme hin entwickelt wurde, ist der LISREL-Ansatz (LISREL = Linear Structural Relationship) der Kausalanalyse.

Das LISREL-Modell ist zunächst ein formales mathematisches Modell, dass seit den 1970er Jahren von Jöreskog (1963, 1979) entwickelt wurde. In Zusammenarbeit mit Sörbom (Jöreskog/Sörbom 1989) entstand das gleichnamige Computerprogramm, welches sowohl in den älteren Versionen von SPSS als auch als eigenständiges PC-Programm zur Verfügung steht. Die Besonderheit des LISREL-Ansatzes der Kausalanalyse liegt in der Verknüpfung von Faktoren- und Regressionsanalyse, wodurch theoretisch formulierte Beziehungen zwischen latenten Größen überprüft werden können. Darüber hinaus bietet der LISREL-Ansatz (und damit auch das gleichnamige Computerprogramm) die Möglichkeit der Überprüfung einer Vielzahl sozialwissenschaftlicher Modelle (vgl. ebd., S. 2).

Der LISREL-Ansatz weist den nicht zu unterschätzenden Vorteil auf, dass die in sozialwissenschaftlichen Erhebungen unweigerlich auftretenden Messfehler explizit in das Modell einbezogen werden und somit die tatsächlichen Parameter innerhalb des Modells exakter geschätzt werden können als dies bei der multiplen linearen Regression der Fall ist. Detaillierte Informationen zu den mathematischen Grundlagen des LISREL-Ansatzes finden sich bei Hayduk (1988), Jöreskog und Sörbom (1989) sowie Backhaus u.a. (2000). Eine didaktisch gut aufbereitete Einführung in die Verwendung des LISREL-Computerprogramms findet sich bei Diamantopoulos und Siguaw (2000).

Theoretische Vorüberlegungen über die Richtung der Beziehungen und das Vorzeichen der entsprechenden Koeffizienten sind notwendige Bedingungen um mit Hilfe des LISREL-Ansatzes die Größe der Koeffizienten aus den empirischen Daten zu schätzen. Strukturgleichungsmodelle können jedoch Kausalität letztendlich nicht beweisen, da sich in vielen Fällen sehr unterschiedliche Kausalmodelle finden lassen, die mit ein und demselben Satz empirischer Korrelationen im Einklang stehen. In Erweiterung zu anderen Methoden sind die Modelltests jedoch so geartet, dass sie die vor einer Untersuchung theoretisch postulierten Kausalbeziehungen falsifizieren können. Mithilfe dieser Methode kann also belegt werden, welche relative Stärke Kausalbeziehungen haben, wenn das theoretisch formulierte Modell mit der Realität übereinstimmt (vgl. Zimmermann 1997, S. 112). Über diese Übereinstimmung kann jedoch letztendlich nur mit Mitteln der Logik entschieden werden (vgl. Bortz/Döring 1995, S. 487).

3.3 Data Envelopment Analysis

Unter den am Anfang dieses Beitrages vorgestellten Adressaten der Schulforschung sind neben den direkt in den Schulbereich involvierten Personengruppen auch bildungspolitische Entscheidungsträger zu finden. Diese sind in einem zunehmenden Maße an einer effizienzorientierten Umgestaltung des Bildungssektors interessiert. Ein Schwerpunkt schulischer Evaluation ist daher auch seit längerer Zeit in der Klärung der Frage zu sehen, „ob in den Bildungseinrichtungen die verfügbaren Ressourcen so miteinander kombiniert und genutzt werden, dass die Bildungsziele so weitgehend wie möglich erreicht werden“ (Timmermann 2002, S. 109). Mit dieser Fragestellung sind mindestens zwei analytische Probleme verbunden: Zum einen ist die Kausalität zwischen eingesetzten Mitteln und wünschenswerten Zwecken nachzuweisen, d.h. zu untersuchen, wie sich Ressourcen bzw. Ausgaben pädagogisch in Lernleistungen transformieren (vgl. ebd., S. 111). Mittels der vorgestellten linearen Strukturgleichungsmodelle ist eine derartige Kausalanalyse adäquat durchzuführen und liefert in Verbindung mit Resultaten aus Fallstudien, Experimenten und traditionellen Regressionsanalysen aus Survey-Daten einen angemessenen Beschreibungsrahmen pädagogischer Transformationsprozesse (vgl. Anderson/Walberg 1997, S. 498). Zweitens ist zu berücksichtigen, dass zur Erreichung der angestrebten Bildungsziele nur eingeschränkt Ressourcen zur Verfügung stehen, sich also die Frage nach der (internen) Effizienz der Bildungseinrichtungen ergibt. Die Effizienz einer Bildungseinrichtung gilt dann als hoch, wenn sich hohe Bildungsleistungen mit einem kleinen Mitteleinsatz verbinden. „Lässt sich die Leistung einer Bildungseinheit ohne den Einsatz zusätzlicher Ressourcen nicht steigern bzw. ist der Mittelaufwand ohne Leistungseinbußen nicht weiter einschränkbar, so gilt eine Bildungseinheit als effizient“ (Sheldon 1995, S. 6). Effizienz kann nur in einer Beziehung zu anderen Einheiten beurteilt werden, d.h. Effizienz ist stets relativ. Die Einheit mit dem besten Verhältnis von erzeugtem Output in Hinblick auf den eingesetzten Input wird in der Sprache der Ökonomen als ‚Best Practice‘ (-Unit) bezeichnet (vgl. ebd., S. 3ff.)

Auch für die Schulforschung ist die Identifizierung von ‚Best Practice'-Einheiten sinnvoll. Hierbei steht weniger ein rein technisches Ranking der Performance von Schulen im Vordergrund als vielmehr die Aufdeckung von Strukturen, die zu einem optimalen Ressourceneinsatz führen (vgl. Anderson/Walberg 1997, S. 500). Eine gängige Methode die Effizienz einer Bildungseinheit zu messen besteht analog zur ökonomischen Produktivität darin, die Summe der Bildungsoutputs durch die Summe der Bildungsinputs zu dividieren. Im Gegensatz zum privatwirtschaftlichen Sektor ist es im öffentlichen Sektor nicht ohne weiteres möglich, den Wert von Input und Output zu bestimmen, da es zum einen oftmals keine Marktpreise für die eingesetzten Ressourcen oder den gewonnenen Output gibt, zum anderen in pädagogischen Lernsituationen auch Mittel und Zwecke existieren, die sich einer monetären Bewertung vollständig entziehen. Um die heterogenen Inputs und Outputs vergleichbar zu machen müssen anstelle von Marktpreisen Gewichte (weights) eingeführt werden, die den relativen Beitrag von Input und Output an der Effizienz widerspiegeln.

Eine oft angewandte Methode zur Bestimmung der Gewichte ist die Verwendung der Ordinary Least Squares Regression (vgl. Ganley/Cubbin 1992, S. 37). Der Bildungsprozess wird in diesem Zusammenhang als ein Produktionsprozess verstanden, d.h. pädagogische Leistungen (Outputs) lassen sich als Funktion eingesetzter Ressourcen (Inputs) annehmen, die linear und additiv zum Output beitragen. Durch dieses Vorgehen werden jedoch die einzelnen Schulleistungen auf ein durchschnittliches Niveau verallgemeinert, das durch die Regressionsfunktion bestimmt ist. Eine Identifizierung von ‚Best-Practice'-Schulen, die ihre Ressourcen im Verhältnis zum erlangten Output optimal einsetzen, ist damit nicht möglich (Anderson/Walberg 1997, S. 499).

Zur Lösung des aufgezeigten Aggregationsproblems wurde ein Rechenverfahren entwickelt (Charnes/Cooper/Rhodes 1978), das gemeinhin als Data Envelopment Analysis (DEA) bezeichnet wird. Dieses Verfahren bestimmt die Gewichte heterogener In- und Outputs in einer Weise, dass eine gegebene Bildungseinheit (z.B. Schule oder Schulklasse) auf einer Skala von 0 (niedrigste Effizienz) bis 1 (höchste Effizienz) und unter Berücksichtigung der Input-Output-Verhältnisse aller zu vergleichenden Bildungseinheiten einen möglichst hohen Effizienzwert erhält (vgl. Sheldon 1995, S. 7f.). Die mathematische und statistische Grundlegung dieses Verfahrens findet sich in der einschlägigen Literatur (Charnes/Cooper/Lewin/Seiford 1994). Eine deutschsprachige Einführung in die DEA zur Effizienzmessung im Bildungsbereich gibt Sheldon (1995). Anwendungen der DEA im öffentlichen Sektor werden von Ganley und Cubbin (1992) sowie Scheel (2000) thematisiert.

Das aus einer DEA resultierende Effizienzmaß ist in Übereinstimmung mit der ökonomischen Grundlegung dieses Begriffes (siehe oben) ein relatives Maß. „Der Wert 1, den die effizientesten der betrachteten Bildungseinheiten erhalten, besagt nicht, dass die betreffenden Bildungseinheiten absolut effizient sind, sondern lediglich, dass sie im Vergleich zu den anderen betrachteten Bildungseinheiten dies sind. Die Verwendung eines relativen Effizienzmaßes ist bildungspolitisch von Vorteil, da dadurch keine höheren Anforderungen an eine Bildungseinheit gestellt werden als jene, welche andere Bildungseinheiten bereits erfüllen" (ebd., S. 9f.). Die Data Envelopment Analysis liefert ein faires Verfahren zur Bestimmung der Effizienz von Bildungseinheiten, da die Ergebnisse der Effizienzanalyse nicht mehr mit dem Argument angreifbar sind, dass subjektive oder falsche Gewichtungen der Outputs und Inputs verwendet wurden. Eine zu analysierende Einheit gilt im Rahmen der DEA erst dann als ineffektiv, wenn es zu jeder möglichen Gewichtung von Inputs und Outputs (Technologiemenge) produktivere Einheiten gibt (vgl. Scheel 2000, S. 62). Die Bezeichnung „Data Envelopment Analysis" bringt zum Ausdruck, dass die verwendeten Daten „eingehüllt“ werden; die entstehende eingehüllte Menge entspricht der Technologiemenge (vgl. ebd., S. 41).

Seit ihrer Entwicklung ist die DEA vielfach, vor allem in den USA, zur Effizienzmessung von Bildungssystemen angewandt worden. Das Verfahren der DEA beinhaltet eine Reihe von Eigenschaften und Vorteilen, die den Bedürfnissen einer Effizienzmessung im Schulbereich in hohem Maße gerecht werden (vgl. im Folgenden Sheldon 1995, S. 71ff.): Die in der DEA berücksichtigten Bildungsinputs und -outputs können unterschiedlich dimensioniert bzw. skaliert sein und müssen nicht in monetäre Einheiten umgewandelt werden. Das Verfahren kann eine Vielzahl an Inputs und Outputs gleichzeitig berücksichtigen und bietet damit die Möglichkeit, die schwer überschaubare Fülle an Bildungsindikatoren zu einem einzigen Leistungsindikator zu verdichten. Es erlaubt zudem die Berücksichtigung erschwerender Umstände (z.B. sozioökonomische Zusammensetzung der Schülerschaft), dic das Effizienzpotenzial einer Bildungseinheit beeinträchtigen können. Mit der DEA ist jedoch nicht nur eine Identifikation der effizientesten Bildungseinheiten, die anderen Bildungseinheiten als Maßstab dienen können, möglich, sondern auch die Aufdeckung der Quellen von Ineffizienz. Mögliche Ursachen von Ineffzienz können Missmanagement (in einer Schule, im Schulamtsbezirk oder auf Landesebene), Größennachteile (diseconomies of scale), ungünstige Rahmenbedingungen oder eine zu kostenintensive Wahl der Bildungsmittel sein. Eine Vielzahl bildungspolitisch relevanter Fragestellungen ist mittels Data Envelopment Analysis beantwortbar. Sie kann z.B. eingesetzt werden um die Leistungsfähigkeit unterschiedlicher Bildungsprozesse (z.B. privat vs. öffentlich) zu vergleichen, die optimale Größe einer Bildungseinheit (z.B. Schulklasse oder Universität) zu bestimmen, die Auswirkungen bildungspolitischer Programme auf die Effizienz zu messen oder die Entwicklung der Effizienz einer Gruppe von Bildungseinheiten im Zeitverlauf zu verfolgen.

Trotz dieser Vorteile weist die Data Envelopment Analysis Grenzen auf. Sie muss die zu analysierenden Einheiten als „black box“ auffassen, d.h. detaillierte Kenntnisse über den Ablauf der Transformation von Ressourcen in Lernleistungen sind mit der DEA nicht erhältlich (vgl. Scheel 2000, S. 2). Sie kann aber durch die Identifizierung effizienter Bildungseinheiten zu einem geschärften Blick für die Ursachen dieser Effizienz beitragen.

Die mittels DEA gemessene Effizienz bezieht sich ausschließlich auf jene Bildungsinputs und -outputs, die in der Analyse jeweils Berücksichtigung finden. Um nicht ein verzerrtes Bild der relativen Leistungsfähigkeit der untersuchten Bildungseinheiten zu erhalten ist es zwingend notwendig alle relevanten Bildungsinputs und -outputs zu berücksichtigen. In der deutschen Schul- und Bildungsforschung ist die DEA ein bislang sehr selten eingesetztes Analyseverfahren. Die Vorteile dieses Verfahrens sprechen aber für einen zunehmend häufigeren Einsatz, wenn es um eine faire Bewertung der Effizienz im Schulbereich und um die Erhöhung schulischer Produktivität geht.

4 Schlussbemerkung

Es wurde versucht die vielfältigen Ansätze, Erhebungs- und Auswertungsmethoden quantitativ ausgerichteter empirischer Schulforschung darzustellen. Vieles konnte nur kurz angerissen werden – zudem konzentriert sich der vorliegende Beitrag auf das „klassische" Methodenrepertoire quantitativer Schulforschung. So blieben interessante Facetten des Forschungsfelds unberücksichtigt, die sich insbesondere aus der Übertragung von Methoden aus anderen Forschungsbereichen auf die Schulforschung (oder veränderte Anforderungen des Schulsystems) ergeben können. Mit der DEA wurde zuletzt auf eine solche zukunftsträchtige Methode hingewiesen. Aber auch neue Entwicklungen im Schulwesen, z.B. die Stärkung der Selbstständigkeit einzelner Schulen und die Ansätze „neuer Steuerung" (KGSt 1991) im Schulbereich können zur Ausweitung des Methodenrepertoires anregen. Zu denken ist hier insbesondere an Methoden der Regionalforschung (z.B. Friedrichs 1983) und Simulationsverfahren (z.B. Gilbert/Troitzsch 1999; Fickermann/Schulzeck/Weishaupt 2000). Weitere neue Anwendungsfelder quantitativer Schulforschung sind mit Untersuchungen zur Wirkung rechtlicher Veränderungen auf die Schulentwicklung (Rechtswirkungsforschung) oder mit Studien zur Flexibilität öffentlicher Budgetierung im Schulbereich (z.B. Weishaupt 1987) verbunden. Insofern kann die Darstellung eines Forschungsfelds nur aktuelle Schwerpunkte und Problemstellungen in das Zentrum rücken. Innovative Forschung zeichnet sich aber oft gerade dadurch aus, dass sie das vertraute Terrain verlässt.

Literatur

Alemann, H. v.: Der Forschungsprozeß. Eine Einführung in die Praxis der empirischen Sozialforschung. Stuttgart 1977

Anderson, L./Walberg H.J.: Data Envelopment Analysis. In: Keeves, J.P. (Ed.): Educational research, methodology and measurement: an international handbook. Oxford 1997, pp. 498-503

Backhaus, J./Erichson, B./Plinke, W./Weiber, R.: Multivariate Analysemethoden: eine anwendungsorientierte Einführung. Berlin 2000

Baltes, P.B.: Longitudinal and cross-sectional sequences in the study of age and generation effects. In: Human Development 11 (1968), pp. 145-171

Baumert, J./Lehmann, R./Lehrke, M./Schmitz, B./Clausen, M./Hosenfeld, I./Köller, O./Neubrand, J.: TIMSS – Mathematisch-naturwissenschaftlicher Unterricht im internationalen Vergleich. Deskriptive Befunde. Opladen 1997

Baumert, J./Bos, W./Lehmann, R.: Untersuchungsstand und Fragestellungen. In: Baumert, J./Bos, W./Lehmann, R. (Hrsg.): Mathematische und naturwissenschaftliche Grundbildung am Ende der Pflichtschulzeit (TIMSS/III – Dritte Internationale Mathematik- und Naturwissenschaftsstudie. Bd. 1, Opladen 2000, S. 19-30

Bortz, J.: Statistik für Sozialwissenschaftler. Berlin 1999

Bortz, J./Döring, N.: Forschungsmethoden und Evaluation. Berlin 1995

Bos, W.: Reliabilität und Validität in der Inhaltsanalyse. Ein Beispiel zur Kategorienoptimierung in der Analyse chinesischer Textbücher für den muttersprachlichen Unterricht für Auslandschinesen. In: Bos, W./Tarnai, C. (Hrsg.): Angewandte Inhaltsanalyse in Empirischer Pädagogik und Psychologie. Münster 1989, S. 61-69

Bos, W./Tarnai, C.: Entwicklung und Verfahren der Inhaltsanalyse in der empirischen Sozialforschung. In: Bos, W./Tarnai, C. (Hrsg.): Angewandte Inhaltsanalyse in Empirischer Pädagogik und Psychologie. Münster 1989, S. 1-13

Bryk, A.S./Raudenbush, S.W.: Hierarchical Linear Models. Applications and Data Analysis Methods. London 1992

Bryk, A.S./Raudenbush, S.W.: Hierarchical Linear Modeling. In: Keeves, J.P. (Ed.): Educational research, methodology and measurement. an international handbook. Oxford 1997, pp. 549-556

Bundesministerium für Bildung und Forschung (Hrsg.): Berufsbildungsbericht 2002. Bonn 2002

Burkhard, C.: Evaluation in der Fortbildungsmaßnahme „Schulentwicklung und Schulaufsicht". In: Landesinstitut für Schule und Weiterbildung (Hrsg.): Evaluation und Schulentwicklung. Ansätze, Beispiele und Perspektiven aus der Fortbildungsmaßnahme „Schulentwicklung und Weiterbildung". Soest 1996, S. 27-63

Charnes A./Cooper, W./Lewin A.Y./Seiford, L.M.: Data Envelopment Analysis. Theory, Methodology and Applications. Boston 1994

Charnes, A./Cooper, W./Rhodes, E.: Measuring the Efficiency of Decision Making Units. In: European Journal of Operational Research (1978), Vol. 2., pp. 429-444

Cohen, L./Manion, L./Morrison, K.: Research Methods in Education. London 2000

Daumenlang, K.: Querschnitt- und Längsschnittmethoden. In: Roth, E. (Hrsg.): Sozialwissenschaftliche Methoden. Lehr- und Handbuch für Forschung und Praxis. München 1995, S. 309-326

Deutsches PISA-Konsortium (Hrsg.): PISA 2000. Basiskompetenzen von Schülerinnen und Schülern im internationalen Vergleich. Opladen 2001

Deutsches PISA-Konsortium (Hrsg.): PISA 2000 – Die Länder der Bundesrepublik Deutschland im Vergleich. Opladen 2002

Diamantopoulos, A./Siguaw, J.A.: Introducing LISREL. A guide for the uninitiated. London 2000

Diekmann, A.: Empirische Sozialforschung. Grundlagen, Methoden, Anwendungen. Reinbek 2001

Ditton, H.: Mehrebenenanalyse. Grundlagen und Anwendungen des Hierarchisch Linearen Modells. Weinheim 1998

Ditton, H.: Evaluation und Qualitätssicherung. In: Tippelt, R. (Hrsg.): Handbuch Bildungsforschung. Opladen 2002, S. 775-794

Engel, U.: Einführung in die Mehrebenenanalyse: Grundlagen, Auswertungsverfahren und praktische Beispiele. Opladen 1998

Eye, A.v./Spiel, C.: Human Development: Research Methodology. In: Keeves, J.P. (Ed.): Educational research, methodology and measurement: an international handbook. Oxford 1997, pp. 134-137

Faßnacht, G.: Systematische Verhaltensbeobachtung. Eine Einführung in die Methodologie und Praxis. München 1995

Feger, H.: Planung und Bewertung von wissenschaftlichen Beobachtungen. In: Feger, H./Bredenkamp, J. (Hrsg.): Datenerhebung. Enzyklopädie der Pychologie. Bd. 1: Forschungsmethoden. Göttingen 1983, S. 1-75

Fend, H.: Theorie der Schule. München 1981

Fickermann, D./Schulzeck, U./Weishaupt, H.: Die Kosten-Wirksamkeitsanalyse als methodischer Ansatz zur Bewertung alternativer Schulnetze. Bericht über eine Simulationsstudie. In: Zeitschrift für Pädagogik (2000), 46, S. 61-80

Friedrichs, J.: Methoden empirischer Sozialforschung. Opladen 1990

Galton, M.: Classroom Observation. In: Keeves, J.P. (Ed.): Educational research, methodology and measurement: an international handbook. Oxford 1997, pp. 334-339

Ganley, J.A./Cubbin J.S.: Public Sector Efficiency Measurement. Applications of Data Envelopment Analysis. Amsterdam 1992

Gilbert, N./Troitzsch, K.G.: Simulation for the Social Scientist. Buckingham 1999

Greve, W./Wentura, D.: Wissenschaftliche Beobachtung. Eine Einführung. Weinheim 1997

Gruehn, S.: Unterricht und schulisches Lernen: Schüler als Quellen der Unterrichtsbeschreibung. Münster 2000

Hagmüller, P.: Empirische Forschungsmethoden. Eine Einführung für pädagogische und soziale Berufe. München 1979

Hayduk, L.A.: Structural equation modeling with LISREL: essentials and advances. Baltimore 1988

Heidenreich, K.: Die Verwendung standardisierter Tests. In: Roth, E. (Hrsg.): Sozialwissenschaftliche Methoden. Lehr- und Handbuch für Forschung und Praxis. München 1995, S. 389-406

Helmke, A.: Von der externen Leistungsevaluation zur Verbesserung des Lehrens und Lernens. In: Trier, U.P. (Hrsg.): Bildungswirksamkeit zwischen Forschung und Politik. Chur 2000

Hopkins, K.D.: Educational and Psychological Measurement and Evaluation. Boston 1998

Irle, M.: Umfrageforschung – auch in Zukunft der „Königsweg der Empirischen Sozialforschung? In: Kaase, M./Ott, W./Scheuch, E.K. (Hrsg.): Empirische Sozialforschung in der modernen Gesellschaft. Frankfurt a.M./New York 1983

Jaide, W.: Befragung. In: Haft, H./Kordes, H. (Hrsg.): Methoden der Erziehungs- und Bildungsforschung. Enzyklopädie Erziehungswissenschaft. Bd. 2, Stuttgart 1995, S. 309-313

Joint Commitee on Standard for Educational Evaluation: Handbuch der Evaluationsstandards. Opladen 2000

Jöreskog, K.G.: Statistical Estimation in factor analysis: a new technique and its foundation. Uppsala 1963

Jöreskog, K.G.: Advances in factor analysis and structural equation models. Lanham 1979

Jöreskog K.G./Sörbom, D.: LISREL 7. A guide to the program and application. Chicago 1989

Keeves, J.P.: Longitudinal Research Methods. In: Keeves, J.C. (Ed.): Educational research, methodology and measurement: an international handbook. Oxford 1997, pp. 138-149

KGSt (Kommunale Gemeinschaftsstelle für Verwaltungsvereinfachung): Dezentrale Ressourcenverantwortung: Überlegungen zu einem neuen Steuerungsmodell. Bericht 12. Köln 1991

Kish, L.: Survey Sampling. New York 1965

Kish, L.: Statistical Design for Research. New York 1987

Klieme, E./Baumert, J./Köller, O./Bos, W.: Mathematische und naturwissenschaftliche Grundbildung: Konzeptuelle Grundlagen und die Erfassung und Skalierung von Kompetenzen. In: Baumert, J./Bos, W./Lehrmann, R. (Hrsg.): Mathematische und naturwissenschaftliche Grundbildung am Ende der Pflichtschulzeit. TIMSS/III – Dritte Internationale Mathematik- und Naturwissenschaftsstudie. Bd. 1, Opladen 2000, S. 85-133

Klieme, E./Knoll, S./Schümer, G.: Mathematik der Sekundarstufe I in Deutschland, Japan und den USA: Dokumentation zur Videostudie (Multimedia-CD-ROM). In: Bundesministerium für Bildung und Forschung (Hrsg.): TIMSS – Impulse für Schule und Unterricht. Forschungsbefunde, Reforminitiativen, Praxisberichte und Videodokumente. Bonn 2001

Konrad, K.: Mündliche und schriftliche Befragung. Forschung, Statistik und Methoden. Bd. 4, Landau 1999

Lehmann, R.H./Peek, R./Gänsfuß, R./Lutkat, S./Mücke, S./Barth, I.: Qualitätsuntersuchung an Schulen zum Unterricht in Mathematik. Ergebnisse einer repräsentativen Untersuchung im Land Brandenburg. Ministerium für Bildung, Jugend und Sport. Potsdam 2000

Lester, P.E./Bishop, L.K.: Handbook of tests and measurement in education and the social sciences. London 2000

Lewis, D.G.: Experimentelle Planung in den Erziehungswissenschaften. 1974

Lewis-Beck, M.S.: Experimental design and methods. London 1993

Lienert, G.A./Raatz, U.: Testaufbau und Testanalyse. Weinheim 1998

Lüdtke, H.: Beobachtung. In: Lenzen, D./Mollenhauer, K. (Hrsg.): Enzyklopädie Erziehungswissenschaft. Bd. 2: Methoden der Erziehungs- und Bildungsforschung. Stuttgart 1995, S. 316-323

McMillan, J.H./Schumacher, S.: Research in education. A conceptual introduction. New York 1997

Merten, K.: Inhaltsanalyse. Einführung in Theorie, Methode und Praxis. Opladen 1995

Popper, K. R.: Logik der Forschung. Tübingen 1934/1994

Prell, S.: Evaluation und Selbstevaluation in pädagogischen Feldern. In: Roth, L. (Hrsg.): Pädagogik. Handbuch für Studium und Praxis. München 2001, S. 991-1003

Rasch, G.: Probalistic models for some intelligence and attainment tests. Copenhagen 1960

Rolff, H.-G.: Evaluation – ein Ansatz zur Qualitätsentwicklung von Schulen? In: Landesinstitut für Schule und Weiterbildung (Hrsg.): Evaluation und Schulentwicklung. Ansätze, Beispiele und Perspektiven aus der Fortbildungsmaßnahme „Schulentwicklung und Weiterbildung“. Soest 1996, S. 293-310

Rolff, H.-G./Holtappels, H.G./Klemm, K./Pfeiffer, H./Schulz-Zander, R. (Hrsg.): Jahrbuch der Schulentwicklung. Bd. 12: Daten, Beispiele und Perspektiven. Weinheim 2002

Rosier, M.J.: Survey Methods. In: Keeves, V. (Ed.): Educational research, methodology and measurement: an international handbook. Oxford 1997, pp. 334-339

Rüesch, P.: Spielt die Schule eine Rolle? Schulische Bedingungen ungleicher Bildungschancen von Immigrantenkindern – eine Mehrebenenanalyse. Bern 1998

Schaie, K.W.: A general model for the study of developmental problems. In: Psychological Bullentin 64 (1965), pp. 92-107

Scheel, H.: Effizienzmaße der Data Envelopment Analysis. Wiesbaden 2000

Schnell R./Hill, P.B./Esser, E.: Methoden der empirischen Sozialforschung. München 1999

Schwippert, K.: Optimalklassen: mehrebenenanalytische Untersuchungen. Eine Analyse hierarchisch strukturierter Daten am Beispiel des Leseverständnisses. Münster 2001

Seel, N.: Quantitative Bildungsforschung. In: Tippelt, R. (Hrsg.): Handbuch Bildungsforschung. Opladen 2002, S. 427-440

Sheldon, G.: Zur Messung der Effizienz im Bildungsbereich mit Hilfe der Data Envelopment Analysis. Basel 1995

Skowronek, H./Schmied, D. (Hrsg.): Forschungstypen und Forschungsstrategien in der Erziehungswissenschaft. Hamburg 1977

Spada H./May R.: Tests, kriterienorientierte. In: Haft, H./Kordes, H. (Hrsg.): Methoden der Erziehungs- und Bildungsforschung. Enzyklopädie Erziehungswissenschaft. Bd. 2, Stuttgart 1995, S. 610-617

Spangenberg, H.: Die Schulstatistik als Instrument zur Qualitätssicherung von Schulen am Beispiel Mecklenburg-Vorpommerns. Erfurter Studien zur Entwicklung des Bildungswesens. Bd. 4, Erfurt 2002

Timmermann, D.: Bildungsökonomie. In: Tippelt, R. (Hrsg.): Handbuch Bildungsforschung. Opladen 2002, S. 81-122

Todman, J.B./Dugard, P.: Single-case and small-n experimental design: a practical guide to randomization tests. Mahwah 2001

Trautwein, U./Köller, O.: Der Einfluss von Hausaufgaben im Englisch-Unterricht auf die Leistungsentwicklung und das Fachinteresse. Empirische Pädagogik 16 (2002), H. 2, S. 262-286

Wallen, N.E./Fraenkel, J.R.: Educational research: a guide to the process. Mahwah 2001

Wellenreuther, M.: Quantitative Forschungsmethoden in der Erziehungswissenschaft. Eine Einführung. Weinheim 2000

Wellhöfer, P.: Sozialwissenschaftliche Methoden und Arbeitsweisen. Stuttgart 1997

Weishaupt, H.: Analyse der Flexibilität des öffentlichen Bildungsbudgets in der Bundesrepublik Deutschland. Frankfurt a.M. 1987

Wottawa, H./Thierau H.: Lehrbuch Evaluation. Bern 1998

Zimmermann, U.: Social support und Gesundheit bei älteren Frauen. Eine LISREL-Kausalanalyse des Wirkgefüges. Frankfurt a.M. 1997

Jeanette Böhme

Qualitative Schulforschung auf Konsolidierungskurs: interdisziplinäre Spannungen und Herausforderungen

Es gilt die Entwicklung der Methoden qualitativer Forschung im Brennpunkt der Schulforschung herauszuarbeiten. Damit leuchtet der Fokus des Beitrages eine bisherige Leerstelle aus, auf dem das gegenwärtige Selbstverständnis qualitativer Schulforschung aufruht. Dass seine Konturierung entscheidend über eine methodisch-methodologische Reflexion des Forschungsbereiches zu gewinnen ist, bedarf es in einem stärkeren Maße hervorzuheben.

Um die Spezifik und den Stand qualitativer Schulforschung herauszuarbeiten lassen sich – mit retrospektivem Blick auf die methodisch-methodologische Diskursgeschichte qualitativer Forschung – drei Perspektiven ausmachen, die grundlegend aufgegriffen werden könnten: So kann qualitative Schulforschung in der Logik des paradigmatischen Abgrenzungsdiskurses gegenüber quantitativen Ansätzen diskutiert werden (vgl. den Beitrag von Krüger/Pfaff in diesem Band). Diese Diskurslinie fand in den 1970er Jahren ihren Höhepunkt. Gegensatzpaare wie qualitativ/quantitativ, verstehend/erklärend, interpretativ/normativ, fallbezogen/regelhaft, induktiv/deduktiv wurden in dieser Phase stark gemacht und erlebten teilweise eine Renaissance; allerdings wird deren systematisierende Tragfähigkeit im aktuellen methodologischen Diskurs zunehmend relativiert. Ende der 1970er und in den 1980er Jahren verschob sich sodann die Aufmerksamkeit hin zu einer forschungspraktischen Ausdifferenzierung entsprechender Methoden der Datenerhebung und Datenauswertung. Dabei wurde die Potenzialität der qualitativen Forschungslogik „empirisch belegt“, subjektive Sichtweisen von Akteuren, Prozesse der Herstellung sozialer Situationen und tieferliegende Strukturen von Interaktionszusammenhängen zu erschließen (vgl. Flick/Kardorff/Steinke 2000, S. 18ff.). Mit der Etablierung von „Methodenschulen“ verlor dabei jedoch die methodologische Diskussion zunehmend an Bedeutung. Daran anknüpfend könnte im Folgenden gegenstands- bzw. fallbezogen die forschungspraktische Bewährung einzelner Methoden herausgestellt werden. Die Grenzen eines solchen Vorgehens wären jedoch meines Erachtens darin zu sehen, dass dabei von zwei daran anschließenden inkludierenden Tendenzen abstrahiert werden müsste, die seit den 1990er Jahren die qualitative Forschungspraxis, aber auch darauf bezogene Diskurse bestimmen: So eröffnete die Ausdifferenzierung methodischer Zugänge den Spielraum von Anschlussstellen für die Triangulation sowohl zwischen qualitativen Methoden als auch mit quantitativen Ansätzen. Entsprechend gewann auch die Diskussion um die konkrete epistemologische Potenzialität von Triangulationsmodellen zunehmend Aufmerksamkeit (vgl. Überblick Flick 2000). Darüber hinaus förderten Studien, in denen „In-Anlehnung-an“- Methoden oder ‚Spielarten‘ qualitativer Verfahren umgesetzt wurden, eine zunehmende forschungspraktische Aufweichung methodischer Differenzen bei der Datenerhebung, -aufbereitung und -auswertung. Vor diesem Hintergrund blühte die auch gegenwärtig noch rege geführte Diskussion um Qualitätsstandards bzw. Gütekriterien qualitativer Forschung auf (vgl. Steinke 1999), in der neben einer Konturierung angewandter Methoden auch die mittlerweile marginalisierte grundlagentheoretisch-methodologische Reflexion des eigenen Forschungsprozesses neu gefordert wird (vgl. etwa Lüders 2000a).

Da sich auch in der qualitativen Schulforschung eine zunehmende Offenheit für einen triangulierenden Zugriff auf Methoden zur Datenerhebung und/oder -auswertung abzeichnet, eine gleichsame Expansion der Diskurse um damit verbundene methodologische Vermittlungsprobleme jedoch weitestgehend ausbleibt, nimmt dieser Beitrag die damit verbundene Kritik auf. Entsprechend wird das Ziel verfolgt zur Schärfung des „methodologischen Problembewusstseins" in der qualitativen Schulforschung beizutragen, indem deutlich gemacht wird, dass etablierten Methoden teilweise gänzlich differente Wirklichkeitsvorstellungen immanent sind, von denen die Forschungspraxis nicht abstrahieren kann.

In diesem Sinne werde ich im gegebenen Rahmen über eine Skizze der interdisziplinären Traditionslinien Qualitativer Schulforschung, deren Verhältnismäßigkeit andiskutieren und auf damit verbundene Methodenansätze verweisen. So wird in einem ersten Abschnitt das ungeklärte Verhältnis der Qualitativen Schulforschung zur Tradition der geisteswissenschaftlichen Hermeneutik konturiert und zwischen ausgewählten Verstehensmodellen unterschieden. Daran anknüpfend wird zweitens das in der Schulforschung etablierte Forschungsprogramm der ‚Subjektiven Theorien' und hier besonders die daraus hervorgegangene Struktur-Lege-Technik und das Selbstkonfrontationsinterview vorgestellt. Drittens wird aufgezeigt, dass die sozialwissenschaftliche Etablierung des ‚Interpretativen Paradigmas' nur eine verhaltene Wende in der Schulforschung auslöste, sich jedoch bis zum gegenwärtigen Zeitpunkt die Objektive Hermeneutik, das narrationsstrukturelle Verfahren, die dokumentarische Methode und die Ethnographie als zentrale Ansätze qualitativer Schulforschung durchgesetzt haben. In einem abschließenden Kapitel werden Herausforderungen benannt, deren Bearbeitung meines Erachtens anstehen um die qualitative Schulforschung auf ihren Konsolidierungskurs zu halten.

1 Der diffuse Stellenwert der geisteswissenschaftlich-hermeneutischen Traditionslinie für die gegenwärtige qualitative Schulforschung

Die Anfänge einer qualitativ orientierten Schulforschung im deutschsprachigen Raum lassen sich je nach Akzentuierung zeitlich different verorten. Als Forschungspraxis gewinnt sie wohl erst im Zuge der Etablierung des ‚Interpretativen Paradigmas' in den 1970er Jahren Kontur (vgl. Abs. 3). Jedoch wäre es verkürzt den Ausgang qualitativer Schulforschung in der ‚Alltagswende' der Sozialwissenschaften zu verorten. Die Sachlage ist diffiziler, denn die „allgemeine methodische Forderung, Pädagogik als Wissenschaft habe historisch gewordene Erziehungswirklichkeit als eine sinnhaft strukturierte, kulturell geformte Realität in ihrer Sinnhaftigkeit und normativen Struktur zu verstehen, ist (...) in Deutschland sehr viel älter und mit der Tradition der geisteswissenschaftlichen Pädagogik verknüpft" (Terhart 1997, S. 31).

Damit sind wir zu einer bisher wenig diskutierten ‚Gretchenfrage' für das Selbstverständnis der qualitativen Schulforschung vorgedrungen, bei der die Relevanz der geisteswissenschaftlichen Hermeneutik für die Schulforschung im Zentrum steht. Die Antwort lässt sich widersprüchlich herleiten: So wird die philosophische Hermeneutik einerseits als metatheoretischer

Bezugsrahmen bei der methodologischen Diskussion um die Möglichkeit des Sinnverstehens sich wandelnder kultureller Sinnproduktion ausgewiesen. Davon wird qualitative Sozialforschung insofern unterschieden, als sie eher ein „System von Kunstregeln" (Gadamer 1972) der Textauslegung ausdifferenziert, was die Annahme eines möglichen Verstehens immer schon voraussetzt: „Damit partizipieren solche unterschiedlichen Akzentuierungen qualitativer Forschung bewusst oder unbewusst an bestimmten hermeneutischen Denktraditionen" (Uhle 1995, S. 34). Die Hermeneutik ist demnach in dieser Argumentation die Meta- oder Wissenschaftstheorie der qualitativen Sozialforschung im Allgemeinen und der qualitativen Schulforschung im Besonderen. Andererseits sind auch aus der geisteswissenschaftlichen Traditionslinie Verstehensmodelle hervorgegangen, die den Methodenansätzen der am ‚Interpretativen Paradigma' orientierten Sozialforschung gegenüber gestellt werden. „Wissenschaftssystematisch ergibt sich das Bild von zwei Forschungsprogrammen, die ein gemeinsames Anliegen aufweisen, aber in der forschungsmethodischen Umsetzung und hinsichtlich der praktischen Konsequenzen unterschiedlich vorgehen" (König 1991, S. 59f.). Im Rahmen dieses Paradigmenkampfes wird sich für eine Rehabilitation der marginalisierten geisteswissenschaftlichen Methoden des Sinnverstehens eingesetzt (vgl. Danner 1998), deren forschungspraktische Potenzialität sich in der Schulforschung bisher wenig entfaltet hat (vgl. Helsper/Stelmaszyk 1999, S. 11).

Verfolgt man die hermeneutische Diskurslinie bis in ihre antiken Anfänge zurück (vgl. etwa Jung 2001), so stößt man auf Auseinandersetzungen mit Problemen, die bis heute den methodologischen Diskurs qualitativer Forschung bestimmen: erstens die analytische Differenz von Sinnebenen in Texten und die Bestimmung des Textbegriffes selbst; zweitens die methodische Lösung des hermeneutischen Zirkels; drittens methodologische Fragen zur Gültigkeit bzw. intersubjektiven Nachvollziehbarkeit der Ergebnisgenerierung im Interpretationsprozess auf dem Hintergrund der Perspektivität des Sinnverstehens; viertens die didaktische Herausforderung der Vermittlung hermeneutischer Kompetenz und deren Konkretion. Schließlich ist auf die Epoche des Renaissance-Humanismus zwischen 1300 und 1600 zu verweisen, in der um ein Weiteres das Selbstverständnis qualitativer Forschungslogik aufruht. In Absetzung von den Begründern der ‚neuen Philosophie', die in mathematischer Exaktheit und logischer Strenge die Möglichkeit zur Erkenntnis behaupteten, wurde ausgehend von ‚der Sprache des Falls' die „Viel- und Allseitigkeit des Subjektes" betont (vgl. Garz 1995, S. 14ff.). Aus dieser subjektzentrierten Perspektive finden sich auch schon etwa bei Erasmus von Rotterdam ‚dichte Beschreibungen' schulischer Szenen (vgl. dazu Rumpf 1979). So lässt sich formulieren: „Die Humanisten des 16. Jahrhunderts waren ebenso gewiss die Begründer der modernen Geisteswissenschaften, wie die Naturphilosophen des 17. Jahrhunderts die Begründer der modernen Naturwissenschaft und Philosophie waren" (Toulmin 1991, S. 79). Deren Wissenschaftsverständnis dominierte bis Anfang des 18. Jahrhunderts, als Vertreter der philosophischen Hermeneutik den aufgespannten methodologischen Problemhorizont weiter ausdifferenzierten. So erarbeitete etwa Johann Martin Chladenius in seiner Schrift von 1742 eine Theorie des Sehe-Punktes und betonte damit die Perspektivität des Verstehens von Tatsachen. In diesen Überlegungen wurde erstmals „in aller Klarheit eine Position beschrieben, die zwischen radikalem Perspektivismus à la Nietzsche (»Es gibt nur viele Interpretation und keine Tatsachen«) und radikalem Objektivismus (»Es gibt nur Tatsachen und jeweils eine einzige wahre Darstellung von ihnen«) die Mitte hält" (Jung 2001, S. 48). Eine weitere zentrale Linie wird durch Schleiermachers Überlegungen zur Hermeneutik zwischen 1810 und 1830 eröffnet. Dort distanziert er sich von der traditionellen Unterscheidung zwischen klarem/wörtlichem Sinn und unklarem/allegorischem Sinn und konstatiert „die universale Auslegungsbedürftigkeit von Sprache" (Jung 2001, S. 60).

In dieser Traditionslinie kam es zur Etablierung von geisteswissenschaftlichen Verstehensmodellen (vgl. Danner 1998). Legt der Blick auf explizierte Methodendesigns in Studien der Schulforschung nahe, hermeneutische Verstehensmodelle eher in einem weitestgehend abgeschlossenen Kapitel der Methodengeschichte qualitativer Schulforschung zu verorten, so zeigt sich dagegen in verschiedenen Dokumentationen von Fallinterpretationen, dass ihnen ungebrochen ein zentraler Stellenwert zukommt. Vor dem Hintergrund der forschungspraktischen Relevanz geisteswissenschaftlich-hermeneutischer Perspektiven in der Schulforschung sollen nun auch die Modelle von Schleiermacher, Dilthey und Gadamer vorgestellt werden, auf die dabei implizit zugegriffen wird. So ist Schleiermachers Verstehensmodell als eine grammatische und psychologische Reproduktion der Autorenperspektive durch den Interpreten konzipiert: Die eine bezieht sich auf die Entschlüsselung der subjektiv erzeugten, eindeutigen Sprachbedeutung; die andere bezieht sich auf die subjektive Seite des Autors bei der schöpferischen Produktion des Textes. Allein diesen Aspekt kann der Interpret besser verstehen als der Autor, nicht aber den generierten Sinngehalt des Textes. Verstehen wird hier als „zweifacher Zirkel" (Schneider 1991, S. 34) entworfen: So gelingt die Auslegung der Schriften nur, indem die zugänglichen Sinnelemente einem Sinnganzen zugeordnet werden. Diese Erschließung des Sinnganzen setzt jedoch die Kenntnis sowohl des Sprachschatzes als auch der psychologischen Dispositionen des Autors voraus. Diese ist jedoch nur durch eine hermeneutische Durchdringung der Sinnelemente des Textes zu gewinnen, die wiederum einem Sinnganzen zugeordnet werden müssen etc. In einem solchen Prozess zirkulierender Modifikation von eigenem Vorverständnis und Textverständnis soll es dem Interpreten gelingen, in dem Sinnhorizont des Autors aufzugehen.

Dilthey, Schleiermachers Schüler, nimmt schließlich eine Akzentverschiebung vor: In seinem Modell verschwindet der Interpret nicht idealtypisch im Autor, insofern Dilthey die Möglichkeit einer Erfassung der psychologisch-historischen Situation des Autors relativiert. Anstelle wird der Erfahrungs- und Erlebnishintergrund des Interpreten als bedeutsam für die Auslegung des Sinngehaltes des Textes ausgewiesen. Diese Erfahrungskreise sind einer kritischen Analyse zu unterziehen. Denn erst wenn es dem Interpreten gelingt, sowohl seine eigene Perspektivität des Deutens als auch die des Autors als spezifisch historisch-kulturelle transparent zu machen, kann sich Verstehen von konkret personalen Hintergründen ablösen und auf diese Weise in den ‚objektiven Geist' eintauchen. Diese andere ‚objektive Geisteshaltung' wird schließlich als konstitutive Voraussetzung für Fremdverstehen bestimmt. Dilthey transferiert dieses Modell zu Beginn der 1980er Jahre in seine Begründung der Pädagogik als Wissenschaft. Hierbei wird betont, dass das pädagogische Sinnverständnis durch die Reflexion der Erfahrung eigener erzieherischer Tätigkeit erworben wird. Damit wird Schleiermachers konstatierte Dignität der Praxis berücksichtigt. Wissenschaftliche Forschung entspringt aus der Praxis und wirkt auf diese auch wieder zurück. Für die geisteswissenschaftliche Pädagogik wird so die „doppelte praktische Orientierung" (vgl. Röhrs 1996, S. 247) des hermeneutischen Bezugs zentral.

Eine deutliche Modifikation dieses Konzeptes wurde schließlich von Gadamer 1971 vorgenommen. Gadamer schließt die absolute Fixierbarkeit von Sinn über Textauslegung ebenso aus wie die Möglichkeit, dass der Interpret im Autor aufgeht oder ihm kongenial gleichberechtigt sein kann. Auch sieht Gadamer nicht die Möglichkeit gegeben, über die selbstreferenzielle Vergegenwärtigung der Deutungsperspektiven eine Metaperspektive auf deren Geschichtlichkeit zu erlangen. Gadamer hebt in seinem Verstehensmodell vielmehr die Bedeutung der hermeneutischen Situation hervor, deren Geschichtlichkeit konstitutiv und damit auch unhintergehbares Wirkungsmoment im Prozess der Auslegung ist. Das Verstehensmodell der geisteswissenschaftlichen Hermeneutik entfaltet sich sodann zwischen drei Ebenen: „der Erziehungswirklichkeit (und dem in ihrem Rahmen lokalisierten Problem), dem geschichtlichen Aspekt (einschließlich des Vergleichs mit anderen Erziehungssystemen) sowie dem eigenen kritisch gesichteten Erfahrungshorizont“ (Röhrs 1996, S. 251).

Diese skizzierte Darstellung von Verstehensmodellen macht deutlich, dass Hermeneutik nicht nur einen metatheoretischen Bezugsrahmen für methodologische Reflexionen markiert, sondern auch ein Oberbegriff für ein Spektrum an methodischen Perspektiven auf den Text ist, die an differenten Leitfragen ausgerichtet sind: „Schleiermacher: Was hat der Autor unter dem Gesagten verstanden? Dilthey: Was verstehen Autor und Interpret unter dem Gesagten? Gadamer: Was muß der Interpret aus seiner heutigen Situation heraus unter dem Gesagten verstehen?“ (Danner 1998, S. 89).

Gegenüber der geisteswissenschaftlichen Hermeneutik haben sich bis in den gegenwärtigen Diskurs hinein Kritiklinien etabliert, die schließlich auch zu einer Relativierung der Anerkennung bis dahin entwickelter hermeneutischer Modelle führten (Apel 1971): Besonders die Einwände der Kritischen Theorie konzentrieren sich – analog zum Kritischen Rationalismus – auf die hermeneutischen Annahmen der Vorverständnisstruktur sowie die Traditionsgebundenheit des Verstehens bzw. menschlichen Erkennens und die Sprachlichkeit des Verstehens (vgl. Hüllen 1982, S. 94f.). So wirft etwa Habermas mit Bezug auf das Konstrukt des „wirkungsgeschichtlichem Bewusstseins“ Gadamer eine Ontologisierung der Tradition vor und behauptet demgegenüber die Möglichkeit einer kritischen Reflexion der Tradition, die von der Vorverständnisstruktur der Erkenntnis befreit ist. Darüber hinaus wird Gadamers Annahme, dass nur durch die Sprache Weltaneignung möglich ist, von Habermas als verkürzt hinterfragt und die Sprache neben die Medien der Arbeit und Herrschaft gestellt. Dort, so Habermas, ist die Möglichkeit einer nichtsprachlichen Erkenntnis gegeben. Gerade an dieser Stelle weist Gadamer nach, dass Habermas einen zweiten Verstehensbegriff zu etablieren versucht, als einen anderen Zugang zur Ideologiekritik, als wahres Verstehen. Dies stellt Gadamer jedoch infrage und hält daran fest, dass Verstehen unter der Betonung der Sprachlichkeit auch Ideologiekritik sein kann, die nur insofern ein Sonderfall ist, als dort die Reflexion auf gesellschaftspolitische Verhältnisse fokussiert wird.

Des Weiteren wurde gerade durch Vertreter des ‚interpretativen Paradigmas‘ qualitativer Sozialforschung hinterfragt, inwiefern die hermeneutische Methode als Verfahren der Textauslegung in der pädagogischen Forschung die komplexen Ausdrucksformen der Erziehungswirklichkeit überhaupt fassen kann. Damit verbunden ist eine Kritik am empirischen Defizit geisteswissenschaftlicher Pädagogik, die in ihrer Forschungsfokussierung auf Texte über die Erziehungswirklichkeit die interpretative Erforschung von Texten aus der aktuellen Erziehungswirklichkeit, aber auch eine kritische Reflexion ihrer gesellschaftlichen Konstitutionsbedingungen systematisch vernachlässigt.

Ein weiterer zentraler Diskussionskern ist das Theorie-Praxis-Problem. Diltheys Position war gekennzeichnet durch eine Kontrastellung zur wertfreien Sozialforschung. Bezugnehmend auf die wertend-normativen Implikationen der favorisierten Ableitung praktischer Konsequenzen aus der Forschung, spricht Wilson (1981) dann auch von einem ‚normativen Paradigma‘. Nach Uhle (1995) lassen sich normative und interpretative Ansätze aus einer hermeneutischen Perspektive zwar lediglich als Varianten eines „Zur-Geltung-Bringens von Verstehenseinsichten“ ausweisen, jedoch kommt darin gleichsam tief greifender ein duales Wissenschaftsverständnis zum Ausdruck, dass „innerhalb qualitativer Sozialforschung zu einem echten Dualismus von ‚Handlungs- oder Aktionsforschung‘ einerseits und interpretativer Forschung andererseits führt, allerdings um den Preis einer verengt verstandenen Applikationsfigur des Verstehens als Gegenstand der Kontroverse“ (ebd., S. 45).

Gerade die Schneise zwischen einer anwendungsbezogenen und einer grundlagentheoretischen Forschungsorientierung lässt sich als zentraler mikropolitischer Konflikt der qualitativ orientierten Schulforschung ausweisen. Dennoch bleibt zu betonen, dass eine praxisorientierte Handlungs- und Aktionsforschung einerseits (vgl. den Beitrag von Prengel/Heinzel/Carle sowie Altrichter/Feindt in diesem Band) und eine eher grundlagentheoretisch orientierte Schulforschung im Sinne einer „reflexiven Beobachtungswissenschaft“ andererseits (vgl. Krüger 1998) – in einem konstitutiven Wechselverhältnis stehen. Denn eine praxisrelevante bzw. anwendungsbezogene Schulforschung setzt eine Grundlagenforschung ebenso voraus, wie umgekehrt eine unvoreingenommene extensive Exploration aller möglichen Aspekte des Forschungsfeldes Schule nicht nur methodologisch als idealtypischer Grenzfall auszuweisen ist, vielmehr auch die Situation des Forschers schlichtweg überfordern würde. Für beide Forschungszugänge sind für die jeweiligen Phasen im Forschungsprozess differente Relevanzen zwischen alltagsweltlichem Vorwissen, gegenstandsbezogenen und allgemein-theoretischen Konzepten auszumachen (vgl. Meinefeld 2000). Aber nicht nur in Differenzen der Forschungspraxis, sondern auch disziplinpolitisch materialisiert sich die eher unterschwellig geführte Auseinandersetzung zwischen diesen Ansätzen besonders in zwei Bereichen: erstens hinsichtlich der Kriterien von Forschungsförderung, zweitens hinsichtlich der Ausschreibung von Stellenprofilen im universitären schulpädagogischen Bereich. Bei Letzteren wird die diffizile Bedeutung der geisteswissenschaftlichen Traditionslinie in der Schulpädagogik dahingehend deutlich, dass die Forderung nach forschungspraktischen Methodenkenntnissen und -erfahrungen im Schatten der gesetzlichen Prämisse steht, dass schulpraktische Erfahrungen vorhanden sein sollen, die nach Dilthey eine hermeneutische Kompetenz als Dimension pädagogischer Professionalität generieren.

Wie bereits angemerkt finden sich bei der Betrachtung von qualitativen Studien der Schulforschung wenige, in denen die Forschungspraxis in der methodischen Reflexion explizit auf hermeneutische Verstehensmodelle bezogen wird. Daraus abzuleiten, dass dieser Ansatz an Bedeutung verloren hat, ist jedoch kurzschlüssig. Vielmehr ist eine ‚heimliche‘ Relevanz nachvollzugshermeneutischer Ansätze in der Schulforschung hinter vorgehaltenen Methodenetiketten zu unterstellen. So drängt sich etwa dem methodenkritischen Leser die Frage auf, was denn für ein Zugang gewählt wurde, wenn sich an etablierte qualitative Verfahren lediglich ‚angelehnt‘ wurde. Begünstigt wird dieses Vorgehen durch den Triangulationstrend, der bis auf Ausnahmen (vgl. dazu etwa Meyer/Schmidt 2000), damit verbundene methodologische Vermittlungsprobleme zwischen forschungspraktisch verwandten Methoden eher entthematisiert. In diesem Sinne ist der These von König (1991, S. 59f.) zuzustimmen, dass in der methodentriangulierenden qualitativen Forschung eine Differenzmarkierung zwischen hermeneutischen Verstehensmodellen sowie sozialwissenschaftlichen und psychologisch orientierten Verfahren forschungspraktisch an Kontur verliert. Angesichts zunehmender Annäherung und Verknüpfung ergeben sich Schwierigkeiten einer eindeutigen kategorischen Zuordnung. Dies zeigt sich auch an den Stellen, wo qualitative Forschung ihrer erhobenen Kritik gegenüber der geisteswissenschaftlichen Hermeneutik selbst nicht entkommt (vgl. etwa die Hinweise von Zedler 1983, S. 77) oder von aktuellen Entwicklungen in der hermeneutischen Tradition abstrahiert wird (vgl. Uhle 1989). Vor diesem Hintergrund ist zumindest anzunehmen, dass das Methodenrepertoire der Schulforschung im deutschsprachigen Raum gewissermaßen transversal von der geisteswissenschaftlich-hermeneutischen Traditionslinie durchzogen ist. Rittelmeyer und

Parmentier (2001) knüpfen daran die These: „Es mag auch an diesen Überschneidungen mit anderen Forschungsmethoden liegen, dass die Hermeneutik bisher keine institutionell etablierte, eigenständige Forschungsmethode der Pädagogik geworden ist“ (ebd., S. 2).

2 Die innovative Konzipierung von Datenerhebungsverfahren im kognitionspsychologischen Forschungsprogramm „Subjektive Theorie“

Waren die Verstehensmodelle der geisteswissenschaftlich-hermeneutischen Traditionslinie auf die Perspektive des Autors im Verhältnis zu seinem hergestellten Text als Wirklichkeitsausschnitt fokussiert, so finden sich dazu deutliche Parallelen zum kognitionspsychologischen Ansatz der psychologischen Disziplin. Hier ist das „Forschungsprogramm Subjektive Theorie“ (vgl. Übersicht König 1995, S. 20) hervorzuheben, das Ende der 1970er Jahre und Anfang der 1980er Jahre in der Lehrerforschung etabliert wurde, mittlerweile jedoch darüber hinaus Anwendung gefunden hat. In der kognitiven Wende in der Psychologie hat sich dieser Forschungsansatz im Rahmen der Bewusstseins- und Denkpsychologie zu verorten und ist als Abwendung von dem Programm einer behavioristischen Sozialwissenschaft zu interpretieren. Mit „introperspektivistischen“ Verfahren (vgl. Groeben/Scheele 1977) wird der Fokus auf verbale Daten gerichtet, die bewusste Prozesse beim eigenen Denken und Handeln zum Ausdruck bringen. Darauf bezogen stellt Zedler (1983) heraus, dass es etwa „zwischen der interviewabhängigen Analyseform und der GP (Geisteswissenschaftlichen Pädagogik d.Vf.) eindeutige Parallelen“ (ebd., S. 77) gibt. Denn schließlich zielt die Analyse Subjektiver Theorien auf die Erschließung von Bewusstseinspräsentationen, die als Orientierungen konstitutiv für Handlungen sind. Erst eine Analyse Subjektiver Theorien, die die Konstitutionsbedingungen mit berücksichtigt, erweist sich als eine Weiterführung der hermeneutisch-pragmatischen Theoriebildung. Vor allem provoziert durch die Etablierung des ‚interpretativen Paradigmas‘ im deutschsprachigen Raum (vgl. Abs. 3) wurde dementsprechend Ende der 1980er Jahre die bis dahin verfolgte Annahme problematisiert, dass handlungsbezogene (Selbst-)Aussagen interne bewusste Zustände und Prozesse in Handlungen repräsentieren. Gerade Breuer (1995) kritisiert in diesem Zusammenhang die dominanten „Abbild-Auffassungen“ (vgl. ebd., S. 161), die mit Blick auf die Interviewsituation einer interaktionstheoretischen Kritik zu unterziehen sind.

Disziplinpolitisch steht das Forschungsprogramm für eine punktuelle Renaissance der Orientierung an qualitativen Methoden in der Psychologie (vgl. Berghold/Breuer 1987; Groeben/Wahl/Schlee/Scheele 1988). Methodologisch ist die handlungstheoretische Psychologiekonzeption der Dialog-Konsens-Hermeneutik verpflichtet (Christmann/Scheele 1995, S. 93). Darüber hinaus ist aber die innovative Konzipierung neuer Methoden für die Datenerhebung (vgl. Überblick bei König 1995) als Kennzeichen dieser Forschungslinie hervorzuheben. Besonders nennenswert sind dahingehend: die Methode der freien Beschreibung bzw. des Lauten Denkens als handlungsbegleitende Verbalisierung etwa bei Problemlösungen; Leitfaden-Interviews als retrospektive Berichte über interaktives Handeln; schließlich die Struktur-Lege-Technik und das Selbst-Konfrontations-Interview, auf die im Folgenden die Aufmerksamkeit gerichtet werden soll. Die Fokussierung ist einerseits darin begründet, dass die methodischen Prinzipien der Struktur-Lege-Technik die Entwicklung software-unterstützter Auswertungsstrategien von Interviewmaterial vorbereitet haben; andererseits werden videographisch gestützte Konfrontationsverfahren mittlerweile auch in anderen Forschungsansätzen aufgegriffen, was nicht nur die methodisch-forschungspraktische Anschlussfähigkeit dieser Linie deutlich macht, sondern auch auf die Ausdifferenzierung der bewusstseinspsychologisch-handlungstheoretischen Perspektive verweist, die eine triangulierende Verknüpfung mit Ansätzen des ‚Interpretativen Paradigmas' ermöglicht.

Den Auftakt in der Linie des Struktur-Lege-Verfahrens stellte Feldmann 1979 mit der Methode zur Erfassung von Alltagstheorien Professioneller (MEAP). Dabei steht die graphische Erfassung von Strukturen lehrerseitiger Kausalattributierungen zwischen einem zentralen Unterrichtsproblem und Erklärungsfaktoren im Zentrum. Beeindruckend ist die Binnendifferenziertheit der Erhebung: Mit Pfeilkärtchen können Relationierungen als Ursache-Wirkung-Beziehungen, Wechselwirkungen, Korrelationsbeziehungen oder ungerichtete Beziehungen konkretisiert werden, die dann in ihrer indirekten/direkten und positiven/negativen Ausformung näher zu bestimmen sind. Erweiterungen der Kausalstruktur um Relationierungen zwischen der problematischen Situation und anderen Ursachen bzw. daraus resultierender antizipierter Zusammenhänge etc. sind möglich (ebd., S. 107). Ergebnis ist schließlich die graphische Darstellung des Erklärungsmusters für eine bestimmte Situation. Zentral ist, dass bei Feldmann noch ein bestimmtes Basisvokabular vorab festgeschrieben wird um die variantenreichen Optionen für Vergleiche zwischen Personen, Erklärungsmustern und Problemkonstellationen zu sichern (vgl. ebd., S. 110). Feldmann sieht in dieser Methode eine Potenzialität, die fallspezifische bzw. situative Flexibilität, Komplexität, Transformation und Signifikanzen von Alltagstheorien gegenüber Einstellungen und Meinungen erfassen zu können. In diesem Sinn wird eher eine weitere Standardisierung der Methode angeregt um bei der Auswertung auf Häufigkeitsauszählungen, Faktorenanalysen und Clusteranalysen zurückgreifen zu können, die stark in einer quantifizierenden Logik verhaftet bleiben (vgl. ebd., S. 114). Dieser Ansatz wird schließlich in der Tradition sozialpsychologischer Theorien verortet, die auf gestaltpsychologische Annahmen und die kognitive Dissonanztheorie Bezug nehmen (vgl. Drexler 1979, S. 125). Schließlich wurde das Konzept von Groeben und Scheele in dem Modell der Heidelberger Struktur-Lege-Technik (SLT) weiterentwickelt. Zur Rekonstruktion des Herstellungswissens entwarf Wahl das Konzept Weingartener Appraisal Legetechnik (WAL).

Dann und Krause richten ihr Modell der Interview- und Legetechnik (ILKHA) auf eine „verstehende Beschreibung von Handlungen aus der Perspektive der handelnden Person" (Dann/Barth 1995, S. 35) aus. Zentral für die theoretische Begründung dieses Verfahrens ist ein Verständnis vom Handeln als bewusstes zielgerichtetes, geplantes und beabsichtigtes Verhalten eines Akteurs. Handeln wird als Abfolge von Handlungen definiert, die als sozial definierte Einheiten den Verhaltensstrom in bedeutungsvolle Muster gliedern. Handlungen sind demnach Interpretationskonstrukte und damit konstitutiv mit Sinngebungen verbunden, die ihrerseits auf individuellen Wissensbeständen basieren: den so genannten Subjektiven Theorien. (Selbst-)Interpretationen können so als Anwendung Subjektiver Theorien mit einem sozialen Ursprung verstanden werden. Die von Dann und Krause, schließlich auch von Barth etablierte Methode der Interview- und Legetechnik zur Rekonstruktion kognitiver Handlungsstrukturen ist eine Ausdifferenzierung des graphischen Verfahrens zur Erfassung inhaltlicher Aspekte und deren formalen Relationen Subjektiver Theorien. Die forschungspraktische Umsetzung in zwei Phasen ist hier nun von einer induktiven Logik dominiert: In einem ersten Schritt wird über ein Interview Material für die heuristische Herausarbeitung einer Gesamtstruktur der Subjektiven Theorie gesammelt. Diese soll verdeutlichen, „welchen Sinn eine Person mit bestimmten Handlungen und Handlungsaspekten verbindet" (ebd., S. 36). „Um möglichst nahe an die im Alltag handlungsregulierenden Kognitionen heranzukommen, setzt das Verfahren bei realen Handlungssituationen an" (ebd., S. 38). In der Interviewphase erstellen die Interviewer Kärtchen, die in der zweiten Phase wieder verwendet werden. Dort erfolgt die Rekonstruktion der Subjektiven Theorie, die als getrennter oder gemeinsamer Prozess zwischen Forscher und interviewter Person eröffnet werden kann. Voraussetzung ist allerdings die Kenntnis des Probanden vom Regelsystem der Struktur-Lege-Technik (vgl. ebd., S. 41ff.). Relationiert werden vier Arten von inhaltlichen Konzepten: Entscheidungsbedingungen, Handlungen als Wahl einer Handlungsoption, Handlungsziel und Handlungsergebnis bzw. -folge (ebd., S. 38f.). Die erarbeitete Struktur wird im Forschungsprozess weiter ausdifferenziert und modifiziert. Verstehen wird hier durch das Konzept einer dialogischen Hermeneutik grundgelegt. Das Angemessenheitsurteil wird dabei an das so genannte dialog-konsenstheoretische Wahrheitskriterium einer kommunikativen Validierung geknüpft. Voraussetzung dafür ist die Annäherung an die von Habermas entworfene „ideale Sprechsituation" (vgl. Christmann/Scheele 1995, S. 68f.). „In der zweiten Phase geht es um die Frage, ob die Beschreibungen, die eine Person vornimmt, der Realität angemessen sind" (ebd.). Hier wird die Außenperspektive des Forschers dominant und das falsifikatorische Wahrheitskriterium bemüht, das mit einer explanativen Validierung verbunden wird.

Die Potenzialität der Struktur-Lege-Technik als Zugang zu subjektiven Sichtweisen ist unstrittig in der graphischen Darstellung komplexer vernetzter Zusammenhänge zu verorten. Gerade diese formale Relationierung von Codierkategorien in Netzwerken wird neuerdings in EDV-gestützten Methoden qualitativer Sozialforschung vorgenommen (vgl. den Überblick von Kelle 2000). Diese Programme sind „Codierungs- und Retrievaltechniken für eine synoptische Analyse von Textpassagen, Kategorienschemata und deren Dimensionalisierung sowie Möglichkeiten der EDV-gestützten »Hypothesenüberprüfung« und der Integration qualitativer und quantitativer Analysestrategien" (ebd., S. 488, vgl. hier auch den Linkverweis http://www.soc.surrey.ac.uk/caqdas). Im Unterschied zu den eher quantitativ orientierten Analyseverfahren wie SPSS handelt es sich hierbei um Strukturierungshilfen für erhobene Datenmengen. Für die Auswertung der digital aufbereiteten Daten wird jedoch weniger auf die Dialog-Konsens-Methode des Forschungsprogramms Subjektiver Theorien zurückgegriffen (vgl. Scheele 1992; auch Marsal 1997), vielmehr Anschlüsse an die Methode des permanenten Vergleichens von Glaser und Strauss (1998) und deren soziologisch argumentierende Grounded Theory diskutiert. Insgesamt lässt sich von einem heimlichen digitalen Remake der Struktur-Lege-Technik zumindest als Erhebungs- und Datenstrukturierungsmethode sprechen, die den Blick für netzwerklogisch strukturierte Phänomene offen hält und zu einem alternativen Lösungsversuch der Darstellungsproblematik qualitativer Forschung entscheidend beigetragen hat.

Standen zu Beginn des Forschungsprogramms „Subjektive Theorien" Verfahren der Struktur-Lege-Techniken im Zentrum wurde das Methodenspektrum Mitte der 1990er Jahre erweitert. In diesem Sinne hat sich das Selbstkonfrontationsinterview in der Lehrerforschung etabliert (vgl. Breuer 1995, S. 160f.). Im Zentrum stehen Szenen, die durch videographische ‚Erinnerungshilfen' in die Interviewsituation integriert werden. Das Selbst-Konfrontationsinterview wird hier deutlich als „Kommunikationsereignis" ausgewiesen: „Der Verstehensprozess besitzt also aktiv-konstruktiven Charakter und ist kontextabhängig" (ebd., S. 162). So wird in diesem Setting schließlich zwischen Handlung 1 – die videographisch dokumentiert wird sowie vom Handelnden selbst erlebt und gedächtnishaft gespeichert wird – und Handlung 2 – den interaktiv-(meta-)kommunikativen Prozess des Auskunftsgebens über Handlung 1 in der Erhebungssituation – unterschieden. Hier kann von einer deutlichen Absetzung von der hermeneutischen Traditionslinie gesprochen werden, denn es wird die Annahme vertreten, dass „Sinn und Bedeutung in Kommunikationsprozessen (...) durch kooperative Prozeduren zwischen den Beteiligten hergestellt“ werden (ebd., S. 162). An dieser Stelle bezieht sich Breuer deutlich auf die Grundannahmen der Ansätze des ‚interpretativen Paradigmas‘. So wird hier der Anspruch erhoben, die „kommunikative Situation des Interviewgesprächs“ bei der Analyse von Äußerungen über Handlung 1 einzubeziehen. Dies zeigt sich bei videographischen Selbstkonfrontationsinterviews insofern zugespitzt, als der ‚Stimulus‘ nicht versprachlicht ist.

Eingebettet in die Reflexion der Rollenkonstellation zwischen Interviewer und Interviewtem und der Wirkmächtigkeit des Stimulus wird eine zweischrittige Auswertung konzipiert: Zum Ersten wird angenommen, dass sich die Verstehensproblematik der Handlung 1 für den Interviewten in der SK-Situation genauso stellt, wie für den Forscher, der sich darüber hinaus auch mit der Verstehensproblematik gegenüber dem Protokoll von Handlung 2 auseinander zu setzen hat. So werden bei der Auswertung des Datenmaterials über Handlung 2 die explizierten Bedeutungen der Berichte über innere Anteile herausgearbeitet und mit den implizit gehaltenen und präsupponierten Aussagen des Aktors, die über eine Rekonstruktion des Videomaterials erschlossen werden können, ergänzt. Ist mit diesem Vorgehen die Schwierigkeit verbunden, dass methodisch ausgewiesene Verfahren der Videoanalyse erst ansatzweise in Sicht sind (vgl. Ehrenspeck/Schäffer 2003), problematisieren die Vertreter dieses Ansatzes eher, dass Lehrer in der Handlung 2 weniger handlungsrelevantes Wissen, als vielmehr Legitimationswissen explizieren. Ein Problem, das entweder durch bestimmte Fragetechniken zu lösen versucht wurde (vgl. Scheele/Groeben 1984) oder im Bereich der Lehrerforschung als konstruktives Moment aufgegriffen wird, indem der Forschungsfokus gerade auf die Legitimation und argumentative Begründung des Handelns eingestellt wurde (vgl. Wenzel/Meister 2002).

Mit exemplarischem Bezug auf die ausgewählten Methoden der Struktur-Lege-Technik und des videographischen Selbstkonfrontationsinterviews lässt sich bilanzieren, dass das Forschungsprogramm „Subjektive Theorien“ insbesondere bei der Entwicklung von Herangehensweisen bei der Datenerhebung instruktive Inputs für die qualitative Schulforschung bereitstellt, die in aktuellen Forschungsdesigns allerdings tendenziell plagiatorisch integriert werden. Dass dieses Forschungsprogramm eine deutliche Nähe zur geisteswissenschaftlich-hermeneutischen Traditionslinie aufweist, in seiner kritischen Selbstverortung jedoch auch Argumentationen, etwa der Konversationsanalyse, mit einbezieht, verweist auf Brückenschläge zu Ansätzen des ‚interpretativen Paradigmas‘, die im folgenden Abschnitt im Zentrum stehen.

3 Das umstrittene ‚interpretative Paradigma‘ in der Schulforschung

Die Etablierung des interpretativen Paradigmas wird auch als „Alltagswende“ in den Sozialwissenschaften beschrieben, der ein Wandel des Kulturbegriffes vorausgeht. Seine traditionell normativ-ästhetische Definition wurde von einem Verständnis abgelöst, das Kultur als Produkt interaktiver Kreativität begreift. Besonders prädestiniert dafür, diese kulturelle Wende nachzuzeichnen, ist die Traditionslinie der „Cultural Studies“ (vgl. die Rezeption auch für das Folgende von Lutter/Reisenleitner 2001). Die Cultural Studies haben eine britische Gründungsgeschichte. Als politisches und intellektuelles Projekt gründet sich ihr Selbstverständnis in einer Kritik an den humanistischen Bildungsidealen des Bürgertums, an denen besonders die

English Studies im 19. Jahrhundert orientiert waren: Der Kanon des Literaturunterrichtes zielte auf ‚kultivierende Erziehung' der Arbeiterklasse. Entsprechend verwundert es nicht, dass die Gründungsväter der Cultural Studies aus der Erwachsenenbildungsbewegung kamen, die gegen eine Ungleichheit von Bildungschancen antraten und nach dem Zweiten Weltkrieg eine erneute Diskussion um das Kerncurriculum auslösten. Ende der 1950er Jahren war es Hall, der den Eigenwert der Arbeiterkultur hervorhob. Auch Hoggart ist hier neben Williams und Thompson als Protagonist zu nennen, der sich gegen eine Ausgrenzung der so genannten Popularkultur stellte. Seine Forschungsarbeit fokussierte vor allem mit Blick auf die Rolle der Medien für die Massenkultur auf „Zusammenhänge zwischen kulturellen Formen und Praktiken, die die eigentliche, kollektive Sinnstiftung und Kultur einer Bevölkerungsgruppe – ihre community – bewirken" (ebd., S. 25). Schließlich wurde dieses Forschungsinteresse durch die Gründung des Birminghamers Centre for Contemporary Studies (CCCS) im Jahre 1964 institutionalisiert. „Kultur wird hier ausdrücklich (in anthropologischem Sinn) als Lebensweise definiert, die sich in Institutionen und im Alltagsverhalten ebenso ausdrückt wie in Kunst und Literatur" (ebd., S. 27). Damit war die „Alltagswende" in der sozialwissenschaftlichen Forschung eingeleitet. Die literaturwissenschaftlichen Ursprünge der Cultural Studies verhinderten schließlich eine Vereinnahmung des Forschungszweiges durch quantitativ-empirische Ansätze. Anstelle „erhielten die am CCCS betriebenen Cultural Studies somit ein theoretisches und methodisches Grundgerüst, das Semiotik, Psychoanalyse und (neo-)marxistische politische Theorie bei der Interpretation von kulturellen Phänomenen verband und bei dem die daraus resultierende Textanalyse zur bevorzugten Methode wurde" (ebd., S. 34). Besonders der Einbezug der strukturalen Linguistik legte schließlich die wachsende Anerkennung einer prinzipiellen Vieldeutigkeit kultureller Botschaften zugrunde. Da jedoch die Erfahrung als Ausgangspunkt wissenschaftlicher Analysen ausgewiesen wurde, kam es zunehmend auch zu einer Ergänzung der Textanalysen mit der ethnographischen Methode. Diese gewann besonders Ende der 1970er unter Leitung von Johnson Bedeutung. Dabei hielt jedoch das politische Ziel stand: „die disziplinären Grenzen eines traditionellen Bildungssystems auszubrechen und das Studium von Kulturen zu demokratisieren" (ebd., S. 38). Vor diesem Hintergrund ist schließlich auch die für die Schulforschung klassische ethnographische Studie von Willis „Spaß am Widerstand" (1979) zu lesen (vgl. Breidenstein und Zinnecker in diesem Band).

In den 1980er Jahren schreibt sich die Geschichte der „Cultural Studies" als eine US-amerikanische fort, die deutliche Parallelen zum britischen Selbstverständnis aufweist. Hier konnte an die American Studies und die mass culture-Debatte angeknüpft werden, die in den 1950er Jahren maßgeblich von der Chicago School of Sociology und den emigrierten Wissenschaftlern aus dem Frankfurter Institut für Sozialforschung, die den Ansatz einer postmarxistischen Kritischen Theorie vertraten, geprägt wurden. Das Verständnis von ‚Kultur als Text' war gewissermaßen hoch anschlussfähig an die Diskurse des politischen Pragmatismus und der französischen Philosophie in den 1980er Jahren und löste einen Boom in der Medien-, Jugend- und Popkulturforschung aus. Methodisch war diese Linie auch anschlussfähig an das von Hall entwickelte encoding/decoding-Modell des kritischen Lesens kultureller Praktiken. Der damit zunehmenden Textlastigkeit in der Forschung wurde eine Distanzierung vom Kulturbegriff, den Williams in der Anfangsphase als „whole way of life" beschrieben hat, vorgeworfen. Gerade von den Vertretern dieser zweiten Generation wurden allerdings systematische Anstrengungen unternommen, die Kategorie ‚Erfahrung' mit allgemeinen soziologischen Theorien zu verbinden (vgl. Oswald 1997, S. 84f.), die auch stark im deutschsprachigen Raum aufgegriffen wurden. Mit der zunehmenden Auflösung des Projektes der Aufklärung, das in einer Unterscheidung von Populärem und Elitärem aufscheint, geht das Projekt der Cultural Studies mittlerweile in seine dritte Phase. Dabei wird bis in die aktuelle Diskussion hinein eine zunehmende Durchdringung des Forschungsparadigmas vom Postmoderne-Diskurs deutlich. Kultur wird nun verstanden als „eine Vielfalt diskursiver Praktiken, die jedoch nicht neutral, sondern intern hierarchisiert sind und ein komplexes Geflecht an bedeutungsproduzierenden Orten mit verschiedenen Zentren und Interessen bilden" (ebd., S. 62).

Methodisch lassen sich im Rahmen der Cultural Studies verschiedene Interpretationsmodelle ausmachen (vgl. ebd., S. 65ff.). In ihren Anfängen erfolgte ein Rückgriff auf den linguistischen Strukturalismus, den Levi-Strauss in Auseinandersetzung mit dem sprachwissenschaftlichen Ansatz von Saussure auf die Humanwissenschaften ausweitete. Mit dem „linguistic turn" wird hier mit der Annahme gebrochen, Strukturen als Grammatik der Sinn- und Bedeutungsproduktion als etwas Beobachtbares zu begreifen. Der Beobachtung ist lediglich eine Oberflächenstruktur zugänglich, in der sich eine Art Tiefenstruktur ausdrückt. Für die Cultural Studies sind hier in der Weiterführung die Arbeiten von Barthes besonders relevant, der zwischen denotativer Bedeutung verbaler und visueller Zeichen und den Konnotationen als System weitreichender kultureller Assoziationen unterschied, die für ihn Ausdruck konsensualer Bedeutungszuschreibungen der herrschenden Klasse sind. Hall war es schließlich, der mit der encoding/decoding-Methode, die angenommene ideologisch hierarchisierte Priorisierungen von Lesarten eines Textes aufzudecken versuchte. Erst die poststrukturalistische Perspektive irritiert diese ‚Hausmethode der Cultural Studies'. Dekonstruktion bezeichnet als das neue methodische Schlagwort eine rhetorische Analyse, die unter Einbezug radikaler Selbstbefragung und damit -verunsicherung den Text für Bedeutungen öffnet, die darin unterdrückt werden. Die Anerkennung der Vieldeutigkeit von symbolischen Ordnungen und die literarisch-dekonstruktivistische Methode wurde theoretisch besonders mit Bezug auf Derrida begründet. Daran schließt insbesondere die von Fiske etablierte methodische Verknüpfung von semiotischer Analyse (Explikation der Bedeutungsvielfalt) und ethnographischer Untersuchung (Leseprozesse) an.

Im deutschsprachigen Raum markiert die Arbeitsgruppe Bielefelder Soziologen mit dem Sammelband „Alltagswissen, Interaktion und gesellschaftliche Wirklichkeit" (1981) einen Wendepunkt in der Diskussion um qualitative Forschung. In das Zentrum des Forschungsinteresses rückt das Alltagswissen. Damit verbunden ist eine Verschiebung der Aufmerksamkeit von sekundären Sozialisationsagenten, etwa den Bildungsinstitutionen als bis dahin privilegierten Vermittler kulturellen Wissens, auf alltägliche Situationen bzw. Interaktionen. In der Erfahrung gründet die Emergierung, Reinterpretation, Ausdifferenzierung und Verfestigung von alltagsrelevanten Wissensbeständen, an denen Handlungserwartungen und damit Handlungsketten selbst orientiert sind. Zentral für die Handlungs- und Lebensorientierungen wird die nun eingeführte Unterscheidung zwischen problemdefinierendem und problemlösendem Alltagswissen (ebd., S. 14). Alltagswissen besteht zunächst vordergründig aus „unreflektiertem Routinewissen" (ebd., S. 22), dessen bewusste Reflexion jedoch in Krisensituationen provoziert wird und zwar um Strategien bzw. Mechanismen zur Lösung von „Problemkontexten der Lebensführung" (ebd., S. 21) zu generieren. Daran anschließend wird ein Wirkungskreislauf-Phänomen angenommen, das die grundlagentheoretischen Ansätze des so genannten ‚interpretativen Paradigmas' verbindet (vgl. Wilson 1981; auch Matthes 1973, S. 201f.): Werden Teilbereiche des Alltagswissens krisenhaft, erfolgt eine transformierende Aneignung neuer Wissensbestände, einhergehend mit einer Reinterpretation des bisherigen Alltagswissens. In den nun auch veränderten Handlungs- und Interaktionsperformanzen sind bereits neue Krisenpotenziale für aktuelle Wissensbestände angelegt usw.

Die nunmehr zentralen Schlüsselbegriffe – Alltagswissen, Interaktion und Handlungskrise – verweisen auf einen Wirklichkeitsbegriff, der in interpretativen Prozessen der Interaktion gründet. Interpretatives Paradigma wird schließlich zum Sammelbegriff für differente Forschungsansätze: Zum einen wurde die Tradition der Ethnomethodologie (Garfinkel, Cicourel, Sacks u.a.) mit dem phänomenologischen Konzept von Schütz in Beziehung gesetzt. Dort wird Alltagswissen als ein System von Handlungsorientierungen bestimmt, das sich in Unterstellungen von Verhaltenserwartungen, besonders von ego an alter gründet. Gerade darin unterscheidet sich der hier auch zu nennende symbolische Interaktionismus (Mead, Blumer u.a.), in dem darüber hinaus auch „die Erwartungen egos gegenüber den Verhaltenserwartungen alters bezüglich egos Verhalten" (ebd., S. 18) hervorgehoben wird. Beide Ansätze verbindet, dass sie eher grundlagentheoretisch auf den mikrosozialen Interaktionsbereich fokussieren und empirisch ein konstitutionsanalytisches Interesse an Alltagswissen bzw. an die interpretativen Prozesse der Wirklichkeitserzeugung knüpfen. Beide Ansätze stehen damit für eine Kritik an der bis dahin dominierenden und besonders von Parsons vertretenen strukturfunktionalistischen Grundannahme, dass soziale Ordnung durch einen normativen „kognitiven Konsens" zwischen den Gesellschaftsmitgliedern gesichert ist, bzw. „die Handelnden ein System kulturell etablierter Symbole und Bedeutungen gemeinsam haben" (Wilson 1981, S. 57).

Die Schulforschung nimmt die Provokation des konstatierten ‚interpretativen Pradigmenwechsels' gegen Ende der 1970er Jahre nur zögerlich auf. Plausibel lässt sich dies mit Blick auf in sich verstrickte Diskurslinien machen: Erstens wurden ausgehend von der Komplexität des Forschungsgegenstandes ‚Schule' Zweifel am unterstellten Hegemonialanspruch des ‚interpretativen Paradigmas' aufgeworfen und im Gegenzug auf die erforderliche Interdisziplinärität der Schulforschung verwiesen. Zweitens formte sich auch die Kontroverse um quantitative und qualitative Zugänge in der Schulforschung spezifisch aus, denen entweder auf der Makro- oder Mikroebene epistemologische Potenzialität zugeschrieben wurde. Drittens machte durch eine bildungs- und schulpolitische Hochzeit die Frage der Verwertbarkeit von Ergebnissen für Schulreform und -entwicklung Furore. Und damit war auch dieser Diskurs eingespannt in das ambivalente Selbstverständnis der Schulforschung zwischen praxisorientierter Handlungs- und Aktionsforschung und theoretisch orientierter Grundlagenforschung (vgl. Leschinsky in diesem Band).

Betrachten wir die Diskursarenen genauer: Einen Auslöser für die Diskussion, inwiefern die Methoden des ‚interpretativen Paradigmas' überhaupt auf den Bereich der Schulforschung übertragbar sind, stellt wohl Mollenhauers (1972) Versuch dar, ein integratives „Prinzip" zwischen den historisch-gesellschaftlichen und politisch-ökonomischen Bedingungen des sozialen Systems, der konkreten pädagogischen Interaktion in ihrer Normativität und Strukturiertheit sowie der emotionalen Dimension und den kognitiven Schemata der Beziehungen herauszuarbeiten. Dieses integrierende Prinzip wird schließlich in dem Begriff der „Tauschabstraktion" (ebd., S. 178) ausgewiesen. In seiner Auseinandersetzung mit verschiedenen theoretischen Ansätzen kommt Mollenhauer zu dem Schluss, dass besonders der symbolisch-interaktionistische Ansatz die Kriterien einer solchen Integrationsleistung einzulösen vermag. Hurrelmann (1975) warnt in diesem Diskurs davor, angesichts der Komplexität des Gegenstandes Schule, „von einem einzelnen als allumfassend und universal verstandenen Paradigma auszugehen" (ebd., S. 21, auch S. 42). Vielmehr plädiert er für eine theoretische Triangulation im Sinne einer ergänzenden Kombination von Theorieelementen, die auf der gesellschafts-, der organisations- und der interaktionstheoretischen Ebene des Gegenstandsbereiches am leistungsfähigsten und erklärungskräftigsten sind. Schulforschung sollte demnach ein interdisziplinäres Feld sein, dessen Grenzen jedoch unscharf bleiben: Erstens steht eine „Explikation metatheoretischer Prämissen über Funktion und Legitimation der Schule" (Roeder/Leschinsky/Schümer/Treumann 1977, S. 24) noch aus. Zweitens ist die Frage offen, „wieweit sich die Schulforschung auf die mit den Inhalten des Unterrichts verbundenen didaktischen, curricularen und lernpsychologischen Probleme einlassen will beziehungsweise einlassen muß" (ebd.; vgl. dazu als Befürworter Zeiher/Zeiher 1977).

Verstrickt in diese Interdisziplinaritäts-Kontroverse entfachte Ende der 1970er Jahre in der schulischen Sozialisationsforschung eine Diskussion über Grenzen und Möglichkeiten qualitativer Methoden in Abgrenzung zu quantitativen Verfahren (vgl. Schön 1979). Methodisch wird hier eine Verunsicherung deutlich: Qualitative Methoden sind zwar ‚in', aber es fehlt an Vorbildern (ebd., S. 22). Schließlich wird zwar auf die Potenzialität quantitativer Verfahren für „Strukturuntersuchungen des Schulsystems" (ebd., S. 24) hingewiesen, gleichsam aber auch insbesondere mit Blick auf die Erschließung schichtspezifischer Differenzen bzw. sozialer Ungleichheit die Gefahr einer systematischen Verzerrung bzw. Undifferenziertheit der Ergebnisse betont. In diesem Sinne beklagt auch Radtke (1979) die „chronische Bedeutungslosigkeit der Ergebnisse empirischer Schulforschung für die Gestaltung der Schulpraxis" (ebd., S. 31), insofern sie durch quantitative Verfahrensweisen generiert worden sind. In dieser quantifizierenden Perspektive auf Schule reproduziert sich „nicht nur das konventionelle Denken über Unterricht, sondern sie verbindet sich auch zwanglos mit den technisch-ökonomischen Zwecksetzungen von Unterricht, die Effektivität, Effizienz und Rationalität bei der Produktion von Output (Qualifikation) fordern" (ebd., S. 33). Die mögliche Generalisierbarkeit der Ergebnisse geht leicht einher mit der „Ausschaltung der Subjektivität" der schulischen Akteure, aber auch des Beobachters (ebd., S. 34). Gerade nun die Auflösung dieser Subjekt-Objekt-Beziehung im Forschungsprozess wird als voraussetzungsreiche Grundlage für die Einlösung des aufklärerischen Anspruchs der Forschung gegenüber der Praxis ausgewiesen, wie es im Selbstverständnis einer Handlungs- und Aktionsforschung bestimmt wird, die weniger auf ein differenziertes grundlagentheoretisches Erkenntnisinteresse, vielmehr auf die Verwendbarkeit der Forschungsergebnisse für die Schulpraxis bezogen bleibt. So wurde die „Dignität der Praxis" für die schulbezogene Bildungsforschung zum damaligen Zeitpunkt auch durch den Deutschen Bildungsrat (1974) verstärkt.

Gegenläufig dazu wurde kritisch dazu aufgefordert, die „politisch-gesellschaftlichen Implikationen von Forschungsvorhaben zu reflektieren" (Schlömerkemper 1979, S. 64). So formuliert etwa Nöth (1979), wenn auch nicht frei von Polemik, als Kernfrage für das Selbstverständnis der Schulforschung, auf welche Art und Weise dieser Bereich aufklärerische Wirkmächtigkeit behaupten will (ebd., S. 85). Sieht er doch in der Schulforschung der 1970er Jahre eher ein „schönes und trauriges Beispiel" einer Indienstnahme der Wissenschaft für politische Legitimation und als Sündenbock für gescheiterte Schulreformen (ebd., S. 87; vgl. auch den Beitrag von Leschinsky in diesem Band). Demgegenüber betont er die Potenzialität einer Grundlagenforschung, auf der instruktive Überlegungen zu Schulpraxis angeschlossen werden können. Gerade vor diesem Hintergrund wird auch eine Dichotomisierung dieser Orientierungen problematisiert und als Ausdruck des Theorie-Praxis-Problems interpretiert (Roeder u.a. 1977, S. 52f.)

Die daran anschließende Entwicklung der qualitativen Schulforschung lässt sich besser mit übergreifendem Bezug auf qualitative Forschung plausibilisieren. So knüpft die deutschsprachige Methodologie und Methodenentwicklung implizit an die Diskursgeschichte der Cultural Studies aus den 1970er Jahren an. Methodisch war zu diesem Zeitpunkt die Ergänzung von

Textanalyse mit ethnographischen Zugängen mainstream. Vor allem der textanalytische Methodenschwerpunkt wurde im deutschsprachigen Raum aufgegriffen und dann insbesondere Verfahren ausdifferenziert, die auf eine Rekonstruktion impliziter bzw. latenter Sinngehalte zielten. Die Konzentration auf Texte lässt sich mit der Anschlussfähigkeit an die geisteswissenschaftlich-hermeneutische Traditionslinie begründen. In diesem Sinne wird auch der methodologisch konstatierte Anspruch eines weiten Textbegriffes und seine forschungspraktische Reduktion auf Sprache und Schrift fortgeschrieben. Der ethnographische Ansatz stellt im Methodenspektrum einen Zugang dar, der von deutschsprachigen Vertretern mit Verweis auf das Standing in der US-amerikanischen Forschungslandschaft als marginalisiert problematisiert wird. Dort lässt sich eher eine „Ethnographisierung" qualitativer Forschung behaupten. In diesem Sinne konstatiert auch Knoblauch (2000), dass im deutschsprachigen Raum die Etablierung „einer – international bislang kaum wahrgenommenen – Entwicklung eigenständiger hermeneutischer Methoden" festgestellt werden kann, die in der dualen Tradition der hermeneutischen Textauslegung einerseits und der soziologisch-theoretischen Auseinandersetzung mit dem Kommunikationsbegriff andererseits wurzelt, jedoch auf „Kosten dessen, was anderenorts als Kern der qualitativen Sozialforschung angesehen wird" (ebd., S. 625) geht. Daraus resultiert nun aber nicht zwingend ein Plädoyer für den Ausbau ethnographischer Forschung. Internationalisierung der qualitativen Forschung kann auch heißen, die Reichweite der Rezeption des hier vertretenen Methodenrepertoires auszuweiten. In diesem Sinne sollen im Folgenden ausgewählte methodische Zugänge kurz vorgestellt und pointiert diskutiert werden, die sich in der deutschsprachigen Schulforschung etabliert haben: die Objektive Hermeneutik, das narrationsstrukturelle Verfahren, die dokumentarische Methode und die Ethnographie.

3.1 Die Objektive Hermeneutik

Die Diskurse um die Methode und Theorie der Objektiven Hermeneutik sind durch eine starke Polarisierung in Pro und Contra gekennzeichnet (vgl. Oevermann 1986). In diesen Diskussionen, aber auch in einführenden Beiträgen zur Methode wird davon abstrahiert, dass sich mittlerweile forschungspraktische Spielarten etabliert haben, deren methodologische Reflexion noch ausstehen. Will man sich in die Methode, Methodologie und Theorie der Objektiven Hermeneutik einlesen, ist der Interessierte vor eine Schwierigkeit gestellt. Denn schließlich empfiehlt es sich dazu die Veröffentlichungen von dem Begründer des Ansatzes Ulrich Oevermann systematisch durchzuarbeiten, die weniger als Monographien, vielmehr patchworkartig als Aufsätze größeren Umfangs vorliegen (vgl. Bibliographien etwa http://www.objektive-hermeneutik.de/bib_oev.htm). Für den ‚Neueinsteiger' empfiehlt sich m.E. eine zweigleisige systematische Annäherung: einerseits durch das Studium des frühen, aber immer noch lesenswerten Versuchs einer Reinterpretation sowohl des Theorie- und Forschungsprogramms von Reichertz (1986) als auch der damit verbundenen Sozialisationstheorie (vgl. Sutter 1997) und andererseits über das Lesen von Fallstudien. Hier bietet sich etwa die Kenntnisnahme des ‚Rekonstruktions-Klassikers' von Oevermann, Allert, Konau und Krambeck (1979) an, in dem die, von Insidern so bezeichnete ‚Bulettenszene' im Zentrum steht. Gemeint ist damit eine Szene am Abendbrottisch einer Familie, bei der die beobachtenden Forscher in die Interaktion miteinbezogen werden. Pointiert wird hier das methodische Vorgehen und die zentrale Grundannahme dieses Zugangs kenntlich gemacht: die Differenz zwischen der Ebene subjektiv-intentionaler Repräsentanzen und objektiv latenter Sinnstrukturen. Der Begriff der Sinnstruktur wird grundlagentheoretisch mit dem Ansatz des Genetischen Strukturalismus verbunden (vgl.

Oevermann 1991). Dort wird Struktur nicht als eine statische Größe ausgewiesen, vielmehr als eine konkret ausgeformte Generierungslogik von Lebenspraxis, die eben gerade nicht auf die Intentionen der Akteure zurückzubinden ist, vielmehr – und hier ist der Bezug auf den Symbolischen Interaktionismus von Mead konsequent – als latente Sinnebene ausgewiesen wird, die sich interaktiv generiert (vgl. auch Wagner 1999). Damit entkommt diese Perspektive dem Vorwurf der strukturalistischen Subjektfeindlichkeit (vgl. Sutter 1997). Der Begriff des Latenten ist als soziologische Kategorie von seiner Verwendung im psychoanalytischen Ansatz abzusetzen (vgl. Oevermann 1993).

Über die Forschungspraxis dieser Methode geben methodologisch interessierte Sammelbände von Falldarstellungen (vgl. etwa Garz/Kraimer 1994; Kraimer 2000) und die jüngst etablierte Zeitschrift ‚sozialer sinn‘ (seit 2000) Aufschluss. Darüber hinaus liegen aktuelle Veröffentlichungen zur Interpretationstechnik sowohl von Oevermann (2000) als auch von Wernet (2000) vor. Damit kommen wir zur Skizze der methodischen Variationen in der objektiv hermeneutischen Forschungspraxis: Erstens eröffnen sich Differenzen zwischen den Forschungszirkeln darüber, in welcher Phase des Forschungsprozesses das Erkenntnisinteresse expliziert wird. Wird einerseits die Formulierung einer Fragestellung im Sinne einer Fallbestimmung der Rekonstruktion vorgeschaltet (Wernet 2000, S. 57), wird andererseits dieser konstitutive Schritt parallel im Prozess der Rekonstruktion sukzessiv und schließlich durch retrospektive Reflexion konkretisiert. Das heißt aber nicht, dass diese Forschungsperspektive hinter die Kritik zurückfällt, die hinsichtlich eines ‚naiven Induktivismus‘ formuliert wird (vgl. Kelle 1997). Vielmehr ist das theoriegeleitete Forschungsinteresse zuvorderst auf die sinnlogische Strukturiertheit der protokollierten Lebenspraxis gerichtet. Erst wenn diese ‚Sprache des Falls‘ erschlossen ist, lassen sich Erkenntnispotenziale für differente Fragestellungen in dem Forschungsbereich gewichten. Zweitens unterscheidet sich die objektiv hermeneutische Forschungspraxis darin, inwiefern eine Rahmenanalyse bzw. eine Interaktionseinbettung vorgenommen wird. Dabei werden die „Besonderheiten der protokollierten Praxisform, die fallunspezifisch die Textstruktur charakterisieren“ herausgearbeitet. So lassen sich an Textsorten, wie schulischen Gesetzestexten, Szenen aus dem schulischen Gremienalltag oder Interviewaussagen etc. differente Fragestellungen etwa zu schulischer Partizipation anknüpfen. Markieren die einen diesen protokollspezifischen Aussagegehalt vorab, setzen andere darauf, dass sich die Potenzialität der Textsorten in der Rekonstruktion der Protokolle selbst erschließt. Ein Diskurs, inwiefern die Rahmenanalyse selbst eine effektive ‚Abkürzungsstrategie‘ ist oder die konstruktive Offenheit im Interpretationsprozess problematisch fokussiert, hat sich zwischen den Vertretern der Spielarten noch nicht etabliert.

Es wird deutlich, dass sich die aufgemachten Varianten im Design der Forschungsphasen unterscheiden, wobei empirisch zu prüfen wäre, inwiefern bei der Anwendung dieser Variationen, die Rekonstruktion zu gleichen Ergebnissen gelangen. Damit sind wir bei den Vorgehen in der Textinterpretation bzw. Sequenzanalyse: Hier haben nun die Interpreten eine Haltung einzunehmen, die sich durch eine so genannte ‚künstliche Naivität‘ auszeichnet. Damit ist der Anspruch formuliert, von Kontextwissen der protokollierten Wirklichkeit zu abstrahieren um der Gefahr einer subsumtionslogischen Kategorisierung und Typisierung zu entkommen, in denen sich vorurteilsvolle Deutungsmuster lediglich reproduzieren. Mit der Formel ‚künstliche Naivität‘ wird auf die Einnahme einer abduktiven Forscherhaltung insistiert (vgl. Reichertz 1993).

Bei der Interpretation des Textes wird schließlich nicht der Gesamttext, vielmehr die erste Sequenz in das Zentrum gestellt. Nun lässt sich der Begriff der Sequenz als Sinneinheit unterschiedlich bestimmen. Gehen einige Forschergruppen gerade in der Eröffnung Wort für Wort vor, so andere eher in Wortgruppen oder gar ganzen Sätzen bzw. Abschnitten. Zentral dabei ist jedoch dem Prinzip der Sequentialität zu folgen, also in der Textchronologie zu verbleiben, in der sich die Sinnstruktur der Interaktion entfaltet. Die nun zur Anwendung kommenden ‚Techniken' hat Oevermann (1983) an der Sequenz „Guten Abend" eindrücklich veranschaulicht. An diese erste Protokollsequenz wird – allgemein gesprochen – Regelwissen herangetragen. Dieses Regelwissen stellt die konstitutive Grundlage sowohl einer allgemeinen Paraphrasierung der Sequenz hier als Begrüßungshandlung als auch für Urteile über die Angemessenheit. Kritiker der Methode weisen an dieser Stelle auf den Widerspruch hin, einerseits eine Haltung der ‚künstlichen Naivität' zu fordern, andererseits die Bedeutung von Regelwissen hervorzuheben und damit in einen hermeneutischen Zirkel einzutreten. Dabei wird jedoch vernachlässigt, dass ein Rückgriff auf Regelwissen unter der Prämisse erfolgt ein breites Spektrum von so genannten Lesarten aufzumachen. Diese Lesarten werden in einem Zusammenspiel von ‚Techniken' hergeleitet: die Konstruktion von Kontextvariationen; die Explikation sinnlogischer Anschlüsse; die minimale und maximale Kontrastierung. Die Anwendungen müssen nun keineswegs bei jedem Einbezug einer neuen Sequenz umgesetzt werden und erst recht nicht in der aufgeführten Reihenfolge. Nur über systematische Verknüpfungen der methodischen Anwendungen gelangt man zu der Erstellung von Lesarten. Wichtig ist, dass es gelingt das Spektrum möglicher Lesarten einer Sequenz soweit als möglich zu explizieren, die dann im Durchgang durch den weiteren Text auf der Grundlage von Angemessenheitsurteilen soweit ausgeschlossen werden, bis schließlich eine konstruierte Lebenspraxis als die rekonstruierte Strukturiertheit der Lebenspraxis angenommen werden kann. Riskant wird diese als Strukturhypothese für die protokollierte Lebenspraxis generalisiert. Hier schließen jedoch zwei Kritikpunkte an, erstens an die normative Implikation von Angemessenheitsurteilen selbst und zweitens an die daraus resultierenden ‚analytischen Werturteile'. Aber auch hier ist auf methodische Variationen zu verweisen. Denn schließlich finden sich in neueren Bestrebungen eher Versuche anstelle von Sinnstrukturen, die geschlossen und kohärent sind, Strukturproblematiken zu rekonstruieren. Strukturproblematiken bezeichnen in diesem Sinne eher zentrale strukturelle Widersprüche und Paradoxien, mit denen sich Akteure auseinandersetzen müssen. Dies wird besonders im forschungspraktischen Umgang mit inkonsistenten Textstellen, also Versprechern oder widersprüchlichen Aussagen deutlich: Wurden diese bisher in der Objektiven Hermeneutik als ein Bruch der Wohlgeformtheit ausgewiesen und in die Nähe pathologischer Phänomene gerückt, so werden neuerdings Inkonsistenzen im Text als wohlgeformte Ausdrucksgestalten einer grundlegenden Strukturproblematik rekonstruiert, in die sich die Akteure verstricken (vgl. etwa Böhme 2000; Helsper/Böhme/Kramer/Lingkost 2001). Hier zeichnet sich um ein Weiteres die Vakanz einer grundlagentheoretischen Präzisierung des Strukturbegriffes innerhalb dieses Ansatz an (vgl. auch schon die Kritik von Reichertz zur „Metaphysik der Strukturen" 1991, S. 286).

Bedenkt man, dass die Etablierung dieses Ansatzes in den 1970er Jahren zu verorten ist, findet dieses methodische Verfahren in der Schulforschung erst Mitte der 1990er Jahren in einzelnen Detailstudien Anerkennung (vgl. etwa Combe/Helsper 1994; Aufenanger/Garz/Kraimer 1994), hat sich jedoch sowohl in der Schulkulturforschung (vgl. Helsper/Böhme/Kramer/Lingkost 2001) als auch in der Schüler- (vgl. etwa Stelmaszyk 2002) und Lehrerbiographieforschung (vgl. Fehlhaber/Garz 1999) etablieren können. Neuerdings zeigt sich auch die Potenzialität des Ansatzes zu den von Tillmann (1995, S. 192) geforderten Analysen zum Verhältnis von zwischen dem Individuell-biographischem und Institutionell-schulkulturellem (vgl. Helsper 1996; Böhme 2000; Kramer 2002 über eine Triangulation mit dem narrationsstrukturellen Verfahren).

Die Rekonstruktion der Wechselwirkungsbeziehungen zwischen Einzelschulen und des Schulsystems in seiner regionalen, landesspezifischen und nationalen Strukturiertheit stehen dagegen noch aus.

3.2 Narrationsstrukturelle Verfahren

Wie sich mit dem Verfahren der Objektiven Hermeneutik der Name Oevermanns verbindet, so ist es beim narrationsstrukturellen Verfahren der Name Fritz Schütze. Die wohl monographischste Einführung in das Verfahren ist der von ihm verfasste Studienbrief der Fernuniversität Hagen (1987). Als Einstieg in diese Methode könnte jedoch auch der Aufsatz von Schütze (1983) hilfreich sein, in dem pointiert die methodologischen und methodischen Prämissen dieser Forschungsperspektive für die Biographieforschung am Beispiel der leidvollen Lebensgeschichte eines Internatsschülers deutlich gemacht werden.

Als zentrale Kennzeichnung dieses Forschungszugangs lässt sich die Fokussierung auf Prozessstrukturen der Biographie bzw. des Lebenslaufes ausweisen. Prozessstrukturen – so die Annahme – generieren sich in der interpretativen Auseinandersetzung des Biographieträgers mit dem faktischen Prozessabläufen seines Lebens. Das heißt, es wird angenommen, dass der Biographieträger in der Darstellung einzelner Phasen seiner Lebensgeschichte differente Haltungen zum Ausdruck bringt, deren Analyse Aufschluss über die lebensgeschichtliche Erfahrungsaufschichtung selbst geben. Dies wird plausibel mit Blick auf die vier Varianten von elementaren Prozessstrukturen, deren systematische Kombination „als Typen von Lebensschicksalen gesellschaftliche Relevanz besitzen" (ebd., S. 284): Als erstes sind die Verlaufskurven zu nennen. Hier dominiert deutlich das Prinzip des Getriebenwerdens durch außerintentionale, ja schicksalhaft erfahrene Gegebenheiten und Rahmungen der Lebensgeschichte als einer konditionellen Verkettung von Ereignissen. Diese Variante einer Prozessstruktur ist mittlerweile sowohl in der methodologischen Reflexion als auch empirisch am weitesten ausdifferenziert worden (vgl. Schütze 1999). Eine Plausibilisierung dieser Dominanz steht weitestgehend aus, könnte jedoch dahingehend aufschlussreich sein, inwiefern das Zustandekommen eines Interviews selbst, die biographischen Erzählungen mitstrukturieren und eine Leidensqualität evozieren (vgl. auch Diskussion in Kramer 2002, S. 66). Als eine zweite Prozessstruktur soll hier das Handlungsschemata genannt werden. Diese Prozessstruktur zeichnet sich – pointiert gesprochen – durch ein stark entfaltetes und intentional gerichtetes Aktivitätspotenzial des Biographieträgers aus. Zentral ist hier gewissermaßen eine evaluative Perspektive auf das eigene selbstbestimmte Lebensprojekt. Drittens ist das institutionelle Ablaufmuster zu nennen, in dem die biographischen Orientierungen stark auf die Erfüllung von institutionalisierten Erwartungshaltungen lebenszyklischer Bewährungen etwa in Familie oder Beruf ausgerichtet sind. Als eine vierte Prozessstruktur arbeitete Schütze die Wandlungsprozesse heraus. Diese sequenzielle Struktur der Lebensgeschichte steht für eine Transformation der Gesamtdeutung der Lebensgeschichte durch den Biographieträger, die in einer Verschiebung der Dominanzverhältnisse der genannten Prozessstrukturen gründen kann.

Im Unterschied zur Objektiven Hermeneutik wird bei der Anwendung des narrationsstrukturellen Verfahrens in der Regel auf Datenmaterial zurückgegriffen, dass im Rahmen eines ‚autobiographisch-narrativen Interviews' erhoben wurde. Denn nur in diesem spezifischen Setting kann weitestgehend eine so genannte Stegreiferzählung des selbsterfahrenen Lebenslaufs abgesichert werden. Die Durchführung des narrativen Interviews ist vielfach beschrieben und wird daher hier nur kurz angesprochen: Erstens hat der Interviewer mit einer autobiographisch orientierten Erzählaufforderung zu beginnen. Die Aufgabe des Forschers besteht nun in einem aktiven Zuhören, ohne dass dabei seine Positionierung gegenüber dem Erzählten deutlich wird. Die erste Phase wird durch einen abschließenden Erzählkoda durch den Interviewten markiert. Erst dann beginnt der zweite Teil des Interviews durch Nachfragen, die sich auf die Anfangserzählung beziehen. Diese sollten auf die Plausibilisierung unklarer oder widersprüchlicher Stellen in der Erzählkette zielen, aber auch darauf, abgebrochene Ereignisgänge weiter auszuführen. Schließlich wird im dritten Teil des Interviews beim Biographieträger eine abstrakt-theoretisierende Perspektive auf die Gesamtgestalt seiner Lebensgeschichte angestoßen. Neben einer Bilanzierung sollen darüber argumentative Begründungszusammenhänge freigesetzt werden, in die der Biographieträger herausgehobene oder wiederholende Ereignisabläufe stellt.

Folgende Schritte zur Auswertung der biographischen Interviews sind vorgeschlagen: In einem ersten Zugang wird das gesamte Interview einer formalen Textanalyse unterzogen. Dabei werden nicht-narrative Textteile eliminiert. Der ‚bereinigte' Erzähltext wird in formale Abschnitte segmentiert. Bei der Segmentierung der Erzählung ist auf so genannte Rahmenschaltelemente, wie beispielweise „ja und dann" etc. zu achten. Zu unterscheiden ist darüber hinaus zwischen Indikatoren einzelner Ereignisdarstellungen („dann", „um zu", „dagegen" etc.) und des Zeitflusses („damals", „plötzlich", „noch" etc.). Darüber hinaus sind Pausen, der Grad der Narrativität o.ä. zu markieren. Zweitens ist in einer strukturellen inhaltlichen Beschreibung der Erzählsegmente eine Verbindung zwischen Darstellungsform und dem Darstellungsinhalt herzustellen. Dabei ist eine Relevanzabstufung zwischen den Rahmenschaltelementen vorzunehmen. Leitend ist dabei die Frage, inwiefern die Segmente zur Feindifferenzierung beitragen oder in einen suprasegmentalen Gliederungszusammenhang verortet werden können (vgl. Schütze 1987). In einem dritten Analyseschritt wird von den konkreten Detailbeschreibungen einzelner Erzählsegmente abstrahiert um diese in einer biographischen Gesamtformung systematisch in Beziehung zu setzen. Dabei ist das Ineinandergreifen von Darstellungsinhalten und Darstellungsform systematisch zu explizieren, insofern diese als Analogon zur Erfahrungsaufschichtung begriffen wird. Erst diese so genannte biographische Gesamtformung macht den Ereignisablauf und die Erfahrungsaufschichtung als „lebensgeschichtliche Abfolge der erfahrungsdominanten Prozeßstrukturen in den einzelnen Lebensabschnitten bis hin zur gegenwärtig dominanten Prozeßstruktur" (Schütze 1983, S. 286) deutlich. Auf dieser Ergebnisgrundlage kann dann viertens mit einer wissensanalytischen Einstellung die eigentheoretisch-argumentativen Implikationen der Perspektive des Interviewten auf seine eigene Lebensgeschichte interpretiert werden. Mit Ziel der Herausarbeitung eines theoretischen Modells schließt an die Interpretation von Interviews deren minimale und maximale Kontrastierung an um theoretische Elementarkategorien zu konturieren.

Zentrale Kritik dieser Methode (vgl. Bude 1985 und deren Zurückweisung von Riemann 1986) rankt immer wieder um die unterstellten „Homologien des aktuellen Erzählstroms mit dem Strom der ehemaligen Erfahrungen im Lebenslauf" (Schütze 1989, S. 78). Das heißt, dieser Ansatz geht davon aus, dass die narrative Erfahrungsrekapitulation „nicht auf die interaktive Dynamik und Gesprächsorganisation der kommunikativen Situation (...) zurückzuführen ist, sondern auf die Strukturen der wiedererinnerten lebensgeschichtlichen Erfahrungsaufschichtung" (ebd., S. 79). Hier ist wohl auch eine zentrale Differenz zum objektiv hermeneutischen Ansatz ausgemacht, auch wenn dies nicht immer in der erforderlichen Schärfe deutlich gemacht wird (vgl. Wernet 2000, S. 53ff.). Kennzeichnend für die Weiterentwicklung des narrationsstrukturellen Verfahrens ist deren Öffnung für Triangulation. Hervorzuheben sind hier die Ansätze von Hildenbrand (1999) sowie Fischer-Rosenthal und Rosenthal (1997).

In der Schulforschung lassen sich mittlerweile Studien zur Lehrerbiographie ausmachen, in denen sowohl das narrationsstrukturelle Verfahren von Schütze (vgl. etwa Dirks 2000) als auch das Konzept von Hildenbrand (vgl. Fabel 2002) umgesetzt wird. In Forschungen zur Schülerbiographie ist als ‚Klassiker' auf die Studie von Nittel (1992) zur gymnasialen Schullaufbahn und Identitätsentwicklung hinzuweisen.

3.3 Dokumentarische Methode

Die dokumentarische Methode steht in der Tradition der Wissenssoziologie von Mannheim und der Ethnomethodologie. Die dokumentarische Methode – gegenwärtig besonders vertreten durch Ralf Bohnsack – zielt auf eine sozialwissenschaftlich begründete Typenbildung von Prozessstrukturen, die als generative Muster der konkreten Handlungspraxis eingelassen sind. „Die Rekonstruktion der Handlungspraxis zielt auf das dieser Praxis zugrunde liegende habitualisierte und z.T. inkorporierte Orientierungswissen, welches dieses Handeln relativ unabhängig vom subjektiv gemeinten Sinn strukturiert" (Bohnsack/Nentwig-Gesemann/Nohl 2001, S. 9). Das Selbstverständnis dieses Ansatzes gründet sich demnach in einer deutlichen Distanzierung gegenüber einer Forschungsperspektive, die Typisierungen von Orientierungsschemata im Sinne von „Um-Zu-Motiven" nachgeht, eine Common-Sense-Theoretisierung anstrebt und somit dem beobachtbaren Handeln zweckrational und deduktiv Motivkomplexe unterstellt. Eine praxeologische Typenbildung ist dagegen „als prozessanalytische auf den modus operandi, die generative Formel der Praxis gerichtet und ist an der Praxis selbst beobachtbar" (Bohnsack 2001, S. 229).

Zentral für diesen methodischen Ansatz (vgl. etwa Bohnsack 2000, S. 64ff.) ist die Mannheimsche Unterscheidung, dass Subjekte, die in einem gemeinsamen Erfahrungsraum gestellt sind, einander verstehen und jene, die einander fremd sind, sich interpretieren: „Damit verbunden sind zwei fundamental unterschiedliche Modi der Erfahrung bzw. der Sozialität: die auf unmittelbarem Verstehen basierende ‚konjunktive' Erfahrung und die in wechselseitiger Interpretation sich vollziehende ‚kommunikative' Beziehung" (ebd., S. 67). Steht das Verstehen im gemeinsamen konjunktiven Erfahrungsraum dem Mimetischen nahe und ruht auf atheoretischem Wissen auf, so werden in der dokumentarischen Methode gerade diese kollektiven bzw. habituellen Orientierungen durch eine genetische Interpretation rekonstruiert. Damit ist hier eine Perspektive angesprochen, die weniger Einstellungen, Meinungen und Überzeugungen ‚abfragen' will, vielmehr auf die Prozessrahmungen der Meinungsäußerung fokussiert. Dieser Perspektivwechsel ist eng mit der methodisch-methodologischen Debatte um das Gruppendiskussionsverfahren verknüpft (vgl. ausführlich etwa Loos/Schäffer 2001). Die ‚generative Wende' wurde in den theoretisch-programmatischen Überlegungen zur ‚Gruppentechnik' am Frankfurter Institut angestoßen und dort besonders durch die Forschergruppe um Pollock (1955), die aus einer psychoanalytischen Perspektive auf einen latenten Bedeutungsgehalt von Aussagen hinwiesen, der auch auf gruppendynamische Effekte zurückzuführen ist. Von einem Paradigmenwechsel wird schließlich mit Blick auf die methodische Arbeit Mangolds zum Gruppendiskussionsverfahren (1960) gesprochen, die jedoch hinsichtlich ihrer methodologisch-theoretischen Begründung kritisiert und weiterführend diskutiert wurde (vgl. etwa Nießen 1977). Paradigmatisch ist die Auffassung, dass Gruppenmeinungen nicht als eine ‚Summe' stabiler Einzelmeinungen interpretiert werden können, vielmehr Produkt kollektiver Interaktion sind, die als zentraler Forschungsgegenstand die Erschließung kollektiv verankerter Orientierungen ermöglicht.

Die dokumentarische Methode ist ein mehrstufiges Interpretationsverfahren (vgl. etwa Bohnsack 2000, S. 34ff.): In einem ersten Schritt wird eine formulierende Interpretation vorgenommen. Hier wird ganz im Sinne einer phänomenologischen Soziologie die analytische Perspektive in das Relevanzsystem der Gruppe gestellt. Aus dieser Binnenperspektive wird gewissermaßen mimetisch dem Selektionsmodus nachgegangen, der in dem Orientierungsrahmen der Gruppe den Diskursverlauf und seine thematische Gliederung strukturiert. Seine Explikation erfolgt in einem zweiten Schritt durch eine reflektierende Interpretation, in der die Forscher durch komparative Analysen die Gemeinsamkeiten und Unterschiede zwischen Gruppen bei Behandlung des Themas sichtbar machen. Im Unterschied zur Objektiven Hermeneutik und dem narrationsstrukturellen Verfahren hat damit der Einbezug von Gegen- oder Vergleichshorizonten während des gesamten Interpretationsprozesses einen zentralen Stellenwert (vgl. dazu Nohl 2001). Als dokumentarische Interpretation bezieht sich hier die Analyse von Diskurspassagen auf zwei Aspekte: einerseits auf das Kollektive bzw. die kollektiven Bedeutungsmuster, die in der formalen Struktur der interaktiven Bezugnahme und vor allem an Stellen der dramaturgischen Verdichtung im Diskursverlauf zum Ausdruck kommen (Form), andererseits wird auf Beschreibungen und Erzählungen konzentriert, die Aufschluss über den metaphorischen Gehalt dargestellter Erlebnisprozesse geben (Inhalt). Gerade solche Fokussierungsmetaphern, wo es zu einer Steigerung der Diskursivität und des Bedeutungsgehaltes kommt, verweisen auf einen gemeinsamen Erlebnishorizont. Erst in einem dritten Schritt werden Diskursbeschreibungen vorgenommen, in denen Kollektivvorstellungen auf den gemeinsamen Erlebnis- und Erfahrungsraum zurückgebunden werden und so der Rahmen für konkrete Selektionen bei der Bearbeitung von Themen deutlich wird. Schließlich wird in einem letzten Schritt eine Typenbildung über eine komparative Analyse der Fälle realisiert, die sich als spezifische Ausformungen von Typiken interpretieren lassen. So haben Bohnsack u.a. etwa die Entwicklungs-, die Bildungsmilieu-, die Geschlechts-, die Generationstypik und die Typik sozialräumlicher Milieus generiert und in Typologien übergreifend in Beziehung gesetzt. Die Fälle werden hier zu Beispielen einer Typik.

Mit Blick auf die Schulforschung liegen bereits interessante Studien vor, in denen die dokumentarische Methode umgesetzt wurde (vgl. etwa Schelle 1995 und den Überblick bei Bohnsack 2001, S. 18f.). Besondere Potenzialität für die Schulforschung ist diesem Ansatz auch in dem methodologischen Diskurs zur Bildhermeneutik zuzuschreiben (vgl. Bohnsack 2003).

3.4 Ethnographie

Ethnographie benennt im angloamerikanischen Raum das, was im deutschsprachigen als qualitative Forschung bezeichnet wird. Im Bestreben die angloamerikanischen Ethnographie-Diskurse in die deutschsprachige Methodendebatte einzubeziehen, sind daher zwei Aspekte zu berücksichtigen: Erstens, dass die angloamerikanische Ethnographie eine Pluralität von Forschungszugängen aufweist, die bisher nicht hinreichend deutlich gemacht worden ist. So wird mit Blick in das „Handbook of Ethnography“ (Atkinson/Coffey/Delamont/Lofland/Lofland 2001, vgl. dazu die Rezension von Breidenstein 2002) ersichtlich, dass Beeinflussungen zwischen Ethnographie und der „Chicago School“, dem Symbolischen Interaktionismus, der amerikanischen Kulturanthropologie, der britischen Sozialanthropologie, der Ethnomethodologie, Phänomenologie und Semiotik bis hin zur Grounded Theory aufgezeigt werden können. Zweitens dominiert im deutschsprachigen Raum ein engeres Verständnis von Ethnographie als Feldforschung, die in der Tradition der Kulturanthropologie etwa Malinowskis und daran anschließend der Chicagoer-Schule ab den 1920er Jahren steht. In diesem Sinne wird Ethnographie eher als ein homogener Forschungszugang verstanden, dessen Besonderheit aus seiner „speziellen Methode der teilnehmenden Beobachtung" (vgl. etwa Friebertshäuser 1997) abgeleitet wird. In den Internationalisierungsbemühungen wird nun zunehmend als weiteres methodisches Novum die gegenstandsadäquate Triangulation verschiedener methodischer Verfahren ausgewiesen, eine Diskussion, die im deutschsprachigen Raum bereits unter dem Arbeitstitel ‚Triangulation qualitativer Forschung' geführt wird (Flick 2000). Fokussiert werde ich im Folgenden auf zwei zentrale Diskurse hinweisen, die in der Ethnographie stark diskutiert werden: erstens auf die Positionierung des Forschers im Feld; zweitens auf die konstatierte „Krise der ethnographischen Repräsentation" (Berg/Fuchs 1993).

Indigne bzw. einheimische Ethnographie hat in gewisser Weise die eigene Kulturen als fremde Kultur zu ihrem Gegenstand erklärt. Dieser paradox anmutende Aspekt ist darin begründet, dass einerseits die Generalisierbarkeit von Alltagserfahrungen bzw. Regelwissen nicht zuletzt auch des Forschers mit Verweis auf die subkulturelle Ausdifferenzierung moderner Gesellschaften zu relativieren ist, andererseits die epistemologische Potenzialität einer „Befremdung der eigenen Kultur" (vgl. Hirschauer/Amann 1997) im methodologischen Diskurs differenziert herausgearbeitet wurde. Welche Position in diesem Sinne der Ethnograph im Feld einzunehmen hat bleibt nun aber umstritten: So steht etwa die eine Position für ein Integrationsmodell auf Zeit. Mit Bezug auf Weinberg und Williams hat hier Lamneck (1995) ein entsprechendes Phasenmodell vorgeschlagen, dass sich in folgende Phasen der Feldforschung gliedert: Annäherung, Orientierung, Initiation, Assimilation und Abschluss (vgl. ebd., S. 277). Entsprechend erfährt die Rolle des Feldforschers einen Wandel: erstens in der Perspektive der Akteure im Feld (vom Eindringling, Neuling, Prüfling, gewöhnlichen Mitglied zum Deserteur); zweitens in der Perspektive Außenstehender (vom Voyeur, privaten Lieferanten vertraulicher Informationen, Pseudo-Akademiker, öffentlichen Verteidiger zum Experten) und drittens in der selbstbezüglichen Verortung des Forschers im Feld (vom Verkäufer, Fremden, Anfänger, wahrhaft Gläubigen zu jemanden, der seine Arbeit beendet hat). Im Grunde ranken sich nun die Positionen darum, in welcher Intensität bzw. in welcher Weise der Forscher seine Distanz zum Feld aufrecht erhalten soll. So ist das vorgestellte Phasenmodell hoch anschlussfähig an den Lebensweltansatz in der Ethnographie, in dem die Übernahme der Teilnehmerperspektive angestrebt wird um den subjektiven Sinn der Erfahrungen anderer Menschen zu rekonstruieren. In diesem Ansatz wird eine „Verbindung von Teilnahme und Beobachtung, von Hermeneutik und Phänomenologie" (ebd.) angestrebt, indem „wir das Geschehen aus der Perspektive des (typischen) Teilnehmers beschreiben" (Honer 2000, S. 201). In der phänomenologischen Lebensweltanalyse (Hitzler/Eberle 2000) wird das Problem des Verstehens von Andersheit in dem Begriff der Alterität verhandelt. Im Streitgespräch (vgl. Knoblauch 2002 „gegen" Breidenstein/Hirschauer 2002) befinden sich nun dem gegenüber Vertreter ethnographischer Ansätze, die sich eher auf die ethnomethodologische Tradition (vgl. Bergmann 2000) berufen und demnach „den Menschen nicht als Sinnzentrum, sondern als Appendix sozialer Situationen betrachten". Sie verfolgen „gerade nicht vorrangig die Möglichkeit, die Welt der anderen mit deren Augen zu sehen, sondern diese Weltsichten als ihre gelebte Praxis zu erkennen" (Amann/Hirschauer 1997, S. 24). Dabei wird eine „synchrone Beobachtung lokaler Praxis" verfolgt, die dem Forscher in der Position eines Fremden im Feld gerade zu Beginn des Forschungsprozesses „interaktive Promiskuität" ermöglicht (vgl. ebd., S. 26). Der daraus in Gang kommende partielle Enkulturationsprozess wird durch reflexive Rückzüge in die Forschungsgruppe unterbrochen. Die Erfahrungen werden dabei in Protokollen zu Daten überführt, die als rhetorische Konstruktionen ethnographischer

Wirklichkeit analysiert werden. Bei der Analyse der Protokollnotizen sollen jedoch gerade die ‚Nicht-zur-Sprache'-gebrachten Erfahrungen, etwa Sinneseindrücke und situative Assoziationen mit einfließen. Parallel zur Arbeit im Feld erfolgt so eine sukzessive, fokussierende Konturierung von Beobachtungsdimensionen, die jene unterstellte Sozio-Logik der kulturellen Ordnung kennzeichnen (ebd., S. 20). Eine Radikalisierung erfährt diese Perspektive wohl durch Positionen, die mit dem Stichwort „impression management" die Frage der „Selbstgestaltung" der Rolle des Ethnographen zuspitzen und diese in der Position eines „acceptabel incompetent" idealtypisch entwerfen, die im gesamten Forschungsprozess nicht aufgegeben werden sollte (vgl. Hammersley/Atkinson1995, aus Breidenstein 2002). „Managing Marginality" impliziert daher weniger eine Perspektive, die auf eine zunehmende Relativierung der Fremdheit im Feld zielt, eher im Gegenteil auf eine Aufrechterhaltung dieser Position gerichtet ist. Anpassung an das Feld geht hier nicht über die Einnahme einer Randposition im Feld hinaus.

Die Reflexion der Positionierung des Forschers in der Spannung von Nähe und Distanz ist in den letztgenannten Ansätzen entscheidend durch die epistemologische Kritik ethnographischer Repräsentation beeinflusst. In deren Zentrum steht die Behauptung: „Auch wenn wir in der Tradition einer sinnverstehenden Soziologie Akteure als Sinnproduzenten und Handlungen als sinnhafte begreifen, verbleiben epistemologisch bedeutsame Differenzen zwischen deren Sinnstruktur und den durch soziologische Aufzeichnungen erzeugten Sinnstrukturen von Beschreibungen" (Amann/Hirschauer 1997, S. 33). Besonders diese These steht für eine Absetzung gegenüber Ansätzen in der Ethnologie, die erstens die Annahme vertreten, dass der Feldforscher naturalistische Abbildungen von Kulturen realisieren könnte und zweitens der kulturalistischen Behauptung aufliegen, objektivierende Porträts fremder Kulturen erzeugen zu können (vgl. ebd., S. 10ff.). Methodologisch zeichnen sich daran anschließend verschiedene Lösungsversuche ab: Zum Ersten kam es mit Bezug auf den ‚linguistic turn' zu einer kritischen Selbstreflexion der Datengrundlage in Form von Feldnotizen und -berichten, die vor diesem Hintergrund einer dekonstruktivistischen Lektüre unterzogen wurden, für die eine Reflexion der Bedingungen und Grenzen des vieldeutigen Schreib- und Leseprozesses kennzeichnend ist. Zum Zweiten wird die freigestoßene Erforderlichkeit einer solchen analytischen Selbstreflexivität auf den gesamten Forschungsprozess ausgeweitet und besonders auf die verschiedenen Stufen des Schreibprozesses bezogen (Anfertigen von Memos, Feldnotizen, aber auch Feldprotokollen und deren veröffentlichte Fassungen), wobei deutlich wird, dass damit in der gesamten ethnographischen Forschungspraxis die Trennung zwischen Datenerhebung und Datenanalyse zusammenfällt (vgl. Emerson/Fretz/Shaw 1995, aus Breidenstein 2002). Dies ist wohl ohnehin als eines der zentralen Unterscheidungsmerkmale zu den oben vorgestellten textanalytischen Verfahren anzusehen. Insofern ist die abschließende Phase der Feldforschung eher als eine Intensivierung der Analysearbeit in Form von Kodieren von Protokollen zu bezeichnen. Liegen hier auch Anknüpfungen an die Konzeption der „Grounded Theory" von Glaser und Strauss (1998) nahe, so wird neuerdings auch eine Relativierung der Anschlussfähigkeit betont, setzt doch diese Auswertungsmethode eine deutliche Trennung von Daten und Analyse voraus. Insgesamt nimmt demnach in der ethnographischen Diskussion eine Übertragung der analytischen Einstellung gegenüber dem Feld auf die eigene Forschungspraxis zu. Dies zeichnet wohl diesen methodischen Zugang aus, der letztlich die Potenzialität einer solchen selbstreflexiven Forscherhaltung deutlich zu machen vermag.

Zu fragen bleibt jedoch – und dies wird unterschiedlich beantwortet – was die Methode der Ethnographie ist. Ist es die teilnehmende Beobachtung, so lässt sich die methodologische Besonderheit dieses Zuganges konturieren. Ist aber unter der ethnographischen Methode eher eine

„flexible, methodenplurale kontextbezogene Strategie zu verstehen, die ganz unterschiedliche Verfahren beinhalten" (vgl. Lüders 2000b, S. 389), dann setzt eine „implizite Triangulation" (Flick 1998) von Ansätzen qualitativer Sozialforschung ein, was durchaus ein innovatives Potenzial für die Erweiterung der Erkenntnismöglichkeiten in Forschungsfeldern vermuten lässt (vgl. Denzin/Lincoln 2000). Würde im Zuge einer Ethnographisierung der deutschsprachigen Forschungslandschaft ein solcher tendenziell instrumentalisierender Zugriff auf das Methodenspektrum qualitativer Forschung jedoch die damit verbundenen offenen methodologischen Fragen überformen und auf die eröffnete Debatte um die methodologische Basiskategorie der Ethnographie – Andersheit und/oder Fremdheit? – reduziert, würde damit jedoch ebenso eine Potenzialität für die Weiterentwicklung der ausdifferenzierten Forschungslandschaft unterminiert werden, die den laufenden oder ausstehenden internen Debatten der oben aufgeführten qualitativen Zugänge immanent sein dürfte.

Für die Schulforschung ist der ethnographische Ansatz zentral. Dabei stehen im Zentrum der methodologischen Diskurse auch Versuche eine „pädagogische Ethnographie" zu etablieren. In dem Begründungszusammenhang, den Zinnecker (2000) aufmacht, wird die Bedeutung des ‚fremden Blicks' betont, der eine Distanz gegenüber normativen Implikationen gerade von Schule und Kindheit methodisch sichert. Das Pädagogische wird dabei stark über den Gegenstandsbezug definiert, den Marotzki (1998) in pädagogischen Prozessen bestimmt, für die eine Erschließung ‚kleiner Lebenswelten' angesichts zunehmender Pluralisierungs- und Individualisierungstendenzen konstitutiv ist. Beide münden schließlich in die Argumentation, dass pädagogische Ethnographie ihr Selbstverständnis in einer professionellen Reflexivität durch die empirische Fundierung ihrer Praxis generieren kann. Lüders (1999) kritisiert schließlich an diesen Begründungsversuchen, dass die Argumentationslogiken auf eine Verwendungs- und Handlungsforschung zurückfallen, in dem das Berufs- und Praxisfeld, nicht aber die Wissenschaft der Bezugspunkt ist. Lüders kommt in seiner Auseinandersetzung mit den Etablierungsversuchen einer ‚Pädagogischen Ethnographie' zu dem kritischen Schluss: „Die Formulierung verspricht ein bislang nicht eingelöstes Programm, nährt – wieder einmal – die Mär von der Praxisrelevanz erziehungswissenschaftlicher Forschung und erzeugt immanente, nicht auflösbare Widersprüche mit dem Selbstverständnis ethnographischen Forschens" (ebd., S. 142).

Verbunden mit dem Hinweis, dass im Folgenden nur ausgewählte Studien zitiert werden, verwundert es durchaus, dass Hemmungen und Vorbehalte gegenüber dieser Methode in der Erziehungswissenschaft konstatiert werden (vgl. Zinnecker 2000). Für die Schulforschung kann dies jedenfalls nicht behauptet werden. So lässt sich seit den 1970er Jahren eine ethnographisch orientierte Forschungslinie skizzieren, die durch die übersetzende Aufarbeitung einschlägiger nordamerikanischer Schul- und Gemeindestudien ausgelöst wurde (vgl. Zinnecker 1975; Terhart 1979). Folgende Gegenstandsbezüge lassen sich daran anschließend ausmachen: Erstens wurden im Rahmen des Labeling-Ansatzes systematisch Lehrer-Schüler-Beziehung beobachtet (vgl. etwa Hargeaves/Hester/Mellor 1981). Stärker ethnographisch lässt sich daran anschließend eine Linie nachzeichnen, die auf subkulturelle Ausdrucksformen von Schülern auf der schulischen ‚Hinterbühnen' fokussiert (vgl. Willis 1979; McLaren 1999). Darüber hinaus wird auf eine ethnographische Erschließung von Einzelschulen in Form von Schulporträts abgezielt (vgl. dazu etwa Diederich/Wulf 1979; Kalthoff 1997; auch den Überblick von Idel 1999). Als besonders instruktiv für den soziologischen Kindheitsdiskurs sind die von Krappmann und Oswald (1995) neu gebündelten ethnographischen Analysen zu Interaktionen und Sozialbeziehungen zwischen Schülern in der Grundschule hervorzuheben und die daran anschließende

Studie von Breidenstein und Kelle (1998), in der die Frage der Konstruktion von Geschlechterdifferenzen in Schulklassen im Zentrum steht.

4 Qualitative Schulforschung auf Konsolidierungkurs – eine Zwischenbilanz

Das Selbstverständnis und die Forschungspraxis der qualitativen Schulforschung sattelt auf einer interdisziplinären Verschränkung methodologischer und methodischer Ansätze auf, die sich als mehr oder weniger anschlussfähig im interessenpolitischen Gemengelage von Schulpraxis, Bildungspolitik, Schulpädagogik und Erziehungswissenschaft erwiesen haben. Ich möchte vor diesem Hintergrund einige Aspekte hervorheben, die in der Diskussion um qualitative Methoden in der Schulforschung anstehen:

Erstens ist die eher beilgelegte „Gretchenfrage“, inwiefern die Schulforschung praxisrelevant bzw. anwendungsbezogen sein sollte und/oder nicht neu zu diskutieren. Dies macht einerseits dahingehend Sinn, als die fortbestehenden kontroversen Positionen unterschwellig in mikropolitischen Entscheidungsprozessen um die Schneidung von Stellenprofilen oder um die Förderungswürdigkeit von geplanten Projekten ausgetragen werden. Statt solcher intern etablierter Stellvertretungsdiskurse ist vielmehr die benannte „Gretchenfrage“ konstruktiv zur bisher unzureichenden Erarbeitung von Positionierungen aufzunehmen, welchen Stellenwert einer qualitativen Schulforschung sowohl im Rahmen der Evaluationsforschung als auch für die Generierung schultheoretischer Modelle einzuräumen ist.

Zweitens ist das „methodologische Problembewusstsein“ in der qualitativen Schulforschung in zwei Hinsichten zu schärfen: zum einen in Form einer systematischen Rekonstruktion der methodologischen Diskursgeschichte der Schulforschung um die hier skizzierte Verschränkung interdisziplinärer Traditionslinien herauszuarbeiten, auf denen die aktuelle Methodendiskussion und Forschungspraxis mehr diffus als transparent zurück gebunden bleibt; aber auch um die Spezifik der qualitativen Schulforschung im deutschsprachigen Raum konturieren zu können und damit rezipierbar zu machen. Zum anderen lassen sich m.E. auch für die Schulforschung die Phasen nachzeichnen, die einleitend für die qualitative Forschung allgemein zitiert wurden. Die aktuelle Forderung, die eigene Forschungspraxis methodisch-methodologisch stärker zu reflektieren und damit die angelegte Forschungsperspektive auch grundlagentheoretisch zu verorten, ist aus meiner Sicht auch an Schulforscher zu adressieren, wird doch darüber die Möglichkeit einer weitreichenderen Nachvollziehbarkeit und Diskussion ihrer Ergebnisse bzw. Aussagen eröffnet.

Drittens ist die qualitative Schulforschung durch interdisziplinäre Spannungen gekennzeichnet, die durch disziplininterne Methoden-Trends durchdrungen sind. Qualitativ orientierte Ansätze, die in der ‚Hausdisziplin‘ marginalisiert werden, können durchaus eine Potenzialität für die Schulforschung aufweisen. In diesem Sinne sind Foren qualitativer Schulforschung gefordert, nicht nur etablierte Ansätze besonders des interpretativen Paradigmas zu stärken, vielmehr auch „Orchideen-Ansätze“ in den Blick zu rücken, die gerade die Potenzialität der angelegten Interdisziplinarität qualitativer Schulforschung verdeutlichen oder sogar ausweiten.

Viertens ist die Frage aufzunehmen, wie weit auch in der Schulforschung von einem „iconic turn“ gesprochen werden kann, der für die qualitative Forschung diskutiert wird (vgl. Schäfer/

Wulf 1999). So hat zwar eine Forschungspraxis Tradition, in der fotographisches und videographisches Material als Daten erhoben werden, jedoch wird erst mit der konstatierten Ablösung des ‚lingustic turn' durch den ‚iconic turn' in den 1990er Jahren der epistemologische Gehalt dieser „Textsorte" auch in Verbindung mit Auswertungsverfahren diskutiert (vgl. Mollenhauer 1997). Neben Ansätzen einer deskriptiv-historiographischen Bildhermeneutik (Schiffler/Winkeler 1991, 1998; Schulze 1999) und videogestützten Beobachtungsverfahren (Naujock 2000) in der Schulforschung lassen sich darüber hinaus auch Versuche in der Objektiven Hermeneutik ausmachen (Haupert 1994; Loer 1994) und ein ausgewiesener Diskurs, in dem die instruktive Bezugnahme zu kunstwissenschaftlichen Ansätzen einer Bildhermeneutik und deren Konfrontation mit der dokumentarischen Methode im Zentrum steht (Bohnsack 2001). Eine Reflexion des ‚iconic turn' in der qualitativen Schulforschung hat sich schließlich mit der Thesen auseinander zusetzen, inwiefern sich dort etwa die schrift- und sprachlogische Dominanz des schulischen Bildungsraums reproduziert.

Fünftens bleibt die Problematik bestehen, dass sich Zugänge der qualitativen Schulforschung bisher besonders für die Analyse schulischer Mikroprozesse bewährt haben. Hier liegen eine Vielzahl elaborierter Detailstudien vor, denen es zum Teil auch gelingt, ihre schultheoretischen Implikationen transparent zu machen. Im Kontrast dazu nehmen qualitative Studien gewissermaßen proportional ab, je mehr Schule im gesellschaftlichen oder sogar globalen Kontext betrachtet werden soll. In diesem Zusammenhang ist auch danach zu fragen, inwiefern beispielsweise der konstruierte Gegenstand „Schule in der Netzwerkgesellschaft" eine Weiterentwicklung qualitativer Methoden auf den Plan ruft, in der etwa aktuelle raumsoziologische Modelle mit Blick auf den „Schulraum" diskutiert werden und dabei an Diskurse zu Netzwerkanalysen angeschlossen wird. Damit wäre auch auf eine erforderliche Gegentendenz zum immer stärkeren Fokussierungs-, Fragmentierungs-, und Detaillierungstrend der Forschungsperspektive in der qualitativer Schulforschung verwiesen, deren epistemologischer Gewinn streitbar ist.

Schließlich ist sechstens auch der bisher vernachlässigten Frage nachzugehen, welche Potenzialität gerade der qualitativen Schulforschung immanent ist, ihrer Kurzsichtigkeit mit Blick auf die Zukunft zu entkommen. Dabei soll hier nicht das Selbstverständnis qualitativer Schulforschung im Bild des Orakels in den offenen Horizont der Zukunft entworfen werden. Jedoch lassen sich auch in der qualitativen Schulforschung Forschungsansätze ausmachen, die Anknüpfungsmöglichkeiten aufweisen für eine wie auch immer riskante „Potenzialitäten- bzw. Trendforschung", die auf eine Erschließung von Spielräumen möglicher Verläufe in und von schulischen Prozessen abzielt.

Die qualitative Schulforschung – so lässt sich abschließend formulieren – hat einen Konsolidierungskurs eingeschlagen. Um auf diesem zu bleiben bedarf es einer Stärkung der methodologisch-methodischen Reflexion ihrer eigenen Entwicklung und derzeitigen Forschungspraxis, die nicht zum Selbstzweck verkommt; – bedarf es einer gegenstandsadäquaten Offenheit für Irritationen etablierter methodischer Zugänge besonders innerhalb sich abzeichnender ‚Schulen', die nicht zuletzt der Wandel des Gegenstands Schule erzwingt; – bedarf es bei allen unstrittigen Grenzen und Schwierigkeiten einer „Öffentlichkeitsarbeit", in der etwa die Relevanz des vorliegenden Erkenntnisstandes für schul- und bildungspolitische Entscheidungsprozesse, aber auch für die Lehrerausbildung deutlichere Kontur gewinnt; – bedarf es schließlich einer Bündelung und Bilanzierung dahingehend, welche qualitativen Zugänge sich in den ausdifferenzierten Feldern der Schulforschung besonders bewährt haben.

Literatur

Ackermann, H./Rosenbusch, H.S.: Qualitative Forschung in der Schulpädagogik. In: König, E./Zedler, P. (Hrsg.): Bilanz qualitativer Forschung. Bd. 1: Grundlagen qualitativer Forschung. Weinheim 1995, S. 135-168

Amann, K./Hirschauer, S.: Die Befremdung der eigenen Kultur. Ein Programm. In: Hirschauer, S./Amann, K. (Hrsg.): Die Befremdung der eigenen Kultur. Frankfurt a.M. 1997, S. 7-52

Apel, K.O.: Hermeneutik und Ideologiekritik. Frankfurt a.M. 1971

Arbeitsgruppe Bielefelder Soziologen (Hrsg.): Alltagswissen, Interaktion und gesellschaftliche Wirklichkeit. Bd. 1/2, Opladen 1981

Atkinson, P./Coffey, A./Delamont, S./Lofland, J./Lofland, L. (Eds.): Handbook of Ethnography. London 2001

Aufenanger, S./Garz, D./Kraimer, K.: Pädagogisches Handeln und moralische Atmosphäre. Eine objektiv-hermeneutische Dokumentenanalyse im Kontext schulischer Interaktion. In: Garz, D./Kraimer, K. (Hrsg.): Die Welt als Text. Theorie, Kritik und Praxis der objektiven Hermeneutik. Frankfurt a.M. 1994, S. 226-246

Berg, E./Fuchs, M. (Hrsg.): Kultur, soziale Praxis, Text. Die Krise der ethnographischen Repräsentation. Frankfurt a.M. 1993

Berghold, J.B./Breuer, F.: Methodologische und methodische Probleme bei der Erforschung der Sicht des Subjekts. In: Berghold, J.B./Flick, U. (Hrsg.): Ein-Sichten. Zugänge zur Sicht des Subjekts mittels qualitativer Forschung. Tübingen 1987, S. 20-52

Bergmann, J.R.: Ethnomethodologie. In: Flick, U./Kardorff, E. von/Steinke, I. (Hrsg.): Qualitative Forschung. Ein Handbuch. Reinbek 2000, S. 118-135

Böhme, J.: Schulmythen und ihre imaginäre Verbürgung durch oppositionelle Schüler. Ein Beitrag zur Etablierung erziehungswissenschaftlicher Mythosforschung. Bad Heilbrunn 2000

Bohnsack, R.: Rekonstruktive Sozialforschung. Einführung in Methodologie und Praxis qualitativer Forschung. Opladen 2000

Bohnsack, R.: Typenbildung, Generalisierung und komparative Analyse. Grundprinzipien der dokumentarischen Methode. In: Bohnsack, R./Nentwig-Gesemann, I./Nohl, A.-M. (Hrsg.): Die dokumentarische Methode und ihre Forschungspraxis. Opladen 2001, S. 225-252

Bohnsack, R.: Die dokumentarische Methode in der Bild- und Fotointerpretation. In: Ehrenspeck, Y./Schäffer, B. (Hrsg.): Film- und Fotoanalyse in der Erziehungswissenschaft. Opladen 2003, S. 87-108

Bohnsack, R./Nentwig-Gesemann, I./Nohl, A.-M.: Die dokumentarische Methode und ihre Forschungspraxis. In: Bohnsack, R./Nentwig-Gesemann, I./Nohl, A.-M. (Hrsg.): Die dokumentarische Methode und ihre Forschungspraxis. Opladen 2001, S. 9-26

Breidenstein, G.: Einführungen in die Ethnographie. Sammelrezension. In: Zeitschrift für qualitative Bildungs-, Beratungs- und Sozialforschung 1 (2002), S. 155-162

Breidenstein, G./Hirschauer, S.: Endlich fokussiert? Weder ‚Ethno' noch ‚Graphie'. Anmerkungen zu Hubert Knoblauchs Beitrag „Fokussierte Ethnographie". In: sozialer sinn (2002), 1, S. 125-128

Breuer, F.: Das Selbstkonfrontations-Interview als Forschungsmethode. In: König, E./Zedler, P. (Hrsg.): Bilanz qualitativer Forschung. Bd. II: Methoden. Weinheim 1995, S. 159-182

Bude, H.: Der Sozialforscher als Narrationsanimateur. Kritische Anmerkungen zu einer erzähltheoretischen Fundierung der interpretativen Sozialforschung. In: Kölner Zeitschrift für Soziologie und Sozialpsychologie (1985), 37, S. 327-336

Christmann, U./Scheele, B.: Subjektive Theorien über (un-)redliches Argumentieren: Ein Forschungsbeispiel für die kommunikative Valisierung mittels Dialog-Konsens-Hermeneutik. In: König, E./Zedler, P. (Hrsg.): Bilanz qualitativer Forschung. Bd. II, Weinheim 1995, S. 63-101

Combe, A./Helsper, W.: Was geschieht im Klassenzimmer? Perspektiven einer hermeneutischen Schul- und Unterrichtsforschung. Weinheim 1994

Dann, H.-D./Barth, A.-R.: Die Interview- und Legetechnik zur Rekonstruktion kognitiver Handlungsstrukturen (ILKHA). In: König, E./Zedler, P. (Hrsg.): Bilanz qualitativer Forschung. Bd. II: Methoden. Weinheim 1995, S. 31-62

Danner, H.: Methoden geisteswissenschaftlicher Hermeneutik. Einführung in die Hermeneutik. München/Basel 1998

Denzin, N.K./Lincoln, Y.S.: Introduction: The Discipline and Practice of Qualitative research. In: Denzin, N.K./Lincoln, Y.S.: Handbook of Qualitative Research. Thousand Oaks 2000, pp. 1-29

Deutscher Bildungsrat (Hrsg.): Bildungsforschung. Probleme-Perspektiven-Prioritäten. 2 Teile, Stuttgart 1974

Diederich, J./Wulf, C.: Gesamtschulalltag. Die Fallstudie Kierspe. Paderborn 1979

Dirks, U.: Wie werden EnglischlehrerInnen professionell? Eine berufsbiographische Untersuchung in den neuen Bundesländern. Münster 2000

Drexler, W.: Die Erfassung von Alltagstheorien von Schülern und deren Überführung in wissenschaftliche Theorien mit Hilfe einer pfadanalytischen Perspektive. In: Schön, B./Hurrelmann, K. (Hrsg.): Schulalltag und Empirie. Weinheim/Basel 1979, S. 123-129

Ehrenspeck, Y./Schäffer, B. (Hrsg.): Film- und Fotoanalyse in der Erziehungswissenschaft. Opladen 2003

Emerson, R.M./Fretz, R.I./Shaw, L.L.: Writing Ethnographic Fieldnotes. Chicago/London 1995

Fabel, M.: Professionelles Selbstverständnis ostdeutscher LehrerInnen. (Unveröffentl. Diss.) Halle 2002

Fehlhaber, A./Garz, D.: Das nichtbefragte Lehren ist nicht lehrenswert – Analysen zum religionspädagogischen Habitus. In: Ohlhaver, F./Wernet, A. (Hrsg.): Schulforschung – Fallanalyse – Lehrerbildung. Opladen 1999, S. 61-90

Feldmann, K.: MEAP – Eine Methode zur Erfassung der Alltagstheorien von Professionellen. In: Schön, B./Hurrelmann, K. (Hrsg.): Schulalltag und Empirie. Weinheim/Basel 1979, S. 105-122

Fischer-Rosenthal, W./Rosenthal, G.: Narrationsanalyse biographischer Selbstpräsentationen. In: Hitzler, R./Honer, A. (Hrsg.): Sozialwissenschaftliche Hermeneutik. Opladen1997, S. 133-164

Flick, U.: Triangulation – Geltungsbegründung oder Erkenntniszuwachs. In: Zeitschrift für Soziologie der Erziehung und Sozialisation. 18 (1998), S. 443-447

Flick, U.: Triangulation in der qualitativen Forschung. In: Flick, U./Kardorff, E.von/Steinke, I. (Hrsg.): Qualitative Forschung. Ein Handbuch. Reinbek 2000, S. 309-318

Flick, U./Kardorff, E.von/Steinke, I.: Was ist qualitative Forschung? Einleitung und Überblick. In: Flick, U./Kardorff, E.von/Steinke, I. (Hrsg.): Qualitative Forschung. Ein Handbuch. Reinbek 2000, S. 13-30

Friebertshäuser, B.: Feldforschung und teilnehmende Beobachtung. In: Friebertshäuser, B./Prengel, A. (Hrsg.): Handbuch Qualitative Forschungsmethoden in der Erziehungswissenschaft. 1997, S. 503-534

Gadamer, H.-G.: Wahrheit und Methode. Grundzüge einer philosophischen Hermeneutik. Ort? 1971

Garz, D.: Entwicklungslinien qualitativ-empirischer Sozialforschung. In: König, E./Zedler, P. (Hrsg.): Bilanz qualitativer Forschung. Weinheim 1995, S. 11-32

Garz, D./Kraimer, K. (Hrsg.): Brauchen wir neue Forschungsmethoden? Beiträge zur Diskussion interpretativer Verfahren. Frankfurt a.M. 1983

Garz, D./Kraimer, K. (Hrsg.): Die Welt als Text. Theorie, Kritik und Praxis der objektiven Hermeneutik. Frankfurt a.M. 1994

Glaser, B.G./Strauss, A.L.: Grounded Theory. Strategien qualitativer Forschung. Bern/Göttingen/Toron-to/Seattle 1998

Groeben, N./Scheele, B.: Argumente für eine Psychologie des reflexiven Subjekts. Darmstadt 1977

Groeben, N./Wahl, D./Schlee, J./Scheele, B.: Das Forschungsprogramm Subjektive Theorien. Eine Einführung in die Psychologie des reflexiven Subjekts. Tübingen 1988

Hammersley, M./Atkinson, P.: Ethnography. Principles in Practice. London/New York 1995

Hargreaves, D.H./Hester, S.K./Mellor, F.J.: Abweichendes Verhalten im Unterricht. Weinheim 1981

Haupert, B.: Objektiv-hermeneutische Fotoanalyse am Beispiel von Soldatenfotos aus dem zweiten Weltkrieg. In: Garz, D./Kraimer, K. (Hrsg.): Die Welt als Text. Frankfurt a.M. 1994, S. 281-314

Helsper, W.: Verordnete Autonomie – Zum Verhältnis von Schulmythos und Schülerbiographie im institutionellen Individualisierungsparadoxon der modernisierten Schulkultur. In: Krüger, H.-H./Marotzki, W. (Hrsg.): Erziehungswissenschaftliche Biographieforschung. Opladen 1996, S. 175-200

Helsper, W./Böhme, J./Kramer, R.-T./Lingkost, A.: Schulkultur und Schulmythos. Rekonstruktionen zur Schulkultur I. Opladen 2001

Helsper, W./Stelmaszyk, B.: Entwicklung und Stand qualitativer Schulforschung – eine einleitende Skizze. In: Combe, A./Helsper, W./Stelmaszyk, B. (Hrsg.): Forum qualitative Schulforschung. Weinheim 1999, S. 9-28

Hildenbrand, B.: Fallrekonstruktive Familienforschung – Anleitungen für die Praxis. Opladen 1999

Hirschauer, S./Amann, K. (Hrsg.): Die Befremdung der eigenen Kultur. Zur ethnographischen Herausforderung soziologischer Theorie. Frankfurt a.M. 1997

Hitzler, R./Eberle, T.S.: Phänomenologische Lebensweltanalyse. In: Flick, U./Kardorff, E. von/Steinke, I. (Hrsg.): Qualitative Forschung. Ein Handbuch. Reinbek 2000, S. 109-117

Honer, A.: Lebensweltanalyse in der Ethnographie. In: Flick, U./Kardorff, E. von/Steinke, I. (Hrsg.): Qualitative Forschung. Ein Handbuch. Reinbek 2000, S. 194-203

Hüllen, J.: Pädagogische Theorie – Pädagogische Hermeneutik. Bonn 1982

Hurrelmann, K.: Erziehungssystem und Gesellschaft. Hamburg 1975

Idel, S.: Die empirische Dignität der Einzelschule – Schulporträts als Gegenstand qualitativer Schulforschung. In: Combe, A./Helsper, W./Stelmaszyk, B. (Hrsg.): Forum qualitative Schulforschung 1. Weinheim 1999, S. 29-61

Jung, M.: Hermeneutik zur Einführung. Hamburg 2001

Kalthoff, H.: Wohlerzogenheit. Eine Ethnographie deutscher Internatsschulen. Frankfurt a.M./New York 1997

Kelle, U.: Empirisch begründete Theoriebildung. Zur Logik und Methodologie interpretativer Sozialforschung. Weinheim 1997

Kelle, U.: Computergestützte Analyse qualitativer Daten. In: Flick, U./Kardorff, E. von/Steinke, I. (Hrsg.): Qualitative Forschung. Ein Handbuch. Reinbek 2000, S. 485-501

Knoblauch, H.: Zukunft und Perspektiven qualitativer Forschung. In: Flick, U./Kardorff, E. von/Steinke, I. (Hrsg.): Qualitative Forschung. Ein Handbuch. Reinbek bei Hamburg 2000, S. 623-631

Knoblauch, H.: Fokussierte Ethnographie als Teil einer soziologischen Ethnographie. Zur Klärung einiger Missverständnisse. In: sozialer sinn (2002), 1, S. 129-136

König, E.: Interpretatives Paradigma: Rückkehr oder Alternative zur Hermeneutik. In: Hoffmann, D. (Hrsg.): Bilanz der Paradigmendiskussion in der Erziehungswissenschaft. Leistungen, Defizite, Grenzen. Weinheim 1991, S. 49-64

König, E.: Qualitative Forschung subjektiver Theorien. In: König, E./Zedler, P. (Hrsg.): Bilanz qualitativer Forschung. Bd. II: Methoden. Weinheim 1995, S. 11-30

Kraimer, K. (Hrsg.): Die Fallrekonstruktion. Sinnverstehen in der sozialwissenschaftlichen Forschung. Frankfurt a.M. 2000

Kramer, R.-T.: Schulkultur und Schülerbiographie. Rekonstruktionen zur Schulkultur II, Opladen 2002

Krappmann, L./Oswald, H.: Alltag der Schulkinder. Beobachtungen und Analysen von Interaktionen und Sozialbeziehungen. Weinheim/München 1995

Krüger, H.-H.: Erziehungswissenschaft in den Antinomien der Moderne. In: Krüger, H.-H./Helsper, W. (Hrsg.): Einführung in die Grundbegriffe und Grundfragen der Erziehungswissenschaft. Opladen 1998, S. 319-327

Lamneck, S.: Die teilnehmende Beobachtung. In: Lamneck, S. (Hrsg.): Qualitative Sozialforschung. Bd. 2: Methoden und Techniken. Weinheim 1995, S. 239-317

Loer, T.: Werkgestalt und Erfahrungskonstitution. In: Garz, D./Kraimer, K. (Hrsg.): Die Welt als Text. Frankfurt a.M. 1994, S. 341-383

Loos, P./Schäffer, B.: Das Gruppendiskussionsverfahren. Opladen 2001

Lüders, C.: Pädagogische Ethnographie und Biographieforschung. In. Krüger, H.-H./Marotzki, W. (Hrsg.): Handbuch erziehungswissenschaftlicher Biographieforschung. Opladen 1999, S. 135-146

Lüders, C.: Herausforderungen qualitativer Forschung. In: Flick, U./Kardorff, E. von/Steinke, I. (Hrsg.): Qualitative Forschung. Ein Handbuch. Reinbek 2000a, S. 632-642

Lüders, C.: Beobachten im Feld und Ethnographie. In: Flick, U./Kardorff, E. von/Steinke, I. (Hrsg.): Qualitative Forschung. Ein Handbuch. Reinbek 2000b, S. 384-401

Lutter, C./Reisenleitner, M.: Cultural Studies. Eine Einführung. Wien 2001

Mangold, W.: Gegenstand und Methode des Gruppendiskussionsverfahrens. Frankfurter Beiträge zur Soziologie. Bd. 9, Frankfurt a.M. 1960

Marotzki, W.: Ethnographische Verfahren in der Erziehungswissenschaftlichen Biographieforschung. In: Jüttemann, G./Thomae, H. (Hrsg.): Biographische Methoden in den Humanwissenschaften. Weinheim 1998, S. 44-59

Marsal, E.: Erschließung der Sinn- und Selbstdeutungsdimensionen mit den Dialog-Konsens-Methoden. In: Friebertshäuser, B./Prengel, A. (Hrsg.): Qualitative Forschungsmethoden der Erziehungswissenschaft. Weinheim/München 1997, S. 436-444

Matthes, J.: Einführung in das Studium der Soziologie. Reinbek 1973

McLaren, P.: Schooling as a Ritual Performance. Lanham/Boulder/New York/Oxford 1999

Meinefeld, W.: Hypothesen und Vorwissen in der qualitativen Sozialforschung. In: Flick, U./Kardorff, E. von/Steinke, I. (Hrsg.): Qualitative Forschung. Ein Handbuch. Reinbek 2000, S. 265-275

Meyer, M.A./Schmidt, R. (Hrsg.): Schülermitbeteiligung im Fachunterricht. Opladen 2000

Mollenhauer, K.: Theorien zum Erziehungsprozeß. München 1972

Mollenhauer, K.: Methoden erziehungswissenschaftlicher Bildinterpretation. In: Friebertshäuser, B./Prengel, A. (Hrsg.): Handbuch Qualitative Forschungsmethoden in der Erziehungswissenschaft. Weinheim/München 1997, 247-265

Naujock, N.: Schülerkooperation im Rahmen von Wochenplanunterricht. Analyse von Unterrichtsaus-schnitten aus der Grundschule. Weinheim 2000

Nießen, M.: Gruppendiskussion. Interpretative Methodologie-Methodenbegründung-Anwendung. München 1977

Nittel, D.: Gymnasiale Schullaufbahn und Identitätsentwicklung. Weinheim 1992

Nohl, A.-M.: Komparative Analyse: Forschungspraxis und Methodologie dokumentarischer Methode. In: Bohnsack, R./Nentwig-Gesemann, I./Nohl, A.-M. (Hrsg.): Die dokumentarische Methode und ihre Forschungspraxis. Opladen 2000, S. 253-275

Nöth, W.: Einige Anmerkungen zu den wissenschaftssoziologischen Problemen der Schulforschung. In: Schön, B./ Hurrelmann, K. (Hrsg.): Schulalltag und Empirie. Weinheim/Basel 1979, S. 81-102

Oevermann, U.: Zur Sache. Die Bedeutung von Adornos methodologischem Selbstverständnis für die Begründung einer materialen soziologischen Strukturanalyse. In: Friedeburg, L. von / Habermas, J. (Hrsg.): Adorno-Konferenz 1983, S. 234-292

Oevermann, U.: Kontroversen über sinnverstehende Soziologie. Einige wiederkehrende Probleme und Mißverständnisse in der Rezeption der „objektiven Hermeneutik". In: Aufenanger, S./Lenssen, M. (Hrsg.): Handlung und Sinnstruktur. Bedeutung und Anwendung der objektiven Hermeneutik. München 1986, S. 19-83

Oevermann, U.: Genetischer Strukturalismus und das sozialwissenschaftliche Problem der Erklärung der Entstehung des Neuen. In: Müller-Doohm, S. (Hrsg.): Jenseits der Utopie. Frankfurt a.M. 1991, S. 267-339

Oevermann, U.: Die objektive Hermeneutik als unverzichtbare methodologische Grundlage für die Analyse von Subjektivität. Zugleich eine Kritik der Tiefenhermeneutik. In: Jung, T./Müller-Doohm, S. (Hrsg.): Wirklichkeit‹ im Deutungsprozeß. Frankfurt a.M. 1993, S. 106-190

Oevermann, U.: Die Methode der Fallrekonstruktion in der Grundlagenforschung sowie der klinischen und pädagogischen Praxis. In: Kraimer, K. (Hrsg.): Die Fallrekonstruktion. Sinnverstehen in der sozialwissenschaftlichen Forschung. Frankfurt a.M. 2000, S. 58-156

Oevermann, U./Allert, T./Konau, E./Krambeck, J.: Die Methodologie einer „objektiven Hermeneutik" und ihre allgemeine forschungslogische Bedeutung in den Sozialwissenschaften. In.: Soeffner, H.-G. (Hrsg.): Interpretative Verfahren in den Sozial- und Textwissenschaften. Stuttgart 1979, S. 352-433

Oswald, H.: Was heißt qualitativ forschen? Eine Einführung in Zugänge und Verfahren. In: Friebertshäuser, B./Prengel, A. (Hrsg.): Handbuch Qualitative Forschungsmethoden in der Erziehungswissenschaft. Weinheim/München 1997, S. 71-87

Pollock, F.: „Gruppenexperiment". Ein Studienbericht. Frankfurter Beiträge zur Soziologie. Bd. 2, Frankfurt a.M. 1955

Radtke, F.-O.: Unterrichtsbeobachtung und Subjektivität. Vorarbeiten für ein Verfahren kommunikativer Beobachtung. In: Schön, B./Hurrelmann, K. (Hrsg.): Schulalltag und Empirie. Weinheim/Basel 1979, S. 30-51

Reichertz, J.: Probleme qualitativer Sozialforschung. Zur Entwicklungsgeschichte der Objektiven Hermeneutik. Frankfurt a.M./ New York 1986

Reichertz, J.: Objektive Hermeneutik. In: Flick, U./Kardorff, E. von /Keupp, H./ Rosenstiel, L. von/Wolff, S. (Hrsg.): Handbuch Qualitative Sozialforschung. Grundlagen, Konzepte, Methoden und Anwendungen. Weinheim 1991, S. 223-228

Reichertz, J.: Abduktives Schlußfolgern und Typen(re)konstruktion. In: Jung, T./Müller-Doohm, S. (Hrsg.): ›Wirklichkeit‹ im Deutungsprozeß. Verstehen und Methoden in der Kultur- und Sozialwissenschaften. Frankfurt a.M. 1993, S. 258-282

Riemann, G.: Anmerkungen dazu, wie und unter welchen Bedingungen das Argumentationsschema in biographisch-narrativen Interviews dominant werden kann. In: Soeffner, H.-G. (Hrsg.): Sozialstruktur und soziale Typik. Frankfurt a.M. 1986, S. 112-157

Rittelmeyer, C./Parmentier, M.: Einführung in die pädagogische Hermeneutik. Stuttgart 2001

Roeder, P.M./Leschinsky, A./Schümer, G./Treumann, K.: Überlegungen zur Schulforschung. In: Roeder, P.M./Leschinsky, A./Schümer, G./Treumann, K./Zeiher, H./Zeiher, H.J. (Hrsg.): Überlegungen zur Schulforschung. Stuttgart 1977, S. 7-126

Röhrs, H.: Theorie und Praxis der Forschung in der Erziehungswissenschaft. Bd. 7, Weinheim 1996

Rumpf, H.: Erasmus von Rotterdam (1466 oder 1469-1536). In: Scheuerl, H. (Hrsg.): Klassiker der Pädagogik. München 1979, S. 15-31

Schäfer, G./Wulf, Ch. (Hrsg.): Bild – Bilder – Bildung. Weinheim 1999

Scheele, B. (Hrsg.): Struktur-Lege-Verfahren als Dialog-Konsens-Methodik. Ein Zwischenfazit zur Forschungsentwicklung bei der rekonstruktiven Erhebung Subjektiver Theorien. Münster 1992

Scheele, B./Groeben, N.: Die Heidelberger Struktur-Lege-Technik (SLT). Weinheim 1984

Schelle, C.: Schülerdiskurse über Gesellschaft. Untersuchung zur Neuorientierung schulisch-politischer Bildungsprozesse. Schwalbach/Ts. 1995

Schiffler, H./Winkeler, R.: Bilderwelten der Erziehung. Die Schule im Bild des 19. Jahrhunderts. Weinheim/München 1991

Schiffler, H./Winkeler, R.: Tausend Jahre Schule. Eine Kulturgeschichte des Lernens in Bildern. Stuttgart/Zürich 1998

Schlömerkemper, J.: Widersprüchlichkeit – ein Ansatz zur Klärung komplexer Sozialisationsprozesse. In: Schön, B./ Hurrelmann, K. (Hrsg.): Schulalltag und Empirie. Weinheim/Basel 1979, S. 52-66

Schneider, W.L.: Objektives Verstehen. Rekonstruktion eines Paradigmas. Opladen 1991

Schön, B.: Quantitative und qualitative Verfahren in der Schulforschung. In: Schön, B./Hurrelmann, K. (Hrsg.): Schulalltag und Empirie. Weinheim/Basel 1979, S. 17-29

Schön, B./Hurrelmann, K. (Hrsg.): Schulalltag und Empirie. Neuere Ansätze in der schulischen und beruflichen Sozialisationsforschung. Weinheim/Basel 1979
Schulze, T.: Bilder zur Erziehung. Annäherungen an eine Pädagogische Ikonologie. In: Schäfer, G./Wulf, Ch. (Hrsg.): Bild – Bilder – Bildung. Weinheim 1999, S. 59-88
Schütze, F.: Biographieforschung und narratives Interview. In: Neue Praxis 3 (1983), S. 283-293
Schütze 1986
Schütze, F.: Das narrative Interview in Interaktionsfeldstudien: erzähltheoretische Grundlagen. Teil I. Studienbrief der FernUniversität Hagen 1987
Schütze, F.: Kollektive Verlaufskurve oder kollektiver Wandlungsprozess. Dimensionen des Vergleichs von Kriegserfahrungen amerikanischer und deutscher Soldaten im Zweiten Weltkrieg. In: BIOS 1 (1989), S. 31-109
Schütze, F.: Verlaufskurven des Erleidens als Forschungsgegenstand der interpretativen Soziologie. In: Krüger, H.-H./ Marotzki, W. (Hrsg.): Handbuch erziehungswissenschaftlicher Biographieforschung. Opladen 1999, S. 191-224
Steinke, I.: Kriterien qualitativer Forschung. Ansätze zur Bewertung qualitativ-empirischer Sozialforschung. Weinheim/München 1999
Stelmaszyk, B.: Rekonstruktionen von Bildungsgängen preußischer Gymnasiasten sowie der zugehörigen Lehrergutachten aus Reifeprüfungsverfahren der Jahre 1926-1946. (Unveröffentl. Habil.) Mainz 2002
Sutter, H.: Bildungsprozesse des Subjekts. Eine Rekonstruktion von Ulrich Oevermanns Theorie- und Forschungsprogramm. Opladen 1997
Terhart, E.: Ethnographische Schulforschung in den USA. Ein Literaturbericht. In: Zeitschrift für Pädagogik 25 (1979), 2, S. 291-306
Terhart, E.: Entwicklung und Situation des qualitativen Forschungsansatzes in der Erziehungswissenschaft. In: Friebertshäuser, B./Prengel, A. (Hrsg.): Handbuch Qualitative Forschungsmethoden in der Erziehungswissenschaft. Weinheim/München 1997, S. 27-42
Tillmann, K.-J.: Schulische Sozialisationsforschung. In: Rolff, H.-G. (Hrsg.): Zukunftsfelder der Schulforschung. Weinheim 1995, S. 181-210
Toulmin, S.: Kosmopolis: die unerkannte Aufgabe der Moderne. Frankfurt a.M. 1991
Uhle, R.: Verstehen und Pädagogik. Eine historisch-systematische Studie über die Begründung von Bildung und Erziehung durch den Gedanken des Verstehens. Weinheim 1989
Uhle, R.: Qualitative Sozialforschung und Hermeneutik. In: König, E./Zedler, P.: Bilanz qualitativer Forschung. Weinheim 1995, S. 33-74
Wagner, H.-J.: Rekonstruktive Methodologie. Opladen 1999
Wenzel, H./Meister, G.: Lehrerbiographien und Lehrerhandeln im Wendeprozess: Probleme des methodischen Zugangs. In: Zeitschrift für qualitative Bildungs-, Beratungs- und Sozialforschung 1 (2002), S. 133-154
Wernet, A.: Einführung in die Interpretationstechnik der Objektiven Hermeneutik. Opladen 2000
Willis, P.: Spaß am Widerstand. Gegenkultur in der Arbeiterschule. Frankfurt a.M. 1979
Wilson, T.P.: Theorien der Interaktion und Modelle soziologischer Erklärung. In: Arbeitsgruppe Bielefelder Soziologen (Hrsg.): Alltagswissen, Interaktion und gesellschaftliche Wirklichkeit. Bd. 1, Opladen 1981, S. 54-79
Zedler, P.: Zur Aktualität geisteswissenschaftlicher Pädagogik. In: Garz, D./Kraimer, K.: Brauchen wir andere Forschungsmethoden. Beiträge zur Diskussion interpretativer Verfahren. Frankfurt a.M. 1983, S. 63-85
Zeiher, H./Zeiher, H.J.: Überlegungen zur Schulforschung. Plädoyer für eine psychologisch-theoretische Perspektive in der Schulforschung. In: Roeder, P.M./Leschinsky, A./Schümer, G./Treumann, K./Zeiher, H./Zeiher, H.J. (Hrsg.): Überlegungen zur Schulforschung. Stuttgart 1977, S. 126-146
Zinnecker, J.: Der heimliche Lehrplan – Untersuchungen zum Schulunterricht. Weinheim 1975
Zinnecker, J.: Pädagogische Ethnographie. Zeitschrift für Erziehungswissenschaft 3 (2000), S. 381-400

Heinz-Hermann Krüger | Nicolle Pfaff

Triangulation quantitativer und qualitativer Zugänge in der Schulforschung

1 Einleitung

Bereits Mitte der 1970er Jahre stellte Heinrich Roth, einer der damals wichtigen Vertreter einer empirischen Erziehungswissenschaft in Westdeutschland, in einer zweibändigen Expertise des Deutschen Bildungsrates zum Stand der Bildungsforschung (1975) einleitend fest, dass die Schulforschung sowohl auf empirisch-analytische als auch auf hermeneutische Methoden angewiesen ist. Vermittlungsversuche zwischen quantitativen und qualitativen Zugängen erfolgten in der Schulforschung in den folgenden Jahrzehnten jedoch recht selten. Seit den 1990er Jahren ist es auch im Kontext der Schulforschung zu einer breiteren Diskussion und umfassenderen praktischen Umsetzung von Forschungsprojekten gekommen, die quantitative und qualitative Daten und Methoden zu verknüpfen suchen. In diesem Zusammenhang gewann auch der Begriff der Triangulation – der eigentlich aus der Landvermessung stammt und dort die Fixierung eines Punktes durch die Verwendung eines Netzwerkes von Dreiecken bezeichnet und der von Campell und Fiske 1959 in die allgemeine Methodendiskussion überführt worden ist (vgl. Schründer-Lenzen 1997, S. 107) – in der schulpädagogischen Diskussion an Bedeutung. In der Folge des sogenannten Positivismusstreites in der Soziologie, der auch in der Erziehungswissenschaft zu Abgrenzungsversuchen und wechselseitiger Ablehnung von Vertretern empirisch-analytischer und qualitativ-hermeneutischer Positionen führte, standen quantitative und qualitative Zugänge auch in der Schulforschung in den 1970er und 1980er Jahren eher unverbunden nebeneinander.

Unseren Beitrag leiten wir mit einer knappen Skizze dieser wissenschaftstheoretischen Debatten ein, arbeiten dann überblicksartig noch einmal die Unterschiede zwischen quantitativen und qualitativen Ansätzen und Sichtweisen heraus und stellen die Entwicklung sowie die verschiedenen Modelle der Triangulation von qualitativen und quantitativen Zugängen vor. In einem zweiten Schritt werden wir einen systematisch geleiteten Blick auf die Entwicklung der Schulforschung seit den 1970er Jahren bis zur Gegenwart werfen und den Schwerpunkt der Analyse auf die in den verschiedenen Feldern und Projekten der Schulforschung favorisierten Forschungsmethoden legen. Dabei werden wir einige Studien, die versuchten quantitative und qualitative Methoden oder Daten in ihren Untersuchungsdesigns gleichzeitig zu berücksichtigen, etwas ausführlicher darstellen. In einem dritten Schritt werden wir verschiedene Konzepte und Möglichkeiten der Triangulation quantitativer und qualitativer Verfahren und Ergebnisse sowie deren Bedeutung für die Weiterentwicklung der Theoriebildung skizzieren und an aktuellen Projekten aus unterschiedlichen Untersuchungsfeldern der Schulforschung exemplarisch konkretisieren. In einem abschließenden Ausblick werden wir eine Bilanz zum bisher erreichten Stand der Triangulationsdiskussion in der Schulforschung ziehen, zentrale methodologische Defizite benennen und einige methodische Perspektiven für die Weiterentwicklung von Triangulationsmodellen in der Schulforschung aufzeigen.

2 Auseinandersetzungen und Annäherungen zwischen qualitativen und quantitativen Zugängen

Vorschläge zur Verknüpfung, Verbindung oder Triangulation von qualitativen und quantitativen Zugängen in der Sozialwissenschaft haben derzeit Konjunktur (vgl. u.a. Bryman 1992; Erzberger 1998; Newman/Benz 1998; Prein/Erzberger 2000; Klieme/Bos 2000). Sie zielen auf die Überwindung methodologischer und methodischer Differenzen in den Sozialwissenschaften, die in der Folge des Positivismusstreits in den 1960er Jahren in den Disziplinen Soziologie, Psychologie und Erziehungswissenschaft zur getrennten Entwicklung der beiden sich wechselseitig voneinander abgrenzenden Forschungstraditionen geführt haben. Die polarisierende Gegenüberstellung von qualitativen und quantitativen Zugängen in der Sozialforschung ist das Resultat einer Auseinandersetzung über die Rolle der Sozialwissenschaften in der Gesellschaft, über das Verhältnis von Theorie und „Erfahrung" sowie Theorie und Praxis in den Sozialwissenschaften und über die erkenntnistheoretischen Bedingungen empirischen Arbeitens (vgl. Adorno/Albert/Dahrendorf 1969; Dahms 1994). Im Positivismusstreit wurden die Grundannahmen der einheitswissenschaftlichen Position eines kritischen Rationalismus, wie er zu dieser Zeit u.a. von Popper (1969) und Albert (1969) vertreten wurde, von den namhaften Vertretern einer kritisch-dialektischen Position als die Realität der sozialen Welt nur unzureichend beschreibend und ihrer Erfassung durch die empirischen Sozialwissenschaften wenig dienlich zurückgewiesen. Im Anschluss an diesen wissenschaftstheoretischen Streit setzte zu Beginn der 1970er Jahre eine intensive Methodendebatte ein, die zwar einerseits zu einer stärkeren Verwendung und Akzeptanz qualitativer Zugänge in Soziologie, Psychologie und Erziehungswissenschaft führte, andererseits jedoch die Unterschiede zwischen quantitativen und qualitativen Zugängen als einander ausschließende Forschungsmethodologien thematisierte und damit dazu beitrug, dass sich beide Forschungstraditionen in der Folgezeit weitgehend getrennt voneinander entwickelten (vgl. Wolf 1995; Engler 1997; Erzberger 1998).

Die Vielfalt der Argumente und die inhaltliche Breite dieser Debatten prägen bis heute den Katalog der Kriterien, die zur Unterscheidung qualitativer und quantitativer Zugänge herangezogen werden. Das zeigt unter anderem auch die Zahl der Begriffspaare, mit denen die Forschungsansätze in der Gegenüberstellung bezeichnet werden, aber auch die Ebenen, auf denen diese Unterscheidungen angesiedelt sind (vgl. etwa Schnell/Hill/Esser 1992; Bryman 1992; Erzberger 1998; Newman/Benz 1998). So wird beispielsweise zwischen interpretativem und deduktiv-nomologischem bzw. normativem Paradigma (vgl. Schnell u.a. 1992; Erzberger 1998), zwischen gesellschaftskritisch-dialektischer oder auch hermeneutischer und empirisch-analytischer Sozialforschung (u.a. Atteslander 2000), zwischen verstehender und erklärender Sozialwissenschaft oder schlicht zwischen qualitativen und quantitativen Methoden (Newman/Benz 1998) unterschieden. Forschungsmethodische Unterschiede werden dabei hinsichtlich der Gegenstandskonstruktion, des Umgangs mit Begriffen, Hypothesen und Theorien sowie des Forschungsablaufes beschrieben (vgl. z.B. Schnell u.a. 1992; Erzberger 1998).

Qualitative oder interpretative Zugänge orientieren sich demnach am Ziel einer möglichst gegenstandsnahen Erfassung der sozialen Phänomene und zielen auf eine ganzheitliche Analyse des Gegenstandes. Der Zugang zum jeweiligen sozialen Feld erfolgt dort möglichst unvoreingenommen und unmittelbar, wobei die Weltsicht der Handelnden im Zentrum der Betrachtung steht. Ausgehend von der unmittelbaren Erfahrung der Handelnden werden Deskriptionen, Rekonstruktionen und Strukturgeneralisierungen vorgenommen. Die Forschungsschwerpunkte der qualitativen erziehungswissenschaftlichen Forschung lagen in den letzten Jahrzehnten z.B.

in der Durchführung von Lebensweltstudien, die sich, an sozialphänomenologische und interaktionistische Theorien anknüpfend, mit der kritischen Beschreibung von pädagogischen Institutionen und außerschulischen Lebenswelten von Kindern und Jugendlichen befassen. Demgegenüber konzentrieren sich quantitative Zugänge auf die Vermittlung zwischen sozialwissenschaftlicher Theorie und sozialer Wirklichkeit. Im Zentrum steht hier die Prüfung von Hypothesen und die möglichst exakte Bestimmung von Zusammenhängen, Bedingungen und Wechselwirkungen zwischen sozialen Phänomenen. Dazu werden forschungsleitende Hypothesen in Meßvorgänge übersetzt, d.h., operationalisiert; Gegebenheiten und Relationen der sozialen Welt werden in symbolischen, zahlenmäßigen Repräsentationen abgebildet. Quantitative Methoden werden in fast allen erziehungswissenschaftlichen Teildisziplinen eingesetzt.

In diesen oft verkürzt vorgetragenen Gegenüberstellungen werden dabei noch immer jene Positionen vertreten, die die Auseinandersetzung zwischen den Positionen des kritischen Rationalismus und der Frankfurter Schule in den 1960er Jahren in der deutschen Soziologie kennzeichneten. Dabei wurde neben den Inhalten auch die Diskursstruktur des Positivismusstreits tradiert. Während in qualitative Methoden vorstellenden Überblickswerken regelmäßig die Argumente der Abgrenzung vorgetragen werden (vgl. z.B. Garz/Kraimer 1991; Lamnek 1995; Friebertshäuser/Prengel 1997), klammern Lehrbücher quantitativer Verfahren qualitative Methoden systematisch aus der Darstellung aus (Kromrey 1990; z.B. Kromrey 1998; Wellenreuter 2000).

Die Gegenüberstellung von qualitativen und quantitativen Zugängen galt lange als eine wesentliche und weitgehend unüberbrückbare Differenzierung innerhalb der empirischen Sozialwissenschaften (vgl. Filstead 1970, S. 45). Erst in den 1980er und 1990er Jahren kam es zu Annährungen und Vermittlungsversuchen zwischen den Positionen (vgl. Newman/Benz 1998; Prein/Erzberger 2000, S. 347f.). Diese Entwicklung hatte mehrere Ursachen: Zum einen haben sich qualitative Zugänge in der Erziehungswissenschaft, aber auch in Soziologie und Psychologie als methodisch und theoretisch fruchtbar erwiesen und stehen inzwischen gleichberechtigt neben standardisierten Verfahren (vgl. Krüger 2000, S. 323). Insbesondere in der Schulforschung führte die verstärkte Orientierung an qualitativen Zugängen (vgl. Newman/Benz 1998) zu einer Ausweitung des Forschungsfeldes (siehe Abschnitt 3). Zum anderen ging in beiden Forschungstraditionen ein Prozess der internen Ausdifferenzierung von statten. So beschreibt Krüger (2000) den Begriff „qualitative Forschung“ als einen „Sammelbegriff für sehr unterschiedliche, theoretische, methodologische und methodische Zugänge zur sozialen Wirklichkeit“ (ebd., S. 324f.). Auch Diekmann (1995) führt für quantitative Forschungsansätze aus, dass unter den Vertretern der Tradition unterschiedliche Ansichten über Ablauf und Erhebung von Untersuchungen sowie im Umgang mit quantitativem Datenmaterial bestehen (vgl. dazu Böhme und Böhm-Kasper/Weishaupt in diesem Band). Diese Pluralisierung führte zunächst zur Entwicklung von Methoden, die Verfahren beider Zugänge kombinieren, wie bspw. bei Formen der quantifizierenden Analyse von Texten (vgl. Prein/Erzberger 1998). Außerdem etablierten sich vor allem innerhalb der qualitiven Forschungstradition Strategien der Verknüpfung verschiedener Verfahren (vgl. Flick 1991; Engler 1997).

Darüber hinaus wurden ungeachtet der starken methodologischen, methodischen und auch institutionellen Trennung zwischen den Traditionen in einzelnen soziologischen und auch erziehungswissenschaftlichen Untersuchungen erfolgreich qualitative und quantitative Zugänge kombiniert auf einen Untersuchungsgegenstand angewandt (vgl. z.B. Jahoda/Lazarsfeld/Zeisel 1982; Böttcher/Plath/Weishaupt 1999; Klieme/Bos 2000). Für solche Vorhaben liegt inzwischen auch eine Vielzahl von Vorschlägen für eine methodologische und methodische Grundlegung der Methodentriangulation vor (vgl. u.a. Barton/Lazarsfeld 1979; Fielding/Fielding 1986; Esser 1987; Bryman 1992; Erzberger 1998; Newman/Benz 1998; Prein/Erzberger 2000). Wir wollen einige unseres Erachtens bedeutsame Konzepte im Folgenden kurz skizzieren und gehen in Abschnitt 4 am Beispiel von Untersuchungen aus Zusammenhängen der Schulforschung genauer auf die verschiedenen Modelle und ihre Anwendungsmöglichkeiten ein.

In der methodologischen Diskussion um die Möglichkeiten der Verknüpfung von qualitativen und quantitativen Zugängen stehen sich zwei unterschiedliche Auffassungen von Triangulation gegenüber: Einerseits begreifen die Vertreter so genannter Konvergenzmodelle die Verknüpfung der Methoden als Strategie der Validierung von Forschungsergebnissen (vgl. u.a. Denzin 1978; Newman/Benz 1998; Klieme/Bos 2000) bzw. als Konzept der Evaluation von Verfahren und Instrumenten (Campbell/Fiske 1959; Webb/Campbell/Schwartz/Sechrest 1966). Andererseits wird für die Herstellung eines „kaleidoskopartigen" (Köckeis-Stangel 1980, S. 363) Gesamtbildes von einem Gegenstand durch die Kombination verschiedener Zugänge plädiert (vgl. z.B. Burges 1927; Barton/Lazarsfeld 1979; Fielding/Fielding 1986; Bryman 1992; Erzberger 1998; Kelle/Erzberger 1999; Prein/ Erzberger 2000). Dazu zählen, wenn auch mit unterschiedlichen methodologischen Grundannahmen, Phasenmodelle und Konzepte, die von der Komplementarität von mit qualitativen und quantitativen Methoden gewonnenen Ergebnissen ausgehen.

In Kongruenzmodellen, wie dem von Denzin (1978) formulierten, dient die Anwendung unterschiedlicher Methoden vor allem dazu, die Validität von Feldforschungen zu maximieren. Denzin unterscheidet in seinen Ausführungen die Methoden– oder methodologische Triangulation; die Triangulation von Datenquellen, die an verschiedenen Erhebungszeitpunkten und -orten sowie an unterschiedlichen Personenkreisen erhoben wurden; die Beobachter-Triangulation, in der verschiedene Beobachter oder Interviewer den Einfluss subjektiver Wahrnehmungen der Forschenden reduzieren sollen und schließlich die Triangulation von Theorien, mit deren Hilfe ein Forschungsgegenstand von unterschiedlichen Perspektiven aus beobachtet werden soll (vgl. auch Klieme/Bos 2000). Wir wollen hier bezogen auf die erziehungswissenschaftliche Teildisziplin der Schulforschung im Besonderen die beiden erstgenannten Formen der Triangulation, nämlich die Verknüpfung von qualitativen und quantitativen Methoden und Daten, behandeln. Der Vorschlag der Validierung von Forschungsergebnissen durch Methodentriangulation zielt auf Konvergenz, d.h. Übereinstimmung von mit qualitativen und quantitativen gewonnenen Ergebnissen ab (vgl. Prein/Erzberger 2000). Die Bezeichnung Triangulation als Metapher für die Kombination verschiedener Verfahren wurde von Campbell und Fiske (1959) im Kontext einer Theorie psychologischer Tests als Begriff für die Aufeinanderfolge mehrerer quantitativer Messungen mit verschiedenen Messinstrumenten eingeführt (vgl. auch Webb u.a. 1966). Denzin machte den Tringulationsbegriff vor allem für die qualitative Sozialforschung nutzbar (Denzin 1978; vgl. u.a. Fielding/Fielding 1986; Lamnek 1995; Bryman 1992; Flick 1991) und öffnete ihn in methodischer Hinsicht auch für die Form der Kombination von qualitativen und quantitativen Verfahren. Ging es Campell und Fiske (1959) sowie Webb und anderen (1966) jedoch bei der Triangulation verschiedener Messinstrumente gerade darum, die Spezifik der Konstruktion eines Gegenstandes durch eine spezielle Methode zu prüfen und damit um die Evaluation von Methoden, vernachlässigt Denzin (1978) in seinen Darstellungen zur methodologischen Triangulation das Problem der Reaktivität von Methoden (vgl. Flick 1991; Erzberger 1998; Kelle/ Erzberger 1999). In der breiten Kritik an seinem Konzept wird darauf hingewiesen, dass Methoden, die aus verschiedenen Theorietraditionen hervorgegangen sind, ihre Gegenstände unterschiedlich konstruieren und so durch ihre Kombination zwar das

Blickfeld auf ein Phänomen erweitert, nicht jedoch die Validität der Ergebnisse erhöht werden könne (vgl. Fielding/Fielding 1986; Lamnek 1995; Flick 1991).

Demgegenüber liegt für Phasen- und Komplementaritätsmodelle gerade in der spezifischen Art und Weise, in der eine Methode einen Gegenstand beobachtet und konstruiert, der Reiz des kombinierten Einsatzes von qualitativen und quantitativen Methoden.

Zu den wohl bekanntesten Modellen zählt das Phasenmodell von Barton und Lazarsfeld (1979). Sie nehmen in ihrer Konzeption der Verknüpfung qualitativer und quantitativer Methoden eine zeitliche und auch eine hierarchische Ordnung der Methoden vor, indem sie qualitative Verfahren zur Hypothesengenerierung und -exploration dem Einsatz quantitativer Verfahren, mit denen die Prüfung von Hypothesen erfolgt, zeitlich vorordnen. Dieses Modell weist den Zugängen im Untersuchungsablauf je den Gegenstandsbereich zu, der mit den Verfahren der Forschungstraditionen aus Sicht der Autoren am besten zu analysieren ist. Qualitative Methoden dienen nach Barton und Lazarsfeld (ebd.) der Generierung neuer Forschungsfragen und der Erkundung und detaillierten Beschreibung des Untersuchungsgegenstands, wohingegen nur mit Hilfe von quantitativen Verfahren die kontrollierte Fundierung und Überprüfung der so gewonnenen Annahmen über die soziale Wirklichkeit gewährleistet werden kann. Das Konzept schreibt also den quantitativen Forschungsmethoden die entscheidende Rolle im Forschungsprozess zu (vgl. Erzberger 1998, S. 124f.; Kelle/Erzberger 1999, S. 509ff.) und steht damit im Widerspruch zum Anspruch der qualitativen Sozialforschung Instrumente der Theoriebildung bereitzustellen. Kelle und Erzberger (ebd.) weisen jedoch darauf hin, dass das Phasenmodell von Lazarsfeld und Barton (1979) eine Leerstelle in der Konzeption quantitativer Untersuchungen trifft, da der wesentliche Prozess der Hypothesengewinnung durch das Phasenmodell methodisch kontrolliert wird und darüber hinaus die Gefahr der Entwicklung einseitiger bzw. der Komplexität des Gegenstandes unangemessener Annahmen reduziert. In neueren Konzeptionen der Kombination beider Zugänge gehen demgegenüber quantitative Vorstudien qualitativen Untersuchungen voran (vgl. z.B. Flick 1991; Erzberger 1998). Der sequentielle Einsatz qualitativer und quantitativer Forschungsmethoden innerhalb eines Untersuchungsdesigns kann unter methodologischen Gesichtspunkten als der unproblematischste Triangulationseinsatz bewertet werden, da es hierbei nicht zu unzulässigen Vermischungen der Forschungslogiken kommt, sondern qualitative und quantitative Teilstudien zumeist gesondert voneinander behandelt werden (vgl. Bryman 1992; Treuman 2000).

Auf der Annahme, dass verschiedene Methoden einen Gegenstand je spezifisch konstruieren, basieren Ansätze der Methodentriangulation, die auf die gegenseitige Ergänzung, d.h. auf Komplementarität von mit qualitativen und quantitativen Methoden gewonnenen Forschungsergebnissen setzen (vgl. Fielding/Fielding 1986; Bryman 1992; Erzberger 1998; Kelle/ Erzberger 1999). Sie gehen anders als Phasenmodelle davon aus, dass verschiedene methodische Zugänge der Beobachtung und Untersuchung unterschiedlicher Gegenstände vorbehalten sind. Oft wird mit dieser Annahme eine Zuordnung der Analyse von Handlungskontexten und -folgen bzw. von Makroprozessen an die quantitative Sozialforschung vorgenommen, der die Untersuchung von subjektiven Handlungsintentionen oder Mikroprozessen durch die qualitative Sozialforschung gegenübersteht (vgl. Erzberger 1998; Prein/Erzberger 2000). Die Verfechter dieses Modells vertreten das Konzept einer „Arbeitsteilung zwischen den Methoden“ (Erzberger 1998, S. 137), bei dem der blinde Fleck einer Methode durch die jeweils andere ausgeglichen wird. Der Einsatz von Forschungsprogrammen und -methoden wird in Komplementaritätsmodellen durch den Gegenstand selbst bestimmt. Dabei sollen die Zugänge separat voneinander auf den Gegenstand angewandt werden, wobei forschungslogische Standpunkte und methodische Instrumentarien nicht vermischt werden dürfen. In diesen Zusammenhang gehören vor allem Konzepte der Integration von Forschungsergebnissen aus Untersuchungen, in denen qualitative und quantitative Ansätze parallel in einem Untersuchungsdesign eingesetzt werden, wie sie z.B. Kelle und Erzberger (1999) vertreten (vgl. auch Bryman 1992). Ansätze wie diese gehen davon aus, dass der Komplexität sozialer Phänomene allein durch die Integration von mit qualitativen und quantitativen Methoden gewonnenen Ergebnissen Rechnung getragen werden kann. Der dabei entstehende „Synergieeffekt" entsteht jedoch, wie Erzberger (1998, S. 137ff.) verdeutlicht, erst „durch die Bereitstellung eines Rahmens, in den die Ergebnisse eingebettet werden können". Dieser Rahmen wird durch die theoretischen Zugänge und Annahmen des Forschenden über den Gegenstand abgesteckt (ebd.).

Über die hier zum Gegenstand gemachte gemeinsame Anwendung qualitativer und quantitativer Forschungsmethoden in Forschungsprojekten hinaus gehen einzelne Ansätze, die in unterschiedlichen Forschungszusammenhängen gewonnene Ergebnisse zu spezifischen Themenfeldern der Schulforschung in einen gemeinsamen theoretischen Rahmen einzubetten versuchen (vgl. z.B. Böhme/Kramer 2001). Diese Vorhaben sind vor allem in gut untersuchten Themenfeldern von beträchtlichem Nutzen für die Theoriebildung.

Ein interessantes Problem der vorgestellten Modelle der Triangulation stellt in Untersuchungen, die sowohl qualitative als auch quantitative Methoden in das Untersuchungsdesign einbeziehen, und auch für die zuletzt genannten Ansätze, die Divergenz, d.h. die Widersprüchlichkeit oder Unvereinbarkeit von Ergebnissen dar. So können divergente Forschungsergebnisse zum Anlass einer kritischen Betrachtung der verwandten Methoden, der korrekten Durchführung der Untersuchung genommen werden oder aber auch auf Unzulänglichkeiten in den verwandten theoretischen Konzepte hindeuten (vgl. Erzberger 1998, S. 139f.; Kelle/ Erzberger 1999; Prein/Erzberger 2000).

Gerade Divergenzen zwischen mit qualitativen und quantitativen Verfahren erzeugten Ergebnissen sind es auch, die die oft unbeachteten Probleme der Vermittlung verschiedener epistemologischer und ontologischer Standpunkte des Positivismus und interpretativer Forschungsprogramme in den Blick rücken. Unproblematisch sind Triangulationsversuche aus der Sicht von Blaikie (1991), wenn verschiedene Methoden jeweils innerhalb des quantitativen bzw. qualitativen Paradigmas kombiniert werden, wohingegen die interaktive und gleichzeitige Verwendung qualitativer und quantitativer Methoden kritisch betrachtet wird (vgl. auch Bryman 1992). Damit ist ein wesentliches Desiderat der methodologischen Bestimmungen zur Verknüpfung der beiden Zugänge benannt: Es mangelt sowohl in der methodologischen Literatur zum Thema als auch in konkreten triangulierend arbeitenden Untersuchungen an einer Reflektion der Bedingungen und Probleme der Verknüpfung von mit unterschiedlichen Forschungsprogrammen und –methoden gewonnenen Daten und Ergebnissen (vgl. Treumann 2000).

Im folgenden Abschnitt wollen wir die Anwendung qualitativer und quantitativer Forschungsmethoden in der Entwicklung der Schulforschung von 1970 bis zur Gegenwart systematisch nachzeichnen und dabei insbesondere inhaltliche Schwerpunkte des Einsatzes beider Zugänge aufzeigen.

3 Entwicklungslinien der quantitativen und qualitativen Schulforschung – getrennte Wege und Verbindungslinien

Eine knappe Bilanz zu den Entwicklungslinien der Schulforschung in den vergangenen drei Jahrzehnten unter forschungsmethodischen Perspektiven zu ziehen ist in mehrfacher Hinsicht schwierig. Denn erstens hat sich die Zahl der Projekte und Publikationen im Bereich der empirischen Schulforschung inzwischen so stark ausgeweitet, das bestenfalls ein exemplarischer Einblick gegeben werden kann. Zweitens bieten die bislang vorliegenden Überblicke zum Stand und zu den Perspektiven der Schulforschung (vgl. Deutscher Bildungsrat 1975; Ingenkamp u.a. 1992; Rolff 1995) keine übereinstimmenden systematischen Strukturierungsvorschläge, mit deren Hilfe man klar konturierte Schneisen in die unübersichtliche Landschaft der Schulforschung schlagen kann. Bei der folgenden Darstellung der Teilgebiete der grundlagenorientierten Schulforschung unterscheiden wir in Weiterführung der Überlegungen von Roth und Friedrich (1975, S. 31) zwischen den sich eher mit den makrosozialen Bedingungen von Schule beschäftigenden Bereichen der sozialen Ungleichheitsforschung, der Bildungsökonomie sowie der vergleichenden Schulforschung, der eher die Mesoebene von Schule thematisierenden Schulklima- und Schulqualitätsforschung, der eher auf der schulischen Mikroebene angesiedelten Unterrichts- bzw. Lehr-, Lernforschung sowie die Individualebene von Schule thematisierende Schüler- bzw. Lehrerforschung. Versucht man diese Schwerpunktbereiche der Schulforschung unter forschungsmethodischen Gesichtspunkten zu charakterisieren, so haben die zuerst genannten Teilgebiete (Ungleichheitsforschung, Bildungsökonomie, vergleichende Schulforschung, Schulklimaforschung) eher eine Nähe zu quantitativen Methoden und Daten, während sich erste Ansätze qualitativer Forschung zunächst vor allem in der Unterrichtsforschung sowie der Schüler- bzw. Lehrerforschung herausgebildet haben. Eine detailliertere Analyse der Entwicklung der Schulforschung in den genannten Teilgebieten wird im Folgenden jedoch noch zeigen, dass diese methodischen Zuordnungen nicht immer so eindeutig sind und dass Vermittlungsversuche zwischen quantitativen und qualitativen Zugängen in den meisten der genannten Forschungsschwerpunkte bislang eher die seltene Ausnahme sind.

Die Reform und Expansion des Bildungswesens in Westdeutschland seit Mitte der 1960er Jahre wurde kontinuierlich durch Studien zur schulbezogenen sozialen Ungleichheitsforschung begleitet, die sich mit Fragen der sozialen, geschlechtsspezifischen, regionalen und im vergangenen Jahrzehnt auch verstärkt der ethnischen Benachteiligung im Schulsystem beschäftigen (vgl. Ditton 1995). Forschungsmethodisch stützen sich diese Untersuchungen vorrangig auf quantitative Methoden und Daten. Im Zentrum steht dabei häufig die Sekundäranalyse amtlicher Daten zur Bildungsbeteiligung, die mit dem Ziel ausgewertet werden, gravierende Veränderungen im Zeitverlauf zu untersuchen (vgl. z. B. Rolff u.a. 1992). Ein ähnliches Erkenntnisinteresse verfolgen Kohortenanalysen. So haben etwa Müller und Haun (1994) auf der Basis der Daten aus der Zusatzerhebung zum Mikrozensus 1971, den Allbus-Erhebungen 1980-1992 und aus dem sozioökonomischen Panel von 1986 die unterschiedliche Bildungsbeteiligung und Bildungschancen der Vorkriegskohorten 1910-1939 und der Geburtskohorten 1960-1969 vergleichend analysiert. Weitere im Rahmen der schulischen Ungleichheitsforschung eingesetzte quantitative Forschungsdesigns sind im zweijährigen Rhythmus realisierte Elternbefragungen zu den angestrebten Bildungsabschlüssen für ihre Kinder, wie sie das Dortmunder Institut für Schulentwicklungsforschung seit 1986 kontinuierlich durchführt (vgl. Rolff u.a. 1998), repräsentative Querschnittsbefragungen von Schülern zum faktischen Schulbesuch sowie zu ihren

Bildungsaspirationen (vgl. z.B. Büchner/Krüger 1996) oder – bislang viel zu selten eingesetzt – quantitative Längsschnittstudien, die die Prozessaspekte von Schullaufbahnen und insbesondere die sozialspezifisch differierende Verarbeitung von Erfahrungen im Durchlaufen der Bildungswege untersuchen (vgl. Bofinger 1990). Dominierten bis in die 1990er Jahre hinein in der schulischen Ungleichheitsforschung ausschließlich quantitative methodische Zugänge, sind im letzten Jahrzehnt auch erste qualitative Studien zu den biographischen Kosten von erfolgreichen gymnasialen Schullaufbahnen für Jugendliche aus dem Arbeitermilieu (vgl. Nittel 1992), zur Relevanz der Schule für die Entstehung marginalisierter Jugendbiographien (vgl. Helsper/Müller/Nölke/Combe 1991) oder zu den familialen und schulischen Erfahrungen sowie zur aktuellen Situation von Arbeitertöchtern an Hochschulen (vgl. Theling 1986, Schlüter 1993) entstanden. Untersuchungen, die quantitative und qualitative Methoden vermitteln, gibt es hingegen in der schulbezogenen Ungleichheitsforschung bislang nicht.

Ähnlich wie die Ungleichheitsforschung stützt sich auch die Bildungsökonomie, die sich als Forschungsgebiet ebenfalls in den 1960er Jahren in Westdeutschland etablierte, jedoch im Rahmen der Bildungs- und Schulforschung seitdem eher randständig blieb, bei der empirischen Untersuchung der ökonomischen Dimension von Bildungssystemen vor allem auf die Sekundäranalyse bereits vorliegender statistischer Daten (vgl. Klemm 1995, S. 72). Im Bereich der Makroökonomie der Schule, die die Verwendung ökonomischer Ressourcen für das Bildungssystem insgesamt analysiert, werden unter Bezug auf amtliche Daten des Statistischen Bundesamtes oder der Kultusministerkonferenz historische Entwicklungstrends und die aktuelle Situation von Bildungsausgaben z. B. für die Lehrerbesoldung oder für den Bau von Schulen beschrieben (vgl. Böttcher/Weishaupt/Weiß 1997). Daneben werden mit Hilfe komplexer statistischer Simulationsmodelle aber auch prognostische Berechnungen durchgeführt, etwa zur finanziellen Optimierung von Schulstandorten bei rückläufigen Grundschülerzahlen in den neuen Bundesländern (vgl. Weishaupt/Schulzeck 2000, S. 67). Andere quantitative Forschungskonzepte, etwa Befragungen von Eltern zu ihren Schulwahlmotiven, die in der angloamerikanischen Mikroökonomie des Bildungswesens bereits eine größere Rolle spielen, sind hingegen in der deutschen Bildungsökonomie ebenso wie qualitative methodische Zugänge und Triangulationsversuche noch ein Desiderat (vgl. Weiß 1995, S. 55).

In der vergleichenden Schulforschung, deren historische Entwicklungslinien bis ins 18. und 19. Jahrhundert zurückreichen und in der lange Zeit deskriptive Analysen von ausländischen Schulsystemen oder ganzheitlich hermeneutisch ausgerichtete Vergleiche nationalstaatlich bestimmter Bildungssysteme dominierten, setzte erst in den 1960er Jahren eine verstärkte Hinwendung zu empirisch-quantitativen Zugängen ein (vgl. Schriewer 2000, S. 506). Insbesondere in den USA wurden in den 1970er und 1980er Jahren eine Reihe von quantitativen Studien durchgeführt, die sich auf die sekundäranalytische Auswertung bildungsstatistischer Daten konzentrieren, die historisch bis ins 19. Jahrhundert zurückgehen und möglichst viele Länder umfassen (vgl. Adick 1995, S. 162). Ziel dieser Studien war es, die weltweite Entwicklung der Schülerzahlen über eine lange historische Zeitspanne herauszuarbeiten und mit einigen politischen und sozioökonomischen Faktoren in Beziehung zu setzen (vgl. Meyer/Ramirez/Soysal 1992). Bereits seit den 1970er Jahren wurden zudem von der Weltbank-Gruppe finanzierte quantitative Studien der „International Association for the Evaluation of Educational Achievement" realisiert, die die erzielten Leistungseffekte in verschiedenen Schulfächern in einer Reihe von Industrieländern und Entwicklungsländern vergleichen (vgl. Naumann 1990, S. 169). Im vergangenen Jahrzehnt gewannen nicht nur ausschließlich qualitative methodische Zugänge in der vergleichenden Schulforschung im internationalen Bereich und in Deutschland an Bedeutung, so etwa in Form interkulturell vergleichend angelegter ethnographischer Studien zum Sprachunterricht in multilingualen Schulen in den Niederlanden und Deutschland (vgl. Kroon/Sturm 2000) oder sich auf teilnehmende Beobachtung und Interviews stützende Analysen zum ambivalenten Umgang der Batemi mit einem modernen Schulsystem in Tansania (vgl. Schäfer 2001). Vielmehr wurden auch in den auf die Evaluation von Bildungssystemen auf verschiedenen Ebenen im internationalen Vergleich abzielenden Studien der OECD, etwa dem INES-Projekt oder der Arbeit zur „Effectiveness of Schooling und Educational Ressource Management" quantitative Surveys durch qualitative Fallstudien ergänzt (vgl. Fend 2001, S. 169). Dies gilt in ähnlicher Weise auch für die unter dem Dach der IEA durchgeführte und in Deutschland besonders bekannt gewordene TIMSS-Studie, bei der nicht nur Tests zu Leistungen von Schülern in Mathematik und den naturwissenschaftlichen Fächern in insgesamt 45 Staaten durchgeführt wurden (vgl. Baumert/Lehmann 1997, S. 34). Darüber hinaus wurden in drei Ländern, in Deutschland, den USA und Japan, die quantitativen Schulleistungsuntersuchungen durch Videodokumentationen von Unterrichtsstunden im Fach Mathematik sowie durch Interviews mit rund 200 Lehrern, Schülern, Eltern und Schulleitern an circa jeweils 17 Einzelschulen in den drei Ländern komplettiert. Gerade die Ergebnisse der qualitativen Interviewanalyse liefern wichtige Kontextinformationen um Differenzen im Schulleistungsvergleich besser erklären zu können (vgl. dazu ausführlich Abs. 4). Ähnlich wie in der internationalen Bildungsforschung zur Evaluation der Leistungseffekte unterschiedlicher nationaler Schulsysteme wurden auch in den in Westdeutschland in den 1970er Jahren initiierten Untersuchungen zum Vergleich unterschiedlicher Schulformen primär quantitative Methoden eingesetzt. Neben Arbeiten, die unter Bezug auf Testverfahren vor allem die Leistungspotenziale von integrierten Gesamtschulen mit dem dreigliedrigen Schulsystem vergleichen wollten (vgl. im Überblick Aurin/Schwarz 1992), wurden insbesondere von Fend (2001) thematisch komplexer angelegte Schulsystemvergleichsstudien in mehreren westdeutschen Bundesländern durchgeführt. Im Zentrum seiner quantitativen Untersuchungen stand nicht so sehr die Analyse der Wirkungen, sondern der Prozessmerkmale des Schulsystems, die mit dem Begriff des Schulklimas kategorial gefasst wurden. Diese Prozessmerkmale wurden aus gemeinsamen Wahrnehmungen von Schülern, Lehrern und Eltern rekonstruiert, die mit Hilfe von schriftlichen Befragungen erhoben wurden (vgl. Fend 2001, S. 48). Die Studien von Fend oder von Rutter u.a. (1980) machten deutlich, dass kaum von den äußeren Organisationsmerkmalen von Schule linear auf die qualitative Ausgestaltung des Schullebens geschlossen werden kann, sondern dass sich innerhalb gleicher Schulformen die Einzelschulen erheblich unterscheiden.

Während qualitative Fallstudien zu Einzelschulen in den 1970er Jahren eher Ausnahmen blieben (vgl. z.B. Diederich/Wulf/Diederich 1979), wurden ausgelöst durch die Diskussion um die Merkmale einer guten Schule und die Neugestaltung von Schulkulturen seit den späten 1980er Jahren nicht nur im angloamerikanischen Raum (vgl. etwa Ligthfood 1985; Wexler 1992), sondern auch in Österreich und Deutschland (vgl. u.a. Altrichter/Salzgeber 1995; Helsper/Böhme/Kramer/Lingkost 2001) verstärkt qualitative Studien durchgeführt, die sich auf ethnographische oder biographische Methoden stützten und sich thematisch zum Beispiel mit mikropolitischen Konflikten an Einzelschulen oder mit der Transformation der Schulkultur an ostdeutschen Gymnasien beschäftigten. Die im Verlauf der 1990er Jahre ins Zentrum der schulpolitischen Diskussion tretende Qualitätsdebatte führte zudem dazu, dass nicht nur quantitative Studien initiiert wurden, die sich um eine kategoriale Klärung und empirische Evaluation von schulischen Qualitätsmerkmalen bemühten (vgl. etwa Melzer 1996). Vielmehr wurden in diesem Kontext auch einige Untersuchungen realisiert, die orientiert an Phasenmodellen quantitative und qualitative Methoden und Daten miteinander zu verknüpfen suchten. Erwähnt sei etwa die Studie von Krüger, Grundmann und Kötters (2000), bei der zunächst auf der Basis der Ergebnisse von Schulleiterinterviews und ethnographischen Feldprotokollen Porträts der 14 in Sachsen-Anhalt untersuchten Einzelschulen erstellt wurden, ehe anschließend eine repräsentative Befragung von Schülern und Lehrern zu ihren Einschätzungen schulischer Lernumwelten durchgeführt wurde. In der methodischen Abfolge der Forschungsschritte genau umgekehrt gingen Böttcher, Plath und Weishaupt (1999) bei ihrer Analyse der Produkt- und Prozessqualität von Schulen in Thüringen vor. Hier wurden in einem ersten Schritt Lehrer, Schüler und Eltern von Regelschulen und Gymnasien zur Einschätzung des schulstrukturellen Wandels schriftlich befragt, während in einem zweiten Schritt an sieben aufgrund der quantitativen Ergebnisse ausgewählten Einzelschulen zur differenzierteren Erfassung des innerschulischen Lebens offene Leitfadeninterviews mit Schulleitern, Vertrauenslehren, Schulelternvertretern und Schulsprechern sowie Gruppendiskussionen mit Schülern realisiert wurden (vgl. dazu ausführlich Abs. 4).

Obwohl forschungsprogrammatische Begründungsversuche für eine interpretative Unterrichtsforschung (vgl. Terhart 1979) ebenso wie erste qualitative Studien, etwa zur Analyse von Überlebenstaktiken von Schülern im Unterricht (vgl. Heinze 1976), bereits in den 1970er Jahren vorgelegt wurden, dominierten in der Unterrichtsforschung bzw. der Lehr-Lernforschung, die sich mit den interaktionellen Aspekten sowie den curriculumsbezogenen Inhaltskomponenten der unterrichtlichen Lehrer- und Schülerhandlungen befasst, seit dieser Zeit quantitative methodische Zugänge. In einer Bilanz zu den Erträgen der Lehr-Lernforschung weisen van Buer und Nenninger (1992) darauf hin, dass allein im Zeitraum zwischen 1970 und 1990 etwa 1000 Forschungsprojekte durchgeführt worden sind, die sich auf Testverfahren, standardisierte Befragungen von Lehrern und Schülern oder experimentelle Designs methodisch stützen und die sich in ihren Forschungsschwerpunkten vor allem mit Aspekten der Leistungs- und Prüfungsangst im Unterricht, mit Fragen der schülerbezogenen Leistungsbeurteilung, mit dem Lernen mit Texten oder dem Vergleich mehrerer Unterrichtsmethoden befasst haben. Erst im vergangenen Jahrzehnt erlebten qualitative Studien in der Unterrichtsforschung einen Aufschwung, deren methodisches und inhaltliches Spektrum inzwischen von objektiv-hermeneutischen Interpretationen von Unterrichtssequenzen (vgl. Combe/Helsper 1994), über ethnographische Analysen von unterrichtlichen Regelungen in Internatsschulen (vgl. Kalthoff/Kelle 2000) oder von Formen offenen Unterrichts in einer Grundschulklasse (vgl. Beck/Scholz 1995) bis hin zu Untersuchungen der Prozesse der Schülermitbeteiligung im Fachunterricht reicht, die sich auf die Auswertung von Unterrichtsstunden, Lehrerinterviews und Schülergruppendiskussionen beziehen (vgl. Meyer/Jessen 2000). Versuche quantitative und qualitative Methoden und Daten zu kombinieren, sind hingegen in der Unterrichtsforschung noch weitgehend ein Desiderat. Eine Ausnahme bildet eine aktuelle Studie zum Politikunterricht, in der mit Hilfe von kategorienorientiert ausgewerteten Kleingruppeninterviews und einer Fragebogenstudie unter 165 Schülerinnen und Schülern an Nürnberger Gymnasien Geschlechtsspezifika in den Interessen und Bedürfnissen im Sozialkundeunterricht und seinen Wirkungen untersucht werden (vgl. Boeser 2002). Erste Ansätze in dieser Richtung lieferte auch die bereits erwähnte TIMSS-Studie, bei der neben quantitativen Schulleistungsuntersuchungen in drei ausgewählten Ländern Mathematikstunden im achten Jahrgang auf Video aufgezeichnet wurden (vgl. dazu ausführlich Abs. 4).

Im Kontext der Schulforschung nehmen empirische Studien zur Lebenswelt und zu Verhaltensweisen und Orientierungen von Schülern seit den 1970er Jahren einen umfassenden Raum ein. Neben zahlreichen Untersuchungen mit quantitativer methodischer Orientierung gab es in diesem Forschungsfeld von Beginn an auch eine ausgeprägte qualitative Forschungstradition. Forschungsschwerpunkte der quantitativen Schülerforschung, die sich auf standardisierte Befragungen von Schülern, Leistungstests oder soziometrische Verfahren stützen, sind u.a. die Analyse der Determinanten schulischer Leistungsmotivation, psychosomatische Reaktionen auf schulische Belastungen, Schulinvolvement, Schulentfremdung sowie schulisches Interesse, Selbstkonzepte von Schülern, geschlechtsspezifisch divergierendes schulisches Selbstbewusstsein und vor allem verstärkt in den 1990er Jahren Erscheinungsformen und Bedingungen von Schülergewalt (vgl. Hany/Helmke/Jerusalem u.a. 1992; Tillmann 1995). Im Zentrum der qualitativen Schülerforschung standen in den 1970er und 1980er Jahren interaktionistisch inspirierte Studien zum abweichenden Schülerverhalten und zu schulischen Typisierungsprozessen (vgl. etwa Brusten/Hurrelmann 1973; Holtappels 1987) sowie zum Verhältnis von Schule und kindlicher bzw. jugendlicher Lebenswelt (vgl. Helsper 1989; Krappmann/Oswald 1985; Projektgruppe Jugendbüro 1975, 1977; Zinnecker 1978). Insbesondere im vergangenen Jahrzehnt erlebte zudem die Forschung zur Schülerbiographie einen enormen Aufschwung, bei der sich eine Reihe von Untersuchungen mit den Lern- und Bildungsbiographien von Schülern in Hauptschulen und Gymnasien (vgl. Hurrelmann/Wolf 1986; Nittel 1992; Helsper/Kramer 2000), aber auch in Reformschulen, wie etwa der Bielefelder Laborschule, beschäftigen (vgl. Kleinespel 1990). Im Umfeld der Schülerforschung findet man zudem bereits früh erste Versuche quantitative und qualitative Daten und Methoden zu verknüpfen. So wurde in der Untersuchung der Projektgruppe Jugendbüro (1977) bei der Analyse der sozialökologischen Lebenswelten von Hauptschülern sowohl auf siedlungsstatistische Daten als auch auf die Ergebnisse von ethnographischen Erkundungen und Experteninterviews rekurriert. Außerdem wurden mit allen Schülern der achten Klassen einer Hauptschule schriftliche Befragungen zu ihren jugend- bzw. familienzentrierten Einstellungen durchgeführt und auf der Basis der Resultate der Befragung die Mitglieder für die anschließend realisierten Gruppendiskussionen ausgewählt. Weitere Studien aus dem letzten Jahrzehnt, die ebenfalls bemüht sind quantitative und qualitative Zugriffe in Phasenmodellen miteinander zu verbinden, sind etwa die Untersuchung von Kleinespel (1990), die die Bildungsbiographien ehemaliger Laborschüler nicht nur in einer quantitativen Längsschnittstudie, sondern darauf aufbauend auch unter Bezug auf biographische Interviews mit ausgewählten Schülern analysierte oder das Projekt von Tillmann, Holler-Nowitzki, Holtappels, Meier und Popp (2000), bei der nach einer repräsentativen Befragung von Schülern und Lehrern zu Gewalt an Schulen im Bundesland Hessen anschließend an einer besonders gewaltbelasteten Schule noch problemzentrierte Interviews mit Schülern, Lehrern, Hausmeistern und Schulsekretärinnen mit dem Ziel durchgeführt wurden, genauere Begründungs- und Erklärungszusammenhänge für schulisches Gewalthandeln zu eruieren.

Im Unterschied zur Schülerforschung ist die empirische Lehrerforschung im Bereich der Schulforschung deutlich weniger elaboriert. Dennoch wurden seit den 1970er Jahren im Kontext der eher psychologisch orientierten Lehrerforschung kontinuierlich Projekte mit primär quantitativer methodischer Ausrichtung durchgeführt, die sich u.a. mit allgemeinen Persönlichkeitsmerkmalen des Lehrers, mit Phänomenen der Lehrerangst, der Unterrichtsplanung im Schulalltag oder der Rolle des Lehrers bei der Schülerbeurteilung beschäftigt haben (vgl. im Überblick Bromme/Jehle/Lissmann u.a. 1992). Während qualitative Studien zur Biographie und Professionalität des Lehrers in den 1980er Jahren noch die Ausnahme waren (vgl. Combe 1983; Flaake 1989), wurden im vergangenen Jahrzehnt eine Reihe von qualitativen Projekten realisiert, die die Verwendung sozialwissenschaftlichen Wissens in der Lehrerausbildung (vgl. Bommes/Dewe/Radtke 1996), die Professionalität von Lehrern als berufsbiographisches Entwicklungsproblem (vgl. Bauer/Kopka/Brindt 1996; Herrmann/Hertramph 1997), die Belastungsempfindungen von Lehrern (vgl. Combe/Buchen 1996) oder den Wandel der Biographien von Lehrern und Lehrerinnen in den neuen Bundesländern analysiert haben (vgl. Dirks 1997; Reh 1997). Ebenfalls seit Anfang der 1990er Jahre wurden im Kontext der Lehrerforschung verstärkt Forderungen nach einer Verbindung quantitativer und qualitativer methodischer Zugänge formuliert (vgl. Terhart 1995, S. 246), deren empirische Umsetzung bislang jedoch noch weitgehend aussteht. So wurden in dem Projekt von Terhart u.a. (1994) zu Berufsbiographien von Lehrerinnen und Lehrern neben standardisierten Befragungen zwar auch Intensivinterviews realisiert, über deren Durchführung und Auswertung jedoch nicht berichtet wird. Und in der Schweizer Studie von Hirsch (1990) zur Biographie und Identität des Lehrers wurden narrative und Leitfadeninterviews mit 120 an der Züricher Volksschuloberstufe tätigen Lehrern durchgeführt, die anschließend jedoch nicht verschriftlicht und qualitativ ausgewertet, sondern auf der Basis von Protokollnotizen codiert und einer quantitativen Analyse unterzogen wurden. Orientiert an Max Webers Methode der Idealtypenkonstruktion wurden mit Hilfe einer Häufigkeitsauszählung sechs verschiedene Berufsbiographietypen und damit korrespondierende Lehreridentitätstypen herausgearbeitet, die als Stabilisierungstyp, Entwicklungstyp, Diversifizierungstyp, Problemtyp, Krisentyp und als Resignationstyp bezeichnet werden (vgl. Hirsch 1990, S. 89-166).

4 Triangulationsversuche in der Schulforschung – von der Notwendigkeit multimethodischer Untersuchungen

Betrachtet man die empirische Schulforschung im Überblick, dann sieht man, dass, einige wenige Forschungsschwerpunkte ausgenommen, seit den 1970er Jahren eine Öffnung der methodischen Ausrichtung in Richtung qualitativer Zugänge stattgefunden hat. Qualitative Forschung ist etwa für die Untersuchung der gesellschaftlichen Makrobedingungen von Schule und schulischem Geschehen inzwischen zu einem unerlässlichen Instrument geworden. Die Pluralisierung von Forschungsmethodologien und -methoden allein ist jedoch noch kein Garant für die Kumulation der mit beiden Forschungtraditionen ermittelten Erkenntnisse in den verschiedenen Forschungsschwerpunkten im Sinne schultheoretischer Bestimmungen oder bei der Generierung neuer Fragestellungen. Allein der wechselseitige Einbezug von mit verschiedenen Zugängen ermittelten Ergebnissen bleibt oft unversucht. Statt dessen dominieren methodenspezifische Systematisierungsbemühungen (vgl. Ingenkamp/Jäger/Petillon/Wolf 1992; Combe/Helsper 1999). Vor diesem Hintergrund verwundert es kaum, dass Versuche der Triangulation qualitativer und quantitativer Zugänge in einem Untersuchungvorhaben trotz weit zurückreichender Traditionen in den meisten Forschungsfeldern der Schulforschung bislang eher Seltenheitscharakter beanspruchen können. Im Folgenden wollen wir einige ausgewählte Untersuchungen aus verschiedenen Forschungsfeldern der Schulforschung vorstellen, die beide Forschungslogiken und -methoden in ihr Untersuchungsdesign einbeziehen. Wir folgen dabei der einleitend vorgestellten Unterscheidung zwischen Konvergenz-, Phasen- und Komplementaritätsmodellen der Triangulation qualitativer und quantitativer Zugänge und fragen, welche Konzepte dabei für welche Bereiche der Schulforschung von besonderer Bedeutung sind.

Als die forschungsökonomisch anspruchsvollsten und zugleich wohl die in der Nutzung qualitativer und quantitativer Zugänge umfangreichsten Studien innerhalb der Schul- und Bildungsforschung können die in der Federführung der IEA (International Association for the Evaluation of Educational Achievement) durchgeführten jüngeren internationalen Schulleistungsvergleichsstudien, wie TIMSS für den mathematischen und naturwissenschaftlichen Bereich (vgl. Baumert/Lehmann 1997, Baumert/Bos/Lehmann 2000, Klieme/Bos 2000, Roeder 2001) oder Civic Education für den Bereich der politischen Bildung (vgl. z.B. Händle/Oesterreich/Trommler 1999, Oesterreich 2001), gelten. Trotz der zum Teil umfangreichen qualitativen Teilstudien, die bei beiden Untersuchungen realisiert wurden, hat die vergleichende Forschung der IEA einen explizit quantitativen Fokus. Im letzten Technischen Report der Vereinigung heißt es dazu: „IEA studies have a strong empirical basis, and they rely mainly on cross-sectional and longitudinal non-experimental designs, with data collection through sample survey methods. Studies make use of qualitative methods such as case studies and observational techniques when appropriate, but the main thrust of IEA studies has been to bring a strong quantitative orientation to the description and analysis of large-scale survey data." (Martin/Rust/Adams 1999, S. 11). So haben sich bei der Dritten Internationalen Mathematik- und Naturwissenschaftsstudie, die wir hier näher in den Blick nehmen wollen, über 40 Länder an der quantitativ-testenden Schulleistungsuntersuchung, jedoch darüber hinaus mit Japan, der USA und Deutschland nur drei Länder an der ergänzenden qualitativen TIMSS-Video-Studie beteiligt. Dabei wurden in den genannten Ländern neben den Leistungstests unter 9-, 13- und 17jährigen Schülern in Mathematik und Naturwissenschaften an ausgewählten Schulen Videoaufzeichnungen vom Mathematikunterricht in der Sekundarstufe I und Interviews mit Schulleitern, Lehrern, Eltern und Schülern zum Bedingungsfeld von Schule und Schulleistungen, der Entwicklung und Kontrolle von Leistungsstandards, den Lernvoraussetzungen von Schülern und der Bedeutung der Schule für die Jugendlichen sowie zur Ausbildung und beruflichen Entwicklung von Lehrern erhoben und ausgewertet (vgl. Roeder 2001). Im Gegensatz zu Civic Education, der IEA-Studie zur politischen Bildung, aus deren Kontext bislang nur seprarate Analysen für die qualitative und quantitative Teilstudie veröffentlicht wurden (vgl. Händle/Oesterreich/Trommler 1999; Oesterreich 2001), liegen für TIMSS inzwischen fruchtbare Triangulationsversuche der Resultate aus qualitativen und quantativen Untersuchungsbereichen vor.

So zeigen bspw. Klieme und Bos (2000) verschiedene Möglichkeiten der Verküpfung von Leistungstests und Videographie auf, die sie exemplarisch an den TIMSS-Daten erläutern. Zur genaueren Klärung der Leistungsunterschiede zwischen deutschen und japanischen Schülern im Sinne von Zusammenhangs- und Kausalanalysen beziehen die Autoren bspw. differenzierte qualitativ gewonnene Kategorisierungen von Aufgaben und Unterrichtsereignissen aus den videographierten Unterrichtssequenzen zur Entwicklung von Hypothesen und in quantifizierter Form als erklärende Merkmale in die Analyse von Testleistungen ein. Die Kategorisierungen der im Unterricht in Stillarbeits- und Einführungsphasen verwandten Aufgaben mit Verfahren der qualitativen Videoanalyse belegen unterschiedliche Schwerpunktsetzungen in der Aufgabenwahl des Mathematikunterrichts an deutschen und japanischen Schulen. Diese Schwerpunkte werden durch die quantitative Analyse der Leistungsprofile deutscher und japanischer Schüler bestätigt und differenziert und als erklärender Faktor bei der Analyse von Ursachenbedingungen von Leistungsdifferenzen herausgearbeitet

Erkenntnisse aus der kombinierten Untersuchung von mit qualitativen und quantitativen Methoden gewonnenen Daten eröffnen damit für die TIMSS-Studie einerseits die Möglichkeit zur Validierung der Instrumente und Ergebnisse und erweitern andererseits das Erkenntnisinteresse auf zusätzliche Kausal- und Zusammenhangsanalysen. Die Triangulation qualitativer und quantitativer Analysen, so das Fazit der Autoren, wird hier verstanden als „kumulative Validierung von Forschungsergebnissen, bei der gezielt nach Konvergenzen wie auch Divergenzen zwischen qualitativen und quantitativen Befunden gesucht wird“ (ebd., S. 361). Im Sinne des Konvergenzmodells hat die Triangulation qualitativer und quantitativer Zugänge in erster Linie die Bestätigung und Validierung von Forschungsergebnissen zum Ziel. Die Einbeziehung qualitativ gewonnener Merkmale von Unterrichtsaufgaben in Kausalmodelle zur Erklärung von Leistungsdifferenzen geht jedoch über ein solches Verständnis von Triangulation weit hinaus. Hier wird gerade die Offenheit qualitativer Forschungsmethoden für konkrete situative soziale Gegebenheiten für eine Erweiterung des quantitativen Settings genutzt. In den Leistungstests zunächst unberücksichtigt gelassene Merkmale von Unterricht und Mathematikaufgaben werden nachträglich in die quantitative Analyse einbezogen. Ein solches Vorgehen nutzt die spezifische Gegenstandskonstruktion durch verschiedene Methoden.

Obwohl Konvergenzmodelle in der Schulforschung und auch in anderen sozialwissenschaftlichen Forschungsfeldern in der Regel selten angewandt werden, bietet der Einbezug qualitativer Forschungsmethoden mit dem Ziel der Ergebnisvalidierung für die öffentlich breit rezipierten und auch kritisierten internationalen Schulleistungsvergleiche die Möglichkeit, die eigenen zumeist quantitativen Testinstrumente an der zunächst weitgehend außer Acht gelassenen schulischen Realität eines Landes zu messen und zu erweitern. Darüber hinaus könnten jedoch qualitative Teilstudien sicherlich noch stärker zur Erklärung nationaler Spezifika von Schülerleistungen beitragen, würden die dabei gewonnenen Daten in ihrer ursprünglichen Differenziertheit und Nähe zur schulischen Realität belassen und unter Absehung von Quantifizierungen und Vereinfachungen im Sinne eines Ergänzungsverhältnisses zur vertiefenden Interpretation der Ergebnisse verwandt.

Anders als Konvergenzmodelle werden in der Schulforschung vergleichsweise häufig Modelle angewandt, bei denen quantitative und qualitative Forschungsmethoden nacheinander mit methodenspezifischen Zielstellungen im Forschungsprozess eingesetzt werden. Phasenmodelle werden in der Regel eingesetzt, wenn nicht ohne sorgfältige Exploration des Gegenstandes Befragungsinstrumente entwickelt werden können, wenn eine Fallauswahl für die weitergehende Untersuchung getroffen werden muss oder wenn mit dem präferierten Verfahren nicht einholbare Informationen für die Interpretation von Ergebnissen unerlässlich sind. Zweiphasige Untersuchungsdesigns im Sinne Bartons und Lazarsfelds (1979), bei denen qualitative Vorstudien quantitativen Hauptstudien vorgelagert sind, kommen inzwischen bei einer Vielzahl von Surveys in der Phase der Instrumentenentwicklung oder bei der Exploration des Feldes zur Anwendung, ohne dass dies in der Auswertung expliziert wird. So ging bspw. bei der beschriebenen IEA-Studie TIMSS den Schulleistungstests in den Ländern eine differenzierte qualitative Vorstudie voraus, die neben der Analyse von Schulgesetzen und Lehrplänen auch Experteninterviews in allen teilnehmenden Ländern umfasste und die für die Entwicklung internationaler Leistungstests und Fragebögen unerlässlich war (vgl. Baumert/Bos/Lehmann 2000, S. 43). Und auch die Fallauswahl für qualitative Untersuchungen erfolgt nicht selten auf der Basis quantitativer Befragungen (vgl. z.B. Kleinespel 1990; Tillmann u.a. 1999). Weniger häufig verbreitet sind hingegen in der Schulforschung mehrphasige Untersuchungsdesigns, bei denen über die Beschreibung von Auswahlkriterien hinaus im Auswertungsprozess Ergebnisse aus den Vorstudien als Erklärungsmuster einbezogen werden.

Neubauer (1983) hat in seiner Untersuchung zum Schulwahlverhalten von Eltern bei Kooperativen Gesamtschulen als Angebotsschulen zunächst mit Hilfe der Analyse narrativer Interviews mit Mitarbeitern aus der Schulverwaltung und Schulleitern die Schulentwicklungsgeschichte zweier Landkreise und der dort ansässigen Kooperativen Gesamtschulen rekonstruiert und auf der Basis der Resultate dieser qualitativen Teilstudie die Ergebnisse der nachfolgend durchgeführten Elternbefragung zu ihren Schulwahlmotiven interpretiert. Dabei wurde deutlich, dass die Historie und die sozialen Verhältnisse einer Schule, neben regional vermittelten schichtspezifischen Einflussfaktoren die wesentlichen Kriterien für die Schulwahlmotive von Eltern darstellten. Die Bedingungen und Probleme der Verknüpfung der mit qualitativen und quantitativen Forschungsmethoden gewonnenen Ergebnisse thematisiert der Autor in seiner Studie nicht.

In der Aufeinanderfolge der Methoden analog gingen Krüger, Grundmann und Kötters (2000) vor, die Schulentwicklungsprozesse an 14 Einzelschulen im Bundesland Sachsen-Anhalt untersuchten und ihrer quantitativen Schüler- und Lehrerbefragung eine qualitative Teilstudie voranstellten, in der auf der Basis von Schulleiterinterviews und ethnographischen Feldnotizen Portraits der untersuchten Schulen erstellt wurden. Die Rekonstruktion der einzelschulspezifischen Entstehungsgeschichten, inhaltlichen Profile und aktuellen Situation lieferte wichtige Erklärungsansätze: So konnte zum einen festgestellt werden, dass die Bedingungen der Einzelschule in ihrem gesellschaftlichen Umfeld bedeutsamer für die Interaktionsformen zwischen Schülern einer Schule sind als die pädagogischen Orientierungen der dort agierenden Lehrer (Grundmann/Kötters 2000, S. 206). Als wesentlich für ein Verständnis des Ausbleibens von Schulreformprozessen im Sinne schulischer Profilbildungen erwiesen sich zum anderen Kenntnisse über die Historie und Situation der Einzelschulen. Insbesondere an Schulen, an denen sich im Gefolge der regionalen Schulentwicklungsprozesse in Ostdeutschland seit 1990 keine personellen Veränderungen im Lehrerkollegium ergeben hatten, wurde festgestellt, konnten weniger erfolgreich Schulentwicklungsprozesse angeregt und umgesetzt werden (Krüger/Grundmann/Kötters 2000, S. 256). Das multimethodische Design der Studie ergibt sich aus der Triangulation von schul- und jugendtheoretischen Perspektiven sowie aus der Heranziehung eines mehrebenenanalytischen Untersuchungsansatzes zur Analyse der Bedingungen an Einzelschulen (ebd., S. 24).

Beide genannten Untersuchungen entstammen dem Forschungsfeld der Schulklima- oder Schulqualitätsforschung und zielen auf die Evaluation von Schulentwicklungsprozessen, deren Anlage als Querschnittsuntersuchungen die Erhebung und Rekonstruktion von Regional- und Einzelschulspezifika über die Perspektive von Experten notwendig macht. Die Vermittlung zwischen den Untersuchungsteilen und der Stellenwert der qualitativen Vorstudie wird in beiden Untersuchungen unterschiedlich gehandhabt. Während in der Studie von Neubauer (1983) der qualitativen Vorstudie ein separater Bericht gewidmet ist und auch die Resultate der quantitativen Teistudie vor diesem Hintergrund interpretiert werden, haben die Ergebnisse der qualitativen Vorstudie bei Krüger, Grundmann und Kötters (2000) schon aufgrund des Untersuchungsfokus auf den lebensweltlichen Bedingungen von Jugendlichen im Gesamtzusammenhang gesehen einen eher marginaler Stellenwert. Die vorgestellten Untersuchungen machen jedoch deutlich, dass mit qualitativen und quantitativen Methoden gewonnene Resultate auch ohne eine Transformation qualitativer Daten in quantitative sinnvoll aufeinander bezogen und bei sorgfältiger datenspezifischer Auswertung füreinander zu unerlässlichen Interpretationshorizonten werden können.

Eine weitere Untersuchung, die einen multimethodischen Ansatz im Sinne eines Phasenmodells von Triangulation verfolgt, dabei jedoch auf eine quantitative Studie eine qualitative Teiluntersuchung folgen lässt, führten Tillmann, Holler-Nowitzki, Holtappels, Meier und Popp

(2000) mit ihrer Analyse von Gewalt unter Schülern durch. Die Autoren befragten zunächst Schulleiter, Lehrer und Schüler in Hessen mit standardisierten Fragebögen, in denen sie Erscheinungsformen, Verbreitung und Bedingungskonstellationen von Schülergewalt an Schulen thematisierten. Dabei wurden Ursachenfaktoren für Gewalt unter Jugendlichen in außerschulischen Kontexten, wie der Familie und der Gleichaltrigengruppe, in der sozial-ökologischen Schulumwelt und im interaktionellen Schulkontext untersucht. Daran schließt eine Fallstudie über eine in die quantitative Studie einbezogene Schule an. Basierend auf problemzentrierten Interviews mit Schülern, Lehrern, Schulsekretärinnen und dem Hausmeister der Schule wurden dort die subjektiven Sichtweisen von Schulbeteiligten an einer besonders gewaltbelasteten Schule erfasst und mit dem quantitativ ermittelten Bedingungsspektrum von Gewalt an Schulen verglichen und erweitert. Die ergänzende qualitative Analyse einer besonders stark durch gewalttätige Auseinandersetzungen belasteten Klasse etwa brachte zusätzliche Erkenntnisgewinne über die Ergebnisse der quantitativen Teilstudie hinaus. Sie wies auf eine enge Verflechtung von Gewalthandlungen der Jugendlichen in außerschulischen Peerkontexten hin, die in die Schulklasse hineingetragen werden (ebd., S. 294). Der zusätzliche Erkenntnisgewinn durch die Einzelfallstudie war so hoch, dass sich die Forschungsgruppe entschloss, im Anschluss an dieses Forschungsprojekt ein zweites durchzuführen, in dem mehrere weitere Fallstudien der bislang quantitativ untersuchten Schulen erarbeitet werden sollen. In der vorliegenden Untersuchung werden Aspekte der Fallstudie themenzentriert einbezogen und tragen in erster Linie dazu bei, „herausgearbeitete quantitative Zusammenhänge vertiefend zu interpretieren" (ebd., S. 73).

Die zeitliche Anordnung der Untersuchungsteile setzt, das zeigen die hier exemplarisch aufgeführten Studien, eine Ausrichtung am konkreten Forschungsinteresse und damit am Gegenstand voraus. Sie gehen von unterschiedlichen Erkenntnisperspektiven aus und führen damit zu unterschiedlichen Formen der Vermittlung oder Verknüpfung der mit qualitativen und quantitativen Methoden gewonnenen Ergebnisse. Phasenmodelle setzen, unabhängig von der zeitlichen Anordnung der Untersuchungsteile, einen methodischen Schwerpunkt der Analyse, der, wie auch bei den vorgestellten Studien, zumeist auf quantitativen Befragungen liegt. Dies ist anders bei Triangulationsversuchen, die quantitative und qualitative Zugänge im Untersuchungsdesign gleichberechtigt einbeziehen. So genannte Komplementaritätsmodelle, die nach einer mehrperspektivischen Erfassung des Gegenstandes in der sozialen Realität durch ein multimethodisches Vorgehen streben, werden jedoch aufgrund der hohen methodischen und forschungsökonomischen Ressourcenanforderungen in der Sozialforschung und insbesondere in der zu weiten Teilen als Auftrags- oder Evaluationsforschung angelegten Schulforschung selten angewandt.

Eine Studie, die mit diesem Anspruch an die Institution Schule herantritt, ist die Untersuchung von Schulentwicklungsprozessen in Thüringen von Böttcher, Plath und Weishaupt (1999). In einer von den Autoren im Jahr 1993 durchgeführten quantitativen Befragung an Thüringer Schulen wurden massive Unterschiede im Wohlbefinden der Schüler zwischen den untersuchten Einzelschulen festgestellt, die mit dem vorliegenden Datenmaterial nicht oder nur teilweise erklärt werden konnten (ebd., S. 8). Diese Differenzen umfassend zu untersuchen war das Anliegen zweier Folgeuntersuchungen, in denen erstens drei Regelschulen und zweitens vier Gymnasien sowohl mit qualitativen als auch mit quantitativen Methoden dezidiert beschrieben wurden. Erhoben wurden dazu in beiden Studien die Bedingungen an den Schulen in den Bereichen Lern-, Erziehungs- und Organisationskultur unter gleichberechtigter Einbeziehung qualitativer und quantitativer Daten (ebd., S. 46). Die qualitativen Teilstudien, mit

Hilfe derer vor allem die schulischen Rahmenbedingungen für die Unterrichtsgestaltung, die subjektiven Sichtweisen der Beteiligten auf die Schule und Aspekte der Organisationskultur ermittelt wurden, basieren in erster Linie auf Experteninterviews mit schulischen Akteuren, die durch Feldbeobachtungen und die Analyse von Dokumenten aus den Schulen ergänzt wurden. Für die quantitativen Teilstudien, die der Erhebung von lern- und erziehungskulturellen Aspekten an der Einzelschule dienten, wurden Schüler- und Lehrerbefragungen durchgeführt. Damit ist der komplementäre Charakter der eingesetzten Zugänge bereits bezeichnet: „der von uns eingesetzten Methodentriangulation (kommt) die Aufgabe (...) der Unterstützung einer gegenstandsangemessenen Theoriebildung zu, um zu einem besseren Verständnis schulischer Realität beizutragen" (ebd., S. 48). In der Untersuchung werden Regelschulen und Gymnasien zunächst gesondert auf der Basis der mit qualitativen Methoden gewonnenen Daten als Einzelschulen porträtiert und auf der Grundlage der Schüler- und Lehrerbefragung schulformintern verglichen, bevor abschließend im Schulformvergleich die Schultypen gegenüberstellend betrachtet werden. Dass die Autoren in der Auswertung der qualitativen Daten mit der Erstellung von Schulportraits auf eher deskriptivem Niveau stehen bleiben und keine tiefergehende Auswertung des umfangreichen Materials vornehmen, ist wohl eher forschungsökonomischen Bedingungen als der der Untersuchung zugrundeliegenden komplexen Fragestellung geschuldet. Für die untersuchten Regelschulen ergibt die komplementäre Analyse qualitativer und quantitativer Daten drei Dimensionen der Schulgestaltung: Schülerorientierung, Schulleben und neue Verbindlichkeiten, anhand derer einerseits Schulentwicklungsprozesse bei der Ausgestaltung der Regelschule in Thüringen und andererseits die pädagogische Profilierung der Einzelschule nachgezeichnet werden können (ebd, S. 109ff.). Die Gymnasialstudie fördert hingegen ein heterogeneres Bild des Schultyps zutage. Die untersuchten Gymnasien weisen in sich eine deutlich höhere organisatorische aber auch schulkulturelle Komplexität auf als die Regelschulen, was direkte Einzelschulvergleiche schwieriger aber auch ertragreicher gestaltet (ebd., S. 242ff.). Unterschiede zwischen Regelschulen und Gymnasien entdeckten die Autoren in erster Linie in der wechselseitigen Determiniertheit von Organisationskultur und subjektiver Wahrnehmung von Schule. Insgesamt zeigte sich, dass das schulische Wohlbefinden von schulischen Akteuren an den Schulen am höchsten ist, die einerseits intensiv um eine Weiterentwicklung der Schule in Zusammenarbeit von Lehrern und Schülern bemüht sind und in denen andererseits Lehrerkollegien agieren, in denen eine kritische Auseinandersetzung mit eigenen biographischen Erfahrungen in der DDR-Schule stattfindet. Eine wesentliche Leistung dieser Untersuchung ist es, die komplexe Vernetzung von Schulorganisation, schulischen Erziehungsansprüchen und realisierter schulischer Lernkultur für Regelschulen und Gymnasien im gesellschaftlichen Transformationsprozess in den neuen Bundesländern nach 1990 dezidiert nachgezeichnet und in einen übergreifenden gesellschaftlichen und bildungspolitischen Rahmen eingeordnet zu haben. Ähnlich komplexe Zusammenhänge sind auch der Gegenstand einer zweiten Untersuchung, die qualitative und quantitative Zugänge im Sinne eines Ergänzungsmodells zu verbinden suchte.

Im Bereich der Schülerforschung haben die Mitarbeiter der Projektgruppe Jugendbüro (1975, 1977) die Lebenswelt von Hauptschülern an einer ausgewählten Schule mit einem multimethodischen Untersuchungsdesign analysiert. Die Studie basiert auf einem Schulprojekt an einer städtischen Hauptschule, in dem der Versuch unternommen wurde, Curricula zu entwickeln, die eine Brücke bilden zwischen den Wissenserwartungen der Schule und der Lebenswelt der vorwiegend aus der Arbeiterklasse stammenden Schüler der Schule. Ziel der wissenschaftlichen Untersuchung war es mithin, „die speziellen Probleme, Bedürfnisse, Fähigkeiten und

Defizite von Schülern der Hautschuloberstufe anhand relevanter Lebenssituationen herauszufinden“ (dies. 1975, S. 10). Dabei sollten die Interpretationen und Sinnhorizonte der Schüler im Kontext ihrer objektiven Lebensumstände und Sozialisationsbedingungen untersucht werden. Diesem umfangreichen Forschungsinteresse entsprechend setzten die Autoren ein breites Spektrum von Methoden der Datenerhebung und Auswertung ein. So sollten die subjektiven Sichtweisen der Schüler über einen qualitativen Zugang mittels Gruppendiskussionen, teilnehmenden Beobachtungen und Expertengesprächen mit Jugendarbeitern und Eltern ermittelt werden. Die objektiven sozioökologischen Lebensbedingungen der Schüler wurden hingegen über einen quantitativen Zugang erschlossen, der Daten aus Schülerfragebögen, Einstellungserhebungen, Interessen- und Persönlichkeitstests sowie soziometrischen Tests einbezog (dies. 1977, S. 161ff.). Untersucht wurden auf diese Weise die 150 Schülerinnen und Schüler der Jahrgangsstufe 8 der Hauptschule im Schuljahr 1972/73. Die Autoren der Studie fassen ihren multimethodischen Ansatz unter der Bezeichnung „Lebensweltanalyse“ und kennzeichnen ihr methodisches Vorgehen wie folgt: „Die (...) Lebensweltanalyse führt zu einer neuen Gewichtung und teilweisen Modifikation des bisherigen Instrumentariums empirischer Sozialforschung. Oberster Leitsatz ist die weitestmögliche Integration unterschiedlicher Methoden“ (ebd., S. 167). Entsprechend werden in der Analyse und Darstellung der Ergebnisse die über qualitative und quantitative Zugänge ermittelten Daten auch nicht separat vorgestellt und nachträglich vermittelt, sondern nach inhaltlichen Gesichtspunkten integriert und gemeinsam interpretiert. Dennoch findet in der Untersuchung keine Vermischung der Forschungslogiken statt. Die aus den qualitativen Materialien gewonnenen wesentlichen Lebensbereiche und Themen von Jugendlichen, die die Gliederungspunkte des ersten Ergebnisberichts bilden, werden jeweils zunächst im Spiegel der qualitativ ermittelten Selbstaussagen der Schüler und erst in einem zweiten Schritt aus quantitativer Perspektive anhand der Befragungsergebnisse dargestellt. Quantitative und qualitative Forschungsprogramme und -methoden sind auch in der Studie der Projektgruppe Jugendbüro auf unabhängig definierte Aspekte des Gegenstandes gerichtet, die Teilstudien fokussieren innerhalb der Zugänge auf verschiedene Dimensionen der Lebenswelt der Schüler an der untersuchten Schule.

Komplementaritätsmodelle der Triangulation qualitativer und quantitativer Zugänge können, das belegen die beiden vorgestellten Studien aus verschiedenen Forschungsfeldern der Schulforschung, zum Einsatz kommen, wenn die Komplexität des Untersuchungsgegenstandes bereits bekannt ist und ein multimethodisches Vorgehen verlangt oder wenn Schulforschung empirisches Neuland betritt und ein Gegenstand erst für die wissenschaftliche Beobachtung modelliert werden soll. In beiden Fällen ist die ergänzende Verwendung verschiedener Zugänge ertragreich.

5 Fazit und Ausblick

Zieht man eine Bilanz zum aktuellen Entwicklungsstand der Diskussion um methodische Triangulation in der Schulforschung, so lässt sich feststellen, dass gegenwärtig nicht mehr ausschließlich methodologische Begründungsdebatten und -vorschläge dominieren, sondern dass in einigen Feldern der Schulforschung inzwischen auch, wenngleich noch viel zu selten, empirische Projekte realisiert worden sind, die quantitative und qualitative methodische Zugänge verknüpfen. Dies gilt insbesondere für die Bereiche der vergleichenden Schulforschung, der

Schulqualitätsforschung und der Schülerforschung. Umgekehrt heißt dies aber auch, dass in anderen Feldern der Schulforschung, nämlich im Kontext der sozialen Ungleichheitsforschung, der Bildungsökonomie, der Unterrichtsforschung und vor allem in der Lehrerforschung noch ein erheblicher Bedarf für die Realisierung komplexer Forschungsdesigns besteht, die quantitative und qualitative Verfahren und Daten zu vermitteln suchen.

Die Zunahme an Schulforschungsprojekten mit einem methodischen Triangulationsanspruch im vergangenen Jahrzehnt hat jedoch noch nicht durchgängig zu einer Verbesserung der methodischen Qualität dieser Untersuchungen geführt. So bleiben einige Projekte, die qualitative Teilstudien als Vorstudie oder nachträgliche Vertiefungsstudie für standardisierte Befragungen von Schülern und Lehrern oder Schulleistungstests nutzen, bei der Auswertung der qualitativen Materialien auf sehr deskriptivem Niveau stehen und greifen nicht auf die inzwischen vorliegenden elaborierten Auswertungsstrategien der qualitativen Sozialforschung zurück (vgl. etwa Klieme/Bos 2000; Krüger/Grundmann/Kötters 2000; Roeder 2001). Ein zweites methodologisches Defizit, das einige Studien kennzeichnet, ist die unzulässige Vermischung von quantitativen und qualitativen Forschungslogiken. Das reicht von der Auswahl von Interviewpartnern für eine qualitative Vertiefungsstudie nach dem Zufallsprinzip, also nach quantitativen Quotierungskriterien (vgl. etwa Kleinespel 1990), über Auswertungsverfahren, die das erhobene qualitative Material ohne Berücksichtigung der inneren Sequenziertheit eines Interviewtextes vorschnell vorgegebenen Codier-Dateien zuordnen bis zu in die Ergebnisdarstellung eingewobenen quantitativen Verteilungsaussagen auf niedrigstem Niveau (vgl. etwa Hirsch 1990). Ein drittes Manko in den bislang realisierten multimethodischen Untersuchungen besteht darüber hinaus in einer oft unzureichenden theoretischen Einbettung der Untersuchungsteile in sowohl qualitative als auch quantitative Forschungszugänge und Ausgangspunkte einbeziehende Untersuchungsmodelle bzw. -konzeptionen.

Nicht in der Vermischung beider Forschungslogiken, sondern nur in der gegenstandsangemessenen komplementären Ergänzung vor dem Hintergrund einer beide Ansätze einbeziehenden theoretischen Modellierung des Gegenstandes ist der Einsatz quantitativer und qualitativer Methoden in empirischen Untersuchungen sinnvoll und können die Erkenntnischancen beider Forschungsstrategien optimal genutzt werden (vgl. Krüger 2002, S. 241). Diese Forderung gilt sowohl für Schulforschungsprojekte, die sich an Phasenmodellen orientieren und qualitative wie quantitative Verfahren in sequenzieller Schrittfolge einsetzen als auch erst Recht für Projekte, die sich an Komplementäritätsmodellen ausrichten und durch ein gleichzeitiges multimethodisches Vorgehen eine mehrperspektivische Erfassung des Gegenstands Schule anstreben. Forschungsmethodisch ist bei der Realisierung von zukünftigen Schulforschungsprojekten, die quantitative Survey- und qualitative Fallstudien im Rahmen von Phasenmodellen zu verbinden suchen, zudem zu fordern, dass im Kontext der qualitativen Teilstudien verstärkt auf elaborierte Erhebungs- und Auswertungsverfahren der qualitativen Sozialforschung wie etwa die dokumentarische Methode, das narrative Verfahren oder die Objektive Hermeneutik Bezug genommen wird. Außerdem sollten im Rahmen von Komplementaritätsmodellen viel häufiger Fallstudien zu Einzelschulen durchgeführt werden, die durch eine Kombination von Sekundäranalysen statistischer Daten, Fragebogenerhebungen und ethnographischer sowie biographischer Methoden sowohl die gesellschaftlichen und ökologischen Rahmenbedingungen von Schule als auch die interaktiven Prozesse sowie die subjektiven Deutungsmuster von Schülern und Lehrern in einem mehrperspektivischen Zugang analytisch erfassen.

Die praktische Umsetzung solcher komplexen Forschungsdesigns setzt zum einen qualifiziertes Personal voraus. Dazu ist es erforderlich, dass die Absolventen erziehungswissenschaftlicher Studiengänge im Rahmen von Forschungswerkstätten und postgradualen Aufbaustudiengängen eine fundierte Ausbildung im Bereich quantitativer und qualitativer Forschungsmethoden erhalten. Zum anderen sind Forschungsprojekte, die quantitative und qualitative Methoden verbinden, zeit- und personalintensiv und somit auf eine mittelfristig angelegte und großzügige Forschungsförderung angewiesen. Normalerweise sind die finanziellen Voraussetzungen für solch eine Art von Forschungsförderung im Bereich von Schulforschung nicht besonders günstig, da deren Finanzierung in Gestalt von Auftragsforschung oft von kurzfristigen bildungspolitischen Verwertungsinteressen der Kultusministerien abhängt. Angesichts der Herausforderungen, die sich aus den aktuellen internationalen Schulleistungsvergleichsstudien für das deutsche Schulsystem ergeben, spricht jedoch einiges dafür, dass sich die Zugangsmöglichkeiten zu finanziellen Ressourcen für den Bereich der Schulforschung in den nächsten Jahren vielleicht verbessern werden.

Literatur

Adick, C.: Internalisierung von Schule und Schulforschung. In: Rolff, H.-G. (Hrsg.): Zukunftsfelder von Schulforschung. Weinheim 1995, S. 157-181

Adorno, T.W.: Einleitung zum Positivismusstreit. In: Adorno, T. W./Albert, H./Dahrendorf, R./Habermas, J./Pilot, H.J./ Popper, K.R. (Hrsg.): Der Positivismusstreit in der deutschen Soziologie. Neuwied/Berlin 1969, S. 7-79

Adorno, T.W./Albert, H./Dahrendorf, R./Habermas, J./Pilot, H.J./Popper, K.R: Der Positivismusstreit in der deutschen Soziologie. Neuwied/Berlin 1969

Albert, H.: Kleines verwundertes Nachwort zu einer großen Einleitung, in: Adorno, T. W./Albert, H./Dahrendorf, R. u.a. (Hrsg.): Der Positivismusstreit in der deutschen Soziologie. Neuwied, Berlin 1969, S. 335-339.

Altrichter, H./Salzgeber, S.: Mikropolitik der Schule. In: Rolff, H.-G. (Hrsg.): Zukunftsfelder der Schulforschung. Weinheim 1995, S. 9-40

Atteslander, P.: Methoden der empirischen Sozialforschung. 9. Auflage. Berlin 2000

Answeiler, P.: Methoden der empirischen Sozialforschung. Berlin New York 2000

Aurin, K./Schwarz, B.: Empirische Forschung im Sekundarbereich. In: Ingenkamp, K./Jäger, R.S. (Hrsg.): Empirische Pädagogik 1970-1990. Bd. 1, Weinheim 1992, S. 129-196

Barton, A.H./Lazarsfeld, P.F.: Einige Funktionen von qualitativer Analyse in der Sozialforschung. In: Hopf, Ch./Weingarten, E. (Hrsg.): Qualitative Sozialforschung. Stuttgart 1979, S. 41-81

Bauer, K.-O./Kopka, A./Brindt, S.: Pädagogische Professionalität und Lehrerarbeit. Weinheim/München 1996

Baumert, J./Lehmann, R.H./Lehrke, M.: TIMSS - Mathematisch-naturwissenschaftlicher Unterricht im internationalen Vergleich. Opladen 1997

Baumert, J./Bos, W./Lehmann, R. (Hrsg.): TIMSS/II Dritte Internationale Mathematik- und Naturwissenschaftsstudie. Mathematische und naturwissenschaftliche Bildung am Ende der Schullaufbahn. Bd. 1/2, Opladen 2000

Beck, G./Scholz, J.: Beobachten im Schulalltag. Frankfurt a.M. 1995

Blaikie, N.W.H.: A critic of use of triangulation in social research. In: Quality and Quantity. 25, pp. 115-136 1991

Boeser, Ch.: "Bei Sozialkunde denke ich immer an dieses Trockene ..." Relevanz geschlechtsspezifischer Aspekte in der politischen Bildung. Opladen 2002

Bofinger, A.: Neuere Entwicklungen des Schulwahlverhaltens in Bayern. München 1990

Bohnsack, R.: Rekonstruktive Sozialforschung. Einführung in die Methodologie und Praxis qualitativer Forschung. Opladen 1993

Bommes, M./Dewe, B./Radtke, F.-O.: Sozialwissenschaften und Lehramt. Opladen 1996

Böhme, J./Kramer, R.-T.: Zur Triangulation der empirischen Ergebnisse und Entwurf zu einer Theorie schulischer Partizipation. In: Böhme, J./Kramer, R.-T. (Hrsg.): Partizipation in der Schule. Opladen 2001, S. 153-188

Böttcher, W./Weishaupt, H./Weiß, M. (Hrsg.): Bildung und Finanzkrise. Weinheim/München 1997

Böttcher, I./Plath, M./Weishaupt, H.: Schulstrukturen und Schulgestaltung. In: Zeitschrift für Pädagogik 37 Beiheft (1997), S. 161-182

Böttcher, I./Plath, M./Weishaupt, H.: Gestaltung einer neuen Schulstruktur. Zur inneren Entwicklung von Regelschulen und Gymnasien in Thüringen. München, Berlin 1999

Böttcher, I./Weishaupt, H.: Gymnasien in Thüringen und Bayern. Ergebnisse einer vergleichenden Untersuchung. In: Zeitschrift für Pädagogik. 45 (1999), H. 3, S. 699-716

Bromme, R./Jehle, P./Lissmann, U./Nord-Rüdiger, D./Rheinberg, F./Schlu, J./Steltmann, K: Forschungen zum Lehrer. In: Ingenkamp, K./Jäger, R.S./Petillon, H./Wolf, B.: Empirische Pädagogik 1970-1990. Bd. 2, Weinheim 1992, S. 515-590

Brusten, M./Hurrelmann, K.: Abweichendes Verhalten in der Schule. München 1973

Bryman, A.: Quantity and Quality in Social Research. London, New York 1992

Büchner, P./Krüger, H.-H.: Schule als Lebensort von Kindern und Jugendlichen. In: Büchner, P./Fuhs, B./Krüger, H-H. (Hrsg.): Vom Teddybär zum ersten Kuß. Opladen 1996, S. 201-224

Buer, K. van/Nenninger, P.: Lehr- und Lernforschung. In: Ingenkamp, K./Jäger, R.S. (Hrsg.): Empirische Pädagogik 1970-1990. Bd. 2, Weinheim 1992, S. 407-470

Burges, E.W.: Statistics and case studies as methods of sociological research. In: Sociology and Social Research, (1927), Vol. 12, pp. 103-120

Campbell, D.T./Fiske, D.W.: Convergent and discriminant validation by the multitrait-multimethod matrix. In: Psychological Bulletin 56 (1959), Vol. 2, pp. 81-105

Combe, A.: Alles Schöne kommt danach – Die jungen Pädagogen. Reinbek 1983

Combe, A./Helsper, W.: Was geschieht im Klassenzimmer? Weinheim 1994

Combe, A./Buchen, S.: Belastung von Lehrerinnen und Lehrern. Weinheim/München 1996

Combe, A./Helsper, W. (Hrsg.): Forum qualitative Schulforschung. Schulentwicklung – Partizipation – Biographie. Bd. 1, Weinheim 1999

Dahms, J.-H.: Positivismusstreit. Die Auseinandersetzung der Frankfurter Schule mit dem logischen Positivismus, dem amerikanischen Pragmatismus und dem kritischen Rationalismus. Frankfurt a.M. 1994

Denzin, N.K.: The Research Act. – Englewood Cliffs 1978

Deutscher Bildungsrat (Hrsg.): Bildungsforschung. Probleme – Perspektiven – Prioritäten. 2 Teile, Stuttgart 1975

Diedrich, J./Wulf, Ch./Dierich, U.: Gesamtschulalltag. Die Fallstudie Kierspe. Paderborn 1979

Diekmann, A.: Empirische Sozialforschung: Grundlagen, Methoden, Anwendung. Reinbek 1995

Dirks, U.: Was wir vom berufsbiographischen Handeln der LehrerInnen in den neuen Bundesländern lernen können. In: Olbertz, J.H. (Hrsg.): Erziehungswissenschaft. Opladen 1997, S. 171-188

Ditton, H.: Ungleichheitsforschung. In: Rolff, H.-G.(Hrsg.): Zukunftsfelder von Schulforschung. Weinheim 1995, S. 89-124

Engler, S.: Zur Kombination von qualitativen und quantitativen Methoden. In: Friebertshäuser, B./Prengel, A. (Hrsg.): Handbuch Qualitative Forschungsmethoden in der Erziehungswissenschaft. Weinheim, München 1997, S. 118-130

Erzberger, Ch.: Zahlen und Wörter. Die Verbindung quantitativer und qualitativer Daten und Methoden im Forschungsprozess. Weinheim 1998

Esser, H.: Zum Verhältnis von qualitativen und quantitativen Methoden in der Sozialforschung. oder: Über den Nutzen methodologischer Regeln bei der Diskussion von Scheinkontroversen. In: Voges, W. (Hrsg.): Methoden der Biographie- und Lebenslaufforschung. Opladen 1987, S. 87-101

Fend, H.: Qualität im Bildungswesen. Weinheim/München 2001

Fielding, N.G./Fielding, J.L.: Linking Data. Qualitative Research Methods. Beverly Hills 1986

Filstead, W.J.: Qualitative Methodology. Firsthand Involvement with the social World. Chicago 1970

Flaake, K.: Berufliche Orientierungen von Lehrerinnen und Lehrern. Frankfurt a.M. 1989

Flick, U.: Triangulation. In: Flick, U./Kardorff, E. von/Keupp, H./Rosenstiel, L. von/Wolf, S. (Hrsg.): Handbuch qualitative Sozialforschung. München 1991, S. 432-434

Friebertshäuser, B./Prengel, A. (Hrsg.): Handbuch Qualitative Forschungsmethoden in der Erziehungswissenschaft. Weinheim/München 1997

Garz, D./Kraimer, D. (Hrsg.): Qualitativ-emprirische Sozialforschung. Konzepte, Methoden, Analysen. Opladen 1991

Grundmann, G./Kötters, C.: Schulklima und schulisches Wohlbefinden. In: Krüger, H.-H./Grundmann, G./Kötters, C.: Jugendliche Lebenswelten und Schulentwicklung. Opladen 2000, S. 173-224

Händle, Ch./Oesterreich, D./Trommer, L.: Aufgaben der politischen Bildung in der Sekundarstufe I. Studien aus dem Projekt Civic Education. Opladen 1999

Hany, E.A./Helmke, A./Jerusalem, M./Krapp, A./Pekrun, R./Rheinberg, F./Wagner, J.W.L.: Forschungen zum Schüler. In: Ingenkamp, K./Jäger, R.S. (Hrsg.): Empirische Pädagogik, 1970-1990. Bd. 2, Weinheim 1992, S. 591-654

Heinze, T.: Unterricht als soziale Situation. München 1976

Helsper, W.: Jugendliche Gegenkultur und schulisch-bürokratische Rationalität. In: Breyvogel, W. (Hrsg.): Pädagogische Jugendforschung. Opladen 1989, S. 161-186

Helsper, W./ Müller, H.J./ Nölke, E./Combe, A.: Jugendliche Außenseiter. Opladen 1991

Helsper, W./Böhme, J./Kramer, R./Kingkost, A.: Reproduktion und Transformation von Schulkulturen. In: Keuffer, J. u.a. (Hrsg.): Schulkultur als Gestaltungsaufgabe. Weinheim 1998, S. 206-224
Helsper, W./Kramer, R.-T.: SchülerInnen zwischen Familie und Schule. In: Krüger, H.-H./Wenzel, H. (Hrsg.): Schule zwischen Effektivität und sozialer Verantwortung. Opladen 2000, S. 201-234
Helsper, W./Krüger, H.-H. u.a.: Unpolitische Jugend? Wiesbaden 2006
Herrmann, U./Hertramph, H.: Reflektierte Berufserfahrungen und subjektiver Qualifikationsbedarf. In: Buchen, S./ Carle, U./Döbrich, P./ Hoyer, H.-D./Schönwälder, H.-G. (Hrsg.): Jahrbuch für Lehrerforschung. Bd. 1, Weinheim/ München 1997, S. 139-162
Hirsch, G.: Biographie und Identität des Lehrers. Weinheim/München 1990
Holtappels, G.: Schulprobleme und abweichendes Verhalten aus der Schülerperspektive. Bochum 1987
Hurrelmann, K./Ulich, D.: Handbuch der Sozialforschung. Weinheim/Basel 1980
Hurrelmann, K./Wolf, H. Schulerfolg und Schulversagen im Jugendalter. Weinheim/München 1986
Ingenkamp, K./Jäger, R.S./Petillon, H./Wolf, B.: Empirische Pädagogik 1970-1990. 2 Bde. Weinheim 1992
Jahoda, M./Lazarsfeld, P.F./Zeisel, H.: Die Arbeitslosen von Marienthal. Frankfurt a.M. 1982
Kalthoff, H./Kelle, H.: Pragmatik schulischer Ordnung. In: Zeitschrift für Pädagogik 46 (2000), H. 6, S. 691-719
Kelle, U./Erzberger, Ch. Integration qualitativer und quantitativer Methoden. Methodologische Modelle und ihre Bedeutung für die Forschungspraxis. In: Kölner Zeitschrift für Soziologie und Sozialpsychologie 51 (1999), S. 509-531
Kleinespel, K.: Schule als biographische Erfahrung. Weinheim,Basel 1990
Klemm, K.: Makroökonomie der Schule. In: Rolff, H.-G. (Hrsg.): Zukunftsfelder von Schulforschung. Weinheim 1995, S. 63-74
Klieme, E./Bos, W.: Mathematikleistungen und mathematischer Unterricht in Deutschland und Japan. Triangulation qualitativer und quantitativer Analysen am Beispiel der TIMSS-Studie. In: Zeitschrift für Erziehungswissenschaft (2000), H. 3, S. 359-380
Köckeis-Stangel, E.: Methoden der Sozialforschung. In: Hurrelmann, K./Ulich, D.: Handbuch der Sozialforschung. Weinheim/Basel 1980, S. 321-370
Krappmann, L./Oswald, H.: Schulisches Lernen in Interaktionen mit Gleichaltrigen. In: Zeitschrift für Pädagogik 31 (1985), H. 3, S. 321-339
Kromrey, H.: Empirische Sozialforschung. Frankfurt a.M. 1990
Kroon, S./Sturm, J.: Comperative Case Study Research in Education. In: Zeitschrift für Erziehungswissenschaft 3 (2002), H. 4, S. 559-546
Krüger, H.-H.: Stichwort: Qualitative Forschung in der Erziehungswissenschaft. In: Zeitschrift für Erziehungswissenschaft (2000), H. 3, S. 323-342
Krüger, H.-H.: Einführung in Theorien und Methoden der Erziehungswissenschaft. Opladen 2002
Krüger, H.-H./Grundmann, G./Kötters, C.: Jugendiche Lebenswelten und Schulentwicklung. Opladen 2000
Kuhn, T.S.: Die Struktur wissenschaftlicher Revolutionen. Frankfurt a.M. 1991
Lamnek, S.: Qualitative Sozialforschung, Bd.1: Methodologie. Weinheim 1995
Lightford, S.L.: The Good High School. New York 1985
Melzer, W.: Zur Transformation des Bildungssystems in Ostdeutschland. In: Helsper, W./Krüger, H.-H./Wenzel, H. (Hrsg.): Schule und Gesellschaft im Umbruch. Bd. 2, Weinheim 1996, S. 49-69
Meyer, J. W./Ramirez, F./Saysal, Y.: World Expansion of Mass Education 1870-1970. In: Sociology of Education 65 (1992), pp. 128-149
Meyer, M./Jessen, S.: Schülerinnen und Schüler als Konstrukteure ihres Unterrichts. In: Zeitschrift für Pädagogik 46 (2000), H. 5, S. 711-730
Müller, W./Haun, D.: Bildungsungleichheit im sozialen Wandel. In: Kölner Zeitschrift für Soziologie und Sozialpsychologie 46 (1994), S. 1-42
Naumann, J.: Von „quantitativer" zu „qualitativer" Bildungsplanung in der Entwicklungszusammenarbeit. In: Zeitschrift für Pädagogik 36 (1990), H. 2, S. 163-180
Neubauer, G.: Elternwille und Schulreform. Frankfurt a.M. 1983
Newman, I./Benz, C.R.: Qualitative-Quantitative Research Methodology. Exploring the interactive Continuum. Carbondale, Edwardsville 1998
Nittel, D.: Gymnasiale Schullaufbahn und Identitätsentwicklung. Weinheim 1992
Oesterreich, D.: Die politische Beteiligungsbereitschaft der deutschen Jugendlichen im internationalen Vergleich. In: Aus Politik und Zeitgeschichte. Beilage zum Parlament 50 (2001), S. 13-21
Popper, K.R.: Die Logik der Sozialwissenschaften. In: Adorno, T.W./Albert, H./Dahrendorf, R.: Der Positivismusstreit in der deutschen Soziologie. Neuwied/Berlin 1969, S. 103-124.

Prein, G./Erzberger, Ch.: Integration statt Konfrontation. Ein Beitrag zur methodologischen Diskussion um den Stellenwert quantitativen und qualitativen Forschungshandelns. In: Zeitschrift für Erziehungswissenschaft 3 (2000), H. 3, S. 343-357

Projektgruppe Jugendbüro und Hauptschülerarbeit: Die Lebenswelt von Hauptschülern. Ergebnisse einer Untersuchung. München 1975

Projektgruppe Jugendbüro: Subkultur und Familie als Orientierungsmuster: Zur Lebenswelt von Hauptschülern. München 1977

Reh, S. Fragwürdige Klischees. Lehrerinnen und Lehrer vor und nach der Wende. In: Pädagogik 49 (1997), H. 4, S. 28-32

Roeder, P.-M.: Vergleichende ethnographische Studien zu Bildungssystemen: USA, Japan, Deutschland. In: Zeitschrift für Pädagogik 47 (2001), H. 2, S. 201-216

Rolff, H.-G. (Hrsg.): Zukunftsfelder von Schulforschung. Weinheim 1995

Rolff, H.-G./Bauer, K.-O./Klemm, K./Pfeiffer, H. (Hrsg.): Jahrbuch der Schulentwicklung. Bd. 10, Weinheim, München 1998

Rolff, H.-G./Bauer, K.-O./Klemm, K./Pfeiffer, H (Hrsg.): Jahrbuch der Schulentwicklung. Bd. 7, Weinheim, München 1992

Roth, H./Friedrich, D.: Einleitung. In: Deutscher Bildungsrat (Hrsg.): Bildungsforschung. Probleme – Perspektiven – Prioritäten, Teil 1, Stuttgart 1975, S. 19-86

Rutter, M./Maughan, B./Mortimer, P./Ouston, J.: Fünfzehntausend Stunden. Schule und ihre Wirkung auf Kinder. Weinheim/Basel 1980

Schäfer, A.: Bildung und Schule in Tansania. In: Zeitschrift für qualitative Bildungs-, Beratungs- und Sozialforschung 2 (2001), H. 1, S. 49-66

Schlüter, A. (Hrsg.): Bildungsmobilität. Studien zur Individualisierung von Arbeitertöchtern in der Moderne. Weinheim 1993

Schnell, R./Hill, P./Esser, E.: Methoden der empirischen Sozialforschung. München, Wien 1992

Schriewer, J.: Stichwort: Internationaler Vergleich in der Erziehungswissenschaft. In: Zeitschrift für Erziehungswissenschaft 3 (2000), H. 4, S. 495-517

Schründer-Lenzen, A.: Triangulation und idealtypisches Verstehen in der (Re-)Konstruktion subjektiver Theorien. In: Friebertshäuser, B./Prengel, A. (Hrsg.): Handbuch Qualitative Forschungsmethoden in der Erziehungswissenschaft. Weinheim, München 1997, S. 107-117

Terhart, E. u.a.: Berufsbiographien von Lehrern und Lehrerinnen. Frankfurt a.M. 1994

Terhart, E.: Interpretative Unterrichtsforschung. Stuttgart 1979

Terhart, E.: Lehrerprofessionalität. In: Rolff, H.-G. (Hrsg.): Zukunftsfelder von Schulforschung. Weinheim 1995, S. 225-266

Theling, G.: „Vielleicht wäre ich als Verkäuferin glücklicher geworden" – Arbeitertöchter und Hochschule. Münster 1986

Tillmann, H.-J./Holler-Nowitzki, B./Holtappels, H.G./Meier, U./Popp, U.: Schülergewalt als Schulproblem. Verursachende Bedingungen, Erscheinungsformen und pädagogische Handlungsperspektiven. Weinheim, München 2000

Tillmann, K.J.: Schulische Sozialisationsforschung. In: Rolff, H.-G. (Hrsg.): Zukunftsfelder von Schulforschung. Weinheim 1995, S. 181-210

Treumann, K.: Zum Verhältnis von qualitativer und quantitativer Forschung. In: Heitmeyer, W. (Hrsg.): Interdisziplinäre Jugendforschung. Weinheim München 1986, S. 193-214

Treumann, K.: Triangulation als Kombination qualitativer und quantitativer Forschung. In: Abel, J./Möller, R./Treumann, K.: Einführung in die empirische Pädagogik. Stuttgart 2000, S. 154-189

Webb, E.J./Campbell D.T./Schwartz R.D./Sechrest L.: Unobstusive Measures: Non-reactive Research in the Social Sciences. Chiacago 1966

Weishaupt, H./Schulzeck, U.: Optimierung von Schulstrukturen und Standorten. In: Krüger, H.-H./Wenzel, H. (Hrsg.): Schule zwischen Effektivität und sozialer Verantwortung. Opladen 2000, S. 59-78

Weiß, M.: Mikroökonomie der Schule. In: Rolff, H.-G. (Hrsg.): Zukunftsfelder von Schulforschung. Weinheim 1995, S. 41-62

Wellenreuter, M.: Quantitative Forschungsmethoden in der Erziehungswissenschaft. Eine Einführung. Weinheim 2000

Wexler, Ph.: Becoming somebody: Toward a Social Psychology of School. London/New York/Philadelphia 1992

Wolf, W.: Qualitative versus quantitative Forschung. In: König, E./Zedler, P. (Hrsg.): Bilanz qualitativer Forschung. Bd.I, Weinheim 1995, S. 309-329

Zinnecker, J.: Die Schule als Hinterbühne oder Nachrichten aus dem Unterleben der Schüler. In: Reinert, G.-B./Zinnecker, J. (Hrsg.): Schüler im Schulbetrieb. Reinbek 1978, S. 29-121

Annedore Prengel | Friederike Heinzel | Ursula Carle

Methoden der Handlungs-, Praxis- und Evaluationsforschung

Ein kurzer Blick in die Vorgeschichte der mit Handlungs-, Praxis- und Evaluationsforschung zur Diskussion stehenden Ansätze macht sichtbar, dass bereits seit der Aufklärung mit ihrer Emphase für Menschenbeobachtungen exakte pädagogische Fall-Berichte zu finden sind (Moravia 1989). Berühmte Beispiele sind die Dokumentation der Entwicklung des „wilden Kindes" Victor von Aveyron und des Unterrichts mit ihm durch den Arzt Jean-Marie Gaspard Itard (1801). Wenn man so will, war Itard ein „forschender Lehrer", der seinen Schüler beobachtete, pädagogische Maßnahmen erfand, ihre Wirkung beobachtete, die Maßnahmen erneuerte usw. Mit der Schülerbeobachtung geht die Selbsterforschung der Erziehenden einher: „Von allen Fehlern und Untugenden seiner Zöglinge muss der Erzieher den Grund in sich selbst suchen" (Salzmann 1806/1961, S. 249; vgl. auch Schmid/Diel/ Krüger 2003). Weitere frühe Beispiele für die Durchführung von Untersuchungen im eigenen Praxisfeld bildet die Arbeit von Dewey an der Chicagoer Versuchsschule (1894-1904, vgl. Bohnsack 1976) oder die Eight-Year-Study (1933-1941), mit der sogar eine frühe Längsschnitt-Untersuchung an 30 Reformschulen, in der Tradition von Dewey und der American Progressive Education, entstand (Aikin 1942). Else und Peter Petersen entwickelten in Jena die „Pädagogische Tatsachenforschung" (1965). Meumann begründete das Zusammengehen von Schulreform und Pädagogischer Forschung (1911). Auch Montessori, Otto und viele andere untersuchten die eigenen praktischen Bemühungen um Schulreformen (vgl. z.B. Prengel/Schmitt 2000).

1 Kennzeichen von Handlungs-, Praxis- und Evaluationsforschung im Überblick

Handlungs-, Praxis- und Evaluationsforschung zeichnen sich im Spektrum der Konzeptionen von Schulforschung durch Feldnähe aus. Perspektivitätstheoretisch (vgl. Prengel 1997) lassen sich diese Zugänge zum Forschungsgegenstand Schule von anderen Forschungsansätzen unterscheiden: Durch Handlungs-, Praxis- und Evaluationsforschung werden Einzelfälle in den Blick genommen, so zum Beispiel eine schulische Interaktionsszene, die Lernausgangslage und die biographische Situation eines Kindes, Aspekte der Lehrerbiographie und -persönlichkeit, die inhaltliche und didaktische Analyse eines Unterrichtsgegenstandes, ein rhythmisierter Schulvormittag, eine Unterrichtsstunde, eine Lerngruppe, eine Schule oder auch ein Schulversuch, der mehrere Schulen umfasst. Forschende Personen sind Lehrerinnen und Lehrer, auch Angehörige von Schulleitung und Schulverwaltung oder Wissenschaftlerinnen und Wissenschaftler in Kooperation mit Lehrerinnen und Lehrern. Das Erkenntnisinteresse zielt auf das Verstehen von Lebens- und Lernsituationen einzelner Kinder oder Kindergruppen (vgl. Heinzel 2000), auf Selbstreflexion, auf die gute Gestaltung von Unterricht und Schulleben, auf Verbesserung der Schulorganisation, der Elternarbeit, auf die „Passung“ des Lernangebotes und die Optimierung der Moderation von Lernprozessen unter Berücksichtigung systemischer Wechselwirkungen (vgl. Carle 2000). Die enge Perspektive, die durch eine Untersuchung des Einzelfalles eröffnet wird, erfährt eine Horizonterweiterung, indem das gewonnene Wissen über die Besonderheit des Einzelfalles in Beziehung gesetzt wird zum Wissen über allgemeine Strukturen und regelhafte Prozesse, die aus wissenschaftlichen Untersuchungen mit dem für sie typischen Generalisierungsanspruch hervorgehen (vgl. Oevermann 1997). Die Gemeinsamkeit der Perspektiven von Handlungs-, Praxis- und Evaluationsforschung besteht in ihrer Nähe zum Forschungsgegenstand sowie im Ziel der Optimierung schulischen Lernens. Aus dieser gemeinsamen Zielsetzung können sehr verschiedene Fragestellungen hervorgehen und so vielfältig wie ihre Fragestellungen können die Methoden von Handlungs-, Praxis- und Evaluationsforschung sein (s.u.).

Handlungs-, Praxis- und Evaluationsforschung lassen sich unterscheiden von wissenschaftlicher Grundlagenforschung; sie weisen sowohl Gemeinsamkeiten als auch Unterschiede zu ihr auf. Die Unterschiede lassen sich – vereinfachend – wie folgt umreißen: Handlungs-, Praxis- und Evaluationsforschung fokussieren vor allem auf Einzelfälle mit dem Ziel, Praxis im Einzelfall zu verbessern und darauf, verallgemeinerbare Erkenntnisse für die Übertragung auf ähnlich gelagerte Fälle zu erlangen. Wissenschaftliche Grundlagenforschung fokussiert auf allgemeine Strukturen und regelhafte Prozesse mit dem Ziel, generalisierendes Wissen zu gewinnen. Während in der Handlungs-, Praxis- und Evaluationsforschung das Interesse an Verbesserungen im Schulwesen tendenziell eher kurzfristig und direkt ist, so ist es in der grundlagenbezogenen wissenschaftlichen Forschung eher langfristig und indirekt. Darüber hinaus befruchten sich beide Zugänge: Das durch Beobachtungen im eigenen Feld gewonnene Wissen kann über den Einzelfall hinaus durch die Rezeption von in der Grundlagenforschung gewonnenem generalisierendem Wissen erweitert werden. Umgekehrt gehen zahlreiche Zugänge wissenschaftlicher Forschung von Einzelfallstudien aus, um auch zu generalisierenden grundlegenden Aussagen zu kommen (vgl. Oswald 1997; Carle 2000).

In der vorliegenden Literatur werden die drei Begriffe recht unterschiedlich, aber teilweise synonym verwendet. Um zu einer begrifflichen Trennung zu finden, schlagen wir eine klare Differenzierung vor:

- Unter Handlungsforschung verstehen wir in diesem Beitrag jene Untersuchungen in Schulen, in denen Lehrpersonen und Wissenschaftler bzw. Wissenschaftlerinnen zusammen arbeiten, um Theorie und Praxis sowie Forschen und Handeln enger zu verbinden. Konkret heißt dies, dass Lehrerinnen und Lehrer, auch Schulleiterinnen und Schulleiter aktiv am Prozess der Untersuchung beteiligt sind und mit Wissenschaftlern kooperieren. Handlungsforschung zielt sowohl auf die Optimierung pädagogischen Handelns am Ort als auch auf die Publikation von – den wissenschaftlichen Erkenntnisstand erneuernden – Ergebnissen.
- Unter Praxisforschung verstehen wir in diesem Beitrag das in die pädagogische Praxis eingelassene Forschen, das durch Lehrpersonen (oder auch Angehörige anderer im Schulsystem tätiger Berufe, z.B. aus Schulleitungen und Schulaufsicht) selbst betrieben wird. Ziele sind ein besseres Verständnis von Kindern und Jugendlichen, die Selbstreflexion der beruflich Handelnden, eine Optimierung von Unterricht und Schulleben oder auch die Publikation als Praxisbericht. Manchmal unterstützen Wissenschaftlerinnen und Wissenschaftler

die in der Praxis Tätigen in deren Praxisforschung. Supervision, Intervision, Coaching und Beratung können als Möglichkeiten der Praxisforschung verstanden werden, wenn – in der Peer-Group oder unterstützt durch einen Experten – Lehrpersonen ihre „Fälle" analysieren und zu neuen Sichtweisen und Handlungsentwürfen finden. Wenn hingegen Lehrer ihre Praxis untersuchen, um sich wissenschaftlich zu qualifizieren, so betreiben sie u.E. nicht Praxisforschung, sondern Forschung, um den wissenschaftlichen Erkenntnisstand zu erneuern (vgl. z.B. Stübig 1993; Honegger 1994).

- Unter Evaluationsforschung verstehen wir Forschungsprojekte, die eine bestimmte schulische Praxis in einem klar umrissenen Forschungsfeld daraufhin untersuchen, ob zuvor definierte oder im Prozess gewonnene Qualitätskriterien erreicht werden. Dabei kann es sich um formative oder summative Evaluation handeln oder um Mischformen. Formative Evaluation bedeutet prozessbegleitende und unterstützende Evaluation und richtet sich vornehmlich an die Prozessakteure selbst. Summative Evaluation hingegen meint bilanzierende Evaluation und richtet sich eher an Außenstehende, z.B. an die Projektauftraggeber und dient häufig der Politikberatung. Untersuchungsausschnitt können Einzelschulen oder ein Sample mehrerer Schulen sein. Es handelt sich dabei um externe Evaluation durch außenstehende Wissenschaftler oder um interne Evaluation durch die Praktiker selbst oder um Untersuchungen, in denen Außenperspektive und Innenperspektive kombiniert werden (Widmer 2000, S. 79). Evaluationsforschung kann sich grundsätzlich aller Forschungsmethoden bedienen, die Ergebnisse werden entweder mit den direkt Betroffenen zum Zwecke der Prozessgestaltung diskutiert, ihnen nur bekannt gegeben, als „graue Literatur" einem begrenzten Kreis zugänglich gemacht oder in Publikationen für Wissenschaftler bzw. alle Interessierten veröffentlicht.

Diese begrifflichen Klärungen dienen zwar der Verständigung, sie bilden das Forschungsfeld aber nicht ab, denn Handlungs-, Praxis- und Evaluationsforschung überschneiden sich vielfältig und entsprechend unterschiedlich ist auch die Verwendung der Begriffe (vgl. auch Altrichter/Feindt in diesem Band). Zum Beispiel kann Evaluationsforschung dann als Handlungsforschung verstanden werden, wenn Wissenschaftler und Praktiker gemeinsam forschen. Immer wenn Evaluation Selbstevaluation zum Zweck der Verbesserung der eigenen Praxis ist, entspricht sie der oben genannten Definition von Praxisforschung. Einige Wissenschaftler verwenden den Begriff der Praxisforschung aber auch als Synonym zu Handlungsforschung (Moser 1975). Es gibt Praxisforschung von Lehrern zur Optimierung ihrer pädagogischen Praxis, die von Wissenschaftlern angeleitet und unterstützt wird, das gilt zum Beispiel für große Teile der „Aktionsforschung" nach Altrichter und Posch.

In den folgenden Abschnitten stellen wir Handlungsforschung, Praxisforschung und Evaluationsforschung vor, indem wir Ziele und Forschungsgegenstand umreißen, konkrete Arbeitsschritte nennen, methodische Verfahrensweisen bzw. Besonderheiten skizzieren und auf Forschungsdesigns von exemplarischen Arbeiten eingehen.

2 Handlungsforschung

Unter dem Begriff Handlungsforschung oder auch „Action Research" wurde nach 1970 das Konzept von Lewin aufgegriffen, welches zum Ziel hat, Theorie und Praxis sowie Forschen und Handeln zu verbinden (vgl. Lewin 1953; zur historischen Entwicklung dieses Ansatzes vgl. auch Altrichter/Feindt in diesem Band). Handlungsforschung bedeutet, dass der empirisch arbeitende Forscher sich in das Untersuchungsfeld begibt, um dieses zusammen mit den betroffenen Akteuren weiterzuentwickeln. Handlungsforschung steht für die Annahme, dass Theorie und Praxis enger zu verknüpfen seien und durch die Verbindung von Forschen und Handeln sowohl Theorie entwickelt als auch praktisches Handeln angeleitet werden könne.

Verbunden war mit dem Konzept der Handlungsforschung eine Abkehr von der traditionellen Unterscheidung und Arbeitsteilung zwischen Grundlagenforschung und angewandter Forschung (vgl. Moser 1975), wobei Handlungsforschung im Schulfeld nicht erst nach der Auswertungsphase, sondern im Forschungsprozess wirksam werden sollte (vgl. Klafki 1973). Teilweise wurde Handlungsforschung als Alternative zur empirisch-analytischen Forschung entwickelt (vgl. Blankertz/Gruschka 1975; Haeberlin 1975; Mollenhauer/Rittelmeyer 1975). Traditionelle Kriterien der empirischen Forschung wie Bedingungskontrolle, Reproduzierbarkeit oder Unabhängigkeit wurden in Frage gestellt. Unter Bezug auf die Kritische Theorie und deren Einsicht, dass wertfreie Erkenntnis nicht zu erreichen ist, zielte Handlungsforschung auf die Erarbeitung von Wissen für Betroffene und mit ihnen (vgl. Huschke-Rhein 1993). Hierbei ging es um die Optimierung der emanzipatorischen, humanen und praktischen Bedeutung von Forschung. In England, Australien, Österreich und Deutschland wurden in den 1970er und 1980er Jahren solche Forschungsansätze konzipiert. Meist standen diese Handlungsforschungsprojekte in direktem Zusammenhang mit konkreten Schulentwicklungs- und Schulforschungsprojekten (z.B. Stenhouse 1975; Liebau 1979; Klafki 1982).

In Deutschland sind die Ansätze der Handlungsforschung und die methodologische Diskussion um dieselben allerdings bereits in den 1980er Jahren wieder zum Stillstand gekommen (vgl. Altrichter/Gstettner 1993). Nach der ersten Begeisterung überwogen kritische Stimmen. Der Handlungsforschung wurde vorgeworfen, es handle sich hier um „naiven Empirismus" (Hurrelmann 1977, S. 67) und sie wolle bloß politisch-pädagogisch manipulieren (Lukesch/Zecha 1978). Krüger (1997, S. 196ff.) beurteilt in seiner „Einführung in Theorien und Methoden der Erziehungswissenschaft" die Handlungsforschung als gescheitert. Doch Klafki (2002, S. 216) kritisiert, dass Krüger keine schlüssige Begründung dieser Auffassung liefere und weist darauf hin, dass z.B. an der Laborschule Bielefeld seit vielen Jahren erfolgreich Handlungsforschung betrieben werde. Auch Altrichter führt eine Reihe von Projekten zur Reform des Unterrichts, der Schule und der Lehrerbildung in Österreich, der Schweiz und Deutschland an und konstatiert seit Beginn der 1990er Jahre ein „neues Interesse" an Handlungsforschung in Deutschland und sogar eine gewisse Unübersichtlichkeit der vielfältigen Ansätze und Ergebnisse (vgl. Altrichter/Feindt in diesem Band).

Klafki (2002, S. 208) stellt vier Ebenen der Handlungsforschung vor, die auch als methodische Schritte zu verstehen sind:

- Begründung und Ausarbeitung neuer unterschiedlicher Zielsetzungen und neuer Inhalte für den Unterricht sowie Entfaltung des Zusammenhangs von Zielsetzungen, Inhalten, Medien, Methoden und sozialen Lernprozessen im Unterricht;
- Planung des konkreten Unterrichts für die und zum Teil mit der Klasse;
- Durchführung des Unterrichts und Überprüfung des Verhältnisses von Zielsetzungen und Durchführung;
- Verbreitung, Erprobung unter anderen Bedingungen und Weiterentwicklung von Konzepten.

Auf jeder der vier Ebenen seien gegenseitige Lernprozesse aller Beteiligten – der Lehrer, der Mitglieder der Forschungsgruppe und der Kinder – notwendig (ebd. S. 209; vgl. auch Klafki 1973; Huschke-Rhein 1993). Während es Klafki vor allem um den Unterricht und die didaktische wie fachdidaktische Entwicklungsarbeit geht, sind aber auch Handlungsforschungsprojekte im Bereich der Lehrerbildung und der Organisationsentwicklung zu finden.

Was die Wahl der Methoden betrifft, ist in Handlungsforschungsprojekten eine Bevorzugung qualitativer Methoden zu konstatieren (vgl. Moser 1997). In einigen Handbüchern zur qualitativen Forschung wird die Handlungsforschung als eine der Methoden im Rahmen des qualitativen Forschungsparadigmas aufgeführt (vgl. z.B. Flick/Kardorff/Steinke 2000). Diese Zuordnung erscheint einerseits sinnvoll, weil die qualitative Forschung durchaus ein neues Verhältnis zur Praxis beansprucht. Andererseits ist in der qualitativen Forschung das Interesse an der Analyse sehr viel ausgeprägter als das Interesse am Handeln. In der überwiegenden Zahl der Handlungsforschungsprojekte steht das Verstehen im Zentrum und es werden Fallstudien erarbeitet. Altrichter und Posch (1998, S. 257) bezeichnen Fallstudien als gebräuchlichste Form der schriftlichen Darstellung von Erfahrungen aus Handlungsforschungsprozessen. Fallstudien sind auf den Alltag von Schule und Unterricht gerichtet (vgl. Beck/Scholz 1995) und gelten als besonders geeignet, um zwischen Theorie und Praxis bzw. zwischen den Wissens- und Diskursformen der pragmatischen Wissenschaft „Pädagogik" einerseits und der erfahrungswissenschaftlich begründeten „Erziehungswissenschaft" andererseits zu vermitteln (vgl. Fatke 1997, S. 64f.). Eine Fallstudie besteht aus drei Größen: Fallbeobachtung, Falldarstellung und Fallanalyse, die dann als Erzählung oder „dichte Beschreibung" (Geertz 1987) präsentiert werden. Für einige Methoden der sozialwissenschaftlichen Hermeneutik (Tiefenhermeneutik, Objektive Hermeneutik, Phänomenologische Hermeneutik; vgl. Hitzler/Honer 1997) stellt die Fallbezogenheit eine Grundstruktur und Erkenntnisform dar (dazu Kraimer 2000; Combe 2002). Im Bereich der Handlungsforschung wird allerdings ein anderer Begriff von Fallstudien verwandt. Hier handelt es sich um schriftlich vorgelegte Berichte, in welchen Fälle von Praxis geschildert und analysiert werden. Eingegangen wird auf die Fragestellung und deren Hintergrund, auf die gesammelten Daten und Dokumente, den Prozess der Forschungs- und Entwicklungsarbeit, die Ergebnisse, Handlungsideen und offenen Fragen. Der Forschungsprozess zielt nicht auf Generalisierbarkeit der Ergebnisse, sondern auf Praxisrelevanz und Realitätsbezug. Die Gütekriterien dieser Forschung lauten entsprechend Praxisrelevanz, Realitätshaltigkeit, Transparenz und Interaktion (vgl. Huschke-Rhein 1993).

Als Methode der Datenerhebung werden in Handlungsforschungsprojekten vor allem die Beobachtung (Teilnehmende Beobachtung, Mitschnitte, Videobeobachtung, Fotos, Gesprächs- oder Unterrichtsprotokolle, förderdiagnostische Beobachtungsinstrumente oder Ethnographie) und Befragungsverfahren (schriftliche und mündliche Interviews, Gruppeninterviews, Gruppendiskussionen) genutzt. Aber auch andere Dokumente werden analysiert: Bilder, Soziogramme, persönliche Aufzeichnungen aus Lehrerbildungsprozessen (Tagebuch), Sammlung von im Unterricht entstandenen Tätigkeitsprodukten von Kindern (Portfolio) oder Quellen aus Schulentwicklungsprozessen (vgl. Altrichter/Posch 1998). Zur Analyse werden in Fallstudien vor allem interpretierende Verfahren herangezogen, deren Eigenart es ist, den Daten „einen Sinn" zu geben. Die Besonderheit der Interpretation in Handlungsforschungsprojekten besteht nun darin, dass die Interpretationen in Kooperation von Lehrern und Forschern entwickelt werden. Als methodologische Besonderheiten in Handlungsforschungsprojekten ergeben sich:

Forscher-Lehrer-Kooperationsprozesse

In Handlungsforschungsprojekten geht es um die Aufhebung des Subjekt-Objekt-Verhältnisses von Forschenden und Praktikern und die Herstellung eines gleichberechtigten kooperativen Kommunikations- und Handlungszusammenhangs. Klafki (1982) nennt die „neuartige Bestimmung der Beziehung von Praxis und Forschung „das Zentralprinzip der Handlungsforschung" (ebd., S. 75). In seiner Analyse von Forscher-Lehrer-Kooperationsprozessen im Marburger Grundschulprojekt betont er „das gesellschaftlich-demokratische Erkenntnis- und Handlungsinteresse", welches Handlungsforschungsprojekte kennzeichne (ebd., S. 76). Dieses müsse Konsequenzen für das Verhältnis von Forschungsgruppenmitgliedern und Lehrern haben. Klafki beschreibt, dass die Praktiker in dem von ihm geleiteten Projekt „nicht als Untersuchungsobjekte und nicht als ausführende Organe pädagogischer Innovationsmaßnahmen angesprochen wurden, sondern als gleichberechtigte Partner in einem Entscheidungs- und Erprobungsprozeß, der von den Beteiligten gemeinsam getragen und letztlich gemeinsam verantwortet werden muß" (ebd.). Der Umgang mit vorhandenen Ausgangs-, Qualifikations- und Funktionsunterschieden im Kooperationsprozess erwies sich allerdings – im Marburger, wie in anderen Handlungsforschungsprojekten – als kompliziert. Der Anspruch der gleichberechtigten Kooperation scheint dazu zu verleiten, bei Forschern und Praktikern die gleichen Kompetenzen vorauszusetzen oder den Erwerb derselben zum Ziel zu erheben (ebd., S. 77). Es sollte aber um „die produktive Verbindung von Momenten nichtarbeitsteiliger Kooperation und pragmatischer und dynamischer Aufgabendifferenzierung" (ebd.) gehen. Im Marburger Grundschulprojekt wurden in die methodischen Überlegungen auch Erkenntnisse der Gruppendynamik einbezogen (ebd., S. 29). Insgesamt erwies sich für die Kooperation die Aufgabe der Distanz des Forschers zum Forschungsfeld ebenso wie die Aufgabe der Distanz des Praktikers zur Theorie und Forschung als unentbehrlich (Petersheim 1982, S. 281). Eine weitere Schwierigkeit im Kooperationsprozess stellt die unterschiedliche Motivation der beteiligten Lehrkräfte dar, die zur Folge hat, dass die Veränderungsprozesse in der Praxis kaum vergleichbar sind (vgl. z.B. Kaiser/Nacken/Pech 2002, S. 159).

Weitere Probleme in der Kooperation beziehen sich auf die teilweise unterschiedlichen Interessen von Forschern und Lehrern, im Prozess entstehende Hierarchien, die hohen Erwartungen der Lehrkräfte an die Wissenschaftler sowie Probleme der Loyalität oder der Rollenübernahme im Feld. Teilweise werde bloß arbeitsteilig vorgegangen, indem den Forschern die Verantwortung für Methoden und Theorien und den Praktikern die Verantwortung für die Veränderungen in der Praxis zugewiesen werde (vgl. Altrichter/Gstettner 1993). Als wichtig für den Erfolg von Handlungsforschungsprojekten wird deshalb herausgestellt, dass Lehrerinnen und Lehrer in Bedeutung von und Arbeit mit wissenschaftlichen Methoden und Theorien eingeführt werden. In neueren Bestrebungen zur Aktionsforschung wird teilweise versucht, das Gewicht der Forschungsaktivitäten noch klarer in die Praxis der Schulen hineinzuverlegen und den Forschern die Rolle der „kritischen Freunde" zuzuweisen (Moser 2002).

Praxisreflexion als wissenschaftliche Forschung

Reflexivität gilt als zentrales Prinzip qualitativer Forschung. Durch Reflexivität wird Offenheit für neue Situationen und Fragen im Forschungsprozess hergestellt. In schulischen Handlungsforschungsprozessen sind die beteiligten Lehrerinnen und Lehrer zugleich Handelnde, Beforschte und Forscher. Deshalb besteht hier die besondere Notwendigkeit von Praxisreflexion und die Chancen für die Praxisentwicklung liegen in der reflexiven Forschungshaltung. Doch nicht nur die beteiligten Lehrkräfte, sondern auch die Forschenden müssen ihre Verflochtenheit mit dem Feld reflektieren. Besonders dialogische Forschungsmethoden erlauben es, die Beziehungen der Beteiligten zu reflektieren. Durch den Prozess der Kooperation von Wissenschaftlern und Praktikern soll ein Reflexionswissen erzeugt werden, welches subjektive Betroffenheit mit gesamtgesellschaftlichen Wirkungszusammenhängen und Handlungsoptionen zu vermitteln weiß (vgl. Radtke 1979, S. 84). Es geht dabei auch um den diskursiven Austausch von subjektiven und objektiven Theorien (vgl. Treiber/Groeben 1981). Im interaktiven Prozess der Handlungsforschung werden reflektierende Distanz, Vermittlung durch Kommunikation und parteiliches Engagement aufeinander bezogen und durch Analyseverfahren in der Auswertung wieder getrennt (vgl. Gstettner 1991, S. 268). Es stellt sich allerdings die Frage, wann und ob die Praxisreflexion in Handlungsforschungsprojekten als wissenschaftliche Forschung und Theoriebildung verstanden werden kann. Im Abschlussbericht des BKL-Modellversuchs „Elementare Schriftkultur" heißt es: „Theoriebildung vollzieht sich (...) aufgrund der methodisch vorstrukturierten Auseinandersetzung mit Handeln – beispielsweise anhand von Unterrichtsprotokollen – und zwar auf Seiten der Wissenschaftler wie auf Seiten der Teilnehmer" (Hüttis-Graf/Widmann 1996, S. 28). Als Ziel wird „das Lernen aller Beteiligten im Prozess des gemeinsamen Arbeitens" (ebd.) formuliert. Dieser Ansatz entspricht dem von Whitehead (2000), nachdem der Forscher während der Reflexionsarbeit eine „living theory" entwickelt. Es handelt sich hierbei um ein induktives Modell der Gewinnung von Wissen, das aus praktischen Vollzügen erwächst. Dem gegenüber betont Moser (2002), dass in den Alltag eine Vielzahl von theoretischen Perspektiven und Sinnbezügen verwoben sind, um deren kritische Dekonstruktion es methodisch gerade zu gehen habe. Zur Forschung gehöre auch die Distanz und Unabhängigkeit von Praxisvollzügen. Die Unabhängigkeit der Systeme Praxis und Wissenschaft eröffne gerade die Kritik der Praxis an Forschung, weil Praxis aus einer autonomen und mit eigenen Interessen durchsetzten Perspektive argumentiere. Jedoch müsse Theorie aus einer fremden Perspektive informieren und kritische Reflexion von Praxis ermöglichen. Hinzu komme, dass Wissenschaft ein gesellschaftliches System mit eigenen Normen und Regeln darstelle, welche mit jenen einer reflektierten Praxis nicht identisch seien, weshalb die Gefahr bestehe, dass Handlungsforschung den Anschluss an die Wissenschaft nicht erreicht (vgl. ebd.). Dies passiert allerdings nicht, wenn Handlungsforschung begründen kann, dass sie zu Erfahrungen führt, die der herkömmlichen Wissenschaftspraxis verschlossen bleiben und deren erkenntnistheoretischen Status bestimmen kann (vgl. Radtke 1979, S. 97f.).

Der besondere Gewinn der Handlungsforschung kann darin bestehen, dass durch den Dialog zwischen zwei heterogenen Diskursen beide weiterentwickelt werden können, ohne dass sie sich angleichen müssen. Wissenschaft kann, wenn sie den Praktikern „zuhört", über neue Entwicklungen im Feld sehr schnell Informationen gewinnen. Praxisvertreter können durch die Notwendigkeit sich Wissenschaftlern mitzuteilen ihre Praxis explizit und damit der Reflexion zugänglich machen. Zudem können sie durch die Rückmeldung der Forschungsergebnisse ihre Praxis überprüfen. Es ist also gar nicht „Sinn der Sache", dass Praktiker zu Wissenschaftlern werden oder umgekehrt, sondern die Erkenntnismöglichkeiten erwachsen gerade aus dem Prozess der Reflexion der jeweils anderen Perspektive.

3 Praxisforschung

Schulpädagogische Praxisforschung durch Lehrerinnen und Lehrer findet statt, wenn sie in ihrem eigenen Praxisfeld Schule mit dem Ziel forschen, Wissen zu vertiefen, um pädagogisches Handeln zu verbessern. Gegenstand schulpädagogischer Praxisforschung sind Kinder und Jugendliche, Lehrpersonen selbst, sowie Unterrichts- und Schulsituationen. Die in den Fokus der einzelnen Praxisforschungsvorhaben genommenen Ausschnitte von Schulwirklichkeit bilden immer „Fälle". Die angewandten Methoden sind Formen alltagstauglicher Fallarbeit (vgl. Fatke 1997; Prengel 1997) und werden von den Lehrerinnen und Lehrern in ihr professionelles Handeln integriert verwendet.

Eine Grundlage von Praxisforschung ist eine forschende Haltung der Lehrpersonen, die durch eine frei schwebende breite Aufmerksamkeit erreicht wird. Die zu einem solchen permanenten Wahrnehmungsstrom hinzukommenden konkreten Vorhaben der Praxisforschung arbeiten mit den äußerst vielfältigen systematischen Methoden der Fallarbeit, deren gemeinsame Grundlagen sich in sechs Arbeitsschritten zusammenfassen lassen (vgl. Moser 1997; Altricher/Posch 1998):

- Gegenstand eingrenzen und Fragestellung klären: Am Anfang wird zeitlich und räumlich eingegrenzt, welcher „Fall" Gegenstand der Untersuchung sein soll und was die Fragestellung ist, mit der man sich dem Gegenstand zuwendet. Das Erkenntnisinteresse wird also auf unterschiedliche Fragen konkret eingegrenzt.
- Beobachten und beschreiben: Eine bestimmte Methode, den zeitlich und räumlich eingegrenzten schulischen Wirklichkeitsbereich zu beobachten, muss ausgewählt und angewandt werden, um danach das Beobachtete in eine Textfassung zu überführen (Methodenbeispiele vgl. z.B. in Altrichter/Posch 1994; Beck/Scholz 1995; Prengel 1997).
- Deuten: Die in der zweiten Phase entstandenen Text- und Bilddokumente oder mündlichen Fallpräsentationen werden interpretiert, um ein erweitertes Verständnis des „Falles" zu erlangen. Hierbei geht es darum, das Handeln der Beteiligten deutend zu verstehen und seinen Sinn zu erschließen, wobei zu berücksichtigen ist, dass Auslegen und Deuten zu den grundlegenden Fähigkeiten des menschlichen Miteinanders gehören. Doch kann dieses Deuten durch systematische Verfahren methodisiert werden (vgl. Hitzler 1993; Hitzler/Honer 1997).
- Handlungskonzepte entwerfen: Aufgrund der Neuinterpretation zeichnen sich neue Handlungsmöglichkeiten ab, die in eine erneuerte Konzeption einmünden.
- Handeln: Die neuen pädagogischen bzw. pädagogisch-didaktischen Schritte werden in der Praxis realisiert und ermöglichen neue Erfahrungen.
- Handlungsergebnisse untersuchen: Hier schließt sich der Kreis, indem die neu entstandene Situation untersucht wird, dazu muss wiederum der jetzt relevante Untersuchungsgegenstand eingegrenzt und die Fragestellung geklärt werden (> Punkt 1)

Altrichter nennt diesen – die Praxisforschung ausmachenden – Prozess unter Verweis u.a. auf Dewey den „Kreislauf von Aktion und Reflexion" (Altrichter 1990 und Altrichter/Feindt in diesem Handbuch; vgl. auch Shewart 1939; Bohnsack 1976; Carle 2000, S. 391). Der in den Berufsalltag eingelassene Erkenntnisprozess ist eigenen Maximen verpflichtet und unterliegt eigenen Qualitätskriterien. Es wäre verfehlt, diese dem pädagogischen Handeln verpflichtete Erkenntnisperspektive in eine Konkurrenzposition zur der wissenschaftlichen Erkenntnisgewinnung verpflichteten Perspektive zu bringen. Beide sind in ihrer je besonderen Eigenart unverzichtbar.

Auch in der Praxisforschung ist die Methodenwahl abhängig vom Untersuchungsziel und von den für das Vorhaben zur Verfügung stehenden Ressourcen. Ein Problem für die Praxisforschung ist, dass Lehrer einem großen Handlungsdruck ausgesetzt sind und ihr Zeitbudget nur wenig Spielräume lässt. Eine grundlegende Anforderung an alle Methoden der Praxisforschung ist darum, dass sie im Schulalltag handhabbar sein müssen, ohne zusätzliche größere Belastungen zu verursachen. Häufig verwendete Methoden sind u.a. Schülerbeobachtungen, Erstellen von Dossiers und Dokumentenanalysen von Schülerarbeiten, Interviews mit Kindern, Spurensicherungen, Fallbesprechungen in Supervisionsgruppen und vor allem immer wieder Erinnerungsprotokolle, die nach dem Unterricht geschrieben werden und die spätere Analyse dieser Dokumente (vgl. Zinnecker 1996; Altrichter/Posch 1998; Juna 2002). In zahlreichen Berichten zur Praxisforschung wird dokumentiert, dass Lehrkräfte nach der Präzisierung einer für sie relevanten Fragestellung tagebuchartige Aufzeichnungen anfertigen und dass die spätere Interpretation der Texte zur Perspektivenerweiterung und Neugestaltung des pädagogischen Handelns führt (vgl. etwa Juna 2002). Altrichter und Posch (1998, S. 89ff.) postulieren vier Gütekriterien: Perspektivenerweiterung, Verbesserung der Praxis, ethische Vertretbarkeit und praktische Verträglichkeit.

4 Evaluationsforschung

Die Verwendung des Evaluationsbegriffes im pädagogischen Kontext schwankt zwischen zwei unterschiedlichen Bedeutungen: Leistungsbewertung (von Schülerinnen und Schülern) auf der einen Seite und Schulentwicklungsforschung oder Schulevaluation auf der anderen Seite. Das „Joint Committee on Standards for Educational Evaluation“ unterscheidet in dem von ihm herausgebrachten amerikanischen Grundlagenwerk ebenfalls zwischen „Student Evaluation“ und „Program Evaluation“ (dies. 2000, 2002). Evaluation wird hier definiert als systematische Untersuchung der Verwendbarkeit oder Güte eines Gegenstandes. Es handelt sich bei Evaluation dann um Forschung, wenn bestimmte Standards eingehalten werden. Erziehungswissenschaftliche Evaluation ist ziel- und zweckorientiert, hat eine systematisch gewonnene Datenbasis, beinhaltet eine bewertende Stellungnahme, bezieht sich auf Bereiche von Bildungsmaßnahmen, bildet einen Bestandteil planvoller Entwicklungsarbeit, ist aber selbst keine Reform, sondern nur Mittel der Reform (vgl. Wottawa/Thierau 1998, S. 13f.). Erziehungswissenschaftliche Evaluationsforschung untersucht (vgl. als Überblick: Keiner 2001, S. 7ff.):

- Programme, z.B. die Brauchbarkeit eines in einem Schulversuch erprobten Konzeptes, eines Förderprogramms für Kinder, die flächendeckende Einführung der Fortbildungsbudgetierung für Schulen;
- Projekte, z.B. die Güte einer Unterrichtseinheit, eines Workshops;
- Materialien, z.B. die Verwendbarkeit des Europäischen Sprachenportfolios.

Jede Evaluation benötigt ein Evaluationsdesign, d.h. ein Konzept, wie die Evaluation des Gegenstandes zielgerichtet erfolgen kann. Zumeist erwarten die Auftraggeber für ein Evaluationsforschungsprojekt Informationen darüber, wie sie das Programm, das Projekt oder die Materialien in einem ganz bestimmten Einsatzfeld verbessern können. Es geht also zugleich um zweierlei: um den Evaluationsgegenstand und um das Feld, in dem er eingesetzt ist. Das Forschungsdesign muss, um zu korrekten Ergebnissen zu kommen, neben der Struktur des Gegenstandes auch die wesentlichen Wirkstrukturen im Entwicklungsprojekt berücksichtigen. Dazu benötigt man ein ausreichend differenziertes Wirkungsmodell des mit dem Gegenstand zu gestaltenden Feldes. Um das an einem Beispiel zu erläutern: Wer einen Schulversuch evaluieren will, muss nicht nur die Teilziele des Versuchs, seinen Aufbau, seine Arbeitsweise antizipieren können, sondern auch die Wirkstrukturen in jenem schulischen Feld, in das der Schulversuch eintritt. Wichtig ist, dass anschlussfähige (den Entwicklungsprozess nicht störende, sondern fördernde) Methoden zum richtigen Prozesszeitpunkt verwendet werden, mit deren Hilfe Stellen identifiziert werden können, die für eine positive oder negative Wirkung verantwortlich sind. Eine Schwierigkeit besteht darin, dass etwas evaluiert werden soll, das selbst noch im Werden ist. Denn für die Beeinflussung des Werdens (für die Intervention) benötigt man ja die Evaluationsergebnisse, die die Entwicklung besser antizipierbar machen. Evaluationsergebnisse sind folglich Wirkungsprognosen.

Die Intervention im Prozess von Schulversuchen soll also im besten Falle einer wissenschaftlich fundierten Wirkungsprognose folgen, die das Evaluationssystem dann wieder professionell im Projektverlauf abzubilden versucht. Dies könnte man aus amerikanisch-pragmatischer Sicht in Anlehnung an Rossi, Freeman und Lipsey (1999, zuerst 1985) die „Theoretische Wende" in der Evaluationsforschung nennen (s.a. Chen 1999; Bamberg 2000), obwohl sie mindestens ebensosehr der praktischen Projektwirksamkeit zuträglich ist. Gute Evaluationsvorhaben folgen fünf tätigkeitsspezifischen Logiken, die aber – bis auf die erste – allesamt bei anderen, zum Teil etwas älteren Professionen entwickelt wurden (siehe dazu die Literaturangaben):

- der inhaltlichen Programmlogik von Entwicklungsprojekten (z.B. Cronbach 1982);
- der zeitlichen Prozesslogik von Produkt- und Prozessentwicklungen;
- der Erhebungslogik explorativer und sozialwissenschaftlicher Studien (z.B. Kromrey 1990);
- der Zielfindungs- und Entscheidungslogik von Entwicklungsprozessen (z.B. Wottawa/Thierau 1998, S. 83ff.);
- der Programmlogik umfangreicher Entwicklungsprojekte.

Seit den 1970er Jahren wurde in den USA versucht, Modelle dafür zu entwickeln, was Evaluation für das evaluierte System leistet. Das erste und populärste ist das „CIPP-Modell" von Stufflebeam u.a. Der Grundgedanke des CIPP-Modells der Evaluation, die Evaluationsarbeit entlang der Entwicklungsphasen des Projektes zu definieren – Context (Projektkontext), Input (Projektausgangsbedingungen), Process (Projektverlauf) und Product (Projektergebnisse und -wirkungen) – entspricht dem in den 1960er Jahren auch in den Sozialwissenschaften populären kybernetischen Modell der sozialen Systeme als Informationsverarbeitungsaggregate. Eine Entwicklungslogik im Sinne systemischer Schulentwicklungsforschung gebietet, dass die Planung einer Projektphase erst dann erfolgt, wenn genügend phasenspezifisches Systemwissen vorhanden ist (Carle 2000, S. 453). Dieses Wissen über die jeweils nächste Phase wird parallel zur Durchführung der vorherigen Phase erhoben.

Methodologisch handelt es sich bei dieser Art Evaluation um prozessnahe Forschung mit langer amerikanischer Tradition. Evaluationsforschung im Bildungsbereich ist in den USA schon seit den 1950er Jahren etabliert (Mertens 2000). In den 1960er und 1970er Jahren wurden bevorzugt Tests für Evaluation in Bildung und Erziehung eingesetzt. So stammen die ersten „Standards for Educational and Psychological Tests and Manuals" aus dem Jahre 1966 (Joint Committee 2000, S. 19). Diese Tradition brach Ende der 1970er Jahre ab, die psychologischen Gütekriterien wurden durch „Standards for Evaluations of Educational Programs, Projects and Materials" ersetzt. Es wurde eine sehr an Action Research orientierte Evaluationsforschung propagiert.

Heute werden auch in Deutschland neben anderen Methoden wieder Tests in der Evaluation pädagogischer Programme eingesetzt (z.B. Evaluation des Schulversuchs „Schulanfang auf neuen Wegen"). Strittig am Einsatz von Tests war und ist die Brauchbarkeit der Ergebnisse für die Verbesserung des Programms, des Projekts oder des Materials. Dies ist nur dann der Fall, wenn der Test die relevanten Prozesse und Produkte, deren Güte untersucht werden soll, in ausreichender Differenziertheit erfasst und zwar so, dass auch die Gründe für die gemessene Güte deutlich werden.

Im Folgenden werden zwei Evaluationsprojekte zur Neugestaltung des Schulanfangs vorgestellt, die sich aufgrund ihrer unterschiedlichen Vorgehensweise ideal ergänzen. Das erste Projekt verwendet große Fallzahlen und geeichte Tests zur Feststellung der Fortschritte der Schüler. Das zweite Projekt arbeitet mit Komplexmethoden die Wirkungszusammenhänge heraus, unter denen das Ergebnis des ersten Projektes zustande kommt (wenngleich in zwei völlig anderen Bundesländern und unabhängig voneinander).

Im Schulversuch „Schulanfang auf neuen Wegen" (Landesinstitut 2002, S. 14ff.), der hier beispielhaft vorgestellt wird, kam eine Testbatterie zum Einsatz. Mit der externen Evaluation wurde eine Arbeitsgruppe verschiedener Wissenschaftler beauftragt. Sie begann 1997 mit einer Voruntersuchung, deren Erkenntnisse 1999 in die methodische Gestaltung der Hauptuntersuchung mündeten. Ziel der Untersuchung war es, die Auswirkungen der A- und B-Varianten des Schulversuchs zu erfassen, im Hinblick auf:

- den Lern- und Entwicklungsverlauf der teilnehmenden Kinder;
- die Einstellungen der Eltern, Lehrerinnen und Lehrer sowie der Erzieherinnen;
- die Unterrichtsgestaltung der Lehrerinnen und Lehrer.

Die Hauptuntersuchung umfasste Erhebungen zu dem kognitiven Entwicklungsstand der Schülerinnen und Schüler, ihren schulischen Leistungen, ihren Noten in Deutsch und Mathematik (Klasse 2), ihre Motivation und Lernfreude sowie ihr Sozialverhalten in Gruppen. Darüber hinaus wurden im Schuljahr 1999/2000 und 2000/2001 jeweils die Eltern aus ca. 70 Klassen befragt. Bei der gleichen Kohorte wurde ein Fragebogen zur Schulzufriedenheit der Eltern eingesetzt. Es handelte sich um ein Kontrollgruppendesign.

Das Ergebnis der Studie spricht, gemessen an den von den Wissenschaftlern gewählten Indikatoren, für die A-Modelle, das heißt für die Einschulung aller Kinder in eine flexible Schuleingangsphase, die in ein bis drei Jahren durchlaufen werden kann. Es ist damit erwartungsgemäß ausgefallen und die Landesregierung in Baden-Württemberg kann diese Modelle nun wissenschaftlich begründet weiter betreiben (Landesinstitut 2002, S. 100f.). Fragen, die diese Untersuchung nicht beantworten konnte, sind folgende: Warum haben die Schulen unterschiedliche Ergebnisse erzielt? Was hindert Lehrerinnen und Lehrer, ihren Unterricht angemessen differenziert zu gestalten? Welche unterrichtlichen Veränderungen waren erforderlich, damit der gemessene Erfolg eintreten konnte? Welche Engpässe der Entwicklung traten auf? Wie wurden sie überwunden? Was muss ein geeignetes Unterstützungssystem leisten, damit die besten Modelle in die Breite getragen werden können? Solche Fragen können nicht mit den obigen Testinstrumenten erhoben werden. Ihre Klärung erfordert wesentlich mehr direkten Einblick in den Prozess. Vergleicht man nun die Ergebnisse mit den Standards des Joint Committee, so fällt auf, dass drei der vier geforderten Evaluationseigenschaften – Nützlichkeit, Durchführbarkeit, Korrektheit und Genauigkeit – erfüllt sind. Lediglich die Frage der Nützlichkeit wird von den Evaluatoren selbst kritisch gesehen.

Als Beispiel für die Verwendung komplexer Prozesserhebungs- und -gestaltungsmethoden soll hier der inhaltlich den baden-württembergischen A-Modellen entsprechende Schulversuch „Veränderte Schuleingangsphase" in Thüringen (2000-2003, 15 Schulen) genannt werden, in dem Wert auf die Kopplung von Entwicklung und Evaluation gelegt wurde. Daten aus der Prozessevaluation stellt die wissenschaftliche Begleitung sowohl den Schulen als auch dem Thüringer Institut für Lehrerfortbildung, Lehrplanentwicklung und Medien (ThILLM) für die Prozessunterstützung zur Verfügung. Veränderungen der Vorgehensweise im Schulversuch werden in regelmäßigen Abständen auf der Basis der wissenschaftlichen Untersuchungen gemeinsam erwogen (Carle/Berthold/Klose/Henschel 2001).

Neben Dokumentenanalysen, videogestützter Beobachtung, schriftlichen Befragungen, Gruppendiskussionen und Einzelinterviews werden komplexe Prozessgestaltungs- und -erhebungsmethoden simultan eingesetzt, die aus bekannten Verfahren heraus im Prozess immer wieder neu angepasst werden:

- Zu Beginn und am Ende des Entwicklungszeitraums erfolgte zur Erhebung des qualifikatorischen und organisatorischen Entwicklungsfortschritts in jeder einzelnen Schule eine Stärken-Schwächen-Analyse (Weiterentwicklung nach Murgatroyd/Morgan 1992).
- Prozessbezogen werden die auftretenden Engpässe mithilfe der Engpass-Methodik (Weiterentwicklung nach Scheinkopf 1999) analysiert, bearbeitet und für die Erarbeitung von Checklisten etc. verfügbar gemacht (Berthold/Carle 2003).
- Zur Bewusstmachung des Entwicklungsprozesses kommen Projektmanagementmethoden aufgabenrelevant und problemorientiert begleitend zum Einsatz (Weiterbildungsangebote des Thillm). Projektpläne der Schulen, ihre Überarbeitungen und die Projektdokumentationen werden ausgewertet (Dokumentenanalyse).
- Auf Foren stellen die Schulen ihre Erfahrungen und Produkte vor und diskutieren sie. Damit einhergehende Reflexionsprozesse werden mit speziellen Methoden, z.B. der Rasterlyrik (Carle 2000, 151 ff.) erhoben.
- In der kommunikativen Validierung bewerten die Beteiligten alle Zwischenergebnisse.
- Beobachtungsprotokolle der Angebote des Unterstützungssystems werden nach bestimmten Kriterien analysiert, denn es gehört zum wirkungsrelevanten Umfeld.
- Ein Fragebogen dient einmal jährlich der Erhebung von Grunddaten der Schulen, sowie der Ergänzung aller anderen Erhebungen. Der Fragebogen enthält jeweils spezielle Fragen an die Schulleitung, die Projektleitung, die Stammgruppenteams, die Grundschullehrer, die Sonderpädagogen, die Horterzieher und die Eltern und wird dadurch der Struktur des Feldes Schulversuch gerecht.

Auch diese Evaluation (des nahezu identischen Entwicklungsprojektes wie im ersten Beispiel) entspricht den Standards des Joint Committee und zwar allen: Sie ist für den Entwicklungsprozess nützlich, lässt sich gut durchführen, die Untersuchung ist rechtlich und ethisch korrekt. Sie ist genau, denn sie arbeitet sehr prozessnah und dennoch systematisch.

Die beiden Beispiele zeigen, dass sich ein Programm auf unterschiedliche Weise mit unterschiedlichen Zielen evaluieren lässt, dass die Zusammenschau der unterschiedlichen Ergebnisse dann sogar weiterführende Erkenntnisse über das Programm erbringt. Diese würden aber nur dann fruchtbar, wenn die verschiedenen Ansätze und Ergebnisse zusammengeführt werden. Dies ist umso wichtiger, als die Evaluationsforschung im Bildungsbereich vor gewaltigen Aufgaben steht. Geht es doch um nicht weniger, als den Erfolg der großen schulischen und sozialen Entwicklungen sichern zu helfen, damit es künftigen Kindern und Jugendlichen in jeder Hinsicht gut geht. Evaluationsforschung ist dabei vor allem gefordert, den schulischen Reformeinzelfall in den Blick zu nehmen, informatorisch zu fördern und das im Entwicklungsprozess gewonnene Gestaltungswissen so aufzubereiten, dass es in weiteren Gestaltungsfällen nutzbar wird. In einer unterstützenden Evaluation ist die Qualität der Kooperation zwischen Entwicklungsvorhaben und Evaluationssystem ausschlaggebend für den Erfolg. Aus methodologischer Sicht ist besonders relevant, dass Evaluation den Entwicklungsprozess nicht nur systemisch korrekt abbilden soll, sondern zugleich in komplexen Feldern ökonomisch arbeiten muss und für den Prozess zum richtigen Zeitpunkt veränderungsrelevante Daten zu liefern hat. Entsprechend ist die Methodenwahl nicht nur vom Gegenstand, sondern auch von der jeweiligen Phase des Entwicklungsprojektes abhängig.

5 Schlussbemerkung

Die drei in diesem Beitrag vorgestellten Forschungszugänge gewinnen bildungspolitische Aktualität in Deutschland durch die Debatten der internationalen Vergleichsstudien. Die im Schulwesen professionell Tätigen wissen zu wenig darüber, über welche Kompetenzen ihre Schülerinnen und Schüler schon verfügen, welche sie noch nicht erworben haben und unter welchen Bedingungen Verbesserungen möglich sind. Zugleich werden Schülerinnen und Schüler kaum zur Selbstevaluation, also zur Reflexion ihrer eigenen Lernwege und zur Kommunikation darüber angeregt. Auf je verschiedene Weise sind Handlungs-, Praxis- und Evaluationsforschung dazu geeignet, Beobachtungs- und Deutungskompetenz im Arbeitsfeld Schule zu fördern und so zu aktuell notwendigen Innovationen beizutragen.

Dazu können Entwicklungen auf drei Ebenen beitragen: In Kooperation von Praktikern und Wissenschaftlern können im engeren Sinne pädagogische Diagnostika entwickelt werden, die in alltägliche Didaktik integriert sind. Die zu entwickelnden Instrumente sollen zur Verbesserung der alltäglichen Handhabbarkeit von spontanen Aufzeichnungen einerseits und systematischen Dokumentationen andererseits sowie drittens von portfolioartigen Sammlungen von Schülerarbeiten beitragen. Auch die Selbstevaluation der Schülerinnen und Schüler sollte vom ersten Schuljahr an in allen Schulstufen, ausgehend von den jeweils individuell wahrnehmbaren Kompetenzen, gepflegt werden. Schließlich stellt die Entwicklung individueller Lernpläne auf der Basis der Leistungswahrnehmung durch Lehrkräfte und Schülerinnen und Schüler eine Basis für schulische Arbeitsbündnisse dar.

Literatur

Aikin, W.M.: The Story of the Eight-Year-Study. With Conclusions and Recommendations. NewYork/London 1942
Altrichter, H.: Ist das noch Wissenschaft? Darstellung und wissenschaftstheoretische Diskussion einer von Lehrern betriebenen Aktionsforschung. München 1990
Altrichter, H./Gstettner, P.: Aktionsforschung – ein abgeschlossenes Kapitel der deutschen Sozialwissenschaft? In: Sozialwissenschaftliche Literaturrundschau 16 (1993), 26, S. 67-83
Altrichter, H./Posch, P.: Lehrer erforschen ihren Unterricht. Stuttgart 1998
Bamberg, S./Gumbl, H./Schmidt, P.: Rational Choice und theoriegeleitete Evaluationsforschung. Am Beispiel der Verhaltenswirksamkeit verkehrspolitischer Maßnahmen. Opladen 2000
Beck, G./Scholz, G.: Beobachten im Schulalltag. Ein Studien- und Praxisbuch. Frankfurt a.M 1995
Berthold, B./Carle, U.: Engpassanalyse im Schulentwicklungsprojekt "Veränderte Schuleingangsphase" als Methodenbeispiel der systemischen Schulbegleitforschung. In: Panagiotopoulo, A./Brügelmann, H.: Grundschulpädagogik meets Kindheitsforschung. Jahrbuch Grundschulforschung Bd. 7, S. 225-230. Opladen 2003
Blankertz, H./Gruschka, A.: Handlungsforschung: Rückfall in die Empiriefeindlichkeit oder neue Erfahrungsdimension. In: Zeitschrift für Pädagogik 21 (1975), S. 677-689
Bohnsack , F.: Erziehung zur Demokratie. John Deweys Bedeutung für die Reform der Schule. Ravensburg 1976
Carle, U./Berthold, B./Klose, S./Henschel, M.: Zweiter Zwischenbericht der wissenschaftlichen Begleitung: Veränderte Schuleingangsphase in Thüringen. Universität Bremen, FB 12: Grundschulpädagogik, 2001 – URL (Stand Dezember 2002): http://www.grundschulpaedagogik.uni-bremen.de/archiv/
Carle, U.: Was bewegt die Schule. Internationale Bilanz, praktische Erfahrungen, neue systemische Möglichkeiten für Schulreform, Lehrerbildung, Schulentwicklung und Qualitätssteigerung. Baltmannsweiler 2000
Chen, H.-T.: Theory-Driven Evaluations. Thousand Oaks/CA. 1999
Combe, A.: Interpretative Schul- und Begleitforschung – konzeptionelle Überlegungen. In: Breidenstein, G./Combe, A./Helsper, W./Stelmaszyk, B.: (Hrsg.): Forum Qualitative Schulforschung 2. Interpretative Unterrichts- und Begleitforschung. Opladen 2002, S. 29-37
Cremer, C./Klehm, W.R.: Aktionsforschung. Wissenschaftshistorische und gesellschaftliche Grundlagen, methodische Perspektiven. Weinheim 1978
Cronbach, L.J.: Designing Evaluations of Educational and Social Programs. San Francisco 1982
Eberwein, H./Mand, J.: Forschen für die Schulpraxis. Was Lehrer über Erkenntnisse qualitativer Sozialforschung wissen sollten. Weinheim 1995
Fatke, R.: Fallstudien in der Erziehungswissenschaft. In: Friebertshäuser, B./Prengel, A. (Hrsg.): Handbuch Qualitative Forschungsmethoden in der Erziehungswissenschaft. Weinheim/München 1997, S. 56-68
Flick, U./von Kardorff, E./Steinke, I. (Hrg.): Qualitative Forschung. Ein Handbuch. Hamburg 2000
Geertz, C. : Dichte Beschreibung. Beiträge zum Verstehen kultureller Systeme. Frankfurt a.M. 1987
Gstettner, P.: Handlungsforschung. In: Flick, U./Kardorff, E. von/Keupp, H./Rostenstiel, L. von/ Wolff, S. (Hrsg.): Handbuch Qualitative Sozialforschung. München 1991, S. 266-268
Haag, F./Krüger, H./Schwärzel, W.: Aktionsforschung. Forschungsstrategien, Forschungsfelder und Forschungspläne. München 1970
Häberlin, U.: Empirische Analyse und pädagogische Handlungsforschung. In: Zeitschrift für Pädagogik 21 (1975), S. 653-676
Heinze, T./Zinnecker, J./Müller, E./Stickelmann, B.: Handlungsforschung im pädagogischen Feld. München 1975
Heinze, T./Loser, F.W./Thiemann, F.: Praxisforschung in der sozialen Arbeit. Wie Alltagshandeln und Reflexion zusammengebracht werden können. München 1981
Heinzel, F. (Hrsg.): Methoden der Kindheitsforschung. Ein Überblick über Forschungszugänge zur kindlichen Perspektive. Weinheim/München 2000
Hitzler, R.: Verstehen: Alltagspraxis oder wissenschaftliches Programm. In: Jung, T./Müller-Doohm, S. (Hrsg.): »Wirklichkeit« im Deutungsprozeß. Verstehen und Methoden in den Kultur- und Sozialwissenschaften. Frankfurt a.M. 1993, S. 223-240
Hitzler, R./Honer, A. (Hrsg.): Sozialwissenschaftliche Hermeneutik. Opladen 1997
Honegger, C.: Die bittersüße Freiheit der Halbdistanz. Die ersten Soziologinnen im deutschen Sprachraum. In: Wobbe, T./Lindemann, G. (Hrsg.): Denkachsen. Zur theoretischen und institutionellen Rede vom Geschlecht. Frankfurt a.M. 1994, S. 69-84
Horn, K. (Hrsg.): Aktionsforschung – Balanceakt ohne Netz? Frankfurt a.M 1979
Hurrelmann, K.: Kritische Überlegungen zur Entwicklung der Bildungsforschung. In: betrifft: erziehung 4 (1977), S. 58-70
Huschke-Rhein, R.: Qualitative Forschungsmethoden: Hermeneutik, Handlungsforschung. Köln 1993

Hüttis-Graf, P./Widmann, B.-A.: Elementare Schriftkultur als Prävention von Lese-/Rechtschreibschwierigkeiten und Analphabetismus bei Grundschulkindern. Abschlussbericht des Modellversuchs der Bund-Länder-Kommission für Bildungsplanung und Forschungsförderung. Hamburg 1996

Irle, G./Windisch, M.: Forschungstransfer in die Schulpraxis. Was wissenschaftliche Begleituntersuchungen bewirken. Weinheim 1989

Itard, J.-M.G.: De l´Education d´un homme sauvage ou des premiers développements physique et meraux du jeune sauvage de l´Aveyron. Paris 1801. (Deutsche Übersetzung in: Malson, L. (Hrsg.): Die wilden Kinder. Frankfurt a.M. 1972

Joint Committee on Standards for Educational Evaluation: Standards for Evaluations of Educational Programs, Projects, and Materials. McGraw-Hill 1981

Joint Committee on Standards for Educational Evaluation/Sanders, J.R. (Hrsg.): Handbuch der Evaluationsstandards. Opladen 2000 (zuerst 1999)

Joint Committee on Standards for Educational Evaluation: Homepage off 'The Student Evaluation Standards'. URL (Stand Dezember 2002): http://ec.wmich.edu/jointcomm/SES/

Joint Committee on Standards for Educational Evaluation/Gullickson, A. R: The Student Evaluation Standards. How to Improve Evaluations of Students. Thousand Oaks/CA. 2003

Juna, J. (Hrsg.): Selber forschen – selber verändern. Lehrerinnen und Lehrer verändern ihren Unterricht durch Aktionsforschung. Weinheim 2002

Kaiser, A./Nacken, K./Pech, D. (Hrsg.): Soziale Integration in einer jungen- und mädchengerechten Grundschule. Abschlussbericht zum niedersächsischen Schulversuch. Münster/Hamburg/London 2002

Keiner, E.: Evaluation (in) der Erziehungswissenschaft – zur Einleitung. In: Keiner, E. (Hrsg.): Evaluation (in) der Erziehungswissenschaft. Weinheim 2001, S. 7-21

Kellaghan, T./Stufflebeam, D.L. (Eds.): International Handbook of Educational Evaluation. Dordrecht 2003

Kemmis, S.: Action Research and Social Movement: A Challenge for Policy Research. In: Education Policy Analysis Archives 1 (1993) zu beziehen über Internet: listservQasuvm.inre.asu.edu

Klafki, W.: Handlungsforschung im Schulfeld. In: Zeitschrift für Pädagogik 19 (1973), S. 487-516

Klafki, W.: Schulnahe Curriculumsentwicklung und Handlungsforschung im Marburger Grundschulprojekt. In: Roth, H./Blumenthal, A. (Hrsg.): Das „Marburger Grundschulprojekt". Hannover 1976, S. 3-33

Klafki, W./Scheffer, U./Koch-Priewe, B.: Schulnahe Curriculumsentwicklung und Handlungsforschung. Forschungsbericht des Marburger Grundschulprojekts. Weinheim/Basel 1982

Klafki, W.: Der Verlauf des Marburger Grundschulprojekts – Brennpunkte und Probleme eines Handlungsforschungsprojekts zur schulnahen Curriculumsentwicklung. In: Klafki, W./Scheffer, U./Koch-Priewe, B.: Schulnahe Curriculumsentwicklung und Handlungsforschung. Forschungsbericht des Marburger Grundschulprojekts. Weinheim/Basel 1982, S. 15-116

Klafki, W.: Schultheorie, Schulforschung und Schulentwicklung im politisch-gesellschaftlichen Kontext. Ausgewählte Studien. Weinheim/Basel 2002

Kraimer, K. (Hrsg.): Die Fallrekonstruktion. Frankfurt a.M. 2000

Krall, H./Messner, E./Rauch, F.: Schulen beraten und begleiten. Reflexionen über externe Unterstützung von Schulentwicklungsinitiativen im Rahmen eines Aktionsforschungsprojektes. Innsbruck 1995

Kroath, F.: Lehrer als Forscher. München 1991

Kromrey, H.: Empirische Sozialforschung. Modelle und Methoden der Datenerhebung und Datenauswertung. Unter Mitarbeit von Rainer Ollmann. Opladen 1990

Krüger, H.-H.: Einführung in Theorien und Methoden der Erziehungswissenschaft. Opladen 1997

Landesinstitut für Erziehung und Unterricht (Hrsg.): Schulanfang auf neuen Wegen. Vorläufiger Abschlussbericht zur Eingangsstufe der Grundschule. Arbeitskreis Wissenschaftliche Begleitung „Schulanfang auf neuen Wegen" 02/13, Juli 2002 http://www.kultusministerium.baden-wuerttemberg.de/foren/grundschule/grundschule-bw/saanw/downloads/Abschlussbericht.pdf (01.06.03)

Landesinstitut für Erziehung und Unterricht (Hrsg.): Schulanfang auf neuen Wegen. http://www.kultusministerium.baden-wuerttemberg.de/foren/grundschule/grundschule-bw/saanw1.htm (08.05.03)

Lewin, K.: Tat-Forschung und Minderheitenprobleme. In: Lewin, K.: Die Lösung sozialer Konflikte. Bad Nauheim 1953, S. 278-298

Liebau, E.: Untersuchungen zur Realität schulbezogener Handlungsforschung: eine vergleichende Studie zu fünf Handlungsforschungsprojekten. Göttingen 1979

Lukesch, H./Zecha, G.: Neue Handlungsforschung? Programm und Praxis gesellschaftskritischer Sozialforschung. In: Soziale Welt 29 (1978), 1, S. 26-43

Mertens, D.M.: Institutionalizing Evaluation in the United States of America. In: Stockmann, R. (Hrsg): Evaluationsforschung. Grundlagen und ausgewählte Forschungsfelder. Opladen 2000, S. 41-56

Merz, G.: Konturen einer neuen Aktionsforschung. Wissenschaftstheoretische und relevanzkritische Reflexionen im Blick auf die Pädagogik. Frankfurt a.M. 1985

Meumann, E.: Vorlesungen zur Einführung in die experimentelle Pädagogik und ihre psychologischen Grundlagen. Leipzig 1911

Mollenhauer, K./Rittelmeyer, C.: „Empirisch-analytische Wissenschaft" versus „Pädagogische Handlungsforschung": eine irreführende Alternative. In: Zeitschrift für Pädagogik 21 (1975), S. 687-693

Moravia, S.: Beobachtende Vernunft. Philosophie und Anthropologie in der Aufklärung. Frankfurt a.M. 1989

Moser, H.: Aktionsforschung als kritische Theorie der Sozialwissenschaften. München 1975

Moser, H.: Grundlagen der Praxisforschung. Freiburg 1995

Moser, H.: Instrumentenkoffer für den Praxisforscher. Freiburg 1997

Moser, H.: Methoden und Instrumente der Praxisforschung als Mittel zur Entwicklung von Fachhochschulen. Vortrag am Kongress der „Schweizer Gesellschaft für Lehrerinnen- und Lehrerbildung" vom 7./8. November 1997 (zu beziehen über Internet: www. Schulnetz.ch/unterrichten/fachbereiche/mediense-minar/Fachhochschule.htm, Stand 14.01.02)

Moser, H.: Eine Einführung in die Praxisforschung. 2002 (Online: www.schulnetz.ch/unterrichten/fachbereiche/medienseminar/Fachhochschule.htm, Stand 14.01.02)

Murgatroyd, S./Morgan, C.: Total Quality Management and the School. Buckingham/Philadelphia 1992

Nonne, F.-W.: Antiautoritärer Denkstil, kritische Wissenschaft und Aktionsforschung. (Diss.) Bonn 1989

Oevermann, U.: Theoretische Skizze einer revidierten Theorie professionalisierten Handelns. In: Combe, A./Helsper, W. (Hrsg.): Pädagogische Professionalität. Untersuchungen zum Typus pädagogischen Handelns. Frankfurt a.M. 1997, S. 70-182

Oswald, H.: Was heißt qualitativ forschen? Eine Einführung in Zugänge und Verfahren. In: Frieberthäuser, B./Prengel, A. (Hrsg.): Handbuch Qualitative Forschungsmethoden in der Erziehungswissenschaft. Weinheim/München 1997, S. 71-87

Petersen, E./Petersen, P.: Die Pädagogische Tatsachenforschung. Paderborn 1965

Petersheim, A.: Zum Beginn der Zusammenarbeit zwischen Forschern und Lehrern im Marburger Grundschulprojekt. In: Klafki, W./Scheffer, U./Koch-Priewe, B. (Hrsg.): Schulnahe Curriculumsentwicklung und Handlungsforschung. Forschungsbericht des Marburger Grundschulprojekts. Weinheim/Basel 1982, S. 281-296

Prengel, A.: Perspektivität anerkennen. Zur Bedeutung von Praxisforschung in Erziehung und Erziehungswissenschaft. In: Friebertshäuser, B./Prengel, A. (Hrsg.): Handbuch Qualitative Forschungsmethoden in der Erziehungswissenschaft. Weinheim/München 1997, S. 599-627

Prengel, A.: Erkunden und Erfinden. Praxisforschung in der pädagogischen Arbeit mit Kindern. In: Heinzel, F. (Hrsg.): Methoden der Kindheitsforschung. Ein Überblick über Forschungszugänge zur kindlichen Perspektive. Weinheim/München 2000, S. 309-321

Prengel, A./Schmitt, H.: Erziehung vom Kinde aus: Reformpädagogische Versuchsprojekte nach 1900 und ihre heutige Bedeutung. In: Larass, P. (Hrsg.): Kindsein kein Kinderspiel. Das Jahrhundert des Kindes (1900-1999). Halle 2000, S. 207-222

Radtke, F.-O.: Zum Stand der Aktionsforschungsdebatte. Erläuterungen anhand der Kooperation von Lehrern und Wissenschaftlern. In: Horn, K. (Hrsg.): Aktionsforschung: Balanceakt ohne Netz? Frankfurt a.M. 1979, S. 71-110

Rolff, H.-G./Ruhren, C.G./Lindau-Bank, D./Müller, S.: Manual Schulentwicklung. Handlungskonzept zur pädagogischen Schulentwicklungsberatung (SchuB). Weinheim/Basel 1998

Rossi, P.H./Freeman, H.E./Lipsey, M.W.: Evaluation. A Systematic Approach – Sixth Edition. Sage 1999

Salzmann, C.G.: Ameisenbüchlein oder Anweisung zu einer vernünftigen Erziehung der Erzieher. Schnepfenthal 1806. In: Salzmann, C.G.: Pädagogische Weisheiten, ausgewählt und eingeleitet von Helmut König. Berlin 1961, S. 244-309

Scheinkopf, L.J.: Thinking for a Change. Putting the TOC Thinking Process to Use. Boca Raton/CA. 1999

Schmid, P./Diel, H./Krüger, P.: „Erziehungskunst kann noch lange nichts als Sammlung einzelner Erfahrung sein". Anfänge der empirischen Kinderforschung im ausgehenden 18. Jahrhundert. In: Prengel, A. (Hrsg.): Im Interesse von Kindern? Forschungs- und Handlungsperspektiven in Pädagogik und Kinderpolitik. Weinheim/München 2003, S. 137-159

Schone, R.: Theorie-Praxis-Transfer in der Jugendhilfe. Sozialpädagogische Praxisforschung zwischen Analyse und Veränderung. Münster 1995

Shewart W.A.: Statistical method from the viewpoint of quality control. Lancaster/Pa 1939

Stenhouse, L.: An Introduction to Curriculum Research and Developement. London 1975

Stern, C./Döbrich, P. (Hrsg.): Wie gut ist unsere Schule? Selbstevaluation mit Hilfe von Qualitätsindikatoren. International Network of Innovative School Systems. Gütersloh 2000

Stockmann, R. (Hrsg.): Evaluationsforschung. Grundlagen und ausgewählte Forschungsfelder. Opladen 2000

Stübig, F.: Schulalltag und Lehrerinnenbewußtsein. Das Tagebuch einer Lehrerin und seine Reflexion im Gespräch mit Birke Mersmann. Weinheim/Basel 1993

Stufflebeam, D.L./Foley, W.J./Gephard, W.J./Guba, E.G./Hammond, R.L./Merriman, H.A./Provus, M.M.: Educational Evaluation and Decision Making. Itasca, IL: F. E. Peacock, 1971 (Meilenstein der Evaluationsmodellierung: CIPP-Evaluation-Model)

Stufflebeam, D.L./Madaus, G.F./Kellaghan, T. (Eds.): Evaluation Models: Viewpoints on Educational and Human Services Evaluation. Dordrecht 2001

Terhart, E.: Interpretative Unterrichtsforschung. Kritische Rekonstruktion und Analyse konkurrierender Forschungsprogramme der Unterrichtswissenschaft. Stuttgart 1978

Tillmann, K.-J./Wischer, B.: Schulinterne Evaluation an Reformschulen. Positionen, Konzepte, Praxisbeispiele. Bielefeld: Laborschule Bielefeld 1998. (Impuls-Reihe, Bd. 30)

Treiber, B./Groeben, N.: Handlungsforschung und epistemologisches Subjektmodell. In: Zeitschrift für Sozialisationsforschung und Erziehungssoziologie 1 (1981), 1, S. 117-138

Wagner, U.: Interaktive Sozialforschung. Zur Frage der Wissenschaftlichkeit und Brauchbarkeit der Aktionsforschung. Weinheim 1997

Whitehead, J.: Developing Research-based Professionalism Through Living Educational Theories. Keynote presentation to a conference of the Educational Studies Association of Ireland, Nov. 1998, Dublin, In: McNiff, J./McNamara, L.D. (Eds.): Action Research in Ireland 2000, pp. 25-54

Whyte, W.F.: Participatory action research. Newbury Park u.a. 1991

Widmer, T.: Qualität der Evaluation. In: Stockmann, R. (Hrsg.): Evaluationsforschung. Grundlagen und ausgewählte Forschungsfelder. Opladen 2000, S. 77-102

Wottawa, H./Thierau, H.: Lehrbuch Evaluation. Bern 1998

Zedler, P.: Aspekte qualitativer Sozialforschung. Studien zur Aktionsforschung, empirischer Hermeneutik und reflexiver Sozialtechnologie. Opladen 1983

Zinnecker, J.: Grundschule als Lebenswelt des Kindes. Plädoyer für eine pädagogische Ethnographie. In: Bartmann, T./Ulonska, H. (Hrsg.): Kinder in der Grundschule. Anthropologische Grundlagenforschung. Bad Heilbrunn 1996, S. 41-74

Zinnecker, J./Heinze, T./Müller, E./Stickelmann, B.: Handlungsforschung im pädagogischen Feld. München 1975

Zinnecker, J./Stickelmann, B./Müller, E.: Die Praxis der Handlungsforschung. Berichte aus einem Schulprojekt. München 1975

III Forschungsfelder der Schulforschung

1 Historische Entwicklung und Differenzierung des Schulsystems

Bernd Zymek

Geschichte des Schulwesens und des Lehrerberufs

1 Entwicklungslinien der Forschung

Der säkulare Expansionsschub im Schul- und Hochschulwesen seit den 1960er Jahren und die damit verbundene Ausdifferenzierung des Wissenschaftssystems führte in allen europäischen Ländern auch zu einer breiteren Verankerung der Erziehungswissenschaft als akademischer Disziplin, eine Entwicklung, von der auch die bildungshistorische Forschung profitierte (vgl. Heinemann 1985; Herrmann 1991a; Cambi 1992; Novoa/Berrio 1993; Guerena/Berrio/Tiana 1994; Ostenc 1994; Compère 1995; Tenorth 1996; Zymek 1995; Richardson 1999; Lüth 2000; Jablonka 2001). Dabei spielten politische und wissenschaftliche Entwicklungen zusammen: Die politischen Kontroversen über den Ausbau und die Reform der Schulen und Hochschulen wurden auch mit bildungshistorischen Argumenten geführt, die entsprechende schulhistorische Forschungen anregten (in Deutschland z.B. die „Studien zum Wandel von Gesellschaft und Bildung im Neunzehnten Jahrhundert" im Rahmen eines Forschungsschwerpunkts der „Fritz Thyssen Stiftung", vgl. z.B. Heinemann 1974; Müller 1977). Für die Fragestellungen, die Konzeptualisierung und die methodischen Strategien dieser Forschungen wurde der Aufschwung der Sozialwissenschaften entscheidend. In den Kreisen der Althistoriker, der Mediävisten und der Experten für Stadtgeschichte waren kultur- und sozialhistorische Themen schon immer ein Forschungsschwerpunkt gewesen. Nun aber wurde auch unter den Experten für die neuere Geschichte und die Bildungsgeschichte durch die Rezeption sozialwissenschaftlicher Theorien und empirisch-statistischer Methoden das Spektrum ihrer Fragestellungen und Forschungsfelder erweitert. Die Sozialgeschichte des Schulwesens und des Lehrerberufs wurde zu einem interdisziplinären Arbeitsschwerpunkt von Historikern, Erziehungswissenschaftlern, Soziologen, Politologen und Geographen.

Eines der sozialwissenschaftlichen Konzepte, die seit dem weltweit diskutiert werden, ist die Modernisierungsforschung, die in den 1960er Jahren im Kontext der politischen und akademischen Debatten um erfolgversprechende entwicklungspolitische Strategien entstanden war: Daten zu relevanten Dimensionen des sozialen Wandels wurden zu langfristigen Zeitreihen zusammengestellt und historisch-vergleichend als Indikatoren für Modernisierungsprozesse analysiert. In diesem Zusammenhang entwickelten sich Forschungen zu den langfristigen Prozessen der Alphabetisierung und des Schul- und Hochschulausbaus in verschiedenen Ländern und Regionen zu interdisziplinären und internationalen Forschungsschwerpunkten (z.B. Flora 1972; Anderson/Bowman 1976; Craig 1981; Schneider 1982; Francois 1983; Block 1995; Hinrichs 1995). Ähnlich waren die Konstellationen und Entwicklungen um Umfeld des Programms der Professionalisierungsforschung: In diesem thematischen Kontext wurden die strukturellen Zusammenhänge von Bildungs- und Beschäftigungssystem und die Geschichte des Lehrerberufs als Fallbeispiele eines Professionalisierungsprozesses zu Forschungsschwerpunkten von Wissenschaftlern verschiedener Disziplinen (vgl. z.B. Heinemann 1977; Keiner/Tenorth 1981;

Conze/Kocka 1985; Herbst 1989; Jarausch 1990; McClelland 1991; Jacobi 1994, 1997; Apel/Horn/Lundgren/Sandfuchs 1999). Die Forderung nach einer Schulreformpolitik mit dem Ziel, mehr Chancengleichheit im Bildungswesen zu verwirklichen, führte zu einer interdisziplinären Diskussion über Modelle der Sozialisation, der sozialen Schichtung und sozialen Reproduktion, schließlich auch zu einer großen Zahl von historischen Studien über die soziale Rekrutierung der Schülerinnen und Schüler in verschiedenen Ländern und Epochen (Müller 1977; Ringer 1979; Kaestle/Vinovskis 1980; Koppenhöfer 1980; Lundgren/Kraul/Ditt 1988; Bormann/Jeismann 1989; Müller/Haun 1994; Dick 1980; Pas 1980; Lowe 1985; Mayners 1985; Stannard 1990; Smelser 1991;). Den Schulreformanstrengungen seit den 1960er Jahren wurde auf nationaler und internationaler Ebene durch neue Dimensionen einer bildungsökonomischen Argumentation Nachdruck verliehen (vgl. Blaug 1985; Orivel 1994; Papadopoulos 1994): Diese Debatten waren der Anlass für eine große Zahl von Untersuchungen über den historischen Stellenwert der Schule für den Prozess der Industrialisierung und generell der Wirtschaftsentwicklung (vgl. z.B. West 1975; Lundgren 1976; Leschinsky/Roeder 1976, S. 209ff.; Wiener 1981; Sanderson 1991; Reinisch 1994; Diebolt 1997, 2000; Orivel 2000).

Im Zuge der Expansions- und Differenzierungsprozesse im Schul-, Hochschul- und Wissenschaftssystem wurden in den letzten Jahrzehnten von – inzwischen mehreren Generationen von – Wissenschaftlerinnen und Wissenschaftlern Forschungsergebnisse zu fast allen Dimensionen der Geschichte der Schulwesens und des Lehrerberufs in den europäischen und den meisten außereuropäischen Ländern veröffentlicht. Ein zunehmender Teil sind nicht mehr nur pragmatische Studien, sie orientieren sich an Fragestellungen und Methoden, die im Kreis der akademischen Fachleute für diesen Themenkomplex während der letzten Jahrzehnte als Standard und Referenzrahmen durchgesetzt wurden. Diese Entwicklung wurde getragen und gefördert in den – nationalen und internationalen – Netzwerken der Bildungshistoriker, die in den letzten Jahrzehnten entstanden sind und auch den Forschungen zur Geschichte des Schulwesens und des Lehrerberufs ein Forum bieten. Dazu gehören nationale Fachverbände, Spezialinstitute und -bibliotheken und ihre Periodika: Die Sektion Historische Bildungsforschung der Deutschen Gesellschaft für Erziehungswissenschaft (DGfE) gibt seit 1993 in Verbindung mit der Bibliothek für Bildungsgeschichtliche Forschung (Berlin) und dem Deutschen Institut für Internationale Pädagogische Forschung (Frankfurt a.M.) ein Jahrbuch für Historische Bildungsforschung heraus, das damit die zwischen 1974 und 1988 von Manfred Heinemann herausgegebenen „Informationen zur erziehungs- und bildungshistorischen Forschung“ und das in der DDR erschienene „Jahrbuch für Erziehungs- und Schulgeschichte“ (1961-1988) ersetzt. Der Service d‘ Histoire de l‘ Éducation des Institut National de Recherche Pédagogique (Paris) gibt seit 1978 die Zeitschrift Histoire de l‘ Education heraus, die History of Education Society im Vereinigten Königreich seit 1971 die Zeitschrift History of Education, die amerikanische History of Education Society die Zeitschrift History of Education Quaterly (Nachfolgerin des 1949 gegründeten History of Education Journal), seit 1982 eine Gruppe von spanischen Universitäten die Zeitschrift Historia de la Education, das Centro Italiano di Ricerca Storico-Educativa in Parma sein Bolletino. Es gehört inzwischen zur akademischen Kultur dieser nationalen wissenschaftlichen Vereinigungen und Periodika, dass sie regelmäßig auch Beiträge von ausländischen Wissenschaftlern enthalten. Die Internationalisierung der bildungshistorischen Forschung hat in den letzten Jahren aber auch eigene institutionelle Formen gefunden: 1979 wurde die International Standing Conference for the History of Education (ISHE) gegründet, die seit dem jährlich internationale Kongresse zu bildungshistorischen Schwerpunktthemen durchführt: Die Geschichte des Schulwesens war z.B. auf den Kongressen 1986 in Parma, 1996 in Krakau und 2002 in Paris, die Geschichte des Lehrerberufes z.B. 1979 in Louvain, 1988 in Joensuu und 1989 in Oslo das Tagungsthema. Zunächst war das Publikationsorgan über die Aktivitäten der ISCHE der von Heinemann herausgegebene Newsletter, seit 1995 ist das offizielle Organ der ISCHE die Zeitschrift Peadagogica Historica, International Journal for the History of Education, die seit 1961 vom Centrum voor de Studie von de Historische Pedagogiek in Gent (Belgien) herausgegeben und von der Belgisch-Nederlands Verenigung voor de Geschiedenis van Opvoeding en Onderwijs unterstützt wurde. Die ISCHE und der Service d' Histoire de l'Education des INRP in Paris sind auch die Herausgeber eines Guide International de la Recherche en Histoire de l'Education. International Guide for Research in the History of Education (vgl. z.B. Caspard 1995 und zusammenfassend Lüth 2000).

Als Einstieg in weitere Forschungen zur Geschichte der Schule und des Lehrerberufs sind in Deutschland und einer Reihe von Nachbarländern in den letzten Jahren Spezialbibliographien erstellt worden, die zum Teil regelmäßig weitergeführt werden, so etwa die seit 1994/95 von der Bibliothek für Bildungshistorische Forschung herausgegebene Fachbibliographie (vgl. auch De Vroede/Lory/Simon 1988). Grundlagenwerke der schulhistorischen Forschung sind schließlich Forschungs- und Veröffentlichungsprojekte, in denen statistische Daten zur quantitativen Entwicklung des Bildungssystems zusammengestellt, zum Teil neu strukturiert und auch kommentiert und interpretiert werden. Für die deutsche Bildungsgeschichte des 19. und 20. Jahrhunderts liegen inzwischen mehrere Bände des „Datenhandbuchs zur deutschen Bildungsgeschichte“ vor, in dem nicht nur die quantitative Entwicklung des Hochschulbesuchs (Band I u. VIII), sondern auch der „höheren und mittleren Schulen“ (Band II; vgl. Müller/Zymek 1987; Herrmann/Müller 2003; Zymek/Neghabian 2005), demnächst auch des niederen Schulwesens und der berufsbildenden Schulen dokumentiert und kommentiert vorliegen. Ähnliche, wenn auch nicht so umfassend angelegte, Projekte wurden in den letzten Jahren auch im Ausland unternommen (Schelin 1978; Brian/Chapoulie/Huguet/Prost 1987; Minten/Depaepe/de Vroede/Lory/Simon/Merten/Vreugte 1991, 1992, 1993).

Ein vorläufiges Resümee der bildungshistorischen Forschungsaktivitäten wurde während der letzten Jahrzehnte in verschiedenen nationalen Sammelwerken gezogen, die Beiträge von Spezialisten für verschiedene Epochen und Bereiche des Erziehungswesens enthalten und in denen die Geschichte des Schulwesens und des Lehrerberufs einen breiten Raum einnimmt: Als Beispiele für diese Art von Veröffentlichungsprojekten seien genannt: das auf sechs Bände angelegte „Handbuch zur deutschen Bildungsgeschichte“ (Jeismann/Lundgren 1987; Langewiesche/Tenorth 1989; Berg 1991; Hammerstein 1996; Führ/Furck 1997, 1998), das vierbändige „Handbuch der Geschichte des bayerischen Bildungswesens“ (Liedtke 1991, 1993, 1997, 1997), die vierbändige Histoire Génerale de l' Enseignement et de l'Education en France (Parias 1981) sowie die beiden mehrbändigen spanischen Erziehungsgeschichten (Delgado Criado 1992-1994). Für andere Länder liegen ambitionierte Gesamtdarstellungen vor, für die ein Autor steht: als Beispiele dafür seien die vier Bände zur englischen Bildungsgeschichte seit dem 18. Jahrhundert von Brian Simon (1960, 1965, 1974, 1991) und die fünfbändige „Geschichte des österreichischen Bildungswesens“ von Helmut Engelbrecht (1982-1988), sowie die Schulgeschichte der Niederlande von Boekholt und de Booy (1987) genannt.

Zur Geschichte des Schulwesens und des Lehrerberufs Deutschlands und seiner Nachbarländer gibt es aber auch einführende Überblicksdarstellungen für Studierende, die am neueren Forschungsstand orientiert sind (z.B. Herrlitz/Hopf/Titze 1981; Lundgren 1980/81; Bölling 1983; Richardson 1984; Lelièvre 1990; Sutherland 1990; Albertini 1992; Enzelberger 2001; Aldrich 2002).

In den wissenschaftlichen Veröffentlichungen zur Geschichte des Schulwesens und des Lehrerberufs lassen sich national und international drei Gruppen von Forschungen unterscheiden:

- Einige Fragestellungen und Themen sind traditionell aus naheliegenden Gründen in allen Ländern Schwerpunkte der schulhistorischen Forschung: so etwa die traditionsreichen „höheren Schulen" bzw. Sekundarschulen und ihre Reformen während der letzten Jahrhunderte (vgl. S. 192) und der langwierige Prozess der Durchsetzung der Institutionen der Elementarbildung für alle Kinder während der letzten zwei Jahrhunderte (vgl. ebd.).
- Aus der spezifischen Geschichte der verschiedenen Länder ergaben sich aber auch besondere nationale, manchmal auch internationale Forschungsschwerpunkte: Dazu gehören z.B. im Falle Frankreichs die Forschungen zur Vorgeschichte und den Wirkungen der großen Revolution (vgl. die Bilanz von Julia 1990, 1991 und Belhoste 1992), im Falle Deutschlands die Forschungen zur Vorgeschichte und Geschichte der nationalsozialistischen Diktatur (vgl. z.B. Eilers 1963; Scholtz 1973, 1983; Höck 1979; Kater 1979; Ottweiler 1979; Heinemann 1980; Feiten 1981; Müller/Zymek 1987, S. 121-139; Nixdorf/Nixdorf 1988; Kersting 1989; Götz 1997; Leschinsky/Kluchert 1997; Ortmeyer 1998; Leschinsky 2000; Kluchert 2003) und nach 1990 die Schulgeschichte der SBZ/DDR (vgl. z.B. Anweiler 1988, 1990; Hohlfeld 1992; Schneider 1995; Schreier 1996; Haeder/Tenorth 1997; Huschner 1997; Zymek 1997; Haeder 1998; Mietzner 1998; Leschinsky/Gruner/Kluchert 1999; Geißler 2000; Köhler/Rochow/Schulze 2001).
- Schließlich gab es in den letzten Jahrzehnten Fragestellungen und Themen, die auf nationaler und internationaler Ebene als jeweils neue Perspektive auf die Bildungsgeschichte, gerade auch die Geschichte des Schulwesens und des Lehrerberufs, Konjunktion hatten: Nachdem in den 1960er und 1970er Jahren vor allem das Thema der sozialen Ungleichheit auch schulhistorische Forschungen angeregt hatte, zeigten seit den 1980er Jahren die gender-studies, dass die historische Forschung den Institutionen der Mädchen- und Frauenbildung zu wenig Aufmerksamkeit geschenkt hatte; inzwischen ist dieses Thema zu einem der wichtigsten internationalen Themenschwerpunkte der bildungshistorischen Forschung geworden (vgl. z.B. Mayeur 1977; Bryant 1979; Sonnet 1987; Albisetti 1988; Lelièvre 1991; Flechter 1980; Purvis 1991; Jacobi 1994, 1997b; Käthner 1994; Kleinau/Opitz 1996; Bremer/Simon 1997; Zymek/Neghabian 2004). Vieles deutet darauf hin, dass in den nächsten Jahren Prozesse der Internationalisierung, ihre Ursachen und Begleiterscheinungen, zu einem Themenschwerpunkt auch der bildungshistorischen Forschung werden könnten.

2 Geschichte des Schulwesens und Lehrerberufs in der neueren Forschung

Diese internationalen und interdisziplinären Forschungen stellen sich heute als ein sehr differenzierter Prozess der Transformation des Wissens über die Geschichte des Schulwesens und des Lehrerberufs dar, der mit seinen Forschungsbefunden und wissenschaftlichen Kontroversen im Detail nur noch schwer überblickt und für die verschiedenen Länder nicht getrennt und summarisch dargestellt werden kann. Ausgehend von den deutschen Prozessen und mit Blick auf die europäischen Nachbargesellschaften lassen sich aber Korrekturen an weitverbreiteten Vorurteilen über die Geschichte des Schulwesens und des Lehrerberufs und einige vorläufige Antworten auf die Fragestellungen der letzten Jahrzehnte als Forschungsergebnisse festhalten:

2.1 Geschichte der Schule und des Lehrerberufs als Teil der Gesellschaftsgeschichte

Das wichtigste Ergebnis der internationalen Forschungen zur Geschichte des Schulwesens und des Lehrerberufs seit den 1960er Jahren war eine indirekte Folge der neuen strukturellen und technischen Rahmenbedingungen: Durch die Expansion und Ausdifferenzierung der beteiligten Wissenschaftsdisziplinen und die ständig verbesserten Geräte und Programme zur elektronischen Datenverarbeitung fand (auch) in der historischen Bildungsforschung eine Ausweitung ihrer Perspektiven und Fragestellungen statt: Seit einigen Jahrzehnten geht es nicht mehr nur um die – weiterhin unverzichtbare und verdienstvolle – Geschichte einzelner Schulen, Schultypen und Lehrämter oder um Aspekte der schulischen Arbeit; nun war es möglich geworden und in den avancierten Forschungsprojekten auch der Anspruch, systematisch die Quellen, Statistiken und Veröffentlichungen zur historischen Entwicklung des Schulwesen ganzer Regionen über einen längeren Zeitraum zu erfassen und in ihrem weiteren gesellschaftlichen Zusammenhang zu interpretieren. Die Ausweitung der Perspektiven war gleichzeitig ein Perspektivwechsel: Historische Forschungen zu Aspekten der Schule und des Lehrerberufs gehen notwendigerweise von modernen Problemstellungen aus und sind damit immer in Gefahr, ihre Gegenstände zur historischen Rechtfertigung eines aktuellen Anliegens oder als Aufweis einer langen Tradition zu gebrauchen. Die empirische Analyse langfristiger Prozesse und ihre Vernetzung mit dem gesellschaftlichen Kontext führt dazu, dass die Geschichte des Schulwesens und des Lehrerberufs zu einem Beitrag zur allgemeinen Gesellschaftsgeschichte der Epoche wird. Der Begriff der Schule wird damit unschärfer, aber der jeweilige Stellenwert der Schulen und ihrer Lehrer deutlicher. In dieser umfassenden Perspektive zeigen sich heute die historische Entwicklung der Schule und des Lehrerberufs als institutionelle Schnittpunkte in einem vielfältig vernetzten Prozess der zunehmenden funktionalen Differenzierung und der immer neuen Integration von Gesellschaften – der in der Geschichte Europas und der von ihm kolonisierten Welt seit dem Frühmittelalter gesellschaftsspezifische Entwicklungspfade, aber auch gemeinsame Muster erkennen lässt.

Grundlegend ist das gemeinsame spätrömische Erbe und die – bis heute Strukturen und Mentalitäten prägende – Besonderheit der europäischen Geschichte, dass Religion hier nicht in Form flüchtiger spiritueller Bewegungen oder als familialer Traditionalismus, sondern in – mehr oder weniger – bürokratischen und hierarchischen Formen auftritt. Die monastischen, episkopalen, parochialen und presbyterialen Strukturen der alten Kirche und ihrer Nachfolgeinstitutionen bildeten über viele Jahrhunderte nicht nur das geistige, sondern auch das infrastrukturelle und professionelle Rückgrat jeder – auch weltlichen – Herrschaft in Europa. Vor diesem Hintergrund zeigt sich die Geschichte des Schulwesens und des Lehrerberufs über tausend Jahre als Teil der auf spezifische Weise verschränkten Religions- und Gesellschaftsgeschichte dieses Kulturkreises.

2.2 Kirchliche Schulen, bürgerliche Schulen, gemeine Schulen

Die frühesten Einrichtungen, die auch in neueren wissenschaftlichen Darstellungen als Schulen bezeichnet werden, waren gesonderte Bereiche in Klöstern (Klosterschulen) und an Bischofskirchen angeschlossene Internate (Domschulen, Kathedralschulen), in denen der Klerikernachwuchs in den Kirchen- und Chordienst und die lateinische Schriftkultur eingeführt wurde (z.B. Simon 1966; Verger 1991; Seifert 1996; Jacobi 1997; Courtenay 2000). Es handelte sich zunächst um eine auf wenige Orte und Institutionen beschränkte elitäre Lebensform. Zu den ersten Bischofssitzen mit solchen Domschulen kamen Orte, die Stiftskirchen und Klöster mit angeschlossene Schulen in ihren Mauern beherbergten. Die weitere Schulgeschichte war eng mit der Stadtgeschichte verknüpft (vgl. z.B. Endres 1983; Kintzinger 1990): In den seit dem 13. Jahrhundert gegründeten Städten kam es neben den Domschulen zur Einrichtung von Pfarrschulen und bei der Neueinteilung von Pfarrbezirken zu Initiativen der Bürger und ihrer Räte, auch Pfarreien und Kirchen unter städtischem Patronat einzurichten. Damit verbunden waren bald weitere Prozesse der funktionalen und hierarchischen Differenzierung im Schulwesen: Die Teilung der Priesterschaft an den Domstiften in einen „hohen Klerus", den Mitgliedern des Domkapitels, die adeliger Herkunft sein mussten und sich aus den liturgischen und sonstigen Gemeinschaftsdiensten zurückzogen und einen „niederen Klerus", den Domvikaren, war meist mit einem Auszug der Domschule und einer Ausdifferenzierung der administrativen und pädagogischen Funktionen verbunden (Jacobi 1997, S. 17, vgl. auch 2.4.). Die älteren Domschulen erlangten in der Regel gegenüber den Pfarrschulen unterschiedlichen Patronats, die zunächst in Lehrplan und Ausbau begrenzt wurden, eine herausgehobene, oft auch beaufsichtigende Stellung. Und: An den Domschulen, Stiftsschulen und Klosterschulen wurden immer öfter nicht nur die Internatsschüler („innere Schule") sondern auch Schüler des Ortes („äußere Schule") unterrichtet. Diese frühen Schuleinrichtungen waren multifunktionale Abteilungen in multifunktionalen kirchlichen Institutionen; für die „Schulen", die „Schüler" und das „Lehrpersonal" wurden deshalb noch lange viele unterschiedliche Begriffe verwendet (vgl. Endres 1983, S. 191; Kintzinger 1990). Es ging um Kirchen- und Chordienst, um Schreib- und Kanzleidienst, um die Nachwuchsrekrutierung und Initiation von Klerikern, die nach- und nebeneinander sehr verschiedene Funktionen ausübten, unterstützt von „pädagogischem" Hilfspersonal unterschiedlichster Art (vgl. 2.4). Aber die Pfarr-, Latein- bzw. Ratsschulen waren – so zeigt die neuere Forschung – oft keine allein auf Lateinunterricht, Kirchendienst und Klerikernachwuchs konzentrierten Einrichtungen, sondern tatsächlich „vermengte" oder „gemeine" Schulen (Endres 1983, S. 188, 1996, S. 376), die auch von Jungen und Mädchen (!) aus Handwerkerfamilien besucht wurden. Im Spätmittelalter registriert man in den Städten eine zunehmende Zahl von „Schreibmeistern" (maitres écrivains), die Lese- und Schreibunterricht in der Landessprache eventuell auch Buchhaltung anboten. Ihr Gewerbe waren so genannte „Schreibschulen", in den deutschsprachigen Regionen auch „deutsche" Schulen genannt. Die bildungshistorische Forschung geht heute davon aus, dass neben diesen frühen Formen von „Schule" der Familien- oder Privatunterricht durch Kleriker und wandernde Scholaren schon im Mittelalter einen bedeutenden Anteil am „Bildungswesen" der Zeit hatte (ebd.). Aus diesen Elementen des spätmittelalterlichen „Schulwesens" bestand auch noch der größte Teil der Institutionen der – sich langsam verdichtenden und später auch wieder verödeten – regionalen Schullandschaften Mitteleuropas bis ins 18. Jahrhundert. Seit den Anfängen bis in die Neuzeit gilt, dass – unabhängig von Namen oder Typenbezeichnung der Schulen – in kleineren Städten integrierte und multifunktionale Einrichtungen zu finden sind, in den größeren Städten aber überall bald ein mehr und mehr ausdifferenziertes Schulangebot entwickelt wurde (vgl. z.B. Endres 1983; Dippold 1994; Jacob 1994).

Es zeichnet die maßstabsetzenden neueren Forschungen zur Schulgeschichte des Mittelalters aus, dass ihre Gegenstände und Einzelbefunde in umfassendere Zusammenhänge integriert werden: Neben neueren Studien zu einzelnen Schulen und stadtgeschichtlichen Arbeiten (z.B. Ennen 1983; Kinzinger 1990) liegen nun auch eine Reihe von Untersuchungen und Veröffentlichungen vor, die die Quellen und Daten zum Schulwesen ganzer Regionen über einen längeren Zeitraum erfassen und analysieren (z.B. Endres 1983; Wriedt 1983, 1994; Dippold 1994; Jacob 1994). Vor allem aber werden die Entstehung und Entwicklung von Schulen und Universitäten im Zusammenhang der Entwicklung des „Wissens“ im Mittelalter analysiert und interpretiert (vgl. z.B. Boehm 1996; Kintzinger 2000): mit dem Bestand und der Verbreiterung von Bibliotheken, Bücherbesitz, dem Leseverhalten, der Schriftlichkeit, mit der Rezeption und Tradierung antiker Literatur, mit Prozessen der Kanonbildung, der Ausdifferenzierung von Klerikerschulung und Laienbildung, dem Verhältnis von Latein und Volkssprache, der Entstehung des Buchdrucks und schließlich den verschiedenen Trägerschichten der unterschiedlichen Formen des „Wissens“. Als Beispiele für diese Art von Forschungen seien die Kolloquien der „Kommission zur Erforschung der Kultur des Spätmittelalters“ der Göttingen Akademie der Wissenschaften (Moeller/Patze/Stackmann 1983) und die bildungsorganisatorischen und bildungssozialgeschichtlichen Teilprojekte des Sonderforschungsbereichs 226 Würzburg/Eichstätt: „Wissensliteratur im Mittelalter“ genannt (z.B. Dickerhof 1994). Vor dem Hintergrund der dabei gewonnenen Forschungsergebnisse ist das Schlagwort vom „finsteren Mittelalter“ nur noch ein antiquiertes Vorurteil: Heute wird unter anderem von einer „Bildungsexplosion“ im Spätmittelalter gesprochen (z.B. ebd., S. 7), in anderen Zusammenhängen von „Anfänge(n) der Aufklärung im Mittelalter“ (Flasch/Jeck 1997).

2.3 Gelehrte Schule, collège, Artistenfakultät, Universität

Mit der Gründung der ersten Universitäten im 12. Jahrhundert begann ein Strukturwandel der mittelalterlichen Bildungslandschaften Europas, in dem die Grenzen zwischen Schule und Universität noch lange fließend waren, aber allmählich institutionell gestufte Bildungsbereiche deutlicher unterschieden wurden: Den an die ersten Universitäten in Bologna, Paris und Oxford pilgernden jungen Männern wurden Formen des Wissens und ein überregionales Ansehen vermittelt, das seit dem Ende des 14. Jahrhunderts auch die Landesherren der deutschen Territorien durch Universitätsgründungen als Quelle ihrer Legitimität und Ausbildungsstätte ihrer Verwaltungsstäbe zu nutzen suchten (zur Ausbreitung der Universitäten in Europa im Mittelalter vgl. Verger 1992, Courtenay 2000, Stichweh 1991). Diese Gründungswelle neuer „hoher Schulen“ bewirkte einen Strukturwandel im Bereich des (spät-)mittelalterlichen „Schulwesens“, aus dem folgenreiche Weichenstellungen in der Schul- und Universitätsgeschichte der europäischen Gesellschaften resultierten:

Zunächst: Die neuen Universitäten minderten die Bedeutung der Kloster- und Domschulen als Ausbildungsstätten der administrativen Eliten. Diese wurden nun mehr und mehr an den Universitäten rekrutiert, die – im Prinzip für alle – zunächst eine Art Grundstudium an der Artistenfakultät und – keineswegs für alle – ein anschließendes Studium an der theologischen, der juristischen oder der medizinischen Fakultät anboten (vgl. die einschlägigen Beiträge in De Ridder-Symoens 1992). Die Ausgestaltung und der Wandel der Artistenfakultät war damals

– und ist bis heute! – der Dreh- und Angelpunkt der Universitäts- und Schulgeschichte in den europäischen Gesellschaften: In der Regel hatten die meist noch sehr jungen Studenten vor der Universität einige Zeit eine Lateinschule besucht oder Privatunterricht genossen, um den lateinischen „Vorlesungen“ ihrer Dozenten aus dem Kanon der zugelassenen Bücher folgen zu können. Es gab aber (bis ins 19. Jahrhundert! vgl. Herrlitz 1973; Jeismann 1996, S. 107ff.) keine generell verbindlichen Vorbildungsvoraussetzungen oder Aufnahmeprüfungen. An den Universitätsorten waren im Spätmittelalter neben den Hörsälen der Fakultäten verschiedene Formen gestifteter „Kollegien“ oder „Bursen“ entstanden, in denen die meisten Studenten, oft als Stipendiaten, unter einer bestimmten Disziplinstruktur und mit Dozenten lebten; hinzu kamen verschiedene andere Formen der Unterbringung und Betreuung (z.B. Pensionate bei Professoren), des Nachhilfe- oder Privatunterrichts (vgl. Seifert 1996, S. 204ff.). Ein neues „Sekundarschulwesen“ entstand nun – einerseits – als Verlagerung der Lehraufgaben der Artistenfakultäten an die „Kollegien“ und „Bursen“, die gelegentlich schon „Gymnasien“ genannt wurden und – andererseits – als Entwicklung von traditionellen Latein- oder Ratsschulen zu Schulen, die als Oberstufenangebot auch Unterrichtselemente des „Triviums“ der Artistenfakultät anboten (vgl. Tewes 1993). Beide Entwicklungen hingen zusammen.

Wie dieser folgenreiche Strukturwandel des Schul- und Hochschulwesens seit der Wende vom 15. zum 16. Jahrhundert regional und national unterschiedlich ausgestaltet wurde, ist in allen europäischen Ländern ein traditioneller schulhistorischer Forschungsschwerpunkt (für die deutsche Geschichte vgl. das klassische Werk von Friedrich Paulsen 1991, 3; neuerdings zusammenfassend Seifert 1996). In der englischen Fachdiskussion wird die Epoche der Tudors und ihre gezielte Schulpolitik heute vor allem in Kontrast zu der Zurückhaltung des Staates im Bereich des Schulwesens im 19. Jahrhundert debattiert (Simon 1966, 1994). In Frankreich hat die historische Forschung in den gestifteten collèges, die in der ersten Hälfte des 16. Jahrhunderts in der Universitätsstadt Paris entwickelt wurden, den Typus von Schule identifiziert, der einen aufsteigenden, nach Klassen gegliederten Kursus mit einem entsprechend gegliedertem Lehrprogramm, Unterrichtsmethodik und Prüfungssystem vorsah und als „modus parisiensis“ in der folgenden Epoche zum Modell für Schulgründungen im ganzen Lande und das jesuitische Schulsystem wurde (vgl. Compère/Julia/Chartier 1976; Compère 1885, S. 19ff.; Jenzer 1991, S. 91ff.). Für Deutschland wird in der neueren forschungsgestützten Literatur die These zur Diskussion gestellt, dass schon im 16. Jahrhundert (und nicht erst im 18. Jahrhundert!) die Weichenstellung zur Ausbildung der spezifischen deutschen philosophischen Fakultät anzusetzen ist – und damit die Abkehr vom Strukturmodell der kürzeren Sekundarschule und der anschließenden College-Universität, wie in anderen, vor allem den angelsächsischen Ländern. Entscheidend war demnach in Deutschland der dramatische Rückgang der Studentenzahlen in der Folge der Reformation und ihrer Kritik an dem traditionellen scholastischen Universitätsbetrieb, auf den die Universitäten reagieren mussten. Im 15. Jahrhundert war die „Verschulung“ der artistischen Fakultät auch darin zum Ausdruck gekommen, dass der Unterricht an den Kollegien vor allem von „Regenten“ (magistri regentes) getragen wurde, d.h. von Studenten mit Baccalaureat-Abschluss, die an den höheren Fakultäten weiter studierten und denen dabei ihre Einkünfte aus den Hörergeldern ihrer Studenten als Stipendium dienten. In der Frequenzkrise Anfang des 16. Jahrhunderts sahen sich mehr und mehr deutsche Universitäten gezwungen, die Gebühren für die Studenten der Artistenfakultät abzuschaffen und auch hier zum System der besoldeten Lekturen überzugehen. Damit war der entscheidende Schritt zur Annäherung des Status der Professoren der Artistenfakultät an die drei anderen Fakultäten – „vom Regenzsystem zur Ordinarienverfassung" – getan und gleichzeitig die fachliche Ausdifferenzierung der späteren philosophischen Fakultät eingeleitet (Seifert 1996, S. 258ff.).

Die „frühreformatorische Krise" hatte in den deutschen Staaten nicht nur die Universitäten, sondern auch das traditionelle Stadtschulwesen erfasst. Auf sie antworteten sehr bald nicht nur die Reformatoren mit ihren berühmten Aufrufen zur Gründung von Schulen, sondern auch die zur Reformation übergetretenen Landesherrn und Städte mit neuen „Schulordnungen". Dabei wurden institutionelle Reformstrategien und curriculare Konzepte, die schon in der vorreformatorischen Zeit hier und da von „humanistischen" Schulreformern entwickelt worden waren, in bildungspolitische Strategien umgesetzt, die nun Teil einer territorial- bzw. stadtstaatlichen Politik waren. Das zentrale Motiv war die Sicherstellung der Ausbildung und Rekrutierung einer neuen Geistlichkeit, damit auch eines ausreichenden Reservoirs an Lehrpersonal für die unterschiedlichen „Schulen" und an „Staatsdienern". Vor diesem Hintergrund entstand in den verschiedenen Territorien Europas ein regional sehr vielgestaltiges „Schulwesen", in dem die schulischen und universitären Strukturelemente noch nicht einheitlich institutionell zugeordnet waren: Es gab Städte mit Universitäten und Gymnasien, an die Teile des Artistenprogramms ausgelagert waren und größere Städte ohne Universität, aber mit einem oder gar mehreren Gymnasien, die in ihrem spezifischen Schulmodell auch Unterrichtselemente der Universität anboten und ein überregionales Ansehen genossen (z.B. Straßburg und Nürnberg). In einigen Fürstentümern wurden so genannte „Landesschulen" errichtet, in denen die geistliche und administrative Führungsschicht des Staates herangezogen werden sollte, Internatsschulen, die bis in die neueste Zeit einen elitären Charakter bewahrt haben, z.B. die „Fürstenschulen" in Meißen, Schulpforta und Grimma (Arnhardt/Reinert 2002). In den katholischen Territorien Europas wurde dann das „Schulsystem" der Jesuiten zu dem quantitativ und strukturell bedeutendsten Schulangebot: Bei einem – nicht überall gegebenen – vollen Ausbau war es eine „Schule" mit angeschlossener theologischer Fakultät, angelegt auf die Ausbildung und Rekrutierung des katholischen Priesternachwuchses. Mit dieser Konzeption wurde dieses Modell von Schulsystem weltweit fast zwei Jahrhunderte auch als Schule für Milieus durchgehalten, die diese Lebens- und Berufsperspektive nicht hatten (vgl. z.B. Compère 1994; Müller 2000). Neben solchen ausdifferenzierten „gelehrten Schulen" oder Gymnasien gab es bis ins 18. Jahrhundert in größeren Städten als ergänzendes, in kleineren Städten als einziges örtliches Angebot weiterhin ein diffuses Spektrum von weniger ausgebauten Schulen mit mehr oder weniger Latein und einer mehr oder weniger gemischten Schülerschaft (vgl. z.B. Melton 1988; Fiegert 1992; Neugebauer 1992; Laudenbach 2001 und den neueren Forschungsstand für die deutschen Staaten zusammenfassend bei Schindling 1994 und Seifert 1996, S. 301ff.).

Die Entstehung und Entwicklung eines „Sekundarschulwesens" vom Spätmittelalter bis Ende des 18. Jahrhunderts ist für die französische Gesellschaft in einem international beispiellosen schulhistorischen Grundlagenwerk dokumentiert: Seit 1984 veröffentlichten Marie-Madeleine Compère und Dominique Julia vom INRP in Paris ein mehrbändiges „Repertoire": „Les collèges francais. XVI-XVIII sciècles". Die drei Bände sind regional gegliedert: Band I enthält die Daten zu den collèges in Südfrankreich, Band II zu Nord- und Westfrankreich, Band III zu den collèges in Paris (Compère/Julia 1984, 1988, Compère 2002). Die jeweils mehrere hundert Seiten umfassenden Bände sind das Ergebnis jahrelanger umfangreicher Recherchen in den Archiven Frankreichs, Grundlage für erste Analysen der Autorinnen und für weitere Forschungen zur Geschichte des Sekundarschulwesens und des Lehrerberufs in Frankreich während der frühen Neuzeit. Erfasst wurden alle „öffentlichen" (publiques) collèges, die länger als fünf Jahre durchgehend bestanden und Lateinunterricht anboten (damit wurden die Schulen für Mädchen und die „Elementarschulen“ ausgeklammert!). Die Schulen sind unter den – alphabetisch geordneten – Orten, in denen sie angesiedelt waren, auffindbar und systematisch – nach Umfang ihres Kursus und Zahl der Lehrkräfte – klassifiziert: Der Répertoire enthält Grunddaten zur Identifizierung der Schule, Angaben zum Lehrplan und der Stufigkeit (entsprechend dem modus parisiensis), Daten zum Lehrkörper, zur Entwicklung ihrer Schülerzahlen, zur Einrichtung und den Kosten von Internaten, den Schulbüchern usw., aber auch systematisierte Abschnitte zu den historischen Quellen und der Literatur über jede Schule. Die Kapitel über die größeren Schulen sind mehrere Seiten lang, für die berühmten Anstalten sind es kleine Monographien.

Die Entstehung, das Ergebnis und die Wirkungen dieses einzigartigen schulhistorischen Grundlagenwerks demonstrieren die Bedeutung und Ausstrahlung von umfassend angelegten empirischen Grundlagenforschungen – auch auf dem Gebiet der Schulgeschichte: Im Prozess der Entstehung des Werks legten die Autorinnen Standardwerke zur französischen Bildungsgeschichte vor, die nur auf der Grundlage dieses Forschungsprozesses verfasst werden konnten. Die Daten dieser Bände zur Schulgeschichte ermöglichten ein ganzen Spektrum empirisch gestützter Beiträge – der Autorinnen und anderer – zur Sozialgeschichte Frankreichs: zu den historischen Konjunkturen der Bildungsexpansion im vorrevolutionären und revolutionären Frankreich und ihren regionalen Schwerpunkten, den städtischen, kirchlichen und staatlichen Trägern dieser Entwicklungen, zur institutionellen Hierarchisierung, sozial-elitären Reproduktion, aber auch der sozialen Mobilisierung der französischen Gesellschaft, den vielschichtigen Professionalisierungsprozessen in dieser Epoche, zum Lektürekanon der französischen Bildungsmilieus usw. Ein besonders schönes Produkt dieses schulhistorischen Forschungsprozesses ist der – aus Anlass des 200. Jahrestags der Französischen Revolution herausgegebene – Band II des „Altas de la Révolution francaise“, der nicht nur Analysen in Textform, sondern auch in kartographischer Form zum Erziehungswesen Frankreichs zwischen 1760 und 1815 enthält (Julia 1987). Das Ergebnis von empirischen Großprojekten dieser Art ist also nicht etwa ein „Datengrab“, sondern die Grundlegung und Anregung von weiteren Forschungen in einem breiten Spektrum von Themen.

2.4 Der Zusammenhang von Schulgeschichte und Geschichte des Lehrerberufs

Im historischen Prozess sind die Entstehung und der Strukturwandel des Schulwesens und des Lehrerberufs immer untrennbar miteinander verkoppelt gewesen, sie definierten sich gegenseitig von Anfang an: Die ersten Domschulen sind als besondere Abteilungen greifbar unter anderem durch die Ernennung eines dafür beauftragten Mitglieds des Domkapitels, des Domscholasters, es war bald ein herausgehobenes Amt (vgl. z.B. Jacobi 1997a). Aber die administrativ Verantwortlichen und die Personen, die in den schulischen Einrichtungen in verschiedenen pädagogischen Funktionen tätig wurden, übten diese Tätigkeit neben anderen aus: Sie waren nicht nur Magistri, sondern auch Schreiber, Kanzleivorsteher, Kantor, Organist, Lektor, Leichenprediger, Führer des Zivilstandesregisters, Sakristan usw. Lehrtätigkeit war für Jahrhunderte vor allem eine Tätigkeit von Kaplänen, von Klerikern im Wartestand auf ein Pfarramt (Endres 1983, S. 177; Hohenzollern/Liedke 1990). Wie schon die Zulassung von Schulen und Schulpatronen, wurde auch die Zulassung des Lehrpersonals von Anfang an kontrolliert (vgl. z.B. Endres 1983, S. 189; Wriedt 1983, S. 158ff.). Schon seit dem Spätmittelalter gab es neben dem multifunktionalen Kleriker-Lehrer auch den – auf- oder umgestiegenen – Handwerker-Lehrer. Ersterer unterrichtete an den vom Lateinischen, der antiken Literatur und dem Kirchendienst geprägten Schulen, letzterer an den städtischen „Schreibschulen“, in denen die Landessprache und die im Alltag nützlichen Kulturtechniken vermittelt wurden (ebd.). Sie standen für zwei Typen von Schule und Lehrerausbildung: ersterer für eine vom Erfahrungswissen abgehobene Wissensform und ihre Tradierung, letztere für die Einübung in den (Berufs- bzw. Geschäfts-) Alltag. In beiden Fällen reichte die Absolvierung des schulischen Programms als Befähigung für eine Lehrtätigkeit, die pädagogische Qualifizierung erfolgte als Einübung in die Routine des Schulbetriebs. Daraus ergab sich auch eine – in der Geschichte des Schulwesens und des Lehrerberufs immer wieder anzutreffende – strukturprägende Überlappung von Lernen und Lehren, von Schüler- und Lehrerstatus: Neben den – manchmal hauptberuflichen, öfter aber nebenamtlich tätigen – Magistri und dem Personal des Kirchen- und Chordienstes waren es vor allem ältere Schüler oder Studenten, insbesondere Stipendiaten, die in den Lateinschulen und Kollegien als „Pädagogen“ überwachende, disziplinarische, helfende, aber auch lehrende Funktionen ausübten. Das galt für die Zeit des Unterrichts, noch mehr aber für den Tagesbetrieb und Nachtdienst in den Internatsschulen.

Die neuere Forschung zeigt, dass Lateinschulen und Hochschulen schon seit dem Spätmittelalter eine eigenständige expansive Entwicklungsdynamik entfalteten und zwar auf Grund der Tatsache, dass Schulen immer auch Ausbildungsstätten von potenziellen Lehrern sind: Die Universitätsgründungen des 15. Jahrhunderts entließen Generationen von Absolventen, die heute von der Forschung als ein entscheidender Motor für eine Welle von Schulgründungen am Ende des vorreformatorischen Jahrhunderts eingeschätzt werden (Seifert 1992, S. 225). Die der Reformation vorausgehende „Bildungsexplosion“ hatte also nicht nur eine mentale, sondern auch eine institutionelle Basis. Schulen, die nicht nur die Einübung in das Erfahrungswissen und die Routinen des Alltags zum Ziele haben, sondern eine davon institutionell und curricular abgehobene Wissensvermittlung kultivieren, betreiben nicht nur die Tradierung einer bestimmten Kultur (Religion, Literatur, usw.), sondern produzieren Absolventen, von denen ein Teil zeitweilig oder gar länger Lehrer werden, werden können, werden müssen. Schulen sind also nicht nur Institutionen der Reproduktion von Wissen, sondern wegen der Statusaspirationen ihrer Schüler und Schülerinnen auch ein institutioneller Mechanismus der Verbreiterung des Angebots schulischen Wissens.

Die Ausbildung, Rekrutierung und Statusaspirationen der Lehrer stellte für die Schulträger in der Geschichte ein permanentes Problem dar, das im Prozess der Professionalisierung dieses Berufs immer wieder zu zwiespältigen Lösungen führte: In der französischen Forschung wird die Neigung der Städte, beim Ausbau eines Angebots von collèges im 17. Jahrhundert auf den Jesuitenorden zu setzen, auch damit erklärt, dass sie sich auf diese Weise von dem Problem entlasteten, die Auswahl und Anstellung der Lehrer organisieren zu müssen. Indem man auf den Orden als überregionales System setzte, gab man allerdings jeden Einfluss auf Inhalte und Personal der Schulen ab (Compère 1985, S. 49ff.). Auch bei der Expansion des Ordensschulwesens im 19. Jahrhundert vermischten sich konfessionelle, finanzielle und organisatorische Motive der Regierungen mit zwiespältigen Folgen für die Lehrerinnen und Lehrer: Die Aktivierung der Frauenorden im Bereich der Elementar- und Mädchenschulen in den katholischen Regionen Deutschlands im 19. Jahrhundert führte dort dazu, dass Frauen im Lehrberuf eher und in einem größeren Umfang als in den protestantischen Regionen Einsatz fanden, allerdings auf Kosten ihrer personalen Autonomie (vgl. Knauer 1995, S. 331ff.).

Die Charakteristika des Lehrerberufs in der frühen Neuzeit galten in Europa bis in die Moderne: Erst Anfang des 19. Jahrhunderts wurde z.B. in Deutschland und Frankreich die Trennung von geistlichem Amt und Lehramt für die Lehrer an (öffentlichen) höheren Schulen vollzogen (vgl. Herrlitz 1973; Julia 1981; Kunz 1984; Lawn 1987; Nóvoa 1987; Mandel 1989; Titze 1990, 1996; Schorn-Schütte 1994) und Schritt für Schritt zunächst die Prüfung, dann auch eine institutionelle Ausbildung für Lehrerinnen und Lehrer an Elementarschulen durchgesetzt (vgl. de Vroede 1980; Sauer 1987, 1998; Herbst 1989; Wilking 1990; Deppisch/Meisinger 1992; Ozouf/Ozouf 1992; Stroop 1992; Nicolas 1993; Gardner 1995; Hanschmidt 2000; Nóvoa 2000). Die Formen der Ausbildung und des Status der männlichen und der weiblichen Lehrkräfte waren eine zentrale Dimension der jeweils unterschiedlichen Prozesse, in denen die nationalen Bildungssysteme ihre jeweils spezifische Gestalt annahmen. Aber generell gilt als Ergebnis der historischen Professionalisierungsforschung (vgl. auch Keiner/Tenorth 1981; Apel/Horn/Lundgren/Sandfuchs 1999), dass die Lehrerinnen und Lehrer nicht einen Professionalisierungsgrad wie die klassischen Professionen der Juristen und Mediziner erreichten, dass der Lehrberuf eine Sozialaufsteigerkarriere blieb. Insbesondere um die Gründe und die Einschätzung des unterschiedlichen Feminisierungsgrades des Lehrberufs in den verschiedenen Staaten finden seit Jahrzehnten lebhafte wissenschaftliche Kontroversen statt (vgl. Albisetti 1988, 1993; Margadant 1990; Hänsel 1992; Jacobi 1994, 1997b; Oram 1996; Kemnitz 1999; Lundgren 1999; Enzelberger 2001, S. 81ff.). Auch ein einmal historisch erreichter Ausbildungs- und Berufsstatus unterliegt im Lehrerberuf, insbesondere der Beruf des Volksschullehrers, historischen Schwankungen (z.B. Titze/Nath/Müller-Benedikt 1985; Nath 1988; Deppsich/Meisinger 1992; Lange-Appel 1993; Neghabian 1993) und führt zu immer neuen Sonderaktionen zur Rekrutierung von – nicht oder wenig ausgebildeten – Lehrerinnen und Lehrern in Mangelphasen (vgl. auch Hohlfeld 1992).

2.5 Die Geschichte der Schule und des Lehrerberufs als Dauerkonflikt

Im Vergleich zu soziologischen Modellen zeigen Analysen zur Geschichte des Schulwesens und des Lehrberufs an immer neuen historischen Beispielen, dass der generelle historische Entwicklungstrend der Expansion und Differenzierung des Schulwesens und der Professionalisierung des Lehrerberufs nie geradlinige und selbstverständliche Prozesse waren, sondern von vielschichtigen Konkurrenzverhältnissen vorangetrieben oder blockiert und in immer neuen Konflikten durchgesetzt wurden: Wer Schulen einrichten darf, wer welche Fächer unterrichten darf, wer Schulträger sein darf, wer Lehrer werden darf, welche Fächer und Prinzipien den Unterricht bestimmen war über die Jahrhunderte nicht etwa nur die Suche nach der besten pädagogischen Lösung, sondern eine Machtfrage zwischen kirchlicher und weltlicher Herrschaft, zwischen lokalen und überregionalen Autoritäten, eine Frage ihrer Legitimität und Kontrollfunktionen, eine Frage von angestammten Rechten und ihrer Weiterentwicklung, eine Frage von Privilegien, eine Frage der Blockade oder Öffnung von Karrierechancen. Das galt auch schon in einer religiös homogenen Welt: Um das Schulpatronat kämpften kirchliche Autoritäten und stadtbürgerliche Räte, ohne dabei an andere Formen und Inhalte von Schule zu denken (z.B. Wriedt 1983, S. 159ff.). Dies galt umso mehr seit der Reformation, im Zeitalter der Konfessionalisierung und dann in Gesellschaften mit Religionsfreiheit und weltanschaulicher Neutralität des Staates. In der historischen Distanz diskutieren heute Historiker die These, dass die religiösen Gegensätze im historischen Prozess eine Bildungsmobilisierung, gerade auch eine Welle von Schulgründungen zur Folge hatten, dass damit allerdings auch eine Instrumentalisierung des Religiösen verbunden war (Schindling 1988). Die Dialektik von Reformation und Gegenreformation, von Säkularisierung und Re-Katholisierung war ein Muster und Motor der Geschichte des Schulwesens und des Lehrerberufs in allen Ländern: Die religiösen Gegensätze zwischen der anglikanischen Staatskirche und den „non-conformist denominations“ wirkten als Motor der Bildungsexpansion in der englischen Geschichte des 17. und 18. Jahrhunderts (vgl. z.B. Watts 1991; Stocks 1996; Mercer 2001). Die Säkularisierung Anfang des 19. Jahrhunderts wurde in den Restaurationsphasen der ersten Hälfte des Jahrhunderts korrigiert und hatte unter anderem einen „Ordensfrühling“ zur Folge, der z.B. in Frankreich und den katholischen Regionen Deutschlands eine beispiellose Gründungswelle von Ordensschulen zur Folge hatte (Schaffer 1988; Knauer 1995). Die französische Schulgeschichte wurde von dem Konflikt zwischen dem „republikanischen“ Lager und seinem Konzept der „laizistischen Schule“ und dem katholischen Lager mit seinen (Ordens-)Schulen vorangetrieben (Ozouf 1982; Crubellier 1993; Osterwalder 1998). Das deutsche System der Konfessionsschule ist aber ein Beispiel für die Instrumentalisierung des Religiösen und die jahrzehntelange Blockade individueller Bildungsprozesse und des Schulausbaus (z.B. Grünthal 1968). Auch in dieser Perspektive sind die Geschichte des Schulwesens und des Lehrerberufs untrennbar miteinander verkoppelt: Die Gründung von konfessionellen Lehrervereinen erfolgte fast immer im Zusammenhang von schulpolitischen „Kulturkämpfen“, in denen nicht nur um das „Seelenheil“ der Kinder, sondern gleichzeitig auch um die Absicherung von konfessionell abgeschotteten Berufsfeldern und politischen Einflusssphären gestritten wurde (vgl. z.B. Cloer 1975; Küppers 1975; Keiner/Tenorth 1981; Nicolas 1993).

2.6 Schulentwicklung als Strategie der Bildung von Gemeinschaften und des nation-building

Diese ambivalente Wirkung religiöser Gegensätze in der Bildungsgeschichte ergibt sich daraus, dass in der historischen Forschung die Gründung und der Ausbau von Schulen immer und überall als Instrument und Strategie zur Stiftung und Bewahrung von Gemeinschaften, Gemeinden (im angelsächsischen Verständnis von community) und schließlich von Staaten erkannt und diskutiert wird. Die ersten Schulen wurden überall eingerichtet, um den Bestand einer religiösen Gemeinschaft, d.h. ihres Nachwuchses, ihrer verbindenden Texte und ihrer Riten zu gewährleisten. Religiöse Reformbewegungen und soziale Unterschiede fanden immer Ausdruck und Kontinuität in „ihren“ Schulen. Partikulare Traditionen wurden durch Schulen verteidigt, hegemoniale Ambitionen durch Schulsysteme. Spätestens seit dem Zeitalter der Reformation gehörte zu Strategien der Durchsetzung und Festigung von Landesherrschaft nicht nur die konfessionelle Homogenisierung der Bevölkerung in Landeskirchen, sondern auch ein entsprechender Schulausbau (z.B. Leschinsky/Roeder 1976, S. 80ff.; Grimm 1987; Melton 1988; Schleunes 1989; Fiegert 1992; Green 1990, S. 111ff.; Neugebauer 1985; Seifert 1997, S. 305ff.). Das führte dazu, dass die kleinstaatliche Welt Deutschlands schließlich eine größere Schul- und Universitätsdichte aufwies als die Frankreichs und Englands (vgl. Verger 1992). Die katholische Seite begriff schon in den ersten Jahren der durch die Reformatoren zugespitzten Konflikte, dass ihre Krise nicht zuletzt eine „Bildungskrise“ war (Smolinsky 1994, S. 45), dass die Reform der katholischen Herrschaften und Kircheninstitutionen als Bildungsreform angelegt werden musste (ebd. S. 49). Die ersten regionalen Initiativen für das, was später als Gegenreformation oder „réforme catholique“ bezeichnet wird, wurde dann insbesondere durch den Jesuitenorden zu einer international erfolgreichen, wenn auch immer wieder umstrittenen katholischen Bildungsoffensive (vgl. z.B. Compère 1994; Müller 2000). Mit ihrem umfassenden Modell von Schule prägten die Jesuiten nicht nur ihr weltweit verbreitetes Schulsystem, sie beeinflussten damit auch stark alle anderen katholischen Schulordnen, auch die Frauenorden und ihre überregionalen Bildungssysteme (Conrad 1991), später selbst die Konzepte ihrer Gegner (Lelièvre 1990, S. 36ff.).

Ganz neue Dimensionen erhielt der Zusammenhang von Schule und Staatenbildung in den programmatischen Texten und politischen Strategien zur Durchsetzung bürgerlicher Nationalstaaten seit dem Ende des 18. Jahrhunderts. Jetzt ging es nicht nur um Schulen und Hochschulen zur Ausbildung und Auswahl einer neuen meritokratischen Führungsschicht, sondern auch darum, durch Elementarschulen die ganze Bevölkerung zu „Landeskindern" und „Bürgern" zu machen (Leschinsky/Roeder 1976, S. 80ff.; Mayners 1985; Genovesi 1986; Boli 1989; Neugebauer 1985; Schleunes 1989; Soysal/Strang 1989; Green 1990; Schmale/Dodde 1991; Grosvernor 1999; Lowe 1999; Schmitt/Tosch 1999). Damit war der Anspruch verbunden, das Konglomerat ganz unterschiedlicher Schulträger und Schulen, die Ende des 18. Jahrhunderts in fast allen Staaten in großer Zahl bestanden, zu einem nationalen Schulsystem weiter zu entwickeln. Die Realisierung dieser Programmatik gestaltete sich in allen europäischen Ländern als sehr langer und immer umkämpfter Prozess. Am Anfang stand überall eine Reform der – zunächst kleinen Zahl – „höherer Schulen", die auf die neuen elitären Hochschul- und Berufskarrieren vorbereiten sollten (vgl. z.B. Prost 1968; Tompson 1971; Müller 1977; Schönemann 1983; Apel 1984; Allsobrook 1986; Roach 1986, 1991; Müller/Zymek 1987; Bosna/Genovesi 1988; Schwinger 1988; Lowe 1989; Lelièvre 1990; Prost 1993; Grimm 1994; Herbst 1996; Jeismann 1996). Die Durchsetzung der Elementarschule für alle gestaltete sich erheblich schwieriger und langwieriger. Auch in den entwickelten europäischen Staaten kann erst in den letzten Jahrzehnten des 19. Jahrhunderts von der Durchsetzung der Schulpflicht gesprochen werden (Berg 1973; Sutherland 1973, Laqueur 1976; Leschinsky/Roeder 1976; Friedrich 1978; Malcolm 1980; Pas 1980; Frijhoff 1983; Gardner 1984; Mayners 1985; Genovesi 1986; Lowe 1987; Boli 1989; Jeismann 1989; Schleunes 1989; Soysal/Strang 1989; Offen 1990; Stannard 1990; Smelser 1991; Kuhlemann 1992; Mangan 1994; Albrecht/Hinrichs 1995; Braster/Dodde 1994; Stocks 1996; Osterwalder 1998; Criblez/Hofstetter/Mangin/Jenzer 1999). In den Jahren der Wende von 19. zum 20. Jahrhundert wurden in den europäischen Ländern auch Schulreformerlasse diskutiert und verabschiedet, in denen die damals bestehenden Teile des Schulwesens systematisch in Beziehung gesetzt wurden und die von der neueren schulhistorischen Forschung deshalb als der entscheidende Schritt zur Bildung der modernen nationalen Schulsysteme eingeschätzt wird (Müller/Ringer/Simon 1987). Dazu gehörte schließlich auch der Ausbau, die Aufwertung und die Integration der Institutionen der traditionellen Mädchenbildung in das System der berechtigenden „höheren Bildung" – die institutionelle Voraussetzung für den säkularen Prozess der steigenden Bildungsbeteiligung der Mädchen und jungen Frauen im 20. Jahrhundert (Albisetti 1988; Neghabian 1993; Zymek/Negabian 2004).

Jedes der europäischen Schulsysteme weist bis heute besondere Strukturmerkmale auf, die sich aus der historischen Konstellation und den Teilstrukturen ergaben, die beim Eintritt in den modernen nationalstaatlichen Systembildungsprozess vorhanden waren, von denen jede Reform und der weitere Systematisierungsprozess ausgehen musste, um deren finanzielle Ausstattung und rechtliche Stellung im System dann Jahrzehnte lang in erbitterten Schul- und Kulturkämpfen gestritten wurde. Aus den schul- und sozialhistorischen Traditionsbeständen ergaben sich nationale oder auch nur regionale Besonderheiten bei der Berücksichtigung von privaten Vereinen und Orden als Schulträger, spezifische Internatstraditionen, die Tradition der Unterrichtspflicht (mit Wahlfreiheit zwischen verschiedenen Schulträgern) oder der Schulpflicht (an allgemeinen und obligatorischen öffentlichen Schulen), spezifische Hierarchien der Schulverwaltung (vgl. z.B. Gosden 1966; Führ 1972, 2; Heinemann 1974; Romberg 1979;

Bousquet u.a. 1983; Chitty 1992; Brehony 1994; Sharp 1995) und Instrumente der Steuerung der Schulentwicklung, ein jeweils spezifische Verkopplung von Schul- und Hochschulwesen (Berechtigungswesen, Concours-System, individuelles Bewerbungs- und Aufnahmeverfahren), eine jeweils spezifisches Verhältnis von Knaben- und Mädchenschulen, von allgemeinbildenden und berufsbildenden Schulen, von Bildungs- und Beschäftigungssystem (Harney 1980; Pätzold 1982; Stratmann 1982; Clarke/Lange/Shackleton/Walsh 1994; Harney/Zymek 1994; Reinisch 1994; Green 1995; Schütte 1995; Harney/Schriewer 2000; vgl. auch Rahn 1997 und Kell 2000). Daraus ergaben sich auch jeweils spezifische Strukturen der Lehrerbildung, der Lehrerverbandsgeschichte, des Berufsstatus der Lehrerinnen und Lehrer in den verschiedenen Schulformen. Das historische Erbe, das in die jeweils spezifischen nationalen Schulsysteme eingelagert ist, wurde seit den 1960er Jahren durch neue integrierte Schulformen und eine internationale Begrifflichkeit (primary schools, lower and upper secondary schools, higher education), die fast alle Länder inzwischen übernommen haben, nur überdeckt, aber strukturell und funktional nicht eliminiert (vgl. Zymek 2000).

2.7 Schulreformen als dialektische Prozesse

Vor dem Hintergrund der empirischen sozialhistorischen Forschungen zur Geschichte des Schulwesens und des Lehrerberufs in verschiedenen Gesellschaften fand in den letzten Jahrzehnten eine „démystification du discours pédagogique" statt (Compère 1995, S. 39f., vgl. auch Zymek 1999). Heute erscheinen die großen programmatischen Texte und Schulreformgesetze nicht mehr als die Wendemarken der Bildungsgeschichte, wie noch in den älteren Geschichten der Pädagogik, sondern eher als „Erinnerungsorte" in einem lange vorbereiteten, nie schnell durchgesetzten, im Detail widersprüchlichen mentalen und institutionellen Prozess: Die berühmten Aufrufe der Reformatoren zur religiösen Erneuerung und zu Schulgründungen konnten nur deshalb eine solche Wirkung entfalten, weil im 15. Jahrhundert durch die Gründung neuer Universitäten und den Ausbau des Schulangebots eine „Bildungsexplosion" stattgefunden hatte (vgl. 2.3.); die Reformation bewirkte einen vielschichtigen und sehr dialektischen Prozess von Schul- und Universitätskrise und anschließender Bildungsreform (vgl. Seifert 1996). Die großen Schulreformentwürfe, die Ende des 18. Jahrhunderts in Frankreich, England und den deutschen Staaten veröffentlicht wurden und bis heute als Kristallisationspunkte ihrer modernen Identität diskutiert werden, zeigen sich im Licht der neueren Forschung als Texte und Beschlüsse, die mental durch eine breite Diskussion und institutionell durch eine Reihe von Reformschulen und Reformuniversitäten vorbereitet waren (z.B. Compère 1985; Neugebauer 1992; Grimm 1995; Jeismann 1996). Die Umsetzung dieser Programme war ein langwieriger, umkämpfter und widersprüchlicher Prozess: Die „Große Revolution" führte zunächst zu einer dramatischen „déscolarisation" („Entschulung") der französischen Gesellschaft (Julia 1987), die Säkularisation führte bald danach in Frankreich und den deutschen Staaten zu einer neuartigen Einbindung der kirchlichen Schulträger und einem Aufschwung des Ordensschulwesens (Schaffer 1988; Lelievre 1990, S. 81ff.; Knauer 1995, S. 281ff.). Das gilt auch für Reformgesetze des 20. Jahrhunderts: So war z.B. das deutsche Grundschulgesetz von 1920 durch einen Wandel des Übergangsverhaltens zu den höheren Schulen vorbereitet, durch spezifische demographische Konstellationen, neue urbane Strukturen und eine Lehrerbildungsreform begünstigt, seine endgültige Durchsetzung ein jahrelanger schulpolitischer Konflikt (Zymek 1989, S. 165, 194, Tenorth 2000). Die Einführung von integrierten Schulformen auf der Sekundarstufe I in den meisten Ländern Europas seit den 1960er Jahren lässt sich nicht mit punktuellen politischen Entscheidungen identifizieren; die historisch-vergleichende Forschung zeigt sie als langwierige, komplex vernetzte und immer umkämpfte Prozesse (Leschinsky/Mayer 1990). Vor diesem Hintergrund erscheinen alle Schulreformforderungen und -strategien, die einen allgemeinen „Ruck“ beschwören, als unhistorische Illusionen (vgl. Zymek 2001).

2.8 Schule und ökonomischer Wandel

Die Rezeption sozialwissenschaftlicher und ökonomischer Theoriemodelle in den Schulreformdebatten seit den 1960er Jahren hatte viele Wissenschaftler und Politiker – aus unterschiedlichen politischen und weltanschaulichen Lagern! – zu Anhängern der These werden lassen, dass die Schulentwicklung vorrangig einem zweckrationalen ökonomischen Bedarf folge – oder doch folgen sollte. Vor dem Hintergrund der – historisch neuartigen – Konjunktur des bildungsökonomischen Arguments in den akademischen und politischen Debatten entstand auch eine große Zahl von bildungshistorischen Studien mit dem Ziel, die Zusammenhänge von Bildungs- und Wirtschaftsentwicklung aufzuklären. Die historische Forschung der letzten Jahrzehnte hat die These von der Abhängigkeit der Schulentwicklung von der ökonomischen Entwicklung relativiert: Struktur und Inhalte der Schulen und der Lehrerausbildung sowie ihre Entwicklung folgen nicht eng einem ökonomisch zweckrationalen Bedarf – weder in der fernen Geschichte noch heute. Die Zusammenhänge bestehen, sie sind aber viel vermittelter als zunächst angenommen.

Der „Lernprozess“ zu diesem Thema kann am Beispiel eines für die bildungshistorische Forschung in der Bundesrepublik Deutschland wichtigen Projekts verdeutlicht werden: Ausgangspunkt für die Forschungen einer Gruppe von Erziehungswissenschaftlern seit der zweiten Hälfte der 1970er Jahre waren erste Anzeichen dafür, dass die nächste Generation von Schul- und Hochschulabsolventen nicht mehr so günstige Aussichten haben würde, in statusadäquate Berufskarrieren einzumünden, wie das für viele Jahre nach dem zweiten Weltkrieg der Fall gewesen war. Diese aktuelle Konstellation war der Anlass, aus der historischen Literatur bekannte und offenbar ähnlich gelagerte „Krisenphasen“ (Ende der 1880er und Anfang der 1890er Jahre und Ende der 1920er und Anfang der 1930er Jahre) zu analysieren, um daraus Aufschlüsse über das Bedingungsgefüge und die Abläufe solcher „historischer Qualifikationskrisen“ zu gewinnen. Die Beiträge für eine entsprechende Arbeitsgruppe auf dem Kongress der DGfE in Duisburg 1976 und erste Veröffentlichungen waren von der Ausgangshypothese geleitet, dass solche Verwertungskrisen der Qualifikationen von Schul- und Hochschulabsolventen vor allem auf konjunkturelle Schwankungen der Wirtschaftsentwicklung zurückzuführen seien (vgl. die Beiträge in dem 14. Beiheft der Zeitschrift für Pädagogik). Die ersten Analysen der Forschergruppe hatten aber zwei ernüchternde Ergebnisse: Es zeigte sich, dass die ins Auge gefassten historischen Krisen nicht als isolierte historische Phasen analysiert werden konnten, sondern im Kontext längerfristiger Prozesse gesehen und interpretiert werden mussten. Die vorliegende Forschungsliteratur zur Geschichte des Schul- und Hochschulwesens in Deutschland enthielt aber weder entsprechendes statistisches Datenmaterial, noch Strukturanalysen, die eine Beantwortung den neuen sozialhistorischen Fragestellungen ermöglicht hätten. Diese Bestandaufnahme und Forschungsperspektive führte zu einer Reihe von sich ergänzenden (DFG-geförderten) Forschungsprojekten, deren pragmatisches Ziel ein „Datenhandbuch zur deutschen Bildungsgeschichte“ sein sollte, deren thematische Perspektive aber die Analyse von Krisenphasen im Verhältnis von Bildungs- und Beschäftigungssystem blieb. Das Forschungsvorhaben, statistische Zeitreihen zur langfristigen Entwicklung des höheren Schulwesens im 19. und der ersten

Hälfte des 20. Jahrhunderts zu erstellen, konfrontierte die Gruppe mit dem Problem, dass die zum Hochschulstudium und anderen Berufslaufbahnen berechtigenden „höheren Schulen" keine über die Zeitspanne homogene Größe waren, sondern ein Bereich von Schulen, der ständig durch neue regionale und funktionale Schulformen ergänzt und mehrfach intern neu differenziert wurde. Das Datenhandbuch erforderte also nicht nur die Erhebung und Systematisierung von statistischen Daten, sondern gleichzeitig die Analyse und Dokumentation eines komplexen schulstrukturellen Wandels (vgl. Müller/Zymek 1987; Herrmann/Müller 2003; Zymek/Neghabian 2005). Die Arbeiten daran zeigten sehr schnell, dass die Entwicklung des deutschen Schul- und Hochschulwesens im 19. und der ersten Hälfte des 20. Jahrhunderts weder in ihrer expansiven Dynamik, noch in ihrer strukturellen und inhaltlichen Ausgestaltung von ökonomischen Konjunkturen und Anforderungen des Beschäftigungssystems gesteuert war. Die Geschichte des höheren Schulwesens stellt sich vielmehr als ein permanenter Prozess der Bildungsexpansion dar, der durch mehrere historische „Ausbauschübe" des Schul- und Hochschulsystem akzentuiert wurde. Der Prozess des expansiven Systemausbaus war von immer neuen Ansätzen und Kontroversen zur inneren Differenzierung des Schul- und Hochschulsystems, nicht zuletzt auch von einem Prozess der zunehmenden Systematisierung und Verrechtlichung der Schultypen und -formen, ihrer Lehrpläne, Eintritts-, Übergangs-, Abschlussbestimmungen und Berechtigungen usw. begleitet. Diese historische Entwicklungsrichtung wurde in der Forschergruppe begrifflich als Prozess der „Systembildung" gefasst (ebd.). Die Prozesse der Expansion, Differenzierung und Systematisierung des Schul- und Hochschulsystems waren zugleich Prozesse der Professionalisierung von ehemals ungeregelten Tätigkeiten auf allen Ebenen und in allen Sektoren, die Professionalisierung und Hierarchisierung des Lehrerberufs ein Teil dieser Entwicklung. Die Absolventen der höheren Schulen und Hochschulen waren (bis vor kurzem) auf Karriereperspektiven ausgerichtet, die – in Deutschland noch mehr als in anderen Ländern – verbeamtete oder öffentlich-rechtlich geregelte Tätigkeiten sind und ihren Stelleninhabern eine jahrzehntelange Anstellung garantieren. Da die Expansion der höheren Schulen und Universitäten im historischen Prozess aber mit dem Ergänzungs- und Ersatzbedarf im Beschäftigungssystem keine prästabilierte Harmonie bilden und eine gesamtgesellschaftliche Planung ordnungspolitisch unzulässig ist, kam es in der neueren deutschen Geschichte zu zyklisch wiederkehrenden Phasen von Mangel und Überfüllung in verschiedenen Berufsfeldern, insbesondere den akademischen Berufen. „Der Akademikerzyklus" (Titze 1990) und der „Lehrerzyklus" (Titze/Nath/Müller-Benedikt 1985) beherrschten in der deutschen Geschichte des 19. und 20. Jahrhunderts nicht nur die verbandspolitischen Diskussionen, sondern schlug sich auch in Konjunkturen der bildungstheoretischen, begabungstheoretischen, schulpolitischen und beschäftigungspolitischen Diskussionen nieder (Titze 1996). Historisch wiederkehrende Verwertungskrisen von Schul- und Hochschulabschlüssen verlaufen in den verschiedenen Ländern wegen der jeweils spezifischen Systemkonstruktionen der Verkopplung von Bildungs- und Beschäftigungssystem unterschiedlich (vgl. z.B. Barbagli 1974), sie sind aber eine Krisenanfälligkeit, die in allen Bildungsinstitutionen angelegt ist, die ein vom Erfahrungswissen des Alltags abgehobenes Wissen und einen damit verkoppelten professionellen Status vermitteln.

Die Ergebnisse zu den ersten Forschungsschwerpunkten, den höheren Schulen und Universitäten, machten bald die Notwendigkeit ergänzender Forschungsprojekte deutlich: empirische Analysen zu der Konjunkturen in ausgewählten akademischen Berufsfeldern (Keiner/Tenorth 1981; Titze 1990), insbesondere im höheren Lehramt (Titze/Nath/Müller-Benedikt 1985; Nath 1988), Forschungen zur Entwicklung der Institutionen der Mädchenbildung (Müller/Zymek 1987; Zymek/Neghabian 2004) und der Entstehung von neuen „mittleren" Berufen, die auf

Frauen zugeschnitten waren (Lange-Appel 1993; Neghabian 1993), Studien zur Dialektik von zentralstaatlicher und regionaler Schulentwicklung (Zymek 1982; Herrmann 1991b), Arbeiten zur Kontinuität zwischen den Prozessen der Schulentwicklung vor und nach dem zweiten Weltkrieg in der Bundesrepublik Deutschland und der DDR (Zymek 1992, 1997; Lundgren 2000; Drewek/Huscher/Ejury 2001; Köhler/Rochow/Schulze 2001), zum Verhältnis von allgemeinbildenden und berufsbildenden Institutionen im Prozess der Systembildung (Harney/Zymek 1994). Im Rahmen des SFB 119 „Wissen und Gesellschaft im 19. Jahrhundert" an der Ruhr-Universität Bochum wurden ergänzende Projekte (Jeismann/Bormann 1989), vor allem aber internationale Tagungen und Kooperationen ermöglicht, in denen Gemeinsamkeiten und Unterschiede von Systembildungsprozessen in Deutschland, England und Frankreich analysiert wurden (Müller/Ringer/Simon 1987). Diese Aktivitäten blieben nicht die einzige internationale Wirkung des Forschungsprojekts: Die Arbeiten an dem belgischen Datenhandbuch orientierten sich ausdrücklich an den deutschen Datenhandbuch. Die Daten zu den deutschen Entwicklungen bildeten die Grundlage für historisch und vergleichende Analysen zur Entwicklung der Bildungsausgaben von französischen Ökonomen (vgl. Diebolt 1997).

Diese empirischen Analysen zur Expansion, Differenzierung und Systematisierung des Schul-, Hochschul- und Berufslaufbahnsystems in Deutschland über einen längeren Zeitraum korrigierten eine Reihe von weit verbreiteten Vorurteilen über die Schulgeschichte: Die jeweils spezifische Ausgestaltung und Entwicklung des Schulwesens ist keine direkte Abhängige von wirtschaftlichen Konjunkturen und Anforderungen des Beschäftigungssystems. Schulen sind auch nicht chronisch „konservative" Institutionen, die dem Erkenntnisfortschritt der Wissenschaft und Anforderungen der Wirtschaft immer nur zeitverzögert folgen. Weil Schulen und Hochschulen sowie ihre Lern- und Forschungsprozesse aus den Prozessen des beruflichen Alltags auslagert sind, erweisen sie sich als eine eigenständige – allerdings durchaus widersprüchliche – Quelle gesellschaftlicher Entwicklungsdynamik. Das ergibt sich vor allem daraus, dass Schulen (und Hochschulen) nicht nur mit dem – nie eindeutigen und stabilen – Qualifikationsbedarf von Wirtschaftsbetrieben, sondern auch mit den Karriere- und Statusinteressen von Schülern und ihren Familien, den Lehrern und Professionen, den Standortstrategien von Gemeinden und Regionen und nicht zuletzt unterschiedlichen politischen und weltanschaulichen Interessengruppen vernetzt sind. Schulen werden im historischen Prozess zu Kristallisationspunkten der Handlungsstrategien von immer mehr Menschen und organisierten Verbänden, sie werden zu Schulsystemen nicht nur wegen ihrer internen Systematisierung, sondern zugleich durch ihre zunehmende „systemische" Vernetzung mit anderen gesellschaftlichen Subsystemen. Damit werden sie immer resistenter gegen kurzfristige und radikale Schulreformambitionen, damit entwickeln sie aber auch eine nicht widerspruchsfreie, krisenimmanente Eigendynamik – wie andere Subsysteme moderner Gesellschaften auch (vgl. auch Titze 1999).

2.9 Die Entwicklungslogik von Schulen als Institutionen der Wissensvermittlung

Ein solches – komplexes und dialektisches – Verständnis des Zusammenhangs von Schulentwicklung und Gesellschaftsentwicklung vermittelt auch der Blick auf die Geschichte der Unterrichtsgegenstände: Schule war in Europa seit ihren ersten Vorformen im Frühmittelalter eine Einrichtung, die im Kern als Rezeption von und Auseinandersetzung mit antiken Texten organisiert war. Die Eliten, die an den europäischen Schulen erzogen wurden, erfuhren ihre Bildung über tausend Jahre lang in erster Linie als Hören, Repetieren, Abschreiben, Lesen, Wiederholen und Interpretieren von Texten, die aus der römischen und griechischen Antike überliefert wurden. Damit war von Anfang an mit den europäischen Schulen ein bestimmter Typus des Schülers und Absolventen verbunden, der sich von den Formen adeliger und militärischen Initiation unterschied. Es ging in erster Linie um den Erwerb, die Verwaltung und Erweiterung von Wissen und die Aneignung eines dafür notwendigen Habitus. Die historische Forschungsliteratur der letzten Jahrzehnte hat – noch einmal – das verbreitete Missverständnis korrigiert, als sei der Bezug auf die antiken Texte und die in ihnen übermittelten Gehalte in den „gelehrten" oder „höheren" Schulen Europas nur bornierter Traditionalismus gewesen: Die aus der römischen und griechischen Antike überlieferten Texte enthielten ein Wissen, das lange der in den Nationalsprachen enthaltenen Kultur weit überlegen war. In der Auseinandersetzung mit den – in mehreren historischen Wellen überlieferten – antiken Texten und dem in ihnen enthaltenen Wissen konnte erst eine neue Theologie, Philosophie, Rechtswissenschaft, Mathematik usw. entwickelt werden. Bis in die jüngste Zeit speisten sich aus der Mytho-Motik der immer neuen Auseinandersetzung mit der antiken Kultur in allen europäischen Ländern die Kontroversen um den Kanon der höheren Schulen, neue Schulreformprogramme und Schulkritik, etwa die Programme zur Erneuerung der Lateinschulen im 15. und 16. Jahrhundert durch die Humanisten (Paulsen 1919) oder der Gymnasien Anfang des 19. Jahrhunderts durch die Neuhumanisten (Schubring 1990; Apel/Bittner 1994; Jeismann 1996, S. 375ff., vgl. auch das Sonderheft der Zeitschrift Histoire de l'Èducation „Les Humanités classiques" 74 , Mai 1997), aber auch ein Teil der Schulkritik Ende des 19. Jahrhunderts (Groppe 1997, S. 56ff.). Dieser Bezug auf die Literatur und Kultur der Antike bildete für viele Jahrhunderte – über die konfessionellen Fronten und nationalen Grenzen hinweg – ein verbindendes Element zwischen den Eliten Europas (Schindling 1988). Heute vollzieht sich ein säkularer historischer Bruch: Zum ersten Mal in der europäischen Geschichte wird in Europa die Schulbildung der Eliten nicht mehr von der antiken Kultur geprägt (vgl. Fuhrmann 2002). Erst langsam und als immer neue Assimilation und Transformation von antiken Gehalten und Vorbildern erlangten die Literaturen in den europäischen Nationalsprachen ein Niveau, das es den Schulreformern des 19. und 20. Jahrhunderts gerechtfertigt erscheinen ließ, sie neben den klassischen Sprachen und ihren Literaturen als ebenbürtig und „bildend" einzustufen (Jäger 1981; Fuhrmann 1999). Das galt in gewisser Weise auch für die Naturwissenschaften, die ja erst im Verlauf des 19. Jahrhunderts an den Universitäten systematische Fächer und selbständige Fakultäten wurden. In Deutschland waren es bezeichnenderweise die höheren Schulen und das Streben ihrer Fachlehrer für die „Realien" nach Status und Professionalität, das den Prozess der Verselbständigung und Aufwertung der modernen Fremdsprachen und der Naturwissenschaften im Spektrum der Universitätsdisziplinen im 19. Jahrhundert entscheidend gefördert haben (vgl. z.B. Haenicke 1980; Schubring 1983; Christmann 1985). Nicht zuletzt die Funktion der Universitäten als Ausbildungsinstitutionen von Lehrern ermöglichten die Expansion und Differenzierung der „realistischen" Wissenschaftsgebiete und -institutionen, die heute als die „modernen" eingeschätzt werden.

Neben den alten Sprachen erlangten die modernen Fremdsprachen und die Naturwissenschaften erst langsam einen größeren Anteil im Lehrplan der höheren Schulen. Auch an den Realschulen, Realgymnasien und Oberrealschulen und den später amtlich als neusprachlich und mathematisch-naturwissenschaftlich etikettierten Schultypen behielt weiterhin der Lateinunterricht ein großes Gewicht, nicht zuletzt weil das Latinum bis in die zweite Hälfte des 20. Jahrhunderts Voraussetzung für ein breites Spektrum von Hochschulstudien blieb. Die Befunde der historischen Forschung zur Geschichte der Lehrpläne und Unterrichtsfächer sind Belege für die generelle Beobachtung, dass einmal im historischen Prozess etablierte Hierarchien von

Unterrichtsfächern (und Bezugswissenschaften an den Hochschulen) ihre Stellung auch in Schulreformprozessen lange verteidigen können. Ihre Aura als Kultur der traditionellen Eliten und ihr Ansehen als vorzugsweise „bildende“ Fächer hat starkes Gewicht gegenüber Schulformen und Fächern, die für sich zweckrationale Argumente sowie die Vermittlung instrumenteller Kenntnisse und Fertigkeiten ins Feld führen. So zeigt sich im schulhistorischen Prozess ein „generalist shift“ (Ringer 1979; Müller/Ringer/Simon 1987, S. 7): Ehemals berufsbildende und technische Schulen, Hochschulen und Fächer vollzogen im Prozess ihrer Anerkennung als gleichwertige Institutionen und Inhalte eine Anpassung an die als allgemein bildend etablierten Schulen und Fächer (vgl. z.B. Schiersmann 1979; Harney 1980; Zymek 1986; Harney/Zymek 1994). Auch in dem langwierigen Prozess der Durchsetzung des Elementarschulbesuchs für die ganze Bevölkerung wurden bis vor kurzem nicht etwa vorrangig berufspraktische, technische oder gar naturwissenschaftliche Kenntnisse und Fertigkeiten gefordert und gefördert, sondern der Religionsunterricht und die Einübung der basalen Kulturtechniken als Zentrum der schulischen Unterrichts angesehen (Schubring 1983; Sauer 1991; Schmidt 1991; Kuhlemann 1992), denn die konservativen Eliten haben die mobilisierenden und aufklärerischen Dimensionen von Schule immer gefürchtet und ihre disziplinierenden und Loyalitäten stiftenden Funktionen zu stärken versucht (Berg 1973; Jeismann 1989). Aber eine distanzierte Sicht der historischen Kontroversen über „disziplinierende“, „indoktrinierende“ oder „emanzipative“ Unterrichtsgehalte ermöglicht heute, zwischen den mit Unterrichtsgegenständen verbundenen amtlichen Absichten und den möglichen Wirkungen zu unterscheiden, die dialektischen und unkontrollierbaren Wirkungen von schulischen Lernprozessen zu erkennen: Die Politisierung des Geschichtsunterrichts im Kaiserreich löste bei allen Beteiligten sehr ambivalente Reaktionen aus und hat sicher nicht die gewünschten Wirkungen erzielt (z.B. Günther-Arndt 1989). Auch die Diktaturen der deutschen Geschichte des 20. Jahrhunderts haben die Loyalität der Schülerinnen und Schüler zum politischen System nicht sichern können, sondern die „Grenzen von Indoktrination“ erkennen lassen (Tenorth 1997; Tenorth/Kudella/Paetz 1996; Leschinsky/Kluchert 1997; Gruner/Kluchert 2001).

2.10 Die Organisation der schulischen Lernprozesse als pragmatische und weltanschauliche Konflikte

Mit der institutionellen Expansion und Differenzierung des Schulwesens von Vorformen der Schule im Frühmittelalter bis zu modernen nationalen Schulsystemen ist auch die historische Entwicklung der inneren Struktur der Schule und ihrer Unterrichtsmethoden eng verbunden. Von dem mittelalterlichen Meister-Lehrlings-Verhältnis, dem Einzelunterricht, dem „kollektiven Einzelunterricht“, den durch Bücher strukturierten Vorlesungen, die in den mittelalterlichen Schulen vorherrschten, über den stofflich systematisch aufgegliederten und nach „Haufen“ bzw. Klassen sequenzialisierten „Ordnungen“ der Humanisten, dem „modus parisiensis“ der französischen collèges und der „ratio studiorum“ der Jesuiten, bis zu dem nach Fächern und Jahrgangsklassen systematisierten Schulunterricht des 19. und 20. Jahrhunderts scheint eine gerade Linie zu verlaufen. Im historischen Prozess sind es aber Modelle von Schule und Unterricht, die lange nebeneinander und miteinander konkurrierend diskutiert und eingesetzt werden (vgl. Petrat 1979, 1987; Jenzer 1991; Grosvenor/Lawn/Rousmaniere 1999; vgl. dazu auch Depaepe/Simon 1995). Dabei ging es nicht nur um jeweils praktikable und ökonomisch tragbare Lösungen, um die Sachlogik von Wissenschaften und Fachgehalten oder die Imperative des kindlichen Entwicklungsprozesses, wie sie die jeweils herrschende Psychologie und Pädagogik in verschiedenen Epochen und Kulturen postulierte. Wie die historische Forschungsliteratur zeigt, waren es auch didaktische und methodische Fragen, an denen sich weltanschauliche und politische „Gemeinden" und politische Konfliktlinien ausbildeten: Dafür sind die Geschichte der internationalen Verbreitung und Rezeption des „wechselseitigen Unterrichts" („education mutuel" oder „monitoring" oder „Bell-Lancester"-Methode) im 18. und 19. Jahrhundert (Kaestle 1973; Hopmann 1990; Jenzer 1991, S. 301ff.; Lelièvre 1991, S. 11), im 20. Jahrhundert aber vor allem die Verbreitung und Rezeption der reformpädagogischen Schulreformmodelle facettenreiche Beispiele (vgl. z.B. Cremin 1961; Oelkers 1989; Klassen/Skiera/Wächter 1990; Amlung/Haubfleisch/Link/Schmitt 1993; Cuban 1993; Röhrs/Lenhart 1994; Mouchet 1995; Rülcker/Oelkers 1998; Ravitch 2000).

3 Desiderate der Forschung

Die Forschungslage zur Geschichte des Schulwesens und des Lehrerberufs stellt sich in jedem Land sehr unterschiedlich dar, spezifische Diagnosen und Vorschläge sind deshalb in diesem Rahmen kaum möglich. Aus diesen Gründen sollen im Folgenden drei Themenkomplexe angesprochen werden, die nicht mehr nur Desiderate der Forschung sind, sondern durch erste Forschungs- und Diskussionsbeiträge bereits so weit profiliert wurden, dass sie in den nächsten Jahren die Perspektiven der bildungshistorischen Forschungen prägen dürften:

Die Analyse der historisch beispiellosen Bildungsexpansion nach dem zweiten Weltkrieg ist bisher vor allem Forschungsgegenstand von Soziologen, die sich auf eine Analyse allgemeiner und quantitativ fassbarer Indikatoren der Entwicklung der Bildungssysteme und die Rückwirkungen auf das Beschäftigungssystem, die Jugendkultur sowie die demographische Entwicklung konzentriert haben (vgl. z.B. Baumert 1991; Köhler 1992; Shavid/Blossfeld 1993; Müller/Haun 1994; Müller 1998; Lundgren 2000). In den soziologischen Analysen wird das Schul- und Hochschulwesen aber nur zu oft als „black box" behandelt und der innere Struktur- und Funktionswandel der Schulen und Lehrerbildungsinstitutionen – als Folge und Motor der expansiven Prozesse – zu wenig berücksichtigt. Es fehlen differenzierte Analysen z.B. über die Zusammenhänge der langfristigen Vorkriegs- und Nachkriegsprozesse (vgl. z.B. Zymek 1992, 1997, Leschinsky/Kluchert 1997, Drewek/Huschner/Ejury 2001), die Phasen und Ungleichzeitigkeiten des regionalen Schulausbaus, die Prozesse der Umwandlung und Aufwertung von privaten und berufsbildenden Institutionen zu allgemein bildenden Schulen, den Rückgang des Internatsschulwesens und den Strukturwandel des Ordensschulwesens, die Umwandlung von reinen Jungen- und Mädchenschulen in koedukative Anstalten und die Veränderung der geschlechtsspezifischen Konkurrenzverhältnisse und Selektionsprozesse (vgl. z.B. Kraul 1996), die Wirkungen der Migrationsbewegungen auf die Struktur des Schulwesens, die – unbeabsichtigten – Folgen der jahrzehntelangen „Nicht-Reform" des deutschen Schulwesens, die Transformationen der ostdeutschen Bildungslandschaften vor und nach 1989 usw. Empirische historische Analysen dürften sehr wahrscheinlich eine Reihe von verbreiteten Vorurteilen über die Ursachen und Konsequenzen der Bildungsexpansion korrigieren (vgl. Leschinsky/Mayer 1990; Zymek 2001). Das Gleiche gilt für die Geschichte des Lehrerberufs seit dem zweiten Weltkrieg: Zwar sind die großen Strukturreformen und Konjunkturen bekannt, es fehlen aber Studien zu den verschiedenen „Notprogrammen" und „Graduierungswellen" in Phasen des Lehrermangels, insbesondere aber Forschungen zu den Prozessen der Aufwertung, Integration bzw. Nicht-Integration der Pädagogischen Hochschulen in die Universitäten. Es ist zu erwarten, dass solche Forschungen zur Geschichte des Schulwesens und des Lehrerberufs, die – wenn möglich – auch international-vergleichend (vor allem aber auch zwischen den Prozessen in den BRD und der DDR!) angelegt werden sollten, mit größerer Distanz zu den bildungspolitischen Grabenkämpfen der 1960er und 1970er Jahre, das Bild über die Bildungsgeschichte der zweiten Hälfte des 20. Jahrhunderts verändern werden.

Internationalisierung und Globalisierung sind seit einigen Jahren nicht mehr nur Schlagworte der politischen Diskussionen, sondern auch eine Perspektive wissenschaftlicher Theoriebildung und Forschung in verschiedenen Wissenschaftsdisziplinen. Im Bereich der Erziehungswissenschaft sind es vor allem Vertreter der Vergleichenden Erziehungswissenschaft, die heute auch die Schule unter dieser Perspektive thematisieren (vgl. z.B. Schriewer 1994). Die seit einigen Jahren international einflussreichste Forschungshypothese und -strategie wird von John W. Meyer und Francisco O. Ramirez von der Stanford University vertreten. In Anknüpfung an ältere modernisierungstheoretische Ansätze plädieren sie für eine neue Perspektive auf die Geschichte, gerade auch die Bildungsgeschichte, nämlich für die Perspektive einer – sich seit einigen Jahrhunderten abzeichnenden und nach dem zweiten Weltkrieg beschleunigenden – „Weltgesellschaft" (world society). Die Entstehung von Nationalstaaten und ihren Erziehungsinstitutionen interpretieren sie nicht als Ausprägung unterschiedlicher gesellschaftlicher Entwicklungspfade in der Moderne, sondern als weltweite Durchsetzung von institutionellen und kulturellen „models" einer entstehenden Weltgesellschaft. Was sie als „models" bezeichnen, könnte man vielleicht als systematisierte (rationalized) – strukturelle, normative, ideelle – „Muster" übersetzen, die sich im historischen Prozess als prägend und richtungsweisend erwiesen haben. Seit etwa zwei Jahrhunderten, so die zentrale These, knüpft jede politische Entwicklungsstrategie an einer Reihe von Merkmalen des modernen Nationalstaates (nation-state) an, dazu gehört vor allem auch der Aufbau eines Erziehungssystems, das wiederum bestimmte Merkmale aufweist. Daraus ergibt sich die Dynamik einer entstehenden „Weltgesellschaft". Diese globale Perspektive und die damit verbundenen Hypothesen bilden den Rahmen eines internationalen Forschungsprogramms, dessen Fragestellungen eine Herausforderung für jede schulhistorische Forschung der nächsten Jahrzehnte darstellt:

- Hat das Aufkommen bestimmter Formen (rationalized models) des Nationalstaates (nation-state) und der Elementar- und Sekundarbildung (mass and elite education) im 19. und 20. Jahrhundert schließlich Institutionen entstehen lassen, die international ähnlicher sind, als es die verschiedenen nationalen Gesellschaften vorgesehen haben und wahr haben wollen?
- Üben diese institutionellen und kulturellen Muster (world models) nicht im Laufe der Zeit einen zunehmenden Druck zu ihrer internationalen Verbreitung und Standardisierung aus?
- Werden diese „world models" durch internationale Organisationen sowie die mit Erziehung befassten Wissenschaften und Professionen verbreitert – und zwar von Kernländern ausgehend zu den eher peripheren?
- Nimmt – dem entsprechend – mit der Zeit die Kraft der eigenständigen politischen, sozialen und ökonomischen Besonderheiten der nationalen Erziehungssysteme ab?
- Ergeben sich Veränderungen der nationalen Bildungssysteme zunehmend aus der Art und dem Umfang der internationalen Vernetzung der Gesellschaft in der „Weltgesellschaft"? Und gilt dabei, dass – je mehr eine Gesellschaft in der Weltgesellschaft organisatorisch verankert ist – dann auch sein Schulsystem umso mehr dem „Weltmodel" entspricht und

dessen Veränderungen folgt? (Meyer/Ramirez 2000, S. 119f.; vgl. auch Meyer/Ramirez/Soysal 1992; Meyer/Boli/Thomas/Ramirez 1997).

Diese Hypothesen bilden den Hintergrund für ein – inzwischen umfangreiches – internationales Forschungsprogramm, in dem internationale Trends zur Angleichung (homogenizing tendencies) der Schulstrukturen und der Curricula diagnostiziert werden (vgl. den Überblick in Meyer/Ramirez 2000, S. 120ff.; auch Adick 1992 und dies. in diesem Band), aber auch für kritische Diskussionen (z.B. Schriewer 1997) und alternative Konzepte zur Analyse der mit dem Prozess der Globalisierung verbundenen bildungspolitischen und erziehungswissenschaftlichen Problemstellungen (z.B. Dale 2000). Es erscheint dringend, dass die schulhistorische Forschung öfter als bisher die nationalgeschichtliche Perspektive überschreitet und nicht nur Beiträge zu den verschiedenen Dimensionen der Europäisierung und Internationalisierung von Schule während der letzten Jahrzehnte liefert (internationaler Austausch von Schülern und Lehrern, Internationalisierung des Lehrerarbeitsmarktes, internationale Standardisierung der Unterrichtsgegenstände und der schulpädagogischen Forschung, Entstehung von überregionalen bzw. internationalen Schulen), sondern in dieser Perspektive auch die Epochen vor der nationalstaatlichen Schulgeschichte und ihre internationalen Netzwerke und Systeme auf dem Gebiet der Erziehung einbezieht. Es ist zu erwarten, dass schulhistorische Studien in dieser „weltgesellschaftlichen“ Perspektive so manche Dimension der traditionellen Geschichtsbilder relativieren und die künftigen Diskussionen befruchten werden.

Studien dieser Art als Beiträge zu einem interdisziplinären wissenschaftlichen Diskurs wären Beispiele dafür, was vielen Studien zur Geschichte der Schule und des Lehrerberufs fehlt. Sie sind oft nicht mehr nur – wie früher die Regel – Veröffentlichungen, die die lange Tradition einer Schule oder eines Unterrichtsfachs oder eines Lehrerverbands belegen sollen. Aber ihre Befunde sollten doch ausdrücklich als Beiträge zu einem aktuellen wissenschaftlichen Diskurs angelegt, zumindest abschließend diskutiert werden, nicht mit dem Anspruch, einen aktuellen schulpolitischen Konflikt entscheiden zu können, aber doch als Beiträge zu einer Theorie der Schule. Die Forschungen zur Geschichte des Schulwesens und des Lehrerberufs würden dann dazu beitragen, dass Theorien der Schule nicht mehr als abstrakte Modelle angelegt, sondern zu Theorien der Schule im historischen Prozess weiterentwickelt werden (vgl. z.B. Leschinsky/Roeder 1976; Archer 1979; Müller/Ringer/Simon 1987; Green 1990; Strobel-Eisele 1992; Diederich/Tenorth 1997; Drewek 1993; Titze 1999; Zymek 1999, 2001).

Literatur

Adick, C.: Die Universalisierung der modernen Schule. Eine theoretische Problemskizze zur Erklärung der weltweiten Verbreitung der modernen Schule in den letzten 200 Jahren mit Fallstudien aus Westafrika. Paderborn/München/Wien/Zürich 1992

Albertini, P.: L'ecole en France, XIXe-XXe sciècle. De la maternelle à l'université. Paris 1992

Albisetti, J.C.: Schooling German Girls and Woman. Secondary and Higher Education in the Nineteenth Century. Princeton 1988

Albisetti, J.C.: The feminization of the teaching in the nineteenth century: a comparative perspective. In: History of Education 22 (1993), pp. 253-264

Albrecht, P./Hinrichs, E. (Hrsg.): Das niedere Schulwesen im Übergang vom 18. zum 19. Jahrhundert. Tübingen 1995

Aldrich, R. (Ed.): A Century of Education. London 2002

Allsobrook, D.: Schools for the Shires: The Reform of Middle – Class Education in Mid-Victorian England. Manchester 1986

Amlung, U./Haubfleisch, D./Link, J.-W./Schmitt, H. (Hrsg.): „Die alte Schule überwinden“. Reformpädagogische Versuchsschulen zwischen Kaiserreich und Nationalsozialismus. Frankfurt a.M. 1993

Anderson, A.C./Bowman, M.J.: Education and Economic Modernization in Historical Perspective. In: Stone, R. (Ed.): Schooling and Society. Baltimore 1976

Anweiler, O.: Schulpolitik und Schulsystem in der DDR. Opladen 1988

Anweiler, O./ Mitter, W./Peister,H./Schäfer, H.-P./Stratenwerth,W. (Hrsg.): Vergleich von Bildung und Erziehung in der Bundesrepublik Deutschland und der Deutschen Demokratischen Republik. Köln 1990

Apel, H.-J.: Das preußische Gymnasium in den Rheinlanden und Westfalen 1814-1848. Die Modernisierung der traditionellen Gelehrtenschulen durch die preußische Unterrichtsverwaltung. Köln/Wien 1984

Apel, H.-J./Bittner, S.: Humanistische Schulbildung 1890-1945. Anspruch und Wirklichkeit der altertumskundlichen Unterrichtsfächer. Köln 1994

Apel, H.-J./Horn, K.-P./Lundgren, P./Sandfuchs, U. (Hrsg.): Professionalisierung pädagogischer Berufe im historischen Prozeß. Bad Heilbrunn 1999

Apel, H.-J./Kemnitz, H./Sandfuchs, U. (Hrsg.): Das öffentliche Bildungswesen. Historische Entwicklung, gesellschaftliche Funktionen, pädagogischer Streit. Bad Heilbrunn 2001

Archer, M.S.: Social Origins of Educational Systems. London/Beverly Hills 1979

Arnhardt, G / Reinert, G.-B.: Die Fürsten- und Landesschulen Meißen, Schulpforta und Grimma. Lebensweise und Unterricht über Jahrhunderte. Weinheim / Basel 202

Barbagli, M.: Disoccupazione intellettuale e sistema scholastico in Italia. Bologna 1974

Baumert, J.: Langfristige Auswirkungen der Bildungsexpansion. In: Unterrichtswissenschaft 19 (1991), S. 333-349

Belhoste, B.: La Révolution et l‘éducation. Dernier bilan. In: Histoire de l‘Education, 53 (1992), S. 41-51

Berg, C.: Die Okkupation der Schule. Eine Studie zur Aufhellung gegenwärtiger Schulprobleme an der Volksschule Preußens (1872-1900). Heidelberg 1973

Berg, C. (Hrsg.): Handbuch zur deutschen Bildungsgeschichte. Bd. IV: 1870-1918. Von der Reichsgründung bis zum Ende des Ersten Weltkriegs. München 1991

Blaug, M.: Were Are We Now in the Economics of Education? In: Economics of Education Review 4 (1985), 1, pp. 17-28

Block, R.: Der Alphabetisierungsverlauf im Preußen des 19. Jahrhunderts. Quantitative Explorationen aus bildungshistorischer Perspektive. Frankfurt a.M./Berlin/Bern 1995

Boehm, L.: Das mittelalterliche Erziehungs- und Bildungswesen. In: Melville, G./R.Müller, R.A./Müller, W. (Hrsg.): Geschichtsdenken, Bildungsgeschichte, Wissenschaftsorganisation. Ausgewählte Aufsätze von Laetitia Boehm anlässlich ihres 65. Geburtstags. Berlin 1996, S. 291-346

Boekholt, P.Th.F.M./Booy, E.P. de: Geschiedenis van de school in Nederland vanaf de middeleeuwen tot an de huidige tijd. Assen/Maastricht 1987

Boli, J.: New Citizens for a New Society. The Institutional Origins of Mass Schooling in Sweden. Oxford 1989

Bölling, R.: Sozialgeschichte der deutschen Lehrer. Ein Überblick von 1800 bis zur Gegenwart. Göttingen 1983

Bormann, S./Jeismann, K.-E.: Abitur, Staatsdienst und Sozialstruktur. Rekrutierung und Differenzierung der Schicht der Gebildeten am Beispiel der sozialen Herkunft und Zukunft von Abiturienten preußischer Gymnasien im Vormärz. In: Jeismann, K.-E. (Hrsg.): Bildung, Staat, Gesellschaft im 19. Jahrhundert. Stuttgart 1989, S. 155-186

Bosna, E./Genovesi, G.: L‘ instruzione secondaria superiore in Italia da Casati ai gionri nostri. Bari 1988

Bousquet, P./Drago, R./Gerbod, P./Goyard, C./Imbert, J./Rials, St./Thuillier, G./Tulard, J.: Histoire de l‘administration de l‘ enseignement en France 1789-1981. Paris 1983

Braster, J. F. A. / Dodde, N.L.: Compulsory Education in the Netherlands. A Problem in the Nineteenth Century and a Solution in the Twenties Century. In: Mangan, J.A. (Ed.): A Significant Social Revolution. Cross Cultural Aspects of the Evolution of Compulsory Education. London 1994, pp. 21 – 35

Brehmer, I./Simon, G. (Hrsg.): Geschichte der Frauenbildung und Mädchenerziehung in Österreich. Ein Überblick. Graz 1997

Brehony, K.J.: The ‚School Masters Parliament‘: the Origins and Formation of the Consultative Commitee of the Board of Education 1868-1916. In: History of Education 23 (1994), 2, pp. 171-193

Brian, J.-P./Chapoulie, J.-M./Huguet, F./Luc, J.-N./Prost, A.: L‘ enseignement primaire et ses extensions, XIXe-XXe scièсles. Annuaire statistique. Paris 1987

Bryant, M.: The Unexpected Revolution: A Study in the History of the Education of Woman and Girls in the Nineteenth Century. London 1979

Cambi, F.: La ricerca storico – educativo in Italia 1945-1990. Milano 1992

Caspard, P. (Dir.): Guide international de la recherche en histoire de l'education – International Guide for Research in the History of Education. Paris 1995
Chitty, C.: The Changing Role of the State in Education Provision. In: History of Education 21 (1992), pp. 1-14
Christmann, H.H.: Romanistik und Anglistik an den deutschen Universitäten im 19. Jahrhundert. Ihre Herausbildung als Fächer und ihr Verhältnis zu Germanistik und klassischer Philologie. In: Akademie der Wissenschaften und der Literatur. Abhandlungen der Geistes- und Sozialwissenschaftlichen Klasse. Mainz/Stuttgart 1985
Cives, G. (Ed.): La scuola italiana dall' Unitá ai nostri gionri. Firenze 1990
Clarke, L./Lange, Th./Shackleton J.R./Walsh, S.: Die politische Ökonomie der Berufsbildung in Großbritannien und in Deutschland. In: Zeitschrift für Pädagogik 40 (1994), S. 371-388
Cloer, E.: Sozialgeschichte, Schulpolitik und Lehrerfortbildung der katholischen Lehrerverbände im Kaiserreich und der Weimarer Republik. Ratingen 1975
Compère, M.-M.: Du collège au lycée (1500-1850). Généalogie de l'enseignement secondaire francais. Paris 1985
Compère, M.-M.: La formation literaire et pédagogique des Jésuites en Europe fin du XVIIe et début XVIIIe sciècle. In: Paedagogica Historica 30 (1994), pp. 99-117
Compere, M.-M.: L'histoire de l'education en Europe. Essai comparatif sur la facon dont elle s'écrit. Paris 1995
Compère, M.-M./Julia, D.: Les collèges francais. XVIe-XVIIIe sciècle. Repertoire 1: France du Midi, Paris 1984; Repretoire 2: France du Nord et de l'Ouest, Paris 1988;
Compère, M.-M.: Les collèges francais 16e – 18e sciècles, Repertoire 3. Paris, Paris 2002
Compère, M.-M./Julia, D./Chartier, R.: L' Education en France du XVIe au XVIIIe sciècle. Paris 1976
Conrad, A.: Zwischen Kloster und Welt. Ursulinen und Jesuitinnen in der katholischen Reformbewegung des 16./17. Jahrhunderts. Mainz 1991
Conze, W./Kocka, J. (Hrsg.): Bildungsbürgertum im 19. Jahrhundert. Teil I: Bildungssystem und Professionalisierung im internationalen Vergleich. Stuttgart 1985
Courtenay, W.J. (Ed.): University and Schooling in the Medieval Society. Leiden/Boston/Köln 2000
Craig, J.: On the Development of Educational Systems. In: American Journal of Education (1981), pp. 189-211
Cremin, A.: The Transformation of the School. Progressivism in American Education 1876-1957. New York 1961
Criblez, L./Jenzer, C./Hofstetter, R./Mangin, C. (Hrsg.): Eine Schule für die Demokratie. Zur Entwicklung der Volksschule in der Schweiz im 19. Jahrhundert. Frankfurt a.M. 1999
Crubellier, M.: L'ecole républicaine, 1870-1940. Esquisse d'une histoire culturelle. Paris 1993
Cuban, L.: How Teachers Taught. Constancy and Change in American Classrooms 1880-1990. New York 1993
Dale, R.: Globalisation: A New World for Comparative Education? In: Schriewer, J. (Ed.): Discourse Formation in Comparative Education. Frankfurt a.M. 2000, pp. 87-109
De Ridder-Symoens, H. (Ed.): A History of the University in Europe. Vol. I: Universities in the Middle Ages. Cambridge 1992
Delgado Criado, B. (Dir.): Historia de la Educación en Espagna y América. Tome 1: La educación en la Hispania antigua y medieval. Tome 2: La educación en la Espagna moderna (Siglos XVI-XVIII). Tome 3: La educacion en la Espagna contemporanea (1789-1975). Madrid 1992-1994
Depaepe, M./Simon, F.: Is there any place for the History of „Education" in the „History of Education"? A Plea for the History of Everyday Educational Reality in- and outside Schools. In: Paedagogica Historica 21 (1995), 1, pp. 9 – 16
Deppisch, H./Meisinger, W.: Von Stand zum Amt. Der materielle und soziale Emanzipationsprozess der Elementarlehrer in Preußen. Wiesbaden 1992
Dick, Malcolm: The Myth of Working Class Sunday Schools. In: History of Education 9 (1980) pp. 27-41
Dickerhoff, H. (Hrsg.): Bildungs- und schulgeschichtliche Studien zu Spätmittelalter, Reformation und konfessionellem Zeitalter. Wiesbaden 1994
Diebolt, C.: Education et croissance économique en France et en Allemagne aux 19ème et 20ème sciècles. In: Revue Francaise de Pédagogie 121 (1997), pp. 29-38
Diebolt, C.: Towards a Theory of Systematic Regulation? The Case of France and Germany in the Nineteeth and Twentieth Centuries. In: Schriewer, J. (Ed.): Discourse Formation in Comparative Education 2000, pp. 55-85
Diederich, J./ Tenorth, H.-E.: Theorie der Schule. Ein Studienbuch zu Geschichte, Funktionen und Gestaltung. Berlin 1997
Dippold, G.: Schulen, Lehrer und Universitätsbesucher in Kleinstädten des Hochstifts Bamberg. In: Dickerhof, H. (Hrsg.): Bildungs- und schulgeschichtliche Studien zu Spätermittelalter, Reformation und konfessionellem Zeitalter. Wiesbaden 1994, S. 129-200
Drewek, P.: Schulgeschichtsforschung und Schulgeschichtsschreibung: Anmerkungen zum Problem von Narrativität und Fiktionalität aus sozialgeschichtlicher Perspektive. In: Lenzen D. (Hrsg.): Pädagogik und Geschichte: Pädagogische Historiographie zwischen Wirklichkeit, Fiktion und Konstruktion. Weinheim 1993, S. 61-86

Drewek, P./Huschner, A./Ejury, R. (Hrsg.): Politische Transformation und Eigendynamik des Schulsystems im 20. Jahrhundert. Regionale Schulentwicklung in Berlin und Brandenburg 1890 bis 1990. Weinheim 2001

Eilers, R.: Die nationalsozialistische Schulpolitik. Köln/Opladen 1963

Endres, R.: Das Schulwesen in Franken im ausgehenden Mittelalter. In: Moeller, B./Patze, H./Stackmann,K. (Hrsg.): Studien zum städtischen Bildungswesen des späten Mittelalters und der frühen Neuzeit. Bericht über die Kolloquien der Kommission zur Erforschung der Kultur des Spätmittelalters 1978 bis 1981. Göttingen 1983, S. 173-214

Endres, R.: Handwerk – Berufsbildung. In: Hammerstein, N. (Hrsg.): Handbuch der deutschen Bildungsgeschichte. Bd. I: 15. bis 17. Jahrhundert. Von der Renaissance und der Reformation bis zum Ende der Glaubenskämpfe. München 1996, S. 375-424

Engelbrecht, H.: Geschichte des österreichischen Bildungswesens. Erziehung und Unterricht auf dem Boden Österreichs. 5 Bde. Wien 1882-1988

Ennen, E.: Die Lateinschule in Emmerich – niederrheinisches Beispiel einer bedeutenden Schule in einer kleinen Stadt. In: Moeller, B./Patze, J./Stackmann, K. (Hrsg.): Studien zum städtischen Bildungswesen des später Mittelalters und der frühen Neuzeit. Göttingen 1983, S. 235-242

Enzelberger, S.: Sozialgeschichte des Lehrerberufs. Gesellschaftliche Stellung und Professionalisierung von Lehrerinnen und Lehrern von den Anfängen bis zur Gegenwart. Weinheim/München 2001

Feiten, B.: Der Nationalspzialistische Lehrerbund – Entwicklung und Organisation. Ein Beitrag zum Aufbau und zur Organisationsstruktur des nationalsozialistischen Herrschaftssystems. Weinheim u.a. 1981

Fiegert, M.: Die Schulen von Melle und Buer im Hochstift Osnabrück vom Westfälischen Frieden bis zur Säkularisierung. Eine Regionalgeschichte im Prozess der Konfessionalisierung. Osnabrück 1992

Fiegert, M.: Pragmatische Geschlechtertrennung. Die Anfänge elementarer Mädchenbildung im geistlichen Fürstentum Osnabrück. Ein Beitrag zur Historischen Mädchenbildungsforschung. Bochum 1999

Flasch, K./Jeck, U.R. (Hrsg.): Das Licht der Vernunft. Die Anfänge der Aufklärung im Mittelalter. München 1997

Flechter, S: Feminists and Bureaucrats: A Study in the Development of Girls' Education in the Nineteenth Century, Cambridge 1980

Flora, P.: Die Bildungsentwicklung im Prozess der Staaten- und Nationenbildung. Eine vergleichende Analyse. In: Ludz, P.C. (Hrsg.): Soziologie und Sozialgeschichte. Aspekte und Probleme. Kölner Zeitschrift für Soziologie und Sozialpsychologie. Sonderheft 16. Opladen 1972, S. 294-319

Francois, E.: Alphabetisierung in Frankreich und Deutschland während des 19. Jahrhunderts. In: Zeitschrift für Pädagogik 29 (1983), S. 755-768

Friedrich, G.: Die Volksschule in Württemberg im 19. Jahrhundert. Weinheim 1978

Frijhoff, W. (Dir.): L' offre d'ecole. Elements pour une étude comparée des politiques educatives au XIXe sciècles. Paris 1983

Führ, C.: Zur Schulpolitik der Weimarer Republik. Die Zusammenarbeit von Reich und Ländern im Reichsschulausschuß (1919 – 1923) und im Ausschuß für das Unterrichtswesen (1924 – 1933). Darstellung und Quellen. Weinheim 1972

Führ, C./Furck, C.-L. (Hrsg): Handbuch zur deutschen Bildungsgeschichte. Bd. VI: 1945 bis zur Gegenwart. Erster Teilband: Bundesrepublik Deutschland. Zweiter Teilband: Deutsche Demokratische Republik und neue Bundesländer. München 1997 und 1998

Fuhrmann, M.: Der europäische Bildungskanon des bürgerlichen Zeitalters. Frankfurt a. M./Leipzig 1999

Fuhrmann, M.: Europas kulturelle Identität. Stuttgart 2002

Gardner, P.I.: The Lost Elementary Schools of Victorian England: The Peoples Education. London 1984

Gardner, P.I.: Teacher Training and Changing Professional Identity in Early Twentieth Century England. In: Journal of Education for Teaching 21 (1995), pp. 191-217

Geißler, G.: Geschichte des Schulwesens in der Sowjetischen Besatzungszone und in der Deutschen Demokratischen Republik. 1945-1962. Frankfurt a.M. 2000

Genovesi, G.: Introduction, Development and Extension of Compulsory Education. Vol. 1 of Conference Papers for the 8th Session of the International Standing Conference for the History of Education. Parma 1986

Gerger, T.: Utbilgning och samhälle. Elevrekrytering till folkskolan under 1800 – talet och till högere skolsystem under 1940-, 1950- och 1960 - talen. Stockholm 1978

Gosden, P.H.J.H.: The Development of Educational Administration in England and Wales. Oxford 1966

Götz, M.: Die Grundschule in der Zeit des Nationalsozialismus. Bad Heilbrunn 1997

Green, A.: Education and State Formation. The Rise of Education Systems in England, France and the USA. London 1990

Green, A.: Technical Education and State Formation in Nineteenth Century England and France, In: History of Education 24 (1995), pp. 123-140

Grimm, G.: Elitäre Bildungsinstitution oder „Bürgerschule“? Das österreichische Gymnasium zwischen Tradition und Innovation, 1773-1819. Frankfurt a.M./Berlin/Bern 1995
Groppe, C.: Die Macht der Bildung. Das deutsche Bürgertum und der George – Kreis 1890-1933. Köln 1977
Grosvenor, I.: „There is no place like home“: Education and the Making of National Identity. In: History of Education 28 (1999), pp. 235-250
Grosvenor, I./Lawn, M./Rousmaniere, K.: Silences and Images: The Social History of Classroom. New York 1999
Gruner, P./Kluchert, G.: Erziehungsabsichten und Sozialisationseffekte. Die Schule in der SBZ und der frühen DDR zwischen politischer Instrumentalisierung und institutioneller Eigenlogik. In: Zeitschrift für Pädagogik 47 (2001), 5, S. 859-868
Grünthal, D.: Reichsschulgesetz und Zentrumspartei in der Weimarer Republik. Düsseldorf 1968
Guerena, J.L./Berrio, J.R./Tiana, A. (Eds.): Historia de la educación en la Espagna contemporanéa. Madrid 1994
Günther-Arndt, H.: Monarchische Präventivbelehrung oder curriculare Reform? Zur Wirkung des Kaiser-Erlasses vom 1. Mai 1889 auf den Geschichtsunterricht. In: Jeismann, K.-E. (Hrsg.): Bildung Staat, Gesellschaft im 19. Jahrhundert. Mobilisierung und Disziplinierung. Stuttgart 1989, S. 256-275
Haeder, S./Tenorth, H.-E. (Hrsg.): Bildungsgeschichte einer Diktatur. Bildung und Erziehung in der SBZ und DDR im historisch-gesellschaftlichen Kontext. Weinheim/Basel 1997
Haeder, S.: Schülerkindheit in Ost-Berlin. Sozialisation unter den Bedingungen der Diktatur (1945-1958) Habilitation, Humboldt Universität Berlin 1998
Haenicke, G.: Zur Geschichte der neueren Sprachen in den Prüfungsordnungen für das Höhere Lehramt. In: Neuere Sprachen 79 (1980), S. 187-197
Hammerstein, N. (Hrsg.): Handbuch der deutschen Bildungsgeschichte Bd. I: 15. bis 17. Jahrhundert. Von der Renaissance und der Reformation bis zum Ende der Glaubenskämpfe. München 1996
Hanschmidt, A. (Hrsg.): Elementarschulverhältnisse im Niederstift Münster im 18. Jahrhundert. Die Schulvisitationsprotokolle Bernhard Overbergs für die Ämter Meppen, Cloppenburg und Vechta 1783/1984. Münster 2000
Hänsel, D.: Wer ist der Professionelle? Analyse der Professionalisierungsproblematik im Geschlechterzusammenhang. In: Zeitschrift für Pädagogik 38 (1992), 6, S. 873-893
Harney, K.: Die preußische Fortbildungsschule. Eine Studie zum Problem der Hierarchisierung beruflicher Schultypen im 19. Jahrhundert. Weinheim/Basel 1980
Harney, K./Schriewer, J.: „Beruflichkeit“ versus „culture technique“. Zu einer Soziogenese arbeitsbezogener Semantik in Deutschland und Frankreich. In: Didry, C./Wagner, P./Zimmermann, B. (Hrsg.): Arbeit und Nationalstaat. Frankreich und Deutschland in europäischer Perspektive. Frankfurt a.M./New York 2000, S. 128-168
Harney, K./Zymek, B.: Allgemeinbildung und Berufsbildung. Zwei konkurrierende Konzepte der Systembildung in der deutschen Bildungsgeschichte und ihre aktuelle Krise. In: Zeitschrift für Pädagogik 40 (1994), S. 405-422
Heinemann, M.: Schule im Vorfeld der Verwaltung. Die Entwicklung der preußischen Unterrichtsverwaltung von 1771-1800. Göttingen 1974
Heinemann, M.: (Hrsg.): Der Lehrer und seine Organisationen. Stuttgart 1977
Heinemann, M.: (Hrsg): Erziehung und Schulung im Dritten Reich. Teil 1: Kindergarten, Schule, Jugend, Berufserziehung. Stuttgart 1980
Heinemann, M.: Die historische Pädagogik in Europa und den USA. Berichte über die historische Bildungsforschung. Stuttgart 1985
Herbst, J.: The Once and the Future School. Three Hundred and Fifty Years of American Secondary Education. New York 1996
Herbst, J.: And Sadly Teach. Teacher Education and Professionalization in American Culture. Madison 1989
Herrlitz, H.-G.: Studium als Standesprivileg. Die Entstehung des Maturitätsproblems im 18. Jahrhundert. Lehrplan- und gesellschaftsgeschichtliche Untersuchungen. Frankfurt a.M. 1973
Herrlitz, H.-G./Hopf, W./Titze, H.: Deutsche Schulgeschichte von 1800 bis zur Gegenwart. Eine Einführung. Mit einem Kapitel über die DDR von Ernst Cloer. Weinheim/München 1993
Herrmann, U.: Historische Bildungsforschung und Sozialgeschichte der Bildung. Programme – Analysen – Ergebnisse. Weinheim 1991a
Herrmann, U.G.: Sozialgeschichte des Bildungswesens als Regionalgeschichte. Die höheren Schulen Westfalens im 19. Jahrhundert. Köln/Weimar/Wien 1991b
Herrmann, U.G./Müller, D.K.: Regionale Differenzierung und gesamtstaatliche Systembildung. Preußen und seine Provinzen, Deutsches Reich und seine Staaten. 1800-1945. Datenhandbuch zur deutschen Bildungsgeschichte. Bd. II: Höhere und mittlere Schulen. 2. Teil. Göttingen 2003
Hinrichs, E.: „Ja, das Schreiben und das Lesen...“. Zur Geschichte der Alphabetisierung in Norddeutschland von der Reformation bis zum 19. Jahrhundert. In: Albrecht, P./Hinrichs, E. (Hrsg.): Das niedere Schulwesen im Übergang vom 18. zum 19. Jahrhundert. Tübingen 1995, S. 371-391

Höck, M.: Die Hilfsschule im Dritten Reich. Berlin 1979
Hohenzollern, J.G. Prinz von/Liedke, M. (Hrsg.): Schreiber, Magister, Lehrer. Zur Geschichte und Funktion eines Berufsstandes. Bad Heilbrunn 1989
Hohenzollern, J.G. Prinz von/Liedke, M. (Hrsg.): Der weite Schulweg der Mädchen. Die Geschichte der Mädchenbildung als Beispiel der Geschichte anthropologischer Vorurteile. Bad Heilbrunn 1990
Hohlfeld, B.: Die Neulehrer in der SBZ/DDR. Ihre Rolle bei der Umgestaltung von Gesellschaft und Staat. Weinheim 1992
Huschner, A.: Vereinheitlichung und Differenzierung in der Schulentwicklung der SBZ und DDR. In: Zeitschrift für Pädagogik 43 (1997), S. 279-297
Jablonka, I.: Les historiens americains aux prises avec leurs écoles. L' évolution récente d'historiographie de l'éducation aux Etats Unies, 1961-2001. In: Histoire de l'Education 89 (2001) S. 3ff.
Jacob, R.: Die Verbreitung von Schulen in Franken und in der Kuroberpfalz zwischen 1250 und 1520 unter historisch-geographischer Fragestellung. In: Dickerhof, H. (Hrsg.): Bildungs- und schulgeschichtliche Studien zu Spätmittelalter, Reformation und konfessionellem Zeitalter. Wiesbaden 1994, S. 117-128
Jacobi, F.-J.: Anfänge und Frühgeschichte. In : Lassalle, G. (Hrsg.): 1200 Jahre Paulinum in Münster, 797 – 1997. Münster 1997, S. 9-19
Jacobi, J. (Hrsg.): Frauen zwischen Familie und Schule. Professionalisierungsstrategien bürgerlicher Frauen im internationalen Vergleich. Frankfurt a.M. 1994
Jacobi, J.: Modernisierung durch Feminisierung? Zur Geschichte des Lehrerinnenberufes. In: Zeitschrift für Pädagogik 43 (1997), S. 929-946
Jäger, G.: Schule und literarische Kultur. Sozialgeschichte des deutschen Unterrichts an höheren Schulen von der Spätaufklärung bis zum Vormärz. Bd. 1: Darstellung. Stuttgart 1981
Jarausch, K.H.: The Unfree Professions. German Lawyers, Teachers and Engineers, 1900-1950. Cambridge/New York 1990
Jeismann, K.E. (Hrsg.): Bildung, Staat und Gesellschaft im 19. Jahrhundert. Mobilisierung und Disziplinierung. Wiesbaden/Stuttgart 1989
Jeismann, K.E.: Das preußische Gymnasium in Staat und Gesellschaft. Bd. 1: Die Entstehung des Gymnasiums als Schule des Staates und der Gebildeten 1787-1817. Bd. 2: Höhere Bildung zwischen Reform und Reaktion 1817-1859. Stuttgart 1996
Jeismann, K.E./Lundgren, P. (Hrsg.): Handbuch der deutschen Bildungsgeschichte. Bd. III: 1800-1870. Von der Neuordnung Deutschlands bis zur Gründung des Deutschen Reiches. München 1988
Jenzer, C.: Die Schulklasse. Eine historisch-systematische Untersuchung. Bern 1991
Julia, D.: La naissance du corps professoral. In: Actes de la Recherche en Sciences Sociales 39 (1981), pp. 71-86
Julia, D.; Atlas de la Révolution francaise 2. L'Enseignement 1760-1815. Paris 1987
Julia, D.: Enfance et Citoyenneté. Bilan historiographique et perspectives de recherches sur l'éducation et l'enseignement pendant la période révolutionnaire. In: Histoire de l'Education 45 (1990), pp. 3-42, 49 (1991), S. 3-48
Julia, D.: Le Choix des professeurs en France: Vocation ou concours? 1700-1850. In: Paedaogica Historica 30 (1994), pp. 175-295
Kaestle, C.F.(Ed.): Joseph Lancaster and the Monitorial School Movement. A Documentary History. New and London 1973
Kaestle, C.F./Vinovskis, M.A.: Education and Social Change in Nineteenth Century Massachusetts. Cambridge 1980
Kater, M.H.: Hitlerjugend und Schule im Dritten Reich. In: Historische Zeitschrift 228 (1979), S. 572-623
Käthner, M.: Der weite Weg zum Mädchenabitur. Strukturwandel der höheren Mädchenschulen in Bremen (1854-1916). Frankfurt a.M. 1994
Keiner, E./Tenorth, H.-E.: Schulmänner – Volkslehrer – Unterrichtsbeamte. Ergebnisse und Probleme neuerer Studien zur Sozialgeschichte des Lehrers in Deutschland. In: Internationales Archiv für Sozialgeschichte der deutschen Literatur 6 (1981), S. 198-222
Kell, A.: Beruf und Bildung. Entwicklungstendenzen und Perspektiven. In: Benner, D./Tenorth, H.-E. (Hrsg.): Bildungsprozesse und Erziehungsverhältnisse im 20. Jahrhundert. Praktische Entwicklungen und Formen der Reflexion im historischen Kontext. Weinheim/Basel 2000. S. 212-238
Kemnitz, H.: Lehrerverein und Lehrerberuf im 19. Jahrhundert. Eine Studie zum Verberuflichungsprozess der Lehrertätigkeit am Beispiel der Berlinischen Schullehrergesellschaft (1813-1892). Weinheim 1999
Kersting, F.-W.: Militär und Jugend im NS-Staat. Rüstungs- und Schulpolitik der Wehrmacht. Opladen 1989
Kintzinger, M: Das Bildungswesen in der Stadt Braunschweig im hohen und späten Mittelalter. Verfassungs- und institutionengeschichtliche Studien zu Schulpolitik und Bildungsförderung. Köln/Wien 1990

Kintzinger, M.: Bildungsgeschichte in der Wissensgesellschaft? Historische Forschung zur Geschichte der Bildung und des Wissens im Mittelalter. In: Jahrbuch für historische Bildungsforschung. Bd. 6, Bad Heibrunn 2000, S. 299-316

Klassen, Th.F./Skiera, E./Wächter, B. (Hrsg.): Handbuch der reformpädagogischen und alternativen Schulen in Europa. Baltmannsweiler 1990

Kleinau, E./Opitz, C. (Hrsg.): Geschichte der Mädchen- und Frauenbildung. Bd. 1: Vom Mittelalter bis zur Aufklärung. Bd. 2: Vom Vormärz bis zur Gegenwart. Frankfurt a.M./New York 1996

Kluchert, G.: Die Entwicklung der Lehrer-Schüler-Interaktion und die Bildungswachstumsschübe. Zur inneren Schulreform im 20. Jahrhundert. In: Zeitschrift für Pädagogik 49 (2003), S. 47-60

Knauer, C.: Frauen unter dem Einfluss von Kirche und Staat. Höhere Mädchenschulen und bayrische Bildungspolitik in der ersten Hälfte des 19. Jahrhunderts. München 1995

Köhler, H.: Bildungsbeteiligung und Sozialstruktur in der Bundesrepublik. Zu Stabilität und Wandel der Ungleichheit von Bildungschancen. Max-Planck-Institut für Bildungsforschung. Studien und Berichte 53. Berlin 1992

Köhler, H./Rochow, Th./Schulze, E.: Bildungsstatistische Ergebnisse der Volkszählungen der DDR 1950 bis 1981. Dokumentation der Auswertungstabellen und Analysen zur Bildungsentwicklung. Max-Planck-Institut für Bildungsforschung, Studien und Berichte 69. Berlin 2001

Koppenhöfer, P.: Höhere Schule und Auslese. Untersuchungen zur sozialen Herkunft der höheren Schüler Badens (1834-1890). Weinheim/Basel 1980

Kraul, M.: Koedukation gegen Lehrerinnen? Doe Berufschancen vpn Lehrerinnen an Gymnasien. Eine Untersuchung der Gymnasien des Landes Rheinland-Pfalz. In: Die deutsche Schule 88 (1996) S. 312-327

Kuhlemann, F.-M.: Modernisierung und Disziplinierung. Sozialgeschichte des preußischen Volksschulwesens 1794-1872. Göttingen 1992

Kunz, L.: Höhere Schule und Philologenverband. Untersuchungen zur Geschichte der Höheren Schule und ihrer Standesorganisation im 19. Jahrhundert und zur Zeit der Weimarer Republik. Frankfurt a.M. 1884

Küppers, H.: Der katholische Lehrerverband in der Übergangszeit von der Weimarer Republik zur Hitler-Diktatur. Mainz 1975

Lange-Appel, U.: Von der allgemeinen Kulturaufgabe zur Berufskarriere im Lebenslauf. Eine bildungshistorische Untersuchung zur Professionalisierung der Sozialarbeit. Frankfurt a.M./Berlin/Bern/New York/Paris/Wien 1993

Langewiesche, D./Tenorth, H.-E. (Hrsg.): Handbuch der deutschen Bildungsgeschichte. Bd. V: 1981-1945. Die Weimarer Republik und die nationalsozialistische Diktatur. München 1989

Laqueur, Th.W.: Working Class Demand and the Growth of English Elementary Education 1750-1850. In: Stone, L. (Ed.): Schooling and Society. Baltimore 1976, pp. 192-205

Laudenbach, M.: Schulreform und Schulwirklichkeit im geistlichen Territorium. Die Beispiele Würzburg und Passau. In: Apel, H.J./Kemnitz, H./Sandfuchs, U. (Hrsg.): Das öffentliche Bildungswesen. Historische Entwicklung, gesellschaftliche Funktionen, pädagogischer Streit. Bad Heilbrunn 2001, S. 103-124

Lawn, M.: Servants of the State. The Contested Control of Teaching, 1900-1930. London 1987

Lelièvre, C./Lelièvre, F.: Histoire de la scolarisation des filles. Paris 1991

Lelièvre, C.: Histoire des institutions scolaires (1789-1989). Paris 1990

Leschinsky, A. (Hrsg.): Die Institutionalisierung von Lehren und Lernen. Beiträge zu einer Theorie der Schule. Zeitschrift für Pädagogik 34. Beiheft 1996

Leschinsky, A.: Schule in der Diktatur. Die Umformung der Schule im Sowjetkommunismus und im Nationalsozialismus. In: Benner, D./Tenorth, H.-E. (Hrsg.): Bildungsprozesse und Erziehungsverhältnisse im 20. Jahrhundert. Weinheim 2000, S. 116-138

Leschinsky, A./Gruner, P./Kluchert, G. (Hrsg.): Die Schule als moralische Anstalt. Erziehung in der Schule: Allgemeines und der „Fall DDR". Weinheim 1999

Leschinsky, A./Kluchert, G.: Zwischen zwei Diktaturen. Gespräche über die Schulzeit im Nationalsozialismus und in der SBZ/DDR. Weinheim 1997

Leschinsky, A./Mayer, K.U. (Hrsg.): The Comprehensive School Experiment Revisited: Evidences from Western Europe. Frankfurt a.M./Bern 1990

Leschinsky, A./Roeder, P.-M.: Schule im historischen Prozeß. Zum Wechselverhältnis von institutioneller Erziehung und gesellschaftlicher Entwicklung. Stuttgart 1976

Liedtke, M. (Hrsg.): Handbuch der Geschichte des bayrischen Bildungswesens. Bd. I: Geschichte der Schule in Bayern – Von den Anfängen bis 1800. Bd. 2: Geschichte der Schule in Bayern von 1800–1918. Bd. 3: Geschichte der Schule in Bayern von 1918-1990. Bd. 4: Erster Teil: Geschichte der Schule in Bayern, epochenübergreifende Spezialuntersuchungen; Zweiter Teil: Geschichte der Universitäten, der Hochschulen, der vorschulischen Einrichtungen und der Erwachsenenbildung in Bayern. Bad Heilbrunn 1991, 1993, 1997, 1997

Lowe, R.: English Elite Education in the Late Nineteenth and Early Twentieth Century. In: Conze, W./Kocka, J. (Hrsg.): Bildungsbürgertum im 19. Jahrhundert. Teil I: Bildungssystem und Professionalisierung im internationalen Vergleich. Stuttgart 1985, S. 147-162

Lowe, R. (Ed.): The Changing Primary School. London 1987

Lowe, R. (Ed.): The Changing Secondary School. London/New York/Philadelphia 1989

Lowe, R.: Education and national Identity. In: History of Education 28 (1999), pp. 231-233

Lundgren, P.: Educational Expansion and Economic Growth in Nineteenth Century Germany: A Quantitative Study. In: Stone, R. (Ed.): Schooling and Society. Studies in the History of Education. Baltimore 1976, pp. 20-66

Lundgren, P.: Sozialgeschichte der deutschen Schule im Überblick. Teil I: 1770-1918. Teil II: 1918-1980. Göttingen 1980/1981

Lundgren, P.: Die Feminisierung des Lehrerberufs: Segregierung der Geschlechter oder weibliche Präferenz? Kritische Auseinandersetzung mit einer These von Dagmar Hänsel. In: Zeitschrift für Pädagogik 45 (1999), S. 121-135

Lundgren, P.: Schule im 20. Jahrhundert. Institutionelle Differenzierung und expansive Bildungsbeteiligung. In: Benner, D./Tenorth, H.-E. (Hrsg.): Bildungsprozesse und Erziehungsverhältnisse im 20. Jahrhundert. Zeitschrift für Pädagogik 42. Beiheft. Weinheim 2000

Lundgren, P./Kraul, M./Ditt, K.: Bildungschancen und soziale Mobilität in der städtischen Gesellschaft des 19. Jahrhunderts. Göttingen 1988

Lüth, Chr.: Entwicklung, Stand und Perspektive der internationalen historischen Pädagogik am Beginn des 21. Jahrhunderts – am Beispiel der Internationale Standing Conference for the Historiy of Education (ISCHE). In: Götte, P./Koch, L. (Hrsg.): Historische Pädagogik am Beginn des 21. Jahrhunderts. Bilanz und Perspektiven. Christa Berg zum 60. Geburtstag. Essen 2000, S.81-107

Mandel, H.H.: Geschichte der Gymnasiallehrerbildung in Preußen-Deutschland 1787-1887. Berlin 1989

Mangan, J.A. (Ed.) : A Significant Social Revolution. Cross Cultural Aspects of Evolution of Compulsory Education. London 1994

Margadant, J.B.: Madame le Professeur. Women Educators in the Third Republic. Princeton 1990

Mayeur, F.: L`enseignement secondaire des jeunes filles sous la Troisième Republique. Paris 1977

Mayners, M.J.: Schooling for the People. Comparative Local Studies of Schooling History in France and Germany, 1750-1850. New York/London 1985

McClelland, C.E.: The German Experience of Professionalisation. Modern Learned Professions and their Organizations from the Early Nineteenth Century to the Hitler Era. Cambridge/New York 1991

Melton, J.V.H.: Absolutism and the Origins of Eighteenth Century Origins of Compulsory Schooling in Prussia and Austria. Cambridge/New York 1988

Mercer, M.: Dissenting Academies and the Education of Laity, 1750-1850. In: History of Education 30 (2001), pp. 35-58

Meyer, J.W./Boli, J./Thomas, G. M./Ramirez, F.O.: World Society and the Nation-State. In: The American Journal of Sociology 103 (1997), pp. 144-181

Meyer, J.W./Ramirez, F.O./Soysal, Y.H.: World Expansion of Mass Education, 1870-1980. In: Sociology of Education 65 (1992), pp. 128-149

Meyer, J.W./Ramirez, F.O.: The World Institutionalization of Education. In: Schriewer, J. (Ed.): Discourse Formation in Comparative Education. Frankfurt a.M. 2000, pp. 111-132

Mietzner, U.: Enteignung der Subjekte. Lehrer und Schule in der DDR. Eine Schule in Mecklenburg von 1945 bis zum Mauerbau. Opladen 1998

Minten, L./Depaepe, M./De Vroede, M./Lory, J./Simon, F./Merten, R./Vreugte, C: Les statistiques de l'enseignement en Belgique. t. 1 L'enseignement primaire 1830-1842, Bruxelles 1991, t. 2 L'enseignement primaire 1842-1878. Bruxelles 1992, t.3 L' enseignement primaire 1878-1923. Bruxelles 1993

Moeller, B./Patzke, H./ Strachmann, K. (Hrsg.): Studien zum städtischen Bildungswesen des späten Mittelalters und der frühen Neuzeit. Bericht über Kolloquien der Kommission zur Erforschung der Kultur des Spätmittelalters 1978-1981. Göttingen 1983

Mouchet, C.: La Reformpädagogik, controverse autour d'une histoire et d'un concept. In: Paedagogica Historica 31 (1995), pp. 769-785

Müller, D.K./Zymek, B.: Sozialgeschichte und Statistik des Schulsystems in den Staaten des Deutschen Reiches, 1800-1945. Datenhandbuch zur deutschen Bildungsgeschichte. Bd. II. Höhere und mittlere Schulen, 1. Teil. Unter Mitarbeit von Ulrich Herrmann. Göttingen 1987

Müller, D.K.: Sozialstruktur und Schulsystem. Aspekte zum Strukturwandel des Schulwesens im 19. Jahrhundert. Göttingen 1977

Müller, D.K./Ringer, F./Simon, B. (Eds.): The Rise of the Modern Educational System. Structural Change and Social Reproduction 1870-1920. Cambridge/Paris 1987

Müller, M.: Die Entwicklung des höheren Bildungswesens der französischen Jesuiten im 18. Jahrhundert bis zur Aufhebung 1762-1764. Mit besonderer Berücksichtigung der Kollegien von Paris und Moulins. Frankfurt a.M. 2000

Müller, W.: Erwartete und unerwartete Folgen der Bildungsexpansion. In: Friedrichs, J./Lepsius, M.R./Mayer, K.U. (Hrsg.): Die Diagnosefähigkeit der Soziologie. Opladen 1998, S. 81-112

Müller, W./Haun, D.: Bildungsungleichheit im sozialen Wandel. In: Kölner Zeitschrift für Soziologie und Sozialpsychologie 46 (1994), S. 1-42

Nath, A.: Die Studienratskarriere im Dritten Reich. Systematische Entwicklung und politische Steuerung einer zyklischen „Überfüllungskrise" 1930-1944. Frankfurt a.M. 1988

Neghabian, G.: Frauenschule und Frauenberufe. Ein Beitrag zur Bildungs- und Sozialgeschichte Preußens (1908-1945) und Nordrhein-Westfalens (1946-1974). Weimar/Wien 1993

Neugebauer, W.: Absolutistischer Staat und Schulwirklichkeit in Brandenburg Preußen. Berlin 1985

Neugebauer, W.: Das Bildungswesen in Preußen seit der Mitte des 17. Jahrhunderts. In: Büsch, O. (Hrsg.): Handbuch der preußischen Geschichte. Bd. II: Das 19. Jahrhundert und große Themen der Geschichte Preußens. Berlin/New York 1992, S. 605-798

Nicolas, G.: Instituteurs entre politique et religion. La première génération de normaliens en Bretagne au 19e sciècle. Rennes 1993

Nixdorf, D./Nixdorf, G.: Politisierung und Neutralisierung der Schule in der NS-Zeit. In: Mommsen, H./Willems, S. (Hrsg.): Herrschaftsalltag im Dritten Reich. Studien und Texte. Düsseldorf 1988, S. 225-303

Nóvoa, A.: Le Temps des Professeurs, 2 Vols. Lisboa 1987

Nóvoa, A.: The Teaching Profession in Europe: Historical and Sociological Analysis. In: Swing, E.S./Schriewer, J./ Orivel, F. (Eds.): Problems and Prospects in European Education. Westport/Conneticut/London 2000, pp. 45-71

Nóvoa, A./Berrio, J. (Eds.): A historia da educacao em Espagna e Protugal. Investigacones e actividades. Lissabon 1993

Oelkers, J.: Reformpädagogik. Eine kritische Dogmengeschichte. Weinheim/München 1989

Offen, K.-H.: Schule in einer hanseatischen Bürgergesellschaft. Zur Soziageschichte des niederen Schulwesens in Lübeck (1800-1866). Lübeck 1990

Oram, A.: Woman Teachers and Feminist Politics, 1900-1939. Manchester 1996

Orivel, F.: Stand der Forschung im Bereich der Bildungsökonomie: Allgemeine Übersicht und französische Situation. In: Zeitschrift für Pädagogik 32 (1994), S. 135-148

Orivel, F.: The Economics of Education: Incentives, Control of Coasts, Allocation of Ressources. In: Swing, E.S./ Schriewer, J./Orivel, F. (Eds.): Problems and Prospects in European Education. Westport 2000, pp. 118-142

Ortmeyer, B.: Schicksale jüdischer Schülerinnen und Schüler in der NS-Zeit – Leerstelle deutscher Erziehungswissenschaft? Bundesrepublikanische Erziehungswissenschaften (1945/49-1995) und die Erforschung der nazistischen Schule. Witterschlick/Bonn 1998

Ostenc, M.: L' histoire de l' education en Italie. Bulletin critique. In: Histoire de l'Education 61 (1994), pp. 3-40

Osterwalder, F.: Demokratie und laizistische Schule – die religiöse Grenze der Laizität. Die Konzepte von Demokratie und Schule in der Dritten Republik. In: Zeitschrift für Pädagogik. 38. Beiheft (1998) S. 115-142

Ottweiler, O.: Die Volksschule im Nationalsozialismus. Weinheim 1979

Ozouf, M.: L' école, l'église et la République. Paris 1982

Ozouf, M.: La république des instituteurs. Paris 1992

Papadopoulos, G.S.: Education 1960-1990. The OECD Perspective. Paris 1994

Parias, L.H. (Dir.): Histoire générale de l' enseignement en France. 4 vol (1.) M. Rouche: Moyen Age. (2.) LebrunQueniart, F./Venard, M.: De Gutemberg aux Lumières. (3.) Mayeur, F.: De la Révolution a l'Ecole Républicaine. (4) Prost, A.: L'école et la famille dans une société en mutation. Paris 1981

Pas, D.G.: The Politics of Working Class Education 1830-50. Manchester 1980

Pätzold, G. (Hrsg): Quellen und Dokumente zur Geschichte des Berufsbildungsgesetzes 1875-1981. (Quellen und Dokumente zur Geschichte der Berufsbildung in Deutschland A/5). Köln/Wien 1982

Paulsen, F.: Geschichte des gelehrten Unterrichts auf den deutschen Schulen und Universitäten vom Ausgang des Mittelalters bis zur Gegenwart. Mit besonderer Rücksicht auf den klassischen Unterricht. 3. erw. Auflage hrsg. von Lehmann,R.: Bd. I: Leipzig 1919; Bd. II: Berlin/Leipzig 1921

Petrat, G.: Schulunterricht. Seine Sozialgeschichte in Deutschland 1750-1850. München 1979

Petrat, G.: Schulerziehung. Ihre Sozialgeschichte in Deutschland bis 1945. München 1987

Prost, A.: Histoire de l'enseignement en France, 1800-1967. Paris 1968

Prost, A.: Pour une histoire „par en bas" de la scolarisation Républicaine. In: Histoire de l'Education 57 (1993), pp. 59-74

Purvis, J.: A history of woman's education in England. Milton Keynes 1991

Rahn, S.: Mädchen in der beruflichen Bildung. Probleme und Perspektiven eines wenig beachteten Gegenstandsbereichs der historischen Bildungsforschung. In: Zeitschrift für Berufs- und Wirtschaftspädagogik 93 (1997), S. 242-258

Ravitch, D.: A Century of Failed School Reforms. New York 2000

Reinisch, H.: Industrialisierung und Berufsausbildung: zu Stand, Schwerpunkten und Perspektiven der historischen Berufsausbildung in Deutschland. In: Paedagigica Historica 30 (1994), pp. 595-624

Richardson, G.: Svensk utbildingshistoria. Lund 1984[3]

Richardson, W.: Historians and educationists. The History of Education as a Field of Study in Post War England. Part I: 1945-1972. In: History of Education 28 (1999), pp. 1-30, Part II: pp. 109-141

Ringer, F.: Education and Society in Modern Europe. Bloomington 1979

Roach, J.: A History of Secondary Education in England, 1800-1870. London 1986

Roach, J.: Secondary Education in England, 1870-1902. London 1991

Röhrs, H./Lenhart, V. (Hrsg.): Die Reformpädagogik auf den Kontinenten. Ein Handbuch. Frankfurt a.M. 1994

Romberg, H.: Staat und Höhere Schule. Ein Beitrag zur deutschen Bildungsverfassung vom Anfang des 19. Jahrhunderts bis zum ersten Weltkrieg unter besonderer Berücksichtigung Preußens. Weinheim/Basel 1979

Rülcker, T./Oelkers, J. (Hrsg.): Politische Reformpädagogik. Frankfurt a.M. 1998

Sanderson, M.: Education, Economic Change and Society in England, 1780-1870. Cambridge 1991

Sauer, M.: Volksschullehrerbildung in Preußen. Die Seminare und Präparandenanstalten vom 18. Jahrhundert bis zur Weimarer Republik. Köln/Wien 1987

Sauer, M.: „Es schärfet des Menschen Verstand ...“. Die Entwicklung des Rechenunterrichts in der preußischen Volksschule. In: Zeitschrift für Pädagogik 37 (1991), S. 371-395

Sauer, M.: Vom „Schulehalten“ zum Unterricht. Preußische Volksschule im 19. Jahrhundert. Köln/Weimar/Wien 1998

Schaffer, W.: Schulorden im Rheinland. Ein Beitrag zur Geschichte religiöser Genossenschaften im Erzbistum Köln zwischen 1815 und 1875. Köln 1988

Scharf, W.: Religiöse Erziehung an den jüdischen Schulen in Deutschland 1933-1938. Köln/Weimar/Wien 1995

Schelin, M.: Den officiella skolstatistiken i Sverige aren 1847-1881. Umea 1978

Schiersmann, C.: Zur Sozialgeschichte der preußischen Provinzialgewerbeschulen im 19. Jahrhundert. Weinheim/Basel 1979

Schindling, A.: Schulen und Universitäten im 16. und 17. Jahrhundert. Zehn Thesen zu Bildungsexpansion, Laienbildung und Konfessionalisierung nach der Reformation. In: Brandmüller, W./Immenkötter, h./Iserloh, E. (Hrsg.) ECCLESIA MILITANS. Studien zur Konzilien- und Reformationsgeschichte. Remigius Bäumer zum 70. Geburtstag gewidmet. Bd. II: Zur Reformationsgeschichte. Paderborn/München/Wien/Zürich 1988, S. 561-570

Schindling, A.: Bildung und Wissenschaft in der frühen Neuzeit, 1650-1800. München 1994

Schleunes, K.A.: Schooling and Society. The Politics of Education in Prussia and Bavaria 1750-1900. Oxford/New York/Munich 1989

Schmale, W./Dodde, N.L. (Hrsg.): Revolution des Wissens? Europa und seine Schulen im Zeitalter der Aufklärung (1750-1825). Ein Handbuch zur europäischen Schulgeschichte. Bochum 1991

Schmidt, S.: Rechenunterricht und Rechendidaktik an den Rheinischen Lehrerseminaren im 19. Jahrhundert. Eine Studien zur Fachdidaktik innerhalb der Volksschullehrerbildung an Lehrerseminaren, 1819-1872. Köln/Wien 1991

Schmitt, H./Tosch, F. (Hrsg.): Erziehungsreform und Gesellschaftsinitiative in Preußen 1798-1840. Berlin 1999, S. 41-51

Schneider, M.: Chancengleichheit oder Kaderauslese? Zu Intentionen, Traditionen und Wandel der Vorstudienanstalten und Arbeiter- und Bauern-Fakultäten in der SBZ/DDR zwischen 1945 und 1952. In: Zeitschrift für Pädagogik 41 (1995), S. 959-983

Schneider, R.: Die Bildungsentwicklung in den Europäischen Staaten 1870-1975. In: Zeitschrift für Soziologie 11 (1982) S. 207-226

Scholtz, H.: Nationalsozialistische Ausleseschulen. Internatsschulen als Herrschaftsinstrument des Führerstaates. Göttingen 1973

Scholtz, H.: Politische und gesellschaftliche Funktionen der Lehrerbildungsanstalten 1941-1945. In: Zeitschrift für Pädagogik 29 (1983), S. 693-709

Schönemann, B.: Das braunschweigische Gymnasium in Staat und Gesellschaft. Ein Beitrag zur Schulgeschichte des 19. Jahrhunderts. Köln/Wien 1983

Schönemann, B.: Die Bildungsinstitutionen in der frühen Neuzeit. In: Jacobi, F.J. (Hrsg.): Geschichte der Stadt Münster. Bd. 1, Münster 1994, S. 683-733

Schorn-Schütte, L.: Evangelische Geistlichkeit und Katholischer Seelsorgeklerus in Deutschland. Soziale, mentale und herrschaftsfunktionale Aspekte der Entfaltung zweier geistlicher Sozialgruppen vom 17. bis zum Beginn des 19. Jahrhunderts. In: Paedagogica Historica 30 (1994), S. 39-81

Schreier, G.: Förderung und Auslese im Einheitsschulsystem. Debatten und Weichenstellungen in der SBZ/DDR 1946-1989. Köln/Weimar/Wien 1996

Schriewer, J.: Welt-System und Interrelations-Gefüge. Die Internationalisierung der Pädagogik als Problem der Vergleichenden Erziehungswissenschaft. Humboldt-Universität zu Berlin. Öffentliche Vorlesungen. Bd. 34, Berlin 1997

Schubring, G.: Die Entstehung des Mathematiklehrerberufs im 19. Jahrhundert. Studien und Materialien zum Prozeß der Professionalisierung in Preußen (1810-1870). Weinheim/Basel 1983

Schubring, G.: „Durchschnittsmenschen, ... nicht Genies“. Zu den Widerständen gegen die neuhumanistische Bildungsreform. In: Zeitschrift für Pädagogik 36 (1990), S. 347-370

Schütte, F.: Die einseitige Modernisierung. Technische Berufserziehung 1918-1933. In: Zeitschrift für Pädagogik 41 (1995), S. 429-447

Schwinger, E.: Literarische Erziehung und Gymnasium. Zur Entwicklung des bayrischen Gymnasiums in der Ära Niethammer/Thiersch. Bad Heilbrunn 1988

Seifert, A.: Das höhere Schulwesen, Universitäten und Gymnasien. In: Hammerstein, N. (Hrsg.): Handbuch des deutschen Bildungswesens. Bd. I, 15. bis 17. Jahrhundert. München 1996, S. 197-374

Sharp, P.R.: School Governing Bodies in the English Education System: An Historical Perspective. Leeds 1995

Shavit, Y./Blossfeld H.-P. (Eds.): Persistent Inequality. Changing Educational Attainment in Thirteen Countries. Boulder 1993

Simon, B.: The Two Nations and the Educational Structure 1780-1870. London 1960

Simon, B.: Education and Labour Movement 1870-1920. London 1965

Simon, B.: The Politics of Educational Reform. London 1974

Simon, B.: Education and the Social Order 1940-1990. London 1991

Simon, J.: Education and Society in Tudor England. Cambridge 1966

Simon, J.: The State and Schooling at the Reformation and after: from Pious Causes to Charitable Uses. In: History of Education 23 (1994), pp. 154-169

Smelser, N.: Social paralysis and Social Change: British Working-Class Education in the Nineteenth Century. Berkeley 1991

Smolinsky, H.: „Docendus est populus“. Der Zusammenhang zwischen Bildung und Kirchenreform in Reformordnungen des 16. Jahrhunderts. In: Brandmüller, W./Immenkötter, H./Iserloh, E. (Hrsg.): Ecclesia Militans. Studien zur Konzilien- und Reformationsgeschichte. Remigius Bäumer zum 70. Geburtstag gewidmet. Bd. II: Zur Reformationsgeschichte. Paderborn/München/Wien/Zürich 1988, S. 539-559

Smolinski, H.: Kirchenreform als Bildungsreform im Spätmittelalter und der frühen Neuzeit. In: Dickerhof, H. (Hrsg.): Bildungs- und schulgeschichtliche Studien zu Spätmittelalter, Reformation und konfessionellem Zeitalter. Wiesbaden 1994, S. 35-51

Sonnet, M.: L`education des filles au temps des Lumières. Paris 1987

Soysal, Y./Strang, D.: Construction of the First Mass Education Systems in Nineteenth-Century Europe. In: Sociology of Education 62 (1989), pp. 277-288

Stannard, K.P.: Ideology, Education, and Social Structure: Elementary Schooling in Mid-Victorian England. In: History of Education 19 (1990), pp. 105-122

Stichweh, R.: Der frühmoderne Staat und die europäische Universität. Zur Interaktion von Politik und Erziehungssystem im Prozess ihrer Ausdifferenzierung (16.-19.Jahrhundert) Frankfurt a.M. 1991

Stocks, J.C.: Church and State in Britain: The Legacy of the 1870s. In: History of Education 25 (1996), pp. 211-222

Stone, R. (Ed.): Schooling and Society. Studies in the History of Education. Baltimore 1976

Stratmann, K.: Geschichte der beruflichen Bildung. In: Blankertz, H./Derbolav, J./Kell, A./Kutscha, G. (Hrsg.): Sekundarstufe II – Jugendbildung zwischen Schule und Beruf. Stuttgart 1982, S. 173-202

Strobel-Eisele, G.: Schule und soziale Evolution. System und evolutionstheoretische Untersuchungen zur Entstehung und Entwicklung der Schule. Weinheim 1992

Stroop, U.: Preußische Lehrerinnenbildung im katholischen Westfalen. Das Lehrerinnenseminar in Paderborn (1832-1926). Schernfeld 1992

Sutherland, G.: Policy-Making in Elementary Education, 1870 – 1895, Oxford 1973

Sutherland, G.: Education. In: Thompson, F.M.L. (Ed):The Cambridge Social History of Britain 1750-1950. Volume 3 Social Agencies and Institutions. Cambridge 1990, pp. 119-169

Tenorth, H.-E.: Lob des Handwerks, Kritik der Theorie – Zur Lage der pädagogischen Historiographie in Deutschland. In: Paedagogica Historica 32 (1996), S. 343-361

Tenorth, H.-E.: Politisierung des Schulalltags im historischen Vergleich – Grenzen der Indiktrination. In: Pädagogisches Landesinstitut Brandenburg (Hrsg.): Das DDR-Bildungssystem als Geschichte und Gegenwart. Erinnerung für die Zukunft II. Eine Tagung im Pädagogischen Landesinstitut Brandenburg 6.-8. Dezember 1995. Ludwigsfelde-Struveshof 1997, S. 37-48

Tenorth, H.-E.: Die Historie der Grundschule im Spiegel ihrer Geschichtsschreibung. In: Zeitschrift für Pädagogik 46 (2000), S. 541-554

Tenorth, H.-E./Kudella, S./Paetz, A.: Politisierung im Schulalltag der DDR. Durchsetzung und Scheitern einer Erziehungsambition. Weinheim 1996

Tewes, G.-R.: Die Bursen der Kölner Artistenfakultät bis zur Mitte des 16. Jahrhunderts. Köln/Weimar/Wien 1993

Titze, H.: Der Akademikerzyklus. Historische Untersuchungen über die Wiederkehr von Überfüllung und Mangel in akademischen Karrieren. Göttingen 1990

Titze, H.: Von der natürlichen Auslese zur Bildungsselektion 1780 bis 1980. Argumentationsmuster und Bilanz einer zweihundertjährigen Diskussion. In: Zeitschrift für Pädagogik 42 (1996), S. 389-406

Titze, H.: Wie wächst das Bildungssystem? In: Zeitschrift für Pädagogik 45 (1999), S. 103-120

Titze, H./Nath, A./Müller-Benedikt, V.: Der Lehrerzyklus. Zur Wiederkehr von Überfüllung und Mangel im höheren Lehramt in Preußen. In: Zeitschrift für Pädagogik 31 (1985), S. 97-126

Tompson, R.: Classics or Charity? The Dilemma of the Eighteenth Century Grammar School. Manchester 1971

Verger, J.: Les historiens francais et l'histoire de l'éducation au Moyen Age: onze ans après. In: Histoire de l'éducation 50 (1991), pp. 5-16

Verger, J.: Patterns. In: De Ridder-Symoens, H. (Ed.): A History of the University in Europe. Vol. I: Universities in the Middle Ages. Cambridge 1992, pp. 35-75

Vroede, M. de: La formation des maitres en Europe jusque au 1914. In: Historie de l'Education 6 (1980), pp. 35-46

Vroede, M. de/Lory, J./Simon, F.: Bibliographie de l'enseignement préscolaire, primaire, normal et spécial en Belgique, 1774-1986. Bibliografie von de heschiednis van het voorschools, lager, normaal en buitengewon in Belgie, 1774-1986. Louvain 1988

Watts, R.: Revolution and Reaction: ‚Unitarian' academies, 1780-1800. In: History of Education 20 (1991), pp. 307-323

West, E. G.: Education and the Industrial Revolution. London 1975

Wiener, M.J.: English Culture and the Decline of Industrial Spirit, 1850-1980. Cambridge 1981

Wilking, S.: Die Berufsausbildung der Volksschullehrerinnen und Volksschullehrer in Italien von 1860 bis 1900. In: Paedagogica Historica 26 (1990), S. 47-74

Wriedt, K.: Schulen und bürgerliches Bildungswesen in Norddeutschland im Spätmittelalter. In: Moeller, B./Patzke, H./ Stackmann, K. (Hrsg.): Studien zum städtischen Bildungswesen des späten Mittelalters und der frühen Neuzeit. Göttingen 1983, S. 152-172

Wriedt, K.: Schule und Universitätsbesuch in norddeutschen Städten des Spätmittelalters. In: Dickerhoff, H. (Hrsg.): Bildungs- und schulgeschichtliche Studien zu Spätmittelalter, Reformation und konfessionellem Zeitalter. Wiesbaden 1994, S. 75-90

Zymek, B.: Der unaufhaltsame, ungewollte Trend zum Allgemeinen, Widersprüche der strukturellen Entwicklung und bildungstheoretischen Begründung des deutschen höheren Schulsystems. In: Tenorth, H.-E. (Hrsg.): Allgemeinbildung. Analysen zu ihrer Wirklichkeiten, Versuche über ihre Zukunft. Weinheim und München 1986, S. 76-94

Zymek, B.: Expansion und Differenzierung des höheren Schulsystems im Staat Preußen und seinen Provinzen Rheinland und Westfalen während der ersten Hälfte des 20. Jahrhunderts. Zur Wechselwirkung von gesamtstaatlicher Schulsystementwicklung und dem Wandel regionaler Schulangebotsstrukturen im historischen Prozess. In: Düwell, K./Köllmann, W. (Hrsg.): Zur Geschichte von Wissenschaft, Kunst und Bildung an Rhein und Ruhr. Wuppertal 1982, S. 149-180

Zymek, B.: Schulen. In: Langewiesche, D./Tenorth, H.-E. (Hrsg.): Handbuch der deutschen Bildungsgeschichte. Bd. V: 1918-1945. Die Weimarer Republik und die nationalsozialistische Diktatur. München 1989, S. 155-208

Zymek, B.: Historische Voraussetzungen und strukturelle Gemeinsamkeiten der Schulentwicklung in Ost- und Westdeutschland nach dem Zweiten Weltkrieg. In: Zeitschrift für Pädagogik 38 (1992), S. 941-962

Zymek, B.: Konjunkturen einer illegitimen Disziplin. Entwicklung und Perspektiven der schulhistorischen Forschung in der Bundesrepublik Deutschland. In: Albrecht, P./Hinrichs, E. (Hrsg.): Das niedere Schulwesen im Übergang von 18. zum 19. Jahrhundert. Tübingen 1995, S. 1-14

Zymek, B.: Die Schulentwicklung in der DDR im Kontext einer Sozialgeschichte des deutschen Schulsystems. Historisch-vergleichende Analyse lokaler Schulangebotsstrukturen in Mecklenburg und Westfalen, 1900-1990. In: Häder, S./Tenorth, H.-E.: Bildungsgeschichte einer Diktatur. Weinheim 1997. S. 25-53

Zymek, B.: Schule, Schulsystem, Schulentwicklung, In: Baumgart, F. und Lange, U. (Hrsg.): Theorien der Schule. Erläuterungen, Texte, Arbeitsaufgaben. Bad Heibrunn Obb. 1999, S. 216-223

Zymek, B.: Equality of Opportunity: Expansion of European School Systems Since the Second World War. In: Swing, E.S./Schriewer, J./Orivel, F. (Eds.): Problems and Prospects in European Education. Westport/Conneticut/London 2000, pp. 99-117

Zymek, B.: Re-Partikularisierung universalistischer Bildungssysteme? Historische Anmerkungen zur „Deregulierung" als bildungspolitischer Reformstrategie. In: Apel, H.-J./Kemnitz, H./Sandfuchs, U. (Hrsg.): Das öffentliche Bildungswesen. Bad Heilbrunn 2001, S. 84-102

Zymek, B. und Neghabian, G.: Sozialgeschichte und Statistik des Mädchenschulwesens in den deutschen Staaten 1800-1945. Datenhandbuch zur deutschen Bildungsgeschichte. Bd. II: Höhere und mittlere Schulen. 3. Teil. Göttingen 2004

Manfred Weiß | Dieter Timmermann

Bildungsökonomie und Schulstatistik

1 Bildungsökonomie: Entstehungshintergrund, Entwicklungsphasen, Forschungsfelder

Neuartige Problemlösungsbedürfnisse in industriegesellschaftlich und wohlfahrtsstaatlich organisierten Ländern wie in den Ländern der Dritten Welt gaben in den späten 1950er Jahren des vorigen Jahrhunderts Anlass zur Etablierung einer Spezialdisziplin „Bildungsökonomie". Sie widmet sich der theoretischen und empirischen Analyse der ökonomischen Dimension von Bildungssystemen, -institutionen und -prozessen unter der Fragestellung des optimalen Mitteleinsatzes. Als zentrales identitätsstiftendes Konzept der Bildungsökonomie gilt der Humankapitalansatz. Ihm liegt die Kernthese zugrunde, dass die in Bildungsprozessen erworbenen Kompetenzen (Kenntnisse, Fähigkeiten, Fertigkeiten, Einstellungen) die Arbeitsproduktivität einer Person erhöhen, was im Beschäftigungssystem Erträge in Form höherer Erwerbseinkommen abwirft. Aufwendungen für Bildungsmaßnahmen lassen sich demzufolge als Investitionen begreifen, deren „Rendite" wie bei Sachkapitalinvestitionen berechnet werden kann. Auch wenn der investive Charakter von Bildung schon den Klassikern der Nationalökonomie wie Smith, Mill, Marshall und von Thünen bekannt war (z.B. Immel 1994), so lieferte erst die moderne Bildungsökonomie die theoretische und empirische Fundierung der Humankapitalthese.

Die entscheidenden wissenschaftlichen Impulse für die Entwicklung der Bildungsökonomie gingen von den Vereinigten Staaten aus, wurden in anderen Ländern aufgegriffen und durch Aktivitäten der großen internationalen Organisationen – allen voran der OECD und der Weltbank – unterstützt. Insbesondere die OECD bot zu Beginn der 1960er Jahre der jungen Disziplin privilegierte Arbeitsmöglichkeiten und Startchancen. Eine vergleichbare Rolle nahm später die Weltbank ein. Sie ermöglichte der Bildungsökonomie die empirische Erprobung ihrer Konzepte und Methoden in einem breiten politikorientierten Anwendungsfeld und trug damit maßgeblich zur Weiterentwicklung der Disziplin bei (vgl. Psacharopoulos/Woodhall 1985).

Von der „Wiederentdeckung" des Humankapitalkonzepts durch die Bildungsökonomie wurde in den Wirtschaftswissenschaften insbesondere die Wachstumsforschung der 1950er und 1960er Jahre nachhaltig inspiriert. Die spektakulären Ergebnisse bildungsökonomischer Studien zum Zusammenhang von Bildung und Wirtschaftswachstum fanden weltweit Beachtung in Wissenschaft und Politik[1]. Sie sorgten dafür, dass in vielen Ländern die Bildungspolitik auf einen Spitzenplatz in der politischen Rangskala vorrückte und der Mehrbedarf an Ressourcen für den eingeleiteten Expansions- und Reformprozess im Bildungswesen überzeugend legitimiert werden konnte. Wenn der Bildungsökonomie allgemein eine hohe Politikrelevanz attestiert wird, dann kann nur diese Funktionalität ihrer Forschungsergebnisse gemeint sein:

---

1 Maßgeblichen Anteil daran hatte die Publikation der fünfbändigen Dokumentation der von der OECD organisierten Policy Conference on Economic Growth and Investment in Education, die vom 16.-20. Oktober 1961 in Washington stattfand (vgl. OECD 1962).

ein Meinungsklima zu schaffen, das der Privilegierung des Bildungswesens im gesamtstaatlichen Mittelverteilungsprozess förderlich war. Wenig erfolgreich blieben dagegen ihre Bemühungen, die Analysen zum Zusammenhang zwischen Bildung und Wirtschaftswachstum in politiktaugliche Planungskonzepte umzusetzen. In den restriktiven, realitätsfernen Annahmen des Arbeitskräftebedarfs-Ansatzes der Bildungsplanung manifestiert sich augenfällig das Manko der Bildungsökonomie in der Anfangsphase: das Fehlen des für eine angemessene Problembearbeitung erforderlichen theoretischen und methodischen Rüstzeugs. Hinzu kam, dass von der bildungsökonomischen Planungsforschung, die von einem „gegebenen" Bildungssystem ausging, gerade jene Planungsprobleme nicht in den Blick genommen wurden, die vom politisch-administrativen System im Zusammenhang mit den anstehenden strukturellen und organisatorischen Reformen des Bildungswesens zu bewältigen waren (Bodenhöfer/Riedel 1998).

So überrascht es denn auch nicht, dass das bildungspolitische Interesse an der Bildungsökonomie rasch nachließ, zumal der rapide internationale Bedeutungszuwachs der Gesellschaftspolitik als Gestaltungsmacht dafür sorgte, dass gesellschaftspolitische anstelle ökonomischer Argumente handlungsleitend für die Bildungspolitik wurden. Die dadurch eingeleitete Marginalisierung der politikberatenden Funktion der Bildungsökonomie wurde in der zweiten Hälfte der 1970er Jahre noch durch die Erosion des politischen Steuerungsoptimismus und die Identitätskrise staatlicher Bildungsplanung beschleunigt (ausführlich Recum 1997; Recum/Weiß 2000). Behaupten konnte sie sich als politikunterstützende Steuerungswissenschaft indes in Entwicklungsländern aufgrund des Einflusses der Weltbank.

Besonders ungünstig entwickelten sich die Rahmenbedingungen für die Entfaltung der Bildungsökonomie in der Bundesrepublik. Bereits in der ersten Hälfte der 1970er Jahre geriet sie in den Sog der einsetzenden ideologischen Auseinandersetzungen. Mitte der 1970er Jahre begann eine langdauernde Distanzierung der Politik von der Disziplin. Zur politischen gesellte sich pädagogische Ablehnung. Die Übertragung ökonomischer Kategorien auf Bildungsvorgänge galt vielen als „antihumaner Oktroy", die für die Bildungsökonomie forschungsleitende Frage nach der Effizienz des Ressourceneinsatzes, nach Kosten und Nutzen von Bildung, nachgerade als Sakrileg. Im Anschluss an die von Roth geforderte „realistische Wendung in der pädagogischen Forschung" öffnete sich die Erziehungswissenschaft zwar zunehmend sozialwissenschaftlichen Einflüssen – was sich insbesondere auf das erziehungswissenschaftliche Lehrangebot auswirkte (vgl. Hauenschild 1997) – zur Erfahrungswissenschaft Bildungsökonomie ging sie jedoch zunehmend auf Distanz. Verstärkt wurde diese Tendenz dadurch, dass das Forschungsinteresse der Bildungsökonomie zu dieser Zeit dominant der (externen) Funktionalität des Bildungswesens für die Erreichung ökonomisch definierter Wohlfahrtsziele (Einkommen, Wirtschaftswachstum) galt. Für die „binnenorientierte" Erziehungswissenschaft, die in ihrem Forschungsprogramm Außenbeziehungen und Interdependenzen mit anderen Systemen für nicht thematisierungsbedürftig erachtete, stellte dies ein zusätzliches Problem dar. Der Abbruch des Diskurses mit der Bildungsökonomie Mitte der 1970er Jahre war die logische Konsequenz.

Die Neuorientierung der Bildungspolitik verschaffte der Bildungsökonomie Entlastung vom Beratungsdruck. Ungestört konnte sie sich jetzt ganz der Weiterentwicklung ihres theoretischen und methodischen Fundaments widmen. Der innerwissenschaftliche Diskurs in dieser – als Jahrzehnt der theoretischen Reflexion etikettierten – Phase galt insbesondere der kritischen Überprüfung der Humankapitaltheorie und sich darauf stützender Forschungsergebnisse. Durch konkurrierende Erklärungsansätze wie z.B. die Filter- oder Screening-Theorie wurde die Produktivitätsprämisse der Humankapitaltheorie radikal in Frage gestellt. Diesen Theorien zufolge fungiert der erworbene Bildungsabschluss nur als formales Kriterium zur Selektion von Arbeitskräften mit produktivitätsrelevanten Eigenschaften, die nicht erst durch den Bildungsprozess geschaffen wurden (vgl. ausführlich Cohn/Geske 1990, S. 57ff.; Timmermann 2002). Aber auch innerhalb des neoklassischen Paradigmas entstanden neue Erklärungsansätze im Gefolge einer stärkeren Beachtung von Marktunvollkommenheiten und institutionellen Einflussfaktoren (Carnoy 1995). Zahlreiche Studien verweisen auf den moderierenden Einfluss etwa der technologischen und organisatorischen Arbeitsbedingungen sowie auf den Zusammenhang zwischen Bildung und Produktivität bzw. Löhnen; andere Arbeiten liefern überzeugende Belege dafür, dass der „Bildungswert" einer Person stärker von askriptiven Merkmalen (z.B. Geschlecht, Rasse) als von ihrer Produktivität abhängen kann. Die Humankapitaltheorie hat durch diese Arbeiten wichtige Relativierungen erfahren, obsolet geworden ist sie dadurch nicht (Timmermann 2002).

Diese durch eine lebhafte Theoriediskussion geprägte Entwicklungsphase der Bildungsökonomie klang Anfang der 1980er Jahre aus. Seitdem befindet sich die Disziplin in einer Periode der „pragmatischen Renaissance" (Orivel 1994): der (Rück-) Besinnung auf Themen, die sich stärker an dem Problemlösungs- und Steuerungsbedarf des politisch-administrativen Systems orientieren und weniger an den Erkenntnisinteressen der Wirtschaftswissenschaften (vgl. Heynemann 1994). Die Bildungsökonomie hat dadurch programmatisch eine stärkere Anbindung an die Bildungsforschung gefunden. Begünstigt wurde dies zweifellos auch dadurch, dass ehemals bestehende Akzeptanzprobleme insbesondere auf Seiten der Erziehungswissenschaft an Bedeutung verloren haben. Beigetragen hat dazu einmal, dass angesichts der nachhaltigen Veränderung des Kontextes der Bildungswirklichkeit durch die staatliche Finanzkrise auch in der Erziehungswissenschaft die Einsicht an Boden gewonnen hat, Knappheit als Rahmenbedingung für die Organisation pädagogischer Prozesse anzuerkennen und mitzureflektieren (vgl. z.B. Mortimore 1994). Zum anderen ist die thematische Akzentverlagerung innerhalb der Bildungsökonomie zu Problemen der „inneren Leistungsfähigkeit" des Bildungswesens zu nennen, die eine größere Affinität zu erziehungswissenschaftlichen Fragestellungen aufweisen als die in früheren Jahren im Zentrum des bildungsökonomischen Forschungsinteresses stehende Funktionalität von Bildung für die Erreichung ökonomischer Wohlfahrtsziele.

Es gibt zwar kein explizit formuliertes bildungsökonomisches Forschungsprogramm, das sich etwa der „Ausschuss Bildungsökonomie" im Verein für Socialpolitik gegeben hätte; gleichwohl lässt sich behaupten, dass zur Zeit eine Reihe von Fragestellungen vorrangig Gegenstand der nationalen wie internationalen bildungsökonomischen Forschung ist. Einerseits knüpfen die Forschungsfelder an „klassische" Fragestellungen an, andererseits werden die klassischen Fragestellungen unter Gegenwartsbedingungen untersucht und durch neue Sichtweisen erweitert. „Klassisch" ist die Fokussierung der Forschungsinteressen auf zwei große Felder, die sich mit „Effizienz" und „Gerechtigkeit" beschreiben lassen.

Obwohl seit Jahrzehnten Forschungsgegenstand, stellt sich die Frage nach selektiven Zugängen und selektiven Promotions- sowie bildungsabhängigen Karrierechancen immer wieder neu, wie jüngst die Ergebnisse der PISA-Studie insbesondere für Deutschland demonstrieren konnten. Neben dem Aspekt der Internalisierung des Bildungsnutzens (wer sind die Nutznießer der Bildungsprozesse bzw. des Schulbesuchs?) interessiert nach wie vor die Frage danach, wer die Bildungskosten trägt bzw. wer sie letztlich finanziert und wer Nutznießer staatlicher Transfers ist. Der Hinweis auf „den Staat" bzw. „die Steuerzahler" reicht nicht aus, da hinter der Figur des Staates bzw. der Steuerzahler konkrete gesellschaftliche Gruppen stehen, die in ganz unterschiedlicher Weise zum Steueraufkommen beitragen und die die staatlichen Bildungsleistungen different in Anspruch nehmen. Daher stoßen Themen der Bildungsfinanzierung zur Zeit auf ein großes Forschungsinteresse.

Im Brennpunkt bildungsökonomischer Forschung steht ebenfalls nach wie vor die Effizienzfrage, d.h. die Frage nach dem Verhältnis von (erwünschten bzw. tatsächlichen) Wirkungen der (schulischen) Bildungsprozesse und dem Wert der dafür aufgewendeten Ressourcen bzw. den Kosten. Dieses Forschungsinteresse verzweigt sich auch heute in zwei grundlegende Richtungen, die mit den Begriffen „mikroökonomische" und „makroökonomische" Effizienzforschung beschrieben werden können. Fragen der internen (mikroökonomischen) Effizienz des Bildungswesens und neuerdings auch insbesondere der Schulen sind unter dem Eindruck wachsender Kritik an der Wirtschaftlichkeit und Qualität staatlicher Bildungsproduktion zu einem Forschungsschwerpunkt mit hohem öffentlichen Aufmerksamkeitswert avanciert. Parallel zur Einführung des New Public Management in den Bildungssektor, die mit der Erwartung nachhaltiger Effizienzgewinne belastet ist, widmet sich die bildungsökonomische Forschung diesem „steuerungstheoretischen Paradigmenwechsel" durch eine deutlich gestiegene Zahl von Arbeiten zur Wirksamkeit marktorientierter Regelsysteme im Bildungsbereich. Damit sind die „klassischen" Produktions- und Kosten-Wirksamkeitsstudien keineswegs obsolet geworden, vielmehr regen die bisherigen widersprüchlichen Ergebnisse über die Effektivität der verschiedensten Faktoren auf die Lernleistungen von Schülern immer wieder zu methodisch verfeinerten statistischen und theoretischen Studien über die Ressourcenwirksamkeit an. Neuerdings findet dabei die Frage besondere Aufmerksamkeit, in welcher Weise die in den Schulen verfügbaren Ressourcen von Lehrern und Schülern tatsächlich genutzt werden. Ein anderer Forschungsstrang bezieht sich auf die Frage, ob outputorientierte Finanzierungsinstrumente einen höheren Effizienzgrad der Ressourcennutzung erwarten lassen als inputorientierte Instrumente. Während Renditekalkulationen, die in den vergangenen Jahren ebenso wie die ihnen zugrunde liegende Humankapitaltheorie eine beachtliche Renaissance erfahren haben, immer wieder den investiven Charakter von Bildungsanstrengungen belegen, kommt die „makroökonomische" Effizienzforschung zu weniger eindeutigen Ergebnissen, insbesondere was den Einfluss von Bildung auf das wirtschaftliche Wachstum betrifft. Daher überrascht nicht, dass die bildungsökonomische Wachstumsforschung seit Mitte der 1990er Jahre wieder Hochkonjunktur hat. Dabei ist die innovationstheoretische und die organisationstheoretische Fundierung dieses Zusammenhangs vor allem empirisch noch unzureichend erforscht. Ebenso ist immer noch die Frage Gegenstand intensiver Forschungen, auf welche Weise die Abstimmung von Bildungs- und Beschäftigungssystem geschieht und wie im Rahmen dieser Abstimmungsprozesse, die z.T. im Arbeitsmarkt und z.T. innerhalb der Organisationen statt finden, innovative sowie produktive Wirkungen erzeugt bzw. entfaltet werden. Im Folgenden wird referiert, welche Ergebnisse insbesondere die schulbezogene bildungsökonomische Forschung hervorgebracht hat.

2 Der Beitrag der Bildungsökonomie zur schulbezogenen Bildungsforschung

Der spezifische Beitrag der Bildungsökonomie zur schulbezogenen Bildungsforschung besteht in der Bereitstellung von Informationen über den Verbrauch an Ressourcen (Kosten) bei der schulischen Leistungserstellung, die Effektivität des Ressourceneinsatzes und die Effizienz von Evaluationsobjekten durch Zusammenführung von Kosten- und Effektivitätsinformationen. Effizienzinformationen bilden die Grundlage von Entscheidungen über die Allokation knapper Ressourcen. Sie unterliegen der Optimalitätsforderung des ökonomischen Prinzips: Mit einem gegebenen Mitteleinsatz ist das bestmögliche Ergebnis (Maximalprinzip) oder ein bestimmtes Ergebnis (Ziel) mit geringst möglichem Mitteleinsatz (Minimalprinzip) zu erreichen. Die gleichzeitige Berücksichtigung des Ressourceneinsatzes und der zielbezogenen Wirkungen von Evaluationsobjekten unterscheidet bildungsökonomische Effizienzanalysen von den Wirkungsanalysen anderer Disziplinen. Dieses Spezifikum qualifiziert sie in besonderer Weise zur Unterstützung von Entscheidungen unter Knappheitsbedingungen. Eine gemeinsame „Schnittmenge" mit anderen Disziplinen der Bildungsforschung besteht bei der Wirkungsmessung. Dies gilt vor allem für Analysen der internen Effizienz, die sich auf bildungsbereichsspezifische Ziele beziehen (z.B. Qualifizierungsziele). Bei Analysen der externen Effizienz geht die Bildungsökonomie mit ihrer Fokussierung auf ökonomisch definierte individuelle und gesellschaftliche Wohlfahrtsziele (Einkommen, Wirtschaftswachstum) eigene Wege.

2.1 Kostenanalysen

Unter ‚Kosten' wird der Wert der für die Erstellung schulischer Bildungsleistungen verbrauchten bzw. genutzten Ressourcen (Güter, Dienstleistungen, Zeit) verstanden. Der damit im umgangssprachlichen Gebrauch oftmals verwechselte Begriff ‚Ausgaben' bezeichnet demgegenüber die mit der Beschaffung von Ressourcen verbundene Geldzahlung. Verfügbare Ressourcen werden nicht notwendig im selben Jahr der Beschaffung verbraucht. Dieses Auseinanderfallen von Beschaffungszeitraum und Ver- oder Gebrauchszeitraum ist im Falle von langlebigen Ressourcen (z.B. Gebäude, Räume, Maschinen, Geräte) die Regel. Deren Werteverzehr wird durch Veranschlagung von Abschreibungen erfasst. Kosten im ökonomischen Sinn umfassen aber nicht nur den Verbrauch bzw. die Nutzung käuflich erworbener Ressourcen, sondern auch von Ressourcen, die nicht am Markt erworben wurden, für die kein Kaufpreis bezahlt wurde (z. B. die Mitwirkung Freiwilliger im Unterricht). Der Wert der eingesetzten Ressourcen (Zeitaufwand) bestimmt sich in diesem Fall aus dem entgangenen Ertrag ihrer günstigsten alternativen Verwendungsmöglichkeit, z.B. dem bei Erwerbstätigkeit zu erzielenden Einkommen (Opportunitätskosten).

Kostenanalysen im Schulbereich sollen etwa eine Antwort auf Fragen geben wie: „Wie viel kostet eine Schule?", „Wie teuer ist ein Schüler an einer bestimmten Schule?", „Ist das Gymnasium x teurer als das Gymnasium y?", „Ist Sportunterricht generell weniger kostenintensiv als der Unterricht im Fach Physik?". Um darauf Antworten geben zu können, bedarf es eines der Spezifik der schulischen Leistungserstellung angemessenen Kostenmodells und einer geeigneten Datenbasis. Im Folgenden wird eine prototypische Modellrechnung zur Erfassung der Kosten einer Einzelschule vorgestellt, die diese Bedingungen erfüllt (Demmer-Krebbeler 2001). Das dabei zum Einsatz kommende Modell basiert auf theoretischen Überlegungen, die Albach (1974) im Rahmen der Arbeiten der Sachverständigenkommission „Kosten und Finanzierung der beruflichen Bildung" zur Berechnung der Kosten der betrieblichen Aus- und Weiterbildung entwickelte.

In dem in Anlehnung daran konzipierten Kostenmodell wird als Produkt der Schule der Unterricht definiert. In ihm werden Bildungsleistungen bereit gestellt, die durch Lehrpläne und Stundentafeln nach Art und Dauer genau bestimmt sind (schulischer Bildungsproduktionsprozess). Der schulische Bildungsproduktionsprozess repräsentiert einen Abschnitt in der gesamten Schulzeit, der die Vorgänge beschreibt, die notwendig sind, damit bildungsrelevante Inhalte in Form von Schulfächern im Unterricht einer Schulklasse (oder eines Kurses) innerhalb eines Schuljahres bereitgestellt werden können. Diese Vorgänge beinhalten einerseits pädagogische Prozesse, die während der Unterrichtszeit aller Schulklassen in sämtlichen Fächern stattfinden, andererseits Verwaltungsleistungen in der Schule (schulische Hauptprozesse). In den Unterricht fließen zum einen Lehrleistungen ein: Leistungen, die Lehrer erbringen müssen, damit ein Schulfach unterrichtet werden kann, zum anderen Schülerplatzleistungen: Leistungen, die notwendig sind, damit die zur Verfügung gestellte Bildungsleistung vom Schüler lernend verarbeitet werden kann (s. Abb. 1). Kostenmäßig zu erfassen sind daneben die als „schulische Hilfsprozesse" bezeichneten Leistungen seitens der Schule, die die Rahmenbedingungen für die Durchführung der Bildungsprozesse schaffen (z.B. Unterhaltung einer Bibliothek) und einzelnen Hauptprozessen nicht zugeordnet werden können, sondern nur einer Gruppe von Hauptprozessen oder der Schule insgesamt. Schließlich werden in der Kostenrechnung dem Schüler individuell und direkt zur Verfügung gestellte Ressourcen erfasst wie z.B. Fahrgeld- und Essensgeldzuschüsse, übereignete Bücher (= direkte Einzelleistungen).

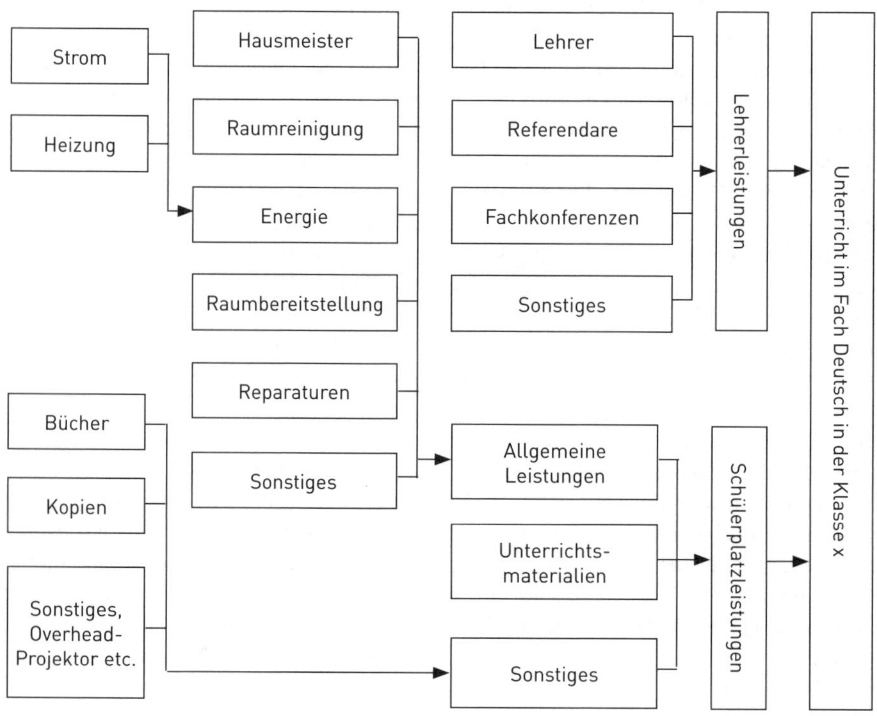

Abbildung 1: Beispiel für die Feinstruktur des Hauptprozesses „Unterricht im Fach Deutsch in Klasse x" (nach Demmler-Krebbeler 2001, S. 26)

Das skizzierte schulische Leistungsmodell bildet die Basis für die Kostenerfassung. Dazu werden – unter Verwendung eines differenzierten Kostenartenplans[2] – die Mengen der verbrauchten und genutzten Ressourcen (Faktorinputs) für die zu erbringenden Leistungen bei den Hilfs- und Hauptprozessen ermittelt (das „Mengengerüst") und anschließend mit Preisen bewertet („Wertgerüst"). Unterschieden wird dabei zwischen Faktorinputs, die den Schülern direkt zurechenbar sind, und solchen, die ihnen nur indirekt zurechenbar sind. Bei der letztgenannten Kategorie wird wiederum zwischen Faktorinputs unterschieden, die den einzelnen Hauptprozessen direkt zurechenbar sind und dort beobachtet und erfasst werden können, und solchen, die einzelnen Hauptprozessen nicht direkt zurechenbar sind.

Die wichtigsten Ergebnisse der von Demmer-Krebbeler (2001) am Beispiel einer Grundschule vorgenommenen Modellrechnung sind in den Tabellen 1 und 2 dargestellt.

Tabelle 1: Mengen- und Wertgerüst für Grundschule X (1999)*

Gesamter Faktorverbrauch	Inputmengen	Preise in DM
Inputarten		
1. Beförderung der Schüler	208	137,58
2. Unfallversicherung	208	46,62
3. Schulbücher	208	14,42
4. Lehrerstunden	6063	118,62
5. Mitarbeiterstunden Schulkindergarten (SKG)	1505,79	48,05
6. Randstundenbetreuerstunden	1170	49,80
7. Sekretariatsstunden	540,4	50,58
8. Reinigungsmitarbeiterstunden	1365	36,59
9. Hausmeisterstunden	770,25	39,79
10. Energie	1	35.712,78
11. Unterrichtsverbrauchsmaterial	1	11.489,44
12. Büroverbrauchsmaterial	1	3.183,76
13. Reinigungsverbrauchsmaterial	1	315,65
14. Hausmeistereiverbrauchsmaterial	1	60,45
15. Verbrauch Randstundenbetreuung	1	1.761,94
16. Wandertage u. Fahrten	534	1,19
17. Raumnutzung	1	248.171,59

*Quelle: Demmer-Krebbeler 2001, S. 95 und 97

2 An Kostenarten werden berücksichtigt: Personalkosten (darunter subsumiert sind auch direkte Kosten für Schüler wie z.B. Fahrgelderstattung), Betriebsmittel (Gebäudekosten, Raumausstattung, Maschinen und Geräte), Materialkosten (Unterrichtsgebrauchsmaterial, Demonstrationsmaterial, Arbeitsmaterial für nichtlehrendes Personal, Energie, Schadensausgaben), Fremdleistungen (Exkursionen, Ausgaben für Weiterbildungsveranstaltungen, Reiseausgaben, Porto und Telefon), Sonstiges (Gebühren, Versicherungen etc. vgl. ausführlich Demmer-Krebbeler 2001).

Tabelle 2: Gesamte Schulkosten und Kosten pro Schüler für Grundschule X (1999)*

Inputarten	Kosten (in DM) nach Kostenarten	Kosten pro Schüler* (1999)
1. Beförderung der Schüler	28.616,00	137,58
2. Unfallversicherung	9.697,35	46,62
3. Schulbücher	3.000,00	14,42
4. Lehrerinnenstunden	665.801,12	3200,97
5. SKG-Mitarbeiterinnenstunden	72.346,19	347,82
6. Randstundenbetreuerstunden	58.267,79	280,13
7. Sekretärinnenstunden	27.335,00	131,42
8. Reinigungsmitarbeiterinnenstunden	72.294,00	347,57
9. Hausmeisterstunden	30.647,00	147,34
10. Energie	35.712,78	171,70
11. Unterrichtsverbrauchsmaterial	11.489,44	55,24
12. Büroverbrauchsmaterial	3.183,76	15,31
13. Reinigungsverbrauchsmaterial	315,65	1,52
14. Hausmeistereiverbrauchsmaterial	60,45	0,29
15. Verbrauch Randstundenbetreuung	1.761,94	8,47
16. Wandertage u. Fahrten	633,39	3,05
17. Raumnutzung	248.171,59	1193,13
Gesamtkosten	**1.269.333,45**	**6102,56**

* Die Schülerzahl betrug 208.

*Quelle: Demmer-Krebbeler 2001, S. 109

Die Tabellen enthalten Informationen über den gesamten Faktoreinsatz nach Inputarten im Erhebungsjahr (1999) sowie das – auf der Basis von Istpreisen – kalkulierte Wertgerüst (Preis je Inputeinheit für die einzelnen Inputarten), die daraus (durch Multiplikation von Mengen- und Wertgerüst) berechneten Gesamtkosten sowie die Kosten je Schüler. Weitergehende Angaben über die Kostenstruktur der Schule (Kosten nach Kostenartengruppen) sowie über die Kosten pro Schüler nach Klassenstufen und Schülergruppen sind in den Tabellen 3 und 4 zusammengestellt.

Tabelle 3: Kostenstruktur der Grundschule X (1999)*

Kostenartengruppen	Kosten	Anteil an Gesamtkosten
Direkte Kosten der Schüler	41.313,35	3,25 %
Personalkosten	926.691,10	73,01 %
Verbrauchskosten	53.156,92	4,15 %
Gebäudekosten	248.171,59	19,55 %

*Quelle: Demmer-Krebbeler 2001, S. 110

Tabelle 4: Kosten pro Schüler nach Klassenstufe und Schülergruppen in Grundschule X (1999)*

	Kosten pro Schüler (mit Religionsunterricht)	Kosten pro Schüler (muttersprachlicher Unterricht)
1. Schuljahr	4.871,42 DM	6.006,42 DM
2. Schuljahr	3.953,41 DM	5.277,26 DM
3. Schuljahr	4.959,45 DM	5.977,57 DM
4. Schuljahr	4.851,64 DM	5.921,05 DM

*Quelle: Demmer-Krebbeler 2001, S. 120-127

Der Bedarf an solchen einzelschulischen Kosteninformationen wird in Zukunft im Zuge der Implementation eines neuen Steuerungssystems im Schulbereich und der damit einher gehenden Dezentralisierung von Ressourcenverantwortung steigen. Mit der Einführung einer schulbetrieblichen Kostenrechnung sind solche Informationen verfügbar. Die dadurch geschaffene Kostentransparenz lässt ein größeres Kostenbewusstsein erwarten. Detaillierte Kosteninformationen sind zugleich eine Voraussetzung für die Erfüllung des Effizienzpostulats bei schulbetrieblichen Entscheidungen über die Allokation von Ressourcen.

2.2 Untersuchungen zur Ressourcenwirksamkeit

Innerhalb der Bildungsökonomie hat sich in den 1970er Jahren ein an der Aufgabenspezifik des Schulbereichs orientierter Forschungsstrang entwickelt, der Fragen der „inneren Ökonomie" zum Gegenstand systematischer Untersuchungen macht (Weiß 1982). Besondere Bedeutung haben dabei Untersuchungen zur Ressourcenwirksamkeit erlangt, die als „Input-Output-Studien", „Produktivitäts-" oder „Produktions-Funktions-Studien" in die Literatur Eingang gefunden haben. Die ihnen zugrunde liegende konzeptionelle Vorstellung von Schule als Qualifizierungsleistungen erstellender „Produktionsbetrieb" findet ihren Ausdruck in der Modellierung der untersuchten Variablen-Zusammenhänge als Input-Output-Beziehungen einer „Bildungsproduktionsfunktion"[3]. Die nachstehende Gleichung stellt eine typische Spezifikation einer solchen Produktionsfunktion dar. Danach sind die zu einem bestimmten Zeitpunkt gemessenen Fachleistungen eines Schülers (A_{it}) eine Funktion des kumulativen Einflusses von Faktoren seines familiären Hintergrunds (F_{it}), der Peer-Group (P_{it}), schulischer Faktoren (insbesondere der Ressourcen) (S_{it}) und seiner „natürlichen" Begabung (I_i).

$$A_{it} = f(B_{it}, P_{it}, S_{it}, I_i)$$

Die regressionsanalytische Parameterschätzung einer solchen Produktionsfunktion liefert Informationen über Effektrichtung und spezifischen Erklärungsbeitrag der einzelnen unabhängigen Variablen (Prädiktoren), über die insgesamt aufgeklärte Varianz beim Kriterium (Output-Variable, unabhängige Variable) und die Signifikanz der geprüften Variablen-Beziehungen. Der spezifische Erklärungsbeitrag einzelner Input-Faktoren lässt sich als Näherungswert ihrer

3 Der Begriff „Produktionsfunktion" findet in diesem Kontext als Metapher zur Kennzeichnung von Input-Output-Beziehungen Verwendung. In der ökonomischen Theorie ist der Bedeutungsinhalt dieses Begriffs eindeutig dahingehend festgelegt, dass er technisch effiziente Input-Output-Beziehungen charakterisiert, d.h. den mit den verwendeten Faktoreinsatzmengen jeweils maximal herstellbaren Output.

„Grenzproduktivität" begreifen[4], die in Verbindung mit Faktorpreisen Hinweise für eine effizienzorientierte Ressourcenallokation liefert.

2.2.1 Empirische Befunde

Bereits 1972 wurde von einer Forschergruppe der Rand-Corporation eine zusammenfassende Auswertung in den USA vorliegender Forschungsbefunde zur Ressourcenwirksamkeit vorgelegt (Averch u.a. 1972). Das ernüchternde Resümee der Autoren: „Schulressourcen sind selten eine wichtige Determinante der Schulleistungen, kein einziges Merkmal der schulischen Ressourcenausstattung weist einen konsistenten Zusammenhang mit Schulleistungen auf" (ebd., S. 44).

Diese Schlussfolgerung basiert vor allem auf den Ergebnissen des „Coleman-Report" (Coleman u.a. 1966). Die vom amerikanischen Kongress initiierte Studie zählt zu den bedeutendsten sozialwissenschaftlichen Untersuchungen im Bildungsbereich. Sie hat wie kaum eine andere Untersuchung die Meinungsbildung in Politik und Öffentlichkeit beeinflusst. Ziel der Studie war es, Ungleichheiten in den Bildungschancen von Kindern unterschiedlicher rassischer und ethnischer Herkunft aufzudecken. Auf der Grundlage dieser Ergebnisse sollten durch gezielte Maßnahmen die schulischen Lernbedingungen aller amerikanischen Schüler angeglichen werden. Vermutet wurde, dass für den geringen Lernerfolg schwarzer Schüler und anderer ethnischer Minderheiten ihre schlechte Versorgung mit Lehrkräften, Unterrichtsmaterialien usw. verantwortlich zu machen sei. Entgegen dieser Annahme erwies sich jedoch der familiäre Hintergrund eines Schülers als wichtigster Faktor zur Erklärung von Schulleistungsunterschieden. Schulressourcen waren dagegen weitgehend bedeutungslos.

Die unerwarteten Ergebnisse des „Coleman-Report" lösten im Wissenschaftssystem eine intensive methodologische Debatte aus, die jahrelang die Fachzeitschriften füllte, und initiierten eine Vielzahl von Folgeuntersuchungen. Die Ergebnisse dieser Untersuchungen sind in verschiedenen konventionellen und meta-analytischen Forschungsauswertungen zusammengefasst worden. Besondere Publizität haben die mehrfach aktualisierten Auswertungen US-amerikanischer Studien durch Hanushek (1997) erlangt.

In Tabelle 5 sind 377 Parameter-Schätzungen aus 90 verschiedenen Publikationen berücksichtigt. Aufgeführt sind Informationen darüber, ob ein erwartungskonformer positiver oder ein erwartungswidriger negativer Zusammenhang zwischen Schulressourcen und Effektivitätskriterien gefunden wurde und ob es sich um einen statistisch signifikanten oder insignifikanten Zusammenhang handelt.

4 Zu beachten ist, dass bei der Parameterschätzung die Bedingung technischer Effizienz nicht erfüllt ist. Dieser Bedingung kommen Schätzungen näher, die für Grenzproduktionsfunktionen, d.h. Funktionen mit Daten von Best-practice-Schulen, vorgenommen wurden, wie sie sich mit Hilfe der Data Envelopment Analysis (DEA) ermitteln lassen.

Tabelle 5: Befunde zur Ressourcenwirksamkeit aus 377 „Produktions-Funktions"-Schätzungen in den USA*

		Statistisch signifikant		Statistisch insignifikant		
Ressourcen	**Zahl der Schätzungen**	**positiv (in %)**	**negativ (in %)**	**positiv (in %)**	**negativ (in %)**	**Vorzeichen unbekannt (%)**
Reale Ressourcen						
Lehrer-Schüler-Relation	277 *(78)*[b]	15 *(12)*	13 *(8)*	27 *(21)*	25 *(26)*	20 *(35)*
Niveau der Lehrerausbildg.	171 *(40)*	9 *(0)*	5 *(10)*	33 *(35)*	27 *(30)*	26 *(25)*
Berufserfahrung der Lehrer	207 *(61)*	29 *(36)*	5 *(2)*	30 *(31)*	24 *(20)*	12 *(11)*
Ergebnisse von Lehrertests	41 *(11)*	37 *(27)*	10 *(0)*	27 *(18)*	15 *(27)*	12 *(18)*
Finanzielle Ressourcen						
Lehrergehalt	119	20	7	25	20	28
Ausgaben pro Schüler	163	27	7	34	19	13

a) Signifikant auf 5 %-Niveau
b) Die in Klammern stehenden kursiv gesetzten Zahlen beziehen sich auf Value-Added-Studien mit individuellen Schülerleistungen

*Quelle: Hanushek 1997

Den Ergebnissen von 978 Signifikanztests zufolge sind im Durchschnitt 70% der geprüften Variablen-Beziehungen statistisch insignifikant. Von den 277 Effektschätzungen für die Lehrer-Schüler-Relation liefern nur 28% ein statistisch signifikantes Ergebnis, 15% mit erwartungskonformer, 13% mit erwartungswidriger Effektrichtung. Für das formale Qualifikationsniveau der Lehrkräfte werden statistisch signifikante positive Koeffizienten (9% von 171 Effektschätzungen) seltener als für andere Merkmale der Lehrerqualität (Berufserfahrung, Abschneiden in einem Eignungs- oder Kompetenztest) festgestellt: Ein statistisch signifikanter positiver Zusammenhang zwischen Berufserfahrung (Anzahl der Jahre im Schuldienst) und Schulleistungen oder anderen Effektivitätskriterien zeigt sich bei 29% der Effektschätzungen, bei der mithilfe von Tests gemessenen Lehrerqualifikation sind es 37%. Auch liegt bei diesen beiden Merkmalen der Anteil der Schätzungen mit erwartungskonformer Effektrichtung deutlich über dem Anteil der Schätzungen mit erwartungswidriger Effektrichtung. Bei den Ausgaben je Schüler liefern lediglich 34% der 163 Effektschätzungen statistisch signifikante Koeffizienten. Immerhin weisen davon aber fast 80% ein erwartungskonformes Vorzeichen auf. Die in Tabelle 5 dokumentierte Befundlage zur Ressourcenwirksamkeit resümiert Hanushek wie folgt: „With over three decades of analysis, new studies have reinforced earlier conclusions: Today´s schools exhibit continuing inefficiency in their operations as there is no strong or consistent relationship between variations in school resources and student performance" (ebd., S. 141).Diese Schlussfolgerung Hanusheks ist in einer meta-analytischen Neuauswertung eines Teils der in seiner Forschungsübersicht berücksichtigten Studien in Frage gestellt worden (Hedges/Laine/Greenwald 1994). Herausgestellt wird von den Autoren als abweichender Befund insbesondere der beträchtliche Effekt einer Veränderung der Finanzausstattung: Eine Erhöhung der Ausgaben je Schüler um 500 Dollar ist mit einem Leistungszuwachs im Umfang von 0.7 Standardabweichungen verbunden. Unklar bleibt jedoch, welche konkrete Mittelverwendung sich hinter diesem Ausgabeneffekt verbirgt. Das Ergebnis der Metaanalyse liefert deshalb keine Basis für politische Handlungsempfehlungen.

2.2.2 Kritik

Die Kritik an empirischen „Produktionsfunktions-Studien“ nimmt im Schrifttum breiten Raum ein (zusammenfassend Weiß 1985): Sie bezieht sich zum einen auf grundsätzliche Probleme der nicht-experimentellen Schuleffekt-Forschung, zum anderen auf spezifische Probleme des Produktionfunktions-Ansatzes.

Eher grundsätzlicher Art ist die Kritik, die den Aussagegehalt der Studien zur Ressourcenwirksamkeit durch die Beschränkung auf Fachleistungen als einzigem Effektivitätskriterium stark eingeschränkt sieht. Schulressourcen könnten für andere – weniger tangible – Bildungserträge wichtig sein, die sich nicht in Testergebnissen niederschlagen. Eine theoretische Begründung oder empirische Belege für diese These werden allerdings nicht geliefert. Die Befunde jener Wirkungsstudien, die statt oder neben Testleistungen andere Effektivitätskriterien (Dropout, Übergangsquoten, Motivation u.ä.) berücksichtigen – in der Forschungsauswertung von Hanushek (1997) sind dies etwa 25% der erfassten Untersuchungen – geben keinen Anlass, diese These zu übernehmen. In diesem Zusammenhang ist auch darauf hinzuweisen, dass mehrkriteriale Wirkungsstudien eher die „Kuppelprodukt-These“ (komplementäre Beziehungen zwischen Output-Variablen) als die Konkurrenz-These stützen (z.B. Rutter/Maughan/Mortimer/Ousten/Höhn/von Hentig 1980; mit Bezug auf Fachleistungen auch die PISA-Studie).

Auch der kritische Hinweis, bei den Produktionsfunktions-Studien handele es sich mehrheitlich um Querschnittsanalysen, die nicht in der Lage seien, die Entstehungsbedingungen der in den gemessenen Leistungsniveaus zum Ausdruck kommenden kumulativen Lernergebnisse abzubilden, betrifft einen Sachverhalt, der kein Spezifikum dieser Studien darstellt. Dass dadurch das Auffinden von Effekten – insbesondere bei Erhebungen in höheren Klassenstufen – massiv beeinträchtigt werden kann, steht außer Frage. Aussagekräftiger sind Value-Added-Studien. In der Auswertung Hanusheks (1997) stammen 27% der für reale Ressourcen vorgenommenen Effektschätzungen aus solchen Studien (vgl. in Tabelle 5 die kursiven Zahlen in Klammern). Günstiger fallen dadurch die Ergebnisse für die Schulressourcen jedoch nicht aus.

Auf spezifische Theoriedefizite des Produktionsfunktions-Ansatzes verweist der Einwand, dass in den darauf basierenden Wirkungsanalysen Merkmale der schulischen Ressourcenausstattung als direkte Wirkfaktoren konzeptualisiert werden. Von „distalen“, vom Unterrichtsgeschehen entfernten Bedingungs-Variablen ist theoretisch kein direkter Einfluss auf Schulleistung zu begründen, sondern nur ein indirekter, über „proximale“ prozessuale Bedingungsfaktoren vermittelter Einfluss: das Angebot an Lerngelegenheiten, die Qualität des Unterrichts und die Nutzung der Lerngelegenheiten durch die Schüler. Neuere amerikanische Wirkungsstudien, die unter der Leitfrage „How money matters“ den Einfluss von Bildungsausgaben zusammen mit differenten Verwendungsmöglichkeiten im Rahmen von Strukturgleichungsmodellen untersuchen, können denn auch z.T. solche Wirkungszusammenhänge bestätigen. So stellt etwa Wenglinsky (1997) beim Vergleich verschiedener Budgetverwendungen einen positiven (indirekten) Effekt der Finanzmittel auf die Mathematikleistungen von Achtklässlern fest, wenn die Mittel von den Schulen und lokalen Schulbehörden zur Verkleinerung der Klassen eingesetzt werden. Elliot (1998) findet einen über die Lehrerqualität vermittelten Einfluss der Ausgaben je Schüler auf mathematische und naturwissenschaftliche Fachleistungen.

Der Aussagegehalt von Produktionsfunktions-Studien ist weiterhin durch verzerrte Schätzwerte der Koeffizienten als Folge des Problems der Ressourcenendogenität eingeschränkt: So kann z.B. davon ausgegangen werden, dass Ressourcen häufig gezielt in Abhängigkeit von Schülermerkmalen (z.B. soziale Herkunft) und Schulleistungen zugewiesen werden; so ist z.B.

die Praxis weit verbreitet, leistungsschwächere Schüler in kleinere Klassen zu platzieren. Im Falle kompensatorischer Ressourcenzuweisungen ergeben sich verzerrte Schätzwerte, unter Umständen ändert sich sogar das Vorzeichen. Die für die Klassengröße häufig gefundenen positiven Koeffizienten könnten darin ihre Ursache haben. Solche erwartungswidrigen Schätzwerte „will not be an estimate of the causal effect of resources on student performance, but will mainly reflect the reverse causality running from student performance to allocated resources (Wößmann 2001, S. 9).

Dem Endogenitätsproblem kann auf zwei Wegen begegnet werden: durch Schätzungen für Instrumentvariablen (IV-Methode) oder durch ein experimentelles Untersuchungsdesign. Bei der IV-Methode gilt es Variablen zu finden, die mit den Erklärungsvariablen (Ressourcen) hoch korreliert sind, jedoch einen vernachlässigbaren Einfluss auf das Residual der abhängigen Variablen (Schulleistungen) haben. So kann z.B. das Endogenitätsproblem bei der Klassengröße (nicht-zufällige, leistungsabhängige schulinterne Schülerzuweisung) in der Weise gelöst werden, dass die durchschnittliche Klassengröße der Schule in einem bestimmten Fach als Instrumentvariable verwendet wird. Im Hinblick auf die Leistungen der Schüler kann angenommen werden, dass die durchschnittliche Klassengröße exogen variiert, zugleich aber mit der tatsächlichen Größe der von ihnen besuchten Klassen hoch korreliert. In einigen neueren Studien zur Ressourcenwirksamkeit sind Schätzungen unter Verwendung der IV-Methode vorgenommen worden (vgl. die Übersicht bei Wößmann 2001, S. 10ff.). Die dabei gefundenen Ergebnisse weichen zwar z.T. von herkömmlichen Schätzungen ab; doch sind sie insgesamt widersprüchlich und geben keinen Anlass für eine grundlegende Revision der aus Produktionsfunktions-Studien gezogenen Schlussfolgerungen: „Summing up, just like the conventional OLS estimates, the studies which try to account for possible resource endogeneity by IV estimation present no clear evidence that changes in resource endowments have positive effects on student performance" (Wößmann 2001, S. 14).

Die kontrovers geführte Debatte um die Wirksamkeit schulischer Ressourcen hat sich vor allem an divergierenden Vorstellungen von Wissenschaft und Praxis über die Wichtigkeit der Klassengröße als Determinante der Unterrichtsqualität entzündet. Ihr wird neuerdings wieder größere Beachtung durch Forschung und Politik geschenkt, nachdem in einer amerikanischen Experimentalstudie (Projekt STAR) ein bedeutsamer, nachhaltig wirksamer Einfluss kleiner Klassen auf die Leistungen von Schülern in Mathematik und Lesen in den untersten Jahrgangsstufen des Primarbereichs gemessen wurde (Finn/Voelkl 1992; Class Size 1999).

2.2.3 Das Projekt STAR

Beteiligt waren an dem Projekt über 6.000 Kinder im Kindergarten- und Primarschulalter in 76 Elementary Schools im Bundesstaat Tennessee. In jeder Schule wurden die Kinder bei Eintritt in den Kindergarten (Vorschulklasse) im Alter von 5 Jahren nach dem Zufallsprinzip einer von drei Frequenzgruppen zugewiesen: entweder einer kleinen Klasse mit 13 bis 17 Kindern, einer regulären Klasse mit 20 bis 25 Kindern oder einer regulären Klasse mit zusätzlich einem Schulassistenten. Auch die Lehrkräfte wurden nach dem Zufallsprinzip den verschiedenen Klassengruppen zugeteilt. Die Kinder blieben für 4 Jahre, vom Kindergarten bis zum 3. Schuljahr, in der Gruppe, der sie bei Schuleintritt zugewiesen worden waren. Durch Einsatz von standardisierten und curriculumbezogenen Tests jeweils am Ende eines Schuljahres wurde die Leistungsentwicklung der einzelnen Kohorten in Lesen und Mathematik über 4 Jahre verfolgt. Als Ergebnis zeigte sich sowohl bei der Lesefähigkeit als auch in Mathematik eine signifikante Leistungsüberlegenheit der Schüler in den kleinen Klassen. Dieser Effekt stellte sich im Wesentlichen während des ersten Jahres in der „Kindergartenklasse" ein. Ein weiterer Leistungszuwachs zeigte sich danach nur noch im Lesen am Ende des 1. Schuljahres. Während des restlichen Untersuchungszeitraums bis Ende des 3. Schuljahres blieb der Leistungsvorteil kleiner Klassen bestehen, d.h. der Verbleib in kleinen Klassen führte zu keiner weiteren Leistungsverbesserung, aber auch zu keiner Verringerung des Leistungsvorteils. Ab dem 4. Schuljahr wurden dann alle Schüler wieder in regulären Klassen unterrichtet. Eine erneute Leistungsüberprüfung außerhalb des Experiments am Ende des 4. und 5. Schuljahres ergab, dass die Schüler, die zuvor in den kleinen Klassen unterrichtet worden waren, immer noch bessere Leistungen als ihre Mitschüler aus regulären Klassen aufwiesen. Die Leistungsüberlegenheit war aber nicht mehr so groß wie in der Experimentalphase, was auf einen abnehmenden Leistungsvorteil hindeutet. Zwei weitere Ergebnisse der Experimentalstudie verdienen besondere Beachtung. Erstens: Der zusätzliche Einsatz von Schulassistenten in regulären Klassen erwies sich nicht als leistungsfördernd. Zweitens: Für Kinder aus Minoritätenfamilien waren kleine Klassen besonders wirkungsvoll. Sie waren in ihren Leistungen ihren Mitschülern anglo-amerikanischer Herkunft fast ebenbürtig; in regulären Klassen waren sie dagegen leistungsmäßig weit zurück.

Bei näherer Betrachtung des Untersuchungsverlaufs zeigen sich zwar einige substanzielle Abweichungen des Projekts STAR von einem idealen Experiment;[5] die Ergebnisse von Reanalysen, die diesen Abweichungen methodisch Rechnung tragen, ändern jedoch wenig an den ursprünglichen Befunden des Projekts (Krueger 1999).

2.2.4 Resümee und bildungspolitische Folgerungen

Die vorliegende anglo-amerikanische Forschungsevidenz zur Ressourcenwirksamkeit gibt wenig Anlass, den real vorfindbaren Unterschieden in den schulischen Ausstattungsbedingungen eine besondere Bedeutung als Varianzquelle von Schulleistungen beizumessen. Diese Schlussfolgerung legen auch die Ergebnisse von Zusammenhangsanalysen nahe, die auf dem internationalen TIMSS II-Datensatz basieren: Schulische Ressourcen und mathematisch-naturwissenschaftliche Fachleistungen der relevanten Schülerpopulation variieren praktisch unabhängig voneinander (Wößmann 2001).

Daraus kann nun nicht gefolgert werden, Schulressourcen seien gänzlich irrelevant für die Qualität der Schulbildung. Die Ergebnisse zur Ressourcenwirksamkeit sind nur in bezug auf den jeweils untersuchten Variationsbereich interpretierbar. Darüber hinausgehende Extrapolationen sind nicht zulässig. Eine plausible Erklärung für den geringen Beitrag, den Ressourcen zur Erklärung von Schulleistungsunterschieden in Industrienationen liefern, könnte darin liegen, dass dort Ausstattungsniveaus im Schulwesen erreicht sind, nach deren Überschreiten von einer weiteren Erhöhung des Mitteleinsatzes im Sinne einer Niveauvariation („mehr Desselben") kaum noch qualitative Verbesserungen zu erwarten sind („abnehmende Grenzerträge"). Auf niedrigerem Versorgungsniveau ist dagegen, wie empirische Untersuchungen für Entwicklungsländer zeigen (z.B. Fuller 1987), mit einem größeren Qualitätseffekt zusätzlicher Ressourcen zu rechnen. Auf die unterschiedliche Bedeutsamkeit schulischer Ressourcen in Industrie- und Entwicklungsländern verweist auch der empirische Befund, dass der Anteil der

5 Einige sind: keine Zufallsauswahl der Schulen; während der Versuchsphase wechselten ca. 10 % der Schüler zwischen großen und kleinen Klassen; weniger als die Hälfte der Schüler nahm über alle 4 Jahre an dem Experiment teil; durch Wohnort- und Schulwechsel von Schülern variierte die tatsächliche Klassengröße stärker als im Experiment vorgesehen (zwischen 11 und 20 Schülern in kleinen Klassen und 15-30 in regulären Klassen).

von Schul- und Lehrervariablen erklärten Schulleistungsvarianz negativ mit dem Entwicklungsstand eines Landes korreliert (Heynemann/Loxly 1983).

Zu sehen ist weiterhin, dass die herkömmlichen Produktionsfunktions-Studien nur Hinweise auf die Wirksamkeit unterschiedlicher Ressourcenbestände liefern, nicht jedoch über die Wirksamkeit ihrer Nutzung durch die Schüler. Auf einen Leistungseinfluss von Unterschieden in der Nutzungsintensität verweisen die internationalen PISA-Befunde (OECD 2001) ebenso wie die im Rahmen der Lehr-Lern-Forschung auf der Basis zeitdefinierter Variablen durchgeführten Untersuchungen zur Leistungswirksamkeit unterschiedlicher Instruktionsquantität (vgl. etwa Frederik/Walberg 1980; Treiber 1982).

Das Bild, das Querschnittsanalysen nationaler und internationaler Datensätze zum Einfluss von Schulressourcen auf Fachleistungen vermitteln, korrespondiert mit den Betrachtungen der längerfristigen Entwicklung des Zusammenhangs zwischen Ressourceneinsatz und Performanz von Schulsystemen in einer ganzen Reihe von Ländern. So lässt sich z.B. für die USA zeigen, dass sich die preisbereinigten Ausgaben je Schüler zwischen 1960 und 1990 mehr als verdreifacht haben – bei bestenfalls konstant gebliebenen Testleistungen (Hanushek 1994). Auf breitere empirische Basis stützen sich Berechnungen, die am Kieler Institut für Weltwirtschaft für 11 OECD-Länder vorgenommen wurden (Gundlach/Wössmann/Gmelin 2000). Danach sind im Zeitraum 1971-1994 trotz eines beträchtlichen Anstiegs der realen Ausgaben je Schüler in den meisten Ländern nur stagnierende bis rückläufige mathematisch-naturwissenschaftliche Schülerleistungen zu verzeichnen. Nur in zwei Ländern (Niederlande und Schweden) haben sich die Leistungen leicht verbessert.

Hinter dem darin zum Ausdruck kommenden „Phänomenen der Kostenkrankheit" stehen vor allem substanzielle Verbesserungen der Personalausstattung im Schulbereich, die zur generellen Verkleinerung der Schulklassen und Lerngruppen genutzt wurden. Diese Priorität der Mittelverwendung wird durch die einschlägige Forschung nicht gestützt. Die Befunde der einzigen Experimentalstudie lassen – unterstellt man einmal deren Generalisierbarkeit – positive Leistungseffekte durch die gezielte Absenkung der Klassenfrequenz (unter etwa 18 Schüler) in den Eingangsklassen der Primarstufen erwarten – und das insbesondere bei Kindern aus bildungsfernen Elternhäusern. Eine generelle Verkleinerung der Klassen kann mit den Ergebnissen der Experimentalstudie STAR nicht begründet werden.

2.3 Effizienzanalysen: interne Effizienz

Die Forderung nach einer stärker evidenzbasierten Ausgabenpolitik im Schulbereich impliziert nicht bloß ihre Ausrichtung an begründeten Wirkungserwartungen. Daneben gilt es auch, dem Effizienzpostulat bei Entscheidungen über die Ressourcenallokation Geltung zu verschaffen: einer technisch und allokativ effizienten Mittelverwendung. Die Bedingung technischer Effizienz ist erfüllt, wenn bei einem gegebenen Input an Ressourcen diese so eingesetzt werden, dass ein Maximum an Output erreicht wird. Allokative Effizienz liegt vor, wenn ein bestimmtes Outputniveau mit kostenminimalem Ressourceneinsatz erreicht wird bzw. bei gegebenen Kosten (Inputpreisen) ein verfügbares Budget zu Erreichung eines höchstmöglichen Outputniveaus verwendet wird.

Die beiden Effizienzvarianten sind in der nachfolgenden Abbildung graphisch veranschaulicht. Ausgegangen wird dabei von der – für schulische Bildungsprozesse realistischen – Annahme, dass substitutionelle Faktorvariation möglich ist, d.h. ein bestimmtes Outputniveau (Q_1) mit unterschiedlichen Kombinationen von Faktoreinsatzmengen „produziert" werden kann.

Alle denkbaren Kombinationen von (minimalen) Einsatzmengen zweier Inputs (I_1, I_2) zur Produktion des Outputniveaus Q_1 sind durch die Kurve Q_1Q_1 („Isoquante") abgebildet. Die Bedingung technischer Effizienz erfüllen alle Kombinationen innerhalb des Segments AB. Außerhalb dieses Segments liegende Kombinationen (z.B. C) sind technisch ineffizient, weil zur Produktion desselben Output von beiden Inputs eine größere Einsatzmenge erforderlich ist. Von den technisch effizienten Input-Kombinationen erfüllt jedoch nur die Kombination D* zugleich die Bedingung allokativer (ökonomischer) Effizienz. D* markiert den Punkt, in dem der Kurvenabschnitt mit technisch effizienten Input-Kombinationen von der durch die Inputpreise P_1 und P_2 determinierten Budgetgeraden P_1 und P_2 tangiert wird. Die Budgetgerade beschreibt alle mit dem verfügbaren Budget realisierbaren Input-Kombinationen. Würde eine andere – technisch effiziente oder ineffiziente – Input-Kombination gewählt, wäre dies nur mit einem höheren (in der graphischen Darstellung nach rechts verschobenen) Budget zu verwirklichen. Im Punkt D* gilt, dass das Verhältnis der Grenzproduktivitäten der Inputs dem Verhältnis ihrer Preise entspricht – oder anders ausgedrückt: die partiellen Grenzproduktivitäten bezogen auf eine Geldeinheit gleich groß sind.

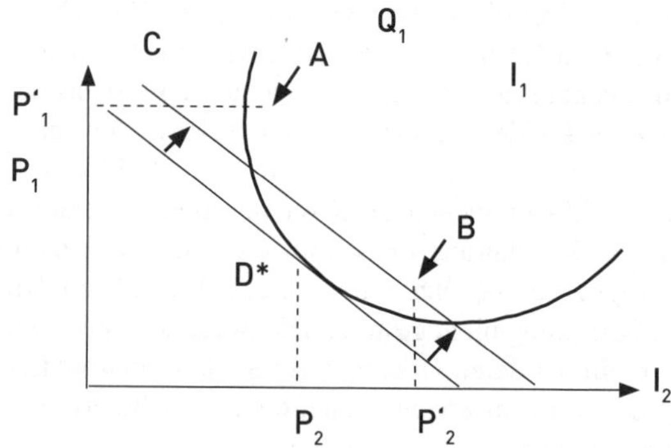

Abbildung 2: Technisch und allokativ effiziente Inputkombinationen

2.3.1 Technische Effizienz

In empirisch geschätzten Produktionsfunktionen ist die Bedingung technischer Effizienz im allgemeinen nicht erfüllt. Bei ökonometrisch ermittelten Input-Output-Beziehungen erhält man eine „mittlere Produktionsfunktion" aus allen gerade angewandten effizienten und ineffizienten Technologien. Die Tauglichkeit der Parameterschätzungen für Allokationsentscheidungen wird dadurch eingeschränkt. Innerhalb der bildungsökonomischen Produktionsfunktions-Forschung sind deshalb Bemühungen unternommen worden, der Bedingung technischer Effizienz auch im empirischen Kontext Geltung zu verschaffen. Eine Möglichkeit besteht darin, Grenzproduktionsfunktionen zu schätzen. Cooper und Cohn (1997) haben auf diese Weise auf der Basis von Daten von 541 Schulklassen in South Carolina den Einfluss verschiedener Lehrermerkmale (u.a. Geschlecht, Berufserfahrung, Abschlüsse), institutioneller Faktoren (zwei Konzepte leistungsbezogener Besoldung), der Klassengröße und soziodemographischer Merkmale der Schülerschaft auf den Lernzuwachs von Schülern unterschiedlicher Klassenstufen in Lesen und Mathematik untersucht. Der von den Autoren vorgenommene Vergleich klassenbezogen ermittelter Erwartungswerte beim Lernzuwachs mit dem tatsächlich erreichten „value added" verweist auf substanzielle Potenziale der Effizienzverbesserung bei der Ressourcenverwendung.

Ein zweites Verfahren zur Messung technischer Effizienz ist die von Charnes, Cooper und Rhodes (1978) entwickelte Data Envelopment Analysis (DEA). Die konzeptionelle Leistungsfähigkeit dieses Verfahrens kommt vor allem bei Vorliegen multipler Inputs und Outputs zur Geltung. Mit Hilfe der DEA lässt sich für Bildungseinheiten (Klassen, Schulen, Schulbezirke etc.) der mit den ihnen jeweils zur Verfügung stehenden Ressourcen maximal zu erzielende Output bestimmen. Das ist der Output, der sich ergäbe, wenn die Ressourcen so verwendet würden wie bei der leistungsfähigsten aller im Vergleich berücksichtigten (vergleichbaren) Bildungseinheiten (vgl. ausführlich Bessent/Bessent 1980; Walberg 1993; Sheldon 1995). Die DEA basiert also auf einem relativen Effizienzkonzept. Die Effizienz einer Bildungseinheit wird an der Leistungsfähigkeit vergleichbarer Bildungseinheiten gemessen. Als Ergebnis einer mathematischen Optimierungsaufgabe liefert die DEA für jede Bildungseinheit ein Effizienzmaß, das zwischen 0 und 1 liegt. Den Wert 1 erhalten technisch effiziente Bildungseinheiten, darunter liegende Werte indizieren Ineffizienz. Die konzeptionelle Stärke der DEA liegt darin, dass die Mehrdimensionalität der Bildungsinputs und -outputs auf ein eindimensionales, leicht interpretierbares Effizienzmaß reduziert wird. Dieses Effizienzmaß misst aber nicht nur die relative Leistungsfähigkeit einer Bildungseinheit, sondern gibt zugleich auch konkrete Hinweise auf Einsparpotenziale, die durch Berechnung von „slack values" für sämtliche Inputs und Outputs exakt beziffert werden. Sie zeigen, welche Bildungsleistungen in welchem Umfang ohne den Einsatz zusätzlicher Ressourcen gesteigert bzw. welche Inputs in welcher Menge ohne Leistungsverlust reduziert werden könnten. Die DEA liefert damit den Verantwortlichen in Bildungspolitik, Schulverwaltung und in den einzelnen Bildungseinrichtungen wichtige Informationen über mögliche Ansatzpunkte zur Effizienzverbesserung, vorausgesetzt, dass in der Analyse auch die wesentlichen effizienzrelevanten Faktoren erfasst worden sind.

Effizienzmessungen mit Hilfe der DEA sind in den unterschiedlichsten Kontexten vorgenommen worden. Auch für den Schulbereich liegen Anwendungsbeispiele vor (vgl. die Übersicht bei Sheldon 1995, S. 61ff.), die die konzeptionelle Leistungsfähigkeit der DEA belegen. Doch sind bisweilen Zweifel an der Zuverlässigkeit der von ihr gelieferten Effizienzinformationen geäußert worden. Beim Vergleich verschiedener Verfahren der Effizienzschätzung auf der Basis simulierter komplexer Datensätze, wie sie für den Bildungsbereich typisch sind, gelangen Bifulco und Bretschneider (2001) zu dem Ergebnis, dass keines der Verfahren – auch die DEA nicht – in der Lage ist, zuverlässige Effizienzmaße zu liefern: Nicht mehr als 31% der Schulen konnten entsprechend ihrer tatsächlichen Effizienz eingestuft werden.

2.3.2 Allokative Effizienz

Um dem Kriterium allokativer Effizienz bei Entscheidungen über knappe Ressourcen Rechnung zu tragen, sind zusätzlich Faktorkosten (Inputpreise) zu berücksichtigen. Bei faktoriellen Allokationsentscheidungen, der Mittelverteilung auf verschiedene Produktionsfaktoren, ist die Optimalitätsbedingung erfüllt, wenn die Grenzproduktivität je Geldeinheit bei allen Inputs gleich ist (s.o.). Verschiedentlich vorgenommene Berechnungen faktorspezifischer Kosten-Wirksamkeits-Relationen legen die These nahe, dass auch das Kriterium der allokativen Effizienz des Mitteleinsatzes im Schulbereich deutlich verfehlt wird. So kann z.B. Wolfe (1977) anhand einer empirischen Modellrechnung zeigen, dass sich das Performanzniveau bei konstantem Budget durch Reallokation anheben ließe und sogar im Falle von Budgetkürzungen noch Effektivitätsverbesserungen möglich wären, wenn die Mittel zugunsten solcher Inputs umgeschichtet würden, die eine höhere Grenzproduktivität je Geldeinheit aufweisen.

Auch eine neuere Weltbank-Studie (Pritchett/Filmer 1999), in der Daten von Untersuchungen zur Ressourcenwirksamkeit in Entwicklungsländern unter Effizienzaspekten reanalysiert wurden, liefert Belege für allokative Ineffizienz im Schulbereich. Während dafür meist die bildungsbereichsspezifische Technologie-Vagheit verantwortlich gemacht wird (z.B. Murnane/Nelson 1984), sehen Pritchett und Filmer (1999) den Hauptgrund dafür in einer interessengeleiteten Allokationspolitik, einer Mittelverwendung, die sich stärker an den Wohlfahrtszielen der Lehrerschaft als am Ziel der Schuleffektivitätsverbesserung orientiert. Sie begründen dies mit dem Befund ihrer Analysen, dass die Mittel vorrangig für Inputs Verwendung finden, die direkt den Nutzen der Lehrer erhöhen (Anhebung der Lehrergehälter, Verkleinerung der Klassen), die aber gegenüber den von ihnen wenig präferierten Inputs (z.B. Investitionen in die Lehr- und Lernmittelausstattung) eine zehn- bis hundertmal niedrigere Grenzproduktivität je Dollar aufweisen.

In konkreten Entscheidungssituationen wird der Forderung nach effizienzorientiertem Handeln entsprochen, indem von den zur Verfügung stehenden Alternativen jene ausgewählt wird, die das günstigste Kosten-Wirksamkeits-Verhältnis aufweist. Die Optimalitätsbedingung wird also situativ definiert, es sei denn, dass vorab normative Setzungen hinsichtlich des Kosten-Wirksamkeits-Verhältnisses vorgenommen wurden (die unter Umständen auch von der günstigsten Alternative nicht erfüllt werden).

Die Vorgehensweise bei der Ermittlung optimaler Handlungsalternativen im Rahmen einer Kosten-Wirksamkeits-Evaluation sei anhand eines empirischen Beispiels verdeutlicht (Levin/Glass/Meister 1986). Das Entscheidungsproblem besteht darin, unter vier unterrichtsergänzenden Interventionsmaßnahmen zur Verbesserung der Mathematik- und Leseleistungen von Primarschülern – Verlängerung des Schultags, Computerunterstützter Unterricht, Einsatz von Tutoren (Mitschülern oder Erwachsenen), Senkung der Klassenfrequenz – die effizienteste zu ermitteln. Zur Erfassung der Wirksamkeit der einzelnen Alternativen wurde auf eigene Analysen verzichtet und stattdessen auf vorliegende Befunde von Metaanalysen zurückgegriffen, wobei – mit Ausnahme der Senkung der Klassenfrequenz – für Zwecke der Kostenzuordnung jeweils eine spezifische Studie aus dem Bereich mittlerer Effektstärke ausgewählt wurde. Zur Ermittlung der Kosten der einzelnen Alternativen wurde unter Anwendung einer von Levin (1983) entwickelten Kostenerfassungsmethode („Ingredienz-Methode") zunächst der jeweilige Ressourcenbedarf differenziert ermittelt, der dann – unter Berücksichtigung kalkulatorischer Kosten (Abschreibungen, kalkulatorische Zinsen) und Opportunitätskosten für die nicht käuflich erworbenen Ressourcen (z.B. beim Einsatz von Schülern als Tutoren) – bewertet wurde. Um auch bei den Kosten Vergleichbarkeit zwischen den Alternativen herzustellen, wurden jeweils die jährlichen Gesamtkosten pro Schüler berechnet.

Tabelle 6: Kosten, Wirksamkeit und Effizienz von vier Interventionsmaßnahmen zur Verbesserung der Mathematik- und Leseleistungen von Primarschülern*

Maßnahme		Jährliche Kosten pro Schüler und Fach (Dollar)	Wirksamkeit (= Lerngewinn in Monaten)		Effizienz (= erforderliche Kosten zur Erreichung eines Lerngewinns von einem zusätzlichen Monat pro Schüler)	
			Mathematik	Lesen	Mathematik	Lesen
Verlängerung des Schultages		61	0.3	0.7	$ 203	$ 87
CAI		119	1.2	2.3	$ 100	$ 52
Einsatz von Tutoren						
Ältere Mitschüler		212	9.7	4.8	$ 22	$ 44
Erwachsene		827	6.7	3.8	$ 123	$ 218
Senkung der Klassenfrequenz von	auf					
35	30	45	0.6	0.3	$ 75	$ 150
30	25	63	0.7	0.4	$ 90	$ 158
25	20	94	0.9	0.5	$ 104	$ 188
35	20	201	2.2	1.1	$ 91	$ 183

*Quelle: Levin 1988, S. 60

Tabelle 6 zeigt für die einzelnen Alternativen die Leistungswirksamkeit in Mathematik und im Lesen, ausgedrückt als „Lerngewinn in Monaten", die jährlichen Kosten je Schüler und das aus beiden Werten berechnete Effizienzmaß (Kostenwirksamkeit), das anzeigt, welche Kosten zur Realisierung eines Lerngewinns von einem zusätzlichen Monat innerhalb eines Schuljahres erforderlich sind. Der Einsatz älterer Mitschüler als Tutoren erweist sich in beiden Leistungsbereichen als die effizienteste Alternative. Sie benötigt zur Steigerung der Mathematikleistungen um einen Monat nur ein Neuntel der Ressourcen, die die Verlängerung des Schultages als ungünstigste Alternative zur Erreichung desselben Effekts verbrauchen würde.

2.4 Effizienzanalysen: Externe Effizienz

Externen Effizienzanalysen liegt die konzeptionelle Vorstellung zugrunde, dass Bildungssysteme intermediäre Leistungen erbringen, die letztlich dem Zweck der individuellen und gesellschaftlichen Wohlfahrtssteigerung dienen. Das „klassische" bildungsökonomische Verfahren zur Beurteilung der externen Effizienz von Bildungsmaßnahmen ist der Ertragsratenansatz. Die theoretische Fundierung liefert die Humankapitaltheorie, die Bildungsaufwendungen als Investition betrachtet, die im späteren Arbeitsleben – als Ergebnis der bildungsbewirkten Erhöhung der Arbeitsproduktivität – einen Ertrag in Form höherer Erwerbseinkommen liefert. Durch Gegenüberstellung des Gegenwartswertes der Erträge (Lebenseinkommensdifferenzen) und der Kosten lässt sich dann – wie bei Sachkapitalinvestitionen – die Rendite der Bildungsinvestition berechnen. Dies kann aus individueller und gesellschaftlicher Perspektive erfolgen.

Die im ersten Fall berechnete private Rendite zeigt, wie profitabel es für den Einzelnen ist, eine Humankapitalinvestition zu tätigen. Berücksichtigt werden die individuell zu tragenden direkten und indirekten Bildungskosten und die über das gesamte Arbeitsleben zu erwartenden Netto-Mehreinkommen.[6] Geht es dagegen um die Ermittlung der gesellschaftlichen Vorteilhaftigkeit von Bildungsmaßnahmen, dann sind soziale Renditen zu berechnen. Sie berücksichtigen Bruttoeinkommen und die gesamten (gesellschaftlichen) Kosten.

Ertragsratenberechnungen sind für verschiedene Bildungsstufen, Bildungsgänge (allgemein bildend/beruflich) und Bildungsabschlüsse vorgenommen worden, z.T. differenziert nach Berufsgruppen, Geschlecht und ethnischen Gruppen. Informationen über Bildungsrenditen nach Bildungsstufen liegen mittlerweile für zahlreiche Industrie- und Entwicklungsländer vor. Sie vermitteln folgendes Bild (vgl. Psacharopoulos 1994; Carnoy 1995; OECD 1998; OECD 2002):

- Die privaten Renditen übersteigen die sozialen Renditen auf allen Bildungsstufen (wegen der öffentlichen Subventionierung von Bildung).
- Grundbildung weist in Entwicklungsländern durchgängig die höchste Rendite auf (als Ergebnis des Zusammenwirkens von relativ niedrigen Kosten und hohem Produktivitätszuwachs im Vergleich zu Bildungsverzicht).
- Die Bildungsrenditen in Entwicklungsländern übersteigen z.T. deutlich die der Industrieländer.
- In Industrieländern (OECD) liegen die für den Sekundarbereich II ermittelten jährlichen sozialen Renditen (für Männer und Frauen) im Allgemeinen über 10% und sind im Durchschnitt höher als die Renditen von Investitionen im tertiären Bereich.
- Die für einige Länder möglichen intertemporalen Renditevergleiche liefern Anhaltspunkte für sequenziell zurückgehende Renditen im Gefolge von wachsender Wirtschaft und expandierendem Bildungssystem (beginnend im Primarbereich, dem der Sekundarbereich und später der Tertiärbereich folgen).[7]

Sozialen Bildungsrenditen wird die Funktion zugeschrieben, durch die Identifikation von Über- bzw. Unterinvestitionsbereichen die inter- und intrasektorale Ressourcenallokation zu steuern. Der Vergleich mit den privaten Renditen liefert zugleich normative Hinweise für die Aufteilung der Bildungskosten auf staatliche und private Träger. Das Ergebnis beispielsweise, dass in Entwicklungsländern die Renditen der Primarschulbildung die der Sekundar- und Hochschulbildung meist deutlich übersteigen, hat zu einer grundlegenden Änderung der Kreditvergabepraxis der Weltbank geführt. Die Entwicklungsländer wurden angehalten, verstärkt in Grundbildung

6 Zur Berechnung privater Bildungsrenditen findet neben der „elaborierten“ Methode des Ertragsratenansatzes auch ein auf Mincer (1974) zurückgehendes Verfahren Anwendung, das die Rendite durch regressionsanalytische Schätzung der Parameter einer „Einkommensfunktion“ mit (in ihrer Grundform) den Prädiktoren „Dauer der Schulbildung“ und „Berufserfahrung in Jahren“ ermittelt („Schooling Modell“).

7 Schätzungen des Schooling-Models von Mincer zeigen für die Bundesrepublik allerdings einen leichten Anstieg für den Koeffizienten der Variablen „Schuldauer“ (d.h. der Bildungsrendite eines zusätzlichen Ausbildungsjahres) während der Phase der Bildungsexpansion, von 5,7 (1976) auf 5,9 Prozent (1987). Mit anderen Worten: Die Einkommen der Beschäftigten mit längeren Bildungszeiten haben im Beobachtungszeitraum stärker zugenommen als die Einkommen von Beschäftigten mit kürzeren Bildungszeiten (vgl. Bellmann/Reinberg/Tessaring 1994). Auch Steiner/Lauer (2001) ermitteln konstante durchschnittliche Bildungsrenditen im Zeitraum 1984-1997. Allerdings zeigen ihre Befunde auch, dass die Bildungsrenditen in den jüngeren Geburtskohorten (in der Altersgruppe der 30-39-jährigen) gesunken sind.

zu investieren und dafür Mittel vor allem aus dem Hochschulbereich umzuschichten. Die z.T. beträchtliche Diskrepanz zwischen sozialen und privaten Renditen im Tertiären Bereich wurde zum Anlass genommen, auf eine Verlagerung der Finanzierungslasten vom Staat auf die privaten Nutznießer der Hochschulbildung hinzuwirken.

Um zu einer realistischen Einschätzung des Aussagegehalts der mit dem Ertragsratenansatz gewonnenen Ergebnisse für Allokations- und Finanzierungsentscheidungen im Bildungsbereich zu gelangen, ist wenigstens den folgenden Aspekten Beachtung zu schenken (vgl. auch Leslie 1990):

- Differenzen in den Erwerbseinkommen von Arbeitskräften formal unterschiedlicher Qualifikation sind nicht allein auf den Faktor „Bildung" zurückzuführen. Schon in älteren Renditeberechnungen hat dieser Sachverhalt durch Ansatz eines arbiträren Korrekturfaktors („Alpha-Koeffizient") Berücksichtigung gefunden. Zugleich ist in zahlreichen empirischen Studien eine Dekomposition von Einkommensdifferenzen durch Schätzung von „Einkommensfunktionen" vorgenommen worden. Ermittelt wurde auf diese Weise der relative Einfluss einer Vielzahl weiterer Faktoren wie Alter, Geschlecht, ethnische Zugehörigkeit, Berufserfahrung, natürliche Begabung, Motivation, Sozialstatus, Religion, Wohnort, Bildungsqualität und Gesundheitszustand (vgl. zusammenfassend Psacharopoulos 1987; Cohn/Geske 1990, S. 49ff.). In Ergänzung dieser Studien, deren Augenmerk den zu Beginn der Beschäftigung wirksamen angebotsseitigen Faktoren gilt, wurde in späteren Analysen von Lebenseinkommensverläufen zunehmend auch nachfrageseitigen Faktoren wie den Bedingungen des Arbeitsplatzes, des Betriebes oder des Wirtschaftszweiges sowie Aspekten der beruflichen Entwicklung (z.B. Arbeitsplatzwechsel) Aufmerksamkeit geschenkt (vgl. z.B. Fägerlind 1975; Schmähl 1983; Tuijnman 1989; Blossfeld/Hannan/ Schömann 1993).
- Herkömmliche Renditeberechnungen erfassen auf der Ertragsseite nur direkte monetäre Bildungserträge in Form von Einkommensdifferenzen. Unberücksichtigt bleiben alle nichtmonetären individuellen und alle gesellschaftlichen Bildungserträge. Ihnen hat vor allem die anglo-amerikanische Forschung in den letzten Jahren verstärkte Aufmerksamkeit geschenkt (vgl. dazu zusammenfassend Geske 1995; Vila 2000; McMahon 2000; Weiß 2000). Die dazu vorliegenden empirischen Befunde lassen darauf schließen, dass Bildung auch die Qualität zahlreicher außerberuflicher Aktivitäten positiv beeinflusst, die Gesundheitsvorsorge ebenso wie die Kindererziehung, die Haushaltsführung und das Konsum- und Freizeitverhalten. Ebenso scheint auch die Gesellschaft insgesamt in Form externer Erträge zu profitieren: durch eine niedrigere Kriminalitätsrate, geringere Sozial- und Gesundheitsausgaben, eine größere Steuerkraft, ein höheres Innovationspotenzial, eine bessere Reagibilität auf strukturellen und technologischen Wandel und eine größere gesellschaftliche Stabilität. Durch herkömmliche Renditeberechnungen wird demnach der gesamte Wohlfahrtseffekt von Humankapitalinvestitionen unterschätzt.[8]
- Die auf der Grundlage von Querschnittsdaten berechneten Renditen indizieren nicht notwendigerweise einen zukunftsorientierten Investitionsbedarf. Dies als Problem zu benennen, ist im Blick auf die für zahlreiche Industrieländer zutreffende Perspektive schrumpfender Erwerbsbevölkerung, rapiden technologischen Wandels sowie weiter zunehmender

8 Einer älteren amerikanischen Studie zufolge (Haveman/Wolfe 1984) erfassen herkömmliche Berechnungen individueller Renditen grob geschätzt nur etwa die Hälfte des gesamten Wertes eines zusätzlichen Schuljahrs

Dienstleistungsorientierung und steigender Qualifikationsanforderungen am Arbeitsplatz angezeigt. Die Orientierung an Bildungsrenditen kann deshalb zu erheblichen Ungleichgewichten am Arbeitsmarkt führen.

Im Unterschied zu Berechnungen sozialer Renditen, die bei der Ermittlung des gesellschaftlichen Wohlfahrtseffekts von Bildung als einzige Nutzenkategorie die direkten monetären Erträge in Form von Brutto-Lebenseinkommensdifferenzen erfassen, sind Kosten-Nutzen-Analysen von dem Bemühen geleitet, möglichst sämtliche gesellschaftlich relevanten Wirkungen von Bildungsmaßnahmen zu berücksichtigen. Diese Wirkungen sind zusammen mit dem Ressourcenverbrauch in der Weise monetär zu bewerten, „dass die Geldbeträge einerseits den der Gesellschaft erwachsenden Nutzenzuwachs und andererseits den ihr erwachsenden Nutzenentgang angeben, der aus der Inanspruchnahme von Produktionsfaktoren resultiert, die nunmehr nicht mehr zur Produktion von Gütern und Dienstleistungen an anderer Stelle der Volkswirtschaft zur Verfügung stehen“ (Hesse/Arnold 1970, S. 521). Die Vorgehensweise der Kosten-Nutzen-Analyse soll nachfolgend an einem Beispiel aus dem Vorschulbereich verdeutlicht werden. Es handelt sich dabei um eine als kohortenlängsschnitt angesetzte Experimentalstudie, die im Rahmen der wissenschaftlichen Begleitung eines Anfang der 1960er Jahre in Michigan/USA durchgeführten Modellversuchs entstand („Perry Preschool Projekt“, vgl. Barnett 1985).

An dem Modellversuch nahmen 123 3- und 4-jährige Kinder mit niedrigem IQ (61-88) aus afroamerikanischen Familien der unteren Sozialschicht teil. Die Kinder wurden in zwei vergleichbare Gruppen eingeteilt: eine Experimentalgruppe, die ein oder zwei Jahre an dem Vorschulprogramm teilnahm, und eine Kontrollgruppe, die nicht daran partizipierte. Für beide Gruppen sind Daten während der Programmphase, während der anschließenden Primarschulzeit sowie im Alter von 15 und 19 Jahren erhoben worden. Die dabei gefundenen Ergebnisse zeigen, dass das Vorschulprogramm eine ganze Reihe von signifikanten positiven Wirkungen bei der Experimentalgruppe hatte: auf ihre intellektuelle Entwicklung, ihre Schullaufbahn (einschließlich Schulleistungen), die Straffälligkeit und ihren beruflichen Erfolg (vgl. Barnett 1985, Tab. II). Die gemessenen Wirkungen wurden dann – der Logik der Kosten-Nutzen-Analyse folgend – durch monetäre Bewertung in zunächst undiskontierte Kosten- und Nutzengrößen transformiert (vgl. Tab. 7).

Tabelle 7: Undiskontierte monetär bewertete Wirkungen des Perry Preschool Programs pro Kind (in Dollar)*

Kosten des Vorschulprogramms	
- ein Jahr	- 5.000
- zwei Jahre	- 9.700
Eingesparte Kosten für Kinderbetreuung pro Schuljahr	+ 300
Eingesparte Schulkosten der Primar- und Sekundarschulbildung	+ 7.000[a)]
Mehrkosten durch Teilnahme an postsekundarer Ausbildung	- 1.168
Mehreinkünfte bis zum 19. Lebensjahr	+ 1.700[b)]
Verringerung der Kriminalität (eingesparte Kosten bei Justiz und potenziellen Opfern)	
- bis zum 19. Lebensjahr	+ 1.574[c)]
- nach dem 20. Lebensjahr	+ 5.320[d)]
Insgesamt eingesparte Verwaltungskosten durch Nichtinanspruchnahme von Sozialhilfe	+ 3.225[e)]
Zuwachs Lebenseinkommen ab dem 20. Lebensjahr (inkl. „fringe benefits")	+ 78.000

a) Signifikant weniger Kinder der Experimentalgruppe besuchten kostenintensive Sonderschulen oder bedurften besonderer Fördermaßnahmen. Kostensteigernd wirkte andererseits der längere Schulbesuch der Teilnehmer am Vorschulprogramm. Unter Berücksichtigung dieser beiden gegenläufigen Kosteneffekte verringerte das Vorschulprogramm die gesamten Kosten der Primar- und Sekundarschulbildung um diesen Betrag.

b) Die mittleren Einkünfte der Experimentalgruppe lagen im Alter von 19 Jahren um diesen Betrag über denen der Kontrollgruppe (ermittelt durch Befragung der Projektteilnehmer).

c) Dieser Betrag repräsentiert den gesellschaftlichen Nutzen der durch das Programm verringerten Jugendkriminalität, gemessen an den vermiedenen Kosten bei der Justiz und potenziellen Opfern.

d) Auf der Grundlage von Bundesstatistiken zur altersspezifischen Kriminalität wurde eine Schätzung der später zu erwartenden Straffälligkeit der Projektteilnehmer vorgenommen und ökonomisch bewertet. Danach ist mit einer über die gesamte verbleibende Lebenszeit kumulierten Kostenersparnis pro Kind in Höhe des ausgewiesenen Betrags zu rechnen.

e) Da es sich bei Sozialleistungen aus gesamtgesellschaftlicher Sicht lediglich um Transferzahlungen handelt, wurden als gesellschaftlicher Ertrag nur die durch die Nichtinanspruchnahme solcher Leistungen eingesparten Verwaltungsaufwendungen berücksichtigt, die mit 10% der Zahlungen für Sozialleistungen veranschlagt wurden.

*Quelle: Barnett 1985

Tabelle 8: Geschätzter Netto-Nutzen des Perry Preschool Program pro Kind (in Dollar)[a)*]

Kosten- und Nutzenkategorien	Gesellschaft		Teilnehmer		Steuerzahler und potenzielle Opfer von Straftaten	
	Vorschulerziehung		Vorschulerziehung		Vorschulerziehung	
	1 Jahr	2 Jahre	1 Jahr	2 Jahre	1 Jahr	2 Jahre
Kosten des Vorschulprogramms	- 4.726	- 9.027	0	0	- 4.726	- 9.027
Kinderbetreuung	284	555	284	555	0	0
Eingesparte Schulkosten	4.148	3.950	0	0	4.148	3.950
Verringerung der Kriminalität	950	905	0	0	950	905
Mehreinkünfte	469	446	352	335	117	111
Eingesparte Verwaltungskosten bei Sozialhilfe	38[b)]	36[b)]	- 376	- 358	414	394
Nutzen bis zum 19. Lebensjahr	1.163	- 3.135	260	532	903	- 3.778
College-Kosten	- 502	- 483	0	0	- 502	- 483
Verringerung der Kriminalität	1.131	1.077	0	0	1.131	1.077
Zuwachs Lebenseinkommen	11.755	11.194	9.495	9.041	2.260	2.153
Eingesparte Verwaltungskosten bei Sozialhilfe	810[b)]	772[b)]	- 8.104	7.718	8.914	8.490
Nutzen jenseits des 19. Lebensjahres	13.194	12.560	1.391	1.323	11.803	11.237
Gesamter Netto-Nutzen	**14.357**	**9.425**	**1.651**	**1.855**	**12.706**	**7.459**

a) Gegenwartswert, Zinssatz 5 %; alle Kosten und Nutzen in Preisen von 1981
b) Da es sich bei Sozialleistungen aus gesamtgesellschaftlicher Sicht lediglich um Transferzahlungen handelt, wurden als gesellschaftlicher Ertrag nur die durch die Nichtinanspruchnahme solcher Leistungen eingesparten Verwaltungsaufwendungen berücksichtigt, die mit 10% der Zahlungen für Sozialleistungen veranschlagt wurden.

*Quelle: Barnett 1985

In einem letzten Schritt wurden die Kosten und Nutzen des Vorschulprogramms zu einer Gesamtaussage über dessen Vorteilhaftigkeit – seinen gesellschaftlichen Nutzen – zusammengefasst. Alle Kosten- und Nutzengrößen wurden unter Verwendung eines Zinssatzes von 5% auf einen einheitlichen Zeitpunkt diskontiert. In Tabelle 8 sind die Ergebnisse differenziert dargestellt nach bereits eingetretenen und projektierten Effekten sowie nach drei Gruppen von Nutznießern. Der ermittelte gesamte Nettonutzen weist das Programm als eine gesellschaftlich höchst profitable Investition aus. Er ist so groß, dass selbst dann, wenn erheblich niedrigere projektierte Erträge in Ansatz gebracht würden (insbesondere beim Lebenseinkommen) der Gesamtnutzen die Kosten noch deutlich überstiege. Bis zu einem Zinssatz von 11% (8%) liegt der Gesamtnutzen über den Kosten des einjährigen (zweijährigen) Programms. Betrachtet man die Verteilung des Nettonutzens auf die einzelnen Gruppen von Nutznießern, dann zeigt sich, dass die Steuerzahler am meisten von dem Programm profitieren. Damit liefert die Studie ein gewichtiges Argument für dessen öffentliche Finanzierung.

2.5 Strategien der Effizienzverbesserung im Schulbereich

Der auf dem öffentlichen Sektor lastende Effizienzdruck hat auch im Bildungsbereich der Schaffung neuer – der Wirtschaft entlehnter – Steuerungsstrukturen zur Durchsetzung verholfen. Innerhalb der Bildungsökonomie hat diese Entwicklung zu einer Wiederbelebung der als „Markt-Plan-Kontroverse" etikettierten Frage geführt, ob ein stärker an Marktprinzipien orientiertes Steuerungssystem besser als staatlich-bürokratische Steuerung in der Lage ist, Effizienzziele im Bildungssektor zu erreichen. Versuche, die Überlegenheit eines der beiden idealtypischen Steuerungssysteme „Markt" und „Staat" durch Konfrontation von Aussagen der Theorie des Staatsversagens mit denen der Theorie des Marktversagens zu begründen, haben zumindest für den Schulbereich keine eindeutigen Ergebnisse erbracht (Hegelheimer 1981; Timmermann 1985). Allerdings konnte Timmermann (1995) später zeigen, dass sich auf der Basis einer wissenschaftstheoretisch begründete Argumentationsgewichtung (die theoriebezogene Aussagen privilegiert), ein Effizienzvorteil der Marktsteuerung konstatieren lässt. Wählt man indes einen Referenzrahmen, der die erfahrungswissenschaftliche Absicherung zum wichtigsten Kriterium macht, ist diese Eindeutigkeit nicht mehr gegeben.

Im Zuge des „Paradigmenwechsels der Steuerungsphilosophie" im öffentlichen Sektor haben in einer ganzen Reihe von Ländern (vor allem im angelsächsischen Raum) Konzepte der Wettbewerbssteuerung im Schulbereich durch Einführung von „Quasi-Märkten"[9], nachfrageorientierten Formen der Bildungsfinanzierung und Konzepten leistungsbezogener Besoldung von Lehrkräften Einzug gehalten. Der Bildungsökonomie hat diese Entwicklung die – lange Zeit fehlende – Möglichkeit eröffnet, zumindest für marktapproximative Steuerungsstrukturen Effizienzhypothesen erfahrungswissenschaftlich zu überprüfen.

Die bislang vorliegenden Forschungsbefunde zur Effizienzwirkung von Wettbewerb fallen widersprüchlich aus. Verschiedene ökonometrische Untersuchungen aus den USA lassen auf moderate wettbewerbsinduzierte Effizienzgewinne schließen (vgl. die Übersicht bei Belfield/Levin 2001). So zeigen zwei Studien (Hoxby 1994; Dee 1998), dass Konkurrenz durch Privatschulen positiv mit dem Leistungsniveau und den Abschlussquoten staatlicher Schulen korreliert. Andere Untersuchungen (Zanzig 1997; Marlow 2000) stellen vergleichbare Effekte als Ergebnis interjurisdiktionellen Wettbewerbs fest. Allerdings lässt sich gegen diese ökonometrischen Analysen einwenden, dass mit der Messung der Wettbewerbsintensität durch strukturelle Indikatoren auf Systemebene (Privatschüleranteil, Maße der Marktkonzentration) die für das Anbieter- und Nachfragerverhalten letztlich maßgebenden lokalen Wettbewerbsbedingungen nicht angemessen abgebildet werden (Weiß 2001). Studien, die Wettbewerb im lokalen Kontext erfassen und dabei verhaltensbasierte Indikatoren verwenden, legen eine eher zurückhaltende Einschätzung des der Wettbewerbssteuerung zugeschriebenen effizienzverbessernden Potenzials nahe. So resümieren die Autoren einer an der Open University durchgeführten Un-

9 Quasi-Märkte stellen ein hybrides Steuerungssystem dar, das marktwirtschaftliche und staatlich-bürokratische Steuerungselemente kombiniert. Die Leistungserstellung erfolgt unter Wettbewerbsbedingungen, wird aber weiterhin öffentlich finanziert und unterliegt staatlicher Regulierung und Kontrolle (Weiß 2001).

tersuchung des Wettbewerbseinflusses auf die über fünf Jahre verfolgte Leistungsentwicklung einer Stichprobe englischer Sekundarschulen: „the evidence for a positive impact of competition is very weak" (Levacic/Woods 2000, S. 87). Befunde aus englischen Fallstudien (Davies/ Adnett/Mangan 2002) legen zudem die These nahe, dass identische lokale Wettbewerbs- und Schulstrukturbedingungen mit höchst unterschiedlichen Reaktionen der schulischen Akteure einhergehen können, die von Nischenmarketing über aggressive Strategien der Marktpositionierung bis hin zu kooperativen Arrangements reichen.

Die Sicherung wettbewerbsinduzierter Effizienzvorteile ist auch leitend für den im bildungsökonomischen Schrifttum schon seit langem diskutierten Vorschlag, die Bildungsfinanzierung auf ein nachfrageorientiertes System umzustellen: durch eine schülergesteuerte Mittelzuweisung an die Institutionen oder die Ausstattung der Bildungsnachfrager „mit Kaufkraft" durch Ausgabe von Bildungsgutscheinen. Erreicht werden soll damit zweierlei: die Bereitstellung eines den differenzierten „Konsumentenpräferenzen" entsprechenden Bildungsangebots sowie ein innovationsfördernder und effizienzsteigender Wettbewerb zwischen Bildungsinstitutionen. Die Aufmerksamkeit, die das Finanzierungskonzept der Bildungsgutscheine derzeit in der wissenschaftlichen und politischen Diskussion findet (z.B. Sachverständigenrat Bildung 1998; Mangold/Oelkers/Rhyn 2000; Wolter 2001), steht in auffallendem Kontrast zu der äußerst schmalen empirischen Forschungsbasis. Gegenstand intensiver wissenschaftlicher Untersuchungen waren die auf einkommensschwache Familien beschränkten Gutschein-Initiativen einiger amerikanischer Großstädte (insbesondere Milwaukee und Cleveland, vgl. Levin 2000; Belfield 2002). Abgesehen davon, dass die Ergebnisse der in diesem Kontext entstandenen Wirkungsstudien die nötige Eindeutigkeit vermissen lassen, können aus ihnen keine Rückschlüsse auf Funktionsweise und Wirkungen eines vollständig „voucherisierten" Schulwesens gezogen werden. Auch ist zu sehen, dass wettbewerbsorientierte Finanzierungskonzepte zu ihrem Funktionieren einer aufwändigen Infrastruktur bedürfen: eines Informationssystems, das für „Markttransparenz" sorgt, eines Evaluationssystems zur Qualitätssicherung und eines leistungsfähigen Transportsystems. Auf die erhebliche quantitative Bedeutung solcher „Transaktionskosten"[10] bei der Implementation gutscheinbasierter Wettbewerbssteuerung hat Levin (1998) in einer Modellrechnung für die USA hingewiesen.

Konstitutives Merkmal der im Schulbereich implementierten neuen Steuerungskonzepte ist die Übertragung von Entscheidungskompetenzen und Verantwortung auf die Einzelschule. Die davon erwarteten positiven Effizienzeffekte sind durchaus theoretisch zu begründen. Nach der Autonomietheorie der Motivation kann davon ausgegangen werden, dass die Leistungsbereitschaft der schulischen Akteure um so höher ist, je größer ihre Handlungsspielräume sind. Dezentralisierung ist auch die angemessene Antwort auf eine Produktionssituation, die – wie bei schulischen Bildungsprozessen – durch Merkmale wie Aufgabenkomplexität, Handlungsinterdependenz und Prozessunsicherheit gekennzeichnet ist (Mohrmann/Lawler/Mohrmann 1992). Der in der größeren „Geschehensnähe" liegende Informationsvorteil der schulischen Akteure lässt schließlich bei dezentraler Dispositionskompetenz über Ressourcen Mittelentscheidungen erwarten, die besser den spezifischen Bedürfnissen und intern gesetzten Prioritäten der Schulen Rechnung tragen und damit über eine verbesserte Ressourceneffektivität effizienzwirksam werden.

---

10 Transaktionskosten lassen sich als Kosten der „Benutzung" von Steuerungssystemen begreifen. Der auf Nobelpreisträger Ronald Coase zurückgehenden Transaktionskostentheorie geht es um die Klärung der Frage, welche Arten von Transaktionen durch welche Steuerungssysteme am kostengünstigsten abgewickelt werden können.

Die überzeugende theoretische Begründung der Dezentralisierung zugeschriebenen Effizienzerträge korrespondiert nur zum Teil mit der dazu vorliegenden empirischen Befundlage. Erwartungskonform fallen die Ergebnisse zu den Kostenwirkungen aus. Hinreichend empirisch belegt ist ein sparsamer Umgang mit Ressourcen als Ergebnis eigenverantwortlicher Mittelbewirtschaftung (vgl. zu den Erfahrungen in Deutschland Bellenberg/Böttcher/Klemm 2001). Untersuchungen aus England liefern Hinweise auf Kosteneinsparungen durch Personalsubstitution bei Einbeziehung von Personalmitteln in die den Schulen zugewiesenen Globalbudgets (Ross/Levacic 1999).

Nicht empirisch zu sichern sind indes bislang die erwarteten Erträge von Dezentralisierung im Leistungsbereich. So liefert die Auswertung von 83 Studien zum School Based Management in angelsächsischen Ländern kaum Hinweise auf einen positiven Zusammenhang zwischen erweiterter schulischer Handlungskompetenz und Schülerleistungen: „There is virtually no firm, research-based knowledge about the direct or indirect effects of SBM (School Based Management, M.W./D.T.) on students" (Leithwood/Menzies 1998, S. 340). Dieses Ergebnis korrespondiert mit Schlussfolgerungen aus Reanalysen der internationalen TIMSS-Daten: „Cross-national variation in dezentralization of administration is unrelated to national achievement" (Baker 2002, S.10). In den bis jetzt vorliegenden Auswertungen der internationalen PISA-Daten zeigt sich zwar in bivariaten Analysen ein Zusammenhang zwischen einzelnen Autonomieaspekten – so auch der Mittelverwendung – und Schülerleistungen im Lesen; ob dieses Ergebnis auch noch bei Berücksichtigung anderer Faktoren Bestand hat, werden erst komplexere multivariate Analysen zeigen. Reanalysen von TIMSS-Daten (Wößmann 2002) liefern z.B. Anhaltspunkte dafür, dass dezentrale Entscheidungskompetenz über Ressourcen offenbar nur in Verbindung mit zentralen Leistungsprüfungen positive Wirkungen entfalten kann. Fehlt diese Voraussetzung, kann ein höherer Autonomiegrad sogar kontraproduktiv sein.

Für das Ausbleiben sichtbarer Effektivitätsverbesserungen durch Dezentralisierung kommen verschiedene – theoriegestützte – Gründe in Betracht: Zu nennen ist einmal das für schulische Bildungsprozesse charakteristische Technologie-Defizit: Lehr-Lern-Prozesse und der Wissenserwerb als intendiertes Ergebnis dieser Prozesse laufen nicht auf der Basis klarer Kausalitäten und beherrschbarer Technologien ab. Unter Rückgriff auf Erkenntnisse der Neuen Institutionenökonomie (z. B. Martiensen 2000) können weiterhin Gründe im Verhalten der schulischen Akteure vermutet werden. Während die Theorie der X-Ineffizienz (Leibenstein) die Effizienzrelevanz von Motivation und Anstrengungsbereitschaft heraus stellt, thematisiert die Principal-Agent-Theorie verhaltensbedingte Beeinträchtigungen der Effizienz im Kontext von Vertragsbeziehungen. Bei divergierenden Interessen und asymmetrischer Informationsverteilung zwischen Auftraggeber (Principal) und Auftragnehmer (Agenten) steigt bei Dezentralisierung der Dispositionskompetenz über Ressourcen für den Principal (die politisch Verantwortlichen im Bildungsbereich) die Unsicherheit hinsichtlich der Handlungen der Agenten (der schulischen Akteure) und damit das Risiko, dass diese sich von Eigennutzmotiven leiten lassen. Solchen Principal-Agent-Problemen wird im Rahmen der Neuen Steuerung durch institutionelle Arrangements wie Zielvereinbarungen, Controlling und Anreizstrukturen zu begegnen versucht. Der Nachweis darüber, dass sich diese Instrumente unter den spezifischen Produktionsbedingungen im Schulbereich (vage Technologien, hohe Erfolgsabhängigkeit von externen „Mitproduzenten") als tauglich erweisen, steht bislang noch aus (Weiß 2002).

3 Bildungsökonomische Indikatoren aus Schul- und Finanzstatistik

Aus bildungsökonomischer Sicht interessiert das Schulwesen als Ressourcen verbrauchendes und Qualifikationen erzeugendes („Humankapital schaffendes“) System. In diesem Abschnitt wird ein Überblick über dazu in der Schul- und Finanzstatistik vorliegende deskriptive Informationen gegeben: (3.1) Indikatoren des Ressourcenverbrauchs, (3.2) Indikatoren des Ergebnisses schulischer Leistungserstellung, (3.3) daraus gebildete Effizienzindikatoren.

3.1 Indikatoren des Ressourcenverbrauchs und seiner Determinanten

Der gesellschaftliche Aufwand für Bildung belief sich – in der Abgrenzung des Bildungsbudgets – 2000 auf rund 128,5 Mrd. Euro (= 6,3% des Bruttoinlandprodukts). Davon entfielen auf den eigentlichen Bildungsprozess, d.h. Unterricht, Lehre und Verwaltung, 115,8 Mrd. Euro (= 90%); 12,6 Mrd. Euro (= 10%) wurden für die Förderung der Bildungsteilnehmer ausgegeben. Mit 55,5 Mrd. Euro und einem Anteil von 43,2% am Bildungsbudget repräsentiert der Schulbereich (staatliche und private allgemeinbildende und berufliche Schulen, ohne Unterrichtsverwaltung) den gewichtigsten Sektor innerhalb des formalen Bildungswesens (vgl. Tab. 9).

Tabelle 9: Bildungsbudget 2000 in Mrd. Euro (Durchführungs-/Finanzierungsbetrachtung)*

		Durchführungsbetrachtung	Ausgaben in Mrd. Euro – Finanzierungsbetrachtung					
			Staat				Private	Volkswirtschaft Gesamt
		2000	Bund	Länder	Gemeinden	Zusammen		
	A Ausgaben für den Bildungsprozess	**115,8**	**7,7**	**60,4**	**15,8**	**83,9**	**32,0**	**115,8**
10	**Öffentl. Vorschulen, Schulen, Hochschulen**	67,4	1,0	54,0	10,0	65,1	2,2	67,2
	Vorschulische Erziehung	4,3	0,0	2,4	1,1	3,4	0,9	4,3
	Allgemein bildende Schulen	43,6	0,1	35,2	7,5	42,8	0,8	43,6
	Berufliche Schulen	8,2	0,0	6,7	1,4	8,0	0,1	8,2
	Hochschulen	11,3	1,0	9,8	0,0	10,8	0,5	11,3
20	**Private Vorschulen, Schulen, Hochschulen**	11,0	0,0	3,4	3,6	7,0	4,0	11,0
	Vorschulische Erziehung	7,0	0,0	0,4	3,3	3,7	3,3	7,0
	Allgemein bildende Schulen	2,7	0,0	2,4	0,1	2,5	0,2	2,7
	Berufliche Schulen	1,1	0,0	0,5	0,1	0,7	0,4	1,1
	Hochschulen	0,2	0,0	0,1	0,0	0,1	0,1	0,2
30	**Betriebl. Ausbildung im Rahmen der dualen Bildg.**	13,9	0,1	0,4	0,5	1,0	12,9	13,9
	des öffentlichen Bereichs	1,0						1,0
	des nichtöffentl. Bereichs	12,9						12,9
40	**Betriebliche Weiterbildg. der Unternehmen, priv. Organisationen ohne Erwerbszweck, Gebietskörperschaften**	9,3	0,2	0,7	0,5	1,4	7,9	9,3
50	**Sonstige Bildungseinrichtungen**	9,6	6,2	1,8	1,3	9,3	0,3	9,6
	Serviceleistungen der öffentlichen Verwaltung	0,8						0,8
	Einrichtungen der Jugendarbeit	1,4						1,4
	Sonst. öffentliche Bildungseinrichtungen	1,4						1,4
	Sonst. private Bildungseinrichtungen	6,1						6,1

60	**Ausgaben von Schülern und Studierenden für Nachhilfe, Lernmittel etc.**	4,6					4,6	4,6
	B Förderung von Bildungsteilnehmern	12,6	7,2	2,4	1,7	11,3	1,3	12,6
10	**Bildungsförderung durch Gebietskörperschaften**	4,4	0,7	1,1	1,3	3,0	1,3	4,4
	Schülerförderung	2,1						
	Förderung der Studierenden	2,3						
	Zuschüsse an Teilnehmer von Weiterbildungsmaßnahmen							
20	**Förderung von Bildungsteilnehmern durch die Bundesanstalt für Arbeit**	5,2	5,2	0,0	0,0	5,2	0,0	5,2
30	**Kindergeld für Bildungsteilnehmer zwischen 19 und 25 Jahren**	3,1	1,3	1,3	0,5	3,1	0,0	3,1
40	**Förderung von Bildungsteilnehmern insgesamt**	12,6	7,2	2,4	1,7	11,3	1,3	12,6
	A-B Bildungsbudget	128,5	14,9	62,7	17,6	95,2	33,3	128,5

*Quelle: Statistisches Bundesamt, BMBF-Berechnungen und Schätzungen auf der Basis diverser amtlicher und nichtamtlicher Statistiken

Die Betrachtung nach Finanzierungsträgern zeigt, dass 2000 mit knapp 95 Mrd. Euro rund drei Viertel des Bildungsbudgets aus öffentlichen Haushalten finanziert wurden, ein Viertel aus privaten Quellen. Im Schulbereich belief sich der private Finanzierungsbeitrag lediglich auf 1,5 Mrd. Euro, was einem Anteil von 2,7% am Schulbudget entspricht.

Die Dominanz der öffentlichen Finanzierung gilt auch für den Privatschulsektor, allerdings mit deutlichem Unterschied zwischen den allgemein bildenden und den beruflichen Schulen infolge des differenten Subventionsanspruchs von Ersatz- und Ergänzungsschulen. Hauptfinanzierungsträger bei den öffentlichen Gebietskörperschaften sind im Schulbereich die Länder, auf die 82,2% der Ausgaben entfallen; die restlichen 17,6% werden aus den Gemeindehaushalten finanziert.

Tabelle 10: Ressourcen im Schulbereich: Grund- und Strukturdaten, 1980/2000**

	1980	2000		
		Deutschland	Alte Länder	Neue Länder
Schüler in Mio. insgesamt	11,90	12,70	9,92	2,78
davon an:				
allgemein bildenden Schulen	9,20	10,00	7,92	2,04
beruflichen Schulen		2,70	2,07	0,60
Lehrer[a] in Tsd. insgesamt		720,5	556,9	163,6
davon an:				
allgemein bildenden Schulen	481,5	611,2	471,4	139,8
beruflichen Schulen		109,3	85,5	23,8
Schüler je Lehrer an allgemein				
bildenden Schulen insgesamt:	19,1	16,4	16,8	14,9
Primarbereich	23,8	20,6	21,3	17,3
Sekundarbereich I	20,1	16,7	17,0	15,6
Sonderschulen	8,7	6,9	6,9	6,8
Schüler je Klasse an allgemein				
bildenden Schulen	24,1	22,4	22,9	20,1
Primarbereich	28,5*	24,8	25,2	23,4
Sekundarbereich I	11,8	10,3	10,4	10,0
Sonderschulen				
Grundmittel in Mrd. Euro	40,5[c]	52,1[c]		
Grundmittel[b] je Schüler	3304[c]	4115[c]		

a) Vollzeitlehrer-Einheiten

b) Bei den Grundmitteln handelt es sich um die Ausgaben eines Aufgabenbereichs abzüglich sämtlicher Einnahmen. Sie zeigen die aus allgemeinen Haushaltsmitteln (Steuern, Mitteln aus Finanzausgleich, Kreditmarktmitteln, Rücklagen) zu finanzierenden Ausgaben.

c) In konstanten Preisen (Preisbasis 1995)

* Ohne Integrierte Gesamtschulen und Freie Waldorfschulen

**Quelle: Statistiken der Kultusministerkonferenz und des Statistischen Bundesamtes, eigene Berechnungen

3.1.1 Entwicklung der Schulausgaben seit 1980

Die öffentlichen Ausgaben für das Schulwesen (Grundmittel einschließlich Unterrichtsverwaltung und Zuschläge für die Alters- und Krankenversorgung der Beamten) sind zwischen 1980 und 2000 nominal von 26,3 Mrd. Euro auf 55,5 Mrd. Euro gestiegen, in konstanten Preisen (näherungsweise preisbereinigt mit BIP-Deflatoren, Preisbasis 1995) von 40,5 Mrd. Euro auf 52,2 Mrd. Euro. Dies entspricht einem realen Anstieg von knapp 30%. Diese Veränderung muss, um sie als Verbesserung der Finanzmittelausstattung qualifizieren zu können, in Verbindung mit der Entwicklung der Schülerzahlen gesehen werden. Setzt man die Grundmittel jeweils ins Verhältnis zur Zahl der Voll- und Teilzeitschüler an öffentlichen und privaten Schulen, dann ergibt sich ein nomineller Anstieg der Unitcosts von 2.207 Euro (1980) auf 4.242 Euro (2000), real (Preisbasis 1995) von 3.304 Euro auf 4.115 Euro (= 24,5%). Die darin zum Ausdruck kommende Verbesserung der Finanzmittelausstattung steht einmal in Zusammenhang mit der Zunahme der Verweildauer im Schulbereich durch die stärkere Inanspruchnahme von (kostenintensiven)

Bildungsgängen zur Erreichung höherwertiger Abschlüsse. Zum anderen manifestiert sich darin die verbesserte Personalausstattung im Schulbereich.

1980 betrug die durchschnittliche Schüler-Lehrer-Relation im allgemein bildenden Schulbereich 19, 2000 wurden durchschnittlich 16,4 Schüler von einem Vollzeit-Lehrer betreut. Die Verbesserung der Personalausstattung im Schulbereich ist vor allem zur Verkleinerung der Klassen genutzt worden: Lag 1980 die Klassenfrequenz im Primarbereich bei durchschnittlich 24,1 und im Sekundarbereich I bei 28,5 Schülern, so saßen 2000 in Deutschland im Primarbereich im Durchschnitt 22,4 und im Sekundarbereich I 24,8 Schüler in einer Klasse. Im selben Zeitraum verringerte sich an Sonderschulen die durchschnittliche Klassenfrequenz von 11,8 auf 10,3. Zu Beginn der 1990er Jahre waren die Werte für die Schüler-Lehrer-Relation und Klassenfrequenz noch etwas günstiger. Nach 1991 ist bei den meisten Schularten in den alten Bundesländern ein leichter Wiederanstieg der Betreuungsrelationen zu verzeichnen. Um den Stellenbedarf bei steigenden Schülerzahlen mit dem Finanzrahmen in Einklang zu bringen, sind von den Ländern Korrekturen der lehrerbedarfsbestimmenden Parameter vorgenommen worden: Verlängerung der Lehrerarbeitszeit, Erhöhung der Klassenfrequenzen, Kürzungen der Stundentafel, weniger Differenzierung und Verringerung der Ermäßigungsstunden. Zu Beginn des Jahres 2000 lag denn auch die durchschnittliche Schüler-Lehrer-Relation in Deutschland im allgemein bildenden Schulbereich wieder bei 16,4 (Primarbereich: 20,6; Sekundarbereich I: 16,7; Sekundarbereich II: 12,4; Sonderschulen: 6,4). Im Durchschnitt betrug 2000 die Zahl der Schüler je Klasse im Primarbereich 22,4, im Sekundarbereich I 24,8, an den Sonderschulen 10,3. Im Sekundarbereich II erfolgt der Unterricht in wechselnden Gruppengrößen.

3.1.2 Differenzierte Unitcost-Berechnungen

Seit 1995 werden vom Statistischen Bundesamt nach einer neuartigen Methodik Ausgaben je Schüler nach Bundesländern, Schulformen und Ausgabearten unter Berücksichtigung kalkulatorischer Versorgungsbezüge und Beihilfezahlungen für das beamtete Personal im Schulbereich berechnet (vgl. zur Methodik im einzelnen Lünnemann 1998). 2000 wurden danach in Deutschland von den öffentlichen Haushalten für einen Schüler an staatlichen allgemein bildenden und beruflichen Schulen im Durchschnitt 4.300 Euro aufgewendet, 4.600 Euro für einen Schüler an allgemein bildenden Schulen und 3.200 Euro für einen Schüler an beruflichen Schulen. Der geringere Betrag der beruflichen Schulen erklärt sich aus den niedrigeren Ausgaben je Schüler bei den Berufsschulen (2.100 Euro) infolge des Teilzeitunterrichts (vgl. Tab. 11b). Die Ausgaben je Schüler differieren stark nach Schularten (vgl. Tab. 11a). Mit 3.600 Euro lagen die durchschnittlichen Ausgaben an Grundschulen am niedrigsten, gefolgt von den Realschulen mit 4.300 Euro, den Hauptschulen mit 5.100 Euro, den Gymnasien mit 5.200 Euro und den Integrierten Gesamtschulen mit 5.400 Euro. Spitzenreiter sind die Sonderschulen mit 10.900 Euro je Schüler.

Auffällige Unterschiede in der Höhe der Ausgaben je Schüler zeigen sich beim Vergleich einerseits zwischen alten und neuen Bundesländern und andererseits zwischen Flächenländern und Stadtstaaten. Die Flächenländer im früheren Bundesgebiet gaben im Durchschnitt etwa 5% mehr pro Schüler an allgemein bildenden Schulen aus als die neuen Länder. Vergleicht man nur die Personalausgaben, dann belaufen sich die Mehraufwendungen auf rund 12%, eine Folge der höheren Vergütung und z.T. höheren Einstufung der in den alten Bundesländern beschäftigten Lehrkräfte. Auch die um über ein Fünftel über dem Bundesdurchschnitt liegenden Ausgaben je Schüler der öffentlichen Schulen in den Stadtstaaten sind z.T. auf Vergütungsunterschiede (höhere Eingangsstufen zur Lehrerbesoldung) zurückzuführen. Während in den Flächenländern des früheren Bundesgebiets die Personalausgaben je Schüler nur wenig um den Durchschnittswert von 3.600 Euro streuen, zeigen sich in den neuen Bundesländern deutliche Unterschiede: Mit 3.600 Euro lagen 2000 die Personalausgaben je Schüler in Thüringen um 20% über dem Betrag, den Mecklenburg-Vorpommern und Sachsen ausgaben. Auf den laufenden Sachaufwand entfallen 2000 im Bundesdurchschnitt 400 Euro und auf die Investitionsausgaben 300 Euro je Schüler.

Tabelle 11a: Ausgaben für öffentliche Schulen[1] im Haushaltsjahr 2000 je Schüler nach Schularten in Euro

Schulart	Deutschland	Flächenländer		Stadtstaaten
		Früheres Bundesgebiet	Neue Länder	
Grundschule	3.600	3.500	3.500	4.400
Hauptschule	5.100	5.000	-	6.600
Realschule	4.300	4.300	4.200	4.900
Gymnasium	5.200	5.400	4.400	5.600
Integrierte Gesamtschule	5.400	5.400	-	6.600
Sonderschule	10.900	11.000	9.800	14.600
Allgemein bildende Schulen zusammen	4.600	4.600	4.400	5.700
Berufliche Schulen	3.200	3.400	2.500	3.600
darunter: Berufsschulen im dualen System	2.100	2.100	1.700	2.400

1) einschließlich Schulverwaltung

Tabelle 11b: Ausgaben für öffentl. Schulen[1] im Haushaltsjahr 2000 je Schüler nach Ländern, Ausgabearten und Personalausgaben je wöchentl. erteilter Unterrichtsstunde in Euro

Land	Allgemein bildende Schulen	Berufliche Schulen (Voll- u. Teilzeit-schüler)	Alle Schularten				
			Gesamt-ausgaben	Personal-ausgaben	Laufender Sach-aufwand	Investitions-ausgaben	Personal-ausgaben je wöchentl. Unterrichts-stunde
Baden-Württem-berg	4.600	3.900	4.500	3.700	500	300	2.700
Bayern	4.900	3.100	4.500	3.600	500	400	2.900
Berlin	5.300	3.200	4.900	4.200	400	200	3.000
Branden-burg	4.100	2.200	3.700	2.900	400	400	2.000
Bremen	5.500	3.500	5.000	4.300	400	300	3.000
Hamburg	6.600	4.500	6.100	4.800	700	600	3.300
Hessen	4.500	3.300	4.300	3.500	400	300	2.700
Meckl.-Vorp.	4.200	2.400	3.800	3.000	400	400	2.200
Nieder-sachsen	4.600	3.200	4.300	3.600	400	300	2.800
Nordrhein-Westfalen	4.400	3.300	4.200	3.500	500	300	2.900
Rheinland-Pfalz	4.500	3.100	4.200	3.400	400	400	2.700
Saarland	4.400	3.500	4.200	3.500	500	200	2.900
Sachsen	4.200	2.500	3.800	3.000	400	400	2.100
Sachsen-Anhalt	4.800	2.500	4.300	3.500	400	400	2.500
Schleswig-Holstein	4.600	3.300	4.300	3.500	500	300	2.800
Thüringen	4.900	2.700	4.400	3.600	500	300	2.500
Deutsch-land	4.600	3.200	4.300	3.600	400	300	2.700
Flächen-länder:							
Früheres Bundes-gebiet	4.600	3.400	4.300	3.600	500	300	2.800
Neue Länder	4.400	2.500	4.000	3.200	400	400	2.300
Stadt-staaten	5.700	3.600	5.200	4.400	500	300	3.100

1) einschließlich Schulverwaltung

3.1.3 Unitcosts im internationalen Vergleich

Im Rahmen des INES-Projekts der OECD werden seit einigen Jahren in US-Dollar umgerechnete – um Kaufkraftunterschiede korrigierte – Ausgaben je Schüler berechnet (aktuell OECD 2002). Das besondere Interesse an dieser Kennzahl resultiert aus der ihr zugeschriebenen Eigenschaft als Indikator der Bildungsqualität. Im internationalen Vergleich nimmt Deutschland im Primarschulbereich eine unterdurchschnittliche Position ein: Mit 3.818 US-Dollar wurde 1999 für einen Primarschüler ein um 8% unter dem OECD-Durchschnitt (4.148 US-Dollar) liegender Betrag ausgegeben. Unterdurchschnittlich fielen auch die Ausgaben je Schüler im Sekundarbereich I aus: Mit 4.918 US-Dollar lagen die Ausgaben in Deutschland knapp 6% unter dem Ländermittel (5.210 US-Dollar). Um 4.188 US-Dollar (71%) über dem OECD-Durchschnitt (5.919 US-Dollar) lagen dagegen die Unitcosts im Sekundarbereich II. Zu berücksichtigen ist dabei allerdings, dass darin auch die von den Betrieben im Rahmen der Dualen Ausbildung getätigten Aufwendungen enthalten sind, die etwa ein Drittel des Gesamtbetrags ausmachen.

Hinter den Ausgabenwerten verbergen sich höchst unterschiedliche Prioritätssetzungen der Mittelverwendung. Während einige Staaten, so auch Deutschland, bei der Mittelverwendung Prioritäten bei den Lehrergehältern setzen, investieren andere OECD-Staaten stärker in die Personalausstattung. Bei den standardisierten Lehrergehältern (durchschnittliches Gehalt nach 15 Jahren Berufserfahrung) liegt Deutschland mit Beträgen, die rund ein Drittel über dem OECD-Durchschnitt liegen, mit an der Spitze. Wenn bei den Ausgaben je Schüler gleichwohl nur eine unterdurchschnittliche Position erreicht wird, dann hängt dies mit den ungünstigeren Werten bei der Schüler-Lehrer-Relation im Primar- und Sekundarbereich I zusammen (vgl. ausführlich OECD 2002, Tab. D 1; 1a-c und Tab. D 5.1).

3.2 Indikatoren der Ergebnisse schulischer Leistungserstellung

Aus bildungsökonomischer Perspektive kann die von Schulen erbrachte Dienstleistung oder ihre Qualifizierungsleistung als Output in den Blick genommen werden. Im ersten Fall repräsentiert die Zahl der in einem bestimmten Zeitraum erteilten Unterrichtsstunden das Ergebnis der schulischen Leistungserstellung. Im zweiten Fall lässt sich das Produktionsergebnis etwa durch die Zahl der Absolventen mit bestimmten Abschlüssen oder die mit standardisierten Messverfahren ermittelten fachlichen und überfachlichen Kompetenzen von Schülern eines bestimmten Altersjahrgangs oder einer bestimmten Klassenstufe indikatorisieren. Durch die Beteiligung Deutschlands an internationalen Schulleistungsuntersuchungen (TIMSS, PISA) und die Erhebungen von Schulleistungsdaten im Rahmen von PISA-E und in einzelnen Bundesländern (vgl. van Ackeren/Klemm 2001) liegen inzwischen Informationen zum Leistungsstand von Schülern in verschiedenen Domänen vor. Repräsentative Leistungsdaten von 15-jährigen bzw. Neuntklässlern für die Bundesländer insgesamt und die Gymnasien in den Bereichen Lesekompetenz sowie mathematische und naturwissenschaftliche Grundbildung liefert die erweiterte PISA-Studie (PISA-E).

3.2.1 Unterrichtsstunden

2000 wurden an deutschen Schulen insgesamt pro Woche knapp 17 Mio. Stunden erteilt. Im Durchschnitt erhielten Primarschulklassen 27 Unterrichtsstunden, Klassen im Sekundarbereich I 34,8 Stunden und Klassen an Sonderschulen 35,4 Stunden. Um der Zugehörigkeit zu unterschiedlich großen Klassen Rechnung zu tragen, weist die Schulstatistik auch die Kennzahl „Unterrichtsstunden je Schüler" aus. „Sie gibt an, wie viele Unterrichtsstunden verfügbar wären, um jedem Schüler Einzelunterricht und damit die ungeteilte Aufmerksamkeit durch die Lehrkraft zukommen zu lassen" (KMK 2001a, S. 105). Den mit Abstand höchsten Wert erreichten 2000 mit 3,44 Unterrichtsstunden die Sonderschüler, gefolgt von den Schülern beruflicher Vollzeitschulen (1,73) sowie Schülern allgemein bildender Schulen des Sekundarbereichs II (1,73) und des Sekundarbereichs I (1,41). Das Schlusslicht bildet der Primarbereich mit durchschnittlich 1,20 Unterrichtsstunden je Schüler (vgl. ausführlich KMK 2001 b).

3.2.2 Qualifizierungsleistung: Absolventen nach Schulabschlüssen

Tabelle 12 (vgl. im Folgenden) zeigt, dass 2000 über 36% der 15- bis unter 17jährigen die Schule mit Beendigung der Vollzeitschulpflicht verlassen haben, 26% mit und knapp 10% ohne Hauptschulabschluss. 1970 lagen sämtliche Anteile noch deutlich höher. Fast verdoppelt hat sich gegenüber 1970 indes der Anteil der Absolventen mit einem mittleren Abschluss an der Gruppe der 16- bis unter 18jährigen, von einem Viertel auf fast die Hälfte. Mehr als verdreifacht (von 11,3% auf 36,5%) hat sich der Anteil der Abgänger mit Hochschulreife an der Gruppe der 18- bis unter 21jährigen Bevölkerung. Deutlich gestiegen ist darunter der Anteil der Absolventen mit Fachhochschulreife. 1999 wurde von jedem vierten Absolventen mit Hochschulreife dieser Abschluss erworben. Einen Bedeutungszuwachs erfahren haben die Beruflichen Schulen für den Erwerb allgemeiner Bildungsabschlüsse: 2000 haben 7,5% des entsprechenden Altersjahrgangs den Realschulabschluss und 11,3% die Hochschulreife an diesen Schulen erworben.

Tabelle 12: Schulabgänger nach Art des Abschlusses in Prozent der gleichaltrigen Bevölkerung, 1970, 1980, 1990 und 2000*

	1970	1980	1990	2000
Abgänger mit Beendigung der Vollzeitschulpflicht[1]				
mit Hauptschulabschluss	43,0	36,6	32,0	26,6
ohne Hauptschulabschluss	17,3	10,2	8,6	9,6
Insgesamt:	60,3	46,8	40,6	35,9
Abgänger mit mittlerem Abschluss[2]				
aus allgemein bildenden Schulen	17,9	30,4	36,3	41,0
aus beruflichen Schulen	7,0	8,8	7,7	7,5
Insgesamt:	24,9	39,2	44,0	48,5
Abgänger mit allgemeiner Hochschulreife[3]				
aus allgemein bildenden Schulen	10,3	15,2	21,8	24,2
aus beruflichen Schulen	0,5	1,3	2,5	2,9
Insgesamt:	10,8	16,5	24,3	27,1
Abgänger mit Fachhochschulreife				
aus allgemein bildenden Schulen	0,5	0,4	0,7	1,1
aus beruflichen Schulen	5,1	4,8	8,5	8,4
Insgesamt:	**5,6**	**5,2**	**9,2**	**9,5**

1) In Prozent des Durchschnittsjahrgangs der 15- unter 17jährigen Bevölkerung
2) In Prozent des Durchschnittsjahrgangs der 16- unter 18jährigen Bevölkerung
3) In Prozent des Durchschnittsjahrgangs der 18- unter 21jährigen Bevölkerung

*Quelle: BMBF 2002, S. 90/91

Der Trend zum Erwerb mittlerer und höherer Abschlüsse reflektiert langfristige Veränderungen im Bildungsverhalten, wie Tabelle 13 anhand der Entwicklung des relativen Schulbesuchs verdeutlicht. Der Vergleich der Verteilung der Schüler in Klassenstufe 8 auf die verschiedenen Schulformen zu vier verschiedenen Zeitpunkten zeigt, dass der Anteil der Hauptschüler stetig zurückgegangen ist. War 1970 die Hauptschule noch die Schulform, die von der Mehrheit der Achtklässler besucht wurde, so ist sie bis 2000 mit einem Anteil von knapp 23% auf den dritten Platz zurückgefallen. Alle übrigen weiterführenden Schulformen haben einen Anteilszuwachs zu verzeichnen. Bundesweit ist mittlerweile das Gymnasium die meist besuchte Schulform. Hinter den skizzierten Trends stehen allerdings z.T. höchst unterschiedliche regionale Schulbesuchsquoten der Schüler bei den verschiedenen Schulformen. In drei Bundesländern (Baden-Württemberg, Bayern, Rheinland-Pfalz) ist die Hauptschule immer noch die meist besuchte Schulform. Erhebliche Länderunterschiede in den Beteiligungsquoten zeigen sich auch bei den Realschulen. Am geringsten fallen die Quotenunterschiede bei den Gymnasien aus: Bei einer bundesweiten Quote von 29,8% streut der relative Schulbesuch zwischen 28,7 (Schleswig-Holstein) und 38,3% (Hamburg).

Tabelle 13: Relativer Schulbesuch in Klassenstufe 8 nach Schulformen 1970[1)], 1980[1)], 1990[1)], 2000[2)] (in Prozent)*

Jahr	Hauptschule	Schule mit mehreren Bildungsgängen	Realschule	Gymnasium	Integrierte Gesamtschule	Sonderschule
1970	55,4	-	21,5	23,1	-	-
1980	40,3	-	28,2	27,5	4,0	-
1990	34,2	-	28,8	30,8	6,2	-
2000	22,8	8,9	24,5	29,8	9,0	4,2

1) Die Angaben beziehen sich auf die Bundesrepublik Deutschland vor der Wiedervereinigung. Die Anteilswerte für den relativen Schulbesuch umfassen die Schüler in der 7. bis 9. Klasse bzw. Klassenstufe 8.
2) Die Angaben beziehen sich auf Deutschland nach der Wiedervereinigung und auf die Schüler in der 8. Klassenstufe.

*Quelle: BMBF 2001

3.2.3 Effizienzindikatoren

Aus der amtlichen Schul- und Finanzstatistik lassen sich verschiedene Indikatoren bilden, die Aussagen über die Effizienz des Schulsystems gestatten. Der dafür erforderliche normative Referenzrahmen kann auf der Basis unterschiedlicher „benchmarks“ (regionaler, nationaler oder internationaler Vergleichsdaten) definiert werden.

3.2.3.1 Wiederholer

Die Zahl der Wiederholer in einem Schuljahr wird insbesondere durch den zusätzlichen Personalbedarf einer verlängerten Verweildauer im Schulsystem effizienzwirksam. Geht man davon aus, dass der Lehrerbedarf jeweils über die aggregierte Schüler-Lehrer-Relation ermittelt wird, dann würde bei einer bundesdurchschnittlichen Relation von 16,7 im Sekundarbereich I und 217.521 Wiederholern (jeweils 2000) ein zusätzlicher Bedarf von 13.025 Vollzeit-Lehrerstellen entstehen. Tabelle 14 gibt einen Überblick über die absolute und relative Zahl der Wiederholer im Sekundarbereich I im Schuljahr 2000/2001.

Tabelle 14: Anteil der Wiederholer an den Schülern in den Klassenstufen 5-10 und 8 nach Bundesländern, 2000/2001*

Bundesländer	Anteil Wiederholer in % 5-10	Anteil Wiederholer in % 8
Baden-Württemberg	2,9 (3,0)[1]	4,0 (4,0)[1]
Bayern	6,6 (6,6)	7,1 (7,1)
Berlin	4,7 (6,6)	4,7 (6,6)
Brandenburg	1,0 (2,3)	0,9 (1,9)
Bremen	7,7 (9,8)	8,2 (9,8)
Hamburg	2,7 (3,7)	3,2 (4,4)
Hessen	5,3 (6,6)	5,9 (7,0)
Mecklenburg-Vorpommern	4,4 (4,6)	6,0 (6,3)
Niedersachsen	3,9 (4,2)	5,4 (5,6)
Nordrhein-Westfalen	4,6 (5,5)	6,1 (7,3)
Rheinland-Pfalz	5,2 (5,5)	4,9 (5,0)
Saarland	3,9 (4,7)	5,6 (6,7)
Sachsen	3,1 (3,1)	3,5 (3,5)
Sachsen-Anhalt	4,8 (4,9)	5,2 (5,3)
Schleswig-Holstein	4,8 (5,0)	7,0 (7,5)
Thüringen	3,5 (3,6)	3,2 (3,3)
Deutschland	5,5 (6,2)	5,3 (5,8)

1 Die in Klammern gesetzten Zahlen geben den Anteil der Wiederholer bezogen auf die Schülerpopulation der Sekundarstufe I ohne IGS-Schüler an.

*Quelle: Statistisches Bundesamt: Bildung und Kultur, Fachserie 11, Reihe 1, Schuljahr 2000/2001; eigene Berechnungen

Bezogen auf die Gesamtheit der Schüler der Sekundarstufe I lagen die Wiederholerquoten zwischen 1,0% (Brandenburg) und 7,7% (Bremen). Die Länderunterschiede sind freilich sinnvoll nur unter Berücksichtigung unterschiedlicher Schüleranteile in Integrierten Gesamtschulen zu interpretieren, die für die Sekundarstufe I von 53,3% (Brandenburg) bis 0,3% (Bayern) reichen. Bezieht man die Zahl der Wiederholer auf die um die Schüler an Integrierten Gesamtschulen bereinigte Schülerpopulation der Sekundarstufe I, dann sind die Wiederholerquoten höher und streuen zwischen 2,3% (Brandenburg) und 9,8% (Bremen)[11].

11 Hinzuweisen ist darauf, dass der Aussagegehalt der Wiederholerquoten im Ländervergleich aufgrund einer unterschiedlichen Erhebungspraxis in den Ländern eingeschränkt ist. So sind z. B. in Baden-Württemberg nur die

Unter Effizienzaspekten wäre der durch Klassenwiederholungen entstehende Mehraufwand nur zu rechtfertigen, wenn dies zu besseren Bildungsergebnissen führte. Nach den PISA-Befunden (Deutsches PISA-Konsortium 2001) sind daran jedoch berechtigte Zweifel angebracht: „Die Leistungen derjenigen, die sich nach einem regulären Durchlauf in der 9. Klasse befinden, sind in den meisten Schulformen besser als die Leistungen derjenigen, die diese Klasse aufgrund von Wiederholungen oder Zurückstellungen erst ein Jahr später erreicht haben" (ebd., S. 475).

3.2.3.2 Abbrecher

2000 verließen 86.600 Schülerinnen und Schüler, d.h. fast jeder Zehnte der gleichaltrigen Bevölkerung (Durchschnitt der 15- bis unter 17jährigen Bevölkerung), die Schule mit Beendigung der Vollzeitschulpflicht ohne einen Schulabschluss. 1992 waren es mit 63.600 noch 7,6%. Besonders hoch ist darunter mit fast 20% der Anteil der ausländischen Schüler. Auch zeigen sich beträchtliche Geschlechterunterschiede: Während der Anteil der männlichen Jugendlichen ohne Abschluss an der Gruppe der Gleichaltrigen bei 13,3% liegt, sind es bei den gleichaltrigen weiblichen Jugendlichen „nur" 7,1%, die 2000 die Schulen ohne Abschluss verließen. Im Ländervergleich zeigen sich höhere Anteile erfolgloser Schulabsolventen in den neuen Bundesländern und vor allem in den Stadtstaaten.

3.2.3.3 Ausgaben je wöchentlich erteilter Unterrichtsstunde

Für eine wöchentlich erteilte Unterrichtsstunde wurden 2000 in Deutschland über ein ganzes Jahr hinweg betrachtet Personalausgaben in Höhe von 2.700 Euro aufgewendet (vgl. Tabelle 11a/b). Wie bei den Ausgaben je Schüler, so zeigen sich auch hier – insbesondere als Folge von Besoldungs- bzw. Vergütungsunterschieden – die auffälligsten Abweichungen zwischen den alten und neuen Bundesländern: Die Flächenländer des früheren Bundesgebiets „produzieren" ein Drittel teurer. Innerhalb des früheren Bundesgebiets sind es die Stadtstaaten Bremen und Hamburg, die weiterhin deutlich über den Flächenländern liegen. Bei insgesamt niedrigerem Niveau ist die Streubreite mit 400 Euro in den neuen Ländern größer als in den alten Bundesländern (Flächenstaaten).

3.2.3.4 Ausgaben für unterschiedliche Schulabschlüsse

In Tabelle 15 sind die Verweilzeiten in den einzelnen Schulformen jeweils mit den dort anfallenden Ausgaben je Schüler multipliziert worden. Daraus lassen sich die Gesamtausgaben für die in unterschiedlichen (allgemein bildenden) Bildungsgängen bei regulärem Durchlauf erworbenen Abschlüsse bestimmen. Sie sind ein Näherungswert der tatsächlich für den Erwerb eines bestimmten Schulabschlusses im Durchschnitt erforderlichen öffentlichen Ausgaben.

Lässt man den Erwerb eines Abschlusses an Sonderschulen unberücksichtigt, dann ist mit durchschnittlich 63.000 Euro für ein Abitur an einer IGS der höchste Betrag aufzuwenden, für den Realschulabschluss mit 40.200 Euro der geringste Betrag. Die Gesamtausgaben eines Abschlusses variieren mit der Schulform, an der er erworben wird, vor allem aber mit dem Län-

---

Wiederholer der gleichen Schulform, in anderen Ländern (z. B. Berlin) dagegen alle Wiederholer – unabhängig von der zuvor besuchten Schulform – erfasst.

derstandort. Mit Abstand die höchsten Ausgaben fallen für einen Abschluss in den Stadtstaaten an. Die dort z.B. für den Erwerb des Abiturs an Gymnasien aufzubringenden öffentlichen Ausgaben übersteigen den für diesen Abschluss in den neuen Ländern erforderlichen Betrag um fast 40%.

Tabelle 15: Öffentliche Ausgaben für die gesamte Schulzeit eines Schülers an allgemein bildenden Schulen und eines dort erworbenen Abschlusses in Euro, 2000*

Schulart	Alte Länder	Neue Länder	Stadtstaaten
Grundschule (Klasse 1-4)	14.000	14.000	17.600
Hauptschule (Klasse 5-9/10)	30.000 (25.000)[a]	-	39.600
Realschule (Klasse 5-10)	25.800	25.200	35.400
Schule mit mehreren Bildungsgängen (Klasse 5-9) (Klasse 5-10)	 22.000 26.400	 21.000 25.200	 - -
Gymnasium (Klasse 5-12/13)	48.600	35.200[1]	50.400
Integrierte Gesamtschule (Sek. I)	32.400	-	39.600
Integrierte Gesamtschule (Sek. I und II)	48.600	-	59.400
Sonderschule (Klasse 1-10)	110.000	98.000	146.000
<u>Hauptschulabschluss</u> Hauptschule Integrierte Gesamtschule Schule mit mehreren Bildungsgängen	44.000 (39.000)[a] 46.400 36.000	- - 35.000 	 57.200 57.200 -
<u>Mittlerer Abschluss</u> Realschule Gymnasium Integrierte Gesamtschule Schule mit mehreren Bildungsgängen	 39.800 46.400 46.400 40.400	 39.200 40.400 - 39.200	 53.000 51.200 57.200 -
<u>Abitur</u> Gymnasium Integrierte Gesamtschule	 62.600 62.600	 49.200 -	 68.000 77.000

a) Wert für fünfjährige Hauptschule
1) Abitur nach 12 Jahren

*Quelle: Statistisches Bundesamt, eigene Berechnungen

Literatur

Albach, H.: Kosten- und Ertragsanalyse der beruflichen Bildung. In: Gelissen, C.J.H. (Hrsg.): Maßnahmen zur Förderung der regionalen Wirtschaft, gesehen im Blickfeld der EWG. Opladen 1974

Ackeren, I. von/Klemm, K.: TIMSS, PISA, LAU, MARKUS und so weiter. Ein aktueller Überblick über Typen und Varianten von Schulleistungsstudien. In: Pädagogik 12 (2000), S. 10-15

Averch, H.A./Caroll, St,J./Donaldson, T.S/Kiesling, H.J./Pincus, J.: How effective is schooling? A critical review and synthesis of research findings. Santa Monica 1972

Baker, D.P.: „Should we be more like them“? Reflections on causes of cross-national high school achievement differences and implications for American educational reform policy. Brookings Papers on Education Policy Conference, 14-15 May 2002

Barnett, W.S.: Benefit-cost analysis of the Perry preschool program and its policy implications. In: Educational Evaluation and Policy Analysis 7 (1985), H. 4, pp. 333-342

Belfield, C.R./Levin, H.M.: The effects of competition on educational outcome: a review of US evidence. New York 2001

Belfield, C.R.: The privatization and marketization of US schooling. In: Zeitschrift für Erziehungswissenschaft 5 (2002), H. 2, pp. 220-240

Bellenberg, G./Böttcher, W./Klemm, K.: Stärkung der Einzelschule. Neuwied/Kriftel 2001

Bellmann, L./Reinberg, A./Tessaring, M.: Bildungsexpansion, Qualifikationsstruktur und Einkommensverteilung – Eine Analyse mit Daten des Mikrozensus und der Beschäftigungsstatistik. In: Lüdeke, R. (Hrsg.): Bildung, Bildungsfinanzierung und Einkommensverteilung II. Berlin 1994, S. 13-70

Bessent, A.M./Bessent, E.W.: Determining the comparative efficiency of schools through data envelopment analysis. In: Educational Administration Quarterly 16 (1980), H. 2, pp. 56-75

Bifulco, R./Bretschneider, S.: Estimating school efficiency. A comparison of methods using simulated data. In: Economics of Education Review 20 (2001), pp. 417-429

Blossfeld, H.P./Hannan, M.T./Schömann, K.: Die Bedeutung der Bildung im Arbeitseinkommensverlauf. In: Lüdeke, R. (Hrsg.): Bildung, Bildungsfinanzierung und Einkommensverteilung. Berlin 1993

BMBF: Grund- und Strukturdaten 2000/2001. Bonn 2001

Bodenhöfer, H.-J./Riedel, M.: Bildung und Wirtschaftswachstum. In: Weizsäcker, R.K.v. (Hrsg.): Bildung und Wirtschaftswachstum. Berlin 1998, S. 11-47

Carnoy, M.: Economics of education, then and now. In: Carnoy, M. (Ed.): International Encyclopedia of Economics of Education. Oxford 1995, pp. 1-7

Carnoy, M.: Rates of return to education. In: Carnoy, M. (Ed.): International Encyclopedia of Economics of Education. Oxford 1995, pp. 364-369

Charnes, A./Cooper, W.W./Rhodes, E.: Measuring the efficiency of decision making units. In: European Journal of Operational Research (1978), H. 2, pp. 429-444

Class size: Issues and new findings. In: Educational Evaluation and Policy Analysis (Special Issue) 21 (1991), H. 2.

Cohn, E./Geske, T.G.: The economics of education. Oxford 1990

Coleman, J.S./Campbell, E.Q./Hobsen, C.J./McPartland, J./Mood, A.M./Weinfeld, F.D./York, R.L.: Equality of educational opportunity. Washington D.C. 1966

Cooper, S.T./Cohn, E.: Estimation of a frontier production function for the South Carolina educational process. In: Economics of Education Review, 16 (1997), H. 3, pp. 313-327

Davies, P./Adnett, N./Mangan, J.: The diversity and dynamics of competition: evidence from two local schooling markets. In: Oxford Review of Education 28 (2002), pp. 91-107

Dee, T.S.: Competition and the quality of public schools. In: Economics of Education Review, 17 (1998) H. 4, pp. 419-427

Demmler-Krebbeler, W.:Kostenrechnung an allgemeinbildenden Schulen am Beispiel einer Grundschule. Diplomarbeit, Universität Bielefeld. Bielefeld 2001

Deutsches PISA-Konsortium (Hrsg.):PISA 2000. Basiskompetenzen von Schülerinnen und Schülern im internationalen Vergleich. Opladen 2001

Elliott, M.: School finance and opportunities to learn: Does money well spent enhance students‘ achievement? In: Sociology of Education 71 (1998), pp. 232-245

Fägerlind, I.: Formal education and adult earnings: A longitudinal study on the economic benefits of education. Stockholm 1975

Finn, J./Voekl, K.: Class size. In: Husen, T./Postlethwaite, T.N: (Eds.): International Encyclopedia of Education. Oxford 1992, pp. 770-775

Frederick, W.C./Walberg, H.J.: Learning as a function of time. In: The Journal of Educational Research 73 (1980), pp. 183-194

Fuller, F.H.: What school factors raise achievement in the third world? In: Review of Educational Research 57 (1987), H. 3, pp. 255-292

Geske, T.: The value of investment in higher education: Capturing the full rates of return. In: Zeitschrift für internationale erziehungs- und sozialwissenschaftliche Forschung 12 (1995) H. 1, S. 121-139

Gundlach, E./Wößmann, L./Gmelin, J.: The decline of schooling productivity in OECD countries. In: Economic Journal 11 (2000), pp. 135-147

Hanushek, E.A.: Making schools work. Washington, D.C. 1994

Hanushek, E.A.: Assessing the effects of school resources on student performance. An update. In: Educational Evaluation and Policy Analysis 19 (1997), H. 2, pp. 141-164
Hauenschild, H.: Zur sozialwissenschaftlichen Wendung im erziehungswissenschaftlichen Lehrangebot. In: Zeitschrift für Pädagogik 43 (1997), 5, S. 771-789
Havemann, R.H./Wolfe, B.L.: Schooling and economic well-being. The role of nonmarket effects. In: Journal of Human Resources XIX (1984), H. 3, pp. 377-407
Hedges, L./Laine, R.D./Greenwald, R.: Does money matter? A meta-analysis of studies of the effects of differential school inputs on student outcomes. In: Educational Researcher 23 (1994), H. 3, pp. 5-14
Hegelheimer, A.: Auch in Bildung und Wissenschaft mehr Wirtschaftlichkeit durch Marktmodelle? In: Letzelter, F./Reinermann, H. (Hrsg.): Wissenschaft, Forschung und Rechnungshöfe. Berlin 1981, S. 351-375
Hesse, N./Arnold, V.: Nutzen- und Kostenanalyse für städtische Verkehrsprojekte, dargestellt am Beispiel der Unterpflasterbahn Hannover. In: Kyklos 23 (1970), H. 3, S. 520-557
Heynemann, S.P.: Economics of education: disappointments and potential. In: Prospects 25 (1995), H. 4, pp. 559-593
Heynemann, S.P./Loxley, W.A.: The effects of primary-school quality on academic achievement across twenty-nine high-and-low-income countries. In: American Journal of Sociology 88 (1983), H. 6, pp. 1162-1194
Hoxby, C.M.: Do private schools provide competition for public schools? Cambrigde/Mass 1994
Immel, S.: Bildungsökonomische Ansätze. Von der klassischen Nationalökonomie bis zum Neoliberalismus. Frankfurt a.M. 1994
KMK: Schule in Deutschland – Zahlen, Fakten, Analysen. Bonn 2001
Kramer, W./Werner, D.: Familiäre Nachhilfe und bezahlter Nachhilfeunterricht – Ergebnisse einer Elternbefragung in NRW, Köln. Institut der Deutschen Wirtschaft 1998
Krueger, A. B.: Experimental estimates of education production functions. In: Quarterly Journal of Economics 114 (1999), H. 2, pp. 497-532
Leithwood, K./Menzies, T.: Forms and effects of school-based management: a review. In: Educational Policy 12 (1998), pp. 325-346
Leslie, L.L.: Rates of return as informer of public policy. Higher Education 20 (1990), pp. 271-286
Levacic, R.; Woods, P.A.: Quasi-markets and school performance: Evidence from a study of English secondary schools. In: Weiß, M./Weishaupt, H. (Hrsg.): Bildungsökonomie und Neue Steuerung. Frankfurt a.M. 2000, S. 53-95
Levin, H.M.: Cost-effectiveness. A primer. Beverly Hills 1983
Levin, H.M.: Educational vouchers: Effectiveness, choice, and costs. In: Journal of Policy Analysis and Management, 17 (1998) H. 3, pp. 373-392
Levin, H.M.: Recent developments in the economics of education: Educational vouchers. In: Weiß, M./Weishaupt, H. (Hrsg.): Bildungsökonomie und Neue Steuerung. Frankfurt a.M. 2000, S. 97-114
Levin, H.M./Glass, G. V./Meister, G.R.: Different approaches to improving performance at school: A cost-effectiveness comparison. In: Zeitschrift für internationale erziehungs- und sozialwissenschaftliche Forschung 3 (1986), H. 2, S. 155-176
Lünemann, P.: Methodik zur Darstellung der öffentlichen Ausgaben für schulische Bildung und Bildungsstufen sowie zur Berechnung finanzstatistischer Kennzahlen für den Schulbereich. In: Wirtschaft und Statistik (1998), H. 2, S. 141-152
Mangold, M./Oelkers, J./Rhyn, H.: Bildungsfinanzierung durch Bildungsgutscheine. Modelle und Erfahrungen. In: Zeitschrift für Pädagogik 46 (2000), H. 1, S. 39-59
Mc Mahon, W.W.: Externalities, non-market effects, and trends in returns to educational investments. In: OECD: The appraisal of investments in educational facilities. Paris 2000, pp. 51-83
Marlow, M.L.: Spending, school structure, and public education quality. Evidence from California. In: Economics of Education Review 19 (2000), H. 1, pp. 89-106
Martiensen, J.: Institutionenökonomik. München 2000
Mincer, J.: Schooling, experience and earnings. New York 1974
Mohrmann, S.A./Lawler, E.E./Mohrmann, A.M.: Applying employee involvement in schools. In: Educational Evaluation and Policy Analysis 14 (1992), H. 4, pp. 347-360
Mortimore, P.: Schuleffektivität: Ihre Herausforderung für die Zukunft. In: Benner, D./Lenzen, D. (Hrsg.): Bildung und Erziehung in Europa. In: Zeitschrift für Pädagogik. 32. Beiheft. Weinheim 1994, S. 117-134
Murnane, R.J./Nelson, R.R.: Production and innovation when techniques are tacit. In: Journal of Economic Behavior and Organization 5 (1984), pp. 353-373
OECD: Policy conference on economic growth and investment in education. Washington 16-20 October 1961. Paris: OECD 1962
OECD: Human capital investment. Paris 1998
OECD: Knowledge and skills for life. Paris 2001.

OECD: Bildung auf einen Blick. Paris 2002
Orivel, F.: Stand der Forschung im Bereich der Bildungsökonomie. In: Zeitschrift für Pädagogik. 32. Beiheft. Weinheim 1994, S. 135-148
Pritchett, L./Filmer, D.: What education production functions really show: A positive theory of education expenditures. In: Economics of Education Review 18 (1999), pp. 223-239
Psachoropoulos, G.: Earnings functions. In: Psachoropoulos, G. (Ed.): Economics of education. Oxford 1987, pp. 218-223
Psachoropoulos, G.: Returns to investment in education: a global update. In: World Development 22 (1994), H. 9, pp. 1325-43
Psacharopoulos, G./Woodhall, M.: Education for Development. New York u.a. 1985
Recum, H.v.: Überlegungen zur Rekonstruktion bildungspolitischer Steuerung. In: Böttcher, W./Weißhaupt, H./Weiß, M.: Wege zu einer neuen Bildungsökonomie. Weinheim/München 1997, S. 72-83
Recum, H.v./Weiß, M.: Bildungsökonomie als Steuerungswissenschaft: Entwicklungslinien und Konjunkturen. In: Zeitschrift für Pädagogik 46 (2000), H. 1, S. 5-17
Ross, K.N./Levacic, R. (Eds.): Needs-based resource allocation in education via formula funding of schools. Paris 1999
Rutter, M./Maughan, B./Mortimer, P./Ousten, J./Höhn, K.-P./von Hentig, H.: Fünfzehntausend Stunden. Schule und ihre Wirkung auf Kinder. Weinheim/Basel 1980
Sachverständigenrat Bildung: Für ein verändertes System der Bildungsfinanzierung. Düsseldorf 1998
Schmähl, W. (Hrsg.): Ansätze der Lebenseinkommensanalyse. Tübingen 1983
Sheldon, G.: Zur Messung der Effizienz im Bildungsbereich mit Hilfe der Data Envelopment Analysis. Basel: Forschungsstelle für Arbeitsmarkt- und Industrieökonomik. Universität Basel 1995
Steiner, V./Lauer, C.: Private Erträge von Bildungsinvestitionen in Deutschland. In: Beiheft der Konjunkturpolitik 51 (2001), S. 71-101
Timmermann, D.: Bildungsmärkte oder Bildungsplanung: Eine kritische Auseinandersetzung mit zwei alternativen Steuerungssystemen und ihren Implikationen für das Bildungswesen. Mannheim 1985
Timmermann, D.: Abwägen heterogener bildungsökonomischer Argumente zur Schulautonomie. In: Zeitschrift für Pädagogik 41 (1995), H. 1, S. 49-60
Timmermann, D.: Bildungsökonomie. In Tippelt, R. (Hrsg.): Handbuch der Bildungsforschung. Opladen 2002, S. 81-122
Treiber, B.: Lehr- und Lernzeiten im Unterricht. In: Treiber, B. u.a. (Hrsg.): Lehr-Lern-Forschung. München 1982, S. 12-36
Tuijnman, A.: Recurrent education, earnings, and well-being. Stockholm 1989
Vila, L.E.: The non-monetary benefits of education. In: European Journal of Education 35 (2000), H. 1, pp. 21-32
Walberg, H.J. (Ed.): Advances in educational productivity. Analytic methods for educational productivity. Greenwich/London 1993
Weiß, M.: Effizienzforschung im Bildungsbereich. Berlin 1982
Weiß, M.: Schuleffekt-Forschung: Ergebnisse und Kritik empirischer Input-Output-Untersuchungen. In: Twellmann, W. (Hrsg.): Handbuch für Schule und Unterricht. Düsseldorf 1985, S. 1060-1094
Weiß, M.: Bildung – zu viel Aufwand für zu wenig Nutzen? In: De Haan, G. (Hrsg.): Bildung ohne Systemzwänge. Neuwied 2000, S. 235-250
Weiß, M.: Quasi-Märkte im Schulbereich. Eine ökonomische Analyse. In: Oelkers, J. (Hrsg.): Zukunftsfragen der Bildung. In: Zeitschrift für Pädagogik. 43. Beiheft. Weinheim 2001, S. 68-85
Weiß, M.: Neue Steuerungsmodelle im Bildungswesen – Internationale Befunde. In: Deutsche Gesellschaft für Bildungsverwaltung: „Neue Steuerungsmodelle im Bildungswesen – Folgen für Aufgaben und Qualifizierung von Bildungsverwaltung“. Frankfurt a.M. 2002, S. 21-35
Wenglinsky, H.: When money matters. Educational Testing Service. Princeton/New Jersey
Wissenschaftsrat (Hrsg.): Empfehlungen zur künftigen Struktur der Lehrerbildung. Köln 1997
Wößmann, L.: New evidence on the missing resource-performance link in education. Kiel 2001
Wößmann, L.: How control exams affect educational achievement: International evidence from TIMSS and TIMSS repeat. Paper presented at the conference „Taking account of acountability“. Boston 2002 (www.ksg.harvard.edu/pepg/)
Wolfe, B.: A cost-effectiveness analysis of reductions in school expenditures: an application of an educational production function. In: Journal of Educational Finance (1977), pp. 407-418
Wolter, S.C.: Bildungsfinanzierung zwischen Markt und Staat. Chur 2001
Zanzig, B.R.: Measuring the impact of competition in local government education markets on the cognitive achievement of students. In: Economics of Education Review 16 (1997), H. 4, pp. 431-441

2 Das Schulsystem und seine innere Differenzierung

Marianne Horstkemper | Klaus-Jürgen Tillmann

Schulformvergleiche und Studien zu Einzelschulen

1 Problemaufriss

Die Entwicklung einer empirisch ausgerichteten Schulforschung hat in der Bundesrepublik Deutschland Ende der 1960er Jahre begonnen – erste relevante Forschungsergebnisse konnten Anfang der 1970er Jahre präsentiert werden. Heute ist die empirische Schulforschung im deutschsprachigen Raum eine äußerst facettenreiche Veranstaltung, deren inhaltliche Erkenntnisse und deren methodische Entwicklungen sich auch in einem umfangreichen Handbuch nur schwer zusammenfassend darstellen lassen. In diesem Beitrag geht es darum, ein bestimmtes Segment dieser Entwicklung zu beschreiben, indem zwei verschiedene Forschungstypen dargestellt und aufeinander bezogen werden: quantitative Vergleichsstudien einerseits, Studien zu Einzelschulen andererseits. Dabei beziehen sich die Vergleiche auf „Schulformen" – und damit auf die Makrostruktur des Schulsystems. Im Folgenden werden zunächst einmal die beiden Forschungstypen skizziert um daran anschließend darzustellen, welchen spezifischen Beitrag sie jeweils zur Schulforschung und Schultheorie leisten.

1.1 Zwei Forschungstypen: standardisierte Vergleichsforschung und Fallstudien

Seit mehr als 30 Jahren werden in der Bundesrepublik mit gewisser Kontinuität größere Stichprobenuntersuchungen durchgeführt, deren Haupt- oder Nebeninteresse darin besteht, die Merkmale verschiedener Schulformen miteinander zu vergleichen. Seit etwa der gleichen Zeit werden auch immer wieder Studien vorgelegt, bei denen die einzelne Schule als „Fall" analysiert wird: Dabei werden anhand eines oder mehrerer Fälle die jeweiligen Situationen, die Abhängigkeiten, die internen Abläufe der einzelnen Schulen dargestellt. Eine Gemeinsamkeit dieser beiden Forschungstypen liegt zunächst einmal darin, dass sie sich innerhalb der deutschen Schulforschung zeitlich parallel entwickelt und etabliert haben: Die ersten Studien wurden in den 1970er Jahren vorgelegt (Beispiele: Fend/Knörzer/Nagl/Specht/ Väth-Szusdziara 1976a als quantitative Übersichtsstudie; Diederich/Wulf 1979 als qualitative Fallstudie; aktuellere Beispiele: Deutsches PISA-Konsortium 2001; Helsper/Böhme/Kramer/Lingkost 2001). Zum zweiten ist festzustellen, dass beide Typen der Forschung sich in wechselseitigem Bezug aufeinander entwickelt haben. Dieser Bezug wird mal stärker kooperativ-ergänzend, mal stärker kritisch-korrigierend artikuliert. Dabei beziehen wir uns im Folgenden aus einem sehr naheliegenden Grund ausschließlich auf bundesdeutsche Forschung: Im Einheitsschulsystem der DDR gab es keine „Schulformen", außerdem wurde eine empirische Schulforschung kaum betrieben (vgl. Anweiler 1988; Dudek/Tenorth 1994). Allerdings wurde der gesellschaftliche Transformationsprozess sowohl durch quantitative Analysen (vgl. z.B. Weishaupt/Zedler 1994) als auch durch Fallstudien erforscht (vgl. z.B. Leutert 1996; Mietzner 1998).

Fragt man nach den Gemeinsamkeiten und Unterschieden beider Forschungstypen (und ihrer wechselseitigen Bezüge), so lässt sich mit heutigem Blick auf die 1970er und 1980er Jahre sagen: Beide beschäftigen sich zentral mit dem Thema der „Schulqualität", beide sind so gesehen auch Vorläufer der Schulqualitätsforschung (vgl. den Beitrag von Wenzel in diesem Band). Bei beiden Forschungstypen werden Merkmale des pädagogischen Prozesses (z.B. Schüler-Lehrer-Kommunikation) oder der erzieherischen Wirkung (z.B. Leistungsorientierung von Schülern) in den Blick genommen. Die quantitativen Studien fragen nach der Ausprägung dieser „Variablen" vor allem im Vergleich zwischen den Schulformen bzw. Schulsystemen; und sie versuchen auf statistischem Wege verursachende Faktoren zu identifizieren. Bei Einzelfallstudien ist hingegen das Interesse darauf gerichtet zu rekonstruieren, wie sich innerhalb der spezifischen Konstellation einer Schule z.B. die Beziehungsformen zwischen Schülern und Lehrern herausgebildet haben, welche „Qualität" und welche pädagogischen Wirkungen man ihnen zusprechen kann – und welche Faktoren diese Qualität eher günstig oder eher ungünstig beeinflussen. Zum einen handelt es sich somit um das empirisch-analytische Konzept der „Zerlegung" des Problemfeldes in operationalisierbare Variablen, der Durchführung repräsentativer Stichprobenerhebungen und der Produktion von Erkenntnissen auf der Basis statistischer Analysen; zum anderen geht es um das Konzept der hermeneutischen Rekonstruktion des Einzelfalls, des methodisch vielfältigen Aufspürens von Beziehungen und Abhängigkeiten, der Produktion von Erkenntnissen durch immer wieder geprüfte Interpretationen. Wir haben es somit mit zwei prinzipiell unterschiedlichen methodischen Zugängen zu tun, die mit je spezifischen Erkenntnismöglichkeiten und -grenzen verbunden sind, die sich jedoch auf den gleichen Gegenstand beziehen: auf die Schule und ihre Entwicklung.

1.2 Schulsystem, Schulformen, Einzelschulen

Wenn Schulformen miteinander verglichen werden sollen, dann wird damit auf ein spezifisches Strukturelement des deutschen Schulsystems verwiesen: auf die hierarchisch-selektive Gliederung des Sekundarschulwesens. Um dies systematisch einordnen zu können ist es sinnvoll, zunächst einmal zwischen Schulstufen und Schulformen zu unterscheiden. Die Schulstufen bezeichnen den Aufbau des Schulsystems im Altersverlauf der Schülerinnen und Schüler, hier wird in der offiziellen Terminologie (vgl. Deutscher Bildungsrat 1970) eine Unterscheidung zwischen: der Primarstufe (Kl. 1-4), der Sekundarstufe I (Kl. 5-10) und der Sekundarstufe II (Kl. 11-13) vorgenommen. Schulformen hingegen bezeichnen Bildungs- und Laufbahnangebote, die innerhalb einer Schulstufe nebeneinander bestehen. Das sind in der Sekundarstufe I insbesondere die Schulformen der Hauptschule, der Realschule und des Gymnasiums. In der Sekundarstufe II findet sich die Schulform der „höheren Allgemeinbildung" – die gymnasiale Oberstufe – neben den verschiedenen Schulformen des beruflichen Schulwesens (Berufsschule, Fachoberschule etc.). Die Primarstufe stellt in dieser Systematik insofern eine Besonderheit dar, als es hier auf einer Schulstufe nur eine einzige Schulform – die Grundschule – gibt. Im Folgenden konzentrieren wir uns überwiegend auf die Sekundarstufe I. Hier ist das historisch überkommene System von Schulformen besonders klar profiliert; und zu diesem System wird seit vielen Jahren eine intensive Forschung betrieben, die sowohl den quantitativen Vergleich der Schulformen als auch die qualitative Betrachtung von Einzelschulen mit einbezieht.

Schulstufen und Schulformen in ihrer systematischen Zuordnung beschreiben somit die Gesamtstruktur eines nationalen Schulsystems. Dabei ist die aktuelle Struktur eines Schulsystems immer das Ergebnis langer historischer Entwicklungen (vgl. Herrlitz/Hopf/Titze 1981). Im

Rahmen dieses Artikels brauchen wir jedoch nur etwa 30 Jahre – bis zum Beginn der 1970er Jahre – zurückzublicken. In der (alten) Bundesrepublik existierte zu dieser Zeit in allen Bundesländern ein staatliches Schulsystem, in dem die Kinder nach der 4. Klasse (Berlin: 6. Klasse) auf die drei Schulformen Hauptschule, Realschule und Gymnasium verteilt wurden. Als offizielles Kriterium für diese Übergangsentscheidung galt (und gilt) die Leistungsfähigkeit und die Begabung der Kinder, tatsächlich ist jedoch der massive Einfluss der sozialen Herkunft immer wieder nachgewiesen worden (vgl. Baumert/Schümer 2001a). Dieses Schulsystem wird als „traditionell", als „selektiv", als „dreigliedrig" oder einfach auch nur als „gegliedert" bezeichnet. Dabei ist für diese Gliederung konstitutiv, dass die nebeneinander bestehenden Schulformen sowohl in den Leistungsanforderungen wie im Tauschwert ihrer Abschlüsse einander hierarchisch zugeordnet und mit einer typischen sozialen Herkunft der jeweiligen Schülerschaft verbunden sind (vgl. Beitrag von Ditton in diesem Band). In den letzen dreißig Jahren hat dieses gegliederte Schulsystem unterschiedliche Wandlungsprozesse (mit erheblichen länderspezifischen Differenzierungen) durchlaufen, in seiner selektiven Grundstruktur ist es jedoch erhalten geblieben.

In den 1970er Jahren bestimmte die Auseinandersetzung um „Gesamtschule oder gegliedertes Schulsystem" die bildungspolitische Debatte, dadurch wurde in vielfacher Weise Forschung angeregt (vgl. 2.1). Diese Auseinandersetzung hat im Ergebnis dazu geführt, dass viele Bundesländer ihr dreigliedriges Schulsystem um eine vierte Schulform – die Gesamtschule – ergänzt haben (vgl. Horstkemper/Klemm/Tillmann 1982). Anfang der 1990er Jahre hat dann die deutsche Vereinigung zu weiteren Varianten des gegliederten Systems geführt: Als alle neuen Bundesländer ihr DDR-Einheitsschulsystem zugunsten eines gegliederten Schulsystems ablösten, haben die meisten von ihnen neben dem Gymnasium nur noch eine weitere Schulform eingeführt, die je nach Bundesland entweder „Mittelschule" (Sachsen), „Regelschule" (Thüringen) oder „Sekundarschule" (Sachsen-Anhalt) heißt (vgl. Hamburger/Heck 1999). Damit bildet diese Schulform gemeinsam mit dem Gymnasium ein zweigliedriges Schulsystem (vgl. Stenke/Melzer 1996). Eine solche Entwicklung hin zum zweigliedrigen Schulsystem finden wir seit Mitte der 1990er Jahre auch in einigen alten Bundesländern (z.B. Bremen, Saarland, Schleswig-Holstein, Hamburg). Dies alles bedeutet im Ergebnis: Wenn man heute im bundesdeutschen Schulsystem von Schulformvergleichen spricht und dies auf die Sekundarstufe I bezieht, hat man es im Grundsatz mit drei länderspezifischen Varianten eines gegliederten Schulsystems zu tun, in dem entweder zwei oder drei oder vier Schulformen nebeneinander bestehen (diese Zahl erhöht sich jeweils, nimmt man die Sonderschule als eigene Schulform hinzu).

Der Begriff der Schulform – das ist deutlich geworden – verweist auf die Makrostruktur des Schulsystems, der Begriff der Einzelschule hingegen auf die Basiselemente dieses Systems. Damit werden mit diesem Aufsatz zwei verschiedene Ebenen angesprochen – die des Gesamtsystems (und seiner Gliederung) und die der einzelnen Schule. „Schulformvergleich" bedeutet damit auf der Systemebene die Schulen gleicher Schulform zusammenfassend zu betrachten und mit Schulen einer anderen Schulform nach zu definierenden Kriterien zu vergleichen. Mit „Studien zu Einzelschulen" sind hingegen Untersuchungen angesprochen, die eine oder mehrere Schulen in umfassender Weise analysieren. Solche Einzelschulen gehören – als Teil des Gesamtsystems – aber immer auch einer bestimmten Schulform an. Insofern ist die Forschung über eine Einzelschule immer auch eine Forschung über die Situation einer bestimmten Schulform. Beide Forschungstypen liefern damit in unterschiedlicher Weise Erkenntnisse über „Typisches" und „Untypisches" einer bestimmten Schulform – und damit Erkenntnisse über das Schulsystem. Im Folgenden stellen wir zunächst die Forschung zum Schulformvergleich, danach die zur Analyse von Einzelschulen dar. In beiden Bereichen skizzieren wir die Forschungsentwicklung der letzten 30 Jahre und zeigen dabei auch auf, wie sich beide Entwicklungen wechselseitig aufeinander beziehen.

2 Schulformen im empirisch-quantitativen Vergleich

Auch in den 1950er und 1960er Jahren stand das gegliederte Schulsystem mit seinen Schulformen bereits im Mittelpunkt erziehungswissenschaftlicher Reflexionen. Diese waren jedoch überwiegend geisteswissenschaftlich orientiert und befassten sich vor allem mit den bildungstheoretischen Begründungen der jeweiligen Schulformen (vgl. z.B. Spranger 1955). Kritische, gar empirisch gestützte Analysen der pädagogischen und sozialen Realität in den verschiedenen Schulformen gab es kaum. Das führte dazu, dass die Mitte der 1960er Jahre massiv einsetzende bildungspolitische Reformdebatte (vgl. Picht 1964) sich kaum auf gesicherte Daten über den Zustand des Schulsystems stützen konnte. Erst Ende der 1960er Jahre wurden erste empirische Studien durchgeführt, die sich z.B. mit der geschlechts- und schichtenspezifischen Bildungsbeteiligung in den verschiedenen Schulformen befassten (vgl. z.B. Peisert/Dahrendorf 1967; Pross 1969). Sie können als Vorläufer der ersten systematischen Schulformvergleiche angesehen werden.

2.1 Gesamtschule oder gegliedertes Schulsystem? Die evaluative Vergleichsforschung der 1970er und 1980er Jahre

Die Diskussion der 1960er Jahre führte zu ausgefeilten Bildungsreform-Vorstellungen, die eine breite bildungspolitische Wirkung entfalteten. Dem dreigliedrigen Schulsystem wurde das Konzept einer integrierten Gesamtschule gegenüber gestellt (vgl. Deutscher Bildungsrat 1969). Im Kern ging es darum, an die Stelle eines selektiven Schulsystems (Übergangsauslese nach der 4. Klasse) ein integriertes Schulsystem zu setzen, das auch in der Sekundarstufe I nur eine einzige Schulform – die Gesamtschule – kennen sollte. Die Reformer orientierten sich damals stark an ausländischen Vorbildern (z.B. Schweden, England), in denen solche Schulsysteme entweder bereits flächendeckend eingeführt waren oder sich in einem solchen Einführungsprozess befanden. Inzwischen findet sich ein solches integriertes Schulsystem – nur eine Schulform bis mindestens zum 15. Lebensjahr – in der größten Zahl der entwickelten Ländern. Dazu gehören die neun Spitzenländer der PISA-Lesestudie: Finnland, Kanada, Neuseeland, Australien, Island, Korea, England, Japan, Schweden (vgl. PISA 2001, S. 106). In Deutschland wurden seit Beginn der 1970er Jahre vor allem in damals sozialdemokratisch regierten Ländern (insbesondere Berlin, Hessen, Nordrhein-Westfalen) in großer Zahl Gesamtschulen als Versuchsschulen gegründet und als Vorläufer eines neuen, eines integrierten Schulsystems angesehen. Mit diesem umfassenden Schulversuch („Experimentalprogramm") wurde zugleich eine Evaluationsforschung in Gang gesetzt, die die pädagogischen Resultate des gegliederten Schulsystems mit den Resultaten des (nur in Versuchsschulen existenten) integrierten Schulsystems vergleichen sollte (vgl. Raschert 1974).

Für die Forschung der 1970er und der beginnenden 1980er Jahre war es charakteristisch, Gesamtschulen einerseits, Haupt-, Real- und Gymnasialschulen andererseits als zwei verschiedene Schulsysteme zu begreifen und die empirische Analyse auf die Frage nach den pädagogischen und sozialen Vorteilen des einen oder des anderen Systems anzulegen. Dabei schließt eine solche Forschung den Vergleich zwischen den Schulformen des gegliederten Systems immer mit ein. Diese Forschung war eingebettet in das bildungspolitische Interesse, eine empirisch gesicherte Aussage über den „Erfolg“ oder „Misserfolg“ des Gesamtschulversuchs (als Systemalternative) zu erhalten. Deshalb wurde diese Forschung auch von den Kultusministern der Länder in Auftrag gegeben und finanziert; durchgeführt wurde sie von den wenigen, sich damals frisch etablierenden Zentren für empirische Bildungsforschung. Dabei spielte das Konstanzer Zentrum und sein damaliger Projektleiter Helmut Fend eine herausragende Rolle. Fend und seine Mitarbeiter haben zwischen 1973 und 1979 in mehreren Bundsländern in großen Stichprobenstudien die „Wirkungen“ der beiden Schulsysteme (gegliedertes Schulsystem vs. Gesamtschulsystem) untersucht. Dabei ging es ihnen vor allem um die Bereiche „Chancengleichheit“, „fachliche Leistungen“ und „schulische Umwelt und soziales Lernen“. Dieses Forschungsteam hat zwei großangelegte, zeitlich hintereinander geschaltete Querschnittstudien durchgeführt und über diese Projekte umfangreich publiziert (vgl. z.B. Fend/Knörzer/Nagl/Specht/Väth-Szusdziara 1976a, b; Fend 1977, 1981, 1982). Weitere systemvergleichende Stichproben-Studien wurden vorgelegt unter anderem von Schorb (1977), Royl, Lind, Röpcke, Vogel-Krahforst (1978), Bauer (1980) und Aurin (1987). Diese und andere empirische Studien, die sich thematisch vor allem mit der sozialen Auslese, der Schulangst und der „Durchlässigkeit“ befassten, bestätigen und ergänzen die von Fend gefundenen Ergebnisse, ohne jedoch zu weitergehenden Erkenntnissen zu führen. Wenn wir im Folgenden die Ergebnisse der Schulvergleichsforschung der 1970er und 1980er Jahre zusammenfassen, beziehen wir uns deshalb vor allem auf die Studien der Fend-Gruppe.

2.1.1 Soziale Herkunft und Chancengleichheit

Dass die soziale Herkunft der Schülerinnen und Schüler zwischen den Schulformen stark variiert, ergibt sich gleichsam selbstverständlich aus dem „Klassencharakter“ des gegliederten Schulwesens. Die Vergleichsstudien der 1970er Jahre liefern hierzu erstmals präzise Daten. Dabei zeigte sich an einer bundesweiten und in drei länderbezogenen Stichproben (Hessen, NRW, Niedersachsen) das gleiche Bild: Etwa die Hälfte der Kinder aus der „Oberschicht“, aber nur etwa 10% der Kinder aus der „Grundschicht“ besuchten ein Gymnasium (vgl. Fend 1982, S. 139). Die Schülerschaften der drei Schulformen waren – bei gewissen Überschneidungen – eindeutig schichtenspezifisch besetzt: Die Hauptschule erwies sich als die Schule für die Mehrheit der Arbeiterkinder, das Gymnasium hingegen als die Schule für die Mehrheit der Kinder aus der „Oberschicht“. Betrachtet man die soziale Selektivität des gegliederten Schulwesens – und kontrolliert dabei die Intelligenz – so lässt sich für die 1970er Jahre feststellen: Ein gleich intelligentes Arbeiterkinder hat gegenüber einem Kind aus der Ober- bzw. Mittelschicht nur eine halb so große Chance das Gymnasium zu besuchen (vgl. ebd., S. 150). Im Vergleich der beiden Schulsysteme zeigte sich, dass in einer integrierten Gesamtschule der 1970er Jahre mehr Arbeiterkinder höhere Schulabschlüsse erreichen; insbesondere begabte Kinder aus Arbeiterfamilien werden nicht länger von „höheren Schulabschlüssen ferngehalten“ (ebd., S. 440). Als eher bescheiden wird von Fend allerdings das Ausmaß dieses Systemvorteils eingeschätzt (vgl. ebd., S. 172f.).

2.1.2 Fachliche Leistungen

Weil im gegliederten Schulsystem die Auslese nach dem Kriterium der Leistungsfähigkeit erfolgt (bzw. erfolgen sollte), und weil die drei Schulformen unterschiedlich anspruchsvolle Bildungsziele anstreben, gehören Leistungsunterschiede zwischen den Schülern der Schulformen zu den Selbstverständlichkeiten dieses Systems. Allerdings: Empirische Ergebnisse dazu lagen bis Anfang der 1970er Jahre nicht vor. Auch hier haben die Studien von Fend und Mitarbeitern erstmals Vergleichsdaten geliefert. Untersucht wurden in den drei o.g. Bundesländern die fachlichen Leistungen der Schülerinnen und Schüler der Jahrgänge 6 und 9 in Deutsch, Mathematik, Englisch und Naturwissenschaften (vgl. Fend 1982, S. 187ff.). Dabei ging es vor allem um die Frage, in welchem der beiden Schulsysteme „bessere" bzw. „schlechtere" Leistungen erbracht werden. Zugleich wurden damit aber auch erstmals in einer großflächigen Untersuchung die Leistungsunterschiede zwischen den Schulformen des gegliederten Schulsystem ermittelt. Hier fielen die Ergebnisse völlig erwartungsgemäß aus: Parallel zur Hierarchie der Schulformen finden sich große Mittelwertunterschiede zwischen Hauptschulen, Realschulen und Gymnasien. Zugleich sind in allen drei Schulformen die Leistungsstreuungen so groß, dass es vor allem zwischen den benachbarten Schulformen breite Überlappungen bei den Schülerleistungen gibt (vgl. Haenisch/Lukesch/Klaghofer/Krüger-Haenisch 1979, S. 361). Im Vergleich der beiden Schulsysteme sind die Daten eher unübersichtlich: Bei den nordrhein-westfälischen Gesamtschulen der 1970er Jahre zeichnet sich eine Tendenz ab, dass die Gesamtschulen zwar die schwächeren Schüler besser fördern, dass damit jedoch zugleich eine schlechtere Förderung der Leistungsstärkeren verbunden ist (vgl. Fend 1982, S. 238). In hessischen Gesamtschulen konnte dieser Effekt jedoch nicht gefunden werden: Hier gibt es zwischen den Schülerinnen und Schülern beider Systeme – insgesamt gesehen – keine Leistungsunterschiede (vgl. ebd., S. 491).

Bezieht man die Ergebnisse auf das Verhältnis von Schulsystem, Schulform und Einzelschule, so wird auf einen wichtigen Punkt verwiesen: Während die Zugehörigkeit zu einem der beiden Schulsysteme so gut wie keine Varianz aufklärt (zwischen 0% und 2,5% je nach Leistungsbereich, vgl. ebd., S. 289), ist die Varianzaufklärung durch die Zugehörigkeit zu einer Einzelschule (innerhalb einer Schulform) wesentlich größer: Sie klärt im 9. Jahrgang in Englisch zwischen 9% und 37% der Varianz auf (je nach Schulform), in Mathematik zwischen 10% und 19% (vgl. ebd.). Summierend stellt Fend fest, dass „die Variation der Leistung zwischen Schulen innerhalb einzelner Schulformen (...) sehr groß ist und in hohem Maße die Variationen zwischen den Schulsystemen übersteigt" (ebd., S. 289). Auf diesen Befund kommen wir noch zurück.

2.1.3 Soziale Umwelt und soziales Lernen

Fachliche Leistungen können und sollen nicht als einziges „output"-Kriterium des Schulwesens angesehen werden. Die Herausbildung von Lernmotivation, Selbstvertrauen, kritischem Bewusstsein etc. wird als nicht weniger bedeutsam angesehen und als Zielvorstellung vor allem des „sozialen Lernens" in der Schule betrachtet. Dies wiederum hängt eng damit zusammen, wie die soziale Umwelt der Schule (z.B. das Schüler-Lehrer-Verhältnis) gestaltet ist. Mit diesen Hinweisen wird der gesamte Komplex der schulischen Sozialisationsforschung angesprochen (vgl. Fend u.a. 1976a, S. 3ff.), der ebenfalls im Rahmen dieser Vergleichsforschung erstmals empirisch umfassend bearbeitet wurde. Dabei zeigten sich bei den von den Schülerinnen und Schüler wahrgenommenen schulischen Umwelten deutliche Schulformunterschiede: Hauptschüler schätzen ihre Beziehungen zu den Lehrkräften besonders positiv ein, Gymnasiasten hingegen relativ negativ (vgl. ebd., S. 126). Konformitätserwartungen werden am stärksten von Realschülern wahrgenommen (vgl. Fend u.a. 1976b, S. 120), während die artikulierte Schulangst in allen drei Schulformen auf gleicher Höhe liegt (ebd., S. 150). Betrachtet man als zentrale Persönlichkeitsvariable das Selbstbewusstsein, so zeigt sich: Je „höher" die Schulform, desto ausgeprägter das Selbstbewusstsein der Jugendlichen (ebd., S. 400). Im Systemvergleich wird deutlich, dass auch in integrierten Gesamtschulen die Höhe des Selbstbewusstseins von der schulischen Leistungsposition abhängig ist: Je mehr „obere" Kurse ein Schüler bzw. eine Schülerin besucht, desto höher ist – im Durchschnitt – das Selbstbewusstsein. Dabei sind die Selbstvertrauens-Unterschiede zwischen „guten" und „schlechten" Schülern im Gesamtschulsystem noch größer als im gegliederten System (vgl. ebd., S. 400). Als Erklärung hierfür kann der Bezugsgruppeneffekt herangezogen werden: Während sich im gegliederten System Hauptschüler nur mit den anderen Lernenden der Hauptschule vergleichen, müssen sich die „schwachen" Gesamtschüler über die ganze Leistungsbreite vergleichen – und also auch mit den besonders starken Schülern. Diese andere Vergleichserfahrung (die andere Bezugsgruppe) führt dann im Ergebnis zu einem schwächeren Selbstbewusstsein. Im übrigen verweist Fend auch in diesem Bereich auf den geringen Systemeffekt (durchgängig unter 1,0% der aufgeklärten Varianz), während die Zugehörigkeit zu einer Schule (innerhalb einer Schulform) zwischen 3% und 6% aufklärt (vgl. ebd., S. 428ff.).

2.1.4 Etablierung methodischer Standards

Die systemvergleichende Forschung der 1970er und 1980er Jahre hat durch ihre präzisen Datenanalysen für die Differenzen zwischen den Schulformen und ihren Schülerschaften sensibilisiert, sie hat zugleich in erheblichem Maße zur empirischen Fundierung sowohl schultheoretischer als auch sozialisationstheoretischer Konzepte beigetragen (vgl. z.B. Fend 1981; Tillmann 1995). Nicht weniger bedeutsam ist, dass durch diese Vergleichsforschung ein methodischer Standard etabliert wurde (Stichproben, Operationalisierung, statistische Analysen), hinter den nachfolgende Projekte der quantitativen Schulforschung nur ungern zurückfallen wollten.

Vor diesem Hintergrund entwickelte sich dann innerhalb der 1980er und 1990er Jahre eine thematisch vielfältige Forschung, die vor allem methodisch bei der skizzierten Vergleichsforschung anknüpfte: Zu verschiedenen thematischen Aspekten wurden größere Stichproben-Studien realisiert, bei denen neben anderen Perspektiven stets auch der Schulform-Vergleich eine wesentliche Rolle spielte. Dabei wurde nicht selten auf Operationalisierungen (z.B. Skalen zur Schulangst, zur Schüler-Lehrer-Beziehung) zurück gegriffen, die von der Fend-Gruppe entwickelt wurden. Dies gilt für Querschnitt- und Längsschnittstudien zu unterschiedlichen Themen, z.B. für die Entwicklung der Schulangst (vgl. Schwarzer 1981), für die sozio-psychischen Probleme beim Übergang in die Sekundarstufe I (Tillmann/Faulstich-Wieland/Horstkemper/Weissbach 1984), für geschlechtsspezifische Aspekte des Selbstvertrauens (Horstkemper 1987) und zur psychischen und gesundheitlichen Belastung von Jugendlichen (vgl. Holler-Nowitzki 1994). Besonders intensiv geforscht wurde dann seit Mitte der 1990er Jahre zu Aggression und Gewalt in der Schule. Hierzu wurden mehrere große Repräsentativstudien vorgelegt (vgl. z.B. Funk 1995; Forschungsgruppe Schulevaluation 1998; Tillmann/Holler-Nowitzki/Holtappels/

Meier/Popp 1999; Fuchs/ Lamnek/Luedtke 2001), die auf der Basis standardisierter Schüler- und Lehrerbefragungen die Gewalterscheinungen in der Schule und ihre Ursachen analysiert haben. Ihnen verdanken wir ein differenziertes Bild, das vor allem auch die schulformspezifischen Unterschiede nachzeichnet.

2.1.5 Fazit

Die Schulvergleichsforschung der 1970er und 1980er Jahre hat aufgezeigt, dass bei den meisten hier untersuchten Merkmalen (insbesondere soziale Herkunft, fachliche Leistungen, Bewertung der schulischen Umwelt) erhebliche bis massive Differenzen zwischen den Schulformen des gegliederten Schulsystems bestehen. Im Vergleich der beiden Systeme zeigen sich hingegen eher geringfügige Unterschiede. Damit lautet eines der wichtigsten – und meist zitierten – Ergebnisse der Fend-Studien, dass das Schulsystem allein nur eine sehr geringe pädagogische Wirkung ausübt: Ob bei sozialem Lernen, den Fachleistungen oder der sozialen Auslese – die Differenzen zwischen den Schulsystemen (gegliedert/integriert) sind minimal, die Varianzanteile liegen ganz überwiegend unter 2%. Zugleich stellt Fend fest, dass die Unterschiede zwischen einzelnen Schulen der gleichen Schulform weit größer sind als die Mittelwertunterschiede zwischen den beiden Systemen. Daraus zieht er 1988 den Schluss, dass die Qualität der einzelnen Schule für das Ergebnis weit bedeutender sei als die Zugehörigkeit zu einem der beiden Schulsysteme. Diese „Wiederentdeckung der Schule als pädagogische Gestaltungsebene" (so sein Aufsatz 1988) hatte weit reichende Konsequenzen für die nachfolgende Diskussion über Bildungspolitik und Schulentwicklung – und sie hat in besonders starkem Maße die Forschung über Einzelschulen angeregt. Zugleich wurde mit dieser Forschung ein bisher nicht gekannter Standard in der quantitativ-empirischen Schulforschung eingeführt, der sich in den 1980er und 1990er Jahren in einem breiten Themenfeld gut etabliert hatte. Dabei lag in dieser Zeit der inhaltliche Schwerpunkt der Studien eindeutig im Bereich des sozialen Lernens, während der Erwerb der fachlichen Kompetenzen deutlicher seltener in den forschenden Blick geriet.

2.2 Mathematik, Lesen, Naturwissenschaft: Die internationalen Leistungsvergleichsstudien der späten 1990er Jahre

Gegen Ende der 1990er Jahre änderte sich der thematische Schwerpunkt: Die Leistungen der Schülerinnen und Schüler – genauer: die im Laufe der Schullaufbahn erworbenen fachlichen Kompetenzen – avancierten zum zentralen erziehungswissenschaftlichen wie bildungspolitischen Thema. Dies wurde ausgelöst durch zwei international-vergleichende Studien (TIMSS 1997; PISA 2000), die den deutschen Schülerinnen und Schülern jeweils recht dürftige Leistungsergebnisse attestierten: Bei TIMSS lagen die deutschen Schüler mit ihren Mathematikleistungen im internationalen Vergleich auf Platz 25 von 33 beteiligten Ländern (vgl. Baumert/Lehmann 1997, S. 90) und bei PISA erreichten sie in der Lesekompetenz den Rangplatz 21 von 31 beteiligten Ländern (vgl. Deutsches PISA-Konsortium 2001, S. 106). Diese Untersuchungen, die auch als „large-scale-assessment"-Studien bezeichnet werden, haben ihren Schwerpunkt zwar im internationalen Vergleich. Sie bieten zugleich aber auch eine innerdeutsche Analyse, bei der ein quantitativer Vergleich zwischen den Schulformen vorgenommen wird. Dabei konzentrieren sich diese Studien auf fachliche Leistungen, liefern darüber hinaus aber auch einige Erkenntnisse über den Einfluss des sozialen Kontexts auf diese Leistungen.

Das äußerst mäßige Abschneiden der deutschen Schüler bei TIMSS und PISA erregte weite Teile der Öffentlichkeit und führte sehr bald zu bildungspolitischen Konsequenzen. Dazu gehörte es, dass die Kultusministerkonferenz (KMK) beschloss, solche Leistungsvergleichsstudien (den Vergleich zwischen den Bundesländern eingeschlossen) künftig regelmäßig durchführen zu lassen. Zusätzlich legten einzelne Bundesländer eigene länderinterne Vergleichsstudien insbesondere zu Mathematikleistungen auf. Den ersten internationalen Leistungsvergleichsstudien folgten weitere: PISA wurde 2003 und 2006 wiederholt (vgl. Pisa-Konsortium Deutschland 2004, 2007), parallel dazu fand 2001 und 2006 die Grundschulvergleichsstudie IGLU statt (vgl. Bos u.a. 2003, 2006).

Ähnlich wie in den 1970er Jahren haben wir es somit wieder mit einem größeren Forschungsprogramm zu tun, das bildungspolitisch motiviert ist und staatlich finanziert wird. Allerdings steht diesmal nicht die Schulsystemfrage, sondern die Sorge um das Leistungsniveau der deutschen Schüler im Mittelpunkt des Interesses. Bedeutsam ist nun, dass alle diese Studien (Ausnahme: IGLU) sich auf die Schüler der Sekundarstufe I beziehen und deshalb differenzierte Daten über die Schulformen und ihre Unterschiede liefern (werden). So gesehen haben wir es auch mit einer neuen Phase der quantitativen Schulformvergleiche zu tun.

2.2.1 Fachliche Kompetenzen

Im Zentrum all dieser Studien steht die Frage, welche fachlichen Kompetenzen sich die Sekundarschüler angeeignet haben. Diese Kompetenzen werden jeweils durch theoretisch und methodisch gut ausgewiesene Leistungstests ermittelt (vgl. z.B. Deutsches PISA-Konsortium 2001, S. 19ff.). Im Vergleich der Schulformen wird zunächst einmal das Ergebnis dokumentiert, das innerhalb des gegliederten Schulwesens zu erwarten ist: Ob in Lesen, Mathematik oder Naturwissenschaften, ob im 5., 8. oder 9. Jahrgang – im Mittelwert weisen die Gymnasiasten stets die besten Leistungen auf, gefolgt von den Realschülern und den Hauptschülern. Der Leistungsmittelwert der Gesamtschule liegt in der Regel zwischen Hauptschule und Realschule (vgl. z.B. Baumert/Lehmann 1997, S. 130ff.; Lehmann/Peek/Gänsfuß 1997, S. 107ff.; Deutsches PISA-Konsortium 2001, S. 120ff.). Diese Schulformunterschiede sind in allen Studien hoch signifikant. In einem multivariaten Modell erweist sich die Schulformzugehörigkeit als wichtigster Einflussfaktor sowohl bei der Lese- wie bei der Mathematikleistung (vgl. Tillmann/Meier 2001, S. 501). Dazu arbeiteten Baumert und Schümer (2001a, S. 121) heraus, dass die Varianz der Leseleistung zu 48% durch die Schulformzugehörigkeit erklärt wird; weitere 10% erklären sich durch die Zugehörigkeit zu einer bestimmten Schule innerhalb einer Schulform. Diese deutlichen Leistungsunterschiede waren zu erwarten, weil sie zu der Logik des gegliederten Systems mit seinen vorselektierten Schülerschaften passen. Dem gegenüber überrascht es, wie groß gleichzeitig die Überlappungen zwischen den Schulformen sind. Dies stellen wir im Folgenden am Beispiel der in der PISA-Studie ermittelten Lesekompetenz dar.

Verteilung der Leistungen auf der Gesamtskala Lesen nach Bildungsgang in Prozent

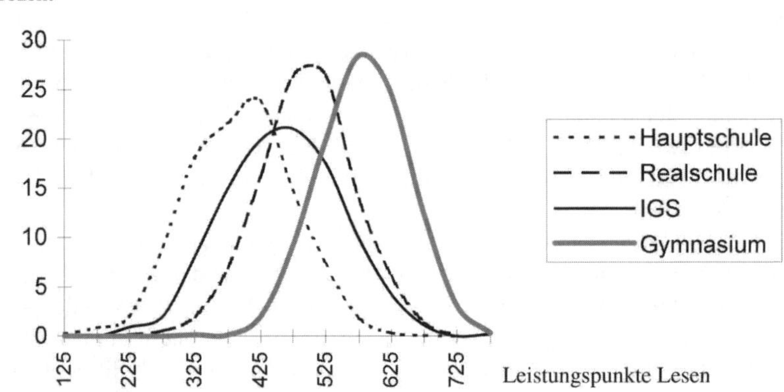

Abb. 2.15 aus PISA 2001, S. 121

Die Abbildung zeigt einerseits, dass die Gipfel der Schulformkurven (= Mittelwert) deutlich auseinander liegen: Der Mittelwert der Hauptschulen liegt bei 394, der der Gymnasien bei 582 Leistungspunkten. Andererseits zeigt sich, dass in allen Schulformen die Leistungen ganz erheblich streuen. Dies trifft insbesondere für die Gesamtschule zu, bei der die Lesewerte zwischen 175 (Minimum) und 725 (Maximum) liegen, gilt aber auch für das Gymnasium (375-775). Diese Streuungen bedeuten zugleich auch, dass es breite Leistungsüberschneidungen zwischen den Schulformen gibt. So erreichen von den „Schülerinnen und Schülern aus Integrierten Gesamtschulen knapp 7 Prozent ein Leistungsniveau, das oberhalb des gymnasialen Durchschnitts liegt" (Baumert/Schümer 2001a, S. 121). Und selbst bei etwa 20% der Hauptschüler finden wir Werte, die sich mit denen der Gymnasiasten überschneiden. Ein besonders breites Überlappungsfeld gibt es zwischen Realschulen und Gymnasien: Etwa 15% der Realschüler würden mit ihren Leseleistungen auch im Gymnasium zu den Besseren gehören. Ähnliche Ergebnisse fanden Lehmann, Peek, Gänsfuß und Husfeld (2002, S. 77) in der Hamburger Längsschnittstudie LAU. Diese Ergebnisse besagen somit: Es gibt nicht den typischen Gymnasiasten, Realschüler, Hauptschüler – sondern es gibt viele Schüler(innen), die von ihrem Leistungsbild her genauso gut die benachbarte Schulform besuchen könnten. Das heißt zugleich, dass trotz der klaren Unterschiede bei den Leistungs-Mittelwerten die Lerngruppen in allen Schulformen keineswegs homogen zusammengesetzt sind, sondern in ihren Leistungen relativ weit streuen. Zugleich trifft aber auch zu, dass sich Lern- und Leistungsprobleme in den Schulformen konzentrieren, die für die negativ ausgelesenen Schüler zuständig sind. Das ist in diesem System neben der Sonderschule vor allem die Hauptschule. Die PISA-Studie macht dies plastisch deutlich: Mehr als 50% der 15-jährigen Hauptschüler haben die notwendigen Basiskompetenzen im Lesen nicht erworben – in der Realschule sind es etwa 10% und im Gymnasium weniger als 1% (vgl. ebd., S. 122ff.). Kurz: Die breite Streuung der Leistungen in allen Schulformen (und die damit verbundene Überlappung) verbindet sich mit einer Konzentration der Leistungsschwachen in der Hauptschule.

2.2.2 Soziale Herkunft und Chancengleichheit

In den meisten Leistungsvergleichsstudien wird auch die Frage nach dem Verhältnis von sozialer Herkunft und schulischen Bildungsprozessen gestellt. Dabei können diese Studien die Problematik der Chancengleichheit nicht nur an der Bildungsbeteiligung (Wer besucht welche Schulformen?), sondern auch am Maß der erworbenen Kompetenz (Wer hat wie viel gelernt?) fest machen. So haben z.B. Lehmann u.a. (1997, S. 81ff.) im Rahmen der LAU-Studie nicht nur ermittelt, dass Kinder aus bildungsfernen Schichten weit seltener als andere von der Grundschule eine Empfehlung zum Gymnasialbesuch erhalten. Sie haben zugleich auch nachweisen können, dass selbst bei gleichen Leistungen hier ganz subtile Diskriminierungen greifen; denn Kinder, deren Eltern „nur" einen Hauptschulabschluss vorweisen können, müssen weit höhere Testleistungen als Kinder von Eltern mit höheren Bildungsabschlüssen erbringen um eine Gymnasialempfehlung zu erhalten. Während Lehmann u.a. somit die schichtenspezifischen Benachteiligungen am Übergang von der Grundschule in die Sekundarstufe I analysiert haben, zeigen Baumert, Bos und Lehmann (2000, S. 261ff.) im Rahmen der TIMSS-Studie auf, wie diese Mechanismen am Ende der Sekundarstufe I funktionieren.

Die komplexeste und differenzierteste Analyse zur sozialen Ungleichheit wurde im Rahmen der PISA-Studie vorgelegt (vgl. Baumert/Schümer 2001a), deshalb soll darauf genauer eingegangen werden: Während in der höchsten Sozialschicht (in dieser Studie „obere Dienstklasse") 52% der Kinder ein Gymnasium und nur 12% eine Hauptschule besuchen, verhält es sich in der unteren sozialen Schicht („an- und ungelernte Arbeiter") fast genau umgekehrt: 42% dieser Kinder besuchen eine Hauptschule und nur 10% ein Gymnasium. Diese Verteilungen machen deutlich, dass sich am Ausmaß der sozialen Ungleichheit bei der Bildungsbeteiligung seit den 1970er Jahren kaum etwas verändert hat. Parallel dazu wird in PISA aufgezeigt, wie stark auch der Kompetenzerwerb durch die soziale Herkunft vorgeprägt wird: Während von den 15-jährigen Kindern der an- und ungelernten Arbeiter fast 40% das erforderliche Mindestniveau im Lesen nicht erreichen, sind es bei den Kindern der „oberen Dienstklasse" nur 7% (ebd., S. 363). Weil – wie aufgezeigt – Sozialschicht- und Schulformzugehörigkeit eng zusammenhängen, bedeutet das auch: In den Hauptschulen verfügt fast die Hälfte der Schülerinnen und Schüler nur über eine schwache Lesekompetenz. In allen anderen Schulformen (die Sonderschule ausgeschlossen) sind solche schwachen Leser weit seltener oder gar nicht zu finden (vgl. Baumert/Schümer 2001b, S. 456). Zugleich wird deutlich, dass Kinder aus der Arbeiterschaft selbst bei gleichen fachlichen Leistungen gegenüber Kindern der „oberen Dienstklasse" nur eine Chance von 1:3 haben, das Gymnasium zu besuchen. Eine solche, von der Fachleistung unabhängige soziale Benachteiligung wurde auch im Rahmen der Hamburger LAU-Studie festgestellt (vgl. Lehmann u.a. 2002, S. 144ff.). Es ist frappierend zu sehen, dass Fend in den 1970er Jahren zu sehr ähnlichen Ergebnissen gekommen ist (vgl. Kap. 2.1.2). Die PISA-Studie zeigt weiter, dass eine so enge Koppelung von sozialer Herkunft und Kompetenzerwerb auch international einmalig ist: Unter allen 32 Ländern ist die soziale Selektivität im deutschen Schulwesen am schärfsten (vgl. Baumert/Schümer 2001a, S. 394).

Weil sich seit den 1970er Jahren die Zusammensetzung der Schülerschaft stark verändert hat, weil insbesondere der Anteil der Schüler nicht-deutscher Herkunft erheblich zugenommen hat, wird in der PISA-Studie nicht nur die soziale, sondern auch die ethnische Chancengleichheit zum Thema gemacht: Bundesweit stammen etwa 21% aller 15-Jährigen aus Familien mit Migrationshintergrund (mindestens ein Elternteil nicht in Deutschland geboren). Die meisten dieser Kinder haben nicht Deutsch, sondern eine andere Sprache als Muttersprache erlernt. Die

Mehrheit von ihnen stammt aus Spätaussiedlerfamilien (ehemalige Sowjetunion, Polen), die zweitgrößte Gruppe hat einen türkischen Hintergrund (vgl. ebd., S. 343). Der Zusammenhang zwischen der ethnischen Herkunft und der Bildungsbeteiligung ist sehr eng: Wenn beide Eltern im Ausland geboren wurden, besuchen fast 50% der Kinder die Hauptschule und nur ca. 8% ein Gymnasium. Wurden hingegen beide Eltern in Deutschland geboren, besuchen deren Kinder zu 32% ein Gymnasium und nur zu 28% eine Hauptschule (vgl. ebd., S. 373). Bezieht man diese ungleiche Verteilung auf die Schüleranteile in den jeweiligen Schulformen, so bedeutet das z.B. für Nordrhein-Westfalen: In den Hauptschulen sind bei 49% der 15-Jährigen beide Eltern im Ausland geboren. In den Gymnasien hingegen beträgt der entsprechende Anteil nur 16% (Baumert/Schümer 2002, S. 197). In Bildungschancen umgerechnet heißt das: Ein „deutsches" Kind hat eine mehr als viermal so große Chance wie ein Migrantenkind, ein Gymnasium zu besuchen (vgl. Baumert/Schümer 2001a, S. 374, 2002, S. 198). Auch hier kann die PISA-Studie zeigen, dass sich diese ethnische Benachteiligung nicht nur auf die Bildungsbeteiligung, sondern auch auf den Kompetenzerwerb auswirkt: Fast 50% der 15-jährigen Migrantenkinder (beide Eltern im Ausland geboren) haben nicht die notwendigen Mindestkompetenzen im Lesen der deutschen Sprache erworben, bei den „deutschen" Jugendlichen sind es „nur" 18% (vgl. ebd., S. 375). Die allermeisten dieser schwach lesenden Migrantenkinder befinden sich in der Hauptschule. Auch hier zeigt der internationale Vergleich, dass die Benachteiligung von Migrantenkindern in Deutschland (und in Belgien) so groß ist wie in keinem anderen Land (vgl. ebd., S. 395). Was das gegliederte Schulwesen angeht, wird hier überdeutlich, wie stark inzwischen soziale und ethnische Benachteiligungen miteinander gekoppelt sind und wie stark diese Koppelung in das Bild der Schulformen bestimmt.

2.2.3 Fazit

Schulformen – das haben die Ergebnisse der jüngeren Leistungsvergleichsstudien erneut deutlich gemacht – sind weit mehr als pädagogisch erdachte und curricular konzipierte Bildungsgänge. Sie erweisen sich in der sozialen Realität vielmehr als Elemente eines Systems, das in enger Koppelung zu den sozialen und ethnischen Ungleichheiten dieser Gesellschaft steht. Bestimmte soziale Gruppen wählen für ihre Kinder bevorzugt bestimmte Schulformen (bzw. werden zu solchen Wahlen gedrängt), so dass diese Schulformen als „selektionsbedingte Lernmilieus" (Baumert/Schümer 2001b, S. 454) bezeichnet werden können. Sie bedienen jeweils ein für sie typisches soziales Klientel und sie vertreten einen dazu passenden Leistungsanspruch. Dies führt zu massiven sozialen Differenzen zwischen den Schulformen – und zugleich zu einer relativen Homogenität der Schülerschaften in der je einzelnen Schulform. Jedenfalls lässt sich im internationalen Vergleich zeigen, dass die soziale und die leistungsbezogene Heterogenität in den einzelnen Sekundarschulen nirgendwo so gering ist wie im gegliederten Schulsystem der Bundesrepublik (vgl. ebd., S. 460ff.). Dennoch sind nicht alle Schulen einer Schulform gleich, vielmehr prägen sich auch dort bestimmte Typen aus: So finden sich z.B. Hauptschulen mit einem hohen Migrantenanteil (oft bei eher geringem Leistungsniveau) und solche, die bei niedrigerem Migrantenanteil oft geringere Leistungsprobleme haben (vgl. ebd., S. 464). Ob und wie stark sich einzelne Schulen der gleichen Schulform in ihrem Lernniveau voneinander unterscheiden, ist auch in Realschulen und Gymnasien vor allem von der Zusammensetzung der jeweiligen Schülerschaft abhängig.

2.3 Kritik der standardisierten Vergleichsforschung

Seitdem es die hier referierte Schulvergleichsforschung gibt, wird sie von Kritik begleitet. Weil diese Forschung sich mit bildungspolitisch strittigen Sachverhalten befasst, ist ein großer Teil dieser Kritik politisch motiviert; denn Organisationen, Verbände und Parteien fragen vor allem danach, ob die jeweiligen empirischen Ergebnisse die eigenen bildungspolitische Positionen (etwa im Gesamtschulstreit) stützen oder schwächen. Dabei wird nicht selten versucht, durch wissenschaftlich klingende Argumente (z.B. Methodenkritik) den politisch-strategischen Umgang mit den Forschungsergebnissen zu kaschieren (vgl. z.B. Sprenger 2000). Der Übergang von der bildungspolitischen zur wissenschaftlichen Kritik der Vergleichsforschung ist demnach fließend (vgl. z.B. Preuß 1982). Dennoch lassen sich drei typische Argumentationsmuster identifizieren, die die Vergleichsforschung unterschiedlich „radikal" kritisieren:

In einem ersten Argumentationsmuster wird die Komplexität schulischer Bildungsprozesse ins Feld geführt um die Aussagekraft standardisierter Erhebungs- und Testverfahren ganz grundsätzlich zu bestreiten. So heißt es z.B. bei v.d. Groeben: „Schulen haben die Aufgabe, den Heranwachsenden eine Bildung mitzugeben, die sie mit den Grundlagen unserer Kultur vertraut macht. Dies geschieht in subjektiv sehr unterschiedlich verlaufenden Prozessen der Aneignung. Solche Bildung lässt sich nicht mit Zahlenwerten ausdrücken und auch nicht mit quantitativen Methoden messen" (Groeben/Tillmann 2000, S. 6). In der Konsequenz dieser Kritik liegt es dann, andere Formen der Erforschung schulischer Lern- und Erziehungsprozesse zu fordern – etwa die Durchführung kontextsensibler Fallstudien (vgl. Döpp/Groeben/Thurn 2002).

In einer zweiten Argumentationslinie wird zwar die generelle Erkenntniskraft quantitativer Methoden nicht bestritten, aber die Möglichkeit und Sinnhaftigkeit des praktizierten Schulformvergleichs prinzipiell infrage gestellt: Weil die einzelnen Schulsysteme bzw. Schulformen unter ganz unterschiedlichen Kontextbedingungen arbeiten und weil sie oft sehr unterschiedliche curriculare Konzepte verfolgen, sei ein solcher Vergleich unfair oder gar irrelevant. Unfair sei es z.B., wenn unberücksichtigt bleibe, dass in den Gesamtschulen ein weit geringerer Anteil von leistungsstarken Schülern vertreten sei, man die Leistungsergebnisse aber trotzdem umstandslos mit dem traditionellen Schulsystem vergleiche (vgl. z.B. Schlömerkemper 1978; Arnold 1999). Irrelevant würden die Vergleiche z.B. dann, wenn Leistungstests nur zum Curriculum einer bestimmten Schulform (oder international: zu dem einiger Staaten) passen, daran aber auch die anderen Schulformen (oder Staaten) mit abweichender curricularer Ausrichtung gemessen würden. Vor allem in den 1970er und 1980er Jahren wurde daran die Forderung geknüpft, die wissenschaftlichen Studien zu Reformmodellen nicht als Vergleich zum Status Quo anzulegen, sondern die Forschung unmittelbarer zur Unterstützung der Reformkonzepte einzusetzen (vgl. z.B. Klafki 1983).

Während die bisher referierten Argumentationen die standardisierte Vergleichsforschung grundsätzlich kritisieren, akzeptiert eine dritte Kritiklinie zwar diesen methodischen Ansatz, hinterfragt jedoch, ob bei diesen Studien die methodischen und statistischen Standards der empirischen Sozialforschung auch eingehalten wurden. So verweist z.B. Oehlert (1980, S. 756) auf Ungleichgewichtigkeiten bei der Stichprobenauswahl der nordrhein-westfälischen Fend-Studie und folgert daraus, dass die Gesamtschule im Leistungsvergleich unterbewertet worden sei. Wottawa (1987, S. 122ff.) macht auf die Probleme aufmerksam, die entstehen, wenn Leistungstests über alle Schulformen (von der Hauptschule bis zum Gymnasium) eingesetzt werden: Oft sei die notwendige Vergleichbarkeit nur durch eine mangelnde Differenzierungsfähigkeit (und umgekehrt) zu erkaufen. Klemm (1998, 2002) hat auf Stichprobenprobleme sowohl bei der TIMSS- als auch bei der PISA-Studie aufmerksam gemacht und davon ausgehend die Vergleichsaussagen dieser Untersuchungen kritisch hinterfragt. Mit einer solchen Kritik wird eine methodische Optimierung innerhalb des standardisierten Vergleichsparadigmas angestrebt.

Reaktionen auf diese Kritik sind in sehr unterschiedlicher Weise erfolgt: So gibt es zum Teil sehr harte Erwiderungen von den „Vergleichsforschern" gegenüber einer Kritik, die von ihnen als theoretisch und methodologisch unangemessen angesehen wird (vgl. z.B. Baumert/Köller/Schnabel 2000 im Disput mit Lind 2000). Parallel dazu wurden aber seit den 1970er Jahren die empirischen Designs kontinuierlich verbessert und die statistischen Analyseverfahren verfeinert, so dass bei der methodischen Qualität der neueren Untersuchungen deutliche Fortschritte erzielt wurden. Und schließlich sprechen sich etliche der „Vergleichsforscher" seit langem dafür aus, auch Fallstudien über einzelne Schulen durchzuführen, um die Erkenntnisse der standardisierten Forschung zu erweitern und zu vertiefen (vgl. z.B. Baumert 1980; Roeder 1980). Einige von ihnen haben sogar eigene Fallstudien vorgelegt (vgl. Fend 1977, S. 17ff.; Fend/Schröer 1987; Roeder 1987; Steffens 1987).

3 Studien zu Einzelschulen

Im Unterschied zur Schulvergleichsforschung gehen Einzelfallstudien idiographisch vor und orientieren sich am Paradigma qualitativer Sozialforschung. Die Fallstudien, um die es uns hier geht, beziehen sich ausschließlich auf die institutionelle Ebene: Untersuchungsgegenstand ist immer eine einzelne Schule – oder es geht um einige wenige Schulen, die miteinander verglichen werden. Dabei verstehen wir unter Schulfallstudien nur solche Untersuchungen, die sich nicht nur selektiv auf einen Aspekt oder wenige Aspekte einer Schule beziehen, sondern die versuchen, ein umfassendes Bild dieser Institution zu entwerfen. Solche selektiv vorgehenden Studien – die wir hier nicht behandeln – beziehen sich z.B. auf die Erprobung von mediendidaktischen Konzepten (vgl. z. B. Biermann/Schulte 1997), auf die Wirkung koedukativer und nicht-koedukativer Kontexte (vgl. z.B. Kreienbaum 1992; Kraul/Horstkemper 1999) oder auch auf Erfahrungen mit Integrationsklassen (vgl. z.B. Preuss-Lausitz/Heyer/Ziehlke 1990). Ferner haben wir keine Texte aufgenommen, die ausschließlich als Selbstberichte der jeweiligen Schulen verfasst wurden. Denn wir verstehen unter Fallstudien nur solche Analysen, die ihren theoretischen Ansatz und das methodische Vorgehen ausweisen; und dies erfordert in aller Regel die Beteiligung externer Forscherinnen und Forscher. Viele der Publikationen über einzelne Schulen entsprechen diesem Kriterium einer wissenschaftlichen Betrachtung mit „fremden Augen" nicht. Dies gilt zum einen für zahlreiche Selbstdarstellungen, in denen vor allem Reformschulen ihre eigene Programmatik und Arbeitsweise vorstellen (vgl. z.B. Seydel 1995; Becker/Kunze/Riegel/Weber 1997; Thurn/Tillmann 1997; Röhner/Skischus/Thies 1998). Das gilt aber auch für zusammenfassende Darstellungen, die einen orientierenden Überblick über Schulen mit bestimmten pädagogischen Profilen (etwa Petersen-Schulen) geben (z.B. Borchert/Derichs-Kunstmann 1979; Klassen/Skiera/Wächter 1990). Auch Kunze und Meyer (1999, S. 28f.) schlagen hier eine klare Unterscheidung verschiedener Textsorten vor, indem sie Fallstudien von Selbstdarstellungen, Präsentationen durch Außenstehende und auch von momentartigen Schulportraits abgrenzen. Dabei charakterisieren sie Fallstudien als eine längerfristige, systematische und gegenüber dem „Fall" auch kritische Vorgehensweise. Zwar sind die Grenzen hier gelegentlich fließend und die Begriffsverwendung nicht einheitlich (vgl. Lönz 1996) – dennoch erscheint uns diese Abgrenzung als Arbeitsdefinition nützlich.

3.1 Die Schule als Fall: Forschungsansätze und methodische Varianten

Im Unterschied zur Schulform-Vergleichsforschung haben Fallstudien in der Regel nicht zentral die Systemebene im Blick. Zwar ist die Einordnung einer Schule in das jeweilige Bildungssystem immer eine sehr wichtige Rahmenbedingung. Vor allem aber geht es hier um die intensive Betrachtung mikroanalytischer Prozesse einer – oder weniger, systematisch ausgewählter – Schule(n), die unter je spezifischen regionalen und historisch gewachsenen Bedingungen arbeiten. Die darin ablaufenden Prozesse sollen in ihrer Komplexität erfasst werden, die Wirklichkeit möglichst dicht und nachvollziehbar beschrieben und dabei eine multiperspektivische Sichtweise entfaltet werden. Dazu gehört es, dass beispielsweise die Erwartungen der Eltern ebenso ermittelt werden, wie Zielsetzungen und Einstellungen des Kollegiums, Leitungs– und Organisationsstrukturen ebenso ausgeleuchtet werden wie die Wirkungen auf die Schülerinnen und Schüler. In einem solchen Kontext lassen sich durchaus auch standardisierte Befragungs– und Beobachtungsmethoden einsetzen. Sie werden aber eingebunden in die für die qualitative Methodologie typische Forschungsstrategie, als deren Merkmale Lamnek (1993, S. 17ff.) Offenheit, Kommunikativität, Naturalistizität und Interpretativität aufführt. Damit bleibt das Bestreben erhalten, in allen Phasen der Forschung offen zu bleiben für die individuelle Spezifik des Falles. Ziel ist dabei die wissenschaftliche Rekonstruktion von typischen Handlungsmustern, an denen sich generelle Strukturen aufzeigen lassen. Es geht also nicht lediglich um die Beschreibung einmaliger Phänomene. Damit geht der Anspruch solcher Fallstudien deutlich hinaus über die explorative und illustrative Funktion, die ihr auch in der traditionellen empirischen Sozialforschung zugestanden werden. Sie stellen vielmehr einen eigenständigen empirischen Zugang zur sozialen Wirklichkeit dar, der starke Vorabstrukturierungen durch konkretes Eingehen auf den je individuellen Fall zu vermeiden sucht, und der durch kontrolliertes Fremdverstehen zu interpretierenden und typisierenden Aussagen kommen will.

3.1.1 Die Analyse eines einzigen Falles

Die erste methodische Variante von Fallstudien stellt die Konzentration auf eine einzelne Schule dar. Das Ziel ist dabei zunächst einmal die erfahrungsnahe Beschreibung, Analyse und Darstellung der Institution, ihres Personals, der Klientel, der regionalen Einbindung und der den schulischen Alltag prägenden Erfahrungen und Probleme. Es gilt also, sich auf die Besonderheiten eben dieses Falles einzulassen, möglichst viele Merkmale und Prozesse zu erfassen. Pädagogische Wirklichkeit soll auf diese Weise genau beschrieben und nachvollziehbar werden. Der fremde Blick soll dabei das herausheben, was den im Feld Handelnden im Alltag häufig gar nicht (mehr) bewusst wird. Dabei geht es zunächst einmal um eine differenzierte Binnenanalyse: Was prägt das Klima der Institution? Welche Bezüge der Schule gibt es zu ihrem Umfeld? Welche Bedeutung hat dies für die Qualität der Bildungsprozesse? Stärken und Schwächen einer Institution können somit in einer Fallstudie in vielfältigerer und wirklichkeitsnäherer Weise herauspräpariert werden, als dies in Stichprobenuntersuchungen möglich ist. Zum anderen bringen sie aber auch theoretischen Gewinn. Roeder (1985, S. 2) charakterisiert Fallstudien als heuristische Verfahren, die primär der Entwicklung und Differenzierung von Theorien dienen. Auch Fallstudien beabsichtigen zu verallgemeinerbaren Aussagen zu kommen, allerdings folgt die Generierung von Theoriewissen anderen Regeln. So können innerhalb der Institution ablaufende Kooperations- und Kommunikationsprozesse exploriert werden, um über den kontrastiven Vergleich verschiedener Gruppen und die Konfrontation unterschiedlicher Perspektiven zu Modellbildungen über mehr oder weniger funktionsfähige Organisationsstrukturen zu kommen.

3.1.2 Die Kontrastierung mehrerer Fälle

Dieses knapp umrissene methodische Vorgehen findet sich in prinzipiell gleicher Weise auch in der zweiten Variante des Fallstudienansatzes. Sie stellt insofern eine Erweiterung der Erkenntnismöglichkeiten dar, als hier gezielt ausgewählte Fälle miteinander verglichen werden. Dabei lassen sich im Vergleich u.a. folgende Fragen beantworten: Unter welchen inner- und außerschulischen Bedingungen verlaufen Mikroprozesse in den verschiedenen Schulen eher förderlich, welche erschwerenden Bedingungen lassen sich identifizieren und welche Möglichkeiten und Varianten ihrer Überwindung? Lassen sich regelhafte Zusammenhänge und typische Handlungsmuster ermitteln und zu theoretischen Erkenntnissen verdichten? Der Vergleich verschiedener Fälle bildet damit eine wichtige Quelle wissenschaftlicher Erkenntnisproduktion, womit die Frage nach der systematischen Auswahl und der theoriegeleiteten Analyse und Interpretation ins Zentrum rückt. Hierbei ist die Makroebene des Schulsystems in aller Regel ein wichtiger Bezugspunkt: Wenn einzelne Schulen verglichen werden sollen, dann kann insbesondere der Faktor der Schulformzugehörigkeit nicht ausgeblendet werden. Vor diesem Hintergrund erlauben Fallstudien es beispielsweise, gerade die Variationen des Umgangs mit zentralen Vorgaben und der Ausgestaltung prinzipiell vorhandener Handlungsspielräume herauszuarbeiten. Die Systemebene gibt somit die Folie ab, vor der die Prozessverläufe in den einzelnen Schulen interpretiert werden. Eben deshalb können Erkenntnisse aus quantitativ-vergleichenden Studien oft sehr hilfreiche Orientierung bieten, etwa bei der Auswahl von Fällen, bei der Präzisierung der eigenen Fragestellung, vor allem auch zur Einordnung und Interpretation der Ergebnisse.

3.2 Einzelschulforschung: historischer Abriss

Weiter vorn haben wir bereits dargestellt, dass sowohl die Schulvergleichsforschung als auch die Einzelfallanalyse von Schulen sich im Kontext der Schulreformbemühungen der 1970er Jahre etabliert haben. Dabei entstanden sie in wechselseitigem und z.T. kritischem Bezug aufeinander. Gegenüber der lange Zeit dominierenden Linie der Schulvergleichsforschung zeigen bereits die frühen Einzelfallstudien der 1970er Jahre (vgl. z.B. Diederich/Wulff 1979; Benner/Ramseger 1981), dass sich die Differenziertheit der pädagogischen Prozesse, dass sich die Komplexität und Ganzheitlichkeit der schulischen Realität durch die eingehende Analyse einzelner Fälle besonders gut abbilden lassen.

3.2.1 Traditionslinie der Einzelfall-Forschung

Diese empirische „Wiederentdeckung“ der einzelnen Schule als Handlungseinheit (vgl. Fend 1988) konnte bei erziehungswissenschaftlichen Traditionslinien anknüpfen, die – jenseits der quantitativen Empirie – der Betrachtung von Einzelfällen in der Pädagogik stets einen großen

Stellenwert eingeräumt hatte. So verweist Fatke (1997, S. 56) auf kasuistische Ansätze bei Rousseau, Campe oder Salzmann. Für die frühen 1980er Jahre registriert er sodann eine neue Hinwendung zur Beschäftigung mit Einzelfällen, die in den 1990er Jahren nochmals belebt wurde durch methodische und methodologische Diskussionen um die Aussagekraft und Praxisrelevanz erziehungswissenschaftlicher Forschung (ebd., S. 59f.).

Weit häufiger finden sich Einzelfallstudien über Schulen allerdings im Kontext pädagogisch-historischer Forschung – und zwar für ganz unterschiedliche Epochen und Regionen (vgl. Kaemmel 1909; Kuckhoff 1931; Kraul 1984). In der Regel wird in solchen Untersuchungen die Entwicklung des Schul- und Erziehungswesens über einen langen Zeitraum exemplarisch an einer oder an mehreren Schulen eines eng umgrenzten regionalen Bereichs untersucht. Mindestens als Vorläufer von Fallstudien können auch die Portraits von Reformschulen gelten, deren Programmatik erläutert und mit anschaulichen Beschreibungen aus dem Schulalltag versehen für die öffentliche Diskussion aufbereitet wurden (vgl. z.B. Huguenin 1926 für die von Geheeb gegründete Odenwaldschule; Klein 1921 für die von Wyneken geleitete Freie Schulgemeinde Wickersdorf; Ludwig 1997 für Neills „Summerhill").

3.2.2 Schulfallstudien seit den 1970er Jahren

Sichtet man die Literatur nach Einzelfallstudien über Schulen, die in der beschriebenen Weise methodisch ausgewiesen vorgehen, dann sind die Beispiele für diesen Forschungstyp weniger zahlreich, als zu erwarten wäre. Fend (1988) macht zwei Verkehrskreise aus, in denen seit den 1980er Jahren solche Arbeiten angeregt wurden: zum einen den von Steffens und Bargel (1987) initiierten Arbeitskreis „Schulqualität", der nahezu alle relevanten Forschergruppen der empirisch-sozialwissenschaftlichen Schulforschung vernetzt; zum anderen die Kommission Schulpädagogik der Deutschen Gesellschaft für Erziehungswissenschaft, deren Mitglieder sich kontinuierlich mit Fragen der Qualitätsentwicklung auf dem Gebiet der Lernkultur konzeptionell und forschend auseinandersetzen (vgl. Reinhardt 1992; Adl-Amini/Schulze/Terhart 1993; Kunze 1999). Auch hier gibt es freilich Überschneidungen und gemeinsame Zusammenarbeit in anderen Foren, etwa der Lehreraus-, fort- und -weiterbildung (vgl. Fischer 1982; Fischer/Schreiner/Doyé/Scheilke 1996; Ohlhaver/Wernet 1999). Als weiterer Verkehrskreis lässt sich wohl der Diskurs derjenigen identifizieren, die in besonderer Weise an Schulentwicklung und -beratung interessiert sind. Hier ist – potenziert durch die Veränderungen infolge der deutschen Vereinigung – eine Fülle von Fragen zu Entwicklungen im Bildungssystem aufgegriffen worden, die sinnvollerweise (auch) auf der Ebene der Einzelschule bearbeitet wurden (vgl. z.B. Buhren/Rolff 1996; Böttcher/Plath/Weishaupt 1997). Und alle drei Gruppen entwickeln ihre Aktivitäten im internationalen Austausch mit Vertretern der school effectiveness-Forschung (z.B. Taylor 1990; Reynolds/Teddlie 2000) ebenso wie mit Protagonisten der Handlungsforschung, die mit der Einbeziehung von Lehrkräften und Studierenden in die Forschung gleichzeitig neue Wege in der Aus- und Fortbildung beschreiten (vgl. Stenhouse 1982; Altrichter/Posch 1996; Arnold/Bastian/Combe/Reh/Schelle 2000).

Als gemeinsames Anliegen dieser Hinwendung zu Einzelschulen lässt sich das Interesse an der Analyse von Entwicklungsprozessen benennen, als spezifisches Interesse gegenwärtiger Forschung kommt in vielen – wenn auch durchaus nicht in allen – Fällen die Perspektive der Erprobung und Interventionsberatung hinzu. Denn die wissenschaftliche Begleitung von Modellversuchen fand nicht ausschließlich in den weiter vorn beschriebenen standardisierten Stichprobenuntersuchungen statt, sondern hier wurden auch einzelne Schulen in den Blick genommen, wie z.B. die Integrierte Gesamtschule Kaiserslautern (Krecker/Nöth/Völker 1977), die Ernst-Reuter-Gesamtschule in Frankfurt (Bernhardt/Böttiger/ Holst/Kaczenski/Weigelt 1974) oder die Gesamtschule Göttingen–Geismar (Brandt/Liebau 1978; Schlömerkemper 1987). Forschungsteams arbeiteten hier über Jahre hinweg eng mit Lehrkräften zusammen, meldeten die Ergebnisse ihrer Analysen den Kollegien zurück und standen als Diskussionspartner für die Interpretation und weitere Planung zur Verfügung. Und auch aus den Großuntersuchungen kristallisierten sich häufig Möglichkeiten und Bedürfnisse heraus, einzelne Schulen aus der Stichprobe systematisch auszuwählen und deren Daten differenzierter zu reanalysieren, teilweise auch durch zusätzliche Erhebungen zu ergänzen (vgl. Fend/Schröer 1987; Steffens 1987). Faktisch gaben somit die im Zuge der Bildungsreform angeschobenen Innovationen Aufwind auch für eine eng an den Problemen und Bedürfnissen der einzelnen Schule orientierte wissenschaftliche Forschung, die kontextbezogen spezifische Varianten der Problemlösung „vor Ort" analysiert.

3.3 Themen, Perspektiven, Ergebnisse: exemplarische Betrachtung von Studien über Einzelschulen

In Übereinstimmung mit der weiter vorn formulierten Definition betrachten wir im Folgenden nur solche Studien, die die einzelne Schule umfassender in den Blick nehmen und dabei unterschiedliche Ebenen, Aktivitäten und Prozesse aufeinander beziehen. Sie orientieren sich in der Regel am Anspruch einer „ganzheitlichen" Betrachtung einer Schule, ohne dass ein solcher Anspruch aber je vollständig eingelöst werden könnte. Nach unserer Schätzung wurden seit Mitte der 1970er Jahre im deutschsprachigen Raum etwa 25 Studien vorgelegt, die sich dieser Kategorie zurechnen lassen. Weil Fallstudien stets eine sehr spezifische Situation beschreiben, ist es wesentlich schwieriger als bei standardisierten Stichprobenstudien, ihre Ergebnisse zusammenfassend zu berichten. Wir wählen deshalb ein exemplarisches Vorgehen, in dem durch die Präsentation einzelner Studien das gesamte Forschungsfeld beleuchtet werden soll. Zur Auswahl der Studien haben wir eine zweidimensionale Typologie entwickelt, bei der ein methodisches mit einem inhaltlichen Kriterium kombiniert wird: Methodisch geht es um die Frage, ob lediglich eine einzelne Schule – ein singulärer Fall – betrachtet wird oder ob mehrere Schulen analysiert und dann miteinander kontrastiert werden. Inhaltlich unterscheiden wir drei verschiedene Forschungsperspektiven, deren Nähe zum schulischen Handlungsfeld variiert. Wir haben sie mit den Begriffen charakterisiert: Probleme identifizieren und beschreiben – Pädagogische Haltungen und Prozesse verstehen – Entwicklungen anregen und Innovationen fördern.

Fallstudien zur Problemidentifikation betonen vor allem deren explorative Funktion. Häufiger Anlass für die Durchführung solcher Untersuchungen ist das Bedürfnis, Problemen auf die Spur zu kommen, die an bestimmten Schulen entweder gehäuft auftreten (z.B. Gewalt, Leistungsversagen) oder aber frühzeitig wahrgenommen werden (z.B. Folgen zurückgehender Schülerzahlen, Integrationsprobleme von Migrantenkindern). Fallstudien bieten hier die Möglichkeit, Problemdimensionen herauszuarbeiten, mehr oder weniger erfolgreiche Strategien des Umgangs damit zu dokumentieren und situative Bedingungen zu identifizieren, die eher zu Verschärfungen oder zur Entspannung führen (vgl. z.B. Auernheimer 1996). Trotz dieser Problem-Focussierung bleiben sie dem Anspruch verpflichtet, ein Gesamtbild der Schule zu zeichnen.

Einen Schritt weiter gehen Studien, die das pädagogische Selbstverständnis der Handelnden und damit verbundene Prozesse in den Blick nehmen. Hier erhöht sich die Komplexität, weil dabei gewöhnlich die Perspektiven unterschiedlicher Personengruppen in ihrer Entwicklung differenziert beschrieben und zueinander in Beziehung gesetzt werden müssen. Entwicklungslinien nachzuzeichnen erfordert immer auch Ausgangslagen sorgfältig zu erfassen und Veränderungen über die Zeit hinweg gut zu dokumentieren. Evaluative Aspekte sind hier oft eingeschlossen, weil es bei diesen Fragestellungen gewöhnlich auch um den Bezug zu den pädagogischen Absichten und Konzepten geht: Im Zentrum steht dabei häufig die Frage, wie sich normative Orientierungen der Akteure in der pädagogischen Alltagspraxis wiederfinden und wie diese Praxis von den Lernenden aufgenommen und verarbeitet wird.

Eine dritte Abstufung auf dieser Dimension sehen wir in solchen Studien erreicht, die explizit Entwicklungen anregen und innovative Impulse geben wollen. Dort steht gewöhnlich die evaluative Frage nach der Wirkung spezifischer Programme im Vordergrund. Dabei ist gleichzeitig zu prüfen, inwieweit tatsächlich die zu evaluierende Maßnahmen für Erfolg oder Misserfolg verantwortlich sind, oder ob andere inner- oder außerschulische Faktoren hier eingegriffen haben. Stenhouse (1982, S. 30) weist darauf hin, dass eine solche Fragestellung gewöhnlich nicht mehr nur an einem Fall untersuchbar sei, sondern den Vergleich mehrerer Fälle erfordere. Über die systematische Auswahl kontrastiver Fälle eröffnet sich in vergleichenden Fallstudien die Möglichkeit, förderliche und hemmende Faktoren bei Initiierung, Durchführung und Erfolg von Interventionen zu identifizieren. Bei Forschungen dieses Typs stellt sich dann allerdings häufig die Frage, welches Ausmaß an analytischer Distanz Forscher zum Geschehen brauchen. Schulnahe Forschung muss dieses Balance-Problem zwischen Nähe und Distanz sorgfältig austarieren, wenn es nicht zu Rollenkonfusionen kommen soll[1].

Tabelle 1: Systematik der Auswahl präsentierter Fallstudien

Dominante Forschungsperpektive	Einbezogene Schulen	
	Analyse einer einzigen Schule	Vergleichende Analyse mehrerer Schulen
Probleme identifizieren und beschreiben	(1) Ländliche Hauptschule (Fischer 1982)	(2) Hauptschulen in Berlin (Roeder 1985/1987)
Pädagogische Haltungen und Prozesse verstehen	(3) Gesamtschule Kierspe (Diederich/Wulf 1979)	(4) Gymnasien in Thüringen (Böttcher u.a. 1997)
Entwicklungen anregen und Innovationen fördern	(5) Schulmodell Rockenhausen (Hamburger u.a. 2001)	(6) Kooperative Gesamtschulen in Hessen (Tillmann u.a. 1979)

Aus dieser Systematisierung ergeben sich sechs Felder, zu denen wir jeweils ein Forschungsbeispiel exemplarisch vorstellen werden, um daran den Erkenntniswert zu verdeutlichen, aber auch methodische und methodologische Probleme diskutieren zu können. Dabei gehen wir nicht chronologisch in der Reihenfolge der Entstehung der Studien vor, sondern folgen dieser Systematik. Gleichzeitig bemühen wir uns jedoch, die sich im Laufe der Jahre verändernden

1 Wir möchten an dieser Stelle mindestens kurz verweisen auf den – auch international – zu beobachtenden Trend, Lehrkräfte dafür zu qualifizieren, ihren eigenen Alltag systematisch zu beobachten und zu reflektieren (vgl. Altrichter/Posch 1991; Elliott 1991; Döpp 1997; Arnold u.a. 2000.). Solche Handlungsforschungsansätze richten sich immer auf die Betrachtung des eigenen Falls und folgen damit einer sehr spezifischen Forschungslogik (vgl. dazu auch den Beitrag von Prengel/Heinzel sowie Altrichter/Feindt in diesem Band).

thematischen Schwerpunkte und den methodischen Erkenntnisfortschritt sichtbar werden zu lassen.

3.3.1 Probleme identifizieren und beschreiben: Die Hauptschule als Restschule?

Fallstudien, die auf eine Analyse von Problemlagen ausgerichtet sind, gehen ihr Feld explorativ an. Während eine bestimmte probleminduzierende Ausgangssituation bekannt ist, soll erforscht werden, welche konkrete pädagogische Praxis mit diesen Problemlagen verbunden ist und welche Anknüpfungsmöglichkeiten für pädagogisches Handeln sich bieten. Für die Theoriebildung liefert eine solche Forschung differenzierende Erkenntnisse zu einem häufig wissenschaftlich noch wenig erschlossenen Feld. Der Praxis bietet sie über Hilfen zur Selbstreflexion hinaus zumindest Ansatzpunkte zur Problembewältigung. Wir haben hier zwei Fallstudien ausgewählt, die sich mit der Hauptschulsituation der 1980er Jahre beschäftigen: Wie stellt sich die pädagogische und soziale Problemlage angesichts weiter rückgehender Schülerzahlen und einer zunehmenden „Auspowerung“ der Hauptschule dar? Es handelt sich somit eindeutig um ein schulformspezifisches Problem, das hier verhandelt wird – und dessen Systemeinbindung durch die standardisierte Vergleichsforschung der 1970er Jahre umfassend analysiert wurde. Die Frage bei den Fallstudien lautet jedoch: Wie schlagen diese Strukturprobleme auf die einzelnen Schulen durch, wie werden sie dort erlebt und bewältigt. In der ersten Studie (Fischer 1982) wird die Situation an einer einzigen Hauptschule analysiert, in der zweiten erfolgt ein Vergleich der Situation an mehreren Berliner Hauptschulen (Roeder 1985).

3.3.1.1 Die Situation einer ländlichen Hauptschule in NRW

Im Herbst 1979 besuchten zwei Erziehungswissenschaftler vier Tage lang die einzige Hauptschule in einer ländlich gelegenen Kleinstadt Nordrhein-Westfalens (vgl. Fischer 1982, S. 8). Sie bildete die fünfzügig ausgelegte Mittelpunktschule für sechs benachbarte Grundschulen. Zum Zeitpunkt der Erhebung wechselten noch etwa zwei von drei Grundschülern des Ortes auf die Hauptschule, die auch ein freiwilliges 10. Schuljahr anbot. Der Ausländeranteil lag lediglich bei etwa 5%, und nahezu alle Jugendlichen erhielten nach ihrem Schulabschluss Lehr- und Ausbildungsplätze. Die zurückgehenden Schülerzahlen und das veränderte Schulwahlverhalten der Eltern ließen zusammen mit der neu eingeführten Gesamtschule einen massiven Rückgang des Hauptschulanteils erwarten. Bereits absehbar war die Auflösung einer weiteren Hauptschule im Nachbarort; und es war leicht auszurechnen, dass auch die eigene Hauptschule von diesen Entwicklungen nicht verschont bleiben würde. Vor Ort wollten die Forscher erfahren, wie Lehrer und Schüler die alltäglichen Probleme wahrnehmen und wie die Schule unter den gegenwärtigen Bedingungen ihre Aufgaben zu erfüllen sucht. Vor allem ging es aber auch um die Frage, welche Perspektiven angesichts der zu erwartenden strukturellen Entwicklungen für die zukünftige Gestaltung von Schule und Unterricht gesehen wurden.

Der methodische Ansatz sah dazu teilnehmende Beobachtung, Gespräche mit Schulleiter, Konrektor, Lehrkräften und Schülern vor. Unterrichtsbesuche und informelle Gespräche in Pausen und Freistunden ergänzten das Bild. Ein ausführliches Protokoll über die gesammelten Eindrücke wurde der Schule als Angebot zur weiteren Diskussion zugesandt. Diese Studie wurde im Rahmen einer der ersten Tagungen zu Sinn und Nutzen von Fallstudien vorgestellt (vgl. Fischer 1982, S. 151ff.) und auch hinsichtlich ihres methodischen Ansatzes eingehend diskutiert (vgl. Diederich 1982, S. 169ff.).

Als bemerkenswertes Ergebnis ihrer Beobachtungen während des mehrtägigen Aufenthalts hielten die Forscher fest, dass ihnen offenbar eine eher „offizielle" Version von Schule präsentiert wurde (S. 160f.). Probleme wurden – etwa vom Schulleiter – durchaus zugestanden, aber jeweils als handhabbar und durch effizientes Management zu lösen gesehen. Die dazu notwendigen materiellen und personellen Ressourcen wurden als zufriedenstellend eingeschätzt. Existenzieller Druck, der zu besonderen Anstrengungen herausfordert, wurde von den Lehrkräften der Hauptschule nicht empfunden. Eine bedrohliche Konkurrenzsituation mit anderen Schulen bzw. Schulformen nahmen weder Schulleitung noch Kollegium wahr. Die eigene Hauptschule wird als die weiterführende Schule im lokalen Einzugsbereich gesehen; sie wird von den meisten Grundschülern der Region gewählt und gilt deshalb nicht als „Restschule". Die Schule bemüht sich intensiv um öffentliche Imagepflege, ihr Ansehen im Ort ist unangefochten.

Aus der Dokumentation einer insgesamt eher glatten Beschreibung von Schulwirklichkeit griffen die Forscherinnen und Forscher drei von ihnen als problematisch identifizierte Aspekte auf: die Bedeutungslosigkeit der zu lernenden Inhalte, das Fehlen einer fächerübergreifenden pädagogischen Konzeption und die „Unwirtlichkeit" der Schule, die kaum Anregungen zu eigenen Lern- und Gestaltungsaktivitäten biete. Alle diese Punkte wurden weder von der Schulleitung noch den Lehrkräften benannt, sondern tauchten allenfalls in den Wünschen der Schülerinnen und Schüler auf. Plausibel gemacht wird diese Bündelung kritischer Wahrnehmungen mit Zitaten aus den Unterrichtsbesuchen, Gesprächen und Interviews. Dabei halten sich die Forscher allerdings mit expliziten Bewertungen stark zurück, sie stellen jedoch häufig Aussagen kontrastiv nebeneinander um damit die Aufmerksamkeit für Probleme zu schärfen, die sie vor dem Hintergrund ihrer – impliziten – normativen Orientierung sehen.

Anhand dieses Beispiels stellt sich die Frage, welche Erkenntnisse für die Forscher einerseits und die Beforschten andererseits aus einer solchen Studie zu ziehen sind. Gedacht war der hier nur sehr knapp skizzierte Bericht als Basis für eine kommunikative Verständigung. Das erwünschte Gespräch kam jedoch nicht zustande, der Kontakt brach ab. Der kritische Kommentator (Diederich 1982, S. 173f.) weist auf die methodologischen und forschungspraktischen Fallstricke hin, in die solche Felderkundungen unvermeidlich geraten: „Für Fallstudien besteht demnach der Reiz, aber auch die Gefahr darin, der Wahrheit (nur) so nahe zu kommen, wie die Erforschten es zulassen (können); und in dem Maße, indem sie um Wahrheit an dieser Front bemüht sind, begeben sie sich zugleich beim Leser in den Verdacht der Komplizenschaft mit dem Feld".

Der erziehungswissenschaftliche Erkenntniswert besteht jedoch unabhängig von der Frage, ob der Rückmeldeprozess als gelungen angesehen werden kann. Diese Studie zeigt in beeindruckender Weise, wie eine einzelne Schule, die sich noch im Windschatten quantitativer Veränderungen wähnt, in der Selbstbewertung und der eigenen Praxis solche generellen Veränderungstendenzen weitgehend ausblenden kann. Sie zeigt zudem, wie ein Lehrerkollegium sich mehrheitlich darauf verständigen kann, eine suboptimale Praxis nicht als veränderungsbedürftig anzusehen. So gesehen liefert diese Einzelfallstudie wichtige Erkenntnisse nicht nur zu einer differenzierten Beschreibung der damaligen Hauptschulsituation, sondern auch zu grundlegenden schulentwicklungstheoretischen Aspekten. Die Verbindung dieser Fallstudie zur quantitativen Vergleichsforschung wird in der Studie selbst nicht thematisiert, lässt sich aber interpretativ leicht herstellen: Hier wird differenziert die konkrete Situation einer Schule analysiert, die prototypisch steht für eine Schulform, deren quantitative und qualitative Entwicklungsperspektive von der Vergleichsforschung als Systemproblem thematisiert wird.

3.3.1.2 Kontrastierung der Situation mehrerer Berliner Hauptschulen

Den Ausgangspunkt dieser Studie (Roeder 1985) bildete die Frage, wie sich der damals in Berlin massiv rückläufige Hauptschulbesuch auf die innerschulischen Lehr- und Lernprozesse auswirkt. Über fünf verschiedene Hauptschulen werden Informationen auf drei Ebenen zusammengetragen und zueinander in Beziehung gesetzt: Die erste Ebene betrifft die äußeren Rahmenbedingungen, zu denen etwa Lehrplan und Differenzierungsmodell gehören. Auf der zweiten Ebene geht es um institutionelle Regelungen und Routinen, die kollegial ausgehandelt und kooperativ umgesetzt werden müssen. Die dritte Ebene schließlich ist der Unterricht, in dem sich die getroffenen Regelungen hinsichtlich der erfolgreichen Verwirklichung des Unterrichts- und Erziehungsauftrags bewähren müssen. Gewonnen wurden diese Informationen mit vier methodischen Ansätzen: durch Erhebungen über die Schüler des jeweils 7. Schuljahrgangs, durch Leitfaden-Interviews mit knapp 100 Lehrkräften, durch mehrwöchige Beobachtungen des Schulalltags in Pausen, Konferenzen, bei Schulfesten etc. und schließlich durch schwach standardisierte Beobachtungen in über 460 Unterrichtseinheiten, die sich jeweils über eine bis zu vier Stunden erstreckten. Im Vergleich zum vorangegangenen Beispiel haben wir es hier mit einer deutlich breiteren, systematisch angelegten Datenbasis zu tun. Das Instrumentarium empirisch-sozialwissenschaftlicher Forschung wird hier vielfältig eingesetzt um einen komplexen Fall – die Schule – möglichst exakt auszuleuchten und dabei vor allem den Stellenwert der Fachleistungsdifferenzierung im Zusammenhang mit anderen Organisationselementen zu explorieren. Genau eine solche zusammenhängende Betrachtung gebe es in den meisten Studien zur Leistungsdifferenzierung nicht, kritisiert Roeder (1985, S. 3). Dieses Defizit soll im Rahmen dieser vergleichenden Fallstudien behoben werden.

Als zentrale Erkenntnisse über alle fünf Schulen hinweg hält Roeder zunächst fest, dass sich das in der öffentlichen Meinung vorherrschende Negativbild von der Hauptschule als durchgängig problembelasteter Schule so nicht aufrecht erhalten lasse. Die Schülerschaft sei trotz der scharfen Selektion durch sehr heterogene Lernvoraussetzungen gekennzeichnet, ein mit gut 10% nicht unbeträchtlicher Teil erreicht nach 10 Jahren den Realschulabschluss. Darüber hinaus ergibt aber der Vergleich zwischen verschiedenen Schulen Hinweise auf deutliche Unterschiede hinsichtlich des pädagogischen Erfolgs. Dies wird konkretisiert, indem die Qualitätsprofile einer erfolgreichen und einer deutlich weniger gut abschneidenden Schule gegenübergestellt werden. Als zentrales Problem steht sodann die Analyse des unterschiedlichen Umgangs mit Heterogenität im Zentrum (Roeder 1987, S. 87ff., vgl. auch 1985, S. 15). Eindrucksvoll sind dabei die sehr plastischen Unterrichtsbeschreibungen, in denen auf unterschiedlichen Leistungsniveaus das jeweils vorfindliche Ausmaß an Heterogenität nachvollziehbar dokumentiert wird. Die Haltungen der Lehrkräfte zu äußerer Differenzierung und zur Notwendigkeit und Möglichkeit von Binnendifferenzierung werden ermittelt und typisierend ausgewertet, anschließend auch zu den Unterrichtsbeobachtungen und den dabei vorgefundenen Differenzierungsmaßnahmen in Beziehung gebracht.

Ohne äußere Differenzierung – so lautet die klare Schlussfolgerung – sei bei der immens unterschiedlichen Leistungsfähigkeit an Hauptschulen kein erfolgreicher Unterricht möglich. So sieht es auch die Mehrzahl der Lehrkräfte. Wie viel Niveaustufen sinnvoll sind, wie flexibel oder endgültig (bis hin zur Befreiung von bestimmten Unterrichtsfächern) solche Differenzierungsmodelle sein sollten, darüber gibt es sehr verschiedene Einschätzungen. Binnendifferenzierung findet real kaum statt, selbst dann nicht, wenn sie im Prinzip für wünschenswert gehalten wird. Das wird in der Regel mit ungünstigen Rahmenbedingungen begründet.

Roeder (1987, S. 100f.) betont in seinem Resümee, dass die drei eingangs unterschiedenen Ebenen in der Forschung zur Leistungsdifferenzierung berücksichtigt werden müssen. Es sei wenig sinnvoll weiterhin generelle Vergleiche von leistungsdifferenzierten und heterogenen Lerngruppen ohne Berücksichtigung des institutionellen Kontextes anzustellen. Besonders die Konsensbildung über pädagogische Ziele im Kollegium, die Kommunikations- und Kooperationsstrukturen werden als wesentliche Faktoren von Schulqualität herausgestellt. Gerade Differenzierungsmodelle und die damit verbundenen Förder- und Selektionsstrategien brauchen gemeinsame Orientierungen oder mindestens das Wissen über institutionell geteilte oder aber umstrittene Überzeugungen.

Deutlich wird, dass diese Fallstudie vor allem auf einen erziehungswissenschaftlichen Erkenntnisgewinn zielt: Dem in der Öffentlichkeit oft vertretenen Negativbild der Hauptschule wird ebenso entgegengetreten wie der reformpädagogischen Vorstellung, unter solchen Bedingungen könnten nur binnendifferenzierende Vorgehensweisen sinnvoll sein. Ein solcher theoretischer Erkenntnisgewinn durch „Exploration der sozialen Realität" (ebd., S. 2) sei – so Roeder – der Hauptbeitrag solcher Fallstudien: Sie dienen nicht der Prüfung, sondern der „Entwicklung und Differenzierung von Theorien" (ebd., S. 3). Für solche Erkenntnisse ist es von erheblichem Vorteil, dass hier nicht nur eine einzige, sondern mehrere Schulen als Fälle untersucht wurden: Die Kontrastierung zeigt sowohl die unterschiedlichen Ausprägungen als auch das Typische all der untersuchten Fälle. Ob diese Studie in irgendeiner Weise von den beteiligten Schulen aufgenommen und in den dortigen Schulentwicklungsprozess eingespielt wurde, bleibt offen. Ein solches Feedback zur Praxis scheint jedenfalls nicht die Hauptintention der Studie gewesen zu sein.

Die Studie zeigt jedoch auch, dass damit innerhalb des Ansatzes der Einzelfallstudie nicht unerhebliche Gefahren verbunden sind. Zwar wurden für jede Schule eine Fülle interessanter Daten zusammengetragen und analysiert. Dennoch verbleibt der kontrastive Vergleich eher bei einer Betrachtung von Variablen und thematischen Blöcken. Das summiert sich zwar bei zwei Schulen zu Erfolgs- bzw. Misserfolgsbeispielen, fügt sich aber nicht zu einem komplexen Bild von Schule als pädagogischen Handlungseinheiten zusammen. Der hier gewählte methodische Ansatz, der stark mit quantitativen Kennwerten arbeitet, stößt somit dann deutlich an seine Grenzen, wenn er nicht in umfassende qualitative Beschreibungen eingebunden ist.

3.3.2 Pädagogische Haltungen und Prozesse verstehen: Gesamtschulen und Gymnasien in Phasen verstärkten Wandels

Im Folgenden werden Fallstudien vorgestellt, die über das Erschließen von (neuen) Problemen hinausgehen. Solche Studien wollen in komplexer Weise eine Institution, ihre Prozesse und ihre Akteure „verstehen". Dazu gehört es, die schulischen Rahmenbedingungen zu beschreiben, das Selbstverständnis der dort Handelnden zu analysieren und deren Einfluss auf die ablaufenden Prozesse in den Blick zu nehmen. Wir haben hier zwei Studien ausgewählt, die sich in unterschiedlichen Epochen auf unterschiedliche Schulformen beziehen. Abgebildet werden dabei erneut Situationen und Problemlagen, die sich schulformspezifisch eindeutig verorten lassen: die westdeutsche Gesamtschulsituation der 1970er Jahre und die Situation ostdeutscher Gymnasien kurz nach der Wende. In beiden Fällen geht es um die Einführung (bzw. Wiedereinführung) einer Schulform und damit um eine Ausdifferenzierung des gesamten Bildungssystems, die mit umfassenden Veränderungen auch „vor Ort" verbunden ist.

3.3.2.1 Eine neu errichtete Gesamtschule in NRW: Kierspe 1979

Die Fallstudie entstand im Rahmen einer umfassenden Auswertung des nordrhein-westfälischen Gesamtschulversuchs und sah ihre spezifischen Aufgaben vor allem in einer qualitativen Ergänzung der quantitativ-empirischen Vergleichsforschung. Durch genaue Schilderungen der pädagogischen Wirklichkeit sollte ein Leitfaden für ähnliche Schulerkundungen entwickelt werden, gleichzeitig sollten auf diese Weise Anregungen für andere Schulen zusammengetragen werden (Diederich/Wulf 1979, S. 1). Insofern beansprucht diese Studie, als eine komplexe Momentaufnahme den schulischen Alltag einer innovativen Schule nachzuzeichnen: Eine Schule, die sich auf ein neues pädagogisches Konzept eingelassen hat und bereits mehrere Jahre Erfahrung mit dem neuen Konzept sammeln konnte. Es ist zugleich eine Schule, die aufgrund ihrer Größe (1.800 Schüler, 130 Lehrer) und aufgrund der sehr unterschiedlichen Positionen im Kollegium mit erheblichen Problemen zu kämpfen hat. Die Fallstudie verfolgt die Absicht, Tiefenstrukturen pädagogischer Einstellungen und Argumentationen herauszuarbeiten und in Beziehung zu setzen mit beobachtbaren Abläufen im Unterricht und im Schulleben.

Methodisch handelt es sich um eine Kombination von Dokumentenanalyse (Planungsunterlagen und Selbstdarstellungen der Schule, Unterrichts- und Arbeitsmaterialien der Schülerinnen und Schüler, Statistiken, Erlasse etc.) und teilnehmender Beobachtung des Schullebens. Protokolle aus standardisierten und offenen Beobachtungen im Unterricht, in Konferenzen, bei Abendveranstaltungen, Elterngesprächen etc. bilden den Fundus für die Analyse und Interpretation, ergänzt werden sie durch Interviews und Aufzeichnungen über informelle Gespräche. Drei intensive Beobachtungswochen verbrachten drei Wissenschaftler vor Ort, vorangegangen waren mehrsemestrige kontinuierliche Kontakte mit der Schule. Die hermeneutische Interpretation des Materials wurde im Diskurs bearbeitet und anschließend in einen gemeinsamen Bericht eingebracht. Dieser thematisiert in neun Kapiteln Geschichte und Organisation der Schule, analysiert ausführlich Unterricht in den verschiedenen Stufen mit besonderem Augenmerk auf die äußere Leistungsdifferenzierung, beleuchtet die Ausgestaltung des Ganztagsbereichs und stellt das Beratungssystem vor. Gesondert wird die Situation der Lehrer betrachtet und schließlich die Bedeutung der Schule für die Region und ihre bildungspolitische Einbindung reflektiert.

Welch differenzierte Einblicke in das Innenleben einer Schule auf diese Weise zutage gefördert werden können, lässt sich hier allenfalls andeuten. Organisatorische Strukturen werden hinsichtlich ihrer Wirkung auf Kooperationsformen im Kollegium und die pädagogischen Interaktionen im Schulalltag untersucht. Planung von Unterricht oder Pausenaufsichten, Aushandlungen von Regeln oder von Leistungsstandards werden von den Forschern unter einer doppelten Fragestellung analysiert, die sie als „Bildungslinie“ und „Erziehungslinie“ definieren. Zusammenfassend kommen sie zu der Einschätzung, dass an dieser Schule die Bildungslinie gegenüber der Erziehungslinie deutlich stärker gewichtet werde. Letztere werde nicht ausgeblendet, aber im Vordergrund stehe die am Lehrplan orientierte, zielbezogene Unterrichtsplanung, bei der die Vermittlung von Lerngegenständen klar dominiere.

Unter all den hier referierten Studien kommt diese Untersuchung dem Anspruch am nächsten, die alltägliche Realität und die Entwicklungsprobleme einer Schule möglichst vielfältig oder gar „ganzheitlich“ abzubilden. Sie bedient sich dabei fast ausschließlich qualitativer Verfahren und fügt dabei die Erkenntnisse aus verschiedenen Quellen zu einem komplexen Bild zusammen. Nicht die Kontrastierung mehrerer Schulen, nicht die Ermittlung quantitativer Indikatoren, sondern die intensive qualitative Analyse und Interpretation eines einzigen

Falls kennzeichnet die Kierspe-Studie. Hier erfüllt die Fallstudie sehr gut ihren Anspruch, „die quantitativen Intersystemvergleiche durch verhaltensnahe und komplexere Deskriptionen (zu) ergänzen“ (Baumert 1980, S. 767). Kritisch anzumerken ist allerdings, dass diese Studie stark „lehrerlastig“ ist. Schüler kommen lediglich bei Unterrichtsbeobachtungen und Eltern nur knapp bei der Frage der Mitwirkung in den Blick, eine systematische Ermittlung der Schüler- und Elternsicht auf Schule fand nicht statt.

Im Bericht wird leider nicht mitgeteilt, ob und in welcher Weise die erhobenen Daten und die Interpretationen in die Schule zurückgemeldet wurden, ob so etwas wie eine „kommunikative Validierung“ (Heinze/Klusemann/Soeffner 1980) stattfand. Allerdings sind die Erkenntnisse der Kierspe-Studie von erheblicher schultheoretischer Bedeutung: Sie zeigen in differenzierter Weise, mit welchen Schwierigkeiten und Widersprüchen Akteure zu kämpfen haben, die ein weitgehend neues Konzept von Schule realisieren wollen. Damit liefert diese Studie auch Hinweise darauf, warum die positiven Effekte des neuen Schulsystems – so die Fend-Ergebnisse – sich nicht so eindeutig wie erhofft eingestellt haben.

3.3.2.2 Vier Gymnasien nach der Wende: Thüringen 1994

Die Umgestaltung des Schulsystems in den neuen Ländern während der 1990er Jahre stellte alle für Schule Verantwortlichen vor enorme Aufgaben und eröffnete gleichzeitig ein weites Feld für wissenschaftliche Forschung und Begleitung dieses Prozesses. Wir stellen hier eine Untersuchung vor, die aus dem Vergleich von vier systematisch ausgewählten Schulen Hinweise auf unterschiedliche Verläufe des Transformationsprozesses (und deren Bedingungen) zu gewinnen suchte (Böttcher/Plath/Weishaupt 1997). Ihre Fragestellungen akzentuierten die Autoren wie folgt: „Was zeichnet diese neu entstandenen Gymnasien heute gegenüber Gymnasien in den alten Bundesländern aus? Entsteht in den neuen Ländern ein spezifisch geprägtes Gymnasium, das auch Impulse für die Weiterentwicklung dieser Schulart in Westdeutschland geben kann oder sind es noch weitgehend ‚unfertige‘ Schulen auf dem Weg zur Anpassung an das westdeutsche Vorbild?“ (ebd., S. 5) Vor allen Dingen ging es ihnen darum, Inkonsistenzen, aber auch Kontinuitäten zwischen vergangenen Erfahrungen und gegenwärtigen Herausforderungen nachzuspüren.

Anders als in den von Aurin (1993) an westdeutschen Gymnasien vorgenommenen Analysen, wollten sich die Autoren aber nicht darauf beschränken, die Konsensbildung innerhalb der Lehrerschaft bzw. zwischen allen an Schule Beteiligten nachzuzeichnen. Sie orientierten sich eher an den Explorationen von Altrichter, Radnitzky und Specht (1994) und bezogen organisatorische und kooperative Strukturen, fachliche Profilierung, Wahrnehmung des Schullebens, des Lernklimas und der Sozialbeziehungen in die Anlage ihrer Untersuchungen ein. Methodisch kombinierten sie quantitative und qualitative Verfahren. Hauptinstrumente für die differenzierte Betrachtung des innerschulischen Lebens waren mehrstündige offene Leitfadeninterviews mit Schulleitern, Lehrkräften, Eltern- und Schülervertretern. Darüber hinaus wurden Gruppendiskussionen mit Schülern unterschiedlicher Altersstufen durchgeführt und in teilnehmenden Beobachtungen (z.B. von Konferenzen, Projektwochen, Schulfesten, Abiturfeiern) eine Fülle von Daten zusammengetragen. Darüber hinaus wurden standardisierte Befragungen bei Lehrern und Schülern durchgeführt. Diese umfänglichen, mit sehr verschiedenen Methoden erhobenen und ausgewerteten, Daten wurden anschließend miteinander verknüpft.

Bei der Auswahl der zu untersuchenden Fälle hatte die Frage nach dem Gründungstyp und dem Traditionshintergrund der Schulen einen besonderen Stellenwert. Es wurden deshalb zwei

Schulen ausgewählt, die aus einer Erweiterten Oberschule (EOS) hervorgingen, die beiden anderen sind Fortführungen Polytechnischer Oberschulen (POS). Die Berücksichtigung von Stadt-Land-Unterschieden bzw. unterschiedlichen städtischen Kontexten sollte darüber hinaus die kontrastiven Vergleichsmöglichkeiten verstärken. Bei der Darstellung der Ergebnisse wird hervorgehoben, dass alle Gymnasien eine ausgeprägte Leistungsorientierung erkennen lassen. Dabei scheint der Wunsch nach Sicherung eines hohen Leistungsniveaus bei den aus EOS hervorgehenden Schulen nicht stärker ausgeprägt zu sein als bei den anderen. An allen vier Schulen findet sich eine deutliche Ausleseorientierung, die dazu führt, dass weniger leistungsstarken Schülern relativ rasch ein Wechsel zur Regelschule empfohlen wird (Böttcher u.a. 1997, S. 164). Zugleich wird allerdings konstatiert, dass in allen Schulen detailliert ausgearbeitete Konzepte für die pädagogische Arbeit vorliegen. Selektion und Förderung stehen somit in einem spannungsvollen Verhältnis. Die Schüler nehmen hohe Anforderungen wahr, sie attestieren den Lehrern aber auch, dass diese auf ihre Vorschläge eingehen, sich mit der Meinung der Schüler ernsthaft auseinandersetzen und dass auch schwächere Schüler nicht als Last empfunden werden. Das Selbstverständnis der Schulen – aus der Lehrerperspektive – wird denn auch für alle vier Schulen dadurch gekennzeichnet, dass neben den hohen Leistungsanforderungen auch die Verantwortung für die Entwicklung sozialer Kompetenzen gesehen wird. Für die Schulen, die aus einer POS hervorgegangen sind, wird dabei ein deutlich stärkerer Erfolgs- und Profilierungsdruck registriert, während insbesondere das frühere Gymnasium mit langer Tradition eben aus diesem Grund über einen Bonus in der Außenwahrnehmung verfügt. Zusammenfassend kommen die Autoren zu der Einschätzung, dass sich die Anpassung der Lehrerinnen und Lehrer an die veränderten inhaltlichen und methodischen Anforderungen überraschend reibungslos vollzogen habe. Sie erklären dies damit, dass die Vorgaben für die Arbeit im Gymnasium den Lehrern die Möglichkeit bieten, an Vorerfahrungen und vertraute pädagogische Prinzipien anzuknüpfen.

Die Fallstudie thematisiert somit, wie ein von außen (durch politische Veränderungen) gesetzter Wandel in den einzelnen Schulen verarbeitet wird und wie sich dabei das Profil einer für Thüringen neuen Schulform – das Gymnasium – herausbildet. Dabei werden trotz des Kontinuitätsbruchs die tradierten und eher konventionellen Konzepte dieser Schulform erstaunlich schnell übernommen. Die Ergebnisse zielen somit vor allem darauf ab, die theoretischen Erkenntnisse über Schulentwicklungsprozesse im Rahmen der gesellschaftlichen Transformation zu erweitern. Dabei kann an die Ergebnisse von standardisierten Schulvergleichsstudien angeknüpft werden, von dort werden auch einige der quantitativen Instrumente entlehnt. Kritisch anzumerken ist, dass zu den vier Schulen zwar eine Vielzahl von Detailinformationen ausgebreitet wird, dass eine zusammenfassende und zugleich deutlich kontrastierende Sicht auf die Fälle jedoch nur in Ansätzen gelingt. Gleichsam als methodologisches Gegenbeispiel kann hier auf die Fallstudie von Helsper, Böhme, Kramer und Lingkost (2001) verwiesen werden, die mit höchst aufwendigen qualitativen Verfahren der Ethnographie und der Objektiven Hermeneutik ebenfalls die Frage nach Selbstbild und Schulkultur ostdeutscher Gymnasien bearbeitet haben und aus diesen Studien eine Theorie der Schulkultur entwickeln. Beide Studien machen deutlich, wie groß auch innerhalb des Fallstudienansatzes das methodische Spektrum ist, wenn es darum geht Einzelschulen zu analysieren und aus systematischen Vergleichen verallgemeinerbare Erkenntnisse zu ziehen.

3.3.3 Entwicklungen anregen und Innovationen fördern: Modelle zur Überwindung von Schulformgrenzen

In diesem Abschnitt werden Fallstudien präsentiert, die neben ihrer Erkenntnisabsicht auch das Ziel verfolgen, Prozesse der Schulentwicklung anzuregen und voranzutreiben. Es sind Studien, die im Zusammenhang mit Reformvorhaben und Modellversuchen entstanden sind, diese wissenschaftlich analysieren und begleiten – und die dabei in prinzipieller Übereinstimmung mit den Reformzielsetzungen stehen. Die beiden Studien, die wir hier referieren, liegen zeitlich weit auseinander, haben jedoch einen gemeinsamen inhaltlichen Kern: Es geht darum, dass unterschiedliche Schulformen der Sekundarstufe I untereinander verbunden und in ein dauerhaftes Kooperationsverhältnis gebracht werden. Nicht der Entwurf eines völlig neuen Schulkonzepts, sondern die kontinuierliche Weiterentwicklung, die beim Bestehenden anknüpft und dabei Schulformgrenzen überwindet, steht in beiden Fällen im Mittelpunkt.

3.3.3.1 Ein Schulmodell im ländlichen Raum: Rockenhausen 1994-2000

In den Jahren 1994 bis 2000 begleitete ein Forscherteam der Universität Mainz einen rheinland-pfälzischen Schulversuch, in dem nach heftigen vorausgegangenen kommunalpolitischen Auseinandersetzungen ein Modell zur Integration allgemeiner und beruflicher Bildung erprobt wurde (vgl. Hamburger/Dick/Heck/Idel/Stauf 2001). Eine auslaufende Hauptschule und eine Realschule wurden unter einem Dach zusammengefasst – keine unproblematische Ausgangslage für einen Reformprozess.

Die regionale Lage der Schule im ländlichen Raum war der Hintergrund für ihre spezifische Profilbildung. Um den Kindern eines großen Einzugsbereiches ein hochwertiges Bildungsangebot standortnah unterbreiten zu können wurden Elemente beruflicher und allgemeiner Bildung in der Sekundarstufe I unter den Stichworten Berufsorientierung und Methodenlernen integriert. Dieser Profilschwerpunkt wird in der Sekundarstufe II fortgeführt. Die Studie skizziert zunächst die soziokulturelle Einbettung der Schule in den regionalen und lokalen Kontext samt der komplizierten Entwicklungsgeschichte, stellt die Schule in ihrer räumlich-organisatorischen Verfassung vor, beschreibt die Programmatik des Modellversuchs sowie das pädagogische Profil und dokumentiert die Sichtweisen der schulischen Akteure. In einem knappen Schlusskapitel kommen die Autoren zu einer abschließenden Einordnung ihrer Erkenntnisse.

Ihren Anspruch hatten sie wie folgt formuliert: „Die Begleitung des Schulmodells, nicht als systematischer Flächenversuch mit Vergleichsmöglichkeiten angelegt, kann deshalb nur das Einmalige in allgemeinen Begriffen und Kategorien der Pädagogik beschreiben, ohne das Modell seiner Besonderheit zu berauben. Insbesondere kann sie durch typisierende Interpretation eine über die Einmaligkeit hinaus gehende Einsicht herausarbeiten und die besonderen Modellelemente genauer betrachten" (Hamburger u.a. 2001, S. 2). Als methodischen Zugriff wählten sie unter Bezugnahme auf Wittenbruch und Werres (1992) die Erstellung eines Schulporträts, das in unserer Begriffsverwendung einer Fallstudie entspricht. Ihre Unterscheidung in eine synchrone Perspektive (Analyse des Ist-Zustands), einer diachronen Perspektive (Entwicklungsgeschichte der Einzelschule) und einer analytischen Perspektive (Klärung wesentlicher Einflussfaktoren) spiegelt sich in Aufbau und Inhalt des Berichts. Die Datenbasis besteht aus jährlichen standardisierten Befragungen von Schülern und Lehrern, hinzu kommen Ergebnisse aus Gruppendiskussionen mit Absolventen und Absolventinnen der Sekundarstufe I, mit Eltern und vielfältige Gesprächsprotokolle (mit der Schulleitung, mit Arbeitsgruppen etc.). Die Auswertung schulischer Dokumente über den gesamten Zeitraum hinweg fließt ebenfalls mit in die Fallstudie ein.

Als ein wichtiges Merkmal ihres Falles heben die Autoren hervor, dass hier nicht etwas völlig Neues als Experimentalprogramm inszeniert wurde, sondern das vielmehr erprobte und geprüfte Elemente der Tradition und der Schulreform modifiziert übernommen und zu einem unverwechselbaren Eigenen zusammengefügt wurden. Gut fünf Jahre lang begleiteten die Forscher diesen Modellversuch. Sie verstanden ihre Aufgabe als formative, projektorientierte Evaluation und legten deshalb ihre Untersuchungen so an, dass Zwischenergebnisse jeweils der Schule rückgemeldet wurden. Der Zwischenbericht wurde mit der schulinternen Projektgruppe als gemeinsames Produkt verfasst uns verantwortet. Damit wurden die Nähe zwischen praktischer Entwicklung und Erprobung einerseits sowie wissenschaftlicher Reflexion und Anregung andererseits dokumentiert. Dass eine solche Nähe einen schwierigen Balanceakt erfordert, greifen die Autoren in der Skizzierung ihres Selbstverständnisses auf (S. 203). Sie heben auf die Besonderheit ihrer Fallstudie als Praxisforschung ab: „Im Unterschied zu ‚rein‘ wissenschaftlicher Forschung müssen sie (die Forscher) sich weniger vor der scientific community bewähren, als vielmehr vor der Praxis, die ihr Forschungsgegenstand ist. (...) Wissenschaftliche Begleitungen bewegen sich dabei in einem Spannungsfeld, weil sie in der Gefahr stehen, für die Interessen der Praxis unter Preisgabe ihrer eigenen wissenschaftlichen Standards funktionalisiert zu werden“.

Insgesamt bekennt sich diese Studie somit dazu, vorrangig Erkenntnisse für den Reformprozess und seine Entwicklung zu liefern, gibt dabei aber keineswegs den Anspruch auf, verallgemeinerbare Aussagen treffen zu wollen. Sie greift nicht – im Sinne von Handlungsforschung – direkt in die innovative Arbeit ein, plädiert aber auch nicht für eine strikte Trennung von wahrheitsorientierter Erkenntnisproduktion und nützlichkeitsorientierter Praxis (vgl. Krüger 1997).

3.3.3.2 Vier kooperative Gesamtschulen im Entwicklungsprozess: Hessen 1979

Abschließend soll eine Studie referiert werden, die ebenfalls explizit auf Entwicklung und Beratung ausgerichtet ist. Im gleichen Jahr wie die Fallstudie Kierspe erschien der Bericht über ein umfassendes Forschungsprojekt, das sich mit dem Zustand und den Entwicklungsperspektiven von kooperativen Gesamtschulen in Hessen befasst (Tillmann/Bussigel/Philipp/Rösner 1979a). Der Kern dieser Studie besteht aus vier Schulfallstudien und ihrem systematischen Vergleich. Diese Kontrastierung ist inhaltlich und methodisch deutlich anders angelegt als die Arbeit von Diederich und Wulf (1979). Dies beginnt bereits bei der Wahl des „Gegenstandes“. Es geht hier nicht um die Systemalternative zum gegliederten Schulsystem (das ist die integrierte Gesamtschule), sondern um eine Art Zwischenmodell: die kooperative Gesamtschule, die von der 7. Klasse an Hauptschul-, Realschul- und Gymnasialzweige nebeneinander führt und insofern sowohl Anteile eines gegliederten als auch Anteile eines integrierten Schulsystems aufweist. Solche Schulen sind in Hessen in den 1970er Jahren in großer Zahl entstanden (vgl. Rösner/Tillmann 1980, S. 81) – und zwar als Weiterentwicklung von Schulen des gegliederten Schulsystems. Genau die damit verbundene Entwicklungsperspektive interessierte die Forscher: Welche Chancen bestehen, dass über den Zwischenschritt der kooperativen Gesamtschule das gegliederte Schulsystem in ein integriertes überführt werden kann? Und: Welche Maßnahmen und Aktivitäten an den einzelnen kooperativen Gesamtschulen sollten gestützt werden um dieses Ziel zu erreichen? Diese Fragestellungen machen deutlich, dass bei dieser Studie ein entwicklungsorientiertes Interesse dominiert: Es geht darum, Prozessverläufe besser zu verstehen um von dort möglichst konkrete Empfehlungen für eine kooperative oder gar integrative Weiterentwicklung zu formulieren (vgl. Tillmann/Bussigel/Philipp/Rösner 1979b). Im Zentrum dieser Studie stehen daher nicht so sehr die pädagogischen Alltagsvollzüge, sondern die schulorganisatorischen und die kommunalpolitischen Entwicklungen.

Methodisch wird diese Studie als eine Kombination quantitativer und qualitativer Erhebungsverfahren angelegt: Sie verbindet ein als Totalerhebung angelegtes Survey mit vier Einzelfalluntersuchungen, die wiederum so entworfen sind, dass sich Ergebnisse qualitativer und quantitativer Erhebungen wechselseitig stützen. Die Studie setzt dabei auf die Kontrastierung von vier systematisch ausgewählten Fällen: Schulen, in denen entweder günstige oder ungünstige Rahmenbedingungen für die Entwicklung innerschulischer Kooperation zwischen den Schulzweigen bestehen. Dabei ist mit dem jeweiligen „Fall" nicht alleine der schulische Binnenraum angesprochen, vielmehr gehören die lokalen Außenbezüge mit dazu. Dabei werden zunächst die kommunalen Entscheidungsprozesse rekonstruiert, die zur Einrichtung der kooperativen Gesamtschulen führten. In einem zweiten Schritt zeichnen die Autoren den innerschulischen Entscheidungsgang und die Entwicklung der Kooperation zwischen den Schulzweigen anhand von Schuldokumenten und Interviews mit beteiligten Lehrern nach. Um die empirischen Daten für diesen Untersuchungsabschnitt zu erheben hielten sich die Mitarbeiter der Projektgruppe mehrere Wochen in den untersuchten Schulen und Gemeinden auf. In einem dritten Schritt versuchen die Autoren, den Kooperationsstand der einzelnen Schulen quantitativ zu beschreiben und innerschulische Faktoren zu erfassen, die den Verlauf des Reformprozesses beeinflussten. Am Schluss der Untersuchung steht der Versuch, das Maß der realisierten Kooperation in einen Zusammenhang mit einigen Sozialisationseffekten bei Schülern (Abschlussaspiration, Schulzufriedenheit, Selbstbild) zu bringen.

Damit zielt die Studie vor allem auf verallgemeinerbare Aussagen zu Faktoren, die auf die Schulentwicklung Einfluss nehmen. Zu solchen Aussagen gelangt sie, indem die Reformverläufe der vier Fälle miteinander kontrastiert werden. Auf diese Weise werden auf der Basis von vier dichten Beschreibungen die Faktoren identifiziert, die sich als besonders kooperationsfördernd bzw. -hemmend erweisen. Aufgezeigt wird dabei, dass sich so unterschiedliche Einflussfaktoren, wie etwa das kommunale Interesse an einem umfassenden Schulangebot, die Reformorientierungen der Lehrerschaft, aber auch die Handlungsstrategien von Schulleitungen „in einem Prozessmodell der Schulentwicklung analytisch aufeinander (...) beziehen" lassen (Baumert 1980, S. 767). Diese Modellbildung wiederum dient als Grundlage für Empfehlungen zur Schulentwicklung: Nicht nur Lehrkräften und Schulleitungen, sondern auch Bildungspolitiker werden Hinweise gegeben, durch welche Maßnahmen die gewünschte kooperative bzw. integrative Entwicklung befördert werden kann.

Forschung wird hier nicht in der Funktion eines Richters über das „bessere" System, sondern in der Rolle der unterstützenden Aufbauhilfe bei einer Reform gesehen. Dies geschieht zwar mit empirisch-analytischen Methoden, ist aber von Anbeginn an auf Problemlösung und Entwicklungsförderung innerhalb eines Reformprozesses angelegt. Damit wird ein wissenschaftlicher Arbeitsansatz verfolgt, der sich in eine zugleich aufklärende wie unterstützende Beziehung zum Reformprozess setzt. Dabei ist diese Studie – im Unterschied zur Fallstudie Rockenhausen – nicht auf die unmittelbare Begleitung und Optimierung des innerschulischen Reformprozesses, sondern auf die Erarbeitung verallgemeinerbarer schulentwicklungstheoretischer Erkenntnisse angelegt.

3.4 Ambivalenzen der Fallstudien-Forschung

Die sechs hier präsentierten Fallstudien haben viele Gemeinsamkeiten: Sie analysieren jeweils eine oder mehrere Sekundarschulen als „Fall", verfolgen zwar jeweils eine spezifische Aufmerksamkeitsrichtung, sind aber dennoch „ganzheitlich" orientiert. Sie setzen unterschiedliche Forschungsinstrumente ein um durch Methodenkombination und Mehrperspektivität ihre Erkenntnisse zu gewinnen. Neben diesen Gemeinsamkeiten zeigen sich aber erhebliche Variationen, die sich in drei Punkten zusammenfassen lassen:

Zum ersten unterscheiden sich Fallstudien erheblich darin, in welcher Intensität und Breite sie innerschulische Prozesse nachzeichnen: Die Fallstudie Kierspe (Diederich/Wulf 1979) weist hier die geringste thematische Vorstrukturierung auf und beschreibt sehr unterschiedliche Aspekte in ihren wechselseitigen Bezügen. Eine solche Differenziertheit lässt sich wohl nur dann erreichen, wenn ausschließlich eine einzige Schule mit vielfältigen qualitativen Verfahren analysiert wird. Gleichsam methodisch auf dem anderen Ende des Spektrums angesiedelt ist die Fallstudie über die Berliner Hauptschulen (Roeder 1985). Sie ist inhaltlich deutlicher vorstrukturiert (Umgang mit Differenzierung), ist auf einen Vergleich mehrerer Fälle angelegt und arbeitet stark mit quantitativen Kennwerten.

Zum zweiten unterscheiden sich Fallstudien darin, welche Praxisrelevanz sie für die beteiligten Schulen beanspruchen und welche Beziehungen zwischen Forschenden und „Beforschten" etabliert werden. Mindestens in zwei der hier vorgestellten Fallstudien wurde das Ziel verfolgt, durch die wissenschaftliche Arbeit den Wandel in den „beforschten" Schulen zu unterstützen. In einem Fall – beim Schulmodell Rockenhausen – scheint dies gelungen (vgl. Hamburger u.a. 2001), in einem anderen Fall – der nordrhein-westfälischen Hauptschule – scheint dies eher gescheitert zu sein (vgl. Fischer 1982). In beiden Fällen wurden von den Forscherinnen und Forschern systematische Formen von feed-back etabliert um den Lehrkräften der Schule die Ergebnisse der Analyse zu spiegeln. Eine dritte Fallstudie (Tillmann u.a. 1979 a, b) hat die Unterstützung der Schulentwicklung allgemeiner interpretiert und Empfehlungen nicht nur für die „beforschten" Schulen, sondern generell für die kooperativen Gesamtschulen in Hessen formuliert.

Zum dritten schließlich unterscheiden sich Fallstudien darin, in welcher Weise sie beanspruchen, einen Beitrag zur erziehungswissenschaftlichen Theoriebildung zu liefern. In einigen Studien wird dazu explizit Stellung genommen – und zwar in sehr unterschiedlicher Weise: Die wissenschaftliche Begleitung des Schulmodells Rockenhausen fühlt sich vor allem der Reformpraxis und weit weniger den Theorieerwartungen der „scientific community" verpflichtet; deshalb wird die Relevanz für schulpädagogische Theoriebildung auch weniger betont (vgl. Hamburger u.a. 2001). Deutlich anders zu verstehen sind hier die Studien über die Berliner Hauptschulen (Roeder 1985), die Thüringer Gymnasien (Weishaupt u.a. 1994) und die hessischen Gesamtschulen (Tillmann u.a. 1979 a, b): Sie beanspruchen für ihre Ergebnisse jeweils explizit eine schultheoretische Relevanz (vgl. auch Helsper u.a. 2001). Dies wird bei Tillmann u.a. (1979 a, b) und Weishaupt u.a. (1994) im Kontext schulentwicklungstheoretischer Ansätze ausgeführt, bei Roeder (1985) geht es eher um eine Ergänzung schultheoretischer Erkenntnisse zur Unterrichtsdifferenzierung. Es dürfte kein Zufall sein, dass es sich hier um die drei Fallstudien handelt, die mit der Kontrastierung mehrer Fälle arbeiten und die gleichzeitig auch zu erheblichen Anteilen quantitative Verfahren einsetzen. Die – möglicherweise konkurrierenden – Ansprüche von Schulberatung einerseits und Theoriebildung andererseits werden hier deutlich anders ausbalanciert als in Rockenhausen.

Betrachtet man die Fallstudien in dieser Vielfalt, so wird zugleich auch deutlich, dass nicht jede Studie all die Ansprüche erfüllen kann, die – gelegentlich auch in emphatischer Weise – mit Fallstudien verknüpft werden: „Ganzheitlichkeit" ist eine der zentralen Zielvorstellungen. In der Forschung können aber immer nur Annäherungen an eine möglichst facettenreiche Erfassung des Gegenstandes erreicht werden. „Mehrperspektivität" wird in allen hier referierten Fallstudien zu realisieren versucht, und zwar durch den Einbezug der verschiedenen Gruppen und den Einsatz unterschiedlicher Erhebungsmethoden. Dabei ist allerdings auffällig, dass trotz dieses Anspruchs in einigen Studien (so insbesondere bei Diederich/Wulf 1979; Tillmann u.a. 1979 a, b) die Lehrerperspektive eindeutig dominiert. Und schließlich werden die Fallstudien auch mit dem Anspruch verbunden, „Wirklichkeit an sich heranzulassen, (...) größere Lebensnähe zu suchen und hautnah zu berichten" (Brügelmann 1982, S. 616), um auf diese Weise auch für die Akteure der Praxis interessant zu sein. Dies ist in vielen äußerst plastischen Beschreibungen sicher gelungen. Der Detailreichtum führt jedoch häufig zu äußerst umfangreichen Fallstudientexten (vgl. insbesondere Helsper u.a. 2001), durch die möglicherweise der angestrebte Abbau von Rezeptionsbarrieren bei den Praktikern dann wieder konterkariert wird.

4 Schulformvergleiche und Einzelfallstudien: Wechselseitige Ergänzung methodischer Perspektiven

Schulsystemvergleiche und Studien auf der Ebene der Einzelschule nähern sich dem Gegenstandsbereich teils mit gemeinsamen, teils aber auch mit je spezifischem Erkenntnisinteresse. In beiden Fällen geht es um Analysen der Qualität von Schule und Unterricht, dabei nimmt die Schulformvergleichsforschung stärker die Makroebene des Bildungssystems in den Blick, Einzelfallstudien dagegen die Mikroebene innerschulischer Prozesse. Auf beiden Ebenen werden aber aus diesen unterschiedlichen Perspektiven die gleichen grundlegenden Fragen verfolgt: Welche neuen Aufgaben stellen sich vor dem Hintergrund veränderter gesellschaftlicher Ansprüche und Erwartungen hinsichtlich der Qualifizierungs- und der Sozialisationsfunktion von Schule? Wie schlägt sich das in den pädagogischen Zielsetzungen nieder? Mit welchen organisatorischen, curricularen und didaktisch-methodischen Konzepten werden diese Ziele zu erreichen versucht? Und wie erfolgreich ist man dabei? Die Ziele solcher Erkenntnisproduktion sind auf diesem hohen Grad von Allgemeinheit ebenfalls noch sehr ähnlich: Die in methodisch-kontrolliertem Vorgehen gewonnenen Einsichten sollen zu verallgemeinerungsfähigen Aussagen führen, die regelhafte Zusammenhänge verdeutlichen, wie die Institution Schule ihre gesellschaftliche Aufgabe derzeit ausfüllt und unter welchen Bedingungen sie dies tut. Das schließt Hinweise darauf ein, welche Parameter verändert werden müssen um die Qualität schulischen Lernens zu sichern bzw. zu steigern.

Die Unterschiede zwischen beiden Ansätzen ergeben sich aus den Erkenntnismöglichkeiten und -grenzen, die mit dem jeweiligen methodischen Vorgehen verknüpft sind: Quantitative Stichprobenerhebungen können repräsentative Verteilungsaussagen machen und damit aufzeigen, was im statistischen Durchschnitt für eine bestimmte Schulform „normal" ist und was nicht. Sie machen damit auch sehr gut klar, bei welchen Erscheinungsformen sich die Schulformen unterscheiden, wo sie sich hingegen ähneln oder „überlappen". Solche Aussagen werden stets auf eine Region, ein Bundesland oder auch auf den Gesamtstaat bezogen. Sie sind damit in aller Regel Aussagen auf der Makroebene des Schulsystems. Dabei sind die Variablen, die in dieser Forschung erhoben und interpretiert werden, sehr stark output-orientiert: Ob fachliche Leistung, Schulangst oder Selektionsrate, ganz überwiegend geht es um erwünschte oder unerwünschte Ergebnisse schulischer Bildungs- und Erziehungsprozesse. Zwar ist es auch möglich, innerhalb dieser quantitativen Systemanalysen Prozesse zu erforschen (etwa: Schulangst als Behinderung fachlicher Leistungen), doch beschränkt sich die modellhafte Abbildung von Prozessen dabei stets auf eine eng begrenzte Zahl vorab operationalisierter Variablen.

Genau an dieser Stelle können nun die Fallstudien ihre Stärken einbringen. Mit diesem Ansatz ist es in besonders differenzierter Weise möglich, bisher unbekannten Prozessen auf die Spur zu kommen. Dabei können solche Fallstudien dann in unterschiedlicher Weise auf Ergebnisse der Vergleichsforschung Bezug nehmen: Sie können mit ihrem Prozesswissen zu einer besseren Interpretation quantitativ gefundener Zusammenhänge beitragen. Sie können nachspüren, wie sich im Schulvergleich gefundene Ergebnisse erklären lassen. Sie können aber auch auf neue Sachverhalte stoßen, die dann für die nächste Vergleichsstudie in eine quantitative Hypothese überführt werden. Umgekehrt können Ergebnisse vergleichender Übersichtsstudien nicht nur genutzt werden, um bei kontrastiven Vergleichen die Fälle systematisch auszuwählen, vielmehr lassen sie sich auch heranziehen um lokal gefundene Ergebnisse in größere Bezugskontexte zu stellen.

Deutlich wird an dieser Skizzierung, dass beide Ansätze ihre je eigene Produktivität besitzen, so dass es wenig Sinn macht wissenschaftliche Erkenntnisse entweder aus quantitativen Vergleichsstudien oder aus Fallstudien ziehen zu wollen. Vielmehr haben beide Ansätze ihren je spezifischen Wert – und zwar sowohl für die Erweiterung des theoretischen Wissens wie für die praxisbezogene Weiterentwicklung von Schule. Allerdings wird die Aussagekraft ihrer Ergebnisse in beiden Feldern wesentlich erhöht, wenn sie aufeinander bezogen werden.

Literatur

Ackeren, I. von/Klemm, K.: TIMSS, PISA, LAU, MARKUS und so weiter. Ein aktueller Überblick über Typen und Varianten von Schulleistungsstudien. In: Pädagogik 52 (2000) 12, S. 10-15

Adl-Amini, B./Schulze, Th./Terhart, E. (Hrsg.): Unterrichtsmethode in Theorie und Forschung. Weinheim/Basel 1993

Altrichter, H./Posch, P.: Lehrer erforschen ihren Unterricht. Bad Heilbrunn 1991

Altrichter, H./Posch, P. (Hrsg.): Mikropolitik der Schulentwicklung. Innsbruck 1996

Altrichter, H./Radnitzky, E./Specht, W.: Innenansichten guter Schulen. Porträts von Schulen in Entwicklung. Wien 1994

Anweiler, O.: Schulpolitik und Schulsystem in der DDR. Opladen 1988

Arnold, E./Bastian, J./Combe, A./Schelle, C./Reh, S.: Schulentwicklung und Wandel der pädagogischen Arbeit. Hamburg 2000

Arnold, K.H.: Fairneß bei Schulsystemvergleichen. Münster 1999

Auernheimer, G.: Interkulturelle Erziehung im Schulalltag. Fallstudien zum Umgang von Schülern mit der multikulturellen Situation. Münster 1996

Aurin, K. (Hrsg.): Schulvergleich in der Diskussion. Stuttgart 1987

Aurin, K.: Auffassungen von Schule und pädagogischer Konsens. Fallstudien bei Lehrerkollegien, Eltern- und Schülerschaft von fünf Gymnasien. Stuttgart 1993

Bauer, K.O.: Erziehungsbedingungen von Sekundarschulen. Weinheim 1980

Baumert, J.: Fallstudien zur Entwicklung und Wirklichkeit der Gesamtschule. In: Zeitschrift für Pädagogik 26 (1980) 5, S. 761-773

Baumert, J./Bos, W./Lehmann, R. (Hrsg.): TIMSS III. Dritte internationale Mathematik- und Naturwissenschaftsstudie. Band 1: Mathematische und naturwissenschaftliche Grundbildung am Ende der Pflichtschulzeit. Opladen 2000

Baumert, J./Köller, O./Schnabel, K.U.: Schulformen als differentielle Entwicklungsmilieus – eine ungehörige Fragestellung? In: Gewerkschaft Erziehung und Wissenschaft (Hrsg.): Messung sozialer Motivationen – eine Kontroverse. Frankfurt a.M. 2000, S. 28-68

Baumert, J./Lehmann, R.: TIMSS – Mathematisch-naturwissenschaftlicher Unterricht im internationalen Vergleich. Deskriptive Befunde. Opladen 1997

Baumert, J./Schümer, G.: Familiäre Lebensverhältnisse, Bildungsbeteiligung und Kompetenzerwerb. In: Deutsches PISA-Konsortium (Hrsg.): PISA 2000 – Basiskompetenzen von Schülerinnen und Schülern im internationalen Vergleich. Opladen 2001a, S. 323-407

Baumert, J./Schümer, G.: Familiäre Lebensverhältnisse, Bildungsbeteiligung und Kompetenzerwerb im nationalen Vergleich. In: Deutsches PISA-Konsortium (Hrsg.): PISA 2000 – Die Länder der Bundesrepublik im Vergleich. Opladen 2002, S. 158-202

Baumert, J./Schümer, G.: Schulformen als selektionsbedingte Lernmilieus. In: Deutsches PISA-Konsortium (Hrsg.): PISA 2000 – Basiskompetenzen von Schülerinnen und Schülern im internationalen Vergleich. Opladen 2001b, S. 454-467

Becker, G./Kunze, A./Riegel, E./Weber, H.: Die Helene-Lange-Schule Wiesbaden. Das andere Lernen. Entwurf und Wirklichkeit. Hamburg 1997

Benner, D./Ramseger, J.: Wenn die Schule sich öffnet. Erfahrungen aus dem Grundschulprojekt Gievenbeck. München 1981

Bernhardt, M./Böttiger, M./Holst, D. von/Kaczenski, G./Weigelt, K.-G.: Soziales Lernen in der Gesamtschule. Eine empirische Studie. München 1974

Biermann, R./Schulte, H.: Leben mit Medien – Lernen mit Medien. Fallstudien zum medienpädagogischen Handeln in der Schule. Frankfurt a.M. u.a. 1997

Borchert, M./Derichs-Kunstmann, K. (Hrsg): Schulen, die ganz anders sind. Frankfurt a.M. 1979

Bos, W./Lankes, E./Prenzel, M./Schwippert, K./Walther, G./Valtin, R. (Hrsg.): Erste Ergebnisse aus IGLU. Schülerleistungen am Ende der vierten Jahrgangsstufe im internationalen Vergleich. Münster 2003

Bos, W./Hornberg, S./Arnold, K.H./Faust, G./Fried, L./Lankes, E.M./Schwippert, K./Valtin, R. (Hrsg.): IGLU 2006. Lesekompetenz von Grundschulkindern in Deutschland im internationalen Vergleich. Münster 2007

Böttcher, I./Plath, M./Weishaupt, H.: Gymnasien in Thüringen. Vier Fallstudien. Bad Berka 1997

Brandt, H./Liebau, E.: Das Team-Kleingruppen-Modell. Ein Ansatz zur Pädagogisierung der Schule. München 1978

Brügelmann, H: Fallstudien in der Pädagogik. In: Zeitschrift für Pädagogik 28 (1982) 4, S. 609-623

Buhren, C.G./Lindau-Bank, D./Müller S.: Lernkultur und Schulentwicklung. Dortmund 1997

Buhren, C.G./Rolff, H.-G. (Hrsg.): Fallstudien zur Schulentwicklung. Weinheim/München 1996

Deutscher Bildungsrat: Einrichtung von Schulversuchen mit Gesamtschulen. Empfehlungen der Bildungskommission. Bonn 1969

Deutscher Bildungsrat: Strukturplan für das Bildungswesen. Empfehlungen der Bildungskommission. Bonn 1970

Deutsches PISA-Konsortium (Hrsg.): PISA 2000 – Basiskompetenzen von Schülerinnen und Schülern im internationalen Vergleich. Opladen 2001

Diederich, J.: Mit der Wahrheit leben können. In: Fischer, D. (Hrsg.): Fallstudien in der Pädagogik. Aufgaben, Methoden, Wirkungen. Konstanz 1982, S. 169-188

Diederich, J./Wulf, Ch.: Gesamtschulalltag. Die Fallstudie Kierspe. Paderborn 1979

Döpp, W./Groeben, A. v.d./Thurn, S.: Lernberichte statt Zensuren. Erfahrungen von Schülern, Lehrern und Eltern. Bad Heilbrunn 2002

Döpp, W.: Das Lehrer-Forscher-Modell an der Laborschule Bielefeld. In: Friebertshäuser, B./Prengel, A. (Hrsg.): Handbuch qualitative Forschungsmethoden in der Erziehungswissenschaft. Weinheim/München 1997, S. 628-639

Dudek, P./Tenorth, H.E. (Hrsg.): Transformation der deutschen Bildungslandschaft. Weinheim/Basel 1994

Elliott, J.: Action Research for Educational Change. Milton Keynes 1991

Fatke, R.: Fallstudien in der Erziehungswissenschaft. In: Friebertshäuser, B./Prengel, A. (Hrsg.): Handbuch qualitative Forschungsmethoden in der Erziehungswissenschaft. Weinheim/München 1997, S. 56-68

Fend, H.: Schulklima: Soziale Einflussprozesse in der Schule. Weinheim/Basel 1977

Fend, H: Theorie der Schule. München/Wien/Baltimore 1981

Fend, H.: Gesamtschule im Vergleich. Bilanz der Ergebnisse des Gesamtschulversuchs. Weinheim/Basel 1982

Fend, H.: Schulqualität. Die Wiederentdeckung der Schule als pädagogische Gestaltungsebene. In: Neue Sammlung 28 (1988) 4, S. 537-547

Fend, H./Knörzer, W./Nagl, W./Specht, W./Väth-Szusdziara, R.: Gesamtschule und dreigliedriges Schulsystem – eine Vergleichsstudie über Chancengleichheit und Durchlässigkeit. Stuttgart 1976a

Fend, H./Knörzer, W./Nagl, W./Specht, W./Väth-Szusdziara, R.: Sozialisationseffekte der Schule. Weinheim/Basel 1976b

Fend, H./Schröer, S.: Das individuelle Profil guter Schulen – Fallstudien Wolfsburg und Hannover-Linden. In: Steffens, U./Bargel, T. (Hrsg.): Fallstudien zur Qualität von Schule. Beiträge aus dem Arbeitskreis „Qualität von Schule". H. 2, Wiesbaden/Konstanz 1987, S. 49-86

Fischer, D. (Hrsg.): Fallstudien in der Pädagogik. Aufgaben, Methoden, Wirkungen. Bericht über eine Tagung des Comenius-Instituts in Münster, 14.-16. September 1981 in Bielefeld-Bethel. Konstanz 1982

Fischer, D./Schreiner, P./Doyé, G./Scheilke, C.Th.: Auf dem Weg zur Interkulturellen Schule. Fallstudien zur Situation interkulturellen und interreligiösen Lernens. Münster 1996

Forschungsgruppe Schulevaluation: Gewalt als soziales Problem in Schulen. Untersuchungsergebnisse und Präventionsstrategien. Opladen 1998

Fuchs, M./Lamnek, S./Luedtke, J.: Tatort Schule – Gewalt an Schulen 1994-1999. Opladen 2001

Funk, W. (Hrsg.): Nürnberger Schüler-Studie 1994: Gewalt an Schulen. Regensburg 1995

Groeben, A. v.d./Tillmann, K.-J.: Schulen für ein neues Verständnis von Leistung und Qualität. Pro und Contra – Leistungsvergleichsstudien. In: Pädagogik 52 (2000) 12, S. 6-7

Haenisch, H./Lukesch, H./Klaghofer, R./Krüger-Haenisch, E.M.: Gesamtschule und dreigliedriges Schulsystem in Nordrhein-Westfalen – Schulleistungsvergleiche in Deutsch, Mathematik, Englisch und Physik. Paderborn u.a. 1979

Hamburger, F./Heck, G. (Hrsg.): Neue Schulen für die Kids. Veränderungen in der Sekundarstufe I. Opladen 1999

Hamburger, F./Dick, O./Heck, G./Idel, T.-S./Stauf, E.: Das Schulmodell Rockenhausen. Mainz 2001

Heinze, Th./Klusemann, H.W./Soeffner, H.G. (Hrsg.): Interpretationen einer Bildungsgeschichte. Bensheim 1980

Helsper, W./Böhme, J./Kramer, R.-T./Lingkost, A.: Schulkultur und Schulmythos. Rekonstruktionen zur Schulkultur I. Opladen 2001

Hentig, H. v.: Schule als Erfahrungsraum? Stuttgart 1973

Herrlitz, H.G./Hopf, W./Titze, H.: Deutsche Schulgeschichte von 1800 bis zur Gegenwart. Königstein 1981

Holler-Nowitzki, B.: Psychosomatische Beschwerden im Jugendalter. Schulische Belastungen, Zukunftsangst und Stressreaktionen. München 1994

Holtappels, H.G./Rösner, E.: Schulsystem und Bildungsreform in Westdeutschland: historischer Rückblick und Situationsanalyse. In: Melzer, W./Sandfuchs, U.: Schulreform in der Mitte der 90er Jahre. Opladen 1996, S. 23-46

Horstkemper, M.: Schule, Geschlecht und Selbstvertrauen. Eine Längsschnittstudie über Mädchensozialisation in der Schule. Weinheim/München 1987

Horstkemper, M./Klemm, K./Tillmann, K.J.: Gesamtschule im viergliederigen Schulsystem. In: Rolff, H.G./Klemm, K./Tillmann, K.J. (Hrsg.): Jahrbuch der Schulentwicklung. Bd. 2, Weinheim/Basel 1982, S. 75-100

Huguenin, E.: Die Odenwaldschule. Die Idee einer Schule im Spiegel der Zeit. Festschrift: Weimar 1926

Jahoda, M./Lazarsfeld, P./Zeisel, H.: Die Arbeitslosen von Marienthal. Frankfurt a.M. 1975

Kaemmel, O.: Geschichte des Leipziger Schulwesens vom Anfange des 13. bis gegen die Mitte des 19. Jahrhunderts (1214-1846). Berlin 1909 (Aus den Schriften der K. Sächsischen Kommission für Geschichte. 16)

Klafki, W.: Verändert Schulforschung die Schulwirklichkeit. In: Zeitschrift für Pädagogik 30 (1983), S. 281-296

Klassen, Th.F./Skiera, E./Wächter, B. (Hrsg.): Handbuch der reformpädagogischen und alternativen Schulen in Europa. Hohengehren 1990

Klein, G.W.: Die Freie Schulgemeinde Wickersdorf. Ein soziologischer Versuch. Jena 1921

Klemm, K.: Warten auf den nächsten Happen. Warum die Internationale Mathe-Physik-Studie für den Schulstreit in Deutschland ungeeignet ist. In: Frankfurter Rundschau vom 28. 5.1998

Klemm, K.: Schau genau. Wie stark sind die Leistungsschwächeren? Es gibt Zweifel an den PISA-Ergebnissen aus Bayern. In: Süddeutsche Zeitung vom 3.9.2002

Kraul, M.: Das deutsche Gymnasium 1780-1980. Frankfurt a.M. 1984

Kraul, M./Horstkemper, M.: Reflexive Koedukation in der Schule. Evaluation eines Modellversuchs zur Veränderung von Unterricht und Schulkultur. Mainz 1999

Krecker, L./Nöth, W./Völker, U.: Modellversuch staatlich Integrierte Gesamtschule Kaiserslautern-Süd. Mainz 1977

Kreienbaum, M.A.: Erfahrungsfeld Schule. Koedukation als Kristallisationspunkt. Weinheim 1992

Krüger, H.-H.: Von der pädagogischen Handlungsforschung zur kritischen Bildungsforschung. In: Braun, K.-H./Krüger, H.-H. (Hrsg.): Pädagogische Zukunftsentwürfe. Festschrift zum siebzigsten Geburtstag von Wolfgang Klafki. Opladen 1997, S. 71-83

Kuckhoff, J.: Die Geschichte des Gymnasiums Tricoronatum. Köln 1931 (Veröffentlichungen des Rheinischen Museums in Köln. Bd. 1)

Kunze, I. (Hrsg.): Schulporträts aus didaktischer Perspektive. Bilder von Schulen in England, in den Niederlanden und in Dänemark. Weinheim/Basel 1999

Kunze, I./Meyer, M.A.: Das Schulporträt in der erziehungswissenschaftlichen Forschung. In: Kunze, I. (Hrsg.): Schulporträts aus didaktischer Perspektive. Bilder von Schulen in England, in den Niederlanden und in Dänemark. Weinheim/Basel 1999, S. 9-40

Lamnek, S.: Qualitative Sozialforschung. Bd. 2, Weinheim 1993

Lehmann, R./Peek, R./Gänsfuß, R.: Aspekte der Lernausgangslage von Schülerinnen und Schülern der fünften Klassen an Hamburger Schulen. Hrsg. von der Behörde für Schule, Jugend und Berufsbildung. Hamburg 1997

Lehmann, R./Peek, R./Gänsfuß, R./Husfeld, V.: Aspekte der Lernausgangslage und der Lernentwicklung – Klassenstufe 9. Hrsg. von der Behörde für Bildung und Sport. Hamburg 2002

Leutert, H.: Vom Überleben zum Gestalten. Eine Ostberliner Gesamtschule auf dem Weg zum eigenen Schulprofil. In: Buhren, C.G./Rolff, H.-G. (Hrsg.): Fallstudien zur Schulentwicklung. Weinheim/München 1996, S. 261-293

Lind, G.: Zur Messung sozialer Motivationen in der BIJU-Studie. In: Gewerkschaft, Erziehung und Wissenschaft (Hrsg.): Messung sozialer Motivationen – eine Kontroverse. Frankfurt a.M. 2000, S. 9-27

Lönz, M. Das Schulportrait. Ein Beitrag der Einzelschulforschung zur Schulreform. Frankfurt/Berlin/Bern/New York/Paris/Wien 1996

Ludwig, P. (Hrsg.): Summerhill: Antiautoritäre Pädagogik heute. Weinheim/Basel 1997

Mietzner, U.: Enteignung der Subjekte – Lehrer und Schule in der DDR. Eine Schule in Mecklenburg von 1945 bis zum Mauerbau. Opladen 1998

Oehlert, P.: Der Leistungsvergleich zwischen traditionellen Schulen und Gesamtschulen in Nordrhein-Westfalen. In: Zeitschrift für Pädagogik 26 (1980), S. 751-759

Ohlhaver, F./Wernet, A. (Hrsg.): Schulforschung – Fallanalyse – Lehrerbildung. Opladen 1999

Peisert, H./Dahrendorf, R.: Der vorzeitige Abgang vom Gymnasium. Reihe A, Bd. 6: „Bildung in neuer Sicht". Villingen 1967

Pfeiffer, H./Rösner, E.: Mehr oder weniger Integration? Entwicklungstendenzen weiterführender Schulen. In: Rolff, H.G./Bos, W./Klemm, K./Pfeiffer, H./Schulz-Zander, R. (Hrsg.): Jahrbuch der Schulentwicklung. Bd. 11.Weinheim/München 2000, S. 77-97

Picht, G.: Die deutsche Bildungskatastrophe. Olten/Freiburg 1964

PISA-Konsortium Deutschland (Hrsg.): PISA 2003. Der Bildungsstand der Jugendlichen in Deutschland. Münster 2004

PISA-Konsortium Deutschland (Hrsg.): PISA 2006. Die Ergebnisse der dritten internationalen Vergleichsstudie. Münster 2007

Preuß, O.: Illusionen der Schulforschung. In: Jahrbuch für Lehrer. Bd. 7, Reinbek 1982, S. 78-90

Preuss-Lausitz, U./Heyer, P./Zielke, G.: Wohnortnahe Integration. Gemeinsame Erziehung behinderter und nichtbehinderter Kinder in der Uckermark-Grundschule in Berlin. Weinheim/München 1990

Pross, H.: Über Bildungschancen von Mädchen in der Bundesrepublik. Frankfurt a.M. 1969

Raschert, J.: Gesamtschule: ein gesellschaftliches Experiment. Stuttgart 1974

Reinhardt, K.: Öffnung der Schule. Community Education als Konzept für die Schule der Zukunft? Weinheim/Basel 1992

Reynolds, D./Teddlie, Ch. (Eds.): The International Handbook of School Effectiveness Research. London/New York 2000

Roeder, P.M.: Die Sekundarstufe I im Schulsystemvergleich. In: Zeitschrift für Pädagogik 26 (1980) S. 649-651

Roeder, P.M.: Fallstudien zur Fachleistungsdifferenzierung in der Hauptschule. Beiträge aus dem Forschungsbereich Schule und Unterricht Nr. 11/SuU Max-Planck-Institut für Bildungsforschung Berlin 1985

Roeder, P.M.: Gute Schule unter schlechten Rahmenbedingungen – Fallstudien an Berliner Hauptschulen. In: Steffens, U./Bargel, T. (Hrsg.): Erkundungen zur Wirksamkeit und Qualität von Schule. Beiträge aus dem Arbeitskreis Qualität von Schule. H. 1, Wiesbaden/Konstanz 1987, S. 81-104

Röhner, Ch./Skischus, G./Thies, W. (Hrsg.): Was versuchen Versuchsschulen? Einblicke in die Reformschule Kassel. Hohengehren 1998

Rösner, E./Tillmann, K.J.: Strukturelle Entwicklung: Auf dem Weg zur horizontalisierten Sekundarstufe I? In: Rolff, H.G./Hansen, G./Klemm, K./Tillmann, K.J. (Hrsg.): Jahrbuch der Schulentwicklung. Bd. 1, Weinheim/Basel 1980, S. 73-104

Royl, W./Lind, G./Röpcke, B./Vogel-Krahforst, E.: Lernerfolgsmessung im Rahmen der wissenschaftlichen Begleituntersuchungen zu den schleswig-holsteinischen Gesamtschulversuchen. Hrsg. vom Kultusministerium des Landes Schleswig-Holstein. Kiel 1978

Rutter, M./Maughan, B./Mortimore, P./Ouston, P.: Fünfzehntausend Stunden. Weinheim/Basel 1980

Schlömerkemper; J.: Schülerleistungen in integrierten und gegliederten Systemen. In: Bohnsack, F. (Hrsg.): Kooperative Schulen. Weinheim 1978, S. 83-94

Schlömerkemper, J.: Lernen im Team – Kleingruppen – Modell. Frankfurt a.M. u.a. 1987

Schorb, A. (Hrsg.): Schulversuche mit Gesamtschulen in Bayern. Ergebnisse der wissenschaftlichen Begleitung. Stuttgart 1977

Schwarzer, R./Royl, W.: Angst und Schulunlust als Sozialisationseffekte verschiedener Schularten. In: Apel, H.J./ Schwarzer, C. (Hrsg.): Schulschwierigkeiten und pädagogische Interaktionen. Bad Heilbrunn 1978, S. 119-124

Schwarzer, R.: Streß, Angst und Hilfslosigkeit. Stuttgart 1981

Seydel, O.: Zum Lernen herausfordern. Das reformpädagogische Modell Salem. Stuttgart 1995

Spranger, E.: Der Eigengeist der Volksschule. Heidelberg 1955

Sprenger, U.: Die unterschiedlichen Fördereffekte der verschiedenen Schulformen. In: Bildung aktuell 5 (2000) 51, S. 22-23

Steffens, U.: „...und sie bewirkt doch viel" – Portrait einer Schule auf der Grundlage der Konstanzer Gesamtschulbefunde. In: Steffens, U./Bargel, T. (Hrsg.): Fallstudien zur Qualität von Schule. Beiträge aus dem Arbeitskreis „Qualität von Schule". H. 2, Wiesbaden/Konstanz 1987, S. 153-166

Steffens, U./Bargel, T. (Hrsg.): Qualität von Schule. Heft 1-3. Hessisches Institut für Bildungsplanung und Schulentwicklung. Wiesbaden/Konstanz 1987

Stenhouse, L.: Pädagogische Fallstudien: Methodische Traditionen und Untersuchungsalltag. In: Fischer, D. (Hrsg.): Fallstudien in der Pädagogik. Aufgaben, Methoden, Wirkungen. Konstanz 1982, S. 24-61

Stenke, D./Melzer, W.: Hat das Zwei-Säulen-Modell eine bildungspolitische Zukunft? Eine erste Bilanz der Schulentwicklung in Sachsen. In: Melzer, W./Sandfuchs, U. (Hrsg.): Schulreform in der Mitte der 90er Jahre. Opladen 1996, S. 67-86

Taylor, B.O. (Ed.): Case studies in effective schools research. Dubuque/Iowa 1990

Thurn, S./Tillmann, K.-J. (Hrsg.): Unsere Schule ist ein Haus des Lernens. Das Beispiel Laborschule Bielefeld. Reinbek1997

Tillmann, K.J./Bussigel, M./Philipp, E./Rösner, E.: Kooperative Gesamtschule – Modell und Realität. Eine Analyse schulischer Innovationsprozesse. Weinheim/Basel 1979a

Tillmann, K.J./Bussigel, M./Philipp, E./Rösner, E.: Weiterentwicklung kooperativer Gesamtschulen, Perspektiven und Empfehlungen. Werkheft 11 der Arbeitsstelle für Schulentwicklungsforschung. Dortmund 1979b, S. 66

Tillmann, K.J./Faulstich-Wieland, H./Horstkemper, M./Weißbach, B.: Die Entwicklung von Schulver-drossenheit und Selbstvertrauen bei Schülern der Sekundarstufe, in: Zeitschrift für Sozialisationsforschung und Erziehungssoziologie 2 (1984) 4, S. 231-249

Tillmann, K.J./Holler-Nowitzki, B./Holtappels, H.G./Meier, U./Popp, U.: Schülergewalt als Schulproblem. Verursachende Bedingungen, Erscheinungsformen und Handlungsperspektiven. Weinheim/München 1999

Tillmann, K.J./Meier, U.: Schule, Familie und Freunde – Erfahrungen von Schülerinnen und Schülern in Deutschland. In: Deutsches PISA-Konsortium (Hrsg.): PISA 2000 – Basiskompetenzen von Schüler-innen und Schülern im internationalen Vergleich. Opladen 2001, S. 468-509

Tillmann, K.-J.: Schulentwicklung und Lehrerarbeit. Nicht auf bessere Zeiten warten. Hamburg 1995

Weishaupt, H./Zedler, P.: Aspekte der aktuellen Schulentwicklung in den neuen Ländern. In: Rolff, H.-G./Bauer, K.O./ Klemm, K./Pfeiffer, H./Schulz-Zander, R. (Hrsg.): Jahrbuch der Schulentwicklung. Bd. 8, Weinheim/München 1994, S. 395-249

Wittenbruch, W./Werres, W.: Innenansichten von Grundschulen. Berichte – Porträts – Untersuchungen zu katholischen Grundschulen. Weinheim 1992

Wottawa, H.: Konzepte der Testkonstruktion und ihre Anwendung bei Schulsystemvergleichen – Möglichkeiten, Probleme und Grenzen der klassischen und probabilistischen Testtheorie. In Aurin, K. (Hrsg.): Schulvergleich in der Diskussion. Stuttgart 1987, S. 122-136

Klaus Harney

Berufsbildung als Gegenstand der Schulforschung

1 System- und institutionstheoretisch grundlegende Merkmale der Berufsschule

Der Schwerpunkt der Schulforschung liegt in den 1990er Jahren auf der Analyse der einzelnen Schule, die als relevante Handlungseinheit zwischen den rechtlich-organisatorischen Rahmenbedingungen des Bildungssystems und dem Mikrokosmos der Schulklasse respektive dem Lehrerhandeln im Klassenzimmer (Fend 1998, S. 14) erkannt wurde und deshalb erforscht und letztlich im Sinne qualitativer Steigerung gestaltet werden soll.

Die beruflichen Schulen stellen jedoch nicht einfach einzelschulische Einheiten in diesem Sinne dar. Sie sind vielmehr Einheiten, die an das Schulsystem, an das System der beruflichen Bildung, an das der Sozialarbeit und an den Weiterbildungssektor jeweils angekoppelt sind, ohne jedoch einem der Bereiche wirklich vollständig anzugehören.

Geht man das System der beruflichen Bildung von unten nach oben durch, dann sind es zunächst die Betriebe, die das Plateau der beruflichen Bildung darstellen. Von ihrer Entscheidung hängt ab, wer ausgebildet wird, in welchen Berufen und in welchem Umfang dies geschieht. Überbetriebliche Korporationen (Kammern/Innungen) sind für die Standards, das Prüfungswesen und den öffentlichen Stellenwert der beruflichen Bildung zuständig. Oberhalb der Kammern/Innungen koordiniert das Bundesinstitut für Berufsbildung als Bundesbehörde die Erstellung von Ausbildungsordnungen (vgl. Lepper 1983). Die Neubildung von Berufen besteht heute im Kern aus tarifvertragsähnlichen Aushandlungsprozessen unter dem Dach des Bundesinstituts für Berufsbildung, in denen sich die Struktur der Branchenverbände und -gewerkschaften auf die Abgrenzung und Schneidung der beruflichen Arbeitsteilung auswirkt (vgl. Hilbert/Südmersen/Weber 1990). Das System der Berufsbildung transformiert betrieblich verankerte Formen und Strukturen der Ausbildung in einen übergreifenden Regelungs- und Anerkennungszusammenhang der beruflichen Ausbildung (vgl. Offe 1975; Sadowski 1980; Streeck/Hilbert/van Kevelaer/Maier/Weber 1987).

Strukturell ist die Berufsschule den Ausbildungsberufen durch ein Abstimmungsverfahren mit der Kultusministerkonferenz von oben her angeschlossen. Mit den Praktiken betrieblicher Ausbildung vor Ort ist sie jedoch nur schwach vernetzt (vgl. Euler 1998). Zugleich aber unterhalten die beruflichen Schulzentren, denen die Berufsschule in der Regel angehört, über ihre vollzeitschulischen Angebote Kontakte zu Trägern der Jugendhilfe und zum Weiterbildungssektor (Verband der Lehrer an beruflichen Schulen und Kollegschulen in Nordrhein-Westfalen 1996). Darüber hinaus sind sie Bestandteil der gymnasialen Sekundarstufe II. Berufliche stehen im Unterschied zu allgemein bildenden Schulen vor dem Problem der organisationsplanerischen Koppelung der Fachklassenbildung an die ausbildungsberufliche Herkunft ihrer Klientel. Je nach Ausbildungsbesatz und nach der Größe des Einzugsbereichs waren und sind der berufsspezifischen Fachklassenbildung Grenzen gesetzt (vgl. Rothe 1968, S. 472). Insofern sind strukturelle Mechanismen der Abkoppelung der Berufsschule von der direkten Unterstützung der ausbildungsberuflichen Wissens- und Kompetenzvermittlung in die schulische Organisationslogik eingebaut. M.a.W.: Diese Logik kennt eine ihr eigene Tendenz zu Deutungen, die auf Abstraktion und Verallgemeinerung der schulischen Funktion hinauslaufen, und die sich von der in allgemein bildenden Schulen wirksamen Dynamik deshalb abhebt, weil sie direkt und indirekt mit den Bedingungen verflochten ist, unter denen Betriebe ausbilden. Zu dieser Tendenz zählen die mit der Berufsschulentwicklung von Beginn an verbundenen und im Reformschub der 1970er Jahre gebündelten Themen der Doppelqualifikation, der Integration von Berufs- und Allgemeinbildung und der Stufung der Berufsbildung nach dem Prinzip der einführenden Grund- und der dann erst folgenden speziellen Fachbildung (vgl. Stratmann/Schlösser/Lier 1989). Eingebaut in die angesprochene Organisationslogik ist aber auch die Tendenz der Teilzeitberufsschulen zu größeren Schuleinheiten, die zwischen 1950 und 1972 von 250 Schüler auf 1115 Schüler pro Schule anwuchs (Kell/Lipsmeier 1976, S. 89) und damit den Wandel der beruflichen Schulen insgesamt zum polyfunktionalen, gesamtschulähnlichen System ermöglichte.

Für die berufliche Bildung hat Kell (1995, S. 377) einen allgemeinen kategorialen Rahmen der Schulforschung für die berufliche Bildung vorgeschlagen, der auf die spezifische Situation der beruflichen Einzelschule in diesem allgemeinen Zusammenhang hinweisen soll. Im Anschluss an Bronfenbrenners ökologische Sozialisationstheorie wird dort zwischen verschiedenen Systemebenen unterschieden, in die die Berufsbildung eingelagert ist: der Makroebene der gesellschaftlichen Strukturen und allgemeinen kulturellen Orientierungen, der Exosysteme von Bildung und Beschäftigung, mit denen Bildungssystem und Arbeitsmarkt angesprochen sind, schließlich der Mesosysteme bzw. Organisationseinheiten Betrieb und Schule und dem jeweiligen Mikrosystem des Arbeitsplatzes (vgl. hierzu auch das von Regelungsebenen der Berufsbildung her aufgebaute Modell von Euler/Twardy 1991). Achtenhagen und Grubb (2001) haben institutionelle Ebenen der Berufsbildung im internationalen Maßstab verglichen und sie unter dem Aspekt ihrer Bedeutung für verschiedene Dimensionen des beruflichen Kompetenzerwerbs bewertet. Danach bietet die Konfiguration des deutschen Berufsbildungssystem grundsätzlich günstige Voraussetzungen, die zwischen der Explizitheit ausdifferenzierter Instruktion und der Implizitheit erfahrungsvermittelter Aneignung angesiedelten Notwendigkeiten beruflichen Lernens abzubilden. Inwieweit diese Voraussetzungen empirische Bedeutung weiterhin erlangen bzw. beibehalten können ist u.a. Gegenstand der berufsbildungsbezogenen Schulforschung.

Für die Wirksamkeit, die den verschiedenen Ebenen der beruflichen Bildung bis hinunter auf die Personenebene zukommt , gibt es eine Reihe von empirischen Belegen. So wurde im Zuge der Erforschung von Rahmenbedingungen des nachträglichen Erwerbs der Hochschulzugangsberechtigung durch Berufstätige beispielsweise deutlich, dass die Beteiligung an beruflichen Fortbildungen zum Meister, Techniker oder Fachwirt nahezu bedeutungslos, die Beteiligung an schulischen Berufsausbildungen dagegen bedeutsam für die Entstehung der Studierwilligkeit ist (Harney/Keiner 1997). Mayer u.a (1981, S. 175) haben in den 1970er Jahren gezeigt, dass mit Prozessen der Erfahrungsbildung und des Lernens im Betrieb die Wertschätzung systematisierter Lernstrukturen entsteht, inhaltliche Interessen neu begründet werden und sich ganz allgemein ein vom Schülerbewusstsein unterschiedenes Wert- und Nutzenbewusstsein der eigenen Arbeitskraft bei Auszubildenden nachweisen lässt. Münch, Müller, Oesterle und Scholz (1981) haben darauf aufmerksam gemacht, dass Arbeitsplatz, Lehrwerkstatt und Unterricht für unterschiedliche Dimensionen des Ausbildungserfolgs bedeutsam sind. Lewalter (2003) konnte lernortunterschiedliche Zusammensetzungen der Dimensionen Kompetenzerleben, Autonomie und soziale Eingebundenheit im Zustandekommen von Lernerfolgen nachweisen, wobei beim Lernen am Arbeitsplatz die soziale Eingebundenheit mit den anderen Dimensionen stärker zusammenhängt als beim Lernen im Unterricht. Einerseits sind berufliche Schulen Bestandteil des Bildungssystems mit seinen spezifischen Auswirkungen auf Selbstentwürfe und lebenslaufbezogene Entscheidungen. Andererseits sind sie aber auch an betriebliche Erwerbszusammenhänge angeschlossen, in denen es primär nicht auf Fächer, Noten und Abschlüsse ankommt, sondern in denen eine auf die nutzenbezogene Anerkennung in Arbeitsprozessen bezogene Bindung an die Ordnung des Alltags dominiert.

In institutioneller, die Konstitution der beruflichen Bildung als System betreffender Hinsicht begleitete diese Spannungsbeziehung die historische Entwicklung der beruflichen Ausbildung von Beginn an (vgl. Harney/Tenorth 1986). Bezeichnenderweise blieb die Unterordnung der Berufsschule unter die Schulministerien lange Zeit umstritten (vgl. Ziertmann 1953). Ihre Systemgrenzen und Institutionalisierungsräume sind in den 1980er und 1990er Jahren generell zum Ausgangspunkt für eine übergeordnete, die Schulforschung sozusagen einrahmende Theoriebildung geworden. Aus systemtheoretischer Sicht hat Schriewer (1987) mit dem aus den Arbeiten von Luhmann und Schorr (1988, S. 53) stammenden Begriff des ‚Überschneidungsbereichs' die Lage der Berufsschule im Schnittpunkt von komplementären Funktionsgesichtspunkten beschrieben, die durch die Organisationsformen der beruflichen Bildung aufeinander bezogen und austariert werden müssen. Wirtschafts- und Erziehungssystem mit ihren jeweiligen Funktionsgesichtspunkten der Distribution knapper Güter und der Steigerung personenbezogener Kompetenzen werden in den Organisationsformen der Berufsbildung verklammert. So gesehen kann man aus systemtheoretischer Sicht von sich überschneidenden System-Umweltbeziehungen reden, deren Zusammensetzung durch das System der beruflichen Bildung geleistet wird (vgl. Harney/Rahn 2000).

2 Grenzziehungen im Berufsbildungssystem: Berufliche Schulen als spezifisches Feld der Schulforschung

Vor diesem Hintergrund ist der Begriff der Schulforschung auf die beruflichen Schulen in Deutschland nicht in gleicher Weise anwendbar wie auf die allgemein bildenden Schulen. Während die Erforschung von Schulklima-, Schulform-, Schullaufbahn- und Schulorganisationseffekten, die Erforschung des Führungshandelns in Schulen, die Identifikation von Wirksamkeitszusammenhängen im Rahmen der Schulsteuerung wie auch die Rekonstruktion von Bildungsangebotsmärkten bis heute überwiegend am Objekt allgemein bildender Schulen erfolgt (vgl. Horstkemper/Tillmann 2003), stellt sich die Schulforschung im berufsbildenden Sektor als an den inneren und äußeren Grenzziehungen des Berufsbildungssystems orientierte und in diesen Grenzziehungen ihre Themen suchende Forschung dar. Insofern kann man von einer problemlagenbezogenen Forschung sprechen, in deren Rahmen Themen der Schulforschung aus den spezifischen institutionellen Schnittstellen- und Reproduktionsfragen erwachsen, in denen sich die Lage der beruflichen Schulen im Berufsbildungssystem spiegelt. So stehen heute Fragen der Lernortkooperation, der Qualitätsentwicklung, der Steuerung und der organisatorischen Rahmenbedingungen für die mit dem beruflichen Bildungsauftrag der Schulen verzahnte Entwicklung von Lernfeldern im Zentrum des Interesses (vgl. Euler 1998). Dagegen waren es in den 1970er Jahren die Implementationsbedingungen der beruflichen Grundbildung, der Integration hochschulberechtigender Abschlüsse in Verbindung mit der beruflichen Ausbildung, der Beschulung der so genannten Jungarbeiter und der vollzeitschulischen Berufsausbildung, die als wichtig galten (vgl. Grüner 1968; Greinert 1984).

Die Themen verdeutlichen die Bindung an institutionelle Grenzziehungen im Berufsbildungssystem. Sie drücken die themengenerierende Funktion der Einbeziehung betrieblicher und überbetrieblich-korporatistischer (Gewerkschaften, Kammern, Arbeitgeber etc.) Akteure in die mit den beruflichen Schulen verbundenen Aktionsräume der Sekundarstufe II im Bildungssystem unmittelbar aus: Jedes der Themen verweist auf die spezifischen, zwischen Schulen und Betrieben, Betrieben und überbetrieblichen Akteuren, Betrieben, Schulen und Arbeitsmärkten, Schulen und freien Trägern usw. bestehenden Schnittstellen, die es in den allgemein bildenden Schulen nicht gibt, und die dort auch keine vergleichbare themenschaffende Komplexität entwickeln können.

2.1 Die Verflechtung von Berufsschulen und beruflichen Vollzeitschulen zum beruflichen Schulsystem

Unter historischem Aspekt war die Schulforschung im Bereich des beruflichen Schulsystems vor dem Zweiten Weltkrieg primär mit der Darstellung von Aufbau- und Ausdehnungsprozessen befasst. Der Prozess der materiellen Durchsetzung der Teilzeitschulpflicht an Berufsschulen hielt in den 1920er Jahren noch an. Gleichzeitig war auch die mit der Hierarchisierung von Berufsfachschulen, niederen und höheren Fachschulen verbundene Profilbildung im Fachschulsektor noch nicht abgeschlossen, so dass die Schulforschung im wesentlichen in dokumentierenden Arbeiten zum organisatorisch-institutionellen Ausbau- und Entwicklungsstand der beruflichen Schultypen aufging (vgl. Pätzold 1989).

Für die Zwischenkriegszeit belegt das im Auftrag des Berliner Zentralinstituts für Erziehung und Unterricht von Kühne (1929) herausgegebene Handbuch für das Berufs- und Fachschulwesen den Entwicklungsstand: Es dokumentiert den Ausbau eines heterogenen Spektrums von Fachschulen, das von der Seefahrt, dem Bergbau über die Landwirtschaft, das Fürsorgewesen bis hin zum Baugewerbe und zum Maschinenbau reichte. Gleichzeitig belegt es die Dualisierung des beruflichen Schulsektors in Teilzeitberufs- und in Fachschulen zur damaligen Zeit.

Arbeiten der historischen Schulforschung konnten zeigen, dass die Entstehung von vollzeitschulischen Berufsfachschulen/Fachschulen (eine klare begriffliche Abgrenzung ist nicht möglich) auf der Ebene des so genannten niederen Fachschulwesens zu den entscheidenden Vorbedingungen für die heute in beruflichen Schulzentren übliche Verflechtung der Teilzeitberufsschule mit unterschiedlichen Varianten berufsbezogener Vollzeitbeschulung zählt (Schütte 2003, S. 406f.). Für die Strukturierung der beruflichen Schulen ist dabei die Trennung zwischen niederen und höheren Fachschulen von entscheidender Bedeutung (vgl. Kahlert 1965). Sie ging hervor aus der Hierarchisierung der Maschinenbauschulen im Kaiserreich, durch die – und zwar in Form der höheren Fachschulen – die Ebene des graduierten Ingenieurs geschaffen wurde: als Modell des heutigen Fachhochschulabsolventen, der die institutionelle Erbschaft angetreten hat (ebd.).

Die höheren Fachschulen konnten sich vom Berufsschulsektor abkoppeln, die niederen Fachschulen dagegen nicht. Die schon vor dem ersten Weltkrieg durch Zugangs- und Berechtigungsregelungen geschaffene Abscheidung des niederen vom höheren Fachschulwesen war die Voraussetzung sowohl für den mit der Transformation der höheren Fachschulen in Fachhochschulen verbundenen Strukturwandel der Hochschulen wie auch für den Ausbauprozess der beruflicher Teilzeitschulen (Berufsschulen) zum System der beruflichen Schulen. Als Prototypen des niederen Fachschulwesens können die Handelsschulen (einschl. der Höheren Handelsschulen, Wirtschaftsoberschulen und Handelsrealschulen), Hauswirtschaftsschulen, die Sozialen Frauenschulen wie auch die gewerblichen Fachschulen – von Spinn- und Korbflechtschulen bis hin zu Fachschulen für Kleineisen-, Stahlwaren-, Bronzefabrikation etc. – gelten. Diese Fachschulen müssen genauso wie die Berufsschulen als Ausdrucksformen historisch gewachsener Gewerbe- und Korporationsbedingungen vor Ort angesehen werden. Ihr Leistungsspektrum war sehr unterschiedlich: Es reichte von der Berufsvorbereitung über die Berufsausbildung selbst bis hin zu unterschiedlichen Formen der Fortbildung. Befördert wurde die Gründung von Fachschulen durch das Ausbleiben bzw. durch die Schwäche beruflich-korporatistischer Regulationsstrukturen vor allem in den haus- und landwirtschaftlichen, in den pflegerischen, gesundheitsbezogenen und sozialen Berufen (Renner 1995) sowie durch lokal homogene, mittelständisch geprägte Handwerks- und Industriekulturen (z.B. der Seidenweberei, der Schneidwerkzeugherstellung usw.), deren Reproduktion auf spezielles know how und intensive Arbeitserfahrung angewiesen war (vgl. Niehues 1994). Handelsschulgründungen hingen direkt mit dem Anwachsen der Büroarbeit, mit dem Aufkommen von Kurzschrift und Maschinenschreiben und dem mit der Entstehung großindustrieller Betriebsformen verbundenen Bedeutungszuwachs kaufmännischen Wissens zusammen (Muth 1985, S. 568). Der Besuch von ein- bis zweijährigen Handelsschulen konnte von örtlich bestehenden Verpflichtungen zum Besuch von Teilzeitberufsschulen befreien. Handelsschulen entstanden im Kaiserreich auch in Form der sogenannten Höheren Handelsschule bzw. Wirtschaftsoberschule (dem heutigen Wirtschaftsgymnasium): Diese setzte eine höhere Schulbildung (Einjährig-Freiwilligen-Berechtigung bzw. Abschluß einer höheren Mädchenschule) voraus und war als gehobene kaufmännische Berufsvorbildung gedacht, die auch zum (heute universitären) Studium der Wirtschaftswissenschaften an der Handelshochschule berechtigte (Horlebein 1976; Löbner/Pfeiffer/Schmitz/Schrader 1963). Im Unterschied zu den Handelsschulen sind die Hauswirtschaftsschulen wie auch die Sozialen Frauenschulen ein Segment bürgerlicher Sozialreform, das sich auf Krisen familialer Reproduktionsarbeit im Zeichen von Industrialisierung und Verstädterung konzentrierte und dabei zwei Aufgaben wahrnahm: die – über Zwischenstufen der Ehrenamtlichkeit laufende – Transformation familialer Reproduktions- in Erwerbsarbeit und die Orientierung an der mütterlichen Reproduktionsarbeit selbst (vgl. Lange-Appel 1993).

Mit der Durchsetzung des ausbildungsbegleitenden teilzeitschulischen Pflichtbesuchs einerseits und der korporatistischen Beruferegulation durch die überbetriebliche Selbstorganisation der Wirtschaft in den mit öffentlich rechtlichem Status ausgestatteten Kammern und Innungen andererseits wurden die Berufsfach- und Fachschulen indirekt mitgeordnet, indem sie nämlich als allgemeines Modell einer im Schulsystem aufgehobenen Berufsausbildung der Konkurrenz zur normalen korporativ regulierten beruflichen Bildung unterlagen. Ihnen verblieben danach im Wesentlichen drei Aufgabenbereiche: die der Berufsgrundbildung, die der Berufsausbildung in den vom korporatistischen Regelungsnetz freigelassenen und deshalb staatlich regulierten Bereichen der Berufsausbildung (z.B. zum Erzieher oder auch zum staatlich geprüften Landwirt) sowie die der beruflichen Fortbildung in Fachschulen (z.B. zum Techniker) (vgl. Meifort o.J ; Georg 1984).

Von einer die drei Bereiche umfassenden Systematisierung des Berufsfach- und Fachschulsektors im direkten Sinne kann man allerdings erst in der Nachkriegszeit sprechen: und zwar als Folge einer durch die Bildungsexpansion ausgelösten Integration der beruflichen Schulen in den gymnasialen Karriereraum, durch die die Berufsfach- und Fachschulen in eine am Hochschulzugang einerseits, am Übergang in den Ausbildungs- und Arbeitsmarkt andererseits orientierte Schultypenhierarchie transformiert wurden (vgl. Mayer 1996; Pampus 1981).

Mit der Separierung der niederen von den höheren Fachschulen war die Voraussetzung dafür geschaffen worden, dass sich die Berufsschule zum institutionellen Nukleus eines um sie herum angelagerten Systems beruflicher Vollzeit- und Wahlschulen entwickeln konnte. Nach der Wende bildeten sich in den Ländern drei Organisationsmodelle heraus, die diese Entwicklung verarbeiteten: das klassische berufliche Schulzentrum mit den historisch gewachsenen beruflichen Schulen, das Oberstufenzentrum mit der Integration der beruflichen Schulen in allgemeine und berufliche Bildungsgänge enthaltende Systeme der Sekundarstufe II und das Berufskolleg, das die weitere Schullaufbahndifferenzierung der beruflichen Schulen vorantreibt (vgl. Eichler/Kühnlein 1997; Harney/Rahn 2000).

Diese bundesweit zutreffende Strukturbildung des beruflichen Schulsystems hat in NRW aufgrund des dort durchgeführten Kollegschulversuchs zu einer unter Schulforschungsgesichtspunkten paradigmatischen Profilierung beruflicher Schulen geführt, die mit deren Zusammenfassung zu Berufskollegs abgeschlossen wurde. Für die Schulforschung ist bedeutsam, dass anders als in dem von sozusagen inneren Themen der Schulentwicklung wie Schulstandorte, Übergänge, Schullaufbahnstrukturen insgesamt dominierten allgemein bildenden Schulsystem die verschiedenen beruflichen Schultypen jeweils spezifische, aus den Grenzziehungen des Systems erwachsende organisationsbezogene Themenbereiche vertreten. Mit den Berufsfachschulen verband sich die Integration von beruflicher und allgemeiner Bildung sowie die schulische Substituierbarkeit der Lehre, mit dem Berufsgrundschuljahr die Entspezialisierung der beruflichen Ausbildung sowie die Verflechtung zwischen schulischer und betrieblicher Ausbildungsträgerschaft, mit dem Berufsvorbereitungsjahr die Berufswahl- und Reintegrationsthematik von Jugendlichen im Hinblick auf die Ausbildungseinmündung, mit den Fachschulen der Anschluss der beruflichen Schullaufbahn an den Weiterbildungssektor (vgl. Kell/Lipsmeier 1976; Georg 1984).

Diese aus der Nachkriegsentwicklung hervorgehende Polyfunktionalisierung der beruflichen Schulen ist heute das herausragende institutionelle Unterscheidungsmerkmal zum allgemein bildenden Schulsystem, wie man am Berufskolleg NRW paradigmatisch sehen kann. Es gilt aber auch für das Modell der Oberstufenzentren, durch die die Polyfunktionalität keineswegs aufgehoben wird (vgl. Eichler/Kühnlein 1997). Mit Inkrafttreten des Berufskolleggesetzes zum 1.8.1998 wurde der Sonderstatus des in den 1970er Jahren ins Leben gerufenen Kollegschulversuchs, der die Verknüpfung der beruflichen Ausbildung mit dem Erwerb allgemein bildender Schulabschlüsse organisatorisch und curricular sicherstellen sollte, offiziell beendet. Die 42 landesweit existierenden Kollegschulen mit ihren rund Ende der 1990er Jahre rund 80.000 Schülerinnen und Schülern wurden mit dem über 400.000 Schüler und 330 Schulen umfassenden beruflichen Regelschulsystem zusammengeführt (Harney/Rahn 1998).

Das Berufskolleg sieht ein gestuftes System von Bildungsgängen vor, mit dem die beruflichen Voll- und Teilzeitschulen über das bisherige Maß hinaus mit den Abschlüssen des Schulsystems insgesamt verzahnt werden. Das Berufskolleg unterscheidet pflicht- und wahlschulische Bildungsgänge: Pflichtschulische Bildungsgänge bietet die Berufsschule mit den Fachklassen der Teilzeitberufsschule und mit der Beschulung ausbildungsstellenloser Jugendlicher an. Schulpflicht besteht also sowohl für den Fall der Ausbildung wie auch für die Fälle der Arbeitslosigkeit und Ungelerntenarbeit. Dagegen setzen die Wahlschulen innerhalb des Berufskollegs formal gesehen freiwillige, durch Schulabschlüsse und Übergangsregelungen definierte Zugangsentscheidungen voraus. Wahlschulen in diesem Sinne sind das Berufsgrundschuljahr (mit einer Vorklasse für stellenlose Jugendliche), die Berufsfachschule, die Fachoberschule und die Fachschule. Berufsfachschulen und Fachschulen können im Unterschied zu den anderen Schulformen eine nicht nur vorbereitende oder begleitende berufsfachliche Orientierung, sondern eine abgeschlossene Berufsausbildung bzw. Weiterbildung nach Landesrecht anbieten (z.B. zu den naturwissenschaftlich-technischen Assistentenberufen, zum Erzieher, zum Techniker etc.). Da mit den Berufsfach- und Fachschulen nur in spezifischen Berufen (nämlich in denen, die im bundesweit geltenden Berufsbildungsgesetz nicht vorkommen) vollständig ausgebildet werden kann, kann das Berufskolleg die unmittelbare Verbindung von Berufs- und Allgemeinbildung nur für ein enges länderhoheitlich regelbares Berufespektrum herstellen. Das Berufskolleg macht deutlich, dass die auf das Prinzip der Wissenschaftsorientierung gegründete Strategie der Integration von Berufs- und Allgemeinbildung, die auf eine direkte Verzahnung von Ausbildung und Schullaufbahn gerichtet war (vgl. Kollegstufe NW 1972), einen Prozess der Veralltäglichung der Absichten durchlief und sich zu einem System mit Eingliederungs-, Rekarrierisierungs- und Übergangsfunktionen entwickelte. In NRW lag der Anteil der Vollzeitschüler 2001 bei ca. einem Drittel. Von den verbleibenden Teilzeitschülern befanden sich etwa 3 v.H. in Maßnahmen der Arbeitsverwaltung und freien Träger (Projekt Ruhr 2003, S. 62ff.). Schul- und Ausbildungserfolg werden in hohem Maße durch die Schulformherkunft der Schüler/Auszubildenden prädiziert (Bendikt/Mittmann 2004).

3 Überlagerungen und Übergänge als konstitutives Merkmal der beruflichen Schulen

3.1 Schüler- und Auszubildendenstatus

Am Übergang vom Schul- in das Berufsbildungssystem werden Jugendliche in für ihre künftigen Lebenschancen und Selbstentwürfe entscheidender Weise mit neuen Erfahrungen konfrontiert. Hier kommt es zu ambivalenten Integrationsprozessen in Schule und Betrieb, deren schulforschungsbezogene Bedeutung in der Reformphase Anfang der 1970er Jahre unter den Aspekten der Ausbildungssystematik, der schichtenspezifischen Selektion, der Vorbildungsabhängigkeit der Ausbildungseinmündung und der entsprechenden Chancendistribution im Hinblick auf den Eintritt in eine Qualität verbürgende berufliche Ausbildung diskutiert wurde. Schicht- und Vorbildungseffekte ließen sich durch die damalige berufliche Ausbildungs- und Schulforschung nachweisen: Zwischen Vorbildung und sozialer Herkunft einerseits und der Einmündung in eine qualifizierte systematische Berufsausbildung andererseits bestanden Zusammenhänge, deren strukturelle Bedeutung nicht nur für die Berufsschule (vgl. Stratmann 1973), sondern unter standortbezogenen Gesichtspunkten auch für das Verhältnis zwischen beruflichen Teilzeit- und beruflichen Vollzeitschulen nachgewiesen wurde. In einer sozialräumlichen Standortanalyse konnten Hansen, Bauer, Rützel und Schmidt (1977, S. 164ff.) zeigen, dass im ländlichen Raum die Entfernung vom Wohnort als Determinante für den Besuch beruflicher Vollzeitschulen gelten muss, während im städtischen Umfeld räumliche durch soziale Distanzen definiert werden und deshalb die privilegiertere soziale Herkunft der Schüler beruflicher Vollzeitschulen oberhalb der Berufsschule ausschließlich zum Tragen kommt.

Bereits in den damaligen Untersuchungen erwies sich die Anerkennung der Relevanz der Berufsschule als segmentiert: Die Anerkennung war in Ausbildungsberufen mit eher systematischer Ausbildung und solchen mit eher gut vorgebildeten Jugendlichen vergleichsweise niedriger als in Ausbildungsberufen mit anderen Qualitätsmerkmalen und Rekrutierungsmustern (Crusius 1973, S. 211). Einerseits bildet sich im Kontakt mit der betrieblichen Arbeitswelt Ernüchterung wie auch Erwartungsanpassung an den neuen sozusagen entillusionierten Erfahrungsbereich aus (vgl. Kruse/Kühnlein/Müller 1981). Im Ausbildungsprozess zeigt sich dies in der differierenden Ausbildungsqualität von Betrieben, in der Ernüchterung, die sich bei Auszubildenden einstellt, wenn sie die Verwertungspraxis beruflicher Kompetenz erleben, und schließlich auch in unterschiedlichen Formen und Ausprägungen der Ausbildungssystematik, die Betrieben ihren Auszubildenden anbieten können (Mayer/Schlumm/Flaake/Gerberding/Reuling 1981; Zedler 1995). Unsystematisch ausbildende Betriebe greifen sehr viel eher auf disziplin- und konformitätsorientierte Praktiken der Einsozialisation und Eingliederung Jugendlicher in den Arbeitsprozess zurück als das bei Betrieben mit systematischer Ausbildungsausdifferenzierung der Fall ist (Mayer u.a. 1981). Generell können Betriebe, die qualifizierte Ausbildung und Gestaltungsspielräume bei der Arbeit anbieten, mit größerer Betriebstreue rechnen (vgl. Häfeli/Kraft/Schallenberger 1988). Der Prozess der Ernüchterung ist andererseits nicht mit Resignation gleichzusetzen. Für Jugendliche ist der Eintritt in die Ausbildung gleichzusetzen mit dem Beginn einer dauerhaften, das Erwerbsleben anhaltenden Arbeit an der jeweils eigenen beruflichen Identität (Baethge/Hantsche/Pelull/Voskamp 1988). Für sie stellen Einkommen, Selbstentfaltung und Prestige sich wechselseitig einschließende Dimensionen des beruflich-betrieblichen Einsatzfelds dar (Heyn/Schnabel/Roeder 1997, S. 297). Berufliche Leitbilder, berufliche Kompetenzen und berufliche Idealisierungen müssen im Betrieb respezifiziert und Enttäuschungen auch dort verarbeitet werden (vgl. Lempert 1986). Die Berufsschule profitiert davon nicht unmittelbar. Die institutionelle Problematik der Berufsschule ergibt sich aus der Tatsache, dass sie zwar im Hinblick auf die Vorbereitung für die Ausbildungsabschlussprüfung als bedeutsam, im Hinblick auf die Verwertungs- und Nutzenerfahrung der eigenen Kompetenz aber als weniger bedeutsam erlebt wird (vgl. Harney/Kamps-Haller 2003). Was Lernmotivation, inhaltliches Interesse und intrinsische Motivation von Auszubildenden anbetrifft, fallen die in Betrieben erzielten Resultate deutlich besser aus als die in der Schule (vgl. Wild/Krapp 1996). Die Unterstützung von Autonomie und Kompetenz wird ebenfalls höher eingeschätzt (vgl. Prenzel/Kramer/Drechsel 1996). Die empirischen Analysen zum nordrheinwestfälischen Modellversuch „Neunstündiger Berufsschultag" belegen diese Problematik in einem weiteren, durch die Zeitknappheit des Auszubildendenstaus gekennzeichneten Zusammenhang: Sie replizieren nicht nur das Anerkennungsgefälle zwischen Schule und Betrieb aufseiten der Auszubildenden, sie belegen auch Anerkennungsprobleme im Bereich der obligatorischen Fächer der Berufsschulen, auf die sich die Verklammerung der Berufsschulen mit schulischen Abschlussmöglichkeiten bezieht (z.B. durch den nachträglichen Erwerb des Hauptschulabschlusses, der Fachoberschulreife etc.). Die Relevanzeinstufung des Fachs Deutsch sinkt ab, je näher die Ausbildungsabschlussprüfung heranrückt (Bader/Hilbert/Twardy 2001, S. 201). Relevanzvorbehalte bestehen auch gegenüber Gesellschaftslehre/Politik, Religion und Sport, wobei besonders das Fach Religion betroffen ist (ebd.). Der Unterschied den allgemein bildenden Schulen gegenüber ist in der aus der Grenzziehungsproblematik erwachsenden Zäsur zu sehen, die sich durch die berufsschulexterne Ausbildungsabschlussprüfung in die Akzeptanz der Fächer einschreibt. Die berufsfachlichen Inhalte besitzen eine deutlich höhere Akzeptanz (ebd., S. 185). Die Berufsschule wird unter dem Aspekt ihrer instrumentellen Bedeutung für den Prüfungserfolg wahrgenommen. Bereits in den 1980er Jahren konnte Kutscha (1982) schulinterne Anpassungsprozesse an diesen Modus der alltäglichen Relevanzbildung nachweisen und zeigen, dass die obligatorischen Fächer tendenziell als eine Art Zeitreserve für Inhalte in Betracht kommen, die direkt auf die Ausbildungsabschlussprüfung vorbereiten.

3.2 Lernortkooperation

In den 1990er Jahren ist die ältere Thematik der Berufsgrundbildung, die die Verknüpfung der Lernorte durch Teilsubstitution des betrieblich getragenen Ausbildungsanteils herstellen sollte, von der Fokussierung der Lernortkooperation abgelöst worden. Pätzold (1998a), der eine vom Normalfall rein administrativer bis hin zum Ausnahmefall professionell inhaltlich ausgerichteter Kontakten reichende Dimensionalisierung der Lernortkooperationen zwischen Schulen und Betrieben (mit abnehmendem Verbreitungsgrad) rekonstruiert, zieht aus seinen Forschungen den Schluss, dass Kooperation nicht in jedem Fall Sinn macht, sondern dass auch Nicht-Kooperation „Zeichen der gelungenen Routinisierung der Arbeitsteilung" (ebd., S. 33) sein kann (vgl. insgesamt Pätzold/Drees/Thiele 1998b). Allerdings würde dies voraussetzen, dass die eine Seite auf die andere durch Nicht-Kooperation Bezug nimmt und insofern die Verschiedenartigkeit der institutionellen Räume der Berufsbildung auch tatsächlich als Arbeitszusammenhang benutzt. Eine solche Kooperation setzt systematisch gesehen aber entwickelte Formen der Nicht-Kooperation voraus, so wie sie beispielsweise im Konzept der auftragstypenorientierten Lernortkooperation angelegt sind, das eine genaue Unterscheidung von Kooperations- und Nicht-Kooperationsflächen ermöglicht (Jenewein 1998, S. 163; vgl. auch Riedl 1998). Angesichts der verbreiteten Kooperationsabstinenz und Binnenorientierung der betrieblichen und schulischen Akteure dürfte die eher naturwüchsige Form der Nicht-Kooperation der Normalfall sein (vgl. Walden 1998). Der Modellversuch „Rabbit", der die Kooperation im kleinbetrieblichen Segment der bürokaufmännischen Ausbildung unterstützt, operierte mit der Erstellung prozessbegleitender LOG-Bücher wie auch mit der Erstellung von Auftragstypen im Rahmen einer von den Akteuren gebildeten Arbeitsgruppe (vgl. Stickling 1998). Erfahrungen zeigen, dass die Ausdifferenzierung solcher Kooperationsflächen das Niveau der Kooperation von organisatorischen auf professionelle Kooperationsthemen verschieben und gleichzeitig für die generelle Verbreitung des gegenseitigen Informationsflusses sorgen kann (ebd.). Analysen im Rahmen des Modellversuchs Kobas, der in Bayern durchgeführt wurde, machen allerdings deutlich, dass professionelle Kooperationsflächen in den didaktisch-methodischen Bereichen der Ausbildung von weniger als 10% der Berufsschulen aufgebaut werden (Döring/Stahl 1998, S. 35). Mittelständische Betriebe sehen im Zeitaufwand für Kooperation und Abstimmung mit der Berufsschule eher eine Belastung, als dass sie darin eine lohnende Investition in die betrieblichen Kompetenzressourcen entdecken können (vgl. Bader/Hilbert/Twardy 2001, S. 310). Die Ergebnisse sind nicht als Leistungsdefizit der Berufsschule, sondern als Hinweis auf die eigendynamische Selbstbezüglichkeit der Lernorte im System der beruflichen Bildung zu erklären. Mittelständische Betriebe bilden in der Regel im Rahmen einer pragmatischen Arbeitskraftanlernung und -nutzung der Auszubildenden aus. Der Vermittlung in der Berufsschule obliegen dann auch solche (prüfungsrelevanten) Wissensbereiche, die berufsbildungsrechtlich gesehen in den Zuständigkeitsbereich der Betriebe fallen: Werden die Berufsschulzeiten zugunsten der ersten beiden Ausbildungsjahre umverteilt, steigt bei den Auszubildenden durchschnittlich schon im zweiten Ausbildungsjahr der Eindruck, nicht genug Wissen erworben zu haben (ebd., S. 206). Während bei diesen Angaben Informationen mittelständischer Betriebe zugrunde liegen, zeichnen Angaben aus großbetrieblichen Ausbildungsverhältnissen ein komplementäres Bild: Großbetriebe mit ausdifferenzierten Ausbildungsstrukturen kooperieren eher in inhaltlicher Hinsicht mit Berufsschulen als mittelständische Betriebe das tun. Von daher gesehen beobachten sie – und substituieren gegebenenfalls – die Qualität des berufsschulischen Fachunterrichts, benötigen ihn jedoch nicht in gleichem Maße zur Vorbereitung ihrer Auszubildenden auf Ausbildungsabschlussprüfung (vgl. Zedler 1995, S. 184).

Im weiteren Sinne gehört die die Grenzziehungsthematik unmittelbar ausdrückende Akzeptanz des auf die betriebliche Anwesenheitspflicht verrechneten berufsschulischen Zeitkontingents ebenfalls zur Lenortkooperationsthematik. Die an den Berechtigungen im allgemein bildenden Schulsystem orientierte, der Funktion der beruflichen Schulen als institutioneller Differenzierungsraum im Prozess der Bildungsexpansion entsprechende Schullaufbahnorientierung der Berufsschule hat Ansprüche der Schulministerien und Lehrerverbände auf dieses Zeitkontingent erhöht und die konfliktbesetzte Einrichtung eines zweiten Berufsschultages auf KMK-Ebene nach sich gezogen. Die anschließende Debatte um dessen Legitimität im Zeichen der zunehmenden Verknappung des Lehrstellenangebots zog in NRW den Modellversuch „Neunstündiger Berufsschultag“ nach sich, der Hinweise auf die physiologische Belastung der Auszubildenden durch lange Unterrichtszeiten erbrachte. Danach verkraften Schüler mit höherer Vorbildung die Stressbelastung eher und sind in der Lage dem Unterricht über eine längere Zeitspanne zu folgen. In der neunten Unterrichtsstunde sind jedoch auch solche Schüler dazu nicht mehr fähig (Bader/Hilbert/Twardy 2001, S. 201). Von Bedeutung ist die Tatsache, dass bereits die Antizipation eines langen Schultags zu einem physiologisch nachweisbaren höheren Stresserleben führt (ebd., S. 170).

3.3 Lernfeld- und Handlungsorientierung

Kennzeichnend für die beruflichen Schulen sind spezifische vom übrigen Schulsystem unterschiedene didaktische Ausrichtungen. Heute gehören diese mit den Begriffen Lernfeld- und Handlungsorientierung bezeichneten Ausrichtungen deshalb auch in den Bereich der Schulforschung, weil sie unmittelbare schulorganisatorische Konsequenzen haben, Ausdruck der systembezogenen Grenzziehungsproblematik sind und von der Schuladministration durchgesetzt wurden (vgl. Harney/Rahn 2000). Lernfelder sind aufgabenbezogene Programmatiken der Wissensvermittlung, die an die Stelle der Wissensdarbietung nach Fächern treten sollen (Bader/Sloane 2002). Alltägliche Umsetzungsprobleme des Lernfeldprinzips ergeben sich aus ihrem Charakter als Parallelstruktur zur Fächersystematik anerkannter schulischer Abschlüsse und zur Relevanz abrufbaren Wissens für die standardisierten Ausbildungsabschlußprüfungen durch die Kammern, was instrumentalistische Erwartungen der Auszubildenden an den Unterricht in der Berufsschule erzeugt und die praktische Bedeutung des Lernfeldprinzips herabsetzt (Ostermann 2001).

Auf der Sachebene hat das Prinzip der Handlungsorientierung ebenfalls keine besondere Bedeutung. Dominant ist nach wie vor der Frontalunterricht. Arrangements handlungsorientierten Unterrichts ergeben sich eher aus spezifischen Merkmalen des ausbildungsberuflichen Wissens – so bei IT-Projekten oder bei kaufmännischen Prozesssimulationen (Pätzold/Klusmeyer/Wingels/Lang 2003). Man kann Lernerfolge nachweisen, die mit so genanntem handlungsorientierten Unterricht erreicht werden (vgl. Glöggler 1997). In diesen Lernerfolgen drücken sich lernpsychologisch seit langem bekannte allgemeine Prinzipien eines begründeten, zielangemessenen Unterrichts aus, die in jedem Lehr-Lernprozess zu entdecken sind, der auf Transfer und Anwendung untersucht wird (vgl. Höpfner 1991). Der Begriff der Handlungsorientierung richtet sich auf Lernhandlungen – unabhängig davon, ob es sich um die Interpretation eines Platontextes oder um die Einschätzung unternehmerischer Investitionen handelt (Eckert 1992, S. 66; Tramm 1992, S. 48). Aus lernpsychologischer Sicht trifft die Bedeutung von Lernhandlungen durch Üben und problembezogenes Anwenden auf jede Art von Wissen zu. Werden Handlungskontexte ohne das dafür erforderliche Grundlagenwissen aufgebaut und zur Grundlage des Unterrichts gemacht, werden lediglich Verfahrenskenntnisse erworben (Gudjons 1997, S. 132; Riedl 1998, S. 240).

Gemeinsam mit dem Lernfeldprinzip stellt das Prinzip der Handlungsorientierung eine Art Markierung der beruflichen Schulen im Unterschied zu den allgemein bildenden dar. Diese Markierung ergibt sich daraus, dass mit der politisch administrativen Durchsetzungslogik eine doppelte Bedeutung der begrifflichen Verwendungspraxis verbunden ist: Fragen der Schulentwicklung und der angemessenen Unterrichtsgestaltung werden gleichermaßen angesprochen.

Aus der Perspektive der Schulentwicklung bedienen beide Prinzipien die Grenzziehung zur betrieblichen Ausbildung. Mit ihnen ist die Erwartung einer Steigerung der Akzeptanz der berufsschulischen Ausbildungsleistung durch Betriebe verbunden. Insofern ist die politisch administrative Absicht, die sich hinter der Signalfunktion des Prinzips verbirgt, auf die Grenzüberschreitung und Vernetzung von Schule und Betrieb gerichtet: Lernortkooperation als politisch-administrative Zielsetzung und Lernfeld- und Handlungsorientierung als propagierte Vermittlungsformen von schulischem Wissen stehen in enger Beziehung zueinander. Lernfeld- und Handlungsorientierung sind Programmatiken einer schulinternen, pädagogisch definierten Bearbeitung der Grenzziehungsthematik. Besonders das Lernfeldprinzip lässt Schulen zu Mikroeinheiten der Curriculumerstellung werden (vgl. Ostermann 2001, S.69). Im Gegensatz zu einer rein schulischen, in gewisser Weise paradoxen Grenzziehungsthematik haben die Forschungen von Münch u.a. (1981) Anfang der 1980er Jahre eine auf Lernortkombinationen beruhende Produktionsperspektive des Lernens aufgezeigt. Sie unterschieden damals u.a. zwischen betriebs-, berufs- und prüfungsbezogenen Eignungen im Sinne von Outputs, denen sie empirisch angetroffene unterschiedliche Kombinationen zwischen Lehrwerkstatt, Lernen am Arbeitsplatz und innerbetrieblichem Unterricht im Sinne von Inputs zuordneten. Sie konnten zeigen, dass berufsspezifische und prüfungsbezogene Eignungen insgesamt eher über innerbetrieblichen Unterricht und Lehrwerkstatt unterstützt werden, dass keine der Orte verzichtbar ist, und dass die Suche nach optimalen Kombinationen berufsfallspezifisch entschieden werden muss, es also die optimale Kombination nicht gibt (ebd., S. 115ff.). Mit diesem Wissen wurde die grundsätzliche Möglichkeit einer auf professionelle Gesichtspunkte gestützten grenzüberschreitenden Praxis der Integration von Lernortkooperation, Lernfeld- und Handlungsorientierung aufgewiesen. Diese Möglichkeit hat sich nicht realisieren lassen – jedenfalls nicht im Rahmen der bisherigen Logik einer einzelfunktionsbezogenen Steuerung der lokalen Systeme auf der Grundlage normierter Arbeits- und Unterrichtszeitkontingente der beteiligten Akteure.

4 Akzeptanz und Qualität des Systems

Schulforschungsbezogene Erkenntnisse im Bereich der beruflichen Schulen waren bis in die 1990er Jahre hinein schultypenbezogen ausgerichtet. Bis dahin war es Normalität, entweder über berufliche Schultypen, also über das Berufsvorbereitungsjahr, die Berufsgrundbildung, die Berufsaufbauschule, die Fachoberschule etc. oder über spezifische, den Grenzziehungsproblemen erwachsende Einzelthemen empirische Studien zu verfassen. Im Fachschulbereich standen Fragen der curricularen Profilierung und der – erfolgreiche – Nachweis der Akzeptanz von Fachschulabsolventen für den betrieblichen Rekrutierungsprozess (Grüner/Georg 1977) im Zentrum des Interesses. Wie im allgemein bildenden Schulsystem auch war die Schulforschung insoweit schultypenspezifisch geprägt. Anders als jene Schulforschung war und ist sie aber nicht nur mit der organisatorisch-institutionellen Rahmung der lehr-lernbezogenen Kernaufgaben im Rahmen einer eindimensionalen Linienführung befasst, auf der die Wertigkeit und Anerkennung von Schultypen und -abschlüssen hierarchisch angeordnet sind, sondern sie ist auch von eben den Funktionen geprägt, die dem beruflichen Schulsystem aus den angesprochenen Grenzziehungen heraus zuwachsen (vgl. Georg 1984). Nimmt man die den beruflichen Schulen heute zuzurechnenden, Weiterbildung im Sinne der Karriereunterstützung anbietenden Fachschulen hinzu, dann sieht man, dass die beruflichen Schulen sich nicht nur eindimensional über die Schullaufbahn auf den Lebenslauf beziehen. Angeboten wird ein mehrdimensionales Gefüge von Selektions-, Erziehungs-, Ausbildungs- und Bildungsdienstleistungsfunktionen, innerhalb dessen die Ausrichtung an der Schullaufbahnhierarchie und an den durch sie definierten Abschlüssen und Berechtigungen lediglich ein Element darstellt.

Die Schultypenentwicklung nach dem Ersten Weltkrieg hatte bis zu den Strukturreformen Ende der 1960er Jahre die Logik einer institutionellen Abbildung und Aufschichtung der Funktionen in Form der Neugründung und Umprofilierung von Schultypen. In Gestalt der (Ende der 1960er Jahre abgeschafften) Berufsaufbauschule war erkennbar, dass den beruflichen Schulen eine dem Zweiten Bildungsweg vergleichbare Funktion des auf den Erwerb höherwertiger Schulabschlüsse gerichteten, wahlweise der Ausbildung hinzufügbaren Teilzeitschulbesuchs zukam. Sie war ein Zusatzangebot für besonders leistungsfähige und belastbare Berufsschüler. Die Berufsaufbauschulen zogen Schüler der unteren Mittelschicht an, hatten einen für den Zweiten Bildungsweg typisch hohen Dropout, besaßen im Gegenzug aber eine starke materielle Leistungsfähigkeit, ablesbar an der Laufbahn der erfolgreich abschließenden Absolventen (Heid 1966, S. 114 u. S. 146). Die soziale Selektivität ging dann auch auf den Nachfolgetyp der Berufsaufbauschule – die Fachoberschule – über (Schulz 1974, S. 71). Dagegen hatte das in den 1970er Jahren eingerichtete Berufsvorbereitungsjahr die Funktion des Auffangbeckens für ausbildungs- und arbeitslose Jugendliche, die Schulabschlüsse nachholen, Akzeptanz auf dem Ausbildungsmarkt finden und auf berufsbezogene Lernerfahrungen gestützte Entscheidung zur Berufswahl treffen sollten (vgl. Eckert 1982). Das Berufsvorbereitungsjahr nahm tatsächlich den Charakter eines Reservepools der betrieblichen Nachfrage nach Auszubildenden an. Außerdem trug es dazu bei, Berufswünsche umzudirigieren (vgl. Breitkopf 1982). Gleichwohl verblieb ein nennenswerter Anteil von Schülern ohne Übergang in ein Ausbildungsverhältnis (ebd., S. 109). Bereits damals konnten negative Erfahrungen mit Disziplinproblemen und Schulmüdigkeit an hohen Unterrichtsfehlzeiten nachgewiesen werden (Richter 1982, S. 135). Solche Probleme weisen heute darauf hin, dass sich in diesem Schultyp die mit Ambitionen und Ausbildungszielen verbundenen Zeitstrukturen tendenziell auflösen, der Beruf als Sinnlieferant und Zukunftsorientierung ausfällt und das Handlungsfeld dadurch eine eher sozialpädagogische Bedeutung erhält. Heute ist das Berufsvorbereitungsjahr nicht mehr unter dem Aspekt der Berufswahlunterstützung, sondern primär unter dem Aspekt seiner sozialpädagogischen Integrationsleistungen interessant (vgl. Eckert/Rost/Böttcher/Geißler/Malling 2000). Die Integrationsaufgaben der beruflichen Schulen beziehen sich heute nicht mehr auf den klassischen Jungarbeiter oder jugendlichen Arbeitslosen. Vielmehr geht es heute um die strukturell gewordene Exklusivität des Ausbildungsmarkts, die sich aus der Diskrepanz zwischen schul- und prüfungsbezogenen Leistungserwartungen einerseits und der empirischen Leistungsfähigkeit von Schulabsolventen andererseits ergeben hat. Aufgrund des vergleichbaren Ausbildungssystems übertragbare, mit PISA-Aufgaben bestrittene Untersuchungen in der Schweiz weisen darauf hin, dass ca. zwei Drittel der Schulabsolventen der dortigen Realschule den Leistungsanforderungen der anspruchsvollerer Ausbildungsberufe nicht gewachsenen sind (Moser 2003). Ausländische Jugendliche sind von dieser Problematik besonders betroffen. Sie verschaffen den beruflichen Schulen die objektive Aufgabe der interkulturellen Normalisierungsarbeit, die vorliegenden empirischen Einsichten zufolge nur mit spezifischen, öffentlich finanzierten Supportstrategien zu leisten ist (vgl. Filtzinger 1996).

Im ersten oben angesprochenen Fall der Berufaufbauschule ging es um Karrieren nicht im schulischen, sondern in einem bereits durch die Absolventen mit dem Eintritt in die Lehre geschaffenen beruflichen Karriereraum. Diese Funktion besteht nach 1970 nur noch für den Bildungsgang der Fachschule, der die beruflichen Schulen mit dem Weiterbildungssektor verbindet. Der Besuch der Fachoberschule – des Nachfolgetyps der Berufsaufbauschule – war und ist dagegen durch Studienambitionen der Absolventen sogar über die Fachhochschule hinaus gekennzeichnet (Schulz 1974, S. 81). Im zweiten Fall der Angebote für stellenlose Jugendliche ging und geht es um die Funktion der sozialen Integration an der Grenzstelle von Schulsystem und Ausbildungsmarkt. Diese Funktion bildet sich innerschulisch nicht nur in einer nach oben wie nach unten gerichteten Differenzierung von Vollzeitschulangeboten und beruflichen Eingliederungsmaßnahmen freier Träger ab. Bundesweit beobachtbar ist darüber hinaus eine innere, den Unterricht wie auch die Klassenbildung betreffende Differenzierungsdynamik in Form von Zusatz- und Stützangeboten, von sonderberufsschulischen Bildungsgängen sowie von binnendifferenziertem Unterricht je nach länderspezifischen Bedingungen. Insgesamt dominieren Formen der äußeren Differenzierung, mit denen die Systeme der beruflichen Schulen die Heterogenität ihrer Schülerklientel bearbeiten (Bund-Länder-Kommission 1996, S. 71f.)

Dadurch, dass die Berufsschule im Zuge der Bildungsexpansion in ein umfassendes System von bis zum Abitur führenden Wahlschulen integriert wurde und gleichzeitig in einer anhaltend krisenhaften Austauschbeziehung zum betrieblichen Ausbildungsmarkt steht, haben sich die Akzente der Schulforschung verschoben. Heute stehen, wie Regionalanalysen (vgl. Goertz/Griese/Heise 2002) zeigen, nicht nur die Berufsschulen, sondern die beruflichen Schulen insgesamt in zyklischen Grenzziehungsverhältnissen zu regionalen Ausbildungsgleichgewichten. Neben einzelnen, aus der Grenzziehungsthematik erwachsenden Funktionen geht es seit Mitte der 1990er Jahre zusätzlich um die Integration dieser Funktionen in eine vereinheitlichende Perspektive, in deren Rahmen die beruflichen Schulen als regionale/lokale Dienstleistungsakteure modelliert und dadurch auf die Gewichtung und Bewältigung der genannten Funktionen insgesamt bezogen werden (vgl. Bildungskommission NRW 1995). Gekennzeichnet wird diese Gesamtperspektive durch Qualität und Qualitätsmanagement als Leit- und Programmbegrifflichkeiten der Schulentwicklung. Die angesprochenen Funktionen werden dadurch an die Schule als lokalen korporativen Akteur, der sich mit ihrer Hilfe ein Profil gibt, adressiert (Landesinstitut für Schule und Weiterbildung 1997).

Für Berufskollegs liegen keine Untersuchungen vor, die sich mit Organisationseffekten befassen. In einer Untersuchung von Harney und Koch (2003 a und b) wurden Organisationseffekte im Vergleich von sieben Berufskollegs zu qualitätsbezogenen Einschätzungen von Schülern, Betriebsvertretern und Lehren gemessen. Für alle drei Akteure war der Beitrag, den die einzelne Schule zu ihrer Qualitätseinschätzung erzeugen konnte, gering.

Längsschnittuntersuchungen, die eine Wirkung der Schule als Organisation auf Schüler über die gesamte Schulzeit (und evtl. darüber hinaus) beleuchten können, liegen weder für allgemein bildende noch für berufliche Schulen vor. Die Einzelschule bleibt in wissenschaftlicher Hinsicht ein Einzelschulkonstrukt (Ditton 1997). So gibt es deutliche empirische Hinweise darauf, dass nicht die Organisation, sondern dass andere ‚Ebenen' des Schulgeschehens (Schulform-, Unterrichts- bzw. Interaktionsebene) sowie andere Dimensionen (Unterrichtsfach, Verlaufsmuster von Schülerkarrieren, Curriculumtradition, kleinstädtisches Umfeld vs. Ballungsraum etc.) wirkungsmächtig sind (vgl. Ditton 2000; Gruehn 2000).

5 Spezifika der Schulforschung an beruflichen Schulen: Schüler, Lehrer und Betriebe als Akteure im System der beruflichen Schulen

Lehrer mit beruflichen Fächern unterrichten im gesamten Spektrum der an beruflichen Schulen vertretenen Schulformen und Bildungsgängen. Schon dieses einfache Faktum macht deutlich, wie sehr sich die Rolle des Lehrers an beruflichen Schulen von der eines Gymnasiallehrers unterscheidet. Lediglich die Lehrerrolle in den Wahlschulen ist mit der eines normalen Sekundarschullehrers vergleichbar, für den Schüler und Schule eine Einheit bilden. Auf die Wahlschulen entfällt aber nur die Hälfte der Lehrerunterrichtsstunden. Die andere Hälfte entfällt auf die Berufsschule (vgl. Harney/Rahn 1998). Für den Berufsschullehrer ist die Einheit von Schule und Schüler jedoch nicht gegeben. Vielmehr trifft er auf Auszubildende und Schüler in sozusagen einer Person. Hinzu kommt, dass der professionelle Akteur im beruflichen Schulsystem nicht nur eine, sondern mehrere Lehrerrollen auf sich zieht, die vom eher sozialpädagogischen Auftrag des Berufsvorbereitungsjahres, über die gymnasiale Oberstufe bis hin zur beruflichen Weiterbildung in fachschulischen Bildungsgängen reichen. Die Lehrerrolle wird dadurch in besonderer Weise heterogenisiert. Berufskollegs sind ihrer Struktur nach nicht als Schulen, sondern als schulische Dienstleistungszentren anzusehen (vgl. Kutscha o.J.). Geht man von der Schule als einer pädagogischen Handlungseinheit aus, dann vereinen Berufskollegs mehrere solcher Handlungseinheiten unter einem Dach bzw. bringen sie in einer Lehrerrolle unter (vgl. Dobischat/Erlewein 2003). An Berufskollegs lässt sich deshalb die Eigensinnigkeit von akteurspezifischen Perspektiven und Handlungslogiken prägnant beobachten. Mit Feldforschungsmethoden hat Lisop (1998, S. 104ff.) den Entwicklungsprozess eines beruflichen Schulzentrums in Hessen verfolgt, das in den 1990er Jahren durch Wachstum der Schülerzahlen im Vollzeitschulbereich und durch einhergehenden organisatorischen Differenzierungsdruck gekennzeichnet war. Trotz eines partizipativ und kompetent agierenden Schulleiters führte die Mehrbelastung zu Informationsdefiziten, Überforderung und Desintegration des Schulleiters aus Management- und Entscheidungsprozessen. Die reflexive Verarbeitung dieser Krisenlage zog eine von externer Beratung unterstützte, durch die Akteure erarbeitete Neuformierung von Organisationslinien und horizontale Ausdifferenzierung von Funktions- und Verantwortungsbereichen nach sich. Die Feldstudie belegt die Sinnhaftigkeit einer am Problemdruck der Akteure entlang geführten, von diesen selbst erarbeiteten Organisationsentwicklung. Die angesprochene vergleichende Untersuchung von Akteurseinschätzungen an Berufskollegs (vgl. Harney/Koch 2003a, b) zeigt auf, dass Betriebsvertreter und Schüler die Dienstleistungsqualität von Berufskollegs vergleichbar einschätzen, Lehrer von dieser Einschätzung jedoch abweichen. Deutlich wird auch, dass Schüler und Betriebvertreter die Wahrnehmung der Berufskollegs bei der Dienstleistungsqualität auf ein vergleichbares Ordnungsmuster stützen, Lehrer davon jedoch ebenfalls abweichen. Schüler und Betriebe fassen diejenigen Items zu einer Dimension zusammen, die auf direkte und indirekte Weise mit der Anerkennung der unterrichtlichen Leistung, der Anerkennung ihrer Relevanz und dem darauf gestützten Image des jeweiligen Berufskollegs zu tun haben. Wichtig für die Beurteilung dieser Ordnungsleistung durch die Akteure ist die Tatsache, dass die Zusammenfassung einer Vielzahl von Items zu einer sinnvoll interpretierbaren Dimension von den Befragten selbst hergestellt wird. Lehrer ordnen das Schulgeschehen primär nicht über die professionelle Dienstleistungsqualität, sondern über die Anerkennung, die sie von der Schulleitung und durch die organisatorischen Bedingungen des Schulbetriebs erfahren (Harney/Koch 2003b, S. 6). Die Bedeutung dieser Ebene für Bindung und Verantwortungszurechnung des Lehrpersonals wird auch in der neueren allgemeinen Schulforschung ausdrücklich bestätigt (Kuper 2002, S. 871). Professionsbezogene Items zur Qualität des Unterrichts, zur Beratung der Schüler, zu fachfremdem Unterricht, zu Nachfragemöglichkeiten bei Unverständlichkeit, zum inhaltlichen Austausch mit Betrieben, zur Lernfeldgestaltung etc. werden nicht zusammenhängend, sondern in sozusagen atomisierter Weise beantwortet. Das heißt, sie bilden weder ein eigenes Ordnungsmuster aus noch lassen sie sich im Muster mit der stärksten Ordnungskraft unterbringen. Lehrer an Berufskollegs sind im Hinblick auf ihre professionelle Leistung Selbstbeobachter. Ihnen fehlen objektivierte Möglichkeiten der Spiegelung ihrer professionellen Leistungen. Für diese Annahme spricht, dass Schulen mit einer relativ hohen Zahl von Schülern, die die professionelle Leistung bestätigen, über eine relativ große Zahl von Lehrern verfügen, die sich über die Organisation mit der Schule identifizieren – und umgekehrt. Die Vermutung liegt nahe, dass das subjektiv erlebte Verhältnis zur Organisation und zur Schulleitung als eine Art Rückmeldesubstitut fungiert (Harney/Koch 2003b, S. 16).

Weniger die Qualitätssteuerung von Schulen im Sinne der Qualitätssicherung nach dem Muster einer formalisierten Akkreditierungs- und Verfahrenspraxis dürfte qualitätswirksam sein als vielmehr objektivierte Formen der Rückmeldung bzw. Realitätserfahrung (vgl. Lisop 1998), mittels derer Akteure arbeitsbezogene Räume der wechselseitigen Bezugnahme aufeinander identifizieren und – ausgestattet mit Ressourcen – ausfüllen können. Die Transformation einer einzelfunktionsbezogenen in eine auf Qualitätsindikatoren gestützte Steuerung setzt voraus, dass die lokalen Systeme im Rahmen von Einzelfunktionen wie Lernortkooperation, Personaleinstellung, Lernfeldorientierung, interkulturelle Projektarbeit etc. ihre Prioritäten selbst setzen können, während sich der Staat als „Prinzipal“ auf die Aushandlung einer begrenzten Menge von Zielparametern beschränkt. Im internationalen Maßstab werden zentralen Examina, Budgetautonomie von Schulen, leistungsbezogenen Anreizen und professioneller Autonomie beim Einsatz von Methoden und der Konkurrenz zu Privatschulen Einfluss auf die Schülerleistung zugeschrieben (Wößmann 2000). Die Effekte entstehen im Verhältnis zueinander. Der organisationsbezogene Gesichtspunkt der Qualitätsüberprüfung im Rahmen vorgegebener Standards, die eine im Rahmen der Schulautonomie zu diesem Zweck freigesetzte Praxis lokaler Schulsysteme erfüllen muss, ist selbst nicht frei von Qualitätsansprüchen an die organisationsdiagnostische Leistungsfähigkeit einer sich nicht durch die Semantik von Beratungsdienstleitern (z.B. der Bertelsmann Stiftung) selbst ersetzenden, sondern aus eigener Kraft professionell agierenden staatlichen Bürokratie.

Literatur

Achtenhagen, F./Grubb, N.W.: Vocational and Occupational Education. Pedagogical Complexity, Institutional Diversity. In: Richardson, I.(Ed.): Handbook of Reseach on Teaching. Washington 2001 pp. 604-642

Bader, R./Hilbert, J./Twardy, M.: Abschlußbericht Modellversuch „Neunstündiger Berufsschultag". Gelsenkirchen 2001

Bader, R./Sloane, F. (Hrsg.): Bildungsmanagement im Lernfeldkonzept. Curriculare und organisatorische Gestaltung. Paderborn 2002

Baethge, M.,/Hantsche, B./Pelull, W./Voskamp, U.: Jugend: Arbeit und Identität. Opladen 1988

Benedikt, H.-P/Mittmann, S.: Evaluierung eines Auswahlvergfahrens für Auszubildende als Qualitätssicherungsinstrument in der betrieblichen Berufsbildungsarbeit der Stadtsparkasse Dresden. In: Wirtschaft und Erziehung 56 (2004),2, S.67-72

Benner, H.: Ordnung der staatlich anerkannten Ausbildungsberufe. Bundesinstitut für Berufsbildung, Berlin 1982 (= Berichte zur beruflichen Bildung, Heft 48)

Bildungskommission NRW: Zukunft der Bildung – Zukunft der Schule. Neuwied/Kriftel/Berlin 1995

Breitkopf, H.: Die Situation im BVJ des Schuljahres 1976/1977. In: Stratmann, K. (Hrsg.): Das Berufsvorbereitungsjahr – Anspruch und Realität. Hannover 1982, S. 83-122

Bund-Länder-Kommission für Bildungsplanung und Forschungsförderung: Innovative Maßnahmen zur Verbesserung der Situation von lern- und leistungsschwächern Jugendlichen in der beruflichen Bildung. Bonn 1996

Crusius, R.: Der Lehrling in der Berufsschule. Fachliche Unterweisung und politische Bildung im Urteil der Lehrlinge. München 1973

Dalin, P./Rolff, H.-G./Buchen, H.: Institutioneller Schulentwicklungsprozeß. Ein Handbuch. Hg. vom Landesinstitut für Schule und Weiterbildung. Soest 1996

Ditton, H.: Qualitätskontrolle und Qualitätssicherung in Schule und Unterricht. Ein Überblick zum Stand der empirischen Forschung. In: Helmke, A/Hornstein, W./Terhart, E. (Hrsg.): Qualität und Qualitätssicherung im Bildungsbereich: Schule, Sozialpädagogik, Hochschule. 41. Beiheft der Zeitschrift für Pädagogik (2000), S. 73-92

Ditton, H.: Wirkung und Wirksamkeit der Einzelschule. In: Lehmann, R.H. u.a. (Hrsg.): Erweiterte Autonomie für Schule. Bildungscontrolling und Evaluation. (= Studien zur Wirtschafts- und Erwachsenenpädagogik an der Humboldt Universität zu Berlin, Bd. 13.2) Berlin 1997, S. 91-116

Dobischat, R./Erlewein, W. (Hrsg.): Modellversuch KOMPZET. Berufsbildende Schulen als regionale Kompetenzzentren für Aus- und Weiterbildungspartnerschaften. Mainz/Duisburg 2003

Döring, O./Stahl, Th.: Innovation durch Lernortkooperation. Stand und Perspektiven der Zusammenarbeit zwischen Ausbildungsbetrieben und Berufsschulen im dualen System der Berufsausbildung am Beispiel Bayern. Bielefeld 1998

Eckert, M./Rost, C./Böttcher, I./Geißler, U./Malling, K.: Die Berufsschule vor neuen Herausforderungen. Sozialpädagogische Handlungsfelder an den berufsbildenden Schulen. Darmstadt 2000

Eckert, M.: Das Berufsvorbereitungsjahr als pädagogisches Problem und seine Lösung in den Ländern der Bundesrepublik. In: Stratmann, K. (Hrsg.): Das Berufsvorbereitungsjahr – Anspruch und Realität. Hannover 1982, S. 17-81

Eckert, M.: Handlungsorientiertes Lernen in der beruflichen Bildung – Theoretische Bezüge und praktische Konsequenzen. In: Pätzold, G. (Hrsg.): Handlungsorientierung in der beruflichen Bildung. Frankfurt a.M 1992, S. 55-78

Eichler, S./Kühnlein, G.: Berufsschulen als Reparaturbetrieb? Erfahrungen mit der Berufsausbildung in den neuen Bundesländern. München 1997

Euler, D./Twardy, M.: Duales System oder Systemdualität – Überlegungen zu einer Intensivierung der Lernortkooperation. In: Achtenhagen, F. u.a. (Hrsg.): Duales System zwischen Tradition und Innovation. Köln 1991

Euler, D.: Modernisierung des dualen Systems. Problembereiche, Reformvorschläge, Konsens- und Dissenslinien. (Bund-Länder-Kommission für Bildungsplanung und Forschungsförderung, H. 62) Bonn 1998

Fend, H.: Qualität im Bildungswesen. Schulforschung zu Systembedingungen, Schulprofilen und Lehrerleistungen. Weinheim/München 1998

Filtzinger, O.: Die berufliche Bildung ausländischer Jugendlicher in Deutschland. Frankfurt a.M. 1996

Georg, W.: Schulberufe und berufliche Schulen. In: Georg, W. (Hrsg.): Schule und Berufsausbildung. Bielefeld 1984, S. 103-124

Georg, W.: Studium und Beruf des Lehrers an beruflichen Schulen – Inhalte, Richtlinien, Praxis. In: Ruhland, H.J./ Niehues, M./Steffens, H.J. (Hrsg.): Lehrer an beruflichen Schulen. Rekrutierung, Ausbildung, Selbstverständnis. Krefeld 1982, S. 91-102

Glöggler, K.: Handlungsorientierter Unterricht im Berufsfeld Elektrotechnik. Frankfurt a.M. u.a. 1997

Goertz, B./Griese, A./Heise, C.: Berufliche Ausbildung als regionaler Standortfaktor? Zentrale Aspekte des Zusammenhangs von Berufswahl und regionalem Arbeits- und Ausbildungsstellenmarkt auf der Basis empirischer Ergebnisse. Duisburg 2002

Gonon, Ph.: Arbeitsschule und Qualifikation. Arbeit und Schule im 19.Jahrhundert. Kerschensteiner und die heutigen Debatten zur beruflichen Qualifikation. Bern u.a. 1992

Greinert, W.: Das Berufsgrundbildungsjahr. Weiterentwicklung oder Ablösung des „dualen" Systems der Berufsausbildung? Frankfurt a.M./New York 1984

Greinert, W.-D.: Das „deutsche System" der Berufsbildung. Baden-Baden 1993

Gruehn, S.: Unterricht und schulisches Lernen. Schüler als Quellen der Unterrichtsbeschreibung. Münster 2000

Grüner, G./Georg, W.: Die Berufsausbildung für metallgewerbliche Berufe in beruflichen Vollzeitschulen in der Bundesrepublik. Institut für Berufspädagogik der Technischen Hochschule Darmstadt. Darmstadt 1977

Grüner, G.: Die gewerblich-technischen Berufsfachschulen in der Bundesrepublik Deutschland. Weinheim/Berlin 1968

Gudjons, H.: Handlungsorientiert lehren und lernen. Schüleraktivierung – Selbsttätigkeit – Projektarbeit. Bad Heilbrunn 1997

Häfeli/, K.Kraft, U./Schallberger, U.: Berufsausbildung und Persönlichkeitsentwicklung. Eine Längsschnittstudie. Bern 1988

Hansen, G. Bauer, K.-O./Rützel, J./Schmidt, B. : Ausbildungschancen in der beruflichen Bildung. Daten und Analysen zur Situation von Schülern im regionalen Vergleich. Weinheim/Basel 1977

Harney, K./Kamps-Haller, K.: Quantitative und qualitative Merkmale gelingender Austauschprozesse. Explorative Auswertungen eines praktischen Falls der Lernortkooperation. In: Bredow, A./Dobischat, R./Rottmann, R. (Hrsg): Berufs- und Wirtschaftspädagogik von A-Z. Grundlagen, Kernfragen und Perspektiven. Baltmannsweiler 2003, S. 415-444

Harney, K./Keiner, E.: Individualisierung als neue Form der Bildungspolitik. Eine Analyse am Beispiel des Hochschulzugangs Berufstätiger. In: Schwiedrzik, B./Mucke, K. (Hrsg.): Hochschulzugang Berufserfahrener ohne Abitur – Status quo und Perspektiven. (Bundesinstitut für Berufsbildung) Berlin 1997, S. 57-70

Harney, K./Koch, S.: Organisations- und Akteurrationalität im Schulsystem. Eine empirische Rekonstruktion. In: Rustemeyer, D. (Hrsg.): Erziehung in der Moderne. Würzburg 2003a, S. 423-438

Harney, K./Koch, S.: Benchmarking an Berufskollegs. Leistungsvergleich und Leistungssteigerung? In: Buchen, H./ Horster, L./Rolff, H.-G. (Hrsg.): Schulleitung und Schulentwicklung. Berlin, April 2003b, E 3.5, S. 1-18

Harney, K./Rahn, S.: Die Berufsschule gerät von zwei Seiten unter Druck. In: Frankfurter Rundschau 12.02.1998

Harney, K./Rahn, S.: Steuerungsprobleme im beruflichen Bildungswesen – Grenzen der Schulpolitik. Handlungslogiken und Handlungsfolgen aktueller Berufsbildungspolitik. In: Zeitschrift für Pädagogik 46 (2000), 3, S. 731-751

Harney, K./Tenorth, H.-E.: Berufsbildung und industrielles Ausbildungsverhältnis – Zur Genese, Formalisierung und Pädagogisierung beruflicher Ausbildung in Preußen bis 1914. In: Zeitschrift für Pädagogik 32 (1986), 1, S. 91-114

Horstkemper, M./Tillmann, K.: Studien zu Einzelschulen: In: Erziehungwissenschaft 14 (2003). Heft 27, S.45-78

Heid, H.: Die Berufsaufbauschule. Bildungsideologie und Wirklichkeit. Freiburg 1966

Heyn, S./Schnabel, K.U./Roeder, P.M.: Von der Options- zur Realitätslogik. Stabilität und Wandel berufsbezogener Wertvorstellungen in der Statuspassage Schule-Beruf. In: Meier, A./Rabe-Kleberg, U./Rodax, K. (Hrsg.): Transformation und Tradition in Ost und West. Opladen 1997, S. 280-305

Hilbert, J./Südmersen, H./Weber, H.: Berufsbildungspolitik. Geschichte – Organisation – Neuordnung. Opladen 1990

Höpfner, H-D.: Entwicklung selbständigen Handelns in der beruflichen Aus- und Weiterbildung. Ein auf der Theorie der Handlungsregulation begründetes didaktisches Modell. Berlin 1991

Horlebein, M.: Die berufsbegleitenden kaufmännischen Schulen in Deutschland (1800-1945). Eine Studie zur Genese der kaufmännischen Berufsschule. Frankfurt a.M. 1976

Jenewein, K.: Auftragsorientiertes Lernen und Arbeiten. In: Holz, H./Rauner, F./Walden, G.: Ansätze und Beispiele der Lernortkooperation. Berlin/Bonn 1998, S. 151-174

Kahlert, H.: Die Ingenieurschule im beruflichen Bildungsweg. Braunschweig 1965

Karow, W.: Geschichte der gewerblichen Berufsschule in Berlin. In: Karow, W./Egdmann, R./Wagner, H./Wiese, K.: Berliner Berufsschulgeschichte. Von den Ursprüngen im 18. Jahrhundert bis zur Gegenwart. Berlin 1993, S. 1-280

Kell, A./Lipsmeier, A.: Berufsbildung in der Bundesrepublik Deutschland. Analyse und Kritik Hannover 1976

Kell, A.: Organisation, Recht und Finanzierung der Berufsbildung. In: Arnold, R./Lipsmeier, A. (Hrsg.): Handbuch der Berufsbildung. Opladen 1995, S. 369-297

Kipp, M.: „Perfektionierung" der industriellen Berufsausbildung im Dritten Reich: In: Greinert, W.-D./Hanf, G./ Schmidt, H./Stratmann, K. (Hrsg.): Berufsausbildung und Industrie. Zur Herausbildung industrietypischer Lehrlingsausbildung. Berlin 1987, S. 213-268

Kruse, W./Kühnlein, G./Müller, U.: Facharbeiter werden – Facharbeiter bleiben? Frankfurt a.M./New York 1981

Kühne, A. (Hrsg.): Handbuch für das Berufs- und Fachschulwesen. Teil I und Teil II. Leipzig 1929

Kultusminister NW: Kollegstufe NW. Ratingen 1972

Kuper, H.: Entscheidungsstrukturen in Schulen. Eine differenzielle Analyse der Schulorganisation. In: Zeitschrift für Pädagogik 48 (2002), 6, S. 856-897

Kutscha, G.: „Allgemeinbildender" Unterricht in der Berufsschule – verwaltete Krise. In: Zeitschrift für Pädagogik 28 (1982), 1, S. 55-72

Kutscha, G.: Übergangsforschung – Zu einem neuen Forschungsbereich. In: Beck, K./Kell, A. (Hrsg.): Bilanz der Bildungsforschung. Stand und Zukunftsperspektiven. Weinheim 1991, S. 113-156

Kutscha, G.: Vielfalt und Modernisierung der beruflichen Bildung in europäischen Kontext. In: Berufsbildung außerhalb des dualen Systems – vollzeitschulische Berufsbildung im Strukturwandel. Senatsverwaltung für Arbeit, Berufliche Bildung und Frauen (Hrsg.): Expertisen für ein Berliner Memorandum zur Modernisierung der beruflichen Bildung. Berlin o.J., S. 101-126

Landesinstitut für Schule und Weiterbildung (Hrsg.): Profilbildung in Kollegschulen und berufsbildenden Schulen. Soest 1997

Lange-Appel, U.: Von der allgemeinen Kulturaufgabe zur Berufskarriere im Lebenslauf. Eine bildungshistorische Untersuchung zur Professionalisierung der Sozialarbeit. Frankfurt a.M. 1993

Lempert, W.: Sozialisation in der betrieblichen Ausbildung. Der Beitrag der Lehre zur Entwicklung sozialer Orientierungen im Spiegel neuerer Längsschnittuntersuchungen. In: Thomas, H./Elstermann, G.: Bildung und Beruf. Soziale und ökonomische Aspekte. Berlin/Heidelberg 1986, S. 104-144

Lepper, M.-L.: Struktur und Perspektiven des dualen Systems in der Bundesrepublik Deutschland. Frankfurt a.M./ Bern/New York 1983

Lewalter, D.: Emotionales Erleben und Lernmotivation. Theoretische und empirische Analyse des Zusammenhangs von Emotion und Motivation in pädagogischen Kontexten. Ms. München 2003

Lipsmeier, A.: Berufsbildung. In: Führ, C./Ludwig-Furck, C. (Hrsg.): Handbuch der deutschen Bildungsgeschichte. Bd. VI: 1945 bis zur Gegenwart. 1. Teilband.: Bundesrepublik Deutschland. München 1998, S. 447-494

Lisop, I.: Autonomie – Programmplanung – Qualitätssicherung. Ein Leitfaden zur Organisationsentwicklung von Schulen und Bildungseinrichtungen. Frankfurt a.M. 1998

Löbner,W./Pfeiffer, A./Schmitz, E./Schrader, H.(Hrsg.): Handbuch für das kaufmännische Schulwesen. Darmstadt 1963

Luhmann, N./Schorr, K.E.: Reflexionsprobleme im Erziehungssystem. Frankfurt a.M. 1988

Mayer, Ch.: Zur Kategorie „Beruf" in der Bildungsgeschichte von Frauen im 18. und 19. Jahrhundert. In: Glumpler, E./Kleinau, E.: Pädagogische Berufe für Frauen – gestern und heute. Bd. 1, Bad Heilbrunn 1996, S. 12-35

Mayer, E./Schumm, W./Flaake, K./Gerberding, H./Reuling, J.: Betriebliche Ausbildung und gesellschaftliches Bewusstsein. Die berufliche Sozialisation Jugendlicher. Frankfurt a.M./New York 1981

Meifort, B.: Berufsbildung außerhalb des dualen Systems – vollzeitschulische Berufsbildung im Strukturwandel. Senatsverwaltung für Arbeit, Berufliche Bildung und Frauen (Hrsg.): Expertisen für ein Berliner Memorandum zur Modernisierung der beruflichen Bildung. Berlin o.J., S. 141-166

Moser, U.: Jugendliche zwischen Schule und Berufsausbildung. Nationales Forschungsprogramm 43: Bildung und Beschäftigung. Projekt Nr. 4043058346. Zürich 2003 (Kompetenzzentrum für Bildungsevaluation und Leistungsmessung an der Universität Zürich)

Münch, J./Müller, H.-J./Oesterle, H./Scholz, F.: Organisationsformen betrieblichen Lernens und ihr Einfluß auf Ausbildungsergebnisse. Berlin 1981

Muth, W.: Berufsausbildung in der Weimarer Republik. Stuttgart 1985

Niehues, M.: Preußische Metallfachschulen: Das Beispiel Iserlohn. In: Bonz, B. u.a. (Hrsg.): Berufsbildung und Gewerbeförderung. Zur Erinnerung an Ferdinand Steinbeis. Bielefeld 1994, S. 357-386

Ostermann, E.: Probleme bei der Implementation des lernfeldorientierten Unterrichts an kaufmännischen Schulen. In: Fachgebiet Berufs- und Wirtschaftspädagogik (Hrsg.): Beiträge zur Berufs- und Wirtschaftspädagogik 22. Oldenburg 2001

Offe, C.: Berufsbildungsreform – eine Fallstudie über Reformpolitik. Frankfurt a.M. 1975

Pampus, K.: Die Verbindung beruflicher Qualifikationen mit allgemeinen Schulabschlüssen. Eine Übersicht über bestehende rechtliche Reglungen. Berlin 1981

Pätzold, G.: Berufsbildung. In: Langewiesche, D./Tenorth, H.-E.: Handbuch der deutschen Bildungsgeschichte. Bd. 5: 1918-1945: Die Weimarer Republik und die nationalsozialistische Diktatur. München 1989, S. 259-287

Pätzold, G.: Berufspädagogisch geleitete Lernortkooperation – eine anspruchsvolle Aufgabe. In: Holz, H./Rauner, F./ Walden, G.: Ansätze und Beispiele der Lernortkooperation. Berlin/Bonn 1998a, S.31–62

Pätzold, G./Drees, G./Thiele, H.: Kooperation in der beruflichen Bildung. Zur Zusammenarbeit von Ausbildern und Berufsschullehrern im Metall- und Elektrobereich. Hohengehren 1998b

Pätzold, G./Klusmeyer, J./Wingels, J./Lang, M. Lehr-Lern-Methoden in der beruflichen Bildung. Eine empirische Untersuchung in ausgewählten Berufsfeldern. Oldenburg 2003

Prenzel, M./Kramer, K./Drechsel, B.: Selbstbestimmt motiviertes und interessiertes Lernen in der kaufmännischen Erstausbildung. In: Beck, K./Heid, H. (Hrsg.): Lehr-Lern-Prozesse in der kaufmännischen Erstausbildung. Wissenserwerb, Motivierungsgeschehen und Handlungskompetenzen. Zeitschrift für Berufs- und Wirtschaftspädagogik. 13. Beiheft, Stuttgart 1996, S. 109-127

Projekt Ruhr (Hrsg.): Bildungsbeteiligung im Ruhrgebiet. Auf der Suche nach einer „neuen Kompensatorik". (Projekt Ruhr) Essen 2003

Renner, K. (Hrsg.): Quellen und Dokumente zur Geschichte der landwirtschaftlichen Berufsbildung von ihren Anfängen bis 1945. Köln/Weimar/Wien 1995

Richter, Ch.: Die Situation im BVJ des Schuljahres 1977/78. In: Stratmann, K. (Hrsg.): Das Berufsvorbereitungsjahr – Anspruch und Realität. Hannover 1982, S. 123-157

Riedl, A.: Verlaufsuntersuchung eines handlungsorientierten Elektropneumatikunterrichts und Analyse einer Handlungsaufgabe. Frankfurt a.M. u.a. 1998

Rothe, G.: Berufliche Bildung in Stufen. Modellstudie zur Neuordnung der Berufsschulen in Baden-Württemberg dargestellt am Raum Schwarzwald-Baar-Heuberg. Villingen 1968

Sadowski, D.: Berufliche Bildung und betriebliches Bildungsbudget. Stuttgart 1980

Schriewer, J.: Funktionssymbiosen von Überschneidungsbereichen: Systemtheoretische Konstrukte in vergleichender Erziehungsforschung. In: Oelkers, J./Tenorth, H.-E. (Hrsg.): Pädagogik, Erziehungswissenschaft und Systemtheorie. Weinheim/Basel 1987, S. 76-101

Schulz, E.: Die Fachoberschule in Hamburg. Ein Beitrag zur Diskussion um die Einbeziehung berufspraktischer Erfahrungen in Bildungsgänge der Sekundarstufe II. Berlin 1974

Schütte, F.: Technisches Bildungswesen in Preußen-Deutschland. Aufstieg und Wandel der Technischen Fachschule 1890-1938. Köln/Weimar/Wien 2003

Stickling, E.: Lernortkooperation in der Ausbildung von Bürokaufleuten im Handwerk am Beispiel des Modellversuchs RABBIT. In: Holz, H./Rauner, F./Walden, G. (Hrsg.): Ansätze und Beispiele der Lernortkooperation. Berlin/Bonn 1998, S. 293-212

Stratmann, K./Schlösser, M./Lier, M. J.: Erfahrungen unter Berücksichtigung der Wandlungen des Begriffs „Dual" und der praktizierten Dualität. Gutachten für die Enquete-Kommission „Zukünftige Bildungspolitik-Bildung 2000" des Deutschen Bundestages. Ausgabe Bochum 1989

Stratmann, K.: Betriebliche Berufsbildung. In: Berg, Ch. (Hrsg.): Handbuch der deutschen Bildungsgeschichte. Bd. IV: 1870-1918. Von der Reichsgründung bis zum Ende des Ersten Weltkriegs. München 1991, S. 371-380

Stratmann, K.: Berufsausbildung auf dem Prüfstand: Zur These vom „bedauerlichen Einzelfall". Ergebnisse empirischer Untersuchungen zur Situation der Berufsbildung in der Bundesrepublik. In: Zeitschrift für Pädagogik 19 (1973), 5, S. 731-758

Streeck, W./Hilbert, J./van Kevelaer, K.-H-/Maier, F./Weber, H.: Steuerung und Regulierung der beruflichen Bildung. Berlin 1987

Tramm, T.: Grundzüge des Göttinger Projekts „Lernen, Denken, Handelns in komplexen ökonomischen Situationen – unter Nutzung neuer Technoöogien in der Berufsausbildung". In: Achtenhagen, F./ John, E.G.: Mehrdimensionale Lehr-Lern-Arrangements. Innovationen in der kaufmännischen Aus- und Weiterbildung. Wiesbaden 1992, S.43-57

Verband der Lehrer an berufsbildenden Schulen und Kollegschulen in Nordrhein-Westfalen (Hrsg): Berufliche Schulen als Dienstleistungszentren. Krefeld 1996

Walden, G.: Zum Stellenwert von Modellversuchen für einen Ausbau der Lernortkooperation. In: Holz, H./Rauner, F./Walden, G.: Ansätze und Beispiele der Lernortkooperation. Berlin/Bonn 1998, S. 114-131

Wild, K.-P./Krapp, A.: Lernmotivation in der kaufmännischen Erstausbildung. In: Beck, K./Heid, H. (Hrsg.): Lehr-Lern-Prozesse in der kaufmännischen Erstausbildung. Wissenserwerb, Motivierungsgeschehen und Handlungskompetenzen. Zeitschrift für Berufs- und Wirtschaftspädagogik 13. Beiheft, Stuttgart 1996, S. 90-107

Wößmann, L.: Schooling Ressources, Educational Institutions and Student Performance: the International Evidence. Institut für Weltwirtschaft an der Universität Kiel. Kieler Arbeitspapiere, Kiel 2000, No. 983

Zedler, R.: Berufsschule – Partner der Ausbildungsbetriebe – Ergebnisse einer Betriebsbefragung des Instituts der deutschen Wirtschaft Köln. In: Pätzold, G./Walden, G. (Hrsg.): Lernorte im dualen System der Berufsbildung. Bundesinstitut für Berufsbildung Berlin/Bonn, Bielefeld 1995, S. 181-192

Ziertmann, P.: Wirtschaftsminister oder Kultusminister? Eine grundsätzliche Erörterung über die Frage der Zuständigkeit im berufsbildenden Schulwesen. In: Die Deutsche Berufs- und Fachschule 49 (1953), 2, S. 81-107

Günther Opp | Ines Budnik | Michael Fingerle

Sonderschulen – integrative Beschulung

Die Argumentationslinie dieses Beitrags basiert auf einem kurzen historischen Abriss, aus dem heraus der aktuelle Stand des Sonderschulsystems und der integrativen Beschulungsangebote skizziert werden. Daran anschließend werden zentrale Problemstellen sonderpädagogischer Praxis anhand von Problemen der Terminologie und der Klassifikation von Behinderungsarten markiert. Die in diesem Punkt diskutierten Forschungs- und Praxisprobleme deuten auf Toleranzprobleme der Professionellen und auf soziale Selektionspraktiken des Schulsystems hin, die im Widerspruch zur sonderpädagogischen Förderrhetorik stehen. Verschärft werden diese Problemstellungen durch Effizienzprobleme separierender sonderpädagogischer Maßnahmen. Dazu wird die Datenlage zur Effizienz sonderpädagogischer Förderung von Kindern und Jugendlichen in Allgemeinen Schulen zusammengefasst. Methodenprobleme und Forschungsdesiderate der Schulforschung im sonderpädagogischen Bereich werden an ausgewählten wissenschaftlichen Studien beispielhaft diskutiert. Abschließend werden sonderpädagogisch relevante Aspekte der Ergebnisse der PISA-Studie umrissen. Aus Gründen der Handhabbarkeit der Komplexität des Fragenbereichs fokussieren wir die Diskussion auf die Hochinzidenzbereiche von Lern-, Sprach-, Gefühls- und Verhaltensstörungen. Wegen der begrenzten Forschungslage in Deutschland werden internationale Forschungsergebnisse in die Diskussion einbezogen.

1 Historischer Abriss und aktueller Stand sonderpädagogischer Förderung

Die aufklärungspädagogische Botschaft der Gestaltbarkeit und Machbarkeit des Menschen durch Erziehung erfasste im ausgehenden 18. Jahrhundert zunehmend auch die Problemfälle der Erziehung. Vieles spricht für die These, dass sich die inhaltliche, zeitliche und soziale Ausdifferenzierung der pädagogischen Praxis und Selbstreflexion in den letzten zweihundert Jahren an dem schärfte, was im Sinne „eingeschränkter Bildsamkeit" der zu erziehenden Kinder und Jugendlichen als Behinderung verstanden wurde. Es waren sensorische, körperliche Behinderungen, Intelligenzdefizite sowie auch „Erziehungs- und Kinderfehler", die im Sinne ihrer Widerständigkeit gegen pädagogische Intentionen, gesellschaftliche Anforderungen von Mündigkeit, sozialer Brauchbarkeit und sozialer Inklusion die Suche nach dem pädagogischen Remedium (Comenius 1993) auslösten und damit den Fokus der pädagogischen Reflexion auf die Methodenfrage pädagogischen Handelns unter erschwerten Bedingungen legte („Behindertenpädagogik"; vgl. Bleidick 1972). In diesem Sinne könnte die heilpädagogische Reflexion prinzipiell so etwas wie die Rolle eines Entwicklungskapitals für die Pädagogik darstellen.

Im Fazit dieser Auseinandersetzung des Erziehungssystems mit seinen Problemfällen bildete sich zunächst ein eigenes heil- oder sonderpädagogisches Schulsystem. Ausgehend von Erfahrungen mit gehörlosen und blinden Kindern entwickelte sich unter Berufung auf empiristische Denkansätze die heilpädagogische Kontingenzformel der Sinnesschwäche (Sèguin, Itard; vgl. Malson 1992). Die Vorstellung „schwachsinniger" Kinder war gleichermaßen eine diagnostische Feststellung und Ausdruck eines umfassenden besonderen Erziehungsprogramms. In der Vermischung mit reformpädagogischen Vorstellungen ist dies bis heute eine Quelle heilpädagogischer Reformreflexion geblieben.

Die Anerkennung der Bildungsrechte von Kindern und Jugendlichen war im Sinne ihrer Inklusion in die Angebote öffentlicher Bildung ein signifikanter historischer Fortschritt auf dem Weg der weiteren gesellschaftlichen Integration und der Normalisierung der Lebensverhältnisse von Menschen mit Behinderung. Jedoch ist an dieser Stelle nicht zu übersehen, dass die Bildungsinklusion über die Argumentationsfigur „besonderer Erziehungsbedürfnisse" zur Ausbildung gesonderter Bildungsangebote („Sonderschulen") führte. Der Erfolg dieser Praxis war nicht zuletzt darin begründet, dass sich damit auch die Allgemeinen Schulen von ihren Problemfällen befreien konnten. Diese so genannte „Entlastungsfunktion" von Sonderschulen für die Allgemeinen Schulen markiert ein konstitutionelles Problem der Sonderpädagogik. Solange andere Schüler die schulischen Lernziele ohne spezielle sonderpädagogische Hilfe erreichen, werden sonderpädagogische Maßnahmen quasi automatisch zur Selektion. Spitz formuliert zeigt sich die Integrationsfähigkeit von Schulsystemen in dem Maße, in dem sie über fein differenzierte, selektive Fördermaßnahmen verfügen. Das „Dilemma" sonderpädagogischer Praxis besteht darin, dass Hilfestellungen die Hilfebedürftigkeit geförderter Schüler öffentlich macht (vgl. Klein 1990, S. 5), sonderpädagogische Förderung, unabhängig von ihrem Ort, stigmatisiert. Die Antinomie von Integration und Selektion ist insofern unaufhebbar und bedarf kontinuierlicher professioneller Reflexion zur Bearbeitung ihrer Folgeprobleme (Opp, Fingerle, Puhr 2001).

Infolge der institutionellen Expansion, insbesondere dem Ausbau des Schulsystems, wurde die allgemeinere Vorstellung „schwacher Sinne" pädagogisch-programmatisch beibehalten. Parallel dazu wurden kategoriale Begriffsysteme entwickelt, die schulischen Selektionsprozessen dienten. Konsequent betrieben führte diese Differenzierung zum Ausbau eines Sonderschulsystems mit neun Förderschwerpunkten (vgl. Drave/Rumpler/Wachtel 2000), die als eigenständige Sonderschularten verstanden werden können (vgl. Tab. 1).

Laut neuester KMK-Statistik zur sonderpädagogischen Förderung wurden 1999 469.162 Schüler in Deutschland (5,1%) als behindert klassifiziert. Die Klassifikation „behindert" ist Ergebnis dokumentierter diagnostischer Prozesse (Förderdiagnostik) und in der Regel die Voraussetzung jeglicher sonderpädagogischer Förderung. Erstmals gibt die neue KMK-Statistik Auskunft über das Ausmaß integrativer Beschulung, die 54.350 Schülerinnen und Schüler betrifft und damit 13,1% der sonderpädagogisch erfassten Schülerpopulation. 70,9% der integrativ beschulten Schülerinnen und Schüler besuchten Grundschulen. Im statistischen Trend zeigt sich über die letzten Jahre sowohl ein Anstieg des Prozentanteils der als behindert klassifizierten Schüler als auch ein insgesamt sehr langsamer Anstieg integrativer Beschulungsvarianten. Während die Schülerpopulation an Sonderschulen zwischen 1991 und 1999 um 20,8% angestiegen ist, scheinen integrative Beschulungsangebote davon nur mäßig zu profitieren (vgl. Schröder 1993, 1999). Mit 2,79% (Prozentanteil an der Gesamtschülerschaft) aller sonderpädagogisch geförderten Schüler ist der Förderschwerpunkt Lernen (früher Schule für Lernbehinderte) der größte sonderpädagogische Angebotsbereich auch hinsichtlich integrativer Angebote (26.876). Insgesamt handelt es sich bei diesen Zahlen um Durchschnittsangaben mit signifikanten Varianzen, z.B. hinsichtlich der Sonderschulbesuchsquoten, in den einzelnen Bundesländern. Vertiefte Analysen über Ausmaß und Unterschiede in der Ressourcenunterlegung in-

Tabelle 1: Schülerzahlen an Sonderschulen und von Schülerinnen und Schülern mit Behinderungen, die Allgemeine Schulen besuchen (Statistische Veröffentlichungen der KMK 2000)

	Gesamtschülerzahl mit sonderpädagogischem Förderbedarf		Schüler mit sonderpädagogischem Förderbedarf an Sonderschulen		Schüler mit sonderpädagogischem Förderbedarf in allgemeinen Schulen	
Förderschwerpunkt	**Schüler**	**Förderquote**	**Schüler**	**Sonderschulbesuchsquote**	**Schüler**	**Förderquote**
Lernen	256.518	2,789	229.642	2,496	26.876	0,292
Sehen	5.842	0,064	4.213	0,046	1.629	0,018
Hören	12.620	0,137	9.997	0,109	2.623	0,029
Sprache	43.280	0,471	34.578	0,376	8.702	0,095
Körperliche und motorische Entwicklung	24.438	0,266	20.773	0,226	3.665	0,040
Geistige Entwicklung	65.587	0,713	63.725	0,693	1.862	0,020
Emotionale und soziale Entwicklung	32.766	0,356	25.240	0,274	7.526	0,082
Förderschwerpunkt übergreifend bzw. ohne Zuordnung	19.035	0,207	17.608	0,191	1.427	0,016
Kranke	9.076	0,099	9.036	0,098	40	0,000
Ingesamt	**469.162**	**5,100**	**414.812**	**4,510**	**54.350**	**0,592**

tegrativer Beschulung in den einzelnen Bundesländern liegen nicht vor. Die an diesen Zahlen ablesbare Selektionspraxis der Schulen, respektive die Präferenz für Sonderbeschulung, wird mit höheren Ressourcenzuweisungen, 10.900 Euro pro Sonderschüler gegenüber 4.600 Euro pro Grundschüler, materiell begründet (vgl. www.stern.de/campus@karriere/news, 21.01.02).

2 Begriffs- und Klassifikationsprobleme

Die Ausdifferenzierung des Sonderschulsystems in neun eigenständige Schulformen (Förderschwerpunkte) wurde mit den unterschiedlichen behinderungsbedingten Lernbedürfnissen und pädagogisch-didaktischen Methoden begründet, die diese erfordern. Der Ausbau der Sonderschulen nach diesem Differenzmuster führte logisch zu einer entsprechenden Ausdifferenzierung der Sonderschullehrerausbildung nach Behinderungsformen. Dabei war die sonderpädagogische Propaganda vermutlich erfolgreicher als ihre theoretische Unterfütterung. Insbesondere terminologische Unschärfen führten zu fragwürdigen Klassifikationsentscheidungen.

Bereits in den 1960er und 1970er Jahren wurde darauf hingewiesen, dass „Lernbehinderung" eine deutliche Überschneidung mit Deprivations- und Armutserfahrungen aufweist, die die diagnoseleitenden kausalen Annahmen einer Intelligenzminderung erheblich in Frage stellte (vgl. Begemann 1970; Klein 1977). Die Leitvorstellung einer individuellen Störung der Bildsamkeit war nicht trennscharf zu Milieueinflüssen (z.B. Armutserfahrungen) und interaktionalen Prozesseinflüssen (Etikettierungsprozesse). Die Trennung verschiedener Behinderungsformen blieb in vielen Fällen fiktiv und diagnostisch problematisch. Realistisch ist von einer hohen Überschneidung vor allem in den Problembereichen hoher Inzidenz (Sprache, emotionale Verarbeitung, Verhalten, Lernen) auszugehen. Ko-Morbidität, insbesondere Überschneidungen von Sprach-, Lern-, Gefühls- und Verhaltensproblemen mit Aufmerksamkeits-, Hyperaktivitäts- und Impulsivitätsstörungen könnten bei 60% liegen (vgl. Opp 2000; Opp/Wenzel 2002). Angesichts der kategorial dominierten Hilfestruktur ist die Konzeption sonderpädagogischer Förderangebote für Schüler mit ko-morbiden Störungsbildern als ein brisantes Legitimationsproblem der sonderpädagogischen Klassifikationspraktiken zu verstehen.

Die Struktur des Sonderschulsystems drückt noch immer die Vorstellung einer dominanten Behinderung aus, der mit behinderungsspezifischen Maßnahmen zu begegnen ist. Eine Lösung von solchen institutionenbezogenen und klassifikationsleitenden Vorstellungen wurde erst kürzlich mit dem Vorschlag der Orientierung an Förderschwerpunkten aufgegeben (vgl. Drave/Rumpler/Wachtel 2000). Die Folge vager Klassifikationskriterien ist in der Heterogenität der Schülerpopulation an den verschiedenen Sonderschulen gut belegt. Liepmann (1979) konnte in einer epidemiologischen Studie eine über das Erwartbare hinausgehende Überrepräsentation von Kindern mit geistigen Behinderungen in der sozialen Unterschicht belegen. Sie bestätigte damit die Ergebnisse einer früheren Untersuchung von Eggert (1969). Forschungsergebnisse an Schulen für Geistigbehinderte zeigten zuletzt, dass Schulversager an Schulen für Lernbehinderte auf Schulen für Geistigbehinderte umgeschult wurden, respektive, dass es innerhalb des Sonderschulsystems noch einmal zu einer „Negativselektion" kommen kann (Theunissen/Plaute 1999, Stichling/Theunissen/Plaute 1999).

2.1 Kinder mit Migrationshintergrund

Die Bedeutung sozial benachteiligter Lebenslagen und -milieus für die schulische Klassifikation von Schülerinnen und Schülern wurde in den 1970er Jahren vielfältig dokumentiert (vgl. Begemann 1970; Klein 1977, 1996) und spiegelte sich in einer breit angelegten Diskussion zur Chancengleichheit (vgl. Jencks 1973). Aktuelle Belege für soziokulturelle Benachteiligung sind die sonderschulischen Platzierungsquoten von Kindern aus Emigrationsfamilien. Die schulische Förderung von Kindern mit Migrationshintergrund wurde seit vielen Jahren als Problemstelle markiert (vgl. Kornmann 1998). Laut KMK-Statistik sind ausländische Schüler, die als lernbehindert klassifiziert wurden, mit 17,7% Schüleranteil in Schulen für Lernbehinderte im Vergleich zu durchschnittlich 10,8% in den anderen Förderschwerpunkten in erschreckender Weise überrepräsentiert (vgl. Statistische Veröffentlichung der KMK 2001, Tab. 6). 1999 besuchten 60.700 (14,6%) ausländische Schüler Sonderschulen. Seit 1991 ist das ein Anstieg um 14.200 oder 30,6%. Die Problematik einer deutlichen Überrepräsentation von Kindern aus Minderheitenkulturen wird auch in den USA seit über 30 Jahren diskutiert (vgl. Dunn 1968; Reschly 1988; Artiles/Trent 1994).

2.2 Klassifikationsprobleme

Detaillierte Forschungsergebnisse zu sonderpädagogischen Klassifikationsproblemen liegen aus den USA vor. Dabei ist zu berücksichtigen, dass sich diese Arbeiten auf unterschiedliche Klassifikationssysteme, insbesondere in der Population der Schüler mit geistiger Behinderung (in den USA wird zwischen mild, moderate und severte profounde mentelly handicapped unterschieden. In unserem Themenzusammenhang beziehen wir uns vor allem auf die Gruppe der Schüler mit mild mental retardation; IQ zwischen 50-55 und 70-75) und Schülern mit Lernbehinderung (Learning Disabilities erfassen Störungen der Wahrnehmung, der Aufmerksamkeit, der Motorik und des Lesens und Schreibens. Kritisch ist dabei die Vorstellung einer Diskrepanz zwischen Intelligenz und Schulleistung.) beziehen.

Die Kritik richtet sich in den USA vor allem auf den Bereich von Schülerinnen und Schülern, die als „learning disabled" klassifiziert werden. Der Anteil dieser Schüler liegt in den amerikanischen Schulen inzwischen bei über 5% der Gesamtschülerpopulation. Angesichts des Anstieges dieser Schülerpopulation um über 750.000 (36,6%) in den letzten zehn Jahren (22nd Annual Report 2000) zeigt sich, dass die Spezifik dieser Behinderungskategorie weitgehend aufgelöst wurde zugunsten einer kategorienübergreifenden Vorstellung von „slow learners" oder „atrisk students". In einer Studie, die in Colorado durchgeführt wurde, konnte gezeigt werden, dass etwa die Hälfte der in diesem Bundesstaat als „learning disabled" klassifizierten Schüler „slow learners" waren, für die Englisch eine Zweitsprache war. Hinzu kamen verhaltensauffällige Schülerinnen oder Schüler, die besonders Schulen in Schulbezirken mit überdurchschnittlichen Leistungsergebnissen besuchten (vgl. Shepard 1987).

Hinsichtlich der Klassifikation von Behinderungen lassen sich folgende Problemstellen markieren: Die Prävalenz von Behinderungen, insbesondere in den Bereichen Lernen, Sprache, Gefühl und Verhalten, bezogen auf schulpraktische Zwecke, ist nicht geklärt. Sie wird in schulischen Praxisfeldern weitgehend in Abhängigkeit von Finanzierungsmöglichkeiten festgelegt und zeichnet sich insofern durch eine systematische Leugnung von Devianz zugunsten von Kosteneinsparungen aus (vgl. Kauffman 1988). Die Überschneidungsbereiche zwischen diesen Störungsbildern sind signifikant, aber diagnostisch häufig schwer differenzierbar. Gleichwohl gehen die in der Praxis verwendeten Klassifikationssysteme in der Regel von einer Leitbehinderung aus. Bei den Störungsbildern hoher Inzidenz sind Ursachen im Kind und in seiner Lebenswelt so stark verzopft, dass die diagnostische Trennung unsicher bleibt. Darin steckt tendenziell die Gefahr einer Anthropologisierung von Behinderung. Die Abweichungen zwischen den Populationsgrößen mit verschiedenen Behinderungen in unterschiedlichen Bundesländern und ihre Veränderungstendenzen zeigen die Unsicherheit, mit denen schulische Klassifikationsentscheidungen behaftet sind.

3 Toleranzfragen – Professionsverständnis

Die Frage des angemessenen Beschulungsortes für ihr Kind ist auch für Eltern nichtbehinderter Kinder ein kritisches und strittiges Thema. Die Eltern von Kindern mit Behinderungen machen da keine Ausnahme. Es gibt Eltern, die sich hoch engagiert für die grundsätzlich integrative Beschulung ihrer Kinder mit Behinderungen einsetzen. Jedoch deuten Forschungsergebnisse auch darauf hin, dass sich die Eltern von Kindern, die Sonderschulen besuchen, durchaus mit diesen Schulen nicht nur abfinden, sondern die schulischen Angebote für ihre Kinder in Sonderschulen insgesamt realistisch einschätzten und tendenziell positiv bewerten (vgl. Breuer-Schaumann/Englmeier 1986; Oversberg 1990; Marx 1992).

Die Einstellungslage unter Lehrern wurde differenzierten Untersuchungen unterzogen. Historisch betrachtet kann man feststellen, dass die Allgemeine Schule „das Prinzip der homogenen Leistungsgruppe priorisiert und heteronom differenzierende Fördermaßnahmen als Belastung empfindet“ (Speck 1988, S. 261). Sonderschulen stabilisieren damit die Systemnormen der allgemeinen Schule. Alltagspragmatisch verfügt jeder Lehrer über eine Ober- und Untergrenze des Toleranzbereichs individuellen Schülerverhaltens, das im eigenen Klassenzimmer als akzeptabel eingeschätzt wird. Walker und Rankin (1983) konnten in einer Befragung von 15 texanischen Grundschullehrern, die als besonders kompetent eingeschätzt wurden, zeigen, dass sie nach eigener Einschätzung deutlich geringere Toleranz für leistungsschwache Schüler und unangepasstes Verhalten aufbrachten als weniger kompetent eingeschätzte Kollegen. Durchgängig zeigen die Ergebnisse der Schulforschung, dass hohe Erwartungen eine wichtige Rolle für die Schulleistungsmaximierung spielen (vgl. Good/Brophy 1994, S. 104ff.). Jedoch implizieren „sehr fordernde Einstellungen“ (Walker/Rankin 1983, S. 262) der Lehrer natürlich auch potenzielle Konflikte und eine Gefahr der Entmutigung schulproblematischer Schüler.

Die Unterrichtsqualität an der Allgemeinen Schule selbst wird zum Risiko. Durchgängig wird eine „methodische Monostruktur“ (Hage/Bischoff/Dichanz 1986, S. 147), eine deutliche Dominanz direktiven und frontalen Unterrichts beobachtet und eine auch in Grundschulen kaum verbreitete Praxis der Binnendifferenzierung moniert. Kritisiert wird verständnisarmer und zu wenig lernorientierter Unterricht (vgl. Weinert 2001, S. 72f.). Haas (1993) stellte in einer Pilotstudie fest, dass in der Unterrichtsplanung der Lehrer weder eine Zielreflexion noch Individualisierungs- oder Differenzierungsmaßnahmen eine Rolle spielen, und dass die Klasse immer als Ganzes gesehen, der einzelne Schüler nicht Gegenstand inhaltlicher oder methodischer Planungsüberlegungen ist (ebd., S. 47f.). Baker und Zigmond (1990) berichten aus einer sechsmonatigen Beobachtung des Unterrichts an einer amerikanischen Grundschule, dass im Lese- und Mathematikunterricht kaum interaktive Lehr- und Lernsituationen vorkamen. Die Lehrer hielten an eingeschliffenen Routinen fest, konfrontierten alle Schüler mit den gleichen

Lernangeboten und relativ eng normierten Erwartungen. „Die Lehrer waren um die Kinder besorgt und zeigten in ihrer Arbeit Sensibilität – aber ihre Wahrnehmung und Praxis war auf Konformität ausgerichtet. (...) In diesen Regelklassen würde jeder Schüler, der die an die Regelklasse gestellten Erwartungen nicht erfüllen kann, mit großer Wahrscheinlichkeit scheitern" (ebd., S. 526f.). Tatsächlich hatten am Ende des ersten Schuljahres 17% der Erstklässler dieser Grundschule die angestrebte Lesekompetenz am Ende der ersten Klasse nicht erreicht. Die Ergebnisse dieser Studie finden vielfältige Bestätigung (vgl. McIntosh/Vaughn/Schumm/Haager/Lee 1993; Moody/Vaughn/Schumm 1997). Sie zeigen einerseits, wie stark die Lern- und Schulprobleme strukturell mit Unterrichtsqualität an allgemeinen Schulen zusammenhängen. Andererseits wird deutlich, wie zweifelhaft simple Forderungen nach Erhöhung der schulischen Leistungserwartungen sind, wenn sie nicht von flankierenden Maßnahmen der Veränderung des Unterrichtsalltags und der Unterstützung individueller Lernprozesse bei den Schülern unterfüttert werden. Dass es zumindest möglich ist, einen Schereneffekt in der Leistungsentwicklung von Grundschülern zu vermeiden, konnte allerdings in der Münchner Scholastik-Studie belegt werden (vgl. Weinert/Helmke 1997).

Interessant ist in diesem Zusammenhang auch ein detaillierterer Blick auf die professionelle Selbstwahrnehmung der Lehrer bezüglich ihrer Verantwortung für Problemschüler und Schulversagen. Insgesamt zeigt sich unter Sonderpädagogen eine grundsätzlich höhere Bereitschaft zur integrativen Beschulung als unter Grundschullehrern (vgl. Dumke/Krieger/Schäfer 1989; Dumke/Schäfer 1987; Semmel u.a. 1991; Minke 1996; Scruggs/Mastropieri 1996). Die Bereitschaft zu integrativem Unterricht nimmt mit der Möglichkeit zu, lernzielgleichen Unterricht durchführen zu können (vgl. Schumm/Vaughn 1992). Reiser u.a. (1995) ermittelten in einer Hessischen Studie, dass nur ein Drittel der befragten Grundschulleiter integrative Schulkonzepte befürworteten. Sie wurden in dieser Einstellung von den Lehrern an ihrer Schule nicht unterstützt. Die Mehrheit der Grundschullehrer war unter bestimmten Bedingungen bereit, Kinder mit Behinderungen in ihren Klassen zu beschulen. Dabei zeigte sich ein professioneller Konflikt insofern, als die Lehrer die Leistungsorientierung und Selektionspraxis der Grundschulen sowie ihre reformpädagogischen Unterrichtskonzepte gleichzeitig befürworteten. Dies ist eine Widerspruchsposition zwischen professioneller Inklusionsrhetorik für die pädagogische Selbstdarstellung nach außen und der selektiven Praxis im Schulalltag. Allerdings, und darin besteht das Problem, können die Selektionsfunktionen des Schulsystems durch Integrationspropaganda nicht einfach aufgelöst werden (vgl. Reiser 1997, S. 268). Vielmehr ist festzustellen, dass sich gerade gute integrative Praxis auf der Ressourcenseite dadurch auszeichnet, dass sie über vielfältige flexibel einsetzbare Förderangebote verfügt, die insofern selektiv bleiben, als andere Schüler auch ohne diese Hilfen die angestrebten Lernziele erreichen. Wenn es die Kernaufgabe des sonderpädagogischen Systems ist, schulische Heterogenität zu bearbeiten, dann basiert der Erfolg integrativer Beschulungspraxis auf einer Verfeinerung und Ausdifferenzierung selektiver pädagogischer Handlungsoptionen. Die Lehrer in der Hessischen Studie (Reiser u.a. 1995) lösten dieses Problem dadurch, dass sie für umfassende sonderpädagogische Förderangebote an ihren Schulen plädierten, die sie zur Unterstützung ihrer Arbeit mit vorhandenen schulproblematischen Schülern einsetzen wollten, aber nicht für zusätzliche Schüler mit Behinderungen. Schulisches Scheitern, und darin unterschieden sich die professionellen Sichtweisen von Grundschulpädagogen und Sonderpädagogen, wurden von den Grundschullehrern als individuelles Schülerproblem verstanden. Reiser u.a. (1995, S. 110) bewerten dieses Problemverständnis als unterentwickelte Schulstruktur und unreife Professionalität.

Die Integrationsbewegung führte zur Erschütterung des beruflichen Selbstverständnisses der Sonderpädagoginnen und Sonderpädagogen (vgl. Benkmann 2001, S. 90). Mit der Umdefinition vom Sonderschulpädagogen hin zum Sonderpädagogen wurde die Lehrerrolle hinterfragt. Aus dem Lehrer, der seinen Unterricht allein entwirft, entwickelt und für ihn verantwortlich zeichnet, wurde im Rahmen dieser Umdefinition ein Berater, Moderator in problematischen Situationen. Es entfällt die autonome Verantwortung für den eigenen Unterricht. Statt dessen wird in kooperativen Prozessen die Rolle des Sonderpädagogen immer wieder neu ausgehandelt. Ein Prozess, der nicht immer spannungsfrei ist. Köbberling und Schley (2000) formulierten dieses mögliche Spannungsverhältnis zugespitzt in der Metapher „ein Thron – zwei Könige" oder als „Zauberin dezent im Hintergrund verschwindend" (ebd., S. 249). Statt Einzelverantwortung ist Kooperation gefordert. Während der Sonderschullehrer die Verantwortung für eine Klasse trug und aus der Entwicklung der Klasse seine Erfolgsbilanz ziehen konnte, ist er in der integrativen Beschulung für die Lösung von Problemen zuständig, versteht sich zunehmend als Anwalt von Problemkindern. Bestätigung kann er nur aus den Erfolgen der einzelnen Schüler und aus Veränderungen der Schule als Ergebnis seiner Arbeit ziehen. Durch die Wandlung der Aufgabenfelder wird auch die Frage nach den notwendigen Kompetenzen neu gestellt. Kooperation und Beratung dominieren das neue Tätigkeitsbild des Sonderpädagogen.

Aus dem Modell des Ambulanzlehrersystems heraus entwickelte Loeken (2000) konstituierende Merkmale für kooperativ/integrativ arbeitende Lehrerinnen und Lehrer. Sie hält die eindeutige Zuordnung des Sonderpädagogen zu einer Institution für unabdingbar. Eine Zerrissenheit zwischen unterschiedlichen Institutionen wirkt sich auf die gesamte Tätigkeit schädlich aus. Neben der Klarheit der Aufgabenstruktur und der Adressaten fordert sie eine klar benennbare zeitliche und räumliche Strukturierung der pädagogischen Situationen, in denen Sonderpädagoginnen und Sonderpädagogen tätig sind. Für die entsprechenden Aufgaben muss sich der Sonderpädagoge passend und ausreichend qualifiziert fühlen und über ein angemessenes Methodenrepertoire verfügen. Über die Formulierung der eigenen Zielstellungen entwickeln integrativ arbeitende Sonderpädagogen Kriterien für den Erfolg der Arbeit und Grenzen für den eigenen Tätigkeitsbereich. Gerade in kooperativen Arbeitsfeldern sieht es Loeken (2000, S. 107f.) als unabdingbar an, dass die Sonderpädagoginnen und -pädagogen in Zusammenarbeit mit ihren Kooperationspartnern über eine Sicherheit im Spezifischen des eigenen Berufsstandes verfügen. Hierzu gehören auch Möglichkeiten der Weiterbildung. In unterschiedlichen Studien wurde festgestellt, dass diese Form kollegialer Kooperation ein spannender, herausfordernder Prozess ist, wobei die Mehrzahl der Lehrerinnen und Lehrer angaben, dass die Berufszufriedenheit im Enthusiasmus der Aufbauphasen gestiegen ist.

Zusammenfassend kann festgestellt werden, dass tendenziell die Befürwortung integrativer Beschulungsvarianten mit zunehmender Praxisnähe und Verantwortungsübernahme für die Integrationspraxis zunimmt. Die Lehrer an allgemeinen Schulen und die Sonderpädagogen sehen sich gegenseitig als wertvolle Ressourcen. Darin drückt sich auf beiden Seiten ein starker und weitgehend ungestillter Wunsch nach professioneller Weiterentwicklung im Sinne von zusätzlichem Kompetenzerwerb aus. Die Forderung nach einem Ausbau kooperativer Beziehungen zwischen Regelschulen und sonderpädagogischem System finden breite Unterstützung. Signifikante Problemstellungen sollten dabei nicht übersehen werden: Weder garantiert die Anwesenheit eines Sonderpädagogen in der Grundschulklasse, dass die Schüler mit Behinderungen angemessene Förderung erhalten, noch kann angenommen werden, dass sich sonderpädagogische Förderstrategien, die unter den Bedingungen der Sonderklasse erfolgreich sind, in Regelschulklassen gleichermaßen bewähren, oder dass erfolgreiche sonderpädagogische Förderstrategien quasi automatisch von den Regelschullehrern übernommen werden (vgl. Vaughn/Hughes/Schumm/Klinger 1998, S. 71). Der kritische Punkt kooperativer Arbeit sind die verfügbaren Zeitressourcen und das Zeitmanagement. Kooperation erfordert Zeit und zusätzliche Zeitressourcen.

Es könnte sein, dass hochgesetzte Erwartungen an gegenseitige Kompetenzen angesichts der Widerständigkeit pädagogischer Probleme gegenüber ihrer Lösung zu gegenseitigen Enttäuschungen unter den Professionellen führen kann. Hinz et al. (1998) berichten aus einem vierjährigen Integrationsprojekt in einem sozial stark belasteten Umfeld von „dramatischen Transformationen" der Lehrereinstellungen bezüglich der Möglichkeiten integrativer Beschulung in Richtung auf eine deutliche Abnahme der enthusiastischen Ausgangsstimmung.

4 Effizienzprobleme der Sonderschulen und sonderpädagogische Förderung in Allgemeinen Schulen (Integration)

4.1 Wendepunkte

Während in Deutschland noch ein massiver Ausbau von Sonderschulen als „Sonderschulwunder" (Speck 1991, S. 602) gefeiert wurde, wuchs international die Kritik an separierenden Versorgungsangeboten für Menschen mit Behinderungen. Im außerschulischen Bereich waren dies die Kritik an der Hospitalisierung von Menschen mit Behinderungen (vgl. Blatt/Kaplan 1966) und die Normalisierungsdiskussion in Skandinavien (vgl. Nirje 1974). Bereits 1962 hatte Reynolds für die amerikanischen Schulen gefordert „no more special than necessary" (ebd., S. 368f.). Im selben Jahr kritisierte Orville Johnson in den USA die Paradoxie der Sonderbeschulung von Kindern mit Intelligenzdefiziten (mental retardation). Die Auswertung wissenschaftlicher Studien zum Effekt gesonderter Beschulung dieser Schüler führte Johnson (1950, 1962) zu der Feststellung, dass die Intensivierung pädagogischer Maßnahmen in sonderschulischen Platzierungen im Vergleich zu Schülern mit Intelligenzminderungen, die in Regelschulen verblieben, möglicherweise sozial-integrative Vorteile aber offensichtlich keine belegbaren schulischen Leistungsvorteile bewirkte.

Die Ursprünge der Integrationsbewegung in Deutschland gingen von engagierten Eltern aus. Dieser Weg in der Durchsetzung gemeinsamer Beschulung hat bis heute an Aktualität nichts verloren, wie z.B. die IGS.Halle als Landesschulversuch für Sachsen-Anhalt (vgl. Heimlich/Jacobs 2001) zeigt. Andere neue Bundesländer, wie z.B. Brandenburg, führten in Bezug auf die Integrationserfahrungen der 1980er Jahre landesweit das Konzept der wohnortnahen Integration ein. In allen Fällen wurde der sonderpädagogische Förderbedarf dieser Schüler im Vorfeld diagnostiziert, nicht zuletzt um zusätzliche sonderpädagogische Ressourcen für den gemeinsamen Unterricht abfordern zu können. Einen anderen Weg ging Hamburg mit dem Projekt der integrativen Grundschule im sozialen Brennpunkt. In den „Integrativen Regelschulklassen" wird völlig auf den Behinderungsbegriff verzichtet (Hinz u.a. 1998). Sonderpädagogische Ressourcen werden entsprechend der statistisch bekannten Relation von Kindern mit und ohne Behinderung zugeteilt. Der „Elite-Verdacht" der Integrationsbewegung, der sich mit der Freiwilligkeit und dem Engagement der Eltern und Lehrer begründet, wird mit diesem Modell zurückgewiesen. Der Forderung Benkmanns (1994) nach Dekategorisierung folgend wird in diesem Schulversuch auf Gutachten, Aufnahmeverfahren, Testate u.ä. verzichtet. Sowohl das

Hamburger Modell der integrativen Grundschule im sozialen Brennpunkt als auch der Brandenburger Weg waren Reformen, die durch die Schulbehörde „von oben“ verordnet wurden. Hier wurde es bereits als Erfolg gewertet, wenn die beteiligten Pädagoginnen und Pädagogen dem Schulversuch zustimmten.

4.2 Unterrichtsgestaltung

Heyer, Preus-Lausitz und Schöler (1997) entwickelten eine Anzahl von Prinzipien integrativer Pädagogik, die für die Unterrichtsgestaltung bedeutsam sind: Individualisierung; differenzierende Förderung und differenzierende Bewertung; Gemeinsamkeit in der Vielfalt; lernanregende und behindertengerechte Gestaltung von Schulraum und Schulgelände sowie zunehmende Eigenverantwortung der Lernenden (ebd., 88ff.). Köbberling und Schley (2000) räumten dem Konzept des binnendifferenzierten Unterrichts eine Schlüsselstellung ein. Das Konzept der Gesamtschule als „Schule für alle“ kam den Anforderungen an integrative Beschulung am nächsten. Sowohl in den Anfängen der Integrationsbewegung (vgl. Dumke/Krieger/Schäfer 1989) als auch in der Gegenwart (vgl. Köbberling/Schley 2000; Heimlich/ Jacobs 2001) wurden weiterführend zur integrativen Grundschule zunächst fast ausschließlich Gesamtschulen ausgewählt.

Die Einbindung reformpädagogischer Unterrichtsgestaltung, wie Freiarbeit, Wochenplanarbeit, Partner- und Gruppenarbeit, Projektunterricht, Arbeit am vorstrukturierten Material oder rituelle Unterrichtsformen entsprachen am ehesten den Anforderungen einer individuellen Lerngestaltung. 98,4% aller befragten, integrativ arbeitenden Lehrerinnen und Lehrer halten die innere Differenzierung, Regeln und feste Rituale für wichtig. Freiarbeit (85,7%), fächerübergreifender Unterricht (71,4%) oder Projekte (65,1%) werden dem Frontalunterricht vorgezogen (vgl. Heyer/Preuß-Lausitz/Schöler 1997, S. 135). Von den Schülern wurden solche Rituale wie Morgenkreis oder Wochenplan besonders gut angenommen. Im landesweiten Projekt der wohnortnahen Integration in Brandenburg stellten 87,3% der Pädagoginnen und Pädagogen für sich fest, dass sie ihre eigene Unterrichtsgestaltung verändert haben.

Allerdings muss auf das Problem hingewiesen werden, dass es kaum eine Schule gibt, in der alle Fachlehrer diese Unterrichtskonzepte mit tragen. Gerade der Fachunterricht bleibt häufig ein differenzierender Frontalunterricht. Die Forderung nach Weiterqualifizierung der Lehrerinnen und Lehrer für die Gestaltung des gemeinsamen Unterrichts wird deshalb in fast allen Evaluationsberichten erhoben. Die Frage nach dem Wandel fachdidaktischer Inhalte und deren Aufbereitung für den gemeinsamen Unterricht bleibt offen.

4.3 Entwicklung der Schüler im gemeinsamen Unterricht

Eine generalisierbare Aussage aller Evaluationen von Integrationsprojekten kann man wie folgt zusammenfassen: Die überwiegende Mehrheit der Schülerinnen und Schüler mit Behinderung fühlt sich im gemeinsamen Unterricht wohl, fühlt sich angenommen und integriert. Dennoch gibt es Abstufungen, Probleme und ungeklärte Fragen.

Eine der wohl umfangreichsten Analysen zur Entwicklung von Schülerinnen und Schülern legten Köbberling und Schley (2000) vor. Mit Hilfe von Fragebögen, Gruppengesprächen, Tagebuchaufzeichnungen, Befragungen der Pädagoginnen und Pädagogen sowie der Eltern wurde ein umfangreiches Bild der Entwicklung der Schüler über sechs Klassenstufen hinweg nachgezeichnet. Die größten Entwicklungsfortschritte wurden für alle Schüler im sozialen und emotionalen Bereich festgestellt. Das Klassenklima der integrativen Klassen wurde im Vergleich zu anderen Klassen als freundlicher, hilfsbereiter und kooperativer erlebt. Es wird berichtet, dass nichtbehinderte Kinder eine größere Sicherheit und Toleranz im Umgang mit behinderten Menschen und mit anderen stigmatisierten Gruppen, wie z.B. Kindern aus Familien ethnischer Minderheiten entwickeln. Die Schülerinnen und Schüler setzten sich in der gemeinsamen Beschulung mit ihren eigenen Grenzen (z.B. Ekel) auseinander. Als wichtiges Ergebnis wurde vermerkt, dass sie sich kompetent im Umgang mit Konflikten und mit anderen Menschen fühlten. Mit zunehmendem Alter traten auch zunehmende Interessenunterschiede und Unterschiede in den Lernbedürfnissen auf. Die Frage nach den „verwöhnenden Rechten" für behinderte Mitschülerinnen und Mitschüler wurde besonders in der Klassenstufe neun thematisiert, dagegen war die Klassenstufe zehn geprägt von einer rücksichtsvollen Freundlichkeit und einem entspannten Arbeitsklima. Es bestand aber kaum noch aktiver Kontakt zu den behinderten Mitschülerinnen und Mitschülern. Diese selbst erlebten sich aber weiterhin als zugehörig zur Klassengemeinschaft und kamen gern zur Schule (vgl. Köbberling/Schley 2000).

Die Ergebnisse von Studien zur Integrationspraxis sind allerdings widersprüchlich. Haeberlin, Bless, Moser und Klaghofer (1991) finden in ihrer Studie zur Integration von Lernbehinderten in Regelklassen (Klassen 1-6) in der deutschsprachigen Schweiz, dass integrierte lernbehinderte Schüler häufiger zu den unbeliebten und abgelehnten Schülern gehören als ihre Mitschüler und dass sie ihre eigenen Fähigkeiten negativer einschätzen als ihre Mitschüler bzw. als lernbehinderte Schüler in den Sonderklassen (vgl. ebd., S. 331). Obwohl Probleme auch im Bereich der emotionalen und sozialen Entwicklung thematisiert wurden, dominierte die Zufriedenheit mit den Entwicklungsfortschritten integrierter Schüler. Die Entwicklung im Leistungsbereich bleibt strittig. Heimlich und Jacobs (2001) warnten zwar vor einer zu engen Begriffsfassung als kognitives sprachliches Wissen, lösten aber die Zwiespältigkeit der Leistungsbewertung nur insofern auf, dass sie sich gegen eine Ziffernbewertung aussprechen, welche aber in anderen Modellen von den Schülern eingefordert wurden (vgl. Heyer/Preuß-Lausitz/Schöler 1997). Bei engagierten Eltern, die eine integrative Schule bewusst für ihr Kind ausgewählt hatten, tritt der Leistungsaspekt zu Gunsten sozialer Aspekte zurück (vgl. Dumke/Schäfer/Krieger 1989). Anders sehen dies Eltern, deren Kinder erst später in Integrationsklassen lernten bzw. die Schülerinnen und Schüler selbst (vgl. Köbberling/Schley 2000).

Heyer, Preuß-Lausitz und Schöler (1997) verwiesen darauf, dass die Schulzufriedenheit in Integrationsklassen höher ist als in den Regelschulklassen und Sonderschulen. Die kritischere Bewertung der sozialen Entwicklung der Kinder in der Anfangszeit der Integrationsbewegung begründen Dumke, Schäfer und Krieger (1989) mit den sehr hohen Erwartungen der Eltern. Mit zunehmendem Alter und der zunehmenden inneren Zerrissenheit in der Adoleszenz entwickelten sich die Einstellungen und das reale Verhalten der Heranwachsenden in Diskrepanz zu den Elternerwartungen. Ein Phänomen, das sich dort wiederholt, wo die Erwartungen der Eltern an die Erziehungsarbeit der Schule im gemeinsamen Unterricht besonders hoch ansetzen, wie auch das Beispiel der IGS.Halle belegt (vgl. Heimlich/Jacobs 2001).

Köbberling und Schley (2000) stellten fest, dass die Leistungsentwicklung der Schüler ohne Behinderung nicht schlechter war als die Leistungsentwicklung in den Kontrollklassen; die Leistungsentwicklung der Schüler mit Behinderung war sogar besser als in vergleichbaren Sonderschulklassen. Ein Ergebnis, dass generell bestätigt wurde. So stellen Haeberlin, Bless, Moser und Klaghofer (1991) fest, dass trotz negativerer Einschätzung der eigenen Leistungsfähigkeit integrativ beschulte Schüler mit Lernbehinderung größere Schulleistungsfortschritte machen als Lernbehinderte in Sonderklassen (ebd., S. 331). Die Ergebnisse der Evaluation der

Hamburger Integrativen Regelklassen an Grundschulen von Hinz u.a. (1998) weisen ein gegensätzliches Ergebnis auf. So wurde ein eindeutiger Vorsprung der Kontrollklassen im Leistungsbereich festgestellt. Als Erklärung für diesen Widerspruch wurde angeführt, dass zum einen gerade in sozialen Brennpunkten die geringen individuellen Leistungsvoraussetzungen nicht in vier Schuljahren aufholbar sind und zum anderen, dass diese Form der schulischen Integration ein hohes Risiko des Scheiterns in sich birgt. Diese Aussage lässt sich zu einem Grundproblem integrativer Beschulung verdichten: Diese Beschulungsform entwickelt eine Sogwirkung für problematische Schulkarrieren.

Schüler der älteren Klassen gaben einen Zwiespalt zwischen Leistungsorientierung und eigenem Integrationsanspruch an. Sie sahen in herausragenden Leistungen teilweise eine Gefahr als sozial „auffällig" zu gelten (vgl. Köbberling/Schley 2000). Die Eltern stellten fest, dass nicht für alle Schüler angemessen hohe Leistungsanforderungen gestellt wurden. Ihr Wunsch nach individueller Leistungsförderung wurde nicht durchgängig erfüllt. Die Lehrer sahen sich z.T. von der Aufgabenkomplexität überfordert, die Förderung von begabten, leistungsstarken Schülern und von Kindern mit Behinderung in Einklang zu bringen. Dennoch schätzen sie ein, dass die basalen Lernformen und das Anknüpfen an lebenspraktische Erfahrungen im integrativen Unterricht generell hilfreich für alle Schülerinnen und Schüler sind. In den Untersuchungen von Haeberlin, Bless, Moser und Klaghofer (1991) wurde festgestellt, dass die Integration keine negativen Auswirkungen auf die Entwicklung der Regelschüler besitzt.

4.4 Offene Fragen in der Diskussion

In den theoretischen Auseinandersetzungen mit Integrationsansätzen wird stets darauf hingewiesen, dass die Anwesenheit von Sonderpädagogen im Regelunterricht einen präventiven Effekt für andere Kinder mit Problemen entstehen lassen kann. Jedoch warnen Hinz u.a (1998, S. 128) vor übertriebenen Hoffnungen: „Der Anspruch auf Prävention bleibt bestehen, als ultimatives Erfolgskriterium kann er angesichts der zur Skepsis mahnenden Forschungslage nicht erhoben werden".

Dennoch besitzen integrativ arbeitende Gesamtschulen eine Sogwirkung für Kinder mit Lern- und Verhaltensproblemen. Diese Schulen werden von ratlosen Eltern ob ihrer alternativen, individuellen Lernformen und multiprofessionellen Teams, aber auch im Sinne der Vermeidung der Stigmatisierungseffekte eines Sonderschulbesuchs als geeignete Schule für ihre Kinder gewählt. Es entsteht ein Phänomen, das in einer Vielzahl von Projektevaluationen als problematisch beschrieben wurde. Wiederholt wurde festgestellt, dass das Auftreten von Kindern mit Lern- und Verhaltensproblemen ohne festgestellten sonderpädagogischen Förderbedarf die Zusammensetzung der Klasse und die gesamte pädagogische Arbeit erschweren (vgl. Dumke/Krieger/Schäfer 1989; Christ/Peters/Wagner 1994; Heimlich/Jacobs 2001). Beklagt wurde nicht nur der notwendige Mehraufwand im Umgang mit diesen Schülern, sondern auch mangelnde Kooperationsbereitschaft ihrer Eltern. Das Problem wird in solchen Modellen von Eltern verstärkt artikuliert, die die gemeinsame Beschulung ihrer Kinder engagiert begleiten.

In der Diskussion schulischer Organisationsmodelle wird die Gesamtschule vom pädagogischen Konzept her als besonders geeignet für gemeinsamen Unterricht eingeschätzt. Dennoch wird auf Grenzen hingewiesen. So sind gerade das offene Unterrichtskonzept und die offenen Lernstrukturen nicht für alle Kinder förderlich. Bei Jungen wird vermutet, dass sie unter stringenterer Führung und höherem Druck von außen, bei höherem Lerntempo und stärkeren Leistungskontrollen besser lernen könnten. Ebenfalls kritisch werden integrative Schulkonzepte für Kinder mit Verhaltensproblemen gesehen. Gerade für diese Kinder scheinen die überschaubaren Strukturen der Haupt- und Realschule förderlicher zu sein (vgl. Köbberling/ Schley 2000).

Problematisch ist in integrativen Sekundarschulklassen die Realisierung des gemeinsamen Unterrichts im Fachunterricht und im Kurssystem. Der stressbeladene, häufig zerrissene Schulalltag integrativer Beschulungsformen birgt für viele Kinder mit Behinderung zusätzliche Belastungen. Gleichfalls problematisiert wird die starre Schulalltagsstruktur, die individualisierende Lernformen erschwert. Mit der Herausnahme der Kinder aus dem Klassenunterricht, durch zunehmende Einzelförderung bzw. jahrgangsübergreifender Gruppenförderung der Schülerinnen und Schüler mit sonderpädagogischen Förderbedarf verbinden sich unerwünschte Selektionseffekte.

Kritisch diskutiert werden sowohl die Qualifikation der Regelschullehrer als auch der Einsatz von Sonderschullehrern. Generell fühlen sich die Regelschullehrer nicht ausreichend für die gemeinsame Beschulung qualifiziert. Auch Eltern stehen den fachlichen Voraussetzungen der Lehrkräfte kritisch gegenüber. Gleichzeitig wird ein starker Wunsch nach Fortbildung von den Lehrern formuliert. Bevorzugt werden solche Fortbildungsformen wie kollegiale Fallbesprechungen oder Besprechungen im multiprofessionellen Team.

Der Einsatz von Sonderschullehrern innerhalb integrativer Beschulungsvarianten führte zu einer generellen professionstheoretischen Diskussion über den Ort des Einsatzes von Sonderschullehrern. Im Ambulanzlehrersystem sind die Sonderschullehrer institutionell an einer Sonderschule verankert, beziehen daraus ihre berufliche Identität und wirken von da aus an der Regelschule bzw. mehreren Regelschulen. Dieses Modell wird in Frankfurt am Main erfolgreich praktiziert (vgl. Reiser/Loeken 1993) und in Bayern z.B. mit der ambulanten Erziehungshilfe (vgl. Schor 1998) umgesetzt. Haeberlin (1994) spricht sich entschieden gegen dieses Modell aus und bezeichnet es als „Kofferpädagogik“. Er und andere (z.B. Christ u.a. 1994) fordern stärker die schulhausintegrierte Förderung ein, in der die kontinuierliche Anwesenheit eines Sonderpädagogen Voraussetzung ist.

Heftig diskutiert werden Fragen der Leistungsbewertung. Von vielen Pädagoginnen und Pädagogen wird die Ziffernbewertung als desintegrierend abgelehnt. Andererseits fordern gerade Schülerinnen und Schüler ohne Behinderung in den oberen Klassen eine Notenbewertung ein, um eigene Chancen im außerschulischen Wettbewerb einschätzen zu können.

Trotz widersprüchlicher Forschungsergebnisse und vieler offener Probleme werden integrative Beschulungsvarianten als erfolgreich eingeschätzt. In der Phase, in der gemeinsame Beschulung noch in der Erfolgspflicht steht, wird Elan, Engagement und Identifikation von allen Beteiligten aufgebracht. Die Warnung davor, nach einer schwungvollen Pionierphase nicht in Alltagsroutinen abzurutschen (vgl. Köbberling/Schley 2000), muss allerdings sehr ernst genommen werden.

5 Methodenprobleme der Sonderschulforschung und Forschungsdesiderate

Betrachtet man die methodische Ausrichtung der aktuellen empirischen Sonderschulforschung bzw. sonderpädagogischen Schulforschung, so spiegelt sie – wenn auch mit einer gewissen Verspätung – weitgehend den Methodendiskurs und die generellen methodischen Trends der erziehungswissenschaftlichen Forschung wider. Das Spektrum der wissenschaftsmethodologischen Positionen reicht hierbei von Vertretern einer empirisch-analytischen Forschung (z.B. Preuss-Lausitz 1988) bis zu Forderungen nach einer rein qualitativen Evaluationsforschung (z.B. Eberwein 1988). Eberwein rekurriert hierbei auf die Argumentation der Handlungsforschungsbewegung, lehnt Kontrollgruppendesigns als evaluative Methode ab und wirft der empirisch-analytischen Forschung eine „Einengung durch naturwissenschaftliche Forschungsprinzipien und eine neopositivistische Methodologie" (ebd., S. 297) vor.

Für den quantitativen Pol dieses Spektrums kann hier die Studie von Haeberlin u.a. (1991) zum integrativen Unterricht lernbehinderter Schülerinnen und Schüler in der Schweiz als exemplarischer Vertreter einer quantitativ ausgerichteten Schulforschung genannt werden. Die Autoren versuchten darin, die Relevanz der normativ geforderten integrativen Unterrichtung lernbehinderter Schülerinnen und Schüler zu untersuchen, indem sie traditionelle Beschulungsformen und integrative Schulversuche hinsichtlich der Erreichung bestimmter – quantitativ operationalisierter – Kriterienvariablen in einem quasi-experimentellen Design mit Hilfe inferenzstatistischer Methoden verglichen. Um sowohl den Bildungs- als auch den allgemeineren, der Persönlichkeitsentwicklung zuzurechnenden, Förderzielen des integrativen Unterrichts gerecht werden zu können, entstammten die abhängigen Variablen der Studie einerseits den schulischen Leistungsbereichen und andererseits aus Konstrukten, die in der Entwicklungspsychologie und der Pädagogischen Psychologie als Indikatoren der Persönlichkeitsentwicklung (z.B. Begabungsselbstkonzept) und der subjektiven Zufriedenheit mit der Schule etabliert sind (z.B. Schulangst). Auf dieser Grundlage wurden statistische Unterschiedshypothesen formuliert. Mit Hilfe varianzanalytischer Methoden wurden dann die verschiedenen Beschulungsformen auf statistische Signifikanz geprüft. Diese in methodischer Hinsicht sehr sorgfältig geplante und durchgeführte Studie versteht sich nicht nur als Evaluation eines Schulversuchs, sondern gleichfalls als Grundlagenstudie, die versucht, der stark normativ geprägten Integrationsdiskussion eine empirische Perspektive gegenüber zu stellen, die sich in ihrer Forschungslogik aus der Interventionsforschung herleitet um, in den Worten der Autoren, zwischen „Wunschdenken und Realitätserfahrung" (ebd., S. 1) unterscheiden zu können. In diesem Zusammenhang muss jedoch kritisch angemerkt werden, dass die Autoren das grundsätzliche Problem der empirischen Überprüfung normativer Sätze nicht ausreichend reflektieren, sondern a priori einen Ansatz der Wirkungsforschung als Königsweg präferieren, um eine Entscheidung zwischen verschiedenen pädagogischen Prinzipien treffen zu können. In der empirisch-analytischen Forschung – dieser methodologischen Position kann die Studie von Haeberlin u.a. wohl zugeordnet werden – geht man üblicherweise davon aus, dass die Wahrheit von Werturteilen und Ansichten nicht empirisch getestet werden kann, da solche Sätze keine falsifizierbaren Aussagen über empirische Sachverhalte oder Fakten darstellen (vgl. Kerlinger, 1978, S. 61). Fragestellungen des Typs „Macht antiautoritäre Erziehung frei?" oder „Ist Integration gut oder schlecht?" lassen sich demnach nicht in empirisch prüfbare Hypothesen überführen und untersuchen. An diesem grundsätzlichen epistemologischen Dilemma kann auch die Zuordnung von messbaren psychologischen Variablen zu pädagogischen Begriffen nichts ändern, denn letztendlich wird die evaluative Fragestellung nicht durch eine „neutrale" Methode beantwortet, sondern erst durch die Bewertung der statistischen Ergebnisse durch die Autoren der Studie und ihre Rezipienten. Selbst die verwendeten statistischen Methoden enthalten implizite Annahmen über den Gültigkeitsbereich einer Hypothese, das so genannte statistische Signifikanzniveau, das auf einer sozialen Konvention unter Forschern beruht und keineswegs den Rang einer empirischen Tatsache, sondern eigentlich denjenigen einer normativen Setzung hat. Der Wert empirischer Evaluationsstudien liegt daher weniger in ihrer Objektivität als vielmehr in ihrer Bereicherung des pädagogischen Diskurses durch eine Unterfütterung mit differenzierten „Kartierungen" des Untersuchungsgegenstands, deren Zustandekommen transparent gemacht wird. Hierin unterscheiden sie sich wesentlich von rein normativen Abhandlungen. Inwieweit sich auf dieser Grundlage dann aber „Wunschdenken von Realitätserfahrung" trennen lässt, ist der Diskussion und Bewertung der nachgewiesenen statistischen Effekte durch die „educational community" und das interessierte Publikum überlassen und kann nicht durch die verwendete Methodik vorentschieden werden. Diese Problematik und die daraus entstehenden, höheren Anforderungen an den Theorieentwicklungsprozess – gerade im Hinblick auf empirisch-analytische Evaluationsansätze – werden jedoch in der sonderpädagogischen Schulforschung wenig thematisiert.

Im Unterschied zu solchen rein quantitativ angelegten Studien, welche statistisch nachweisbare Effekte von Schulformen betrachten, stehen Studien, die in methodischer Hinsicht einen Mix aus qualitativen und quantitativen Methoden realisieren. Als ein Beispiel wären die Veröffentlichungen von Hinz u.a. (1998) zum Hamburger Schulversuch „Integrative Grundschule" anzuführen. Die Autoren verwendeten einerseits – wie in der Studie von Haeberlin u.a. (1991) – ein quasi-experimentelles Design um Mittelwertsunterschiede ihrer Kriterienvariablen zwischen verschiedenen Beschulungsformen zu ermitteln und andererseits qualitative Verfahren zur Analyse von Dokumenten (Berichte der Aufnahmekommission) und Interviews mit Sonderpädagoginnen und -pädagogen. Besonders hervorzuheben ist hier die Einbeziehung einer längsschnittlichen Betrachtungsebene, die eine umfassende Analyse der Schülerentwicklung ermöglicht (vgl. Hinz u.a. 1998). In diesem Zusammenhang wäre auch die Studie von Köbberling und Schley (2000) zu nennen, die explizit einen prozessorientierten Evaluationsansatz verfolgte.

In der Verwendung eines Methodenmixes folgt die empirische sonderpädagogische Schulforschung einer allgemeinen Entwicklung in der Evaluationsforschung. Im Unterschied zu einer lange Zeit polarisierten Diskussion, in der Vertreter beider Ansätze aus ihrer Sicht bestehende Nachteile der jeweils anderen methodischen Richtung übertrieben und auch verzerrt darstellten (vgl. Bortz/Döring 1995; Mayring 2001), betonen neuerdings sowohl deutsch- (z.B. Friebertshäuser/Prengel 1997) als auch englischsprachige Autoren (z.B. Bannister u.a. 1994), dass qualitative und quantitative Ansätze keinen Gegensatz darstellen. Dies gilt auch für die Evaluationsforschung, für die Stockmann (2000) feststellt, dass hier mittlerweile ein weitgehender Konsens über die Anwendung von Multimethodenansätzen bzw. über die Kombination von qualitativen und quantitativen Methoden existiert.

Es ist aber kritisch anzumerken, dass das Potenzial quantitativer und qualitativer Methoden von der sonderpädagogischen Schulforschung nicht ausgenutzt wird. In quantitativer Hinsicht scheinen einfache inferenzstatistische Methoden zu dominieren, während komplexere Verfahren kaum genutzt werden. Die zitierte Studie von Haeberlin u.a. (1991), in der sogar rasch-skalierte Tests verwendet wurden, bleibt hier eher eine Ausnahme. Was nahezu völlig fehlt, ist der

Einsatz komplexerer Verfahren für Typenbildungen (z.B. Clusteranalysen) oder multivariater Analysen, insbesondere von neueren Entwicklungen wie z.B. der Mehrebenenanalyse.

Dies allein im Sinne einer Präferenz für qualitative Methoden oder einer handlungstheoretischen Orientierung (vgl. Lange 1983) zu interpretieren, wäre jedoch vermutlich voreilig. Denn es ist zu konstatieren, dass auch qualitative Ansätze in der sonderpädagogischen Schulforschung selten den methodischen Elaborationsgrad von Studien aus anderen pädagogischen Forschungsfeldern aufweisen. Insbesondere werden die hypothesen- bzw. theoriegenerierenden Möglichkeiten qualitativer Verfahren (vgl. Flick 1999) zumeist nicht genutzt. Zwar verbinden einige Studien die Evaluation eines Schulversuchs mit einer umfassenden Dokumentation und Analyse der Entwicklung von Schülern, doch mündet dies in aller Regel nicht in die Formulierung eines theoretischen Modells des untersuchten Bereichs, etwa einer „Theorie der Integration".

Als eines der wenigen Gegenbeispiele kann die Arbeitsgruppe um Reiser genannt werden, die in jüngster Zeit damit begannen, den Grounded-Theory-Ansatz von Strauss und Glaser (1998) auf die Analyse und Evaluation von sonderpädagogischen Beratungsprozessen anzuwenden. Schon in früheren evaluativen Arbeiten (vgl. Reiser u.a. 1995) wurde die Bestrebung deutlich, über den unmittelbaren Zweck der Evaluation hinaus die gewonnenen Daten im Hinblick auf eine weiterreichende Theorie des untersuchten Gegenstandsbereichs zu reflektieren und zu interpretieren. In der sonderpädagogischen Schulforschung mangelt es bislang an systematischen Versuchen zur Triangulation der durch simultan erhobenen qualitativen und quantitative Daten gewonnenen Analyseperspektiven sowie an Ansätzen zur Kombination der Vorteile verschiedener methodischer Zugänge, z.B. durch die Schaltung einer qualitativen „Tiefenstudie" vor die Durchführung einer qualitativen „Breitbandstudie" zur Überprüfung des Geltungsgrades der in der qualitativen Studie gewonnenen Erkenntnisse (vgl. dazu den Beitrag von Krüger/Pfaff in diesem Band). Auch in Studien, die sowohl quantitative wie qualitative Methoden kombinieren, wie z.B. die zitierten Untersuchungen von Hinz u.a. (1998), werden die jeweiligen Verfahren eher als unterschiedliche Formen der Datensammlung und der deskriptiven Analyse gesehen, denn als aufeinander aufbauende Erkenntniswege.

Ein wesentlicher Grund für diese methodologische Selbstbeschränkungen mag in der etwas einseitigen inhaltlichen Ausrichtung der sonderpädagogischen Schulforschung zu sehen sein. Sie versteht sich größtenteils als eine praxisbegleitende Evaluationsforschung und weniger als eine erziehungswissenschaftliche Forschung, die das System „Sonderschule" bzw. die Besonderheiten inklusiver und exklusiver Prozesse des Erziehungssystems in ihren verschiedenen Aspekten zum Gegenstand hat. Aus diesem Grund legen viele ihrer Vertreter in Übereinstimmung mit den inzwischen etablierten professionellen Standards der Evaluationsforschung (vgl. Gruschka 1976; Patton 1997) auch weniger Wert auf wissenschaftliches Erkenntnisinteresse als vielmehr auf die praktische und politische Nützlichkeit und Kommunizierbarkeit ihrer Ergebnisse. So notwendig und richtig diese Konzeption für den evaluativen Sektor der Schulforschung ist, so problematisch ist sie aber für den allgemeinen Entwicklungsstand der sonderpädagogischen Schulforschung.

6 Perspektiven und Erziehungsperspektiven sonderpädagogischer Angebote in den Schulen

Der Blick auf das Sonderschulsystem offenbart ein nach Behinderungsformen fragmentiertes System von Förderangeboten für eine hoch heterogene Schülerschaft. Dabei lassen sich angesichts des niederschwelligen Umfangs integrativer Beschulungsangebote in Deutschland einige zentrale Kritikpunkte ausmachen: Dem deutschen Sonderschulsystem unterliegt noch immer ein duales Förderkonzept im Sinne von behindert/nichtbehindert, das vor allem Übergangsformen von Behinderungen oder zeitlich begrenzten individuellen Förderbedarf von Kindern ungenügend berücksichtigt. Sonderpädagogische Hilfen werden konditional bei Vorliegen einer diagnostizierten Behinderung ausgelöst. Hilfe ist also nicht nach präventiven Gesichtspunkten organisiert, sondern setzt ein, wenn das Faktum der Behinderung vorliegt. Die Zahl der Schülerinnen und Schüler, deren Schulerfolg nur durch zusätzliche individuelle Lernhilfen und soziale Unterstützung unterschiedlicher Intensität gesichert werden kann, übersteigt den Prozentsatz der Schüler in sonderpädagogischen Beschulungsangeboten signifikant.

Das Scheitern der deutschen Schulen bezüglich der Förderung schulschwacher Schüler wurde zuletzt durch die Ergebnisse der PISA-Studie (vgl. Deutsches PISA-Konsortium 2001) auf schockierende Weise dokumentiert. Die deutschen Schulen zeichnen sich im Leistungsbereich durch eine erhebliche Streubreite aus. Während die Leistungsspitze der deutschen Schüler knapp im OECD-Durchschnitt liegt, zeigt sich am unteren Ende des Leistungskontinuums eine Bildungskatastrophe. Der niedrige Leistungsstand von fast einem Viertel der erfassten Jugendlichen lässt erhebliche Probleme für die berufliche Qualifikation und Integration dieser Schüler erwarten. Dies ist in einer Zeit, in der die Nachfrage nach hochqualifiziertem Personal steigt, während minderqualifizierte Arbeitsplätze abnehmen, alarmierend. Die Problempopulation besteht dabei häufiger aus männlichen Jugendlichen und Schülern aus Familien mit Migrationshintergrund.

Die Ergebnisse der PISA-Studie werfen ein interessantes Licht auf ein Strukturproblem des deutschen Schulsystems, das sich durch dichtgewebte Selektionsmechanismen auszeichnet, in deren Ergebnis homogene Lerngruppen entstehen sollen. Das pädagogische Versprechen besserer Förderung und höherer Lernleistung, die durch homogene Gruppenbildung erreicht werden sollen, wird aber weder im oberen noch im unteren schulischen Leistungssegment eingelöst. Die signifikanten psychosozialen Folgekosten verschärfter schulischer Selektion im deutschen Schulsystem hat keine funktionale Entsprechung in den Schulleistungen und damit keine Rechtfertigung. Die Bildung möglichst homogener Leistungsgruppen dürfte angesichts der „Pluralisierung von Lebenslagen und der Individualisierung der Lebensführung" (vgl. Achter Jugendbericht 1990 des Bundesministeriums) von Kindern, Jugendlichen und ihren Familien ohnehin eine pädagogische Fiktion sein. Das Bestreben, homogene Leistungsgruppen zu bilden, könnte im Schultag unter anderem den Effekt haben, dass die Lehrerinnen und Lehrer vor einer Veränderung ihrer Unterrichtspraxis geschützt werden, die dringend erforderlich ist. Jedoch hat diese Homogenisierungstendenz neben den sozial exkludierenden Folgekosten für die nach unten selegierten Schüler auch den Preis des Verlustes positiver Vorbilder in der Peergruppe und möglicherweise die Folge eines reduzierten Erwartungsniveaus bei den Lehrern in niedrigeren schulischen Ausbildungsgängen.

Das Sonderschulsystem hat hinsichtlich der Operationalisierung von Homogenitätsvorstellungen eine wichtige Funktion – und die ist im Lichte der Ergebnisse der PISA-Studie höchst zweifelhaft. Die Leitvorstellung homogener Lerngruppenbildung – das darf auch angesichts der Kritik an den selektiven Funktionen der Sonderschule nicht übersehen werden – muss Hand in Hand mit der Entwicklung eines Kontinuums präventiv ausgerichteter, flexibel einsetzbarer individueller Hilfe- und Förderangebote für Schüler mit Schulproblemen gehen (vgl. Opp 1999). Dies impliziert die Entwicklung kooperativer Arbeitsbeziehungen zwischen Sonderschulen, Allgemeinen Schulen und dem Angebotsspektrum des Kinder- und Jugendhilfeverbundes (vgl. Seithe 2001).

Der Prozentsatz der Schülerinnen und Schüler in deutschen Schulen, die zur Sicherstellung ihrer schulischen Erziehungserfolge auf spezielle individuelle Hilfe- und Förderangebote angewiesen sind, liegt erheblich höher als der Prozentsatz der Schüler, die gegenwärtig von sonderpädagogischen Förderangeboten erfasst werden. Eine Population von maximal 20% könnte die Orientierungsgröße für das erforderliche Maß an zusätzlichen und vorrangig integrativen Förderangeboten sein, die auch in den deutschen Schulen benötigt werden. Dies würde in etwa den Ergebnissen aktueller wissenschaftlicher Prävalenzstudien entsprechen (vgl. Opp/Wenzel 2002). Dieses Problemlevel spiegelt sich auch direkt im Prozentsatz der schulproblematischen Schüler, die in der PISA-Studie ermittelt wurden.

Der Schwerpunkt sonderpädagogischer Hilfen muss vor allem in den Behinderungsbereichen hoher Inzidenz und im vorschulischen Bereich liegen. Die Belege für Erfolge kompensatorischer schulischer Förderangebote sind insgesamt eher entmutigend (vgl. Greenbaum u.a. 1996). Ermutigende Erfolge sind dagegen im Frühförder- und Vorschulbereich dokumentiert (vgl. Weiß 2000). Der Einbezug des Erziehungsumfeldes in diese Förderangebote für Kinder im Vorschulalter scheint ein wichtiges Kriterium ihres Erfolges zu sein.

Bei allen Förderprogrammen sollten Jungen und Kinder aus Emigrantenfamilien besondere Beachtung finden. Erfolgreiche Förderung baut auf den individuellen Stärken dieser Kinder auf und bemüht sich um eine qualitative Anreicherung ihrer Lebenswelten.

In der Gesamtschau sollte darüber nachgedacht werden, ob veränderte Angebotsstrukturen sonderpädagogischer Förderung auf einem Klassifikationssystem von Behinderung basieren könnten, das sich stärker an den Überschneidungen von Störungsbildern (Ko-Morbidität) orientiert, statt an Vorstellungen einer Behinderungsspezifik, die in der Realität moderner Lebenswelt eher die Ausnahme darstellt und letztendlich auch fachlich nur eingeschränkt auszufüllen ist. Weiterführend ist in diesem Zusammenhang ein neuerer Vorschlag der OECD (2000), der in Anlehnung an international übliche Präventionsmodelle zwischen (A) Schülern mit Behinderungen mit offensichtlich biologischen Ursachen, (B) Schülern mit Verhaltens- und Lernproblemen und (C) Schülern, deren Schulprobleme aus sozialen Benachteilungslagen resultieren, unterscheidet.

Literatur

Artiles, A.C./Trent, S.C.: Overrepresentation of minority students in special education: A continuing debate. In: The Journal of Special Education 27 (1994), pp. 410-437

Baker, J.M./Zigmond, N.: Are regular education classes equipped to accomodate students with learning disabilities? Exceptional Children 56 (1990), pp. 515-526

Banister, P./Burman, E./Parker, I./Taylor, M./Tindall, C.: Qualitative methods in psychology. A research guide. Buckingham 1994

Begemann, E.: Die Erziehung der sozio-kulturell benachteiligten Schüler. Hannover 1970

Benkmann, R.: Dekategorisierung und Heterogenität – Aktuelle Probleme schulischer Integration von Lernschwierigkeiten in den Vereinigten Staaten und der Bundesrepublik Deutschland. In: Vierteljahreszeitschrift Sonderpädagogik 24 (1994), S. 4-13

Benkmann, R: Sonderpädagogische Profession im Wandel unter Berücksichtigung des Förderschwerpunktes Lernen. In: Zeitschrift für Heilpädagogik 52 (2001), S. 90-98

Blatt, B./Kaplan, F.: Christmas in purgatory: A photographic essay on mental retardation. Boston 1966

Bleidick, U.: Pädagogik der Behinderten. Berlin 1972

Bortz, J./Döring, N.: Forschungsmethoden und Evaluation. Berlin 1995

Breuer-Schaumann, E./Engelmeier, E.: Eltern und die Schule für Lernbehinderte. In: Behindertenpädagogik in Bayern 29 (1986), S. 300-328

Bundesministerium für Jugend, Familie, Frauen und Gesundheit (Hrsg.): Achter Jugendbericht. Bonn 1990

Bürli, A.: Sonderpädagogik international. Zürich 1997

Christ, K./Peters, R./Wagner, G.: Aus der Arbeit einer Integrationsklasse in Saarbrücken-Bellevue. In: Sander, A./Hildeschmidt, A./Jung-Sioin, J./Raidt-Petrick, H./Schnitzler, R. (Hrsg.): Schulreform Integration: Entwicklungen der gemeinsamen Erziehung behinderter und nichtbehinderter Kinder und Jugendlicher im Saarland 1990-93/94. St. Ingbert 1994, S. 151-180

Comenius, J.A.: Große Didaktik. Stuttgart 1993

Deutsches PISA-Konsortium (Hrsg.): PISA 2000. Opladen 2001

Drave, W./Rumpler, F./Wachtel, P. (Hrsg.): Empfehlungen zur sonderpädagogischen Förderung. Allgemeine Grundlagen und Förderschwerpunkte (KMK) mit Kommentaren. Würzburg 2000

Dumke, D./Krieger, G./Schäfer, G.: Schulische Integration in der Beurteilung von Eltern und Lehrern. Weinheim 1989

Dumke, D./Krieger, G.: Einstellungen und Bereitschaft von Sonderschullehrern zum integrativen Unterricht. In: Zeitschrift für Heilpädagogik 41 (1990), S. 235-245

Dumke, D./Schäfer, G.: Integrationsklassen in der Beurteilung von Eltern. Berichte aus dem Seminar für Psychologie der Pädagogischen Fakultät der Universität Bonn 1987

Dumke, D.: Entwicklung behinderter und nichtbehinderter Schüler in Integrationsklassen: Einstellungen, soziale Beziehungen, Persönlichkeitsmerkmale und Schulleistungen. Weinheim 1993

Dunn, L.M.: Special education for the mildly retarded – is much of it justifiable? In: Exceptional Children 35 (1968), pp. 5-25

Eberwein, H.: Zur Bedeutung qualitativ-ethnographischer Methoden für die integrationspädagogische Forschung. In: Eberwein, H. (Hrsg.): Behinderte und Nichtbehinderte lernen gemeinsam. Weinheim 1988, S. 291-298

Eggert, D.: Ein Beitrag zur Sozial- und Familienstatistik von geistig behinderten Kindern. In: Zimmermann, K.W. (Hrsg.): Neue Ergebnisse der Heil- und Sonderschulpädagogik. Bonn 1969

Flick, U: Qualitative Forschung. Theorie, Methode, Anwendung in Psychologie und Sozialwissenschaften. Reinbek 1999

Friebertshäuser, B./Prengel, A. (Hrsg.): Handbuch Qualitative Forschungsmethoden in der Erziehungswissenschaft. München 1997

Glaser, B.G./Strauss, A.L.: Grounded Theory: Strategien qualitativer Forschung. Bern/Göttingen/Toronto/Seattle 1998

Good, Th./Brophy, J.E.: Looking in classrooms. New York 1994

Greenbaum, P.E./Dedrick, R.F./Friedman, R.M./Kutash, K./Brown, E.C./Lardieri, S.P./Pugh, A.M.: National adolescent and child treatment study (NACTS): Outcomes for children with serious emotional and behavioral disturbance. In: Journal of Emotional and Behavioral Disorders 4 (1996), pp. 130-146

Gruschka, A. (Hrsg.): Ein Schulversuch wird überprüft. Das Evaluationsdesign für die Kollegstufe NW als Konzept handlungsorientierter Begleitforschung. Kronberg 1976

Haas, A.: Lehrern bei der Unterrichtsplanung zugeschaut ... oder: Didaktik zwischen Theorie und Alltag – Ergebnisse einer Pilotstudie. In: Pädagogik 10 (1993), S. 46-48

Haeberlin, U./Bless, G./Moser, U./Klaghofer, R.: Die Integration von Lernbehinderten. Bern 1991

Haeberlin, U.: Kritische Aspekte der Integrationsentwicklung im Saarland. In: Sander, A./Hildeschmidt, A./Jung-Sioin, J./Raidt-Petrick, H./Schnitzler, R. (Hrsg.): Schulreform Integration: Entwicklungen der gemeinsamen Erziehung behinderter und nichtbehinderter Kinder und Jugendlicher im Saarland 1990-93/94. St. Ingbert 1994, S. 39-54

Hage, K./Bischoff, H./Dichanz, H./Eubel, K.-D./Oelschläger, H.-J./Schwittmann, D.: Das Methodenrepertoire von Lehrern. Eine Untersuchung zum Unterrichtsalltag in der Sekundarstufe I. (3093-7-01-S1), Fernuniversität Hagen 1986

Heimlich, U./Jacobs, S. (Hrsg.): Integrative Schulentwicklung im Sekundarbereich. Das Beispiel der Integrierten Gesamtschule Halle/Saale. Bad Heilbrunn 2001

Heyer, P./Preuss-Lausitz, U./Schöler, J.: „Behinderte sind doch auch Kinder wie wir!“. Gemeinsame Erziehung in einem neuen Bundesland. Berlin 1997

Hinz, A./Katzenbach, D./Rauer, W./Schuck, K.D./Wocken, H./Wudtke, H.: Die integrative Grundschule im sozialen Brennpunkt. Ergebnisse eines Hamburger Schulversuchs. Hamburg 1998

Jencks, C.: Chancengleichheit. Hamburg 1973

Johnson, G.O.: A study of the social position of mentally-handicapped children in the regular grades. In: American Journal of Mental Deficientcy 50 (1950), pp. 60-89

Johnson, G.O.: Special education for the mentally handicapt: A paradox Exceptional Children 29 (1962), pp. 62-69

Kauffman, J.H.: Strategies for the nonrecognition of social deviance. In: Rutherford, R.B./Nelson, C.M./Forness, S.R. (Eds.): Bases of severe behavioral disorders in children and youth. Boston 1988, pp. 3-19

Kerlinger, F.N.: Grundlagen der Sozialwissenschaften. Bd. 1, Weinheim 1978

Klein, G.: Auftrag und Dilemma der Sonderschule – gestern, heute, morgen. In: Sonderschule in Niedersachsen 2 (1990), S. 5-16

Klein, G.: Spezielle Fragen soziokultureller Determinanten bei Lernbehinderung. In: Kanter, G.O./Speck O. (Hrsg.): Handbuch der Sonderpädagogik. Pädagogik der Lernbehinderten. Bd. 4, Berlin 1977, S. 65-75

Klein, G: Soziale Benachteiligung: Zur Aktualität eines verdrängten Begriffs. In: Opp, G./Peterander, F. (Hrsg.): Focus Heilpädagogik. München 1996, S. 140-149

Köbberling, A./Schley, W.: Sozialisation und Entwicklung in Integrationsklassen: Untersuchungen zur Evaluation eines Schulversuchs in der Sekundarschule. Weinheim/München 2000

Kornmann, R.: Wie ist das zunehmende Schulversagen bei Kindern von Migranten zu erklären und zu beheben? In: Vierteljahresschrift für Heilpädagogik und ihre Nachbargebiete 67 (1998), S. 55-68

Lange, E.: Zur Entwicklung und Methodik der Evaluationsforschung in der Bundesrepublik Deutschland. In: Zeitschrift für Soziologie 12 (1983), S. 253-270

Liepmann, M.C.: Geistig behinderte Kinder und Jugendliche. Eine epidemiologische, klinische und sozialpsychologische Studie in Mannheim. Bern 1979

Loeken, H.: Erziehungshilfe in Kooperation: Professionelle und organisatorische Entwicklungen einer kooperativen Einrichtung von Schule und Jugendhilfe. Heidelberg 2000

Malson, L.: Die wilden Kinder. Frankfurt a.M. 1992

Marx, R.: Integrieren oder Aussondern. Die Sonderschule in der Sicht von Schülern und Eltern. Weinheim 1992

Mayring, P.: Kombination und Integration qualitativer und quantitativer Analyse. In: Forum Qualitative Sozialforschung. On-line Journal 2 (2001), 1: http://qualitative-research.net/fqs/fqs.htm (Zugriff: 22. 3. 2002)

McIntosh, R./Vaughn, S./Schumm, J.S./Haager, D./Lee, O.: Observations of students with learning disabilities in general education classrooms. In: Exceptional Children 60 (1993), pp. 249-261

Minke, K.M./Bear, G.G./Deemer, S.A./Griffin S.M.: Teachers‘ Experiences with Inclusive Classrooms: Implications for Special Education Reform. In: Journal of Special Education 30 (1996), pp. 152-186

Moody, S.W./Vaughn, S./Schumm, J.S.: Instructional Grouping for Reading: Teacher's views. In: Remedial and Special Education 18 (1997), pp. 347-356

Morse, W.C.: Comments from a biased viewpoint. In: The Journal of Special Education 27 (1994), pp. 531-542

Nirje, B.: Das Normalisierungsprinzip und seine Auswirkungen in der fürsorgerischen Betreuung. In: Kugel R.B./Wolfensberger, W. (Hrsg.): Geistigbehinderte – Eingliederung oder Bewahrung. Stuttgart 1974, S. 33-46

OECD (Ed.): Special need education statistic and indicators. 2001

OECD (Ed) Measuring student knowledge and skills: the PISA assessment of reading, mathematical and scientific literacy. Paris 2000

Opp, G. (Hrsg.): Leitfaden und Leitfragen zur Qualitätsentwicklung für Schulen zur Erziehungshilfe – Grundsätze und Anregungen für die Schulpraxis. Kultusministerium des Landes Sachsen-Anhalt 1999

Opp, G.: Aufmerksamkeits- und Hyperaktivitätsstörungen bei Grundschülern: Was Grundschullehrer wissen sollten. In: Geiling, U. (Hrsg.): Grundschulkinder in Not. Leverkusen 2000

Opp, G./Fingerle, M./Puhr, K.: Differenz als Konstitutionsproblem der Sonderpädagogik. In: Lutz, H./Werning, R. (Hrsg.): Unterschiedlich verschieden. Differenz in der Erziehungswissenschaft. Opladen 2000, S. 161-176

Opp, G./Wenzel, E.: Eine neue Komplexität kindlicher Entwicklungsstörungen – Ko-Morbidität als Schulproblem. In: Wittrock, M./Schöder, U./Rolus-Borgward, S./Tänzer, U. (Hrsg.): Lernbeeinträchtigung und Verhaltensstörung – Konvergenzen in Theorie und Praxis. Stuttgart 2002, S. 15-23

Oversberg, M.B.: Integration durch Sonderschule. In: Sonderpädagogik 20 (1990), S. 192-195

Patton, M.Q.: Utilization – Focused Evaluation: The New Century Text. Sage 1997

Preuss-Lausitz, U.: Zum Stand der Integrationsforschung. In: Eberwein, H. (Hrsg.): Behinderte und Nichtbehinderte lernen gemeinsam. Weinheim 1988, S. 241-247

Projektgruppe Integrationsversuch: Das Fläming-Modell: gemeinsamer Unterricht für behinderte und nichtbehinderte Kinder an der Grundschule. Weinheim/Basel 1988

Reiser, H./Loeken, H./Dlugosch, A.: Bedingungen der Problemwahrnehmung von Leistungsversagen in der Grundschule, untersucht am Beispiel zweier hessischer Landkreise. Forschungsstelle Integration, Institut für Sonder- und Heilpädagogik am Fachbereich Erziehungswissenschaften der Johann-Wolfgang-Goethe-Universität. Frankfurt a.M. 1995

Reiser, H./Loeken, H.: Das Zentrum für Erziehungshilfe der Stadt Frankfurt am Main. Kooperation von Schule und Jugendhilfe. Solms 1993

Reiser, H.: Lern- und Verhaltensstörungen als gemeinsame Aufgabe von Grundschul- und Sonderpädagogik unter dem Aspekt der pädagogischen Selektion. In: Zeitschrift für Heilpädagogik 48 (1997), S. 266-275

Reschly, D.: Minority Mild mental retardation overrepresentation: Legal issues, research findings and reform trends. In: Wang, C.M./Reynolds, M.C./Walberg, H.J. (Eds.): Handbook of special education.: Research and practice. Mildly handicapped condition. Oxford u.a. 1988, pp. 23-41

Reynolds, M.C.: A framework for considering some issues in special education. In: Exceptional Children 28 (1962), pp. 367-370

Schor, B.: Mobile Sonderpädagogische Dienste: Konzeption, Praxisorientierung, Handlungshilfen für ein integratives Bildungsangebot. Donauwörth 1998

Schröder, U.: Alle reden von Integration – und die Zahl der Sonderschüler steigt!? Sonderpädagogik 23 (1993), S. 130-141

Schröder, U.: Integrative Pädagogik bei Kindern und Jugendlichen mit Lernbehinderung. In: Ortmann, M./Myschker N. (Hrsg.): Integrative Schulpädagogik. Stuttgart 1999, S. 182-215

Schumm, J.S./Vaughn, S.: Planning for mainstreamed special Education students: perceptions of general classroom teachers. In: Exceptionality (1992), pp. 81-98

Scruggs, T.E./Mastropieri, M.A.: Teacher Perceptions of Mainstreaming/Inclusion, 1958-1995: A research synthesis. In: Exceptional Children 63 (1996), pp. 59-74

Seithe, M.: Praxisfeld: Hilfe zur Erziehung. Opladen 2001

Semmel, M.I./Abernathy, T.V./Butera, G./Lesar, S: Teachers perceptions of the Regular Education Initiative. Exceptional Chlidren 58 (1991), S. 9-24

Shepard, L.A.: The new push for excellence: Widening the schism between regular and special education. In: Exceptional Children 53 (1987), pp. 327-329

Speck, O.: Das Selbstverständnis des heilpädagogischen Schulsystems im Wandel. In: Zeitschrift für Heilpädagogik 42 (1991), S. 599-607

Speck, O.: System Heilpädagogik. München 1988

Statistische Veröffentlichungen der Kultusministerkonferenz. Sonderpädagogische Förderung in Schulen. Dokumentation 153, 2001

Stichling, M./Theunissen, G./Plaute, W.: Schüler im „Grenzbereich" zwischen Lernbehinderung und geistiger Behinderung – Ergebnisse einer Lehrerbefragung in Sachsen-Anhalt. In: Die neue Sonderschule 44 (1999), S. 406-420

Stockmann, R.: Evaluation in Deutschland. In: Stockmann, R. (Hrsg.): Evaluationsforschung. Grundlagen und ausgewählte Forschungsfelder. Opladen 2000, S. 11-40

Strauss, A.: Grounded theory: Grundlagen qualitativer Sozialforschung. Weinheim 1996

Theunissen, G./Plaute, W.: Endstation oder Chance? Zum Problem von Schülern „im Grenzbereich" zwischen Lernbehinderung und geistiger Behinderung – dargestellt am Beispiel der Situation in Sachsen-Anhalt. In: Die neue Sonderschule 44 (1999), S. 254-268

Twenty-secound annual report to Congress on the implementation of the individuals with disabilities act. US. Department of Education 2000

Vaughn, S./Hughes, M.T./Schumm, J.S./Klinger, J.: A collaborative effort to enhance reading and writing instruction in inclusive classrooms. In: Learning Disability Quarterly 21 (1998), pp. 57-74

Walker, H.M./Rankin, R.: Assessing the behavioral exceptions and demands of less restrictive settings. In: School Psychology Review 12 (1983), pp. 274-284

Weinert, E.E./Helmke, A. (Hrsg.): Entwicklung im Grundschulalter. Weinheim 1997

Weinert, F.M.: Qualifikation und Unterricht zwischen gesellschaftlichen Notwendigkeiten, pädagogischen Visionen und psychologischen Möglichkeiten. In: Melzer, W./Sandfuchs, U. (Hrsg.): Was Schule leistet. Weinheim 2001, 65-85

Weiser, M./Weiser, P. (Hrsg.): Eine Schule für alle. Bericht der Enquête-Kommission zur Integration behinderter Kinder und Jugendlicher in Baden-Württemberg. St. Ingbert 1991

Weiß, U.: Frühförderung mit Kindern und Familien in Armutslagen. München 2000

www.stern.de/campus@karriere/news (Zugriff: 21.01.02)

Till-Sebastian Idel | Heiner Ullrich

Reform- und Alternativschulen

1 Die institutionelle Ausdifferenzierung des Feldes

Die Institutionalisierung des staatlich getragenen und beaufsichtigten Schulwesens im Prozess der Moderne lässt sich auch als Geschichte seiner Gegenentwürfe lesen. Aus schul- und bildungsgeschichtlicher Perspektive erscheint es legitim von „drei Etappen der radikalen Schulkritik auf dem Weg zu alternativen Schulen" (Winkel 1981) bzw. von „drei Schüben der Reformpädagogik" (Benner/Kemper 1993) zu sprechen, welche sich zunächst im Gefolge Rousseaus etwa in den Philanthropinen des späten 18. Jahrhunderts, dann in den Gründungen der traditionellen Reformpädagogik im ersten Drittel des 20. Jahrhunderts und schließlich in den Reform- und Alternativschulen der letzten drei Jahrzehnte manifestieren (als Überblick für Österreich vgl. Fischer-Kowalski u.a. 1995; für die Schweiz vgl. Grunder 1996a, S. 324f.; für die USA vgl. Leschinsky 2001).

Im weitesten Sinne sind zum Spektrum der alternativen Schulen zunächst einmal all jene Schulen zu rechnen, die zumeist in freier Trägerschaft und in mehr oder weniger großem Abstand zur staatlichen Regelschule alternative bzw. innovative pädagogische Konzepte verfolgen, seien es die vielen konfessionell getragenen und weltanschaulich geprägten Schulen oder die älteren oder neueren reformpädagogischen Schulen (in den USA u.a. die community-, magnet- und charter-schools). In einem engeren Sinne werden mit der Betonung des Präfixes „alternativ" oft nur diejenigen Schulen betrachtet, welche als „Gegenschulen" bzw. „counter schools" nicht nur einzelne strukturelle, methodische und inhaltliche Reformen verwirklichen, sondern – ausgehend von einer radikalen Kritik an der Institution Schule – eine aufs Ganze zielende „Entschulung der Schule" ins Werk setzen wollen (vgl. Ramseger 1984; Oehlschläger 1996). In unterschiedlichem Ausmaß auch an die „Ur-Ideen der klassischen Reformpädagogik" (Ramseger) anknüpfend, orientieren sich diese Alternativschulen in erster Linie an den politischen Prinzipien der basisdemokratischen Autonomie und Partizipation aller schulischen Akteure sowie an den pädagogischen Grundsätzen der kooperativen Selbstbestimmung in der Lerngruppe – „Selbstregulation" – und der Selbsttätigkeit des individuellen Lernprozesses – „Mathetik". Zu dieser engeren Kategorie gehören neben einzelnen staatlich getragenen Versuchsschulen – bekannt ist v.a. die Laborschule Bielefeld – vor allem freie Schulen. Letztere, derzeit ca. 50 Schulen mit etwa 2.300 Schülerinnen und Schüler in Deutschland, bezeichnen sich selbst – im engsten Sinne – als „Alternativschulen" und haben sich im „Bundesverband der Freien Alternativschulen" zusammengeschlossen (vgl. Borchert/Maas 1998; zum Selbstverständnis des Verbandes vgl. Borchert 1992, S. 15ff.). Als ihr deutscher Prototyp wird mit einem gewissen Recht bis heute die Glocksee-Schule in Hannover angesehen, die allerdings seit ihrer Eröffnung eine staatlich getragene Versuchsschule ist.

Im landläufigen Sinne gelten in der öffentlichen Auseinandersetzung über „gute Schulen" als faktische Alternativen zu den staatlich getragenen regulären Schulen nicht so sehr die letztgenannten Freien Alternativschulen, sondern in erster Linie die der Reformpädagogik des frühen 20. Jahrhunderts entstammenden bzw. in ihrem Geiste gegründeten Reformschulen (Landerziehungsheime, Jena-Plan-Schulen, Montessori-Schulen, Freie Waldorfschulen). Die jüngere Debatte kreist also weniger um die Pädagogik der Alternativschulen im engen Sinne als vielmehr um das reformpädagogische Anliegen insgesamt die Dynamik der Moderne so zu bearbeiten, dass mit der Subjektivität der Kinder und Jugendlichen in radikaler Weise auch in der Schule gerechnet und diese zu deren gemeinschaftlichem Lern- und Lebensort umgestaltet wird (vgl. Winkler 1994). Als programmatische Kennzeichen dieser „anderen" Pädagogik lassen sich festhalten: (1.) die Gestaltung der Schule als „Lebensraum", (2.) die Akzentuierung gemeinschaftlicher Bezüge, (3.) das Lernen (auch) in fächerübergreifenden Zusammenhängen, (4.) die Subjektstellung des Kindes bzw. Jugendlichen, (5.) das Lernen mit allen Sinnen, (6.) der Werkcharakter und die Fehlerfreundlichkeit des Lernens, (7.) die Individualisierung der Beurteilung von Lernleistungen sowie (8.) die explizit personale Gestaltung der Lehrer-Schüler-Beziehung (vgl. Winkler 1994; Göhlich 1998; Ullrich 1999, S. 344ff.).

Die produktive Funktion von Reform- und Alternativschulen wird in der pädagogisch und bildungspolitisch interessierten Öffentlichkeit vor allem darin gesehen, dass sie allein durch ihre Existenz die Fragen nach einer stärker schülerorientierten Gestaltung des Unterrichts sowie nach dem pädagogischen Ethos der Lehrerinnen und Lehrer und dem autonomen Gestaltungsraum der Schule immer wieder von Neuem aufwerfen. Die Reform- und Alternativschulen treffen indes auch auf starke Vorbehalte, welche auf ihr ambivalentes Verhältnis zur Moderne in Curriculum und Schulleben, auf die Überforderung und „Entprofessionalisierung" des pädagogischen und didaktischen Handelns u.a. durch die uneingeschränkte Partizipation der Eltern (und Schüler) und auf die elitären, sozial privilegierenden Wirkungen des Besuchs dieser „privaten" Schulen abheben (vgl. Winkler 1994; Grunder 1996a; Leschinsky 2001).

Von Seiten der wissenschaftlichen Pädagogik sind bis heute immer wieder Abschottungstendenzen der Reform- und Alternativschulen und das Fehlen valider empirischer Daten kritisiert worden (vgl. Oehlschläger 1996, S. 52). Wenngleich nach wie vor gravierende Forschungslücken bestehen und auch methodologischer Professionalisierungsbedarf unübersehbar ist, hat sich die Forschungslage zu Reform- und Alternativschulen in den letzten zehn Jahren deutlich verbessert, nicht zuletzt durch das Bielefeld-Kassler Graduiertenkolleg „Schulentwicklung an Reformschulen im Hinblick auf das allgemeine Schulwesen" (vgl. hierzu auch die Beiträge in Idel/Ulrich/Kunze 2004).

2 Anfänge der empirischen Forschung zu Reform- und Alternativschulen

Die empirische Forschung zu Reform- und Alternativschulen hat sich im deutschsprachigen Bereich erst sehr spät und bisher nur in einem sehr engen Rahmen ausdifferenziert, obwohl sie an bemerkenswerte Vorläufer hätte anschließen können. Insofern lassen sich in historisch-systematischer Perspektive zwar Entwicklungslinien rekonstruieren; eine bewusste Anknüpfung an diese gibt es in der gegenwärtigen empirischen Alternativ- und Reformschulforschung jedoch nicht.

Die Pädagogische Tatsachenforschung Peter Petersens sollte die Überlegenheit des Reformansatzes der international beachteten Jena-Plan-Schule (vgl. Petersen 1927, 1974) unter Beweis stellen (vgl. Petersen/Petersen 1965). In den knapp drei Jahrzehnten der Forschungsarbeit in Jena von 1923 bis 1950 verschob sich dabei der Schwerpunkt allmählich von der Schul- über die Schüler- zur Unterrichtsforschung (vgl. Dietrich 1986, S. 95f.). Petersens Arbeit ist systematisch betrachtet ein wichtiger Vorläufer der aktuellen reformpädagogischen Schul- und Unterrichtsforschung. Mit ihrer Forschungskonzeption wollten Else und Peter Petersen von der in der Pädagogischen Psychologie bis heute üblichen Lehrerzentrierung Abschied nehmen. Die Tätigkeiten der Kinder in den gemeinschaftlich organisierten Arbeitsformen des Unterrichts und Schullebens wurden beobachtet, protokolliert und anschließend mit der von Petersen normativ begründeten „idealen" pädagogischen Situation verglichen (vgl. Roeder 1964; Merkens 1975). Die Mehrzahl der an der Jena-Plan-Schule Petersens durchgeführten Forschungen galt der Erfassung des Verhältnisses von Lehrerverhalten und Schüleraktivität im Unterricht (vgl. den thematischen Überblick in Dietrich 1986, S. 99f.). Dabei wurde vorausgesetzt, dass die Qualität des Unterrichts in erster Linie vom Ausmaß der Selbsttätigkeit und des prosozialen Handelns der Schülerinnen und Schüler bestimmt wird. Die Untersuchungen konnten durchweg erweisen, dass das arbeits- und gruppenunterrichtliche Verfahren nach dem Jena-Plan in diesen Dimensionen tatsächlich den Formen des üblichen Frontalunterrichts überlegen war. Die Tatsache, dass nach der Schließung der Jenaer Universitätsschule nicht mehr an diese Pionierarbeiten der Schulforschung angeknüpft wurde, erklärt sich u.a. aus den methodologischen Schwächen und ideologischen Aufladungen der gegenüber der Jena-Plan-Pädagogik unkritisch-affirmativen Forschungskonzeption und -praxis (Winkler 2001, S. 55). Bei der Erhebung der Unterrichtssituationen, wo es ja zentral um die Beschreibung der Lehr- und Lernprozesse der Akteure gehen soll, bleiben die Schüler- und Lehrer-Individuen nur Objekte vorstrukturierter Beobachtungen, die – im Vergleich zur psychologischen Forschung – auf nur wenig differenzierte und theoretisch unausgewiesene Kategorien bezogen bleiben.

Eine andere Traditionslinie beginnt mit der Eight Year Study, welche im Auftrag der Progressive Education Association zwischen 1933 und 1941 in den Vereinigten Staaten durchgeführt wurde (vgl. Weinert 1970; Röhrs 1977). Diese fünfbändige Vergleichsuntersuchung des späteren Studienerfolgs von Schülern aus Reform- und Regelschulen begründet den bis heute für die Schulforschung an Reform- und Alternativschulen zentralen Typus der quantitativen Absolventenstudie. Anhand zweier Stichproben von je 1.475 Studierenden sollte der Nachweis geführt werden, dass für den späteren Studienerfolg weniger die fachsystematische und prüfungsorientierte Wissensvermittlung bestimmend ist als vielmehr die aus einem „aktiven" Unterricht und einer demokratischen Gestaltung des Lehrer-Schüler-Verhältnisses entspringende Lernmotivation. Als Kriterien für den Studienerfolg im College galten u.a. die erzielten Abschlussnoten, die akademische Anerkennung bei den Dozenten, bestimmte „intellektuelle Charakteristika" beim Studieren, aktive Mitarbeit in der Studentenschaft und das Erreichen persönlicher Ziele. Die Daten wurden mittels standardisierter Interviews und Fragebögen erhoben und durch Aufzeichnungen, Berichte und Kommentare der Dozenten ergänzt. Sie dokumentieren in allen o.a. Dimensionen einen größeren Studienerfolg bei den Absolventen der Reformschulen (vgl. Weinert 1970, Sp. 1271). Eine weitere Frage der „Eight Year Study" bezog sich auf die Wirkung des Ausmaßes an „Progressivität" der Reformschulen auf den späteren Studienerfolg ihrer Schüler. Der Vergleich der Studienergebnisse ergab, dass die Absolventen der am stärksten experimentierenden „alternativen" Schulen deutlich erfolgreicher waren (ebd., Sp. 1272). Die Ergebnisse der „Eight Year Study" sind mitten im Zweiten Weltkrieg publiziert worden. Schon wegen dieses Zeitpunktes haben sie die verdiente breite Rezeption in der Öffentlichkeit ebenso wenig gefunden wie die Fragestellung, Anlage und Methode dieser Studie die notwendige Diskussion in der Forschung. Die Progressive Education, die amerikanische Reformpädagogik, hatte sich inzwischen ihrem Ende zugeneigt (vgl. Röhrs 1998, S. 394) und es bestand deshalb auch kein Interesse mehr am empirischen Aufweis ihrer Erfolge. So wurden auch die mit dem quantitativ-vergleichenden Ansatz verbundenen konzeptionellen und methodischen Probleme nicht mehr angemessen diskutiert (z.B. die fragwürdige Validität des angesetzten akademischen Leistungsbegriffs, die mangelhafte Berücksichtigung der Ebene der individuellen Schulkultur sowie der Art der Professionalität der sie gestaltenden pädagogischen Akteure). Nach der Welle der Neugründungen in den 1960er Jahren stellen die Reform- und Alternativschulen im US-amerikanischen Schulwesen inzwischen ein unentbehrliches Bildungsangebot dar, welches von staatlicher Seite heute auch gezielt gefördert wird um spezifische soziale und schulische Problemgruppen zu integrieren (als Überblick über den Stand der Alternativschulentwicklung und -forschung in USA vgl. Mintz et al. 1994).

3 Forschungen über „klassische" Reform- und Alternativschulen

Die empirische Erforschung der Schulkulturen der heutigen Landerziehungsheime (vgl. Grunder 1996b; Becker 1999) und ihrer Wirkungen steht noch fast am Anfang. Einen ersten, eher unspezifischen Zugang unternimmt Kalthoff (1997) in seiner bemerkenswerten ethnographischen Studie über die Erzeugung des elitären Habitus der „Wohlerzogenheit" in drei deutschen Internatsschulen, zwei Jesuitenkollegs und einem Landerziehungsheim. Sein analytisches Interesse liegt dabei aber nicht in der Herausarbeitung der Unterschiede zwischen den ‚alten' und den ‚neuen' Internatsschulen, sondern im Aufweis der gleichsinnigen disziplinierenden Wirkungen ihrer zeitlichen, räumlichen und sozialen Ordnungen, welche durch die dichte Beschreibung alltäglicher Szenen aus Unterricht, Abschlussprüfungen, Studienzeiten, sozialen Diensten und gemeinsamen Mahlzeiten erschlossen werden.

Erste aktuelle empirische Forschungsergebnisse zu Jena-Plan-Schulen liegen aus der wissenschaftlichen Begleitforschung zur 1991 im brandenburgischen Lübbenau gegründeten Jena-Plan-Schule vor (vgl. Pädagogisches Landesinstitut Brandenburg 2000; Lambrich/Steinberg 2002). Diese quantitative Untersuchung basiert auf einer kleinen Fallzahl (n=46) im vier- bzw. fünfjährigen Längsschnitt und konzentriert sich im Wesentlichen auf die vorstrukturierte Erfassung von Lernleistungen und Einstellungsmustern, sozialklimatischen Aspekten, Übergangserfahrungen sowie retrospektiven Urteilen aus der Schülerperspektive. Als wichtigstes Ergebnis eines Vergleichs mit Regelschülern kann hervorgehoben werden, dass die Lernleistungen der untersuchten Jena-Plan-Schüler überwiegend im mittleren Bereich, in der Rechtschreibung (2. und 3. Klasse) und in Mathematik (5. Klasse) signifikant über dem Durchschnitt der vergleichbaren Grundgesamtheit lagen. Die überwiegend stark leistungsmotivierten Kinder nahmen sich auf einem überdurchschnittlich hohen Niveau auch als sozial integriert wahr und zeigten nur eine geringe gegenseitige Ablehnungsbereitschaft. Hinsichtlich der Freundschaftsverbindungen der Schülerinnen und Schüler sowohl innerhalb wie auch außerhalb der Stammgruppen erwies sich die Jena-Plan-Schule als ein überdurchschnittlich geeigneter Interaktionszusammenhang. Altersgemischte Freundschaften können zwar jene mit Gleichaltrigen keineswegs ersetzen, scheinen diese aber gerade im Bereich einer Jena-Plan-Schule beträchtlich ergänzen zu können. Das soziale Klima dieser Schule bietet offensichtlich auch vorteilhaftere Bedingungen für das Erleben von Erfolg und Misserfolg: Die Werte der fachlichen Lernleistungen und diejenigen der soziale Integration korrelierten auf niedrigem Niveau negativ; schwache Lernleistungen gehen also hier nicht zwangsläufig – wie oft an Regelschulen – mit sozialer Desintegration einher.

Die überwiegende Mehrzahl der Absolventinnen und Absolventen (vgl. Spahn 2000; Lambrich/Steinberg 2002) bewältigte auf der sozio-emotionalen Ebene den Übergang in das weniger familiäre Klima der siebten Klasse der weiterführenden Schule durch eine relativ schnelle, problemlose Eingliederung; dabei fühlten sich allerdings nicht wenige durch undiszipliniertes Verhalten ihrer neuen Mitschüler bei der Arbeit gestört. Die neuen Leistungsanforderungen bestanden sie insoweit erfolgreich, als sie in den von ihnen besuchten Schulen ein durchschnittliches Zensurenniveau erreichten und beibehalten konnten; allerdings lag die Zahl der Schülerinnen und Schüler, deren Zensuren sich durch den Übergang verschlechterten, deutlich über der Zahl derjenigen, die sich verbessern konnten. Auf der Folie ihrer früheren Schulerfahrungen erfuhren sie die neue Lernsituation durchweg als weniger förderlich; sie beanstandeten vor allem das unpersönliche Verhalten der Lehrpersonen, die Kluft zwischen den Leistungsanforderungen und der nur wenig motivierenden direktiven Unterrichtsführung, den hohen Zeitdruck und häufige ungerechte Bewertungen. In der Retrospektive wurde der Jena-Plan-Schule dagegen v.a. in Bezug auf die Lehrer-Schüler-Beziehung und die Unterrichtsgestaltung eine hohe Qualität bescheinigt. Nur in der Bewertung des Lernens in jahrgangsgemischten Gruppen kam es zu unterschiedlichen, z.T. auch explizit kritischen Voten. In den kritischen Äußerungen der Absolventen über die Altersmischung steckt „ein ernst zu nehmender Hinweis darauf, dass die Umsetzung des traditionellen Jena-Plankonzepts heute eines ständigen Hinterfragens des Sinns der pädagogischen Funktionen der einzelnen jenaplanspezifischen Elemente bedarf" (Spahn 2000, S. 73).

Empirische Forschungen zu den Lernkulturen der Montessori-Schulen in Deutschland sind bisher nur in sehr begrenzter Zahl und in einem thematisch relativ engen Rahmen durchgeführt worden (vgl. Fischer 1999), wobei die empirisch-quantitative Forschung über Montessori-Schulen schon eine vergleichsweise lange Tradition besitzt. Bis auf eine frühe Studie von Aurin (1957) zu Schulleistungen konzentrieren sich die bisher vorliegenden empirischen Studien über Montessori-Schulen größtenteils auf die Analyse der für die Montessori-Pädagogik signifikanten Unterrichtsfiguration der Freiarbeit. Anhand der aus den überwiegend quantitativ erhobenen Daten gewonnenen Resultate können die mit dieser selbstregulierten Arbeitsform verbundenen kognitiven und sozialen Lernchancen der Schüler eindrucksvoll herausgearbeitet werden. Meisterjahn-Knebel (1995) hat mit standardisierten Beobachtungen des Unterrichts in achten und neunten Klassen der Bischöflichen Montessori-Gesamtschule Krefeld Prozesse der Konzentration bzw. der „Polarisation der Aufmerksamkeit" in der Freiarbeit, dem Projektunterricht und der handwerklichen Arbeit für die Sekundarschule untersucht. Je länger die Schüler für eine selbstgewählte Arbeit Zeit erhielten, desto eher fanden sie zu einer dauerhaften Arbeitshaltung (vgl. auch schon Suffenplan 1977 für die Grundschule). Unruhe und Unterbrechungen waren nach einer vorherigen lehrerzentrierten Unterrichtsstunde und vor Inangriffnahme einer eigenen Aufgabe am größten. Beim Vergleich der Arbeitsformen ergaben sich indes für die Freiarbeit niedrigere Konzentrationswerte als für die handwerkliche und die Projektarbeit. Meisterjahn-Knebel folgert aus ihren Ergebnissen, dass die Jugendlichen in diesen Zeit lassenden Unterrichtsformen zur Hingabe an die Sache, zu einer „wirklichen Arbeitshaltung" und zu Formen „signifikanten" bzw. „echten Lernens (im Sinne Rogers)" gelangen (vgl. ebd. S. 209).

Die Studien von Fämel (1981) an einer Düsseldorfer Montessori-Schule und von Fischer (1982) im Rahmen eines staatlichen Schulversuchs in Vechta befassen sich mit der spezifischen Struktur des Unterrichts in der Freiarbeit und beziehen neben den Schülerdaten zusätzlich Angaben von Lehrern und Eltern ein. Fämel stellt fest, dass hinsichtlich der Arbeitshaltung der Schüler die Mehrzahl mit bestimmten spontan gefassten Arbeitsvorsätzen in die Freiarbeit kommt, schon vor dem offiziellen Unterrichtsbeginn die erste Freiarbeitsbeschäftigung aufnimmt und dass es innerhalb der dann folgenden Freiarbeitsphase in der Zuwendung zu einem Lerninhalt bzw. zu einer Lernaufgabe nur wenige zeitliche Unterbrechungen gibt. Die häufigsten Kommunikationsformen zwischen Schülern waren problemorientierte Unterhaltungen wie Mitteilungen, Fragen, Hinweise und gegenseitige Kritik (vgl. Fämel 1981, S. 208). Lehreraktivitäten waren vor allem von „beobachtender, helfender, unterstützender, vermittelnder und anregender Art". Die meisten Kontakte fanden zwischen Tischnachbarn statt, auch wenn sie unterschiedlichen Alters waren. Die weitaus größte Zahl der Kontakte erfolgte bei der Einzelarbeit der Schülerinnen und Schüler, Einzelarbeit bedeutet also nicht zwangsläufig soziale Isolation (ebd. S. 210). Die in derselben Klasse mittels eines ähnlichen Beobachtungsverfahrens erhobenen fachlich-inhaltlichen Zuwendungen der Schüler in der Freiarbeit zeigten keine ausgeprägten Einseitigkeiten. Ergänzend kann Fischer in seiner Studie zeigen, dass im Unterricht Einzelarbeit ebenso häufig anzutreffen war wie Partner- und Gruppenarbeit.

Die bislang dargestellten empirischen Studien versuchen die Struktur und Wirkung der Freiarbeit mittels ad hoc konstruierter, nicht auf ihre Reliabilität geprüfter Beobachtungsverfahren auf der Verhaltensebene vor allem der Schüler quantitativ zu erfassen. Dabei werden die Aktivitäten der Lernenden (und Lehrenden) kontextfrei nach vorweg von außen angelegten Kategorien zerlegt, nach Häufigkeiten summiert und miteinander verglichen. Die Sinndimension der pädagogischen Interaktionen bleibt damit ausgeblendet. Die Erforschung einer Pädagogik „vom Kinde aus" müsste sich aber auch und gerade für die subjektiven Deutungs- und Aneignungsprozesse der Schüler und für das in der unterrichtlichen Interaktion mit ihnen zum Ausdruck kommende pädagogische Selbstverständnis der Lehrenden interessieren. Dazu bedarf es interpretativer Verfahren, die bislang erst in zwei jüngeren qualitativen Studien (vgl. Henry 2001; Meyer 2001) zur Anwendung gelangt sind. Zur Rekonstruktion der individuellen Aneignungsprozesse von Kindern im Sachunterricht einer Montessori-Grundschule bedient sich Henry (2001) mehrwöchiger teilnehmender Beobachtungen der Schüler einer jahrgangsübergreifenden Klasse in der Freiarbeitsphase sowie leitfadengesteuerter Interviews mit drei Lehrpersonen, die sie außerdem unmittelbar nach dem Unterricht informell befragt. Allerdings beschreibt, klassifiziert und beurteilt Henry die beobachteten Aneignungsprozesse der Lernenden weniger als Ethnographin denn als Didaktikerin im Lichte ihres eigenen reformpädagogisch-normativen Verständnisses von produktivem Unterricht (vgl. ebd. S. 14f.) um sie anschließend affirmativ im Lichte von Montessoris Konzept der „Kosmischen Erziehung" und verschiedener Ansätze heutiger Grundschuldidaktik zu diskutieren. Neben den die Montessori-Pädagogik bestätigenden Befunden scheinen als Probleme der Freiarbeit erwähnenswert: Kinder mit gering ausgeprägten Selbststeuerungsfähigkeiten erleben hier leichter Misserfolge als beim lehrerzentrierten Lernen; in der kooperativen Arbeit von Schülern mit dem didaktischen Material kommt es seltener zur Auseinandersetzung über sachliche Probleme; unkonventionelle Lösungswege werden kaum ausprobiert (vgl. ebd., S. 213f.).

Die im Ansatz ebenfalls qualitativ ausgerichtete Untersuchung von Meyer (2001) über die Montessori-Hauptschule Ferdinandstraße (Köln) „aus der Perspektive ihrer Schülerinnen und Schüler" beschreitet innerhalb der Montessori-Schulforschung insofern thematisches Neuland, als sie nicht länger die Interaktionsprozesse im Unterricht in den Blick nimmt, sondern die biographischen Erfahrungen zu rekonstruieren sucht, welche ca. sechzehnjährige Hauptschüler an und mit dieser Reformschule gemacht haben. Mit der acht Schülerporträts umfassenden Untersuchung, die durch eine Fragebogenerhebung flankiert wird, werden konzeptionell und methodisch Anschlüsse sowohl an die Bielefelder Absolventenstudien (s.u.) als auch an Ansätze biographischer Sozialisationsforschung gesucht, die allerdings nicht erreicht werden. Die Studie erbringt im Wesentlichen eine positive Rückmeldung für die Montessori-Hauptschule: Deren Stärken liegen vor allem im Bereich des inhaltlichen Lehrens und Lernens; insbesondere im handwerklichen Bereich erfahren sich die Schülerinnen und Schüler als Mitgestalter ihrer Lernprozesse; die Individualisierung des Unterrichts stärkt die Interessenbildung, verschärft aber auch die Konkurrenzorientierung. Insgesamt entsteht der Eindruck, dass in dieser Montessori-Schule – unter aktiver Partizipation der Eltern – eine „Elite von Hauptschülern" gefördert wird. Das gravierende methodologische Handicap der Studie liegt in der Unterordnung der qualitativen unter die quantitativen Daten, genauer: in der Subsumierung der schülerbiographischen Fallrekonstruktionen unter die Antworten auf den schulstrukturell orientierten Fragebogen (vgl. ebd. S. 66 u. 153f.). Bei Differenzen erhalten die schnell abgerufenen Ratings des vorstrukturierten Fragebogen den Vorzug vor den davon abweichenden Aussagen in der biographisch verbürgten Erzählung, deren Fallstruktur überdies weder adäquat erschlossen noch mit der Schulstruktur in ein Passungsverhältnis gesetzt wird.

Angesichts der mittlerweile intensiv geführten pädagogisch-anthropologischen, bildungstheoretischen, schulpolitischen und didaktischen Auseinandersetzungen mit der Waldorfpädagogik (vgl. zusammenfassend Ullrich 2002) ist die empirische Forschung über Waldorfschulen bisher ein Stiefkind geblieben. Eine erste quantitativ-empirische Untersuchung über Schulerfolg und Lebenslauf ehemaliger Waldorfschüler des Einschulungsjahrgangs 1946/47 wurde im Jahre 1981 vom Bund der Freien Waldorfschulen selbst vorgelegt (vgl. Leber 1981). Die Studie belegt bezüglich der damaligen sozialen Herkunft der Schülerschaft eine weit überdurchschnittliche Überrepräsentierung von Akademikerhaushalten und von beruflich Selbstständigen. Verglichen mit der Grundgesamtheit ihres Jahrgangs erreichten drei- bis viermal so viele Waldorfschüler das Abitur. In ihrer späteren Berufstätigkeit bevorzugten ehemalige Waldorfschüler damals pädagogisch-soziale, medizinische und literarisch-musisch-künstlerische Arbeitsfelder; die mathematisch-naturwissenschaftlichen, technischen und politisch-administrativen Bereiche waren unterrepräsentiert. Im Vergleich zur Grundgesamtheit zeigten ehemalige Waldorfschüler eine signifikant höhere geographische und soziale Mobilität; bezogen auf den Berufsstatus des Vaters war dabei die Abwärtsmobilität etwas stärker als die Aufwärtsmobilität. In ihrer Freizeitgestaltung wiesen sie eine höhere Lese-Intensität, stärkeres Interesse an Kunst, an eigenem Musizieren, an handwerklichen Tätigkeiten sowie eine höhere Fortbildungsmotivation auf. Im Großen und Ganzen bestätigt werden diese Befunde für die Gegenwart – allerdings nur für schweizerische Waldorfschulen – durch eine Befragung ehemaliger Schüler der Abgangsjahrgänge 1990 bis 1996 (vgl. Arbeitsgemeinschaft der Rudolf-Steiner-Schulen 1999).

Eine neuere quantitativ-vergleichende Fragebogenuntersuchung an Oberstufen von Waldorfschulen und Gymnasien (Randoll 1999), welche die subjektive Sicht der Schüler auf das Sozialklima und die Lernkultur ihrer Schule in den Mittelpunkt stellt, erbringt deutlich positivere Urteile bei Waldorfschülern. Diese identifizieren sich beispielsweise stärker mit ihrer Schule, hinsichtlich ihrer Mitschüler betonen sie signifikant öfter, dass diese im Unterricht und im Schulleben Mitverantwortung übernehmen, dass sie sich in ihrem Lernen nicht primär von Leistungsdruck und Konkurrenzeifer bestimmen lassen, dass sie im Lehrer nicht vorwiegend den Gegner sehen und im Unterricht auch wirklich sagen, was sie denken. Randoll (1999) gelangt so insgesamt zu einer ausgeprägt positiven Bewertung der Waldorfschulen und zu einem extrem kritischen Gesamturteil über die gymnasiale Schulkultur (ebd., S. 338). Gleichwohl hinterlässt die Studie mehr Fragen als Antworten, weil sie nur die überwiegend positiven Urteile der Waldorfschülerschaft über ihre Schulen widerspiegelt, jedoch keine empirisch nachprüfbaren Erklärungen für ihr Zustandekommen liefert.

Ähnliche Fragen stellen sich auch im Hinblick auf die Ergebnisse der im Rahmen des Bielefeld-Kasseler Graduiertenkollegs entstandenen Dissertation von Zdrazil (2002) über die Gesundheit von Waldorfschülern. In einer qualitativen Vorstudie werden mittels problemzentrierter Interviews mit zehn Lehrern und den Architekten zweier soziographisch und baulich kontrastierender Waldorfschulen inhaltsanalytisch die Vorstellungskomplexe zur schulischen Gesundheitsförderung herausgearbeitet: Erziehung wird hier insgesamt als Heilung aufgefasst; die Schule soll wie ein „Zu Hause" erfahren werden; die rhythmische Gestaltung des Unterrichts soll ebenso zur Gesundung beitragen wie die Ökologie und die Architektur der Schule (vgl. auch Rittelmeyer 1990, 1996, 2001) sowie die konstante Beratung durch den Schularzt. Um der Frage nachzugehen, ob Waldorfschüler gesünder sind, setzt Zdrazil im quantitativen Teil seiner Studie einen standardisierten Fragebogen, mit dem im Jahre 1986 eine für die Regelschulen Nordrhein-Westfalens repräsentative Stichprobe von 2547 Schülern der 7. bis 10. Klassen nach ihrem Gesundheitszustand befragt wurde, im Jahre 1997 bei einer Stichprobe von 1074 Waldorfschülern derselben Klassenstufe aus soziographisch differenten Kontexten ein und vergleicht über einen Zeitraum von zehn Jahren hinweg (!) die Ergebnisse beider Studien. Die befragten Waldorfschüler erleben trotz der mit ihren ambitionierteren Zukunftsplänen verbundenen Unsicherheit ihre Schule als weniger belastend; sie weisen signifikant weniger psychosoziale Beschwerden auf und sind zurückhaltender im Medikamentenverbrauch. Ihr Konsum von Zigaretten und Alkoholika ist allerdings exzessiver; er liegt ca. 13% bzw. 6% über dem der Staatsschüler. Für Zdrazil signalisiert dieser überraschende Befund bei Waldorfschülern „vermutlich verstärkte Risikobereitschaft, Distanz zum Erziehungsstil der Schule und wahrscheinlich des Elternhauses, Sehnsucht nach Unabhängigkeit" (Zdrazil 2002, S. 353). Diese Erklärung wäre aber erst noch über biographische sowie schul- und jugendkulturelle Forschungszugänge abzusichern.

Eine erste qualitative Studie über die Bildungswirkungen einer besonderen Waldorfschule (Hiberniaschule) „im Spiegel von Bildungsbiographien" hat Gessler (1988) vorgelegt. Die in lernbiographischen Interviews nach ihrer Lebensgestaltung, ihrem beruflichen Werdegang und nach der Beurteilung ihrer Schulzeit an der Hibernia-Schule befragten Personen betrachten übereinstimmend die an dieser Waldorfschule verbrachte Ausbildungsphase als wichtige und wertvolle Lebenszeit, in der viele für später bedeutsame Fähigkeiten und Wertvorstellungen sowie ein starkes Selbstbewusstsein veranlagt wurden. Die Bedingungen hierfür sehen sie in der persönlichen Atmosphäre und dem Gefühl von den Lehrern angesprochen, gefördert und ernstgenommen worden zu sein sowie in den vielseitigen Anregungen zum Lernen. Kritik üben sie nicht an der Gesamtkonzeption der erfahrenen Pädagogik; sie wünschen sich aber eine Stärkung der Schülermitverwaltung, eine offenere Sexualerziehung, weniger Über- und Unterordnung im Lehrerkollegium und eine stärkere Öffnung der Schule zum soziokulturellen Umfeld. Im Hinblick auf die inhaltliche Validität und methodische Nachprüfbarkeit der Ergebnisse muss einschränkend angemerkt werden, dass Gessler zum einen eine hochselegierte Population an einer eher untypischen Waldorfschule in einer wenig distanzierten Weise befragt hat. Die befragten Schülerinnen und Schüler der Abschlussklasse repräsentierten als Abiturienten mit Doppelqualifikation einseitig die Gruppe der erfolgreichsten Schüler. Zum anderen wird die Interpretation der Interviews und die Analyse der Faktoren des Bildungserfolgs nicht mit dem methodologischen Problembewusstsein und der professionellen Skepsis des Sozialwissenschaftlers geleistet, sondern mit der „réflexion engagée“ eines Schulpädagogen, der sich nur allzu gerne mit dem Bildungsprogramm der von ihm untersuchten Schule identifiziert.

Aus einer größeren Distanz heraus hat Barz (1994) auf der Grundlage von zehn Leitfadeninterviews die typischen alltagsrelevanten Grundüberzeugungen von Waldorflehrern untersucht um „empirischen Einblick in die Lebenswirklichkeit der Waldorfschulen“ zu erlangen. Streng genommen gewährt Barzens Studie aber keine Einblicke in das schulische Alltagsgeschehen, sondern referiert nur die Ansichten der befragten Lehrerinnen und Lehrer über ihre Berufspraxis. Nach dem Verfahren der „qualitativen Tiefenexploration“ wurden aus den technisch aufgezeichneten, jedoch nicht transkribierten Interviews Antworten herausgenommen, entpersonalisiert und in 25 thematisch geordnete Textgrafiken („Alltagsorientierungen von Waldorflehrern“) zusammengestellt. Als seine wichtigsten Befunde zur Waldorflehrermentalität konstatiert Barz ein durchaus hohes Maß an Selbstkritik sowie Hinweise auf Diskrepanzen zwischen offizieller Selbstdarstellung und tatsächlichen alltagsrelevanten Kognitionen; er sieht die Gefahr eines auf einer „fundamentalistischen“ anthroposophischen Einstellung aufruhenden übersteigerten Arbeitsethos mit latenten aggressiven Tendenzen (ebd., S. 265). Er unterstellt bei den befragten Waldorflehrern einen riskanten Zusammenhang zwischen ihrer „Körper- und Lustfeindschaft“, ihrer „parareligiösen Leistungsfrömmigkeit“, ihren Versuchen die eigenen „libidinösen Defizite“ durch eine enge Bindung an die Schüler („overprotection“) zu kompensieren und der „latenten pädagogischen Militanz“, welche in ihren Bildern von Erziehung zum Ausdruck kommt. Barzens Studie bietet einen weit ausladenden impressionistischen Überblick über vielerlei (Vor-) Urteile von Waldorflehrern außerhalb der Handlungszwänge ihres Schulalltags. Das von Barz mit z.T. inadäquater Polemik stilisierte Bild des „typischen Waldorflehrers“ bleibt in Folge seiner subsumierend-vereinfachenden Deutung abstrakt und biographisch leer.

Die weitaus meisten der bisher vorliegenden empirischen Studien zu Schulentwürfen der klassischen Reformpädagogik sind von einer starken – sowohl impliziten als auch expliziten – identifikatorisch-teilnehmenden Grundhaltung zum untersuchten reformpädagogischen Feld bestimmt. Die für die sozialwissenschaftliche empirische Forschung methodisch und konzeptionell erforderliche Distanz des Beobachters wird hier bislang noch nicht überzeugend realisiert. Obwohl der Schwerpunkt der Untersuchungen zur Jena-Plan- und Montessori-Pädagogik auf dem Gebiet der quantitativen Erfassung des Unterrichtsgeschehens liegt, sind kaum Anschlüsse an die hochdifferenzierte empirische Instruktions- und Interaktionsforschung an Regelschulen (vgl. Weinert 1996; Ulich/Jerusalem 1996) zu erkennen. Im Gegensatz zu den Studien über Jena-Plan- und Montessori-Schulen wird in den Studien zur Waldorfpädagogik der unmittelbare Zugang auf die alltägliche Erziehungswirklichkeit in den Schulen bislang ausgespart. Die Erforschung der „goetheanischen“ Unterrichtspraxis und der Gestaltung der bis zur achten Klasse programmatisch an personaler Autorität orientierten Lehrer-Schüler-Beziehung in einer familienähnlichen Schulkommunität bleibt weiterhin ein Desiderat (vgl. Helsper/Idel/Kunze/Stelmaszyk/Ullrich 2003.

4 Forschungen über „neuere" Reform- und Alternativschulen

Als „neuere" Reformschulen werden hier die innovativen Schulen im Primar- und Sekundarbereich verstanden, welche durch ihr spezifisch schülerorientiertes Profil die aktuelle Diskussion über Schulentwicklung und Gestaltungsautonomie mit reformpädagogischen Anregungen versorgen. Als Prototyp dieser neueren Reformschulen und zugleich als Deutschlands prominenteste staatliche Versuchsschule darf die 1974 von Hartmut von Hentig als Hauptinitiator und Ideengeber gegründete und auf dem Bielefelder Universitätsgelände angesiedelte Laborschule Bielefeld gelten (vgl. als Überblick Rumpf 1984; Groeben/Rieger 1991; Thurn/Tillmann 1997; zur theoretischen Grundlegung Hentig 1973, 1985, 1993).

In der Alternativ- und Reformschulforschung nimmt die Laborschule einen besonderen Platz ein, weil sie als staatliche Universitätsschule mit einem eigenen Forschungsauftrag ausgestattet ist, der eine kontinuierliche Begleitforschung sichert. Aus einem handlungswissenschaftlichen Verständnis leitet sich der laborschulspezifische Forschungsansatz einer kontextsensiblen „erfahrungsorientierten Schulforschung" (Kleinespel 1990, S. 294) ab, in deren Mittelpunkt der Primat der Praxis und das Prinzip der Selbsterforschung stehen und die sowohl den Prinzipien der Laborschulpädagogik als auch dem Auftrag der Weiterentwicklung der Schule verpflichtet ist (Kleinespel 1998, S. 171f.). Das Prinzip der Selbsterforschung hat im so genannten Lehrer-Forscher-Modell als Handlungsform (Hentig 1971, S. 50ff.) seinen konzeptionellen Niederschlag gefunden. In radikaler Weise wird hier die Differenz zwischen Lehren und Forschen aufgehoben und die pädagogische Aufgabe des Lehrers um einen Forschungsauftrag ergänzt (zur historisch-kritischen Rekonstruktion der Entwicklungsgeschichte des Forschungsansatzes vgl. Döpp 1990; zusammenfassend Döpp 1997, 1998 sowie Kleinespel 1998, S. 185-191). Dem weit gefassten Forschungsbegriff des Lehrer-Forscher-Modells entsprechend reicht das Spektrum der Forschung von dokumentierten Selbstreflexionen der Lehrkräfte, die der Selbstvergewisserung durch Aufarbeitung eigener pädagogischen Erfahrung dienen (z.B. Bambach/Thurn 1984; Bambach 1989), über die formative Evaluation neu entwickelter Curricula, methodisch-didaktischer Neuerungen und pädagogischer Projekte bis hin zur Konzeptevaluation durch Begleitforschung sowie eher schulpädagogisch indifferenter empirischer Grundlagenforschung, die jüngst im DFG-geförderten ethnographischen Forschungsprojekt zur peer-culture betrieben wurde (vgl. Breidenstein/Kelle 1998 sowie der Beitrag von Breidenstein in diesem Band; als Überblick der Laborschulforschung vgl. die Beiträge in Lütgert 1992 sowie die Projektübersichten in Tillmann 1995, 1997a, b; Kleinespel 1998, S. 192-196). Der Anspruch auf methodische Kontrolle und Verallgemeinerbarkeit der Befunde erhebende Bereich der empirischen Laborschulforschung besteht zu einem Großteil sowohl aus quantitativer wie auch aus qualitativer Forschung über Schülerinnen und Schüler (als Ausnahmen vgl. z.B. die Studie zur Elternpartizipation von Melzer 1989 sowie die ersten Ergebnisse einer qualitativen Studie zu Prozessen der Fraktionierung, Kooperation und Kommunikation im Kollegium bei Liermann 1999).

Die seit 1985 kontinuierlich als zentrales Element der Begleitforschung in Regie der wissenschaftlichen Einrichtung durchgeführte quantitative Absolventenstudie liefert retrospektiv bilanzierende Schülerurteile zur Laborschulsozialisation (Schultz 1986; Kleinespel 1990; Kleinespel/Meier/Reiche/Wischer 1995; Jachmann/Weingart 1999). Auf der Basis von jährlich durchgeführten Gesamtbefragungen aller Absolventen kurz vor und drei Jahre nach dem Verlassen der Schule werden Einstellungsmuster zur Laborschule und zu den neuen Lernumwelten der weiterführenden Bildungsgänge, subjektive Befindlichkeiten und Selbstwahrnehmungen sowie Übergangserfahrungen der Schüler ermittelt (zu Vergleichen mit Datensätzen aus Regelschulbefragungen vgl. Schultz 1986; Kleinespel 1990; Jachmann/Lenz/Tillmann 1997; weiterführende Befunde vgl. Wischer 2003). Die zu überdurchschnittlichen Anteilen aus liberal-reformorientierten soziokulturellen Milieus sowie aus Ein-Eltern-Familien stammenden Laborschüler zeigen mehrheitlich große Schulfreude, und im vergleichenden Rückblick wird das Sozialklima der Laborschule besser bewertet als das der jeweils anschließend besuchten weiterführenden Schule. Laborschulspezifika wie die offenen Räumlichkeiten und das Lernen in Stammgruppen werden positiv beurteilt. Der Erwerb überfachlicher Kompetenzen wird im Vergleich zu den fachlichen Kompetenzen insgesamt positiver eingeschätzt. Aber auch in ihren fachlichen Leistungen sehen sich die ehemaligen Laborschüler im Vergleich zu ihren Mitschülern an den weiterführenden Schulen im Großen und Ganzen nicht benachteiligt. Aufgrund der von den Schülern hoch bewerteten überfachlichen Kompetenzen, der starken Erfolgszuversicht sowie des großen Vertrauens in die eigene Leistungsfähigkeit lässt sich insgesamt eine gute Anschlussfähigkeit der Laborschule an die weiterführenden Schulen konstatieren, die Übergangsproblematik erscheint unerheblich. Zwei aus Studien zur Regelschulsozialisation (vgl. Fend 1997) bekannte nicht-intendierte Nebenwirkungen vermag jedoch auch die Laborschule kaum zu beeinflussen: die schlechtere subjektive Befindlichkeit der Leistungsschwachen sowie das geringere Selbstwertgefühl und die höhere Schulangst der Mädchen (vgl. Jachmann 1999, S. 136).

Während in den quantitativen Auswertungen der Absolventenstudie Tendenzaussagen auf der Ebene hoch aggregierter Daten generiert werden, thematisiert Kleinespel (1990) in ergänzenden qualitativen Interviews, bezugnehmend auf die einschlägige Studie von Hurrelmann und Wolf (1986) zur biographischen Bedeutung der Schulzeit, den übergreifenden schulischen Sinnbezug bei Laborschulabsolventen. Die ebenfalls am Ende der Laborschullaufbahn sowie drei Jahre später durchgeführten Interviews ermöglichen personenbezogene Längsschnitte, also eine prozessorientierte Erschließung fallspezifischer Übergangserfahrungen, die allerdings durch einen an den Fragebereichen des quantitativen Erhebungsinstruments orientierten Leitfaden auf vorgegebene Themenbereiche enggeführt werden. Auf der Grundlage von sechs Fallstudien kann Kleinespel zeigen, dass im Unterschied zu den beiden dominanten retrospektiven Interpretationsmustern der Regelschüler in der Studie von Hurrelmann und Wolf – dem schulbiographische Relevanz negierenden Marginalisierungsmuster sowie dem die Schulzeit mit Reue oder Bedauern darstellenden Reversionsmuster (vgl. Hurrelmann/Wolff 1986, S. 160ff.) – die Laborschule für ihre Schüler eine hohe positive subjektive Relevanz besitzt. Kleinespel schlussfolgert aus den zum Regelschulsystem kontrastierenden Befunden einen „Laborschuleffekt" (Kleinespel 1990, S. 165).

Möglichkeiten, aber auch Grenzen des integrativen Ansatzes der Laborschule, werden in bildungsbiographischen Fallstudien eines Kooperationsprojekts erkennbar (Döpp/Hansen/Kleinespel 1996), das an exemplarischen Einzelfällen schulische Erfahrungen von Laborschülern während des Prozesses ihrer Laborschullaufbahn in den Blick nimmt. Insbesondere in drei der mehrperspektivischen Biographieanalysen (vgl. ebd. Kap. 3, 5 und 7) werden Spannungsmomente zwischen dem Wunsch nach mehr intellektueller Förderung auf der Schülerseite und dessen tendenzieller Zurückweisung durch die Lehrer, zwischen der Erfahrung individualisierender Förderung und einem eher rückzugsorientierten, defensiven Schülerverhalten sowie zwischen grundlegenden Fremdheitserfahrungen in der Konfrontation von familialem und schulischem Raum markiert, die z.T. auf Strukturprobleme der Laborschulsozialisation verweisen. Beide referierten bildungsbiographischen Studien kommen zwar zu schulpädagogisch relevanten und auch sozialisationstheoretisch interessanten Ergebnissen, sind aus heutiger Sicht aber methodisch wenig elaboriert. Die Analysen des teilweise erheblich redigierten Datenmaterials sind eher Fallbeschreibungen als sequenzanalytisch abgesicherte Fallrekonstruktionen. Durch den Verzicht auf eine Erhebung der gesamten Lebensgeschichte aus der Schülersicht kann das komplexe Zusammenspiel fallspezifisch jeweils variierender relevanter Einflusssphären im bildungsbiographischen Prozess der Selbstkonstitution nicht kontrolliert rekonstruiert werden. Gesamtbiographische Bezüge und methodisch anspruchsvollere Fallrekonstruktionen könnten hier weiterführen (vgl. Nittel 1992; Kramer 2002).

Berichtszeugnisse sind an der Laborschule das zentrale Element einer pädagogischen Kultur der Leistungsbeurteilung. Beutel (früher Lübke 1996) hat 57 Lernberichte aller Klassenstufen einer quantitativen Inhaltsanalyse unterzogen um die „Gültigkeit und Zuverlässigkeit der Berichtspraxis im diagnostischen Sinne" (Beutel 1998, S. 86) und ihre besondere pädagogische Qualität zu überprüfen. Beutel kann mit der Studie insgesamt bestätigen, dass sich die Beobachtung und Beurteilung in den Lernberichten in der Regel als Ermutigung auf verschiedene Kompetenzen des Verhaltens und Lernens beziehen und insofern der Anspruch der Mehrdimensionalität in der Berichtspraxis – allerdings je nach curricularem Erfahrungsbereich in unterschiedlichem Ausmaß – erfüllt wird. Durch die quantitativen Analysen werden aber auch, im Vergleich zu den programmatischen Ansprüchen der Laborschulpädagogik, kontraintentionale Effekte aufgedeckt, nämlich die mit steigender Stufe zunehmende Überformung der Lernberichte durch die Notenkultur (Lübke 1996, S. 137f.) und der ebenso kontinuierliche Bedeutungsverlust sozialer Kompetenzen bei stärkerer Orientierung an den fachlichen Leistungsstandards der Stammgruppe und an den Schulabschlüssen (ebd. S. 152). Darüber hinaus zeigen sich geschlechtsspezifische Wahrnehmungs- und Beurteilungsmuster. Eine produktive Weiterführung dieser Studie bestünde in hermeneutischen Fallrekonstruktionen von Lernberichten (vgl. Idel 2002), die diese als spannungsvolle pädagogische Sinnentwürfe der Laborschulkultur erschließen könnten.

Das methodische Instrumentarium der Absolventenstudien der Bielefelder Laborschule hat Böttcher (2000) für eine quantitativ-vergleichende Untersuchung der Bildungswirkungen von fünf Reformschulen (Lobdeburgschule und Grete-Unrein-Schule in Jena, Joseph-von Eichendorff-Schule und Offene Schule Waldau in Kassel, Helene-Lange-Schule in Wiesbaden) eingesetzt, die von 1993 bis 1996 an einem Modellversuch in Hessen und Thüringen zur gemeinsamen Entwicklung reformpädagogischer Schulprofile teilgenommen haben. Der zentrale Befund des deskriptiven Teils weist wie in der Laborschule auch auf den Fortbestand der „traditionellen Geschlechtsrollenwahrnehmung" hin. Das wichtigste Resultat des analytischen Teils, der auf einer Korrespondenzanalyse beruht, kann im Aufweis spezifischer „Bildungsgangkulturen" gesehen werden, welche insbesondere anhand der unterschiedlichen Selbstkonzeptausprägungen, überfachlichen Kompetenzprofile und Schulleistungen der jeweiligen Schülerschaft beschrieben werden können. Es ließen sich drei spezifische Schulkulturen identifizieren, welche die Nähe zu je einem Bildungsgang repräsentieren – dem der Hauptschule in der Offenen Schule Waldau, dem der Realschule in der Lobdeburgschule Jena und dem des Gymnasiums in der Helene-Lange-Schule Wiesbaden. Die Bildungsgangkultur einer Schule hat spezifische Auswirkungen auf Art und Ausmaß der Ausbildung eines positiven Selbstkonzeptes bei ihrer Schülerschaft. Für Böttcher untermauern diese Befunde die Notwendigkeit der Gestaltung einer spezifischen „Bildungsgang-Pädagogik" an Reform-Gesamtschulen (vgl. ebd. S. 293.).

Zur Glocksee-Schule in Hannover sind jüngst zwei Studien erschienen (Köhler 1997; Krammling-Jöhrens 1997; Köhler/Krammling-Jöhrens 2000), die erstmals empirische Befunde zu diesem frühen Projekt der Alternativschulbewegung bieten (zur Entwicklungsgeschichte der Schule und ihrer wiss. Begleitung vgl. Ziehe 1975; Negt 1975/76; Ilien 1986; zusammenfassend Köhler/Krammling-Jöhrens 2000, S. 63ff. sowie ebd. das selbstkritische Vorwort von Negt). Köhler (1997) hat, angelehnt an die Tradition der Absolventenstudien der Laborschule Bielefeld, die ersten acht Abschlussjahrgänge der Glocksee-Schule mit einem standardisierten Fragebogen untersucht, ergänzt um zwei Möglichkeiten zur spontanen Abfassung längerer selbstreflexiver Erinnerungstexte. Noch stärker als bei der Schülerschaft der Laborschule zeigt sich in den Daten zu den familialen Herkunftsmilieus, dass die Glocksee-Schule zum größten Teil von Schülerinnen und Schülern besucht wird, deren Eltern dem alternativen Milieu zuzuordnen sind, jenem Milieu, aus dem heraus auch die Gründung der Glocksee-Schule erfolgte (ebd. S. 90ff.). Auffallend sind der überdurchschnittliche Schulerfolg und die hohe Bildungsaspiration der Absolventen, welche sich auch, aber nicht ausschließlich aus der sozialen Herkunft erklären lässt. Eine weitere Besonderheit der Glocksee-Absolventen zeigt sich überdies darin, dass überdurchschnittlich viele von ihnen ausgedehnte Moratorien mit ausgeprägten Suchbewegungen in Anspruch nehmen und nicht selten ihre Ausbildungsentscheidungen revidieren, was Köhler positiv als Zeichen ausgesprochen großer berufsbiographischer Offenheit und Flexibilität interpretiert (Köhler/Krammling-Jöhrens 2000, S. 207ff.). Ingesamt ergibt die Studie eine aus Schülersicht überaus positive Bilanzierung der alternativen Schulkultur der Glocksee-Schule mit ihren offenen Zeit- und Raumstrukturen sowie teils verpflichtenden, teils fakultativen Unterrichtsangeboten. Die sich daraus ergebenden Anforderungen an die Selbstregulierungskräfte der Schüler, im Spannungsfeld zwischen „gegenwartsbezogenem Spielen" und „zukunftsbezogenem Lernen" den eigenen Lernprozess selbstbestimmt zu organisieren, konnten die meisten der Befragten produktiv bewältigen (ebd. S. 159). Etwas kritischer äußerten sich dazu die leistungsschwächeren Absolventen. Der soziale Erfahrungsraum der Gleichaltrigengruppe, deren Sozialisationskraft in der Glocksee-Pädagogik ein großes Gewicht beigemessen wird, wird von den allermeisten Absolventen in der Rückschau als wichtige Entwicklungssphäre wertgeschätzt (ebd. S. 190ff.). In gleicher Weise wie die Laborschulabsolventen beurteilen die Ehemaligen der Glocksee-Schule die Anschlussschulen negativer ohne jedoch größere Integrationsprobleme zu nennen. Ein bemerkenswerter Befund betrifft die Aufhebung des Zusammenhangs zwischen Geschlecht bzw. Schulleistung einerseits und Selbstwertgefühl der Schüler andererseits. Im Gegensatz zu den Ergebnissen der Absolventenforschung an der Laborschule Bielefeld und auch der o.g. vergleichenden Studie von Böttcher, wonach diese Reformschulen die aus den Regelschulen bekannten negativen Sozialisationseffekte für Mädchen bzw. leistungsschwächere Schülerinnen und Schüler nur abmildern, jedoch nicht grundsätzlich beseitigen können, scheint gerade dies der Glocksee-Schule zu gelingen (ebd. S. 215f.). Bliebe dieser Befund in Replikationsstudien stabil, wäre dies aus Sicht der schulischen Sozialisationsforschung sicherlich einer der wichtigsten Glocksee-Schuleffekte. In der ergänzenden qualitativen Teilstudie (Köhler 1997, S. 291ff.) arbeitet Köhler mit Hilfe der konversationsanalytischen Auswertungsprozeduren Schützes an acht kontrastiven Fällen ambivalente Formen der Erfahrungsverarbeitung der Schüler heraus, die aus den Besonderheiten der Glocksee-Pädagogik resultieren und sich auf drei Spannungsfelder konzentrieren lassen: (1) Die Schüler erfahren im Laufe ihrer Zeit an der Glocksee-Schule zwei differente Schulkulturen, nämlich die eher gegenwartsbezogene, in der Unterstufe dominierende Bedürfnisorientierung und die eher rationale Zukunftsorientierung der Oberstufe; beides zu vereinbaren und den Übergang zu meistern fällt nur wenigen Schülern schwer. (2) Die Schulgemeinschaft wird einerseits als Geborgenheit bietender Schonraum, andererseits aber auch als einengend und abschottend erlebt.

(3) Der Freiraum der selbstregulierten Sozialbeziehungen der Schüler untereinander wird zum einen als Chance zu produktiven sozialen Lernprozessen gesehen, zum anderen berichten einzelne Schüler über dauerhafte Desintegration und sozialdarwinistische Tendenzen, die durch Eingriffe der Lehrer hätten unterbunden werden können.

Den Beginn der Schullaufbahn beleuchtet die auf teilnehmenden Beobachtungen, Interviews und Elterndiskussionsprotokollen basierende ethnographische Studie von Krammling-Jöhrens (1997) zur Einsozialisation von Erstklässlern in die Glocksee-Schule. Die ethnographischen Beschreibungen werden dabei unmittelbar auf die pädagogische Programmatik bezogen; insofern lässt sich diese Studie dem Typus engagierter Reflexion zuordnen, die auf eine theoretisch vermittelte Distanznahme weitgehend verzichtet. Das die verschiedenen Beobachtungen verbindende zentrale Resultat bezieht sich auf die Bedeutung schulalltäglicher diskursiver Kommunikation: Die Glocksee-Schulkultur lässt sich vor allem als Aushandlungskultur kennzeichnen (ebd. S. 157). Die Schulanfänger machen in den ersten Tagen bereits die soziale Erfahrung, dass die große Freiräume gewährende und offen strukturierte soziale Ordnung der Glocksee-Schule im gemeinsamen Aushandeln mit den Lehrern erst hervorgebracht wird (Köhler/Krammling-Jöhrens 2000, S. 132ff.). Ein besonderes Augenmerk richtet Krammling-Jöhrens auf die ko-konstruktiven sozialen Lernprozesse im „Kinderkollektiv“, welche den ethnographischen Beobachtungen zufolge bereits in der ersten Klasse Ansätze von situationsungebundener sozialer Reziprozität ermöglichen und damit stimulativ auf die soziale und moralische Entwicklung der Kinder wirken (ebd. S. 166ff.). Zugleich wird bei allen Beobachtungen aber auch deutlich, wie voraussetzungsreich in Bezug auf notwendige Subjektkompetenzen die soziale Welt der Glocksee-Schule ist. Die Auswertungen der Lehrerinterviews und der Diskussionsrunden zwischen Eltern und Lehrkräften zeigen, dass die schulischen Akteure sich gewissermaßen zentral an dem Thema abarbeiten, das seit jeher den schulischen Entwicklungsprozess der Glocksee-Schule bestimmt hat: die Balance zwischen Selbstregulierung und organisatorischer Strukturierung.

Ebenso wie Krammling-Jöhrens für die Glocksee-Schule hat sich Wiesemann (2000) in ihrer qualitativen Studie die Aufgabe gestellt, die Lernkultur der Freien Schule Untertaunus (Aarbergen) in ihrer Eigentümlichkeit und Vielfalt ethnographisch zu erfassen und zu dokumentieren. Die Transkripte zweier audiographisch aufgezeichneter Unterrichtssituationen und eines Gruppengesprächs mit Schülern bilden die Grundlage für die Rekonstruktion der unterschiedlichen Strukturen, Muster und Typiken des Lernens der Kinder an dieser Schule. Als reformengagierte Schulforscherin versucht Wiesemann mit ihrer Studie zweierlei zu leisten: die qualitative Erforschung von schulischen Lernprozessen aus der Perspektive der Schüler und eine interne Evaluation der mathetischen Lernkultur einer Freien Alternativschule. Im Zentrum der Studie steht die Dokumentation und interpretative Rekonstruktion von drei „exemplarischen“ – genauer: pädagogisch ergiebigen, weil gelungenen (!) – Lernprozessen: einer von den Kindern selbst initiierten Lernsituation, einer „klassischen“ lehrergeleiteten Unterrichtsszene und eines Gruppengesprächs über den Gebrauch einer sozialen Grundregel. Während die Rekonstruktion des Gruppengesprächs mit Bezug auf die Narrationsanalyse methodisch expliziert wird, orientieren sich die Interpretationen der beiden Unterrichtsszenen an der ‚grounded theory‘. In den mikroskopischen Analysen wird einerseits die situative innere Logik eines forschenden Lernens herausgearbeitet, in welchem die Kinder selbsttätig eine „situationssensitive Methodik“ etablieren, andererseits die soziale Dynamik des konzentrierten Arbeitsprozesses erschlossen, welcher aufgrund der Mitgestaltung der Lernsituation durch die Kinder entsteht. Bei der Rekonstruktion eines Gruppengesprächs mit Schülern über alltägliche Fälle des Gebrauchs und

Missbrauchs der so genannten „Stopp-Regel“ geht es um die Entzifferung der praktischen Logik der Regelverwendung bei der interaktiven Herstellung sozialer Ordnung.

In einer bemerkenswerten, in Bezug auf die konzeptionelle und methodische Anlage Maßstäbe setzenden qualitativen Studie zum entwicklungsstimulativen Charakter der Lernumwelt der Freien Schule Bochum hat jüngst Maas (1999, 2003) untersucht, inwieweit die schülerorientierte, Autonomie betonende und sanktionsfreie Kultur dieser Schule der emotionalen Bedürfnislage der jugendlichen Schüler Rechnung trägt und ihren adoleszenten Loslösungs- und Individuationsprozess zu fördern vermag. Die konzeptionelle Anlage gründet sich auf die bislang leider eher seltene Verbindung von Schul- und Jugendforschung. Zur theoretischen Rekonstruktion des Verhältnisses von Jugend und Schule werden modernitäts- und zivilisationstheoretische Ansätze in Verbindung mit psychoanalytischen Adoleszenztheorien gebracht, welche den primären Bezugspunkt für die empirischen Analysen bilden. Maas nähert sich seinem Gegenstand aus zwei empirisch hochgesättigten Perspektiven: Zum einen stützt er sich auf ethnographisches Material zum Interaktionsgeschehen im Unterrichtsalltag, das er während des zweijährigen Untersuchungszeitraums in zwei Klassen der Sekundarstufe I gesammelt hat. Dieser, der institutionellen Perspektive folgenden Logik stellt er zwei eigenständige kontrastive schülerbiographische Fallstudien gegenüber, deren empirische Basis Interviews mit den betreffenden Adoleszenten (eine lernschwache, aber leistungsmotivierte Schülerin sowie ein potenziell leistungsstarker, jedoch wenig motivierter Schüler), ihren Müttern und Lehrern sowie alltagskulturelle Dokumente (Projektarbeiten, Lernberichte etc.) sind. Seine Analysen resümierend stellt Maas fest, dass die sanktionsfreie Schulkultur, die offenen Unterrichtsformen sowie die langen, für intensive Peer-Kontakte Raum gebenden Pausen in der Freien Schule Bochum es den Schülerinnen und Schülern ermöglichen, eher als in anderen Lebenszusammenhängen regressive Bedürfnisse auszuagieren. Diese kompensatorische Funktion wird insbesondere auch aus der biographischen Einzelfallsicht in dem Porträt des Quereinsteigers Tom deutlich. Zugleich birgt der schulkulturelle Möglichkeitsraum für adoleszente Regressionsbedürfnisse auch gerade für ich-schwache Jugendliche eine Gefahr, insofern diese in ihrem regressiven Ausagieren gefangen bleiben, keine Erfolgszuversicht entwickeln und so letztlich in ihrer Autonomieentwicklung beeinträchtigt werden. Weil Maas den Konstitutionsprozess des adoleszenten Selbst im schulischen Raum in der wechselseitigen Vermittlung von Sach- und Sozialerfahrungen untersucht, führt die Analyse der psycho- und gruppendynamischen Auswirkungen der institutionellen Settings des Geschehens im Klassenzimmer auch zu empirisch fundierter schulpädagogischer Kritik an zentralen Organisationsformen des Lernens in der Freien Schule Bochum. Maas gelingt es, durch seine theoretische Orientierung und methodische Anlage eine analytische Distanz zum schulpädagogischen Konzept der untersuchten Schule herzustellen, die in vielen anderen der hier referierten Studien nur in Ansätzen vorhanden ist. Die Studie leistet durch die empirisch fundierte Phänomenologie der Ausdrucksformen adoleszenter Emotionalität einen wichtigen weiterführenden Beitrag zur Psychoanalyse der Schule und enthält zugleich viele für die schulische Entwicklungsarbeit relevante Impulse, die Maas in einer abschließenden Stärken-Schwächen-Analyse aufzeigt.

5 Bilanz, offene Fragen und weiterführende Perspektiven

Die von uns referierten empirischen Studien über Reform- und Alternativschulen unterscheiden sich deutlich in Bezug auf den untersuchten Gegenstandsbereich, die zugrunde liegende Forschungsmotivation, die benutzten Erhebungs- und Auswertungsmethoden und den Grad an theoretischer Konzeptualisierung. Thematisch beziehen sich die Studien schwerpunktmäßig entweder auf die Spezifika der pädagogischen Interaktion in Unterricht und Schulleben (Unterrichtsanalysen, Pädagogische Ethnographie u.a.), die Bildungswirkungen der Reform- und Alternativschulen (Leistungsvergleiche, Absolventenstudien, Bildungsbiographien u.a.) oder auf ausgewählte einzelne Reformaspekte der jeweiligen Schulkultur (Leistungsbeurteilung, Lehrerprofessionalität u.a.). Motivational bewegen sich die Arbeiten jeweils in unterschiedlicher Nähe bzw. Distanz zu ihrem Forschungsgegenstand – innerhalb eines Spannungsfeldes zwischen reformengagierter Schulentwicklungsforschung aus der Teilnehmerperspektive einerseits und kritisch-distanzierter sozialwissenschaftlicher Analyse und theoriebezogener Rekonstruktion einer „fremden“ Schulwirklichkeit auf der anderen Seite. Methodisch folgen die Studien in mehr oder minder elaborierter Form entweder dem Paradigma der quantitativ(-statistischen) Datenerhebung und -analyse zur Überprüfung vorweg formulierter und operationalisierter Hypothesen oder dem Paradigma der qualitativ-rekonstruktiven Forschung, die über den Weg der Kontrastierung und Typisierung von Fällen zur theoretischen Reflexion gelangt. Konzeptionell unterscheiden sich die dargestellten Arbeiten schließlich noch beträchtlich danach, ob und in welchem Ausmaß die Bildung der Hypothesen bzw. die Auswertung der Ergebnisse unter Heranziehung der bereichsspezifischen Theorieangebote aus den Sozial- und Erziehungswissenschaften (z.B. der Sozialisations-, Schul- oder der Lehr-Lern-Forschung) erfolgt. Unter diesen Gesichtspunkten lässt sich die Forschungslage bezüglich der einzelnen Reform- und Alternativschulen im Rückblick wie folgt bilanzieren:

- Die Arbeiten zur Jena-Plan-Schule sind Leistungsvergleichs- und Absolventenstudien, die von einer affirmativ-identifikatorischen, an der Weiterentwicklung dieses Schultyps interessierten Motivation mitgetragen sind. Es dominieren methodisch elaborierte quantitativ-vergleichende Untersuchungen mit einem geringen Grad an theoretischer Konzeptualisierung.
- Die Studien über Montessori-Schulen fokussieren bis auf eine Ausnahme die pädagogische Interaktion im Unterricht, insbesondere in der so genannten „Freiarbeit“. Sie sind bisher ebenfalls durchweg nur aus einer sich mit der Reformpraxis der Schule identifizierenden Grundhaltung heraus motiviert. Bis auf zwei jüngere ethnographisch bzw. schülerbiographisch orientierte Arbeiten folgen alle übrigen dem Muster quantifizierender Beobachtung und Analyse in methodisch wenig elaborierten und validierten Formen; über die Montessori-Pädagogik hinausgehende Anschlüsse an Schul- oder Sozialisationstheorien erfolgen nur ganz vereinzelt.
- Die Forschungen über Waldorfschulen befassen sich primär mit den Bildungswirkungen dieses Schultyps. Sie sind als Schülerbefragungen, Absolventenstudien und Bildungsbiographien angelegt und ebenfalls von einer affirmativen, für die Weiterentwicklung dieser Schulkultur engagierten Grundhaltung getragen. Davon weicht nur die kritisch-polemische Studie von Barz über die Lehrerschaft der Waldorfschule ab. Bisher weisen die quantitativen Untersuchungen ein beträchtlich höheres methodisches Niveau auf als die beiden qualitativ orientierten Arbeiten. Insgesamt ist auch hier ein nur geringer Grad an theoretischer Konzeptualisierung und die fehlende Ausrichtung auf den Forschungsstand der Schul- und

Sozialisationsforschung zu konstatieren. Den Weg in eine methodisch ambitioniertere, hermeneutisch-rekonstruktive Forschungspraxis weist eine sequenzanalytische Interpretation eines Waldorfzeugnisses (vgl. Idel 2002), die sich an ein theoretisches Konzept von Schulkultur und Schulmythos anschließen lässt.

- Ganz anders sind die Studien einzuschätzen, die über die Laborschule Bielefeld und verwandte Reformschulen vorliegen. Das thematische Spektrum reicht hier von Absolventenstudien, welche die Bildungswirkungen der Reformschule kontinuierlich erfassen, über die Beschreibung der Geschlechterverhältnisse im Schulalltag bis zur Analyse der periodischen Lernberichte über die Schüler, welche das Zensurenzeugnis ersetzen. Die Haltung der Forschenden reicht vom – überwiegenden – reformorientierten Engagement bis zur – vereinzelten – distanzierten Sicht des Ethnographen auf die „fremde“ Schulkultur. Sowohl die quantitativ-vergleichenden als auch die qualitativ-rekonstruierenden Studien, insbesondere die ethnographischen, weisen einen hohen Grad an methodischer Elaboriertheit auf; auch in Bezug auf ihre schul- und sozialisationstheoretische Konzeptualisierung erfüllen die meisten Arbeiten einen recht hohen Anspruch.
- Die Forschungen über (Freie) Alternativschulen befassen sich primär mit der pädagogischen Interaktion im Unterricht, insbesondere mit den Formen des selbstregulativen Lernens, aber auch – als Absolventenstudie – mit den Bildungs- und Sozialisationswirkungen dieses Schultyps. Mit Ausnahme der kritisch-registrierenden Studie von Maas sind alle übrigen von einer affirmativ-reformengagierten Grundhaltung der Forschenden zur untersuchten Schulkultur getragen. Die Arbeiten folgen überwiegend der Methodologie qualitativ-rekonstruktiver Forschung, zumeist im Sinne der Ethnographie. Sowohl bezüglich der methodischen Stringenz als auch hinsichtlich der Einbeziehung theoretischer Diskurse (Psychoanalyse, Interaktionismus u.a.) sind allerdings beträchtliche Unterschiede zwischen der Studie von Maas und den übrigen festzustellen.

Zukünftige Forschungen über Reform- und Alternativschulen sollten dazu beitragen, aktuelle thematische Forschungslücken zu schließen. Unseres Erachtens sind Desiderate insbesondere bei den Themen Berufsbiographien und Professionalität der Lehrenden, Lehrer-Schüler-Beziehungen in der Adoleszenz, Peer-cultures in der Schülerschaft, Mitwirkung der Eltern und übergreifende Schulkulturanalysen zu verzeichnen. Wir wissen aufgrund der Studien inzwischen einiges über das Schüler-Sein und über den Unterricht in Reform- und Alternativschulen; so gut wie gar nichts ist jedoch bekannt über die Lehrer und Lehrerinnen dieser Schulen, z.B. über ihre Berufsbiographien und ihre Professionalität, und wenig über die einzelschulspezifischen Entwicklungsprozesse. Zur Generierung neuer Fragestellungen sollte stärker von einer methodologischen Konzeptualisierung der Schulkultur ausgegangen werden, welche die verschiedenen Gruppen der schulischen Akteure ebenso umfasst wie die Ebenen der Interaktion und Organisation. Von hier aus lassen sich Forschungsdesigns entwickeln, welche über einen einzelnen Gegenstandsbereich hinausgehen und mehrere Ebenen zugleich miteinander verschränken. Außerdem sollten gerade im Hinblick auf das Feld der Reform- und Alternativschulen stärker als bisher Zugänge entwickelt werden, welche weniger auf der Identifikation als vielmehr auf methodisch und theoretisch reflektierter Distanznahme basieren. Wir halten diesbezüglich mehr von einer über solche distanzierten Annäherungen vermittelten produktiven Irritation der Reformpraxis als von ihrer eher wohlwollenden Affirmation durch Forschung. Schließlich erscheint uns eine Intensivierung der qualitativ-rekonstruktiven Forschungsarbeit weiterhin ebenso angezeigt wie ein stärkerer Theoriebezug der Forschungen auf diesem Gebiet.

Literatur

Arbeitsgemeinschaft der Rudolf-Steiner-Schulen in der Schweiz: Befragung ehemaliger Schülerinnen und Schüler von Rudolf-Steiner-Schulen in der Schweiz. Zürich 1999

Aurin, K.: Die Bedingtheit der Schülerleistung durch die pädagogische Gestaltungsform – eine bildungspolitische Studie. Unveröff. Diss. FU Berlin 1957

Bambach, H.: Erfundene Geschichten erzählen es richtig. Lesen und Leben in der Schule. Konstanz 1989

Bambach, H./Thurn, S.: Alexander – Alexander. Zweimal fünf Jahre Laborschule. In: Neue Sammlung 24 (1984), S. 572-597

Barz, H.: Anthroposophie im Spiegel von Wissenschaftstheorie und Lebensweltforschung. Zwischen lebendigem Goetheanismus und latenter Militanz. Weinheim 1994

Becker, G. unter Mitarbeit von Vogel, J.P./Weidauer, K.: Die deutschen Landerziehungsheime. In: Arbeitsgemeinschaft Freier Schulen (Hrsg.): Handbuch Freie Schulen. Reinbek 1999, S. 171-208

Benner, D./Kemper, H.: Zur Theorie und Geschichte der Reformpädagogik. Kurseinheit 4-5, Fernuniversität Hagen 1993

Beutel, S.-I.: Lernberichte anders lesen. In: Tillmann, K.-J./Wischer, B. (Hrsg.): Schulinterne Evaluation an Reformschulen. Positionen, Konzepte, Praxisbeispiele. Impuls (Informationen, Materialien, Projekte, Unterrichtseinheiten aus der Laborschule Bielefeld) Bd. 30, Bielefeld 1998, S. 85-94

Böttcher, P.: Perspektiven einer vergleichenden Evaluation zur Schulentwicklung: Fünf Reformschulen aus der Sicht ihrer Absolventen. Unveröff. Diss. Univ. Jena 2000

Borchert, M.: Zur aktuellen Lage der Freien Alternativschulen in der Bundesrepublik. In: Bundesverband der Freien Alternativschulen (Hrsg.): Freie Alternativschulen: Kinder machen Schule. Innen- und Außenansichten. Wolfratshausen 1992, S. 15-25

Borchert, M./Maas, M. (Hrsg.): Freie Alternativschulen. Die Zukunft der Schule hat schon begonnen. Bad Heilbrunn 1998

Breidenstein, G./Kelle, H.: Geschlechteralltag in der Schulklasse. Ethnographische Studien zur Gleichaltrigenkultur. Weinheim/München 1998

Dietrich, Th.: Die Pädagogik Peter Petersens. Der Jena-Plan: Modell einer humanen Schule. Bad Heilbrunn 1986

Döpp, W.: Das Modell des Lehrer-Forschers an der Laborschule. Kritische Rekonstruktionen der Folgen seiner Institutionalisierung in der Praxis. Diss. Bielefeld 1990

Döpp, W.: Das Lehrer-Forscher-Modell an der Laborschule. In: Friebertshäuser, B./Prengel, A. (Hrsg.): Handbuch qualitative Forschungsmethoden in der Erziehungswissenschaft. Weinheim/München 1997, S. 628-639

Döpp, W.: Das Lehrer-Forscher-Modell als Ansatz schulinterner Evaluation. In: Tillmann, K.-J./Wischer, B. (Hrsg.): Schulinterne Evaluation an Reformschulen. Positionen, Konzepte, Praxisbeispiele. Impuls (Informationen, Materialien, Projekte, Unterrichtseinheiten aus der Laborschule Bielefeld) Bd. 30, Bielefeld 1998, S. 19-28

Döpp, W./Hansen, S./Kleinespel, K.: Eine Schule für alle Kinder. Die Laborschule im Spiegel von Bildungsbiographien. Weinheim/Basel 1996

Erlinghagen, K.: Maria Montessori (1870-1952) In: Scheuerl, H. (Hrsg.): Klassiker der Pädagogik. Bd. 2, München 1979, S. 140-151

Fämel, I.: Zur Struktur schulischen Unterrichts nach Maria Montessori. Beschreibung einer Montessori-Grundschule in Düsseldorf. Frankfurt a.M./Bern 1981

Fend, H.: Der Umgang mit der Schule in der Adoleszenz. Aufbau und Verlust von Lernmotivation, Selbstachtung und Empathie. Bern 1997

Fischer, R.: Lernen im non-direktiven Unterricht – eine Felduntersuchung am Beispiel der Montessori-Pädagogik. Frankfurt a.M./Bern 1982

Fischer, R.: Empirische Ergebnisse der Montessori-Pädagogik, In: Ludwig, H. (Hrsg.): Montessori-Pädagogik in der Diskussion. Freiburg/Basel/Wien 1999, S. 173-218

Fischer-Kowalski, M./Pelikan, J./Schandl, H.: Große Freiheit für kleine Monster: Alternativschulen und Regelschulen im Vergleich. Wien 1995

Gessler, L.: Bildungserfolg im Spiegel von Bildungsbiographien. Begegnungen mit Schülerinnen und Schülern der Hiberniaschule. Frankfurt a.M. u.a. 1988

Göhlich, M.: Neue Reformpädagogiken versus klassische Reformpädagogiken. Gemeinsamkeiten und Unterschiede, Verbindungen und Brüche. In: Rülcker, T./Oelkers, J. (Hrsg.): Politische Reformpädagogik. Bern u.a. 1998, S. 85-105

Groeben, A. v.d./Rieger, M. F.: Ein Zipfel der besseren Welt. Leben und Lernen in der Laborschule. Essen 1991

Grunder, H.-U.: Die freien Alternativschulen, In: Seyfarth-Stubenrauch, M./Skiera, E. (Hrsg.): Reformpädagogik und Schulreform in Europa. Bd. 2, Baltmannsweiler 1996a, S. 316-328

Grunder, H.-U.: Landerziehungsheim – Gründergestalten und Konzeptionen. In: Seyfarth-Stubenrauch, M./Skiera, E. (Hrsg.): Reformpädagogik und Schulreform in Europa. Bd. 2, Baltmannsweiler 1996b, S. 214-236
Helsper, W./Stelmaszyk, B.: Entwicklung und Stand qualitativer Schulforschung – eine einleitende Skizze. In: Combe, A./Helsper, W./Stelmaszyk, B. (Hrsg.): Forum Qualitative Schulforschung I. Weinheim 1999, S. 9-26
Helsper, W./Idel, T.-S./Kunze, K./Stelmaszyk, B./Ullrich, H.: Lehrer-Schüler-Beziehungen an Waldorfschulen. Rekonstruktionen zum Verhältnis von Selbstverständnis der Lehrerschaft, Lehrer-Schüler-Interaktion im Unterricht und individueller Schulkultur. Zentrum für Schulforschung und Fragen der Lehrerbildung, H. 23. Halle 2003
Henry, W.: Sachunterrichtliches Lernen in der Montessori-Pädagogik. Eine Fallstudie über die Integrative Montessori-Schule Borken. Münster 2001
Hentig, H. v.: Die Bielefelder Laborschule. Stuttgart 1971
Hentig, H. v.: Schule als Erfahrungsraum? Eine Übung im Konkretisieren einer pädagogischen Utopie. Stuttgart 1973
Hentig, H. v.: Die Menschen stärken, die Sachen klären. Ein Plädoyer für die Wiederherstellung der Aufklärung. Stuttgart 1985
Hentig, H. v.: Die Schule neu denken. Eine Übung in praktischer Vernunft. Stuttgart 1993
Hurrelmann, K./Wolf, H.: Schulerfolg und Schulversagen im Jugendalter. Fallanalysen von Bildungslaufbahnen. Weinheim/München 1986
Idel, T.-S.: Max – Matrose auf dem Klassenschiff. Eine hermeneutisch-rekonstruktive Interpretation eines Waldorfschulzeugnisses. In: Hansen-Schaberg, I./Schonig, B. (Hrsg.): Basiswissen Pädagogik: reformpädagogische Schulkonzepte. Waldorfpädagogik. Bd. 6, Baltmannsweiler 2002, S. 216-233
Illien, A.: Liebe und Erziehung. Zur Begründung der Erziehungsidee. Erziehung: Utopie und Erfahrung. Bd. 1, Hannover 1986
Jachmann, M./Lenz, M./Tillmann, K.-J.: Familiäre Umwelten und schulische Sozialisationsprozesse bei Laborschülerinnen und -schülern – drei Analysen aus der Absolventenstudie. Werkstatthefte Nr. 12. Bielefeld 1997
Jachmann, M./Weingart, G. (Hrsg.): Die Laborschule im Urteil ihrer Absolventen. Konzepte, Ergebnisse und Perspektiven der Absolventenstudie. Impuls (Informationen, Materialien, Projekte, Unterrichtseinheiten aus der Laborschule Bielefeld) Band 33, Bielefeld 1999
Kalthoff, H.: Wohlerzogenheit. Eine Ethnographie deutscher Internatsschulen. Frankfurt a.M./New York 1997
Kleinespel, K.: Schule als biographische Erfahrung. Die Laborschule im Urteil ihrer Absolventen. Weinheim/Basel 1990
Kleinespel, K.: Schulpädagogik als Experiment. Der Beitrag der Versuchsschulen in Jena, Chicago und Bielefeld zur pädagogischen Entwicklung der Schule. Weinheim/Basel 1998
Kleinespel, K./Meier, U./Reiche, I./Wischer, B.: Kontinuität und Wandel. Drei Analysen zu den Bildungserfahrungen und -perspektiven von Laborschulabsolventinnen und -absolventen. Werkstatthefte Nr. 3. Bielefeld 1995
Köhler, U.: Die Glocksee-Schule und ihre Absolventen – eine empirische Untersuchung. Unveröff. Diss. Univ.-GHS Kassel 1997
Köhler, U./Krammling-Jöhrens, D.: Die Glocksee-Schule. Geschichte – Praxis – Erfahrungen. Bad Heilbrunn 2000
Kramer, R.-T.: Schulkultur und Schülerbiographien. Rekonstruktionen zur Schulkultur II. Opladen 2002
Krammling-Jöhrens, D.: Atmosphäre als Wirklichkeitsebene. Eine ethnographische Studie über die Glocksee-Schule. Unveröff. Diss. Univ.-GHS Kassel 1997
Lambrich, H.-J./Steinberg, W.: Die Jena-Planschule in Lübbenau. In: Döbert, H./Ernst, C. (Hrsg.): Schulen mit besonderem Profil. Baltmannsweiler 2001, S. 79-98
Leber, S.: Die Waldorfschule im gesellschaftlichen Umfeld. Zahlen, Daten und Erläuterungen zu Bildungslebensläufen ehemaliger Waldorfschüler. Stuttgart 1981
Leschinsky, A.: School (Alternative Models): Ideas and Institutions. In: Smelser, N.J./Baltes, P.B. (Eds.): International Encyclopedia of the Social & Behavioral Sciences. Vol. 20, Oxford 2001, pp. 13560-13563
Liermann, H.: Zwischen Projekt und Linie – Aushandlungsdramaturgien in Reform- und Regelschulen. In: Combe, A./Helsper, W./Stelmaszyk, B. (Hrsg.): Forum Qualitative Schulforschung I. Schulentwicklung – Partizipation – Biographie. Weinheim 1999, S. 197-220
Lübke, S.-I.: Schule ohne Noten. Lernberichte in der Praxis der Laborschule. Opladen 1996
Ludwig, H.: Die Montessori-Schule. In: Seyfarth-Stubenrauch, M./Skiera, E. (Hrsg.): Reformpädagogik und Schulreform in Europa. Bd. 2, Baltmannsweiler 1996, S. 237-252
Lütgert, W. (Hrsg.): Einsichten. Berichte aus der Bielefelder Laborschule. Impuls (Informationen, Materialien, Projekte, Unterrichtseinheiten aus der Laborschule Bielefeld) Bd. 21, Bielefeld 1992
Maas, M.: Selbsterprobung und Widerstand – eine Fallstudie zur emotionalen Bedürfnislage Jugendlicher im schulischen Kontext. In: Combe, A./Helsper, W./Stelmaszyk, B. (Hrsg.): Forum Qualitative Schulforschung I. Schulentwicklung – Partizipation – Biographie. Weinheim 1999, S. 397-428
Maas, M.: Alternativschule und Jugendkultur. Entwicklungsprobleme von Adoleszenten. Weinheim 2003

Meisterjahn-Knebel, G.: Montessori-Pädagogik und Bildungsreform im Schulwesen der Sekundarstufe. Dargestellt am Beispiel der Bischöflichen Maria-Montessori-Gesamtschule Krefeld. Frankfurt a.M. u.a. 1995

Melzer, W.: Die Laborschule und ihre Eltern – Eine Studie zur Elternpartizipation. Impuls 18, Bielefeld 1989

Merkens, H.: Die pädagogische Tatsachenforschung Else und Peter Petersens als Beispiel empirischer Unterrichtsforschung. In: Zeitschrift für Pädagogik 21 (1975), S. 835-842

Meyer, A.: Die Montessori-Hauptschule Ferdinandstraße aus der Perspektive ihrer Schülerinnen und Schüler. Eine Hauptschule im Spannungsfeld zwischen Restschule und Reformschule. Osnabrück 2001

Mintz, J./Solomon, R./Solomon, S./Muscat, A. (Eds.): The Handbook of Alternative Education. New York 1994

Negt, O.: Schule als Erfahrungsprozeß. Gesellschaftliche Aspekte des Glocksee-Projekts. In: Ästhetik und Kommunikation (1975/76), H. 22/23

Nittel, D.: Gymnasiale Schullaufbahn und Identitätsentwicklung. Eine biographieanalytische Studie. Weinheim 1992

Oehlschläger, H.-J.: Alternativschule. In: Lenzen, D. (Hrsg.): Pädagogische Grundbegriffe 1. Reinbek 1996, S. 38-56

Pädagogisches Landesinstitut Brandenburg (Hrsg.): Jena-Planschule Lübbenau. Ein Schulversuch zur Reform der Grundschulen. Berlin 2000

Petersen, P.: Der Jena-Plan einer freien allgemeinen Volksschule. Der Kleine Jena-Plan. Weinheim/Basel 1927/1974

Petersen, P./Petersen, E.: Die pädagogische Tatsachenforschung. Peter und Else Petersen. Besorgt von Theodor Rutt. Paderborn 1965

Ramseger, J.: Freie Schulen: Träume oder Alternativen? In: Kemper, H. (Hrsg.): Theorie und Geschichte der Bildungsreform. Königstein 1984, S. 253-261

Randoll, D.: Waldorfpädagogik auf dem Prüfstand. Auch eine Herausforderung an das öffentliche Schulwesen? Berlin 1999

Rittelmeyer, Ch.: Soziale Muster im Schulbau-Milieu. In: Bohnsack, F./Leber, S. (Hrsg.): Sozial-Erziehung im Sozial-Zerfall. Weinheim/Basel 1996, S. 307-319

Rodax, K./Spitz, N.: Bildungschancen und Bildungsabläufe von Laborschülern. Eine Pilotstudie. Weinheim 1984

Roeder, P.: Pädagogische Tatsachenforschung. In: Groothoff, H.H. (Hrsg.): Pädagogik. Das Fischer Lexikon. Frankfurt a.M. 1964, S. 238-246

Roeder, P.M.: Einleitung. In: Goldschmidt, D./Roeder, P.M. (Hrsg.): Alternative Schulen? Gestalt und Funktion nichtstaatlicher Schulen im Rahmen öffentlicher Bildungssysteme. Stuttgart 1979, S. 11-35

Röhrs, H.: Die progressive Erziehungsbewegung. Verlauf und Auswirkung der Reformpädagogik in den USA. Hannover 1977

Röhrs, H.: Reformpädagogik und innere Bildungsreform. Weinheim 1998

Rumpf, H.: Lebenszeichen. Ein Bericht über Streifzüge durch die Laborschule. In: Neue Sammlung 24 (1984), S. 556-571

Schmerbitz, H./Schulz, G./Seidensticker, W.: Mädchen und Jungen im Sportunterricht. Interaktionsanalyse und Curriculumentwurf. Impuls (Informationen, Materialien, Projekte, Unterrichtseinheiten aus der Laborschule Bielefeld) Bd. 23, Bielefeld 1997

Schultz, H.: Bildungs- und Berufslaufbahnen von Gesamtschulabsolventen. Eine vergleichende Untersuchung an Absolventen der Bielefelder Laborschule und der Gesamtschule Bielefeld-Schildesche. Bielefeld 1986

Spahn, S.: Die subjektive Sicht der Jena-Plan-Schülerinnen und -Schüler auf das Leben und Lernen an der Jena-Planschule in Lübbenau und an den weiterführenden Schulen, In: Pädagogisches Landesinstitut Brandenburg (Hrsg.): Jena-Planschule Lübbenau. Ein Schulversuch zur Reform der Grundschulen. Berlin 2000, S. 67-74

Suffenplan, W.: Die sensiblen Perioden im Lichte neuerer Untersuchungen zur Aktivitätsentfaltung in freier Spiel- und Arbeitssituation. In: Montessori-Werkbrief 47/48 (1977), S. 25-44

Thurn, S./Tillmann, K.-J. (Hrsg.): Unsere Schule ist ein Haus des Lernens. Das Beispiel Laborschule. Reinbek 1997

Tillmann, K.-J. (Hrsg.): Laborschulforschung 1995-1997 – Projekte im Forschungs- und Entwicklungsplan. Werkstatthefte Nr. 3, Bielefeld 1995

Tillmann, K.-J.: Laborschulforschung 1994-1997. Entwicklungen, Probleme, Perspektiven – Bericht des wissenschaftlichen Leiters. In: Klafki, W./Tillmann, K.-J. (Hrsg.): Laborschulforschung 1994-1997 – zwei Berichte. Werkstatthefte Nr. 9. Bielefeld 1997a, S. 17-23

Tillmann, K.-J. (Hrsg.): Laborschulforschung 1997-1999 – Projekte im Forschungs- und Entwicklungsplan. Werkstatthefte Nr. 11, Bielefeld 1997b

Tillmann, K.-J./Wischer, B. (Hrsg.): Schulinterne Evaluation an Reformschulen. Positionen, Konzepte, Praxisbeispiele. Impuls (Informationen, Materialien, Projekte, Unterrichtseinheiten aus der Laborschule Bielefeld) Bd. 30, Bielefeld 1998

Ulich, D./Jerusalem, M.: Interpersonale Einflüsse auf die Lernleistung. In: Weinert, F.E. (Hrsg.): Psychologie des Lernens und der Instruktion. Göttingen u.a. 1996, S. 181-208

Ullrich, H.: Das Kind als schöpferischer Ursprung. Studien zur Genese des romantischen Kindbildes und zu seiner Wirkung auf das pädagogische Denken. Bad Heilbrunn 1999

Ullrich, H.: Befremdlicher Anachronismus oder zukunftsweisendes Modell? Die Freie Waldorfschule im pädagogischen Diskurs und in der erziehungswissenschaftlichen Forschung. In: Hansen-Schaberg, I./Schonig, B. (Hrsg.): Reformpädagogische Schulkonzepte. Waldorfpädagogik. Bd. 6, Baltmannsweiler 2002, S. 181-215

Ullrich, H./Idel, T.-S./Kunze, K. (Hrsg.): Das Andere erforschen. Empirische Impulse aus Reform- und Alternativschulen. Wiesbaden 2004

Weinert, F.E.: Analyse und Untersuchung von Lehrmethoden. In: Ingenkamp, K. (Hrsg.): Handbuch der Unterrichtsforschung. Zentrale Faktoren in der Unterrichtsforschung. Bd. 2, Weinheim/Berlin/Basel 1970, Sp. 1217-1352

Weinert, F.E./Helmke, A.: Der gute Lehrer: Person, Funktion oder Fiktion? In: Leschinsky, A. (Hrsg.): Die Institutionalisierung von Lehren und Lernen. Weinheim/Basel 1996, S. 223-233

Wiesemann, J.: Lernen als Alltagspraxis. Lernformen von Kindern an einer Freien Schule. Bad Heilbrunn 2000

Winkel, R.: Alternative Schulen. In: Twellmann, W. (Hrsg.): Handbuch Schule und Unterricht. Bd. 3, Düsseldorf 1981, S. 629-642

Winkler, M.: Was ist alternativ an den alternativen Schulen? In: Böhm, W./Harth-Peter, W./Rýdl, K./Weigand, G./Winkler, M. (Hrsg.): Schnee vom vergangenen Jahrhundert. Aspekte der Reformpädagogik. Würzburg 1994, S. 29-47

Winkler, M.: Der Sinn pädagogischer Tatsachen. Überlegungen zu Peter Petersens Idee einer Erziehungswissenschaft. In: Koerrenz, R./Lütgert, W. (Hrsg.): Jena-Plan – über die Schulpädagogik hinaus. Weinheim/Basel 2001, S. 43-59

Wischer, B.: Soziales lernen in einer Reformschule. Evaluationsstudie über Unterschiede von Sozialisationsprozessen in Reform- und Regelschulen. Weinheim/München 2003

Zdrazil, T.: Gesundheitsförderung und Waldorfpädagogik. Unveröff. Diss. Univ. Bielfeld 2002

Ziehe, T.: Pubertät und Narzissmus. Frankfurt 1975

3 Schulentwicklungsforschung

Knut Schwippert | Martin Goy

Leistungsvergleichs- und Schulqualitätsforschung

1 Einleitung

In aktuellen Diskussionen über das deutsche Bildungssystem wird früher oder später fast unvermeidlich auf die von der Organisation für wirtschaftliche Zusammenarbeit und Entwicklung (OECD) durchgeführte PISA-Studie (*Programme for International Student Assessment*) verwiesen, die wegen des vergleichsweise schlechten Abschneidens der deutschen Schülerinnen und Schüler eine grundlegende Debatte über die Leistungsfähigkeit des deutschen Bildungswesens ausgelöst hat. Angesichts dieser Debatte und vor dem Hintergrund, dass es ein (Forschungs-)Leben auch schon vor PISA gegeben hat und neben PISA gibt, soll in diesem Beitrag die empirische Leistungsvergleichs- und Schulqualitätsforschung im Hinblick auf ihre Geschichte, ihre methodische und methodologische Verankerung und ihren derzeitigen Stand vorgestellt werden. Dies wird ergänzt um einen Ausblick auf eine Auswahl von Forschungsfeldern, die in diesem Rahmen zukünftig relevant sein können.

1.1 Forschungstraditionen

Die Bezeichnung ‚Vergleichsuntersuchungen' kann in der Erziehungswissenschaft als Oberbegriff für eine Familie von Untersuchungen verstanden werden, die durchaus unterschiedliche Perspektiven beziehungsweise unterschiedliche erziehungswissenschaftliche Forschungstraditionen subsumiert. Im Wesentlichen sind dies einerseits die Tradition der ‚vergleichenden Forschung', die geisteswissenschaftlich geprägt vor allem im Spektrum qualitativ-hermeneutischer Ansätze entfaltet wurde und andererseits die Tradition der ‚internationalen Forschung', die vor allem auf empirisch-analytischen Methoden basiert und dem Kritischen Rationalismus Poppers nahe steht (weitere Unterscheidungsmöglichkeiten beschreiben Crossley/Watson 2003). Beide Ansätze müssen sich dabei nicht antagonistisch gegenüberstehen, sondern können durch eine komplementäre Verbindung durchaus positive Synergien entwickeln, was in verschiedenen Untersuchungen gezeigt worden ist (vgl. z. B.: Döbert/Klieme/Sroka 2004; Döbert/Sroka 2004). Auch innerhalb der beiden Ansätze werden jeweils verschiedene Erkenntnis gewinnende Methoden angewandt, so dass, wie Hörner (1999, S. 107) es ausdrückt, „eine einfache, holzschnittartige Entgegensetzung von *empirisch* und *hermeneutisch* im hier behandelten Zusammenhang sachlich unangemessen und obsolet erscheint" [Hervorhebungen im Original]. Speziell auf das Verhältnis von vergleichender und internationaler Forschung bezogen bemerken Crossley und Watson (2003), dass eine Kombination von beiden Ansätzen einen charakteristischen Beitrag zur Forschungsdiskussion leisten kann. Ihrer Ansicht nach liegt die Stärke von vergleichender und internationaler Bildungsforschung jeweils in ihrer anwendungsbezogenen und problemorientierten Anlage, so dass beide Ansätze als relevant für die Bildungsforschung anzuerkennen sind.

Bei der Planung von Vergleichsuntersuchungen ist es von zentraler Bedeutung, den Gegenstand des Vergleichs (das *tertium comparationis*) a priori möglichst präzise zu bestimmen. Diese Bestimmung ist bei Vergleichsuntersuchungen mit kombiniertem methodischen Design insbesondere deshalb wichtig, damit methodenimmanente Unterschiede in den Ansätzen der vergleichenden und der internationalen Forschung zusammengeführt und somit Erkenntnisgewinne durch Synergien erzielt werden können. Dass sich eine entsprechende Definition dieses *tertium comparationis* nicht auf die vergleichende Präzisierung von Ländern, Schulformen oder Altersstufen beschränkt, sondern deutlich vielschichtiger ist, haben Bray und Thomas (1995) in einem Mehrebenenmodell dargestellt (vgl. Abb. 1).

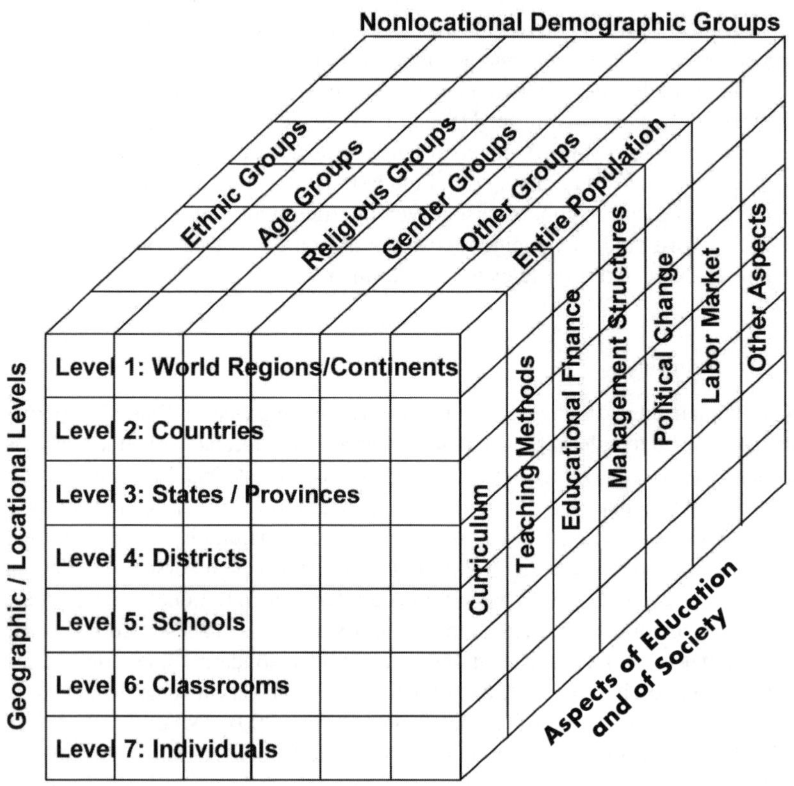

Abbildung 1: Schematische Darstellung eines Rahmenmodells für Vergleichsuntersuchungen nach Bray und Thomas (1995)

Die in Abbildung 1 dargestellte Komplexität bedeutet nicht nur in Bezug auf die Auswahl des *tertium comparationis* ein Plädoyer für Mehrebenenbetrachtungen, sondern mahnt insbesondere auch bei empirischen Analysen zur Berücksichtigung unterschiedlicher Betrachtungsebenen und deren Interaktionen. Im Rahmen quantitativer Analysen begegnet man diesem Umstand unter anderem durch die Anwendung von Mehrebenenanalysen (*Hierarchical Linear Models*, kurz: HLM), die eine simultane Berücksichtigung verschiedener Analyseebenen erlauben (Bryk/Raudenbush 1992; Ditton 1998).

Den vergleichenden und internationalen Forschungsansätzen ist gemein, dass man durch die gleichzeitige Beobachtung bzw. Analyse verschiedener Bildungssysteme auf Unterschiede aufmerksam wird, die ohne einen entsprechenden Vergleich möglicherweise nicht abgebildet würden. Das Interesse an dem Wissen über Unterschiedlichkeiten soll aus nationaler Perspektive schließlich zum Verständnis des eigenen Bildungswesens beitragen.

Bos und Postlethwaite (2005) weisen darüber hinaus darauf hin, dass internationale Vergleichsuntersuchungen auch einen Beitrag zur Grundlagenforschung leisten, da sich nach ihrer Auffassung Fragen der System- und Kulturabhängigkeit von Bildungssystemen nur in international vergleichenden Studien beantworten lassen. Diese Aussage kann dahingehend ergänzt werden, dass je nach Untersuchungsgegenstand vergleichende Untersuchungen nicht zwangsläufig international angelegt sein müssen. In Ländern wie zum Beispiel Deutschland oder Kanada können durch die föderale Struktur bereits innerhalb von Landesgrenzen Unterschiede beobachtet und herausgearbeitet werden, indem nicht international zwischen Staaten, sondern intranational zwischen Bundesländern (Deutschland) oder Provinzen (Kanada) verglichen wird.

Vergleichende Forschung

In seinen Betrachtungen von Vergleichsstudien weist Hörner (1999) auf zwei historische Entwicklungsstränge der vergleichenden Erziehungswissenschaft hin, die beide bis in das neunzehnte Jahrhundert zurückreichen. Zum einen sei durch das sich wandelnde Nationalstaatengefüge eine Ausbildung national spezifischer Bildungssysteme entstanden, die wiederum das politisch-praktische Interesse an den anderen Bildungssystemen geweckt habe. Als Folge seien „reisende Schulmänner" aufgebrochen, um Informationen über die verschiedenen Bildungssysteme zu sammeln und daraus Erkenntnisse zu gewinnen, die für die Entwicklung des eigenen Schulwesens nützlich sein können (Hörner 1999, S. 108). Die bei der vergleichenden Erziehungswissenschaft deutlich zu erkennende geisteswissenschaftliche Tradition des umfassenden Verstehens spiegelt sich somit in der Konzentration auf die möglichst vollständige Erfassung der Bildungsbedingungen in den jeweiligen Ländern wider.

Der Begriff der ‚systematisch vergleichenden Erziehungswissenschaft' kann nach Hörner (1999) auf Marc-Antoine Julliene zurückgeführt werden, der im ausgehenden achtzehnten und beginnenden neunzehnten Jahrhundert (1775-1848) gelebt hat (Allemann-Ghionda 2004). Die Kunst der Beschreibung der jeweiligen Bildungssysteme liegt nach Hörner im hermeneutischen Ansatz, bei dem sich die Beobachter und Beschreiber als Experten stets dessen bewusst sind, dass sie mit eigenen Wert-, Kultur- und Bildungsvorstellungen an die Beschreibung und Bewertung herantreten. Hörner (1999) verweist an dieser Stelle auch auf die Grenzen von solchen ideographischen Studien, in dem er deutlich macht, dass sich ein Forschungsfeld bereits dadurch verändert, dass sich Beobachter von außen hineinbegeben. Da dieses Dilemma nicht aufzulösen ist, muss es bei der Beschreibung des Forschungsgegenstands stets gegenwärtig sein. In Absetzung von den geisteswissenschaftlich-hermeneutischen Verstehensmodellen wurden im ‚interpretativen Paradigma' etwa rekonstruktive und ethnographische Ansätze etabliert, die das Feld der vergleichenden Einzelschulforschung durch kontrastierende Fallstudien ausdifferenzierten (vgl. Horstkemper/Tillmann in diesem Band).

Internationale Forschung

Der immanente Anspruch der vergleichenden Erziehungswissenschaft, anhand eines theoretisch abgeleiteten Vergleichskriteriums ein oder mehrere Bildungssysteme möglichst umfassend zu verstehen, wird in groß angelegten Leistungsvergleichsuntersuchungen (sog. *large-scale assessments*) zugunsten einer empirischen Überprüfung ausgewählter Merkmale verschiedener Länder bzw. Bildungssysteme aufgegeben. In der ‚internationalen Forschung' werden bestimmte Aspekte des Bildungssystems in der Regel anhand von repräsentativen Stichproben einer zu beschreibenden Grundgesamtheit der Bevölkerung in den Blick genommen und theoriegeleitet eine Reihe von Rahmenbedingungen auf Zusammenhänge und ggf. auch auf kausale Beziehungen hin empirisch überprüft. Die Orientierung an theoretischen Rahmenkonzeptionen macht es hierbei notwendig, einen interessierenden Ausschnitt des Bildungssystems in den Blick zu nehmen.

Großflächig angelegte Untersuchungen im Rahmen der ‚internationalen Forschung' dienen jedoch nicht nur zur empirischen Prüfung abgeleiteter Hypothesen. Vielmehr haben sie auch ihre Berechtigung, wenn es um die Eruierung eines neuen Forschungsfeldes geht. Solche erschließenden Bestandsaufnahmen sind unter anderem in denjenigen Forschungsgebieten angelegt, die eine neue Herausforderung für das Bildungssystem darstellen (z. B. im Hinblick auf den Wandel der Computernutzung) oder in solchen, die sich erst konstituieren (z. B. im Hinblick auf die Lehrerkompetenzen). Beispiele für solche Studien sind u. a. die *Second Information Technology in Education Study* (SITES) oder die *Teacher Education Study* (TEDS) (vgl. dazu auch Tab. 1).

Differenziert man internationale Forschungsvorhaben nach ihren spezifischen Forschungsfeldern, stößt man auf eine Reihe von Begriffen, die mitunter auf die jeweilige Forschungsperspektive aufmerksam machen. So werden internationale Forschungsprojekte zu Schulleistungsvergleichen vielfach auch als ‚groß angelegte Schulvergleichsuntersuchungen' (*large-scale assessments*) bezeichnet, was den Blick auf die Bewertung des Bildungssystems und weniger auf die einzelnen Individuen lenkt. Selbstverständlich könnten bei analoger Anlage dieser Untersuchungen auch andere Bildungseinrichtungen wie zum Beispiel Kindergärten oder Fortbildungseinrichtungen im Fokus stehen. Um zu betonen, dass es hier um die Evaluation von Bildungssystemen bzw. Bildungseinrichtungen geht, wird in einer Reihe von Studien auch der Begriff des *system monitoring* genannt, der als ‚Systemmonitoring' oder ‚Bildungsmonitoring' mittlerweile auch Eingang ins deutsche Fachvokabular gefunden hat. Diese Fokussierung macht deutlich, dass es bei der Anlage und Durchführung solcher Untersuchungen um die Bereitstellung von Steuerungswissen, in der Regel für die Bildungsadministration, geht (Dedering/Kneuper/Tillmann 2003) und viele dieser Untersuchungen entsprechend durch die Politik bzw. Bildungsadministration initiiert werden (Allemann-Ghionda 2004).

An dieser Stelle sei nochmals auf die besondere Konstellation in Deutschland hingewiesen: Aufgrund der föderalen Struktur sind sowohl inter- als auch intranationale Vergleiche in Deutschland gleichermaßen möglich. Beide Perspektiven wurden in den ersten Zyklen der internationalen Vergleichsuntersuchungen PISA und IGLU (Internationale Grundschul-Lese-Untersuchung) eingenommen, indem sowohl internationale Vergleiche als auch Analysen von Unterschieden zwischen den Bundesländern durchgeführt wurden (Baumert et al. 2001; Baumert et al. 2002; Bos et al. 2003; Bos et al. 2004). Beide Untersuchungen wurden jeweils durch das Bundesministerium für Bildung und Forschung (BMBF) und die Kultusministerkonferenz (KMK) finanziert und administrativ unterstützt.

Vergleichende und internationale Forschung

Wie gezeigt, nehmen aktuelle internationale Untersuchungen nicht ganze Bildungssysteme in den Blick, sondern konzentrieren sich auf einzelne Aspekte (Terhart 2000). Mit diesem Vorgehen unterscheiden sich internationale Vergleichsuntersuchungen von den vergleichenden Forschungsansätzen, bei denen in der Regel Experten des jeweiligen Bildungssystems vertiefende Beschreibungen bzw. Vergleiche von mehreren Ländern vornehmen (Crossley/Watson 2003). Ob diese Experten jeweils aus dem Land selber (*emic*-Ansatz) bzw. besser aus einem anderen Land (*etic*-Ansatz) kommen sollten, wird von Allemann-Ghionda (2004) ergebnisoffen diskutiert.

Mit der Perspektive, die Ansätze der internationalen Schulleistungsforschung mit denen der vergleichenden Erziehungswissenschaft zu verbinden, erscheint es wichtig, im Rahmen der vergleichenden Erziehungswissenschaft die historisch vergleichende Forschung, die Wissen über die Entstehung und kulturelle Prägung eines Bildungssystems zur Verfügung stellt, und die eher gegenwartsbezogene, systematisch vergleichende Erziehungswissenschaft ergänzend zu betrachten (Hörner 1999) und bei der Planung, Durchführung und Interpretation von internationalen Vergleichsuntersuchungen entsprechend zu berücksichtigen.

1.2 Leistungsvergleichs- und Schulqualitätsuntersuchungen: Evidenzbasierte Steuerung im Bildungssystem

Bildungssysteme sind einer ständigen Weiterentwicklung unterworfen und die konstituierenden Mitglieder der Systeme tragen Verantwortung für ihre Entwicklung. Leistungsvergleichs- und Schulqualitätsuntersuchungen stellen hierbei eine Möglichkeit dar, dieser Verantwortung dadurch gerecht zu werden, dass man den Stand und den Verlauf der Systementwicklung empirisch überprüft. In Ländern wie zum Beispiel den Niederlanden oder Kanada werden bereits seit einigen Jahren entsprechende empirische Untersuchungen genutzt, um Reformen auf ihre Zielerreichung hin zu kontrollieren. Dabei werden Reformen nicht allein auf Basis von plausiblen Annahmen durchgeführt, sondern ihre tatsächliche Wirkung wird anhand von geeigneten Tests empirisch überprüft, was eine gesicherte Grundlage zur Weiterentwicklung bieten kann (Döbert et al. 2004).

Paradigmenwechsel im Steuerungsprozess von Bildungssystem und Schule

In den vergangenen Jahrzehnten hat in Deutschland ein markanter Wandel im Steuerungsprozess des Bildungssystems stattgefunden. Während nach dem Zweiten Weltkrieg in Deutschland besondere Aufmerksamkeit der Ausstattung der Bildungseinrichtungen und der fachwissenschaftlich geprägten Ausbildung der Lehrkräfte galt, um sicherzustellen, dass die Kinder und Jugendlichen möglichst gut unterrichtet werden können, verschob sich die Perspektive insbesondere in den 1970er und 80er Jahren auf die Betrachtung unterschiedlicher Lerngelegenheiten, so dass zunehmend die Unterrichtsqualität ins Zentrum der Betrachtung rückte. Merkmale wie ‚Klarheit des Unterrichts', ‚effektive Zeitnutzung', ‚Anspruchsniveau', ‚Übungsintensität' oder ‚Instruktionstempo' lenkten den Blick von den lehrenden Akteuren auf ein optimiertes Lehrangebot (Einsiedler 1997). Mit dem Ziel, einen hohen Bildungserfolg bei den Schülerinnen und Schülern zu erreichen, wurden hierbei Unterrichtsformen und Klassenzusammensetzungen aber auch die Sequenzierung und Organisation des Unterrichts variiert. Beide Ansätze gehen von der Prämisse aus, dass sich bei entsprechend gutem ‚Input' in das Bildungssystem – in

Form von Lehrerbildung, Schulausstattung oder Unterrichtsprozess – als Konsequenz ein Lernerfolg bei den Kindern und Jugendlichen einstellen würde. Der tatsächliche Einfluss dieser Faktoren auf die Unterrichtsqualität und den Lernerfolg der Schülerinnen und Schüler ist dabei jedoch kaum empirisch überprüft worden. Ab Mitte der 1990er Jahre rückten dann international angelegte Vergleichsstudien mit zunehmender Deutlichkeit in das Bewusstsein der deutschen Bildungsforschung und auch der Öffentlichkeit, bedingt durch das vergleichsweise schlechte Abschneiden zunächst bei der *Third International Mathematics and Science Study* (TIMSS) und dann bei der PISA-Untersuchung, was einen ‚TIMSS-' bzw. ‚PISA-Schock' auslöste. In Folge dessen kam man bei den Überlegungen zur Steuerung des Bildungssystems zu der Überzeugung, dass nicht nur die Voraussetzungen des Unterrichts bzw. der Unterricht als solcher in den Fokus genommen werden, sondern vielmehr direkt auf den Lernerfolg bzw. die Schüler selbst geschaut werden sollte.

Dieser sich seit Mitte der 1990er Jahre vollziehende Wechsel des Fokus von den Voraussetzungen von Bildung auf ihre Ergebnisse, von der Input- zur Outputsteuerung, geht mit einer zunehmenden Bedeutung der empirischen Kontrolle einher und kann als Paradigmenwechsel in der Steuerung des Bildungssystems bezeichnet werden. Hierbei geht es nicht allein um die Feststellung, ob und wie geplante Ziele erreicht werden, sondern es liegt auch der Wirkungsgrad der eingesetzten Ressourcen im Interesse der Beteiligten (Terhart 2002). Nach Bos und Postlethwaite (2005) leisten empirische Untersuchungen einen wichtigen Beitrag zur Informationsbeschaffung für die Entscheidungsträger im Bildungssystem, unabhängig davon, ob sie auf internationaler, nationaler oder regionaler Ebene tätig sind. In der Regel sorgen Ministerien dafür, dass Schulen sowohl mit Lehrkräften als auch mit anderen (materiellen) Ressourcen ausgestattet werden. Hierbei ist es für sie wichtig zu wissen, welche Wirkungen die eingesetzten Mittel entfaltet haben. So stellt sich zum einen auf administrativer Ebene die Frage, welche Ergebnisse unter welchen Bedingungen in Schule und Unterricht erreicht werden. Zum anderen kann ein Blick über Landesgrenzen hinweg auch Klarheit darüber verschaffen, wie und mit welchem Erfolg die Ressourcen anderswo eingesetzt werden. Solche empirischen Bestandsaufnahmen bzw. Vergleichsuntersuchungen werden bereits in einer Reihe von Ländern seit einigen Jahren systematisch betrieben (Bos/Postlethwaite 2005).

Wie in Abschnitt 2.2 noch detailliert ausgeführt wird, hat eine solche systematische Evaluation des Bildungssystems in Deutschland noch keine lange Tradition. Vor allem im Zeitraum zwischen den frühen 1970er und den frühen 1990er Jahren nahm Deutschland weder an flächendeckenden internationalen Vergleichsuntersuchungen teil, noch wurden innerhalb der Landesgrenzen (intranational) groß angelegte, bundeslandinterne oder -übergreifende Vergleichsuntersuchungen durchgeführt. Einer der wesentlichen Gründe hierfür lag in der damaligen Dominanz der geisteswissenschaftlich geprägten Pädagogik und der sozialwissenschaftlichen Wende der Schulforschung zum ‚Interpretativen Paradigma', in deren Gefolge eine starke forschungspraktische Ausweitung des qualitativen Methodenspektrums erfolgte und daher an entsprechenden Daten wenig Bedarf bestand. Erst seit der Mitte der 1990er Jahre durchgeführten TIMSS-Untersuchung, an der Deutschland mit repräsentativen Stichproben teilnahm (vgl. Tab. 1), hat ein Umdenken und eine Wertschätzung gegenüber empirischen Studien zugenommen. Dabei darf allerdings nicht vergessen werden, dass die Interpretation der komplexen Befunde nicht jedem möglich war und es somit vielfach zu einer Verkürzung der Befundlage mit Blick auf Rangplätze – ähnlich den Bundesligatabellen im Fußball – gekommen ist. Tietze (2002, S. 554) bemerkt hierzu: „Die westlich geprägten Gesellschaften sollten die Evaluierung des Bildungssystems sehr ernst nehmen. Dabei sollte allerdings weniger die kurzsichtige Frage, wer wen in der Rangfolge überrundet, im Vordergrund stehen als das gemeinsame Interesse, bei der Organisation von Lern- und Bildungsprozessen möglichst optimal durch den Austausch von Erfahrungen voneinander zu lernen." Optimistisch darf sechs Jahre nach dieser Aussage festgestellt werden, dass es tatsächlich nicht bei dieser Lesart geblieben ist und die Befunde mittlerweile weit differenzierter interpretiert werden – was aber nicht bedeutet, dass entsprechende ,Liga-Tabellen' ganz aus der Diskussion verschwunden sind.

Ein zentrales Ziel groß angelegter Leistungsvergleichsuntersuchungen ist, Informationen über verschiedene Ebenen des Bildungssystems zu erheben, um sicherzustellen, dass nachwachsende Generationen auf antizipierte zukünftige Anforderungen bestmöglich vorbereitet werden. Die hierbei in den Blick genommenen Merkmale lassen sich allgemein zum Beispiel als Kompetenzen, Einstellungen, Haltungen, Interessen und Motivationen charakterisieren. Und obwohl die in diesen Untersuchungen eingesetzten Tests Kompetenzen von Schülerinnen und Schülern erfassen, ist es nicht das primäre Untersuchungsziel, Leistungen auf individueller Ebene zu diagnostizieren. Diese Studien sind vielmehr dafür konzipiert, systemisches Wissen über die parallel getesteten Bildungssysteme zu erhalten. Bei Untersuchungen im Sinne des *system monitoring* steht nicht der einzelne Schüler sondern ein ganzes Bildungssystem auf dem Prüfstand (Tuijnman/Postlethwaite 1994). Um die notwendige Informationsdichte zur Beschreibung der Bildungssysteme zu erhalten, wird in diesen Untersuchungen aus testökonomischen Gründen ein Untersuchungsdesign mit Personen- und Aufgabenstichproben angewandt. Dieses Vorgehen gewährleistet eine in absehbaren statistischen Grenzen sichere Aussage über den Untersuchungsgegenstand, ohne dass jeweils alle Personen der zu erfassenden Gruppe getestet und befragt werden müssten. Je nach Fragestellung und Nutzungsperspektive der erwarteten Befunde wird das Design z.B. im Stichprobenumfang der Probanden bzw. im Umfang der Tests und Befragungen variiert. Das bedeutet, dass umso mehr Probanden zu testen und zu befragen sind, je mehr Gruppen es gibt, die statistisch zuverlässig unterschieden werden sollen. Grund hierfür ist, dass zur Beschreibung der jeweiligen Gruppe eine Mindestanzahl von Probanden in den Blick genommen werden muss (z.B. bei Schulform- oder Bundesländervergleichen). Darüber hinaus sind den Probanden umfangreichere Tests bzw. Fragebögen vorzulegen, wenn mehr und differenzierte Informationen von diesen benötigt werden, um z.B. eine Beratung bzw. differenzierte Rückmeldung über den aktuellen Leistungsstand geben zu können.

In Deutschland werden aktuell auch großflächige Untersuchungen durchgeführt, die zum einen belastbare Informationen über das Bildungssystem liefern und gleichzeitig – wie im folgenden Abschnitt näher betrachtet – je nach Konzeption der Untersuchung auch die Rückmeldung differenzierter Leistungsbefunde an Schulleitungen, Lehrkräfte und auch einzelne Schülerinnen und Schüler erlauben.

1.3 Leistungsvergleichs- und Schulqualitätsuntersuchungen: Evidenzbasierte Schul- und Unterrichtsentwicklung

Leistungsvergleichs- und Schulqualitätsuntersuchungen können auch als groß angelegte Evaluationsstudien beschrieben werden, da sie Handlungswissen auf verschiedenen Ebenen des Bildungssystems zur Verfügung stellen. Nach Wottawa und Thierau (1998) ist der Mensch in komplexen Situationen bestrebt, eine Handlungsoptimierung vorzunehmen, für die er Informationen zur Entscheidungsfindung benötigt. Auf das Bildungssystem übertragen bedeutet dies, dass die Akteure auf den verschiedenen Ebenen ihr Wirken auf ein gesetztes Ziel hin überprüfen und ggf. ihr Handeln korrigieren. Der Begriff der Evaluation als handlungsleitende bzw. handlungsinitiierende Selbstversicherung zeigt sich an gebräuchlichen Synonymen für den Evaluationsbegriff. Hierbei sind nach Ditton (2005) Begriffe wie Erfolgs-, Wirkungs- oder Qualitätskontrolle oder, je nach Anlage und Durchführung der Evaluation, auch Beschreibungen wie Begleit-, Effizienz- oder Bewertungsforschung gebräuchlich. Wenn im Folgenden der Evaluationsbegriff benutzt wird, ist immer die handlungsleitende Perspektive mitgedacht.

Die Durchführung, Auswertung und Interpretation von internationalen Vergleichsuntersuchungen wird seit Mitte der 1990er Jahre auch immer wieder kritisiert. So wurde insbesondere die erste TIMSS-Untersuchung aus den Reihen der Gewerkschaft Erziehung und Wissenschaft (GEW) hinterfragt. Die Ansicht, dass Bildung nicht gemessen werden könne, führte vielfach zu Reaktionen zwischen kritischer Distanz und grundsätzlicher Ablehnung, wobei ein deutlicher Unterschied zwischen der Rezeption der Befunde in den damals neuen und den alten Bundesländern beobachtet werden konnte. So sahen es viele Lehrkräfte aus den neuen Bundesländern als selbstverständlich an, dass die Leistung ihrer Schüler getestet wird und die Ergebnisse im Kreise der Kollegen diskutiert werden. Diese prinzipiell offenere Haltung gegenüber der Empirie lässt sich auch heute noch feststellen. Hingegen wurde zum Beispiel die in Hamburg durchgeführte Untersuchung zur Lernausgangslage (Lehmann/Gänsfuß/Peek 1999; Lehmann/Peek/Gänsfuß 1997; Lehmann/Peek/Gänsfuß/Husfeldt 2002) stark von Lehrkräften, Personalräten und der Gewerkschaft kritisiert und schließlich auch Gegenstand gerichtlicher Auseinandersetzungen (Tillmann, 2001). Rückblickend betrachtet erscheinen die Vorbehalte im Ansatz nachvollziehbar. Da die geisteswissenschaftliche Pädagogik und auch die Vertreter des ‚Interpretativen Paradigmas' lange Zeit einer quantitativ-empirischen Forschungsmethodik kritisch gegenüberstanden, ist der hierauf basierende Vorbehalt gegenüber ‚messenden' Untersuchungen verständlich. Da einige dieser Vorbehalte jedoch inhaltlich an der Evaluationspraxis vorbeigingen, ist seit der ersten TIMSS-Untersuchung kontinuierlich versucht worden, ein entsprechendes Informationsdefizit zu verringern. Einen Beitrag hierzu soll die Art und Weise der Präsentation empirischer Ergebnisse leisten: Methodisch komplexe Befunde sind demnach so zu präsentieren, dass die Kernaussagen auch ohne fundierte Methodenkenntnis nachvollziehbar sind. Da Lehrkräfte zudem stets und berechtigter Weise die Frage bewegt, was sie konkret mit den Befunden aus groß angelegten Schulvergleichsuntersuchungen anfangen können, hat es sich im Rahmen der Rückmeldung von Studienergebnissen als günstig erwiesen, die Befunde – wenn möglich – klassen- bzw. schulspezifisch aufbereitet zur Verfügung zu stellen. Dokumentationen dieser Bemühungen haben Kohler und Schrader (2004) sowie Kuper und Schneewind (2006) in Zusammenarbeit mit Kollegen, die Rückmeldungen zu groß angelegten Vergleichsuntersuchungen entwickelt haben, zusammengestellt. Diesen beiden Quellen ist exemplarisch zu entnehmen, wie Rückmeldungen im Einzelfall angelegt und durchgeführt werden und wie sich, auf allgemeinerer Ebene, die fachwissenschaftliche Diskussion über die Einbettung solcher Rückmeldungen in die Bildungssystem-, Schul- und Unterrichtsentwicklung abspielt.

Kennzeichnend für die derzeitigen Rückmeldestrategien ist, dass nicht (wie z.B. in England; vgl. dazu Ackeren 2003) einfach die Befunde einem Gesamtergebnis gegenübergestellt werden. Vielmehr hat es sich in Deutschland bewährt, die Schulen und Lehrkräfte durch individuelle Rückmeldungen über die durchschnittlichen Leistungen der Schülerinnen und Schüler, über vergleichbare Klassen bzw. Schulen und über die Ergebnisse der Gesamtstichprobe zu informieren. Je nach Anlage der Studie unterscheiden sich die Rückmeldungen der verschiedenen Untersuchungen dabei graduell. Gerade die Ergebnisse von vergleichbaren Gruppen bzw. so genannten Erwartungswerten erhöhen den Informationsgehalt für die Schulen und Lehrkräfte und steigern aufgrund dieses ‚fairen Vergleichs' die Akzeptanz der Befunde nachhaltig (Arnold 1999). Prinzipiell werden für die Empfänger der Rückmeldungen in diesen Vergleichsgruppen Daten zusammengestellt, die einen ähnlichen sozialen und kulturellen Hintergrund aufweisen wie die eigene Klasse bzw. Schule. Somit wird vermieden, dass Klassen bzw. Schulen, in denen unter anerkannt schwierigen Umständen unterrichtet wird, mit solchen verglichen werden, die unter günstigeren Begleitumständen arbeiten. Neben leistungsbezogenen Daten werden bei den Rückmeldungen vielfach zusätzliche Hintergrundinformationen zur Verfügung gestellt, die für die Einschätzung der Befunde relevant sind.

Leistungsvergleichs- und Schulqualitätsuntersuchungen können auch als externe Evaluationsstudien beschrieben werden. Die Integration von externer und interner Evaluation durch die Zusammenführung von Vergleichsuntersuchungen mit den Bemühungen um Schul- und Unterrichtsentwicklung haben Bos und Postlethwaite (2000) in Form einer Erweiterung des von Kempfert und Rolff (1999) entwickelten Evaluationsmodells dargestellt. So haben Bos und Postlethwaite die Basisprozesse der Unterrichtsentwicklung als interne Evaluation interpretiert und um die Komponente der externen Evaluation ergänzt. Hierbei haben sie dargelegt, wie interne und externe Evaluation ineinander greifen und im Rahmen der Schul- bzw. Unterrichtsentwicklung genutzt werden können. Je nachdem, in welchem Maße der schulinterne Entwicklungsprozess vorangeschritten ist, können Rückmeldungen aus groß angelegten Schulvergleichsuntersuchungen den Prozess begleiten oder – unter günstigen Umständen – auch initiieren, wobei Letzteres nicht selbstverständlich erwartet werden darf. Rolff (2002) weist in diesem Zusammenhang auf die Diskrepanz zwischen dem im Rahmen von Leistungsvergleichsstudien gewonnenen Steuerungswissen und dem für Reformen notwendigen Handlungswissen hin, der in vielen Untersuchungen durch entsprechend modifizierte Rückmeldeformate bzw. die Ausbildung von Moderatoren, die diese notwendige Übersetzungsleistung begleiten können, begegnet wird. Die vielerorts noch vorhandenen Vorbehalte gegenüber empirischen und hierbei insbesondere quantitativen Untersuchungen stellen bei Nutzung entsprechender Daten für die Schul- und Unterrichtsentwicklung eine wichtige Schwelle dar, die im Rahmen des Paradigmenwechsels von der Input- zur Outputsteuerung des Bildungssystems zu überwinden ist. Terhart (2002, S. 108) drückt dies folgendermaßen aus: „[D]as Schulsystem und der Lehrerberuf [darf sich] einem Denken in empirisch kontrollierten Wirkungskategorien nicht länger entziehen. Traditionell hohe (Selbst-)Wertschätzung von Bildung und Bildungsarbeit schützt nicht länger vor kritischen Rückfragen hinsichtlich unterschiedlicher Leistungsstände und Wirkungsgrade."

1.4 Ein disziplinübergreifendes Forschungsfeld

Die Leistungsvergleichs- und Schulqualitätsforschung bezeichnet ein Forschungsfeld, welches von verschiedenen wissenschaftlichen Disziplinen in den Blick genommen wird und somit als disziplinübergreifend zu verstehen ist (Crossley/Watson 2003). Betrachtet man die Akteure auf diesem Feld im Hinblick auf ihre Basisdisziplinen und ihren jeweiligen Analysefokus, ergibt sich zunächst folgende traditionelle Gliederung: Analysen auf der Individualebene – mit anderen Worten: auf der Mikro-Ebene – werden insbesondere von Vertretern der pädagogischen Psychologie vorgenommen, während Schule und Unterricht – die Meso-Ebene – vor allem von der Erziehungswissenschaft bzw. Pädagogik in den Blick genommen wird. Die Soziologie schließlich betrachtet die Rolle der Schule in der Gesellschaft, was in dieser Gliederung der Makro-Ebene entspricht. Diese Zuordnung der Forschungsebenen zu den verschiedenen

Fachdisziplinen hat sich in den vergangenen Jahren zunehmend aufgelöst, was sich auch an der Benennung von Forschungsfeldern festmachen lässt. So ist der Begriff der ‚Bildungswissenschaft' als Sammelbegriff für die verschiedenartigen Kooperationen der unterschiedlichen Disziplinen anzusehen. Neben der zu begrüßenden und – wie sich insbesondere bei den Studien PISA und IGLU gezeigt hat – fruchtbaren Zusammenarbeit, ist hierbei jedoch auch zu bedenken, dass durch interdisziplinäre Kooperationen mitunter Wertmaßstäbe von einer Disziplin in die andere übertragen werden, ohne dass dieser Prozess immer im notwendigen Umfang fachwissenschaftlich reflektiert wird.

Wie eingangs beschrieben liegt im Hinblick auf die Erziehungswissenschaft der Vorteil eines mehrmethodischen Zugangs dabei nicht darin, beispielsweise qualitativ-hermeneutische durch empirisch-analytische Ansätze unreflektiert zu ersetzen, sondern darin, die unterschiedlichen Ansätze ihren jeweiligen Stärken gemäß zu nutzen, die den beiden Methoden jeweils immanenten Schwächen anzuerkennen und abhängig von den zu bearbeitenden Fragestellungen im Forschungsfeld jeweils die geeignete Methode oder eine maßvolle Kombinationen beider anzuwenden. Dass dies gelingen kann, zeigt die Kombination aus vergleichenden und internationalen Untersuchungen, wie sie zum Beispiel im Rahmen von Folgeuntersuchungen zur PISA-Studie vorgelegt wurden (Döbert et al. 2004; Döbert/Sroka 2004), oder wie sie unter dem Schlagwort der Triangulation bei der Verbindung insbesondere qualitativer und quantitativer Untersuchungsmethoden diskutiert werden (Leutner 1999; Krüger/Pfaff in diesem Band).

2 Leistungsvergleichs- und Schulqualitätsuntersuchungen

Leistungsvergleichs- und Schulqualitätsuntersuchungen sind in der Regel komplexe Studien, die neben einer beschreibenden Bestandsaufnahme auch spezifische Hypothesen z.B. zur Wirksamkeit von Unterrichtsmethoden oder Schulorganisation überprüfen. Wenn die in diesen Untersuchungen ermittelten Befunde auf größere Systeme oder ganze Populationen übertragen werden sollen, sind Mindeststandards bei der Untersuchungsanlage und -durchführung sicherzustellen. Im Folgenden sollen daher einige zentrale Merkmale dieser quantitativ-empirisch angelegten Vergleichsuntersuchungen vorgestellt werden.

2.1 Anlage und Durchführung von Vergleichsuntersuchungen

2.1.1 Testgütekriterien

Als Standard bei der Durchführung von empirischen Untersuchungen hat sich bei der Konzeption der Studien bewährt, Tests und Fragebögen auf die Testgütekriterien ‚Objektivität', ‚Reliabilität' und ‚(Curriculum-)Validität' hin zu überprüfen (Schwippert 2005). Nur wenn die eingesetzten Instrumente diese Qualitätsansprüche erfüllen, kann anschließend tatsächlich auch ein empirisch abgesicherter Vergleich vorgenommen werden.

Unterschiedliche Wahrnehmungen und damit verbundene unterschiedliche Interpretationen desselben Unterrichts hat Clausen anhand der Gegenüberstellung von Schüler-, Lehrer- und Fachexpertenurteilen herausarbeiten können (Clausen 2002). So beschreibt er, dass die jeweiligen Gruppen unterschiedliche Perspektiven auf den erlebten bzw. beobachteten Unterricht haben, ohne dass hieraus die Bewertung der einen oder anderen Perspektive als ‚besser' oder

‚schlechter' vorzuziehen sei. Entsprechend wurde im zweiten Zyklus der PISA-Studie (PISA 2003) explizit die Wahrnehmung des Unterrichts seitens der Schülerinnen und Schülern der Wahrnehmung seitens ihrer Lehrkräfte gegenübergestellt und die unterschiedlichen Wahrnehmungsmuster als unterschiedliche Experten-Perspektiven interpretiert (Baumert et al. 2004).

Sowohl die Befunde von Clausen als auch von Baumert et al. verweisen darauf, dass unterschiedliche Beobachtungen bzw. Interpretationen nicht als Widerspruch aufzufassen sind. Vielmehr ist diese Varianz als Quelle mit besonderem Informationsgehalt zu verstehen, den es durch entsprechende Interpretation zu erkennen und damit nutzbar zu machen gilt.

2.1.2 Stichprobenstudien

Wie bereits angedeutet, sollen anhand von groß angelegten Vergleichsuntersuchungen ähnliche oder gleiche Populationen in verschiedenen Ländern für Analysen gegenüber gestellt werden. So werden z.B. in den Zyklen der PISA- und der IGLU-Studie repräsentative Stichproben aus einer Grundgesamtheit (Population) von Personen gezogen, die ausreicht, die Grundgesamtheit unter Berücksichtigung eines so genannten Zufallfehlers zuverlässig zu beschreiben. So mussten z.B. in der IGLU-Studie (Bos et al. 2003) nicht alle rund 900.000 Schülerinnen und Schüler der vierten Klassenstufe in Deutschland befragt werden – eine Stichprobe von ca. 4.500 Kindern reichte aus, einen zuverlässigen Schätzer für alle Viertklässler zu berechnen. Die eingesparten Kosten bei der Beschränkung auf eine Stichprobe rechtfertigen in diesen Studien den in Kauf zu nehmenden Zufalls- bzw. Stichprobenfehler beim Rückschluss auf die zu beschreibende Grundgesamtheit. Sollen innerhalb von Deutschland weitergehende Vergleiche vorgenommen bzw. differenzielle Informationen auf verschiedenen Ebenen des Bildungssystems zusammengetragen werden, sind die a priori definierten Stichproben entsprechend zu erweitern. Als Bezugspunkte für mögliche Vergleiche seien hier exemplarisch genannt: Bundesland, Schulform, Schulleiter, Lehrkräfte und weiteres Fachpersonal, Schüler oder Eltern.

2.1.3 Tests und Fragebögen

Um bei groß angelegten Leistungsvergleichs- und Schulqualitätsuntersuchungen eine Vielzahl von Personen befragen zu können, hat sich die Anwendung von so genannten Papier-und-Bleistift-Tests (*paper and pencil tests*) bewährt. Da im Rahmen der Studien in der Regel nicht nur eine Bestandsaufnahme der Schülerleistungen vorgenommen werden soll, werden vielfach zusätzliche Informationen erhoben. Hierzu werden Fragen konzipiert, die im Wesentlichen nicht als richtig oder falsch zu beantworten sind sondern vielmehr Zustimmungen, Ablehnungen, Einstellungen und Haltungen widerspiegeln bzw. einfach beschreibende Informationen ermitteln sollen. So hat sich zum Beispiel im Rahmen von Vergleichsuntersuchungen etabliert, Interessen, Motivationen, Werthaltungen, Einstellungen u.ä. zu erfragen, je nachdem, wie das theoretische Rahmenmodell der Untersuchung konzipiert wurde (Ackeren 2006). Hinzu kommen oft Hintergrundinformationen zur Familie oder zum Schulbesuch. Zur Erfassung dieser zusätzlichen Informationen werden neben den Schülerinnen und Schülern vielfach auch ihre Eltern sowie die Lehrkräfte und Schulleiter befragt.

Mit Leistungstests ist in der Regel die Idee der Diagnostik eng verbunden, wobei die Betrachtungsebene je nach Anlage und Durchführung der Tests variiert. In Abhängigkeit von Personen- und/oder Aufgabenstichproben lassen sich Leistungen auf Individual-, Gruppen- und auch Populationsebene diagnostizieren und für spätere Interventionen nutzen. Je nach Konzeption der Leistungstests haben die Befunde unterschiedliche Reichweiten. Die jeweils benötigte Informationsdichte der Tests hängt unmittelbar mit der Anzahl und der Komplexität der eingesetzten Fragen zusammen. In groß angelegten Vergleichsuntersuchungen werden Tests eingesetzt, die relativ umfangreich sind – mit anderen Worten: Tests, die aus besonders vielen verschiedenen Fragen bestehen und die daher besonders geeignet sind, reliable (zuverlässige) und valide (angemessene) Schätzer für die getesteten Kompetenzen in der gesamten Stichprobe zu liefern. So umfasste zum Beispiel die TIMSS-Untersuchung 1995 bei der Gruppe der 13-jährigen insgesamt 151 Mathematik- und 135 Naturwissenschaftsaufgaben, PISA 2000 insgesamt 141 Fragen zum Leseverständnis und IGLU 2001 insgesamt 98 Fragen (ebenfalls zum Leseverständnis).

Aus testökonomischen Gründen wird den einzelnen Schülern nur jeweils eine Auswahl des Gesamtkatalogs an Aufgaben und Fragen gestellt. Gleichzeitig werden die Erhebungsinstrumente aber so über die Testteilnehmer verteilt, dass trotzdem alle Aufgaben bzw. Fragen von einer ausreichend großen Anzahl von Schülern beantwortet werden. Dieses so genannte *multi-matrix design* hat den Nachteil, dass die eingesetzten Erhebungsinstrumente keine idealen Tests für die individuelle Leistungsüberprüfung einzelner Schüler sind, weil jeweils nur eine Auswahl von Aufgaben bzw. Fragen bearbeitet wird. Sollen die Kompetenzen einzelner Probanden überprüft werden, ist die Informationsdichte je Proband – also die Anzahl der Aufgaben bzw. Fragen – zu erhöhen, was unmittelbar eine Verlängerung der Testzeit nach sich zieht. Es ist somit zu entscheiden, ob anhand der Tests eine Grundgesamtheit erfasst oder anhand eines differenziellen Tests eine Individualdiagnostik vorgenommen werden soll.

2.1.4 Unterrichtsbeobachtung und Videographie

Trivialer Weise können in Fragebogenuntersuchungen nur Antworten auf die gestellten Fragen erwartet werden. Anhand der erhobenen Daten können dann einzelne Hypothesen oder komplexere Theorien empirisch überprüft werden. Um ein neues Forschungsfeld zu erschließen oder einen komplexen Prozess wie z.B. die Unterrichtswirklichkeit zu erheben, bieten sich auch andere Untersuchungsformen an. Neben der Formulierung von Fragen mit offenen Antwortformaten oder qualitativ angelegten Untersuchungen hat sich in den letzten Jahren die Videographie von Unterricht bewährt – oftmals in Verbindung mit Fragebogenerhebungen wie z.B. im Rahmen der TIMSS-Untersuchung. Aufgrund der relativ aufwändigen Auswertung des aufgenommenen Unterrichtsmaterials hat sich diese Form der Informationsgewinnung jedoch bislang nicht als Standard für flächendeckende Evaluationsstudien im Bereich der Schul- und Unterrichtsentwicklung etabliert.

2.1.5 Exkurs: Kompetenz- und Bildungsbegriff

In vielen Untersuchungen umfasst der zentrale Untersuchungsgegenstand in der Regel eine oder mehrere Kompetenzen, die – so die allgemeine Prämisse – vom Bildungssystem angelegt oder gefördert werden sollen. Daher werden insbesondere Kulturtechniken wie das Leseverständnis oder mathematische und naturwissenschaftliche Fähigkeiten erhoben, oft werden aber zusätzlich auch Interessen, Motivationen, Einstellungen und Werthaltungen erfasst. Solch ein, gerade internationalen Studien vielfach zugrunde liegender, weiter Kompetenzbegriff, der neben Fähigkeiten auch Persönlichkeitsmerkmale umfasst, steht in der angloamerikanischen *lite-*

racy-Tradition, „in der in pragmatischer Absicht grundlegende Kompetenzen definiert werden, die in der Wissensgesellschaft bedeutsam sind“ (Bos et al. 2003, S. 73). Als funktionalistisches Konzept ist der Kompetenzbegriff im Sinne der *literacy*-Tradition nicht gleichzusetzen dem deutschen Verständnis von ‚Bildung‘, einem Begriff, der auf die deutsche Sprache beschränkt ist und höchst unterschiedlich gefasste normative Ansprüche in sich trägt (ebd.). Insofern ist der Kompetenzbegriff nicht als Substitut für den Bildungsbegriff zu verstehen. Vielmehr fußt er auf dem Verständnis, dass ohne Kompetenz keine Teilhabe an der Kultur und Bildung einer Gesellschaft und damit auch keine selbstständige Lebensführung möglich erscheint, was zugleich auch bedeutet, dass der Kompetenzbegriff nicht nur in Zusammenhang mit Kindern und Jugendlichen gedacht werden darf, sondern sich vielmehr auf die gesamte Bevölkerung – also auch Erwachsene – erstreckt.

Die Problematik des Kompetenzbegriffs und seiner Abgrenzung zu dem Begriff ‚Bildung‘ beschreibt Blömeke (2003, S. 25) folgendermaßen: „Angesichts der normativen Ausrichtung von Bildungsprozessen und ihrer nur indirekten Messmöglichkeiten ist eines der gravierendsten Probleme empirischer Forschung, dass selbst bei komplexer Untersuchungsanlage „Bildung“ – je nach Begriffsverständnis – gar nicht, mindestens aber nur schwer messbar ist. Das gilt vor allem, wenn Bildung nicht allein auf kognitive Leistungen reduziert werden soll.“ In Antizipation der Kontroverse um die Begriffe ‚Bildung‘ und ‚Kompetenz‘ beschreiben Baumert et al. ihre Vorstellung des Bildungsbegriffes und der realisierten PISA-Konzeption folgendermaßen: „Man kann gar nicht nachdrücklich genug betonen, dass PISA keineswegs beabsichtigt, den Horizont moderner Allgemeinbildung zu vermessen, oder auch nur die Umrisse eines internationalen Kerncurriculums nachzuzeichnen. Es ist gerade die Stärke von PISA, sich solchen Allmachtsfantasien zu verweigern und sich stattdessen mit der Lesekompetenz und mathematischen Modellierungsfähigkeit auf Basiskompetenzen zu konzentrieren, die nicht die einzigen, aber wichtige Voraussetzungen für die [...] Generalisierung universeller Prämissen für die Teilhabe an Kommunikation und damit auch für Lernfähigkeit darstellen“ (Baumert et al. 2001, S. 21).

2.1.6 Federführende Institutionen

Internationale Schulleistungsvergleichsuntersuchungen werden bereits seit vielen Jahren durchgeführt. Eine der renommiertesten Organisationen, die solche internationalen Studien initiiert, ist die *International Association for the Evaluation of Educational Achievement* (IEA), eine gemeinnützige Stiftung mit Sitz in den Niederlanden, in der sich an Universitäten angesiedelte Forschungseinrichtungen und Fachleute aus entsprechenden Ministerien zusammengeschlossen haben. Unter dem Dach der IEA werden seit 1958 internationale Vergleichsuntersuchungen konzipiert und durchgeführt. An vielen dieser Studien hat sich auch Deutschland in den sich wandelnden Grenzen und mit unterschiedlichem Umfang beteiligt (Husén/Postlethwaite 1996), wobei vor allem in den 1970er und 1980er Jahren vielfach ein Fehlen deutscher Beteiligung zu verzeichnen ist (vgl. Tab. 1).

Die zweite internationale Institution, die maßgeblich internationale Schulleistungsstudien initiiert, ist die Organisation für wirtschaftliche Zusammenarbeit und Entwicklung (OECD). Die OECD ist schon seit einem längeren Zeitraum an der Durchführung und Auswertung internationaler Vergleichsstudien beteiligt, letztlich bekannt geworden ist sie in diesem Rahmen aber aufgrund einer einzigen Studie, dem *Programme for International Student Assessment*

(PISA). Diese Studie wird seit dem Jahr 2000 in dreijährigem Abstand durchgeführt. Sie ist als Systemmonitoring-Studie konzipiert und legt nach Schleicher (2000) ein besonderes Augenmerk auf die Erträge der in die Bildung investierten Human- und Finanzressourcen. Weiter erläutert Schleicher (2000, S. 13f.): „Mit dem Ansatz, Maßstäbe international zu definieren und nicht auf Definitionen zu bauen, die durch spezifische Curricula begrenzt sind oder die nur relevant sind im Hinblick auf fachspezifisches Wissen, präsentiert PISA einen wesentlichen Schritt vorwärts von früheren internationalen Vergleichsstudien." So konsequent dieser Weg aus Sicht der OECD erscheint, so deutlich grenzt er sich methodisch von der vergleichenden Erziehungswissenschaft ab, die – wie oben dargestellt – verstehend auch historische und kulturelle Rahmenbedingungen in ihren Untersuchungen berücksichtigt.

Als dritte Institution sei in diesem Rahmen noch die UNESCO (*United Nations Educational, Scientific and Cultural Organisation*) erwähnt, die vor allem durch das *UNESCO Institute for Statistics* (UIS) an der Konzeption und Datenerhebung vieler internationaler Studien vor allem im Bereich der Grundbildung in Entwicklungsländern sowie der Erwachsenenbildung beteiligt ist, wie z.B. dem *International Adult Literacy Survey* (IALS), an dem Deutschland in der ersten Erhebungswelle 1994 teilgenommen hat (vgl. Tab. 1). Im Hinblick auf internationale Bildungsvergleichsstudien ist zudem das *International Bureau of Education* (IBE) der UNESCO zu nennen, das seit Jahrzehnten bildungsrelevante Daten sammelt, sowie das UNESCO *Institute for Lifelong Learning* (UIL), das 1949 in Hamburg als UNESCO *Institute for Education* (UIE) gegründet wurde und 2006 seinen heutigen Namen erhielt. Ziel des UNESCO-Instituts ist es, „Bildungssysteme im Ganzen oder spezifische Fragen auf der Systemebene oder aus bildungstheoretischer Sicht möglichst genau zu beschreiben, um die unabdingbare Grundlage für Vergleiche zu schaffen" (Allemann-Ghionda 2004, S. 25). Das UIL widmet sich schwerpunktmäßig der Absicherung der Lernbedürfnisse von Jugendlichen durch Zugang zu Lernangeboten und Training von Basisqualifikationen (UNESCO 2007; für weitere Informationen zu den UNESCO-Institutionen und ihrer Beteiligung an vergleichenden Studien siehe Allemann-Ghionda 2004; Bos/Postlethwaite 2005).

2.2 Leistungsvergleichs- und Schulqualitätsuntersuchungen im Überblick

In den folgenden beiden Abschnitten werden im Überblick einige internationale Untersuchungen vorgestellt, an denen sich Deutschland beteiligt hat, sowie bedeutende (intra-)nationale Studien, also regionale und überregionale Untersuchungen innerhalb Deutschlands. Als Überblick dienen zudem zwei Tabellen (Tab. 1 und 2), welche die internationalen und nationalen Studien auflisten und die Beteiligung Deutschlands bzw. einzelner Bundesländer dokumentieren. Den Abschluss der Vorstellung der Untersuchungen bildet jeweils eine kurze Darstellung markanter Befunde.

2.2.1 Internationale Untersuchungen

Wie bereits erwähnt hat Deutschland noch keine lange Tradition, systematisch und damit regelmäßig an internationalen Vergleichsstudien teilzunehmen. Bereits 1964 hat Deutschland mit einer eingeschränkten und damit für Deutschland nicht repräsentativen Stichprobe an der ersten großen Vergleichsstudie der IEA, der *First International Mathematics Study* (FIMS) und zuvor auch an deren Voruntersuchung (*Pilot Twelve-Country Study*, 1959-60) teilgenommen (vgl. Tab. 1). Gut sechs Jahre später beteiligte sich Deutschland dann erstmals mit einer repräsentativen Stichprobe an der *First International Science Study* (FISS) der IEA – einer Studie, in der bereits Anfang der 1970er Jahre dem deutschen Bildungssystem Mittelmäßigkeit im untersuchten Forschungsfeld bescheinigt wurde. Anstatt aber nachfolgend Reformen bzw. Innovationen im Bildungsbereich systematisch empirisch zu begleiten, nahm Deutschland von Anfang der 1970er Jahre an für einen Zeitraum von gut 20 Jahren an keinem internationalen Vergleich teil. Erst Anfang der 1990er Jahre überwand Rainer H. Lehmann diese Erkenntnislücke, indem Deutschland unter seiner Koordination mit repräsentativen Stichproben an der internationalen *Reading Literacy Study* (RLS) der IEA teilnahm und somit den aktuellen Status des Leseverständnisses von Grund- und Mittelstufenschülern in den Blick nehmen konnte. Die Befunde dieser Untersuchung wurden, obwohl wenig erfreulich für das deutsche Bildungssystem, weder von einer breiten Fachöffentlichkeit noch von den Medien oder der allgemeinen Öffentlichkeit zur Kenntnis genommen. Erst die Mitte der 1990er Jahre durchgeführte *Third International Mathematics and Science Study* (TIMSS, ebenfalls unter der Federführung der IEA), wurde mit größerem Interesse wahrgenommen. Nicht nur, dass die (wiederum mittelmäßigen) Befunde mehr Aufmerksamkeit erregten, sie wurden auch von der Kultusministerkonferenz (KMK) zum Anlass genommen, den Beschluss zu fassen, sich zukünftig an regelmäßig durchgeführten internationalen Vergleichsuntersuchungen, wie etwa in den kommenden Jahren an der von der OECD organisierten PISA-Studie, zu beteiligen. Die Ergebnisse dieser Untersuchung wiederum fanden nicht nur in Fachkreisen sondern auch in der allgemeinen Öffentlichkeit starkes Interesse. Das vergleichsweise schlechte Abschneiden der deutschen Schülerinnen und Schüler löste einen ‚PISA-Schock‘ aus, und die Studie ist seitdem in der deutschen Bildungsdebatte in aller Munde. Das große Interesse gegenüber PISA im speziellen bzw. internationalen Vergleichsuntersuchungen im allgemeinen dauert – auch bis in den dritten PISA-Zyklus (2006) hinein – an, wenn auch mit leicht abnehmender Tendenz.

Derzeit ist man in Deutschland sowohl auf Ebene der Schul- und Unterrichtsforschung als auch auf administrativer Ebene bereit, evidenzbasiert den Defiziten im Bildungssystem zu begegnen. Dieser aus Sicht der empirischen Bildungsforschung als positiv zu bewertende Umstand muss aber in zweifacher Hinsicht kritisch betrachtet werden:

Zum einen werden die Befunde mitunter uneinheitlich interpretiert. So finden zum Beispiel sowohl Befürworter als auch Gegner des gegliederten Schulsystems in den Ergebnissen internationaler Vergleiche scheinbar Argumente für ihre Position – Argumente, die aus vergleichender oder empirischer Perspektive vielfach nicht haltbar sind. Nur weil ein Land in der Ergebnistabelle ‚besser‘ abgeschnitten hat und eine spezifische Schulstruktur aufweist, ist hieraus keineswegs wissenschaftlich haltbar ein kausaler Zusammenhang ableitbar, der z.B. kostspielige Anpassungen der Schulstruktur in schlechter abschneidenden Ländern direkt rechtfertigen würde. Einige Reaktionen nach dem ersten ‚PISA-Schock‘ sind heute als Aktionismus zu charakterisieren. Als möglichen Erklärungsansatz für die uneinheitlichen Ergebnisinterpretationen sei nochmals auf Blömeke (2003, S. 27) verwiesen: „Bildungspolitik [liegt] eine andere Rationalität zugrunde […] als Wissenschaft. Politik ist notwendigerweise normativ orientiert und interessengeleitet. Wissenschaftliche Erkenntnisse sollten vor diesem Hintergrund zwar berücksichtigt werden, müssen aber nicht unbedingt handlungsleitend sein – ganz abgesehen von dem Problem, dass es ‚die‘ Wissenschaft auch nicht gibt. Die Nach-PISA-Diskussion hat gezeigt, wie unterschiedlich die empirischen Ergebnisse in der Erziehungswissenschaft interpretiert werden und wie unterschiedlich wissenschaftliche Empfehlungen und politische Entscheidungen ausfallen können.“

Der zweite Kritikpunkt richtet sich auf die selektive Wahrnehmung der Befunde. In der aktuellen Diskussion werden Reformen des Bildungswesens vielfach so diskutiert, als ob die auszuräumenden Defizite tatsächlich auch erst mit PISA bekannt geworden seien. Tatsache ist jedoch, dass der als positiv zu bewertende Handlungsprozess zur Verbesserung des Bildungswesens mindestens schon zehn Jahre früher hätte einsetzen können. Als Grundlage hierfür sind die Befunde aus der internationalen *Reading Literacy Study* (RLS) zu nennen (Elley 1994; Lehmann/Peek/Pieper/Stritzky 1995). Bereits in dieser 1991 durchgeführten Untersuchung wurde aufgrund des Vergleichs repräsentativer Stichproben aus 32 Bildungssystemen das als gut antizipierte Bild des deutschen Bildungssystems relativiert. In dieser Untersuchung, wie später auch in der PISA-Studie, erzielten zum Beispiel finnische und schwedische Schülerinnen und Schüler signifikant bessere Ergebnisse als die deutschen. Sowohl bei den Grundschulkindern als auch in der Sekundarstufe I erzielten die deutschen Schülerinnen und Schüler vergleichsweise nur mittelmäßige Ergebnisse (Elley 1994). Befunde, die durch PISA schließlich weit reichende Reformbemühungen auslösten, blieben bei der *Reading Literacy Study* unbeachtet – wodurch notwendige Reformen erst mit rund einem Jahrzehnt Verzögerung angeschoben wurden.

In Tabelle 1 werden Art und Umfang der deutschen Beteiligung an internationalen Leistungsvergleichsstudien sowie an Studien, die Kontextmerkmale von Schule und Unterricht erfassen, aufgeführt.

2.2.2 Befunde und Konsequenzen aus internationalen Untersuchungen

Befunde aus Leistungsvergleichs- und Schulqualitätsuntersuchungen sind aus der aktuellen bildungspolitischen Diskussion in Deutschland nicht mehr wegzudenken. Die empirisch abgesicherte Erkenntnis, dass die Leistungen der deutschen Schülerinnen und Schüler im internationalen Vergleich nur ‚mittelmäßig' sind, hat nicht nur die Bildungspolitik sondern auch die *scientific community* und die allgemeine Öffentlichkeit sehr bewegt. Bereits seit Mitte der 1990er Jahre, aber zunehmend seit der Veröffentlichung der Ergebnisse des ersten Zyklus der PISA-Studie im Jahr 2001, ist eine starke Dynamik in die Diskussion gekommen.

Besonderes Aufsehen haben Befunde aus dem internationalen Vergleich bezüglich der sozialen Abhängigkeit des Kompetenzerwerbs erregt. Man hatte sich spätestens seit den späten 1960er Jahren in Deutschland zum Ziel gesetzt, Bildungserfolg unabhängig vom sozialen Hintergrund zu ermöglichen, und die in diesem Rahmen entfachte Diskussion um Chancengerechtigkeit und Chancengleichheit wurde seitdem in regelmäßigen Abständen geführt. Umso ernüchternder war dann die Feststellung, dass gerade in diesem Bereich dem deutschen Bildungssystem ein schlechtes Zeugnis ausgestellt werden musste. Im Vergleich mit anderen OECD-Staaten gibt es kein anderes Land, bei dem der schulische Erfolg (gemessen anhand der in PISA getesteten Kompetenzen) so stark von der sozialen Herkunft abhängt wie in Deutschland (Baumert/Schümer 2001a). Dieser Befund bekommt noch eine besondere Konnotation, wenn man berücksichtigt, dass die über viele Jahre von Lehrkräften fast unisono geforderte Homogenisierung der Schülerschaft innerhalb der Klassen – ohne die ein guter Unterricht nicht möglich sei – wider erwarten in Deutschland bereits besteht (Baumert/Schümer 2001b). Innerhalb der Klassen ist die Leistungsvarianz – wiederum im Vergleich mit anderen Ländern – nirgends so homogen wie in Deutschland. Bedenkenswert ist noch, dass grade in denjenigen Ländern, die auf eine Heterogenität im Klassenzimmer als Herausforderung bzw. Ressource setzen (wie z. B. Finnland oder Schweden), die getesteten Schüler tendenziell auch bessere Leistungen verzeichnen. Somit zeigen die internationalen Vergleichsuntersuchungen, dass die

Tabelle 1: Art und Umfang deutscher Beteiligung an für Deutschland relevanten internationalen Leistungsvergleichsuntersuchungen und internationalen Vergleichsuntersuchungen zum Kontext von Schule*

Bezeichnung der Studie	Kürzel	Datenerhebung	Internat. Koordination	Testbereiche	Altersgruppe	Anzahl beteiligter Länder	Teilnahme Deutschlands (Bundesländer)
Pilot Twelve-Country Study		1959-60	IEA	Mathematik, Leseverständnis, Erdkunde, Naturwissenschaften, nonverbale Fähigkeiten	13-jährige	12	Hessen (Darmstadt)
First International Mathematics Study	FIMS	1964	IEA	Mathematik	13-jährige; Ende Sek II	12	nur Hessen und Schleswig-Holstein
Six-Subject Survey							
- Study of Reading Comprehension		1970-71	IEA	Leseverständnis, Lesegeschwindigkeit, Wortschatz	10-jährige; 14-jährige; Ende Sek II	15	-
- Study of Literature Education		1970-71	IEA	Literatur-/Textverständnis	14-jährige; Ende Sek II	10	-
- First International Science Study	FISS	1970-71	IEA	Naturwissenschaften (Erdkunde, Biologie, Chemie, Physik)	10-jährige; 14-jährige; Ende Sek II	19	repräsentativ
- Study of French as a Foreign Language		1971	IEA	Französisch (Lese- und Hörverständnis, Sprech- und Schreibfähigkeiten)	14-jährige; Ende Sek II	8	-
- Study of English as a Foreign Language		1971	IEA	Englisch (Lese- und Hörverständnis, Sprech- und Schreibfähigkeiten)	14-jährige; Ende Sek II	9	in Deutschland: nur Leseverständnis in einer Auswahl von Bundesländern

Bezeichnung der Studie	Kürzel	Datenerhebung	Internat. Koordination	Testbereiche	Altersgruppe	Anzahl beteiligter Länder	Teilnahme Deutschlands (Bundesländer)
- Study of Civic Education		1971	IEA	Politische Bildung	10-jährige; 14-jährige; Ende Sek II	10	10 Bundesländer
Classroom Environment Study		1981-1983 (in Deutschland: zwei Jahre später)	IEA	Mathematik, Naturwissenschaften, Geschichte	Klassenstufen 5-8	9	Bayern (nur München - Münchner Hauptschulstudie)
Second International Mathematics Study	SIMS	1980-81	IEA	Mathematik (u. a. Arithmetik, Algebra und Geometrie)	13-jährige; Ende Sek II	20	-
Second International Science Study	SISS	1983-1984	IEA	Naturwissenschaften (Erdkunde, Biologie, Chemie, Physik)	10-jährige; 14-jährige; Ende Sek II	23	-
Pre-Primary Project		Phase 1: 1986-1994; Phase 2: 1989-2003; Phase 3: 1993-2003	IEA	Einflüsse der Lebens- und Lernumgebung auf die Entwicklung von Kindern im Vorschulalter	4-jährige; 7-jährige	Phase 1: 11; Phase 2: 15; Phase 3: 13	repräsentativ (nur Phase 1)
Written Composition Study		1985	IEA	Texte verfassen	Ende Grundschulzeit; Ende Pflichtschulzeit; Ende Sek II	14	nur Hamburg (Hamburger Aufsatzstudie; nur Klasse 11: allg. & berufsbild. Vollzeitschulen)
International Assessment of Educational Progress	IAEP-I, IEAP-II	1988-1989 (IAEP-I), 1990-1991 (IAEP-II)	ETS	Mathematik; Naturwissenschaften; in IAEP-II bei den 13-jährigen auch: Erdkunde, mathem. u. naturwiss. Problemlösen	13-jährige (IAEP-I); 9-jährige; 13-jährige (IAEP-II)	IAEP-I: 6; IAEP-II: 14 (9-jährige); 20 (13-jährige)	-

Bezeichnung der Studie	Kürzel	Datenerhebung	Internat. Koordination	Testbereiche	Altersgruppe	Anzahl beteiligter Länder	Teilnahme Deutschlands (Bundesländer)
Reading Literacy Study	RLS	1990-1991	IEA	Leseverständnis	9-jährige; 14-jährige	32	repräsentativ (alte und neue Bundesländer)
Computers in Education Study	ComPed	Phase 1: 1989; Phase 2: 1992	IEA	Wissen um und Fähigkeiten der Computernutzung	10-jährige; 13-jährige; Ende Sek II	Phase 1: 21; Phase 2: 12	9 Bundesländer Pop II und III
International Adult Literacy Survey	IALS	1994 (Welle 1), 1996 (Welle 2), 1998 (Welle 3)	OECD, StatCan, ETS, UNESCO u. a.	Lesekompetenz, mathematische Fähigkeiten	Erwachsene (16- bis 65-jährige)	8 (Welle 1), 5 (Welle 2), 9 (Welle 3)	Teilnahme Deutschlands (repräsentativ) in Welle 1
Third International Mathematics and Science Study (ab 1999: Trends in International Mathematics and Science Study)	TIMSS 1995, TIMSS 1999 (auch TIMSS-Repeat), TIMSS 2003, TIMSS 2007	1994-1995, 1998-1999, 2002-2003, 2007	IEA	Mathematik & Naturwissenschaften	9-jährige (TIMSS 1995, 2003, 2007); 13-jährige (alle Zyklen); Ende Sek II (allgemein); Ende Sek II (Leistungs-/Schwerpunktkurse: Mathematik, Physik) (nur TIMSS 1995)	TIMSS 1995: 9-jährige: 29; 13-jährige: 46 ; Ende Sek II (allg.): 24; Ende Sek II (Schwerpunkt): Mathematik:17; Physik: 18; TIMSS 1999: 38; TIMSS 2003: 9-jährige: 25; 13-jährige: 46; TIMSS 2007: insg. ca. 60	Teilnahme Deutschlands an TIMSS 1995: repräsentativ (ohne Baden-Württemberg) für 13-jährige und Ende Sek II; Grundschulstudie ohne dt. Teilnahme; Teilnahme Deutschlands an TIMSS 2007: repräsentativ (Klassenstufe 4 / 9-jährige); Studie der Klassenstufe 8 / 13-jährige ohne Teilnahme Deutschlands
Third International Mathematics and Science Videotape Classroom Study	TIMSS 1995 Video Study, TIMSS-R Video Project	1994-1995 (TIMSS Video), 1998-2001 (TIMSS-R Video Project)	IEA	Mathematikunterricht (TIMSS 1995 Video Study); Mathematik- und Naturwissenschaftsunterricht (TIMSS-R Video Project)	Klassenstufe 8	3 (TIMSS 1995 Video Study); 7 (TIMSS-R Video Project)	Teilnahme Deutschlands an TIMSS 1995 Video Study

Bezeichnung der Studie	Kürzel	Datenerhebung	Internat. Koordination	Testbereiche	Altersgruppe	Anzahl beteiligter Länder	Teilnahme Deutschlands (Bundesländer)
Civic Education Study	CivEd	Phase 1: 1996-1997; Phase 2: 1999-2000	IEA	Politisches Wissen	14-jährige; Schüler der Sek II (16- bis 19-jährige)	31	repräsentativ (nur 14-jährige)
Second Information Technology in Education Study	SITES-M(odule) 1, SITES M2, SITES 2006	1998-1999 (M1), 2000-2001 (M2), 2006	IEA	Nutzung von IKT in Schule und Unterricht	M1: 10-jährige; 14-jährige; Ende Sek II; M2: Primarstufe; Sek. I; Sek. II (je 4 Fallstudien); SITES 2006: Klassenstufe 8 (Schulen, Mathematik- und Naturwissenschaftslehrkräfte; ca. 400 Schulen je Land)	M1: 26; M2: 28; 2006: ca. 20	Teilnahme Deutschlands an SITES M2
International Survey of Schools at the Upper Secondary Level	ISSUS	2001	OECD	Elemente der Schulstruktur: Person. Ausstattung, Schulmanagement, Nutzung von IKT	Schulen mit Sekundarstufe II	14	ohne Teilnahme Deutschlands
Programme for International Student Assessment	PISA 2000, PISA 2003, PISA 2006	2000, 2003, 2006	OECD	Leseverständnis, Mathematik und Naturwissenschaften (Schwerpunkt 2000: Lesen; 2003: Mathematik; 2006: Naturwissenschaften)	15-jährige	32 (2000), 41 (2003), 57 (2006)	repräsentativ (2000, 2003, 2006)

Bezeichnung der Studie	Kürzel	Datenerhebung	Internat. Koordination	Testbereiche	Altersgruppe	Anzahl beteiligter Länder	Teilnahme Deutschlands (Bundesländer)
Progress in International Reading Literacy Study (In Deutschland bez. als Internationale Grundschul-Lese-Untersuchung (IGLU))	PIRLS 2001, PIRLS 2006	2001, 2006	IEA	Leseverständnis	9- bis 10-jährige	35 (2001), 40 (2006)	repräsentativ (2001 und 2006)
Adult Literacy and Life Skills Survey	ALL	2003 (Welle 1), 2006 (Welle 2)	StatCan, ETS, OECD, UNESCO u. a.	Lesekompetenz, mathematische Fähigkeiten, Problemlösen	Erwachsene (16- bis 65-jährige)	6 (2003), 7 (2006)	-
Teacher Education Study – Mathematics	TEDS-M 2008	2005-06 (Phase 1); 2007-2008 (Phase 2)	IEA	Ausbildung von Mathematiklehrkräften für die Primar- und untere Sekundarstufe	Institutionen der Lehrerausbildung; Dozenten/ Ausbilder von angehenden Lehrkräften; angehende Lehrkräfte	15	Teilnahme Deutschlands
Teaching and Learning International Survey	TALIS	Pretest: 2006; Haupterhebung: 2007-2008	OECD	Arbeitsbedingungen und Arbeitsweisen an Schulen (Lehrer, Schulleitung)	Lehrer der Sekundarstufe I, Schulleiter	22	ohne Teilnahme Deutschlands

* Die Angaben in der Tabelle sind der Aufstellung bei Ackeren und Klemm (2002) sowie den Internetseiten der an den Studien beteiligten Institutionen entnommen (für eine Übersicht vgl. auch Deutscher Bildungsserver, 2007).

angestrebte Chancengerechtigkeit gerade in Deutschland bislang nicht erreicht wurde und die hierzulande beklagte Heterogenität in anderen Ländern keine Probleme zu bereiten scheint.

Ein besonderes Augenmerk wurde in der PISA 2000-Untersuchung auf die Situation von Jugendlichen mit Migrationshintergrund gelegt. Hierbei zeigte sich, dass gerade Jugendliche aus Familien, in denen beide Elternteile im Ausland geboren wurden, auffällige Defizite im schulischen Erfolg aufweisen. Auch nach Kontrolle der Sozialschichtzugehörigkeit blieben die Unterschiede zwischen den Jugendlichen ohne und mit einem bzw. beiden im Ausland geborenen Elternteilen signifikant. Die Unterschiede in der Lesekompetenz von Fünfzehnjährigen aus Familien mit und ohne Migrationshintergrund sind in Deutschland im Vergleich mit Staaten, die wie Deutschland bedeutende Zuwanderungen aufweisen, besonders ausgeprägt (Baumert/Schümer 2001a). Differenzierte Analysen deuten darauf hin, dass bei der Analyse von Jugendlichen mit Migrationshintergrund neben der mit dem Herkunftsland verknüpften Aufenthaltsperspektive in Deutschland auch die damit im Zusammenhang stehende Bildungsaspiration der Migrantengruppen eine wichtige Rolle zu spielen scheint.

Wenn die Schlagworte ‚Chancengleichheit' bzw. ‚Chancengerechtigkeit' im Zusammenhang mit Befunden aus der PISA 2000-Untersuchung diskutiert werden, stellt sich stets die Frage, ob der oben beschriebene Zusammenhang von sozialem Hintergrund und Schulerfolg (sozialer Gradient) ein Phänomen der Sekundarstufe ist, oder ob sich Entsprechendes auch bereits in der Grundschule beobachten lässt. Bei dem Vergleich des sozialen Gradienten der in IGLU 2001 getesteten vierten Jahrgangsstufe mit demjenigen der PISA-Erweiterungsstichprobe der neunten Jahrgänge zeigte sich, dass der ausgeprägte Zusammenhang auch in der Grundschule nachzuweisen ist, hier jedoch signifikant geringer ausfällt (Schwippert/Bos/Lankes 2003). Im internationalen Vergleich ließ sich für die Grundschülerinnen und Grundschüler zudem feststellen, dass sie in Deutschland Schulen besuchen, in denen zwar relativ geringe Unterschiede zwischen Jungen und Mädchen bestehen, jedoch bedeutende Unterschiede zwischen Kindern aus bildungsnahen und solchen aus bildungsferneren Elternhäusern und auffällig große Unterschiede zwischen Kindern aus Elternhäusern ohne und solchen aus Elternhäusern mit Migrationsgeschichte (Schwippert/Bos/Lankes 2003). Hieran lässt sich ablesen, dass die in der PISA 2000-Studie ermittelten Defizite des Bildungssystems auch in der Grundschule festzustellen sind. Aus der Gegenüberstellung der beiden Querschnittsuntersuchungen PISA 2000 und IGLU 2001 lassen sich jedoch keine Rückschlüsse auf Entwicklungen im Bildungssystem ableiten. Erste Veränderungen werden abzulesen sein, wenn die vorliegenden Befunde aus IGLU 2001 denjenigen aus der Studie IGLU 2006 gegenübergestellt werden. Aufgrund der vergleichenden Betrachtung werden erste Aussagen darüber möglich, ob Initiativen zur Verbesserung der Grundschulbildung haben greifen können. Bei der Analyse der Veränderungen ist allerdings zu beachten, dass es sich, aufgrund der verschiedenen getesteten Schülerkohorten, nicht um einen echten Längsschnitt handelt, bei dem dieselben Schüler zu unterschiedlichen Zeitpunkten getestet werden, sondern um einen ‚Quasi-Längsschnitt' im Sinne von wiederholten Querschnittsuntersuchungen.

Zwischen den PISA-Zyklen liegen jeweils nur 3 Jahre Zeit. Dies hat zur Folge, dass das Zeitfenster, das von der Veröffentlichung der Befunde des einen bis zur Erhebung des folgenden Zyklus für die Wirkung möglicher Reformen bleibt, recht klein ist. Realistischer Weise wird in diesen kurzen Abständen nicht mit großen Veränderungen – im Sinne von Wirkungen des einen PISA-Zyklus auf den jeweils folgenden – gerechnet. Konkret zeigte sich in der Entwicklung von PISA 2000 zu PISA 2003, dass in den drei getesteten Domänen – Lesen, Mathematik und Naturwissenschaften – einige nominelle, wenn auch nur in wenigen Fällen signifikante

Fortschritte zu verzeichnen sind (PISA-Konsortium Deutschland 2004). Erste, zum Teil überzogene Erwartungen an eine durchgängig greifende Schulreform wurden somit relativiert. Da Reformen zur durchgreifenden Veränderung eines Schulwesens Zeit brauchen, ist es sicherlich noch zu früh, schon jetzt von systematischen Veränderungen zu sprechen, wie auch die Autoren von PISA 2003 betonen (PISA-Konsortium Deutschland 2004). Demgegenüber ist der IGLU-Zyklus auf Studien im 5-Jahres-Rhythmus angelegt, so dass hier die Sichtbarkeit von Reformen von einer auf die folgende Erhebung wahrscheinlicher ist. Diejenigen Viertklässler, die in Rahmen von IGLU 2006 getestet wurden, haben zudem fast ihre gesamte Grundschulzeit im Zeichen weitreichender Reformbemühungen seit der Veröffentlichung der PISA 2000- und IGLU 2001-Ergebnisse durchlaufen.

Weitere bemerkenswerte Befunde aus der Grundschuluntersuchung von 2001 zeigen sich bei näherer Betrachtung der Lehr- und Lernbedingungen im internationalen Vergleich. Aufgrund des speziellen Stichprobendesigns ließen sich in PISA 2000 und 2003 keine internationalen Vergleiche von Unterricht vornehmen. In IGLU hingegen konnte anhand der Gegenüberstellung von Befunden aus Deutschland und einer Auswahl europäischer Nachbarländer festgestellt werden, dass bei der Vermittlung des Leseverständnisses in Deutschland auffällig häufig auf gemeinsamen Unterricht der ganzen Klasse gesetzt wird und eine Leistungsdifferenzierung innerhalb der Klassen in der Regel mittels unterschiedlicher Zeitvorgaben für zu bearbeitende Aufgaben vorgenommen wird. Eine Individualisierung hinsichtlich des Unterrichtskonzepts oder des Angebots von Lesematerial wird im Vergleich mit den anderen Ländern in Deutschland hingegen deutlich seltener angeboten (Lankes et al. 2003). Eine besondere Betreuung von Kindern wird in Deutschland in der Regel den schwächeren Schülern angeboten, während eine Förderung besonders starker Schüler vergleichsweise seltener vorgesehen ist (Lankes et al. 2003). Besondere Beachtung wurde in der IGLU 2001-Studie auch den Schulleitungen gewidmet. Gerade vor dem Hintergrund der anhaltenden Fachdiskussion über Organisations- und Schulentwicklung – insbesondere in den 90er Jahren – war die Rolle des Schulleiters als Lehrer unter Lehrern überraschend. So zeigt sich bei den Schulleitungen, dass durch den hohen Anteil an selbst zu haltendem Unterricht die Leitungs- und Organisationsaufgaben, insbesondere in Bezug auf die Erarbeitung schulspezifischer (Lese-)Lernpläne, zurücktreten müssen. In der IGLU 2001-Studie wurde insgesamt deutlich, dass Grundschulleiterinnen und Grundschulleiter in Deutschland eher als Lehrkräfte mit besonderen Aufgaben denn als Manager einer Bildungseinrichtung gesehen werden (Lankes et al. 2003).

Nicht alle Befunde aus internationalen Vergleichsuntersuchungen werden jedoch einheitlich interpretiert. Als markantestes Beispiel sei hier nochmals die Strukturdebatte angeführt. Während die einen aufgrund des guten Abschneidens skandinavischer Länder wie Schweden und Finnland aus deren Gesamtschulsystem gleich die Notwendigkeit der Einführung desselben in Deutschland fordern, verweisen andere auf Länder mit gegliedertem Schulsystem wie die Niederlande bzw. Österreich mit dem Hinweis, dass auch diese Länder besser abgeschnitten hätten als Deutschland. Diese Diskussionen werden mehr ideologisch als fachwissenschaftlich geführt. Zieht man die Empirie zu Rate, ist die Frage nach einem ‚besser' oder ‚schlechter' nicht eindeutig zu beantworten. Nimmt man die Erkenntnisse der vergleichenden Erziehungswissenschaft ernst, wird man aufgrund der kulturellen und historischen Unterschiede in der Entwicklung der verschiedenen Bildungssysteme erkennen können, dass eine entsprechend einfache Antwort in den Kategorien ‚besser' oder ‚schlechter' nicht gegeben werden kann. Vielmehr sollten aufgrund von vertiefenden Vergleichen wie sie z.B. von Döbert und Sroka (2004) vorgelegt wurden, Erfolg versprechende Strategien zur Verbesserung eines Bildungssystems herausgearbeitet werden, um diese dann ggf. bei ihrer versuchsweisen Implementierung empirisch auf ihre Wirksamkeit zu überprüfen. Dies setzt natürlich den Willen zur Verbesserung und die Bereitschaft voraus, ggf. auch die Erkenntnis in Kauf zu nehmen, dass der gewünschte Erfolg auf diesem Weg nicht erreicht werden kann. Will man aber aus internationalen Vergleichsstudien Gewinn bzw. Konsequenzen ziehen, die nachhaltig zur Verbesserung des Bildungssystems beitragen, so führt an diesem Verfahren kein Weg vorbei. Dies setzt jedoch die Bereitschaft für eine ergebnisoffene Evaluation der eingeführten Reformen voraus – eine Bereitschaft, die beispielsweise nicht durch partei- oder bildungspolitische Interessen eingeschränkt sein darf.

Als Möglichkeit, zukünftig den beiden zuvor exemplarisch genannten Monita des deutschen Bildungssystems zu begegnen, setzt man auf Prävention. Gerade bei Schülerinnen und Schülern, die durch ihren sprachlichen oder sozialen Hintergrund geringere Erfolgsaussichten im deutschen Bildungssystem haben, soll durch eine frühe Förderung möglichen Defiziten vorgebeugt werden. Zielgruppe dieser Förderung sind insbesondere Kinder aus sozial schwachen Familien und Familien mit Migrationshintergrund, in denen Deutsch nicht die Familiensprache ist. Lernerfolg soll demnach für alle Kinder – unabhängig von ihrer Herkunft und ihrem sozialen Status – möglich sein. Insofern soll also gerade für bildungsbenachteiligte Kinder eine besondere Verantwortung im Bildungssystem übernommen werden, um ihnen langfristig eine selbstständige Lebensführung zu ermöglichen.

Eine der nachhaltigsten Reaktionen auf die hier skizzierten Probleme im deutschen Bildungssystem stellt die 2001 von der Kultusministerkonferenz beschlossene Liste von sieben Handlungsfeldern dar, die insbesondere auf Befunden aus der PISA-Studie und ihrer nationalen Ergänzung (PISA-E) basieren (Kultusministerkonferenz 2002, S. 6f.). Im einzelnen führt die Liste auf:

„1. Maßnahmen zur Verbesserung der Sprachkompetenz bereits im vorschulischen Bereich;
2. Maßnahmen zur besseren Verzahnung von vorschulischem Bereich und Grundschule mit dem Ziel einer frühzeitigen Einschulung;
3. Maßnahmen zur Verbesserung der Grundschulbildung und durchgängige Verbesserung der Lesekompetenz und des grundlegenden Verständnisses mathematischer und naturwissenschaftlicher Zusammenhänge;
4. Maßnahmen zur wirksamen Förderung bildungsbenachteiligter Kinder, insbesondere auch der Kinder und Jugendlichen mit Migrationshintergrund;
5. Maßnahmen zur konsequenten Weiterentwicklung und Sicherung der Qualität von Unterricht und Schule auf der Grundlage von verbindlichen Standards sowie eine ergebnisorientierte Evaluation;
6. Maßnahmen zur Verbesserung der Professionalität der Lehrertätigkeit, insbesondere im Hinblick auf diagnostische und methodische Kompetenz als Bestandteil systematischer Schulentwicklung;
7. Maßnahmen zum Ausbau von schulischen und außerschulischen Ganztagsangeboten mit dem Ziel erweiterter Bildungs- und Fördermöglichkeiten, insbesondere für Schülerinnen und Schüler mit Bildungsdefiziten und besonderen Begabungen.“

Die Inhaltsbereiche dieser Handlungsfelder finden sich auch in den intranationalen Leistungs- und Schulqualitätsuntersuchungen wieder, die im Folgenden vorgestellt werden.

2.2.3 Nationale Untersuchungen

Auch wenn Deutschland an internationalen Vergleichsstudien über lange Zeit nicht teilgenommen hat, so wurden doch innerhalb Deutschlands – wenn zum Teil auch regional stark begrenzt – ab den 1980er Jahren verschiedene empirische Untersuchungen durchgeführt. Eine bis heute viel zitierte Untersuchung ist die Münchener LOGIK-Studie (Longitudinalstudie zur Genese individueller Kompetenzen), die gemeinsam mit ihrer Erweiterung SCHOLASTIK (Schulorganisierte Lernangebote und Sozialisation von Talenten, Interessen und Kompetenzen) insbesondere mit den Namen Weinert und Helmke (1997) in Verbindung gebracht wird. Auf Grundlage der Daten dieser Studien wurden zentrale Aspekte des Lehrens und Lernens empirisch untersucht, wobei der Schwerpunkt auf Kindern im Grundschulalter lag. Neben vertiefenden Analysen verschiedener Kompetenzbereiche wurden u.a. auch die Unterrichtsqualität und die Leistungsentwicklung in den Blick genommen – Themen, die bis heute nicht an Aktualität verloren haben (Helmke 2004; Meyer 2004). Ein etwas anderes Untersuchungsdesign liegt der Studie ‚Bildungsverläufe und psychosoziale Entwicklung im Jugendalter' (BIJU) zugrunde. In einem Mehrkohorten-Längsschnittdesign wurden hierbei über einen Zeitraum von zehn Jahren Stichproben von Jugendlichen ab der siebten Klasse in bis zu vier Bundesländern untersucht, was eine Betrachtung von Entwicklungsverläufen unter unterschiedlichen institutionellen Bedingungen ermöglichte (Köller 1996; Baumert/Gruehn 1997) und insbesondere die Analyse von Übergängen zwischen den einzelnen Schularten im Bildungssystem erlaubte.

Eine ebenfalls viel beachtete, regional begrenzte Untersuchung ist die Studie zur Lernausgangslage (LAU) in Hamburg. Diese von Lehmann et al. durchgeführte Untersuchung ist die erste Längsschnittuntersuchung, bei der in einem Bundesland alle Schülerinnen und Schüler eines Jahrgangs im Abstand von zwei Jahren getestet und befragt wurden (Lehmann et al. 1997; Lehmann et al. 1999; Lehmann et al. 2002). 1996 wurden im Rahmen von LAU alle Kinder im Bundesland Hamburg untersucht, die in der fünften Klasse waren. Zwei Jahre später wurden dann die Kinder bzw. Jugendlichen aller siebten Klassen (1998), dann aller neunten (2000), elften (2002) und schließlich (2004) aller dreizehnten Klassen getestet und befragt. Damit ist LAU die erste als Zensus angelegte Untersuchung, die über einen so langen Zeitraum die Entwicklung von Schülerinnen und Schülern eines Bundeslands in den Blick genommen hat. Seit 2003 läuft in Hamburg die Untersuchung zur Erfassung von ‚Kompetenzen und Einstellungen von Schülerinnen und Schülern' (KESS), die wiederum als Zensus alle Kinder der vierten Klasse erfasst hat. Dieselben Kinder sind nach rund drei Jahren eingangs der siebten Klasse im Jahr 2005 erneut getestet und befragt worden. Durch die Parallelführung einiger Testinstrumente können die Befunde aus LAU und KESS verglichen und damit rund sieben Jahre Schul- und Unterrichtsentwicklung dokumentiert werden (Bos/Pietsch 2005). In der ‚Mathematik Gesamterhebung Rheinland-Pfalz: Kompetenzen, Unterrichtsmerkmale, Schulkontext' (MARKUS) wurde ebenfalls eine Vollerhebung von Schülerinnen und Schüler der achten Klassen organisiert, die jedoch nicht in einen umfassenden Längsschnitt mündete. In Brandenburg hat man in der fünften und neunten Klasse die ‚Qualitätsuntersuchung an Schulen zum Unterricht in Mathematik' (QuaSUM) durchgeführt.

Diese und weitere regionale und überregionale Studien innerhalb Deutschlands sind in Tabelle 2 zusammengestellt.

Tabelle 2: Länderinterne und länderübergreifende Vergleichsuntersuchungen innerhalb Deutschlands (Auswahl)*

Studie	Kürzel	Durchführungs-zeitraum	Testbereiche	Altersgruppe	Bundesländer
Münchener Hauptschulstudie (wesentl. deutsche Erweiterung der Classroom Environment Study)		1983-1985	Mathematik	Beginn der 5. bis Ende der 6. Klasse (Längsschnitt)	Bayern (München)
Longitudinalstudie zur Genese individueller Kompetenzen	LOGIK	1984-1993, 1997-1998 Nachuntersuchung	Lesen, Rechtschreibung, Mathematik, Naturwissenschaften	4-12 Jahre (Schwerpunkt: Grundschulzeit) (Längsschnitt)	Bayern (München)
Schulorganisierte Lernangebote und Sozialisation von Talenten, Interessen und Kompetenzen	SCHOLASTIK	1988-1991	Mathematik, Deutsch	Klassen 1-4 (Längsschnitt)	Bayern
Bildungsverläufe und psychosoziale Entwicklung im Jugendalter	BIJU	Längsschnitt 1: L1-Schuljahr 1991/1992: 3 Messzeitpunkte, 1995, 1997, 2000/2001; Längsschnitt 2: 1993, 1995, 1998; Querschnitt: 1992	Mathematik, Englisch, Biologie, Physik	Hauptkohorte: Beginn 1991/92 mit Klasse 7, weiter: 1995 (Klasse 10), 1997 (Klasse 12), 1998 (Klasse 13 - nur Teil d. Kohorte), 2001/02 (nach Übergang Beruf bzw. Studium); zweite Längsschnittkohorte: 1993 (Klasse 10), 1995 (Klasse 12), 1998 (nach Übergang Beruf bzw. Studium); Querschnitt: 1995 (Klasse 10), parallel zur Erhebung 1992 in der Hauptkohorte	Mecklenburg-V., Nordrhein-W., Sachsen-A.; ab Messzeitpunkt 2: Berlin
Aspekte der Lernausgangslage und Lernentwicklung	LAU 5, LAU 7, LAU 9, LAU 11, LAU 13	1996, 1998, 2000, 2002, 2004	Deutsch, Mathematik, 1. Fremdsprache (nicht in LAU 5)	Klassenstufe 5, 7, 9,11,13 (Längsschnitt)	Hamburg (Vollerhebung)
Qualitätsuntersuchung an Schulen zum Unterricht in Mathematik	QuaSUM	1999	Mathematik	Klasse 5; Klasse 9	Brandenburg

Studie	Kürzel	Durchführungs-zeitraum	Testbereiche	Altersgruppe	Bundesländer
Mathematik Gesamterheb. Rheinl.-Pfalz: Kompetenzen, Unterrichtsmerkmale, Schulkontext	MARKUS	2000	Mathematik	Klasse 8	Rheinland-Pfalz (Vollerhebung)
Nationale Erweiterung der Studie Programme for International Student Assessment (PISA)	PISA-E 2000, PISA-E 2003, PISA-E 2006	2000, 2003, 2006	siehe internationale Studie (Tab. 1); zusätzlicher nationaler Schwerpunkt: 2000: selbstgesteuertes Lernen; 2003: Problemlösen; 2006: Normierung der Bildungsstandards Mathematik	15-Jährige	alle Länder
Nationale Erweiterung der Internationalen Grundschul-Lese-Untersuchung, internat. PIRLS	IGLU-E 2001, IGLU-E 2006	2001, 2006	siehe Internationale Studie (Tab. 1) nationale Erweiterung: 2001: Mathematik, Naturwissenschaften, Rechtschreibung, Aufsatzschreiben; 2006: Pilotierung der Aufgaben zu den Bildungsstandards in Deutsch und Mathematik in 3. und 4. Klassen	9- bis 10-Jährige	2001: im internationalen Vergleich alle Länder 2006: im internationalen und nationalen Vergleich alle Länder

Studie	Kürzel	Durchführungs-zeitraum	Testbereiche	Altersgruppe	Bundesländer
Untersuchung von Leistungen, Motivation und Einstellungen zu Beginn der beruflichen Ausbildung	ULME-I, ULME-II	2002 (ULME-I), 2004 (ULME-II)	Deutsch: Leseverständnis; Englisch: Leseverständnis und Sprachkompetenz; Mathematik; in ULME II: auch berufsbezogene Fachleistungen	ULME-I: Zu Beginn von Jahr 1 der beruflichen Schulbildung (Schüler von Berufs- und Berufsfachschulen) (Vollerhebung); ULME-II: Zum Ende von Jahr 2	Hamburg
Projekt zur Analyse der Leistungsentwicklung in Mathematik	PALMA	2002 (Klasse 5), 2003 (Klasse 6), 2004 (Klasse 7), laufend	Mathematische Fähigkeiten und Grundvorstellungen	Klassen 5-7 (Längsschnitt, Planung bis Klasse 10, laufend)	Bayern
Transformation des Sekundarschulsystems und akademische Karrieren	TOSCA	2002 (Zeitpunkt 1), 2004 (Zeitpunkt 2), 2006 (Zeitpunkt 3)	Zeitpunkt 1: Mathematik; Englisch; kognitive Grundfähigkeit; Zeitpunkt 2: Befragung zum Übergang in das Studium, die Ausbildung bzw. das Berufsleben; Zeitpunkt 3: Befragung zu Ausbildung, Studium und Berufsleben	Junge Erwachsene; Erhebung zum Zeitpunkt des Abiturs (allgem. u. berufl. Schulen) und zu zwei späteren Zeitpunkten (Längsschnitt)	Baden-Württemberg
Erhebungen zum Lese- und Mathematikverständnis - Entwicklungen in den Jahrgangsstufen 4 bis 6	ELEMENT	2003-2005	Deutsch: Leseverständnis; Mathematik	Klasse 4 (Juni 2003), Klasse 5 (September 2003, Mai 2004), Klasse 6 (Mai 2005) - Grundschulen (repräsentativ) und Gymnasien (Vollerhebung)	Berlin

Studie	Kürzel	Durchführungs-zeitraum	Testbereiche	Altersgruppe	Bundesländer
Kompetenzen und Einstellungen von Schülerinnen und Schülern	KESS 4, KESS 7	2003 (KESS 4), 2005 (KESS 7)	Deutsch: Leseverständnis, Rechtschreibung; Mathematik; Naturwissenschaften; in KESS 4 zusätzlich: Verfassen von Texten und Englisch-Hörverstehen; in KESS 7 zusätzlich: Englisch (Leseverständnis, allgemeine Sprachbeherrschung); Kognitive Grundfähigkeit	Ende Klassenstufe 4; Beginn Klassenstufe 7 (Längsschnitt)	Hamburg (Vollerhebung)
Deutsch-Englisch-Schülerleistungen-International	DESI	2003	Leistungen in den Unterrichtsfächern Deutsch und Englisch	Klasse 9 (Längs- und Querschnitt-elemente)	alle Länder, bundesweit repräsentativ
Vergleichsarbeiten in der Grundschule	VERA	jährlich seit 2004	Deutsch; Mathematik	Zu Beginn von Klasse 4; ab 2007: Ende von Klasse 3	Sieben Bundesländer (Berlin, Brandenburg, Bremen, Mecklenburg-Vorpommern, Nordrhein-Westfalen, Rheinland-Pfalz und Schleswig-Holstein) - Vollerhebung

* Die Angaben in der Tabelle sind der Aufstellung bei Ackeren und Klemm (2002) sowie den Internetseiten der an den Studien beteiligten Institutionen entnommen (für eine Übersicht vgl. auch Deutscher Bildungsserver, 2007).

2.2.4 Befunde und Konsequenzen aus nationalen Untersuchungen

Aufgrund der Vielschichtigkeit der genannten nationalen Studien konnten zahlreiche Erkenntnisse über die untersuchten Bildungseinrichtungen gewonnen werden, die mitunter weit über die jeweils im Fokus liegenden Stichproben bzw. Bundesländergrenzen hinweg von Bedeutung waren. Aus der Vielzahl der Befunde seien hier nur zwei bedeutsame herausgegriffen:

Das Thema der Chancengleichheit im Bildungssystem wird von den verschiedenen Untersuchungen immer wieder aufgegriffen. So werden zum Beispiel individuell und institutionell bedingte Ungleichbehandlungen in den Blick genommen. Im Rahmen der Längsschnittuntersuchungen konnten differenzierte Bildungsverläufe von Kindern und Jugendlichen unter verschiedenen Gesichtspunkten in den Blick genommen werden. Hierbei zeigten sich insbesondere an den Gelenkstellen im Bildungssystem überraschende Befunde. So konnten Lehmann et al. zum Beispiel in Hamburg feststellen, dass für verschiedene Schülergruppen unterschiedliche Maßstäbe bei der Übergangsempfehlung von der Grundschule auf das Gymnasium gelten. Dabei konnten durch das Geschlecht oder den Migrationshintergrund der Schüler bedingte Benachteiligungen identifiziert werden. Diese erstrecken sich im Weiteren allerdings nicht über den gesamten Bildungsverlauf, wie aktuelle Befunde zum Übergang in die berufliche Ausbildung zeigen (Lehmann/Ivanov/Hunger/Gänsfuß 2005).

Ein weiterer zentraler Untersuchungsgegenstand der Studien war, dass bei der Vergabe von Noten und damit einhergehend auch bei den Übergangsempfehlungen bzw. Abschlusszertifikaten kein einheitlicher Bewertungsmaßstab angelegt wurde. Mit anderen Worten: Die im Zeugnis verbriefte Note war nicht nur von den Leistungen der Kinder bzw. Jugendlichen abhängig sondern auch von der jeweiligen Schulklasse, der Schule und dem Bundesland. Auf Grundlage dieser Erkenntnis beschloss man zunächst in verschiedenen Bundesländern, die Beurteilung von Schülerinnen und Schülern zunehmend vergleichbarer zu machen. Hierzu wurden z. B. Parallel- bzw. Vergleichsarbeiten eingeführt, die eine Vergleichbarkeit des Anforderungs- und Bewertungsniveaus zwischen Klassen, Schulen und langfristig – auch im Sinne des fünften und sechsten Handlungsfeldes der Kultusministerkonferenz – zwischen Bundesländern zu erreichen. Hierbei soll jedoch nicht aus den Augen verloren werden, dass die Notenvergabe verschiedene Funktionen in der Schule hat bzw. verschiedenen Normen unterliegt. Je nach Bezugsnormorientierung kann somit eine individuelle, eine sozial vergleichende und eine norm- (oder kriteriums-)orientierte Bewertung in die Notengebung einfließen (Rheinberg 2001). Langfristig werden in den Kanon vergleichender Tests auch die bundesweit vereinbarten Bildungsstandards Eingang finden. Diese sollen eine weitere Orientierungshilfe bei der fairen Bewertung von Schülerinnen und Schülern ermöglichen (Kultusministerkonferenz/Institut zur Qualitätssicherung im Bildungswesen 2006).

3 Forschungsperspektiven

Wenden wir zum Schluss noch den Blick auf die Perspektiven der Leistungsvergleichs- und Schulqualitätsforschung. Worauf wird der Blick im Bildungssystem gelenkt bzw. worauf sollte er gelenkt werden? Ein Forschungsdesiderat ist eine umfassende Dokumentation von schulischen Entwicklungsverläufen, insbesondere an den Gelenkstellen des Bildungssystems. Untersuchungen unter der Fragestellung, inwieweit und wodurch bedingt sich hier Benachteiligungen für einzelne Schülergruppen ergeben, sind immer mit dem Bemühen verbunden, die Entscheidungsprozesse seitens der Lehrkräfte transparent zu machen und die ihnen zugrunde liegenden Informationen und Bewertungsprozesse zu erfassen. Bisherige Untersuchungen erfassten aber zum Teil keine ausreichend großen Stichproben, um die Erkenntnisse auf das jeweilige regionale bzw. auf das gesamte föderale Bildungssystem übertragen zu können. Die Untersuchungen haben aber bereits wichtige Hinweise auf die Bedingungen von Bildungsbiographien geliefert und bilden eine Basis, um neue Fragen und Hypothesen ableiten zu können.

Mit dem Paradigmenwechsel von der Input- zur Outputsteuerung im Bildungswesen stellt sich auch erneut die Frage, was überhaupt guten Unterricht ausmacht. Wie die Forschung der vergangenen Jahre gezeigt hat, gibt es eine Reihe von Merkmalen, die als förderlich identifiziert werden konnten. Im Rahmen aktueller Diskussionen wird aber immer wieder festgestellt, dass ein Bündel guter Voraussetzungen allein keinen guten Unterricht garantiert. Um die Frage beantworten zu können, welche Faktoren unter welchen Umständen zu gutem Unterricht führen, rückt neben der Klärung der Frage, was überhaupt guter Unterricht ist, die tatsächliche Unterrichtsgestaltung in das Zentrum der Betrachtung. Wichtige Hinweise darauf, wie guter Unterricht zu gestalten ist, haben Studien geliefert, die zur Erfassung des Unterrichtsgeschehens Videoaufnahmen nutzen. Exemplarisch seien hier die Videostudien genannt, die im Rahmen der internationalen TIMSS-Untersuchung (Klieme/Schümer/Knoll 2001), in Zusammenhang mit dem DFG-Schwerpunktprogramm BIQUA (Seidel/ Prenzel/Duit/Lehrke 2003), oder kürzlich in Zusammenhang mit der DESI-Studie (Klieme et al. 2006) durchgeführt wurden. Für zukünftige Untersuchungen von Unterricht anhand von Videoanalysen scheint das derzeitige Bestreben, Experten aus der allgemeinen Erziehungswissenschaft, den Fachdidaktiken und der pädagogischen Psychologie in Forschungsgemeinschaften zusammenzuführen, eine Erfolg versprechende Perspektive.

Wie der Blick auf die Tabellen 1 und 2 zu internationalen und nationalen Leistungsvergleichsstudien zeigt, gab es insbesondere im vergangenen Jahrzehnt ein großes Interesse an empirischen Untersuchungen im allgemein bildenden Schulsystem. Was aber diesen Übersichten ebenso zu entnehmen ist, ist die Tatsache, dass inzwischen zwar eine empirisch gut abgesicherte Informationslage bezüglich des Primar- und Sekundarschulwesens besteht, die Informationen über den tertiären Bildungsbereich aber noch defizitär sind, obwohl die Befunde insbesondere aus den als Längsschnittuntersuchungen konzipierten Studien Fragen zur Chancengerechtigkeit der Entwicklungsverläufe älterer Jugendlicher und junger Erwachsener aufgeworfen haben. Besonders interessant wird eine mögliche Fokussierung auf den tertiären Bereich, wenn unter dem Schlagwort des lebenslangen Lernens bzw. der *adult competencies* hinterfragt wird, ob das, was im allgemeinen Schulwesen an Wissen bzw. Kompetenzen vermittelt wird, überhaupt anschlussfähig bzw. notwendig erscheint. An dieser Stelle einmal die Abnehmerperspektive einzunehmen und zu fragen, was Kindern nach dem Übergang in die Sekundarstufe I oder Jugendlichen beim Übergang in den Beruf bzw. jungen Erwachsenen bei der Aufnahme eines Studiums an Voraussetzungen abverlangt wird, erschließt eine ganz neue Perspektive auf ein weitgehend noch unbearbeitetes Forschungsfeld.

Der Gedanke, was ein späteres Studium bzw. ein später ausgeübter Beruf von den Beteiligten abverlangt, legt auch eine eingehende Betrachtung der Lehrerbildung nahe. So weist Terhart (2002, S. 101) auf die Vernachlässigung des Themas ‚Lehrertraining' (für Aus- und Weiterbildung) in den letzten Jahren hin, woraus sich für ihn ein grundsätzliches Desiderat der „Forschung zu den Kontexten, Prozessen und Wirkungen von Lehrerbildung" ergibt. Gerade vor dem Hintergrund der Bildungsstandards und dem erkannten Forschungsdefizit zu guter

Unterrichtsgestaltung rücken die Überlegungen zu Standards in den verschiedenen Phasen der Lehrerbildung ebenfalls ins Blickfeld.

Unabhängig davon, ob im Rahmen von qualitativ vergleichenden Untersuchungen neue Perspektiven gewonnen oder anhand von quantitativ angelegten internationalen Vergleichen neue Erkenntnisse empirisch gesichert werden können, scheint der Blick über Landesgrenzen hinweg nicht nur sinnvoll sondern sogar notwendig, wenn aktuellen bzw. zukünftigen Herausforderungen im Bildungswesen begegnet werden soll.

4 Schlussbemerkung

Bei aller Vorsicht, die die Verantwortlichen groß angelegter Schulvergleichsuntersuchungen bei der empirischen Erfassung des Bildungssystems und der anschließenden Interpretation der Befunde walten lassen, ist die Art und Weise ihrer bildungspolitischen aber auch fachwissenschaftlichen Rezeption schwer plan- bzw. abschätzbar. Die hierzu geführten Diskussionen sind vielfach aufschlussreich und werden sicherlich bei der Weiterentwicklung des Bildungssystems Berücksichtigung finden. Es erscheint hierbei aber zum einen äußerst schwierig, den Einfluss der internationalen Vergleichs- und Schulqualitätsforschung auf die Entwicklung im Bildungssystem insgesamt fassbar zu machen. Zum anderen ist eine Konvergenz der in den Studien untersuchten und folglich auch beschriebenen pädagogischen und fachwissenschaftlichen Inhalte bemerkbar. Schwippert und Bos (2005) weisen exemplarisch auf die normative Kraft von PISA hin: „Nachdem sich der erste Schrecken gelegt hatte, wurde vieles mit der Studie begründet und noch mehr orientierte man sich an den in PISA erfassten Kompetenzen so wie sie von der internationalen Forschergruppe im Rahmen des *Literacy*-Ansatzes operationalisiert wurden. Die Frage, die sich hier jedoch stellt, ist, ob die eng geführte Orientierung im deutschen Bildungssystem angemessen ist – und vielleicht noch wichtiger, wo die Vorgaben der internationalen PISA-Autoren schon in innerdeutsche Entscheidungsprozesse einwirken, ohne dass ein entsprechender fachwissenschaftlicher Diskurs hierüber geführt wurde.“ Weitergehend diskutiert Fuchs (2003) dieses Phänomen und weist auf eine mögliche Globalisierung schulischer Bildung hin, die zwar von den Konstrukteuren von PISA intendiert aber in ihrer Wirkung im deutschen Bildungssystem noch nicht ausreichend reflektiert wird und sich damit schleichend verfestigt ohne kritisch geprüft worden zu sein.

Auch wenn die im Zusammenhang mit internationalen und nationalen Leistungsvergleichs- und Schulqualitätsuntersuchungen erwähnten Forschungsfelder bereits von einer Reihe von Studien aufgegriffen worden sind, werden sich die Forschung und insbesondere auch die Praxis weiterhin mit ihnen auseinandersetzen müssen. Gerade vor dem Hintergrund der aktuellen Diskussionen um Chancengerechtigkeit bleiben vertiefte Beschäftigungen mit dem sozialen Gradienten (dem Zusammenhang von sozialem Hintergrund und Kompetenzerwerb), mit Übergangsempfehlungen und Bezugsnormorientierungen bei der Notenvergabe bzw. Zertifikatserstellung wichtige Forschungsbereiche, da sie weitreichende Implikationen für die Praxis und damit für die nachwachsenden Schülergenerationen haben.

Entscheidungen im Bildungsbereich auf empirisch evidente Befunde zu stützen hat sich in den vergangenen Jahren in Deutschland zunehmend etabliert. Sowohl die Anlage und Durchführung als auch die Interpretation und Vermittlung der Befunde z.B. im Rahmen der Überlegungen zur Gestaltung von Rückmeldungen haben die Diskrepanz zwischen Forschung und

Schulpraxis hier geringer werden lassen. Jedoch darf man bei der Betrachtung dessen, was seit dem ‚TIMSS-Schock' Mitte der 1990er Jahre geleistet wurde, nicht vergessen, dass groß angelegte Leistungsvergleichsuntersuchungen, die zur quantitativen Erfassung von Kompetenzen und weiteren Rahmendaten Testhefte und Fragebögen einsetzen, ggf. auch blinde Flecken haben. So weist Terhart (2000, S. 818) zu Recht darauf hin, dass die Gefahr besteht, „daß schließlich nur das überprüft wird, was vergleichsweise leicht bestimmbar oder meßbar ist". Diese Aussage betont nochmals das Erfordernis wissenschaftlicher Bedenklichkeit bei der Analyse von Ergebnissen der hier diskutierten Studien und sollte zukunftsweisend auch als Hinweis auf die Notwendigkeit anspruchsvoller methodischer Designs bei der Studienkonzeption verstanden werden. Hierzu kann unter anderem die Kombination bzw. Triangulation von quantitativen und qualitativen Methoden sowie von vergleichenden und internationalen Forschungsansätzen einen entscheidenden Beitrag leisten.

Literatur

Ackeren, I. v.: Evaluation, Rückmeldung und Schulentwicklung. Münster 2003.

Ackeren, I. v.: Studienbrief: Internationale Vergleichsuntersuchungen. Kaiserslautern 2006.

Ackeren, I. v./Klemm, K.: Organisation, Anlage und Umfang von Large-Scale Assessments. Pädagogische Führung 13 (2002), S. 40-41.

Allemann-Ghionda, C.: Einführung in die Vergleichende Erziehungswissenschaft. Weinheim 2004.

Arnold, K.-H.: Fairneß bei Schulsystemvergleichen. Münster 1999.

Baumert, J./Artelt, C./Klieme, E./Neubrand, M./Prenzel, M./Schiefele, U./Schneider, W./Tillmann, K.-J./Weiß, M. (Hrsg.): PISA 2000. Die Länder der Bundesrepublik Deutschland im Vergleich. Opladen 2002.

Baumert, J./Gruehn, S.: Bildungsverläufe und psychosoziale Entwicklung im Jugendalter (BIJU). Berlin 1997.

Baumert, J./Klieme, E./Neubrand, M./Prenzel, M./Schiefele, U./Schneider, W./Stanat, P./Tillmann, K.-J./Weiß, M. (Hrsg.): PISA 2000. Basiskompetenzen von Schülerinnen und Schülern im internationalen Vergleich. Opladen 2001.

Baumert, J./Kunter, M./Brunner, M./Krauss, S./Blum, W./Neubrand, M.: Mathematikunterricht aus Sicht der PISA-Schülerinnen und -Schüler und ihrer Lehrkräfte. In: PISA-Konsortium Deutschland (Hrsg.): PISA 2003. Der Bildungsstand der Jugendlichen in Deutschland – Ergebnisse des zweiten internationalen Vergleichs. Münster 2004, S. 314-354.

Baumert, J./Schümer, G.: Familiäre Lebensverhältnisse, Bildungsbeteiligung und Kompetenzerwerb. In: Baumert, J./Klieme, E./Neubrand, M./Prenzel, M./Schiefele, U./Schneider, W./Stanat, P./Tillmann, K.-J./Weiß, M. (Hrsg.): PISA 2000. Basiskompetenzen von Schülerinnen und Schülern im internationalen Vergleich. Opladen 2001a, S. 323-407.

Baumert, J./Schümer, G.: Schulformen als selektionsbedingte Lernmilieus. In: Baumert, J./Klieme, E./Neubrand, M./Prenzel, M./Schiefele, U./Schneider, W./Stanat, P./Tillmann, K.-J./Weiß, M. (Hrsg.): PISA 2000. Basiskompetenzen von Schülerinnen und Schülern im internationalen Vergleich. Opladen 2001b, S. 454-467.

Blömeke, S.: Lehrerausbildung – Lehrerhandeln – Schülerleistung. (2003. Verfügbar unter: http://edoc.hu-berlin.de/humboldt-vl/139/bloemeke-sigrid-3/PDF/bloemeke.pdf [8.2.2006]).

Bos, W./Lankes, E.-M./Prenzel, M./Schwippert, K./Valtin, R./Walther, G. (Hrsg.): IGLU. Einige Länder der Bundesrepublik Deutschland im nationalen und internationalen Vergleich. Münster 2004.

Bos, W./Lankes, E.-M./Prenzel, M./Schwippert, K./Walther, G./Valtin, R. (Hrsg.): Erste Ergebnisse aus IGLU. Schülerleistungen am Ende der vierten Jahrgangsstufe im internationalen Vergleich. Münster 2003.

Bos, W./Pietsch, M. (Hrsg.): KESS 4: Kompetenzen und Einstellungen von Schülerinnen und Schülern - Jahrgangsstufe 4. Hamburg 2005.

Bos, W./Postlethwaite, T. N.: Möglichkeiten, Grenzen und Perspektiven internationaler Schulleistungsforschung. In: Rolff, H.-G./Bos, W./Klemm, K./Pfeiffer, H./Schulz-Zander, R. (Hrsg.): Jahrbuch der Schulentwicklung (Band 11). Weinheim 2000, S. 365-386.

Bos, W./Postlethwaite, T. N.: Möglichkeiten, Grenzen und Perspektiven internationaler Schulleistungsforschung. In: Tippelt, R. (Hrsg.): Handbuch Bildungsforschung. Wiesbaden 2005, S. 241-261.

Bray, M./Thomas, R. M.: Levels of Comparison in Educational Studies: Different Insights from Different Literatures and the Value of Multilevel Analysis. Harvard Educational Review 65 (1995), S. 472-490.

Bryk, A. S./Raudenbush, S. W.: Hierarchical linear models. London 1992.

Clausen, M.: Unterrichtsqualität: Eine Frage der Perspektive? Münster 2002.

Crossley, M./Watson, K.: Comparative and International Research in Education. New York 2003.

Dedering, K./Kneuper, D./Tillmann, K.-J.: Was fangen „Steuerleute" im Schulministerien mit Leistungsvergleichsstudien an? Zeitschrift für Pädagogik 49 (2003), S. 156-175.

Deutscher Bildungsserver: Leistungsmessung / Leistungsvergleiche. (2007. Verfügbar unter: http://www.bildungsserver.de/zeigen.html?seite=1265 [11.3.2007]).

Ditton, H.: Mehrebenenanalyse. Weinheim 1998.

Ditton, H.: Evaluation und Qualitätssicherung. In: Tippelt, R. (Hrsg.): Handbuch Bildungsforschung. Wiesbaden 2005, S. 775-790.

Döbert, H./Klieme, E./Sroka, W. (Hrsg.): Conditions of School Performance in Seven Countries. Münster 2004.

Döbert, H./Sroka, W. (Hrsg.): Features of Successful School Systems. Münster 2004.

Einsiedler, W.: Unterrichtsqualität und Leistungsentwicklung: Literaturüberblick. In: Weinert, F. E./Helmke, A. (Hrsg.): Entwicklung im Grundschulalter. Weinheim 1997, S. 225-240.

Elley, W. B.: The IEA study of reading literacy: Achievement and instruction in thirty-two school systems. Exeter 1994.

Fuchs, H.-W.: Auf dem Weg zu einem neuen Weltcurriculum? Zum Grundbildungskonzept von PISA und der Aufgabenzuweisung an die Schule. Zeitschrift für Pädagogik 49 (2003), S. 161-179.

Helmke, A.: Unterrichtsqualität erfassen, bewerten, verbessern. (3. Aufl.). Seelze 2004.

Hörner, W.: Historische und gegenwartsbezogene Vergleichsstudien – Konzeptionelle Probleme und politischer Nutzen angesichts der Internationalisierung der Erziehungswissenschaft. Tertium Comparationis 5 (1999), S. 107-117.

Husén, T./Postlethwaite, T. N.: A brief history of the International Association for the Evaluation of Educational Achievement (IEA). Assessment in Education 3 (1996), S. 129-141.

Kempfert, G./Rolff, H.-G.: Pädagogische Qualitätsentwicklung. Weinheim 1999.

Klieme, E./Eichler, W./Helmke, A./Lehmann, R. H./Nold, G./Rolff, H.-G./Schröder, K./Thomé, G./Willenberg, H.: Unterricht und Kompetenzerwerb in Deutsch und Englisch. Zentrale Befunde der Studie Deutsch-Englisch-Schülerleistungen-International (DESI). Frankfurt am Main 2006.

Klieme, E./Schümer, G./Knoll, S.: Mathematikunterricht in der Sekundarstufe I: „Aufgabenkultur und Unterrichtsgestaltung". In: Bundesministerium für Bildung und Forschung (BMBF) (Hrsg.): TIMSS-Impulse für Schule und Unterricht. Bonn 2001, S. 43-57.

Kultusministerkonferenz: PISA 2000 - Zentrale Handlungsfelder: Zusammenfassende Darstellung der laufenden und geplanten Maßnahmen in den Ländern. (2002. Verfügbar unter: http://www.kmk.org/schul/pisa/massnahmen.pdf [1.3.2007]).

Kultusministerkonferenz/Institut zur Qualitätssicherung im Bildungswesen: Gesamtstrategie der Kultusministerkonferenz zum Bildungsmonitoring. (2006. Verfügbar unter: http://www.kmk.org/schul/Bildungsmonitoring_Brosch%FCre_Endf.pdf. [1.3.2007]).

Kohler, B./Schrader, F.-W.: Ergebnisrückmeldung und Rezeption. Von der externen Evaluation zur Entwicklung von Schule und Unterricht [Themenheft]. Empirische Pädagogik 18 (2004).

Köller, O.: Die Entwicklung der Schulleistungen und psychosozialer Merkmale während der Sekundarstufe. In: Max-Planck-Institut für Bildungsforschung Berlin (Hrsg.): Bildungsverläufe und psychosoziale Entwicklung im Jugendalter (BIJU). 2. Bericht für die Schulen. Berlin 1996, S. 13-24.

Kuper, H./Schneewind, J. (Hrsg.): Rückmeldung und Rezeption von Forschungsergebnissen. Münster 2006.

Lankes, E.-M./Bos, W./Mohr, I./Plaßmeier, N./Schwippert, K.: Lehr- und Lernbedingungen in den Teilnehmerländern. In: Bos, W./Lankes, E.-M./Prenzel, M./Schwippert, K./Walther, G./Valtin, R. (Hrsg.): Erste Ergebnisse aus IGLU. Schülerleistungen am Ende der vierten Jahrgangsstufe im internationalen Vergleich. Münster 2003, S. 29-67.

Lehmann, R. H./Gänsfuß, R./Peek, R.: Aspekte der Lernausgangslage und der Lernentwicklung von Schülerinnen und Schülern an Hamburger Schulen - Klassenstufe 7. Hamburg 1999.

Lehmann, R. H./Ivanov, S./Hunger, S./Gänsfuß, R.: Untersuchung der Leistungen, Motivation und Einstellungen zu Beginn der beruflichen Ausbildung – ULME. Hamburg 2005.

Lehmann, R. H./Peek, R./Gänsfuß, R.: Aspekte der Lernausgangslage von Schülerinnen und Schülern der fünften Klassen an Hamburger Schulen. Hamburg 1997.

Lehmann, R. H./Peek, R./Gänsfuß, R./Husfeldt, V.: Aspekte der Lernausgangslage und der Lernentwicklung - Klassenstufe 9. Hamburg 2002.

Lehmann, R. H./Peek, R./Pieper, I./Stritzky, R. v.: Leseverständnis und Lesegewohnheiten deutscher Schüler und Schülerinnen. Weinheim 1995.

Leutner, D.: Hypothesenprüfung versus interpretative Exploration: Die endlose Debatte zur Funktion quantitativer und qualitativer Analysen in der Lehr-Lernforschung (Kommentar). Unterrichtswissenschaft 27 (1999), S. 323-332.

Meyer, H.: Was ist guter Unterricht? (2. Aufl.). Berlin 2004.

PISA-Konsortium Deutschland (Hrsg.). PISA 2003. Der Bildungsstand der Jugendlichen in Deutschland - Ergebnisse des zweiten internationalen Vergleichs. Münster 2004.

Rheinberg, F.: Bezugsnormen und schulische Leistungsbeurteilung. In: Weinert, F. E. (Hrsg.): Leistungsmessungen in Schulen. Weinheim 2001, S. 59-71.

Rolff, H.-G.: Rückmeldung und Nutzung der Ergebnisse von großflächigen Leistungsuntersuchungen. In: Rolff, H.-G./Holtappels, H. G./Klemm, K./Pfeiffer, H./Schulz-Zander, R. (Hrsg.): Jahrbuch der Schulentwicklung (Band 12). Weinheim 2002, S. 75-98.

Schleicher, A.: Entstehung, Ziele und Entwicklung des Projektes INES: Hintergrund, Entstehung, Stellenwert als Informationsbasis für bildungspolitisches Handeln. In: HIS-Workshop (Hrsg.): OECD-Bildungsindikatoren. Methoden und Ergebnisse des internationalen Bildungsvergleichs. Hannover 2000, S. 9-26.

Schwippert, K.: Tests. Oder: Wie man Äpfel mit Birnen vergleicht. Friedrich Jahresheft 2005: Standards 1 (2005), S. 15-17.

Schwippert, K./Bos, W.: Die Daten der Vergleichsuntersuchungen und ihre Nutzungsmöglichkeiten für erziehungswissenschaftliche Forschung. Tertium Comparationis 11 (2005), S. 121-133.

Schwippert, K./Bos, W./Lankes, E.-M.: Heterogenität und Chancengleichheit am Ende der vierten Jahrgangsstufe im internationalen Vergleich. In: Bos, W./Lankes, E.-M./Prenzel, M./Schwippert, K./Walther, G./Valtin, R. (Hrsg.): Erste Ergebnisse aus IGLU. Schülerleistungen am Ende der vierten Jahrgangsstufe im internationalen Vergleich. Münster 2003, S. 265-302.

Seidel, T./Prenzel, M./Duit, R./Lehrke, M. (Hrsg.): Technischer Bericht zur Videostudie „Lehr-Lern-Prozesse im Physikunterricht". Kiel 2003.

Terhart, E.: Qualität und Qualitätssicherung im Schulsystem. Hintergründe – Konzepte – Probleme. Zeitschrift für Pädagogik 46 (2000), S. 809-829.

Terhart, E.: Wie können die Ergebnisse von vergleichenden Leistungsstudien systematisch zur Qualitätsverbesserung in Schulen genutzt werden? Zeitschrift für Pädagogik 48 (2002), S. 91-110.

Tietze, H.: Die Evaluierung des Bildungswesens in historischer Sicht. Zeitschrift für Erziehungswissenschaft 5 (2002), S. 552-569.

Tillmann, K.-J.: Leistungsvergleichsstudien und Qualitätsentwicklung. Oder: Auf dem Weg zu holländischen Verhältnissen? Journal für Schulentwicklung 5 (2001), S. 9-17.

Tuijnman, A. C./Postlethwaite, T. N.: Monitoring the Standards of Education. Oxford 1994.

UNESCO: Das UNESCO-Institut für Lebenslanges Lernen. (2007. Verfügbar unter: http://www.unesco.de/uil.html [1.3.2007]).

Weinert, F. E./Helmke, A.: Entwicklung im Grundschulalter. Weinheim 1997.

Wottawa, H./Thierau, H.: Lehrbuch Evaluation (2. Aufl.). Bern 1998.

Hartmut Wenzel

Studien zur Organisations- und Schulkultur-entwicklung

1 Einleitung

Deutschland steht zu Beginn dieses Jahrhunderts vor der Aufgabe, sein Bildungswesen einer tiefgreifenden Modernisierung zu unterziehen. Hierüber besteht weitgehend Konsens sogar über die verschiedenen bildungspolitischen Richtungen hinweg, wenngleich die Meinungen über den „richtigen" Weg auseinandergehen, sich in der Spanne zwischen mehr Freiheit und Autonomie für die Einzelschule einerseits und mehr Kontrolle und Vergleichbarkeit etwa durch zentrale Tests andererseits bewegen. Zu der anstehenden Aufgabe gehört die Überprüfung unserer schulischen Strukturen, ein Thema, das in den letzten Jahren weitgehend tabu war, ebenso wie die kritische Sichtung von Konzepten und Strategien, die eine bewusste und wirksame Schul- und Qualitätsentwicklung ermöglichen. Dabei sind vor allem solche Konzepte gefragt, die die Schule als Ganzheit betrachten und insgesamt einen – möglichst qualitätsorientierten – Veränderungsprozess anstreben. Der folgende Beitrag versucht, die Entwicklung zu solchen ganzheitlichen Konzepten (whole school approach), ansatzweise auch den diesbezüglichen Forschungsstand und die aktuellen Trends aufzuzeigen. Er geht dabei vor allem auf Studien zur Organisations- und Schulkulturentwicklung ein sowie auf solche, die einmünden in den umfangreichsten aktuellen Ansatz der inneren Schulreform, die Schulprogrammarbeit.

2 Blick zurück

Vergegenwärtigt man sich die Schulentwicklungsbemühungen der vergangenen dreißig Jahre, so kann man eine Reihe von Schritten auf dem Weg zu einem neuen Verständnis innerschulischer Entwicklung sowie wachsende Erkenntnisse über deren Möglichkeiten, Probleme und Grenzen ausmachen. In diesem Abschnitt werde ich auf einige dieser Schritte eingehen. Danach wende ich mich neueren Ansätzen zu, in denen gewissermaßen Konsequenzen aus früheren Zugängen gezogen werden.

2.1 Schulreform als Strukturreform

Bis in die 1970er Jahre herrschte in reformorientierten Kreisen – zugespitzt formuliert – die Hoffnung, dass veränderte Schulstrukturen nicht nur zu mehr Chancengleichheit, sondern auch zu verändertem Unterricht führen, einen solchen zumindest eher ermöglichen könnten als die traditionellen Strukturen des dreigliedrigen Schulwesens. Vielleicht sind die vielfältigen Kontroversen über Gesamtschulen einerseits und Dreigliedrigkeit des Schulwesens andererseits noch präsent. Zu erinnern ist dabei an die zunehmende Frustration darüber, dass aufgrund des fortdauernden bildungspolitischen Dissenses letztlich eine Schulstruktur entstanden ist, die so niemand wollte (vgl. dazu Tillmann 1989), und die in der jetzigen heterogenen Ausgestaltung im internationalen Vergleich nicht zu den erwünschten guten Leistungen in der Breite und in der Spitze führt. Klar ist mittlerweile, dass die jeweilige Schulstruktur unabdingbar Einfluss auf die Möglichkeiten der inneren Gestaltung der Schule hat, diese aber nicht in einem engen Sinne – etwa hinsichtlich der Unterrichtsmethoden – determiniert. Es bedarf – so wichtig die schulstrukturellen Rahmenbedingungen sind – zur innerschulischen Entwicklung allemal mehr oder anderes als einer Reform der Schulstruktur, etwa solcher Rahmenbedingungen, die Raum lassen für professionelle Entwicklung. So fasst Holtappels (1995) zusammen, dass zahlreiche Versuche zur strukturellen Veränderung des Schulsystems zu der Einsicht führten, dass „systembezogene Strategien" die intendierten Ziele zumindest teilweise verfehlten. Sie führten bestenfalls zur Veränderung äußerer Strukturen, nicht aber zugleich zu den intendierten Innovationen der inneren pädagogischen Organisation und der unterrichtlichen Handlungsweisen auf der Ebene der einzelnen Schule (vgl. auch Wenzel u.a. 2001).

2.2 Schulreform als Lehrplan- oder Curriculumreform

Nach den konfliktreichen Bemühungen um Schulreform als Strukturreform in den 1960er und 1970er Jahren war die Ernüchterung groß, als die Ergebnisse etwa der Hagener Unterrichtsmethoden-Untersuchung (Hage u.a. 1985) aufwiesen, dass die Praxis der Unterrichtsgestaltung entgegen den Erwartungen weiterhin durch eine „Methoden-Monotonie" (Oelschläger) geprägt war und zwar im Wechsel zwischen frontalunterrichtlichen Formen und Einzelarbeit. Es zeigte sich zugleich, dass die Bemühungen der 1970er und 1980er Jahre wenig erfolgreich waren, durch neue Lehrpläne oder Curricula bzw. Rahmenrichtlinien den Unterricht über inhaltliche Modernisierungen hinaus auch bezüglich der Unterrichtsmethoden nachhaltig zu verändern. Es gibt eben keine „teacher proof curricula", keine Lehrpläne oder Rahmenrichtlinien, die zentral nach neuesten Erkenntnissen entwickelt und dann unabhängig von der formalen Qualifikation der Lehrkräfte und den innerschulischen Konstellationen und Traditionen erfolgreich, d.h. mit garantiert gutem Lernertrag eingesetzt werden können. Es waren solche Erfahrungen, die zunehmend Zweifel am Erfolg zentral initiierter Unterrichtsinnovationen nährten und so zu dem führten, was Rolff (1998, S. 299) als „Krise der Außensteuerung" und zudem als weltweites Phänomen kennzeichnet. Solche Erkenntnisse zeigten zugleich, dass bis in die 1980er Jahre noch wenig Klarheit über die schulinternen Mechanismen bestanden, die schulische Innovationen fördern oder hindern (analytischer Aspekt) und auch kaum einzelschulspezifische Entwicklungsstrategien (konstruktiver Aspekt) bekannt waren. Zu diesem Zeitpunkt geriet auch die traditionelle Lehrerfortbildung hinsichtlich ihrer Wirksamkeit zunehmend in die Kritik. Bezüglich einzelschulspezifischer Entwicklungsstrategien standen wir in Deutschland zu Beginn der 1980er Jahre am Anfang eines Such- und Erprobungsprozesses. Dieser ist mittlerweile erheblich vorangekommen.

2.3 Schulreform als Arbeit an Faktoren „guter Schulen"

Ausgehend von Ergebnissen der empirischen Schulleistungsforschung, die im anglo-amerikanischen Raum weit intensiver entwickelt war und dort auf langjährigen Erfahrungen mit nationalen Leistungsvergleichen basierte, wurde die so genannte school-effectivness-Forschung entwickelt. Aus vielfältigen Vergleichsuntersuchungen, die im Laufe der Zeit nicht nur Schülerleistungen miteinander verglichen, sondern auch weitere innerschulische Bedingungen sowie Einschätzungen durch Lehrer, Eltern und Schüler bezüglich ihrer jeweiligen Schule einbezogen, wurden zunehmend anspruchvoller und differenzierter Merkmale „guter Schulen" herausgearbeitet. Hierzu gehören solche wie Leistungsorientierung der Schule, pädagogisches Engagement der Lehrer, Führungsqualitäten von Leitungs- und Lehrpersonen einer Schule, Klima des Vertrauens, Lehrerkooperation, Einbeziehung der Eltern etc. (vgl. hierzu die Publikationen des Arbeitskreises „Qualität von Schule", die seit 1986 zumeist als Tagungsdokumentationen herausgegeben wurden; als Überblick zum Diskussionsstand vgl. Berg/Steffens 1991).

Mit der Rezeption von Ergebnissen zur Schuleffektivität aber auch durch Studien zu Klassen- und Schulvergleichen aus dem deutschsprachigen Raum (vgl. Fend 1998 zur Darstellung dieser Entwicklung) ging in der schulpädagogischen und bildungspolitischen Diskussion der Bundesrepublik ein bedeutsamer Wandel einher. Fend (1987) sah die internationalen Ergebnisse der Schuleffektivitätsforschung sowie die Ergebnisse der bundesdeutschen Schulvergleichsforschung als Bestätigung bzw. Ermutigung dafür an, die einzelne Schule als „pädagogische Handlungseinheit" zu betrachten. Dies sei gerade vor dem Hintergrund der deutschen Befunde nahegelegt, da die Unterschiede zwischen den ermittelten Werten der Schülerleistungen zwischen Schulen des gleichen Schultyps größer waren als die Unterschiede zwischen den Mittelwerten der verschiedenen in den Vergleich einbezogenen Schulformen. Es gibt also in jeder Schulform – so ein Fazit – gute und schlechte Schulen. Diese nachweislichen einzelschulischen Differenzen wurden bald als Beleg für die Gestaltbarkeit der Einzelschule durch die innerschulischen Akteure interpretiert. Sie legten die Annahme nahe, dass jede Schule innerhalb der gesetzlichen Rahmenbedingungen und trotz der damit erzeugten allgemeinen Tiefenstruktur ihr Alltagsleben und damit ihre spezifische Kultur durch die Art und Weise bestimmt bzw. bestimmen kann, wie sie bzw. genauer: das Kollegium in Kooperation untereinander und mit anderen Akteuren die Aufgaben der Unterrichtung, Beurteilung, Erziehung und Bildung bewältigt und gestaltet. Es kommt also wesentlich darauf an – so Mortimore (1997) in einer Bilanz der school-effectivness-Forschung –, wie die einzelne Schule mit ihrer jeweiligen „Mitgift", mit dem, was ihr an Ressourcen gegeben ist, umgeht, diese einsetzt, und nutzt. Die Gestaltung und/oder Gestaltbarkeit der jeweiligen innerschulischen Organisationsstruktur und der Schulkultur rückte seit Mitte der 1980er Jahre in den Fokus des Interesses.

2.4 Schulreform als Gestaltung der Schulkultur

In dem angesprochenen Rezeptionsprozess der Ergebnisse der school-effectivness-Forschung wurden bald Begriffe wie Schulethos, Schulklima, Schulgeist oder auch Schulkultur herangezogen (z.B. bei Fend 1977; Rutter 1980; vgl. hierzu auch Fauser 1989), um mit ihnen die empirisch feststellbaren, merkmalsbasierten Qualitätsunterschiede zwischen einzelnen Schulen synthetisierend zu erfassen und auf den Begriff zu bringen. Gleichzeitig beginnt man, die gefundenen Merkmale und Zusammenhänge zu Ansatzpunkten für innere Schulreform zu nutzen, etwa durch Seminare zur Verbesserung der Lehrerkooperation, durch Arbeit am Schulklima, durch Intensivierung der Elternarbeit. Synthetisierende Begriffe wie Schulklima, Schulethos, Schulgeist und insbesondere Schulkultur wurden in diesem Prozess über ihren ursprünglich analytischen Charakter hinaus in einem emphatischen Sinne verstanden, sie wurden als normative Orientierungen herangezogen bzw. als Ansatz- und Orientierungspunkte für bewusste pädagogische Schulgestaltung und -entwicklung und für dezentrales, administratives Führungshandeln diskutiert. Schulkultur z.B. wird so zu einer Gestaltungsaufgabe (vgl. Wenzel u.a. 1998). Die herausgearbeiteten Merkmale guter Schulen stehen dabei in der Gefahr, als Ansatzpunkte für Veränderungen oder auch Innovationshebel genutzt zu werden, ohne dass sie theoretisch durchgearbeitet waren, letztlich ohne eine anspruchsvollere Theorie etwa der Schulkultur. Die herangezogenen Bezugsbegriffe wurden also noch nicht selbst als theoriehaltige Begriffe verstanden, gewannen jedoch eine Eigendynamik. Sie signalisierten über ihre umgangssprachlichen Konnotationen eine theoretisch nicht untersetzte Bedeutungshaltigkeit. Dies gilt insbesondere, darauf wies Terhart (1994) in einem Essay hin, für den Begriff der Schulkultur, der gegen Mitte der 1990er Jahre ziemlich inflationär verwendet wurde. Soll aber Schulentwicklung als Schulkulturentwicklung verstanden werden und gelingen, so ist eine theoretische Aufarbeitung erforderlich.

Im Rahmen eines DFG-Projektes entwickeln Helsper, Böhme, Kramer und Lingkost (2001) in der Verbindung struktur- und handlungstheoretischer Ansätze sowie unter Berücksichtigung mikropolitischer Überlegungen und anerkennungstheoretischer Konzepte in rekonstruktiver Perspektive eine Theorie der Schulkultur in Verbindung mit empirischen Fallstudien. Sie verstehen Schulkultur als die symbolische Ordnung der Einzelschule, die durch symbolische Kämpfe und Aushandlungen der einzelschulischen Akteure in Auseinandersetzung mit den Strukturen des Bildungssystems im Rahmen sozialer Kämpfe um die Definition und Durchsetzung kultureller Ordnung generiert wird. So betrachtet entsteht Schulkultur im spannungsvollen Verhältnis zwischen dem Realen, dem Symbolischen und dem Imaginären. Aus diesem Ansatz wurde zwar bisher kein Konzept zur Schulkulturentwicklung ausgearbeitet (vgl. jedoch die daran anknüpfenden schulpädagogischen Reflexionen zur Arbeit am Schulprogramm in Böhme 2000). Die Fallrekonstruktionen können jedoch verdeutlichen, welche Komplexität mit dem Begriff der Schulkultur angesprochen ist und gleichzeitig, dass eine bewusst intendierte Gestaltung der Schulkultur wegen der zu erwartenden Wechselwirkungs- und Aushandlungsprozesse keineswegs als eindeutig positiv planbarer Prozess verstanden und realisiert werden kann. Mit dem im Projekt ausgearbeiteten fallrekonstruktiven Ansatz wird ein – zugegebenermaßen sehr aufwendiges – Verfahren zur Verfügung gestellt, das ermöglicht, problemhaltige Strukturen einer Schule zu erheben und im Bewusstsein dieser Konstellationen Entwicklungsarbeit zu leisten. In vielen Schulentwicklungsansätzen wird die differenzierte Erhebung der Ausgangskonstellationen leider vernachlässigt.

2.5 Schulreform unter organisationstheoretischer Perspektive

Die Folgerungen aus den Ergebnissen der Schulqualitäts- und Schuleffektivitätsforschung wurden sehr früh – und damit ist ein weiterer Argumentations- und Theoriestrang angesprochen – durch organisationstheoretische Erkenntnisse gestützt, die die zentrale Steuerung pädagogischer Institutionen durch administrative Maßnahmen als nahezu unmöglich darstellten und dafür im loose-coupling-Theorem eine Begründung sahen (Weick 1976; Terhart 1986). Die daraus resultierende Kritik der neueren Organisationstheorie richtete sich vor allem gegen Ansätze, in denen Organisationen ausschließlich als rationale Systeme, als Bürokratien, betrachtet, verwaltet und gesteuert werden. Insbesondere wurden durch diese Kritiker solche Elemente wie hierarchische Entscheidungsstruktur, Weisungsgebundenheit und zielgerichtete Regulation der Organisationsaktivitäten in ihrer Gültigkeit für die Analyse von Erziehungsinstitutionen mit ihrem spezifischen Bildungsauftrag bestritten (Gamoran/Dreeben 1986; Wesemann 1990). Diese kritische, organisationstheoretische Sichtweise wurde auch in der schulpädagogischen Diskussion bestätigt, etwa durch Baumert (1980) in seiner These von den Grenzen der Steuerbarkeit von Unterricht und Erziehung durch generelle Regeln. Die neuere Organisationstheorie sowie die Ergebnisse der empirischen Schulforschung veranlassten nicht nur dazu, differenzierter den unterscheidenden Merkmalen in der Qualität einzelner Schulen und deren Ursachen nachzugehen, sondern auch mehr Handlungs- und Gestaltungsspielraum auf der Ebene der einzelnen Schule zu fordern (Entbürokratisierung) und gesetzlich zu verankern. Dieser Prozess ist mittlerweile auch in Deutschland erheblich fortgeschritten (vgl. zur Diskussion um Schulautonomie die umfangreiche Auswahlbibliographie von Martini 1997).

2.6 Schulreform als Entwicklung der Einzelschule

Klar wird in der rückblickenden Betrachtung, dass aus der empirischen Schulqualitätsforschung nicht direkt gehaltvolle schultheoretische Konsequenzen gezogen werden konnten. Dennoch wurden sehr eindrucksvoll die großen Unterschiede in der Leistungsfähigkeit unserer Schulen belegt und ein wichtiger Impuls zur Erarbeitung und Erprobung einzelschulbezogener, ganzheitlicher Entwicklungsansätze ausgelöst.

Die Einzelschule sollte nicht mehr nur – so die Forderung aus der Schulqualitäts- und Schulvergleichsforschung – analytisch als „pädagogische Handlungseinheit“ betrachtet und untersucht werden, sondern sie sollte – so die schulpädagogische aber zunehmend auch schulpolitische Wendung – durch neue Formen der Fortbildung, durch administratives Führungshandeln, durch Ansätze schulischer Organisations- und Schulkulturentwicklung angestrebt und verwirklicht werden. Die Einzelschule sollte zur Basis der Schulentwicklung bzw. als „pädagogische Handlungseinheit“ (Fend) sogar zum „Motor der Schulentwicklung“ (Dalin/Rolff 1990) werden.

Man kann den hier nur knapp angesprochenen Veränderungsprozess im Blick auf Schule durchaus als Paradigmenwechsel bezeichnen, und zwar als Trend weg von einer Vorstellung von Schule als Bürokratie (etwa im Sinne Webers), die im Wesentlichen durch Gesetze, Verordnungen, Erlasse und Anweisungen „von oben“ gestaltet und gesteuert wird, hin zu einer Vorstellung von Schule, innerhalb derer die Akteure vor Ort – also Lehrer, Schulleitungen, Eltern und Schüler – in eigener Verantwortung erforderliche Maßnahmen der Konflikt- und Problemlösung, der Entwicklung und Profilierung, der Modernisierung und eventuell auch der Haushaltsgestaltung und der Personalentscheidung selbst treffen – natürlich innerhalb des gesellschaftlich verantworteten Rahmens. Aktuell kommen in den Katalog zukünftiger Aufgaben diejenige der Qualitätssicherung und -entwicklung hinzu.

Die mit dem angesprochenen Paradigmenwechsel einhergehende veränderte Sicht auf Schule und Schulentwicklung führte in den letzten Jahren zunehmend zu greifbaren Konsequenzen in Schulforschung und Schulpolitik. Schulforschung wird seither zunehmend als Einzelschulforschung angelegt, oder aber die Einzelschule als Ganzheit erfährt im Rahmen von Mehr-Ebenen-Modellen neben der Schulsystemebene und der unterrichtlichen Interaktionsebene besondere Aufmerksamkeit. In der Schulpolitik wird durch Gesetzesänderungen die Gestaltungsautonomie der Schulen und die Verantwortung der Schulleitungen gestärkt. Die Schulverwaltung wiederum ist interessiert an praktikablen Entwicklungsansätzen und fördert diesbezügliche Untersuchungen.

Kritisch ist hier anzumerken, dass mit der Herausarbeitung solcher Merkmale, in denen sich „gute“ Schulen von weniger guten Schulen unterscheiden, natürlich noch nicht die für Schul- und Qualitätsentwicklung entscheidende Frage geklärt ist, wie man in einer konkreten Schule den Übergang, der im Paradigmenwechsel angesprochen bzw. nahegelegt wird, real gestaltet, wie man qualitäts- und innovationsorientierte Prozesse der Schulentwicklung initiiert, organisiert und evaluiert und zwar so, dass dabei die ganze Schule einbezogen wird. Hierfür mussten anknüpfend an frühere Erfahrungen z.B. der schulinternen Lehrerfortbildung weiterführende Konzepte der innerschulischen Entwicklung gefunden, entwickelt und erprobt werden.

2.7 Einzelschulentwicklung als Steuerungsproblem

In Wechselwirkung mit dem angesprochenen Paradigmenwechsel in der Schulforschung ist international auch eine einschneidende Veränderung in der Praxis der Bildungsadministrationen festzustellen. Eine These, der hier allerdings nicht näher nachgegangen werden kann, ist, dass der international spürbare Impuls zur Förderung schulindividueller Entwicklungskonzepte mit ökonomischen Interessen an kostengünstigen und gleichwohl qualitätsvollen Bildungssystemen einhergeht.

Wenn die Einzelschule zur Basis der Schulentwicklung oder gar zum Motor der Entwicklung avanciert, wird die Aufmerksamkeit nicht nur der Schulforschung, sondern auch der Bildungspolitik und vor allem der Bildungsadministration auf Fragen der inneren Schulentwicklung und vor allem ihrer Initiierung, Gestaltung und Steuerung gelenkt. Für solche Schulentwicklung bedarf es wirksamer Konzepte und Strategien. Die – organisationstheoretisch belegt – nur begrenzt vorhandene Möglichkeit durch zentrale Vorgaben die Qualität der Einzelschule und des dort erteilten Unterrichts zu beeinflussen, führte daher international nach einer Welle der Diskussionen über Schulautonomie und Deregulation und der Erfahrung, dass allein das Schaffen von Freiräumen noch keine qualitätsorientierte Entwicklung garantiert, verstärkt sowohl die Suche nach den angesprochenen Entwicklungskonzepten als auch die Suche nach neuen Steuerungsmöglichkeiten für schulische Entwicklung. Dieser Prozess ist längst noch nicht abgeschlossen. Also wurden und werden die in unterschiedlichen Zusammenhängen hervorgebrachten Schulentwicklungskonzepte dahingehend untersucht, inwieweit sie nicht nur wirksam für innerschulische Entwicklungen sind, sondern gleichfalls für ein neues Modell der Steuerung taugen, das der staatlichen Verantwortung für das Schulwesen und seine Entwicklung gerecht wird. Vor diesem Hintergrund interpretiert Rolff (1998), das gewachsene Interesse gerade auch der Schulverwaltung an Konzepten einzelschulischer Schulentwicklung als ein Experimentieren mit neuen Steuerungsmodellen. Es ist seiner Ansicht nach vor allem deshalb ein Experimentieren, weil wir sowohl hinsichtlich der zielführenden Gestaltung einzelschulischer Entwicklungsprozesse als auch bezüglich der Kopplung solcher Prozesse mit staatlichen Steuerungsbemühungen und der Bedeutung von inner- und außerschulischen Beratungs- und Unterstützungssystemen sehr wenig wissen. Sein diesbezügliches Fazit: „Viel Praxis, wenig Theorie und kaum Forschung“ (ebd. S. 295).

Die neuere Diskussion um die Bedeutung der Einzelschule für schulische Leistungen und Schulqualität und damit einhergehend die Debatte um mehr Autonomie und Verantwortung der einzelnen Schule ist, so wird deutlich, Ergebnis sehr unterschiedlicher Entwicklungslinien (vgl. hierzu auch Helsper u.a. 1996), die in ihrer Summe und Wechselwirkung dazu führen, neu über Schule, ihre Entwicklung und Gestaltung nachzudenken. In ihr fließen – zum Teil sehr widersprüchlich – zusammen:

- bereits früher artikulierte, demokratietheoretisch begründete Forderungen nach einer verstärkten Partizipation von Lehrern, Schülern und Eltern an der Schulgestaltung (vgl. Deutscher Bildungsrat 1973);
- organisationstheoretisch fundierte Ansätze der Bürokratiekritik;
- sozialpsychologische Erkenntnisse über Effektivität und Wohlbefinden am Arbeitsplatz (vgl. die Ausführungen zu Organisationsentwicklung);
- Erkenntnisse der neueren Schuleffektivitäts- bzw. Schulqualitätsforschung;
- neuere Konzepte des Managements und der Personalentwicklung;
- neuere verwaltungstheoretische und steuerungstheoretische Konzepte im Zusammenhang mit dem „new public management";
- Hoffnungen auf einen wirkungsvolleren Mitteleinsatz bei knapper werdenden Finanzen;
- Erfordernisse einer inneren Schulreform aufgrund von Globalisierung, Internationalisierung und verstärktem Wettbewerb.

Diese Diskussion ist allerdings selbst eingebettet in einen allgemeineren Entwicklungstrend, den der Soziologe Beck (1986) in seinem Buch „Risikogesellschaft" als „Dekonzentrierung offizieller Entscheidungsbefugnisse" und in seinen positiven Elementen als „durchgesetzte Demokratie" begreift.

3 Exkurs: Schüleraktiver Unterricht und schulinterne Lehrerfortbildung – auf dem Weg zu Entwicklungskonzepten für die Einzelschule

Im Übergang von der Kritik an der Unwirksamkeit der Curriculumreform hinsichtlich der Veränderung von Unterricht hin zu schulbezogenen Entwicklungsansätzen ist ein Forschungsprojekt aus den 1980er Jahren angesiedelt (vgl. Bohnsack u.a. 1984). Das schulische Phänomen, das zum Ausgangspunkt von Veränderungen des Unterrichts gemacht wurde, war die Ende der 1970er Jahre intensiv diskutierte „Schulmüdigkeit". Die Forschungsfrage war, kurz gefasst: welche Möglichkeiten und Grenzen bestehen hinsichtlich der Überwindung von Schulmüdigkeit durch „schüleraktiven Unterricht"? In diesem Projekt, das mit einem komplexen Design aus quantitativen (Fragebögen) und qualitativen Methoden (Interviews, Unterrichtsbeobachtungen, Gruppenprotokolle) arbeitete, wurde aus den Erfahrungen der weitgehenden Wirkungslosigkeit individualisierter Lehrerfortbildung für schulweite Veränderungen die Konsequenz gezogen, mit Lehrergruppen gemeinsam Wege zu verändertem Unterricht zu entwickeln und zu erproben. Ziel war es, durch Gruppenunterstützung zur Erprobung neuer Formen schüleraktiven Unterrichts zu ermutigen, gemeinsam solchen Unterricht zu planen, zu realisieren und die praktische Umsetzung zu dokumentieren. Durch den begleitenden Austausch in der Gruppe sollten eventuell auftretende Schwierigkeiten überwunden werden, die beim Erproben des Neuen immer entstehen können. Ein wichtiger forschungsstrategischer Gedanke dabei war, dass man natürlich dann am besten etwas über ein komplexes System und seine Mechanik lernt, wenn man anfängt, das System zu verändern. Bezüglich des Zieles, den Unterricht in Richtung auf mehr Schüleraktivität zu verändern, wurde herausgefunden, dass es möglich war, aufgrund gemeinsamer Planungen (Team) zu beachtlichen unterrichtlichen Veränderungen zu gelangen. Insofern wurde die Bedeutung guter kollegialer Kommunikation für die Unterrichtsentwicklung bzw. die Notwendigkeit der Verminderung des Einzelkämpfertums belegt. Erfahren wurden auch die hemmenden Wirkungen institutioneller Regelungen und Einbindungen. So unterlagen engagierte Kolleginnen und Kollegen einem gewissen Konformitätsdruck und waren daher bei ihren unterrichtlichen Veränderungen besorgt, zu weit voranzugehen, insbesondere wenn sie den Eindruck hatten, mit dem Stoff hinterher zu hinken. Es bestanden somit nicht nur institutionelle Barrieren (45-Minuten-Takt, Fachlehrerprinzip, Rituale der Leistungserbringung, etc.) sondern auch individuelle Barrieren (Ängste, methodische Defizite, individuelle Gewohnheiten etc.) gegenüber Veränderungen. Für Klassenlehrer an Hauptschulen war das Erproben neuer Unterrichtsmethoden einfacher als für Fachlehrer am Gymnasium. Es bestanden aber darüber hinaus kollegiale Beziehungsgeflechte und Normen, die Veränderungsbemühungen beeinflussten.

Eine wichtige Erkenntnis war daher, dass ein Einzelner nicht allein ein soziales System bzw. die Lehr- und Lernkultur einer Schule verändert. Es müssen zumindest innovative Inseln vorhanden sein, und es bedarf eines Unterstützungssystems, damit die Innovationsbemühungen nicht im Alltagstrott versanden. Erforderlich ist auch eine intensive Fortbildung sowie eine bewußte Unterstützung der Einführung des gewünschten Neuen im Schulalltag und eine Überprüfung der erreichten Ergebnisse. Die Wirkung von individueller Fortbildung bleibt, so wichtig sie auch ist, bezüglich der Veränderung der Lehr- und Lernkultur einer Schule – so würden wir heute formulieren – begrenzt. Innerhalb der Schule müssen auch organisatorische Konsequenzen gezogen werden, die für eine veränderte Unterrichtsgestaltung die erforderlichen Rahmenbedingungen schaffen (Stundenplan, Flexibilität etc.). Insbesondere die eingefahrenen „schulorganisatorischen Vorwegregelungen“ (Wesemann 1984, 1990) können Barrierencharakter entfalten hinsichtlich unterrichtlicher Veränderungen.

Damals wurden wichtige Erkenntnisse gewonnen hinsichtlich der Bedingungen des Gelingens unterrichtlicher Veränderungsprozesse. Mit diesem Forschungsansatz war jedoch noch kein Modell erreicht, durch das die Lehr- und Lernkultur einer Schule insgesamt verändert werden konnte. Als wirksam hatte sich erwiesen, aus einer Analyse des alltäglichen Unterrichts heraus (Sichtung der Ausgangslage) in Prozessen kollegialer Verständigung Ansatzpunkte für eine an gemeinsamen Zielen („Schüleraktiver Unterricht“) orientierte Veränderung anzustreben und bezogen auf diese Ziele in gemeinsame Planungen einzutreten. Von großer Bedeutung erwies sich, dass die Lehrer beim Erproben des Neuen begleitet wurden und auftretende Unsicherheiten gemeinsam bearbeitet werden konnten.

Ab Mitte der 1980er Jahre wurde es möglich, wesentliche Erfahrungen aus diesem Forschungsprojekt zum schüleraktiven Unterricht in die Lehrerfortbildung in Nordrhein-Westfalen einzubringen, speziell in das landesweite Fortbildungsprojekt „Erziehung und Erziehungsprobleme in Schule und Unterricht“, in eine über ein halbes Jahr laufende, moderatorengestützte Fortbildungsmassnahme, die jeweils das gesamte Kollegium einbezog. Dies geschah zu einem Zeitpunkt, als dort wie auch in anderen Bundesländern neue Wege der Fortbildung mit Konzepten schulinterner Lehrerfortbildung erprobt und weiterentwickelt wurden. Die angestrebte Weiterentwicklung sollte bewusst nicht nur kollegiale Problembearbeitungen anzielen, es sollte innerhalb der schulinternen Fortbildung auch an neuen Unterrichtsmethoden, eben an einem stärker schülerorientierten, schüleraktiven Unterricht gearbeitet werden. In der konkreten Arbeit mit Kollegien in der schulinternen Lehrerfortbildung und in der Qualifizierung von Moderatoren für diese Fortbildungsarbeit konnten wichtige Erfahrungen für die innerschulische Entwicklung gesammelt und in einem Konzept zusammengestellt werden (vgl. Landesinstitut für Schule und Weiterbildung 1988). Die „Faktoren des Gelingens“, die in dem Band „Auf dem Weg zur ‚guten Schule‘: Schulinterne Lehrerfortbildung“ (Greber u.a. 1991) herausgearbeitet wurden, spiegeln recht gut den damaligen Stand der gemeinsamen Diskussionen wider. Gleichzeitig enthält der Band in seinen Länderberichten einen guten Überblick über unterschiedliche Modelle der schulinternen Lehrerfortbildung sowie von Beispielen und Erfahrungen zur Organisationsentwicklung (vgl. auch Wenzel u.a. 1990).

Noch während der Zusammenstellung der genannten Überblicksbände stellte sich heraus, dass im Zusammenhang des generelleren Trends zu mehr Autonomie der Einzelschule solche Fortbildungskonzepte weitergedacht werden konnten und mussten und zwar in Richtung auf anspruchsvollere Schulentwicklung für eine ganze Schule etwa im konzeptuellen Rahmen schulischer Organisationsentwicklung oder der bewussten Gestaltung der Schulkultur. Formen der schulinternen Lehrerfortbildung können also in Richtung auf Schulentwicklungsprozesse ausgedehnt werden, insbesondere dann, wenn sie bewusst auf Probleme oder Profilierungswünsche im Schulalltag bezogen sind und zwar in Vorbereitung, Durchführung und Auswertung. Eine der wenigen tiefergehenden Studien zur schulinternen Lehrerfortbildung in theoriegenerierender Absicht wurde von Wesemann (1993) auf der Grundlage solcher Berichte erstellt, die die Schulen nach Beendigung der Veranstaltung an die Bezirksregierungen in Niedersachsen einreichen müssen.

4 Schulreform als schulische Organisationsentwicklung

Betrachtet man die Schule als „pädagogische Handlungseinheit“ (Fend), betont man ihre Gestaltungsmöglichkeiten durch Prozesse der kollegialen Kooperation, dann ist es hilfreich, Konzepte zur Hand zu haben, die einerseits zur theoriegeleiteten Analyse und andererseits zur Planung und nachhaltigen Gestaltung von innerschulischen Veränderungsprozessen taugen. Die früheren Ansätze innerer Schulreform aber auch die traditionelle Lehrerfortbildung hatten derartige einzelschulische Entwicklungsprozesse zumeist nicht im Blick. Auch die anfänglichen Ansätze der schulinternen Lehrerfortbildung waren eher störungsorientiert, zielten jedoch auf das gesamte Kollegium und leisteten damit potenziell einen Beitrag zu gemeinsamen Sichtweisen hinsichtlich auftretender Probleme und Informationsstände bezüglich der Handlungsmöglichkeiten. Sie zielten jedoch noch nicht konsequent auf kollegial vereinbarte, nachhaltige Veränderungen und deren Überprüfung. Die Kritiker der begrenzten Wirksamkeit von Schulreformmaßnahmen führten zunehmend – dies gilt auch heute noch – als Argument ins Feld, die meisten Reformansätze seien lediglich „Stückwerk“ (piecemeal), setzten an Einzelaspekten an, ohne die Zusammenhänge zu berücksichtigen. Es bedürfe daher ganzheitlicher Ansätze für die einzelne Schule oder – in den USA – für ganze Schuldistrikte. Aus der Wirtschaft übernommene Konzepte der Organisationsentwicklung versprachen einen theoretischen Rahmen für komplexe Veränderungsprozesse und damit auch für schulische Entwicklungsprozesse. Sie beinhalten – knapp zusammengefaßt –, dass ein Kollegium – möglichst unter Beteiligung von Eltern und Schülern – nach einer Analyse der eigenen Situation und eventueller Probleme (Selbstuntersuchung, data-survey and feedback) in eigener Verantwortung und zumeist mit Unterstützung eines außenstehenden Beraters in Auseinandersetzung mit den Ergebnissen der

Selbstuntersuchung und den festgestellten Stärken und Schwächen Ziele und Schwerpunkte für die Entwicklung der eigenen Schule formuliert, auf diese Ziele hin Handlungspläne erstellt, verabschiedet und in die Tat umsetzt und sich dann noch nach einer gewissen Zeit selbst oder unter Beteiligung Außenstehender vergewissert, ob die zur Problemlösung oder Profilbildung gedachten Aktivitäten auch die gewünschten Ziele erreichen (Evaluation).

Die Wurzeln des Verständnisses von Organisationsentwicklung in Schulen, wie es insbesondere an der University of Oregon in Eugene durch Schmuck und Runkel entwickelt und auch in der universitären Ausbildung vertreten wurde, gehen zurück auf Lewin und seine Forschungen zur sozialen Feldtheorie, zu Führungsstilen und zur Gruppendynamik. Diese wurden anfangs noch von ihm selbst umgewandelt und erprobt für Entwicklungs- und Trainingskonzepte in Wirtschaftsunternehmen, aus denen das Konzept der Organisationsentwicklung entstand. Es ist mit den auf die sozialen Strukturen bezogenen Schritten des Auftauens, Veränderns und Einfrierens eine wichtige konzeptionelle Grundlage für institutionelle Veränderungsprozesse geworden. Organisationsentwicklung in der Lewinschen Tradition zielt auf der Grundlage sozialpsychologischer und gruppendynamischer Erkenntnisse auf die Verbesserung der sozialen Beziehungen in einer Organisation, um auf diesem Wege gleichzeitig sowohl besser die Ziele der Organisation zu erreichen als auch die Mitarbeiterzufriedenheit zu erhöhen. Es ist ein auf Partizipation angelegter Ansatz, der Betroffene von Entscheidungen zu Beteiligten werden lässt.

Organisationsentwicklung (OE) wurde in den letzten 40 Jahren in der Industrie zunehmend zu einem erfolgreichen Management- und Beratungskonzept, das als bewusste Alternative zum „(ingenieur-)wissenschaftlichen Management“ im Sinne Taylors entwickelt wurde und die menschliche – besser: zwischenmenschliche – Seite der Arbeitsprozesse sowie die Partizipation der Betroffenen an der Planung und Arbeitsgestaltung betonte. Allerdings wird in der vielfältigen Praxis die zutiefst demokratische Lewinsche Intention nicht immer realisiert. In die Nutzung von OE-Konzeptionen in der Industrie geht die Erkenntnis ein, dass Veränderungen in der Produktion häufig auf erhebliche Widerstände stoßen und oft nur weit unter ihrem potenziellen Wert genutzt werden können, wenn sie ohne Mitwirkung aller Betroffenen oder gar gegen deren Bedenken und Widerstand eingeführt werden. Auch Erfahrungen mit Schulreformen, so haben wir gesehen, stützen diese Erkenntnis. Viele schulbezogene Reformansätze blieben weithin unwirksam, weil die Voraussetzungen für ihre Einführung nur ungenügend geklärt wurden und die Lehrer als die späteren Träger der Reform ebenso wie Schüler, Eltern und sonstige am Schulwesen interessierte Kreise ihre Einstellungen, Erwartungen, Verhaltensweisen nicht in der intendierten Weise auch veränderten. Es fehlte eine systemische Betrachtung schulischer Entwicklungsprozesse oder auch ein tieferes Verständnis von „Schulkultur“.

Matthew Miles brachte 1963 aufgrund von Fördermitteln, die durch die Kennedy-Regierung zur Verfügung gestellt wurden, das erste OE-Projekt an Schulen in Gang (vgl. Schmuck/Miles 1971). Seit Mitte der 60er Jahre folgten weitere (vgl. zur Geschicht auch Schmuck/Runkel 1985). Mittlerweile liegt ein recht umfangreiches Wissen, ein ausgefeiltes Instrumentarium und auch eine zunehmend klarere, insbesondere sozialpsychologische Grundlage über schulische Veränderungsprozesse mit Hilfe von Ansätzen der Organisationsentwicklung vor (vgl. z.B. Schmuck/Runkel 1985). Dabei wird in den neueren Versionen versucht, auch Erkenntnisse der Systemtheorie zu integrieren (siehe Pieper 1986). Dieses Handlungswissen wurde in der Regel aus der wissenschaftlichen Begleitung von OE-Projekten unter Berücksichtigung unterschiedlicher wissenschaftlicher Bezugstheorien aggregiert – eher hinsichtlich zunehmend effektiverer

Beratungskonzepte weniger jedoch im Sinne eines systematischen Beitrages zur Schultheorie und zur Unterrichtsentwicklung.

Fullan u.a. (1980) versuchen in ihrem „state of the art – Bericht" eine die unterschiedlichen Ansätze verbindende Definition des Verständnisses von Organisationsentwicklung herauszuarbeiten. Organisationsentwicklung in Schulen und Schuldistrikten wird darin verstanden als ein zusammenhängendes, systematisch geplantes und über einen längeren Zeitraum aufrecht erhaltenes Bemühen zur (Selbst-)Erkundung und Verbesserung der eigenen Organisation mit der ausdrücklichen Betonung der Veränderung formaler und informeller Prozeduren, Prozesse, Normen und Strukturen unter Benutzung wissenschaftlicher Konzepte. Ziele dieses Bemühens sind sowohl die Verbesserung des auf Zielerreichung bezogenen Funktionsablaufs als auch die Erhöhung der Lebensqualität der Individuen in einer Organisation. In der schulischen Organisationsentwicklung stehen dabei direkt oder indirekt Erziehungsfragen und -aufgaben im Mittelpunkt. In der Regel werden Maßnahmen schulischer Organisationsentwicklung durch externe Berater oder Moderatoren unterstützt, die als Experten für den Prozessablauf, zumeist aber nicht für die konkreten schulischen Inhalte, wirken.

In Ansätzen der OE wird stärker als in anderen Beratungs- und Reformansätzen die Schule als soziales System mit seinen Normen, Rollen, Interaktionsprozessen und Kommunikationsprozeduren verhandelt, nicht dagegen vorrangig die Einzelperson. Es geht um die Entwicklung der Fähigkeit des schulischen Sozialsystems, sich veränderten Anforderungen und neuartigen Problemen zu stellen und diese möglichst zu bewältigen, und ebenso darum, das Verhältnis des gesamten Systems zu seinen Subsystemen bzw. Untergliederungen sowie zu seiner sozialen Umwelt zu verbessern. Dieses Verständnis geht beim Übergang in den deutschen Sprachraum tendenziell verloren. Hier schwingt im Organisationsverständnis oft noch eine Konnotation mit, die eine gewisse Starrheit signalisiert wie etwa bei bürokratischen Strukturen. Dies ist im amerikanischen Begriffsverständnis anders. Hier wird vor dem Hintergrund des amerikanischen Pragmatismus stärker das Herstellen von institutionellen Strukturen und deren Veränderung durch gemeinsames Handeln mitgedacht. Kritiker der Organisationsentwicklung in Schulen bezweifeln, dass es möglich ist, mit konsensorientierten Problemlösestrategien Veränderungen in belasteten Großstadtschulen zu bewirken und zeigen damit wohl zu Recht Grenzen dieses Ansatzes auf. Insofern können OE-Konzepte nicht als Allheilmittel angesehen werden und müssen je nach Situation auch durch andere Ansätze ergänzt oder ersetzt werden.

Organisationsentwicklung kann und soll als ein Beratungsansatz verstanden werden, der die selbstständige Problembearbeitungsfähigkeit und damit einhergehend Entwicklungsfähigkeit eines sozialen Systems verbessern will. Zu den wesentlichen Komponenten bzw. Bausteinen von OE-Interventionen gehören daher (vgl. Schmuck/Runkel 1985): Kommunikationstraining, Teamentwicklung, Strategien effektiver Sitzungen bzw. Arbeitstreffen, Problemlösestrategien, Verfahren der Entscheidungsfindung, Konfliktbearbeitung und Evaluation. In der Regel werden diese Aspekte nicht auf Vorrat trainiert, sondern in konkreten Arbeitsprozessen praktiziert und im Sinne von Metakommunikation bewusst gemacht, gefestigt und gesichert. Deutlich wird, dass Prozesse der schulischen Organisationsentwicklung anspruchsvoll sind und sich über einen längeren Zeitraum erstrecken (2-5 Jahre), insbesondere wenn angestrebt wird, dass die Schule nach einer Intervention in der Lage ist, die angewandte Veränderungsstrategie auch eigenständig fortzusetzen. Daher ist es für den Erfolg bedeutsam, dass das Kollegium in seiner Mehrheit wirklich Veränderungen will (readiness) und eine organisatorische Struktur und Verantwortlichkeit entwickelt – etwa eine Steuergruppe – die die erforderliche Kontinuität über den gesamten Prozess gewährleistet sowie auf die Entwicklung der wünschenswerten Kompetenzen hinarbeitet. Soll der skizzierte Veränderungsprozess erfolgreich sein, muss er verwoben sein mit Qualifizierungsprozessen der Beteiligten, also mit Fortbildung bzw. Personalentwicklung. Hier liegt auch der Sinn und die Bedeutung des „Arbeitsplatzbezogenen Pädagogischen Trainingsprogramms“ in der Baseler Schulreform (vgl. Oswald 1990).

Anders als bezüglich der Entwicklung der Schulkultur konnte Mitte der 1980er Jahre bezüglich der schulischen Organisationsentwicklung bereits auf einen vielfältigen Erfahrungsschatz sowohl in der Wirtschaft sowie – in den USA – auch an Schulen umfangreich erprobten sowie wissenschaftlich untersuchten Beratungs- und Entwicklungsansatz zurückgegriffen werden. Der Adaptionsprozess in Europa und insbesondere in Deutschland ist relativ spät in Gang gekommen. Aus Aktivitäten der OECD zur Entwicklung der Einzelschule, die seit 1970 für einige Jahre durch Dalin koordiniert wurden, ist der auf dem Konzept der Organisationsentwicklung aufbauende Schulentwicklungsansatz des „institutionellen Schulentwicklungsprogrammes“ (später in institutioneller Schulentwicklungsprozess (ISP) umbenannt) nach vielfältigen Erprobungen in verschiedenen (west-)europäischen Ländern entstanden. Dieser Ansatz, der auf die beraterunterstützte Entwicklung einer gesamten Schule zielt, wobei das Kollegium selbst die Schwerpunkte der Entwicklung festlegt, ist durch das nordrhein-westfälische Landesinstitut in Soest in Kooperation mit Rolff in der Bundesrepublik und durch Klekamp in den Niederlanden sehr einflussreich geworden. Die 1991 erschienene englische Version ist interessanterweise unter dem Titel „Changing the School Culture“ erschienen (Dalin/Rolff/Klekamp 1991). Hier wie auch in der deutschen Version befindet sich ein Abschnitt, in dem das Schulkultur-Verständnis von Hodgkinson (1983) knapp erläutert wird. Damit wird gewissermaßen die Anschlussfähigkeit der Konzepte der Organisationsentwicklung an die damals langsam intensiver werdende Diskussion zur Schulkultur angebahnt. Schulkultur war ein analytischer Begriff und noch nicht verbunden mit einem Entwicklungskonzept.

Eine weitgehend unabhängig von diesem Strang entwickelte, interessante und wirksame Variante einer Schulreformmaßnahme auf der Grundlage von Organisationsentwicklung – zusätzlich inspiriert durch das Gedankengut der themenzentrierten Interaktion (Cohn) – wurde durch Oswald initiiert und geleitet und zwar im Zusammenhang der Schulreform im Kanton Basel-Stadt. Hier wurden Teams aus den involvierten Schulen in einem „Arbeitsplatzbezogenen Pädagogischen Training“, das Elemente von Kommunikations- und Problemlösetraining sowie Teamentwicklung enthielt, auf innerschulische Entwicklungsaufgaben vorbereitet, die dann durch ein umfangreiches Fortbildungskonzept bei der Ausgestaltung des Reformprozesses im Unterricht begleitet wurden (vgl. Oswald 1991, 1995a, b).

Seit Anfang der 1980er Jahre wurden auch in Deutschland – erst vereinzelt und seit Anfang der 1990er Jahre, als der Bedarf an ganzheitlichen, schulweiten Entwicklungskonzepten stieg, zunehmend – schulbezogene Projekte durchgeführt, die sich an Ideen der Organisationsentwicklung und ihren methodischen Verfahrensweisen orientierten. Hierzu gehören solche der systembezogenen Kollegiumsberatung und später der Organisationsentwicklung, die an der schulpsychologischen Beratungsstelle in Hamburg durch Redlich, Schley und Pieper durchgeführt wurden (vgl. Pieper 1986; Schley 1988, 1990, 1991) sowie solche, die im Zusammenhang der nordrhein-westfälischen Schulleiterfortbildung durch Rolff und Philipp angeregt, begleitet und durchgeführt wurden und dann in der Kooperation mit Dalin und Klekamp zu einer Adaption des ISP und einer darauf basierenden Qualifizierung von Schulentwicklungsmoderatoren führte (vgl. zur Dokumentation von Projektbeispielen etwa Landesinstitut für Schule und Weiterbildung1997). Diese und ähnliche Ansätze (vgl. Schlömerkemper 1992; Wiechmann 1994) erfuhren Anfang der 1990er Jahre durch die verstärkte Rezeption der Forschungsergebnisse zur

Schulqualität und durch die – hauptsächlich von der Schuladministration angeregte – Diskussion zur Schulautonomie wesentliche neue Impulse. In nahezu allen Bundesländern sowie im benachbarten Ausland wurden intensiv neue Ansätze der schulinternen Lehrerfortbildung (vgl. Wenzel u.a. 1990; Greber u.a. 1991) diskutiert und praktiziert und Konzepte der einzelschulischen Entwicklung adaptiert und propagiert.

5 Schulreform als Pädagogische Schulentwicklung

Dem Ansatz der schulischen Organisationsentwicklung im Sinne des ISP, wie ihn etwa Rolff und Dalin vertreten, wurde in der bundesdeutschen Diskussion bald vorgeworfen, dass er bei aller Bedeutung und erwiesenen Wirksamkeit im Einzelfall jedoch in der Gefahr stehe, den Kern der Schule, den Unterricht, nicht zu erreichen. In vielen schulischen Organisationsentwicklungsprozessen wurde Beachtliches in Gang gesetzt, aber sehr oft eher im außerunterrichtlichen Bereich. Der Unterricht blieb häufig außen vor. Er steht allerdings auch traditionellerweise in der Verantwortung der einzelnen Lehrkraft und kann daher von außen – dies gilt auch für den Schulleiter (vgl. Bonsen u.a. 2002) – nur schwer beeinflusst werden. Daraufhin wurden Konzepte der so genannten „Pädagogischen Schulentwicklung" gefordert und formuliert, die bewusster und konzentrierter Veränderungen des Unterrichts bewirken sollten. Sie sind oftmals in Auseinandersetzung mit dem ISP entstanden, verlassen aber dessen ursprüngliche Grundlage und sind meines Erachtens nicht mehr in einem engeren Sinne als Projekte der Organisationsentwicklung anzusehen. Sie behaupten wiederholt, einen Beitrag zur Entwicklung der Schulkultur oder auch der Lehr- und Lernkultur zu leisten, bleiben aber in der Regel eine Darlegung des eigenen Verständnisses von Schul- bzw. Lehr-/Lernkultur schuldig, nutzen diese Begriffe eher als normative Folie, ohne sie jedoch inhaltlich gehaltvoll auszufüllen.

Das Konzept von Klippert (2000) etwa zur Pädagogischen Schulentwicklung, das im Landkreis Herford (Projekt „Schule und Co.") umfangreich erprobt wurde und mittlerweile auch darüber hinaus adaptiert und – zumeist nur in Teilen – praktiziert wird, ist eines der anspruchsvolleren Beispiele solcher alternativ gedachten Konzepte. Klippert stellt mit dem schülerbezogen formulierten Ziel der Entwicklung von Fähigkeiten zum „eigenverantwortlichen Arbeiten" das Konzept des abgestimmten Methodentrainings ins Zentrum der innerschulischen Entwicklung, mit dem eine schulweite Veränderung der unterrichtlichen Lehr-/Lernkultur erreicht werden soll. Hierfür wird systematische Fortbildung von Klassen-, Fach- und Steuerteams organisiert. Verbunden wird – und hier liegt ein wesentlicher neuer Aspekt dieses Ansatzes – der Strang der systematischen, unterrichtsbezogenen methodischen und fachdidaktischen Fortbildung, die in gestufter Weise das gesamte Kollegium erreicht, in der Praxis mit einem zweiten Strang, nämlich der gezielten Schulung einiger Lehrkräfte des Kollegiums der beteiligten Schulen in Managementstrategien. Inwieweit diese dann wiederum Ideen der Organisationsentwicklung inkorporieren, ist unklar. Allerdings gehen umfangreiche Erfahrungen aus der Lehrerfortbildung ein. Die beteiligten Schulen sind zudem bewusst zum Erfahrungsaustausch in einem Netzwerk miteinander verbunden.

Die umfangreich dokumentierte Praxis sowie die in Buchform erschienen Fortbildungsmaterialien zeigen in großer Deutlichkeit, wie anspruchsvoll und schwierig es ist, unterrichtlich wirksame, nachhaltige Veränderungen in der Lehr- und Lernkultur einer ganzen Schule zu bewirken. Die Erfahrungen, die im Projekt „Schule und Co." gesammelt wurden, sind mittlerweile evaluiert worden (vgl. Bastian/Rolff 2001, 2002; Holtappels/Leffelsend 2003). Rolff und Bastian (2002) kommen in ihrer Abschlussevaluation zu folgendem Schluss: „Die durch die Trainings angestrebten Effekte konnten (...) statistisch untermauert werden (...). Wir können feststellen, dass die Trainings (...) die Schüler(innen) in einem erheblichen Ausmaß – nämlich zu über 80 Prozent – erreicht haben. Die Schüler bestätigen in den Interviews und in der repräsentativen Befragung, dass sie in den trainierten Bereichen besser geworden sind und dass ihnen die neuen Fähigkeiten beim Lernen helfen. Und schließlich lässt sich nachweisen, dass die gemeinsame Arbeit an einer Verbesserung der Lernkultur auch zu einem deutlich höheren Einsatz von gezielten Lernstrategien geführt hat" (ebd., S. 35, S. 48). Die Projekterfahrungen zeigen aber auch erneut, dass Veränderungen des Unterrichts einer ganzen Schule erheblicher Anstrengungen und kontinuierlicher Bemühungen bedürfen und zwar sowohl innerhalb der Schule als auch hinsichtlich externer Beratung und Unterstützung sowie neuer interner Strukturen (vgl. zu diesem Ansatz Klippert 2003). Hier gewinnt die schulinterne Steuergruppe besondere Bedeutung. Innerschulische Entwicklung bedarf auch nach diesen Erfahrungen des Zusammenwirkens von Unterrichtsentwicklung, Personalentwicklung und Organisationsentwicklung.

Ansätze schulischer Organisationsentwicklung wie etwa in Gestalt des ISP aber auch der Klippertsche Ansatz der Pädagogischen Schulentwicklung zielen auf die Schule insgesamt. Sie machen ernst mit der Forderung, Betroffene zu Mitgestaltenden, zu Trägern der Entwicklung werden zu lassen – wenngleich in unterschiedlichem Ausmaß. Ihnen wird Verantwortung für die innerschulische Entwicklung zugetraut. Das jeweilige Kollegium wird der Idee nach in beiden Ansätzen Motor der eigenen Entwicklung, erfährt jedoch durch Moderatoren im Prozess oder durch begleitende Schulungen und Fortbildung erhebliche Unterstützung. Es sind zwei unterschiedliche und komplexe Ansätze, die beide innere Schulreform für Schulen als Ganzheiten anzielen, wobei die Reformbemühungen an unterschiedlichen Punkten ansetzen, die wiederum systemisch miteinander verbunden sind: Unterrichtsentwicklung funktioniert nicht ohne Personalentwicklung und ohne Organisationsentwicklung. Insoweit ist die zeitweilige Schärfe in der Kritik und in den Abgrenzungsbemühungen zwischen beiden Ansätzen überwunden (vgl. Rolff 1999).

6 Schulreform als Arbeit am Schulprogramm

Bei den zuvor behandelten Ansätzen der schulischen Organisationsentwicklung und der Pädagogischen Schulentwicklung handelt es sich um solche, die auf Freiwilligkeit basieren und daher abhängig sind von der Bereitschaft des Kollegiums – möglichst der überwiegenden Mehrheit – an Veränderungsmaßnahmen teilzunehmen, diese in ihrem Zuständigkeitsbereich auch zu realisieren. Dies wird – so zeigt die Erfahrung – durchaus in zahlreichen Schulen praktiziert und führt dann auch zu beachtlichen Erfolgen. Die Bereitschaft für derartige selbstverantwortete Entwicklung besteht jedoch bei weitem nicht bei allen Schulen. Hier wird nun ein aktuelles Problem sichtbar: Wie motiviert man Schulen zur freiwilligen inneren Reform? Wieviel Freiheit und Autonomie können Schulen vertragen? Wieviel Aufsicht und Kontrolle staatlicherseits ist erforderlich? Welche Instrumentarien sind denkbar, die einerseits das Engagement des Kollegiums herausfordern, fördern und unterstützen, andererseits aber auch dafür Gewähr bieten, dass Qualität erhalten bleibt, Standards erreicht werden, Chancengleichheit nicht verloren geht, die Schulen nicht im eigenen Saft schmoren?

Als ein wichtiges Instrumentarium, das unter Nutzung früherer Erfahrungen schulweiter Ansätze zu einer neuartigen Balancierung zwischen staatlicher Verantwortlichkeit und schulischer Gestaltungsautonomie führen kann und soll, das also das zuvor angesprochene Steuerungsproblem zu bewältigen verspricht, wird derzeit international die Schulprogrammentwicklung, die Arbeit am und mit dem Schulprogramm gehandelt. Dabei ist ein Schulprogramm gewissermaßen die gemeinsame Plattform für die pädagogische Arbeit in einer Schule, die in innerschulischen Verständigungsprozessen entstanden ist und zwar möglichst unter Beteiligung aller schulischen Akteursgruppen (Lehrer, Schüler, Eltern). Das Schulprogramm ist jedoch im neueren Verständnis darüber hinaus dadurch gekennzeichnet, dass es Perspektiven zur Weiterentwicklung pädagogischer Ansätze oder für die Umsetzung neuer Vorhaben enthält (vgl. Holtappels 2002). Zunehmend mehr Bundesländer haben mittlerweile per Gesetz die Schulen zur Erstellung von Schulprogrammen verpflichtet.

Schulprogrammarbeit ist kein deutscher Sonderweg, sondern ein Ansatz, der mittlerweile in vielen Ländern praktiziert wird (vgl. zu Ansätzen der Schulentwicklung in europäischen Nachbarländern die Schriftenreihe des Landesinstituts für Schule und Weiterbildung in Soest). Die Arbeit an und mit Schulprogrammen erhält dabei einen besonderen Stellenwert, da man vor allem in der Schuladministration hierin eine Möglichkeit zu einer pädagogisch begründeten Schulentwicklung bei gleichzeitig realistischer Konzeptualisierung des Steuerungsproblems im Schulwesen sieht. Holtappels (2002) arbeitet heraus, dass in unterschiedlichen Bundesländern differente Steuerungsmechanismen installiert wurden. Schulprogrammarbeit ist quantitativ betrachtet die größte internationale Reformmaßnahme zur inneren Schulreform der letzten Jahrzehnte.

Aus der eigenen wissenschaftlichen Begleitung eines Modellversuchs, bei dem zwölf Schulen im Land Sachsen-Anhalt bei der Erstellung, Realisierung, Evaluation und Fortschreibung von Schulprogrammen unterstützt werden, liegen erste Ergebnisse vor. Es war bildungspolitischer Wille, dass in diesem Modellversuch Unterrichtsentwicklung im Zentrum der Schulprogrammarbeit stehen soll. Derzeit sind die beteiligten Schulen in der Phase, dass etwa ein Jahr nach Verabschiedung des Schulprogramms durch die Gesamtkonferenz durch eine interne sowie externe Evaluation der Ertrag der Arbeit an ausgewählten Schwerpunkten des Schulprogramms überprüft werden soll. Einigen Schulen ist die Arbeit an den Schwerpunkten in erheblichem Umfang gelungen. Andere Schulen haben zwar ein schönes Schulprogramm, aber die nachweislichen Veränderungen im Unterricht sind (noch) recht begrenzt. Natürlich lässt sich anhand von generalisierten Gelingensbedingungen für Schulprogrammarbeit (vgl. hierzu etwa Landesinstitut für Schule 2002) der Ertrag einschätzen und lassen sich Ursachen für Erfolg und Misserfolg im Nachhinein benennen. Damit ist jedoch die Komplexität der innerschulischen Prozess bei weitem noch nicht aufgeklärt und auf eine theoretische Grundlage gestellt. Es liegen erste Hinweise auf Faktoren vor, die den Erfolg förderten bzw. Veränderungen hinderten. Zu diesen Faktoren gehören insbesondere das Zusammenspiel von Schulleitung, schulinterner Steuergruppe, Fachkonferenzen und Arbeitsgruppen aber auch das Zusammenwirken der Schulen mit einer neu zu konzipierenden Schulaufsicht, die viel stärker Beratungsfunktionen zur Unterstützung der innerschulischen Entwicklung übernehmen muß.

Die bisherige Begleitung ergibt einige deutliche Problemzonen. Im Prozess der Schulprogrammarbeit verändert sich die Rolle der Steuergruppe ganz deutlich. Während in der Phase des Schreibens des Schulprogramms eine Koordination der Vorstellungen unterschiedlicher

Akteure zu leisten ist und damit das Balancieren unterschiedlicher Interessen durch Konsens ermöglichende Formulierungen, geht es in der Phase der Realisierung und Evaluation des Schulprogramms bzw. einiger seiner Schwerpunkte einerseits um die Organisation komplexer Entscheidungs- und Umsetzungsprozesse, andererseits aber auch um das Einfordern von Verbindlichkeit hinsichtlich der gefassten Beschlüsse. Hier stoßen Steuergruppen auf erhebliche Probleme, wenn sie nicht durch die Schulleitung gestützt und von der Mehrheit des Kollegiums getragen werden. Eine andere Problemzone in der Realisierungsphase ergibt sich bezüglich der häufig prinzipiell geforderten Eltern- und Schülerpartizipation. Die Entwicklung zeigt, dass insbesondere dann, wenn im Schwerpunkt an der Entwicklung des Unterrichts gearbeitet wird, Eltern bzw. ihre Vertretungen kaum reale Chancen zur Mitwirkung haben. Dies gilt – wenn auch modifiziert – ebenfalls hinsichtlich der Schülerpartizipation in dieser Phase (vgl. generell zur Schülerpartizipation Böhme/Kramer 2001; Helsper u.a. 2001). Hier gibt es für die Zukunft noch erheblichen konzeptionellen Entwicklungsbedarf.

Als eines der größten Probleme erweist sich für die Schulen, die Arbeit an den Schwerpunkten ihres Schulprogramms zu evaluieren und somit den Ertrag ihrer Bemühungen zu sichern und einzuschätzen. Hinsichtlich der Evaluation bedarf es daher in der Zukunft intensiver Unterstützung und Hilfe. Hier ist die Wissenschaft gefragt, solide und praktikable Evaluationsmodelle für Unterrichtsentwicklung zu erstellen, die ohne zu großen Aufwand im Schulalltag eingesetzt werden können.

In einer Reihe von Bundesländern, die die Erstellung von Schulprogrammen verpflichtend eingeführt haben (z.B. Hessen, NRW, Schleswig-Holstein, Hamburg, Bremen, Rheinland-Pfalz, Mecklenburg-Vorpommern) wurde und wird – in der Regel durch Befragungen – der Ertrag dieser verpflichtenden Aktivitäten untersucht. Dabei zeichnet sich als verallgemeinerbare Aussage ab, dass die Erstellung der Schulprogramme mit sehr unterschiedlicher Intensität betrieben wurde und damit natürlich auch deren Qualität und Handlunsgrelevanz sehr unterschiedlich ist. So berichtet z.B. Riecke-Baulecke (2003) für Schleswig-Holstein auf der Grundlage einer Schulleiterbefragung, dass die Erstellung der Schulprogramme an der großen Mehrzahl der Schulen zu einer hohen Aktivierung der Beteiligten und zu neuen Impulsen für die Qualitätsentwicklung von Schule und Unterricht geführt hat. Von diesem Effekt wird auch bezüglich der nordrhein-westfälischen Schulprogrammarbeit berichtet. Jürgens (2002) stellt – ebenfalls auf der Grundlage einer relativ umfangreichen Schulleiterbefragung – fest, dass von einem Großteil der Befragten als primärer Erfolg der Arbeit am Schulprogramm die „intensivierte kollegiumsinterne Kooperation und Kommunikation“ (ebd., S. 27) angesehen wird. Die bisher vorgelegten Evaluationsstudien (vgl. Rolff u.a. 2002) erlauben jedoch noch keine verlässlichen Aussagen darüber, inwieweit die Arbeit an und mit dem Schulprogramm tatsächlich zu einer nachhaltigen Qualitätsverbesserung schulischer Arbeit führt (vgl. Burkard/Kanders 2002). Aller Erfahrung nach ist ja die Erstellung des Schulprogramms noch nicht das größte Problem. Diesbezüglich lassen sich bei gutem Willen und etwas Geschick – dies konnte auch in den von uns begleiteten Schulen nachgewiesen werden – immer Kompromissformulierungen finden. Die tiefergehenden Konflikte treten dann auf, wenn die Verbindlichkeit der gesetzten Ziele und beschlossenen Maßnahmen auch eingefordert wird. Erst dann setzt eine Auseinandersetzung mit den Widerständen und den erforderlichen Qualifizierungserfordernissen ein und es erweist sich, inwieweit der komplexe innerschulische Entwicklungsprozess professionell gemanagt wird.

Im Zusammenhang mit der zunehmenden Verpflichtung der Schulen zur Arbeit mit Schulprogrammen entwickeln Gruschka und Heinrich (2002) einen interessanten Ansatz, um auf das ihrer Ansicht nach bestehende schultheoretische Wissensdefizit hinsichtlich auferlegter Schulprogrammarbeit zu reagieren. Wenn auch prinzipiell die Bemühungen um innere Schulreform eine lange Tradition haben, so sind ihrer Einschätzung nach gleichwohl die heutigen Kontextbedingungen, unter denen Schulprogrammarbeit zu einem dominanten Muster innerer Schulreform wird, weithin neu. Es sind vor allem der gestiegene Legitimationsdruck unter dem sich bei generell knappen Ressourcen auch und immer wieder das Bildungssystem befindet, und der gestiegene internationale Wettbewerbs- und Konkurrenzdruck, die nunmehr die Administration dazu veranlassen, Schulprogrammarbeit verpflichtend einzuführen. Sie gehen vor diesem Hintergrund davon aus, dass die vielerorts nicht mehr nur gewünschte, sondern bereits verordnete „Schulprogrammarbeit" bewusst innere Schulreform durch eine „Krise der Neubestimmung" anzielt. Schulen sollen im Prozess der Schulprogrammerstellung ja ihre Ziele möglichst im kollegialen Konsens und in Übereinstimmung aller Akteure (Lehrer, Eltern, Schüler) formulieren, um so aus festgefahrenen Routinen zu qualitätsbewussten Veränderungsbemühungen vorzustoßen. Gerade aber bezüglich der Wirkung solcher „Kriseninduktion" in der jeweiligen Schule in der Spanne zwischen Reformintention und realer Wirkung existieren bisher kaum empirische Untersuchungen, die über recht grobe Fragebogenerhebungen hinausgehen. Hinweise dazu lassen sich allerdings aus der Transformationsforschung zur ostdeutschen Schulentwicklung gewinnen (vgl. etwa Weishaupt 1998; Helsper u.a. 2001). Diese Studien verdeutlichen, dass die von außen induzierten und auferlegten Veränderungen aus der Perspektive der einzelnen Schule vor dem Hintergrund deren jeweiliger Schulgeschichte, Transformationsproblematik, der mikropolitischen Kräfteverhältnisse im Kollegium und der jeweiligen pädagogisch-schulischen Strukturproblematik „eigenlogisch" reinterpretiert und „verwendet" werden. So konnte insbesondere die Studie von Helsper u.a. (2001) an kontrastierenden Gymnasien zeigen, dass den Schulen Tradierung und Kontinuitätssicherung durch die äußere Transformation hindurch möglich war.

In den neueren Überlegungen zur Schulprogrammarbeit laufen – so das Fazit von Gruschka und Heinrich – gewissermaßen drei Reformkonzeptionen zusammen: die auf eine Steuerung schulischer Entwicklungen bei dezentraler Verantwortung, auf eine Stärkung der Autonomie der Einzelschule und auf nachhaltige Qualitätssicherung zielen. Diese Konzepte sind gegenseitig aufeinander verwiesen. Kritisiert wird von Gruschka und Heinrich zu Recht, dass bisher eine schultheoretisch gehaltvolle Aufarbeitung der Schulprogrammarbeit noch nicht geleistet wurde und damit ein empfindliches Wissensdesiderat für ein so intensiv administrativ gefördertes bzw. sogar verordnetes Reformmodell besteht.

7 Schulreform und Schulleitung

Innerhalb des generellen Paradigmenwechsels, der zu der zuvor erläuterten veränderten Sichtweise auf Schule und Schulentwicklung führte, wurde der Blick auf die Schulleitung als Garant für gelingende Schulentwicklung gelenkt. Bereits frühe Studien zur Schuleffektivität wiesen auf das Verhalten des Schulleiters bzw. der Schulleiterin als wichtiges Merkmal „guter Schulen" hin (vgl. als Überblick Wissinger 1996; Huber 1999), ohne jedoch die Wirkmechanismen der korrelativ ermittelten Bedeutsamkeit näher zu erhellen. In der Diskussion über eine verstärkte Schulautonomie wurde die herausgehobene Bedeutung der Schulleitung als „Türöffner" für Innovationen, als Garant für Qualität und als Manager für nachhaltige Schulentwicklung weiter unterstrichen. In der Studie von Helsper, Böhme, Kramer und Lingkost (2001) kann allerdings auch verdeutlicht werden, dass Schulleiter immer nur im Rahmen der jeweiligen Schulkultur handeln können. So wie innovative Initiativen aus dem Kollegium auf die Unterstützung durch den Schulleiter verwiesen sind, so sind andererseits Schulleitungen für die Verwirklichung ihrer schulischen Visionen und Ideale an die Schulkultur der jeweiligen Schule gebunden, also daran, inwiefern jene an die Sinnstrukturen der jeweiligen Schulkultur anschlussfähig sind.

Empirische Erfahrungen belegen, dass Schulleitungen eine zentrale Rolle als Initiatoren von Qualitätsprojekten spielen (vgl. Altrichter 2000). In der deutschen Schulforschung waren Forschungen zur Schulleitung lange Zeit sehr selten. Erst in den letzten Jahren im Zusammenhang mit der wachsenden Erkenntnis über die Bedeutung der Einzelschule für schulische Entwicklungen wuchs auch das Interesse an der Schulleitungstätigkeit und ihrer Erforschung. Hier gebührt für den deutschen Raum vor allem Rosenbusch und seinen Mitarbeitern mit ihren Tagungen, Forschungen und Publikationen ein großes Verdienst. Mittlerweile liegen unter Berücksichtigung der internationalen Schulleitungsforschung auch für Deutschland einige interessante Studien vor, die sich der Schulleitertätigkeit widmen (vgl. als Überblick Wissinger 1996; Wissinger/Huber 2002; Bonsen u.a. 2002).

Innerhalb des neuen Paradigmas und der veränderten Steuerungsüberlegungen gilt es, die Rolle und Funktion der Schulleitung zu überprüfen und neu zu beschreiben. Die Schulleitung der Schule der Zukunft hat nämlich nicht mehr hauptsächlich die Verantwortung für einen ordnungsgemäßen Schulbetrieb im Rahmen eines hierarchischen Abhängigkeitsverhältnisses, sondern die Verantwortung für die Qualitätssicherung und Qualitätsentwicklung der unterrichtlichen Arbeit. Schulleitungstätigkeit gewinnt dadurch innerhalb der neuen Steuerungsstrategie in der autonomeren Schule eine erheblich veränderte Bedeutung und erfordert, so wird zu Recht gefordert, ein neues, klares Berufsbild und zukünftig eine veränderte, professionelle Qualifizierung. Für Rosenbusch (2002) ist Schulleitertätigkeit heute gekennzeichnet durch drei Begriffe: Administrator, Kommunikator und Fachmann für organisationspädagogisches Management. Diese pointierte Kennzeichnung zeigt deutlich, dass zur Ausfüllung dieser Kernbereiche die bisherige Gepflogenheit, erfahrene Lehrer zu Schulleitungspersonal aufsteigen zu lassen, zukünftig nicht ausreichen wird. Daher wird international an Modellen spezifischer Schulleitungsqualifizierung gearbeitet (vgl. Huber 2002).

Für unseren Zusammenhang sind einige Ergebnisse der empirischen Studie von Bonsen u.a. (2002) zur Wirksamkeit von Schulleitungshandeln für Unterrichtsentwicklung von Bedeutung, auf die knapp verwiesen werden soll. Die Autoren gehen vor dem Hintergrund der internationalen Schulleitungsforschung davon aus, dass durch das Schulleitungshandeln die Qualität des Unterrichts nicht direkt zu beeinflussen ist. Vielmehr ist im Rahmen des generelleren systemischen Zusammenhangs schulischer Entwicklung von indirekten Wirkungszusammenhängen auszugehen. In ihren eigenen Untersuchungen gehen sie von einem Modell der indirekten Wirkungen aus und können einige der Wirkzusammenhänge, die durch die Schuleffektivitätsforschung nahegelegt werden, empirisch straff belegen. Die Studie verdeutlicht aber gleichzeitig, wie voraussetzungshaltig Schuleffektivität – ausgedrückt in Schülerleistungen – ist und wie unklar letztlich noch unser diesbezüglicher empirisch gesicherter Erkenntnisstand ist, insbesondere wenn es um die Einschätzung des Schulleitungshandelns auf die Unterrichtsqualität geht also um das „organisationspädagogische Management“. Die Bedeutung der Schulleitung für Innovationen ist belegt, bezüglich der Wirkmechanismen hingegen besteht noch große Unklarheit. Hier besteht erheblicher Forschungsbedarf.

8 Blick über den Zaun – eine internationale Perspektive

Zum Schluss dieses Beitrags möchte ich kurz auf eine von der deutschen Entwicklungsstrategie abweichende Anreizstrategie zur Schulentwicklung hinweisen, wie sie in den USA praktiziert wird, sowie – gewissermaßen als Fazit – auf Ergebnisse, die aus der Analyse schweizerischer Projekte mit verstärkter Schulautonomie gewonnen wurden.

In den USA wird derzeit auf anderem Wege als bei uns versucht, solche Schulreformansätze zu fördern, die die Einzelschule insgesamt einbeziehen (whole school reform). Gearbeitet wird hier wie auch schon bei früheren Reformen stärker mit Anreizsystemen. So hat z.B. der US-amerikanische Kongress nach einigen vorausgehenden Maßnahmen 2002 das „Comprehensive School Reform“ (CSR) Program verabschiedet. Durch dieses können Schulen auf Antrag bis zu 50.000 $ pro Jahr zur Verfügung gestellt bekommen, wenn sie eine Schulentwicklung anstreben, die die gesamte Schule einbezieht und eine Verbesserung der Schülerleistungen anzielt. Intendiert ist dabei, dass vor allem Schulen mit niedrigen Leistungsergebnissen zu Reformbemühungen angeregt werden. Gefordert wird dabei, dass sich die Schulen bei ihren Bemühungen auf wissenschaftlich erprobte Reformstrategien stützen oder selbst ein Konzept entwickeln das elf festgelegte Komponenten enthalten soll (siehe hierzu: www.ed.gov/offices/OESE/compreform/2pager.html), zu denen unabdingbar auch konsequente Evaluation der erreichten Ergebnisse bezüglich der angestrebten Ziele gehört. Solche Reformstrategien werden schon länger den Schuldistrikten von regionalen Zentren (Regional Educational Laboratories) angeboten, so dass über die Jahre hin unterschiedliche Programme, auch solche, die auf dem Konzept der Organisationsentwicklung basieren, entstanden sind und erprobt wurden (vgl. die homepage des NWREL north-west regional educational laboratory, www.nwrel.com). Ein Hintergrund für diese Anreizstrategie ist natürlich, dass – ähnlich wie bei uns – die Bundesebene für die einzelnen Staaten im Bildungsbereich keine verbindlichen Gesetze beschließen kann und gleichwohl Reformen fördern möchte.

Da für dieses Programm erhebliche Mittel zur Verfügung gestellt wurden, erhoben Kritiker im politischen Raum die Frage nach den Erfolgsaussichten, da die Forschungsergebnisse bei weitem nicht nur positiv sind und signifikante Veränderungen in den Schülerleistungen aufgrund der Anwendung solcher Programme zum Teil erst nach mehreren Jahren nachweisbar wären. Aufgrund dieser Kritik hat das US-Erziehungsdepartment mittlerweile ca. 21 Millionen Dollar in eine Reihe größerer Forschungsprojekte investiert, um die wissenschaftliche Basis für solche Ansätze, die sich auf die gesamte Schule beziehen, zu erweitern (siehe hierzu: http://eric.uoregon.edu/trends_issues/reform/index.html). Es wird interessant sein, die daraus resultierenden Ergebnisse zur Kenntnis zu nehmen.

In einem Beitrag unter dem Titel „Schulautonomie in der Schweiz“ berichten Merki und Büeler (2002) über eine Untersuchung, in der Schweizer Projekte der Schul- und Qualitätsentwicklung einer Bilanz unterzogen wurden und zwar solche Projekte, die nach der so umfangreichen Diskussion zur Schulautonomie in der ersten Hälfte der 1990er Jahre gestartet wurden. Auf die einzelnen Projekte und begleitenden Studien kann hier nicht mehr im Detail eingegangen werden. In einer abschließenden Betrachtung werden wesentliche Erkenntnisse ihrer Untersuchung in 12 Thesen zusammengefasst. Diese Thesen lassen sich als Fazit auch für andere Studien anführen. Sie müssen freilich weiter diskutiert werden.

1. Die Mikro-, Meso- und Makroebene schulischer Bildungssysteme sind zwingend miteinander verknüpft und bedingen sich gegenseitig. Eine produktive Umsetzung zusätzlicher schulischer Gestaltungsfreiheit in der Einzelschule ist somit zentral abhängig von den Möglichkeiten, welche den Schulen „von oben" gewährt werden (vgl. Fend 1998).
2. Die Zuweisung zusätzlicher Gestaltungsfreiheiten auf der Ebene der einzelnen Schule geht einerseits auf Kosten der Schulbehörden, andererseits aber auch auf Kosten der Autonomie der einzelnen Lehrpersonen. Zudem wird die Makroebene gestärkt (vgl. Graf/Graf 1997), da schulübergreifend qualitätssichernde Maßnahmen (z.B. vergleichende Leistungsmessungen) ergriffen werden müssen, welche das demokratisch legitimierte Bildungsangebot garantieren.
3. Die Lehrpersonen in diesen Reformprojekten sind der Dreh- und Angelpunkt. Gelingt es, ein Innovationsklima in der Schule und ein „commitment" zwischen den Lehrpersonen zu entwickeln, ist ein fruchtbarer Boden für die Umsetzung der Reformprojekte in der einzelnen Schule gelegt. Fluktuationen im Kollegium können besonders belastend sein.
4. Konflikte im Team oder „Widerstände" einzelner Personen können durchaus funktional für die erfolgreiche Umsetzung der Reformziele sein. Zudem muss berücksichtigt werden, dass Konflikte im Team Konflikte auf anderer Ebene abbilden und somit strukturell bedingt sein können.
5. Anfangserfolge genügen nicht, um effektiv die Güte eines Projektes einschätzen zu können. Dazu sind längsschnittliche Untersuchungsdesigns notwendig, welche nicht nur ein oder zwei Jahre, sondern eine längere Projektzeit abbilden.
6. Ein zentrales Erfolgskriterium wird von den Lehrpersonen unterrichtsbezogen formuliert. Ein Reformprojekt ist aus Sicht vieler Lehrpersonen letztlich erst dann erfolgreich und weiter unterstützenswürdig, wenn konkrete Wirkungen auf Unterrichtsebene zu beobachten sind und der Alltag als Lehrperson wesentlich positiv beeinflusst wird.
7. Reformprojekte, welche den Schulen einen erhöhten Gestaltungsspielraum zuweisen, stellen einen wirksamen Rahmen dar, welcher es ermöglicht, professionelle Lehr- und Lernformen zu etablieren und dadurch die Unterrichtsqualität zu verbessern (Fullan/Watson 2000). Sollen längerfristige und verstärkte Wirkungen auch auf der Unterrichtsebene sichtbar werden, so muss dieser strukturellen Reform eine didaktische Reform folgen. Diese erfolgt beispielsweise über Entwicklungsprojekte wie ELF („Erweiterte Lehr- und Lernformen"), die wiederum auf eine „offene Organisationsform" angewiesen sind, um wirkungsvoll umgesetzt werden zu können.
8. Professionell arbeitende Schulleitungen sind eine absolut zentrale Größe bei der Umsetzung der Projektziele. Dabei sind die Modelle den schulhaus- und regionsspezifischen Besonderheiten der einzelnen Schule anzupassen. Die Klärung der neuen Rollen und Funktionen (als Schulleiter/in, aber auch als Lehrperson ohne Schulleitungsfunktion) sind wesentlich und beeinflussen den Entwicklungsprozess in der Schule zentral (Schratz 1998).
9. Angemessene zeitliche und finanzielle Ressourcen (für Zusammenarbeit im Team, für Coaching und Weiterbildung, für Schulleitungstätigkeiten) sind absolut notwendige Rahmenbedingungen, die der chronischen Überlastung und zeitlichen Überforderung der beteiligten Lehrpersonen und Schulleitungen entgegenwirken können.
10. Schulen haben (auch wenn „angemessene" Ressourcen bereit gestellt werden) nur ein begrenztes Maß an Ressourcen zur Verfügung, um neben dem Alltagsgeschäft Reform-

projekte produktiv und professionell umsetzen zu können. Externe Projektvorgaben müssen aus diesem Grund so gestaltet sein (z.B. durch einen nicht zu rigiden Zeitplan), dass sie auch sogenannte projektfreie Zeiten ermöglichen. In diesen Zeiten ist es nicht verboten, über abgeschlossene und/oder zukünftige Schulentwicklungsprojekte nachzudenken, allerdings sollte dies für das Team eher „auf kleinem Feuer" passieren.

11. Die Schulbehörden spielen bei der Neugestaltung der Schule eine zentrale Rolle. Für die notwendigen Umstrukturierungen sind den Behördenmitgliedern Leitbilder und Umsetzungsmodelle zur Verfügung zu stellen, welche ihnen helfen können, ihre Rolle neu zu definieren und dadurch den Schulen im Sinne eines wirksamen Unterstützungssystems zur Seite zu stehen (Burkard 1998).
12. Schulen brauchen für die Umsetzung derart komplexer Reformprojekte externe praxisrelevante Beratung und Unterstützung. Dazu müssen wiederum Ressourcen zur Verfügung gestellt werden.

Aufgrund der vorliegenden Ergebnisse scheint insgesamt die Annahme von Fullan und Watson (2000) Bestätigung zu finden: Eine Autonomisierung von Schulen kann nur dann von Erfolg gekrönt sein, wenn diese auf struktureller Ebene vorgenommene Reform begleitet wird von einer kulturellen Reform, welche eingebettet ist in ein solides Unterstützungssystem und in transparente politische Strukturen. Und: „...there is no ready-made model of change that will provide a shortcut to success" (ebd., S. 470).

9 Perspektiven

In den letzten Jahren hat im Anschluss an umfangreiche Diskussionen, Studien und damit verbundene Erfahrungen der Organisations- und Schulkulturentwicklung unter dem Stichwort der Schulprogrammarbeit eine neue internationale Schulreformbewegung begonnen. Sie ist aus einer noch näher zu untersuchenden Wechselwirkung zwischen schulinternen, schuladministrativen aber auch wirtschaftlichen und politischen Interessen entstanden. Die Forcierung der Schulprogrammarbeit ist verbunden mit der Suche nach neuen Steuerungsmöglichkeiten schulischer Entwicklung, genauer: Qualitätsentwicklung bei wachsender Dezentralisierung von Entscheidungen, die die unmittelbare Gestaltung des Schulalltags betreffen. Für so verstandene Schulprogrammarbeit kann und wird zurückgegriffen auf Konzepte, die Veränderungen an Schulen als Ganzheiten bewirken, die also durch die Formulierung von gemeinsamen Zielperspektiven oder gar Visionen Synergien für wirksame Veränderungen schaffen sollen. Solche Konzepte liegen insbesondere aus der Tradition der Organisations- und Schulkulturentwicklung vor. Sie sind jedoch entwickelt und erprobt worden an Schulen, die sich zumeist freiwillig für bewusste Schulentwicklung und Profilbildung entschieden haben. Die entstandenen Konzepte sind komplex und können zumeist nicht voraussetzungslos angewandt werden. Sie benötigen zumindest zu Beginn ein Berater- und Unterstützungssystem. Gerade neuere Forschungen zur Komplexität der Schulkultur (Helsper u.a. 2001) sowie der Schulleitungstätigkeit zeigen in welch vielfältige Antinomien und Spannungen schulische Veränderungsprozesse eingebunden sind.

Vor diesem Hintergrund wird durch Gruschka und Heinrich (2002) zu Recht auf ein gewichtiges Problem hingewiesen. Es bestehen nämlich kaum einschlägige, wissenschaftlich abgesicherte Erfahrungen dahingehend, wie erfolgreich Schulentwicklungsprozesse sein können, wenn sie verpflichtend eingeführt werden, wie dies zur Zeit in immer mehr Bundesländern geschieht. Daher ist die intensive Erforschung dieser Konstellation sowie eine schultheoretische Durcharbeitung dringend erforderlich. Hier sind die folgenden Forschungsperspektiven von besonderer Relevanz:

1. Wir benötigen dringend theoriegenerierende Längsschnittstudien zur Schulentwicklung, die die schulinternen Partizipations- und Entscheidungsprozesse, die Anerkennungsverhältnisse sowie den Umgang mit entstehenden Krisen, Widerständen und Problemen untersuchen und dabei gleichzeitig der Spezifik der Schule als Bildungsinstitution Rechnung tragen. Dies ist erforderlich, weil schulische Entwicklungsprozesse längere Zeit dauern und daher ihre Wirksamkeit nicht kurzfristig nachzuweisen ist, aber auch, weil systematische Schulprogrammarbeit zu einer Daueraufgabe werden soll und daher weitergehende Aufklärung notwendig ist. Benötigt werden darüberhinaus Forschungen zur Nachhaltigkeit qualitätsbezogener Schulprogrammarbeit insbesondere hinsichtlich der Unterrichtsentwicklung. Bei solchen Studien ist die spannungsreiche Wechselwirkung zwischen den gesetzlich festgelegten Instanzen (Schulleitung, Schulkonferenz, Fachkonferenzen, Schülervertretung, Elternrat etc.), den in schulischer Autonomie eingerichteten schulentwicklungsbezogenen Gremien wie Steuergruppe, spezifische Arbeitsgruppen, Evaluationsverantwortlichen etc. und den Lehrkräften zu untersuchen.
2. Zu wenig ist noch bekannt bezüglich der Prozesse zur Herstellung eines tragfähigen Konsenses für Veränderungsziele und dabei zu berücksichtigender Qualitätsstandards sowie zur Schaffung von Verbindlichkeit in der Unterrichtsentwicklung, wenn die entsprechenden Beschlüsse und Handlungspläne die „methodische Freiheit" von Lehrkräften und deren professionelles Selbstbild tangieren.
3. Weithin ungeklärt und daher näher zu untersuchen ist, wie innerhalb der potentiell konfliktträchtigen mikropolitischen Konstellationen in Schulentwicklungsprozessen eine kontinuierliche und qualitativ anspruchsvolle Schüler- und Elternpartizipation gesichert werden kann. Soll über die gemeinsame Erstellung eines schulischen Leitbildes hinaus partizipatorische Schulprogrammarbeit auf die Verbesserung der Unterrichtsqualität zielen und Evaluationen einschließen, so treten sich Lehrer, Eltern und Schüler in völlig neuartigen Rollenkonstellationen gegenüber, deren Dynamik noch nicht erforscht ist.
4. Erforderlich sind weiterhin Studien, die der Wechselwirkung zwischen schulinternen Voraussetzungen und Entwicklungen einerseits und der außerschulischen Einflussnahme und Unterstützung andererseits nachgehen, die also gezielt die Realisierungsbedingungen und -erfordernisse des neuen Steuerungsparadigmas und seiner Leistungsfähigkeit und damit auch das Wechselverhältnis von Schule und Schulaufsicht erforschen.

In allen Studien ist der Schulleitungstätigkeit sowie dem Management der Entwicklungsprozesse besondere Aufmerksamkeit zu widmen.

Literatur

Altrichter, H./Radnitzky, E./Specht, W.: Innenansichten guter Schulen. Wien 1994

Altrichter, H.: Qualitätsforderungen, Schulevaluation und die Rolle der Schulleitung. In: Scheunpflug, A./Ackermann, H./Schröck,N./Wissinger, J. (Hrsg.): Schulleitung im gesellschaftlichen Umbruch. Schulleiter-Handbuch Band 93. München 2000, S. 85-98

Arbeitsgemeinschaft der Schulleiterverbände Deutschlands (ASD): Schulleitung in Deutschland. Ein Berufsbild in Entwicklung. Stuttgart 1999

Bastian, J./Rolff, H.-G.: Vorabevaluation des Projektes „Schule & Co." Gütersloh 2001

Bastian, J./Rolff, H.-G.: Abschlussevaluation des Projektes „Schule & Co." Gütersloh 2002

Baumert, J.: Aspekte der Schulorganisation und der Schulverwaltung. In: Max-Planck-Institut für Bildungsforschung (Projektgruppe Bildungsbericht): Bildung in der Bundesrepublik Deutschland. Bd. I, Reinbek 1980, S. 589-737

Beck, U.: Risikogesellschaft. Auf dem Weg in eine andere Moderne. Frankfurt 1986

Berg, C./Steffens, U. (Hrsg.): Schulqualität und Schulvielfalt. Das Saarbrücker Schulgütesymposion `88. Beiträge aus dem Arbeitskreis „Qualität von Schule". Bd. 5, Wiesbaden/Konstanz 1991

Böhme, J.: Schulmythen und ihre imaginäre Verbürgung durch oppositionelle Schüler. Ein Beitrag zur Etablierung erziehungswissenschaftlicher Mythosforschung. Bad Heilbrunn 2000

Bohnsack, F./Bohnsack, L./Möller, E./Schön, H./Schürmann, G./Wenzel, H./Wesemann, M.: Schüleraktiver Unterricht. Möglichkeiten und Grenzen der Überwindung von „Schulmüdigkeit" im Alltagsunterricht. Weinheim 1984

Bonsen, M./von der Gathen, J./Iglhaut, C./Pfeiffer, H.: Die Wirksamkeit von Schulleitung. Empirische Annäherungen an ein Gesamtmodell schulischen Leitungshandelns. Weinheim/München 2002

Burkard, C.: Schulentwicklung durch Evaluation? Handlungsmöglichkeiten der Schulaufsicht bei der Qualitätsentwicklung und -sicherung von Schule. Frankfurt a.M. 1998

Burkard, C./Kanders, M.: Schulprogrammarbeit aus der Sicht der Beteiligten. Ergebnisse der Schulprogrammevaluation in Nordrhein-Westfalen. In: Rolff, H.-G./Holtappels, H.G./Klemm, K./Pfeiffer, H./Schulz-Zander, R. (Hrsg.): Jahrbuch der Schulentwicklung Band 12. Weinheim/München 2002, S. 233-260

Dalin, P./Rolff, H.-G.: Institutionelles Schulentwicklungsprogramm. Soest 1990

Deutscher Bildungsrat: Zur Reform von Organisation und Verwaltung im Bildungswesen. Teil I: Verstärkte Selbständigkeit der Schule und Partizipation der Lehrer, Schüler und Eltern. Stuttgart 1973

Fauser, P. :Nachdenken über pädagogische Kultur. In: Die Deutsche Schule 81 (1989), 1, S. 5-25

Fend, H.: Schulklima: Soziale Einflussprozesse in der Schule. Soziologie der Schule II/1, Weinheim 1977

Fend, H.: „Gute Schulen – schlechte Schulen" – Die einzelne Schule als pädagogische Handlungseinheit. In: Steffens, U./Bargel, T. (Hrsg.): Erkundungen zur Wirksamkeit und Qualität von Schule. (Beiträge aus dem Arbeitskreis Qualität von Schule, H. 1) Wiesbaden 1987, S. 55-79

Fend, H.: Qualität im Bildungswesen. Schulforschung zu Systembedingungen, Schulprofilen und Lehrerleistung. Weinheim und München 1998, 2001²

Fullan, M., Miles, M.B. u. Taylor, G.: Organization Development in the Schools: The State of Art. In: Review of Educational Research 50 (1980), 1, S. 121-183

Fullan, M/Watson, M.: School-Based Management: Reconceptualizing to Improve Learning Outcomes. In: School Effectivness and School Improvement. 11 (2000), S. 453-472

Gamoran, A./Dreeben, R.: Coupling and Control in Educational Organizations. In: Administrative Science Quarterly 1986, S. 612-632

Graf, M.A./Graf, E.O.: Der Angriff der Bildungselite auf die Volksbildung. Bildungssoziologische Anmerkungen zur aktuellen Reformdiskussion. In: Widerspruch 33 (1997), S. 23-38

Greber, U./Maybaum, J./Priebe, B./Wenzel, H. (Hrsg.): Auf dem Weg zur guten Schule: Schulinterne Lehrerfortbildung. Bestandsaufnahme - Konzepte - Perspektiven. Weinheim 1991

Gruschka, A./Heinrich, M.: Innere Schulreform durch Krisenintervention? Projektantrag an die DFG. Frankfurt 2002

Hage, K. Bischoff, H./Dichanz, H./Eubel, K.D./Oehlschläger, H.-J./Schwittmann, D.: Das Methodenrepertoire von Lehrern. Eine Untersuchung zum Schulalltag der Sekundarstufe I. Opladen 1985

Helsper, W./Krüger, H:-H./Wenzel, H. (Hrsg.): Schule und Gesellschaft im Umbruch. Bd. 1: Theoretische und internationale Perspektiven. Weinheim 1996

Helsper, W./Böhme, J./Kramer, R.-T./Lingkost, A.: Schulkultur und Schulmythos. Rekonstruktionen zur Schulkultur I. Opladen 2001

Hodgkinson, C.: The Philosophie of Leadership. Oxford 1983

Holtappels, H.G.: Innovationsprozesse und Organisationsentwicklung. In: Rolff, H.-G./Holtappels, H.G./Klemm, K./ Pfeiffer, H./Schulz-Zander (Hrsg.): Zukunftsfelder von Schulforschung. Weinheim 1995, S. 327-354

Holtappels, H.G.: Schulprogramm als Schulentwicklungsinstrument? In: Rolff, H.-G./Holtappels, H.G./Klemm, K./ Pfeiffer, H./Schulz-Zander, R. (Hrsg.): Jahrbuch der Schulentwicklung Band 12. Weinheim und München 2002, S. 199-208

Holtappels, H.G./Leffelsend, S.: Entwicklung überfachlicher Kompetenzen durch Schülertraining und Unterrichtsentwicklung. Ergebnisse einer Schülerbefragung als Teil der Abschlussevaluation des Projektes „Schule & Co." Gütersloh 2003

Huber, S.G.: School Effectiveness: Was macht Schulen wirksam? Internationale Schulentwicklungsforschung (I). In: Schulmanagement (1999), H. 2, S. 10-17

Huber, S.G.: Trends in der Qualifizierung von Schulleiterinnen und Schulleitern – Ausgewählte Ergebnisse einer international-vergleichenden Studie. In: Wissinger, J./Huber, S.G. (Hrsg.): Schulleitung – Forschung und Qualifizierung. Opladen 2002, S. 205-233

Jürgens, E.: Zur Wirkung von Schulprogrammarbeit. Befunde einer empirischen Studie. In: Schulmanagement 33 (2002), 4, S. 27-29

Keuffer, J./Krüger, H.-H./Reinhardt, S./Weise, E./Wenzel, H. (Hrsg.): Schulkultur als Gestaltungsaufgabe. Partizipation – Management – Lebensweltgestaltung. Weinheim 1998

Klippert, H.: Pädagogische Schulentwicklung. Planungs- und Arbeitshilfen zur Förderung einer neuen Lernkultur. Weinheim und Basel 2000

Klippert, H.: Vom Methodentraining zur systematischen Unterrichtsentwicklung. Anregungen zur Effektivierung schulischer Lehr- und Lernprozesse. In: Pädagogik 55 (2003), H. 9, S. 38-43

Landesinstitut für Schule und Weiterbildung (Hrsg.): Schulinterne Lehrerfortbildung. Erziehung und Erziehungsprobleme in Schule und Unterricht, Projektkonzeption. Soest 1988

Landesinstitut für Schule und Weiterbildung (Hrsg.): Schulentwicklung konkret. Beispiele zum Institutionellen Schulentwicklungs-Prozess (ISP). Bönen 1997

Landesinstitut für Schule und Weiterbildung (Hrsg.): Schulprogrammarbeit auf dem Prüfstand. Ergebnisse der Evaluation. Bönen 2002

Martini, R.: Schulautonomie. Auswahlbibliographie 1989-1996 (Materialien zur Bildungsforschung Bd. 1). Frankfurt a.M. 1997

Merki, K.M./Büeler, X.: Schulautonomie in der Schweiz. Eine Bilanz auf empirischer Basis. In: Rolff, H.-G./Holtappels, H.G./Klemm, K./Pfeiffer, H./Schulz-Zander, R. (Hrsg.): Jahrbuch der Schulentwicklung. Bd. 12, Weinheim/ München 2002, S. 131-161

Mortimore, P.: Auf der Suche nach neuen Ressourcen. Die Forschung zur Wirksamkeit von Schule. (School effectiveness). In: Böttcher, W./Weishaupt, H./Weiß, M. (Hrsg.): Wege zu einer neuen Bildungsökonomie. Weinheim/ München 1997, S. 61-71

Oswald, E.: Das „Arbeitsplatzbezogenes Pädagogische Trainingsprogramm" im Kanton Basel-Stadt. Die „APT-Geschichte". In: Greber, U./Maybaum, J./Priebe, B./Wenzel, H. (Hrsg.): Auf dem Weg zur guten Schule: Schulinterne Lehrerfortbildung. Weinheim 1991, S. 187-222

Oswald, E.: Gemeinsam statt einsam. Arbeitsplatzbezogenen Lehrer/innenfortbildung. Kriens 1995a

Oswald, E.: Stilwandel. Weg zur Schule der Zukunft. Kriens 1995b

Pieper, A.: Verbesserung der Zusammenarbeit im Lehrerkollegium als Aufgabe einer systembezogenen schulpsychologischen Beratung. Frankfurt a.M. 1986

Riecke-Baulecke, T.: Was bringen Schulprogramme ? In: Schulmanagement 34 (2003) H. 3, S. 23-25

Rolff, H.-G.: Entwicklung von Einzelschulen: Viel Praxis, wenig Theorie und kaum Forschung – Ein Versuch, Schulentwicklung zu systematisieren. In: H.-G. Rolff/Bauer, K.-O./Klemm, K./Pfeiffer, H. (Hrsg.): Jahrbuch der Schulentwicklung. Bd. 10, Weinheim/München 1998, S. 295-326

Rolff, H.-G.: Schulentwicklung in der Auseinandersetzung. In: Pädagogik 4 (1999), S. 37-40

Rolff, H.-G./Holtappels, H.G./Klemm, K./Pfeiffer, H./Schulz-Zander, R. (Hrsg.): Jahrbuch der Schulentwicklung. Bd. 12, Weinheim/München 2002

Rosenbusch, H.S.: Schulleitung als Beruf. In: Schulmanagement (2002), H. 1, S. 20-22

Rutter, M./Maughan, B./Mortimer, P./Ouston, J.: Fünfzehntausend Stunden – Schulen und ihre Wirkung auf Kinder. Weinheim 1980

Schley, W.: Organisationsentwicklung an Schulen. In: Report Psychologie (1988), H. 8, S. 11-20

Schley, W.: Innovative Prozesse an Schulen durch „Organisationsentwicklung". In: Wenzel, H./Bohnsack, F./Wesemann, M. (Hrsg.): Schulinterne Lehrerfortbildung. Ihr Beitrag zu schulischer Selbstentwicklung. Studien zur Schulpädagogik und Didaktik. Bd. 4, Weinheim 1990, S. 76-101

Schley, W.: Organisationsentwicklung an Schulen: Das Hamburger Modell – Oder: Organisationsentwicklung als Pragmatik menschlicher Kooperation. In: Greber, U./Maybaum, J./Priebe, B./Wenzel, H. (Hrsg.): Auf dem Weg zur guten Schule: Schulinterne Lehrerfortbildung. Weinheim 1991, S. 111-155

Schlömerkemper, J. (Hrsg.): Die Schule gestalten. Konzepte und Beispiele für die Entwicklung von Schulen. In: Die Deutsche Schule. 2. Beiheft, Frankfurt a.M. 1992

Schmuck, R.A.: Organization Development in Schools. Contemporary Concepts and Practices. In: Gutkin, T./Reynolds, C. (Eds.): The Handbook of School Psychology. New York 1987

Schmuck, R.A./Miles, M.B. (Hrsg.): Organization Development in Schools. La Jolla 1971

Schmuck, R.A./Runkel, P.J.: The Handbook of Organization Development in Schools. Prospects Heights 1988

Schratz, M.: Schulleitung als change agent: Vom Verwalten zum Gestalten von Schule. In: Altrichter, H./Schley, W./ Schratz, M. (Hrsg.): Handbuch zur Schulentwicklung. Innsbruck 1998, S. 160-189

Terhart, E.: Organisation und Erziehung. Neue Zugangsweisen zu einem alten Dilemma. In: Zeitschrift für Pädagogik 32 (1986), 2, S. 205-223

Terhart, E.: SchulKultur. Hintergründe, Formen und Implikationen eines schulpädagogischen Trends. In: Zeitschrift für Pädagogik 40 (1994), 5, S. 685-702

Tillmann, K.-J.: Mit dem Boot in den falschen Hafen? Anmerkungen zur Schulreform in den letzten 25 Jahren. In: Wenzel, H./Wesemann, M. (Hrsg.): Schule auf dem Weg ins 21. Jahrhundert. Bilanz, Probleme, Perspektiven. Weinheim 1989, S. 19-27

Weick, K.E.: Educational Organizations as Loosely coupled Systems. In: Administrative Science Quarterly 21 (1976), S. 1-19

Wenzel, H./Bohnsack, F./Wesemann, H. (Hrsg.): Schulinterne Lehrerfortbildung. Ihr Beitrag zu schulischer Selbstentwicklung. Studien zur Schulpädagogik und Didaktik. Bd. 4, Weinheim/Basel 1990

Wenzel, H./Keuffer, J./Krüger, H.-H./Reinhardt, S./Weise, E. (Hrsg.): Schulkultur als Gestaltungsaufgabe. Partizipation – Management – Lebensweltgestaltung. Weinheim 1998

Wenzel, H./Bennewitz, H./Kastner, H.: Förderstufe: Zwischenbilanz eines flächendeckenden Reformprojektes. In: GEW Sachsen-Anhalt (Hrsg.): Innere Schulreform. Magdeburg 2001, S. 177 – 200

Wesemann, M.: Arbeitsplatzstrukturen und unterrichtliche Tätigkeit des Lehrers. In: Bohnsack, F./Bohnsack, L./Möller, E./Schön, H./Schürmann, G./Wenzel, H./Wesemann, M.: Schüleraktiver Unterricht. Möglichkeiten und Grenzen der Überwindung von „Schulmüdigkeit" im Alltagsunterricht. Weinheim 1984, S. 40-120

Wesemann, M.: Die institutionellen Strukturen der Schule und die Lehrerfortbildung. In: Wenzel, H./Bohnsack, F./ Wesemann, M. (Hrsg.): Schulinterne Lehrerfortbildung. Ihr Beitrag zu schulischer Selbstentwicklung. Weinheim/ Basel 1990, S. 123-143

Wesemann, M.: Die Pädagogische Klausurtagung – Innenansichten einer schulinternen Fortbildungsform. In: Niedersächsisches Landesinstitut für Lehrerfortbildung (Hrsg.): Die Pädagogische Klausurtagung in Niedersachsen. Entwicklungen – Erfahrungen – Analysen. (nli-Berichte 52). Hildesheim 1993, S. 22-54

Wissinger, J.: Perspektiven schulischen Führungshandelns. Weinheim/München 1996

Wissinger, J./Huber, S.G. (Hrsg.): Schulleitung – Forschung und Qualifizierung. Opladen 2002

Wiechmann, J.: Die pädagogische Selbsterneuerung von Schulen. Kiel 1994

Herbert Altrichter | Andreas Feindt

Handlungs- und Praxisforschung

Ein Charakteristikum der Ideologie traditioneller empirischer Grundlagenforschung besteht darin, Forschung von der Umsetzung ihrer Resultate bei der Weiterentwicklung des erforschten Feldes oder anders ausgedrückt, Diagnose und Intervention sowohl institutionell als auch personell zu trennen. Alle Versionen der Handlungs- und Praxisforschung nehmen gegen diese methodologische Trennung von Forschung und Entwicklung Stellung und konzipieren Forschungs- und Entwicklungsanteile als Elemente ein und desselben Prozesses. Entsprechend werden Alltagsmenschen nicht nur als Objekte, sondern ebenso wie professionelle Forscherinnen und Forscher als Akteure des Forschungsprozesses gesehen. Eine handlungstheoretische Begründung dafür sieht Reflexion als notwendiges Merkmal praktischen Handelns (vgl. Schön 1983; Altrichter 2000). Wiewohl Reflexion und Aktion immer auf irgendeine Weise explizit oder implizit aufeinander bezogen sind, können beide gewinnen, wenn sie eng und systematisch miteinander verwoben werden (vgl. Abb. 1). Dies zu unterstützen und dafür förderliche Bedingungen zu schaffen ist eine wesentliche Aufgabe von Handlungs- und Praxisforschung.

Abb. 1: Aktions-Reflexions-Kreislauf

Aus professionstheoretischer Perspektive erfährt diese Position eine weitere Fundierung. Von verschiedenen Autoren wurde herausgearbeitet, dass professionelles Handeln antinomisch strukturiert ist (vgl. Combe/Helsper 1996), dass Lehrerinnen und Lehrer in ihrer Arbeit immer wieder mit Kernproblemen (vgl. Dirks 2000; Hansmann 2001) und Paradoxien (vgl. Schütze/Bräu/Liermann/Prokopp/Speth/Wiesemann 1996) konfrontiert sind. Da viele pädagogische Berufsfelder „Forschung" bislang nicht als Merkmal alltäglicher Tätigkeit anerkennen und keine institutionellen Rahmenbedingungen dafür bieten, kann Handlungs- und Praxisforschung somit auch als Professionalisierungsstrategie angesehen werden. Ihre Projekte sollen Angehörige professioneller Berufe dabei unterstützen, die notwendigen reflexiven Handlungskompetenzen für ihre komplexe Tätigkeit zu erwerben.

Die Einbeziehung der ‚BewohnerInnen' des Praxisfeldes wird in den Konzeptionen der Handlungsforschung als ein Akt der Demokratisierung von Forschung angesehen: Dass dies die Beziehung zwischen den „berufsmäßigen Forschern" und „erforschten Alltagsmenschen" verändern wird, ist für alle Ansätze der Handlungs- und Praxisforschung klar. Wie diese Beziehung zu konzipieren sei, darüber gibt es jedoch verschiedene Anschauungen (vgl. z.B. Döpp 1997, S. 629; Prengel 1997, S. 599; Reimers/Pallasch 1997, S. 811; Altrichter/Posch 2007). Darüber hinaus bilden die meisten Praxisforschungsprojekte Forschergruppen verschiedener Größe. Neben den vielen forschungspraktischen Gründen, die sich dafür nennen lassen (z.B. diskursive und praktische Unterstützung bei Forschungsplanung und -durchführung), scheinen sie implizit oder explizit – z.B. im Sinne der Theorie situierten Lernens (Lave/Wenger 1991) – davon auszugehen, dass die Wissens- und Könnensentwicklung einzelner Personen im Medium einer für dieses Wissen und Können relevanten Gruppe – einer community of practice (Wenger 1998) oder professional community – stattfindet. Diese Prozesse sind zudem mit Prozessen der Identitätsentwicklung in einer solchen Praxisgemeinschaft verwoben. Professionelles Lernen wird nicht nur als ein individueller, sondern auch als ein sozialer Vorgang gedacht, durch den gleichzeitig Identität vis à vis einer beruflichen Bezugsgruppe entwickelt wird (vgl. Altrichter 2002).

1 Historische Entwicklung

In der anglo-amerikanischen Literatur (vgl. Deakin University 1988; Kemmis 1988; Noffke 1989) wird die Entstehung des Konzepts Action Research auf folgende Quellen zurückgeführt: John Collier (1945) versuchte in seiner Funktion als Beauftragter für Indianerfragen der Vereinigten Staaten zwischen 1933 und 1945 eine sozial bewusste, praxisbezogene Form einer angewandten Anthropologie zu betreiben, um die Lebensumstände der Indianer zu verbessern. Jacob L. Moreno, ein Arzt, Sozialphilosoph, Poet und Erfinder von Konzepten, wie Soziometrie, Psychodrama, Rollenspiel usw., könnte als erster Begriffe wie ‚Interaktions- oder Aktionsforschung' verwendet haben und auf teilnehmender Beobachtung, Forschungsbeteiligung von betroffenen Laien und sozialer Verbesserung als Forschungsziel bestanden haben (vgl. Petzold 1980; Gunz 1996). Am häufigsten wird jedoch Lewin als Begründer der Aktionsforschung genannt, die für ihn eine „vergleichende Erforschung der Bedingungen und Wirkungen verschiedener Formen des sozialen Handelns und eine zu sozialem Handeln führende Forschung" (Lewin 1953, S. 280) war. Seit Mitte der 1940er Jahre versuchte er diesem Forschungstyp in Projekten, beispielsweise zur Verbesserung von Intergruppenbeziehungen oder zur Veränderung der Ernährungsgewohnheiten im 2. Weltkrieg (vgl. Lewin 1988), konkrete Gestalt zu geben.

Lewins Aktionsforschung wurde sehr rasch im amerikanischen Bildungswesen rezipiert, vielleicht weil Lewin selbst auch in der Erziehung tätig war, vielleicht aber auch weil sie dort auf Strömungen der progressive education traf, die wie Action Research Orientierungen in Richtung demokratischer Beteiligung der Betroffenen und sozialer Gerechtigkeit aufwies. So hatte John Dewey schon 1929 (zit. nach Kemmis 1988, S. 31) über die Bedeutung wissenschaftlicher Ergebnisse für die Erziehung geschrieben: "They may be scientific in some other fields, but not in education until they serve educational purposes, and whether they really serve or not can be found out only in practice". In den 1950er Jahren ließ jedoch das Interesse an Aktionsforschung in Nordamerika nach (vgl. Kemmis 1988, S. 33ff.) und wurde später eher in den Randbereichen der anerkannten Sozialwissenschaften gepflegt (vgl. Sanford 1970, S. 5).

Aus der Kritik an top-down-Curriculumreformen entstand in den 1970er Jahren in England und Australien (seit Ende der 1980er Jahre auf Nordamerika ausstrahlend) eine Bildungsreformbewegung, die wieder unter den Bezeichnungen action research oder teacher research firmierte (vgl. Altrichter 1990, S. 45ff.). In Projekten der Curriculum- und Unterrichtsentwicklung (vgl. z.B. Stenhouse 1975; Elliott 1984) wurde versucht zu einer reflektierten Entwicklung der Bildungspraxis durch die ‚Betroffenen' beizutragen. Gleichzeitig sollte das dabei anfallende Wissen über Praxis für den professionellen Wissensschatz der Praktiker und für die Erziehungswissenschaft aufbereitet werden. Das Potenzial solcher Ansätze wurde in Lehrerbildung und Lehrerfortbildung erkannt und aufbereitet (vgl. Nias/Groundwater-Smith 1988; Henson 1996; Zeichner/Noffke 2001).

Auch in den deutschsprachigen Ländern hatten sich in den beginnenden 1970er Jahren Stimmen erhoben, die unter der Bezeichnung Aktionsforschung oder Handlungsforschung eine Kritik am traditionell-empirischen Ansatz formulierten und für eine praxisverändernde Forschung plädierten (vgl. z.B. Fuchs 1970/71; Haag/Krüger/Schwärzel/Wildt 1972; Klafki 1973; Moser 1978; zusammenfassend vgl. Altrichter/Gstettner 1993). Zwischen 1972 und 1982 erschienen mehr als 400 Aufsätze und Bücher handlungsforscherischen Inhalts (vgl. Nonne 1989, S. 140). Seit den frühen 1980er Jahren nahm die Attraktivität von Handlungsforschung in der deutschsprachigen akademischen Welt jedoch wieder ab (vgl. Altrichter/Gstettner 1993).

Die englische Aktionsforschung strahlte seit Mitte der 1980er Jahre zunächst nach Österreich aus, wo ein neues Interesse an schulbezogener Aktionsforschung entstand, das sich in Projekten zur Reform des Unterrichts, der Schule und der Lehrerbildung niederschlug (vgl. Altrichter/Thaler 1996; Altrichter 1997). Seit Beginn der 1990er Jahre trifft diese ‚neue Handlungsforschung' auch in Deutschland (Legutke 1992; Fichten 1996; Warnken 1998; Kemnade 1999; Feindt/Meyer 2000) und der Schweiz (Dick 1994; Gautschi/Vögeli-Mantovani 1995; Kuratle 1995; vgl. den Überblick bei Kelchtermans/Vandenberghe/Schratz 1994) auf Interesse.

Aus diesen Quellen schöpfen aktuelle Projekte der Handlungs- und Praxisforschung. Sie verwenden eine Reihe von unterschiedlichen Bezeichnungen für ihre Tätigkeit, wie z.B. Praxisforschung, Lehrerforschung, Handlungsforschung und Aktionsforschung (vgl. Friebertshäuser/Prengel 1997). Trotz unterschiedlicher Akzentuierungen handelt es sich bei diesen Ansätzen offenbar um eine ‚Familie' von Konzepten, die eine gemeinsame Zielrichtung haben. Im folgenden Abschnitt werden einige typische Arbeitsrichtungen eingehender dargestellt.

2 Kontexte von Handlungs- und Praxisforschung

Wir verwenden die Art der sozialen Situierung im Folgenden als Mittel zur Strukturierung unseres Überblicks über den Forschungsstand. Dies hat nicht nur Ordnungs-, sondern auch systematische Gründe: In den unterschiedlichen Kontexten sind teilweise unterschiedliche Handlungslogiken und -loyalitäten vorherrschend, die sich auch in partiell unterschiedlichen Forschungspraktiken niederschlagen.

2.1 Handlungs- und Praxisforschung im Kontext von Lehrerfortbildung

Im angloamerikanischen Raum hat sich ein Sektor der Lehrerfortbildung entwickelt, der sich auf die Philosophie und Praktiken von action research beruft (vgl. z.B. Nias/Groundwater-Smith 1988; Legutke 1992; Hollingsworth 1997). Dass dies im deutschen Sprachraum nicht im gleichen Ausmaß und in der gleichen Geschwindigkeit geschehen ist, hängt wohl damit zusammen, dass eine forschungsorientierte Fortbildung von Lehrerinnen und Lehrern auch entsprechende institutionelle Bedingungen benötigt. Diese sind in den punktuelleren Angeboten von vorwiegend der Bildungsadministration verbundenen Trägern, die in deutschsprachigen Ländern vorherrschen, weniger leicht herzustellen als in längerfristigen Lehrgängen, die im angelsächsischen Raum oft zu zusätzlichen Zertifikaten und Graden führen („award-bearing courses") und von Institutionen des tertiären Sektors angeboten werden.

Lehrerfortbildung als Kontext für Handlungs- und Praxisforschung und die dafür notwendigen organisatorischen und didaktischen Bedingungen sollen im Folgenden am Beispiel des Lehrgangs „Pädagogik und Fachdidaktik für LehrerInnen" (PFL) dargestellt werden (vgl. Krainer/Posch 1996; Altrichter/Posch 1998). Die Entwicklung des Lehrgangs zu Beginn der 1980er Jahre fällt in eine Zeit der Kritik an herkömmlichen Fortbildungsangeboten, die oft einem Transmissionsmodell von Wissen verpflichtet waren (vgl. Legutke 1992). Folgende Gestaltungsmerkmale charakterisieren den PFL-Lehrgang:

1. Längerfristigkeit: Jeder Lehrgang umfasst zwei Jahre. In ihrem Verlauf finden drei einwöchige Seminare und etwa vier so genannte „Regionalgruppen" statt (vgl. Abb. 2).
2. Lernort Schulpraxis: Neben den distanzierteren Situationen, wie sie Seminare und Regionalgruppen bieten, soll die ‚Zeit zwischen den Seminaren', der Lernort ‚eigene Schulpraxis', explizit in die Konzeption des Lehrgangs hereingenommen werden.
3. Ausgangspunkt Berufsprobleme und Kategorien der Praktiker: Der Ausgangspunkt für und der Einstieg in die Fortbildungsarbeit soll durch aktuelle berufliche Probleme in der Wahrnehmung der Teilnehmerinnen und Teilnehmer und nicht durch die aktuellen Fragen der jeweiligen Wissenschaftsdisziplin gestellt werden. Das bestehende Vorwissen der Teilnehmer soll gepflegt und weiterentwickelt werden.
4. Forschung und Entwicklung: Die zentrale Aufgabe der Teilnehmer besteht darin, in den Seminaren ein Entwicklungsprojekt für den eigenen Unterricht zu konzipieren, dieses in der ‚Zeit zwischen den Seminaren' umzusetzen und (mit Hilfe von kollegialer Beratung durch Regionalgruppen) begleitend zu erforschen, die Erfahrungen in einer Fallstudie aufzubereiten und beim nächsten Seminar in Form ‚kollegialer Fortbildung' vorzustellen.
5. Stützsystem und Aufbau einer ‚professional community': Die Lehrgänge werden jeweils durch ein interdisziplinär zusammengesetztes Team von Kursleiterinnen und Kursleitern (aus Fach, Fachdidaktik, Schulpraxis und Pädagogik) konzipiert und umgesetzt. Diese treten einesteils als ‚traditionelle Fortbildner', die durch Vortrag und vorbereitete Lernsituationen ‚didaktische Impulse' geben wollen, anderenteils auch in der Rolle von Moderatoren von Lehrerarbeitsgruppen und Beratern der Entwicklungsprojekte der Teilnehmer auf. Die relativ große Gruppe von etwa 30-40 TeilnehmerInnen wird durch ‚Regionalgruppen' in arbeitsfähige Einheiten unterteilt, die die Fortbildung gemeinsam durchlaufen. Weiter wird darauf Wert gelegt, bei den Seminaren jeweils eine anregungsreiche Arbeitsumgebung zu schaffen: Buchausstellung, Arbeitsunterlagen, Kopiermöglichkeit für Papiere und Tonbänder usw.

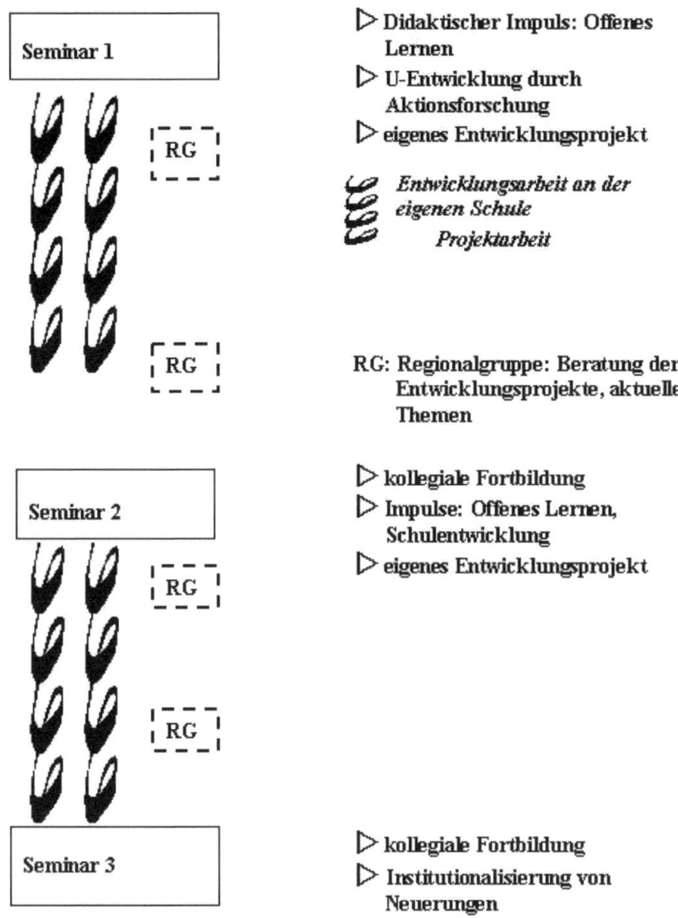

Abb. 2: Grundstruktur eines forschenden Fortbildungslehrgangs

Was tun forschende Lehrerinnen und Lehrer in solchen Lehrgängen konkret? Sie versuchen beispielsweise ‚Offenes Lernen' in ihrer Englischklasse zu realisieren (vgl. Suschnig 1994), Formen innerer Differenzierung weiterzuentwickeln (Siebenhofer 1994), ihr Frageverhalten im Unterricht zu untersuchen (Sorger 1989) oder ihre Strategien, aktive Kommunikation von Schülern im Englischunterricht zu stimulieren, zu verbessern (Morocutti 1989). Sie reflektieren ihre Praxis anhand eigener Tagebuchaufzeichnungen, Schülerinterviews, Beobachtungen eingeladener Kollegen usw. und entwickeln daraus neue Handlungsideen. Auf diese Weise sind in den PFL-Lehrgängen inzwischen über 100 Fallstudien entstanden, die als Beitrag der Lehrgangsteilnehmer zum Berufswissen von Lehrerinnen und Lehrern veröffentlicht wurden[1].

1 Ein Verzeichnis aller veröffentlichten Studien ist erhältlich beim Institut für Unterrichts- und Schulentwicklung der Universität Klagenfurt, c/o Waltraud Rohrer, Sterneckstraße 15, A-9020 Klagenfurt (waltraud.rohrer@uni-klu.ac.at).

Die Übergänge zwischen praxisbezogener Lehrerfortbildung und wissenschaftsorientierter Weiterqualifikation sind fließend, wie sich am Beispiel englischer award-bearing courses zeigen lässt: Manchen der teilnehmenden Praktiker geht es primär um die reflektierte Entwicklung von Praxis, während andere auch einen Beitrag zum wissenschaftlichen Diskurs leisten wollen und können. Manche englische Universitäten werden diesen unterschiedlichen Orientierungen dadurch gerecht, dass sie - auf formal gleichem Niveau - zwischen ‚professionellen' und ‚wissenschaftlichen' Graden unterscheiden, z.B. zwischen M.Ed. (Master of Education) und M.A. (Master of Arts).

In Deutschland haben einige Lehrerinnen und Lehrer das Bielefeld-Kasseler Graduiertenkolleg „Schulentwicklung an Reformschulen" für eine wissenschaftsorientierte Weiterqualifikation genutzt. Das Graduiertenkolleg wurde sieben Jahre lang von der Deutschen Forschungsgemeinschaft mit dem Ziel, Schulentwicklungsprozesse an Einzelschulen zu untersuchen, gefördert. Der Fokus der meisten Qualifikationsarbeiten lag – gemäß der Handlungslogik des Kontextes Universität - auf der Generierung von Erkenntnissen und nicht auf der Weiterentwicklung von Praxis im Zuge des Projekts; allerdings haben sich mehrere teilnehmende Lehrer von Reformschulen im Rahmen ihrer Dissertationen dezidiert zu Erforschern eigener Praxis gemacht. So z.B. Köhler (1997) mit einer Studie zur Glocksee-Schule und ihren Absolventen oder Krammling-Jöhrens (1997) mit einer ethnographischen Studie „Atmosphäre als Wirklichkeitsebene" ebenfalls über die Glocksee-Schule. Weitere Beispiele für Forschungsarbeiten von Lehrern finden sich als Abstracts auf der Internet-Seite des Kasseler Graduiertenkollegs (vgl. http://www.uni-kassel.de/fb1/grad_kol; dort die Arbeiten von Maas, Prokopp, Puhrmann und Zdrazil).

2.2 Handlungs- und Praxisforschung im Kontext von Schulentwicklung

Während sich in der Lehrerfortbildung typischerweise Lehrerinnen und Lehrer verschiedener Schulen individuell weiterqualifizieren (und dann möglicherweise auf Schwierigkeiten treffen, neu entwickelte Kompetenzen in ihren Heimatinstitutionen ausspielen zu können), geht es in der Schulentwicklung um die pädagogische und organisatorische Entwicklung von Einzelschulen. Entwicklungsprozesse – und zwar nicht nur im Bildungswesen, sondern auch bei Profit-Organisationen (vgl. z.B. Probst/Raub 1995) – bedürfen begleitender Reflexion zu ihrer Orientierung und Kritik. Die Komplexität dieser Prozesse und die Notwendigkeit schon im Entwicklungsverlauf Prozessinformationen zu verarbeiten und für die weitere Steuerung zu verwenden schließt oft aufwändige, empirisch-quantitative Methodendesigns aus (vgl. z.B. Hentig 1982, S. 38). Handlungs- und Praxisforschung ist hier für viele die Methode der Wahl.

Die herausragenden Beispiele von Schulen, denen forschende Weiterentwicklung von Anfang als Auftrag mitgegeben wurde, sind im deutschsprachigen Raum die Bielefelder Versuchschulen: Laborschule (vgl. Hentig 1990; Döpp 1997; Thurn/Tillmann 1997) und Oberstufen-Kolleg (vgl. Huber/Asdonk/Jung-Paarmann/Kroeger/Obst 1999). Hartmut von Hentig (1982, S. 28ff.) war bei seiner Konzeption von einer Analyse der Schwierigkeiten des Theorie-Praxis-Verhältnisses ausgegangen, die durch folgende Stichworte skizziert seien: geringe Wirkung von Forschung auf die Praxis, Resistenz der Praxis gegenüber wissenschaftlichen Theorien und Verfahren, ‚Verengung des Blicks der Praktikerinnen und Praktiker bei direkter Übernahme wissenschaftlicher Erkenntnismittel', wenig Zutrauen der Praktiker zur eigenen Erfahrung, Unfähigkeit der verschiedenen Berufsgruppen, aufeinander zu hören usw. „Ich wollte Wissenschaftler und Lehrer in einer relativ kleinen Einrichtung zusammenfassen und zur Zusammenarbeit an dem einen Gegenstand ‚Schule' geradezu zwingen. Lehrer sollten zugleich forschen, Forscher sollten zugleich lehren – und zwar beide im gleichen Maß" (ebd., S. 38f.).

Seit dreißig Jahren arbeiten Lehrerinnen und Lehrer mit Forschungsauftrag an Laborschule und Oberstufen-Kolleg in Kooperation mit Wissenschaftlern an der Entwicklung, Erprobung und Evaluation neuer Formen des Lehrens und Lernens sowie des schulischen Zusammenlebens, was sich in zahlreichen Veröffentlichungen niedergeschlagen hat (vgl. z.B. Döpp/Hansen/Kleinespel 1996; Döpp 1997; Hollbrügge/Kraaz 1997; Tillmann 1997, S. 111ff.; Huber/Asdonk/Jung-Paarmann/Kroeger/Obst 1999; Tillmann/Weingart 2001; auch vgl. http://www.laborschule.de; http://www.uni-bielefeld.de/OSK/).

Wie Praxisforschung zur Weiterentwicklung von Schulen beitragen kann, soll am Beispiel einer weiteren Reformschule, dem Schulverbund Graz-West (vgl. Messner 2001; auch http://www.kluse.asn-graz.ac.at/schulverbund/), erläutert werden. Schon im Gründungskonzept dieses Zusammenschlusses von vier Hauptschulen und eines Gymnasiums galt „Selbstevaluation durch Aktionsforschung" als Merkmal des Schulmodells und als „Anregung und Verpflichtung zu einer anderen Sicht des Lehrerseins und der Integration von Entwicklungsarbeit in den schulischen Alltag" (vgl. Bauer 2001, S. 99). Dennoch dauerte es einige Jahre, bis angemessene Formen solcher Entwicklungsforschung gefunden wurden. So wurde im Schuljahr 1994/95 beschlossen „innere Differenzierung und Leistungsfeststellung" zum Thema schulinterner Fortbildung zu machen und diese in Form eines Forschungs- und Entwicklungsprojekts ablaufen zu lassen. Die Realisierung dieses Vorhabens umfasste folgende Schritte (vgl. Messner 1996, S. 7ff):

(1) Die Schulentwicklungskoordinatorin des Verbundes formte aus Delegierten aller fünf Schulen eine Planungsgruppe und versicherte sich der Mitarbeit externer Moderatoren. (2) Die Planungsgruppe entwickelte ein Design für die Evaluations- und Entwicklungsmaßnahme, das zur Diskussion gestellt wurde. Fragen der Lehrerinnen und Lehrer, die bei dieser Gelegenheit auftauchten, wurden als potenzielle Forschungsfragen aufgenommen. (3) In einem dreitägigen Seminar wurden folgende Programmpunkte bearbeitet: Austausch bisheriger Erfahrungen zum Thema, Entwicklung von Forschungsfragen und Datenerhebung zur bestehenden Praxis, Analyse der Daten, kollegiale Diskussion der Ergebnisse und Entwicklung von Handlungsalternativen. (4) Etwa einen Monat später wurden die Ergebnisse des Seminars in einer zweitägigen Schreibwerkstatt zu veröffentlichbaren Studien ausgearbeitet. (5) Durch diese Veröffentlichung sollten Erfahrungen und Konsequenzen sowohl im Schulverbund als auch anderen interessierten Lehrern zur Verfügung gestellt werden.

Die letztlich entstandenen Studien untersuchten einen Stationenbetrieb im Deutschunterricht, Schüleraufmerksamkeit bei alternativen Lernformen sowie Gruppenarbeit in einer Integrationsklasse (vgl. Messner 1996). Sie bestechen weniger dadurch, dass sie besonders avancierte Neuerungen böten, sondern durch die Art, wie aus Praktikererfahrung echte (und harte) Fragen entwickelt werden, und durch die Ehrlichkeit und Neugier, mit denen angesichts der Daten jene Schwierigkeiten und Unebenheiten thematisiert werden, die mit derlei Innovationskonzepten üblicherweise verbunden sind, die aber gerade angesichts skeptischer Umgebung gerne heruntergespielt werden.

2.3 Handlungs- und Praxisforschung im Kontext der Entwicklung von Schulsystemen

Eine neue Dimension kann Handlungs- und Praxisforschung gewinnen, wenn sie zur systemweiten Stimulierung von Entwicklungstätigkeit eingesetzt wird. Seit 1993 wird im Bundesland Bremen schul- und unterrichtsbezogene Praxisforschung unter dem Titel „Bremer Schulbegleitforschung" von der Schulbehörde durch einen bemerkenswerten Einsatz finanzieller und personeller Ressourcen gefördert. Den beteiligten Lehrerinnen und Lehrern werden Verlagerungsstunden für ihre Forschungstätigkeit gewährt, ein Koordinierungsgremium begleitet die Arbeit in den Forschungsteams und regelmäßige Foren unterstützen den kommunikativen Austausch zwischen den Forschungsteams. Die Zusammenarbeit zwischen Schule, Universität, Fortbildungsinstitut und Schulbehörde, der Ressourceneinsatz für Forschungstätigkeit von Lehrern sowie die damit verbundene Wertschätzung seitens der Bildungsadministration machten das Bremer Modell zu einem besonders bemerkens- und analysierenswerten Beispiel für zukünftige Unterstützungssysteme für Handlungs- und Praxisforschung.

Im Jahr 1993/94 wurde die Bremer Schulbegleitforschung mit 20 Forschungsprojekten begonnen; im Jahr 2001 war die Zahl der geförderten Projekte auf 85 angewachsen. In einem Informationsblatt des Landesinstituts für Schule (2001a) wird Schulbegleitforschung durch vier Aspekte charakterisiert: (1) als wesentlicher und notwendiger Bestandteil von Schulentwicklung, (2) als Orientierung an aktuellen Bedürfnissen der Schulen und bildungspolitischen Entwicklungslinien, (3) als prozessorientierte Handlungsforschung und (4) als Kooperationsraum von Schule, Universität, Schulbehörde und Fortbildungsinstitut. Diese Programmatik wird in Bremen durch eine ganze Reihe von Qualitätsstandards flankiert:

Antragsverfahren: Die Forschungsteams richten an das Koordinierungsgremium Projektanträge, die nach folgenden Kriterien begutachtet werden: Innovationspotenzial, Stand der Konkretisierung, Transferierbarkeit, Transparenz des Vorgehens im Antrag, wissenschaftliche Begleitung. Die Forschungsteams müssen also bereits im Vorfeld des Projekts in einen Planungsprozess eintreten. Die Förderung eines Forschungsantrages erfolgt zunächst für ein Jahr (mit der Option auf Verlängerung) und ist mit einer partiellen Freistellung der antragstellenden Lehrkräfte für ihre Forschungstätigkeit verbunden (angestrebt wird ein unterrichtsfreier Tag).

Unterstützungsstruktur: Neben der Begutachtung der Forschungsanträge übernimmt das ‚Koordinierungsgremium Schulbegleitforschung' auch die Betreuung und Beratung der Teams. Es werden Workshops zu Forschungsmethoden, Projektmanagement, Moderation, Evaluation, Dokumentation und Präsentation sowie Sprechstunden zur Projektberatung und Supervision für Teams angeboten (vgl. Kemnade 2000). Die wissenschaftliche Begleitung der Forschungsprojekte durch Wissenschaftler der Universität Bremen bzw. anderer wissenschaftlicher Einrichtungen ist verbindlich, ihre Form und Intensität variieren aber stark zwischen den einzelnen Projekten.

Kommunikation und Reflexion der Forschungsergebnisse und -prozesse: Die Teams sind verpflichtet einen Endbericht zu verfassen, der Vorgehen, Ergebnisse und Konsequenzen zusammenfasst und nachvollziehbar macht. Diese Berichte werden vom Koordinierungsgremium veröffentlicht. Auf den jährlich stattfindenden ‚Foren Schulbegleitforschung', die während mehrerer Tage Vorträge, Workshops und Präsentationen bieten, wird die gesamte Bandbreite der Schulbegleitforschung der pädagogischen Öffentlichkeit zur Diskussion gestellt.

Inhaltlich zentrieren sich die einzelnen Forschungsprojekte um folgende Schwerpunkte (vgl. Landesinstitut für Schule 2001a): 1. Schulstruktur und Schulkultur sowie Schul- und Personalentwicklung; 2. interne und externe Evaluation von Schule und Unterricht; 3. Schule und Gesellschaft; 4. veränderte Lerninhalte und Lernkonzepte. Das Gros der Forschungsprojekte bezieht sich auf den vierten Schwerpunkt und zielt auf die Implementierung neuer Lehr- und Lernformen sowie neuer curricularer Elemente, die dann im Rahmen einer Evaluationsstudie auf ihre Tauglichkeit hin untersucht werden. Im Bund der Forschungsprojekte existieren aber auch schulgeschichtliche Forschungen, Evaluationen von Schulprofilen, Absolventenstudien oder Biographieforschungsprojekte (vgl. Landesinstitut für Schule 2001b), für die praktische Veränderungsintentionen nicht prioritär sind.

Bislang fanden zwei Evaluationen der Bremer Schulbegleitforschung statt. Die erste, eine quantitative Fragebogenerhebung, wurde vom Koordinierungsgremium Schulbegleitforschung selbst durchgeführt (vgl. Kemnade 1996), die zweite, eine qualitative Untersuchung mit themenzentrierten Interviews wurde an externe Wissenschaftler vergeben (vgl. Kolzarek/Lindau-Bank 2000). Vor allem zwei Aspekte werden in diesen Evaluationen deutlich: Die Wirksamkeit der Schulbegleitforschung auf Schule und Unterricht wird von den Beteiligten hoch eingeschätzt und die Wichtigkeit der Arbeit des Koordinierungsgremiums als Unterstützung für die einzelnen Forschungsprojekte wird betont.

2.4 Handlungs- und Praxisforschung im Kontext universitärer Lehrerbildung

Die universitäre Lehrerbildung ist in allen deutschsprachigen Ländern in Bewegung gekommen (vgl. Terhart 2000; Beck/Horstkemper/Schratz 2001). Dies hängt einesteils mit steigendem Druck von außen zusammen, der Mängel in der berufsorientierten Qualifikation von Lehrerinnen und Lehrern kritisiert; anderenteils mit der Reorganisation der Studienlandschaften und schließlich auch mit innerwissenschaftlichen Entwicklungen, vor allem mit der professionstheoretischen Reformulierung des Lehrerhandelns (vgl. Dewe/Ferchhoff/Radtke 1992; Combe/Helsper 1996). In diesem Zusammenhang sind nach den ersten Ansätzen im englischen Sprachraum (vgl. z.B. Nias/Groundwater-Smith 1988; Zeichner 1992) auch im deutschsprachigen Gebiet Vorschläge zu einer reflexiven Lehrerbildung (vgl. Dick 1994; Altrichter 1995; Dirks/Hansmann 1999; Ohlhaver/Wernet 1999; Beck/Helsper/Heuer/Stelmaszyk/Ullrich 2000; Feindt/Meyer 2000) vorgetragen worden, in denen auf verschiedene Weise die Reflexion und Erforschung beruflicher Praxis durch Lehramtstudierende in die universitäre Lehrerbildung integriert wird:

Bei den reflektierenden oder forschungsorientierten Praktika ähnelt das Setting am stärksten der an Praxisforschung orientierten Lehrerfortbildung. Im Schulpraktikum haben Studierende die Möglichkeit ihre eigene Unterrichtspraxis forschend weiterzuentwickeln (vgl. Altrichter/Lobenwein 1999). Forschungswerkstätten hingegen eröffnen als „Strukturorte der Reflexivität“ (vgl. Dirks 1999) Lehramtsstudierenden die Möglichkeit, schul- und unterrichtsbezogene Fragestellungen entlastet von eigener Unterrichtstätigkeit zu bearbeiten. Sie erforschen z.B das praktische Wissen von Expertenlehrern (Dick 1994), analysieren Schulprofile (vgl. Schneider/Wildt 2001) oder Fragestellungen aus Schulentwicklungsprozessen (vgl. Bastian/Combe/Hellmer/Hellrung/Roggatz 2002). In diesen Fällen wird fremde Praxis erforscht, wodurch Strategien und Kategorien erworben werden sollen, die später bei der Reflexion eigener Praxis benötigt werden.

Das kooperative Forschungssetting der Team-Forschung stellt eine weitere hochschuldidaktische Variante dar, in der Lehramtstudierende gemeinsam mit Lehrern und Referendaren

Praxis erforschen und weiterentwickeln (vgl. Feindt 2000; Junghans/Meyer 2000; Fichten/Gebken/Obolenski 2006). Team-Forschung zielt auf die Weiterentwicklung schulischer Praxis, die Generierung neuer Erkenntnisse und die Professionalisierung der Beteiligten. Die Idee einer professionstheoretisch begründeten Triangulation ist dabei das konstitutive Merkmal des Konzeptes (vgl. Feindt/Dirks/Meyer 2002). Zum einen soll das Setting des Teams die Diskussion unterschiedlicher Perspektiven ermöglichen, denn die Teammitglieder forschen nicht allein, sondern müssen ihre Deutungen mit denen der anderen Teammitglieder kommunizieren. Darüber hinaus repräsentieren Studierende, Referendare und Lehrer unterschiedliche Wissens- und Handlungslogiken, die eine je spezifische Sicht auf die Dinge implizieren. In den Worten zweier beteiligter Studentinnen und einer Lehrerin: „Bei einer Konstellation, wie sie in der Teamforschung vorliegt, können die verschiedenen beteiligten ‚Parteien' von der Perspektivenverschränkung profitieren: Die Lehrkräfte bekommen von den Studenten Anstöße, ihre Praxis neu zu betrachten, andere Sichtweisen zu gewinnen, während die StudentInnen durch Diskussionen mit den Lehrkräften und nicht zuletzt durch die Rückkopplung der Ergebnisse an die Schülerschaft Schule aus einem anderen Blickwinkel erfahren können, als sie es etwa aus Praktika gewohnt sind" (Bruns/Glindkamp/Robbe 1999, S. 21f.). Auf einer zweiten Ebene soll ein Perspektivwechsel durch die methodisch unterstützte Datenerhebung, -aufbereitung und -auswertung initiiert werden, der soziale Phänomene auf eine andere Repräsentationsebene transformieren und unbekannte Perspektiven eröffnen kann.

Zu Beginn eines gemeinsamen Forschungsprojektes stellen die beteiligten Lehrer und Referendare ihre Forschungsfragen vor, die sie aus ihrer alltäglichen Praxis in das Projekt einbringen. Die Studierenden ordnen sich dann je nach Interessen (und Sympathie) der einen oder anderen Fragestellung zu. Danach wird die Arbeit an den Forschungsfragen in den Teams weitergeführt (Eingrenzung der Fragestellung, Verfassen eines Exposés, Kontaktaufnahme zum Feld), während im Plenum alle Forschungsteams gemeinsam in wissenschaftstheoretische, methodologische und forschungspraktische Grundlagen der Team-Forschung eingeführt werden. Danach durchlaufen die einzelnen Teams die klassischen Phasen von Forschungsvorhaben: Datenerhebung, -aufbereitung und -auswertung. In dieser Zeit stehen die Mitarbeiter der Forschungswerkstatt für forschungspraktische Beratung zur Verfügung (Passt die Methode zu unserem Erkenntnisinteresse? Wie können wir Sinn aus unseren Daten gewinnen? etc.).

Die Rückmeldung an und die Weiterentwicklung der Praxis sind die vielleicht diffizilsten Punkte in Teamforschungsvorhaben. Die Resultate werden zunächst an einem Präsentationstag den anderen Forschungsteams vorgestellt. Die Rückmeldung in den Schulen gestaltet sich oftmals schwieriger, besonders wenn die Forschung auch Belange von nicht im Team mitwirkenden Lehrern betroffen hat (z.B. häufig bei Schulentwicklungsfragen). Im Sinne eines iterativen Wechsels von Reflexion und Aktion geht es danach darum, die Forschungsergebnisse für eine Weiterentwicklung der Schul- und Unterrichtspraxis der beteiligten Lehrenden zu nutzen. Die in der Konzeption vorgesehene Beteiligung der Studierenden an diesem Prozess gelingt jedoch nicht immer, da Rahmenbedingungen des Studiums die Mitarbeit der Studierenden über zwei und mehr Semester erschweren.

3 Offene Fragen und Forschungsperspektiven

Abschließend sollen einige Kritikpunkte, die gegen Ansätze der Handlungs- und Praxisforschung vorgebracht werden, diskutiert und Perspektiven für die weitere Entwicklung dieser Forschungskonzeption formuliert werden.

3.1 Praxisforschung als Forschungs- und Entwicklungsstrategie

Der Großteil der hier vorgestellten Projekte scheint unter dem Primat der Entwicklung zu stehen. Was primär interessiert, ist die Weiterentwicklung des Unterrichts und der Schule in ihren verschiedenen Systembezügen. Das Verstehen sozialer Phänomene und deren Reflexion haben ihren Stellenwert, doch stehen sie langfristig im Dienste der Entwicklungsziele, sind deren Instrument. Die Ergebnisse sind stark aktionsorientiert - eine veränderte Praxis, ein Bericht über Veränderungserfahrungen, Materialien für neue Unterrichtskonzepte usw. – und haben selten den Anspruch, einen impact auf den wissenschaftlichen Diskurs zu machen.

Angesichts solcher Schwerpunktsetzungen sind immer wieder Anfragen an den Forschungscharakter von Handlungs- und Praxisforschung gestellt worden (vgl. Altrichter 1990, S. 157ff.). Wenn Praktiker – vielleicht auch in Kooperation mit Wissenschaftlern – nachdenken und ihren Unterricht weiterentwickeln, ist das schon Forschung? Zweifel an Wissenschaftlichkeit nähren sich oft aus folgender Sorge: Kann Forschung ihr kritisches und entdeckendes Potenzial entfalten, wenn das Begehren auf bestimmte Handlungsziele gerichtet ist? Sind Praktiker so involviert in ihre Praxis, dass sie sich gar nicht von ihr distanzieren können? Der Einwand basiert auf der Annahme, dass zu enger Kontakt mit den Betroffenen oder die Rollenübernahme im Feld zur Identifizierung oder Loyalität mit bestimmten, im Feld eingeführten Deutungsmustern führen könnte. Dies ist nun eine echte Gefahr, die allerdings auch andere Forschungsrichtungen betrifft (vgl. z.B. das going native in der Ethnologie). Allein das Problem ist nicht durch physische Distanzierung zu lösen, sondern eher durch eine immer wieder herzustellende Balance zwischen Distanz und Involvierung und wiederum distanzierter Reflexion dieser Involvierung (vgl. ebd., S. 159ff.): „Situative Distanz ist nicht so sehr von faktischer oder räumlicher Distanz allein abhängig als vielmehr von der Fähigkeit, subjektiv Distanz zu schaffen (ähnlich beispielsweise der Distanz des Psychoanalytikers). Zur situativen Distanz gehört auch, dass sie dauernd wieder überschritten wird. Diese Überschreitung bleibt aber im Bewusstsein" (Hameyer 1984, S. 175). Subjektive Distanzierung der forschenden Praktiker von ihrer eigenen Praxis ist also ein entscheidendes Element: Wenn Handlungsforschung die erhofften Wirkungen in Hinblick auf eine Reflexion und Weiterentwicklung von Praxis zeigen soll, dann müssen sich die Forschenden auf eine „Konversation mit der Situation" (Schön 1983) einlassen, die durch „'Offenheit' für neu sichtbar werdende Aspekte im Forschungsprozess" (Prengel 1997, S. 613) bzw. durch einen „doppelten Blick" („double vision") gekennzeichnet ist: „At the same time that the inquirer tries to shape the situation to his frame, he must hold himself open to the situation's back-talk" (Schön 1983, S. 164). Kompetente praktische Handlung muss immer beides tun, „zur Praxis stehen" und „die Praxis kritisch reflektieren". Wie über einen längeren Zeitraum hinweg eine sinnvolle Balance zwischen diesen beiden Elementen erzielt werden kann, ist zwar praktisch nicht so einfach; gerade darauf, auf die Entwicklung handlungsbezogener Reflexivität, richtet sich aber der Kern der Strategien und des Inventars der Praxisforschung. In unserer Interpretation wird auf drei Ebenen versucht eine reflexive Haltung von Praktikern zu stützen:

(1) Soziale Einbettung von Praxisforschung und abgestufte Öffentlichkeit: Typisch für die meisten Handlungsforschungsansätze ist, dass sie die Arbeit einzelner forschender Praktiker in Gruppen einbetten, die wiederum in größeren Projektzusammenhängen verbunden sind. Ähnlich dem Setting von Forschungswerkstätten (vgl. z.B. Schütze 1993) soll es in diesen Gruppen möglich sein, die eigenen Deutungen dokumentierter Phänomene mit denen der anderen Beteiligten zu diskutieren, dabei aber auch eingefahrene Deutungsmuster zu transzendieren und das bislang Verborgene in den Dokumenten zu entdecken. Die Orientierung auf Veröffentlichung der Ergebnisse von Praktikerforschung ist ein hier mitzudenkendes Korrektiv: Es soll verhindern, dass die Interpretationsarbeit in vertrauensvollen Kleingruppen zur selbstbestätigenden Nabelschau gerät; vielmehr sind sie als ein – temporär und partiell geschütztes – Übungsfeld zu verstehen, das die Beschäftigung mit überraschenden Perspektiven auf die eigene Praxis und deren Verarbeitung für die eigene ‚praktische Theorie' fördern soll. Diese beiden Orientierungen können durch die Idee der abgestuften Öffentlichkeit miteinander verbunden werden: So verlangen beispielsweise die englischen Lehrerforscher von forschenden Praktikern nicht, jederzeit vor der Öffentlichkeit über ihre Entwicklungsprojekte zur Auskunft bereit zu sein. Vielmehr wird der Lern- und Forschungsprozess zunächst in eine kleine – selbst gewählte und durch besondere Vertrauensbedingungen gekennzeichnete – Gruppe von Kollegen eingebettet. In dieser können Argumente erprobt, weiterentwickelt und für nächstgrößere Öffentlichkeiten, z.B. Vernetzung von Lehrergruppen, Praktiker-Tagungen, frei ausgeschriebene Lehrerfortbildungskurse, Präsentationen vor Eltern, im Stadtteil usw., vorbereitet werden.

(2) Forschungsfaustregeln und ethische Codes: Einige Ansätze der Handlungsforschung versuchen die Arbeit der Praxisforscher und deren Zusammenarbeit mit anderen betroffenen Personen durch verschiedene Regeln zu orientieren. So fordert das ethische Postulat, in Lehrergruppen als „kritische Freunde" zu agieren, in Empathie für die Komplexität des Lehrerberufs zu handeln und dosierte Herausforderungen und alternative Perspektiven zu bieten. So empfiehlt die Faustregel der Konfrontation unterschiedlicher Perspektiven, durch Datensammlung und Interpretationsangebote verschiedene Perspektiven auf die zu untersuchende Situation zu sammeln und etwaige ‚Diskrepanzen' zwischen diesen als Ausgangspunkt für die Weiterentwicklung von praktischen Theorien und Handlungsstrategien zu nehmen (vgl. Altrichter/Posch 2007, S. 17). Diese Faustregeln machen einesteils die epistemologische Struktur des Forschungsansatzes in handlungsorientierter Form klar; sie sind aber selbst als Hypothesen zu verstehen, die einer begleitenden Forschung, second order action research (Elliott 1985; vgl. auch Feyerabend 1977, S. 368), auszusetzen sind.

(3) Werkzeugkiste von Praktikerforschungsmethoden: Darüber hinaus versuchen viele Aktionsforscher eine Werkzeugkiste von Forschungsmethoden und Arbeitsformen aufzubauen, die Beispiele und Anregung dafür bieten, wie diese forschungsmethodologischen und -ethischen Postulate konkret interaktionell umgesetzt werden können (vgl. Moser 1997; Altrichter/Posch 2007). So enthalten verschiedene Vorschläge für Datensammlungsmethoden und andere Arbeitsformen Hinweise für den Umgang mit der Balance zwischen Reflexion und konstruktiver Handlung. So dosiert beispielsweise eine kollegiale Beratungsmethode, wie das Analysegespräch, das Verhältnis zwischen Bestätigung und Herausforderung (vgl. Altrichter/Posch 2007, S. 85ff.). Diese ‚Werkzeugkiste' besteht keineswegs nur oder zumeist aus originären Methoden und Arbeitsformen. Aus der methodologischen Diskussion und Praxis der Sozialforschung lassen sich vielerlei Techniken, Methoden und Settings ableiten, die reflexive Forschungshaltungen von Praxisforschern unterstützen können (vgl.

z.B. Strauss/Corbin 1996, S. 56ff.). Der Frage, inwiefern diese Strategien zur Förderung von Reflexivität und Selbstkritik – die im übrigen für jegliche Forschungsprozesse prekäre Elemente sind – einen konstruktiven Beitrag leisten, sollte unserer Anschauung nach verstärkt im Rahmen von second order action research nachgegangen werden.

3.2 Praxisforschung als ‚Normalwissenschaft'

Im vorhergehenden Abschnitt wurden verschiedene Vorkehrungen erörtert, mit denen Handlungs- und Praxisforschung die Chance auf subjektive Distanzierung und Reflexivität von Praktikern erhöhen will. Diese machen aber die Produkte der Reflexion noch nicht automatisch zu ‚Wissenschaft'. Als Wissenschaft gilt nach Kuhn (1978) eine Untersuchung nicht bloß aufgrund der Tatsache, dass sie von professionellen Wissenschaftlern verfertigt wurde oder spezielle Methoden angewandt hat, sondern erst wenn sie sich historisch in einem Diskurs einer scientific community bewährt. Auch Praxisstudien sind daher nicht sofort ‚Wissenschaft' oder ‚Nicht-Wissenschaft'. Aber die scientific community der Erziehungswissenschaftler wäre schlecht beraten Praktiker-Studien systematisch zu übersehen. In diesem Sinne sehen wir Handlungs- und Praxisforschung als einen Beitrag zur Weiterentwicklung wissenschaftlichen Wissens, das sich – wie alle anderen Beiträge – in einem wissenschaftlichen Diskurs bewähren muss (vgl. Altrichter 1990). Hier liegt nun tatsächlich eine Schwäche der bisherigen Handlungs- und Praxisforschung in den deutschsprachigen Ländern. Viele der Studien und gerade häufig jene, die von Praktikern verfasst wurden, wurden in ‚grauen Reihen' publiziert, die der Berücksichtigung dieser Arbeiten im wissenschaftlichen Diskurs nicht gerade förderlich sind.

Angesichts einer ausgeprägten Partikularität und Lokalität von Praxisforschung sollte es unserer Einschätzung nach ein – gegenwärtig zu wenig aktiv verfolgtes – Anliegen von Handlungsforschern sein, in Aktionsforschungsprojekten andere vorliegende Einzelstudien (aus verschiedenen Forschungstraditionen) kritisch zu vergleichen und aufeinander zu beziehen. Diese Idee einer akkumulierenden Wissenschaft ist innerhalb einer alternativen Forschungsrichtung, wie es die Praxisforschung nun einmal ist, nicht unumstritten (vgl. z.B. Hull/Rudduck/Sigsworth/Daymond 1985, S. 109). Die Mehrzahl der Theoretiker der englischen action research-Bewegung verzichtete jedoch nicht auf den Anspruch Studien über lokale Fälle zueinander in Beziehung zu setzen und nach überlokal bedeutsamen Ergebnissen zu fragen (vgl. Elliott 1984). Das Instrument, das den Praxisforschern für die Generierung von generelleren Aussagen und von Theorie aus der Vielzahl von Einzelstudien und Evaluationsaussagen beschränkter Reichweite zur Verfügung steht, ist die cross case analysis, die fallübergreifende Kontrastierung. So wurden beispielsweise für das Buch „Mikropolitik der Schulentwicklung" vierzehn Lehrerfallstudien in Hinblick auf generellere Hypothesen über Innovationsprozesse untersucht (vgl. Altrichter/Posch 1996, S. 59ff.). Anhand dieses Materials wurden in einem zweiten Schritt Vorschläge zu einer strukturationstheoretischen Interpretation schulischer Entwicklungsprozesse vorgelegt (vgl. ebd., S. 96ff.).

Der Idee einer ‚akkumulierenden Forschungstradition' steht wahrscheinlich aber auch entgegen, dass im weiten Feld der Handlungs- und Praxisforschung, den Akteuren die Pflege ihrer Eigenständigkeit oft wichtiger als der Diskurs miteinander ist. Die dadurch entstehende Unübersichtlichkeit verhindert – wie Feyerabend angemerkt hätte – sicherlich eine erkenntniseinschränkende Hegemonie eines Ansatzes, sie ist aber auch – um auf Kuhn umzuschwenken – der Durchsetzung und dem Status des Konzepts in der Fachdiskussion hinderlich.

Dennoch ist in den letzten Jahren eine Zunahme jener normalwissenschaftlichen Instrumente, wie z.B. Publikationsorgane, Tagungen, Lukrieren von Projektmitteln bei Forschungsförderungsfonds usw., an denen die aktuelle Bedeutung einer Forschungsrichtung abgelesen werden kann, zu beobachten. Handlungs- und Praxisforschern stehen einige Fachtagungen zur Verfügung, um ihre Forschungsergebnisse und -erfahrungen zur Diskussion zu stellen. Hier sind v.a. die Tagungen des „Nordverbunds Schulbegleitforschung", die seit 1996 jedes Jahr an norddeutschen Universitäten stattfinden, sowie das jährlich stattfindende Forum Schulbegleitforschung in Bremen zu nennen. Die englischsprachige Aktionsforschung hat eine eigene vierteljährlich erscheinende referierte Zeitschrift, „Educational Action Research". Über Internet bekommt man Zugang zu dem international agierenden Collaborative Action Research Network (CARN; http://www.mmu.ac.uk/carn/), zu elektronischen Journalen, in denen praktische Erfahrungen, methodische Zugangsweisen und unterschiedliche Interpretationskonzepte diskutiert werden (z.B. http://www.scu.edu.au/schools/gcm/ar/ari/arehome.html) oder zu Sammlungen von Internet-Ressourcen (http://www.goshen.edu/soan/soan96p.htm). Für die deutschsprachige Handlungs- und Praxisforschung gibt es keine spezialisierte Zeitschrift. Ihre Publikationen finden sich eher in Sammelbänden, in den Dokumentationen der Tagungen des „Nordverbunds Schulbegleitforschung" (vgl. Fichten 1996; Warnken 1998; Kemnade 1999; Feindt/Meyer 2000; Dirks/Hansmann 2002) bzw. der Bremer Schulbegleitforschung (vgl. z.B. Landesinstitut für Schule 2002), in ‚grauen' Fallstudienreihen und in praktikerorientierten pädagogischen und fachdidaktischen Zeitschriften.

Beim Ausbau dieser ‚normalwissenschaftlichen Instrumente' ohne Segregierung von anderen Forschungsansätzen liegt, wenn sich Handlungs- und Praxisforschung als eine Forschungsrichtung mit eigenständigem Potenzial etablieren will, eine wichtige Zukunftsaufgabe. Diese ist wahrscheinlich nicht von forschenden Praktikern alleine zu bewältigen, sondern bedarf der Mitarbeit von hauptberuflichen Wissenschaftlern, die an der Pflege des Reflexionspotenzials pädagogischer Praxis und an dessen Ergebnissen interessiert sind.

3.3 Inhaltliche Schwerpunkte künftiger Handlungs- und Praxisforschung

Abschließend sollen einige Themenfelder, in denen Handlungs- und Praxisforschung als zukunftsträchtig erscheint, zur Diskussion gestellt werden. Hier ist zunächst einmal die didaktische und fachdidaktische Entwicklungsarbeit zu nennen: Die Ergebnisse der internationalen Leistungsvergleichsstudien TIMSS und PISA sind in den deutschsprachigen Ländern als nicht befriedigend interpretiert worden (vgl. z.B. Baumert 1998; OECD 2001). Dort wo sie (erfreulicherweise) Nachdenken angeregt haben, sind vor allem zwei Aspekte schulischen Lernens in Diskussion gekommen: Erstens scheinen Schulen – insbesondere in Deutschland und in Österreich – in den gemessenen Leistungsmerkmalen häufig rezeptives Lernen zu fördern; zweitens produzieren sie relativ große Leistungsunterschiede in der Schülerpopulation. Daraus scheinen sich in der Diskussion vor allem folgende Aufgaben herauszuschälen für die die verschiedenen Strömungen der Handlungs- und Praxisforschung u. E. etwas anzubieten haben:

(1) Es müssen verstärkt solche Unterrichtsverfahren entwickelt und (fach-)didaktisch aufbereitet werden, die tiefergehendes Verstehen der gelernten Phänomene und das Anwenden in nicht-schulischen Situationen fördern.

(2) Sowohl Unterrichtsverfahren als auch Schul- und Unterrichtsorganisation müssen verstärkt in Hinblick auf unerwünschte differenzierende Effekte untersucht werden, die dazu führen, dass ein – im Vergleich mit anderen Ländern hoher – Teil der Schülerpopulation mit einem

alarmierend niedrigen Niveau basaler Kompetenzen (z.B. Lesefähigkeit) die Schule verlässt.

(3) Da die unter (1) und (2) postulierten Unterrichtsmuster (zumindest partiell) schon bekannt sind, scheint der Bedarf nicht alleine Neuentwicklungen zu betreffen. Vielmehr geht es drittens auch – und wahrscheinlich primär – darum, Lehrerinnen und Lehrern diese Unterrichtsverfahren in einer Weise nahe zu bringen, die ihnen praktikabel sowie gewinnbringend für ihre Schüler und sich selbst erscheinen. Dies kann nicht in Form einer kulturellen Invasion oder allein durch Auftrag von oben geschehen, sondern muss auf der Expertise und den Entwicklungsfähigkeiten der Lehrenden aufbauen, sie aktivieren und stützen.

Als weiteres zukunftsträchtiges Arbeitsfeld ist das der Lehrerbildung zu nennen. Englischsprachige Handbücher zur Lehrerbildung enthalten meist Artikel zur Handlungs- und Praxisforschung (vgl. Henson 1996; Zeichner/Noffke 2001). In Deutschland gibt es in jüngster Zeit ein Krisenbewusstsein, das vielleicht Bereitschaften zu didaktischen und organisatorischen Veränderungen eröffnet (vgl. z.B. Terhart 2000; Beck/Horstkemper/Schratz 2001). Zusätzlich scheinen sich neue – unter dem Sammelnamen „konstruktivistisch" – diskutierte Lernvorstellungen, die schon früher im Schulwesen erprobt wurden, nun auch ihren Weg in die universitäre Lehrerbildung zu bahnen. Viele Settings der Handlungs- und Praxisforschung können als Praxistest für einen solchen Lernbegriff angesehen werden (vgl. Abschnitt 2.4), der über das Lager der Handlungsforscher hinaus Aufmerksamkeit findet, was sich in den Diskussionen über Forschendes Lernen in der Lehrerbildung niederschlägt (vgl. Horstkemper/Beck 2001; Dirks/Hansmann 2002; Obolenski/Meyer 2006).

Schließlich ist das Feld der Organisationsentwicklung von Bildungsinstitutionen zu nennen. Hier sind im Zuge der (in verschiedenen Ländern unterschiedlich weit gehenden) Politik der „Schulautonomisierung" neue Aufgaben auf Schulen übertragen worden, die Entwicklungsarbeit vor Ort ebenso wie ihre Reflexion und Evaluation erfordern. Daraus könnte sich ein Impuls für die theoretische und forschungsmethodische Weiterentwicklung der Handlungsforschung ergeben: Einesteils gibt es schon lange Richtungen einer professionellen Organisationsentwicklung, die ihre Tätigkeit handlungsforscherisch konzipieren (vgl. z.B. French/Bell 1990). Auf der anderen Seite steht diese Forschungsrichtung, die historisch im Bildungswesen von Unterrichtsforschung und -entwicklung ihren Ausgang genommen hat und die in ihrem Zentrum handlungstheoretische Bestimmungen hat, in Gefahr ihr Augenmerk allein auf die Ebene der Interaktionen und personalen Prozesse zu richten und die Ebenen von Organisation und System in ihrer Forschung und in ihren Theoretisierungen als sekundär zu behandeln. Ein verstärktes Engagement bei der Begleitung und Erforschung von Organisationsentwicklungsprozessen könnte so die Verbindung praxisforscherischer Argumentationen und Strategien mit organisations- und strukturtheoretischen Konzepten (vgl. Altrichter/Salzgeber 1996) notwendig machen.

Literatur

Altrichter, H.: Ist das noch Wissenschaft? München 1990

Altrichter, H.: Do we need an alternative methodology for doing alternative research? In: Zuber-Skerritt, O. (Ed.): Action Research for Change and Development. Aldershot/Brookfield 1991, pp. 79-92

Altrichter, H.: Lehrertätigkeit als Forschung im Kontext der Praxis. In: Gautschi, P./Vögeli-Mantovani, U. (Hrsg.): Theoretische Konzepte und praktische Beispiele für die Forschung in der Grundausbildung und Fortbildung von Lehrerinnen und Lehrern. Aarau 1995, S. 21-44

Altrichter, H.: Practitioners, Higher Education and Government Initiatives in the Development of Action Research: The Case of Austria. In: Hollingsworth, S. (Ed.): International Action Research. London/Washington DC 1997, pp. 30-39

Altrichter, H.: Handlung und Reflexion bei Donald Schön. In: Neuweg, G.H. (Hrsg.): Wissen-Können-Reflexion. Innsbruck 2000, S. 201-221

Altrichter, H.: Die Rolle der ‚professional community' in der Lehrerforschung. In: Dirks, U./Hansmann, W. (Hrsg.): Forschendes Lernen in der Lehrerbildung. Bad Heilbrunn 2002, S. 17-36

Altrichter, H./Gstettner, P.: Aktionsforschung – ein abgeschlossenes Kapitel der deutschen Sozialwissenschaft? In: Sozialwissenschaftliche Literatur Rundschau 16 (1993) 26, S. 67-83

Altrichter, H./Posch, P. (Hrsg.): Mikropolitik der Schulentwicklung. Innsbruck 1996

Altrichter, H./Posch, P.: Einige Orientierungspunkte für ‚nachhaltige Lehrerfortbildung'. In: Herber, H.J./Hofmann, F. (Hrsg.): Schulpädagogik und Lehrerbildung. Innsbruck 1998, S. 245-259

Altrichter, H./Posch, P.: Lehrerinnen und Lehrer erforschen ihren Unterricht. Bad Heilbrunn 2007

Altrichter, H./Salzgeber, S.: Zur Mikropolitik schulischer Innovation. In: Altrichter, H./Posch, P. (Hrsg.): Mikropolitik der Schulentwicklung. Innsbruck 1996, S. 96-169

Altrichter, H./Thaler, M.: Aktionsforschung in Österreich: Entwicklungsbedingungen und Perspektiven. In: Juna, J./Kral, P. (Hrsg.): Schule verändern durch Aktionsforschung. Innsbruck 1996, S. 89-120

Bauer, C.: 10 Jahre Selbstevaluationsbemühungen und Qualitätsentwicklungsprojekte im Schulverbund Graz-West. In: Messner, E. (Hrsg.): Chancen für Kinder, Chancen für Schulen. Graz 2001, S. 99-101

Baumert, J.: TIMSS – Mathematisch-naturwissenschaftlicher Unterricht im internationalen Vergleich – Anlage der Studie und ausgewählte Befunde. In: List, J. (Hrsg.): TIMSS: Mathematisch-naturwissenschaftliche Kenntnisse deutscher Schüler auf dem Prüfstand. Köln 1998, S. 13-65

Bastian, J./Combe, A./Hellmer, J./Hellrung, M./Roggatz, C.: Forschungswerkstatt Schulentwicklung – Schulbegleitforschung in der Hamburger Lehrerbildung. In: Dirks, U./Hansmann, W. (Hrsg.): Forschendes Lernen in der Lehrerbildung. Bad Heilbrunn 2002, S. 129-141

Beck, C./Helsper, W./Heuer, B./Stelmaszyk, B./Ullrich, H.: Fallarbeit in der universitären LehrerInnenbildung. Opladen 2000.

Beck, E./Horstkemper, M./Schratz, M.: Lehrerinnen- und Lehrerbildung in Bewegung. In: Journal für LehrerInnenbildung 1 (2001), S. 10-28

Bruns, I./Glindkamp, B./Robbe, M.: ‚Knorke Schule' oder ‚Anstalt für Versuchskaninchen'? In: Kemnade, I. (Hrsg.): Schulbegleitforschung und Lernwerkstätten. Oldenburg 1999, S. 18-22

Collier, J.: United States Indian Administration as a laboratory of ethnic relations. In: Social Research 12 (1945), pp. 265-305

Combe, A./Helsper, W. (Hrsg.): Pädagogische Professionalität. Frankfurt a.M. 1996

Deakin University: The Action Research Reader. Geelong/Vic 1988

Dewe, B./Ferchhoff, W./Radtke, F.-O. (Hrsg.): Erziehen als Profession. Opladen 1992

Dick, A.: Vom unterrichtlichen Wissen zur Praxisreflexion. Bad Heilbrunn 1994

Dirks, U.: Bilder von ‚guten' LehrerInnen im Spiegel einer doppelten Kasuistik. In: Dirks, U./Hansmann, W. (Hrsg.): Reflexive Lehrerbildung. Weinheim 1999, S. 85-122

Dirks, U.: Wie werden LehrerInnen professionell? Münster 2000

Dirks, U./Hansmann, W. (Hrsg.): Reflexive Lehrerbildung. Weinheim 1999

Dirks, U./Hansmann, W. (Hrsg.): Forschendes Lernen in der Lehrerbildung. Bad Heilbrunn 2002

Döpp, W.: Das Lehrer-Forscher-Modell an der Laborschule Bielefeld. In: Friebertshäuser, B./Prengel, A. (Hrsg.): Handbuch qualitative Forschungsmethoden in der Erziehungswissenschaft. Weinheim 2003, S. 628-639

Döpp, W./Hansen, S./Kleinespel, K.: Eine Schule für alle Kinder. Weinheim 1996

Elliott, J.: Improving the Quality of Teaching Through Action Research. In: FORUM 26 (1984), 3, pp. 74-77

Elliott, J.: Facilitating educational action research: some dilemmas. In: Burgess, R. (Ed.): Field Methods in the study of education. London 1985, pp. 235-262

Feindt, A.: Team-Forschung – Ein phasenübergreifender Beitrag zur Professionalisierung in der LehrerInnenbildung. In: Feindt, A./Meyer, H. (Hrsg.): Professionalisierung und Forschung. Oldenburg 2000, S. 89-113
Feindt, A./Meyer, H. (Hrsg.): Professionalisierung und Forschung. Oldenburg 2000
Feindt, A./Dirks, U./Meyer, H.: Team-Forschung in der LehrerInnenbildung – Phasenübergreifende Kooperation zwischen Information und Reflexion. In: Breidenstein, G./Combe, A./Helsper, W./Stelmaszyk, B.: Forum Qualitative Schulforschung 2. Opladen 2002, S. 181-194
Feyerabend, P.K.: Changing Patterns of Reconstruction. In: British Journal for Philosophy of Science 28 (1977), pp. 351-382
Fichten, W. (Hrsg.): Die Praxis freut sich auf die Theorie. Was leisten Forschungswerkstätten für Schulen? Oldenburg 1996
Fichten, W./Gebken, U./Obolenski, A.: Konzeption und Praxis der Oldenburger Team-Forschung. In: Obolenski, A./ Meyer, H. (Hrsg.): Forschendes Lernen. Oldenburg 2006, S. 131-151.
French, W.L./Bell, C.H.: Organisationsentwicklung. Bern 1990
Friebertshäuser, B./Prengel, A. (Hrsg.): Handbuch Qualitative Forschungsmethoden in der Erziehungswissenschaft. Weinheim 2003
Fuchs, W.: Empirische Sozialforschung als politische Aktion. In: Soziale Welt 21/22 (1970/71), 1, S. 1-17
Gautschi, P./Vögeli-Mantovani, U. (Hrsg.): Theoretische Konzepte und praktische Beispiele für die Forschung in der Grundausbildung und Fortbildung von Lehrerinnen und Lehrern. Aarau 1995
Gunz, J.: Jacob L. Moreno and the origins of Action Research. In: Educational Action Research 4 (1996), 1, pp. 145-148
Haag, F./Krüger, H./Schwärzel, W./Wildt, J. (Hrsg.): Aktionsforschung. München 1972
Hameyer, U.: Interventive Erziehungsforschung. In: Haft, H./Kordes, H. (Hrsg.): Methoden der Erziehungs- und Bildungsforschung. Bd. 2 der Enzyklopädie Erziehungswissenschaft. Stuttgart 1984, S. 145-181
Hansmann, W.: Musikalische Sinnwelten und professionelles LehrerInnenhandeln. Essen 2001
Helsper, W.: Antinomien des Lehrerhandelns in modernisierten pädagogischen Kulturen. In: Combe, A./Helsper, W. (Hrsg.): Pädagogische Professionalität. Frankfurt a.M. 1996, S. 521-569
Henson, K.T.: Teachers as Researchers. In: Sikula, J. (Ed.): Handbook of Research on Teacher Education. New York 1996, pp. 53-64
Hentig, H. v.: Erkennen durch Handeln. Stuttgart 1982
Hentig, H. v.: Die Bielefelder Laborschule. Impuls Nr. 7. Universität Bielefeld 1990
Hollbrügge, B./Kraaz, U.: Lehrerinnen forschen. In: Thurn, S./Tillmann, K.J. (Hrsg.): Unsere Schule ist ein Haus des Lernens. Reinbek 1997, S. 263-276
Hollingsworth, S. (Ed.): International Action Research. London 1997
Horstkemper, M./Beck, E. (Hrsg.): Forschen lernen. In: Journal für Lehrerinnen- und Lehrerbildung 1 (2001)
Huber, L./Asdonk, J./Jung-Paarmann, H./Kroeger, H./Obst, G. (Hrsg.): Lernen über das Abitur hinaus. Seelze 1999
Hull, C./Rudduck, J./Sigsworth, A./Daymond, G. (Eds.): A Room Full of Children Thinking. York 1985
Junghans, C./Meyer, H.: Der ethische Kode in der Team-Forschung. In: Feindt, A./Meyer, H. (Hrsg.): Professionalisierung und Forschung. Oldenburg 2000, S. 145-159
Kelchtermans, G./Vandenberghe, R./Schratz, M.: The development of qualitative research: efforts and experiences from continental Europe. In: Qualitative Studies in Education 7 (1994), 3, pp. 239-255
Kemmis, S.: Action research in retrospect and prospect. In: The Action Research Reader. Deakin University: Geelong/ Vic. 1988, pp. 27-39
Kemnade, I.: Evaluierung der Schulbegleitforschung. Bremen 1996
Kemnade, I. (Hrsg.): Schulbegleitforschung und Lernwerkstätten. Oldenburg 1999
Kemnade, I.: Überlegungen zur konzeptionellen Weiterentwicklung von Schulbegleitforschung. In: Landesinstitut für Schule (Hrsg.): Jahrbuch 2000 Schulbegleitforschung in Bremen. Bremen 2000, S. 8-10
Klafki, W.: Handlungsforschung im Schulfeld. In: Zeitschrift für Pädagogik 19 (1973), S. 487-516
Köhler, U.: Die Glocksee-Schule und ihre AbsolventInnen. Diss. Universität/GH Kassel 1997
Kolzarek, B./Lindau-Bank, D.: Bericht zum Projekt „Evaluation der Schulbegleitforschung in Bremen". Bremen 2000
Krainer, K./Posch, P. (Hrsg.): Lehrerfortbildung zwischen Prozessen und Produkten. Bad Heilbrunn 1996
Krammling-Jöhrens, D.: Atmosphäre als Wirklichkeitsebene. Diss. Universität/GH Kassel 1997
Kuhn, T.S.: Die Struktur wissenschaftlicher Revolutionen. Frankfurt a.M. 1978
Kuratle, R.: Beteiligungsformen von Lehrkräften an der Bildungsforschung: In: Schweizer Schule 5 (1995), S. 17-22
Landesinstitut für Schule (Hrsg.): Informationsblatt Schulbegleitforschung. 13. Ausgabe. Bremen 2001a
Landesinstitut für Schule (Hrsg.): Wegweiser 8. Forum Schulbegleitforschung. Bremen 2001b
Landesinstitut für Schule (Hrsg.): Jahrbuch 2002. Bremen 2002
Lave, J./Wenger, E.: Situated Learning. Cambridge UK 1991

Legutke, M.: Teachers as Researchers and Learners. Paper given at the RELC Regional Seminar. Singapore 1992
Lewin, K.: Tat-Forschung und Minderheitenprobleme. In: Lewin, K.: Die Lösung sozialer Konflikte. Bad Nauheim 1953, S. 278-298
Lewin, K.: Group decision and social change. In: The Action Research Reader. Geelong/Vic. 1988, pp. 47-56
Messner, E. (Hrsg.).: Aspekte der Leistungsfeststellung und -beratung bei innerer Differenzierung des Unterrichts. Schulverbund Graz-West 1996
Messner, E. (Hrsg.): Chancen für Kinder, Chancen für Schulen. Graz 2001
Morocutti, I.: Mündliches Arbeiten im Englischunterricht. In: Altrichter, H. u.a. (Hrsg.): Schule gestalten: Lehrer als Forscher. Klagenfurt 1989, S. 72-81
Moser, H.: Aktionsforschung als kritische Theorie der Sozialwissenschaften. München 1978
Moser, H.: Instrumentenkoffer für den Praxisforscher. Freiburg/Br. 1997
Nias, J./Groundwater-Smith, S. (Eds.): The Enquiring Teacher: Supporting and Sustaining Teacher Research. Lewes 1988
Noffke, S.E.: The Social Context of Action Research: A Comparative and Historical Analysis. Paper presented at the AERA-conference. San Francisco 1989
Nonne, F.: Antiautoritärer Denkstil, kritische Wissenschaft und Aktionsforschung. Diss., Universität Bielefeld 1989
Obolenski, A./Meyer, H. (Hrsg.): Forschendes Lernen. Oldenburg 2006
OECD: Lernen für das Leben. Erste Ergebnisse der internationalen Schulleistungsstudie PISA 2000. Paris 2001
Ohlhaver, F./Wernet, A. (Hrsg.): Schulforschung, Fallanalyse, Lehrerbildung. Opladen 1999
Petzold, H.: Moreno - nicht Lewin - der Begründer der Aktionsforschung. In: Gruppendynamik 11 (1980), 2, S. 142-166
Prengel, A.: Perspektivität anerkennen. In: Friebertshäuser, B./Prengel, A. (Hrsg.): Handbuch qualitative Forschungsmethoden in der Erziehungswissenschaft. Weinheim 2003, S. 599-627
Probst, G./Raub, S.: Action Research. Ein Konzept angewandter Managementforschung. In: Die Unternehmung 1 (1995), S. 3-19
Reimers, H./Pallasch, W.: Entwurf eines Designs für die begleitende Forschung in der Supervisionsausbildung. In: Friebertshäuser, B./Prengel, A. (Hrsg.): Handbuch Qualitative Forschungsmethoden in der Erziehungswissenschaft. Weinheim 2003, S. 811-827
Sanford, N.: Whatever happened to action research? In: Journal of Social Issues 26 (1970), pp. 3-23
Schneider, R./Wildt, J.: Das Dortmunder Projekt „Berufspraktisches Halbjahr". In: Journal für Lehrerinnen- und Lehrerbildung 1 (2001), 2, S. 20-27
Schön, D.A.: The Reflective Practitioner. London 1983
Schütze, F.: Die Fallanalyse. In: Rauschenbach, T./Ortmann, F./Karsten, M.-E. (Hrsg.): Der sozialpädagogische Blick. Weinheim 1993, S. 191-221
Schütze, F./Bräu, K./Liermann, H./Prokopp, K./Speth, M./Wiesemann, J.: Überlegungen zu Paradoxien des professionellen Lehrerhandelns in den Dimensionen der Schulorganisation. In: Helsper, W./Krüger, H.-H./Wenzel, H. (Hrsg.): Schule und Gesellschaft im Umbruch. Bd. 1, Weinheim 1996, S. 333-377
Siebenhofer, H.: Für wen unterrichte ich? Klagenfurt 1994
Sorger, H.: Fragen im Unterricht. In: Altrichter, H. u.a. (Hrsg.): Schule gestalten: Lehrer als Forscher. Klagenfurt 1989, S. 95-104
Suschnig, H.M.: Offenes Lernen macht süchtig! Klagenfurt 1994
Stenhouse, L.: An Introduction to Curriculum Research and Development. London 1975
Strauss, A./Corbin, J.: Grounded Theory: Grundlagen Qualitativer Sozialforschung. Weinheim 1996.
Terhart, E.: Entwicklung und Situation des qualitativen Forschungsansatzes in der Erziehungswissenschaft. In: Friebertshäuser, B./Prengel, A. (Hrsg.): Handbuch Qualitative Forschungsmethoden in der Erziehungswissenschaft. Weinheim 2003, S. 27-42
Terhart, E. (Hrsg.): Perspektiven der Lehrerbildung in Deutschland. Weinheim 2000
Thurn, S./Tillmann, K.J. (Hrsg.): Unsere Schule ist ein Haus des Lernens. Reinbek 1997
Tillmann, K.J.: „Autonomie" – eine Schule regelt ihre Angelegenheit selbst. In: Thurn, S./Tillmann, K.J. (Hrsg.): Unsere Schule ist ein Haus des Lernens. Reinbek 1997, S. 98-119
Tillmann, K.J./Weingart, G. (Hrsg.): Laborschulforschung 2001-2003. Bielefeld 2001
Warnken, G. (Hrsg.): Forschungswerkstätten und Schulentwicklung. Universität Oldenburg 1998
Wenger, E.: Communities of Practice. Cambridge UK 1998
Zeichner, K.: Rethinking the Practicum in the Professional Development School Partnership. In: J of Teacher Education 43 (1992), 4, pp. 296-307
Zeichner, K.M./Noffke, S.E.: Practitioner Research. In: Richardson, V. (Ed.): Handbook of Research on Teaching. Washington D.C. 2001, pp. 298-330

4 Schule und angrenzende Felder

Susann Busse | Werner Helsper

Schule und Familie

Familie und Schule stellen – zumindest über weite Strecken der Kindheit, in deren Verlauf die Bedeutung der Peers allerdings immer größer wird (vgl. die Beiträge von Breidenstein und Zinnecker in diesem Band) – die zentralen Lebensbereiche für Kinder dar. In der Familie werden im Rahmen der emotionalisierten und intimisierten Eltern-Kind-Beziehungen – die sich seit dem 18. Jahrhundert in frühbürgerlichen Milieus in der Ambivalenz kindzentrierter bzw. -orientierter Haltungen und einem pädagogisch kontrollierten Normalisierungs- und Disziplinierungsblick herausbilden (vgl. Ariès 1974; Foucault 1976, 2003) und im Verlauf des 20. Jahrhunderts zunehmend auch für andere Milieus und Lebenslagen relevant werden – die Grundlagen für den Individuationsprozess des Kindes gelegt. Hier werden die sprachlichen, die kognitiven, die sozialkognitiven bzw. interaktiven Kompetenzen aufgebaut, aber auch die emotionalen und motivationalen Haltungen in den Eltern-Kind-Interaktionen generiert, die für die Ausgestaltung der Beziehung zur sozialen und subjektiven Welt zentral werden. Mit diesen Voraussetzungen, die in der primären familialen Sozialisation und Erziehung erzeugt werden, trifft das Kind in Deutschland in der Regel im Alter von sieben Jahren auf die Anforderungen der Schule. Hier müssen Kinder nun in einem von der Familie mehr oder weniger stark abweichenden Handlungsfeld interagieren, das um die individuell zu erbringende Leistung und deren universalistische Bewertung zentriert ist, in dem die Kinder zusehends weniger als einzigartige, besondere Individuen in den Blick genommen werden. Sie stoßen vielmehr auf Anforderungen, sich in einer spezifischen, eher distanzierten und weniger emotionalen Haltung in ihre „Rolle“ als Schüler einzufügen und diese auszugestalten. Daraus können für Kinder nicht nur Übergangsprobleme, sondern auch mehr oder weniger deutliche Spannungen zwischen dem schulischen und dem familialen Handlungsfeld resultieren. Damit teilen sich auch Schule und Familie nun die Zuständigkeit für das Kind und die weiteren Bildungsprozesse, wobei das „Arbeitsbündnis“ zwischen Eltern und Lehrern (vgl. Oevermann 2001) zu eher harmonischen, konflikthaften oder auch antagonistischen „Passungen“ führen kann (vgl. Kramer/Helsper/Busse 2001b).

Mit diesem Beitrag wird der aktuelle Forschungsstand zum Verhältnis von Familie und Schule gesichtet und anhand ausgewählter Themenbereiche und Studien dargestellt. Dabei werden vor allem Studien in den Blick genommen, in denen die Verbindungslinien zwischen den Forschungsfeldern Schule und Familie markiert werden und das Verhältnis von Schule und Familie im Mittelpunkt steht. In einem ersten Teil wird die historische Entwicklung des Verhältnisses von Familie und Schule skizziert und es werden unterschiedliche theoretische und pädagogische Positionsbestimmungen zum Verhältnis von Familie und Schule gesichtet. Im zweiten Teil wird überblicksartig, anhand ausgewählter Themenbereiche, Studien und empirischer Befunde, die Forschungslage zum Verhältnis von Schule und Familie dargestellt. Abschließend erfolgt eine knappe Bilanzierung der Forschungsdefizite und weiterführender Forschungsperspektiven.

1 Familie und Schule – Verhältnisbestimmungen

Im Zuge von gesellschaftlichen Modernisierungsprozessen haben sich in den letzten Jahrzehnten die Rahmenbedingungen für die Gestaltung der Partnerschaft und der Eltern-Kind-Beziehung (Generationsbeziehungen) gravierend geändert, die man mit der Pluralisierung und Ausdifferenzierung von unterschiedlichen Familienkonzepten bzw. -formen (Ehescheidungen, nichteheliche Lebensgemeinschaften, Patchworkfamilien) charakterisieren kann (Bertram 1994; Kaufmann 1990; Nauck 1995). Die veränderten Familiensituationen und der Wandel von Generationsbeziehungen, inklusive der Verschiebung der Machtbalancen und Beziehungsverhältnisse werden innerhalb der Familiensoziologie bzw. -forschung unterschiedlich berücksichtigt, diskutiert und bewertet. In der Theorie lassen sich grob zwei Argumentationslinien nachzeichnen: Zum einen werden die Wandlungsprozesse, die die Familie in der Moderne durchlebt, eher aus einer normativen, kulturpessimistischen Verlustperspektive als gesteigerte psycho-soziale Belastung der Lebensweisen von Kindern und Jugendlichen gesehen (Hurrelmann 1993) und Individualisierungstendenzen als Provokation für die Erzeugung von ‚Ich-lingen' (Beck 1986; Schütze 1993; Bertram 1994; Nauck 1995; Nave Herz 1996). Andererseits werden Wandlungsprozesse von Familienformen hin zum Verhandlungshaushalt (du Bois-Reymond 1997) als Ausdruck fortschreitender Modernisierungstendenzen betrachtet, die es zu erfassen und zu analysieren gilt (Helsper 1995; Krüger 1996; du Bois-Reymond 1997; Ecarius 2002).

1.1 Historische Perspektiven

Um das spannungsvolle Verhältnis von Familie und Schule zu betrachten, ist es unseres Erachtens sinnvoll, einen kurzen Blick auf die geschichtliche Entwicklung dieser Verbindung zu werfen. Denn hier sind erste Strukturprobleme bereits angelegt, welche sich bis heute weiter ausdifferenziert haben und sich nun in den verschiedensten Ausformungen wieder finden lassen. Betrachtet man die schulgeschichtliche Entwicklung einmal nur unter der Perspektive des Verhältnisses von Familie und Schule, so kann man zu dem Schluss kommen, dass, solange die Bildung in der Hauptverantwortung der Kirche lag, das Verhältnis recht unproblematisch erscheint. Das heißt, mit der Einführung der allgemeinen Schulpflicht im 19. Jahrhundert entfaltete sich auch das Spannungsverhältnis von Familie und Schule. So war es beispielsweise im mittelalterlichen Deutschland nur wenigen und zunächst nur männlichen Jugendlichen vorbehalten die lateinische Schulbildung in Klöstern, Dom- und Stiftschulen zu erhalten, um auf ihr späteres Gelehrtendasein vorbereitet zu werden. Während dessen wurden die Kinder aus der ländlichen Bevölkerung oder aus ärmeren Verhältnissen von ihren Eltern erzogen. Ihre Ausbildung bezog sich auf alltagspraktische Belange und auf die Sicherung des Lebensunterhalts (vgl. Blankertz 1982). Die Ausbildungskompetenz und die Verantwortung lagen somit bei den Eltern. In den voraufklärerischen Jahrhunderten trat die Schule als eine Fortsetzung bzw. als eine Erweiterung der Familie auf, in der das paternalistische Ideal der Vermittlung Vorrang hatte. Das heißt, die Schule war nicht nur für die christlich-religiöse Erziehung ihrer Zöglinge verantwortlich, sondern sie übernahm auch die ständisch-gesellschaftliche Perspektive von Kirche und Elternhaus gleichermaßen (vgl. Wilhelm 1969). Da die Familie, wie auch die Schule, als ein Teil des göttlichen Systems galt, erfüllte sie mit ihrer Bildung und den damit verbundenen Tugenden, wie Disziplin, Ordnung etc. die Erwartungshaltungen der Eltern und der Schule gleichermaßen, da sie der selben Instanz, der der göttlichen Urschöpfung betrauten Kirche, unterlag. Dies zeigt sich insbesondere in den paternalistischen Bestandteilen der Schule zu dieser Zeit: „Der gute Lehrer ist ein guter Vater der Schüler. Er nimmt seine Zöglinge in Zucht, um sie auf dem rechten Weg zu halten, wie es der Familienvater mit seinen leiblichen Kindern und der Landesvater mit seinen Landeskindern tut“ (vgl. ebd. S. 71). Betrachtet man im geschichtlichen Zeitraffer dieses Verhältnis weiter, so kann man feststellen, dass die deutsche Schule in Zeiten der Aufklärung zu einem Politikum bzw. zu einer Machtprobe zwischen Staat und Kirche wurde. So wollte die Kirche an ihrer Monopolstellung und unter anderem an der Ansicht, dass die Schule der verlängerte Arm der Familie sei, festhalten. Von der staatlichen Seite wurden Demokratisierungsbestrebungen, die sich u.a. auf das Elternrecht und auf den Wunsch der Einflussnahme auf die schulischen Inhalte als gesellschaftliche Aufgabe bezogen, immer deutlicher, obgleich sie sich noch nicht durchsetzen konnten. Der entscheidende Durchbruch von Seiten des Staates gelang erst mit der Einführung der allgemeinen Schulpflicht im 19. Jahrhundert und der zunehmenden Verstaatlichung der Schulen, die allmähliche Professionalisierung des Lehrerberufes, die mit der Entkirchlichung der staatlichen Bildung einherging (vgl. Krumm 1991, S. 22-44). Die Rolle der Eltern beschränkte sich vorerst darauf, dass sie die Pflicht hatten ihre Kinder in die Schule zu schicken und somit ihre Unterrichts- und Erziehungsfunktion teilweise an das Schulwesen abzugeben. Ihr Einflussbereich bezog sich demnach nur auf die finanzielle Unterstützung der Schule durch das Zahlen von Schulgeld o.ä. Somit wurden die staatlichen oder kirchlichen Schulen – unabhängig davon ob es sich um Elementar- oder höhere Schulen handelte – zu Institutionen, die fernab vom direkten Einflussbereich der Eltern lagen. Eine Ausnahme hierbei stellten die Hauslehrer dar, die an den Haushalt gebunden waren und sich die Erziehungsarbeit mit der Herrin des Hauses teilten. Als einen weiteren Nebeneffekt, der mit der Durchsetzung der Schulpflicht entstanden war, ist die Tatsache zu nennen, dass mit ihrer Einführung insbesondere in den ländlichen Regionen, die Kinder zwar als Arbeitskräfte den Eltern verloren gingen, aber die Kinderarbeit somit verringert wurden konnte.

Auch wenn heute infolge der Durchsetzung von politisch-demokratischen Prinzipien den Eltern wesentlich mehr Mitwirkungsrechte eingeräumt werden, Kooperationen zwischen Schule und Elternhaus aus pädagogischen Gründen angestrebt werden, es gewählte Elternvertreter gibt, bleibt bis dato das Prinzip der elterlichen Mitwirkungsmöglichkeiten auf das Informations- und Vorschlagsrecht beschränkt (vgl. Pekrun 1997). Ebenso sind die Rechte und Pflichten von Elternhaus und Schule im Grundgesetz in Artikel 6, Absatz 2 mit folgender Formulierung festgesetzt: „Pflege und Erziehung der Kinder sind das natürliche Recht der Eltern und die zuvörderst ihnen obliegende Pflicht“. Und für die Schule heißt es im Artikel 7: „Das gesamte Schulwesen steht unter Aufsicht des Staates“. Bei genauerer Betrachtung heißt das, die Eltern haben zwar auf der einen Seite das Recht und die Pflicht ihre Kinder zu erziehen, aber anderseits haben sie auf die ‚miterziehende' Schule, auf Formen und Inhalte des Unterrichts, auf die Ausbildung und Einstellung der Lehrer keinen Einfluss: Bis auf die Schulen in Freier Trägerschaft, in denen es auf Grund der gezielten Schulwahl der Eltern stärkere „Passungsverhältnisse“ zwischen Familie und Schule gibt, besteht bis heute eher ein Konflikt zwischen Elternrecht auf Kindererziehung und dem Prinzip elternloser staatlicher Schulaufsicht. Dementsprechend beschränkt sich die Zusammenarbeit von Eltern und Lehrern vornehmlich auf ‚Pflichtrituale' (vgl. Krumm 1988, S. 601).

1.2 Theoretische Bestimmungen zum Verhältnis von Schule und Familie

Sowohl die Familie als auch die Schule sind von kulturellen und sozialen Wandlungsprozessen gekennzeichnet: So wird für die Familie etwa die Informalisierung von Generations- und Geschlechterbeziehungen, die Verschiebung von Machtbalancen zwischen Eltern und Kindern sowie die Entwicklung von „Aushandlungshaushalten" zwischen den Generationen diagnostiziert (Elias 1989; Büchner u.a. 1996, 1994; du Bois-Reymond 1998). Gegenüber diesen „positiven" Entwicklungen wird darauf verwiesen, dass Familien instabiler würden und immer mehr Kinder auch von Armut und Randständigkeit betroffen seien, so dass zumindest bei einem relevanten Teil der Kinder und Jugendlichen die familiären Voraussetzungen und Unterstützungsleistungen für den Schulbesuch prekär würden. Für die Schule wird diagnostiziert, dass umfassende Erziehungs- oder Bildungshaltungen stärker einer fachlichen Unterrichtsorientierung wichen, Leistung zu einem immer zentraleren Bestandteil der Schule werde, insbesondere im Zusammenhang der hohen Bedeutsamkeit von Bildungstiteln für die Zukunft der Heranwachsenden, Schule damit weniger den Charakter eines Bildungsmoratoriums besitze, sondern bereits eine Ernstsituation darstelle und die Schule zudem immer stärker in den Alltag und die Lebenszeit von Jugendlichen expandiere (vgl. Pekrun/Fend 1991; Fend 2000; Helsper 2000; Wild/Hofer 2002). Aus diesen – hier nur andeutungsweise skizzierten – Diagnosen folgt, dass das Verhältnis von Familie und Schule sich eher spannungsvoll gestaltet.

Aus einer generationstheoretischen Perspektive (vgl. Honig 1999; Kramer/Helsper/ Busse 2001b) sind Kinder und Jugendliche durch einen „dualen Status" gegenüber Staat und Familie gekennzeichnet. Durch Schulpflicht und Berechtigungswesen sind Lehrer als zentrale, aber nun eher ferne Erwachsene gegenüber Kindern institutionalisiert. Über das „schulpflichtige Kind" mit seiner Verpflichtung zur „Schularbeit" (Hengst 2000; Qvortrup 2000) wird das Verhältnis der Generationen zueinander „vor allem über die Schule als gesellschaftliche Institution geregelt" (Büchner 1996, S. 161). Das schulpflichtige Kind wird damit zur An- und Aufforderung gegenüber der Familie, die – dadurch von vielen inhaltlichen Vermittlungsaufgaben entlastet – die Voraussetzungen für die kindliche Schularbeit zu gewährleisten hat. Daraus erwachsen sowohl für Eltern wie für ihre Kinder Abhängigkeiten gegenüber der Schule: So können Eltern etwa ihren sozialen Status, ihr „kulturelles Kapital" (Bourdieu 1979; 1983), nicht mehr direkt an ihre Kinder weitergeben, sondern dies muss sich im Kontext der Schule erst bewähren und sich dort in Form von Bildungstiteln und Zertifikaten realisieren lassen, auf die Eltern keinen direkten Zugriff besitzen (vgl. Brake/Büchner 2003).

In strukturfunktionalistischen Ansätzen (vgl. Parsons 1971; Fend 1974; Plake 1976; Dreeben 1980), auch in materialistischen bzw. kulturalistisch reinterpretierten materialistischen Konzepten mit der Unterscheidung eines primären familialen Habitus und eines sekundären schulisch konzipierten Habitus (Bourdieu/Passeron 1972; Bois-Reymond 1977; Willis 1979), zudem auch in unterschiedlichen Konzepten, die an kritisch-theoretische Traditionslinien anknüpfen und diese reformulieren (vgl. Coleman 1986, 1996; Melzer 1987, 2001; Oevermann 1996, 2001) oder auch in psychoanalytischen Ansätzen (vgl. Wellendorf 1973; Erdheim 1982, 1988) wird das Verhältnis von Schule und Familie im Bezug zu Kindern und Jugendlichen als spannungsreiches gekennzeichnet. Schule und Familie erscheinen darin als konträr strukturierte Räume. Schule wird durch universalistische, distanziertere, spezifischere, um universalistisch orientierte, selbst zu erbringende Leistung zentrierte Institution konzipiert, während die Familie als Kontrast dazu ein intimisiertes, hoch emotionales, diffus die ganze Person umfassendes, partikularistisches Beziehungsverhältnis darstellt. So lässt sich über diese unterschiedlichen

Ansätze hinweg von einem Differenztheorem sprechen, wobei diese Differenz von Schule und Familie allerdings unterschiedlich bewertet wird. Zwar erscheint das Differenztheorem theoretisch gut untermauert, vereinfacht aber in dieser idealtypischen Kontrastierung die komplexe und ausdifferenzierte Beziehungsdynamik zwischen Schule und Familie sowie den Ausdifferenzierungsgrad in unterschiedlichen familiären bzw. auch schulischen Kulturen (vgl. Helsper 2000; Helsper/Böhme/Kramer/Lingkost 2001; Kramer/Helsper/ Busse 2001b). Aus systemtheoretischer Perspektive wird durchaus auf der Grundlage des Differenztheorems auf vielfältige Interpenetrationen zwischen Schule und Familie verwiesen (vgl. Tyrell 1985, 1987). Und vor allem in jugendbiographischen Studien (vgl. Helsper in diesem Band; Nittel 1992; Kramer 2002; Wiezorek 2003) wird gegenüber eher statischen Vorstellungen des Kontrastes zwischen schulischen und familiären Räumen deutlich, wie komplex Schule und Familie in den biographischen Konstruktionen verschränkt sind und wie es zu unterschiedlich ausgeprägten „Passungsverhältnissen“ kommen kann.

Im Anschluss an Analysen, die entweder die Distanz und Trennung zwischen Familie und Schule kritisieren (vgl. Melzer 1987; Krumm 1988, 1996; Hofer 2000; Wild 2001) oder eine unterstellte tiefreichende Erosion der Familie als Herausforderung für ein kompensatorisches Handeln der Schule entwerfen (vgl. Struck 1995) werden Forderungen erhoben, die Partizipationsrechte von Eltern zu stärken, Schule zu öffnen und eine umfassende pädagogische Betreuung in Ganztags- oder zumindest „vollen Halbtagsschulen“ zu realisieren (vgl. Holtappels 1994). Diesen Forderungen stehen Positionen gegenüber, die eine „Sozialpädagogisierung“ oder „Familialisierung“ der Schule befürchten, in der elterlichen Partizipation egoistische Eingriffe in die Schule vermuten, für eine deutliche Differenzierung des Schulischen und Familiären plädieren und davor warnen, dass die Schule zu einer „Familienersatzversorgungseinheit“ werden könne, womit sie strukturell überfordert sei (vgl. Terhart 1996; Böhnisch 1997; Giesecke 1997, 1998; Kramer/Helsper 2000).

Dem entsprechend werden Konflikt- und Widerspruchsszenarien entworfen: du Bois Reymond diagnostiziert eine Kluft zwischen der „aushandlungsorientierten Familie“ und der Schule, die mit dieser Enthierarchisierung und der Relativierung des Wissens- und Machtgefälles zwischen Alt und Jung in der Familie in eine pädagogische Krise einmünde (du Bois Reymond 1998; Krüger/Grundmann/Kötters 2000). Wagner-Winterhager (1990) folgerte schon früh, dass eine Tendenz auf seiten der Eltern bestehe, die erzieherischen Anforderungen an die Lehrer zu delegieren, die damit zugleich Stellvertreterauseinandersetzungen mit den Schülern führen müssen, „weil es zu ihrer professionellen Rolle gehört, Generationsdifferenz zu verkörpern“ (ebd., S. 462). Auf Seiten der Lehrer entspreche dem allerdings eine Tendenz des Ausweichens vor dieser Verantwortung und Belastung, in eine Form der Beziehung, „die so aussieht, als wären die Beteiligten gar nicht Angehörige verschiedener Generationen“ (Hornstein 1999, S. 65). Dies münde schließlich in eine subtile Form der Verweigerung von Generationsdifferenz (Hornstein 1999; Winterhager-Schmid 2000). Und Giesecke (1998) befürchtet, dass gerade die immer stärkere Intervention der Familie, insbesondere der Mütter, in die Schule hinein zu einer Partikularisierung der Schule im Sinne des egoistischen Interesses am eigenen Kind beitrage und eine schulische „Mutti-Kultur“ erzeuge, die den Eintritt des Kindes in den öffentlichen Raum gefährde und seine Emanzipation von den Eltern bedrohe (ebd., S. 281ff.).

Diese weit ausgreifenden Thesen und die damit einhergehenden Hoffnungen oder Befürchtungen stehen allerdings auf sehr „schwachen Forschungsbeinen“. Betrachten wir im Folgenden die vorliegenden Forschungen zum Verhältnis von Familie, Schule und Kindern bzw. Jugendlichen. Welche Hinweise zum Verhältnis von Familie und Schule sind ihnen zu entnehmen?

2 Forschungsergebnisse zum Verhältnis von Familie und Schule

2.1 Familie, Schule und Bildungserfolg

In der Forschung zum Verhältnis von Familie und Schule erscheint der Zusammenhang von Familie, Schule und Bildungserfolg als am Besten beleuchtet (vgl. Ditton in diesem Band). Es gibt hierzu zahlreiche, meist quantitative Studien, welche sich mit dem Zusammenhang von veränderten Familienstrukturen und ihrem Einfluss auf Bildung, sowie mit den Leistungsmotivationen von Schülern und mit der Frage nach bildungsrelevanten Sozialisationserfahrungen beschäftigen (vgl. Stecher 2000; Wild 2001; Zimmermann/Sprangler 2001; Baumert/Schümer 2001, 2002). Ihren Ursprung haben diese Forschungslinien hauptsächlich in der ‚Welle' der Ungleichheitsforschung bzw. der schichtspezifischen Sozialisationsforschung in den 1960er und 1970er Jahren. Eine zentrale Rolle spielt hierbei u.a. Jencks, der sich mit der Frage beschäftigt, ob soziale Herkunft bestimmend für den Bildungserfolg sei oder nicht. (vgl. Jencks 1973) In dieser Linie lassen sich die Studien zu familialen Bedingungen schulischer Leistungen, zur häuslichen Lernumgebung und dem Verhältnis von schulischen und familialen Sozialisationsbedingungen einordnen. Zentrales Ergebnis dieser Studien ist die hohe Bedeutung der sozialen Lage der Familie für den Schulerfolg und Kompetenzerwerb bei Schülern (Rolff 1997; Büchner 2003). Das bestätigen auch nationale und internationale Studien wie TIMSS und PISA: Insbesondere in den PISA-Studien konnte nachgewiesen werden, dass das kulturelle Kapital und die kulturellen Praktiken innerhalb der Familie, sowie deren Bildungsorientierungen einen zentralen Stellenwert für die Leistungsentwicklung der Schülern besitzen (Schnabel/Schwippert 2000; Baumert/Schümer 2001). Die hohe Bedeutsamkeit der Familie für die Fähigkeitsentwicklung von Heranwachsenden zeigt sich auch in einer amerikanischen Längsschnittstudie bei Grundschulkindern: Während Kinder aus den oberen Schichten ihre Fähigkeiten auch während der Schulferien steigern konnten, ist das Fähigkeitsniveau bei Kindern aus eher bildungsfernen und unteren sozialen Lagen gesunken. Dies verweist darauf, dass der Schule durchaus eine soziale Unterschiede mindernde Bedeutung zukommen kann (Enwisle/Alexander/Olsen 1997). Insgesamt weisen die Studien zum Zusammenhang von Bildungserfolg, sozialer Lage und Familie darauf hin, dass die Entstehung von Bildungserfolg bzw. -misserfolg in den komplexen Zusammenhängen von sozialer Lage, Milieu, Ethnie, Geschlecht, den kulturellen Praktiken der Familie und den damit einhergehenden primären und aus dem schulischen Entscheidungsverhalten resultierenden sekundären Effekten begründet ist. Gerade deswegen wären Einzelfallstudien zu diesen komplexen Konstellationen zwischen Familie, Schule und Bildungslaufbahn besonders bedeutsam (Brendel 1998; Hummrich 2002).

Bohrhardt (2000) fragt, ob die häufig aufgestellte These, dass der Bildungserfolg von Kindern und Jugendlichen von der Struktur der Herkunftsfamilie (z.B. Scheidungskinder) abhängig ist, heute noch Bestand hat. Er stellt auf der Grundlage deutscher und amerikanischer Umfragedaten empirisch fest, dass dieser weniger von den Strukturveränderungen der Familie abhängt, sondern maßgeblich von den sozialen und politischen Rahmenbedingungen, unter denen sich die Veränderungen der Familie vollziehen, beeinflusst wird (vgl. Bohrhardt 2000). Des Weiteren stellt er fest, dass innerhalb theoretischer Konstrukte und empirischer Forschung zwar mit der Variable, ‚diskontinuierliche Elternschaft' operiert wird, ihre Definition und Wirkung aber auf der interaktionistischen und einzelfallspezifischen Ebene vernachlässigt wird. Die vorliegenden Untersuchungen können damit zwar einen Zusammenhang zwischen Bildungserfolg und veränderten Familienstrukturen, etwa durch Scheidung, konstatieren, sie können aber nicht die ursächlichen Bedingungen dafür empirisch begründen. Um diese Leerstelle zu füllen, so Bohrhardt, müsse die Aufmerksamkeit auf die Familienstruktur im sozio-historischen Kontext sozialer, ökonomischer und kultureller Ressourcen gerichtet werden.

Auch die Ergebnisse der PISA-Studie haben ergeben, dass die These von der hohen Bedeutung der Familienstruktur für erfolgreiche Bildung zu relativieren ist: Zwar zeigt sich in der Mehrheit der untersuchten Länder ein Zusammenhang dahingehend, dass Kinder von Alleinerziehenden schlechtere Leseleistungen erzielen. Für einen Teil der Länder, auch für Deutschland, kann dies aber nicht nachgewiesen werden. „Wenn Schulform und Sozialschicht kontrolliert werden, weisen Kinder von Alleinerziehenden genauso gute Schulleistungen auf wie Kinder aus ‚vollständigen' Familien" (Tillmann/Meier 2001, S. 481). Um zu detaillierteren Aussagen zu Familienstruktur und Bildungserfolg zu gelangen, wären Studien von Bedeutung, die aus einer biographieanalytischen, rekonstruktiven Perspektive heraus den Einzelfall in den Blick nehmen (vgl. Nittel 1992; Kramer/Busse 1999; Böhme 2000; Kramer/Helsper 2000).

Zusammenfassend kann festgestellt werden, dass die vorliegenden Studien zum Verhältnis von Familie, Schule und Bildung zwar die Relevanz der familialen Sozialisationserfahrungen für den Bildungserfolg oder -misserfolg von Kindern und Jugendlichen verdeutlichen, aber die zugleich immer in einem familienübergreifenden kulturellen und sozialen Kontext von Milieus und darin wiederum spezifisch ausgeformten Familienbeziehungen gesehen werden müssen. Damit haben die Thesen von Jencks oder auch Bourdieu zur Verortung von Bildung im sozialen Raum Bestand, sie müssen aber dahingehend differenziert werden, dass die Einflüsse anderer Sozialisationsinstanzen – wie die der Peers und insbesondere auch der schulischen Mikroprozesse (Mehan 1996) und schließlich die Eltern-Kind-Interaktionen, auch in Form von direkten schulischen Unterstützungsleistungen, von Bildungsaspirationen und Bildungshaltungen der Eltern – stärker berücksichtigt und systematisch in die empirische Forschung einbezogen werden sollten (vgl. Ditton 1992 und in diesem Band).

2.2 Familiäre Erziehungshaltungen – ihre Bedeutung für die schulische Lage und Befindlichkeit von Kindern und Jugendlichen

Dass der familiäre Hintergrund für den Schulerfolg und die Bildungschancen von Heranwachsenden nach wie vor von großer Bedeutung ist, konnte verdeutlicht werden (vgl. unter 2.1). Welche Relevanz kommt aber den familiären Interaktionen und hier insbesondere den Erziehungshaltungen der Eltern für die schulische Situation und Befindlichkeit ihrer Kinder zu? Obwohl auf den ersten Blick der direkte Einfluss von Schule und Lehrern für die im engeren Sinne schulbezogene Situation von Kindern und Jugendlichen relevanter erscheinen könnte, zeigt sich in den vorliegenden empirischen Studien doch die große Bedeutung der familiären Sozialisation für die schulische Situation von Heranwachsenden (vgl. als Überblick Pekrun 2001; Zimmermann/Spangler 2001). Im Folgenden soll anhand einiger zentraler Dimensionen die Bedeutung der Familie für die schulische Situation Heranwachsender gesichtet werden. In der Entwicklung der letzten Jahrzehnte haben sich die Bildungsaspirationen von Eltern, also die Erwartungen, die sie hinsichtlich der Schulabschlüsse und des Schulbesuchs ihrer Kinder hegen, im Zuge der Bildungsexpansion deutlich erhöht. So hat der Hauptschulabschluss bei Eltern mit Grundschulkindern im Jahr 2002 nahezu keine Relevanz mehr: Lediglich 7% der deutschen Grundschuleltern wünschen sich für ihr Kind den Hauptschulabschluss. Dem gegenüber präferieren 49% den Realschul- und 44% den Gymnasialabschluss (IFS 2002, S. 17ff.).

Allerdings präferieren westdeutsche Grundschuleltern stärker das Abitur als ostdeutsche (45 zu 37%) und Arbeitereltern sowohl in Ost- wie in Westdeutschland deutlich weniger das Abitur als Angestellte oder Beamte (Ost: 17 zu 53%; West: 24 zu 51% bzw. Beamte zu 70%). Noch gravierendere Unterschiede zeigen sich für die elterlichen Bildungsaspirationen zwischen Eltern, die maximal den Hauptschulabschluss besitzen, und Eltern mit Fachhochschul- oder Hochschulreife: Westdeutsche Grundschuleltern mit Fachhochschul- oder Hochschulreife sehen mit 89% für ihre Kinder nahezu ausschließlich das Abitur vor, gegenüber lediglich einem Viertel der Eltern mit Hauptschulabschluss (ebd. S. 18f.). Diese deutlichen Zusammenhänge der Schulwahlen und Bildungsaspirationen mit Schicht, Bildungsmilieu und familiärem Bildungshintergrund konnten auch schon Meulemann (1985) und Ditton (1989, 1992) bestätigen, wobei sie darauf hinweisen, dass die Bildungsaspirationen zwar mit dem sozialen Status von Familien deutlich variieren, aber die Bildungsaspirationen eine große eigenständige Bedeutung für die Schullaufbahn von Kindern erhalten.

Festzuhalten bleibt damit, dass die elterlichen Bildungsaspirationen deutlich angestiegen sind, es allerdings zu relevanten Diskrepanzen mit den realen Schulabschlüssen kommt, da lediglich ein knappes Drittel der Heranwachsenden das Gymnasium besucht und ebenfalls deutlich mehr Heranwachsende einen Hauptschulabschluss erwerben, als dies von Eltern gewünscht wird (vgl. auch Cortina/Trommer 2003). Ein relevanter Teil von Eltern wird also hinsichtlich der Schulabschlusswünsche für ihre Kinder – die in der Tendenz eher höher als die Lehrerempfehlungen liegen – enttäuscht (vgl. auch Ditton 1992, S. 127ff.).

Welche Bedeutung besitzen nun die Bildungsaspirationen der Eltern für die schulische Situation ihrer Kinder? Meulemann (1985) wies – allerdings anhand einer reinen Gymnasialstichprobe – darauf hin, dass die Bildungsaspirationen der Schüler deutlich mit den Bildungsaspirationen, die ihre Eltern hegen, zusammenhängen (ebd., S.257f.). Dieses Ergebnis wird auch in anderen Studien bestätigt (vgl. Ditton 1995; Wild/Wild 1997). Dabei ist zu berücksichtigen, dass es zwar deutliche Zusammenhänge zwischen sozialem Status, Familienmilieu und elterlichen Bildungsaspirationen gibt, die elterlichen Bildungsaspirationen aber auch unabhängig von der sozialen Schicht eine zentrale Bedeutung für die Schulabschlusswünsche der Kinder besitzen. So zeigt sich in deutschen aber auch internationalen Studien, dass die Bildungsambitionen der Eltern auch innerhalb der gleichen sozialen Lage entscheidenden Einfluss auf die Bildungslaufbahnen der Kinder, deren schulische Abschlusswünsche, aber auch deren Leistungsbereitschaft und Schulleistungen ausüben (vgl. Helmke/Schrader/Lehneis-Klepper 1991; Christenson/Rounds/Gorney 1992; Majoribanks 1994; Trusty 2000; Fan 2001; Jodl u.a. 2001; Stöber 2003). Je höher die Bildungsaspirationen der Eltern sind, die auch innerhalb von Sozialschichten und sozialen Lagen deutlich schwanken können, umso höher sind in der Tendenz auch die Bildungswünsche, die Kinder äußern. Allerdings zeigen sich für die Bedeutsamkeit der elterlichen Bildungsaspirationen je nach sozialer Lage und insbesondere Bildungsmilieu und -hintergrund von Eltern Unterschiede. In der Tendenz gilt, dass Eltern umso eher an hohen Bildungszielen und Schulabschlüssen für ihre Kinder festhalten, auch wenn die Laufbahnempfehlungen der Lehrer etwa am Ende der Grundschulzeit darunter liegen, je höher ihre Bildungsambitionen sind und je höher ihr eigener Bildungsabschluss ist, während Eltern mit geringem Bildungshintergrund in ihrer Schulformwahl auch unter der Laufbahnempfehlung der Lehrer bleiben. Diese favorisieren stärker die Realschule, auch wenn von Seiten der Lehrer eine Gymnasialempfehlung vorliegt. In diesen Soziallagen ist die tatsächliche schulische Bewährung des Kindes in Form guter bis sehr guter Noten bedeutsamer als in den oberen sozialen Lagen (vgl. Ditton 1992; Mahr-George 1999; Becker 2000). Dabei sind die Schullaufbahnempfehlungen der Lehrer in der Tendenz stärker an den Schulleistungen orientiert, während auf Seiten der Eltern die soziale Lage und der eigene Bildungshintergrund für die Schulabschlusswünsche bedeutsamer wird. Allerdings stellt Ditton (1992) einen deutlichen „Sozialbonus“ der Lehrer für Kinder aus der oberen Sozialgruppe fest: Während bei einem Notendurchschnitt bis 2,2 fast 74% der Kinder aus der Unterschicht und demgegenüber 89,4% aus der Oberschicht eine gymnasiale Lehrerempfehlung erhalten, wird diese Diskrepanz vor allem im mittleren Notenbereich (2,2 bis 2,9) besonders relevant. Hier erhalten 38,3% der Kinder aus der Unterschicht gegenüber 6,7% der Kinder aus der oberen Sozialschicht eine Hauptschulempfehlung, während dies bei den Gymnasialempfehlungen mit 10,5 zu 40% genau umgekehrt ist. Nach Ditton beruhen diese Diskrepanzen im Lehrerurteil darauf, dass Lehrer zum einen die größeren Ressourcen zur Sicherung des Schulerfolgs und zum anderen die größeren Widerstände gegen niedrigere Schulzuweisungen bei Eltern aus der oberen Sozialschicht antizipieren (ebd., S. 132f.). Bei den Eltern ist diese Diskrepanz allerdings noch gravierender: Während im mittleren Notenbereich ca. 11% der Unterschichteltern ihr Kind auf das Gymnasium schicken wollen – in etwa eine prozentuale Übereinstimmung mit dem Lehrervotum – sind es demgegenüber 73,1% der Eltern aus der oberen Sozialschicht und gegenüber der Lehrermeinung damit fast doppelt so viele (ebd., S. 130f.).

Die elterlichen Bildungsaspirationen sind also erstens eng mit dem sozialen Status der Familie, insbesondere aber den elterlichen Bildungsabschlüssen und der Bildungsnähe bzw. -ferne des Familienmilieus verwoben. Zweitens besitzen sie einen entscheidenden Einfluss auf Bildungsentscheidungen und Bildungslaufbahnen von Kindern und Jugendlichen, wobei hier insbesondere in hohen sozialen Lagen und bei hohen Bildungsabschlüssen die Elternaspirationen gegenüber dem Lehrerurteil entscheidender werden. Und drittens beeinflussen sie erheblich die Bildungsambitionen und die Haltungen zur eigenen Bildungslaufbahn auf Seiten der Heranwachsenden selbst.

Neben den schulischen Aspirationen sind auch die Haltungen zum schulischen Lernen für Heranwachsende bedeutsam. Welche Bedeutung besitzt die Familie nun für die schulische Motivation, die Schul- bzw. Lernfreude oder -verdrossenheit Heranwachsender? Insgesamt ist hier festzuhalten, dass nach einem Anstieg der Lernfreude in der ersten Klasse im Laufe der Grundschulzeit die Lern- und Schulfreude deutlich abnimmt, ein Trend, der sich auch in der Sekundarstufe fortsetzt und vor allem in einem besonders deutlichen Einbruch zwischen der sechsten und der achten Klasse zum Ausdruck kommt (vgl. Lange/Kuffner/Schwarzer 1983; Helmke 1993, 1997; Fend 1997, 2000). Wenn dies auch ein Effekt zu sein scheint, der insgesamt mit adoleszenzspezifischen Entwicklungsverläufen und einer altersspezifischen Relativierung der Schule, die zunehmend Konkurrenz durch Peers, Freizeit und Jugendkultur erhält, einher geht, so zeigen sich doch deutliche länderspezifische Unterschiede sowie Einflüsse des Schul- und Klassenklimas und unterschiedlicher pädagogischer Haltungen, die diesen Rückgang an Lernfreude und Schulbezogenheit in seiner Stärke deutlich beeinflussen können (vgl. Tillmann/Faulstich-Wieland/Horstkemper/Weißbach 1984; Fend 2000, S. 360ff.; Wild 2001). Dazu zählen etwa ein verständlicher und gut strukturierter Unterricht, ein gutes soziales Klima in Schule und Klasse, die Gewährung von Selbstständigkeit und Eigenaktivität der Schülerinnen und Schüler sowie ein abwechslungsreicher, wenig langweiliger Unterricht. Neben diesen schulischen Rahmenbedingungen spielen aber auch familiäre Konstellationen, wie etwa eine positive Beziehung zu den Eltern bzw. ein anregendes kulturelles Familienmilieu eine bedeutsame Rolle für die Erhaltung der Lernfreude durch die Adoleszenz hindurch. Insgesamt kommen die bislang eher wenigen Studien zum Zusammenhang von elterlichen Haltungen und kindlich-jugendlicher schulischer Motivation zum Ergebnis, dass die elterliche Orientierung an der Autonomie und Selbstständigkeit ihrer Kinder eine intrinsische Lernmotivation stützt und fördert, während starke elterliche Kontrolle und Straforientierung eher zu Belastungen der Motivation führt bzw. extrinische Lernmotivation fördert (vgl. Ginsburg/Bronstein 1993; Wild 2001; Wild/Hofer 2002). Von Bedeutung ist ebenfalls die emotionale Unterstützung und Zuwendung der Eltern für die Stärkung und Stabilisierung schulischer Lernfreude und Motivation (vgl. Eccles/Wigfield/Schiefele 1998; Gray/Steinberg 1999; Wild 2001; Zimmermann/Spangler 2001).

Insgesamt wird den elterlichen Erziehungshaltungen, insbesondere der Orientierung an der Autonomie des Kindes im Zusammenhang mit einer kulturell anregungsreichen Familienatmosphäre auch eine große Bedeutung für die Entwicklung von Selbstkonzepten der eigenen Fähigkeit (vgl. Fend/Stöckli 1997; Pekrun 2001) sowie für die Förderung der schulischen Leistungs- und Kompetenzentwicklung zugesprochen (Helmke/Weinert 1997; Baumert/Schümer 2001, 2002; Baumert/Watermann/Schümer 2003). Entsprechend wird auf die Relevanz früher sozialer Erfahrungen in der Familie, etwa unterstützendes Verhalten, intellektuelle Anregung des Kindes, Einfühlungsvermögen und elterliches Engagement verwiesen (vgl. Trudewind/Wegge 1989; Zimmermann/Spangler 2001). Auch wenn die Schulleistungen ein Ergebnis vielfältiger schulischer, interaktiver, personeller und familiärer Einflüsse darstellen und insgesamt ein Resultat des komplexen Zusammenspiels dieser Kontexte und Einflussgrößen sind (vgl. Helmke/Weinert 1997), ist die große Bedeutung der familiären Erziehung und Sozialisation für die Schulleistungen von Kindern unstrittig.

Wenn bisher verdeutlicht werden konnte, dass die familiären erzieherischen Haltungen, Interaktionsformen im Umgang mit Kindern und Bildungsbezüge eine sehr bedeutsame Größe für die positive Gestaltung und Stabilisierung der schulischen Haltungen und Laufbahnen von Kindern und Jugendlichen darstellen, so darf nicht ausgeblendet bleiben, dass es gerade auch elterliche Anspruchshaltungen, Bildungsambitionen und schulbezogene Aktivitäten gibt, die für Heranwachsende zu einer erheblichen Belastung und Beeinträchtigung ihrer psychosozialen Integrität beitragen können. Jugendliche die versagen, vor allem dann, wenn es sich um länger dauernde Misserfolgslaufbahnen und scheiternde Bildungsbiographien handelt, weisen erhebliche Belastungen auf, wie etwa Selbstzweifel und geringes Selbstwertgefühl, Zukunftsunsicherheit, erhöhte psychosomatische und Suchtbelastung, um nur Einiges zu nennen. Besonders deutlich wird dies wiederum für jene Schüler, die deutlich unter den elterlichen Bildungserwartungen zurück bleiben, was zugleich mit einer Belastung der Eltern-Kind-Beziehungen einhergeht (vgl. Holler/Hurrelmann 1991; Nordlohne 1992; Engel/Hurrelmann 1993; Holler-Nowitzki 1994; Fend 1997, 2000; Hurrelmann/Mansel 1998; zusammenfassend Tupaika 2003). Insbesondere Fend (1997, 2000) konnte in seiner Längsschnittstudie verdeutlichen, dass die elterlichen Haltungen – neben der Bedeutung der Peers und der Lehrerhaltungen – wesentlich für die Auswirkungen der schulischen Leistungsplatzierung auf die Jugendlichen sind, wenn auch die Effekte der Altersgleichen in der Adoleszenz stärker werden: Jene Jugendlichen, die trotz guter Schulleistungen ein negatives Selbstwertgefühl zeigen, erhalten wenig Anerkennung und Unterstützung von seiten der Eltern, neben ihrer Marginalisierung bei den Peers. Jene Jugendlichen, die trotz schlechter Schulleistungen ein positives Selbstwertgefühl zeigen, sind – mit geschlechtsspezifischen Varianten (Fend 1997, S. 293ff.) – positiv in Peerzusammenhänge eingebunden und weisen in der Tendenz eine positive Beziehung zu den Eltern mit weniger Streit und Konflikt um Schulisches auf.

Fend (1997) verweist zudem darauf, dass die Gruppe jener Schüler, deren Eltern das Abitur besitzen, die selbst aber kein Gymnasium besuchen bzw. dort gescheitert sind, die „stärksten Einbrüche in der Selbstkonzeptentwicklung" zeigen (ebd., S. 281). Die Enttäuschung der hohen elterlichen Bildungserwartungen führt hier zu gravierenden Folgen: Selbstwertprobleme, ein sehr negatives Leistungsverhalten, eine hohe Schuldistanz, ein Rückgang der Lebenszufriedenheit und des Wohlbefindens an der Schule sowie hohe somatische Belastungen (ebd.). Diese Konstellation kann exemplarisch anhand einer Fallstudie verdeutlicht werden, in der instrumentelle, wenig unterstützende und inkonsistente Eltern-Kind-Beziehungen zugleich mit höchsten Leistungserwartungen („Wunderknabe") verknüpft sind, woraus sich am Beginn der Adoleszenz ein Manifestwerden dieser Krisensituation ergibt, was schließlich zum „Abstieg" vom „Elitegymnasiasten" zum Hauptschüler führt (vgl. Combe/Helsper 1994; S. 107ff.; Helsper 1997, S. 189ff.). In der Folge zeigt sich ein fundamentaler weiterer Zerfall der Anerkennungsbeziehungen zwischen Eltern und Jugendlichem sowie damit einhergehend eine Zuspitzung der psychosozialen Adoleszenzkrise in Form tiefer Verunsicherung, fundamentaler Selbstzweifel und Selbstwertprobleme, hoher Suchtbelastung, eine Verwicklung in Gewaltdynamiken sowie die Suche nach Halt in entlastenden, zugleich aber maximal schuldistanzierten Peerkontexten.

Insbesondere qualitative Studien und hier wiederum insbesondere Studien zur Schüler- bzw. Bildungsbiographie (vgl. Helsper/Müller/Nölke/Combe 1991; Nittel 1992; Combe/Helsper 1994; Kramer/Busse 1999; Hummrich 2002; Kramer/Helsper 2000; Kramer 2002; Wiezorek 2003; auch den Beitrag von Helsper in diesem Handbuch), können diese komplexe und vielschichtige Involvierung der Familie in den Verlauf der Bildungskarrieren erhellen. Sie verdeutlichen die hohe Bedeutsamkeit der Eltern-Kind-Beziehungen und deren Veränderungen von der Kindheit zur Adoleszenz für den Verlauf der schulischen Bildungsbiographie und das Selbst von Kindern und Jugendlichen. Vor allem aus – schon im schwierigen Übergang von der Familie zur Schule erfolgenden (vgl. Stöckli 1989; Wild/Hofer 2002, den Beitrag von Diehm in diesem Handbuch) – frühen antizipatorischen Schulerwartungen, die in den Eltern-Kind-Beziehungen entstehen (Nittel 1992), des Weiteren aus hohen, enttäuschungsanfälligen Erwartungen an die Schulleistungen sowie einem schon in den ersten Schuljahren beginnenden Zusammenspiel von Lehrerurteilen und Familienbildern des eigenen „Schulkindes" können Anerkennungs- und Passungsprobleme zwischen Familie, Schule und Kind, dem primären familiären und dem schulisch geforderten sekundären Habitus resultieren (Bourdieu/Passeron 1972; Wild/Hofer 2002; Kramer 2002), die die Schülerbiographie überschatten und mitbestimmen können. In einer generationellen Perspektive wird schließlich deutlich, dass Eltern vor dem Hintergrund ihrer Lebens- und Bildungsgeschichte Bildungsambitionen auf ihre Kinder richten, die elterlichen Bildungswünsche nach Statussicherung oder sozialem Aufstieg also eng mit der eigenen Biographie, teilweise in einer Drei-Generationen-Perspektive, verwoben sind. Dabei kommt – je nach Geschlecht, Milieu und sozialer Lage verschieden – Vater oder Mutter eine unterschiedlich große Relevanz in dieser „Bildungsdelegation" zu (vgl. Ditton 1992; Fend 1997; Brendel 1998; Ecarius 2002; Hummrich 2002).

2.3 Familiäre Schularbeit: Hausaufgaben, Nachhilfe, Schule als Gesprächsstoff und Konflikt in der Familie

Tyrell (1987) hat in einer provokanten These behauptet, dass die Interpenetrationskraft der Schule gegenüber der Familie historisch angewachsen sei und die Schule eine Vormachtstellung gegenüber der Familie besitze (vgl. auch Pekrun 1997). So habe die Familie einerseits verstärkt Stützungsleistungen gegenüber der Schule zu erbringen und andererseits würden die schulischen Anforderungen tiefer in die familiären Beziehungen eindringen. Da schulische Bildung und insbesondere höhere Schulabschlüsse in den Augen der Eltern für ihre Kinder immer bedeutsamer werden und sich damit die Bildungsdistanz von Milieus relativiert, was sich in den steigenden Bildungsaspirationen auch von Eltern aus bildungsfernen Milieus dokumentiert (vgl. oben), wachsen die Anforderungen an Eltern in die schulische Bildung ihrer Kinder zu „investieren", sie zu unterstützen und zu flankieren. Dies kann in zwei polaren Formen eine problematische Gestalt annehmen: Erstens kann die Familie, wie Tyrell formuliert, sich zu sehr an die Schule anpassen und damit zum „verlängerten Arm der Schule werden (Nittel 1992, S. 355ff.), so dass die Schulleistungen die emotionalen Familienbeziehungen belasten und die hohen Ambitionen der Eltern zu einem starken Druck und einer Belastung für die Kinder werden (vgl. oben). Zweitens kann am anderen Pol das Problem entstehen, dass Eltern ihre Kinder bei deren schulischen Bildungsbemühungen nicht unterstützen, gleichgültig der Schule gegenüber stehen, ja sogar die Bildungsambitionen von Kindern behindern bzw. blockieren können (ebd.). Was wissen wir nun über die Anwesenheit schulischer Anforderungen im Familienalltag, über die familiäre Belastung durch Schule und die schulische Familienarbeit?

Diese elterlichen Unterstützungsleistungen betreffen vor allem die Begleitung und Betreuung der Hausaufgaben, als der direkten Fortsetzung des schulischen Lernens in der Familie. Hier stehen sich unterschiedliche Auffassungen nahezu polar gegenüber: Einerseits eine deutliche Kritik an den Hausaufgaben, die als wenig effektiv, Anlass für familialen Streit und Disput, als Belastung der familiären Beziehungen und Delegation eigentlich schulischer Aufgaben an die Familie erscheinen; andererseits erscheinen Hausaufgaben als unabdingbar für Übung und Festigung des schulisch Gelernten und erfreuen sich einer hohen Zustimmung sowohl bei Lehrern, als auch Eltern und Schülern (vgl. Nilshon 1995, 2001).

Im internationalen Vergleich zeigt sich, dass die Investition der Familie in die Betreuung des Kindes beim schulischen Lernen, etwa in Form der Hausaufgabenbetreuung und -unterstützung durchaus relevant für schulische Leistungen sein kann (vgl. etwa Schümer 1998; Stevenson/Lee 1990; Toyama-Bialke 2002). Allerdings ist hier die Forschungslage nicht eindeutig: Während eine Reihe von Studien darauf verweist, dass von Hausaufgaben keine systematischen und linearen Effekte auf schulische Leistungen ausgehen, belegen andere Studien, dass kontinuierliche Hausaufgaben durchaus mit positiver Leistungsentwicklung im schulischen Bereich einher gehen, aber die Länge der Hausaufgabenzeit nicht in einem linearen Zusammenhang zur schulischen Leistung steht (vgl. Cooper 1989; Trautwein/Köller/Baumert 2001).

Besonders interessant sind in diesem Zusammenhang Studien, die unterschiedlichen Formen der elterlichen Unterstützung bei den Hausaufgaben nachgehen: In einer Längsschnittstudie an Grundschülern zeigt sich, dass starke Instruktions- und Kontrollhaltungen der Eltern bei der Hausaufgabenbegleitung mit schwächeren Schulleistungen einher gehen, während eine anregende Haltung der gemeinsamen Beschäftigung mit kulturellen Gütern und entsprechende Einbettungen der Hausaufgabenbetreuung mit besseren Schulleistungen korrespondiert (Trudewind/Wegge 1989). Helmke u.a. bestätigen diese Ergebnisse, indem sie eine prozessorientierte

Haltung, die mit einer positiven Leistungsentwicklung korreliert, von einer an Überprüfung und Kontrolle interessierten „produktorientierten" Haltung von Eltern im Umgang mit Hausaufgaben unterscheiden, die negative Zusammenhänge zur Leistungsentwicklung zeigt (vgl. Helmke/Schrader/Lehneis-Klepper 1991; auch Renshaw/Gardner 1990) bzw. auch mit einer Angst vor Misserfolg zusammenhängt (Trudewind 1975). Auch Trautwein, Köller und Baumert (2001) bestätigen, dass eine deutliche Hausaufgabenfremdkontrolle durch Eltern mit einem niedrigeren Wissenszuwachs einher gehen kann. Es gibt also deutliche Hinweise darauf, dass spezifische Formen des elterlichen Umgangs mit Hausaufgaben eher negative Auswirkungen auf die Leistung und Wissensentwicklung von Kindern und Jugendlichen zeitigen und mit Belastungen für Eltern und Kinder verbunden sein können (vgl. auch Hokuda/Fincham 1995).

Das Ausmaß der Hausaufgaben ist dabei keineswegs gering, auch wenn die Daten der PISA-Studie im internationalen Vergleich ergeben, dass die Hausaufgabenbelastung der deutschen Schüler etwa im mittleren Bereich der OECD-Staaten liegt. Für die wöchentliche Hausaufgabenzeit in Deutsch, Mathematik und den Naturwissenschaften geben die deutschen Schüler im Durchschnitt 4 bis 5 Stunden an (Schümer 2001, S. 419). Auch in den Längsschnittstudien des MPI für Bildungsforschung über „Bildungsprozesse und psychosoziale Entwicklung im Jugend- und jungen Erwachsenenalter" (BIJU) zeigen sich für den Bereich Mathematik und Englisch, dass ca. zwei Drittel der Schüler angeben immer oder häufig Hausaufgaben zu bekommen, wobei ca. drei Viertel angeben, dass der zeitliche Aufwand für Mathematikhausaufgaben bei bis zu einer halben Stunde täglich liegt (vgl. Trautwein/Köller/Baumert 2001; Trautwein/Köller 2002). Insgesamt ist also die zeitliche Belastung durch Hausaufgaben im familiären Raum durchaus hoch, wenn auch mit Unterschieden zwischen den Schulformen.

Auch das Ausmaß der elterlichen Unterstützung ihrer Kinder bei den Hausaufgaben – im Übrigen immer noch eine Domäne der Mütter – ist erheblich: Im Grundschulbereich erledigen weniger als 10% der Schüler ihre Hausaufgaben ohne elterliche Beteiligung, wobei aber nur ca. 21% angeben, dass die Hausaufgaben immer mit den Eltern erledigt würden (vgl. Tietze/Roßbach/Mader 1987; Wild/Remy 2001).

Allerdings machen neuere Studien darauf aufmerksam, dass die Formen, in denen die Eltern ihre Kinder bei den Hausaufgaben unterstützen, also die familiär gesteuerte Lernarbeit der Schüler, nicht selten suboptimal für die Lernprozesse verläuft, es zumindest in vielen Fällen ein Nebeneinander von förderlichen, unterstützenden und eher belastenden und das Lernen erschwerenden Haltungen gibt: Gemessen an der Förderung selbstregulierten Lernens zeigen sich bei Drittklässlern für Mathematik und bei Siebtklässlern für Chemie, dass in ca. 84 bzw. 87% der Hausaufgabenbetreuungen keine zufriedenstellende Förderung vorliegt (vgl. Wild/Remy 2002; Exeler/Wild 2003). Eine vergleichbare Studie in den USA kommt auf ca. zwei Drittel derart wenig förderlicher Formen der elterlichen Hausaufgabenunterstützung (vgl. Cooper/Lindsay/Nye 2000).

Die Einschätzung der Hausaufgaben zeigt allerdings, dass sie – trotz aller pädagogischen Kritik und der vorliegenden Befunde auf damit verbundene familiäre Konflikte, Belastungen und Förderungsdefizite – insgesamt eine recht hohe Akzeptanz genießen und zu einer Selbstverständlichkeit geworden sind.

Eine zweite wesentliche Unterstützungsleistung, die durch die Familie erfolgt, ist die Organisation und Finanzierung von Nachhilfe, die zwar keine direkte elterliche Betreuung schulischer Lernvorgänge darstellt und häufig auch außerhalb der Familie stattfindet, aber doch durch die Eltern initiiert und teilweise auch organisiert wird. Auch hier liegen Zahlen im internationalen Vergleich vor: Dabei liegt Deutschland in der Intensität des regelmäßig erhaltenen Ergänzungs- bzw. Nachhilfeunterrichts (erhoben für die Landessprache, Mathematik und Naturwissenschaften) mit 17,1% aller Schüler unterhalb des OECD-Durchschnitts von 20,5% (Schümer 2001, S. 417). Länder wie Japan mit 69,1%, Korea mit 60,5%, aber auch die osteuropäischen Staaten wie etwa Ungarn mit 44,1% oder Polen mit 37,9% liegen hier an der Spitze (ebd., Schümer 1998), während etwa Finnland mit 2,4% oder Schweden mit 3,3% deutlich niedrigere Werte aufweisen als Deutschland. Andere Studien, die Nachhilfeunterricht über alle Fächer hinweg ermitteln und für die gesamte Schulzeit in den Blick nehmen, kommen für Deutschland allerdings zu deutlich höheren Werten: ca. ein Drittel der Schüler bekommt im Laufe der Schulzeit Nachhilfe, wobei der Anteil der Gymnasiasten mit – je nach Studie – Werten zwischen ca. einem Drittel bis ca. 50% höher liegt als für Haupt- oder Realschüler und zudem weniger von Kindern aus bildungsfernen Milieus und Unterschichten in Anspruch genommen wird, was zum einen an finanziellen Ressourcen zum anderen aber auch an der Distanz von Elternhäusern gegenüber schulischer Bildung liegen dürfte (vgl. Langemeyer-Krohn/Krohne 1987; Behr 1990; Kramer/Werner 1998; Deutsche Shell 2002; Rudolph 2002).

Was Nachhilfeunterricht direkt für die familialen Beziehungen bedeutet, ob er eher die Familie von Schularbeit entlastet oder aber auch Ausdruck der Anspannung und Belastung der Familie durch die Schule ist, dazu liegen bislang nur wenige Forschungsergebnisse vor. In einer neueren Studie ermittelt Rudolph (2002), dass immerhin ca. ein Drittel der Eltern die Kosten der Nachhilfe als große bis sehr große Belastung empfinden. Wenn von den Eltern als Gründe für Nachhilfeunterricht mit jeweils ca. 50% das Schließen von Wissenslücken und die Sicherung von Schulabschlüssen bzw. der Versetzung angegeben wird und zu gut einem Drittel auch Nachhilfe erfolgt, ohne dass eine aktuelle Gefährdung der Schullaufbahn vorliegt bzw. es auch zu Nachhilfe als Dauereinrichtung kommt (ebd.), so lassen sich diese Ergebnisse dahingehend interpretieren, dass zumindest bei einem Teil der Eltern Nachhilfeunterricht mit hohen schulischen Erwartungen und Leistungsdruck einhergehen kann. Diese Vermutung wird durch Ergebnisse von Hurrelmann und Engel (1993) gestützt, die in ihrer Längsschnittstudie verdeutlichen konnten, dass Nachhilfeunterricht dann den Belastungsgrad von Jugendlichen erhöht, wenn keine akuten Schulprobleme vorliegen bzw. akute Versetzungsprobleme bestehen. Zudem wird dann Nachhilfeunterricht in extensiver Form erteilt, wenn „Distanzeffekte" zwischen familiärem Hintergrund und Schulsituation vorliegen, also wenn Kinder mit hohem familiärem Bildungshintergrund scheiternde Bildungslaufbahnen aufweisen bzw. Schulformen besuchen, die unter dem Schulabschluss ihrer Eltern liegen bzw. wenn Schüler mit geringem familiären Bildungsniveau das Gymnasium besuchen (vgl. ebd., S. 140ff.).

Neben der häuslichen Schularbeit und der familial initiierten Nachhilfe ragen aber auch die schulische Situation, Leistung und die Schulerfahrungen der Kinder als Thema in die Familie hinein. Qualitative Studien verweisen etwa darauf, dass in den Familienritualen des gemeinsamen Abendessens etc. die Schule, die schulischen Erfahrungen und Leistungen der Kinder als Thema besonders bedeutsam sind (vgl. Kramer/Helsper/Busse 2002b). Auch Fend (1998) bestätigt in seiner Längsschnittstudie an 13- bis 16jährigen Jugendlichen, dass die Schule zwischen Kindern und ihren Eltern mit deutlichem Vorsprung vor anderen Thematiken das Gesprächsthema Nr. 1 bleibt (ebd., S. 105). Schule ist somit ein besonders wichtiges Thema zwischen Eltern und Kindern und wird nicht selten auch zum Konfliktstoff in der Eltern-Kind-Beziehung: So ermittelt Schmidtchen in einer Studie bei Jugendlichen, dass 25% der Jugendlichen über Konflikte mit den Eltern wegen Schwierigkeiten in der Schule und beim Lernen berichten. Zwar rangieren Konflikte wegen jugendlicher Verselbstständigung, Geld, Freunden und Stilfragen mit 39 bis 26% noch davor, aber im Zusammenhang mit 11% der

Jugendlichen, die über Konflikte mit den Eltern wegen einer nicht bestandenen Prüfung klagen, muss die Schule als ein zentraler Streit- und Konfliktpunkt zwischen Eltern und Kindern eingeschätzt werden (Schmidtchen 1992, S. 102ff.). Zu ähnlichen Ergebnissen kommt auch die Längsschnittstudie von Engel und Hurrelmann (1993): Konflikte wegen Schulleistungen mit den Eltern rangieren hier auf Platz drei bzw. vier, je nach dem ob es sich um Konflikte von Jungen oder Mädchen mit Vater oder Mutter handelt (ebd. S. 80f.). In seiner Längsschnittstudie zu kindlich-jugendlichen Entwicklungsverläufen ist auch Fend den Konflikt- und Dissensthemen in der Eltern-Kind-Beziehung nachgegangen: Auch hier spielt Schule als Konfliktthema eine Rolle, wobei dies deutlicher für Jungen als für Mädchen gilt und die Eltern Konflikte aufgrund schulischer Leistungen stärker betonen als ihre Kinder. Die Betonung der Schulpflichten und der schulischen Leistungsanforderungen im Horizont einer wettbewerbs- und leistungsorientierten Lebensführung ist für die Eltern damit ein zentraler Kern familiären Konflikts, in dessen Zusammenhang dann auch andere Konfliktthemen, etwa insgesamt eine mehr auf Disziplin und Pflichten orientierte jugendliche Haltung, virulent werden (vgl. Fend 1997, S. 122ff.; 2000, S. 280ff.). Ohne dass damit die Konflikthaftigkeit und der Dissens zwischen Eltern und ihren Kindern dramatisiert werden darf – vielmehr spricht vieles in der historischen Entwicklung für eine Entlastung der Eltern-Kind-Beziehungen von harten und drastischen Formen von Generationskonflikten – scheinen die schulischen Leistungen und die schulischen Abschlüsse doch eine zentrale Konfliktdimension zwischen Eltern und Kindern zu bilden, vor allem dann, wenn Kinder und Jugendliche hinter den elterlichen Bildungserwartungen zurückbleiben bzw. Eltern höchste schulische Anforderungen an ihre Kinder herantragen.

2.4 Elternpartizipation und Kooperation zwischen Eltern und Lehrern – Ansprüche von Eltern und Haltungen der Lehrer

Wenn die Eltern somit erhebliche „Schularbeit" zu verrichten haben und die Schule tief in die Familie hineinwirkt, so bleibt zu fragen, welche Möglichkeiten die Eltern besitzen, Einfluss auf die Schule zu nehmen und an schulischen Entscheidungen zu partizipieren. Elternpartizipation ist dabei unter drei Perspektiven zu betrachten: Erstens kann sie in einer historischen Perspektive als Ausweitung von Elternrechten diskutiert werden (vgl. Avenarius 2002). Zweitens kann sie unter schulorganisatorischer und -struktureller Perspektive diskutiert werden, wobei die Frage nach den Bedingungen und Möglichkeiten von Elternpartizipation in den Mittelpunkt rückt. Drittens kann gefragt werden, wie die Akteure selbst, also Eltern und Lehrer zur Frage einer stärkeren Partizipation von Eltern im Rahmen der Schule stehen und wie die Kooperationsbeziehungen zwischen Familie und Schule ausgestaltet sind.

Übereinstimmend kommen verschiedene Diagnosen zur Partizipation von Eltern und zu ihrer rechtlichen Stellung gegenüber der Schule zu dem Ergebnis, dass sich historisch seit den 1970er Jahren das besondere Gewaltverhältnis der Schule zusehends relativiert hat und die Partizipationsrechte von Eltern gestärkt worden sind. Dies resultiert nicht zuletzt aus der Einrichtung von beschlussfassenden Schulgremien wie etwa der Schul- oder Gesamtkonferenz, in die Eltern eingebunden und auch stimmberechtigt sind. Allerdings ist die rechtliche Stellung und sind die Partizipationsmöglichkeiten von Eltern in Deutschland im Vergleich zu anderen Ländern durchaus eher bescheiden einzustufen (vgl. Avenarius 2002; Bildungsbericht 2003).

Auch wenn die Klage erfolgt, dass Eltern sich zunehmend in schulische Belange einmischen, Druck auf Lehrer ausüben und Eltern zunehmend Rechtsmittel gegen schulische Entscheidungen und Leistungsbewertungen einlegen, darf dies nicht darüber hinweg täuschen, dass Eltern letztlich gegenüber der Schule und den Lehrern doch in einer schwächeren Position sind (vgl. Pekrun 2001). Die faktischen Kontakte zwischen Lehrern und Eltern beschränken sich zumeist auf Elternabende und Elternsprechtage, während Hausbesuche, längere Gespräche zwischen Eltern und Lehrern oder Elternberatung, also insbesondere Formen der Elternarbeit, die zeitintensiv sind und eine aktive Unterstützung von Eltern darstellen, eher selten sind (vgl. Melzer 1987; Krumm 1995, 1996, 2001; Wild 2003). Insgesamt ist die Kontaktdichte zwischen Lehrern und Eltern eher gering, wie auch eine Schülerbefragung bestätigen kann (Kanders/Rösner/Rolff 1996, S. 70), bei der deutlich wird, dass häufig noch nicht einmal die Kontaktdichte der angebotenen Elternsprechtage zustande kommt. Zudem erfolgt die Kommunikation zwischen Lehrern und Eltern häufig nur dann, wenn sich Konflikte anbahnen bzw. Schulprobleme entstehen. Besondere Erschwernisse in der Kommunikation zwischen Eltern und Lehrern ergeben sich, wie in der Forschungsliteratur deutlich wird, vor allem für die unteren sozialen Lagen und bildungsferne Milieus, für die eine große Distanz zwischen Eltern und Lehrern besteht (Melzer 1987), während insbesondere stark bildungsorientierte und -ambitionierte Eltern eher Kontakte zu Lehrern suchen. Ditton (1992, S. 143ff., 1995, S. 109f.) verweist aber darauf, dass es gerade die Eltern der Oberschicht sind, für die eher eine Distanz gegenüber Lehrern charakteristisch ist, so dass ein stärkerer Kontakt zwischen diesen Eltern und den Lehrern eher ein Hinweis auf Problemkonstellationen ist. Jene Grundschüler aus Oberschichtfamilien, deren Eltern keinen Kontakt mit Lehrern aufnehmen, gehen zu 100% auf das Gymnasium über. Für Oberschichteltern scheint also die Abschottung der Familie gegenüber der Schule ein Teil des Bildungserfolgs für ihre Kinder zu sein. Dies verweist darauf, dass fehlender Kontakt zwischen Eltern und Lehrern je nach sozialer Lage für den Bildungserfolg von Kindern eine völlig unterschiedliche Bedeutung besitzt.

Die Bereitschaft der Lehrer die Partizipation von Eltern zu akzeptieren ist zumindest ambivalent einzuschätzen. So werden einerseits die Partizipationsmöglichkeiten von Eltern in der Schule eher skeptisch eingeschätzt: 48% der westdeutschen und 50% der ostdeutschen Bevölkerung meinen, dass Eltern zu wenig Einflussmöglichkeiten in der Schule haben (IFS 2002, S. 44). Lehrer scheinen demgegenüber auf einer eher allgemeinen Ebene der Beteiligung von Eltern zwar positiv gegenüber zu stehen. Aber damit ist wohl eher „Mitverantwortung als Mitbestimmung" (Kanders/Rösner/Rolff 1996, S. 86) gemeint: So stimmen zwar ca. 80% der Lehrer der Aussage voll oder eher zu, dass Eltern stärker in die Arbeit der Schule einbezogen werden sollten, aber nur noch 42% der Sekundarschullehrer und 36% der Grundschullehrer stimmen voll oder eher der Äußerung zu, dass die Mitbestimmungsmöglichkeiten für Eltern ausgeweitet werden müssten. Und wiederum zwischen 50 bis 60% der Lehrer meinen, dass Eltern lediglich egoistisch das Interesse ihres Kindes im Auge hätten und daher der Elterneinfluss nicht ausgeweitet werden sollte.

Diese Ergebnisse verweisen insgesamt darauf, dass die Kooperation zwischen Familie und Schule belastet und nur unzureichend entwickelt ist. Dabei darf allerdings nicht übersehen werden, dass ein verstärkter Austausch zwischen Eltern und Lehrern für Schüler auch ambivalent sein kann, weil dadurch auch die Kontroll- und Sanktionierungsmöglichkeiten aufgrund schulischer Probleme und Regelverletzungen gesteigert werden können.

2.5 Das Verhältnis von Familie und Schule in interkultureller Perspektive

Wie in historischer Perspektive (vgl. Abschnitt 1.1) und in interkulturellen Studien deutlich wird, kann das Verhältnis von Familie und Schule sehr unterschiedliche Konstellationen annehmen: Große Distanz und Machtasymmetrie, konflikthafte Konkurrenz zwischen Schule und Familie um das Kind oder starke Kooperation und Nähe, verbunden mit konsensueller Unterstützung sind die idealtypischen Ausprägungen dieses Verhältnisses. Derartige Konstellationen – die sich im Übrigen in unterschiedlichen Schulkulturen auch innerhalb Deutschlands finden, etwa weit engere Verbindungen zwischen Schule und Familie in freien Schulen, Waldorfschulen oder reformpädagogisch orientierten Schulen (vgl. Hummrich/Helsper 2004) – sollen exemplarisch für Ost- und Westdeutschland sowie für Deutschland und Japan skizziert werden (für andere kulturelle Konstellationen vgl. etwa Bosse 1994; Schäfer 2001).

Japan weist gegenüber Deutschland deutliche Unterschiede im Verhältnis von Bildungssystem und Familie auf. So ist die japanische Schule als Ganztagsschule ausgerichtet, in der alle Schüler bis zur neunten Klasse, innerhalb der Pflichtschulzeit und unabhängig von ihren individuellen Neigungen und Fähigkeiten, einheitlich unterrichtet werden. Um ihre Leistungen in der Schule zu steigern oder zu stabilisieren, besuchen etwa 70% aller Schüler der Klassen sieben bis neun nach Schulschluss private Bildungseinrichtungen, so genannte jukus (vgl. Kitamura 1991, S. 162ff.). In der neunten Klasse finden dann Beratungsgespräche und die Eingangsprüfungen für die dreijährige Oberschule statt, welche den weiteren Bildungserfolg und Lebensweg der Jugendlichen maßgeblich beeinflussen, da sie wiederum den Zugang zu renommierten Hochschulen ermöglichen. Schubert (2002) bemerkt diesbezüglich, „dass mit den Zugangsprüfungen zu den Oberschulen der jeweilige Jahrgang auf eine Weise aufgeteilt wird, die ziemlich zuverlässige Prognosen über die jeweiligen künftigen sozialen Schicksale erlaubt.“ (vgl. ebd., S. 76). Obwohl Japan gegenüber Deutschland deutlich geringere soziale Diskrepanzen in der Bildungsbeteiligung und Fähigkeitsentwicklung aufweist (vgl. Baumert u.a. 2001), zeigt sich hier, dass auch im japanischen Bildungssystem mit seiner stark meritokratischen Ausrichtung soziale Ungleichheiten eine Rolle spielen können. So findet zwar mit der egalitären Pflichtschulbildung keine Selektion der Schüler nach Leistung bis zur 9. Klasse statt, aber mit der Inanspruchnahme von privaten Bildungseinrichtungen, die von den finanziellen Ressourcen der Eltern abhängig ist, werden Selektionsmechanismen freigesetzt, die in den Aufnahmeprüfungen zur Oberschule und später zur Hochschule zum tragen kommen. Neben der Wissensvermittlung nehmen japanische Schulen, stärker als in Deutschland allgemein üblich, ihren Erziehungsauftrag wahr und stoßen dabei nicht nur auf große Akzeptanz durch die Eltern, sondern sie kommen damit den Erwartungen der Eltern an die Schule nach. Der zeitliche Aufwand für die außerunterrichtlichen, sozialen Aktivitäten ist fester Bestandteil in der Konzeption der Ganztagsschule. In einer quantitativen Studie von Toyama-Bialke (1998) hat sich gezeigt, dass japanische Lehrer im Vergleich zu deutschen, viermal so viel Zeit im Rahmen außerunterrichtlicher Aktivitäten mit den Kindern und Jugendlichen verbringen (vgl. ebd., S.351). Diese intensive Beschäftigung außerhalb der schulischen Wissensvermittlung verfolgt unter anderem das vom Erziehungsministerium festgelegte Ziel „Schüler zu Menschen zu erziehen, die der gesellschaftlichen und schulischen Vorstellung von korrekten zukünftigen Erwachsenen entsprechen“ (Metzler 2001, S. 197). Damit ist die Forderung verbunden, den jungen Menschen allgemeine Tugenden wie Höflichkeit, Menschenliebe, Vertrauen, Rücksicht, Respekt, Verantwortungsbewusstsein, Interesse an der Gesellschaft oder die Liebe zum Land nahe zu bringen (ebd.). Das Engagement der Lehrer fordert eine ständige Erreichbarkeit für

Nachfragen der Eltern, so dass auch der private Bereich der Lehrer beansprucht wird. Hiermit scheint ein Idealkonstrukt für die Kooperation von Elternhaus und Schule geschaffen, das jedoch brüchig wird, sobald individuelle Probleme der Kinder und Jugendlichen in der Schule in den Vordergrund treten (vgl. ebd. S. 203f.). Denn für einzelfallspezifische Problemlagen und für abweichendes Verhalten fühlen sich die Vertreter der Schule nicht verantwortlich. Ebenso verhält es sich, wenn nach Auffassung der Eltern unerwünschtes Schülerverhalten eigentlich Kooperation von Elternhaus und Schule fordert, die Schule jedoch das individuelle Problemverhalten negiert (ebd. S. 205).

Die Erwartungen deutscher Eltern gegenüber der Schule unterscheiden sich hier grundlegend. Während für japanische Eltern die Erziehungsfunktion der Schule vor den Leistungsanforderungen rangiert und sie diese Erziehungsorientierung der Schule begrüßen und fordern, wäre es für deutsche Eltern ein Eingriff in ihre familiale Zuständigkeit, wenn die Schule derart weitreichend in die Erziehung der Kinder intervenieren würde (vgl. Toyama-Bialke 2002).

Auch Ostdeutschland war – wenn auch in einem stark ideologisch erziehungsstaatlich geprägten Sinn – durch eine weit stärkere Verbindung nicht nur von Schule und Familie, sondern auch eine starke Verbindung der Schule zum Wohnumfeld, zu den Betrieben und zur Freizeitgestaltung der Schüler gekennzeichnet. Die Schule war also insgesamt stärker mit anderen Lebensbereichen verbunden (vgl. Helsper/Böhme/Kramer/Lingkost 2001). Lehrer waren in einem umfassenden Sinne für Erziehung zuständig und zu engen Kontakten mit der Familien angehalten (Hausbesuche etc.). Diese unterschiedlich eingespielte Kontaktdichte zwischen Familie und Schule kommt – bei aller Skepsis der ostdeutschen Eltern gegenüber der ideologischen Überformung durch die Schule – darin zum Ausdruck, dass die Veränderungen des Schulsystems nach der Wende insgesamt eher skeptisch eingeschätzt werden und das neu eingeführte Schulsystem sich zunehmender Kritik ausgesetzt sah (vgl. IFS 1994). Neben deutlichen Unterschieden in den Erziehungsvorstellungen, die bei ostdeutschen Eltern stärker in Richtung konventioneller Erziehungsorientierungen wie Gehorsam, Disziplin und klassische Tugenden zeigt, kritisieren ostdeutsche Eltern an der neuen Schule auch das abnehmende Engagement der Lehrer für Erziehungsfragen, das abnehmende Engagement der Schule für Freizeitaktivitäten und für die Schüler und fordern deutlicher als westdeutsche Eltern die Ganztagsschule (vgl. ebd. Uhlendorff/Seidel 2001; Valtin/Rosenfeld 2002). Auch darin zeigen sich als Ergebnis unterschiedlicher pädagogischer Kulturen im ehemals geteilten Deutschland, die auch durch die Transformation des Bildungssystems noch wirksam bleiben, unterschiedliche Erwartungen von Eltern an die Schule, insbesondere in Erziehungs- und familiären Unterstützungsfragen.

Mit diesen kurzen Hinweisen zu unterschiedlichen Verhältnisbestimmungen zwischen Schule und Familie im innerdeutschen Vergleich und im Kontrast zwischen Deutschland und Japan wird deutlich, dass es unterschiedliche Formen der „Passung" zwischen Schule und Familie gibt. Je nachdem wie Schule und Familie strukturiert sind, wie die jeweiligen gegenseitigen Erwartungen eingespielt sind und wie diese ineinandergreifen bzw. verfehlt werden, kann es zu starken und harmonischen bzw. auch zu schwachen und widerspruchsvollen bzw. inkonsistenten oder gar antagonistischen Passungen kommen. Dies gilt selbstverständlich – wie schon angedeutet – nicht nur für Kontraste zwischen unterschiedlichen Ländern oder Regionen, sondern auch für spezifische Ausformungen des Verhältnisses von familiären Milieus und der jeweiligen einzelnen Schule. Letztlich vermitteln sich diese Passungen immer auf der Ebene der jeweils konkreten Familie, des Schülers und der spezifischen Schule. Hier weisen empirische Ergebnisse darauf hin, dass je drastischer und unvereinbarer die Lebensbereiche Schule und Familie für Kinder und Jugendliche ausgeformt sind, also je deutlicher eine antagonistische, diskrepante Passung besteht, desto eher für Schüler Schulprobleme, drohendes Versagen und insgesamt psychosoziale Belastungen vorliegen (vgl. Phelan/Davidson/Yu 1998; Wild/Hofer 2002). So spricht Bourdieu (1973, 1982) vom „primären Habitus", der in der Familie im Kontext ihres sozialen Ortes und ihrer Kultur ausgeformt wird, und dem „sekundären Habitus", der in unterschiedlichen Varianten die Anforderungen, Praktiken und Regeln der Schule repräsentiert und von den Heranwachsenden realisiert werden muss, um schulisch erfolgreich zu sein. Je stärker primärer und sekundärer Habitus kontrastieren, um so größer ist die Gefahr der Abweisung des primären Habitus bis hin zu Formen der Selbstausgrenzung. Allerdings können auch problematische Formen einer harmonischen Passung vorliegen, etwa wenn Schule und Familie die gleiche Anforderungsstruktur aufweisen, etwa höchste Leistungsforderungen bei ausfallender emotionaler Stützung und Zuwendung (vgl. Helsper 1997). Letztlich findet die Passung von Schule und Familie ihren Ausdruck in konkreten, individuell biographischen Bildungsverläufen, die in einem prozesshaft ausgestalteten und sich entlang der Schülerbiographie verändernden „schulbiographischen Passungsverhältnis" zum Ausdruck kommen, in dem die Schüler sich mit den je konkreten Passungen zwischen Familie und Schule auseinandersetzen und sich darin ihrerseits in eine von ihnen biographisch ausgestaltete Passung gegenüber Schule und Familie platzieren (vgl. Helsper/Böhme/Kramer/Lingkost 2001; Kramer 2002; Kramer/Busse 2003).

3 Resümee: Forschungsdesiderate und Forschungsperspektiven

Insgesamt bleibt festzuhalten, dass es zu einzelnen Aspekten des Verhältnisses von Familie und Schule inzwischen eine ausdifferenzierte Forschungslage gibt. Allerdings stützen sich die vorliegenden Untersuchungen zumeist ausschließlich auf Befragungen oder Interviews häufig auch nur mit Eltern oder Kindern bzw. Jugendlichen. Das komplexe Zusammenspiel zwischen Schule, Familie und Kindern bzw. Jugendlichen kommt oftmals nur ungenügend in den Blick. Wesentliche Forschungsdesiderate und damit einhergehende weiterführende Forschungsperspektiven sind:

- In den Studien müssten stärker als bisher sowohl Erhebungen im Kontext der Schule als auch im Kontext der Familie Berücksichtigung finden. Derartige Studien, die beide Bereiche gleichermaßen erheben und auch mit Bezug auf kindliche und jugendliche Bildungsverläufe untersuchen, sind bislang sowohl im quantitativen als auch im qualitativen Bereich selten.
- Bislang gibt es kaum Studien – wohl nicht zuletzt aufgrund der schwierigen Forschungszugänge und der komplexen Forschungssettings – die familiäre und schulische Interaktionen beobachten und rekonstruieren und damit auf der Ebene des interaktiven Handelns der schulischen und familialen Akteure angesiedelt sind und dieses in Beziehung setzen. Von besonderer Bedeutung wären für derartige Studien auch die „intermediären" Orte, an denen sich Schule und Familie durchdringen: Interaktionsanalysen zur Hausaufgabenbetreuung der Eltern, zu Familienbesuchen der Lehrer, zu Elternsprechtagen und Elterngesprächen, zu Elternabenden etc.
- Insbesondere von Längsschnittstudien, die beide Lebensbereiche umspannen, wären weitere wichtige Aufklärungen über das prozesshafte Zusammenspiel von Schule und Familie

für die familiäre und die schulische Situation von Kindern und Jugendlichen zu erwarten. Dies gilt insbesondere auch für die weitere Aufklärung der Zusammenhänge zwischen Schule, Familie und Bildungsbeteiligung.

- Das gleiche gilt für qualitative Rekonstruktionen zur Schülerbiographie, in denen sich die komplexe Durchdringung der schulischen und familiären Zusammenhänge in der biographischen Entwicklung herausarbeiten lassen. Hier liegen bislang nur wenige Studien vor, die zudem nahezu ausschließlich einen starken Gymnasialbezug aufweisen.
- Studien, in denen quantitative und qualitative Verfahren aufeinander bezogen werden, um daraus vertiefende Erkenntnisse über den Zusammenhang und die Interdependenzen zwischen Schule und Familie zu gewinnen, fehlen nahezu vollständig.

Da diese Perspektiven auf komplexe, voraussetzungsreiche und langfristige Forschungen orientieren, bedarf es insgesamt einer längerfristig angelegten Forschungsplanung und -förderung, um derartige Vorhaben – die noch tiefere Einblicke und Erklärungen zum Zusammenhang von Schule und Familie erlauben – auf den Weg zu bringen.

Literatur

Aries, P.: Geschichte der Kindheit. München 1974

Avenarius, H.: Einführung in das Schulrecht. Neuwied 2002

Baumert, J./Schümer, G.: Familiäre Lebensverhältnisse, Bildungsbeteiligung und Kompetenzerwerb. In: PISA 2000. Basiskompetenzen von Schülerinnen und Schülern im internationalen Vergleich. Opladen 2001, S. 323-411

Baumert, J./Schümer, G.: Familiäre Lebensverhältnisse, Bildungsbeteiligung und Kompetenzerwerb im nationalen Vergleich. In: PISA 2000 – Die Länder der Bundesrepublik Deutschland im Vergleich. Opladen 2002, S. 159-203

Baumert, J./Watermann, R./Schümer :Disparitäten der Bildungsbeteiligung und des Kompetenzerwerbs: Ein institutionelles und psychologisches Mediationsmodell. In: Zeitschrift für Erziehungswissenschaft 6 (2003), H. 1, S. 46-72

Beck, U.:Risikogesellschaft. Auf dem Weg in eine andere Moderne. Frankfurt a.M. 1986

Becker, R.: Klassenlage und Bildungsentscheidungen: Eine empirische Anwendung der Wert-Erwartungstheorie. In: Kölner Zeitschrift für Soziologie und Sozialpsychologie 52 (2000), H. 4, S. 450-474

Behr, M.: Nachhilfeunterricht. Erhebungen in einer Grauzone pädagogischer Alltagsrealität. Darmstadt 1990

Bertram, H.: Das Individuum und seine Familie. Lebensformen, Familienbeziehungen und Lebensereignisse im Erwachsenenalter. DJI, Familien-Survey 4. Opladen 1994

Blankertz, H.: Die Geschichte der Pädagogik. Von der Aufklärung bis zur Gegenwart. Wetzlar 1982

Böhme, J.: Schulmythen und ihre imaginäre Verbürgung durch oppositionelle Schüler. Bad Heilbrunn 2000

Böhnisch, L./Lenz, K. (Hrsg.): Familien. Eine interdisziplinäre Einführung. Weinheim/München 1997

Böhnisch, L.: Familie und Bildung. In: Tippelt, R. (Hrsg.): Handbuch Bildungsforschung. Opladen 2002, S. 283-291

Bohrhardt, R.: Familienstruktur und Bildungserfolg. Stimmen die alten Bilder? In: Zeitschrift für Erziehungswissenschaft 3 (2000), S. 189-208

Bois-Reymond, M. du: Verkehrsformen zwischen Elternhaus und Schule. Frankfurt a.M. 1977

Bois-Reymond, M. du: Der Verhandlungshaushalt im Modernisierungsprozeß. In: Büchner, P./ Bois-Reymond,M./ Ecarius, J./Fuhs, B./Krüger,H.-H. (Hrsg.): Teenie- Welten. Aufwachsen in drei europäischen Regionen. Opladen 1998, S. 83-113

Böllert, K./Otto, H.-U.: Die neue Familie. Bielefeld 1993

Bosse, H.: Der fremde Mann. Jugend, Männlichkeit, Macht. Eine Ethnoanalyse. Frankfurt a.M. 1994

Bourdieu, P.: Die feinen Unterschiede. Frankfurt a.M. 1979

Bourdieu, P.: Ökonomisches Kapital, kulturelles Kapital, soziales Kapital. In: Kreckel, R. (Hrsg.) Soziale Ungleichheiten. Soziale Welt. Sonderband 2. Göttingen 19983, S. 183-199

Bourdieu, P./Passeron, J.C.: Grundlagen einer Theorie der symbolischen Gewalt. Frankfurt a.M. 1972

Brendel, S.: Arbeitertöchter beißen sich durch. Bildungsbiographien und Sozialisationsbedingungen junger Frauen aus der Arbeiterschicht. Weinheim/München 1998

Büchner, P.: Das Kind als Schülerin oder Schüler. Über die gesellschaftliche Wahrnehmung der Kindheit als Schulkindheit und damit verbundene Forschungsprobleme. In: Zeiher, H./Büchner, P./Zinnecker, J. (Hrsg.): Kinder als Außenseiter? Weinheim/München 1996, S. 157-189

Büchner, P.: Stichwort: Bildung und soziale Ungleichheit. In: Zeitschrift für Erziehungswissenschaft 6 (2003), H. 1, S. 5-25

Büchner, P./du Bois-Reymond, M./Ecarius, J./Fuhs, B./Krüger, H.-H.: Teenie-Welten. Aufwachsen in drei europäischen Regionen. Opladen 1998

Büchner, P./Grundmann, M./Huinink, J./Krappmann, L./Nauck, B./Meyer, D./Rothe, S.: Kindliche Lebenswelten, Bildung und innerfamiliale Beziehungen. München 1994

Christenson, S. L./Rounds, T./Gorney, D.: Family factors and student achievement: An avenue to increase students' success. In: School Psychology Quarterly 7 (1992), H. 2, pp. 178-206

Coleman, J.S.: Die asymmetrische Gesellschaft. Weinheim/Basel 1986

Coleman, J.S.: Der Verlust des sozialen Kapitals und seine Auswirkungen auf die Schule. In: Leschinsky, A. (Hrsg.): Die Institutionalisierung von Lehren und Lernen. Beiträge zu einer Theorie der Schule. Zeitschrift für Pädagogik, 34. Beiheft (1996), S. 99-107

Combe, A./Helsper, W.: Was geschieht im Klassenzimmer. Weinheim 1994

Combe, A./Helsper, W./Stelmaszyk, B. (Hrsg.).: Forum qualitative Schulforschung. Weinheim 1999

Cooper, H.: Homework. White Plains/New York 1989

Cooper, H./Lindsay, J.J./Nye, B.: Homework in the Home. How student, family and perenting-style differences relate to the homework process. In: Contemporary Educational Psychology 25 (2000), H. 4, pp. 464-487

Cortina, K.S./Trommer, L.: Bildungswege und Bildungsbiographien in der Sekundarstufe. In: Cortina, K.S./Baumert, J./Leschinsky, A./Mayer, K.U. (Hrsg.): Das Bildungswesen in der Bundesrepublik Deutschland. Strukturen und Entwicklungen im Überblick. Reinbek 2003, S. 342-392

Deutsche Shell (Hrsg.): Jugend 2002. 14. Shell Jugendstudie. Frankfurt a.M. 2002

Ditton, H.: Familie und Schule als Bereiche des kindlichen Lebensraumes. Weinheim 1987

Ditton, H.: Determinanten für elterliche Bildungsaspirationen und für Bildungsempfehlungen des Lehrers. In: Empirische Pädagogik 3 (1989), S. 215-231

Ditton, H.: Ungleichheit und Mobilität durch Bildung. Weinheim/München 1992

Ditton, H.: Ungleichheitsforschung. In: Rolff, H.G. (Hrsg.): Zukunftsfelder von Schulforschung. Weinheim 1995, S. 89-125

Dreeben, R.: Was wir in der Schule lernen. Frankfurt a.M. 1980

Ecarius, J.: Familienerziehung im historischen Wandel. Eine qualitative Studie über Erziehung und Erziehungserfahrungen von drei Generationen. Opladen 2002

Eccles, J.S./Wigfield, A./Schiefele, U.: Motivation to succeed. In: Damon, W./Eisenberg, N. (Hrsg.): Handbook of child psychology. Vol. 3: Social, emotional and personality development. New York 1998, pp. 1017-1096

Eigler, G./Krumm, V.: Zur Problematik der Hausaufgaben. Weinheim 1972

Elias, N.: Studien über die Deutschen. Frankfurt a.M. 1989

Engel, U./Hurrelmann, K.: Was Jugendliche wagen. Eine Längsschnittstudie über Drogenkonsum, Streßreaktionen und Delinquenz im Jugendalter. Weinheim/München 1993

Enwisle, D.R./Alexander, K.L./Steffel Olson, L.: Chidren, school, inequality. Boulder 1997

Erdheim, M.: Die gesellschaftliche Produktion von Unbewußtheit. Frankfurt a.M. 1982

Erdheim, M.: Psychoanalyse und das Unbewusste in der Kultur. Frankfurt a.M. 1988

Exeler, J./Wild, E.: Die Rolle des Elternhauses für die Förderung selbstbestimmten Lernens. In: Unterrichtswissenschaft 31 (2003), H. 1, S. 6-22

Fan, X.: Parental involvement and students' acadamic achievement: A growth modeling analysis. In: Journal of Experimental Education 70 (2001), H. 1, pp. 27-61

Fend, H.: Gesellschaftliche Bedingungen schulischer Sozialisation. Weinheim/Basel 1974

Fend, H.: Sozialgeschichte des Aufwachsens. Frankfurt a.M. 1996

Fend, H.: Der Umgang mit Schule in der Adoleszenz. Aufbau und Verlust von Lernmotivation, Selbstachtung und Emphatie. Entwicklungspsychologie der Adoleszenz in der Moderne. Band IV. Bern/Göttingen, Toronto/Seattle 1997

Fend, H.: Eltern und Freunde. Soziale Entwicklung im Jugendalter. Entwicklungspsychologie der Adoleszenz in der Moderne. Band V. Bern/Göttingen/Toronto/Seattle 1998

Fend, H.: Entwicklungspsychologie des Jugendalters. Opladen 2000

Fend, H./Stöckli, G.: Der Einfluss des Bildungssystems auf die Humanentwicklung: Entwicklungspsychologie der Schulzeit. In: Weinert, F.E. (Hrsg.): Psychologie des Unterrichts und der Schule. Enzyklopädie der Psychologie. Band D, I, 3. Göttingen/Bern/Toronto/Seattle 1997, S. 1-37
Foucault, M.: Überwachen und Strafen. Frankfurt a.M. 1976
Foucault, M.: Die Anormalen. Frankfurt a.M. 2003
Giesecke, H.: Das Ende der Erziehung. Neue Chancen für Familie und Schule. Stuttgart 1985
Ginsburg, G.S./Bronstein, P.: Family factors related to childrens' intrinsic/extrinsic motivational orientation and academic performance. In: Child Development 64 (1993), H.8, S. 1461-1474
Gray, M.R./Steinberg, L.: Unpacking azthoritative parenting: Reassessing a multidimensional construct. In: Journal of Marriage an the Familiy 61 (1999), H. 5, pp. 574-587
Helmke, A.: Die Entwicklung der Lernfreude vom Kindergarten bis zur 5. Klassenstufe. In: Zeitschrift für Pädagogische Psychologie 7 (1993), H. 1, S. 77-86
Helmke, A.: Entwicklung lern- und leistungsbezogener Motive und Einstellungen: Ergebnisse aus dem Scholastik-Projekt. In: Weinert, F.E./Helmke, A. (Hrsg.): Entwicklung im Grundschulalter. Weinheim 1997, S.59-77
Helmke, A./Schrader, F.W./Lehneis-Klepper, G.: Zur Rolle des Elternverhaltens für die Schulleistungsentwicklung ihrer Kinder. In: Zeitschrift für Entwicklungspsychologie und Pädagogische Psychologie 23 (1991), H. 1, S. 1-22
Helmke, A./Weinert, F.E..: Bedingungsfaktoren schulischer Leistungen. In: Weinert, F.E. (Hrsg.): Psychologie des Unterrichts und der Schule. Enzyklopädie der Psychologie. Band D, I, 3. Göttingen/Bern/Toronto/Seattle 1997, S. 71-177
Helsper, W.: Das „postmoderne Selbst" – ein neuer Subjekt- und Jugendmythos? Reflexionen anhand religiöser jugendlicher Orientierungen. In: Keupp, H./Höfer, R. (Hrsg.). Identitätsarbeit heute. Frankfurt a.M. 1997, S. 174-207
Helsper, W.: Wandel der Schulkultur. In: Zeitschrift für Erziehungswissenschaft, 3 (2000), H. 1, S. 35-60
Helsper, W./Böhme,J./Kramer, R-T./Lingkost, A.: Schulkultur und Schulmythos. Rekonstruktionen zur Schulkultur I. Opladen 2001
Helsper, W./Krüger, H.-H./Wenzel, H. (Hrsg.): Schule und Gesellschaft im Umbruch. Bd. 1. Weinheim 1996
Helsper, W./Müller, H./Nölke, E./Combe, A.: Jugendliche Außenseiter. Zur Rekonstruktion gescheiterter Bildungs- und Ausbildungsverläufe. Opladen 1991
Hengst, H./Zeiher, H. (Hrsg.): Die Arbeit der Kinder. Weinheim/München 2000
Hofer, M.: Schule: Vom Lernort zur „intermediären" Institution. In: Unterrichtswissenschaft 28 (2000), H. 1, S. 10-15
Hokuda, A./Fincham, D.D.: Origins of childrens helpless and mastery achievement patterns in the family. In: Journal of Education Psychology 87 (1995), H. 3, pp. 375-385
Holler, B./Hurrelmann, K.: Die psychosozialen Kosten hoher Bildungserwartungen: Eine Vier-Jahres-Studie über das Bildungsverhalten im Jugendalter. In: Pekrun, R./Fend, H. (Hrsg.): Schule und Persönlichkeitsentwicklung. Stuttgart 1991, S. 254-271
Holler-Nowitzki, B.: Psychosomatische Beschwerden im Jugendalter. Schulische Belastungen, Zukunftsangst und Stressreaktionen. Weinheim/München 1994
Holtappels, H.-G.: Ganztagsschule und Schulöffnung. Weinheim/München 1994
Holzmüller, H.: Kritik der betroffenen Eltern: Belastung durch Hausaufgaben. In: Beisenherz, H.G. u.a.: Schule in der Kritik der Betroffenen. München 1982, S. 128-186
Honig, M.-S.: Entwurf einer Theorie der Kindheit.Frankfurt a.M. 1999
Hornstein, W.: Generation und Generatiosverhältnisse in der radikalisierten Moderne. In: Zeitschrift für Pädagogik, 39. Beiheft (1999), S. 51-68
Huinink, J. Bildung und Familienentwicklung im Lebensverlauf. In: Zeitschrift für Erziehungswissenschaft 3 (2000), S. 209-227
Hummrich, M.: Bildungserfolg und Migration. Biographien junger Frauen in der Einwanderungsgesellschaft. Opladen 2002
Hummrich, M./Helsper, W.: „Familie geht zur Schule": Reformschule als Familienerzieher und die Einschließung der familiären Generationsbeziehung in eine schulische Generationsordnung. In: Ullrich, H. Idel, S. (Hrsg): Das Andere Erforschen. Opladen 2004
Hurrelmann, K.: Alltagsstress bei Jugendlichen: Eine Untersuchung über Lebenschancen, Lebensrisiken und psychosoziale Befindlichkeiten im Statusübergang. Weinheim 1994
Hurrelmann, K./Mansel, J.: Gesundheitliche Folgen wachsender schulischer Leistungserwartungen. Ein Vergleich von identisch angelegten repräsentativen Schülerbefragungen im Jahre 1986 und 1996. In: Zeitschrift für Soziologie der Erziehung und Sozialisation 18, H. 2, 1998, S. 168-182
IFS: IFS-Umfrage: Die Schule im Spiegel der öffentlichen Meinung – Ergebnisse der zwölften IFS-Repräsentativbefragung der bundesdeutschen Bevölkerung. In: Rolff, H.G./Holtappels, H.G./Klemm, K. (Hrsg.): Jahrbuch der Schulentwicklung Band 12. Weinheim/München 2002, S. 9-51

Jencks, C.: Chancengleichheit. Reinbeck/Hamburg 1973

Jodl, K.M. u.a.: Parents role in shaping early adolescents' occupational aspirations. In: Child Developmant 72, H. 10, pp. 1247-1265

Joos, M.: Selektive Kontexte. Umwelten von Kindern und Erwachsenen in Ost- und Westdeutschland. In: Nauck, B.H. (Hrsg.): Kinder in Deutschland. Lebensverhältnisse von Kindern im Regionalvergleich. Opladen 1995, S. 171-206

Kanders, M./Rösner, E./Rolff, H. G.: Das Bild der Schule aus der Sicht von Schülern und Lehrern – Ergebnisse zweier IFS-Repräsentativbefragungen. In: Rolff, H.G./Bauer, K.O./Klemm, K./Pfeiffer, H. (Hrsg.): Jahrbuch der Schulentwicklung Band 9. Weinheim/München 1996, S. 57-115

Kaufmann, F.-X.: Zukunft der Familie: Stabilität, Stabilitätsrisiken und Wandel der familialen Lebensformen sowie ihre gesellschaftlichen und politischen Bedingungen. München 1990

Kitamura, K.: Japan's Dual Educational Structure. In: Finkelstein, B./Imamura, A.E./Tobin, J.J. (Hrsg.): Transcending stereotypes: discovering Japanese culture and education.Yarmouth, Intercultural Press 1991, pp. 162-164

Kramer, R.-T.: Schulkultur und Schülerbiographien. Rekonstruktionen zur Schulkultur II. Opladen 2002

Kramer, R.T./Busse, S.: „das ist mir eigentlich egal...ich geh trotzdem jeden tag wieder in diese schule hier" – Eine exemplarische Rekonstruktion zum Verhältnis von Schulkultur und Schülerbiographie. In: Combe, A./Helsper, W./Stelmaszyk, B. (Hrsg.): Forum Qualitative Schulforschung 1. Weinheim 1999, S. 363-396

Kramer, R.-T./Busse, S.: Die Begrenzung von Autonomieentfaltung und Individualität in der Komplizenschaft von Familie und Schule – Eine exemplarische Fallrekonstruktion zu Pädagogischen Generationsbeziehungen in Familie und Schule. In: Zeitschrift für qualitative Bildungs-, Beratungs- und Sozialforschung (2003), H. 2 (im Erscheinen)

Kramer, R.-T./Helsper, W.: SchülerInnen zwischen Familie und Schule – strukturtheoretische Reflexionen und biographische Rekonstruktionen. In: Krüger, H.-H./Wenzel, H.: Schule zwischen Effektivität und sozialer Verantwortung. Opladen 2000, S. 201-235

Kramer, R.-T./Helsper, W./Busse, S.: Pädagogische Generationsbeziehungen. Jugendliche im Spannungsfeld von Schule und Familie. Opladen 2001a

Kramer, R.-T./Helsper, W./Busse, S.: Pädagogische Generationsbeziehungen und die symbolische Generationsordnung – Überlegungen zur Anerkennung zwischen den Generationen als antinomischer Struktur. In: Kramer, R.T./Helsper, W./Busse, S. (Hrsg.): Pädagogische Generationsbeziehungen. Jugendliche im Spannungsfeld von Schule und Familie. Opladen 2001b, S.129-155

Kramer, W./Werner, D.: Familiäre Nachhilfe und bezahlter Nachhilfeunterricht. Köln 1998

Krüger, H.-H.: Strukturwandel des Aufwachsens – Neue Anforderungen für die Schule der Zukunft. In: Helsper, W./Krüger, H.-H./Wenzel, H. (Hrsg.) Schule und Gesellschaft im Umbruch. Band 1: Theoretische und internationale Perspektiven. Weinheim 1996, S. 253-275

Krüger, H.-H./Grundmann, G./Kötters, C.: Jugendliche Lebenswelten und Schulentwicklung. Opladen 2000

Krüger, H.-H./Grunert, C. (Hrsg.): Handbuch Kindheits- und Jugendforschung. Opladen 2002

Krumm, V.: Wie offen ist die öffentliche Schule? Über die Zusammenarbeit der Lehrer mit den Eltern. In: Zeitschrift für Pädagogik 34 (1988), H. 5, S. 601-621

Krumm, V.: Wem gehört die Schule? Anmerkungen zu einem Missstand, mit dem fast alle zufrieden sind. In: Ganthaler, H./Zecha, G. (Hrsg.) Wissenschaft und Werte im Wandel. Wien 1991, S. 22-44

Krumm, V.: Schulleistung – auch eine Leistung der Eltern? Die heimliche und die offene Zusammenarbeit von Eltern und Lehrern und wie sie verbessert werden kann. In: Specht, W./Thonhauser, J. (Hrsg.): Schulqualität. Innsbruck 1995, S. 256-290

Krumm, V.: Über die Vernachlässigung der Eltern durch Lehrer und Erziehungswissenschaft. Plädoyer für eine veränderte Rolle der Lehrer bei der Erziehung der Kinder. In: Leschinsky, A. (Hrsg.): Die Institutionalisierung von Lehren und Lernen. Beiträge zu einer Theorie der Schule. 34. Beiheft der Zeitschrift für Pädagogik. Weinheim 1996, S. 119-140

Krumm, V.: Elternhaus und Schule. In: Rost, D.H. (Hrsg.): Handwörterbuch Pädagogische Psychologie. Weinheim 2001, S. 108-115

Lange, B./Kuffner, H./Schwarzer, R.: Schulangst und Schulverdrossenheit. Eine Längsschnittanalyse von schulischen Sozialisationseffekten. Opladen 1983

Langemeyer-Krohn, L./Krohne, W.: Nachhilfe – der Unterricht nach der Schule. In: Die Deutsche Schule 79 (1987), H. 4, S. 491-505

Mahr-George, H.: Determinanten der Schulwahl beim Übergang in die Sekundarstufe I. Opladen 1999

Majoribanks, K.: Families, schools and children's learning: A study of children's learning environments. In: International Journal of Educational Research 21 (1994), H. 3, pp. 439-455

Mehan, H.: Constructing School Success. The Constribution of Untracking Low-Archivieng Students. Cambridge 1996
Melzer, W. (Hrsg.): Eltern, Schüler, Lehrer. Weinheim/Basel 1985
Melzer, W.: Familie und Schule als Lebenswelt. München 1987
Melzer, W.: Zur Veränderung der Generationsbeziehungen in Familie und Schule. In: Kramer, R. T./Helsper, W./Busse, S. (Hrsg.): Pädagogische Generationsbeziehungen. Jugendliche im Spannungsfeld von Schule und Familie. Opladen 2001, S. 213-239
Metzler, M.: Abweichendes Schülerverhalten als Auslöser neuer pädagogischer Generationenverhältnisse – Der Fall Japan. In: Kramer, R.-T./Helsper, W./Busse, S.: Pädagogische Generationsbeziehungen. Opladen 2001, S. 194-212
Meulemann, H.: Bildung und Lebensplanung. Die Sozialbeziehung zwischen Elternhaus und Schule. Frankfurt a.M. 1985
Nauck, B.: Kinder als Gegenstand der Sozialberichterstattung – Konzepte, Methoden und Befunde im Überblick. In: Nauck, B./Bertram, H. (Hrsg.): Kinder in Deutschland. Lebensverhältnisse von Kindern im Regionalvergleich. Opladen 1995, S. 11-87
Nave-Herz, R.: Zeitgeschichtliche Differenzierungsprozesse privater Lebensformen – am Beispiel des veränderten Verhältnisses von Ehe und Familie. In: Clausen, L. (Hrsg.) Gesellschaften im Umbruch. Verhandlungen des 27. Kongresses der Deutschen Gesellschaft für Soziologie in Halle a.S.. Frankfurt a.M./New York 1996, S. 60-77
Nave-Herz, R./Markefka, M.: Handbuch der Familien und Jugendforschung. Bd. 1. Neuwied/Frankfurt a. M. 1998
Nilshon, N.: Schule ohne Hausaufgaben? Münster 1995
Nilshon, N.: Hausaufgaben. In. Rost, D.H. (Hrsg.): Handwörterbuch Pädagogische Psychologie. Weinheim 2001, S. 231-139
Nittel, D.: Gymnasiale Schullaufbahn und Identitätsentwicklung. Eine biographieanalytische Studie. Weinheim 1992
Nordlohne, E.: Die Kosten jugendlicher Problembewältigung. Alkohol-, Zigaretten- und Arzneimittelkonsum im Jugendalter. Weinheim/München 1992
Oevermann, U.: Theoretische Skizze einer revidierten Theorie professionalisierten Handelns. In: Combe, A./Helsper, W.: Pädagogische Professionalität. Frankfurt a.M. 1996, S. 70-183
Oevermann, U.: Die Soziologie der Generationsbeziehungen und der historischen Generationen aus strukturalistischer Sicht und ihre Bedeutung für die Schulpädagogik. In: Kramer, R.-T./Helsper, W./Busse, S. (Hrsg.): Pädagogische Generationsbeziehungen. Jugendliche im Spannungsfeld von Schule und Familie. Opladen 2001, S. 78-128
Parsons, T.: Sozialstruktur und Persönlichkeit. Frankfurt a.M. 1971
Parsons, T.: Die Schulklasse als soziales System. Einige Funktionen in der amerikanischen Gesellschaft. In: Plake, K. (Hrsg.): Klassiker der Erziehungssoziologie. Düsseldorf 1987
Pekrun, R.: Kooperation zwischen Elternhaus und Schule. In: Vaskovics, L.A./Lipinski, H.(Hrsg.): Familiale Lebenswelten und Bildungsarbeit.Opladen 1997, S.51-79
Pekrun, R.: Familie, Schule und Entwicklung. In: Walper, S./Pekrun, R. (Hrsg.): Familie und Entwicklung. Aktuelle Perspektiven der Familienpsychologie. Göttingen/Bern/Toronto/Seattle 2001, S. 84-106
Pekrun, R./Fend, H.: Schule und Persönlichkeitsentwicklung. Ein Resümee der Längsschnittforschung. Stuttgart 1991
Phelan, P./Davidson, A.L./Yu, H.C.: Adolescents worlds: Negotiating family, peers and school. New York 1998
Plake, K.: Familie und Schulanpassung. Düsseldorf 1974
Qvortrup, J.: Kolonisiert und verkannt – Schularbeit. In: Hengst, H./Zeiher, H. (Hrsg.) Die Arbeit der Kinder. Weinheim/München 2000, S. 23-45
Renshaw, P.D./Gardner, R.: Process versus product task interpretation and parental teaching practice. In: International Journal of Behavioral Development 13 (1990), H. 5, S. 489-505
Rolff, H.G.: Sozialisation und Auslese durch die Schule. Weinheim München 1997
Rudolph, M.: Nachhilfe – gekaufte Bildung? Empirische Untersuchung zur Kritik der außerschulischen Lernbegleitung. Eine Erhebung bei Eltern, LehrerInnen und Nachhilfeinstituten. Bad Heilbrunn 2002
Schäfer, A.: „Afrikanische Tradition“ und Schule – Generationsbeziehungen in Kulturen „zwischen Tradition und Moderne“. In: Kramer, R.-T./Helsper, W./Busse, S. (Hrsg.): Pädagogische Generationsbeziehungen. Jugendliche zwischen Familie und Schule. Opladen 2001, S. 156-170
Schmidtchen, G.: Ethik und Protest. Moralbilder und Wertkonflikte junger Menschen. Opladen 1992
Schnabel, K./Schwippert, K.: Einflüsse sozialer und ethnischer Herkunft beim Übergang in die Sekundarstufe und den Beruf. In: Baumert, J./Bos, W./Lehmann, R.: TIMSS/III. Dritte Internationale Mathematik- und Naturwissenschaftstudie – Mathematische und naturwissenschaftliche Bildung am Ende der Schullaufbahn. Band 1. Opladen 2000, S. 261-300
Schümer, G.: Mathematikunterricht in Japan. In: Unterrichtswissenschaft 26 (1998), H. 2, S. 195-228

Schümer, G.: Institutionelle Bedingungen schulischen Lernens im internationalen Vergleich. In: Baumert, J. u.a. (Hrsg.): PISA 2000. Basiskompetenzen von Schülerinnen und Schülern im internationalen Vergleich. Opladen 2001, S. 411-427

Schütze, Y.: Jugend und Familie. In: Krüger, H.-H. (Hrsg.): Handbuch der Jugendforschung. Opladen 1993, S. 335-350

Stecher, L.: Entwicklung der Lern- und Schulfreude im Übergang von der Kindheit zur Jugend. In: Zeitschrift für Erziehungssoziologie und Sozialisationsforschung 20 (2000), H. 1, S. 70-88

Stevenson, H.W./Lee, S.: Contexts of Achievment. Monographs of the Society for Research in Child Development 55 (1990), H. 2, pp. 278-295

Stöber, J.: Persönliche Ziele von SchülerInnen: Ihre Bedeutung für schulisches Engagement und subjektives Wohlbefinden im Kontext von Schule und Familie. Unveröffentlichte Habilitationsschrift. Halle 2003

Stöckli, G.: Vom Kind zum Schüler. Zur Veränderung der Eltern-Kind-Beziehung am Beispiel „Schuleintritt“. Bad Heilbrunn 1989

Struck, P.: Schulreport. Reinbek 1995

Terhart, E.: Zur Neuorientierung des Lehrens und Lernens – Kultureller Wandel als Herausforderung für die Professionalisierung des Lehrerberufs. In: Helsper, W./Krüger, H.-H./Wenzel, H (Hrsg.): Schule und Gesellschaft im Umbruch. Bd. I. Weinheim 1996, S. 319-332

Tillmann, K.-J.: Sozialisationstheorien. Eine Einführung in den Zusammenhang von Gesellschaft, Institution und Subjektwerdung. Reinbek 1997

Tillmann, K. J./Faulstich-Wieland, H./Horstkemper, M./Weißbach, B.: Die Entwicklung von Schulverdrossenheit und Selbstvertrauen in der Sekundarstufe I. In: Zeitschrift für Sozialisationsforschung und Erziehungssoziologie 4 (1984), H. 4, S. 231-249

Tillmann, K.-J./Meier, U.: Schule, Familie und Freunde – Erfahrungen von Schülerinnen in Deutschland. In Deutsches PISA- Konsortium (Hrsg.) PISA 2000 S. 468-511

Titze, W./Roßbach, H.G./Mader, J.: Zur Hausaufgabensituation bei Grundschülern. In: Empirische Pädagogik 1 (1987), H. 3, S.309-329

Toyama-Bialke, C.: Adolescent's daily lives and parental attitudes toward the school: a german-japanese comparative study. In: Studies in Educational Evaluation 24 (1998), H. 4, pp. 347-367

Toyoma-Bialke, C.: Elterliche Erziehungsvorstellungen in Japan und Deutschland. Jugendbilder im Vergleich. In: Kreitz-Sandberg, S. (Hrsg.): Jugendliche in Japan und Deutschland. Opladen 2002, S. 91-117

Trautwein, U./Köller, O./Baumert, J.: Lieber oft als viel: Hausaufgaben und die Entwicklung von Leistung und Interesse im Mathematik-Unterricht der 7. Jahrgangsstufe. In: Zeitschrift für Pädagogik 47 (2001), H. 5, S. 701-725

Trautwein, U./Köller, O.: Der Einfluss von Hausaufgaben im Englisch-Unterricht auf die Leistungsentwicklung und das Fachinteresse. In: Empirische Pädagogik 16 (2002), H. 3, S. 285-310

Trudewind, C.: Häusliche Umwelt und Motiventwicklung. Göttingen 1975

Trudewind, C./Wegge, J.: Anregung – Instruktion – Kontrolle: Die verschiedenen Rollen der Eltern als Lehrer. In: Unterrichtswissenschaft 17 (1989), H. 2, S. 135-155

Trusty, J.: High educational expectations and low achievement: Stability of educational goals across adolescence. In: Journal of Educational Research 93 (2000), H. 3, S. 224-233

Tupaika, J.: Schulversagen als komplexes Phänomen. Ein Beitrag zur Theorieentwicklung. Bad Heilbrunn 2003

Tyrell, H.: Gesichtspunkte zur institutionellen Trennung von Familie und Schule, In: Melzer, W. (Hrsg.): Eltern, Schüler, Lehrer. Weinheim/Basel 1985

Tyrell, H.: Die „Anpassung“ der Familie an die Schule. In: Oelkers, J./Tenorth, H.E. (Hrsg.): Pädagogik, Erziehungswissenschaft und Systemtheorie. Weinheim/Basel 1987, S. 102-125

Uhlendorf, H./Seidel, A.: Schule in Ostdeutschland aus elterlicher Sicht. In: Zeitschrift für Pädagogik 47 (2001), H. 4, S. 501-517

Ulich, K.: Schule als Familienproblem. Konfliktfelder zwischen Schülern, Eltern und Lehrern. Frankfurt a.M. 1993

Valtin, R. Zu Präferenz von Noten und Verbalbeurteilung - Ein Vergleich Ost- und Westberliner Eltern. In: Zeitschrift für Pädagogik, 37. Beiheft. Weinheim 1997, S. 293-304

Valtin, R./Rosenfeld, H.: Welche Einstellungen und Erwartungen haben Eltern in Bezug auf die Grundschule? In: Valtin, R.: Was ist ein gutes Zeugnis? Noten und verbale Beurteilungen auf dem Prüfstand. Weinheim/München 2002, S. 27-36

Wagner-Winterhager, L.: Jugendliche Ablöseprozesse im Wandel des Generationsverhältnisses. Auswirkungen auf die Schule. In: Die Deutsche Schule, 82 (1990), H.4, S. 452-465

Wellendorf, F.: Schulische Sozialisation und Identität. Weinheim 1973

Wiezorek, C.: Zur sozialen Organisation der Biographie durch die Schule. Unveröffentlichte Dissertation. Jena 2003

Wild, E.: Familiale und schulische Bedingungen der Lernmotivation von Schülern. In: Zeitschrift für Pädagogik 6 (2001), H. 4, S. 481-497

Wild, E.: Wider den „geteilten Lerner". In: Zeitschrift für Pädagogik 6 (2001), H. 4, S. 455-459

Wild, E.: Einbeziehung des Elternhauses durch Lehrer. Art, Ausmaß und Bedingungen der Elternpartizipation aus der Sicht von Gymnasiallehrern. In Zeitschrift für Pädagogik 48 (2003), H. 4, S. 513-534

Wild, E./Hofer, M.: Familien mit Schulkindern. In: Hofer, M./Wild, E./Noack, P. (Hrsg.): Lehrbuch Familienbeziehungen. Eltern und Kinder in der Entwicklung. 2. vollständig überarbeitete und erweiterte Auflage. Göttingen/Bern/Toronto/Seattle 2002, S. 216-241

Wild, E./Remy, K.: Die Förderung selbstbestimmter Formen der Lernmotivation in Elternhaus und Schule. Abschlussbericht an die DFG. 2001

Wild, E./Remy, K.: Affektive und motivationale Folgen der Lernhilfen und lernbezogenen Einstellungen der Eltern. In: Unterrichtswissenschaft 30 (2002), H. 1, S. 27-51

Wild, E./Wild, K.P.: Familiale Sozialisation und Lernmotivation. In: Zeitschrift für Pädagogik 43 (1997), H. 1, S. 55-79

Wilhelm, T.: Theorie der Schule. Hauptschule und Gymnasium im Zeitalter der Wissenschaften. Stuttgart 1969

Willis, P.: Spaß am Widerstand. Frankfurt a.M. 1979

Winterhager-Schmid, L. (Hrsg.): Erfahrung mit Generationendifferenz. Weinheim 2000

Zimmermann, P./Spangler, G.: Jenseits des Klassenzimmers. Der Einfluss der Familie auf Intelligenz, Motivation, Emotion und Leistung im Kontext der Schule. In: Zeitschrift für Pädagogik 47 (2001), H. 4, S. 461-481

Heinz Günter Holtappels

Schule und Sozialpädagogik – Chancen, Formen und Probleme der Kooperation

1 Handlungsfelder und Arbeitsbereiche der Kooperation

Die sich aufgrund der gewandelten Bildungsanforderungen und Sozialisationsbedingungen (vgl. Klemm/Rolff/Tillmann 1985; Tippelt 1990) ergebenden pädagogischen Erfordernisse nach erweiterten Bildungsinhalten, nach differenzierten Lernprozessen, nach Lernförderung und psycho-sozialer Unterstützung, nach sozialem Lernen und nach soziokulturellen Kommunikations- und Freizeitformen wird die Schule allein nicht bewältigen können. Hier sind Sozialpädagogik und Jugendarbeit gleichermaßen gefordert und mit ihren pädagogisch-methodischen Kompetenzen in besonderem Maße qualifiziert.

Wenn sich im sozialräumlichen Umfeld und im soziokulturellen Lebensalltag von Kindern und Jugendlichen nachbarschaftliche Kinderöffentlichkeiten auflösen, soziale Kontaktchancen ausdünnen, gemeinsam geteilte soziale Erfahrungen verschwinden, dann führen solche Individualisierungstendenzen und Verinselungseffekte nicht selten zu sozialer Separation. Zu den Auflösungstendenzen in Familie und Nachbarschaft gesellen sich vielerorts im Zuge der zunehmenden Internationalisierung des Zusammenlebens multikulturelle Ausdifferenzierungen. Damit ergibt sich ein erheblicher gesellschaftlicher Integrationsbedarf, der vor allem eine Herausforderung für die Schule ist. In der Tat vermag die Schule vielfältige soziokulturelle Verklammerungen und damit soziale Integration und Lernzusammenhänge zu sichern und gewährt einen Rahmen für soziale Kontakte, für die Entwicklung von Werthaltungen und Urteilsvermögen, für Rollenlernen und Identitätsentwicklung.

Dies erfordert aber, dass Schule mehr sein muss als Ort für Unterrichtsprozesse. Schule benötigt hier die Jugendarbeit als Partner, und zwar erstens im Hinblick auf die spezifischen pädagogischen Kompetenzen, also der jugend-, medien-, spiel- und kulturpädagogischen Perspektiven und Zugangsweisen, zweitens hinsichtlich der methodischen Kompetenzen sozialpädagogischer Arbeitsweisen etwa der psycho-sozialen Beratung, Spielpädagogik, sozialen Gruppenarbeit, drittens wegen des spezifischen Zugangs und der Arrangements von Lern- und Erfahrungsorten für Kinder und Jugendliche, die allesamt eher eine Domäne der Jugendarbeit sind, wie Freizeitangebote (Sportstätten, Jugendräume, Abenteuerspielplatz etc.), kulturelle Veranstaltungen, Gemeinwesenprojekte, soziale Begegnungsstätten (wie Schüler- oder Stadtteilcafés), besondere Lernstandorte und Lernangebote (Werkstätten, Naturkundestationen, Museen etc.).

Das relativ breite Aufgabenverständnis, das die sozialpädagogische Jugendarbeit charakterisiert, macht sie in vielfacher Hinsicht durchaus zu einem bedeutenden Partner von Schulen. Hierzu gab es im letzten Jahrzehnt eine Reihe von Bestandsaufnahmen und Praxisberichten (vgl. Brenner 1992; Gernert 1995; Deinet 1997; Braun/Wetzel 2000). Einige Arbeitsfelder für mögliche Kooperationen erlangen aufgrund der gesellschaftlichen Modernisierungsprozesse künftig an Bedeutung:

(1) Angebote der Kultur-, Freizeit- und Spielpädagogik: Der Bereich der offenen Arbeit (wie Schüler- und Stadtteilcafe, Disko, Spielangebote) und der themenbezogen und gebundenen Neigungsangebote (Arbeitsgemeinschaften, Kurse, Workshops) gehört zu den angestammten Aufgabenfeldern. Nicht zuletzt auch als Alternative zu den immer mächtiger werdenden Angeboten von Medien und kommerziellen Anbietern werden damit Kindern und Jugendlichen über interessenbezogene Angebote sowohl Möglichkeiten der Freizeitgestaltung als auch Anleitungen zum selbstständigen Freizeit- und Mediengebrauch gegeben. Im Schulleben könnten Kooperationsfelder im sozialkommunikativen Bereich (Schülertreff, Cafeteria, Disko) und in kulturellen Angeboten (z.B. Kunstprojekte, Theaterspiel, Medienproduktionen) liegen.
(2) Projektartige Arrangements für Lernen und Erfahrung: Die reflexive Auseinandersetzung mit den existentiellen Gefährdungen unserer Zukunft ist eine der zentralen Herausforderungen für eine erneuerte Bildungsarbeit. Umwelterziehung, Gesundheitserziehung, Friedenserziehung, Medienpädagogik, verändertes Geschlechterverhältnis, Arbeitslosigkeit, soziale Probleme sind die Themenfelder für eine erweiterte Allgemeinbildung. Hier ist die Entwicklung projektorientierter Lernarrangements von Interesse, die auf realitätsnahe, komplexe Lerngegenstände und Problemlösungen und produktorientierte Lernprozesse zielen, welche praktisches Handeln, Partizipationsmöglichkeiten und soziale Erfahrungen, authentische Begegnungen und Ernstsituationen ermöglichen. Die Vermittlung von Schlüsselqualifikationen steht hier also im Mittelpunkt. Gerade in diesen Bereichen könnte die Jugendbildung sowohl notwendige Sachinformationen und Fachkompetenzen in die Schule einbringen als auch die notwendige Auseinandersetzung um die hinter den Problembereichen stehenden sozialen und politischen Zusammenhänge, Wertfragen und Lebenshaltungen thematisieren.
(3) Übergang Schule und Beruf: Mehr denn je gilt, dass die Jugendphase von Unsicherheiten geprägt ist. In der 10. Klasse wissen 76% noch nicht sicher, ob sie den angestrebten Schulabschluss erreichen, 53% sind sich des Erreichens des Berufszieles nicht sicher (Engel/Hurrelmann 1993). Auch sieht es mit der Realisierung des angestrebten Ausbildungswegs und der Ausbildungszufriedenheit streckenweise düster aus (Mansel/Hurrelmann 1991): Nur 57% hatten den eingeschlagenen Ausbildungsweg angestrebt, 17% sind unsicher, 26% verneinen. Die Zufriedenheit fällt mit sinkendem Ausbildungsstatus. Besondere Aufmerksamkeit gilt dem wichtigen Bereich der Berufsfindung und des Übergangs von der Schule in den Beruf, der in Schulen einer weiteren Intensivierung bedarf. Die Auseinandersetzungen mit Anforderungen der Arbeitswelt und den eigenen Berufswünschen sowie den psychosozialen Problemen des Statusübergangs bei Jugendlichen bildet ein Feld, das durch die Jugendarbeit und ihrem besseren Zugang zu Problemgruppen in die Schule eingebracht und außerhalb der Schule weiter bearbeitet wird, etwa in Form begleitender Angebote beim Berufs- oder Studieneintritt.
(4) Soziales und interkulturelles Lernen: Teamfähigkeit, Kooperationsbereitschaft und kommunikative Kompetenzen werden zunehmend als zentrale „Schlüsselqualifikationen" für Lebensgestaltung und Berufspositionen erkannt. Hierzu zählen auch die Auseinandersetzung mit unterschiedlichen Wertvorstellungen und Lebensweisen sowie Ansätze zur Förderung der moral-kognitiven Urteilskompetenz. Ein wesentliches Feld umfasst soziales Lernen und

Persönlichkeitsbildung. Dazu müssen aber für soziales Lernen auch spezielle pädagogische Situationen geschaffen werden (z.B. Projekte, Konfliktlösungen, Schulfahrten), in denen Gemeinsinn und Gruppenleben, moralische Werteerziehung und sozialverantwortliches Handeln ebenso gelernt werden wie Kritik, Verständigung und Einfühlungsvermögen als Bestandteile demokratisch-sozialen Handelns gelebt und erprobt werden muss. Möglich wird dies über direkte soziale Begegnungen und Gemeinschaftsaktivitäten (z.B. interkulturellen Austausch, Sport, Musik, Feste etc.). Zudem erfordert die zunehmende Pluralisierung und Ausdifferenzierung von Wertvorstellungen und Lebensstilen von Jugendlichen immer größere Anstrengungen, die eigene Position finden und klären zu können. Betroffen sind dabei Fragen der Lebensführung, der Körperentwicklung, von Partnerschaft und Sexualität, der eigenen Geschlechterrolle als Frau oder Mann sowie ethische, religiöse und weltanschauliche Standpunkte. Im Rahmen der Umsetzung von solchen Lernzielen, die sich auf Fragen der Emanzipation und Interessenwahrnehmung beziehen, sind aber nicht nur Einsichten in Chancen individueller Interessenrealisierung, sondern wäre auch soziale Verantwortung für kollektive Interessen im Sinne von Solidarität und Gerechtigkeit zu fördern. Dabei gewinnt die Bildung politisch-demokratischer Gestaltungskompetenz an Bedeutung, verbunden mit sozialer Verantwortlichkeit der Jugendlichen in gesellschaftspolitischen Gestaltungsprozessen (vgl. Klemm u.a. 1985, S. 177).

(5) Einzelfallarbeit und Beratung: Angesichts vielfältiger psychosozialer Probleme von Kindern und Jugendlichen, die mit Entwicklungsaufgaben, individuellen Handicaps, der familiären Situationen, den Milieus der Gleichaltrigengruppen und der Schulsituation zusammenhängen, gehören Einzelfallhilfe und Beratung zu den unentrinnbaren Kooperationszonen von Schule und Jugendarbeit. Was subjektive Problemlagen anbetrifft, so benennen Jugendliche der 7. bis 9. Klassen (vgl. Engel/Hurrelmann 1993, S. 60ff.) weit vorne die Schulleistungen als persönlich großes Problem, an zweiter Stelle den Wunsch nach Freundschaftskontakten. Es folgen Geldprobleme, Arbeitslosigkeit, Spannungen mit Eltern und Sinnfragen im Leben. Freizeitgestaltung, Gesundheits-, Alkohol- und Drogenprobleme berichten jeweils nicht mehr als nur 5%. Auffallend ist die durchgängige Konstanz der Problemartikulationen über die Zeitspanne vom 7. bis 9. Jahrgang. Mansel/Hurrelmann (1991, S. 142ff.) ermittelten für die Lebenssituation von 16-18jährigen unter den Belastungsfaktoren an erster Stelle Versagenserlebnisse, gefolgt von wahrgenommener Leistungsschwäche. Ebenfalls mit noch hoher Relevanz für große Gruppen sind schulische oder berufliche Anforderungen, Unzufriedenheit mit der aktuellen Tätigkeit sowie Unzufriedenheit mit Schulabschluss und Schullaufbahn, Zukunftsunsicherheit. Im Zusammenwirken von Belastungsfaktoren entstehen Folgewirkungen wie emotionale Anspannung, psychosomatische Beschwerden und Krankheiten, Drogengebrauch und Gewalthandeln (vgl. dazu Engel/Hurrelmann 1993).

(6) Ausbildung von Partizipation und demokratischer Gestaltungskompetenz: Eine weitere Aufgabe besteht darin, die demokratischen Mitgestaltungskompetenzen und Partizipationsmöglichkeiten von Jugendlichen am politischen, sozialen und kulturellen Leben zu fördern. Schulen sind hier in besonderer Weise auf die inhaltlich-methodische Kompetenz der Jugendarbeit angewiesen. Denn auch Partizipation und demokratisches Handeln kann nicht allein über Unterrichtsreihen erlernt werden, sondern nur über konkrete Übungsfelder und Situationen erfahren und über eigenes Handeln eingeübt werden. Gerade hier könnten Träger von Jugendbildungsarbeit, die lebensweltorientierte Ansätze verfolgen, zu wichtigen Bündnispartnern von Schulen werden. Bildung muss gleichzeitig für Jugendliche lebensweltbezogene Erfahrungsmöglichkeiten bereitstellen, die die Einsicht fördern, dass erst

über die aktive Gestaltbarkeit und Mitgestaltung gesellschaftlicher Zustände und Prozesse Interessenwahrnehmung und Partizipation möglich werden. Nach Schirp (1988, S. 206) muss hier politisches Lernen auch als „Beitrag zur politischen Alltagskultur" verstanden werden, da es jenseits der „großen" und offiziellen Politik staatlichen Handelns Tätigkeits- und Erfahrungsbereiche im Alltagshandeln der direkten Lebensumwelt gibt. Hier ergeben sich Anknüpfungspunkte für eine gegenseitige Öffnung von Schule und Jugendeinrichtungen sowie der Öffnung zum Gemeinwesen als Feld für soziales und politisches Lernen, für handlungsorientierte Projektarbeit und authentische Erfahrungen mit Ernstcharakter. Dies erfordert eine systematische Vernetzung in der soziokulturellen Arbeit der Schule und der Institutionen und Organisationen der Jugend- und Kulturarbeit (z.B. über Stadtteilkulturbüros und Regionalkonferenzen).

2 Empirische Befunde über Aufgabenteilung und Kooperation von Schule und Sozialarbeit in der Praxis

Im Folgenden soll auf empirische Forschungsbefunde eingegangen werden. Insgesamt gesehen werden allerdings nicht unerhebliche Forschungsdefizite sichtbar. Die Resultate der wenigen aussagekräftigen Studien geben schwerpunktmäßig Auskunft über Funktionen und Organisationsformen, über Kooperationsanlässe und Aufgabenfelder sowie zur Adressatenperspektive.

2.1 Funktionen und Organisationsformen der Kooperation

Begründungszusammenhänge und Aufgabenbestimmungen für die Schulsozialarbeit basieren im Wesentlichen auf sozialisationsbezogene Analysen zur Schule und der Identifikation struktureller Defizite in der Schulorganisation, sozialer Leistungsselektion und Sozialisationsverläufen in der Schule, wie dies in den theoretisch-konzeptionellen Arbeiten von Böhnisch (1995), Holtappels/Hornstein (1997), Hollenstein/Tillmann (1999) und Maykus (2001) verdeutlicht wird. Zahlreiche Ansätze aus der Schulpraxis weisen darauf hin, dass sich zunehmend mehr Schulen veranlasst sehen, eine „Verbindung klassischer Schulfunktionen mit Formen der existentiellen und praktischen Lebenshilfe" herzustellen (Preuss-Lausitz 1989, S. 123). Konkret heißt dies, dass durch eine Öffnung zum außerschulischen Umfeld – und damit zur Lebenswelt der Schüler – die neuen gesellschaftlichen Bedingungen stärker in Unterricht und Schulleben Berücksichtigung finden, und dort, wo es sinnvoll und notwendig erscheint, Angebote der Begegnung und Kommunikation ergänzend hinzugefügt werden. Mit diesem erweiterten Aufgabenverständnis versuchen Schulen auf die veränderten Sozialisationsbedingungen ihrer Schüler eine pädagogische Antwort zu geben.

Gerade in dieser Hinsicht stehen zahlreiche Konzepte der Öffnung von Schule in Verbindung mit sozialpädagogischen Ansätzen oder sind über Schulsozialarbeit in Gang gesetzt worden. Sozialpädagogische Orientierungen und Aufgabenbestimmungen der Schule oder der Schulsozialarbeit (vgl. auch die Studie von Maykus 2001 sowie Braun/Wetzel 2000) beinhalten im Sinne einer Hilfe zur Lebensbewältigung Ansätze sozialen und multikulturellen Lernens, Schülerhilfe, Förderung und Beratung, freizeit- und medienpädagogische Konzepte. Dabei können in der Praxis unterschiedliche Organisationsformen festgestellt werden:

- Sozialarbeit als Bestandteil der Schule (z.B. als Beratungs- und Freizeitarbeit in Ganztagsschulen bzw. Gesamtschulen);
- Sozialarbeit als der Schule angegliederter Dienst in öffentlicher oder freier Trägerschaft;
- Sozialarbeit bzw. Jugendhilfe als ambulante Zugeh-Institution mit punktueller Präsenz in der Schule;
- Sozialarbeit als stationäre Einrichtung außerhalb der Schule (z.B. als Schülertreff, Nachbarschaftstreff).

Nimmt man zunächst die klassischen Formen der Zusammenarbeit zwischen Schule und Jugendamt in den Blick, so zeigen sich nach der empirischen Bestandsaufnahme des DJI von Raab, Rademacker und Winzen (1987, S. 258) folgende Schwerpunkte aufgrund einer Umfrage bei den Jugendämtern in Deutschland: Kooperationsvereinbarungen zwischen Jugendhilfeeinrichtungen und der Schule (34%), praktische Arbeit von Fachkräften der Jugendhilfe in der Schule (25%) und gemeinsame Arbeitskreise (19%) liegen an der Spitze der Kooperationsformen. Teilnahme von Sozialpädagogen an Lehrerkonferenzen (14%) sowie gemeinsame Fortbildung und Referentenbesprechungen auf der Jugend- und Schulamtsebene (jeweils unter 10%) bleiben eher rar. Die Hälfte der Jugendämter gibt an, dass eine geregelte Zusammenarbeit mit der Schule besteht.

Die in den 1970er und 1980er Jahren entwickelten Ansätze und Modelle der Schulsozialarbeit (vgl. insbes. Tillmann 1976, 1982; GGG 1980) tragen insbesondere das Verdienst, die traditionell getrennten Sektoren der Schule und der Jugendarbeit enger in Verbindung gebracht zu haben. Doch die Praxis der Schulsozialarbeit zeigt vielerorts, dass die traditionelle Trennung von Schul- und Sozialpädagogik fortwirkt.

Die meisten Praxisansätze der Schulsozialarbeit haben sich lange Zeit überwiegend ausschließlich an der klassischen Hilfefunktion im Sinne von Interventionen in Problemlagen orientiert. So waren sie vorwiegend einem einzelfallorientierten Arbeitsansatz verpflichtet und wurden in der Regel von der Schule für die Beseitigung von Störfällen und Devianzproblemen in Dienst genommen, ohne dass damit problem- und devianzfördernde Strukturen der Schule selbst in das Zentrum einer konsequenten Präventionsstrategie gerückt wären (vgl. dazu Malinowski/Herriger 1979; Holtappels 1987). Dabei warnten vor einer „Indienstnahme" durch die Schule bereits Kentler (1972) und Tillmann (1976, S. 54f.). Die überwiegende Beschäftigung mit einzelnen Problemschülern bzw. -gruppen in Verbindung mit Einzelfallberatung und -hilfe auf der einen und der Einsatz für Aufgaben im Freizeitbereich und in außerschulischen Lernangeboten auf der anderen Seite kennzeichnen die der Schulsozialarbeit schwerpunktmäßig zugewiesene Kompensations- und Komplementfunktion (vgl. Herriger/Malinowski 1981). Herriger und Malinwoski (1981) unterscheiden in diesem Zusammenhang drei Arbeitsverbünde zwischen Schule und Sozialpädagogik:

- additiver Arbeitsverbund als arbeitsteilige Differenzierung und strikte Trennung der Handlungsbereiche; Schulsozialarbeit erschließt nur unterrichtsergänzende Sektoren;
- kooperativer Arbeitsverbund in Form gemeinsamer Arbeitszusammenhänge (z.B. gemeinsame Planung, Beratung, Konferenzen, Hospitationen); Schulsozialarbeit umfasst unterrichtsergänzende, aber auch durch Intervention und Beratung die Veränderung schulischen Interaktionshandelns;
- integrativer Arbeitsverbund im Sinne einer sozialpädagogischen Ausgestaltung der Schule als Lern- und Lebensraum mit sozialerzieherischen Komponenten.

Raab u.a. (1987, S. 61f.) identifizierten auf der Basis ihrer empirischen Bestandsaufnahme von Praxisansätzen in den Bundesländern speziell für die Schulsozialarbeit drei Grundformen von Arbeitsfeldern, die bestimmte theoretisch-programmatische, konzeptionelle und pädagogisch-praktische Entwicklungslinien widerspiegeln, wenngleich Mischmodelle immer häufiger werden:

- Schulsozialarbeit als außerunterrichtlicher oder freizeitpädagogischer Fachbereich in Ganztagsschulen;
- Schulsozialarbeit als Teil eines sozialen Beratungsdienstes (auch an Halbtagsschulen);
- Schulsozialarbeit als Sozialarbeit in der Schule (auch unter Einbezug externer Träger der Jugendhilfe).

Nach der Befragung von den in der Praxis von Schulsozialarbeit Tätigen (vgl. Raab u.a. 1987, S. 301) ergibt sich, dass in 44% der Fälle Schulsozialarbeit als integraler Bestandteil der Schule in schulischer Trägerschaft tätig wird, in 29% der Fälle wird aufgrund getroffener Vereinbarungen kooperiert, bei jedem zehnten Praktiker arbeitet Schulsozialarbeit in eigenständiger Trägerschaft und kooperiert eher nur fakultativ mit der Schule. Präferiert wird von 39% der Praktiker die Organisationsform auf der Basis von Vereinbarungen, nur von 26% die Schulträgerlösung und nur 12% die eigenständiger Trägerschaft. Dieses Resultat ist insofern plausibel, als eine eigenständige Trägerschaft der Sozialarbeit kaum Rechte und Einwirkungsmöglichkeiten im Schulbereich eröffnet. Dagegen birgt die Schulträgerlösung die Gefahr der Vereinnahmung und Anpassung, währenddessen gemeinsame Vereinbarungen offenbar am ehesten sozialpädagogische Orientierungen in der Arbeit mit Kindern und Jugendlichen zu sichern vermögen.

In den Praxisansätzen der Schulsozialarbeit tauchen immer wieder schwerpunktmäßig Tätigkeitsfelder auf, die für die Realität sozialer Arbeit in der Schule offensichtlich weitgehend konstitutiv sind (vgl. Malinowski/Herriger 1979; GGG 1980; Raab u.a. 1987):

- Einzelfallhilfe, Vermittlung und Beratung bei Schwierigkeiten zwischen Schülern bzw. zwischen Schülern und Eltern, in Verbindung mit bestimmten sozialen Situationen, Durchführung von Hausbesuchen;
- soziale Gruppenarbeit zur Bewältigung von individuellen und sozialen Konflikten;
- Betreuung und Aufsicht sowie Anleitung von Schülergruppen im außerunterrichtlichen Bereich der Schule;
- Mitarbeit bei der Organisation und Verwaltung des Freizeitbereichs;
- Kooperation mit außerschulischen Institutionen.

Die nähere Betrachtung der Wirklichkeit sozialpädagogischer Praxis in der Schule zeigt demnach, dass Schulsozialarbeit in erster Linie Versorgungsfunktionen erfüllt. Insgesamt stellt sie sich als Subsystem im Schulbereich mit einer nachgeschaltet-dienenden Funktion dar – zum einen zur Abdeckung additiver Angebote, zur Abhilfe bei Orientierungsproblemen (z.B. Schullaufbahnberatung) und zur Entlastung der Lehrer und des Unterrichtsablaufs (z.B. Aufsichts- und Organisationsaufgaben), zum anderen als Spezial-Dienst für die Versorgung schulischer Problemfälle. Eine integrative Organisationsform von Schulsozialarbeit im Sinne einer Verschmelzung schul- und sozialpädagogischer Elemente scheint in der Praxis der bundesdeutschen Schullandschaft kaum zu bestehen, sondern es zeigt sich fast ausschließlich ein additiver bzw. kooperativer Arbeitsverbund, oft der Schule nachgeordnet (vgl. Malinowski/Herriger

1979, S. 78f.). Dies wird vor allem im Hinblick auf die schwerpunktmäßige Zuteilung von Aufgaben deutlich, die in der Beratung, Betreuung und Behandlung schwieriger Problemfälle und auffälliger Schüler bestehen. Hier fungiert Schulsozialarbeit in erster Linie als „Krisenmanagement“, tritt also als „pädagogische Feuerwehr“ dann auf den Plan, wenn ein normaler Unterrichtsablauf gefährdet erscheint durch Problemfälle, an deren Produktion die Schule selbst jedoch keineswegs unbeteiligt ist. Nur in einem integrativen Arbeitsverbund ist gewährleistet, dass statt einer Spezialinstanz der Schulsozialarbeit die Schule in ihrem Bildungsverständnis sowie in Schulleben und Unterrichtsorganisation sozialpädagogisch ausgerichtet ist, im Sinne einer Verknüpfung von Unterricht und Erziehung, von Lernen und Freizeit. Dabei erstreckt sich die sozialpädagogische Orientierung auch auf das Rollenhandeln der Lehrer. Eine sozialpädagogische Schule mit entsprechend ausgebildeten und handelnden Lehrpersonen ist allerdings langfristig nicht in Sicht. Die Beschäftigung und Kooperation von Lehrern und sozialpädagogischen Fachkräften mit dem Ziel integrativer Arbeitsverbünde erscheint daher als nahe liegende Perspektive. Olk, Bathke und Hartnuß (2000, S. 182ff.) konnten innerhalb der Modellprogramme auf Länderebene verschiedene Projekttypen und Arbeitsansätze der Schulsozialarbeit identifizieren und dabei drei Muster typisieren:

(1) „Freizeitpädagogische Projekte“ konzentrieren sich in einem additiven Verhältnis von Jugendhilfe und Schule im Aufgabenzuschnitt auf Betreuung und Freizeitgestaltung im außerunterrichtlichen Bereich und sozialräumlichen Schulumfeld, die sich an alle Schüler richten und regionale Angebotslücken schließen (z.B. offene Arbeit, Neigungsgruppen, Arbeitsgemeinschaften).
(2) „Problembezogene fürsorgerische Projekte“ orientieren sich hingegen speziell an Bedürfnissen und Problemlagen von Kindern und Jugendlichen mit sozialen Benachteiligungen oder individuellen Handicaps, und zwar mittels Methoden und Verfahren der Einzelfallhilfe, sozialpädagogischer Gruppenarbeit und Beratung (z.B. beim Übergang Schule-Beruf, bei Schulversagen, Drogenproblemen, Devianz); das Verhältnis zwischen Jugendhilfe und Schule kann als additiv oder hierarchisch gekennzeichnet werden.
(3) „Integrierte sozialpädagogische Projekte“ verfolgen in der Tradition einer offensiven und lebensweltorientierten Sozialpädagogik – in Absetzung zu den beiden anderen Typen – einen integrierten Arbeitsansatz mit intensiven Kooperationsbeziehungen in verschiedenen Arbeitsbereichen und -vorhaben mit der Schule, wobei einzelfall- und gruppenbezogene Probleminterventionen mit präventiv ausgerichteten Konzepten und Maßnahmen systematisch verknüpft werden.

2.2 Kooperationsanlässe und Aufgabenfelder schulbezogener Sozialarbeit

Die bundesweite Studie von Raab u.a. (1987, S. 258ff.) zeigt, dass – abgesehen von der Bereitstellung von Schülertagesstätten – die schüler- und schulbezogenen Dienste der Jugendämter und freien Träger der Jugendhilfe vor allem sozialpädagogische Schülerhilfen (zu 29% bzw. 54%) ausmachen; Jugendberatungsstellen (15%/26%) sowie Projekte der Schulsozialarbeit (9%/5%) haben eine beachtliche, aber geringere Verbreitung. Nach Angabe von fast der Hälfte der Jugendämter und von vier Zehnteln der freien Träger sind Schülerprobleme in der Jugendhilfe immer wichtiger und für Maßnahmeschwerpunkte bestimmender geworden. Dass schulbezogene Sozialarbeit dabei der kompensatorischen Arbeit mit Problemgruppen einerseits und der komplementären Freizeitfunktion andererseits entspricht, zeigt sich bereits deutlich für die in der Zusammenarbeit von Jugendhilfe und Schule angebotenen besonderen schülerbezogenen Maßnahmeschwerpunkte: Krisentelefon (21% durch Jugendämter/46% durch freie Jugendhilfeträger), Berufsvorbereitung für Arbeitslose (14%/25%), Schulpsychologischer Dienst (8%/6%), Drogenberatung (13%/5%) sowie Ferienerholung und Spielaktionen (31%/26%).

Die kritische Analyse der Funktionen und Organisationsformen schulbezogener Sozialarbeit (s.o.) bestätigt sich auch in den realen Kooperationsanlässen und Tätigkeitsfeldern: Die vorwiegend einzelfallorientierten und problemgruppenbezogenen Handlungsschwerpunkte sind seit langem empirisch belegt (vgl. Malinowski/Herriger 1979; GGG 1980; Raab u.a. 1987). Besonders deutlich wird dies bei Sichtung der Anteile von Zielgruppen und Anlässen der schüler- und schulbezogenen Dienste der Jugendhilfe (nach Raab u.a. 1987, S. 260ff.): Sozial Benachteiligte (bei Jugendämtern 50% bei freien Jugendhilfeträgern 60%), von Arbeitslosigkeit bedrohte Schüler (29%/19%), Delinquente (17%/9%), Drogengefährdung/-missbrauch (19%/5%), Verhaltensgestörte/Erziehungsschwierige (50%/39%), Schulschwänzer (30%/12%), Schulversagen und Lernprobleme (34%/45%). Bei der DJI-Befragung der in der Schulsozialarbeit Tätigen bestätigen sich für deren Alltagspraxis diese Schwerpunkte, wobei jedoch die speziell schulbezogenen Probleme noch gewichtiger auftreten, wie Schulschwänzen (47%), Schulversagen und Lernprobleme (68%), Verhaltensstörungen (69%), Vandalismus und Gewalt (13%). Vor allem mit Lernproblemen sind die in Schulsozialarbeit Tätigen zu 78% häufig oder regelmäßig beschäftigt, ebenfalls häufig mit emotionalen Störungen (54%) und Disziplinproblemen (48%); es folgen Schülerkonflikte unter Gleichaltrigen, mit Lehrkräften und Eltern sowie Schulschwänzen. Bei 59% der Praktiker sind Schüler mit Devianz, Protest- und Distanzhaltungen und sozialer Auffälligkeit in ihrer Arbeit eher überrepräsentiert. Zwei Drittel hat schwerpunktmäßig mit Klienten der sozialen Unterschicht oder des unteren Mittelstandes zu tun.

Sichtet man flankierend dazu die Anteile der Aufgabenfelder der Schulsozialarbeit in Schulen (vgl. Raab u.a. 1987, S. 301), dann finden sich deutliche Belege dafür, dass eine konsequent präventive Arbeit in der Alltagspraxis von Schulsozialarbeit spürbar nachrangig verfolgt wird oder sie von solchen Aufgabenfeldern weitgehend ausgeschlossen wird: Die Anteile der Tätigkeiten zur Einzelfallhilfe wird von 62% bis 74% der in der Schulsozialarbeit Tätigen wahrgenommen, sozialpädagogische Gruppenarbeit von 48% bis 67%. Unterrichtsbezogene und schulunterstützende Aufgaben bestehen – neben Gremienarbeit – zu einem nicht unbeträchtlichen Teil aus Tätigkeiten, die einen störungsfreien Schul- und Unterrichtsbetrieb sichern oder Komplementäraufgaben abdecken (Vertretungsstunden, Hausaufgabenbetreuung, Pausenaufsicht, Freizeitbetrieb, Organisation von Veranstaltungen), wenngleich auch Tätigkeiten mit präventiven Anteilen vorkommen, wie Lehrerbildungsmaßnahmen (30%), Hospitationen (60%) und Supervision in Einzelfällen (36%) sowie Kooperationen mit außerschulischen Institutionen (58%).

Entsprechende Belege lieferte bereits die bundesweite empirische Erhebung der GGG (1980): 37,6% der Arbeitszeit der in der Schulsozialarbeit Tätigen entfallen auf den Arbeitsbereich ‚Beratung/Behandlung'; die Befragten wollen eine Erhöhung auf 51%. Der größte Zeitanteil des Schwerpunktes Beratung/Behandlung wird für die Schüler aufgewendet (56,5%), für Lehrer 26,7% und für Eltern 16,7%. 86% erhielten die Beratungsfälle durch Lehrpersonen, 67% durch Schüler, 48% durch Eltern, 33% vom Psychologen. Es heißt in der GGG-Analyse: „Die Tatsache, dass besonders viele SP Lehrer als Lieferanten von Beratungsfällen angeben, hängt vermutlich damit zusammen, dass Lehrer besonders gern verhaltensauffällige Problemschüler, mit denen sie selbst Schwierigkeiten haben, an eine kompetente Stelle zur Behandlung weiterreichen, um sich selbst von ihren Schwierigkeiten mit den Schülern zu entlasten oder um Unterstützung bei der Lösung dieser Schwierigkeiten zu erhalten." (ebd., S. 27f.) Von der Beek, Grossmann und Stickelmann (1979, S. 78) kommen zu einem ähnlichen Ergebnis: Die Lehrkräfte des Modellversuchs schreiben der Schulsozialarbeit eine subsidiäre Rolle zu und wünschen, dass sie von Lehrern definierte Aufgaben wahrnimmt.

Nach den neueren Forschungsresultaten von Olk u.a. (2000, S. 145ff.) wird der Schulsozialarbeit aus der Sicht von Lehrern weiterhin zum einen die Komplementärfunktion, zum anderen die nachgeschaltet-dienende Rolle zugeschrieben: Gut die Hälfte der Lehrpersonen sieht in der tatsächlichen Tätigkeit der Schulsozialarbeit in der Schule eine „wirksame Unterstützung für die Sicherung ihrer schulischen Aufgaben", was freilich zugleich auch eine wertschätzende Beurteilung darstellt; zwei Drittel weist den Sozialpädagogen die Rolle eines Spezialdienstes für soziale Probleme von Schülergruppen zu, um die sich Lehrer nicht kümmern können bzw. müssen. Dazu passt, dass sich jeweils nur gut vier von zehn Lehrkräften als Lehrer in der Schule für Arbeitsgemeinschaften, außerunterrichtliche Lernhilfen und Einzelfallhilfe bei sozialen Schülerproblemen sehr stark bis stark verantwortlich fühlen (ebd., S. 128).

Schulsozialarbeiter können sich ihrer Bedeutung für notwendige Aufgabenerfüllungen um so sicherer sein, je weniger Lehrkräfte meinen, die von der Sozialarbeit fachlich abzudeckenden Aufgabenfelder seien von Lehrern selbst ohne Zusatzausbildung zu bewältigen (ebd., S. 151f.): 29% der Lehrer glauben, dass sie ohne Einschränkung Freizeitangebote organisieren und durchführen können. Nur jeweils ein Achtel traut Lehrkräften zu, Kinder und Jugendliche mit sozialen Problemen zu beraten und zu betreuen, Koordinationsarbeit zwischen Schule, Jugendamt und Eltern zu leisten, mit sozial Gefährdeten zu arbeiten oder Familien- und Jugendberatung zu vollziehen; nur 8% sagen dies uneingeschränkt für die Lehrstellen- oder Arbeitsplatzsuche von Jugendlichen. Mit Einschränkungen werden Lehrer jedoch von einem weitaus größerer Kreis der Lehrerschaft als kompetent angesehen.

Prävention und Intervention bei Devianz und Delinquenz gehören seit langem zu den angestammten Haupttätigkeitsfeldern der Sozialpädagogik und -arbeit. Angesichts hoher Probleme von Schulen mit dem Sozialverhalten von Schülern, insbesondere mit Schülerdevianz und Gewalt, gewinnen sozialpädagogische Interventions- und Präventionsansätze der Jugendhilfe weiter an Bedeutung, da die Schule Partner benötigt, um diese Probleme mit adäquaten Ansätzen bewältigen zu können. Eine konsequent auf die Veränderung und innovative Entwicklung der Schule setzende neuere Präventionsstrategie besteht in der Verknüpfung sozialpädagogischer Arbeitsformen mit umfassenden Ansätzen der Gesundheitsförderung in der Schule (vgl. Kolip/Hurrelmann 1995; Barkholz/Paulus 1998, S. 11ff.). Zudem scheinen neben der Entwicklung des Sozialklimas innerhalb der Schule vor allem Formen von Verhaltenstraining, Konfliktschlichtung und Kooperationen mit außerschulischen Organisationen und Institutionen ein Feld für sozialpädagogisches Handeln zu sein (vgl. dazu Tillmann u.a. 1999).

Für die eher traditionelle Kooperation zwischen Schule und Jugendbehörde ist allerdings Vorsicht angebracht, wie empirische Analysen zur Informationsweitergabe der Schule über „Schulberichte" gezeigt haben (vgl. Brusten/Herriger 1978; Brusten/Holtappels 1985). Denn in Jugendämtern oder der Jugendgerichtshilfe werden die Informationen rasch überdauernd aktenkundig, können zu schulübergreifenden Stigmatisierungen und zur Unterstützung von Kriminalisierungsprozessen führen. Nach Weitergabe von Informationen hat auf deren Weiterverwendung (unter einer ganz anderen als der von der Schule intendierten, institutionsspezifischen Perspektive) die Schule und die Schulsozialarbeit, keinen Einfluss mehr. Bei Anwesenheit von Sozialarbeit in der Schule sollten daher schulinterne Problemregulierungen Priorität erlangen. Allerdings belegte die Untersuchung der GGG (1980, S. 29), dass auch Schulsozialarbeit (vermutlich bei Auffälligkeit und Delinquenz) in hohem Maße mit Institutionen sozialer Kontrolle kooperiert.

Für die schulinterne Intervention zeigt die Beschreibung der Arbeitsformen und Methoden (vgl. GGG 1980, S. 97ff.), dass die Schulsozialarbeit vor allem bei den als „abweichend" eingestuften Schülern einen einzelfallorientierten Arbeitsansatz verfolgt. Bei der „Sozialen Gruppenarbeit" wie bei der „Sozialen Einzelhilfe" wird durch Verwendung von Begriffen wie „psychosoziale Diagnose", „Behandlungsplan", „methodisch-therapeutische Hilfe" und „Einzeltherapie" nur allzu deutlich, dass eine klinische Behandlungsorientierung im Vordergrund steht. Die Beratungs-, Behandlungs- und Hilfeleistungen erfüllen gleichzeitig die Funktion der sozialen Kontrolle im Sinne einer Verhaltensmodifikation, also der Korrektur einzelner fehlangepasster Schüler mit Methoden „sanfter Kontrolle" (z.B. „pädagogische und therapeutische Beeinflussung").

Für amerikanische Schulen konnte Wittig (1978, S. 135ff.) zeigen, dass das von ihr untersuchte Schulberatungssystem weniger Problemlösungen im Sinne der Betroffenen leistet, sondern einen ungestörten Schulablauf durch Eliminierung von Störfaktoren sichert. Bei diesen schulinternen Lösungsversuchen und Interventionen sind die sozialen Kosten des Verfahrens offenbar nicht unerheblich. So zeigt die Studie von Wittig (1978), dass speziell auf abweichendes Verhalten gerichtete Bemühungen in Form eines umfassenden ‚Netzes pädagogischer und psychologischer Versorgung' im Schulbereich weniger dazu beitragen, Devianzprobleme zu lösen, sondern eher zu devianten Karrieren aufgrund von Identitätsfestschreibungen und Stigmatisierungen führen können. Denn die von spezialisierten Fachkräften ausgehenden Interventionen und Maßnahmen bleiben den Interaktionspartnern (Lehrer, Mitschüler) nicht verborgen, sondern werden als Sonderbehandlung mit Zuweisung eines Devianzstatus wahrgenommen. Gerade hier setzen möglicherweise Prozesse der Typisierung und Etikettierung sowie ‚Degradierungszeremonien' ein, die für die Betroffenen aufgrund der veränderten Rollenerwartungen mit erheblichen Identitätsproblemen verbunden sind. Auch Keupp (1975) zeigt mit Hinweis auf Erfahrungen in den USA mit klinisch-psychologischen Programmen in der Schule auf, dass eine dem „medizinischen Modell" folgenden klinische Orientierung in der Schulberatung den interaktionellen Entstehungszusammenhang von Devianz ausblendet und stattdessen über die Individualisierung und Pathologisierung alltäglicher Konflikte neue Schülerprobleme produziert.

Best (1979, S. 115ff.) macht beispielhaft auf die Pathologisierung und Klinifizierung bestimmter Schülerverhaltensweisen in der Schule und die Prozedierung von Devianz aufmerksam. Die Arbeit von Holtappels (1981b) zeigt, dass Lehrer vor allem dann pädagogische oder psychologische Beratungsdienste in Anspruch nehmen möchten, wenn sie charakterliche oder psychische Defizite bei Schülern oder aggressives Verhalten beobachten; dabei erwarten die Lehrer vom „psychologischen Experten" in erster Linie therapeutische Einwirkung und Ursachenklärung. Ähnliche Wirklichkeitskonstruktionen fanden Brusten/Herriger (1978) in Schulberichten an das Jugendamt vor. Diese empirischen Befunde werden durch die Arbeiten von Holtappels (1981b) und Brusten/Holtappels (1985) im Hinblick auf pragmatische Kontrollkonzepte von Lehrpersonen bestätigt

An dieser Stelle erhebt sich die Frage, ob das Eingreifen der Schulsozialarbeit einen Beitrag zur Prävention von Schülerproblemen und -devianz leistet oder eher zu einer Effektivierung sozialer Kontrolle führt. Mögliche präventive Wirkungen sozialpädagogischer Maßnahmen können durch die der Schulsozialarbeit abgeforderte und von ihr auszuübende soziale Kontrolle abweichenden Verhaltens blockiert oder neutralisiert werden. Die Effekte (vgl. ausführlich Holtappels 1981a) bestehen dann in einer Verschiebung von Kontrolle (durch Delegation von

Problemfällen), Ausdehnung von Devianzdefinitionen (wegen Anwesenheit eines entlastenden Spezialdienstes im Hause) und Verstärkung sozialer Kontrolle (aufgrund dichteren Kontrollnetzes). Denn es ist anzunehmen, dass nun auch solche Fälle sozialpädagogischen Maßnahmen zugewiesen werden, bei welchen die „abweichenden" Verhaltensweisen bislang auch im allgemeinen Unterrichtsablauf reguliert und normalisiert werden konnten (vgl. dazu Keupp 1975, S. 433). Dies hängt nicht zuletzt mit dem in Schulen verbreiteten pragmatischen Alltagswissen der Lehrer zusammen, das von individualisierenden Erklärungsmustern für Devianz ebenso geprägt ist wie von der Vorstellung, nur rasche korrigierende Eingriffe seitens spezialisierter Fachkräfte könnten eine Chronifizierung der registrierten Auffälligkeit verhindern (vgl. Brusten/Herriger 1978, S. 507ff.; Tornow 1978).

2.3 Schulsozialarbeit in der Adressatensicht: Kontaktaufnahme und Akzeptanz

Nach der empirischen Studie von Olk u.a. (2000, S. 51) zeigt sich, dass die Kontakthäufigkeit von Schülern zur Schulsozialarbeit insgesamt auf eine eher geringe Frequentierung hindeutet: 70% der jüngeren und 86% der älteren Schüler halten sich so gut wie nie bei der Schulsozialarbeit auf, nur zwischen 5% und 8% der Schüler gehen vor bzw. nach dem Unterricht zu deren Angeboten. Ähnliche Frequentierungsquoten berichtet auch Seithe (1998) für Thüringer Schulen. Die Kontakthäufigkeit hängt jedoch von der Zahl der in der Schulsozialarbeit tätigen Personen und des Angebotsumfangs in einzelnen Schulen ab.

Die Akzeptanz der Schulsozialarbeit bei Schülern ist bei freiwilligen Schülerkontakten offenbar relativ hoch ausgeprägt: Jüngere Schüler mit häufigem Kontakt gehen zu 44% sehr gern und zu 31% gern dorthin, bei den älteren sind es 20% bzw. 36%, wobei hier bei den Mädchen die Beurteilung positiver ausfällt (26% bzw. 57%) und damit auch länger angehalten hat (vgl. Olk u.a. 2000, S. 52f.). Dabei dürfte die Akzeptanz der dort sozial-pädagogisch Tätigen in hohem Maße von bestimmten personenbezogenen Merkmalen abhängen (vgl. ebd., S. 81ff.). Sehr starke Erwartungen haben Schüler besonders hinsichtlich gerechter Beurteilung (60%), Humor, Organisationsfähigkeit, Erklären-Können (jeweils etwa die Hälfte), Verschwiegenheit (44%) und Verständnis (41%). In Abgrenzung zu Lehrern werden von der Schulsozialarbeit durchaus eher die speziell sozialpädagogischen Kompetenzen erwartet wie Verständnis, Verschwiegenheit, Einfühlungsvermögen und Hilfe bei außerschulischen Problemen. Von den Lehrkräften werden hingegen stärker Vermittlungsfähigkeit, fachliche Kenntnisse und Durchsetzungskraft erwartet.

Die Anlässe und Beweggründe für den Kontakt zur Schulsozialarbeit hängen nach Olk u.a. (2000, S. 63ff.) offenbar mit Aspekten von Hausaufgabenhilfe, der Aufenthaltsdauer an der Schule sowie des Klassenklimas zusammen: Die Schulsozialarbeit kann Lernunterstützung über Hausaufgabenhilfe unter Gleichaltrigen bieten. Dies wird jedoch von den Schülern unterschiedlich angenommen. Schüler, die immer mit Eltern zusammen Hausaufgaben erledigen, zeigen einerseits eine höhere Kontakthäufigkeit, was daran liegen kann, dass die Eltern mit Blick auf die Verbesserung der Lernleistungen diesen Kontakt fördern; andererseits liegt die Akzeptanz bei Schülern, die die Hausaufgaben mit Eltern erledigen, niedriger. Schüler, die sich nach dem Unterricht immer noch eine Zeit lang in der Schule aufhalten, berichten in höherem Maße von einem intensiven Kontakt zur Schulsozialarbeit. Erhält die Schule von Schülern auch die Bedeutung als attraktiver Treff- und Freizeitort zugeschrieben, dann kann das sozialpädagogische Angebot zum Anziehungspunkt werden. Umgekehrt tragen solche Angebote oft erst dazu bei, dass Schulen eine soziokulturelle Funktion erhalten.

Die Kontakthäufigkeit zur Schulsozialarbeit hängt offensichtlich auch vom Klassenklima ab (vgl. ebd., S. 71ff.): In Klassen, in denen sich weniger Gewalt und Disziplinprobleme zeigen, kontaktieren die Schüler häufiger die Schulsozialarbeit. Das soziale Klima der Schüler-Schüler-Beziehungen scheint demnach die Frequentierung erweiterter Angebote zu beeinflussen; zugleich wird aber die Schulsozialarbeit von den Schülern bei psychosozialen Interaktionsproblemen nicht unbedingt verstärkt in Anspruch genommen (etwa zur Konfliktschlichtung). Auch ein gutes Verhältnis zu Lehrpersonen scheint eher die Kontakthäufigkeiten zur Schulsozialarbeit zu fördern, denn intensive Kontakte zeigen sich eher bei Schülern, die im Hinblick auf Lernhilfen, niedrige Restriktivität und Zuwendung die Lehrkräfte positiv beurteilen.

Insgesamt gesehen wird demnach die Schulsozialarbeit nicht unbedingt bei erlebten Belastungen und Problemen in der Schule frequentiert, sondern stößt vor allem dann auf erhöhte Akzeptanz, wenn der innerschulische Lern- und Sozialkontext insgesamt als förderlich empfunden wird. Die Akzeptanz für Schulsozialarbeit und Beweggründe für Kontakte lassen sich auch aus solchen Schülerangaben erschließen, die sich auf das „Verlustempfinden" der Schüler beziehen (vgl. Olk u.a. 2000, S. 79ff.): Wenn an der Schule keine Schulsozialarbeit mehr tätig wäre, würden 37% der Schüler sehr stark bis stark interessante Freizeitangebote, 34% einen Aufenthaltsort, 31% Unterstützung bei Lernproblemen und 30% eine Vertrauensperson vermissen. Mit steigender Klassenstufe und somit dem Schüleralter sinken allerdings diese Anteile. Je intensiver jedoch der bisherige Kontakt war, desto stärker würden Schüler Schulsozialarbeit in allen Bereichen vermissen; diese Unterschiede zeigen sich in dieser Tendenz vor allem bei Inanspruchnahme von Hausaufgabenbetreuung. Nach Schulform wird deutlich, dass an Gymnasien eher der soziale Aufenthaltsort vermisst würde, während in Sekundarschulen – und hier besonders stark im Hauptschulzweig – die Vertrauensperson, die Lernunterstützung und Freizeitangebote eher als Verlust zu bedauern wären.

Ein besonderes Feld von Schulsozialarbeit ist das der Einzelfallberatung. Nach einer empirischen Studie von Holtappels (1987, S. 185ff.) wurde aufgrund der Befragung von 334 Gesamtschülern (7.-9. Jahrgang) ermittelt, dass Schüler Personen der Schulsozialarbeit in ihrer Schule (Sozialpädagoge oder Psychologe) bei eigenen Schulproblemen im lernbezogenen Bereich hypothetisch deutlich seltener (10% bis 15% der Befragten) in Anspruch nehmen würden als Klassen- oder Beratungslehrer. Anders sieht es bei psychosozialen Problemen aus, wenngleich hier auch der Klassenlehrer deutlich eher die unangefochtene erste Vertrauensperson darstellt: Immerhin 23% würden bei häuslichen Problemen Beratung durch Sozialpädagogen in Anspruch nehmen, jeweils 19% bei Konflikten mit Lehrpersonen bzw. Mitschülern und 13% bei ganz persönlichen Problemen. Dabei waren die möglichen Beratungspersonen der Schulsozialarbeit bei immerhin 70% der Schüler persönlich bekannt.

Ein beachtlicher Teil der Schülerschaft zeigt demnach durchaus Beratungsbereitschaft, die sich bei psychosozialen Problemen erhöht, wenn Schüler die Personen der Schulsozialarbeit persönlich kennen. Zugleich wurde eine insgesamt überwiegend positiv ausgeprägte Akzeptanz von Beratung durch sozialpädagogisches Personal gemessen, wobei sich die Indikatoren auf Beratungserfolg, individuelle Hilfe, Wertschätzung, Vertrauen und geringen Kontrollgehalt des Beratungskontaktes beziehen (ebd., S. 201ff.). Beratungsbereitschaft und Akzeptanz von Beratung bei Schülern gehen dabei einander her (bei Sozialpädagogen: Rangkorrelation zwischen .23 und .34).

Allerdings haben nur 9% der Schüler von 7. bis 9. Klassen bereits aus eigener Initiative freiwillig eine solche Beratung der Schulsozialarbeit in Anspruch genommen; gut 6% wurde in der Schule unfreiwillig zur Beratung geschickt, davon die Hälfte mehrfach, was faktisch als Form der „soft control" einzustufen wäre. Sowohl bei freiwilligen als auch bei unfreiwilligen Beratungskontakten zeigt sich jedoch eine höhere Akzeptanz von Beratung. Subjektive Deutungsmuster über die Erfahrungen mit solchen Beratungskontakten auf der Basis von qualitativen Einzel- und Gruppeninterviews mit Schülern (vgl. ausführlich Holtappels 1986) verdeutlichen allerdings, dass die betroffenen Schüler vielfach die Beratung als soziale Kontrolle und Ausforschung von Privatheit empfinden und mangelndes Vertrauen in tatsächliche Hilfe artikulieren. In diesen Fällen degeneriert Schulsozialarbeit zu einer nachgeordneten Kontrollinstanz und leistet eher systemstabilisierende Prozedierungen von Auffälligkeiten.

3 Perspektiven für Arbeitsfelder und Konzepte im Rahmen schulischer Innovationen

Im Folgenden werden besondere Perspektiven in Schulen mit ganztägiger Konzeption und mit Schulöffnungsansätzen vorgestellt. Abschließend werden Hinweise zur Weiterentwicklung und zum Forschungsbedarf gegeben.

3.1 Schule in Ganztagsform

In neuerer Zeit erfahren Schulen in zeitlich erweiterter Betriebsform als Ganztagsschulen und Halbtagsgrundschulen bis mittags sowie Schulen mit Ganztags- und Betreuungsangeboten einen spürbaren Aufschwung. Gestiegene Betreuungserfordernisse der Familien aufgrund von erweiterter Erwerbstätigkeit, emanzipatorischer Arbeitsteilung und höherer Anteile von Alleinerziehenden sorgen für eine erheblich höhere Nachfrage. Neben dieser sozialpolitischen Perspektive erlangen auch schulpädagogische Reformmotive an Bedeutung im Hinblick auf eine Erweiterung schulischer Bildungs- und Erziehungsaufgaben, einer Verstärkung des Förderungsbemühens, das Erfordernis sozialen Lernens und der Ausgestaltung der Schule als Erfahrungs- und Lebensraum (vgl. ausführlich Holtappels 1994). Gerade die beiden letzten Aspekte deuteten unverkennbar auf eine Wiederbelebung sozialpädagogischer Akzentuierungen. Damit könnte ein Feld der Kooperation von Schule und Jugendhilfe Auftrieb erhalten, das schon fast traditionell von entsprechenden Kooperationen gekennzeichnet ist, denn Schulsozialarbeit an und in Schulen war bislang am stärksten in Schulen mit ganztägigen Konzeptionen verbreitet.

In der Studie von Bargel und Kuthe (1991, S. 188ff.) sehen Eltern wie Lehrkräfte die Vorteile von Ganztagsschulen – neben der Hausaufgabenentlastung – am ehesten in der Aufgabenwahrnehmung in den Bereichen der Aufsicht und Betreuung am Nachmittag, der Förderung durch intensive Betreuung sowie der Freizeitangebote in der Schule. Die stärksten Nachteile werden allerdings auch in der Einschränkung der außerschulischen Freizeitmöglichkeiten und der Länge des Schultages ausgemacht, also Aspekte, die die Einwände von Verschulung und Kolonialisierung der Lebenswelt auf den Plan rufen. Zudem treten Ganztagsschulen an dieser Stelle in Konkurrenz zu angestammten Feldern von Organisationen der Jugendarbeit, was Ende der 1980er Jahre zu einer kontroversen Debatte führte. Der Ausweg könnte in einer geöffneten Ganztagsschule mit Angebotsformen unter Kooperation mit außerschulischen Partnern liegen (vgl. Holtappels 1994; Gernert 1995; Deinet 1997).

Eine innovative Schulorganisation hinsichtlich der zeitlichen Tagesgestaltung wird die Lern- und Erziehungskultur der Schule nicht verändern, wenn nicht auch eine andere Personalorganisation als in traditionellen Halbtagsschulen greift. Die andersartige und differenzierte Lernorganisation sowie die erweiterten ganztagsspezifischen Aufgabenbereiche weisen auf Erfordernisse einer differenzierten Rollen- und Kompetenzstruktur des Personals. Ganztagsschulen benötigen allein aufgrund ihrer verstärkt sozialpädagogischen Ausrichtung und der Betonung erzieherischer Aufgaben ein qualifiziertes Personal mit vielseitigen fachlichen und pädagogischen Kompetenzen. Dies betrifft insbesondere die Ausgestaltung des Schullebens und des Freizeitbereichs sowie die Öffnung nach außen und eine verstärkte Elternarbeit. Die Beschäftigung von Lehrern und sozialpädagogischen Fachkräften liegt daher nahe und wurde in zahlreichen Ganztagsschulen mit Schulsozialarbeit bereits realisiert.

Ein zentrales Problem dreht sich dabei um die Frage, ob die Organisation eine fachliche Spezialisierung oder eine integrative Kooperation des Personals aufweist. Eine fachliche Spezialisierung und hierarchische Konstellationen zwischen Lehrern auf der einen und Sozialpädagogen und Erziehern auf der anderen Seite kann zu einer strikten Trennung der von der Ausbildung her angestammten Arbeitsbereiche führen; im Extremfall bedeutet dies: Lehrer unterrichten, Sozialpädagogen und Erzieher betreuen Freizeit und Spielgruppen. Verhindert werden kann dies nur durch eine sozialpädagogisch orientierte Schule mit erzieherisch qualifizierten Lehrkräften (vgl. Homfeldt/Lauff/Maxeiner 1977), durch eine intensive Kooperation zwischen Lehrer/innen und sozialpädagogischen Fachkräften in der Unterrichts- und Freizeitarbeit sowie durch eine streckenweise Aufhebung der strikten Rollenteilung, so dass sich Lehrer und Sozialpädagogen organisatorischen und erzieherischen Aufgaben gemeinsam verpflichtet fühlen und sich in ihrem Arbeitsverhältnis aufeinander zu entwickeln (vgl. Binsteiner/Hoyer 1982; Deutsches Jugendinstitut 1984).

In erzieherisch qualifizierten und damit konsequent sozialpädagogisch orientierten Ganztagsschulen treffen wir auf eine notwendigerweise veränderte personale Rollenstruktur. Sie wird weniger beherrscht von fachlichen Abgrenzungen und Spezialisierungen, sondern ganzheitlichen Orientierungen. Die traditionellen Rollenbilder der Lehrerschaft verändern sich demnach insbesondere auch durch neue Lernbereiche und die Akzentsetzung der Ganztagsschule zugunsten von Erziehungsaufgaben und der Gestaltung des Schullebens: Lehrer/innen nehmen nicht mehr allein nur die Rolle eines fachbezogenen Lehrstoffvermittlers ein, sie gewinnen auch die Rolle der Erziehenden zurück. Ihre Rollen weisen also notwendigerweise andere Segmente auf als in traditionellen Unterrichtsanstalten (z.B. Schülergruppen anleiten und beraten, eine Arbeitsgemeinschaft betreuen).

In Ganztagsschulen erhalten Lehrer neue Lehr- und Erziehungsgelegenheiten; ihre Aufgaben und Rollenanforderungen sind differenzierter und offener. Das professionelle Qualifikationsprofil von Lehrern erfordert neben Kooperationsfähigkeit vor allem sozialpädagogische Kompetenzen im Hinblick auf ein sozialerzieherisches Handlungsrepertoire und ein diagnostisches Fallverstehen von Problemen im Lern- und Sozialverhaltensbereich. Eine offenere Rollenstruktur scheint am ehesten realisierbar in Konzepten von Teamschulen (z.B. Team-Kleingruppen-Modell, Schlömerkemper 1987). Lehrer und Sozialpädagogen sind bestimmten Lerngruppen (z.B. als Jahrgangsteam) zugeordnet und kooperieren in diesem Kleinteam besonders eng, ihr Aktionsraum ist zeitlich und inhaltlich flexibel gestaltet.

3.2 Pädagogische Öffnung der Schule

Ein perspektivischer Konzeptrahmen für die Kooperation von Schule und Jugendhilfe – und damit eine weitere strategische Chance der Schulsozialarbeit – liegt im Bereich der pädagogischen Öffnung von Schule. Schulische Öffnungsansätze sind im wesentlichen auf Konzepte der „Community Education" in Großbritannien, USA und Frankreich zurückzuführen und als Öffnung zum Gemeinwesen zu verstehen. Community education hat die Entwicklung schulischer Bildung und Erziehung und zugleich die Entwicklung des Gemeinwesens zum Ziel, wobei zwei Hauptströmungen zu unterscheiden sind (vgl. Watson 1980):

Die radikal-reformorientierte, auf die Entwicklung des Gemeinwesens abzielende Position verfolgt neben der Veränderung der Schule mit und durch die Betroffenen bzw. Lernenden auch und vor allem die Veränderung sozialer Lebensumstände, insbesondere die Beseitigung soziokultureller Benachteiligungen. Dies soll über gemeinwesenorientiertes Lernen und basisdemokratische Partizipation in Verbindung mit nachbarschaftlicher Selbstorganisation realisiert werden. Damit kommt gleichzeitig die Verknüpfung von Schule und Sozialarbeit ins Blickfeld, wobei die Lernenden in Form von Projekten an der lokalen Sozialarbeit beteiligt werden sollen (vgl. Petry 1981). Die Ziele für eine Veränderung des Bildungssystems wie der Gesellschaft verbinden sich mit dem Interesse für eine Einbeziehung oder gar Kontrolle des Gemeinwesens in Fragen des Schulmanagements und des Unterrichts, für eine wechselseitige Abhängigkeit von Schule und Gemeinde, mit einer Orientierung des Curriculums auf lokale Bedürfnisse und Umfelder und eine Revitalisierung des lokalen Gemeinwesens (vgl. Watson 1980, S. 277). Die „evolutionäre" und gemäßigte Reformlinie zielt stattdessen lediglich auf die Verbesserung der Lebensqualität des lokalen Schulumfelds sowie für die innerschulischen Ansätze in den pädagogischen Konzepten auf eine Verbesserung der Schulqualität durch Öffnung nach innen und außen im Hinblick auf Lernressourcen und Kooperationspartnern.

Arbeitsansätze der Schulsozialarbeit haben bislang bereits einen entscheidenden Beitrag zu einer Öffnung der Schule nach innen und außen geleistet. Die sozialpädagogische Arbeit an der Schule oder als Kooperationsansätze zwischen Schule und Jugend- bzw. Sozialarbeit hat sich vielerorts als Bindeglied zwischen Schule und Schulumfeld entwickelt (vgl. z.B. Deutsches Jugendinstitut 1984), vorwiegend in folgenden Formen:

- Koordinatorfunktion für die Kooperation der Schule mit Einrichtungen des Umfelds, Vertretung von Schulinteressen im Gemeinwesen oder von Gemeinweseninteressen in der Schule, Mitwirkung in schulübergreifenden Projekten;
- Erschließung außerschulischer Lernorte;
- Entwicklung und Durchführung eines Freizeitangebots für Schulmitglieder und Schulnachbarschaft, Betrieb von Begegnungsstätten an der Schule als Treff-, Kommunikations- und Veranstaltungsort;
- Gestaltung des Schullebens durch Neigungsangebote, Projekte, Veranstaltungen, Gestaltung von Schulräumen und Außenanlagen etc. im Austausch mit dem Schulumfeld;
- verstärkte Berufsvorbereitung und -orientierung durch intensive Betriebspraktika und -erkundungen;
- Organisation von Klassenfahrten, Schüleraustausch mit ausländischen Partnerschulen als soziale Erfahrungsfelder;
- intensive Elternarbeit und Elternbeteiligung am Schulleben.

In der Begleitforschung von Modellversuchen zur Öffnung zeigen sich dafür u.a. folgende Gelingensbedingungen (vgl. Holtappels 1998): institutionsübergreifende Steuerungsgremien und Projektentwicklungen sowie stabile und symmetrische Kooperationsbeziehungen.

3.3 Perspektiven für die Weiterentwicklung

Der schulbezogenen Sozialpädagogik wird – oft gegen ihren Willen – offenbar vornehmlich die Funktion zugeschrieben, die Reproduktion einer von der Schule zu eng definierten Schülerrolle und der damit zusammenhängenden Leistungs- und Verhaltensstandards zu gewährleisten. Durch eine vorwiegend am Einzelfall orientierte Arbeitsform wird die Schule auf fragwürdige Weise entlastet und von einer Selbstregulierung von Konflikten entbunden. Statt der erzieherischen Qualifizierung der Lehrerschaft wird eine konsequente Veränderungsstrategie durch entlastende Dienste eher blockiert und werden – trotz gut gemeinter Intentionen – schulische Strukturdefizite kompensiert und fortgeschrieben.

Wenn aber schulbezogene Sozialarbeit auf das Ausfüllen von Fehlstellen und die Kompensation schulischer Strukturschwächen beschränkt wird, bedeutet dies für die schulalltägliche Praxis ein Paradox: Auf der einen Seite werden im Normalbetrieb Probleme produziert, die auf der anderen Seite durch spezielle Dienste kompensiert und lediglich repariert werden. Daher sollte die gegenwärtige Praxis von Schulsozialarbeit als Übergangsstadium begriffen werden, um die Weiterentwicklung zu einem integrativen Arbeitsverbund von Schul- und Sozialpädagogik zu realisieren – als Bestandteil einer konsequenten, sozialpädagogisch orientierten Schulreform, die Lehrplanentwicklung, die Gestaltung der Lernkultur und des Schullebens, die Lehrerausbildung und Fortbildung umfassen muss. Dazu gehören nicht nur Veränderungen in der Aus- und Fortbildung der beiden Berufsgruppen, sondern auch verbindende Fortbildungsansätze (ausführliche Vorschläge finden sich bei Wulfers 1991).

Im Hinblick auf künftigen Forschungsbedarf erscheinen folgende Forschungsansätze als erforderlich und weiterführend:

- Empirische Bestandsaufnahmen zu Tätigkeitsfeldern und zu Ansätzen und Projekten von Sozial- und Jugendarbeit in der Praxis der Kooperation mit Schulen sowie zum Selbstverständnis der in diesen Kooperationsfeldern tätigen Personengruppen.
- Studien zur Qualität und zu Effekten verschiedener Kooperationsmodelle von Schule und Jugendarbeit im Vergleich, und zwar im Hinblick auf pädagogische Wirkungen in psychosozialen Befindlichkeiten, sozialen Kompetenzen und Lernleistungen von Kindern und Jugendlichen.
- Prozessanalysen zum Verlauf von Kooperationen zwischen Schule und Institutionen der Jugendarbeit einerseits und zur schulinternen Kooperation der beiden Berufsgruppen andererseits.
- Innovationsstudien über Bedingungen und Verläufe von Innovationen durch sozialpädagogische Ansätze in der Schule und deren Wirkungen auf die Veränderung der Lern- und Erziehungskultur der Schule.
- Vertiefende Studien zur Wahrnehmung und Nachfrage sozialpädagogischer Angebote in der Schule aus Sicht der Adressaten (Kinder und Jugendliche) und Beteiligten (Lehrkräfte, sozialpädagogische Fachkräfte und Eltern).

Literatur

Bargel, T./Kuthe, M.: Ganztagsschule. Untersuchungen zu Angebot und Nachfrage, Versorgung und Bedarf. BMBW (Hrsg.), Bonn 1991

Barkholz, U./Paulus, P.: Gesundheitsfördernde Schulen. Konzepte, Projektergebnisse, Möglichkeiten der Beteiligung. Gamburg 1998

Best, P.: Die Schule im Netzwerk der Sozialkontrolle. Lokale Strukturen und Strategien. München 1979

Binsteiner, G./Hoyer, K.: Freizeitarbeit in der Ganztagsschule – Konzepte und Erfahrungen. In: Tillmann, K.J. (Hrsg.): Schulsozialarbeit. Problemfelder und Erfahrungen aus der Praxis. München 1982, S. 123-142

Brenner, G. (Hrsg.): Jugendarbeit und Schule. Kooperation statt Rivalität um die Freizeit. Weinheim/München 1992

Braun, K.H./Wetzel, K.: Sozialpädagogisches Handeln in der Schule. Einführung in die Grundlagen und Konzepte der Schulsozialarbeit. Neuwied/Kriftel 2000

Brusten, M./Herriger, N.: Lehrerurteile und soziale Kontrolle im Schulbericht, In: Zeitschrift für Pädagogik 24 (1978), S. 497-514

Brusten, M./Holtappels, H.G.: Kooperieren oder Verweigern? Empirische Ergebnisse zur „Schulberichtspraxis“ und Problematik der Weitergabe von Informationen über Schüler an schulexterne Institutionen. In: Soziale Welt 36 (1985), H. 3, S. 313-335

Böhnisch, L.: Schule als anomische Struktur. In: Melzer, W./Schubarth, W. (Hrsg.): Schule, Gewalt und Rechtsextremismus. Opladen 1995, S. 141-151

Deinet, U. (Hrsg.): Schule aus – Jugend aus? Ganztagskonzepte und Kooperationsmodelle in Jugendhilfe und Schule. Münster 1997

Deutsches Jugendinstitut (Hrsg.): Schule – Arbeitsplatz für Lehrer und Sozialpädagogen. München 1984

Engel, U./Hurrelmann, K.: Was Jugendliche wagen. Eine Längsschnittstudie über Drogenkonsum, Streßreaktionen und Delinquenz im Jugendalter. Weinheim/München 1993

GGG – Gemeinnützige Gesellschaft Gesamtschule e.V.: Schulsozialarbeit an Gesamtschulen. Ammersbek 1980

Gernert, W. (Hrsg.): Ganztagsangebote in der Kooperation von Jugendhilfe und Schulen. Münster 1995

Herriger, N./Malinowski, P.: Schulsozialarbeit – Arbeitsbeschaffung oder Reformperspektive? In: Neue Praxis 1 (1981), S. 78-82

Hollenstein, E./Tillmann, J. (Hrsg.): Schulsozialarbeit. Studium, Praxis und konzeptionelle Entwicklungen. Hannover 1999

Holtappels, H.G.: Zur Fragwürdigkeit neuerer schulischer Lösungsversuche für Schülerprobleme und abweichendes Verhalten. Devianzsoziologische Überlegungen zur Schulsozialarbeit. In: Bayer, M./Karsten, M.E./Sünker, H. (Hrsg.): Schule und Sozialpädagogik. Bielefeld 1981a

Holtappels, H.G.: Pädagogisches Handeln ohne präventive Orientierung? Pragmatisches Alltagswissen bei Lehrern über abweichendes Verhalten und soziale Kontrolle in der Schule. In: Kury, H./Bäuerle, S. (Hrsg.): Schule psychische Störung und sozialabweichendes Verhalten. München 1981b

Holtappels, H.G.: Schulsozialarbeit aus der Schülerperspektive – Ergebnisse einer Schülerbefragung zur Schulberatung. In: Die Deutsche Schule 78 (1986), H. 1, S. 56-72

Holtappels, H.G.: Schulprobleme und abweichendes Verhalten aus der Schülerperspektive. Empirische Studie zu Sozialisationseffekten im situationellen und interaktionellen Handlungskontext der Schule. Bochum 1987

Holtappels, H.G.: Ganztagsschule und Schulöffnung. Perspektiven für die Schulentwicklung. Weinheim/München 1994.

Holtappels, H.G.: Öffnung der Schule zu Lebenswelt und Schulumfeld – Schulorganisatorische Perspektiven pädagogischer Öffnung. In: Brügelmann, H./Fölling-Albers, M./Richter, S. (Hrsg.): Jahrbuch Grundschule I. Fragen der Praxis – Befunde der Forschung. Seelze 1998, S. 43-51

Holtappels, H.G./Hornstein, S.: Schulische Desorganisation und Devianz. In: Heitmeyer, W. (Hrsg.): Was treibt die Gesellschaft auseinander? Frankfurt a.M. 1997, S. 328-367

Homfeldt, H.G./Lauff, W./Maxeiner, J.: Für eine sozialpädagogische Schule. München 1977

Kentler, H.: Verschlingt die Schulreform die Sozialpädagogik? In: betrifft: erziehung 10 (1972), S. 10-11

Keupp, H.: Der Widerspruch von Präventionsgedanken und „medizinischem Modell“ in der Schulberatung. Zur Kontrolle abweichenden Verhaltens in der Schule. In: Gruppendynamik 6 (1975), S. 415-436

Keupp, H.: Abweichung und Alltagsroutine. Die Labeling-Perspektive in Theorie und Praxis. Hamburg 1976

Klemm, K./Rolff, H.G./Tillmann, K.J.: Bildung für das Jahr 2000. Reinbek 1985

Kolip, P./Hurrelmann, K./Schnabel, P.E. (Hrsg.): Jugend und Gesundheit. Interventionsfelder und Präventionsbereiche 1995

Malinowski, P./Herriger, N.: Zur Wirklichkeit der sozial-pädagogischen Praxis in der Schule – empirische Ergebnisse und kontroverse Perspektiven. In: Neue Praxis 1 (1979), S. 67-85

Mansel, J./Hurrelmann, K.: Alltagsstreß bei Jugendlichen. Eine Untersuchung über Lebenschancen, Lebensrisiken und psycho-soziale Befindlichkeiten im Statusübergang. Weinheim/München 1991

Maykus, S.: Schulalltagsorientierte Sozialpädagogik: Begründung und Konzeptualisierung schulbezogener Angebote der Jugendhilfe. Eine theoretisch-konzeptionelle Bestimmung von Aufgaben der Jugendhilfe im Sozialisationsraum Schule. Frankfurt a.M. 2001

Olk, T./Bathke, G.W./Hartnuß, B.: Jugendhilfe und Schule. Empirische Befunde und theoretische Reflexionen zur Schulsozialarbeit. Weinheim/München 2000

Petry, C.: Regionale Arbeitsstellen zur Förderung ausländischer Kinder und Jugendlicher. In: Zeitschrift für Pädagogik 27 (1981), S. 955-961

Preuss-Lausitz, U.: Wandlungstendenzen der institutionalisierten Erziehung in der Schule. In: Geulen, D. (Hrsg.): Kindheit. Weinheim 1989, S. 108-125

Raab, E./Rademacker, H./Winzen, G.: Handbuch Schulsozialarbeit. Konzeption und Praxis sozialpädagogischer Förderung von Schülern. München 1987

Seithe, M.: Landesprogramm „Jugendarbeit an Thüringer Schulen". Wissenschaftliche Begleitung. Ministerium für Soziales und Gesundheit Thüringen (Hrsg.) Erfurt 1998

Schirp, H.: Öffnung von Schule und projektorientiertes Arbeiten. In: Schörken, R./Gagel, W./Menne, D. (Hrsg.): Politikunterricht. Handbuch zu den Richtlinien NRW, Opladen 1988

Schlömerkemper, J.: Lernen im Team-Kleingruppen-Modell. Frankfurt a.M. 1987

Tillmann, K.J.: Schulreform als neue Herausforderung der Sozialpädagogik? Ein Beitrag zur aktuellen Diskussion. In: Tillmann, K.J. (Hrsg.): Sozialpädagogik in der Schule. Neue Ansätze und Modelle. München 1976, S. 44-69

Tillmann, K.J.: Schulsozialarbeit – Eine Einführung in Praxisansätze und Theoriekonzepte. In: Tillmann, K.J. (Hrsg.): Schulsozialarbeit. Problemfelder und Erfahrungen aus der Praxis. München 1982, S. 9-41

Tillmann, K.J./Holler-Nowitzki, B./Holtappels, H.G./Meier, U./Popp, U.: Schülergewalt als Schulproblem. Verursachende Bedingungen, Erscheinungsformen und pädagogische Handlungsperspektiven. Weinheim/München 1999

Tippelt, R.: Bildung und sozialer Wandel. Eine Untersuchung von Modernisierungsprozessen am Beispiel der Bundesrepublik Deutschland seit 1950. Weinheim 1990

Tornow, H.: Verhaltensauffällige Schüler aus der Sicht des Lehrers. Empirische Untersuchung zum Labeling-Ansatz. Weinheim/Basel 1978

Von der Beek, A./Grossmann, W./Stickelmann, B.: Zwischenbericht der „Wissenschaftlichen Begleitung" des Modellversuchs Sozialarbeit in der Schule. Frankfurt 1979

Watson, K.: The Growth of Community Education in the United Kingdom. In: Internationale Zeitschrift für Erziehungswissenschaft 26 (1980), S. 273-287

Wittig, M.: Problemschüler als Schulprobleme. Fallstudie zur Etikettierungsprozessen in einer amerikanischen Schule. Weinheim/Basel 1978

Wulfers, W.: Schulsozialarbeit. Ein Beitrag zur Öffnung, Humanisierung und Demokratisierung der Schule. Hamburg 1991

Dorothee M. Meister

Schule und Medien

Die Einführung neuer Medientechniken (wie z.B. Computer, Netzwerke, Lehr- und Lernsoftware etc.) stellt Schulen heute vor große Herausforderungen. Auffällig ist dabei ein hoher außerschulischer Erwartungsdruck, die Schule müsse sich auf diese wichtigen Informationstechnologien einstellen. Es zeichnen sich allerdings verschiedenste pädagogische, organisatorische, personelle und technische Schwierigkeiten ab, die einer reibungslosen Integration von neuen Medien in den Schulalltag entgegenstehen. Probleme im Kontext der Einführung neuer Medien sind indes kein neues Phänomen, da der Einbezug neuer Medien nie schnell und reibungslos erfolgte und zudem oft von kontroversen und heftigen pädagogischen Debatten über die gesellschaftliche Relevanz und den (individuellen) Lerngewinn begleitet war. Neuerdings basiert die Zukunfts- und Veränderungsfähigkeit von Schule nicht mehr nur auf pädagogischen Überlegungen sowie technischen Machbarkeiten, sondern orientiert sich zunehmend auch an wirtschaftlichen, gesellschaftlichen und politischen Erfordernissen. Hinzu kommt, dass die neuen Technologien neue Dimensionen in vielerlei Hinsicht eröffnen.

Der Beitrag thematisiert nach einem kurzen historischen Überblick die Diskussion im Zusammenhang der Integration neuer Technologien: mit welchen zentralen gesellschaftlichen Anforderungen die Schule konfrontiert wird, welche Voraussetzungen ihr Klientel mitbringt und mit welchen Konzepten, Anforderungen und Chancen sich die Schule in der Wissensgesellschaft auseinandersetzen muss.

1 Schule und Medien in historischer Perspektive

Die Bemühung, Medien in Bildungszusammenhänge zu integrieren, prägt nicht erst die letzten Jahrzehnte. Schule blickt auf eine lange Tradition im Gebrauch von Medien und technischen Hilfsmitteln zurück (vgl. Hildebrand 1976). Kennzeichnend für die Medienverwendung ist traditionell das didaktische Bemühen Dinge zu veranschaulichen, zu erklären und zu üben. Gegenstände, die mit einer pädagogischen Intention angefertigt und in pädagogischen Kontexten eingesetzt wurden, können bis in die Antike zurückverfolgt werden. Als das herausragende Medium der abendländischen Schule setzte sich nach Erfindung des Buchdrucks das Printmedium Buch durch (vgl. Döring 1969), das bis heute das zentrale und unhinterfragte Medium zur Wissensvermittlung im Lernkontext geblieben ist.

Die Einführung und Integration (audio-) visueller Medien in den Schulalltag hingegen erwies sich – im Gegensatz zum Buch – von Beginn an als umstritten. Dies hat auch damit zu tun, dass ‚neue' Medien zunächst nicht speziell für Schulzwecke gedacht sind, sondern für Unterrichtszwecke erst fruchtbar gemacht werden müssen. Trotzdem gab es meist schon sehr schnell nach einer kommerziellen Einführung ‚neuer Medien' Versuche diese auch für schulische Interessen zu nutzen. Diese Entwicklung begann bereits mit der Lichtbildarbeit Ende des 19. Jahrhunderts, die allerdings erst planmäßig in den Unterricht integriert werden konnte, als Projektionsapparate in die Lehrmittelsammlung der Schulen aufgenommen wurden (vgl. Amman 1976). Auch die Filmarbeit fand nach sporadischen Einsätzen einen ersten Auftrieb mit der Schulfilmbewegung, die dazu führte, dass schon in den 1920er Jahren Schulkinosäle eingerichtet wurden genauso wie verschiedene Einrichtungen, etwa die Landesverbände zur Förderung des Lichtbildwesens in Erziehung und Unterricht und Landesbildstellen, die für geeignetes Filmmaterial und Technik sorgten. Als die „Krönung" der pädagogischen Bemühungen wurde die Integration der Medienarbeit in das Curriculum im Klassenzimmer angesehen, „wo er (der Film, d.A.) eindringlicher als jedes andere Hilfsmittel zum Kinde spricht" (ebd., S. 16). Der Filmeinsatz setzte sich seit den 1930er Jahren als didaktisches Anschauungsmittel durch, wobei das pädagogische Konzept darin bestand, die technischen Hilfsmittel in den ‚laufenden' Unterricht planmäßig einzugliedern (vgl. Schorb 1995). Die Lehrperson behielt damit ihre zentrale Rolle bei der pädagogischen Ausgestaltung des Unterrichts (vgl. Amman 1976, S. 17).

Neben den didaktischen, technischen und organisatorischen Hemmnissen, die der Einbindung des Films in das Unterrichtsgeschehen lange Zeit entgegenstanden, gab es auch massive (medien-)pädagogische Einwände, die dem Filmeinsatz mit Vorbehalten entgegentraten. Lehrer, Volksbildner und Seelsorger waren gleichermaßen besorgt, dass die Filminhalte große Gefahren beinhalteten, da sie das Denken und Handeln der Jugend erheblich beeinflussen würden (vgl. Kerstiens 1976). Ein wesentliches Element für die Beurteilung stellte die Wahrheitsfrage dar, also ob das im Film Abgebildete wahr und echt sei. Das (bewahr-)pädagogische Ziel bestand darin, die Menschen und vor allem die Jugend vor den drohenden Gefahren, insbesondere einer Orientierungslosigkeit und eines Werteverlustes zu bewahren. In diesem Zusammenhang wurden einerseits Fragen der Zensur und des Jugendschutzes diskutiert, andererseits bemühte sich die Kinoreformbewegung den guten Film zu fördern und den Film auch als erzieherisches Mittel einzusetzen, um so das Medium Film in den „Dienst der Volksbelehrung und Volksveredelung" (ebd., S. 44) zu stellen. Obwohl diese ‚bewahrpädagogischen' Haltungen heute überwiegend kritisiert werden und sich als generelle pädagogische Position nicht durchsetzen konnten, motivieren (modernisierte) bewahrpädagogische Haltungen und Aktivitäten bis heute Medienbewertungen und die Filmförderpolitik genauso wie das Rechtssystem, und hier insbesondere den Kinder- und Jugendschutz. Inzwischen dominieren in der Medienpädagogik eher handlungsorientierte Ansätze und damit Bemühungen, Medien wie Video oder Foto in eine kreativitätsbezogene schulische Arbeit zu integrieren (vgl. Schorb 1995). Über einen handelnden, kreativen Umgang mit Medien sollen ästhetische Prinzipien genauso wie Medienfunktionen erfahrbar und nachvollziehbar gemacht sowie Reflexionsprozesse in Gang gesetzt und das Wissen über das Mediensystem erhöht werden. Eine Einbindung in den Unterricht ist bislang eher selten. Die Beschäftigung mit Medien beschränkt sich oft auf Arbeitsgemeinschaften oder Projektwochen. Teilweise gehört die Beschäftigung mit Medien aber schon zum Bestandteil von Rahmenrichtlinien an Schulen (vgl. etwa Kultusministerium Sachsen-Anhalt 2000).

Eine dezidiert unterrichtsbezogene Diskussion des Medieneinsatzes in der Schule konzentriert sich seit der Nachkriegszeit im Wesentlichen auf jene Medien, die grundsätzliche Ziele von Bildung und Erziehung und vor allem auch die Rolle von Lehrern im Unterricht tangieren. Dies begann bereits mit dem Schulfernsehen in den 1960er Jahren, als die Hoffnung bestand, die Folgen des Lehrermangels könnten mit Hilfe audiovisueller Medien abgemildert werden. Nachdem die hohen Erwartungen aus vielfältigsten Gründen nicht erfüllt werden konnten, gelangte man dann Mitte der 1970er Jahre vielfach noch zu der Ansicht, das Schulfernsehen solle der curricularen Innovation dienen, im Medienverbund produziert sein, eine Entlastung des Lehrpersonals beinhalten, indem vollständige Lehrfunktionen übernommen werden und zudem mehrmals einsatzfähig sein (vgl. Hagemann 2001, S. 25). Doch erst mit dem Aufkommen der Videotechnik Ende der 1970er Jahre konnten Schulfunksendungen – genauso wie andere Fernsehsendungen – unabhängig vom Ausstrahlungstermin und damit dem Unterrichtsstoff beziehungsweise der Lehrplanlogik folgend eingesetzt werden. Mit den Aufzeichnungen aus dem Fernsehen und den als Video produzierten Angeboten konnte zudem an Sehgewohnheiten und Medienerfahrungen der Schülerinnen und Schüler angeschlossen werden. Filme und Videos dienen seither genauso zur Veranschaulichung wie zur Anregung von Diskussionen oder zur weiterführenden Information und gehören heute zum ‚ganz normalen' Schulalltag, ohne jedoch ein dezidiertes Forschungsfeld der Schul- oder Medienforschung darzustellen.

Mit dem Aufkommen neuer Technologien in Kombination mit vielfältigsten Reformen im Bildungsbereich wurden seit Ende der 1960er bis in die 1970er Jahre hinein Neuerungen wie Technisierung der Lehr- und Lernvollzüge oder eines programmierten Unterrichts eingeführt. Verbunden waren damit Hoffnungen auf ein objektivierbares Lernverfahren, nämlich ansonsten personengebundene Leistungen, wie die von einer Lehrperson, an ein Objekt in Form eines Lehrprogramms übertragen zu können. Lernende sollten zu dauernden Aktivitäten innerhalb des Programms angehalten werden, der Lernprozess selbst kontrolliert verlaufen und die Lehrprogramme ein Lernen ohne Lehrer und zeitunabhängig ermöglichen. Das Ziel war es, das Programm auf das individuelle Lerntempo und den Lernrhythmus abzustimmen (vgl. Hagemann 2001, S. 34). Zu den Medien, die für ein programmiertes Lernen genutzt wurden, gehörten neben den Sprachlaboren der ‚programmierte Unterricht'. Beide orientierten sich am ‚instruktiven' bzw. ‚behavioristischen' Paradigma, aber fanden in Deutschland nicht jene Akzeptanz, die ihnen von der Bildungstechnologie prognostiziert worden war. Neben dem unkomfortablen Handhaben der Geräte und der Programme scheint dafür auch die schwierige „Vereinbarkeit mit dem traditionellen Klassenunterricht, in dem das Aufbrechen homogener Lerngruppen durch individuelle Lernformen von den Lehrkräften eher als Störung denn als Erleichterung empfunden wurde" (Issing/Strzebkowski 1995, S. 290) verantwortlich zu sein.

In den 1980er Jahren, mit der größeren Verbreitung des (Home- und später dann) Personal Computers, entwickelte sich eine heftige Diskussion um die Bedeutung neuer Medien für die Schule auf zwei Ebenen: auf einer gesellschafts- und bildungspolitischen Ebene, die geprägt war von den Extremen optimistischer (etwa Haefner 1982) und skeptischer Einschätzungen (etwa Hentig 1984; Eurich 1985) sowie einer lerntheoretischen Ebene, die stärker auf die kognitiven und sozialen Effekte (etwa Papert 1985; Greenfield 1987) abhob.

Diese Auseinandersetzungen und Kontroversen um den Computereinsatz in den Schulen wurden in Deutschland überwiegend theoretisch geführt. Denn aufgrund der mangelhaften technischen Ausstattung der Schulen insgesamt gelang es weder den Befürwortern noch den Skeptikern, ihre Überzeugungen durch fundierte empirische Daten zu verifizieren, da ihnen schlichtweg eine breite Handlungsbasis im Sinne einer flächendeckenden Verbreitung fehlte. Genauso wie im Privatleben steckte auch die Computerisierung im Bildungsbereich noch in einer Anfangsphase. Lediglich einige Diskussionen, die zunächst in den USA initiiert wurden, waren stärker empirisch fundiert und oft in schulischen Kontexten ansatzweise erprobt. So zeigte etwa Greenfield (1987) auf der Grundlage von Beobachtungen im schulischen Umfeld spezifische Vorteile für verschiedene Lernformen am Computer auf. Auch der reformpädagogisch inspirierte Papert (1985) arbeitete mit Kindern zusammen, für die er die Igelgeometrie LOGO entwickelte, die den Zugang zu mathematischem Wissen ermöglichen sollte. Vermutlich bestanden zwischen Befürwortern und Gegnern des Computereinsatzes bis in die 1980er Jahre hinein deshalb so große Differenzen, da immer nur auf einzelne Fallbeispiele zurückgegriffen werden konnte und es keine Erfahrungen mit einem breiteren Einsatz in den Schulen gab. Die Diskussion findet in der Zwischenzeit indes auf einer – empirisch fundierteren – Erfahrungsbasis statt.

2 Aktuelle gesellschaftliche Herausforderungen der Schule

2.1 Veränderte gesellschaftliche Anforderungen

Die Institution Schule sieht sich gegenwärtig der Anforderung ausgesetzt, die Ausbildung der Schülerinnen und Schüler solle an die Anforderungen des Arbeitsmarktes nahtlos anschlussfähig sein. Diese Aufgabe erweist sich für ‚den Tanker' Schule als schwierig, da sich bislang aufgrund der bildungspolitischen ‚Trägheit' und administrativen Gebundenheit rasche Veränderungen innerhalb des Schulsystems nur schwer durchführen lassen. Hinzu kommt, dass auch die Wandlungsgeschwindigkeit innerhalb der Wirtschaft enorm gestiegen ist und insofern ein zeitgenaues Reagieren erschwert.

In der ‚Wissensgesellschaft' (vgl. Willke 1998) oder auch der ‚Netzwerkgesellschaft' (Castells 2001) werden heute nicht mehr einfach nur Güter und Dienstleistungen produziert, sondern auch eine ganze Menge an Wissen. Die Verbreitung von Wissen ist inzwischen aber eng an die technische Vermittlung über Medien gebunden und auch die Verwaltung von Wissen ist heute nicht mehr ohne moderne Computertechnik und Netzwerktechnik denkbar. Die Wandlungsprozesse äußern sich durch eine zunehmende Globalisierung, einem Innovationsdruck sowie einem Zwang zur Kooperation und Vernetzung und lassen sich inzwischen schon an Verschiebungen innerhalb der Wirtschaftsbereiche erkennen (vgl. Baehtge/Schiersmann 1998; Picot 2000). Die Landwirtschaft und die produktiven Bereiche nehmen weiterhin ab, während die sekundären Dienstleistungen (also Beraten, Lehren, Forschen, Entwickeln, Organisation, Publizieren u.ä.) bis zum Jahre 2010 noch um gut 5% steigen werden (vgl. Dostal/Reinberg 1999). Hinzu kommt, dass auch die Arbeitsplätze eine immer höhere Technisierung aufweisen. So haben schon rund zwei Drittel aller Erwerbstätigen in Deutschland zumindest gelegentlich mit computerunterstützten Anlagen/Maschinen oder Bürotätigkeiten zu tun (vgl. Troll 2000). Insgesamt lässt sich ein Trend zum Bedarf an gut bzw. akademisch ausgebildetem Personal ablesen, das sich zudem ständig den neuesten Entwicklungen anpassen muss.

Die Veränderungen im Arbeitsleben zeigen sich auch daran, dass von Arbeitnehmern heute zunehmend anderes verlangt wird als in traditionell operierenden Unternehmen. Die Steigerung der Arbeitsleistung wird nicht mehr über fremdgesetzte Kontroll- und Entlohnungsmechanismen geregelt, sondern die Arbeitnehmer müssen selbst aktiv werden und erweiterte Anforderungen internalisieren. Dies führt zu einer stärkeren Durchdringung des Lebens mit Erwerbsabsichten beziehungsweise zu einer Vermarktung der eigenen Arbeitskraft. Zudem spielt der gelernte Beruf bzw. die Ausbildung nicht mehr die zentrale Rolle, sondern vorweisbare Arbeitsergebnisse und -erfahrungen gewinnen an Bedeutung genauso wie individuelle Fähigkeits- und Erfahrungsprofile für den Arbeitgeber resp. ‚Auftraggeber' interessanter werden. Insofern haben wir es zunehmend mit dem Status eines ‚individuellen Berufs' zu tun, der in der jeweiligen Lebensführung verankert ist (vgl. Voß 1997). Von Arbeitnehmern wird folglich verstärkt Selbststeuerung verlangt, zusammen mit den Fähigkeiten, sich zum einen den ständig neuen Entwicklungen anzupassen und zum anderen sich auch Wissen und Kenntnisse auf ‚Vorrat' anzueignen.

Auch das Wissen, das heute im Berufsalltag erforderlich ist, kann nicht mehr allein über Erfahrung oder über eine Fachausbildung erworben werden, da sich das relevante Wissen ständig verändert und permanenten Verbesserungen ausgesetzt ist. Insofern haben wir es heute mit einer Gesellschaft zu tun, für die Wandlungsprozesse und technologiebasierte Vernetzung zur Normalität gehören genauso wie Risiken – beispielsweise, dass das vorhandene Wissen schon wieder veraltet ist. Die ‚Wissensgesellschaft' ist damit gleichzeitig auch eine ‚Risikogesellschaft' (vgl. Beck 1986).

Betrachtet man die gegenwärtigen Entwicklungen, dann erhält die Transmission von Wissen, die Fähigkeit zur Selbststeuerung, aber auch die Vermittlung von Fähigkeiten, wie mit Risiken umgegangen werden kann, eine bedeutende Rolle. Nun kommt ja traditioneller Weise Bildungseinrichtungen wie der Schule, aber auch den Hochschulen und der Weiterbildung die Funktion zu, das Wissen in einer Gesellschaft im Rahmen institutionalisierter Vermittlungsformen zu strukturieren, aufzubereiten und weiter zu vermitteln. Die Schule wird sich in Zukunft aufgrund der gewandelten Anforderungen verstärkt damit auseinandersetzen müssen, wie sie nun auch die Kompetenz zum selbstgesteuerten Lernen bei Schülerinnen und Schülern fördern kann, damit diese den Anforderungen des Arbeitslebens gewachsen sind. Da medienbasierte Lernsituationen in hohem Maße selbstgesteuertes Lernen anregen beziehungsweise sogar fordern, scheinen diese Lernformen gerade im Hinblick auf erwartete Anforderungen gute Potenziale zu enthalten.

2.2 Mediennutzung von Kindern und Jugendlichen

Neben den Entwicklungen, wie sie für die Arbeitswelt beschrieben wurden, strukturieren Freizeitinteressen und mediale Gewohnheiten von Schülerinnen und Schülern in nicht unerheblichem Maße die Lernvoraussetzungen, die im Unterricht vorzufinden sind und die insofern eine wichtige Handlungsbasis für die Schulen darstellen. Die Massenmedien, die neuen multimedialen und vernetzten Medien sowie die medial angereicherten Freizeit- und Konsumräume stellen heute neben Elternhaus, Schule und den Gleichaltrigengruppen eine weitere wichtige Sozialisationsinstanz dar, die wesentlich das Leben in den Phasen Kindheit und Jugend bestimmt. Die heutige Kindheit, so eine inzwischen geläufige These, ist ein Produkt der modernen Mediengesellschaft. Medien tragen mit dazu bei, dass sich bei Heranwachsenden Deutungs- und Handlungsmuster immer unabhängiger entwickeln. Der Einfluss direkter Bezugspersonen wie Eltern oder Lehrer nimmt ab, und der ‚kulturindustrielle Einfluss' medialer Vorbilder nimmt zu (vgl. Meister/Sander 1998). Medien nehmen zunehmend Einfluss auf die Freizeitgestaltung, auf die Wirklichkeitsvorstellungen, auf die Identitätsbildung und nicht zuletzt auch auf das schulische Lernen Heranwachsender (vgl. Baacke 1993; Vogelgesang 1999, 2000).

Gerade in den letzten Jahren ist der Einfluss der Medien noch gestiegen. Dies hängt vor allem mit der Medienentwicklung in den letzten Jahren zusammen, die durch die Gleichzeitigkeit einer zunehmenden Komplexität sowie einer Segmentierung des Medienangebotes gekennzeichnet ist. Dies begann bereits mit der Etablierung des dualen Rundfunksystems in den 1980er Jahren, die das Programmangebot angesichts einer Fülle neuer Fernseh- und Hörfunksender erheblich erweiterte und reicht heute bis hin zu kinder- und jugendspezifischen Marketingstrategien der Werbeindustrie. In den klassischen Massenmedien, wie Fernsehen, Hörfunk und dem Printbereich, finden sich deshalb immer mehr Programmangebote und -inhalte, die auf die antizipierten Bedürfnisse und Wünsche jugendlicher Rezipienten ausgerichtet sind, von diesen genutzt, aber auch den eigenen Interessen gemäß umgestaltet und verfremdet werden. Da auch die neuen Medien im Lebensalltag Jugendlicher eine immer größere Rolle spielen, sind inzwischen auch Kinder und Jugendliche eine wichtige Zielgruppe von Hard- und Softwareentwicklern.

Freizeitpräferenzen: Kinder und Jugendliche wachsen heute mit einem umfassenden Medienangebot auf wie kaum eine Generation zuvor. Sie werden in ihrer Freizeit nicht nur mit einem stark erweiterten Medienangebot konfrontiert, aus dem sie auswählen und selektieren müssen; darüber hinaus bedarf es auch einer Auseinandersetzung mit nicht-unterhaltungsorientierten neuen Medien, deren Beherrschung über berufliche Chancen und Perspektiven entscheiden kann. Betrachtet man die Freizeitaktivitäten von Kindern und Jugendlichen insgesamt, nehmen nicht-mediale Beschäftigungen durchaus noch einen hohen Stellenwert ein. So treffen sich 91% der 12-19jährigen nicht nur täglich oder mehrmals pro Woche mit Freunden, sondern sie treiben auch Sport (70%) oder ruhen sich einfach nur aus (61%) (vgl. JIM 2003, S. 5). Bei den Jüngeren ist das ganz ähnlich. Zu den liebsten Freizeitaktivitäten der 6- bis 13jährigen zählt draußen spielen und Freunde treffen (je 42%), gefolgt von Fernsehen (39%), Sport treiben (19%) oder Computer (17%) (vgl. KIM 2002, S. 7). Über alle Altersgruppen hinweg nehmen jedoch mediale Freizeitgewohnheiten einen hohen Stellenwert ein. Bei den 12-19jährigen gehören zu den täglichen bzw. mehrmals wöchentlichen Freizeitaktivitäten Fernsehen (94%), CD's oder MC's hören (93%) oder Radio hören (86%). Mehr als zwei Drittel der Jugendlichen nutzen mindestens mehrmals pro Woche einen Computer (77% Jungen/62% Mädchen), Zeitungen werden von 56% und Zeitschriften bzw. Magazine von 43% gelesen, während Bücher insgesamt von 37% (49% Mädchen/27% Jungen) gelesen werden. Danach erst kommt das Ansehen von Videos (15% Mädchen/26% Jungen) (vgl. JIM 2003, S. 18).

Fernsehen: Auch wenn die Nutzungsdauer des Fernsehens bei Kindern und Jugendlichen (ca. 112 Minuten pro Tag) nach wie vor geringer ist als bei erwachsenen Rezipienten[1], besteht doch eine hohe Bindung an das Medium Fernsehen. Fernsehen ist das Medium, auf das Kinder (mit 76%) und Jugendliche (mit 31%) am wenigsten verzichten möchten (vgl. KIM 2002, S. 48; JIM 2003, S. 70). Dabei ist die Fernsehnutzung von Kindern und Jugendlichen eindeutig durch die privat-kommerziellen Sender geprägt, da diese ein unterhaltungsorientiertes Programm bieten, das ihr Interesse nach Fictionangeboten vielschichtig bedient und zusätzlich die Möglichkeit bietet, sich über ihren spezifischen Medienkonsum von der Welt der Erwachsenen abzugrenzen. Diese Distinktionsprozesse zeigen sich beispielsweise bei den Nutzungsgewohnheiten – so werden Musikkanäle nicht mehr in erster Linie als Fernsehen, sondern vielmehr zum Musikhören als Nebenbeimedium genutzt (vgl. Frielingsdorf/Haas 1995). Eine Abgrenzung gegenüber Erwachsenen findet darüber hinaus durch eine tendenzielle Vermeidung von Nachrichten und politischen Informationen statt, die von Jugendlichen im Gegensatz zur gesamten Bevölkerung unterdurchschnittlich genutzt werden.

Hörfunk: Die Einführung des dualen Rundfunksystems brachte auch zahlreiche Neueinführungen im Bereich des Hörfunks und Jugendsender erzielen inzwischen beachtliche Hörergewinne in ihren anvisierten Zielgruppen. Ihr marktwirtschaftlicher Vorteil liegt in der kostengünstigen Produktion, da Jugendsender primär musikorientiert sind und Wortanteile weitgehend vernachlässigen können. Studien zur Hörfunknutzung Jugendlicher bestätigen, dass die Musik-

1 Laut ARD/ZDF-Langzeitstudie Massenkommunikation liegt die Nutzungsdauer im Jahr 2000 bei der Bevölkerung ab 14 Jahren insgesamt bei 185 Minuten pro Tag (vgl. van Eimeren/Ridder 2001, S. 544).

farbe für Jugendliche das entscheidende Kriterium bei der Auswahl eines Hörfunksenders ist (vgl. van Eimeren/Klingler 1995). Die informative Funktion wird bei den Jugendsendern häufig von Web-Seiten übernommen, die Play-Lists, Szenen-News, Spiele, Foren, Eventkalender und Trendsportnews bieten. Einerseits unterstützen Hörfunksender auf diese Weise das Interesse Jugendlicher für die neuen Medien, andererseits vereinfachen sie so die Vermeidung von Information im Rahmen der reinen Hörfunknutzung.

Printmedien: Die Einführung des dualen Rundfunksystems veränderte und segmentierte den Markt der populären Jugendpresse. Inzwischen gibt es vielfältige Neugründungen, darunter spezifische Mädchenzeitschriften, aber auch fernsehbezogene Jugendzeitschriften (vgl. Vogel 1996). Die Zeitschriften dienen Jugendlichen dazu, sich über Liebe und Partnerschaft (38%), Sport (23%) und Musik (19%) zu informieren (vgl. JIM 2003, S. 12). Das Leseverhalten von Jugendlichen insgesamt verändert sich hingegen seit Jahren kaum, wobei gerade Tageszeitungen es schwer haben, jugendliche Leser gezielt anzusprechen. So gibt es inzwischen zahlreiche Aktivitäten zur Leseförderung wie z.B. das Projekt "Zeitung in der Schule". Zudem setzen immer mehr Verlage auf neue Medien und bieten ihre Nachrichten im Internet an. Auf diese Weise versuchen sie den computergeprägten Rezeptionsgewohnheiten der jungen Generation entgegenzukommen.

Computer- und Internetnutzung: Computer gehören inzwischen zum Lebensalltag von Kindern und Jugendlichen und etablieren sich in der jugendlichen Medienwelt zunehmend. Während 1997 noch 16% der 12- bis 19jährigen einen eigenen PC besaßen (vgl. van Eimeren/Maier-Lesch 1997), steigerte sich der Anteil im Jahr 2002 auf 47% (vgl. JIM 2003), während 56% der 6- bis 13jährigen 2002 in einem Haushalt mit PC leben (vgl. KIM 2002). Als wichtigste Vermittlungsinstanz für Computerkenntnisse geben Jugendliche nicht etwa die Schule an, sondern die Eltern (32% Jungen/39% Mädchen). Weiterhin scheint es einen beträchtlichen Anteil an selbstgesteuertem Lernen zu geben, da viele angeben, sich die Kenntnisse selbst beigebracht zu haben (33% Jungen/20% Mädchen). Erst an dritter Stelle folgt dann die Vermittlungsinstanz Schule (10% Jungen/21% Mädchen), gefolgt von den Freunden (21% Jungen/8% Mädchen). Wenn Jugendliche Computer nutzen, dann findet das in erster Linie zu Hause statt (95%), oder aber bei Freunden (81%) und in der Schule (70%).

Die größten Differenzen bei der Computer- und Internetnutzung zeigen sich bei den 12- bis 19jährigen in Abhängigkeit von Geschlecht und Bildung, allerdings auf einem insgesamt hohen Niveau, da inzwischen immerhin 81% aller Jugendlichen zu den Computer-Erfahrenen zählen, die in ihrer Freizeit mindestens einmal pro Monat das Medium nutzen. Deutliche Geschlechtsunterschiede zeigen sich sowohl im Besitz, der Intensität der Nutzung und bei den Vorlieben für bestimmte Themen. So besitzen Mädchen weniger Spielkonsolen (22% Mädchen/48% Jungen) und Computer (39% Mädchen/54% Jungen) als Jungen und nutzen den Computer auch nicht so intensiv, da lediglich 49% der Mädchen, aber 70% der Jungen den PC mehrmals pro Woche nutzen. Diese Unterschiede lassen sich teilweise durch die Arten der Beschäftigung erklären. So beschäftigen sich Jungen mehr mit zeitintensiven Computerspielen (66% Jungen/21% Mädchen) oder dem Hören von Musik am PC (52% Jungen/30% Mädchen), während Mädchen eher weniger Zeit am PC verbringen, da sie häufiger Texte schreiben (36% Jungen/49% Mädchen) oder für die Schule arbeiten (29% Jungen/36% Mädchen) (vgl. JIM 2003, S. 32). Das Interesse an Computern insgesamt ist jedoch bei allen Jugendlichen recht hoch, wenngleich 15jährige Mädchen an Gymnasien das geringste Interesse an diesem Thema zeigen (vgl. PISA Sonderauswertung von Wirth/Klieme 2002, S. 154).

Bildungsunterschiede kommen insbesondere beim Zugang zu Computern zum Tragen, bei den Nutzungspräferenzen und bei der sozialen Einbindung. So ist der Nutzen und der Zugang zu Computern bei Hauptschülern im heimischen Umfeld am geringsten und bei Gymnasiasten am höchsten (vgl. Wirth/Klieme 2002, S. 151). Insofern wundert es nicht, dass nur 56% der Hauptschüler und 78% der Gymnasiasten den Computer täglich bzw. mehrmals in der Woche nutzen (vgl. JIM 2003, S. 29). Es sind dann auch offenbar die Gymnasiasten, die von der elterlichen Unterstützung profitieren, während der Schule bei den Hauptschülern offenbar eine wichtigere Funktion zukommt (19% Hauptschüler/8% Gymnasiasten) (vgl. JIM 2000).

Bezüglich der schulischen Nutzung des Computers geben 64% der befragten Jugendlichen in der JIM-Studie an, diesen zumindest selten in der Schule zu nutzen, wenngleich sich dies acht von zehn wünschen würden. Die schulische Computernutzung beschränkt sich jedoch häufig auf ein einzelnes Fach (75%) und findet in der Regel unter Anleitung eines Lehrers statt (71%). In der Schule kommen allerdings auch Lernprogramme zur Anwendung und es besteht häufig die Möglichkeit im Internet zu surfen (vgl. JIM 2003, S. 29).

Insgesamt ist die Erfahrung mit der Nutzung des Internets bei den Jugendlichen inzwischen recht hoch und ist von 18%, die das Internet im Jahr 1998 zumindest selten nutzten auf 83% im Jahr 2002 gestiegen, wobei hier inzwischen keine geschlechtsspezifischen Unterschiede mehr bestehen, allerdings nach wie vor Bildungsunterschiede vorhanden sind (69% Hauptschüler/92% Gymnasiasten). Der Fokus des Interesses beim Internet liegt beim E-Mail versenden (46% Jungen/51% Mädchen) und Informationen zu bestimmten Themen suchen (37% Jungen/33% Mädchen). Dabei erreichen Internetseiten von Fernsehanbietern die höchsten Reichweiten (74%), gefolgt von Seiten von Zeitschriften (64%), der eigenen Schule bzw. des Arbeitgebers (59% Jungen/64% Mädchen), Seiten eines Radiosenders (54% Jungen/58% Mädchen) oder von Spiele-Anbietern (70% Jungen/28% Mädchen) (vgl. JIM 2003, S. 53).

Medien gehören also heute selbstverständlich zum Lebensalltag Jugendlicher. Sie sind Bestandteil der Alltagskultur, prägen Handlungsmuster, bieten Orientierungen und Identifikationsangebote (vgl. Meister/Sander 1998). Gerade die Unterschiede beim Medienumgang und in der Mediennutzung bringen es mit sich, dass sich die Medienkompetenz bei Schülerinnen und Schülern sehr unterschiedlich entwickeln und sich dadurch eine deutliche Wissenskluft abzeichnet. Dies bleibt nicht ohne Folgen für den Unterricht. Wer beispielsweise schon über Programmierkenntnisse verfügt und auch zu Hause gewohnt ist Informationen zu recherchieren, der hat im Unterricht keine Schwierigkeiten das Internet für Lernzwecke effektiv zu nutzen. Wer hingegen zu Hause nur unterhaltende Fernsehprogramme konsumiert und einfache Computerspiele spielt, wird zunächst Schwierigkeiten haben, effektive Suchstrategien im WWW anzuwenden und längere Texte und Informationen in Lernzusammenhänge einzubinden. Die unterschiedliche Ausgangssituation des Wissensstandes und der Medienkompetenz beeinflusst dann in erheblichem Maße, in welchem Umfang Schülerinnen und Schüler ihr Wissen und ihre Kenntnisse im Unterricht erweitern können. Daneben strukturiert das Mediennutzungsverhalten in der Freizeit in gewisser Weise die Fähigkeit zum selbstgesteuerten Lernen, eine Dimension, die auch beim schulischen Lernen mit neuen Medien eine immer bedeutsamere Funktion einnimmt und den Schulerfolg letztlich mit beeinflusst. Personen, die Medien in ihrer Freizeit lediglich konsumptiv nutzen, werden Schwierigkeiten haben, Medien als selbstgesteuerte Informationsquelle zu nutzen und für Wissenskontexte einzusetzen. Um die drohenden Unterschiede und damit die Wissensklüfte zu minimieren wird der Schule in ihrer Eigenschaft als Stätte der Anregung für selbstgesteuertes Lernen und als Ort der Möglichkeiten sich Wissen systematisch über Medien anzueignen, eine immer wichtigere Funktion zukommen.

3 Informations- und Kommunikationstechnologien und Schule

Seit den 1990er Jahren wird angesichts der technischen und gesellschaftlichen Entwicklungen immer deutlicher, dass sich die Bildungseinrichtungen den neuen technologischen Herausforderungen stellen müssen. Computer und auch das Internet setzten sich weltweit als Arbeits-, Informations- und Kommunikationsmittel durch und auch in den Schulen starteten Aktivitäten, um die neuen Medien in die Schulen zu holen. Inzwischen liegen auch zahlreiche Empfehlungen und Initiativen vor, die den neuen Medien die Implementation in den Schulalltag erleichtern sollen. Ähnlich wie dies ja bereits in den 1980er Jahren der Fall war, startete mit der Bundesinitiative „Schulen ans Netz" das Bundesministerium für Bildung und Forschung und die Deutsche Telekom AG 1996 eine groß angelegte Initiative, um pädagogische Erfahrungen mit der Nutzung von Telekommunikation schulisch zu ermöglichen und das vor allem über verschiedene technische Ausstattungen und Förderungen. Die Einsatzmöglichkeiten der Telekommunikation werden im Wesentlichen darin gesehen, die Lernprozesse im Unterricht sowie die Planung und Auswertung von Lernprozessen zu unterstützen; darüber hinaus sollte in der Folge auch die Zusammenarbeit der Lehrenden untereinander intensiviert werden können und bestehende und neu zu erprobende Formen von Fortbildung und Beratung unterstützt werden (vgl. Eschbach 1997, S. 9).

Inzwischen sind fast alle Schulen mit Computern ausgestattet (92%), wenngleich der Ausstattungsgrad differiert (das Verhältnis Schüler pro Computer beträgt in Grundschulen 23, in der Sekundarschulen I und II sind es 17 und in den Berufsschulen 13) (vgl. BMBF 2002). Im Zuge der zunehmenden Technisierung und der gestiegenen Lernmöglichkeiten mit neuen Medien müssen sich die Schulen damit beschäftigen, wie die neuen Technologien in den Unterricht integriert werden sollen, es bedarf Überlegungen über die notwendigen Kompetenzen, die eine Nutzung der neuen Möglichkeiten erfordern und es erfordert Überlegungen darüber, welche Rolle Medien im Schulalltag zukommen soll. Damit stellt sich auch die Frage, ob die neuen Medien nicht eine andere Art des Unterrichtens erfordern und die Rolle der Lehrperson verändern.

3.1 Lehr- und Lernpotenziale der neuen Medien

Jenseits des Stellenwertes, den neue Medien im Unterricht einnehmen, steht zu Anfang die Frage, welche Potenziale des Lehrens und Lernens die neuen Medien gegenwärtig für den Unterricht in sich bergen: Für den Lernbereich im engeren Sinne ist das computerunterstützte Lernen (CUL) von besonderer Bedeutung, da es ein breites Spektrum von Anwendungsmöglichkeiten bietet, die für unterschiedlichste Unterrichtsanforderungen nutzbar gemacht werden können. Die didaktischen Konzeptionen verschiedener Lernprogramme beruhen oft auf unterschiedlichen lerntheoretischen Annahmen. Trainings- und Übungsprogramme folgen meist dem Schema des ‚drill and practice'. Sie werden häufig als Vokabel- oder Rechentrainer eingesetzt und folgen dem Schema Frage-Antwort-Antwortanalyse-Rückmeldung, womit sie insbesondere dem Einüben von Wissen dienen. Übungsprogramme sind oft im Übungsteil tutorieller Programme integriert. In einem tutoriellen Programm präsentiert ein imaginärer Tutor das in der Regel systematisch aufgebaute und in kleine Lerneinheiten aufgeteilte Wissen. Er stellt Aufgaben, die sich auf das Gelernte beziehen und der Lerner erhält eine Rückkopplung über das Ergebnis seiner Antworten. Diese Form des 'Instruktionsparadigmas' kann dann sinnvoll angewendet werden, wenn der Lernstoff relativ eindeutig und relativ Zeit überdauernd sowie für einen größeren Lernerkreis von Bedeutung ist (vgl. Euler 1992). Simulationsprogramme bilden hingegen komplexe Zusammenhänge in meist anschaulicher Form ab und ermöglichen es den Lernenden, Dinge auszuprobieren und dadurch Strukturen des – simulierten – Systems zu erkennen. Durch die hypothesengeleitete Veränderung von Parametern können durch ein entdeckendes und forschendes Lernen Strukturen entdeckt und der Aufbau eines internen Denkmodells unterstützt werden. Durch die hohe Realitätsnähe und in der sofortigen Reaktion des Systems auf die Aktionen des Lernenden ist ihr motivationaler Gehalt sehr hoch. Planspiele integrieren die Lernenden über die Zuweisung einer Mitspielerrolle in ein System mit ein. Durch den Spielcharakter wird eine hohe Aktivierung der Lernenden herbeigeführt. Noch höhere Ansprüche in Richtung Eigenaktivität und selber Fragestellungen entdecken bilden die Mikrowelten, die eine Umgebung bieten, die erforscht werden will. Bisher finden diese Mikrowelten vor allem bei Spielen Anwendung, wenngleich es auch schon Anwendungen mit Bildungsintentionen gibt (vgl. Thissen 1998, S. 38). Des Weiteren wären noch Lernspiele zu nennen, die durch fiktionale Inhalte und ansprechende Präsentationsformen die Lernenden motivieren, um auf unterhaltsame Weise zur Verbesserung von Fertigkeiten und Wissen beizutragen.

Neben den eigentlichen Lernprogrammen bietet sich auch das Internet für Unterrichtszwecke an. Den verschiedenen Diensten des Internets kann durchaus ein Zugewinn an „neuen didaktischen Handlungsmöglichkeiten" (Peters 2000, S. 161) attestiert werden. Peters verweist auf mindestens zehn solcher Lernräume innerhalb des Internets, die mit ihren jeweils spezifischen Lernaktivitäten die digitale Lernumgebung neu strukturieren: „Wir haben es mit einem Innovations- und Modernisierungsschub erster Ordnung zu tun, der in der Geschichte des Lernens kein Beispiel hat und dessen Auswirkungen noch nicht abzusehen sind" (ebd.).

Zu den didaktischen Potenzialen, die für eine Innovation und Modernisierung des Lernens stehen, können folgende Lernmöglichkeiten gerechnet werden:

- das expositorische Lehren und rezeptive Lernen (multimediale Darbietungsformen und Möglichkeiten des Speicherns und der Dokumentation);
- das entdeckende und erarbeitende Lernen (selbstgesteuertes Lernen, Lehrender als Mentor);
- das Lernen durch Exploration (insbesondere durch Navigieren, Browsing, Searching, Connecting und Collecting);
- Lernen durch Informationssuche (unter Nutzung von Suchmaschinen, Datenbanken, Mailinglists etc.);
- Lernen durch Kommunikation (insbesondere durch elektronische Post (Email), Chatten, Newsgroups, virtuelle Konferenz);
- Lernen durch Kollaboration (Partner- oder Gruppenarbeit in Kursen oder als Inhouse Systems bzw. Wissenssysteme);
- Lernen durch Speichern und Informationsmanagement (über Informations- und Wissensmanagement);
- sowie Lernen durch Darstellen und Simulieren (insbesondere Präsentationsformen unter Nutzung der Möglichkeiten durch Multimedia).

Den vielfältigen Potenzialen, die das Internet als Lernmedium bietet, korrespondieren aber auch Einschränkungen, die das Lernen unter Nutzung des Internet in sich bergen. Teilweise wird gar von Mythen, die im Zusammenhang der Lernoptionen bestehen, gesprochen (vgl.

Kerres 2000). Die Ergebnisse von Evaluationen multimedialen Lernens sind zumindest widersprüchlich. Dies hängt sicher auch damit zusammen, dass zwischen Technik und didaktischem Design kaum unterschieden wird. So sieht es Astleitner (2000) beispielsweise bisher empirisch nicht eindeutig bestätigt, dass multimediale Angebote tatsächlich ein ganzheitliches Lernen ermöglichen und insofern vorteilhafter als konventioneller Unterricht sind, genauso wenig wie web-basierte Instruktionen tatsächlich erhöhte Lerneffekte erzielen. Aus didaktischer Perspektive gibt es sogar mögliche Einbußen in der didaktischen Substanz, wenn eine zu starke Konzentration auf das technologiebasierte Lernen gelegt wird. So geht die Spezifik realer Lernräume verloren mitsamt der Komplexität realer Lernarrangements. Des Weiteren entfällt der Bereich der non-verbalen Kommunikation weitgehend und die räumliche und zeitliche Kontextualisierung des Lernens kann leicht verloren gehen, wodurch sich letztlich auch die Erfahrung des Authentischen und Realen erheblich reduziert (vgl. Peters 2000, S. 181f.). Andere Evaluationen in Schulen verweisen hingegen auf signifikante Leistungssteigerungen, auf die Ausbildung von Schlüsselqualifikationen, auf Motivationssteigerungen und auf die Akzeptanz bei Schülern, Eltern und Lehrern (vgl. Bertelsmann 1998). Diese Ergebnisse beruhen sicherlich auch darauf, dass bei diesen Untersuchungen mit Lernprogrammen gearbeitet wurde, die ein gutes didaktisches Design aufweisen. Das bedeutet häufig eine durchdachte Konzeption des Lernstoffes, bewusst eingesetzte pädagogische Methoden und das Zusammenarbeiten von Experten zu einem Thema. Und genau diese Voraussetzungen sind im ‚normalen' Unterricht eben nicht immer gegeben.

Betrachtet man die kontroversen Debatten um die Qualität der neuen Lernmöglichkeiten, die sich mit neuen Medien vermitteln lassen, so kann man festhalten, dass CUL und das Internet das Lernen selbst nicht verändern oder revolutionieren können. Es scheint aber so zu sein, dass sich die Lernumgebung neuer Medien für bestimmte Treatments in Schulen besonders eignet. Weidemann (2001) spricht davon, dass neue Medien ‚weiche Treatments' des Lernens bevorzugen, während der traditionelle Unterricht eher einem ‚harten Treatment' folgt. ‚Traditionell' meint: der Lernort, die Lernzeit, die Zusammensetzung der Lerngruppe, das Lernmaterial, der Lernweg und die Leistungskontrollen sind streng kontrolliert und normiert genauso wie die sozialen Rollen der Beteiligten. Medien wie Schulbüchern kommen in diesem Setting Hilfsfunktionen zu, da sie nicht als Selbstlernmaterialien konzipiert sind und kein selbstständiges Lernen unterstützen. Das Lernen, wie es mit Hilfe neuer Technologien möglich ist, lässt natürlich auch in Form von programmierten Unterweisungen die eben benannten ‚harten Treatments' zu, beispielsweise durch lineare Sequenzierungen von Lernschritten, wie sie bei der Aneignung von Wissensstoff oder beim Sprachenlernprogramm mit Vokabeltrainer praktiziert werden. Allerdings bietet die Integration des Internets den Nutzern große Wahlmöglichkeiten sowie Aktivitäten und Selbststeuerungsmöglichkeiten, insbesondere jedoch auch Kommunikation und kooperatives Lernen in ganz neuen Dimensionen. Wenn diese Möglichkeiten im Unterricht sinnvoll genutzt werden sollen, empfiehlt sich ein ‚weiches Treatment', das Raum und Zeit für informelles Lernen, Eigenaktivitäten und auch selbstgesteuertes Lernen gewährt. In den Phasen des Einzellernens kann also ein ganzes Universum von Lernquellen und Lernorten aufgesucht, Recherchen angestellt und Lernpartner kontaktiert werden, die weit über die Möglichkeiten des ‚normalen' Unterrichts hinausweisen. ‚Weiche Treatments' sind allerdings nichts Medienspezifisches, man denke beispielsweise nur an reformpädagogische Ansätze wie die Projektmethode, die bislang allerdings in der Schule eher ein Schattendasein führten.

Will man diese Formen des Lernens fördern, erfordert dies konsequenter Weise eine Umorganisation des Unterrichtens, weg vom ‚harten' hin zum ‚weichen' Treatment des Lernens, womit auch eine Veränderung der Rolle von Lehrpersonen verbunden ist, nämlich hin zu einer eher moderierenden Lehrform. In neueren Schulversuchen mit dem Einsatz von Laptops wurden sowohl im Projektlernen als auch im regulären Unterricht gute Erfahrungen gemacht, die jedoch allesamt von der Notwendigkeit ‚weicher' Treatments berichten (vgl. Vallendor 2003). Solche neuen Lehr- und Lernformen können, wenn sie nachhaltige Lerneffekte erzielen wollen, jedoch nur innerhalb eines integrierten Schulkonzepts verwirklicht und nicht in einer einzelnen Schulstunde oder in einem einzelnen Fach praktiziert werden (vgl. Büchter/Dalmer/Schulz-Zander 2002).

3.2 Voraussetzungen des Lehrens und Lernens mit neuen Medien: Medienkompetenz

Als eine zentrale Voraussetzung die neuen Technologien in den Unterricht überhaupt integrieren zu können gilt die Medienkompetenz sowohl von Lehrern als auch von Schülern. Fragt man prinzipiell danach, was unter ‚Medienkompetenz' überhaupt zu verstehen sei, fällt zunächst auf, wie stark sich dieser Begriff in den letzten Jahren zu einer bedeutsamen gesellschaftlichen Herausforderung entwickelte, die sowohl die Politik, die Wirtschaft, aber auch die Wissenschaft, insbesondere jedoch die Medienpädagogik beschäftigt (vgl. von Rein 1996; Schell/Stolzenburg/Theunert 1999; Groeben/Hurrelmann 2002).

Im pädagogischen Bereich hat die Definition von Baacke eine große Resonanz gefunden, die dieser aus Überlegungen zur Kompetenz bei Bourdieu, Chomsky und Habermas entwickelte (vgl. die kritische Diskussion hierzu bei Sutter/Charlton 2002). Baacke (1996) befasst sich mit dem Konzept der ‚Medienkompetenz' im Kontext kommunikativer Kompetenz. Er leitet diesen Terminus aus einem „kulturellen In-der-Welt-Sein" und einem gemeinsamen Wahrnehmungsbewältigungsprozess ab. Betont wird dabei die Tatsache, dass alle Menschen grundsätzlich mit der Fähigkeit ausgestattet sind, sich in der Welt erfolgreich und sozial zu bewegen, allerdings muss diese Ausstattung gefördert, zur Performanz gebracht werden. Dabei arbeitet Baacke folgende Teilbereiche von Medienkompetenz heraus:

- Medien-Kritik befähigt das Individuum: problematische gesellschaftliche Prozesse (z.B. Konzentrationsbewegungen) analysieren zu können; analytisches Wissen auf sich selbst und sein Handeln anwenden zu können; analytisches Denken und reflexiven Rückbezug sozial zu verantworten und abzustimmen.
- Medien-Kunde (Wissen über heutige Mediensysteme) beinhaltet: eine informative Dimension (Wissensbestände wie „was ist das WWW..." etc.); eine instrumentell-qualifikatorische Dimension (d.h. Fähigkeit, neue Geräte rasch bedienen zu können).
- Medien-Nutzung (als vorrangig rezeptive Anwendung von Medien oder als ein interaktives Angebot)
- Medien-Gestaltung kann innovativ (im Sinne von Veränderungen/ Weiterentwicklungen) bzw. kreativ (als ästhetische Varianten) verstanden werden.

Medienkompetenz „meint also grundlegend nichts anderes als die Fähigkeit, in die Welt aktiv aneignender Weise auch alle Arten von Medien für das Kommunikations- und Handlungsrepertoire von Menschen einzusetzen" (Baacke 1996, S. 119). Medienkompetenzen stellen somit Anforderungen dar, die versuchen, allgemeine Kriterien mit spezifischen Erwartungen in modernen Gesellschaften zu verbinden. Die Konkretion von Medienkompetenz in den verschiedenen Bereichen muss dann jeweils spezifisch realisiert werden, wobei die Schnelligkeit der technischen Entwicklungen eine gewisse Normativität in der Ausformulierung auf den aktuellen Gegenstand erforderlich macht. Medienkompetenz gibt also lediglich eine Struktur des Wissens vor, meint jedoch keine fest definierten Inhalte (vgl. Meister/Sander 1999). Vielmehr umfasst Medienkompetenz allgemeine Kompetenzen, deren spezifische Ausprägungen sich angesichts der raschen Entwicklungen im Bereich der neuen Medien der veränderten Möglichkeiten und Gefahren inhaltlichen Wandlungen ausgesetzt sehen. Um medienkompetent zu bleiben bedarf es also eines lebenslangen Lernens und entsprechender Rahmenbedingungen, die ein eigenaktives, selbstständiges Lernen ermöglichen. Aufgabe der Schule ist es, solche ‚guten' Rahmenbedingungen des Lernens zu bieten und die Grundlagen für ein Weiterlernen zu legen.

3.3 Folgen der neuen Medien für Schulorganisation, Lehreraus- und Lehrerfortbildung

Genauso wie in der Wirtschaft verändern sich durch die neuen Technologien auch in der Schule die Zwänge, aktiv zu werden bezüglich Kooperationen mit anderen Schulen, Netzwerke bilden, Öffentlichkeitsarbeit oder Dokumentation der eigenen Arbeit, die die Organisation als Ganzes betreffen. Des Weiteren verändern sich Arbeitsweisen von Lehrern in Bezug auf ihre Unterrichtsvorbereitung, Recherche von Unterrichtsmaterial, (elektronische) Kommunikation mit Kollegen, Schülern usw. Auch innerhalb des Unterrichts bieten sich verschiedenste Möglichkeiten die neuen Technologien zu integrieren, angefangen bei Lernprogrammen, über Recherchen und Informationsbeschaffung übers Internet bis hin zu Gruppenarbeiten mit Schülern anderer Schulen über das Internet oder gar Laptop-Versuchen im Unterricht. Die Vielfalt der Nutzungs- und Anwendungsmöglichkeiten ermöglicht keine reibungslose Integration in den bisher traditionellen Frontalunterricht. Vielmehr weisen Schulerfahrungen einzelner Schulen (vgl. Engelen 1999), die Evaluationsergebnisse des bundesweiten Projektes „Schulen ans Netz" (vgl. Schulz-Zander 2001) sowie die internationale Studie SITES-M2 (Second Intformation Technology in Education Study-Modul 2) (vgl. Büchter/Dalmer/Schulz-Zander 2002) darauf hin, dass eine sinnvolle Integration von Medien heute neue Unterrichtskonzepte erfordern, die, wenn sie Nachhaltigkeit erzielen wollen, nur über ein einheitliches Schulkonzept realisiert werden können. Dabei ist die Implementation der neuen Medien als ein komplexer und somit die Gesamtorganisation Schule umfassender Gestaltungsprozess zu begreifen, an dem alle beteiligten Parteien (Verwaltung, Lehrer, Schüler, Eltern, EDV-Beauftragter etc.) Mitspracherechte brauchen. (vgl. Schulz-Zander 2001, S. 7). Neben einem Schulkonzept erfordert dies Kooperationsentwicklungen sowie eine systematische Technologieentwicklung in den Schulen (vgl. Hunneshagen/Schulz-Zander/Weinreich 2001).

Auf der Basis eines Ländervergleichs von Deutschland, USA und Großbritannien scheinen neben innerorganisatorischen Maßnahmen nach Ansicht von Breiter (2001) auch organisationsübergreifende Koordinationsleistungen bedeutsam zu sein. Die Analyse des Ländervergleichs lässt Breiter zu der Schlussfolgerung kommen, dass die Organisation des Betriebs und der Wartung der Systeme in Deutschland im Vergleich zu den anderen Ländern noch unstrukturiert und unprofessionell erfolgt, da an den meisten Schulen nur sehr wenige interessierte Lehrkräfte als (autodidaktisch weitergebildete) Netzwerkexperten fungieren und die Schulträger meist über keine übergreifenden technischen und pädagogischen Konzepte verfügen. Dies lässt sehr ungleiche Strukturen entstehen und erhöht insofern den Aufwand im Technologiebereich für die einzelnen Schulen, während andere Länder diese durch verbesserte Koordination innerhalb der Schullandschaft auffangen.

Neben Fragen der Organisationsentwicklung stellen Personalentwicklungsfragen ein weiteres Hemmnis bei der Implementierung neuer Technologien dar. So bestehen bei Lehrerinnen und Lehrern nach wie vor Unsicherheiten im Umgang mit den neuen Technologien sowie mangelnde Medienkompetenzen. Dies zeigt sich auch daran, dass das Internet bislang nur von ca. 10% der Lehrkräfte im Unterricht eingesetzt wird und meist nur wenige Lehrkräfte an den einzelnen Schulen beteiligt sind. Bei der Evaluationsbefragung der beteiligten Schulen von „Schulen ans Netz“ waren darüber hinaus nicht nur wenige Lehrer innerhalb eines Kollegiums aktiv, sondern diese hielten Fortbildungen für alle Beteiligten zu 60% für dringend geboten. Insofern wundert es nicht, wenn als die größten Probleme beim Einsatz neuer Medien in den Unterricht die mangelnden Kenntnisse über die Nutzungsmöglichkeiten der neuen Medien in der Schule, Unsicherheit und fehlende Fertigkeiten der Lehrerinnen und Lehrer sowie komplizierte technische Zugänge genannt werden (vgl. Hunneshagen/Schulz-Zander/Weinreich 2001, S. 45). Um die Lehrkräfte besser für eine entwicklungsorientierte, ‚lernende' Organisation zu rüsten sind Fortbildungen auch im Bereich neuer (Lern-)Technologien unerlässlich. Diese können extern oder auch innerhalb der Schule als ‚training-on-the-job' organisiert sein. Gerade letzteres bietet sich im Falle der neuen Technologien an, da damit auch Team-Teaching praktiziert werden kann und erfahrene Kollegen beispielsweise die Novizen in Sachen neue Technologien über längere Zeit begleiten können. Insgesamt, so zeigen Ländervergleiche in Deutschland, den USA und Großbritannien, bedarf es für eine nachhaltige Gestaltung und Implementierung neuer Medien in die Organisation Schule einerseits eines Zusammenspiels von Organisations-, Personal- und Unterrichtsentwicklung sowie andererseits technisch-organisatorischer Maßnahmen im Sinne einer Sicherung des Betriebs und der Funktionsfähigkeit der IT-Infrastruktur (vgl. Breiter 2001).

Wenn davon die Rede ist, wie wichtig die Rolle der Lehrer ist, so verweist dies auch auf ein weiteres Thema, nämlich die Lehrerausbildung an den Hochschulen. Bislang sind die Ausbildungsgänge nur in Ansätzen darauf vorbereitet, Studierende des Lehramts für eine ‚Schule der Zukunft' vorzubereiten und mit Medienkompetenz, auch in Bezug auf die Fächer, zu versorgen. In einigen wenigen Bundesländern gibt es schon Ansätze, innerhalb eines Rahmenkonzeptes neue Medien in der Lehrerausbildung systematisch zu berücksichtigen (etwa Nordrhein-Westfalen), andere denken noch darüber nach, wie Medienkompetenz den Lehramtsstudierenden vermittelt werden kann. Ein medienpädagogisches Konzept für die Lehramtsausbildung kann allerdings nicht nur heißen eine angestrebte Qualifikation der Lehrerinnen und Lehrer genauer festzulegen, sondern es müssen hierfür auch die Lernvoraussetzungen der Studierenden bei Studienbeginn berücksichtigt werden, die zum Teil erheblich schwanken, und es bedarf auch der Differenzierung von unterschiedlichen Aufgaben innerhalb der einzelnen Phasen der Lehrerausbildung, da nicht alles notwendige Wissen lediglich in eine Lehrerausbildungsphase verlegt werden kann (vgl. Blömeke 2001).

4 Abschließende Bemerkungen

Neue Medien spielen bei der Erzeugung, Verbreitung, Verwaltung und Kommunikation von Wissen eine immer bedeutendere Rolle. Suchmaschinen, Datenbanken, Simulationen, multimedial aufbereitete Texte und spezifische Lernangebote mit Übungsaufgaben, Überblicken, tutoriellen Systemen etc. schaffen veränderte Formen, wie Informationen und Wissen aufbereitet, präsentiert, recherchiert und kommuniziert werden. Um diese veränderten Formen der Information, Kommunikation und Kollaboration für Lernzusammenhänge fruchtbar zu machen bedarf es ‚Kompetenzen' seitens der Lehrenden und Lernenden, diese Optionen und Potenziale einzuordnen, auszuwählen, sinnvoll zusammenzufügen und zu übertragen. In Bezug auf junge Menschen scheint es so zu sein, dass diese Kompetenzen durch den sozialen Kontext des Lernens unterstützt werden, insbesondere durch Eltern, Lehrer und andere Personen, die die schulische Bildung und Erziehung und die Sozialisation junger Menschen informell oder systematisch anleiten. Es ist also nicht zu erwarten, dass vernetzte Formen der Wissensrepräsentation (z.B. durch das Internet) angeleitetes Lernen (also die Schule) ersetzen könnten. Um die neuen Medien lernwirksam werden zu lassen bedarf es zudem in hohem Maße Eigenmotivation und Selbststeuerung, das eigene Lernziel angesichts der vielfältigen Ablenkungsmöglichkeiten nicht aus den Augen zu verlieren.

Bislang können die Schulen allerdings auf wenig systematisch aufbereitete und gesicherte Daten zurückgreifen, welche Selbst- und Medienkompetenzen bei den Lehrenden und Lernenden vordringlich gefördert werden sollten und wie diese bei den unterschiedlichen Zielgruppen mit guten/schlechten Vorkenntnissen oder wenig/viel Interesse am sinnvollsten gefördert werden können. Darüber hinaus wird der Vielfalt an virtuellen Informations-, Kommunikations- und Kooperationsmöglichkeiten bei der Bewertung für den Unterricht kaum Rechnung getragen. Der Einsatz neuer Medien ist ja immer mit Inhalten verbunden und folgt zudem einem je spezifischen didaktischen Konzept. Wir haben bislang aber noch zu wenig gesicherte Kenntnisse darüber, ob der alltägliche Unterricht so gestaltet werden kann, dass ein bestimmtes Lehrziel praktikabel gekoppelt werden kann mit virtuellen Lehrformen, die dem beabsichtigten didaktischen Konzept entsprechen. Hierfür sind vertiefende quantitative und vor allem auch qualitative Studien nötig.

Damit die virtuellen Lernmöglichkeiten für alle grundgelegt und mögliche Motivationsprobleme und Schwächen bei den Lernvoraussetzungen eingebunden werden können, sind entsprechende schulische Rahmenbedingungen unerlässlich, die ein solches ‚vernetztes' Lernklima befördern und auf Dauer stellen. Es kann im Kontext neuer Medien in der Schule insofern nicht nur um eine einfache Integration in den Normalunterricht gehen, sondern es geht um die ‚Schule der Zukunft'. Wenn Schule sich als ‚lernende Organisation' verstehen will, meint dies auch verschiedenste (multi-)mediale Lern- und Lehrmöglichkeiten in ihr Unterrichtskonzept zu integrieren und eine veränderte Rolle der Lehrperson innerhalb des Unterrichts zu befördern. Dazu gehört aber auch, neue Formen der Organisations- und Personalentwicklung auf die neuen Medien einzustellen und für die Nachhaltigkeit der Entwicklung zu sorgen, indem Vernetzungen und Kooperationen eingegangen werden und die Weiterbildung des Personals koordiniert wird. Bisher wissen wir wenig darüber, wie viele Schulen schon begonnen haben einen solchen Entwicklungsprozess anzustreben. Auch Erfahrungen über die dazugehörigen Potenziale und Schwierigkeiten liegen bisher zu wenig in systematisierter Form vor. Insofern besteht gerade bei der zu bewerkstelligenden Implementation neuer Medien in den Schulalltag – trotz erster Ansätze – noch enormer Forschungsbedarf. Um solche Ziele erreichen zu können sind von Seiten der Bildungspolitik indes auch die entsprechenden Rahmenbedingungen zu etablieren.

Literatur

Amman, H.: Rückblick. Aus der Entwicklungsgeschichte des Schullichtbild- und Filmwesens. In: Hildebrand, G.K. (Hrsg.): Zur Geschichte des audiovisuellen Medienwesens in Deutschland. Gesammelte Beiträge. Trier 1976, S. 9-17 (Originalbeitrag in: Lichtbild und Film in Unterricht und Volksbildung. München 1936, S. 4-22)

Astleitner, H.: Qualität von web-basierter Instruktion: Was wissen wir aus der experimentellen Forschung? In: Scheuermann, F. (Hrsg.): Campus 2000. Lernen in neuen Organisationsformen. Münster 2000, S. 15-40

Baacke, D.: Jugend und Jugendkulturen. Darstellung und Deutung. Weinheim 1993

Baacke, D.: Medienkompetenz – Begrifflichkeit und sozialer Wandel. In: von Rein, A. (Hrsg.): Medienkompetenz als Schlüsselbegriff. Bad Heilbrunn 1996, S. 112-124

Baethge, M./Schiersmann, Ch.: Prozeßorientierte Weiterbildung – Perspektiven und Probleme eines neuen Paradigmas der Kompetenzentwicklung für die Arbeitswelt der Zukunft. In: Arbeitsgemeinschaft Qualifikations-Entwicklungs-Management (Hrsg.): Kompetenzentwicklung '98. Forschungsstand und Forschungsperspektiven. Berlin/Münster/New York/München 1998, S. 15-87

Beck, U.: Risikogesellschaft. Auf dem Weg in eine andere Moderne. Frankfurt a.M. 1986

Bertelsmann Stiftung (Hrsg.): Computer, Internet, Multimedia – Potentiale für Schule und Unterricht. Ergebnisse einer Schul-Evaluation. Gütersloh 1998

Blömeke, S.: Was meinen, wissen und können Studienanfänger? In: Herzig, B. (Hrsg.): Medien machen Schule. Grundlagen, Konzepte und Erfahrungen zur Medienbildung. Bad Heilbrunn 2001, S. 295-325

BMBF (Hrsg.): IT-Ausstattung der allgemeinbildenden und berufsbildenden Schulen in Deutschland. Eine Bestandsaufnahme vom Mai 2002. Bonn 2002

Breiter, A.: Digitale Medien im Schulsystem. Organisatorische Einbettung in Deutschland, den USA und Großbritannien. In: Zeitschrift für Erziehungswissenschaft 4 (2001), H.4, S. 625-639

Büchter, A./Dalmer, R./Schulz-Zander, R.: Innovative schulische Unterrichtspraxis mit neuen Medien. Nationale Ergebnisse der internationalen IEA-Studien SITES-M2. In: Rolff, H.-G. u.a. (Hrsg.): Jahrbuch der Schulentwicklung. Daten, Beispiele und Perspektiven. Bd. 12, Weinheim/München 2002, S. 163-197

Castells, M.: Das Informationszeitalter: Der Aufstieg der Netzwerkgesellschaft. Bd. I, Opladen 2001

Döring, K.W.: Lehr- und Lernmittel. Weinheim 1969

Dostal, W./Reinberg, A.: Arbeitslandschaft 2010: Ungebrochener Trend in die Wissensgesellschaft. In: IAB-Kurzbericht. Teil 2 (27.8.1999) Nr. 10

Eimeren, van B./Klingler, W.: Nutzungsdaten 14-19jähriger zu Fernsehen, Video, Hörfunk und Tonträger. In: Media Perspektiven 5 (1995), S. 210-219

Eimeren, van B./Maier-Lesch, B.: Mediennutzung und Freizeitgestaltung von Jugendlichen. Ergebnisse einer Repräsentativbefragung von 1000 Jugendlichen zwischen 12 und 19 Jahren. In: Media Perspektiven 11 (1997), S. 590-603

Eimeren, van B./Ridder, Ch.-M.: Trends in der Nutzung und Wertung der Medien 1970 bis 2000. In: Media Perspektiven 11 (2001), S. 538-553

Engelen, U. (1999): Neue Medien als Chance zur Verbesserung von Kommunikation und Management in der Schule. In: Meister, D.M./Sander, U. (Hrsg.): Multimedia – Chancen für die Schule. Neuwied/Kriftel 1999, S. 127-139

Eschbach, P.: NRW-Schulen ans Netz. Verständigung weltweit. In: medien praktisch. Zeitschrift für Medienpädagogik 2 (1997), S. 9-11

Euler, D.: Didaktik des computerunterstützten Lernens. Praktische Gestaltung und theoretische Grundlagen. Nürnberg 1992

Eurich, C.: Faszination oder Information. In: Bildschirm Jahresheft III (1985), S. 34-37

Frielingsdorf, B./Haas, S.: Fernsehen und Musikhören. Stellenwert und Nutzung von MTV und VIVA beim jungen Publikum in NRW. Media Perspektiven 7 (1995), S. 331-339

Greenfield, P.: Kinder und neue Medien. Die Wirkungen von Fernsehen, Videospielen und Computern. München/Weinheim 1987

Groeben, N./Hurrelmann, B. (Hrsg.): Medienkompetenz. Voraussetzungen, Dimensionen, Funktionen. Weinheim 2002

Haefner, K.: Die neue Bildungskrise. Reinbek 1982

Hagemann, W.: Von den Lehrmitteln zu den Neuen Medien. 40 Jahre schulbezogener Medienentwicklung und Mediendiskussion. In: Herzig, B. (Hrsg.): Medien machen Schule. Grundlagen, Konzepte und Erfahrungen zur Medienbildung. Bad Heilbrunn 2001, S. 19-55

Hentig, H. von: Das allmähliche Verschwinden der Wirklichkeit. Ein Pädagoge ermutigt zum Nachdenken über die neuen Medien. München/Wien 1984

Hildebrand, G.K.: Zur Geschichte des audiovisuellen Medienwesens in Deutschland. Gesammelte Beiträge. Trier 1976

Hunneshagen, H./Schulz-Zander, R./Weinreich, F.: Die Qualität des Unterrichts verbessern. In: Computer und Unterricht 11 (2001), H. 41, S. 45-50

Issing, L.J./Strzebkowski, R.: Lehren und Lernen mit Multimedia. In: Medienpsychologie 7 (1995), H. 4, S. 286-319

JIM 2000: Medienpädagogischer Forschungsverbund Südwest: Basisuntersuchung zum Medienumgang 12-19jähriger in Deutschland. Baden-Baden 12/2000

JIM 2002: Medienpädagogischer Forschungsverbund Südwest: Jugend, Information, (Multi-) Media. Basisuntersuchung zum Medienumgang 12-19jähriger in Deutschland. Baden-Baden 2003

Kerres, M.: Potenziale des Lernens im Internet: Fiktion oder Wirklichkeit? In: Hoffmann, H. (Hrsg.): Deutsch global? Neue Medien, eine Herausforderung für die deutsche Sprache. Köln 2000 (Manu-skriptfassung)

Kerstiens, L.: Zur Geschichte der Medienpädagogik in Deutschland. In: Hildebrand, G.K. (Hrsg.): Zur Geschichte des audiovisuellen Medienwesens in Deutschland. Gesammelte Beiträge. Trier 1976, S. 38-50 (Originalbeitrag in: Wissenschaftliches Institut für Jugend- und Bildungsfragen in Film und Fernsehen (Hrsg.): Jugend, Film, Fernsehen, München 8 (1964), H. 3, S. 182-198)

KIM-Studie 2002: Medienpädagogischer Forschungsverbund Südwest (Hrsg.): Kinder und Medien, Computer und Internet. Basisuntersuchung zum Medienumgang 6-13jähriger in Deutschland. Baden-Baden 2002

Kultusministerium des Landes Sachsen-Anhalt: Vorläufige Rahmenrichtlinien Moderne Medienwelten Sekundarschule. Halle/S. 2000

Meister, D.M./Sander, U. (1998): Kindheit und Jugend in der Mediengesellschaft. In: Sozialwissenschaftliche Literaturrundschau 1 (1998), S. 5-16

Meister, D.M./Sander, U. (1999): Multimedia und Kompetenz. In: Meister, D.M./Sander, U. (Hrsg.): Multimedia – Chancen für die Schule. Neuwied/Kriftel 1999, S. 35-53

Papert, S.: Gedankenblitze. Kinder, Computer und neues Lernen. Reinbek 1985

Peters, O.: Ein didaktisches Modell für den virtuellen Lernraum. In: Marotzki, W./Meister, D. M./Sander, U. (Hrsg.): Zum Bildungswert des Internet, Opladen 2000, S. 159-188

Picot, A.: Die Transformation der Wirtschaft in der Informationsgesellschaft. In: FAZ (24.2.2000), Nr. 46, S. 29.

Rein, A. von (Hrsg.): Medienkompetenz als Schlüsselbegriff. Bad Heilbrunn 1996

Schell, F./Stolzenburg, E./Theunert, H. (Hrsg.): Medienkompetenz. Grundlagen und pädagogisches Handeln. München 1999

Schorb, B.: Medienalltag und Handeln. Medienpädagogik in Geschichte, Forschung und Praxis. Opladen 1995

Schulz-Zander, R.: Schulen ans Netz – aber wie? Die wirkungsvolle Einführung neuer Medien erfordert eine lernende Schule. In: Computer und Unterricht 11 (2001), H. 41, S. 6-9

Sutter, T./Charlton, M.: Medienkompetenz – einige Anmerkungen zum Kompetenzbegriff. In: Groeben, N./Hurrelmann, B. (Hrsg.): Medienkompetenz. Voraussetzungen, Dimensionen, Funktionen. Weinheim 2002, S. 129-147

Thissen, F.: Lernort Multimedia. Zu einer konstruktivistischen Multimedia-Didaktik. In: Nispel, A./Stang, R./Hagedorn, F. (Hrsg.): Pädagogische Innovation mit Multimedia 1, Frankfurt a.M. 1998, S. 29-43

Troll, L.: Arbeitsmittel in Deutschland: Moderne Technik bringt neue Vielfalt in die Arbeitswelt. In: IAB-Kurzbericht. Teil 1 (16.5.2000), Nr. 6.

Vallendor, M. (2003): Lernen mit persönlichen Notebooks. Erfahrungen und Empfehlungen aus dem SEMIK-Modellversuch. In: Computer und Unterricht 12 (2003), 50, S. 6-12

Vogel, A.: Die Leserschaft der populären Jugendpresse. Markt- und Leseranalyse. In: Media Perspektiven 1 (1996), S. 18-29

Vogelgesang, W.: Kompetentes und selbstbestimmtes Medienhandeln in Jugendszenen. In: Schell, F./Stolzenburg, E./ Theunert, H. (Hrsg.): Medienkompetenz. Grundlagen und pädagogisches Handeln. München 1999, S. 237-243

Vogelgesang, W.: Das Internet als jugendkultureller Erlebnisraum. In: Marotzki, W./Meister, D. M./Sander, U. (Hrsg.): Zum Bildungswert des Internet. Opladen 2000, S. 363-386

Voß, G.G.: Beruf und Lebensführung. Zwei Instanzen der Vermittlung von Individuum und Gesellschaft. In: Voß, G.G./Pongratz, H.J. (Hrsg.): Subjektorientierte Soziologie. Opladen 1997, S. 201-222

Weidenmann, B.: Lehr-Lernforschung und Neue Medien. In: Herzig, B. (Hrsg.): Medien machen Schule. Grundlagen, Konzepte und Erfahrungen zur Medienbildung. Bad Heilbrunn 2001, S. 89-108

Wirth, J./Klieme, E.: computer literacy im Vergleich zwischen Nationen, Schulformen und Geschlechtern. In: Zeitschrift für Unterrichtswissenschaft (2002), H. 10, S. 136-157

Willke, H.: Organisierte Wissensarbeit. In: Zeitschrift für Soziologie 27 (1998), H. 3, S. 161-177

Jürgen Zinnecker

Schul- und Freizeitkultur der Schüler

1 Schnittstelle Schule und Freizeit – ein Mesobereich

Gewöhnlich untersuchen wir die beiden Lebensbereiche separat voneinander: Studien zur Schulzeit der Heranwachsenden rubrizieren wir als Schülerforschung; die Untersuchung von Freizeit und Freizeitkultur fällt unter das Etikett Kindheits- und Jugendforschung. Die Themenstellung des Aufsatzes, in der Schulzeit und Freizeit zueinander in Beziehung gesetzt werden, verweist uns auf einen methodischen Vorschlag, den einer der Gründungsväter einer ökologischen Entwicklungs- und Sozialisationsforschung bereits vor mehr als zwei Jahrzehnten unterbreitete. Bronfenbrenner (1976/2000) plädierte seinerzeit dafür, sich in der pädagogischen Forschung nicht länger auf die Untersuchung sozialer Beziehungen in einer einzelnen Institution einzuschränken, also beispielsweise lediglich auf die dyadischen Lehrer-Schüler-Beziehungen innerhalb der Schule zu fokussieren: „Die bestehenden theoretischen Modelle und Forschungspläne beschränken sich üblicherweise auf Ereignisse und Prozesse, die innerhalb eines einzigen Sozialisationsmilieus auftreten (beispielsweise Familie, Klassenzimmer, Kameradengruppe). Der ökologische Ansatz verweist dagegen auf die Notwendigkeit, den Schwerpunkt der Forschung breiter zu fassen und Beziehungen zwischen Systemen einzubeziehen, wie sie auf das Verhalten und die Entwicklung des Einzelnen einwirken" (ebd., S. 87).

Der analytische Schlüssel, den Bronfenbrenner anbot, lautete: Analyse des „Mesobereiches", also des Systems von „Wechselbeziehungen zwischen den Lebensbereichen, an denen die sich entwickelnde Person aktiv beteiligt ist (für ein Kind etwa die Beziehungen zwischen Elternhaus, Schule und Kameradengruppe in der Nachbarschaft; für einen Erwachsenen die zwischen Familie, Arbeit und Bekanntenkreis)" (Bronfenbrenner 1981, S. 41). Verwiesen sei auf die sehr eindeutige Auffassung Bronfenbrenners, der die Probleme der Schule in der späten Moderne maßgeblich auf einen Verfall des „Mesosystems", des Auseinanderdriftens der einzelnen Handlungsfelder der Schüler zurückführte: „Unseren theoretischen Modellvorstellungen nach sind die Entfremdung von Kindern und Jugendlichen und ihre destruktiven Folgen für deren Entwicklung Erscheinungen des Mesosystems. Sie reflektieren den Zusammenbruch der Verbindungen zwischen den verschiedenen Segmenten im Leben unserer Kinder – zwischen Familie, Schule, Kameradengruppe, Nachbarschaft und der lockenden oder vielmehr der allzu oft gleichgültigen oder ablehnenden Welt der Arbeit" (ebd., S. 219ff.).

Fehlten Bronfenbrenner für dieses Verfalls- und Anomie-Szenario streng genommen die empirischen Belege (vgl. allerdings die bikulturell vergleichende Studie „Zwei Welten. Kinder in USA und UdSSR" von Bronfenbrenner 1972), so suchte das einige Jahre später der ebenso schulpessimistische Bildungssoziologe Coleman auf hohem methodologischen Niveau anhand von Vergleichen zwischen unterschiedlichen High-Schools in Nordamerika nachzuholen. In einem spektakulären „natürlichen Experiment" konnte er nachweisen, dass katholische Privatschulen im Vergleich zu anderen öffentlichen und auch privaten Schulen bessere Ergebnisse erzielten, gemessen beispielsweise an den Schulleistungen oder an der Quote der schulverweigernden und schulflüchtigen Schüler (Coleman/Hoffer 1987). Er führte dies darauf zurück, dass in diesen Schulen Kindern und Jugendlichen ein homogeneres pädagogisches Milieu angeboten werden könne, als es im staatlichen Schulbetrieb unter Bedingungen der Moderne möglich sei. Im katholischen Fall sei die Chance größer, dass Eltern, Schule und lokale Kirchengemeinde Hand in Hand arbeiteten und dadurch gleichsinnigen Einfluss auf die jüngere Generation nehmen können, als dies im staatlichen Schulfall gegeben sei, wo die pädagogischen Institutionen oftmals gegeneinander arbeiteten und sich gegenseitig misstrauten (vgl. auch Coleman 1987/1995).

2 Schule als Freizeitraum – Freizeitraum als Unterricht

In der gegenwärtigen deutschen Debatte um die Ökologie von Schule tritt ein anderer Gesichtspunkt in den Vordergrund: die Auflösung einer eindeutigen institutionellen Identität des Bildungssystems. Statt länger ein ausgewiesener Ort der Lern- und Bildungsarbeit zu sein öffnet sich die Institution gegenüber dem außerschulischen Freizeitraum der Heranwachsenden. Historisch verliert im Verlauf des 20. Jahrhunderts der Freizeit- und Öffentlichkeitsraum der Wohngemeinden für Kinder und für Jugendliche entscheidend an Bedeutung. Ein Teil der zuvor in diesem Lebensbereich angesiedelten kulturellen und sozialen Öffentlichkeit der Heranwachsenden verlagert sich, ungeplant und keineswegs pädagogisch legitimiert, in den Raum der Schule. Der durch die Verlängerung der Schulzeit und Diversifikation der Zweige und Abschlüsse offenkundige Bedeutungszuwachs des Bildungssystems im Leben der Jugendlichen stößt sich konflikthaft mit der Kernaufgabe des Systems, ein Ort des Wissens, der Wissensvermittlung und des Lernens zu sein. Im Effekt werden wir Zeitzeugen eines Prozesses, in dem eine nach außen expandierende Scholarisierung von Kindheit, Jugend und Nach-Jugendphase durch eine interne Ent-Scholarisierung des Bildungssystems konterkariert wird.

Das ist allerdings nur die eine Seite des Prozesses. Ein systemischer Blick auf die Ökologie der Orte und Institutionen des Moratoriums für Heranwachsende belehrt uns darüber, dass eine wechselseitige Diffundierung, besser: eine wechselseitige dialektische Verschränkung der Kindheits- und Jugendorte Platz greift. So wie der Ort Schule vormittags Funktionen für das informelle soziale und kulturelle Leben der Gleichaltrigengesellschaft übernimmt, die zuvor im Raum der Straßenöffentlichkeit angesiedelt waren, so fungieren die durch expandierende außerschulische Bildungsangebote gekennzeichneten Wohngemeinden jetzt am Nachmittag als ein erweiterter Schul- und Unterrichtsraum, in dem sich Heranwachsende über verschiedene Künste und Fertigkeiten belehren lassen (vgl. Büchner/Krüger 1996). In der Kindheits-, Jugend- und Schülerforschung ist diese dialektische Verschränkung mit verschiedenen Begriffen belegt worden. Fölling-Albers (2000) spricht von einer „Entscholarisierung von Schule und Scholarisierung von Freizeit"; Zinnecker (2001) von der Tendenz zur „Verstraßung" des Schullebens und einem „Kulturismus" der Kinderfreizeit am Nachmittag.

Auf der schulischen Seite haben Prozesse der internen Entschulung der Schülerrolle, angefangen seit den 1970er Jahren, das besondere Interesse einiger Schülerforscher gefunden. Im Nachgang zur politischen Schülerbewegung und im Kontext einer umfassenden Informalisierung von Schulordnung entdeckten Wissenschaftler das kulturelle Eigenleben der Schüler im Raum der Schule als attraktives Forschungssujet. So entwickelte sich eine Untergattung der Unterrichtsforschung, die sich den verdeckten oder aggressiv veröffentlichten Nebenhandlungen der Schüler während des Unterrichts widmete. Die Untersuchung der Schülertaktiken war inspiriert von den innovativen Beobachtungsstudien von Erving Goffman zur Mikrosoziologie des Alltagshandelns (vgl. insbesondere Heinze 1980; auch Ulich 1991, S. 379f.). Eine Wiederentdeckung feierten in jenen Jahren auch die Graffitis, Tisch- und Wandbemalungen der Schüler (vgl. Zöller 1977; Hilbig/Titze 1981), an sich eine altehrwürdige Institution von Schülerkultur. Das verband sich teilweise mit einem generellen Interesse für alltagskulturelle und widerständige künstlerische Tätigkeiten von Kindern und Jugendlichen (vgl. Hartwig 1980). In diesem Kontext wurde auch die Eigensprache der Schüler (vgl. Henne 1986; neuerdings auch Schlobinski/Heins 1998) und die „graue Literatur" im Alltag der Schüler einer neuerlichen Würdigung unterzogen, seien es Kloverse, Wandsprüche oder Tagebücher. In Anlehnung an ein Konzept von Goffman berichtete Zinnecker (1979) anhand einer popularen Ethnographie von Lehrern und Schülern über die kontinuierliche Tradierung einer schulischen „Hinterbühne", die er anhand von erzählenden Quellen bis ins 19. Jahrhundert zurückverfolgte, und die in der zweiten Hälfte angesichts starker Informalisierungsprozesse der Schul- und Unterrichtsordnung eine besondere Zuspitzung erfuhren. Was aus der Perspektive der Schüler als angemessenes Coping-Verhalten in schwierigen Schulsituationen verstanden wird, lässt sich aus der Sicht der sozialen Kontrollinstanzen als deviantes Verhalten von Schülern etikettieren. Einen Beginn und zugleich eine Hochzeit entsprechender Schülerforschung finden wir gleichfalls in den 1970er und 1980er Jahren. Hinzuweisen ist insbesondere auf die Studie von Holtappels (1987) mit dem Titel „Schulprobleme und abweichendes Verhalten aus der Schülerperspektive", in der die Dunkelfeldstudien zur Schülerdevianz der Jahre davor einen gewissen Abschluss fanden und die eine Brücke zur aktuellen Forschung über Gewalt unter Schülern bildet (vgl. insbesondere die partielle Replikation bei Holtappels/Meier 1997a, b).

3 Die Schule und das Zeitbudget der Schüler

Die Geschichte der Schule lässt sich als Prozess der Konstituierung eines „Normallernverhältnisses" für Heranwachsende entziffern, parallel zur Konstituierung eines „Normalarbeitsverhältnisses" für Erwachsene im Zuge der historischen Genese von Erwerbsarbeit. Mit der Institutionalisierung fest normierter Lernzeiten in der Bildungsinstitution wird, im Gegenzug, auch die Idee einer von Lernen und Arbeiten freien „Freizeit" etabliert. Schon Grundschüler verstehen diesen systemischen Zusammenhang und benennen als eine der positiven Seiten von Schule und Unterricht, dass ihnen dadurch eine von Lernen freie Zeit am Nachmittag oder in den Ferien geschenkt wird. Auf die Frage, was wäre, wenn es keine Schule gäbe, geben sie daher zu bedenken: „Ohne Schule ist das Leben Käse. Man kann sich dann nicht freuen, wenn man mal frei hat, weil man immer frei hat" (Ursula, 10 Jahre) (Zinnecker 2001, S. 163). Durch die Inklusion tendenziell aller Heranwachsender in das Bildungssystem wird gesamtgesellschaftlich eine gestalterische Norm für das Kinder- und Jugendleben fixiert. Es ist daher keineswegs paradox, wenn in der Rückerinnerung auf die Schulzeit diese geordnete und gegenüber dem Erwachsenenleben privilegierte Regelung der Freizeit im Mittelpunkt positiver Evaluation steht. Es sind vor allem die Schulpausen, die freien Nachmittage, die Schulferien, die – in jeder Schülergeneration neu – positiv erinnert werden. Das zeigt beispielsweise eine repräsentative Studie, in der Schüler aus den 1950er und aus den 1980er Jahren zu Wort kommen (Fuchs/Zinnecker 1985).

Allerdings gibt es historisch und kulturell unterschiedliche Modelle, das Verhältnis von Schulzeit und Freizeit institutionell zu regeln. Man denke etwa an den Gegensatz von staatlicher Halbtagsschule und privater Internatsschule. Erstere sieht sich im Regelfall (im Extremfall: ausschließlich) für den Lernvormittag der Schüler als zuständig an – analog zum Arbeitgeber im Fall der Erwerbsarbeit. Letztere repräsentiert einen Typus der „totalen Institution" (Goffman), in der die Bildungseinrichtung den gesamten Tageslauf der Schüler in ihre Planung und Kontrolle einbezieht. Berühmte Beispiele finden sich in der privaten Elitebildung, etwa in den englischen Public Schools oder, historisch, in den preußischen Kadettenanstalten. Zwischen diesen Extremen finden wir unterschiedliche Mischformen.

Wir beschränken uns auf den Fall der Nachbarschaftsschule. Diese war historisch in der preußischen Volksschule verwirklicht, zuletzt noch in der Allgemeinen Oberschule der früheren DDR, und findet sich heute am ehesten noch im Bereich der Grundschulen (abnehmend) und der quartiersbezogenen Vorschuleinrichtungen. In der Idee der Nachbarschaftsschule ist mitgedacht, dass das außerschulische Leben der Kinder im Wohnumfeld seitens der Schule und der Lehrer mitgestaltet und mitkontrolliert wird. Die soziale Beaufsichtigung basiert auf kurzen, informellen Wegen. Die Lehrer fühlen sich für das öffentliche Tun und Treiben der Schulkinder vor Ort ebenso zuständig, wie dies für die wachsamen Augen der Nachbarn, Ortsgeistlichen, Ortspolizisten oder Geschäftsleute am Ort gilt. Die sozialen Netzwerke der „Ortswächter" ergänzen einander. Meldungen über Schüler werden in der Schule abgegeben, Verhör und Bestrafung dort vorgenommen (vgl. Best 1979; Behnken/du Bois-Reymond/Zinnecker 1989). Das ambivalente Zusammenspiel von Kontrolle und Schutz der Schulkinder im öffentlichen Nahraum ist in diesem pädagogischen Modell von Schule unübersehbar. In der modernen Version, etwa in der ehemaligen DDR, war die Nachbarschaftsschule in die Betreuung des Mittagessens und in die Organisierung des Schülernachmittags (Junge Pioniere) in den Räumen der Schule einbezogen. Ein kontrastives Modell von Schule-Umweltbeziehung repräsentiert die zentralisierte, als Großorganisation konzipierte Mittelpunktschule, die sich vom Freizeitraum und der Nachbarschaft der Schüler emanzipiert hat.

Ähnlich wie im Fall des Normalarbeitstages und des Normalarbeitsverhältnisses treten in der vorangeschrittenen Moderne beim Normal-Lerntag gewisse Auflösungserscheinungen zu Tage. Das Modellprogramm einer „verlässlichen (Grund)Schule" verdeutlicht, dass der Unterrichts- und Lernvormittag in der Schule im Zuge von Stunden- und Lehrerausfall nicht mehr als generell gesichert anzusehen ist. Die Schüler tun das ihre dazu, indem die Moral der täglichen Schulpflicht gegen Ende des 20. Jahrhunderts insbesondere in den Pubertäts- und Jugendjahren ersichtlich nachlässt. Neuartige Fachtermine werden generiert. Studien zum Schuleschwänzen sprechen von „Eckstundenschwänzern", „Tages-" und „Dauerschwänzern" (vgl. z.B. Dietrich/Freytag 1997; Thimm 1998, 2000; Nitzschmann 2000; Reißig 2001).

Wenden wir uns den Schüler- und Studentenrollen in den Jahren der Jugend und der Nach-Jugendphase zu, müssen wir die historischen Diffusionsprozesse des Erwerbssystems und des Normalarbeitsverhältnisses gegen Ende des 20. Jahrhunderts in Rechnung stellen. Die geschlossenen Statusrollen von Schülern oder Studenten lösen sich für diese Altersgruppen auf und diffundieren in Richtung eines an den Rändern offenen, ausfransenden Arbeitssystems. Aus der Gemengelage von Nebenjobs, Ferienarbeit, Schwarzarbeit usw. entwickelt sich, als pragmatischer Kompromiss, so etwas wie eine duale Rolle. Neben der Schüler- oder Studentenrolle wird eine Rolle als Nebenerwerbstätiger ausgeübt – man könnte auch in Analogie zur seinerzeit thematisierten Doppelrolle der berufstätigen Hausfrau und Mutter von einer Doppelbelastung der adoleszenten Schüler und jungerwachsenen Studenten sprechen (vgl. Zinnecker/

Stecher 1996). Die neue Kindheitsforschung hat darauf hingewiesen, dass solche Prozesse der Mehrfachbelastung bereits in der Schulkindheit nachweisbar sind und dass die gesellschaftliche Vorstellung, Kindheit sei gleichzusetzen mit Spiel und Lernen, an ihr historisches Ende zu kommen scheint (vgl. Hengst/Zeiher 2000).

Das Zeitbudget der Schüler ist keineswegs einheitlich geregelt, sondern unterscheidet sich stark nach Alter oder Schulart der Heranwachsenden. Das zeigen verschiedene Studien, die sich der wöchentlichen Zeitverwendung während der Schuljahre widmen (vgl. Schorch 1982; Strzoda 1996; Strzoda/Zinnecker 1996; Hofferth/Sandberg 2001; Kleine 2001). Das gilt beispielsweise für die Stundenanteile, die im Unterricht verbracht werden, im Vergleich zu den Stundenanteilen individuellen, privaten Lernens. Die Zahl der besuchten Unterrichtsstunden steigt bis zum 12. Lebensjahr an, bleibt auf einem hohen Niveau bis etwa zum 16. Lebensjahr, um dann zu fallen (Strzoda 1996, S. 27). Je älter die Schüler dann werden, um so geringer wird der Anteil der Unterrichtsstunden und um so höher der Anteil individuellen Lernens (Strzoda/Zinnecker 1996, S. 292f.). Die Zeitbudgetstudien zeigen außerdem, dass es starke Überschneidungen zu anderen Statusgruppen – Auszubildenden, Berufstätigen, Studenten – gibt. Der Anteil der Stunden, den Schüler für persönliches Lernen verwenden oder den sie als frei verfügbare Freizeit angeben, unterscheidet sich von den anderen gleichaltrigen Statusgruppen nur relativ. So verfügen im Jahr 1996 in Deutschland laut eigenen Angaben junge Berufstätige über 4,3 Stunden Freizeit pro Tag, Studenten über 4,4 Stunden, Auszubildende über 4,8 und Schüler über 5,2 Tagesstunden (ebd., S. 286). Zu vermerken ist die Tendenz der letzten Jahre, dass die Zeiten, die für Heranwachsende frei verfügbar sind, der Tendenz nach generell abnehmen. Das konnte etwa für Deutschland und für Nordamerika plausibel gemacht werden (vgl. Strzoda/Zinnecker 1996; Hofferth/Sandberg 2001).

4 Rituale, Übergänge und Liminalität

Ende des 20. Jahrhunderts wird pädagogisches Handeln als Inszenierung wieder entdeckt. Die Theatermetapher war in den 1960er Jahren bereits einmal sozialwissenschaftliches Thema (vgl. insbesondere Goffman), das allerdings durch die lang anhaltende Welle der Informalisierung des sozialen und pädagogischen Lebens zeitweilig in den Hintergrund gedrängt wurde. Die neue Lockerheit und Informalität des Handelns, das sich als spontan und ungeplant ausgab, ließ den theatralischen, rituellen, inszenierten Charakter des Handelns in Schule und Unterricht vorübergehend vergessen. Erst als sich seit den 1980er Jahren eine neue Kultur der kalkulierten Auftritte und präsentativen Selbstdarstellungen, der pompösen Feste und öffentlichen Shows zu Wort meldete, aktualisierte sich auch die darauf bezogene Forschung neu. Dabei spielte der Übergang in eine multimediale „Inszenierungsgesellschaft" (Willems/Jurga 1998) eine zentrale Rolle, in der die soziale Nahwelt ihre Verdoppelung und Rechtfertigung als Abbild einer virtuellen Medienrealität erfährt.

In der pädagogischen Forschung äußerte sich der Richtungswechsel in einer Erneuerung des Interesses am Ritual – am rituellen Leben der Schüler ebenso wie an den Ritualen, die im Unterricht und in der Schulkultur zum Ausdruck kommen. Die Erforschung der Rituale geht dabei unterschiedliche Wege. Auf der einen Seite werden Rituale als kulturelle Praxen, als Performanz, aufgefasst, die Stabilität qua mimetischem Handeln schaffen. Eine solche Richtung finden wir im Umfeld der Berliner „historischen Anthropologie" um Wulf vertreten (vgl.

Wulf/Althans/Audehm u.a. 2001). Auf der anderen Seite wird das Ritual als Beschwörung der ideellen Werte des Systems aufgefasst. Es handelt sich um eine besondere Form der Werteuntersuchung, die als fallbezogene Narration besonderer Anlässe, festlicher Akte des Schullebens konzipiert wird. Für eine solche Forschungsrichtung stehen gegenwärtig Projekte im Umfeld der Erforschung ostdeutscher Schulkultur und Schulentwicklung (vgl. Helsper/Böhme/Kramer/Lingkost 2001; vgl. auch Combe/Helsper/Stelmaszyk 1999). Eine solche pädagogische Mythosforschung knüpft an einen historisch-anthropologischen Mythosbegriff an, wie er seinerzeit von Lenzen (1985) entwickelt worden ist.

Als Beispiel für eine Schülerforschung, die der letzteren Forschungsrichtung verpflichtet ist, führen wir die Fallstudie von Böhme (2000) an, die die Bedeutung „oppositioneller Schüler" für die „imaginäre Verbürgung" von „Schulmythen" an einem ostdeutschen Gymnasium untersucht. Es geht bei „Schulmythen" um eine Art „Metaphysik", um letzte Werte des Systems Schule. Sie kommen in offiziellen Zeremonien, Festakten zum Ausdruck. Das Hallenser Projekt von Böhme geht ihnen beispielsweise durch die exemplarische „Rekonstruktion" einer Schulleiterrede nach, die zum Abschluss der Schulzeit (Abiturreden) gehalten werden. Dort erscheint die „idealisierte schulische Gemeinschaft" als „exklusive pädagogische Großfamilie" (ebd., S. 76). Beschworen werden in diesem Zusammenhang das „Schülerideal" eines „gemeinschaftsorientierten Leistungsasketen" oder der „idealisierte Lehrer" als „charismatischer Heilsvater".

Auffällig ist eine enge Verknüpfung der Ritualforschung mit der Übergangsforschung. Auf den unterschiedlichsten Ebenen werden Übergänge interessant. Auf der kleinsten Ebene interessieren jetzt Ein- und Austritte in den Unterricht bzw. innerhalb des Unterrichts die Zwischenzeiten, in denen die Methodik des Unterrichts gewechselt wird. Auf der nächsthöheren Ebene geht es um Übergänge, die durch die Rhythmik des Schuljahres entstehen. Und schließlich stehen die Übergänge im Vordergrund, in denen sich Ein- und Austritte aus dem Bildungssystem und zwischen Schulstufen vollziehen (vgl. zur Einschulung z.B. Nickel 1990; Nittel 2001; Schneider 2001). Damit wird wie gesagt ein Thema neu betont, das in den 1960er und 1970er Jahren des 20. Jahrhunderts im Zusammenhang der Erforschung des heimlichen Lehrplanes der Schule oder der Auflösung der etablierten Unterrichts- und Schulordnung durch Prozesse der Informalisierung bereits einmal aktuell war.

Heute steht die Übergangsforschung im Zeichen der Re-Ritualisierung solcher Zwischenzeiten. Beispielsweise können wir an die Bräuche der Schüler denken (vgl. Mezger 1993), an das Wiederaufleben von Ritualen der Trennung vom Gymnasium. Die Abiturfeiern werden von den Schulen wieder angeboten, nachdem sie längere Zeit in der Kritik standen, und sie werden von den heutigen Generationen von Schülern und Eltern ausdrücklich gefordert. In den Übergangsritualen findet die säkularisierte Moderne ein neues Sinnangebot. Das zeigt sich nicht nur im schulischen, sondern auch im kirchlichen und im privaten Bereich. Die Re-Ritualisierung generiert neuerdings Strukturen, die verloren zu gehen drohten. Sie sind Teil der sozialen und kulturellen Stützen einer sich individualisierenden Moderne. Die Re-Ritualisierung macht es der neuen Übergangsforschung auch leicht, an die Untersuchung von Ritualen in der Tradition der sozialen und kulturellen Anthropologie (z.B. van Gennep) anzuknüpfen.

Inszenierungen und Prozesse des Übergangs sind jedoch auch die Zeiten, in denen die sonst fixierte Ordnung des Sozialen auf Zeit ausgesetzt wird. Deshalb ist für Übergangsforschung auch interessant, wie die bedrohte soziale Ordnung und Struktur mittels Rituale wieder hergestellt wird. Gesetzmäßigkeiten des Aufbaus interaktiver sozialer Ordnungen lassen sich gerade anhand der Bewältigung solcher Un-Ordnungen auf Zeit gut studieren. Am Beispiel der Schule und des Unterrichts: Wie finden Lehrer und Schüler aus der vorübergehenden Liminalität der Schulpause wieder zurück in Ordnungen des Unterrichts?

Als ein Fallbeispiel für die Analyse von Eintrittsritualen in das tägliche Schulleben greifen wir die mittels Videographie durchgeführte ethnographische Studie zu „rituellen Übergängen im Schulalltag“ heraus, die Göhlich und Wagner-Willi (2001) vorgelegt haben. Die Beobachtung ist eingebettet in eine größere Feldstudie zu pädagogischen Ritualen in verschiedenen Institutionen eines Berliner Altstadtquartiers (vgl. Wulf/Althans/Audehm u.a. 2001). Beschrieben werden die rituellen Akte, die sich in 4. bzw. 5. Jahrgangsklassen herausgebildet haben. Als kulturanthropologischer Referenz-Autor wird Victor Turner genannt. Seine Theorie der Liminalität von Übergangsritualen wird auf die „Mikrorituale“ des Schullebens bezogen (ebd., S. 119ff.), als da sind der Beginn des Schultages, der Zwischenraum zwischen Pause und Unterricht, der Beginn und das Ende der Schulwoche. Entsprechend der Liminalitäts-These von Turner, dass darin Neuerung und Offenheit durch verringerte Kontrolle und Zulassung von „Anti-Struktur“ möglich sei, werden diese Schwellenzustände zwischen schulischen Ordnungs-Strukturen in den Blick genommen. Die Ethnographen zeigen eine besondere Sensibilität für die Zeitdimension. Im Vergleich zur älteren „Hinterbühnen-Forschung“ in der Schule (vgl. Zinnecker 1978) wird das Geschehen durch stärkere Zeit-Fokussierung in seinem spezifischen Prozessverlauf sichtbar. Hervorzuheben ist ferner die analytische Verschränkung von Zeitstrukturen mit Raum und Territorium im Unterricht. Göhlich und Wagner-Willi (2001) untersuchen z.B. den Übergang von der Pausen- zur Unterrichtsordnung entlang der Orte und Gegenstände, die den Raum der Unterrichts- und Klassengemeinschaft konstituieren: Türen, Gänge, Tafelbereiche, Tische, Stühle, Sitzordnungen, persönliche Requisiten (Kleidung), Pausen- und Unterrichtsdinge. Entsprechend der Strukturschwäche dieser Übergangs-Mikrozeit bilden sich zahlreiche ritualisierte Schüler-Umgangsweisen an diesen Territorien und Gegenständen heraus. Sie werden von den Autoren entlang der Dichotomie von affirmativen und oppositionalen Ritualisierungen der Schüler analysiert und gewürdigt (ebd., S. 200)

Signifikant ist in unserem Zusammenhang eine Tendenz zum Wechsel des Untersuchungsortes innerhalb der Schülerforschung. Es entspricht einer „entschulten“ Schülerrolle, wenn die Schülerforscher in erheblichem Umfang das Lehrer-Heiligtum der Institution, den Unterrichtsort, meiden und sich statt dessen dem Zentrum der Schüler-Hinterbühne, dem Schulhof zuwenden. Eine solche Aufwertung der Schülerkultur am Pausenort geht auf die 1970er Jahre zurück und ist international zu beobachten. Seinerzeit erlebte die Bewegung zur Umgestaltung der Schulhöfe als Spiel- und Begegnungsstätte in Deutschland ihren ersten Höhepunkt und zugleich wurde das gesamte Spektrum der Schüler-Aktivitäten auf der zentralen Hinterbühne zum Thema gemacht. So wurden Schüler beispielsweise aufgefordert, in Listen- und Aufsatzform das Spektrum ihrer Aktivitäten und Pausenstrategien darzulegen, einschließlich der Wandsprüche und Heimlichkeiten auf den Schülertoiletten (vgl. Zinnecker 1978/2001). In den 1970er Jahren wurden auch die Übergangsphantasien von Schülern untersucht, die kurz vor dem Pausenzeichen virulent werden. Im Sinne einer Schüler-Ethnographie wurden Schüler um Aufsätze gebeten, die die letzten fünf Minuten des Unterrichts beschreiben, bevor das Pausenklingeln ertönt. Welche Gefühle, Imaginationen entstehen in dieser kurzen Sequenz, welche Aktionen werden antizipiert, welche geheimen devianten Phantasien werden aktiviert? Reinert und Zinnecker (1978) ermittelten aufgrund solcher Aufsatzsammlungen vier Bedeutungen des Pausenortes aus Schülersicht, die sie als „Spielplatz“, „Jugendtreff“, „Schüleröffentlichkeit“ und „Gefängnishof“ kennzeichneten.

Die Ethnographien des Pausenhofes sind aber auch von internationalen Vorbildern inspiriert, die sich in der Volkskunde der Kindheit (vgl. Opie 1993), in der Kulturanthropologie (vgl. Hardman 1993; Kuik 1999) und in den anglo-amerikanischen Gender-Studien (besonders einflussreich Thorne 1993) finden lassen. In einem Fall geht es um die Kultur der Spiele von Kindern auf dem Pausenhof, im letzteren um die Arbeit an der Geschlechter-Identität (doing gender) im Mit- und Gegeneinander von Schülern und Schülerinnen. In einer neueren Beobachtungsstudie mittels Videoaufzeichnungen untersucht Tervooren (2001, S. 205) „Pausenspiele als performative Kinderkultur“ und verbindet dabei die Forschungsperspektiven von Spielkultur und Gender-Studies.

Die kleinen Freiheiten, die der Weg zur Schule und von der Schule verschafft, sind Gegenstand zahlreicher autobiographischer Würdigungen geworden (vgl. etwa Dornemann/Goepfert 1988). Erwachsene erinnern sich an die Erlebnisse und Abenteuer zurück, die ihnen die kurze Zwischenzeit zwischen Elternhaus und Schule ermöglichte. Im Fall traditionaler Dorfkindheit bilden Schulwege, ebenso wie die Wege zur Kirche, eine der wenigen Zeit-Räume, wo Kinder- und Jugendkultur sich entfalten können, als willkommenes Nebenprodukt des Weges, den man zurücklegt. Man trifft sich zu Fuß, plaudert, ärgert einander, tauscht Geheimnisse aus, heckt Streiche aus, kämpft gemeinsam mit den Unbilden der Landschaft und des Wetters, verschafft sich einprägsame Erlebnisse in und mit der Natur. Die auf dem Weg trödelnden Schulkinder, zu spät kommend zur ersten Schulstunde ebenso wie zum Mittagessen zu Hause, sind Pädagogen ein allgegenwärtiges Problem. Beim Übergang zu zentralisierten Schulsystemen entstehen neuartige Transportprobleme (vgl. Kraft 1978; Kleine 1999). Die Schulbusse sind mittlerweile aus dem Leben vieler Schulkinder nicht mehr wegzudenken. Für Eltern und Schulverwaltungen stellen sich die Busfahrten als Sicherheitsproblem dar und werden entsprechend diskutiert. Sozialgeographen thematisieren die Frage, welche kognitiven und emotionalen Konsequenzen diese Art des Ortswechsels für jüngere Kinder hat. Für die Kinder ihrerseits handelt es sich um die Erfahrung eines mobilen Ortes des Schülerlebens auf engstem Raum. Die pädagogische Ethnographie hat sich gelegentlich der Lebenswelt der „Car-Pools“ angenommen und darüber berichtet (vgl. Adler/Adler 1984).

5 Grenzziehungen: Was draußen bleiben muss.

Schulen sind intensiv mit Fragen von Grenzziehungen befasst. Wer darf den halböffentlichen Raum des Schulgeländes betreten, wer nicht? Sind Eltern, Nachbarn, frühere Schüler „schulfremde Personen“? Welche Bereiche des Weltwissens von Erwachsenen werden in die Curricula integriert, welche ausgeklammert? Gehören Topoi der aktuellen Politik in den Unterricht? Wird über Kapitalismus, Aktien, Rechtsfragen mit Schülern verhandelt? Die alltägliche pädagogische Frage im Prozess der Grenzziehungen lautet: Was dürfen Schüler mit in die Schule bringen, was müssen sie draußen lassen; was ist ausdrückliches Thema, was stillschweigender Hintergrund des Lernens? Auf diesem Feld wird um verschiedene Topoi, materielle, lebende, symbolische, gestritten. Es geht beispielsweise, und das nicht erst seit gestern, um die private, individuelle und vielleicht gewagte Schülermode (contra einheitliche Schüler„uniformen“); um Gegenstände, die sich als Waffen benutzen lassen; um Lieblingstiere der Grundschüler; um Freunde aus der Nachbarschaft; um die bisherigen Lebenserfahrungen der Heranwachsenden. Strittig unter Pädagogen ist die Frage, wieweit auch die außerhalb des Unterrichts erlangten kreativen kulturellen Potenzen der Schüler aus der Schule zu verbannen sind, oder wieweit sie, „reformpädagogisch", für das Unterrichts- und Schulleben zu nutzen seien.

Durch das schulische Curriculum wird eine eigene Gattung des „Schulwissens" konstituiert, die notwendigerweise einen gewissen Gegensatz zum „Weltwissen" der Schüler darstellt. Die Auswahl der Fächer und der Unterrichtsstoffe bzw. Lerngegenstände kann dabei in unterschiedlichste Beziehungen zum außerschulischen Wissens- und Erfahrungsfeld der Schüler eintreten: verdoppelnd, ergänzend, kompensierend, ausschließend, kontrastierend usw. Dabei ist zu bedenken, dass sich das Weltwissen der Schüler seinerseits aus sehr unterschiedlichen Quellen zusammensetzt, traditionell aus den übermittelten Wissensbeständen der Herkunftsfamilie, zunehmend aus medial übermitteltem Wissen, aber nicht zuletzt auch aus dem, was sich die Gesellschaft der Gleichaltrigen gegenseitig erzählt. In unserem Zusammenhang ist vor allem die Frage bedeutsam, welches Verhältnis sich zwischen Schulwissen und Freizeitwissen herstellt.

Die verschiedenen Unterrichtsfächer und ihre Didaktiken erweisen sich als unterschiedlich offen für außerschulische Wissens- und Erfahrungsbestände der Schüler. Kontrastiv lässt sich das am Fall der Fächer Musik und Sport erläutern, beides Fächer, die gute Anschlussmöglichkeiten an Kinder- und Jugendkultur in der Freizeit besitzen. Während der Mainstream der Musikdidaktik eine Öffnung gegenüber der dominanten popularen Musikkultur der jungen Generation ablehnt und auf die Vermittlung hochkultureller Traditionen von Musik beharrt, tendiert der Sportunterricht eher zur Aufnahme von Spiel-, Bewegungs- und Trainingselementen, die Kindern und Jugendlichen aus den außerschulischen Feldern des Systems Sport bekannt sind. Eine der Konsequenzen: Musik avancierte bei vielen Schülern zu einem ungeliebten Schulsujet (z.B. für bayrische Hauptschüler vgl. Haselbeck 1999a, b), während Sport sich seit Jahren unangefochten an der Spitze beliebter Schulfächer positioniert hat. In der Konkurrenz ausdifferenzierter Sportsettings, die vom Familiensport, Vereinssport, informellem Straßensport bis hin zu kommerziellen Sportangeboten reichen, behauptet der Schulsport eine eigene Bedeutung, die vor allem die „Nichtsportler" unter den Schülern anzusprechen scheint (vgl. Hasenberg/ Zinnecker 1999).

Ein weiteres interessantes Forschungsfeld betrifft die Sozialisation von Jugendsexualität in der Schule. Das Schulmoratorium Jugendlicher ist traditionell als asexueller Raum und getrenntgeschlechtlicher Raum bestimmt. Mit der Scholarisierung der Jugendphase verbindet sich, insbesondere seit der Durchsetzung von Koedukation in weiterführenden Schulen, in der zweiten Hälfte des 20. Jahrhunderts eine historische Aufladung der Bedeutung der Schule als erotisch-sexueller Kontaktraum. Die Altersnormen für sexuelle Initiation verschieben sich in der Weise, dass erotisch-sexuelle Kontakte nicht mehr nach den Jahren der Schule, sondern während der Schulzeit realisiert werden (vgl. Fuchs 1985). Die Forschungsprogramme zur Bekämpfung von Aids führten u.a. auch zu sexualpädagogischen Forschungen im Raum der Schule. So gingen beispielsweise Schmidt und Schetsche (1998) in einer qualitativen Interviewstudie der Frage von Sexualerziehung und der „Schule als Ort sexueller Kommunikation" (ebd., S. 35ff.) unter Schülerinnen und Schülern nach. Sie untersuchten, in welcher Weise Schüler untereinander bzw. Lehrer und Schüler über Beziehungen und Sexualität kommunizieren und welche Rolle dem Ort als Partnermarkt und für die Herausbildung von „sexuellen Handlungsstilen" (ebd., S. 145ff.) zufällt.

6 Jugendliche Schülersubkulturen

Jenseits der Kindheitsforschung wurde ein Zweig der Jugendforschung, der sich auf subkulturelle Gruppierungen bezieht, zu einem wichtigen Stimulans für Schüler-Ethnographie. Die Verknüpfung von Schüler- und Subkulturforschung, wie sie heute verstanden wird, geht auf ethnographische Studien der 1970er Jahre zurück, obwohl die Vorläufer solcher Ethnographien weiter zurückreichen. Man denke etwa an die klassische US-Gemeindestudie von Hollingshead (1949) über „Elmtown's Youth", in der die Schülerkultur einer kleineren Gemeinde des Mittleren Westens in den 1940er Jahren untersucht wurde. Für Deutschland zur Zeit der Weimarer Republik wären beispielhaft die teilnehmenden Beobachtungen sozialpolitisch engagierter Geistlicher zu nennen: die Ruhrgebietsstudie von Kautz (1926) „Im Schatten der Schlote. Versuche zur Seelenkunde der Industriejugend" oder die Untersuchungen zu einer Gemeinde in Berlin-Moabit von Dehn (1929) „Proletarische Jugend. Lebensgestaltung und Gedankenwelt der großstädtischen Proletarierjugend". International am bekanntesten wurde die Studie von Willis (1977/dt. 1979) über die soziale Reproduktion von Arbeiter-Jungen qua Bildungssystem (How Working Class Kids Get Working Class Jobs), die sich auf eine schuloppositionelle englische Schüler-Subkultur an einer Secondary Modern School, vergleichbar der deutschen Hauptschule, bezieht. Zeitlich parallel zur Subkultur-Studie aus Großbritannien wurde eine ethnographische Untersuchung an einer westdeutschen Großstadt-Hauptschule über „subkulturelle" und „familienzentrierte" Schülergruppen durchgeführt (vgl. Projektgruppe Jugendbüro 1975). Mitte der 1980er Jahre entstehen Ethnographien zu einer oppositionellen Schülergruppe an einer westdeutschen Gesamtschule (vgl. Helsper 1985; 1989b) sowie einer Straßen- und Schulclique von Arbeiterjugendlichen im Ruhrgebiet (vgl. Bietau 1989) und einer Berliner Hauptschule (vgl. Aster 1990).

In den 1990er Jahren vervielfachen sich die Studien zu Subkulturen und Szenen in Schulen vor allem im nordamerikanischen Raum. Das geschieht parallel zum Revival der gang-and-delinquency Ethnographie in jenen Jahren. Im Vergleich zu den Studien gewalttätiger Gangs bleiben die schulbezogenen Gang-Ethnographien vergleichsweise selten. In Deutschland führt die eindringliche Diskussion über Schüler-Gewalt überraschenderweise nur zu einem Ansteigen von standardisierten Einzelbefragungen von Schülern im Klassenverband, nicht zu einem Boom ethnographischer Studien von Schülergewalt an Schulen. Einige Beispiele aus der Vielfalt nordamerikanischer Schüler-und-Gang-Ethnographien seien hier angeführt. Ein sehr ausdifferenziertes System jugendkultureller Cliquen in kalifornischen High-Schools wird von Wooden (1995) durch eine Serie von Fallstudien identifiziert. Monti (1994) spürt „Wannabe Gangs" („Möchtegern"-Gruppen) in Vorort-Schulen der Mittelschicht auf, also in Schulsystemen, die in der Gangliteratur gewöhnlich ausgespart werden. Blackman (1998) gibt aus feministischer Sicht eine Fallstudie zu einer Gruppe von „New Wave Girls", einer „resistant female youth culture". Die Studien des englischen Lehrer-Ethnographen Mac an Ghaill (1988, 1994) handeln von abweichenden männlichen Schüler-Identitäten, von ethnischen Beziehungen zwischen Schwarzen und Weißen und von Gay-Schülern in einer heterosexuellen Schulumwelt.

Es könnte als ein Indikator für die Beschaffenheit des gegenwärtigen Bildungssystems und die Positionierung der Schüler darin genommen werden, dass Studien zur innerschulischen Protestkultur von Schülern gegenwärtig selten, Studien zur Frage der Schulentfremdung und Schulflucht von Schülern dagegen zahlreich und aktuell sind. Die Forschungslandschaft spiegelt die Diffusität und Offenheit von Schule und die damit einhergehende Tendenz zur Anomie. So fehlen nicht unwesentliche institutionelle Bedingungen für die Ausbildung und Tradierung anspruchsvollerer Formen einer oppositionellen Schülerkultur, die eine gewisse Festigkeit und Geschlossenheit der Lebensform (im Idealfall: Internat), eine Orientierung von Schülern und Lehrern nach innen, eine gewisse Homogenität der Schülerschaft und ein Ethos voraussetzt, das den Einsatz oppositioneller Energie lohnt (vgl. Testanière 1967; Böhme 2000) – alles Voraussetzungen, die im gegenwärtigen System von Schule und Bildung eher seltener anzutreffen sind. Schüler und Lehrer des gegenwärtigen Bildungssystems blicken tendenziell dezentriert und außen-orientiert auf ein von Anomie bedrohtes institutionelles Gebilde, das wohl zur Flucht, aber weniger zum geordneten Protest herausfordert.

Die Studien zur schulischen Peerkultur folgen unterschiedlichen Forschungstraditionen, die von der Entwicklungspsychologie über die Sozialpsychologie bis hin zu mikrosoziologischer Schulforschung reichen (vgl. Helsper 1993, S. 367ff.), und die vielfach auf angloamerikanische Ursprünge verweisen. In dieser Vielfalt finden wir sowohl die angesprochenen Traditionen, die stärker die positiven sozialisatorischen Einflüsse der Peers herausstellen, als auch Traditionen, in denen diese Einflüsse abgewertet bzw. negativ beurteilt werden. Dazu zählt an prominenter Stelle das Untersuchungsparadigma, das der US-amerikanische Bildungssoziologe Coleman in den 1960er Jahren grundgelegt hat. Er untersuchte die leitenden Normen und Werte, denen dominante Gruppen von Schülerinnen und Schüler an einer Schule folgten. Dabei fand er in den von ihm untersuchten High-Schools folgenreiche Differenzen zwischen den auf Sport, Attraktivität und Vergnügen ausgerichteten informellen Schülernormen und den akademischen Normen und Werten, denen das Bildungssystem sich offiziell verpflichtet sieht (vgl. Fend 1988). In dieser Tradition wurde in der Folgezeit wiederholt der negative Einfluss untersucht, der von den Normen und Werten der Gleichaltrigen auf die Zielsetzungen und die Lernmotivation der Schüler ausgehen kann. Die negative sozialisatorische Funktion von Gleichaltrigen als Bezugsgruppe kulminiert in Cliquen, in denen deviantes Schülerverhalten, sei es der Gebrauch von Drogen, die Billigung der Schulabsenz oder die Beteiligung an gewalttätigen Auseinandersetzungen, hochgeschätzt wird (vgl. Bach/Knöber/Arentz-Morch/Rosner 1984; Holtappels 1987).

Jugendkulturelle Gruppen lassen sich danach unterscheiden, ob und wieweit sie ihren Ursprung innerhalb oder außerhalb des Bildungssystems haben und ob und wieweit das Territorium, das sie für ihre Aktivitäten nutzen, innerhalb oder außerhalb der Schule liegt. Bei Berücksichtigung dieser zwei Dimensionen ergibt sich, vereinfacht, eine Vier-Felder-Tafel, die sich zur Typenbildung von Jugendkultur eignet.

Typologie jugendkultureller Gruppen		Genese der Gruppe	
		Schulintern	Außerschulisch
Aktionsfeld der Gruppe	Schulintern	1 (integriert)	2 (importiert)
	Außerschulisch	3 (exportiert)	4 (segregiert)

Typus 1: Integrierte jugendkulturelle Gruppen

Hier können wir von Schülerkultur oder Schülersubkultur im engeren Sinn sprechen. Sie entsteht in Auseinandersetzung mit den institutionellen Bedingungen der Schule (und gegebenenfalls Schulklasse) und sie agiert vorwiegend innerhalb des Territoriums der Schule. Hierzu zählen beispielsweise oppositionelle Schülergruppen, die sich mit den Bedingungen ihrer Schulumwelt kritisch auseinandersetzen (vgl. Helsper 1985, 1989b).

Typus 2: Importierte jugendkulturelle Gruppen

Schulen können aber auch zum Aktionsfeld jugendlicher Gruppen werden, die ihrem Ursprung nach außerhalb der Schule entstanden sind, die aber ihr Gruppenleben, ihre Probleme und Aktionsformen in die Schulszene „importieren". Dazu zählen beispielsweise Nachbarschaftsgangs vom Typus amerikanischer Großstädte, die gemeinsam eine Schule besuchen und dort ein ideales Aktionsfeld für Drogenhandel oder Gewaltinszenierungen erhalten (vgl. Chandler/Chapman/Rand/Taylor 1998).

Typus 3: Exportierte jugendkulturelle Gruppen

Der kontrastive Fall zum Typus 2, der nicht Import, sondern Export von Jugendkultur beinhaltet. Hier handelt es sich darum, dass in der Schule entstandene und begründete Cliquen ihre Aktionsfelder in die außerschulische Umwelt verlegen. Dabei werden u.U. Themen und Probleme, die innerschulisch beheimatet sind, nach außen verlagert. So kann sich eine Gruppe von Jugendlichen abends in einer Diskothek treffen um den Frust einer Schulwoche abzutanzen (vgl. Becker/Eigenbrodt/May 1983).

Typus 4: Segregierte jugendkulturelle Gruppen

Im vierten und letzten Fall handelt es sich um jugendkulturelle Gruppierungen, die außerhalb des Bildungssystems entstanden sind und die auch ihre Aktionsorte jenseits von Schule gewählt haben. Solchermaßen segregiert sind beispielsweise Fußballfans, die sich im Stadion kennen gelernt haben und dort in einer der Kurven, bzw. auf den Zu- und Abfahrten zu Spielen der professionellen Ligen, agieren (z.B. für Großbritannien vgl. Armstrong 1998).

7 Schülergewalt wird gläsern

Seit Mitte der 1990er Jahre ist die empirische Schülerforschung in Deutschland auf das Thema der Gewalt unter Schülern geradezu fixiert. Vorausgegangen war die Veröffentlichung und Diskussion eines mehrere Bände umfassenden Gewaltberichts, den die westdeutsche Bundesregierung bei Experten verschiedener Fachdisziplinen, vom Strafrecht über Kriminologie und Soziologie bis hin zu Psychiatrie und Psychologie und unter Ausklammerung der Pädagogik in Auftrag gegeben hatte und der 1990 erschien (Schwind/Baumann u.a. 1990). Einzig der Bielefelder Erziehungswissenschaftler Hurrelmann war als Sondergutachter zum Themenfeld der Gewalt in der Schule zugelassen. Das Endgutachten unterscheidet verschiedene Gewaltbereiche in der Schule (ebd., S. 68f.), Gewalt von Schülern gegen fremde Sachen; Gewalt von Schülern gegen Schüler; Gewalt von Schülern gegen Lehrer; Gewalt von Lehrern gegen Schüler. Das ist festzuhalten, da sich die anschließende pädagogische Debatte und die Studien zur Gewalt in der Schule im Verlauf der 1990er Jahre sich vornehmlich auf die Interaktion zwischen Schülern eingrenzen. Das traditionelle Thema der Schulkritik und Schulreform, die von Lehrern an Schülern praktizierte Schulgewalt, wird praktisch ganz fallen gelassen. Eine bemerkenswerte Ausnahme bildet das Projekt von Krumm, das verletzendes Lehrerhandeln und „ungerechte Lehrer" untersucht (vgl. Krumm/Lamberger-Baumann/Haider 1997; Krumm/Weiß 2000). Was das „Ausmaß an Gewalt" angeht, das Schüler gegenüber Mitschülern praktizieren, kommt das Gutachten von 1990 zu der Feststellung, dass die vorliegenden empirischen „Zahlen zeigen, dass von einer kontinuierlichen Zunahme aggressiven Verhaltens unter den Schülern in der Bundesrepublik Deutschland nicht gesprochen werden kann" (Schwind u.a. 1990, S. 71). Was die besonderen Bedingungen der Entstehung von Schülergewalt angeht, kommt das Endgutachten zu dem Schluss: „Der Stand der empirischen Erkenntnis zu den Entstehungsbedingungen der Gewalt in der Schule, insbesondere der Gewalt unter den Schülern und gegenüber Lehrern, muss als unbefriedigend gekennzeichnet werden." Der „unzureichende Stand der Ursachenforschung auf diesem Gebiet" gebe Anlass „zu Besorgnis" (ebd., S. 91).

Ein Jahrzehnt später sind beide Urteile nicht mehr gültig. Das lässt sich am Ersten Sicherheitsbericht der Bundesregierung ablesen, der Mitte 2001 unter maßgeblicher Beteiligung von Kriminal- und Sozialwissenschaft veröffentlicht wurde (Bundesministerien 2001, S. 473ff.: „Jugendliche als Opfer und Täter") und so etwas wie einen zweiten Eckpunkt nach dem Gewalt-Gutachten ein Jahrzehnt davor bildet. Soweit vergleichbare Daten zur Schülergewalt vorliegen, kommen die Forschungen zu dem Schluss, dass im Verlauf der 1990er Jahre durchaus ein Trend zur Zunahme von gewalthaltigen Handlungen unter Schülern in Deutschland zu verzeichnen sei (vgl. Mansel/Hurrelmann 1998; Lösel/Bliesener/Averbeck 1999; Schuster 1999). Allerdings ist strittig, ob der Anstieg dem dramatischen Zahlenwerk zur kriminellen Jugendgewalt entspricht, den die offizielle Polizeistatistik auswirft (vgl. kritisch Mansel 2001, S. 22ff.). Parallel dazu entwickelte sich eine differenzierte Erforschung von außerschulischen und schulischen Bedingungen, die bei Schülern Gewalthandlungen begünstigen bzw. verringern.

Das Feuer der Debatte wurde durch verschiedene parallele zeitgeschichtliche Entwicklungen in Deutschland angefacht. Zu nennen ist insbesondere die lang anhaltende Debatte um fremdenfeindliche Gewalt unter bestimmten Gruppen von Jugendlichen im Gefolge des Vereinigungsprozesses. Um Fremdenfeindlichkeit und darauf bezogene gewalttätige Hasskriminalität gruppierte sich ein eigenständiger gesellschaftlicher und pädagogischer Diskurs (vgl. die umfassenden Literaturüberblicke bei Henning 1995 und Schneider 1999). Beachtenswert ist, dass das Thema Fremdenfeindlichkeit auch in der Schüler-Empirie der 1990er Jahre eine gewisse Rolle spielte. Ob, in welchem Maß und warum Schüler in Westdeutschland und insbesondere die in Ostdeutschland fremdenfeindliche Orientierungen zeigten, wurde zu einem beliebten Thema der Schülerforschung. Beispiele für solche Schülerstudien zur fremdenfeindlichen Orientierung, ihre Bedingungen und Folgen sind: Schubarth und Melzer 1993; Böhnke, Hefler, Merkens und Hagan 1998; Dollase, Kliche und Moser 1999; Krüger und Pfaff 2001. Dabei wurden durchweg höhere Prozentzahlen für die Verbreitung fremdenfeindlicher Orientierungen von Schülern in den neuen Bundesländern gefunden. In der Nach-Wende-Zeit entwickelte sich das Thema zu einer eigenen Untersuchungsgattung innerhalb der ostdeutschen Schülerforschung, wobei insbesondere Forscher aus dem Umkreis des ehemaligen DDR-Zentralinstituts für Jugendforschung hervortraten (Förster/Friedrich/Müller/Schubarth 1993; Friedrich 1994).

Die deutsche Debatte findet vor einem internationalen Hintergrund statt (vgl. Schuster 1997), der durch die Eckpunkte Nordamerika, Japan und Skandinavien gekennzeichnet ist. Japan steht für eine Dramatisierung der individualisierten Opferrolle gegenüber dem Klassenkollektiv, wobei der moralische Vorbehalt eher dem viktimisierten Einzelschüler als der geschlossenen Klassengruppe – angeführt vom Klassenlehrer – gilt (vgl. Foljanty-Jost/Rössner 1997, darin Morita und von Kopp). Das nordamerikanische Bild von Schülergewalt ist durch die mediale Darstellung einer entfesselten physischen Gewalt desolater Innenstadt- und Gettoschulen und die Bedrohung von Schulen durch delinquente Gangs im Inneren und vor den Schultoren gekennzeichnet (vgl. Watts 1998). Skandinavien steuert die Übertragung der Mobbing-Debatte, die ihren kulturellen Ort in der Arbeitswelt hat, auf die Bildungsinstitution bei. Langjährige

Vorarbeiten hierzu verbinden sich mit dem Namen Dan Olweus und dem von ihm propagierten Begriff des bullying (vgl. Olweus 1995). Im Begriff des bullying schwingen das Vorbild politisch-juristischer Korrektheit und die Debatte um sexual harrassment am Arbeitsplatz noch mit, jetzt übertragen auf die Welt der Schülergruppen in Bildungseinrichtungen. Alle drei der genannten kulturellen Einflüsse haben mittlerweile in der ausgedehnten deutschen Empirie zur Gewalt unter Schülern ihren Platz gefunden. Die Studien wurden in verschiedenen Monographien (z.B. Funk 1995; Fuchs/Lamnek/Luedtke 1996; Tillmann/Holler-Nowitzki/Holtappels/Meier/Popp 1999) und in zahlreichen Sammelbänden vorgestellt (vgl. etwa Lamnek 1995; Schubarth/Kolbe/Willems 1996; Holtappels/Heitmeyer/Melzer/Tillmann 1997; Schäfer/Frey 1999).

Die angewandten Instrumente (Skalen) erfassen unterschiedliche gewalthaltige Verhaltensweisen, von physischen bis hin zu psychischen Verletzungen von Personen. Beachtung finden auch verbale Attacken (Drohungen, Beleidigungen, üble Nachrede), ebenso wie Angriffe auf das Eigentum der Mitschüler. Die Studien bemühen sich darum, den Prozentsatz der Schüler, die an solchen Handlungen beteiligt sind, und die Häufigkeit, mit der die verschiedenen Formen von Gewalt auftreten, zu erfassen. Dabei steht eine Dunkelfeldforschung (Kriminologie) Pate, die sich auf anonymisierte Selbstaussagen der Beteiligen stützt. Auf diese Weise konnte eine Kartierung der Schullandschaft vorgenommen werden, in die Schwerpunkte von Schülergewalt und gewaltarmen Zonen eingetragen sind. Schwerpunkte physischer Gewaltausübung sind etwa Sekundarschulen (Stufe I), insbesondere Haupt- und Sonderschulen in städtischen Ballungsgebieten, dort wiederum die männlichen Gruppen. Schwerpunkte bestimmter Formen verbaler Gewalt unter Schülern finden sich dagegen unter Mädchen oder in weiterführenden Schulen (Gymnasien).

Einige stereotype Annahmen über Opfer und Täter von Schülergewalt wurden im Verlauf der Empirie korrigiert. So erwies sich die feministische Annahme, Mädchen seien die bevorzugten Opfer von Schüler-Übergriffen, als nicht haltbar. Schülerinnen wurden statt dessen als subtile Gewalt-Strateginnen sichtbar gemacht, die im Rahmen verbaler Attacken oder in Form von Delegation und Anfeuerung zu physischer Gewalt insgeheim aktiv am Geschehen mitwirken (vgl. Popp 2001; Popp/Meier/Tillmann 2001). Die spezifische Gewaltbereitschaft von Schülerinnen wurde zu einem eigenen Forschungszweig erklärt (vgl. Werner/Bigbee/Crick 1999). Auch der General-Verdacht, dass multikulturelle Schulklassen und dass zugewanderte Schülergruppen vermehrt zu Gewaltkonflikten unter Schülern führten, musste differenzierteren Annahmen weichen. Weder ließ sich ein durchgehend größeres Konfliktpotenzial unter Schülern in multiethnischen Klassen nachweisen, noch unterschieden sich – vergleicht man die Schülergruppen innerhalb der einzelnen Schularten miteinander – zugewanderte und autochthon deutsche Schülergruppen in dieser Hinsicht voneinander. Eine besondere Gewaltbelastung zugewanderter Schüler in der Schule ergibt sich allerdings aus dem Umstand, dass sie überproportional häufig Haupt- und Sonderschulen, also stärker gewaltbelastete Schulsysteme besuchen (vgl. Fuchs 1999; Popp 2000; Bundesministerium 2001).

Standen zu Beginn der Debatte die „Täter" im Vordergrund des Interesses, interessierte die Forschung sich zunehmend für das komplexe Interaktionsgefüge, in das Schülergewalt eingebettet ist. Während die qualitativen Studien, insbesondere die Beobachtungsstudien, sich auf den Prozess konzentrierten, der gewalttätige Interaktionen unter den Gleichaltrigen generiert, ermittelten die repräsentativen Befragungen die unterschiedlichen Rollen, die Schüler hierbei einnehmen können (vgl. Rostampour/Melzer 1997; Rostampour 2000). So wurde unterschieden zwischen: gewalttätigen Tätern, Tätern, die zugleich Opfer sind, Opfern von Gewalthandlungen; aktiven, beteiligten Zuschauern und unbeteiligten Schülern. Täter und Opfer sind insgesamt kleine Minderheiten. Die breite Mehrheit der Schüler gehört zu den Unbeteiligten, die oftmals während der gesamten Schulzeit nicht betroffen sind. Eines der wichtigsten Resultate der Forschung war, dass die starke Überlappung von Opfer- und Täterrollen herausgearbeitet werden konnte. Anders ausgedrückt: Der stärkste Prädiktor für gewalttätige Schüler ist deren gleichzeitige/vorangegangene/nachfolgende Viktimisierung. Aggressiv agierende Schüler sind vielfach auch Zielscheibe von aggressiven Akten anderer Mitschüler und umgekehrt. In dieser Konstellation einer doppelten Beteiligung wird etwas vom Zwangszirkel der alltäglichen Gewalt sichtbar.

Eine Schwäche der repräsentativen Befragungsstudien besteht darin, dass dieser Ansatz nicht in der Lage ist, den situativen, handlungsbezogenen Kontext von Gewalthandlungen unter Schülern aufzuklären. Eine Ausnahme bildet hier die qualitativ-beobachtende Forschung, die aus der Tradition der Peerforschung heraus unternommen wurde. Gewalthaltiges Verhalten wird als Teil eines notwendigen sozio-moralischen Entwicklungsprozesses verstanden, in dessen Verlauf Kinder lernen, Zusammenleben und Regeln unter Gleichaltrigen zu erlernen und selbst zu steuern (Krappmann 1994; Krappmann/Oswald 1995). Auch eine Forschung, die sich in der Tradition einer historisch-ethnographischen Thematisierung von Spielhandlungen versteht, kommt zu einer alternativen Beschreibung von Gewalt unter Kindern und Jugendlichen. Was in der „pädagogisch-politisch korrekten" Forschung als Schülergewalt etikettiert wird, erscheint in dieser Tradition als „rough and tumble play" (Oswald 1997). Diese raue und rohe Seite gehört zum festen Bestandteil einer Geschichte der (männlichen) Spiele, die allerdings angesichts einer Tendenz zur Idealisierung des Spiels, insbesondere des kindlichen, gern vergessen wird. Es will beachtet sein, dass in dieser „Mindermeinung" unter den Forschern der Rekurs auf den politisch-juristischen Begriff der „Gewalt" peinlich vermieden wird, der im Mainstream der Schülerforschung unbefangen Verwendung findet.

8 Die neue Durchlässigkeit

Über das Wechselverhältnis von Schul- und Freizeitkultur der Schüler informiert uns die Schülerforschung gegenwärtig wenig. Was wir darüber wissen, stammt aus dem Feuilleton. Auf diese Weise sind wir beispielsweise über die strengen Regeln der Mode- und Markendiktate gut informiert, denen Musikvorlieben und Kleidungsmode in Schulklassen der Präadoleszenz unterworfen sind. Während die gesundheitlichen Auswirkungen von Schulversagen und Schulstress auf Schüler insbesondere dank der Arbeiten aus dem Umkreis des Bielefelder Sonderforschungsbereiches zur Prävention und Intervention im Kindes- und Jugendalter (z.B. Mansel/Hurrelmann 1991; Hurrelmann/Mansel 1998) mittlerweile als relativ etablierter wissenschaftlicher Topos gelten können, lassen sich die Wechselbeziehungen von Schul- und Freizeitkultur der Schüler und Schülerinnen eher als ein Forschungsdefizit bezeichnen.

Die wenigen vorliegenden Untersuchungen lassen starke Zusammenhänge erkennen. So besteht offenkundig eine hohe Korrelation zwischen dem Leistungsstatus der Schüler in der Schulklasse und der Art von Musik, die sie bevorzugen. Auf der Seite der Schulversager versammeln sich die Anhänger aggressiver, körperbetonter Stilrichtungen, insbesondere Hard Rock, auf der Seite der Schülerelite finden wir dagegen Anschlüsse an anspruchsvolle Varianten des Pop bis hin zur musikalischen Hochkultur (vgl. Roe 1993; Bastian 1998).

Ein anderes bemerkenswertes Beispiel wurde von Krüger, Grundmann, Kötters und Pfaff (2000) im Rahmen einer Schülerbefragung in Sachsen-Anhalt vorgelegt. Es zeigte sich, dass politisch-kulturelle Orientierungen von Jugendlichen und deren Einstellungen zur Schule miteinander korrelierten. Sympathisanten für soziokulturelle Protestbewegungen hatten das beste Verhältnis zu Schule und Schulleistungen, Sympathisanten mit linken Jugendszenen (Autonomen, Punks) zeigten eine stark ambivalente Beziehung, während die Anhänger rechter Jugendszenen die größte Distanz zur Schule bei ausgesprochen schlechten Schulleistungen aufwiesen (ebd., S. 96ff.).

Eine dritte Fragerichtung wird durch eine Studie von Peter Büchner repräsentiert. Er und seine Forschergruppe waren daran interessiert, welche Auswirkungen der schulische Statusübergang in weiterführende Schulen bei den Schülern auf die außerschulische Freizeit, also die nichtschulische Lebenswelt der Schüler hat. Aufgrund eigener vorangegangener Studien (Büchner/Fuhs/Krüger 1996; Büchner/Krüger 1996) war bekannt, „dass die Schule offensichtlich für das außerschulische Kinderleben eine wichtige Filterfunktion hat und sich auf die Gestaltung der schulfreien Zeit auswirkt: Das Denken und Handeln der Kinder wird auch außerhalb der Schule von schulischen Gegebenheiten und Abläufen beeinflusst“ (Büchner/Koch 2001, S. 123). Im Vergleich zwischen Grundschul- und Eingangszeit in die weiterführenden Schulen stellt das Team fest, dass von den Eltern dem Lernen in der Freizeit ab dem Übergang erhöhte Bedeutung zugemessen wird. Auch hier spielen privilegierte Bildungsschichten eine besondere Rolle.

9 Erwerb kulturellen Kapitals am Nachmittag

Die Fragerichtung von Peter Büchner und seinem Team leitet zu einer anderen Gruppe von Untersuchungen über. Angesichts einer Situation, in der sich das Monopol des Unterrichtssystems auf Wissensvermittlung an die jüngere Generation abzuschwächen beginnt, haben Studien Konjunktur, die dem individuellen Erwerb von Wissensbeständen und Fertigkeiten außerhalb des Bildungssystems nachgehen. Solche Selbst-Bildung oder Selbstsozialisation mag informell oder in Form des institutionalisierten Nachmittagsunterrichts geschehen. Um ein aktuelles Beispiel anzuführen: Ein Projekt des Deutsches Jugendinstituts (DJI) mit dem Titel „Lebenswelten als Lernwelten – Was lernen Kinder in ihrer Freizeit?“ ging dieser Schnittstelle von Schularbeit und Freizeitarbeit der Schüler nach (vgl. Hössl/Janke/Kellermann/Lipski 2001). Das geschah anhand eines Leitkonzeptes, eines pädagogisch ausgerichteten Interessenbegriffs. Die Projektgruppe untersuchte in verschiedenen Regionen in West- und Ostdeutschland die Zusammenhänge zwischen „interessengeleitetem Lernen“ der Kinder und Jugendlichen am Nachmittag auf der einen und schulischem Lernen auf der anderen Seite. Dabei ging es u.a. auch um die Frage, ob Schule interessengeleitetes, individuelles Lernen anzuregen vermag und welche Rolle dabei Nachmittagsangebote der Schule spielen können (vgl. im gleichen Sinn Krüger/Grundmann /Kötters/Pfaff 2000).

Heranwachsende erhalten in einer sich entwickelnden Dienstleistungs- und Wissensgesellschaft zunehmend die Möglichkeit, parallel zu schulischen Laufbahnen „Freizeitkarrieren“ aufzubauen. Sprichwörtlich hierfür sind die Computer-Kids geworden, schulunwillige Schüler (männlich), die sich als Autodidakten in das neue elektronische Medium einarbeiten und auf diese Weise eine Karriere jenseits des Bildungssystems etablieren. Jenseits solcher Volksmythen vom legendären beruflichen Aufstieg früherer Schulversager ist unter dem Begriff der

„Freizeitkarriere“ aber auch an Laufbahnversprechen zu denken, die solche Freizeitsysteme bereithalten, das Computersystem ebenso wie das des Sports oder das außerschulische soziale Engagement (vgl. Eckert/Drieseberg/Willems 1990). In solchen Studien wird vor allem die kompensierende Möglichkeit deutlich, die das System der Freizeitaktivitäten enthält. Eine andere Möglichkeit entsteht aus einem gleichsinnigen Zusammenwirken von Schule und Freizeit, aus der Nutzung synergetischer Effekte. Es liegt auf der Hand, dass diejenigen, die Nutzen aus den Lernangeboten des Unterrichts zu ziehen vermögen, dieses gleiche Nutzungsmuster auch auf die Freizeitangebote am Nachmittag und am Wochenende zu übertragen vermögen. Daraus resultiert eine Verdoppelung des Erwerbs vorteilhaften kulturellen Kapitals, wobei auch gewinnbringende Rückkoppelungen möglich sind, wenn man das außerhalb der Schule Gelernte innerhalb des Unterrichts anzuwenden vermag (vgl. Büchner 2001).

Während die Frage der sozialen und kulturellen Ungleichheit zwischen den Schülern in der früheren Bildungsforschung vor allem auf das Verhältnis von Familien- und Schulsystem bezogen wurde, integrieren Bildungs- und Ungleichheitsforscher zunehmend die Frage nach dem Verhältnis von Freizeit- und Schulsystem in ihr Untersuchungsdesign. Die Verlagerung des Erwerbs bestimmter kultureller Kompetenzen auf den außerschulischen Nachmittag wird als eine neue Quelle sozialer Ungleichheit angesehen. Es zeigt sich, dass der Zugang zu diesen Quellen der Unterrichtung stark durch die Schichtungs- und Bildungslage der Herkunftsfamilien vermittelt ist. Darauf hat insbesondere der Bildungssoziologe Büchner (vgl. Büchner/Krüger 1996; Büchner/Koch 2001) wiederholt und nachdrücklich hingewiesen. Das heißt, privilegierte Familiengruppen erstreiten ihren Kindern nicht nur direkte Vorteile, etwa durch eine sorgfältige vorschulische Erziehung innerhalb der Familie, sie besorgen dieses auch indirekt, durch die geschickte Nutzung von bildenden Möglichkeiten, die das Freizeitsystem reicher Dienstleistungsgesellschaften – zunehmend – als Infrastrukturangebot zur Verfügung stellt. Für solche Möglichkeiten steht beispielhaft die pädagogische Sitte der Bildungs- und Sprachreise während der gymasialen Schulzeit. An manchen Schulen verlässt die Mehrheit des 11. Jahrgangs für ein Jahr die Schule, um vor allem im englischsprachigen Raum Sprach- und Welterfahrungen zu sammeln. Die Bildungs- und Kulturangebote des Freizeitsystems stehen aber auch parallel zur alltäglichen Schulwoche zur Verfügung. Die „Verschulung“ der Schülernachmittage äußert sich in einer Zunahme von außerschulischen Trainings- und Unterrichtsangeboten. Dort werden jene Künste gelernt, die in der (deutschen) Schule nicht oder nur unzureichend vertreten sind: Ballett, Theater, Malen, Instrumente spielen, Sportarten erlernen, Leistungssport.

In einer deutschen Kinderstudie 1993 unter 10- bis 13Jährigen nehmen 48% der befragten Schüler Termine am Nachmittag wahr um etwas zu lernen oder zu trainieren (Strzoda/Zinnecker 1996). Dabei sind positive Korrelationen mit dem Besuch weiterführender Schulen und der Höhe der Bildungsabschlüsse der Eltern unübersehbar. Sport- und Bewegungsangebote dominieren hier, mit einigem Abstand von Musikinstrumenten und Gesang gefolgt. Ein kleines Indiz, das nicht unbeachtet bleiben sollte, ist das Sammeln von Urkunden und Pokalen, die Kinderzimmer, elterliche Wohnungen oder Klassenzimmer schmücken. 62% der 10- bis 13Jährigen haben solche Trophäen, teilweise mehrmals, erkämpft. In erster Linie handelt es sich um Sportpreise, in Wettkämpfen errungen, aber auch kulturelle Preise für musikalische, literarische oder darstellerische Leistungen (11% im Fall der Mädchen) sind darunter.

Unter der Hand sind Schulen dazu übergegangen, eigene Arbeitsgruppen und Kurse nachmittags in den Räumen der Schule anzubieten, wie jüngere Untersuchungen belegen (vgl. Mack 1999). Eine Untersuchung von Schulen in Sachsen-Anhalt ermittelte, dass gegenwärtig insgesamt 24 verschiedene Freizeitangebote an den untersuchten Sekundarstufen des Landes (5.

und 8. Klasse) angeboten werden, die von einem Viertel der Schüler genutzt werden, wobei der Anteil der Schüler am Nachmittag bei entsprechendem Angebot noch größer ausfallen könnte (vgl. Krüger u.a. 2000, S. 126ff.). Es zeigte sich u.a., dass vor allem jüngere sowie schulorientierte Schülerinnen und Schüler, die bereits in ihrer Freizeit viele strukturähnliche Freizeit-Termine wahrnehmen, die Angebote der Schule nutzen. Eine auf ganz Deutschland bezogene Stichprobe von 10- bis 13jährigen Schülern erbrachte, dass gleichfalls rund ein Viertel der Schüler die Nachmittagangebote der Schule nutzen, wobei die Angebote geschlechtsspezifisch wahrgenommen werden (vgl. Strzoda/Zinnecker 1996). Jedes dritte Mädchen und jeder fünfte Junge dieser Altersgruppe begeben sich in schulische AG's. Die Mädchen beschäftigen sich jeweils zu einem Viertel mit Musik, mit Literatur und mit praktischen Kursen; die Jungen zu 50% mit Sport, zu 19% mit Lernhilfen und Zusatzunterricht.

Der freien Zeit der Schüler fällt eine besondere sinn- und statusverleihende Bedeutung zu. In diesem Handlungsfeld haben Schüler die Möglichkeit, eigene Identitätsentwürfe zu erproben. Während sie noch Jahre, Jahrzehnte warten müssen, um an den zentralen sinnstiftenden Institutionen der Erwachsenenwelt, Beruf und Familie, zu partizipieren, erlangen Kinder und Jugendliche relativ früh und gleichberechtigt Zugang zur „Sinnwelt Freizeit“ (Eckert u.a. 1990). Damit lässt sich zugleich der relative Sinnverlust der Institution Schule kompensieren. Während sich der Wert von Schul- und Ausbildungsabschlüssen relativiert, gewinnt der außerschulische Bereich im Wettstreit um soziale und kulturelle Zusatzqualifikationen an Bedeutung. Zu Recht wird daher von außerschulischen Karrieren, Freizeitkarrieren oder auch von einer „Professionalisierung“ des außerschulischen Lehrens und Lernens gesprochen.

Literatur

Adler, P.A./Adler, P.: The carpool. A socializing adjunct to the educational experience. In: Sociology of Education 57 (1984), pp. 200-210

Armstrong, G.: Football Hooligans. Knowing the Score. Oxford/New York 1998

Arnett, J.J.: Metalheads: Heavy Metal Music and Adolescent Alienation. New York 1996

Aster, R.: Schule und Kultur. Zur Rekonstruktion schulischer Wirklichkeit aus dem Blickwinkel von Schülern und Lehrern. Monographie einer Hauptschule als Beitrag zur ethnographischen Schulforschung. Frankfurt a.M. 1990

Averbeck, M./Bliesener, T./Liehmann, A./Loesel, F.: Gewalt in der Schule. Zusammenhänge von Schulklima und Schulleistungen mit unterschiedlichen Typen der Konfliktlösung. In: Witruk, E./Friedrich, G./Sabisch, B.M./ Kotz, D.M. (Hrsg.): Pädagogische Psychologie im Streit um ein neues Selbstverständnis. Landau 1996, S. 584-591

Bach, H./Knöbel, R./Arentz-Morch, A./Rosner, A.: Verhaltensauffälligkeiten in der Schule. Mainz 1984

Bastian, H.G.: „Jugend musiziert“ oder Jugend und klassische Musik. In: Baacke, D. (Hrsg.): Handbuch Jugend und Musik. Opladen 1998, S. 117-154

Becker, H./Eigenbrodt, J./May, M.: Cliquen und Raum. Zur Konstituierung von Sozialräumen bei unterschiedlichen sozialen Milieus von Jugendlichen. In: Friedhelm, N. (Hrsg.): Gruppensoziologie. Perspektiven und Materialien. Kölner Zeitschrift für Soziologie und Sozialpsychologie. Sonderheft 25, Opladen 1983, S. 451-481

Behne, K.E.: Musikgeschmack in den 90er Jahren. In: Bullerjahn, C./Erwe, H.J./Weber, R. (Hrsg.): Kinder-Kultur. Ästhetische Erfahrungen, Ästhetische Bedürfnisse. Opladen 1999, S. 83-106

Behnken, I./Bois-Reymond, M. du/Zinnecker, J.: Lebensräume von Kindern im Prozeß der Modernisierung. Wiesbadener und Leidener Arbeiter-Kindheiten um 1900. In: Trommsdorff, G. (Hrsg.): Sozialisation im Kulturvergleich. Stuttgart 1989, S. 196-221

Behnken, I./Jaumann, O. (Hrsg.): Kindheit und Schule. Kinderleben im Blick von Grundschulpädagogik und Kindheitsforschung. München/Weinheim 1995

Behnken, I./Zinnecker, J. (Hrsg.): Kinder. Kindheit. Lebensgeschichte. Ein Handbuch. Seelze/Velber 2001

Best, P.: Die Schule im Netzwerk der Sozialkontrolle. Lokale Strukturen und Strategien. München 1979

Bietau, A.: Arbeiterjugendliche zwischen Schule und Subkultur. Eine Straßenclique in einer ehemaligen Bergarbeitersiedlung des Ruhrgebietes. In: Breyvogel, W. (Hrsg.): Pädagogische Jugendforschung. Erkenntnisse und Perspektiven. Opladen 1989, S. 131-160

Blackman, S.J.: The School: 'Poxy Cupid!'. An Ethnographic and Feminist Account of a Resistant Female Youth Culture: The New Wave Girls. In: Skelton, T./Valintine, G. (Eds.): Cool Places. Geographies of Youth Cultures. London/New York 1998, pp. 207-228

Böhme, J.: Schulmythen und ihre imaginäre Verbürgung durch oppositionelle Schüler. Ein Beitrag zur Etablierung erziehungswissenschaftlicher Mythosforschung. Bad Heilbrunn 2000

Böhnke, K./Hefler, G./Merkens, H./Hagan, J.: Jugendlicher Rechtsextremismus. Zur Bedeutung von Schulerfolg und elterlicher Kontrolle. In: Zeitschrift für Pädagogische Psychologie 12 (1998), H. 4, S. 236-249

Breidenstein, G.: Der Gebrauch der Geschlechterunterscheidung in der Schulklasse. In: Zeitschrift für Soziologie 26 (1997a), S. 337-351

Breidenstein, G.: Verliebtheit und Paarbildung unter Schulkindern. In: Hirschauer, S./Amann, K. (Hrsg.): Die Befremdung der eigenen Kultur. Frankfurt a.M. 1997b, S. 53-83

Breidenstein, G./Kelle, H.: Geschlechteralltag in der Schulklasse. Ethnographische Studien zur Gleichaltrigenkultur. Weinheim 1998

Breyvogel, W./Wenzel, H. (Hrsg.): Subjektivität und Schule. Pädagogisches Handeln zwischen subjektivem Sinn und institutioneller Macht. Essen 1983

Bronfenbrenner, U.: Zwei Welten. Kinder in USA und UdSSR. Stuttgart 1972. urspr.: Two Worlds of Childhood. 1970

Bronfenbrenner, U.: Ein Bezugsrahmen für ökologische Sozialisationsforschung. In: Grundmann, M./Lüscher, K. (Hrsg.): Sozialökologische Sozialisationsforschung. Konstanz 2000, S. 79-90; urspr.: Neue Sammlung. 3 (1976), S. 235-249

Bronfenbrenner, U.: Die Ökologie der menschlichen Entwicklung. Natürliche und geplante Experimente. Stuttgart 1981; urspr.: The Ecology of Human Development. Experimentsby Nature and Design. 1979

Büchner, P.: Das Kind als Schülerin oder Schüler. Gesellschaftliche Wahrnehmung der Kindheit als Schulkindheit und damit verbundene Forschungsprobleme. In: Zeiher, H./Büchner, P./Zinnecker, J. (Hrsg.): Kinder als Außenseiter? Umbrüche in der Wahrnehmung von Kindern und Kindheit. Weinheim 1996, S. 157-187

Büchner, P.: Kindersportkultur und biographische Bildung am Nachmittag. In: Behnken, I./Zinnecker, J. (Hrsg.): Kinder. Kindheit. Lebensgeschichte. Ein Handbuch. Velber 2001, S. 894-907

Büchner, P./Fuhs, B./Krüger, H.-H. (Hrsg.): Vom Teddybär zum ersten Kuss. Wege aus der Kindheit in Ost- und Westdeutschland. Opladen 1996

Büchner, P./Koch, K.: Von der Grundschule in die Sekundarstufe. Bd.1: Der Übergang aus Kinder- und Elternsicht. Opladen 2001

Büchner, P./Krüger, H.-H.: Schule als Lebensort von Kindern und Jugendichen. Zur Wechselwirkung von Schule und außerschulischer Lebenswelt. In: Büchner, P./Fuhs, B./Krüger, H.-H. (Hrsg.): Vom Teddybär zum ersten Kuss. Wege aus der Kindheit in Ost- und Westdeutschland. Opladen 1996, S. 201-224

Bundesministerien des Inneren und der Justiz (Hrsg.): Erster Periodischer Sicherheitsbericht. Berlin 2001

Chandler, K.A./Chapman, C.D./Rand, M.R./Taylor, B.M.: Students' Reports of School Crime: 1989 and 1995. Washington, D.C. 1998

Coleman, J.: Families and Schools. In: ZSE 15 (1995), Vol. 4, pp. 362-374; urspr.: Educational Researcher. 1987

Coleman, J./Hoffer, T.B.: Public and private high schools. The impact of communities. New York 1987

Coleman, J./Hoffer, T.B./Kilgore, S.: High school achievement. New York 1982

Combe, A./Helsper, W./Stelmaszyk, B. (Hrsg.): Forum Qualitative Schulforschung 1. Schulentwicklung – Partizipation – Biographie. Weinheim 1999

Czerwenka, K./Nölle, K./Pause, G./Schlotthaus, W./Schmidt, H./Tessloff, J.: Schülerurteile über die Schule. Bericht über eine internationale Untersuchung. Frankfurt a.M. u.a. 1990

Dehn, G.: Proletarische Jugend. Lebensgestaltung und Gedankenwelt der großstädtischen Proletarierjugend. Berlin 1929

Deutsches Jugendinstitut: Kinder am Nachmittag. München 1992

Die Deutsche Schule: Themenheft Gewalt unter Schülern 89 (1997), H. 1, S. 1-87

Dietrich, P./Freytag, R.: „Für das Leben lernen?" – Schulzufriedenheit in Brandenburg. In: Sturzbecher, D. (Hrsg.): Jugend und Gewalt in Ostdeutschland. Lebenserfahrungen in Schule, Freizeit und Familie. Göttingen 1997, S. 113-142

Dollase, R./Kliche, T./Moser, H. (Hrsg.): Politische Psychologie der Fremdenfeindlichkeit. Opfer, Täter, Mittäter. Weinheim/München 1999

Dornemann, A./Goepfert, G. (Hrsg.): Mein Schulweg. Erinnerungen und Geschichten. Rosenheim 1988

Ecarius, J. (Hrsg.): Was will die jüngere mit der älteren Generation? Generationenbeziehungen in der Erziehungswissenschaft. Opladen 1998

Eckert, R./Drieseberg, T./Willems, H.: Sinnwelt Freizeit. Jugendliche zwischen Märkten und Verbänden. Opladen 1990

Empirische Pädagogik: Themenheft Gewalt unter Schülern 11 (1997), H. 3

Engel, U./Hurrelmann, K.: Psychosoziale Belastung im Jugendalter. Berlin 1989

Fend, H.: Sozialgeschichte des Aufwachsens. Bedingungen des Aufwachsens und Jugendgestalten im 20. Jahrhundert. Frankfurt a.M. 1988

Foljanty-Jost, G./Rössner, D. (Hrsg.): Gewalt unter Jugendlichen in Deutschland und Japan. Ursachen und Bekämpfung. Baden-Baden 1997

Fölling-Albers, M. (Hrsg.): Veränderte Kindheit – Veränderte Grundschule. Frankfurt a.M. 1989

Fölling-Albers, M.: Entscholarisierung von Schule und Scholarisierung von Freizeit? ZSE 20 (2000), H. 2, S. 118-131

Förster, P./Friedrich, W./Müller, H./Schubarth, W.: Jugend Ost: Zwischen Hoffnung und Gewalt. Opladen 1993

Friedrich, W.: Zur Gewaltbereitschaft bei ostdeutschen Jugendlichen. In: Zeitschrift für Sozialisationsforschung und Erziehungssoziologie 14 (1994), H. 2, S. 118-130

Fuchs, M.: Ausländische Schüler und Gewalt an Schulen. In: Holtappels, H.G./Heitmeyer, W./Melzer, W./Tillmann, K.J. (Hrsg.): Forschung über Gewalt an Schulen. Erscheinungsformen und Ursachen, Konzepte und Prävention. Weinheim/München 1999, S. 119-136

Fuchs, M./Lamnek, S./Luedtke, J.: Schule und Gewalt. Realität und Wahrnehmung eines sozialen Problems. Opladen 1996

Fuchs, W./Zinnecker, J.: Nachkriegsjugend und Jugend heute. Werkstattbericht aus einer laufenden Studie. In Zeitschrift für Sozialisationsforschung und Erziehungssoziologie 5 (1985), H. 1, S. 5-29

Fuchs, W.: Jugend als Lebensphase. In: Jugendwerk der Deutschen Shell (Hrsg.): Jugendliche und Erwachsene 85. Generationen im Vergleich. Bd.1, Opladen 1985, S. 195-264

Funk, W. (Hrsg.): Nürnberger Schüler-Studie 1994: Gewalt an Schulen. Regensburg 1995

Göhlich, M./Wagner-Willi, M.: Rituelle Übergänge im Schulalltag. In: Wulf, C. u.a. (Hrsg.): Das Soziale als Ritual. Zur performativen Bildung von Gemeinschaften. Opladen 2001, S. 119-204

Grundmann, M./Fuss, D./Suckow, J.: Sozialökologische Sozialisationsforschung: Entwicklung, Gegenstand und Anwendungsbereiche. In: Grundmann, M./Lüscher, K. (Hrsg.): Sozialökologische Sozialisationsforschung. Konstanz 2000, S. 17-78

Hardman, C.: Auf dem Schulhof. Unterwegs zu einer Anthropologie der Kindheit. In: Loo, van de M.J./Reinhart, M. (Hrsg.): Kinder. Ethnologische Forschungen in fünf Kontinenten. München 1993, S. 60-77

Hartwig, H.: Jugendkultur. Ästhetische Praxis in der Pubertät. Reinbek 1980

Haselbeck, F.: Lebenswelt Schule. Der Schulalltag im Blickwinkel jugendlicher Hauptschülerinnen und Hauptschüler. Einstellungen, Wahrnehmungen und Deutungen. Passau 1999a

Haselbeck, F.: Wie Schüler Schule sehen. Hilferufe an Lehrer, Eltern und Politiker? Originale, sehr aufschlussreiche Schüleraussagen aus Gruppendiskussionen, Einzelinterviews und Schultagebuchaufzeichnungen. Passau 1999b

Hasenberg, R./Zinnecker, J.: Sportive Kindheit in Familie, Schule, Verein im Übergang zur Jugend. Eine quer- und längsschnittliche Analyse des Deutschen Kindersurveys. In: Kleine, W./Schulz, N. (Hrsg.): Modernisierte Kindheit – sportliche Kindheit? Sankt Augustin 1999, S. 87-104

Hauk, J.: Boygroups! Teenager, Tränen, Träume. Berlin 1999

Heinze, T.: Schülertaktiken. München 1980

Helsper, W.: Subjektivität und Schule. Über den Versuch, in der Schule (k)ein Subjekt sein zu dürfen. In: Breyvogel, W./Wenzel, H. (Hrsg.): Subjektivität und Schule. Essen 1983, S. 29-47

Helsper, W.: Zur Antinomie von ‚Heimat‘ in einer oppositionellen Schülerszene. In: Westermanns Pädagogische Beiträge 7/8 (1985), S. 324-332

Helsper, W.: Selbstkrise und Individuationsprozeß. Subjekt- und sozialisationstheoretische Entwürfe zum imaginären Selbst der Moderne. Opladen 1989a

Helsper, W.: Jugendliche Gegenkultur und schulisch-bürokratische Rationalität. Zur Ambivalenz von Informalisierungs- und Individualisierungsprozessen. In: Breyvogel, W. (Hrsg.): Pädagogische Jugendforschung. Opladen 1989b, S. 161-186

Helsper, W.: Jugend und Schule. In: Krüger, H.-H. (Hrsg.): Handbuch der Jugendforschung. Opladen 1993, S. 351-382

Helsper, W./Böhme, J./Kramer, R.T./Lingkost, A.: Schulkultur und Schulmythos. Gymnasien zwischen elitärer Bildung und höherer Volksschule im Transformationsprozess. Rekonstruktionen zur Schulkultur I. Opladen 2001

Hengst, H./Zeiher, H. (Hrsg.): Die Arbeit der Kinder. Kindheitskonzept und Arbeitsteilung zwischen den Generationen. Weinheim/München 2000

Henne, H.: Jugend und ihre Sprache: Darstellung, Material, Kritik. Berlin 1986

Henning, C. (Hrsg.): Jugend und Gewalt. Sozialwissenschaftliche Diskussion und Handlungsansätze. Bonn 1995

Hilbig, N./Titze, I.: Kritzeleien auf der Schulbank. Eine qualitative Analyse von Tisch-Graffiti. Hildesheim 1981

Hirschauer, S./Amann, K. (Hrsg.): Die Befremdung der eigenen Kultur. Frankfurt a.M. 1997

Hofferth, S./Sandberg, J.F.: Changes in American Children's Time, 1981-1997. In: Hofferth, S.L./Owens, T.J. (Eds.): Children at the Millennium: Where have we come from, where are we going? Amsterdam/London/New York et al. 2001, pp. 193-232

Hollingshead, A.B.: Elmtown's Youth. The Impact of Social Classes on Adolescents. New York/London/Sydney 1949

Holtappels, H.G.: Schulprobleme und abweichendes Verhalten aus der Schülerperspektive. Empirische Studie zu Sozialisationseffekten in situationellen und interaktionellen Handlungskontexten der Schule. Bochum 1987

Holtappels, H.G./Heitmeyer, W./Melzer, W./Tillmann, K.J. (Hrsg.): Forschung über Gewalt an Schulen. Erscheinungsformen und Ursachen, Konzepte und Prävention. Weinheim/München 1997

Holtappels, H.G./Meier, U.: Gewalt an Schulen. Erscheinungsformen von Schülergewalt und Einflüsse des Schulklimas. In: Die Deutsche Schule 89 (1997a), H. 1, S. 50-62

Holtappels, H.G./Meier, U.: Schülergewalt im sozialökologischen Kontext der Schule. In: Empirische Pädagogik 11 (1997b), H. 2, S. 117-133

Hössl, A./Furtner-Kallmünzer, M./Janke, D./Kellermann, D./Lipski, J.: In der Freizeit für das Leben lernen. Eine Studie zu den Interessen von Schulkindern. München 2002

Hurrelmann, K.: Gewalt in der Schule. In: Schwind, H.D./Baumann, J. u.a. (Hrsg.): Ursachen, Prävention und Kontrolle von Gewalt. Bd. 3, Berlin 1990, S. 363-380

Hurrelmann, K./Mansel, J.: Gesundheitliche Folgen wachsender schulischer Leistungserwartungen. Ein Vergleich von identisch angelegten repräsentativen Schülerbefragungen der Jahre 1986 und 1996. In: ZSE 18 (1998), H. 2, S. 168-182

Joos, M.: Die soziale Lage der Kinder. Sozialberichterstattung über die Lebensverhältnisse von Kindern in Deutschland. Weinheim/München 2001

Kauke, M.: Gemeinsamkeiten und Unterschiede sozialer Interaktionsmuster von sieben- bis zwölfjährigen Ostberliner Mädchen und Jungen in ihrer natürlichen Umgebung. In: Zeitschrift für Sozialisationsforschung und Erziehungssoziologie 15 (1995a), H. 1, S. 63-79

Kauke, M.: Kinder auf dem Pausenhof. Soziale Interaktion und soziale Normen. In: Behnken, I./Jaumann, O. (Hrsg.): Kindheit und Schule. Weinheim 1995b, S. 51-62

Kauke, M./Anhagen, A.E.: Wenn Kinder Kindern helfen. Eine Beobachtungsstudie prosozialen Verhaltens. In: Zeitschrift für Sozialpsychologie 16 (1996), S. 224-241

Kautz, H.: Im Schatten der Schlote. Versuche zur Seelenkunde der Industriejugend. Einsiedeln 1926

Kelle, H.: „Wir und die anderen" – Die interaktive Herstellung von Schulklassen durch Kinder. In: Hirschauer, S./ Amann, K. (Hrsg.): Die Befremdung der eigenen Kultur. 1997, S. 138-167

Kelle, H./Breidenstein, G.: Kinder als Akteure. Ethnographische Ansätze in der Kindheitsforschung. In: ZSE 16 (1996), H. 1, S. 47-67

Kelle, H./Breidenstein, G.: Alltagspraktiken von Kindern in ethnomethodologischer Sicht. In: Honig, M.S./Lange, A./Leu, R. (Hrsg.): Aus der Perspektive von Kindern? München/Weinheim 1999, S. 97-112

Kleine, W.: Kinder unterwegs – Wegstrecken als Räume kindlicher Bewegungssozialisation. In: Kleine, W./Schulz, N. (Hrsg.): Modernisierte Kindheit – sportliche Kindheit? Sankt Augustin 1999, S. 105-133

Kleine, W.: Tausend gelebte Kindertage. Kinder, Alltag und Bewegung. Weinheim 2003

Kraft : Schülerbeförderung. Eine heimliche Reform mit unheimlichen Folgen. In: Reinert, G.B./Zinnecker, J. (Hrsg.): Schüler im Schulbetrieb. Reinbek 1978, S. 207-261

Krappmann, L.: Misslingende Aushandlungen. Gewalt und andere Rücksichtslosigkeiten unter Kindern im Grundschulalter. In: Zeitschrift für Sozialisationsforschung und Erziehungssoziologie 14 (1994), S. 102-117

Krappmann, L./Oswald, H.: Alltag der Schulkinder. Beobachtungen und Analysen von Interaktionen und Sozialbeziehungen. Weinheim/München 1995

Krüger, H.-H./Grundmann, G./Kötters, C./Pfaff, N.: Jugendliche Lebenswelten und Schulentwicklung. Ergebnisse einer quantitativen Schüler- und Lehrerbefragung in Ostdeutschland. Opladen 2000

Krüger, H.-H./Pfaff, N.: Jugendkulturelle Orientierungen, Gewaltaffinität und Ausländerfeindlichkeit. Rechtsextremismus an Schulen in Sachsen-Anhalt. In: Aus Politik und Zeitgeschichte. 45 (2001), S. 14-23

Krumm, V./Lamberger-Baumann, B./Haider, G.: Gewalt in der Schule – auch von Lehrern. In: Empirische Pädagogik 11 (1997), H. 2, S. 257-274

Krumm, V./Weiß, S.: Ungerechte Lehrer. Zu einem Defizit in der Forschung über Gewalt an Schulen. In: psychosozial 23 (2000), H. 1, S. 57-74

Kuik, S.: The magical power of words: About children, their conflicts and their bodies. In: Etnofoor 12 (1999), pp. 53-71

Lamnek, S. (Hrsg.): Jugend und Gewalt. Devianz und Kriminalität in Ost und West. Opladen 1995

Lenzen, D.: Mythologie der Kindheit. Die Verewigung des Kindlichen in der Erwachsenenkultur. Versteckte Bilder und vergessene Geschichten. Reinbek 1985

Liebau, E./Wulf, C. (Hrsg.): Generation. Versuche über eine pädagogisch-anthropologische Grundbedingung. Weinheim 1996

Lösel, F./Bliesener, T./Averbeck, M.: Hat die Delinquenz von Schülern zugenommen? Ein Vergleich im Dunkelfeld nach 22 Jahren. In: Schäfer, M./Frey, D. (Hrsg.): Aggression und Gewalt unter Kindern und Jugendlichen. Göttingen 1999, S. 65-89

Mac An Ghaill, M.: Young, gifted and black. Student-teacher relations in the schooling of black youth. Milton Keynes 1988

Mac An Ghaill, M.: Beyond the white norm. The use of qualitative research in the study of black youths' schooling in England. In: Qualitative Studies in Education 2 (1989), pp. 175-189

Mac An Ghaill, M.: The making of men. Masculinities, sexualities and schooling. Buckingham/Philadelphia 1994

Mack, W.: Auf dem Weg zu einer lebensweltorientierten Schule? In: DJI Bulletin (1999), H. 49, S. 6-9

Mansel, J./Hurrelmann, K.: Alltagsstreß bei Jugendlichen. Weinheim/München 1991

Mansel, J.: Angst vor Gewalt. Eine Untersuchung zu jugendlichen Opfern und Tätern. Weinheim/München 2001

Mansel, J./Hurrelmann, K.: Aggressives und delinquentes Verhalten Jugendlicher im Zeitvergleich. Befunde aus „Dunkelfeldforschungen" aus den Jahren 1988, 1990 und 1996. In: Kölner Zeitschrift für Soziologie und Sozialpsychologie 50 (1998), H. 1, S. 78-109

McLaren, P.: Schooling as a ritual performance. Towards a political economy of educational symbols and gestures. London/New York 1986/1993

Mezger, W.: Die Bräuche der Abiturienten. Vom Kartengruß zum Supergag. Ein Beitrag zur Schülervolkskunde. Konstanz 1993

Monti, D.J.: Wannabe. Gangs in suburbs and schools. Oxford/Cambridge 1994

Nickel, H.: Das Problem der Einschulung aus ökologisch-systemischer Perspektive. In: Psychologie, Erziehung, Unterricht 37 (1990), S. 217-227

Nittel, D.: Kindliches Erleben und heimlicher Lehrplan des Schuleintritts. Über die Aneignung schulischer Sozialitätsformen. In: Behnken, I./Zinnecker, J. (Hrsg.): Kinder. Kindheit. Lebensgeschichte. Seelze-Velber 2001, S. 444-457

Nitzschmann, K.: Verweigerung macht Sinn. Schulvermeiden und Weglaufen als Selbstfindung. Frankfurt a.M. 2000

Olweus, D.: Gewalt in der Schule. Was Lehrer und Eltern wissen sollten – und tun können. Bern 1995 (urspr. norweg. 1993)

Opie, I.: The people in the playground. Oxford/New York 1993

Oswald, H.: Zwischen „Bullying" und „Rough and Tumble Play". In: Empirische Pädagogik 11 (1997), H. 2, S. 385-402

Oswald, H.: Jenseits der Grenze zur Gewalt: Sanktionen und raue Spiele. In: Schäfer, M./Frey, D. (Hrsg.): Aggression und Gewalt unter Kindern und Jugendlichen. Göttingen 1999, S. 179-199

Pinquart, M./Masche, J.G.: Verlauf und Prädikatoren des Schuleschwänzens. In: Silbereisen, R.K./Zinnecker, J. (Hrsg.): Entwicklung im sozialen Wandel. Weinheim 1999, S. 221-238

Popp, U.: Gewalt an Schulen als „Türkenproblem"? Gewaltniveau, Wahrnehmung von Klassenklima und sozialer Diskriminierung bei deutschen und türkischen Schülerinnen und Schülern. In: Empirische Pädagogik 14 (2000), H. 1, S. 59-91

Popp, U.: Gewalt als „Interaktionsprodukt" der Geschlechter. In: Mansel, J./Schweins, W./Ulbrich-Herrmann, M. (Hrsg.): Zukunftsperspektiven Jugendlicher: Wirtschaftliche und soziale Entwicklungen als Herausforderung und Bedrohung für die Lebensplanung. Weinheim/München 2001, S. 241-255

Popp, U./Meier, U./Tillmann, K.J.: Es gibt auch Täterinnen: Zu einem bisher vernachlässigten Aspekt der schulischen Gewaltdiskussion. ZSE 21 (2001), H. 2, S. 170-191

Projektgruppe Jugendbüro: Die Lebenswelt von Hauptschülern. Ergebnisse einer Untersuchung. München 1975

Projektgruppe Jugendbüro: Subkultur und Familie als Orientierungsmuster. Zur Lebenswelt von Hauptschülern. München 1977

psychosozial: Gewalt an Schulen. Themenheft 23 (2000), H. 1, Nr. 79

Reinert, G.B./Zinnecker, J.: „Was wir Schüler in den Pausen auf dem Schulhof und in der Schule machen (auch was Lehrer eigentlich nicht wissen dürfen)". In: Reinert, G.B./Zinnecker, J. (Hrsg.): Schüler im Schulbetrieb. Reinbek 1978, S. 177-199

Reißig, B.: Schulverweigerer in Deutschland. Ergebnisse einer empirischen Untersuchung. In: Deutsches Jugendinstitut (Hrsg.): Das Forschungsjahr 2000. München 2001, S. 89-106

Roe, K.: The School and Music in Adolescent Socialization. In: James Lull (Eds.): Popular music and communication. Newbury Park et al. 1987, pp. 212-230

Roe, K.: Academic capital and music tastes among Swedish adolescents. In: Young 1 (1993) Vol. 3

Rostampour, P.: Schüler als Täter, Opfer und Unbeteiligte. Veränderung der Rollen im sozialen und biographischen Kontext. In: psychosozial 23 (2000), H. 1, S. 17-28

Rostampour, P./Melzer, W.: Täter-Opfer-Typologien im schulischen Gewaltkontext. Forschungsergebnisse unter Verwendung von Cluster-Analyse und multinomialer logistischer Regression. In: Holtappels, H.G./Heitmeyer, W./Melzer, W./Tillmann, K.J. (Hrsg.): Forschung über Gewalt an Schulen. Erscheinungsformen und Ursachen, Konzepte und Prävention. Weinheim/München 1997, S. 169-189

Schäfer, M./Frey, D. (Hrsg.): Aggression und Gewalt unter Kindern und Jugendlichen. Göttingen 1999

Schlobinski, P./Heins, N.C. (Hrsg.): Jugendliche und „ihre" Sprache. Sprachregister, Jugendkulturen und Wertesysteme. Empirische Studien. Opladen 1998

Schlobinski, P./Kohl, G./Ludewigt, I.: Jugendsprache. Fiktion und Wirklichkeit. Opladen 1993

Schmidt, R.B./Schetsche, M.: Jugendsexualität und Schulalltag. Opladen 1998

Schneider, H.: Jugend und Rechtsextremismus in Deutschland. Erscheinungsformen, Erklärungsansätze und Gegenstrategien. Ein Literaturbericht. In: Deutsches Jugendinstitut (Hrsg.): Literaturreport 1998. München 1999, S. 5-188

Schneider, I.K.: Kinder kommen in die Schule. Schulanfang aus biographischer Perspektive. In: Behnken, I./Zinnecker, J. (Hrsg.): Kinder. Kindheit. Lebensgeschichte. Seelze-Velber 2001, S. 458-472

Schorch, G.: Kind und Zeit. Entwicklung und schulische Förderung des Zeitbewusstseins. Bad Heilbrunn 1982

Schubarth, W./Kolbe, F.U./Willems, H. (Hrsg.): Gewalt an Schulen: Ausmaß, Bedingungen und Prävention. Quantitative und qualitative Untersuchungen in den alten und neuen Ländern. Opladen 1996

Schubarth, W./Melzer, W. (Hrsg.): Schule, Gewalt und Rechtsextremismus. Analyse und Prävention. Opladen 1993

Schuster, B.: Bullying in der Schule: Ein Überblick über die Forschung und Anregungen aus verwandten Forschungstraditionen. In: Empirische Pädagogik 11 (1997), H. 2, S. 315-326

Schuster, B.: Gibt es eine Zunahme von Bullying in der Schule? Konzeptuelle und methodische Überlegungen. In: Schäfer, M./Frey, D. (Hrsg.): Aggression und Gewalt unter Kindern und Jugendlichen. Göttingen 1999, S. 91-104

Schwind, H.D./Baumann, J. u.a.: Ursachen, Prävention und Kontrolle von Gewalt. Analysen und Vorschläge der Unabhängigen Regierungskommission zur Verhinderung und Bekämpfung von Gewalt (Gewaltkommission). Berlin 1990

Stecher, L.: Entwicklung der Lern- und Schulfreude im Übergang von der Kindheit zur Jugend. Welche Rolle spielt die Familienstruktur und die Qualität der Eltern-Kind-Beziehungen? In: ZSE 20 (2000), H. 1, S. 70-88

Stecher, L.: Die Wirkung sozialer Beziehungen. Weinheim 2001

Stolz, G.E.: Das Zusammenwirken von Elternhaus, Schule und Freundschaftsgruppen in der Erziehung. Eine Untersuchung zur Ökologie der Entwicklung von Schülern. Weinheim 1987

Strzoda, C.: Kinder und ihr Zeitbudget. In: Zinnecker, J./Silbereisen, R.K. (Hrsg.): Kindheit in Deutschland. Aktueller Survey über Kinder und ihre Eltern. Weinheim/München 1996, S. 23-40

Strzoda, C./Zinnecker, J.: Das persönliche Zeitbudget zwischen 13 und 30. In: Silbereisen, R.K./Vaskovics, L.A./Zinnecker, J. (Hrsg.): Jungsein in Deutschland. Jugendliche und junge Erwachsene 1991 und 1996. Opladen 1996, S. 281-300

Sturzbecher, D. (Hrsg.): Jugend und Gewalt in Ostdeutschland. Lebenserfahrungen in Schule, Freizeit und Familie. Göttingen 1997

Tervooren, A.: Pausenspiele als performative Kinderkultur. In: Christoph, W. u.a. (Hrsg.): Das Soziale als Ritual. Zur performativen Bildung von Gemeinschaften. Opladen 2001, S. 205-248

Testanière, J.: Chahut traditionell et chahut anomique das l'enseignement du second degré. In: Revue Francaise de Sociologie. 8. Sonderheft (1967), S. 17-33

Thimm, K.: Schulverweigerung – Schulverweise – „Unbeschulbarkeit". Ursachenverstehen und Alternativen für die Arbeit mit Schulaussteigern. In: Unsere Jugend 50 (1998), H. 2, S. 67-79

Thimm, K: Schulverweigerung. Zur Begründung eines neuen Verhältnisses von Sozialpädagogik und Schule. Münster 2000

Thorne, B.: Gender Play. Girls and Boys in School. Buckingham 1993

Tillmann, K.J./Holler-Nowitzki, B./Holtappels, H.G./Meier, U./Popp, U.: Schülergewalt als Schulproblem. Verursachende Bedingungen, Erscheinungsformen und pädagogische Handlungsperspektiven. Weinheim/München 1999

Ulich, K.: Schulische Sozialisation. In: Hurrelmann, K./Ulich, D. (Hrsg.): Neues Handbuch der Sozialisationsforschung. Weinheim/Basel 1991, S. 377-396

Watts, M.W. (Ed.): Cross-cultural perspectives on youth and violence. London/Stamford 1998

Werner, N.E./Bigbee, M.A./Crick, N.R.: Aggression und Viktimierung in Schulen: „Chancengleichheit" für aggressive Mädchen. In: Schäfer, M./Frey, D. (Hrsg.): Aggression und Gewalt unter Kindern und Jugendlichen. Göttingen 1999, S. 153-177

Wiechell, D.: Musikalisches Verhalten Jugendlicher. Ergebnisse einer empirischen Studie – alters-, geschlechts- und schichtspezifisch interpretiert. München u.a. 1977

Willems, H./Jurga, M. (Hrsg.): Inszenierungsgesellschaft. Ein einführendes Handbuch. Opladen/Wiesbaden 1998

Willis, P.E.: Learning to Labour. How Working Class Kids Get Working Class Jobs. London 1977; Spaß am Widerstand. Gegenkultur in der Arbeiterschule. Frankfurt a.M. 1979

Wooden, W.S.: Renegade kids, suburban outlaws. From youth culture to delinquency. Belmont et.al. 1995

Würtz, S.: Wie fremdenfeindlich sind Schüler? Weinheim 2000

Wulf, C./Althans, B./Audehm, K./Bausch, C./Göhlich, M./Sting, S./Tervooren, A./Wagner-Willi, M./Zirfas, J.: Das Soziale als Ritual. Zur performativen Bildung von Gemeinschaften. Opladen 2001

Wulf, C./Göhlich, M./Zirfas, J. (Hrsg.): Grundlagen des Performativen. Eine Einführung in die Zusammenhänge von Sprache, Macht und Handeln. Weinheim/München 2001

Zeitschrift für Pädagogik: Themenheft Schülergewalt 29 (1993), H. 5

Zinnecker, J.: Die Schule als Hinterbühne oder Nachrichten aus dem Unterleben der Schüler. In. Reinert, B./Zinnecker, J. (Hrsg.): Schüler im Schulbetrieb. Reinbek 1978, S. 29-121

Zinnecker, J.: Im Schulbunker wimmelt es nur so von „fiesen Hunden", „Drachen" und „alten Knackern". Aus der Welt der Schülersubkultur. In: päd extra 7 (1979), H. 4, S. 38-43

Zinnecker, J.: Stadtkids. Kinderleben zwischen Straße und Schule. Weinheim/München 2001

Zinnecker, J./Stecher, L.: Zwischen Lernarbeit und Erwerbsarbeit. Wandel und soziale Differenzierung im Bildungsmoratorium. In: Silbereisen, R.K./Vaskovics, L.A./Zinnecker, J. (Hrsg.): Jungsein in Deutschland. Jugendliche und junge Erwachsene 1991 und 1996. Opladen 1996, S. 165-184

Zöller, W.: Bankkritzeleien. Befunde, Anmerkungen, Anregungen. In: Die Deutsche Schule (1977), S. 168-175

5 Schulische Übergänge und Verläufe

Isabell Diehm

Kindergarten und Grundschule – Zur Strukturdifferenz zweier Erziehungs- und Bildungsinstitutionen

1 Einleitung

Der Kindergarten ist als eine anerkannte sozialpädagogische Institution frühkindlicher Erziehung, Bildung und Betreuung aus der hiesigen Bildungslandschaft nicht wegzudenken. Ab einem bestimmten Lebensalter sei er zur kulturellen Selbstverständlichkeit geworden, heißt es im 10. Kinder- und Jugendbericht des Bundesministeriums für Familie, Senioren, Frauen und Jugend des Jahres 1998. Ebenso wenig ist Kinderleben ohne Schulbesuch denkbar. Jedes Kind im schulpflichtigen Alter hat eine öffentliche oder private Schule unter staatlicher Kontrolle zu besuchen, wobei die vierjährige Grund- oder Primarstufe (Grundschule) die notwendig zu durchlaufende Basis für den weiteren, sich anschließenden Besuch einer Sekundarschule bildet. Anders als im vorschulischen Bereich, in dem das Prinzip der Freiwilligkeit traditionell verankert ist, stellt Schule seit der Einführung der gesetzlichen Schulpflicht zu Beginn des 19. Jahrhunderts im Leben der Heranwachsenden ein Obligatorium dar. Darüber hinaus ist der Schulbesuch kostenfrei, für den Kindergartenbesuch hingegen werden den Familien Gebühren in Rechnung gestellt.

Als Einrichtungen des öffentlichen Erziehungs- und Bildungssystems vermögen Kindergarten und Grundschule mithin, dessen Ausdifferenzierung exemplarisch zu verdeutlichen. So hat sich der Kindergarten im Laufe seiner 150-jährigen Geschichte als eine vor- und außerschulische Erziehungs-, Bildungs- und Betreuungseinrichtung etablieren können, die rechtlich-administrativ dem Bereich der Kinder- und Jugendhilfe zugeordnet ist. Zwar ist der Kindergarten eine Einrichtung öffentlicher Kindererziehung, dennoch gehört er formal nicht dem Bildungs-, sondern dem Sozialbereich an – obschon ihm grundlegende Bildungsaufgaben zugesprochen werden und er diese seinem Selbstverständnis nach für sich auch proklamiert. Rechtliche Grundlage der institutionalisierten Kleinkindererziehung bilden zum einen das Kinder- und Jugendhilfegesetz (KJHG), das 1991 in Kraft getreten ist, und zum anderen die jeweiligen länderspezifischen Kindergartengesetze. Demgegenüber handelt es sich bei der Grundschule um eine Institution, die dem Bildungsbereich angehört. Ihre rechtliche Basis bildet die Schulgesetzgebung, die in der föderal strukturierten Bundesrepublik Deutschland Ländersache ist; die Arbeit in den Schulen unterliegt der staatlichen Schulaufsicht.

Kindergarten und heutige Grundschule, vormals die Grundstufe der Volksschule (auch Elementar- oder Trivialschule), haben sich im Zuge funktionaler Differenzierung als Einrichtungen im Bereich von Erziehung, Bildung und Betreuung weitgehend unabhängig voneinander entwickelt. In ihrem institutionellen Zuschnitt wiesen sie ursprünglich kaum Verzahnungen auf. Die historischen Anfänge der Volksschule sind nicht nur vor denen des Kindergartens anzusetzen, sondern auch in Bezug auf ihre jeweilige pädagogische Bedeutung zeugen beide Einrichtungen seit ihrer Entstehung zu Beginn des 19. Jahrhunderts bis in die Mitte des 20. Jahrhunderts von divergenten Entwicklungen. Sie verliefen weitgehend parallel zum gesellschaftlichen Wandel während dieses Zeitraums; zu nennen sind: Industrialisierung, die Entstehung einer bürgerlichen Gesellschaft, die Nationalstaatenbildung, zunehmende Demokratisierung und die allmähliche Herausbildung des Wohlfahrtsstaates. Vor allem die Schule erfuhr mehrfach einen Funktionswandel. So war beispielsweise ihr Qualifikationsauftrag nicht von vornherein an das Prinzip „Selektion nach Leistung" gebunden. Soziale Platzanweisung zählte nämlich solange nicht zu ihrer Aufgabe wie diese durch Herkunft, also qua Geburt, von vornherein determiniert war (vgl. Titze 2000). Gleichwohl sind für die Entwicklung von Kindergarten und Grundschule vielfältige Querverbindungen und wechselseitige Einflussnahmen nicht zu übersehen, etwa wiederkehrende Versuche, den Kindergarten als Prodädeutikum ganz auf die Schule zuzuscheiden, ihn als schulische Einrichtung zu verankern und dem Zuständigkeitsbereich der Schulbehörden zu unterstellen. Im internationalen Vergleich verlief die Institutionalisierung vorschulischer Erziehung in vielen europäischen Ländern übrigens im Anschluss an diese Option (vgl. Fthenakis/Textor 1998). Demgegenüber lassen sich in stetiger Wiederkehr reformpädagogisch inspirierte Versuche verzeichnen, den sich herausbildenden leistungsbezogenen Selektionscode der Schule abzumildern durch Anleihen bei der Sozialpädagogik. Vor- und außerschulische Erziehungsansätze wurden mit dem Ziel implementiert, einem emphatischen Verständnis des Pädagogischen besser Rechnung tragen zu können.

Vor dem Hintergrund der divergierenden bereichsspezifischen Zuordnungen und Entwicklungen von Kindergarten und Grundschule lässt sich nachvollziehen, dass jede Einrichtung in Abhängigkeit zu ihrer historisch ausgeprägten funktionsspezifischen und systeminternen Logik eine dazu kompatible Organisationslogik aufweist. Eine institutionenvergleichende Analyse in historisch-systematischer Perspektive ermöglicht es, die Strukturdifferenz der beiden Institutionen Kindergarten und Grundschule genauer zu rekonstruieren, wobei sich eine systematische Zuspitzung auf die je spezifischen Gruppenbildungspraktiken als hilfreich erweist. Nach welchen Organisationsprinzipien im Kindergarten oder in der (Grund-) Schule Kinder- bzw. Lerngruppen zusammengeschlossen werden, lässt sich entlang der Kriterien ‚soziale Herkunft', ‚Geschlecht', ‚Alter' und ‚Selektion nach Leistung' operationalisieren und genauer beobachten. Funktion und Organisation der beiden Einrichtungen bilden für die folgende Darstellung mithin das tertium comparationis der Analyse (2).

Die aktuellen, die Ergebnisse der PISA-Studie (vgl. Deutsches PISA-Konsortium 2001) reflektierenden Debatten um die Leistungsfähigkeit des bundesrepublikanischen Bildungssystems berühren sowohl den vor- wie den grundschulischen Bereich öffentlicher Erziehung und Bildung. Unter dem Aspekt von Effizienz wird (wieder einmal) (fach-) öffentlich diskutiert, ob zum einen jede der beiden Institutionen ihrem gesetzlich verankerten Bildungsauftrag gerecht werde und ob zum anderen nicht auch eine langfristige Steigerung der Leistungseffizienz gemessen an Schülerleistungen durch eine engere Verzahnung von Kindergarten- und Grundschulpädagogik zu erreichen sei. Für diese jüngste Bildungsdiskussion lässt sich beobachten, dass von bildungsadministrativer wie von schulpädagogischer Seite verstärkt ein leistungsorientierter gegenüber einem eher emphatischen, reformpädagogisch inspirierten Bildungsbegriff reklamiert und an die Kindergartenpädagogik herangetragen wird. Mit Blick auf diese aktuellen elementar- und schulpädagogischen Debatten und Forschungslagen wird im nächsten Schritt untersucht, inwieweit sich die Ausdifferenzierung von Kindergarten und Grundschule nach wie vor im Sinne eines Kontinuums von Such- oder phasenhaft verlaufenden Annäherungs- wie

Abstoßungsbewegungen vollzieht. Eine Rekonstruktion gegenwärtiger Diskussionen um den Bildungsauftrag des Kindergartens einerseits und konkurrierender Bildungsverständnisse im Grundschulbereich andererseits wird diesen Zusammenhang beleuchten. In Folge der PISA-Studien liegt die Vermutung nahe, dass sowohl der Kindergarten wie die Grundschule durch sehr grundsätzliche Reformansinnen auch weiterhin in Bewegung gehalten werden (3). Als ein ungelöstes Problem erweist sich der Übergang vom Elementar- zum Primarbereich, was sich in programmatischen Debatten, einer aktuellen Reformpraxis sowie einer sie flankierenden Forschungslage widerspiegelt (4). Eine Bilanzierung und der Hinweis auf Desiderata werden die hier angestellten Überlegungen abschließen (5).

2 Kindergarten und Grundschule – Ein historisch-systematischer Vergleich zu den strukturellen Differenzen der beiden Institutionen[1]

Betrachtet man sich die historische Entwicklung des Kindergartens und der Grundschule entlang des systematisierenden Kriteriums ‚Gruppenbildungspraxis', wird deutlich, dass jede Institution in Abhängigkeit von ihrer gesellschaftlichen, bildungspolitischen und pädagogischen Funktion unterschiedliche Entwicklungen durchlaufen hat. Im jeweils bevorzugten Organisationsmodus von Gruppen- bzw. Klassenbildung entlang der Kriterien ‚soziale Herkunft', ‚Geschlecht', ‚Alter' und/oder ‚Leistung' findet die gesellschaftliche Funktion der Erziehungs- und Bildungsinstitution Kindergarten bzw. Grundschule und deren Wandel ihren Ausdruck. In einer solchen Perspektive geht es mithin um die Beobachtung spezifischer Homogenisierungs- wie De-Homogenisierungspraktiken.

Tendenziell kann soziale Homogenisierung aufgrund der Dreigliedrigkeit des deutschen Schulsystems bis heute nicht als überwunden gelten, dagegen ist die Geschlechterhomogenisierung seit den sechziger Jahren des 20. Jahrhunderts durch eine flächendeckende Koedukation von Mädchen und Jungen im höheren Schulwesen irrelevant geworden. Das Organisationsprinzip, nach Alter in Jahrgangsklassen zu homogenisieren, hat seit den historischen Anfängen eines staatlich kontrollierten Schulwesens zunehmend mehr an Gültigkeit gewonnen. Es steht in direktem Zusammenhang mit der Konsolidierung des schulischen Selektionsprinzips nach Leistung. Die Homogenisierung nach Leistung bedarf einer Homogenisierung nach Altersklassen und bildet in der Schule mehr denn je das herausragende und unangefochtene Organisationsprinzip. Klassenwiederholung, Zurückstellung am Schulanfang, Überweisung in Sonderschulen und leistungsgebundene Zuweisungen auf die verschiedenen Sekundarschulformen am Ende der Grundschulzeit erweisen sich als diejenigen Mittel, welche das Prinzip der Homogenisierung kontinuierlich zur Umsetzung bringen, und zwar in eben jener Abhängigkeit zur Funktion der Schule: Qualifikation und Allokation mittels Selektion nach Leistung. Demgegenüber muss sich der Kindergarten als eine sozialpädagogische Einrichtung nicht an diesem schulischen Gruppenbildungsprinzip ausrichten, denn die ihm zugewiesene Funktion stellt sich nicht über das Prinzip: Selektion nach Leistung her. Im Kindergarten geht es um die Betreuung

1 Einige Passagen dieses Abschnitts geben Argumentationsgänge wieder, die bereits in anderen Texten (vgl. Diehm 2002; Diehm/Radtke 1999, S. 105ff.) ähnlich, wenn auch in anderen systematischen Zusammenhängen formuliert wurden.

und Erziehung der Kinder sowie um die Grundlegung früherer Bildungsprozesse. Insofern sind hier andere Organisationsformen als die Herstellung homogener Lern-/Leistungs- bzw. Altersgruppen nicht nur möglich, sondern werden pädagogisch begründet sogar angestrebt. Mit Heterogenität in den Dimensionen: Alter, Geschlecht, soziale Herkunft und Leistungsvermögen wird in vor- und außerschulischen Kindergruppen (inzwischen) mithin konzeptionell gerechnet (vgl. mit Blick auf das Differenzmerkmal Ethnizität: vgl. Diehm/Radtke 1999).

2.1 Der Kindergarten

Der Kindergarten in seiner heutigen Form vereint zwei historische Vorläuferorganisationen: zum einen die Kinderbewahranstalten, zum anderen den Kindergarten nach dem Modell der Kleinkindererziehung, wie Fröbel (1782–1852) es in der ersten Hälfte des 19. Jahrhunderts konzipierte.

Die Bewahranstalten in Deutschland gehen zurück auf ein Erziehungskonzept, das Wilderspin (1826) in London zur Früherziehung der Kinder der Armen entwickelte. Er führt drei Funktionen an, welche diese Einrichtungen erfüllen sollten: die Verhinderung von Verwahrlosung und somit die Verbrechensverhütung, die Förderung des Schulbesuchs von Schulkindern, deren jüngere Geschwister nun nicht mehr ihrer Betreuung bedurften, und die Grundlegung einer christlichen Erziehung (vgl. Grossmann 1987, S. 17). In ausgesprochen großen Gruppen von etwa 120 Kindern pro Erzieher war nur mehr Massenerziehung möglich, gleichwohl existierte eine Art „Lehrplan", der neben der religiösen Unterweisung auch Lesen und Rechnen umfasste.

Dieses Konzept der Kleinkinderbewahranstalten wurde in Deutschland insbesondere in Folge der Napoleonischen Kriege und der sich anschließenden Notzeiten zu Beginn des 19. Jahrhunderts von privaten Bürgervereinen aufgegriffen und variiert. Vor allem bürgerliche Frauen engagierten sich in sozialer Hilfstätigkeit, welche sich gerade auch an arme Kinder richtete. In kirchlichen Kreisen begann man sich nach und nach dieser Idee zu öffnen. Der evangelische Pfarrer Theodor Fliedner entwarf beispielsweise Ende der dreißiger Jahre des 19. Jahrhunderts ein pädagogisches Konzept für Bewahranstalten, zu dessen Realisierung er Diakonissen systematisch auszubilden begann. Ein kurztaktiger, verschulter Tageslauf, in dem religiöse Unterweisung und Disziplinierung die Schwerpunkte bildeten, gehörte zu den konzeptionellen Eckpunkten der Bewahranstalten (vgl. ebd., S. 18). Adressaten dieser Maßnahme, welche eine dezidiert caritativ-sozialfürsorgerische Funktion hatte, waren die Kinder der armen Schichten, „die Kinder armer Eltern, die durch ihre Beschäftigung verhindert sind, ihren Kindern die gehörige Sorgfalt zu widmen" (Uhlhorn 1895[2], S. 744, zitiert nach Grossmann 1987, S. 19). Für die Kinder der höheren Stände hingegen wurden in sozial segregierender Absicht sogenannte Kleinkinderschulen mit pädagogischem Anspruch als familienergänzende Einrichtungen geschaffen, in denen die Entwicklung der Kinder gezielt gefördert werden sollte.

Der andere Strang, der für die Entwicklung des heutigen Kindergartens modellhaft wurde, ist Friedrich Fröbels pädagogisch ambitionierte Einrichtung der Früherziehung, die schon bei ihrer Gründung im Jahr 1840 den Namen ‚Kindergarten' trug. Für diese frühe und pädagogisch anspruchsvolle Erziehungs- und Bildungseinrichtung können die erwähnten Kinderbewahranstalten und Kleinkinderschulen wiederum als Vorläuferinstitutionen gelten. Aus zweierlei Gründen erscheint der Fröbelsche Kindergarten schon in seiner Anfängen als eine Eliteeinrichtung: zum einen kam er nur sehr vereinzelt vor, was wohl seiner pädagogischen Ambition und dem erwarteten elterlichen Engagement geschuldet war zum anderen sprach er wohl gerade deshalb insbesondere diejenigen Eltern an, die dem gehobenen Mittelstand (Adel und Bürgertum) angehörten und neuen Bildungsideen gegenüber aufgeschlossen waren (vgl. Grossmann 1987, S. 27). Während der Zeit der Restauration unterlag der Fröbelsche Kindergarten ab 1851 aus politischen Gründen dem neunjährigen preußischen Kindergartenverbot, was seine weitere Verbreitung abrupt verhinderte. In Fröbels Konzeption waren es drei Funktionen, welche er dem Kindergarten zusprach:

- Gemäß Fröbels genuin pädagogisch inspirierten, systematisch entfalteten, vor allem intuitiv begründeten und auf Beobachtung beruhenden Vorstellungen der kindlichen Entwicklung sollte der Kindergarten derjenige Ort sein, an dem eine kindgemäße, familienergänzende Pädagogik eine umfassende Förderung der jungen Kinder in den verschiedenen Entwicklungsdimensionen (Sprache, Motorik, Emotionalität und Geist) insbesondere durch das Spiel vorangetrieben werde.
- Als die unterste Stufe eines einheitlich gedachten Bildungswesens sollte er den anschließenden Schulbesuch vorbereiten und grundlegen.
- Er sollte als Bildungsstätte für Eltern und Ausbildungsstätte für Männer und Frauen fungieren, die für eine Erzieher(innen)tätigkeit qualifiziert werden sollten (vgl. ebd., Schilling 1997, S. 74, Liegle 2001, Beinzger/Diehm 2003).

In Liegles (2001) Lesart der Fröbelschen Kindergartenpädagogik handelt es sich erstmals und bis heute nicht übertroffen um einen Ansatz, der die frühe Förderung und die Erziehung junger Kinder allererst von deren Entwicklungsbedürfnissen und -aufgaben ableitete. Die Etablierung der Kindergärten nach dem Modell Fröbels richtete sich demnach weniger an gesellschaftlichen Erfordernissen, wie sozialen Notlagen oder Notwendigkeiten im Sinne aktueller beschäftigungs- und frauenpolitischen Erwägungen aus, als am Bedarf der Familien, in ihren pädagogischen Aufgaben Unterstützung zu erfahren. Die eigens dafür konzipierte Einrichtung Kindergarten definiere sich daher zuvörderst pädagogisch.

Fröbels Kindergarten blieb eine „Ausnahmeerscheinung", der sich in der Zeit seiner Entstehung und auch während der folgenden Jahrzehnte weder pädagogisch durchsetzen konnte noch politisch gewollt war. In „Reinform" existierte er in der Folgezeit nirgendwo mehr. Es waren lediglich einzelne Elemente seiner Kindergartenpädagogik, die in andere Betreuungskontexte hinüber gerettet wurden und so überlebten – etwa in den von Berta Marenholtz-Bülow gegründeten sogenannten „Volkskindergärten": Bewahranstalten mit einem höheren pädagogischen Anspruch.

Soziale Homogenität stellte sich im 19. Jahrhundert im Bereich der Kleinkindererziehung in den geläufigen Organisationsprinzipien gleichsam „natürlich", entsprechend der gesellschaftlichen Ordnung her. Oder anders: Die Organisation der Kleinkindererziehung reproduzierte die bestehende soziale Ordnung: Bewahranstalten für die Armen hier, pädagogisch ambitionierte Einrichtungen für das Bürgertum mit dem Anspruch, eine umfassende Förderung des individuellen kindlichen Entwicklungspotenzials zu garantieren, dort. Diese gesellschaftlichen Funktionen – die sozialfürsorgerische wie die propädeutische – fanden in den Anfängen der öffentlichen Kleinkindererziehung in spezifischen Organisationspraktiken eine Entsprechung.

Ab 1860 lässt sich für den Bereich der Kleinkindererziehung eine regelrechte „Gründungswelle" von „Kindergärten", jenen Bewahranstalten, die Elemente der Fröbelschen Kindergartenpädagogik aufgenommen hatten, verzeichnen (vgl. Friedrich 1987, S. 147). Ihre Leistung, die sie für die Gesellschaft erbrachten, lässt sich in erster Linie unter dem Aspekt der Sozialfürsorge erfassen (vgl. Aden-Grossmann 2002). Kindergärten stellten Angebote der sozialen Nothilfe dar, die insbesondere ausgleichende Funktion hatten, indem sie etwa beanspruchten, ein in proletarischen Milieus nicht vorhandenes bewahrendes Elternhaus zu ersetzen.

Soziale De-Homogenisierungsbestrebungen, ausgelöst durch soziale Bewegungen, wie die Arbeiter- und Frauenbewegung, zeitigten im Bildungsbereich lediglich für die Schule nachhaltige Effekte. In der Schulgesetzgebung der Weimarer Verfassung von 1920 gelang die Einführung einer vierjährigen Grundschulpflicht, die „alle Kinder des Volkes, ungeachtet ihrer Herkunft und Begabung, ungeachtet ihrer Anlage und Neigung (anhielt), eine gemeinsame Grundschule zu besuchen. (...) Rechtsgrundlage für die allgemeine Grundschulpflicht war Art. 146 der Weimarer Verfassung und das Reichsgrundschulgesetz vom 28. April 1920. Das nach Ständen aufgesplitterte Elementarschulwesen sollte hiermit beseitigt werden; der Besuch von Progymnasien, privaten Vorschulen oder die Erteilung von Privatunterricht anstelle des Schulunterrichts für Kinder dieser Altersgruppe war gesetzlich nicht mehr statthaft (...)" (Neuhaus-Siemon 1994, S.14). Was strukturell mit Blick auf die Grundschule an sozialer Angleichung in jenen Tagen gelang, war auf die institutionalisierte Kleinkindererziehung nicht auszudehnen. Die vor allem von Vertretern der Lehrervereine geforderte Zuordnung des Kindergartens zum Bildungswesen während der Reichsschulkonferenz des Jahres 1920 scheiterte am Widerstand insbesondere der freien und konfessionellen Träger der Kindergärten, so dass er auch weiterhin nicht – wie es im übrigen schon Fröbel anstrebte – zur Unterstufe des Bildungswesens avancieren konnte, sondern unter Inanspruchnahme des Subsidiaritätsprinzips als eine Einrichtung der Kleinkinderfürsorge und -wohlfahrt verblieb. Im Reichsjugendwohlfahrtsgesetz (RJWG) von 1922 fand diese Akzentuierung eine gesetzliche Regelung, obschon die Kindergärten von nun an formal der Verantwortlichkeit des Staates unterstellt waren. Diese Strukturentscheidung auf der Ebene der Bildungspolitik drängte mithin den Erziehungsgedanken zugunsten von Pflege in den Hintergrund (vgl. Aden-Grossmann 2002, S. 59f.). Der Kindergarten erfuhr erneut eine Funktionszuweisung, die sich vornehmlich in Bewahrung und Betreuung erschöpfte, und zwar derjenigen Kinder, die aufgrund ihrer sozialen Situation auf Betreuung außerhalb ihrer Familien angewiesen waren. Insofern bildete er einen Ort, der weitgehend sozial homogenen Gruppen vorbehalten war.

Einrichtungen der Kleinkindererziehung, die pädagogisch ambitionierten Ansätzen – reformpädagogisch, sozialistisch oder psychoanalytisch inspirierten – verpflichtet waren, blieben Randerscheinungen, sie konnten eine quantitative Ausbreitung des Kindergartens und eine damit einher gehende breitere soziale Akzeptanz einer außerhäuslichen Betreuung und Erziehung junger Kinder durch alle Bevölkerungsschichten hindurch nicht erreichen. Gleiches gilt für den totalitären Zugriff der nationalsozialistischen Diktatur auf alle Erziehungs- und Bildungseinrichtungen (vgl. etwa Götz 1997 zur Grundschule), so auch den Kindergarten. Ebenso wie alle politischen und sozialen Bereiche der Gesellschaft wurde er dem Prozess der „Gleichschaltung" unterworfen, dieser vollzog sich unter der Kontrolle der Nationalsozialistischen Volkswohlfahrt (NSV) bis ins Jahr 1941 hinein, denn die heterogene Struktur der freien Wohlfahrtsträger ließ sich nur sukzessive den Machtansprüchen des NS-Regimes unterordnen. Auch in dieser historischen Phase blieb der Kindergarten eine Einrichtung für diejenigen Kinder, die nicht zu Hause betreut werden konnten. Er stellte nach wie vor für solche Mütter ein Betreuungsangebot zur Verfügung, die entgegen dem nationalsozialistischen Frauen- und Mutterideal berufstätig waren (vgl. ebd., S. 93ff.).

Am sozialfürsorgerischen Betreuungsauftrag des Kindergartens änderte sich auch in der Nachkriegszeit bis in die 1960er nichts (vgl. Aden-Grossmann 2002, S. 248ff. zum Kindergarten in der DDR). Kindergartenplätze standen für nur etwa ein Drittel der Drei- bis Sechsjährigen zur Verfügung. Erst mit der Initiative des Deutschen Bildungsrates, der im Jahr 1970 den Strukturplan für das Bildungswesen vorlegte, begann sich die institutionalisierte Kleinkindererziehung grundlegend zu verändern. Unter dem Einfluss sozialisations- und lerntheoretischer Befunde erfuhren frühes Lernen und frühe Förderung von nun an besondere Aufmerksamkeit. Demokratisierungsbestrebungen, aber auch arbeitsmarkt- und beschäftigungspolitische Interessen, die insbesondere auf eine verstärkte Rekrutierung von Frauen zielten, trieben die bildungsreformerischen Motive an, die schließlich für die quantitative und qualitative Expansion des Kindergartens sorgten. So betrug im Jahr 1965 der Anteil der 3- bis 6-jährigen, die einen Kindergarten besuchten 32,7%. Im Jahr 1986 hatte er sich mehr als verdoppelt und lag bei 79% (vgl. Colberg-Schrader/von Derschau 1991, S. 341). Seine Bedeutung als Sozialisations- und Bildungsinstanz mit einem als eigenständig definierten Bildungsauftrag gerade für die Lebensphase zwischen drei und sechs Jahren trat zunehmend mehr ins öffentliche Bewusstsein. Inzwischen besuchen weit mehr als 90% der Kinder in Ost- und Westdeutschland dieses Lebensalters einen Kindergarten, und zwar quer durch alle sozialen Schichten. Von sozialer Homogenität kann im Kindergarten daher nicht mehr die Rede sein.

Eine Sortierung der Kinder nach Geschlecht erfolgte im Kindergarten ebenso wie in seinen Vorläuferinstitutionen seit den historischen Anfängen nicht. Was im Falle der Kleinkinderschulen und -bewahranstalten wohl eher auf materiellen Erwägungen als auf pädagogischen Begründungen aufruhte – schließlich ging es darum, möglichst viele arme Kinder „von der Straße“ zu holen, ihre „Betreuungsdefizite“ auszugleichen und sie wenigstens einer rudimentären Vorbereitung auf die Schule zuzuführen – folgte im Falle der Fröbelschen Kindergärten dem pädagogischen Prinzip, die Kindergruppen gemäß eines „Familien- und Geschwistermodells“ zu bilden. Die gemeinsame Erziehung von Mädchen und Jungen entsprach diesem Modell. Dass dieses Organisationsprinzip, das bis heute gilt, darüber hinaus vermutlich auch zurückgeht auf ein Bild vom unschuldigen und entsexualisierten Kind, welches sich in vor-freudianischer Zeit ausgebildet hat, kommt wohl verstärkend hinzu. Obschon in den Einrichtungen der Kleinkindererziehung eine geschlechtersegregierende Organisation der Kindergruppen durchgängig nicht Platz greifen konnte, richteten sich die pädagogischen Inhalte und Ziele der Kindergartenpädagogik bis in die siebziger Jahre des 20. Jahrhunderts dennoch an geschlechtsspezifischen Rollenmodellen aus. Trotz Frauenbewegung, Geschlechterforschung und den daraus resultierenden programmatischen Ansätzen einer auf Ausgleich von geschlechtsspezifischer Benachteiligung bedachten Erziehung bleibt bis heute der sogenannte „heimliche Lehrplan“ mit Blick auf die Geschlechterverhältnisse auch in den Kindergärten wirksam. Dies belegen empirische Untersuchungen jüngeren Datums (vgl. Fried 1989).

Eine Homogenisierung der Kinder nach Alter ist in der Geschichte des Kindergartens bis heute immer dann festzustellen, wenn im Selbstverständnis der institutionalisierten Kleinkindererziehung eine stärkere Bezugnahme auf die Schule auszumachen ist. Die Altersmischung als Organisationsform kann im Falle des Fröbelschen Kindergartens solange als ein konstitutives Element der pädagogischen Konzeption gelten, als sich Fröbels ausgeprägte Förderungsvorstellungen nicht an einer gezielten Vorbereitung auf die Schule ausrichteten. Zur Bildung altershomogener Gruppen kam es bei Fröbel lediglich in den sogenannten „Vermittlungsgruppen“. Sie fassten diejenigen Kinder zusammen, die vor der Einschulung standen und einer direkten Schulvorbereitung zugeführt werden sollten (vgl. Grossmann 1987, S. 37).

Je mehr die propädeutische Funktion des Kindergartens als eine Funktionsbestimmung – neben derjenigen der Betreuung – im Laufe der folgenden Jahrzehnte an Bedeutung gewann, desto eher war man bereit, die Organisationsformen denen der Schule anzupassen. Mit Blick auf die Organisation von Gruppen vollzog die Kindergartenpädagogik sukzessive eine Annäherung an die schulische Praxis, die gegen Ende des 19. und während des ersten Drittels des 20. Jahrhunderts eine Organisation in Jahrgangsklassen immer stärker ausprägte. Für die Schule, auch die Grundstufe, stand dies in direktem Zusammenhang mit der Konsolidierung des Selektionsprinzips nach Leistung und dem zunehmenden Einfluss, den eine sich etablierende empirische Psychologie, insbesondere die Kinder- und Entwicklungspsychologie ab der Wende vom 19. zum 20. Jahrhundert gewann.

Insgesamt gesehen lässt sich festhalten, dass die Verwissenschaftlichung der Pädagogik seit der Jahrhundertwende ebenso wie Rationalisierungs- und Effektivierungskalküle dazu beitrugen, auch im Kindergarten einer Homogenisierung der Gruppen nach Alter Vorschub zu leisten. An diesem Organisationsprinzip hielt die Kindergartenpädagogik bis zur Reformphase der 1970er Jahre fest. Diese läutete dann allerdings in inhaltlich-konzeptioneller Hinsicht mit dem sogenannten „Situationsansatz" eine Wende für die Kindergartenpädagogik ein: Unter dem Eindruck einer weitreichenden Politisierung der bundesrepublikanischen Gesellschaft durch die Studentenbewegung und einer in ihrer Folge angestoßenen Gesellschaftskritik, die marxistische Gesellschaftsanalyse und sozialpsychologisch inspirierte Emanzipationsbestrebungen miteinander verband und sich an den Zielen Chancengleichheit und -gerechtigkeit ausrichtete, erfuhren auch die bildungspolitischen und pädagogischen Debatten jener Tage eine Prägung. Sie schlugen sich im Curriculum Soziales Lernen nieder (vgl. Arbeitsgruppe Vorschulerziehung I und II 1974, Arbeitsgruppe Vorschulerziehung III 1979, Zimmer 1973). Im Vertrauen auf eine originär pädagogische Grundfigur, welche gesellschaftliche Aspirationen immer erneut an der nachwachsenden Generation festmacht, lag eine Hinwendung zur frühen Kindheit, hypostasiert in der „frühen Prägungsannahme" (Oelkers 1996) nahe. Gemessen an den damaligen, gesellschaftspolitisch definierten Aufgaben erschien (Kindergarten-) Pädagogik als probates Mittel, demokratisches Denken, soziales Handeln, Solidarität, Autonomie und instrumentelle Fertigkeiten wie Sachkenntnis auf Seiten der Kinder bereits in jungen Jahren zu entwickeln (vgl. Beinzger/Diehm 2003, S. 14f.). Eine Rückbesinnung auf die ursprüngliche Organisationsform im Kindergarten, die von einer Homogenisierung nach Alter absah und sich wieder am „Familien- und Geschwistermodell" sensu Fröbel, vor allem aber an Modellen einer Kollektiverziehung orientierte, lag ebenso nahe. Liegle (2002, S. 53) spricht in diesem Zusammenhang von der „kleinen" Altersmischung, die in Westdeutschland zur selbstverständlichen Tradition des Kindergartens gehöre.

2.2 Die Grundschule

Seit den historischen Anfängen eines öffentlichen, staatlich kontrollierten Schulwesens – institutionalisiert mit der Einführung der Schulpflicht in den einzelnen deutschen Ländern zu Beginn des 19. Jahrhunderts[2] – bis zur Einführung der „allgemeinen deutschen Grundschule" im Jahr 1920 zählte die Grundstufe des Bildungswesens (Elementar-, Trivial- und später Volksschule genannt) zum „niederen Schulwesen". Im Gegensatz zu den Schulformen des „höheren Schul-

2 Dies gilt für die deutschen Staaten als ungefährer Zeitraum. Eine Vorreiterrolle hatte der deutsche „Modellstaat" Preußen inne, er führte die Schulpflicht im Jahr 1807 ein, d.h. der Schulbesuch wurde nun obligatorisch und löste die im Allgemeinen preußischen Landrecht von 1794 bereits festgeschriebene Unterrichtspflicht ab, welche die Hausväter zu garantieren hatten (vgl. Tenorth 1992, S. 135 ff).

wesens“, vor allem den Gymnasien für Jungen und den Höheren Töchterschulen, stellte diese Vorform der heutigen Grundschule die Schule für die Kinder der unteren sozialen Schichten dar. In der Trennung nach „niederem“ und „höherem“ Schulwesen[3] bildete sich, vergleichbar den rekonstruierten historischen Entwicklungen im Bereich der öffentlichen Kleinkindererziehung, die soziale Ordnung „naturwüchsig“ ab. Auch Schule homogenisierte nach sozialer Herkunft und reproduzierte sie mithin selbstverständlich und direkt.

Als ein konstitutives Element der sozialen Ordnung kann ebenso die Segregation der Geschlechter gelten. Auch sie bildete sich gleichsam naturwüchsig, wenn auch auf das höhere Schulwesen beschränkt, bis in die sechziger Jahre des 20. Jahrhunderts in seiner Organisation ab. (Höhere) Schule folgte so den gängigen Theorien einer Geschlechteranthropologie und reproduzierte die in der vermeintlichen Natur von Mann und Frau begründete Polarisierung der Geschlechter. Als einem integralen Bestandteil der herrschenden Sozialordnung bedurfte diese Praxis keiner pädagogischen Begründung, was allerdings nicht ausschließt, dass Sozialhierarchie und Geschlechtertrennung nicht auch nachträglich pädagogisch begründet worden wären (vgl. Schmid 1992). Auf das Fehlen einer genuin pädagogischen Begründung verweist der Umstand, dass eine Segregation nach Geschlecht im Bereich des niederen Schulwesens nicht praktiziert wurde. Differenzierende Erziehungsprogramme für Mädchen und Jungen der ärmeren Schichten sind in dieser Zeit jedenfalls kaum zu finden (vgl. Prengel 1993, S. 109).

Demgegenüber eindeutig pädagogisch motiviert muss die Altershomogenisierung in den höheren Schulen gelten, die bereits zu Beginn des 19. Jahrhunderts im preußischen Gymnasium praktiziert wurde. Angelehnt an Ideen, die der Didaktiker Wolfgang Ratke in einer Art Schulversuch unter Rückgriff auf eine Sortierung der Kinder nach Lebensalter zu Beginn des 17. Jahrhunderts erprobte (Petrat 1979, S. 87), und an Überlegungen, die Johann Amos Comenius in seiner Didactica Magna des Jahres 1657 zu einer gleichschrittig organisierten Massenerziehung entfaltete (Ingenkamp 1969, S. 16), erfuhr das im 18. Jahrhundert verbreitete Fachklassensystem nach August Hermann Francke (vgl. ebd., S. 20f.) eine Ablösung durch eine schulische Organisation nach Jahrgangsklassen und darauf abgestimmten Lehrplänen (vgl. Jeismann 1987, S. 156). Mit einer Verzögerung von etwa zweihundert Jahren setzte sich die Idee, Schüler nach Alter zu sortieren, als Organisationsform im 19. Jahrhundert allmählich durch, beschränkte sich vorerst allerdings auf die Bildung von Jahrgangsklassen im Bereich des höheren Knabenschulwesens (vgl. Ingenkamp a.a.O., S. 20f).

Die Einführung der allgemeinen Schulpflicht zu Beginn des 19. Jahrhunderts erforderte eine flächendeckende schulische Erziehung für die Massen (vgl. zur Expansion des Elementarschulwesens Leschinsky/Roeder 1976, S. 122ff.). Sie für den Bereich des Elementarschulwesens zu organisieren, legte insofern eine Rückbesinnung auf frühere Überlegungen, etwa Comenius‘ Vorschläge, oder eine Orientierung am höheren Knabenschulwesen nahe. Zwischen 1865 und 1875 entstanden in nahezu allen deutschen Staaten amtliche Volksschullehrpläne, die nach Fächern und Jahrgangsklassen bzw. Schulstufen (Unterstufe, Mittelstufe, Oberstufe) geordnet waren. Von einer weitgehenden Institutionalisierung der Volksschule und einer fast durchgän-

3 Aus dieser Trennung resultierten unterschiedliche Bildungsverständnisse: Bis in die sechziger Jahre des 20. Jahrhunderts war das Konzept einer „volkstümlichen Bildung“ im Bereich der Volks- bzw. Grundschule vorherrschend. Es schrieb, bildungstheoretisch gesehen, einen spezifischen Charakter des Bildungsauftrags fest und zog eine nicht geringe Theorie- und Forschungsabstinenz an den „universitätsfernen“ Lehrerausbildungsstätten nach sich. Erst die Bildungsreform der siebziger Jahre und die damit einhergehende Verwissenschaftlichung der Lehrerbildung (Integration der Grundschullehrerausbildung in die Universitäten, eine Ausnahme bildet lediglich das Bundesland Baden-Württemberg) führten zu grundlegenden Veränderungen (Götz 2000, S. 527).

gig realisierten Altershomogenisierung der Schulklassen kann ab etwa 1870 gesprochen werden (vgl. Friedrich 1987, S. 135).

Diese über Jahrzehnte sich hinziehende, sukzessive Durchsetzung des Organisationsprinzips Altershomogenisierung wird erst vor dem Hintergrund des tiefgreifenden „Funktionswandels" (Titze 2000, S. 54) verständlich, den die Elementarschule als Instanz des niederen Schulwesens oder des „sozialen Klassenschulsystems" (Diederich/Tenorth 1997, S. 48) im Laufe des 19. Jahrhunderts ebenfalls durchmacht. Durch eine allmähliche Umstellung seit der Aufklärung vom Modus der natürlichen Auslese qua Geburt und Stand zur Auslese qua Bildung lässt sich Bildungsselektion nach Titze (2000, S. 54) als neuer Modus der Vergesellschaftung verstehen. Die Freisetzung aus der ständischen Sozialordnung erfolgte mithin über die gesellschaftliche Integration durch Bildung. Diese habe sich mit der Konsolidierung der Elementarbildung gewissermaßen als unhintergehbare Norm für soziale Teilhabe entwickelt. Nun galt das Prinzip formaler Gleichbehandlung vor dem Hintergrund von Leistungsauslese und die doppelte Funktion von an Bildung geknüpfte Berechtigung trat offen zu Tage: Teilhabe und Ausschluss (vgl. ebd., S. 53).

Die Konsequenzen dieser Durchsetzung des schulischen Prinzips: Selektion nach Leistung operationalisiert sich organisatorisch vor allem in einer ausgeprägten Homogenisierungspraxis der schulischen Lerngruppen in Form von Klassenbildung, denn die Bestimmung von Leistungsschwachen und Leistungsstarken bedurfte und bedarf bis heute des dauernden Vergleichs. Vergleichbarkeit wird hergestellt durch die Klassifizierung von vermeintlich Gleichen – durch Homogenisierung auf der Basis von Altersgleichheit. Diese wiederum beruht auf der Fiktion von Entwicklungsgleichheit. Die Bildung altershomogener Gruppen, sprich: Jahrgangsklassen erscheint insofern bis heute relevant (vgl. etwa Geiling 1999 zur Präferenz der Jahrgangsklassen im Bildungssystem der DDR).

Vergleichbar der Entwicklung im Bereich der Kleinkindererziehung erfuhr die schulische Organisation von Jahrgangsklassen an der Wende zum 20. Jahrhundert durch die neuentstandene empirische Psychologie, insbesondere die Kinder- und Entwicklungspsychologie, welche von Reifungstheorien dominiert war, eine nachträgliche wissenschaftliche Begründung. In diesem Zusammenhang zentral war die Annahme, dass die individuelle Entwicklung altersabhängig in „endogen gesteuerten Schüben und Phasen" verlaufe (vgl. Schmidt-Denter 1982, S. 729). Entsprechend habe sich die pädagogische Praxis am jeweiligen Entwicklungsstand der Schüler auszurichten. Solche Vorgaben untermauerten Altershomogenität als organisatorische Praxis, die eine in Phasen voranschreitenden Entwicklung von „Entwicklungsgleichen", also auf dem gleichen Entwicklungsniveau befindlichen Kindern, zu garantieren vermöge. Mit der Gleichsetzung von Alter, psychischer Entwicklung und Lernvermögen war es nun auch möglich, die Leistungen der Schüler untereinander zu vergleichen und durch Selektion immer erneut leistungshomogene Gruppen herzustellen.

Die Einführung der Allgemeinen vierjährigen Grundschule im Jahr 1920 wird rückblickend als ein Versuch beschrieben, die vormals im staatlichen Schulwesen verankerte soziale Homogenisierung zu durchkreuzen. Obschon mit dieser Strukturentscheidung jener auf soziale Homogenisierung abhebende Selektionsmechanismus, der Schule bis dahin auszeichnete, überwunden werden konnte, führte gerade sie dazu, einen neuen, nämlich die Selektion nach Leistung und daran gebunden die Homogenisierung nach Alter, zu konsolidieren. Gegenüber allen anderen Schulformen stellt die Grundschule heute diejenige mit der höchsten Selektivität in der Dimension Leistung dar und auf subtile Weise erscheint sie im bundesrepublikanischen Kontext noch immer an soziale Herkunft geknüpft – darauf verweisen jedenfalls die Ergebnisse der PISA-Studie (vgl. Deutsches PISA-Konsortium 2001).

3 Aktuelle Entwicklungen, Debatten und Forschungslagen

Die unterschiedlich verlaufenden Entwicklungen der Institutionen Kindergarten und Grundschule finden bis heute eine Entsprechung in divergierenden Fachdiskussionen, Forschungsinteressen und -lagen. Etwas verallgemeinernd gesprochen zentrieren sich diese im Falle der Grundschule um das Stichwort ‚Reform', im Falle des Kindergartens um das Stichwort ‚Qualität'.

Anhaltende Reformbestrebungen, welche die disziplinären Konturen der Grundschulpädagogik auch gegenwärtig auszeichnen – Götz (2000, S. 536) konstatiert, es handele sich um „ein Dauerthema im grundschulpädagogischen und -didaktischen Diskurs" –, lassen sich bis zur Reformpädagogik der Jahrhundertwende vom 19. zum 20. Jahrhundert zurückverfolgen. Im Anschluss an Tenorth (1994) ließe sich die These vertreten, dass Reformbewegungen im Sinne von Gegenbewegungen just in dem Moment einsetzten, als die Institutionalisierung des staatlich kontrollierten Schulwesens im Wesentlichen vollzogen war. Eindeutig reformpädagogisch inspiriert erscheint dann auch der Begriff der ‚grundlegenden Bildung', der im Jahr 1921, ausgehend von Preußen, Eingang in die „Richtlinien zur Aufstellung von Lehrpläne für die Grundschule" fand. „Leitbild für den inneren Ausbau der Grundschule war der Auftrag, den Kindern eine grundlegende Bildung zu vermitteln. Grundlegung der Bildung wurde unter Rückbezug auf die reformpädagogische Bewegung verstanden als Wecken und Fördern ‚aller geistigen und körperlichen Kräfte des Kindes' (...). Die Vermittlung von Kulturtechniken galt nur als Teil dieses allgemeineren Bildungsauftrages. Der Auftrag, eine grundlegende Bildung zu vermitteln, hatte ein gewandeltes Schulverständnis zu Folge. Schule kann sich nicht ausschließlich als Unterrichtsstätte verstehen, sondern muss ein Lebensraum werden, in dem dem Kind die Entwicklung seiner körperlichen, seelischen, geistigen und sozialen Fähigkeiten sowie seines Wertgefühls ermöglicht wird. Sie muss sich an der Lebenswelt und der Erlebnisweise des Kindes orientieren (...). Durch den Anspruch, Stätte kindgemäßer und grundlegender Bildung zu sein, wurde die Grundschule auch von ihrem Bildungsauftrag her Teil eines größeren Bildungssystems und verlor den Charakter einer Vermittlungsschule für die Kulturtechniken, ihre Erziehungsaufgabe wurde immer stärker betont" (vgl. Neuhaus-Siemon 1994, S. 14). Dieses pädagogisch-emphatische Bildungsverständnis erwies sich für die weitere Entwicklung der Grundschulpädagogik als wegweisend, bildet es doch den normativen Horizont, an dem sie sich diskursiv in Rahmenplänen und programmatischen Schriften auch aktuell ausrichtet. Das Konzept der ‚grundlegenden Bildung' und die darauf abgestimmte Grundschule kann als Grundfigur einer Reformdebatte gelten, welche – obschon bei sich verändernden gesellschaftlichen Rahmenbedingungen und Bedarfslagen – durch die Jahrzehnte hindurch einem dezidiert praxisorientierten Wissenschaftsverständnis der Grundschulpädagogik und -didaktik Vorschub leistete. Für ihre „disziplinrelevanten Wissensbestände" jedenfalls scheint jener Reformgedanke zentral zu sein. Er erfuhr seit den 1970er Jahren im Begriff der ‚inneren Reform' eine weitere Konkretisierung und erweist sich „nicht nur themen-, sondern auch ordnungsbestimmend für (deren) Gliederung und Systematisierung" (Götz 2000, S. 536).

Grundschulforschung weist angesichts ihrer Reformorientierung überwiegend eine „Selbstverpflichtung auf Praxisnähe" auf, die „schulische Innovationsprozesse teilnehmend, unterstützend und beratend begleiten" (ebd., S. 532). Jenseits der Bearbeitung grundschulspezifischer Einzelthemen zeichne sich die Fachentwicklung weniger in voll ausgereiften Theoriepositionen als in konzeptionellen Entwürfen zur pädagogischen und didaktischen Verfassung der Grundschule selbst aus (vgl. ebd., S. 533). Diese „Einzelthemen", so ergibt ein Blick in die einschlägigen Handbücher, (vgl. etwa Haarmann 1994[2]; Einsiedler u.a. 2001), Einführungen (vgl. etwa Knörzer/Grass 1998; Drews/Schneider/Wallrabenstein 2000) und Publikationsreihen (vgl. etwa die über einhundert Bände: „Beiträge zur Reform der Grundschule" des Arbeitskreises Grundschule/Grundschulverbandes), bilden ein überaus heterogenes Spektrum an schulformbezogenen Grundfragen, lernbereichsspezifischen und fächerübergreifenden Gegenständen sowie didaktisch-methodischen Aspekten ab.

Die Einrichtung der Publikationsreihe: Jahrbuch Grundschulforschung im Jahr 1997 dokumentiert eine Entwicklung, welche die Grundschulforschung im Verlauf der 1990er Jahre genommen hat: Nicht nur rezipiert sie in zunehmendem Maße empirische Befunde aus den Nachbardisziplinen, etwa der psychologischen Lehr-Lernforschung oder der Spracherwerbsforschung, sie unternimmt zudem eigene Anstrengungen, ihre Wissensbestände empirisch zu fundieren (vgl. Petillon 2002; Heinzel/Prengel 2002). Zu vermerken ist allerdings, dass sie kaum Befunde aus internationalen Forschungen rezipiert und in internationale Forschungsnetzwerke eher selten eingebunden ist. Die Frage, ob die Grundschulpädagogik als eine empirische Wissenschaft gelten kann (vgl. Valtin 2000), ist angesichts ihrer immer auch normativen, kritisch-konstruktiven und reformorientierten Ausrichtung nicht eindeutig zu beantworten. Ihr ausgeprägter Praxisbezug, der allererst an Innovationsinteressen gebunden ist, stimmt jedenfalls skeptisch, wenn diese Frage mit einem klaren „Ja" beschieden werden wollte. Gleichwohl ist eine empirische Orientierung der Grundschulforschung inzwischen nicht mehr von der Hand zu weisen.

Wissenschaftliche Aufmerksamkeit konzentriert sich im Bereich der Kleinkindererziehung vor allem als Praxis- und Begleitforschung auf die „qualitative Verbesserung des Kindergartenwesens" (Colberg-Schrader 1998, S. 87). Es geht also auch hier um Reformbestrebungen. In der „alten" Bundesrepublik kamen Beiträge hierzu seit den siebziger Jahren vor allem aus außeruniversitären Forschungseinrichtungen: „Modellversuche haben sich mit jeweils aktuellen bildungs- und sozialpolitischen Fragestellungen auseinander gesetzt und in exemplarischen Praxisfeldern Anregungen für die qualitative Ausgestaltung dieses Bildungsbereichs geliefert" (ebd.). Die sogenannte Qualitätsdebatte, die seit den neunziger Jahren verstärkt geführt wird, erscheint in ihrem Anspruch als allumfassende Innovationsstrategie schillernd. So vereint sie in der „Zauberformel: Qualität" (Rauschenbach/Hoffmann 1998, S. 177) ganz unterschiedliche Reformbestrebungen und Erwartungen ganz unterschiedlicher Seiten: „der pädagogischen Praxis vor Ort, planender, steuernder, kontrollierender und finanzierender Politik sowie beobachtender bzw. konzeptionsentwickelnder Wissenschaft" (ebd., S. 178). Die letztgenannte Seite hat in den vergangenen Jahren einiges an Forschungsaktivitäten entfaltet, die sich unter zwei Gesichtspunkten systematisieren lassen: Zum einen zeichnet sich die aktuelle Forschungslage durch eine deutliche Ausweitung auf dem Gebiet der empirischen Forschung aus. Der Begriff der Qualität wird in diesem Feld in qualitativer wie in quantitativer Hinsicht auf der Ebene der Konzeptionen, der Versorgung, der Organisationsentwicklung, der Professionalisierung, der Kooperation mit den Familien und zu einem weit geringeren Anteil auf der Ebene der Interaktionen der Kinder operationalisiert (vgl. Tietze/Rossbach 1993; Tietze/Schuster/Rossbach 1997; Tietze 1998; Fthenakis/Eirich 1998). Konnte sich im Bereich der Grundschulforschung vor allem in den 1990er Jahren eine ethnographische Unterrichts- und Schulforschung relativ breit und unter verschiedenen Perspektiven: soziales Lernen, Freundschaftsbeziehungen (vgl. Beck/Scholz 1995; Oswald/Krappmann 1995), alternative Schulkulturen (vgl. Wiesemann 1998) oder Geschlechterverhältnisse (vgl. Breidenstein/Kelle 1998) etablieren (vgl. im Überblick: Zinnecker 2000), so erreicht dieser forschungsmethodische Zugang den Kindergartenbereich erst langsam (vgl. lediglich die Studie von Hoeltje 1996 zur Geschlechterdifferenz und die Arbeit von Dittrich/Dörfler/Schneider 1998 zu Konflikten unter Kindern).

4 Zur Übergangsproblematik im Elementar- und Primarbereich

Der Übergang vom Kindergarten in die Grundschule, vom Elementar- zum Primarbereich also, gilt seit Jahrzehnten als ein bislang weder bildungspolitisch noch pädagogisch hinreichend bearbeiteter Problembereich. Entsprechend zeichnen sich die darauf bezogenen Thematisierungen sowohl durch Kontinuität mit Blick auf ihre Dauerhaftigkeit als auch durch konjunkturelle Ausschläge aus, etwa in Zeiten, in denen dem frühen Lernen eine größere Aufmerksamkeit geschenkt wird. Was sehr allgemein als ‚Übergangsproblematik' oder als ‚Schuleingangsproblematik' am Ausgangspunkt der institutionalisierten Schulzeit beschrieben wird, verbindet sich in unterschiedlichen diskursiven Kontexten mit jeweils unterschiedlich akzentuierten Problembeschreibungen. Geht es mit Blick auf den Übergang vom Elementar- zum Primarbereich aus bildungspolitischer Sicht vorrangig um die Leistungsfähigkeit des Schulsystems, so zentriert sich die grundschulpädagogische Reformdebatte insbesondere um die individuelle Seite des Schulanfangs als einer potenziellen „Bruchstelle in der Biographie (der Schulanfänger, I. D.)" (Faust-Siehl u. a. 1996, S. 139).

Die praktischen Umsetzungsversuche eines bildungspolitischen Zieles – etwa die Verkürzung der Schulzeit, die mit dem Erhalt oder einer Steigerung der Wettbewerbsfähigkeit der bundesdeutschen Wirtschaft begründet wird – können Ergebnisse zeitigen, welche ebenso allein pädagogisch zu rechtfertigen wären. Im Jahr 1994 genehmigte beispielsweise die Bund-Länder-Kommission für Bildungsplanung und Forschungsförderung dem Land Hessen einen Modellversuch im Grundschulbereich, der auf eine Neugestaltung des Schulanfangs zielte. In einer Presseinformation befürwortete der damalige Kultusminister das Modellversuchsvorhaben damit, dass er sich neben pädagogisch sinnvollen Effekten eine Absenkung des Einschulungsalters erhoffte. Das durchschnittliche Einschulungsalter liege in Deutschland bei 6,7 Jahren und damit deutlich höher als in anderen europäischen Ländern. Der Kultusminister plädierte für ein Umdenken: „Sowohl im Hinblick auf die Ausbildungszeiten im europäischen Vergleich wie auch aus pädagogischen Gründen ist ein später Einschulungszeitpunkt nicht sinnvoll" (Hessisches Kultusministerium 1994). Alle Argumente, die in der Folge von grundschulpädagogischer Seite zur Begründung des Modellversuchs in Anschlag gebracht wurden, verzichteten gänzlich darauf, das wettbewerbsstrategische Motiv des Ministers auch nur in Andeutungen heranzuziehen. Vielmehr galt es, die Dignität der (reform-) pädagogischen Bemühungen um eine kindgemäße Einschulung oder Schule durch andere als pädagogische Argumente nicht in Frage zu stellen (vgl. Burk u.a. 1998).

Der komplexe, ja mitunter kaum mehr zu entwirrende Zusammenhang von (bildungs-) politischen Kalkülen und (reform-) pädagogischen Aspirationen durchzieht die Problematisierung des Übergangs kontinuierlich. Als Artur Kern im Jahr 1951 ein „Sitzenbleiberelend" vor allem in den ersten beiden Grundschulklassen konstatierte, zog diese Skandalisierung allererst die bildungspolitische und schulorganisatorische Reaktion einer Anhebung des Einschulungsalters nach sich. Auf der Seite der Pädagogik konsolidierte sie gleichsam reifungstheoretisch begründete Entwicklungsannahmen (vgl. Kammermeyer 2001).

Auch die Bildungsreform der 1960er und 1970er Jahre war in erster Linie an gesellschaftspolitische Modernisierungs-, zugleich an Demokratisierungs- und Emanzipationserwartungen geknüpft. Die Debatte um eine Veränderung des Übergangs von der Familie bzw. dem Kindergarten zur Grundschule erfuhr in dieser Zeit einen nachhaltigen Anstoß. Der Kindergarten wurde im Strukturplan des Deutschen Bildungsrates von 1970 erstmals als Elementarbereich des Bildungswesens benannt. Ihm zur Seite stellte das Gremium die sogenannte Eingangsstufe, die als eine eigene Schulstufe für die Fünfjährigen konzipiert war. Im Strukturplan (1970, S. 22, zitiert nach Hacker 2001, S. 81) heißt es hierzu: „Die Bildungskommission legt größten Wert darauf, dass der Übergang vom nichtschulischen zum schulischen Lernen in der Eingangsstufe als eine besondere pädagogische Aufgabe gesehen wird". Äußere, in erster Linie bildungspolitisch motivierte Strukturreform im Übergang vom Elementar- zum Primarbereich basiert, so zeigt auch dieses Beispiel, auf pädagogischen Begründungen. Ebenso wurde der sogenannte „Streit um die Fünfjährigen" – ausgelöst durch die Empfehlung der Bildungskommission, die Eingangsstufe flächendeckend einzuführen – in der ersten Hälfte der siebziger Jahre gerade deshalb verstärkt mit pädagogischen Argumenten ausgetragen, weil die avisierte (bildungs-) politische Strukturentscheidung nicht zustande kam. Nach Scheitern der Reform des Primarbereichs begnügte man sich ab 1976 damit, „eine(r) organisatorische(n) Ausgestaltung" und „einem ‚gleitenden Übergang' das Wort (zu) (reden)" (Hacker a.a.O., S. 81).

Im aktuellen grundschulpädagogischen Reform-Diskurs wird die Übergangsproblematik vom Elementar- zum Primarbereich derzeit verstärkt als Einschulungsproblematik thematisiert. In Form von Schul- bzw. Modellversuchen, die auf eine Neustrukturierung der Schuleingangsphase zielen, hat sich seit mehr als zehn Jahren in 14 Bundesländern eine entsprechende Reformpraxis etabliert, so auch in Hessen der erwähnte Modellversuch (vgl. Burk u.a. 1998; Faust-Siehl 2001a). „In keinem Bundesland ist die neue Schuleingangsstufe das alleinige Einschulungsmodell. Segregative und integrative Einschulungsverfahren stehen (...) gegenwärtig nebeneinander" (Faust-Siehl 2001a, S. 194). Nach der althergebrachten, segregativen Strategie werden die schulpflichtigen und als schulfähig befundenen Kinder ins 1. Schuljahr eingeschult, die als nicht schulfähig kategorisierten Kinder aber zurückgestellt. Von der Einschulung zurückgestellte Kinder verbleiben entweder ein weiteres Jahr in der Familie oder im Kindergarten oder werden in sogenannten Schulkindergärten oder Vorklassen an Grundschulen sozialpädagogisch gefördert.

Die integrative Strategie führt dazu, dass alle schulpflichtigen Kinder ohne Überprüfung ihrer Schulfähigkeit eingeschult werden. Individuelle und sozialpädagogische Förderung finden in der neuen Schuleingangsstufe integriert in den schulischen Tagesablauf nach der Methode der inneren Differenzierung statt. Pädagogisch geht es um den „Erhalt der Heterogenität" (vgl. ebd., S. 195) und mithin um De-Homogenisierung sowie die „Abschaffung des Schulfähigkeitsbegriffs" (Kammermeyer a.a.O., S. 96), schulorganisatorisch um Integrationsmaßnahmen, etwa der sozialpädagogischen Förderung oder der Organisation altersgemischter, jahrgangsübergreifender Lerngruppen und um eine Flexibilisierung der individuellen Verweildauer in Klassenstufe 1 und 2, die als pädagogische Einheit betrachtet werden.

Als übergeordnetes Ziel dieses neuen Einschulungsmodells ist die Überwindung der verbreiteten Selektionspraxis am Schulanfang zu nennen. Wie groß das Risiko für einzelne Kinder ist, bereits am Übergang vom Kindergarten (oder von der Familie) in die Grundschule spezifischen Aussonderungsmaßnahmen ausgesetzt zu sein, weisen die Befunde der amtlichen Bildungs- bzw. Schulstatistiken oder darauf aufbauender Berechnungen aus. Die Quoten, welche quantitative Aussagen über eine fristgemäße Einschulung der schulpflichtigen Sechsjährigen ins erste

Schuljahr, deren Zurückstellung davon oder eine Klassenwiederholung in den ersten Grundschuljahren machen, belegen die hohe Selektivität, die bereits die Schulanfangsphase in sich birgt. In der Bundesrepublik Deutschland wurden im Schuljahr 1999/2000 lediglich 89,4% der schulpflichtigen Kinder fristgerecht eingeschult. Die Quote der Zurückstellungen belief sich auf 6,6%, die der vorzeitigen Einschulungen auf 4,4% (vgl. Rossbach 2001, S. 169). Diese Daten geben Durchschnittswerte wieder, die von Bundesland zu Bundesland variieren. So lag etwa die Zurückstellungsquote in Bayern mit 3,9 % am niedrigsten, in Mecklenburg-Vorpommern mit 14,7% dagegen am höchsten (vgl. ebd., S. 161f.). Zu den von Zurückstellung am Schulanfang statistisch am meisten bedrohten Gruppen zählen Jungen: Im Schuljahr 1999/2000 betrug der Anteil der verspätet eingeschulten männlichen Kinder 63,1%, der der weiblichen Kinder 36,9% (vgl. ebd., S. 163). Eine weitere Risikogruppe stellen Kinder mit Migrationshintergrund dar (vgl. Gomolla/Radtke 2002; Lanfranchi 2002). Hierzu erläutert Rossbach (a.a.O., S. 164): „In der Bundesstatistik werden die Einschulungen ausländischer Kinder nicht getrennt erhoben. Ein Hinweis auf eine höhere Wahrscheinlichkeit einer Zurückstellung bei ausländischen Kindern gegenüber deutschen Kindern lässt sich aus dem Ausländeranteil in Schulkindergärten an Grundschulen entnehmen. Dieser beträgt im Schuljahr 1999/2000 27,3% während der gesamte Anteil von ausländischen Kindern an allen Schülern in Grundschulen nur bei 11,5% liegt."

Die Reformbemühungen, welche auf eine Neustrukturierung der Schuleingangsphase zielen und mithin die geläufige Selektionspraxis am Schulanfang zu unterlaufen versuchen, setzen an einem „neuralgischen Punkt" (Horn 1994, S. 76) des Bildungswesens an. Sie werden inzwischen von einer vielfältigen Praxisforschung flankiert, die Erfahrungen mit und Wirkungen der Innovation empirisch untersucht – handelt es sich um Elternmeinungen, Unterrichtsbeobachtungen und -analysen, um Querschnittuntersuchungen zur kognitiven oder Lernentwicklung der Kinder, um die Leistungsentwicklung der Kinder oder um die Erfahrungen des Personals in den Schulen (vgl. Faust-Siehl 2001a, S. 233f.). Darüber hinaus kann sich die Reformpraxis am Schulanfang auf Forschungen stützen, welche unabhängig davon zentrale Fragestellungen wie Heterogenität, Integration und Differenzierung in der Primarstufe sowohl theoretisch als auch empirisch zum Gegenstand haben (vgl. Heinzel/Prengel 2002).

5 Bilanz und Desiderata

Kindergarten und Grundschule weisen Strukturdifferenzen auf, die sich historisch ausgeprägt haben und bis heute die Trennung der beiden Erziehungs- und Bildungsinstitutionen mit begründen. Trotz immer wieder unternommener Versuche, eine stärkere Verzahnung der beiden Bereiche, zumindest aber eine pädagogische Kooperation zu erreichen, ließen sich die grundsätzlichen Differenzen zwischen Elementar- und Primarbereich nicht überwinden. Dies hat, so sollte gezeigt werden, seine Ursachen in jeweils differenten Funktions- und mithin unterschiedlichen Organisationslogiken, welche durch eine pädagogisch-programmatisch getönte Annäherungsrhetorik nicht aufzuheben sind. Gleichwohl hat insbesondere die Grundschulpädagogik unzweifelhaft pädagogisch-konzeptionelle Anleihen im Kindergarten gemacht. Sie konnten, nachdem sie während der 1970er und -80er Jahre lediglich proklamiert wurden (vgl. Horn a.a.O.), im Zuge der Reformversuche am Schuleingang konkretisiert werden. Der hier erprobte Umgang mit Heterogenität, das Lernen in altersgemischten Gruppen, eine individuell differenzierende Förderpraxis und der weitgehende Verzicht auf Selektion verdankt sich sozialpädagogischen Anregungen. Elementarpädagogik hat auf diese Weise Anerkennung durch die Primarpädagogik erfahren.

In letzter Zeit sind innerhalb der grundschulpädagogischen Diskussion zum Schulanfang allerdings auch Töne zu vernehmen, die von einer vehementen Kritik an der Kindergartenpädagogik getragen sind. Sie käme ihrem Auftrag, die Fünfjährigen angemessen auf ihren bevorstehenden Schuleintritt vorzubereiten, nicht in ausreichendem Maße nach, unterminiere gar die Bildungsbedürfnisse der Kinder (vgl. Faust-Siehl 2001b; Hacker 2001). Dabei wird seit Inkrafttreten des neuen Kinder- und Jugendhilfegesetzes (1991) in der Sozialpädagogik eine intensive, bildungstheoretisch inspirierte Diskussion um den erstmals gesetzlich verankerten Bildungsauftrag des Kindergartens auf theoretisch hohem Niveau geführt (vgl. Schäfer 1995; Krappmann 1998; Liegle 2001, 2002; Laewen/Andres 2002). Es sieht so aus, als würde die Grundschulpädagogik die bislang intern geführte, sozialpädagogische Debatte zum Bildungsauftrag des Elementarbereichs und zur Qualität der Kindergärten um ihre externe Sicht erweitern wollen.

Die aktuelle elementarpädagogische Bildungsdebatte gibt zu der Hoffnung Anlass, dass der Kindergarten seine Eigenständigkeit als Bildungsinstitution der frühen Kindheit theoretisch fundierter zu untermauern vermag, um seine pädagogische Relevanz gleichsam unabhängig von arbeitsmarkt- und beschäftigungspolitischen Erwartungen begründen und konsolidieren zu können. Er hat – dies ist seit den siebziger Jahren Gemeingut – mehr als eine Betreuungsfunktion und konnte Organisationsstrukturen ausbilden, welche der Anregung von Bildungsprozessen in der wichtigen Lebensphase der frühen Kindheit überaus förderlich sein können. Spezifische Bildungsprozesse gilt es jedoch weiter zu untersuchen – zu theoretisieren und empirisch zu analysieren, um von einer solchen Basis aus den erwartbaren Ansinnen widerstehen zu können, die in der Folge von PISA einer Verschulung des Kindergartens Vorschub zu leisten drohen. Insbesondere mit Blick auf Interaktionen und Sozialbeziehungen in den Kindergärten ist ein Forschungsdesiderat zu verzeichnen. Studien, die das Erziehungs- und Sozialisationsgeschehen, möglichst auch im Längsschnitt, untersuchen, sind im deutschen Kontext, anders als beispielsweise im anglo-amerikanischen Raum, kaum anzutreffen. Darüber, was in den Kindergruppen und den pädagogisch arrangierten Kontexten des Kindergartens tagtäglich geschieht, lassen sich gegenwärtig empirisch fundiert kaum Aussagen machen. (Bildungs-) Forschung hätte mithin elementarpädagogische Praxis auf ihre Wirkungen auf Seiten der Kinder genauer zu beobachten.

Ein ähnlich gelagertes Desiderat ist im Bereich der Grundschulforschung zu verzeichnen. Ihr mangelt es an einer empirischen Unterrichtsforschung, welche die ausgeprägte Selektionspraxis in der Grundschule – sie wird durch die Bildungsbeteiligungsforschung regelmäßig und wurde durch die PISA-Studien jüngst erneut belegt – systematisch in den Blick nimmt, und zwar indem sie weniger die Schülerleistungen als vielmehr die Selektionsentscheidungen des Personals untersucht (vgl. hierzu die Studie von Gomolla/Radtke 2002, die Selektionsentscheidungen im Kontext von Ethnizität zum Gegenstand hat). Eine so angelegte empirische Forschung zur Selektionspraxis in der Grundschule bedarf der Ergänzung um theoretische Auseinandersetzungen mit dem strukturell verankerten ‚leistungsbezogenen Bildungsprinzip', das seit dem Bestehen der Grundschule in ihrer heutigen Gestalt in stetiger Konkurrenz zum Konzept einer ‚grundlegenden Bildung' steht und wirksam wird. Vermutlich verengt die auf „innere“ Reformbestrebungen konzentrierte Grundschulforschung momentan etwas den Blick und läßt strukturbezogene Forschungsperspektiven in den Hintergrund treten. Praktische und vom Reformgedanken getragene Versuche, neue Verfahren der Leistungsmessung einzuführen (vgl. Faust-Siehl u.a. 1996) oder veränderte Einschulungsbedingen zu schaffen, können nicht davon entbinden, die Grundschule samt ihrer Pädagogik als ein System zu beobachten, das auch strukturbedingt Selektionsergebnisse produziert, die nicht im Einklang mit den geläufigen Reformsemantiken stehen bzw. durch diese nicht sogleich zu entschärfen sind.

Literatur

Aden-Grossmann, W.: Kindergarten. Eine Einführung in seine Entwicklung und Pädagogik. Weinheim/Basel 2002

Arbeitsgruppe Vorschulerziehung: Vorschulerziehung in der Bundesrepublik. Eine Bestandsaufnahme zur Curriculumentwicklung. München 1974

Arbeitsgruppe Vorschulerziehung: Anregungen I: Zur pädagogischen Arbeit im Kindergarten. München 1974; Anregungen II: Zur Ausstattung des Kindergartens. München 1974; Anregungen III: Didaktische Einheiten im Kindergarten. München 1979

Beck, G./Scholz, G.: Beobachten im Schulalltag. Ein Studien- und Praxisbuch. Frankfurt a.M. 1995

Beinzger, D./Diehm, I.: Zur Einführung: Frühe Kindheit und Geschlechterverhältnisse. Konjunkturen in der Sozialpädagogik. In: Beinzger, D./Diehm, I. (Hrsg.): Frühe Kindheit und Geschlechterverhältnisse. Konjunkturen in der Sozialpädagogik. Frankfurter Beiträge zur Erziehungswissenschaft. Johann Wolfgang Goethe-Universität Frankfurt a.M. 2003, S. 9-24

Breidenstein, G./Kelle, H.: Geschlechteralltag in der Schulklasse. Weinheim/München 1998

Bundesministerium für Familie, Senioren, Frauen und Jugend (Hrsg.): Zehnter Kinder- und Jugendbericht. Bericht über die Lebenssituation von Kindern und die Leistungen der Kinderhilfen in Deutschland. Bonn 1998

Burk, K./Mangelsdorf, M./Schoeler, U.: Die neue Schuleingangsstufe. Lernen und Lehren in entwicklungsheterogenen Gruppen. Weinheim/Basel 1998

Colberg-Schrader, H.: Kindergarten – Ort für Kinderleben und Treffpunkt für Eltern. Zur Qualität von Kindergärten. In: Fthenakis, W.E./Textor, M.R. (Hrsg.): Qualität von Kinderbetreuung. Konzepte, Forschungsergebnisse, internationaler Vergleich. Weinheim/Basel 1998, S. 86-97

Colberg-Schrader, H./Derschau, D. von: Sozialisationsfeld Kindergarten. In: Hurrelmann, K./Ulich, D. (Hrsg.): Neues Handbuch der Sozialisationsforschung. Weinheim/Basel 1991, S. 335-353

Deutscher Bildungsrat (Hrsg.): Strukturplan für das Bildungswesen: Empfehlungen der Bildungskommission. Stuttgart 1970

Deutsches PISA-Konsortium (Hrsg.): PISA 2000. Basiskompetenzen von Schülerinnen und Schülern im internationalen Vergleich. Opladen 2001

Diederich, J./Tenorth, H.-E.: Theorie der Schule. Ein Studienbuch zu Geschichte, Funktionen und Gestaltung. Berlin 1997

Diehm, I.: Zur Konstruktion von Problemkindern: Ethnische Unterscheidungen in ihrer Bedeutung für Sozial- und Schulpädagogik. In: Griese, H. M./Kürsat-Ahlers, E./Schulte, R./Vahedi, M. (Hrsg.): Was ist eigentlich das Problem am „Ausländerproblem“? Über die Durchschlagskraft ideologischer Konstrukte. Frankfurt a.M. 2002, S. 153-181

Diehm, I./Radtke, F.-O.: Erziehung und Migration. Eine Einführung. Stuttgart 1999

Dittrich, G./Dörfler, M./Schneider, K.: Konflikte unter Kindern beobachten und verstehen. München 1998

Drews, U./Schneider, G./Wallrabenstein, W.: Einführung in die Grundschulpädagogik. Weinheim/Basel 2000

Einsiedler, W./Götz, M./Hacker, H./Kahlert, J./Keck,R. W./Sandfuchs,U. (Hrsg.): Handbuch Grundschulpädagogik und Grundschuldidaktik. Bad Heilbrunn 2001

Faust-Siehl, G./Garlichs, A./Ramseger, J./Schwarz, H./Warm, U.: Die Zukunft beginnt in der Grundschule. Empfehlungen zur Neugestaltung der Primarstufe. Reinbek 1996

Faust-Siehl, G.: Die neue Schuleingangsstufe in den Bundesländern. In: Faust-Siehl, G./Speck-Hamdan, A. (Hrsg.): Schulanfang ohne Umwege. Arbeitskreis Grundschule/Grundschulverband. Frankfurt a.M. 2001a, S. 194-252

Faust-Siehl, G.: Konzept und Qualität im Kindergarten. In: Faust-Siehl, G./Speck-Hamdan, A. (Hrsg.): Schulanfang ohne Umwege. Arbeitskreis Grundschule/Grundschulverband. Frankfurt a.M. 2001b, S. 53-79

Fried, L.: Werden Mädchen im Kindergarten anders behandelt als Jungen? Analysen von Stuhlkreisgesprächen zwischen Erzieherinnen und Kindern. In: Zeitschrift für Pädagogik 35 (1989), 4, S. 471-492

Friedrich, G.: Das niedere Schulwesen. In: Jeismann, K.-E./Lundgreen, P. (Hrsg.): Handbuch der deutschen Bildungsgeschichte. Bd. III: 1800-1870. Von der Neuordnung Deutschlands bis zur Gründung des Deutschen Reiches. München 1987, S. 123-152

Fthenakis, W.E./Eirich, H. (Hrsg.): Erziehungsqualität im Kindergarten. Forschungsergebnisse und Erfahrungen. Freiburg 1998

Fthenakis, W.E./Textor, M.R. (Hrsg.): Qualität von Kinderbetreuung. Konzepte, Forschungsergebnisse, internationaler Vergleich. Weinheim/Basel 1998

Geiling, U.: Zur Präferenz der Jahrgangsklasse bzw. altershomogenen Gruppen im Bildungssystem der DDR. In: Radtke, F.-O. (Hrsg.): Die Organisation von Homogenität. Jahrgangsklassen in der Grundschule. Frankfurter Beiträge zur Erziehungswissenschaft. JohannWolfgang Goethe-Universität Frankfurt a.M.1999, S. 35-58

Gomolla, M./Radtke, F.-O.: Institutionelle Diskriminierung. Die Herstellung ethnischer Differenz in der Schule. Opladen 2002

Götz, M.: Die Grundschule in der Zeit des Nationalsozialismus. Eine Untersuchung der inneren Ausgestaltung der vier unteren Jahrgänge der Volksschule auf der Grundlage amtlicher Maßnahmen. Bad Heilbrunn 1997

Götz, M.: Entwicklung und Status der universitären Grundschulpädagogik und -didaktik. In: Zeitschrift für Pädagogik 46 (2000), 4, S. 526-539

Grossmann, W.: KinderGarten. Eine historisch-systematische Einführung in seine Entwicklung und Pädagogik. Weinheim, Basel 1987 (In vollständig überarbeiteter und erweiterter Fassung erschienen unter: Aden-Grossmann 2002)

Haarmann, D. (Hrsg.): Handbuch Grundschule. Bd. 1 und 2. Weinheim/Basel 1994

Hacker, H.: Die Anschlußfähigkeit von Kindergarten und Grundschule. In: Faust-Siehl, G./Speck-Hamdan, A. (Hrsg.): Schulanfang ohne Umwege. Arbeitskreis Grundschule/Grundschulverband. Frankfurt a.M. 2001, S. 80-94

Heinzel, F./Prengel, A. (Hrsg.): Heterogenität, Integration und Differenzierung in der Primarstufe. Jahrbuch Grundschulforschung 6. Opladen 2002

Hessisches Kultusministerium: Presseinformation Nr. 15: „Einschulung – neu konzipieren", Wiesbaden 16.2.1994

Hoeltje, B.: Kinderszenen. Geschlechterdifferenz und sexuelle Entwicklung im Vorschulalter. Stuttgart 1996

Horn, H.A.: Brücken zum Schulanfang. Kindergarten – Eingangsstufe – Schulkindergarten/Vorklasse. In: Haarmann, D. (Hrsg.): Handbuch Grundschule. Bd. 1, Weinheim/Basel 1994, S. 76-87

Ingenkamp, K.: Zur Problematik der Jahrgangsklasse. Weinheim/Berlin/Basel 1969

Jeismann, K.-E.: Das höhere Knabenschulwesen. In: Jeismann, K.-E./Lundgreen, P. (Hrsg.): Handbuch der deutschen Bildungsgeschichte. Bd. III: 1800-1870. Von der Neuordnung Deutschlands bis zur Gründung des Deutschen Reiches. München 1987, S. 152-171

Kammermeyer, G.: Schulfähigkeit. In: Faust-Siehl, G./Speck-Hamdan, A. (Hrsg.): Schulanfang ohne Umwege. Arbeitskreis Grundschule/Grundschulverband. Frankfurt a.M. 2001, S. 96-118

Kern, A.: Sitzenbleiberelend und Schulreife. Ein psychologisch-pädagogischer Beitrag zu einer inneren Reform der Grundschule. Freiburg 1951

Knörzer, W./Grass, K.: Einführung Grundschule. Geschichte – Auftrag – Innovation. Weinheim/Basel 1998

Krappmann, L.: Reicht der Situationsansatz aus? Nachträgliche und vorbereitende Gedanken zu Förderkonzepten im Elementarbereich. In: Neue Sammlung 35 (1998), 4, S. 109-124

Laewen, H.-J./Andres, B. (Hrsg.): Bildung und Erziehung in der frühen Kindheit. Bausteine zum Bildungsauftrag von Kindertageseinrichtungen. Weinheim/Berlin/Basel 2002

Lanfranchi, A.: Schulmisserfolg von Migrantenkindern. Die Bedeutung familienergänzender Betreuung im Vorschulalter. Opladen 2002

Leschinsky, A./Roeder, P.M.: Schule im historischen Prozess. Zum Wechselverhältnis von institutioneller Erziehung und gesellschaftlicher Entwicklung. Stuttgart 1976

Liegle, L.: Brauchen Kinder Kindergärten? Zur Wirkungsgeschichte ausserpädagogischer und pädagogischer Argumente. In: Neue Sammlung 41 (2001), 3, S. 334-358

Liegle, L.: Bildungsprozesse in der frühen Kindheit. Der Vorrang von Selbstbildung. In: Münchmeier, R./Otto, H.-U./Rabe-Kleeberg, U. (Hrsg.): Bildung und Lebenskompetenz. Kinder- und Jugendhilfe vor neuen Aufgaben. Opladen 2002, S. 49-56

Neuhaus-Siemon, E.: Schule der Demokratie. Die Entwicklung der Grundschule seit dem ersten Weltkrieg. In: Haarmann, D. (Hrsg.): Handbuch Grundschule. Bd. 1, Weinheim/Basel, 1994, S. 14-25

Oelkers, J.: Ästhetische Moderne und Erziehungstheorie. Heilsame Dekonstruktion. In: Combe, A./Helsper, W. (Hrsg.): Pädagogische Professionalität. Untersuchungen zum Typus pädagogischen Handelns. Frankfurt a.M. 1996, S. 842-886

Oswald, H./Krappmann, L.: Alltag der Schulkinder. Beobachtungen und Analysen von Interaktionen und Sozialbeziehungen. Weinheim/München 1995

Petillon, H. (Hrsg.): Individuelles und soziales Lernen in der Grundschule – Kinderperspektive und pädagogische Konzepte. Jahrbuch Grundschulforschung 5. Opladen 2002

Petrat, G.: Schulunterricht. Seine Sozialgeschichte in Deutschland 1750-1850. München 1979

Petrat, G.: Normative Nützlichkeit. Widergespiegelt in der Geschichte der Grundschule und ihrer Vorläufer. In: Radtke, F.-O. (Hrsg.): Die Organisation von Homogenität. Jahrgangsklassen in der Grundschule. Frankfurter Beiträge zur Erziehungswissenschaft. JohannWolfgang Goethe-Universität Frankfurt a.M. 1999, S. 15-34

Prengel, A.: Pädagogik der Vielfalt. Verschiedenheit und Gleichberechtigung in Interkultureller, Feministischer und Integrativer Pädagogik. Opladen 1993

Rauschenbach, T./Hoffmann, H.: Innovation durch Sparen = Qualität? Anmerkungen zur Qualitätsdebatte in der Kinderbetreuung. In: Fthenakis, W.E./Eirich, H. (Hrsg.): Erziehungsqualität im Kindergarten. Forschungsergebnisse und Erfahrungen. Freiburg 1998, S. 177-186

Rossbach, H.-G.: Die Einschulung in den Bundesländern. In: Faust-Siehl, G./Speck-Hamdan, A. (Hrsg.) Schulanfang ohne Umwege. Arbeitskreis Grundschule/Grundschulverband. Frankfurt a.M. 2001, S. 119-174

Schäfer, G.E.: Bildungsprozesse im Kindesalter. Selbstbildung, Erfahrung und Lernen in früher Kindheit. Weinheim 1995

Schilling, J.: Soziale Arbeit. Entwicklungslinien der Sozialpädagogik/Sozialarbeit. Neuwied 1997

Schmid, P.: Rousseau Revisited. Geschlecht als Kategorie in der Geschichte der Erziehung. In: Zeitschrift für Pädagogik 38 (1992), 6, S. 838-854

Schmidt-Denter, U.: Vorschulische Erziehung. In: Oerter, R./Montada, L.: Entwicklungspsychologie. Ein Lehrbuch. München/Wien/Baltimore 1982, S. 729-742

Tenorth, H.-E.: Geschichte der Erziehung. Einführung in die Grundzüge ihrer neuzeitlichen Entwicklung. Weinheim/ München 1992

Tenorth, H.-E.: „Reformpädagogik“. Erneuter Versuch, ein erstaunliches Phänomen zu verstehen. In: Zeitschrift für Pädagogik 40 (1994), 3, S. 585-604

Tietze, W. (Hrsg.): Wie gut sind unsere Kindergärten? Eine Untersuchung zur pädagogischen Qualität in deutschen Kindergärten. Neuwied 1998

Tietze, W./Rossbach, H.-G. (Hrsg.): Erfahrungsfelder in der frühen Kindheit. Bestandsaufnahmen, Perspektiven. Freiburg 1993

Tietze, W./Schuster, K.-M./Rossbach, H.-G.: Kindergarten-Einschätz-Skala (KES). Neuwied 1997

Titze, H.: Zensuren in der modernen Gesellschaft. Zur Selbstbeurteilung und Fremdbeurteilung schulischer Leistungen. In: Die Deutsche Schule, 6. Beiheft 2000, S. 49-62

Valtin, R.: Grundschulpädagogik als empirische Forschungsdisziplin. In: Zeitschrift für Pädagogik 46 (2000), 4, S. 555-570

Wiesemann, J.: Lernen als Alltagspraxis. Lernformen von Kindern an einer freien Schule. Diss. Berlin 1998

Zimmer, J. (Hrsg.): Curriculumentwicklung im Vorschulbereich. Bd. I und II. München 1973

Zinnecker, J.: Soziale Welten von Schülern und Schülerinnen. Über populare, pädagogische und szientifische Ethnographien. In: Zeitschrift für Pädagogik 46 (2000), 5, S. 667-690

Katja Koch

Von der Grundschule zur Sekundarstufe

1 Der Übergang von der Grundschule in die weiterführenden Schulen – ein weitgehend ungelöstes Problem

Übergänge gehören in vielfacher Hinsicht zum Leben. Im Kontext von Schule wecken sie aber meist negative Assoziationen und werden vielfach als Bedrohung, Bruch oder Diskontinuität im Lebenslauf gewertet. Der Übergang von der Grundschule in die Sekundarstufe stellt einen solchen Bruch dar und betrifft jährlich rund 750.000 Schülerinnen und Schüler, die nach der vierten Klasse die Grundschule verlassen und auf eine weiterführende Schule wechseln. Dass dabei immer wieder auf vorhandene Übergangsprobleme hingewiesen wird, liegt daran, dass sich in den meisten deutschen Bundesländern – im Gegensatz zur überwältigenden Mehrzahl der anderen europäischen Länder – bereits nach dem vierten Grundschuljahr die zuvor gemeinsame Schullaufbahn der Schüler in verschiedene Teillaufbahnen trennt: Abhängig von ihren schulischen Leistungen am Ende der Grundschulzeit finden sie sich zu Beginn der Sekundarstufe in einer der zur Auswahl stehenden Schulformen wieder, in der von ihnen in aller Regel der Erwerb eines bestimmten Schulabschlusses erwartet wird. Da über die an einer Schule zu erwerbenden Schulabschlüsse unterschiedliche Zukunftsoptionen vergeben werden, wird die Wahl der Schulform nach der vierten Klasse zur wichtigen Statusvorentscheidung.

Schwierig wird diese Entscheidung vor allem deswegen, weil der Prognosewert der am Ende der vierten Klasse von der Grundschule ausgestellten Schullaufbahnempfehlung bis heute umstritten ist. Aus entwicklungspsychologischer Sicht wird hier darauf verwiesen, dass die kognitiven Fähigkeiten der Viertklässler noch nicht soweit ausgebildet sind, um am Ende der Grundschule stabile Schullaufbahnempfehlungen geben zu können (Schneider 1994). Portmann (1995) z.B. meint, es bedürfe hellseherischer Fähigkeiten seitens der Grundschullehrer um eine in jedem Falle richtige Eignungsprognose für Viertklässler abzugeben. Auch breiter angelegte empirische Studien kommen zu dem Ergebnis, dass sich Aussagen über die Leistungsfähigkeit eines Kindes anhand der Grundschulnoten als nicht sehr verlässlich erweisen (Sauer/Gamsjäger 1996). Angesichts der großen Ungewissheit über die individuelle Entwicklung eines Kindes in dieser Lebensphase ist es demnach berechtigt, den Übergang in die nach Schulformen gegliederte Sekundarstufe als verfrüht anzusehen.

Neben dem Problem der prognostischen Zuverlässigkeit der Eignungsfeststellung am Ende des vierten Schuljahrs gehört aber auch die schwierige Frage der sozialen Gerechtigkeit beim Ausleseverfahren zu den Schwachstellen des Übergangsprozesses. Hier zeigt sich, dass die Empfehlungspraxis der Grundschullehrer deutlich von sozialen Kontextfaktoren beeinflusst wird und die „Messlatte“ für eine Gymnasialempfehlung dabei insbesondere für Kinder aus bildungsfernen Elternhäusern und für Migrantenkinder höher liegt als für andere Schülerinnen und Schülern (Ditton 1992; Lehmann/Peek 1997; Schulz 2000; Schnabel/Schwippert 2000). Da die herkunftsbedingte ungleiche Teilhabe an höherer schulischer Bildung auch unübersehbare Parallelen zur herkunftsbedingt ungleichen Teilhabe an außerschulischen Lernangeboten aufweist (Büchner/Fuhs 1998), führt die am Ende der Grundschulzeit getroffene Auslese der Schüler dazu, dass eine große Zahl von Kindern von wichtigen schulischen und außerschulischen Entwicklungsanreizen ausgeschlossen wird.

Für die Eltern stellt die am Ende der vierten Grundschulklasse zu treffende Schullaufbahnentscheidung somit eine der schwierigsten Entscheidungen dar, die sie für ihr Kind treffen müssen. Wer über die Wahl einer weiterführenden Schule bzw. über die Aufnahme eines Kindes in eine solche entscheidet, hat eine Schlüsselfunktion für das zukünftige Leben des betreffenden Schülers inne. In der Diskussion um das Recht auf eine freie Schulwahl wird von daher darauf verwiesen, dass in einer demokratischen Gesellschaft „kein Schulsystem das wachsende Bedürfnis von Eltern und Schülern vollkommen ignorieren kann, Entscheidungen, die ihre Bildungschancen betreffen, selbst zu fällen“ (OECD 1992, S. 68). Durch die Freigabe des Elternwillens in den meisten Bundesländern haben Eltern somit das Recht über die Schullaufbahn ihrer Kinder zu entscheiden. Diese Entscheidung ist jedoch mit der Last verbunden, die richtige Schule auszuwählen, um dem eigenen Kind möglichst viele Lebenschancen offen zu halten. Als problematisch gilt hier, dass insbesondere Eltern aus bildungsferneren Schichten scheinbar Schwierigkeiten mit einer längerfristigen Bildungsbiographieplanung für ihre Kinder haben (Büchner/Koch 2001) und das Verfahren der freien Schulwahl durch die Eltern somit zumindest indirekt Kinder aus diesen Elternhäusern benachteiligt.

Die Schülerinnen und Schüler wiederum verbinden mit dem Übergang in eine weiterführende Schule nicht nur freudige Erwartungen, sondern auch Befürchtungen und Ängste (Wiederhold 1991; Sirsch 2000). Sie erleben ihn als wichtigen biographischen Einschnitt, der unweigerlich am Ende der vierten Klasse auf sie zukommt und den sie selbst nur wenig beeinflussen können. Alle Grundschüler eines Jahrganges verlassen die Grundschule, müssen sich in den weiterführenden Schulen auf neue Unterrichtsstrukturen und soziale Rahmenbedingungen einstellen und werden mit gestiegenen Leistungsanforderungen konfrontiert (Hacker 1988). Ein Umstand, der sich bei einigen in Selbstkonzeptveränderungen und Schulangst niederschlägt. Der Übergang von der Grundschule in die weiterführende Schule ist daher oft Ausgangspunkt eines Motivationswandels der Schüler, die ausgestattet mit einem positiven Selbstbild und dem Vertrauen in ihre Fähigkeiten die Grundschule verlassen und nun in der Sekundarstufe erste negative Lernerfahrungen machen. Um diese weitgehend zu verhindern, wird aus schulpädagogischer Sicht nicht mehr die Anpassung des Schülers an die neue Umwelt der Sekundarstufe gefordert, sondern die Anpassung der neuen Schule an die Gewohnheiten und Bedürfnisse des Kindes (vgl. Fölling-Albers 1989, 1993). Angesichts einer veränderten Kindheit und einer reformierten Grundschule zielen diese Vorschläge und Forderungen vor allem auf eine Reform der Eingangsstufe der weiterführenden Schulen.

Einzelne Schulen haben von daher damit begonnen, den Übergang neu zu gestalten und setzen Schulentwicklungsprozesse in Gang, die eine verbesserte Zusammenarbeit von Grundschule und weiterführenden Schulen zum Ziel haben. Zum Problem wird hier, dass bei den in das Übergangsgeschehen involvierten Lehrerinnen und Lehrern schulformbezogen unterschiedliche Perspektiven zum Tragen kommen. Die Lehrer der abgebenden Grundschulen bereiten im Vorfeld des Übergangs ihre Schüler auf die Anforderungen der weiterführenden Schulen vor und wissen dabei, dass ihre Arbeit am Erfolg ihrer Schüler gemessen wird. Die von ihnen oftmals als Dilemma empfundene Entscheidung zwischen Begabungsauslese und Begabungsförderung lösen sie zunehmend zugunsten einer vorrangigen Orientierung an den kindlichen Interessen auf. Die Sekundarschullehrer, die für die Zeit nach dem Übergang und für die Gestaltung der Eingangsstufe verantwortlich sind, betonen demgegenüber eher die Zulieferfunktion der Grundschule und erwarten eine an den Bedürfnissen ihrer Fächer orientierte Vorbereitung der Schüler. Die Frage, wie unter diesen Vorraussetzungen Grundschul- und Sekundarschullehrer den Übergang gemeinsam gestalten sollen, ist bisher noch weitgehend ungeklärt. In der Praxis zeigt sich zumeist, dass schulübergreifende Reformprozesse aufgrund methodischer und organisatorischer Unterschiede zwischen Primar- und Sekundarstufe nur schwer zu verwirklichen sind.

2 Der Übergang in die Sekundarstufe im Blickpunkt der Forschung

Obwohl der Übergang von der Grundschule in die weiterführenden Schulen bereits seit den Anfängen der Grundschule (1920) als Problem gilt, rückte er erst im Zuge der Bildungsexpansion der 1960er Jahre in den Blickpunkt der erziehungswissenschaftlichen Forschung. Solange die große Mehrheit der Schüler in der Volksschule verblieb und von Übergangsproblemen nicht betroffen war, stellte sich die Frage nach einem gelingenden Übergang nur für die wenigen Schüler, die von der Volksschule auf ein Gymnasium überwechselten. Die Anstrengungen der staatlichen Bildungswerbung, die immer bessere Erreichbarkeit der prestigeträchtigen Ausbildungsgänge, der Wegfall von Zulassungsbeschränkungen an Realschulen sowie Gymnasien und „Veränderungen in der subjektiven Bewertung von Kosten und Nutzen für eine höhere Bildung“ (Becker 2000, S. 447) führten zu einem deutlichen Wandel des Bildungsverhaltens beim Übergang von der Grundschule in die Sekundarschule. „Die Mehrheit der 13-jährigen Schüler und Schülerinnen besuchte Anfang der 1950er Jahre die Volks- und Hauptschule, während eine Minderheit von rund 12 bzw. 6% dieser Schulkinder auf das Gymnasium oder auf die Realschule ging. (...) Ende der 1980er Jahre hingegen war die Mehrheit der 13-jährigen Schulpflichtigen entweder auf das Gymnasium (30%) oder auf die Realschule (26%) gewechselt“ (Becker 2000, S. 448). Entsprechende Übergangsprobleme traten deshalb sowohl quantitativ wie auch qualitativ stärker ins öffentliche Bewusstsein.

Bis weit in die 1970er Jahre hinein wurden Übergangsprobleme noch hauptsächlich im Kontext der Gesamtschuldebatte und der Auseinandersetzung über schulische Auslesefragen, der Diskussion über mehr Durchlässigkeit zwischen unterschiedlichen Schulformen oder der Elternrechtsdiskussion angesprochen (vgl. z.B. Rolff 1967/1997). Erste spezifisch schulpädagogische Veröffentlichungen zum Übergangsproblem Grundschule-Sekundarstufe im engeren Sinne, die konkret auf eine Verbesserung der Übergangspraxis zielen, finden sich am Ende dieser Dekade (vgl. z.B. Garlichs/Schmitt 1978) und dann vor allem seit den 1980er Jahren (vgl. z.B. Portmann/Schneider 1988). Die frühen Veröffentlichungen zu diesem Thema konzentrieren sich vielfach auf Fallstudien und gehen auf der Basis von Beobachtungen im Grundschulalltag der Frage einer besseren Vorbereitung der Grundschüler auf den Übergang in weiterführende Schulen nach. Hier fällt auf, dass die Mehrzahl der Beiträge von Autoren stammte, die das Thema aus der Grundschulperspektive angingen. Entweder unterrichteten sie selbst in einer Grundschule oder sie waren wissenschaftlich im Feld der Grundschulpädagogik tätig. Veröffentlichungen aus Sicht der Sekundarschule finden sich in dieser Zeit kaum.

Die Beschäftigung mit dem Übergang in den 1980er und 1990er Jahren und das hieraus resultierende Bemühen um eine Verbesserung der Übergangspraxis zeigte, dass die Grundschule dabei war, ein eigenständiges pädagogisches Profil zu entwickeln, das sich in vielen (wesentlichen) Punkten von dem der Sekundarstufe absetzte. Im Vordergrund der aktuellen Diskussion steht deswegen die Frage der angemessenen pädagogischen Gestaltung von Übergangsprozessen. Um möglichst tragfähige Brücken zwischen Grundschule und weiterführenden Schulen zu bauen und somit die Kontinuität des schulischen Lernprozesses sicherzustellen, wird dem Übergang von der Grundschule in die Sekundarschule unter diesem Blickwinkel wieder besondere Aufmerksamkeit geschenkt (vgl. z.B. Hacker 1997; HKM/HeLP 1997; Beck/ Kilian/ Kröll/Meibert/Schösser 1999; Büchner/Koch 2001; Koch 2001; Beck 2002).

In diesem Zusammenhang lässt sich beobachten, dass die Übergangsdiskussion an übergreifende schultheoretisch oder kindheitssoziologisch inspirierte Überlegungen anknüpft, welche die Notwendigkeit einer Veränderung der Schule mit Veränderungen der Kindheit bzw. der außerschulischen Lebenssituation von Kindern begründen. Fölling-Albers z.B. (1993) nimmt auf die veränderten Rahmenbedingungen Bezug, unter denen Kinder heute aufwachsen und die sich in veränderten Lebens- und Familienformen manifestieren. Daraus leitet sie die Forderung nach einer Erneuerung der Grundschule ab, die sich auf die Bedürfnisse heutiger Kinder einlassen müsse. Diese Aufforderung zur Schulreform bezieht sie explizit auch auf die weiterführenden Schulen, da sich auch für deren Schüler die Sozialisationsbedingungen deutlich anders darstellen als bisher. Fauser (1992), der einen schrittweisen Umbau der Sekundarstufe fordert, warnt jedoch davor Inhalte, Arbeitsweisen und Methoden der Grundschule einfach fortzuschreiben, ohne sie auf ihre Praktikabilität im Unterricht der Sekundarstufe zu prüfen. Ein pädagogischer Übergang zur Sekundarstufe muss sowohl die institutionelle und individuelle Vorgeschichte als auch die lebensgeschichtliche Realität der Kinder und ihre altersbedingte Entwicklungslage berücksichtigen.

Insofern wird der Übergang in eine weiterführende Schulen heute unter völlig anderen schulpolitischen Gesichtspunkten diskutiert und problematisiert, als dies z.B. noch in den 1960er Jahren der Fall war. Damals ging es primär darum, die Übergangsquoten in „höhere" Schullaufbahnen, vor allem ins Gymnasium und die Realschule, als Ergebnis einer „richtigen" Übergangsauslese zu erhöhen, indem das Wahlverhalten der Eltern entsprechend beeinflusst werden sollte (Bildungswerbung). „Mehr Kinder auf weiterführende (höhere) Schulen" und „Ausschöpfung der Begabungsreserven" waren dabei die Schlagworte (vgl. dazu Picht 1964; Hitpass 1967). Heute geht es demgegenüber vor allem darum, die Schülerseite zu betonen und den Übergangsprozess selbst pädagogisch und didaktisch angemessener zu gestalten. Deswegen ist das Thema der Übergangsdiskussion heute nicht mehr so sehr, dass möglichst viele Kinder den Übergang in die höheren Schulen vollziehen, sondern wie sie diesen Übergang bewältigen. Gleich geblieben ist allerdings die schon zu Beginn der 1960er Jahre im Reformvorschlag des Deutschen Ausschusses für das Erziehungs- und Bildungswesen zur Einrichtung einer Förderstufe formulierte Forderung, den Übergang in weiterführende Schulen bedarfsangepasst offen zu gestalten und prozessbezogen zu erleichtern. Diese Reformabsicht ist inzwischen unbestritten und „eine Art Mindeststandard" geworden, der für alle bildungspolitischen Parteien verbindlich und nicht mehr hintergehbar ist (Arbeitsgruppe Bildungsbericht 1994, S. 411).

2.1 Der Übergang im Kontext von Bildungsbeteiligung und Eignungsfeststellung

Ein erster Anlass zur Beschäftigung mit dem Übergang in die weiterführenden Schulen war die von Picht (1964) ausgerufene „deutsche Bildungskatastrophe" und die von ihm in diesem Kontext konstatierte „Bildungsunwilligkeit" vieler Eltern, die den Übergang ihrer Kinder vor allem ins Gymnasium erschwerte. Im Vordergrund der diesbezüglichen Forschungsbemühungen stand daher zunächst die Suche nach den Gründen für die Bildungsabstinenz vieler Eltern. Relativ schnell wurde jedoch deutlich, dass neben den Einstellungen der Eltern auch institutionelle Übergangshürden die Bildungsbeteiligung breiterer Bevölkerungsschichten verhinderte. Die Kunstfigur des „katholischen Arbeitermädchens vom Lande“ (Peisert 1967) bündelte dabei sowohl soziokulturelle als auch strukturelle Benachteiligungen. Im Zuge der einsetzenden Bildungswerbung und einer gleichzeitig erfolgten Lockerung von Übergangsbeschränkungen veränderte sich sowohl die elterliche Bildungsaspiration als auch das konkrete Schulwahlverhalten, so dass mittlerweile knapp ein Drittel aller Siebtklässler ein Gymnasium und ein Viertel eine Realschule besuchen.

Obwohl sich im Kontext der Bildungsexpansion auch die faktische Bildungsbeteiligung von Kinder aus eher bildungsferneren Elterngruppen erheblich verändert hat, belegen eine Reihe von Studien die fortgesetzte Reproduktion sozialer Ungleichheiten im Schulsystem (vgl. z.B. Kemnade 1989; Bofinger 1990; Hansen/Rolff 1990; Ditton 1992; Geißler 1992; Hansen/Pfeiffer 1998). Ditton (1992), der das Zusammenwirken vielfältiger Bedingungen bei der Entscheidungsfindung untersucht, kommt zu dem Schluss, dass die konkreten Bildungserfahrungen der Eltern großen Einfluss auf die Wahl der weiteren Schullaufbahn des Kindes haben und somit die Wahl des Bildungsweges sozialspezifisch kalkuliert wird. Mahr-George (1999), der neben das konkrete Schulwahlverhalten der Eltern auch soziokulturelle Aspekte stellt, kommt zu dem Ergebnis, dass die schulische Laufbahn eines Kindes auch durch das in der Herkunftsfamilie vorhandene kulturelle Kapital beeinflusst wird. Kinder aus Familien mit hohem kulturellen Kapital schlagen deswegen eher den gymnasialen Bildungsgang ein als Kinder aus Familien mit niedrigem Kapital.

Einen etwas anderen Fokus wählen Lehmann und Peek (1997) in ihrer Hamburger Längsschnittstudie „Aspekte der Lernausgangslage und der Lernentwicklung“. Hier steht das Zusammenwirken von Lernausgangslagen der Schüler, der Diagnose- und Beratungspraxis der Grundschule und dem Wahlverhalten der Eltern im Vordergrund. Neben der Erkenntnis, dass die jeweiligen Lernausgangslagen der Schüler am Ende der vierten Klasse äußerst heterogen sind und regional variieren, zeigte sich, dass die Empfehlungspraxis der Grundschulen deutlich von sozialen Kontextfaktoren beeinflusst wird. Der ausschlaggebende Grund für eine gymnasiale Empfehlung von Seiten der Lehrer ist dabei zwar vorrangig der Leistungsstand des Schülers, die Chance eine Gymnasialempfehlung zu erhalten steigt bei gleicher Leistung dennoch in deutlicher Abhängigkeit vom Bildungsabschluss des Vaters (Lehmann/Peek 1997, S. 89f.). Die Bildungsnähe des Elternhauses wirkt sich allerdings nicht nur auf die Empfehlung der Grundschule, sondern auch auf die Wahl der Eltern selbst aus. Die Entscheidung für ein Gymnasium wird in den Familien in deutlicher Abhängigkeit vom Bildungshintergrund des Vaters getroffen (ebd., S. 98).

Demnach lassen sich Bildungsungleichheiten heute – genauso wie in den 1960er Jahren – auf vorhandene gesellschaftliche, ökonomische und institutionelle Rahmenbedingungen zurückführen, und auch der Einfluss von unterschiedlichen Lebensstilen und kulturellen Milieus auf individuelle Bildungswahlentscheidungen ist nach wie vor spürbar. Das katholische Arbeitermädchen vom Lande allerdings hat den Stab an den muslimischen Migrantenjungen aus der Großstadt weitergereicht. Von daher beschäftigen sich eine Reihe von neueren Untersuchungen mit den Bildungsbenachteiligungen von Kindern mit Migrationshintergrund. Dinkel, Luy und Lebok (1999) betonen hier, dass die Chance ein Gymnasium zu besuchen, für türkische Jugendliche signifikant geringer ist als für deutsche. Nauck und Diefenbach (1997) vermuten mit Bezug auf Bourdieu, dass Bildungsbenachteiligungen von Migrantenkindern die Folge strategischer Handlungsentscheidungen der Eltern im Hinblick auf den Einsatz und die Transferierbarkeit ihres kulturellen Kapitals seien. Die PISA-Studie kommt dabei konkreter zu dem Schluss, dass für Disparitäten im Bildungssystem weniger die soziale Lage oder die kulturelle Distanz, sondern vielmehr die Beherrschung der deutschen Sprache von Bedeutung ist (vgl. Deutsches PISA-Konsortium 2001, S. 374). Die Ergebnisse der IGLU-Studie deuten dabei an, dass der Zusammenhang zwischen Migrationsgeschichte der Familie und schulischem Erfolg des Kindes auch in der Grundschule feststellbar ist, dieser sich jedoch nach dem Übergang in eine weiterführende Schule verstärkt und zuspitzt (Bos u.a. 2003, S. 298ff). Die frühe Selektion nach der vierten Klasse, benachteiligt damit – unabhängig von deren intellektuellen Fähigkeiten – jene Kinder, die in der Grundschule Sprachprobleme haben.

Neben dem bisher erwähnten Aspekt der sozialen Selektion trägt auch die bestehende bildungsrechtliche Regelung des Übergangsverfahrens zu vorhandenen Bildungsungleichheiten bei. Traditionellerweise wird beim Übergang von der zumeist vierjährigen Grundschule in eine weiterführende Schule in fast allen Bundesländern das Verfahren der Eignungsfeststellung von der staatlichen Bildungsverwaltung geregelt. Dieser als Übergangsauslese bezeichnete Vorgang befindet über die Eignung eines Schülers für eine gewünschte weiterführende Schulform und eine damit verbundene Schullaufbahn. Ambivalent ist diese Regelung vor allem, weil in Deutschland zum einen das gesamte Bildungswesen unter staatlicher Aufsicht steht, zum anderen aber auch das Elternrecht grundgesetzlich garantiert ist. Bei der Auswahl einer weiterführenden Schule wird den Eltern dabei grundsätzlich ein positives Entscheidungsrecht über die kindliche Schullaufbahn zugestanden. Gleichzeitig wird dieses Elternrecht aber durch das Recht der aufnehmenden Schule wieder eingeschränkt, die ihrerseits über eine entsprechende Eignungsfeststellung die Aufnahme oder den Verbleib in einer bestimmten Schule verwehren darf.

In der Praxis finden sich fünf verschiedene Verfahren der Übergangsauslese, die in unterschiedlichen Mischformen praktiziert werden und von Bundesland zu Bundesland variieren. Die Aufnahme in der weiterführenden Schule erfolgt entweder aufgrund des Elternwunsches, des Lehrergutachtens der abgebenden Grundschule, des Bestehens einer Probezeit, einer bestandenen Aufnahmeprüfung oder nach einem erfolgreich absolvierten Unterricht in einer Förderstufe. Obwohl sich insgesamt eine Tendenz zur Stärkung der individuellen Rechte von Schülern und Eltern abzeichnet (vgl. Leschinsky 1994), sind die Übergangshürden in den einzelnen Bundesländern unterschiedlich hoch: Während in den weitaus meisten Bundesländern die Eltern frei über die zukünftige Schulwahl ihrer Kinder entscheiden und die Grundschulempfehlung keinen bindenden Charakter mehr hat, machen Bayern und Baden-Württemberg beispielsweise die Aufnahme in Gymnasien sowohl von einer Empfehlung der Grundschule als auch von der Jahresdurchschnittsnote in den Kernfächern Deutsch, Mathematik und Sachkunde abhängig.

Gegen die freie Schulwahl durch die Eltern spricht aus konservativer Sicht, neben der Preisgabe von staatlichen Steuerungsaufgaben, vor allem das Argument der Überforderung leistungsschwacher Schüler, die von ihren übertrieben ehrgeizigen Eltern auf die falschen Schulen geschickt werden. Diese Behauptung wird allerdings von Zelazny widerlegt. Er verweist darauf, dass die meisten „'nicht empfohlenen' Schülerinnen und Schüler der Grundschule (...) in den weiterführenden Schulen ohne Sitzenbleiben in die Jahrgangsstufe 7" gelangen (Zelazny 1996, S. 309). Rösner (1987) betont in diesem Zusammenhang, dass in den Bundesländern, in denen die Eltern über die Schullaufbahn ihrer Kinder frei entscheiden können, zwar die Übergangsquoten auf Gymnasien und Realschulen steigen, eine erhöhte Übergangsquote aber nicht automatisch auch eine höhere Rückläuferquote mit sich bringt. Obwohl viele Gymnasien und Realschulen einen Anstieg falsch eingestufter Schüler beklagen, verbleiben diese mit einer sehr hohen Wahrscheinlichkeit auf der einmal gewählten Schule. In Berlin z.B. reüssiert so jeder 2. Schüler an der vermeintlich falschen Schule. Insofern trägt die Freigabe des Elternwillens auch ein stückweit dazu bei, die soziale Selektivität der Übergangsauslese aufzuheben.

Allerdings darf dabei nicht verleugnet werden, dass die scheinbar liberale Prozedur der Freigabe des Elternwillens beim Übergang in die weiterführende Schule indirekt wohl Kinder aus bildungsferneren Elternhäusern benachteiligt. Bei der Auswahl der weiterführenden Schule fehlt es diesen Eltern an eigenen Erfahrungen insbesondere mit höheren schulischen Bildungsgängen, so dass sie das erforderliche Maß an Entscheidungssicherheit nur mit Hilfe von Informationen „aus zweiter Hand" erlangen können. Gleichzeitig muss man sich klarmachen, dass eine solche Entscheidungsunsicherheit keinesfalls gegen die geäußerten Schullaufbahnwünsche dieser Eltern ausgespielt werden darf (vgl. dazu Rolff 1997, S. 190ff.). Insofern wird im Kontext des Übergangs mehr Bildungsberatung gefordert, „die den Eltern die volle Verantwortung überlässt und dabei auch auf die Folgen absehbar falscher Schulwahlen aufmerksam macht" (Faust-Siehl u.a. 1996, S. 155). Da vor allem Eltern aus bildungsferneren Schichten bei der Wahl der weiterführenden Schule eine höhere Risikobereitschaft an den Tag legen, wird der Übergang für deren Kinder häufig zu einer enttäuschenden Erfahrung und zu einem ernsten Problem.

2.2 Der Wechsel in die Sekundarstufe als biographischer Übergang

Aus der Perspektive des Schülers betrachtet, wird der mit dem Schulwechsel verbundene Übergang in weiterführende Schulen oftmals als Bruch bzw. Diskontinuität im Lebenslauf und – nimmt man entsprechende Berichte (vgl. z.B. Mitzlaff/Wiederhold 1989) ernst – als herbeigesehnte Chance, aber auch als angstvoll erlebte Bedrohung wahrgenommen. Diese Einschätzung erfährt ihre Berechtigung dadurch, dass der Übergang nach der Grundschule mit spezifischen Risiken behaftet ist, die individuell gemeistert werden müssen. Von daher ist es durchaus angebracht, ihn wie andere Übergänge auch, als Schnittstelle „individueller, biographischer und sozialer Strukturen" (Kutscha 1991, S. 113) zu definieren. Gelingt der Übergang in die Sekundarstufe, dann eröffnet er Perspektiven, die vorher nicht vorhanden waren, und trägt so zur produktiven Weiterentwicklung der Schüler bei. Gelingt er nicht, dann führt diese Erfahrung oftmals zu Misstrauen gegenüber den eigenen Fähigkeiten und einer entsprechend negativen Veränderung des Selbstbildes. Da der Übergang in die weiterführende Schulen als kritisches Lebensereignis gilt (Filipp 1990), stellen Studien, die Übergangserfahrungen aus der Perspektive von Kindern, Eltern sowie Lehrerinnen und Lehrern dokumentieren, einen weiteren Schwerpunkt innerhalb der Übergangsforschung dar.

Eine erste empirische Untersuchung, die die Sichtweise der Schüler ausführlicher beschreibt, ist die Studie von Weißbach (1985). Anhand von konkreten Schwierigkeiten, die sich beim Wechsel von der Grundschule in die weiterführende Schule ergeben (z.B. längerer Schulweg, größere Gebäude, Verlust der alten Freunde, Fachlehrerprinzip, Leistungsbewertung und -differenzierung) beschreibt sie, wie Schüler ihre Lernumwelt erfahren. Die Ergebnisse, die unter dem Stichwort „Sekundarstufenschock" Eingang in die pädagogische Schulforschung gefunden haben, lassen sich in zwei Punkten zusammenfassen: Zum einen steigt die Schulunlust kurz nach dem Übergang in die fünfte Klasse deutlich an, und zum anderen wird Schule hauptsächlich über die Person der Lehrerin erfahren und interpretiert. Das objektive Lehrerverhalten, so die These, wirkt sich auf die subjektive Befindlichkeit der Schüler aus. Aufgrund der Untersuchungsergebnisse geht Weißbach davon aus, dass der Sekundarstufenschock vermeidbar ist, wenn Sekundarstufenlehrer ihr pädagogisches Handeln an den Bedürfnissen ihrer Schüler ausrichten. Damit hat diese Studie Aufforderungscharakter, in den aufnehmenden Sekundarschulen die Eingangsvoraussetzungen der neu eingeschulten Schüler stärker zu berücksichtigen.

Aus Sicht der Kinder bereiten nach Ansicht von Hacker (1988) vor allem fünf „Brüche" Probleme: Beziehungsbrüche ergeben sich beim Wechsel von der Grundschule zur Sekundarstufe dann, wenn das vormals innige Verhältnis zum Grundschullehrer durch eine Vielzahl wenig intensiver Beziehungen zu den Fachlehrern abgelöst wird. Brüche im Sozialgefüge entstehen, da der alte Klassenverband der Grundschule aufgelöst und auf mehrere Schulen oder Klassen verteilt wird. In der neuen Schule finden sich die Kinder plötzlich in einem neuen Sozialverband wieder, in den sie erst hineinwachsen müssen. Der Aufbau neuer Freundschaften, das Ausloten der Rolle innerhalb der Klasse und der Aufbau einer Klassengemeinschaft erfordern dabei von ihnen viel Kraft und Anstrengung. Brüche in den Lernformen ergeben sich, wenn die ehemals im Erfahrungsbereich der Kinder angesiedelten Aufgabenstellungen der Grundschule von „schülerfernen und abstrakten Sachgesetzlichkeiten" (Hacker 1988, S. 9) abgelöst werden. Hiermit verknüpft sind Brüche in der Verhaltensregulierung, da die in der Grundschule üblichen Verhaltensweisen durch den Übertritt in die weiterführenden Schulen qualitative Veränderungen erfahren und der motorische Bewegungsspielraum zugunsten einer passiveren Zuhörerhaltung eingeengt wird. Zuletzt nehmen Kinder, die in den ersten vier Grundschuljahren zumeist in einer bewertungsfreundlichen Atmosphäre gelernt haben, auch die gestiegenen Leistungserwartungen von Seiten der Eltern und Lehrer als Brüche im Erwartungshorizont wahr. Zu Beginn der fünften Klasse finden sich Kinder demnach in einer Situation wieder, in der sie sich von Anfang an bewähren müssen, um keinen Schulwechsel und keine Klassenwiederholung zu riskieren.

Dass der Übergang von der Grundschule in weiterführende Schulen unter Leistungsgesichtspunkten für alle Schülerinnen und Schüler mit erheblichen Belastungen verbunden sein kann, weist Eder (1995) nach: Im Durchschnitt kommt es in der fünften Klasse zu einer Notenverschlechterung um etwa eine halbe Note und im weiteren Verlauf der Schullaufbahn zu einer Verschlechterung um eine weitere halbe Note. Auch diese „kritische" Neubewertung der Schulleistungen gilt es während des Übergangsprozesses zu verkraften. Mayr, Hofer und Huemer (1987) konnten hier aufzeigen, dass die zeitliche Belastung beim Wechsel von der vierten in die fünfte Klasse nicht kontinuierlich, sondern abrupt ansteigt: Betrug die durchschnittliche Schulzeit in der Grundschule noch 33 Stunden pro Woche, steigt diese in den weiterführenden Schulen auf 46 Stunden an. Vor allem für die weniger leistungsstarken Schüler bringt daher der Übergang von der Grundschule in die weiterführende Schule, neben einer Reihe von sozialen Veränderungen, auch eine hohe zeitliche Belastung mit sich, die darauf schließen lässt, „dass es zumindest bei vielen der besonders lang an schulischen Tätigkeiten gebundenen Schüler/innen zu physischen und psychischen Überlastungen kommt" (Mayr u.a. 1987, S. 499).

Studien zur Selbstkonzeptveränderung, wie die von Buff (1991) belegen zudem, dass der Auslesedruck offensichtlich schon in der Grundschule wirksam ist und von den davon negativ betroffenen Schülern auch entsprechend wahrgenommen wird. Das Vertrauen in die eigenen Fähigkeiten und das hieraus abgeleitete Selbstkonzept verschlechterte sich dabei im Verlauf des vierten Grundschuljahres vor allem bei den nicht für eine höhere Schullaufbahn geeigneten Schülern und hatte bei ihnen einen Motivationswandel zur Folge. Auch Sirsch (2000) kommt in ihrer Studie über die Selbstkonzeptentwicklung von Wiener Volksschülern zu ähnlichen Ergebnissen. Sie betont aber, dass die meisten Kinder im bevorstehenden Übergang eher eine Herausforderung und weniger eine Bedrohung sehen. Schüler mit guten Leistungen und einem daraus abgeleiteten positiven Selbstkonzept erleben den Übergang weniger ängstlich als Schüler mit schlechten Noten. Aus den Daten von Sirsch geht außerdem hervor, dass die Mehrzahl der Schüler den Übergang mit gemischten Gefühlen betrachten, und durchaus auch Ängste bezüglich der neuen Schule vorhanden sind. Beide Autoren kommen zu dem Schluss, dass Kinder sehr wohl in der Lage sind, den Übergang in eine neue Schulform zu meistern, wenn ihnen entsprechende Hilfen gegeben werden.

2.3 Schulpädagogische Forschungen zum Übergang

Einen vergleichsweise breiten Raum in der Übergangsliteratur nehmen von daher Veröffentlichungen ein, die schulnah praktische Hilfen zur Erleichterung des Übergangs anbieten (z.B. Portmann/Schneider 1988; Portmann/Wiederhold/Mitzlaff 1989; Beck u.a. 1999, Beck 2002), didaktische Tipps zur Aufbereitung und Gestaltung des Übergangs geben (z.B. Gampe/Geppert/Schulz/Zimmer 1987; Marwedel 1991; Krüsmann 1994) oder sich konkret an der Praxis einzelner Fächer orientieren (z.B. Kunz 1994; Heckel 1996). Dass z.B. in Mathematik an das Lehren und Lernen der Grundschule angeknüpft werden kann, zeigen Klemisch und Sensenschmid (1991) auf. Eine erfolgreiche Fortsetzung des Mathematikunterrichts, der in der Grundschule noch zu den Lieblingsfächern der Schüler zählt, kann nach Meinung der Autoren nur dann gewährleistet werden, wenn die Sekundarstufenlehrer nicht nur mit Wünschen an die Primarstufe herantreten, sondern deren Ergebnisse anerkennen und die dort eingeübten Arbeitsweisen aufnehmen und weiterentwickeln.

Von derartigen fachbezogenen Anregungen lassen sich konkrete Projekte an einzelnen Schulen unterscheiden. Ein erstes frühes Projekt zur Erleichterung des Übergangs an Göttinger Grundschulen haben dabei z.B. Garlichs und Schmitt 1978 dokumentiert. Die in diesem Rahmen benannten Übergangshilfen – Diskussion und Gespräche innerhalb der Klasse; Expertenrunde mit älteren Schülern, die den Übergang bereits vollzogen haben; frühzeitiges Kennenlernen der neuen Schule durch Besuche – gehören heute in vielen Grundschulen zum Standardrepertoire der Übergangsvorbereitung. Wie sich ein derartiges Projekt auch an einer Gesamtschule durchführen lässt beschreibt Brinkoetter (1994): Kurz nach der Anmeldung der Schüler an die Ganztagsschule werden Gespräche mit den abgebenden Grundschulen geführt und Informationen über Freundschaften, individuelle Besonderheiten und sich möglicherweise abzeichnende Probleme bei der Klassenzusammensetzung eingeholt. An die Tradition der Grundschule anknüpfend, und um stabile Beziehungen zu den Klassenlehrern zu gewährleisten, werden die Schülerinnen und Schüler von wenigen Lehrern unterrichtet. Diese arbeiten auch klassenübergreifend in Teams zusammen, tauschen regelmäßig ihre Erfahrungen aus und sprechen pädagogische Maßnahmen ab. Zudem werden einige in der Grundschule erprobte und bewährte Methoden wie Lernen in heterogenen Lerngruppen, Gruppenarbeit, Wochenplanarbeit, projektorientiertes und fächerübergreifendes Lernen übernommen.

Praktische Vorschläge unterbreiten auch die Themenhefte der einschlägigen pädagogischen Zeitschriften, wie z.B. Grundschule (1984/16, 1988/10), Westermanns Pädagogische Beiträge (1986/38), Neue Deutsche Schule (1987/5), Pädagogik heute (1987/6), Lehren und Lernen (1988/2) sowie die Deutsche Lehrerzeitung spezial (1997/1921). Da diese sich vornehmlich an Lehrerinnen und Lehrer wenden, kann angenommen werden, dass die dort diskutierten Beiträge für diese wichtige Themen des schulischen Alltags repräsentieren. Bei einem Vergleich der unterschiedlichen Zeitschriften zeigt sich, dass der Übergang von der Grundschule in die weiterführenden Schulen zunächst aus der Perspektive der Grundschule thematisiert wurde und Zeitschriften, die sich vornehmlich an Sekundarstufenlehrer wenden, diesen erst später und als Reaktion auf entsprechende Veröffentlichungen aus dem Grundschulbereich zum Thema machten. Als Motor der schulpädagogischen Beschäftigung mit dem Thema kann deswegen vor allem die Zeitschrift Grundschule bezeichnet werden. Zum einen befasste sie sich bereits am Ende der 1970er Jahre mit den Problemen des Übergangs, zum anderen fanden dort vorgestellte und später weiterentwickelte Konzepte und Projekte häufig Eingang in die schulische Praxis der Grundschule. Während das erste Themenheft von 1984 die Problemlagen des Übergangs in Einzelaspekten umreißt, fasst das 1988 erschienene zweite Themenheft diese systematisch zusammen und beschreibt beispielhaft die bisher in einzelnen Schulen erfolgten Schritte zur Erleichterung des Übergangs. Die Perspektive der Sekundarschule thematisierte zunächst die Zeitschrift Westermanns Pädagogische Beiträge, die sich 1986 schwerpunktmäßig mit schulischen Übergangssituationen befasste.

Um eine Verbesserung der herkömmlichen Schulpraxis bemühten sind auch breiter angelegte empirische Arbeiten. Die Studie von Mitzlaff und Wiederhold, in der die Sichtweisen aller drei am Übergang beteiligten „Parteien" berücksichtigt wurden, ist z.B. in den 1980er Jahren als Hagener Übergangsprojekt bekannt geworden (Mitzlaff/Wiederhold 1989; Wiederhold 1991). Ausgehend von der Annahme, dass „Versäumnisse oder Fehlentwicklungen bei der Bewältigung des Übergangs die schulische Leistungsfähigkeit und die Lernmotivation des einzelnen Kindes – unter Umständen dauerhaft – negativ beeinflussen können und im Extremfall psychosoziale Fehlentwicklungen auslösen" (Mitzlaff/Wiederhold 1989, S. 17), wurden Kinder, Eltern und Lehrer vor und nach dem Übergang in eine weiterführende Schule befragt. Die Ergebnisse zeigen, dass sich die Mehrheit der befragten Schüler vor dem Übergang positiv über ihre Grundschule äußern und sie der neuen Schule mit gemischten Gefühlen entgegen sahen. Anlass zur Sorge waren die Angst vor größeren Mitschülern, vor zu vielen, strengen Lehrerinnen und Lehrern, aber auch die Ungewissheit, ob man neue Freunde findet und ob man den neuen Leistungsanforderungen gerecht werden kann. Die Befragung nach dem Übergang zeigt, dass sich einige der zuvor geäußerten Befürchtungen bestätigten, andere hingegen zerstreut werden konnten. Vor allem das Kennenlernen der neuen Mitschüler und die Umstellung auf die neuen Lehrer bereitete besondere Probleme. Die Auswertung der Lehrerinterviews offenbarte deutliche Unterschiede zwischen den Schulformen: Die Grundschullehrer zeichneten sich durch ein hohes Maß an Sensibilität gegenüber den Problemen der Schüler aus. Dabei forderten sie, dass die Sekundarschulen die Kinder dort „abholen" sollten, wo sie am Ende der Grundschule stehen und sich mehr über die Arbeitsweisen und die Methoden der Grundschule informieren sollten. Die Sekundarstufenlehrer hingegen beklagten, dass die Arbeit der Grundschule einen einheitlichen Leistungsstandard vermissen lasse und wünschten sich vor allem fachliche Absprachen über Leistungsstandards.

Die Marburger Übergangsstudie von Büchner und Koch (2001, 2002) knüpft in vielfacher Hinsicht an das Hagener Übergangsprojekt an, im Vordergrund der Analyse steht jedoch die Frage, wie sich die schulischen und außerschulischen Lern- und Bildungserfahrungen von Kindern und Eltern im Kontext des Übergangs in eine weiterführende Schule entwickeln und ggf. verändern. Die Ergebnisse zeigen, dass Schüler ebenso wie Eltern in schulischen Lernfragen und Fragen des kindlichen Bildungsweges zumeist sehr präzise Vorstellungen und Erwartungen haben und diese auch sehr deutlich zum Ausdruck bringen. Die Eltern, aber auch die Kinder selbst, setzen im Hinblick auf die kindliche Bildungslaufbahn nicht nur sehr differenziert ihre

Prioritäten für das schulische und außerschulische Lernen, sondern haben auch eine hohe Bildungsaspiration und ein großes Interesse, den gewünschten schulischen Bildungserfolg sicherzustellen. Die elterlichen Vorstellungen vom schulischen Lernen in weiterführenden Schulen sind dabei keineswegs allein fächer- und schulabschlussbezogen begründet, sondern deutlich mit pädagogischen Erwartungen verbunden. So wollen viele Eltern, dass die Schule vor und nach dem Übergang für ihre Kinder als Lebensraum gestaltet wird, in dem diese sich wohlfühlen und in dem viele Möglichkeiten auch zum überfachlichen Lernen angeboten werden. Die Möglichkeit zum Erreichen eines höheren Schulabschlusses, möglichst dem Abitur, wird in vielen Fällen implizit vorausgesetzt, aber die Schule ist offensichtlich in den Erwartungen von Kindern und Eltern mehr als Unterricht und sicher mehr als „nur" Fachunterricht. Der Übergang selbst wird dabei weder von den Schülern noch von den Eltern als „Sekundarstufenschock" erlebt, obwohl die Schulfreude der Kinder in der Sekundarstufe abnimmt und schulische Lustlosigkeit sowie Schwierigkeiten beim Lernen zunehmen. Von den aufnehmenden Schulen fordern Eltern deutlich, den Übergang zu erleichtern und auf die Bedürfnisse ihrer Kinder einzugehen.

Dass eine gemeinsame pädagogische Gestaltung des Übergangs in einem überschaubaren Rahmen möglich ist, zeigen die Ergebnisse der im Kontext der Marburger Übergangsstudie unternommenen Lehrerinnen- und Lehrerstudie (Koch 2001). Hier manifestiert sich zwischen Grundschul- und Sekundarschullehrer nicht nur ein ähnliches pädagogisches Selbstverständnis, sondern es herrscht auch die Einsicht vor, dass der Übergang von der Grundschule in die weiterführenden Schulen ein relevantes Problem sei, das es zu lösen gelte. Besondere Schwierigkeiten bereiten nach Ansicht der Lehrer die mit dem Schulwechsel verbundenen sozialen Eingewöhnungsprozesse, die veränderten Unterrichtsgewohnheiten sowie die im Vergleich zur Grundschule deutlich gestiegenen Leistungsanforderungen. Als konkrete Ursachen für Übergangsprobleme benennen sie z.B. die fehlende Kooperation zwischen der Schulformen sowie die Divergenz der Unterrichtsmethoden. Die bekundete Bereitschaft der befragten Lehrer, selbst aktiv zu werden und sich um eine pädagogische Gestaltung des Übergangs zu bemühen, kann insbesondere im Vergleich zu den Ergebnissen von Mitzlaff und Wiederhold als Indiz für eine mittlerweile größere Sensibilität auch der Sekundarschullehrer hinsichtlich der aus dem Übergang resultierenden Probleme gewertet werden.

3 Bilanz und Ausblick

Betrachtet man nun abschließend die bisherige Forschung zum Übergang in die weiterführenden Schulen allgemein, dann zeigt sich, dass dieser Schulwechsel und die damit verbundenen Problemlagen seit mehreren Jahrzehnten im Interesse der Forschung stehen. Innerhalb der Übergangsforschung lassen sich dabei insbesondere drei Forschungsschwerpunkte identifizieren, die den Übergang in eine weiterführende Schule jeweils unterschiedlich fokussieren. Die Analysen zur Bildungsbeteiligung und zur Eignungsfeststellung betrachten den Übergang in die weiterführenden Schulen dabei auf einer übergeordneten strukturbezogenen Ebene und heben insbesondere die Selektionswirkung von kulturellen und staatlichen Normierungen und Steuerungsmechanismen hervor. Studien, die Übergangserfahrungen unter biographischen Gesichtspunkten beleuchten, stellen demgegenüber eher die subjektorientierte Ebene des Übergangsgeschehens heraus und fragen danach, welche Probleme für den Einzelnen aus strukturbezogenen Problemen resultieren. Und schließlich zielen auf der schulpädagogischen Ebene eine Reihe von Veröffentlichungen darauf, die strukturbezogenen Probleme, die sich aus dem Übergang für Schüler, Eltern und Lehrer ergeben, zu verbessern, indem sie praxisnahe Vorschläge zur Veränderung des Übergangsprozesses unterbreiten.

In allen drei Bereichen wurden in den letzten Jahren wichtige Erkenntnisse dazu gewonnen, allerdings muss man auch zugeben, dass sich an den wesentlichen Problemlagen des Übergangs bisher kaum Grundlegendes verändert hat und die entsprechende Forschung (seit Picht!) nur wenig Einfluss auf schulpolitische Entwicklungen nehmen konnte. Obwohl z.B. einige pädagogische Gründe für die Ausweitung der Grundschulzeit sprechen (vgl. z.B. Zukunft der Bildung 1995, S. 239f.), wird die sechsjährige Grundschule als Zukunftsmodell derzeit kaum diskutiert. Und auch die Abschaffung der Orientierungsstufe in Niedersachsen ab dem Schuljahr 2003/04 spricht, – übrigens gegen die Empfehlungen des entsprechenden Gutachtens (vgl. hierzu Avenarius/Döbert/Knauss/Weisshaupt/Weiß 2001, S. 94-96) –, eher dafür, dass das Prinzip des längeren gemeinsamen Lernens bereitwillig zugunsten einer frühen Selektion aufgegeben wird. Vor dem Hintergrund der in der PISA-Studie manifestierten miserablen Testergebnisse deutscher Schüler ist die Frage berechtigt, ob eine verschärfte Auslese im Grundschulbereich ein guter Weg ist, um die Anschlussfähigkeit der deutschen Schüler im internationalen Kontext sicher zu stellen. In den meisten europäischen und angloamerikanischen Ländern haben Schüler in der Regel länger Zeit, gemeinsam zu lernen.

Unabhängig vom schulpolitischen Ertrag der Übergangsforschung lassen sich allerdings auch forschungsintern Versäumnisse und offene Fragen nicht leugnen. Zunächst fällt auf, dass der Übergang von der Grundschule in die weiterführenden Schulen nur selten in einen internationalen Kontext eingeordnet wird. Sicherlich lässt sich dies damit erklären, dass der Übergang in die Sekundarstufe in Deutschland, Österreich und einigen Kantonen der Schweiz wesentlich früher stattfindet als in anderen Ländern. Die angloamerikanische Forschung zum Übergang in die „junior high school" zeigt allerdings, dass die mit dem Übergang verbundenen Probleme, zumindest in Teilbereichen ähnlich gelagert sind (vgl. z.B. Lord/Eccles 1994; Seidmann/Allen/Aber/Mitchell/Feinmann 1994; Wigfield/Eccles 1994). Eine ausführliche Rezeption der internationalen Forschung, die bisher nur von der psychologisch orientierten Übergangsforschung geleistet wird (vgl. Sirsch 2000, S. 24ff.), ist in Zukunft daher dringend erforderlich.

Weiterer Forschungsbedarf besteht auch auf nationaler Ebene, da bisher repräsentative Studien zur Übergangsthematik auf Bundesebene nicht anzutreffen sind und die Erforschung des Übergangs von der Grundschule in die Sekundarstufe zumeist auf der Basis von Regionalstudien erfolgt. Zudem scheint der Übergang in weiterführende Schulen und insbesondere die damit verbundenen Problemlagen über lange Zeit ein westdeutsches Phänomen gewesen zu sein, da im Einheitsschulsystem der DDR ein Schulformwechsel frühestens nach Abschluss der zehnten Klasse möglich war. Erst seit kurzem zeichnet sich hier die Tendenz ab, die Folgen der Transformationsprozesse im Bildungswesen im Hinblick auf den Übergang in weiterführende Schulen zu thematisieren (z.B. Benner/Merkens/Schmidt 1996; Merkens/Wessel/Dohle/Classen 1997; Drewek 2001; Valtin/Rosenfeld 2001; Wessel 2001).

Neben den zukünftigen Feldern der Übergangsforschung gibt es allerdings auch innerhalb der bereits bestehenden Schwerpunkte „noch einiges zu tun". Die bisherigen Forschungen zur Bildungsbeteiligung belegen recht eindrücklich, dass das Zusammenwirken von selektiver Empfehlungspraxis der Grundschule und einem von soziokulturellen Faktoren beeinflussten Entscheidungsverhalten der Eltern dazu führt, dass immer noch die „Ungleichverteilung der Bildungsabschlüsse nach Sozialschicht statistisch feststellbar und nachweisbar" ist (Hansen/

Pfeiffer 1998, S. 67). Bisher machen die entsprechenden quantitativen Studien Bildungsbeteiligung an der von Elternseite ausgewählten Schulform und Benachteiligungen an sozioökonomischen und soziokulturellen Faktoren fest. Damit liefern sie zweifelsohne wichtige Orientierungsmarken für Schulentwicklung und Bildungsplanung. Bei der Wahl der weiterführenden Schule am Ende der vierten Grundschulklasse fließen bei den Eltern allerdings vielfältige Überlegungen in die zu treffende Entscheidung ein, die bisher noch nicht erschöpfend erforscht wurden. Die Eltern selbst zu Wort kommen zu lassen und sie z.B. qualitativ nach ihren Vorstellungen von Schule, den spezifischen Beweggründen für die Auswahl einer bestimmten Schulform und ihren damit verbundenen Schwierigkeiten zu fragen, ist ein noch wenig beackertes Feld der Übergangsforschung. Gleiches gilt für die Empfehlungspraxis der Grundschullehrer. Bisher wurde nur deutlich, dass sie sich bei ihrer Schullaufbahnempfehlung von sozialen Kriterien leiten lassen, weitgehend ungeklärt ist die Frage, aus welchen Gründen sie dies tun und inwiefern ihnen ihr Verhalten überhaupt bewusst ist.

Aus der übergangsbezogenen Biographieforschung lässt sich ablesen, dass der Eintritt in die Sekundarstufe nach wie vor als problematischer Einschnitt zu werten ist, der auf Schülerseite oftmals mit Schulunlust, Leistungsabfall und Selbstkonzeptveränderungen einhergeht. Sicherlich sind von den Risiken des Übergangs nicht alle Schüler gleichermaßen betroffen und vielen gelingt es, ihn als Chance zu nutzen. Dennoch verdichten sich Übergangsprobleme insbesondere in den Fällen, in denen der soziale Status und das Bildungsniveau der Eltern niedrig ist (vgl. Büchner/Koch 2001, S. 147). Um zu vermeiden, dass es zu Brüchen im Leben und Lernen dieser Schüler kommt, besteht ein deutlicher pädagogischer Handlungsbedarf. Im Gegensatz zur Mehrheit der Schüler muss diese Gruppe gerade beim Übergang von der Grundschule in die Sekundarstufe eine besondere Unterstützung erfahren. Da der Übergang von der Grundschule in die Sekundarstufe immer auch ein individuelles Erlebnis ist, und es für jedes Kind eine spezifische eigene Übergangssituation gibt, sollten in Zukunft mehr qualitative und exemplarische Einzelfallstudien unternommen werden, die in der Lage sind, komplexere Zusammenhänge genauer zu erfassen, als die bisherige quantitative Forschung zur Selbstkonzeptveränderung.

Aus schulpädagogischer Sicht schließlich scheint es sinnvoll zukünftige Forschungsanstrengungen auf die Frage zu konzentrieren, wie der Übergang in weiterführende Schulen im Schulverbund gestaltet werden kann. Bisher haben einige Schulen zwar damit begonnen, den Übergang neu zu organisieren, die jeweiligen Bemühungen bleiben jedoch zumeist auf eine Schule beschränkt und nur selten werden schulübergreifende Reformprozesse in Angriff genommen. Vielleicht lassen sich die aus dem Übergang resultierenden Probleme ja am ehesten lösen, wenn abgebende und aufnehmende Schulen miteinander kooperieren? Wie man allerdings eine vernetzte Kooperationsstruktur über die Schulformgrenzen hinweg schafft, ist dabei noch nicht hinreichend geklärt und bedarf weiterer Forschung. In diesem Kontext geklärt werden sollte dann aber auch die Frage, wie sich die oftmals eingeforderte Kontinuität der Lernformen zwischen Grundschule und Sekundarschule herstellen lässt. Im Gegensatz zum zumeist methodisch aufwendig gestalteten Unterricht in der Grundschule dominieren in der Sekundarstufe lehrerzentrierte Methoden. Um zu klären, wie und welche Methoden sinnvoller Weise fortgesetzt werden können, sind mehr Studien wie jene von Jürgens (1998) notwendig, die anhand einzelner Arbeitsformen die Unterschiede in den didaktischen Grundkonzepten von Grundschul- und Sekundarschullehrern herausarbeiten.

Und schließlich muss es zukünftig auch darum gehen, Übergangsforschung innerhalb der universitären Lehrerausbildung zu verankern. Als ein erster Vorstoß in diese Richtung kann das Projekt „Übergänge“ bezeichnet werden, das im Rahmen der Grundschullehrerausbildung an den Universitäten Frankfurt und Gießen (Beck/Weitzel 2000) mit Hilfe von (studentischen) Erkundungen und Unterrichtsbeobachtungen in nahezu allen Schulformen den Übergang aus Schülerperspektive begleitet hat. Damit wird zum einen die professionelle pädagogische Kompetenz angehender Lehrerinnen und Lehrer im Rahmen von qualifizierten Beobachtungen und deren Interpretation gestärkt. Zum anderen aber auch eine Reihe von wichtigen Forschungsfragen zum Übergang, vom ungefächerten Unterricht zum Fachunterricht und zu sozialen Beziehungsfragen unter Schülern und zwischen Schülern und Lehrern, generiert und präzisiert. Eine Fortsetzung dieses Ansatzes mit Studierenden des Sekundarschullehramts wäre eine wünschenswerte und sicher auch spannende Aufgabe.

Dass sich (von wenigen Ausnahmen abgesehen) der gemeinsame Schulweg der Kinder in Deutschland bereits nach vier Jahren trennt, muss derzeit wohl als Tatsache akzeptiert werden. Wie die Bruchstelle „Übergang" allerdings gestaltet wird und welche Akzente in Zukunft gesetzt werden, liegt auch daran, inwieweit dieses Thema von Schülern, Eltern, Lehrern und Wissenschaftlern gleichermaßen als Herausforderung betrachtet wird.

Literatur

Arbeitsgruppe Bildungsbericht: Das Bildungswesen in der Bundesrepublik Deutschland. Strukturen und Entwicklungen im Überblick. Reinbek 1994

Avenarius, H./Döbert, H./Knauss, H./Weishaupt, H./Weiß, M.: Stand und Perspektiven der Orientierungsstufe in Niedersachsen. Gutachten im Auftrag des Niedersächsischen Kultusministeriums. Frankfurt a.M. 2001

Beck, G./Kilian, H./Kröll, H./Meibert, D./Schösser, J.: Vom 4. zum 5. Schuljahr: Abschied und Neubeginn. Beispiele, wie die Schule dabei helfen kann. In: Die Grundschulzeitschrift 13 (1999), H. 12, S. 46-48

Beck, G./Weitzel, C.: Übergänge vom 4. zum 5. Schuljahr. Erfahrungen aus einem Praktikumsbericht. Gießen 2000

Beck, G.: Den Übergang gestalten. Wege vom 4. ins 5. Schuljahr. Seelze-Velber 2002

Becker, R.: Bildungsexpansion und Bildungsbeteiligung. Oder: warum immer mehr Schulpflichtige das Gymnasium besuchen. In: Zeitschrift für Erziehungswissenschaft 3 (2000), H. 3, S. 447-479

Benner, D./Merkens, H./Schmidt, F. (Hrsg.): Bildung und Schule im Transformationsprozeß von SBZ, DDR und neuen Ländern – Untersuchungen zu Kontinuität und Wandel. Berlin 1996

Bildungskommission des Landes Nordrhein-Westfalen: Zukunft der Bildung – Schule der Zukunft (Denkschrift). Neuwied 1995Bofinger, J.: Neuere Entwicklungen des Schullaufbahnverhaltens in Bayern. Schulwahl und Schullaufbahnen an Gymnasien, Real- und Wirtschaftsschulen von 1974/75 bis 1986/87. München 1990

Bos, W./Lankes, E.-M./Prenzel, M./Schwippert, K./Walther, G./Valtin, R. (Hrsg.): Erste Ergebnisse aus IGLU. Schülerleistungen am Ende der vierten Jahrgangsstufe im internationalen Vergleich. Münster/New York/München/Berlin 2003

Brinkoetter, A.: Von der Grundschule in die weiterführende Schule – Beziehungsarbeit leisten. In: Schulverwaltung NRW 3 (1994), S. 65-67

Büchner, P./Fuhs, B.: Gibt es im Rahmen der Schulkultur Platz für Kinder? Zu Gestaltungsproblemen von Schulkultur zwischen schulpädagogischem Anspruch und kinderkulturellen Gegebenheiten. In: Keuffer, J. u.a. (Hrsg.): Schulkultur als Gestaltungsaufgabe. Weinheim 1998, S. 385-404

Büchner, P./Koch, K.: Von der Grundschule in die Sekundarstufe. Der Übergang aus Kinder- und Elternsicht. Bd. 1, Opladen 2001

Büchner, P./Koch, K.: Von der Grundschule in die Sekundarstufe. Übergangsprozesse aus der Sicht von SchülerInnen und Eltern. In: DDS 2 (2002), S.234-246

Buff, A.: Persönlichkeitsentwicklung im Umfeld des Übertritts in die Sekundarstufe I unter besonderer Berücksichtigung des Selbstkonzepts. Zürich 1991

Deutsches PISA-Konsortium (Hrsg.): PISA 2000. Basiskompetenzen von Schülerinnen und Schülern im internationalen Vergleich. Opladen 2001

Dinkel, R. H./Luy, M./Lebok, U.: Die Bildungsbeteiligung deutscher und ausländischer Jugendlicher in der Bundesrepublik Deutschland. In: Lüttinger, P. (Hrsg.): Sozialstrukturanalysen mit dem Mikrozensus. Mannheim 1999, S. 354-375

Ditton, H.: Ungleichheit und Mobilität durch Bildung. Theorie und empirische Untersuchung über sozialräumliche Aspekte von Bildungsentscheidungen. Weinheim 1992

Drewek , P.: Bildungssysteme und Bildungsexpansion in Deutschland. Zur Entwicklung ihres Verhältnisses im historischen Vergleich. In: Zeitschrift für Pädagogik 47 (2001), H. 6, S. 811-818

Eder, F. (Hrsg.): Das Befinden von Kindern und Jugendlichen in der Schule. Innsbruck 1995

Fauser, P.: Kontinuität als Anspruch. Schulpädagogische Überlegungen zum Übergang von der Grundschule in die Sekundarstufe I. In: Hameyer, U. (Hrsg.): Innovationsprozesse in der Grundschule. Bad Heilbrunn 1992, S. 330-352

Faust-Siehl, G./Garlichs, A./Ramseger, J./Schwarz, H./Warm, U.: Die Zukunft beginnt in der Grundschule. Empfehlungen zur Neugestaltung der Primarstufe. Hamburg 1996

Filipp, S.-H. (Hrsg.): Kritische Lebensereignisse. München 1990

Fölling-Albers, M. (Hrsg.): Veränderte Kindheit – Veränderte Grundschule. Frankfurt a.M. 1989

Fölling-Albers, M.: Der Individualisierungsanspruch der Kinder – eine neue pädagogische Orientierung „vom Kinde aus“? In: Neue Sammlung 33 (1993), H. 3, S. 465-478

Gampe, H./Geppert, K./Schulz, H./Zimmer, E.: Klasse 4 – und was dann? Der Übergang als pädagogische Aufgabe. Heinsberg 1987

Garlichs, A./Schmitt, F.: Schulwechsel. In: Die Grundschule 10 (1978), H. 3, S. 114-119

Geißler, R.: Die Sozialstruktur Deutschlands. Ein Studienbuch zur sozialstrukturellen Entwicklung im geteilten und vereinten Deutschland. Opladen1992

Hacker, H.: Übergänge fordern uns heraus. In: Die Grundschule 20 (1988), H. 10, S. 8-10

Hacker, H.: Die Übergänge zur Sekundarstufe I. Anmerkungen zum „zweiten Schulbeginn“. In: Praxis Schule 5-10, 8 (1997), H. 2, S. 58-60

Hansen, R./Pfeiffer, H.: Bildungschancen und soziale Ungleichheit. In: Rolff, H.-G./Bauer, K.-O./Klemm, K./Pfeiffer, H. (Hrsg.): Jahrbuch der Schulentwicklung 10 (1998), S. 51-86

Hansen, R./Rolff, H.-G.: Abgeschwächte Auslese und verschärfter Wettbewerb. Neuere Entwicklungen in den Sekundarschulen. In: Rolff, H.-G./Bauer, K.-O./Klemm, K./Pfeiffer, H. (Hrsg.): Jahrbuch der Schulentwicklung 6 (1990), S. 45-79

Heckel, B.: Der Übergang von der Grundschule zur Sekundarschule. In: Deutschunterricht 49 (1996), H. 5, S. 226-230

Hitpass, J.: Höhere Bildung im Bewusstsein der Industriearbeiterschaft. In: Rolff, H.-G./Sanné, G.: Sicherheit und Aufstieg. Materialien zum Berliner Modell der Bildungswerbung. Düsseldorf 1967, S. 31-41

HKM/HeLP (Hrsg.): Der Übergang von der Grundschule ins Gymnasium – Kooperation zwischen abgebender und aufnehmender Schule. Hessisches Kultusministerium/Hessisches Landesinstitut für Pädagogik. Wiesbaden 1997

Jürgens, E.: Didaktische Grundkonzepte in der Freiarbeitspraxis der Grundschule und der Sekundarstufe I. Oldenburg 1998

Kemnade, I.: Schullaufbahnen und Durchlässigkeit in der Sekundarstufe I. Empirische Untersuchung von Schülerkarrieren in der Stadt Bremen. Frankfurt a.M. u.a. 1989

Klemisch, I./Sensenschmid, K.: Der Übergang im Fach Mathematik aus der Sicht der Sekundarstufe I. In: Der Mathematikunterricht 37 (1991), H. 3, S. 28-36

Koch, K.: Von der Grundschule in die Sekundarstufe. Die Sicht der Lehrerinnen und Lehrer. Bd. 2, Opladen 2001

Krüsmann, G.: Klasse fünf – offen für Selbständigkeit. Essen 1994

Kunz, D.: Selbständiges Lernen im Englischunterricht: Vorschläge zur Realisierung im Kontext des Alltags der Sekundarstufe I. In: Die neueren Sprachen 93 (1994), H. 5, S. 483-502

Kutscha, G.: Übergangsforschung – Zu einem neuen Forschungsbereich. In: Beck, K./Kell, A. (Hrsg.): Bilanz der Bildungsforschung. Weinheim 1991, S. 113-156

Lehmann, R. H./Peek, R.: Aspekte der Lernausgangslage von Schülerinnen und Schülern der fünften Klassen an Hamburger Schulen. Hamburg 1997

Leschinsky, A.: Freie Schulwahl und staatliche Steuerung. In: Zeitschrift für Pädagogik 40 (1994), H. 6, S. 963-981

Lord, S. E./ Eccles, J. S.: Surviving the junior high school transition. In: Journal of Early Adolescence 14 (1994), Vol. 2, pp. 162-200

Mahr-George, H.: Determinanten der Schulwahl beim Übergang in die Sekundarstufe I. Opladen1999

Marwedel, U.: Übergang von der Grundschule zur weiterführenden Schule. Ein Modell für eine sanfte Eingewöhnungsphase. Soest 1991

Mayr, J./Hofer, M./Huemer, G.: Schul-Zeit am Übergang von der Grundschule zur Sekundarstufe. In: Erziehung + Unterricht 142 (1987), H. 9, S. 494-500

Merkens,H./Wessel, A./Dohle, K./Classen, G.: Einflüsse des Elternhauses auf die Schulwahl der Kinder in Berlin und Brandenburg. In: Tenorth, E. (Hrsg.): Kindheit, Jugend und Bildungsarbeit im Wandel. Ergebnisse der Transformationsforschung. Zeitschrift für Pädagogik (1997), 37. Beiheft, S. 255-276

Mitzlaff, H./Wiederhold, K. A.: Gibt es überhaupt ein Übergangsproblem? Erste Ergebnisse aus einem Forschungsprojekt. In: Portmann, R./Mitzlaff, H./Wiederhold, K. A. (Hrsg.): Übergänge nach der Grundschule. Frankfurt a.M. 1989, S. 12-41

Nauck, B./Diefenbach, H.: Bildungsverhalten als „strategisches Praxis": Ein Modell zur Erklärung der Reproduktion von Humankapital in Migrantenfamilien. In: Pries, L. (Hrsg.): Transnationale Migration. Baden-Baden 1997, S. 277-291

OECD/CERI (Hrsg.): Freie Schulwahl im internationalen Vergleich: Ein OECD/CERI-Bericht. Frankfurt a.M. 1992

Peisert, H.: Soziale Lage und Bildungschancen in Deutschland. München 1967

Picht, G.: Die deutsche Bildungskatastrophe: Analyse und Dokumentation. Olten/Freiburg im Breisgau 1964

Portmann, R.: Die Sache mit der Eignung. Über die Vorhersagbarkeit von Schulerfolg. In: Humane Schule 21 (1995) 10, S. 7-11

Portmann, R./ Schneider, E.: Brückenschläge. Von der Grundschule in die weiterführenden Schulen. Heinsberg 1988.

Portmann, R./Wiederhold, K. A./Mitzlaff, H. (Hrsg.): Übergänge nach der Grundschule. Frankfurt a.M. 1989

Rolff, H.G.: Sozialisation und Auslese durch die Schule. Weinheim/München 1967/1997

Rösner, E.: Determinanten und Folgen des Schulwahlverhaltens der Eltern. In: Neue Deutsche Schule 39 (1987), H. 5, S. 1-3

Sauer, J./Gamsjäger, E.: Ist Schulerfolg vorhersehbar? Die Determinanten der Grundschulleistung und ihr prognostischer Wert für den Sekundarschulerfolg. Göttingen u.a. 1996

Schnabel, K.U./Schwippert, K.: Schichtenspezifische Einflüsse am Übergang auf die Sekundarstufe II. In: Baumert, J./ Bos, W./Lehmann, R. (Hrsg.): TIMSS/III Dritte Internationale Mathematik- und Naturwissenschaftsstudie – Mathematische und naturwissenschaftliche Bildung am Ende der Schullaufbahn. Bd. 1: Mathematische und naturwissenschaftliche Grundbildung am Ende der Pflichtschulzeit. Opladen 2000, S. 261-281.

Schneider, W.: Der Übergang in die weiterführende Schule nach dem 4. oder 6. Grundschuljahr? Theoretische Analysen und empirische Beiträge zur Prognose des Schulerfolgs. In: Bayerische Schule 47 (1994), H. 5, S. 15-20

Schulz, A.: Grundschule und soziale Ungleichheiten. Bildungsperspektiven in einer großstädtischen Region. In: Die deutsche Schule 4 (2000), S. 464-479

Seidman, E./Allen, L./Aber, J.L./Mitchel, C./Feinmann, J.: The impact of school transitions in early adolescence on the self system an perceived social context of poor urban youth. In: Child Development 65 (1994), pp. 507-522

Sirsch, U.: Probleme beim Schulwechsel. Münster/New York/München/Berlin 2000

Valtin, R./Rosenfeld, H.: Zehn Jahre nach der Wende: Elterliche Einstellungen zur Schule im Ost/West-Vergleich. In: Zeitschrift für Pädagogik 47 (2001), H. 6, S. 837-845

Weißbach, B.: Ist der Sekundarstufenschock vermeidbar? Neue Forschungsergebnisse zur Auseinandersetzung um die Förderstufe in Hessen. In: Die Deutsche Schule 77 (1985), H. 4, S. 293-303

Wessel, A.: Entwicklung der Bildungsnachfrage im Übergang von der DDR zur BRD. In: Zeitschrift für Pädagogik 47 (2001), H. 6, S. 825-835

Wiederhold, K. A.: Der Übergang von der Grundschule zu den weiterführenden Schulen – ein Problembereich für Kinder, Eltern und Lehrer. In: Der Mathematikunterricht 37 (1991), H. 3, S. 6-19

Wigfield, A./Eccles, J.S.: Children's competence beliefs, achievement values, and general self-esteem. In: Journal of Early Adolescence 14 (1994), Vol. 2, pp. 107-142

Zelazny, C.: Elternwille und Schulerfolg. Eine Untersuchung zu den Übergängen auf weiterführende Schulen. In: Die Deutsche Schule 88 (1996), H. 3, S. 298-312

Günter Pätzold

Übergang Schule – Berufsausbildung

1 Jugendliche in der Krise des Ausbildungs- und Arbeitsmarktes

Seit den 1970er Jahren hat sich in der Bundesrepublik Deutschland ein Jugendkonzept durchgesetzt, das charakterisiert ist durch eine Ausweitung der schulischen Bildung, verknüpft mit der Erwartung, dass die Jugendlichen sich während dieser Zeit auf den Übergang in Ausbildung und Beruf vorbereiten mögen (vgl. Münchmeier 2001, S. 819). Die gesellschaftliche Institution Schule ist die lebensprägende Instanz im Jugendalter. Dies hat sowohl zur Verbreitung des Jugendphänomens (insbesondere auch für Mädchen und Personen aus sozialen Unterschichten) als auch lebensbiographisch vertikal zur Verlängerung der Jugendphase insgesamt geführt. Es gibt aber nicht nur eine „arbeitsferne" Jugend, sondern die Mehrheit der Jugendlichen befindet sich im Dualen System der Berufsausbildung oder geht einer Beschäftigung auf dem Arbeitsmarkt nach (vgl. Ferchhoff 1999, S. 183ff. und S. 195ff.). Dennoch werden generationsdurchmischte Situationen in der Jugendphase strukturell knapp, Lebensläufe entwickeln sich anders als bei den Eltern.

Für den Eintritt in den Arbeits- und Produktionssektor sind beträchtliche Unterschiede vorhanden: eine relativ kurze Übergangsphase bei der Arbeiterjugend und relativ lange „postadoleszente" Lebensformen bei der „Bildungsjugend". Hinzu kommen Akzentuierungen zwischen Geschlechtern, Sozialräumen, Ethnien. Von den Jugendlichen, die nach Abschluss der allgemein bildenden Pflichtschule eine (nichtakademische) Berufsausbildung anstreben, werden bereits mitten im zweiten Lebensjahrzehnt konkrete Berufsorientierungen verlangt, wobei es Unterschiede hinsichtlich des zeitlichen Verlaufs, der Formen des Übergangs in Arbeit und Beruf und vor allem der damit verbundenen Risiken gibt. Krisen auf dem Arbeitsmarkt beeinflussen immer auch das Berufsausbildungssystem, das Ausbildungsplatzangebot und damit den Übergang von der Schule in die Erwerbstätigkeit (vgl. Rauner 1996, S. 30).

In den 1990er Jahren haben sich die Probleme beim Übergang von der Schule in die Ausbildung verschärft, ist für einen großen Teil der Jugendlichen die Chance auf Teilhabe an der Erwerbsarbeit und die Realisierung eines lohnarbeitsbasierten Lebensmodells (vgl. Galuske 2001, S. 885) prekär geworden. Die Mehrzahl der jungen Leute muss nach eigenen Wegen suchen, eigene Lebensstile entwickeln, das Leben selbst organisieren, ohne gewiss sein zu können, welche Risiken und Chancen mit welchen Entscheidungen verbunden sind (vgl. Mack 2001, S. 236). So bleibt nicht aus, dass Jugendliche dann nicht in dem erwarteten Maße in der Lage sind, den Anforderungen zu entsprechen, die im Zusammenhang mit dem Berufsfindungsprozess und im Rahmen betrieblicher Aufgabenkontexte an sie gestellt werden. Orientierungsprobleme werden bei den Übergängen größer und Abschlüsse sind schwerer zu erreichen, zumal die in den allgemein bildenden Schulen zu vermittelnde Berufsreife selten gelingt (vgl. Rothe 2001) und obwohl die Jugendforschung deutlich zeigt, „dass mit Blick auf ihre Zukunftsperspektiven die Jugend von allen Problemen am meisten die Probleme der Arbeitswelt beschäftigen" (vgl. Münchmeier 2001, S. 818).

In den vergangenen Jahren haben sich die Bedingungen für Berufseinmündungsprozesse und damit auch das Berufswahlverhalten Jugendlicher verändert. Gesellschaftliche Entwicklungen haben bislang gültige Lebensentwürfe in Frage gestellt. Ökonomisch-technologische Entwicklungen führen zu raschen Veränderungen in der Arbeitswelt, zu neuen Aufgaben, Tätigkeitsfeldern und veränderten Anforderungen, aber auch zu Arbeitsplatzrisiken, zur Entwertung beruflicher Qualifikationen und zur Erosion von Normalarbeitsverhältnissen. Junge Menschen finden in dieser Situation immer seltener feste Anhaltspunkte für ihre Ausbildungs- und Berufsentscheidungen. Gute schulische Abschlüsse sind zwar nach wie vor eine notwendige, aber keineswegs eine hinreichende Voraussetzung für attraktive berufliche Karrieren. Die Tendenz, sich möglichst lange möglichst viele Bildungs- und Berufsoptionen offen zu halten, scheint unter den Jugendlichen zuzunehmen. Berufswahl wird mehr und mehr zur „Optionswahl" denn zur Entscheidung für ein bestimmtes Berufsziel (vgl. Schober/Tessaring 1993).

Im Folgenden werden Aspekte des Übergangs von der Schule in die Berufsausbildung thematisiert. Zu den Risiken und Problemen werden Ansätze und Perspektiven für einen gelingenden Übergangsprozess erörtert. Dazu sollen zunächst Befunde der Übergangsforschung skizziert, sodann Aspekte der Inhalte und Organisation vorberuflicher Bildung und des Berufsfindungsprozesses diskutiert werden. Hauptteile der Ausführungen sind die Themen „Grundstruktur des beruflichen Bildungssystems in Deutschland" und „Probleme an der ersten Schwelle". Analysen zum Ausbildungsabbruch und Schlussbemerkungen beenden den Artikel.

2 Zum Stand der Übergangsforschung

Mit dem Thema „Übergang Schule – Berufsausbildung" – auch als erste „Statuspassage" in der Jugendphase bezeichnet (vgl. Friebel 1983, S. 17) – ist ein wesentliches Feld der Jugendforschung mit ihren unterschiedlichen Theorieansätzen und interdisziplinären Sichtweisen angesprochen (vgl. Fobe/Minx 1996, S. 4). Das Vorhandensein eines „Standes" setzt ein einheitliches und eindeutig formuliertes Forschungsfeld voraus, in dem die beteiligten Forscher kontinuierlich theorieorientiert aufeinander bezogenen Fragen nachgehen und die Ergebnisse systematisch und diskursiv reflektieren. Die jeweils aktuellen Ergebnisse würden den Stand der Forschung ausmachen. Diese Art von Erkenntnisfortschritt lässt sich kaum in sozialwissenschaftlichen oder pädagogischen Feldern finden. Bildungsforschung als Übergangsforschung ist verbunden mit Bedingungen, die eindeutig dokumentierte Festlegungen erschweren. Bereits die Auffassungen darüber, welche Forschungsmethoden zur Anwendung kommen sollten, sind meist unterschiedlicher Art. Es ist also angemessen davon auszugehen, dass es stets mehrere „Forschungsstände" gibt, je nachdem, aus welcher Perspektive und mit welchen Zielen der jeweilige Forscher einer bestimmten Frage nachgeht (vgl. Hornstein 1999, S. 115f.). Eher erschwerend hinsichtlich eines eindeutigen und einheitlichen Standes kommt hinzu, dass die soziale Gruppe „Jugend" zu den am stärksten „beforschten" sozialen Gruppen gehört (vgl. ebd., S. 311).

Übergangsphasen können als Lebensphasen definiert werden, die durch den Abschied und die Ablösung von alten, von bekannten Lebenskontexten sowie das Eintreten in neue Lebensfelder gekennzeichnet sind (vgl. von Daniels/Dreyer/Schumann/Thiesis 1999, S. 39f.). Übergangsphasen können als kritische Lebensereignisse betrachtet werden, die „etwas ganz Alltägliches und Normales" sein können, in denen aber auch „eine größere Stressbelastung und Krisenanfälligkeit gegeben“ sein kann, wenn „die personelle Wertschätzung und Akzeptanz gering ist, wenn das Vertrauen in die individuellen Ressourcen fehlt, wenn Formen sozialer Unterstützung durch tragfähige, verlässliche Beziehungen ausbleiben und keine alternative Einbindung in soziale Netze, d.h. gesellschaftliche Solidarität stattfindet“ (Plaute/Theunissen 1995, S. 118 zit. nach von Daniels/Dreyer/Schumann/ Thiesis 1999, S. 39).

Ablösungsprozesse haben entscheidende Funktionen in Übergangsphasen. Für den Jugendlichen kann der Übergang in eine Berufsausbildung der Beginn einer relativ selbstständigen, eigenständig-verantwortlichen Lebensführung sein, zu seinem Lebensweg, zur Entdeckung und (Aus-)Gestaltung neuer Lebensbereiche – kurzum: zu einem Leben als Erwachsener. Übergangsphasen können als Chancen verstanden werden. Sie fordern die Jugendlichen heraus, neue Ressourcen nutzbar zu machen. Vorhandene Kompetenzen und Stärken werden oft erst in neuen Lebensfeldern entfaltet. Entsprechend ist von allen Beteiligten das Vertrauen in die Ressourcen gefordert – ein Denken, das akzeptiert, dass dies höchst zweckmäßig für die Lösung eigener Konflikte und Probleme ist. Unterstützung erweist sich bei der Berufsorientierung als handlungsoffener Prozess, da Schüler stets in einer jugendkulturell spezifischen Art versuchen mit der Situation der Berufseinmündung umzugehen, die ihnen in diesem frühen Lebensalter gesellschaftlich zugeschrieben wird (vgl. Krisch 2000).

Der Übergang junger Menschen von der schulischen Ausbildung in das Berufsbildungssystem hat verschiedene Zusammenhänge aufzunehmen (vgl. Rauner 1996). Die Jugendlichen müssen im Lebensabschnitt zwischen dem Abschluss einer allgemein bildenden Schule und der Aufnahme einer Erwerbstätigkeit mehrere Entscheidungen treffen. Dabei können sie nur wenig auf eigene Erfahrungen zurückgreifen, so dass zu fragen ist, woher die Jugendlichen die benötigten Hilfestellungen erhalten und wie intensiv die verschiedenen Instanzen an diesem Entscheidungsprozess beteiligt sind. Dieser subjektive Aspekt der Übergangsproblematik hat aufzunehmen, dass die Jugendlichen mit neuen Lebenszusammenhängen konfrontiert werden und spätestens in dieser Phase beginnen, kohärente Vorstellungen über das eigene Leben und über grundlegende Lebensziele zu entwerfen. Für solche Lebensentwürfe in der Phase der Adoleszenz ist jedoch charakteristisch, dass sie nicht unmittelbar handlungsleitend und realitätsbezogen sind, sondern zunächst nur einen Möglichkeitsraum individueller Entwicklung eröffnen, der eine Auseinandersetzung mit den spezifischen Strukturen dieses Handlungsfeldes erfordert, einschließlich der Umsetzung in Lebensplanung (vgl. Fobe/Minx 1996, S. 5f.). Dies setzt selbstreflexive und antizipatorische Kompetenzen der Jugendlichen voraus.

Der Übergang von der Schule in die Berufsausbildung enthält zwei weitere Aspekte: den des Ausbildungsstellenmarkts, also den konkreten Übergang von der Schule in die berufliche Ausbildung, und den institutionellen Aspekt, also die Frage nach den Qualifizierungs- und Sozialisationsinstanzen, die die Jugendlichen nach dem allgemein bildenden Schulabschluss auf eine Erwerbstätigkeit vorbereiten. Der für die „school-to-work-transition“ entscheidende Arbeitsmarktaspekt, also der Übergang von der Berufsausbildung in die Erwerbsarbeit, wird in diesem Artikel nur insofern thematisiert, als ein Zusammenhang zum Übergang Schule – Berufsausbildung besteht. Ein internationaler Ländervergleich erfordert die Berücksichtigung beider Schwellen in zeitlicher, institutioneller und inhaltlicher Sicht. Er zeigt, dass die Übergänge in allen drei Dimensionen höchst unterschiedlich ausgeprägt sind. Danach lassen sich Berufsbildungstraditionen nach vier Modellen unterscheiden (vgl. Rauner 1996, S. 26ff.):

- Modell 1 „Unmittelbarer Übergang“: Hier fallen die Schwellen des Übergangs von der Schule in die Arbeitswelt zu einer Schwelle zusammen. Es dominieren innerbetriebliche Arbeitsmärkte (vgl. z.B. Japan). Die Berufsform der Arbeit spielt keine oder nur eine untergeordnete Rolle. Qualifizierung erfolgt mit der betrieblichen Organisationsentwicklung. Eine formale Ausbildung findet nicht unbedingt statt.
- Modell 2 „Deregulierter Übergang“: Der Übergang von der Schule in die Arbeitswelt ist gekennzeichnet durch relativ lange und wenig regulierte Übergangsphasen mit langwierigen Such- und Orientierungsprozessen und sozialen Risikolagen. Großbritannien und die USA haben eine Affinität zu diesem Modell.
- Modell 3 „Regulierter verschobener Übergang“: Der Übergang von der Schule zur Arbeitswelt ist als System schulischer Berufsausbildung ausgestaltet. An einen allgemein bildenden Bildungsabschluss schließt sich eine berufsbezogene oder berufsorientierte Schulform an. Es wird in der Regel ein staatliches Zertifikat über einen erreichten „Schul-Beruf“ erworben. Die zweite Schwelle ist entscheidend beim Übergang in das Beschäftigungssystem. Die große Zahl der Länder mit einem schulischen (staatlichen) Berufsbildungssystem lassen sich diesem Modell zuordnen (z.B. Frankreich).
- Modell 4 „Regulierter überlappender Übergang“: Der Übergang vom Schul- in das Beschäftigungssystem ist durch ein reguliertes System Dualer Berufsausbildung ausgestaltet. Der Jugendliche ist Auszubildender und zugleich Schüler. Bildungssystem und Arbeitswelt sind in diesem Modell über die Institution des Berufes zugleich nachfrage- und angebotsorientiert miteinander verknüpft (vgl. z.B. Deutschland, Österreich, Schweiz).

Der europäische Vergleich zeigt, dass in Ländern mit Dualem System der Berufsausbildung die Übergangsprobleme von der Ausbildung in die Beschäftigung sehr viel geringer sind als die im Übergang von der Schule in die Berufstätigkeit (vgl. Richter/Sardei-Biermann 2000). Die Ursache für diesen Tatbestand liegt in der Betriebsnähe der Dualen Ausbildung, in der effizienten Einbindung der Jugendlichen in beruflich-betriebliche Einsatzfelder, was hohe Übernahmequoten von Ausgebildeten in anschließende Beschäftigungsverhältnisse zur Folge hat. Entsprechend haben zur Vermeidung von Jugendarbeitslosigkeit die Länder mit Dualen Ausbildungssystemen ihre Programme auf die so genannte erste Schwelle konzentriert, also auf die Bereitstellung einer ausreichenden Zahl von Ausbildungsplätzen. Demgegenüber bevorzugen Länder mit schulischen Berufsbildungssystemen „Aktivierungsprogramme“ zum besseren Übergang von der Ausbildung in die Beschäftigung und bleiben damit im Rahmen der Logik ihrer traditionellen Arbeitskultur.

3 Vorberufliche Bildung und Berufsfindung

Arbeit und Beruf sind für Schulabgänger nicht nur Mittel zum Zweck der Existenzsicherung, sondern auch Bestandteil sinnvoller Lebensgestaltung; entsprechend ist die Aufnahme einer Berufsausbildung hoch bedeutsam (vgl. Schäfer/Sroka 1998, S. 59; Berger/Brandes/Walden 2000, S. 141). Sie ist allerdings immer seltener eine endgültige Entscheidung für einen bestimmten Beruf, sondern Teil eines längerfristigen und komplexen Prozesses des Übergangs von der Schule in das Arbeitsleben (vgl. Westhoff/Ulrich 1995, S. 45). Der Berufsfindungsprozess ist in hohem Maße von Unwägbarkeiten gekennzeichnet (vgl. Kleffner/Lappe/Raab/Schober 1996,

S. 3; Schäfer/Sroka 1998, S. 59) und als Kette „serieller Optionen" (Wahler/Witzel 1996, S. 22) zu sehen, bei der eine Vielzahl von personalen und regionalen Einflussfaktoren bestimmend wird (vgl. ebd., S. 13; Fobe/Minx 1996, S. 10; Heft 73/2002 der Zeitschrift „Berufsbildung"). Es ist zu fragen, ob den Jugendlichen im Berufsfindungsprozess auf der Grundlage ihres Wissens über Ausbildung und Arbeitswelt, ihrer Berufskonzepte und ihrer Interessen und Wünsche Möglichkeiten geboten werden, sich über individuelle und objektive Bedingungen dieses Prozesses mit einem deutlichen Bezug zu den Realitäten und Anforderungen der Arbeitswelt zu informieren, ob sie Berufswahlkompetenzen ausformen und Berufswahlstrategien entwickeln können, auch um eigene – möglicherweise bereits verfestigte – Vorstellungen zu überprüfen. Auch ist zu bedenken, dass es selbst bei optimaler Begleitung des Berufsfindungsprozesses weiterhin vom Ausbildungsstellenmarkt abhängt, ob für Jugendliche akzeptable, den Marktwert ihrer Arbeitskraft schaffende Berufsausbildungschancen vorhanden sind (vgl. Krisch 2000).

Theoretische Ansätze zu Berufswahlproblemen weisen ein breites Spektrum auf und sind vielfach disparat. Sie sind Indiz dafür, dass es keine schlüssige wissenschaftliche Theorie zur Erklärung des komplexen Phänomens der Berufsfindung gibt (vgl. Dibbern 1996; Beck 1999). Der Verankerung der Berufswahlforschung in unterschiedlichen wissenschaftlichen Disziplinen entsprechend werden verschiedene Ansätze gewählt: allokationstheoretische, entscheidungslogische bzw. entscheidungstheoretische, entwicklungslogische und interaktionstheoretische Ansätze der Berufswahlforschung (vgl. Tenfelde 1981; Bußhoff 1989, S. 61ff.; Beinke 1999, S. 67ff.). Von besonderer Erklärungskraft sind entwicklungslogische und interaktionstheoretische Ansätze zur Berufswahl. Sie betrachten Berufswahl als lebenslangen Prozess und versuchen berufliche Entscheidungen in ihrer Abhängigkeit von sozialen, ökonomischen und subjektiven Faktoren, von Veränderungen in der Struktur dieser Faktoren und von ihrer Wirksamkeit im zeitlichen Verlauf zu erklären, der didaktisch beeinflusst werden kann (vgl. Dibbern 1996). Unter dieser Voraussetzung verändert sich das Paradigma der Berufsinformation. Wenn die konkrete Ausprägung vieler künftiger beruflicher Tätigkeitsfelder heute nicht genau zu beschreiben ist, muss es darum gehen „Menschen zu helfen, ihre eigenen Stärken und Potenziale zu erkennen, diese bestmöglich zu entfalten und damit einerseits die Fähigkeit zu gewinnen, in eine konkrete gegebene berufliche Umgebung hier und heute einsteigen zu können ..., aber auch darauf vorbereitet zu sein, sich in einer dynamisch verändernden Umgebung mit zu entwickeln, weiter zu entfalten, neu zu orientieren" (vgl. Härtel 2000, S. 1080). Die meisten wissenschaftlichen Untersuchungen zur Berufswahl Jugendlicher, zu ihren Erwartungen an die Berufsberatung und ihrer Zufriedenheit mit den von der Berufsberatung angebotenen Hilfen liegen längere Zeit zurück. Seither haben sich die Rahmenbedingungen der Berufswahl verändert und die berufswahlvorbereitenden und -unterstützenden Angebote in Schule und Berufsberatung wurden erheblich ausgeweitet.

Berufswünsche entstehen meist im familiären und sozialen Umfeld, deren Bezüge zur Arbeitswelt sich in den letzten Jahren verändert haben. Die einstmals gegebene Kopplung zwischen bestimmten sozialen Milieus und entsprechenden beruflichen Perspektiven löst sich mehr und mehr auf (vgl. Schäfer/Sroka 1998, S. 59ff.). Auch geht ein Konzept der Berufsorientierung an der Realität betrieblicher Arbeit vorbei, wenn es sich unreflektiert auf traditionelle Berufswege konzentriert und den Beruf als das einzige Lebenskonzept sieht. Vor allem Eltern beeinflussen die späteren beruflichen Möglichkeiten ihrer Kinder erheblich (vgl. Kleffner u.a. 1996; Rademacker 1998). Sie bestimmen überwiegend über die zu besuchenden Schulen, nehmen Erwartungshaltungen ein und geben mehr oder weniger umfangreiche und meist an ihrer eigenen Berufsbiographie orientierte Informationen über die Arbeits- und Berufswelt. Dazu gehören auch eher hilflose Versuche elterlicher Einflussnahme, die darin bestehen, dass sie „einen diffusen Druck ausüben und erwarten, dass Jugendliche eher ihre Ansprüche reduzieren als das Risiko eingehen, jedenfalls zunächst einmal ohne Ausbildungsplatz zu bleiben" (vgl. Rademacker 1998, S. 61).

Regionale Gegebenheiten mit ihren Ausbildungs- und Beschäftigungsmöglichkeiten sowie Informationen darüber sind für den Entscheidungsprozess der Jugendlichen nicht unmaßgeblich. Auch Freunde werden als Ratgeber geschätzt, nicht selten mit der Folge, dass die Jugendlichen sich einer professionellen Beratung verschließen (vgl. Krisch 2000). Die Herausforderung bei der Unterstützung Jugendlicher liegt darin, nicht nur eine grundlegende Orientierung und Beratung über Berufs- und Bildungswege und Einblicke in die Arbeitswelt zu geben, sondern dabei auch den Blick auf die lebensweltliche Situation von Jugendlichen zu richten, von der gesagt wird, sie sei zunehmend gegenwartsorientiert. Cliquen erhalten zentrale Bedeutung für den Lebenszusammenhang, insbesondere auch für die Phase der Berufsorientierung (ebd., S. 1073). Ein stabiler Sozialisationsrahmen, der zur Persönlichkeitsbildung und bei der Entwicklung von Lebensentwürfen Unterstützung anbietet, ist für die Jugendlichen immer weniger vorhanden. Entsprechend wird nicht selten Berufsorientierung und die Berufsfindung als ein „aufgezwungenes" Ereignis gesehen, welches anderen lebensweltlichen aktuelleren Bedürfnissen, Interessen oder Tätigkeiten nachgeordnet wird. Letztendlich widerspricht dieses Verhalten dem institutionell vorgesehenen Handlungszusammenhang einer zielgerichteten Bewerbung und führt zu einer prekären Situation bei der Berufsfindung.

Unterstützt werden die Jugendlichen in ihrem Berufsfindungsprozess des Weiteren durch die Vorbereitungsmaßnahmen in den Fächern „Arbeit/Wirtschaft/Technik" bzw. „Arbeitslehre" in der Hauptschule und teilweise auch in anderen weiterführenden Schulen sowie durch die dafür in Frage kommenden und schulzweigbezogenen Fächer und die verschiedenen Aktivitäten der staatlichen Berufsberatung mit der Einrichtung eines flächendeckenden Netzes von Berufsinformationszentren der Arbeitsämter und den grundlegenden Veröffentlichungen des Instituts für Arbeitsmarkt- und Berufsforschung der Bundesanstalt für Arbeit (vgl. Rothe 2001, S. 109ff.). Allerdings ist es nicht gelungen, das Fach Arbeitslehre gleichrangig mit anderen Fächern zu etablieren (vgl. Rademacker 1998, S. 63) und es besteht weiterhin eine Kluft zwischen dem beschleunigten technisch-ökonomischen Wandel einerseits und den begrenzten Möglichkeiten der Aufnahme dieser Entwicklungen in der Aus- und Weiterbildung für die Lehrer andererseits. Von der Berufsberatung erwarten die Jugendlichen grundlegende Entscheidungs- und Realisierungshilfen, berufskundliche Informationen sowie prognostische Aussagen über „Zukunftsberufe" und Beschäftigungsperspektiven (vgl. Kleffner u.a. 1996). Viele Jugendliche haben Schwierigkeiten, Nutzen aus dem Unterstützungsangebot der Berufsberatung zu ziehen. Es sind vor allem solche Jugendliche, die zugleich Orientierung und Vermittlung eines Arbeitsplatzes erwarten (vgl. Rademacker 1998, S. 62).

Im Vergleich zur hohen Bedeutung des sozialen Umfeldes finden sich einige Indizien dafür, dass Jugendliche der Schule nur einen sehr bescheidenen Beitrag zu ihrer Berufsfindung beimessen (vgl. ebd., S. 62f.). Offensichtlich ist die geringe Präsenz entsprechender Themen in der Schule, die sowohl die komplexe Arbeits- und Berufswelt als auch den in hohem Maße ausdifferenzierten Bereich der beruflichen Bildung bearbeiten, dafür entscheidend. Die Lücke wird von anderen Instanzen ausgefüllt, „die diese Leistung nicht mit der erforderlichen Professionalität, wünschenswerten Neutralität und hinreichender Kenntnis der situativen Bedingungen der oder des betreffenden Jugendlichen erbringen können" (vgl. Ebner 2000, S. 1009).

In diesem Zusammenhang werden den Betriebsbesichtigungen mit dem Schülerbetriebspraktikum hohe Bedeutung zugesprochen. Sie haben im Bildungsangebot der Sekundarstufe I, besonders der Hauptschulen, einen festen Stellenwert und stehen im Zusammenhang mit der Einführung des Faches Arbeitslehre. Das Schülerbetriebspraktikum bietet Schülern auch die Möglichkeit, Vorstellungen zu korrigieren, bevor endgültig Entscheidungen für einen Ausbildungsgang gefallen sind. In den Augen der Jugendlichen leistet die Schule damit ihren wichtigsten Beitrag zum Berufsfindungsprozess. Für Betriebe ist es ein geeignetes Mittel, ihre Erwartungen und Ansprüche zu verdeutlichen. Notwendig ist dafür, dass Praktika vor- und nachbereitet werden, Wert auf Auswertung der Erfahrung gelegt wird und während des Praktikums Raum und Zeit gegeben wird Fähigkeiten auszuprobieren, etwas Neues kennen zu lernen, Aufgaben bei begrenzter Verantwortung zu übernehmen, eine Berufsrolle auszufüllen und dabei noch Lernender zu bleiben (vgl. Lubitz 2001). Die hohen Erwartungen, die sich mit der Hilfe bei der Berufsfindung verbinden, sind allerdings kritisch zu sehen, zumal über die Wirksamkeit von Schülerbetriebspraktika nur spärliche Untersuchungen vorliegen. Es ist mehr als ungewiss, ob die betriebliche Realität und das Tätigkeitsspektrum eines Berufes während eines Praktikums mehr als nur ausschnitthaft wahrgenommen werden können (vgl. Biermann/Biermann-Berlin 2001).

Dies gilt auch für Lehrerbetriebspraktika. Sie sind zwar nicht weit verbreitet, nicht in das Hochschulcurriculum integriert, obwohl politisch immer wieder gefordert, besonders für solche Lehrkräfte, deren Aufgabe es ist Schülern Kenntnisse und Erfahrungen zu vermitteln, die ihnen eine Grundorientierung in der Arbeits- und Berufswelt ermöglichen und zur Berufsfindung beitragen können. Lehrer nehmen in der vorberuflichen Bildung eine Schlüsselfunktion ein. Von daher ist es nur verständlich, wenn Ende 1987 das Lehrerbetriebspraktikum für ca. 4000 Lehrkräfte in Baden-Württemberg flächendeckend eingeführt wurde.

4 Das berufliche Bildungssystem in Deutschland

Es ist die Berufsausbildung in Schulen von der Berufsausbildung im Dualen System zu unterscheiden. Berufsbildung in Schulen ist Teil des Bildungssystems und vorrangig an pädagogischen Zielen orientiert. Berufsbildende Schulen vermitteln die für eine Berufsausübung notwendigen beruflichen Kenntnisse, Fähigkeiten und Fertigkeiten, ferner berufsrelevante Verhaltensweisen und Werthaltungen sowie in der Regel (darauf bezogene) berufsübergreifende bzw. allgemein bildende Inhalte. In differenzierten Ausbildungsgängen werden Jugendliche und junge Erwachsene zu qualifizierter Berufsleistung befähigt (vgl. Pätzold 2001).

In den letzten Jahren haben schulische Berufsbildungsgänge ein breites Spektrum von Funktionen erfüllt: Sie reichen von theoriebetonten Bildungsgängen in beruflichen Wahlschulen mit der berufsorientierten Vermittlung höherer schulischer Abschlüsse bis zu den Aufgaben im Bereich der Pflichtschulzeit für Jugendliche ohne Ausbildungsvertrag bzw. ohne Schulabschluss. „Der deutlich zunehmende Anteil von Jugendlichen im Berufsvorbereitungsjahr, Berufsgrundbildungsjahr, in Berufsfachschulen und auch in den von der Bundesanstalt für Arbeit finanzierten Förderlehrgängen spiegelt (...) deutlich die Problematik am Lehrstellenmarkt“ (vgl. Althoff 1999, S. 10). Die Weiterentwicklung beruflicher Schulen zu regionalen Bildungs- und Kompetenzzentren ist vor dem Hintergrund gesellschaftlicher Veränderungen mit ihren Ansprüchen an die beruflichen Qualifikationen der Arbeitskräfte, die tendenziell im Niveau anspruchsvoller und im Umfang breiter und komplexer werden, von zunehmender Bedeutung. Insofern ist die Berufsbildungspolitik des Bundes und der Länder für die Gestaltung der Berufsbildung auf der Basis von Ergebnissen der Berufsbildungsforschung gefordert. Der Markt wird Entwicklungen in eine pädagogisch begründete Richtung nicht steuern können.

Das Duale System ist der wichtigste berufliche Ausbildungsweg für die 16- bis 19-jährigen Jugendlichen. Es ist ein korporatistisch gesteuertes betriebsbasiertes Ausbildungssystem mit ergänzendem Unterricht in der Berufsschule, das vor allem für Produktionsberufe Gestalt gewonnen hat (vgl. Greinert 1998, S. 159). Es bezieht sich auf Bildungsgänge und Abschlüsse, die auf den unmittelbaren Übergang ins Beschäftigungssystem vorbereiten. Ausbildungsplätze werden hauptsächlich in kleineren und mittleren Betrieben bereitgestellt. Anders als etwa die studienbezogenen Bildungsgänge in der Sekundarstufe II unterliegt die Ausbildung im Dualen System unmittelbar den Einflüssen von Arbeitsmarktentwicklungen und einzelbetrieblichen Entscheidungen. Lern- und Arbeitsprozesse stehen in der Spannung von pädagogischen und ökonomischen Zielen. Eine wesentliche Grundlage des Dualen Ausbildungssystems ist das Konzept der bundesweit gültigen Ausbildungsberufe, die von den Tarifvertragsparteien mitgestaltet werden. Das hiermit angesprochene „Konsensprinzip" fördert einerseits die Akzeptanz in der betrieblichen Praxis, andererseits kann es aber Modernisierungsnotwendigkeiten durch Interessengegensätze zwischen den Sozialparteien verzögern.

Die Gesamtzahl der Ausbildungsberufe im Bundesgebiet beträgt ca. 350. Die Berufseinmündungen konzentrieren sich jedoch auf verhältnismäßig wenig Berufe; fast zwei Drittel aller Auszubildenden lernen in nur 25 Berufen. Bei den weiblichen Auszubildenden befinden sich fast 35% in nur fünf Berufen (dies sind: Bürokauffrau, Kauffrau im Einzelhandel, Friseurin, Arzthelferin, Zahnarzthelferin), fast 55% in 10 und etwa 80% in 25 Berufen. Die hohe Konzentration weiblicher Jugendlicher auf die Ausbildungsberufe, wie beispielsweise Arzthelferin oder Friseurin, hat sich in den vergangenen zweieinhalb Jahrzehnten nur wenig geändert (vgl. Althoff 2002). Bei den männlichen Auszubildenden ist die Konzentration auf wenige Berufe nicht ganz so stark ausgeprägt. In 5 Berufen (es sind: Kraftfahrzeugmechaniker, Maler und Lackierer, Elektroinstallateur, Tischler sowie Kaufmann im Einzelhandel) finden sich gut ein Viertel, in 10 Berufen rund 42% und in 25 Berufen knapp zwei Drittel der männlichen Auszubildenden. In den letzten Jahren ist eine Verlagerung der Ausbildungsberufe zu Ungunsten der gewerblich-technischen in Richtung der so genannten „white-collar-Berufe" zu beobachten.

Der Anteil der Auszubildenden mit höherem allgemeinen Bildungsabschluss hat sich stark erhöht und zu einem Verdrängungseffekt zu Ungunsten anderer Bewerber geführt. Es zeigt sich eine gravierende Veränderung in der Zusammensetzung der Auszubildenden nach schulischer Vorbildung. So hat gegenwärtig nur noch etwa ein Drittel der Auszubildenden einen Hauptschulabschluss, ein Drittel kann einen Realschulabschluss vorweisen, ein Sechstel hat das Abitur und das restliche Sechstel ist über das Berufsgrundbildungsjahr oder Berufsvorbereitungsjahr oder andere Vorbildungen in das Duale Ausbildungssystem gelangt, das keine geregelten Eingangsvoraussetzungen kennt. Diese Veränderung ist auch eine Folge der erheblichen Zunahme des Abiturientenanteils an den Schulabgängern von weniger als 10% vor vier Jahrzehnten auf über 40% heute. Im Jahr 1999 haben rund 100.500 Abiturienten einen Ausbildungsvertrag unterschrieben (vgl. Klein 2001, S. 4).

Etwa jeder vierte Studienanfänger verfügt mittlerweile über eine abgeschlossene betriebliche Berufsausbildung. Von den Abiturienten werden anspruchsvolle und attraktive Ausbildungsberufe in der Industrie, im Handel, in der Werbebranche, bei Banken, im Buchhandel und bei

Versicherungen bevorzugt. Zu den gewerblich-technischen Ausbildungsberufen haben sie eine geringere Affinität. Auszubildende mit Allgemeiner Hochschulreife können es sich leisten, eine „bloße“ Facharbeiterperspektive abzulehnen. Mit Übernahmegarantien und Aufstiegsangeboten in Dualen Sonderausbildungsgängen wird ihnen zudem oft eine Karriere für die mittlere Führungsebene als Alternative zu akademischen Berufen schmackhaft gemacht (vgl. Berger u.a. 2000, S. 121; Klein 2001). Zur Zeit stehen bundesweit ca. 28.000 Sonderausbildungsplätze pro Jahr in über 6.500 Unternehmen zur Verfügung; neun von zehn Ausbildungsgängen sind staatlich anerkannt (vgl. Klein 2001, S. 5).

Ausbildungsberufe, die demgegenüber vorzugsweise von Hauptschülern ergriffen werden, sind Kfz-Mechaniker, Maler und Lackierer, Kaufmann im Einzelhandel, Friseur und Fachverkäufer im Nahrungsmittelhandwerk. Ausbildungsgänge für Realschulabsolventen führen in Einzelhandelsberufe, in attraktive gewerblich-technische Ausbildungsberufe, in Laboranten-, aber auch in Büro- und Helferberufe.

Seit 1995 wurde die Zahl der Ausbildungsplätze in vielen Unternehmen durch Rationalisierungsmaßnahmen erheblich verringert, so dass auch in vielen Regionen Westdeutschlands Ausbildungswillige keinen Ausbildungsplatz erhielten. Erst in jüngster Zeit hat sich die Lage entschärft (vgl. Bundesministerium 2001b). In fast allen Regionen Ostdeutschlands sehen die Ausbildungsmärkte ungünstiger aus, so dass in sehr vielen Fällen und in sehr vielen Bereichen die Übergänge von der Schule in die Berufsausbildung nicht gelingen. Hauptschüler, Jugendliche mit unzureichenden Schulnoten und junge Menschen aus Einwandererfamilien machen sich berechtigte Sorgen um ihre berufliche Zukunft. Hinzu kommt, dass zwei Drittel der Ausbildungen im produzierenden Gewerbe der Industrie und des Handwerks in meistens sehr kleinen Betriebsstrukturen stattfinden, während der Dienstleistungsbereich nur ein Drittel der Auszubildenden aufnimmt, obwohl dort inzwischen zwei Drittel aller Beschäftigten arbeiten.

Verstärkt in den 1990er Jahren und vor allem in den neuen Bundesländern wurden außerbetriebliche Ausbildungsgänge eingerichtet, wobei der „betriebliche“ Teil in öffentlich subventionierten Ausbildungseinrichtungen stattfindet (vgl. Mack 2001, S. 241ff.). Im Rahmen der durch die Bundesanstalt für Arbeit geförderten Maßnahmen wurden im Jahresdurchschnitt 1999 rund 260.000 Jugendliche und junge Erwachsene unter 25 Jahren in berufsvorbereitenden Angeboten, ausbildungsbegleitenden Hilfen, in außerbetrieblichen Berufsausbildungsgängen, Arbeitsbeschaffungsmaßnahmen und Angeboten des Sofortprogramms zum Abbau der Jugendarbeitslosigkeit betreut (vgl. Galuske 2001, S. 886). Die Jugendberufshilfe übernimmt dabei Aufgaben in folgenden Tätigkeitssegmenten: Beratung von Arbeitslosen bzw. von Arbeitslosigkeit bedrohten Jugendlichen und jungen Erwachsenen, Berufsvorbereitung, außerbetriebliche Berufsausbildung und Arbeitsbeschaffungsmaßnahmen (vgl. ebd., S. 888).

Die Krise der Berufsbildung ist als Konjunktur-, als Struktur- und als Qualitätskrise eingeordnet worden, weil sich die Rekrutierungsstrategien der Unternehmen und die Nachfrage nach Ausbildungsplätzen verändert haben, weil es für den gewachsenen Dienstleistungs-(Telekommunikations- und Medien-)bereich bisher (noch) keine hinreichenden Dualen Ausbildungsstrukturen gibt und weil traditionelle Ausbildungskonzepte den veränderten Anforderungen in der Arbeitswelt nicht hinreichend Rechnung tragen (vgl. Zimmer 1998, S. 369ff.).

Kritiker sehen angesichts des technisch-ökonomischen Wandels Anzeichen dafür, dass das Duale System in seiner überkommenen Form trotz einiger Teilmodernisierungen der letzten Jahre an Attraktivität verlieren und im internationalen Wettbewerb zurückfallen könnte. Indikatoren dafür sind sowohl die Tatsache, dass die absolute Zahl der Studierenden an den deutschen

Hochschulen seit Anfang der 1990er Jahre die Zahl der Auszubildenden übersteigt und ein erheblicher Anteil Schulentlassener ohne Ausbildung über Maßnahmen der Berufsvorbereitung aufgefangen werden muss, als auch die Angebotslücke nachgefragter IT-Fachkräfte.

In der Situation knapper Ausbildungsplätze wurden gleichzeitig manche Ausbildungsstellen nicht besetzt bzw. fanden Ausbildungsbetriebe nicht genügend Bewerber für ihr Ausbildungsangebot (vgl. Berger u.a. 2000, S. 101f.), so dass Klagen über die nicht vorhandene Ausbildungsreife der Jugendlichen laut wurden. Ausbildungsbetriebe bemängeln, dass viele der Ausbildungswilligen nicht nur unzureichende Kenntnisse in Mathematik und Deutsch aufweisen, sondern dass auch die immer wichtiger werdenden Kompetenzen wie Kommunikations- und Teamfähigkeit, Verantwortungsbewusstsein und Flexibilität im Umgang mit ungewissen Situationen oftmals zu gering ausgeprägt wären (vgl. Ferchhoff 1999, S. 198). Arbeitsmarkt- und Ausbildungsplatzprobleme führen so nicht selten zu einem Etikett defizitärer Subjektausstattung, welches nicht nur politisch, sondern auch für das Selbstkonzept der Betroffenen in der Weise folgenreich ist, dass es ihren Übergang in den Erwachsenenstatus erschwert und ihre Identität beeinflusst (vgl. Galuske 2001). Sieht man einmal davon ab, dass diese Klagen eine Rechtfertigungsfunktion haben, dann verbirgt sich dahinter der Hinweis auf ein erhebliches Attraktivitätsgefälle zwischen den angebotenen Dualen Berufsbildungsgängen. Dieses führt dazu, dass sich die Nachfrage nach Ausbildungsstellen auf wenige Ausbildungsberufe konzentriert. Zudem handelt es sich bei der Besetzung aller angebotenen Ausbildungsstellen vorrangig um ein westdeutsches Problem, das offensichtlich mit zunehmender Betriebsgröße und in gewerblich-technischen Berufen auftritt.

Untersuchungen zu den Leistungen der allgemein bildenden Schule und den Erwartungen an die Ausbildung (vgl. Nickolaus 1998) zeigen, dass die von Seiten der Arbeitgeber eingebrachten Klagen über rückläufige Leistungen der Schulabgänger in zentralen Kulturtechniken vom überwiegenden Teil der Lehrkräfte in ihrer Substanz bestätigt werden. In den beruflichen Schulen spielt Überforderung der Schüler eine erhebliche Rolle und es ist illusorisch zu glauben, die allgemein bildende Schule könne den Erwartungen ungebrochen entsprechen, zumal verlässliche Informationen zum Leistungsniveau sowie zu dessen Veränderung beim Berufsnachwuchs nicht vorliegen. Die meisten Untersuchungen sind wegen erheblicher methodischer Mängel nur bedingt aussagekräftig (vgl. Ebbinghaus 1999). So kann nur festgestellt werden, dass die vorliegenden Untersuchungsergebnisse die Vermutung nahe legen, „dass bei Ausbildungsanfängern gewisse Defizite in der Rechtschreib- und Rechensicherheit vorliegen und somit die Klagen hierüber nicht völlig unberechtigt sind“ (vgl. ebd., S. 46). In diesem Bereich wäre zu klären, wie die Erwartungen der Unternehmen an die vorberufliche Bildung im Einzelnen aussehen, welche Erfahrungen bislang mit Maßnahmen vorberuflicher Bildung gemacht wurden und welche Konsequenzen sich für die vorberufliche Bildung aus der Sicht der Betriebe hieraus ergeben. Ebenfalls forschungsrelevant sind Untersuchungen zu der Frage, inwieweit durch besondere Lern- und Kooperationsformen zwischen Schule und Betrieb Distanzen gemindert oder überwunden werden können.

Für die Zukunft der Berufsbildung wird es unter anderem darauf ankommen, wie regelmäßige Qualitätssicherungsmaßnahmen im Bildungssystem greifen und ob die Abkoppelung des Ausbildungsplatzangebots von Wirtschaftskonjunkturen und die Ankopplung an die Schulentlassjahrgänge gelingen. Da dem betrieblichen Ausbildungssystem selbst die Flexibilität weitgehend fehlt, ein mögliches Defizit an Ausbildungsstellen kurzfristig auszugleichen, zielen z.B. Programme der Bundesregierung zuallererst immer auf eine Steigerung der Anzahl der betrieblichen Ausbildungsplätze, auch außerhalb eines Betriebs und in Zusammenarbeit mit mehreren Unternehmen als Ausbildungsverbund. Für eine qualifizierte Berufsausbildung wird es aber gleichfalls wichtig, ob curriculare Vorgaben für neue Anforderungen schneller erarbeitet werden, ob die Ungleichwertigkeit der Berufsbildung im Vergleich zur so genannten Allgemeinbildung durch deren Aufwertung und durch Integration aller beruflichen Bildungsgänge in einem durchlässigen System gelingt und ob didaktische Zuordnungsprobleme auf der Basis von Erkenntnissen der didaktischen Lehr-/Lernforschung gelöst werden. Anstöße für die Weiterentwicklung des Dualen Systems können sich aus der Beantwortung der bildungspolitischen Frage ergeben, welche weiteren Möglichkeiten Dualer Berufsausbildung es in den kulturell besonders nahe stehenden Nachbarländern gibt (vgl. Rothe 2001). Bezogen auf die Frage, wie die Effizienz des deutschen Systems der Dualen Berufsausbildung einzuschätzen ist, kommt Rothe (2001) bezogen auf die Gesichtspunkte „Bildungschancen", „Deckung des Fachkräftebedarfs" und Sicherstellung der „Leistungs- und Innovationsfähigkeit" zu dem Ergebnis, dass das deutsche System nicht sehr positiv abschneidet.

5 Probleme an der ersten „Schwelle"

Verschiebungen in der Wirtschaftsstruktur und abwärts gerichtete Konjunkturverläufe tragen dazu bei, dass sich Angebot und Nachfrage am Ausbildungsstellenmarkt nicht immer im Gleichgewicht befinden, mit der Folge, dass die Chancen der Jugendlichen auf einen Ausbildungsplatz sinken. Die Jugendlichen, die in der Zeit solcher Verschiebungen die Schule verlassen, sind schlechter gestellt als andere Generationen (vgl. Ferchhoff 1999, S. 198f.). Ohne öffentlich finanzierte Ausbildungsprogramme (vgl. Bundesministerium 2001b, S. 49ff.) wäre die „Ausbildungsnot" insbesondere für Hauptschulabgänger noch größer. Der Berufseintritt vollzieht sich heute kaum noch „geradlinig", sondern häufig über Umwege und Zwischenschritte verschiedenster Art sowie durch Warteschleifen hindurch. Inzwischen gibt es ein durch die Arbeitsverwaltung, das berufliche Bildungswesen, durch Schule, Jugendberufshilfe und kommunale Stellen komplex ausgebautes „Angebot" an Ausbildungs-, Orientierungs- und Betreuungsmöglichkeiten, die die destabilisierten Übergänge ins Berufsleben „flankierend" oder „kompensatorisch" stützen sollen. Viele Jugendliche verbinden mit diesen berufsvorbereitenden Maßnahmen die Hoffnung, doch noch einen betrieblichen Ausbildungsplatz zu erhalten.

Junge Frauen haben es nicht nur in dieser Situation erheblich schwerer als junge Männer einen Ausbildungsplatz nach ihren Vorstellungen zu finden, obwohl sie im Durchschnitt höhere Schulabschlüsse vorzuweisen haben als die männlichen Schulabgänger. Ihr Ausbildungsberuf ist dann auch seltener als bei jungen Männern der von Anfang an gewünschte Beruf. Wenngleich erhebliche Angleichungen von Lebenszielen und Lebensstilen zwischen Jungen und Mädchen feststellbar sind und die Verbindungen von Familien- und Berufsorientierung die gemeinsam geteilte, unumstrittene Wertorientierung ist, sind Mädchen nach wie vor eher bereit, ihre Berufsorientierungen zu Gunsten von Familie zu ändern. Sie erfahren wegen des geschlechtsspezifisch geteilten Arbeitsmarktes und der höheren Zugangsbarrieren eine stärkere Verunsicherung, ob sie ihre Berufs- und Lebenspläne verwirklichen können (vgl. Ferchhoff 1999).

Die Strategien der Schulabgängerinnen und Schulabgänger zur Einmündung in einen adäquaten Ausbildungsberuf erweisen sich angesichts betrieblicher Erwartungen als variabel und den gegebenen Möglichkeiten angepasst. Vielfach antizipieren sie die jeweiligen Zugangsmöglichkeiten bereits bei der Formulierung ihrer Berufswünsche und richten ihr Bildungsverhalten hieran aus. Der erwartete Schulabschluss und die wirtschaftlichen Rahmenbedingungen bestimmen in hohem Maße den Ausbildungswunsch. Viele Jugendliche grenzen ihre Berufswünsche realistisch auf das Machbare und am Ausbildungsmarkt Nachgefragte ein und schließen Kompromisse. Zwar kann für alle Jugendlichen rein rechnerisch ein Ausbildungsplatz vorhanden sein, dennoch können Bewerber unversorgt und Stellen unbesetzt bleiben, es sei denn, die Jugendlichen geben im Verlauf der Ausbildungsplatzsuche ihren ursprünglichen Berufswunsch auf und nehmen das, was angeboten wird (vgl. Ebner 2000, S. 1006).

Wie aus statistischen Unterlagen (vgl. Bundesministerium 2001a, S. 134) hervorgeht, ist die Duale Berufsausbildung nicht mehr der Weg in die Erwerbstätigkeit für Hauptschüler. Sie stehen in Konkurrenz mit Bewerbern die über einen mittleren Abschluss, wenn nicht gar über die Hochschulreife verfügen. Die damit verbundene tendenzielle Abwertung unterer Bildungsabschlüsse und die mit dem verengten Ausbildungs- und Arbeitsmarkt verursachte interindividuelle Konkurrenz lässt die Nachfrage nach weiterführenden Bildungsgängen und höheren Bildungsabschlüssen wachsen. Damit steigen die Erwartungen an die Jugendlichen, einen höheren Bildungsabschnitt erreichen zu müssen, mit allen Ängsten und Versagensgefühlen (vgl. Münchmeier 2001, S. 820f.), denn Lebenschancen beruhen wesentlich darauf, welche schulischen Bildungswege gewählt werden und welche Chancen damit auf dem Ausbildungs- und Arbeitsmarkt gefunden werden. Längerer Verbleib im Bildungssystem soll Ausbildungs- und Beschäftigungschancen wahren bzw. verbessern. Angesichts des „Qualifikationsparadoxons" (vgl. Mertens) geht diese Logik nicht immer auf. Es hat eine Entkopplung von schulischen Abschlüssen und beruflich-sozialem Aufstieg stattgefunden (vgl. Ferchhoff 1999, S. 186).

Neuere Untersuchungen zu den Übergangsverläufen benachteiligter Jugendlicher und junger Erwachsener zeigen, dass neben massiven Ausgrenzungsprozessen dabei auch Integrationsanstrengungen junger Menschen abseits der üblichen Bahnen in den Blick kommen. Ginnold (2000) stellt die Vielfalt verschiedener schulischer und nachschulischer Angebote für Jugendliche mit kognitivem Förderbedarf dar, analysiert und reflektiert sie. Drei Projekte stellt sie dar: das erste ist das „Modell der nachgehenden Betreuung bzw. Alltagsbegleitung", das zweite ist das „Modell Lehrerinnen und Lehrer als Begleiterinnen und Übergangshelferinnen", das dritte ist die Arbeit des Vereins „Independent Living e.V. Berlin". Ihr Projektvergleich endet mit dem Fazit: „Alle drei untersuchten Angebote scheinen geeignet, die Integration von jungen Menschen mit Behinderungen in das Arbeitsleben zu unterstützen und erweisen sich somit als integrationsfähig. Die gemeinsame Verantwortung und Zuständigkeit aller beteiligten Behörden muss sich künftig auch in einer gemeinsamen Finanzierung solcher Projekte widerspiegeln" (vgl. ebd., S. 85).

Was einzelne Länder unternehmen, um leistungsschwache Hauptschüler in ein Berufsausbildungsverhältnis zu bringen, zeigt z.B. ein Modell in Bayern. Mit der Einrichtung von Praxisklassen an bayerischen Hauptschulen werden seit Mitte der 1990er Jahre neue Wege gegangen. Inzwischen gibt es bayernweit rund 50 Standorte für so genannte „P-Klassen" (vgl. Mötter 2001). Das Modell richtet sich an Schüler, die am Ende ihrer Vollzeitschulpflicht stehen, aber keinerlei Aussichten auf einen erfolgreichen Hauptschulabschluss haben. Diesen Schülern den Einstieg ins Berufsleben zu ermöglichen, ist Ziel der Praxisklasse. Praxisorientierter Unterricht, ein längeres Berufspraktikum und die Betreuung der Schüler durch einen Sozialpädagogen sollen dazu beitragen.

Um Jugendlichen mit geringem Schulerfolg einen Weg ins Erwerbsleben zu öffnen wurde in Nordrhein-Westfalen ergänzend zu der Förderung im sprachlichen Bereich in den Jahrgängen

5 und 6 für diejenigen Haupt- und Gesamtschulen, an denen ein hoher Anteil von Migrantenkindern mit geringen Sprachkenntnissen und viele Jugendliche aus bildungsfernen Schichten anzutreffen sind, das Projekt „Betrieb und Schule" (BUS) entwickelt (vgl. Spenlen 2001). Es enthält Förderpraktika im letzten Pflichtschuljahr an Haupt- und Gesamtschulen sowie an Berufskollegs und Jugendwerkstätten für schulmüde Jugendliche unterschiedlicher Schulformen.

6 Ausbildungsabbruch

Eng mit dem Problem des Zugangs zur Ausbildung hängt die vorzeitige Auflösung von Ausbildungsverträgen zusammen. Über 20% aller Verträge werden vorzeitig aufgelöst. Für das Jahr 1999 weist der Berufsbildungsbericht nahezu 145.000 Vertragsauflösungen aus (Bundesministerium 2001b, S. 84f.; Bundesinstitut für Berufsbildung 2000, S. 31ff.). Es handelt sich also um keine Randerscheinung. Besonders hoch ist der Anteil bei den Freien Berufen und im Handwerk, fast ein Drittel aller Ausbildungsverträge werden dort vorzeitig gelöst, am geringsten sind die Werte im Öffentlichen Dienst. Knapp die Hälfte der Vertragsauflösungen findet im ersten Ausbildungsjahr statt, davon wiederum gut die Hälfte bereits in der Probezeit. Bereits recht früh ist demnach ein großer Teil der Auszubildenden mit Ausbildungskonflikten konfrontiert, die offensichtlich innerhalb des bestehenden Ausbildungsverhältnisses nicht mehr zu lösen sind. Hinzu kommt, dass „Ausbildungsabbrüche nur eine Art Spitze des Eisbergs darstellen – sie werden registriert und deswegen existieren dafür Zahlen. Auf diese Weise nicht erfasst werden Lernschwierigkeiten, Motivationskrisen, psychische Destabilisierungen, Distanzierungen gegenüber Beruf und Arbeit u.a.m." (vgl. Ebner 1992, S. 79).

Nach einer Untersuchung des Bundesinstituts für Berufsbildung ist der Anteil der Ausbildungswechsler, d.h. derjenigen, die nach der Vertragsauflösung wieder eine Ausbildung aufnehmen, merklich zurückgegangen. Demgegenüber hat sich der Anteil der Abbrecher, die im Anschluss arbeitslos sind bzw. Gelegenheitsjobs ausüben, erheblich ausgeweitet. Damit führt der Abbruch einer Ausbildung für die Jugendlichen immer häufiger zu einem endgültigen Herausfallen aus dem beruflichen Bildungssystem, mit den meist negativen Folgen einer erfolglosen Integration in den Arbeitsmarkt (vgl. Alex/Menk/Schiemann 1997). Die vorzeitige Vertragsauflösung kann aber auch eine sinnvolle berufliche Umorientierung sein, z.B. wenn der Beruf oder der Betrieb nicht den Vorstellungen oder den Ansprüchen der Jugendlichen entspricht. Negative Auswirkungen auf das Selbstbewusstsein der betroffenen Jugendlichen sind aber auch hier nicht ausgeschlossen.

Ein Ausbildungsabbruch ist in der Regel der Schlusspunkt eines länger andauernden Prozesses, der häufig mit negativen Erfahrungen, Konflikten und Unsicherheiten verbunden ist (vgl. Hensge 1984; Deuer 2001). Er stellt in erster Linie für die betreffenden Jugendlichen einen Bruch in deren Erwerbsbiographie dar. Neben der subjektiven Bedeutung für die Jugendlichen sind aber auch die negativen Auswirkungen für den ausbildenden Betrieb zu kalkulieren. Die Bewältigung der betriebswirtschaftlichen und sozialpolitischen Folgen eines Ausbildungsabbruchs gerät oft aus dem Blickwinkel. Ein Ausbildungsabbruch verursacht beispielsweise Kosten in den Betrieben, führt zu einer geringeren Auslastung der Ausbildungskapazität und stellt daher für die betroffenen (insbesondere kleinen) Betriebe eine sozial-ökonomische Belastung dar (vgl. Deuer 2001).

Wenngleich in der Regel mehrere Gründe für eine Vertragsauflösung geltend gemacht werden, geben die Jugendlichen Probleme mit dem Ausbildungspersonal als einen der Hauptgründe an, der sie dazu bewogen hat, das Ausbildungsverhältnis vorzeitig aufzulösen. Von zentraler Bedeutung für eine erfolgreiche Berufsausbildung ist aber das Lernklima des Ausbildungsbetriebs und die damit verbundene Lernmotivation der Auszubildenden. Vor diesem Hintergrund spielt das Verhältnis der Auszubildenden zum Ausbilder sowie die Organisation der betrieblichen Ausbildung eine entscheidende Rolle. Von Ausbildern und Berufsschullehrern werden häufig schwache Leistungen, insbesondere in der Fachtheorie, Fehlverhalten, unangemessenes Sozialverhalten und Motivationsmangel, aber auch mangelndes Interesse an dem und falsche Vorstellungen vom Ausbildungsberuf angeführt. Insofern spielen die Leistungen in der berufsbildenden Schule als Frühindikatoren für den Abbruch ebenfalls eine bedeutende Rolle. Auch den Berufsschullehrern kommt in diesem Zusammenhang eine wichtige Aufgabe zu: zu verhindern, dass eine latent existierende Abbruchneigung auch tatsächlich einen Ausbildungsabbruch nach sich zieht. Möglicherweise sind es die Berufsschullehrer, die die Auszubildenden in dieser kritischen Situation noch am ehesten erreichen und positiv beeinflussen können (vgl. Deuer 2001). Neben den Abbruchgründen, die im sozialen und strukturellen Kontext des Betriebes und der Berufsschule liegen, stehen weitere im Zusammenhang mit einer falschen Berufs- bzw. Betriebswahl. Sie sind auf Informationen vor Beginn der Ausbildung zurückzuführen und betreffen somit Fragen des Berufseinmündungsprozesses. Vermutlich ist der Abbruch der Berufsausbildung häufig die Konsequenz einer falschen Berufswahl.

Offensichtlich wurde bei den Abbrechern der Prozess der Berufswahl nicht als Folge einer sorgfältigen Entscheidung gestaltet, bei der die subjektive Eignung und Neigung für den Ausbildungsberuf eine Rolle spielte. Eher sind fehlende Berufsberatung des Arbeitsamtes und falsche Vorstellungen über die Tätigkeit feststellbar. Insofern könnte eine bessere Information der Jugendlichen über den künftigen Beruf die Zahl der Ausbildungsabbrüche reduzieren.

Vor diesem Hintergrund führt das Land Nordrhein-Westfalen das Aktionsprogramm „Ziellauf" mit der generellen Zielsetzung durch, das im Handwerk vorhandene Ausbildungspotenzial so weit als möglich auszuschöpfen. Um dieses Ziel zu erreichen richtet sich ein Teil der Aktivitäten auf die Bewältigung der Folgen von vorzeitigen Ausbildungsvertragslösungen – auf den Erhalt von Ausbildungsplätzen nach einem Ausbildungsabbruch und die möglichst rasche adäquate Wiederbesetzung des Ausbildungsplatzes – und ein anderer Teil der Aktivitäten auf die Vermeidung von Ausbildungsabbrüchen im Handwerk speziell nach dem ersten Ausbildungsjahr. Die Fokussierung auf Abbrüche nach dem ersten Ausbildungsjahr wurde sowohl im Hinblick auf die bislang kaum untersuchten Besonderheiten als auch im Hinblick auf die besonderen betriebswirtschaftlichen und sozialpolitischen Folgen dieser späten Abbrüche gewählt. Um diese Aktivitäten so effektiv wie möglich zu gestalten, müssen die Hintergründe (des Verlaufs) von Ausbildungsabbrüchen, der Verbleib des Auszubildenden und des Ausbildungsplatzes bekannt sein. Die Untersuchung dieser Hintergründe erfolgt durch repräsentative Erhebungen relevanter Daten bei Ausbildungsabbrechern, Betrieben und Berufsschullehrern in Berufen des Handwerks in Nordrhein-Westfalen.

7 Schlussbemerkung

Der Übergang von der Schule in die Berufsausbildung gilt nicht nur im Bewusstsein und für die Entwicklung der Jugendlichen als wichtig, sondern auch in der Wissenschaft wird dieser Übergang als biographischer Schritt in eine neue institutionelle Phase thematisiert, die von der abhängigen Position des jugendlichen Schülers hin zum unabhängigen Status der Erwachsenen führt, der seine ökonomische Existenz selbst sichert und damit ein wesentliches soziales Merkmal der modernen Persönlichkeit erworben hat. Dabei besteht zwischen der beruflichen und der vorberuflichen Bildung ein unmittelbarer Zusammenhang. Die Chance, einen Ausbildungsplatz zu finden, hängt von dem Zusammenwirken von schulischer Vorbildung und Arbeitsmarktsituation ab. Die Schwierigkeiten, die Jugendliche an der ersten Schwelle haben, setzen sich in der Ausbildung im späteren Erwerbsleben fort. Die in der vorberuflichen Bildung erworbenen Kenntnisse, Erfahrungen, aufgebauten Hoffnungen und Erwartungen, aber auch Enttäuschungen, die sich für die Jugendlichen sowohl mit gestärktem Selbstbewusstsein als auch mit der Minderung des Selbstvertrauens verbinden können, werden in die Berufsausbildung eingebracht, bleiben präsent und beeinflussen ihren Verlauf bzw. Erfolg (vgl. Ebner 1992, S. 26ff.). Chancen zur adäquaten Gestaltung der Berufsausbildung hängen auch davon ab, inwieweit Ausbilder und Berufsschullehrer hinreichende Kenntnisse über Bedingungen, Verlauf und Resultat des vorberuflichen Sozialisationsprozesses besitzen und wie ein Übergangsmanagement Schule-Beruf funktioniert. Krisensymptome des Berufsausbildungssystems liegen in vielen Fällen bereits in Defiziten einer Arbeits- und Berufsorientierung der allgemein bildenden Schulen. Es gilt, Schüler und Eltern in ihrem Bemühen zu unterstützen, eine angemessene, begründete und reflektierte Berufsausbildungsentscheidung zu treffen. Dazu sind eine Berufsorientierung und Berufsvorbereitung notwendig, die sowohl auf die Schüler mit ihren Kompetenzen und Interessen eingestellt ist als auch die Unübersichtlichkeit und Instabilität der Berufswege und Karrierechancen sowie die Realitäten der Arbeitswelt berücksichtigt. Demgegenüber zeichnet sich die vorberufliche Bildung durch institutionelle, konzeptionelle und zeitliche Uneinheitlichkeit aus, so dass das Potenzial, das eine Kooperation mit Betrieben, Arbeitsverwaltung, Kammern, Jugendeinrichtungen u.ä. bieten würde, weitgehend ungenutzt bleibt. Vor diesem Hintergrund gewinnt die Forschung zum Übergang Schule – Berufsausbildung besondere Bedeutung.

Literatur

Alex, L./Menk, A./Schiemann, M.: Vorzeitige Lösung von Ausbildungsverträgen. In: Berufsbildung in Wissenschaft und Praxis 26 (1997), H. 4, S. 36-39

Althoff, H.: Der Übergang in die betriebliche Berufsausbildung 1977 bis 1997. In: Berufsbildung in Wissenschaft und Praxis 28 (1999), H. 1, S. 7-11

Althoff, H.: Ausschöpfung des Berufsspektrums bei männlichen und weiblichen Jugendlichen im dualen System. In: Berufsbildung in Wissenschaft und Praxis 30 (2001), H. 6, S. 22-25

Althoff, H.: Die Konzentration weiblicher Jugendlicher auf die Ausbildungsberufe. In: Informationsdienst des Bundesinstituts für Berufsbildung 3 (2002), H. 1, S. 4

Beck, K.: Berufswahl. In: Kaiser, F.J./Pätzold, G. (Hrsg.): Wörterbuch Berufs- und Wirtschaftspädagogik. Bad Heilbrunn/Hamburg 1999, S. 137-138

Beinke, L. (Hrsg.): Berufsfindung – Berufswahl – Berufsweg. Weil der Stadt 1982

Beinke, L.: Berufswahlunterricht. Bad Heilbrunn 1992

Beinke, L.: Berufswahl. Der Weg zur Berufstätigkeit. Bad Honnef 1999

Berger, K.: Aspekte einer dualen Berufsausbildung aus Sicht von Schulabgängern und Schulabgängerinnen und daraus resultierende Einmündungsstrategien in die Berufswelt. In: Schober, K./Gaworek, M. (Hrsg.): Berufswahl. Sozialisations- und Selektionsprozesse an der ersten Schwelle. Dokumentation eines Workshops. BeitrAB 202, Nürnberg 1996, S. 187-209

Berger, K./Brandes, H./Walden, G.: Chancen der dualen Berufsausbildung. Berufliche Entwicklungsperspektiven aus betrieblicher Sicht und Berufserwartungen von Jugendlichen. Berichte zur beruflichen Bildung. Hrsg. vom Bundesinstitut für Berufsbildung. Der Generalsekretär, H. 239, Bielefeld 2000

Biermann, H./Bierman-Berlin, B.: Das Praktikum – unbezahlt und unbezahlbar. In: berufsbildung 55 (2001), H. 71, S. 3-7

Braun, F./Lex, T./Rademacker, H. (Hrsg.): Jugend in Arbeit. Neue Wege des Übergangs Jugendlicher in die Arbeitswelt. Opladen 2001

Brock, D./Hantsche, B./Kühnlein, G./Meulemann, H./Schober, K. (Hrsg.): Übergänge in den Beruf. Zwischenbilanz zum Forschungsstand. München 1991

Bundesinstitut für Berufsbildung (Hrsg.): Impulse für die Berufsbildung. BIBB Agenda 2000 plus. Bielefeld 2000

Bundesministerium für Bildung und Forschung (Hrsg.): Grund- und Strukturdaten 2000/2001. Bonn 2001a

Bundesministerium für Bildung und Forschung (Hrsg.): Berufsbildungsbericht 2001. Bonn 2001b

Bußhoff, L.: Theorien und ihre Bedeutung für die Praxis der Berufsberatung. Stuttgart 1989

Dammer, K.H.: Berufsorientierung für alle. Wetzlar 1997

Daniels, S. von/Dreyer, S./Schumann, W./Thiesis, C.: „wo's langgeht" – Ansätze beruflicher Bildung für junge Männer und Frauen mit einer sogenannten Behinderung. Tübingen o.J. 1999

Dedering, H.: Einführung in das Lernfeld Arbeitslehre. München 1994

Deuer, E.: Auf den Lehrer kommt es an: Ausbildungsabbrüche sind vermeidbar. In: Wirtschaft und Erziehung 53 (2001), H. 12, S. 409-413

Dibbern, H.: Berufsorientierung. In: May, H. (Hrsg.): Lexikon der ökonomischen Bildung. München/Wien 1996, S. 86-88

Dietzen, A./Westhoff, G.: Qualifikation und Perspektiven junger Frauen in den neuen Berufen der Informations- und Kommunikationstechnologien. In: Berufsbildung in Wissenschaft und Praxis 30 (2001), H. 6, S. 26-30

Ebbinghaus, M.: Niwo? Wie aussagekräftig sind Untersuchungen zum Leistungsniveau von Ausbildungsanfängern? Eine methodenkritische Betrachtung ausgewählter Untersuchungen. Hrsg. vom Bundesinstitut für Berufsbildung. Berlin/Bonn 1999

Ebner, H.G.: Berufsfindung und Ausbildung – Ausbilder unterstützen die berufliche Entwicklung. Weinheim/Basel 1992

Ebner, H.G.: Berufsorientierung: Der Beitrag der Schule. In: Erziehung und Unterricht 150 (2000), H. 9-10, S. 1005-1012

Ferchhoff, W.: Jugend an der Wende vom 20. zum 21. Jahrhundert. Lebensformen und Lebensstile. Opladen 1999

Flitner, A./Petry, C./Richter, I. (Hrsg.): Wege aus der Ausbildungskrise. Opladen 1999

Fischer, B./Schulte, B.: Schulabgängerbefragung 2001. Frauen entscheiden anders. In: Berufsbildung in Wissenschaft und Praxis 30 (2001), H. 6, S. 9-12

Fobe, K./Minx, B.: Berufswahlprozesse im persönlichen Lebenszusammenhang. Jugendliche in Ost und West an der Schwelle von der schulischen in die berufliche Ausbildung. BeitrAB 196, Nürnberg 1996

Friebel, H.: Jugend. Individuelle Erfahrung und gesellschaftliche Prägung – Sozialwissenschaftliche Jugendforschung. In: Friebel, H. (Hrsg.): Von der Schule in den Beruf. Jugend zwischen Familie, Bildung, Beruf und Freizeit. Bd. 1. Opladen 1983, S. 14-38

Galuske, M.: Jugend ohne Arbeit. Das Dilemma der Jugendberufshilfe. In: Zeitschrift für Erziehungswissenschaft 1 (1998), H. 4, S. 535-560

Galuske, M.: Jugendsozialarbeit und Jugendberufshilfe. In: Otto, H.U./Thiersch, H. (Hrsg.): Handbuch Sozialarbeit/ Sozialpädagogik. Neuwied/Kriftel 2001, S. 885-893

Ginnold, A.: Schulende – Ende der Integration? Integrative Wege von der Schule in das Arbeitsleben. Neuwied/Kriftel/Berlin 2000

Granato, M./Schittenhelm, K.: Perspektiven junger Frauen beim Übergang zwischen Schule und Ausbildung. In: Berufsbildung in Wissenschaft und Praxis 30 (2001), H. 6, S. 13-17

Greinert, W.D.: Das »deutsche System« der Berufsausbildung. Baden Baden 1998

Grundmann, H.: Zukunftschancen der Jugendlichen wichtiger als betriebliche Verwertung? Zu den Ergebnissen der Arbeitsgruppe „Aus- und Weiterbildung" des „Bündnisses für Arbeit". In: Die berufsbildende Schule 53 (2001), H. 9, S. 266-270

Härtel, P.: Berufsinformation für eine Arbeitswelt im Wandel. In: Erziehung und Unterricht 150 (2000), H. 9-10, S. 1078-1085

Hensge, K.: Gründe und Folgen des Ausbildungsabbruchs. Ergebnisse neuerer Untersuchungen zum Problem der vorzeitigen Lösung von Berufsausbildungsverträgen. In: Zeitschrift für Berufs- und Wirtschaftspädagogik 80 (1984), H. 1, S. 76-82

Hornstein, W.: Jugendforschung und Jugendpolitik. Entwicklungen und Strukturen in der zweiten Hälfte des 20. Jahrhunderts. Weinheim/München 1999

Kahsnitz, D./Ropohl, G./Schmid, A. (Hrsg.): Handbuch zur Arbeitslehre. Oldenbourg/München 1997

Kleffner, A./Lappe, L./Raab, E./Schober, K.: Fit für den Berufsstart? Berufswahl und Berufsberatung aus Schülersicht. MatAB 3, 1996

Klein, H.E.: Abiturientenausbildung der Wirtschaft. Köln 2001

Klemm, K.: Die Kellerkinder der Globalisierung: Jugend ohne Beruf. In: Pädagogik 53 (2001), H. 2, S. 50-52

Krisch, R.: Berufsorientierung vor dem Hintergrund der Lebens- und Alltagswelten Jugendlicher. In: Erziehung und Unterricht 150 (2000), 9-10, S. 1071-1077

Lappe, L. (Hrsg.): Fehlstart in den Beruf. Jugendliche mit Schwierigkeiten beim Einstieg ins Arbeitsleben. Opladen 2002 (im Erscheinen)

Lubitz, B.: Alte und neue Wege im Schülerbetriebspraktikum. In: berufsbildung 55 (2001), H. 71, S. 8-10

Mack, W.: Jugend und Arbeit. In: Liebau, E. (Hrsg.): Die Bildung des Subjekts. Beiträge zur Pädagogik der Teilhabe. Weinheim/München 2001, S. 235-267

Mötter, M.: Praxisklassen in Bayern. Ein Modell macht Schule. In: berufsbildung 55 (2001), H. 71, S. 13-14

Münchmeier, R.: Jugend. In: Otto, H.U./Thiersch, H. (Hrsg.): Handbuch Sozialarbeit/Sozialpädagogik. Neuwied/Kriftel 2001, S. 816-830

Nickolaus, R.: Ausbildungsreife – Befunde und Problemlösungsvorschläge. In: Sommer, K.H. (Hrsg.): Didaktisch-organisatorische Gestaltungen vorberuflicher und beruflicher Bildung. Stuttgarter Beiträge zur Berufs- und Wirtschaftspädagogik. Bd. 22. Esslingen 1998, S. 57-120

Pätzold, G.: Berufliche Vollzeitschulen im Berufskolleg. Wege zur Öffnung von Qualifizierungschancen. In: Zimmer, G. (Hrsg.): Zukunft der Berufsausbildung. Zweite Modernisierung unter Beteiligung der beruflichen Vollzeitschulen. Bielefeld 2000, S. 99-113

Pätzold, G.: Berufsbildung. In: Otto, H.U./Thiersch, H. (Hrsg.): Handbuch Sozialarbeit/Sozialpädagogik. Neuwied/Kriftel 2001, S. 153-161

Plaute, W./Theunissen, G.: Empowerment und Heilpädagogik. Ein Lehrbuch. Freiburg im Breisgau 1995

Puhlmann, A.: Zukunftsfaktor Chancengleichheit. Überlegungen zur Verbesserung der Berufsausbildung junger Frauen. In: Berufsbildung in Wissenschaft und Praxis 30 (2001), H. 6, S. 18-21

Rademacker, H.: Differenzierte Wege von der Schule in den Beruf. Veränderte Rahmenbedingungen des Berufseinstiegs und neue Handlungsstrategien Jugendlicher für die Bewältigung des Übergangs. In: Schäfer, H.P./Sroka, W. (Hrsg.): Übergangsprobleme von der Schule in die Arbeitswelt. Zur Situation in den neuen und alten Bundesländern. Berlin 1998, S. 51-65

Ramm, C.: Leistungen und Beiträge der Arbeitsverwaltung. In: Wirtschaft und Berufs-Erziehung 50 (1998), H. 7, S. 10-15

Rauner, F.: Die Bedeutung der Berufsbildung beim Übergang von der Schule in die Arbeitswelt. In: Pahl, J.P. (Hrsg.): Perspektiven gewerblich-technischer Erstausbildung. Ansichten – Bedingungen – Probleme. Seelze/Velber 1996, S. 25-40

Richter, I./Sardei-Biermann, S. (Hrsg.): Jugendarbeitslosigkeit. Ausbildungs- und Beschäftigungsprogramme in Europa. Opladen 2000

Rothe, G.: Die Systeme beruflicher Qualifizierung Deutschlands, Österreichs und der Schweiz im Vergleich. Kompendium zur Aus- und Weiterbildung unter Einschluß der Problematik Lebensbegleitenden Lernens. Villingen 2001

Schäfer, H.P./Sroka, W. (Hrsg.): Übergangsprobleme von der Schule in die Arbeitswelt. Zur Situation in den neuen und alten Bundesländern. Berlin 1998

Schittenhelm, K.: Ungleiche Wege in den Beruf. Geschlechterdifferenz und soziale Ungleichheit in der Aneignung und Verwertung von Bildung. In: Timmermann, H./Wessela, E. (Hrsg.): Jugendforschung in Deutschland. Eine Zwischenbilanz. Opladen 1999, S. 133-149

Schmiel, M./Sommer, K.H.: Lehrbuch Berufs- und Wirtschaftspädagogik. München 1992

Schober, K./Tessaring, M.: Eine unendliche Geschichte. Vom Wandel im Bildungs- und Berufswahlverhalten Jugendlicher. MatAB 3/1993

Schober, K./Gaworek, M. (Hrsg.): Berufswahl. Sozialisations- und Selektionsprozesse an der ersten Schwelle. Dokumentation eines Workshops des Instituts für Arbeitsmarkt- und Berufsforschung der Bundesanstalt für Arbeit in

Zusammenarbeit mit dem Deutschen Jugendinstitut und dem Bundesinstitut für Berufsbildung. 13.–14. Juli 1995 in Nürnberg. BeitrAB 202. Nürnberg 1996

Schöngen, K.: Der Einfluß des Schulabschlusses auf die Ausbildungs- und Berufswünsche von Schulabgängern 1994. In: Berufsbildung in Wissenschaft und Praxis 24 (1995), H. 1, S. 47-49

Schwerdel, M.L.: BORS – Berufsorientierung an der Realschule. Ein Praxisbericht über den Beginn, den Verlauf und die Konsequenzen eines Lernprozesses. Donauwörth 1999, S. 127-134

Sommer, K.H. (Hrsg.): Didaktisch-organisatorische Gestaltungen vorberuflicher und beruflicher Bildung. Stuttgarter Beiträge zur Berufs- und Wirtschaftspädagogik. Bd. 22. Esslingen 1998

Spenlen, K.: BUS – ein Projekt zur Förderung Benachteiligter und Lernschwacher. In: berufsbildung 55 (2001), H. 71, S. 15-16

Tenfelde, W.: Berufswahl. In: Kaiser, F.J./Kaminski, H. (Hrsg.): Wirtschaft. Handwörterbuch zur Arbeits- und Wirtschaftslehre. Bad Heilbrunn 1981, S. 72-75

Wahler, P./Witzel, A: Berufswahl – ein Vermittlungsprozeß zwischen Biographie und Chancenstruktur. In: Schober, K./ Gaworek, M. (Hrsg.): Berufswahl. Sozialisations- und Selektionsprozesse an der ersten Schwelle. Dokumentation eines Workshops. BeitrAB 202. Nürnberg 1996, S. 9-35

Westhoff, G.: Berufliche Vorstellungen, Erfahrungen und Entscheidungen von Schulabgängerinnen und Schulabgängern. In: Schober, K./Gaworek, M. (Hrsg.): Berufswahl: Sozialisations- und Selektionsprozesse an der ersten Schwelle. Dokumentation eines Workshops. BeitrAB 202. Nürnberg 1996, S. 137-151

Westhoff, G./Ulrich, J.G.: Berufsorientierung – Berufswahl – Berufsfindung: die ‚erste Schwelle' ins Erwerbsleben. In: Berufsbildung in Wissenschaft und Praxis 24 (1995), H. 5, S. 45

Zenke, K.G./Knoedler, G.: Berufswahl: Arbeitsbuch für die Berufswahlvorbereitung. Weil der Stadt 1981

Zihlmann, R. (Hrsg.): Berufswahl in Theorie und Praxis. Zürich 1998

Zimmer, G.: Berufsausbildung im 21. Jahrhundert. Zwischen der Vermittlung ganzheitlicher Handlungskompetenz und der Betreuung in Warteschleifen zur Arbeitslosigkeit. Plädoyer für eine Ausbildungspflicht. In: Schulz, M./Stange, B./Tielker, W. (Hrsg.) Wege zur Ganzheit. Profilbildung einer Pädagogik für das 21. Jahrhundert. Weinheim 1998, S. 365-387

Zybell, U.: Zum Zusammenhang von weiblicher Moralentwicklung und Berufsorientierung junger Frauen. Alsbach 1998

Barbara Friebertshäuser

Statuspassage von der Schule ins Studium

1 Einleitung

Der Übergang von der Schule in die Hochschule ist seit vielen Jahren Gegenstand bildungspolitischer Debatten, empirischer Untersuchungen sowie hochschuldidaktischer und bildungstheoretischer Überlegungen. Wenn man von einer Statuspassage spricht, dann verweist dieser Begriff auf ein breiteres Bedeutungsspektrum, denn damit wird die Verbindung zwischen gesellschaftlicher oder institutioneller Herausforderung durch die Ankunft der Neuankömmlinge ebenso thematisiert wie die individuelle und biographische Dimension, die aus Übergängen von einem Status in einen anderen im menschlichen Lebenslauf resultiert.

Der Beitrag gibt einen Überblick über die Diskussionen rund um diese Statuspassage in den vergangenen fünfzig Jahren, konzentriert sich aber im Wesentlichen auf aktuelle Forschungsbefunde und Debatten rund um die Statuspassage des Übergangs von der Schule in die Hochschule. Die zumeist kritischen Diskussionen über Abiturienten und andere Studienberechtigte im Hinblick auf ihre Studierfähigkeit werden nicht nur aus Sicht der Hochschulen und der Bildungsdebatten präsentiert, sondern es werden auch solche Daten einbezogen, in denen die Studienanfänger selbst Auskunft geben über ihre Studienvoraussetzungen und Selbsteinschätzungen im Hinblick auf ihre Vorbereitung auf ein Studium. Auf diese Weise wird das Thema aus verschiedenen Perspektiven beleuchtet.

Der Titel könnte suggerieren, dass die Statuspassage von der Schule in die Hochschule auf direktem Weg erfolgt, faktisch gibt es in modernen Gesellschaften aber eine Tendenz zur Vervielfältigung der Optionen und auch bei diesem Übergang gibt es viele Wege zum Studium: einige wählen den direkten Weg, andere kommen eher auf Umwegen zum Studium. Aktuelle Studien zeigen hier die neuesten Trends auf. Sichtbar wird dabei, dass die soziale Herkunft einen maßgeblichen Einfluss auf die Statuspassage des Übergangs von der Schule in die Hochschule ausübt. Nicht nur die Entscheidung überhaupt ein Studium aufzunehmen, sondern auch die Wahl des Studiengangs und die Orientierungen im Studium werden durch diesen Faktor ebenso beeinflusst wie durch das Geschlecht.

Die Kategorie Geschlecht und ihr möglicher Einfluss auf die Gestaltung der Statuspassage des Übergangs von der Schule in die Hochschule, sowie auf den Prozess der Hochschulsozialisation wird im gesamten Beitrag berücksichtigt und deshalb nicht in einem gesonderten Kapitel behandelt. Das Abitur, eine Errungenschaft des preußischen Kulturstaats, war zunächst nur den Jungen vorbehalten, so dass der Übergang in die Hochschule und das Studium noch bis zum Beginn des 20. Jahrhunderts eine Domäne der jungen Männer blieb. Doch besonders seit der Debatte um Chancengleichheit in der Bundesrepublik Deutschland in den 1960er Jahren stieg der Anteil der Schülerinnen an allgemein bildenden Schulen. In Realschulen und Gymnasien stellen Mädchen inzwischen die Mehrheit. In den neuen Bundesländern betrug der Anteil der Mädchen sogar um die 60%. Sehr hoch ist auch der Frauenanteil im Abendgymnasium mit 55%

(vgl. Horstkemper 1995, S. 189). Auch der Anteil der Studentinnen unter den Studienanfängern an sämtlichen Hochschulen stieg von gut ein Viertel im Jahr 1960 (vgl. Horstkemper 1995, S. 201) auf inzwischen über 50%.

Vor dem Hintergrund der breiten Debatte um Studienbedingungen, Abbruchquoten und Studienzeiten gewinnt die Frage nach dem Studienbeginn an Brisanz. Vieles ist über die Probleme des Studienanfangs bereits geschrieben worden. Auffällig dagegen ist, dass Sichtweisen von Studienanfängerinnen und Studienanfängern nur selten ins Zentrum gerückt werden. Und vergleichsweise wenige Untersuchungen wenden sich der von Studierenden selbst entwickelten studentischen Kultur zu. Der Studienbeginn markiert den Vollzug der Statuspassage in die Hochschule und beinhaltet eine Auseinandersetzung mit den eigenen Bildern und Konzepten als Studentin oder Student, sowie mit den jeweiligen Anforderungen des gewählten Studiengangs und der Institution selbst. Dargestellt werden einige Tendenzen bei der Ausgestaltung der studentischen Lebenswelt angesichts einer relativ großen Heterogenität unter den Studierenden. Der Beitrag gibt einen Überblick über verschiedene Forschungsbefunde, verweist auf Studien, die sich mit dem Übergang von der Schule ins Studium beschäftigt haben und endet mit einigen Hinweisen auf aktuelle Entwicklungen und offene Forschungsfragen.

2 Abiturienten und andere Studienberechtigte: Kritische Perspektiven

Nach Berechnungen der Kultusministerkonferenz über die Abiturienten in Deutschland zeigt sich, dass die Zahl der Absolventen allgemein bildender und beruflicher Schulen mit Hochschul- und Fachhochschulreife in den vergangenen zehn Jahren kontinuierlich angestiegen ist. Im Jahr 1998/99 befanden sich in der Bundesrepublik Deutschland von den 10,1 Millionen Schülern und Schülerinnen an allgemein bildenden Schulen mehr als 2 Millionen Schüler und Schülerinnen an Gymnasien (insgesamt 2.223.400 davon 1.208.700 Schülerinnen). Weitere 615.600 Schüler und Schülerinnen befanden sich auf einer Integrierten Gesamtschule. 2,6 Millionen Schüler und Schülerinnen besuchten berufliche Schulen. Zum gleichen Zeitpunkt gab es 1.801.233 Studierende und 1.656.764 Auszubildende insgesamt in Deutschland (vgl. Statistisches Bundesamt Wiesbaden 2000, S. 122ff. und S. 130). So haben im Jahr 1993 etwa 189.300 junge Menschen die Hochschulreife erworben, das sind 2,7% eines Altersjahrsgangs, im Jahr 2000 waren es 229.800 (1,7%), allerdings ging im Jahr 2001 die Gesamtzahl auf 214.000 zurück, ein Minus von 6,9%, so dass von 1992 bis zum Jahr 2000 die Zahl der Schülerinnen und Schüler mit Hochschulreife um 16,1% gestiegen ist (vgl. KMK 2002, S. XIV). Betrachtet man jedoch den Anteil von Absolventen mit Fachhochschul- und Hochschulreife am jeweiligen Jahrgang der gleichaltrigen Wohnbevölkerung in der Bundesrepublik Deutschland in Prozent, dann ist die Quote in den vergangenen zehn Jahren kaum angestiegen, sondern hat sich von 31% im Jahr 1992 nur auf 36,1% im Jahr 2001 erhöht. Zudem ist in den letzen Jahren ein leichter Rückgang von etwa einem Prozent zu verzeichnen (vgl. KMK 2002, S. XVII; dazu auch Spiegel spezial, 3/2002, S. 83).

Nach einer Umfrage des Instituts der deutschen Wirtschaft (IW) im Jahr 2001 betrachten viele Professoren das Abitur als ein Hochschuleintrittsbillett von zweifelhaftem Wert. „Nur gut jeder zehnte Universitäts- und Fachhochschullehrer hält das Abitur für einen sicheren Nachweis der Studierfähigkeit. (...) Fast die Hälfte der Befragten traut dem Abgangszeugnis nur teilweise oder gar nicht, rund 40% halten es immerhin ‚überwiegend' für einen Ausweis tatsächlicher Hochschulreife" (Spiegel spezial, 3/2002, S. 81). Kritisiert wird auch die Qualität der Studienanfänger, insbesondere werden ihnen erhebliche Schwierigkeiten mit der deutschen Sprache im schriftlichen und mündlichen Ausdruck, sowie Defizite bei den Grundlagen wissenschaftlichen Arbeitens bescheinigt. Eine große Zahl von Studierenden hält man nicht für ein Studium geeignet (vgl. Spiegel spezial, 3/2002, S. 81f.).

Die Debatte um die Studierfähigkeit der jeweiligen Studentengeneration begleitet die Hochschuldiskussion seit vielen Jahren. In der Zeit der Bildungsreform der 1970er Jahre wurde das Kurssystem in der reformierten Oberstufe eingeführt, um die Gymnasiasten an das freie System der Vorlesungen und Seminare in der Universität heranzuführen und eigenständige individuelle Bildungsprozesse zu fördern. Zugleich begann damit eine bildungspolitische Debatte um deren produktive oder problematische Auswirkungen auf das Studium. Allerdings zeigt sich, dass nur ca. ein Drittel der Oberstufenschüler vor der Wahl der Leistungsfächer bereits angeben kann, welches Fach sie zu studieren beabsichtigen, aber die Mehrheit der Schüler stellen dennoch einen Zusammenhang zwischen schulischer Schwerpunktwahl und der ersten Präferenz für einen bestimmten Studiengang im Kontext ihres Bildungslebenslaufes her (vgl. Jungkunz 1984, S. 48). Seit vielen Jahren diskutieren die Kultusminister in verschiedenen Bundesländern eine stärkere Reglementierung der Oberstufe. Gegenstand der Bildungsdebatte ist dabei vor allem die „Studierunfähigkeit" der jeweiligen neuen Studentengeneration. Verschiedene Varianten werden seit vielen Jahren diskutiert: beispielsweise eine Erhöhung der schulischen Anforderungen (Wiedereinführung eines breiten allgemein verbindlichen Kanons von Schulfächern, Erhöhung der Zahl der obligatorischen Leistungsnachweise, mehr verbindliche Fächer bis zum Abitur und fünf statt bisher vier Prüfungsfächer im Abitur), Differenzierung in der Oberstufe oder Hochschuleingangsprüfungen (vgl. Welzel 1985, S. 1f.). Einige dieser Vorschläge wurden inzwischen umgesetzt.

Eine zur Zeit wieder aktuelle Diskussion fordert ein Zentralabitur in allen Bundesländern oder auch bundesweit einheitlich, um vergleichbare Zeugnisse der Absolventen zu erhalten. Brandenburg will das Zentralabitur im Schuljahr 2004/05 einführen und auch in Hamburg, Hessen und Niedersachsen wird die Einheitsprüfung diskutiert, die nach einer Umfrage des Dortmunder Instituts für Schulentwicklungsforschung von 90% der Befragten befürwortet wurde (vgl. Spiegel spezial, 3/2002, S. 85f.). Kritische Stimmen weisen jedoch auf die Sinnlosigkeit einer solchen Prüfung hin, die nicht Bildungsprozesse fördert, sondern nur eine lediglich kurzzeitig prüfbare Leistung, die dann möglicherweise durch schlichtes „Pauken" erworben wird. Seit etwa zwei Jahren können die Hochschulen zudem in Numerus-Clausus-Fächern bis zu 20% ihrer Studenten mittels Bewerbungsgesprächen selbst auswählen, dieser Anteil wurde im Wintersemester 2002/03 auf 24% erhöht. Auf diese Weise könnten individuelle Neigungen (unabhängig von den Schulnoten) oder besondere Umstände und Schicksale bei der Vergabe einbezogen werden. Allerdings sind die Ausführungsbestimmungen für solche „Eignungsfeststellungsverfahren" derart überkomplex, dass von dieser Regelung nur wenige Hochschulen Gebrauch machen, so dass die Mehrzahl der Studierenden zentral über das ZVS Vergabesystem einen Studienplatz erhält. Eine Ausnahme bilden dabei jedoch die privaten Hochschulen, hier sind Aufnahmeprüfungen ohnehin die Regel. Die Kritik an der schulischen Vorbereitung auf das Studium und das Leben kommt aus vielen Feldern der Gesellschaft: „Nach Interviews mit etwa 80 Führungskräften und Bildungsexperten kommt die Unternehmensberatung Boston Consulting Group (BCG) zu dem Schluss: ‚War der Unterricht bislang in erster Linie wissensorientiert, so verlangt die Arbeitswelt der Zukunft von der Schule, fähigkeitsorientiert auszubilden.'" (vgl. ebd., S. 87). Wissen allein genügt nicht, Bildung und Persönlichkeit ist nach Ansicht einiger Personalchefs und Firmenberater ebenso gefragt (vgl. ebd.).

Interessant ist in diesem Zusammenhang allerdings auch die Frage, wie die Studienanfänger selbst im Rückblick ihre schulische Vorbereitung auf das Studium beurteilen. Das Hochschulinformationssystem (HIS)[1] hat sich mit dieser Thematik beschäftigt und ermittelt eher kritische Befunde: „Es wurde das Urteil der neuen Studierenden darüber eingeholt, in welchem Maße sie die Schule auf verschiedenen Wissens- und Fähigkeitsfeldern für die Hochschule vorbereitet hat. Dies kann nicht völlig identisch gesetzt werden mit dem gesamten Kenntnisniveau zu Studienbeginn. Doch kann mit Sicherheit angenommen werden, dass die studienvorbereitende Schule die entscheidende Quelle für das zum Einstieg in das Studium benötigte Wissen darstellt. Lücken, die sich hier auftun, werden nur in Ausnahmefällen nach der Schule noch geschlossen. Deshalb sollten relativierende Abstriche an den Aussagen über die ungenügenden Vermittlungsleistungen der Schule, die auf beunruhigende Defizite schlussfolgern lassen, eher zaghaft erfolgen. Insgesamt sind es nur 37% der Studienanfänger im Wintersemester 1998/99, die etwa zur Mitte ihres ersten Studiensemesters die Vorbereitung durch die Schule auf das Studium als ‚sehr gut' bzw. ‚gut' einschätzen" (Lewin/Heublein/Sommer 2000, S. 15). Weitere 30% geben an, diese wäre „teils gut", „teils schlecht" gewesen, ebenso viele aber bezeichnen die Vorbereitung als „schlecht" bzw. „unzureichend". Das ist alles andere als ein positives Urteil, wenn die „Hochschulreife" als Ziel der Bemühungen der schulischen Oberstufe ernst genommen wird. Die Brisanz des Befundes wird noch dadurch erhöht, dass es zwischen den Abgängern verschiedener Schularten bei dieser mehr allgemeinen Einschätzung kaum Differenzen gibt. Lediglich Studienanfänger von Gesamtschulen fallen etwas heraus: Ihr Urteil über die Vorbereitungsleistung der Schule auf das Studium ist besonders kritisch: Nur 30% von ihnen fühlen sich sehr gut bzw. gut vorbereitet. Herkunftsspezifische Differenzen zeigen sich in dieser Frage kaum. Das Urteil der Studienanfänger kündet von einer beträchtlichen Unzufriedenheit mit der Schule und ihrer Vorbereitung auf das Studium (vgl. ebd.). Die Forscher haben diese Befunde zudem für einige Wissens- und Fähigkeitsbereiche (Mathematik, Beherrschung der englischen Sprache oder Computerkenntnisse) gesondert erhoben. Die Studienanfänger geben zudem an, dass sie relativ wenig über das Studium, Studienanforderungen, die Studienbedingungen und -abläufe bei Studienbeginn wissen. „Insgesamt wird der Informationsstand über das Studium und die Situation an der Hochschule bei Studienbeginn sehr kritisch beurteilt: Weniger als ein Drittel (32%) der Studienanfänger beurteilen aus Sicht der ersten Studienwochen ihren Informationsstand vor der Immatrikulation als ‚sehr gut' oder ‚gut', ebenso viele als „zufriedenstellend" und über ein Drittel (35%) als ‚schlecht' bzw. ‚unzureichend'" (ebd., S. 16f.). Informationen über Studienanforderungen und -bedingungen polarisieren die Studienanfänger in gut und schlecht Vorbereitete, in Kundige und Unkundige. Die Berufswahlreife und Realisierung eines interessenkonformen Studiums wurde bereits in der Oberstufe zu erfassen gesucht und erwies sich als entscheidender Faktor für den Studienerfolg und ein stabiles Laufbahnverhalten (vgl. Bergmann 1993).

Der Frage, ob es einen Zusammenhang zwischen Leistungsproblemen im Studium und der schulischen Vorbereitung gibt, ist eine Studie des HIS insbesondere bei den Studienabbrechern

---

1 Das Hochschul-Informations-System (HIS-GmbH) führt seit mehr als 25 Jahren regelmäßige Studien zum Bildungssystem und insbesondere zu den Studienberechtigten und deren Weg von den Hochschulen in den Beruf durch. Die verschiedenen Studien sind zu beziehen unter der Anschrift: HIS-Hochschul-Informations-System GmbH, ISSN 0931-8143 Goseriede 9, 30159 Hannover Tel.: 0511/1220-0, Fax: 0511/1220-250 E-mail: ederleh@his.de.

nachgegangen (vgl. Heublein u.a. 2003, S. 49). Danach verstärken nicht allgemeine schulische Defizite das Studienabbruchrisiko, sondern der Mangel an ganz bestimmten Studienvoraussetzungen.[2] Es scheint also den Studienabbrechern insbesondere die Fähigkeit zur selbstständigen Studiengestaltung zu fehlen. Möglicherweise wurde diese Kompetenz zur eigenständigen Auseinandersetzung mit Wissensbeständen und mit Bildungsinhalten in ihrer bisherigen Biographie nicht ausreichend gefördert und entwickelt. Ob es sich bei der Überforderung im Studium um Defizite handelt, die sich bereits während der Schulzeit entwickelt haben, oder eher um Probleme, die aus einem Mangel im individuellen Leistungsvermögen resultieren oder habituell verankert sind, wäre anhand einer detaillierten Studie genauer zu analysieren. Allerdings zeigt die Studie auch, dass ein beträchtlicher Anteil des Studienabbruchs durch falsche Erwartungen und mangelnde Fachidentifikation bedingt ist (vgl. Heublein u.a. 2003, S. 50). Die Prüfung im Hinblick darauf, ob die Studienabbrecher bereits in der Schule ein geringeres Leistungsvermögen als die Absolventen hatten, das sich dann in schlechteren Leistungen im Studium fortsetzte, zeigt, dass dabei nicht nur die zertifizierten Leistungen in Form von Noten und Prüfungsergebnissen zu beachten sind, sondern auch Leistungsbereitschaft, Leistungsstreben und eine bestimmte psychische Konstitution. Dabei zeigt sich: „Die Durchschnittsnote bei Erwerb der Hochschulreife steht in einem deutlichen Zusammenhang mit dem Studienerfolg. Nahezu jeder zehnte Absolvent hat die Schule mit der Note 1 abgeschlossen, weitere 50% mit der Note 2. Die Abbrecher hingegen haben ihr Studium überwiegend mit einer befriedigenden Durchschnittsnote aufgenommen (55%). Mit der Abiturnote allein kann dennoch nicht auf die künftigen Studienleistungen geschlossen werden. Die Schulzensuren sind nur ein grober Prädiktor für ein mehr oder minder erfolgreiches Studium. Eine gute oder sehr gute Durchschnittsnote im Abitur ist kein Garant für ein erfolgreiches Studium: Auch 40% der Studienabbrecher haben ihre Hochschulreife mit der Note 1 oder 2 erworben. Alle Abbrechergruppen zeigen diese Leistungsdifferenz im Vergleich zu den Absolventen. Besonders schwache schulische Leistungen weisen die Studienabbrecher auf, die Leistungsprobleme als ihr entscheidendes Abbruchmotiv anführen, 63% von ihnen haben ein nur befriedigendes Schulabschlusszeugnis erhalten. In diesem Befund bestätigt sich die tendenzielle Aussagekraft des Prädikats, mit dem die Hochschulreife erworben wurde. Es scheint nicht nur den Grad anzuzeigen, mit dem über ein bestimmtes Fachwissen verfügt wird, sondern auch inwieweit fachübergreifende Kompetenzen wie Konzentrationsfähigkeit, Entschlossenheit, Organisationstalent, Durchsetzungsvermögen, Fleiß etc. vorhanden sind“ (vgl. Heublein u.a. 2003, S. 59). Somit gibt es nach dieser Studie einen interessanten Zusammenhang zwischen Schule und Studium: Studienabbrecher haben sowohl an Universitäten als auch an Fachhochschulen im Durchschnitt schlechtere schulische Leistungen erreicht als ihre examinierten Kommilitonen. Auf die problematischen Seiten einer solchen Form der standardisierten, schriftlichen Befragung als Datenbasis weisen die

2 Dennoch sind die Ergebnisse nicht uninteressant: „Zu Studienbeginn fehlten 29% der Studienabbrecher in hohem Maße mathematische Vorkenntnisse und 14% hatten nach eigenen Angaben nur unzureichendes naturwissenschaftliches Wissen. Unter den Absolventen traf dies lediglich auf 18% bzw. 8% der Examinierten zu. Bei Aufnahme des Studiums besaßen zudem 26% der ohne Abschluss Exmatrikulierten, aber nur 18% der Absolventen nicht die Fähigkeit zur selbstständigen Studiengestaltung. Dagegen bestanden hinsichtlich der Kenntnisse in Geschichte, Ökonomie, Englisch und der schriftlichen Ausdrucksfähigkeit kaum Unterschiede zwischen den Exmatrikuliertengruppen. Jeweils etwa jeder zehnte Studienabbrecher und Absolvent hatte auf diesen Gebieten nur unzureichende Vorkenntnisse und Fähigkeiten. Auch methodische Kompetenzen, wie die Beherrschung von Techniken wissenschaftlichen Arbeitens und praktische Computerkenntnisse konnten zu Studienbeginn ähnlich viele Abbrecher und Absolventen nicht vorweisen. Diese methodischen Fähigkeiten scheinen den Studienerfolg zu Beginn des Studiums nicht maßgeblich zu beeinflussen.“ (Heublein u.a. 2003, S. 49f.).

Autoren der Studie allerdings selbst hin. Für die befragten Exmatrikulierten liegt der Studienbeginn bereits vier bis sechs Jahre zurück. Die Erinnerung daran, ob und welche Vorkenntnisse und Fähigkeiten ihnen zu Studienbeginn fehlten, kann in dieser Zeit verblassen und durch Studienerfahrungen überlagert werden. Außerdem bleibt die Frage nach einer realistischen Selbsteinschätzung, hier wären zusätzliche Fremdeinschätzungen durch die jeweiligen Dozentinnen und Dozenten sicher sinnvoll. Jede Forschung, die es vermag hier etwas Licht ins Dunkel der entscheidenden Faktoren für Studienerfolg oder Studienmisserfolg zu bringen, könnte einen wichtigen Beitrag zur Minderung der Abbruchquote leisten und helfen die Vorbereitung auf das Studium zu verbessern.

Bei Untersuchungen über die Studienanfänger und Studienanfängerinnen wird auch geprüft, wie deren soziale Zusammensetzung aussieht und welche Faktoren hier wirksam sind. Es lassen sich sowohl Homogenisierungs- als auch Differenzierungsprozesse feststellen. Im Hinblick auf die Kriterien Bildungsabschluss der Eltern und besuchte Schulart zeichnet sich eine gewisse Homogenität unter den Studienanfängern ab. Eine Dominanz von akademisch gebildetem Elternhaus und Gymnasium besteht weiterhin, wenn es auch weitere Differenzierungen gibt, die Studienverhalten wie Studienverlauf beeinflussen. Dazu gehören: die schulische Vorbildung, die Informationssituation vor Studienbeginn, Dispositionen hinsichtlich der Persönlichkeit, sowie die Gestaltung des Übergangs zum Studium (vgl. Lewin u.a. 2000, S. 23f.).

3 Vervielfältigung der Statuspassage: die vielen Wege zum Studium

Studienberechtigten Schulabgängern steht nach Erwerb der Hochschulreife ein breites Spektrum von Möglichkeiten beruflicher Qualifizierung offen: Studium an Universitäten, Studium an Fachhochschulen, betriebliche Ausbildungen, Beamtenanwärterausbildung, Besuch einer Berufsfachschule, einer Schule des Gesundheitswesens, einer Berufs- oder einer Fachakademie und innerhalb dieser verschiedenen Zweige des weiterführenden Bildungsbereichs wiederum eine Vielzahl an Studienfächern bzw. Berufsrichtungen. Zudem können diese Ausbildungen auch miteinander kombiniert bzw. aufeinander folgend absolviert werden. Wie die bisherigen HIS-Längsschnittuntersuchungen über die Wege von Studienberechtigten in den Beruf zeigen, macht stets nur eine Minderheit von diesen Optionen nachschulischer Weiterqualifizierung überhaupt keinen Gebrauch und belässt es bei dem mit dem Erwerb der Hochschulreife erreichten Stand der Qualifizierung. Nach einer Erhebung des HIS bei den Studienberechtigten des Jahrgangs 1999 umfasst diese Gruppe einen Anteil von 9%. Unter ihnen gibt es allerdings eine Teilgruppe (4%), die bereits über eine – vor oder mit Schulabgang absolvierte – Berufsausbildung verfügt. Von den verbleibenden 5% aller Studienberechtigten 1999, die nach den Ergebnissen der ersten Befragung der Gruppe „nur Hochschulreife" zugeordnet wurden, erklärten darüber hinaus rund drei Viertel, dass sie hinsichtlich ihres weiteren Werdegangs noch unentschlossen seien – in erster Linie, weil sie noch zwischen mehreren Möglichkeiten schwankten. Es ist somit davon auszugehen, dass sich ein Großteil von ihnen im weiteren Zeitverlauf noch für ein Studium und/oder eine Berufsausbildung entscheiden wird, so dass letztlich nur ein sehr kleiner Anteil der Studienberechtigten ohne jegliche (formale) berufliche Ausbildung bleibt (vgl. Durrer/Heine 2001, S. 9). Für die Mehrzahl der Absolventen einer weiterführenden Schule stellt die Wahl für ein Studium noch immer eine zentrale Option dar, auch wenn die Quote in den vergangenen Jahrzehnten rückläufig war.

In den 1970er Jahren des 20. Jahrhunderts machten noch rund 90% der Besitzer einer Hochschulzugangsberechtigung von dieser auch Gebrauch und entschieden sich für ein Studium. Mit der gestiegenen Zahl von Abiturienten ist diese Quote in den 1990er Jahren des 20. Jahrhunderts auf 70% gesunken. Es zeigt sich eine Tendenz ein Studium erst im Anschluss an eine Berufsausbildung aufzunehmen. Das betrifft besonders die Situation an den Fachhochschulen, hier liegt der Anteil der deutschen Studienanfänger mit abgeschlossener Berufsausbildung 1993 bei 70%, wobei 63% der Studentinnen und 73% der Studenten eine abgeschlossene Ausbildung bei Studienbeginn aufweisen können (vgl. Horstkemper 1995, S. 206). An den Universitäten liegen diese Anteile deutlich niedriger, hier haben 22% der Studienanfängerinnen und 26% der Studienanfänger im Jahr 1993 eine abgeschlossene Berufsausbildung (vgl. Horstkemper 1995, S. 206). Die wirkliche Komplexität des Studienübergangs wird aber ersichtlich, wenn die einzelnen Übergangstätigkeiten und -phasen in ihrem Zusammenhang gezeigt werden. Je nach Lebenssituation, Selbsteinschätzung und Zukunftsplanung werden verschiedene Tätigkeiten in der Zeit zwischen Erwerb der Studienberechtigung und Aufnahme des Studiums kombiniert. Die Studienanfänger nennen eine Vielzahl von Tätigkeiten zwischen Schulende und Studienbeginn, die zur Verzögerung des Studienbeginns beitragen: Erwerbstätigkeit, Wehrdienst, Praktika, ein freiwilliges soziales Jahr, Au pair-Aufenthalte im Ausland. Der Wehr- bzw. Zivildienst ist die Hauptursache dafür, dass Männer fast doppelt so häufig wie Frauen verzögert das Studium aufnehmen. Bei den jungen Frauen bildet insbesondere das freiwillige soziale Jahr eine Art Äquivalent zum Zivildienst (vgl. Lewin u.a. 2000, S. 7f.). „Viele Mädchen (19%) nutzen auch zunächst einmal nach der Schule die Gelegenheit zu einem Auslandsaufenthalt, um sich Fremdsprachen besser anzueignen. Bei jungen Männern kommt das offenbar kaum vor (4%)“ (Horstkemper 1995, S. 206f.). Nach Angaben aus der 15. Sozialerhebung des Deutschen Studentenwerks beträgt die Übergangszeit von der Schule in die Hochschule bei allen Studierenden insgesamt im Durchschnitt 16 Monate, wobei an den Fachhochschulen sich der Zeitraum zwischen Schule und Hochschule auf 20 Monate erhöht, beträgt er an Traditionshochschulen 15 Monate (vgl. Schnitzer u.a. 1998, S. 663, auch 2001).

Nach den Ergebnissen einer Befragung des HIS ging in der ersten Hälfte der 1990er Jahre die Brutto-Studierquote[3] als Indikator für den Gesamtumfang der Aufnahme eines Hochschulstudiums durch die Studienberechtigten eines Jahrsgangs kontinuierlich zurück. Seit Beginn der 1990er Jahre verzichtet ungefähr ein Viertel der Studienberechtigten eines Entlassungsjahrgangs auf die Einlösung der erworbenen Studienoption und absolviert statt dessen eine Berufsausbildung – in der überwiegenden Zahl eine betriebliche Ausbildung im dualen System. Die Auswirkungen der seit Beginn der 1990er Jahre sinkenden Studierquote machen sich etwa bei den universitären Diplom-Studiengängen und hier wiederum besonders in den Technikwissenschaften, teilweise auch in den Naturwissenschaften durch überdurchschnittlich hohe Rückgänge der Wahlanteile bemerkbar (vgl. Durrer/Heine 2001, S. 4). Allerdings hat sich der Anteil

3 „Die Brutto-Studierquote ist der Anteil all jener Hochschulzugangsberechtigten eines Jahrgangs, die ein Studium an einer Universität oder an einer Fachhochschule aufnehmen, unabhängig vom erfolgreichen Abschluss dieses Studiums. Sie wird ermittelt durch die Addition des Anteils derer, die bis zum jeweiligen Betrachtungszeitpunkt (hier: ein halbes Jahr nach Schulabgang) bereits ein Studium aufgenommen haben, und des Anteils jener, die noch Studienabsichten bekundeten. Nicht in die Brutto-Studierquote einbezogen werden gemäß der obigen Hochschul-Definition die Anteile der Studienberechtigten, die eine Verwaltungsfachhochschule, eine Hochschule der Bundeswehr oder eine Berufsakademie besuchen“ (Durrer/Heine 2001, S. 7).

der Studienberechtigten, die angeben dass sie einen ,Hochschulabschluss anstrebt' bei den Studienberechtigten des Jahrgangs 1999 nicht unbeträchtlich auf 50% erhöht. Das heißt, für die Hälfte der Studienberechtigten bleibt der so genannte Königsweg – von der Hochschulreife ins Studium und in den Beruf – ein zentrales Orientierungsmodell. Etwa ein Viertel (26%) aller Studienberechtigten 1999 will die erworbene Studienoption dagegen nicht einlösen und hat sich für eine ausschließliche berufliche Ausbildung als Weg in die Berufstätigkeit entschieden (vgl. Durrer/Heine 2001, S. 10). Der Anteil der Studienberechtigten, die im Anschluss an eine vor- oder nachschulische Berufsausbildung noch ein Studium absolvieren wollen, betrug beim Jahrgang 1990 zusammengenommen noch 28%, beim Jahrgang 1999 hat er sich dem gegenüber mit nur noch 15% auf fast die Hälfte reduziert. Studienberechtigte, die mit vorschulisch absolvierter Berufsausbildung einen Hochschulabschluss anstreben, sind deutlich überdurchschnittlich aufstiegsorientiert (vgl. ebd.). Dabei zeigen sich geschlechtsspezifische Besonderheiten. Der Weg „nur Hochschulabschluss" wird von beiden Geschlechtern mit Abstand am häufigsten gewählt, von Männern allerdings etwas häufiger als von Frauen. Deutlich häufiger als bei Frauen ist bei Männern die Bildungsbiographie „Berufsausbildung – Hochschulreife – Studium" zu beobachten. Frauen streben dem gegenüber – wenn auch nur geringfügig – häufiger als Männer eine Doppelqualifizierung (nachschulische Berufsausbildung und Studium) an. Deutlich häufiger als Männer haben sich Frauen entschieden ihre Studienoption nicht einzulösen und statt dessen eine Ausbildung in Betrieben, in Behörden oder an Berufsfachschulen zu absolvieren (vgl. ebd., S. 12).[4] Die Abiturienten wählen teilweise kaufmännische, technische oder auch handwerkliche Berufe, einige von ihnen entscheiden sich nach einer solchen Ausbildung jedoch später noch für ein Studium. „Trotz zunehmender Dominanz eines akademisch gebildeten Elternhauses und des Gymnasiums als studienvorbereitende Schule sind es vor allem Differenzierungsprozesse, die den Studienzugang prägen. Eine hohe Variabilität gibt es beim Übergang der Studieninteressierten von der Schule zur Hochschule. Über die Hälfte der künftigen Studienanfänger nimmt nicht im Jahr des Erwerbs der Hochschulreife ihr Studium auf. Als Übergangstätigkeiten spielen Berufsausbildung, Berufstätigkeit und Praktika neben dem Wehr- oder Zivildienst der jungen Männer eine wesentliche Rolle. Dies hat deutliche Auswirkungen auf Studienverhalten und -motivation" (Lewin u.a. 2000, S. 3).

Seit einigen Jahren gibt es einen weiteren Trend, der bildungspolitisch unterstützt wird: Die Zahl der Studierenden an Fachhochschulen steigt kontinuierlich. Eine Untersuchung der Studienanfänger an den Fachhochschulen des Landes Hessen im Wintersemester 1998/99 zeigt, dass die Studienanfängerzahlen seit Anfang der 1990er Jahre kontinuierlich gestiegen sind. Auch der Frauenanteil unter den Studienanfängern ist gestiegen von unter einem Viertel 1989 auf zwei Fünftel (39%) im Jahr 1998. Überraschend ist auch, dass der Anteil der Abiturienten unter den Fachhochschul-Studierenden ebenfalls gewachsen ist von 38% im Jahre 1989 auf 57% im Jahr 1998. Entsprechend ist der Anteil der Studienanfänger aus berufsbildenden Schulen gesunken, diese vermitteln in der Regel die Fachhochschulreife, von 52% auf jetzt 33%. Ebenfalls hat der Anteil der Studienanfänger an Fachhochschulen mit abgeschlossener Berufausbildung – er lag bis 1994 konstant bei 70% – seither stark abgenommen auf 51% (vgl. Lewin 2000, S. 3). Es gibt also viele Wege ins Studium und der Erwerb einer Hochschulzugangsberechtigung bedeutet für viele Abiturienten nicht, dass sie auch sogleich ein Studium aufnehmen, für einige

4 Auf länderspezifische Besonderheiten wird in diesem Beitrag nicht näher eingegangen, insbesondere in den neuen Bundesländern zeigten sich in den Jahren nach der Wende von 1989 einige Besonderheiten beim Übergang von der Schule ins Studium, die vermutlich durch den Wechsel aus dem System der DDR in die neuen Strukturen der Bundesrepublik Deutschland mit bedingt waren (vgl. Durrer/Heine 2001).

bleibt das eine Option, die sie sich offen halten, andere entscheiden sich bewusst für andere berufliche Felder.

4 Studienbeginn und Hochschulsozialisationsprozess

Jedes Jahr immatrikulieren sich über 250.000 neue Studierende an den deutschen Hochschulen. Die Zahl der Studienanfänger in den alten Bundesländern hat sich in den vergangenen dreißig Jahren mehr als verdoppelt. Nach Berechnungen der Kultusministerkonferenz wird die Nachfrage nach Studienplätzen weiter kontinuierlich steigen, bis zum Jahr 2008 wird davon ausgegangen, dass langfristig jeder Dritte (gemessen am jeweiligen Altersjahrsgang) ein Studium an einer Hochschule aufnehmen wird (vgl. Weegen 1995, S. 111). Nach der amtlichen Statistik waren an den deutschen Hochschulen im Wintersemester 1999/2000 rund 1,78 Millionen Studierende immatrikuliert (BMBF 2000, S. 2; Schnitzer u.a. 2001). Im Wintersemsetr 2003/2004 haben sich nach Auskunft des statistischen Bundesamtes an den Hochschulen in Deutschland über 2 Millionen Studierende eingeschrieben, so viele wie nie zuvor.

Betrachtet man nun die Sozialstruktur der Studierenden, dann zeigen sich nach den Daten der seit 1951 regelmäßig durchgeführten Sozialerhebungen des Deutschen Studentenwerks einige interessante Entwicklungen. Einbezogen in die Grundgesamtheit der 16. Sozialerhebung im Jahr 2000 sind 1,51 Millionen deutsche Studierende an 303 Hochschulen mit Ausnahme der Verwaltungsfachhochschulen, der Universitäten der Bundeswehr und der Hochschulen für das Fernstudium (vgl. BMBF 2000, S. 1; Schnitzer u.a. 2001). Bei der Beschreibung der sozialen Zusammensetzung der Studierenden findet die berufliche Stellung sowie der Bildungsabschluss der Eltern Berücksichtigung. Im Rückblick auf die vergangenen Jahre zeigt sich, dass sich der Anteil von Studierenden aus finanziell besser gestellten Familien innerhalb von 6 Jahren – also zwischen 1985 und 1991 – von 46% auf 53% erhöht hat. Dagegen ist der Anteil von Studierenden aus einkommensschwächeren Familien von 19% auf 14% gefallen, in den neuen Ländern beträgt er lediglich 12% (vgl. Weegen 1995, S. 121). Im Jahre 2000 stammen 59% der Studierenden aus den beiden oberen Herkunftsgruppen, ihr Anteil hat sich gegenüber 1997 erhöht und 41% aus den beiden unteren Herkunftsgruppen. Wobei Studentinnen häufiger als Studenten aus Elternhäusern stammen, die den oberen Herkunftsgruppen zugeordnet sind. In der unteren Herkunftsgruppe sind Studentinnen und Studenten mit gleichen Anteilen vertreten, der Anteilswert von Studierenden aus unteren Herkunftsgruppen an den Universitäten liegt bei 38% und steigt an den Fachhochschulen auf 51% (BMBF 2000, S. 4). Nach der 15. Sozialerhebung des Deutschen Studentenwerks sind 17,6% der Studierenden Akademikerkinder und 8,4% Arbeiterkinder (vgl. Schnitzer 1998, S. 657).

„Der Frauenanteil an den Studienanfängern liegt seit Mitte der 1980er bis Anfang der 1990er Jahre ziemlich konstant bei zwei Fünfteln und hat sich Ende der 1990er Jahre mit 49% präzise den Proportionen der 20- bis 25-Jährigen (48,9% Frauen) angeglichen. Die Entwicklung der Bildungsherkunft ist eindeutig durch zunehmende Akademisierung bestimmt. Der Anteil der Studienanfänger, von denen zumindest ein Elternteil bereits selbst ein Studium an einer Universität absolviert hat, ist von knapp einem Fünftel Mitte der 80er Jahre auf jetzt über zwei Fünftel Ende der 90er gewachsen. Dem gegenüber halbierte sich der Anteil der Studienanfänger, deren Eltern „höchstens" einen Hauptschulabschluss erlangt haben, von fast einem Drittel Mitte der 80er Jahre auf jetzt 15%. Insgesamt stammen heute mit 56% deutlich über die Hälfte der Studienanfänger aus Elternhäusern, in denen wenigstens ein Elternteil einen Universitäts-, Fachhochschul- oder analogen Bildungsabschluss erworben hat. Die allgemeine Tendenz bezüglich der Schul- und Bildungsherkunftsstrukturen lässt sich damit als eine zunehmende Homogenisierung beschreiben. Die Geschlechtsstruktur der Studienanfänger hat sich an deren demographische Struktur angeglichen. Daraus erwachsen eine ganze Reihe von Fragen, die darauf zielen zu erkunden, ob dieser Trend zur Homogenisierung zu einem Rückgang weiterer Differenzierungen bei anderen Kriterien geführt hat. So ist es nicht nur legitim, sondern auch angebracht, die Annahme zu untersuchen, dass der Anstieg des elterlichen Bildungsniveaus unter den Studienanfängern verbunden ist mit der Verbesserung ihrer Leistungsvoraussetzungen für die Bewältigung der Studienanforderungen" (Lewin u.a. 2000, S. 6f.).

Die Studienanfängerinnen und Studienanfänger kommen mit den verschiedensten Ansprüchen und Vorstellungen, unterscheiden sich nicht nur nach ihren Motiven, sondern auch nach ihren Voraussetzungen für ein Studium (vgl. ebd., S. 4). Die Spannweite des individuellen Zugangs zum Studium, der Einstellungen und des Leistungspotenzials ist groß. Milieustudien offenbaren die Bedeutung des sozialen und kulturellen Milieus auf die Studienentscheidung und Studienfachwahl (vgl. Gapski u.a. 2000). „Zu den wichtigsten Struktur- und damit Differenzierungsmerkmalen der Studienanfänger dürften zunächst das Geschlecht, die erreichten Bildungsabschlüsse der Eltern sowie die Art der besuchten studienvorbereitenden Schulen gehören. Diese Kriterien sind deshalb von grundsätzlicher Bedeutung, weil sie nicht nur die unmittelbare Studienvorphase, sondern weit darüber hinaus große Teile des bisherigen Lebens der Erstimmatrikulierten bestimmt haben. Ihre Zentralität begründet sich aber ebenso darin, dass sich immer wieder die Frage und damit das Erfordernis der Nachprüfung stellt, ob und wie weit die Vorbereitung auf das Studium in den verschiedenen Schulformen gleichwertig ist, ob geschlechtsspezifische Benachteiligungen auszugleichen sind und ob in Abhängigkeit von der Bildungsherkunft Ungleichgewichte bestehen, denen gegengesteuert werden sollte. Die Größenordnungen innerhalb dieser Gruppierungen haben sich im Zeitverlauf verschoben. So zeigt sich bei der Schulart, in der die Studienanfänger ihre Hochschulreife erwerben, ein deutlicher Trend hin zum Gymnasium." (ebd., S. 5)

Welche Dispositionen Studienanfängerinnen und Studienanfänger mitbringen, zeigt sich gerade auch im Vergleich zu denjenigen, die kein Studium aufgenommen haben. Die Untersuchung von westdeutschen Studierenden und einer Teilpopulation von Nicht-Studierenden offenbart, dass die Studierenden im Vergleich zur Gruppe der Nicht-Studierenden und zu den Schülern sich als liberale, postmaterialistische, kritische und offene Gruppe erweist. Der Verzicht auf Sicherheit zugunsten der Selbstverwirklichung wird überdurchschnittlich betont. Eine erhebliche Distanz zwischen den Studierenden und der nicht-akademischen Vergleichsgruppe der Gleichaltrigen offenbarte sich insbesondere bei den politischen und alltagsweltlichen Orientierungen und Lebensstil-Mustern (vgl. Gapski u.a. 2000, S. 11 und S. 27; Scherr 1995).

Für viele Studierende beinhaltet die Statuspassage des Studienbeginns auch eine Raumpassage, sie verlassen ihren bisherigen Heimatort und ziehen aus dem Elternhaus aus. Nach den Daten der 15. Sozialerhebung des Deutschen Studentenwerks aus dem Jahre 1998 leben insgesamt 22% der Studierenden bei ihren Eltern (dabei liegt der Anteil an den Fachhochschulen mit 28% wesentlich höher als an Traditionshochschulen, hier leben nur 17% der Studierenden bei den Eltern (vgl. Schnitzer u.a. 1998, S. 664). Ebenso viele Studierende (22%) leben in einer Wohnung alleine, 20% in einer Wohngemeinschaft (hier sind in den alten und neuen Ländern die Zahlen gleich hoch), 19% haben eine Wohnung mit Partner und oder Kind, 15% leben im Studentenwohnheim und nur 3% zur Untermiete. Die Wohnwünsche der Studierenden gehen mit über 50% in Richtung einer eigenen Wohnung, besonders ausgeprägt in den alten Ländern mit 56% gegenüber 42% in den neuen Ländern (vgl. ebd., S. 514). Festzustellen ist zudem ein Trend zur festen Partnerschaft, zwar sind nur 5% der Studierenden im Erststudium und 25% im Zweitstudium verheiratet, aber insgesamt 57% der Studierenden leben in einer festen Partnerschaft, außerdem haben 7% aller Studierenden eigene Kinder (vgl. BMBF 2000, S. 3).

Die Mobilität, die mit dem Studienbeginn verbunden ist, ist natürlich bei jenen Studierenden besonders hoch, die zum Studium in ein anderes Land gehen. Dazu gehören deutsche Studierende, die im Ausland studieren und ausländische Studierende, die in Deutschland studieren. Bezogen auf diese Gruppen hat das HIS einige interessante Trends ermittelt. Knapp zwei Drittel der ausländischen Studierenden in Deutschland kommt aus europäischen Ländern, darunter einige aus Osteuropa. Gut ein Fünftel dieser Studierenden ist in asiatischen und ein Zehntel in afrikanischen Staaten beheimatet. Die Zahl der aus Afrika kommenden ausländischen Studierenden in der Bundesrepublik Deutschland hat von 1997 bis 2001 um ein Drittel zugenommen (von rund 14.000 Studierenden im Jahr 1997 auf fast 19.000 im Jahr 2001). Vom amerikanischen Kontinent kommen dagegen lediglich 5% Studierende nach Deutschland (das sind rund 9.000 Studierende 1997) und aus Ozeanien/Australien weniger als 1% (das waren 1997 nur 313 Studierende). Dabei ist jedoch jeweils zwischen Bildungsinländern und -ausländern zu unterscheiden (vgl. Griesbach 2002, S. 8f.).

Von den deutschen Studierenden in höheren Semestern waren im Jahr 2000 immerhin 29% während ihres bisherigen Studiums zu studienbezogenen Aufenthalten im Ausland (vor allem zu Auslandsstudien und zu Praktika). Die Zahl hat sich um 2 Prozentpunkte gegenüber 1997 gesteigert. Man beginnt also meist ein Studium in der Bundesrepublik Deutschland und wählt dann einen zusätzlichen Auslandsaufenthalt. So dass neben dem Übergang von der Schule in die Hochschule für viele Studierende noch eine weitere Statuspassage hinzu kommt, der Übergang und Aufenthalt an einer ausländischen Hochschule. Dabei stehen Großbritannien, die USA und Frankreich an der Spitze der von deutschen Studierenden gewählten Länder, allerdings wird dieser Aspekt hier nicht weiter beleuchtet (vgl. ebd., S. 31f.).

Die Hochschulforschung interessiert sich auch für den Einfluss, den die soziale Herkunft auf die Bildungsaspiration der Schülerinnen und Schüler hat und fragt nach der Bedeutung verschiedener Faktoren (soziale Herkunft, Geschlecht, berufliche Orientierung und anderes) bei der Entscheidung für ein Studienfach und die Gestaltung des Übergangs von der Schule in die Hochschule. Die Forschungsgruppe Huber, Portele, Liebau, Schütte (1983) weist in einer Reihe von Studien nach, dass der Prozess der Hochschulsozialisation in fachspezifischen Milieus (Fachkulturen) verläuft, die sich unter dem Einfluss von mindestens vier Kulturen bilden: Herkunftskultur der Studierenden, studentische Kultur, akademische Fachkultur und antizipierte Berufskultur. „Für den Studienerfolg entscheidend ist die Entsprechung zwischen subjektiver Erfahrungsgeschichte, den in ihr erworbenen Interessen, Gewohnheiten und Zielen, die im Rahmen der familiären und der schulischen Herkunftskultur gebildet worden sind, und den aktivierbaren kulturellen, sozialen und ökonomischen Ressourcen des Studenten und der disziplinären Kultur – oder, anders ausgedrückt, die Entsprechung zwischen gewohntem alltäglichen Lebensstil und der durch die Fachkultur bestimmten und geforderten Lernform" (Liebau/Huber 1985, S. 336; vgl. auch Huber 1991).

Auch das Projekt „Studium und Biographie" untersuchte Ende der 1980er Jahre das Zusammenwirken verschiedener Einflussfaktoren auf die Statuspassage Studienbeginn und den weiteren Hochschulsozialisationsprozess. Mittels verschiedener Verfahren (standardisierter Fragebogenerhebungen, biographischer Interviews, teilnehmender Beobachtungen, Gruppendiskussionen, Expertengesprächen sowie Foto-Befragungen (vgl. Apel u.a. 1995) wurde nachzuzeichnen versucht, wie die bisherigen biographischen Erfahrungen und andere Faktoren Einfluss ausüben auf die Statuspassage Studienbeginn in den Studiengängen Erziehungswissenschaft, Rechtswissenschaft, Maschinenbau und Elektrotechnik. Auf der Basis standardisierter Fragebogenerhebungen sowie biographischer Lebensdaten der Studierenden wurde rekonstruiert, inwieweit soziokultureller Familienhintergrund, schulische und andere biographische Einflüsse die Studienfachwahl und Studiengestaltung beeinflussen (vgl. Apel 1993). Dabei interessierte sich die Forschungsgruppe insbesondere für den Einfluss des Faktors Geschlecht auf den fachspezifischen Habitus der Studierenden (vgl. Engler/Friebertshäuser 1989; Engler 1993). Es zeigt sich, dass das Erleben des Studienbeginns beeinflusst wird von den bisherigen biographischen Erfahrungen und den Organisationsstrukturen im gewählten Studiengang. Dabei zeigten sich erhebliche Differenzen zwischen den untersuchten Studiengängen. Beispielsweise waren von den von uns untersuchten Studienanfängern in den Ingenieurwissenschaften und auch der Pädagogik-Studierenden zirka ein Viertel schon einmal ‚voll berufstätig'. Dagegen waren nur zwei von 47 Jurastudentinnen und nur 11% der Jurastudenten insgesamt schon einmal berufstätig, sie kamen in der Regel direkt vom Gymnasium zum Studium und hatten mit der Berufswelt bisher kaum Kontakt. Für die Bewältigung der Statuspassage Studienbeginn gewinnt die Passung zum gewählten Studiengang und die Frage der Gestaltung der Statuspassage Studienbeginn enorm an Bedeutung. Mit dem Studienbeginn treten die Studienanfängerinnen und Studienanfänger ein in eine neue Welt mit eigenen Regeln und Konventionen und sie bringen einen Habitus mit, der auch von der Schule und ihrer bisherigen Biographie beeinflusst wurde. Hinter der formellen Organisation einer Einführungsveranstaltung verbirgt sich das Modell den Übergang der Erstsemesterinnen und Erstsemester in das Studium als einen Statuswechsel zu betrachten, den man mittels einer Einführung begleitet und dadurch erleichtert. Man kann sie deshalb auch als Initiationsrituale betrachten, mittels derer die Neuankömmlinge auf den neuen Status der Studentin oder des Studenten vorbereitet und in den fachspezifischen Habitus der studentischen Kultur eingeführt werden. Im Laufe des Hochschulsozialisationsprozesses erwerben die Studierenden einen fachspezifischen Habitus. Diesen strukturierten nicht allein die Ansammlung des im Studium vermittelten Faktenwissens, sondern auch die gegenwärtigen Studienbedingungen und Beziehungen des Faches zur gesellschaftlichen Macht. Zum fachspezifischen Habitus gehören „die anerkannten Muster der Problemstellung und -bearbeitung, von der Problemdefinition bis zu den Lösungswegen und den geltenden Gütekriterien, manifest z.T. auch im Werk der ‚Großen' des Faches, z.T. in den Lehrbüchern, exemplarischen Lernsituationen und Prüfungsaufgaben" (Liebau/Huber 1985, S. 323). Dazu gehört zudem der „heimliche Lehrplan" der unthematisierten Verhaltensweisen, Einstellungen bis hin zu Lebensstilen und Kleiderordnungen. Studierende unterschiedlicher Studiengänge treten also mit sehr verschiedenen Voraussetzungen ihr Studium an und entwickeln zudem im Studium einen spezifischen kulturellen Lebensstil und fachspezifischen Habitus (vgl. Friebertshäuser 1992).

5 Ausblick und offene Forschungsfragen

Gegenwärtig sind die Übergänge zwischen Schule und Hochschule im Wandel begriffen. Einige gesetzliche Veränderungen zeichnen sich bereits ab und werden sicher langfristig zu Wandlungen führen. Außerdem soll am Ende dieses Beitrags auf einige Forschungsdesiderate verwiesen werden.

Im Hinblick auf die Gestaltung des Übergangs von der Schule in die Hochschule gewinnt eine international vergleichende Perspektive an Bedeutung. Die Ergebnisse der PISA-Studien haben gezeigt, dass Schülerinnen und Schüler im internationalen Vergleich bei den Basiskompetenzen nur einen Platz im Mittelfeld belegen und sie haben erhebliche Differenzen zwischen den Ländern der Bundesrepublik Deutschland sichtbar gemacht (vgl. Deutsches PISA-Konsortium 2002a und b). Die Kultusministerkonferenz hat angesichts dieser Befunde bundesweit einheitliche Prüfungsanforderungen für das Abitur in Mathematik, Englisch und Deutsch beschlossen und sie ordnet die Hochschulzulassung neu. Nach einem Beschluss vom 6. März 2003 wird ab dem Wintersemester 2004/2005 das Allgemeine Auswahlverfahren in Form von zwei Modellen ausgestaltet: Im ersten Modell wird das Wahlrecht der Hochschulen betont, sie erhalten die Möglichkeit vorab bis zur Hälfte der Gesamtzahl der Studienplätze nach einem eigenen Auswahlverfahren und dem Grad der Eignung der Bewerberinnen und Bewerber für den gewählten Studiengang zu vergeben. Die Zentralstelle für die Vergabe von Studienplätzen (ZVS) vergibt dann 25% der Studienplätze an diejenigen mit den besten Abiturnoten entsprechend ihrer Ortswünsche. Die verbleibenden Studienplätze werden schließlich nach den Kriterien Durchschnittsnote der Hochschulzugangsberechtigung und Wartezeit vergeben. Im zweiten Modell wird das Wahlrecht der „Abiturbesten" besonders hervorgehoben, sie erhalten 25% der Gesamtzahl der Studienplätze entsprechend ihrer Ortswünsche durch die ZVS. Weitere 25% der Studienplätze werden durch die Hochschulen nach dem Grad der Eignung der Bewerber für den gewählten Studiengang vergeben. Die verbleibenden Studienplätze vergibt die ZVS nach dem bisherigen Modell der Durchschnittsnote der Hochschulzugangsberechtigung und Wartezeit (vgl. Forschung & Lehre 4/2003, S. 175).

Die Einführung und Akkreditierung von Bachelor- und Master-Studiengängen an deutschen Hochschulen bedingt Veränderungen zwischen Fachhochschulen und Universitäten (Jahn/Olbertz 1998; Welbers 2001). Außerdem macht die Diskussion um Studiengebühren deutlich, dass sich in der Bildungspolitik der Bundesrepublik Deutschland tiefgreifende Wandlungen vollziehen (Hilzenbecker 2001). Im Hochschulbereich zeichnen sich neue Tendenzen zur Privatisierung, Selektion und Eliteförderung ab (vgl. Neuweiler 1997; Bultmann 2001). Die Hochschuldiskussion bewegt sich in jüngster Zeit zwischen den Polen der Ermöglichung einer akademischer Qualifikationen für breitere soziale Schichten unter dem Stichwort der „sozialen Öffnung" einerseits und der Auslese und gezielten Förderung so genannter „Eliten" auf der anderen Seite (vgl. Bultmann 2001, S. 207). Die Krise der Hochschulausbildung wird als ein Problem mangelnder Selektion bereits in der Schule betrachtet, damit schiebt man den hochschulpolitischen „schwarzen Peter" den Schulen zu. Die Rede vom „Humankapital" verkürzt die Frage der Bildung auf Aspekte der Wettbewerbsfähigkeit, Standortsicherung und volkswirtschaftliche Gesichtspunkte. Gesucht wird nach Wegen zur Optimierung der Ressourcen, insbesondere durch interne Differenzierung, gestufte Studiengänge, Einführung von mehr Wettbewerb sowohl auf Seiten der Schulen wie der Hochschulen und Herstellung von Vergleichbarkeit und Evaluation. Im Hinblick auf die Notwendigkeiten der Wirtschaft wird seit langem gefordert den Strukturwandel in der modernen Wirtschaft und Gesellschaft von Seiten der Bildungssysteme zu unterstützen, dabei wird auch eine stärkere Vorbereitung auf die Praxis bereits im Studium gefordert sowie die Entwicklung und Verstärkung dualer Bildungsgänge (vgl. Vetter 1995). Bei den Fragen des Alters, Kenntnis- und Bildungsstandes der Hochschulberechtigten, sowie der Gestaltung des Übergangs in eine Hochschule spielt der Vergleich mit anderen europäischen oder transatlantischen Ländern eine bedeutsame Rolle.[5] Die Anerkennung von Zertifikaten und Berechtigungen gewinnt in einem größer werdenden Europa an Bedeutung. Die Vergleichbarkeit der Abschlüsse wird zur Voraussetzung für den Austausch von Studierenden und Absolventen im neuen Europa (Kommission der Europäischen Gemeinschaft 1988; Schmirber 1990; Schmith 1994). Europa wird im 21. Jahrhundert zu einem neuen Lernfeld mit vielen Chancen – insbesondere für Bildungsinteressierte (vgl. Bois-Reymond 2001). Es wird darauf ankommen diese Entwicklungen zu evaluieren und jeweils forschend zu begleiten, um gerade im Hinblick auf das Studierverhalten von Hochschulzugangsberechtigten und die Gestaltung des Übergangs von der Schule zur Hochschule nachzeichnen zu können, wie sich die Veränderung der Rahmenbedingungen auf die Studienberechtigten und Studierenden selbst auswirkt.

Die Statuspassage von der Schule in die Hochschule wurde und wird in vielfältiger Weise forschend begleitet. Dennoch gibt es Forschungslücken. Diese resultieren unter anderem aus folgenden Aspekten:

Die beiden Forschungstraditionen – Schulforschung auf der einen Seite und Hochschulforschung auf der anderen Seite – sind bisher nur wenig aufeinander bezogen oder miteinander verknüpft. Besonders die Hochschulforschung arbeitet primär mit quantitativen Daten und basiert auf Querschnitt-Analysen. Dadurch lassen sich viele interessante Forschungsfragen nicht adäquat beantworten. Insbesondere für die Analyse der Statuspassage von der Schule in die Hochschulausbildung, den Verlauf des weiteren Studiums sowie die Einmündung in den Beruf werden ergänzend qualitative Forschungsinstrumente benötigt.

Anhand von einigen Beispielen werden im Folgenden Forschungsdesiderate benannt. Um beispielsweise das Studienfachwahl-Verhalten nicht nur als Faktum zu erfassen, sondern auch im Kontext der bisherigen Biographie und anderer Einflussfaktoren zu verstehen, werden qualitative Daten benötigt, z.B. biographische Interviews. Sie können uns verraten, welchen Sinn die Individuen mit ihren Entscheidungen für sich subjektiv verbinden, welche Zukunftswünsche und -träume dabei eine Rolle spielen und welche Elemente – jenseits der bisherigen Variablen (wie Schulfachpräferenzen, Notendurchschnitt, Beruf des Vaters und andere vorgegebene Kategorien) – außerdem auf die Studienentscheidung Einfluss ausüben. Qualitative Analysen erschließen möglicherweise Wirkungen und Aspekte, die in den Fragebogenkonstruktionen bisher noch nicht erfasst werden konnten: Vielleicht spielen die Gleichaltrigen, Vorbilder, Medien oder ein Freund/eine Freundin und deren Rat zu einem bestimmten Studium eine wesentlich wichtigere Rolle als wir bisher annehmen. Noch bestehende Differenzen zwischen den alten und den neuen Bundesländern wären auch in Zukunft genauer zu analysieren (vgl. Buck-Bechler u.a. 1997). Auch sollte das Studium im Kontext seiner historischen Veränderungen und bezogen auf die Jugendphase beleuchtet werden (vgl. Friebertshäuser 2002). Zahlreiche qualitative und biographieanalytische Studien über Studierende und das Studium belegen die Fruchtbarkeit dieser Perspektive (vgl. dazu den Überblick bei Friebertshäuser 1999).

5 Pöggeler forderte bereits 1980 eine „Erziehung für Europa" in Schule und Studium und verweist auf die Notwendigkeit inhaltlicher Überlegungen.

Eine Erklärungslücke klafft zum Beispiel, wenn wir uns die Studienfachwahl und die dabei sich zeigende sehr unterschiedliche Frequentierung der Studienfächer nach Geschlecht anschauen. So stehen beispielsweise einem Anteil von über 70% Studentinnen in der Erziehungswissenschaften nur 5% Studentinnen in den Ingenieurwissenschaften gegenüber, ein Phänomen von weitreichender gesellschaftlicher und persönlicher Relevanz. Die Hochschulforschung liefert uns dazu die quantitativen Daten. Eine Richtung der Frauenforschung untersucht diese Phänomene bereits in der Schule (vgl. dazu Faulstich-Wieland in diesem Band). Verschiedene Studien haben in quantitativ und qualitativ angelegten Projekten die Studienabsichten und Studienwünsche der befragten Schülerinnen und Schüler erhoben und sich mit deren beruflichen Orientierungen auseinander gesetzt. Aktuelle Projekte fragen danach, welche Schulform solche geschlechtsspezifischen Orientierungen fördert (Horstkemper/Kraul 1999). Die Geschlechterthematik wird auch zukünftig ein wichtiges Thema der Hochschulforschung bleiben (vgl. Frevert 1997).

Nun wäre es interessant diese Statuspassage von der Schule in die Hochschule auch forschend zu begleiten und zwar zum einen als Längsschnitt-Untersuchung und zum anderen qualitative Instrumente dabei einzusetzen. Denn insbesondere für erziehungswissenschaftliche Fragestellungen sind zwar die quantitativen Daten und Fakten wichtige Informationsquellen, um Trends zu erkennen, aber richtig spannend werden diese erst, wenn es uns gelingt die Bedingungsfaktoren zu erfassen, die hinter den Zahlen und Fakten liegen. Dazu brauchen wir Längsschnitt-Daten über Kohorten und Individuen, die es erlauben Prozesse detailliert und bezogen auf Einzelne oder soziale Gruppen nachzuzeichnen. Qualitative Forschungszugänge gewinnen auch deshalb zunehmend an Bedeutung, weil in einer von Modernisierung und Individualisierung geprägten Gesellschaft Statuspassagen zunehmend nicht mehr vorbestimmt vollzogen werden, sondern die Wahlfreiheit der Individuen die Sozialforschung vor die Frage stellt, nach welchen Kriterien entschieden wird. Und für uns in der Erziehungswissenschaft bleibt die Auseinandersetzung mit den Einzelnen und ihren Biographien, neben der Frage nach den gesellschaftlichen Entwicklungen, immer interessant. Erst hier können wir begreifen und verstehen, welche Elemente bei der subjektiven Lebensgestaltung für die Einzelnen konstitutiv werden und wie Welt- und Sinndeutungen, Denk-, Wahrnehmungs-, Bewertungs- und Handlungsmuster zustande kommen.

In den nächsten Jahren wird sich die Frage, wie sich der Übergang von den Schulen in die Hochschulen gestaltet, zu einem nicht nur bildungspolitisch weiterhin zentralen Diskussionspunkt entwickeln, sondern zugleich zu einem spannenden Untersuchungsgegenstand. Denn neben allen Bildungsdebatten zeigt ein Blick auf die Entwicklung im 20. Jahrhundert, dass das Bildungssystem nur bedingt steuerbar ist, da es einer Eigenlogik folgt und zugleich von vielen individuellen Bildungsentscheidungen massiv beeinflusst wird. Die Bedeutung, die gerade den beruflichen Entscheidungen nach dem Verlassen der Schule zukommt, sollte nicht nur im Hinblick auf die gesellschaftliche und wirtschaftliche Entwicklung diskutiert werden. Die Biographieforschung zeigt, wie maßgeblich der menschliche Lebenslauf von Statuspassagen geprägt wird, alle beruflichen Laufbahnentscheidungen wirken sich massiv auf die individuelle Biographie aus. Bildung bleibt ein zentrales Gut in unserer modernen Informationsgesellschaft (vgl. Spies 2001), sie allein unter Kostenfaktoren und Verwertbarkeitserwägungen zu betrachten, blendet die Bedeutung aus, die gerade der Bildung bei der Entwicklung einer humanen Gesellschaft und einer verantwortungsbewussten und reflexiven Persönlichkeit zukommt.

Literatur

Apel, H.: Bildungshandeln im soziokulturellen Kontext. Studienfachwahl und Studiengestaltung unter dem Einfluß familialer Ressourcen. Wiesbaden 1993

Apel, H./Engler, St./Friebertshäuser, B./Fuhs, B./Zinnecker, J.: Kulturanalyse und Ethnographie. Vergleichende Feldforschung im studentischen Raum. In: König, E./Zedler, P. (Hrsg.): Bilanz qualitativer Forschung. Bd. II: Methoden. Weinheim 1995, S. 343-375

Bergmann, Ch.: Einfluß der Berufswahlreife während der Schulzeit auf die Studienwahl und den Studienverlauf. Eine Überprüfung des career-maturity-Modells. In: Tarnai, Ch. (Hrsg.): Beiträge zur empirischen pädagogischen Forschung. Münster 1993, S. 1-17

Bois-Reymond, M. du: Lernfeld Europa-Chance für Schüler und Lehrer im 21. Jahrhundert. In: Jahrbuch für Pädagogik: Zukunft. Frankfurt a.M. 2001, S. 293-314

Buck-Bechler, G. (Hrsg.): Hochschulen in den neuen Ländern der Bundesrepublik Deutschland. Ein Handbuch zur Hochschulerneuerung. Weinheim 1997

Bultmann, T.: Neue Tendenzen von Privatisierung, Selektion und Eliteförderung im Hochschulbereich. In: Jahrbuch für Pädagogik: Gleichheit und Ungleichheit in der Pädagogik. Frankfurt a.M. 2001, S. 293-314

Deutsches PISA-Konsortium (Hrsg.): PISA 2000 – Basiskompetenzen von Schülerinnen und Schülern im internationalen Vergleich. Opladen 2002a

Deutsches PISA-Konsortium (Hrsg.): PISA 2000 – Die Länder der Bundesrepublik Deutschland im Vergleich. Opladen 2002b

Durrer, F./Heine, Ch.: Studienberechtigte 99. Ergebnisse der 1. Befragung der Studienberechtigten 99 ein halbes Jahr nach Schulabgang und Vergleich mit den Studienberechtigten 90, 92, 94 und 96 – eine vergleichende Länderanalyse. HIS-Kurzinformation A3/2001

Engler, S.: Fachkultur, Geschlecht und soziale Reproduktion. Eine Untersuchung über Studentinnen und Studenten der Erziehungswissenschaft, Rechtswissenschaft, Elektrotechnik und des Maschinenbaus. Weinheim 1993

Engler, S./Friebertshäuser, B.: Zwischen Kantine und WG – Studienanfang in Elektrotechnik und Erziehungswissenschaften. In: Faulstich-Wieland, H. (Hrsg.): Weibliche Identität. Bielefeld 1989, S. 123-136

Forschung & Lehre: Alles was die Wissenschaft bewegt. Hrsg. vom Deutschen Hochschulverband 41 (2003), H. 4

Frevert, U.: Eine Universität – zwei Geschlechter. In: Hoebink, H. (Hrsg.): Perspektiven für die Universität 2000. Reformbestrebungen der Hochschulen um mehr Effizienz. Neuwied 1997, S. 97-110

Friebertshäuser, B.: Übergangsphase Studienbeginn. Eine Feldstudie über Riten der Initiation in eine studentische Fachkultur. Weinheim/München 1992

Friebertshäuser, B: StudentInnenforschung – Überblick, Bilanz und Perspektiven biographieanalytischer Zugänge. In: Krüger, H.-H./Marotzki, W. (Hrsg.): Handbuch erziehungswissenschaftliche Biographieforschung. Opladen 1999, S. 279-299

Friebertshäuser, B.: Jugend und Studium. In: Krüger, H.-H./Grunert, C. (Hrsg.): Handbuch der Kindheits- und Jugendforschung. Opladen 2002, S. 617-635

Gapski, J./Köhler, T./Lähnemann, M.: Alltagsbewußtsein und Milieustruktur der westdeutschen Studierenden in den 80er und 90er Jahren. Studierende im Spiegel der Milieulandschaft Deutschlands. Ein Projekt der AG Interdisziplinäre Sozialstrukturforschung der Universität Hannover, Hannover 2000

Griesbach, H.: Wissenschaft weltoffen 2002. Eine von HIS und DAAD entwickelte Datenbasis zur Internationalisierung von Studium und Forschung. HIS-Kurzinformation A 7/2002 Hannover 2002

Heublein, U./Spangenberg, H./Sommer, D.: Ursache des Studienabbruchs. Analyse 2002. HIS-GmbH. Hannover 2003

Hilzenbecker, M.: Studiengebühren in ökonomischer Perspektive. In: Das Hochschulwesen (2001), H.3, S. 81-85

Horstkemper, M.: Mädchen und Frauen im Bildungswesen. In: Böttcher, W./Klemm, K. (Hrsg.): Bildung in Zahlen. Statistisches Handbuch zu Daten und Trends im Bildungsbereich. Weinheim/München 1995, S. 188-216

Horstkemper, M./Kraul, M. (Hrsg.): Koedukation. Erbe und Chancen. Weinheim 1999.

Huber, L.: Sozialisation in der Hochschule. In: Hurrelmann, K./Ulich, D. (Hrsg.): Neues Handbuch der Sozialisationsforschung. Weinheim 1991, S. 417-441

Huber, L./Poretele, G./Liebau, E./Schütte, W.: Fachcode und studentische Kultur. Zur Erforschung der Habitusbildung in der Hochschule. In: Becker, E. (Hrsg.): Reflexionsprobleme der Hochschulforschung. Weinheim/Basel 1993

Jahn, H./Olbertz, J.-H. (Hrsg.): Neue Stufen – alte Hürden? Flexible Hochschulabschlüsse in der Studienreformdebatte. Weinheim 1998

Jungkunz, D.: Zum Zusammenhang von schulischer Schwerpunktwahl und Studienfachwahl von Abiturienten. In: Die deutsche Schule. 76 (1984), S. 41-50

KMK: Statistische Veröffentlichungen der Kultusministerkonferenz. Dokumentation Nr. 164, Oktober 2002: Schüler, Klassen, Lehrer und Absolventen der Schulen 1992 bis 2001. Bonn 2002

Kommission der Europäischen Gemeinschaft (Hrsg.): EG-Studentenhandbuch Studieren in Europa: Das Hochschulwesen in der Europäischen Gemeinschaft. Köln 1988

Lewin, K./Heublein, U./Sommer, D.: Differenzierung und Homogenität beim Hochschulzugang. HIS 7/2000. Hannover 2000

Lewin, K.: Studienaufnahme an den Fachhochschulen des Landes Hessen im Wintersemester 1998/99. Hannover 2000

Liebau, E./Huber, L.: Die Kulturen der Fächer. In: Neue Sammlung (1985), H. 3, S. 314-339

Neuweiler, H.: Masse und Elite – Zur Rolle der Universitäten. In: Hoebink, H. (Hrsg.): Perspektiven für die Universität 2000. Reformbestrebungen der Hochschulen um mehr Effizienz. Neuwied 1997, S. 33-46

Scherr, A.: Soziale Identitäten Jugendlicher. Politische und berufsbiographische Orientierungen von Auszubildenden und Studenten. Opladen 1995

Schmirber, G.: Einleitung. In: Eisenmann, P./Schmirber, G. (Hrsg.): Deutsche Hochschulen und Europa. Das Zusammenwachsen der deutschen Hochschulen im Rahmen der europäischen Einigung. Regensburg 1990

Schnitzer, K. u.a.: Das soziale Bild der Studentenschaft in der Bundesrepublik Deutschland. 15. Sozialerhebung des Deutschen Studentenwerks. HIS, Bonn 1998

Schnitzer, K. u.a.: Die wirtschaftliche und soziale Lage der Studierenden in der Bundesrepublik Deutschland 2000. Ausgewählte Ergebnisse der 16. Sozialerhebung des Deutschen Studentenwerks durchgeführt durch HIS Hochschul-Informations-System. Bonn 2001

Smith, A.: Die Hochschulpolitik der EG und einige sich daraus ergebende Herausforderungen für die Bildungsforschung. In: Brinkmann, G. (Hrsg.): Europa der Regionen. Herausforderung für Bildungspolitik und Bildungsforschung. Köln 1994, S. 35-48

Spies, V.: Bildung in der Informationsgesellschaft. In: Aus Politik und Zeitgeschichte. Beilage zur Wochenzeitung „Das Parlament“. B 6-7, 2. Februar 2001, S. 12-19

Statistisches Bundesamt Wiesbaden: Bevölkerung und Wirtschaft der Bundesländer. Reutlingen 2000

Vetter, W.: Strukturwandel braucht Qualifizierung. In: Wirtschaft und Berufs-Erziehung. 47 (1995), S. 167-173

Weegen, M.: Hochschule. In: Böttcher, W./Klemm, K. (Hrsg.): Bildung in Zahlen. Statistisches Handbuch zu Daten und Trends im Bildungsbereich. Weinheim/München 1995, S. 111-130

Welbers, U. (Hrsg.): Studienreform mit Bachelor und Master. Neuwied 2001

Welzel, A.: Einleitung. In: Welzel, A. (Hrsg.): Heterogenität oder Elite: hochschuldidaktische Perspektiven für den Übergang Schule – Hochschule. Weinheim/Basel 1985, S. 1-12

6 Schule und soziokulturelle Verhältnisse

Hartmut Ditton

Schule und sozial-regionale Ungleichheit

1 Grundlagen

Von sozialer Ungleichheit wird üblicherweise dann gesprochen, „wenn Menschen aufgrund ihrer Stellung in sozialen Beziehungsgefügen von den ‚wertvollen Gütern' einer Gesellschaft regelmäßig mehr als andere erhalten" (Hradil 2001, S. 30). Soziale Ungleichheit bezeichnet somit nicht eine neutral zu verstehende Verschiedenartigkeit, sondern geht mit Vorstellungen von höher und niedriger, mehr und weniger, Vor- und Nachteilen einher. Klassische Dimensionen sozialer Ungleichheit sind materieller Wohlstand, Macht und Prestige, in modernen Gesellschaften überdies Bildung, da über Bildung der Zugang zu sozialen Positionen und die mit ihnen verbundenen Privilegien geregelt ist. In der neueren Forschung werden außerdem Ungleichheiten bezüglich weiterer Dimensionen thematisiert, wie z.B. Wohn-, Umwelt- und Freizeitbedingungen, womit auf Faktoren verwiesen wird, die sozusagen quer zu den klassischen Dimensionen von Ungleichheit liegen und das Muster vertikaler Klassen oder Schichten durchkreuzen können (Hradil 1987). In den Blick kommen damit auch Aspekte der Lebensumgebung, des geographischen Raumes bzw. der Region, in der Menschen leben. Ohne Zweifel bestehen zwischen dem geographischen Raum und dem sozialen Raum Beziehungen, wie später ausgeführt wird (vgl. Bourdieu 1985). Auf diesen wechselseitigen Bezug wird mit dem Terminus sozial-regionale Ungleichheit im Titel hingewiesen.

Die Verwendung des Begriffs Ungleichheit steht in einem engen Bezug zu Auffassungen von Gerechtigkeit, spezifisch mit Fragen der gleichen oder ungleichen Behandlung von Personen bezüglich der ihnen zugestandenen Rechte und sozialen Güter. Bezüglich elementarer Grundlagen besteht hierzu in modernen Gesellschaften weitgehend Konsens. So ist gemäß dem Prinzip der formalen Gerechtigkeit zu fordern, Gleiches gleich zu behandeln und es ist von der Grundüberzeugung auszugehen, dass alle Menschen von Natur aus gleich geboren sind. Natürlich ist dies nicht als empirische Aussage aufzufassen, sondern als die gemeinsam geteilte normative Annahme, dass alle Menschen von Geburt an grundsätzlich gleichberechtigt sind und für alle im Grundsatz die gleichen Rechte und Pflichten in grundsätzlich allen Bereichen des Lebens gelten (vgl. Koller 1995). Da Ungleichheit damit nicht als naturgesetzmäßig gerechtfertigt angesehen werden kann, ist jede Ungleichbehandlung und jede ungleiche Verteilung sozialer Güter – auch von Bildungsgütern – rechtfertigungsbedürftig. Zwar kann es durchaus Gründe für Ungleichbehandlung geben, diese sollten jedoch im wohlüberlegten Interesse aller Beteiligten liegen. Als Gründe, die eine resultierende soziale Ungleichheit rechtfertigen, werden in modernen Gesellschaften überwiegend anerkannt: ungleiche Beiträge und Leistungen der Einzelnen (wer mehr leistet sollte mehr bekommen), die Deckung dringlicher Bedürfnisse (Sicherung einer Grundversorgung für alle Gesellschaftsmitglieder) und die Wahrung wohl begründeter Rechte (z.B. steht das Recht auf politische Beteiligung jeder Person unabhängig von Ansehen oder Leistung zu) (vgl. ebd.).

Eine objektive Basis für die Entscheidung darüber, in welchem Ausmaß Ungleichheit in einer Gesellschaft akzeptabel erscheint, dürfte schwer zu finden sein. Strittig ist überdies auf welche Güter der Gleichheitsgrundsatz anzuwenden ist und wie Ungleichheit empirisch bestimmt werden kann. Leitend für die folgenden Ausführungen ist die in der Soziologie übliche Auffassung nicht-anteilsmäßige Quoten als Nachweis sozialer Ungleichheit zu werten. Diese Ungleichheiten müssen nicht an sich ungerecht sein, sie sind aber zu hinterfragen und in jedem Fall rechtfertigungsbedürftig. In engem Zusammenhang damit steht, dass sich Ungleichheit entweder auf erzielte Ergebnisse beziehen kann oder auf dic Chancen, diese Ergebnisse zu erreichen. Das Postulat der Chancengleichheit ist dabei weit weniger strittig als das der Ergebnisgleichheit und bezieht sich auf die Aussichten, in begehrte soziale Positionen zu gelangen und die mit ihnen verbundenen Güter oder Privilegien erwerben zu können (vgl. ebd.). Auch das Gebot der Chancengleichheit gilt nicht uneingeschränkt, sondern wiederum nur insoweit als nicht allgemein annehmbare Gründe eine ungleiche Verteilung rechtfertigen. Soziale Positionen müssen zwar grundsätzlich allen Bürgern offen stehen und alle müssen gleiche Chancen haben, in diese Positionen zu gelangen, allerdings nur sofern sie über die erforderlichen Fähigkeiten verfügen und entsprechende Leistungen tatsächlich erbringen (vgl. ebd., S. 62). Bezüglich der Verteilung von Bildungsgütern bzw. des Erwerbs von Bildungstiteln führt dies zu einer Fülle schwieriger Probleme und strittiger Fragen, z.B. nach der Art und erforderlichen Höhe der Leistungen, deren objektiver Feststellung und Bewertung sowie nicht zuletzt nach dem Zeitpunkt der Entscheidung über die Zulassung zu Bildungsgängen und danach, wer diese Entscheidung zu treffen hat.

Der vorliegende Beitrag gibt einen Überblick zu Forschungsbefunden, dem sich die Frage nach Forschungsdesideraten und Perspektiven anschließt. Dem voran steht eine zusammenfassende Systematisierung zu Dimensionen und Strukturen sozial-regionaler Ungleichheit im Hinblick auf deren Relevanz für Bildungsprozesse und Bildungsergebnisse.

2 Dimensionen und Strukturen sozial-regionaler Ungleichheit

Klassische Ansätze zur Beschreibung, Analyse und Erklärung sozialer Ungleichheit sind die Klassen- und Schichtungstheorien (Hradil 2001). Die hierbei betrachteten Ungleichheitsmerkmale sind Besitz und Einkommen, die Verfügung über Produktionsmittel sowie die Stellung im Produktionsprozess bzw. der Beruf, die Bildung und das Prestige oder Ansehen, das Personen genießen. Seit Längerem ist strittig, ob Klassen- oder Schichteinteilungen ausreichend sind um die soziale Struktur moderner Gesellschaften zutreffend abzubilden. Es wird argumentiert, dass durch Prozesse der Pluralisierung und Individualisierung das gesellschaftliche Gefüge in Bewegung gekommen und – zumindest in Teilen – durcheinander gewirbelt worden sei (Beck 1983, 1986). Demzufolge wären Lebensläufe inzwischen weniger stark durch Faktoren der sozialen Herkunft festgelegt und eher im Sinne flexibel möglicher Muster mit erheblichen Wahlfreiheiten vorgezeichnet. Im Gegenzug finden sich jedoch genügend Belege dafür, dass die klassischen Muster vertikaler Ungleichheit nach wie vor stark ausgeprägt sind und weiterhin in einem eindeutigen und vergleichsweise engem Zusammenhang mit Lebensbedingungen, Lebenschancen und der erreichter Lebensqualität stehen (Strasser 1987; Geißler 1990; Habich/Noll 1990). Obwohl Prozesse der Pluralisierung nicht zu leugnen sind, kann also nicht geschlossen werden, dass sich die Sozialstruktur aufgelöst hätte oder Klassen- und Schichtmerkmalen keine Bedeutung mehr zukommen würde. Weitgehend besteht Übereinstimmung, dass die klassischerweise betrachteten Dimensionen sozialer Ungleichheit die Strukturen des sozialen Raumes nicht vollständig darzustellen erlauben und im Zuge der gesellschaftlichen Entwicklung auch veränderte bzw. neue und nichttraditionelle Klassenlagen oder Schichten bzw. sozial-moralische Milieus entstanden sind, die in den Blick genommen werden müssen (vgl. Hradil 1987).

Hervorgehoben wird in neueren Theorien außerdem der Stellenwert von subjektiv spezifischen Deutungen und Interpretationen von Ungleichheit, also der Umgang mit Ungleichheit als subjektive Verarbeitung objektiv gegebener Lebensbedingungen. Damit kann nach zwei Faktorengruppen differenziert werden: Auf der einen Seite soziale Lagen oder Positionen, die sich nach objektiven Chancen bestimmen, gesellschaftlich anerkannte Lebensziele zu erreichen. Auf der anderen Seite soziale Milieus oder Lebensstile, die sich auf subjektive Verarbeitungsmuster beziehen bzw. die Art der Lebensführung bezeichnen. Berücksichtigt wird damit, dass sich vorfindliche Lebensbedingungen nicht ungebrochen im Bewusstsein der Betroffenen widerspiegeln, sondern intervenierende Faktoren bzw. subjektive Filter (Situationsdefinitionen, Interpretationen, Einstellungen und Absichten) mit zum Tragen kommen.

Im Überblick lassen sich die damit angesprochenen Muster entlang des Modells von Bourdieu (1983, 1985, 1987) darstellen, das von zwei aufeinander bezogenen Räumen – dem Raum der sozialen Positionen und dem Raum der Lebensstile – ausgeht. Der Raum der sozialen Positionen konstituiert sich über das verfügbare Kapital, wobei nach ökonomischem, kulturellem und sozialem Kapital zu unterscheiden ist. Von Bedeutung ist darüber hinaus das Präsentieren nach außen und damit das symbolische Kapital als die wahrgenommene und als legitim anerkannte Form der Kapitalien (Prestige oder Renommee). Die Stellung der Akteure im Raum der sozialen Position bestimmt sich nach dem Gesamtumfang des Kapitals, dessen Zusammensetzung und der zeitlichen Entwicklung beider Größen. Die durch ihren Kapitalbesitz definierbaren Klassen und Klassenfraktionen konstituieren einen Raum sozialer Beziehungen, d.h. sie bestimmen sich mit dadurch, was sie in Relation zu den anderen Klassen und Klassenfraktionen sind bzw. nicht sind. Zum Ausdruck gebracht wird dies durch Distinktionszeichen oder Brandmale. Klassen sind insofern durch ihr Wahrgenommensein und ihre Distanz zu anderen Klassen ebenso definiert wie durch ihr Sein. Das Verbindungsglied zwischen sozialer Position und Lebensstil stellt der Habitus als Komplex von Zielen, Einstellungen, Erwartungen und Gewohnheiten dar, der Freiheitsgrade in der Wahl des Lebensstils eröffnet soweit es die soziale Position erlaubt. Wenngleich die soziale Position nicht bruchlos in einen Lebensstil transformiert wird, ist der Raum der Lebensstile doch vergleichsweise eng an den Raum der sozialen Positionen gekoppelt. Wieweit die von Bourdieu postulierte Faktorenkonstellation empirisch haltbar ist, kann trotz der theoretischen Plausibilität des Modells hinterfragt werden (vgl. Blasius/Winkler 1989). Unabhängig davon erlaubt es der Ansatz jedoch, die konstituierenden und generierenden Faktoren von Ungleichheit in systematischem Bezug aufeinander zu reflektieren.

Dies gilt ebenso für die Beziehung zwischen dem sozialen und dem geographischen Raum. Beide sind zwar keineswegs deckungsgleich, aber viele dem geographischen Raum zugeschriebenen Differenzen lassen sich auf Distanzen im sozialen Raum zurückführen (Bourdieu 1985). Der Schnittpunkt beider Räume ist über soziale Strukturen gegeben, die von den Akteuren mitgestaltet und genutzt werden können um individuell gewünschte Ziele zu erreichen. Dabei können die räumlichen Handlungskontexte für die Zielerreichung mehr oder weniger funktional und insofern ungleich sein. Räume und Regionen sind als individuell relevante Handlungskontexte anzusehen, sie können z.B. nach der Dichte der verfügbaren sozialen Netzwerke klassifiziert werden.

Zur Erklärung der Wirkungen des räumlich-regionalen Kontextes finden sich mehrere Ansätze, die auf unterschiedliche Mechanismen und Beziehungsstrukturen verweisen (vgl. Bertram 1981; Bourdieu 1985; Coleman 1988; Esser 1988; Steiner 1990; Nauck 1995, 2000; Giddens 1997; Bertram/Nauck/Klein 2000): Räumlich-regionale Strukturen bieten Opportunitäten, Chancen und Restriktionen, d.h. sie stehen für gegebene oder fehlende Wahl- und Handlungsmöglichkeiten. Akteure müssen in ihrem Handeln u.a. auch einbeziehen, was im räumlichen Kontext zur Verfügung steht und genutzt werden kann. Raumstrukturen können außerdem über Prozesse der sozialen Beeinflussung, vermittelt über Mechanismen sozialer Kontrolle und wahrgenommene Gruppennormen, wirksam werden. Zudem können Räume als Objekte von Wahrnehmungen aufgefasst werden, die Orientierungen geben und damit zu Identifikation sowie Abgrenzung führen und als sozial-regional geprägte Milieus für das Erreichen von (Bildungs-)Zielen mehr oder weniger förderlich sein können. Von einem Kontext können motivierende oder demotivierende Wirkungen ausgehen, z.B. je nach dem Vorhandensein oder Fehlen von Erwartungen an das eigene Handeln. Dabei werden Räume erst in ihrer Aneignung durch die in ihnen handelnden Personen bedeutsam. Somit konstituieren sich räumliche Strukturen über das Handeln und über Handlungsergebnisse, andererseits üben sie einen Einfluss auf die Intentionen und das Handeln der Akteure aus.

Mit der handlungstheoretischen Orientierung ist eine wesentliche Schnittstelle der Erklärungsansätze zu sozialer und regionaler Ungleichheit gegeben. Erklärungen sind insbesondere über Theorien subjektiv rationalem Handelns möglich, in denen die Muster der Abwägung von Zielen, Chancen, gegebenen Bedingungen und Restriktionen zur Erklärung von Handeln einbezogen werden (vgl. Boudon 1974; Lüdtke 1989; Esser 1990; Ditton 1992; Becker 2000). Damit ist die differenzierte Struktur sozialer und räumlicher Bedingungen aufeinander bezogen sowie in ihrer Entwicklung zu analysieren und mit Bildungsentscheidungen und Bildungsprozessen in Beziehung zu setzen.

3 Forschungsbefunde

Ihren Höhepunkt erlebte die Diskussion um Ungleichheit und Bildung in den 1960er Jahren als Problematisierung der im internationalen Vergleich geringen Bildungsbeteiligung in der Bundesrepublik Deutschland mit nachweislich stark ausgeprägten sozialen und regionalen Unterschieden. Eine erhebliche Bedeutung hatten dabei die Arbeiten von Edding (1965), Picht (1964), Dahrendorf (1965) und Peisert (1967) (vgl. auch Rolff 1997). Auf eine formelartige Zusammenfassung gebracht bestand die Herausforderung darin, die drohende Bildungskatastrophe abzuwenden, Bildung als Bürgerrecht allgemein und umfassend zu verwirklichen und damit zusammenhängend die erhebliche Ungleichverteilung in den Beteiligungsquoten nach Geschlecht, Merkmalen der sozialen Herkunft und der Region zu beseitigen. Ihren Ausdruck fanden die Reformintentionen insbesondere im Strukturplan für das Bildungswesen (Deutscher Bildungsrat 1970). Leitgedanke war eine höhere Durchlässigkeit und Anschlussfähigkeit der Bildungsgänge, die durch eine für die gesamte Bildungskarriere modularisierte Angebotsstruktur erreicht werden sollte. Die vertikale Grundstruktur des Bildungswesens sollte den Empfehlungen nach durch ein horizontal gestuftes Bildungsangebot ersetzt werden. Allerdings gerieten die Reformbemühungen schon recht bald ins Stocken und die weitere Entwicklung verlief im

Vergleich der Bundesländer sehr unterschiedlich (vgl. Zedler 1985; v. Friedeburg 1989; v. Hentig 1990).

Selbstverständlich haben sich gegenüber dem Stand der 1960er Jahre insgesamt gravierende Veränderungen ergeben. Vorrangig zu nennen ist die deutliche Verbesserung in der Versorgung mit Bildungseinrichtungen vom vorschulischen Bereich bis zu den Hochschulen. Vielfach hat allerdings der Ausbau der Angebote mit dem Tempo der Bildungsexpansion und den rapiden Veränderungen der gesellschaftlich-sozialen Strukturen nicht Schritt gehalten. Überdies haben sich die strukturellen Veränderungen in engen Grenzen gehalten: Eine erkennbare Annäherung an das Ideal eines horizontal statt vertikal gestuften Bildungswesens mit modularen Angeboten hat nicht stattgefunden und die vielfach kritisierte frühe Selektion in voneinander getrennte Schulformen – mit Ausnahme von Berlin und Brandenburg schon nach der vierten Klassenstufe – ist immer noch für etwa 90% eines Schülerjahrgangs Realität. Nur einzelne Bundesländer haben in größerem Umfang ein Angebot an integrierten Schulformen etabliert und auch eine Orientierungsstufe in der fünften und sechsten Klassenstufe ist nicht flächendeckend umgesetzt worden. Dennoch sind die Übergänge im Bildungswesen offener geworden: In der Mehrzahl der Bundesländer erfolgt die Wahl der Schulform nach dem Willen der Eltern, Wechsel zwischen den Schulformen sind nunmehr leichter möglich und die Anschlussfähigkeit von Bildungsgängen ist mittlerweile eher gegeben. Vor dem Hintergrund der insgesamt doch bedeutsamen Veränderungen könnte erwartet werden, dass die soziale Selektivität und die regionalen Unterschiede inzwischen zumindest substanziell reduziert wurden.

3.1 Bildung und soziale Ungleichheit

Der Begriff Bildungsexpansion bezeichnet den Prozess der gestiegenen Bildungsteilhabe. Da dieser Prozess an den Ausbau und die zumindest partielle Umstrukturierung des Bildungssystems gekoppelt ist, handelt es sich notwendigerweise um einen wechselseitigen Zusammenhang von erhöhter Nachfrage und verbreitertem Angebot. Eine Bildungsexpansion ist für alle modernen Industrienationen nachweisbar und geradezu ein Schlüsselindikator für wirtschaftliche Entwicklung und Prosperität. Bezüglich des Zusammenhangs von Bildungsexpansion und Bildungsungleichheit liegen mehrere, einander widersprechende Thesen vor, die sich zu zwei Argumentationssträngen verdichten lassen (vgl. z.B. Müller/Haun 1994): Modernisierungstheoretische Hypothesen gehen davon aus, dass durch die Bildungsexpansion eine Universalisierung der Bildungsnachfrage und -teilhabe einsetzt, wodurch eine stetige Öffnung des Zugangs zu Bildungsgütern eintritt. Bildung wird zum gemeinsamen Gut und Ungleichheiten nehmen durch die steigende Teilhabe aller Bevölkerungsgruppen deutlich ab bzw. führen zu einer Angleichung der Beteiligungsquoten. Macht- und kontrolltheoretische Hypothesen gehen demgegenüber von stabilen Mustern der Reproduktion aus und lassen erwarten, dass durch (mehr oder weniger subtile) Mechanismen der Sicherung von Macht- und Herrschaftspositionen der Öffnung des Zugangs zu Bildungstiteln entgegengewirkt wird und somit nennenswerte Reduzierungen von Ungleichheiten verhindert werden.

Seit Mitte der 1990er Jahre liegen mehrere Untersuchungen zur Prüfung dieser Thesen vor. Obwohl die Ergebnisse teilweise divergieren oder unterschiedlich interpretiert werden, sind zwei Grundtatsachen unstrittig geblieben: Das erste Faktum ist die angesichts der eindeutigen Datenlage unübersehbare Bildungsexpansion an sich. Immer größere Teile der Bevölkerung in allen industrialisierten Ländern fragen höherwertige Bildungsgänge und -abschlüsse nach. Das zweite Faktum ist der ebenfalls international eindeutig nachweisbare Abbau der Benachteiligung des weiblichen Geschlechts im allgemein bildenden Schulsystem. In den höherwertigen Bildungsgängen des allgemein bildenden Systems sind Mädchen inzwischen überrepräsentiert (vgl. bereits Rodax 1989).

Einige Grunddaten zur Bildungsexpansion in Deutschland sind Tabelle 1 zu entnehmen. Noch 1970 verlassen die Hälfte der Absolventen des allgemein bildenden Systems die Schule mit einem Hauptschulabschluss. Dieser Anteil geht bis zum Jahr 1997 auf 26,4% zurück, während der Anteil der Absolventen mit Realschulabschluss von 21,4 auf 39,9% und der Anteil der Absolventen mit Hochschul- oder Fachhochschulreife von 12,5 auf 24,8% ansteigt. Die Quote der Studienberechtigten nimmt im gleichen Zeitraum von 13,6 auf 36,5% zu, wobei weibliche Studienberechtigte zunächst mit 39,4% unter-, im Jahr 1997 dann aber mit 52,1% überrepräsentiert sind.

Tabelle 1: Absolventen allgemeinbildender Schulen und Studienberechtigte (Angaben in %)*

	1950	1970	1990	1993[1]	1997	2001
Absolventen allgemein bildender Schulen						
ohne Hauptschulabschluss	-	16,0	8,1	9,1	8,8	9,5
mit Hauptschulabschluss	-	50,1	29,7	27,4	26,4	25,6
mit Realschulabschluss	-	21,4	34,8	39,1	39,9	40,5
mit Hochschul-/Fachhochschulreife	3,6	12,5	27,4	24,4	24,8	24,4
Studienberechtigtenquote (insgesamt)[2]	4,8	13,6	31,4	32,8	36,5	36,1
Hochschulreife	4,8	13,6	22,8	24,2	27,9	25,6
Fachhochschulreife	-	-	8,6	8,6	8,6	10,5
Anteile weiblicher Studienberechtigter	32,8	39,4	46,3	49,1	52,1	-

1) ab 1993 einschließlich neue Länder
2) Studienberechtigte in % des Durchschnitts der 18- bis unter 21- bzw. 17- bis unter 20jährigen Wohnbevölkerung

*Quelle: Zusammenstellung nach Daten der Kultusministerkonferenz; www.kmk.org

Tabelle 2 zeigt die Schüleranteile in der siebten Jahrgangsstufe für den Zeitraum von 1960 bis 1996 für die alten Bundesländer sowie die Vergleichsdaten der neuen Bundesländer für die Jahre 1992 und 1996. Es fällt auf, dass in den neuen Ländern neben der etwas stärker als in den alten Ländern vertretenen Integrierten Gesamtschule (11,6 vs. 9,6%) überwiegend ein zweigliedriges System (mit Mittel- oder Regelschule neben dem Gymnasium) etabliert wurde und daher der Anteil der Hauptschule, die nur in Mecklenburg-Vorpommern als eigenständige Schulform eingerichtet wurde, sehr gering ausfällt (4,3%). Bemerkenswert ist außerdem, dass in den neuen Ländern die Anteile der Schüler an Gymnasien von den niedrigen Quoten in der ehemaligen DDR ausgehend in kürzester Zeit auf das für die alten Länder typische Niveau angestiegen sind bzw. sogar etwas höher liegen.

Tabelle 2: Anteile der Schüler nach Schulform in den alten und neuen Bundesländern (%)

Alte Länder / 2002: Gesamt	1960/61	1970/71	1980/81	1990/91	1996/97	c) 2002
Hauptschule	67,9	52,7	38,0	34,1	24,9	22,8
Realschule	12,1	20,2	26,4	28,7	26,8	24,5
Gymnasium	17,1	22,3	31,5	30,4	31,0	29,6
Integrierte Gesamtschule	-	-	3,7	6,1	9,6	8,7
Neue Länder				1992/93	1996/97	
Hauptschule				3,7	4,3	
Realschule				a) 22,0 b) 32,4	a) 19,9 b) 31,3	
Gymnasium				30,6	33,9	
Integrierte Gesamtschule				11,3	11,6	

a) in eigenständigen Realschulen
b) in Schulen ohne besondere Ausweisung der Anteile von Haupt- und Realschulen (teilweise integriert)
c) alte und neue Bundesländer gesamt

Quellen: Mauthe und Rösner (1998); Daten der Kultusministerkonferenz (www.kmk.org)

Die Anteile der Schüler in Realschule und Gymnasium nach dem Bildungsniveau im Elternhaus für den Zeitraum zwischen 1950 und 1989 sind auf der Basis der Mikrozensusdaten in Tabelle 3 wiedergegeben (Schimpl-Neimanns 2000). Bedauerlicherweise sind diese Informationen in späteren Mikrozensuserhebungen nicht mehr enthalten und für die in PISA mitgeteilten Anteilswerte der sozialen Schichten (EGP-Klassen) sind keine Vergleiche im Zeitverlauf möglich. Wie die Daten in Tabelle 3 zeigen, steigen die Gymnasialanteile über die Zeit in allen Bildungsgruppen an, allerdings unterschiedlich stark. Für die Bevölkerungsgruppe mit Volksschulabschluss steigt der Anteil von 1 auf 10%, für diejenige mit Fach- oder Hochschulreife nimmt der Anteil im gleichen Zeitraum von 51 auf 74% zu. Damit vergrößert sich die Differenz der absoluten Anteilswerte im Zeitverlauf erheblich, zugleich wird aber der relative Vorsprung der bildungsnäheren Gruppe geringer. Dieser Problematik wird üblicherweise dadurch begegnet, dass als Bezugsgröße für Veränderungen ein von der allgemeinen Erhöhung der Beteiligungswerte unabhängiges Maß verwendet wird (Kreuzproduktverhältnis oder odds-ratio) (vgl. Handl 1985; Müller/Haun 1994).

Tabelle 3: Schulbesuch der 14-18jährigen nach dem Bildungsniveau im Elternhaus (in %)*

	Volksschule		Volksschule und Lehre		Mittlere Reife		Fach-/Hochschule	
	Gymnasium	Realschule	Gymnasium	Realschule	Gymnasium	Realschule	Gymnasium	Realschule
1950	1	3	4	8	23	26	51	19
1960	2	6	5	13	22	31	56	17
1970	5	10	10	20	34	31	69	16
1982	10	21	16	31	41	34	72	16
1989	10	25	16	34	41	36	74	15

* Quelle: Mikrozensusdaten, nach Schimpl-Neimanns (2000)

Ob und wieweit im Zuge der Bildungsexpansion eine Angleichung der Bildungschancen stattgefunden hat, ist nicht nur wegen der unterschiedlich möglichen Bezugsmaßstäbe bis heute zumindest teilweise umstritten. Entscheidend geprägt wurde die Diskussion durch die Ergebnisse einer vergleichenden Untersuchung in elf Ländern, darunter die Bundesrepublik Deutschland, die von Shavit und Blossfeld (1992) unter dem Titel „Persistent Inequality“ vorgestellt wurde (vgl. auch Blossfeld/Shavit 1993). In neun der elf untersuchten Länder wurde keine Abnahme der Bildungsungleichheit im Zeitverlauf ermittelt, die Muster der sozialen Selektion erwiesen sich als stabil und selbst gegenüber umfassenden Strukturreformen im Bildungswesen resistent. Vergleichbare Ergebnisse liegen inzwischen auch für Österreich (vgl. Sertl 1998) und die Schweiz (vgl. Lamprecht/Stamm/Meier 1997) vor. Ein differenzierteres Ergebnis ermittelt Brauns (1999) für Frankreich. Dort zeigt sich, dass im Zuge der Bildungsexpansion der Zugang zu den weniger prestigeträchtigen höheren Ausbildungszweigen inzwischen sozial weniger selektiv geworden ist. Dagegen ist bezüglich der prestigeträchtigeren Ausbildungszweige keine Abnahme der Herkunftseffekte festzustellen. Ebenso erweist sich der Wohnort als nach wie vor für die Bildungsbeteiligung bedeutsamer Faktor.

Bezogen auf die Bundesrepublik Deutschland ist der Forschungsstand bis zum Beginn der 1990er Jahre mehrfach dokumentiert und mit dem übereinstimmenden Ergebnis einer im Kern kaum veränderten Beziehung zwischen sozialer Herkunft und Bildungsteilhabe bzw. Bildungserfolg beschrieben worden (vgl. Meulemann 1985; Rodax 1989; Mayer 1991; Ditton 1992; Köhler 1992). In der Folge wurde dieses Ergebnismuster mehrfach hinterfragt und erneut überprüft.

Als Ergebnis von Analysen mit dem Datenmaterial aus drei repräsentativen Studien ermitteln Müller und Haun (1994), dass die Unterschiede in der Bildungsbeteiligung zwischen den sozialen Klassen bzw. Berufsgruppen deutlich kleiner geworden sind. Insbesondere betrifft dies den Anteil derjenigen, die wenigstens die Mittlere Reife erreichen, für die Abiturientenquote und die Quote der Hochschulabsolventen ist die Abnahme weniger klar festzustellen. Bezüglich der Chancen, das Abitur zu erreichen, deuten sich überdies zyklische Effekte an: die in der Nachkriegszeit festzustellende teilweise Egalisierung zwischen den Klassen kehrt sich im Zeitverlauf wieder um, so dass in der jüngsten Kohorte wieder die Ungleichheit wie in den Geburtskohorten vor 1930 erreicht wird. Die Reduzierung der Effekte bedeutet dabei nicht, dass die ungleiche Bildungsteilhabe der Bevölkerungsgruppen völlig aufgehoben worden wäre, vielmehr kommt den Herkunftsfaktoren immer noch eine sehr erhebliche Bedeutung zu. Insbesondere ist hinsichtlich der Bedeutung des Bildungsniveaus der Eltern für die Bildungsbeteiligung der Kinder im Zeitvergleich eine allenfalls geringe Abnahme festzustellen.

Ein damit weitgehend vergleichbares Ergebnis ermitteln Henz und Maas (1995) auf der Basis von Daten der Lebensverlaufsstudie. Auch hier zeigen sich hinsichtlich der sozialen Herkunft Tendenzen einer zunehmenden Chancengleichheit über die Kohorten. Allerdings trifft dies nur für den Wechsel auf eine weiterführende Schule (Realschule oder Gymnasium) sowie den Abschluss einer beruflichen Ausbildung zu. Bezüglich der Wahl des Gymnasiums und der Chance, den Abschluss der gewählten Schulart zu erreichen, bleiben die Herkunftseffekte unverändert.

Dass zwischen 1950 und 1989 signifikante Veränderungen stattgefunden haben, die zu einem partiellen Abbau von Chancenungleichheit führten, bestätigt eine weitere, methodisch anders angelegte Analyse der Mikrozensusdaten von Schimpl-Neimanns (2000). Von den Faktoren der sozialen Herkunft hat die Bildung der Eltern die stärkste Erklärungskraft für die als Kriteriumsvariable analysierte Bildungsbeteiligung. Dabei ergibt sich im Zeitvergleich, dass der Besuch einer anderen Schulform als der Hauptschule sozial weniger selektiv geworden ist und diesbezüglich die Differenzen zwischen beruflichen Statusgruppen abnehmen. Für den Realschulbesuch kann außerdem ein Abbau von Ungleichheit bezüglich des Bildungsniveaus der Eltern festgestellt werden. Der Einfluss der Herkunftsfaktoren auf den Besuch eines Gymnasiums ist dagegen über die Zeit weitgehend konstant geblieben. Für die These der kulturellen Reproduktion, d.h. der steigenden Bedeutung der Vererbung von Bildungskapital, spricht bezüglich des Gymnasialbesuchs der Befund, dass der relative Abstand der untersten zur obersten Bildungsgruppe im Zeitverlauf nicht reduziert wurde, sondern angewachsen ist.

Zusammenfassend betrachtet ist die Forschungslage nicht sehr übersichtlich. Vergleiche der Ergebnisse aus den vorliegenden Untersuchungen werden durch Unterschiede in den Variablen bzw. Operationalisierungen, Stichprobengrößen, Erhebungszeitpunkten und Analyseverfahren erschwert. Es zeichnet sich jedoch übereinstimmend ab, dass bezüglich des mittleren Bildungsniveaus inzwischen mehr Chancengleichheit erreicht ist. Ein mittlerer Bildungsgang bzw. -abschluss ist zwischenzeitlich zur faktischen Mindestnorm geworden und hat im Zuge dieser Entwicklung seine Exklusivität weitgehend verloren. Dagegen ist der gymnasiale Bildungsweg und die Hochschulbildung exklusiv geblieben und möglicherweise sogar sozial geschlossener geworden. Hinweise finden sich außerdem für zyklische Effekte, da Ungleichheiten zunächst ab- und in den jüngsten Kohorten dann wieder zunehmen (vgl. Müller/Haun 1994, bes. S. 6ff.).

Außer Frage steht, dass die soziale Ungleichheit im deutschen Schulsystem besonders stark ausgeprägt ist (Becker/Lauterbach 2004). Die Ergebnisse aus PISA bestätigen für Deutschland, dass die sozialen Disparitäten vor allem bezüglich des Gymnasialbesuchs gravierend sind (Baumert/Schümer 2001, S. 323ff.). Von den Kindern aus Familien der „oberen Dienstklasse" besuchen mehr als 50% ein Gymnasium, von den Kindern aus Arbeiterfamilien sind es dagegen gerade einmal 10%. Ermitteln lässt sich außerdem, dass Kinder der oberen Dienstklasse im Vergleich zu Arbeiterkindern selbst bei Kontrolle von Unterschieden in kognitiven Grundfähigkeiten und in der Lesekompetenz eine etwa dreifach so hohe Chance haben, ein Gymnasium zu besuchen (Baumert/Schümer 2001, S. 357). Durch die enge Koppelung von besuchter Schulform und Leistungsniveau besteht damit auch ein enger Zusammenhang zwischen Sozialschichtzugehörigkeit und erworbenen Kompetenzen. Deutschland nimmt damit im internationalen Vergleich eine unrühmliche Spitzenposition ein. Nirgendwo sonst sind die Unterschiede zwischen den oberen und unteren Statusgruppen so groß. Selbst in den Vereinigten Staaten, die oft als Beispiel für große soziale Disparitäten in den Bildungschancen angeführt werden, sind die sozial bedingten Leistungsunterschiede geringer. In anderen Staaten – darunter mit Island und Finnland zwei Staaten mit guten bis herausragenden Leistungsergebnissen – sind die Leistungsunterschiede zwischen den Statusgruppen nur halb so groß wie in Deutschland. Sowohl die Sicherung eines hohen Leistungsniveaus als auch die Vermeidung besonders starker sozialer Disparitäten hängt dabei maßgeblich vom Erreichen eines befriedigenden Niveaus der Lesekompetenz in den unteren Sozialschichten ab.

Mit PIRLS und IGLU liegen erstmals auch Befunde für Deutschland aus einer internationalen Vergleichsstudie zum Ende der Grundschulzeit vor (Bos u.a. 2003, 2004). Auch hier zeigt sich ein eindeutiges Leistungsgefälle zwischen den sozialen Gruppen in den drei überprüften Domänen (Lesen, Mathematik, Naturwissenschaft). Anders als in PISA sind diese Leistungsunterschiede allerdings im internationalen Vergleich nicht auffällig groß, sondern ähnlich stark ausgeprägt wie in anderen europäischen Ländern. Mit Blick auf die weitere Schullaufbahn zeigen die bisher publizierten Ergebnisse aus IGLU, dass Kinder der oberen Dienstklasse im Vergleich zu Arbeiterkindern bei gleichen kognitiven Grundfähigkeiten und gleicher Lesekompetenz eine 2,7-fache Chance haben, eine Schullaufbahnempfehlung für das Gymnasium zu erhalten (Bos u.a. 2004, S. 213). Bedeutsame soziale Disparitäten bestehen also bereits zum Ende der Grundschulzeit, sie sind aber zu diesem Zeitpunkt noch nicht so extrem ausgeprägt wie zum Ende der Sekundarstufe I bzw. Pflichtschulzeit. Für den sich verstärkenden Schereneffekt nach der Primarstufe kommt der sozial selektiven – und allenfalls bedingt leistungsgerechten – Verteilung auf die weiterführenden Schulen eine Schlüsselfunktion zu (s.u.).

Was mit den bisher dargestellten Analysen noch nicht in den Blick kommt ist die besonders nachteilige Wirkung kumulativ ungünstiger Faktorenkonstellationen in der Herkunftsfamilie auf die Bildungsbeteiligung und den Bildungserfolg. Im Zusammenhang der in neuerer Zeit intensivierten Diskussion zu Armut liegen hierzu einige Befunde vor. Insgesamt muss dabei von einer Zunahme der von Armut betroffenen Kinder in Ost- und Westdeutschland zwischen 1990 und 1995 ausgegangen werden (vgl. Mansel/Neubauer 1998). Das Armutsrisiko steigt mit der Zahl der Kinder (bes. mehr als zwei Geschwister) und betrifft vor allem Haushalte mit Erwachsenen ohne Berufsausbildung sowie arbeitslosen Erwachsenen. Als wichtig für den Schulbesuch der Kinder erweist sich nach Analysen von Lauterbach und Lange (1998) die Sicherheit der sozialen Situation. In der Hauptschule sind Schüler aus Familien in Armut bzw. in prekärem Wohlstand gegenüber Familien in gesichertem Wohlstand erheblich überrepräsentiert, in Realschule und Gesamtschule zeigen sich kaum Unterschiede in den Anteilswerten und im Gymnasium ist die Verteilung umgedreht. Ein entsprechendes Ergebnis stellt sich ein, wenn nach der Sorge um den Arbeitsplatz bzw. nach der Sorge um die wirtschaftliche Situation des Haushalts differenziert wird (vgl. auch Becker 1998).

3.2 Offenheit von Bildungskarrieren

Nicht ausdrücklich analysiert wurden in den bisher vorgestellten Studien die Möglichkeiten, zwischen den Schulformen zu wechseln und Schulabschlüsse nachzuholen. Zu beiden Aspekten liegen aussagekräftige Untersuchungen vor.

Mit Daten der Lebensverlaufsstudie ermittelt Henz (1997a), dass im Zeitverlauf die Zahl der Wechsel zwischen den Schulformen zugenommen hat. Der Anteil derjenigen, die nach dem Übertritt auf eine weiterführende Schule nochmals wechseln, ist in der jüngsten Kohorte der Stichprobe (1959/61) mit 11,5% mehr als doppelt so hoch wie in der ältesten Kohorte (1919/21: 5,0%). Außerdem verändert sich die Relation der Auf- und Abstiege: Während in den älteren Kohorten die Zahl der Aufstiege überwiegt, halten sich in den jüngeren Kohorten die Zahl der Auf- und Abstiege die Waage. Wechsel erfolgen weitaus überwiegend zwischen den benachbarten Schulformen, über zwei Schulstufen hinweg sind sie eine seltene Ausnahme. Weiter zeigt sich, dass die Wahrscheinlichkeit des Aufstiegs in eine höhere Schulform größer und die Wahrscheinlichkeit eines Abstiegs in eine niedrigere Schulform geringer ist, wenn die Eltern über einen höheren Bildungsabschluss verfügen. Ein eindeutiger Rückgang der Herkunftseffekte im Vergleich der Kohorten ist nicht festzustellen, so dass „die zunehmende Mobilität zwischen den Schulformen insgesamt wenig zu einem Abbau der sozialen Selektivität der Schulformen beigetragen hat" (Henz 1997a, S. 66; für Nordrhein-Westfalen und Baden-Württemberg vgl. Mauthe/Rösner 1998).

In einer weiteren Analyse zeigt Henz (1997b), dass der Anteil nachgeholter Abschlüsse in den jüngeren Kohorten deutlich größer ist als in den älteren (1939/41: 4,4%, 1949/51: 8,3%, 1954/56: 19,2%, 1959/61: 16,1%). Der Erwerb oder das Nachholen eines allgemein bildenden

Abschlusses erfolgt, von wenigen Ausnahmen abgesehen, früh, d.h. in einem Zeitraum von zwei Jahren nach dem Ende des ersten Bildungsweges. Abschlüsse werden vor allem dann nachgeholt, wenn der eigene Abschluss unter dem der Eltern geblieben war oder zumindest niedriger war als der eines Elternteils. Die These, dass durch eine zweite Bildungsphase soziale Ungleichheiten des ersten Bildungswegs ausgeglichen würden, konnte so nicht bestätigt werden, eher scheint das Gegenteil der Fall zu sein.

3.3 Bildung und regionale Ungleichheit

Zu regionalen Differenzen der Bildungsteilhabe und deren Wandel über die Zeit liegen nur wenige aktuelle Untersuchungen vor. Dies ist schon deshalb erstaunlich, weil regionale Ungleichheiten in der Pionierarbeit von Peisert (1967; auch Geipel 1965) differenziert herausgearbeitet wurden und aufgrund ihrer unmittelbar gegebenen gesellschafts- und bildungspolitischen Relevanz erhebliche Aufmerksamkeit erfahren hatten. Auch in Theorien der Konstitution und des Wandels gesellschaftlicher Strukturen spielen geographische Räume eine wesentliche Rolle (vgl. Coleman 1988; Giddens 1997), zum Gegenstand der empirischen Sozialforschung werden sie dagegen kaum gemacht (zur Kritik: Bertram 2000). Dabei sind die regionalen Ungleichheiten bzw. Disparitäten in Deutschland gravierend, was sich sowohl hinsichtlich der allgemeinen Lebensbedingungen (Umwelt, Wohlstand, Sicherheit, Gesundheit; vgl. Korczak 1995) als auch hinsichtlich spezifischer Bedingungen der bildungsrelevanten familialen Lebenssituationen zeigen lässt (vgl. Bertram/Bayer/Bauereiss 1993; Bauereiss/Bayer/Bien 1997).

Zu den bestehenden Unterschieden in der Bildungsbeteiligung weisen Bertram und Dannenbeck (1990, S. 218) in einer Regionalanalyse für Bayern nach, dass sich „die Daten für die Gegenwart von den Daten von 1961 kaum unterscheiden“. Verglichen mit der Untersuchung von Peisert ergibt sich eine Konstanz regionaler Differenzen auf einem insgesamt höheren Niveau. Nur auf den ersten Blick damit nicht vereinbar scheint die Feststellung von Henz und Maas (1995) zu sein, dass im Zuge der Bildungsexpansion das Stadt-Land-Gefälle bei der Wahl des Schultyps nach der Grundschule reduziert worden ist. Jedoch zeigt sich auch dort, dass das Gefälle zwischen Nord- und Süddeutschland bestehen geblieben ist. Zudem sind bei einer feineren Unterteilung in kleinräumigere Einheiten erhebliche Differenzen keineswegs ausgeschlossen.

Neuere systematische und umfangreiche Analysen zu regionalen Disparitäten und Ungleichheiten im Schulwesen, konzentriert auf die alten Bundesländer, haben Bargel und Kuthe (1992) vorgelegt. Weitere Befunde sind inzwischen auch unter Einbeziehung der neuen Bundesländer verfügbar (vgl. Bertram/Hennig 1995; Müller-Hartmann/Henneberger 1995; Bertram/Nauck/Klein 2000; Institut für Länderkunde 2002). Zusammenfassend lassen sich folgende Hauptergebnisse aus diesen Untersuchungen anführen:

- Erhebliche Ungleichheiten ergeben sich in den Strukturen des Schulangebots. Die Vielfalt des Schulangebots steht zwar in Beziehung zur Gemeindegröße, ist dadurch aber nicht determiniert. Insofern zeigt sich, dass ein nicht unerheblicher Handlungsspielraum für die regionalen Entscheidungsträger besteht.
- Der Trend zur Abwendung von der Hauptschule ist zwar allgemein festzustellen, allerdings regional sehr unterschiedlich ausgeprägt. Eine vergleichsweise hohe Akzeptanz findet die Hauptschule in Teilen von Bayern, Rheinland-Pfalz und in einigen ländlichen Randkreisen Nordrhein-Westfalens.

- Für den gymnasialen Bildungsgang wird eine sehr ungleichmäßige Angebotsdichte nachgewiesen, außerdem bestehen erhebliche Differenzen in den Wahlangeboten auf der gymnasialen Oberstufe.
- Die Analysen zur Bildungsbeteiligung im Vergleich der Kreise sprechen für eine weitgehende Stabilität der regionalen Ungleichheit seit den 1960er Jahren. Zwar sind die Beteiligungsquoten insgesamt gestiegen, in einzelnen Regionen sind die Veränderungen aber marginal.
- Die Zahl der Schulabgänger ohne Hauptschulabschluss variiert regional sehr erheblich (z.B. für Baden-Württemberg im Vergleich der kreisfreien Städte zwischen 5,8 und 13,3% und für die Landkreise zwischen 6 und 12%).
- Auch bezüglich der Abiturientenquote finden sich erhebliche Abweichungen, sowohl im Vergleich zwischen den Städten (z.B. Baden-Württemberg: Heilbronn 22%, Heidelberg 51%) als auch im Vergleich zwischen den Landkreisen (Freudenstadt 10%, Tübingen 30%).

Insgesamt zeigen die vorliegenden Analysen zu regionaler Ungleichheit, dass der häufig behauptete Abbau „sich bei empirischer Nachprüfung als eine Illusion" erweist (Bargel/Kuthe 1992, S. 98). Die Datenlage verweist auf hartnäckige regionale Disparitäten und zum Teil entsteht der Eindruck, dass die regionale Ungleichheit eher zu- als abgenommen hat. Besonders ausgeprägt scheint die ungleiche Bildungsteilhabe in den Bundesländern zu sein, „in denen weiterhin auf die Hauptschule als eigenständige Schulform gesetzt wird und wo die Einführung integrierter Schulangebote bisher ausgeschlossen wurde" (ebd., S. 100).

3.4 Einflussfaktoren auf das Bildungsverhalten

Ansätze zur Erklärung des Bildungsverhaltens und der Bildungsbeteiligung haben eine Vielzahl von Faktoren auf unterschiedlichen Aggregatniveaus zu berücksichtigen. Bedeutsame Faktoren auf der Individualebene sind Fähigkeiten und Leistungen, die Anstrengungsbereitschaft und Motivation, außerdem die Wertschätzung und der Stellenwert von Bildung im Rahmen der Lebensplanung. Das Bildungsverhalten und die Bildungsentscheidungen sind dabei von familialen Bedingungen abhängig (vgl. Ludwig-Mayerhofer 1995) und es ist von Einflüssen der Gleichaltrigen auszugehen (vgl. Krappmann 1999). Schulisch bedeutsame Faktoren sind insbesondere die Leistungsanforderungen, das System der Leistungsbewertung und Selektion für Bildungsgänge, aber auch die Angebote der Schul- und Laufbahnberatung. Von den strukturellen Faktoren kommt dem Angebot, der Verfügbarkeit und Erreichbarkeit von Bildungseinrichtungen und den regional-sozialen Netzwerken zur Stützung des Schulerfolgs eine erhebliche Bedeutung zu. Zu einem integrierenden Erklärungszugang führt letztlich die Frage nach den Mustern der Lebensplanung und dem darauf bezogenen Entscheidungsverhalten über die weiter einzuschlagende Bildungslaufbahn (vgl. Meulemann 1985; Ditton 1992; Alheit 1993; Becker 2000). Das Zusammenwirken dieser individuellen, gruppenspezifischen und strukturellen Bedingungen in einem umfassenden Untersuchungsansatz abzubilden, ist bislang nicht gelungen. Die Beziehungsmuster lassen sich nur aus einer Zusammenschau von Untersuchungen zu Teilaspekten dieses komplexen Gefüges erschließen (vgl. Becker/Lauterbach 2004).

Auf die Daten einer umfangreichen Längsschnittstudie in Großbritannien, die für zwei Kohorten von der Geburt bis zum Erwachsenenalter durchgeführt wurde und mehr als 30.000 Probanden umfasst, kann Schoon (2001) zurückgreifen. Der Datensatz beinhaltet das Material aus Erhebungen zu Risikofaktoren (u.a.: soziale Herkunft, materielle Bedingungen im Elternhaus, Bezug staatlicher Beihilfen), individuellen Ressourcen (akademische Fähigkeiten, schulische Leistungen) und dem sozialen Status im Erwachsenenalter. Als Analyseverfahren wird ein Längsschnitt-Pfadmodell eingesetzt. Wie die Ergebnisse zeigen, hat die soziale Herkunft einen starken Einfluss auf die Risikofaktoren und diese haben ihrerseits einen starken Einfluss auf die individuellen Ressourcen (Leistungen). Die Risiken sind über die Zeit (Altersspanne: 7-16 Jahre) außerordentlich stabil und haben daher einen kumulativen Einfluss auf den erreichten Status, hauptsächlich vermittelt über die individuellen Ressourcen. Daneben ist ein direkter Einfluss der Risiken auf den erreichten sozialen Status nachweisbar. Der erreichte Status (im Alter von 26 Jahren) ist im Modell für die erste Kohorte durch die Risiken und Ressourcen zu 38% und im Modell für die zweite Kohorte zu 43% erklärbar.

Dass die Schulleistungen einen erheblichen Teil der Effekte der sozialen Herkunft auf die Schulübertritte nach der vierten Klasse erklären, wurde in einer eigenen Untersuchung nachgewiesen (vgl. Ditton 1989, 1992; Merkens/Wessel 2002). Allerdings sind die Entscheidungen über den Schulübertritt nach der Grundschule sozial selektiver als es aufgrund der Leistungsunterschiede zu erwarten wäre. Dies trifft für die Bildungsentscheidungen der Eltern in stärkeren Maße zu als für die Bildungsempfehlungen der Lehrkräfte (Ditton 2004). Lehmann und Peek (1997) ermitteln in einer repräsentativen Studie an Hamburger Schulen mit mehr als 8000 Schülern einen substantiellen Zusammenhang zwischen Faktoren der sozialen Herkunft und den Schulleistungen. Durch die Bildung der Mutter lassen sich 15,3% und durch die Bildung des Vaters 12,2% der Varianz in den Schülerleistungen erklären. Ebenfalls bedeutsam, aber weniger stark ausgeprägt sind die Effekte des Erwerbsstatus. Substanzielle Zusammenhänge bestehen darüber hinaus mit der Familiengröße und mit dem soziokulturellen Milieu, das über den Buchbestand in der Familie operationalisiert wurde. Besonders hervorzuheben ist der Nachweis, dass für Gymnasialempfehlungen offenbar unterschiedliche Standards bezüglich der Schülerleistungen in Abhängigkeit von der sozialen Herkunft gelten (vgl. Lehmann/Peek 1997, S. 86ff. und 95ff.; vgl. auch Bos u.a. 2003, 2004). Kinder von Eltern mit niedrigeren Schulabschlüssen müssen höhere Leistungsanforderungen erfüllen, um eine Empfehlung für das Gymnasium zu erhalten, als Kinder von Eltern mit höheren Schulabschlüssen. Noch deutlicher zeigen sich diese Unterschiede in den Bildungserwartungen der Eltern: Der kritische Schwellenwert der Schulleistungen für einen Übertritt des Kindes zum Gymnasium sinkt mit der Höhe des eigenen Bildungsabschlusses deutlich.

Dass die Verbleibchancen in den höheren Schulen, insbesondere im Gymnasium, zwischen den Sozialgruppen stark unterschiedlich sind und sich im Vergleich der 1970er und 1980er Jahre nicht angenähert, sondern stärker auseinander entwickelt haben, weist eine Längsschnittuntersuchung von Bofinger (1990) nach: Während die Abbruchquote bis zur zehnten Klasse zwischen 1969/70 und 1981/82 von 24 auf 23% geringfügig zurückgeht, ist sie für Kinder, deren beide Elternteile selbst kein Gymnasium besucht haben, von 29 auf 31% gestiegen. Für Kinder, deren beide Elternteile über eine gymnasiale Ausbildung verfügen, ging die Abbruchquote dagegen von 14 auf 9% zurück. Zudem ermittelt Bofinger (1990), dass Schüler der oberen Sozialgruppe allenfalls dann das Gymnasium verlassen, wenn sie schlechte Noten in mehreren Fächern zugleich haben. Für Schüler der unteren Sozialgruppe sind dagegen schon schlechte Leistungen in einem Fach Grund genug, das Gymnasium wieder zu verlassen.

Die Übergänge zur Sekundarstufe II und in den Beruf untersuchen Schnabel und Schwippert (2000) mit Daten zu Schülerleistungen, Alter und Geschlecht, dem Bildungsniveau der Eltern, bildungsrelevantem Besitz in der Familie (Schreibtisch, Computer, Mikroskop) und verfügbarem kulturellen Kapital (im Haushalt vorhandene Bücher). Außerdem berücksichtigt werden das Begabungsselbstbild und die Sachinteressen der Schüler. Die Daten stammen aus der TIMSS-III-Erhebung zum Ende der Pflichtschulzeit. In deskriptiven Analysen zeigt sich, dass die Zusammensetzung der Schülerschaft in den Ausbildungsgängen höchst unterschiedlich ist: Der Anteil der Eltern mit Abitur variiert in den praktisch orientierten Ausbildungsgängen zwischen 10,3% (Hauptschule) und 20,4% (Realschule), in der gymnasialen Oberstufe liegt er mit 51% wesentlich höher. Eine Hauptscheidelinie besteht damit zwischen der gymnasialen Oberstufe (sowie dem Fachgymnasium) und den anderen Ausbildungsgängen. In einem weiteren Schritt werden die oben genannten Variablen als Prädiktoren für das Niveau des Hauptschulabschlusses (regulär/qualifiziert), den Bildungsverlauf nach dem Realschulabschluss und die Aufnahme eines universitären Ausbildungsgangs herangezogen. Als durchweg erklärungsstarke Faktoren erweisen sich der lernrelevante Besitz und das kulturelle Kapital in der Familie. Die Bildung der Eltern ist dagegen nur für die Prognose einer universitären Ausbildung signifikant, hier allerdings mit einer hohen Erklärungskraft. Eindeutig bestätigt wird die These der kulturellen Reproduktion damit im Hinblick auf universitäre Ausbildungsgänge, bezüglich der anderen Übergänge sind die Befunde aufgrund der nicht aneinander gekoppelten Effekte von Bildung und kulturellem Kapital nicht eindeutig interpretierbar.

Keineswegs befriedigend geklärt ist die Frage nach den Mechanismen im Einzelnen, die den Beitrag der Schule zur Reduzierung oder Vergrößerung sozialer Ungleichheit erklären. Aus einer Längsschnittuntersuchung von Meijnen (1987) ist für die Niederlande bekannt, dass anfangs bestehende Leistungsunterschiede zwischen den sozialen Gruppen schon im Verlauf der Grundschulzeit kontinuierlich zunehmen. Dies ist sicherlich nicht allein den Schulen anzulasten, vermutlich ist sogar das außerschulische Umfeld weitaus bedeutsamer. Zumindest lassen die Befunde amerikanischer Längsschnittstudien einen solchen Schluss zu (Entwisle/Alexander/Olson 1997; vgl. Ditton 2004). Dennoch von Bedeutung für die Verstärkung bzw. Reduzierung sozialer Unterschiede durch die Schule sind unter Bezug auf die Analysen von Meijnen strukturelle Bedingungen sowie das Curriculum und der Unterricht. Insbesondere scheint der ausdrücklichen Offenlegung der nicht funktionalen Qualifikationen für Schulerfolg, d.h. der offenen Thematisierung der heimlichen und unausgesprochen bestehenden Erwartungen an die Schüler – mit denen die Schüler oberer Schichten besser vertraut sind – eine wichtige Funktion zuzukommen (vgl. Meijnen 1991). Dass im deutschen Schulsystem der Übergang auf die weiterführenden Schulen nach der Grundschule besonders bedeutsam ist, wurde bereits deutlich Dies gilt auch darauf bezogen, dass sich die Schülerleistungen zwischen den Schulformen der Sekundarstufe in einem erheblichen Maße auseinanderentwickeln. Die Schulformen können insofern als differenzielle Entwicklungsmilieus gesehen werden, in denen Schüler äußerst unterschiedliche Entwicklungsbedingungen vorfinden (Baumert/Trautwein/Artelt 2003). In Folge der schichtspezifischen Verteilung auf die weiterführenden Schulen kommt es damit im Verlauf der Schulzeit auch zu einer Vergrößerung der sozialen Disparitäten. Insofern greifen zwei hauptsächliche Mechanismen ineinander: psychologische Prozessmerkmale und institutionelle Bedingungen (Baumert/Watermann/Schümer 2003). Die im Verlauf der Schulzeit stetig weiter aufklappende Leistungs- und Schulerfolgsschere geht also zurück auf (a) den schon in der Grundschulzeit nachweisbaren Leistungsvorsprung von Kindern oberer Schichten, (b) eine über Leistungsunterschiede hinaus sozial selektive Verteilung auf die weiterführenden Schulen und (c) die schulartspezifisch differenzielle Förderung im Verlauf der Sekundarstufe.

Es finden sich also wichtige Hinweise darauf, dass es durchaus auch eine Frage von Schulstrukturen sowie der Gestaltung von Schule und Unterricht ist, ob soziale Differenzen vergrößert oder relativiert werden. Belege finden sich auch für einen sozialspezifischen Bias zum Vorteil von Kindern aus höheren Schichten was die Wahrnehmung von Begabungen und die Bewertung von Schülerleistungen betrifft, wobei auch das Engagement der Lehrkräfte von Bedeutung zu sein scheint (Ditton 1992, S. 192ff., 1993, 1995). Mit Blick auf Ergebnisse zu Unterrichtsfaktoren, die zu einer reduzierten Leistungsstreuung in der Klasse führen, ist außerdem zu erwarten, dass folgende Unterrichtsmerkmale zu einer Relativierung sozialer Differenzen führen könnten: eine effiziente Klassenführung und hohe Adaptivität des Unterrichts, ein angepasstes Lehr-/Lerntempo und schließlich eine hohe diagnostische Sensibilität der Lehrkraft (vgl. Helmke 1988). Bedeutsam bezüglich der Reduzierung von Leistungsunterschieden ist vermutlich auch ein kognitiv anspruchsvoller Unterricht, der sich nicht auf einen Teil der Klasse konzentriert, sondern alle Schüler gleichermaßen einbezieht (vgl. Treinies/Einsiedler 1996). Auch wenn damit erste Hinweise bereits vorliegen, besteht an differenzierten Analysen zur Wirkung spezifischer Faktoren der Schule und des Unterrichts ein ganz erheblicher Nachholbedarf (vgl. Ditton 2004).

4 Perspektiven – Ist sozial-regionale Ungleichheit noch ein Thema?

Im Gesamtüberblick betrachtet sind die Befunde zur Entwicklung sozial-regionaler Ungleichheit im Bildungswesen gemessen an den Reformerwartungen der 1960er Jahre ernüchternd: Die regionale Ungleichheit in der Bildungsteilhabe erweist sich als stabil. Ergebnisse, die für einen Abbau sozialer Ungleichheit bei den mittleren Bildungsgängen sprechen, werden durch die soziale Geschlossenheit gymnasialer und universitärer Bildung nachhaltig relativiert. Der umfassend intendierte Abbau von Bildungsbarrieren ist somit nicht erfolgt. In der zeitlichen Perspektive scheint nach einer ersten Phase bescheidener Erfolge das Ruder wieder in die Gegenrichtung umgeschlagen zu sein. Plausibel ist auch die These einer zunehmenden Polarisierung (vgl. auch OECD 2000), wenigstens bezüglich der Randlagen am oberen und unteren Ende der Sozialhierarchie. Ein ausgeprägter Optimismus, dass sich in der Gegenwart eine Trendwende abzeichnen könnte, ist bei der gegebenen Datenlage schwer zu begründen. Eine wesentliche Rolle spielt dabei auch, dass der derzeitige Diskussionskontext zur Entwicklung des Bildungs- und Schulwesens ein anderer ist als in den 1960er Jahren. Statt sozialer Ungleichheit, Chancengleichheit oder kompensatorischer Erziehung sind schulische Profilbildung, Marktorientierung, Wettbewerb, freies Spiel der Kräfte und die Suche nach Spitzenleistung die beherrschenden Themen. Darauf bezogen lässt sich begründet die These vertreten, dass Deregulierungen des Bildungsmarktes bestehende Ungleichheiten weiter verstärken werden (vgl. Preuss-Lausitz 1997; Kolbe 1998). Zunehmend problematisch wird damit die Lage derjenigen, die im gesellschaftlichen Wettbewerb mit den gestiegenen Leistungserwartungen nicht mithalten können und für die das Risiko des Scheiterns im Verlauf der Bildungskarriere eher zu- als abnimmt.

Erfreulicherweise rückt diese Problematik derzeit auch in Deutschland zunehmend stärker ins Bewusstsein. In den Empfehlungen des Forums Bildung wird auf die spezifisch schwierige Lage der Verlierer der Bildungsexpansion explizit eingegangen (Arbeitsstab Forum Bildung 2001a) und im Bericht über die Einzelergebnisse findet sich ein eigener Abschnitt zu Chancengleichheit (Arbeitsstab Forum Bildung 2001b). Betont wird, dass die Zahl der Jugendlichen ohne Schulabschluss und ohne anerkannte Berufsausbildung dringend gesenkt werden muss. Ausdrücklich empfohlen wird die Entwicklung von neuen Konzepten zur Vermeidung von Schulverweigerung und Schulversagen. Auch in der Vereinbarung der KMK zu Handlungsfeldern, die in Folge von PISA länder- und parteiübergreifend als vorrangig angesehen werden, wird der Situation bildungsbenachteiligter Kinder und Jugendlicher gebührende Aufmerksamkeit geschenkt.

Der Konsens im Forum Bildung und in der KMK scheint jedoch nur dadurch möglich geworden zu sein, dass ein Wiederaufleben der Debatte um die Strukturen der starr gegliederten Schulformen mit der für Deutschland charakteristisch frühen Auslese – und der nachweislich geringen Mobilität – vermieden wurde. Vor diesem Hintergrund sind die in den Empfehlungen bzw. Vereinbarungen genannten Maßnahmen zur Herstellung größerer Chancengleichheit zwar durchaus plausibel (individuelle Förderung, Finden und Fördern von Begabungen, frühe Förderung schon in Kindertageseinrichtungen sowie der Grundschule, rechtzeitiger Ausgleich von Schwierigkeiten beim Lesen, Schreiben, Rechnen, Spracherwerb u.v.m). Auch die hohe Priorität, die der Sicherung eines Mindestniveaus an Bildung für jedermann zuerkannt wird, ist überzeugend. Zur Frage der Anschlussfähigkeit und Durchlässigkeit von Bildungsgängen – angefangen vom vorschulischen Bereich bis hinein in die Weiterbildung – bleiben die Empfehlungen jedoch unbefriedigend. Empfehlungen in Richtung eines modulartigen und primär vertikal strukturierten Schul- und Bildungswesens, wie es vom Deutschen Bildungsrat (1970) favorisiert wurde, sucht man vergebens. Es ist zu befürchten, dass diese Abtrennung der Aufgaben einer inneren Reform von denen einer äußeren die Erreichung der ehrgeizigen Ziele behindern wird (vgl. Furck 1967, 1992). Ein erster und wichtiger Schritt, um Chancengleichheit überhaupt wieder zu einem Zentralthema zu machen, ist allerdings getan. Untersuchungen zu Schulqualität und Evaluationen im Bildungswesen sollten künftig auch andere Erfolgsindikatoren beinhalten als nur die fachspezifischen Leistungen einer Altersgruppe. Sofern die Qualität des Bildungswesens künftig wieder stärker mit Aspekten der Chancengleichheit, einer (sozial) ausgeglicheneren Verteilung des Erfolgs und der Förderung schwächerer Lerner in Verbindung gebracht wird, ist in einem ersten Schritt schon einiges erreicht.

Literatur

Alheit, P.: Die Ambivalenz von Bildung in modernen Gesellschaften – Strukturprinzip kumulativer Ungleichheit oder Potential biographischer Handlungsautonomie? In: Pädagogische Rundschau 47 (1993), H. 1, S. 53-67

Arbeitsstab Forum Bildung (Hrsg.): Empfehlungen des Forum Bildung. Geschäftsstelle der BLK für Bildungsplanung und Forschungsförderung. Bonn 2001a

Arbeitsstab Forum Bildung (Hrsg.): Einzelergebnisse des Forum Bildung. Geschäftsstelle der BLK für Bildungsplanung und Forschungsförderung. Bonn 2001b

Bargel, T./Kuthe, M.: Regionale Disparitäten und Ungleichheiten im Schulwesen. In: Zedler, P. (Hrsg.): Strukturprobleme, Disparitäten, Grundbildung in der Sekundarstufe I. Weinheim 1992, S. 41-105

Bauereiss, R./Bayer, H./Bien, W. (Hrsg.): Familienatlas II. Lebenslagen und Regionen in Deutschland. Opladen 1997

Baumert,J./Artelt, C./Klieme, E./Neubrand, M./Prenzel, M./Schiefele, U./Schneider, H./Tillman, K.-J./Weiß, M.: PISA 2000 – Ein differenzierter Blick auf die Länder der Bundesrepublik Deutschland. Opladen 2003

Baumert, J./Klieme, E./Neubrand, M./Prenzel, M./Schiefele, U./Schneider, W./Stanat, P./Tillmann, K.J./Weiß, M. (Hrsg.): PISA 2000. Basiskompetenzen von Schülerinnen und Schülern im internationalen Vergleich. Opladen 2001

Baumert, J./Schümer: Familiäre Lebensverhältnisse, Bildungsbeteiligung und Kompetenzerwerb. In: Baumert, J./Klieme, E./Neubrand, M./Prenzel, M./Schiefele, U./Schneider, W./Stanat, P./Tillmann, K.-J./Weiß, M. (Hrsg.): PISA

2000, Basiskompetenzen von Schülerinnen und Schülern im internationalen Vergleich. Opladen 2001, S. 323-397

Baumert, J./Trautwein, U./Artelt, C.: Schulumwelten – institutionelle Bedingungen des Lehrens und Lernens. In: Baumert, J./Artelt, C./Klieme,E./Neubrand, M./Prenzel, M./Schiefele, U./Schneider, H./Tillman, K.-J./Weiß, M. (Hrsg.): PISA 2000 – Ein differenzierter Blick auf die Länder der Bundesrepublik Deutschland. Opladen 2003, S. 261-333

Baumert, J./Watermann, R./Schümer, G.: Disparitäten der Bildungsbeteiligung und des Kompetenzerwerbs. Ein institutionelles und individuelles Mediationsmodell. In: Zeitschrift für Erziehungswissenschaft 6 (2003), H. 1, S. 46-72

Beck, U.: Jenseits von Klasse und Stand. In: Kreckel, R. (Hrsg.): Soziale Ungleichheiten. Göttingen 1983

Beck, U.: Risikogesellschaft. Auf dem Weg in eine andere Moderne. Frankfurt a.M. 1986

Becker, R.: Dynamik rationaler Bildungsentscheidungen im Familien- und Haushaltskontext. In: Zeitschrift für Familienforschung 3 (1998), S. 5-28

Becker, R.: Klassenlage und Bildungsentscheidungen. Eine empirische Anwendung der Wert- Erwartungstheorie. In: Kölner Zeitschrift für Soziologie und Sozialpsychologie 3 (2000), S. 450-474

Becker, R./Lauterbach, W. (Hrsg.): Bildung als Privileg? Ursachen von Bildungsungleichheit aus soziologischer Sicht. Opladen 2004

Bertram, H.: Sozialstruktur und Sozialisation. Darmstadt 1981

Bertram, H.: Einleitung. In: Bertram, H./Nauck, B./Klein, T. (Hrsg.): Solidarität, Lebensformen und regionale Entwicklung. Opladen 2000, S. 7-16

Bertram, H./Bayer, H./Bauereiss, R. (Hrsg.): Familienatlas. Lebenslagen und Regionen in Deutschland. Opladen 1993

Bertram, H./Dannenbeck, C.: Pluralisierung von Lebenslagen und Individualisierung von Lebensführungen. Zur Theorie und Empirie regionaler Disparitäten in der Bundesrepublik Deutschland. In: Soziale Welt, Sonderband 7: Lebenslagen, Lebensläufe, Lebensstile. Göttingen 1990, S. 207-229

Bertram, H./Hennig, M.: Das katholische Arbeitermädchen vom Lande: Milieus und Lebensführung in regionaler Perspektive. In: Bertram, H. (Hrsg.): Kinder in Deutschland. Opladen 1995, S. 267-293

Bertram, H./Nauck, B./Klein, T. (Hrsg.): Solidarität, Lebensformen und regionale Entwicklung. Opladen 2000

Blasius, J./Winkler, J.: Gibt es die „feinen Unterschiede"? Eine empirische Überprüfung der Bourdieuschen Theorie. In: Kölner Zeitschrift für Soziologie und Sozialpsychologie 41 (1989), S. 72-94

Blossfeld, H.P./Shavit, Y.: Dauerhafte Ungleichheiten. Zur Veränderung des Einflusses der sozialen Herkunft auf die Bildungschancen in dreizehn industrialisierten Ländern. In: Zeitschrift für Pädagogik 39 (1993), S. 25-52

Bofinger, J.: Neuere Entwicklungen des Schullaufbahnverhaltens in Bayern. Schulwahl und Schullaufbahnen an Gymnasien, Real- und Wirtschaftsschulen von 1974/75 bis 1986/87. München 1990

Bos, W./Lankes, E.-M./Prenzel, M./Schwippert, K./Walther, G./Valtin, R. (Hrsg.): Erste Ergebnisse aus IGLU. Schülerleistungen am Ende der vierten Jahrgangsstufe im internationalen Vergleich. Münster 2003

Bos, W./Lankes, E.-M./Prenzel, M./Schwippert, K./Walther, G./Valtin, R. (Hrsg.): IGLU. Einige Länder der Bundesrepublik Deutschland im nationalen und internationalen Vergleich. Münster 2004

Boudon, R.: Education, Opportunity and Social Inequality. New York 1974

Bourdieu, P.: Ökonomisches Kapital, kulturelles Kapital, soziales Kapital. In: Kreckel, R. (Hrsg.): Soziale Ungleichheiten. Göttingen 1983, S. 183-198

Bourdieu, P.: Sozialer Raum und >Klassen<. Lecon sur la lecon. Zwei Vorlesungen. Frankfurt a.M. 1985

Bourdieu, P.: Die feinen Unterschiede. Kritik der gesellschaftlichen Urteilskraft. Frankfurt a.M. 1987

Brauns, H.: Soziale Herkunft und Bildungserfolg in Frankreich. In: Zeitschrift für Soziologie 28 (1999), H. 3, S. 197-218

Coleman, J.S.: Social Capital in the Creation of Human Capital. In: American Journal of Sociology (Supplement) 1988, pp. 95-120

Dahrendorf, R.: Bildung ist Bürgerrecht. Plädoyer für eine aktive Bildungspolitik. Osnabrück 1965

Deutscher Bildungsrat: Strukturplan für das Bildungswesen (Empfehlungen der Bildungskommission). Bonn 1970

Ditton, H.: Determinanten für elterliche Bildungsaspirationen und für Bildungsempfehlungen des Lehrers. In: Empirische Pädagogik 3 (1989), S. 215-231

Ditton, H.: Ungleichheit und Mobilität durch Bildung. Theorie und empirische Untersuchung über sozialräumliche Aspekte von Bildungsentscheidungen. Weinheim/München 1992

Ditton, H.: Bildung und Ungleichheit im Gefüge von Unterricht, schulischem Kontext und Schulsystem. In: Die Deutsche Schule 85 (1993), S. 348-363

Ditton, H.: Ungleichheitsforschung. In: Rolff, H.G. (Hrsg.): Zukunftsfelder von Schulforschung. Weinheim 1995, S. 89-124

Ditton, H. :Der Beitrag von Schule und Lehrern zur Reproduktion von Bildungsungleichheit. In: Becker, R. und Lauterbach, W. (Hrsg.): Bildung als Privileg? Ursachen von Bildungsungleichheit aus soziologischer Sicht. Opladen 2004

Edding, F.: Bildung und Politik. Pfullingen 1965

Entwisle, D.R./Alexander, K.L./Olson, L.S.: Children, Schools and Inequality. Boulder 1997

Esser, H.: Sozialökologische Stadtforschung und Mehr-Ebenen-Analyse. In: Kölner Zeitschrift für Soziologie und Sozialpsychologie, Sonderheft 29 (1988), S. 35-55

Esser, H.: „Habits", „Frames" und „Rational Choice". Die Reichweite von Theorien der rationalen Wahl. In: Zeitschrift für Soziologie 19 (1990), S. 231-247

Friedeburg, L. von: Bildungsreform in Deutschland. Geschichte und gesellschaftlicher Widerspruch. Frankfurt a.M. 1989

Furck, C.L.: Innere oder äußere Schulreform? Kritische Betrachtungen. In: Zeitschrift für Pädagogik 13 (1967), S. 99-115

Furck, C.L.: Widersprüche in der Bildungspolitik. In: Zeitschrift für Pädagogik 38 (1992), S. 457-470

Geipel, R.: Sozialräumliche Strukturen des Bildungswesens. Frankfurt a.M. 1965

Geißler, R.: Schichten in der postindustriellen Gesellschaft. Die Bedeutung des Schichtbegriffs für die Analyse unserer Gesellschaft. In: Soziale Welt, Sonderband 7: Lebenslagen, Lebensläufe, Lebensstile. Göttingen 1990, S. 81-101

Giddens, A.: Die Konstitution der Gesellschaft. Frankfurt a.M. 1997

Habich, R./Noll ,H.H.: Individuelle Wohlfahrt: vertikale Ungleichheit oder horizontale Disparitäten? In: Soziale Welt, Sonderband 7: Lebenslagen, Lebensläufe, Lebensstile. Göttingen 1990, S. 153-188

Handl, J.: Mehr Chancengleichheit im Bildungssystem. Erfolg der Bildungsreform oder statistisches Artefakt? In: Kölner Zeitschrift für Soziologie und Sozialpsychologie 37 (1985), S. 698-722

Helmke, A.: Leistungssteigerung und Ausgleich von Leistungsunterschieden in Schulklassen: unvereinbare Ziele? In: Zeitschrift für Entwicklungspsychologie und Pädagogische Psychologie 20 (1988), S. 45-76

Henz, U./Maas, I.: Chancengleichheit durch die Bildungsexpansion? In: Kölner Zeitschrift für Soziologie und Sozialpsychologie 47 (1995), S. 605-633

Henz, U.: Der Beitrag von Schulformwechseln zur Offenheit des allgemeinbildenden Schulsystems. In: Zeitschrift für Soziologie 26 (1997a), S. 53-69

Henz, U.: Der nachgeholte Erwerb allgemeinbildender Schulabschlüsse. Analysen zur quantitativen Entwicklung und soziale Selektivität. In: Kölner Zeitschrift für Soziologie und Sozialpsychologie (1997b), H. 2, S. 223-241

Hentig, H. von: Bilanz der Bildungsreform in der Bundesrepublik Deutschland. In: Neue Sammlung 30 (1990), S. 366-384

Hradil, S.: Sozialstrukturanalyse in einer fortgeschrittenen Gesellschaft. Opladen 1987

Hradil, S.: Soziale Ungleichheit in Deutschland. Opladen 2001

Institut für Länderkunde (Hrsg.): Nationalatlas Bundesrepublik Deutschland. Bd. 6: Bildung und Kultur. Heidelberg 2002

Köhler, H.: Bildungsbeteiligung und Sozialstruktur in der Bundesrepublik. Berlin 1992

Kolbe, F.U.: Die Verschärfung der Reproduktion sozialer Ungleichheit durch Schule. Auswirkungen der Deregulierung des Schulsystems am Beispiel Englands und der USA. In: Mansel, J./Neubauer, G. (Hrsg.): Armut und soziale Ungleichheit bei Kindern. Opladen 1998, S. 147-164

Koller, P.: Soziale Gleichheit und Gerechtigkeit. In: Müller, H.P./Wegener, B. (Hrsg.): Soziale Ungleichheit und soziale Gerechtigkeit. Opladen 1995, S. 53-79

Korczak, D.: Lebensqualität-Atlas. Umwelt, Kultur, Wohlstand, Sicherheit und Gesundheit in Deutschland. Opladen 1995

Krappmann, L.: Die Reproduktion des Systems gesellschaftlicher Ungleichheit in der Kinderwelt. In: Grundmann, M. (Hrsg.): Konstruktivistische Sozialisationsforschung. Frankfurt a.M. 1999, S. 228-239

Lamprecht, M./Stamm, H.P./Meier, U.: Soziale Ungleichheit im Bildungswesen – eine Teilanalyse der Daten der Eidgenössischen Volkszählung 1990. Neuchatel 1997

Lauterbach, W./Lange, A.: Aufwachsen in materieller Armut und sorgenbelastetem Familienklima. Konsequenzen für den Schulerfolg von Kindern am Beispiel des Übergangs in die Sekundarstufe I. In: Mansel, J./Neubauer, G. (Hrsg.): Armut und soziale Ungleichheit bei Kindern. Opladen 1998, S. 106-129

Lehmann R.H./Peek, R.: Aspekte der Lernausgangslage von Schülerinnen und Schülern der fünften Klassen an Hamburger Schulen. Bericht über die Untersuchung im September 1996. Berlin 1997

Lüdtke, H.: Expressive Ungleichheit. Zur Soziologie der Lebensstile. Opladen 1989

Ludwig-Mayerhofer, W.: Familiale Vermittlung sozialer Ungleichheit – vernachlässigte Probleme in alter und neuer Ungleichheitsforschung. In: Berger, P.A./Sopp, P. (Hrsg.): Sozialstruktur und Lebenslauf. Opladen 1995, S. 155-177

Mansel, J./Neubauer, G. (Hrsg.): Armut und soziale Ungleichheit bei Kindern. Über die veränderten Bedingungen des Aufwachsens. Opladen 1998

Mauthe, A./Rösner, E.: Schulstruktur und Durchlässigkeit. Quantitative Entwicklungen im allgemeinbildenden weiterführenden Schulwesen und Mobilität zwischen den Bildungsgängen. In: Rolff, H.G./Bauer, K.O./Klemm, K./ Pfeiffer, H. (Hrsg.): Jahrbuch der Schulentwicklung, Bd. 10, Weinheim 1998, S. 87-125

Mayer, K.U.: Lebensverlauf und Bildung. Ergebnisse aus dem Forschungsprojekt „Lebensverläufe und gesellschaftlicher Wandel" des Max-Planck-Instituts für Bildungsforschung. In: Unterrichtswissenschaft 19 (1991), S. 313-332

Meijnen, G.W.: From Six to Twelve. Different School Careers in Primary Education. In: Zeitschrift für Sozialisationsforschung und Erziehungssoziologie 7 (1987), S. 209-225

Meijnen, G.W.: Cultural Capital and Learning Progress. In: Meijnen, G.W/Peschar, J.L. (Hrsg.): Comparing Opportunity. Further Research on Educational Opportunity. International Journal of Education Research 15 (1991), Vol. 1, pp. 7-19

Merkens, H./Wessel, A.: Zur Genese von Bildungsentscheidungen. Eine empirische Studie in Berlin und Brandenburg. Hohengehren 2002

Meulemann, H.: Bildung und Lebensplanung. Die Sozialbeziehung zwischen Elternhaus und Schule. Frankfurt a.M. 1985

Müller, W./Haun, D.: Bildungsungleichheit im sozialen Wandel. In: Kölner Zeitschrift für Soziologie und Sozialpsychologie 46 (1994), S. 1-42

Müller-Hartmann, I./Henneberger, S.: Regionale Bildungsdisparitäten in Ostdeutschland. In: Bertram, H./Nauck, B. (Hrsg.): Kinder in Deutschland. Opladen 1995, S. 295-331

Nauck, B.: Sozialräumliche Differenzierung der Lebensverhältnisse von Kindern in Deutschland. In: Glatzer, W./Noll, H.H. (Hrsg.): Getrennt vereint. Lebensverhältnisse in Deutschland seit der Wiedervereinigung. Frankfurt a.M. 1995, S. 165-202

Nauck, B.: Soziales Kapital und intergenerative Transmission von kulturellem Kapital im regionalen Kontext. In: Bertram, H./Nauck, B./Klein, T. (Hrsg.): Solidarität, Lebensformen und regionale Entwicklung. Opladen 2000, S. 17-58

OECD: Trends and Driving Factors in Income Distribution and Poverty in the OECD Area. Labour Market and Social Policy-Occasional Papers No. 42. Paris 2000

Peisert, H.: Soziale Lage und Bildungschancen in Deutschland. München 1967

Picht, G.: Die deutsche Bildungskatastrophe. Analyse und Dokumentation. Freiburg 1964

Preuss-Lausitz, U.: Soziale Ungleichheit, Integration und Schulentwicklung. Zu den Qualitätskriterien bei der „Entstaatlichung" von Schule. In: Zeitschrift für Pädagogik 43 (1997), S. 583-596

Rodax, K.: Strukturwandel der Bildungsbeteiligung. Eine Bestandsaufnahme im Spiegel der amtlichen Statistik. Darmstadt 1989

Rodax, K.: Soziale Ungleichheit und Mobilität durch Bildung in der Bundesrepublik Deutschland. In: Österreichische Zeitschrift für Soziologie 20 (1995), H. 1, S. 3-27

Rolff, H.G.: Sozialisation und Auslese durch die Schule. Weinheim/München 1997

Schimpl-Neimanns, B.: Soziale Herkunft und Bildungsbeteiligung. In: Kölner Zeitschrift für Soziologie und Sozialpsychologie 52 (2000), S. 637-669

Schnabel, K.U./Schwippert, K.: Schichtenspezifische Einflüsse am Übergang auf die Sekundarstufe II. In: Baumert, J./Bos, W./Lehmann, R. (Hrsg.): TIMSS/III, Bd. 1, Opladen 2000, S. 261-281

Schoon, I.: Risiken, Ressourcen und sozialer Status im frühen Erwachsenenalter. Befunde zweier britischer Längsschnittstudien. In: Zeitschrift für Sozialisationsforschung und Erziehungssoziologie (2001), H. 1, S. 60-79

Sertl, M.: Mehr Chancengleichheit durch postmoderne Pädagogik? Anmerkungen zum Stand der Schulreform. In: Preglau M./Richter, R. (Hrsg.): Postmodernes Österreich? Konturen des Wandels in Wirtschaft, Gesellschaft, Politik und Kultur. Wien 1998, S. 199-218

Shavit, Y./Blossfeld, H.P.: Persisting Barriers. Changes in Educational Opportunities in Thirteen Countries. EUI Working Papers in Political and Social Sciences, SPS No. 92/16, San Domenico 1992

Steiner, M.: Regionale Ungleichheit. Wien 1990

Strasser, H.: Diesseits von Klasse und Stand. Prinzipien einer Theorie der sozialen Ungleichheit. In: Giesen, B./Haferkamp, H. (Hrsg.): Soziologie der sozialen Ungleichheit. Wiesbaden 1987, S. 50-92

Treinies G./Einsiedler, W.: Zur Vereinbarkeit von Steigerung des Lernleistungsniveaus und Verringerung von Leistungsunterschieden in Grundschulklassen. In: Unterrichtswissenschaft 24 (1996), S. 290-311

Zedler, P.: Stagnation und Bewertungswandel. Zu Stand, Entwicklung und Folgen ausbleibender Strukturreformen im Bildungswesen. In: Zeitschrift für Pädagogik 31 (1985), S. 501-524

Frank-Olaf Radtke

Schule und Ethnizität

1 Begriffliche Unterscheidungen

‚Rasse', ‚Volk', ‚Ethnie', ‚Nation', dazu ‚Kultur' und ‚kollektive Identität' sind zentrale Begriffe aus dem semantischen Repertoire des modernen europäischen Nationalstaates (vgl. Koselleck/Gschnitzer/Werner 1992; Niethammer 2000). Diese Organisationsform des politischen Systems wurde im 18. Jahrhundert erdacht und im 19. Jahrhundert zunächst in Nord-Amerika und West-Europa etabliert; am Ende des 20. Jahrhunderts hat sie sich als institutionelles Muster über die ganze Welt verbreitet. Die globale Bereitschaft zur Imitation des Modells ‚Nationalstaat' ist nicht nur seiner offenkundigen Leistungsfähigkeit als Instrument der Durchsetzung von bindenden Entscheidungen, der Monopolisierung von Gewalt und der Beschaffung von Legitimität zuzuschreiben. Die Attraktivität resultiert auch aus dem hohen Mobilisierungs- und Erregungspotenzial des Konstruktes ‚Nation', das aus der ‚Bevölkerung' eines Territoriums ein ‚Volk' macht und mit einer Konfusion der Unterscheidung von ‚Staat', ‚Gesellschaft' und ‚Gemeinschaft' wie kein anderes politisches System kollektive Emotionen freisetzen kann. Flankiert von Rationalitätsversprechen und Effizienzerwartungen wird mit der Idee der ‚Nation' die Vorstellung einer Gesellschaft *als* Gemeinschaft evoziert, die einen Staat besitzt – oder sich in dessen Besitz befindet (vgl. Stichweh 2000, S. 50).

Die semantischen Neuerungen ‚Volk' und ‚Nation' führen bis heute eine doppelte Bedeutung mit, die schon in den bis in die Antike zurückreichenden griechischen Bezeichnungen ‚demos' und ‚ethnos' unterschieden wurde (vgl. Francis 1965) und auch mit der Übernahme des lateinischen Morphems ‚natio' im modernen Sprachgebrauch erhalten geblieben ist. Abgestellt wird entweder auf einen Vertrag, durch den sich das ‚Volk' (‚demos') politisch konstituiert; oder seine Einheit wird durch gemeinsame Abstammung (‚natio') bzw. ethnische Herkunft (‚ethnos') definiert.

Der Begriff des ‚Volkes' übernimmt im Prozess der Nationwerdung mehrere Funktionen: Er überbrückt im Inneren soziale Standes- und Klassenunterschiede, wie er nach außen dazu dient, die Einheit eines Gemeinwesens zu behaupten und seine Grenzen zu bestimmen. Der Begriff eröffnet sowohl Ansprüche auf Ein- bzw. Anschluss (‚Vereinigung') der noch Ausgeschlossenen, als auch die Möglichkeit der Ausgrenzung der anwesenden, aber abzuweisenden ‚Fremden' (‚Diskriminierung'). Umgekehrt können diskriminierte Minderheiten ihrerseits das Instrument der ethnischen Identifikation zur Mobilisierung, Emanzipation und Befreiung benutzen, sich selbst als ‚Volksgruppen' behaupten und das Ziel verfolgen, einen eigenen Nationalstaat zu eröffnen (vgl. Heckmann 1992). Immer wird in ethnisch codierten Auseinandersetzungen um die Frage gerungen: Wem gehört der Staat, d.h. wer hat Zugang zur politischen Macht und damit zur Verteilung der öffentlichen Güter, und wer wird davon ausgeschlossen (vgl. Wimmer 1997)?

Bei der Begründung von Ein- und Ausschluss erweist der ethnische Nationalismus seine besondere Funktionalität, aber auch eine beispiellose Giftigkeit als ideologisches Instrument der Klassifikation in der Hand von Mehrheit und Minderheiten. Unterschieden wurde und wird bei der Einteilung von ,Volkszugehörigkeiten' nach dem Merkmal ,Sprache' und/oder ,Religion', wenn diese Differenz nicht zum erwünschten Ergebnis führt, auch nach unverlierbaren Merkmalen wie Hautfarbe/,Rasse' und ,Herkunft/Abstammung'. Ethnische Unterscheidungen konstruieren eine Klammer zwischen Individuum und Kollektiv: Sie können Bevölkerungsgruppen auferlegt oder von diesen selbst gewählt sein; kategorial exklusiv verwendet sollen sie graduelle Übergänge unmöglich machen; sie essentialisieren eine Differenz, die gleichwohl arbiträr, austauschbar ist und wechseln kann (Esser 1988), die jedoch, einmal mit Macht politisch und rechtlich valorisiert, nicht mehr verhandelbar und nicht leicht abzustreifen ist.

Ethnische Unterscheidungen werden in der offiziellen staatlichen und massenmedialen Kommunikation produziert und in der alltäglichen Interaktion zwischen Individuen reproduziert, wo sie für die Unterschiedenen sozial höchst folgenreich werden. Wer zum Kollektiv gehört, wird mit politischen Rechten und sozialen Ansprüchen ausgestattet; für die Ausgeschlossenen bleibt die Zuweisung bestenfalls eines Minderheiten-, häufiger eines Paria-Status, der nicht selten in der Geschichte Vertreibung oder Ausrottung (Genozid) legitimiert hat. Fatalstes Beispiel der neueren Geschichte ist die allmähliche Aussonderung, Entrechtung und schließliche Ermordung der europäischen Juden zwischen 1933 und 1945.

Theoretisch vorgedacht war der Begriff der ,Nation' bzw. der des ,Volkes' schon im 18. Jahrhundert bei Montesquieu (1689-1755), später bei Herder (1744-1803). Beide meinten ein kulturanthropologisches Unterscheidungskriterium zur Beschreibung der ,Menschheit' in dem je einzigartigen ,esprit national' bzw. dem ,Geist eines Volkes' entdeckt zu haben, dem alle kulturellen Äußerungen wie Sitte, Sprache, Moral und Literatur zuzurechnen seien. Die Unterscheidung von ,Völkern' und ,Mentalitäten', Hegel (1770-1831) und Humboldt (1767-1835) sprechen von ,Volksgeistern', mit der aus der einheitlichen Vernunft-Kultur der Menschheit verschiedene Kultur*en* der Völker wurden, kann als eine der folgenreichsten Innovationen in der politischen Semantik des 18./19. Jahrhunderts gelten (Luhmann 1995).

Daran orientiert suchten Völkerpsychologen, Ethnologen und Kulturanthropologen in der zweiten Hälfte des 19. Jahrhunderts im Gefolge der europäischen Kolonisatoren, unterstützt von christlichen Missionaren, in die Unübersichtlichkeit fremder Kontinente, von Amerika über Afrika und Asien bis Australien, eine ethnische Ordnung zu bringen, indem sie Bevölkerungsgruppen entlang von ,Kulturen' unterschieden, ähnlich wie zuvor Carl v. Linné (1707-1778) durch ein taxonomisches System von Merkmalen die Pflanzenwelt nach Gattungen und Arten klassifiziert hatte. Aus der Sicht der Ethnologie erschien die nur teilweise bekannte Welt „wie ein Flickenteppich von Kulturen" (Wimmer 1996, S. 402), die als unverwechselbare Einheiten gedacht wurden, unterschieden durch je spezifische Formen der Lebensweise, der Techniken der Lebensbewältigung, der Sozialorganisation und vor allem der Sprache.

Die Bezeichnung ,Ethnie' wurde für ,Stämme' oder ,Völker ohne Staat' benutzt, die sich in ihrer Evolution noch nicht bis zur Herausbildung komplexer Formen politischer Organisation empor geschwungen hatten, an denen die europäischen Eroberer sie maßen. Man konnte lange von ,Reife', ,Kulturhöhe' oder auch ,Kulturfähigkeit' eines Volkes sprechen (vgl. Römer 1985, S. 38ff.), bis die Kulturanthropologen Boas (1928) und Malinowski (1951) mit der Vorstellung einer gleichzeitig nebeneinander bestehenden Pluralität von Kulturen den teleologischen Evolutionismus aus der Ethnologie auszutreiben suchten, der eine unverhohlene Hierarchisierung und Abwertung der je anderen erlaubte. An die Stelle setzten sie ein Konzept des Kulturrelativismus. Seither wird in der Kulturanthropologie die funktionale Äquivalenz unterschiedlicher kultureller Formen unterstellt und beschworen, dass die Kulturen immanent betrachtet werden müssten und Differenzen nicht nach den Werten und Normen einer anderen Kultur beurteilt werden dürften. Diese auf Anerkennung gerichtete Sichtweise verträgt sich eher mit der normativ begründeten Gleichheitssemantik der UN-Menschenrechtserklärung.

Im Gegensatz zur Ethnologie und Kulturanthropologie hat die Soziologie in ihrem Hauptstrom das Phänomen ethnischer Differenzierung mit mehr analytischer Distanz behandelt. Sie benutzt seit Webers (1864-1919) nachgelassenem, bislang unüberboten präzisem Text über „Ethnische Gemeinschaftsbeziehungen“ (1920/1964) ethnische Unterscheidungen nicht selbst zur Beschreibung der sozialen Realität, sondern sie beobachtet die sozialen Akteure dabei, *wie* sie Gebrauch von ethnokulturellen Unterscheidungen machen. Gefragt wird, wann, von wem und wozu kulturelle Unterscheidungen/Semantiken sozial bedeutsam gemacht und in sozialen Beziehungen zur Bildung von ‚Wir-' und ‚Sie-Gruppen' eingesetzt werden. In dieser Beobachtungsperspektive wird ‚Ethnizität' nicht als menschliche Eigenschaft vorausgesetzt, also anthropologisiert und essentialisiert, sondern das Phänomen wird als sozial hervorgebrachte semantische Unterscheidung selbst zum Gegenstand der Untersuchung historischer und politischer Prozesse und Entwicklungen. ‚Ethnizität' beschreibt einen sozialen Abgrenzungstatbestand, bei dem ‚Kultur', aber auch andere Unterscheidungen von den Individuen zur (Selbst-)Identifikation oder von anderen zur (Fremd-) Kategorisierung einer Gruppe von Menschen benutzt werden kann (Wallman 1979). Anders als die Kulturanthropologie setzt der soziologische Begriff von ‚Ethnizität' Differenz nicht als gegeben voraus, sondern ist an den Kontexten ihrer Verwendung und den Umständen ihrer sozialen Hervorbringung interessiert (Barth 1969; Dittrich/Radtke 1990; Bommes 1996).

Weber begann seine Beobachtung, indem er gegen die im common sense veralltäglichte Völkerpsychologie auf basalen soziologischen Differenzierungen bestand. Er unterschied wieder, was im Nationbegriff absichtlich ineinander geschoben wurde: ‚Vergesellschaftung', die „auf rational (wert- oder zweckrational) motiviertem Interessenausgleich oder auf ebenso motivierte Interessenverbindung" zielt, von ‚Vergemeinschaftung', die „auf subjektiv gefühlter (affektueller oder traditionaler) Zusammengehörigkeit der Beteiligten beruht" (ebd., S. 29). Ethnische Gruppen definierte Weber als „solche Menschengruppen, welche aufgrund von Ähnlichkeiten des äußeren Habitus oder der Sitten oder beider oder von Erinnerungen an Kolonisation und Wanderung einen subjektiven Glauben an eine Abstammungsgemeinschaft hegen, derart, dass dieser für die Propagierung von Vergemeinschaftungen wichtig wird“ (ebd., S. 307). Sie sind von ‚Sippen‘, die durch reales Gemeinschaftshandeln charakterisiert wären, zu unterscheiden, weil sie auf nur geglaubter Gemeinsamkeit beruhen. Dieser Glaube aber ist ein die (politische) Vergemeinschaftung erleichterndes und förderndes Moment. Am Ende seiner um äußerste Präzision bemühten Überlegungen stellte Weber jedoch fest, dass mit dem Begriff der „ethnischen Gemeinschaft“ ganz unterschiedliche Phänomene bezeichnet seien und der Gegenstand sich bei genauer Betrachtung eher verflüchtige. Für eine exakte soziologische Untersuchung jedenfalls „würde der Sammelbegriff ‚ethnisch' sicherlich ganz über Bord geworfen werden" (vgl. ebd., S. 313).

Auf dieser begriffsskeptischen Argumentationslinie wurde bis in die 1970er Jahre in der Soziologie nicht nur auf die Kategorie ‚Ethnizität' als analytisches Instrument verzichtet, sondern es wurde sogar angenommen, dass das Phänomen ethnischer Gemeinschaftsbildung selbst verschwinden und die modernere Form funktionaler und rationaler Vergesellschaftung die Oberhand gewinnen werde. Diese Prognose ist nicht eingetreten, was zuerst in den USA beobachtet wurde (Glazer/Moynihan 1963) und zu einer intensiven Beschäftigung mit innerstaatlichen Prozessen der Gruppenbildung entlang ethnischer Unterscheidungen führen sollte. In empirischer Absicht ist der Begriff ‚ethnische Identität' (Isajiw 1974) verwendet worden, um das sozialpsychologische Phänomen zu bezeichnen, dass eingewanderte Individuen ein Gefühl der Zugehörigkeit entwickeln und ihrer Gemeinschaft ein Bewusstsein der Einzigartigkeit und historischer Bedeutung zuwächst, das sie gerade auch in Minderheitensituationen über mehrere Generationen erhalten können. ‚Ethnische Identität', man müsste besser sagen, ‚ethnische Identifikation', wird definiert als die Art und Weise, in der Personen mit Referenz auf ihre ethnische Herkunft sich selbst in Beziehung setzen zu einem oder mehreren sozialen Systemen und in der sie wahrnehmen, dass andere sie in Relation zu diesen Systemen bringen. Ethnische Identifikation reflektiert die negative, aber auch die positive Diskriminierungserfahrung, die in Selbstunterscheidung mündet. Mit der (Selbst-)Distinktion verbunden ist der subjektive Bezug auf sozialisatorisch tradierte Bilder, Ideen, Verhaltensweisen und Befindlichkeiten, die von charakteristischen sozialen und kulturellen Verhaltensweisen begleitet werden. Dazu gehört das Sprechen einer Herkunftssprache, das Praktizieren ethnischer Traditionen, die Teilnahme an ethnischen Netzwerken, Organisationen und Assoziationen (vgl. Isajiw 1990, S. 35ff.). Ob und in welcher Weise die einzelnen Familien und Individuen dabei kognitive, moralische oder affektive Motive kombinieren, streut empirisch breit zwischen Individuen und verschiedenen ethnischen Gruppen und kann zur vollständigen oder teilweisen Assimilation oder zur Ausprägung verschiedener Typen einer ritualistischen, einer ideologischen oder einer rebellischen ethnischen Identität führen (ebd.).

Die von Weber konstatierte analytische Unschärfe des Begriffs ‚Ethnie/ethnisch' mag seine Brauchbarkeit in der Wissenschaft beschränken, sie erhöht jedoch seine Eignung für Zwecke der ‚Propagierung von Vergemeinschaftung' bzw. ‚ethnischer Mobilisierung' auch in der modernen, funktional differenzierten Gesellschaft, die unter den Bedingungen der Globalisierung offenbar sogar noch gesteigert wird. Belehrt von dieser empirischen Realität wird ethnische Differenzierung von der Soziologie heute als konstitutiver Teil des Modernisierungsprozesses behandelt (vgl. Esser 1988; Nassehi 1990), mit dem auch das öffentliche Erziehungssystem rechnen muss.

Angesichts der politischen Brisanz ist bei der Betrachtung des Phänomens ‚ethnischer Gemeinschaftsbildung' eine strikte Unterscheidung der Teilnehmerperspektive von der wissenschaftlichen Beobachtungsperspektive um so wichtiger. Schon in den 1980er Jahren entstand in den Sozial- und Kulturwissenschaften eine Diskussionslage, in der die Grundkategorien ‚Ethnie' und ‚Kultur' als disziplinäre Erfindungen dekonstruiert wurden. Darüber ist die Völkerkunde/Ethnologie in eine Krise geraten, die bis an die Grenze ihrer Selbstauflösung reicht. Nach einer selbstreflexiven Kritik, die ‚Kultur' nicht nur als soziale Konstruktion, sondern als Produkt ethnographischen Schreibens selbst durchschaute (vgl. Clifford/Marcus 1986) und daraus die Forderung ableitete, gerade Ethnologen hätten gegen ‚Kultur' anzuschreiben, kann heute nur mit erheblichem argumentativem Aufwand, der auf Bereinigung und Läuterung, Anpassung und Dynamisierung des Kulturbegriffs zielt (Wicker 1996), die Fortexistenz der Ethnologie als Disziplin begründet werden. Wie die Soziologie sieht nun auch die Ethnologie ihre Aufgabe nicht mehr mit Boas darin, Differenz zu entdecken und anzuerkennen, sondern stellt mit Blick auf die moderne (Welt-)Gesellschaft die Frage nach den Bedingungen der sozialen Hervorbringung und Valorisierung ‚kultureller' Differenz in einem Gespinst von Machtverhältnissen, Akteursnetzwerken, Interessengegensätzen, Legitimationsdiskursen und Mobilisierungsstrategien, die nicht nur in der exotischen Fremde, sondern gerade auch im Nahbereich der eigenen, längst nicht mehr als Einheit gedachten ,kulturellen Praxis' entdeckt werden können (Sökefeld 1998). Die Wende auf die eigene Kultur hat dann solche Begriffsbildungen wie ,Alltagskultur', ,politische Kultur', ,Wissenschaftskultur', ,Berufs- oder Betriebskultur' oder auch ,Schulkultur' möglich gemacht, die alle in den Plural gesetzt werden können und zu einer vergleichenden Ethnographie einladen.

In deutlichem Kontrast zu den innerdisziplinären Zweifeln an der für die Ethnologie konstitutiven Kategorie der „Ethnizität" steht die ungenierte Verwendung ethnologischer Kategorien in der Politik und der Pädagogik westlicher Wohlfahrtsstaaten. Eindrücklich zu studieren ist die Renaissance ethnischer Unterscheidungen am Phänomen des ,Multikulturalismus', der gegen kulturelle Assimilation (,melting pot') opponiert und auf Anerkennungsforderungen von Minderheiten mit der regulativen Idee des ,ethnischen Pluralismus' reagiert. Unterstützt von kommunitaristischen Strömungen in der politischen Philosophie (vgl. Taylor 1992; Brumlik/Brunkhorst 1993; Honneth 1993; Kymlicka 1995), die nach Bindekräften in der modernen Gesellschaft suchen, wurden die mit dem ,Multikulturalismus' assoziierten Begriffe ,Ethnie', ,Kultur' und ,kollektive Identität' besonders in der politischen Planung und der praktischen Pädagogik selektiv für eigene Zwecke rezipiert.

Die Strategie des ,Multikulturalismus' hat sich – wie einst der Nationalismus – zeitweise als Kampfbegriff in politischen Auseinandersetzungen um die Gleichstellung von ansässigen und zugewanderten Minderheiten und die Respektierung kollektiver kultureller Rechte über die gesamte, zunehmend global vernetzte Welt verbreitet. In pluralen westlichen Gesellschaften wird mit Identitätspolitiken nicht mehr allein um soziale Distributionsgerechtigkeit, sondern neben geschlechtlicher auch um symbolische Anerkennung ethno-kultureller Differenz im öffentlichen Raum (Fraser/Honneth 2003) gestritten, die als Forderung – vom Recht des öffentlichen Gebrauchs der eigenen Sprache, über die Respektierung religiöser Gewohnheiten und sexueller Orientierungen bis zur Unterscheidung von ,lifestyles' – auch an den modernen Wohlfahrtsstaat gerichtet werden kann.

Wie der Nationalismus bezieht auch der Multikulturalismus seine politische und soziale Attraktivität aus dem Zusammenschieben der Unterscheidung von ,Gesellschaft', ,Gemeinschaft' und ,Staat', der nun – jenseits föderaler Anordnungen – im geteilten Besitz (Quoten) gleich mehrerer Ethnien (ethnic communities) sein und die Anerkennung der kulturellen Differenzen sichern soll. Mit der programmatischen Forderung nach „Multicultural Education" bzw. „Interkultureller Erziehung und Bildung" (Hohmann 1983; Banks/McGee Banks 2002), wie sie heute beinahe alle einschlägigen Rahmenrichtlinien oder -pläne für den Unterricht einleitet (vgl. KMK 1996), haben die neuen Anforderungen an ein ,multikulturelles Zusammenleben' auch das Erziehungssystem der westlichen Industrieländer, ganz besonders die Schule erreicht, für die der Umgang mit ethno-nationalen Unterscheidungen – historisch allerdings mit dem umgekehrten Vorzeichen – ein vertrauter Gegenstand ist.

2 Schule, ,Volk', ,Nation' und Sprache

Die Modi, in denen die Schule als Organisation das semantische Konstrukt ,Ethnizität' bei der Organisation und Darstellung ihrer Praxis verwendet, sind besser zu verstehen, wenn man das moderne Erziehungssystem als Ergebnis einer Struktur- bzw. Systembildung begreift, die mit dem Zerfall der alten ständischen Ordnung und der Ausbildung von Nationalstaaten im 18.

Jahrhundert beginnt und gerade erst am Ende des 20. Jahrhunderts einen Kulminationspunkt erreicht zu haben scheint. Das Verhältnis von Schule und Nationalstaat war bis zur Mitte des 20. Jahrhunderts durch eine enge funktionale Beziehung der gegenseitigen diskursiven Hervorbringung bestimmt (Gellner 1991). Die Staatsschule diente der nationalen Vergemeinschaftung der Bevölkerung und konnte sich in allen Dimensionen ihrer Aufgabenbewältigung, von der Zuständigkeitsbegrenzung bis zur Bestimmung von Erziehungszielen, der nationalen Semantik bedienen.

Am Ende des 20. Jahrhunderts hat sich in der Umwelt der Schule viel geändert. In der „postnationalen Konstellation" der Weltgesellschaft (vgl. Habermas 1998), die unter dem Eindruck der Globalisierung der Waren-, Finanz- und Arbeitsmärkte und der damit verbundenen Migrationsprozesse zu einer Krise der nationalen Wohlfahrtsstaaten geführt hat, stehen auch die nationalen Erziehungssysteme vor einer neuen Herausforderung, die sie zwingt, ihr Leistungsprofil umzustellen. Die Schwierigkeiten bestehen nicht nur in der effektiven Gewährleistung individueller Bildungsanrechte bei knappen Finanzmitteln, sondern zu ihrer Aufgabenbeschreibung in kulturell plural gedachten Gemeinwesen gehört prominent auch der effektive Umgang mit der neuen Klientel der Zugewanderten, die der Schule in Gestalt von Kindern begegnet, deren Lebensgewohnheiten sich von denen ihrer Mitschüler unterscheiden und deren Familiensprachen nicht mit der in der Schule benutzten Sprache identisch sein müssen.

2.1 Die Schulen der Nation

In historischer Perspektive zeigt sich, dass öffentliche Massenerziehung in Schulen ein wichtiges Medium war, in dem „fiktive Ethnizität" (Balibar/Wallerstein 1990, S. 118f.) bzw. der Glaube an eine „imaginierte Gemeinschaft" (Anderson 1996) durch die Einübung in ethnokulturelle Unterscheidungen und ihre Bewertung im öffentlichen Bewusstsein der Bevölkerung durchgesetzt werden sollte. Bei allen Unterschieden, die eine vergleichende Rekonstruktion der Entstehung nationaler Schulsysteme im 19. Jahrhundert (vgl. Archer 1979; Müller/Zymek 1987; Green 1990) und ihrer aktuellen Erscheinungsformen zutage fördern müsste, liegt hier, ablesbar an ‚nationalen Lehrplänen', ihr gemeinsamer Grundstein. Gerade in aufstrebenden Staatsgebilden wurden und werden öffentliche ‚Schulen der Nation' als Instrument der Modernisierung in all ihren politischen, ökonomischen und kulturell-mentalistischen Dimensionen erdacht. Sie sollten in der industriellen Revolution des 19. Jahrhunderts zuerst in Europa und Nord-Amerika dazu dienen, Literalität in der breiten Bevölkerung durchzusetzen, aber auch zur Disziplinierung bzw. Erzeugung industriellen Arbeitsvermögens beitragen. Hinzu kam im Zuge der wissenschaftlichen Rationalisierung der Produktion die Aufgabe, permanente Innovationsbereitschaft zu habitualisieren und mittelbare Kommunikationsfähigkeit unter Abwesenden im Medium der Schrift zu ermöglichen. Deshalb die allgemeine Schulpflicht.

Moderne Pflichtschulen sind Teil der Bevölkerungspolitik (vgl. Foucault 1977, S. 160ff.) und zielen – neben der Schaffung von Prämissen für die Qualifikation der Bevölkerung zur Mehrung des nationalen Wohlstandes (Becker 1982; Schultz 1986) – auf die politische Formierung der Individuen zu Staatsbürgern. Sie sollten – unabhängig von den je besonderen Inhalten eines politischen oder ethnischen Nationalismus – aus der Sicht ihrer staatlichen Veranstalter und Verwalter die innere kulturelle Einheit der Gemeinschaft konsolidieren, die soziale Über- und Unterordnung reproduzieren und legitimieren, zugleich aber Kohärenz über soziale Standes- oder Klassendifferenzen hinweg befestigen, Loyalität gegenüber dem Staat und seiner Regierung(-sform) erzeugen und nationale Mobilisierung gegen äußere Bedrohungen erleichtern (vgl. Herrmann 1993; Wenning 1999, S. 154ff.).

2.2 Schule im nationalen Wohlfahrtsstaat

Nationalstaaten haben in den hochindustrialisierten Zonen der Welt im 20. Jahrhundert die Form von Wohlfahrtsstaaten angenommen, die durch ein „kompensatorisches Prinzip" gekennzeichnet werden, das „diejenigen Nachteile, die durch eine bestimmte Ordnung des Lebens auf den Einzelnen entfallen" (Luhmann 1981, S. 8), auffangen soll. Seit der Staat seinen Bürgern nicht mehr nur politische Partizipationsrechte und zivile Rechtssicherheit auf seinem Territorium garantierte und soziale Hilfen nicht nur als Wohltaten, sondern als soziale Anrechte konzipierte (vgl. Marshall 1992), reagiert er nicht mehr nur kurativ auf Notlagen, sondern definiert selbst, welche Probleme der allgemeinen Wohlfahrt er aus eigener Initiative präventiv bearbeiten kann und will. Daraus entstand ein nur noch durch Kosten begrenzter Zuständigkeitshorizont des Wohlfahrtsstaates für alle diejenigen, die sich in seinem territorial definierten Zuständigkeitsbereich befanden. Ein zentraler Bestandteil des sorgenden Staates (deSwaan 1993) ist das öffentliche Erziehungssystem vom Kindergarten über Schulen und Hochschulen bis zur Volks- und Erwachsenenbildung, das der Vermittlung von Inklusion in die wichtigen Teilsysteme der Gesellschaft dienen soll. Aus der Schulpflicht ist im 20. Jahrhundert ein sozialstaatlich verbürgtes (Menschen-) Recht auf Bildung geworden (vgl. Richter 2003).

Mit der Diskussion um die Krise des Wohlfahrtsstaates wird auch im Feld der pädagogischen Vor- und Fürsorge überprüft, welche Bildungsanrechte gewährleistet und bis zu welchem Punkt sie bedient oder beim Rückbau des Wohlfahrtsstaates in die Eigenverantwortlichkeit der Individuen zurückgegeben werden sollen. Auf der Suche nach Einsparungsmöglichkeiten stellt sich – bei Umkehrung des älteren Konzepts der Schulpflicht – die Frage, wer überhaupt wie lange anspruchsberechtigt sein soll und wer nicht. Bei dieser Überprüfung von Ansprüchen gewinnen im nationalen Wohlfahrtsstaat (vgl. Bommes 1999) ausländerrechtliche Unterscheidungen (deutsch/ausländisch) eine Bedeutung, die subjektiv als direkte ethnische Diskriminierung wahrgenommen werden und auch so gemeint sein können. So wurde in der Bundesrepublik bezogen auf Immigranten(-kinder) – vermittelt über ihren Aufenthaltsstatus – zeitweise die Möglichkeit geprüft, die Schulpflicht zu verneinen bzw. die Gewährleistung von Bildungsansprüchen für Nicht-Staatsangehörige ganz oder teilweise zu verweigern (Gogolin/Neumann/Reuter 2001). Mit der Umstellung vom „*fö*rdernden" zum „fordernden Sozialstaat" haben einzelne Bundesländer damit begonnen, die Aufnahme schulpflichtiger Kinder in die Grundschule gesetzlich von der Beherrschung der deutschen Sprache abhängig und ihre Eltern verantwortlich zu machen, die zumindest dafür zu sorgen hätten, dass ihre Kinder entsprechende Förderangebote wahrnehmen.

Unterschieden werden in Deutschland neben (1) Immigranten, die als EU-Bürger im Rahmen der relativ freizügigen EU-Binnenwanderungsregeln immigrieren und rechtlich weitgehend der ansässigen Bevölkerung gleichzustellen sind, fünf weitere Formen der Zuwanderung, die mit einem differenzierten Aufenthaltsstatus ausgestattet werden: (2) Arbeitsmigration auf der Basis von (früherer) Anwerbung und anschließender Familienzusammenführung (‚Gastarbeiter') aus Nicht-EU-Ländern; (3) Repatriierung von staatsrechtlich ‚Deutschen' aus Gebieten des früheren Ostblocks, zuletzt vor allem der ehemaligen Sowjetunion (‚Spätaussiedler'), sowie (4) Flucht und Asyl aus (Bürger-)Kriegsgebieten und Gebieten mit staatlicher Verfolgung

(‚Flüchtlinge' und ‚Asylbewerber' mit nochmals je abgestuften Rechten). Weiter (5) ist auf die besondere Gruppe der oft ‚staatenlosen' Roma und Sinti einzugehen und schließlich wächst die Gruppe der so genannten „Illegalen" (6), die ohne jedes Anrecht sind und von keiner Statistik erfasst werden. Alle sechs Kategorien stellen die Organisationen des Wohlfahrtsstaates, auch die Schulen, vor immer neue Aufgaben und Probleme, die durch die starke Fluktuation im Wanderungsgeschehen perpetuiert werden.

Solange die amtliche deutsche Bevölkerungsstatistik nur staatsrechtlich zwischen ‚Deutschen' und ‚Ausländern' unterschied, also ethnische Differenzen ignorierte, aber auch das komplizierte, über Generationen gestreckte soziale Integrations- und formale Einbürgerungsgeschehen nicht abbilden konnte, war die aus der Sicht der Schule relevante Quote der Kinder „mit Migrationshintergrund", bei denen mindestens ein Elternteil nicht in Deutschland geboren wurde, für das Bundesgebiet nur zu schätzen. Erstmals im Mikrozensus 2005 wurde der Anteil mit 19% exakt ermittelt. Bedeutsamer als hoch aggregierte Daten sind für die operative Ebene der Schule jedoch die lokalen Quoten, die zwischen den Bundesländern erheblich variieren, in großen Städten 30% überschreiten, in manchen Stadtteilen und einzelnen Schulen sogar weit darüber liegen können, ohne dass man deshalb schon wüsste, welche besonderen, migrationsbedingten Voraussetzungen die Kinder jeweils in die Schule mitbringen.

Über das formale (An-)Recht auf Bildung hinaus geht die Auseinandersetzung in modernen Wohlfahrtsstaaten um dessen materielle Ausgestaltung, die den Bedürfnissen der verschiedenen Bevölkerungsgruppen gerecht werden und deren Zugang zu qualifizierten Bildungsgängen und -abschlüssen gewährleisten sollte. Der Rückbau des Wohlfahrtsstaates betrifft in besonderer Weise auch Minderheiten- und Migrantengruppen, sofern sie nicht nur einen prekären Staatsbürgerstatus, sondern auch einen besonderen, migrationsbedingten Bedarf nach Inklusionshilfe haben, dessen Erfüllung ihren Schulerfolg und damit ihre Inklusionschancen in die anderen sozialen Systeme bestimmt. Wenn solche Förderung gerade der Migrantenkinder nicht effektiv organisiert wird, wenn die Schule bei der Vermittlung der notwendigen (Sprach-)Kompetenzen nicht erfolgreich ist, entsteht später und an anderer Stelle zusätzlicher Bedarf nach Inklusionshilfe, etwa in der Kinder- und Jugend-, oder aber der allgemeinen Sozialhilfe.

2.3 Schule und Sprache

Seit sich das Modell des Nationalstaates weltweit durchgesetzt hat, ist sprachliche Homogenität der Bevölkerung eines Staatsgebietes zwar die absolute Ausnahme geblieben, aber beinahe immer das vordringliche Ziel der nationalen Politik und mit ihr der Schule. Deshalb ist die Sprachenfrage seit jeher ein permanenter Reibungspunkt mit ansässigen oder hinzukommenden sprachlichen Minderheiten (vgl. Krüger-Potratz 2000). Sprachpolitik ist ein ideologisch dicht vermintes Terrain, auf dem bis heute symbolische Auseinandersetzungen um Dominanz und ethnische Anerkennung geführt werden. Das Sprachproblem bleibt nicht zuletzt deshalb ein Konfliktfeld, weil nach dem 2. Weltkrieg eine von weitsichtigen Sprachwissenschaftlern und Soziologen angemahnte ideologische Abrüstung versäumt wurde (vgl. Römer 1985). Die ideologischen Konstrukte ‚Muttersprache' und ‚Vaterland' oder auch ‚kulturelle Identität' haben jedoch alle Versuche, Sprache pragmatisch als Medium der Kommunikation zu konzipieren, überdauert und sind bis heute unangefochtener Teil der politischen und pädagogischen Rhetorik geblieben.

Sprachdifferenzen sind zwar nicht die Ursache von Konflikten, aber sie machen mit ihrer kategorialen und exklusiven Differenzmarkierung Interessengegensätze unverhandelbar und damit tendenziell unlösbar. Immer neu muss gerade in pluralistischen Demokratien die Asymmetrie bearbeitet werden, dass der Nationalstaat sprachlichen und religiösen Minderheiten zumutet, ihre Besonderheiten in der Privatsphäre zu leben, während die Mehrheit den öffentlichen Raum auch sprachlich für sich beanspruchen kann. Ein besonders neuralgischer Punkt ist die Schule, weil Erziehung im Überschneidungsbereich von Öffentlichkeit und Privatsphäre liegt. Sprachkonflikte entzünden sich häufig an dem schulischen Status der Minderheitensprachen, daran, ob die Herkunftssprachen auch Unterrichtsmedium sein können, in den Regelkanon integriert und versetzungsrelevant gemacht werden; oder es kommt bei der Aufstellung von Stundentafeln für den Förderunterricht in der Zielsprache zum Streit.

Das Problem der Mehrsprachigkeit muss zu allererst von den Kindern der Migranten bewältigt werden, die in ganz unterschiedlichen familiären und öffentlichen Sprachkonstellationen aufwachsen. Hierzu fehlen in Deutschland mit wenigen Ausnahmen bislang lokale Untersuchungen, die das notwendige professionelle Vorwissen für die Schulen bereitstellen könnten (vgl. Fürstenau/Gogolin/Yagmur 2003). Wie es verschiedene Typen der ethnischen Identifikation gibt, gibt es auch verschiedene Muster, in denen Familien und ihre Kinder affektiv, ideologisch oder pragmatisch mit ihrem Sprachproblem umgehen. Dazu gehören die Arten und Weisen, wie sie ihre Erst-, Zweit- oder Drittsprachkompetenz balancieren und wie sie vor und neben der Schule (formal-)sprachlich trainiert werden. Die Kinder haben sehr verschiedene Wanderungs- und Schulbiographien und bringen daraus resultierend individuelle Voraussetzungen des (Schrift-)Sprachlernens in die Schule mit. Übereinstimmend wird in der pädagogischen Literatur betont, dass die didaktischen Konzepte des Sprachunterrichts und die Modelle seiner Organisation, wollen sie erfolgreich sein, auf diese Heterogenität der Klientel reagieren müssen (vgl. Reich/Roth 2002).

Die nach der historisch kurzen Phase nationalstaatlicher Homogenisierung wiederhergestellte Situation der gesellschaftlichen Mehrsprachigkeit in einer transnational organisierten Gesellschaft ist institutionell von der Schule noch nicht nachvollzogen worden. Metaphorisch gesprochen hat die deutsche Schule im Laufe ihrer Geschichte einen ‚monolingualen Habitus' ausgebildet (Gogolin 1994), den sie auch in die zweite Hälfte des 20. Jahrhunderts tradiert hat, obwohl der Anteil der Kinder mit Migrationshintergrund stetig angestiegen ist. Den Eingangsstufen der ‚Volksschulen', heute den Grundschulen, obliegt im Nationalstaat seit jeher die Alphabetisierung in der standardisierten (National-)Sprache, die eine artifizielle Schriftsprache ist. Mit dem Lesen und Schreiben werden die Kinder in die Schriftlichkeit einer nationalen Tradition eingeführt, die ihnen nicht nur den Zugang zu dem schriftlich dokumentierten kulturellen Wissen erlaubt, sondern sie im Medium der Sprache mit eben dem Wissen ausstattet, das sie brauchen um das Gelesene auch verstehen zu können (Brockmeier 1998).

Die Situation einer faktischen Mehrsprachigkeit und Mehrschriftigkeit stellt auch alle anderen Beteiligten, Schuladministration, Lehrer und ihre Eltern, vor ganz neue Probleme. Wie eindrückliche Fallstudien von einzelnen Schulen zeigen konnten (vgl. vorausschauend Behlen/Jacobs/Merkens/Schmidt/Stallmann 1984; Neumann/Gogolin 1997), hat die deutsche Schule bislang (zu) wenig Vorkehrungen getroffen, sich auf ihre neue, nicht nur vorübergehend durch Migration und Mehrsprachigkeit gekennzeichnete Umgebung einzustellen. Auf fehlende Effektivität der Schule im Bereich der Sprachförderung von Kindern mit Migrationshintergrund weisen auch die Ergebnisse der ersten PISA-Studie (Deutsches PISA-Konsortium 2001, S. 372ff.) hin, die Jugendlichen mit Migrationshintergrund – auch wenn sie die deutsche Schule vollständig durchlaufen haben – nur vergleichsweise geringe Lesefähigkeit bescheinigt, was wiederum dazu führe, dass ihnen der Zugang zu höher qualifizierenden Schulabschlüssen versperrt bleibe und die Lebensbewältigung erschwert werde.

Wird der Schule unter den Prämissen des Multikulturalismus und der Globalisierung anstelle der einseitigen Durchsetzung der Einheitssprache programmatisch – aus Gründen der Anerkennung von Minderheiten oder aus ökonomischen Erwägungen – der Erhalt und die Förderung von sprachlicher Vielfalt abverlangt, entsteht auf der operativen Ebene der Organisation des Unterrichts eine lange Reihe nicht leicht zu lösender Probleme, derer sich (Zweit-)Spracherwerbsforschung, die Sprachdiagnostik und darauf aufbauend die (Zweit-)Sprachdidaktik und -methodik (vgl. die Übersichten bei Luchtenberg 1995; Reich/Roth 2002) mit einer Reihe kreativer Vorschläge (Pommerin 1996; Oomen-Welke 1998) angenommen haben. Alternativ zu dem bislang in Deutschland vorherrschenden Modell einer durch Fördermaßnahmen unterstützten Immersion, d.h. der Teilnahme von Kindern anderer Familiensprache am Anfangsunterricht für deutschsprachige Schüler, werden Konzepte ‚bilingualer Klassen' oder ‚koordinierter Alphabetisierung' in zwei Sprachen erprobt (vgl. Nehr/Birnkott-Rexius/Kubat/Masuch 1988; Sandfuchs/Zumhasch 2002). Noch fehlt empirisches Wissen über die Spracherwerbs- und Lernstrategien der verschiedenen Migrantengruppen und -generationen, aber auch über die Wirkungen unterschiedlicher Ansätze und Methoden des Sprachunterrichts, worauf zuletzt Siebert-Ott (2001) sowie Röber-Siekmeyer/Tophinke (2002) hinweisen. Gesichertes Wissen über den komplexen Prozess des Schriftspracherwerbs unter Bedingungen der Migration und die Effektivität von Lehr-Lern-Arrangements, dazu die Formulierung von Qualitätsanforderungen an die Sprachförderung (vgl. Maas/Mehlem 2003) wären allerdings erforderlich, um die Schule und Lehrer auf einen individualisierenden, auf professionelle Beurteilungskompetenz gestützten Umgang mit den spezifischen Lernvoraussetzungen jedes einzelnen Schülers vorzubereiten.

3 Formen des schulischen Umgangs mit „Ethnizität" in der modernen Einwanderungsgesellschaft

In den westlichen Industrieländern rückt ‚Ethnizität' manchmal noch im Konflikt mit autochtonen sprachlichen Minderheiten, überwiegend aber im Kontext von Immigration in den Fokus der Problemwahrnehmung wohlfahrtsstaatlicher Einrichtungen, darunter auch der Schule. Der schulische Umgang mit Immigranten wird in Demokratien, die sich normativ den Ordnungsprinzipien des Individualismus und Pluralismus verpflichtet haben, dann zum öffentlichen Problem, wenn ausweislich statistischer Befunde die Grundsätze der Anerkennungs-, aber auch der Distributionsgerechtigkeit bezogen auf unterscheidbare Gruppen der Bevölkerung andauernd verletzt werden und wenn diese Ungleichheit politisch beobachtet und bewertend als Diskriminierung thematisiert wird. Das ist bezogen auf die Qualität der Partizipationschancen von Migranten am Arbeits- und am Wohnungsmarkt, unübersehbar aber im Schulsystem der Fall, wo entsprechende Reform- und Förderprogramme wie etwa die Interkulturelle Pädagogik auf diesen Umstand reagieren. Beobachter sind die Betroffenen selbst, die Politik, soziale Bewegungen und die Wissenschaft.

3.1 Ungleiche Bildungsbeteiligung entlang ethnischer Unterscheidungen

Das deutsche Schulsystem hat der Versuchung widerstanden, ein ethnisch getrenntes Parallelschulsystem für Migrantenkinder auszudifferenzieren, wiewohl es in den 1970er Jahren Ansätze dazu in Form von ‚Nationalklassen' und sogar ‚Nationalschulen' gab, die sich in einzelnen Bundesländern bis in die jüngste Vergangenheit erhalten haben. Nicht zuletzt durch eine Intervention der damaligen Europäischen Gemeinschaft (EG) wurde schließlich in den Mitgliedsstaaten die generelle Aufnahme der Migrantenkinder in Regelschulen und Regelklassen durchgesetzt (vgl. Röhr-Sendlmeier 1985). Allerdings gibt es weiterhin differenzierte Regelungen für Kinder aus Minderheiten (vgl. Gogolin u.a. 2001).

Die deutsche Bildungsforschung berichtet seither über andauernde Ungleichheit der Bildungsbeteiligung zwischen einheimischen und ‚ausländischen' Schülern. Verwendet werden Repräsentationsmaße, die stillschweigend die Verteilung der deutschen Schüler auf das dreigliedrige Schulsystem zur Norm erheben. Auf dieser Basis wird eine deutliche Überrepräsentanz von ‚Ausländern' bei Schülern ohne Schulabschluss, Haupt- und Sonderschülern, vom Schulbesuch Zurückgestellten und Sitzenbleibern festgestellt, deutliche Unterrepräsentanz hingegen bei Gymnasiasten und bei erfolgreichen Übergängen in die Berufsausbildung. Hinzu kommt, dass diese Befunde geschlechtsspezifisch und zwischen den verschiedenen Nationalitäten wie auch zwischen den Bundesländern erheblich variieren (einen Überblick bieten die jährlichen Berichte der Beauftragten der Bundesregierung für Ausländerfragen, z.B. 2002, oder die regelmäßige Berichterstattung des DIW, z.B. 2001). Zwar hat sich das durchschnittliche Niveau der Schulabschlüsse auch der Migrantenkinder in den 1980er Jahren kontinuierlich erhöht (vgl. Klemm 1987), der Abstand zu den gleichfalls verbesserten Schulerfolgen ihrer deutschen Mitschüler konnte aber kaum verringert werden und wird ab Mitte der 1990er Jahre sogar wieder größer (vgl. DIW 1999, 2001). Prominent hat die PISA-Studie (Deutsches PISA-Konsortium 2001, Kap. 8) als Nebenbefund auf der Basis einer eigenen Stichprobe, mit der differenzierte Angaben über den „Migrationshintergrund" der Schüler (die auch die deutsche Staatsangehörigkeit haben können) erhoben wurden, für Deutschland einen im internationalen Vergleich außerordentlich strikten Zusammenhang zwischen sozialer Herkunft, Migrationshintergrund, unzureichenden Schülerleistungen und formalen Schul(miss)erfolgen bestätigt und auch dabei wieder große Differenzen zwischen den Bundesländern festgestellt (Deutsches PISA-Konsortium 2003, Kap. 9. Vgl. auch Hunger/Thränhardt 2003).

Bei der Erklärung solcher Befunde hat die allgemeine wie die migrationsbezogene Bildungsforschung bisher zwei Forschungslinien verfolgt, die komplementär zu denken sind, sich aber erst in der jüngsten Zeit einander angenähert haben. Zu unterscheiden sind (1) Erklärungsansätze, die einer ätiologischen Perspektive folgen, indem sie nach Merkmalen (Risikofaktoren) in den benachteiligten bzw. den erfolgreichen Schüler- bzw. Bevölkerungsgruppen und ihren Lebensbedingungen suchen und dazu Sozialisationstheorien in Anspruch nehmen, von (2) Erklärungsansätzen, welche die Institution Schule und ihre Umgangsweisen mit den (Migranten-)Kindern in den Fokus der Untersuchung rücken und dazu auf Organisationstheorien zurückgreifen.

Ätiologische Ansätze beziehen sich im Wesentlichen auf drei große Bezugstheorien, die zur Unterscheidung von bedeutsamen Variablen des Schulerfolgs benutzt werden: (a) die soziolinguistisch inspirierte Theorie schichtspezifischer Sozialisation (Bernstein 1971/1972; Oevermann 1972), die eine Diskrepanz zwischen familialer Sozialisation, besonders der restringierten Sprachpraxis der Unterschichten und den Erwartungen der durch ihr Personal mittelschicht-dominierten Schule annimmt; (b) eine Generalisierung dieses Konzepts unvereinbarer Sprachcodes ist die von Bourdieu und Passeron (1971) eingeführte Unterscheidung von ‚kulturellen, sozialen und ökonomischen Kapitalien', von denen angenommen wird, dass sie klassenspezifisch verfügbar sind. Ein Mangel an entsprechenden Kapitalien in einer Familie muss in einem meritokratischen, auf Leistung beruhenden Bildungssystem zur Reproduktion von Ungleichheit beitragen; (c) schließlich war der sozial-ökologische Ansatz einer Sozialisationstheorie von Bronfenbrenner (1976) sehr einflussreich, der ein Modell der Unterscheidung von Mikro-, Meso- und Makro-Umwelten (Milieus) des Kindes vorgeschlagen hat und die Erklärung für Schulmisserfolg in einer komplexen Wechselwirkung zwischen diesen Ebenen sucht. In allen drei Konzepten entsteht Schulmisserfolg, wenn die Voraussetzungen und Verhaltensweisen der Schüler und die Erwartungen und Verfahrensweisen der Schule nicht ‚zusammen passen' bzw. sich negativ verstärken.

In der migationsbezogenen Bildungsforschung wurden diese Theoriereferenzen, die sich auf die soziale Herkunft und vorschulische Sozialisation der Kinder konzentrieren, mit Theorien aus dem Repertoire der Ethnologie kurzgeschlossen. Indem man das Leben in den Herkunftsländern ethnographisch aufzuschlüsseln suchte, dabei auf national-kulturelle Besonderheiten abhob, Formen kulturspezifischer Sozialisation z.B. in der türkischen Familie identifizierte oder im Kontrast dazu die national-kulturellen Determinanten des Bildungsverhaltens z.B. griechischer Eltern herausstrich, sollten die Determinanten des Schulmisserfolgs von Migrantenkindern identifiziert werden. Paradigmatisch und für lange Zeit im Bereich der Pädagogik tonangebend war eine Studie zur „Sozialisation und Akkulturation ausländischer Kinder in der Bundesrepublik" (Schrader/Nikles/Griese 1979) oder eine Studie zur Schullaufbahn türkischer Migrantenkinder (Glumpler 1985). Erst in den 1990er Jahren wurde allmählich ein Perspektivenwechsel in der migrationsbezogenen Sozialisationsforschung vollzogen (Czock/Radtke 1984; Bommes 1992; Hamburger 1992; Kohnen 1998).

Aus der Sicht der Institutionen der Aufnahmegesellschaft waren Kausalattribuierungen, die Misserfolg auf Merkmale der ‚fremden' Kinder und ihrer Eltern zurechnen, wegen ihres Entlastungseffekts (Integrationsfähig- oder -willigkeit) hoch willkommen und sind deshalb kaum zu korrigieren. Erklärungsmuster dieser Art (blaming the victim) sind sehr nah am common sense und damit beim politischen Populismus. Sie fanden unter Stichworten wie „Kulturkonflikt", „Leben zwischen zwei Welten" oder „Morgens Deutschland, abends Türkei", neuerdings „Herkunftssprachgebrauch in der Familie" oder „herkunftssprachlicher Medienkonsum" eine weite, nicht rückrufbare Verbreitung über die Lehrerbildung, die Medienöffentlichkeit bis hinein in die Schulbücher und wurden zu einem stehenden Begründungsmuster der Lehrer für negative Selektionsentscheidungen (vgl. Diehm/Radtke 1999, S. 56ff.; Bender-Szymanski 2003, S. 227).

Alle kultur-deterministischen Deutungen der ungleichen Bildungsbeteiligung, die sich bis zur Annahme migrationsbedingter psychosozialer Störungen steigern konnten, haben sich in systematisch angelegten Untersuchungen als unhaltbar erwiesen. So konnten quantitative Studien, die Schulstatistiken über die Bildungsbeteiligung mit Sozialstrukturdaten aus dem Mikrozensus kombinierten, zeigen, dass die soziale Lage der Familien der Schüler, darunter der Bildungsstand der Eltern, der ausschlaggebende Faktor bleibt und ethnische Herkunft mit der vertikalen sozialen Mobilität (in der Generationenfolge) an Bedeutung verliert (vgl. Mayer 1991; Alba/Handl/Müller 1994; Nauck/Diefenbach/Petri 1997). Mit diesem Befund wurde die Frage der Bildungsbeteiligung von Migrantenkindern in die allgemeine Bildungsforschung zurückgeholt. Zu klären bleibt aber weiterhin, wie es dazu kommt, dass eine Angleichung der

Beteiligungsquoten auch in der dritten Generation nicht erreicht wurde. Für die andauernde ungleiche Bildungsbeteiligung entlang ethnischer Unterscheidungen sind deshalb andere Variablen verantwortlich gemacht worden. Schon Baker und Lenhardt (1988) hatten in einer Re-Analyse amtlicher Schulstatistiken die Unterschichtungsthese (Hoffmann-Nowotny 1973) auch für das Schulsystem bestätigt gefunden. Sie vertraten die These, dass in der Konkurrenz um das knappe öffentliche Gut Bildung der Erfolg oder Misserfolg von Migrantenkindern bestimmter Alterskohorten in einer Art Null-Summenspiel, nur lose gekoppelt an ihre Leistungen, von demographischen Gegebenheiten (Geburtenzahl, Migration) und der Struktur des (lokalen) Bildungsangebotes (Plätze) abhängt: Mit dem Verhältnis von Bildungsnachfrage und vorhandenen Plätzen in den Schulen verschieben sich für alle Kinder die Wahrscheinlichkeiten in die eine oder die andere Richtung, einen begehrten Bildungsgang zu erreichen.

Auf den Effekt der Struktur des Bildungsangebotes weisen auch eine Reihe von Untersuchungen hin, die sich mit der Aussonderung von Migrantenkindern in Sonderschulen für Lernbehinderte beschäftigen. So haben Kornmann, Klingele und Eichling (z.B. 1999, 2003) aus den offiziellen Bildungsstatistiken der deutschen Bundesländer für Migrantenkinder im Vergleich mit ihren deutschen Altersgenossen deutlich höhere Risiken errechnet, auf eine Sonderschule für Lernbehinderte überwiesen zu werden. Weil diese Werte zwischen den Bundesländern um ein Mehrfaches variieren können, sind – in Umkehrung ätiologischer Annahmen – die Risiken der Kinder mit der jeweils gültigen, aussondernden Überweisungspraxis und dem Angebot an Sonderschulplätzen in Verbindung gebracht worden (vgl. auch Powell/Wagner 2001). Für die Schweiz konnten Rüesch (1998) sowie Kronig, Haeberlin und Eckhart (2000) eindrücklich zeigen, dass sich die Aussonderung weitgehend unabhängig von den gemessenen Leistungen der Kinder oder ihren Intelligenzqoutienten vollzieht, sondern eher der Eigenproblemlösung der abgebenden Schulen dient.

Auch kleinere qualitative Studien, die besonders Bildungsverläufe *erfolgreicher* Migrantinnen und Migranten über biographische Interviews rekonstruieren, lösen sich von kultur-deterministischen Annahmen und machen deutlich, dass Ethnizität, die Einbettung in eine Herkunftsgemeinschaft, von den Befragten auch als wirksame Ressource zur Überwindung von Differenz- und (geschlechtsspezifisch gesteigerten) Diskriminierungserfahrungen (Badawia 2002; Hummrich 2002) genutzt werden und zu sozialem Aufstieg über formale Bildung führen kann (Pott 2002; Schulze/Soja 2003).

3.2 Schulorganisatorische und institutionelle Erklärungen der Ungleichheit

Wie die Schule als Institution und ihr pädagogisches Umfeld sich im Umgang mit Migrantenkindern verhält und welchen Gebrauch diese Einrichtungen im Vollzug ihrer Operationen von ethnischen Unterscheidungen machen, ist bisher erst ansatzweise geklärt. Der Versuch, die Frage empirisch zu beantworten, wurde richtungsweisend in einem von der Deutschen Forschungsgemeinschaft (DFG) finanzierten Schwerpunktprogramm „Folgen der Arbeitsmigration für Bildung und Erziehung (FABER)" begonnen, dessen wesentliche Ergebnisse bei Gogolin und Nauck (2000) dokumentiert sind. Im Mittelpunkt steht die Frage, ob und wie pädagogische Einrichtungen auf Veränderungen in ihrer Umwelt reagieren.

Institutions- und systembezogene Ansätze, die Ursachen der andauernden Ungleichheit in der Organisation der Schule und ihrer Verfahrensweisen suchen, unterscheiden sich von den „Passungstheorien" (vgl. Hurrelmann/Wolf 1986) insofern, als sie den Beobachtungsfokus verschieben und gezielt die Bedingungen des Erfolgs bzw. Misserfolgs in der Organisation der

Schule, der Interaktion im Unterricht und besonders in der Logik der Leistungsbewertung und Selektion, die zu unterschiedlichen Abschlüssen führt, zu rekonstruieren suchen.

Bezugstheorien für die institutionelle Erklärung von Ungleichheit in der Bildungsbeteiligung sind (a) das sozial-konstruktivistische Ettikettierungskonzept (labeling approach), bei dem das Entscheidungsverhalten der Schulen im Umgang mit den Schülern in den Fokus rückt und untersucht wird, welchen Gebrauch die Entscheider (decision maker) bei welchen Gelegenheiten u.a. auch von ethnokulturellen Unterscheidungen machen (Cicourel/Kitsuse 1963). In Verbindung mit sozial-konstruktivistischen Einsichten werden (b) verhaltensorientierte Organisationstheorien als Referenz benutzt, die in Abgrenzung gegen rational choice Modelle des Handelns das Entscheidungsverhalten der Akteure als abhängige Variable konzipieren, das von der systemischen Rationalität der Organisation und ihrer Untereinheiten ermöglicht oder beschränkt wird (March/Olsen 1976; Niederberger 1984). Erst nachträglich, in der Kommunikation von bereits ‚gefallenen' Entscheidungen, die u. U. keiner der vielen beteiligten Akteure gewollt und ‚zu verantworten' hat, werden diese nachträglich mit Sinn ausgestattet (sense making) und vor den Organisationszielen wie den gültigen sozialen Normen legitimiert (Weick 1995). In der Bildungsökonomie wie in der psychologischen Lehr-Lern-Forschung werden (c) zur Bestimmung der Effektivität von Schulen und Schulklassen Produktivitätsmodelle benutzt, die Funktionen zwischen input und output/outcome über eine Fülle von Prozessvariablen zu bestimmen suchen (Scheerens/Bosker 1997). Die Analyse der input-Variablen, zu denen alle Merkmale der Lernenden und der Lehrenden wie der institutionelle und organisatorische Kontext der Schule und die Zusammensetzung der Schulklasse (peergroup) gehören, im Verhältnis zu output-Indikatoren, die als Schülerleistungen gemessen werden, dient zwar in erster Linie der Qualitätsmessung in Schulen (‚quality') bezogen auf Lernfortschritte, das Modell der Schulproduktivität ließe sich aber auch auf normative Parameter wie Gleichheit und Gerechtigkeit (‚equality') anwenden.

In den Kontext der zuletzt genannten Forschung zur Schuleffektivität gehören die international vergleichenden Large Scale Assessments, die in Deutschland zuerst unter dem Akronym TIMSS (Third International Mathematics and Science Study) bekannt wurden und mit PISA (Programme for International Students Assessment) und zuletzt IGLU (Internationale Grundschul Lese Untersuchung) fortgeführt worden sind. Besonders der ersten PISA-Studie, die 2000 mit großem PR-Aufwand strategisch in die Öffentlichkeit lanciert wurde, kommt das Verdienst zu, Schülerleistungen als Indikatoren für Schulleistungen eingeführt und auf diese Weise dem Begriff „Schulversagen" eine neue Bedeutungsdimension hinzugefügt zu haben, die weitere Forschungen über den Zustand der Schulen, die Qualität ihres outputs, darunter auch ihre Integrationsleistungen gerade auch für Schüler mit Migrationshintergrund herausfordert.

Quantitativ angelegte Studien, die die Ergebnisse schulischer Allokations- und Selektionsentscheidungen, wie sie sich in amtliche Schulstatistiken niederschlagen, erheben, oder die wie PISA eigens gemessene Leistungsindikatoren erfassen und auf Merkmale der Schüler beziehen, stellen Korrelationen zwischen Variablen her, die dann vor dem Hintergrund unterschiedlicher, mehr oder weniger explizierter Theorien als Kausalitäten oder zumindest Wahrscheinlichkeiten für kausale Effekte behauptet werden. Das Problem solcher Untersuchungen ist, wie sich an der Lehr-Lernforschung zeigen lässt, dass sich zur Klärung von Ursache und Wirkung in Bildungsprozessen immer weitere Variable einführen lassen, mit dem enttäuschenden Resultat, dass sich keine substantiellen, stabilen und generell gültigen Zusammenhänge mehr finden lassen und Widersprüche zwischen verschiedenen Modellen nicht mehr aufzulösen sind (vgl.

Weinert 1989, S. 210). Beispiele für diesen Effekt lassen sich auch in der Bildungsbeteiligungsforschung finden.

Um herauszufinden, ob und *wie* ethnische Unterscheidungen im Selektionsverhalten der Schule eine Rolle spielen, ist versucht worden, durch die Rekonstruktion von Entscheidungsprozessen die Mechanismen aufzuklären, die im System der Schulen regelmäßig Ergebnisse ungleicher Bildungsbeteiligung hervorbringen. Dazu schien es geboten, in die ‚black box' schulischer Lehr-Lern-, Selektions- und Allokationsprozesse hinein zu leuchten, ‚Wie'-Fragen zu stellen und institutionelle Praktiken, programmatische Selbstfestlegungen, organisatorische Konventionen, implizite Regeln und eingespielte Routinen zu untersuchen (vgl. Ditton 1995, S. 96ff.).

Das Selektionsverhalten der Schule kann im deutschen Schulsystem aufschlussreich beim Übergang von der Grundschule in weiterführende Schulen der Sekundarstufe beobachtet werden. Bei der Untersuchung dieser Entscheidungsstelle kommt zuletzt Kristen (2002) mit Hilfe von logistischen Regressions- und Mehrebenenmodellen, bei denen die variablen Schulnoten, die ethnische Zusammensetzung der Klassen und Geschlecht auf ihren Einfluss auf Übergangsempfehlungen nach Klasse 4 untersucht werden, zu dem Ergebnis, dass an den 6 ausgewählten Mannheimer Grundschulen die nationale Herkunft bei Übergangsentscheidungen in den Sekundarschulbereich dann eine benachteiligende Rolle spiele, wenn es aufgrund der erreichten Noten um die Entscheidung geht, ob ein Kind auf eine Hauptschule oder eine höher qualifizierende Schule gehen soll. Das gelte besonders für türkische und italienische Kinder, wohingegen der Faktor Nationalität bei der Entscheidung zwischen Gymnasium oder Realschule keinen signifikanten Einfluss habe. Signifikant negativ determinierende Wirkung auf die Übergangsempfehlung für ein Kind habe hingegen eine hohe Konzentration von Migrantenkindern in einer Schulklasse, während das durchschnittliche Leistungsniveau einer Klasse (ausweislich der Noten) keine bedeutsame Einflussgröße bei der Vergabe von Übergangsempfehlungen darstelle.

Zu teilweise gegenteiligen Ergebnissen kommt eine Langzeitstudie, in der auf der Basis detaillierter Messungen der Lernausgangslage und der Lernentwicklung aller Hamburger Grundschüler (Lehmann/Peek 1997) unter anderem ebenfalls mit Hilfe probabilistischer Modellierungen untersucht wurde, welche Faktoren Einfluss auf die Empfehlung der Grundschule beim Übergang in die Sekundarstufe haben. Die Autoren berechnen gruppenspezifische Leistungsstandards (kritische Werte) für Kinder, deren Eltern höhere oder niedere Schulabschlüsse haben, für Deutsche und Ausländer, für Kinder von Alleinerziehenden oder Zwei-Elternfamilien, für Jungen und Mädchen. ‚Kritisch' sind die Werte deshalb, weil sie von den Schülern in Sprachtests erreicht werden müssen, wenn sie mit hoher Wahrscheinlichkeit eine Gymnasialempfehlung erhalten wollen. Die Autoren können zeigen, dass diese kritischen Werte (Barrieren) für Schüler aus bildungsfernen Haushalten weit höher liegen als für Kinder aus Familien, in denen zumindest ein Elternteil selbst einen qualifizierten Bildungsabschluss hat. Diese Korrelation gelte nicht für Kinder mit Migrationshintergrund, für die im Vergleich mit deutschen Schülern insgesamt ein deutlich niedrigerer Gruppenstandard berechnet wurde. Daraus schließen die Autoren, dass bei Migrantenkindern von einer Bildungsbenachteiligung nicht gesprochen werden könne, zumal sie außerdem gefunden hätten, dass gute Noten in leistungsstarken Klassen schwerer zu erzielen, Migrantenkinder aber eher in Schulen mit einem niedrigen Leistungsstand und einer liberaleren Empfehlungspraxis anzutreffen seien, ihnen also so gesehen eher sogar ein Bonus zuteil werde.

Gestützt nur auf die erwähnten Ergebnisse von Kristen (2002) hat Esser (2001) in einem Gutachten für das Bundesinnenministerium die weitreichende These vertreten, der Übergang in weiterführende Schulen werde durchaus nach ‚Leistung' gesteuert, es gäbe „keine unmittelbare ‚Diskriminierung' der ausländischen Kinder", der Übergang folge „vielmehr strikt nach meritokratischen Gesichtspunkten". Die empirisch beobachteten Unterschiede seien vielmehr eine indirekte Folge der ethnischen Konzentration in der Schule. Die Kausalkette sieht danach so aus: „Starke ethnische Konzentrationen in den Schulklassen behindern das Lernen der Kinder, nicht nur im Fach Deutsch. Aufgrund der schlechten Lernleistungen erhalten sie schlechte Noten und aufgrund dieser Noten weniger Empfehlungen für den Besuch weiterführender Schulen. Einen besonderen ‚Malus' als Angehörige bestimmter ethnischer Gruppen bekommen sie nicht. Die Schulen funktionieren ganz offenbar als ‚moderne', strikt nach Leistung operierende Institution. Aufgrund der Nachteile in den Voraussetzungen für diese Leistungen reproduzierten sie jedoch gerade auch dadurch die ethnischen Ungleichheiten und die strukturelle Dissimilation im Bildungsbereich und auf dem Arbeitsmarkt" (Esser 2001, S. 63). Alles hänge also an der Verteilung der ausländischen Kinder auf die Schulen und Klassen und es müsse weiter untersucht werden, wie diese Verteilung zustande komme (ebd., S. 64).

Der monokausalen Zurechnung von schlechten Leistungen, schlechten Noten und negativen Empfehlungen auf ethnische Konzentrationen in Schulklassen, wie sie Esser vorträgt, wird von Lehmann und Peck (1997) direkt widersprochen, die, wie auch PISA und IGLU auf eine Diskrepanz von gemessener Leistung und Benotung hinweisen und in den abgesenkten Leistungsanforderungen in Klassen mit vielen Migrantenkindern geradezu ein ausgleichendes Prinzip entdecken, insofern dort leichter eine qualifizierte Übergangsempfehlung zu erlangen sei. Solche Widersprüche setzen in nomothetisch angelegten Untersuchungsstrategien in der Regel die Suche nach weiteren, ‚intervenierenden' Variablen oder ‚kumulierten Effekten' in Gang, die sich jedoch auf der Seite der Ursachen wie auf der Seite der Wirkungen schnell in Endloshorizonten verlieren können, wenn sie nicht theoretisch gefasst werden. Es kommt darauf an, welche Größen miteinander korreliert werden und welche Variablen als abhängig und welche als unabhängig gesetzt werden. Das kann nur unter Rückgriff auf Theorien geschehen.

Jenseits unaufgeklärter Widersprüche zwischen einzelnen Modellrechnungen ist Essers Hinweis auf die indirekten Folgen vorangegangener Entscheidungen, die nicht nur in einzelnen Schulen, sondern auch im Prozess der sozialräumlichen Verteilung der Schüler auf Schulen zu suchen wären, bedeutsam für weitere Untersuchungen. Weil man mit der Betrachtung von input- und output-Variablen aber nicht wirklich in die black-box der Schule eindringen kann, also Entscheidungsprozesse nicht nachvollziehen kann, ist mit Hilfe qualitativer Verfahren versucht worden, das Entscheidungsverhalten, das zur Lenkung von Schülerströmen durch das Schulsystem führt, selbst zu beobachten und zu rekonstruieren. Es ist nach allen vorliegenden Befunden offenbar nicht die Frage, ob die Schule etwa auf der Basis von Vorurteilen ihres Personals oder schulrechtlicher Regelungen direkt (positiv oder negativ) diskriminiert, sondern wie sie durch die Gleichbehandlung von Ungleichen, Kindern also, die eine andere Sprache sprechen und andere Lernvoraussetzungen haben als die von der Organisation erwarteten ‚Normalschüler', in einer langen Kette von einzelnen Allokationsentscheidungen (‚Schulkarriere') vorgefundene Ungleichheit der Lernvoraussetzungen in Ungleichheiten des Lernerfolgs transformiert.

Den Versuch, Ungleichheit in der Bildungsbeteiligung als Folge indirekter institutioneller Diskriminierung zu erklären, wurde in einer Studie gemacht, die das Entscheidungs- und Allokationsverhalten in dem lokalen Schulsystem einer Großstadt von der Einschulung bis zum Übergang in die Sekundarstufe untersucht (Gomolla/Radtke 2002). Dazu wurde die Lenkung der Schülerströme durch das Schulsystem verfolgt und der institutionalisierte Argumentationshaushalt der Entscheider erhoben, auf den sie zur Begründung ihrer Entscheidungen (Zurückstellung, Klassenwiederholung, Überweisung auf eine Sonderschule, Übergangsempfehlung) zurückgreifen. Die moderne Schule, so der Befund, ist in der Tat uninteressiert an Nationalität, es geht ihr vielmehr um Normalität, d.h. um Erwartungen, die sie an die Ausfüllung der Schülerrolle als Mitgliedschaftsbedingung hat, die überproportional häufig von Migrantenkindern nicht erbracht werden können. Im Prozess der fortwährenden Homogenisierung von Lerngruppen, die von der Form Unterricht und der dort bevorzugten Didaktik und Methodik erheischt wird, werden – sofern Gelegenheit dazu besteht – diejenigen aussortiert, die von den Normalitätserwartungen abweichen und dadurch für die Schule die Komplexität der zu bewältigenden Aufgaben erhöhen würden. Das ist in dem mehrgliedrigen deutschen Schulsystem mit seinen ausdifferenzierten Vorfeldorganisationen besonders leicht möglich. Migrantenkinder werden also nicht direkt diskriminiert, die Unterscheidung nach ethnischen Merkmalen kommt dennoch prominent in der Kommunikation der Organisation vor. Sie wird als eine Ressource dann benutzt, wenn es um die nachträgliche Begründung und Darstellung der wie immer zustande gekommenen Selektions- und Allokationsentscheidungen geht. Plausibilität und Legitimation wird durch Attribuierung von kulturspezifischen Merkmalskonstellationen erzeugt.

3.3 Forschungsdesiderate

Um den Prozess der Reproduktion sozialer und ethnischer Differenz durch die Schule, die bei einer bloßen Transformation von ungleichen Lernvoraussetzungen in ungleichen Schulerfolg keinen sozialpolitisch korrigierenden Einfluss auf die Ausschöpfung von Bildungspotenzialen nehmen würde, nachzeichnen zu können, braucht die Forschung mehr als nur ein Produktivitätsmodell von Schule, das input-Variablen und output-Indikatoren bisweilen über common sense Wissen zu verknüpfen sucht. Erst eine Theorie der Schule in der modernen, wohlfahrtsstaatlich verfassten Gesellschaft, die die Probleme des pädagogischen Umgangs mit Differenz von der Organisation der Schule bis in den Unterricht nachzuzeichnen versuchte, wird zu einer der Komplexität des Prozesses der (Re-)Produktion ungleicher Bildungsbeteiligung angemessenen Erklärung finden und auf dieser Basis andere Interventionspunkte zur Ausschöpfung von Bildungsreserven und zur Herstellung von Verteilungsgerechtigkeit benennen können.

Schulen und lokale Schulsysteme als Prototypen einer komplexen Organisation, die ihre Aufgabe in der direkten Kommunikation mit Klienten vollbringt (people processing organizations), operieren auf vier Ebenen. Auf allen vier Ebenen legt die Schule in ihrer eigenen Organisationslogik selbst fest, wie sie von dem semantischen Angebot, das von der wissenschaftlichen Pädagogik und den anderen Bezugsdisziplinen, Psychologie und Soziologie, als Reflexionsdisziplinen der Erziehung zur Verfügung gestellt wird, bei der Problemwahrnehmung, der Problemlösung und der Darstellung der Ergebnisse ihrer Operationen Gebrauch macht. Das gilt auch für den Rekurs auf ethnische Unterscheidungen, die benutzt oder ignoriert werden können. Gezielt zu beobachten wären die Gelegenheiten, bei denen das eine oder das andere geschieht:

Erstens auf der Ebene des Systems und der Organisation. Dort wird vor dem Hintergrund demographischer Entwicklungen (Größe und Zusammensetzung der Schülerpopulation) und bildungspolitischer Vorgaben über die Struktur und die sozialräumliche Allokation des Bildungsangebotes befunden. Ausgehend von den lokal und regional durchaus unterschiedlichen Effekten der Selektion auf verschiedene Bevölkerungsgruppen, wäre zu beobachten, wie das

System Schule die Fortsetzbarkeit seiner Operationen mit jeder neuen Schülergeneration zu gewährleisten sucht und welche Anpassungsleistungen es dabei unter welchen Bedingungen erbringt.

Zweitens auf der Ebene öffentlich diskutierter Programme, in denen die Ziele, die zu vermittelnden Inhalte, die Methodik und Didaktik zur Steuerung der Interaktionen und die Erfolgs- bzw. Selektionskriterien festgelegt werden. Im Kontext von Migration ist das Programm der Interkulturellen Erziehung aus den angelsächsischen Ländern übernommen und einer eingehenden Kritik unterzogen worden. Bislang stehen systematische Studien zu seiner Implementation und Verbreitung, wie eine Abschätzung seiner Wirkungen und Nebenwirkungen gerade bezogen auf die Themen Mehrsprachigkeit und Verteilungsgerechtigkeit noch aus.

Drittens die Ebene der pädagogischen Interaktion zwischen Lehrern und Schülern, überwiegend in der Form Unterricht, und der Kommunikation der Schüler untereinander. Abgesehen von dem wichtigen Komplex des Spracherwerbs ist bislang wenig bekannt über die Prozesse, in denen Kinder die Bedeutung ethnischer Unterscheidungen lernen, wenig über den Gebrauch der Ressource Ethnizität in der pädagogischen Kommunikation zwischen Lehrer und Schülern bzw. in der Gleichaltrigengruppe. Didaktisch-methodisch ist die Frage zu klären, wie ethnische Differenz thematisiert werden kann ohne in Stereotypen und Essenzialismus zu enden.

Viertens auf der Ebene der (öffentlichen) Darstellung der Ergebnisse der eigenen Praxis, die die Schule gegenüber ihren Klienten und der Öffentlichkeit mit Hilfe eingeführter Deutungsmuster vornehmen muss. Hier sind – nicht zuletzt mit Blick auf die Lehrerbildung – die Wissenshaushalte und die Art und Weise des selektiven Umgangs mit wissenschaftlichen Wissensangeboten in der Praxis der Erziehung zu rekonstruieren.

Erkenntnisse über die Formen des Umgangs mit ethnischer Differenz auf den vier Ebenen schulischer Operationen können dazu beitragen, jenseits allfälliger Forderungen nach mehr Förderung von Migrantenkindern, die in den ersten 40 Jahren der Zuwanderung nach Deutschland keine strukturelle Verbesserung der Situation bewirkt haben, andere Interventionspunkte zu identifizieren, von denen ausgehend die Situation ungleicher Bildungsbeteiligung auf der Ebene des Systems zu korrigieren wäre.

Literatur

Alba, R.D./Handl, J./Müller, W.: Ethnische Ungleichheit im deutschen Bildungssystem. In: KZfSS 46 (1994), S. 209-237

Anderson, B.: Die Erfindung der Nation. Zur Karriere eines folgenreichen Konzeptes. Frankfurt a.M./New York 1996

Archer, M.S.: Social origins of educational systems. London 1979

Baker, D./Lenhardt, G.: Ausländerintegration, Schule und Staat. In: KZfSS 40 (1988), S. 40-61

Balibar, E./Wallerstein, I.: Rasse, Klasse, Nation. Ambivalente Identitäten. Hamburg 1990

Banks, J.A./McGee Banks, C.A. (Eds.): Handbook of research on multicultural education. San Francisco 2002

Barth, F.: Introduction. In: Barth, F. (Ed.): Ethnic Groups and Boundaries. The Social Organization of Culture Difference. London 1969, S. 11-38

Beauftragte der Bundesregierung für Ausländerfragen: 5. Bericht über die Lage der Ausländer in der Bundesrepublik Deutschland. Berlin 2002 [www.integrationsbeauftragte.de/publikationen/lage5.pdf]

Becker, G.S.: Der ökonomische Ansatz zur Erklärung menschlichen Verhaltens. Tübingen 1982

Behlen, F./Jacobs, J./Merkens, H./Schmidt, F./ Stallmann, M.: Schule im sozialen Umfeld. Die A-Schule in Berlin. Projekt SISU. Berlin 1984

Bender-Szymanski, D.: Unzureichend gefördert? Eine Analyse der Bildungssituation und der Förderbedingungen für Migrantenkinder an Frankfurter Schulen aus der Perspektive von Schulleitern. In: Auernheimer G. (Hrsg.): Schieflagen im Bildungssystem. Die Benachteiligung der Migrantenkinder. Opladen 2003, S. 211-231
Bernstein, B.: Class, Codes, and Control, 2 Bde., London 1971, 1972
Boas, F.: Anthropology and modern life. With a new introduction by Herbert S. Lewis. New Brunswick/NJ 1928/2004
Bommes, M.: Individualisierung von Jugend – ausgenommen Migrantenjugendliche? In: Migration 14 (1992), S. 61-90
Bommes, M.: Die Beobachtung von Kultur. Die Festschreibung von Ethnizität in der bundesdeutschen Migrationsforschung mit qualitativen Methoden. In: Jahrbuch für Soziologiegeschichte. Opladen 1996, S. 205-226
Bommes, M.: Migration und nationaler Wohlfahrtsstaat. Ein differenzierungstheoretischer Entwurf. Opladen 1999
Bourdieu, P./Passeron, J.-C.: Die Illusion der Chancengleichheit. Stuttgart 1971
Brockmeier, J.: Literales Bewußtsein. Schriftlichkeit und das Verhältnis von Sprache und Kultur. München 1998
Bronfenbrenner, U.: Ökologische Sozialisationsforschung. Stuttgart 1976
Brumlik, M./Brunkhorst, H. (Hrsg.): Gemeinschaft und Gerechtigkeit. Frankfurt a.M. 1993
Cicourel, A.V./Kitsuse, J.I.: The Educational Decision-Makers. An Advanced Study in Sociology. Indianapolis 1963
Clifford, J./Marcus, G.E.: Writing Culture: The Poetics and Politics of Ethnography. Berkeley 1986
Czock, H./Radtke, F.-O.: Sprache, Kultur, Identität. Die Obsessionen der Migrationspädagogen. In: Stüwe, G./Peters, F. (Hrsg.): Lebenszusammenhänge von Ausländern und pädagogische Problematik. Bielefeld 1984, S. 37-79
Deutsches PISA-Konsortium (Hrsg.): PISA 2000. Basiskompetenzen von Schülerinnen und Schülern im internationalen Vergleich. Opladen 2001
Deutsches PISA-Konsortium (Hrsg.): PISA 2000. Ein differenzierter Blick auf die Länder der Bundesrepublik Deutschland. Opladen 2003
Diehm, I./Radtke, F.-O.: Erziehung und Migration. Eine Einführung. Stuttgart 1999
Ditton, H.: Ungleichheitsforschung. In: Rolff, H.-G. (Hrsg.): Zukunftsfelder von Schulforschung. Weinheim 1995, S. 89-124
Dittrich, E.-J./Radtke, F.-O. (Hrsg.): Ethnizität. Wissenschaft und Minderheiten. Opladen 1990
DIW (Deutsches Institut für Wirtschaftsforschung): Schul- und Berufsabschlüsse von Ausländern: Nur langsame Annäherung an die Abschlüsse von Deutschen. Eine Vorausschätzung bis 2010. In: Wochenbericht 26 (1999), S. 483-490
DIW: Die Integration junger Ausländer in das deutsche Bildungssystem kommt kaum noch voran. In: Wochenbericht 68 (2001), S. 466-476
Esser, H.: Ethnische Differenzierung und moderne Gesellschaft. In: Zeitschrift für Soziologie 17 (1988), S. 235-248
Esser, H.: Integration und ethnische Schichtung, Arbeitspapier des Mannheimer Zentrums für Europäische Sozialforschung (MZES), Nr. 40, 2001
Foucault, M.: Der Wille zum Wissen. Sexualität und Wahrheit I. Frankfurt a.M. 1977
Francis, E.K.: Ethnos und Demos. Soziologische Beiträge zur Volkstheorie. Berlin 1965
Fraser, N./Honneth, A.: Umverteilung oder Anerkennung?: Eine politisch-philosophische Kontroverse. Frankfurt a.M. 2003
Fürstenau, S./Gogolin, I./Yagmur, K. (Hrsg.): Mehrsprachigkeit in Hamburg. Ergebnisse einer Sprachenerhebung an den Grundschulen. Münster/New York 2003
Glazer, N./Moynihan, D.P.: Beyond the melting pot. The Negroes, Puerto Ricans, Jews, Italians, and Irish of New York City. Cambridge/Mass 1963
Gellner, E.: Nationalismus und Moderne. Berlin 1991
Glumpler, E.: Schullaufbahn und Schulerfolg türkischer Migrantenkinder. Hamburg 1985
Gogolin, I.: Der monolinguale Habitus der multilingualen Schule. Münster/New York 1994
Gogolin, I./Nauck, B. (Hrsg.): Migration, gesellschaftliche Differenzierung und Bildung. Opladen 2000
Gogolin, I./Neumann, U./Reuter, L.: Schulbildung für Kinder aus Minderheiten in Deutschland 1989-1999. Schulrecht, Schulorganisation, curriculare Fragen, sprachliche Bildung. Münster 2001
Gomolla, M./Radtke, F.-O.: Institutionelle Diskriminierung. Die Herstellung ethnischer Differenz in der Schule. Opladen 2002, 2007
Green, A.: Education and state formation. The rise of education systems in England, France and the USA. Basingstoke/Hampshire 1990
Habermas, J.: Was ist ein Volk? Zum politischen Selbstverständnis der Geisteswissenschaften im Vormärz, In: Habermas, J.: Die postnationale Konstellation. Politische Essays. Frankfurt a.M. 1998, S. 13-46
Hamburger, F.: Leben in zwei Kulturen – Verhängnis oder Chance? Ketzerische Bemerkungen zu einem Stereotyp und Hoffnungen auf interkulturelle Kreativität. In: Haupt, U./Krawitz, R. (Hrsg.): Anstöße zu neuem Denken in der Sonderpädagogik. Pfaffenweiler 1992, S. 94-100

Heckmann, F.: Ethnische Minderheiten, Volk und Nation. Soziologie interethnischer Beziehungen. Stuttgart 1992

Herrmann, U.: Erziehungsstaat, Staatserziehung, Nationalbildung. Staatliche und gesellschaftliche Funktionen und Leistungen von Erziehung und Unterricht im Übergang vom Untertanenverbands-Staat zur modernen Staatsbürgergesellschaft, In: Zeitschrift für Pädagogik 39 (1993), 4, S. 567-582

Hoffmann-Nowotny, H.-J.: Soziologie des Fremdarbeiterproblems. Eine theoretische und empirische Analyse am Beispiel der Schweiz. Stuttgart 1973

Hohmann, M.: Interkulturelle Erziehung. Eine Bestandsaufnahme. In: Ausländerkinder in Schule und Kindergarten 4 (1983), 4, S. 4-8

Honneth, A.: Kommunitarismus. Eine Debatte über die moralischen Grundlagen moderner Gesellschaften. Frankfurt a.M. 1993

Hummrich, M.: Bildungserfolg und Migration. Biographien junger Frauen in der Einwanderungsgesellschaft. Opladen 2002

Hunger, U./Thränhardt, D.: Der Bildungserfolg von Einwandererkindern in den Bundesländern. Diskrepanzen zwischen der PISA-Studie und den offiziellen Schulstatistiken. In: Auernheimer, G. (Hrsg.): Schieflagen im Bildungssystem. Die Benachteiligung der Migrantenkinder. Opladen 2003, S. 51-77

Hurrelmann, K./Wolf, H.: Schulerfolg und Schulversagen im Jugendalter. Weinheim 1986

Isajiw, W.W.: Definitions of Ethnicity, In: Ethnicity 1(1974), S. 111-124

Isajiw, W.W.: Ethnic-Identity Retention. In: Breton, R./Isajiw, W.W./Kalbach, W.E./Reitz, J.G. (Eds.): Ethnic Identity and Equality. Toronto 1990, pp. 34-91

Klemm, K.: Bildungsbe(nach)teiligung ausländischer Schüler in der BRD. In: Westermanns Pädagogische Beiträge 39 (1987), S. 18-21

KMK (Kultusministerkonferenz): Empfehlung: Interkulturelle Erziehung und Bildung in der Schule. Bonn 1996

Kohnen, B.: Akkulturation und kognitive Kompetenz: ein Beitrag zu einem grundlagentheoretischen Perspektivenwechsel in der sozialisationstheoretischen Migrationsforschung. Münster 1998

Kornmann, R./Klingele, C./Eichling, H.-M.: Zur Überrepräsentation von ausländischen Kindern und Jugendlichen in Schulen für Lernbehinderte. Revision älterer und Mitteilung neuer Ergebnisse. In: Zeitschrift für Heilpädagogik (1999), 5, S. 106-109

Kornmann, R.: Zur Überrepräsentation ausländischer Kinder und Jugendlicher in ‚Sonderschulen mit dem Schwerpunkt Lernen'. In: Auernheimer, G. (Hrsg.): Schieflagen im Bildungssystem. Die Beteiligung der Migrantenkinder. Opladen 2003, S. 81-95

Koselleck, R./Gschnitzer, F./Werner, K. F.: Volk, Nation, Nationalismus, Masse, In: Brunner, O./Conze, W./Koselleck, R. (Hrsg.): Geschichtliche Grundbegriffe. Historisches Lexikon zur politisch-sozialen Sprache in Deutschland. Bd. 7, Stuttgart 1992, S. 141-431

Kristen, C.: Hauptschule, Realschule oder Gymnasium? Ethnische Unterschiede am ersten Bildungsübergang. In: KZfSS 54 (2002), S. 534-552

Kronig, W./Haeberlin, U./Eckhart, M.: Immigrantenkinder und schulische Selektion. Bern 2000

Krüger-Potratz, M.: Schulpolitik für ‚fremde Kinder', In: Gogolin, I./Nauck, B. (Hrsg.): Migration, gesellschaftliche Differenzierung und Bildung. Opladen 2000, S. 365-384

Kymlicka, W.: Multicultural Citizenship: A Liberal Theory of Minority rights. Oxford 1995

Lehmann, R./Peek, R.: Aspekte der Lernausgangslage und der Lernentwicklung von Schülerinnen und Schülern der fünften Klassen an Hamburger Schulen (LAU 5). Hamburg 1997 [http.//Ibs.hh.schule.de/ lau/lau5]

Luchtenberg, S.: Interkulturelle sprachliche Bildung: zur Bedeutung von Zwei- und Mehrsprachigkeit für Schule und Unterricht. Münster 1995

Luhmann, N.: Politische Theorie im Wohlfahrtsstaat. München/Wien 1981

Luhmann, N.: Kultur als historischer Begriff. In: Luhmann, N.: Gesellschaftsstruktur und Semantik. Studien zur Wissenssoziologie der modernen Gesellschaft. Bd. 4, 1995, S. 31-54

Maas, U./Mehlem, U.: Qualitätsanforderungen für die Sprachförderung im Rahmen der Integration von Zuwanderern. In: IMIS-Beiträge. H. 21, Osnabrück 2003

Malinowski, B.: The dynamics of culture change; an inquiry into race relations in Africa. New Haven u.a. (dt: Die Dynamik des Kulturwandels, Wien u.a. 1951)

March, J.G./Olsen, J.P.: Ambiguity and Choice in Organizations. Bergen 1976

Marshall, T.H.: Bürgerrechte und soziale Klassen. Zur Soziologie des Wohlfahrtsstaates. Frankfurt a.M. 1992

Mayer, K.-U.: Lebenslauf und Bildung. Ergebnisse aus dem Forschungsprojekt "Lebensläufe und gesellschaftlicher Wandel" des MPI f. Bildungsforschung Berlin. In: Unterrichtswissenschaft 19 (1991), S. 313-332

Müller, D./Zymek, B.: Sozialgeschichte und Statistik des Schulsystems in den Staaten des Deutschen Reiches 1800-1945. Göttingen 1987

Nassehi, A.: Zum Funktionswandel von Ethnizität im Prozeß gesellschaftlicher Modernisierung. Ein Beitrag zur Theorie funktionaler Differenzierung. In: Soziale Welt 41 (1990), S. 261-282

Nauck, B./Diefenbach, H./Petri, C.: Intergenerationale Transmission von kulturellem Kapital unter Migranten. Zum Bildungserfolg von Kindern und Jugendlichen aus Migrantenfamilien in Deutschland. In: Zeitschrift für Pädagogik 44 (1997), S. 701-722

Nehr, M./Birnkott-Rexius, K/Kubat, L./Masuch, S.: In zwei Sprachen lesen lernen – geht denn das? Erfahrungsbericht über die zweisprachige Alphabetisierung. Weinheim 1988

Neumann, U./Gogolin, I. (Hrsg.): Großstadt-Grundschule. Eine Fallstudie über sprachliche und kulturelle Pluralität als Bedingung der Grundschularbeit. Münster 1997

Niederberger, J.M.: Organisationssoziologie der Schule. Motivation, Verwaltung, Differenzierung. Stuttgart 1984

Niethammer, L.: Kollektive Identität. Heimliche Quellen einer unheimlichen Konjunktur. Reinbek 2000

Oevermann, U.: Sprache und soziale Herkunft. Ein Beitrag zur Analyse schichtspezifischer Sozialisationsprozesse und ihrer Bedeutung für den Schulerfolg. Frankfurt a.M. 1972

Oevermann, U.: Theoretische Skizze einer revidierten Theorie professionalisierten Handelns. In: Combe, A./Helsper, W. (Hrsg.): Pädagogische Professionalität. Untersuchungen zum Typus pädagogischen Handelns. Frankfurt a.M. 1996, S. 70-182

Oomen-Welke, I.: „... ich kann da nix!". Mehr Zutrauen im Deutschunterricht. Freiburg 1998

Pommerin, G.: Kreatives Schreiben. Handbuch für den deutschen und interkulturellen Sprachunterricht in den Klassen 1-10. Weinheim u.a. 1996

Pott, A.: Ethnizität und Raum im Aufstiegsprozeß: eine Untersuchung zum Bildungsaufstieg in der zweiten türkischen Migrantengeneration. Opladen 2002

Powell, J./Wagner, S.: Daten und Fakten zu Migrantenjugendlichen an Sonderschulen in der Bundesrepublik Deutschland. Working Paper 1. Max-Planck-Institut für Bildungsforschung. Berlin 2001

Reich, H.-H./Roth, H.-J.: Spracherwerb zweisprachig aufwachsender Kinder und Jugendlicher. Ein Überblick über den Stand der nationalen und internationalen Forschung. Behörde für Bildung und Sport. Hamburg 2002

Richter, I.: Menschenrecht auf Bildung? Statt einer Illusion: Ein Recht auf Evaluation. In: Vorgänge (2003) 163, S. 15-22

Röber-Siekmeyer, C./Tophinke, D. (Hrsg.): Schrifterwerbskonzepte zwischen Sprachwissenschaft und Pädagogik. Baltmannsweiler 2002

Römer, R.: Sprachwissenschaft und Rassenideologie in Deutschland. München 1985

Röhr-Sendlmeier, U.M.: Zweitsprachenerwerb und Sozialisationsbedingungen. Frankfurt a.M. 1985

Rüesch, P.: Spielt die Schule eine Rolle? Schulische Bedingungen ungleicher Bildungschancen von Immigrantenkindern – eine Mehrebenenanalyse. Bern u.a. 1998

Sandfuchs, U./Zumhasch, C.: Wissenschaftliche Begleituntersuchung zum Schulversuch Deutsch-Italienische Grundschule Wolfsburg. Reflexionen und ausgewählte Ergebnisse. In: Interkulturell (2002), H. 1/2, S. 104-139

Scheerens, J./Bosker, R. J.: The Foundations of Educational Effectiveness. Oxford 1997

Schrader, A./Nikles, B. W./Griese, H. M.: Die zweite Generation: Sozialisation und Akkulturation ausländischer Kinder in der Bundesrepublik. Kronberg/Ts. 1979

Schroeder, J.: Bildung im geteilten Raum. Schulentwicklung unter Bedingungen der Einwanderung und Verarmung. Münster u.a. 2002

Schultz, T.: In Menschen investieren. Die Ökonomik der Bevölkerungsqualität. Tübingen 1986

Schulze, E./Soja, E.-M.: Verschlungene Pfade. Über die Bildungskarrieren von Jugendlichen mit Migrationshintergrund. In: Auernheimer, G. (Hrsg.): Schieflagen im Bildungssystem. Die Beteiligung der Migrantenkinder. Opladen 2003, S. 197-210

Siebert-Ott, G.: Zweisprachigkeit und Schulerfolg. Die Wirksamkeit von schulischen Modellen zur Förderung von Kindern aus zugewanderten Sprachminderheiten. Ergebnisse der Schulforschung. Bönen 2001

Sökefeld, M.: The Concept of Culture between Politics and Social Anthropology. In: Ethnologie heute 1998 [www.uni-muenster.de/EthnologieHeute/eh3/culture.htm]

Stichweh, R.: Nation und Weltgesellschaft. In: Stichweh, R.: Die Weltgesellschaft. Frankfurt 2000, S. 48-65

Swaan, A. de: Der sorgende Staat. Wohlfahrt, Gesundheit und Bildung in Europa und in den USA der Neuzeit. Frankfurt a.M./New York 1993

Taylor, C.: Multiculturalism and The Politics of Recognition. Princeton 1992

Wallman, S.: Ethnicity at Work. London 1979

Weber, M.: Wirtschaft und Gesellschaft. Studienausgabe. 2 Bde. Köln/Berlin 1964

Weick, K.E.: Sensemaking in Organizations. London 1995

Weinert, F.E.: Psychologische Orientierungen in der Pädagogik. In: Röhrs, H./Scheuerl, H. (Hrsg.): Richtungsstreit in der Erziehungswissenschaft und pädagogische Verständigung. Frankfurt a.M. 1989, S. 203-214

Wenning, N.: Vereinheitlichung und Differenzierung. Zu den „wirklichen" gesellschaftlichen Funktionen des Bildungswesens im Umgang mit Gleichheit und Verschiedenheit. Opladen 1999

Wicker, H.-R.: Von der komplexen Kultur zur kulturellen Komplexität. In: Wicker, H.-R. u.a. (Hrsg.): Das Fremde in der Gesellschaft: Migration, Ethnizität und Staat. Zürich 1996, S. 373-392

Wimmer, A.: Kultur. Zur Reformulierung eines sozialanthropologischen Grundbegriffs. In: KZfSS 48 (1996), 3, S. 401-425

Wimmer, A.: Who owns the state? Understanding ethnic conflict in post-colonial societies. In: Nations and Nationalism 3 (1997), 4, pp. 631-665

Hannelore Faulstich-Wieland

Schule und Geschlecht

1 Einleitung

Empirische Erkenntnisse zu Schule und Geschlecht sind nach wie vor geringer als die Zahl der Publikationen, die man zum Thema finden kann, vermuten lässt. D.h. es gibt weit mehr Erfahrungsberichte und Vorschläge für praktisches Handeln als „gesicherte Fakten" aus empirischen Studien. Dies hängt zweifellos mit der Entwicklung des Themas zusammen: Im Zuge der Bildungsreformdebatten Ende der 1960er Jahre konnte sich eine ideologisch orientierte „Mädchenbildung" nicht mehr behaupten. Die Entdeckung der Benachteiligung von Mädchen im Bildungssystem stand unter der Perspektive der Herstellung von Gleichheit – durch Bildungsexpansion und Koedukation sollten die Bildungschancen von Mädchen denen der Jungen angeglichen werden. Im Blick waren in dieser Zeit vor allem die tatsächlichen oder vermeintlichen Defizite von Mädchen und Frauen. Ihre geringere Teilhabe an weiterführender Bildung, an beruflicher Ausbildung und in technischen Bereichen wurde gemessen an den männlichen Werten.

Mit dem Entstehen der neuen Frauenbewegung wurde das Thema „Sexismus in der Schule" aufgegriffen und die „Frauendiskriminierung" festgemacht an der Personalstruktur im Bildungssystem, an sexistischer Sprache, an den Inhalten der Schulbücher sowie an den Interaktionsprozessen. Zwar gab es auch einige empirische Arbeiten dazu, im Vordergrund standen aber insbesondere auf den von einer Arbeitsgemeinschaft „Frauen und Schule" veranstalteten Tagungen – die 2007 mit dem 14. Kongress auf ein fünfundzwanzigjähriges Bestehen zurück blicken konnte – Erfahrungsberichte und Austauschmöglichkeiten unter Lehrerinnen über die Situation in den Schulen.

Die parallel zur Frauenbewegung laufende Entwicklung der Frauenforschung lässt sich als Dreischritt kennzeichnen:

- Vom Blick auf die Differenzen zwischen den Geschlechtern;
- über die Wertschätzung von Mädchen und Frauen;
- zum Versuch, die komplexen Bedingungen des Geschlechterverhältnisses zu erfassen.

Diese unterschiedlichen Akzentsetzungen zeigen sich vor allem in Veränderungen der theoretischen Sichtweisen: Nach der Überwindung des Defizitansatzes spielten Geschlechterdifferenzen eine zentrale Rolle. Die Unterschiedlichkeit von Mädchen und Jungen, von Frauen und Männern war zentrales Thema, wobei Wert darauf gelegt wurde, das qualitativ „andere" des Frauenlebens zu erforschen. „Differenz" und „Gleichheit" waren lange Zeit Gegenpole in Auseinandersetzungen, deren Befriedung dann in die „Pädagogik der Vielfalt" (Prengel 1993) mündete. Dennoch ist die Frage nach der Bedeutung der sozialen Kategorie Geschlecht bis heute nicht geklärt: Die aktuelle Formel von der „sozialen Konstruktion des Geschlechts" subsumiert nach wie vor höchst unterschiedliche Ansätze (vgl. Lemmermöhle/Fischer/Klika/Schlüter 2000).

Die theoretischen Veränderungen gingen zum Teil mit Veränderungen der Forschungsansätze einher: Bestimmten zu Beginn der Frauenforschung primär qualitativ ausgerichtete Ansätze das Bild, die sich explizit absetzten gegen als „männlich" verstandene standardisierte Verfahren, so gibt es in den letzten Jahren zunehmend eine Wiederentdeckung auch quantitativer Verfahren. Wie in der Erziehungswissenschaft allgemein ging dies mit dem Versuch einher, Triangulationen vorzunehmen (vgl. Engler 1997).

Im Folgenden soll der aktuelle Stand der Schulforschung zum Thema „Schule und Geschlecht" zusammengefasst werden (für ältere Aufarbeitungen vgl. Bilden 1991; Faulstich-Wieland 1995; Horstkemper 1987; Horstkemper/Wagner-Winterhager 1990; Hempel 1995; Trautner 1994). Dazu wird zunächst sehr kurz theoretisch skizziert, was mit sozialer Konstruktion von Geschlecht gemeint ist. Anschließend sollen neuere Studien vorgestellt werden. Deren Systematik orientiert sich an den aktuellen Debatten um Persönlichkeitsentwicklung, Leistungsvergleiche und Interessendifferenzen. Im Sinne der Berücksichtigung der Komplexität des Themas soll nach der Erörterung der vorfindbaren Unterschiede gefragt werden, wie diese erklärbar sind. Nach der allgemeinen Bilanz von Erfolg und Misserfolg wird der Schwerpunkt im mathematisch-naturwissenschaftlichen Bereich liegen. Neben den aufzeigbaren Zusammenhängen zwischen Leistungen, Interessen und Selbstkonzepten spielen die Lehrkräfte selbst eine nicht unwichtige Rolle. Inhaltliche und organisatorische Veränderungen werden darüber hinaus als Bedingungsfaktoren angeführt. Unter letzteren wird insbesondere die koedukative oder getrennte Unterrichtung verstanden. Um neuere Untersuchungen dazu wird es deshalb im abschließenden Teil gehen.

2 Soziale Konstruktion von Geschlecht

Die konstruktivistisch-interaktionistische Geschlechtertheorie geht davon aus, dass man nicht ein Geschlecht „hat", also Geschlechterdifferenzen nicht „natürlich" sind, sondern die Zugehörigkeit zu einem Geschlecht „erworben" und dann immer wieder „getan" wird (doing gender) (West/Zimmerman 1991). In den alltäglichen Interaktionen erfolgt durch die Beteiligten ständig eine Inszenierung bzw. Darstellung von Geschlecht und zugleich eine Zuschreibung der Gleich- oder Gegengeschlechtlichkeit. Beides beruht auf, reproduziert und produziert Wissen um die „Normalität" der Geschlechterverhältnisse. Erving Goffman spricht von einer „Identifikationsetikette" (Goffman 1994, S. 107), die zu unterschiedlichen Erwartungen, Erfahrungen und Anforderungen führt, denen gesellschaftliche Glaubensvorstellungen zu Grunde liegen, wodurch „geschlechtsspezifische Subkulturen" (ebd., S. 109) entstehen, die mit eben den adäquaten „geschlechtsklassenspezifischen" Verhaltensweisen verbunden sind. Ihre Produktion und Reproduktion nennt Goffman Genderism. Die Praxis dieser Inszenierung und Attribuierung ist störanfällig, dennoch sorgen wir alle dafür, dass sie immer wieder geglättet und stimmig gemacht wird, denn unser Alltagswissen wird von der Annahme bestimmt, es gäbe offensichtlich und natürlich zwei Geschlechter.

Die Frage, ob eine soziale Situation ein Schauplatz für Geschlechtskonstruktion ist oder nicht, wird von den Teilnehmenden ausgehandelt – in der Schule also von den Lehrenden und den Lernenden. Institutionelle Trennungen (wie geschlechtshomogene Gruppen in Schulen) aktualisieren die Geschlechterdifferenz nach außen und können sie nach innen neutralisieren – müssen dies allerdings nicht (vgl. dazu die Versuche einer empirischen Überprüfung bei Hannover 1997; Kessels/Hannover 2000; Kessels 2002; Kessels/Hannover/Janetzke 2002; Liebsch/Mansfeld 2002). Goffman (1994) hat dies mit seinem Grundgedanken der „institutional reflexivity" verdeutlicht: Die Dauerhaftigkeit individueller Geschlechtszugehörigkeit ergibt sich durch die allgegenwärtige Wiederholung geschlechtskonstruierender Episoden. Diese ständigen Wiederholungen bewirken zugleich die Entwicklung situationsübergreifender Elemente sozialer Reproduktion. „Institutional reflexivity of social arrangements" meint die sozialen Arrangements, die als „normale Institutionen" akzeptiert werden und quasi „reflexhaft" ihre Normalität sowie die in sie eingehenden „Glaubensvorstellungen" immer wieder bestätigen.

Wir haben es also sowohl mit situationsübergreifenden Elementen der Geschlechterkonstruktion als auch mit situativen Herstellungsprozessen zu tun. Diese Erkenntnisse bringen Hirschauer zu einer Modifizierung der Omnirelevanz-Annahme des doing gender: Er geht davon aus, dass Geschlecht in einem elementaren Sinne in allen Interaktionen produziert wird und sich überall zu einer signifikanten Tatsache machen lässt. Nicht die soziale Situation an sich entscheidet darüber, sondern die Personen selber. Insofern sind wir nicht auf dem Weg zur Geschlechtsneutralität als „Naturzustand der Moderne", sondern wenn wir Geschlechtsneutralität wollen, müssen wir sie herstellen: Sie ist eine „äußerst anspruchsvolle und prekäre soziale Konstruktion, die immer wieder durchkreuzt werden kann" (Hirschauer 1994, S. 679).

Für die Schulforschung befinden wir uns damit in der schwierigen Situation, empirisch vor allem auf Differenzen zu schauen, deren Herstellung jedoch keineswegs geklärt ist (vgl. Breitenbach 2002). Zugleich geraten Veränderungsvorschläge immer in die Gefahr, Reifizierungen von Geschlecht und d.h. Verfestigungen von Geschlechterstereotypen zu bewirken (vgl. Koch-Priewe 2002).

3 Schule und Persönlichkeitsentwicklung

Die Münchner Grundschulstudie SCHOLASTIK (Schulorganisierte Lernangebote und Sozialisation von Talenten, Interessen und Kompetenzen), in der 1200 Kinder während der gesamten Grundschulzeit begleitet wurden, und die zum Teil damit sich überlappende, 200 Kinder vom 4. bis zum 12. Lebensjahr beobachtende Studie LOGIK (Longitudinalstudie zur Genese individueller Kompetenzen) sind m.W. die umfangreichsten Studien schulischer Sozialisation im Grundschulbereich (Weinert/Helmke 1997). Die vorliegenden Daten zeichnen ein sehr umfassendes und komplexes Bild der Entwicklung von Mädchen und Jungen während der Kindheit. Der Schwerpunkt liegt im Leistungs- und Interessenbereich, es gibt aber auch einige Erkenntnisse zur Persönlichkeitsentwicklung im schulischen Kontext.

Die besonders kennzeichnenden Merkmale, die wohl auch den schulischen Alltag deutlich bestimmen, liegen in unterschiedlichen Verhaltensmustern von Mädchen und Jungen – gefasst unter dem Terminus „Faulpelz-Syndrom": „höhere Anstrengungsvermeidung und geringerer Pflichteifer bei Schülern und das gegenteilige Profil bei Schülerinnen (...). Zum Teil lassen sich damit wohl auch die fast durchwegs schlechteren Schulnoten der männlichen Schüler gegenüber den weiblichen erklären" (ebd., S. 199f.; vgl. für die englische Debatte: Kampshoff 2001). Feststellen konnten die Autoren der Studie auch bereits im Grundschulalter stärkere Leistungsängstlichkeit und geringeres Zutrauen bei Mädchen (Weinert/Helmke 1997, S. 214).

Die umfassendste Studie über die Entwicklung von Jugendlichen in der Sekundarschulzeit liegt von Fend vor. Seine Längsschnittstudie umfasste pro Jahr ca. 2000 Schülerinnen und Schüler, die über fünf Jahre von ihrem 12. bis zu ihrem 16. Lebensalter begleitet wurden. 851 Jugendliche waren alle fünf Jahre beteiligt. Im „Umgang mit Schule in der Adoleszenz“ (Fend 1997) geht es um „Aufbau und Verlust von Lernmotivation, Selbstachtung und Empathie“, d.h. um schulische Sozialisation. Empirisch untersuchte Fend dafür, wie Lernmotivation mit Anstrengungsinvestition, Disziplin und schulischem Wohlbefinden zusammenhängt. Mädchen sind leistungsbereiter als Jungen (ebd., S. 160).

Die Entwicklung im Verlauf der Adoleszenz ist insgesamt allerdings keineswegs positiv, vielmehr verschlechtert sich das Verhältnis von Mädchen und Jungen zur Schule von Jahr zu Jahr, die Leistungsbereitschaft und die Schulfreude sinken, Disziplinprobleme und Distanz steigen tendenziell an. Allerdings bleibt dennoch ein klarer Geschlechterunterschied erhalten: Es zeigt sich nämlich, „dass die ausgeprägte Distanzierung im Sinne von ‚frechen' und ‚faulen' Schülerverhaltens bei Jungen klarer ausgeprägt ist als bei Mädchen. Sie agieren ihre Probleme stärker nach außen aus, als Mädchen dies tun“ (ebd., S. 178). Leistungserfahrungen sind ein zentraler Faktor für die Persönlichkeitsentwicklung, hierin liegt ein wesentliches sozialisatorisches Moment von Schule. Mädchen wie Jungen wünschen sich gute Noten, Erfolge und Lob. Jungen allerdings sind in ihrer Selbstentwicklung unabhängiger von der Realisierung entsprechender Wünsche. Für Mädchen gibt es einen deutlich engeren Zusammenhang zwischen schulischen Noten und z.B. der Begabungsselbsteinschätzung. Chronischer Misserfolg in der Schule geht jedoch bei beiden Geschlechtern ganz deutlich mit einer negativen Entwicklung des Selbstbildes einher (ebd., S. 266).

4 Leistungen von Mädchen und Jungen im Bildungssystem

Zieht man die allgemeine Bildungsstatistik heran, so zeigt sich als generelles Bild, dass junge Frauen erfolgreicher sind als junge Männer: Sie verlassen zu wesentlich geringeren Anteilen die Schule ohne Abschluss oder mit einem Hauptschulabschluss. Sie sind stattdessen zu größeren Anteilen an denjenigen beteiligt, die über Realschulabschlüsse bzw. über die Fachhochschul- und Hochschulreife verfügen (vgl. Faulstich-Wieland/Nyssen 1999). Solch allgemeine Vergleiche dokumentieren zwar einerseits eindrucksvoll, wie Mädchen von der Bildungsexpansion profitiert haben bzw. wie Jungen zunehmend ins Abseits geraten (Diefenbach/Klein 2002). Andererseits kann mit der offiziellen Schulstatistik nicht auf individuelle Schullaufbahnen geschlossen werden.

Bellenberg hat mit ihrer empirischen Untersuchung „über Bildungsverläufe von der Einschulung bis zum Abschluss“ (Bellenberg 1999) versucht, für das nordrhein-westfälische Schulsystem Schullaufbahnen „unter dem Gesichtspunkt des Zusammenhangs zwischen Einschulung und dem weiteren Schulweg, unter dem Aspekt der Durchlässigkeit des Schulsystems wie des Zeitverbrauchs durch Bildung zu analysieren“ (ebd., S. 21). Befragt wurden ca. 2400 Jugendliche am Ende ihrer Schulzeit. Bellenberg hat die Ergebnisse ihrer Erhebung auch im Blick auf die Schullaufbahnen von Jungen und Mädchen ausgewertet. Mädchen wurden deutlich seltener vom Schulbeginn zurückgestellt und geringfügig mehr Mädchen als Jungen wurden vorzeitig eingeschult (ebd., S. 187). Betrachtet man die verschiedenen Schultypen in der Sekundarstufe I, so stellt Bellenberg durchgängig einen dreifach größeren Erfolg der Mädchen fest:

- sie stellen in den prestigeniedrigeren Schulformen jeweils den geringeren Teil der Schülerschaft;
- sie gehören in erheblich geringerem Maße zu den Klassenwiederholern;
- sie wechseln eher in prestigehöhere Schulen, während Jungen eher zu den Absteigern gehören.

Die Sonderschulen für Lernbehinderte sind mit zwei Dritteln Jungen fast schon reine Jungenschulen. Auch diejenigen, die während der Schulzeit aus Haupt- oder Gesamtschulen in die Sonderschule wechseln, sind zu zwei Dritteln Jungen. Die Erfolge der Mädchen in der Sekundarstufe I setzen sich in der gymnasialen Oberstufe fort: Sie sind zu größeren Anteilen an der „normalen" Schülerschaft wie an den vertikalen Wechslern vertreten. Auch der Vergleich der Verweilzeiten in den verschiedenen Schulen fällt überwiegend zugunsten der Mädchen aus: Sie durchlaufen die Schulen schneller und sind in der Regel entsprechend beim Schulabschluss etwas jünger als die Jungen. Mit der differenzierten Untersuchung von individuellen Schullaufbahnen wird – so Bellenberg – der „längst vertraute Befund vom höheren Erfolg der Mädchen im allgemeinbildenden Schulwesen (...) noch einmal bestätigt und erweitert" (ebd., S. 276).

Ausdifferenziert wird das so überaus positive Bild, wenn man nach den Leistungen in unterschiedlichen Bereichen fragt. Dann finden wir zum einen eine weitere Bestätigung des Leistungsgefälles zugunsten von Mädchen im sprachlichen Bereich. Zum anderen finden wir aber Geschlechterdifferenzen, bei denen Jungen besser abschneiden, nämlich im mathematisch-naturwissenschaftlichen Bereich. Besonders nachdrücklich und anhand von großen repräsentativen Stichproben wurden solche Unterschiede in den letzten Jahren in international vergleichenden Studien nachgewiesen, insbesondere in den TIMS-Studien (Third International Mathematics and Science Studies), in der OECD-Vergleichsstudie PISA und zuletzt in der Internationalen Grundschul-Lese-Untersuchung (IGLU). Das schlechte Abschneiden der deutschen Jugendlichen im internationalen Vergleich wurde zwar wesentlich breiter diskutiert als die gefundenen Geschlechterdifferenzen in den Leistungen, aber sowohl in den TIMSS – wie in den PISA-Veröffentlichungen und in der Präsentation der Ergebnisse aus IGLU – werden die Unterschiede in den Werten der Schülerinnen und Schüler durchaus thematisiert.

TIMSS I bezieht sich auf Erhebungen in der Primarstufe, an denen sich die Bundesrepublik Deutschland nicht beteiligt hat – hier liegen allerdings einige Studien vor, die Leistungsvergleiche in der Grundschule untersucht haben.

Tiedemann und Faber haben in einer Längsschnittstudie 47 Mädchen und 56 Jungen von vor Beginn der Grundschulzeit bis zu deren Ende untersucht. Mädchen und Jungen beginnen nach dieser Untersuchung die Grundschulzeit mit vergleichbaren kognitiven Leistungen. In Deutsch bleiben die Mädchen grundschulüberdauernd stabil besser als die Jungen. In Mathematik waren Mädchen den Jungen in der ersten Klasse überlegen. In der vierten Jahrgangsstufe gab es diese Differenz jedoch nicht mehr: Jungen hatten aufgeholt (Tiedemann/Faber 1994a, 1994b).

In der SCHOLASTIK-Studie wurden hinsichtlich der frühen Phase der Leseentwicklung keine Differenzen festgestellt, während Mädchen den Jungen im Rechtschreiben überlegen waren (Weinert/Helmke 1997, S. 120). Bezüglich der Mathematikleistungen in der Grundschule werden keinerlei geschlechterbezogene Angaben gemacht.

Grassmann (1997) hat in einer kleinen Studie Kinder in der ersten und zweiten Klasse mit Mathematikaufgaben getestet. Im zweiten Schuljahr handelte es sich dabei um Aufgaben, die nicht den Schulstoff erfragten, sondern Transferleistungen erforderten, indem entweder neue Lösungsverfahren entdeckt werden mussten oder bekannte auf neuartige Aufgabentypen übertragen werden sollten. Die Jungen zeigten sich den Mädchen dabei überlegen, außer wenn die Aufgaben einen bekannten konkreten Kontext (Schneewittchen und die sieben Zwerge, Barbiepuppen) hatten: Dann waren die Mädchen leicht besser als die Jungen.

Für die Internationale Grundschul-Lese-Untersuchung (IGLU) wurden Lesekompetenzen, naturwissenschaftliches Verständnis sowie mathematische und orthographische Kompetenzen am Ende des vierten Schuljahres getestet (Bos/Lankes/Prenzel/Schwippert/Walther/Valtin 2003). In Deutschland waren fast 9.000 Kinder an den Erhebungen zu den Lesekompetenzen und knapp 6.000 an den ergänzenden Untersuchungen zu Mathematik, Naturwissenschaften und Orthographie beteiligt (ebd., S. 12f.). International ergibt sich in allen Ländern ein signifikanter Kompetenzvorsprung der Mädchen beim Lesen (ebd., S. 114ff.). Dieser ist in Deutschland mit einer Mittelwertdifferenz von 13 Punkten (Mittelwert der Mädchen: 545, Mittelwert der Jungen: 533) noch vergleichsweise gering. Der Leistungsvorsprung der Mädchen ist beim Lesen literarischer Texte noch etwas größer als bei Informationstexten. Auch in der Rechtschreibung unterscheiden sich Mädchen und Jungen signifikant in den Durchschnittswerten. Mädchen schreiben mehr Wörter richtig und haben eine geringere Fehlerdichte. Interessanterweise gibt es bei einigen Wörtern in Bezug auf die Fehlerdichte keine Signifikanzen, während sie im allgemeinen zugunsten der Mädchen ausfallen. „Es handelt sich dabei um Wörter aus dem technischen Umkreis (ölig, informieren, sinkt, drehen) und mit Bezug zu Abenteuern (Muskeln, Strapazen, spuken). Bei einem Wort machen Jungen sogar etwas weniger Fehler: ‚Benzintanks'. Diese Ergebnisse sprechen für ein wenn auch nur leichtes, interessengeleitetes Lernen spezifischer Wörter" (ebd., S. 249). Eklatant unterschiedlich ist die Verteilung von Mädchen und Jungen auf den Kompetenzstufen. Während Jungen mit jeweils fast 60% auf den beiden unteren Kompetenzstufen überrepräsentiert sind, kehrt sich das Bild auf der obersten Stufe komplett um: hier finden sich 61,5% Mädchen zu 38,5% Jungen (ebd., S. 250). Die Differenzen in den erweiterten orthographischen Bereichen sind jeweils noch größer als in den elementaren (ebd.).

Umgekehrte Geschlechterdifferenzen finden sich in den IGLU-Ergebnissen dagegen bei den naturwissenschaftlichen Kompetenzen. Hier liegt der Mittelwert für die Jungen bei 567, der für die Mädchen bei 552 Punkten. Der Vorsprung der Jungen zeigt sich auch bei der Verteilung auf den Kompetenzstufen: Mädchen sind auf den unteren, Jungen auf den oberen Stufen überrepräsentiert (ebd., S. 174/175). Gleiches gilt für die Erhebung zur mathematischen Kompetenz (ebd., S. 218/219). Die IGLU-AutorInnen sprechen denn auch davon, dass die Unterschiede zwischen Mädchen und Jungen bemerkenswert und „keineswegs im Sinne des Grundschulunterrichts" seien (ebd., S. 182).

Für die Sekundarstufe I gibt es insbesondere Studien, die sich mit dem mathematisch-naturwissenschaftlichen Bereich befassen – außer der PISA-Untersuchung, in der dieser Bereich zwar auch erfasst wurde, deren Schwerpunkt aber bei den Lesekompetenzen liegt. Ziegler u.a. haben von 547 Mädchen und 641 Jungen bayrischer Gymnasien am Ende der 7. Jahrgangsstufe, d.h. vor Beginn des regulären Physikunterrichts das Begabungsniveau, verschiedene Leistungsmaße und physikalisches Vorwissen erhoben. Die Mädchen verfügten über ein deutlich geringeres physikalisches Vorwissen als die Jungen. Die stärksten Unterschiede traten beim Aufgabenbereich Massekonzept/Mechanik auf, die geringsten bei Phänomenen mit direktem Erfahrungszugang (Ziegler/Dresel/Broome/Heller 1997, S. 254). Im ein halbes Jahr später erfragten Halbjahreszeugnis der 8. Klasse erhielten die Mädchen schlechtere Zensuren als die Jungen (Jungendurchschnitt: 2,7; Mädchen: 3,0). Allerdings zeigte sich, dass das physikalische Vorwissen sich nicht als Prädiktor für die Zensur eignete.

In der TIMSS II, d.h. im 8. Jahrgang, fanden sich insgesamt gesehen keine Unterschiede zwischen den Leistungen der Geschlechter. Wurde jedoch die unterschiedliche Bildungsbeteiligung von Mädchen und Jungen berücksichtigt, dann ergaben sich Differenzen sowohl in Mathematik als auch in den Naturwissenschaften – allerdings nicht in Biologie.

International gesehen finden wir zwar in vielen Ländern diese Differenzen in den Leistungen, aber keineswegs in allen. Es gibt auch Länder, in denen die Mädchen den Jungen in Mathematik überlegen sind (Baumert/Lehmann/Lehrke 1997, S. 151). Für die Leistungen in den Naturwissenschaften gilt dies allerdings nur für Thailand und Zypern (ebd., S. 152). Bereits die zweite internationale Studie zu den Mathematikleistungen ergab entsprechende Länderunterschiede in den Geschlechterdifferenzen (vgl. Hanna/Kündiger/Larouche 1990, für weitere internationale Differenzen vgl. Kaiser/Luna/Huntley 1999).

In der PISA-Studie wurden 15jährige Jugendliche hinsichtlich ihrer Lesekompetenz sowie ihrer mathematischen und naturwissenschaftlichen Grundbildung getestet (Deutsches PISA-Konsortium 2001; Stanat/Kunter 2002). In allen Teilnehmerstaaten erreichten Mädchen im Lesen signifikant höhere Testwerte als Jungen, dies gilt gleichermaßen für Deutschland. In Mathematik fanden sich Leistungsvorteile der Jungen, die jedoch deutlich kleiner und nicht in allen Staaten signifikant sind – in der Bundesrepublik Deutschland allerdings schon. In den Naturwissenschaften dagegen gab es insgesamt keine signifikanten Differenzen zwischen Mädchen und Jungen – dies gilt allerdings nur für den internationalen Test, der vor allem Aufgaben aus dem Bereich der Life Sciences prüfte. Im nationalen Test erzielten Mädchen in Biologie bessere – allerdings nicht signifikante – Werte als Jungen. In Chemie und Physik schnitten die Jungen signifikant besser ab (Stanat/Kunter 2001; 2002).

Lörcher und Maier (1999) haben die Realschulabschlussprüfungen im Fach Mathematik in Baden-Württemberg u.a. auf Geschlechterdifferenzen analysiert. Sie fanden signifikant schlechtere Prüfungsergebnisse bei den Mädchen, obwohl die Anmeldenoten nahezu gleich waren (ebd., S. 36). Die größten Unterschiede gab es erstaunlicherweise beim Sachrechnen, signifikante Unterschiede fanden sich auch in der Geometrie und Trigonometrie, während die algebraischen Aufgaben keine Unterschiede zwischen Mädchen und Jungen aufwiesen (ebd., S. 93).

In der TIMSS III-Erhebung – und damit kommen wir zur Sekundarstufe II – zeigte sich zunächst einmal, dass deutlich weniger Schülerinnen einen Leistungskurs in Mathematik gewählt haben (Köller/Klieme 2000, S. 384) – knapp die Hälfte der Schüler (46,3%), aber nur ein Viertel der Schülerinnen (26%). Die Leistungsdifferenzen zwischen den Geschlechtern waren bei denjenigen, die einen Grundkurs belegt haben, minimal, im Leistungskurs jedoch mit etwa 25 Punkten Differenz signifikant zuungunsten der Schülerinnen (ebd., S. 385). Genauere Analysen haben erbracht, „dass die Geschlechtsunterschiede in Mathematik sehr stark durch Aufgaben aus dem Gebiet Zahlen, Gleichungen und Funktionen hervorgerufen sind. Aufgaben mit komplexeren Anforderungen, Fragen zu selten behandelten Lerninhalten, Problemlöseaufgaben oder Aufgaben, die nur auf hohem Kompetenzniveau gelöst werden können, vergrößern die Geschlechtsunterschiede“ (ebd., S. 388).

Physik wird von Mädchen wie Jungen in der gymnasialen Oberstufe nur zu geringen Teilen gewählt, allerdings im Vergleich von deutlich mehr Jungen als Mädchen. Die Leistungsdifferenzen finden sich sowohl in Grund- wie in Leistungskursen zugunsten der Männer, obwohl – so Köller und Klieme – sich vermuten lässt, dass beide Gruppen mit einem vergleichbaren Leistungsniveau in der Oberstufe starten (ebd., S. 395). Die Leistungsdifferenzen finden sich in allen Gebieten der Physik, am größten sind sie im Gebiet „Wellen und Schwingungen“, am geringsten bei „Elektrizität und Magnetismus“ (ebd., S. 396). Es gelingt offenbar nicht, im Physikunterricht der gymnasialen Oberstufe Voraussetzungen zu schaffen, die zu gleichen Lernerfolgen führen. Eine Mediatoranalyse verweist auf die besondere Relevanz des Interesses dabei: Bei gleichem Interesse lassen sich keine Leistungsvorteile der Männer mehr nachweisen. Wenden wir uns deshalb der Frage nach unterschiedlichen Interessen von Mädchen und Jungen zu.

5 Interessen von Mädchen und Jungen

Man kann allgemein von der Bedeutung von Interesse für Lernen und damit für Leistung ausgehen – allerdings nicht im Sinne einer eindeutigen kausalen Wirkung (vgl. Schiefele 1998, S. 100).

Entwicklungspsychologisch kann man feststellen, dass Geschlecht relevant ist, weil Kinder lernen müssen, was sozial und gesellschaftlich akzeptabel für sie als Mädchen bzw. als Junge ist: Doing gender impliziert die Entwicklung der Kompetenz, sich „richtig“ zu inszenieren und das Gegenüber „richtig“ wahrzunehmen. Auf dieser Basis folgt die Entwicklung eines Selbstkonzepts der Fähigkeiten und danach die Ausdifferenzierung von Interessen: Jungen bewerten verschiedene Tätigkeiten etwa im Alter von 10 Jahren danach, welches Prestige sie haben. Sie interessieren sich mehr für die Bereiche, die prestigehaltig sind. Mädchen dagegen orientieren sich an der sozialen Relevanz von Tätigkeiten und wählen für sich jene Bereiche, die soziale Fähigkeiten erfordern und stärken (vgl. Todt/Schreiber 1998, S. 29f.; Bergmann/ Eder 2000, S. 256). Es verwundert folglich nicht, dass wir im schulischen Kontext Geschlechterdifferenzen in den Interessen finden. Sie machen sich an Schulfächern fest, zeigen sich zum einen daran, ob Mädchen oder Jungen jeweils mehr oder weniger an einem Fach interessiert sind. Zum anderen können sich die Interessen im Laufe der Schulzeit verändern. Schließlich gibt es aber auch innerhalb der Fächer – vor allem innerhalb des Deutschunterrichts und innerhalb des naturwissenschaftlichen Unterrichts – Unterschiede.

Vom Institut für die Pädagogik der Naturwissenschaften der Universität Kiel (IPN) gibt es eine groß angelegte Quer- und Längsschnittstudie zu den Interessen von Schülerinnen und Schülern in der Sekundarstufe I. Es ging dabei zwar insbesondere um das Physikinteresse, es wurden aber auch andere Schulfächer erfragt. Die Datenerhebung erfolgte bereits in den Jahren 1984 bis 1989, es erscheinen aber noch immer neue Auswertungen und es gibt bis jetzt keine vergleichbar große Untersuchung, denn es waren insgesamt fast 11000 Jugendliche der Jahrgänge 5 bis 10 an der Befragung beteiligt (vgl. Hoffmann/Häußler/Lehrke 1998a; Rost/Sievers/Häußler/Hoffman/Langeheine 1999; Langeheine/Häußler/Hoffmann/Rost/Sievers 2000).

Bei den Schülerinnen rangierten Fremdsprachen und Biologie auf den beiden ersten Plätzen: Etwa 70% gaben an, großes oder sehr großes Interesse an diesen Fächern zu haben. Das Interesse an Deutsch steigt über die Schuljahre hinweg von etwa 40% auf über 60% Nennungen. Es kreuzt sich dabei im 8. Jahrgang mit Mathematik: Im 5. und 6. Jahrgang fanden noch etwa 60% der Schülerinnen Mathematik interessant, dieser Prozentanteil sinkt im Laufe der Jahre auf etwas über 40%. Physik rangiert unter den erfragten neun Schulfächern ab dem 7. Jahrgang – d.h. ab dem Jahrgang, in dem die Schülerinnen und Schüler in der Regel Physikunterricht haben – auf dem letzten Platz und fällt vom 7. zum 10. Jahrgang von etwa 30% auf 20% der Nennungen. Bei den Schülern befinden sich dagegen Mathematik, Physik und auch noch Biologie auf den ersten drei Rangplätzen mit ca. 60% der Nennungen (Mathematik ca. 65%, Biologie ca. 55%). Die Fremdsprachen fallen kontinuierlich von ursprünglich 60% Nennungen in den ersten Jahren der Sekundarstufe I auf noch etwa 40% in den letzten Jahren, Deutsch bewegt sich bei gut 30% Nennungen (alle Angaben nach einer Grafik in Hoffmann 1990, S. 59).

Todt (2000) hat in einer neueren Untersuchung 215 Schüler und 299 Schülerinnen das Item „Durch die Schulerfahrung ist das Interesse an dem Fach (...) gefördert worden/gestiegen bzw. geringer worden/ gesunken" beantworten lassen (vgl. Tabelle 1).

Tabelle 1: Veränderungen des Interesses an verschiedenen Schulfächern*

Angaben in %	gefördert worden/gestiegen		geringer worden/gesunken	
	m	w	m	w
Mathematik	55	37	19	26
Physik	44	12	27	56
Chemie	44	27	29	36
Biologie	48	68	19	6
Fremdsprachen	31	61	34	9
Kunst	21	48	42	15
Deutsch	27	39	15	14
Musik	15	27	42	24

*Quelle: Todt 2000, S. 225

Auch hier zeigt sich, dass Jungen zu deutlich größeren Anteilen von einem gestiegenen Interesse in Mathematik und Physik berichten, während mehr als die Hälfte der Mädchen in Physik ein gesunkenes Interesse wahrgenommen hat. Ihre Interessen sind insbesondere in Biologie, Fremdsprachen und Deutsch gestiegen.

In der TIMSS-Studie II gab es deutliche Geschlechterdifferenzen in Mathematik und in Physik, jedoch keine nennenswerten in Biologie (Baumert u.a. 1997, S. 168ff.). Für die gymnasiale Stichprobe in der Sekundarstufe II gab es in der TIMSS-Studie III beim Sachinteresse an Mathematik keine signifikanten Differenzen zwischen den Geschlechtern, aber deutliche zwischen den Kursniveaus. Auch liegen die Werte der Frauen etwas über denen der Männer (Köller/Klieme 2000, S. 390). In Bezug auf das Interesse „gelingt es dem Lehrpersonal im Mathematikunterricht der gymnasialen Oberstufe, junge Frauen gleichermaßen zu motivieren" (ebd., S. 391).

In der bereits erwähnten Interessenstudie des IPN (Hoffmann u.a. 1998a) wurden vor allem die Interessen an Physik genauer erfasst. Es wurden dazu Physikinteressentypen gebildet, nämlich einmal einen Typ A, der ein generell hohes Interesse an Physik hat und insbesondere an Physik als formalisierter Naturwissenschaft interessiert ist; einen Typ C, der ein relativ hohes Interesse an Anwendungen und gesellschaftlichen Bezügen von Physik zeigt, und schließlich eine Restkategorie NG für „nicht-geordnet" (Langeheine u.a. 2000, S. 44). Über die Schuljahre hinweg ergibt sich eine deutliche Zunahme des Typs C.

Bezogen auf Geschlechterunterschiede zeigt sich:

- „Jungen haben eine höhere Wahrscheinlichkeit in der Zugehörigkeit zum Typ A (Ausnahme Gebiet Radioaktivität);
- Jungen finden sich häufiger beim Typ NG als Mädchen;
- Mädchen finden sich im Vergleich zu Jungen mit etwa zweieinhalbfacher Wahrscheinlichkeit beim Typ C;
- Die Veränderungen von der 6. zur 10. Jahrgangsstufe sind bei Mädchen ausgeprägter als bei Jungen" (ebd., S. 51, vgl. auch Rost u.a. 1999).

6 Zusammenhänge zwischen Leistung, Interesse, Persönlichkeit und Schule

Bisher können wir als zentralen Befund der Untersuchungen festhalten, dass Mädchen insgesamt erfolgreicher in der Schule sind, diese Erfolge sich bereichsbezogen besonders in den sprachlichen Fächern zeigen, während sie in den mathematisch-naturwissenschaftlichen Fächern sowohl weniger Interessen wie weniger Leistungsstärken aufweisen. Schule scheint für sie ein bedeutsameres Feld für soziale Kontakte und soziale Bestätigungen zu sein als für die Jungen. Jungen sind insgesamt weniger erfolgreich als Mädchen, überflügeln diese jedoch im mathematisch-naturwissenschaftlichen Bereich. Sie sind außerdem bis zu einem gewissen Grade unabhängiger von schulischen Misserfolgen. Wie nun hängen diese verschiedenen Faktoren zusammen, was bewirkt und beeinflusst sie? Im Vordergrund der Untersuchungen, die es zur Prüfung von Zusammenhängen gibt, stehen wiederum die mathematisch-naturwissenschaftlichen Fächer.

6.1 Leistung, Interesse, Fähigkeitsselbstkonzepte

Baumert, Schnabel und Lehrke (1998) haben anhand von Studien aus Deutschland, Japan und den USA den Zusammenhang zwischen Interesse und Leistung geprüft. Dabei zeigt sich keine signifikante Einflussnahme des Interesses auf die Leistung, wohl aber eine – für Jungen noch stärkere als für Mädchen – Einflussnahme der erreichten Leistung auf das Interesse. Zu vermuten ist, dass dem Feedback im schulischen Lernen eine wesentliche Rolle zukommt und zugleich das Selbstkonzept der fachspezifischen Begabung eine entscheidende Vermittlung übernimmt.

Bestätigen konnten Köller u.a. (2000) diese Vermutung im Rahmen des BIJU-Projektes (Kohorten-Längsschnittstudie am MPI Berlin: Bildungsprozesse und psychosoziale Entwicklung im Jugendalter). Geprüft wurde die Vorhersage der Leistungskurswahl Mathematik durch Fachleistungen, Noten, Begabungsselbstkonzept und Interesse. Das fachspezifische Begabungsselbstkonzept und das Interesse am Ende der Sekundarstufe I waren die wichtigen Determinanten für die Kurswahl.

Auch im Rahmen der TIMSS-Studie II wurde nach dem Vertrauen in die eigenen Fähigkeiten im Fach Mathematik – nach dem Selbstkonzept der Begabung für Mathematik – gefragt. Die

Autoren der deutschen TIMSS – Baumert u.a. – resümieren das Ergebnis wie folgt: „Anlass zur Besorgnis (...) ist der Befund, dass Mädchen im Vergleich zu Jungen ihre allgemeinen schulischen Fähigkeiten und insbesondere ihre Fähigkeiten in den Fächern Mathematik und Physik systematisch unterschätzen. Bei gleicher Leistung schreiben sie sich geringere Fähigkeiten zu, während Jungen die eigenen fachlichen Fähigkeiten optimistisch überschätzen" (Baumert u.a. 1997, S. 173). Bestätigt wird dies ebenfalls für die Sekundarstufe II: Junge Frauen haben auch hier ein etwas geringeres Zutrauen in ihre Fähigkeiten als junge Männer (Köller/ Klieme 2000.)

Das unterschiedliche Vertrauen in das eigene Können zeigte sich in einer Untersuchung von Rammstedt und Rammsayer bereits in der Grundschule: Sie ließen 124 Grundschulkinder im Alter von acht bis zehn Jahren und 243 Gymnasialschülerinnen und -schüler im Alter von zwölf bis 15 Jahren sich selbst hinsichtlich ihrer Intelligenz einschätzen. Gefragt wurde nach elf verschiedenen Intelligenzbereichen – angelehnt an die Intelligenzkonzepte von Thurstone und Gardner. Es gab zwar keine generell höhere Einschätzung bei den Jungen, aber über beide Altersstufen hinweg schätzten Jungen ihre mathematische und räumliche Intelligenz, ihre Wahrnehmungsgeschwindigkeit und ihr logisches Denkvermögen höher ein. Mädchen beurteilten ihre musikalische Intelligenz höher als Jungen. Die Differenzen verstärkten sich noch bei den Jugendlichen aus dem Gymnasium (Rammstedt/Rammsayer 2001)

Mädchen „stellen sich" in gewisser Weise selbst „ein Bein", weil sie dazu neigen, misserfolgsorientierte Attributionen vorzunehmen. Rustemeyer und Jubel haben diesen Zusammenhang in einer Untersuchung an Schülerinnen und Schülern aus neunten und zehnten Realschulklassen in Baden-Württemberg geprüft. Auch hier überschätzten Jungen ihre Leistungen, während Mädchen sie realistisch einschätzten – real lagen keine (Noten)Unterschiede vor. Unmittelbar nach einer Klassenarbeit war die Einschätzung der Jungen etwas realistischer. Sie trauten sich aber mehr mathematische Fähigkeiten zu, während Mädchen davon ausgingen, ihre Leistungen auch durch Anstrengung kaum verbessern zu können. Die „ungünstigen Attributionen" bei den Mädchen fügen sich zu einem konsistenten Bild: „Bei einer wahrgenommenen höheren eigenen Begabung können leichte bzw. mittelschwere Aufgaben noch mit einem vergleichsweise geringen Anstrengungsaufwand erfolgreich gelöst werden, bei einem geringen Begabungspotential dagegen muss die Person dieses mit entsprechend hoher Anstrengung kompensieren, um Misserfolge zu vermeiden. In der Ursachenzuschreibung der Mädchen wird die Mathematikarbeit nachträglich eher als leicht eingeschätzt, der angegebene Lernaufwand, d.h. generell die Anstrengung ist deutlich höher als bei den Jungen, so dass trotz vergleichbar guter Noten bei den Mädchen die geringere Begabungseinschätzung und folglich auch die niedrigere Leistungserwartung für Mathematik völlig konsistent aufrechterhalten werden können" (ebd.).

Bei den Mädchen kommt für die Entwicklung eines fachspezifischen Selbstkonzepts hinzu, dass sie es schon sehr früh an die gezeigte Leistung binden: Manger und Eikeland haben in norwegischen Grundschulen eine Längsschnittstudie durchgeführt, in der sie die mathematischen Leistungen und das fachspezifische Selbstkonzept erhoben haben. Bei den Mädchen hängt das Selbstkonzept der Begabung im sechsten Jahrgang stärker von ihren vorherigen Leistungen ab. Die Jungen hatten ein signifikant höheres Selbstkonzept als die Mädchen trotz gleicher Leistungen in Mathematik – d.h. auch in dieser Studie bestätigt sich, dass Jungen ihre Fähigkeiten überschätzen. Zugleich können sie auch bei schlechteren Leistungen ein hohes Begabungsselbstkonzept entwickeln (Manger/Eikeland 1998). In der bereits erwähnten Studie von Tiedemann und Faber (1994a, 1994b, vgl. für analoge Ergebnisse Weinert/Helmke 1997, S. 70f.) ergaben sich ähnliche Entwicklungen: Mädchen zeigen „bereits im Grundschulalter wenig Zutrauen in die eigene mathematische Leistungsfähigkeit mit tendenziell selbstzerstörerischen Ursachenzuschreibungen“ (Tiedemann/Faber 1994a, S. 34), nämlich vor allem der Annahme, Erfolg hänge nicht von guten Fähigkeiten, Misserfolg aber von eigener Inkompetenz ab.

Eine neue Studie mit 36 Jungen und 70 Mädchen der 8., 9. und 10. Jahrgangsstufe zweier München Gymnasien von Ziegler/Stöger bestätigt das motivationale Problem im Mathematikunterricht: „Das Leistungsverhalten von Mädchen ist noch weniger adaptiv als das der Jungen. Jungen können insbesondere besser mit Rückschlägen umgehen, sie haben eine höhere Erfolgserwartung, mehr Vertrauen in ihre mathematischen Fähigkeiten, messen dem Mathematikunterricht mehr Wert bei und erleben zudem weniger Hilflosigkeit als Mädchen“ (Ziegler/Stöger 2002, S. 73).

6.2 Rolle der Lehrkräfte

Die tatsächlichen Leistungen sind also nur ein Faktor, andere Faktoren spielen ebenfalls eine Rolle bei der Entwicklung eines Selbstkonzeptes. Man darf vermuten, dass den Lehrkräften eine wesentliche Funktion dabei zukommt (vgl. Schober 2001). Tiedemann (1995) hat dies für Mathematiklehrkräfte der Grundschule überprüft. Mädchen im unteren oder mittleren Leistungsbereich können nach Meinung ihrer Lehrkräfte weniger gut logisch denken als Jungen mit vergleichbarer Leistung. Von Mädchen wird bei erhöhter Anstrengung weniger Leistungsverbesserung erwartet, d.h. Mädchen schöpfen nach Auffassung ihrer Lehrerinnen und Lehrer ihre Fähigkeiten im Mathematikunterricht eher aus als Jungen. Mathematik wird für die Mädchen im mittleren Leistungsbereich im Vergleich zu den Jungen als ein schwereres Fach eingeschätzt. Erwartungswidrige Leistungseinbrüche werden bei Mädchen eher auf mangelnde Fähigkeiten und weniger auf fehlende Anstrengung zurückgeführt als bei den Jungen. Leistungsschwachen Mädchen wird eine ungünstigere Leistungsprognose gemacht als leistungsschwachen Jungen. „Insgesamt zeichnet sich somit – überspitzt formuliert – das Bild eines Mädchens ab, das zwar in der Grundschule dem Jungen vergleichbare Mathematikleistungen zeigt, diese Resultate selbst aber nur unter Einsatz aller persönlicher Ressourcen zu erbringen imstande ist, wohingegen der Junge die ihm zugeschriebenen Kompetenzen keineswegs voll zum Einsatz bringt“ (Tiedemann 1995, S. 159).

Die bei den Schülerinnen zu findende Misserfolgsorientierung in der Attribuierung von Leistungen wird seitens der Lehrkräfte nicht aufgehoben, sondern eher verstärkt. Dies zeigt auch eine weitere Studie von Albert Ziegler u.a., bei der implizite Theorien von je 36 gymnasialen Mathematik- und Physiklehrkräften (darunter sechs bzw. acht Frauen) zu geschlechtsspezifischer Begabung und Motivation erhoben wurden. Neun der befragten Mathematik- und zwölf der Physiklehrkräfte waren der Überzeugung, dass es Begabungsunterschiede zwischen Mädchen und Jungen gäbe (Ziegler/Kuhn/Heller 1998, S. 277ff.). Fünf Befragte waren auch der Meinung, Mädchen müssten sich mehr anstrengen als Jungen, um in Mathematik gute Leistungen zu bekommen. Bei einer Sortieraufgabe – es sollten getrennt für Mädchen und Jungen verschiedene Studienfächer in eine Rangfolge nach ihrer Geeignetheit gebracht werden – gab es deutliche Stereotype (vgl. Tabelle 2): Das Grundschullehramt hielten beide Gruppen für den für Frauen geeignetsten Studiengang, Sprachwissenschaften erhielten den zweiten Rangplatz, während Maschinenbau auf dem letzten Rang lag. Für die jungen Männer dagegen wurde das Grundschullehramt als am wenigsten geeignet angesehen, Sprachwissenschaften landeten auf Platz 8 bzw. 7. Die Mathematiklehrkräfte platzierten ihr Fach für die jungen Frauen auf den sechsten Rang, für die jungen Männer lauteten die ersten drei Ränge: Maschinenbau, Physik, Mathematik. Die Physiklehrkräfte hielten Physik für junge Frauen als an fünfter Stelle geeignet, für junge Männer waren auf den ersten drei Plätzen Mathematik, Physik, Maschinenbau.

Die Gründe für Leistungsunterschiede sahen die Lehrkräfte vor allem in gesellschaftlichen Bedingungen und im Elternhaus, kaum in der Schule selbst. „Damit korrespondiert auch, dass sich die Lehrkräfte kaum Einflussmöglichkeiten auf die mathematische oder die physikalische Intelligenz zuschreiben. Viele Mädchen müssen ferner damit rechnen, dass sie im Verlauf ihrer Schullaufbahn einer Lehrkraft begegnen, die ihnen eine geringere Begabung als Jungen zuschreibt" (ebd., S. 285).

Tabelle 2: Sortieraufgabe: Geeignetheit von Studienfächern für Mädchen bzw. Jungen

	Mathematiklehrkräfte				Physiklehrkräfte			
Studienfach	Mädchen	Rang	Jungen	Rang	Mädchen	Rang	Jungen	Rang
Grundschule	1,43 (0,94)	1	7,46 (2,63)	9	1,81 (2,29)	1	7,38 (1,86)	9
Medizin	2,86 (1,41)	3	4,92 (1,83)	6	2,50 (2,07)	3	3,69 (2,36)	4
Mathematik	5,00 (2,00)	6	2,42 (1,31)	3	3,93 (2,25)	6	2,87 (2,26)	1
Jura	3,38 (1,66)	4	4,33 (1,87)	5	4,67 (2,41)	7	4,07 (1,67)	6
Philosophie	5,07 (2,87)	7	5,08 (2,84)	7	5,88 (2,80)	8	5,59 (2,33)	8
Sprachwissenschaften	1,64 (0,84)	2	6,08 (2,54)	8	2,38 (2,03)	2	5,50 (2,10)	7
Wirtschaftswissen-schaften	3,57 (1,79)	5	3,75 (1,91)	4	3,06 (1,61)	4	3,81 (2,14)	5
Physik	6,43 (2,31)	8	2,15 (0,99)	2	3,88 (1,86)	5	3,31 (1,62)	2
Maschinenbau	7,21 (2,72)	9	1,12 (0,72)	1	6,63 (2,06)	9	3,50 (1,97)	3

Quelle: Ziegler u.a. (1998), Mathematiklehrkräfte S. 279, Physiklehrkräfte, S. 283 (angegeben ist jeweils der Mittelwert, in Klammern die Standardabweichung; Rangplätze von HFW eingefügt)

Keller hat im Rahmen der Schweizer TIMSS-Studie eine Auswertung der Geschlechterdifferenzen in Mathematik vorgenommen, die Zusammenhänge zwischen den Leistungen und anderen Variablen aufzeigt (Keller 1997). Als wichtiges Ergebnis arbeitet sie heraus, dass nicht „eigentlich das Geschlecht (...) zu den Geschlechterdifferenzen in der Leistung (führt), sondern das Selbstvertrauen, das durch das Geschlecht bedingt ist" (ebd., S. 165). Dieses Selbstvertrauen wird ganz wesentlich von der geschlechterbezogenen Zuschreibung der Mathematik beeinflusst, und zwar sowohl von der eigenen wie von jener der Lehrkräfte: Schülerinnen, die Mathematik dem eigenen Geschlecht zuschreiben, haben ein besseres Selbstvertrauen. Schülerinnen, deren Lehrkräfte Mathematik als männliche Domäne betrachten, haben ein schlechteres Selbstvertrauen. Auf das Selbstvertrauen der Jungen hat die Stereotypisierung durch die Lehrkräfte keinen Einfluss. Carmen Keller resümiert ihre Untersuchung, indem sie ihre Ausgangsfrage, ob die Schule zu Geschlechterdifferenzen in Mathematik beiträgt, klar mit „ja" beantwortet: „Lehrpersonen haben einen Einfluss auf die Geschlechterdifferenzen im Selbstvertrauen (das die Geschlechterdifferenzen in der Mathematikleistung erklärt), im Interesse und in der Stereotypisierung von Mathematik als männliche Domäne" (ebd., S. 177).

6.3 Veränderte Inhalte und veränderte Organisationsformen

Die sehr detaillierte Interessenstudie des IPN (Hoffmann u.a. 1998a) hat dazu geführt, den Blick auf die Inhalte des naturwissenschaftlichen Unterrichts als Verursachungsfaktor für Interessenverlust anzusehen. Entsprechend wurden Curricula entwickelt (vgl. Faißt/Häusler/Hergeröder/Keunecke/Kloock/Milanowski/Schöffler-Wallmann 1994) und erprobt, die insbesondere auch Mädchen fördern sollten. Exemplarisch wird in der Regel der BLK-Modellversuch „Chancengleichheit – Veränderungen des Anfangsunterrichts Physik/ Chemie unter besonderer Berücksichtigung der Kompetenzen und Interessen von Mädchen", der von 1991 bis 1994 in Schleswig-Holstein durchgeführt wurde, (Hoffmann/Häußler/Peters-Haft 1997) herangezogen, um die Notwendigkeit anderen Unterrichts bei gleichzeitiger Trennung der Geschlechter zu dokumentieren.

Zwar ergab sich einerseits eine höhere Testleistung der Mädchen, die teilweise getrennt unterrichtet wurden, jedoch ist andererseits die konfundierte Wirkung von Schulklasse und Lehrkraft (Lernumgebung) am größten. D.h. „die interindividuellen Unterschiede in den Testleistungen der Schülerinnen und Schüler lassen sich größtenteils auf die verschiedenen Lernumgebungen zurückführen und nur zu einem geringeren Anteil auf die verschiedenen im Modellversuch angelegten Versuchsbedingungen" (ebd., S. 167). Der Chemieunterricht ergab – möglicherweise wegen dieser Konfundierung – keine klaren Ergebnisse: Hier hatten sich Probleme bei der Identifikation der beteiligten Lehrkräfte mit den Inhalten des Modellversuchs aufgetan (ebd., S. 189). Umgekehrt mag dies wiederum beim Physikunterricht gerade ein zentrales Moment für den Erfolg gewesen sein: Man erfährt nichts genaueres über die Lehrkräfte, die in den getrennten Klassen unterrichtet haben.

Wie zentral wichtig Erwartungs- und Erfahrungseffekte sind, wird durch eine weitere Untersuchung von Ziegler u.a. (Ziegler/Broome/Heller 1998) klar. Es zeigte sich, dass Schülerinnen, die einen geschlechtshomogenen Unterricht erwarteten, bereits vor Beginn dieses Unterrichts deutlich positivere Werte aufwiesen: Sie erhofften sich mehr von dem Unterricht, waren interessiert und zuversichtlich. Diese Werte blieben auch nach der Unterrichtserfahrung weitgehend gleich. Das Autorenteam interpretiert seine Ergebnisse deshalb als „Erwartungseffekt", wobei nicht zu klären war – auch wegen der sehr kleinen Stichprobe –, was die Erwartungen so positiv gemacht hat. Dies muss nicht die Trennung der Geschlechter sein, dies kann bereits durch die Erwartung einen „besonderen Unterricht" zu erhalten, ausgelöst worden sein (ebd., S. 16). Ziegler u.a. glauben, die Ankündigung des Unterrichts ohne Jungen konnte deshalb so günstig wirken, weil „im Denken der Mädchen noch das Bild der in Mathematik und den (harten) Naturwissenschaften überlegenen Jungen und Männer (...) zu tief verwurzelt scheint" (ebd.).

Ebenfalls positive Wirkungen auf das fachspezifische Selbstkonzept der Begabung durch eine Kombination von veränderten Inhalten und getrenntem Unterricht fand Hansjoachim Lechner in einem Schulversuch im neunten Jahrgang einer Gesamtschule in Berlin. Die Unterrichtsgestaltung orientierte sich an folgenden Kriterien:

- „motivierende Problemsituationen aus der Erlebniswelt der Lernenden;
- zielerarbeitende und zielmotivierende Maßnahmen;
- erarbeitende Lernphasen mit selbständigen Problembearbeitungen unter Einbeziehung experimenteller Tätigkeiten;
- kooperative Tätigkeiten insbesondere durch Gruppenarbeit;

- verstärkte Möglichkeiten zur Kommunikation z.B. durch Erarbeiten von Vorträgen auf Gruppenbasis in den Anwendungs- und Festigungsabschnitten" (Lechner 2000, S. 111).

Signifikante Unterschiede im fachspezifischen Selbstkonzept traten nur bei Mädchen auf und zwar in erster Linie durch die Kombination von monoedukativer Lernumgebung und veränderter Unterrichtsgestaltung. Bei der Beurteilung der Leistungen nach der halbjährigen Intervention zeigte sich nur ein Einfluss der veränderten Unterrichtsgestaltung bei Mädchen – die Lernumgebung, d.h. der getrennte Unterricht, wirkte sich hier nicht aus. Ähnliche Ergebnisse liegen auch aus der Schweiz vor, in der auf der Sekundarstufe II ein Versuch zu verändertem Physikunterricht durchgeführt wurde (vgl. Herzog 1996; Herzog/Labudde/Neuenschwander/Violi/Gerber 1997; Labudde/Pfluger 1999; Labudde 1999, 2000).

Auch eine Studie von Ursula Kessels kann die positive Wirkung getrennten Unterrichts nur bedingt bestätigen – entgegen ihrer eigenen Befürwortung von Monoedukation. 867 Schülerinnen und Schüler des 8. Jahrgangs aus koedukativen Gesamtschulen in Berlin wurden im Zeitraum von September 1998 bis Juli 1999 dreimal befragt. Die Hälfte von ihnen erhielt monoedukativen, die andere Hälfte koedukativen Physikunterricht. Kessels geht in Anlehnung an Bettina Hannover von der Relevanz des Selbstkonzepts für die Entwicklung von Interesse und Leistung aus. Ihre Frage ist, inwieweit das Arbeitsselbst – als Teil des Selbstbildes, das in der jeweils konkreten Situation aktualisiert wird – mit einem maskulinen Kontext kompatibel ist oder nicht (Kessels 2002, S. 125). Anders ausgedrückt: Ein „weibliches" Selbstbild ist mit als „männlich" empfundener Physik schwer vereinbar. In monoedukativen Situationen wird jedoch vermutet, dass die Schülerinnen kein „weibliches" Arbeitsselbst aktualisieren, so dass dies nicht mit der Beschäftigung mit Physik kollidiert. Das Physikbegabungskonzept der Schülerinnen, die monoedukativ unterrichtet worden waren, unterschied sich nicht von dem der Schüler – ebenso wenig wie die Leistungseinschätzung, während beides bei den Schülerinnen, die koedukativen Physikunterricht erhalten hatten, niedriger war. Allerdings konnte diese Differenz bei konkreten Physikaufgaben nicht bestätigt werden: Hier erwarteten die Jungen eher, sie lösen zu können als die Mädchen, unabhängig von der Art des Physikunterrichts (ebd., S. 159). Auch schätzten Mädchen, die monoedukativ unterrichtet wurden, ihren Kompetenzgewinn nicht höher ein als koedukativ unterrichtete Mädchen (ebd., S. 160).

Der BLK-Modellversuch „Zur Förderung von Selbstfindungs- und Berufsfindungsprozessen von Mädchen in der Sekundarstufe I", der in drei Gesamtschulen in Hagen durchgeführt wurde und unter anderem ein Teilprojekt zur „Förderung der Mathematikkompetenz der Mädchen" umfasste, macht ebenfalls deutlich, dass mehr als Trennung der Geschlechter nötig ist, wenn positive Ergebnisse erzielt werden sollen. „Die geschilderten positiven Effekte sind jedoch nicht allein auf die Monoedukation zurückzuführen, sondern auch auf die allgemeinen Bemühungen des LehrerInnenkollegiums, Schule und Unterricht zu reformieren durch ‚Öffnung von Schule', Sensibilisierung für das Geschlechterverhältnis im Klassenzimmer, Teamunterricht und fächerübergreifenden Unterricht" (Nyssen 1996, S. 105). In einer neueren österreichischen Studie gab es nur bei den Jungen in monoedukativen Schulen einen Rückgang der geschlechtsspezifischen Interessen und eine Zunahme der gegengeschlechtlichen – für die Mädchen gab es keine Zusammenhänge zu Geschlechterproportionen (Bergmann/Eder 2000, S. 277f.). Todt (2000) empfiehlt in der Konsequenz solcher Erkenntnisse: „Statt aufwendiger Differenzierungsmaßnahmen (wenn auch nur auf Zeit) könnten die Inhalte, deren Konnotationen und deren geschlechtsbezogene Relevanz verändert werden." (ebd., S. 243) Bevor wir damit enden, soll allerdings die Koedukationsdebatte noch einmal etwas genauer beleuchtet werden, da sie beim Stichwort „Schule und Geschlecht" in der Regel das entscheidende Thema ist.

7 Koedukation

Die Koedukationsdebatte ist mit Beginn der neuen Frauenbewegung wieder virulent geworden (zum historischen Überblick vgl. Faulstich-Wieland 1991; Faulstich-Wieland/Horstkemper 1996). In den 90er Jahren des vorigen Jahrhunderts sind sehr viele Tagungen veranstaltet worden, sowie Berichte und Sammelbände erschienen (vgl. Glumpler 1994; Hempel 1996; Hoeltje/Liebsch/Sommerkorn 1995; Horstkemper/Kraul 1999; Kaiser 1997; Kreienbaum 1999; Naumann 1996; Landesinstitut für Schule und Weiterbildung 1998; Staatsinstitut für Schulpädagogik und Bildungsforschung München 1996; Weltz/Dussa 1997; 1998). Der Streit ging und geht im Allgemeinen darum, ob getrennter Unterricht für Mädchen günstiger ist. Die Mehrheit der Kinder und Jugendlichen votiert, wo sie gefragt werden, für die Beibehaltung der Koedukation (vgl. u.a. Faulstich-Wieland/Horstkemper 1995). Die Befürworterinnen von Trennungen argumentieren allerdings, dies sei nur auf mangelnde Erfahrungen zurück zu führen – Schülerinnen, denen man Trennungen anböte bzw. die getrennten Unterricht erlebt hätten, wären mehrheitlich dafür (vgl. Biskup/Pfister/Röbke 1998; Kessels/Hannover/Janetzke 2002).

Im Jahr 1998 hat in den USA die American Association of University Women einen Roundtable veranstaltet, um eine Bilanz aus den Koedukationsforschungen zu ziehen (AAUW 1998). Folgende Erkenntnisse lassen sich festhalten:

- Es gibt keinen signifikanten Zusammenhang zwischen dem Selbstkonzept von Schülerinnen und Schülern und dem Schultyp – verstanden als koedukativer oder geschlechtshomogener. Es gibt auch keinen allgemeinen Zusammenhang zu Geschlechterstereotypisierungen.
- Einigkeit besteht aber über die Studien hinweg, dass Mathematik und Naturwissenschaften in geschlechtsgetrennten Schulen seltener als männliche Fächer angesehen werden als in koedukativen Schulen.
- Es gibt jedoch keine messbar bessere Leistung in Mathematik und Naturwissenschaften in den getrennten Schulen, d.h. die festgestellte Einstellungsänderung führt nicht zu entsprechenden Leistungsverbesserungen.
- Sexismus trat überall auf, er hängt nicht von Koedukation oder Geschlechtertrennung ab, sondern von den Einstellungen der Lehrkräfte (awareness).
- Die Mehrzahl der Schülerinnen wie der Schüler wünscht koedukative Schulen.

Die jüngsten Untersuchungen in Deutschland bestätigen im wesentlichen diese Ergebnisse: Rost und Pruisken fanden bei Selbstkonzepten, Geschlechtsrollenorientierungen, Freizeitinteressen und motivationalen Orientierungen deutliche Geschlechterdifferenzen, aber keine Unterschiede zwischen den Schulformen (Rost/Pruisken 2000). Das gleiche Ergebnis zeigte sich in einer „empirischen Studie zur Bedeutung der Koedukation für Jungen" von Holz-Ebeling, Grätz-Tümmers und Schwarz (2000). Die Autorinnen vermuten: „Jungen verhalten sich im koedukativen Unterricht nicht deshalb dominant weil, sondern obwohl Mädchen anwesend sind" (ebd., S. 105).

Die Perspektive sollte folglich weniger in einer erneuten Trennung der Geschlechter liegen, als vielmehr in einer „Veränderung von Unterricht und Schulkultur", mit der „reflexive Koedukation" (Faulstich-Wieland 1991; Bildungskommission NRW 1995) verwirklicht werden kann (vgl. Landesinstitut für Schule und Weiterbildung 2002; Roth 2002; Valtin 2001). In einem rheinland-pfälzischen Modellversuch wurde dies versucht (vgl. Kraul/Horstkemper 1999). Erprobt wurden dabei in verschiedenen Schulen curriculare Maßnahmen sowohl im naturwissenschaftlichen wie auch im sprachlichen Unterricht. Eingebettet waren die Arbeiten in kontinuierliche Fortbildungen und die Möglichkeiten zum Erfahrungsaustausch. Seitens der wissenschaftlichen Begleitung wird als Bilanz für die Realisierung einer „Schule für Mädchen und Jungen" die Gestaltung auf drei verschiedenen Ebenen für notwendig gehalten:

- Die Interaktionskultur sollte zum Abbau von Frontalunterricht und zu verstärkten Individualisierungen verändert werden.
- Die curricularen Vorhaben sollten verstärkt methodisch-didaktische Differenzierungen vorsehen, die auf die unterschiedlichen Vorerfahrungen und Bedürfnisse der Schülerinnen und Schüler eingehen können.
- Schließlich kommt den institutionellen Rahmenbedingungen eine zentrale Rolle zu: Solange nur Einzelne mit der Geschlechterproblematik befasst sind, geraten sie leicht in Konflikte und stoßen auf Widerstände. Reflexive Koedukation sollte Bestandteil des Schulprogramms sein, ihre Realisierung muss integraler Bestandteil von Schulentwicklung werden.

„Schule und Geschlecht" ist ein Thema, das alle an Schule Beteiligte angeht, aber es entwickelt sich erst allmählich davon weg, als „Frauenthema" wahrgenommen zu werden. Noch ist die Balance zwischen Dramatisierung und Entdramatisierung (Faulstich-Wieland 2000) nicht gefunden, besteht die Gefahr, dass die „parteiliche Absicht" engagierter Lehrkräfte die „binär polaren Geschlechterkonstrukte" festschreibt, statt sie zu überwinden (vgl. Beetz 1998). Eva Breitenbach hält es allerdings umgekehrt für eine „offene Frage", „wie viel ‚Verflüssigung' der Kategorie Geschlecht Schülerinnen und Schüler, Lehrpersonen und die Institution Schule aushalten können, wenn sie ihre Handlungsfähigkeit behalten wollen" (Breitenbach 2002, S. 161). Die theoretische Hinwendung zum Verständnis von Geschlecht als sozialer Konstruktion wird erst allmählich auch empirisch gefüllt mit Arbeiten, welche die Konstruktionsprozesse erforschen (vgl. Breidenstein/Kelle 1998; Breitenbach 2002; Faulstich-Wieland 2001; Faulstich-Wieland/Güting/Ebsen 2001; Krappmann/Oswald 1995; in gewisser Weise auch Thies/Röhner 2000; Faulstich-Wieland/Weber/Willems 2004).

Exemplarisch soll dies an einem Beispiel aus unserem eigenen Forschungsprojekt „Zur sozialen Konstruktion von Geschlecht in schulischen Interaktionen in der Sekundarstufe I" gezeigt werden. In dieser Längsschnittstudie wurden zwei Gymnasialklassen von der 7. bis zur 9. Klasse und eine von der 8. bis zur 10. Klasse begleitet. Es entstanden fast 400 ethnographische Protokolle von fast 300 Unterrichtsstunden schwerpunktmäßig in Deutsch, Biologie, Mathematik und Physik. Anhand von Auswertungen der Protokolle aus dem Physikunterricht in einer der drei Klassen im 8. Jahrgang soll im Folgenden gezeigt werden, wie möglicherweise im Unterricht selbst die im Rahmen dieses Beitrags vorgestellten Differenzen zwischen Mädchen und Jungen „hergestellt" werden.

Der Physiklehrer ermahnt im Verlauf der beobachteten Stunden sowohl Schülerinnen wie Schüler einige Male zur Ruhe, meistens indem er sie beim Namen ruft. Seine Kommentare zu Antworten der Schülerinnen und Schüler beschränken sich im Allgemeinen auf Bestätigungen durch „ja" oder auf Ablehnung durch „nein". Drei Ausnahmen davon gibt es: In zwei Fällen finden wir massive Kritik an Beiträgen von Schülerinnen:

Monja geht nach vorn und zeichnet das Lot falsch ein.
L: (in einer Melodie) „uiuiuiuiuiuiu. Die anderen schauen sich das bitte an. Tu mal einen Schritt zurück. Was hat sie versucht? Eine Linie an einen Kreis zu zeichnen. Diese Linie wollten wir nicht haben." (Er erklärt nicht, warum.) (Cp91109s[1])
Luisa liest nun von ihrer Arbeit: „Man hält das Lineal vor die Augen ..." (führt aus).
L: „Also ich fang mal an zu kritteln. Nicht um Dich jetzt persönlich zu treffen. Nur um das allgemein zu besprechen. – ‚Das Lineal vor die Augen', das ist zu ungenau." (Cp91207d)

In beiden Fällen greift der Lehrer inhaltlich auf, was die Schülerinnen gemacht bzw. gesagt haben, und kennzeichnet dies als falsch und ungenau. Er erklärt nicht, was falsch ist bzw. wie eine richtige Antwort ausgesehen hätte, sondern belässt es bei der deutlichen Kritik. Eine solche Reaktion auf Antworten von Schülern haben wir während der Beobachtungen nicht gefunden, wohl aber einmal eine Reaktion auf Nichtwissen bei einem Schüler:

L: „Wie nennt man eine Gerade, die vom Mittelpunkt ausgeht?"
L ruft nun Sascha auf. Sascha hat sich nicht gemeldet.
S: „Ne, weiß ich nicht."
L, etwas ungehalten: „Doch, weißt Du schon."
S: „Ja, hab ich vergessen."
L: „Einen Radius." (Cp91207d)

Der Lehrer unterstellt dem Schüler, dass er die richtige Antwort weiß, was dieser – geschickt sich auf das Spiel einlassend – nutzt, um zu sagen, er habe sie gerade nicht parat. Dies wird vom Lehrer akzeptiert, der ihm mit der Nennung des gesuchten Begriffs aushilft. Das implizite wie explizite Feedback, das die Schülerinnen einerseits, der Schüler andererseits bekommen, entspricht dem vorfindbaren Selbstkonzept, nach dem Schülerinnen sich weniger zutrauen als sie können, Schüler aber mehr. Die Beobachtungen in den Protokollen können als Hinweise auf die Mechanismen der Produktion solcher Einschätzungen gewertet werden. Damit soll nun allerdings nicht behauptet werden, Jungen erhielten im schulischen Unterricht immer solch stützende Rückmeldungen. Die wenigen Studien, die sich speziell der Situation von Jungen zuwenden, zeigen vielmehr, dass es auch bei Jungen ein Auseinanderfallen von Selbst- und Fremdeinschätzungen – sowohl zwischen den Jungen wie zwischen Mädchen und Jungen, aber eben auch zwischen Lehrkräften und Schülern – gibt, das ihnen zu schaffen macht (vgl. Krebs 2002). Dieses allerdings bezieht sich stärker auf das Verhalten der Jungen als auf ihre Leistungen. Auch für Jungen ist ein differenzierter Blick hilfreicher als die Suche nach den Differenzen zwischen den Geschlechtern[2].

---

1 Die Protokollbezeichnung erklärt sich folgendermaßen: C steht für Klasse C, p für Physik, 9 für die Erhebung 1999, 1109 steht für das Datum, in diesem Fall für den 9.11.99, s steht für die Protokollantin (in den zitierten Fällen: s = Silke Ebsen, d = Damaris Güting).

2 Für die Gewaltproblematik in der Schule, auf die hier aus Platzgründen nicht genauer eingegangen wird, findet sich eine solch differenzierte Betrachtung in der Studie von Ulrike Popp (2002).

8 Forschungsdesiderate und Forschungsperspektiven

Die vorliegenden empirischen Untersuchungen zum Zusammenhang von Schule und Geschlecht zeigen für Mädchen und Jungen im Durchschnitt sehr unterschiedliche Entwicklungen auf – d.h. immer unbeschadet der Tatsache, dass es auch davon deutlich abweichende Mädchen und Jungen gibt: Während Jungen bereits von der Grundschule an weniger Anstrengung und eine ausgeprägtere Distanzierung von der Schule an den Tag legen, sind Mädchen leistungsbereiter, zugleich aber leistungsängstlicher und haben weniger Selbstvertrauen in ihre Leistungen. Gemessen an erreichten Abschlüssen sind Mädchen tatsächlich erfolgreicher als Jungen. Sie sind im sprachlichen Bereich auch deutlich besser als diese. Im mathematisch-naturwissenschaftlichen Bereich zeigen sie zum Teil geringere Leistungen als Jungen. Die Interessenentwicklung widerspiegelt diese Differenzen: Jungen legen Wert auf Prestige, Mädchen auf soziale Belange. Die Schulfachpräferenzen entsprechen ebenfalls den Geschlechterzuschreibungen: Jungen entwickeln im Laufe der Schulzeit größere Interessen an Mathematik und Naturwissenschaften, bei Mädchen fällt das Interesse daran. Auch gibt es inhaltlich unterschiedliche Akzentsetzungen in den Interessen an Physik.

Ein wesentliches Moment für die Entwicklung sowohl von Leistungen wie von Interessen kommt dem Begabungsselbstkonzept zu. Mädchen trauen sich gerade in naturwissenschaftlichen Bereichen weniger zu – Jungen trauen sich hier mehr zu als sie können. Von Seiten der Lehrkräfte besteht eher die Tendenz, diese Fehleinschätzungen zu festigen, denn auch sie trauen den Mädchen weniger zu als den Jungen. Zudem sehen sie kaum Handlungsmöglichkeiten bei sich selbst.

Veränderungen – vor allem eine Förderung von Mädchen im naturwissenschaftlichen Bereich – setzen an anderen Inhalten an, kombinieren diese häufig mit geschlechtsgetrenntem Unterricht. Die Bedeutung der Monoedukation wird jedoch im Allgemeinen überschätzt. Wichtiger wäre die Entwicklung von neuen Schulkulturen. Hierfür können qualitativ orientierte Forschungen Hinweise liefern, da sie weniger auf die Differenzen zwischen den Geschlechtern achten, sondern versuchen, die Mechanismen herauszufinden, mit denen die Differenzen produziert und bedeutsam gemacht werden. Solche Untersuchungen gibt es jedoch erst wenige – hier liegen vielfältige Perspektiven für weitere Arbeiten.

Literatur

AAUW (Hrsg.): Separated by Sex – a Critical Look at Single-sex Education for Girls. American Association of University Women Educational Foundation. Washington D.C. 1998

Baumert, J./Lehmann, R./Lehrke, M.: TIMSS – Mathematisch-Naturwissenschaftlicher Unterricht im internationalen Vergleich. Opladen 1997

Baumert, J./Schnabel, K./Lehrke, M.: Learning math in school. Does interest really matter? In: Hoffmann, L./Krapp, A./Renninger, K.A./Baumert, J. (Hrsg.): Interest and Learning. IPN. Kiel 1998, S. 327-336

Beetz, S.: Koedukationsdiskurs zwischen Programmatik und Erfahrungswissen. In: Zeitschrift für Pädagogik 44 (1998), S. 253-262

Bellenberg, G.: Individuelle Schullaufbahnen. Weinheim 1999

Bergmann, C./Eder, F.: Geschlechtsspezifische Interessen in der Sekundarstufe II. In: Empirische Pädagogik 14 (2000), S. 255-285

Bilden, H.: Geschlechtsspezifische Sozialisation. In: Hurrelmann, K./Ulich, D. (Hrsg.): Neues Handbuch der Sozialisationsforschung. Weinheim 1991, S. 279-301

Bildungskommission NRW: Zukunft der Bildung - Schule der Zukunft. Denkschrift der Kommission „Zukunft der Bildung - Schule der Zukunft“ beim Ministerpräsidenten des Landes Nordrhein-Westfalen. Neuwied 1995

Biskup, C./Pfister, G./Röbke, C.: "Weil man da über seine Probleme reden kann..." – partielle Geschlechtertrennung aus der Sicht der Schülerinnen und Schüler. In: Zeitschrift für Pädagogik 44 (1998), S. 753-768

Bos, W./Lankes, E.M./Prenzel, M/Schwippert, K./Walther, G./Valtin, R. (Hrsg.): Erste Ergebnisse aus IGLU. Schülerleistungen am Ende der vierten Jahrgangsstufe im internationalen Vergleich. Münster 2003

Breidenstein, G./Kelle, H.: Geschlechteralltag in der Schulklasse. Weinheim 1998

Breitenbach, E.: Geschlecht im schulischen Kontext. Theoretische und empirische Fragen an die Koedukationsdebatte. In: Breitenbach, E./Bürmann, I./Liebsch, K./Mansfeld, C./Micus-Loos, C. (Hrsg.): Geschlechterforschung als Kritik. Bielefeld 2002, 149-163

Deutsches PISA-Konsortium (Hrsg.): PISA 2000. Basiskompetenzen von Schülerinnen und Schülern im internationalen Vergleich. Opladen 2001

Diefenbach, H./Klein, M.: „Bringing Boys Back In“. Soziale Ungleichheit zwischen den Geschlechtern im Bildungssystem zuungunsten von Jungen am Beispiel der Sekundarschulabschlüsse. In: Zeitschrift für Pädagogik 48 (2002) H. 6, S. 938-958

Engler, S.: Zur Kombination von qualitativen und quantitativen Methoden. In: Friebertshäuser, B./Prengel, A. (Hrsg.): Handbuch Qualitative Forschungsmethoden in der Erziehungswissenschaft. Weinheim 1997, S. 118-130

Faißt, W./Häusler, P./Hergeröder, C./Keunecke, K.H./Kloock, H./Milanowski, I./Schöffler-Wallmann, M.: Physik-Anfangsunterricht für Mädchen und Jungen. IPN. Kiel 1994

Faulstich-Wieland, H.: Koedukation – enttäuschte Hoffnungen? Darmstadt 1991

Faulstich-Wieland, H.: Geschlecht und Erziehung. Darmstadt 1995

Faulstich-Wieland, H.: Dramatisierung versus Entdramatisierung von Geschlecht im Kontext von Koedukation und Monoedukation. In: Metz-Göckel, S./Schmalhaf-Larsen, C./Belinski, E. (Hrsg.): Hochschulreform und Geschlecht. Opladen 2000, S. 196-206

Faulstich-Wieland, H.: Das Arrangement der Geschlechter im schulischen Feld – jugendliche Akteure und die „institutionelle Reflexivität“ von Sitzordnungen. In: Merkens, H./Zinnecker, J. (Hrsg.): Jahrbuch Jugendforschung 1, Opladen 2001, S. 163-184

Faulstich-Wieland, H./Güting, D./Ebsen, S.: Einblicke in „Genderism“ im schulischen Verhalten. In: Zeitschrift für Pädagogik 47 (2001), H. 1, S. 67-79

Faulstich-Wieland, H./Horstkemper, M.: „Trennt uns bitte, bitte nicht!" – Koedukation aus Mädchen- und Jungensicht. Opladen 1995

Faulstich-Wieland, H./Horstkemper, M.: 100 Jahre Koedukationsdebatte – und keine Ende. Hauptartikel und Replik. In: Ethik und Sozialwissenschaften 7 (1996), S. 509-520 (Hauptartikel), 578-585 (Replik)

Faulstich-Wieland, H./Nyssen. E.: Geschlechterverhältnisse im Bildungssystem – Eine Zwischenbilanz. In: Rolff, H.G./Bauer, K.O./Klemm, K./Pfeiffer, H. (Hrsg.): Jahrbuch der Schulentwicklung. Bd. 10, Weinheim 1998, S. 163-199

Faulstich-Wieland, H./Weber, M./Willems, K.: Doing gender im heutigen Schulalltag. Weinheim 2004

Fend, H.: Der Umgang mit Schule in der Adoleszenz. Bern/Stuttgart 1997

Glumpler, E. (Hrsg.): Koedukation. Bad Heilbrunn 1994

Goffman, E.: Interaktion und Geschlecht. Frankfurt a.M. 1994

Grassmann, M.: Unterschiede zwischen Jungen und Mädchen im Mathematikunterricht der Grundschule – ein Thema, über das es sich lohnt nachzudenken?! In: Grundschulunterricht 44 (1997), H. 4, S. 5-7

Hanna, G./Kündiger, E./Larouche, C.: Mathematical Achievement of Grade 12 Girls in Fifteen Countries. In: Burton, L. (Ed.): Gender and Mathematics. An International Perspective. London 1990, pp. 87-97

Hannover, B.: Die Bedeutung des pubertären Reifestatus für die Herausbildung informeller Interaktionsgruppen in koedukativen Klassen und in Mädchenschulklassen. In: Zeitschrift für Pädagogische Psychologie 11 (1997), H. 1, S. 3-13

Häussler, P./Hoffmann, L./Langeheine, R./Rost, J./Sievers, K.: Qualitative Unterschiede im Interesse an Physik und Konsequenzen für den Unterricht. In: Zeitschrift für Didaktik der Naturwissenschaften 2 (1996), H. 3, S. 57-69

Hempel, M. (Hrsg.): Verschieden und doch gleich. Bad Heilbrunn 1995

Hempel, M. (Hrsg.): Grundschulreform und Koedukation. Weinheim 1996

Herzog, W.: Motivation und naturwissenschaftliche Bildung. Kriterien eines „mädchengerechten" koedukativen Unterrichts. In: Neue Sammlung 36 (1996), H. 1, S. 61-91

Herzog, W./Labudde, P./Neuenschwander, M.P./Violi, E./Gerber, C.: Koedukation im Physikunterricht. Universität Bern 1997

Hirschauer, S.: Die soziale Fortpflanzung der Zweigeschlechtlichkeit. In: Kölner Zeitschrift für Soziologie und Sozialpsychologie 46 (1994), H. 4, S. 668-692

Hoeltje, B./Liebsch, K./Sommerkorn, I.N. (Hrsg.): Wider den heimlichen Lehrplan. Bausteine und Methoden einer reflektierten Koedukation. Bielefeld 1995

Hoffmann, L.: Zur Interessenlage von Mädchen und Jungen an Physik. In: Koedukation und Naturwissenschaften. Ministerium für Bildung, Wissenschaft, Jugend und Kultur des Landes Schleswig-Holstein. Kiel 1990, S. 52-80

Hoffmann, L./Häußler, P./Peters-Haft, S.: An den Interessen von Jungen und Mädchen orientierter Physikunterricht. IPN. Kiel 1997

Hoffmann, L./Häußler, P./Lehrke, M.: Die IPN-Interessenstudie. IPN. Kiel 1998a

Hoffmann, L./Krapp, A./Renninger, K.A./Baumert, J. (Hrsg.): Interest and Learning. IPN. Kiel 1998b

Holz-Ebeling, F./Grätz-Tümmers, J./Schwarz, C.: Jungen als „Nutznießer" der Koedukation? In: Zeitschrift für Entwicklungspsychologie und Pädagogische Psychologie 32 (2000), S. 94-107

Horstkemper, M.: Schule, Geschlecht und Selbstvertrauen. Weinheim 1987

Horstkemper, M./Kraul, M. (Hrsg.): Koedukation. Weinheim 1999

Horstkemper, M./Wagner-Winterhager, L. (Hrsg.): Mädchen und Jungen – Männer und Frauen in der Schule. Weinheim 1990

Kaiser, A. (Hrsg.): Koedukation und Jungen. Weinheim 1997

Kaiser, G./Luna, E./Huntley, I.: International Comparisons in Mathematical Education. London 1999

Kampshoff, M.: Leistung und Geschlecht. Die englische Debatte um das Schulversagen von Jungen. In: Die Deutsche Schule 93 (2001) H. 4, S. 498-512

Keller, C.: Third International Mathematics and Science Study. Geschlechterdifferenzen in der Mathematik. Prüfung von Erklärungsansätzen; eine mehrebenenanalytische Untersuchung im Rahmen der 'Third International Mathematics and Science Study'. Zürich 1998

Kessels, U.: Undoing Gender in der Schule. Eine empirische Studie über Koedukation und Geschlechtsidentität im Physikunterricht. Weinheim 2002

Kessels, U./Hannover, B.: Situational aktivierte Identität in koedukativen und monoedukativen Lerngruppen. In: Brechel, R. (Hrsg.): Zur Didaktik der Physik und Chemie: Probleme und Perspektiven, Alsbach/Bergstr. 2000, S. 105-113

Kessels, U./Hannover, B./Janetzke, H.: Einstellungen von Schülerinnen und Schülern zur Monoedukation im naturwissenschaftlichen Anfangsunterricht. In: Psychologie in Erziehung und Unterricht 49 (2002) H. 1, S. 17-30

Koch-Priewe, B. (Hrsg.): Schulprogramme zur Mädchen- und Jungenförderung. Die geschlechterbewusste Schule. Weinheim 2002

Köller, O./Daniels, Z./Schnabel, K.U./Baumert, J.: Kurswahlen von Mädchen und Jungen im Fach Mathematik. Zur Rolle von fachspezifischem Selbstkonzept und Interesse. In: Zeitschrift für Pädagogische Psychologie 14 (2000), S. 26-37

Köller, O./Klieme, E.: Geschlechtsdifferenzen in den mathematisch-naturwissenschaftlichen Leistungen. In: Baumert, J./Bos, W./Lehmann, R. (Hrsg.): Dritte Internationale Mathematik- und Naturwissenschaftsstudie – Mathematische und naturwissenschaftliche Bildung am Ende der Schullaufbahn. Bd. 2, Opladen 2000, S. 373-404

Krappmann, L./Oswald, H.: Alltag der Schulkinder. Weinheim 1995

Kraul, M./Horstkemper, M.: Reflexive Koedukation in der Schule. Mainz 1999

Krebs, A.: Sichtweisen und Einstellungen heranwachsender Jungen. Ergebnisse einer Befragung an Hamburger Schulen. Behörde für Bildung und Sport. Hamburg 2002

Kreienbaum, M.A. (Hrsg.): Schule lebendig gestalten. Bielefeld 1999

Labudde, P.: Mädchen und Jungen auf dem Weg zur Physik. Reflexive Koedukation im Physikunterricht. In: Naturwissenschaften im Unterricht. Physik 10 (1999), H. 49, S. 4-10

Labudde, P.: Lehrpersonen auf dem Weg zu einem geschlechtergerechten Physikunterricht. In: Bildung und Erziehung 53 (2000), S. 307-320

Labudde, P./Pfluger, D.: Physikunterricht in der Sekundarstufe II. Eine empirische Analyse der Lehr-Lern-Kultur aus konstruktivistischer Perspektive. In: Zeitschrift für Didaktik der Naturwissenschaften 5 (1999), H. 2, S. 33-50

Landesinstitut für Schule und Weiterbildung: Neue Wege zur Gestaltung der koedukativen Schule. Soest 1998

Landesinstitut für Schule und Weiterbildung: Koedukation in der Schule - reflektieren, weiterentwickeln, neu gestalten. Eine Handreichung zur Gestaltung der koedukativen Schule. Soest 2002

Langeheine, R./Häussler, P./Hoffmann, L./Rost, J./Sievers, K.: Veränderungen im Interesse an der Physik über die Zeit. Altersdifferenzen oder epochale Effekte? In: Empirische Pädagogik 14 (2000), H. 1, S. 35-57

Lechner, H.: Wirksamkeit der geschlechtsspezifischen Lernumgebung im Anfangsunterricht Physik. In: Brechel, R. (Hrsg.): Zur Didaktik der Physik und Chemie. Bd. 20, Alsbach 2000, S. 111-113

Lechner, H.: Fachspezifisches Selbstkonzept und Interesse der Mädchen im Anfangsunterricht Physik bei unterschiedlicher geschlechtsspezifischer Lernumgebung. In: Brechel, R. (Hrsg.): Zur Didaktik der Physik und Chemie: Probleme und Perspektiven. Bd. 21, Alsbach 2001, S. 129-131

Lemmermöhle, D./Fischer, D./Klika, D./Schlüter, A. (Hrsg.): Lesarten des Geschlechts. Opladen 2000
Liebsch, K./Mansfeld, C.: Von einer innovativen zur paradoxen Intervention. Bedingungen, Kontexte und Erfahrungen mit einer Mädchenklasse in der koedukativen Schule. Eine Fallstudie. In: Breitenbach, E./Bürmann, I./Liebsch, K./Mansfeld, C./Micus-Loos, C. (Hrsg.): Geschlechterforschung als Kritik. Bielefeld 2002, 165-202
Lörcher, G.A./Maier, P.H.: Was erreichen Schüler und Lehrer im Fach Mathematik? Pädagogische Hochschule Freiburg 1999
Manger, T./Eikeland, O.J.: Der Einfluß von mathematischen Leistungen und kognitiven Fähigkeiten auf das mathematische Selbstkonzept bei Mädchen und Jungen. In: Zeitschrift für Pädagogische Psychologie 12 (1998), S. 210-218
Naumann, B. (Hrsg.): Der Magdeburger Kongress. Texte zur neuen Koedukationsdebatte. GEW. Frankfurt a.M. 1996
Nyssen, E. (Hrsg.): Mädchenförderung in der Schule. Ergebnisse und Erfahrungen aus einem Modellversuch. Weinheim 1996
Popp, U.: Geschlechtersozialisation und schulische Gewalt. Geschlechtstypische Ausdrucksformen und konflikthafte Interaktionen von Schülerinnen und Schülern. Weinheim 2002
Prengel, A.: Pädagogik der Vielfalt. Opladen 1993
Rammstedt, B./Rammsayer, T. H.: Geschlechtsunterschiede bei der Einschätzung der eigenen Intelligenz im Kindes- und Jugendalter. In: Zeitschrift für Pädagogische Psychologie 15 (2001), H. 3/4, S. 207-217
Roth, Gabriele: Reflexive Koedukation in der Grundschule. Ausgangslage und Handlungsperspektiven. In: Die Deutsche Schule 94 (2002), H. 3, S. 340-354
Rost, D.H./Pruisken, C.: Vereint schwach? Getrennt stark? Mädchen und Koedukation. In: Zeitschrift für Pädagogische Psychologie 14 (2000), S. 177-193
Rost, J./Sievers, K./Häußler, P./Hoffmann, L./Langeheine, R.: Struktur und Veränderung des Interesses an Physik bei Schülern der 6. bis 10. Klassenstufe. In: Zeitschrift für Entwicklungspsychologie und Pädagogische Psychologie 31 (1999), H. 1, S. 18-31
Rustemeyer, R./Jubel, A.: Geschlechtsspezifische Unterschiede im Unterrichtsfach Mathematik hinsichtlich der Fähigkeitseinschätzung, Leistungserwartung, Attribution sowie im Lernaufwand und im Interesse. In: Zeitschrift für Pädagogische Psychologie 10 (1996), H. 1, S. 13-25
Schiefele, U.: Individual Interest and Learning – What We Know and What We Don't Know. In: Hoffmann, L./Krapp, A./Renninger, K.A./Baumert, J. (Eds.): Interest and Learning. IPN. Kiel 1998, pp. 91-104
Schober, B.: Warum begabte Mädchen in manchen Fächern als Underachieverinnen gelten und was Lehrkräfte dagegen tun können. In: Forum Bildung (Hrsg.): Finden und Fördern von Begabungen. Fachtagung des Forum Bildung am 6. und 7. März 2001 in Berlin. Bonn 2001, 242-250
Staatsinstitut für Schulpädagogik und Bildungsforschung München: Typisch Junge? Typisch Mädchen? Handreichungen für die Lehrerinnen und Lehrer an bayrischen Schulen. München 1996.
Stanat, P./Kunter, M.: Geschlechterunterschiede in Basiskompetenzen. In: Deutsches PISA-Konsortium (Hrsg.): PISA 2000. Opladen 2001, S. 251-269
Stanat, P./Kunter, M.: Geschlechtsspezifische Leistungsunterschiede von Fünfzehnjährigen im internationalen Vergleich. In: Zeitschrift für Erziehungswissenschaft 5 (2002), H. 1, S. 28-48
Thies, W./Röhner, C.: Erziehungsziel Geschlechterdemokratie. Weinheim 2000
Tiedemann, J.: Geschlechtstypische Erwartungen von Lehrkräften im Mathematikunterricht der Grundschule. In: Zeitschrift für Pädagogische Psychologie 9 (1995), S. 153-161
Tiedemann, J./Faber, G.: Ist Mathe nichts für Mädchen? Mädchen unterschätzen sich im Mathematikunterricht. In: Die Grundschulzeitschrift 8 (1994a), H. 74, S. 33-35
Tiedemann, J./Faber, G.: Mädchen und Grundschulmathematik. Ergebnisse einer vierjährigen Längsschnittuntersuchung zu ausgewählten geschlechtsbezogenen Unterschieden in der Leistungsentwicklung. In: Zeitschrift für Entwicklungspsychologie und Pädagogische Psychologie 26 (1994b), S. 101-111
Tiedemann, J./Faber, G.: Mädchen im Mathematikunterricht. Selbstkonzept und Kausalattribution im Grundschulalter. In: Zeitschrift für Entwicklungspsychologie und Pädagogische Psychologie 27 (1995), H. 1, S. 61-71
Todt, E.: Geschlechtsspezifische Interessen – Entwicklung und Möglichkeiten der Modifikation. In: Empirische Pädagogik 14 (2000), S. 215-254
Todt, E./Schreiber, S.: Development and Interests. In: Hoffmann, L./Krapp, A./Renninger, K.A./Baumert, J. (Hrsg.): Interest and Learning. IPN. Kiel 1998, S. 25-40
Trautner, H.M.: Geschlechtsspezifische Erziehung und Sozialisation. In: Schneewind, K.A. (Hrsg.): Psychologie der Erziehung und Sozialisation. Göttingen 1994, S. 167-195
Valtin, Renate: Geschlechtsspezifische Sozialisation in der Schule – Folgen der Koedukation. In: Gieseke, Wiltrud (Hrsg.): Handbuch zur Frauenbildung. Opladen 2001, S. 345-354
Weinert, F.E./Helmke, A. (Hrsg.): Entwicklung im Grundschulalter. Weinheim 1997

Weltz, E./Dussa, U.: Evaluation und Perspektiven für die Förderung von Mädchen + Jungen in den Schulen Europas. Senatsverwaltung für Schule, Jugend und Sport. Berlin 1997

Weltz, E./Dussa, U. (Hrsg.): Mädchen sind besser – Jungen auch. Konfliktbewältigung für Mädchen und Jungen. Ein Beitrag zur Förderung sozialer Kompetenzen in der Grundschule. Bd. 1: Dokumentation eines Modellversuchs, Bd. 2: Curriculum – Spiele und Übungen. Berlin 1998

West, C./Zimmerman, D.H.: Doing Gender. In: Lorber, J./Farrell, S.A. (Eds.): The Social Construction of Gender. Newbury Park 1991, p. 13-37

Ziegler, A./Broome, P./Dresel, M./Heller, K.A.: Physikalisch-technische Vorerfahrungen von Mädchen. In: Physik in der Schule 34 (1996), H. 5, S. 163-164

Ziegler, A./Broome, P./Heller, K.A.: Pygmalion im Mädchenkopf. Erwartungs- und Erfahrungseffekte koedukativen vs. geschlechtshomogenen Physikanfangsunterrichts. In: Psychologie in Erziehung und Unterricht 45 (1998), H. 1, S. 2-18

Ziegler, A./Broome, P./Heller, K.A.: Golem und Enhancement: Elternkognitionen und das schulische Leistungshandeln in Physik. In: Zeitschrift für Pädagogische Psychologie 13 (1999), H. 3, S. 135-147

Ziegler, A./Dresel, M./Broome, P./Heller, K.A.: Geschlechtsunterschiede im Fach Physik: Das Janusgesicht physikalischen Vorwissens. In: Physik in der Schule 35 (1997), H. 7-8, S. 252-251

Ziegler, A./Kuhn, C./Heller, K.A.: Implizite Theorien von gymnasialen Mathematik- und Physiklehrkräften zu geschlechtsspezifischer Begabung und Motivation. In: Psychologische Beiträge 40 (1998), S. 271-287

Ziegler, A./Stöger, H.: Motivationale Ziele im Mathematikunterricht von MittelstufenschülerInnen am Gymnasium. In: Empirische Pädagogik 16 (2002) H. 1, S. 57-78

Rolf-Torsten Kramer

Schule und Generation – Konturen und Entwicklungsperspektiven eines Forschungsfeldes

Es stimmt. Von einer nur rudimentären wissenschaftlichen Auseinandersetzung mit dem Generationsansatz kann für die Bundesrepublik in den letzten 10 Jahren nicht gesprochen werden. Im Gegenteil, es gibt geradezu eine Flut von theoretischen, konzeptionellen und empirischen Beiträgen in den sozialwissenschaftlichen Disziplinen (vgl. Lüscher/Schultheis 1993; Becker 1997; Mansel/Rosenthal/Tölke 1997; Kohli/Szydlik 2000; Lüscher 2000a). Das gilt auch für die Erziehungswissenschaft, etwa für die Beiträge aus der Pädagogischen Anthropologie (vgl. Liebau/Wulf 1996; Liebau 1997a) oder einer psychoanalytisch orientierten Erziehungswissenschaft (Winterhager-Schmid 2000a), aber auch für Versuche der erziehungswissenschaftlichen Bestimmung des Generationsbegriffs (vgl. Rauschenbach 1994, 1998; Brüggen 1998; Winkler 1998; Müller 1999) und seiner konzeptionellen Fruchtbarmachung mit Blick auf pädagogische Handlungsfelder und die Herausforderungen des professionellen pädagogischen Handelns (Ecarius 1998a; Kramer/Helsper/Busse 2001a).

Auch in der Schulforschung finden sich in jüngster Zeit Beiträge, welche die Generationsthematik auf Schule beziehen. Aber kann man hier schon von einem etablierten Feld theoretischer und empirischer Bemühungen sprechen? Ich denke nein. Was als Klage über die unzureichende theoretische und empirische Auseinandersetzung mit dem Generationskonzept Anfang der 1990er Jahre in den Sozialwissenschaften formuliert wurde, hat auch heute noch für den Bereich der Schulpädagogik und der Schulforschung seine Gültigkeit. Nach wie vor wird der Diskurs über das Generationskonzept beherrscht von einer jugend- und familiensoziologischen Ausrichtung. Im folgenden Beitrag wird dem gegenüber zu diskutieren sein, welche Anknüpfungen und Bezüge sich zwischen dem Generationskonzept und dem pädagogischen Handlungsfeld Schule finden und welche Forschungsbefunde und -perspektiven sich aufzeigen lassen.

1 Generationsansätze

1.1 Die komplexen Vorläufer

Schleiermacher kommt die Bedeutung zu, das Generationenverhältnis als einen für die Pädagogik entscheidenden begrifflichen Zusammenhang entdeckt zu haben (vgl. Sünkel 1997, S. 196; Winkler 1998, S. 116). Dabei ging es bereits bei Schleiermacher um die Frage einer funktionsanalytischen Untersuchung des sozialen Reproduktionsprozesses. Für Schleiermacher stand damit bei der Frage nach dem Zusammenwirken der verschiedenen Generationen die Begründung eines pädagogischen Verhältnisses im Mittelpunkt (vgl. Bock 2000, S. 118). Er setzt das

Generationenverhältnis voraus und leitet daraus den Erziehungsbegriff ab (vgl. Sünkel 1997; Ecarius 2001).

Nun bewegt sich der Generationsansatz von Schleiermacher auf zwei Ebenen: einerseits auf der Ebene sozialer Kollektive in ihrer historischen Entwicklung und andererseits auf der Ebene des Entwicklungsprozesses des Einzelnen. Dabei werden die im gesellschaftlichen Reproduktionsprozess entstandenen Organisationsformen zum Gegenstand der Reflexion gemacht sowie die Handlungsformen im Prozess der Vermittlung und der individuelle Bildungsprozess als Prozess der aktiven und zukunftsoffenen Aneignung. Vermittlungstätigkeit und Aneignungstätigkeit sind aufeinander bezogen, wobei schon Schleiermacher deutlich machte, dass „die Vermittlungstätigkeit der älteren Generation nur einen Teil der Umwelt organisiert, auf welche sich die Aneignungstätigkeit der jungen Generation bezieht" (Winkler 1998, S. 128). Winkler weist darauf hin, dass im Modell von Schleiermacher bereits die Ambivalenz von Reproduktion und Erneuerung enthalten war (vgl. auch Kramer u.a. 2001, S. 130).

Zentral ist, dass bei Schleiermacher pädagogische Tätigkeit als intergenerationelle Praxis verstanden wird, als Teil eines umfassenden Lebensprozesses der menschlichen Gattung (vgl. Brüggen 1998, S. 271). Die ‚jüngere' und die ‚ältere' Generation werden als ‚universelle Subjekte' im pädagogischen Generationsverhältnis gefasst. Damit dürfen Schleiermachers Überlegungen nicht mit dem Erzieher-Zöglings-Verhältnis bzw. dem pädagogischen Bezug gleichgesetzt werden, sondern sie beziehen sich auf die höhere Aggregierungsform der gesellschaftlichen Institutionalisierung (vgl. ebd.).

Dilthey greift die Überlegungen Schleiermachers auf, richtet dabei aber seine Aufmerksamkeit auf den Prozess der Hervorbringung von Generationen als historische Einheiten durch die Einwirkung epochenspezifischer Tatsachen und Ereignisse in den Jahren der Empfänglichkeit. Die Vermittlungsproblematik stellt sich für Dilthey als über veränderte gesellschaftliche Verhältnisse gebrochene Aneignung und Übernahme dessen, was den durch die ältere Generation repräsentierten intellektuellen (oder besser: kulturellen) Besitzstand ausmacht (vgl. Bock 2000, S. 119). Durch die Prägung in der sensiblen Phase der Adoleszenz bildet sich trotz der Verschiedenheit ein homogenes Ganzes. Generationen markieren einen objektiven Sinnüberschuss jenseits des individuellen Wollens (vgl. kritisch dazu Merten 2002).

Wieder später sucht Mannheim (1928) nach einer soziologischen Fassung des Generationsproblems. Dabei setzt er sich mit verschiedenen Generationsansätzen seiner Zeit auseinander und greift seinerseits auf Dilthey zurück. Von ihm übernimmt er die Vorstellung eines inneren (nur qualitativ nachvollziehbaren) Zeiterlebens, mit der das Generationsphänomen als Phänomen der Gleichzeitigkeit im Erleben leitender Einwirkungen verstehbar wird.

Als Generationslagerung bestimmt er eine schicksalsmäßig verwandte Lagerung im ökonomisch sozialen Raum, die einem nicht bewusst sein muss, mit der aber Wahrnehmungs- und Artikulationsspielräume enggeführt sind. Mannheim spricht von einer „inhärierenden Tendenz" (ebd., S. 174). Damit werden latent Generationszusammenhänge geschaffen, d.h. analoge Partizipationsmöglichkeiten und die Möglichkeit der Entstehung eines kollektiven Habitus in der Jugendphase als Lösungsentwurf gesellschaftlicher Probleme. Von diesem Generationszusammenhang unterscheidet Mannheim dann Generationseinheiten, wenn Bewusstheit und Organisiertheit in der Vertretung der eigenen Orientierungen hinzukommen.

Mannheim knüpft dabei an kultur- und entwicklungstheoretische Bestimmungen an. Zunächst an das Faktum, dass angesichts der Vergänglichkeit des Lebens kulturelle Kontinuität nur durch Vermittlungsleistungen zu sichern ist, dies sich aber mit dem Umstand des immer wieder „neuen Zugangs“ nachrückender Generationen verbindet. Der „neue Zugang“ resultiert wesentlich aus der Annahme der Erlebnisschichtung – wonach erste Eindrücke die Tendenz haben, sich als „natürliche Weltbilder“ in der Formierung des Bewusstseins festzusetzen – und der (tendenziell reflexiven) Auseinandersetzung mit der sozialen Lagerung in der Jugendphase. Erst die Verschränkung dieser beiden Linien (Kulturanthropologie und Adoleszenztheorie) führt bei Mannheim zur Erklärung der Entstehung von historischen Generationen (vgl. ebd., S. 328f.; ähnlich auch Oevermann 2001).

Die Generationsansätze von Schleiermacher, Dilthey und Mannheim werden zumeist als differente Ansätze rezipiert und teilweise als pädagogisches und als soziologisches Generationskonzept gegenübergestellt. Deutlich ist aber, dass die Ansätze systematisch aufeinander aufbauen und dabei verschiedene Dimensionen des Generationsthemas angesprochen waren, die sich bei allen drei Ansätzen – wenn auch unterschiedlich gewichtet – wiederfinden. Bei allen dreien findet sich im Kern des Konzeptes die Problematik kultureller Reproduktion und Erneuerung, die auf der Ebene gesellschaftlicher Institutionalisierung, der Ebene der Formierung in der Jugendphase und in der personalisierten Beziehung zwischen Erwachsenen und Kindern theoretisch reflektiert wird.

1.2 Weiterführung und Ausdifferenzierung der komplexen Vorläufer – Generationsverhältnisse, Jugendgenerationen und Generationsbeziehungen

Im Anschluss an Mannheim gab es verschiedene Bezüge auf das Generationsthema, die zumeist spezifisch fokussierte Ausschnitte in das Zentrum theoretischer und empirischer Arbeiten gestellt haben. Zu nennen sind hier etwa die jugendtheoretischen Arbeiten, die historisch unterscheidbare Generationsgestalten rekonstruiert haben (vgl. ausführlich dazu Zinnecker 2002, S. 65ff.), oder die geisteswissenschaftlich-pädagogischen Interpretationen des Pädagogischen Bezugs bei Nohl (vgl. z.B. Klika 2000), mit denen Asymmetrie einerseits und die Anerkennung der Autonomie des Zöglings andererseits konzeptionell gefasst wurden (vgl. Ecarius 1998b). Ebenso gab es eine Linie für etymologische Ableitungen und Überlegungen zum Generationsbegriff, die Generation etwa als Zugehörigkeit zu sozialen und kollektiven Gruppierungen und als das Neue erzeugender schöpferischer Bezug rekonstruierten (z.B. Sackmann 1992; Bilstein 2000, S. 38; vgl. auch Brüggen 1998, S. 266ff. und Zinnecker 2002, S. 63).

Eine im Nachhinein besonders bedeutsame Ausdifferenzierung des Generationsthemas geht auf Kaufmann (1993) zurück. Er unterscheidet als Gründe der neuen Aktualität des Generationsthemas drei Bezüge: auf der Makroebene den Bevölkerungsrückgang als Ausdruck eines veränderten Generationsverhältnisses, auf der Mesoebene die Verlagerung von Hilfs- und Pflegeleistungen aus der Familie in die öffentliche Hand (vgl. dazu auch Rauschenbach 1994) und auf der Mikroebene die neue Qualität von Eltern-Kind-Beziehungen als Ausdruck veränderter Generationsbeziehungen. Insgesamt wird damit der Generationskomplex als Mehrebenenproblematik gefasst.

Von den drei Bezügen werden dann jedoch mit der Mikro- und der Makroebene nur zwei aufgegriffen. Kaufmann (1993) differenziert begrifflich zwischen Generationsbeziehungen als sozialer Interaktion zwischen Angehörigen verschiedener (zumeist familial definierter) Generationen und Generationsverhältnissen als unterschwellige durch Institutionen vermittelte Zusammenhänge zwischen Lebenslagen und kollektiven Schicksalen (vgl. ebd., S. 97f.). Die mittlere Ebene – deren systematische Betrachtung als Mesoebene erst heute wieder eingefordert wird[1] – gerät damit etwas aus dem Blick. Auf dieser Ebene ginge es z.B. darum, das Wechselverhältnis und die gegenseitigen Ansprüche und Restriktionen etwa von Schule und Familie in den Blick zu nehmen (vgl. z.B. Kramer u.a. 2001a; Kramer/Busse 2003; Hummrich/Helsper 2003).

Die Differenzierung in Generationsverhältnisse und Generationsbeziehungen von Kaufmann wurde gerade auch in der erziehungswissenschaftlichen Diskussion stark aufgegriffen (vgl. Rauschenbach 1994, 1998; Bock 2000, S. 137ff.; Ecarius 2002, S. 38ff. und 51ff.; Merten 2002). Es sind damit vor allem diese beiden Linien, die im erziehungswissenschaftlichen Diskurs bedient werden. Deutlich muss aber sein, dass mit dieser begrifflichen Differenzierung der Gesamtkomplex der Generationenthematik nicht erschöpfend repräsentiert und manch andere Linie nur randständig vertreten ist. Im Weiteren sollen drei Linien näher betrachtet werden.

1.2.1 Jugendgenerationen

In einer ersten Linie interessiert, welche unterscheidbaren kollektiven Vergemeinschaftungsformen wie hervorgebracht werden. Dazu gibt es eine Reihe von historischen Bestimmungen und Interpretationen (vgl. z.B. Bock 2000, S. 126; Zinnecker 2002, S. 65f.). Generation erscheint in dieser Linie als Kategorie sozialer Einbettung und als Kollektivierungsgröße, als Erfahrungs- und Erinnerungsgemeinschaft. Benachbarte Geburtsjahrgänge werden zu einer Generation durch das Gefühl gleichartiger Betroffenheit (z.B. Bude 2000) und kollektive Erfahrungsbezüge bilden den zentralen Bezugshorizont der individuellen Lebensgeschichte. Mit Mannheim (1928) geht man hier von einem steten „Neueinsetzen tonangebender Formationen" aus, die einen „neuartigen Zugang zum Gegebenen und [eine] neuartige Distanzierung vom Überkommenen" (ebd., S. 189) hervorbringen. Die Bearbeitung einer aktuellen Problemlagerung kann damit differieren. Und genau diese Differenz zwischen den Generationen, diese Abgrenzung als Konstituierungsmodus, bringt polarisierende Generationseinheiten im grundlegenden Gefühl schicksalhafter Verbundenheit hervor.

Allerdings erfolgte der Bezug auf den Generationsansatz nicht unkritisch. Für Herrmann (1987) stellt sich etwa die Frage, ob dass Konzept der Generationen noch anzuwenden sei. Er kommt in der Auseinandersetzung mit dem alternativen Konzept der Kohorte zu dem Schluss, dass „Generation" ein qualitativer Begriff ist, der immer dann zum Einsatz kommt, wenn das spezifische Selbstverständnis und die Orientierungen von Altersgruppen sowie deren Genese untersucht werden. Gerade der Aspekt der Genese dieser geteilten Bewusstseins- und Wahrnehmungsformen – also habitueller Übereinstimmungen – kann im Generationskonzept aufschlussreich thematisiert werden (vgl. ebd., S. 371).

Für Oevermann (2001) dient Generation in dieser Linie als Bezeichnung für mentalitätsähnliche Gruppen, als kollektive Gebilde im Sinne realer historischer Typen. Diese „entstehen in der Amalgamierung von ontogenetisch universellen Krisen mit jeweils historisch konkreten, unwiederholbaren Lagen der politischen und kulturellen Vergemeinschaftung" (ebd., S. 80). Dieses Amalgam bildet sich dann aus als eine alterskohortenspezifische Habitusformation, von der man annehmen muss, dass sie sich prägend über eine ganze Biographie bis ins hohe Alter erhält" (ebd., S. 104). Dabei ist es vor allem die Adoleszenzkrise, die von der je konkreten

1 Zinnecker stellt zu Recht fest, dass im boomenden wissenschaftlichen Generationsdiskurs fast ausschließlich die Mikroebene (vor allem in der Familie) und die Makroebene (nationale und gesamtgesellschaftliche Generationszusammenhänge) bedient werden (vgl. z.B. Lüscher/Schultheis 1993; Mansel/Rosenthal/Tölke 1997). „Die Bildung von Generationen auf der mittleren, der Mesoebene bleibt weithin ausgeblendet" (Zinnecker 2002, S. 64).

gesellschaftlichen Lage maßgeblich beeinflusst wird. Deshalb formen sich hier die Generationsformationen aus (vgl. ebd., S. 109).

Gerade diese These der Habitusprägung und die Möglichkeit der Entstehung des Neuen in Vergemeinschaftungsprozessen ist heute im generellen Verdacht gegenüber Homogenitätskonzepten in Zweifel geraten (vgl. z.B. Wimmer 1998; Merten 2002). Zinnecker (2002) hat aktuell den Ansatz der Jugendgenerationen von Mannheim für die Jugendforschung sehr umfassend diskutiert. Auch wenn Zinnecker kritisch gegenüber den Engführungen des Generationskonzeptes von Mannheim ist – was etwa die Festlegung der Jugendphase als prägende Phase oder den Vorwurf des Elitemodells betrifft –, bescheinigt er dem Ansatz auch heute noch eine hohe Potenzialität, die zur Analyse der generationellen Dynamik und zur Rekonstruktion der historisch und epochenspezifisch ausgeformten Generationsfiguren tauglich ist.

1.2.2 Das Generationenverhältnis

In einer zweiten Linie geht es um das Generationsverhältnis als historisch spezifisch geronnene gesellschaftliche Struktur (vgl. etwa Büchner 1995). Es geht um die Frage nach der organisierten und institutionalisierten Form der gesellschaftlichen Teilhabe auf der Grundlage eines Lebens- und Erfahrungsabstandes (kulturelle Differenz), also um die institutionelle Gestaltung der Asymmetrie der Beziehungsstruktur zwischen Kulturneuling und dem durch Erwachsene vorgegebenen soziokulturellen Möglichkeitsraum (ebd., S. 240). Hier ist neben den jeweils historisch spezifischen Prägungen einer alterskohortenspezifischen Habitusformation mit dem Generationsverhältnis ein strukturelles Ordnungsprinzip auf der Ebene des staatlichen, gesellschaftlichen Handelns gemeint (vgl. Ecarius 2001, S. 42f.). Es geht um Formen der Institutionalisierung eines pädagogischen Verhältnisses zwischen Alt und Jung.

Ein anthropologischer Blick auf das Generationsverhältnis (Liebau/Wulf 1996; Liebau 1997a) macht deutlich, dass hier eine Grundbedingung von Sozialität und Kultur vorliegt, die in den biologischen Abläufen und der Endlichkeit des Lebens bereits vorkulturell angelegt ist, die aber in der Struktur der (pädagogischen) Kulturübertragung jeweils historisch spezifische Formen der Bearbeitung hervorbringt. In dieser historischen Varianz zeigen sich Abhängigkeiten des Erziehungsverhältnisses von gesellschaftlichen Wandlungen, die auch Konflikte zwischen den Generationen begründen können.

In diesem Zusammenhang sind die Überlegungen von Margaret Mead (1971) interessant, die aus ethnologischen Studien drei Modelle der Kulturübertragung unterscheidet. Die „postfigurative Kultur" verbindet sich mit der Charakteristik einer unbewussten kulturellen Reproduktion, die mit hohen Kontinuitätstendenzen verknüpft ist (vgl. ebd., S. 27ff.). Die ältere Generation repräsentiert hierbei den Jüngeren das vollendete Modell des Lebens, das sich in der Vergangenheit bewährt hat, in der Gegenwart gelebt und für die Zukunft verbürgt wird. Das Modell der „kofigurativen Kultur" setzt nicht die Vorfahren, sondern die ebenbürtigen Zeitgenossen als Vorbild ein (vgl. ebd., S. 61ff.). Hier bricht die traditionelle Generationsordnung auf und der Übergang zu neuen Lebensstilen wird ohne die Großeltern vollzogen. Im Modell der „präfigurativen Kultur" schließlich sehen nachwachsende Generationen einer Zukunft entgegen, die den alten Generationen weitgehend unbekannt ist (ebd., S. 97). Da die jüngeren Generationen sich unverstellter auf diese neuen Bedingungen und die offene Zukunft einstellen können, ist es nun an ihnen Kulturgüter an ältere Generationen zu vermitteln.

Diese Konfigurationsmodelle – die m.E. als Strukturvarianten von Generationsverhältnissen gelten können – verbinden sich bei M. Mead mit der These eines grundlegenden Transformationsprozesses von der postfigurativen, über die kofigurative hin zur präfigurativen Kultur, die insgesamt anschlussfähig ist an viele Thesen des (modernisierungsbedingten) Wandels in den Generationsverhältnissen (vgl. Kramer u.a. 2001b, S. 131ff.).

1.2.3 Pädagogische Generationsbeziehungen

Mit dem Ansatz der (pädagogischen) Generationsbeziehungen hat sich eine dritte Linie herauskristallisiert, die ganz konkrete Prozesse und Interaktionen der Vermittlung/Aneignung und der Erziehung als Koaktivität (vgl. Kaufmann 1993) in den Blick nimmt. In dieser Linie findet auch in besonderem Maße eine Auseinandersetzung darüber statt, ob der Generationenbegriff als Grundbegriff der Erziehungswissenschaft fruchtbar zu machen ist.

Über Schleiermacher, Kant und Nohl wurde für die Generationsbeziehung die Asymmetrie zwischen den Generationen als ein Grundelement im erzieherischen Verhältnis herausgearbeitet (vgl. Ecarius 1998b, S. 42f.). Klika (2000) etwa diskutiert Nohls Konzeption des „pädagogischen Bezugs" als Entwurf, der den kindlichen Willen und den Willen des Erwachsenen in einer personalen Bindung zusammenführt und über positive Übertragungen die Aneignung überpersönlicher Werte erfasst. Dabei sind in dieser Konzeption durchaus Antinomien eingelagert, weil die Gewinnung dieses Bezuges darauf baut, dass der Erwachsene das Kind als etwas anerkennt, das es erst wird, und dass das Kind das unbedingte Vertrauen dem Erzieher gegenüber hat, von ihm „in der Tiefe seiner Person" absolut bejaht zu werden (ebd., S. 138). Damit kennzeichnet Nohl das „Primat der Persönlichkeit und der personalen Gemeinschaft in der Erziehung gegenüber bloßen Ideen einer Formung durch den objektiven Geist und die Macht der Sache" (Nohl 1988, S. 167, hier zitiert nach Klika 2000, S. 143). Antinomien ergeben sich von der Seite des Erziehers zwischen Beeinflussung und Zurückhaltung und von der Seite des Zöglings zwischen Hingabe und Widerstand (vgl. Klika 2000, S. 143). In der Schule und der Lehrer-Schüler-Beziehung geht es Nohl um die Realisierung eines Arbeitsbündnisses auf Zeit mit dem Ziel, sich selbst überflüssig zu machen und aufzuheben.

Mit Flitner wurde dann jedoch das innovative Potenzial der Jugend überbetont und die Generationsdifferenz durch die Propagierung eines partnerschaftlichen Erziehungsverhältnisses negiert, als ginge es darum, quasi theoretisch zu garantieren, dass die Offenheit der Jugend im Erziehungsprozess sichergestellt sei (vgl. Ecarius 1998b, S. 44). Später sind dann auch im Gefolge der sich etablierenden Sozialisationsforschung immer stärker die abstrakten Sozialisationseffekte in den Blick gekommen und damit die pädagogischen Generationsbeziehungen vernachlässigt worden. Dieser Trend hat sich nochmals verstärkt, als mit den Thesen der Entfremdung zwischen den Generationen (vgl. Giesecke 1983; Flitner 1984) und der Relativierung der Lebensalter (vgl. Böhnisch/Blanc 1989) Erziehung zwischen den Generationen unmöglich schien. Es war zuerst Hornstein (1983), der darauf aufmerksam machte, dass gerade die Vernachlässigung der Generationendifferenz Erziehung verunmöglicht hat (vgl. auch Müller 1996 und Winterhager-Schmid 1996, 2000a, S. 11, 2000b, S. 19). Ähnlich macht Ecarius (1998b, S. 53) deutlich, dass die Asymmetrie zwischen den Generationen nicht aufzulösen ist (vgl. auch Kramer u.a. 2001b, S. 135).

Besonders in jüngerer Zeit geht es deshalb um die Frage, wie die (pädagogische) Generationsbeziehung und darin die Asymmetrie zu bestimmen sei. Es wird versucht, die Struktur der Generationsbeziehungen freizulegen und danach zu fragen, was das spezifisch Pädagogische in diesen Generationenbeziehungen sei. Dabei resultiert eine nicht zu unterschätzende Schwierigkeit dieser Bestimmungen daraus, dass (pädagogische) Generationsbeziehungen sowohl in der Familie als auch in der Schule – als zwei deutlich kontrastierende Felder – verortet werden.

Sünkel (1996; auch Liebau 1997b) leitet etwa einen pädagogischen Generationsbegriff aus anthropologischen Grundtatsachen ab, der unabhängig von Alter, von lebens- oder weltgeschichtlichen Zuordnungen, immer nur zwei pädagogische Generationen unterscheidet: die vermittelnde und die aneignende Generation. Es ist das gesellschaftliche Problem der Kontinuitätssicherung in Hinsicht auf das nicht-genetische Erbe, das nach Sünkel (vgl. ebd., 283) Erziehung als gesellschaftliche Tätigkeit hervorbringt. Naturwüchsig gestaltet sich diese pädagogische Generationsbeziehung in der Familie aus. Professionelle Formen dieser pädagogischen Generationsbeziehung finden sich vor allem in der Schule (vgl. Sünkel 1997, S. 202). Erziehung ist hier als bi-subjektive Tätigkeit und als Ko-aktivität der beiden Subjekte entworfen. Dass das Kind der aneignenden und der Erwachsene der vermittelnden Generation angehört, ist damit nicht zwingend.

Auch Ecarius (2001) geht mit Bezug auf Schleiermacher und Kant für Familie und Schule von einem generativen Erziehungsverhältnis mit jeweils verschiedenen Aufgaben aus. Seine Grundlage findet dieser Generationsbegriff in der anthropologischen Notwendigkeit der Erziehung nachwachsender Generationen. Ausgehend von diesen Überlegungen kann – unabhängig von historisch spezifischen Konnotationen einer hierarchischen Interaktionsstruktur – die generative Differenz (also eine kulturelle Fremdheit) als Kern der pädagogischen Generationsbeziehungen markiert werden (vgl. auch Müller 2001). Damit verbindet sich die These, dass die pädagogische Generationsbeziehung aus der generativen Differenz hervorgeht. Differenz ist damit grundlegend in der pädagogischen Generationsbeziehung angelegt. Die pädagogische Generationsbeziehung konstituiert sich aus zwei Momenten: der (Wissens-)Vermittlung und der (Für-)Sorge. Bei Familie und Schule haben wir es also mit einer Ausdifferenzierung verschiedener pädagogischer Felder, mit einer Spezifizierung der pädagogischen Generationsbeziehungen zu tun. Immer findet sich dabei aber eine komplementäre Struktur.

Kann man dann in Analogie zur Familie bei den schulischen Generationsbeziehungen von persönlichen Beziehungen sprechen? Nach Lenz (2001) ist die Antwort eindeutig nein. Dazu müssten eine personelle Unersetzbarkeit und eine emotional fundierte Bindung vorliegen, mit der die ganze Person einbezogen und kein Thema ausgeschlossen ist (vgl. ebd., S. 19). In der Familie sind diese Bedingungen in der Generationsbeziehung erfüllt. Bei Lehrer-Schüler-Beziehungen wird dagegen deutlich, dass es neben diffusen Anteilen auch Rollenzuweisungen gibt, keine derartige Exklusivität besteht und die Art der Zuwendung (wenn es eine gibt) eine professionell gebrochene ist. Lehrer und Schüler begegnen sich damit nicht als ganze Personen. Macht-, Kompetenz- und Wissensunterschiede sind begleitet von einer Steigerung der Spezifität gegenüber der Diffusität, so dass man in der Schule von einem Wegfall des persönlichen Bezuges sprechen muss.

Aus einer strukturalistischen Sicht bestimmt Oevermann (2001) Generationsbeziehungen als Begriff für soziale Beziehungen im Sinne der Abfolge von Nachkommenschaft, bei der sich das biologisch angelegte Potenzial der Entstehung des Neuen im Bereich der Kultur verstärkt. Das liegt daran, dass in der Elternschaft bereits soziale Herkünfte rekombiniert werden, deren Erneuerungspotenzial im Individuationsprozess des Kindes nochmals gesteigert wird. Zugleich ist die Eltern-Kind-Beziehung durch eine generationale Differenz und eine grundlegende Asymmetrie der Fürsorge geprägt, die dazu führt, dass das Kind im Erwachsenwerden sich mit der elterlichen Praxis identifiziert und sich ein verpflichtendes Modell von Handeln aneignet (vgl. ebd., S. 99). Im Unterschied zur Familie kennzeichnet Oevermann die schulische Praxis als eine professionelle Interventionspraxis (vgl. ebd., S. 126). Von daher haben wir es in der Schule nicht mit einer Generationendifferenz zu tun – zumindest nicht mehr als in anderen Dienstleistungsbereichen –, sondern mit einer „Status- und Rollendifferenzierung mit Bezug auf eine professionalisierungsbedürftige Praxis“ (ebd., S. 127).

Psychoanalytisch orientierte Positionen versuchen den Begriff der Generationendifferenz gegenüber den zeitdiagnostischen Thesen der Angleichung, Relativierung und Entdifferenzierung zu stärken. Hier wird von der nicht hintergehbaren Differenz des Wollens im pädagogischen Verhältnis ausgegangen – als einer Antinomie, die in keiner Pädagogik aufzulösen ist (vgl. Müller 1996, S. 321). Allerdings wird gerade gegenwärtig diese Differenz meist verschleiert – zuweilen im Ideal der gleichberechtigten Kooperation verleugnet – und damit verhindert, dass der „Kampf um Anerkennung (zwischen den Generationen) als Bedingung der Möglichkeit einer Pädagogik verstanden“ wird (ebd., S. 324f.). Differenz wird auch hier als Strukturgeber im generationalen Verhältnis zwischen Erwachsenen und Heranwachsenden verstanden. Daraus resultiert und manifestiert sich die generationale Ordnung des Sozialen (vgl. Honig 1999). Aus der Perspektive der Psychoanalyse ist die Anerkennung der generationalen Ordnung Voraussetzung für die Kulturfähigkeit des Menschen und die Sozialwerdung des Kindes (vgl. Winterhager-Schmid 2000a, S. 10). Gegen eine zu starke Betonung der Autonomie und Eigenständigkeit des Kindes, welche die Angewiesenheit und Bezogenheit auf Erwachsene negiert, muss Kindheit „als Element einer generationalen Ordnung des Sozialen begriffen und müssen die Paradoxien der kindlichen Autonomie aus dieser Ordnung erklärt werden“ (Honig 1996, S. 203).

Generationendifferenz wird kulturell immer erst bedeutsam durch die kulturspezifische Art, die Verschiedenheit und Andersheit sozial zu organisieren (vgl. Winterhager-Schmid 2000b, S. 24, auch Wimmer 1998). Damit erfolgt eine jeweils historisch-konkrete Ausgestaltung der Grundstruktur der Angewiesenheit als Kern der generativen Differenz. Es geht also darum, wie die biologische Tatsache der Altersdifferenz in eine soziale Ordnung überführt wird, und damit eine „codierte Andersheit oder Differenz“ entsteht (Wimmer 1998, S. 89). Generative Differenz, eine historisch jeweils spezifische generationale Ordnung und die Frage der Vermittlung/Aneignung scheinen somit zentrale Parameter eines Generationsmodells zu sein. In dieser Fokussierung lassen sich viele Beiträge und Positionen bündeln.

2 Ein heuristisches Generationsmodell für die Schulforschung: Generationsverhältnisse, Pädagogische Generationsbeziehungen, kollektive Habitusbildungen und die symbolische Generationsordnung

Bilanziert man den wissenschaftlichen Generationsdiskurs und seine Bedeutung für die Schulforschung, dann erscheint ein Versuch der Systematisierung unverzichtbar. Als bislang etabliertester Vorschlag gilt nach wie vor die Unterscheidung von Generationsverhältnissen und Generationsbeziehungen im Anschluss an Kaufmann (1993). Allerdings birgt diese Differenzierung die Gefahr, den generationalen Gesamtkomplex (je nach Interesse: Mikro oder Makro) zu verkürzen. Hier sollen dagegen mit Bezug auf die genannten Linien Bausteine eines heuristischen Generationsmodells bestimmt werden.

Den Ausgangspunkt der folgenden Überlegungen bildet zunächst die Akzeptanz einer biologischen Fundierung der Generationen (vgl. Mannheim 1928; Liebau/Wulf 1996; Liebau 1997b, S. 16; Bude 2000; Winterhager-Schmid 2000a und Merten 2002). Generationsansätze geben somit eine Antwort auf die Frage, wie diese biologischen Tatsachen in eine kulturelle (symbolische) Ordnung überführt werden (z.B. Honig 1996; Wimmer 1998) und wie diese historisch ausgestaltet sind. Im Kern geht es damit immer um die Frage nach der Kontinuität und Erneuerung bestehender kultureller Verhältnisse (z.B. Mansel u.a. 1997) – egal in welcher Linie des Generationsdiskurses man sich bewegt.[2] Schon in dieser ganz grundlegenden Bestimmung ist damit eine doppelte spannungsvolle Ambivalenz eingelagert, die der Reproduktion und Transformation sowie der Vermittlung und Aneignung. Diese Ambivalenz wird neuerdings wieder deutlich herausgearbeitet (vgl. Lüscher 2000b, Melzer 2001, Kramer u.a. 2001b). Sie findet sich aber auch schon bei Schleiermacher und Mannheim.

Generative Differenz ist damit am Besten vom Konzept der Antinomien her zu begreifen, deren jeweils konkrete Ausformung im Rahmen einer kulturellen generationellen Ordnung zu verorten ist (vgl. Kramer u.a. 2001b, S. 144ff.). In Anlehnung an die Überlegungen Honigs (1999, S. 190) zur „generationellen Ordnung“, die als „historisch-spezifischer Modus der Vergesellschaftung in Generationsbeziehungen und Generationsverhältnissen“ fungiert und mit Bezug auf eigene Rekonstruktionen zur symbolischen Ordnung der Schule (Helsper/Böhme/Kramer/Lingkost 2001, S. 24ff.) wäre von einer „symbolischen Generationsordnung“ zu sprechen, in der intentionale Entwürfe, interaktive Strukturen und latente Strukturprobleme als spannungsvolles Verhältnis zwischen dem Imaginären, dem Symbolischen und dem Realen aufeinander bezogen sind (Kramer u.a. 2001b, S. 142f.).

Die innerhalb des Generationsdiskurses ausdifferenzierten Linien bezeichnen nun m.E. unterschiedliche Aggregierungsniveaus der symbolischen Generationsordnung. Das Konzept „Pädagogischer Generationsbeziehungen“ bezieht sich auf einen spezifischen Strukturtyp sozialer Beziehung, der auf der Ebene der Interaktion zwischen Personen ansetzt und durch die Bearbeitung der generativen Differenz über Vermittlung und Aneignung gekennzeichnet ist. Der Begriff „Generationsverhältnis“ bezieht sich dem gegenüber auf eine höher aggregierte Ebene der in Institutionen und höhersymbolischen Regeln kodifizierten Organisation der generativen Differenz und der Notwendigkeit der Vermittlung, z.B. in den Institutionen des Bildungssystems. „Jugendgenerationen“ sind davon noch einmal zu unterscheiden als kollektive Habitusbildungen, die wesentlich aus den institutionellen Rahmungen des Generationsverhältnis angestoßen sind, faktisch aber auf sehr hohem Aggregierungsniveau darüber hinaus greifen können.

Alle drei angesprochenen Aspekte sind nun jedoch nur analytisch zu trennen. Im Vollzug der Praxis wirken sie in komplexer Weise ineinander, beeinflussen sich wechselseitig und sind in den Kosmos der symbolischen Generationsordnung eingespannt. So ist etwa die Ausgestaltung pädagogischer Generationsbeziehungen in der Schule durch die institutionelle Rahmung vorgeprägt und wird zusätzlich gerahmt durch die kollektiven Habitusbildungen der Schüler und der Lehrer. Kollektive Habitusbildungen finden ihrerseits in Generationsverhältnissen nicht nur ihren Anlass, sondern zusammengenommen mit den erlebten Generationsbeziehungen und in der Auseinandersetzung damit auch die historisch je spezifischen Krisenbestimmungen und

2 Die Spannungsverhältnisse, die hier aus der Diskussion der verschiedenen Generationsansätze herausgearbeitet werden können, lassen sich auch schon auf der Ebene der etymologischen Überlegungen ableiten (vgl. etwa Sackmann 1992; Bilstein 1996; Brüggen 1998, S. 266ff.). Es liegt deshalb nahe, beim Generationskomplex von einem in sich spannungsvollen und ambivalenten Sinnzusammenhang auszugehen.

Lösungsentwürfe. Und schließlich findet das historisch sich generierende Generationsverhältnis immer auch ihren Transformationsspielraum und ihre Grenzen in den kollektiven Habitusprägungen und in den pädagogischen Generationsbeziehungen.

Die Frage ist nun, welche Bedeutung diese Konzepte und das heuristische Modell der symbolischen Generationsordnung für die Schulforschung haben können. M.E. sind alle drei Konzepte im Modell der „symbolischen Generationsordnung" relevant.[3] Die Frage nach der in Institutionen sich materialisierenden Form eines Generationsverhältnisses sollte Gegenstand nicht nur der historischen Erziehungswissenschaft, sondern gerade auch der Schulforschung sein. Auch die Frage nach den kollektiven Habitusbildungen ist für die Schulforschung zentral, insofern in der habitusbildenden Prägung von Lehrern und Schülern durch epochale und historisch spezifische Generationslagerungen ebenfalls wichtige Rahmungen und Grenzbestimmungen schulischer Interaktion vorliegen. Besonders sind es aber die pädagogischen Generationsbeziehungen, die in der Schulforschung Aufmerksamkeit und Beachtung finden sollten. Schließlich würde es in der Frage nach der Struktur und der Ausformung schulischer Vermittlungsbeziehungen um den Kern des professionellen Lehrerhandelns in Schule und Unterricht gehen.

3 Beiträge einer schulbezogenen Generationsperspektive

Die Beiträge, die sich innerhalb des Generationsdiskurses direkt auf Schule beziehen, sollen nun entlang der Linienführung des vorhergehenden Abschnittes aufgegriffen werden: Ein erster Komplex dieser Beiträge lässt sich um die Frage nach generationsspezifischen Lagerungen und kollektiven Habitusbildungen zentrieren, wobei der Blick sowohl auf die Lehrer als auch auf die Schüler gerichtet sein kann. So hat Bohnsack (1989) in einer eindrucksvollen Studie die Verstrickung und auch den Eigenwert generationstypischer kollektiver Orientierungen bei Jugendlichen rekonstruiert. Er kann für die Generation der um 1970 geborenen Jugendlichen aufzeigen, dass für diese im Unterschied zu ihren Eltern und Großeltern gesellschaftlich vorgegebene biographische Orientierungen nicht mehr tragfähig sind, soziale Standardisierungen und institutionelle Ablaufmuster als Gegenhorizonte bedeutsam werden und die Orientierung auf Individualität, Authentizität und Flexibilität neue paradoxale Anforderungen entfaltet. Wegweisend ist die Studie von Bohnsack vor allem in der methodologischen Stringenz einer qualitativ-rekonstruktiven Vorgehensweise (Gruppendiskussion und dokumentarische Methode) und der konsequenten Berücksichtigung paralleler habitueller Prägungen, die sich – etwa nach Geschlecht und Herkunftsmilieu – mit den generationsspezifischen Prägungen vermischen und diese fallspezifisch konkretisieren (vgl. ebd., S. 199ff.). Weiterführend ist auch der Bezug auf Lehrer, die hier „als außerfamiliale Erwachsene par excellence, als Vertreter der älteren Generation" gekennzeichnet werden (ebd., S. 323). Damit werden sie als besonderes exponierter Bezugshorizont innerhalb des Generationsdiskurses für die Jugendlichen deutlich gemacht. Und damit sind die jeweils eigenen generationsspezifischen Habitusprägungen der Lehrer bedeutsam.

3 Neben den bereits deutlich gemachten Bezügen ergeben sich auch Möglichkeiten der Anknüpfung an Überlegungen zu Metaphern und Bildern in der Pädagogik (vgl. Bilstein 1996, 2000; Winterhager-Schmid 2000c), eine Aufnahme des Ambivalenzkonzeptes (vgl. Lüscher 2000b) und damit die Anknüpfung an den Diskurs über Antinomien im professionellen Lehrerhandeln (vgl. Helsper u.a. 2001, S. 39ff.), die vielleicht gerade mit einer auf Schule fokussierten Generationsforschung erst angemessen zu erfassen sind.

Kollektive Habitusprägungen bei Lehrern sind in den folgenden Studien Forschungsgegenstand. Ihm Rahmen der Untersuchungen zur subjektiven Bedeutung des Lehrerberufs hat Flaake (1989) nachgewiesen, dass sich in Berufsverläufen von Lehrerinnen und Lehrern institutionelle Bedingungen mit subjektiven Dispositionen verknüpfen und in dieser Verknüpfung generationstypische Prägungen wirksam werden. Sie zeigt auf, das gerade jüngere Lehrer, die von Modernisierungs- und Liberalisierungstendenzen geprägt sind und sich vor diesem Hintergrund zumeist bewusst für den Lehrerberuf entscheiden, mit hohen Anspruchshaltungen an ihren Beruf herangehen und dann im Scheitern dieser Erwartungen und Ansprüche an Schule leiden (vgl. ebd., S. 212ff.). Wegweisend ist der von Flaake vorgelegte Bezug der generationsspezifischen Habitusprägungen auf die jeweilige Ausformung der Lehrer-Schüler-Beziehungen. In ihrer Studie sind es vor allem ältere Lehrerinnen, die distanzierte Beziehungen zu den Schülern realisieren, während die jüngeren Lehrerinnen stärker auf einer persönlichen Ebene mit den Schülern agieren, darin aber auch größeren Belastungen ausgesetzt sind (vgl. ebd., S. 220ff.).

Zu ganz ähnlichen Ergebnissen kommt Hoff (2002) in ihrer Studie zu Gymnasialdirektorinnen der 1960er Jahre. Sie zeigt, dass die Generationslage, Geschlechterverhältnisse und die familiale Herkunft vermittelt über die jeweils eigene Biographie in das berufliche Handeln und das berufliche Selbstverständnis eingehen. An diesem Zugang scheint mir die Verknüpfung mit der biographischen Perspektive weiterführend, weil damit die generationale Habitusprägung als über die Biographie und das jeweils individuelle Lebensschicksal gebrochene bzw. vermittelte Orientierung deutlich gemacht werden kann. In der Fallrekonstruktion von Frau Tenbruck zeigt sich das in einer Verstärkung der generationsspezifischen Orientierung mit den familienspezifischen und lebensgeschichtlichen Prägungen (vgl. ebd., S. 114ff.).

Die Bedeutung generationsspezifischer Habitusprägungen für die Ausgestaltung des Lehrerberufs und den jeweiligen Bezug zur Schule (vgl. dazu bereits Combe 1983) ist gerade mit Blick auf Schulreformen und Schulentwicklungsprozesse nicht hoch genug zu gewichten. Helsper (1995) kann z.B. nachzeichnen, wie generationsspezifische Prägungen mit der (Entstehungs-) Geschichte der Gesamtschulentwicklung verflochten sind und in die konkrete Ausgestaltung der Schulkultur einfließen. Die Enttäuschung der ambitionierten ‚Gesamtschulaktivisten' führt dort, wo das Scheitern der Umsetzung ihrer Ideen nicht eingestanden werden kann, z.B. zu Formen der Verordnung von Autonomie und Mitbestimmung gegenüber den Schülern, die als Mythos der Gesamtschule die tatsächlichen Partizipationsverhältnisse verschleiern.

Allerdings sind die generationsspezifischen Prägungen und Orientierungen in der Schule keine monolithischen Gebilde, sondern sie sind ihrerseits eingebettet in die Dynamik, die Aushandlungsprozesse und die Herrschaftsverhältnisse der dominanten Schulkultur (vgl. Helsper/Kramer 1998). So kann für ein Gymnasium rekonstruiert werden, dass der Konflikt zwischen jugendkulturell orientierten Schülern und den am traditionell-klassischen Generationsmodell orientierten Lehrern abgefedert wird durch diejenigen Lehrer, die als jüngere und neue Kollegen informalisierte Varianten des Generationsmodells vertreten und damit eine Art Zwischengeneration bilden (vgl. ebd., S. 226 und 231). Deutlich wird hier auch, dass die Berücksichtigung kollektiver Habitusbildungen gleichermaßen auch für das Handeln der Schüler relevant ist. Gerade dort, wo man die Interaktionen zwischen Lehrern und Schülern idealtypisch auf eine pädagogische Beziehung verengt, sollte das Eingebundensein in kollektive Habitusprägungen stärker in Theorie und Forschung aufgegriffen werden (vgl. Wiezorek 2000).

Innerhalb der Linie der Rekonstruktion historisch konkreter Generationsverhältnisse liegen die folgenden Beiträge. Melzer (2001) arbeitet z.B. die zentrale Bedeutung partizipativer Verhältnisse für Generationsbeziehungen heraus, indem er Belastungen für den Individuationsprozess der Jugendlichen mit dem Klima der Generationsbeziehungen zusammenführt. Während für die Familie von zunehmend kofigurativen Verhältnissen zwischen Eltern und ihren Kindern ausgegangen wird, in denen die dominante Position der Eltern relativiert ist (vgl. Mead 1971), scheint für die Schule dieses Klima schwieriger herstellbar. Als zentraler Hintergrund dafür wird die strukturelle Differenz von Familie und Schule betont, die dazu führt, dass in Schule die Ausbildung von Generationsbeziehungen mit ihren sozialen und emotionalen Komponenten erschwert ist.

Auf die strukturelle Differenz zwischen Schule und Familie bezieht sich auch Winterhager-Schmid (2001) als Ausgangspunkt in ihrer Betrachtung. Sie geht von neuartigen Belastungen in den Generationsbeziehungen und -verhältnissen aus, die auf Ambivalenzerfahrungen und die Notwendigkeit der ständigen Ausbalancierung von Nähe und Distanz zurückzuführen sind. Für die Schule ist dabei entscheidend, dass die historisch gewachsene Ausdifferenzierung familialer und schulischer Generationsverhältnisse es zunehmend der Schule überlässt, die asketischen (Leistungs-)Ansprüche gegenüber den Jugendlichen durchzusetzen (vgl. ebd., S. 241). Darin liegt ein zentrales Problem von Schule. Denn während die Durchsetzung der Schulpflicht in weiten Teilen auf ein „Disziplinierungsbündnis" mit den Eltern bauen konnte, sei von dieser „Komplizenschaft" heute eher selten auszugehen (ebd., S. 248 und 250).

Marotzki (2001) bezieht sich auf das Generationskonzept mit der Frage, welche Rolle die Schule heute angesichts der Entwicklung neuer Medien und der Bedeutung der Peers bei der Wissensvermittlung spielen kann. Dazu werden Ergebnisse einer repräsentativen Untersuchung über das Internetwissen von Gymnasiasten in Sachsen-Anhalt herangezogen. Deutlich wird hier, dass Schule an Legitimation einer gelungenen Wissensvermittlung eingebüßt hat. Klare Asymmetrien und die Generationsdifferenz werden zunehmend verwischt durch die Massenmedien und den Bedeutungszuwachs der Peers als Informationsquelle und dominante Sozialisationsinstanz (vgl. ebd., S. 299). Zumindest für den Bereich ‚neuer Medien' wird so im Anschluss an M. Meads These einer kofigurativen Kulturweitergabe formuliert, dass „Kinder zu neuen Autoritäten werden" und darüber die Personenverhältnisse unter Druck geraten, die auf Asymmetrie konstitutiv angewiesen sind: also z.B. die Schule (ebd., S. 300f.).

Wenn die Schule als institutionalisiertes Generationsverhältnis in den Blick genommen wird, dann gilt es, zwischen der generellen Struktur und den jeweils einzelschulisch realisierten Ausformungen zu unterscheiden. Das macht die Studie von Helsper u.a. (2001) deutlich, die gymnasiale Schulkulturen im Transformationsprozess nach der Wende exemplarisch rekonstruktiv erschließt. Eines der zentralen Ergebnisse dieser Studie ist der Nachweis einer imaginären Ebene der Schulkultur. In den Fallrekonstruktionen zeigt sich, dass trotz vielfältiger Infragestellungen und Kritik umfassende Entwürfe pädagogischen Sinns an den Schulen vorzufinden sind (vgl. ebd., S. 507ff. und 561ff.). In diesen Idealkonstruktionen pädagogischen Sinns finden sich auch pädagogische Generationsentwürfe, die den Vermittlungsprozess sinnvoll einbinden in ein imaginiertes Bild der Schule (vgl. ebd., S. 518ff.).

Richtet man den Blick auf die pädagogischen Generationsbeziehungen als Bezugskonzept schulischer Generationsbeiträge, dann lassen sich nur wenige empirische Zugänge aufzeigen. Moll (2000) hat über Erzählungen von jungen Lehrern und ihren Schwierigkeiten mit adoleszenten Schülern die Problematik postadoleszenter Lehrer herausgearbeitet, die entsteht, wenn Lehrer sich den Schülern nahe fühlen und ihnen (noch) nicht als Erwachsene für Identifizierungen gegenübertreten. Diese Lehrer haben zwar formal den Sozialstatus des Lehrers, sind aber weder bei den Kollegen noch bei den Schülern als gleichberechtigte Interaktionspartner anerkannt. Dadurch sind diese Lehrer besonders stark von der Akzeptanz und Anerkennung durch die Schüler abhängig und versuchen diese Abhängigkeit durch eine Negation der zum Erziehen notwendigen Generationendifferenz zu bearbeiten.

Einen anderen Zugang zur Analyse schulischer Generationsbeziehungen wählt Kiper (1998), indem sie sich mit literarischen Texten auseinandersetzt. Sie macht deutlich, dass es (historisch und aktuell) eine ganze Bandbreite von Figurationen gibt, so dass an den literarischen Vorlagen auch der Wandel schulischer Generationsbeziehungen nachgezeichnet werden kann (vgl. ebd., S. 56 und 133). Über Beispiele von Überschreitungen der generationalen Beziehung zeigt sich, dass bei sexuellen Überlagerungen die Lehrer-Schüler-Beziehung ihre Grundlage verliert.

Faulstich-Wieland (2001) bezieht sich auf das Generationskonzept der Vermittlung und Weitergabe in der Absicht, Sozialisationsprozesse in Familie und Schule als Ko-Konstruktionsprozesse deutlich zu machen. Dabei zeigt sie auf, dass es in Sozialisationsprozessen immer um die Ausgestaltung antinomischer Spannungspole geht: etwa zwischen Unterordnung und Selbstverantwortlichkeit oder auch zwischen Autoritätsakzeptanz und informalisierten Aushandlungen (vgl. ebd., S. 277). Dabei wird für die Schule deutlich, dass zwar Aspekte einer persönlichen Beziehung von Lehrern und Schülern gewollt sind, diese aber eingebettet bleiben in ein sachlich-distanziertes Verhältnis und einen vorstrukturierten und enggeführten Rahmen der Partizipationsmöglichkeiten (vgl. ebd., S. 280ff.).

In einem noch laufenden Projekt zu pädagogischen Generationsbeziehungen werden Interaktionsszenen in Familie und Schule aufgezeichnet und interpretiert (vgl. Kramer/Busse 2003). Darüber wird herausgearbeitet, ob und in welcher Form in den Interaktionen zwischen Eltern und ihren Kindern bzw. Lehrern und Schülern von pädagogischen Generationsbeziehungen gesprochen werden kann, wie sich diese voneinander unterscheiden und wie sich diese in Form eines Passungsverhältnisses zwischen Schule und Familie aufeinander beziehen. Daneben wird über die Analyse der Begrüßungsreden der Schulleiter gegenüber dem neu aufgenommenen Schülerjahrgang der imaginäre Generationsentwurf im Rahmen der schulischen Generationsordnung rekonstruiert (z.B. Hummrich/Helsper 2003).

4 Forschungsdesiderate und -perspektiven

Selbst wenn die Zahl der Beiträge einer schulisch orientierten Generationsforschung noch überschaubar bleibt, zeigt sich doch, wie zentral die Generationsperspektive für die Schule und die Erziehungswissenschaft ist. Auch wenn es unterschiedliche Gewichtungen geben mag, scheinen mir vier Linien für die Schulforschung zur Weiterverfolgung lohnenswert. Für alle vier dieser Linien ist der Forschungsstand innerhalb der Schulforschung eher bescheiden. Um so deutlicher lassen sich jedoch Desiderate und Forschungsperspektiven formulieren:

- Kollektive Habitusbildungen: Für die Schulforschung sind Fragen nach den kollektiven Habitusprägungen zentral, weil damit Bedingungen und Grenzen der pädagogischen Interaktionen in Schule abgesteckt sind. Bildungspolitische Programme und pädagogische Ambitionen erfahren auf der Ebene der habituellen Prägungen der schulischen Akteure ihre Bestätigung oder ihre Brechung. Die Beobachtung und Reflexion dieser generationshabituellen Brechungsebene bleibt Daueraufgabe der Schulforschung, da sich immer wieder deutlich unterscheidbare historische Lagerungen ergeben, die mehr oder weniger deutliche

Konsequenzen für das ‚Schulehalten' implizieren können. Für die Lehrerseite liegen einige Beiträge vor, die teilweise generationsspezifische Prägungen herausgearbeitet haben, die allerdings z.B. mit der Bildungsreformära einige Zeit zurückliegen (vgl. Combe 1983; Helsper 1995). Hier wären aktuelle Studien dringend notwendig, die auf der einen Seite die Prägung durch jüngere Ereignisse (z.B. die Wende und die Wiedervereinigung) einbeziehen und die auf der anderen Seite gerade auch die Pluralität generativer Prägungen und deren Aushandlungsprozesse innerhalb von Kollegien als symbolische Kämpfe berücksichtigen (vgl. exemplarisch Helsper/Kramer 1998). Für die Schülerseite gibt es hier noch größeren Nachholbedarf. Wichtig wäre es, Schülerstudien zu den generationsspezifischen Habitusbildungen im Kindes- und Jugendalter durchzuführen. Dabei ließe sich anknüpfen an das breite Feld der Jugendstudien, die Profile und Porträts von Kindern und Jugendlichen heute konturieren (vgl. etwa Zinnecker u.a. 2002).

- Generationsverhältnisse: Die Rekonstruktion der historisch spezifischen Institutionalisierungsformen für Prozesse der Bildung und Erziehung sowie die Freilegung ihrer Entstehung ist ebenfalls bisher kein Kernthema der Schulforschung, sondern eher der historischen Erziehungswissenschaft und der Bildungssoziologie, an die es anzuknüpfen gilt. Entscheidender wird aber für die Schulforschung sein, die aktuelle Gestalt und die Vielfalt der institutionalisierten Formen von Generationsverhältnissen in Schule zu rekonstruieren. Hier lässt sich zum einen Anknüpfen an die Forschungen zur Schulkultur (z.B. Helsper u.a. 2001) und zum anderen an Studien, die das Verhältnis von Kindern und Jugendlichen zu Erwachsenen in der Schule unter dem Fokus der Partizipationsverhältnisse untersuchen (vgl. z.B. Faulstich-Wieland 2001).
- Pädagogische Generationsbeziehungen: Auch für die Linie der pädagogischen Generationsbeziehungen in Schule ist der Forschungsstand keineswegs befriedigend. Zwar liegen einige interessante Studien vor. Der Großteil der Forschungen zu (pädagogischen) Generationsbeziehungen konzentriert sich jedoch auf das Feld der Familie (z.B. Ecarius 2002). An diese Tradition wäre aber in der anstehenden Fokussierung auf Schule anzuknüpfen. Ebenso lassen sich fruchtbare Brückenschläge zur Unterrichtsforschung und zum Diskurs über pädagogische Professionalität herstellen. In dieser Linie müsste es darum gehen, die Struktur und die Dynamik der Interaktionen in pädagogischen Generationsbeziehungen zu rekonstruieren und darüber das Spezifische und die inhärenten Widersprüchlichkeiten des pädagogischen Handelns in der Schule herauszuarbeiten. Sinnvoll wäre in dieser Hinsicht auch der vergleichende Blick auf andere pädagogische Felder (z.B. Familie oder Sozialpädagogik).
- Symbolische Generationsordnung: Für diese übergreifende Forschungslinie gibt es im eigentlichen Sinne bisher keine Forschungstradition. Am ehesten ließe sich hier anknüpfen an die Studien zur Schulkultur (Helsper u.a. 2001) und an die Überlegungen zu einer generationellen Ordnung aus der Kindheitsforschung (z.B. Honig 1996, 1999). Es ginge darum, die schulische symbolische Generationsordnung – in der Spannung zwischen einer generellen und abstrakten Generationsordnung und den jeweils konkreten und einzelschulspezifisch vorliegenden Generationsordnungen – analytisch zu bestimmen. Auch hier könnten Kontrastierungen z.B. zur symbolischen Generationsordnung in der Familie erkenntnisgenerierend wirken.

Ein übergreifender Blick auf die nach den Forschungslinien aufgezeigten Desiderate, Anknüpfungsmöglichkeiten und Perspektiven macht deutlich, dass sich hier ein anspruchsvolles und mit Erkenntnispotenzialen verbundenes Forschungsfeld konturiert, das Forschungsmöglichkeiten eröffnet und zugleich anschlussfähig an angrenzende empirische und theoretische Diskurse ist. Wenn sich überhaupt Gewichtungen in den einzelnen Linien einer schulisch orientierten Generationsforschung vornehmen lassen, dann wäre in der Rekonstruktion pädagogischer Generationsbeziehungen in der Schule ein Schwerpunkt auszumachen. Eine solche Generationsforschung trifft in den Kernbereich der Schulforschung hinein, weil die Prozesse der Vermittlung und Aneignung sowie deren verschieden realisierte Umsetzung im Zentrum der Aufmerksamkeit stehen. Und hier könnte die schulisch orientierte Generationsforschung auch wichtige Beiträge liefern für die professionstheoretische Diskussion um Möglichkeiten und Widersprüche im professionellen Handeln. Der generationsbezogene Blick auf Schule scheint in der Lage, die Bedingungen und die Grenzen des pädagogischen Handelns in der Schule plausibel herauszuarbeiten und damit auch neue Einsichten in Schule und Unterricht zu gewähren. Zugleich verspricht dieser Blick für den Generationsdiskurs eine – bisher zurecht als mangelhaft empfundene – breitere empirische Basis. Positive Effekte sind also nicht nur für die Schulforschung, sondern auch für den Generationsdiskurs insgesamt zu erwarten.

Literatur

Becker, R. (Hrsg.): Generationen und sozialer Wandel. Generationsdynamik, Generationsbeziehungen und Differenzierung von Generationen. Opladen 1997

Bilstein, J.: Zur Metaphorik des Generationenverhältnisses. In: Liebau, E./Wulf, C. (Hrsg.): Generation. Versuche über eine pädagogisch-anthropologische Grundbedingung. Weinheim 1996, S. 157-189

Bilstein, J.: Bilder generationaler Verkehrung. In: Winterhager-Schmid, L. (Hrsg.): Erfahrung mit Generationendifferenz. Weinheim 2000, S. 38-67

Bock, K.: Politische Sozialisation in der Drei-Generationen-Familie. Eine qualitative Studie aus Ostdeutschland. Opladen 2000

Bohnsack, R.: Generation, Milieu und Geschlecht. Ergebnisse aus Gruppendiskussionen mit Jugendlichen. Opladen 1989

Böhnisch, L./Blanc, K.: Die Generationenfalle. Von der Relativierung der Lebensalter. Frankfurt a.M. 1989

Brüggen, F.: Die Entdeckung des Generationenverhältnisses – Schleiermacher im Kontext. In: Neue Sammlung 38 (1998), H. 3, S. 265-279

Bude, H.: Qualitative Generationsforschung. In: Flick, U./Kardorff, E.v./Steinke, I. (Hrsg.): Qualitative Forschung. Ein Handbuch. Reinbek 2000, S. 187-194

Büchner, P.: Generation und Generationsverhältnis. In: Krüger, H.-H./Helsper, W. (Hrsg.): Einführung in Grundbegriffe und Grundfragen der Erziehungswissenschaft. Opladen 1995, S. 237-245

Combe, A.: Alles Schöne kommt danach. Die jungen Pädagogen – Lebensentwürfe und Lebensgeschichten der Nachkriegsgenerationen. Reinbek 1983

Ecarius, J. (Hrsg.): Was will die jüngere mit der älteren Generation? Generationenbeziehungen in der Erziehungswissenschaft. Opladen 1998a

Ecarius, J.: Generationsbeziehungen und Generationsverhältnisse. Analyse zur Entwicklung des Generationenbegriffs. In: Ecarius, J. (Hrsg.): Was will die jüngere mit der älteren Generation? Opladen 1998b, S. 41-66

Ecarius, J.: Pädagogik und Generation. Ein pädagogischer Generationsbegriff für Familie und Schule. In: Kramer, R.-T./Helsper, W./Busse, S. (Hrsg.): Pädagogische Generationsbeziehungen. Jugendliche im Spannungsfeld von Schule und Familie. Opladen 2001, S. 40-62

Ecarius, J.: Familienerziehung im historischen Wandel. Eine qualitative Studie über Erziehung und Erziehungserfahrungen von drei Generationen. Opladen 2002

Faulstich-Wieland, H.: Von der Fremd- zur Selbstsozialisation? Oder: Steigt der Einfluss Jugendlicher auf Eltern und Lehrkräfte? In: Kramer, R.-T./Helsper, W./Busse, S. (Hrsg.): Pädagogische Generationsbeziehungen. Jugendliche im Spannungsfeld von Schule und Familie. Opladen 2001, S. 275-292

Flaake, K.: Berufliche Orientierungen von Lehrerinnen und Lehrern. Eine empirische Untersuchung. Frankfurt a.M./ New York 1989

Flitner, A.: Isolierung der Generationen? Über Orientierungsschwierigkeiten der heutigen Jugend. In: Neue Sammlung 24 (1984), S. 345-355

Giesecke, H.: Veränderungen im Verhältnis der Generationen. In: Neue Sammlung 23 (1983), S. 450-463

Helsper, W.: Die verordnete Autonomie – Zum Verhältnis von Schulmythos und Schülerbiographie im institutionellen Individualisierungsparadoxon der modernisierten Schulkultur. In: Krüger, H.-H./Marotzki, W. (Hrsg.): Erziehungswissenschaftliche Biographieforschung. Opladen 1995, S. 175-200

Helsper, W./Böhme, J./Kramer, R.-T./Lingkost, A.: Schulkultur und Schulmythos. Gymnasien zwischen elitärer Bildung und höherer Volksschule im Transformationsprozess. Rekonstruktionen zur Schulkultur I. Opladen 2001

Helsper, W./Kramer, R.-T.: Pädagogische Generationsverhältnisse und Konflikte in der gymnasialen Schulkultur – Eine exemplarische Fallstudie an einem ostdeutschen Gymnasium. In: Ecarius, J. (Hrsg.): Was will die jüngere mit der älteren Generation? Opladen 1998, S. 207-237

Herrmann, U.: Das Konzept der „Generation". Ein Forschungs- und Erklärungsansatz für die Erziehungs- und Bildungssoziologie und die Historische Sozialisationsforschung. In: Neue Sammlung 27 (1987), S. 364-377

Hoff, W.: Die ethische Bindung an den Erziehungsauftrag als Grundlage professioneller Schulleitung: Gymnasialdirektorinnen in den 60er Jahren. In: Kraul, M./Marotzki, W./Schweppe, C. (Hrsg.): Biographie und Profession. Bad Heilbrunn 2002, S. 103-131

Honig, M.-S.: Wem gehört das Kind? Kindheit als generationale Ordnung. In: Liebau, E./Wulf, C. (Hrsg.): Generation. Versuche über eine pädagogisch-anthropologische Grundbedingung. Weinheim 1996, S. 201-221

Honig, M.-S.: Entwurf einer Theorie der Kindheit. Frankfurt a.M. 1999

Hornstein, W.: Die Erziehung und das Verhältnis der Generationen heute. Zeitschrift für Pädagogik. 18. Beiheft, 1983, S. 59-79

Hummrich, M./Helsper, W.: „Familie geht zur Schule": Schule als Familienerzieher und die Einschließung der familiären Generationsbeziehungen in eine schulische Generationsordnung. In: Idel, T.-S./Kunze, K./Ullrich, H. (Hrsg.): Das Andere Erforschen. Opladen 2003 (im Erscheinen)

Kaufmann, F.-X.: Generationsbeziehungen und Generationenverhältnisse im Wohlfahrtsstaat. In: Lüscher, K./Schultheis, F. (Hrsg.): Generationenbeziehungen in »postmodernen« Gesellschaften. Konstanz 1993, S. 95-108

Kiper, H.: Vom „Blauen Engel" zum „Club der toten Dichter". Literarische Beiträge zur Schulpädagogik. Hohengehren 1998

Klika, D.: Der „pädagogische Bezug". Hermann Nohls Komposition einer komplexen Struktur intergenerativer Begegnung. In: Winterhager-Schmid, L. (Hrsg.): Erfahrung mit Generationendifferenz. Weinheim 2000, S. 134-150

Kohli, M./Szydlik, M. (Hrsg.): Generationen in Familie und Gesellschaft. Opladen 2000

Kramer, R.-T./Helsper, W./Busse, S. (Hrsg.): Pädagogische Generationsbeziehungen. Jugendliche im Spannungsfeld von Schule und Familie. Opladen 2001a

Kramer, R.-T./Helsper, W./Busse, S.: Pädagogische Generationsbeziehungen und die symbolische Generationsordnung – Überlegungen zur Anerkennung zwischen den Generationen als antinomischer Struktur. In: Kramer, R.-T./Helsper, W./Busse, S. (Hrsg.): Pädagogische Generationsbeziehungen. Jugendliche im Spannungsfeld von Schule und Familie. Opladen 2001b, S. 129-155

Kramer, R.-T./Busse, S.: Pädagogische Generationsbeziehungen in Familie und Schule – eine exemplarische Fallrekonstruktion aus einem laufenden Projekt. In: Zeitschrift für qualitative Bildungs-, Beratungs- und Sozialforschung 3 (2003), H. 2 (im Erscheinen)

Lenz, K.: Pädagogische Generationsbeziehungen aus soziologischer Sicht. In: Kramer, R.-T./Helsper, W./Busse, S. (Hrsg.): Pädagogische Generationsbeziehungen. Jugendliche im Spannungsfeld von Schule und Familie. Opladen 2001, S. 16-39

Liebau, E. (Hrsg.): Das Generationenverhältnis. Über das Zusammenleben in Familie und Gesellschaft. Weinheim/ München 1997a

Liebau, E.: Generation – ein aktuelles Problem? In: Liebau, E. (Hrsg.): Das Generationenverhältnis. Über das Zusammenleben in Familie und Gesellschaft. Weinheim/München 1997b, S. 15-37

Liebau, E./Wulf, C. (Hrsg.): Generation. Versuche über eine pädagogisch-anthropologische Grundbedingung. Weinheim 1996

Lüscher, K.: Die Ambivalenz von Generationsbeziehungen – eine allgemeine heuristische Hypothese. In: Winterhager-Schmid, L. (Hrsg.): Erfahrung mit Generationendifferenz. Weinheim 2000a, S. 92-114

Lüscher, K.: Das „aktuelle" Problem der Generationen. Sammelbesprechung. In: Zeitschrift für Soziologie der Erziehung und Sozialisation 20 (2000b), H. 1, S. 89-92

Lüscher, K./Schultheis, F. (Hrsg.): Generationenbeziehungen in »postmodernen« Gesellschaften. Analysen zum Verhältnis von Individuum, Familie, Staat und Gesellschaft. Konstanz 1993

Mannheim, K.: Das Problem der Generationen. In: Kölner Vierteljahresschrift für Soziologie 6 (1928), S. 157-185 und 309-330

Mansel, J./Rosenthal, G./Tölke, A. (Hrsg.): Generationen-Beziehungen, Austausch und Tradierung. Opladen 1997

Marotzki, W.: Jugendliche Kompetenz und erwachsene Inkompetenz? Verkehrt sich das Wissensgefälle zwischen Jugendlichen und Erwachsenen? In: Kramer, R.-T./Helsper, W./Busse, S. (Hrsg.): Pädagogische Generationsbeziehungen. Jugendliche im Spannungsfeld von Schule und Familie. Opladen 2001, S. 293-304

Mead, M.: Der Konflikt der Generationen. Jugend ohne Vorbild. Olten 1971

Melzer, W.: Zur Veränderung der Generationsbeziehungen in Familie und Schule. In: Kramer, R.-T./Helsper, W./Busse, S. (Hrsg.): Pädagogische Generationsbeziehungen. Jugendliche im Spannungsfeld von Schule und Familie. Opladen 2001, S. 213-238

Merten, R.: Über Möglichkeiten und Grenzen des Generationsbegriffs für die (sozial-)pädagogische Theoriebildung. In: Schweppe, C. (Hrsg.): Generation und Sozialpädagogik. Theoriebildung, öffentliche und familiale Generationsverhältnisse, Arbeitsfelder. Weinheim 2002, S. 21-40

Moll, J.: Postadoleszente Lehrer und adoleszente Schüler: eine konfliktträchtige Beziehungsgeschichte. In: Winterhager-Schmid, L. (Hrsg.): Erfahrung mit Generationendifferenz. Weinheim 2000, S. 115-125

Müller, B.: Was will denn die jüngere Generation mit der älteren? Versuch über die Umkehrbarkeit eines Satzes von Schleiermacher. In: Liebau, E./Wulf, C. (Hrsg.): Generation. Versuche über eine pädagogisch-anthropologische Grundbedingung. Weinheim 1996, S. 304-331

Müller, B.: Pädagogische Generationsverhältnisse aus psychoanalytischer Sicht. In: Kramer, R.-T./Helsper, W./Busse, S. (Hrsg.): Pädagogische Generationsbeziehungen. Jugendliche im Spannungsfeld von Schule und Familie. Opladen 2001, S. 63-77

Müller, H.-R.: Das Generationenverhältnis. Überlegungen zu einem Grundbegriff der Erziehungswissenschaft. In: Zeitschrift für Pädagogik 45 (1999), H. 6, S. 787-805

Oevermann, U.: Die Soziologie der Generationenbeziehungen und der historischen Generationen aus strukturalistischer Sicht und ihre Bedeutung für die Schulpädagogik. In: Kramer, R.-T./Helsper, W./Busse, S. (Hrsg.): Pädagogische Generationsbeziehungen. Jugendliche im Spannungsfeld von Schule und Familie. Opladen 2001, S. 78-128

Rauschenbach, T.: Der neue Generationenvertrag. Von der privaten Erziehung zu den sozialen Diensten. In: Zeitschrift für Pädagogik. Bildung und Erziehung in Europa. 32. Beiheft, 1994, S. 161-175

Rauschenbach, T.: Generationenverhältnisse im Wandel. Familie, Erziehungswissenschaft und soziale Dienste im Horizont der Generationenfrage. In: Ecarius, J. (Hrsg.): Was will die jüngere mit der älteren Generation? Generationenbeziehungen in der Erziehungswissenschaft. Opladen 1998, S. 13-39

Sackmann, R.: Das Deutungsmuster „Generation". In: Meuser, M./Sackmann, R. (Hrsg.): Analyse sozialer Deutungsmuster. Beiträge zur empirischen Wissenssoziologie. Pfaffenweiler 1992, S. 199-215

Sünkel, W.: Der pädagogische Generationenbegriff. Schleiermacher und die Folgen. In: Liebau, E./Wulf, C. (Hrsg.): Generation. Versuche über eine pädagogisch-anthropologische Grundbedingung. Weinheim 1996, S. 280-285

Sünkel, W.: Generation als pädagogischer Begriff. In: Liebau, E. (Hrsg.): Das Generationenverhältnis. Über das Zusammenleben in Familie und Gesellschaft. Weinheim/München 1997, S. 195-204

Wiezorek, C.: Lehrer und Schüler – Zum Aspekt der Generationen in der pädagogischen Beziehung. In: Maas, M. (Hrsg.): Jugend und Schule. Ideen, Beiträge und Reflexionen zur Reform der Sekundarstufe I. Hohengehren 2000; S. 56-68

Wimmer, M.: Fremdheit zwischen den Generationen. Generative Differenz, Generationsdifferenz, Kulturdifferenz. In: Ecarius, J. (Hrsg.): Was will die jüngere mit der älteren Generation? Opladen 1998, S. 81-113

Winkler, M.: Friedrich Schleiermacher revisited. Gelegentliche Gedanken über Generationenverhältnisse in pädagogische Absicht. In: Ecarius, J. (Hrsg.): Was will die jüngere mit der älteren Generation? Opladen 1998, S. 115-138

Winterhager-Schmid, L.: Die Dialektik des Generationenverhältnisses. Pädagogische und psychoanalytische Variationen. In: Liebau, E./Wulf, C. (Hrsg.): Generation. Versuche über eine pädagogisch-anthropologische Grundbedingung. Weinheim 1996, S. 222-244

Winterhager-Schmid, L. (Hrsg.): Erfahrung mit Generationendifferenz. Weinheim 2000a

Winterhager-Schmid, L.: „Groß" und „klein" – Zur Bedeutung der Erfahrung mit Generationsdifferenz im Prozeß des Heranwachsens. In: Winterhager-Schmid, L. (Hrsg.): Erfahrung mit Generationendifferenz. Weinheim 2000b, S. 15-37

Winterhager-Schmid, L.: Emile, Pippi Langstrumpf, Mignon und der Struwelpeter: Phantastische Konstruktionen einer paradoxen Autonomie des Kindes. In: Winterhager-Schmid, L. (Hrsg.): Erfahrung mit Generationendifferenz. Weinheim 2000c, S. 68-78

Winterhager-Schmid, L.: Der pädagogische Generationenvertrag: Wandlungen in den pädagogischen Generationsbeziehungen in Schule und Familie. In: Kramer, R.-T./Helsper, W./Busse, S. (Hrsg.): Pädagogische Generationsbeziehungen. Jugendliche im Spannungsfeld von Schule und Familie. Opladen 2001, S. 239-255

Zinnecker, J.: Das Deutungsmuster Jugendgeneration. Fragen an Karl Mannheim. In: Merkens, H./Zinnecker, J. (Hrsg.): Jahrbuch Jugendforschung 2. Opladen 2002, S. 61-98

Zinnecker, J./Behnken, I./Maschke, S./Stecher, L.: null zoff & voll busy. Die erste Jugendgeneration des neuen Jahrhunderts. Opladen 2002

7 Schulische Unterrichts- und Lehr-Lernprozesse

Manfred Lüders | Udo Rauin

Unterrichts- und Lehr-Lern-Forschung

Unter Lehr-Lern-Forschung wird gemeinhin ein Forschungsprogramm der empirischen Bildungsforschung und der Pädagogischen Psychologie verstanden, das sich mit der Analyse und Darstellung von Voraussetzungen, Prozessen und Ergebnissen des menschlichen Lernens in beliebigen Lehrsituationen befasst. Hiervon zu unterscheiden ist das enger abgesteckte Forschungsfeld der schulbezogenen Unterrichts- und Lehr-Lern-Forschung, das den besonderen Gegenstand des vorliegenden Beitrags bildet. Dieser bereichsspezifischen Form der Lehr-Lern-Forschung geht es darum, Prozesse der Vermittlung von Wissen und Fähigkeiten sowie Prozesse der Identitätsentwicklung von Subjekten und der Individuation speziell in Kontexten schulischer Bildung methodisch-systematisch zu untersuchen und theoretisch darzustellen. Besondere Kennzeichen der aktuellen schulbezogenen Lehr-Lern-Forschung sind Interdisziplinarität und paradigmatische Vielfältigkeit. Neben der Pädagogischen Psychologie haben sich vor allem von der modernen Anthropologie, der Ethnologie, der Linguistik, der Soziologie und dem Poststrukturalismus beeinflusste Ansätze der Erforschung des Lehrens und Lernens in der Schule zugewandt. Dabei wird der Forschungsgegenstand unterschiedlich konzeptualisiert und mit verschiedensten Methoden zu verschiedensten Zwecken bearbeitet: Zum einen sind empirisch-analytische Forschungsansätze von Bedeutung, die eine gesetzliche Strukturierung der Erziehungswirklichkeit unterstellen. Diese Ansätze arbeiten mit systematischen Beobachtungsverfahren, standardisierten Tests und experimentellen bzw. quasi-experimentellen Methoden um eine auf kausalen oder probabilistischen Erziehungsgesetzen basierende allgemeine Instruktions- und Schultheorie zu begründen. Zum anderen gibt es das breite Feld der deskriptiven und qualitativ-hermeneutischen Forschungsansätze, die systematisch mit der Selbstreflexivität der an Lehr-Lern-Prozessen beteiligten Subjekte rechnen und die Unterricht, Erziehung und Schule als sinnhaft strukturierte soziale Phänomene konzipieren. In diesem Fall sind die Forschungsmethoden Rating-Instrumente, Tests, standardisierte und halbstandardisierte Interviews sowie explorative, interpretative, rekonstruktive und narrative Erhebungsverfahren. Wichtige Ziele der deskriptiven und der qualitativ-hermeneutischen Forschung sind die Ermittlung kognitiver, motivationaler und volitionaler Strukturen, der Nachvollzug von Lernstrategien und die Wissensanalyse, die Darstellung der Singularität sozialer Situationen und individueller Erfahrungen, die Entwicklung von Kasuistiken der Unterrichtsgestaltung und des Lehrerhandelns, die Rekonstruktion von generativen Strukturmodellen pädagogischer Praxis sowie schließlich die Kritik bzw. Dekonstruktion pädagogischer Praktiken und pädagogischer Ideologien.

1 Entwicklung

Die Anfänge der schulbezogenen Lehr-Lern-Forschung (LLF) fallen in das ausgehende 19. und das beginnende 20. Jahrhundert. Unter dem Einfluss erstens einer sich verstärkenden positivistischen Skepsis gegenüber den überlieferten Systemen philosophischer Pädagogik, zweitens der reformpädagogischen Kritik an traditionellen Praktiken der Erziehung und des Unterrichts sowie drittens der Rezeption der experimentellen Psychologie (W. Wundt) und des Behaviorismus (J.B. Watson) entwickelte sich allmählich ein gesteigertes Interesse an empirisch-pädagogischer Tatsachenforschung (vgl. Depaepe 1993). In Amerika war dieses Interesse zunächst mit den Arbeiten von Rice, Thorndike, Judd und McCall, in Deutschland mit den Publikationen von Lay und Meumann verbunden. Relativ schnell entspannen sich verschiedene Forschungsaktivitäten in den Bereichen Lernen, Unterricht, Schule und pädagogische Diagnostik. Zum Beispiel wurden Untersuchungen zum Signal-Lernen, zu typischen Formen des Sprachgebrauchs als Grundlage für die Konzeption von Schulbüchern, zur schulischen Bewertungs- und Selektionspraxis, zur Ermüdung von Schülern, zur Gestaltung von Schulbänken und Schulgebäuden und zur Schulklasse als sozialem System durchgeführt (vgl. Tenorth 2000). In Deutschland gingen die Forschungsaktivitäten nach dem I. Weltkrieg stark zurück; international und speziell in den USA dagegen kam es zu einer Expansion. U.a. wurden fachdidaktische Forschungsansätze, die sich mit Problemen des Lesens, Schreibens und Rechnens befassten, erste Vorformen einer Curriculums-, Schulvergleichs- und Evaluationsforschung sowie eine eigenständige experimentelle Unterrichtsforschung, die auf die Ermittlung von Lerngesetzen und effektiven Unterrichtsmethoden abzielte, entwickelt. Dieser Prozess verlief nicht ohne interne und externe Kritik. Während in den USA die interne Kritik an methodologischen Defiziten der Forschung – Verwendung inadäquater Messverfahren, Verzicht auf Replikationsstudien, mangelnde Repräsentativität, Theoriedefizite – überwog (vgl. Rugg 1935; Monroe 1938), wurden in Deutschland eher grundsätzliche Einwände erhoben. Insbesondere die Vertreter der geisteswissenschaftlichen Pädagogik machten auf Grenzen der Objektivierbarkeit pädagogischer Verhältnisse aufmerksam und monierten das fehlende pädagogische Engagement der pädagogischen Tatsachenforschung für die Sache der Bildung (vgl. Frischeisen-Köhler 1918).

Zu einer ersten Konsolidierung der LLF ist es seit den späten 1940er Jahren zunächst in den USA und hier vor allem im Bereich der am Erkenntnisideal der Naturwissenschaften orientierten positivistischen Unterrichtsforschung gekommen. Ausdruck dieser Konsolidierung war das Erscheinen des 1. Handbook of Research on Teaching (Gage 1963a), das über Grundlagen, Methoden und Befunde einer vorwiegend durch behavioristische Lerntheorien inspirierten Unterrichtsforschung aus zwei Jahrzehnten informierte. Die meisten der damaligen Studien waren dem Effektivitätsparadigma (Gage 1963b) verpflichtet, d.h. es wurden Experimental- und Beobachtungsstudien zur Ermittlung von effektiven Methoden und Medien des Unterrichts sowie zur Ermittlung typischer Persönlichkeits- und Verhaltensmerkmale vermeintlich effektiver Lehrer durchgeführt. In den Folgejahren fand auch die Erziehungswissenschaft in Deutschland allmählich wieder Anschluss an die internationale Entwicklung, die sich allerdings erheblich zu differenzieren begann. Neben Experimental- und Beobachtungsstudien gewannen quasiexperimentelle Forschungsansätze, wie die Prozess-Produkt-Forschung, an Bedeutung. Einerseits hatte die experimentelle Unterrichtsforschung das Ziel der Begründung einer allgemeinen Unterrichtstheorie verfehlt (vgl. Bloom 1966); andererseits war man sich des Problems der nur sehr begrenzten Übertragbarkeit von Laborbefunden auf normale Unterrichtssituationen bewusst geworden (Siegel 1967; Einsiedler 1976). Weitere Defizite der älteren Effektivitätsforschung wurden in der unzureichenden Berücksichtigung der komplexen interaktiven Wechselwirkungen zwischen Lehrern und Schülern sowie in der häufigen Verwendung ausschließlich lehrerbezogener Effektivitätskriterien gesehen. Die Prozess-Produkt-Forschung bot demgegenüber den Vorzug alltägliche Unterrichtssituationen zu untersuchen und dabei auf die Erhebung von Merkmalen der Lehrer-Schüler-Interaktion (Prozess-Variablen) sowie von Merkmalen der Schülerleistung als Indikatoren für Unterrichtseffektivität (Produkt-Variablen) abzustellen (vgl. Dunkin/Biddle 1974). Allerdings waren auch die in den Folgejahren erbrachten Leistungen der Prozess-Produkt-Forschung keineswegs unumstritten. Metaanalysen zahlreicher Projekte bestätigten zwar die allgemeine Erwartung, dass unterschiedliche Formen des Lehrerverhaltens häufig mit bestimmten Lernerfolgen der Schüler korrelieren. Aber die im Einzelfall als effektiv bzw. weniger effektiv beschriebenen Lehrerverhaltensweisen waren meist hochgradig selektive Beobachtungskonstrukte; außerdem fehlte es der Prozess-Produkt-Forschung an einer erklärenden Theorie für das Zustandekommen der ermittelten Zusammenhänge, so dass Aussagen darüber, wie sich welches Lehrerverhalten in messbare Effekte auf Seiten der Schüler umsetzt, nicht begründbar waren. Die weitere Entwicklung der Instruktionsforschung kann als Versuch gelesen werden dieses Erklärungsdefizit zu kompensieren (vgl. Shulman 1986; Shuell 1996). U.a. wurde auf das bereits vorliegende Lernzeitmodell von Carroll zurückgegriffen und das „Student Mediation Program" entwickelt. Während das Lernzeitmodell von Carrol Lehrerfolge im Rekurs auf den Zeitfaktor – z.B. dem Schüler zugestandene und von ihm tatsächliche aufgewendete Lernzeiten – zu erklären versucht (vgl. Carroll 1963, 1989), intendierte das „Student Mediation Program" die Integration von Merkmalen der Schülerpersönlichkeit, insbesondere von individuellen Lernvoraussetzungen, Lernverhaltensweisen, Interessen und Selbstkonzepten, in die Analyse der Erfolgsbedingungen guten Unterrichts.

Weitere Anstöße erhielt die LLF in den 1960er und 1970er Jahren durch die Erziehungsstilforschung und die Forschungen zum Pygmalion-Effekt (vgl. Rosenthal/Jacobson 1968). Der Nachweis, dass individualisierende Leistungserwartungen des Lehrers positiv mit der Intelligenzentwicklung von Schülern korrelieren, führte zu einer Erweiterung der Forschungsperspektiven. Zusätzlich zu den für die Begründung einer allgemeinen Instruktionstheorie relevanten Verhaltensmerkmalen gewannen jetzt psychische Merkmale der Lehrpersonen an Bedeutung. Man wollte wissen, wie Lehrer ihre Schüler wahrnehmen, wie sie Informationen verarbeiten, Ursachen für Erfolg und Versagen zuschreiben, Erwartungen bilden und übertragen, Handlungspläne entwerfen, Entscheidungen fällen und welche Zusammenhänge zwischen den Wahrnehmungen und Kognitionen des Lehrers und dem Lernen der Schüler bestehen (vgl. Clark/Peterson 1986). Diese Entwicklung der Forschungsinteressen ging einher mit der Rezeption von Theorien, Methoden und Befunden anderer Disziplinen, insbesondere der Psychologie der Informationsverarbeitung, der genetischen Epistemologie Piagets, der modernen Linguistik, der Wissenssoziologie, der Anthropologie, der Sozialphänomenologie und der soziologischen Sozialisationsforschung. Es kam zu einer sukzessiven Umstellung der LLF von traditionellen Lerntheorien auf kognitionspsychologische Grundlagen (vgl. Resnick 1981), zum Aufschwung der Curriculumforschung (Short/Marconnit 1968; Frey/Hameyer/Haft 1975), zur Begründung interpretativer Ansätze in der Unterrichtsforschung (vgl. Terhart 1978) sowie zur Integration und Weiterentwicklung qualitativer Forschungsmethoden (vgl. Erickson 1986). Die Leitvorstellungen bezüglich der wünschenswerten Eigenschaften des „guten Lehrers" veränderten sich grundlegend. An die Stelle des Modells des Unterrichtstechnologen trat das Modell des Lehrers als eines Gestalters von Lernumgebungen. Desgleichen wurden alternative Unterrichtstheorien entwickelt, die im Unterschied zu den empirisch-analytischen Ansätzen die soziale Konstituiertheit und Sinnhaftigkeit des Unterrichtsgeschehens hervorhoben. Auf diese Weise gerieten soziale Normen, Konversationstypologien und linguistische Strukturen der Unterrichtskommunikation, die subjektiven Deutungsperspektiven der Teilnehmer und die interaktiven Prozesse der Hervorbringung eines von Lehrern und Schülern geteilten Wissens in den Blick der Forschung (vgl. Cazden 1986). Ebenfalls zu erwähnen ist der Bedeutungszuwachs der mikrosoziologischen und ethnographischen Schul- und Unterrichtsforschung, die den Stigmatisierungsansatz und das Konzept der „sozialen Situation" für die Unterrichtsforschung fruchtbar gemacht haben (vgl. Heinze 1976).

Seit den 1980er Jahren hat sich die LLF weiter differenziert und spezialisiert. Bereits bestehende Forschungstraditionen konnten sich ausbreiten und z.T. auf höherem Niveau konsolidieren; neue Forschungsfelder sind entstanden und neue Forschungsparadigmen haben die theoretischen Perspektiven der LLF erweitert. Besonders hervorzuheben sind Kontinuität und Fortschritt in der effektivitätsorientierten Unterrichtsforschung (vgl. Floden 2001). Es sind immer komplexere Forschungsdesigns entwickelt worden um Unterricht zu analysieren und der Vielschichtigkeit der relevanten Determinanten des Schulerfolgs (vgl. Helmke/Weinert 1997) gerecht zu werden. So gehören bestimmte qualitative Verfahren, wie die Aufgabenanalyse (vgl. Bromme/Seeger/Steinbring 1990) und die Analyse von Videomaterialen (vgl. Schümer 1999; Klieme 1999), heute ebenso zum methodologischen Repertoire der effektivitätsorientierten Unterrichtsforschung wie Mehrebenenanalysen (vgl. v. Saldern 1986; Ditton 1998), die Erkenntnisse und Erhebungsmethoden der Bildungssoziologie, der Schulqualitätsforschung, der Unterrichtsmethoden- und Interaktionsforschung sowie der Kognitions- und Persönlichkeitspsychologie kombinieren (vgl. Wang/Haertel/Walberg 1993). Parallel werden alternative Modelle der Analyse der Erfolgsbedingungen guten Unterrichts diskutiert. Das Experten-Novizen-Paradigma etwa setzt auf die Ermittlung der Wissensbestände, Routinen und Fähigkeiten erfahrener Lehrkräfte um guten Unterricht zu erklären (vgl. Bromme 1997). Dieser Form der psychologischen Expertiseforschung stehen verschiedene sozialwissenschaftliche Ansätze pädagogischer Professionsforschung gegenüber, die die Professionalisierung des Lehrers als berufsbiographisches Entwicklungsproblem behandeln, als Problem der Vermittlung von Theorie und Praxis analysieren oder idealtypisch als Prozess der Entwicklung eines professionellen Selbst zu beschreiben versuchen (vgl. Terhart 1995; Combe/Helsper 1996). Weitere Merkmale der jüngeren Forschungsentwicklung sind die Renaissance der fachdidaktischen Unterrichtsforschung, die Konsolidierung, Weiterentwicklung und Explosion qualitativer Forschungsansätze, die Durchführung breit angelegter internationaler Survey-Studien zur Unterrichts- und Schulqualität sowie die Entwicklung und Durchsetzung feministischer und kulturalistischer Forschungsperspektiven. Letztere zielen darauf ab, Formen der Benachteiligung von Mädchen, Frauen, Migranten und ethnischen Minderheiten sowie subtile Mechanismen und Strategien der Reproduktion von Macht und sozialer Ungleichheit im Erziehungssystem herauszuarbeiten. In diesem Zusammenhang ist schließlich auch darauf hinzuweisen, dass die insbesondere im Feld der „cultural studies" einsetzende Rezeption poststrukturalistischer Theoriemodelle zu einer alternativen Konzeption institutionalisierter Bildungsprozesse geführt hat. Diese werden nicht länger als Prozesse der Höherentwicklung des Einzelnen, sondern als kontingente Prozesse der Selbstselektion des Subjekts unter den Bedingungen des Zerfalls der Moderne und der Pluralisierung der Lebensformen begriffen und beschrieben (vgl. Eisenhart 2001).

Insgesamt gesehen haben die angedeuteten Veränderungen und Weiterentwicklungen in der LLF zu einer Paradigmen-Proliferation (vgl. Donmoyer 2001) geführt. Vor diesem Hintergrund finden verstärkt Auseinandersetzungen über die Einheit und die Grundlagen der LLF statt. Vor allem ist strittig, ob die zunehmende Differenzierung der Forschungslandschaft und die Operation mit immer neuen Paradigmen lediglich ein Ausdruck der sachlichen Notwendigkeit sind einen komplexen Untersuchungsgegenstand mehrperspektivisch darzustellen (vgl. Shulman 1986), ob ein Kriegszustand – „paradigm wars“ – zwischen vermeintlich inkommensurablen Epistemologien vorliegt (vgl. Gage 1989), ob die verschiedenen Paradigmen nur unterschiedliche, aber ergänzungsfähige Erkenntnisinteressen realisieren (vgl. Donmoyer 2001) oder ob sich in der Differenzierung der Forschungslandschaft letztendlich nicht doch die poststrukturalistische These von der Kontingenz und Gleichwertigkeit verschiedener wissenschaftlicher Konstruktionen bewahrheitet (vgl. Garrison/Leach 2001). Sollte die poststrukturalistische Kontingenzthese zutreffend sein, dann wäre die Geschichte der LLF jedenfalls umzuschreiben und zwar dahingehend, dass dann auch unsystematische Beobachtungen, literarische Produktionen und persönliche Erfahrungsberichte zum Thema Erziehung und Unterricht in den Bestand der Forschung aufgenommen werden müssten (vgl. Hamilton/McWilliam 2001).

Die nachfolgenden Ausführungen werden die Komplexität der fortgeschrittenen LLF nicht umfassend abbilden können. Aus Raumgründen, vor allem aber auch, weil die Grenzen zwischen LLF und Schulforschung unscharf geworden sind und weil eine umfassende Behandlung des Themas zu zahlreichen Überschneidungen mit anderen Beiträgen des vorliegenden Handbuchs führen würde, sollen lediglich zwei Kernthemen der LLF behandelt werden: Interaktion und Kommunikation im Unterricht sowie Unterrichtsmethoden- und Lehrereffektivität.

2 Interaktion und Kommunikation im Unterricht

Die Forschung zur Interaktion und Kommunikation im Unterricht befasst sich mit der Analyse und Darstellung der sozialen Beziehungen, die Lehrer und Schüler im Unterricht eingehen und unterhalten. Dabei werden verschiedene Vorstellungen bezüglich der Verfassung dieser Beziehungen zugrunde gelegt. Z.T. geht man von Verhalten, z.T. von Handlungen oder sprachlicher Kommunikation als Medien des Sozialen aus. Allerdings werden verhaltens-, handlungs- und sprachtheoretische Sozialmodelle in der Praxis der Interaktions- und Kommunikationsforschung keineswegs immer scharf getrennt. Bezogen auf Themen, Methoden und Befunde sind sieben Forschungsrichtungen unterscheidbar, von denen im Folgenden die ersten vier vorgestellt werden sollen. Neben der klassischen Interaktionsanalyse und der ebenfalls älteren Erziehungsstilforschung haben vor allem sozialpsychologische Ansätze und die Forschung zur Unterrichtssprache sowie psychoanalytische, mikrosoziologische und kulturalistische Ansätze Bedeutung erlangt.

2.1 Die klassische Interaktionsanalyse

Die klassische Interaktionsanalyse gehört in den Kontext der in den 1960er und 1970er Jahren entwickelten Prozess-Produkt-Forschung. Mit dieser teilt sie den Ausgang von einer gegenüber Sinnfragen resistenten behavioristischen Verhaltenstheorie, die Wertschätzung empirisch-analytischer Forschungsmethoden und die allgemeine Zielsetzung der Ermittlung von gesetzmäßigen Zusammenhängen zwischen bestimmten Merkmalen der Unterrichtsinteraktion einerseits und dem Unterrichtsklima sowie den Einstellungen und Denkprozessen der Schüler und ihren schulischen Leistungen andererseits. Für die Realisierung dieser Zielsetzung wurden zahlreiche, auf ausgewählte Aspekte der Lehrer-Schüler-Interaktion zugeschnittene Beobachtungsinstrumente entwickelt. Es gibt affektive, kognitive und multidimensionale Systeme. Affektive Systeme erfassen sozial-emotionale, kognitive Systeme erfassen logisch-sachinhaltliche und multidimensionale Systeme erfassen sowohl sozial-emotionale als auch logisch-sachinhaltliche Merkmale der Unterrichtsinteraktion (vgl. Bellack 1969).

Obwohl die entwickelten Beobachtungssysteme in den meisten Fällen zur Erhebung verbalen Verhaltens eingesetzt wurden, geschah die Auswahl, Zusammenstellung und Begründung der Beobachtungskategorien nicht auf der Basis einer empirisch-linguistischen Analyse typischer Formen unterrichtlichen Sprechens, sondern die relevanten Beobachtungskategorien wurden z.T. im Ausgang von Lern- und Verhaltens- oder Sozialtheorien, z.T. aus forschungspragmatischen Gründen (Reliabilität und Operationalisierbarkeit), z.T. durch Überarbeitung und Synthese anderer Ansätze, z.T. aber auch theorielos oder ad hoc eingeführt (vgl. Rosenshine/Furst 1973, S. 138). Maßgeblich für die Kategorienbildung im Rahmen des bekannten Systems von Flanders (1970) z.B. waren die Theorie der Führungsstile und die Annahme, dass es einen Zusammenhang zwischen dem Führungsverhalten des Lehrers und den Schülerleistungen gäbe. Das System stellt sieben Kategorien für die Beschreibung initiativen und reaktiven Lehrerverhaltens (1. accepts feeling, 2. praises or encourages, 3. accepts or uses ideas of pupils, 4. asks questions, 5. lecturing, 6. giving directions, 7. criticizing or justifying authority); zwei für die Beschreibung initiativen und reaktiven Schülerverhaltens (8. initiation, 9. response) und eine für die Erfassung von Ruhe oder Konfusion in der Klasse (10. silence or confusion) zur Verfügung (ebd. S. 34). Andere Systeme wiederum konzentrieren sich auf die kognitive Qualität der Unterrichtsinteraktion um mögliche Auswirkungen des kognitiven Anspruchsniveaus der Lehrersprache auf die Entwicklung der kognitiven Fähigkeiten der Schüler nachzuweisen. In diesen Fällen wurden Beobachtungskategorien gebildet, die geeignet erschienen die Qualität der Lehrerfrage oder die Qualität der im Unterricht entwickelten Argumentationen abzubilden (vgl. u.a. Gallagher/Aschner 1963; Oliver/Shaver 1963; Nuthall/Lawrence 1965; Smith/Meux 1970) Good und Brophy (1970, 2000) wiederum entwickelten teils ad hoc, teils in kritischer Auseinandersetzung mit anderen interaktionsanalytischen Ansätzen ein multidimensionales System für die Codierung der Interaktion zwischen dem unterrichtenden Lehrer und dem jeweils angesprochenen Schüler, das Frageformen, die Qualität der Fragen, die Schülerantwort und die Erwiderung des Lehrers unterscheidet.

Die durchgeführten Projekte haben eine Reihe interessanter statistischer und deskriptiver Befunde erbracht. Verschiedene Korrelationsstudien konnten belegen, dass bestimmte Verhaltensweisen von Lehrkräften in einem signifikanten Verhältnis zur Entwicklung von Schülerleistungen stehen. Zu den betreffenden Verhaltensweisen gehören die Klarheit des Ausdrucks, methodisch-didaktische Variabilität, Enthusiasmus und die Variation des Anspruchsniveaus bei Fragen und darbietungen (vgl. Rosenheim/Furst 1973, S. 155f.). Die deskriptiven Befunde erhellen, dass der Lehrer die aktivste Rolle im Unterricht spielt und die größten Redeanteile hat, dass er pro Minute zwei bis vier Fragen stellt bzw. einen Befehl erteilt und dass von allen Beteiligten zwar relativ häufig „bitte“, aber selten „danke“ gesagt wird (vgl. Tausch 1962; Wieczerkowsky 1965; Hoetker/Ahlbrand 1969; Tausch/Tausch 1970; Tisher 1970; Adams 1972). Speziell für die Schüler wurde festgehalten, dass sie die meiste Zeit im Unterricht passiv sind bzw. die Rolle von Zuhörern einnehmen. Wenn sie sprechen, ist ihr Beitrag entweder eine Reaktion auf einen gesprächsinitiierenden Akt des Lehrers oder sie schließen fortführend an einen vorangegangenen Beitrag des Lehrers oder eines Mitschülers an. Die relative Passivität der Schüler dokumentiert sich auch in den Beschreibungen der Strukturen des Unterrichtsgesprächs. Wie

Bellack, Kliebard, Hyman und Smith (1966) ermitteln konnten, sind 48% aller Zugkombinationen (teaching cycles) von Lehrern initiierte Aufforderungs-, Reaktions- und Aufforderungs-Reaktions-Erwiderungs-Sequenzen (vgl. auch Lundgreen 1972; Roeder/Schümer 1976).

Es gehört zu den vielfach hervorgehobenen Stärken der klassischen Interaktionsanalyse, dass sie mit dem Einsatz systematischer Beobachtungsinstrumente durch trainierte Beobachter eine hohe Beobachterreliabilität zu garantieren vermochte. Allerdings spricht die inflationäre Entwicklung von Beobachtungssystemen – Anfang der 1970er Jahre waren mehr als 120 Systeme in Gebrauch (vgl. Simon/Boyer 1970, 1971; Rosenshine/Furst 1973) – dafür, dass die meisten Befunde hochgradig konstruktabhängig sind (vgl. Merkens/Seiler 1978). Problematisch erscheint auch der Verzicht auf eine linguistische Begründung der vorwiegend auf die Erfassung verbaler Daten zugeschnittenen Beobachtungskategorien; infolgedessen waren Verwechslungen zwischen pragmatischen und wörtlichen Äußerungsbedeutungen, z.B. wurden Fragen mit Aufforderungscharakter häufig als Fragen kategorisiert, unvermeidlich (vgl. Dillon 1982). Weitere Defizite schließlich betreffen das völlige Absehen sowohl von den kognitiven Prozessen, Einstellungen, Wahrnehmungen und Absichten der Interaktionsteilnehmer als auch von der spezifischen Dynamik des Unterrichtsdiskurses; insbesondere die interaktionelle Hervorbringung von sozialer Ordnung und die im Gespräch geleistete Konstitution curricularsachinhaltlicher Bedeutungen blieben gänzlich unberücksichtigt (vgl. Stubbs/Delamont 1976; Furlong/Edwards 1977).

2.2 Die Erziehungsstilforschung

Die Erziehungsstilforschung ist aus der älteren Führungsstilforschung von Lewin, Lippitt und White (1939) hervorgegangen. Ihr Ziel ist es, individuelle Unterschiede des Verhaltens von Lehrern auf der Beziehungsebene zu identifizieren und signifikante Rückwirkungen dieser Unterschiede auf den Interaktionsprozess und die Lernergebnisse der Schüler festzustellen. Methodisch geschieht die Identifikation von Erziehungsstilen entweder im Ausgang von theoretisch generierten Verhaltensmodellen oder auf dem Wege der Induktion, indem Merkmale des erzieherischen Verhaltens erhoben und faktoren- bzw. clusteranalytisch so reduziert werden, dass sich typische Merkmalskonstellationen ergeben.

Zu erinnern ist u.a. an die Untersuchung von Ryans (1960), die im Anschluss an eine Erhebung in 3000 Schulklassen drei Dimensionen des erzieherischen Verhaltens von Lehrern begründen konnte. Ryans zufolge gibt es 1. distanziertes, reserviertes, egozentrisches vs. freundliches, verstehendes, teilnehmendes Lehrerverhalten; 2. der Verantwortung ausweichendes, planloses, nachlässiges vs. verantwortliches, systematisches, gewissenhaftes Lehrerverhalten; 3. langweiliges, routinemäßiges vs. anregendes, phantasievolles bzw. originelles Lehrerverhalten. Einige Merkmale, wie verstehend, freundlich, planvoll, gewissenhaft und originell, stehen in einer positiven Korrelation zu einem aufgeweckten, sicheren, verantwortlichen und selbstkontrollierten Verhalten der Schüler – allerdings gibt es erhebliche schulformspezifische Differenzen. Ein zweidimensionales Erziehungsstilkonzept ist u.a. von Tausch und Tausch entwickelt worden. Dieses Konzept unterscheidet zwischen 1. maximaler vs. minimaler Lenkung und 2. emotionaler Wärme, Zuneigung vs. emotionaler Kälte und Abneigung. In verschiedenen Untersuchungen wurde nachgewiesen, dass ein Erziehungsstil mit den Merkmalen wenig Lenkung, emotionale Wärme und Zuneigung positiv mit der Lern- und Persönlichkeitsentwicklung von Schülern korreliert (vgl. Tausch/Tausch 1970; Aspy/Roebuck 1973).

In der jüngeren Interaktionsforschung spielen dimensionsanalytische Ansätze der Erziehungsstilforschung nur noch eine untergeordnete Rolle, weil sie das Lehrer-Schüler-Verhältnis als einen vom Lehrer ausgehenden Funktionszusammenhang entwerfen und unsensibel für die Erfassung von situationsbedingten Variationen im Erziehungsverhalten ein und desselben Lehrers sind. Weiter verfolgt wurde die Frage nach der pädagogischen Bedeutung eines bestimmten Erziehungsstils vor allem von der Forschungsgruppe um A. und R. Tausch, die seit den 1980er Jahren das auf Rogers (1983) zurückgehende Konzept der „personenzentrierten Erziehung" untersuchte. Für dieses Konzept, das die Merkmale Achtung, positive Zuwendung, einfühlendes Verstehen und Aufrichtigkeit vereinigt, wurde auf der Basis einiger breit angelegter Studien wiederholt bestätigt, dass es positive Auswirkungen auf das fachliche und persönliche Lernen von Schülern hat (vgl. Tausch 2001).

2.3 Die sozialpsychologische Interaktionsforschung

Die sozialpsychologische Interaktionsforschung analysiert die sozialen Beziehungen von Lehrern und Schülern als Beziehungen sozialen Handelns. Soziales Handeln wird begriffen als ein Verhalten gegenüber anderen Personen, das sich durch Absichtlichkeit, Zielgerichtetheit und Bewusstseinsfähigkeit auszeichnet (vgl. Groeben 1986). Im Zentrum der sozialpsychologischen Interaktionsforschung steht die Annahme, dass sich Lehrer und Schüler in der Interaktion wechselseitig beeinflussen (vgl. Nickel 1976). Ziel der Forschung ist es, solche Wechselwirkungen im Rekurs auf psychische Faktoren wie Absichten, Ziele, Einstellungen, Erwartungshaltungen, Situationswahrnehmungen, implizite Persönlichkeitstheorien, Ursachenzuschreibungen, Wissen, Kosten-Nutzen-Erwägungen, Routinen, Affekte, Emotionen etc. zu erklären und Zusammenhänge zwischen dem Denken des Lehrers und dem Lernen der Schüler herzustellen.

Angestoßen wurde die Entwicklung der sozialpsychologischen Interaktionsforschung durch die früheren Forschungen zur sich selbst erfüllenden Prophezeiung. Rosenthal und Jacobson (1968) hatten auf der Grundlage experimenteller Untersuchungen herausgefunden, dass hohe Leistungserwartungen des Lehrers an ausgewählte Schüler positive Auswirkungen auf deren Intelligenzentwicklung haben. Nachfolgestudien konnten die ermittelten Zusammenhänge z.T. bestätigen (vgl. Rosenthal 1991). Die behaupteten Auswirkungen im Bereich der Intelligenzentwicklung sind jedoch eher schwach, während erwartungsinduzierte Effekte im Bereich der durch objektive Tests gemessenen Fachleistungen der Schüler und in den informellen Leistungsurteilen der Lehrkräfte relativ stark sind (vgl. Jussim/Eccles 1992; Ludwig 1995, 1999). Diese Zusammenhänge haben weiterführende Fragen nach den Merkmalen der Wahrnehmungs- und Denkprozesse von Lehrern, z.B. nach typischen Mustern der Personenwahrnehmung, nach den Bedingungen der Erwartungsbildung, nach kognitiven Schemata der Informationsverarbeitung und Entscheidungsfindung, nach dem Einfluss von Emotionen und Affekten auf das Handeln des Lehrers sowie allgemein nach der Bedeutung der Wahrnehmungs- und Denkprozesse des Lehrers für die Leistungsentwicklung der Schüler, aufgeworfen.

Die Methoden der sozialpsychologische Interaktionsforschung zur Erfassung der psychischen Voraussetzungen sozialen Handelns sind vielfältig und hochgradig spezifisch. Implizite Persönlichkeitstheorien z.B. werden mit Hilfe von Tests zur Schätzung der Ähnlichkeit von Personen oder mit Methoden der freien Beschreibung erfasst; für die Begründung von subjektiv relevanten Lehrer- bzw. Schülerkategorisierungen werden Merkmalszuschreibungen erhoben und clusteranalytisch reduziert (vgl. Hofer 1986). Die Ermittlung von Kognitionen geschieht, indem die Probanden zu lautem Denken etwa während der Unterrichtsplanung (vgl. Peterson u.a. 1978, 1982), zur Erinnerung ihrer Gedanken während des Unterrichts durch das Vorspielen von Videomitschnitten (stimulated recall) oder zur Offenlegung ihrer Kognitionen durch die Präsentation von Beschreibungen typischer Unterrichtssituationen veranlasst werden (vgl. Rappoport/Summers 1973). Bei der Rekonstruktion von Entscheidungsprozessen und subjektiven Theorien haben sich Interviews in Kombination mit Struktur-Lege-Techniken bewährt (vgl. Scheele 1992). Ziel des Einsatzes von Struktur-Lege-Techniken ist es, alle in Bezug auf bestimmte Handlungsentscheidungen relevanten Kognitionen der Probanden durch gezieltes Nachfragen zu erfassen, nach immanenten Kriterien zu systematisieren und auf Karten sowie durch die Konstruktion von Entscheidungsbäumen zu visualisieren. Auf diese Weise sollen die Menge der Kognitionen und die Art ihrer Verknüpfungen zur Darstellung gebracht und Rückschlüsse auf die Komplexität und Flexibilität der jeweiligen Struktur ermöglicht werden.

Aus den zahlreichen Befunden der sozialpsychologischen Interaktionsforschung sind die zur wechselseitigen Wahrnehmung von Lehrern und Schülern besonders hervorzuheben. Es konnte gezeigt werden, dass sich Lehrer und Schüler verschiedener Formen der Reduktion von Komplexität bei der Wahrnehmung und Beurteilung ihres jeweiligen Gegenübers bedienen. Zu diesen Reduktionsformen gehören u.a. die Simplifikation, das Übergehen oder das Überbewerten von personenspezifischen Merkmalen, die Schlussfolgerung von ausgewählten Merkmalen auf eine größere Anzahl hypothetischer Eigenschaften (Halo-Effekt) sowie die Zuordnung des jeweiligen Gegenübers zu einem bestimmten Lehrer- bzw. Schülertypus. Nash (1978) stellte für Schüler die Operation mit bipolaren Konstrukten – „hält auf Ordnung/hält nicht auf Ordnung", „bringt uns was bei/bringt uns nichts bei", „erklärt viel/erklärt wenig", „interessant/langweilig", „gerecht/ungerecht", „freundlich/unfreundlich" – bei der Kategorisierung von Lehrpersonen fest. Die Merkmale „behandelt Schüler gleich", „kann gut erklären", „ist vertrauenswürdig" werden als wünschenswert dargestellt, aber nur etwa 10 bis 27% der Schüler geben an zu erleben, dass sich die Lehrer ihren Wünschen entsprechend verhalten (vgl. Eder 1995; Kanders/Rösner/Rolff 1996). Lehrer kategorisieren Schüler u.a. im Hinblick auf die Merkmale Leistung und Konformität. Aus ihrer Perspektive gibt es z.B. 1. aktive, leistungsbereite, gute Schüler, 2. stille, zurückhaltende, gute Schüler, 3. durchschnittlich begabte, disziplinierte, mittelmäßige Schüler, 4. leistungsfähige, undisziplinierte, schlechte Schüler und 5. wenig begabte, gering motivierte, schlechte Schüler (vgl. Hofer 1981). Es ist versucht worden ein auf diese Kategorisierungen zugeschnittenes typisches Lehrerhandeln zu ermitteln. Ältere Untersuchungen berichten, dass gute Schüler häufiger gelobt würden, mehr Vorlesegelegenheiten erhielten und anspruchsvollere Fragen gestellt bekämen als schlechte Schüler (vgl. zusammenfassend Petillon 1987). Dobrick und Hofer (1991) machten dagegen die Beobachtung, dass sehr gute Schüler eher selten gelobt würden und dass schlechte Schüler bei richtigen Antworten durchaus Lob und sachbezogene Rückmeldungen erführen. Die unterschiedliche Befundlage erklärt sich, wenn man bedenkt, dass bei der Wahl eines bestimmten Verhaltens neben typisierenden Wahrnehmungen auch Kontrollerwartungen des Lehrers bezüglich des Unterrichtsverlaufs (vgl. Cooper 1985) sowie die Zuschreibung von Ursachen für Erfolg und Versagen zu Faktoren wie familiärer Hintergrund, Begabung, Anstrengung, Vorkenntnisse, Schwierigkeit des Themas, didaktische Darstellung etc. eine Rolle spielen (vgl. Hofer 1986).

Nicht anders als Schüler werden auch Situationen der Interaktion im Unterricht von Lehrkräften kategorisiert und mit bestimmten Handlungsmustern verknüpft. Für die Erklärung dieser Verknüpfungen sind kognitive Prozesse der Informationsverarbeitung (vgl. Joyce 1979) und der Entscheidungsfindung (vgl. Shavelson/Stern 1981), subjektive Unterrichtstheorien (Groeben/Wahl/Schlee/Scheele 1988), Strukturen professionellen Wissens (vgl. Bromme 1992) und der wahrnehmungssteuernde Einfluss von Emotionen (vgl. Thienel 1988) untersucht worden. Entscheidungsmodelle, die Antizipationen von Handlungsfolgen und deren Bewertung berücksichtigen, konnten gute Vorhersageergebnisse erzielen. Forschungen zu Subjektiven Theorien berichten Zusammenhänge zwischen Situations-Handlungs-Ergebnis-Erwartungen und realem Unterrichtshandeln. Die Befunde zur Verhaltenswirksamkeit von Kognitionen dagegen sind uneinheitlich (vgl. Hofer 1997). Allerdings sind auch nicht alle Handlungen von Lehrkräften rein kognitiv determinierte zielgerichtete Handlungen. Es gibt außerdem Routinehandlungen und Handlungen in Drucksituationen, deren Ausführung auf automatisierten Verbindungen zwischen Situationen, Handlungen und Anschlusshandlungen (Skripts) basiert und die die Verfügung über komprimierte Gedächtnisstrukturen sowie situationsübergreifende Ziele und Pläne voraussetzen. Schließlich können die emotionale Betroffenheit des Lehrers und durch Ärger oder Enttäuschungen hervorgerufene Affekte das situationsspezifische Handeln des Lehrers beeinflussen (vgl. Schweer/Thies 2000).

Die Grenzen der sozialpsychologischen Interaktionsforschung ergeben sich aus der Operation mit einem psychologischen Handlungsbegriff und der Konzentration der Forschung auf die Ermittlung der individuellen psychischen Voraussetzungen sozialen Handelns. So erfahren insbesondere die objektiven Bedeutungen sozialen Handelns keine Berücksichtigung. Fraglich ist zudem, wie die Entwicklung sozialer Prozesse im Unterricht im Rekurs auf psychische Faktoren erklärt werden kann, wenn mehr als zwei Personen beteiligt sind und wenn die Beteiligten divergierende Wahrnehmungen haben sowie verschiedenen bzw. wechselnden Intentionen folgen. Der sozialpsychologische Ansatz lässt in diesem Fall offen, wie die Identität des Gesamtgeschehens zu bestimmen ist bzw. wie die individuellen psychischen Voraussetzungen der beteiligten Personen im Rahmen einer Erklärung dieses Geschehens zu gewichten und gegeneinander zu verrechnen sind (vgl. Lüders 2001). Schließlich findet die Tatsache zu wenig Beachtung, dass soziales Handeln sprachlich vermitteltes Handeln ist und dass die Anschlussfähigkeit sprachlichen Handelns ebenso wie die Konstitution eines zusammenhängenden Unterrichtsdiskurses an die Befolgung allgemeiner und situationsspezifischer Regeln sprachlicher Verständigung gebunden ist.

2.4 Die Forschung zur Unterrichtssprache

Die Forschung zur Unterrichtssprache konzipiert das soziale Verhältnis von Lehrern und Schülern als ein Sprachverhältnis. Sprache wird begriffen als ein regelhaft konstituiertes soziales Medium, dessen sich Lehrer und Schüler im Unterricht zum Zweck der Verständigung, Handlungskoordinierung und Informationsübertragung bedienen. Wichtige Ziele der Forschung sind die Ermittlung von Strukturen und Funktionen der Unterrichtssprache und damit der relevanten Konstitutionsregeln des Unterrichtsdiskurses, die Rekonstruktion von unterrichtstypischen Prozeduren der Konsens- und Verständigungssicherung, insbesondere in Phasen der Erarbeitung curricular-sachinhaltlicher Bedeutungen, sowie der hermeneutische Nachvollzug des situationsspezifischen Bedeutungsverstehens von Lehrern und Schülern.

Die Methoden der Forschung zur Unterrichtssprache stehen in engem Zusammenhang mit verschiedenen Sprachtheorien wie der Sprechakttheorie, der Diskurslinguistik, der Dialoggrammatik, der Sozialphänomenologie oder dem Symbolischen Interaktionismus. Meistens handelt es sich um mehrstufige Verfahren, die mit audio- bzw. videographischen Unterrichtsaufzeichnungen und deren Transkription beginnen, mit der Identifikation von Analyseeinheiten wie

Sprachakten, Wechselgesprächen oder Minimaldialogen fortfahren und die schließlich unter Bezugnahme auf die Sprachkompetenz der Untersucher, durch den Vergleich ähnlicher Ereignisse, durch Typenbildung oder auf dem Wege der Applikation linguistischer Ordnungsmodelle die Explikation regelhafter Strukturen und Funktionen des Unterrichtsdiskurses begründen (vgl. Schanz 1978; Coulthard/Montgomery 1981; Green 1983; Ehlich 1984; Bak 1996). Für die Ermittlung subjektiver und objektiver Bedeutungsstrukturen der Unterrichtsinteraktion werden der Methodologie des Symbolischen Interaktionismus (vgl. Denzin 1970) oder der Methodologie der Objektiven Hermeneutik (vgl. Oeverman/Allert/Konau/Krambeck 1979) entlehnte Techniken der Exploration, Paraphrasierung, Kontextverschiebung und Sequenzanalyse eingesetzt.

Bekannt geworden sind u.a. die diskurslinguistischen Analysen von Sinclair und Coulthard (1975), die zur Begründung eines hierarchisch-sequenziellen Modells der Unterrichtssprache geführt haben. Sinclair und Coulthard unterscheiden drei Unterrichtsphasen – Eröffnung, Instruktion, Abschluss – und pointieren den phasenspezifischen Gebrauch bestimmter Äußerungsfolgen und bestimmter Sprechhandlungen. In den Phasen der Eröffnung und des Abschlusses sind strukturierende Äußerungsfolgen typisch, die aus direktiven, markierenden oder erläuternden Sprechakten bestehen. In Instruktionsphasen dagegen treten vor allem Initiation-Response-Feedback-Sequenzen (IRF) auf, die sehr häufig die Formen einfacher oder expandierter Frage-Antwort-Rückmeldungs-Muster annehmen. Einfache Frage-Antwort-Rückmeldungs-Muster zeichnen sich durch einen initiierenden Frageakt des Lehrers, eine passende Schülerantwort und ein positiv wertendes oder akzeptierendes Feedback des Lehrers aus. Expandierte Frage-Antwort-Bewertungs-Muster entstehen, wenn die Antwort des Schülers ausbleibt, unangemessen oder falsch ist. In diesem Fall kommt es zu einer Reinitiierung des Musters bei gleichzeitiger Absenkung des kognitiven Anspruchsniveaus der Lehrerfrage oder es werden Hinweise auf die erwartete Antwort in den Auslöseakt des Lehrers eingebaut bzw. deutliche Hilfestellungen bei der Antwortfindung gegeben. Dieser Mechanismus der Hinführung zur Antwort (cluing) ist durch zahlreiche Studien belegt worden (vgl. Hammersley 1977; Mehan 1979; Streeck 1979; French/MacLure 1981; Bauersfeld 1983; Tennenberg 1988; McHoul 1990; Bak 1996). Allerdings wird häufig verkannt, dass es auch alternative Formen der Realisierung von IRF-Sequenzen gibt. So werden im Unterricht nicht nur typische Lehrerfragen (Fragen, deren Antwort der Lehrer kennt), sondern auch Informationsfragen gestellt und es sind Formen wie sammeln, zur mündlichen Beteiligung anregen, Hilfestellung bei Verstehensdefiziten geben, Lehrervortrag, Korrekturhandlungen, zu nichtsprachlichen Reaktionen auffordern etc. beobachtbar. Es ist also keineswegs selbstverständlich, von einer stets einförmigen, ausschließlich auf das Frage-Antwort-Rückmeldungs-Muster aufbauenden Unterrichtsgestaltung in Instruktionsphasen auszugehen. Nachfolgeuntersuchungen (vgl. Lörscher 1983; Faust-Siehl 1987; Lüders 2003) konnten zudem deutlich machen, dass das von Sinclair und Coulthard begründete Modell des Unterrichtsdiskurses kein starres, sondern ein flexibles Modell mit fakultativen Elementen vorstellt: 1. Die Sprechhandlungen, vermittels deren bestimmte Äußerungsfolgen realisiert werden, konstituieren keine geschlossenen Aktklassen; 2. Eröffnungs- und Abschlussphasen kommen auch in Instruktionsphasen vor, in denen sie Phasen der Gruppen- oder Partnerarbeit einleiten bzw. abschließen; 3. Typische IRF-Sequenzen erfahren in höheren Schulklassen z.T. eine Substitution durch Sequenzen mit impliziten Lehrerauslösern, durch Sequenzen mit implizitem Feedback oder durch Sequenzen, die sich aus moderierenden Lehrerauslösern und Stellung nehmenden Schülererwiderungen zusammensetzen.

Die übergreifende Funktion der zyklischen Reinitiierung von IRF-Sequenzen und insbesondere von Frage-Antwort-Bewertungs-Mustern wird in der Forschung zur Unterrichtssprache einhellig in der kooperativen sprachlichen Hervorbringung des Unterrichtsgegenstandes und der Markierung des lernrelevanten Wissens gesehen. Offenbar besitzen Sequenzen und Muster dieser Art die Eigenschaft, eine Anpassung der subjektiven Weltkonzepte der Schüler an objektive Kulturinhalte immerhin anzubahnen oder wenigstens Vorformen eines gemeinsam geteilten auf den jeweiligen Unterrichtsgegenstand bezogenen Wissens zu etablieren. Strittig ist, wie hoch der Steuerungsanteil des Lehrers in diesem Prozess gemeinsamer Wissenserarbeitung ist. Ethnomethodologische Untersuchungen (vgl. Edwards/Mercer 1987), Untersuchungen im Umfeld der handlungstheoretisch begründeten Diskursanalyse von Ehlich und Rehbein (1986) sowie Studien zum dialogischen Lehren (vgl. Burbules 1993) setzen die Einflussmöglichkeiten des Lehrers aufgrund der strukturellen Asymmetrie des Lehrer-Schüler-Verhältnisses relativ hoch an und betonen die Bedeutung strategischen Lehrerhandelns für die Entwicklung der Unterrichtsinteraktion und des durch diese Interaktion ermöglichten individuellen Lernens. Die am Paradigma des Symbolischen Interaktionismus orientierte Unterrichtsforschung dagegen macht Interaktionsroutinen, thematische Prozeduren und Argumentations-Formate für die Entwicklung des Unterrichtsdiskurses und des korrespondierenden Lernens verantwortlich (vgl. Voigt 1984; Krummheuer 1992). Dass die Gestaltung von Instruktionsphasen keineswegs konstant an eine hohe Lehrerdominanz in Kombination mit strategischem Handeln gebunden ist, wird aber auch durch Untersuchungen von Schanz (1978), Wragge-Lange (1983), Faust-Siehl (1987) belegt: Sowohl in der Grundschule als auch in der Sekundarstufe I sind Argumentationen wichtige Bestandteile des Unterrichtsdiskurses; die Schüler erheben für ihre Äußerungen Geltungsansprüche, nehmen Einfluss auf die Themenentwicklung und sind keineswegs wehrlos den Vorgaben und Situationsdefinitionen der Lehrkräfte ausgesetzt. Jüngere Studien haben dementsprechend erneut auf die Relevanz dialogischer Formen der Verständigung für das schulische Lehren und Lernen aufmerksam gemacht (vgl. Burbules/Bruce 2001).

Kritisch gegenüber der Forschung zur Unterrichtssprache ist anzumerken, dass viele Untersuchungen unverbunden nebeneinander stehen und selten systematische Anstrengungen zur Weiterentwicklung des Forschungsstandes unternommen worden sind. Zudem beschränken sich die meisten Studien auf die Analyse des Unterrichtsdiskurses in Grundschulklassen, während umfassende Untersuchungen und Replikationsstudien zu Strukturen und Funktionen der Unterrichtssprache in höheren Schulklassen der beiden Sekundarstufen die Ausnahme bilden. Auch ist es der Forschung zur Unterrichtssprache bisher nicht gelungen, den Anschluss an die sozialpsychologische Interaktionsforschung und die Forschung zur Unterrichtsqualität herzustellen. Die individuellen psychischen Voraussetzungen sprachlichen Handelns werden kaum erhoben bzw. allenfalls indirekt – sofern die jeweils analysierten Interaktionsprotokolle entsprechende Rückschlüsse (z.B. auf Intentionen) zulassen – in Rechnung gestellt. Desgleichen wird die Diskursanalyse nicht mit Analysen der Leistungsentwicklung der Schüler verknüpft. Infolgedessen sind Aussagen über die Bedeutung verschiedener diskursiver Formen der Erzeugung sozialer Ordnung und der Hervorbringung des Unterrichtsgegenstandes für die Entwicklung der Unterrichtsqualität derzeit nicht möglich (vgl. Lüders 2003).

3 Lehrmethoden und Lehrereffektivität

3.1 Effektivität von Unterricht

Effektivität von Unterricht ist zwar kein neues Thema in der Erziehungswissenschaft, blieb aber in der deutschsprachigen Pädagogik lange Zeit randständig. Hier mischten sich Metaphern, Bilder, Modelle und Annahmen mit Beobachtungen, Fakten und Theorien auf interessante und nicht immer unterscheidbare Weise. Bis in die 1960er Jahren galt es für viele Pädagogen als ausgemacht, dass die individuellen Leistungen der Schüler weitgehend Resultate von Instruktionsprozessen sind, für deren Optimierung in erster Linie lernpsychologisches Wissen nützlich ist. Die Hoffnungen der behavioristisch fundierten Psychologie auf der einen Seite wurden von der reformpädagogisch inspirierten Pädagogik auf der anderen Seite sogar noch übertroffen. Diese sah in vielfältigen Unterrichtsarrangements, über die Praktiker und Lehrerbildner berichteten, eine Überwindung des so genannten „Frontalunterrichts" und zugleich eine Steigerung aller erdenklichen, für wünschenswert gehaltenen Effekte.

Eine erste Erschütterung dieses Optimismus ging von der angloamerikanischen Schulforschung aus. Ob Schulen überhaupt für die kognitiven Leistungen ihrer Klientel verantwortlich sind, wurde durch die Studien von Coleman u.a. (1966) und Jencks u.a. (1972) in Frage gestellt. Nur ein unerheblicher Teil der Lernleistungen – bei Jencks nur ungefähr ein Prozent der aufgeklärten Varianz der Leistungen der Schüler – konnte auf die Varianz zwischen Schulen zurückgeführt werden, stattdessen erschienen der familiäre Hintergrund und die kognitiven Eingangsvoraussetzungen als überragende Faktoren. Im Gegenzug reagierten Forscher mit neuen Untersuchungen oder neuen Analysen vorhandener Datensätze um zu zeigen, dass Schule und Unterricht von unterschiedlicher Qualität sein können. Die Wirksamkeit wurde in kurzfristigen, seltener auch langfristigen kognitiven Lernleistungen gesehen, aber auch im Verhalten (z.B. Delinquenz) und in Einstellungen (vgl. Bloom 1976; Rutter/Maugham/Mortimer/Ouston 1979). Aus heutiger Sicht sind diese älteren Studien, trotz mancher methodischer Mängel (vgl. u.a. Schnabel 2001), immer noch beachtenswert, weil sie allzu naiven Wirkungsmythen den Boden entziehen und vielfältige Forschungen über die Schul- und Unterrichtsqualität anregen können. Neuere Studien (vgl. Scheerens/Bosker 1997) kommen zu etwas optimistischeren Schätzungen des Schuleffekts auf kognitive Leistungen (12%), aber auch dies ist nur ein bescheidener Ertrag. Der Streit über die Wirksamkeit von Schule ist auch für die LLF von großer Bedeutung. Schulforschung untersucht als Makroforschung Effekte von komplexen Organisationsstrukturen. LLF beobachtet als Mikroforschung Prozesse (Klassenführung, Lehrstile, Klassenklima, Lehrmethoden, Interaktionen) und Effekte (Lehrer-, Methoden-, Medien-Effektivität) im Unterricht. Wenn schon auf der Makroebene nur schwache Effekte sichtbar würden, dann sollten die Effekte der darin enthaltenen Mikroebene Unterricht noch weniger von Bedeutung sein. In den jüngeren Schätzungen von Effektmaßen unterschiedlicher schulischer Faktoren durch Auswertung von Metaanalysen und Expertenratings (vgl. Wang/Walberg 1991; Wang/Haertel/Walberg 1993) spielen Unterrichtsbedingungen und Unterrichtsmethoden („classroom instruction") im Vergleich zu den dominanten personalen und strukturellen Faktoren in Übereinstimmung mit dieser Vermutung nur eine relativ kleine Rolle. In der Konsequenz wäre eine Steigerung der Effektivität schulischen Lernens durch didaktische Maßnahmen nur in marginalem Umfang möglich. Allerdings sind Zweifel anzumelden, ob in einem heterogenen Feld mit unterschiedlichen Handlungsebenen (Schulsystem, Einzelschule, Unterricht, Individuum) einfache Ursachenzuschreibungen nach dem Verfahren der Gruppe um Walberg überhaupt zulässig sind. Auf

Schulebene oder auf Schulsystemebene aggregierte Werte können Klasseneffekte verdecken und die Betrachtung bivariater Muster kann multivariate Befunde (vgl. Bortz/Döring 2002) verschleiern. Ein geeignetes multivariates Mehrebenenmodell liegt bisher noch nicht vor (vgl. Ditton 1998).

Radikale Positionen stellten aufgrund der Forschungslage sogar die Existenzberechtigung schulischen Unterrichts generell in Frage, da nicht für erstrebenswert gehaltene Nebenwirkungen – wie z.B. Konkurrenzverhalten, Disparitäten in der Leistungsentwicklung, mangelnder Selbstwert oder unerwünschte Einstellungen – die positiven Effekte des Unterrichts in schulischer Form überwögen. Dieses Problem wurde zunächst unter dem Stichwort „hidden curriculum" diskutiert. Kulturpessimistischen Ideen folgend wurde die Entschulung der Schule gefordert (z.B. Gardner 1993) und im Gegenzug die „natürliche" Wissensaneignung in kindgemäßen Arrangements favorisiert; bezogen auf diese Arrangements stand die These im Raum, dass sie den „traditionellen Unterricht" überflüssig machten und die an diesen Unterricht gekoppelten unerwünschten Nebenwirkungen nicht hervorbringen würden. Komparative Untersuchungen über die kognitive Entwicklung beschulter und nichtbeschulter Kinder legen jedoch den Schluss nahe, dass „komplexe Kulturtechniken, wissenschaftliches Wissen, abstrakte Denkoperationen und höhere metakognitive Kompetenzen nur über den Einfluss von schulisch oder schulähnlich organisierten zielgerichteten Lehr-Lern-Prozessen erworben werden können" (Weinert 1996, S. 4). Selbst dann, wenn schulischer Unterricht weniger effektiv sein sollte als zunächst erhofft, erscheint eine Verbesserung der Schul- und Unterrichtsqualität ohne Alternative, denn andere Faktoren, wie z.B. der familiäre Hintergrund oder die kognitive Ausstattung der Schüler, sind kaum zu beeinflussen (vgl. Bloom 1984; Wang/Haertel/Walberg 1990, 1993). Eine Grundfrage der didaktisch orientierten LLF lautet deshalb, wie effektive Lehr-Lern-Prozesse gestaltet werden können um in der verfügbaren Unterrichtszeit mit den verfügbaren Ressourcen für möglichst viele Schüler möglichst viele erwünschte Ziele unter Vermeidung unerwünschter Nebeneffekte erreichbar zu machen. Die Definition von Unterrichtsqualität ist nach Auffassung vieler Unterrichtsforscher jedoch nicht wertneutral möglich, weil die Liste erwünschter und unerwünschter Ziele schulpolitisch und schultheoretisch immer umstritten ist und immer umstritten sein wird. Im Rekurs auf die Ergebnisse der Prozess-Produkt-Forschung ist allerdings die These vertreten worden, dass jeder effektive Unterricht unabhängig von wechselnden Zielsetzungen einige universelle Merkmale aufweise. Hierzu gehören u.a. effiziente Klassenführung, Variabilität der Unterrichtsformen, bestimmte Typen von Lehrerfragen, Klarheit des Unterrichts, Aktivierung der Schüler, Erfolgssicherung, Strukturiertheit des Unterrichts (vgl. Brophy/Good 1986). Im Anschluss an die These, dass es universelle Merkmale effektiven Unterrichts gibt, suchen Forscher nach stabilen Konstellationen solcher Merkmale sowie nach typischen Methoden, die im Unterricht erfolgreicher Lehrkräfte anzutreffen sind (vgl. Weinert/Schrader/Helmke 1989). Parallel dazu haben Lernpsychologen seit den 1960er Jahren mit experimentellen Methoden nach Lehrmethoden gesucht, die generalisierbare Schlussfolgerungen auf die Lernergebnisse und auf sonstige Effekte bei Schülern erlauben. Sie beschäftigten sich nicht mit der Analyse der Praxis des Unterrichts, sondern mit dem als Instructional Design bezeichneten Versuch optimale Unterrichtstechniken nach Lerngesetzten zu entwerfen (vgl. z.B. Reigeluth 1999). Im Folgenden soll zunächst der Ansatz des Instructional Design dargestellt werden (3.2). Anschließend werden Forschungsansätze und Befunde zur Effektivität von Lehrmethoden vorgestellt (3.3) und neue Wege der LLF skizziert (3.4).

3.2 Instructional Design

Instructional Design ist ein Gebiet der LLF, das aus den USA kam, inzwischen aber auch in Deutschland geläufig ist. Fragestellungen, Methoden und Modelle der experimentellen Instruktionsforschung wurden und werden von jenen amerikanischen Psychologen geprägt, die an einer präskriptiven Nutzung von Lerntheorien interessiert sind. Mit dem Konzept der lernpsychologisch fundierten Instruktion schufen sie eine Basis für experimentelle und quasiexperimentelle Forschung und sie setzten sich zugleich von herkömmlichen didaktischen Theorien des Unterrichts ab, die im Unterschied dazu eine „historisch gewordene und sozial vielfach konstituierte Praxis“ (Weinert 1996) reflektieren. Ornstein (1991) beschreibt die frühe behavioristische Phase der amerikanischen Instruktionsforschung in den 1950er und 1960er Jahren als eine Suche nach elementaren Lehrtechniken („methods of teaching“) oder Mikromethoden im Klassenunterricht, die zu einer Steigerung des Lehreffekts führen. In Anlehnung an verhaltenstherapeutische Konzepte wurden drei Komponenten des Lehrens unterschieden, entwickelt und in Laborexperimenten überprüft:

- „Cues“, die zeigen, was und wie gelernt werden soll (z.B. advance organizer, Zielangaben, Lernhierachien);
- Maßnahmen zur Förderung des „engagement“, die zu einer zielgerichteten und dauerhaften Aktivität der Schüler im Lernprozess führen (z.B. Fragestrategien, Aufgabenstellungen, häufige Tests, hohe Anforderungen);
- Situations- und altersangemessenes „reinforcement“ (z.B. Leistungsmessung und Bewertung) oder Verfahren des „corrective feedback“, die das Lern- und Leistungsverhalten in einer erwünschten Weise modifizieren.

In Forschungslaboren durchgeführte experimentelle Untersuchungen sind für die Erklärung individuellen Lernens gut, aber für die Vorhersage der Wirkungen des Unterrichts im Klassenzimmer nur bedingt geeignet. Die geringe Relevanz experimenteller Studien für die schulische Unterrichtspraxis führte zu einer Ausweitung der früheren Forschungsprogramme. Quasiexperimentelle Designs, die auf eine zufällige Auswahl von Versuchspersonen verzichten und stattdessen mit vorfindbaren Schulklassen unter regulären Unterrichtsbedingungen arbeiteten, sollten zu praktisch bedeutsameren Befunden führen. Dabei wurde man sich des Problems bewusst, dass in jeder Schulklasse mit vielfältigen interindividuellen Unterschieden zu rechnen ist. So könnten z.B. Schüler mit unterschiedlicher Lerngeschwindigkeit, Ängstlichkeit oder allgemeiner Intelligenz auf das gleiche Instruktionsverhalten unterschiedlich reagieren. Seit den 1970er Jahren beschäftigte sich die LLF deshalb mit der Entwicklung von Programmen der adaptiven Instruktion, die solche Unterschiede systematisch berücksichtigen. Ein in diesem Zusammenhang besonders häufig diskutierter Vorschlag basiert auf der Idee nicht nur die Haupteffekte von untersuchten Lehrmethoden zu betrachten, sondern insbesondere auch Wechselwirkungen (so genannte disordinale oder hybride Interaktionen) zwischen verschiedenen Lehrmethoden und spezifischen Lernereigenschaften. Dies geschah im Rahmen der ATI (Aptitude/Attribute-Treatment-Interaction)-Forschung. Die ATI-Forschung lieferte eine Fülle von Interaktionsbefunden und eine Menge an Klassifikations- und Kombinationsmöglichkeiten von Schülergruppen und Instruktionsvarianten (vgl. Corno/Snow 1986; Snow/Swanson 1992). Um eine bessere Passung von Schülermerkmalen und Unterrichtsvariablen zu erreichen wurden in den Folgejahren lernzielorientierte Curricula, diagnostische Instrumente und darauf aufbauende individualisierende oder differenzierende Lehrangebote entwickelt.

Die Entwicklung adaptiver Unterrichtsstrategien wurde auch in Deutschland in der Verbindung von Lerntheorien und Unterrichts- oder Curriculumforschung zu einer technologiefähigen Lehr-/Lernforschung gesehen. Roeder (1974) machte aber schon früh darauf aufmerksam, dass der Unterricht in heterogenen Klassen – sofern er dem Prinzip der adaptiven Instruktion folgt – durch ausweglose Dilemmata gekennzeichnet sei; insbesondere müsse eine optimale Methodenwahl, die für alle Schüler einer Klasse günstig ist, wegen der Komplexität der Interaktionen als praktisch unmöglich angesehen werden. Als Konsequenz aus der Komplexitätsproblematik wurden in den USA Instruktionssysteme vorgeschlagen, entwickelt und erprobt, die den regulären Klassenunterricht auflösen (z.B. Mastery Learning, tutorielle oder computerunterstützte Individualisierung). Über die Effekte derartiger Instruktionssysteme liegen unterschiedliche Einschätzungen vor (vgl. z.B. Arlin/Webster 1983; Frazer/Walberg/Welch/Hattie 1987).

Neuere Modelle des Instructional Design knüpfen an diese lernpsychologische Tradition der Individualisierung des Lernens durch maßgeschneiderte Lernumgebungen an, favorisieren jedoch konstruktivistische Annahmen. Cognitive Apprenticeship ist ein Oberbegriff für Lehr-Lern-Methoden, die bestimmte Bestandteile des traditionellen Meister-Lehrling-Verhältnisses auf Situationen der Vermittlung kognitiver Fähigkeiten übertragen (vgl. z.B. Collins/Brown/Newman 1989). Die ideale Lernumgebung für diese Art des Lehrens stellt hohe Anforderungen an den Inhalt, die Lehrmethode, die Sequenzierung der Lernhilfen und an die Beachtung einer spezifischen Lernkultur. Ein Schwerpunkt liegt u.a. auf der Anregung zur Entwicklung metakognitiver Strategien (Lernstrategien, heuristische Strategien und Kontrollstrategien) durch entsprechende Unterrichtsinhalte und Aufgabenstellungen. Methodische Vorschläge für das Lehrerverhalten (z.B. coaching, scaffolding und fading) und das zu unterstützende Schülerverhalten (z.B. articulation, reflection, exploration) zielen auf Eigenständigkeit und Transfer. Die Vorschläge zur Sequenzierung des Lehr-Lern-Prozesses unterscheiden sich wenig von traditionellen didaktischen Prinzipien (increasing complexity, increasing diversity, global before local skills). Allerdings weichen Merkmale der Kultur des Lernens (z.B. culture of expert practice) und die zeitintensive individuellen Betreuung entscheidend von schulüblichen Lernarrangements ab und lassen sich, wie die vorher erwähnten Instructional Designs in idealer Weise nur durch tutorielle Lernumgebungen realisieren. Reciprocal Teaching ist eine Variante dieses Modells, die zur Förderung des Leseverständnisses erprobt wurde (vgl. Palincsar/Brown 1985) und bei der ein besonderer Effekt durch den Rollentausch von Lernenden und Lehrenden erwartet wird. Anchored Instruction ist ein weiteres Beispiel für die Umsetzung der konstruktivistischen Situated-Learning-Theory. Ausgangspunkt für dieses Modell war die Beschäftigung mit dem Problem des „trägen Wissens“ (inert knowledge), eines zwar gelernten, aber in realen Problemsituationen nicht angewandten Wissens. Problemsituationen stellen hier komplexe, aber nachvollziehbare Makrokontexte in narrativer Form dar, die dem Lernenden eine Verankerung des Wissens in bekannten Lebenssituationen ermöglichen (vgl. Cognition and Technology Group at Vanderbilt 1993). Inzwischen liegen auch einige deutsche Arbeiten zu diesem Forschungsfeld vor (vgl. z.B. Gruber/Mandl/Renkl 2000). Viele dieser neuen konstruktivistisch orientierten Instruktionstheorien sind lerntheoretisch plausibel begründet und basieren auf experimentellen Befunden (vgl. Donovan/Pellegrino/Bransford 1999). Umfassende Evaluationen dieser Instruktionsformen stehen aber noch aus. Renkl (2001) macht darauf aufmerksam, dass Effektivitätsuntersuchungen in diesem Feld noch nicht möglich sind, weil es für die angestrebten Qualitäten des Lernens (z.B. Anwendungswissen) noch keine reliablen und validen Instrumente zur Erfassung des Lernerfolgs gibt.

Besondere Beachtung finden konstruktivistische Ansätze in Modellen des Computerunterstützten Lernens (CUL) oder bei anderen Formen des Einsatzes moderner Technologien (z.B. Web Based Training). Angesichts divergierender Befunde bleibt die Bedeutung dieser Forschungen für das Lehren und Lernen unter schulischen Bedingungen jedoch noch unsicher (vgl. Hattie/Biggs/Purdie 1996).

3.3 Unterrichtsforschung zur Effektivität von Lehrmethoden

Unterrichtsforschung zur Effektivität von Lehrmethoden ist nicht identisch mit der psychologischen Instruktionsforschung. Eine Übertragung der Befunde und Konzepte aus der Instruktionsforschung auf didaktische Fragestellungen ist aus verschiedenen Gründen problematisch. Zum einen entfernen sich die Problemlösungen der Instruktionsforschung sehr weit von den Bedingungen schulischen Lernens. Die vorgeschlagenen Instruktionssysteme sprengen unter schulischen Bedingungen den Kosten-, Zeit- und Personalrahmen. Die interne Validität der Instruktionsforschung, die häufig mit experimentellen Designs arbeitet, ist sehr hoch, aber die externe Validität ihrer Befunde ist wegen der Vernachlässigung von institutionellen und strukturellen Bedingungen des Unterrichtens eher gering. Zum anderen herrschen in beiden Feldern verschiedene Begriffe und Problembeschreibungen vor, so dass auch interessante Befunde und Vorschläge der Instruktionsforschung in der traditionellen Didaktik nur selten rezipiert werden. Die Pädagogische Psychologie versucht seit den 1950er Jahren immer wieder Ideen der Instruktionsforschung in die Didaktik einzubringen (vgl. z.B. Roth 1957; Aebli 1976), aber die Begriffe und Theorien der Didaktik sind häufig nicht bzw. nur bedingt an die LLF anschlussfähig. Zum Beipiel wird der didaktische Begriff „Lehrmethode“ als Gegenstück zum lerntheoretisch fundierten Konzept der „Instruktion“ im deutschsprachigen Raum mit unterschiedlicher Reichweite und unterschiedlichen Intentionen verwendet (vgl. Terhart 1997). Die bekannten und noch heute häufig benutzten Klassifikationen von Heimann (1962) bspw. unterscheiden zwischen 1. Methodenkonzeptionen (z.B. Oberbegriffen wie Projektverfahren, offener Unterricht etc.); 2. Artikulationsschemata (Phasengliederungen); 3. Sozialformen (z.B. Klassenunterricht, Gruppenunterricht oder Einzelarbeit); 4. Aktionsformen des Lehrens (z.B. Arten des Lehrvortrags oder der Lehrimpulse) und 5. Urteilsformen (z.B. Interpunktionen zur Steuerung des Prozesses). Um eine Kategorisierung im empirisch sozialwissenschaftlichen Sinne handelt es sich bei derartigen didaktischen Klassifikationen nicht, weil die Kategorien weder eindeutig noch disjunkt oder gar erschöpfend definiert sind. Das didaktische Methodenkonzept berücksichtigt Lernformen und Lernaktivitäten von Schülern (vgl. z.B. learning functions bei Shuell 1996) zudem nur derivativ, nämlich in Abhängigkeit vom Lehrerverhalten. Auffallend ist weiterhin eine starke Vernachlässigung lernpsychologischen Wissens in vielen didaktischen Konzepten (vgl. Oser/Baeriswyl 2001). Erst in den letzten Jahren haben sich die Allgemeine Didaktik oder die Fachdidaktiken in Deutschland allmählich für die Unterrichts- und die Instruktionsforschung geöffnet. Diverse quantitative oder qualitative empirische Untersuchungen sind durchgeführt worden, aber nur wenige Arbeiten beschäftigen sich explizit mit Fragen der Effektivität von Lehrmethoden (vgl. Einsiedler 2001; Finkbeiner/Schnaitmann 2001).

Das Problem der Integration von „Didaktik“ und Instruktionsforschung kann auch in diesem Beitrag nur pragmatisch gelöst werden. Zwar lassen sich amerikanische Bezeichnungen, wie z.B. „direct instruction“ oder „cooperative learning“ nicht mit deutschsprachigen Methodenkonzepten identifizieren, aber ein Vergleich mit verwandten Konzepten bietet sich an. Im Folgenden werden Unterrichtsmethoden analog zur deutschen Diskussion in zwei Feldern nach der Sozialform gruppiert (vgl. Aschersleben 1999). Auf der einen Seite stehen zentral gelenkte Verfahren, die durch ein hohes Maß an direkter und sichtbarer Lehraktivität gekennzeichnet sind und die in Anlehnung an den Sprachgebrauch der Didaktik als Klassen- oder Frontalunterricht bezeichnet werden können. Auf der anderen Seite stehen Unterrichtsmethoden, die vom Klassenunterricht abweichende Sozialformen vorschlagen; es handelt sich um Methoden der inneren Differenzierung, die die für den Frontalunterricht typische direkte Lenkung durch Formen indirekter Strukturierungen ersetzen und die deshalb ein geringes Maß an sichtbaren Lehraktivitäten aufweisen. Zu beiden Methodenkomplexen liegen Ergebnisse der LLF vor.

3.3.1 Klassen- oder Frontalunterricht

Empirische Varianten der die Unterrichtswirklichkeit dominierenden Methode des Klassen- und Frontalunterrichts (vgl. Hoetger/Ahlbrand 1969; Hage/Bischoff/Dichanz u.a. 1985) sind im Rahmen der Prozess-Produkt-Forschung unter Gesichtspunkten der Effektivität analysiert worden. Das Standarddesign dieser Analysen sah die Erhebung von Daten in 20 bis 30 Klassen vor, umfangreichere Projekte waren eher selten (vgl. Soar/Soar 1973; Stallings/Kaskowitz 1974). Mit Hilfe von Vortestwerten adjustierte Lernerfolgstests (Produkt) wurden klassenweise aggregiert und mit Beobachtungsdaten über den Unterrichtsprozess (Prozess) korreliert. Die dabei entwickelten Beobachtungsinventare sind noch heute von großer Bedeutung für die LLF (vgl. Stallings 1977; Anderson/Ryan/Shaprio 1989; Weinert/Helmke 1997). Ziel der Analysen war die Identifikation von erfolgreichen Lehrstrategien und „Meisterlehrern“. Da Korrelationsstudien jedoch nur Hypothesen und nicht auch allgemeine Gesetzmäßigkeiten guten Unterrichts begründen können sah man sich verschiedentlich gezwungen quasi-experimentelle Trainingsstudien anzuschließen. Bei diesen Studien wurden zufällig ausgewählte Lehrkräfte darauf trainiert, zuvor als erfolgreich identifizierte Lehrstrategien anzuwenden. Im Vergleich mit untrainierten Lehrern sollte sich die Überlegenheit der identifizierten Musterlehrmethoden erweisen. Dieser Ansatz ist auch als Teacher Effectiveness Research bekannt geworden (vgl. Gage/Giaconia 1981). Man kann ihn als eine frühe Form der Experten/Novizen-Forschung begreifen, wobei zu bedenken ist, dass im ersten Fall Lehrerverhalten, im zweiten Lehrerkognitionen (vgl. Bromme 1992) erhoben werden. Zusammenfassende Übersichten zur Forschung über Lehrereffektivität haben Brophy und Good (1986) sowie Gage und Needles (1989) verfasst.

Die meisten Studien aus den Bereichen der Prozess-Produkt- und Lehrereffektivitätsforschung wurden in Elementarschulen durchgeführt. Bei den überprüften Lerneffekten handelte es sich meistens um basale Kenntnisse und Fertigkeiten. Ein Ergebnis der Forschungen war die Identifikation von Mustern effektiven Lehrerverhaltens und so genannter „teaching functions“ (vgl. Rosenshine/Stevens 1986). Beispiele für teaching functions sind Hausaufgabenkontrolle, strukturierte Präsentation, gezielte Korrekturen und gezieltes Feedback. Die komplexe und nicht immer eindeutige Forschungslage wurde in praxisorientierter Auswertung auf eine überschaubare Anzahl von Ratschlägen reduziert: „Beginne eine Stunde mit einer kurzen Wiederholung und einer kurzen Zielangabe. Präsentiere Neues in kleinen Schritten und führe zu jedem Schritt Übungen durch". Interessanterweise deckten sich diese Ratschläge weitgehend mit jener Methode, die Bereiter und Engelmann (1966) zur Förderung lernschwacher Schüler in Vorschulen beschrieben hatten und die unter dem Etikett „Direct Instruction" in den USA zu einer regelrechten pädagogischen Bewegung führten. Inzwischen liegen vielfältige Belege dafür vor, dass die Methode der direkten Instruktion wirksam sein kann (vgl. Weinert 1996). Vor allem das über viele Jahre angelegte „Follow Through Project" (vgl. Stallings/Kaskowitz 1974; Adams/Engelmann 1996), eine der aufwändigsten Vergleichsstudien zwischen unterschiedlichen Lehrmethoden und Lehrsystemen in der Geschichte der LLF, scheint die Bedeutung dieser Methode für das Erlernen elementarer Fertigkeiten zu bestätigen. In dieser Evaluationsstudie sind allerdings Schul- und Unterrichtskonzepte miteinander verwoben, so dass im Grunde kein eindeutiger und generalisierbarer Nachweis für die Wirkung einer bestimmten Unterrichtsmethode unabhängig vom Schulkontext möglich ist.

Unter dem Eindruck der kognitiven Wende in der Lernpsychologie hat die Unterrichtsforschung in den 1980er und 1990er Jahren den Wert selbstgesteuerter, problemorientierter Lernprozesse für die Entwicklung komplexer kognitiver Fertigkeiten entdeckt (vgl. Brophy 1989; Anderson/Roth 1989). Eine kurze Zusammenfassung bisheriger Forschungsbemühungen liefern Pressley und Woloshyn (1995). Bislang fehlen jedoch noch geeignete Beobachtungsinstrumente und erprobte Verfahren zur Erfassung der Effekte, die die hohen Erwartungen an die Forschung in diesem Bereich einlösen könnten.

Im deutschsprachigen Raum liegen keine Studien vor, die sich explizit mit der Wirkung von Unterrichtsmethoden im Klassenunterricht beschäftigen, aber die Heidelberger Schulleistungsstudie (vgl. Treiber/Weinert 1985), die Münchner Hauptschulstudie (vgl. Helmke 1988), die Berliner Gymnasialstudie (vgl. Baumert/Roeder/Sang/Schmitz 1986) und die Münchner Scholastik- oder Grundschulstudie (vgl. Weinert/Helmke 1997) sind im Design der Prozess-Produkt-Forschung angelegt und erlauben einige Vergleiche. Die genannten Untersuchungen setzen Leistungstests aus verschiedenen Fächern ein, daneben aber auch Tests zur Erfassung von Persönlichkeitsmerkmalen, diverse Fragebögen und Inventare zur Unterrichtsbeobachtung. Im Rahmen dieser Studien, die eine Fülle relevanter pädagogisch-psychologischer Befunde (z.B. zur Kompetenzentwicklung in verschiedenen Leistungsbereichen, zum Selbstkonzept oder zu unterschiedlichen Aspekten der Motivation) ermöglichen, konnten keine stabilen Muster der Unterrichtsqualität nachgewiesen werden, die den Lernerfolg vorhersagen und erklären. In der Münchner Scholastikstudie von Weinert und Helmke (1997) wurden z.B. sechs Qualitätsmerkmale (Klassenführung, Strukturiertheit, aktive fachliche Unterstützung, Variabilität der Unterrichtsformen, Klarheit der Lehreräußerungen, Motivierungsqualität) bei besonders erfolgreichen Klassen analysiert, aber nur der Faktor Klarheit war regelmäßig stark ausgeprägt. Einsiedler (2001) sieht die Ursache für die Erfolglosigkeit der Suche nach typischen Mustern effektiven Unterrichts in der einseitigen Auswahl der beobachteten Qualitätsmerkmale, da Merkmale von offenem Unterricht, von selbstgesteuertem Lernen oder von Gruppenunterricht, die im Unterricht der Grundschule durchaus anzutreffen sind, in den aus der amerikanischen Forschung adaptierten Beobachtungsinventaren fehlten.

3.3.2 Die Forschung zu differenzierendem und offenem Unterricht

Die Forschung zu differenzierendem und offenem Unterricht beschäftigt sich mit einem wenig homogenen Gegenstand. In der Schulpädagogik werden Modelle der „inneren Differenzierung" des Unterrichts vorgeschlagen, die sich im Hinblick auf Zwecke, Kriterien und Strategien z.T. erheblich unterscheiden (vgl. Herber 1983). Man kann innere Differenzierung im Unterricht mit dem Zweck betreiben Lernvoraussetzungen zwischen den Schülern auszugleichen (Kompensation) oder auch im Unterschied dazu um individuelle Stärken besser zur Geltung zu bringen (Profilbildung). Differenzierung kann als ein lehrergesteuerter oder als ein vom Lerner selbstgesteuerter Prozess verstanden werden, in dem die Schüler Lehrangebote im Idealfall nach eigenen Wünschen und nach selbstgewähltem Tempo nutzen. Lehrergesteuerte Differenzierungsformen basieren auf der Entscheidung für individuell oder gruppenweise angepasste Unterrichtsformen, die nach möglichst leicht diagnostizierbaren Schülermerkmalen (Kriterien) ausgewählt werden sollen. Vor allem im Grundschulbereich werden inzwischen viele Formen der inneren Differenzierung (z.B. Wochenplanunterricht, Gruppenunterricht, Freiarbeit, Lernzirkel, Individualisierung) unter den Begriff des offenen Unterrichts subsumiert.

Einzelne empirische Untersuchungen und Forschungsberichte (vgl. zusammenfassend Rauin 1987) dämpften in diesem Feld aber schon früh zu optimistische Erwartungen. Orientiert an einer politisch-pädagogischen Grenzlinie untersuchte Bennett (1976) progressive und traditionelle Lehrstile und ihre Unterrichtseffekte. Bahnbrechend an der Arbeit von Bennett war der Versuch, die praktizierten Lehrstile und Lehrmethoden in Grundschulen Nordenglands durch eine Kombination unterschiedlicher Beobachtungs- und Befragungsmethoden in einer breit angelegten Feldstudie quantitativ und qualitativ zu beschreiben. Erst auf der Grundlage der so gewonnenen Daten wurde eine umfangreiche Typologie der Unterrichtsstile entwickelt und im Rahmen einer Folgestudie (Prozess-Produkt-Design) anhand einer Stichprobe zufällig ausgewählter Klassen auf ihre möglichen Wirkungen (kognitive Lerneffekte, Persönlichkeitsdimensionen, Verhalten) untersucht. Die Studie belegte einen starken Zusammenhang zwischen pädagogischen Überzeugungen und Zielen der Lehrkräfte und ihrem methodischen Vorgehen und gab damit Anlass den Lehrerkognitionen im Feld der Unterrichtsforschung ein größeres Gewicht zu geben. Sie zeigte außerdem, dass die Mehrheit der untersuchten Grundschullehrer keine stringente Orientierung an traditionellen oder offenen Unterrichtsformen besaß, sondern eine Mischung unterschiedlicher Verfahren praktizierte. Besonders heftig diskutiert wurde der Befund, dass Lehrkräfte, die den formalen oder frontalen Unterrichtsstil bevorzugten, deutlich bessere Lerneffekte erreichten als solche, die informelle oder offene bzw. Mischstile praktizierten.

Betrachtet man dokumentierte Modellvorhaben und empirisch begleitete Unterrichtsversuche, dann lassen sich einige häufig anzutreffende Bestandteile offenen Unterrichts angeben (vgl. Giaconia/Hedges 1982; Peterßen 1982). Kennzeichnend sind eine besondere Akzentuierung der aktiven Rolle des Schülers im Lernprozess, eine nicht an Gruppennormen orientierte diagnostische Bewertung der Schüler, handlungsorientierte Materialien zur Förderung der Selbsttätigkeit, seltener die Auflösung der starren Jahrgangsklasse, offene Lernflächen anstelle von Klassen- und Fachräumen oder Team Teaching. Giaconia und Hedges (1982) lieferten ein differenziertes Bild der Forschungslage, indem sie für eine Reihe von Produktvariablen Effektmaße berechneten und Unterrichtsvarianten mit überdurchschnittlicher bzw. negativer Wirkung identifizieren. Fasst man die Ergebnisse dieses Forschungsberichts zusammen, dann zeigt sich eine mäßige Überlegenheit des offenen Unterrichts in den nicht leistungsbezogenen Kriterien (soziale Anpassung, Einstellung gegenüber Schule und Lehrern, Kooperativität, Kreativität und Selbständigkeit). In Bezug auf fachliches Lernen zeigen sich schwache Vorteile, für die Leistungsmotivation etwas deutlichere Vorteile zugunsten des herkömmlichen Lernens. Betrachtet man diejenigen Studien, die im nicht leistungsbezogenen Bereich (Selbstkonzept, Kreativität und Einstellung zur Schule) besonders positive Werte aufweisen, dann wird eine sehr große Modelltreue gegenüber den oben aufgeführten Bestandteilen offenen Unterrichts sichtbar. Gegenteilig verhält es sich mit den Studien, die besonders hohe Werte im fachlichen Lernen (Lesen, Mathematik und Sprachen) erzielen. Sie weichen stärker vom Ideal des offenen Unterrichts ab. Beleuchtet man die Bedeutung einzelner Merkmale des „offenen Lernens" vor diesem Hintergrund, dann zeigen sich für das Zustandekommen der nichtfachlichen Ergebnisse und hier besonders für die Entwicklung des Selbstkonzepts wiederum deutliche Unterschiede. Folgende vier Faktoren sind hier entscheidend: die aktive Rolle des Schülers im Lernprozess, die diagnostische Bewertung, handlungsorientiertes Material und Individualisierung.

Die Suche nach einem Programm des offenen Unterrichts, das alle positiven Eigenschaften der Förderung von affektiven und fachleistungsbezogenen Lernergebnissen miteinander verbindet, führte bisher zu keinem befriedigenden Ergebnis. Im Gegenteil, die Ergebnisse der vorliegenden Meta-Analyse sprechen dafür, dass eine hohe Effektivität des Unterrichts im Hinblick auf die nichtfachlichen Ziele die optimale Förderung von fachlichen Lernergebnissen unwahrscheinlicher werden lässt und umgekehrt (vgl. Giaconia/Hedges 1982).

Übersichtsartikel und Meta-Analysen zur Frage kooperativen versus wettbewerbsorientierten Lernens in Gruppen (vgl. Johnson/Johnson/Maruyama 1983; Johnson/Johnson/Stanne/Garibaldi 1990; Antil/Jenkins/Wayne/Vadasy 1998) kommen zu ähnlichen Ergebnissen. Der dort dokumentierte Forschungsstand spricht für Vorteile kooperativer Arbeitsformen im Hinblick auf unterschiedliche Lernfelder und Altersgruppen gegenüber individuellen Wettbewerbssituationen. Dies gilt vor allem für kurzfristige Arbeitsvorhaben, die ein gemeinsames Produkt der Gruppe erfordern, wenn die Schüler in einer gut organisierten Lernumgebung von äußeren Störungen abgeschirmt arbeiten können. Offenbar hängt das Gelingen von Gruppenunterricht aber nicht nur von der Organisationsfähigkeit der Lehrer ab, sondern wird durch mindestens zwei weitere Faktoren bestimmt: durch die Notwendigkeit, nicht zu viel Zeit für einzelne Gruppen opfern zu müssen, d.h. durch die vorab erworbene Selbstständigkeit der Schüler und durch die in der Klasse insgesamt vorhandene Heterogenität (vgl. Sörensen/Hallinan 1986). Eine Methode, die möglichst viele verschiedene Ziele – Selbstständigkeit, Sozialverhalten, Leistungssteigerung und Ausgleich von Leistungsunterschieden – gleichzeitig optimal erreicht, können die kooperativen Arbeitsformen und Verfahren von daher nicht bieten.

Die Problematik der Vereinbarkeit bzw. Unvereinbarkeit verschiedener Zielsetzungen wurde auch in der deutschen Forschung stark beachtet (vgl. Treiber 1980; Treiber/Weinert 1985; Baumert/Roeder/Sang/Schmitz 1986; Helmke 1988; Schrader/Helmke/Dotzler 1997), jedoch existiert bisher keine Studie, die diese Frage in Bezug auf offenen Unterricht oder andere reformpädagogisch inspirierte Methoden überprüft. Die deutsche Forschung zum differenzierenden und offenen Unterricht ist weitgehend auf die Grundschule beschränkt (vgl. zusammenfassend Einsiedler 2001). Im Vordergrund stehen hier häufig fachdidaktische Fragen (vgl. Poerschke 1999; Einsiedler u.a. 2000; Hanke/Brockmann/Schwippert 2000) oder Fragen zum Arbeitsverhalten (vgl. Dumke 1991; Laus/Schöll 1995; Lipowsky 1999). Ein Vergleich der Befunde dieser Studien untereinander und mit der internationalen Forschung wird durch die geringe Standardisierung der Designs, der Instrumente und der Lerngegenstände erschwert. Insgesamt kommen die deutschen Untersuchungen aber im Hinblick auf die Erreichbarkeit kognitiver Ziele und die Realisierbarkeit der überfachlichen Ziele zu einer optimistischen Einschätzung.

4 Neue Wege der LLF

Neue Wege der LLF werden auch die Methodenforschung verändern. Bis heute verfügt die LLF nicht über eine ausreichende deskriptive Basis zur Beschreibung und Erfassung oder über ein breit akzeptiertes theoretisches Modell zur Bestimmung der Wirkungen von Methoden und Elementen des Unterrichts. Weder für den Klassenunterricht noch für differenzierende oder offene Unterrichtsformen konnten universelle Merkmale oder stabile Muster der Unterrichtsqualität beschrieben werden, die überlegene Lernleistungen und überfachliche Leistungen ermöglichen. Einige Forscher haben daraus die Konsequenz gezogen, die Suche nach der Effektivität von Lehrmethoden insgesamt in Frage zu stellen. Andere schlagen vor Designs und Erhebungsverfahren zu verbessern oder die verfügbaren Modelle um bislang nicht berücksichtigte Faktoren zu ergänzen. Im Unterschied zu der Vorstellung, effektives Lehrerverhalten ließe sich anhand von auf Unterricht bezogenen Beobachtungsdaten rekonstruieren, will das Lehrer-Experten-Paradigma (vgl. Bromme 1997) durch Selbstauskünfte von Akteuren erfolgsrelevantes Wissen und Merkmale erfolgreichen Lehrerhandelns bestimmen. Orientiert am Experten-Novizen-Ansatz der kognitiven Psychologie werden vermeintlich erfolgreiche Lehrer mit Berufsanfängern verglichen. Trotz vieler interessanter Befunde kann diese Forschung, weil sie auf die Person des Lehrers beschränkt bleibt und realen Unterricht nicht mit in den Blick nimmt, aber nur wenig zum Problem der Lehreffekte beitragen.

Im letzten Jahrzehnt wurde immer deutlicher, dass Lern- und Denkprozesse nicht in einem kognitiven Vakuum stattfinden, sondern durch vielfältige emotionale, motivationale und soziale Faktoren beeinflusst werden (vgl. Levine/Resnick/Higgins 1993). Die zu enge Sicht der älteren LLF rührt daher, dass nicht alle Aktivitäten und Wechselwirkungen zwischen den Akteuren im Unterricht, sondern allein das nach Instruktionsmodellen geplante Lehrerverhalten als ursächlich für ein erwartetes Lernergebnis betrachtet wurden. Einige Forscher schlagen vor die Sicht von Schülern und Lehrern als Datenquellen für die Beurteilung von Unterrichtsqualität neu zu bewerten (vgl. Claussen 2002). Lange Zeit wurde auch nicht beachtet, dass das antizipierte und das reale Schülerverhalten die Planung und die Realisierung des methodischen Handelns einer Lehrperson mitbestimmen. Schon deshalb ist die Annahme des Prozess-Produkt Paradigmas zu einfach, ein korrelativer Zusammenhang zwischen Lehraktivitäten und kognitiven oder nichtkognitiven Lernergebnissen ließe sich kausal interpretieren. Shuell (1996) kommt zu dem Schluss: „In a very real sense, the manner in which the learner perceives, interprets, and processes information in the instructional situation (including the content being learned and the social context in which the instruction occurs) is more important than the actions of the teacher in determining what the student will learn“ (ebd., S. 734). Dies bedeutet aber keineswegs, dass das methodische Lehrerhandeln ohne Belang wäre. Vielmehr muss nun mit Wechselwirkungen zwischen Schülermerkmalen, den Lern- und Unterrichtserfahrungen einer Schulklasse und dem methodischen Lehrhandeln gerechnet werden. Genau das ist aber ein Thema der traditionellen europäischen Didaktik. Dort wurde schon in den 1920er Jahren erkannt, dass auch Schüler Unterrichtsmethoden erlernen müssen (vgl. Gaudig 1930) und dass die in langwierigen Prozessen erworbene methodische Kompetenz von Schülern direktes Lehrerhandeln ersetzen kann. Das gilt unabhängig von der Lehrmethode, aber die Lehrmethode bietet dem Lehrenden unterschiedliche direkte und indirekte Interventionsmöglichkeiten. Das direkte Lehrerhandeln strukturiert die Aktivitäten im Klassenzimmer unmittelbar und sichtbar für alle Beteiligten. Indirekte Interventionen und Effekte sind für den Unterrichtsforscher nicht so leicht beobachtbar und wurden deshalb wohl auch lange Zeit vernachlässigt (vgl. Shuell 1996). Wenn in einer

Klasse bestimmte Regeln des Umgangs miteinander oder „Rituale“ etabliert worden sind, wenn bestimmte Kooperations- und Arbeitsformen oder Problemlösungs- und Präsentationstechniken verfügbar sind, dann lässt sich dies als indirekter Effekt langfristig angelegter Lehrinterventionen verstehen. Lange Zeit wurde die Bedeutung dieser indirekten Lehrerinterventionen übersehen oder unterschätzt, aber inzwischen rücken sie ins Interesse der Forschung (vgl. Doyle 1983, 1986; Weinstein 1991).

Literatur

Adams, R.S.: Observational Studies of Teacher Role. In: Flanders, N./Nuthall, G. (Eds.): The Classroom Behavior of Teachers. Internationale Zeitschrift für Erziehungswissenschaft, Bd. XVIII (1972), Vol. 4, pp. 440-459

Adams, G.L./Engelmann, S.: Research on Direct Instruction: 25 years beyond distar. Seattle 1996

Aebli, H.: Grundformen des Lehrens. Stuttgart 1976

Anderson, C.W./Roth, K.J.: Teaching for meaningful and self-regulated learning in science. In: Brophy, J. (Ed.). Advances in Research on Teaching. Bd. 1, Greenwich1989, pp. 265-306

Anderson, L.W./Ryan, D./Shaprio, B.J.: The IEA Classroom Environment Study. Oxford 1989

Antil, L./Jenkins, J./Wayne, S./Vadasy, P.: Cooperative learning: Prevalence, conceptualizations, and the relation between research and practice. In: American Educational Research Journal 35 (1998), pp. 419-454

Arlin, M./Webster, J.: Time costs of mastery learning. In: Journal of Educational Psychology 75 (1983), pp. 187-195

Aschersleben, K.: Frontalunterricht, klassisch und modern. Neuwied 1999

Aspy, D./Roebuck, R.: An investigation of the relationship between student levels of cognitive functioning and the teacher's classroom behavior. In: Journal of Educational Research 65 (1973), pp. 365-368

Bak, Y.-I.: Das Frage-Antwort-Sequenzmuster in Unterrichtsgesprächen (Deutsch-Koreanisch). Tübingen 1996

Baumert, J./Roeder, P.M./Sang, F./Schmitz B.: Leistungsentwicklung und Ausgleich von Leistungsunterschieden in Gymnasialklassen. In: Zeitschrift für Pädagogik 32 (1986), S. 639-660

Bauersfeld, H.: Kommunikationsverläufe im Mathematikunterricht. Diskutiert am Beispiel des Trichtermusters. In: Ehlich, K./Rehbein, J. (Hrsg.): Kommunikation in Schule und Hochschule. Tübingen 1983, S. 21-28

Bellack, A.A.: Methods for Observing Classroom Behaviour of Teachers and Students. In: Ingenkamp, K. (Ed.): Methods for the evaluation of comprehensive schools. Weinheim 1969, pp. 187-217

Bellack, A./Kliebard, H.M./Hyman, R.T./Smith, F.L.: The language of the classroom. New York 1966

Bennett, S.N.: Teaching, styles and pupil progress. London 1976

Bereiter, C./Engelmann, S.: Teaching disadvantaged children in the preschool. 1966

Bloom, B.: Twenty-five Years of Educational Research. In: American Educational Research Journal 3 (1966), pp. 211-221

Bloom, B.: Human characteristics and school learning. New York 1976

Bloom, B.: The 2 sigma problem: The search for methods of instruction as effective as one-to-one tutoring. In: Educational Researcher 13 (1984), pp. 4-16

Bortz, J./Döring, N.: Forschungsmethoden und Evaluation. Berlin/Heidelberg/New York 2002

Bromme, R.: Der Lehrer als Experte. Zur Psychologie des professionellen Wissens. Bern 1992

Bromme, R.: Kompetenzen, Funktionen und unterrichtliches Handeln des Lehrers. In: Weinert, F.E. (Hrsg.): Psychologie des Unterrichts und der Schule. Enzyklopädie der Psychologie. Pädagogische Psychologie. Bd. 3, Göttingen 1997, S. 177-212

Bromme, R./Seeger, F./Steinbring, H.: Aufgaben als Anforderungen an Lehrer und Schüler. Köln 1990

Brophy , J. (Ed.). Advances in Research on Teaching. Bd. 1, Greenwich 1989

Brophy, J.E./Good, T.L.: Teacher Behavior and Student Achievement. In: Wittrock, M.C. (Ed.): Handbook of Research on Teaching. New York l986, pp. 328-376

Burbules, N.C.: Dialogue in teaching: Theory and practice. New York 1993

Burbules, N.C./Bruce, B.C.: Theory and Research on Teaching as a Dialogue. In: Richardson, V. (Ed.): Handbook of Research on Teaching. Washington D.C. 2001, pp. 1102-1121

Carroll, J.B.: A model of school learning. In: Teachers College Record 64 (1963), pp. 723-733

Carroll, J.B.: The Carroll model: A 25-year retrospective and prospective view. In: Educational Researcher 18 (1989), pp. 26-31

Cazden, C.B.: Classroom Discourse. In: Wittrock, M.C. (Ed.): Handbook of Research on Teaching. London 1986, pp. 432-463

Clark, C.M./Peterson, P.L.: Teachers' Thought Processes. In: Wittrock, M.C. (Ed.): Handbook of Research on Teaching. New York 1986, pp. 255-296

Claussen, M. : Unterrichtsqualität – eine Frage der Perspektive. Münster 2002

Cognition And Technology Group At Vanderbilt: Anchored Instruction and Situated Cognition Revisited. In: Educational Technology. March 1993, pp. 52-70

Coleman, J.S./Campbell, E.Q./Hobson, C.J./Mcpartland, J./Mood, A.M./Weinfeld, E.D./York, R.I.: Equality of educational opportunity. Washington 1966

Collins, A./Brown, J.S./Newman, S.E.: Cognitive Apprenticeship: Teaching the crafts of reading, writing, and mathematics. In: Resnick, L.B. (Ed.): Knowing, learning and instruction. Hillsdale 1989, pp. 453-494

Combe, A./Helsper, W.: Pädagogische Professionalität. Untersuchungen zum Typus pädagogischen Handelns. Frankfurt a.M. 1996

Cooper, H.M.: Models of teacher expectation communication. In: Dusek, J.B. (Ed.): Teacher Expectancies. Hillsdale 1985, pp. 135-158

Corno, L./Snow, R.E.: Adapting Teaching to Individual Differences Among Learners. In: Wittrock, M.C. (Ed.): Handbook of Research on Teaching. New York 1986, pp. 605-629

Coulthard, M./Montgomery, M. (Eds.): Studies in Discourse Analysis. London 1981

Denzin, N.K.: The Methodologies of Symbolic Interaction. In: Stone, G.P./Faberman, H.A. (Eds.): Social Psychology through Symbolic Interaction. Waltham 1970, pp. 447-465

Depaepe, M.: Zum Wohl des Kindes? Pädologie, pädagogische Psychologie und experimentelle Pädagogik in Europa und den USA 1890-1940. Weinheim 1993

Dillon, J.T.: The effect of questions in education and other enterprises. In: Journal of Curriculum Studies 14 (1982), pp. 127-152

Ditton, H.: Mehrebenenanalyse. Grundlagen und Anwendungen des Hierarchisch Linearen Modells. Weinheim 1998

Dobrick, M./Hofer, M.: Aktion und Reaktion. Die Beachtung des Schülers im Handeln des Lehrers. Göttingen 1991

Donmoyer, R.: Paradigm Talk Reconsidered. In: Richardson, V. (Ed.): Handbook of Research on Teaching. Washington D.C. 2001

Donovan, M.S./Pellegrino, J.W./Bransford, J.D. (Eds.): How People Learn: Bridging Research and Practice. New York 1999

Doyle, W.: Academic work. In: Review of Educational Research 53 (1983), pp. 159-199

Doyle, W.: Classroom organization and management. In: Wittrock, M.C. (Hrsg.): Handbook of Research on Teaching. New York 1986, pp. 392- 431

Dumke, D. (Hrsg.): Integrativer Unterricht. Weinheim 1991

Dunkin, M.J./Biddle, B.J.: The study of teaching. New York 1974

Eder, F.: Das Befinden von Kindern und Jugendlichen in der Schule. Innsbruck 1995

Edwards, D./Mercer, M.N.: Common knowledge: The development of understanding in the classroom. London 1987

Ehlich, K.: Sprechhandlungsanalyse. In: Haft, H./Kordes, H.: Enzyklopädie Erziehungswissenschaft. Bd. 2: Methoden der Erziehungs- und Bildungsforschung. Stuttgart/Dresden 1984, S. 526-538

Ehlich, K./Rehbein, J.: Muster und Institution. Untersuchungen zur schulischen Kommunikation. Tübingen 1986

Einsiedler, W.: Lehrstrategien und Lernerfolg. Eine Untersuchung zur lehrziel- und schülerorientierten Unterrichtsforschung. Weinheim 1976

Einsiedler, W.: Ergebnisse und Probleme der Unterrichtsforschung im Primarbereich. Universität Erlangen-Nürnberg: Berichte und Arbeiten aus dem Institut für Grundschulforschung (2001), H. 57

Einsiedler, W./Frank, A./Kirschhock, E.M./Martschinke, S./Treinies. G.: Der Einfluss verschiedener Unterrichtsmethoden auf die phonologische Bewusstheit sowie auf Lese- und Rechtschreibleistungen im ersten Schuljahr. Ergebnisse und Probleme der Unterrichtsforschung im Primarbereich. Universität Erlangen – Nürnberg: Berichte und Arbeiten aus dem Institut für Grundschulforschung (2000), H. 94

Eisenhart, M.: Changing Conceptions of Culture and Ethnographic Methodology: Recent Thematic Shifts and Their Implications for Research on Teaching. In: Richardson, V. (Ed.): Handbook of Research on Teaching. Washington D.C. 2001, pp. 209-225

Erickson, F.: Qualitative Methods in Research on Teaching. In: Wittrock, M.C. (Ed.): Handbook of Research on Teaching. New York 1986, pp. 119-161

Faust-Siehl, G.: Themenkonstitution als Problem von Didaktik und Unterrichtsforschung. Weinheim 1987

Finkbeiner, C./Schnaitmann, G.W.: Lehren und Lernen im Kontext empirischer Forschung und Fachdidaktik. Donauwörth 2001

Flanders, N.A.: Analyzing Teaching Behavior. Reading. Mass 1970

Floden, R.E.: Research on Effects of Teaching: A Continuing Model for Research on Teaching. In: Richardson, V. (Ed.): Handbook of Research on Teaching. Washington D.C. 2001, pp. 3-16

Frazer, B.J./Walberg, H.J./Welch, W.W./Hattie, J.A.: Syntheses of Educational Productivity Research. In: International Journal of Educational Research 11 (1987), pp. 145-252

French, P./Maclure, M.: Teachers' questions, pupils' answers: An investigation of questions and answers in the infant classroom. In: First Language 2 (1981), pp. 31-45

Frey, K./Hameyer, U./Haft, H. (Hrsg.): Handbuch der Curriculum-Forschung. München 1975

Frischeisen-Köhler, M.: Grenzen der experimentellen Methode. In: Pädagogische Blätter XLVII (1918), S. 4-17

Furlong, V./Edwards, A.D.: Language in Classroom Interaction: Theory and Data. In: Educational Research 19 (1977), S. 122-128

Gage, N.L. (Ed.): Handbook of Research on Teaching. Chicago 1963a

Gage, N.L.: Paradigms for Research on Teaching. In: Gage, N.L. (Ed.): Handbook of research on teaching. Chicago 1963b, pp. 94-141

Gage, N.L.: The paradigm wars and their aftermath: A „historical" sketch of Research on Teaching since 1989. In: Teachers College Record 91 (1989), pp. 135-150

Gage, N.L./Giaconia, R.: Teaching practices and student achievement: Causual connections. New York University. In: Education Quarterly 12 (1981), pp. 2-9

Gage, N.L./Needles, M.C.: Process-Product Research on Teaching: A Review of Criticisms. In: Elementary School Journal (1989), pp. 253-300

Gallagher, J. J./Aschner, M. J.: A Preliminary Report on Analysis of Classroom Interaction. In: Merrill-Palmer-Quarterly of Behavior and Development 9 (1963), pp. 183-194

Gardner, H.: Der ungeschulte Kopf: wie Kinder denken. Stuttgart 1993

Garrison, J./Leach, M.: Dewey After Derrida. In: Richardson, V. (Ed.): Handbook of Research on Teaching. Washington D.C. 2001, pp. 99-126

Gaudig, H.: Die Schule im Dienste der werdenden Persönlichkeit. Leipzig 1930

Giaconia, R.M./Hedges, L.V.: Identifying Features of Effective Open Education. In: Review of Educational Research 52 (1982), pp. 579-602

Good, T.L./Brophy, J.E.: Teacher-Child Dycadic Interactions: A new Method of Classroom Observations. In: Journal of School Psychology 8 (1970), pp. 131-138

Good, T.L./Brophy, J.E.: Looking in Classrooms. New York 2000

Green, J.: Research on Teaching as a Linguistic Process: A state of the art. In: Gordon, E. W. (Ed.): Review of research in education. Bd. 10, Washington 1983, pp. 151-252

Groeben, N.: Handeln, Tun, Verhalten als Einheiten einer verstehend-erklärenden Psychologie. Tübingen 1986

Groeben, N./Wahl, D./Schlee, J./Scheele, B.: Das Forschungsprogramm Subjektive Theorien. Eine Einführung in die Psychologie des reflexiven Subjekts. Tübingen 1988

Gruber, H./Mandl, H./Renkl, A.: Was lernen wir in Schule und Hochschule: Träges Wissen? In: Mandl, H./Gerstenmaier, J.K. (Hrsg.): Die Kluft zwischen Wissen und Handeln: Empirische und theoretische Lösungsansätze. Göttingen 2000, S. 139- 156

Hage, K./Bischoff, H./Dichanz, H./Eubel, K.-D./Oehlschläger, H.-J./Schwittmann, D.: Das Methoden-Repertoire von Lehrern. Eine Untersuchung zum Schulalltag der Sekundarstufe I. Opladen 1985

Hamilton, D./Mcwilliam, E.: Ex-Centric Voices that Frame Research on Teaching. In: Richardson, V. (Ed.): Handbook of Research on Teaching. Washington D.C. 2001, pp. 17-43

Hammersley, M.: School learning: the cultural resources required by pupils to answer a teacher's question. In: Woods, P./Hammersley, M. (Eds.): School Experience: Explorations in the sociology of education. New York 1977, pp. 57-86

Hanke, P./Brockmann, J./Schwippert, K.: Bericht Nr. 6 zum DFG-Projekt „Schrift-Spracherwerb". Universität Münster: Institut für Schulpädagogik und Allgemeine Didaktik 2000

Hattie, J./Biggs, J./Purdie, N.: Effects of Learning Skills Interventions on Students Learning: A Meta-Analysis. In: Review of Educational Research 66 (1996), pp. 99-136

Heimann, P.: Didaktik als Theorie und Lehre. In: Die Deutsche Schule, 54 (1962), S. 407-427

Heinze, T.: Unterricht als soziale Situation. München 1976

Helmke, A.: Leistungssteigerung und Ausgleich von Leistungsunterschieden in Schulklassen: unvereinbare Ziele? In: Zeitschrift für Entwicklungspsychologie und Pädagogische Psychologie 20 (1988), S. 45-76

Helmke, A./Weinert, F.E.: Bedingungsfaktoren schulischer Leistungen. In: Weinert, F.E. (Hrsg.): Psychologie des Unterrichts und der Schule. Enzyklopädie der Psychologie. Bd. 3: Pädagogische Psychologie. Göttingen 1997, S. 71-176

Herber, H.J.: Innere Differenzierung im Unterricht. Stuttgart 1983

Hoetker, J./Ahlbrand, W.: The Persistence of the Recitation. In: American Educational Research Journal 6 (1969), pp. 145-167

Hofer, M.: Schülergruppierungen im Urteil und Verhalten des Lehrers. In: Hofer, M. (Hrsg.): Informationsverarbeitung und Entscheidungsverhalten von Lehrern. Beiträge zu einer Handlungstheorie des Unterrichtens. München 1981, S. 192-221

Hofer, M.: Sozialpsychologie erzieherischen Handelns. Wie das Denken und Verhalten von Lehrern organisiert ist. Göttingen 1986

Hofer, M.: Lehrer-Schüler-Interaktion. In: Weinert, F.E. (Hrsg.): Psychologie des Unterrichts und der Schule. Enzyklopädie der Psychologie. Bd. 3: Pädagogische Psychologie. Göttingen 1997, S. 213-252

Jencks, C./Smith, M./Acland, H./Bane, M.J./Cohen, D./Gintis, H./Heyns, B./Michelson, S.: Inequality: A reassessment of the effect of family and schooling in America. New York 1972

Johnson, D.W./Johnson, R./Maruyama, G.: Interdependence and interpersonal attraction among heterogeneous and homogeneous individuals: A theoretical formation and a meta-analysis of the research. In: Review of Educational Research 53 (1983), pp. 5-54

Johnson, D.W./Johnson, R./Stanne, M.B./Garibaldi, A.: Impact of group processing on achievement in cooperative groups, In: Journal of Social Psychology, 130 (1990), 507-516

Joyce, B.: Toward a Theory of Information Processing in Teaching. In: Joyce, B. (Ed.): How Teachers think in the classroom. From Thought to Action. Themenheft der Zeitschrift Educational Research Quarterly 3 (1979), pp. 66-77

Jussim, L./Eccles, J.S.: Teacher expectations II. Construction and reflection of student achievement. In: Journal of Personality and Social Psychology 63 (1992), pp. 947-961

Kanders, M./Rösner, E./Rolff, H.-G.: Das Bild der Schule aus der Sicht von Schülern und Lehrern. In: Rolff. H.-G. u.a. (Hrsg.): Jahrbuch der Schulentwicklung. Bd. 9. Weinheim 1996, S. 57-113

Klieme, E.: Methoden-integrierende Untersuchungen zur Unterrichtsqualität in der TIMSS-Studie. Vortrag bei der AEPF. Nürnberg, 29.09.1999

Krummheuer, G.: Lernen mit ‚Format'. Elemente einer interaktionistischen Lerntheorie. Diskutiert an Beispielen mathematischen Unterrichts. Weinheim 1992

Laus, M. /Schöll, G.: Aufmerksamkeitsverhalten von Schülern in offenen und geschlossenen Unterrichtskontexten. Berichte und Arbeiten aus dem IfG Nr. 78, Nürnberg 1995

Levine, J.M./Resnick, L.B./Higgins, E.T.: Social foundations of cognition. In: Annual Review of Psychology 44 (1993), pp. 585-612

Lewin, K./Lippitt, R./White, R.K.: Patterns of aggressive behavior in experimentally created social climates. In: Journal of Social Psychology 10 (1939), S. 271-299

Lipowsky, F.: Offene Lernsituationen im Grundschulunterricht. Frankfurt a.M. 1999

Lörscher, W.: Linguistische Beschreibung und Analyse von Fremdsprachenunterricht als Diskurs. Tübingen 1983

Lüders, M.: Unterricht als Sprachspiel. Eine systematische und empirische Studie zum Unterrichtsbegriff und zur Unterrichtssprache. Bad Heilbrunn/Obb. 2003

Lüders, M.: Was hat es mit dem Konzept der Einwirkung auf sich? Oder: Was ist und wie wirkt pädagogisches Handeln? Eine Replik auf einen Beitrag von P.H. Ludwig zum Thema: Einwirkung als unverzichtbares Konzept jeglichen erzieherischen Handelns. In: Zeitschrift für Pädagogik 47 (2001), S. 943-949

Ludwig, P.: Pygmalion im Notenbuch. In: Pädagogische Welt 49 (1995), S. 114-119

Ludwig, P.: Ermutigung. Optimierung von Lernprozessen durch Zuversichtssteigerung. Opladen 1999

Lundgreen, U.P.: Frame Factors and the Teaching Process. A Contribution to Curriculum Theory and Theory on Teaching. Stockholm 1972

McHoul, A.W.: The organization of repair in classroom talk. In: Language in Society 19 (1990), pp. 349-377

Mehan, H.: Learning Lessons. Cambridge/Mass. 1979

Merkens, H./Seiler, H.: Interaktionsanalyse. Stuttgart 1978

Monroe, W.S.: General methods: Classroom Experimentation. In: Thirty Seventh Yearbook of the NSSE, T. II. Bloomington 1938, S. 319-327

Nash, R.: Lehrererwartung und Schülerleistung. Ravensburg 1978

Nickel, H.: Die Lehrer-Schüler-Beziehung aus der Sicht neuerer Forschungsergebnisse. Ein transaktionales Modell. In: Psychologie in Erziehung und Unterricht 23 (1976), S. 153-172

Nuthall, G.A./Lawrence, P.J.: Thinking in the classroom. Wellington 1965

Oevermann, U./Allert, T./Konau, E./Krambeck, J.: Die Methodologie einer ‚objektiven Hermeneutik' und ihre allgemeine forschungslogische Bedeutung in den Sozialwissenschaften. In: Soeffner, H.-G. (Hrsg.): Interpretative Verfahren in den Text- und Sozialwissenschaften. Stuttgart 1979, S. 352-433

Oliver, D.W./Shaver, J.P.: The development of a multidimensional system for the analysis of pupil-teacher interaction. Paper presented to the American Educational Research Association Convention. Chicago 1963

Ornstein, A.C.: Teacher Effectiveness Research: Theoretical Considerations. In: Waxmann, H.C./Walberg, H.J.: Effective Teaching-Current Research. Berkeley CA 1991, pp. 63-80

Oser, F.K./Baeriswyl, F.J.: Choreographies of teaching–Bridging instruction to learning. In: Richardson, V. (Hrsg.): Handbook of Research on Teaching. Washington D.C. 2001, pp. 1031-1065

Palincsar, A.S./Brown, A.L.: Reciprocal teaching: Activities to promote reading with your mind. In Harris, T.L./Cooper, E.J. (Eds.): Reading, thinking and concept development: Strategies for the classroom. New York 1985

Peterßen, W.H.: Handbuch Unterrichtsplanung: Grundfragen, Modelle, Stufen, Dimensionen. München 1982

Peterson, P.L./Marx, R.W./Clark, C.M.: Teacher planing, teacher behavior and student achievement. In: American Educational Research Journal 15 (1978), pp. 417-432

Peterson, P.L./Swing, S.R./Braverman, M.T./Buss, R.: Students' aptitudes and their reports of cognitive processes during direct instruction. In: Journal of Educational Psychology 74 (1982), pp. 535-547

Petillon, H.: Der Schüler. Rekonstruktion der Schule aus der Perspektive von Kindern und Jugendlichen. Darmstadt 1987

Poerschke, J.: Anfangsunterricht und Lesefähigkeit. Münster 1999

Pressley, M./Woloshyn, V. (Hrsg.). Cognitive strategy instruction that really improves children's academic performance. Cambridge, MA, 1995

Rauin, U.: Differenzierender Unterricht. Empirische Studien im Überblick. In: Steffens, U./Bargel, T. (Hrsg.): Beiträge zur Qualität von Schule. Wiesbaden 1987, S. 111-127

Rappoport, L./Summers, D.A.: Human judgment and social interaction. New York 1973

Reigeluth, C.M.: What is instructional-design theory, and how is it changing? In: Reigeluth, C.M. (Ed.): Instructional-design theories and models: A new paradigm of instructional theory. Bd. 2, Hillsdale 1999, pp. 425-459

Renkl, A.: Träges Wissen. In: Rost, D.H. (Hrsg.): Handwörterbuch Pädagogische Psychologie. Weinheim 2001

Resnick, L.B.: Instructional Psychology. In: Annual Review of Psychology 32 (1981), pp. 659-704

Roeder, P.M.: Modelle der Differenzierung in Abhängigkeit von Leistungsdimensionen einzelner Fächer. In: Roeder, P.M./Treumann, K. (Hrsg.): Dimensionen der Schulleistung, Deutscher Bildungsrat: Gutachten und Studien. Bd. 21/1, Stuttgart 1974

Roeder, P.M./Schümer, G.: Unterricht als Sprachlernsituation. Düsseldorf 1976

Rogers, C.: Freedom to learn for the 80's. Columbus 1983

Rosenshine, B./Furst, N.: The Use of Direct Observation to Study Teaching. In: Travers, R.M.W. (Ed.): Second Handbook of Research on Teaching. Chicago 1973, pp. 122-183

Rosenshine, B./Stevens, R.: Teaching functions. In: Wittrock, M.C. (Ed.): Handbook of Research on Teaching. New York 1986, pp. 376-391

Rosenthal, R./Jacobson, L.: Pygmalion in the classroom. New York 1968

Rosenthal, R.: Teacher expectancy effects: A brief update 25 years after the Pygmalion Experiment. In: Journal of Research in Education 1 (1991), S. 3-12

Roth, H.: Pädagogische Psychologie des Lehrens und Lernens. Hannover 1957

Rugg, H.: After Three Decades of Scientific Method in Education. In: Teachers College Record XXXVI (1935), pp. 114-122

Rutter, M./Maughan, B./Mortimer, P./Ouston, J.: Fünfzehntausend Stunden. Schule und ihre Wirkung auf die Kinder. Weinheim 1980

Ryans, D.G.: Characteristics of teachers. Washington D.C. 1960

Saldern, M.v. (Hrsg.): Beiträge zur Erfassung hierarchisch strukturierter Realität. Weinheim 1986

Schanz, G.: Kommunikation im Unterricht: ein empirischer und methodologischer Beitrag zur Sprechakttheorie. Frankfurt a.M. 1978

Scheele, B. (Hrsg.): Struktur-Lege-Verfahren als Dialog-Konsens-Methodik. Münster 1992

Scheerens, J./Bosker, R.: The foundations of educational effectiveness. Oxford 1997

Scheurich, J./Young, M.: Coloring epistemologies: Are our research epistemologies racial biased? In: Educational Researcher 26 (1997), pp. 4-16

Schnabel, K.-U.: Schuleffekte. In: Rost, D.H. (Hrsg.): Handwörterbuch Pädagogische Psychologie. Weinheim 2001, S. 586-591

Schrader, F.-W./Helmke, A./Dotzler, H.: Zielkonflikte in der Grundschule: Ergebnisse aus dem Scholastik-Projekt. In: Weinert, F.E./ Helmke, A.: Entwicklung im Grundschulalter. Weinheim 1997, S. 299-316

Schümer, G. (Ed.): TIMSS: Videotape classroom study discourse analyses. Manual, Coding Procedures, Results. Berlin 1999

Schweer, M.K.W./Thies, B.: Situationswahrnehmung und interpersonales Verhalten im Klassenzimmer. In: Schweer, M.K.W. (Hrsg.): Lehrer-Schüler-Interaktion. Pädagogisch-psychologische Aspekte des Lehrens und Lernens in der Schule. Opladen 2000, S. 59-78

Shavelson, R.J./Stern, P.: Research on Teachers' Pedagogical Thoughts, Judgements, Decisions and Behavior. In: Review of Educational Research 51 (1981), pp. 455-498
Short, E.C./Marconnit, G.D. (Eds.): Contemporary Thought on Public School Curriculum. Dubuque/Iowa 1968
Shuell, T.J.: Teaching and Learning in a classroom context. In: Berliner, R./Calfee, R.C. (Eds.): Handbook of educational psychology. New York 1996, pp. 726-764
Shulman, L: Paradigms and research programs in the study of teaching: A contemporary perspective. In: Wittrock, M. (Ed.): Handbook of Research on Teaching. New York 1986, pp. 3-36
Siegel, L.: An Overview of contemporary Formulations. In: Siegel, L. (Hrsg.): Instruction. Some contemporary viewpoints. San Francisco 1967, pp. 25-34
Simon, A./Boyer, E.G. (Eds.): Mirrors for Behaviour: An Anthology of Classroom Observation Instruments. Supplementary Vols. A and B. Philadelphia 1970
Simon, A./Boyer, E.G.: Mirrors for Behaviour II. Philadelphia/Pennsylvania 1971
Sinclair, J.M./Coulthard, M.: Towards an Analysis of Discourse. London 1975 (deutsch 1977)
Smith, B.O./Meux, M.O.: A Study of the Logic of Teaching. Illinois 1970
Snow, R.E./Swanson, J.: Instructional psychology. Aptitude, adaptation and assessment. In: Annual Review of Psychology 43 (1992), pp. 583-626
Soar, R.S./Soar, R.M.: Classroom Behavior, Pupil Characteristics, and Pupil Growth for the School Year and the Summer. Gainesville: University of Florida, Institute for Development of Human Resources 1973
Sörensen, A.B./Hallinan, M.T.: Effects of Ability Grouping on Growth in Academic Achievement. In: American Educational Research Journal 23 (1986), pp. 519-542
Stallings, J.A.: Learning to look. A handbook on classroom observation and teaching models. Belmont, C.A. 1977
Stallings, J.A./Kaskowitz, D.H.: Follow Through Classroom Observation Evaluation (1972-1973) Menlo Park CA: Stanford Research Institute 1974
Stanfield, J.H.: Ethnic modeling in qualitative research. In: Denzin, N.K./Lincoln Y.S (Eds.): Handbook of qualitative research. Thousand Oaks CA 1994, pp. 175-188
Streeck, J.: Sandwich. Good for you. Zur pragmatischen und konversationellen Analyse von Bewertungen im institutionellen Diskurs der Schule. In: Dittmann, J. (Hrsg.): Arbeiten zur Konversationsanalyse. Tübingen 1979, S. 235-257
Stubbs, M./Delamont, S. (Eds.): Explorations in Classroom Observation. London 1976
Tausch, R.: Merkmalsbeziehungen und psychologische Vorgänge in der Sprachkommunikation des Unterrichts. In: Zeitschrift für experimentelle und angewandte Psychologie 9 (1962), S. 474-508
Tausch, R.: Personenzentrierte Unterrichtung und Erziehung. In: Rost, D.H. (Hrsg.): Handwörterbuch Pädagogische Psychologie. Weinheim 2001, S. 535-544
Tausch, R./Tausch, A.: Erziehungspsychologie. Psychologische Vorgänge in Erziehung und Unterricht. Göttingen 1970
Tennenberg, M.: Diagramming Question Cycle Sequences. In: Green, J.L. (Ed.): Multiple Perspective Analyses of Classroom Discourse. Norwood 1988, pp. 165-193
Tenorth, H.-E.: Erziehungswissenschaftliche Forschung im 20. Jahrhundert und ihre Methoden. In: Benner, D./Tenorth, H.-E. (Hrsg.): Bildungsprozesse und Erziehungsverhältnisse im 20. Jahrhundert. Weinheim/Basel 2000, S. 264-293
Terhart, E.: Interpretative Unterrichtsforschung. Kritische Rekonstruktion und Analyse konkurrierender Forschungsprogramme der Unterrichtswissenschaft. Stuttgart 1978
Terhart, E.: Lehrerprofessionalität. In: Rolff, H.-G. (Hrsg.): Zukunftsfelder von Schulforschung. Weinheim 1995, S. 225-266
Terhart, E.: Lehr-Lern-Methoden. Eine Einführung in Probleme der methodischen Organisation von Lehren und Lernen. Weinheim/München 1997
Thienel, A.: Lehrerwahrnehmungen und -gefühle in problematischen Unterrichtssituationen. Zum Einfluss von Wahrnehmungen und Emotionen auf das differentielle Erleben und Verhalten von Lehrern. Frankfurt a.M. 1988
Tisher, R.P.: A Study of Verbal Interaction in Science Classes and Its Association with Pupils Understanding in Science. St. Lucia/Queensland/Australia 1970
Treiber, B.: Qualifizierung und Chancenausgleich in Schulklassen. Teil 1: Theorien, Methoden, Ergebnisse. Teil 2: Empirische Studien. Frankfurt a.M. 1980
Treiber, B./Weinert, F.E.: Gute Schulleistungen für alle? Psychologische Studien zu einer pädagogischen Hoffnung. Münster 1985
Voigt, J.: Interaktionsmuster und Routinen im Mathematikunterricht. Theoretische Grundlagen und mikroethnographische Falluntersuchungen. Weinheim 1984
Walter, H.: Einführung in die Unterrichtsforschung. Darmstadt 1977

Wang, M.C./Haertel, G.D./Walberg, H.J.: What influences learning? A content analysis of review literature. In: Journal of Educational Research 84 (1990), pp. 30-43

Wang, M.C./Haertel, G.D./Walberg, H.J.: Toward a Knowledge Base for School Learning. In: Review of Educational Research 63 (1993), pp. 249-294

Wang, C.M./Walberg H.J.: Teaching and Educational Effectiveness: Research Synthesis and Consensus from the Field. In: Waxmann, H.C./Walberg, H.J.: Effective Teaching – Current Research. Berkeley CA 1991, pp. 81-104

Weinert, F.E.: Lerntheorien und Instruktionsmodelle. In:. Weinert, F.E. (Hrsg.): Psychologie des Lernens und der Instruktion. Göttingen 1996, S. 1-48

Weinert, F.E./ Helmke, A.: Entwicklung im Grundschulalter. Weinheim 1997

Weinert, F.E./ Schrader, F.-W./Helmke, A.: Quality of instruction and achievment outcomes. International Journal of Educational Research, 13 (1989), pp. 895-914

Weinstein, C.S.: The classroom as a social context for learning. In: Annual Review of Psychology 42 (1991), pp. 493-525

Wieczerkowski, W.: Einige Merkmale des sprachlichen Verhaltens von Lehrern und Schülern im Unterricht. In: Zeitschrift für experimentelle und angewandte Psychologie 12 (1965), S. 502-520

Wragge-Lange, I.: Interaktionsmuster im Frontalunterricht. Drei Fallanalysen. Weinheim 1983

Uwe Hericks | Ingrid Kunze | unter Mitarbeit von Meinert A. Meyer

Forschung zu Didaktik und Curriculum

1 Didaktik und Curriculum – Zentrale Fragen und Begriffsbestimmung

Die Didaktik kann auf eine lange Tradition zurückblicken, in der es immer wieder um Grundfragen wie die nach der Möglichkeit und Unmöglichkeit zu lehren, nach dem Verhältnis von Lehren und Lernen und nach der Legitimierung von Lerninhalten ging. Bis heute ist es nicht unproblematisch eine Definition von Didaktik zu geben. Für uns ist Allgemeine Didaktik die Wissenschaft vom Lehren und Lernen. Sie beschäftigt sich mit den Zielen, Inhalten und Methoden sowie den institutionellen Rahmungen des Lehrens und Lernens.

Damit grenzen wir uns zum einen von einer engeren Begriffsbestimmung ab, die Didaktik darauf beschränkt, eine „Lehre vom Lehren" (Scheunpflug 2001, S. 12) zu sein. Zwar können wir der Argumentation folgen, dass das Verhältnis von Lehren und Lernen ein kontingentes ist und deshalb Lehren und Lernen nicht einfach als Einheit gedacht werden können, dass vielmehr von der „Einheit der Differenz von Lehren und Lernen" (ebd., S. 83) auszugehen ist. Das Lernen aber aus dem Gegenstandsbereich der Didaktik auszuschließen hieße u.E., die Intentionalität des Lehrens zu gering zu veranschlagen, und bedeutete den Verlust gerade jener Bereiche, in denen es in den letzten Jahrzehnten in der Allgemeinen Didaktik wie in den Fachdidaktiken einen deutlichen Erkenntnisgewinn gegeben hat: in der didaktisch inspirierten Lern- und Lernerforschung. Mit unserer Definition grenzen wir uns zum anderen von einer erweiterten Bestimmung ab, die in der Didaktik „die Theorie und Praxis des Lernens und Lehrens" sieht (H. Meyer 2001, S. 12). Selbstverständlich ist Didaktik als Theorie auf eine Praxis bezogen, der nach Schleiermacher (1826/1994, S. 40) Dignität zukommt. Didaktik hat auch selbst eine Praxis, die ihrer eigenen akademischen Lehre. Das berechtigt aber noch nicht dazu, Theorie und Praxis in eins zu setzen, da es deren Differenz verwischt. Vielmehr ist diese Differenz selbst zum Gegenstand wissenschaftlicher Theoriebildung zu machen, was die Erforschung der didaktischen Theorien der Akteure einschließt.

Im anglophilen Bereich ist der Begriff Didaktik nicht gebräuchlich. Das resultiert aus einer differenten Tradition in Philosophie, Bildungs- und Schultheorie sowie Lehrerbildung (genauer Westbury 2000). In den angelsächsischen Ländern ist das Aufgabenfeld aufgeteilt: ‚Curriculum studies' beschäftigen sich mit der Organisation des Curriculums sowie den Prozessen des Lehrens und Lernens, bearbeiten also zentrale didaktische Fragen, ‚class-room research' beschäftigt sich mit der Struktur der Schule und der Schulfächer, die Erforschung des ‚pedagogical content knowledge' konzentriert sich auf fachdidaktische Fragestellungen (vgl. Hopmann 1998). Wurde in den 1960er und 1970er Jahren die amerikanische Curriculumforschung in Deutschland, Mittel- und Nordeuropa intensiv zur Kenntnis genommen, so beginnt eine gründliche Rezeption der europäischen und speziell der deutschen Didaktik in den USA gerade erst (vgl. Westbury/Hopmann/Riquarts 2000). Das liegt u.a. an der traditionell starken

Orientierung der ‚curriculum theory' an der Psychologie und an einem anderen Verständnis von Lehrerprofessionalität. Geht die Didaktik deutscher Provenienz davon aus, dass dem Lehrer methodische Freiheit zukommt und er über die seinen Unterricht betreffenden Fragen kraft seines Berufswissens selbst entscheidet, so sieht ihn die Curriculumtheorie eher als Ausführenden curricularer Entscheidungen, als Instrument der Curriculum-Implementation. Steht für die ‚curriculum theory' die Vorbereitung auf das Leben durch die Aneignung von Inhalten im Vordergrund, so ist für die Didaktik aus ihrer bildungstheoretischen Tradition heraus die Einführung in Gesellschaft zentral, wobei die Inhalte auf ihren Bildungswert hin geprüft werden (vgl. Westbury 2000).

Aufgrund der Beschäftigung mit der amerikanischen Curriculumforschung wurde der Begriff Curriculum in der deutschen Erziehungswissenschaft aufgegriffen (vgl. Robinsohn 1971), seine Verwendung war jedoch nie einheitlich; gemeint sein kann eine Verwaltungsvorschrift im Sinne einer Richtlinie bzw. eines Lehrplans, ein nach wissenschaftlichen Kriterien erarbeitetes Unterrichtsmaterial, der Plan für eine Lerneinheit, der tatsächlich ablaufende Unterricht oder die Gesamtheit der Lernerfahrungen der Akteure des Unterrichts (vgl. Brügelmann 1980). Die zeitweise versuchte Abgrenzung von Begriffen wie Lehrplan oder Bildungsplan ist inzwischen aufgeweicht, da das Unterscheidungskriterium wissenschaftliche Fundierung versus schulische Tradition obsolet geworden ist (vgl. Abs. 3).

Im Abschnitt 2 geben wir einen Überblick und eine kritische Bewertung der derzeit bedeutsamen didaktischen Theorien und beschäftigen uns dabei mit den Grundfragen nach Zielen, Inhalten und Methoden des Unterrichts. Anschließend zeigen wir im Abschnitt 3, welche neuen Perspektiven die Curriculumforschung eingebracht hat, warum sie nach einer Euphoriephase für die Erziehungswissenschaft nahezu bedeutungslos wurde und welche aktuellen Ergebnisse die Lehrplanforschung vorweisen kann. In welchem Verhältnis die Allgemeine Didaktik zu den Fachdidaktiken steht und wie der fachdidaktische Forschungsstand einzuschätzen ist, behandelt Abschnitt 4. Wir beenden den Aufsatz mit einer zusammenfassenden Darstellung von Desideraten und Perspektiven didaktischer Forschung.

2 Didaktische Modelle und die Frage nach den Zielen, Inhalten und Methoden des Lehrens und Lernens

Auch der zweite Teil der oben gegebenen Definition, nach welcher sich Didaktik mit den Zielen, Inhalten und Methoden des Lehrens und Lernens befasst, war und ist nicht unumstritten. Didaktische Modelle, die auf der Basis einer empirisch-analytischen Wissenschaftsorientierung erarbeitet wurden, klammern die Frage nach den Zielen als unwissenschaftlich aus. Daran ist soviel richtig, dass es eines Rahmens bedarf, innerhalb dessen die Frage nach den Zielen und Normen von Lehr-Lern-Prozessen sinnvoll gestellt werden kann. Diesen Rahmen beschreibt die Pädagogik bzw. die Allgemeine Erziehungswissenschaft, innerhalb derer die (Allgemeine) Didaktik nur eine Teildisziplin ist.

Das Kernkonzept zur Bearbeitung der Frage nach den Zielen der Erziehung (und darin eingeschlossen nach den Zielen von Lehr-Lern-Prozessen) ist in der europäischen Erziehungstradition seit der Aufklärung das der Mündigkeit bzw. Emanzipation. Blankertz spricht pointiert von der emanzipativen „Eigenstruktur der Erziehung" (1982, S. 306). Die hierin zum Ausdruck gebrachte Zielbestimmung der Erziehung wird traditionell im Konzept der Bildung gefasst, was

Blankertz in Anknüpfung an die philosophisch-pädagogischen Klassiker prägnant als die „Freiheit zu Urteil und Kritik“ bezeichnet hat (1972, S. 8). Der weltgestaltende und gesellschaftsverändernde Impetus des Bildungsbegriffs kommt bei Klafki zur Geltung, wenn er Bildung mit Rekurs auf eben dieses kritische Potenzial der klassischen Bildungsidee als die Fähigkeit zur Selbstbestimmung, zur Mitbestimmung und zur Solidarität definiert (1996, S. 52). Der dargestellte Bildungsbegriff formuliert damit ein „demokratisches Bildungsideal“ (M. Meyer 1990, S. 69), wie es vor allem im Zuge der Bildungsreform in den 1960er und 1970er Jahren im Sinne eines Bürgerrechts erkannt und entwickelt wurde.

Die zweite Grunddimension didaktischer Theoriebildung ist die der Inhalte. Das Kernkonzept zur Bearbeitung dieser Frage ist in der europäischen Tradition das der allgemeinen Bildung. Schon der Begriff zeigt, dass die Fragen nach den Inhalten und Zielen der Erziehung in einer engen Beziehung zueinander gesehen wurden. Dies ist einleuchtend, da die Bewältigung von Bildung als Aufgabe eine sachlich-inhaltliche Auseinandersetzung mit Welt erfordert. Jede „formale“ Bildungstheorie bedarf notwendigerweise einer „materialen“ Ausfüllung. Dies impliziert das bis heute ungelöste Problem des Verhältnisses zwischen dem „Allgemeinen“ der allgemeinen Bildung und den je speziellen Inhalten. Man spricht in diesem Zusammenhang vom Kanonproblem: Jede Kanonisierung von Bildungsinhalten qualifiziert bestimmte spezielle Inhalte in besonderer Weise und schließt zugleich andere aus der Sphäre der allgemeinen Bildung aus (zur Geschichte der Allgemeinbildung, ihrer faktischen Widersprüchlichkeiten sowie der Strategien der Akteure, sich gegen solche Widersprüchlichkeiten zu immunisieren, vgl. Heinrich 2001).

Neben die Ziele und Inhalte treten die Methoden des Lehrens und Lernens als eine weitere Dimension didaktischer Reflexion. Dass diese Dimension in der westdeutschen Didaktiktradition eher unterbelichtet blieb, hängt mit der so genannten Primatsthese der geisteswissenschaftlichen Pädagogik (vgl. schon Weniger 1930/1952, S. 18ff.) zusammen, nach welcher der Didaktik im Verhältnis zur Methodik ein Primat zukommt. Diese These, die Klafki 1958 im Rahmen seiner bildungstheoretischen Didaktik aufgenommen und später mehrfach modifiziert hat (vgl. Klafki 1958, 1963b, 1985a), wurde bisweilen als eine normative Aussage über Unterrichtsplanung missverstanden, nämlich als Forderung, dass die Entscheidungen auf der Ziel- und Inhaltsebene der methodischen Vorbereitung des Unterrichts grundsätzlich voranzugehen hätten. Tatsächlich bezieht sich die These jedoch auf eine andere logische Ebene, auf die der grundlegenden didaktischen Strukturen (vgl. Klafki 1963b). Lehrerinnen und Lehrer können bei der Unterrichtsvorbereitung durchaus pragmatisch zwischen eher didaktischen und eher methodischen Gesichtspunkten hin- und herpendeln (vgl. Jank/Meyer 2002, S. 226ff.).

Von den Vertretern der lehrtheoretischen Didaktik, der so genannten „Berliner Schule“, (vgl. Heimann 1962/1976; Heimann/Otto/Schulz 1965) wurde der erwähnten Primatsthese die These der strengen Interdependenz aller am Unterricht beteiligten Faktoren (insbesondere der Ziele, Inhalte und Methoden) entgegengehalten. Noch deutlicher spricht Blankertz von dem „nicht hintergehbaren Implikationszusammenhang“ (1977, S. 93) zwischen inhaltlichen und methodischen Entscheidungen. Auch diese Aussage bezieht sich auf die Ebene der grundlegenden didaktischen Strukturen. Gleichwohl hat sie Konsequenzen für die Unterrichtsvorbereitung, insofern bei der Entscheidung über Inhalte zugleich darüber nachzudenken ist, wie die Methoden helfen können, die didaktischen Intentionen zu realisieren. Im Übrigen belegt die Interdependenzthese, dass dem Lerngegenstand keinesfalls eine vorgeblich festgefügte innere Struktur zukommt. In der Verknüpfung mit Methode erscheint er vielmehr „als historisch gewordenes mehrdeutiges Kulturprodukt, welches in verschiedenen Hinsichten im Unterricht zum Thema werden kann“ (Terhart 2000, S. 46). Alle Versuche, Methoden entweder verkürzt als reine Mittel zum Zweck (oder: Wege zum Ziel) zu konzeptualisieren – historisch am konsequentesten in der so genannten lernzielorientierten Didaktik (vgl. Mager 1965; Möller 1973; Peterßen 1974) umgesetzt – oder sie umgekehrt im Sinne eines inhaltsleeren Methodentrainings für Schüler und Lehrer zu verabsolutieren (vgl. Klippert 2000), fallen hinter die hier formulierten Einsichten zurück und sind zum Scheitern verurteilt. Weder ist eine wertfreie noch eine inhaltsneutrale Entscheidung über Methoden möglich.

Die theoretische Reflexion der Ziele, Inhalte und Methoden des Lehrens und Lernens und unterschiedliche Versuche, diese in einen begründeten Zusammenhang zu bringen, brachte in der Vergangenheit verschiedene didaktische Modelle hervor. Unter einem didaktischen Modell wird in Anlehnung an Blankertz (1977) mit Jank und Meyer (2002, S. 35) ein erziehungswissenschaftliches Theoriegebäude zur Analyse und Modellierung didaktischen Handelns in schulischen und nichtschulischen Handlungszusammenhängen verstanden, das den Anspruch erhebt, „theoretisch umfassend und praktisch folgenreich die Voraussetzungen, Möglichkeiten und Grenzen des Lehrens und Lernens aufzuklären“. In seinem Theoriekern lässt sich jedes didaktische Modell einer wissenschaftstheoretischen Grundposition zuordnen.

Entwicklungen und kontroverse Diskussionen didaktischer Modelle hatten in der alten Bundesrepublik vor allem in den 1960er und 1970er Jahren Konjunktur. Als prägend für die didaktische Theorieentwicklung und -diskussion erwiesen sich bis in die Gegenwart vor allem das Bildungstheoretische Modell von Klafki, das der geisteswissenschaftlichen Pädagogik und damit dem hermeneutischen Forschungsparadigma verpflichtet war, und das Lehrtheoretische Modell von Heimann, Otto und Schulz, das einer empirisch-analytischen Wissenschaftsauffassung folgte. Die beiden Modelle standen sich, ebenso wie die genannten wissenschaftstheoretischen Grundpositionen, zunächst kontrovers gegenüber. Bereits in den 1960er Jahren setzte jedoch ein Prozess der allmählichen Konvergenz beider Modelle ein, der in einer gemeinsamen Veröffentlichung ihrer Hauptvertreter (Klafki/Otto/Schulz 1977) mündete. Für diesen Konvergenzprozess waren mindestens zwei Faktoren ausschlaggebend: die produktive Rezeption der Kritischen Theorie der „Frankfurter Schule", was zwangsläufig zu gemeinsam akzeptierten Theorieelementen führte, und zum anderen Entwicklungen im Bereich der Wissenschaftstheorie, die vor allem mit den Namen Kuhn (1962/67) und Feyerabend (1976) verknüpft sind und in deren Verlauf die Verbindlichkeit methodologischer Vorannahmen und normativer wissenschaftstheoretischer Grundüberzeugungen zunehmend in Frage gestellt wurde. Das Bildungstheoretische und das Lehrtheoretische Modell können exemplarisch zeigen, in welcher Weise didaktische Modelle die wissenschaftliche Reflexion über Didaktik und Unterricht strukturieren und welche Problemlagen und theoretischen Konzepte dabei im Vordergrund stehen. Daher wird im Folgenden auf beide Modelle kurz eingegangen. Als Beispiel eines elaborierten Didaktikmodells aus der DDR wird der dialektische Ansatz von Lothar Klingberg vorgestellt, einige neuere didaktische Modelle und Konzepte schließen sich an. Gegen Ende des Kapitels kommen wir im Rahmen der Bildungstheorie von Peukert noch einmal auf das Kanonproblem zurück.

Im Mittelpunkt des Bildungstheoretischen Modells steht programmatisch Klafkis „Didaktische Analyse als Kern der Unterrichtsvorbereitung“ (1958). Darin bestimmt Klafki als Grundaufgabe des Lehrers, den Bildungsgehalt der in den Lehrplänen vorab fixierten Bildungsinhalte für die Schüler herauszuarbeiten. Dies geschieht in der Bearbeitung der Grundfragen der didaktischen Analyse nach der Gegenwartsbedeutung, der Zukunftsbedeutung, der Sachstruktur, der exemplarischen Bedeutung und der Zugänglichkeit. Die didaktische Analyse dupliziert damit für die Ebene der Unterrichtsvorbereitung eine Struktur, die Klafkis Doktorvater Weniger für die Ebene der curricularen Planung beschrieben hat (Weniger 1930/1952). Ging es bei Weniger um die Transformation von Kulturgütern in Bildungsgüter, so geht es in der Unterrichtsvorbereitung darum, aus diesen Bildungsgütern, bezogen auf die konkrete Lerngruppe, den Bildungsgehalt herauszuarbeiten. Zur begrifflichen Klärung dessen, was mit Bildung überhaupt gemeint ist, ging Klafki bereits in seiner Dissertation (Klafki 1959; auch 1963a) von der alten Frage des Verhältnisses von Bildung als einem formalen Ziel (im Sinne der pädagogischen Klassiker) und einer inhaltlichen, materialen Auseinandersetzung mit Wirklichkeit aus. In Abgrenzung zu formalen Bildungstheorien auf der einen und materialen Bildungstheorien auf der anderen Seite und in dialektischer Verschränkung beider bestimmte er die Struktur der Bildung als kategoriale Bildung. Seine Kernthese lautete: „Bildung ist Erschlossensein einer dinglichen und geistigen Wirklichkeit für einen Menschen – das ist der objektive oder materiale Aspekt; aber das heißt zugleich: Erschlossensein dieses Menschen für diese seine Wirklichkeit – das ist der subjektive oder formale Aspekt" (Klafki 1963a, S. 43).

Die Bildungsinhalte sah Klafki pragmatisch in den Lehrplänen fixiert. Im Rahmen der didaktischen Analyse sollte von Lehrern lediglich geklärt werden, ob und in welcher Weise der jeweils vorgesehene Unterrichtsinhalt geeignet sei, den Schülern bestimmte Aspekte der Wirklichkeit zu erschließen und sie für diese Aspekte empfänglich zu machen. Die Verknüpfung der didaktischen Analyse mit einer elaborierten Bildungstheorie impliziert auch die oben vorgestellte These vom Primat der Didaktik gegenüber der Methodik; sie schließt ein abbilddidaktisches Missverständnis der Unterrichtsvorbereitung aus, nach dem die Struktur der Unterrichtsinhalte lediglich die Struktur der korrespondierenden Fachwissenschaften – in zwangsläufiger Verkürzung – widerzuspiegeln habe.

Klafki hat die bildungstheoretische Didaktik in den 1980er Jahren zur kritisch-konstruktiven Didaktik weiterentwickelt. Er hält dabei am Begriff der Bildung als der zentralen Zielkategorie fest, konkretisiert diese jetzt aber als Selbstbestimmungs-, Mitbestimmungs- und Solidaritätsfähigkeit. Klafki nennt seine Didaktik „kritisch", weil er sie an diesen Zielen orientiert sieht, „zugleich aber den Tatbestand ernst nimmt, dass die Wirklichkeit der Bildungsinstitutionen jener Zielsetzung vielfach nicht entspricht und erforderliche Weiterentwicklungen und Veränderungen – im Sinne permanenter Reform – nur im Zusammenhang mit gesamtgesellschaftlichen Demokratisierungsbemühungen vorangetrieben werden können" (vgl. Klafki 1985a, S. 38). Klafki nennt seine Didaktik zugleich „konstruktiv", weil die Theorie nicht mehr nur, dem traditionellen Selbstverständnis der geisteswissenschaftlichen Didaktik folgend, die Praxis bewusster machen und so zu ihrer Aufklärung beitragen, sondern selbst „Modellentwürfe für mögliche Praxis, begründete Konzepte für eine veränderte Praxis" bereitstellen soll (vgl. ebd.). Zur kritisch-konstruktiven Didaktik gehört deshalb ein gegenüber der didaktischen Analyse erweitertes „Perspektivenschema zur Unterrichtsplanung", das auch Elemente der Lehrtheoretischen Didaktik aufnimmt (vgl. Klafki 1985c). Bezüglich der Bildungsinhalte hält Klafki ausdrücklich am Konzept der kategorialen Bildung fest (ebd., S. 44), sieht deren begründete Auswahl jetzt aber ausdrücklich als eine Aufgabe der Lehrkräfte an.

Der letzte Punkt kollidiert allerdings damit, dass Klafki darüber hinaus selbst spezifische Inhalte angibt, die er in besonderer Weise als bildend „für alle" erachtet. So konkretisiert er sein Konzept der „Bildung im Medium des Allgemeinen" als Auseinandersetzung mit „epochaltypischen Schlüsselproblemen unserer Gegenwart und vermutlichen Zukunft" (Klafki 1996, S. 56; auch bereits 1985b). Dass ihm hier tatsächlich eine inhaltliche Auseinandersetzung vor Augen steht, hebt Klafki ausdrücklich hervor. So legt er für das Schlüsselproblem der Friedenssicherung die zu behandelnden Inhalte detailliert dar (etwa „makrosoziologische und makropolitische Ursachen der Friedensgefährdung bzw. von Kriegen“ oder „gruppen- und massenpsychologische Ursachen aktueller und potentieller Friedlosigkeit“), stellt also klar, dass es ihm keineswegs nur um formale Tugenden wie „Friedfertigkeit“ oder den „Abbau von Aggressivität im direkten Umgang zwischen Menschen“ (ebd., S. 57) geht. Ähnliche Inhaltsvorschläge unterbreitet er auch für andere Schlüsselprobleme. Insofern ist es konsequent, wenn er hierfür die Einrichtung eines eigenständigen „Problemunterrichts“ neben dem traditionellen Fachunterricht fordert (ebd., S. 66).

Klafkis Schlüsselproblem-Ansatz ist von Anfang an intensiv diskutiert und rezipiert worden und hat in der einen oder anderen Form Eingang in verschiedene Rahmenlehrpläne der Bundesländer gefunden (vgl. z.B. Die Ministerin für Bildung, Wissenschaft, Kultur und Sport des Landes Schleswig-Holstein 1992). Die Konzeption wirkt auf den ersten Blick auch mehr als überzeugend: Wer wollte an der gesellschaftlichen Bedeutsamkeit der identifizierten Schlüsselprobleme zweifeln? Dennoch ist zu konstatieren, dass Klafki hier eine normative Setzung der Bildungsinhalte vornimmt. Dass hierin u.E. ein gewichtiges Authentizitätsproblem liegt, wird weiter unten deutlich werden.

Im Zentrum der Lehrtheoretischen Didaktik („Berliner Schule“) steht die „Strukturanalyse des Unterrichts“. Sie beruht auf der von Heimann schon 1961 formulierten Überzeugung, dass jeglichem Unterricht dieselbe „zeitlose, formale Struktur“ zugrunde liegt (Heimann 1976, S. 105). Diese drücke sich darin aus, dass realer Unterricht vom Lehrer stets Entscheidungen in den Bereichen der Intentionalität, der Thematik, der Methodik und der Medienwahl verlangt (Entscheidungsfelder). Ferner unterliege Unterricht stets bestimmten Grundbedingungen, die von Lehrenden nur in sehr engen Grenzen beeinflusst werden können, den anthropogenen und sozialkulturellen Voraussetzungen (Bedingungsfelder). In deutlicher Abgrenzung von der Bildungstheoretischen Didaktik werden die Entscheidungs- und Bedingungsfelder als streng interdependent sowohl jeweils untereinander als auch im Verhältnis zueinander angenommen. Die lehrtheoretische Strukturanalyse sollte das komplexe Bedingungsgefüge des Unterrichts widerspiegeln und zugleich die Entscheidungszwänge und -spielräume für Lehrer aufzeigen. Da sie jedoch keine Aussage darüber macht, wie die zu treffenden Entscheidungen aussehen müssen, wurde sie als wertfrei angesehen. Auf einer zweiten Reflexionsstufe, der Faktorenanalyse, sollten die tatsächlich getroffenen Entscheidungen, insbesondere die Unterrichtsziele, einer ideologiekritisch ausgerichteten Normenkritik unterzogen werden. Ebenso sollten die vermeintlich sicheren Tatsachen, auf die im Rahmen von Unterricht rekurriert wird, sowie die eingesetzten Methoden und Gestaltungsformen kritisch analysiert werden (Faktenbeurteilung und Formenanalyse). Das Gesamtschema sollte nach Schulz nicht nur der Analyse, sondern auch der Planung von Unterricht dienlich sein (Schulz 1965, S. 43). Es auszufüllen, d.h. Entscheidungen zu treffen und Ziele festzulegen, war für Heimann dagegen „ein Akt der Freiheit, der den theoretischen Bereich transzendiert“ (Heimann 1965, S. 10).

Die Unterscheidung einer vorgeblich wertfreien von einer ideologiekritischen Analyseebene sowie der ausdrückliche Verzicht darauf, Maßstäbe für zu treffenden Entscheidungen aus der Theorie heraus gewinnen zu wollen, belegen die Verwurzelung der Lehrtheoretischen Didaktik im empirisch-analytischen Forschungsparadigma und in der Phänomenologie (vgl. Schulz 1965, S. 23). Blankertz hat nachgewiesen, dass diese Grundannahme der Wertfreiheit und Nicht-Engagiertheit der Lehrtheoretischen Didaktik in einen gedanklichen Zirkel hineinführt. Die „rationale Abklärung unterrichtlicher Vorgänge und daran anschließend deren technologische Strukturierung“ als Ziel didaktischer Theoriebildung sei selbst ideologisch, weil einem technologischen Forschungsinteresse verhaftet. Sie impliziere einen Begriff von Vernunft, „der mit den beanspruchten wissenschaftstheoretischen Prämissen nicht begründet werden kann" (Blankertz 1977, S. 115).

Auch unter dem Einfluss dieser Kritik hat Schulz die Berliner Didaktik in den 1970er Jahren sukzessiv zum so genannten „Hamburger Modell" der Lehrtheoretischen Didaktik weiterentwickelt (vgl. Schulz 1980, 1986). Darin fordert er, in deutlicher Nähe zur kritisch-konstruktiven Didaktik, ausdrücklich, dass der Unterricht emanzipatorische Relevanz haben soll – ablesbar am Grad der Beteiligung der Schüler an der Unterrichtsplanung (Schulz 1980, S. 23ff.). Ähnlich wie Klafki und unter Verzicht auf die Wertfreiheitssetzung stellt Schulz dem Hamburger Modell drei allgemeine Bildungsziele voran und verknüpft diese unmittelbar mit den Intentionen des Unterrichts. Es sind dies Kompetenz, Autonomie und Solidarität (ebd., S. 36). Das Herzstück aber stellt ein gegenüber der Berliner Didaktik wesentlich erweitertes Raster für die „Umrissplanung" von Unterrichtseinheiten dar (ebd., S. 74ff.). Schulz beansprucht für sein Modell, dass es „eine kalkulierbare und kritisch zu beobachtende Reduktion der Planungsaufgaben" erlaube und dabei „die typischen Merkmale dieser Komplexität" zu erhalten versuche (ebd., S. 6). Genau diese Komplexität lässt uns allerdings den praktischen Wert des Planungsrasters fraglich erscheinen. Andererseits vertritt Plöger (1994b, S. 91ff.) die Auffassung, dass das Modell die tatsächliche Komplexität hinsichtlich der Partizipation der Schüler an der Unterrichtsplanung zu stark reduziere, was seinen Gebrauchswert auch zur Seite der fachlich-inhaltlichen Planung hin einschränke.

Das Spezifische des didaktischen Modells von Klingberg, einem der führenden Didaktiker der ehemaligen DDR, besteht in der Betonung der Dialektik von Lehren und Lernen als der ersten didaktischen Grundrelation. Man könnte auch von der Dialektik von Vermittlung und Aneignung sprechen. Lehren und Lernen sind in ihren wesentlichen Strukturmerkmalen widersprüchlich. Lehren bedeutet Führung und Fremdbestimmung, es ist an einer gewachsenen Sachstruktur (etwa einer korrespondierenden Fachwissenschaft) orientiert, geschieht im Rahmen von Schule nicht selten unter Zeitdruck und ist zumeist lerngruppenorientiert. Lernen dagegen impliziert Selbsttätigkeit, es gehorcht lernpsychologischen Gesichtspunkten, erfordert seine eigene Zeit und ist grundsätzlich ein individueller Prozess. Der Widerspruch von Lehren und Lernen ist für den Unterricht als Prozess und insbesondere für die Konstituierung der Unterrichtsinhalte grundlegend. Dabei rückt die zweite didaktische Grundrelation ins Blickfeld, die Dialektik von Inhalt und Methode. Für Klingberg steht fest, dass die Aussage, im Rahmen von Unterrichtsvorbereitung bestimme der Inhalt die Methode, einer Ergänzung bedarf. Die Methode wird nämlich nicht allein von den Zielen und Inhalten des Unterrichts, sondern ebenso von den Gesetzmäßigkeiten des Vermittlungs- und Aneignungsprozesses (also von der ersten Grundrelation) bestimmt. Die Methode liefere gleichsam die „Form", in der der Unterrichtsprozess und die darin konstituierten Unterrichtsinhalte als solche erscheinen (vgl. Klingberg 1989, S. 241). Konsequent weitergedacht bedeutet dies, dass die Unterrichtsinhalte erst auf der Ebene des Unterrichtsprozesses, im komplexen Zusammenspiel von Vermittlung und Aneignung, „zu Ende" konstituiert werden können: „Erst im (prozessualen) Ineinandergreifen aller Faktoren des Unterrichts, aller seiner konstitutiven Elemente (Ziel, Inhalt, Methode, Unterrichtsmittel, Organisation, objektive und subjektive Bedingungen) kommt es zu einer ‚vollständigen' Herausbildung des Unterrichtsinhalts, vollzieht sich der Übergang vom Inhalt ‚als solchem' zu einem Inhaltselement der Persönlichkeitsentwicklung, des Prozesses der Bildung und Erziehung" (Klingberg 1990, S. 52).

Damit grenzt sich Klingberg implizit von der Bildungstheoretischen Didaktik ab (vgl. Jank/Meyer 2002, S. 256f.). In einem späteren Aufsatz betont er dagegen die Gemeinsamkeiten, indem er auf Analogien im Didaktikverständnis der DDR und der (alten) Bundesrepublik hinweist. Er nennt unter anderem den Bezug auf den neuhumanistischen Bildungsbegriff, die Existenz einer Allgemeinen Didaktik, die Betonung der Interdependenz der konstitutiven Elemente des Unterrichtsprozesses, die prozessuale Sicht auf den Unterricht und die beständige Beschäftigung mit der Theorie-Praxis-Frage (Klingberg 1994, S. 67). Die Aufzählung dokumentiert die Annäherung ehemals konkurrierender Modelle und ist zugleich ein Indiz für die tatsächliche Theorieentwicklung der 1980er Jahre, die durch eine deutliche Abnahme der Bemühungen und Diskussionen um theoretisch umfassende und wissenschaftstheoretisch klar positionierte didaktische Modelle gekennzeichnet ist. Jank und Meyer (2002) sprechen in diesem Zusammenhang von „krisenhaften Auflösungserscheinungen der paradigmatischen Grundorientierungen der Erziehungswissenschaft" (ebd., S. 139).

Die Entwicklung setzte indes auch eine Reihe neuer didaktischer Konzepte und Modelle frei, die zum Teil aktuelle Strömungen in Erkenntnistheorie und Sozialwissenschaften aufnahmen und didaktisch wendeten sowie zum Teil pragmatisch einzelne Aspekte der klassischen Modelle zu Prinzipien der Unterrichtsgestaltung verselbständigten. Beispiele für Didaktiken der ersten Gruppe, die sich explizit auf aktuelle philosophische oder sozialwissenschaftliche Theorieangebote berufen, sind die Konstruktivistische Didaktik (z.B. Krüssel 1993; Meixner/Müller 2001; Reich 1996, 2002; Siebert 1999, 2002), und die Evolutionäre Didaktik (Scheunpflug 1999, 2001).

Die Konstruktivistische Didaktik tritt, wie Terhart (1999, S. 630) hervorhebt, explizit mit dem Anspruch auf, einen neuen allgemeindidaktischen Ansatz zu formulieren. Sie schließt an eine internationale Entwicklung an (vgl. z.B. Philips 2000). Insbesondere im Bereich der Fachdidaktiken der Mathematik, der Physik und Chemie, die schon immer eine gewisse Affinität zur empirischen Lern- und Kognitionsforschung aufwiesen, wurde der konstruktivistische Ansatz in den vergangenen zehn Jahren umfassend rezipiert und erprobt. Im Bereich der fachbezogenen Lernforschung liegen unseres Erachtens auch die besonderen Stärken dieses Paradigmas (vgl. Duit 1995 für den naturwissenschaftlichen Unterricht und zur internationalen Entwicklung). Den theoretischen Hintergrund der konstruktivistischen Didaktik bilden die Erkenntnistheorie des Radikalen Konstruktivismus (vgl. insbesondere v. Foerster 1984; Schmidt 1987; v. Glasersfeld 1996), Forschungen zur Neurobiologie des Erkennens (etwa Roth 1994) und die Systemtheorie (insbesondere in der Fassung von Luhmann; vgl. Luhmann/Schorr 1986, 1996). Da diese Hintergrundtheorien in systematischer Hinsicht nicht auf der gleichen Ebene liegen und da sie zudem von den Vertretern der Konstruktivistischen Didaktik unterschiedlich genutzt und kombiniert werden, ist es schwierig deren gemeinsame Kerngedanken zuverlässig auszumachen (vgl. Terhart 1999, S. 631). Nur unter dieser Einschränkung kann der systematische Kern der Konstruktivistischen Didaktik wie folgt beschrieben werden: Da menschliches Wissen immer nur das vorläufige Resultat von sozial geteilten Konstruktionsprozessen ist und Lernen ein individuelles, aber in sozialen Kontexten stattfindendes Konstruieren und Umkonstruieren von inneren Welten darstellt, ist es unsinnig Lehren und Lernen nach dem Muster des Vermittelns und Aufnehmens von Informationen zu gestalten. Lehrer sollten sich vielmehr darauf beschränken, „Lernumwelten aufzubauen bzw. zu inszenieren, in denen Lernen als in sozialen und situativen Kontexten stattfindendes Ko-Konstruieren und Rekonstruieren wahrscheinlicher wird" (ebd., S. 637). Das übergreifende Ziel schulischen Lehrens und Lernens ist es, die Heranwachsenden darauf vorzubereiten, im Bewusstsein der Konstruiertheit allen Wissens eine Welt aufzubauen, in der ein undogmatisches, tolerantes und gelassenes Miteinander mit anderen Menschen und der Natur möglich ist (vgl. ebd.).

Insbesondere diese Zielbestimmung belegt, dass die Einsichten und Forderungen der Konstruktivistischen Didaktik nicht wirklich neu sind. Klafki, Schulz und Klingberg könnten der Zielbestimmung zustimmen, ohne den konstruktivistischen Theoriehintergrund zu teilen. Dasselbe gilt für die im Rahmen Konstruktivistischer Didaktik gemachten Vorschläge für eine verbesserte Praxis des Unterrichts. Sie lassen sich ähnlich bereits in der Reformpädagogik oder in der Handlungsorientierten Didaktik finden. Zu ihrer Begründung werden durchaus auch Argumente angeführt, die nicht dem konstruktivistischen Theoriehintergrund entstammen. Der Konstruktivismus als Erkenntnistheorie und neurobiologische Theorie ist für die praktischen Schlussfolgerungen der Konstruktivistischen Didaktik weder notwendig noch hinreichend, auch wenn diese dadurch natürlich nicht falsch werden.

Konsequent auf system- und evolutionstheoretischer Basis entwickelt Scheunpflug ihre Evolutionäre Didaktik. Sie grenzt sich zunächst von einem handlungstheoretischen Verständnis von Didaktik, das den klassischen Modellen zugrunde liegt, ab und fordert die Umstellung der wissenschaftlichen Reflexion eines Veränderungsprozesses (wie z.B. Unterricht) „von der Einheit einer Handlung mit den dazugehörigen Elementen Ursache, Zweck, Ziel, Medium, Subjekt und Objekt auf die Differenz zweier Angebote, nämlich einem System und seiner jeweiligen Umwelt, die sich als gegenseitige Variation, Selektion oder Stabilisierung erweisen" (Scheunpflug 2001, S. 17). Mit Variation, Selektion und Stabilisierung sind die grundlegenden Konzepte einer (erst in Umrissen vorhandenen) Allgemeinen Evolutionstheorie benannt, die von Scheunpflug anschließend auf Unterricht und auf Didaktik (als Beobachtung und Planung) bezogen werden. So gelangt sie zu der Forderung, Unterricht habe in Variation, Selektion und Stabilisierung einzuüben. Es könne z.B. als auf Variation bezogene Funktion von Unterricht beschrieben werden, „in die Kontingenz von Welt einzuführen und erkennbar werden zu lassen, dass es jenseits der persönlichen (häufig familiär bedingten) Weltdeutungen immer noch andere Möglichkeiten gibt". Als Begründung führt sie aus, dass u.a. „die vielfältigen Medienerfahrungen" die Einübung in den Umgang mit Kontingenz notwendig machen (ebd., S. 65). Das Beispiel belegt, warum wir die grundsätzliche Kritik, die Terhart an der Konstruktivistischen Didaktik übt, auch hinsichtlich der Evolutionären Didaktik für zutreffend halten. Die konkreten Vorschläge und Forderungen zu den Aufgaben und zur Gestaltung von Unterricht sind anregend und überzeugend. Sie allein rechtfertigen jedoch noch nicht die konzeptionellen Anstrengungen des Paradigmenwechsels von der Handlungs- zur Systemtheorie. Das grundlegende Paradigma der Evolutionären Didaktik ist für die in seinem Rahmen gewonnenen Einsichten über Unterricht und Didaktik selbst kontingent.

Als Beispiele für Didaktiken der zweiten Gruppe (konstruktive Aufnahme einzelner Aspekte der klassischen Modelle) sind die schon aus den 1970er Jahren stammende Kommunikative Didaktik (Schäfer/Schaller 1971; Winkel 1988), die Lehrkunstdidaktik (Berg/Schulze 1995), die Handlungsorientierte Didaktik (H. Meyer 1996; Gudjons 2001) und die Bildungsgangdidaktik (Kordes 1989, 1996; Meyer/Reinartz 1998; Meyer 1999; Hericks/Keuffer/Kräft/Kunze 2001) zu nennen. Die Ansätze stehen u.E. in der Tradition des hermeneutisch-kritischen Forschungsparadigmas der kritisch-konstruktiven Didaktik, auch wenn sie selbst diesen Bezug nicht immer explizit herstellen. Sie zeichnen sich durch Fokussierung auf den Lehrer, die Schüler und die Interaktion Lehrer-Schüler aus.

Wir gehen auf die beiden letztgenannten Ansätze näher ein: auf die Handlungsorientierte Didaktik, weil sie sich inzwischen als „Ausbildungsdidaktik" in der zweiten Phase der Lehrerbildung fest etabliert und somit als praktisch folgenreich erwiesen hat, und auf die Bildungsgangdidaktik, weil wir von diesem Ansatz wesentliche Impulse für die Professionalisierung von Lehrern erwarten. Im Zentrum der Handlungsorientierten Didaktik steht das Prinzip die Handlungsmöglichkeiten der Schüler im Unterricht spürbar auszuweiten und ein Lernen mit „Kopf, Herz und Hand“ zu ermöglichen. Um dabei ein Abdriften in Beliebigkeit zu vermeiden sollen sich Schüler und Lehrer zu Beginn einer handlungsorientierten Einheit auf konkrete Handlungsprodukte einigen. Diese sollten veröffentlichungsfähig sein, etwa im Rahmen einer Ausstellung oder Vorführung, oder sie sollten anschlussfähig für weitere Arbeit, weiteres Lernen oder Spielen sein. Die Einbeziehung der Schüler in die Planung des Unterrichts ist für diesen Ansatz grundlegend; konzeptionelle Überschneidungen mit der Projektmethode (vgl. Hänsel 1997; Apel/Knoll 2001) liegen auf der Hand. Die Befürworter der Handlungsorientierten Didaktik erhoffen sich durch die Integration von Kopf- und Handarbeit eine Verbesserung des Lernerfolgs, eine Öffnung der Schule und damit einhergehend eine größere Realitätsnähe des Lernens sowie bessere Möglichkeiten für eine reflektierte Einübung in Selbständigkeit im Unterricht, ohne dies jedoch empirisch bereits hinreichend belegen zu können (vgl. dazu Gruschka 2002, S. 281ff.). Eine ernsthafte Ausweitung handlungsorientierter Unterrichtsanteile müsste spürbare Veränderungen in der Unterrichts- und Schulorganisation nach sich ziehen, wie etwa die Stärkung fächerübergreifenden oder projektbezogenen Lernens, die zumindest zeitweise Einrichtung von Epochenunterricht oder die Entwicklung von Lehrerteammodellen. Faktisch vorzufinden ist hingegen häufig eine verkürzte und instrumentalisierte Praxis handlungsorientierter Prinzipien im Sinne eines Rezepts für „guten“ Unterricht (vgl. Reinartz 2003).

An dieser Stelle setzt die Kritik der Bildungsgangdidaktik ein. Die Handlungsorientierte Didaktik übersieht ihr zufolge, dass die Authentizität von Schülerhandlungen im Unterricht weder vorab vorausgesetzt noch im Prozess gesichert werden kann, denn auch die Verständigung einer Lerngruppe samt Lehrer auf ein Handlungsprodukt und dessen Herstellung sind unterrichtliche Inszenierungen und verbleiben im bewertenden Rahmen von Schule. Gerade die unzweifelhafte Eignung von Handlungsorientierung als Rezept für „guten“ Unterricht belegt, dass die Entfremdung der Handlungssubjekte mit Bezug auf die Handlungsprodukte auch im handlungsorientierten Unterricht zur Alltagsrealität werden kann. Unterrichtliche Aktivitäten subjektiv mit Sinn zu füllen und mit auch außerschulisch bedeutungsvollen Zielen und Interessen zu verknüpfen vermögen nur die Schüler selbst. Um einen Orientierungspunkt für solche mutmaßlich bedeutsamen Ziele und Interessen von Jugendlichen zu gewinnen greift die Bildungsgangdidaktik auf das (entwicklungspsychologische) Konzept der Entwicklungsaufgaben zurück. Entwicklungsaufgaben beschreiben die für eine bestimmte historische Epoche verbindlichen gesellschaftlichen Anforderungen an die nachwachsende Generation als Aufgaben an die jeweils einzelne Person (vgl. Dreher/Dreher 1985; Fend 2001; Hericks/Spörlein 2001). Die Anzahl der Entwicklungsaufgaben ist begrenzt, doch die individuellen Deutungen und Bearbeitungsstrategien sind vielfältig. Die Bildungsgangdidaktik geht davon aus, dass sich die Kompetenzen der Einzelnen im Zuge der Bearbeitung von Entwicklungsaufgaben entwickeln und dass zugleich bestimmte (Lern-)Angebote der sozialen Umwelt subjektiv interessant werden; im günstigen Falle gilt dies auch für das schulische Lernangebot. Diese Einsicht konnte allerdings bislang noch nicht in ein konsistentes Planungs- oder Handlungskonzept für Unterricht umgesetzt werden (vgl. Hericks/Schenk 2001).

Die Vertreter der handlungsorientierten Didaktik (H. Meyer 1996; Gudjons 2001) berufen sich auf Deweys erziehungswissenschaftliche Theorie eines aufgeklärten Pragmatismus, in dem Erfahrung („experience”) zum didaktischen Schlüsselbegriff wird, vor allem auf das Frühwerk (Dewey 1897/1972; 1899/1976; 1903/1976) und auf das Hauptwerk „Democracy and Education“ (Dewey 1916/1966; vgl. Westbrook 1991; Schreier 2001). Demgegenüber kann als erkenntnistheoretischer Rahmen der Bildungsgangdidaktik der Neopragmatismus ausgewiesen werden, wie er von Rorty (1994, 1999), Putnam (1995) und anderen mit explizitem Bezug auf Dewey vertreten wird. Angemerkt sei, dass dieser Neopragmatismus auf dem Fundament der Sprachkritik, Rortys „linguistic turn" (1967), aufruht, der mit Bezug auf das sprachphilosophische Werk Wittgensteins und anderer für die zweite Hälfte des 20. Jahrhunderts in der Philosophie und in vielen ihrer Bezugswissenschaften paradigmenprägend gewesen ist. Pädagogischer Pragmatismus wird von der Hoffnung getragen, dass der Sozialisationsprozess, den die nachwachsende Generation durchläuft, zu besseren Lebensbedingungen und zu mehr Demokratie führen wird, zu einer Lebenswelt also, in der alle ihre Mitglieder die Chance erhalten teilzuhaben an dem, was diese Welt an Gutem produziert. Zugleich sollen sie an der Forschungsgemeinschaft („community of inquiry") beteiligt sein können, von der die Frage, ob und wie man die wirkliche Welt richtig abgebildet hat, als vergleichsweise uninteressant bewertet wird (Rorty 1999, S. 119; vgl. Sandbothe 2000). Für die Bildungsgangdidaktik gibt der Neopragmatismus den theoretischen Rahmen, weil er erlaubt, dass die Lehrer als Vertreter der Erwachsenengeneration ein reflektiertes Weltbild vertreten, obwohl sie wissen, dass die nachwachsende Generation sich ihr eigenes Weltbild schaffen wird. Lehrer liefern den Spiegel, in dem sich die Schüler selbst erkennen können.

Von dieser Grundposition aus formuliert die Bildungsgangdidaktik auch ihre Kritik am Allgemeinbildungskonzept von Klafki. Schlüsselprobleme mögen tatsächlich Schicksalsfragen der Welt beschreiben, sie werden deshalb aber von den Jugendlichen noch nicht notwendig als Aufgaben eigener Bildung und Entwicklung akzeptiert, aufgenommen und bearbeitet. Es scheint auch fraglich, ob die notwendigen Gelingensbedingungen individueller Bildung im Medium der Bearbeitung von Schlüsselproblemen überhaupt gegeben sind. Die Gesellschaft ist u.E. an einer intergenerationellen Zusammenarbeit zur Lösung von Schlüsselproblemen bis heute nicht wirklich interessiert, weshalb die Schüler mit ihren im Unterricht erworbenen Kompetenzen zur Wahrnehmung und Bearbeitung von Schlüsselproblemen außerhalb der Schule kaum authentisch tätig werden können.

Die intergenerationelle Kommunikation steht dagegen im Zentrum der Bildungstheorie von Peukert, die wir aus bildungsgangdidaktischer Perspektive gegenüber Klafki für den weiterführenden Ansatz halten. Die Theorie läuft auf eine überraschende Wendung des Kanonproblems hinaus. Pragmatischer Ausgangspunkt Peukerts ist die Tatsache, dass die Erziehungswissenschaft eine Ausbildungswissenschaft ist und deshalb vor der Aufgabe steht, die nächste Generation zu befähigen, die übernächste zu erziehen. Eine Nähe zu Klafkis Position ist unverkennbar, wenn Peukert schreibt, dass man den beiden nächsten Generationen zugestehen muss, dass sie vor Aufgaben ganz neuer Art gestellt sein werden um zu verhindern, dass „selbstdestruktive Tendenzen die Übermacht gewinnen" (Peukert 1998, S. 17). Konsequenterweise darf daher Bildung „nicht nur als Aneignung der Wissensbestände, Interpretationen und Regeln einer gegenwärtig bestehenden kulturellen Lebensform bestimmt werden, sondern auch als die Fähigkeit, diese Lebensform, wenn sie sich selbst gefährdet, in ihren Strukturen und ihren herrschenden Regeln zu transformieren" (Peukert 2000, S. 509). Mit diesen Strukturen setzt Peukert sich ausführlich auseinander. Anders als Klafki leitet er aus seinen Einsichten jedoch gerade nicht normativ ein (wiederum) inhaltliches Bildungskonzept ab. Peukerts Position lässt sich knapp und provokativ überzeichnend in die Frage fassen, mit welchem Recht eigentlich die heutige Erwachsenengeneration, die für die genannten „Schlüsselprobleme" als Probleme unserer Zeit verantwortlich ist, der nachwachsenden Generation vorschreiben will, was sie für das 21. Jahrhundert zu lernen und an die übernächste Generation weiterzugeben hat. Für Peukert ist dies eine auf die „innere Struktur von Bildungsprozessen" verweisende ethische Frage: „Die elementare Erfahrung, die pädagogisches Denken und Handeln bestimmt, ist eine doppelte. (...) Das Kind ist ein unabhängiger, neuer Anfang. Es ist ein schlechthin Anderes, das als Anderes anerkannt werden will, mit eigener spontaner Kreativität und Originalität. Zugleich erfahren wir die sinnliche Verletzbarkeit, ja Zerstörbarkeit eines solchen offenen Anfangs menschlicher Existenz. Die andere Erfahrung ist, dass dieses neu anfangende Werden angewiesen ist auf eine Kommunikation, die den neuen Anfang schützt und in seiner Unabhängigkeit und Andersheit achtet und fördert, eine Kommunikation, die selbst wiederum zerbrechlich und zerstörbar ist" (Peukert 1998, S. 24).

Hier ist in aller Kürze dargelegt, was Peukert (2000) mit Verweis u. a. auf Nietzsche und auf Forschungen zur Künstlichen Intelligenz explizit begründet, dass es nämlich das Subjekt der Bildung, das sich zu sich selbst und zu seiner Situation in der Welt distanzierend und reflektierend verhalten kann, tatsächlich gibt. Peukert legt deshalb dar, dass „Transformationen" bereits in der „inneren Struktur" menschlicher Entwicklungs- und Bildungsprozesse angelegt sind; sie lassen sich als ein „gemeinsames Konstruieren" entschlüsseln, dem es „unter unbedingter Achtung vor der Unangreifbarkeit des anderen" darum geht, durch Transformation von Strukturen eine „gemeinsame Lebensform" zu finden (ebd., S. 519). Die dazu notwendigen Vorleistungen der Erwachsenen sind anspruchsvoll. Es geht darum, „das Kind in seiner Eigentätigkeit herauszufordern und zu fördern, andererseits da, wo das Kind überfordert wäre, stellvertretend für es und vorgreifend auf seine künftige Entwicklung zu handeln". Dabei besteht die Gefahr, das Kind „nach eigenen unerfüllten Wünschen und Projektionen oder nach gesellschaftlichen Erwartungen zu manipulieren" (ebd., S. 520). Dies erfordert eine „pädagogische Kultur, die Leben und transformierende Entwicklung aus Kommunikation ermöglichen will" mit ethischen Implikationen, „die nicht einfach die eines übernommenen Normensystems sind, sondern die in der Struktur pädagogischer Interaktion liegen und erst die Voraussetzung dafür bieten, dass in freier Übereinkunft zustimmungsfähige Normen gefunden werden können" (Peukert 1998, S. 26).

Die Frage nach den Inhalten der Bildung – Voraussetzung für Kommunikation auch im emphatischen Sinne Peukerts – ist damit noch nicht beantwortet. Um an diesem Punkt weiterzukommen muss man gewissermaßen die „Flucht nach vorn" antreten und fragen, welche Bildungsperspektiven im Faktum der Kontingenz selbst angelegt sind. Die folgende Bestimmung des Bildungsproblems scheint uns hierfür perspektivenreich zu sein: „Es geht darum, als ein Selbst zu existieren, das angesichts radikaler Kontingenz- und Widerspruchserfahrungen nicht in sich zerfällt, sondern fähig ist, die Belastungen durch globale Probleme, die in den Alltag hineinreichen, nicht zu verdrängen, sondern auszuhalten und sogar produktiv und gemeinsam mit anderen nach Lösungen zu suchen." (ebd., S. 22)

Wie Scheunpflug (2001) im Rahmen ihres system- und evolutionstheoretischen Ansatzes konstatiert, wird eine Bildungskonzeption, die von der Erfahrung radikaler Kontingenz ausgeht, inhaltlich in erster Linie in die Forderung nach der Wahrnehmung von Differenz einmünden: der Differenz von Wissen und Nichtwissen, Sicherheit und Unsicherheit, Gewissheit und Ungewissheit, von Etabliertem und Nicht-Etabliertem (vgl. ebd., S. 128). In dieser Sicht löst sich das Kanonproblem auf: Jegliche Inhalte verweisen auf die ausgeschlossene andere Seite des Nicht-Etablierten, Unsicheren und Ungewissen. So konstatiert Tenorth, dass jeder Kanon das Prinzip der Kritik implizit mit sich führt, indem „er zugleich kodifiziert und negiert, Anerkennung ausspricht und verweigert, im Bewußtsein der Tatsache, dass jede Schematisierung dieser Art selbst Produkt kultureller Entscheidung und gesellschaftlicher Macht ist". Tenorth führt deshalb zum Kanon weiter aus: „Seine Leistungsfähigkeit für Überlegungen zur allgemeinen Bildung hat er deshalb auch (...) durch diese Gleichzeitigkeit, dass er in das Selbstverständliche einführt (und das leistet er primär), aber die Prinzipien der Konstruktion des Selbstverständlichen – die Regeln des Ausschlusses nämlich – bewahrt und deshalb auch als Thema bereithält. Der Kanon macht, mit anderen Worten, jede Konstruktion der Welt nicht nur verbindlich, sondern auch als ‚Problem', d.h. als auch anders zu lösende Konstruktion, erkennbar. ‚Kritik' ist einer der Modi, am Kodifizierten die ausgeschlossene Alternative sichtbar zu machen" (Tenorth 1994, S. 179).

Diese Bestimmung des Kanonproblems mag als überraschende Wendung erscheinen. Man muss aber sehen, dass Tenorth den Kanonbegriff keinesfalls mit den Lehrplänen, sondern eher mit den akzeptierten „Bauprinzipien schulischer Lehrpläne" identifiziert. Dabei nimmt er insbesondere die aktuelle Strukturierung in vier unerlässliche Lernfelder wahr: in das sprachliche, das historisch-gesellschaftliche, das mathematisch-naturwissenschaftliche und das ästhetisch-expressive Lernfeld. Tenorth geht davon aus, dass diese Felder es erlauben, die gesellschaftliche Wirklichkeit auch jenseits tradierter Schulthemen zu behandeln und für den Wandel der Welt offen zu bleiben. Auch die Schlüsselprobleme Klafkis werden durch Übertragung in die Dimension der Lernbereiche individuell bearbeitbar und dann vielleicht auch der Reflexion von Lösungen zugänglich (vgl. ebd., S. 174f.).

Bringt man Tenorths Konzeption des Kanons mit Peukerts Bildungstheorie zusammen, so wirft dies zugleich ein Licht auf die Aufgabe der Lehrer. Sie werden künftig in dem Sinne als „Fachlehrer" gefordert sein, dass an ihren Personen die biographische Prägung kontingenten Wissens, kontingenter Positionen, Weltdeutungen und Lebensvollzüge transparent wird. Anders ist die von den Erwachsenen eingeforderte elementare Solidarität, auf deren Basis „Spielräume für die Selbsterprobung in alternativen Weisen des Umgangs mit Realität" freigegeben oder paradigmatisch vorgeführt werden (Peukert 1998, S. 25), nicht vorstellbar. Die von neueren Professionstheorien (etwa Oevermann 1996) beschriebene Involvierung des „ganzen Menschen" in das professionelle Handeln ergibt sich hier von der Eigenstruktur pädagogischen Handelns her von selbst. Lehrer werden in diesem Sinne zunehmend als Professionelle gefordert sein (vgl. Hericks 2006).

3 Curriculumforschung

Curricula bzw. Lehrpläne gehören zu den traditionellen Themen der Didaktik. In der historischen wie in der systematischen Curriculumforschung lassen sich Probleme ausmachen, die immer wieder diskutiert werden, wobei die empfohlenen Lösungen ebenso differieren wie die Wirklichkeit der Arbeit an und mit Lehrplänen. In einer „Topik der Lehrplanung" (Hopmann/Künzli 1998, S. 17) erweisen sich Ordnung, Reihung sowie Auswahl als durchgängige Grundmodi um Zielen und Inhalten des Lehrplans Bedeutung zu verleihen und Geltung zu verschaffen (ebd., S. 18). Als Elemente von Ordnungen gewinnen Lehrplaninhalte über sich selbst hinaus Bedeutung: Ordnungen sollen Universalität sichern oder anstreben. Der Modus der Reihenfolge erwächst demgegenüber nicht allein aus der Sache selbst, sondern bringt das lernende Subjekt ins Spiel, etwa über die Altersgemäßheit des curricularen Angebots. Wie wir mit Tenorth (1994) gesehen haben, kommt mit dem Aspekt der Auswahl auch in den Blick, dass die Entscheidung für Inhalte zugleich immer auch den Ausschluss von Inhalten bedeutet.

Lehrplanarbeit konstituiert die Differenz zwischen Schulwissen und Nicht-Schulwissen, sie „bearbeitet die Differenz zwischen Schule und Nichtschule, die sie dabei zugleich immer neu bekräftigt und überbrückt" (Künzli 1999, S. 15).

Historisch gesehen ist gerade der zuletzt genannte Aspekt sehr wichtig. So war es für Comenius noch problemlos möglich zu fordern, „alle Menschen alles zu lehren" (Comenius 1657/1993, S. 3), da für ihn die Inhalte des Curriculums der göttlichen und natürlichen Ordnung der Welt folgen und den altersbedingten Möglichkeiten der Schüler entsprechend zu lehren sind. Bei Wilhelm von Humboldt tritt der Aspekt der Auswahl hingegen schon deutlich hervor, der bildende Wert der Inhalte wird über ihren möglichen Gewinn für die Subjektwerdung des Einzelnen bestimmt (Humboldt 1809/1964, S. 188). Hier deutet sich bereits an, was Dolch als „den Schlußpunkt für die Lehrplangeschichte des Abendlandes" (Dolch 1965, S. 359) ansieht: die Hinwendung zum Subjekt des Lernens, die Dolch aus der reformpädagogischen Bewegung wie aus der amerikanischen Curriculumforschung erwachsen sieht (vgl. Tenorth 2000a, S. 365).

Weniger hat nachdrücklich darauf aufmerksam gemacht, dass Lehrpläne das Ergebnis der Auseinandersetzung der Bildungsmächte (Staat, Kirche, Wirtschaft, Gesellschaft, Kunst, Wissenschaft sowie Recht und Sitte) um den Einfluss auf die Schule sind. Nach seiner Auffassung soll der Staat zugleich als Bildungsmacht wie als „regulierender Faktor" auftreten (1930/1952, S. 33ff.). Ein einmal vorhandener Lehrplan entfaltet allerdings „Eigengesetzlichkeit und Eigenmacht" (ebd., S. 22f.). Weniger stellt grundsätzlich klar, wie die Inhalte in den Lehrplan kommen und dabei zu Schulwissen transformiert werden, er erläutert aber nicht im Einzelnen, wie sich diese Auseinandersetzung der Bildungsmächte vollzieht. Ist bei ihm die Wissenschaft nur eine unter mehreren Bildungsmächten, so erhebt Robinsohn (1971) die Forderung, Curricula allein nach den inhaltlichen wie methodischen Maßstäben der Wissenschaft zu konstruieren, und stellt Kriterien für die Auswahl von Inhalten auf: die Bedeutung des Gegenstandes in der Wissenschaft, seine Leistung zum Verstehen der Welt und seine Funktion im privaten und öffentlichen Leben (Robinsohn 1971, S. 47). Er klagt damit in einer Hochphase der Bildungsreform ein, nicht nur die Organisation des Schulwesens, sondern auch die Ziele und Inhalte der Bildung zu überprüfen.

Robinsohns Arbeit wurde in der Bundesrepublik zur Initialzündung für eine breite Curriculumdiskussion und -forschung von den Endsechzigern bis Anfang der 1980er Jahre (vgl. u.a. H. Meyer 1972). Sie speiste sich auch aus der – teilweise verkürzten – Rezeption der amerikanischen Forschung, der übrigens zu diesem Zeitpunkt in den USA bereits mit offener Skepsis begegnet wurde (vgl. Hameyer 1983, S. 57). Zu den Erträgen dieser Debatte (zum Überblick Frey 1975; Hameyer/Frey/Haft 1983; in internationaler Perspektive Lewy 1991) gehören Einsichten in die soziale Konstruktion von Curricula (vgl. Bourdieu/Passeron 1971) und unterschiedliche Modellvorstellungen zur Legitimation von Curricula, zum Prozess ihrer Entstehung und Implementation sowie zur Struktur von Curricula (vgl. Hameyer 1983, 1991). Frey formuliert dafür als curriculare Grundfrage: „Wie können Lernsituationen entwickelt, verwirklicht und evaluiert werden, welche im Horizont ihrer gesellschaftlichen und dinglichen Umwelt wie der individuellen Selbstinterpretation der Lernenden gerechtfertigt sind und zugleich die Selbstentfaltung aller Betroffenen (...) vor, während und nach dem anvisierten Lernprozeß optimal garantieren?" (Frey 1980, S. 45) In dieser Frage scheint zwar die didaktische Perspektive durch, ins Auge fällt jedoch das auf Planung, Optimierung und Evaluation orientierte Grundverständnis.

Zur Frage der Legitimierung von Curricula wurde deutlich zwischen politischer Legitimation und pädagogischer Begründung unterschieden (Kaiser 1983, S. 605). Es führt über Weniger hinaus, wenn die Diskussions- und Entscheidungsverfahren untersucht und kritisch beleuchtet werden, die Frage nach der Partizipation aller relevanten Bezugsgruppen systematisch bearbeitet und eine verfassungsrechtliche Dimension eingebracht wird. Neben die Kriterien Robinsohns tritt das pädagogische Argument curriculare Fragen auch auf die Selbstbestimmung des lernenden Subjekts zu beziehen (ebd.). Bei den Theorien zur Strukturierung von Curricula orientiert man sich im Rückgriff auf bildungstheoretische Überlegungen an Leitideen oder Bildungskategorien, an Situationen oder Handlungsfeldern sowie an Grundkategorien von Wissenschaften.

In den 1980er Jahren ließ in der Bundesrepublik, anders als in den USA oder Großbritannien, die Aufmerksamkeit für die Curriculumforschung rapide nach. Der weit reichende Anspruch, Schule und Unterricht über wissenschaftlich fundierte Curricula zu reformieren, erwies sich als undurchführbar; die Curriculuminitiative ging auf zum Teil neu geschaffene staatliche Institutionen über. Es zeichnete sich eine Tendenz zur Hinwendung zur Mikroebene des Unterrichts, zu den Bildungsprozessen des Subjekts und zu qualitativ-interpretativen Verfahren (vgl. Terhart 1983) ab, zu der neben dem Stillstand der Bildungsreformen auch die Kritik an kognitiv orientierten und zweckrational begründeten Unterrichtskonzepten beitrug, die sich auf Curriculumtheorien beriefen (z.B. Möller 1973). In den Fachdidaktiken sind demgegenüber Fragen der Curricula kontinuierlicher bearbeitet worden.

Welche Wirkungen die umfängliche Curriculumforschung tatsächlich auf die Praxis der Lehrplanarbeit hatte, ist umstritten. Viele Autoren verweisen auf Ambivalenzen, etwa zwischen fundierten, reflektierteren Vorgaben und stärkerer Gängelung der Lehrer und Schüler durch eben diese Differenzierung, zwischen den wissenschaftlichen Ambitionen staatlicher Lehrplaninstitute und der Verdrängung bzw. Ausgrenzung der Wissenschaftler aus der Lehrplanerarbeitung, zwischen der Öffnung der Curricula für neue Fächer und Inhalte sowie für Entscheidungsspielräume der Lehrer und einer verstärkten Bindung bzw. Selbstbindung der Praxis durch Schulbücher, Begleitmaterialien etc. (zusammenfassend Sandfuchs 1987, S. 33ff.). Analysen der Lehrplanpraxis legen es nahe, dass der Einfluss der Wissenschaft trotz der ausgedehnten Curriculumforschung eher gering, die Wirksamkeit sozialer Erwartungen und professioneller Vorurteile eher hoch ist (Heymann 1996; Tenorth 2000b).

Gewann die Allgemeine Didaktik nach dem Abebben der Curriculumforschung wieder an Boden, so hatte sie sich doch unter deren Einfluss verändert. Zu nennen sind u.a. eine verstärkte Berücksichtigung gesellschaftstheoretischer Aspekte, die Aufklärung des Verhältnisses von Zielen, Inhalten und Methoden des Unterrichts, eine verstärkte Schülerorientierung und Hinwendung zu den Fachdidaktiken sowie die Betonung der Unterrichtsebene in der Forschung (vgl. Knab 1983; Hopmann 2000).

Mit Blick auf aktuelle empirische Forschungen und theoretisch diskutierte Probleme zum Curriculum lässt sich – auch international – ein Trend erkennen: der Übergang von der Analyse und Kritik der Lehrpläne zur Analyse der praktischen Lehrplanarbeit auf allen Ebenen. Zu den Schwerpunktthemen gehören die Geschichte der Lehrpläne und der Lehrplanforschung (vgl. Hopmann/Riquarts 1995; Goodson/Hopmann/Riquarts 1999; Keck/Ritzi 2000), die Bedeutsamkeit von Fächern und des Fachunterrichts (vgl. Tenorth 1999; Huber 2001), die Prozesse der Erarbeitung und Veränderung von Curricula (vgl. Künzli/Hopmann 1998; Künzli/Bähr/Fries/Ghisla/Rosenmund/Seliner-Müller 1999) und Curricula als Spiegel und Produkt gesellschaftlicher Transformationsprozesse (vgl. Döbert 1995; Keuffer 1997).

In Untersuchungen bestätigte sich immer wieder die Multifunktionalität von Lehrplänen, gerade aus der Perspektive unterschiedlicher Akteure und Handlungskontexte. Allgemein anerkannt ist ihre Legitimationsfunktion. Dem Staat (oder anderen lehrplangebenden Instanzen) dienen Lehrpläne zur Konkretisierung bildungspolitischer Programmatiken, zur Präsentation und Rechtfertigung staatlicher Schulpolitik (Vollstädt/Tillmann/Rauin/Höhmann/Tebrügge 1999, S. 20f.). Davon ist die Auswahl und Anordnung von Inhalten beeinflusst (vgl. Hopmann/Künzli 1998, S. 18); Lehrplanarbeit ist Teil von Verwaltungshandeln und folgt dessen Logik (vgl. Künzli 1999, S. 12f.). Der Einzelschule und der einzelnen Lehrkraft helfen Lehrpläne bei der Legitimierung didaktischer und schulorganisatorischer Entscheidungen, z.B. gegenüber Schülern und Eltern. Sie haben insofern auch eine Entlastungsfunktion (vgl. Vollstädt u.a. 1999, S. 22), auch wenn sich die Lehrer dem wachsenden Entscheidungszwang und der wachsenden Begründungsverpflichtung grundsätzlich nicht entziehen können (vgl. Helsper 1996, S. 542). Lehrpläne erlauben es den Akteuren, einen Schutzwall gegen äußere Eingriffe zu errichten, was den direkten, eigennützigen Einfluss einzelner Interessengruppierungen (z.B. aus Wirtschaft und Politik) auf Schule und Unterricht erschwert, zugleich aber auch zur Abwehr didaktisch sinnvoller und von den Lernenden gewünschter Neuerungen führen kann.

Daneben kommt Lehrplänen eine Orientierungs- bzw. Steuerungsfunktion zu, da sie den Lehrkräften eine Rahmung und eine Unterstützung für didaktisches Handeln geben sollen, wobei die Detailliertheit und Verbindlichkeit der Orientierungen sowohl im internationalen Vergleich als auch innerhalb Deutschlands differiert. Eine indirekte Orientierung läuft über die Lehr- und Lernmittel, insbesondere über die in Deutschland u.a. hinsichtlich ihrer Lehrplankonformität genehmigungspflichtigen Schulbücher. Diese erweisen sich (von Fach zu Fach in unterschiedlichem Ausmaß) als quasicurriculare Instanzen (vgl. Vollstädt u.a. 1999, 207ff.). Solche „sekundären Lehrplanbindungen" (Hopmann/Künzli 1998, S. 23) gibt es auch in anderen Ländern, wobei insbesondere im angloamerikanischen Raum Tests hinzukommen.

Mit der Orientierungsfunktion ist die Hoffnung verbunden, Lehrplänen komme eine Innovationsfunktion zu (Vollstädt u.a. 1999, S. 21). Erkennbar ist immerhin, dass Lehrplanautoren Innovationen der Praxis aufgreifen (genauer Fries 1999) und diese verbindlich machen, z.B. Formen kreativen Schreibens für den Deutsch- und den Fremdsprachenunterricht. Dieses „Lizenzprinzip" (Künzli 1999, S. 14) ist allerdings aus der Sicht der Praktiker ambivalent: Jene Lehrkräfte, welche die Neuerungen bereits praktizieren, fühlen sich bestätigt, jene, die sie ablehnen, müssten ihre Praxis ändern, bewerten dies oft als Einschränkung ihrer didaktischen Autonomie und üben sich deshalb in Abwehr (ebd., S. 15). Analysen für die Schweiz, die tendenziell auch auf Deutschland übertragen werden können, deuten darauf hin, dass sich gegenwärtig ein Paradigmenwechsel von der „Input-Steuerung" zur „Output-Steuerung" abzeichnet: Die Vorgaben über Lehrpläne und die Forderung nach Plankonformität werden zurückgenommen, Schulen erhalten größere Autonomie. Gleichzeitig wird aber die Planerfüllung kontrolliert, indem Schulen und Schüler permanenten Assessment- und Evaluationsprozeduren unterworfen werden. Damit tritt das Produkt des Lernens in Form von abfragbarem Wissen oder nachzuweisenden Fähigkeiten vor die Bildungsprozesse selbst (ebd., S. 23ff.).

Im internationalen Vergleich (zum Überblick Lewy 1991; Skilbeck 1992) kann dies auch als Bezugnahme auf eine differente Curriculumtradition gedeutet werden. In den meisten mittel- und nordeuropäischen Ländern machen wie in Deutschland Lehrpläne von staatlicher Seite grobe Vorgaben und lassen darüber hinaus dem Lehrer kraft Methodenfreiheit Spielraum bei der Gestaltung eines individuellen Curriculums. Die darüber ausgeübte „indirekte Prozesskontrolle" (Hopmann 2000, S. 387) ist durch eine Didaktik gedeckt, die den Lehrer als didaktisch autonomen, reflektierenden Praktiker versteht, der sein Curriculum selbst gestaltet (vgl. Westbury 2000, S. 27). Im Gegensatz dazu wird im amerikanischen, englischen und französischen System staatliche Kontrolle vorrangig über die Überprüfung der Schulleistungen und z.T. über Zugangskontrollen gewährleistet (vgl. M. Meyer 1996; Hopmann 2000, S. 387ff.). Zum Beispiel lag in England die Verantwortung für die Curricula bis in die 1980er Jahre bei regionalen Behörden, was als Ausdruck von Liberalität gedeutet wurde (vgl. Kotthoff 1994; Glowka 1996). Von Lehrkräften wird in einem derartigen auf Produktkontrolle setzenden System vor allem erwartet, Schülerleistungen kompetent analysieren und Curricula so umsetzen zu können, dass die Schüler hohe Testergebnisse erreichen. Sie sind also eher Ausführende und Agenten des Systems als selbst Gestaltende (vgl. Westbury 2000, S. 21). In den letzten zwei Jahrzehnten zeichnet sich als Trend ab, dass aus der jeweils anderen Traditionslinie Elemente übernommen werden, ohne jedoch das eigene Steuerungssystem zurückzufahren. So wurde in England mit dem National Curriculum erstmals ein landesweiter Rahmenlehrplan eingeführt, der den Schulen und den Lehrern zwar, gerade aus deutscher Sicht, großen Gestaltungsraum lässt, jedoch mit standardisierten Prüfungen verbunden ist. Diese sind u.a. wegen ihrer reglementierenden Wirkung, ihres eingeengten Leistungsverständnisses und ihrer Begrenzung auf den britischen Kulturkreis in die Kritik geraten (vgl. Glowka 1996; Quarshie 1999). In einem Teil der Länder, die bislang auf indirekte Prozesskontrolle setzten, wird diese zunehmend durch Produktkontrolle in Gestalt von Vergleichsarbeiten, Tests, Schulevaluation etc. ergänzt, zusätzlich animiert durch internationale Vergleichsstudien wie TIMSS und PISA. Dabei ist bislang unklar, welches System mehr steuernde Effekte hat (vgl. Hopmann 2000, S. 389) und inwieweit eine solche stärkere Steuerung für eine verbesserte Bildung der nachwachsenden Generation wünschenswert ist. Es ist deshalb nicht von der Hand zu weisen, dass die gegenseitige Annäherung der Curriculumstrategien diese pervertiert, indem es weder zu einem Zugewinn an Lehrerprofessionalität im Sinne didaktischer Autonomie noch an Qualität von Lernergebnissen, gemessen an einem anspruchsvollen Bildungsziel, kommt (ebd., S. 391). Im Zusammenhang damit droht auch eine Frage aus dem Blick zu geraten, die bereits Dewey (1916/1966) aufgeworfen hat: Wie müssen Curricula beschaffen sein, damit sie demokratiefördernd wirken? Der Ausschluss von Schülern aus curricularen Entscheidungen ist deshalb problematisch, Partizipation erscheint geboten (vgl. M. Meyer 1997).

Dem könnte der gegenwärtig zu beobachtende Trend zur Verlagerung der curricularen Arbeit auf die Einzelschule entgegenkommen (für die Schweiz vgl. Künzli 1999; als weit fortgeschrittenes Beispiel für Deutschland: Hamburg, vgl. Maritzen 1998; Bastian/Combe/ Gudjons/Herzmann/Rabenstein 2000; Herzmann 2001). Erste Untersuchungen zur Entwicklung von Schulcurricula, die über das gewohnte Maß von Schullehrplänen hinausgehen, zeigen, dass dies zur Mobilisierung der Lehrer und zu einer erhöhten Innovationsbereitschaft führt, zugleich aber kollegiale Konflikte und Überforderung hervorrufen kann. Schulcurricula erzeugen in der Regel mehr Bindung als staatliche Lehrpläne und einen „Druck zur pädagogisch-ideologischen Konformität" (Künzli 1999, S. 28), der sich auch negativ auswirken kann. Eine offene Frage ist, wie sich sichern lässt, dass Schulcurricula nicht hinter den erreichten Erkenntnisstand zur Lehrplanarbeit zurückfallen. Dies gilt auch für die im berufsbildenden Bereich angestrebte Individualisierung von Curricula, da ansonsten die „Dominanz ökonomischer Utilitarität, inhaltlicher Beliebigkeit und Orientierungslosigkeit" (Reetz/Tramm 2000, S. 78) droht.

Die Wirksamkeit (staatlicher) Lehrpläne wird in der Forschung seit langem skeptisch beurteilt, was durch zwei Untersuchungen aus den 1990er Jahren bestätigt und zugleich differenziert wurde. Eine Forschergruppe um Künzli hat für die Schweiz die Lehrplanproduktion, -vermittlung und -nutzung untersucht, wobei mit Dokumentenanalysen, quantitativen und qualitativen Befragungen sowie Interviews gearbeitet und partiell ein Vergleich mit Deutschland durchgeführt wurde (vgl. Künzli/Hopmann 1998; Künzli u.a. 1999). Vollstädt, Tillmann u.a. haben die Wirksamkeit neuer Rahmenpläne in Hessen evaluiert, indem vor und nach der Einführung eine repräsentative Befragung von Lehrkräften erfolgte und an Einzelschulen Fallstudien zur curricularen Arbeit und zum alltäglichen Umgang mit den Plänen durchgeführt wurden (vgl. Vollstädt u.a. 1999). Die Studien zeigten, dass Lehrer an Lehrpläne eine „diffuse Orientierungserwartung" (Künzli/Santini-Amgarten 1999, S. 153) haben: Sie sollen klar strukturiert sein, Ziele und Inhalte des Unterrichts knapp darlegen und viele methodische Empfehlungen geben, sie sollen Lehrer absichern und zugleich großen didaktischen Freiraum lassen. Insbesondere die Untersuchung in Hessen konstatierte eine große Skepsis der Lehrkräfte, die sich entweder darauf bezieht, dass die Lehrpläne nichts Neues bieten, oder gerade darauf, dass sie Veränderungen verlangen (vgl. Vollstädt u.a. 1999, S. 149). Dahinter stehen differierende pädagogische Grundpositionen, z.B. eine stärkere Schüler- oder eine stärkere Sachorientierung (ebd., S. 151). Neue Lehrpläne werden von Lehrern also zur Kenntnis genommen, in der Bundesrepublik sogar stärker als in der Schweiz (Künzli/Santini-Amgarten 1999, S. 151). Die Kenntnisnahme ist aber selektiv; es geht vor allem um die Bestätigung der eigenen und der kollegialen curricularen Normen (ebd., S. 155; Vollstädt u.a. 1999, S. 151). Schulinterne Curricula werden nur so weit wie unbedingt nötig an neue Rahmenpläne angeglichen um die „Curriculum-Scripts" der Lehrer, die von diesen als Absicherung professionellen Unterrichtens angesehen werden, nicht zu gefährden (ebd., S. 151). Staatliche Lehrpläne wirken offensichtlich auf den Unterricht nur indirekt, entscheidend sind die schulinternen Curricula (ebd., S. 219).

Staatliche Lehrpläne erweisen sich als „Spiegel einer im Grundsatz defensiven Modernisierung" (Künzli/Santini-Amgarten 1999, S. 157), da sie bereits vollzogene Innovationen der Praxis sanktionieren. Sie müssen dabei eine Balance zwischen Innovation und Stabilisierung des bestehenden Systems herstellen (vgl. ebd.). Wenn die Innovationshoffnungen auf die Einzelschule verlagert werden, so erfordert das für Deutschland auch einen Funktionswandel staatlicher Lehrpläne, der durchaus im internationalen Trend liegt (vgl. Skilbeck 1992, S. 104ff.). Lehrpläne dürfen nur einen Rahmen in Form eines Kerncurriculums festlegen und müssen Innovationsimpulse für Schulcurricula geben (Vollstädt u.a. 1999, S. 221).

4 Allgemeine Didaktik und Fachdidaktiken

Obgleich die wissenschaftliche Frage, wie sich fachliche Gegenstände lehren und lernen lassen, schon alt ist, erfolgte die akademische Etablierung der Fachdidaktiken erst sehr spät (zur Geschichte Heursen 1983/1995; Hopmann 1998; Timmerhaus 2001). In der Bundesrepublik und der DDR wurden sie in den 1960er und 1970er Jahren zu universitären Disziplinen, in Frankreich und der Schweiz in den 1980er Jahren (Schneuwly 1998) und in Nordeuropa erst in den 1990er Jahren (Hopmann 1998). In den USA gibt es ab Mitte der 1980er Jahre eine parallele, aber isolierte Entwicklung: Im Zusammenhang mit Untersuchungen zur Wissensentwicklung von Lehrern (teachers' thinking) wird das fachliche Wissen als Forschungsdesiderat erkannt; Shulman spricht in Bezug auf die Erforschung dieses „pedagogical content knowledge" gar von einem „missing paradigm" (Shulman 1991, S. 147). Es handelt sich dabei um das, was in der europäischen Tradition das Feld der Fachdidaktik ausmacht (vgl. Gudmundsdottir/Reinhartsen/Nordtømme 1995, S. 164). Ansehen und Stellung der jungen fachdidaktischen Disziplinen sind gegenwärtig als fragil zu betrachten (genauer Hopmann 1998; Mangold/Oelkers 2000), wozu nicht zuletzt die Infragestellung des schulischen Fachprinzips beigetragen hat (vgl. Tenorth 1999; Huber 2001).

Der wissenschaftliche Gegenstand der Fachdidaktiken sind ganz allgemein fachbezogene Prozesse des Lehrens und Lernens (vgl. Meyer/Plöger 1994). Umstritten ist dabei u.a., ob sich Fachdidaktiken auf Unterricht, zuvorderst auf Schulunterricht, konzentrieren sollten und was im Einzelnen unter dem Fachbezug verstanden wird. Verknüpft damit ist die Frage nach dem Selbstverständnis der Fachdidaktiken und nach ihrem Verhältnis zu den Nachbardisziplinen. Die universitäre Tradition der Gymnasiallehrerausbildung legt ein Selbstverständnis der Fachdidaktiken als Teildisziplinen korrespondierender Fachwissenschaften, z.B. der Germanistik oder der Physik, nahe. Fachdidaktik wird dann nicht selten als angewandte Fachwissenschaft gesehen, welche die Zugänge und Erkenntnisse der Fachwissenschaft unter dem Blickwinkel des (institutionalisierten) Lehrens und Lernens betrachtet und universitäre Fächer mit Schulfächern in Beziehung setzt. Das ermöglicht den Anschluss an aktuelle fachliche Debatten, birgt zugleich aber die Gefahr einer abbilddidaktischen Verengung (vgl. Heursen 1983/1995, S. 430) und der Ausblendung der Frage, was didaktisches Handeln zu einem pädagogisch vertretbaren Handeln macht. Weiterführend, wenn auch noch wenig verbreitet, ist der Gedanke „Fachdidaktik als ‚Disziplin der Selbstreflexion' der jeweiligen Fachzusammenhänge" (von Borries 1999, S. 196) zu verstehen.

Ein anderes, historisch aus der Tradition spezieller lehrerbildender Einrichtungen erwachsenes Selbstverständnis betrachtet Fachdidaktiken als genuin pädagogische Disziplinen (vgl. Klingberg 1994, S. 75f.), da ihr Gegenstand ein didaktischer sei, der sich nur zusätzlich durch einen besonderen Bezug auf eine Fachwissenschaft auszeichne. In der deutschen Forschungslandschaft trifft man ein solches Selbstverständnis selten an, das Verhältnis zur Allgemeinen Didaktik ist eher unterkühlt (zum Rückblick Plöger 1992, 1994a). Dabei besteht heute auf beiden Seiten Einigkeit, dass es nicht um eine Unterordnung der Fachdidaktiken unter die Allgemeine Didaktik gehen kann (vgl. Klafki 1994, S. 49). Die Allgemeine Didaktik mit ihrem Anspruch, das Ganze der didaktischen Fragestellung zu bearbeiten, ist dazu auf die Erkenntnisse der Fachdidaktiken ebenso angewiesen wie diese auf grundlegenden Einsichten über didaktische Prozesse (ebd., S. 51ff.).

Eine dritte Form des Selbstverständnisses ist, Fachdidaktiken als „Vermittlungsinstanzen zwischen Fachwissenschaften und Allgemeiner Didaktik" (Klafki 1994, S. 55) zu sehen und deren „Integrationsfunktion" (Klingberg 1994, S. 76) oder „Brückenfunktion" (Konferenz der Vorsitzenden Fachdidaktischer Fachgesellschaften 1998) herauszustellen. Das passt am besten zu dem modernen, interdisziplinären Image, das den Fachdidaktiken bei ihrer universitären Etablierung geholfen hat. Jedoch birgt es die Gefahr den eigenen Gegenstand aus dem Auge zu verlieren bzw. ihn abgesprochen zu bekommen (vgl. Badertscher 1998).

Um den aktuellen Forschungsstand in den Fachdidaktiken darzulegen und zu bewerten konzentrieren wir uns auf drei ausgewählte Fachdidaktiken: Deutschdidaktik, Englischdidaktik und Physikdidaktik. Wir umreißen Schwerpunkte der historischen, systematischen und empirischen Forschung in den letzten beiden Jahrzehnten, benennen dominierende Forschungsmethoden und Kooperationsbeziehungen zu anderen Wissenschaftsdisziplinen und schätzen grob den Grad der Internationalisierung der Forschung ein.

In der Deutschdidaktik spiegelt sich die mehr oder weniger deutliche Trennung in Literatur- und Sprachdidaktik auch in der Forschungssituation wider. In der Sprachdidaktik lässt sich in den 1980er Jahren, auch unter Berücksichtigung amerikanischer Studien, eine Hinwendung zum kreativen Schreiben und zur Erforschung von Schreibprozessen erkennen. Diese Richtung, zu der es in der ehemaligen DDR eine Parallele unter Bezug auf die Linguistik und die sowjetische Tätigkeitspsychologie gab, führte zu prozessorientierten Forschungsdesigns und zu adäquaten didaktischen Konzepten (zum Überblick Feilke 1993; Baurmann/Weingarten 1995; Fix 2000). Daneben sind Bemühungen um die Erforschung der Sprachontogenese, vor allem im Schulalter, zu erkennen; besonders wirksam war die Studie zum schriftlichen Argumentieren von Augst und Faigel (1986). Die beiden Stränge sind in zahlreichen Arbeiten zum Schriftspracherwerb verknüpft, in denen zunehmend auch der Unterrichtsprozess selbst erfasst wird (z.B. Dehn 1999). Auf diesem Gebiet hat es in den letzten Jahren den größten empirischen wie theoretischen Erkenntnisfortschritt gegeben (vgl. Spinner 2001, S. 73). Zu erwähnen sind zudem Arbeiten zu Sprachbewusstsein und Sprachaufmerksamkeit, die unter dem Stichwort ‚language awareness' auch ein Thema in der internationalen Diskussion sind (vgl. Hawkins 1991). Die dabei diskutierte Frage nach dem Verhältnis von kommunikativem Wissen und Können fand sich auch in den teilweise umfangreichen empirischen Untersuchungen in der DDR, die sich, anders als in der Bundesrepublik, relativ kontinuierlich auch auf Lehr-Lern-Prozesse beim Erwerb von Grammatik und normgerechter Schreibung bezogen.

In der Literaturdidaktik etablierte sich in den 1980er Jahren die Handlungsorientierung als neuer und einflussreichster Ansatz. Es sind dabei Parallelen zur handlungsorientierten Didaktik zu erkennen, auch wenn sich das Konzept des handlungs- und produktionsorientierten Literaturunterrichts aus anderen Quellen speist. Neben systematischen Untersuchungen und einer Vielzahl praktischer Unterrichtsmodelle gibt es einige empirische Studien (z.B. Müller-Michaels 1987); der Ansatz muss aber bis heute als empirisch nicht hinreichend abgesichert gelten. Mit vergleichsweise großem Aufwand und in interdisziplinärer Kooperation sind demgegenüber in den letzten Jahren die Lesesozialisation in der Mediengesellschaft sowie die Entwicklung des Lesekönnens und -interesses untersucht worden (z.B. Hurrelmann/Hammer/Niess 1993; Eggert/Garbe 1995). Gegenwärtig sind in der Literaturdidaktik besondere theoretische Anstrengungen in der Rezeption postmoderner Literaturtheorien und kulturanthropologischer Ansätze sowie in der Diskussion zum literarischen Kanon zu erkennen. Einzelne empirische Untersuchungen gibt es u.a. zu literarischen Gesprächen im Unterricht und zur Medienerziehung.

Da Deutschunterricht heute immer weniger nur muttersprachlicher Unterricht ist, rückt der Umgang mit Mehrsprachigkeit bzw. sprachlicher Heterogenität zunehmend in den Blickpunkt (z.B. Linke/Oomen-Welke 1995), ohne dass der Forschungsstand dazu als befriedigend bezeichnet werden könnte. Insgesamt gibt es in den letzten Jahren eine Reihe solider historischer Arbeiten zum Deutschunterricht und zur Deutschdidaktik (z.B. Hohmann 1994; Mieth 1994), vielfältige systematische Anstrengungen und beachtenswerte empirische Ansätze, obgleich die empirische Forschung, insbesondere die deutschdidaktische Unterrichtsforschung im engeren Sinne, unzureichend ist. Die von vielen Fachdidaktikern betriebene Entwicklung von Unterrichtsmodellen und -materialien unterstützt Praxisnähe und hat Ausbildungsrelevanz, vernachlässigt aber die empirische Absicherung und reproduziert die Kritik, dass sich die Deutschdidaktik zu lange auf Fragen der Unterrichtsmethoden konzentriert hat (vgl. Spinner 2001).

Hinsichtlich der eingesetzten Forschungsmethoden kann man einen Trend von der Textanalyse über die Analyse der Textproduktion hin zur Analyse sprachlicher und literarischer Lehr-Lern-Prozesse erkennen. Häufig werden Fallstudien, seltener quantitative Methoden eingesetzt; gelegentlich findet man eine Kombination qualitativer und quantitativer Designs. Dominierende Bezugswissenschaften sind Psychologie, Sprach- und Literaturwissenschaft sowie Ästhetik; seltener die Erziehungswissenschaft einschließlich der Allgemeinen Didaktik und anderer Fachdidaktiken. Von einer beginnenden Internationalisierung der Forschung kann erst in den letzten Jahren gesprochen werden, sie erfolgt häufig über Projekte internationaler Fachgesellschaften (z.B. International Mother Tongue Education Network, International Reading Assocation) und ist in der Sprachdidaktik stärker ausgeprägt als in der Literaturdidaktik (vgl. Spinner 2001).

Die Englischdidaktik, die nach dem Zweiten Weltkrieg in West und Ost zunächst als Fachmethodik konzipiert wurde, ist schon bald zu einer der großen Fachdidaktiken aufgestiegen, wobei die Fachdidaktiken der weiteren schulischen Fremdsprachen und dann ab den 1970er Jahren die Didaktik des Deutschen als Fremdsprache als kleinere Schwestern mitgelaufen sind. Es ist heute selbstverständlich, dass die Didaktiken der (neuen) Fremdsprachen in der Forschung und auf Kongressen kooperieren.

In den 1970er Jahren entwickelte sich eine „progressive" Englischdidaktik (z.B. Schröder 1975). Der Anspruch, nicht nur die „Applikation" der Anglistik und Amerikanistik auf schulische Lehr-Lern-Prozesse zu steuern, sondern zugleich auch Forderungen gegenüber der Fachwissenschaft zu erheben, wurde in der Fremdsprachendidaktik allgemein akzeptiert. Dass es zugleich Aufgabe der Fachwissenschaft ist, hier der Anglistik/Amerikanistik, auch darüber nachzudenken, wie sich die Erkenntnisse und Methoden des Faches im Medium der Bildung präsentieren und bearbeiten lassen und was die bildende Wirkung der eigenen Wissenschaft ist, stellt allerdings aus unserer Sicht bis heute ein Desiderat dar.

Die Englischdidaktik hat in den 1980er Jahren wesentlich von der Internationalisierung profitiert. Nach dem bahnbrechenden Aufsatz von Selinker über „Interlanguage" (1972) kam es zu umfangreichen Forschungen zu der Frage, wie sich die Sprache der Lerner fremder Sprachen allmählich der „Zielsprache" (target language) annähern kann und wie sich die Interlanguages der Fremdsprachenlerner systematisch beschreiben lassen. Der Streit wurde überlagert durch die Ausdifferenzierung zwischen der Erforschung des (natürlichen) Zweitsprachenerwerbs (second language acquisition), wie ihn etwa Migranten erleben, und der des (gesteuerten) schulischen Fremdsprachenlernens. Hierfür stand in Deutschland die Sprachlehrforschung, wesentlich bestimmt durch Bausch (vgl. Bausch/Königs 1986). Krashen (1981) hat die weit diskutierte These vertreten, der ungesteuerte Spracherwerb in natürlichen Kommunikationssituationen sei der allein sinnvolle und effektive, das über einen „Monitor" gesteuerte Fremdsprachenlernen sei demgegenüber ineffektiv.

Die Diskussionen und Forschungen zu Zweitspracherwerb und Fremdsprachenlernen sind in den 1980er und 1990er Jahren von der Frage überlagert worden, welche Bedeutung der Sprachbewusstheit (language awareness) für den Lernprozess zukommt (vgl. Hawkins 1991), und dies ist in den letzten Jahren noch einmal von der Mehrsprachigkeitsdiskussion überlagert worden, die zugleich lernbiographische Züge annimmt und die Diskussionen über interkulturelle Bildung einbindet. Dass wir nicht nur die Fremdheit der Sprecher fremder Sprachen verstehen müssen, dass vielmehr in gewisser Weise das Fremde auch in uns selbst steckt, wird diskutiert und erforscht (vgl. Hu 2003).

Auch für die Englischdidaktik (zum aktuellen Stand vgl. Timm 1998) und die Fremdsprachendidaktik insgesamt gilt: Erkenntnisse, Forschungsverfahren und -methoden der Allgemeinen Didaktik werden kaum rezipiert, während umgekehrt auch die Allgemeine Didaktik nicht zur Kenntnis nimmt, was in der Englischdidaktik passiert. Einzige Ausnahme ist vermutlich die Rezeption der handlungsorientierten Didaktik (vgl. Bach/Timm 2003), dies allerdings nicht so sehr über die Forschungsschiene, sondern aus der Schulpraxis heraus, wobei es zu charakteristischen Verschiebungen kommt, die den didaktischen Ansatz zu einer Unterrichtsmethode neben anderen transformieren (vgl. Reinartz 2003).

Weniger durch die Forschung denn durch die Bildungspolitik sind Themen geprägt, die in den letzten Jahren wichtig waren, etwa der früh beginnende Englischunterricht in der Grundschule, der fremdsprachliche Sachfachunterricht (irreführend „bilingualer“ Unterricht genannt), die Reform des gymnasialen Oberstufenunterrichts (vgl. Tenorth 2001) und die Aufwertung des Englischen zur europäischen und weltweiten ‚lingua franca‘ im Rahmen der Globalisierung der Lebenswelt. Wann hier substanzielle Forschung zu Ergebnissen kommt, die selbst wieder für die Lehrerbildung und den Unterricht verwandt werden können, ist eine offene Frage.

Die Fachdidaktik Physik ist nach Duit (1999), grob gesprochen, in zwei Lager geteilt, zwischen denen zur Zeit kaum Verbindungen bestehen, nämlich in eine eher fachlich und eine eher pädagogisch-psychologisch orientierte Richtung. Dabei dominiert die erste Richtung, d.h. die Aufarbeitung fachlicher Themen für den Unterricht sowie die Entwicklung von Materialien, Medien und Curricula, deutlich. Die jährlichen Tagungsbände der „Gesellschaft für Didaktik der Chemie und Physik“ (GDCP) belegen die Gültigkeit dieser These für die Bundesrepublik Deutschland (z.B. Brechel 2001). Der Großteil der Beiträge zeigt ein deutlich fachlich orientiertes Interesse. So werden etwa Fragen der naturwissenschaftlichen Bildung, Möglichkeiten des Computereinsatzes im Physikunterricht, neue Experimente oder spezielle Fragen zu Teilaspekten physikalischer Sachbereiche und ihrer möglichen Vermittlung bzw. Präsentation im Unterricht behandelt. Eher der zweiten Richtung zuzuordnen sind empirische Untersuchungen zu Schülervorstellungen zu naturwissenschaftlichen Phänomenen und Begriffen. Da Schülervorstellungen stets bereichsspezifisch sind, stellen sie faktisch eine Brücke zwischen den beiden Lagern der Physikdidaktik dar, auch wenn dies nur selten explizit gemacht wird (z.B. Fischler/Lichtfeld 1992). Mitte der 1970er Jahre setzte weltweit ein regelrechter Boom entsprechender Arbeiten ein (vgl. Duit 1995, S. 906; eine auch den internationalen Stand umfassende Bibliographie: Duit 2004). Dabei hat es von Anfang an eine enge Kooperation mit der Kognitionspsychologie gegeben. Sowohl qualitative als auch quantitative Forschungsmethoden finden Anwendung, sie haben sich in ihren Standards den in den Sozialwissenschaften üblichen angenähert (vgl. Mangold/Oelkers 2000, S. 22). Die zahlreichen Arbeiten zu Schülervorstellungen haben insgesamt plausibel machen können, warum die Aneignung physikalischer Konzepte oft so schwer fällt, nämlich aufgrund ihrer „Interferenz“ mit den immer schon vorhandenen Alltagskonzepten der Lernenden.

Unterrichtskonzepte, die diesen Schwierigkeiten explizit Rechnung tragen, wurden mit Verspätung seit den 1980er Jahren entwickelt. Als sehr einflussreich hat sich hier die Theorie des „conceptual change“ in der Fassung von Posner, Strike, Hewson und Gertzog (1982) erwiesen (vgl. auch Hewson/Beeth/Thorley 1998). Die Grundidee besteht in der Herbeiführung „kognitiver Konflikte“ (z.B. zwischen Vorhersage und tatsächlichem Ausgang eines Experiments) um die Lernenden vom „Nutzen“ der wissenschaftlichen Konzepte zu überzeugen. Die Idee ist jedoch aus mindestens zwei Gründen problematisch: Zum einen hängt es bereits von den subjektiv verfügbaren Konzepten ab, ob ein kognitiver Konflikt überhaupt wahrgenommen wird, zum anderen kann es nicht das Ziel des Unterrichts sein Alltagskonzepte vollständig „auszumerzen“, denn diese haben sich in Alltagskontexten bestens bewährt und vermögen auch nach einem „Konzeptwechsel“ ausreichende Orientierung zu bieten (Duit 1995, S. 915). In diesem Zusammenhang ist auf Wagenschein (1976) hinzuweisen, dem nach wie vor wichtigsten Vertreter der bildungstheoretischen Tradition in der Physikdidaktik (vgl. Kircher/Girwidz/Häußler 2000), der gerade in der Einsicht in den „Aspektcharakter“ physikalischer Konzepte die bildende Wirkung der Physik eröffnet sieht.

In den letzten zehn Jahren ist in den naturwissenschaftlichen Fachdidaktiken eine Tendenz festzustellen, über den Bereich inhaltlicher Schülervorstellungen hinauszugehen und etwa Vorstellungen zur Natur und zur Reichweite naturwissenschaftlichen Wissens (wissenschaftstheoretische Vorstellungen, z.B. Hottecke 2001) oder zum Lernprozess (meta-kognitive Vorstellungen, z.B. Gunstone 1992) einzubeziehen (vgl. Mangold/Oelkers 2000, S. 22). Zunehmend werden auch die Vorstellungen angehender oder praktizierender Lehrkräfte empirisch untersucht (z.B. Fischler 2000).

Weitere Forschungen mit psychologischem Hintergrund betrafen in den letzten zwanzig Jahren u.a. die kognitive Förderung und Motivation im Bereich der naturwissenschaftlichen Fächer, die längerfristige Wirksamkeit naturwissenschaftlichen Unterrichts sowie speziellere Fragen der Vermittlung naturwissenschaftlicher Inhalte, insbesondere des Einsatzes des Computers (vgl. Mangold/Oelkers 2000, S. 23). Ursprünglich von der Chemiedidaktik initiiert, dann aber sehr intensiv von der Physikdidaktik aufgenommen wurden Forschungen zu geschlechterdifferenten Interessen. Diese Forschungen haben sich nicht nur im Hinblick auf Mädchenförderung als wichtig erwiesen; zumindest in Ansätzen haben sie auch dazu beigetragen, den Blick für die inhaltlichen und methodischen Mängel des Physikunterrichts allgemein zu schärfen (vgl. Hoffmann/Häußler/Lehrke 1998).

International nahmen Arbeiten zum Bereich der „Educational Technology“ (Linn 1998) ebenfalls einen breiten Raum ein; hinzu kamen Studien zur Gestaltung von Lernumgebungen (vgl. Fraser 1998). Empirische Lehr-Lern-Forschung, die auch die institutionellen Rahmenbedingungen schulischen Lernens berücksichtigt, ist in den Didaktiken der Naturwissenschaften inzwischen also fest verankert. Den weithin akzeptierten Interpretationsrahmen stellt, auch international, der Konstruktivismus in seiner pragmatischen und moderaten Spielart des „social constructivism” dar (vgl. Duit 1995; Gerstenmaier/Mandl 1995; Duit/Treagust 1998). Er kann zur Zeit als das herrschende Paradigma der Physikdidaktik in ihrem pädagogisch-psychologischen Zweig betrachtet werden.

Forschungsdefizite sehen Mangold und Oelkers (2000) für den deutschsprachigen Raum in den Bereichen der historischen Entwicklung des Faches, der vergleichenden Analyse von Lehrplänen und Lehrmaterialien sowie in der institutionellen Dimension fachdidaktischer Fragestellungen. Wie das „International Handbook of Science Education“ (Fraser/Tobin 1998) belegt, spielen diese Aspekte im angelsächsischen Raum eine weitaus größere Rolle. So werden Fragen zum Curriculum, zur Evaluation und Bewertung, zu den Lernchancen von Minderheiten und zu Geschichte und „Wesen“ der Naturwissenschaften bzw. des naturwissenschaftlichen Unterrichts jeweils eigene Abschnitte mit einer ganzen Reihe von Einzelarbeiten gewidmet.

Eine vergleichende Einschätzung des Forschungsstandes in den drei exemplarisch herangezogenen Fachdidaktiken muss mit aller Vorsicht geschehen (zum Forschungsstand auch in weiteren Fachdidaktiken vgl. die Sammelbände von Reinhardt/Weise 1997; Finkbeiner/Schnaitmann 2001; Bayrhuber/Finkbeiner/Spinner/Zwergel 2001 sowie das Gutachten von Mangold/Oelkers 2000). Erkennbar ist, dass sich noch kein einheitliches wissenschaftliches Selbstverständnis innerhalb und zwischen den Fachdidaktiken entwickelt hat. Zu selten werden Bezüge zur Allgemeinen Didaktik und Unterrichtsforschung, zu anderen Fachdidaktiken und zur psychologischen Lehr-Lern-Forschung hergestellt. Besondere Aufmerksamkeit galt in den letzten Jahren in allen drei vorgestellten und weiteren Fachdidaktiken den Schülern, deren Lernprozessen und der Entwicklung ihrer Vorstellungen zu den fachlichen Gegenständen sowie geschlechtsspezifischen Fragen. Dabei wird der Blick allmählich von den Lernprozessen auf die Lehr-Lern-Prozesse ausgeweitet und es kommen die Kontextbedingungen des fachlichen

Lehrens und Lernens in den Blick. Aus der beschriebenen Fokussierung resultiert die Favorisierung von Untersuchungen auf der Mikroebene des Unterrichts. Insgesamt ist die empirische fachdidaktische Forschung allerdings zu gering entwickelt und zu wenig vernetzt (so auch Hopmann 1998 für Deutschland und die Schweiz). Allerdings schneiden die einzelnen Fachdidaktiken unterschiedlich ab und gibt es aktuell Ansätze für größere Forschungsprojekte bzw. -verbünde in interdisziplinärer fachdidaktischer Kooperation. Hinzuweisen ist darauf, dass die starke Konzentration nahezu aller Fachdidaktiken auf die allgemein bildenden Schulen ambivalent ist: Sie korrespondiert mit den Aufgaben in der Lehreraus- und -fortbildung, versperrt aber zugleich den Zugang zu anderen Tätigkeits- und Forschungsfeldern, etwa in der Erwachsenenbildung und in der Lehre der Wissenschaftsdisziplinen an den Hochschulen selbst.

5 Forschungsdesiderate und Forschungsperspektiven

In unseren Ausführungen zum Stand der Forschung zu Didaktik und Curriculum haben wir immer wieder auf Punkte hingewiesen, an denen der derzeitige Erkenntnisstand, gemessen an den Ansprüchen der Praxis, an Maßstäben konsistenter Theorieentfaltung und am Niveau anderer Disziplinen, als unzureichend bzw. ausbaufähig zu beurteilen ist.

Zu den Desideraten im Bereich der Allgemeinen Didaktik gehört für uns die systematische und kontinuierliche Rezeption und produktive Aufnahme von Forschungen zu Fragen des Lehrens und Lernens in anderen Ländern, insbesondere in außereuropäischen, auch mit der Perspektive einer international vergleichenden Didaktik. Außerdem muss sich die Allgemeine Didaktik verstärkt um Öffnung und interdisziplinäre Forschung bemühen, besonders hin zur psychologischen Lehr-Lern-Forschung (vgl. Terhart 2002) und zu den Fachdidaktiken. Auf diese Weise dürfte es auch möglich sein, den Begrenzungen durch eine unzureichende Berücksichtigung der Kontextbedingungen des Unterrichts, insbesondere der Bedingungen an der Einzelschule, zu entkommen und den Handlungsrahmen Schule in allen seinen Dimensionen systematisch in didaktische Überlegungen und Untersuchungen einzubeziehen. Als Desiderat ist ebenso eine interkulturelle Theorie der Allgemeinbildung zu betrachten. Darüber hinaus ist in den letzten Jahrzehnten die didaktische Fragestellung der Ermittlung und Bewertung schulischer Leistungen vernachlässigt worden. Bei der Propagierung von Individualisierung, Differenzierung und Lernerorientierung, die häufig mit einem reformpädagogischen Impetus verknüpft ist, entstand allzu oft der Eindruck, dass Bewerten und Beurteilen mit Notwendigkeit pädagogischen Erwägungen zuwiderliefen. Unzureichend entwickelt erscheint uns auch eine von der Didaktik selbst betriebene Unterrichtsforschung, welche sich z.B. der Frage zuwendet, auf welcher Basis Lehrkräfte didaktische Rahmungen für die unterrichtliche Interaktion setzen und wie Schüler ihrerseits daran mitwirken (vgl. Kolbe 2001, S. 203). Zu wenig erforscht ist auch, welche Rolle didaktischen Konzepten und Modellen für ein professionalisiertes Lehrerhandeln real zukommt und zukommen sollte.

Desiderate im Bereich der Fachdidaktiken lassen sich aufgrund des unterschiedlichen Entwicklungsstandes der einzelnen Disziplinen nur mit gewisser Vorsicht generalisierend benennen. Die meisten Fachdidaktiken sind noch auf dem Weg zu wissenschaftlichen Disziplinen mit eigenständigem Gegenstandsverständnis, spezifischen Forschungsmethoden, einer ausgebauten empirischen Forschung, internationaler Kooperation und interdisziplinärer Einbindung. Auf diesem Wege dürfen die Fachdidaktiker nicht der Versuchung nachgeben, über eine fachwissenschaftliche Vereinseitigung wissenschaftliche Reputation gewinnen zu wollen; sie dürfen sich aber auch nicht ausschließlich an kurzfristigen Erwartungen der schulischen Praxis orientieren.

Für die derzeit an den deutschen Hochschulen und Universitäten eher randständige Curriculumforschung könnte es einen erneuten Aufwind geben, ist doch die Situation des Bildungswesens jener der 1960er Jahre vergleichbar: Angesichts einer öffentlich beschworenen „Bildungskatastrophe" besteht erhöhter Bedarf an curricularen Anstrengungen. Dafür wäre eine Erneuerung der Lehrplantheorie notwendig, zumal Ersatzkonzepte wie das der Schlüsselprobleme von Klafki nicht unumstritten sind (vgl. Tenorth 2000b, S. 23). Dazu gehört auch die Erforschung der gesellschaftlichen Konstruktion von Schulwissen (vgl. Künzli 1998). Als Herausforderung für die Curriculumforschung dürfte sich auch der Trend erweisen, curriculare Entscheidungen auf die Einzelschulen zu verlagern, ist doch bislang erst in Ansätzen erforscht, wie solche Prozesse ablaufen und ob sich die damit verbundene Hoffnung auf Innovationen und verbesserte Schulqualität erfüllt.

Allgemeine Didaktik, Fachdidaktik und Curriculumforschung stehen zudem vor dem Problem verstärkte Anstrengungen bezüglich des eigenen wissenschaftlichen Selbstverständnisses unternehmen zu müssen. So ist polemisch gefragt worden, ob didaktische Modelle nicht mehr Anstrengungen des Begriffs als Ergebnisse von Forschung sind, ob Didaktik nicht mehr eine „professionsstiftende Semantik" für Schulpraktiker denn eine wissenschaftliche Domäne darstellt (vgl. Klingberg 1994; Hopmann 1998). Vor die Frage gestellt, Handlungswissenschaft oder kritische Wissenschaft zu sein (vgl. Helsper 2001), kann sich die Didaktik, so meinen wir, nicht auf eine der beiden Seiten schlagen. Vielmehr muss sie, um ihre Aufgabe nicht zu verfehlen, in aufgeklärter Weise beides versuchen.

Literatur

Apel, H.J./Knoll, M.: Aus Projekten lernen. Grundlegung und Anregungen. München 2001

Augst, G./Faigel, P.: Von der Reihung zur Gestaltung. Untersuchungen zur Ontogenese der schriftsprachlichen Fähigkeiten von 13 bis 23 Jahren. Frankfurt a.M./Bern/New York 1986

Bach, G./Timm, J.P. (Hrsg.): Englischunterricht. Grundlagen und Methoden einer handlungsorientierten Unterrichtspraxis. Tübingen/Basel 2003

Badertscher, H.: Zielfelder fachdidaktischer Forschung. In: Fachdidaktik als Wissenschaft und Forschungsfeld in der Schweiz. Aktuelle Lage und Zukunftsperspektive in internationaler Sicht. Tagungsbericht des 2. Internationalen Kolloquiums der Forschungsstelle für Schulpädagogik der Universitäten Bern und Tübingen. Schweiz 1998: http//www.afd.unibe.ch/texte/ascona_98/tagungsbericht.htm, 11.12. 2001

Bastian, J./Combe, A./Gudjons, H./Herzmann, P./Rabenstein, K.: Profile in der Oberstufe. Fächerübergreifender Projektunterricht in der Max-Brauer-Schule Hamburg. Hamburg 2000

Baurmann, J./Weingarten, R. (Hrsg.): Schreiben. Prozesse, Prozeduren und Produkte. Opladen 1995

Bausch, K.R./Königs, F.G. (Hrsg.): Sprachlehrforschung in der Diskussion. Methodologische Überlegungen zur Erforschung des Fremdsprachenunterrichts. Tübingen 1986

Bayrhuber, H./Finkbeiner, C./Spinner, K.H./Zwergel, H.A. (Hrsg.): Lehr- und Lernforschung in den Fachdidaktiken. Innsbruck/Wien/München/Bozen 2001

Berg, H.C./Schulze, T.: Lehrkunst. Lehrbuch der Didaktik. Neuwied 1995

Blankertz, H.: Kollegstufenversuch in Nordrhein-Westfalen – das Ende der gymnasialen Oberstufe und der Berufsschulen. In: Die deutsche Berufs- und Fachschule 68 (1972), H. 1, S. 2-20

Blankertz, H.: Theorien und Modelle der Didaktik. München 1977

Blankertz, H.: Die Geschichte der Pädagogik. Von der Aufklärung bis zur Gegenwart. Wetzlar 1982

Borries, B. von: Erhaltet die Fachdidaktiken! Ein Plädoyer gegen den Mainstream. In: Holtappels, H.G./Horstkemper, M. (Hrsg.): Neue Wege in der Didaktik? Analysen und Konzepte zur Entwicklung des Lehrens und Lernens. Die Deutsche Schule (1999) 5. Beiheft, S. 191-205

Bourdieu, P./Passeron, J.C.: Die Illusion der Chancengleichheit. Stuttgart 1971

Brechel, R. (Hrsg.): Zur Didaktik der Physik und Chemie. Probleme und Perspektiven. Alsbach 2001

Brügelmann, H.: Die fünf Welten des Curriculums. In: Neue Sammlung 20 (1980), S. 284-288

Comenius, J.A.: Große Didaktik. Die vollständige Kunst, alle Menschen alles zu lehren. Hrsg. von Andreas Flitner. Stuttgart 1993/1657

Dehn, M.: Texte und Kontexte. Schreiben als kulturelle Tätigkeit in der Grundschule. Berlin 1999

Dewey, J.: My pedagogical creed. In: The Early works 1882-1898, Vol. 5, London/Amsterdam 1972/1897, pp. 84-95

Dewey, J.: The School and Society. In: The Middle Works 1899-1924, Vol. 1, Carbondale/Edwardsville 1976/1899

Dewey, J.: The Child and the Curriculum. In: The Middle Works 1899-1924, Vol. 2, Carbondale/Edwardsville 1976/1903

Dewey, J.: Democracy and Education. An Introduction to the Philosophy of Education. Macmillan. New York/London 1966/1916

Die Ministerin für Bildung, Wissenschaft, Kultur und Sport des Landes Schleswig-Holstein: Lehrplanrevision in Schleswig-Holstein. Kiel 1992

Döbert, H.: Curricula in der Schule. DDR und ostdeutsche Bundesländer. Köln/Weimar/Wien 1995

Dolch, J.: Lehrplan des Abendlandes. Zweieinhalb Jahrtausende seiner Geschichte. Ratingen 1965

Dreher, E./Dreher, M.: Wahrnehmung und Bewältigung von Entwicklungsaufgaben im Jugendalter. In: Oerter, R. (Hrsg.): Lebensbewältigung im Jugendalter. Weinheim 1985, S. 30-60

Duit, R.: Zur Rolle der konstruktivistischen Sichtweise in der naturwissenschaftsdidaktischen Lehr- und Lernforschung. In: Zeitschrift für Pädagogik 42 (1995), H. 6, S. 905-923

Duit, R.: Zum Stand fachdidaktischer Forschungen – eine Stellungnahme aus der Sicht der Gesellschaft für die Didaktik der Chemie und Physik (GDCP). Kiel 1999

Duit, R. (Ed.): Bibliography-STCSE. Stdents'and Teachers' Conceptions and Science Education. http//www.ipn.uni-kiel.de/aktuell/stcse/stcse.html (02. 03. 2004)

Duit, R./Treagust, D.F.: Learning in Science – From Behaviourism Towards Social Constructivism and Beyond. In: Fraser, B.J./Tobin, K.G. (Eds.): International Handbook of Science Education. Kluwer Academic Publishers. Dordrecht/Boston/London 1998, pp. 3-25

Eggert, H./Garbe, C.: Literarische Sozialisation. Stuttgart 1995

Feilke, H.: Schreibentwicklungsforschung. Ein kurzer Überblick unter besonderer Berücksichtigung der Entwicklung prozessorientierter Schreibfähigkeiten. In: Diskussion Deutsch (1993), H. 128, S. 17-34

Fend, H.: Entwicklungspsychologie des Jugendalters. Ein Lehrbuch für pädagogische und psychologische Berufe. Opladen 2001

Feyerabend, P.: Wider den Methodenzwang. Skizze einer anarchistischen Erkenntnistheorie. Frankfurt a.M. 1976

Finkbeiner, C./Schnaitmann, G.W. (Hrsg.): Lehren und Lernen im Kontext empirischer Forschung und Fachdidaktik. Donauwörth 2001

Fischler, H.: Über den Einfluss von Unterrichtserfahrungen auf die Vorstellungen vom Lehren und Lernen bei Lehrerstudenten der Physik. In: Zeitschrift für Didaktik der Naturwissenschaften 6 (2000), S. 27-36 u. 79-95

Fischler, H./Lichtfeld, M.: Learning quantum mechanics. In: Duit, R./Goldberg, F./Niedderer, H. (Eds.): Research in Physics Learning. Theoretical Issues and Empirical Studies. Proceedings of an International Workshop held at the University of Bremen. Kiel 1992, pp. 240-258

Fix, M.: Textrevisionen in der Schule. Prozessorientierte Schreibdidaktik zwischen Instruktion und Selbststeuerung. Empirische Untersuchungen in achten Klassen. Baltmannsweiler 2000

Foerster, H. von: Sicht und Einsicht. Braunschweig 1984

Fraser, B.J.: Science Learning Environments: Assessment, Effects and Determinants. In: Fraser, B.J./Tobin, K.G. (Eds.): International Handbook of Science Education. Kluwer Academic Publishers. Dordrecht/Boston/London 1998, pp. 527-564

Fraser, B.J./Tobin, K.G. (Eds.): International Handbook of Science Education. Kluwer Academic Publishers. Dordrecht/Boston/London 1998

Frey, K. (Hrsg.): Curriculum-Handbuch. Bd. II, München/Zürich 1975

Frey, K.: Curriculum – Lehrplan. In: Roth, L. (Hrsg.): Handlexikon zur Didaktik der Schulfächer. München 1980, S. 44-51

Fries, A.V.: Die Gestaltung der Lehrpläne. In: Künzli, R./Bähr, K./Fries, A.V./Ghisla, G./Rosenmund, M./Seliner-Müller, G. (Hrsg.): Lehrplanarbeit. Über den Nutzen von Lehrplänen für die Schule und ihre Entwicklung. Chur/Zürich 1999, S. 50-65

Gerstenmaier, J./Mandl, H.: Wissenserwerb unter konstruktivistischer Perspektive. In: Zeitschrift für Pädagogik 41 (1995), H. 6, S. 867-888

Glasersfeld, E. von: Radikaler Konstruktivismus. Ideen, Ergebnisse, Probleme. Frankfurt a.M. 1996

Glowka, D.: England. In: Anweiler, O./Boos-Nünning, U./Brinkmann, G. (Hrsg.): Bildungssysteme in Europa. Weinheim/Basel 1996, S. 57-81

Goodson, I.F./Hopmann, S./Riquarts, K. (Hrsg.): Das Schulfach als Handlungsrahmen. Vergleichende Untersuchung zur Geschichte und Funktion der Schulfächer. Köln/Weimar/Wien 1999

Gruschka, A.: Didaktik. Das Kreuz mit der Vermittlung. Elf Einsprüche gegen den didaktischen Betrieb. Wetzlar 2002

Gudjons, H.: Handlungsorientiert lehren und lernen. Schüleraktivierung – Selbsttätigkeit – Projektarbeit. Bad Heilbrunn 2001

Gudmundsdottir, S./Reinhartsen, A./Nordtømme, N.P.: „Etwas Kluges, Entscheidendes und Unsichtbares". Über das Wesen des pädagogischen Wissens über die Unterrichtsinhalte. In: Zeitschrift für Pädagogik 33 (1995), Beiheft, S. 163-174

Gunstone, R.: Constructivism and metacognition. Theoretical issues and classroom studies. In: Duit, R./Goldberg, F./Niedderer, H. (Eds.): Research in Physics Learning. Theoretical Issues and Empirical Studies. Proceedings of an International Workshop held at the University of Bremen. Kiel 1992, pp. 129-140

Hameyer, U.: Systematisierung von Curriculumtheorien. In: Hameyer, U./Frey, K./Haft, H. (Hrsg.): Handbuch der Curriculumforschung. Übersichten zur Forschung 1970-1981. Weinheim/Basel 1983, S. 53-100

Hameyer, U.: Curriculum Theory. In: Lewy, A. (Ed.): The International Encyclopedia of Curriculum. Pergamon Press. Oxford/New York/Beijing/Frankfurt a.M./Sao Paulo/Sydney/Tokyo/Toronto 1991, pp. 19-27

Hameyer, U./Frey, K./Haft, H. (Hrsg.): Handbuch der Curriculumforschung. Weinheim/Basel 1983

Hänsel, D.: Handbuch Projektunterricht. Weinheim 1997

Hawkins, E.: Awareness of language: an introduction. Rev. ed. Cambridge University Press. Cambrigde 1991

Heimann, P.: Didaktik 1965. In: Heimann, P./Otto, G./Schulz, W. (Hrsg.): Unterricht – Analyse und Planung. Hannover 1965, S. 7-12

Heimann, P.: Didaktik als Theorie und Lehre. In: Reich, K./Thomas, H. (Hrsg.): Paul Heimann – Didaktik als Unterrichtswissenschaft. Stuttgart 1976, S. 142-167 (Erstveröffentlichung in: Die Deutsche Schule 54 (1962), H. 9, S. 409-427

Heimann, P./Otto, G./Schulz, W.: Unterricht – Analyse und Planung. Hannover 1965

Heinrich, M.: Alle, Alles, Allseitig. Studien über die Desensibilisierung gegenüber dem Widerspruch zwischen Sein und Sollen der Allgemeinbildung. Wetzlar 2001

Helsper, W.: Antinomien des Lehrerhandelns in modernisierten pädagogischen Kulturen. Paradoxe Verwendungsweisen von Autonomie und Selbstverantwortlichkeit. In: Combe, A./Helsper, W. (Hrsg.): Pädagogische Professionalität. Frankfurt a.M. 1996, S. 521-569

Helsper, W.: Antinomien des Lehrerhandelns – Anfragen an die Bildungsgangdidaktik. In: Hericks, U./Keuffer, J./ Kräft, H.C./Kunze, I. (Hrsg.): Bildungsgangdidaktik. Perspektiven für Fachunterricht und Lehrerbildung. Opladen 2001, S. 83-103

Hericks, U.: Professionalisierung als Entwicklungsaufgabe. Rekonstruktionen zur Berufseingangsphase von Lehrerinnen und Lehrern. Wiesbaden 2006

Hericks, U./Keuffer, J./Kräft, H.C./Kunze, I. (Hrsg.): Bildungsgangdidaktik. Perspektiven für Fachunterricht und Lehrerbildung. Opladen 2001

Hericks, U./Schenk, B.: Unterricht gestalten, ohne zum Macher zu werden. Bildungsgangdidaktische Perspektiven für professionelles didaktisches Handeln. In: Hericks, U./Keuffer, J./Kräft, H.C./Kunze, I. (Hrsg.): Bildungsgangdidaktik. Perspektiven für Fachunterricht und Lehrerbildung. Opladen 2001, S. 249-261

Hericks, U./Spörlein, E.: Entwicklungsaufgaben in Fachunterricht und Lehrerbildung – Eine Auseinandersetzung mit einem Zentralbegriff der Bildungsgangdidaktik. In: Hericks, U./Keuffer, J./Kräft, H.C./Kunze, I. (Hrsg.): Bildungsgangdidaktik. Perspektiven für Fachunterricht und Lehrerbildung. Opladen 2001, S. 33-50

Herzmann, P.: Professionalisierung und Schulentwicklung. Eine Fallstudie über veränderte Handlungsanforderungen und deren kooperative Bearbeitung. Opladen 2001

Heursen, G.: Fachdidaktik. In: Haller, H.D./Meyer, H. (Hrsg.): Ziele und Inhalte der Erziehung und des Unterrichts. Enzyklopädie Erziehungswissenschaft. Bd. 3, Stuttgart 1983/1995, S. 427-439

Hewson, P.W./Beeth, M.E./Thorley, N.R.: Teaching for Conceptual Change. In: Fraser, B.J./Tobin, K.G. (Eds.): International Handbook of Science Education. Kluwer Academic Publishers. Dordrecht/Boston/London 1998, pp. 199-218

Heymann, H.W.: Allgemeinbildung und Mathematik. Weinheim 1996

Hoffmann, L./Häußler, P./Lehrke, M.: Die IPN-Interessenstudie. Kiel 1998

Hohmann, J.S. (Hrsg.): Deutschunterricht zwischen Reform und Modernismus: Blicke auf die Zeit von 1968 bis heute. Frankfurt a.M. u.a. 1994

Hopmann, S.: Fach und Fachdidaktik. Anmerkungen zu einer produktiven Dauerkrise. In: Fachdidaktik als Wissenschaft und Forschungsfeld in der Schweiz. Aktuelle Lage und Zukunftsperspektive in internationaler Sicht. Tagungsbericht des 2. Internationalen Kolloquiums der Forschungsstelle für Schulpädagogik der Universitäten Bern und Tübingen. Schweiz 1998: http//www.afd.unibe.ch/texte/ascona _98/tagungsbericht.htm, 11.12.2001

Hopmann, S.: Lehrplan des Abendlandes - Abschied von seiner Geschichte? Grundlinien der Entwicklung von Lehrplan und Lehrplanarbeit seit 1800. In: Keck, R.W./Ritzi, C. (Hrsg.): Geschichte und Gegenwart des Lehrplans: Josef Dolchs „Lehrplans des Abendlandes“ als aktuelle Herausforderung. Hohengehren 2000, S. 377-400

Hopmann, S./Künzli, R.: Entscheidungsfelder der Lehrplanarbeit. Grundzüge einer Theorie der Lehrplanung. In: Künzli, R./Hopmann, S. (Hrsg.): Lehrpläne: Wie sie entwickelt werden und was von ihnen erwartet wird. Chur/ Zürich 1998, S. 17-53

Hopmann, S./Riquarts, K. (Hrsg.): Didaktik und, oder Curriculum: Grundprobleme einer international vergleichenden Didaktik. Zeitschrift für Pädagogik (1995), 33. Beiheft

Hottecke, D.: Die Vorstellungen von Schülerinnen und Schülern von der „Natur der Naturwissenschaften“. In: Zeitschrift für Didaktik der Naturwissenschaften 7 (2001), S. 7-23

Hu, A.: Schulischer Fremdsprachenunterricht und migrationsbedingte Mehrsprachigkeit. Tübingen 2003

Huber, L.: Stichwort: Fachliches Lernen. Das Fachprinzip in der Kritik. In: Zeitschrift für Erziehungswissenschaft 4 (2001), S. 307-331

Humboldt, W. von: Unmaßgebliche Gedanken über den Plan zur Errichtung des litauischen Stadtschulwesens. In: Flitner, A./Giel, K. (Hrsg.): Werke in 5 Bänden, Bd. IV. Darmstadt 1964/1809, S. 187-200

Hurrelmann, B./Hammer, M./Niess, F.: Leseklima in der Familie. Eine Untersuchung zur Lesesozialisation von Kindern. Gütersloh 1993

Jank, W./Meyer, H.: Didaktische Modelle. Berlin 2002

Kaiser, A.: Legitimationsmodelle in der Curriculumentwicklung. In: Hameyer, U./Frey, K./Haft, H. (Hrsg.): Handbuch der Curriculumforschung. Weinheim/Basel 1983, S. 597-606

Keck, R.W./Ritzi, C. (Hrsg.): Geschichte und Gegenwart des Lehrplans: Josef Dolchs „Lehrplans des Abendlandes“ als aktuelle Herausforderung. Hohengehren 2000

Keuffer, J. (Hrsg.): Modernisierung von Rahmenrichtlinien. Beiträge zur Rahmenrichtlinienentwicklung. Weinheim 1997

Kircher, E./Girwidz, R./Häußler, P.: Physikdidaktik. Eine Einführung in Theorie und Praxis. Braunschweig 2000

Klafki, W.: Didaktische Analyse als Kern der Unterrichtsvorbereitung. In: Klafki, W.: Studien zur Bildungstheorie und Didaktik. Weinheim/Basel 1963/1958, S. 126-153

Klafki, W.: Das pädagogische Problem des Elementaren und die Theorie der kategorialen Bildung. Weinheim 1959

Klafki, W.: Kategoriale Bildung. Zur bildungstheoretischen Deutung der modernen Didaktik. In: Klafki, W.: Studien zur Bildungstheorie und Didaktik. Weinheim/Basel 1963a, S. 25-45

Klafki, W.: Das Problem der Didaktik. In: Klafki, W.: Studien zur Bildungstheorie und Didaktik. Weinheim/Basel 1963b, S. 72-125

Klafki, W.: Grundlinien kritisch-konstruktiver Didaktik. In: Klafki, W.: Neue Studien zur Bildungstheorie und Didaktik. Beiträge zur kritisch-konstruktiven Didaktik. Weinheim/Basel 1985a, S. 31-86

Klafki, W.: Konturen eines neuen Allgemeinbildungskonzepts. In: Klafki, W.: Grundlinien kritisch-konstruktiver Didaktik. In: Klafki, W.: Neue Studien zur Bildungstheorie und Didaktik. Beiträge zur kritisch-konstruktiven Didaktik. Weinheim/Basel 1985b, S. 12-30

Klafki, W.: Zur Unterrichtsplanung im Sinne kritisch-konstruktiver Didaktik. In: Klafki, W.: Neue Studien zur Bildungstheorie und Didaktik. Beiträge zur kritisch-konstruktiven Didaktik. Weinheim/Basel 1985c, S. 194-227

Klafki, W.: Zum Verhältnis von Allgemeiner Didaktik und Fachdidaktik – Fünf Thesen. In: Meyer, M.A./Plöger, W. (Hrsg.): Allgemeine Didaktik, Fachdidaktik und Fachunterricht. Weinheim/Basel 1994, S. 42-64

Klafki, W.: Grundzüge eines neuen Allgemeinbildungskonzepts. Im Zentrum: Epochaltypische Schlüsselprobleme. In: Klafki, W.: Neue Studien zur Bildungstheorie und Didaktik – Zeitgemäße Allgemeinbildung und kritisch-konstruktive Didaktik. Weinheim/Basel 1996, S. 43-81

Klafki, W./Otto, G./Schulz, W.: Didaktik und Praxis. Weinheim/Basel 1977

Klingberg, L.: Einführung in die Allgemeine Didaktik. Vorlesungen. Berlin 1989

Klingberg, L.: Lehrende und Lernende im Unterricht. Zu didaktischen Aspekten ihrer Positionen im Unterricht. Berlin 1990

Klingberg, L.: Fach, Fachdidaktik und Allgemeine Didaktik. In: Meyer, M.A./Plöger, W. (Hrsg.): Allgemeine Didaktik, Fachdidaktik und Fachunterricht. Weinheim und Basel 1994, S. 65-84

Klippert, H.: Methoden-Training. Übungsbausteine für den Unterricht. Weinheim/Basel 2000

Knab, D.: Der Beitrag der Curriculumforschung zu Erziehungswissenschaft und Bildungstheorie. Versuch einer Zwischenbilanz. In: Hameyer, U. (Hrsg.): Systematisierung von Curriculumtheorien. 1983, S. 697-711

Kolbe, F.U.: Konvergenzen in der Lehrerwissensforschung – ein Beitrag zu den Grundlagen allgemeiner Didaktik. In: Schnaitmann, G.W./Finkbeiner, C. (Hrsg.): Lehren und Lernen im Kontext empirischer Forschung und Fachdidaktik. Donauwörth 2001, S. 184-206

Konferenz der Vorsitzenden Fachdidaktischer Fachgesellschaften (KVFF) (Hrsg.): Fachdidaktik in Forschung und Lehre. IPN. Kiel 1998

Kordes, H.: Didaktik und Bildungsgang. Münster 1989

Kordes, H.: Entwicklungsaufgabe und Bildungsgang. Münster 1996

Kotthoff, H.G.: Curriculumentwicklung in England und Wales. Das National Curriculum zwischen 1979 und 1990. Köln/Weimar/Wien 1994

Krashen, S.: Second language aquisition and second language learning. Oxford 1981

Krüssel, H.: Konstruktivistische Unterrichtsforschung. Der Beitrag des Wissenschaftlichen Konstruktivismus und der Theorie der persönlichen Konstrukte für die Lehr-Lern-Forschung. Frankfurt a.M. 1993

Kuhn, T.S.: Die Struktur wissenschaftlicher Revolutionen. Frankfurt a.M. 1967/1962

Künzli, R.: Lehrplanarbeit – Steuerung von Schule und Unterricht. In: Künzli, R./ Bähr, K./Fries, A.V./Ghisla, G./Rosenmund, M./Seliner-Müller, G. (Hrsg.): Lehrplanarbeit. Über den Nutzen von Lehrplänen für die Schule und ihre Entwicklung. Chur/Zürich 1999, S. 11-30

Künzli, R./Bähr, K./Fries, A.V./Ghisla, G./Rosenmund, M./Seliner-Müller, G. (Hrsg.): Lehrplanarbeit. Über den Nutzen von Lehrplänen für die Schule und ihre Entwicklung. Chur/Zürich 1999

Künzli, R./Hopmann, S. (Hrsg.): Lehrpläne: Wie sie entwickelt werden und was von ihnen erwartet wird. Forschungsstand, Zugänge und Ergebnisse aus der Schweiz und der Bundesrepublik Deutschland. Chur/Zürich 1998

Künzli, R./Santini-Amgarten, B.: Wie Lehrpläne umgesetzt und verwendet werden. In: Künzli R./Bähr, K./Fries, A.V./ Ghisla, G./Rosenmund, M./Seliner-Müller, G. (Hrsg.): Lehrplanarbeit. Über den Nutzen von Lehrplänen für die Schule und ihre Entwicklung. Chur/Zürich 1999, S. 144-163

Lewy, A.: The International Encyclopedia of Curriculum. Pergamon Press. Oxford/New York/Beijing/ Frankfurt a.M./ Sao Paulo/Sydney/Tokyo/Toronto 1991

Linke, A./Oomen-Welke, I.: Herkunft, Geschlecht und Deutschunterricht. Freiburg 1995

Linn, M.C.: The Impact of Technology on Science Instruction. Historical Trends and Current Opportunities. In Fraser, B.J./Tobin, K.G.: International Handbook of Science Education. Kluwer Academic Publishers. Dordrecht/Boston/ London 1998, pp. 265-294

Luhmann, N./Schorr, K.E. (Hrsg.): Zwischen Intransparenz und Verstehen. Fragen an die Pädagogik. Frankfurt a.M. 1986

Luhmann, N./Schorr, K.E. (Hrsg.): Zwischen System und Umwelt. Fragen an die Pädagogik. Frankfurt a.M. 1996

Mager, R.F.: Lernziele und programmierter Unterricht. Weinheim 1965

Mangold, M./Oelkers, J.: Fachdidaktik. Informationen und Einschätzungen zum Stand der Forschung und Entwicklung. Universität Bern, Institut für Pädagogik 2000

Maritzen, N.: Autonomie der Schule. Schulentwicklung zwischen Selbst- und Fremdsteuerung. In: Altrichter, H./ Schley, W./Schratz, M. (Hrsg.): Handbuch zur Schulentwicklung. Innsbruck/Wien 1998, S. 609-637

Meixner, J./Müller, K. (Hrsg.): Konstruktivistische Schulpraxis. Neuwied 2001

Meyer, H.: Einführung in die Curriculum-Methodologie. München 1972

Meyer, H.: Leitfaden zur Unterrichtsvorbereitung. Frankfurt a.M. 1996

Meyer, H.: Türklinkendidaktik. Aufsätze zur Didaktik, Methodik und Schulentwicklung. Berlin 2001

Meyer, M.A.: Allgemeinbildung und Sekundarstufe II. In: Heymann, H.W./Lück, W. von (Hrsg.): Allgemeinbildung und öffentliche Schule. Klärungsversuche. Bielefeld 1990, S. 51-92

Meyer, M.A.: Prüfen und Beurteilen in anderen Ländern. In: Bambach., H./Bartnitzky, H./v. Ilsemann, C./Otto, G. (Hrsg.): Prüfen und Beurteilen. Friedrich Jahresheft XIV, 1996, S. 80-83

Meyer, M.A.: John Deweys Vorstellungen bezüglich der Inhalte des Unterrichts – eine Untersuchung zur historischen Curriculumtheorie. In: Keuffer, J. (Hrsg.): Modernisierung von Rahmenrichtlinien. Beiträge zur Rahmenrichtlinienentwicklung. Weinheim 1997, S. 49-80

Meyer, M.A.: Bildungsgangdidaktik. Auf der Suche nach dem Kern der Allgemeinen Didaktik. In: Holtappels, H.G./ Horstkemper, M. (Hrsg.): Neue Wege in die Didaktik? Analysen und Konzepte zur Entwicklung des Lehrens und Lernens. Die Deutsche Schule (1999) 5. Beiheft, S. 123-140

Meyer, M.A./Plöger, W. (Hrsg.): Allgemeine Didaktik, Fachdidaktik und Fachunterricht. Weinheim/Basel 1994

Meyer, M.A./Reinartz, A. (Hrsg.): Bildungsgangdidaktik. Denkanstöße für pädagogische Forschung und schulische Praxis. Opladen 1998

Meyer, M. A./Kunze, I./Trautmann, M. (Hrsg.). Schülerpartizipation im Fachunterricht. Eine empirische Untersuchung zum Fach Englisch. Opladen/Farmington Hill 2007

Mieth, A.: Literatur und Sprache im Deutschunterricht der Reformpädagogik. Eine problemgeschichtliche Untersuchung. Frankfurt a.M. u.a. 1994

Möller, C.: Technik der Lernplanung. Methoden und Probleme der Lernzielerstellung. Weinheim/Basel 1973

Müller, K. (Hrsg.): Konstruktivismus. Lehren – Lernen – Ästhetische Prozesse. Neuwied 1996

Müller-Michaels, H: Deutschkurse. Modell und Erprobung angewandter Germanistik in der gymnasialen Oberstufe. Frankfurt a.M. 1987

Oevermann, U.: Theoretische Skizze einer revidierten Theorie professionalisierten Handelns. In: Combe, A./Helsper, W. (Hrsg.): Pädagogische Professionalität. Untersuchungen zum Typus pädagogischen Handelns. Frankfurt a.M. 1996, S. 70-182

Peterßen, W.: Grundlagen und Praxis lernzielorientierten Unterrichts. Ravensburg 1974

Peukert, H.: Zur Neubestimmung des Bildungsbegriffs. In: Meyer, M.A./Reinartz, A. (Hrsg.): Bildungsgangdidaktik. Denkanstöße für pädagogische Forschung und schulische Praxis. Opladen 1998, S. 17-29

Peukert, H.: Reflexionen über die Zukunft von Bildung. In: Zeitschrift für Pädagogik 46 (2000), S. 507-534

Philips, D. C.: Constructivsm in Education. Opinions and Second Opinions on Controversial Issues. Ninety-ninth Yearbook of the National Society for the Study of Education. Part I. University of Chicago Press. Chigago/Illinois 2000

Plöger, W.: Allgemeine Didaktik und Fachdidaktik. Modelltheoretische Untersuchungen. Frankfurt a.M./Bern/New York/Paris 1992

Plöger, W.: Zur Entwicklung und zum gegenwärtigen Verhältnis von Allgemeiner Didaktik und Fachdidaktik – Ein Rückblick. In: Meyer, M.A./Plöger, W. (Hrsg.): Allgemeine Didaktik, Fachdidaktik und Fachunterricht. Weinheim/Basel 1994a, S. 23-41

Plöger, W.: Allgemeindidaktische Modelle in ihrer Bedeutung für fachdidaktisches Denken und Handeln. In: Meyer, M.A./Plöger, W. (Hrsg.): Allgemeine Didaktik, Fachdidaktik und Fachunterricht. Weinheim/Basel 1994b, S. 85-96

Posner, G. J./Strike, K. A./Hewson, P. W./Gertzog, W. A.: Accommodation of a scientific conception: Towards a theory of conceptual change. In: Science Education 66 (1982), pp. 211-227

Putnam, H.: Pragmatismus. Eine offene Frage. Frankfurt a.M./New York 1995

Quarshie, R.: Einige Gedanken zum Porträt der Stoke Newington School und zum Schulwesen in Großbritannien. In: Kunze, I. (Hrsg.): Schulporträts aus didaktischer Perspektive. Schulen in England, in den Niederlanden und in Dänemark. Weinheim/Basel 1999, S. 86-94

Reetz, L./Tramm, T.: Lebenslanges Lernen aus der Sicht einer berufspädagogisch und wirtschaftspädagogisch akzentuierten Curriculumforschung. In: Achtenhagen, F./Lempert, W. (Hrsg.): Lebenslanges Lernen im Beruf. Bd.V: Erziehungstheorie und Bildungsforschung. Opladen 2000, S. 69-120

Reich, K.: Systemisch-konstruktivistische Pädagogik. Einführung in Grundlagen einer interaktionistisch-konstruktivistischen Pädagogik. Neuwied 1996

Reich, K.: Konstruktivistische Didaktik. Lehren und Lernen aus interaktionistischer Sicht. Neuwied 2002

Reinartz, A.: „Leben und Lernen sind weit auseinander!" Eine Studie zur Rezeption der Handlungsorientierten Didaktik durch Englischlehrerinnen und -lehrer am Gymnasium. Opladen 2003

Reinhardt, S./Weise, E. (Hrsg.): Allgemeine Didaktik und Fachdidaktik. Fachdidaktiker behandeln Probleme ihres Unterrichts. Weinheim 1997

Robinsohn, S.B.: Bildungsreform als Revision des Curriculums. Neuwied/Berlin 1971

Rorty, R.: The linguistic turn. University of Chicago Press. Chicago 1967

Rorty, R.: Hoffnung statt Erkenntnis. Wien 1994

Rorty, R.: Education as Socialization and as Individualization. In: Rorty, R.: Philosophy and Social Hope. London 1999, pp. 114-130

Roth, G.: Das Gehirn und seine Wirklichkeit. Kognitive Neurobiologie und ihre philosophischen Konsequenzen. Frankfurt a.M. 1994

Sandbothe, M.: Die pragmatische Wende des linguistic turn. In: Sandbothe, M.: Die Renaissance des Pragmatismus. Weilerswist 2000

Sandfuchs, U.: Unterrichtsinhalte auswählen und anordnen. Vom Lehrplan zur Unterrichtsplanung. Bad Heilbrunn 1987

Schäfer, K.H./Schaller, K.: Kritische Erziehungswissenschaft und kommunikative Didaktik. Heidelberg 1971

Scheunpflug, A.: Evolutionäre Didaktik. Ein Entwurf aus system- und evolutionstheoretischer Sicht. In: Holtappels, H.G./Horstkemper, M. (Hrsg.): Neue Wege in der Didaktik? Analysen und Konzepte zur Entwicklung des Lehrens und Lernens. Die Deutsche Schule (1999), 5. Beiheft, S. 169-185

Scheunpflug, A.: Evolutionäre Didaktik. Unterricht aus system- und evolutionstheoretischer Perspektive. Weinheim/Basel 2001

Schleiermacher, F.D.E.: Vorlesungen zur Erziehung. In: Schleiermacher, F.D.E. Ausgewählte pädagogische Schriften. Hrsg. von Ernst Lichtenstein. Paderborn 1826/1994, S. 36-255

Schmidt, S.J. (Hrsg.): Der Diskurs des Radikalen Konstruktivismus. Frankfurt a.M. 1987

Schneuwly, B.: Fachdidaktiken als autonome Disziplinen – Das Beispiel der französisch-sprachigen Länder. In: Fachdidaktik als Wissenschaft und Forschungsfeld in der Schweiz. Aktuelle Lage und Zukunftsperspektive in internationaler Sicht. Tagungsbericht des 2. Internationalen Kolloquiums der Forschungsstelle für Schulpädagogik der Universitäten Bern und Tübingen. Schweiz 1998: http//www.afd.unibe.ch/texte/ascona_98/tagungsbericht.htm, 11.12.2001

Schreier, H. (Hrsg.): Rekonstruktion der Schule. Das pädagogische Credo des John Dewey und die heutige Erziehungspraxis. Stuttgart 2001

Schröder, K.: Fremdsprachunterricht in der Sekundarstufe II. Stuttgart 1975

Schulz, W.: Unterricht – Analyse und Planung. In: Heimann, P./Otto, G./Schulz, W. (Hrsg.): Unterricht – Analyse und Planung. Hannover 1965, S. 13-47

Schulz, W.: Unterrichtsplanung. München 1980

Schulz, W.: Die lehrtheoretische Didaktik. In: Gudjons, H./Teske, R./Winkel, R. (Hrsg.): Didaktische Theorien. Hamburg 1986, S. 29-45

Selinker, L.: Interlanguage. In: International Review of Applied Linguistics Language teaching (IRAL) 10 (1972), pp. 209-231

Shulman, L.S.: Von einer Sache etwas verstehen: Wissensentwicklung bei Lehrern. In: Terhart, E. (Hrsg.): Unterrichten als Beruf. Neuere amerikanische und englische Arbeiten zur Berufskultur und Berufsbiographie von Lehrern und Lehrerinnen. Köln/Wien 1991, S. 145-160

Siebert, H.: Pädagogischer Konstruktivismus. Eine Bilanz der Konstruktivismusdiskussion für die Bildungspraxis. Neuwied 1999

Siebert, H.: Der Konstruktivismus als pädagogische Weltanschauung. Entwurf einer konstruktivistischen Didaktik. Frankfurt a.M. 2002

Skilbeck, M.: Curriculumreform. Eine Übersicht über neuere Entwicklungen. Ein OECD/CERI-Bericht. Frankfurt a.M./Berlin/Bern/New York/Paris/Wien 1992

Spinner, K.H.: Forschung in der Deutschdidaktik. In: Bayrhuber, H./Finkbeiner, C./Spinner, K.H./Zwergel, H.A. (Hrsg.): Lehr- und Lernforschung in den Fachdidaktiken. Innsbruck/Wien/München/Bozen 2001, S. 73-79

Tenorth, H.E.: „Alle alles zu lehren" – Möglichkeiten und Perspektiven allgemeiner Bildung. Darmstadt 1994

Tenorth, H.E.: Unterrichtsfächer – Möglichkeit, Rahmen und Grenze. In: Goodson, I.F./Hopmann, S./Riquarts, K. (Hrsg.): Das Schulfach als Handlungsrahmen. Vergleichende Untersuchung zur Geschichte und Funktion der Schulfächer. Köln/Weimar/Wien 1999, S. 191-207

Tenorth, H.E.: Kanonprobleme und Lehrplangestaltung. Über das Ende des alteuropäischen Lehrplans und seine Ablösung durch den „Bildungsplan". In: Keck, R.W./Ritzi, C. (Hrsg.): Geschichte und Gegenwart des Lehrplans: Josef Dolchs „Lehrplans des Abendlandes" als aktuelle Herausforderung. Hohengehren 2000a, S. 365-376

Tenorth, H.E.: Kanon. Prinzipien, Selektivität und Willkür. In: Die Deutsche Schule. 6. Beiheft: Differenzen (2000b), S. 21-32

Tenorth, H.E. (Hrsg.): Kerncurriculum gymnasiale Oberstufe. Mathematik – Deutsch – Englisch. Weinheim/Basel 2001

Terhart, E.: Curriculumforschung aufgrund interpretativer Methoden. In: Hameyer, U./Frey, K./Haft, H. (Hrsg.): Handbuch der Curriculumforschung. Weinheim/Basel 1983, S. 533-544

Terhart, E.: Konstruktivismus und Unterricht. Gibt es einen neuen Ansatz in der Allgemeinen Didaktik? In: Zeitschrift für Pädagogik 45 (1999), S. 629-647

Terhart, E.: Lehr-Lern-Methoden. Eine Einführung in Probleme der methodischen Organisation von Lehren und Lernen. Weinheim/München 2000

Terhart, E.: Fremde Schwestern. Zum Verhältnis von Allgemeiner Didaktik und empirischer Lehr-Lern-Forschung. In: Zeitschrift für pädagogische Psychologie 16 (2002), S. 77-86

Timm, J.P. (Hrsg.): Englisch lehren und lernen. Didaktik des Englischunterrichts. Berlin 1998

Timmerhaus, W.: Fachdidaktik als konstitutives Element universitärer Lehrerbildung. Bestandsaufnahmen, Analysen und Konzeptionen aus erziehungswissenschaftlicher Perspektive. Marburg 2001

Vollstädt, W./Tillmann, K.J./Rauin, U./Höhmann, K./Tebrügge, A.: Lehrpläne im Schulalltag. Eine empirische Studie zur Akzeptanz und Wirkung von Lehrplänen in der Sekundarstufe I. Opladen 1999

Wagenschein, M.: Die pädagogische Dimension der Physik. Braunschweig 1976

Weniger, E.: Theorie der Bildungsinhalte und des Lehrplans. Weinheim/Berlin 1952/1930

Westbrook, R.B.: John Dewey and American Democracy. Ithaka/London 1991

Westbury, I.: Teaching as a Reflective Practice: What Might Didaktik Teach Curriculum? In: Westbury, I./Hopmann, S./Riquarts, K. (Eds.): Teaching as a Reflective Pratice. The German Didaktik Tradition. Mahwah/New Jersey/London 2000, pp. 15-39

Westbury, I./Hopmann, S./Riquarts, K. (Eds.): Teaching as a Reflective Pratice. The German Didaktik Tradition. Mahwah/New Jersey/London 2000

Winkel, R.: Antinomische Pädagogik und Kommunikative Didaktik. Studien zu den Widersprüchen und Spannungen in Erziehung und Schule. Düsseldorf 1988

Natascha Naujok | Birgit Brandt | Götz Krummheuer

Interaktion im Unterricht

1 Unterrichtsinteraktion unter zwei Forschungsparadigmen

Studien zu Interaktionsprozessen im Unterricht werden seit Jahrzehnten durchgeführt. Im deutschsprachigen Raum liegen hierzu bereits Übersichtsarbeiten aus der jüngeren Zeit vor, insbesondere zur Lehrer-Schüler-Interaktion (vgl. Hofer 1997; Schweer 2000). Die in dieser Forschung verfolgten theoretischen und forschungsmethodischen Ansätze sind sehr unterschiedlich. Häufig wird eine grobe Unterscheidung nach der zugrunde liegenden forschungsmethodischen Orientierung (qualitativ oder quantitativ) vorgenommen. Diese Kategorisierung verdeutlicht jedoch nicht, dass sich dahinter in der Regel kaum miteinander vergleichbare theoretische Forschungsrichtungen verbergen (vgl. Erickson 1986). Die Darstellung des Forschungsstandes wird weiter dadurch erschwert, dass in diesen unterschiedlichen Ansätzen bei übereinstimmender Terminologie häufig unterschiedliche theoretische Sachverhalte gemeint sind. Aus diesem Grunde wird im Folgenden zunächst auf die forschungsparadigmatischen Unterschiede in den theoretischen Ansätzen zu Untersuchungen von Unterrichtsinteraktion eingegangen. Anschließend werden Forschungsergebnisse und Details exemplarisch ausgewählter Studien vorgestellt.

Interaktion meint von seinem Wortstamm her „Wechselwirkung“ (Fuchs-Heinritz u.a. 1995, S. 307). Im Hinblick auf den hier interessierenden Gegenstandsbereich „Unterricht“ meint man mit dieser Wechselwirkung gewöhnlich die „durch Kommunikation (Sprache, Symbole, Gesten usw.) vermittelten wechselseitigen Beziehungen zwischen Personen und Gruppen und die daraus resultierende wechselseitige Beeinflussung ihrer Einstellungen, Erwartungen und Handlungen“ (Hofer 1997, S. 213; s.a. Duden 1990). Zur Charakterisierung dieses Verständnisses spricht man auch von „sozialer Interaktion“ (Fuchs-Heinritz u.a. 1995, S. 308). Mit dem Begriff der „sozialen Interaktion“ soll zunächst nur der Phänomenbereich aufeinander bezogenen Handelns in zwischenmenschlichen, d.h. „sozialen“, Situationen gemeint sein (ebd.). In solchen Situationen kann man nun den theoretischen Blick eher auf die handelnden Individuen oder stärker auf die Funktionsweise der Interaktion richten. Im systemtheoretischen Sinne (vgl. Luhmann 1997) wird im ersten Fall ein „psychisches System“ (ebd., S. 28) untersucht und die „actio“ eines Situationsteilnehmers ist die Untersuchungseinheit. Im zweiten Fall wird im systemtheoretischen Sinne auf ein „soziales System“ (ebd.) fokussiert und die Untersuchungseinheit ist die „interactio“. Ihr wird eine konstitutive Funktion für den Verlauf der sozialen Situation sowohl im Hinblick auf den Beziehungsaspekt als auch auf den Inhaltsaspekt zugesprochen (Watzlawick/Beavin/Jackson 1969). Zwischen diesen Forschungsfokussierungen herrscht in der Regel kein einheitlicher Sprachgebrauch etwa hinsichtlich der begrifflichen Verwendung von Interaktion und/oder Kommunikation. Deshalb soll im Folgenden bei Studien über „psychische Systeme“ vereinfachend von einem „Sender-Empfänger“-Verständnis des Interaktionsbegriffs gesprochen werden und im Kontrast dazu bei Studien über „soziale Systeme“ von einem „(symbolisch)-interaktionistischen“ Verständnis.

Unter einer Sender-Empfänger-Vorstellung wird die soziale Interaktion in den Erscheinungsformen Lehrer-Schüler-Interaktion oder Schüler-Schüler-Interaktion als ein Beeinflussungsfaktor der Schülerpersönlichkeit verstanden. Insgesamt wird in dieser Forschungsperspektive eine umfassende Struktur von Faktoren zu bestimmen versucht, die auf die Schülerpersönlichkeit im Unterricht Einfluss nehmen. Gebräuchlich ist hier eine Kategorisierung nach dem Abstand der Beeinflussung dieser Variablen zur Schülerpersönlichkeit. Beispielsweise werden die Persönlichkeit und Expertise des Lehrers und die Prozessmerkmale des Unterrichts als Faktoren angesehen (Hofmann 2000, S.16), die zur „proximalen" schulischen Umwelt hinsichtlich des psychischen Systems der Schülerpersönlichkeit gehören. „Distale" Faktoren sind dann z.B. Schulorganisation, Lehrerbildung, Zusammensetzung und Größe der Klassen. Unterrichtsinteraktion ist in diesem Kategorisierungssystem ein Strukturmerkmal aus der proximalen schulischen Umwelt (Helmke/Weinert 1997, S. 75). Im Rahmen dieses Ansatzes wird häufiger von „Interaktionen" zwischen Variablen gesprochen. Die dem Begriff innewohnende Bedeutung von Wechselwirkung wird hierbei in einem statistischen Sinne auf das Zusammenspiel der erwähnten Faktoren bezogen: „Einzelne Merkmale auf Seiten des Lernenden und des Lehrenden werden zueinander in Beziehung gesetzt, so dass Aussagen darüber getroffen werden können, welche Voraussetzungen auf Seiten des Lerners positiv oder negativ mit Variablen des Lehrenden und dessen Lehrstrategie kovariieren" (Thies 2000, S. 49). Hierdurch soll verdeutlicht werden, dass der Lernerfolg eines Schülers auf geeignete Merkmalsausprägungen von Variablen zurückgeführt wird, die sowohl außerhalb des Schülers als auch innerhalb seiner Persönlichkeit angesiedelt sind (vgl. Helmke/Weinert 1997, S. 143ff.).

Im symbolisch-interaktionistischen Verständnis wird Unterricht als konkreter Alltag überhaupt erst durch soziale Interaktion erzeugt. Die Unterrichtssituation ist gleichsam ein „Interaktionsraum" (Soeffner 1989, S. 12) mit potenziellen Ausgestaltungsmöglichkeiten. Die konkrete, beobachtbare Situation wird als eine historisch einmalige Realisierung dieses Raumes verstanden, die formal durch die sequenzielle Strukturierung von Interaktionsbeiträgen emergiert (Mehan 1979, s.a. 2.1.1). In diesem Strukturierungsprozess finden unter anderem Bedeutungsaushandlungen statt, durch die auf semantischer Ebene Verständigungen und daraus resultierende Kooperationen ermöglicht werden. Eine konkrete Unterrichtssituation ist in diesem Verständnis das Ergebnis eines Aushandlungshandlungsprozesses (Blumer 1969) und nicht ein Faktor aus der proximalen Schulumwelt. Mit Goffman (1983) kann man hier von einer in der Situation hervorgebrachten „interaction order" sprechen (zur eher fachdidaktischen Rezeption s.a. Voigt 1984; Krummheuer 1992; Bauersfeld 2000; Heinrici/Vollmer 2001). In diesem Verständnis ist Interaktion ein sozialer Prozess der kollektiven Bedeutungsgenese und nicht ein Medium für Informationsübermittlung (Edwards 1997; Krummheuer/Brandt 2001). Entsprechend kritisieren Vertreter der bedeutungskonstitutiven Funktion von Interaktion an dem Interaktionsbegriff im Sinne eines Sender-Empfänger-Modells die technisch geprägte Vorstellung von Kommunikation und betonen im Gegensatz dazu, dass jede Unterrichtssituation ein gewisses Maß an Eigendynamik, Eigenständigkeit und innere Beständigkeit aufweist. Sie ist nicht nur ein abgeleitetes Phänomen der sozialen Institution Schule oder noch umfassender von makrosoziologischen Organisationsformen; ebensowenig ist sie nur die Folge der mehr oder weniger erfolgreich verwirklichten Intentionen von im Unterricht Anwesenden; vielmehr sind Unterrichtssitiuationen nur schlüssig zu verstehen, wenn man sie in ihrer Besonderheit als in ihrer Entwicklung weitgehend offene, „situationell" emergierende soziale Prozesse zu analysieren versucht (vgl. Goffman 1974, S. 8; Lenz 1991, S. 31).

Auch unter dieser Forschungsperspektive wird der Frage nachgegangen, welche Bedingungen des Lernens, etwa im fachlich-kognitiven Bereich, bei der gemeinsamen Strukturierung der Unterrichtssituation geschaffen werden. Im Sinne von Soeffner (1989) kann man den alltäglichen Unterricht als „unmittelbaren Anpassungs-, Handlungs-, Planungs- und Erlebnisraum" (ebd., S. 12) für Schüler und Lehrer begreifen. Dieser Interaktionsraum wird von den Beteiligten in der Interaktion sowohl gestaltet als auch als bereits gestaltet erfahren (Markowitz 1986), je nach Art der Partizipation und je nach Art der spezifischen situativen Emergenzbedingungen. Lernen wird so in unterschiedlicher Weise und mit unterschiedlicher Konsequenz ermöglicht. Die interaktive Einbindung der Schüler in das gemeinsame Erzeugen von Unterrichtsverläufen wird als zentrale soziale Konstituente des Lernens in Unterrichtssituationen der Schule gesehen: „It is principally through interaction with others that children find out what the culture is about and how it conceives of the world" (Bruner 1996, S. 20).

Mehan (1979) unterscheidet im Rahmen seiner dem Symbolischen Interaktionismus zuzuordnenden Arbeit zwischen der „structure of classroom lessons" und dem „structuring of classroom lessons" (ebd., S. 82f.). Diese Differenzierung ist auch in einem weiteren Sinne geeignet Forschungsarbeiten zu charakterisieren: Die zu Anfang erwähnten Überblicksarbeiten zur Unterrichtsinteraktion referieren in erster Linie Forschungen zur Strukturaufklärung von Unterrichtssituationen. Gleichsam als Ergänzung soll hier vorwiegend über Arbeiten berichtet werden, die Strukturierungsleistungen der an Unterrichtssituationen Beteiligten rekonstruieren und insofern am symbolisch-interaktionistischen Paradigma orientiert sind (ähnlich bei Becker-Mrotzek/Vogt 2001). Da sich die Strukturierungsleistungen in Abhängigkeit von den Beteiligten unterscheiden, werden die Arbeiten mit Blick auf die Beteiligten in Lehrer-Schüler-Interaktion und Schüler-Schüler-Interaktion differenziert.

2 Forschungsarbeiten zu Lehrer-Schüler- und Schüler-Schüler-Interaktion

2.1 Lehrer-Schüler-Interaktion

Für Interaktion zwischen Lehrenden und Lernenden lässt sich nur schwer eine einheitliche Entwicklungslinie verfolgen (s. dazu die sehr heterogene Aufsatzsammlung „Interaktion Unterricht Schule" in Biermann 1985). Das Forschungsinteresse kann in erster Linie sozialen Beziehungen gelten oder der Gesprächsgestaltung, wobei sowohl inhaltsneutrale als auch inhaltsbezogene Fragen verfolgt werden. Schon in sehr frühen Arbeiten lassen sich diese grundlegenden Fragestellungen finden, die noch immer Gegenstand didaktischer Diskussionen sind. Unterrichtsinteraktion wird in der als „Hebammentechnik" oder „mäeutische Methode" in die Geschichte der Unterrichtskunst eingegangenen Fragetechnik des Sokrates als Gestaltung von Gesprächen behandelt. Diese Idee aus den Anfängen der Didaktik setzt sich bis heute in der Gesprächsführung der Schule fort: Die „Kunst des Fragens" ist eine der überdauernden Anforderungen an die kommunikative Kompetenz des Lehrenden. Mit der Haltung des Lehrenden im sokratischen Gespräch, dem Lernenden als bereits Wissendem gegenüberzutreten, werden auch Fragen zur Interaktion im Sinne von sozialen Beziehungen angesprochen, die heute insbesondere in der Pädagogischen Psychologie unter „Lehrer-Schüler-Interaktion" untersucht werden.

Der Begriff der „Lehrer-Schüler-Interaktion" taucht in der Unterrichtsforschung erst mit Arbeiten von Flanders (z.B. 1960) auf und erfährt dann in den 1960er und 1970er Jahren eine relativ rasche Verbreitung (Biermann 1985). Auf dem Hintergrund sozialwissenschaftlicher Kommunikations- und Interaktionstheorien (Blumer 1969; Mead 1934/1973) wird die pädagogische Beziehung zwischen Lehrern und Schülern seit den späten 1960er Jahren als Lehrer-Schüler-Interaktion modelliert. Die meisten frühen Studien lassen sich dem statistischen Interaktionsbegriff zuordnen. Sie betonen durch eine Konzentration auf die Rolle und Funktion des Lehrenden die asymmetrischen Aspekte und vernachlässigen damit die Wechselbeziehung der Lehrer-Schüler-Interaktion (vgl. Nickel 1985; auch Huber 1994). Derartig ausgerichtete Untersuchungen arbeiten mit für den Lehr-Lernerfolg als relevant angenommenen distinkten Interaktionskategorien um Beschreibungen und Entscheidungen über die Güte des Interaktionsgeschehens zu treffen. Hier stehen aufgrund der genannten lehrerzentrierten Perspektive einer Vielzahl von Verhaltenskategorien auf der Seite des Lehrenden häufig nur wenige Kategorien auf der Schülerseite gegenüber (Flanders 1960; Amidon/Flanders 1963/1985; Hanke/Mandl/Prell 1973). In diese Forschungslinie lassen sich auch Untersuchungen zu Erziehungs- bzw. Unterrichtsstilen einordnen (z.B. Ryans 1960; Tausch/Tausch 1971). Die Lehrer-Schüler-Interaktion wird verkürzend in einen eher lehrerzentrierten, autoritären bzw. direkten Unterrichtsstil auf der einen Seite und einen eher schülerorientierten, demokratischen auf der anderen Seite differenziert und mit dem allgemeinen Lernerfolg der Klasse korreliert (vgl. auch Huber 1994; Brunner 2001). Einsiedler (2000) weist darauf hin, dass diese Ansätze trotzt der breiten Rezeption etwa von Tausch und Tausch (1971) in der deutschsprachigen Lehrerausbildung aufgrund der mangelnden theoretischen Konzeptionalisierungen weder für die Theoriebildung noch für die Praxis viel leisten können.

Einige Arbeiten befassen sich mit der Abhängigkeit des Interaktionsstils von der Schulart bzw. -stufe, mit dem erwarteten Leistungsvermögen, der Ethnie oder dem Geschlecht der zu Unterrichtenden (vgl. die Beiträge in Dussek 1985 und Marrett/Wilkinson 1985; kritischer Rückblick zur Geschlechterforschung s. Breitenbach 1994). Die Auswirkung von „Erwartungszuschreibungen" auf individuelle Schülerleistungen konnten Rosenthal und Jacobson (1970) nachweisen. Die Autoren erklären diese „Erwartungseffekte" mit einem veränderten Interaktionsstil aufgrund einer erwarteten Leistungssteigerung. Die Studie hat hinsichtlich der Forschungsmethode als auch hinsichtlich der Ergebnisse, die als „Pygmalion-Effekt" in der Schule bezeichnet werden, viel Aufsehen erregt und ist in ihren Aussagen nicht unumstritten (vgl. auch Hofer 1997; Huber 1994). Allerdings konnten Brophy und Good (1976) ähnliche Erwartungseffekte nachweisen und auch hinsichtlich der Wirksamkeit auf Schülergruppen bzw. Klassen wurde die „self-fulfilling-prophecy" wiederholt bestätigt (z.B. Brophy 1985). Arbeiten zu Erwartungseffekten zeigen mit der zirkulären Verstärkung von Erwartung und Effekt erste Ansätze zur theoretischen Modellierung der Wechselbeziehung – zumeist im Sinne der statistischen Interaktion – auf.

Forschungen zu (Lehrer-)Kognitionen (Hofer/Dobrick 1981; Dobrick/Hofer 1991) bzw. subjektiven Theorien (vgl. Dann 1994) konzeptionalisieren individualisiertes Lehrerverhalten handlungstheoretisch, und zwar in erster Linie über Wahrnehmungs- und Attribuierungsprozesse (s.a. Dann 2000). Lehrer bilden demnach wahrnehmungsleitende Schülertypen, die sie mit Lehrerverhalten und Lehrstrategien verknüpfen, um so im Unterricht zu vereinfachten Handlungsentscheidungen zu kommen (Hofer 1986; Schweer/Thies 2000). Einige Arbeiten beschäftigen sich mit den Kategorisierungen der Schüler für ihre Lehrer (zusammenfassend in Hofer 1997, S. 226). Insgesamt sind jedoch nur wenige Arbeiten im Forschungsfeld der Lehrer-

Schüler-Interaktion den Zielen und Handlungsentscheidungen der Schüler gewidmet; Schülerverhalten wird vor allem in Form von „Schülertaktiken" (z.B. Heinze 1980) oder als abweichendes Verhalten (z.B. Holtappels 1987, 2000; s.a. Lambrich 1987) untersucht. Gegenseitige Wahrnehmungen und situative Handlungsentscheidungen werden zunehmend stabilisiert und wirken stabilisierend auf die Lehrer-Schüler-Interaktion, was allerdings die Gefahr von unerwünschten Verfestigungen birgt. Auch wenn in den Handlungsmodellen die Wechselseitigkeit der Beeinflussung sowie die situativen Aspekte stärker einbezogen werden, ist der Eigenständigkeit der Interaktion als sozialem System noch nicht ausreichend Rechnung getragen (s.o.; auch Dann 2000).

Im Folgenden werden vier Arbeiten aus dem symbolisch-interaktionistischen Bereich ausführlicher behandelt, die diesem Ansatz entsprechend die Eigenständigkeit der Interaktion hervorheben und vor allem die Strukturierungsleistungen der Beteiligten rekonsturieren (s.o.). Allen Arbeiten gemeinsam ist damit auch der Rückgriff auf transkribierte Unterrichtsaufzeichnungen als Grundlage der empirischen Forschung. Die ersten beiden Arbeiten haben eine inhaltsneutrale Perspektive (Mehan 1979; Ehlich/Rehbein 1986). Als Grundlage werden sie häufig für fachspezifische Untersuchungen herangezogen, so auch in den beiden weiteren vorgestellten Arbeiten aus fachdidaktischer Perspektive (Krummheuer/Brandt 2001; Wieler 1989, 2002).

2.1.1 Mehan: Learning Lessons

Learning Lessons (Mehan 1979) ist eine der frühen Studien, die dem symbolisch-interaktionistischen Ansatz zuzuordnen ist. Explizit kritisiert Mehan die auf Flanders zurückgehende kategorisierende Erforschung der Unterrichtsinteraktion, obwohl er diesem Forschungsansatz in Teilbereichen durchaus Erfolge zubilligt (vgl. ebd., S. 9f.). Sein Forschungsinteresse richtet sich ausdrücklich auf die interaktionale Hervorbringung sozialer Strukturen (mit Bezug auf Garfinkel 1967; Cicourel 1968; Scheflen 1972; s.a. Mehan 1991; Becker-Mrotzek/Vogt 2001). Mehan bezeichnet seine eigene Arbeit als „constitutive ethnography", mit der er sowohl die Strukturen als auch die Strukturierungsprozesse unterrichtlicher Interaktion erfassen und analysieren möchte (Mehan 1979, S. 16). Grundlage seiner Arbeit waren Videoaufzeichnungen von lehrergelenkten Unterrichtsstunden, die 1974/75 über ein ganzes Schuljahr in einer jahrgangsübergreifenden Lerngruppe (1. bis 3. Schuljahr) einer öffentlichen Grundschule in San Diego entstanden. Durch den langen Beobachtungszeitraum konnten Routinisierungen und Entwicklungen im Interaktionsgeschehen sowie Lernprozesse interaktiver Kompetenz bei den Schulanfängern erfasst werden. Die im Unterricht erfassten Strukturen und Prozesse der Interaktion vergleicht Mehan mit außerschulischen Konversationserfahrungen und greift dabei auf Ergebnisse der Konversationsanalyse zurück. Durch diesen Vergleich wird die Charakteristik unterrichtlicher Interaktion deutlich, womit die Ergebnisse über die untersuchte Lerngruppe hinaus bedeutungsvoll werden.

Mehan geht zunächst auf die sequenzielle Organisation des Unterrichts und damit auf die strukturelle Beschreibungsebene ein. Die von ihm rekonstruierte Phasenstruktur für lehrergelenkten Unterricht wird auf der Mikroebene durch relativ stabile Interaktionsbausteine organisiert. Grundlage dafür ist die aus der Konversationsanalyse übernommene Paarsequenz („adjacency pair", Sacks/Schegloff/Jefferson 1974) der alltäglichen Interaktion. Für die schulische Interaktion rekonstruiert Mehan (1979) eine dreiteilige Sequenz: Initiation-Reply-Evaluation (ebd., S. 52). In der Regel übernimmt der Lehrende den Part der Initiation. Das zweite Element ist die Erwiderung und wird gewöhnlich von Schülern eingebracht. Diese beiden Elemente zusammen machen ein adjacency pair aus (I-R). In schulischer Interaktion wird diese Paarsequenz durch eine abschließende Evaluierung, die erneut durch den Lehrenden erfolgt, erweitert. Diese Evaluierung wird wiederum als ein zweites Element eines adjacency pairs modelliert, als dessen erster Paarling das eben beschriebene Paar (I-R) fungiert. Insgesamt ergibt sich so folgende Basissequenz: ((I-R)-E).

Mehan entwickelt zur Beschreibung der Strukturierung von Unterrichtsinteraktion das Konzept einer „turn-allocation machinery" (1979, S. 83). Mit dieser gelingt es ihm, die interaktive Organisation der Sprecherwechsel nachzuzeichnen. Im Kontrast zum konversationsanalytischen „turn-taking-system" (Sacks/Scheggloff/Jefferson 1974) ist der Sprecherwechsel nicht frei aushandelbar, sondern hierarchisch organisiert, d.h. in den meisten Phasen kommt es dem Lehrenden zu, den nächsten Sprecher zu bestimmen. Die Organisation des Sprecherwechsels in der Unterrichtsorganisation ist eng mit dem Melden verknüpft (vgl. auch Füssenich 1981; Mazeland 1983). Situative Varianten der turn-allocation machinery, die Mehan (1979) über Improvisationsstrategien auf Seiten des Lehrenden beschreibt, kommen zum Einsatz, wenn der Interaktionsfluss unter Verwendung der Basisprozeduren zusammenzubrechen droht. Bleibt etwa eine erwartete Erwiderung auf eine Initiation zunächst aus, so können gegebenenfalls unangeforderte Schülerantworten akzeptiert bzw. der Gesprächskreis erweitert werden; die Evaluation erfolgt dann erst über die entsprechend erweiterte „extended sequence" (ebd., S. 56).

Für eine erfolgreiche Beteiligung am Unterricht muss der Schüler sein akademisches Wissen dem Interaktionsverlauf zuordnen können und sich dem vom Lehrenden gelenkten Turn-Zuweisungssystem anpassen, wenn er eine im Sinne der turn-allocation machinery legitimierte Erwiderung geben will. Mehan beschreibt diese beiden Fähigkeiten als kommunikative und interpretative Dimension der interaktiven Kompetenz (Erickson 1982 unterscheidet zwischen der „academic task structure" und der „social participation structure"). Die unterrichtlichen Strukturierungen fungieren als Steuerungsprozesse für das soziale System. Die dafür benötigten interaktiven Kompetenzen müssen den Beteiligten nicht explizit bekannt sein. Vielmehr werden sie „in the course of their interaction together" (Mehan 1979, S. 186) erworben. In der beobachteten Klasse konnte Mehan einen Lernprozess in der interaktiven Kompetenz nachweisen, die es den Schülern z.B. ermöglichte, im Unterricht zunehmend stärker Initiative zu ergreifen. Mit Mehans Studie ist die ethnomethodologisch-konversationsanalytische Interaktionsforschung maßgeblich vorangetrieben worden. Die von ihm ausgearbeiteten ausschließlich inhaltsneutralen Strukturierungsprozesse lassen sich in fachdidaktisch orientierten Ansätzen weiterentwickeln (vgl. 2.1.3 und 2.1.4).

2.1.2 Ehlich und Rehbein: Muster und Institution

Ehlich und Rehbein (1986) kritisieren zunächst die Praxis der Erforschung schulischer bzw. institutioneller Kommunikation mit Hilfe immer neuer linguistischer Kategoriensysteme, da die sprachliche Wirklichkeit dabei auf Zählbarkeit reduziert werde (ebd., S. 4f.). Ihre Kritik richtet sich gegen die fehlende Auseinandersetzung mit der Funktionalität der Sprache im institutionellen Kontext (vgl. Ehlich/Rehbein 1994). Am Beispiel schulischer Kommunikation entfalten sie eine „Handlungstheorie der Sprache" (1986, S. 5), die das sprachliche und sonstige Handeln in der Schule in seinem gesellschaftlichen Gesamtzusammenhang rekonstruiert (ebd., S. 177). In der pragmalinguistisch orientierten Diskursanalyse gilt es, die Zweckgerichtetheit sprachlichen Handelns in Institutionen über konkrete sprachliche Erscheinungen zu erfassen (vgl. auch Brünner/Gräfen 1994, S. 12; Becker-Mrotzek/Vogt 2001, S. 32f.). In diesem Sinne gilt die Arbeit von Ehlich und Rehbein als ein grundlegendes Werk der Funktionalen Pragmatik und hat als solche in der Unterrichtsforschung weite Beachtung gefunden.

Als Datengrundlage zogen Ehlich und Rehbein Schulstunden aus verschiedenen Quellen heran und verwiesen dabei auf deren „Normalität" (ebd., S. 59). An diesen Unterrichtsausschnitten rekonstruierten sie vier sprachliche Handlungsmuster für die Schule: das Aufgabe-Lösungs-Muster, das Rätselraten, den Lehrervortrag mit verteilten Rollen und das Begründen. Sprachliche Handlungsmuster lassen sich über die sequenzielle Verkettung von Sprechhandlungen beschreiben, deren standardisierte Ablaufmuster von den Aktanten reproduziert werden. So kann der typische fragend-entwickelnde Unterricht als eine Diskursart (umfangreicheres sprachliches Handlungsmuster) beschrieben werden, in dem durch geeignete „Regiefragen" des Lehrenden die Produktion neuer Wissenselemente zumindest zum Teil in die Sprechhandlungen der Lernenden verlegt wird (vgl. Ehlich/Rehbein 1986, S. 83; auch Becker-Mrotzek 1993, S. 267). Durch die sequenzielle Einbindung in ein Handlungsmuster erhält die „Regiefrage" eine Funktionalität, die über die von den Autoren kritisierte Betrachtung isolierter sprachlicher Handlungen der Sprechakttheorie hinausgeht (vgl. Ehlich/Rehbein 1986, S. 67f.).

Durch einen Vergleich mit entsprechenden außerschulischen Mustern der Kommunikation zielen Ehlich und Rehbein auf die Zweckbestimmtheit der sprachlichen Handlungsmuster. So führen sie z.B. das Aufgabe-Lösungs-Muster schulischer Interaktion auf gesellschaftliches Problemlösen zurück (ebd., S. 8), das durch das schulische Handlungsmuster vermeintlich vermittelt werde (und das in didaktischen Modellen einen hohen Stellenwert einnimmt). Jedoch sind mit der Einsicht in die Problemstellung und in die Zielsetzung wesentliche Elemente des Problemlösens in die Aufgabenstellung verlegt. Die Schüler bringen gewöhnlich lediglich einzelne Wissenselemente als Lösungsversuche ein, ohne sie in den Gesamtzusammenhang einer Problemlösung einordnen zu können. Die Verarbeitung im weiteren Problemlösungsprozess liegt in der Aktzeptanz einzelner Vorschläge und ist damit wieder beim Lehrenden zu verorten. Für eine erfolgreiche Beteiligung an diesem Handlungsmuster genügt daher eine gelegentliche Aufmerksamkeit im offiziellen Handlungsraum (ebd., S. 25). Vergleichbar mit Mehans Basissequenz I-R-E beschreiben Ehlich/Rehbein also ebenfalls eine dreischrittige Struktur, die dem Wissensvorsprung des Lehrenden geschuldet ist. Den Zweck dieser Handlungsmuster sehen sie dabei zum einen im (grundsätzlich problematischen) akzelerierten Wissenserwerb als gesellschaftlicher Aufgabe von Schule. Weiter zeigen sie Parallelen zur arbeitsteiligen Organisation der Gesellschaft auf, die den einzelnen Aktanten nicht mehr den Gesamtzusammenhang der Tätigkeit erkennen lässt, und verweisen so auf die gesellschaftserhaltende Funktion von Schule (ebd., S. 26).

Die Ausführungen von Ehlich und Rehbein betreffen auch die Frage der Ermöglichung von Lernen in der Unterrichtsinteraktion und können so für fachdidaktische Forschungsansätze fruchtbar werden (vgl. 2.1.4). Ihre Einschätzungen, die auf Vergleichen zu außerschulischen Korrelaten basieren, sind in der Tendenz eher negativ-kritisierend. Durch derartige Vergleiche wird eventuell die Eigenständigkeit bzw. Eigendynamik im schulischen Kontext historisch gewachsener Interaktionskulturen theoretisch nicht ausreichend erfasst.

2.1.3 Krummheuer und Brandt: Paraphrase und Traduktion

Die gängige aufgabenorientierte Mathematikdidaktik kritisierend gründete sich in den späten 1970er Jahren um Bauersfeld eine Forschungsgruppe, die das interaktionistische Paradigma aufgriff und zunächst Kommunikationsmuster unter fachdidaktischer Fragestellung untersuchte (vgl. Bauersfeld 1978; Voigt 1984). In kontinuierlicher Weiterentwicklung entstanden so Arbeiten zu einer interaktionistisch orientierten Lerntheorie fachlichen Lernens (vgl. Voigt 1990; Krummheuer 1992, 1997; Cobb/Bauersfeld 1995). In dieser Tradition steht das Forschungsprojekt „Rekonstruktion von Formaten kollektiven Argumentierens" (Krummheuer/Brandt 2001), das, vornehmlich an einer Theorieentwicklung zum Mathematiklernen interessiert, auch Aussagen zum fachlichen Lernen in der Grundschule insgesamt trifft (ebd., S. 9). Als Datenbasis dienten transkribierte Unterrichtsaufzeichnungen aus zwei Berliner Grundschulen. Der alltägliche Unterricht wurde ohne inhaltliche oder organisatorische Vorgaben für die Lehrerinnen jeweils 14 Tage aufgezeichnet.

Theoretische Grundlage der Studie ist die Annahme, dass „kollektive Argumentationsprozesse" (Miller 1986) als spezifische lernförderliche und lernermöglichende Interaktionsprozesse anzusehen sind (Krummheuer 1992, 1995). Hiermit wird der in der Mathematikdidaktik üblichen Sichtweise, die Argumentieren als Lernziel im Sinne der Befähigung zu mathematisch-logischen Schlussfolgerungen versteht, eine eher an der Rhetorik orientierte Sicht auf Argumentation im Sinne einer Lernermöglichung gegenübergestellt (s.a. Brandt/Krummheuer 1999). Mit Rückgriff auf Goffman (1974, 1981) lassen sich im Interaktionsraum „Klassenzimmer" unterschiedliche Formen der Rezeption wie auch unterschiedliche Formen von Originalität, Authentizität und Verantwortlichkeit für das Gesagte finden, die zu einer Differenzierung der Alltagsbegriffe „Hörer" und „Sprecher" in ein vielschichtiges Rezeptions- bzw. Produktionsdesign einer Äußerung führen (Krummheuer/Brandt 2001, S. 38; s.a. Levinson 1988). Damit wird die übliche Dyade, wie sie für die Eltern-Kind-Interaktion durchaus zutreffend ist (z.B. Bruner 1987) und wie sie in vielen Ansätzen schulischer Interaktionsforschung durch die dyadische Gegenüberstellung von Lehrer und Schülern übernommen wird, für die Analyse der polyadisch angelegten Unterrichtsinteraktion aufgebrochen.

Schulische Interaktion lässt sich mit den entwickelten Begrifflichkeiten zur Rezeption und Produktion zunächst als ein relativ gleichförmig strukturierter Interaktionsfluss beschreiben; das gilt sowohl für das lehrergelenkte Unterrichtsgespräch als auch für die kollektiven Bearbeitungsprozesse während der Tischarbeit unter Schülern. Die Grundstruktur dieses unterrichtsalltäglichen Gleichflusses besteht aus Interaktionsmustern, wie sie für das lehrergelenkte Unterrichtsgespräch z. B. allgemein von Mehan (1979) und Ehlich und Rehbein (1986) und in Hinblick auf mathematische Lernprozesse von Bauersfeld (1978) und Voigt (1984) beschrieben wurden; für Schülerkooperationsprozesse kann das „Nebeneinanderher-Arbeiten" (Naujok 2000, S. 174; s.u.) als ein solcher interaktionaler Gleichfluss gesehen werden. In den interaktionalen Verdichtungen konnten in diesem Ansatz Optimierungsversuche der Ermöglichungsbedingung für fachliches Lernen identifiziert werden: Interaktionale Verdichtungen zeichnen sich durch eine dichtere und tiefere Argumentation aus, in der die Beiträge der Lernenden durch mehr Eigenständigkeit im Sinne eines Autonomiezuwachses (vgl. Bruner 1987) geprägt sind. Für den lehrerzentrierten Klassenunterricht lässt sich diese Verdichtung als Podiumsdiskussion beschreiben, die durch eine spezifische Rotation der Gesprächspartner gekennzeichnet ist (Krummheuer/Brandt 2001, S. 64). Der von Mehan rekonstruierte Dreischritt I-R-E wird dabei häufig erweitert, etwa wenn vor der Evaluation auch alternative Vorschläge gesammelt werden. Podiumsdiskussionen werden zwar als Ad-hoc-Entscheidungen der Lehrerin initiiert, sind dabei aber an einzelne Schülerbeiträge gebunden, so dass hier das mitgestaltende Potenzial dieser Beiträge hervorgehoben wird. Für den Rezipienten erfordert die Podiumsdiskussion eine erhöhte Aufmerksamkeit um weiterhin als potenzieller Gesprächspartner zur Verfügung zu stehen. Diese Diskursform kommt damit auch dem rezeptiven Lernen zugute (ebd., S. 63). In der so rekonstruierten Komplexität polyadischer Unterrichtsinteraktion stellen aktives und rezeptives Lernen somit keine didaktischen Alternativen, sondern simultane, wechselseitig aufeinander bezogene Ereignisse dar, deren Optimierungspotenzial für Unterrichtsinnovationen sich in den durchgeführten Analysen der Alltagspraxis zeigt (ebd., S. 202).

2.1.4 Wieler: Literarische Gespräche im Unterricht

Wieler (1989, 2002) betont die didaktische Zielsetzung ihrer Unterrichtsanalysen. Ihr Anliegen ist es, die Möglichkeiten literarischer Gespräche, die den kommunikativen Austausch über subjektive Deutungsprozesse der Lektüre ermöglichen, für die Lesesozialisation nachzuzeichnen. An der gängigen Literaturdidaktik kritisiert sie, dass mit der Zielsetzung literarischen Verstehens (implizit) kommunikative Anforderungen an die Schüler gestellt werden, die im Rahmen von Unterricht aus ihrer Sicht eigentlich kaum umzusetzen sind (1989, S. 13). Mit Verweis auf Mehan (1979) fordert sie, mit Hilfe der konstitutiven Ethnomethodologie in Fallanalysen das widersprüchliche Verhältnis zwischen dem „didaktisch-pädagogischen Anspruch" und der „routinisierten Unterrichtspraxis" aufzudecken. Sie schlägt daher einen dreischrittigen Forschungszyklus für die Deutschdidaktik vor, in dem erst nach einer Aufarbeitung dieser Widersprüche Neukonzeptionalisierungen und innovative Unterrichtsversuche anschließen könnten. Diese wären dann erneut in Fallanalysen zu untersuchen (vgl. Wieler 1989, S. 254).

Grundlage ihrer Kritik an der normativ orientierten Literaturdidaktik ist die Analyse einer Unterrichtsstunde in einer 10. Klasse (ebd.). Interessant ist hier der Vergleich mit den oben referierten Ergebnissen (vgl. Abs. 2.1.1 und 2.1.2). So kann sie zwar in Übereinstimmung mit Mehan (1979) zunächst eine deutliche Phasenstruktur der Stunde ausmachen, die sich an entsprechenden didaktischen Modellen des stufenweisen literarischen Verstehens orientiert. Allerdings wird auf der Mikroebene der Strukturierung die dreischrittige Sequenzierung I-R-E nicht immer erfüllt, da statt „negativer Bewertungshandlungen" (Streeck 1979) jeweils die Eröffnung einer neuen thematischen Sequenz erfolgt. Die dadurch suggerierte Offenheit wird durch die Selektion der rephrasierten bzw. nicht evaluierten Schülerbeiträge in eine Dominanz der Lehrerinterpretation überführt (Wieler 1989, S. 82), so dass die Lehrerinitiationen und -kommentare die Kohärenz der gemeinsamen Interpretation herstellen. Wieler findet damit in ihrer Analyse Anschluss an das Aufgabe-Lösungs-Muster von Ehlich und Rehbein (1986; vgl. Abs. 2.1.2): Die Schüler kennen den Interpretationsplan des Lehrers nicht, ihre Beiträge lassen sich entsprechend als Lösungsversuche interpretieren, den „Problemlöseplan" des Lehrers zu treffen (Wieler 1989, S. 101). Jedoch arbeitet Wieler heraus, dass die entsprechenden Lehreraufforderungen nicht von allen Schülern im Sinne der Musterabarbeitung interpretiert werden. Sie spricht vielmehr von der „Realisierung des Handlungsmusters" und grenzt dies von der von Ehlich und Rehbein gesetzten „Abarbeitung" ab (ebd., S. 105ff.). Die Realisierung des Aufgabe-Lösungs-Musters zeigt sich besonders deutlich in Phasen der musterhaften Textauslegung, die eher einer Standardproblemlösung entsprechen. In Hinblick auf den gängigen Literaturunterricht kritisiert sie daher den „Doppelanspruch" (ebd., S. 178), der die wissenschaftlich orientierte Textauslegung und die Verständigung über subjektive Annäherungen an den Text umfasst. Diese beiden Ansprüche bedürfen unterschiedlicher Handlungsmuster.

Hilfreiche Anregungen für eine Neukonzeptionalisierung des literarischen Gesprächs, dessen Berechtigung für Wieler (2002, S. 131) außer Frage steht, könnten aus der vorschulischen Lesesozialisation in der Familie gewonnen werden (ebd., S. 129). Arbeiten zu den Anfängen der Lesesozialisation greifen auf den Format-Begriff Bruners zurück (z.B. Wieler 1997). Formate sind „standardisierte Interaktionsmuster" zwischen einem Erwachsenen und einem Kind (vgl. Bruner 1987), in denen die Beiträge des Kindes in komplexere Bedeutungskonstruktionen eingebunden werden und ihm so z.B. die Teilnahme an einer (literarischen) Gesprächskultur ermöglichen (Wieler 2002, S. 130). Auf der Folie der für vorschulische Lesesozialisation rekonstruierten formathaften Gesprächsrituale in der Eltern-Kind-Interaktion analysiert Wieler in dieser späteren Arbeit ein literarisches Gespräch in einer Grundschulklasse. An diesem Beispiel zeigt sie auf, dass sich der „dialogische Interaktionstypus der primären literarischen Sozialisation" (ebd., S. 136) in der Schule gewinnbringend umsetzen lässt. Dabei arbeitet sie mit Bezug auf Vygotsky (1935/1978' heraus, wie das literarische Gespräch auf die Mitwirkung der Lehrerin in ihrer Funktion als kompetentere Gesprächspartnerin konstitutiv angewiesen ist. Eine genauere Ausarbeitung dieses Ansatzes für eine wissenschaftlich orientierte Deutschdidaktik steht noch aus.

2.2 Schüler-Schüler-Interaktion

Die Fokussierung auf Schüler-Interaktion impliziert in der Regel eine Vorstellung von Unterricht, die sich tendenziell vom frontalen, lehrerzentrierten Instruktionsmodell ab- und schülerbestimmten Arbeits- und Lernphasen zuwendet. Das Forschungsinteresse kann stärker auf inhaltsbezogene Lernprozesse gerichtet sein oder auf soziale Beziehungen (vgl. Petillon 1980, 1982) und die peer-culture (vgl. Breidenstein in diesem Band). Zur Untersuchung von sozialen Beziehungen und peer-culture stellt der Unterricht in der Regel nur einen Rahmen dar. Mit der Fokussierung von inhaltsbezogenen Interaktions- und Lernprozessen wird dagegen etwas in den Blick genommen, das Unterricht gerade konstituieren soll; hier wird auch spezifischer von Schülerkooperation gesprochen. In Schülerkooperation finden aber immer auch soziale Lernprozesse statt und soziale Beziehungen unter den Schülern können durchaus in ihrem Zusammenhang zu inhaltsbezogenem Lernen betrachtet werden (vgl. Krappmann/Oswald 1985; Oswald/Krappmann 1988).

Ein historischer Rückblick ergibt, dass schon seit Jahrhunderten und immer wieder neu an dem Thema Schülerkooperation gearbeitet wird (s. Meyer 1954/1996; Huber 1993a). Das Helfersystem etwa wird laut Meyer bereits seit dem Mittelalter pädagogisch eingesetzt. Comenius beschreibt in seiner gern zitierten Didactica Magna ein Modell des Lehrens und Lernens, in dem ein Lehrer mit Hilfe einiger Schüler Gruppen von hundert Kindern unterrichten kann (Comenius 1657/1993, S. 122ff.); nach Huber (1993a) wird Schüler-Interaktion dabei zu Zwecken der Unterrichtsorganisation funktionalisiert. Etwa dreihundert Jahre später etabliert Petersen (1927, 1937) in seinem jahrgangsübergreifenden Schulmodell ein System von Helfern und Paten, das auf der Idee basiert, Kinder, die anderen ein wenig voraus seien, könnten wegen der relativ geringen Differenz vieles besonders gut erklären. Auch Vygotsky misst Schülerkooperation in seiner Theorie der „Zone der nächsten Entwicklung" einen hohen Stellenwert bei. Er schreibt Kindern die Fähigkeit zu, einander beim Erreichen der nächsten Zone zu helfen, wobei er diese definiert als „the distance between the actual developmental level as determined by independent problem solving and the level of potential development as determined through problem solving under adult guidance or in collaboration with more capable peers“ (Vygotsky 1978, S. 86; auch Slavin 1995, S. 17). Mit Meyer (1954/1996, S. 260f.) kann man sagen, dass sich der Forschungsfokus von einseitig belehrendem Helfen auf gegenseitiges Helfen verschoben hat.

In den frühen 1970er Jahren ist die Forschungsaktivität in Bezug auf kooperatives Lernen stark angestiegen und dauert bis heute fort (vgl. Slavin 1998). Eine immer wieder aufgegriffene Forschungsfrage ist die nach der Leistung bzw. Effektivität von Schülerkooperation (z.B. Webb 1985; Slavin 1989; van Oudenhoven 1993). Viele dieser Arbeiten lassen sich entsprechend der obigen Differenzierung dem statistischen Interaktionsbegriff zuordnen. Sie erproben alternative Organisationsmodelle, haben also einen hypothesenüberprüfenden „Test“-Charakter und sind quantitativ orientiert (s. z.B. in Hertz-Lazarowitz/Miller 1992). Ein Forschungsschwerpunkt liegt auf der Entwicklung verschiedener Unterrichtsmethoden zur Kooperation (vgl. Beiträge in Sharan 1994). Auch kann ein spezielles Lehrertraining zum Gegenstand werden oder die Entwicklung von geeigneten Lernmaterialien, wobei teilweise qualitativ vorgegangen wird (vgl. Dekker 1995; Röhr 1995). Eine Reihe von Publikationen sind der Bildung und Zusammensetzung von Gruppen und Kriterien wie Gruppengröße oder Homogenität bzw. Heterogenität in Bezug auf Leistung, Geschlecht (s. z.B. Webb 1984) oder Ethnie (vgl. Sharan u.a. 1984; diverse Beiträge in Huber 1993b) der Mitglieder gewidmet. Huber betont Anfang der 1990er die Notwendigkeit, „nicht fast ausschließlich (...) Organisationsmodelle und Lerneffekte“ zu untersuchen, sondern unbedingt auch „die Prozesse, die in Lerngruppen stattfinden“ (Huber 1993a, S. 257). Bis Anfang der 1980er Jahre hätten hierzu kaum Publikationen vorgelegen; für die Zeit danach nennt er beispielsweise Huber und Eppler (1990) sowie Diegritz, Dann und Rosenbusch (1991); ergänzend dazu seien Wilkinson (1982) sowie Oswald und Krappmann (1988) genannt, wenn deren Interesse auch stärker auf die Sozialbeziehungen gerichtet ist.

Der Blick auf Schüler-Interaktionen im Unterrichtsalltag soll im Folgenden anhand dreier ausgewählter Forschungsarbeiten exemplarisch vertieft werden. Bei der ersten Arbeit dominiert der statistische Interaktionsbegriff, in den beiden weiteren der symbolisch-interaktionistische; bei allen drei Präsentationen steht kooperatives Lernen im Mittelpunkt.

2.2.1 Slavin: Cooperative Learning

Slavin zählt zu den bedeutendsten US-amerikanischen Forschern im Bereich kooperativen Lernens. Seine in der Psychologie zu verortenden Studien sind proximalen Bedingungsfaktoren, speziell Organisationformen von Schülerkooperation und deren Effektivität in Hinblick auf schulisches Lernen gewidmet. Außerdem ist er auf die Zusammenstellung von Forschungsüberblicken und auf Methoden der Metaanalyse spezialisiert (z.B. Slavin 1985, 1987, 1998).

Slavin (1998) unterscheidet vier theoretische Perspektiven auf kooperatives Lernen und Leistung, von denen er die dritte und vierte als kognitiv bezeichnet:

1. die motivationale Perspektive, die hauptsächlich auf die Wirkung von Belohnungs- und Zielstrukturen gerichtet ist;
2. die Perspektive der sozialen Kohäsion, in der davon ausgegangen wird, dass die Schüler einander helfen, weil sie am Zusammenhalt der Gruppe interessiert sind und in der die Bildung und Zusammensetzung von Gruppen hervorgehoben wird;

3. die entwicklungstheoretische Perspektive, deren Vertreter mit Bezug auf Piaget und Vygotsky meinen, Interaktion fördere das Meistern schwieriger Aufgaben prinzipiell;
4. die Perspektive der kognitiven Elaboration, in der davon ausgegangen wird, dass der Lerner Informationen elaborieren und restrukturieren muss um sie behalten und mit anderen Informationen verknüpfen zu können.

Mitte der 1980er Jahre hat Slavin mit der „best-evidence synthesis“ eine Methode zur Anfertigung von Metaanalysen entwickelt (vgl. Slavin 1987). Er kombiniert dazu zwei Ansätze: Von der so genannten quantitativen Synthese übernimmt er die systematische Suche und Auswahl von einzubeziehenden Studien anhand von nachvollziehbaren, klar definierten Kriterien ebenso wie die Quantifizierung von Effekten. Diese verbindet er mit der narrativen Vorgehensweise, um die Aufmerksamkeit auch auf die einzelnen Studien und deren überzeugende (Teil-)Ergebnisse richten zu können. Auf der „best-evidence synthesis“ basiert Slavins Zusammenschau von Arbeiten zu Leistungseffekten kooperativen Lernens im Unterricht (Slavin 1995). Die Vergleiche zwischen Experiment- und Kontrollgruppen ergaben zu 64% positive Effekte kooperativer Lernmethoden, zu 5% negative. Allerdings variieren die Leistungseffekte Slavin zufolge in Abhängigkeit von der jeweiligen Unterrichtsmethode und von anderen Faktoren erheblich (ebd., S. 21), so dass weitere Studien notwendig seien (vgl. ebd., S. 41). Als zentrale Ergebnisse von Slavins Metaanalyse können gelten:

- Die Gruppenleistung über die Einzelleistungen ihrer Mitglieder zu ermitteln vermag bei kooperativem Lernen positive Leistungseffekte zu erzielen.
- Durch Lehren von strukturierten Methoden der Zusammenarbeit oder von Lernstrategien können Bedingungen für gute Lernerfolge geschaffen werden.
- Jede Methode kooperativen Lernens wirkt sich positiv auf nicht-kognitive Aspekte aus, z. B. auf das Selbstwertgefühl, die Integration von Behinderten oder auf interkulturelle Beziehungen. Zwei Drittel aller Fälle, in denen eine kooperative Methode angewendet wird, zeigen positive Wirkungen auf nicht-kognitive Bereiche.

Das erste Ergebnis stimmt mit Untersuchungen überein, die seit den 1970er Jahren an der Johns Hopkins Universität zu verschiedenen dort entwickelten Methoden des Lernens in Gruppen durchgeführt worden sind (Slavin 1995). Die zentralen Konzepte dieser Methoden sind Gruppenziele, individuelle Verantwortlichkeit und gleiche Erfolgschancen für alle Beteiligten. So habe sich bewährt, die Lernarbeit in Gruppen am Ende des Lernarbeitsprozesses als Gruppenleistung anzuerkennen. Um sicherzustellen, dass auch jeder Einzelne weiterkommt und niemand als Trittbrettfahrer „profitiert“, solle die Gruppenleistung über unabhängig voneinander zu erbringende Einzelleistungen ermittelt werden. Das führe zu individueller Verantwortlichkeit und dazu, dass jedes Gruppenmitglied am Lernen der anderen interessiert sei und gegebenenfalls helfe.

Slavins Ansatz ist explizit anwendungsorientiert. Auf Basis verschiedener empirischer Studien und Metaanalysen erläutert er theoretisch und praktisch, wie Unterricht durch die Einführung kooperativer Lernmethoden verbessert werden könne und auf welche proximalen Bedingungsfaktoren besonders zu achten sei. Dabei liegt sein Schwerpunkt auf motivationalen Aspekten. Problematisch ist an Slavins Ansatz nicht nur der erhebliche Organisations- und Operationalisierungsaufwand bei praktischen Umsetzungsversuchen, sondern vor allem die zugrundeliegende Idee der absoluten Planbarkeit von Unterrichtsinteraktionen.

2.2.2 Oswald und Krappmann: Soziale Beziehungen und Interaktionen unter Grundschulkindern

Oswald und Krappmann haben in den 1980er Jahren eine Langzeitstudie zur Sozialwelt von Gleichaltrigen (peers) in der Grundschule durchgeführt (Oswald/Krappmann 1988; für eine Zusammenstellung der Ergebnisse s.a. Krappmann/Oswald 1995). Dabei beziehen sie sich mit Mead auf den Symbolischen Interaktionismus und mit Piaget auf den genetischen Strukturalismus und stellen in beiden Ansätzen die Würdigung der kindlichen Eigenleistung heraus. Ziel ihrer Studie war es, mehr über Entwicklung und Funktionen der sozialen bzw. interaktiven Fähigkeiten von Grundschulkindern, über die „Qualität der Einbindung in die Sozialwelt der peers" (ebd., S. 39) und über Zusammenhänge zu schulischem Lernen in Erfahrung zu bringen. Dabei lautete eine zentrale These der Autoren, dass Kinder im Umgang mit Gleichaltrigen vor andere interaktive Anforderungen gestellt seien als mit Erwachsenen, da zwischen den Kindern im Prinzip ein gleichberechtigtes, symmetrisches Verhältnis bestehe. Die entsprechenden interaktiven Fähigkeiten, z.B. „Aufeinander-Eingehen", würden die Schüler besonders bei gemeinsamen Problemlösungsversuchen ausbauen. Im Gegensatz zu Slavin (z.B. 1995) fokussierten sie also nicht Unterrichtsmethoden, sondern „spontane", sprich vom Lehrer nicht vorgesehene Interaktionen zwischen Schülern (Krappmann/Oswald 1985, S. 327), die der Eigendynamik der Situation geschuldet sind (s.o.).

Von 1980 bis 1984 wurden Daten von Kindern aus vier Westberliner Grundschulklassen erhoben (Oswald/Krappmann 1988, S. 2). Ausgehend von der Vorstellung, dass Sozialisation in Interaktion geschehe, sollten diese Interaktionen selbst im Mittelpunkt stehen, und zwar „in natürlichen Umwelten" (ebd., S. 10). Auf Basis von Glaser und Strauss (1967) führten die Autoren teilnehmende Beobachtungen im Unterricht, in den Pausen und auf Ausflügen bzw. einer Klassenfahrt durch und ergänzend dazu Interviews mit den Grundschülern und ihren Eltern. Außerdem wurden „Fakten aus dem Leben der Kinder" gesammelt und einer Dokumentenanalyse unterzogen (Oswald/Krappmann 1988, S. 11). Insgesamt wurde in diesem Projekt „das Protokollieren in nichtstandardisierten Situationen außerhalb des Labors zu einer kontrollierteren Methode weiterentwickelt" (ebd., S. 4). Im Folgenden soll in erster Linie von den Ergebnissen zum schulischen Lernen berichtet werden.

Für das schulische Lernen in Interaktionen ist nach Ansicht der Autoren zentral, dass die Schüler eine Verhaltensstrategie verfolgen und ausbauen, in der sie Problemsichten austauschen und argumentativ interagieren. Diese Art der Interaktion wird in bestimmten Kontexten eher realisiert als in anderen. So haben die Autoren festgestellt, dass spielerische soziale Objekte, wie Quatsch-Machen, signifikant häufiger auf eine respektvolle, argumentative Art ausgehandelt wurden als stärker normierte. Auch die Beobachtung, dass die Kinder in spontaner Zusammenarbeit regelmäßiger erfolgreich waren als in verordneter, interpretieren Krappmann und Oswald (vgl. 1985, S. 328) in diese Richtung.

In Hinblick auf die verschiedenen generierten Typen von Sozialbeziehungen – Krappmann und Oswald unterscheiden Gruppe, Geflecht und Interaktionsfeld – erwiesen sich Interaktionen zwischen Freunden und innerhalb stabiler sozialer Gruppierungen als besonders fruchtbar. Außerdem zeigte sich, dass in Freundschaftsbeziehungen eingebundene Kinder insgesamt bessere Schulleistungen erbrachten als andere. Die Autoren folgern daraus, dass man Kinder, die nicht in einer dauerhaften Beziehung zueinander stehen, nicht zu Zusammenarbeit zwingen sollte. Den größeren Erfolg der fester eingebundenen Kinder führen sie nicht nur darauf zurück, dass in engen Freundschaften stärker auf die Bedürfnisse und Befindlichkeiten des Gegenübers geachtet wurde, sondern auch darauf, dass hier auf vielfältigere Weise interagiert wurde. Mit den von Slavin unterschiedenen theoretischen Perspektiven (s. 2.2.1) lässt sich die Differenzierung bei der Interpretation des letzten Ergebnisses als ein Wechsel von der Perspektive der theoretischen Orientierung an der sozialen Kohäsion hin zur entwicklungstheoretischen beschreiben. In Bezug auf die Entwicklung interaktiver Fähigkeiten argumentieren Oswald und Krappmann, Heranwachsende würden die Fähigkeit ausbauen, ihre grundsätzlich vorhandene Kompetenz der Handlungskoordination in immer neuen und komplexeren Situationen anzuwenden und dabei die den verschiedenen Handlungsweisen eigenen Potenziale auszuschöpfen. Das Kind durchlaufe „nicht Stufen der Kompetenzentwicklung, sondern der Rekonzeptualisierung von Realisierungsbedingungen für seine Kompetenz“ (ebd., S. 96). Entsprechend sollte Schule „Gelegenheit geben, Wissen in Auseinandersetzung mit unterschiedlichen Sichtweisen zu erwerben“ (ebd., S. 335). „Aber wer die Zusammenarbeit und den wechselseitigen Austausch von Kindern fördern will, gibt zwangsläufig auch spannungsvollen, unproduktiv endenden Prozessen Raum“ (ebd., S. 321).

Es ist Krappmann und Oswald gelungen, die Beziehungen zwischen Schülern und den Zusammenhang zwischen diesen Beziehungen, verschiedenen Interaktionsweisen und kooperativen Lehr-Lernprozessen im Unterricht empirisch fundiert zu theoretisieren. Ihre Arbeit wirkt sowohl auf Forschungen zu peer-Interaktion und peer-culture als auch auf Unterrichtsforschung, etwa zu kooperativem Lernen.

2.2.3 Naujok: Schülerkooperation im Rahmen von Wochenplanunterricht

In einer Studie von Naujok (2000) wurde Schülerkooperation im Rahmen von Wochenplanunterricht in der Grundschule besonders in Hinblick auf die Möglichkeiten fachlichen Lernens untersucht. Als qualitative bzw. rekonstruktive (vgl. Bohnsack 1993), mikrosoziologische Studie ist sie in die Interpretative Unterrichtsforschung (vgl. Krummheuer/Naujok 1999) einzuordnen. Dabei wird Lernen als sozial konstituiert betrachtet und Schülerkooperation als eine Form der Interaktion begriffen, in der und durch die gelernt wird. Das Forschungsinteresse bestand in der Frage, wie Schüler in relativ frei zu gestaltenden Handlungsspielräumen wie beim Wochenplanunterricht kooperieren (vgl. die spontane Zusammenarbeit bei Krappmann/Oswald 1985) und welche alltagspädagogischen Vorstellungen (vgl. Bruner 1990, 1996; Olson/Bruner 1996) dem zugrunde liegen bzw. dabei gemeinsam entwickelt werden. Mit „Schülerkooperation“ geht es Naujok im Gegensatz zu Autoren wie Slavin also nicht um normativ bestimmte Unterrichtsmethoden oder gruppenunterrichtliche Organisationsformen, sondern ähnlich wie Krappmann und Oswald um ein Alltagsphänomen.

Die Daten wurden in einer ersten Klasse und in einer die Jahrgänge eins bis drei umfassenden Lerngruppe gewonnen, in denen der Unterricht von Wochenplanarbeit geprägt war (vgl. Krummheuer/Brandt 2001). Im Wesentlichen handelt es sich um auf Video aufgezeichnete und anschließend transkribierte Unterrichtsausschnitte. Ausgewählte Szenen wurden eingehenden Interaktionsanalysen unterzogen und dem Prinzip der Komparation folgend systematisch analysiert (vgl. Bohnsack 1993; Kelle/Kluge 1999; Krummheuer/Naujok 1999). Im Rahmen der Studie konnten so ein Begriffsnetz von Beschreibungskriterien (Naujok 2000, S. 154ff.), Kooperationshandlungen (ebd., S. 164ff.) und Kooperationstypen (ebd., S. 171ff.) entwickelt und einige allgemeinere Ergebnisse zum Lernen in relativ frei zu gestaltenden Unterrichtsphasen bzw. in spontanen Kooperationen formuliert werden. So wird beispielsweise zwischen drei Kooperationstypen unterschieden: Nebeneinanderher-Arbeiten (ebd., S. 174ff.), Helfen (ebd.,

S. 176ff.) und – in Anlehnung an die angelsächsische Bezeichnung (z.B. Goos/Galbraith/Renshaw 1996) – Kollaborieren (ebd., S. 181ff.). Beim Nebeneinanderher-Arbeiten kommt es nur punktuell zu interaktivem Austausch, etwa zum Geben von Informationen, nicht aber zu längeren Erklärungen oder Argumentationen. Lernprozesse finden hier gegebenenfalls in den sich anschließenden individuellen Arbeitsprozessen statt. Der zweite Typ ist das Helfen, welches durch eine hohe interaktive Intensität, eine Asymmetrie zwischen den Beteiligten in Bezug auf die Aufgabenbewältigung und eine gemeinsame Fokussierung auf die Aufgabe des einen gekennzeichnet ist. Die Asymmetrie kann zwar zu Schwierigkeiten führen (s.a. Oswald/Krappmann 1988; Shell/Eisenberg 1996), aber auch in Form von lernförderlichen Hinweisen und Erklärungen realisiert werden. Beim Kollaborieren ist die Interaktion ebenfalls intensiv bzw. dicht, die aufgabenbezogene Beziehungsstruktur der Beteiligten ist symmetrisch und sie fokussieren eine gemeinsame Aufgabe. Die Bedingungen, die so ein kollaborativer Austausch für Lernprozesse schafft, sind relativ günstig. In allen Fällen von Kooperation muss es den Beteiligten gelingen, sich gegenseitig zu verstehen und verständlich zu machen, d.h. unter anderem Perspektiven zu wechseln. Diese Fähigkeiten sind einerseits Voraussetzung für eine fruchtbare Kooperation; zugleich bietet Wochenplanunterricht den Schülern viele Möglichkeiten diese Fähigkeiten zu entwickeln. Die Analysen zeigen, wie die Schüler sich selbst Lernbedingungen schaffen. Sie setzen sich immer wieder explizit mit ihren alltagspädagogischen Vorstellungen vom Lernen und von günstigen und in der Gruppe akzeptierten Arbeitsweisen auseinander. Die Bereitschaft zu und das Ausmaß von derartigen Auseinandersetzungen ist im Wochenplanunterricht aufgrund der besonderen Handlungsspielräume relativ groß. Hierin dürfte ein wesentliches Potenzial derartig geöffneter Unterrichtskonzepte liegen: Die Schüler müssen ihre Spielräume gestalten und haben gleichzeitig die Chance, entsprechende Fähigkeiten und Konzepte zu entwickeln.

Auf der Basis der in dieser Untersuchung gewonnenen Einsichten zum sozial konstituierten Prozess des Lernens in Schülerkooperationen lässt sich das in der Regel verborgene Interagieren zwischen den Schülern in freien Unterrichtsphasen besser verstehen und auch im theoretischen Diskurs besser verhandeln.

3 Forschungsperspektiven

Im Schwerpunkt dieses Beitrages wurden Studien besprochen, die eher zu einem symbolisch interaktionistischen Begriff von Interaktion tendieren. Das zu Anfang aufgespannte Spektrum von theoretischen Ansätzen zur Unterrichtsinteraktion zeichnet sich unter anderem durch eine eigentümliche „Apartheit" zwischen Forschungen unter statistischer bzw. symbolisch-interaktionistischer Perspektive aus: Diese beiden Richtungen nehmen sich nur in geringem Umfang wahr. Dabei wären Teilergebnisse und die Beschreibungen der Komplexität sozialer Interaktionen im Unterricht durchaus vergleichbar. Zur substanziellen Weiterentwicklung des Forschungsgebietes scheint es deshalb angebracht, diese wechselseitige Nichtbeachtung zu überwinden. Forschungsmethodisch wären hier wohl vor allem Verfahren der Triangulation anzuwenden (z.B. Flick 2001), bei denen zunächst die einzelnen Arbeitsschritte in ihrer Forschungstradition eingebettet bleiben könnten. Wenn solche Arbeiten sich zunächst auf einen lokalen Geltungsanspruch beschränkten, könnten Fragen der Methodentriangulation und Theoriekompatibilität leichter angegangen werden (vgl. Fischer 1993; Toulmin 1994; Skowronek

1999). Die Ergebnisse solcher Arbeiten könnten dann als Beiträge zu Theorieentwicklungen mit lokalem Geltungsanspruch eingeordnet werden und sich darüber hinaus gegebenenfalls durch einen größeren Praxisbezug auszeichnen.

Interessant wären in dieser integrierenden Form auch Studien, die sich stärker fachdidaktischen Fragestellungen öffneten: Unter dieser Perspektive wäre die soziale Interaktion als ein sich in der fachlich-inhaltlichen Dimension entwickelnder Prozess beschreibbar, worauf beispielweise in der oben dargestellten Arbeit von Mehan hingewiesen wird. Die Bezüge zwischen dieser thematischen Entwicklung und den inhaltsbezogenen Lernprozessen der Schüler könnten auf diese Weise empirisch präziser und theoretisch differenzierter gefasst werden. Auch fächerübergreifende bzw. -integrierende und/oder fächervergleichende Ansätze sind in diesem Rahmen denkbar. Insgesamt ergäbe sich hierbei eine für die Unterrichtsforschung nötige interdisziplinäre Ausweitung zwischen den gewöhnlich inhaltsneutralen Forschungsansätzen der Erziehungswissenschaft, Psychologie und Soziologie und den an Inhalten interessierten fachdidaktischen Forschungen.

Neben diesen Möglichkeiten zur Weiterentwicklung von Forschung zur Unterrichtsinteraktion ist auch noch an eine Ausweitung des Untersuchungsfeldes zu denken, die sich durch die zunehmend ausgearbeiteten Modelle aus dem Gebiet der technischen Kommunikation ergeben. Mit dieser Ausweitung des Forschungsfeldes wird der Bedarf an Begriffsklärungen erheblich ansteigen; vor allem der Interaktionsbegriff bedarf einer weiteren Ausdifferenzierung: Im technischen Sinne der Neuen Medien wird er einerseits für eine spezifisch angelegte und entsprechend als „interaktive Bedienungsoberfläche" charakterisierte Mensch-Computer/Maschine-Schnittstelle verwendet (Schmitt 1984). Mensch und Computer „interagieren" und es ist wohl durchaus im Sinne der Hersteller von derartigen Computer- bzw. Softwaresystemen, dass diese in technischer Hinsicht interaktiv angelegte Schnittstelle im umgangssprachlichen Gebrauch metaphorisch als ein sozial-interaktiver Austausch zwischen zwei intelligenten und denkenden Instanzen umschrieben wird: Das schnell und in natürlich-sprachlicher Form reagierende System erweckt beim Nutzer den Eindruck, als interagiere man mit einem „Wesen", das so intelligent wie ein Mensch ist und auch wie ein solcher denken kann. Neuere Forschungen zu diesem Bereich firmieren unter dem Namen „system design". Dies ist ein Ansatz, der sich methodologisch und theoretisch unter anderem an der Ethnomethodologie und qualitativen Untersuchungsmethoden orientiert (Dourish/Button 1998; Luff/Hindmarsh/Heath 2000). Berührungspunkte zur sozialwissenschaftlichen Interaktionsforschung werden sichtbar und wären in entsprechenden Studien zu fundieren und auszubauen. Darüber hinaus sind andererseits aber auch technisch basierte Kommunikationsformen zwischen Menschen entwickelt worden, die zu einer Modifikation des Begriffs der sozialen Interaktion führen und neue Forschungsfragen aufwerfen. Aktuell sind hier das E-Mailen und das Chatten zu nennen. Empirische Forschungen werden hierzu schon seit mehreren Jahren durchgeführt (vgl. Runkehl/Slobinsky/Sierer1998; Sudweeks/McLaughin/Rafaeli 1998; Frindtke/Köhler 1999; Jones 1999). Ihre Beachtung in der diesbezüglichen Unterrichtsforschung steht im deutschsprachigen Raum jedoch noch aus (vgl. Keil-Slawik 1998).

Im Zusammenhang mit den hier ausgeführten Desideraten wäre noch ein weiteres Forschungsfeld neu zu bearbeiten: die Problematik der Beeinflussung von Unterrichtspraxis im Rahmen alltäglichen Unterrichtshandelns oder auch umfassender die Perspektive von innovativen Eingriffen. Grundlegend ist hierbei die von Bauer und Rolff (1978) herausgearbeitete Einsicht, dass Produkt- und Verfahrensinnovationen nur dann wirksam werden können, wenn Lehrer Unterricht verändert wahrzunehmen in der Lage sind. Innovationsforschung muss also bei der Interpretationskompetenz von Lehrpersonen für interaktive Prozesse des Unterrichts ansetzen (vgl. auch Aregger 1976a, 1976b). Forschungsfragen zur Lehreraus- und -weiterbildung könnten unter diese Perspektive subsumiert werden.

Dieser Ausblick scheint teilweise über die Untersuchung von Unterrichtsinteraktion hinauszugehen. Jedoch werfen die genannten Modifikationen und Erweiterungen zum Phänomenbereich der „Interaktion" immer zugleich spezifische Fragen zum Unterrichten und Lernen auf.

Literatur

Amidon, E./Flanders, N.: Interaktionsanalyse als Feed-Back-System. In: Biermann, R. (Hrsg.): Interaktion, Unterricht, Schule. Darmstadt 1963/1985, S. 13-40

Aregger, K.: Innovation in sozialen Systemen 1: Einführung in die Innovationstheorie der Organisation. Bern 1976a

Aregger, K.: Innovation in sozialen Systemen 2: Ein integriertes Innovationsmodell am Beispiel der Schule. Bern 1976b

Bauer, K.-O./Rolff, H.-G.: Vorarbeiten zu einer Theorie der Schulentwicklung. In: Bauer, K.-O./Rolff, H.-G. (Hrsg.): Innovation und Schulentwicklung. Weinheim 1978, S. 219-266

Bauersfeld, H.: Kommunikationsmuster im Mathematikunterricht. Eine Analyse am Beispiel der Handlungsverengung durch Antworterwartung. In: Bauersfeld, H. (Hrsg.): Fallstudien und Analysen zum Mathematikunterricht. Hannover 1978, S. 158-170

Bauersfeld, H.: Radikaler Konstruktivismus, Interaktionismus und Mathematikunterricht. In: Begemann, E. (Hrsg.): Lernen verstehen – Verstehen lernen. Frankfurt a.M. 2000

Becker-Mrotzek, M.: Kommunikation und Sprache in Institutionen. Ein Forschungsbericht zur Analyse institutioneller Kommunikation. Teil IV: Arbeiten zur schulischen Kommunikation. In: Deutsche Sprache 21 (1993), S. 264-282

Becker-Mrotzek, M./Vogt, R.: Unterrichtskommunikation. Linguistische Analysemethoden und Forschungsergebnisse. Tübingen 2001

Biermann, R. (Hrsg.): Interaktion, Unterricht, Schule. Darmstadt 1985

Blumer, H.: Symbolic interactionism. Englewood Cliffs (NJ) 1969

Bohnsack, R.: Rekonstruktive Sozialforschung. Einführung in Methodologie und Praxis qualitativer Forschung. Opladen 1993

Brandt, B./Krummheuer, G.: Verantwortlichkeit und Originalität in mathematischen Argumentationsprozessen der Grundschule. In: mathematica didactica 22 (1999), 2, S. 3-36

Breitenbach, E.: Geschlechtsspezifische Interaktion in der Schule. Eine Bestandsaufnahme der feministischen Schulforschung. In: Die Deutsche Schule 86 (1994), 2, S. 179-191

Brophy, J./Good, T.: Lehrer-Schüler-Interaktion. München/Berlin/Wien 1976

Brophy, J.: Teacher-student-interaction. In: Dussek, J. (Ed.): Teacher exspectancies. Hillsdale 1985, pp. 303-328

Bruner, J.S.: Wie das Kind sprechen lernt. Bern 1987

Bruner, J.S.: Acts of Meaning. Cambridge/London 1990

Bruner, J.S.: The Culture of Education. Cambridge/London 1996

Brunner, E.J.: Lehrer-Schüler-Interaktion. In: Rost, D. (Hrsg.): Handwörterbuch Pädagogische Psychologie. Weinheim 2001, S. 381-387

Brünner, G./Gräfen, G.: Texte und Diskurse. Methoden und Forschungsergebnisse der funktionalen Pragmatik. Opladen 1994

Cicourel, A.: The Social Organization of Juvenile Justice. New York/Wiley 1968

Cobb, P./Bauersfeld, H. (Hrsg.): The emergence of mathematical meaning. Interaction in classroom cultures. Hillsdale 1995

Comenius, J.A.: Große Didaktik. Übersetzt und herausgegeben von A. Flitner. Stuttgart 1657/1993

Dann, H.D.: Pädagogisches Verstehen. Subjektive Theorien und erfolgreiches Handeln von Lehrkräften. In: Reusser, K./Reusser-Weyneth, M. (Hrsg.): Verstehen. Psychologischer Prozess und didaktische Aufgabe. Bern 1994, S. 163-182

Dann, H.D.: Lehrerkognitionen und Handlungsentscheidungen. In: Schweer, M.K. (Hrsg.): Lehrer-Schüler-Interaktion. Pädagogisch-psychologische Aspekte des Lehrens und Lernens in der Schule. Opladen 2000, S. 79-108

Dekker, R.: Learning mathematics in small heterogeneous groups. In: L'educazione Matematica (1995), pp. 9-19

Diegritz, T./Dann, H.D./Rosenbusch, H.S.: Gruppenunterricht aus Innen- und Außenperspektive. Forschungsanlage und Analyse eines exemplarischen Falles. Universität Erlangen-Nürnberg 1991

Dobrick, M./Hofer, M.: Aktion und Reaktion. Die Beachtung des Schülers im Handeln des Lehrers. Göt- tingen 1991

Dourish, P./Button, G.: On „Technomethodology": Foundational relationships between ethnomethodology and system design. Human-Computer Interaction 13 (1998), 4, pp. 395-432

Duden: Das Fremdwörterbuch. Mannheim 1990

Dussek, J. (Ed.): Teacher exspectancies. Hillsdale (NJ) 1985

Edwards, D.: Discourse and cognition. London/Thousand Oaks/New Delhi 1997

Ehlich, K./Rehbein, J.: Muster und Institutionen. Untersuchungen zur schulischen Kommunikation. Tübingen 1986

Ehlich, K./Rehbein, J.: Institutionsanalyse. Prolegomena zur Untersuchung von Kommunikation in Institutionen. In: Brünner, G. (Hrsg.): Texte und Diskurse. Methoden und Forschungsergebnisse der funktionalen Pragmatik. Opladen 1994, S. 289-327

Einsiedler, W.: Von Erziehungs- und Unterrichtsstilen zur Unterrichtsqualität. In: Schweer, M.K. (Hrsg.): Lehrer-Schüler-Interaktion. Opladen 2000, S. 109-129

Erickson, F.: Classroom discourse as improvisation: Relationships between academic task structure and social participation structure in lessons In: Wilkinson, L. (Ed.): Communication in the classroom. New York 1982, pp. 153-181

Erickson, F.: Qualitative methods in research on teaching. In: Wittroch, M.C. (Ed.): Handbook of research on teaching. New York 1986

Fischer, H.R.: Zum Ende der großen Entwürfe. In: Fischer, H.R. (Hrsg.): Das Ende der großen Entwürfe. Frankfurt a.M. 1993

Flanders, N.: Interaction analysis in the classroom. A manual for observer. Minnesota 1960

Flick, U.: Triangulation. Methodologie und Anwendung. Opladen 2001

Frindtke, W./Köhler, T.: Kommunikation im Internet. Frankfurt a.M. 1999

Fuchs-Heinritz, W./Lautmann, R./Rammstedt, O./Wienhold, H. (Hrsg.): Lexikon zur Soziologie. 3. Völlig neu bearbeitete und erweiterte Auflage. Opladen 1995

Füssenich, I.: Disziplinierende Äußerungen im Unterricht – eine sprachwissenschaftliche Untersuchung. Bochum 1981

Garfinkel, H.: Studies in Ethnomethodology. New York 1967

Glaser, B./Strauss, A.: The Discovery of Grounded Theory: Strategies for Qualitative Research. New York 1967

Goffman, E.: Erwiderungen und Reaktionen. In: Hammerich, K./Klein, M. (Hrsg.): Materialien zur Soziologie des Alltags. Opladen 1978, S. 120-176

Goffman, E.: Footing. In: Goffman, E.: Forms of Talk. Oxford 1981, pp. 124-150

Goffman, E.: Frame analysis. An essay on the organisation of experience. Cambridge 1974

Goffman, E.: The interaction order. In: American Sociological Review 48 (1983), pp. 1-17

Goos, M./Galbraith, P./Renshaw, P.: When does Student Talk Become Collaborative Mathematical Discussion? In: Clarkson, T. (Ed.): Technology in Mathematics Education. Proceedings of the 19th Annual Conference of the Mathematics Education Research Group of Australia in Melbourne. Melbourne 1996, pp. 237-244

Hanke, B./Mandl, M./Prell, S.: Soziale Interaktion im Unterricht. München 1973

Heinze, T.: Schülertaktiken. München 1980

Helmke, A./Weinert, F.E.: Bedingungsfaktoren schulischer Leistungen. In: Weinert, F.E. (Hrsg.): Psychologie des Unterrichts und der Schule. Enzyklopädie der Psychologie. Bd. 3: Pädagogische Psychologie. Göttingen 1997, S. 71-176

Henrici, G./Vollmer, H.J.: Untersuchungsfeld 3: Interaktive Aspekte. In: Zeitschrift für Fremdsprachenforschung 12 (2001), S. 76-82

Hertz-Lazarowitz, R./Miller, N. (Eds.): Interaction in Cooperative Groups. The Theoretical Anatomy of Group Learning. Cambridge 1992

Hofer, M.: Sozialpsychologie erzieherischen Handelns. Göttingen 1986

Hofer, M.: Lehrer-Schüler-Interaktion. In: Weinert, F.E. (Hrsg.): Psychologie des Unterrichts und der Schule. Enzyklopädie der Psychologie. Bd. 3: Pädagogische Psychologie. Göttingen 1997, S. 213-252

Hofer, M./Dobrick, M.: Naive Ursachenzuschreibung und Lehrerverhalten. In: Hofer, M. (Hrsg.): Informationsverarbeitung und Entscheidungsverhalten von Lehrern. München/Wien/Baltimor 1981, S. 110-158

Hofmann, H.: Sozialisationsinstanz Schule: Zwischen Erziehungsauftrag und Wissensvermittlung. In: Schweer, M.K. (Hrsg.): Lehrer-Schüler-Interaktion. Opladen 2000, S. 9-36

Holtappels, H.-G.: Schulprobleme und abweichendes Verhalten aus der Schülerperspektive. Empirische Studie zu Sozialisationseffekten im situationellen und interaktionellen Handlungskontext der Schule. Bochum 1987

Holtappels, H.-G.: „Abweichendes Verhalten" und soziale Etikettierungsprozesse in der Schule. In: M.K. Schweer (Hrsg.): Lehrer-Schüler-Interaktion. Pädagogisch-psychologische Aspekte des Lehrens und Lernens in der Schule. Opladen 2000, S. 231-256

Huber, G.L.: Neue Perspektiven der Kooperation. In: Huber, G.L. (Hrsg.): Europäische Perspektiven für kooperatives Lernen. Grundlagen der Schulpädagogik. Bd. 6, Baltmansweiler 1993a, S. 244-259

Huber, G.L. (Hrsg.): Europäische Perspektiven für kooperatives Lernen. Grundlagen der Schulpädagogik. Bd. 6, Baltmansweiler 1993b

Huber, G.L.: Pädagogische Interaktion in der Schule. In: Weidenmann, B./Krapp, A. (Hrsg.): Pädagogische Psychologie. Ein Lehrbuch. Weinheim 1994, S. 397-433

Huber, G.L./Eppler, R.: Team Learning in German classrooms: Processes and outcomes. In: Sharan, S. (Ed.): Cooperative learning: Theory and research. New York 1990, pp. 151-172

Jones, S. (Ed.): Doing Internet Research. Critical issues and methods for examining the net. Thousand Oaks 1999

Keil-Slawik, R.: Multimedia als Steinbruch des Lernens. In: Hauff, M. (Hrsg.): media@uni-multi.media? Entwicklung – Gestaltung – Evaluation neuer Medien. Münster 1998, S. 81-99

Kelle, U./Kluge, S.: Vom Einzelfall zum Typus. Fallvergleich und Fallkontrastierung in der qualitativen Sozialforschung. Opladen 1999

Krappmann, L./Oswald, H.: Schulisches Lernen in Interaktionen mit Gleichaltrigen. In: Zeitschrift für Pädagogik 31 (1985), S. 321-337

Krappmann, L./Oswald, H.: Alltag der Schulkinder. Beobachtungen und Analysen von Interaktionen und Sozialbeziehungen. Weinheim/München 1995

Krummheuer, G.: Lernen mit „Format". Elemente einer interaktionistischen Lerntheorie. Diskutiert an Beispielen mathematischen Unterrichts. Weinheim 1992

Krummheuer, G.: Narrativität und Lernen. Mikrosoziologische Studien zur sozialen Konstitution schulischen Lernens. Weinheim 1997

Krummheuer, G./Brandt, B.: Paraphrase und Traduktion. Partizipationstheoretische Elemente einer Interaktionstheorie des Mathematiklernens in der Grundschule. Weinheim/Basel 2001

Krummheuer, G./Naujok, N.: Grundlagen und Beispiele Interpretativer Unterrichtsforschung. Opladen 1999

Lambrich, H.-J.: Schulleistung, Selbstkonzeption und Unterrichtsverhalten. Eine qualitative Untersuchung zur Situation „schlechter" Schüler. Weinheim 1987

Lenz, K.: Erving Goffmann – Werk und Rezeption. In: Hettlage, R./Lenz, K. (Hrsg.): Erving Goffman – ein soziologischer Klassiker der zweiten Generation. Bern/Stuttgart 1991, S. 25-93

Levinson, S.C.: Putting linguistic on proper footing: Explorations in Goffman's concepts of participation. In: Drew, P./Wootton, A. (Eds.): Exploring the interaction. Cambridge 1988, pp. 161-227

Luff, P./Hindmarsh, J./Heath, C. (Eds.): Workplace Studies: Recovering Work Practice and Informing System Design. Cambridge 2000

Luhmann, N.: Die Gesellschaft der Gesellschaft. Frankfurt a.M. 1997

Markowitz, J.: Verhalten im Systemkontext. Zum Begriff des sozialen Epigramms. Diskutiert am Beispiel des Schulunterrichts. Frankfurt a.M. 1986

Marrett, C./Wilkinson, L.S. (Eds.): Gender Influences in Classroom Interaction. Orlando 1985

Mazeland, H.: Sprecherwechsel in der Schule. In: Ehlich, K./Rehbein, J. (Hrsg.): Kommunikation in Schule und Hochschule. Tübingen 1983, S. 77-101

Mead, G.H.: Identität und Gesellschaft. Frankfurt a.M. 1934/1973

Mehan, H.: Learning lessons. Cambridge 1979

Mehan, H.: The School's Work of Sorting Students. In: Boden, D./Zimmermann, D. (Eds.): Talk and Social Structure. Oxford 1991, pp. 72-90

Meyer, E.: Gruppenunterricht. Grundlegung und Beispiel. 9. Auflage des Klassikers der Gruppenpädagogik 1954. Baltmannsweiler 1954/1996

Miller, M.: Kollektive Lernprozesse. Studien zur Grundlegung einer soziologischen Lerntheorie. Frankfurt a.M. 1986

Naujok, N.: Schülerkooperation im Rahmen von Wochenplanunterricht. Analyse von Unterrichtsausschnitten aus der Grundschule. Weinheim 2000

Nickel, H.: Die Lehrer-Schüler-Beziehung aus der Sicht neuerer Forschungsergebnisse. Ein transaktionales Modell. In: Biermann, R. (Hrsg.): Interaktion, Unterricht, Schule. Darmstadt 1976/1985, S. 254-280

Olson, D./Bruner, J.S.: Folk Psychology and Folk Pedagogy. In: Olson, D./Torrance, N. (Eds.): The Handbook of Education and Human Development. New Models of Learning, Teaching, and Schooling. Cambridge 1996, pp. 9-27

Oswald, H./Krappmann, L.: Soziale Beziehungen und Interaktionen unter Grundschulkindern. Methoden und ausgewählte Ergebnisse eines qualitativen Forschungsprojektes. Berlin 1988

Oudenhoven, J.v.: Kooperatives Lernen und Leistung: Eine konditionale Beziehung. In: Huber, G.L. (Hrsg.): Neue Perspektiven der Kooperation. Grundlagen der Schulpädagogik. Bd. 6, Baltmansweiler 1993, S. 180-189

Petersen, P.: Der Jena-Plan einer freien allgemeinen Volksschule. Langensalza 1927

Petersen, P.: Führungslehre des Unterrichts. Langensalza 1937

Petillon, H.: Soziale Beziehungen in Schulklassen. Weinheim/Basel 1980

Petillon, H.: Soziale Beziehungen zwischen Lehrern, Schülern und Schülergruppen. Überlegungen und Untersuchungen zu Aspekten der sozialen Interaktion in vierten Grundschulklassen. In: Ingenkamp, K. (Hrsg.): Theorie und Praxis der Schulpsychologie. Bd. XXVIII, Weinheim/Basel 1982

Röhr, M.: Kooperatives Lernen im Mathematikunterricht der Primarstufe. Entwicklung und Evaluation eines fachdidaktischen Konzepts zur Förderung der Kooperationsfähigkeit von Schülern. Wiesbaden 1995

Rosenthal, R./Jacobson, L.: Pygmalion im Unterricht. Lehrererwartungen und Intelligenzentwicklung der Schüler. Weinheim 1970

Runkehl, J./Slobinsky, P./Sierer, T.: Sprache und Kommunikation im Internet. Opladen 1998

Ryans, D.G.: Characteristics of teachers. Washington 1960

Sacks, H./Schegloff, E.A./Jefferson, G.: A simplest systematic for the organisation of turn-taking in conversation. In: Language 50 (1974), 4, pp. 696-735

Scheflen, A.: Communicational Structure. Bloomington 1972

Schmitt, A.A.: Dialogsysteme. Kommunikative Schnittstellen, Software-Ergonomie und Systemgestaltung. Mannheim 1984

Schweer, M.K. (Hrsg.): Lehrer-Schüler-Interaktion. Pädagogisch-psychologische Aspekte des Lehrens und Lernens in der Schule. Opladen 2000

Schweer, M.K./Thies, B.: Situationswahrnehmung und interpersonales Verhalten im Klassenzimmer. In: Schweer, M.K. (Hrsg.): Lehrer-Schüler-Interaktion. Pädagogisch-psychologische Aspekte des Lehrens und Lernens in der Schule. Opladen 2000, S. 59-78

Sharan, S. (Ed.): Handbook of Cooperative Learning Methods. London 1994

Sharan, S./Kussell, P./Hertz-Lazarowitz, R./Bejarano, Y./Raviv, S./Sharan, Y.: Cooperative Learning in the Classroom: Research in Desegregated Schools. Hillsdale 1984

Shell, R.M./Eisenberg, N.: Children's Reactions to the Receipt of Direct and Indirect Help. In: Child Development 67 (1996), pp. 1391-1405

Skrowronek, H.: Bühler, Dewey und Pädagogische Psychologie im Kontext. In: Zeitschrift für Pädagogische Psychologie 4 (1999), S. 187-190

Slavin, R.E.: An Introduction to Cooperative Learning Research. In: Slavin, R.E./Sharan, S./Kagan, S./Hertz-Lazarowitz, R./Webb, C./Schmuck, R. (Eds.): Learning to Cooperate, Cooperating to Learn. New York/London 1985, pp. 5-15

Slavin, R.E.: Educational Psychology. Theory into Practice. Englewood Cliffs 1986

Slavin, R.E.: Best-Evidence Synthesis: An Alternative to Meta-Analytic and Traditional Reviews. In: Shadish, W.R. Jr./Reichardt, C.S. (Eds.): Evaluation Studies Review Annual Volume 12. Newbury Park 1987, pp. 667-673 (autorisierter Nachdruck aus: Educational Researcher 15 (1986), S. 5-11)

Slavin, R.E. (Ed.): School and Classroom Organization. Hillsdale 1989

Slavin, R.E.: Kooperatives Lernen und Leistung: Eine empirisch fundierte Theorie. In: Huber, G.L. (Hrsg.): Europäische Perspektiven für kooperatives Lernen. Grundlagen der Schulpädagogik. Bd. 6, Baltmansweiler 1993, S. 151-170

Slavin, R.E.: Cooperative Learning: Theory, Research and Practice. Boston1995

Slavin, R.E.: Research on Cooperative Learning and Achievement: A Quarter Century of Research. In: Fachgruppe Pädagogische Psychologie in der Deutschen Gesellschaft für Psychologie e.V. Newsletter 1 (1998), S. 13-45

Slavin, R.E./Sharan, S./Kagan, S./Hertz-Lazarowitz, R./Webb, C./Schmuck, R. (Eds.): Learning to Cooperate, Cooperating to Learn. New York/London 1985

Soeffner, H.-G.: Auslegung des Alltags – Der Alltag der Auslegung. Frankfurt a.M. 1989

Streeck, J.: Sandwich. Good for you. Zur pragmatischen und konversationellen Analyse von Bewertungen im institutionellen Diskurs der Schule. In: Dittmann, J. (Hrsg.): Arbeiten zur Konversationsanalyse. Tübingen 1979, S. 235-257

Sudweeks, F./McLaughin, M./Rafaeli, Sh. (Eds.): Network and netplay. Virtual groups on the internet. Cambridge 1998

Tausch, R./Tausch, A.M.: Erziehungspsychologie. Hogrefe 1971

Thies, B.: Lehrer-Schüler-Interaktion. Pädagogisch-psychologische Aspekte des Lehrens und Lernens in der Schule. In: Schweer, M.K. (Hrsg.): Interaktion im Unterricht: Modelle und Methoden der Erfassung. Opladen 2000

Toulmin, S.: Kosmopolis. Die unerkannten Aufgaben der Moderne. Frankfurt a.M. 1994

Voigt, J.: Die interaktive Konstitution fachlicher Themen im Unterricht. In: Wiebel, K.H. (Hrsg.): Zur Didaktik der Physik und Chemie. Vorträge auf der Tagung für Didaktik der Physik/Chemie in Kassel 1989. Alsbach 1990, S. 74-88

Voigt, J.: Interaktionsmuster und Routinen im Mathematikunterricht–theoretische Grundlagen und mikroethnographische Falluntersuchungen. Weinheim 1984

Vygotsky, L.S.: Interaction between Learning and Development. In: Cole, M./John-Steiner, V./Scribner, S./Souberman, E. (Eds.): Mind in Society. The Development of Higher Psychological Processes. Cambridge/London 1935/1978, pp. 79-91

Watzlawick, P./Beavin, J.H./Jackson, D.D.: Menschliche Kommunikations-Formen, Störungen, Paradoxien. Bern 1969

Webb, N.: Sex differences in interaction and achievement in cooperative small groups. In: Journal of Educational Psychology 76 (1984), 1, pp. 33-44

Webb, N.: Student Interaction and Learning in Small Groups: A Research Summary. In: Slavin, R.E./Sharan, S./Kagan, S./Hertz-Lazarowitz, R./Webb, C./Schmuck, R. (Eds.) Learning to Cooperate, Cooperating to Learn. New York/London 1985, pp. 147-172

Wieler, P.: Sprachliches Handeln im Literaturunterricht als didaktisches Problem. Bern/Frankfurt a.M. 1989

Wieler, P.: Vorlesen in der Familie. Fallstudien zur literarisch-kulturellen Sozialisation von Vierjährigen. Weinheim/München 1997

Wieler, P.: Das Literatur-Gespräch in der Schule: Ansatzpunkt für eine sprachlerntheoretisch fundierte didaktische Konzeption. In: Kammler, C./Knapp, W. (Hrsg.): Empirische Unterrichtsforschung und Deutschdidaktik. Baltmannsweiler 2002, S. 128-140

Wilkinson, L.C. (Ed.): Communicating in the Classroom. New York 1982

8 Lehrerforschung

Rainer Bromme | Ludwig Haag

Forschung zur Lehrerpersönlichkeit

1 Einleitung

Auf die Frage, worin die Professionalität von Lehrkräften besteht, resümiert Herrmann, der in einem Forschungsprojekt Selbstaussagen von rund 100 Lehrkräften in mehreren Erhebungswellen dokumentiert (Herrmann/Hertramph 1997; Hertramph/Herrmann 1999): „Gymnasiallehrer verweisen auf ihre fachwissenschaftliche universitäre Ausbildung, Berufsschullehrer auf ihre Berufsausbildung und -erfahrung vor Eintritt ins Lehramt, berufszufriedene und erfolgreiche Lehrer verweisen auf den Faktor Lehrerpersönlichkeit“ (Herrmann 1999, S. 42).

Lehrkräfte beziehen also ihre Berufsbefähigung nicht auf den Unterricht bzw. auf ihre Unterrichts-Expertise, sondern auf fachliche und/oder personale Kompetenzen. Der eigene Berufserfolg und die eigene Berufszufriedenheit wird nicht einem Prozess zunehmender Professionalisierung und zunehmender fachmännischer Expertise zugeschrieben, sondern dem Faktor Persönlichkeit. Den ausschlaggebenden Erfolg, wie auf Schüler eingehen zu können, Disziplinprobleme während des Unterrichtens auch beiläufig lösen zu können, fachliche Inhalte schülergerecht vermitteln zu können, den Austausch mit anderen Kollegen herstellen zu können, garantiere die Lehrerpersönlichkeit als Bedingung kompetenten professionellen Handelns.

Die Autoren fragten weiter, was diese Lehrkräfte nun unter Lehrerpersönlichkeit verstehen. Lehrer, die sich durch jahrzehntelange Erfahrung in ihrem Beruf auskennen, „verstehen unter dem Begriff ‚Lehrerpersönlichkeit‘ ein Ensemble von Eigenschaften, die erstens zentral für eine erfolgreiche Berufsausübung sind, sich zweitens nicht trennscharf umreißen lassen und drittens den Charakter des ‚Nichterlernbaren‘ tragen“ (Hertramph/Herrmann 1999, S. 53). Lehrer sehen sich also so, dass ihre Persönlichkeit den Zugang zu den Schülern eröffnet und somit darüber entscheidet, ob der Beruf erfolgreich gemeistert wird.

Über den Ursprung der eigenen Lehrerpersönlichkeit wird das Moment des „geborenen Erziehers“ deutlich. In etlichen Fällen wird davon berichtet, dass man bereits vor Aufnahme des Studiums gut mit Kindern/Jugendlichen umgehen konnte. Für die Berufswahlentscheidung waren auch Erfahrungen aus der eigenen Schulzeit wichtig, es wird von der Persönlichkeit der ehemaligen Lehrer gesprochen. Als erste positive Lernerfahrungen zu Berufsbeginn dienten Seminarlehrer, Mentoren als Vorbilder, die wiederum über Persönlichkeitsmerkmale beschrieben werden.

Die Lehrerpersönlichkeit spielt also aus der Sicht der Befragten eine Hauptrolle für die eigene erfolgreiche Berufsausübung, 50% bis 80% werden als Nicht-Erlernbar beschrieben. Für die aktuelle Lehrerausbildung wird die Förderung von Persönlichkeitsmerkmalen für außerordentlich wichtig gehalten.

2 Paradigmen der Unterrichtsforschung

Es lässt sich also folgern, dass pädagogische Wirksamkeit dem in der Regel nicht weiter aufgeklärten black-box-Faktor „Persönlichkeit“ zugeschrieben wird und dass damit sowohl Erfolg als auch Misserfolg, Zufriedenheit und Resignation erklärt werden. Ein gewichtiger Grund für diese Ansicht dürfte sein, dass Unterrichten als ein komplexer personaler Prozess zwischen Lehrern und Schülern angesehen wird, der sich zunächst nicht in unterschiedliche Inhaltsbereiche aufgliedern lässt.

Freilich hat die Unterrichtsforschung gezeigt, dass das Konzept der Lehrerpersönlichkeit wenig taugt um hiermit Unterschiede des pädagogischen Einflusses erklären und vorhersagen zu können. Einerseits war diese Sichtweise zu trivial, nach dem Motto „schlechte Lehrer üben einen schlechten Einfluss aus“. Andererseits war es nicht möglich Zusammenhänge mit verschiedenen Klassensituationen, Schülern und Schulstufen aufzudecken. In einer historischen Zusammenschau der Unterrichtsforschung wird deutlich, dass das Paradigma der Lehrerpersönlichkeit vom Prozess-Produkt-Paradigma abgelöst wurde (Shulman 1986a; Bromme 1997; Helmke/Weinert 1997). Es entstand im Bemühen, noch systematischer das Lehrer- und Schülerverhalten im Sinne einer engen Wenn-Dann-Beziehung zwischen Lehrerverhalten und Schülerleistung zu erfassen, wobei einzelne Lehrerverhaltensweisen im Sinne eng umgrenzter Fertigkeiten als Prozesse („what teachers do in the classroom“) und ihre Auswirkungen auf Schülerseite als Produkte („what happens to their students“) (vgl. Anderson/Evertson/Brophy 1979, S. 193) aufgefasst werden.

Trotz der Berücksichtigung immer mehr und qualitativ neuartiger Variablen setzte sich die Einsicht durch, dass man mit empirischen Methoden den universell ‚guten Lehrer‘ nicht identifizieren kann. Unabhängig von der Frage, was den Effektbereich ausmacht, ist es nicht möglich mit einer Gruppe von Variablen die effektspezifisch günstige Lehrkraft zu charakterisieren. Wenn man gleichzeitig verschiedene Lernkriterien der Schüler und unterschiedliche pädagogische Funktionen der Lehrkräfte berücksichtigt, gibt es vor dem Hintergrund aktueller Forschungsergebnisse viele hinreichende, aber kaum notwendige Bedingungskonstellationen erfolgreichen Lehrens (vgl. Weinert/Helmke 1996). So kann beispielsweise ein von der Lehrkraft stark kontrollierender Unterricht je nach Art dieser Kontrolle sowohl positive als auch negative Auswirkungen auf die Lernleistungen der Schüler haben. Weinert (1996) resümiert: „Lehrkräfte können auf eine sehr unterschiedliche, aber nicht beliebige Art und Weise gleichermaßen guten und erfolgreichen Unterricht halten“ (ebd., S. 143). Demnach müsste es verschiedene Kombinationstypen des ‚guten Lehrers‘ geben. Eine weitere Schwäche dieses Paradigmas, das zunächst nach isolierten Lehrvariablen suchte, war, die Schülerseite vernachlässigt zu haben. Lehren kann nur als eine Funktion dessen verstanden werden, was Lerner aktiv im Lernprozess daraus machen.

Im Rahmen der kritischen Auseinandersetzung mit dem Behaviorismus erfuhr auch die Unterrichtsforschung einen grundlegenden Wandel. Die Forschung zum Lehrerhandeln zeigt sich nun als Analyse der Denkprozesse beim Unterrichten. Im Zuge des zielgerichteten Handelns strukturieren die Lehrkräfte ihren Handlungsraum aktiv-kognitiv, es laufen Denkprozesse und handlungsbezogene Kognitionen ab. Somit wird auch wieder deutlich, dass für die Gestaltung von Unterricht die Lehrkraft zentral ist (Baumert/Köller 2000). Jetzt sind es weniger die einzelnen Fertigkeiten, die interessieren, sondern durch die Hinwendung zu kognitiven Aspekten der Lehrerpersönlichkeit rückt diese wieder in den Mittelpunkt. Jetzt allerdings „sind es nicht mehr vage definierte Charakterzüge, sondern es ist das Wissen und Können für die Gestaltung von Lerngelegenheiten“ (Bromme 1997, S. 186).

Im Rahmen der Forschung über Lehrerkognitionen ist eine Reihe von sehr komplexen Rahmenmodellen entwickelt worden, die unterschiedliche Akzentuierungen der kognitiven Prozesse darstellen, doch die alle davon ausgehen, dass Lehrerhandeln als das Ergebnis einer aktiven Auseinandersetzung mit Unterrichtssituationen aufgefasst wird (vgl. Dann 2000). Da die Kunst des Unterrichtens vor allem darin besteht, für jede Situation angemessene Handlungen zu wählen, die eigenen Handlungen dem jeweiligen Schüler, Inhalt, Ausbildungsstand und Erziehungsziel anzupassen, nehmen Überlegungen und Entscheidungen im Lehrerhandeln eine zentrale Rolle ein. Umgekehrt sind direkte, handlungsleitende Kognitionen eher beteiligt an langfristigen Unterrichtsplanungen, Unterrichts- und Erziehungszielen. Sie lenken die Schülerwahrnehmung, steuern Ereignisse im Klassenzimmer und selbstverständlich die Auswahl der Lehrinhalte und den Lehr-Lernprozess selbst. Gegenstand der Forschung zur Lehrerexpertise ist die Erforschung dieser Kognitionen.

Beim Prozess-Produkt-Paradigma interessierten die einzelnen Lehr-Fertigkeiten und dabei ging es nicht um die Frage, inwieweit diese alle von einer einzelnen Lehrkraft realisiert werden können.

3 Expertenansatz

Demgegenüber sucht der Expertenansatz nach dem kompetenten Lehrer in dem Sinne, dass sich Wissen und Fertigkeiten in ihm zu einer Einheit verschmelzen. Die Frage nach dem guten Lehrer, wie sie im Persönlichkeits-Paradigma betrachtet wurde, wird unter der Fragestellung des Lehrers als Experten demnach wieder personalisiert diskutiert, doch geht es jetzt nicht mehr um allgemeine Persönlichkeitseigenschaften, sondern um die Erfassung von Wissen und Fertigkeiten, die für die Durchführung von Unterricht notwendig sind. Wenn der erfahrene Lehrer als Experte bezeichnet wird, geht es um die Hinwendung zu kognitiven Aspekten der Lehrerpersönlichkeit, wobei es nicht um die Analyse einzelner Handlungen, sondern um komplexe Analyseeinheiten geht. Diese Sichtweise ging mit einer Änderung psychologischer Theorien einher, die dem Lehr-Lern-Prozess zugrunde gelegt wurden, was eine programmatische Hinwendung zu den Fragen, Forschungsmethoden und Forschungsperspektiven des Expertenansatzes in der Kognitiven Psychologie bedeutet (vgl. Ericsson/Smith 1991). Hier werden die kognitiven Prozesse beschrieben und analysiert, die Spitzenleistungen, bei denen komplexe mentale Aufgaben erforderlich sind, zugrunde liegen. Ein Beispiel ist der Forschungsbefund, dass die Fähigkeit guter Schachspieler, sich komplexe Figurenkonstellationen schnell einprägen und sie exakt wiedergeben zu können, nicht auf einem generell besseren Gedächtnis, sondern auf dem Wissen über Schachpositionen, das sie sich über jahrelanges Training erworben haben, basiert. Weitere Befunde über Experten betreffen ihre Problemlösestrategien, ihr Metawissen, ihre Selbstregulationsstrategien und ihre kategoriale Wahrnehmung von Problemen.

Doch im Expertenansatz geht es nicht nur um die Analyse von Spitzenleistungen wie bei Schachgroßmeistern, sondern es werden auch Personengruppen, die berufliche Aufgaben lösen und dabei praktische Erfahrungen besitzen, im Vergleich zu Berufsanfängern, sog. Novizen, untersucht. Als durchgängiges Ergebnis lässt sich festhalten, dass bereichsspezifisches deklaratives und prozedurales Wissen Voraussetzung für eine erfolgreiche Berufsausübung ist. Dabei geht es nicht so sehr um quantitative Unterschiede im Sinne „Experten wissen mehr", sondern um qualitative, was den Inhalt und die Organisation des Wissens betrifft.

Die Frage, nach welchen Kriterien Experten bestimmt werden können, impliziert eine normative Entscheidung. Ganz allgemein geht es um berufliche Erfolge. Auf den Lehrerberuf nun bezogen sind dies die Lernerfolge bei den Schülern. Dies ist freilich ein problematisches Kriterium. Dabei geht es sowohl um die Frage der Gütekriterien bei der Feststellung von Schulleistungen als auch darum eine Vielzahl von Schülermerkmalen statistisch zu kontrollieren. Auch sind die vielen Einflussfaktoren, die neben dem Lehrer für Schülerleistungen verantwortlich sind, zu berücksichtigen. Zur Auswahl von Experten wären große Stichproben notwendig, was in der Praxis oftmals schwierig genug ist. Außerdem sind Expertenstudien mit großem Aufwand verbunden, da Lehrerwissen über individuelle Interviews und Beobachtungen erhoben werden kann. Deshalb werden zur Identifizierung auch weitere externe Kriterien herangezogen: In der Praxis üblich sind Beurteilungen durch Kollegen, Vorgesetzte oder Schüler. Freilich ist zu bedenken, dass solche Beurteilungen gerade durch Vorgesetzte durch die Auswahl an Dienstjahren überlagert werden können. Als Qualitätskriterium für Berufserfahrung und damit als Expertisekriterium kann auch die Anzahl und erfolgreiche Teilnahme an Fortbildungsveranstaltungen genommen werden. Allgemeiner Konsens besteht darin, dass ein einziges Kriterium zur Identifizierung allein kaum ausreichen dürfte. Als gesichert darf man annehmen, dass sich zwischen Novizen und Experten in Bezug auf die Wissensrepräsentation zwar qualitative Unterschiede zeigen, dass aber kein sprunghafter Übergang gemäß einem Alles-oder-Nichts-Prinzip in der Entwicklung von Expertise anzunehmen ist. Eher ist von einer kontinuierlichen Zunahme auszugehen (vgl. Gruber 1994, S. 72). Gruber konstatiert (dort in Bezug auf Schachexperten, aber auch in unserem Zusammenhang bedeutsam): „sie [die Experten] stellten durchaus bisweilen auch ‚Novizenfragen', wenn sie ihnen dienlich waren. Experten gingen also nicht grundsätzlich anders vor als Novizen, sondern sie gingen auch anders vor" (ebd., S. 172).

4 Studien über Lehrerexpertise

4.1 Unterschiedliche kategoriale Wahrnehmung von Unterrichtssituationen

Berliner (1992) und seine Mitarbeiter übertrugen die quasi-experimentellen Anordnungen der Expertenforschung konsequent auf die Schulsituation. Sie legten Experten, Anfängern und Anwärtern einzelne Dias bzw. eine Abfolge von Dias und Videoaufzeichnungen über Unterrichtssituationen vor und sie gaben schriftliche Aufzeichnungen über Schüler, wie Lehreraufzeichnungen, Klassenbücher, korrigierte Arbeiten. Dieses Material musste anschließend beschrieben und kommentiert bzw. interpretiert werden. So konnte die kognitive Verarbeitung der Lehrergruppen vergleichend untersucht werden. Die grundlegenden Geschehenseinheiten, mit denen Unterrichtssituationen aufgefasst und interpretiert wurden, waren anders beschaffen. Die Experten verfügten z.B. über Konzepte typischer Unterrichtsereignisse, unterrichtsmethodische Maßnahmen und dazugehörige Arbeitsaktivitäten der Schüler und achteten weniger auf äußerliche, für den Aktivitätsfluss unwesentliche Details. Während die Anfänger beobachtbare Details der Bilder wiedergaben, wie z.B. die Haarfarbe der Schüler und ihre genaue räumliche Anordnung im Klassenzimmer oder die Unterrichtsmaterialien, hatten die Experten eher einen

Begriff von der ganzen Klasse, sie gingen von komplexeren und abstrakteren Analyseeinheiten aus, die über einzelne Unterrichtsepisoden hinausreichten. Während die Anfänger also die gesehenen Ausschnitte beschrieben, interpretierten die Experten, was sie sahen. So lässt sich die Wirkung des Expertenwissens „als eine Veränderung der kategorialen Wahrnehmung von Unterrichtssituationen" (Bromme 1997, S. 199) verstehen.

Dieser Unterschied wird auch deutlich bei der Wiedergabe gerade abgelaufener Unterrichtsereignisse. Bromme (1987) beispielsweise befragte erfahrene Mathematiklehrer unmittelbar nach ihren Stunden, ob sie sich an Probleme oder auch Lernfortschritte einzelner Schüler erinnerten. Zunächst erschienen die Ergebnisse enttäuschend: Die Lehrer waren kaum in der Lage sich an Probleme oder Lernfortschritte einzelner Schüler zu erinnern. Demgegenüber zeigten die Antworten, dass die kategorialen Einheiten der Erinnerungen (und vermutlich auch der situationsspezifischen Wahrnehmungen) nicht die einzelnen Schüler, sondern Unterrichtsepisoden waren. Putnam (1987) hat für diese in den Köpfen der Lehrer vermuteten ‚Drehbücher' die Bezeichnung ‚curriculum scripts' vorgeschlagen. Sie sind Teil des professionellen Wissens und ihre Untersuchung bildet einen Schwerpunkt innerhalb des Experten-Paradigmas (vgl. Peterson/Comeaux 1987).

4.2 Stabil-flexibles Verfolgen von Zielen

Ein weiterer empirischer Befund betrifft die Flexibilität der Handlungen bei Experten. Leinhardt und Greeno (1986) berichten, dass die Experten situationsangemessen ein elaboriertes Repertoire von Handlungszielen verfolgen. Konkrete Ziele im Unterricht sind beispielsweise das Überprüfen von Hausaufgaben bei allen Schülern, die Darbietung eines mathematischen Algorithmus oder das Anbieten von Übungsaufgaben. Wenn diese Ziele auch für alle Experten charakteristisch sind (stabil), so verfolgten sie diese doch je nach Situation und auftretender Schwierigkeit unterschiedlich (flexibel). Außerdem verfolgten die Experten im Vergleich zu Anfängern gleichzeitig eine größere Zahl von unterschiedlichen Teilzielen. Ähnlich berichten Leinhardt und Smith (1985), dass sich verschiedene Experten in Interviews über eine geplante Stoffdurchnahme ähnlich äußerten, doch ganz unterschiedlich bei der Einführung in den Themenbereich und bei der Durchnahme vorgingen, obwohl sie den gleichen Schulbuchtext benutzten. Experten können also bei ähnlichen Wissensstrukturen unterschiedlich im Unterricht vorgehen. Dass eine individuelle Note des Handlungsrepertoires eine der Bedingungen ist, die erfolgreichem Unterrichten zugrunde liegen, findet auch durch ähnliche Befunde Bestätigung, bei denen Expertenlehrer interindividuelle Varianz in ihrem Unterricht gezeigt haben. Die Lernfortschritte der Schüler können von Lehrkräften auf unterschiedliche Art und Weise unterstützt und ermutigt werden. Weinert, Schrader und Helmke (1989) konnten zeigen, dass Mathematik-Lehrkräfte, die bei ihren Schülern nicht nur überdurchschnittliche Leistungen, sondern auch leistungsausgleichende Fortschritte erzielen, sich in ihren Lehrfertigkeiten sehr unterscheiden um diese Ziele zu erreichen.

Flexibilität setzt auch Routinen voraus; mit anderen Worten, viele der notwendigen Lehrfertigkeiten werden ohne bewusste Entscheidungen durchgeführt. Wie bei jeder komplexen Tätigkeit erleichtern praktizierte Routinen das Handeln und sind notwendige Voraussetzungen um Ziele zu setzen, Feinabstimmungen durchzuführen und gleichzeitig andere Ziele zu überlegen. Forschung über Lehrerexpertise betrachtet auch Routinen in einem anderen Sinne, der theoretisch vom psychologischen Prozess automatisierter, komplexer Handlungen zu unterscheiden ist. Das Konzept der Routine wird auch verwendet um die allgemein festgesetzten Aktivitätsmuster zu beschreiben, die Lehrer und Schüler während des Unterrichts verfolgen. Empirisch konnte belegt werden, dass es für Lehrer günstig ist ein Repertoire an Verhaltensregeln möglichst schnell in einer Klasse einzuführen. Diese bilden dann sozusagen den Rahmen für spontanes Handeln (Doyle 1986). Konsens über ein Repertoire an Verhaltensregeln reduziert kognitive Beanspruchung und fördert die Bildung von Routinen in obigem Sinn. Außerdem ist routiniertes Handeln weitgehend domänenspezifisch und wird vom Ausmaß früherer Erfahrung bestimmt: Wenn erfahrene Lehrer neuen Herausforderungen, wie beispielsweise eine neue Lehrmethode einzuführen, gegenüberstehen, dann verhalten sie sich ähnlich wie Anfänger (Rich 1993).

4.3 Wichtige Expertise-Variablen

Die Kognitionsforschung konnte anhand von Studien in eng definierten Domänen, wie Schach, herausfinden, dass die zeitliche Erfahrung ein wichtiger Prädiktor für die Bildung und Entwicklung von Expertenwissen ist. Trotz inkonsistenter Befundlage darf bei Lehrern zwischen der Anzahl an Berufsjahren und der Qualität des Unterrichts keine lineare Funktion angenommen werden, Anzeichen sprechen eher für kurvilineare Beziehungen (vgl. Barnes 1985). Zu Beginn ihrer Berufslaufbahn müssen sich Lehrkräfte praktische Erfahrung aneignen. Doch im Laufe der beruflichen Laufbahn kommen Stressfaktoren hinzu, die eine weitere Entwicklung im effizienten Unterrichten eher verhindern als fördern. Emotionale Erschöpfung und ihre Auswirkungen auf den Berufsstress können zu dem Phänomen des Burnout führen (s.u.). Wie sich Enthusiasmus beim Unterrichten positiv auf das Lernen auswirkt, so wird umgekehrt die Zunahme an Erfahrung wieder durch Faktoren, die diesen Enthusiasmus beeinträchtigen, aufgebraucht. Außerdem muss ein relativ hoher Prozentsatz der Lehrerschaft wegen Burnout vorzeitig ihren Dienst quittieren. Die daraus resultierenden Selektionseffekte könnten also einen Grund darstellen, dass keine signifikanten Beziehungen zwischen Berufserfolg und die Länge der Berufserfahrung gefunden werden. Bleibt festzuhalten, dass weitgehend ungelöst ist, welchen zeitlichen Regeln der Erwerb von Unterrichtsexpertise folgt (vgl. Weinert/Schrader/Helmke 1990).

Die kognitionspsychologische Grundlagenforschung konnte ähnlich wie bei der Erfahrung die Bedeutung des Ausmaßes und der Qualität des Fachwissens für erfolgreiches Handeln herausfinden. Doch bei Lehrerexpertise müssen – wie auch bei der Erfahrung – moderierende Faktoren berücksichtigt werden, wenn man die Zusammenhänge zwischen Fachwissen und Unterrichtserfolgen betrachtet. In den 1970er Jahren wurden Studien durchgeführt, in denen sich bei Lehrern keine bedeutsamen Zusammenhänge zwischen dem Ausmaß an Fachwissen und dem Unterrichtserfolg fanden. In einer Metaanalyse konnte der Grad der Ausbildung bei Lehrern 10% der Varianz bei ihren Unterrichtserfolgen aufklären (vgl. Druva/Anderson 1983). Wenngleich dieser Wert gering erscheint, ist er doch ein guter Prädiktor für Unterrichtserfolg, da individuelle Lehrervariablen im Allgemeinen nur einen relativ geringen Anteil an Unterrichtserfolgen vorhersagen können. Es erscheint eigentlich logisch, dass Lehrer das Fachwissen, das sie lehren, auch beherrschen müssen. Dies bedeutet jedoch nicht zwangsläufig einen direkten Zusammenhang zwischen dem Ausmaß an Fachwissen und dem durch Tests geprüften Unterrichtswissen. Diese Beziehung kann nur aufrechterhalten werden, wenn man das Fachwissen auch qualitativ untersucht, wenn man also präzise das Fachwissen analysiert. Welche

Mediationsprozesse zwischen der Qualität und der Quantität von Fachwissen bei Lehrern und den Unterrichtserfolgen auf Schülerseite ablaufen, bleibt ein Forschungsdesiderat. Bislang liegen hierzu nur Fallstudien vor (vgl. Stein/Baxter/Leinhardt 1990).

4.4 Topologie des Lehrerwissens

Eine ausführliche Beschreibung des professionellen Lehrerwissens erfordert eine Art Topologie des Lehrerwissens um die wichtigsten Bereiche präziser zu definieren und den Einfluss der aufgeführten Variablen auf den Lehrprozess systematisch untersuchen zu können. Es genügt nicht den Fächerkanon anzuschauen, den Lehrkräfte in ihrer Ausbildung zu bewältigen haben, da so Bereiche übersehen werden können, die sich nur implizit und durch praktische Erfahrung herausbilden. In Anlehnung an Shulman (1986b) können die folgenden Wissensbereiche akzentuierend unterschieden werden:

(1) Inhaltswissen: Es umfasst das gesamte Fachwissen des zu unterrichtenden Schulfachs (beispielsweise das Wissen über Mathematik bei Mathematiklehrern).

(2) Curriculares Wissen: Hier handelt es sich um eine Sonderform des Inhaltswissens, die nicht identisch mit dem wissenschaftlichen Fachwissen oder dessen Anfangsgründen ist. Die Lerninhalte bilden einen eigenen Kanon von Wissen. Die Schulfächer haben in ihrem fachlichen Aufbau innerhalb der Klassenstufen und über diese hinweg eine eigene Logik, in die auch Zielvorstellungen über Schule und Unterricht eingehen und äußere Bedingungen (z.B. verfügbare Stundenzahlen) sowie Auffassungen über Eigenarten der Lerner Berücksichtigung finden. Eine Unterscheidung zwischen Inhalts- und Curricularem Wissen ist wichtig, da die Erfordernisse des Curriculums in Konflikt mit den Vorstellungen der Lehrer geraten können, die sich in erster Linie als kompetente Vertreter ihres Faches verstehen.

(3) Philosophie des Schulfachs: Hier geht es um die Überzeugungen über den Sinn und Zweck eines Schulfachs im schulischen und außerschulischen Zusammenhang. Die Philosophie des Schulfachs ist auch ein impliziter Unterrichtsinhalt. Im Mathematikunterricht beispielsweise lernen die Schüler, ob ihr Lehrer der Überzeugung ist, dass der Kern der Mathematik aus Operationen mit einer klar, vorab definierten Sprache besteht, oder aus wechselseitigen Beziehungen verwendeter Zeichen oder dass Mathematik vorrangig ein Werkzeug zur Beschreibung der Wirklichkeit ist. In den Naturwissenschaften und in Mathematik konnte anhand zahlreicher Studien nachgewiesen werden, dass solche generellen Überzeugungen die Unterrichtspraxis beeinflussen (z.B. die Art der Lehrererklärungen oder die Integration der Schüleräußerungen in den aktuellen Stoff) (vgl. Lederman/Zeidler 1987; Brickhouse 1990; Köller/Baumert/Neubrand 2000).

(4) Pädagogisches Wissen: Darunter ist fächerübergreifendes Wissen über die Gestaltung des Unterrichtsablaufs, die gemeinsame Stoffentwicklung, die Strukturierung von Unterrichtszeit und über das Klassenmanagement (Aufrechterhaltung von Disziplin) zu verstehen, ebenso wie Wissen über allgemeine Lehrmethoden, den Einsatz von Medien und Sozialformen des Unterrichts. Ähnlich wie das stoffbezogene Fachwissen kann man das pädagogische Wissen in zwei Teilbereiche untergliedern, den Teilbereich des pädagogischen Wissens in engerem Sinn, bei dem es um empirisch getestete Fakten, Gesetzmäßigkeiten oder Techniken geht, und den Teilbereich, bei dem es um Aspekte einer pädagogischen Philosophie geht. Hierher gehören beispielsweise die Auffassungen über Schulkultur und deren Entwicklung, Erziehungsziele sowie das pädagogische Ethos.

(5) Fachspezifisch-pädagogisches Wissen: Die logische Struktur des Unterrichtsstoffes erlaubt per se noch keine Entscheidung über die beste Art zu unterrichten. Empirische Unterrichtsanalysen zeigen große Unterschiede im didaktischen Zugang verschiedener, jedoch gleich erfolgreicher Lehrer auf, selbst beim Unterrichten desselben Unterrichtsstoffes (vgl. Leinhardt/Smith 1985). Dies zeigt, wie hoch individualisiert das Wissen von Expertenlehrern sein kann.

Während eines Berufslebens kann es zu einer zunehmenden Integration allgemeinen pädagogischen, didaktischen und psychologischen Wissens und eigener spezifischer Unterrichtserfahrungen kommen. Eine systematische Untersuchung der inneren Logik des Lehrerwissens ist erst im Entstehen. Die Erforschung des Lehrerwissens und -handelns hat die Möglichkeit in Betracht zu ziehen, dass Lehrer ihr eigenes Erfahrungswissen bilden, das sich von den theoretischen Konzepten unterscheidet, das sie während ihrer Ausbildung gelernt haben. Wenn diese Möglichkeit nicht gesehen wird, kann Erfahrungswissen unterschätzt werden.

4.5 Psychologische Struktur des professionellen Wissens

Während die Topologie des professionellen Wissens die wichtigsten Bereiche dieses Wissens präziser angibt, ist es auch sinnvoll, seine psychologische Struktur, besonders die Qualität seiner mentalen Repräsentation zu beschreiben, was weitere konzeptuelle Unterscheidungen verlangt. Empirische Analysen der Lehrer-Expertise verlangen eine präzisere theoretische Unterscheidung von Wissenstypen als die gängige, jedoch sehr unpräzise Aufteilung in deklaratives, d.h. begriffliches Fakten- und Beziehungswissen und prozedurales, d.h. Verfahrenswissen. So unterscheiden de Jong und Ferguson-Hessler (1996) zwischen situationalem Wissen, das sich auf typische Episoden und Inhalte bezieht, konzeptuellem Wissen, das Fakten und Richtlinien innerhalb eines Faches umfasst, prozeduralem Wissen, das das Wie von Handlungen angibt, und strategischem Wissen, einer metakognitiven Komponente. Dabei lässt sich ein Wissensbereich, wie oben beschrieben, nicht nur einer einzigen Struktur zuordnen. Curriculares Wissen beispielsweise beinhaltet nicht nur konzeptuelles Wissen, sondern auch Episoden, die die typischen Aufgabenstrukturen einer Stunde beinhalten. Ähnlich sollte die Philosophie des Schulfachs nicht nur strategischem Wissen zugeordnet werden, sondern enthält auch Elemente konzeptuellen Wissens. Eine differenzierte Unterscheidung zwischen Inhaltsbereichen und Wissenstypen ist deshalb wichtig, da sich so erklären lässt, weshalb die Ausbildung und Entwicklung von Expertise eine weite Palette an Lernmöglichkeiten erfordert.

5 Lehrerbildung: Die Entwicklung von Expertise

Die Lehrerbildung variiert je nach Land und in jedem einzelnen Land sind die Unterschiede zwischen den einzelnen Schularten wieder enorm. Und dennoch, bei genauem Hinsehen basiert die Organisation der Ausbildung auf einer – häufig nur implizit – unterschiedlichen Gewichtung von Wissensbereichen und -typen. Das heißt, jede spezifische Ausbildungsstruktur impliziert unterschiedliche Dimensionen des Wissens und Könnens von Lehrkräften.

Die erste Dimension betrifft die Beziehung zwischen curriculumbezogener und erziehungswissenschaftlicher Bildung. In vielen Ländern werden in der Ausbildung im Sekundarbereich die Schwerpunkte eher auf Fachwissen und curriculare Aspekte gelegt, während im Primarbereich eher erziehungswissenschaftliche Anteile wie pädagogisch-psychologisches Wissen und Didaktik überwiegen.

Eine weitere Dimension betrifft den Praxisanteil während der Ausbildung. So bestehen erhebliche Unterschiede, was das Hospitieren an den Schulen betrifft. Ähnlich groß sind die Unterschiede, was die Ausbildung an Universitäten und Lehrerbildungsstätten angeht. In einigen Ländern werden Lehrer außerhalb der Hochschulen an eigenen Akademien ausgebildet. In anderen findet eine erste Phase an den Universitäten statt, die zweite in eigenen Lehrerseminaren. Diese Unterschiede hängen mit unterschiedlichen Vorstellungen darüber zusammen, wie man sich situatives und kontextbezogenes Expertenwissen am besten aneignen kann.

Eine weitere Dimension betrifft das Angebot spezifischer Lehrveranstaltungen ausschließlich für Lehramtsstudenten. Während in einigen Ländern die Entscheidung für ein Lehramt unmittelbar bei Ausbildungsbeginn getroffen werden muss, entscheiden sich in anderen Ländern Studierende erst für den Lehrerberuf, nachdem sie bereits einige Semester an der Universität ein Fachstudium absolviert haben. Dies wiederum betrifft die Frage, inwieweit die zukünftigen Lehrer domänenspezifisch Fachwissen erwerben müssen um ihren Beruf ausüben zu können.

Die genannten Unterschiede spiegeln unterschiedliche Bedingungen in der Entwicklung von Expertise wider und sie gewichten unterschiedliche Komponenten von Expertise. So mag eine akademisch an den einzelnen Unterrichtsfächern ausgerichtete Ausbildung, die sich stark an den entsprechenden Wissenschaftsdisziplinen orientiert, die Entwicklung von Fachwissen erleichtern. Doch anhand der oben erwähnten Topologie des Lehrerwissens wird die Notwendigkeit deutlich zwischen verschiedenen Wissensarten zu unterscheiden, was wiederum eine spezielle Ausbildung in diesen Wissensbereichen zur Folge hat.

Im Augenblick besteht kein empirisch und psychologisch fundiertes Modell der Entwicklung von Expertise, aus dem ein normatives Modell der Lehrerausbildung abgeleitet werden könnte. Wahrscheinlich ist ein einheitliches Modell auch unmöglich, wenn man an die unterschiedlichen Varianten erfolgreichen Lehrerhandelns denkt. Und trotzdem geben die vorliegenden Befunde einige Anhaltspunkte für eine sinnvolle Lehrerausbildung:

Entwicklung von Expertise verläuft immer bereichsspezifisch. Das bedeutet, dass die Ausbildung vom ersten Tag an berufsorientiert erfolgen soll. Expertise meint unterschiedliche Wissensbereiche und ihre Entwicklung braucht Zeit, zum einen für eine gründliche Analyse der theoretischen Grundlagen eines Berufes und zum andern um praktische Erfahrungen zu sammeln. Die bloße Berufserfahrung führt nicht automatisch zu mehr Expertise. Deshalb ist berufsbegleitend metakognitive Kontrolle und Supervision nötig, damit zunehmende Erfahrung auch wirklich zu verbesserter Berufspraxis führen kann. Situationsbezogenes und erfahrungsbezogenes Wissen ist wichtiger Bestandteil von Expertenwissen. Deshalb müssen die Lehramtsstudenten schon in der Ausbildung mit der Schulwirklichkeit konfrontiert werden. Dennoch reicht das versteckte Curriculum der Erfahrung im Feld (vgl. Lanier/Little 1986) nicht aus um adäquat auf den Lehrerberuf vorzubereiten (vgl. Sykes/Bird 1992; Putnam/Borko 2000). Praktische Erfahrung allein kann persönliche Erfahrungen, die man einst als Schüler machte, reaktivieren, die dann negatives Lehrverhalten auslösen können. Deshalb fordert die Entwicklung zur Lehrerexpertise Elemente einer Ausbildung, die es den Lehramtsstudenten ermöglicht, sich von ihrer eigenen früheren Erfahrung als Schüler zu distanzieren und die eigene Schulzeit zu reflektieren. Dies bedeutet, dass kategoriales und metakognitives Wissen auf akademischem Wege gelernt werden muss, und zwar in behutsamem Abstand zur eigenen Primärerfahrung.

Die Betonung des Anwendungsbezugs der zu vermittelnden Wissensinhalte in der Lehrerausbildung bedeutet also nicht, dass die angehenden Lehrer nur mit Themen und Fragestellungen konfrontiert werden sollten, die einen unmittelbaren Handlungsbezug aufweisen und die jeweils durch konkrete Handlungsanforderungen des Unterrichtsalltags begründet wären. Eine ausschließlich an den Bedürfnissen und Problemen späterer Berufspraxis bzw. späteren beruflichen Handelns erfolgende Selektion und Anordnung von Studieninhalten würde die komplexen Probleme des Verhältnisses von wissenschaftlichem Wissen und praktisch-pädagogischem Handeln ignorieren bzw. verkürzen. Im Sinne einer qualifizierten wissenschaftlichen Lehrerbildung, die insbesondere auch die Fähigkeit und Bereitschaft zu einem kontinuierlichen Weiterlernen (lebenslangen Lernen) im Beruf anzubahnen versucht, ist ein breiterer Wissens- und Interessenhorizont aufzubauen.

Worin besteht die Kompetenz zum lebenslangen Lernen? Es lassen sich wenigstens zwei Teilaspekte identifizieren: die Vermittlung von Lernstrategien und die Vorbereitung auf den informierten Dialog mit den Fach- und Bezugswissenschaften des Lehrerberufs. Lernstrategien werden im Zuge der schulischen Ausbildung und des Studiums mehr oder weniger implizit erworben. Sie umfassen Aspekte der Selbstregulation, des metakognitiven Wissens sowie fachbezogene Kenntnisse der fachtypischen Arbeitsweisen und der Formen der Informationsbeschaffung und Informationsbewertung. Im Verhältnis zu den Disziplinen, mit denen sich der Lehrer im Rahmen seines Studiums beschäftigt, ist er in vielen Aspekten eher mit einem Laien als mit einem Fachmann zu vergleichen. Dies gilt insbesondere für die Bezugsdisziplinen, die im Rahmen des so genannten erziehungswissenschaftlichen Begleitstudiums nur berührt werden können (Psychologie, Philosophie, Soziologie sowie – je nach Schulart – auch bis zu einem gewissen Grade für die Erziehungswissenschaft). Relativ zu der Weiterentwicklung der wissenschaftlichen Forschung gilt dies aber auch für die curriculare Fachwissenschaft. Es verbleibt ein Expertenstatus in Bezug auf Fachdidaktik und den unterrichtsbezogenen Kernbereich der Erziehungswissenschaft, also der Schulpädagogik und Didaktik. Am Beispiel der Fachwissenschaft ist aber auch unmittelbar deutlich, dass es für eine erfolgreiche Berufsausübung unabdingbar ist, dass die Entwicklungen in der Disziplin weiterverfolgt werden. Dafür ist im Studium die Vorbereitung zum informierten Dialog mit der Fachwissenschaft und mit den Bezugswissenschaften während des Berufslebens notwendig. Informierter Dialog bedeutet vor allem die Fähigkeit zu einer gezielten und problembezogenen Informationssuche und Informationsrezeption im Laufe des Berufslebens. Die wesentliche Voraussetzung dafür ist eine kognitive Orientierung über die Strukturen und typischen Argumentationsformen sowie Geltungsbegründungen der jeweiligen Disziplinen. In diesem Sinne kann man von einer wissenschaftsorientierenden Funktion der Ausbildung sprechen.

6 Berufszufriedenheit

In jedem Fall sollte die Aus- und berufsbegleitende Fortbildung dazu taugen, ein individuelles Kompetenzgefühl für das eigene Tun aufzubauen und aufrechtzuerhalten, eine wichtige Bedingung für Berufszufriedenheit. Es gibt Berufe, bei denen der berufliche Erfolg in besonderer Weise von der Berufszufriedenheit der dort Tätigen abhängt. Dazu zählt der Beruf des Lehrers. Erziehung und Unterricht kann auf Dauer nicht erfolgreich sein, wenn bei den Lehrern nicht wenigstens eine grundsätzliche berufliche Zufriedenheit erkennbar wird.

In einer breit angelegten Studie (Bayern: über 2100 Grund- und Hauptschullehrer; Schweiz: über 2600 Lehrer der Primar-, Ober- und Sekundarstufe II; Österreich: über 200 Hauptschullehrer) wurde nach allgemeiner Berufszufriedenheit und ihrer Determinanten gefragt (vgl. Ipfling/Peez/Gamsjäger 1995):

- Ca. ¾ aller Befragten würden ihren Beruf wieder wählen.
- Frauen zeigen eher höhere Berufszufriedenheitswerte als Männer.
- Lehrer niedriger Schulstufen (Grundschule, Primarstufe) sind zufriedener als Lehrer höherer Stufen.
- Im Hinblick auf die Berufszufriedenheit in Abhängigkeit vom Dienstalter zeigt sich in Bayern eine U-förmige Kurve, in der Schweiz eine kontinuierliche Abnahme.
- Lehrer an kleineren Dienstorten sind zufriedener als Lehrer an größeren.
- Teilzeitlehrkräfte sind zufriedener als Vollzeitlehrkräfte.
- Als Begründungen für die Berufszufriedenheit und auch Wiederwahl des Berufs rangieren eindeutig pädagogische Gesichtspunkte auf den ersten Plätzen, wie Arbeit mit Kindern, unterrichtlicher und erzieherischer Erfolg, pädagogischer Handlungsspielraum, aber auch die positiven Arbeitsbedingungen und (nur in Österreich) die Freizeit.
- Gründe für die Nicht-Wiederwahl des Berufs sind vorwiegend standespolitischer und systemischer Natur, wie Besoldung, Arbeitszeit, Aufstieg, Überforderung, Missverhältnis zwischen Einsatz und Erfolg, geringes Prestige, geringe Anerkennung, Lehrer-Eltern-Probleme. Probleme mit der Schulaufsicht stehen durchgängig auf sehr niedrigen Rängen.
- Doch bayerische Lehrer schätzen standespolitische Gesichtspunkte und Fragen der Personalführung deutlich höher ein als ihre schweizer Kollegen.

In der Studie von Huberman (1989), in der auf der Grundlage ausführlicher Interviews mit 150 schweizer Lehrern berufsbiographische Entwicklungsverläufe nachgezeichnet wurden, wurde der Versuch gemacht, die späteren Berufsphasen aufgrund der Kenntnisse der früheren Phasen vorherzusagen. Tatsächlich konnten 89% aller „Enttäuschungs"-Fälle und 97% aller „Zufriedenheits"-Fälle prognostiziert werden. Lehrer, die sich sehr konstant um klassenrauminterne Unterrichtsexperimente bemühten, was die Lehrer als „Herumbasteln" mit neuen Materialien, Gruppierungsformen und Beurteilungssystemen bezeichneten, waren später berufszufriedener als die meisten anderen, und vor allem als solche, die sich sehr stark in übergreifenden Reformprojekten engagiert hatten. Während dieses Herumbasteln in Verbindung mit einem von Anfang an gegebenen Interesse an der Effektivität des Unterrichts einer der stärksten Prädiktoren für die Zufriedenheit am Ende des Berufslebens war, war ein Engagement für weitgreifende Reformen ein ziemlich guter Prädiktor für eine enttäuschte Haltung nach 20-25 Berufsjahren.

Die vorliegenden Befunde zur Berufszufriedenheit erfahrener Lehrer stehen in Übereinstimmung mit den Berufswahlmotiven, die Lehramtsstudierende angeben. An erster Stelle werden pädagogische Motive (z.B. Kinder und Jugendliche anleiten, fördern, unterstützen) und zwischenmenschliche Motive (z.B. mit Menschen zusammen sein, gute Beziehungen zu anderen haben) genannt, dicht gefolgt von freien Gestaltungsmöglichkeiten des Berufsalltags (vgl. Dann/Lechner 2000; Ulich 2000).

Lehrer, die Ende der 1990er Jahre befragt wurden, erleben ihre Arbeit als belastender als ihre Kollegen, die rund 20 Jahren früher untersucht wurden. Die Berufszufriedenheit hat sich demgegenüber nicht signifikant verschlechtert (vgl. Porps 1999). Eine Fallstudie von Lange und Burrouhgs-Lange (1994) liefert einen Hinweis, der zur Erklärung des Widerspruchs beitragen kann. Die Autoren fanden bei zwölf Lehrern, die sie untersuchten, dass sich deren Vorstellungen von dem, was sie selbst als erfolgreiche Lehrer auszeichnet, im Laufe des Berufslebens verändert hatte. Die untersuchten Lehrer hatten gelernt die Unsicherheit des Erfolges ihrer Handlungen als Teil ihrer Berufsrolle zu sehen, nicht mehr wie zu Beginn ihrer Laufbahn als Folge persönlicher Schwäche (vgl. auch Combe/Buchen 1996).

Andererseits wiederum formulieren die Autoren Buer, Squarra, Ebermann-Richter und Kirchner (1995) die Prognose, „dass angesichts der Zunahme der subjektiven Belastungsempfindungen in dem zentralen Bereich der Lehrertätigkeit, Unterricht planen, realisieren und evaluieren, auch die Arbeits- und die Berufszufriedenheitsempfindungen sich deutlich verschlechtern werden" (ebd., S. 574).

7 Burnout

Im Zusammenhang mit den soeben geschilderten Belastungsmomenten im Lehrberuf soll hier der Begriff „Burnout" behandelt werden. Burnout lässt sich als lang anhaltendes Erschöpfungssyndrom mit psychosomatischen Reaktionen auf ständige emotionale und interpersonale Stressoren am Arbeitsplatz definieren.

Seit Mitte der 1970er Jahre (vgl. Freudenberger 1974; Maslach 1976) erschienen die ersten Artikel in den Vereinigten Staaten. Burnout war zunächst ein soziales Problem, auf das ganz pragmatische Antworten zu geben waren. Die ersten Arbeiten waren klinische Fallstudien, begrifflich wurde nicht klar ab- oder eingegrenzt. Das lag daran, dass zunächst mehr Praktiker an diesem Phänomen interessiert waren als die Wissenschaft.

In den 1980er Jahren wurden standardisierte Messverfahren entwickelt. Am prominentesten ist das von Maslach und Jackson entwickelte ‚Maslach Burnout Inventory' (1986). Hier wird Burnout als ein psychologisches Syndrom gesehen mit den drei Dimensionen „Emotionale Erschöpfung", „Gefühl verminderter persönlicher Leistungsfähigkeit" und „Depersonalisation", d.h. besonders eine negative, z.T. zynische Einstellung gegenüber den Personen, für die man beruflich verantwortlich ist oder mit denen man kooperieren muss. Mit Hilfe dieses Verfahrens wurden in den USA viele empirische Studien durchgeführt, dann darüber hinaus, wenn zunächst auch noch auf englischsprachige Länder, wie Kanada oder Großbritannien, beschränkt.

Heute lassen sich insbesondere zwei Trends ausmachen: Während sich die Forschung zunächst auf helfende Berufe konzentriert hat, wurde das Burnout-Syndrom auf immer mehr Berufe und auch weitere Lebenssituationen, wie Sport und Familie, ausgedehnt. Während traditionelle Arbeiten eher auf die Identifizierung von Beeinträchtigungen und Schädigungen in Folge beruflicher Anforderungen abzielten, geht es in neueren Analysen um die Frage nach individuellen, sozialen und organisatorischen Ressourcen und Schutzfaktoren für die Bewältigung dieser beruflichen Anforderungen.

Immer wieder geht es auch um die Abgrenzung gegenüber verwandten Begriffen, besonders gegenüber Stress oder auch Depression. Rudow (1999) beispielsweise behandelt die beiden Phänomene Stress und Burnout zusammen. Zum einen haben sie ähnliche Auswirkungen wie Krankheitsrate, Fehlzeiten, Frühpensionierung, verminderte Lehrqualität, gedrückte Stimmung und negatives Sozialverhalten. Zum anderen lassen sie sich inhaltlich nicht klar trennen. Persönlichkeits- wie auch Organisations-Variablen korrelieren mit beiden Phänomen. Während Stresssymptome aus der Diskrepanz zwischen erlebten Anforderungen und individueller Kompetenz entstehen mögen, betrifft Burnout jedoch die ganze Person. Übereinstimmend mit anderen Autoren (vgl. Maslach 1999) werden als zentrales Abgrenzungsmerkmal die zeitliche Dauer und der Arbeitsplatz gesehen. Burnout ist ein in der beruflichen Sozialisation schleichender Prozess, der dann über die Zeit wirkt, also chronischen Charakter annimmt, während Stress durchaus vorübergehenden Charakter haben kann. Treten Depressionen arbeitsplatzunabhängig auf, ist Burnout immer an den Arbeitsplatz und seine Bedingungen gebunden.

Berufliche Belastungen und Burnoutphänomene bei Lehrern in Deutschland wurden u.a. von Barth (1997) sowie von Schaarschmidt und Fischer (2000) empirisch untersucht. Barth (1997) fand bei einer Untersuchung an über 120 Grund- und Hauptschullehrern, die Ende der 1980er Jahre durchgeführt wurde, dass mehr als ein Viertel der befragten Lehrer über ein erhebliches Ausmaß von Burnout-Symptomen berichteten. Ein Viertel der Befragten fühlte sich dagegen nur in geringem Ausmaß emotional erschöpft und war insgesamt mit dem zufrieden, wie die beruflichen Anforderungen bewältigt werden konnten. Schaarschmidt und Fischer (2000) sowie Schaarschmidt, Kieschke und Fischer (1999) haben an einer Stichprobe von etwa 2500 Lehrern erhoben, wodurch das berufsbezogene Gesundheitsrisiko beeinflusst wird. Sie unterschieden vier theoretische Reaktionsweisen auf berufliche Belastungen, die sie auch empirisch identifizieren konnten. Den – empirisch seltensten – Typ bezeichneten sie als Reaktionstyp Gesundheit. Diese Personen kombinieren Ergeiz und berufliches Erfolgserleben mit Zufriedenheit und Ausgeglichenheit. Ebenfalls mit geringem Gesundheitsrisiko belastet ist der Reaktionstyp Schonung. Hier steht der Ausgeglichenheit ein geringes berufliches Engagement und auch die subjektive Bedeutungslosigkeit der eigenen Tätigkeit gegenüber. Eine ungünstigere Prognose ergibt sich für die beiden weiteren Varianten, die sich bei mehr als der Hälfte der untersuchten Lehrer fanden. Zum einen der so genannte Risikotyp A mit hohen beruflichen Anstrengungen und beruflichem Erfolgserleben, jedoch weniger Zufriedenheit, wenig innerer Ruhe und Ausgeglichenheit und offenbar wenig inneren Abstand zu den beruflichen Anforderungen. Zum anderen der Reaktionstyp Burnout, bei dem sich geringes Engagement und subjektives Erfolgserleben mit ungünstigen Werten bei Zufriedenheit und Ausgeglichenheit kombinieren.

Heus und Diekstra (1999) können zumindest für die Niederlande empirisch nachweisen, dass Lehrer leichter ausbrennen als Personen anderer Sozialberufe. Im direkten Vergleich geben Lehrer eine geringere Kontrolle der Zeit, eine geringere Beteiligung in Entscheidungsprozessen an und sie sagen, dass sie eine geringere kollegiale Unterstützung erhalten.

Damit rücken die Bedingungen für das Entstehen von Burnout in den Blick: Zum einen könnte der Anteil der potenziell gefährdeten Personen bereits bei Lehramtsanwärtern erhöht sein. Schaarschmidt und Fischer (2000) berichten, dass 25% der jetzigen Lehramtsstudenten bereits im Studium zum Risikotyp Burnout gehören. Warum die oben genannten ungünstigen Reaktionsweisen bei Lehrern so häufig auftreten, ist allerdings nicht nur mit den in das Studium und den Beruf ‚mitgebrachten' Persönlichkeitsmerkmalen zu erklären.

Leithwood, Menzies, Jantzi und Leithwood (1999) integrieren die bisher vorliegenden empirischen Ergebnisse netzwerkartig zu einem Kausalmodell, das Burnout bei Lehrern erklären kann. Dieses Modell ist hier vor allem deshalb interessant, weil dadurch das Zusammenspiel von die Person betreffenden Variablen mit den die Organisation Schule und Qualität der Klassenführung betreffenden Variablen deutlich wird. Dabei wird die Führung als Kausalvariable den beiden anderen vorangestellt, die eher die Funktion von Mediatoren haben. Im Einzelnen geht es um folgende Variablen (in Klammer günstige):

Individuelle Faktoren:
- Demographische, wie Alter (jung), Geschlecht (w) und berufliche Dauer (weniger);
- Allgemeine Persönlichkeitsvariablen, wie Konkurrenzdenken (weniger), Ungeduld (weniger), Leistungsorientierung (höher);
- Charakterzüge, wie innere Kontrolle, Sinnhaftigkeit im beruflichen und privaten Leben;
- Motivationen, wie Selbstwert, Selbstkonzept, Selbstwirksamkeit.

Organisatorische Faktoren:
- Anforderungen an die Arbeit (weniger Zeitdruck, Vertrauen in die eigene Leistungsfähigkeit; weniger Schülerfehlverhalten, Rollenkonflikte und -unklarheit);
- Soziale Unterstützung (Freunde, Kollegen, Familie, kein Gefühl der Isolation; Erfahren von Anerkennung);
- Organisatorische Unterstützung (Wechsel in der Art der Arbeit; flexible, nicht hierarchische Strukturen; Arbeitserleichterungen und Unterstützung).

Die Führung betreffende Faktoren:
- Visionen (neue Möglichkeiten im sozialen Austausch);
- Gruppenziele (Fördern von Kooperation und Unterstützung dabei);
- Erwartungshaltung (nicht übertrieben hoch);
- konsistentes Modellverhalten;
- Anbieten individueller Hilfen;
- Förderliche Schulkultur (gemeinsame Normen, Werte, kontinuierliches Verbessern der Lernbedingungen);
- Strukturen (Partizipation bei Entscheidungen).

Die Notwendigkeit einer systemischen Sicht auf berufliche Überbelastung und Burnout wird auch deutlich, wenn man nach Präventionsprogrammen fragt. Die bisher vorliegenden Programme lassen sich hinsichtlich dreier Perspektiven unterscheiden:
- Zielebene: Direkte Beeinflussung der Ursachen vs. lernen mit der Situation umzugehen;
- Ebene der Intervention: individuelle (Lehrer) vs. organisatorische (Schule);
- Zeitliche Ebene: Prävention vs. Intervention.

Nach vorliegenden Ergebnissen lässt sich in der Schule auf vier Ebenen ansetzen um eine förderliche Arbeitsumgebung zu schaffen:
- Lehrer-Schüler-Verhältnis;
- Schulklima und -kultur;
- Stärkere Einbeziehung der Eltern;
- Führungsqualitäten der Schulleitung.

8 Schlussbemerkung

Das Alltagsverständnis des Expertenbegriffs verbindet dieses Konzept häufig mit solchen Bedingungen erfolgreicher beruflicher Tätigkeit, die nicht der ‚Persönlichkeit' im engeren Sinne zugerechnet werden, nämlich umfassendes Wissen, effizientes Handeln und technische Rationalität. In einer Befragung von Lehramtsstudierenden waren nur 40% bereit, den Begriff ‚Experte' in Zusammenhang mit dem Lehrerberuf zu gebrauchen (vgl. Bromme 1993). Der Begriff ‚Experte' impliziert eine Spezialisierung, die bei Lehrern nicht vermutet wurde und er wurde von einem Teil der Befragten ganz explizit in Kontrast zu ‚persönlichen Qualitäten' gesehen, von denen die Probanden vermuten, dass sie die sozialen Beziehungen zwischen Lehrern und Schülern wesentlich bestimmen. Die Frage nach der Lehrerpersönlichkeit mit den hier selektiv aufgezeigten Facetten bedeutet jedoch keinen Gegensatz zwischen unterrichtlicher Kompetenz und sozialer Einstellung (vgl. Weinert u.a. 1990). Es sollte hier deutlich werden, dass das professionsbezogene Wissen und Können immer integriert ist in die personale Entwicklung und dass diese wiederum eine Voraussetzung dafür ist, dass der Berufsalltag nicht nur effektiv, sondern auch gesundheitserhaltend bewältigt werden kann (vgl. Hargreaves/Fullan 1992).

Literatur

Anderson, L.W./Evertson, C./Brophy, J.: An experimental study of effective teaching in first-grade reading groups. Elementary School Journal 79 (1979), pp. 193-223

Barnes, J.: Teaching experience and instruction. In: Husen, T./Postlethwaite, T.N. (Eds.): The International Encyclopedia of Education. Vol. 9, Oxford 1985, pp. 5124-5128

Barth, A.R.: Burnout bei Lehrern. Göttingen 1997

Baumert, J./Köller, O.: Unterrichtsgestaltung, verständnisvolles Lernen und multiple Zielerreichung im Mathematik- und Physikunterricht der gymnasialen Oberstufe. In: Baumert, J./Bos, W./Lehmann, R. (Hrsg.): Dritte Internationale Methematik- und Naturwissenschaftsstudie – Mathematische und naturwissenschaftliche Bildung am Ende der Schullaufbahn. Opladen 2000

Berliner, D.C.: The nature of expertise in teaching. In: Oser, F.K./Dick, F.K./Patry, J.L. (Eds.): Effective and responsible teaching. San Fransisco 1992, pp. 227-248

Brickhouse, N.W.: Teachers' beliefs about the nature of science and their relationship to classroom practice. In: Journal of Teacher Education 41 (1990), pp. 53-62

Bromme, R.: Teacher's assessments of students' difficulties and progress in under-standing in the classroom. In: Calderhead, J. (Ed.): Exploring teacher's thinking. London 1987, pp. 125-146

Bromme, R.: Der Lehrer als Experte. Zur Psychologie des professionellen Wissens. Bern 1992

Bromme, R.: Können Lehrer Experten sein – können Experten Lehrer sein? Eine Studie zu subjektiven Konzepten über den Lehrer als Experten. In: Bauersfeld, H./Bromme, R. (Hrsg.): Bildung und Aufklärung. Studien zur Rationalität des Lehrens und Lernens. Münster 1993, S. 33-58

Bromme, R.: Kompetenzen, Funktionen und unterrichtliches Handeln des Lehrers. In: Weinert, F.E. (Hrsg.): Psychologie des Unterrichts und der Schule. Enzyklopädie der Psychologie, Pädagogische Psychologie, Bd. 3, Göttingen 1997, S. 177-212

Buer, J. von/Squarra, D./Ebermann-Richter, P./Kirchner, C.: Pädagogische Freiräume, berufliche Zufriedenheit und berufliche Belastung. Zeitschrift für Pädagogik 14 (1995), S. 555-577

Combe, A./Buchen, S.: Belastung von Lehrerinnen und Lehrern. Fallstudien zur Bedeutung alltäglicher Handlungsabläufe an unterschiedlichen Schulformen. Weinheim 1996

Dann, H.D.: Lehrerkognitionen und Handlungsentscheidungen. In: Schweer, M.K.W. (Hrsg.): Lehrer-Schüler-Interaktion. Opladen 2000, S. 79-108

Dann, H.D./Lechner, T.: Berufswahlmotive Nürnberger Lehramtsstudierender. Nürnberg: Mitteilungen der Erziehungswissenschaftlichen Fakultät der Universität Erlangen-Nürnberg. 2000

De Jong, T./Ferugson-Hessler, M.G.M.: Types and qualities of knowledge. In: Educational Psychologist 31 (1996), pp. 105-113
Doyle, W.: Classroom organization and management. In: Wittrock, M. (Ed.): Handbook of research on teaching. New York 1986, pp. 392-431
Druva, C.A./Anderson, R.D.: Science teacher characteristics by teacher behavior and by student outcome. A meta-analysis of research. In: Journal of Research in Science Teaching 20 (1983), pp. 467-479
Ericsson, K.A./Smith, J. (Eds.): Toward a general theory of expertise. Cambridge 1991
Freudenberger, H.J.: Staff burnout. In: Journal of Social Issues 30 (1974), pp. 195-165
Gruber, H.: Expertise. Modelle und empirische Untersuchungen. Opladen 1994
Hargreaves, A./Fullan, M.G. (Eds.): Understanding teacher development. New York 1992
Helmke, A./Weinert, F.E.: Bedingungsfaktoren schulischer Leistungen. In: Weinert, F.E. (Hrsg.): Psychologie des Unterrichts und der Schule. Enzyklopädie der Psychologie, Pädagogische Psychologie. Bd. 3, Göttingen 1997, S. 71-176
Herrmann, U.: „Lehrer" – Experte und Autodidakt? In: Carle, U./Buchen, S. (Hrsg.): Jahrbuch für Lehrerforschung. Bd. 2, München 1999, S. 33-48
Herrmann, U./Hertramph, H.: Reflektierte Berufserfahrung und subjektiver Qualifikationsbedarf. In: Buchen, S./Carle, U./Döbrich, P./Hoyer, H.D./Schönwälder, H.G. (Hrsg.): Jahrbuch für Lehrerforschung. Bd. 1, München 1997, S. 139-163
Hertramph, H./Herrmann, U.: „Lehrer" – eine Selbstdefinition. In: Carle, U./Buchen, S. (Hrsg.): Jahrbuch für Lehrerforschung. Bd. 2, München 1999, S. 49-72
Heus, P./Diekstra, R.F.W.: Do teachers burnout more easily? A comparison of teachers with other social professions on work stress and burnout symptoms. In: Vandenberghe, R./Huberman, A.M. (Eds.): Understanding and preventing teacher burnout. Cambridge 1999, pp. 269-284
Huberman, A. M.: The professional life cycle of teachers. Teachers college record 91 (1989), pp. 31-57
Ipfling, H.J./Peez, H./Gamsjäger, E.: Wie zufrieden sind die Lehrer? Bad Heilbrunn 1995
Köller, O./Baumert, J./Neubrand, J.: Epistemiologische Überzeugungen und Fachverständnis im Mathematik- und Physikunterricht. In: Baumert, J./Bos, W./Lehmann, R. (Hrsg.): Dritte Internationale Methematik- und Naturwissenschaftsstudie – Mathematische und naturwissenschaftliche Bildung am Ende der Schullaufbahn. Opladen 2000
Lange, J.D./Burroughs-Lange, S.G.: Professional uncertainty and professional growth. A case study of experienced teachers. In: Teaching and Teacher Education 10 (1994), pp. 617-631
Lanier, J.E./Little, J.: Research on teacher education. In: Wittrock, M. (Ed.): Handbook of research on teaching. New York 1986, pp. 527-569
Lederman, N.G./Zeidler, D.: Science teacher's conceptions of the nature of science. Do they really influence teaching behavior? In: Science Education 71 (1987), pp. 721-734
Leinhardt, G./Greeno, J.G.: The cognitive skills of teaching. Journal of Educational Psychology 7 (1986), pp. 75-95
Leinhardt, G./Smith, D.A.: Expertise in mathematics instruction. Subject matter knowledge. In: Journal of Educational Psychology 77 (1985), pp. 247-271
Leithwood, K.A./Menzies, T./Jantzi, D./Leithwood, J.: Teacher burnout. A critical challenge for leaders of restructuring schools. In: Vandenberghe, R./Huberman, A.M. (Eds.): Understanding and preventing teacher burnout. Cambridge 1999, pp. 85-114
Maslach, C.: Burned-out. In: Human Behavior 5 (1976), pp. 16-22
Maslach, C.: Progress in understanding teacher burnout. In: Vandenberghe, R./Huberman, A.M. (Eds.): Understanding and preventing teacher burnout. Cambridge 1999, pp. 211-222
Maslach, C./Jackson, S.E.: MBI: Maslach Burnout Inventory; manual research edition. Palo Alto 1986
Pervin, C.A.: Persönlichkeitstheorien. München 1981
Peterson, P./Comeaux, M.: Teacher's schemata for classroom events. The mental scaffolding of teacher's thinking during classroom instruction. In: Teaching & Teacher Education 3 (1987), pp. 319-331
Porps, G.: Klagen gehört zum Geschäft. Unterrichtswissenschaft 46 (1999), S. 154-158
Putnam, R.T.: Structuring and adjusting content for students: A study of live and simulated tutoring of addition. In: American Educational Research Journal 24 (1987), pp. 13-48
Putnam, R.T./Borko, H.: What do new views of knowledge and thinking have to say about research on teacher learning. In: Educational Researcher 29 (2000), pp. 4-16
Rich, Y.: Stability and change in teacher expertise. In: Teaching & Teacher Education 9 (1993), pp. 137-146
Rudow, B.: Stress and burnout in the teaching profession: European studies, issues, and research perspectives. In: Vandenberghe, R./Huberman, A.M. (Eds.): Understanding and preventing teacher burnout. Cambridge 1999, pp. 38-59

Schaarschmidt, U./Fischer, A.W.: Bewältigungsmuster im Beruf. Persönlichkeitsunterschiede in der Auseinandersetzung mit der Arbeitsbelastung. Göttingen 2000

Schaarschmidt, U./Kieschke, U./Fischer, A.W.: Beanspruchungsmuster im Lehrerberuf. In: Psychologie in Erziehung und Unterricht 46 (1999), S. 244-268

Shulman, L.S.: Paradigms and research programs in the study of teaching. In: Wittrock, M. (Ed.): Handbook of research on teaching. New York 1986a, pp. 3-36

Shulman, L.S.: Those who understand. Knowledge growth in teaching. In: Educational Researcher 15 (1986b), pp. 4-14

Stein, M./Baxter, J./Leinhardt, G.: Subject-matter knowledge and elementary instruction: A case from functions and graphing. In: American Educational Research Journal 27 (1990), pp. 639-663

Sykes, G./Bird, T.: Teacher education and the case idea. In: Review of Research in Education 18 (1992), pp. 457-521

Terhart, E.: Lehrer/in werden – Lehrer/in bleiben: berufsbiographische Perspektiven. In: Mayr, J. (Hrsg.): Lehrer/in werden. Innsbruck 1994, S. 17-46

Ulich, K.: Traumberuf Lehrer/in? Berufsmotive und die (Un-)Sicherheit der Berufsentscheidung. In: Die Deutsche Schule 92 (2000), S. 41-53

Vandenberghe, R./Huberman, A.M.: Understanding and preventing teacher burnout. Cambridge 1999

Weinert, F.E.: ‚Der gute Lehrer', ‚die gute Lehrerin' im Spiegel der Wissenschaft. In: Beiträge zur Lehrerbildung 14 (1996), S. 141-151

Weinert, F.E./Helmke, A.: Der gute Lehrer: Person, Funktion oder Fiktion? In: Leschinsky, A. (Hrsg.): Die Institutionalisierung von Lehren und Lernen. Weinheim 1996, S. 223-233

Weinert, F.E./Schrader, F.W./Helmke, A.: Quality of instruction and achievement outcomes. In: International Journal of Educational Research 13 (1989), pp. 895-914

Weinert, F.E./Schrader, F.W./Helmke, A.: Unterrichtsexpertise – ein Konzept zur Verringerung der Kluft zwischen zwei theoretischen Paradigmen. In: Alisch, L.M./Baumert, J./Beck, K. (Hrsg.): Professionswissen und Professionalisierung. In: Empirische Pädagogik. Braunschweiger Studien zur Erziehungs- und Sozialarbeitswissenschaft. Bd. 28. Braunschweig (1990), S. 173-206

Katharina Kunze | Bernhard Stelmaszyk

Biographien und Berufskarrieren von Lehrerinnen und Lehrern

1 Einleitung

Der Lehrerberuf ist ein Schwerpunkt erziehungswissenschaftlicher Publizistik und Forschung. Die bereits vorliegende Vielzahl von Veröffentlichungen mit heterogenen Schwerpunkten wird durch Neuerscheinungen kontinuierlich erweitert (als Überblick Buer 1995; Biddle/Good/Goodson 1997; Cloer/Klika/Kunert 2000; Enzelberger 2001; Graf/Vogelbacher 2001; Loser/Terhart 2001). Viele dieser Studien lassen jedoch einen (berufs-)biographisch orientierten Blick außer Acht oder es werden (berufs-)biographische Aspekte zwar thematisiert, sie stehen aber hinter Schwerpunktsetzungen wie Berufsbelastung, Schulentwicklung, Lehrerbildung oder Professionalität deutlich zurück (Rolff 1995; Schaefers/Koch 2000).

Dennoch lassen sich sowohl in der Erziehungswissenschaft als auch in der Schulpädagogik auf unterschiedlichen Ebenen Traditionslinien biographischer Thematisierung verfolgen. Zum einen liegen Arbeiten vor, die rückblickende Selbstthematisierungen Erziehender unterschiedlicher Provenienz präsentieren und teilweise problematisieren und zwar sowohl für historische Kontexte (Diesterweg 1835/1999; Goebel 1986; Kirchhoff 1986) als auch in Form von Selbstthematisierungen noch lehrender oder pensionierter Lehrerinnen und Lehrer in Bezug auf ihre Berufsbiographie, -erfahrungen und/oder beruflichen Krisen (exemplarisch aus einer Vielzahl von Veröffentlichungen: Krüger 1978; Fleck 1986; Pauly 1994; Plehn 1994; Rösner/Böttcher/Brandt 1996; Urban 1999). Zum anderen werden Lehrerbiographien sowohl in Fremdthematisierungen literarischer Art (exemplarisch: Löw 1979, 1982; Mann 1905/1976) als auch in dokumentarischer Absicht zur Konturierung von und Erinnerung an bedeutsamen Lehrerinnen und Lehrern aus der eigenen Schulzeit (exemplarisch: Jens 1993; Barz/Singer 1999; Cloer 2000) entworfen. Lehrerinnen und Lehrer, die in solchen Kontexten präsentiert werden, dienen pointiert zur Ehrenrettung einzelner ‚guter Lehrer' oder zur Distanzierung von ‚schlechten Lehrern'.

Bereits Diesterweg (1835/1999) entwickelt in der Einleitung zu einer Sammlung von Erzieher-Autobiographien Sinngebungen für die Reflexion des Konstruktes „pädagogische Biographie", insbesondere mit Bezug auf angehende Lehrer. Sie reichen von „sich selbst kennen" über „die Kinder kennen" bis hin zu „die Erziehungsgrundsätze der jetzt lebenden Lehrer kennen" (ebd., S. 91ff.). Hier finden sich z.T. Überlegungen, die auch im 21. Jahrhundert für eine erziehungswissenschaftliche Biographieforschung Relevanz besitzen. Allerdings konstatiert Diesterweg eher lapidar, dass (Auto-)Biographien „Wirklichkeit darstellen" (ebd., S. 97), ohne jedoch ein methodisches Instrumentarium bereitzustellen, mit dem diese Wirklichkeit analytisch erfasst, systematisiert oder auch kritisch gegengelesen werden kann. Dies wären Maßstäbe, denen sich eine moderne Biographieforschung stellen muss. Unseres Erachtens kann die Vorstellung des Konstruktionscharakters biographischer Entwürfe geteilt und die Reflexion der Konstruktionsleistungen für eine (berufs-)biographische Forschung gefordert werden, ohne Bourdieus Diktum einer „biographischen Illusion" folgen zu müssen (Bourdieu 1990).

Die moderne erziehungswissenschaftliche Biographieforschung nähert sich dem Problem sehr heterogen. Nach unterschiedlichen Konjunkturzyklen im 20. Jahrhundert expandiert der Arbeitsbereich seit der Gründung einer entsprechenden Arbeitsgruppe der DGfE 1978 kontinuierlich (Baacke/Schulze 1985, 1979/1993; Hansen-Schaberg 1997), was zuletzt auch zu dem Arbeitsgebiet „Biographische Erziehungswissenschaft" (Garz 2000) geführt hat. Neben Rekursen auf Dilthey oder Herbart knüpft sie vorwiegend an sozialwissenschaftliche Ansätze an (Krüger/Marotzki 1995; Bohnsack/Marotzki 1998; Jüttemann/Thomae 1998). Als Zeichen für die Etablierung eines eigenständigen Forschungsfeldes kann nicht zuletzt die Herausgabe eines umfangreichen Handbuchs (Krüger/Marotzki 1999) gewertet werden.

Zwar dokumentiert auch der zuletzt erschienene Sammelband zur erziehungswissenschaftlichen Biographieforschung (Kraul/Marotzki 2002) eindrucksvoll die facettenreiche Entwicklung dieser Forschungsrichtung in vielen Bereichen spezieller Erziehungswissenschaft, ein schulpädagogisch relevanter Ansatz von Biographieforschung fehlt jedoch. Sicherlich muss konstatiert werden, dass ein Forschungsfeld schulpädagogischer Biographieforschung weniger elaboriert ist, als dies in anderen Teildisziplinen der Fall ist. Gerade in den letzten Jahren sind aber eine Vielzahl von Studien entstanden, die sich mit schulpädagogisch relevanter Biographieforschung (zusammenfassend Reh/Schelle 1999, Stelmaszyk 1999) – oder bezogen auf unseren Fokus: mit (Berufs)biographien von Lehrerinnen und Lehrern – befasst haben (vgl. auch Kraul/Marotzki/Schweppe 2002).

Frühe Studien zu Berufsbiographien von Lehrerinnen und Lehrern wurden von Combe (1983) und Stubenrauch (1984) vorgelegt. Pointiert können die beiden Arbeiten mit den Gemeinsamkeiten des Gegenwartsbezugs und der Einzelfallorientierung sowie den Unterschieden von journalistisch-ethnographischer Herangehensweise bei Stubenrauch und einem biographisch-rekonstruktiven Herangehen unter sozialpsychologischem Blickwinkel bei Combe charakterisiert werden. Des weiteren sind in den 1980er Jahren eine Reihe von Arbeiten entstanden, die historisch orientiert und dem Kontext der oral history zuzuordnen sind. Als Klassiker dieser Richtung können die „Lehrerlebengeschichten" (du Bois-Reymond/Schonig 1982) und daran anknüpfende Arbeiten gelten, deren Vorgehensweise zusammenfassend mit einem späteren Titel zu charakterisieren wären: „etwas erzählen" (Hansen-Schaberg 1997).

Für den anglo-amerikanischen Sprachraum konstatieren Biddle u.a. (1997), dass sich trotz bereits vorhandener nennenswerter Traditionen in anderen Forschungsbereichen eine (berufs-)biographisch orientierte Linie in der Schul-, Unterrichts- und Lehrerforschung ebenfalls erst seit den 1980er Jahren etabliert habe. Jedoch lässt sich diese biographische Perspektive auf verschiedene Vorläufer zurückführen. Carter und Doyle (1996, S. 122) benennen zum einen eine pädagogisch-psychologische (Fuller/Brown 1975) und zum anderen eine soziologische Richtung (Lortie 1975) als Wegbereiter für den biographischen Forschungsansatz. Lortie betont die Nachhaltigkeit vorberuflicher schulischer Erfahrungen und stellt bei seinen Probanden fest, dass diese Sozialisation die formale Lehrerausbildung größtenteils überlagert (vgl. auch Ball/Goodson 1985; Goodson/Walker 1991; Goodson 1992; Knowles 1992). Ähnlich betont die Linie des „personal practical knowledge" (Connelly/Clandinin 1990) die zentrale Bedeutung der Auseinandersetzung mit der (eigenen) Biographie. Im deutschen Sprachraum widmen sich vorwiegend psychoanalytisch orientierte Arbeiten diesem Thema und untersuchen, „Warum Lehrer Lehrer wurden" (Zwettler-Otte 1991; vgl. auch Brück 1978; Hirblinger 1999). Unter dem Arbeitstitel „collaborative autobiography" thematisieren Raymond, Butt und Townsend

(1992) ein gemeinsames Reflektieren von Lehrern und Forschern über erzählte Lehrerautobiographien.

Die deutsche Rezeption anglo-amerikanischer Arbeiten zu Lehrerbiographien wurde durch den Sammelband zu „neuere(n) amerikanische(n) und englische(n) Arbeiten zur Berufskultur und Berufsbiographie von Lehrern und Lehrerinnen" (Terhart 1991) auf eine breitere Basis gestellt, wobei der Fokus hier von der Biographie auf die Berufsbiographie gelenkt wird.

Neben der Teilnahme an einem quantitativ-empirischen Forschungsprojekt zu „Berufsbiographien von Lehrern und Lehrerinnen" (Terhart/Czerwenka/Ehrich/Jordan/Schmidt 1994) hat Terhart in einer Vielzahl von Beiträgen auf „berufsbiographische Perspektiven" in der Lehrerforschung aufmerksam gemacht (vgl. etwa Terhart 1995, 2001). Er verweist auf Forschungsdefizite, die sich von 1994 bis heute zwar reduziert haben, aber nicht grundsätzlich aufgearbeitet worden sind. Sein Hinweis, „Professionalität ist als berufsbiographisches Entwicklungsproblem zu sehen" (1995, S. 238) oder der von ihm hervorgehobene Zusammenhang zwischen Lehrerbildung und Berufsbiographie bleiben aktuell. Terharts empirische Grundlage für die theoretischen Überlegungen bleibt die 1992 erhobene Studie zu Berufsbiographien von Lehrerinnen und Lehrern aus Niedersachsen, in der folgende drei Punkte systematisch bearbeitet werden:

1. das gesamte Berufsleben;
2. unterschiedliche Schulformen;
3. geschlechtsspezifische Differenzen.

Diese Faktoren bilden weiterhin relevante Fragefoki, umso mehr, da im folgenden Jahrzehnt keine überzeugendere Systematik entwickelt worden ist. Eine Programmatik für (Berufs-)Biographieforschung zu Lehrerinnen und Lehrern kann aus unserer Sicht weiterhin an Terhart u.a. anknüpfen, wäre aber um folgende Komponenten erweiterbar:

4. Eine systematische historische Perspektive mit innerer Differenzierung des 20. Jahrhunderts. Einen besonderen Stellenwert bekommt dabei eine West-Ost-Differenzierung, bzw. eine nachholende Erforschung der Berufsbiographien von DDR-Lehrern bzw. Lehrern aus den neuen Bundesländern. Dies hat sich in den 1990er Jahren als umfangreicher Schwerpunkt entwickelt.
5. Ein ergänzender Bezug auf weitere Schulformen: Lehrende an Vor- und Grund- sowie Gesamtschulen und das Spektrum der Unterrichtenden an alternativen und freien Schulen wären zu befragen.
6. Lehrerinnen und Lehrer als Fachlehrer und daran differenzierend anknüpfende Fragen nach dem Zusammenhang von Fachkultur und Lehrerbiographie wären umfassend zu thematisieren.

Somit wären insgesamt sechs Fragerichtungen benannt, die uns für berufsbiographische Lehrerforschung heute relevant erscheinen. Die vorliegenden, hier darzustellenden Studien berücksichtigen in der Regel Teilaspekte dieser idealtypisch entfalteten Systematik, wobei einige Bereiche bereits umfassender bearbeitet wurden als andere. Die folgende Darstellung berücksichtigt diese Ungleichbehandlung.

Im deutschsprachigen Raum hat sich die Unterscheidung von Biographie und Lebenslauf eingebürgert, wobei sich der erste Begriff stärker auf die individuelle Gestaltung einer Lebenskonstruktion, mithin ihre Sinngebung bezieht, der zweite Begriff hingegen eher ein institutionelles

Ablaufmuster bezeichnet. Als idealtypische Unterscheidung des Forschungszugangs kann von qualitativer Biographieforschung und quantitativer Lebenslaufforschung gesprochen werden (allerdings nennen Terhart u.a. ihre Arbeit von 1994 explizit „Berufsbiographien", nicht etwa „Lehrerlebensläufe"). Eine verbindliche Begriffsunterscheidung für den anglo-amerikanischen Sprachraum sprengt den Rahmen des vorliegenden Beitrages, da die Begrifflichkeiten z.T. unterschiedlich ausdifferenziert werden. Unsere Sprachregelung rekurriert aus diesem Grund in der Regel auf die von den jeweiligen Autoren selbst gebrauchten Bezeichnungen.

2 Historische Längsschnittperspektiven

Es liegen unterschiedliche Versuche vor, sich anhand der Lebensgeschichten und Berufsverläufe von Lehrerinnen und Lehrern der Historie des Berufsstandes zu vergewissern. Die Vorgehensweisen reichen dabei von klassischem Aktenstudium über Verfahren der oral-history bis hin zu Ansätzen, die diese Arbeitsweisen miteinander verbinden. Zusammenfassend sei für diese Studien mit historischem Themenbezug vorab konstatiert, dass im Hinblick auf Orientierung am Einzelfall, eine nachvollziehbare Darstellung des Datenmaterials sowie eine methodische Kontrolliertheit der Interpretations- bzw. Analysevorgänge keine zufrieden stellenden Arbeiten vorliegen.

Die Berliner Projektgruppe „Lehrerlebensgeschichten" (du Bois-Reymond/Schonig 1982; Günther/Kopf/Mietzner/Römer/Schonig 1985; Schonig 1994; Hansen-Schaberg 1997) gehört zu den Pionieren einer an oral history orientierten Berufsbiographieforschung. Die Arbeiten reichen von kooperativ von Befragten und Befragern hergestellten und in der Darstellung weitgehend unkommentierten Dokumentationen, mit dem Anspruch darzustellen, „wie sich gesellschaftliche Erfahrung im Lehrerbewußtsein und Lehrergedächtnis niederschlägt" (du Bois-Reymond/Schonig 1982, S. 207), bis hin zu einer „zusammenfassenden Darstellung und Kommentierung" (Schonig 1994, S. 14) eines Teils des bereits vorher veröffentlichten Materials. Insgesamt erfassen die Berliner Arbeiten, die auch in einer eigenen Publikationsreihe „Lehrerlebensgeschichten" erschienen sind, (Berufs-)biographien des gesamten 20. Jahrhunderts. Auch Clephas-Möcker und Krallmann (1988) verfolgen mit ihrer Studie über Gymnasiallehrerinnen und Ärztinnen den oral-history-Ansatz. Allerdings dienen die Interviewausschnitte vorwiegend zur Illustration von vorher postulierten unter sozialgeschichtlicher Perspektive bedeutsamen Themen- und Lebensbereiche von Frauen in der Zeit vom Kaiserreich bis in die Bundesrepublik, so dass der biographische Forschungsansatz dem sozialhistorischen untergeordnet wird. Eine vergleichbare Studie aus den USA zum Leben und Wirken amerikanischer Lehrerinnen im 19. und zu Beginn des 20. Jahrhunderts liegt mit Holmes und Weiss (1995) vor. Die Daten werden zu vignettenartigen Darstellungen überformt, die in der Veröffentlichung collagenhaft zusammengestellt werden. Danz (1990) legt eine „vergleichende Analyse biographischer Erzählungen" (ebd., S. 11) von fünf um die Jahrhundertwende geborenen Volksschullehrerinnen aus Baden-Württemberg vor. Allerdings leistet die Studie, mit Ausnahme von Kurzporträts, keinen systematisch fallorientierten Zugang. Stattdessen werden die Aussagen thematisch gegliedert und ohne eigenständige Interpretationsleistung dokumentiert und verglichen. Auf ähnliche Weise nimmt Hanf (1993) die Ausbildungsperspektive in den Blick.

Gleichwohl garantieren auch Studien mit explizitem Einzelfallbezug noch keinen zufrieden stellenden, methodischen Zugang. Biller (1988) verortet sich selbst mit seinem das gesamte

20. Jahrhundert abdeckenden Porträt einer zum Interviewzeitpunkt achtzigjährigen Volksschullehrerin im Kontext der pädagogischen Kasuistik. Dieser Einschätzung stehen aber sowohl Darstellungs- als auch Auswertungsweise entgegen: Das erhobene Interviewmaterial wurde gemeinsam von Forscher und Befragtem redigiert und in die vorliegende Darstellungsform gebracht, in der die ursprüngliche Interviewform und -chronologie quasi literarisch eingeschmolzen werden. Der Duktus der Arbeit folgt der Darstellung von Lebensweisheiten einer vorbildlichen Lehrerin. Ein ähnliches Setting sowie einen ähnlichen thematischen Zugang auf amerikanischer Seite stellen Horne und McBeth (1998) vor, indem sie die Lebensgeschichte der Mitautorin Esther Horne (geb. 1909), einer indianischen Lehrerin, in Form eines Konglomerats von erinnerten Facetten und Selbstinterpretation inszenieren. Brehmer, Ehrich und Stolze (1990) wollen exemplarisch am Beispiel eines Einzelfalls Strukturmerkmale von Lehrerinnenberufsbiographien im 19. und beginnenden 20. Jahrhundert ableiten. Ausgangspunkt ihrer Überlegungen ist eine Lehrerautobiographie, deren Passagen mit Hilfe von Ergebnissen aus anderen Forschungskontexten (bspw. Brehmer/Ehrich 1990) kommentiert werden. Auf dieser Basis werden dann subsumtionslogisch summarische Verallgemeinerungen deduziert. In einer Fortsetzung dieses Forschungskontextes rekonstruiert Ehrich (1995) an Hand von Archivalien aus dem Kontext der Lehrerinnen-Bildungsanstalt Hannover Berufskarrieren von Lehrkräften sowie Herkunft und Verbleib von Absolventinnen.

3 Fokussierung makrohistorischer Phasen und Ereignisse

Eine Reihe von deutschen Studien fokussiert explizit makrohistorische Phasen und Ereignisse. Zentral sind in diesem Zusammenhang zunächst Arbeiten zum Nationalsozialismus. Aus biographischer Sicht werden das Lehrersein im Dritten Reich (Klewitz 1987), die Lehrerinnenbildung (Hanf 1996), oppositionelles Lehrerverhalten (Dick 1990), der prominente Nationalsozialist, Antisemit und vorherige Volksschullehrer Julius Streicher (Pöggeler 1991) sowie die Aufarbeitung der NS-Thematik in einem Generationsgespräch mit einer Lehrerin (Welzer/Montau/Plaß 1997) thematisiert. Klewitz‘ (1987) Arbeit über Lehrende, die ihren Beruf zur Zeit des Nationalsozialismus bereits ausgeübt haben, beansprucht, berufsrelevante Sozialisationsfaktoren und berufliches Selbstverständnis zu rekonstruieren, ohne die Befragten unter der Täter- bzw. Opfer-Perspektive zu subsumieren. Zwei Fallstudien, eine Volksschullehrerin und ein Gymnasiallehrer, werden vorgestellt. Das Fazit der Arbeit konzentriert sich aber auf nachvollziehbare Thesen zum Lehrersein im Nationalsozialismus, die z.T. auch ohne die Fallarbeit formulierbar gewesen wären. Diese Kritik ist für die idealisierend porträtierten Berufsbiographien oppositionell eingestellter Lehrer von Dick (1990) zu verstärken.

Studien zur ersten Lehrergeneration in der Gründungsphase der BRD stehen aus (vgl. aber die Neulehrer-Studien zur DDR). Erst der Zeitabschnitt rund um die durch die Studentenbewegung von 1968 herbeigeführten gesellschaftlichen Umbrüche markiert für die deutsche Lehrerbiographieforschung einen „Generationenwechsel“ auf Seiten der Befragten. Auf Forscherseite werden die Veränderung an den Schulen und die damit verbundenen Prozesse und Widersprüchlichkeiten zum schwerpunktmäßigen Reflexionsgegenstand biographischer Studien über Lehrer, die berufsrelevante Erfahrungen in den 1960er und 1970er Jahren sammelten. Direkt auf das Jahr 1968 bezieht sich die Untersuchung von Reimer (2000), die sich in der Forschungstradition der „oral-history“ verortet, aber interdisziplinär sowohl historische als auch soziologische und nicht zuletzt erziehungswissenschaftliche Fragestellungen verfolgt. Im Zentrum der Arbeit stehen mehrere Generationen von Hamburger Gymnasiallehrern. Es „werden die Erfahrungen mit ‚1968‘ zum Ausgangpunkt einer Reflexion darüber genommen, wie sich Rollenmuster und Interaktionsprozesse in der Schule verändert haben“ (Reimer 2000, S. 16). Dies führt Reimer zunächst durch acht Einzelporträts aus, deren Konturierung durch die Selbstverortung von 1968 in den Erinnerungen strukturiert wird. Darüber hinaus entwirft er Generationenporträts der Zwischengeneration (Geburtsjahrgänge 1927-37) und der 1968er-Generation (Geburtsjahrgänge 1938-45), da – so sein Fazit aus der Auseinandersetzung mit den Einzelinterviews – die „Erinnerungen einen deutlichen Gruppencharakter haben“ (ebd., S. 177). Die gelungene Verkoppelung von Einzel- und Generationenporträts, die sowohl auf biographische Verläufe als auch auf pädagogische Handlungsoptionen verweisen kann und zudem gerade mit Hilfe des Generationenansatzes gegenwärtige schulpädagogische Konflikte (etwa um Schulentwicklung) zu erhellen vermag, macht die Bedeutsamkeit dieser Studie aus. Einen Kontrast zu Reimers Kennzeichnung der ‚Zwischengeneration‘ als ‚moderate Modernisierer‘ (ebd., S. 49) bildet die biographische Hommage an den Lehrer Ernst Werner (Geburtsjahrgang 1907). Mehrere seiner ehemaligen Schüler porträtieren unter dem paradoxen Titel „Ich verbiete euch zu gehorchen“ einen „Lehrer aus Leidenschaft wider die politische Unvernunft“ (Brandes/ Steinweg/Wende 1988) und damit Schulalltag und -konflikte an einem Lemgoer Gymnasium in den 1950er Jahren mit einem ‚nicht-moderaten‘ Protagonisten. Als Fallrekonstruktion „biographischer Bildungsprozesse in der (Post-) Moderne“ stellt Koller (1999) die „Fallstudie Anna“ vor, die eine sorgfältige Rekonstruktion der Schülerinnen-, Lern- und Berufsbiographie einer Lehrerin aus dem Kontext der 1968er Jahre bietet und intensiv biographische Verläufe berücksichtigt; an die frühe Arbeit von Combe (1983) sei in diesem Zusammenhang erinnert. Einen Zeitsprung in die 1970er und 1980er Jahre vollzieht Arens (1997) in ihrer Studie über „Identitätsproblematik und der Identitätsfindung ‚kritischer‘ Lehrerinnen und Lehrer“ dieser Berufsjahrgänge.

Berufsbiographische Arbeiten zu Kontexten der 1990er Jahre nehmen fast durchgängig zwei Bereiche in den Blick: Zum einen wird die Geschlechterproblematik thematisch; zum anderen entstehen seit der sogenannten Wende eine Vielzahl von Studien zu Lehrerinnen und Lehrern aus der ehemaligen DDR und/oder den neuen Bundesländern. Eine am quantitativen Paradigma orientierte Arbeit mit starker Fokussierung auf arbeitslose DDR-Lehrer unter dem provokanten Titel „Opfer der Einheit“ legen Mayring, König, Birk und Hurst (2000) vor. Ergebnis ihres biographiebezogenen Teils ist eine durchgängig positive Wertschätzung des Lehrerberufs durch die Befragten und eine sehr heterogene Einschätzung der Wende, die die Autoren letztlich zur Relativierung des Studientitels führt. Einige qualitativ orientierte Studien nehmen einen Längsschnitt auf Lehrerbiographien vor, ein anderer Teil fokussiert ebenfalls auf die Umbruchsphase 1989/90 (z.B. Dirks 1996, 2000). Dirks, Bröske, Fuchs, Luther und Wenzel (1995) rekonstruieren an Hand zweier Fallanalysen die Auswirkungen der Umstrukturierungs- und Transformationsprozesse im Zuge der politischen Wende 1989/1990 (vgl. weiterführend dazu Krause u.a. 1998; Meister 1999). In zwei weiteren Falldarstellungen aus dem Projektkontext (vgl. Meister/ Wenzel 2001) wird als Ergebnis für alle befragten Lehrer (18 Personen) festgehalten, dass die politische Wende selbst nicht als kritisches Lebensereignis wahrgenommen wurde. Irritationen erfolgten vielmehr auf Grund der nachfolgenden Schulstrukturveränderungen. Diese konnten aber von allen Befragten bewältigt werden, vorwiegend allerdings, indem sie auf Bekanntes zurückgriffen (dies entspricht Döbert/Rudolf/Seidel 1995). Zentral sei, „vor welchem biographischen und strukturellen Hintergrund (...) der Umbruch sowie die nachfolgenden komplexen

Veränderungsprozesse verarbeitet wurden und sich in den aktuellen Handlungs- und Deutungsmustern je spezifisch niederschlagen" (Meister/Wenzel 2001, S. 169). Reh (1999a, b) analysiert in ihren Beiträgen berufsbiographische Reflexionen von Modernisierungserfahrungen und Veränderungsprozessen im Bildungswesen in Ost- und Westdeutschland, die sie sowohl auf einer Mikroebene des Verhältnisses zwischen Lehrer und Schüler als auch auf einer Makroebene der organisatorischen Strukturen der Lehrerarbeit verortet. Deutlich lässt sich an Rehs Arbeiten der hohe Erkenntnisgewinn zeigen, den eine extensive, systematische und sorgfältige Datenanalyse leistet.

Stärker historisch orientiert sind die Studien von Mietzner (1998), Gruner (2000) und Köhler (2000). Mietzner beschäftigt sich unter den zeitlichen Rahmungen Kriegsende und Mauerbau mit einem renommierten Gymnasium in Mecklenburg, das in eine EOS umgewandelt wurde, was auf Seiten der Lehrer- und Schülerschaft mit einer „Enteignung der Subjekte" verbunden gewesen sei. Im Zentrum des Interesses stehen bei Gruner die Neulehrer als „Schlüsselsymbol der DDR-Gesellschaft". Die Studie verweist auf den zentralen Zusammenhang von biographischer Konstruktion und gesellschaftlichen Deutungsmustern: Die Neulehrer bleiben mit dem antifaschistischen und sozialen Wandel ermöglichenden Gründungsmythos der DDR verbunden. Köhler entwickelt in ihrer fallrekonstruktiven Arbeit zu Lehrerbiographien der Berufsjahrgänge zwischen 1937 und 1949 ein theoretisches Modell der Bedingungskomplexe beruflicher Orientierungs- und Handlungsmuster ostdeutscher Lehrerinnen und Lehrer.

4 Strukturen der Berufslaufbahn: Phasen- und Stufenmodelle

Bei allen Unterschieden ist eine Gemeinsamkeit der bisher vorgestellten Studien in dem starken Einbezug gesellschaftspolitischer Rahmungen zu sehen. Die folgenden Studien vernachlässigen diesen Faktor zugunsten der Etablierung von Stufenmodellen, die zwar nach empirischen Analysen gewonnen worden sind, latent aber einen Verallgemeinerungsanspruch beinhalten und in Sekundärauswertungen so gehandhabt werden. Insbesondere von Forschergruppen, die vorwiegend auf quantitative Forschungsparadigmen rekurrieren (vgl. Sikes/Measor/Woods 1985; Spencer 1986; Nias 1989; Hirsch 1990; Hirsch/Ganuillet/Trier 1990; Huberman 1991), wurde die biographische Annäherungsweise an Lehrer- und Unterrichtsforschung in Form von Untersuchungen der Strukturen der Berufslaufbahn aufgenommen. Dabei lassen sich grundlegend zwei Modelle unterscheiden: Einerseits werden Phasierungen oder Stufungen innerhalb einer Berufsbiographie, im Sinne von qualitativen Entfaltungsstufen der professionellen Persönlichkeit vorgenommen (vgl. Hirsch 1990; Hirsch u.a. 1990; Huberman 1991). Andererseits erfolgt die Phasierung über eine Fokussierung auf institutionell-biographisch ‚vorgegebene' Abschnitte, wie Referendariat, Junglehrer usw. (vgl. Heinen-Ludzuweit 2001; Kübler 2000).

Mit dem Ziel, Ablaufmuster der Berufskarrieren zu rekonstruieren, führten Sikes, Measor und Woods (1985) mit 41 „art and design and science teachers" (ebd., S. 15) aus drei Alterskategorien mehrere offene, lebensgeschichtliche Interviews durch. Neben dem Herausarbeiten verallgemeinerbarer Muster bzw. Phasen in Karriereverläufen thematisiert die Studie gleichzeitig den „Kontext, in dem sich die Berufslaufbahn entwickelt; wie Lehrer ihre Karriere gestalten; das Verhältnis zwischen Berufslaufbahn und Identität" (Sikes/Measor/Woods 1991, S. 231). Da die Arbeit aber themenorientiert gegliedert ist und sich die dargestellten personenbezogenen Interviewpassagen ausschließlich an den thematischen Foki orientieren, werden die Biographien der Lehrerinnen und Lehrer analytisch nicht erschlossen.

Hubermans methodisch elaboriertere Studie zum Lebenszyklus von Lehrerinnen und Lehrern (1993) nimmt bei der Kategorisierung des Samples „Erfahrungsgruppen" in den Blick. Die Ergebnisse orientieren sich demnach nicht am Lebensalter, sondern an der Beschäftigungsdauer. Das untersuchte Sample umfasst 160 Schweizer Sekundarschullehrer aller Fachrichtungen. Im Ergebnis legen Huberman und Mitarbeiter ein Modell vor, das unterschiedliche Verlaufssequenzen in der Lehrerkarriere veranschaulicht. Das Projekt wird durch seine heuristisch generierten Kategorien, die pragmatische Verdichtung der Einzelfälle zum Zwecke der Datenaggregation sowie die darauf folgende Abstrahierung zum Phasenmodell einem fallbezogenen biographischen Paradigma allerdings nicht gerecht, auch wenn Huberman dem eigenen Anspruch nach mit Stichprobengröße und angewandten Methoden eine Forschungslücke zwischen qualitativen und quantitativen Zugängen schließen will (Huberman 1991, S. 251f.). Auch Hirsch (1990) bzw. Hirsch und Mitarbeiter (1990) entwerfen in Anlehnung an das von Huberman angewandte Verfahren idealtypische Berufsbiographien. Fallspezifische Besonderheiten werden nicht miteinbezogen, da sie „zu keinem Muster passen" (Hirsch 1990, S. 77).

Eine kritische Randbemerkung zu Phasenmodellen lässt sich angelehnt an die explorative Studie von Ammann zum beruflichen Ethos von Schweizer Lehrern machen (vgl. Ammann/Oser/Zutavern 1998). Zentrales Ergebnis des Vergleichs der Entwicklung von Berufsmoral in der biographischen Entwicklung ist, dass es „wenig Gesetzmäßigkeiten" (ebd., S. 190f.) gebe.

5 Geschlechtsspezifische Foki: Zur Arbeit von Frauen und Männern in Schulen

Eine große Zahl von Arbeiten nimmt einen auf die Gender-Problematik bezogenen Blickwinkel ein. Signifikant ist jedoch, dass sich das Augenmerk in den allermeisten Fällen explizit auf die Erforschung weiblicher Arbeits- und Lebenszusammenhänge im Lehrerinnenberuf richtet (vgl. Brehmer 1987; Buchen 1991; Kraul 1996; Glumpler/Fock 2001, Hoff 2002).

Händle (1998) geht in ihrer Arbeit von der Figur der doppelten Sozialisation von Frauen aus. Bezogen auf Lehrerinnen will sie dies gleichsam als ungebrochene doppelte Qualifikation verstehen, da Frauen in der Regel sowohl in schulisch-institutionellen als auch in familialen Zusammenhängen Erziehungsarbeit leisten und dadurch Erziehungskompetenz erwerben können, die männlichen Lehrern fehle. Mit dieser schablonenartigen Prämisse untersucht Händle in den neuen Bundesländern und Ostberlin Bildungsbiographien von Lehrerinnen. Im emphatisch-unkritischen Nachvollzug der biographischen Aussagen gewinnt sie genau die Ergebnisse, die ihrem Modell der doppelten Sozialisation entsprechen, bleibt dabei aber weit hinter diesbezüglich differenzierteren Studien (vgl. etwa Flaake 1989; Dirks 2000) zurück. Eine in mehrfacher Hinsicht vergleichende Perspektive nimmt Rustemeyer (1998) ein. Sie thematisiert sowohl Alters-, Geschlechts- als auch Statusdifferenzen.

Auf anglo-amerikanischer Seite besitzt die feministische Perspektive im Hinblick auf das biographische Forschungsparadigma eine zentrale Stellung. Über den Fokus auf geschlechtsbedingte Dispositionen hinaus proklamieren eine Reihe von Arbeiten zusätzlich eine soziale, politische oder ethische Motivation (vgl. Casey 1993; Middleton 1993). Die Haltung der Forscherinnen und Forscher ist zumeist engagiert und wenig von dem Versuch einer ‚künstlichen Distanz‘ gekennzeichnet. Eine Sammlung von Beiträgen, die sich dem Themenbereich „teacher-careers“ unter besonderer Berücksichtigung des Gender-Aspekts nähern, legt Acker (1989) vor. Der Band fokussiert insbesondere auf weibliche Belange (Stichworte „caring“ und „nurturing“) im Gegensatz zu einer als starr empfundenen und von abstrakten Organisationskriterien geleiteten Schule. Eine dezidiert biographische Perspektive wird in den Beiträgen aber lediglich von Middleton (1989) und Squirrell (1989) eingenommen.

Caseys (1993) stark politisch motivierte Studie über die Lebens- und Arbeitsbedingungen von Lehrerinnen, ihr Arbeits-, Lebens- und Gesellschaftsverständnis sowie ihre Handlungsweisen, rekurriert auf eine Datengrundlage von 33 narrativen Interviews mit politisch-progressiv eingestellten, aktiven Lehrerinnen, die zu vorab bestimmten „sozialen Gruppen“ (katholische Nonnen, jüdische Lehrerinnen, afro-amerikanische Lehrerinnen) gehören. Während der Analysevorgänge und auch in der Darstellung bleibt diese Zuordnung erhalten. Middleton (1993) hat in Neuseeland den Versuch unternommen, zu erforschen, wie feministisch orientierte Lehrerinnen ihren Werdegang beschreiben und sich selbst in den verschiedenen Sparten des feministischen Diskurses positionieren, während Weiler (1988) aus der Perspektive der Kritischen Theorie sowie beeinflusst von verschiedenen kritisch-feministischen Analysen zu Gender und Schule die Dynamik von Klasse, Rasse und Geschlecht im Unterricht in den Blick nimmt.

Die feministische Fragestellung wurde von verschiedenen Forscherinnen ausgeweitet auf Unterscheidungen von Geschlecht und Rasse: Henry (1998) konstatiert: „(…) most often, Black females are relegated to footnotes, occasional lines, a few meagre paragraphs, or a couple of pages“ (ebd., S. 156). Ihre Arbeit will einen Beitrag zur Dimensionierung der pädagogischen Praxis schwarzer Lehrerinnen und Lehrer im Hinblick auf deren spezifisches Bewusstsein und Verständnis bezüglich rassen-, klassen-, kultur- und geschlechtspezifischer Unterscheidungen leisten. Der Hauptfokus der Untersuchung von Osler (1997), zu den Wechselwirkungen von Rassismus und Geschlecht, Klasse oder anderen Einflüssen, liegt auf den Faktoren, die jeweils den Ausschlag für die professionellen Identitätsformationen der Befragten geben sowie darauf, wie jene mit den politischen und gesellschaftlichen Identitätsformationen als Mitglieder der „black community“ zusammenhängen.

6 Fachbezogene Foki

Eine bisher wenig beachtete Perspektive auf die Lehrerbiographie bieten Arbeiten, die sich mit Lehrern als Fachlehrer auseinandersetzen. Fallorientierte Studien, die das Fächerprofil in den Blick nehmen, sind erst seit Mitte der 1990er Jahre erschienen. Eine methodische Kontrolliertheit der Datenauswertung scheint in vielen Fällen allerdings nicht gegeben. Das weitere Verfolgen dieser Perspektive erschiene aus unserer Sicht lohnenswert.

Ein Schwergewicht der untersuchten Disziplinen bilden die Fächer Englisch und Religion, zu denen Arbeiten unterschiedlichster Qualität vorliegen. Daneben gibt es noch berufsbiographisch ausgerichtete Arbeiten zu den Fächern Sport (Zoglowek 1995) und Musik (Hansmann 2001) sowie eine Studie, die den wendebedingten Transformationsprozess „von der Staatsbürgerkunde- zur Sozialkundelehrerin“ thematisiert (Buchen 1999). Die übrigen Fächer, insbesondere die Naturwissenschaften und Mathematik, sind unter einer berufsbiographischen Perspektive bisher allenfalls am Rande bearbeitet worden.

Eine differenzierte Analyse von Professionalisierungsprozessen ostdeutscher Englischlehrer, unter besonderer Berücksichtung der im Zuge der politischen Wende eingeleiteten Transformationsprozesse und deren Auswirkungen auf das Rollenverständnis, nehmen die Arbeiten von Dirks (1996, 2000) vor. Sie entwirft sowohl einen fachspezifischen Überblick zur Berufsausbildung von Englischlehrern als auch einen fächerübergreifenden Überblick zu „Lehrertätigkeit in der DDR" (Dirks 2000, S. 33ff.). Dirks hat Interviews mit 22 Lehrerinnen und Lehrern aus Sachsen-Anhalt erhoben, die alle bereits in der DDR unterrichtet hatten. Intendiert wurde der Einbezug der gesamten Lebensgeschichte, da „erfahrungsgemäß enge Wechselbeziehungen zwischen dem Privatleben und dem Beruf bestünden" (ebd., S. 80). Als zentrale Forschungsfrage formuliert Dirks: „Wie hat sich im Zuge der wendebedingten Transformationsprozesse das Rollenverständnis ostdeutscher EnglischlehrerInnen verändert" (ebd., S. 7). Kontrastierend werden zwei Fallstudien als Eckfälle vorgestellt: Die biographische Gesamtformung von Carola Krings, einer Englisch- und Russischlehrerin, die bereits in der DDR vorwiegend Englisch unterrichtet hatte, stellt Dirks unter das Motto „auf ständiger Suche nach sinnstiftenden Anregungsmilieus" (2000, S. 112). Kontinuierlich kann das berufliche Motto ‚Fordern und Sich-Fordern-lassen' eingelöst werden, allerdings zeichnet sich – riskant formuliert – eine potenzielle Krise ab, da Krings sich zunehmend als „autonome Einzelkämpferin" (ebd., S. 117) wahrnimmt. Dennoch steht sie für eine ‚produktive Neuorientierung' (ebd., S. 201ff.). Die Kontrastfigur einer ‚verhinderten Neuorientierung' (ebd., S. 221ff.) wird durch Ellen Amendt repräsentiert. Ihre Biographie erzählt sie vorwiegend über das Muster der Entscheidungsfindung durch Zustimmung zu Vorschlägen signifikanter Anderer. Die Berufsbiographie wird durch von außen gesetzte, Kontinuität erzeugende Orientierungswissensbestände gelenkt, sie entwickelt sich im Zuge der Wende verlaufskurvenförmig. Kompensatorisch versucht Frau Amendt über unreflektierten Aktionismus Handlungspotenziale zu sichern, insgesamt scheinen die Verlaufskurvenprobleme jedoch zu wachsen. Abschließend werden die aus diesen beiden Fällen gewonnenen Typologien auf der Grundlage aller Interviews diskutiert, wobei ein Einzelfallbezug nicht deutlich wird. Somit ergibt sich von der Anordnungslogik her nicht – wie angekündigt – eine Ausdifferenzierung durch weitere Fallbezüge, sondern Dirks verfolgt ein legitimes Verfahren der Verdeutlichung ihrer Theoretisierung durch ‚schöne Stellen'. Den Anspruch einer systematischen Verkoppelung von Biographie und Berufsbiographie löst die Arbeit nicht ein. Ein außerschulischer oder gar vorschulischer Handlungsrahmen bleibt in der Fallanalyse marginal, wobei offen bleibt, ob dies einer entsprechenden Entthematisierung der Befragten oder der Darstellung der Autorin geschuldet ist. In beiden Fällen wird dies den formulierten Ansprüchen der Erzählgenerierung einer Gesamtbiographie nicht gerecht.

Religionslehrer-Sein beinhaltet nach wie vor über die staatliche Lehrerausbildung hinaus eine spezifische Lehrerlaubnis der beiden christlichen Konfessionen. Insofern kann dem Fach Religion zumindest partiell eine spezifische Dynamik unterstellt werden, die hochrelevant für Berufsbiographien von Religionslehrern ist (vgl. Geschwentner-Blachnik 1996; Kurth 1996; Fehlhaber/Garz 1999, Feige 2000). Einen vereinfachenden Fokus auf die Ausbildungszeit von Religionslehrern legt Lehmann (1999) vor. Grundlage sind Erfahrungsberichte von 11 Lehramtsanwärtern. Eher noch impressionistischer bleibt die Arbeit von Geschwentner-Blachnik (1996) zu katholischen Religionslehrerinnen. Einer nahe verwandten Lehrergruppe ist Leewes Studie (2000) gewidmet. Im Mittelpunkt stehen ostdeutsche Lehrerinnen des Faches „Lebensgestaltung-Ethik-Religionskunde" aus Brandenburg. Im biographischen Teil der Arbeit werden sieben Lehrerinnen porträtiert. Das Resümee des Vergleichs (vgl. ebd., S. 335f.) bleibt weit hinter den Möglichkeiten von Fallkontrastierungen zurück. Insofern stellt die kurze, nur einen Fall umfassende Arbeit von Fehlhaber und Garz (1999) die differenzierteste Variante einer fachbezogenen Biographieforschung zu Religionslehrern dar. Die Auswertung geschieht mit weitreichenden begründeten Theoretisierungen, die sich um Strukturprobleme von Biographie, Theologie und Religionspädagogik zentrieren, dennoch aber mit der Frage nach dem ‚guten Religionslehrer' zu kurz greifen.

Die Arbeit von Hansmann (2001) zu Musiklehrern verfolgt eine biographieanalytische Perspektive. Der qualitativ-empirische Teil argumentiert mit kontrastierenden Eckfällen. Gegenüber stehen sich Berufsbiographien, in denen Musik einmal als offene, kreative, aber auch krisenerzeugende Welt gefasst wird, die durch einen wilden Wandlungsprozess (Schütze) positiv bewältigt werden kann und auf der anderen Seite als kanonisierte, geschlossene Welt, die in der Schule mit widerstreitenden Ansprüchen konfrontiert wird, kaum bewältigbar scheint und nicht aufgelöst werden kann. Im zweiten Teil der Arbeit führt Hansmann die interessanten und differenzierten Überlegungen des fallrekonstruktiven ersten Teils ein Stück weit ad absurdum, indem er alle Interviews quasi univok als Belegstellen für Strukturelemente schulischen Handelns benutzt, um damit „Kernprobleme schulischen Musikunterrichts" (ebd., S. 127ff.) zu verdeutlichen.

Eine nicht fachspezifische aber dennoch auf eine Besonderungen innerhalb des Lehrerberufs bezogene Sichtweise vertreten Arbeiten, die sich mit der Arbeitssituation von Schulleiterinnen und Schulleitern (vgl. Wasley 1994; Forberg 1997; Miller 2001; Hoff 2002) bzw. der besonderen Situation von beruflichen „Quereinsteigern" (vgl. Bullough/Knowles 1990; Reif/Böhmann 2001) befassen.

7 Institutioneller Fokus

Neben dem fachspezifischen scheint uns insbesondere der institutionsbezogene Blickwinkel eine interessante Zielrichtung zu sein. Zum Gebiet der Primarstufe (Vorschule/Grundschule) sowie zum Gymnasium und seinem englischen bzw. amerikanischen Pendant gibt es bereits eine Anzahl von – teilweise anspruchsvollen – biographisch orientierten Arbeiten. Elaborierte berufsbiographische Forschungsarbeiten zu anderen Sekundarschulformen sowie den Reform- und Alternativschulbereich stellen unserer Ansicht nach ein Desiderat dar.

Neben Ayers' (1989) Arbeit zu Vorschullehrerinnen (Preschool-teachers) konzentrieren sich die Untersuchungen im Primarstufenbereich vor allem auf Grundschullehrerinnen und -lehrer. Die Zugangsweisen reichen von physiologisch-psychologisch angelegten Arbeiten mit indirektem biographischen Bezug (Stähling 1998) bis zu themenfokussierten Studien mit biographischen Unterschwerpunkten (Schönknecht 1997, Müller 1998).

Eine berufsbiographische Stoßrichtung haben die Arbeiten von Kelchtermans (1996) sowie Kelchtermans/Ballet (2002) zu belgischen Grundschullehrern. Sie verbinden einen narrativ-biographischen mit einem mikropolitischen Ansatz um sich dem Sozialisationsprozess von Grundschullehrern in der Berufseinstiegsphase zu nähern.

Dezidiert auf die Erforschung der Berufsbiographie heben die Studien von Reimers (1996) und Hinz (2000) ab. Reimers untersucht die Veränderungen in den Berufsbiographien von 56 Grund- und Hauptschullehrern aus Schleswig-Holstein, die sich am offenen Unterricht beteiligen. Hinz beschäftigt die Frage, wie berufsbedingte Identitätsambivalenzen von Grundschullehrern in der aktuellen Diskussion wahrgenommen und im täglichen Umgang mit den Kindern reflektiert und bewältigt werden. Zwei der 19 Fälle, „die Zweiflerin“ und „die Idealistin“, werden ausführlich kontrastiert.

Zum Berufsleben von Lehrerinnen und Lehrern an Sekundarschulen legen Menlo und Poppleton (1999) die Ergebnisse einer quantitativen, internationalen Studie (involviert waren Kanada, Großbritannien, BRD, Israel, Japan, Polen, Singapur, Sowjetunion und die USA) vor. In weiteren Arbeiten steht das Gymnasium bzw. die Grammar- oder Highschool im Zentrum. Auch Flaakes (1989) Arbeit wäre hier zu nennen. Den tatsächlich eingelösten Anspruch der methodisch wenig reflektierten Studie von Cohen (1991) verdeutlicht ein Zitat aus der Einleitung: „This book is, above all, an attempt to make public and to celebrate the lives of five fine teachers and what they accomplish every day“ (ebd., S. 8)

Gerade die Reflexion der Probleme neuerer Schulformen wie der Gesamtschule oder reformorientierter Alternativ- oder Versuchsschulen erscheint im Zuge der aktuellen Diskussionen um Schulentwicklung in besonderem Maße geboten. Als Arbeiten mit biographischer Thematisierung von Gesamtschullehrern sei auf Buchen (1991) und Stübig (1995) verwiesen. Darüber hinaus liegen biographisch orientierte Untersuchungen zur Laborschule Bielefeld (Döpp/Schulz 1997), zur Profiloberstufe der Max-Brauer-Schule in Hamburg (Herzmann 2001) sowie zu Waldorflehrern (Barz 1994) vor. Wie bereits der knappe Überblick zeigt, steht eine Problematisierung des Bereiches neuerer oder alternativer Schulformen aus der Perspektive der Berufsbiographie von Lehrerinnen und Lehrern in vielen Bereichen noch aus.

8 (Berufs-)biographische Perspektiven im 21. Jahrhundert

Nach einem kurzen und überblickshaften Durchgang durch unterschiedliche Studien zu (Berufs-)biographien von Lehrerinnen und Lehrern, ist die Frage nach Erträgen, Defiziten und Perspektiven zu stellen. Insgesamt hat sich ein beeindruckend umfangreiches Feld an Arbeiten zu vielen Facetten von Lehrerbiographien aufgetan. Es erweckt jedoch eher den Eindruck eines ‚bunten‘ Patchworks als den einer sich systematisch ausdifferenzierenden Forschungsrichtung. Dies ist vielleicht zum einen der relativ kurzen Forschungstradition in ihrer modernen Variante geschuldet und liegt zum anderen im Forschungskontext vieler Studien begründet, die entweder als Qualifikationsarbeiten nur ein begrenztes Segment bearbeiten können oder als Forschungsprojekte mittlerer Reichweite (noch) keine (berufs-)biographischen Forschungskontinuitäten hervorgebracht haben. Insofern wäre durchaus ein Forschungsverbund für Lehrerbiographieforschung anzuregen, der offen sein müsste für unterschiedliche Methoden sowie Schwerpunkte und Kontinuitäten erst hervorbringen könnte. Forschungsdefizite finden sich nach wie vor. Unseres Erachtens wären zukünftig folgende Bereiche zentral zu bearbeiten (vgl. auch Terhart 1995):

- Vergleichende Professionsforschung: Studien zu Lehrern und weiteren Professionen fehlen vollständig, bis auf den historischen Ärztinnen-Lehrerinnen-Vergleich bei Clephas-Möcker und Krallmann (1988), der keine Professionsperspektive einnimmt. Zu klären wären Fragen professionsübergreifender biographischer Muster und lehrerspezifischer Konturierungen.
- Längsschnittuntersuchungen: Hier wäre der Versuch einer Triangulation von individualbiographischen Fragen und generationsspezifischen Entwicklungen zu unternehmen. Damit wären sowohl qualitative als auch quantitative Verfahren zu beanspruchen, die nur in einem

komplexen Design umzusetzen wären. Anknüpfungsstudien wären hier Terhart u.a. (1994) oder auch Reimer (2000). Langfristig wäre hier auch an Replikationsstudien zu denken.
- Gender studies für männliche Lehrer oder ein systematischer Geschlechtervergleich bleiben zu fordern. Die bisher vorliegenden geschlechtsbezogenen Arbeiten wären systematisch zu erweitern und zu präzisieren.
- Gerade ein Blick auf deutschsprachige und anglo-amerikanische Studien zeigt: international vergleichende Studien bleiben die Ausnahme, wären aber zwingend um (berufs-)biographische Spezifika in ihren jeweiligen nicht nur pädagogischen Provinzen angemessen analysieren und kontrastieren zu können. Dies wäre bereits für einen Vergleich von West- und Ostdeutschland unter (berufs-)biographischem Fokus zu verlangen, dann auf Europa erweiterbar, aber auch kulturübergreifend zu konzipieren um ggf. „the meaning of teaching" (Menlo/Poppleton 1999) einen Plural zu geben.
- Als letzter Punkt wäre auf Differenz und Zusammenhang von Biographie und Berufsbiographie zu verweisen. Unseres Erachtens fließen auch in dezidiert berufsbiographische Studien biographische Appendices ein, die, systematisch ausgebaut und berücksichtigt, den Differenzierungsgrad der Ergebnisse steigern könnten.

Als ‚einfachere' Alternative wäre nach wie vor zu postulieren, dass weiterhin Studien durchgeführt werden, die einem Ansatz von Biographieforschung gerecht werden, der einen systematischen und verdichteten Zusammenhang zwischen Datenerhebung und Datenauswertung herstellen kann. Pointiert: die extensive Interpretation geringerer Datenmengen kann unter Umständen fruchtbarere Ergebnisse hervorbringen, als die wenig bearbeitete Präsentation von großen Datenmengen. Dies gilt sicherlich zunächst für theoriegenerierende Ansätze. Aber auch theorieüberprüfende Ansätze wären an der Verknüpfung von Hypothesenbildung und Datenauswertung zu messen.

Literatur

Acker, S. (Ed.): Teachers, gender and careers. New York a.o. 1989

Ammann, B./Oser, F./Zutavern, M.: Fallstudie: Lehrerethos und Lehrerleben. Berufsbiographische Perspektive. In: Oser, F. (Hrsg.): Ethos – die Vermenschlichung der Berufsmoral von Lehrpersonen. Opladen 1998, S. 181-195

Arens, B.: Identitätsproblematik und Identitätsfindung „kritischer" Lehrerinnen und Lehrer in den 70er und 80er Jahren. Bielefeld 1997

Ayers, W.: The good preschool teacher. New York 1989

Baacke, D./Schulze, T. (Hrsg.): Pädagogische Biographieforschung. Orientierungen, Probleme, Beispiele. Weinheim/Basel 1985

Baacke, D./Schulze, T.: Aus Geschichten lernen. Zur Einübung pädagogischen Verstehens. Weinheim/München 1979/1993

Ball, S. J./Goodson, I. (Eds.): Teachers' lives and careers. London/Philadelphia 1985

Barz, H./Singer, T.: Das Bild des Lehrers in der Öffentlichkeit. Variationen über einen einstmals geschätzten Berufsstand. In: Die Deutsche Schule 91 (1999), H. 4, S. 437-450

Barz, H.: Anthroposophie im Spiegel von Wissenschaftstheorie und Lebensweltforschung. Zwischen lebendigem Goetheanismus und latenter Militanz. Weinheim 1994

Biddle, B.J./Good, T.L./Goodson, I.F. (Eds.): International Handbook of Teachers and Teaching, Vol. 1/2, Dordrecht/Boston/London 1997

Biller, K.: Vom Kaiserreich zur APO. Eine Lehrerin erzählt aus ihrem Leben. Ein Beitrag zur pädagogischen Kasuistik unter Mitwirkung von Wilma Fronmüller. Baltmannsweiler 1988

Bohnsack, R./Marotzki, W. (Hrsg.): Biographieforschung und Kulturanalyse. Opladen 1998

Bourdieu, P.: Die biographische Illusion. In: BIOS 3 (1990), H. 1, S. 75-81

Brandes, V./Steinweg, R./Wende, F. (Hrsg.): „Ich verbiete euch zu gehorchen“. Ernst Werner – Lehrer aus Leidenschaft wider die politische Unvernunft. Dokumente, Erinnerungen, Wirkungen. Frankfurt a.M. 1988

Brehmer, I./Ehrich, K./Stolze, B.: Berufsbiographien von Lehrerinnen. Vom Anfang des 19. Jahrhunderts bis zum 1. Drittel dieses Jahrhunderts. In: Hohenzollern, J.G. Prinz von/Liedtke, M. (Hrsg.): Der weite Schulweg der Mädchen. Bad Heilbrunn 1990, S. 313-334

Brehmer, I./Ehrich, K.: Mütterlichkeit als Profession? Lebensläufe von deutschen Pädagoginnen in der ersten Hälfte des 20. Jahrhunderts. Bd. 1/2, Pfaffenweiler 1990

Brück, H.: Die Angst des Lehrers vor seinem Schüler. Reinbek 1978

Buchen, S.: „Ich bin immer ansprechbar“. Gesamtschulpädagogik und Weiblichkeit. Eine sozialpsychologische Frauenstudie. Weinheim 1991

Buchen, S.: Von der Staatsbürgerkunde- zur Sozialkundelehrerin: wissenschaftliche Lehrerweiterbildung in Sachsen-Anhalt. In: Carle, U./Buchen, S. (Hrsg.): Jahrbuch für Lehrerforschung, Bd. 2, Weinheim/München 1999, S. 305-320

Buer, J. v.: Zur Rolle des Lehrers – Subjektive Auffassungen von Beruf, Berufsbiographie und Unterricht. In: Buer, J. v./Squarra, D./Badel, S. (Hrsg.): Beruf des Lehrers. Biographie, Belastung und Bewältigung. Berlin 1995, S. 3-108

Bullough, R.V. Jr./Knowles, J.G.: Becoming a teacher: Struggles of a second-career beginning teacher. In: International Journal of Qualitative Studies in Education 3 (1990), No. 2, pp. 101-112

Carter, K./Doyle, W.: Personal narrative and life history in learning to teach. In: Sikula, J./Buttery, T./Guyton, E. (Eds.): Handbook of research on teacher education: a project of the Association of Teacher Educators. New York 1996, pp. 120-142

Casey, K.: I answer with my life: life histories of women teachers working for social change. New York/London 1993

Clephas-Möcker, P./Krallmann, K.: Akademische Bildung – eine Chance zur Selbstverwirklichung für Frauen? Lebensgeschichtlich orientierte Interviews mit Gymnasiallehrerinnen und Ärztinnen der Geburtsjahre 1909 bis 1923. Weinheim 1988

Cloer, E./Klika, D./Kunert, H.: LehrerInnen(aus)bildung zwischen alten und neuen (ungelösten) Fragen – Konturen des aktuellen Problemstandes. In: Cloer, E./Klika, D./Kunert, H. (Hrsg.): Welche Lehrer braucht das Land? Notwendige und mögliche Reformen der Lehrerbildung. Weinheim/München 2000, S. 13-58

Cloer, E.: „Man konnte ihm anmerken, daß er seinen Beruf sehr gerne ausübte ...“ – „Autoritär, unberechenbar und falsch. Hat mich Hassen gelehrt ...“. Zum Leitbild des Lehrerberufs aus biographischer Sicht. In: Kirk, S./Köhler, J./Lohrenz, H./Sandfuchs, U. (Hrsg.): Schule und Geschichte. Bad Heilbrunn 2000, S. 254-273

Cohen, R.M.: A lifetime of teaching: portraits of five veteran high school teachers. New York 1991

Combe, A.: Alles Schöne kommt danach. Die jungen Pädagogen – Lebensentwürfe und Lebensgeschichten der Nachkriegsgenerationen. Eine sozialpsychologische Deutung. Reinbek 1983

Connelly, F.M./Clandinin, D.J.: Stories of experience and narrative inquiry. In: Educational Researcher 19 (1990), No. 5, pp. 2-14

Danz, G: Berufsbiographien zwischen gestern und heute. Volksschullehrerinnen, geboren um die Jahrhundertwende, berichten. Eine qualitative Studie. Weinheim 1990

Dick, L. van: Lehreropposition im NS-Staat. Biographische Berichte über den ‚aufrechten Gang‘. Frankfurt a.M. 1990

Diesterweg, A.: Über Wesen, Zweck und Wert der pädagogischen Biographie und des „Pädagogischen Deutschlands“ (1835). In: Diesterweg, A.: Sämtliche Werke. II. Abteilung: Verstreute Beiträge und selbständige Schriften. Texte aus den Jahren 1817 bis 1838. Bd. 19, Neuwied/Kriftel/Berlin 1999, S. 77-99

Dirks, U./Bröske, E./Fuchs, B./Luther, R./Wenzel, H.: LehrerInnenbiographien im Umbruch. In: Löw, M./Meister, D./Sander, U. (Hrsg.): Pädagogik im Umbruch. Opladen 1995, S. 229-252

Dirks, U.: Von der Direktorin in der DDR zur Lehrerin in der BRD. Eine qualitative, biographische Untersuchung zur subjektiven Verarbeitung beruflicher Degradierung und zur Neuorientierung am Beispiel von drei ehemaligen Direktorinnen. In: Fischer, D./Jacobi, J./Koch-Priewe, B. (Hrsg.): Schulentwicklung geht von Frauen aus. Weinheim 1996, S. 113-152

Dirks, U.: Wie werden EnglischlehrerInnen professionell? Eine berufsbiographische Untersuchung in den neuen Bundesländern. Münster/New York/München/Berlin 2000

Döbert, H./Rudolf, R. unter Mitarbeit von Seidel, G.: Lehrerberuf – Schule – Unterricht. Einstellungen, Meinungen und Urteile ostdeutscher Lehrerinnen und Lehrer. Ergebnisse einer empirischen Untersuchung in Berlin-Ost, Brandenburg und Sachsen. Frankfurt a.M. 1995

Döpp, W./Schulz, G.: Wo kommt der Schwung her? oder: Auch Lehrerinnen und Lehrer an der Laborschule werden älter. In: Thurn, S./Tillmann, K.-J. (Hrsg.): Unsere Schule ist ein Haus des Lernens. Das Beispiel Laborschule Bielefeld. Reinbek 1997, S. 279-297

du Bois-Reymond, M./Schonig, B. (Hrsg.): Lehrerlebensgeschichten. Lehrerinnen und Lehrer aus Berlin und Leiden (Holland) erzählen. Weinheim/Basel 1982

Ehrich, K.: Städtische Lehrerinnenausbildung in Preußen: eine Studie zu Entwicklung, Struktur und Funktionen am Beispiel der Lehrerinnen-Bildungsanstalt Hannover, 1856-1926. Frankfurt a.M. u.a. 1995

Enzelberger, S.: Sozialgeschichte des Lehrerberufs. Weinheim/München 2001

Fehlhaber, A./Garz, D.: Das nichtbefragte Lehren ist nicht lehrenswert – Analysen zum religionspädagogischen Habitus. In: Ohlhaver, F./Wernet, A. (Hrsg.): Schulforschung – Fallanalyse – Lehrerbildung. Diskussionen am Fall. Opladen 1999, S. 61-90

Feige, A.: „Religion“ bei ReligionslehrerInnen, Münster 2000

Flaake, K.: Berufliche Orientierungen von Lehrerinnen und Lehrern. Eine empirische Untersuchung, Frankfurt a.M./ New York 1989

Fleck, P. (Hrsg.): Aus der Schule geplaudert. Erinnerungen ehemaliger Schüler und Lehrer aus Bensheim und heutigen Vororten (1901-1973). Bensheim 1986

Forberg, A.: Rollen- und Führungsverständnis von Schulleiterinnen beruflicher Schulen. Eine berufsbiographisch orientierte Untersuchung. Weinheim 1997

Fuller, F. F./Brown, O. H.: Becoming a teacher. In: Ryan, K. (Ed.): Teacher education, 74. Yearbook of the National Society of Education, Part 2, Chicago 1975, pp. 25-52

Garz, D.: Biographische Erziehungswissenschaft. Lebenslauf, Entwicklung und Erziehung. Eine Hinführung. Opladen 2000

Geschwentner-Blachnik, I.: Der Beruf in der Biographie katholischer Religionslehrerinnen. In: Fischer, D./Jacobi, J./Koch-Priewe, B. (Hrsg.): Schulentwicklung geht von Frauen aus. Weinheim 1996, S. 153-164

Glumpler, E./Fock, C. (Hrsg.): Frauen in pädagogischen Berufen. Bd. 2: Lehrerinnen, Bad Heilbrunn 2001

Glumpler, E.: Feministische Schulforschung. In: Rolff, H.-G. (Hrsg.): Zukunftsfelder von Schulforschung. Weinheim 1995, S. 122-156

Goebel, K.: Erziehen und Unterrichten war von jeher meine Leidenschaft. Über Autobiographien von Lehrern. In: Kirchhoff, H. G. (Hrsg.): Der Lehrer in Bild und Zerrbild. Bochum 1986, S. 72-97

Goodson, I.F. (Ed.): Studying teachers' lives. London 1992

Goodson, I.F./Walker, R.: Biography, identity and schooling: episodes in educational research. London/New York 1991

Graf, F./Vogelbacher, B.: Lehrer/Lehrerin. In: Roth, L. (Hrsg.): Pädagogik. Handbuch für Studium und Praxis. München 2001, S. 1141-1157

Gruner, P.: Die Neulehrer – ein Schlüsselsymbol der DDR-Gesellschaft. Biographische Konstruktionen von Lehrern zwischen Erfahrungen und gesellschaftliche Erwartungen. Weinheim 2000

Günther, E./Kopf, G./Mietzner, U./Römer, M./Schonig, B.: Lebensgeschichten verstehen lernen. Ein Bericht über die Arbeit der „Berliner Projektgruppe Lehrerlebensläufe“. In: Baacke, D./Schulze, T. (Hrsg.): Pädagogische Biographieforschung. Weinheim/Basel 1985, S. 107-123

Händle, C.: Lehrerinnen zwischen System und Lebenswelt. Erkundungen ihrer doppelten Sozialisation. Opladen 1998

Hanf, M.: Hofknicks und Wanderstiefel. Flensburger Lehrerinnen erzählen von ihrer Ausbildung (1900-1933). Flensburg 1993

Hanf, M.: Katheder und Flaggendienst. Lehrerinnenbildung unter dem Hakenkreuz, 1933-1945. Flensburger Lehrerinnen berichten. Neumünster 1996

Hansen-Schaberg, I. (Hrsg.): „etwas erzählen“ – Die lebensgeschichtliche Dimension in der Pädagogik. Baltmannsweiler 1997

Hansmann, W.M.: Musikalische Sinnwelten und professionelles LehrerInnenhandeln: eine biographie-analytische Untersuchung. Essen 2001

Heinen-Ludzuweit, K.S.: „Im Referendariat kann ich kein guter Lehrer sein!“ Entwicklungsaufgaben von Referendaren. In: Hericks, U./Keuffer, J./Kräft, H. C./Kunze, I. (Hrsg.): Bildungsgangdidaktik. Perspektiven für Fachunterricht und Lehrerbildung. Opladen 2001, S. 211-224

Henry, A.: Taking back control: African Canadian women teachers' lives and practice. Albany 1998

Herzmann, P.: Professionalisierung und Schulentwicklung. Eine Fallstudie über veränderte Handlungsanforderungen und deren kooperative Bearbeitung. Opladen 2001

Hinz, R.: Identitäts-Bildung zwischen Utopie und Wirklichkeit? Versuch einer erfahrungswissenschaftlich orientierten Antwort für die Lehrtätigkeit an Grundschulen. Frankfurt a.M. u.a. 2000

Hirblinger, H.: Erfahrungsbildung im Unterricht. Weinheim/München 1999
Hirsch, G./Ganuillet, G./Trier, U.P.: Wege und Erfahrungen im Lehrerberuf. Eine lebensgeschichtliche Untersuchung über Einstellungen, Engagement und Belastung bei Zürcher Oberstufenlehrern. Bern/Stuttgart 1990
Hirsch, G.: Biographie und Identität des Lehrers. Eine typologische Studie über den Zusammenhang von Berufserfahrungen und beruflichem Selbstverständnis. Weinheim/München 1990
Hoff, W.: Die ethische Bindung an den Erziehungsauftrag als Grundlage professioneller Schulleitung: Gymnasialdirektorinnen in den 60er Jahren, in: Kraul, M./Marotzki, W./Schweppe, C. (Hrsg.): Biographie und Profession, Bad Heilbrunn 2002, S. 103-131
Holmes M./Weiss, B.J.: Lives of women public schoolteachers: scenes from American educational history. New York/ London 1995
Horne, E.B./McBeth, S.J.: Essie's story: the life and legacy of a Shoshone teacher. Lincoln/London 1998
Hoyer, H.-D.: Lehrer im Transformationsprozeß. Weinheim/München 1996
Huberman, M.: Der berufliche Lebenszyklus von Lehrern. Ergebnisse einer empirischen Untersuchung. In: Terhart, E. (Hrsg.): Unterrichten als Beruf. Neuere amerikanische und englische Arbeiten zur Berufskultur und Berufsbiographie von Lehrern und Lehrerinnen. Köln 1991, S. 249-267
Jens, W.: Mein Lehrer Ernst Fritz. In: Reich-Ranicki, M. (Hrsg.): Meine Schulzeit im Dritten Reich. Erinnerungen deutscher Schriftsteller. München 1993, S. 99-108
Jüttemann, G./Thomae, H. (Hrsg.): Biographische Methoden in den Humanwissenschaften. Weinheim 1998
Kelchtermans, G./Ballet, K.: The micropolitics of teacher induction. A narrative biographical study on teacher socialisation. In: Teaching and Teacher Education 18 (2002), pp. 105-120
Kelchtermans, G.: Berufsbiographie und professionelle Entwicklung. Eine narrativ-biographische Untersuchung bei Grundschullehrern. In: Bildung und Erziehung 49 (1996), H. 3, S. 257-276
Kirchhoff, H.G.: Die von der strengen und die von der milden Observanz. Erinnerungen an Lehrer in Autobiographien vornehmlich des 19. Jahrhunderts. In: Kirchhoff, H.G. (Hrsg.): Der Lehrer in Bild und Zerrbild. Bochum 1986, S. 98-117
Klewitz, M.: Lehrersein im Dritten Reich. Analysen lebensgeschichtlicher Erzählungen zum beruflichen Selbstverständnis. Weinheim/München 1987
Knowles, J. G.: Models for understanding pre-service and beginning teachers' biographies: Illustrations from case-studies. In: Goodson, I. F. (Ed.): Studying teachers' lives, London 1992, pp. 99-152
Köhler, D.: Professionelle Pädagogen? Zur Rekonstruktion beruflicher Orientierungs- und Handlungsmuster von ostdeutschen Lehrern der Kriegsgeneration. Münster 2000
Koller, H.C.: Bildung und Widerstreit. Zur Struktur biographischer Bildungsprozesse in der (Post-) Moderne. München 1999
Kraul, M./Marotzki, W. (Hrsg.): Biographische Arbeit. Perspektiven erziehungswissenschaftlicher Biographieforschung. Opladen 2002
Kraul, M./Marotzki, W./Schweppe, C. (Hrsg.): Biographie und Profession, Bad Heilbrunn 2002
Kraul, M.: Herta S.: Das Leben einer Studienrätin in der Nachkriegszeit. Versuch einer Annäherung auf der Grundlage von Briefen. In: Historische Kommission der DGfE (Hrsg.): Jahrbuch für Historische Bildungsforschung, Bd. 3, Weinheim/München 1996, S. 243-265
Krause, G./Wenzel, H./Dirks, U./Fuchs, B./Koeppen, K./Kordts, M./Luther, R./Panterodt, A./Petrick, M./Steinacker, T.: Lehrerbewußtsein und Handlungsstrukturen im Wendeprozeß. In: Zeitschrift für Pädagogik 44 (1998), H. 4, S. 565-581
Krüger, H.-H./Marotzki, W. (Hrsg.): Erziehungswissenschaftliche Biographieforschung, Opladen 1995
Krüger, H.-H./Marotzki, W. (Hrsg.): Handbuch erziehungswissenschaftliche Biographieforschung. Opladen 1999
Krüger, M.: Schulflucht. Eine dokumentarische Erzählung. Reinbek 1978
Kübler, H.-G.: Lebensgeschichtliche Erfahrungen und ihre Bedeutung für die Entwicklung der Lehrerpersönlichkeit. Frankfurt a.M. u.a. 2000
Kurth, U.: Zwischen Engagement und Verweigerung. Lehrer an katholischen Gymnasien im Schnittbereich kirchlicher und schulischer Perspektiven. Frankfurt a.M. u.a. 1996
Leewe, H.: „Man lernt ja immer, wenn man sich nicht verschließt." Lehrerinnen des Unterrichtsfaches „Lebensgestaltung-Ethik-Religionskunde" im interkulturellen Lernprozess. Wie lehren sie Religion? Münster/Hamburg/London 2000
Lehmann, C.: Religionslehrer/-in werden ... Lehramtsanwärter/-innen reflektieren ihre Ausbildung. Münster/Hamburg/ London 1999
Lortie, D. C.: Schoolteacher: a sociological study. London 1975
Loser, F./Terhart, E.: Schule als Lebensraum – Schüler und Lehrer. In: Roth, L. (Hrsg.): Pädagogik. Handbuch für Studium und Praxis. München 2001, S. 980-990

Löw, M.: Was den Lehrer zum Pauker macht. Aufzeichnungen des Studienrats Leo Nips. Heidelberg 1982
Löw, M.: Was den Menschen zum Lehrer macht. Aufzeichnungen des Stud. Ref. Leo Nips. Heidelberg 1979
Mann, H.: Professor Unrat. Reinbek 1905/1976
Mayring, P./König, J./Birk, N./Hurst, A.: Opfer der Einheit. Eine Studie zur Lehrerarbeitslosigkeit in den neuen Bundesländern. Opladen 2000
Meister, G./Wenzel, H.: Biographien von Lehrerinnen und Lehrern nach 1989. In: Häder, S./Ritzi, C./Sandfuchs, U. (Hrsg.): Schule und Jugend im Umbruch. Baltmannsweiler 2001, S. 149-170
Meister, G.: Deutungs- und Begründungsmuster ostdeutscher LehrerInnen im Spannungsfeld pädagogischer Orientierung und unterrichtlichen Handelns. In: Combe, A./Helsper, W./Stelmaszyk, B. (Hrsg.): Forum Qualitative Schulforschung. Bd. 1, Weinheim 1999, S. 341-362
Menlo, A/Poppleton, P. (Eds.): The meaning of teaching: an international study of secondary teachers' work lives. Westport/Connecticut/London 1999
Middleton, S.: Educating Feminists. A Life-History Study. In: Acker, S. (Ed.): Teachers, gender and careers. New York a.o. 1989, pp. 53-67
Middleton, S.: Educating Feminists: Life Histories and Pedagogy. New York 1993
Mietzner, U.: Enteignung der Subjekte – Lehrer und Schule in der DDR. Eine Schule in Mecklenburg von 1945 bis zum Mauerbau. Opladen 1998
Miller, S.: Schulleiterinnen und Schulleiter. Eine empirische Untersuchung an Grundschulen Nordrhein-Westfalens. Baltmannsweiler 2001
Müller, C.: Denkstile im Schulalltag. Pädagogisches Handeln an der Grundschule. Weinheim 1998
Nias, J.: Primary teachers talking: A study of teaching as work. New York 1989
Osler, A.: The educational careers of black teachers: changing identities, changing lives. Buckingham/Philadelphia 1997
Pauly, G.: Mir langt's. Eine Lehrerin steigt aus. Hamburg 1994
Plehn, K.: Aufzeichnungen eines Allround-Pädagogen. Erinnerungen und Betrachtungen eines Bremer Lehrers (1949-1989). Bremen 1994
Pöggeler, F.: Der Lehrer Julius Streicher. Zur Personalgeschichte des Nationalsozialismus. Frankfurt a.M. u.a. 1991
Raymond, D./Butt, R./Townsend, D.: Contexts for teacher development: Insights from teachers' stories. In: Hargreaves, A./Fullan, M. G. (Eds.): Understanding teacher development. New York 1992, pp. 143-161
Reh, S./Schelle, C.: Biographieforschung in der Schulpädagogik. Aspekte biographisch orientierter Lehrerforschung. In: Krüger, H.-H./Marotzki, W. (Hrsg.): Handbuch erziehungswissenschaftliche Biographieforschung. Opladen 1999, S. 373-390
Reh, S.: Die Romanze als Muster zur Bearbeitung von Komplexität in berufsbiographischen Entwicklungsprozessen. In: Carle, U./Buchen, S. (Hrsg.): Jahrbuch für Lehrerforschung. Bd. 2, Weinheim/München 1999a, S. 291-303
Reh, S.: LehrerInnenbiographien in Brandenburg und Hamburg – Verarbeitung von Modernisierungserfahrungen. In: Combe, A./Helsper, W./Stelmaszyk, B. (Hrsg.): Forum Qualitative Schulforschung. Bd. 1, Weinheim 1999b, S. 321-339
Reif, F./Böhmann, M.: „Windfall profit" für die Schule. Erfahrungen abseits der normalen Lehrer-Biographie. In: Pädagogik 53 (2001), H. 2, S. 23-27
Reimer, U.: ‚1968' in der Schule. Erfahrungen Hamburger Gymnasiallehrerinnen und -lehrer. Hamburg 2000
Reimers, H.: Veränderungen in der Berufsbiographie von Lehrkräften. Eine qualitative Erhebung am Beispiel der Öffnung des Unterrichts in Grund- und Hauptschulen Schleswig-Holsteins. Kiel 1996
Rolff, H.-G. (Hrsg.): Zukunftsfelder von Schulforschung. Weinheim 1995
Rösner, E./Böttcher, W./Brandt, H. (Hrsg.): Lehreralltag – Alltagslehrer. Authentische Berichte aus der Schulwirklichkeit. Weinheim/Basel 1996
Rustemeyer, R.: Lehrberuf und Aufstiegsorientierung. Eine empirische Untersuchung mit Schulleiter/innen, Lehrer/innen und Lehramtsstudierenden. Münster u.a. 1998
Schaefers, C./Koch, S.: Neuere Veröffentlichungen zur Lehrerforschung. In: Zeitschrift für Pädagogik 46 (2000), H. 4, S. 601-623
Schonig, B.: Krisenerfahrung und pädagogisches Engagement. Lebens- und berufsgeschichtliche Erfahrungen Berliner Lehrerinnen und Lehrer, 1914-1961. Frankfurt a.M. u.a. 1994
Schönknecht, G.: Innovative Lehrerinnen und Lehrer. Berufliche Entwicklung und Berufsalltag. Weinheim 1997
Sikes P.J./Measor, L./Woods P.: Berufslaufbahn und Identität im Lehrerberuf. In: Terhart, E. (Hrsg.): Unterrichten als Beruf. Köln/Wien 1991, S. 231-248
Sikes, P.J./Measor, L./Woods, P.: Teacher careers: Crises and continuities. London/Philadelphia 1985
Spencer, D.A.: Contemporary women teachers: Balancing school and home. New York 1986

Squirrell, G.: In Passing ... Teachers and Sexual Orientation. In: Acker, S. (Ed.): Teachers, gender and careers. New York 1989, pp. 87-106

Stähling, R.: Beanspruchungen im Lehrerberuf. Einzelfallstudie und Methodenerprobung. Münster u.a. 1998

Stelmaszyk, B.: Schulische Biographieforschung – eine kritische Sichtung von Studien zu LehrerInnenbiographien. In: Combe, A./Helsper, W./Stelmaszyk, B. (Hg.): Forum Qualitative Schulforschung Bd. I, Weinheim 1999, S. 61-87

Stubenrauch, H.: Von der Idee zur Planstelle. Lehrer heute. Köln 1984

Stübig, F.: Schulalltag und Lehrerinnenbewußtsein. Das Tagebuch einer Lehrerin und seine Reflexion im Gespräch mit Birke Mersmann. Weinheim/Basel 1995

Terhart, E. (Hrsg.): Unterrichten als Beruf. Neuere amerikanische und englische Arbeiten zur Berufskultur und Berufsbiographie von Lehrern und Lehrerinnen. Köln 1991

Terhart, E./Czerwenka, K./Ehrich, K./Jordan, F./Schmidt, H.J. (Hrsg.): Berufsbiographien von Lehrern und Lehrerinnen. Frankfurt a.M. u.a. 1994

Terhart, E.: Lehrerberuf und Lehrerbildung. Forschungsbefunde, Problemanalysen, Reformkonzepte. Weinheim 2001

Terhart, E.: Lehrerprofessionalität. In: Rolff, H.-G. (Hrsg.): Zukunftsfelder von Schulforschung. Weinheim 1995, S. 225-266

Urban, I.: Lehrerin aus Leidenschaft. Erinnerungen. Berlin 1999

Wasley, P. A.: Stirring the chalkdust: tales of teachers changing classroom practice. New York 1994

Weiler, K.: Women teaching for a change: Gender, Class & Power. Massachusetts 1988

Welzer, H./Montau, R./Plaß, C.: „Was wir für böse Menschen sind!“ Der Nationalsozialismus im Gespräch zwischen den Generationen. Tübingen 1997

Young, R.A./Borgen, W.A. (Eds.): Methodological approaches to the study of career. New York a.o. 1990

Zoglowek, H.: Zum beruflichen Selbstkonzept des Sportlehrers. Frankfurt a.M. u.a. 1995

Zwettler-Otte, S.: Die Repetenten. Warum Lehrer Lehrer wurden. Wege aus dem Angstdreieck Eltern, Lehrer, Schüler. Wien/München/Zürich 1991

Karl-Oswald Bauer

Lehrerinteraktion und -kooperation

1 Entwicklungslinien der Forschung

Das Thema Lehrerkooperation unterliegt einem zyklischen Auf- und Abschwung. Ein erster Höhepunkt lässt sich Anfang der 1970er Jahre des 20. Jahrhunderts feststellen. Zusammenarbeit und Kooperation als Ausdruck von Solidarität unter Lehrkräften, die bisher eher isoliert und vereinzelt arbeiten würden, sei – so meinten viele Forscher und Bildungsplaner damals – ein Garant für eine bessere Schule und entlaste die psychisch strapazierten Pädagogen. Begründet wurde die Forderung nach verstärkter Zusammenarbeit und nach unterstützender und begleitender Forschung mit Hinweisen auf Gesellschaftstheorien, soziologische Analysen der Lehrerarbeit und sozialpsychologische Argumente. Zwischen wirksamen und weniger wirksamen Formen der Kooperation wurde zunächst nicht unterschieden. Es schien lediglich darauf anzukommen, Ausmaß und Intensität der Kooperation allgemein zu erhöhen. Von einigen Forschern und Praktikern wurde das ,team teaching' als Lösung berufstypischer Probleme und Belastungen empfohlen. Diese Form des Lehrens setzte sich jedoch nicht durch. Danach flaute das Interesse am Thema „Kooperation" erst einmal ab. Probleme des Praxisschocks, der Lehrerbelastung, der Professionalisierung und der pädagogischen Kompetenz standen in den Folgejahren im Vordergrund.

In seiner zum Klassiker gewordenen Arbeit zur Soziologie des Lehrerberufs hat Lortie (1975) Zusammenhänge zwischen der fragmentierten, eierkistenartigen Organisationsstruktur von Schulen und individualistischen, konservativen und stark gegenwartsorientierten Einstellungen von Lehrkräften hergestellt und empirisch nachgewiesen (vgl. Lortie 1975, S. 211f.). Zu diesen Einstellungen gehört ein ausgeprägter „presentism". Mit „presentism" ist gemeint: Lehrkräfte orientieren sich stark an der gegenwärtigen Situation und planen wenig im Hinblick auf ihre professionelle Zukunft. Sie erwarten nur sehr selten eine grundlegende Verbesserung ihrer pädagogischen Kompetenz durch die Berufsarbeit. Belohnungen und Erfolge sind unsicher, zufällig, selten und kaum vorhersagbar. Langfristige Planung zahlt sich kaum aus, daher rührt die Orientierung auf kurzfristig und in kleinen Schritten erreichbare Ziele. Diese soziologische Sichtweise auf den Lehrerberuf hat dazu beigetragen, Besonderheiten der Pädagogenarbeit deutlich zu machen. Sie läuft allerdings Gefahr zu stark zu verallgemeinern und gegenläufige Tendenzen einer Entwicklung des Lehrerberufs und der pädagogischen Professionalität (vgl. Bauer/Kopka/Brindt 1996) zu unterschätzen.

Seit Mitte der 1990er Jahre nimmt das Interesse an Kooperation und Teamarbeit in pädagogischen Berufen wieder sprunghaft zu. Diesmal gibt es offenbar einen Zusammenhang mit den Bestrebungen der Bildungsverwaltungen, die Schulen zu handlungsfähigen, autonomen kooperativen Organisationen weiterzuentwickeln. Die Schule wird zunehmend als pädagogische Handlungseinheit gesehen und das erfordert intensive Zusammenarbeit der Lehrkräfte und auch eine gute Arbeitsbeziehung zwischen Lehrkräften und Schulleitung. Begriffe wie

Leitbild, Schulprogramm, Evaluation, Schule als Unternehmen oder Dienstleistungsbetrieb verweisen auf korrespondierende Formen der Kooperation wie beispielsweise Steuergruppen, Projektgruppen, Evaluationsteams, Teamarbeit im Unterricht, Entwicklungsteams und Klassenleitertandems. Ein weiterer Anlass für die erneute intensive Beschäftigung mit Fragen der Lehrerkooperation dürften auch Bestrebungen zur Unterrichtsentwicklung auf überindividueller Ebene sein. Lernkulturen können offenbar wirksamer verändert werden, wenn nicht nur einzelne Lehrkräfte dies in „ihrem" Unterricht versuchen, sondern Teilkollegien, Fachgruppen, Jahrgangsteams und andere kooperative Handlungsträger entsprechende Maßnahmen auswählen, durchführen und überprüfen. Beispiele hierfür sind fachübergreifende Projekte wie die informationstechnologische Grundbildung oder – neuerdings – „Lernen lernen".

Weitere Anstöße für eine differenzierte Erforschung der Bedingungen und Wirkungen pädagogischer Kooperation gibt eine neue erziehungswissenschaftliche Subdisziplin, die Organisationspädagogik (vgl. Rosenbusch 1994, Meyer 1997, Bauer 1998). Diese Subdisziplin verfügt noch über keine eigene empirische Forschungstradition, hat aber bereits Modelle für eine pädagogische Gestaltung der Schule als Lebens- und Lernort entwickelt, in denen Ergebnisse erziehungswissenschaftlicher sowie organisationssoziologischer und organisationspsychologischer Forschung berücksichtigt werden (vgl. Meyer 1997, S. 98ff.). In diesen Modellen spielen Lehrer- und Schülerkleingruppen (Teams) eine wichtige Rolle. Meyer schlägt eine Kombination von Lehrgängen, Freiarbeit und Projekten vor. Zur Realisierung einer solchen didaktischen Konzeption sind vielfältige Formen von teilweise institutionalisierter Kooperation erforderlich. Unterstützend werden auch Supervision und kollegiale Beratung eingesetzt. Dass der Alltag an den meisten Schulen heute ganz anders aussieht, wird im Folgenden noch ausführlich dargestellt und kommentiert. Auch neue Arbeitszeitmodelle, in denen bei der Berechnung der Jahresarbeitszeit außerunterrichtliche Tätigkeiten angemessen berücksichtigt werden, tragen zur Aufwertung der Kooperation zwischen Lehrkräften bei.

2 Stand der Forschung – exemplarische Studien

In einer explorativen Studie aus den frühen 1990er Jahren resümiert Roth (1994) den Forschungsstand zur Lehrerkooperation ernüchternd wie folgt:

„1. Lehrerinnen und Lehrer sind Persönlichkeiten, die weder besonders gut noch besonders schlecht zusammenarbeiten.
2. Die Lehrerrolle wird von der Gesellschaft und auch von den Betroffenen selbst nicht unbedingt mit Zusammenarbeit in Verbindung gebracht.
3. Die Schule als Institution zwingt nicht zur Zusammenarbeit. Sie verhindert diese aber auch nicht.

Die anfängliche Vermutung, dass Zusammenarbeit die Belastungssituation von Lehrerinnen und Lehrern entschärft, konnte (...) nicht belegt werden" (ebd., S. 27). Roth untersucht mit einer speziellen Methode eine kleine Stichprobe von Lehrkräften und kommt u.a. zu folgenden Ergebnissen: Lehrkräfte verfügen über keine einheitliche Fachsprache zur Beschreibung von Arbeitssituationen, demzufolge ist eine Zuordnung von Arbeitssituationen zu Zusammenarbeit bzw. Einzelarbeit uneinheitlich. Immerhin ergaben sich Anhaltspunkte für einen Zusammenhang zwischen strukturellen Innovationen sowie bestimmten Arbeitsaufgaben auf der einen und Kooperationspraxis auf der anderen Seite. Die begriffliche Unklarheit kann als Indikator für fehlende Praxistheorien in Bezug auf wirksame Kooperation gesehen werden.

Ulich (1996) fasst vorliegende Forschungsergebnisse und Hypothesen zusammen, indem er vermutet, dass die strukturellen Defizite der Schule individualisiert würden und Kommunikationsdefizite zum Teil auf Arbeits- und Zeitstrukturen zurückzuführen seien (ebd., S. 158f.). „Die Kooperation der Lehrenden findet also fast ausschließlich außerhalb des Unterrichts statt und erreicht auch hier – rein quantitativ betrachtet – kein überwältigendes Ausmaß" (ebd., S. 151). Einen weiteren Grund für negative Erfahrungen mit Kooperation sieht Ulich in übersteigerten Erwartungen vieler Lehrkräfte. Die Ansprüche sind zu hoch gesteckt, so dass die Praxis der Kooperation als zutiefst enttäuschend erlebt wird. Nach meiner Einschätzung spielt auch die Neigung vieler Pädagogen, professionelle Ansprüche moralisierend zu behandeln, hier eine Rolle. Es geht nicht um zielorientierte, effektive Kooperation, sondern – aus der Sicht vieler Lehrkräfte – um die Erfüllung einer moralischen Norm, die mit Begriffen wie Solidarität und Gleichheit eher diffus beschrieben wird. Die Norm der Gleichheit aller Lehrkräfte behindert die Kooperation vermutlich eher, weil sie aufgabenspezifische Differenzierungen erschwert und die Übernahme von Koordinationsrollen problematisch macht.

Forschungsergebnisse aus den frühen 1980er Jahren belegen, dass die Kooperationsbereitschaft und die professionellen Kommunikationserwartungen in Lehrerkollegien von der Schulform und vom Alter der Lehrkräfte abhängen (Bauer 1980, S. 175). Ältere Kollegiumsmitglieder kooperieren weniger als die jüngeren. Hinzu kommt, dass gerade pädagogisch engagierte Lehrkräfte die Möglichkeiten der Kooperation als wenig förderlich erleben. Diese Ergebnisse sind nicht einfach als Hinweis auf Defizite älterer Kollegiumsmitglieder oder innovativer Außenseiter zu interpretieren. Möglicherweise ist es Ausdruck einer durchaus gesunden berufsbiographischen Entwicklung, dass berufserfahrene Lehrkräfte lieber allein arbeiten. Und innovative Lehrkräfte haben oft die Aufgabe von Pionieren, die neue Möglichkeiten erproben – allein oder in kleinen Zirkeln mit Unterstützung von außen.

Die Kooperationsbereitschaft ist in integrierten Gesamtschulen am höchsten, in Gymnasien am niedrigsten (ebd., S. 148). Dieser Befund ist nicht im Sinne einer Überlegenheit der Gesamtschule im Hinblick auf Kooperation zu bewerten. Möglicherweise liegt hier ein Systemeffekt vor, der sich aus der Größe und Komplexität ergibt, ohne dass diese Merkmale in irgendeiner Beziehung zur Qualität der geleisteten pädagogischen Arbeit stehen. Da die genannten eher deskriptiv angelegten Untersuchungen noch nicht mit einem entfalteten Modell pädagogisch wirksamer Kooperation in Schulen und anderen Organisationen operieren, sind die Ergebnisse leider nur von geringem Nutzen. Auch der Versuch, niedere und höhere Formen der Kooperation voneinander abzugrenzen und auf einer eindimensionalen Skala abzubilden (Rolff 1980, S. 113-129), muss aus heutiger Sicht als Sackgasse betrachtet werden. Gerade wirksame Kooperation ist mehrdimensional und folgt keiner einfachen Entwicklungslogik. Lehrkräfte schreiten nicht von einfachen Formen der Kooperation zu anspruchsvolleren fort, wie dies (nach Ansicht einiger Entwicklungspsychologen) Kinder in der Entwicklung ihres Denkens tun. Und die Annahme, die gegenseitige Hospitation im Unterricht sei die anspruchsvollste und wirksamste Form der Lehrerkooperation, stützt sich allein auf die Beobachtung, dass diese Form sehr selten ist. Das kann aber auch daran liegen, dass ihr Nutzen für die Beteiligten zu gering und der Aufwand im Verhältnis dazu einfach zu hoch ist. Gegenseitige Hospitationen sind immer wieder von Bildungssoziologen empfohlen und propagiert worden, ihr pädagogischer Nutzen wurde jedoch nicht überprüft.

Ich gehe im Folgenden auf zwei empirische Studien ausführlicher ein, die theoretisch anspruchsvoller konzipiert sind: Die erste stammt von 1989 und ist eine breit angelegte Feldforschungsarbeit, die zweite wurde Ende der 1990er Jahre publiziert und basiert methodologisch auf einem feldexperimentellen Fallstudienansatz. Beide Studien stammen aus den Vereinigten Staaten. Vergleichbare Untersuchungen habe ich in Europa nicht gefunden.

2.1 Die Rosenholtz-Studie

Einen grundlegenden Wandel in der erziehungswissenschaftlichen Forschung zur Arbeitsorganisation und Kooperation von Lehrkräften im englischsprachigen Teil der Welt markiert das Buch von Rosenholtz (1989) über den Arbeitsplatz des Lehrers. Erstmals wird in einer großangelegten quantitativen und qualitativen Untersuchung die Frage untersucht, welche Zusammenhänge zwischen der überindividuellen Organisation der Lehrerarbeit und den Leistungen der Schule als ganzer bestehen. Insbesondere wird untersucht, wovon die pädagogische Effektivität der Lehrkräfte (teacher certainty) abhängt.

In die Stichprobe wurden acht Distrikte in Tennessee einbezogen, deren Schulverwaltungen (superintendents) zustimmten. Untersucht wurden dann 78 Grundschulen (elementary schools), die Schulgröße beträgt 5 bis 42 Lehrkräfte. Befragt wurden 1213 Lehrkräfte mit einem 30-Minuten-Fragebogen. Außerdem wurden 74 themenzentrierte Interviews mit Lehrkräften von 23 Schulen geführt, die nach dem Kriterium des quantitativ ermittelten Kooperationsniveaus ausgewählt wurden.

Da es in diesem Buch vor allem um die soziale Organisation der Lehrerarbeit geht, stehen Zielfindung und Lehrerkooperation (teacher collaboration) im Mittelpunkt. Um inhaltlich deutlich zu machen, was genau untersucht wurde und um vielleicht Studien mit ähnlichen Instrumenten auch in Deutschland anzuregen, habe ich einige der von Rosenholtz verwendeten Skalen übersetzt und vollständig dokumentiert. Zur Messung der Variablen „Gemeinsame Unterrichtsziele“ (shared teaching goals) wurde eine Skala verwendet, die aus folgenden Aussagen besteht:

1. In dieser Schule sind wir uns einig über die Ziele, die wir mit den Lernenden erreichen wollen.
2. Wenn die meisten Lehrkräfte dieser Schule sich einig sind, dass eine andere Lehrkraft ihre Arbeit nicht gut macht, üben sie einen gewissen Druck auf diese Lehrkraft aus, ihre Leistung zu verbessern.
3. Ich bin nicht einverstanden mit der Art und Weise, wie die meisten Lehrkräfte an dieser Schule unterrichten.
4. Die Ziele und Werte und die Philosophie (Einstellung) meines Schulleiters ähneln sehr meinen Werten und meiner Philosophie.
5. Die meisten Lehrer an dieser Schule haben Wertvorstellungen und Ziele, die meinen ähnlich sind.
6. Lehrer an dieser Schule sind sich einig in Bezug auf die Lernprozesse der Schüler.

Reliabilität: Alpha = 0 .70 (Rosenholtz 1989, S. 21)

Abbildung 1: Skala „Gemeinsame Unterrichtsziele“ (Die Items wurden von mir übersetzt, die angegebene Reliabilität gilt für die englische Version.)

Gemeinsame Ziele zu haben ist nicht nur allgemein eine wichtige Voraussetzung für gute Kooperation, gerade im Handlungsfeld Erziehung sind Zielklarheit und Konsens über Ziele von herausragender Bedeutung, weil die Tätigkeit professioneller Pädagogen große Spielräume im Hinblick auf Ziele und Werte einräumt und wohl auch erfordert. Die durch Lehrpläne, Bildungspläne und Schulformprofile vorgegebenen Ziele sind für eine Koordination von Aktivitäten in der einzelnen Schule entweder zu allgemein, zu vage oder zu sehr fachspezifisch ausgerichtet.

Lehrerkooperation selbst wird mittels der in Abbildung 2 dargestellten Skala gemessen. Lehrerkooperation bedeutet im Rahmen dieser Studie vor allem, dass Rat, Hilfe, Unterstützung und professionelle Information angeboten und auch abgerufen werden. Wichtig ist in diesem Zusammenhang, ob die Bitte um Unterstützung als Zeichen von Inkompetenz interpretiert wird oder als Bereitschaft zur professionellen Weiterentwicklung. Diese professionelle Lernbereitschaft ist offenbar eine Schlüsselvariable im Zusammenhang mit effektiver Kooperation unter Pädagogen.

1. Andere Lehrer in dieser Schule suchen meinen Rat bei professionellen Fragen und Problemen.
2. Ich biete anderen keinen Rat zu ihrem Unterricht an, außer sie fragen mich danach.
3. Wenn eine andere Lehrkraft mich um Rat bittet, bedeutet das, dass ich kompetenter bin als sie.
4. Andere Lehrer an dieser Schule kommen zu mir um sich Rat oder Hilfe zu holen, wenn sie es brauchen.
5. Ich gebe meinen Kollegen Hilfe und Unterstützung, wenn sie Probleme mit ihrem Unterricht haben.
6. Ich bekomme guten Rat und wirksame Hilfe von anderen Lehrkräften an dieser Schule, wenn ich ein Problem beim Unterrichten habe.
7. Ich teile regelmäßig Ideen und Materialien mit: keiner anderen Lehrkraft – einer anderen Lehrkraft – zwei anderen Lehrkräften – drei anderen Lehrkräften – vier oder mehr anderen Lehrkräften.

Reliabilität: Alpha = 0.63 (Rosenholtz 1989, S. 47)

Abbildung 2: Skala „Lehrerkooperation" (Die Items wurden von mir übersetzt, die angegebene Reliabilität gilt für die englische Version.)

Die Variable „Lehrergewissheit im Hinblick auf Expertenkultur und Unterrichtspraxis" kann auch als pädagogische Effektivitätsüberzeugung bezeichnet werden. Damit ist gemeint, dass Lehrkräfte mehr oder weniger davon überzeugt sind, dass ihre pädagogische Arbeit wirkungsvoll ist und sie die Wirkung auch durch fachmännisches Handeln herbeiführen können. Die Einstellung „Lehrergewissheit" ist kognitiv mit Theorien über wirksames pädagogisches Handeln und den Erwerb entsprechender Kompetenzen verknüpft. Ein Teil der Lehrkräfte hegt die Überzeugung, man könne kaum durch persönliche Anstrengung und durch entsprechende professionelle Lernprozesse ein guter Pädagoge werden, sondern müsse eben eine entsprechende Begabung mitbringen. Ein anderer Teil der Pädagogen ist durchaus der Überzeugung, dass eigene Lernbemühungen und die gezielte Nutzung pädagogischer Wissensbestände zu einer deutlichen Verbesserung der eigenen Kompetenz führt. Diese Gruppe sieht auch Kollegen als potenzielle Vermittler von pädagogischem Wissen und Können an.

1. Ich habe das Gefühl, keinen Lernfortschritt bei meinen Schülern zu bewirken.
2. Es ist schwer zu beurteilen, wie gut ich meinen Unterricht mache.
3. Ich bin unsicher, wie ich bestimmte Schüler in meiner Klasse unterrichten soll.
4. Ich habe das Gefühl, dass ich wichtige Unterschiede im Leben meiner Schüler bewirke.
5. Kinder und Jugendliche sind so persönlich und komplex, dass ich nicht weiß, wie ich an sie herankommen soll.
6. Ich weiß nicht, wie ich Lernerfolge bei meinen Schülern bewirken soll.
7. Ich bin zufrieden mit meinem Unterrichtsstil und meinen Strategien; ich glaube, sie sind erfolgreich.
8. Ich bin zufrieden mit dem Lernfortschritt, den meine Schüler machen.
9. In meiner Profession gibt es genug Sachverstand im Hinblick auf guten Unterricht.
10. Es gibt einen Wissensfundus hier, der Lehrkräften wirklich dabei helfen kann, ihren Unterricht zu verbessern.
11. Gut unterrichten zu können ist eine Begabung; man kann es bestimmt nicht von einem anderen lernen.

Reliabilität: Alpha = .70 (Rosenholtz 1989, S. 48)

Abbildung 3: Skala „Lehrergewissheit im Hinblick auf Expertenkultur und Unterrichtspraxis" (Die Items wurden von mir übersetzt, die angegebene Reliabilität gilt für die englische Version.)

Die Erfahrung pädagogischer Effektivität hängt stark mit dem positiven Feedback zusammen, das während der Arbeit erfahren wird. Dieses Feedback kann unmittelbar im Handlungsprozess gegeben werden, es kann aber auch im Anschluss von Kollegen und Vorgesetzten kommen. Rosenholtz überprüft ihr theoretisches Modell mittels einer Pfadanalyse. Die wichtigsten Ergebnisse sind: Die Lehrergewissheit oder wahrgenommene pädagogische Effektivität wird am stärksten vom positiven Feedback beeinflusst, das erfahren wird. Am zweitstärksten ist der direkte Einfluss der Lehrerkooperation. Positives Feedback wiederum wird in starkem Maße durch Lehrerkooperation und Evaluation beeinflusst, so dass Lehrerkooperation und Evaluation auf dem Umweg über Feedback auch mittelbar auf die wahrgenommene pädagogische Effektivität einwirken.

Man kann die Zusammenhänge auch in der umgekehrten Richtung betrachten: Welche Bedingungen haben Einfluss auf die Lehrerkooperation? Vergleicht man die standardisierten Betakoeffizienten, zeigt sich, dass die Lehrergewissheit in Bezug auf Expertenkultur und Unterrichtspraxis einer der stärksten Prädiktoren für Lehrerkooperation ist (ebd., S. 48). Das heißt: Lehrerkooperation bedingt höhere pädagogische Effektivität, und pädagogische Effektivität wiederum führt zu besseren Werten bei der Lehrerkooperation, die ja im Wesentlichen als eine kompetente Form der Unterstützung und Anregung zu interpretieren ist.

Nun stellt sich die entscheidende Frage, ob Schulen mit hohen Werten auf den Skalen für Lehrerkooperation besser sind, das heißt zunächst, ob ihre Lehrkräfte professioneller und pädagogisch effektiver handeln. Aufgrund von fünf mit Skalen gemessenen Variablen (Entscheidungsfindung, Lehrer-Sicherheit, gemeinsame Ziele, ‚team teaching' und Lehrerkooperation) werden die untersuchten 78 Schulen in drei Gruppen eingeteilt: ‚collaborative' – ‚moderately isolated' – ‚isolated settings' (ebd., S. 49). Ich bezeichne die drei Kontexte wie folgt: kooperativ – gemäßigt isoliert – isoliert. Mit Lehrkräften aus allen drei Kategorien von Schulen wurden nicht-standardisierte Interviews durchgeführt. Die Interviews beziehen sich auf unterschiedliche Bereiche der Zusammenarbeit. An erster Stelle steht dabei die Frage nach besonderen Rollen einzelner Personen innerhalb der Kollegien, die als unterstützend erlebt werden und auf die Schulentwicklung mehr Einfluss haben als andere Mitglieder des Kollegiums. Die herausragenden Personen werden im Folgenden als „Führungspersonen" bezeichnet. Ihre Rolle in den drei Kategorien von Schulen wird durch die Daten in Tabelle 1 näher beschrieben.

Tabelle 1: Gibt es in Ihrer Schule Führungspersonen für Lehrerinnen und Lehrer? Was tun diese Führungspersonen? (nach Rosenholtz 1989, S. 65), Angaben in Prozent, bezogen auf die Häufigkeit der Nennungen

Niveau des Unterstützungsverhaltens in der Schule	Keine Führungspersonen	Repräsentative Vertretung	Zuhörer bei Problemen	Initiator neuer Programme	Motivator	Helfer bei Problemlösungen	Anzahl der Befragten
kooperativ	0	7	3	43	20	27	30
gemäßigt isoliert	12	21	21	21	12	12	33
isoliert	12	17	37	17	0	0	24

Das aus meiner Sicht umwerfendste Ergebnis des Vergleichs zwischen den drei Kategorien von Schulen besteht darin, dass Lehrkräfte unterschiedliche Konzepte von Führungspersonen im Kollegium haben, je nach Kooperationsgrad. In kooperativen Schulen besteht das Verhalten von Führungspersonen vor allem in Unterstützungsleistungen, die sich unmittelbar auf den Unterricht beziehen. In Schulen, in denen Lehrkräfte isoliert arbeiten, sind die Führungspersonen gewerkschaftlich aktiv oder engagieren sich besonders intensiv in Gremien. Außerdem sind sie eifrige Zuhörer bei der Schilderung von Problemen. In kooperativen Schulen fungieren besonders fähige Lehrkräfte eher als Vorbilder für andere Mitglieder des Kollegiums. Ihre Rolle als „lebender Kummerkasten" ist dagegen fast bedeutungslos.

Mir ist keine Untersuchung aus deutschen Schulen bekannt, die das Phänomen „Führungspersonen in Lehrerkollegien" zum Gegenstand hat. Schon die Vorstellung, dass nicht alle Lehrkräfte gleich sein könnten, sondern einige vielleicht etwas fähiger als die anderen und besonders gut geeignet sein könnten den Kollegen Hilfen und Orientierungen zu geben, kann in Deutschland als Tabubruch gelten. „Engagiert" wird oft mit „mikropolitisch aktiv" gleichgesetzt. Zweifellos gibt es auch in deutschen Schulen informelle Führerschaften. Die sind aber vermutlich eher an gewerkschaftliche Interessenvertretung gebunden als an pädagogische Professionalität. Ich komme weiter unten im Zusammenhang mit deutschen Studien zur Kooperation auf die Frage der Führung und Anleitung durch Kollegen noch zurück.

Eine weitere zentrale Frage im Zusammenhang mit guter Zusammenarbeit betrifft die Rolle der Schulleitung. Ist der Schulleiter wichtig für eine pädagogisch wirksame Kooperation im Kollegium? Rosenholtz hat Interviews mit Lehrkräften in allen drei Gruppen von Schulen (unterschieden nach Kooperationsgrad) geführt, in denen die Rolle und die Leistungen des Schulleiters ausführlich behandelt werden. Lehrkräfte aus kooperativen Kollegien berichten, dass der Schulleiter sie unmittelbar unterstütze und ein guter Problemlöser sei. Lehrkräfte aus Schulen, in denen isoliert gearbeitet wird, beschreiben die Schulleitung als launisch, unberechenbar, wenig unterstützend bei Problemen. Bei vielen Fragen erklären sie sich für unzuständig und bieten keine konkrete Hilfe an. „Je kooperativer die Schule ist, desto mehr nehmen Lehrkräfte Schulleiter als gute Problemlöser wahr" (ebd., S. 55).

Die Zusammenhänge zwischen Lehrerkooperation und anderen Variablen der Schulqualität belegen noch nicht die Annahme, dass gute pädagogische Kooperation zu höheren Leistungen der Schüler führt. Rosenholtz hat diese Annahme auch nicht direkt geprüft, sondern vielmehr mit dem Konstrukt des Lehrerengagements (teacher commitment) gearbeitet. Das Engagement der Lehrkräfte hängt von der guten Kooperation ab. Und vom Engagement der Lehrkräfte wiederum hängt es ab, welche Lernfortschritte die Schüler in Fächern wie Mathematik und Englisch machen (vgl. ebd., S. 163).

Rosenholtz hat auch die Rolle der Schulaufsicht im Zusammenhang mit einer lernförderlichen pädagogisch wirksamen Arbeitsorganisation nicht außer Acht gelassen (vgl. ebd., S. 167ff.). Ein Schulaufsichtsbeamter wird wie folgt zitiert: „Jedes Jahr machen wir (die Vertreter des Schulaufsichtsbezirks und der Schulleiter) eine Überprüfung der Wünsche und Bedürfnisse. Beim letzten Mal stellten wir so viele Forschungsergebnisse über wirksame Schulen und pädagogisch wirksamen Unterricht zusammen, wie wir finden konnten, und fragten dann: Auf einer Skala von eins bis fünf, wie weit sind wir mit der Implementation in diesem Bereich?" (ebd., S. 173) Grundlage der Kommunikation zwischen Schulaufsicht und Schulleitung sind also in diesem speziellen Fall Forschungsergebnisse, die in Beziehung zur Situation an den Schulen im Aufsichtsbezirk gesetzt werden. Dies geschieht in einer gemeinsamen Sitzung.

2.2 Die Legters-Studie

Legters (1999) berichtet über eine feldexperimentelle Fallstudie an einer großen High School in einer Großstadt im Osten der Vereinigten Staaten. Ziel der Studie ist es, Zusammenhänge zwischen drei strukturellen Bedingungen und Lehrerkooperation zu untersuchen. Diese drei strukturellen Veränderungen sind:

1. Aufteilung der Schule in kleinere Einheiten, Schule in der Schule;
2. Bildung interdisziplinärer Lehrerteams, die eine Gruppe von Lernenden kontinuierlich gemeinsam unterrichten;
3. Flexible Zeitplanung durch Lehrerteams.

Legters unterscheidet vier Arten der Kooperation nach Little (1990):

1. Lehrergespräche: Geschichten erzählen und Ideen austauschen;
2. Hilfe und Unterstützung (punktuell, krisenabhängig);
3. Routine sharing (regelmäßige, institutionalisierte Teilnahme und Austausch);
4. Joint work (gemeinsame direkte Zusammenarbeit).

Diese Typologie ist wichtig auch für Studien in Deutschland. Die Kategorie „gemeinsame direkte Zusammenarbeit" ist so definiert, dass auch die unmittelbare Zusammenarbeit außerhalb des Unterrichts einbezogen wird.

Die Ergebnisse zeigen einen Anstieg der Kooperation unmittelbar nach Einführung der drei strukturellen Innovationen, ‚joint work' steigt von 26% auf 42% unmittelbar nach der Einführung bzw. 45% ein Jahr danach. Eine weitere Erhöhung der Kooperation scheint in den folgenden Monaten nicht mehr stattzufinden. Hier wäre kritisch nachzufragen, ob der deutliche Anstieg der Kooperation nicht einfach darauf zurückzuführen ist, dass die eingeführten Innovationen unmittelbar mehr Kooperation erfordern. Auswirkungen auf die pädagogische Praxis wären damit noch nicht nachgewiesen.

Auf der Ebene der einzelnen Teams wurden immerhin Erfolgsindikatoren definiert, erfasst und zu Teammerkmalen in Beziehung gesetzt. Interessanterweise ist der Erfolg eines Teams offenbar nicht unbedingt eine Funktion der Intensität oder Häufigkeit der professionellen Interaktion zwischen Teammitgliedern. Das Beispiel des erfolgreichsten Teams zeigt, dass die Teilnahme an Sitzungen offenbar die Erfolgswahrscheinlichkeit weniger erhöht als Faktoren wie Berufserfahrung, fachliche und fachdidaktische Kompetenz, Fähigkeit zum ‚classroom management' (effektiver Klassenführung), Führungsqualitäten des Teamleiters, Nachverfolgen von Lernenden bei Abwesenheit und Lernbereitschaft und schließlich auch die Fähigkeit der Lernenden. Dem Leiter des erfolgreichsten Teams werden vor allem zwei Eigenschaften von seinen Kollegen zugeschrieben. Eine dieser Eigenschaften kennen wir bereits aus der Studie von Rosenholtz, es handelt sich um das pädagogische Engagement. Die zweite Eigenschaft ist eine hohe Lehrkompetenz. Gute Teams brauchen offenbar eine fachdidaktisch kompetente und pädagogisch engagierte Führung.

Im Fall eines weniger erfolgreichen Teams war die Häufigkeit der Kooperationspraxis weitaus höher. Die Teammitglieder pflegten täglich zusammen zu essen. Trotzdem war ihr Erfolg gering. Das lag zum Teil an Besonderheiten ihrer Lerngruppe und auch daran, dass die Teamleitung wechselte und auch unter den Teammitgliedern Fluktuation herrschte. Als für den Erfolg wirksamste Faktoren zeigten sich zusammengefasst: „Führung, Zusammensetzung der Teams, Kontinuität der Teammitgliedschaft, Art der von den Teams betreuten Lerngruppe erwiesen sich als die wichtigsten Merkmale zur Unterscheidung der Teams. Verglichen mit diesen Faktoren, scheint die Häufigkeit formaler Treffen oder auch informeller Interaktionen weniger wichtig für die Teameffektivität zu sein" (Legters 1999, S. 17).

Interview- und Beobachtungsdaten zeigen, dass Lehrkräfte in den strukturell veränderten Schulen häufiger miteinander interagieren. Dabei stehen Themen wie Disziplin der Schüler, Anwesenheit und Organisations- und Beurteilungsfragen im Vordergrund. Selten wird über Lehrmethoden oder das Curriculum zusammengearbeitet. Über den Unterricht wird – wenn überhaupt – im Zusammenhang mit der Kontrolle von Schülerverhalten gesprochen. Die Zeit für gemeinsame Planungen wird für administrative Aufgaben, Treffen mit Eltern sowie Lernenden und Zusatzarbeiten verbraucht. Eine Barriere für darüber hinaus gehende Kooperation sieht Legters in der Gewohnheit die eigene Arbeit weiterhin als einen „privaten" Bereich zu betrachten.

2.3 Weitere Studien

Lehrerkooperation wird in den neueren Studien im deutschsprachigen Raum seit Anfang der 1990er Jahre überwiegend als Nebenthema, etwa im Zusammenhang mit Innovationsprozessen oder Professionalisierungsbestrebungen abgehandelt. Auch im Zusammenhang mit Lehrerbelastung und Lehrerbeanspruchung wird der Faktor Lehrerkooperation gelegentlich berücksichtigt.

Schönknecht (1997) stellte in ihrer Studie über innovative Lehrerinnen und Lehrer fest, dass Isolation und Unverständnis im Kollegium für innovative Lehrkräfte häufig ein Problem darstellen: „Nur selten treffen die befragten innovativen LehrerInnen an ihren eigenen Schulen auf KollegInnen, mit denen sie sich über ihre Probleme unterhalten können oder mit denen sie (...) kooperieren können. Viele der gelingenden und als positiv betrachteten Kooperations- und Kommunikationsbeziehungen werden außerhalb der eigenen Schule gepflegt" (Schönknecht

1997, S. 175). Kollegialität muss differenziert betrachtet werden; sie wird auch als Verlust persönlicher Freiheit erlebt. Neben der gegenseitigen Unterstützung und Qualifizierung kann Kooperation auch verstärkte Kontrolle und Einschränkung durch andere bedeuten (vgl. Oesterreich 1988). Auch Bauer, Kopka und Brindt (1996) stellten in ihren Fallstudien zur pädagogischen Professionalität fest, dass Lehrkräfte mit breitem Handlungsrepertoire, hoher Kompetenz und ausgeprägt professionellem Selbstverständnis die Zusammenarbeit mit Kollegen in der eigenen Schule skeptisch beurteilen. Stützen des professionellen Selbst sind selbstorganisierte Fortbildungsgruppen, eigene Arbeitsumgebungen, ja sogar Kontakte zum Schulrat, kaum aber die Kollegen in der eigenen Schule (vgl. ebd., S. 182f.). Führungspersönlichkeiten unter den Lehrkräften bevorzugen indirekte und sanfte Strategien der Beeinflussung von Kollegen. Neue Lehrmethoden werden in geeigneten Situationen eher beiläufig eingeführt, durchaus in der Hoffnung, dass einige Kollegen das unauffällig angebotene Modell einfach übernehmen.

Hargreaves (1992) fasst die Ergebnisse vieler Studien zur Zusammenarbeit zwischen Lehrkräften zusammen und kommt zu dem Ergebnis, dass nur in einer sehr kleinen Zahl von Schulen eine Kultur der Zusammenarbeit (culture of collaboration) entwickelt wurde, die durch folgende Merkmale beschrieben werden kann: regelmäßige gegenseitige Unterstützung, Vertrauen und Offenheit, sichtbar vor allem in alltäglichen Interaktionen. Solche Kulturen der Kooperation sind kaum formal organisiert und sind auch nicht auf bestimmte Anlässe wie etwa gemeinsame Projekte beschränkt (ebd., S. 226). Kulturen der Zusammenarbeit erfordern breite Zustimmung zu pädagogischen Werten, aber sie tolerieren auch divergentes Denken. Hargreaves weist auf die wachsende Bedeutung der Kooperation von Lehrkräften mit Spezialisten vor allem im Primarschulbereich hin. Lernende werden oft von einem Netzwerk pädagogischer Experten betreut, die ihrerseits lernen müssen Informationen auszutauschen und wirksamer zusammenzuarbeiten. In einigen Ländern wird Wert darauf gelegt, dass Lehrkräfte im Primarbereich außer ihren allgemeinen Unterrichtsaufgaben auch spezielle Funktionen übernehmen, die mit einer Beratungs- und Führungsrolle verbunden sind.

Hargreaeves arbeitet zwei strukturelle Faktoren der Arbeitsorganisation in schulischen Kontexten heraus, die dazu beitragen, dass Kooperation, Beratung und die Wahrnehmung von Führungsaufgaben durch Lehrkräfte erschwert werden. Der erste dieser Faktoren ist die Definition der Arbeitszeit. Diese ist in vielen Ländern an die Zahl der erteilten Unterrichtsstunden gebunden, Zeiten für die Vorbereitung werden nicht klar als Teil der bezahlten Arbeitszeit definiert. „Beratung muss nach der Schule stattfinden, am Ende eines erschöpfenden Arbeitstages oder in den wenigen Momenten, die zwischen zwei zu unterrichtenden Klassen ergattert werden können, oder in Freistunden und in der Mittagspause. (...) Deshalb ist die Bereitstellung von mindestens etwa 120 Minuten fest eingeplanter Vorbereitungszeit pro Woche für Primarstufenlehrer in Ontario ein großer Fortschritt im Hinblick auf Arbeitsbedingungen, die für eine erweiterte Kooperation erforderlich sind" (ebd., S. 228). Einen zweiten strukturellen Faktor, der Kooperation eher behindert als fördert, sieht Hargreaves in curricularen Vorgaben, die wenig Spielraum für eigene kooperativ erarbeitete Bildungspläne lassen.

Schulentwicklung als Entwicklung der einzelnen Schule durch Prozesse der Selbstorganisation ist eine Innovationsstrategie, deren Erfolge bisher noch nicht systematisch überprüft und abgesichert wurden. Diese Variante der Schulentwicklung ist an intensive Formen der Kooperation in Lehrerkollegien gebunden. Nach Terharts (1999) Auffassung „ist es jedoch auf der Basis vorliegender nationaler wie internationaler Ergebnisse eindeutig, dass die Verbesserung der Kooperation in Lehrerkollegien die Qualität der Arbeit an Schulen erhöht, dass Kooperation zu einem wichtigen Element bei der Bewältigung von beruflichen Belastungen wird und dass schließlich die kooperativ abgestimmte Profilierung der Einzelschule diese stärker als bisher mit bestimmten Zonen des außerschulischen Umfeldes verknüpft“ (ebd., S. 184).

Die Kooperation zwischen Lehrkräften spielt in neueren Studien zur Lehrerarbeit und Schulentwicklung auch insofern eine Rolle, als Zusammenarbeit, Abstimmung, Koordination und Steuerung immer wieder als wichtige Faktoren für den Verlauf und den Erfolg von Innovationen und qualitätssteigernden Maßnahmen angesehen werden. Schulentwicklung als Organisationsentwicklung beispielsweise ist auf leistungsfähige Steuergruppen angewiesen, die auch für die Arbeit mit Schulprogrammen von großer Bedeutung sein dürften.

Altrichter (2000) untersucht in diesem Kontext mittels Fallstudien Probleme und Konflikte beim Aufbau schulischer Qualitätssicherungssysteme und knüpft an Lorties Diagnose aus den 1970er Jahren an. „Offizielle Foren dafür (für die Abstimmung zwischen den Berufstätigen, d. Verf.) (wie z.B. Lehrerkonferenzen oder Fachkonferenzen) werden selten als effektive Einrichtungen beschrieben. Selbstinitiierte Kooperationen größeren Stils sind kaum zu finden. Wo es Zusammenarbeit gibt, findet sie in freiwilligen, nicht-institutionalisierten Mini-Netzen von sehr wenigen Personen statt, die in zweifachem Sinn persönlich gefärbt sind. Erstens basieren sie auf engen persönlichen Beziehungen: Man muss sich (...) gut verstehen, ähnliche Berufsauffassungen haben und emotionale Befriedigung aus den Treffen schöpfen. Zweitens müssen sie auch persönlichen Nutzen (...) bringen“ (ebd., S. 102). Nach Altrichter ist die Schule weiterhin eine Expertenorganisation mit bürokratischem Charakter, in der kollegiale und autoritative Rückmeldungen weitgehend fehlen. Es gebe kein Berufswissen, das Standards enthält, die Grundlage für eine Einschätzung des eigenen Erfolgs sein könnten. Im Zuge von Qualitätsentwicklung werden nun aber verbindliche und formal definierte Kooperationsformen eingeführt (z.B. Steuergruppen, Evaluationsteams), die von vielen Lehrkräften als Bedrohung ihrer professionellen Autonomie wahrgenommen werden.

Holtappels (1999) untersuchte Zusammenhänge zwischen Lernkultur und Lehrerkooperation an Grundschulen: „Zwar machen Tätigkeiten im Team in der Lehrerarbeit nur kleinere Arbeitsanteile aus, jedoch tauschen immerhin zwei Drittel der Lehrer/innen Unterrichtsmaterial aus (als häufigste Form der Zusammenarbeit); Diagnosen der Lernentwicklung der Schüler/innen, gemeinsame Unterrichtsplanung und Abstimmungen in der Leistungsmessung werden von fast der Hälfte in Kooperation häufig und regelmäßig praktiziert. Gegenseitige Hospitationen werden dagegen selten bis gar nicht vorgenommen. Kooperation in der Planung und Vorbereitung von Lernprozessen zeigt sich intensiv bei der Hälfte der Lehrpersonen, die gemeinsame Durchführung von Unterricht oder Fördermaßnahmen kommt jedoch eher selten in intensiver Form vor (24% bzw. 21%). An schulentwicklungsorientierter Planungsarbeit auf Jahrgangs- oder Schulebene sind allerdings mehr als zwei Fünftel der Lehrkräfte regelmäßig und häufig beteiligt“ (ebd., S. 144). Dabei zeigen sich interessante Zusammenhänge zwischen strukturellen Variablen wie festen Öffnungszeiten der Schulen und Kooperationspraxis. Bei festen Öffnungszeiten arbeiten Lehrkräfte häufiger in Doppelbesetzungen, Klassenleitertandems und Jahrgangsteams (vgl. ebd., S. 144f.).

Bauer (2000) berichtet über Teambildungen im Zusammenhang mit langfristig angelegten Fortbildungsmaßnahmen. Auch diese Teams sind allerdings außerhalb des Unterrichts aktiv. Sie entwickeln eine eigene Arbeitskultur, ein Wir-Gefühl und eine starke Aufgaben- und Leistungsorientierung. Sie sind – ähnlich wie die kooperierenden Lehrkräfte in der Studie von Rosenholtz – keine Kleingruppe, die vorzugsweise an Defiziten oder Problemen orientiert arbeitet und zum Auffangbecken für Klagen über schlechte Arbeitsbedingungen, schwierige Schüler oder die Fehler der Bildungspolitik geworden ist. Eher kann man sie als eine Leistungsgemeinschaft betrachten. Die Zusammenarbeit dient eindeutig der Leistungssteigerung und der erhöhten Effizienz, sie ist zukunftsorientiert und von positiven Erwartungen geprägt.

Wichtige Hinweise auf die Relevanz und praktische Bedeutung der Zusammenarbeit im Kollegium liefern auch Belastungs- und Beanspruchungsstudien über die Lehrerarbeit. Eine aktuelle deutsche Studie hierzu ist die quantitativ-empirische Untersuchung von Böhm-Kasper, Bos, Körner und Weishaupt (2001). Diese Arbeit gehört zu den wenigen, die den methodologischen Ansprüchen an eine valide Operationalisierung der untersuchten Variablen und an eine theoriegeleitete multivariate Auswertung mit Angabe von Effektstärken weitgehend genügt. Untersucht wurden im Frühjahr 1999 Lehrkräfte und Schülerinnen und Schüler an insgesamt 38 Gymnasien aus den drei Bundesländern Thüringen, Bayern und Brandenburg (vgl. zur Stichprobe im Einzelnen ebd., 2001, S. 73ff.).

Das Gymnasium ist die allgemein bildende Schulform mit dem niedrigsten Kooperationsgrad unter den Lehrkräften. Umso interessanter ist es, nachzuforschen, ob Lehrerkooperation für die pädagogische Arbeit in dieser Schulform überhaupt wichtig ist. In der Studie geht es allerdings nicht unmittelbar um pädagogische Qualität, sondern vor allem um die (erlebte) Beanspruchung von Lehrkräften und Schülern. Beanspruchung ist freilich ein wichtiger Indikator für die Leistungsfähigkeit von Schulen, denn überbeanspruchte Lehrkräfte werden kaum in der Lage sein ihre eigene Professionalisierung voran zu bringen, pädagogische Innovationen zu verwirklichen, Schulentwicklung zu betreiben und die Zukunft ihrer Schule aktiv zu gestalten.

Welche Zusammenhänge bestehen zwischen der Beanspruchung von Lehrkräften und der Zusammenarbeit im Kollegium? Im theoretischen Modell von Böhm-Kasper, Bos, Körner und Weishaupt gehören bestimmte Merkmale der Zusammenarbeit im Kollegium zu den so genannten situativen Bedingungen. „Die Korrelationskoeffizienten zwischen der Beanspruchung der Lehrer und den situativen Bedingungen der Berufstätigkeit sind insgesamt relativ niedrig. Nur bei drei Dimensionen sind die Korrelationskoeffizienten hochsignifikant: bei der ‚Wahrnehmung von Problemen in verschiedenen Bereichen des Schulalltages‘ ($r = .35$), bei dem Schulklima ($r = -.35$) sowie – deutlich geringer – bei dem ‚Lehrer-Lehrer-Verhältnis‘ ($r = -.17$). Das heißt, die befragten Lehrkräfte fühlen sich um so mehr beansprucht bzw. erleben ihre Belastung umso stärker, je häufiger sie Probleme in ihrem Schulalltag wahrnehmen, je negativer das Schulklima beurteilt wird und je schlechter sie ihre Integration und Kommunikation im Kollegium einschätzen“ (ebd., S. 223). Obwohl die Lehrerkooperation als Schulalltagsproblem im Vergleich zu anderen Problemen als weniger gravierend eingestuft wird, korreliert die Wahrnehmung der Lehrerkooperation als Problem doch deutlich mit der erlebten Beanspruchung ($r = .24$) (vgl. ebd., S. 224, Tabelle 7.10). Man kann also zusammenfassen: Zur erlebten Beanspruchung von Lehrkräften tragen Probleme mit der Kooperation im Arbeitsalltag, ein negativ erlebtes Schulklima und ein ungünstiges Lehrer-Lehrer-Verhältnis bei.

Das Lehrer-Lehrer-Verhältnis wurde hier mit einer aus sechs Items bestehenden Skala gemessen, die im Unterschied etwa zu der von Rosenholtz (1989) verwendeten Skala eine Mischung aus privaten und professionellen Kontakt- und Kommunikationsformen darstellt (Böhm-Kasper/Bos/Körner/Weishaupt 2001, S. 159). Diese für die deutsche Forschung (und Theoriebildung) typische Vermischung von privater und beruflicher Kommunikation erscheint mir vor dem Hintergrund der bereits referierten internationalen Forschungsergebnisse problematisch. Leider werden die Item-Total-Korrelationen nicht mitgeteilt, so dass nicht zu erkennen ist, ob in der Skala zwei Subdimensionen enthalten sind. Ich vermute, dass eine Skala, die sich auf das professionelle Verhältnis zwischen Lehrkräften konzentriert, besser geeignet ist eine Bedingung zu identifizieren, die für die Beanspruchung von Lehrkräften und außerdem für die pädagogische Effektivität relevant ist. Alltagssprachlich ausgedrückt: Konkrete Hilfe durch einen kompetenten Kollegen in der Arbeitssituation („Moment, ich zeige dir, wie es geht.“) ist vermutlich oft wichtiger und wirksamer als gemeinsame Freizeitaktivitäten oder der selbstoffenbarende Austausch über Probleme mit dem Beziehungspartner, die Erlebnisse des letzten Wochenendes und den Ärger mit den eigenen Kindern.

Die Überprüfung des theoretischen Modells erfolgt mittels einer multiplen Regressionsanalyse. Drei Dimensionen des situativen Bedingungsfeldes erklären immerhin 31% der Varianz bei der abhängigen Variablen ‚Beanspruchung‘. Dies sind: Schulklima, Vor- und Nachbereitung des Unterrichts und Schulverwaltung und -organisation. Hier taucht die Lehrerkooperation zwar als eigene Variable nicht mehr auf, sie ist aber in den Variablen Schulklima und Schulverwaltung/-organisation indirekt teilweise enthalten. Fazit: Für die erlebte Beanspruchung ist die Lehrerkooperation zwar kein einzelner durchschlagender Faktor, aber Aspekte der Zusammenarbeit sind im situativen Bedingungsfeld ‚Schulklima und Schulalltagsprobleme‘ durchaus relevant und tragen zur Varianzaufklärung bei. Alltagssprachlich ausgedrückt: Gute Zusammenarbeit führt – so lautet meine Interpretation – zu einem besseren Schulklima und zu einer Reduzierung von Schulalltagsproblemen. Auf diesem Pfad trägt Lehrerkooperation zu einer geringeren erlebten Beanspruchung bei. Oder noch einfacher: Gute Zusammenarbeit entlastet, wenn auch nicht direkt, sondern mittelbar über das günstigere Schulklima und die bessere Problembearbeitung.

3 Bilanz – offene Fragen – Desiderata der Forschung

Ein erster wichtiger Ertrag der Forschung zur Lehrerkooperation ist die begriffliche Differenzierung, die sich sowohl auf die Ebene der Theoriebildung als auch auf die Ebene der empirischen Forschung bezieht. Kooperation ist nicht gleichzusetzen mit der unmittelbaren Zusammenarbeit in Gruppen und die unmittelbare Zusammenarbeit in Gruppen ist nicht das Gleiche wie Teamarbeit. Pädagogische Teamarbeit wiederum impliziert nicht ‚team teaching‘. Empirisch brauchbar ist offenbar die Unterscheidung zwischen informeller Kommunikation, gegenseitiger Hilfeleistung, regelmäßigem Austausch und direkter Zusammenarbeit (joint work). Diese Unterscheidungen sind nicht nur für die künftige Forschung von zentraler Bedeutung, auch in der Lehrerbildung ist es wichtig einen Begriffsapparat zu vermitteln, der es ermöglicht, sich professionell über Ziele, Formen und Methoden der Zusammenarbeit zu verständigen. Derzeit verfügen Lehrkräfte nicht über eine entsprechende Berufssprache, so dass es schon im Vorfeld von Kooperationen zu Missverständnissen, übersteigerten Erwartungen und entsprechenden Blockaden oder Enttäuschungserleben kommt.

Zwei weit verbreitete Irrtümer über Lehrerkooperation können als wissenschaftlich widerlegt gelten. Den ersten dieser Irrtümer möchte ich als das „technokratische Missverständnis“ bezeichnen. Darunter verstehe ich die Annahme, dass die Häufigkeit und Arbeitsintensität von Sitzungen, Konferenzen, Arbeitsbesprechungen und anderen Koordinationsformen ein Indikator für pädagogisch wirksame Kooperation in Lehrerkollegien sei. Den zweiten Irrtum bezeichne ich als das „gruppenromantische Missverständnis“. Damit ist die Annahme gemeint, die höchste und wirksamste pädagogische Kooperationsform sei der gemeinsam in einem Team miteinander befreundeter Personen durchgeführte Unterricht, also die unmittelbare Interaktion mehrerer Lehrkräfte in derselben Unterrichtssituation, die endlich zur Überwindung der strukturell bedingten Einsamkeit des Lehrenden führe. Technokratie und Romantik sind zwei Extreme, die sich wechselseitig ergänzen.

Sucht man nach validen Indikatoren für pädagogisch wirksame Kooperation, so sind Variablen wie Häufigkeit und Intensität von Interaktionen oder die Häufigkeit der Teilnahme an Besprechungen und Konferenzen offenbar ungeeignet. Gute Kooperation ist effektive und effiziente Kooperation; und hierfür sind Zeitersparnis, kompetente Leitung und Aufgabenspezialisierung in fachlich heterogenen Gruppen bessere Indikatoren. Die besten Teams sind offenbar nicht die Teams, deren Mitglieder die meiste Zeit miteinander verbringen oder informelle und private Kontakte pflegen. Auch gemeinsames Essen und Trinken scheint nicht wichtig für die pädagogische Leistungsfähigkeit von Teams zu sein. Entscheidend sind vielmehr fachliche und pädagogische Kompetenzen der Teammitglieder, eine hohe Leitungskompetenz und eine gute Passung zwischen Team und Aufgabe bzw. zu betreuender Lerngruppe.

Die Forschung hat einige Faktoren ermittelt, die mit hoher Wahrscheinlichkeit Kooperation steigern. Diese kooperationssteigernden Bedingungen sind jedoch nicht identisch mit Bedingungen, die zur Verbesserung von Schulqualität und Unterrichtsqualität führen. So ist beispielsweise die Kooperationsbereitschaft in Gesamtschulen höher als in Gymnasien und auch der Zeitaufwand für Kooperation und Koordination ist an den Gesamtschulen weitaus höher als an den Gymnasien. Es gibt aber keine Hinweise darauf, dass der erhöhte Aufwand für Koordination in den Gesamtschulsystemen zu einer Verbesserung der pädagogischen Qualität führt. Energien und Zeitressourcen werden von diesen Systemen verschlungen, ohne dass ein nachweisbarer Effekt auftritt.

Kooperationsfördernde strukturelle Bedingungen sind: Bildung kleinerer Untereinheiten in großen Systemen („Schule in der Schule“, zum Beispiel bildungsgangbezogene Teams in Berufskollegs), Bildung kleiner fachübergreifender Lehrerteams von vier bis sechs Mitgliedern, Planungshoheit über Lehr- und Lernzeiten und Teile des Curriculums, feste Öffnungszeiten für Schulen, Bildung von Jahrgangsteams, Einrichtung von Klassenleitertandems. Keine dieser Maßnahmen führt jedoch direkt zu einer Verbesserung der pädagogischen Qualität. Zu diesen pädagogisch förderlichen Bedingungen gehören freilich auch Merkmale der Kooperationspraxis, insbesondere gemeinsame, vom Kollegium geteilte Ziele, eine Lernen sowie professionelle Entwicklung unterstützende Arbeitsumgebung und einige Dimensionen des Handelns von Schulleitungen.

Forschungen über Lehrerkooperation in Deutschland sind bisher – von wenigen Ausnahmen abgesehen – nur auf einem sehr niedrigen theoretischen und methodologischen Niveau durchgeführt worden. Ich benenne vor allem drei Kritikpunkte:

- Normative Vorstellungen werden mit deskriptiven Aussagen vermischt („Kooperation ist gut, Individualismus ist schlecht.“; „Je mehr kooperiert wird, desto besser ist die Schule.“).
- Es wird mit simplen eindimensionalen Modellen gearbeitet, die kaum elaboriert und organisationspädagogisch betrachtet längst überholt sind („Gegenseitige Hospitation im Unterricht ist höherwertige Kooperation und steht am Ende eines Entwicklungsweges.“; „Beratung und konkrete Hilfe außerhalb des Unterrichts sind weniger wert.“).
- Wichtige Variablen werden nicht ausreichend expliziert und mangelhaft operationalisiert, so dass Reliabilität und Validität nicht ausreichen. „Kooperation“ kann fast alles bedeuten und bedeutet folglich nichts mehr. Oder „Kooperation“ wird aus ideologischen Motiven so eng definiert, dass gerade wirkungsvolle Formen aus der Untersuchung ausgeschlossen

werden. Auch dort, wo mit Skalen gearbeitet wird, werden private mit professionellen Kooperationsformen ungeprüft vermischt.

Modelle über Zusammenhänge zwischen Kooperation und pädagogischer Qualität sind kaum entwickelt, geschweige denn überprüft worden. Es wird immer noch mit einfachen Zusammenhangsannahmen gearbeitet, die längst widerlegt sind. Variablen werden auf einem Niveau gemessen, das nicht den Mindestanforderungen an Reliabilität und Validität entspricht. Das ist angesichts des international bereits erreichten Forschungsstandes erstaunlich. Vielleicht spielt hier eine ideologische Verzerrung (der „schlechte" Individualismus, die „gute" Kooperation) eine noch wenig aufgeklärte latente Rolle. Zweifellos ist es wichtig und von großem Nutzen an dieser Stelle weiterzukommen, denn Schulen sind nun einmal Organisationen, für deren Zielerreichung Koordination und Zusammenarbeit ebenso wichtig sind, wie für andere Typen von Organisationen. Was ist also zu tun?

- Erstens ist zu untersuchen, welche Formen der Kooperation deutlich zu einer Verbesserung der pädagogischen Effektivität beitragen. Vermutet werden kann, dass hierzu vor allem die Arbeit an einem gemeinsamen pädagogischen Zielkonsens gehört, außerdem eine Kultur der gegenseitigen unterrichtsbezogenen Unterstützung und der Aufbau lernförderlicher Arbeitsumgebungen auch für Lehrkräfte durch Schulleitung und Kollegium. Von zentraler Bedeutung ist vermutlich das Feedback durch systematische Evaluation, durch die Schulleitung und durch Kolleginnen und Kollegen, die Hinweise auf positive Effekte pädagogischen Handelns geben. Für den Aufbau einer unterstützenden, lernförderlichen professionellen Arbeitskultur ist offenbar die Schulleitung von enormer Bedeutung. Schulleiter wirken als Vorbild, können direkte Hilfen anbieten, Feedback geben und dafür sorgen, dass das Kollegium an gemeinsamen Zielen arbeitet. Auch die Rolle der Schulaufsicht ist hier zu beachten, weil Schulaufsicht zunehmend zum Träger systembezogener Beratung werden könnte (vgl. Bauer 2002).
- Zweitens ist zu untersuchen, welche Maßnahmen zu einer Verbesserung der Kooperation beitragen. Verbesserung der Kooperation bedeutet dabei nicht notwendig Erhöhung oder Vermehrung der Kooperation. Die systembedingten Unterschiede im Ausmaß der Kooperation und Koordination deuten vielmehr darauf hin, dass nur ein Teil der Koordinationstätigkeiten in Schulen als effizient und effektiv einzuschätzen ist. Verbesserung der Kooperation läuft auch nicht auf eine Intensivierung privater Kontakte und freundschaftlicher Beziehungen außerhalb des pädagogischen Handlungsfeldes hinaus. Diese romantische Sichtweise auf gute Kooperation hat die Forschung in Deutschland eher behindert als beflügelt und in der Praxis zu Grenzüberschreitungen zwischen Berufsarbeit und Privatleben geführt, die eher be- als entlasten. Ein hochkompetenter Lehrer einer Gesamtschule, eingeschworen auf Kleingruppenarbeit, die er methodisch souverän beherrscht, vertraute mir an: „In den großen Pausen und in Freistunden sehe ich zu, dass ich aus der Schule verschwinde, mich ohne meine Kolleginnen und Kollegen ins Café setze und Abstand gewinne. Dann kann ich wieder klar denken."
- Eine dritte wichtige Aufgabe der Forschung besteht deswegen darin, ineffiziente Formen der Kooperation und Koordination zu identifizieren. In diesem Fall geht es nicht um mehr, sondern eher um weniger Koordination. Offenbar wird Zeit und Energie für Kooperationen aufgewendet, die ausschließlich der Systemerhaltung dienen, ohne dass irgendwelche positiven Effekte dieser Systemerhaltung erkennbar wären. Organisationspädagogisch

betrachtet ist es möglich, dass diese Formen der Kooperation mikropolitisch relevant sind, gleichwohl können sie pädagogisch gesehen irrelevant oder sogar kontraproduktiv sein.

- Eine in Deutschland ungeklärte und nahezu tabuisierte vierte Forschungsfrage betrifft den Aspekt der informellen Führerrollen in Lehrerkollegien (hierzu grundlegend: Little 1988). Gibt es – außer Schulleitern, Schulaufsichtsbeamten und Seminarleitern – pädagogisch kompetente Führungskräfte, die ihre Kollegen anregen, motivieren und auch instruieren können, wie man besseren Unterricht macht? Sind Spezialisierung und Arbeitsteilung auch im Lehrerberuf wichtige Voraussetzungen für professionelle Zusammenarbeit? Möglicherweise liegt hier ein Schlüssel für pädagogisch wirksame Kooperation. Darauf deuten jedenfalls die Ergebnisse amerikanischer Studien hin. Anleitung und informelle Führerschaft kann sich auf sechs Bereiche beziehen: Verbesserung der eigenen Unterrichtspraxis, Leitung bildungsgangbezogener Teams, Mitarbeit in Steuergruppen und bei der Schulprogrammarbeit, Fortbildungsplanung auf der Ebene der Einzelschule, Beratung und Coaching, Evaluation. Führerrollen in Lehrerkollegien werden von der Lehrerschaft selbst eher ambivalent beurteilt.

Fallstudien zeigen, dass nur wenige erfahrene Lehrkräfte an einer Unterstützung durch einen Meisterlehrer interessiert sind. Derartige Unterstützungsangebote werden noch am ehesten befürwortet, wenn es um die Beratung und Unterstützung von Nachwuchslehrkräften im ersten Berufsjahr geht (Little 1988, S. 94ff.). Berufserfahrene Lehrkräfte akzeptieren solche Unterstützungsformen durch besonders kompetente Lehrkräfte aus dem eigenen Kollegium kaum. Erschwerend kommt hinzu, dass in den meisten Schulen die Unterrichtspraxis der einzelnen Lehrkräfte eine nichtöffentliche Zone ist (und nach Ansicht vieler Lehrkräfte auch bleiben soll).

In der folgenden Abbildung 4 sind die wichtigsten Faktoren, die zu einer pädagogisch wirksamen Lehrerkooperation beitragen, in einem Kausalmodell zusammengefasst. Wissenschaftstheoretisch betrachtet, sind solche Kausalmodelle nicht im strengen Sinn kausal zu interpretieren, sondern Annäherungen an systemische Modelle. Das heißt, dass nach der empirischen Überprüfung des Modells zu klären ist, an welchen Stellen durch Interventionen Prozesse besonders effektiv verstärkt oder initiiert werden können. Zwischen den Variablen bestehen teilweise Rückkoppelungsbeziehungen, die in empirischen Querschnittsuntersuchungen nicht erfasst werden. Jede der aufgeführten Variablen ist durch mindestens eine, besser mehrere Skalen abzubilden. Für die meisten Variablen liegen bereits reliable Testinstrumente vor, die jedoch im deutschen Sprachraum bisher nicht eingesetzt wurden. Der Aufwand für die Erforschung von Lehrerkooperation auf diesem methodischen Niveau ist erheblich, weil die Untersuchung auf mehreren Ebenen (Schule, Kollegium, einzelne Lehrkraft, Schüler usw.) erfolgen muss. Das heißt, dass je Schulform eine Stichprobe von Schulen zu ziehen ist, die einen Umfang von etwa 100 Fällen aufweist.

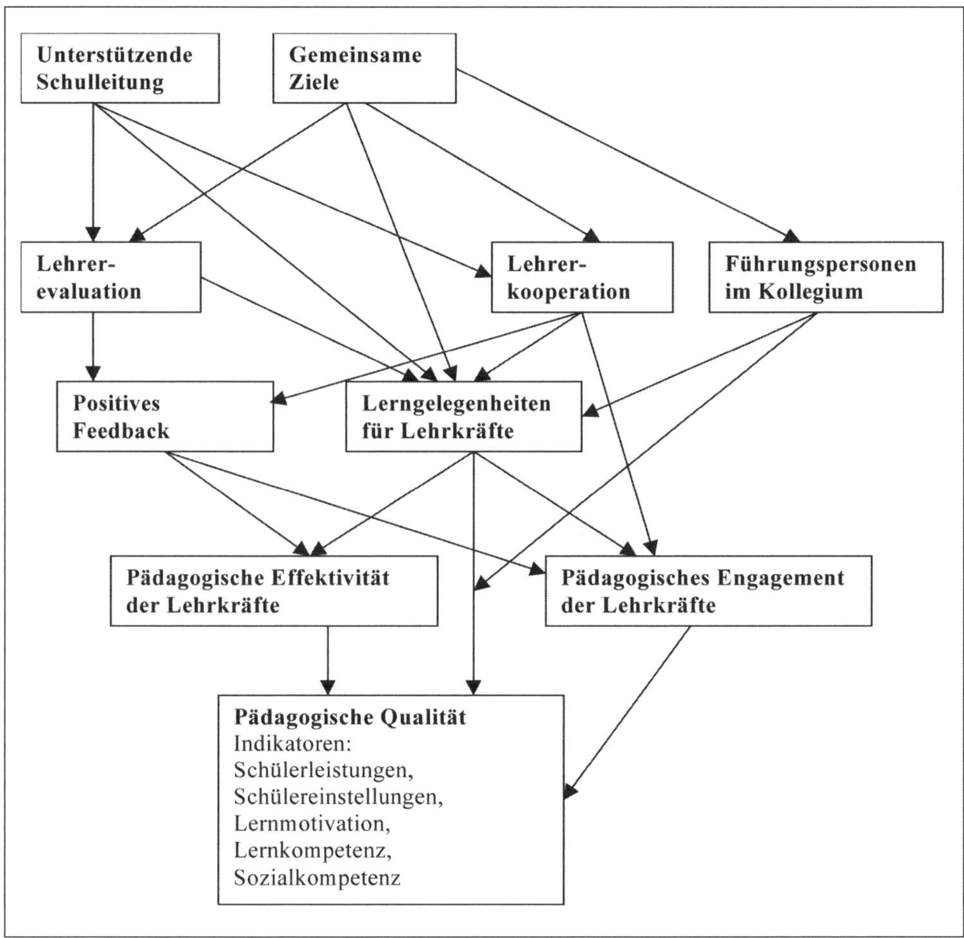

Abbildung 4: Modell der Zusammenhänge zwischen Lehrerkooperation, Lehrereffektivität und Schulqualität

Abschließend möchte ich noch auf einen wichtigen Aspekt hinweisen: Der viel geschmähte Individualismus in der Pädagogenarbeit ist vermutlich sehr viel positiver zu bewerten als dies in der Debatte über Kooperationsmängel oft geschieht. Denn gute Kooperation ist Ausdruck des Zusammenwirkens von kompetenten Individualisten mit je eigenen Profilen. Gerade die Norm der Gleichheit und Gleichartigkeit aller Lehrkräfte behindert Kooperation, weil sie die Differenzierung mit Argwohn betrachtet und innovative Vorreiter und Personen mit Führungskompetenzen auf einem bestimmten Spezialgebiet an den Rand drängt. Pädagogische Kooperation hat mit Solidarität in gemütlichen Kuschelecken für gestresste Pädagogen genauso wenig zu tun wie Astronomie mit Astrologie.

Literatur

Altrichter, H.: Konfliktzonen beim Aufbau schulischer Qualitätssicherung und Qualitätsentwicklung. In: Zeitschrift für Pädagogik 41 (2000), S. 93-110

Bauer, K.O.: Erziehungsbedingungen von Sekundarschulen. Eine empirische Untersuchung an sechs Schulformen der Sekundarstufe I. Weinheim 1980

Bauer, K.O.: Organisationsentwicklung als pädagogischer Prozess. In: Erziehungswissenschaft 9 (1998), H. 17, S. 43-56

Bauer, K.O.: Teamarbeit im Kollegium. Ein begrifflicher Rahmen und einige Empfehlungen für Arbeitsschritte. In: Pädagogik 52 (2000), H. 6, S. 8-12

Bauer, K.-O.: Rückmeldung und Systemberatung. Erfahrungen und Hinweise für neue Aufgaben der Schulaufsicht. In: Journal für Schulentwicklung, 6, 2002, Heft 1, S. 32-44

Bauer, K.O./Pardon, H.: Können sich Schulen ändern? Bericht aus einem Forschungsprojekt. Weinheim 1981

Bauer, K.O./Kopka, A./Brindt, S.: Pädagogische Professionalität und Lehrerarbeit. Eine qualitativ empirische Studie über professionelles Handeln und Bewusstsein. Weinheim/München 1996

Böhm-Kasper, O./Bos, W./Körner, S.C./Weishaupt, H.: Sind 12 Schuljahre stressiger? Belastung und Beanspruchung von Lehrern und Schülern am Gymnasium. Weinheim/München 2001

Böttcher, W. (Hrsg.): Die Bildungsarbeiter. Situation – Selbstbild – Fremdbild. Weinheim/München 1996

Hargreaves, A.: Cultures of Teaching. A Focus for Change. In: Hargreaves, A./Fullan, M. (Eds.): Understanding Teacher Development. New York et al. 1992, pp. 216-240

Hargreaves, A.: Changing teachers, changing times: Teachers' work and culture in the postmodern age. New York 1994

Hargreaves, A./Fullan, M. (Eds.): Understanding Teacher Development. New York et al. 1992

Holtappels, H.G.: Neue Lernkultur – veränderte Lehrerarbeit. Forschungsergebnisse über pädagogische Tätigkeit, Arbeitsbelastung und Arbeitszeit in Grundschulen. In: Carle, U./Buchen, S. (Hrsg.): Jahrbuch für Lehrerforschung, Bd. 2, Weinheim/München 1999, S. 137-151

Legters, N.E.: Intensification or professionalization? High school restructuring and teachers' work experiences. Baltimore/MD 1996

Legters, N.E.: Teacher Collaboration in a restructuring urban high school. CRESPA report. (1999), Vol. 37, http://www.csos.jhu.edu/crespar/Reports/report37entire.htm

Lieberman, A. (Eds.): Building a Professional Culture in Schools. New York/London 1988

Little, J.W.: Assessing the Prospects for Teacher Leadership. In: Lieberman, A. (Ed.): Building a Professional Culture in Schools. New York/London 1988, pp. 78-106

Little, J.W.: The persistence of privacy. Autonomy and initiative in teacher's professional relations. In: Teachers College Record 4 (1991), pp. 509-536

Little, J.W.: Kollegialität und Reformbereitschaft. Arbeitsbedingungen an guten Schulen. In: Terhart, E. (Hrsg.): Unterrichten als Beruf. Neuere amerikanische und englische Arbeiten zur Berufskultur und Berufsbiographie von Lehrern und Lehrerinnen. Köln 1991, S. 85-98

Little, J.W./McLaughlin, M.W. (Eds.): Teachers' work: individuals, colleagues, and contexts. New York 1993

Lortie, D.C.: Schoolteacher. A sociological Study. Chicago/London 1975

Meyer, H.: Schulpädagogik. Bd. II, Berlin u.a. 1997

Oesterreich, D.: Lehrerkooperation und Lehrersozialisation. Weinheim 1988

Philipp, E.: Teamentwicklung in der Schule. Weinheim/Basel 1998

Rolff, H.G.: Soziologie der Schulreform. Weinheim/Basel 1980

Rosenbusch, H.: Lehrer und Schulräte – ein strukturell gestörtes Verhältnis. Berichte und organisationspädagogische Alternativen zur traditionellen Schulaufsicht. Bad Heilbrunn 1994

Rosenholtz, S.: Teachers' workplace. The social organization of schools. New York/London 1989

Roth, H.: Zusammenarbeit im Lehrerberuf. Lizentiatsarbeit. Universität Zürich, Pädagogisches Institut. Zürich 1994

Schönknecht, G.: Innovative Lehrerinnen und Lehrer. Berufliche Entwicklung und Berufsalltag. Weinheim 1997

Terhart, E.: Unterrichten als Beruf. Neuere amerikanische und englische Arbeiten zur Berufskultur und Berufsbiographie von Lehrern und Lehrerinnen. Köln 1991

Terhart, E.: Neuere empirische Untersuchungen zum Lehrerberuf. Befunde und Konsequenzen. In: Böttcher, W. (Hrsg.): Die Bildungsarbeiter. Situation – Selbstbild – Fremdbild. Weinheim/München 1996, S. 171-201

Ulich, K.: Beruf Lehrer/in. Arbeitsbelastungen, Beziehungskonflikte, Zufriedenheit. Weinheim/Basel 1996

Arno Combe | Fritz-Ulrich Kolbe

Lehrerprofessionalität: Wissen, Können, Handeln

1 Ansätze zur Bestimmung der Handlungsstruktur

Die Professionalisierungsdiskussion hat sich inzwischen weitgehend von einer eher standespolitischen Debatte verabschiedet, in der Professionalität über statusrelevante Eigenschaften und äußere Kriterien (wie etwa die universitäre Ausbildung) zu bestimmen versucht wurde. Im Vordergrund stehen zunehmend die Binnenstrukturen und die typischen Handlungsprobleme des Lehrerberufs. Insbesondere die strukturtheoretische Forschung zur pädagogischen Professionalität betont ein beachtliches Maß an Unsteuerbarkeit, Undurchschaubarkeit und Ungewissheit des beruflichen Handelns (vgl. Koring 1989; Combe/Buchen 1996; Oevermann 1996; Helsper 2002), aber auch unaufhebbare Antinomien (vgl. Helsper 2002), die auf unterschiedlichen Erscheinungsebenen zu Tage treten: In diesem Beruf muss man oft das eine tun ohne das andere zu lassen. So ist im pädagogischen Handeln beispielsweise Nähe ebenso wichtig wie Distanz.

Kennzeichnend für die Bestimmung der Binnenstruktur des Lehrerhandelns ist eine fast unmerkliche Verschiebung des Handlungsbegriffs. Dieser hat sich in Richtung Strukturtheorie entwickelt. Intentionalität galt lange Zeit als Basiseinheit des Handlungsbegriffs. Wenn aber pädagogisches Handeln als absichtsvolles Handeln aufgefasst wird, so steht die Lehrperson oft vor dem Problem der Differenz zwischen Handlungsintention und Handlungsergebnis einschließlich nicht-intendierter Folgen – was auf die Schwierigkeit, ja Unmöglichkeit aufmerksam macht im pädagogischen Handeln bestimmte Zielzustände treffsicher initiieren zu können (vgl. Luhmann/Schorr 1982; Oelkers 1985; Luhmann 1992). Neben dem eben geschilderten „teleologischen“ Handlungsmodell (von griech. telos: das Ziel) muss ein weiteres, im pädagogischen Bereich sehr beliebtes, an Sollensvorstellungen anknüpfendes normatives Handlungsmodell in seiner Bedeutung relativiert werden. Ausgegangen wird hier von einer „shared order of symbolic meaning“ (Parsons 1951, S. 11) und meist ist dieses normative Handlungsmodell mit übergreifenden inhaltlichen und moralischen Lehrerleitbildern verbunden. Das heißt nicht, dass Sollensregeln (Normen) oder „Standards“ im Lehrerhandeln keine Bedeutung hätten. Aber „Standards“, in denen der Vergleich zwischen Zielen, Maßstäben und tatsächlich erreichten Wirkungen mitgedacht ist, sind etwas anderes als die Verfassung von Wunschkatalogen über den idealen Lehrer (vgl. Oser 1997; Terhart 2002).

Sucht man nun nach einem realitätsnahen Konzept, so dürfte die gegenwärtige Handlungssituation an Schulen mit einem symbolisch-interaktionistischen Konzept angemessen zum Ausdruck gebracht werden können. Das symbolisch-interaktionistische Konzept ist in gewissem Sinne ein Vorläufer der strukturtheoretischen Sichtweise. Es geht z.B. auf Mead (1974) zurück und macht darauf aufmerksam, dass jeder Einzelne dauernd vor der Aufgabe steht die unklaren und widersprüchlichen Ansprüche der anderen nicht nur auszubalancieren, sondern auch aktiv über verbale bzw. nonverbale Gesten und Symbole zu interpretieren und zu beeinflussen. Aus dieser Perspektive „symbolisch vermittelten Handelns“ handelt die Lehrperson in einer von hermeneutischen Anforderungen stark durchzogenen kommunikativen Situation. Unterricht kann als „Aushandlung von Bedeutung“ aufgefasst werden. Die Lehrperson nimmt dabei teil an Verhandlungen über Sinn und Geltung von Äußerungen, wobei es keine Sicherheit darüber geben kann, dass Schüler wie Lehrer von gleichen Hintergrundannahmen ausgehen.

Angesichts der im pädagogischen Handeln (z.B. im Unterricht) ständig mitlaufenden kommunikativen Herstellung der Intersubjektivität von Sinnzuweisungen und ständig notwendiger Prozeduren des Sinnabgleichs hat nun Kolbe (1998) des Weiteren eine kommunikations- bzw. systemtheoretische Transformation des Handlungskonzeptes und damit eine Art Zuspitzung des strukturtheoretischen Handlungskonzepts vorgeschlagen. Der Ansatzpunkt dieser Argumentation ist, dass nicht eine dyadische und als intime Zweierbeziehung entworfene Lehrer-Schüler-Beziehung, sondern eine systemisch-vernetzende Vorstellung von Kommunikation der Eigendynamik der Unterrichtssituation am ehesten gerecht werden kann. Jeder Kommunikationsteilnehmer muss dabei mit der Tatsache umgehen lernen, dass es zu jedem vollzogenen Handeln Alternativen gibt, so dass in einem solch komplexen System wie Unterricht stets in einem Möglichkeitsspielraum operiert wird. Somit sind Selektionen aus Handlungsmöglichkeiten erforderlich, die mit dem Risiko des Verfehlens der angemessenen Anschlusshandlung behaftet sind. Dieses Problem der Auswahlspielräume, das als Grundproblem bearbeitet werden muss, wenn Handlungen zustande kommen sollen, wird in der die Systemtheorie als Kontingenz bezeichnet (Luhmann 1986). Genau genommen ist von einer „doppelten Kontingenz“ auszugehen, da auf allen Seiten Handlungsalternativen möglich sind. Dieses Problem der doppelten Kontingenz führt logischerweise zu der Frage, wie das Tun der einen mit dem Tun anderer überhaupt abgestimmt werden kann. Es dürfte plausibel sein, dass dieses Problem der „Abstimmung“ bzw. des Anschließens der Handlungen, mitlaufende Formen der Prüfung, der Rückmeldung und gegebenenfalls der Korrektur des Anschlussverhaltens erfordert. Auch wird ein Bedarf für Metakommunikation, d.h. die explizite Kommunikation über Kommunikation erzeugt. So entsteht über die Beobachtung der Reaktionen anderer auf die eigenen Aktionen beim jeweils einen (Ego) eine Art Modell des Handelns des jeweils anderen (Alter) und insofern wird im Zuge solcher Kommunikationsketten ein gewisses Maß an wechselseitigem Verstehen möglich. So fremd diese Begrifflichkeit erscheinen mag, sie bestätigt die strukturtheoretische Sicht der Handlungssituation von Lehrkräften jedenfalls in Hinsicht auf deren Komplexität, Intransparenz und Riskanz. Da in die Zukunft hinein immer wieder viele Möglichkeiten offen stehen, gibt es im Zuge der immer wieder neu zu bearbeitenden Kontingenz nie eine felsenfeste Garantie, dass ein Anschluss passend ist. Die systemtheoretische Beschreibung der Unterrichtskommunikation macht also die hohe Wahrscheinlichkeit von Verständigungskrisen sichtbar.

Halten wir fest, dass die geschilderten Ansätze alle die systematische Unsicherheit pädagogischen Handelns hervorheben. Es gibt nun inzwischen eine ganze Reihe empirischer Studien und Untersuchungen, die als Facetten einer Bestimmung des Lehrerhandelns gelesen werden können, in der Riskanz und Zukunftsoffenheit des Handelns betont wird: Belastungsstudien, die z.B. auf eine nicht stillstellbare Bewährungsdynamik verweisen und zeigen, dass man sich in diesem Beruf eigentlich nie als „fertig“ betrachten kann (vgl. Combe/Buchen 1996; Bauer/Kanders 1998).

Des Weiteren gibt es bezüglich der Handlungssituation empirisch wie theoretisch gehaltvolle Studien zur Frage der Ermöglichung von pädagogischen Arbeitsbündnissen und deren Ausgestaltung zwischen Lehrern und Schülern im Zuge der Veränderungen von Generationsverhältnissen, von Jugend und Lebenswelt (vgl. Fend 1988; Ziehe 1991; du Bois-Reymond 1994; Kramer/Helsper/Busse 2001; Ecarius 2002). Die Untersuchung von Meyer und Schmidt

(2000) verweist auf heterogene Bedeutungswelten zwischen Lehrern und Schülern, aber auch zwischen den Schülern. Dies ist im Zeichen eines kulturellen Pluralismus, also des Aufeinandertreffens getrennter Milieus, Stile, Altersgruppen und Lebensbereiche im Bereich der Schule nicht verwunderlich. Durch diesen kulturellen Pluralismus werden gelegentlich neue Welten eröffnet. Die Situation ist freilich auch reich an Konflikten und Fremdheitserfahrungen.

Auch Studien zu beruflichen und berufsbiographischen Entwicklungen werfen ein Licht auf die Handlungssituation im Lehrberuf. Sie zeigen, wie stark das Lehrerhandeln in biographisch aufgeschichteten Deutungsbeständen wurzelt. Biographische Reflexionen und überhaupt Reflexivität als Bewusstheit über das eigene Tun wird hier oft als Schlüsselkompetenz von Professionalität aufgefasst, sollen die Lehrpersonen nicht einer unwägbaren Praxis nur ausgeliefert sein (vgl. Hirsch 1990; Terhart 1994; Bauer/Kopka/Brindt 1996; Schönknecht 1997; Dirks 1999; Reh 2001; Herrmann 2002). Die Untersuchung von Herrmann (2002) zeigt, dass aufgrund einer fehlenden Rückmeldekultur in Lehrerkollegien aber auch zwischen Lehrern und Schülern Unsicherheiten der Lehrer über die Gütemaßstäbe des eigenen Handelns entstehen, die sich negativ auf so genannte Selbstwirksamkeitsüberzeugungen auswirken. Solche Selbstwirksamkeitserwartungen bestehen auf individueller Ebene, sie bilden sich vor allem auch auf der Ebene eines Kollegiums heraus (vgl. Bandura 1993, 1997). Nicht zuletzt verweisen Untersuchungen im Bereich der Schul- und Unterrichtsentwicklung auf eine Grundsituation des Lehrerhandelns und auf bestimmte professionelle Formen von deren Bewältigung. Die so genannte heuristische Struktur von Schul- und Unterrichtsentwicklung macht einen Handlungstypus im Sinne einer Disposition für die kooperative Lösung unvorhersehbarer Problem- und Krisenlagen auf der Ebene einzelner Schulen erforderlich (vgl. Bastian/Combe/Reh 2002).

Was sind nun die Folgerungen, die aus den genannten Ansätzen und Untersuchungen zu ziehen sind? Überblickt man die Untersuchungen zur Grundsituation des professionellen Lehrerhandelns, so ist zu fragen, ob das Lehrerhandeln schon genügend aufgeschlossen ist, wenn von der routinemäßigen Bewältigung als dem Normalfall ausgegangen werden muss und nicht von der Permanenz einer Erfahrungskrise ausgegangen, in die man in der Funktion der Begleitung und Förderung von Lern- und Entwicklungsprozessen verwickelt wird, ob dies gewollt wird oder auch nicht gewollt wird (vgl. Combe 1996; Combe/Helsper 1996; Helsper/Kolbe 2002; Oevermann 2002). Die Argumentationslinie der zuletzt genannten Arbeiten lautet infolgedessen: Erst wenn die Krisenhaftigkeit der Handlungspraxis, die den Umgang mit Lern- und Entwicklungsprozessen charakterisiert, als Normalfall akzeptiert wird, können die Bedingungen schärfer in den Blick kommen, die es möglich erscheinen lassen diesen Beruf professionell auszuüben. So setzt sich z.B. die Erfahrung durch, dass Unterricht in Kollegien nur noch als Gemeinschaftspraxis, etwa von Tandems oder Jahrgangsteams, sinnvoll ist (vgl. Arnold/Bastian/Combe/Reh/Schelle 2000). Auch Einrichtungen wie Supervision verlieren ihren exotischen Charakter (vgl. Combe 1996). Sie verweisen auf mehr Gelassenheit, Solidarität und Professionalität im Umgang mit der systematischen Unsicherheit pädagogischen Handelns.

Die geschilderte Nicht-Standardisierbarkeit des Lehrerhandelns wirft Fragen nach der für die Ausübung dieses Berufs erforderlichen Wissens- und Könnensbasis auf. Welche Art von Wissen braucht der Lehrer, so fragen beispielsweise Rumpf und Kranich (2000) in einer Schrift, die sich kritisch zur gängigen Ausprägung von Wissenschaftlichkeit und den daraus hervorgehenden Wissens- und Vermittlungsformen äußert. Diese Frage berührt nun den in verschiedenen Kontexten diskutierten Wissensbegriff und das Problem der Unterscheidung von Wissensformen. Auch hierbei möchten wir einige ausgewählte Zusammenhänge einleitend voranstellen.

Während die moderne Wissenspsychologie, die wir hier als Ausgangspunkt wählen, Wissen allgemein als gespeicherte Information betrachtet und deklaratives Wissen (Wissen über Inhalte), prozedurales Wissen (Wissen von Handlungs- und Verfahrensweisen), episodisches Wissen (Erinnerung an Ereignisse) und metakognitives Wissen (das die Reflexion über das eigene Wissen und über die eigenen Handlungen steuert) unterscheidet (Klix/Spada 1997), ist in Hinsicht auf das Lehrerhandeln eine Unterscheidung von Bastian und Helsper bedeutsam. Bastian und Helsper (2000) unterscheiden folgende Wissensformen:

- Ein dem Gegenstand zugeordnetes Fachwissen sowie ein wissenschaftliches Wissen, das argumentativer Begründung bedarf und die systematisch-methodische Überprüfung der Geltung von Behauptungen einschließt.
- Ein naturwüchsig sich aufschichtendes Handlungs- und Erfahrungswissen, das in einen Praxiszusammenhang eingelassen ist und implizit bleibt bzw. in Krisensituationen artikuliert wird, wobei eine praktisch geübte Person weiß, wie etwas zu tun ist und/oder was der Fall ist, ohne jedoch viel über das Warum sagen zu können.
- Ein selbstbezüglich-biographisches Wissen, also die Tatsache, dass wir in Grenzen nicht nur etwas über andere, sondern auch über uns selbst wissen, sowie
- ein kasuistisches, reflexives Fallwissen, das eine Art Mittlerstellung zwischen Theorie- und Erfahrungswissen einnimmt.

Eine empirische Untersuchung (Bauer/Kopka/Brindt 1996) über den Aufbau des Handlungsrepertoires erfahrener Lehrer, um ein weiteres Beispiel zum Problem der Wissensformen anzuführen, kommt zu dem Ergebnis, dass eine Wissensbasis in Bezug auf drei Handlungsmodi immer wieder neu aktualisiert werden muss: Die Lehrer und Lehrerinnen, so schreiben die Autoren „fungieren als Modell, sie stellen Lernumgebungen bereit und sie vermitteln Wissen“ (ebd., S. 237). Bauer u.a. kritisieren hier, dass die Lehrer zwar als Experten für die Lehre aber nicht für das Lernen ausgebildet werden. „Es bedarf“, so führen sie in Bezug auf das selbstbezüglich-biographische Wissen aus, „gerade wegen der engen Verflechtung mit personalen Anteilen besonderer Formen von Ausbildung, Training und Beratung. Oft ist die Methode der Wahl eine behutsam gelenkte Autodidaktik, aber auch interventionsstarke Formen des Trainings und personenzentrierte Formen der Beratung und Supervision haben sich als wirksam erwiesen“ (ebd., S. 70).

Nun hat diese Bestimmung von Wissensformen und Wissensbeständen im Bereich des Lehrerhandelns in der Forschung eine längere Tradition. Nimmt man die Wissensformen, die Bastian und Helsper unterschieden haben, als Grundlage, so wissen wir nicht in allen der unterschiedenen Bereichen gleich viel über unser Wissen. Es gibt zwei große Bereiche, die sich unterscheiden lassen und in denen wir, bezogen auf das Lehrerhandeln, auf einen breiten Informationsbestand zurückgreifen können: nämlich im Bereich so genannten Erfahrungswissens einerseits und im Bereich des Theoriewissens andererseits. Begriffe wie Skript, Schemata oder implizites Wissen verweisen hier auf Erfahrungswissen im Sinne eines flüssigen Handeln-Könnens (vgl. Bromme 1992; Kolbe 1998). Die oft geäußerte Wunschvorstellung einer „Verzahnung“ oder Integration von Theorie(-wissen) und Praxis (-wissen) unterschlägt aber das Spannungsverhältnis und die unterschiedlichen Aufgaben beider Bereiche.

Eine solche Kritik wird von Seiten der so genannten Verwendungsforschung geäußert (vgl. Dewe/Radtke 1991). Diese Sichtweise der Autoren führt schließlich zu der Schlussfolgerung, dass es verfehlt wäre in der universitären Phase der Lehrerbildung in irgendeiner Form auf die Handlungspraxis vorzubereiten (Dewe 1997). Eine Untersuchung von Terhart u.a. (1994) scheint eine solche Auffassung zu bestätigen, da Lehrerinnen und Lehrer nach eigenen Aussagen kaum auf Studieninhalte und schon gar nicht auf große theoretische Gedankengebäude, sondern auf die eigenen Praxiserfahrungen zurückgreifen. Nimmt man dieses Ergebnis als unvermeidlich hin, so wäre allerdings der Blick verstellt für eine Einübung in Handlungsmuster und Handlungsrepertoires „mit Bezug auf eine sie begründende Berufswissenschaft“, wie Bauer u.a. (1996) formulieren. Das oft berufene Verhältnis zwischen Theorie und Praxis darf offenkundig nicht als Punkt-für-Punkt-Übertragung betrachtet werden. Es geht dabei weniger um „Integration“ als um das Produktivmachen einer Differenz.

Einen interessanten Forschungsansatz zu dieser Frage stellt die bislang nur rudimentär zugängliche Untersuchung von Czerwenka u.a. (Nölle 2002) dar. Gefragt wird hier, inwieweit ein begrifflich vernetztes System von Unterricht (etwa die begriffliche Durcharbeitung von Prozesslogiken der Unterrichtsformen), das mit episodischen Elementen angereichert wird, eine differenzierte und schnelle Situationserfassung von unterrichtlichen Szenen begünstigt (vgl. Nölle 2002).

Zur weiteren Klärung und Ausdifferenzierung der Frage des Aufbaus und der Struktur der Wissensformen greifen wir nun auf Konzepte, empirische Befunde und Überlegungen zurück, die vor allem in der angelsächsischen Lehrerwissensforschung und der Verwendungsforschung zum so genannten „Erfahrungswissen“ vorliegen.

2 Kognitionspsychologische Lehrerwissensforschung und soziologisch orientierte Wissensverwendungsforschung: zur Eigenart des Erfahrungswissens

Unterschiedliche theoretische Zugänge einer kognitionspsychologischen Lehrerwissensforschung und eines soziologisch-verwendungstheoretischen Ansatzes zum Lehrerwissen ergänzen sich zunächst bei dem Nachweis, dass die Handlungsbasis der Unterrichtsinteraktion für Erfahrene kein zweckrational angewendetes, quasi-technisches Regelwissen im Sinne von „Wenn-Dann“-Regeln (nach dem Muster auf x folgt stets y) darstellt – wie bislang oft vorausgesetzt, sondern ein ganz eigenes, besonderes Erfahrungswissen. Die Frage nach der Beschaffenheit dieses erfahrungsgestützten praktischen Handlungswissens – in der Sprache der beiden genannten Forschungszugänge: des Expertenwissens oder professionellen Wissen – kann weitgehend als geklärt betrachtet werden. Die These ist: Kognitionspsychologisch ist dieses Praxiswissen einmal als von Unterrichtenden konstruiertes Wissen charakterisierbar. Professionelle beziehungsweise Experten bauen dabei ein implizites Wissen auf, ein nicht notwendig gewusstes oder gar bewusstes Wissen. Dieser Prozess läuft vorreflexiv ab und ist außerdem in den Aufbau eines beruflichen Handeln-Könnens eingebettet (vgl. z.B. Bromme 1992). Das implizite Wissen kann nur über den Aufbau von komplexen Schemata erklärt werden, die Wahrnehmung, Interpretation und Handeln in Mustern verbinden, wobei fachliche, didaktische, pädagogische und Situationsaspekte in einen Zusammenhang gebracht werden (Bromme 1997, S. 199).

In der eher organisationssoziologisch inspirierten Wissensverwendungsforschung lautet die These zum Erfahrungswissen: Die Bestände professionellen Wissens sind als in der Zunft geteilte und für die Organisation funktionale Bestände, wie zu handeln sei, zu verstehen, die individuell modifiziert als Interpretations- und Handlungsmuster und insofern als nicht notwendig gewusste oder gar bewusste Bestände repräsentiert sind (vgl. z.B. Radtke 1996). Handeln wird also als Einsozialisation in Konventionen beschrieben, die sich ohne Kenntnis der Handlungsgrammatik vollziehen kann. Wie sind nun diese Eigenschaften dieser hier gemeinten Wissensbestände genauer zu verstehen? Und auch: Inwiefern ergänzen sich die beiden Charakterisierungen?

2.1 Charakterisierung des Erfahrungswissens als Herausforderung unseres Alltagsverständnisses von Wissen und Können: die Kognitionspsychologie

Wie die kognitionspsychologische Forschung von einer eigenen Wissensart zu sprechen fordert unser Alltagsverständnis von Berufshandeln und Wissen gleich mehrfach heraus: Wir müssten uns z.B. den Einsatz dieses Wissens anders vorstellen als eine schlichte Wissensanwendung, bei dem das Handeln aus einem "handlungssteuernden Wissen" gleichsam abgeleitet wird. Beschreiben wir also die Struktureigenschaften dieses Erfahrungswissens in Begriffen der kognitionspsychologischen Forschung, wobei der Vergleich zwischen Experten und so genannten Novizen eine Art Lieblingsthema dieser Forschungsrichtung ist. Rekonstruiert wurden „kognitive Konzepte", die Wahrnehmungskategorien für verschiedene auftretende Elemente des Handlungszusammenhanges darstellen. Beispielsweise haben Experten Konzepte über erfahrungsgemäß besonders aktive Schülergruppen oder Vorstellungen von Aktivitätsszenarien, die sich im Unterricht ereignen können (vgl. Leinhardt/Greeno 1986; Berliner 1987). Solche Konzepte werden bei der Situationswahrnehmung bedeutsam und ihre Verwendung ist verknüpft mit Handlungsoptionen. Konzepte repräsentieren also als kognitive Einheiten eine Verbindung von Situationsinterpretationen und Handlungsmöglichkeiten (vgl. Leinhardt/Putnam 1986).

In der Forschung wird beschrieben, dass viele Ereignisse und Gesichtspunkte für das Bewusstsein von Experten in wenigen Kategorien zu Konzepten oder Schemata zusammengeschmolzen scheinen. Schemata oder Konzepte des Handelns, also typisierend verallgemeinerte Aktivitätsformen, fassen nur das – aus der Perspektive Unterrichtender – Relevante und Gemeinsame unterschiedlicher Situationen. Dabei zeigte sich, dass diese Schemata jeweils neben dem auf Handlungsprozesse bezogenen Wissen auch Kontextsachverhalte umfassen, also Zusammenhänge des konkreten Unterrichtshandelns mit verschiedenen Rahmenbedingungen und Anforderungen. Die Experten sorgen – gleichsam „vielspurig" – für den Interaktionsfluss und auch für die Beteiligung der Schüler, sie berücksichtigen schüler- und stoffvermittlungsbezogene Anforderungen sowie die Frage der thematischen Kohärenz und zeitlichen Verknüpfung der Lerneinheiten. Zur weiteren Charakterisierung dieser Wissensbasis lässt sich sagen, dass Erfahrene „implizite Theorien" (vgl. Clark/Lampert 1986; Clark 1988) entwickeln und diese als umfänglicheres Bezugssystem in Verbindung mit den genannten Schemata beziehungsweise Konzepten verwenden: Nachgewiesen wurden implizite Theorien darüber, wie in der Unterrichtsinteraktion professionell gehandelt werden sollte, über Schüler beziehungsweise Schülertypen, über Unterrichtsfächer und ihre Inhalte, über die Lehrerrolle und die damit verbundene Verantwortung. Das heißt: Es kommt hier zu übergreifenden Zusammenschlüssen von Erfahrung im Sinne von Prinzipien, Handlungsmaximen, ja „Philosophien" (Berliner 1987a; Carter/Doyle 1987; Shulman 1987).

Im alltäglichen Handlungsvollzug prägen diese impliziten Bestände die Wahrnehmungs- und Urteilsvorgänge in der Unterrichtsinteraktion entscheidend (Berliner/Carter 1989). Die hier angesprochenen impliziten Bestände entstehen mit der Erfahrung und sind pragmatisch auf die Bewältigung konkreter Anforderungen zugeschnitten (Carter 1990). Wissensverwendung vollzieht sich hier – so könnte der Sachverhalt auch formuliert werden – nicht „zweckrational deduktiv". Und „zweckrational deduktiv" wäre als die Ableitung des Handelns aus Regeln zu verstehen. Ein solcher Fall liegt, um ein Beispiel zu nennen, beim Ingenieur vor, der allgemeine, in seiner Fachwissenschaft fundierte Regeln und Erkenntnisse (z.B. der Statik) direkt umsetzen und zur Anwendung bringen kann, ja muss. Ein solches direktes Umsetzungs- und Anwendungsverhältnis von Wissen liegt beim pädagogischen Handeln angesichts je spezifischer Situationskonstellationen nicht vor. Das Wissens-Anwendungs-Konzept greift also ersichtlich zu kurz.

Die zentralen Erkenntnisse der kognitiven Lehrerwissensforschung lassen sich bezüglich der Anforderungen des Unterrichtshandelns so festhalten: Die Anforderung an Unterrichtende besteht in der Organisation einer „Aktivitätsstruktur". Das dafür geeignete Erfahrungswissen ist von kategorialer Eigenschaft. Es umfasst – wie ausgeführt wurde – typisierende Wissensbestände zur Prozessstruktur von kontextspezifisch zu ermöglichenden Abläufen und Lernhandlungen. Was für das Erfahrungswissen von Experten und Expertinnen dabei entscheidend ist, ist ein „Sehen von lösungsdienlichen Strukturen und funktionalen Zusammenhängen, die für die Nicht-Experten wenig strukturiert und unübersichtlich erscheinen" (vgl. Bromme 1992, S. 42). Der Aufbau von Erfahrungswissen muss mithin als Entwicklung von Wahrungsnehmungsstrukturen beziehungsweise als Entwicklung der Kontextsensitivität der Situationswahrnehmung begriffen werden, in der die Wahrnehmung von Situationen mit Handlungsoptionen gekoppelt ist, so dass schnelles und flüssiges Handeln-Können möglich ist. Es handelt sich um einen kognitiven Prozess, der vorbei an bewusster Kontrolle des gedanklichen Operierens situationsinterpretierend und handlungsleitend wirkt. Dieser Prozess wird möglich, weil in diesen Konzepten Wissen in spezifischer Weise „verdichtet" (Bromme 1992) ist. Die Konzepte repräsentieren Erfahrung so, dass sie zwar auch auf einen Prozess der Verallgemeinerung zurückzuführen sind. Jedoch geht diese Kategorienbildung aus der praktischen Verwendungsperspektive hervor – und nicht aus der begrifflich-subsumierenden und methodisch kontrollierten Abstraktion wie bei wissenschaftlichem Wissen. Dabei speichern Experten bedeutungsvolle Konstellationen („chunks") im Langzeitgedächtnis. So werden die kategorialen Wahrnehmungsmuster des Erfahrungswissens nun in der beruflichen Sozialisation entwickelt, im Besonderen in der Arbeit an „Fällen" beruflichen Handelns (Kagan 1992). „Fälle" stellen Kristallisationspunkte dar, um die herum das Erfahrungswissen organisiert ist. Zwar kann angenommen werden, dass in eine solche fallspezifische Organisation von Erfahrungswissen z.B. auch wissenschaftliche Begründungsmuster und theoretische Begriffe eingebunden sind. Aber aus den vor allem im Bereich der medizinischen Diagnostik vorliegenden Untersuchungen (Reimann 1998) lässt sich noch kein klarer Entwicklungsverlauf bzw. eine entsprechende Legierung von Wissensformen im Prozess der Sozialisation erschließen. Das ist bislang eine noch offene Forschungsfrage. Deutlich ist dennoch, wie oben schon ausgeführt, dass von einer naiven Vorstellung einer bloßen „Verzahnung" von Theorie und Praxis nicht die Rede sein kann. Auch ein Ingenieursmodell der Wissensanwendung, das von einer direkten Umsetzung wissenschaftlich gesicherten Wissens in praktisches Handeln ausgeht, hat angesichts der Singularität pädagogischer Konstellationen keine Plausibilität.

2.2 Wissensstruktur, Handlungskompetenz und institutionelle Handlungseinbettung: der Ansatz der Verwendungsforschung

Die Ergebnisse der Wissensverwendungsforschung fordern gleichfalls dazu heraus, von einer eigenen Art oder Struktur des Erfahrungswissens auszugehen und die Verwendung solcher Bestände in einer Eigenlogik aufzufassen. Das Verständnis professionellen Könnens als rasche, ganzheitliche und vorbewusste Wahrnehmung und Typisierung von situativ gegebenen Handlungsoptionen wird darüber hinaus präzisiert.

Die professionssoziologische Wissensverwendungsforschung hat das Verdienst, auf die Differenz von praktischer Einsozialisation in Handlungsmuster und -repertoires einerseits und die Herausbildung von theoretischer Reflexionskompetenz andererseits hinzuweisen. Beide Wissensformen bedürfen eigener Bildungszeiten. In der Logik dieser Forschungsrichtung wird insbesondere auch kritisch nach der professionsspezifischen Verwendung wissenschaftlichen Wissens gefragt. Denn bei der Rekonstruktion der Praxis gebildeter Praktiker kann durchaus zuerst der Eindruck entstehen, als sei das wissenschaftliche Wissen „verschwunden". Aber greifen wir etwas weiter aus.

Lehrerhandeln, so wird argumentiert (vgl. Dewe/Radtke 1991), muss zunächst als professionelles Handeln vor dem Hintergrund theoretischen Wissens begründbar sein. Der Handelnde unterliegt aber gleichzeitig auch der Anforderung, ohne breiteren Spielraum des Erwägens von Handlungsalternativen situativ angemessen handeln zu können. Die These zur Struktur des Erfahrungswissens in diesem Zugang lautet: Dies alles ist unter Zeit- und Handlungsdruck nur zu bewältigen, wenn Lehrer über Bestände verfügen, die praktisch eine Kompetenz darstellen, im Einzelfall situativ deuten und handeln zu können, ohne dass die Handlungsbedingungen oder eine Handlungsregel dafür eigens erfasst werden müssten oder sich fassen ließen. Anstelle von gewussten oder sogar bewussten Handlungsentscheidungen Unterrichtender ist also von abgelagerten Erfahrungen auszugehen, die in einer langwierigen kollektiven Praxis zu Musterlösungen entwickelt und als Routinen im Sinne einer typisierenden Weise des Interpretierens und der Realitätserfassung angeeignet werden (ebd., S. 154). Bei diesem Ansatz kommt als entscheidendes Element hinzu, dass diese Wissensbestände immer auch Teil der Organisation beruflichen Handelns und „organisationsspezifisch bewährter Kriterien" (Bommes/Dewe/Radtke 1993, S. 110) sind. Sie umfassen beispielsweise auch Regeln, die als Umsetzung von Organisationsanforderungen zu verstehen sind. Empirisch wurden deshalb exemplarisch die Wissensbestände an „Organisationswissen" untersucht (Bommes u.a. 1993, 1996; Radtke 1996). Dazu gehören, um ein Beispiel zu nennen, Kriterien für den Umgang mit Formen innerer Differenzierung und den Unterricht im Klassenverband. Sie bringen ein Vor-Wissen über die mit innerer Differenzierung verbundenen, teils widersprüchlichen Anforderungen und organisatorischen, handlungsbezogenen Voraussetzungen dafür zum Ausdruck. In solchen Mustern ist ein Wissen über tatsächliche Handlungsmöglichkeiten innerhalb des organisatorischen Rahmens der Schule abgelagert, das sich die einzelnen über die Einsozialisation in die „Konventionen", was angemessene Abläufe und Lösungsmuster sind, aneignen. Pädagogisches Wissen im Sinne der „Kenntnis der Handlungsgrammatik" (Dewe/Radtke 1991) ist hierfür nicht erforderlich. Es handelt sich um implizites Wissen, das allenfalls nachträglich expliziert bzw. in einem besonderen Lernprozess reflexiv verfügbar gemacht werden kann (und soll). Somit gehen Dewe und Radtke durchaus davon aus, dass der Professionelle „Reflexionswissen" benötige. In dem Umfang nämlich, in dem das erfahrungsgestützte Praxiswissen immer auch Ausdruck vorhandener Praxis und der Begrenztheit ihrer Möglichkeiten ist, lässt sich seine Leistungsfähigkeit und der

Grad der dadurch möglichen Professionalität nur durch Reflexion steigern. Nur die Reflexivität des Erfahrungswissens kann Professionalität hervorbringen, die eben durch das Wissen darüber, was man tut bzw. getan hat, von der Alltagspraxis zu unterscheiden ist. Das Verhältnis von Reflexivität und Handeln ist hier allerdings strikt auf den Verwendungszusammenhang bezogen und Reflexivität wird als „nachträgliche Deutung“ bzw. als eine Art Reflexion der Routine verstanden (Radtke 1996, S. 254). Damit ist aber der Stellenwert der Theorie in der Logik dieses Ansatzes dadurch bestimmt, dass ein Interesse an Theorie aus dem Ernstcharakter von Handlungserfahrungen herauswachsen müsse – was natürlich Fragen der Umsetzung solcher Prämissen in der Lehrerbildung provoziert bzw. provoziert hat (Nölle 2002).

Als Zwischenbilanz lässt sich festhalten: Die Wissensverwendungsforschung stellt den Zusammenhang zwischen den funktionalen Anforderungen im systemisch-organisatorischen Handlungskontext einerseits und der Struktur des Praxiswissens andererseits heraus. Wissen wird als soziales Konstrukt der in der Geschichte der Profession kollektiv erwirtschafteten Lösungsmuster gefasst, das sich Professionelle aneignen – und nicht als allein individuelle Aneignungsleistung, wie es dem Alltagsverständnis entspräche. Es ist ein kollektiv erarbeitetes Wissen, das herangezogen wird, und die Lehrer nehmen vermittelt über das berufskulturelle Organisationswissen interpretative Konstruktionen von Berufsrealität vor. Hierbei wird das Verständnis professionellen Könnens in spezifischer Weise gefasst. Dieses Können ist mehr als Routinisierung: Es kristallisiert gleichsam aus der Erfahrung aus, indem verschiedene Anforderungen an das beurteilende Interpretieren und Handeln zueinander in Beziehung gesetzt werden. Außerdem stellt professionelles Wissen ein Können dar, genauer: Es kommt in diesem zum Ausdruck, auch wenn es in Handlungsdistanz partiell verbalisierbar ist. Im professionellen Handeln ist implizites Wissen im Können aufgegangen. Außerdem wird hier der Wissensbegriff von Professionen erweitert: Indem das professionelle Wissen funktional und mit Bezug auf die organisatorische Verfasstheit des Handelns bestimmt wird, wird hier in systemischer Perspektive die Einbettung professionellen Handelns in die pädagogische Organisation und ihre Funktionen freigelegt.

2.3 Drei Schlussfolgerungen

Professionelles Erfahrungswissen lässt sich nach all dem nur dann besser in seiner Eigenart und Leistungsfähigkeit verstehen, wenn man seine Entstehung in Zusammenhang mit den Anforderungen beruflichen Handelns bringt. Beide dargestellten Forschungsrichtungen führten das auf ihre Weise aus. Die Forschungsergebnisse lassen sich trotz unterschiedlicher Zugänge und Theorie-Sprachen sinnvoll aufeinander beziehen. In der Erklärung über implizites Wissen wird das Erfahrungswissen als ein Vermögen verständlich eine Problemkonstruktion vorzunehmen, wobei hier wie da professionelles Wissen wesentlich auch sozial geteiltes Wissen ist. Auch für die Beschreibung professionellen Könnens ergibt sich ein Verständnis mit sich ergänzenden Charakterisierungen. Professionelles Können, ist im Besonderen ein Vermögen, Handlungen zu verknüpfen.

Unsere Vorstellung von der Entstehung der Erfahrungsbestände erweitern schließlich beide Zugänge in vergleichbarer Weise: Erfahrungswissen bildet sich in einem Prozess und in der Form von Konzepten kategorialer Wahrnehmung heraus – beziehungsweise in Gestalt von konventionellen Interpretations- und Handlungsmustern oder Routinen. Dieser Prozess folgt in beiden Erklärungsmodellen der gleichen Logik: Die praktische Verwendungsperspektive ist dabei bestimmend, die Bewältigung der Praxis. Im Unterschied zur verbreiteten Vorstellung, implizites Wissen sei ursprünglich explizit repräsentiert, legen die geschilderten Untersuchungen die Erkenntnis nahe, dass Erfahrungswissen direkt erworben werden kann und verbalisierbares Wissen nicht die Grundlage von Können, sondern das Ergebnis der Reflexion dieses Könnens ist. Relevant für dieses Können ist die Veränderung von Wahrnehmungsstrukturen. Diese entstehen im beruflichen Sozialisationsprozess vornehmlich in der Auseinandersetzung mit Fällen (s.u.).

Mit Blick auf Unterrichtsvorbereitung heißt dies beispielsweise, dass diese Erfahrungs-, Wahrnehmungs- und Beobachtungskategorien aus spezifischen „Aktivitätsgerüsten“ für die Unterrichtsinteraktion bestehen (vgl. Kolbe 1998). Erfahrene Lehrkräfte planen bei der Unterrichtsvorbereitung nicht den Unterrichtsverlauf, sondern sie bereiten sich auf eine hochkomplexe Interaktionssituation vor. Dabei orientieren sie sich nicht an den traditionellen didaktischen Kategorien, wie Zielen, Inhalten oder Methoden, sondern beachten „kategoriale Themen“, wie den Aktivitätsfluss, den stofflich-fachinhaltlichen Zusammenhang, die Gestaltung des Kommunikationsprozesses und die Zeit (Kolbe 1998, S. 247ff.). Neuere qualitative Fallstudien sprechen hier in analoger Weise – etwa bei der Einführung neuer Unterrichtsformen, z.B. dem Projektunterricht – vom Erlernen einer „Verlaufslogik“, dem Erwerb einer „Prozesskompetenz“ bzw. der Prozessmerkmale des Kommunikationsverlaufs (Arnold u.a. 2000).

Durch die Ergebnisse der Wissensforschung – so lautet eine weitere Schlussfolgerung – wird wissenschaftliches Wissen in seiner Bedeutung für die Praxis zunächst entmystifiziert, hier in einem ersten Schritt durch den Nachweis eines eigenen Praxiswissens. Dieses Praxiswissen darf nun seinerseits nicht mystifiziert werden. Im folgenden Teil wird Erfahrungs- und Praxiswissen deshalb noch einmal in einer anderen Begrifflichkeit modelliert: in der Theorietradition von Wittgensteins Spät- und Sprachphilosophie. Ihr Einfluss auf so genannte Praxistheorien ist international bedeutsam – und nicht nur die Lehrerforschung partizipiert an Wittgensteins scharfsinnigen Betrachtungen und Fragen. Im Anschluss an eine kurze Einführung in die Grundgedanken Wittgensteins wird auf die Organisation des Praxiswissens und die Frage der Einsozialisation in dieses Praxiswissen eingegangen: Das Praxis- und Erfahrungswissen wird einerseits in seiner Bedeutung rehabilitiert, zugleich aber auch relativiert.

3 Eine nochmalige Vergegenwärtigung der Rolle von Theorie- und Praxiswissen: Praxistheorien im Anschluss an die Spätphilosophie Wittgensteins.

So genannte Praxistheorien sind mit Namen wie Wittgenstein, Ryle, Polanyi, Schön, Schatzki, Bourdieu sowie Taylor verbunden. Die Wurzeln liegen im amerikanischen Pragmatismus Deweys sowie in Wittgensteins „Philosophischen Untersuchungen“ und seiner späten Arbeit „Über Gewissheit“. Jedenfalls bezeichnet Schatzki (1996) Wittgenstein als den eigentlichen Ahnherrn einer ausgearbeiteten Praxistheorie. Die Grundgedanken Wittgensteins sollen in diesem Artikel also gebührend berücksichtigt werden, zumal sich dabei Fragen der Verhältnisbestimmung von Handeln, Wissen und Können begrifflich erneut aufnehmen lassen.

Da bislang viel von Erfahrungs- bzw. Praxiswissen die Rede war, soll der weiteren Diskussion dieser Wissensform eine Bemerkung über das so genannte „Theoriewissen“ vorausgeschickt werden. Gemeint ist damit eine bis in unser Jahrhundert hinein besonders ausgezeichnete Wissensform, nämlich wissenschaftliches Wissen. Dieses wissenschaftliche Wissen wird von Glauben und bloßer Auffassung und Meinung abgesetzt. Natürlich gibt es viele kontroverse Versuche wissenschaftliches Wissen vom alltäglichen Wissen abzugrenzen. Doch dürften folgende Ansprüche an Aussagen bzw. Aussagensysteme, die der Suche nach Wahrheit verpflichtet sind, allgemein auf Konsens stoßen:

- Wissenschaftliche Theorien sollten genaue Beschreibungen der interessierenden Phänomene zuwege bringen. Sie sollten das verfügbare Wissen in begrifflich klaren, konsistenten und schlüssigen Zusammenhängen und Leitfragen ordnen. Der Begriff „Aussagensysteme" soll auch darauf hinweisen, dass es sich um mehr handeln soll als nur eine partikularistische Sammlung von Einzeleinsichten.
- Die Wahrheit von Behauptungen ist nicht zuletzt eine Funktion der systematischen Überprüfung ihrer Geltung. Bei der Überprüfung von Behauptungen wird die alltägliche Methode des „trial and error" im Grunde systematisiert, d.h. die Behauptungen sind der argumentativen und empirischen Widerlegung auszusetzen (Falsifikationsprinzip).
- Wissenschaftliches Theoriewissen sollte Erklärungen ermöglichen, d.h. Fragen beantworten, wie: Warum etwas der Fall ist, welche Gründe und Ursachen ein Phänomen herbeigeführt haben, warum etwas Bestand hat oder sich verändert. Solche Erklärungen sind auf die tiefere Einsicht in Zusammenhänge angewiesen.
- Vor allem gilt es im wissenschaftlichen Handeln gemäß der für die Wissenschaft bedeutungsvollen Innovationsverpflichtung dem Neuen Begriffe zu geben und das Neue im Verhältnis zum vorliegenden Wissen zu qualifizieren. Theorie stellt also immer auch eine begriffliche Neuordnung des Wissens dar.

Es dürfte nun keine Frage sein, dass ein solches Theoriewissen für eine Profession von Bedeutung ist. Eine Profession kann dadurch z.B. ihrer Begründungsverpflichtung nachkommen.

Aber charakterisieren wir nun die höchst einflussreiche Debatte um Unterschiede, Logik und Reichweite des Praxis- und Theoriewissens, die vor allem in Wittgenstein ihren Gewährsmann hat. Von den oben genannten und auf Wittgenstein fußenden „Praxistheoretikern", deren Unterschiede im Zugang hier nicht en detail ausgeführt werden sollen (vgl. hierzu etwa Neuweg 1999), ist es nun zunächst Ryle, der in seiner Arbeit „Der Begriff des Geistes" (1969) die Vorherrschaft des wissenschaftlichen Begriffs des Wissens im Sinne eines „knowing that" (Wissen, dass ...) kritisiert. Gemeint ist eben jenes propositionale Wissen, das in Form von Sätzen und Aussagen vorliegt bzw. in diesen Sätzen und Aussagezusammenhängen Wissen speichert, begrifflich systematisiert und auch immer wieder neu ordnet. Ryle unterscheidet davon ein „knowing how" (Wissen, wie ...), ein Wissen, wie etwas zu tun ist, oder, anders ausgedrückt, Wissen als ein Set von Fähigkeiten und Dispositionen zum Vollzug bestimmter Praktiken. Obwohl dieses „knowing how" von seiner Bewusstseinsqualität her, wie schließlich Polanyi (1985) hinzufügt, implizit bleibt, bleibt festzuhalten, dass die Akteure dennoch fähig sind Angemessenheitsurteile über die richtige und falsche Weise, Dinge zu tun, abzugeben. Auch Schön (1983) spricht, wenn auch in anderem Vokabular, diese Wissensschicht an. Er betont eine Art praktische Unterscheidungsfähigkeit und Urteilskraft, die funktioniert, ohne dass dieses „Wissen, wie" durch ein „Wissen, dass" gestützt werden müsste. Für ein „knowing-in-action" ist kennzeichnend, dass die Handlung spontan und ohne Nachdenken ausgeführt wird, und dass wir oft nicht wissen, wie wir dies gelernt haben. Wir durchlaufen „Sequenzen von Aktivität, Erkenntnis, Entscheidung und Anpassung, ohne dass wir sozusagen darüber nachdenken müssen", so heißt es in einem von Schöns Büchern (1987, S. 26) über den „Reflective Practioner", wobei die Formulierung Schöns offen lässt, wie wir dieses implizite Wissen näher verstehen müssen. Des Weiteren unterscheidet Schön einen Handlungstyp, den er „reflecting-in-action" nennt und den er als eine Art reflektierende Konversation („reflective conversation") mit der Situation fasst, die auf Veränderung der Praxis gerichtet ist. Schließlich wird in einem dritten Handlungstyp von der Möglichkeit einer situationsabgelösten Form der Reflexion gesprochen („reflection-on-action"). Der metaphorische Charakter dieser Begrifflichkeiten ist offenkundig, was auch ein Ausdruck der Schwierigkeit ist die Wissensformen analytisch zu unterscheiden. Dennoch haben Schöns Arbeiten in angloamerikanischen Pädagogenkreisen Furore gemacht und sind von Altrichter und Posch (1990) produktiv aufgenommen, aber auch kritisch rezipiert (Altrichter 2000) worden.

Von hohem Interesse ist nun Wittgensteins „Praxistheorie" aus folgenden Gründen – und nicht nur, weil die eben genannten Autoren auf ihn zurückverweisen bzw. zurückgreifen:

- Wittgenstein geht unseres Erachtens explizit von einer der Handlung innewohnenden Offenheit, Unwägbarkeit, ja Riskanz aus, er fasst das Handeln in einem „posttraditionalen" Rahmen, so dass damit ein Grundzug pädagogischen Handelns berührt wird.
- Wittgenstein vergegenwärtigt sich, was unter den Bedingungen von Komplexität des Handelns überhaupt rasche Orientierung verspricht. Auch hier lassen sich Verbindungen ziehen: Pädagogen müssen meist ohne viel Besinnungszeit reagieren.
- Von Interesse dürfte auch sein, was die Einzelnen schließlich zu entsprechenden Angemessenheitsurteilen befähigt, da es sich doch um Vorgänge handelt, die nicht ausdrücklich verbalisiert werden.
- Wittgenstein hat damit in philosophisch-begrifflicher und allgemeiner Weise vorweg genommen, worin z.B. eine Strukturtheorie des Handelns und empirische bereichsspezifische Forschungen ihm gefolgt sind.

Greifen wir nun ein wenig weiter aus. Wittgensteins frühe Philosophie enthält schon Reflexionen über das Handeln in unvorhersehbaren Verflechtungen, Unbestimmtheiten und uneindeutigen Zusammenhängen. „Wie wenn unsere Zeichen ebenso unbestimmt wären, wie die Welt, welche sie spiegeln?", so fragt er in den Tagebüchern (1984, Bd. 1, S. 106). Und in „Über Gewissheit" heißt es über sprachliche Zeichen: „Du musst bedenken, dass das Sprachspiel sozusagen etwas Unvorhersehbares ist" (1984, Bd. 8, § 559). Dennoch bringt Wittgenstein zum Ausdruck, dass Sprachspiele auch eine gewisse Übersicht und Orientierung im Handeln schaffen. Wir können „Sprachspiele" bei Wittgenstein zunächst wie Muster der Interaktion mit anderen Sprechern und Formen des Handelns mit Sprache, also wie „Sprechakte" (Austin 1986) auffassen, wobei Wittgenstein das „Befehlen", das „Beschreiben", die „Vermutung" u.a.m. erwähnt (1984, Bd. 1, S. 23) um darauf hinzuweisen, dass wir von Verwendungskontexten her Bedeutungsstrukturen und Bedeutungsnuancen wahrnehmen und im Gebrauch der Sprache unterscheiden lernen. „Sprachspiele" und ihre Bedeutung stehen da, so erläutert Wittgenstein in den „Philosophischen Untersuchungen" schließlich, „als Vergleichsobjekte, die durch Ähnlichkeit und Unähnlichkeit ein Licht in die Verhältnisse unserer Sprache werfen sollen" (ebd., § 130).

Orientierung in der Komplexität des Handelns – so kann hieraus geschlossen werden – finden wir weniger durch ein Wissen bzw. durch eine Ableitung aus Regeln oder Regelwissen als durch einen in der Praxis geschulten „Blick“ für Ähnlichkeiten bzw. Unähnlichkeiten, für die Implikationsverhältnisse und das Besondere einer Situation. Es geht also Wittgenstein auch nicht darum, eine Vielfalt auf wenige Regeln zu reduzieren, sondern im Gegensatz dazu darum, sich in einer Vielfalt auszukennen: Sehen zu lernen, wie eine feine Differenz in Ketten von Verknüpfungen und Folgen angelegt ist. „Denk nicht, schau“, so empfiehlt Wittgenstein (1984, Bd. 1, S. 66). Und zwar ist dies als ein vergleichendes Wahrnehmen von Konstellationen und Situationen aufzufassen: Ein Phänomen wird nach Maßgabe seiner Ähnlichkeit oder Unähnlichkeit als Vorbild bzw. Paradigma genommen, dient als Muster zum Vergleich der übrigen Phänomene. Dieses situationsabgleichende Wahrnehmen am Leitfaden repräsentativer Bilder und Beispiele läuft offensichtlich nach dem Modus: Das Rotkehlchen ist prototypischer für die Kategorie Vogel als das Huhn!

Natürlich haben wir, so führt Wittgenstein sinngemäß aus, auch den Anspruch etwas Gültiges, Situationsübergreifendes, Verallgemeinerbares bzw. verallgemeinerbare Feststellungen zu formulieren. Aber er kritisiert einen Denkgestus, für den das sofortige „Streben nach Allgemeinheit“ (1984, Bd. 5, S. 37) charakteristisch ist, der also in verschiedenen Dingen eine allen gemeinsame Eigenschaft als Bestandteil der Dinge entdecken und diese mit einem Begriff bezeichnen will. Wittgenstein erläutert in diesem Zusammenhang z.B. die Schwierigkeit ein Merkmal zu finden, das alles, was wir ein Spiel nennen würden, mit Rücksicht auf dieses Merkmal als identisch erscheinen lässt. Was wir finden ist indessen die pragmatisch hinreichende Sicherheit, mit der wir etwas als ein Spiel bezeichnen können. Diese Sicherheit wird gewährleistet durch ein Prinzip der Verwandtschaft zwischen den einzelnen Fällen der Verwendung des Ausdruckes Spiel: ihre Ähnlichkeit – wohlgemerkt nicht eigentlich, zumindest nicht zuerst die Ähnlichkeit der Spiele, sondern die Ähnlichkeit unserer Verwendungen dieses Ausdrucks Spiel. Und der Begriff der „Familienähnlichkeit“ (1984, Bd. 1, § 67) ist es nun, den Wittgenstein gebraucht um den Ähnlichkeitsaspekt oder das Charakteristische einer Verwendungsweise eines Ausdrucks herauszustellen: Wie bei Familienmitgliedern gestattet er eine Mannigfaltigkeit von Erscheinungsformen aufzufächern, die zugleich über die Differenz zu anderen Fällen als Gemeinsamkeit unterscheidbar sind. Mit dieser im Begriff der Familienähnlichkeit liegenden Optik trägt Wittgenstein also der Vielzahl von Verstehenswelten Rechnung, indem er nicht auf stabile und feste Formate setzt, sondern auf minimale Differenzen in der Wiederholung und dissonante Identitäten im Wechsel der Interaktionen und der daraus entstehenden Interaktions- bzw. Bewegungsgestalten. Die Herstellung solcher Ähnlichkeitsbeziehungen, bei der Verstehen nicht bedeutet ein gemeinsames Fundament aufzufinden oder herzustellen, sondern im Bewusstsein der Differenz zu handeln, ist es auch, die unter den Bedingungen praktischer Handlungs- und Entscheidungskomplexität rasche Orientierung ermöglicht. Diese Ähnlichkeit im Zeichen der „Diskretion“ (vgl. Kogge 2002) verschafft Anschlüsse oder Zusammenhänge nach Maßgabe der Einbildungskraft (vgl. Combe 2001).

„Ähnlichkeit“ wurde nun, wie Foucault zeigt, als fundamentale Kategorie des Wissens zwischen dem 14. und 16. Jahrhundert aus der Erkenntnistheorie – als dem wissenschaftlichen Denken unangemessen – ausgeschlossen. Aber Ähnlichkeit ist der „sich bewegende Hintergrund, auf dem die Erkenntnis ihrer Beziehungen, ihre Maße und Identitäten errichten kann“ (Foucault 1971, S. 83). Wittgensteins Begriff von Ähnlichkeit deutet diesen Kompositions- bzw. Konstruktionscharakter an; dieser basiert nicht auf einem substanzhaft gefassten Strukturgefüge, sondern bezieht das Spiel der Brechungen, der Kehrtwendungen, der Richtungswechsel und der Widerstände im Zuge der Kommunikation mit ein. In dieser Wahrnehmungsweise der Praxis ist Reden über Ähnliches nicht apodiktisch, sondern bloß deiktisch, verweisend, nicht beweisend. Diese Form kann nichts begründen, allein, sie kann etwas zeigen oder etwas sehen lassen.

Fassen wir zusammen: Praxiswissen wäre im Sinne von Wittgenstein ein Vermögen, das sich aus der Fülle des Alltags und seiner Kontingenzen als Urteilskraft herausbildet – und zwar in einer gleichsam auf einer Gestaltwahrnehmung beruhenden Weise. Die Orientierung geschieht am Leitfaden szenischer Bilder und Beispiele im abkürzenden Modus der analogisierenden Übertragung. Diese artikuliert sich im Spürsinn und Blick für spezielle Situationen und ihre Handlungsmöglichkeiten, in der Sensibilität für Besonderheiten, Zeitpunkt und Zeitgebundenheit des Handelns. Gerade angesichts unvorhersehbarer Verflochtenheiten und Situationen, die unablässig neue Probleme und Unwägbarkeiten hervorbringen, sind Erfahrung und Könnerschaft in diesem Sinne gefordert: Kompetenzen zum Erfassen der Situationen, Umsicht, Geschicklichkeit, Einblick und situative Urteilskraft. Die Wahrnehmung lässt sich als szenisch-gestalthaft, vorbewusst, mitlaufend, kontextsensitiv beschreiben. In der Entwicklung eines solchen Wahrnehmungsvermögens – in einer „Schule der Wahrnehmung" – ließe sich im pädagogischen Feld aus praktischer Erkenntnis ein kritisches Vermögen ausbilden, das nicht nur am Tropf der Theorie hinge.

Aber idealisieren wir hier nicht die praktische Erfahrung? Das Prinzip „aus der Praxis, für die Praxis" unter Umgehung der Anstrengung der Reflexion beinhaltet die Gefahr sich immer schon bestehenden Verhältnissen auszuliefern. Denn „implizites Wissen (...) ist immer auch implizites Vorurteil, implizite Ignoranz und Blindheit", es stößt „dort an Grenzen, wo Situationen den Rahmen dessen sprengen, was er (der Experte – Anmerkung der Vf.) als normal zu behandeln gelernt hat" (Neuweg 2002, S. 22). Offenkundig führt die Erörterung der Konstitutionsbasis des Praxiswissens in eine zwiespältig zu beurteilende Situation. Einerseits ist die Besonderheit, ja Dignität des Praxiswissens gegenüber dem Theoriewissen hervorzuheben. Zugleich erscheinen die Protagonisten hier als Habitusträger, die sich, wie bei Bourdieu (1982) geschildert, von einem System sinnhafter Unterscheidungen und Hinweisen leiten lassen, auf deren musterhafte Entschlüsselung sie allerdings von vornherein eingestellt sind. So mündet das, was als aussichtsreiches Unternehmen, nämlich als Darstellung und Rehabilitation der praktischen Erfahrungs- und Erkenntnisbildung begonnen hat – und mit Wittgenstein nochmals in seiner Eigenart herausgestellt wurde – möglicherweise in einer Sackgasse: Das Handeln folgt einem Sinn, der den Protagonisten nicht voll präsent ist. Sie tun etwas, aber wissen nicht, was sie tun. Dabei ist einer der machtvollsten Weisen des Einschleifens von Mustern die Ausschließung aus dem Diskurs. Dies macht sich in vielen Verboten bemerkbar: worüber geredet und nicht geredet werden darf, was als „wahr" oder „falsch" gilt, als „Irrtum" oder „Fehler". Im Kontext solcher Konventionen konstituiert sich das Denkbare. So auch tradierte und problematische Bilder vom „richtigen" Schulehalten (vgl. zum problematischen deutschen Unterrichtsskript etwa Combe/Helsper 1994; Rumpf 1996; Baumert, u.a. 1997). Wie also lässt sich vermeiden, dass der Aufbau dieses Erfahrungswissens nicht nur Einübung in zünftiges Denken ist und es zur Artikulation und kritischen Überprüfung eines einsozialisierten Verständnisses von Schule und Unterricht kommt? Was gewährleistet, dass „Praxiswissen" nicht einfach nur „reproduziert", sondern „gebildet" wird? Wir gehen davon aus, dass dies in der Arbeit mit Fällen oder Fallgeschichten und im Medium der Befreiung und Bildung der Phantasie geschehen kann.

4 Die Bildung von Urteilskraft in pädagogischen Problemsituationen als Aufbau reflektierter Fallerfahrung

Wir haben gesehen, dass Erfahrungs- bzw. Praxiswissen sich im (vorbewussten) Modus einer szenischen Gestaltwahrnehmung aufbaut, in einer vergleichenden Kategorisierung von Situationstypen und Handlungsoptionen, die aus einem Verwendungszusammenhang hervorgehen. In einer „Logik des Repräsentativen“ steht ein hervorstechendes Beispiel für analoge Fälle, das heißt für die Charakteristik eines Verlaufs, genauer: einer Praxisform oder eines Praxisausschnitts, etwa, um ein Beispiel zu nennen, für das unterrichtliche Skript des so genannten „Stundenhaltens“ (Rumpf 1996), mit dem wir doch relativ klare Ablaufvorstellungen über ineinander gefügte Handlungssequenzen verbinden dürften, darüber also, was „richtig“, „passend“, „falsch“, „fehlerhaft“ ist, was „geht“ – oder auch was nicht geht. Dieser Bestand an zivilisationsgeschichtlich aufgelaufenen Vorstellungen vom „richtigen“ Lernen im Kontext von Schule macht einen naiven Rückgriff auf eingelebtes Praxiswissen in Form von Routinen, Regeln und Ritualen problematisch und führt zu der Schlussfolgerung, dass es in der Lehrerbildung Einrichtungen geben muss, in der diese (mitgebrachten) konventionellen Muster auf den Prüfstand kommen und „durchgearbeitet“ werden können.

Wir plädieren in der zuletzt angedeuteten erkenntnistheoretisch schwierigen Lage, in der Erfahrungswissen gebraucht und aufgebaut sowie zugleich kritisch durchgearbeitet werden muss, für die Verstärkung fallexemplarischer und fallbezogener (kasuistischer) Aufschließung von Materialien in der Lehrerbildung (s.u.), die vorrangig aus der Unterrichtspraxis entstammen können aber nicht müssen (vgl. hierzu Olhaver/Wernet 1999; Beck/Helsper/Heuer 2000). Dabei könnte die Pädagogik von anderen Disziplinen lernen, etwa von den Juristen, den Medizinern oder den Psychotherapeuten, bei denen eine fallbezogene prototypische Form der Ausarbeitung der Handlungserfahrungen und eine Vergewisserung über Handlungsgrundlagen ein wichtiges praxisbegleitendes Stützsystem darstellt.

Im Vergleich zu anderen Professionen kommt in der Erziehungswissenschaft aus unserer Sicht das „Lernen am Fall“ viel zu kurz. So besteht auch unter Lehrerinnen und Lehrern bislang eine eigentümliche Zurückhaltung, konkretes Fallmaterial zum Rohstoff für die Auseinandersetzung mit Handlungserfahrungen, Handlungsbedingungen und Interventionschancen zu machen. Diese Zurückhaltung, der ein eigentümlicher Platonismus der Erziehungswissenschaft entspricht oder zumindest über lange Zeit entsprach, geht dabei von der irrtümlichen Vorstellung aus, dass es sich hier um eine psychologisch unbegrenzte Durchleuchtung der einzelnen Lehrperson handele. Einen solchen Anspruch brauchen wir, wenn wir kasuistisch argumentieren und denken, nicht zu erheben. Dabei geht es bei der Rekonstruktion nicht so sehr um psychologische Konstrukte, subjektive Motive oder Intentionen. Die Fallstruktur soll vielmehr etwas Charakteristisches über eine Handlungs- und Lebenspraxis oder ein soziales Phänomen zeigen.

Um die innere Struktur des Falles im Sinne der Operationsweise einer Praxis zu erkennen bedarf es des schöpferischen Vorstellungsvermögens und der Vergleiche mit anderen Fällen, Situationen und Geschichten. Es wäre eine verdinglichte Vorstellung anzunehmen, ein Fall wäre von Anfang an „da“ bzw. läge einfach unmittelbar vor. Das Gegenteil ist richtig. Ein Fall wird konstruiert und von einem spontan erinnerten typischen Fall bis zu einem „durchgearbeiteten“ und für einen größeren Zusammenhang stehenden Fall ist es gewiss ein weiter Weg, der sowohl durch relativierende eigene Erfahrungen als auch durch Formen der Gegeneinanderführung von

Theorie und Fall bestimmt ist. Wollte man eine solche fallverstehende Reflexivität schulen, so müsste jeder Lehrer oder jede Lehrerin aus einer durchgearbeiteten Kasuistik pädagogischer Situationen schöpfen können, die als „Fälle" oder „Szenen" im Gedächtnis bleiben.

An dieser Stelle ist auch Kritik an der oben ausgeführten psychologischen Lehrerwissensforschung angebracht. Die Kompetenzvorstellung, mit der zum Beispiel die Verknüpfung von Situationstyp und Handlungsoption verbunden wird, ist außerordentlich kognitivistisch. Auch von Wittgenstein lässt sich sagen, dass er eine Erfahrungsbasis auslässt, die das Moment persönlicher Involviertheit im beruflichen Handeln betrifft. Dabei sind wir als Handelnde immer schon körperlich-emotional engagierte und situierte Akteure. Im Sinne dieses körperbezogenen situativen Resonanzgeschehens, dieser spontanen affektiv-evaluativen Bewertung von Situationen, gibt es kein Subjekt, das „disengaged" wäre, wie der kanadische Sozialphilosoph Taylor (1978) sagt.

In diesem Zusammenhang kann auf eine wesentliche psychosoziale Fähigkeit der „Bildung" und Durcharbeitung des Praxiswissens verwiesen werden (vgl. zum Folgenden Combe 2001): Auf die Fähigkeit nämlich, in der Phantasie Situationen beschreiben, zeichnen, in die Zukunft projizieren oder auch erinnern zu können. Im szenischen Gedächtnis können Situationen wieder „flüssig" gemacht und in der Imagination zukünftige Situationen szenisch vorgestellt werden. In der Rückschau ersinnen wir oft Szenarien, die unsere Erfahrungen klären und ihnen Form verleihen. In diesen subtilen, persönlich-gefärbten Szenen finden auch Gefühle ihren Platz. So deutet sich im „szenischen Verstehen" (Lorenzer 1971) eine Kultivierung der Fähigkeit an „eigene Gefühle als Ausdruck einer vielleicht noch unbewussten Kenntnis einer sozialen Situation wahrzunehmen und entlang dieses Gefühls die unbewusste Situationseinschätzung ins Bewusstsein zu holen und einer rationalen Überprüfung und Kommunikation mit anderen zugänglich zu machen" (vgl. Lehmkuhl 2002). Somit mündet die von uns hier ausgebreitete Diskussion um das Erfahrungswissen in die Schlussfolgerung, dass Professionalisierungsprozesse von Pädagoginnen und Pädagogen allemal „kasuistischer Räume" (vgl. hierzu Kolbe/Combe in diesem Handbuch) bedürfen um eine Entwicklung und kritische Überprüfung berufsbezogener Erfahrungsbestände anzuregen und zu gewährleisten. Dies auch deshalb um dem Überhang an einer normativen Schulkunde in der Lehrerbildung reflexiv begegnen zu können (vgl. hierzu auch Kolbe/Combe in diesem Handbuch).

Literatur

Altrichter, H.: Handlung und Reflexion bei Donald Schön. In: Neuweg, G.H. (Hrsg.): Wissen-Können-Reflexion. Innsbruck 2000, S. 201-221

Altrichter, H./Posch, P.: Lehrer erforschen ihren Unterricht. Bad Heilbrunn 1990

Arnold, E./Bastian, J./Combe, A./Reh, S./Schelle, C.: Schulentwicklung und Wandel der pädagogischen Arbeit. Hamburg 2000

Austin, J.L.: Gesammelte philosophische Aufsätze. Stuttgart 1986

Bandura, A.: Perceived self-efficacy in cognitive development and functioning. In: Educational Psychologist 28 (1993), pp. 117-148

Bandura, A.: Self-efficacy. The exercise of control. New York 1997

Bastian, J./Helsper, W.: Professionalisierung im Lehrerberuf. In: Bastian, J./Helsper, W./Reh, S./Schelle, C. (Hrsg.): Professionalisierung im Lehrerberuf. Opladen 2000, S. 167-192

Bastian, J./Combe, H./Reh, S.: Professionalisierung und Schulentwicklung. In: Zeitschrift für Erziehungswissenschaft (2002), H. 3, S. 417-435

Bauer, K.O./Kopka, A./Brindt, S.: Pädagogische Professionalität und Lehrerarbeit. Weinheim/München 1996

Bauer, K.O./Kanders, M.: Burnout und Belastung von Lehrkräften. In: Rolff, H.-G./Bauer, K.O./Klemm, K./Pfeiffer, H. (Hrsg.): Jahrbuch der Schulentwicklung, Bd. 10. Weinheim/München 1998, S. 201-234

Baumert, J./Lehmann, R. u.a.: TIMSS – mathematisch-naturwissenschaftlicher Unterricht im internationalen Vergleich. Opladen 1997

Beck, Ch./Helsper, W./Heuer, B.: Fallarbeit in der universitären LehrerInnenbildung. Professionalisierung durch fallrekonstruktive Seminare? Opladen 2000

Berliner, D.C.: Der Experte im Lehrerberuf: Forschungsstrategien und Ergebnisse. In: Unterrichtswissenschaft 15 (1987a), H. 3, S. 295-305

Berliner, D.C.: Ways of Thinking about Students and Classrooms by more and less Experienced Teachers. In: Calderhead, J. (Ed.): Exploring Teachers' Thinking. London 1987b, pp. 60-83

Berliner, D.C./Carter, K.: Differences in Processing Classroom, Information by Expert and Novice Teachers. In: Lowyck, J./Clark, C.M. (Eds.): Teacher Thinking and Professional Action. Leuren 1989, pp. 55-74

Bois-Reymond, M. du: Kinderleben. Modernisierung von Kindheit im interkulturellen Vergleich. Opladen 1994

Bommes, M./Dewe, B./Radtke, F.-O. :Verwendung sozialwissenschaftlichen Wissens im Lehrerhandeln. ZfL der Universität Bielefeld. DFG-Abschlußbericht 1993

Bommes, M./Dewe, B./Radtke, F.-O.: Erziehungs- und Sozialwissenschaften für das Lehramt. Untersuchungen zur wissenschaftlichen Fundierung des Lehrerhandelns. Opladen 1996

Bourdieu, P.: Die feinen Unterschiede. Frankfurt a.M. 1982

Bromme, R.: Der Lehrer als Experte. Zur Psychologie des professionellen Wissens. Bern 1992

Bromme, R.: Kompetenzen, Funktionen und unterrichtliches Handeln des Lehrers. In: Weinert, F.E. (Hrsg.): Psychologie des Unterrichts und der Schule. Enzyklopädie der Psychologie. Bd. 3, Göttingen 1997, S. 177-212

Carter, K.: Teachers' Knowledge and Learning to Teach. In: Houston, W.R. (Ed.): Handbook of Research on Teacher Education. New York 1990

Carter, K./Doyle, W.: Teachers' knowledge structures and comprehension processes. In: Calderhead, J. (Ed.): Exploring teachers' thinking. London 1987, pp. 147-160

Clark, Ch.M.: Asking the Right Questions About Teacher Preparation: Contributions of Research on Teacher Thinking. In: Educational Researcher 17 (1988), Vol. 2, pp. 5-12

Clark, Ch.M./Lampert, M.: The Study of Teacher Thinking: Implications for Teacher Education. In: Journal of Teacher Education 37 (1986), Vol. 5, pp. 27-31

Combe, A.: Pädagogische Professionalität, Hermeneutik und Lehrerbildung. In: Combe, A./Helsper, W. (Hrsg.): Pädagogische Professionalität. Untersuchungen zum Typus pädagogischen Handelns. Frankfurt a.M. 1996, S. 501-520

Combe, A.: Fallgeschichten in der universitären Lehrerbildung und die Rolle der Einbildungskraft. In: Hericks, U./ Keuffer, J./Kräft, H. Chr. (Hrsg.): Bildungsgangdidaktik. Opladen 2001

Combe, A./Buchen, S.: Belastung von Lehrerinnen und Lehrern. München 1996

Combe, A./Helsper, W.: Was geschieht im Klassenzimmer? Weinheim 1994

Combe, A./Helsper, W.: Einleitung: Pädagogische Professionalität. Historische Hypothesen und aktuelle Entwicklungstendenzen. In: Combe, A./Helsper, W. (Hrsg.): Pädagogische Professionalität. Untersuchungen zum Typus pädagogischen Handelns. Frankfurt a.M. 1996, S. 9-48

Dewe, B.: Grenzen der Didaktik: Über den Hiatus zwischen Lehrerwissen und Lehrerkönnen. In: Keuffer, J./Meyer, M.A. (Hrsg.): Didaktik und kultureller Wandel. Weinheim 1997, S. 220-248

Dewe, B./Radtke, F.-O.: Was wissen Pädagogen über ihr Können? Professionstheoretische Überlegungen zum Theorie-Praxis-Problem in der Pädagogik. In: Zeitschrift für Pädagogik (1991), 27. Beiheft, S. 143-162

Dirks, U.: Kernprobleme im Berufsalltag von Gymnasiallehrerinnen. In: Dirks, U./Hansmann, W. (Hrsg.): Reflexive Lehrerbildung. Weinheim 1999, S. 25-41

Ecarius, J.: Intergenerative Familienerziehung im historischen Wandel über drei Generationen. Opladen 2002

Fend, H.: Sozialgeschichte des Aufwachsens im 20. Jahrhundert. Frankfurt 1988

Foucault, M.: Die Ordnung der Dinge. Frankfurt 1971

Helsper, W./Kolbe, F.-U.: Bachelor/Master in der Lehrerbildung. In: Zeitschrift für Erziehungswissenschaft 3 (2002), H. 5, S. 384-401

Helsper, W.: Antinomien, Widersprüche, Paradoxien: Lehrerarbeit – ein unmögliches Geschäft? In: Kolbe, F.-U./Koch-Priewe, B./Wildt, J. (Hrsg.): Grundlagenforschung und mikrodidaktische Reformansätze zur Lehrerbildung. Bad Heilbrunn 2002

Herrmann, U.: Wie lernen Lehrer ihren Beruf? Weinheim/Basel 2002

Hirsch, G.: Biographie und Identität des Lehrers. Weinheim/München 1990

Kagan, D.M.: Professional Growth Among Preservice and Beginning Teachers. In: Review of Educational Research 62 (1992), Vol. 2, pp. 129-169
Klix, F./Spada, H.: Wissen. Enzyklopädie der Psychologie, Bd. 6. Göttingen/Bern/Toronto/Seattle 1997
Kogge, W.: Die Grenzen des Verstehens. Weilerwist 2002
Kolbe, F.-U.: Handlungsstruktur und Reflexivität. Untersuchungen zur Vorbereitungstätigkeit Unterrichtender. Habilitationsschrift Heidelberg 1998
Koring, B.: Eine Theorie pädagogischen Handelns. Weinheim 1989
Kramer, R.-T./Helsper, W./Busse, S. (Hrsg.): Pädagogische Generationsbeziehungen. Opladen 2001
Lehmkuhl, K.: Unbewusstes bewusst machen: selbstreflexive Kompetenz und neue Arbeitsorganisation. Hamburg 2002
Leinhardt, G./Greeno, J.: The Cognitive Skill of Teaching. In: Journal of Educational Psychology 78 (1986), pp. 75-95
Leinhardt, G./Putnam, R.R.: Profile of Expertise in Elementary School Mathematics Teaching. In: Arithmetic Teacher 34 (1986), pp. 28-29
Lorenzer, A.: Sprachzerstörung und Rekonstruktion. Frankfurt a.M. 1971
Luhmann, N.: Systeme verstehen Systeme. In: Luhmann, N./Schorr, K.E. (Hrsg).: Zwischen Intransparenz und Verstehen. Fragen an die Pädagogik. Frankfurt a.M. 1986, S. 72-117
Luhmann, N.: System und Absicht der Erziehung. In: Luhmann, N./Schorr, K.E. (Hrsg.): Zwischen Absicht und Person. Frankfurt a.M. 1992, S. 102-124
Luhmann, N./Schorr, K.E.: Das Technologiedefizit der Erziehung und die Pädagogik. In: Luhmann, N./Schorr, K.E. (Hrsg.): Zwischen Technologie und Selbstreferenz. Frankfurt 1982, S. 11-40
Mead, G.H.: Mind, Self and Society from the Standpoint of a Social Behaviorist. London 1974
Meyer, M.H./Schmidt, R. (Hrsg.): Schülermitbeteiligung im Fachunterricht. Opladen 2000
Neuweg, H.G.: Könnerschaft und implizites Wissen. Zur lehr- und lerntheoretischen Bedeutung der Erkenntnis- und Wissenstheorie Michael Polanyis. Münster 1999
Neuweg, H.G.: Lehrerhandeln und Lehrerbildung im Licht des Konzepts des impliziten Wissens. In: Zeitschrift für Pädagogik 48 (2002), S. 10-30
Nölle, K.: Probleme der Form und des Erwerbs unterrichtsrelevanten pädagogischen Wissens. In: Zeitschrift für Pädagogik 48 (2002), H. 1, S. 48-67
Oelkers, H.: Erziehen und Unterrichten. Grundbegriffe der Pädagogik in analytischer Sicht. Darmstadt 1985
Oevermann, U.: Theoretische Skizze einer revidierten Theorie professionellen Handelns. In: Combe, A./Helsper, W. (Hrsg.): Pädagogische Professionalität. Frankfurt a.M. 1996, S. 70-183
Oevermann, U.: Professionalisierungsbedürftigkeit und Professionalisiertheit pädagogischen Handelns. In: Kraul, M./ Marotzki, W./Schweppe, C. (Hrsg.): Biographie und Profession. Bad Heilbrunn 2002, S. 19-63
Olhaver, F./Wernet, A. (Hrsg.): Schulforschung, Fallanalyse, Lehrerbildung. Opladen 1999
Oser, F.: Standards in der Lehrerbildung. In: Beiträge zur Lehrerbildung 15 (1997), S. 26-37
Parsons, T.: The Social System. London 1951
Parsons, T.: Sozialstruktur und Persönlichkeit. Frankfurt a.M. 1968
Polanyi, M.: Implizites Wissen. Frankfurt a.M. 1985
Radtke, F.-O.: Wissen und Können von Pädagogen. Opladen 1996
Reh, S.: Bilder über Schule und Unterricht. Habilitationsschrift Hamburg 2001
Reimann, O.: Novizen- und Expertenwissen. In: Klix, F./Spada, H. (Hrsg.): Wissen. Göttingen/Bern/To-ronto/Seattle 1998, S. 335-367
Rumpf, H./Kranich, E.-M.: Welche Art von Wissen braucht der Lehrer? Stuttgart 2000
Rumpf, H.: Abschied vom Stundenhalten. In: Combe, A./Helsper, W. (Hrsg.): Pädagogische Professionalität. Frankfurt a.M. 1996, S. 472-500
Ryle, G.: Der Begriff des Geistes. Stuttgart 1969
Schatzki, Th.: Social Practices. A Wittgensteinian approach to human activity and the social. Cambridge 1996
Schön, D.A.: The Reflective Practioner. How Professionals think in Action. New York 1983
Schön, D.A.: Educating the Reflective Practioner. San Francisco 1987
Schönknecht, J.: Innovative Lehrerinnen und Lehrer. Weinheim 1997
Shulman, L.S.: Knowledge and Teaching: Foundations of the New Reform. In: Havard Educational Review 57 (1987), Vol. 1, pp. 1-22
Taylor, Ch.: Interpretation und die Wissenschaften vom Menschen. In: Gadamer, H.-G./Boehm, G. (Hrsg.): Seminar: Die Hermeneutik und die Wissenschaften. Frankfurt 1978
Terhart, E./Czerwenka, E./Ehrich, K./Jordan, F./Schmidt, H.J.: Berufsbiographien von Lehrern und Lehrerinnen. Frankfurt a.M. 1994

Terhart, E.: Standards für die Lehrerbildung. Eine Expertise für die Kultusministerkonferenz. Münster 2002 (Im Manuskript)

Wittgenstein, L.: Werkausgabe in 8 Bänden. Frankfurt a.M. 1984

Ziehe, T.: Vom vorläufigen Ende der Erregung. In: Helsper, W. (Hrsg.): Jugend zwischen Moderne und Postmoderne. Opladen 1991, S. 57-72

Fritz-Ulrich Kolbe | Arno Combe

Lehrerbildung

Das berufliche Handeln, für das Lehrerbildung qualifizieren soll, gehört dem Typus professionellen Handelns an, einer besonderen Form beruflicher Tätigkeit. Die damit verbundene, nicht standardisierbare Tätigkeit verlangt reflexive und hermeneutische Kompetenz. Die hohe Verantwortlichkeit erfordert es, das eigene Handeln begründen und im Horizont wissenschaftlicher Standards reflektieren zu können. All das setzt Lehrer voraus, die sich zweierlei zu eigen gemacht haben: wissenschaftlich angeleitete theoretische und fallverstehende Reflexivität einerseits und praktisches Können andererseits. Unstrittig sind für den Aufbau dieser Handlungsbasis zwei Elemente erforderlich: die Bildung durch Wissenschaft und die eigenständig-konstruktive Verwendung der Wissensbestände in Abarbeitung an der Praxis. Wie beide Momente beim Aufbau dieser Handlungsbasis angeeignet werden können, und wie das Qualifizierungsangebot entsprechend zu gestalten wäre, ist eine auch historisch umstrittene Frage. Deshalb geht es eingangs um das in der Geschichte zugrunde gelegte Verständnis des Verhältnisses von Theorie bzw. Wissenschaft und von Praxis bzw. berufspraktischer Qualifizierung. Zweitens werden dann aktuelle Konzepte der Lehrerbildung und ihre Implikationen im Horizont empirischer Forschung betrachtet. Die aktuell vertretenen Konzepte lassen sich dabei typisierend danach unterscheiden, welche Vorannahmen ihnen bezogen auf das Theorie-Praxis-Verhältnis und bezogen auf den Aufbau einer beruflichen Wissens- und Könnensbasis zugrunde liegen. Drittens werden dann die aktuellen Probleme mit der Lehrerbildung in den Zusammenhang des gesellschaftlichen Wandels gestellt. Schließlich wird viertens ein Grundprinzip vorgestellt, das sinnvoll auf die aktuellen Probleme Bezug nimmt: Fallarbeit als innovatives aber auch vernachlässigtes Strukturmoment von Lehrerbildung.

1 Die Entwicklung der historisch institutionalisierten Lehrerbildung

Ein Blick auf die institutionalisierten Formen der Lehrerbildung und die Erfahrungen damit zeigt die strukturellen Anforderungen und die Möglichkeitsspielräume der Qualifizierung: Wie andere Berufe dieses Typus entsteht der Lehrerberuf mit Ausdifferenzierungsvorgängen hier eines staatlichen Schulwesens, wie sie für den Strukturwandel hin zu modernen Gesellschaftsstrukturen charakteristisch sind. Die gesellschaftlichen Verhältnisse begrenzen deshalb die konkreten Entwicklungsmöglichkeiten. Die Entstehung einer eigenen Lehrerausbildung an der Wende vom 18. zum 19. Jahrhundert ist Teil der staatlich gelenkten Bemühungen, sowohl „breite" Elementarbildung des Volkes als auch eine funktionale Qualifizierung einer administrativen und später technischen Elite einzurichten. Mit der separierten Institutionalisierung höherer Schulen neben dem niederen Schulwesen kam es auch zur Entstehung sozial unterschiedlich privilegierter Tätigkeiten und nach „Vorbildung, Status und Selbstverständnis" getrennter Lehrerstände (vgl. Herrlitz/Hopf/Tietze 1981, S. 39).

Legitimiert durch das „Sonderwissen" der Gymnasien wurde für deren Lehrer eine wissenschaftliche Qualifizierung geschaffen. Für das niedere Schulwesen kam es durch das Scheitern der neuhumanistischen Reformpläne erst ab den 1820er Jahren zur Gründung von Volksschullehrer-Seminaren. Sie stellten aber gegenüber wissenschaftlicher Qualifizierung eher eine „praktische" Ausbildung im reduktionistischen Sinn dar: Sie boten kein höheres Angebot an fachlichen Wissensinhalten, sondern ein Vermittlungsangebot für Unterrichtsmethodisches, aber auf dem Niveau eines anpassend verstandenen Einsozialisierens in Unterrichtsformen und normative Schulkunde, das nicht auf ein Hinterfragen durch die „Präparanden" zielte. Die praktische Erfahrungsbildung verblieb entsprechend im nachahmenden Einüben des Vorgeschriebenen, also auf dem Niveau einer Meisterlehre (vgl. Beckmann 1968; Kolbe 1994).

Dass in den 1820er Jahren Qualifizierung mittels „Theorie" durchaus schon antizipiert, wenn auch nicht breit durchgesetzt wurde, zeigt die höhere Lehrerbildung dieser Zeit. Insgesamt scheitern allerdings die Versuche auf neuhumanistischer Basis eine entfaltetere wissenschaftliche Qualifizierung zu entwickeln: Zwar gelang es, dort eine volle wissenschaftliche Qualifizierung hinsichtlich schulfachbezogener Disziplinen einzuführen. Aber insgesamt schlugen die Bemühungen fehl, über pädagogische Universitätsseminare ein pädagogisch-didaktisches Element zu institutionalisieren und die Berufspraxis theoriegeleitet zu deuten (vgl. z.B. Lenhart 1968; Müller/Tenorth 1985). Während zu Beginn noch teilweise wissenschaftlich pädagogische Angebote vertreten waren, kam es allerdings dann mehr und mehr zur Verdrängung allgemeiner Pädagogik im Lehrangebot in dem Umfang, in dem neuhumanistische Studien zur historischen Kulturanthropologie hochstilisiert wurden. Dafür wurde die einzige berufspraktische Anforderung aus der Reformzeit, nämlich eine einzige Lehrprobe zu halten, ausgedehnt zu „unterrichtspraktischen Übungen" durch ein außeruniversitäres so genanntes Probejahr als additiver Ergänzung. Es handelte sich dabei allerdings um Unterrichtsversuche unter Anleitung Erfahrener und ohne systematische Reflexion.

Dennoch, mit diesen Entwicklungen, auch der Ausdifferenzierung von fachwissenschaftlichen Seminaren, wurde eine Umstrukturierung hin zu selbstständiger wissenschaftlicher Arbeit herbeigeführt. Die höhere Lehrerbildung wurde damit erst eine wissenschaftliche: Gerade die Befähigung zum selbstständigen wissenschaftlichen Arbeiten – als Basis eines Handelns aufgrund eigenständiger Einsicht – wurde damit Teil der Qualifizierung. In diesem Element ist der Anspruch moderner professioneller Reflexivität und Autonomie des professionellen Bildungsprozesses bereits antizipiert.

Die kleine Anzahl pädagogischer Universitätsseminare belegen aber die Spielräume, die mit der Einrichtung von Lehrerbildung bereits damals antizipierbar waren: Zum Beispiel im Göttinger Seminar wird die anfängliche Verbindung von pädagogischer Theorie und Unterrichtsversuchen bald aufgelöst und stattdessen ein zweigeteiltes Seminar mit ausdifferenziertem, theoretischem und praktischem Teil entwickelt, deren Teile aber curricular aufeinander bezogen blieben (vgl. Herrlitz 1987). Hier wurde in der ersten Hälfte des 19. Jahrhunderts früh eine Konzeption entwickelt, die Theorie und Praxis als eigene Formen der Auseinandersetzung organisiert und zugleich beide in reflektierter Weise aufeinander beziehen lässt: Der wissenschaftliche Teil des Seminars bot ein differenziertes Angebot von Philosophie und wissenschaftlicher Pädagogik, das nicht nur auf die Vermittlung philosophischer Einsichten über Erkenntnisbildung und Subjektentwicklung zielte, sondern auch auf Kenntnisse unterrichtswissenschaftlicher Ansätze (seit Trapp und Herbart) und eine Kritik verschiedener normativer

Lehr- und Erziehungssysteme. Der berufspraktische Teil des Seminars war dagegen mit einer Schule verbunden: Die Angebote dort waren neben der Abarbeitung an der Praxis Erfahrener zugleich als Reflexionsgelegenheit zu einer auch theoretischen Deutung der Praxis konzipiert. Indem theoretischer und berufspraktischer Teil curricular aufeinander bezogen blieben, konnten beispielsweise Unterrichtserfahrungen mit theoretischen Konzepten der Zeit interpretiert werden. Hinzu kam in Verbindung mit der zugehörigen Schule und ihrem Potenzial an erfahrenen Praktikern die Aufgabenstellung, eigene Unterricht legitimierende Abhandlungen zu entwickeln und außerdem eine unterrichtspraktische Komponente durch Hospitieren und Lehrversuche unter Anleitung.

Mit der Trennung in zwei unterschiedliche Angebote wird hier also institutionsgeschichtlich exemplarisch der Einsicht in die Differenz von wissenschaftlicher Wissensbasis einerseits und der theoriegeleiteten Behandlung berufspraktischen Könnens andererseits Rechnung getragen. Die Kombination der beiden unterschiedlichen Seminartypen (bzw. -teile) verdeutlicht, dass erst auf die wissenschaftliche Qualifizierung in beiden aufbauend dann auch eine Form der Abarbeitung an berufspraktischen Handlungsmustern und Deutungen denkbar wird: Erst auf der Basis von Einrichtungen zum Austragen der Grundspannung von Theorie und Praxis kann die Arbeit in den Formen des Entwickelns eigener Begründungen und des Hospitierens und des eigenständigen Unterrichtsversuches mehr sein als modernisierte Meisterlehre. Außerdem werden hier Kritik und Reflexionsprozesse über berufskonventionelle Muster des Unterrichtens institutionalisiert.

Für die Gymnasiallehrerseminare, die Ende des 19. Jahrhunderts schließlich breit als Verbesserung beruflicher Qualifizierung eingerichtet wurden – und die faktisch bis heute das Vorbild der „Seminare für Schulpädagogik" des Referendariats darstellen, wurde ein anderes Konzept – vor allem von Gedike – zum Vorbild: Neben vortheoretischem (Selbst-) Studium von normativ verstandenen Schul- und Erziehungsschriften waren dort auf den eigenen Unterricht bezogen „pädagogische Abhandlungen" anzufertigen, außerdem gab es eine unterrichtspraktische Komponente durch Hospitieren und Lehrversuche unter Anleitung allein von Erfahrenen, kurz: eine unreflektierte Meisterlehre. Lediglich eine gemeinsame Reflexion pädagogisch-praktischer Abhandlungen der Novizen kam hinzu.

Das strukturelle Defizit wissenschaftlicher Qualifizierung und der Entfaltung von Professionalität wurde durch die Reformen im 20. Jahrhundert nur langsam und partiell abgebaut. Erziehungswissenschaftliches Wissen und problembezogenes wissenschaftliches Wissen über in der Praxis wirksame Strukturen fehlen ebenso zu Teilen, wie eine Art der Auseinandersetzung mit den praktischen Handlungsanforderungen und ihrer Bewältigung, die zur Reflexivität professionellen Wissen und Könnens führen könnte. Im Überblick sind es die Reformbemühungen vor und in der Weimarer Zeit, die durch die klassische „Reformpädagogik" motiviert wurden und die Bildungsreform der Bundesrepublik ab den späten 1960er Jahren, denen noch eine deutliche Wirkung auf die Lehrerbildung zugeschrieben werden kann.

Dabei übte die Reformpädagogik einen nicht zu überschätzenden Einfluss auf die Vorbereitung und Durchsetzung der Ausdifferenzierung einer eigenen wissenschaftlichen Disziplin „Pädagogik" aus. So erhielt auch die wissenschaftliche Ausbildung der Gymnasiallehrer überhaupt erst wieder die Basis eines kontinuierlichen und differenzierten Angebotes wissenschaftlicher Pädagogik in der ersten, universitären Phase. An deren Struktur und ihrem Selbstverständnis als erster Phase gegenüber der zweiten Phase der schon erwähnten Gymnasiallehrerseminare änderte das freilich noch nichts. Entscheidende strukturbildende Kraft übte die Reformpädagogik dagegen bei der Weiterentwicklung der pädagogischen Akademien oder Lehrerakademien aus (den Vorläufern der Pädagogischen Hochschulen). In den Folgeeinrichtungen der „niederen Lehrerbildung“ sorgte sie nicht nur für nachhaltige Versuche wissenschaftlich-pädagogisches Wissen neu in die Ausbildung zu integrieren, sondern beförderte einen spezifischen Vermittlungsversuch von Theorie und Praxis: Unter der geisteswissenschaftlichen Vorannahme von einer „Einheit“ von Theorie und Praxis, die in der ex-post-Reflexion herzustellen sei, konzipierte sie die Lehrerbildung als Sache der Wirksamkeit der Lehrerbildner. Sie sollten in ihrer Person und ihrem Berufshandeln auch in der Schulpraxis exemplarisch eine gelungene „Vermittlung“ von Theorie und Praxis für die auszubildenden Anwärter vorführen und konnten solchermaßen als Vorbild gelungener Praxis und damit als reflektierender Praktiker zur Nachahmung anregen. Dieses eher auf die Aura von Personen als auf institutionelle Absicherung bezogene Grundverständnis markiert deshalb nicht nur Grenzen in der Auseinandersetzung mit wissenschaftlichem Wissen, sondern auch die Einschränkung der Autonomie der zu Qualifizierenden, die Voraussetzung einer eigenständigen, professionellen Reflexivität wäre.

Die Bildungsreform der späten 1960er Jahre führte nun zwar einerseits zur breiten Institutionalisierung einer sich auch empirisch-sozialwissenschaftlich verstehenden Erziehungswissenschaft, zu Teilen auch zur breiteren Ausdifferenzierung von wissenschaftlicher Fachdidaktik. Die in ihrem Prozess durchgesetzten Umstrukturierungen der Lehrerbildung bleiben allerdings andererseits ambivalent, wie der Überblick über die Lehrerbildungsforschung zeigt (vgl. Oelkers 1996; Fried 1997; Bayer u.a. 2000; Huber 2000): In institutioneller Hinsicht wurde zwar mit der Integration der Pädagogischen Hochschulen eine konsequente Stufenlehrerausbildung erreicht und damit für alle Lehrer ein wissenschaftliches Studium, aber die organisatorische Konsistenz des „Lehramtsstudiums“ – von erziehungswissenschaftlichem, fachdidaktischem und berufsstrukturbezogenen Wissen – blieb ebenso wie die Vermittlung erziehungswissenschaftlichen Wissens selbst noch unbefriedigend. Vor allem wurde für alle diese Studiengänge das Problem nicht zureichend gelöst, wie bezüglich der Praktika der ersten Phase problembezogenes wissenschaftliches Wissen über in der Praxis wirksame Strukturen vermittelt werden sollte und ungelöst blieb auch eine Restrukturierung der nun allgemein vorhandenen „zweiten Phase“ über modernisierte Meisterlehre-Formen hinaus.

Die vielerorts nun in das Studium integrierten schulpraktischen Studien – im Sinne verschiedener Formen von Praktika und ihrer Integration ins Studium – stellten professionalisierungstheoretisch gesehen zuerst einen „Import“ des alten PH-Konzepts der Schulpraktika während der Studienphase dar. Kurz: Die wissenschaftlichen und verstehensbezogenen Voraussetzungen für Professionalität und die strukturellen Qualifikationsvoraussetzungen im Referendariat zur Entfaltung professioneller Reflexivität bleiben auch dort, wo die damaligen Reformen am weitesten durchgeführt wurden, unbefriedigend.

2 Aktuelle Konzepte der Lehrerbildung und die Forschung zur Lehrerbildung in ihren unterschiedlichen Phasen

Lehrerbildungskonzepte bauen auf Vorannahmen über Wissen und Können, pädagogisches Handeln und seine Reflexion auf. Ihre Begründungen wären empirisch durch Wirkungsforschung abzusichern. Während bei der Grundlagenforschung zu diesen Vorannahmen bereits zu Teilen immer noch Forschungsdefizite bestehen (vgl. den vorstehenden Beitrag in diesem

Handbuch), lässt sich über gesicherte Erkenntnisse der Wirkungsforschung vergleichsweise wenig berichten.

Die Lehrerbildungsforschung weist gravierende Defizite auf (vgl. z.B. Fried 1997; Huber 2000; Terhart 2001a). Bislang gibt es wenige und nur quantitativ und querschnittlich angelegte Untersuchungen zu verschiedenen Phasen. Umfassender angelegte und standortvergleichende Evaluationen sowie theoretisch fundierte Wirkungsforschung fehlen bislang noch weitgehend. Vielfach liegen nur Einstellungsuntersuchungen vor, qualitativ-rekonstruktive Untersuchungen über die Wirkung verschiedener Bildungselemente sind Desiderat, „eine wirklich wissenschaftlich abgesicherte Basis über den Zustand der Lehrerbildung (...) gibt es nicht“ (Terhart 2000). Die Verweise auf vorliegende Befunde beschränken sich auf Arbeiten aus dem letzten Jahrzehnt; der ältere Forschungsstand ist schon länger dokumentiert (vgl. dazu Schlee 1992; Fried 1997). Einen Überblick über neuere Arbeiten gibt Schaefers (2002).

Im Gegensatz zur Wirkungsforschung besteht an aktuellen normativen Konzepten kein Mangel (vgl. Hess. Ministerium für Wissenschaft und Kunst 1997; NRW-Kommission 1998; Radtke 1999; Terhart 2000; Kommissionen Schulpädagogik/Lehrerbildung und Schulpädagogik/Didaktik der DGfE 2000; Keuffer/Oelkers 2001; Terhart 2001). In deren Mittelpunkt stehen vor allem Reformvorschläge für die erste Phase, die auch direkt Vorstellungen der zweiten Qualifizierungsphase betreffen.

Unstrittig sind vor dem Hintergrund der jüngsten historischen Erfahrungen das Konzept von unterschiedlichen Qualifizierungsphasen und die Elemente der universitären Erstausbildung: Dazu zählen neben fachwissenschaftlichen Studien fachdidaktische Studienanteile, erziehungswissenschaftliche Studienanteile und „Praxisstudien“. Deshalb sollen im Folgenden Grundvorstellungen für diese Elemente vergleichend vorgestellt werden – soweit dies möglich ist vor dem Hintergrund verfügbarer Forschungsergebnisse über die bislang praktizierten Formen.

Die Befunde der Lehrerbildungsforschung dokumentieren und problematisieren die Wirkungen bislang praktizierter Formen nicht nur für einzelne Elemente, sondern vor allem für ihre Verbindung in den Studiengängen. Studierende und Referendare nehmen die Elemente als zu wenig aufeinander bezogen wahr, im Besonderen scheinen ihnen diese insgesamt zu wenig praxisbezogen und sie reklamieren eine unzureichende Vermittlung sozialer Kompetenzen für das Berufshandeln (vgl. Oesterreich 1988; Rosenbusch/Sacher/Schenk 1988; Horst 1994; Flach/Lück/Preuss 1995; Mürmann 1996; Ulich 1996). Die Theorie-Praxis-Relation wird also als nicht handhabbar und unbewältigt erlebt. Außerdem stellen die Studierenden eine mangelnde Abstimmung zwischen den Angebotselementen und eine institutionelle Zersplitterung heraus. Gleichzeitig wird deutlich, dass diese Bewertungen nach Standort, Studiengang und Fächern differieren (Blömeke 1999; Seipp/Wittmann 1999). Es gelingt offenbar nicht den Studierenden Sinn und Zweck des Angebotes, die Ziele und Aufgaben der ersten und der zweiten Phase verständlich zu machen. Der Umfang, in dem das auch durch ein mangelhaftes Angebot verursacht wird, ist allein nach der Wahrnehmung der Betroffenen noch nicht entscheidbar. Im Besonderen betrifft dies die Kritik am mangelnden Berufsfeldbezug: Sie wird an allen Anteilen, fachwissenschaftlichen, fachdidaktischen und erziehungswissenschaftlichen Anteilen – dort gerade an den schulpraktischen Anteilen – geübt. Auch wenn diese Kritik mit auf einem Missverständnis der Theorie-Praxis-Relation beruhen sollte, einem Wunsch nach Rezeptewissen für die Praxis (vgl. Blömeke 1999), so zeigt sie zumindest unzweideutig, dass den Studierenden weder diese Relation transparent gemacht wird noch eine instruktive Vorstellung vom eigenen Kompetenzerwerb vermittelt wird.

Lehrende kritisieren in Einstellungsuntersuchungen ebenfalls einen mangelnden Bezug von Theorie und Praxis und mangelnde Koordinierung zwischen universitären und außeruniversitären Elementen (vgl. Jäger/Behrens 1994). Sie fordern eine engere Zusammenarbeit bei der Angebotsentwicklung insbesondere zwischen erster und zweiter Phase um durch stärkere Bezugnahmen mehr Kontinuität entstehen zu lassen. Auf Lehrendenseite werden gleichzeitig sehr unterschiedliche Vorstellungen deutlich und bezüglich der Berechtigung der Kritik und des Verständnisses von Praxisrelevanz als so genannter „Abstimmung der Inhalte" besteht noch lehrerbildungstheoretischer Klärungsbedarf. Damit ist mindestens festzuhalten, dass bei den Lehrenden kein gemeinsam geteiltes Verständnis der Theorie-Praxis-Relation vorliegt. Vielmehr gibt es unterschiedliche Modellvorstellungen. Sie reichen von der Zentrierung auf wissenschaftliches Wissen als Handlungsbasis über Vorstellungen der produktiven Differenz von Theorie und Praxis bis hin zum Verständnis einer Integration von Theorie und Praxis als Basis des Handelns (Mürmann 1999; Heil/Faust-Siehl 2000).

Die Kritik verweist also bislang insgesamt auf eine ungeklärte Relation von Theorie und Praxis in den Qualifizierungsformen. Deshalb werden im Folgenden typisierbare Konzeptionen für die verschiedenen Elemente vergleichend skizziert. Die These lautet: Die verschiedenen Konzepte lassen sich im Wesentlichen zwei gegensätzlichen Konzeptionen vom Praxisbezug der Studienangebotsanteile und von ihrer Abstimmung aufeinander zuordnen. Außerdem setzen die Vorschläge je nach der Integrationsvorstellung in ihrer Tiefenstruktur ein unterschiedliches Verhältnis von Theorie und Praxis voraus.

2.1 Fachwissenschaftliche Studien in unterschiedlichem Verständnis

Schulische Lernprozesse professionell zu unterstützen setzt ein wissenschaftlich fundiertes Wissen über die Unterrichtsinhalte voraus: Schulisches Wissen, dessen Vermittlung als Aufbau von Weltverständnis und Kompetenzen verstanden werden kann, kann nur in Relation zum fachbezogenen wissenschaftlichen Wissen eigens bestimmt werden, und seine Vermittlung setzt breites fachbezogenes Wissen aus den Fachwissenschaften voraus. Die Studienreformliteratur beklagt nun massiv, dass die fachwissenschaftlichen Anteile der Lehrerausbildung nicht eigens in Art und Auswahl bestimmt werden, beispielsweise so, dass ein „Bezug" zu den anderen Studienelementen herstellbar sei – vielmehr nähme man sie in der Form hin, wie sie als Nebenprodukt der Diplom- oder Magisterstudiengänge abfallen, und fände sich mit der Zersplitterung der Lehrerausbildung ab. Empirisch belegt ist, dass Studierende eine mangelnde Bezugnahme der Elemente aufeinander wahrnehmen und eine institutionelle und organisatorische Zersplitterung des Studiums in Einzeldisziplinen erfahrungsdominant ist (Horst 1994; Flach/Lück/Preuss 1995; Mürmann 1996). Einschätzungen der Lehrenden verweisen ebenfalls auf einen höheren institutionellen Koordinierungsbedarf (Jäger/Behrens 1994).

Zur Lösung dieses Problems werden heute zwei unterschiedliche Lösungsvorschläge angeboten: Ein Konzept von „Bildung durch Wissenschaft als Prozeß" (vgl. z.B. Huber 2000; Keuffer/Oelkers 2001) und eines einer „berufswissenschaftlichen Orientierung" auch der Fachstudien (vgl. Hessisches Ministerium 1997, Kommissionen der DGfE 2000).

Bildung durch Wissenschaft zielt dabei auf ein forschendes und reflexives Studieren beziehungsweise Lernen auch in den Fachstudien. Ausgangspunkt sind dafür Einführungen in „Grundvorstellungen, -fragen, -regeln (...) eines Faches, die diese ausdrücklich als solche thematisieren" (Huber 2000, S. 188), also reflexiv behandeln. Reflexion bezieht sich im weiteren

Fachstudium dann auf die Disziplin, ihre gesellschaftlichen Vermittlungszusammenhänge, ihre Methodologie und spezifische Perspektive, und sie bezieht sich auf „Struktur und Prozeß des Lernens“ (ebd.) in dieser. Forschendes Studieren bedeutet, dass die Haltungen wissenschaftlichen Analysierens gestärkt werden: Eigenständige Analyse, Kritik, kurz das, was die subjektiven Voraussetzungen dafür darstellen, selbst Neues wissenschaftlich zu erarbeiten. Solche reflexive fachliche Bildung macht eine Spezifizierung des Angebots für die Lehrerbildung erforderlich: Die dafür geeigneten Kerncurricula und Module sind dann nach fachlicher Logik zu strukturieren. Sie zielen auf Reflexion und deren Erweiterung (Keuffer/Oelkers 2001, S. 30), auch wenn sie thematisch wie inhaltlich auf das Berufsfeld verweisen. Die Position berufswissenschaftlicher Orientierung postuliert dagegen für Fachstudien einen „Berufsbezug“, der „inhaltliche und methodische Aspekte“ (Hessisches Ministerium 1997, S. 81) besitze. Inhaltlich erfordert der Berufsbezug danach eine „Stoffbeschränkung (...) im Blick auf die inhaltlichen Bedürfnisse des Lehrerberufes“, also die zu unterrichtenden Inhalte. Wichtig sind „Themenkreise, die der Schule näher (...) sind“ (ebd., S. 81). Damit ist ein anderes Kriterium für Kerncurricula benannt. Hinsichtlich der Praxisrelevanz theoretischer Angebote wird deutlich, dass mit dem Kriterium der Brauchbarkeit von Inhalten im Unterricht eine problematische Vorstellung der Transformation von Fachwissenschaft in Unterrichtsinhalte vorausgesetzt wird. Demgegenüber setzt die erste Position oben voraus, dass Unterrichtsthemen aus einem eigenen Konstitutionsprozess hervorgehen, der nicht einfach als Selektion von fachwissenschaftlich Vorgegebenem aufzufassen ist. Außerdem zielt die berufswissenschaftliche Position auf eine „Integration“ zwischen den verschiedenen Studienanteilen derart, dass die für schulische Zwecke „direkt brauchbaren“ Inhalte dann auch zum Beispiel im fachdidaktischen Studienanteil bearbeitet werden könnten. Demgegenüber setzt die erste Position auf eine „Abstimmung“ der Studienanteile, sodass die Fachstudien gerade durch ihren Kern, der Wissenschaft und Wissenschaftlichkeit als Habitus der argumentativen Geltungsüberprüfung vermittelt, anschlussfähig werden. Daneben reklamiert dieses Konzept der Berufsorientierung der Fachstudien auch einen Berufsbezug über die hochschuldidaktische Methode der Vermittlung. Mit der Begründung, dass das spätere Lehrverhalten der Studierenden durch die Studienerfahrung geprägt werde, verlangen die Verfasser eine „exemplarische Didaktik“ im Studium als Voraussetzung für entsprechenden Unterricht. Implizit wird hier von Nachahmung im Sinne einer Meisterlehre-Figur ausgegangen, die vor dem Hintergrund der Einsichten in die Entstehung von Wissen und Können sehr problematisch erscheint.

2.2 Fachdidaktische Studien in unterschiedlichem Verständnis

Ein unterrichtliches Vermittlungsangebot lässt sich nicht einfach in einem didaktischen Reduktionsprozess vom Universitätsfach aus und hin auf fachlich-systematisch grundlegende Kategorien und Unterrichtsthemen bestimmen. Hier steht die oben geschilderte utilitaristisch geprägte fachinhaltliche Selektionsvorstellung der berufswissenschaftlichen Position einem eigenlogisch verstandenen bildungstheoretisch-reflexiven Verständnis des (Unterrichts-)Faches gegenüber. Bei dessen eigener Bestimmung muss man berücksichtigen, dass Unterricht einen eigenlogischen Prozess der Wissensentwicklung rahmen und ermöglichen soll, der darüber hinaus auf eine zukünftige Lebenstüchtigkeit zielt. Lerngegenstände müssen in diesem Sinn gesellschaftlich relevantes Wissen darstellen und die Entwicklungsperspektive der Lernenden auf die Gegenstände und Inhalte muss dabei einbezogen werden. Bei der Bestimmung des schulisch zu Vermittelnden muss auch auf Kenntnisse über die Logik der Aneignungsprozesse der Lernenden und auf Kenntnisse über die Logik schulisch angeregter Aneignungsprozesse relationierend Bezug genommen werden.

Fachdidaktik als empirische Sozialwissenschaft muss deshalb das Handeln Unterrichtender, die Aneignungsseite der Lernenden und die Entwicklungsverläufe des Lernens erforschen. Fachdidaktische Studien zielen daher auf systematisches Denken über thematische Felder von Lerngegenständen, über Modelle für Lernarrangements, und über die Lerngegenstände und ihre Möglichkeiten Entwicklung anzuregen, sowie bildende Momente des Fachwissens herauszuarbeiten

Ergebnisse der Lehrerbildungsforschung zeigen, dass Studierende das fachdidaktische Angebot für unzulänglich halten (Flach/Lück/Preuss 1995; Mürmann 1996). Außerdem fehlt in ihrer Wahrnehmung auch zu Teilen der Berufsbezug. Die Einschätzungen Lehrender benennen ebenfalls eine stärkere Bezugnahme fachdidaktisch-theoretischer Angebote auf Praxis als Desiderat – allerdings mit der spezifischeren Vorannahme, eine engere Zusammenarbeit bei der Angebotsentwicklung sei hilfreich (Jäger/Behrens 1994). In welchem Verhältnis dazu stehen die aktuellen Konzepte?

Die aktuellen Modelle lassen sich nach der Funktion unterscheiden, die sie der Fachdidaktik beimessen. Unstrittig ist dabei, dass Fachdidaktik die bildenden Momente des Fachwissens herauszuarbeiten habe. Dann aber dominiert einmal das Verständnis, Fachdidaktik habe theoretische Modelle zu erarbeiten und zu vermitteln (z.B. Ossner 1999; Keuffer/Oelkers 2001; Terhart 2001): etwa theoretische „Modelle des Gegenstandsfeldes für Lerner“, theoretische Modelle, die einen fachlichen Gegenstand des Unterrichts generieren und systematisches Denken über „den Gegenstand und seine Entwicklungspotenz“ ebenso wie die Befassung mit empirischen Daten dazu einschließen (Ossner 1999, S. 36). Diese Konzeption von Fachdidaktik bezieht zwar auch praktische Studien mit ein, sie tut dies deshalb aber eingebettet in Forschungszusammenhänge: Praktische Studien bieten empirische Befunde und die didaktischen Modelle sind bezogen auf das zu Erforschende. Studierende lernen deshalb theoriegeleitet zu beobachten: „Sie werden nicht praxistauglich – wie auch? –, sondern erwerben einen Blick für das Feld der Praxis“ (ebd., S. 39). Am Beispiel des Themas „Schriftsprachlichkeit“: Beobachtungsgegenstand wäre, wie Texte methodologisch reflektiert hergestellt werden oder Modelle des Schreibens methodologisch reflektiert zu entwickeln. Demgegenüber lässt sich ein anderes Verständnis von Fachdidaktik abgrenzen (vgl. Hessisches Ministerium 1997; Kommissionen DGfE 2000). Ziel ist nicht nur die Beschäftigung mit theoretischen Modellen (z.B. von Lerngegenständen) und die „methodologische“ Reflexion von Vermittlungsmodellen zu leisten. Vielmehr hat Fachdidaktik hier selbst konkrete „Formen der Vermittlung für Lernende verschiedenen Alters und mit verschiedenen Voraussetzungen zu entwickeln“ (ebd., S. 84). Bearbeitet werden sollen unterrichtliche „Darstellungs- und Bearbeitungsformen“ mit der Aufgabe, „Inhalte (...) (in ihrer Struktur und Vermittelbarkeit) für die jeweilige Lebens- und Schulsituation“ (ebd., S. 85) zu erschließen. Studierenden wird tendenziell die konkrete „Vermittelbarkeit“ und Vermittlung bereits dargestellt oder vorgeführt. Hier wird nicht unterschieden zwischen der methodologisch reflektierten Behandlung konkreter Konzepte in der Analyse ihres Zustandekommens einerseits und der normativen Vermittlung praktischer Konzepte an Studierende andererseits. Fachdidaktik behandelt in diesem Verständnis nicht nur „Lehr- und Lernziele und damit den Bildungswert (...), (sondern) dessen Inhalte und deren Auswahl, (...) Unterrichtsformen und -methoden zur Initiierung von Lernprozessen, (...) einsetzbare Medien“ (ebd., S. 86).

Überträgt man der Fachdidaktik die Aufgabe, auf die jeweilige Lebens- und Schulsituation bezogene konkrete Formen zu erarbeiten und damit für verbindlich zu erklären, gerät Fachdidaktik zu einer normativen Instanz, die über professionelles Erfahrungswissen richtet, an die Stelle von Professionalität tritt und die eine kategoriale Grenzüberschreitung bezüglich der Eigenlogik von Theorie und Praxis vornimmt.

Auch mit Blick auf den Bezug fachdidaktischer Studien zu anderen Studienanteilen ergibt sich eine andere Konstellation: Fachdidaktik im Primat des Theoretischen wird auf andere Anteile dadurch sinnvoll beziehbar, dass sie im zugrundegelegten Konzept des Aufbaus wissenschaftlicher Bildung als Voraussetzung für Professionalität dennoch auf die Erfordernis abgestimmt wurde, die Voraussetzungen für Wissensverwendung zu gewährleisten – bei der Verwendung wissenschaftlichen Fachwissens in der Schule und beim späteren Aufbau professionellen Könnens. Sie bietet die dafür erforderliche Reflexivität, damit eigenständige Prozesse des Generierens von Gegenständen und Lehr-Lernformen erst möglich werden. Im anderen Verständnis wird dagegen eine „Integration" der Studienanteile angestrebt: Fachdidaktische Studien sollen ein „Können" anbahnen, das in den schulpraktischen Studien bereits soweit (weiter)entwickelt werden soll, dass insgesamt eine Einheit mit den anfänglichen Entwicklungsaufgaben der Referendare entsteht. Die kategoriale Differenz von Wissen und Können, von Erfahrung und theoretischer Aufklärung ist hier nicht hinreichend berücksichtigt.

2.3 Erziehungswissenschaftliche Studien

Die Struktur pädagogischen Handelns in der Schule erfordert eine Wissensbasis und Verstehenskompetenz, die die Reflektion von Lernvorgängen der Bildung und Erziehung, von Lehr-Lern-Formen und dem Beitrag der Lehrer dazu ermöglicht – vor der Entwicklung eines Könnens in der zweiten Phase. Um diese Wissensbasis mit aufzubauen, bedarf es auch der Abarbeitung an erziehungswissenschaftlichen theoretischen Modellen und empirischen Befunden. Aber die Organisation von Lehr-Lern-Prozessen erschöpft sich nicht in Wissenstransfer. Als Lehrer zu unterrichten bedeutet auch, in komplexen Interaktionsrahmen pädagogische Kommunikation so zu beeinflussen, dass auf Schülerseite eigenlogisch-konstruktive Entwicklungsprozesse möglich werden. Zwar räumen die meisten aktuellen Konzepte heute ein, dass unterschiedliche Wissensformen – Erfahrungswissen wie Theoriewissen – für das Lehrerhandeln konstitutiv seien (vgl. Combe/Kolbe in diesem Handbuch). Kontrovers blieb dagegen, inwieweit der Erwerb theoretischen pädagogischen Wissens bereits zu Handlungskompetenz für die Praxis führe und deshalb danach anzulegen sei. Diese Kontroverse wird auch mit Bezug auf die Befunde über die erziehungswissenschaftlichen Studien bislang geführt. Diese zeigen erstens, dass die Studierenden eine ausgeprägte pädagogische Motivation mitbringen (Jäger/Behrens 1994; Flach/Lück/Preuss 1995; Ulich 2000), auf dieser Basis auch dieses Studien-Element als zu wenig praxisbezogen wahrnehmen und im Besonderen über eine unzureichende Vermittlung sozialer Kompetenzen für den Umgang mit Lernenden, Eltern und Kollegen klagen (vgl. z.B. Flach/Lück/Preuss 1995; Ulich 1996). Insoweit damit auch missverstandene „unmittelbare" Praxisrelevanz von Theorieangeboten mit gemeint ist (vgl. Blömeke 1999), führt dieser Umstand jedenfalls zu dem Schluss, dass für die Studierenden auch die spezifische Aufgabe und Zielstellung der erziehungswissenschaftlichen Studien nicht transparent gemacht wird. Die Studierenden erleben hier nicht nur den Anteil der „schulpraktischen Studienanteile" als unbefriedigend, sondern nehmen die erziehungswissenschaftlichen Themen als zu unspezifisch wahr (Jäger/Milbach 1994; Seipp 1999).

Auch die Lehrenden halten eine verstärkte Verknüpfung von Theorieangeboten und Praxiserfahrungen für diesen Studienanteil für notwendig (Jäger/Behrens 1994). Gleichzeitig wurde aber nachgewiesen, dass das inhaltliche Angebot in diesem Studienanteil gerade viel zu wenig spezifisch, zu unsystematisch und zu wenig berufsbezogen ausfällt (Flach/Lück/Preuss 1995; vor allem Plöger/Anhalt 1999). Systematische schulpädagogische Lehrangebote bleiben eher „marginal" und in ihrem quantitativem Anteil zu gering (Plöger/Anhalt 1999 in einer exemplarischen Analyse; vgl. auch Gehrmann/Nagode/Wintermann 1999). Ein kerncurriculares Angebot mit berufsfeldbezogenen Themen, ein „Ende der Beliebigkeit", nach dem inzwischen geflügelten Wort von Terhart (2000, S. 16), ist nicht in Sicht.

Schließlich müssen neue Befunde zu der theoretisch angeleiteten handlungs- und berufsbezogenen Reflexion genannt werden, die die praxisbezogene Relevanz erziehungswissenschaftlicher Theorieangebote auf kategorial neue Weise in den Blick nehmen. Die besondere Bedeutung eigener Schulerfahrungen für den Qualifizierungsbedarf im Studium wurde bereits zuvor nachgewiesen (Schmidt 1991; Schönknecht 1997; Hagemann/Rose 1998), Vorbilder wie negative Kontraste bei selbst erlebten Lehrpersonen spielen danach beim Aufbau eigener Orientierungen eine besondere Rolle. Die strukturtheoretische Professionalisierungstheorie zum Handeln von Lehrern (Oevermann 1996; Helsper 1996, 2002; Bastian/Helsper 2000) führte ebenso wie biographietheoretische Ansätze (vgl. Dirks/Hansmann 1999) zu Ansätzen der theoretisch-reflexiven Anbahnung eines professionellen Selbst beziehungsweise zu Ansätzen der Förderung selbst- und berufsbezogener Reflexivität. Erste Befunde zur Fallarbeit dokumentieren die Möglichkeit internalisierte Deutungs- und Handlungsmuster zu irritieren und zur Sensibilisierung für die Komplexität der Praxis beizutragen (Olhaver/Wernet 1999; Beck/Helsper/Heuer/Stelmaszyk/Ullrich 2000). Fallarbeit, theoretische Reflexion und Selbstreflexion verbinden sich danach erfolgreich an unterschiedlichstem Fallmaterial wie Schulerinnerungen, Studententexten, Unterrichtsprotokollen (Krummheuer 1999), Arbeitsaufträgen (Olhaver/Wernet 1999) oder biographisch-narrativen Interviews (Fehlhaber/Garz 1999).

Die Kontroverse um die Art, wie der Erwerb theoretischen Wissens anzulegen sei, führt zu zwei unterscheidbaren Typen von Lehrerbildungsmodellen, weil diesem theoretischen Wissen unterschiedliche Funktionen zugeschrieben werden. Für den ersten Typus dient die Aneignung theoretischen Wissens einer theoriegeleiteten Reflexion von eigenen Erfahrungen im pädagogischen Handlungsfeld, (vgl. z.B. Keuffer/Oelkers 2001, S. 35). Entscheidend ist dabei: „Analyse und Reflexion erfolgen wissenschaftsgesteuert und theorieorientiert, die individuelle Erfahrung ist der Ausgangspunkt der wissenschaftlichen Bearbeitung" (ebd.). Hier wird also auf die allein durch die Trennung von Theorie und Praxis gegebene Erkenntnismöglichkeit des theoretischen Blicks gesetzt, auf den Aufbau eines Hintergrundwissens für den Könnenserwerb. Das bedeutet freilich sich Wissen nicht nur rezeptiv anzueignen, sondern dieses „Wissen reflexiv auf Praxis, das heißt auf empirisch vorfindliche Situationen und Probleme des Berufsfeldes zu beziehen", (...) das vorhandene Theoriewissen zur Analyse und Gestaltung des Berufsfeldes nutzbar zu machen" (ebd., S. 33). Studierende entwickeln also sinnvollerweise theoriegeleitet eigene Konstruktionen des Handelns, die dazu dienen, dass die „Situationen und Probleme der Berufspraxis (...) in ihren allgemeinen Strukturen verstanden und in ihrer jeweiligen Besonderheit erschlossen werden" (ebd.). So kann zur Habitualisierung von Reflexivität beigetragen werden.

Ein innovativer Ansatz der fallorientierten Lehrerausbildung geht hier noch darüber hinaus (vgl. Beck u.a. 2000). Es liegt in der Strukturlogik pädagogischen Handelns begründet, dass Fallverstehen eine konstitutive Rolle für pädagogisches Handeln zukommt. Dieser Ansatz baut auf systematische Fallanalysen in den erziehungswissenschaftlichen Studien, die geeignet sind, strukturbezogene hermeneutische Kompetenz in einer Analyse der Besonderheit der Fälle zu entwickeln. Für diesen Ansatz gehören „Räume der Kasuistik" zum Grundbestand der Ausbildung von Reflexivität, weil im Medium von Fallanalysen ein Gegeneinanderführen von Empirie und Theorie möglich wird.

Das erziehungswissenschaftliche Kerncurriculum orientiert sich bei diesem „theoriegeleiteten" Typus an der Struktur professionellen Handelns (vgl. z.B. Terhart 2000, S. 105; Keuffer/Oelkers 2001, S. 35): Thematisch zentral wird dann die Reflexion von Unterrichtsprozessen und Lernvorgängen, von Schwierigkeiten der Schüler, von Lehr-Lern-Formen, von pädagogischen Situationen im Unterricht, vom Lehrerhandeln und seinen Bedingungen.

Das davon abgrenzbare Verständnis erziehungswissenschaftlicher Studien geht von einer „Praxisorientierung" (Hessisches Ministerium 1997, S. 93f.) der erziehungswissenschaftlichen Studien in dem Sinn aus, dass das dort vermittelte Wissen „durch seinen Bezug auf die berufliche Praxis schon während des (...) Studiums Handlungskompetenzen anbahnen soll" (ebd. S. 97). Zu diesem Zweck sollen im Studium bewährte „Wissensbestände (...) unmittelbar handelnd eingeübt werden" (ebd.). Im erziehungswissenschaftlichen Kerncurriculum sind danach Bestände „berufswissenschaftlichen Wissens" zusammenzustellen. In diesem Verständnis wird allerdings mit dem Bezug auf wissenschaftliches Wissen auch eine Orientierung an der Systematik „benötigter Fachdisziplinen und Themenschwerpunkte" (ebd., S. 95) bevorzugt: Als berufswissenschaftliches Wissen werden die traditionell häufig gewählten „pädagogischen Grundwissenschaften" bestimmt – Pädagogische Psychologie und Kindheits-/Jugendforschung, Erziehungswissenschaft: Theorien des Unterrichts, des Curriculums und der Schule; Erziehungswissenschaft: Pädagogik; Gesellschaftswissenschaften in der Lehrerbildung (vgl. ebd., S. 95-97). Die genannten Studieninhalte sollen integriert werden in „exemplarische praxisbezogene Themenschwerpunkte" des Studiums im Rahmen der „handlungsorientierten Ausbildung" in Verbindung mit Fachdidaktik-Elementen und Elementen der schulpraktischen Studien. Der Berufsfeldbezug beziehungsweise die sogenannte „Integration" der verschiedenen Studienanteile ergibt sich in dem Verständnis des „berufswissenschaftlichen" Modells also durch die Herstellung von Einheiten mit Elementen unterschiedlicher Studienanteile, wobei diese Verbindungen unmittelbar handlungsrelevantes Berufswissen entstehen lassen sollen.

Beim ersten „reflexiven" Typus von Modellen ergibt sich der Berufsfeldbezug dagegen dadurch, dass die genannten theoretischen Konstruktionen von Praxis und die Verstehenskompetenzen die Basis dafür darstellen, in der Auseinandersetzung mit der Praxis unter Handlungsdruck in der zweiten Phase Erfahrungswissen reflektiert aufzubauen.

2.4 Praxisstudien beziehungsweise schulpraktische Studien

Für professionelles Handeln ist eine selbständige, reflexive Verwendung wissenschaftlichen Wissens bei der Lösung praktischer Handlungsprobleme konstitutiv. Vorgängig sich wissenschaftliches Wissen anzueignen bedeutet deshalb nicht nur Theorie rezeptiv zur Kenntnis zu nehmen, sondern theoretisches Wissen reflexiv auf Praxis zu beziehen, Situationen und Probleme auch mit Hilfe von Theorie zu rekonstruieren beziehungsweise für sich zu konstruieren. In Verbindung mit der Rekonstruktion von Fällen beruflichen Handelns und der Entwicklung reflexiver Kompetenzen des Fallverstehens entsteht dann erst die Grundlage für eine wissenschaftlich-reflexive Bildung, die es erlaubt, unter den Anforderungen der Praxis ein reflexives Können zu entwickeln. Seit den Lehrerbildungsreformen der 1970er Jahre wurden in allen Studiengängen deshalb „schulpraktische Studien" eingeführt, um mit Praktika in der ersten Phase einen solchen Berufsbezug bei der Wissensentwicklung herzustellen.

Die Lehrerbildungsforschung dokumentiert eine scharfe Kritik der Studierenden: Der in ihrer Sicht defizitäre Praxisbezug des Studiums wird besonders hieran festgemacht. Schon die Anzahl der angebotenen Praktika wird als zu gering kritisiert (Mürmann 1996; Sander 1996), vor allem wird aber eine Integration der praktischen Erfahrungen in das weitere erziehungswissenschaftliche Studium gefordert (Jäger/Milbach 1994) – Theorie scheint hier als unmittelbares Antwortangebot auf offene praktische Fragen gedacht zu werden. Eine eigens strukturierte Vor- und Nachbereitung der Praktika durch eigene Veranstaltungen wird aus dieser Sicht positiv bewertet und vor allem fehlende Nachbereitung kritisiert (Jäger/Milbach 1994; Flach/Lück/Preuss 1995). Außerdem wird die defizitäre Abstimmung mit der Tätigkeit der Mentoren an den Schulen bemängelt, die Studierenden reklamieren also auch eine mangelnde Abstimmung von Hochschule und Schule (Jäger/Milbach 1994).

Zweitens beurteilen Studierende die an einzelnen Standorten existierenden Veranstaltungen zur Vor- und Nachbereitung der schulpraktischen Erfahrungen positiv (Sander 1996; Heuer 1997; Arens 1999). Allerdings verweisen Radtke und Webers (1998) in ihrer Interpretation vorhandener Befunde zurecht darauf, dass diese Form schulpraktischer Studien nur eine Form des möglichen Berufsbezugs in dem Sinne darstellt, dass schulpraktische Erfahrungen der Erarbeitung von Strukturwissen über Schule dienen und nicht der unmittelbaren Erarbeitung praktischen Könnens.

Welche Konzeptionen werden nun aktuell vertreten? Während eine erste Position diesen Bezug theoretischen Wissens auf Praxis in der wissenschaftlichen Phase der Lehrerbildung so versteht, einen theoretisch geleiteten Blick auf Praxis zu vermitteln (vgl. z.B. Radtke/Webers 1998; Terhart/KMK 2000; Keuffer/Oelkers 2001), fordert eine zweite grundsätzlich vertretene Position darüber hinaus „schon während der Studienzeit professionelle Handlungsweisen mit dem dafür notwendigen Wissen zu verbinden und sie (...) in (...) Praxissituationen als Kompetenzen zu entwickeln und mit Experten zu überprüfen" (Hessisches Ministerium 1997, S. 55 als ein Beispiel; vgl. auch Kommissionen DGfE 2000, i.b. den Beitrag von Hänsel).

Für die erste Position sollen die praktischen Anteile einen Problem- oder Berufsbezug derart herstellen, dass das berufliche Handeln für eine theoretische Reflexion erschlossen wird: „die Situationen und Probleme der Berufspraxis müssen in ihren allgemeinen Strukturen verstanden und in ihrer jeweiligen Besonderheit erschlossen werden, der Studienanteil muss den Nutzen wissenschaftlichen Wissens für die Gestaltung des Berufsfeldes kenntlich machen, was nur dann möglich ist, wenn eine forschende Haltung zur eigenen Berufstätigkeit entwickelt wird" (Keuffer/Oelkers 2001, S. 33). Es geht also um eine konstruktive Lernleistung der Studierenden, die als Dekonstruktion der Deutungen der Praxis mittels wissenschaftlichen Wissens und als Reflexion der Handlungsorientierung der Praktiker durch sozialwissenschaftliche Theorieangebote gekennzeichnet werden kann: Für dieses Ziel schulpraktischer Studien und die diesbezügliche Entwicklung von Kompetenz ist dann die Organisationsform der „Forschungswerkstatt" (im Unterschied zu „Lernwerkstatt") entscheidend: Es geht dabei um Forschungskommunikation als einen Perspektivenaustausch, der zustande kommt, wenn Theoretiker, erfahrene Praktiker und Studierende bzw. künftige Berufstätige aus je eigener Perspektive Fälle beruflichen Handelns untersuchen und ihre Interpretation erläutern (vgl. Reh/Schelle 2004). Hier entsteht eine

Erfahrungsbasis für Studierende um eigenständig und reflektierend Vorstellungen der Praxis zu entwickeln. Auch fachdidaktische Lehrveranstaltungen sind deshalb als Forschungsseminare anzulegen. Die Seminarthemen zur Entwicklung fachdidaktischen Wissens über Entwicklungsverläufe des Lernens an für Unterricht konstituierten Gegenständen müssten dafür in dem Duktus behandelt werden, „zu zeigen, wie Wissen generiert wird“ (Ossner 1999, S. 40).

Diese Position ist deutlich zu unterscheiden von der anderenorts vertretenen Vorstellung, mit forschendem Lernen sei die unmittelbare Teilhabe von Studierenden an einer „Forschung“ gemeint, die die Herstellung einer „Einheit von Theorie und Praxis“ sich als Ziel gesetzt hat. Für diese zweite Position sollen die schulpraktischen Studien über einen Problembezug für das wissenschaftliche Wissen hinaus bereits in Ansätzen praktisches Können vermitteln. Entsprechend werden sie als Ort der Integration von „Praxis, Theorie, Empirie und Qualitätssicherung“ (Hessisches Ministerium 1997, S. 104) aufgefasst. Zu den Arbeitsformen gehören deshalb auch „Unterrichtsversuche zur Erprobung der eigenen Fähigkeiten und Fertigkeiten, zur Überprüfung didaktischer Theorien und Ansätze“ (ebd.). Studierende werden daher als zentrales Element auch in die Position virtueller Praktiker gebracht: Sie sollen so – erklärtermaßen – im Grunde die Perspektive der Institution Schule, ihre Wissensbestände, Konventionen und Interessen bei ihrer Erfahrung und Anschauung der Praxis zugrundelegen. Ziel ist schließlich insgesamt in den schulpraktischen Studien „eigene zuverlässige Qualitätsnormen für erfolgreiches Handeln zu entwickeln“ (ebd.). Spätestens hier drängt sich die Frage auf, ob dieser zweiten Position heute nicht mehr haltbare Kategorien zu Grunde liegen. Wenn wissenschaftliches Wissen und Können zwei zu unterscheidende Dinge sind, wenn der Aufbau eines solchen Könnens eine eigene, auch gegenüber Theorie eigenständige Leistung Professioneller darstellt, Wissen bei der Lösung praktischer Probleme zu verwenden, dann sollten die Praktikumelemente in der ersten Phase gerade keine Einübung in normativ aufgeladene pädagogische Programme darstellen. Der für Studierende so noch nicht zu verarbeitende Handlungsdruck lässt sie nach dem greifen, was Handlungsanleitung verspricht, kürzt einen eigenständigen Prozess der Auseinandersetzung mit den unterschiedlichen Anteilen der professionellen Basis unangemessen ab und könnte damit zu einer Entprofessionalisierung führen.

Als strittig zwischen den beiden genannten Positionen erweisen sich also die Vorannahmen über den Aufbau einer Wissens- und Handlungsbasis in der Lehrerbildung: Das eine Konzept arbeitet implizit mit der Vorstellung, dass eine mögliche Einheit von Theorie und Praxis erfahren worden sein muss (im angeleiteten Unterrichtsversuch durch „meisterhafte“ Lehrer, im erlebten Habitus des Theoretikers in der Praxis, der die angemessene Wissensverwendung im praktischen Handeln vorführt). Das andere Konzept denkt dagegen in Differenzen und in der prinzipiellen Spannung von Erfahrung und theoretischer Aufklärung, es setzt voraus, dass die verschiedenen Anteile zwar aufeinander „abgestimmt“, aber als strukturell unterschiedliche bestehen müssen, damit die eigenständige Konstruktionsleistung des Aufbaues von Professionalität möglich wird. Ein Aufbau von Reflexivität dieser Vermittlungsleistung professionellen Handelns erfordert dann konstruktiven Problembezug auf Praxis, aber in einer analysierenden und rekonstruierenden Haltung.

Auch wenn die Frage der Institutionalisierung des Studiums demgegenüber zweitrangig ist und unterschiedliche Lösungen zulässt, bietet die gegenwärtige Form viel Anlass zur Kritik: Die in den Befunden der Lehrerbildungsforschung dokumentierte Klage von Studierenden wie Lehrenden über die Zersplitterung der Studienangebots und über die Intransparenz der Anforderungen stellt eine Kritik an der Institutionalisierung der Studiums dar, die abschließend zu den Überlegungen zur ersten Phase anzusprechen ist. Was leisten die zum Zweck der „Abstimmung“ bei der Angebotsentwicklung aller Elemente der Lehrerbildung seit über einem Jahrzehnt erprobten „Zentren für Lehrerbildung“? Die Evaluationen zeigen mögliche Aufgaben: die Koordinierung des Studiums, die fächerübergreifende Abstimmung von Studieninhalten, die Studieninformation und Beratung, auch die hochschuldidaktische Weiterentwicklung (Blömeke 1998; Höltershinken 1999; Rinkens/Tulodziecki/Blömeke 1999). Damit wird auch ein Potenzial zur Entwicklung des Studienangebots deutlich (Blömeke 1999; Mürmann 1999). Konzipiert als „anregender Kontakt“ stellt diese Kooperationsform nach den Befunden (vgl. außerdem Gehrmann/Nagode/Wintermann 1999; Seipp/Wittmann 1999) eine Basis für die weitere Entwicklung der Lehrerbildung zur Verfügung.

2.5 Zweite Phase und Lehrerfort- und Weiterbildung

Berufliches Können als eigenes Moment professioneller Handlungsbasis entsteht erst in der Auseinandersetzung mit und der Wissensverwendung in der Praxis. Mit der Institutionalisierung professionellen Handelns entstehen Konventionen und Organisationsregeln der Lehrer-Zunft, die aus der Erfahrung mit der alltäglichen Problembewältigung mit hervorgehen. Diese stellen eine in diesen Konventionen eingeschlossene Art sozialen Wissens dar, das sich Berufsanfänger aneignen müssen. Die zweite Phase der Referendarsausbildung weist deshalb eine geringe Distanz zur Praxis auf, und zielt über alltägliche Unterrichtserfahrung und deren Begleitung durch Seminare auf Berufsvorbereitung. Die früher strittige Frage der Ein- oder Zweiphasigkeit von Lehrerbildung scheint in dem Umfang, in dem konzeptuell die kategoriale Differenz von Wissen und Können vorausgesetzt und berücksichtigt wird, kaum mehr bedeutsam. Das spricht freilich noch nicht für oder gegen eine bestimmte Organisationsform.

Welche Forschungsergebnisse zur zweiten Phase liegen bislang vor? Die Wahrnehmungen der Betroffenen bleiben auch hier höchst interpretationsbedürftig: Einerseits wird der Übergang als „Bruch“ negativ konnotiert (schon Dann/Cloetta/Müller-Fohrbrodt/Helmrich 1978), andererseits werden im nachhinein die Schwierigkeiten zu Beginn insgesamt nicht als wirklich erheblich bezeichnet (Terhart/Czerwenka/Ehrich/Jordan/ Schmidt 1994). Die Metapher vom Praxisschock scheint eher irreführend und der bezeichnete Eindruck möglicherweise auch Ausdruck einer notwendigen Phase des Aufbaus neuer Ressourcen.

Außerdem wird das Referendariat als stärker praxisorientiert positiv eingeschätzt (Steltmann 1986; Oesterreich 1987, 1988; Gecks 1990; Ulich 1996), es wird eine bessere Betreuung wahrgenommen, praxisorientiert und innovativ (vgl. z.B. Sjuts 2000; Spindler 2000). Andererseits wird gleichzeitig das Angebot insgesamt auch nicht besser als das der ersten Phase eingeschätzt (Spindler 2000). Die Kritik reklamiert eine fehlende Praxisrelevanz des Angebotes im Studienseminar hinsichtlich der Anforderungen in der Beziehungsgestaltung mit Schülern, Eltern und Kollegen (de Lorent 1992) und hinsichtlich des Umgangs mit Devianz und Heterogenität unter den Schülern (ebd.). Hinzu kommt die Kritik an Schwächen der Angebotsorganisation der Studienseminare und insbesondere an der Intransparenz der Bewertungsmaßstäbe (Czerwenka/ Nölle 2000; Sjuts 2000; Spindler 2000).

Problemorientierte offene Befragungen der Betroffenen offenbaren allerdings noch ganz andere Seiten der Referendariatserfahrungen: Das Gesamtangebot wird nicht als positiv bei der ersten eigenständigen Bewältigung von Praxis erfahren (Spindler 2000) – die Belastung wird als viel zu hoch eingeschätzt (Ulich 1996; Pres 2001a; Pres 2001b). Erlebt wird ein Belastungs- und Anpassungsdruck, der als wirksam und die eigene Haltung verändernd beschrieben wird (Gecks 1990; Ulich 1996). Die Betroffenen nehmen Verletzungen, Ohnmachtserfahrungen wahr und beschreiben die Erfahrung totaler Kontrolle (Pres 2001a). Möglicherweise unvermeidliche Belastungserfahrungen scheinen nach ersten Befunden destruktiv für das professionelle Selbst zu sein, und Verdrängung statt Reflexion und Verarbeitung auszulösen (so etwa Gecks 1990). Allerdings wurden hier Reforminitiativen ergriffen (Sjuts 2000; Pres 2001b).

Wie kontrastieren dazu die vertretenen konzeptionellen Vorstellungen? In der zweiten Phase geht es um Können und zwar um seine Grundlagen, auch seine Reflexion. Dazu kann man zwei Positionen unterscheiden. Die erste Position wird konturiert dadurch, dass sich einige Konzepte nicht grundsätzlich mit den Vorannahmen der heute immer noch dominierenden Praxis des Referendariats beschäftigen und nur anmahnen, die curriculare Integration von erster und zweiter Phase zu verbessern (vgl. Hessisches Ministerium 1997, S. 111). Implizit wird so die Vorstellung fortgeschrieben, berufliches Können entstehe durch den Aufbau eines Vorrates von Handlungsstrategien als eines praktischen Handlungswissens. Angeleitete Unterrichtsversuche von Referendaren bei vorbildlichen, „einführenden" Lehrern verdeutlichen danach die gültige Verwendung von Wissen im praktischen Handeln durch den Meisterlehrer. Schlichte Nachahmung von Handlungsmustern oder schlichte Übernahme von Orientierungen sind hier nicht ausgeschlossen. Komplementär kommt den Studienseminar-Veranstaltungen dann die Funktion zu, Handlungsstrategien und Muster fachdidaktischer und pädagogischer Art und schulorganisatorische Regeln und Konventionen normativ zu vermitteln.

Die zweite Position betrachtet Können dagegen als immer nur durch den Einzelnen selbst konstruktiv aufzubauendes „know how", das nur in der reflektierenden Auseinandersetzung mit vorgefundenen Konventionen und Mustern der Praxis eigenständig erworben werden kann. Der Referendariatsausbildung kann deshalb auch nur die Funktion zu kommen, „grundlegende Qualifikationen für die praktische und reflektorische Ausgestaltung von Lehrämtern" (Keuffer/Oelkers 2001, S. 36) zu vermitteln. Das verlangt freilich eher noch eine höhere Qualifizierungsleistung: In der Auseinandersetzung mit konkreten Situationen und Problemen der eigenen Schule und des eigenen Unterrichts kommt es dann auf eine „vertiefende Bearbeitung" (ebd.) an, in der die zugrunde liegenden Handlungsmuster, Interpretationsmuster des spezifischen „Lehrerblickes", Konventionen der Zunft und schulorganisatorische Regeln herausgearbeitet werden. Komplementär besteht die eigentliche Funktion des Studienseminarangebotes darin, zur praktischen Reflexion dieser Bestände beizutragen: Als poietisches Angebot zur Reflexion dieser Muster, die die Reflexivität professioneller Bestände des Erfahrungswissens anbahnt. Dieses Verständnis zielt näher betrachtet also gerade auf eine Lernerfahrung, die das konkrete Berufshandeln unter zunehmender Eigenverantwortlichkeit betrifft, aber die zu vermittelnde Handlungsbasis professioneller Bestände als eine auffasst, die nicht über Ableitungen aus wissenschaftlichem Wissen oder zünftischen Normen und Sichtweisen besteht. Vielmehr steht diese Handlungsbasis permanent im Sinne von Krise und Routine in Spannung zu beispielsweise Verallgemeinerungen wissenschaftlichen Wissens oder Routinisierungen der Praxis (mit begrenzter praktischer Verwendbarkeit). Die reflektierte Aneignung solcher Interpretations- und Handlungsmuster sollte deshalb zugleich dabei unterstützen, einen Habitus der Reflexivität gegenüber professionellen Beständen der Handlungsbasis mit anzubahnen.

Wesentlich beim Aufbau der genannten Handlungsbasis ist deshalb die Erfahrung, „dass und wie diese Spannung produktive Verarbeitung finden kann" (Keuffer/Oelkers 2001, S. 37), nämlich in Gestalt einer fallbezogenen Reflexion, in der dann auch wissenschaftliches Wissen zur Erzeugung einer anderen, produktiv irritierenden Perspektive auf den Fall beziehungsweise das Muster herangezogen werden kann, was ein Denken in Alternativen und konkurrierenden Lesarten eröffnet – und nicht in normativen Prinzipien. Die Vermittlung eines Habitus der Reflexivität kann freilich nur gelingen, wenn die Angebote des Studienseminars nicht nur unterrichtliches Können, sondern auch die Persönlichkeitsentwicklung indirekt mit unterstützen: Lehrerprofessionalität baut selbstverständlich auch auf den individuellen Sozialisationsprozessen der psychisch-emotionalen Verarbeitung von Erfahrung auf, beispielsweise der eigenen Erfahrung als Schüler. Sie fundiert den Aufbau der Basis professioneller Bestände, weil sie bei der Verarbeitung der Erfahrungen in der Lehrerbildung und im Beruf mit eingehen. Um professionelle Reflexivität aufzubauen, muss deshalb unabdingbar im Qualifizierungsprozess auch ein biographisch-selbstreflexives Wissen entstehen.

Die frühen Erfahrungen von künftigen Lehrern mit Nähe und Distanz, im Besonderen in ihrer eigenen Schulzeit im Umgang mit einer Schulorganisation, die diesbezüglich Anforderungen hinsichtlich des Rollenverhaltens stellt, werden beim Aufbau professioneller Deutungen und Muster als jetzt selbst Unterrichtender herangezogen. Und nur ein reflexiver Umgang mit den eigenen, lebensgeschichtlich vorgängig erworbenen Dispositionen sichert in der Lehrerbildung, dass diese nicht undurchschaut in die Entwicklung eigener Muster und Routinen Eingang finden. Streng genommen sind deshalb Angebote der Selbstreflexion etwa in Form von Supervision für ein Bildungsangebot erforderlich, das nicht hilflos kognitionszentriert bleiben will.

2.6 Fort- und Weiterbildung

Für die Weiterentwicklung des bislang dominierenden Verständnisses von Fort- beziehungsweise Weiterbildung ist die zuletzt markierte Position ebenfalls sehr ertragreich. Bislang vorliegende Forschungsergebnisse dokumentieren sehr deutlich die Möglichkeiten einer Weiterentwicklung des bisherigen Fortbildungsverständnisses: Untersuchungen zur Kompetenzentwicklung zeigen, dass sinnvolle Interventionen der Rückmeldung und der Unterstützung von Reflexionsprozessen dazu beitragen können, die Verarbeitung problematischer Erfahrungen in der Berufseingangsphase produktiv zu vollziehen und eigene Selbstwirksamkeitserwartungen auch als positive auf einem neuen Niveau und nach der Bewältigung von Krisen zu erhalten (Schmitz 1998; Hertramph/Herrmann 1999). Hertramph und Herrmann können ausführen, dass gerade ein eigens institutionalisierter kollegialer Austausch und Rückmeldungen die Entwicklung der Interpretation und der eigenen Handlungsweisen im Sinne von Kompetenzentwicklung stärken. Wie stehen die vertretenen Konzeptionen dazu?

Bislang steht ein Verständnis ergänzender Nachqualifizierung im Vordergrund: Die Angebote beziehen sich dabei einmal auf fachliche Themen, zum anderen auf Themen der Schulentwicklung wie Weiterqualifizierung oder Neuqualifizierung künftiger Funktionsträger. Hinsichtlich der Weiterentwicklung pädagogischen beruflichen Erfahrungswissens dominierten schließlich psychologische Konzepte der so genannten „Modifikation subjektiver Theorien“, die allerdings den eigenen Status professionellen Wissens kategorial unterschlagen (Wahl 1991; Kolbe 1997).

Professionalisierungstheoretisch belehrt müsste das Ziel solcher Weiterqualifizierung gerade in der Berufseingangsphase (die z.B. das Hamburger Modell programmatisch deshalb als eigenständige Phase ausweist) darauf gerichtet sein, Aufgaben wie „die Entwicklung und Gestaltung der Lehrerpersönlichkeit, (...) de(n) Aufbau individueller Handlungssicherheit (oder den) Aufbau ergänzenden Wissens“ (Keuffer/Oelkers 2001, S. 40) ins Zentrum zu rücken und als eigenkonstruktive Leistung Professioneller zu verstehen. Ausgangspunkt sind dabei die bereits vorliegenden beruflichen Erfahrungen und Problemkonstellationen. Beruflich Erfahrene können anhand konkreter Falldarstellungen dann den Versuch unternehmen, eine Deutung von Fällen auf der Basis ihrer professionellen Bestände zu explizieren und diese Deutung mit alternativen Deutungen von anwesenden Fortbildnern zu kontrastieren. Ein derart klinisches Verfahren erlaubt durch diese Differenz dann eine Selbstreflexion auf die eigenen Deutungsleistungen, die in die Falldarstellung eingingen (vgl. Combe/Helsper 1996; Kolbe 1997; Combe 2000). Gerade mit Blick auf eine Verbesserung von Kooperation und Selbstreflexion im Rahmen von Schulentwicklung liegen hier entscheidende Möglichkeiten.

Zweierlei ist abschließend festzuhalten: Erstens muss zu Beginn besonders herausgestellt werden, dass die Forschungsdesiderate bislang derart gravierend ausfallen, dass ohne empirische Rekonstruktionen alle konzeptuellen Überlegungen nur unter Vorbehalt formuliert werden können (Fried 1997; zuletzt Schaefers 2002). Nach den bisherigen Befunden ist von erheblichen standortspezifischen, studiengangspezifischen und fächerspezifischen Differenzen auszugehen, die erst eigens näher zu erfassen wären. Gleiches gilt für unterschiedliche Rahmenbedingungen für Lehrerbildung im Sinne der institutionellen Einbettung, curricularer Rahmungen und hochschuldidaktischer Vorbedingungen. Insbesondere fehlen breite und längsschnittlich angelegte Analysen. Die zweite Phase ist völlig unzureichend erfasst. Besonders ist Schaefers (2002) darin zuzustimmen, dass sie eine systematische und theoriegeleitete Wirkungsforschung als Beitrag zur Erforschung des Professionalisierungsprozesses einklagt.

Zweitens: Die vorliegende Darstellung macht in allen Studienanteilen deutlich, dass viel dafür spricht, die ausdifferenzierten Teile der Lehrerbildung auch als solche in ihrer Eigenlogik wirken zu lassen, anders gesagt: sie nicht vorschnell – und unter dem Zwang zu unmittelbarer Praxisrelevanz – zusammenzuzwingen. Eine solche Rückvermittlung des Ausdifferenzierten unterbietet unsere historischen Möglichkeiten.

Am Beispiel der Praxisrelevanz: Als praxisrelevant gilt unter Praktikern oft schlicht das, was alle denken. Eine wissenschaftliche Ausbildung hat nicht die Aufgabe in das zünftische Denken einzuüben, sondern zur eigenständigen und nur darin auch innovativen Entwicklung berufsbezogenen Denkens anzuregen. Das „unendlich Fortschrittliche der Trennung von Theorie und Praxis“ (Adorno) liegt darin, dass Theorie die Sicht der Praxis gerade nicht affirmiert, sondern alternative Perspektiven anbieten kann. Außerdem: Gegenüber dem post-geisteswissenschaftlichen Theoretiker, der – als besserer Praktiker – eine Einheit von Theorie und Praxis herstellen soll, erweist sich die Vorstellung vom Professionellen als der Instanz, die eigenständig eine Rückvermittlung leistet, durchaus als attraktiv – wenn auch als historisch gefährdet.

3 Reformversuche in der Lehrerbildung – thematische Linien des Reformdiskurses

Lehrerbildung und ihre Reform kann man nur diskutieren, wenn der gesellschaftspolitische Kontext berücksichtigt wird. Seit den 1980er Jahren wurde die bis dahin verfolgte grundlegende Reformvorstellung für das Bildungssystem und die Lehrerbildung abgelöst. Bis dahin dominierte das Prinzip der Innovation durch wissenschaftliche Ausbildung beziehungsweise Verwissenschaftlichung der Lehrerbildung. Wissenschaftlichkeit und professionelles Mandat galten als Moment einer wissenschaftsgestützten Anpassung an den gesellschaftlichen Wandel (i.b. einer Rationalisierung), Lehrerbildung war in die Universitäten integriert worden (vgl. beispielsweise Oelkers 1996; Radtke 2004).

Von den dadurch entstandenen Folgen für die Qualifizierungsstruktur, die schon früh durch Lehrerbildner und Wissenschaft problematisiert wurden, nimmt eine der aktuellen Diskussionslinien ihren Ausgangspunkt: Schon früh wurde die Entwicklung als ein „missratener Fortschritt“ (A. Flitner 1977) erkennbar. Fragmentierung des Lehramtsstudiums, nicht vorhandene Abstimmung seiner verschiedenen Elemente, ungeklärte Konzeptualisierung hinsichtlich des sog. Praxisbezugs des Studiums, im Besonderen der schulpraktischen Studien waren die Stichworte. Erst viel später wurde rekonstruiert, warum die Reform dem Verhältnis von wissenschaftlichem Wissen und der Basis professionellen Handelns (noch) nicht gerecht wurde. Seither sind in der immanenten Diskussion die Konsequenzen für eine Reform der Reform umstritten: Einerseits wird einem Versuch das Wort geredet, Lehrerbildung durch einen eigens noch einmal gesteigerten „Praxisbezug“ besser zu strukturieren. Andererseits werden im Anschluss an die neuere Professionalisierungstheorie, kognitionspsychologische Forschung und strukturtheoretische Ansätze Konzepte entfaltet, die gerade eine professionalisierungstheoretisch fundierte Profilierung des Bildungsangebotes anvisieren: Die Leistungsfähigkeit von Angeboten der Theorie wird hier gerade in ihrer Differenz zur Praxis gesehen und darin, die „Vermittlung“ beider im Professionellen beziehungsweise im Aufbau einer entsprechenden Handlungsbasis zu sehen (vgl. Combe/Kolbe in diesem Handbuch).

In der zweiten bedeutsameren Diskussionslinie soll ebenfalls Reformbedarf begründet werden, aber die Kritik meldet Zweifel an der Begründung dafür an: Seit den 1980er Jahren wird die Diskussion beherrscht durch einen neoliberalen Steuerungsdiskurs, der ökonomistisch über die Grenzen des Wirtschaftssystems hinaus dessen Rationalität in anderen Bereichen durchzusetzen versucht. In der bildungspolitischen Variante wird eine Anpassung des Bildungssystems an den Markt eingefordert, Autonomisierung, Evaluation, Profil- und Schwerpunktbildung, vor allem Effektivierung sind die Stichworte. Unter dem Effektivierungsgesichtspunkt wird nun auch nach einer Lehrerbildung gerufen, in der Themen und Qualifizierungsangebote der Universität viel stärker durch den Abnehmer der Qualifikation – die Schulverwaltung und die Schule – festgelegt werden sollen. Je mehr aber so verstandener Praxisbezug und unmittelbare Verwertbarkeit der Qualifikation gemessen an engen Tätigkeitsprofilen gefordert wird, umso mehr wird die Rückverlagerung der Lehrerbildung an die Fachhochschulen wieder thematisiert (so beispielsweise durch den dt. Wissenschaftsrat). Damit steht eine Veränderung der Qualifikationsstrukturen zu befürchten, die nur als De-Professionalisierung bezeichnet werden kann.

Inzwischen konkretisieren sich diese Bemühungen allerdings in der Strategie der Einführung von Bachelor- und Masterstudiengängen, die vorderhand ambivalenter ist (vgl. z.B. Herrmann 2001; Künzel 2001; Terhart 2001b). Damit wird organisatorisch umgekehrt eher ein fachhochschulisches Angebot in die Universität integriert – oder diese in Teilen auf Fachhochschulniveau gebracht (vgl. die Äquivalenzbestimmungen in NRW zwischen BA-MA Studiengängen an Universität und Fachhochschulen).

Mit der Abschaffung von Lehramtsstudiengängen und Staatsexamen lässt sich nun einerseits die Struktur der Bildungsangebote allein an universitären und professionellen Standards orientieren – hier liegt aus professionalisierungstheoretischer Sicht ein möglicher Gewinn. Andererseits können die bis jetzt vorgelegten BA-MA-Modelle für Lehrerbildung, weil sie durch die Struktur der Qualifizierung bislang nicht überzeugen, relevante Momente der Entwicklung der Voraussetzungen von Professionalität beschädigen: Einschränkung der Wissenschaftlichkeit, konsekutive Struktur hinsichtlich fach- und bildungsbezogenen Wissenschaften und Abbau der Angebote, die eine Reflexivität hinsichtlich der praktischen Wissensverwendung unterstützen könnten, sind bislang dort angelegt (vgl. z.B. Terhart 2001b; Helsper/Kolbe 2002; Kolbe 2002).

Das kann gegenwärtig nicht heißen, dass unter dem BA-MA-Etikett nicht auch anderes möglich wäre. Dazu aber sind erst ganz zaghafte Versuche in Vorbereitung (vgl. z.B. Helsper/Kolbe 2002). Für solche spricht auch die dritte Diskussion.

Der Universität und insbesondere den Erziehungswissenschaftlern „kommt (...) eine dreifache Aufgabe zu: Sie müssen erstens die gesellschaftlichen Aufgaben der pädagogischen Professionen analysieren; sie müssen zweitens aus der Strukturlogik pädagogischen Handelns die Kompetenzerwartungen an die Professionellen formulieren. Sie müssen drittens ihren eigenen Beitrag im Prozeß der Professionalisierung bestimmen“ (Radtke 1999, S. 15). Die bislang formulierten Kompetenzerwartungen (vgl. z.B. Combe/Helsper 1996; Schütze 1996; Helsper 2002) machen nun auch auf gesellschaftliche Wandlungsprozesse aufmerksam, die aus ganz anderer Perspektive einen gravierenden Reformbedarf in der Lehrerbildung diagnostizieren: Viel spricht danach dafür, dass durch die sich in der Gegenwart vollziehenden Prozesse gesellschaftlicher Modernisierung die Anforderungen an professionellen pädagogisches Handeln beträchtlich wachsen (v.d. Loo/v. Reijen 1992). Mit der Modernisierung gehen nun Prozesse einer neuen Ent-Strukturierung im Vergleich mit der Vergangenheit einher: Prozesse der Pluralisierung und Enttraditionalisierung kultureller Orientierungen und Wertorientierungen, Prozesse der Individualisierung hinsichtlich von Selbstverantwortlichkeit und individueller Leistung, Prozesse der Rationalisierung von Kommunikationsprozessen und Interaktion in Organisationen und Prozesse zivilisatorischen Selbst-Disziplinierung. Diese Prozesse steigern die Anforderung an pädagogischen Handelns erheblich.

Das Lehrerhandeln muss zugleich unterschiedlicher Logik folgen: Neben der Logik allgemeinen (Regel-)Wissens mindestens der Logik maieutischen Handelns und der Logik des Handelns in den Strukturierungen der Organisation. Damit gehen vielfältige antinomische Spannungen im Handeln einher (vgl. z.B. Oevermann 1996; Schütze 1996; Helsper 2004): Strukturtheoretisch kann man zeigen, dass sich die Qualität professionellen pädagogischen Handelns dadurch ergibt, dass dafür konstitutive Antinomien, nicht aufhebbar widersprüchliche Anforderungen im Handeln bewältigt werden. Diese antinomischen Spannungen werden durch den historischen Wandel zudem anforderungsreicher ausgestaltet.

Der Umgang mit diesem widersprüchlichen Handlungsanforderungen kann nur in dem Umfang gelingen, in dem Können, professioneller Habitus und hermeneutische Kompetenzen entfaltet werden, anders gesagt: Auch unter erhöhter Widersprüchlichkeit noch wissen zu können, was man tut und es verantworten zu können.

4 Reflektierte Fallgeschichten als Medium einer produktiven Austragung der Theorie-Praxis-Spannung

Die vorliegende Rekonstruktion der Lehrerbildung ist der Einsicht verpflichtet, „dass in einer posttraditionalen Gesellschaft pädagogische Praxis nicht einfach Anwendung von Theorie ist, sondern entscheidungsriskantes Handeln, das seine Orientierung in der Spannung von empirischer Erfahrung und deren möglicher Aufklärung gewinnt“ (Kokemohr 2000). Wir gehen davon aus, dass es insbesondere durch Fallarbeit möglich sein dürfte, die Fähigkeit zukünftiger Lehrer zu einer entscheidungsriskanten Praxis zu stärken.

Zunächst sind Ausdifferenzierungen des Fallbegriffs der Sache dienlich. Fallarbeit in der Praxis gilt meist einer konkreten Person und zielt auf Lösungen eines Praxisproblems. Eine Fallstudie zielt eher auf wissenschaftliche Erkenntnis. Ein Fall kann sich beziehen auf individuelle Personen, aber auch auf Gruppen, zum Beispiel eine Familie, eine Schulklasse, oder sogar noch auf größere und letztlich auch abstrakte Einheiten, wie zum Beispiel eine Bildungsinstitution (vgl. hierzu Fatke 1997). In der Arbeit mit Fällen wird also versucht, sich die besondere Existenzweise einer menschlichen Praxis oder eines sozialen Phänomens vor Augen zu führen und diese zu verstehen (vgl. auch Combe/Kolbe in diesem Handbuch).

In der Diskussion um die Fallrekonstruktion in der Lehrerbildung (Ohlhaver/Wernet 1999; Beck/Helsper/Heuer/Stelmaszyk/Ullrich 2000) sollte der Fallbegriff allerdings nicht zu konkretistisch verstanden werden. Ein Fall wird ein Geschehnis erst dadurch, dass es zum Fall erhoben wird, also zum Beispiel eine Fragestellung formuliert und über ein entsprechendes Protokoll der Wirklichkeit reflektiert wird. Die beiden Momente, die Justierung des Erkenntnisinteresses und die pragmatische Bestimmung des Protokollstatus des Materials verweisen darauf, dass der Fall von vornherein im Spannungsverhältnis zu einem über den Fall hinausweisenden Allgemeinen konstruiert wird. Je mehr wir uns in das Einzelne vertiefen, desto mehr verstehen wir vom Ganzen.

Wir haben in diesem Beitrag versucht, Verkürzungen in den Konzeptionen der Lehrerbildung – vor allem hinsichtlich der prinzipiellen Spannung zwischen theoretischen und praktischen Wissensformen – deutlich zu machen. Vor einer solchen Verkürzung der Theorie-Empirie-Spannung ist nun auch der Umgang mit Fallgeschichten nicht gefeit. Hierbei lassen sich folgende problematische Möglichkeiten unterscheiden: Anstelle von widersprüchlichen Situationsanalysen, die sich an sich dem theoretischen Verständnis sperren würden, finden wir Fallskizzen vor, die Abziehbilder von schon bekannten Theorien gleichen. Die Theoreme können aber durch bloße Subsumtion immer neuer, passender Fälle eine Fortentwicklung nicht erfahren. Bloßen Theorie-Illustrationen korrespondieren auf der Gegenseite des Spektrums packende Reportagen, in denen Theorien wiederum sehr fern sind. Aber ohne „Theoretisierung", d.h. den Versuch, dem durch den Fall aufblitzenden Neuen im Rahmen des vorhandenen Wissens Begriffe zu geben, kommt es zu keiner Korrektur und Weiterbildung von Theorien mittels klinischer Erfahrung. Eine Verkürzung wäre es auch, Fälle und Referenzbeispiele als Präskripte zu lesen. Zwar schulen Lehrer und Lehrerinnen ihren Blick für Abläufe, Zusammenhänge des Gelingens und Scheiterns an solchen Referenzbeispielen. Aber diese treten nicht mit dem Anspruch einer normativen Schulkunde auf, einen einzig richtigen Verlauf zu bezeichnen. Sie sagen nicht, wie man's macht. Vielmehr ist der Entwurf konkurrierender Lesarten – also ein Denken in Alternativen – trotz aller Unterschiede in den fallrekonstruktiven Verfahren eine gemeinsame Basis der Interpretation von Fällen.

Damit ist auch der Euphemismus problematisch, Fallgeschichten müssten immer ein gelungenes Dokument sein (Combe 2001). Eher öffnen Fallrekonstruktionen einen Raum für Bezugnahmen und Vergleichsfolien – aus einer jeweils zeit- und ortsgebundenen Perspektive. Reden über Fälle ist über weite Strecken also nicht apodiktisch, sondern deiktisch, verweisend, nicht beweisend. Fälle machen „Wegbahnungen" (W. Flitner 1974, S. 136) sichtbar, die man erfinden muss und wechseln kann. Strittig ist nun die Frage der praxisvorbereitenden Relevanz von Fallrekonstruktionen. Radtke (1996) ist hier skeptisch: Die Einübung von Reflexivität in der strukturdeutenden Fallarbeit wird „die Virtuosität des Professionellen bei der nachträglichen Deutung" steigern, aber nicht die seines Handelns (ebd., S. 254). Kolbe (1998) geht davon aus, dass die „durchreflektierten Interpretationsmuster" Basis eines „professionellen abkürzenden

Verstehens in komplexen Kommunikationssituationen“ (ebd., S. 332) sind und damit pädagogisches Handeln unter Entscheidungsdruck erleichtert und dieses gleichwohl reflexiver gestaltet werden kann. Combe wiederum ist der Auffassung, dass in der Fallrekonstruktion gelernt wird, mit „szenischen Bildern“ zu arbeiten, die in Handlungsabläufen geformte sinnhafte Gestalten sind. Damit betont Combe (2000, 2001) die Rolle der Einbildungskraft und weist darauf hin, dass Phantasie nicht einfach befreit, sondern gebildet werden muss, soll es zur Institutionalisierung von Kritik über berufskonventionelle Muster kommen.

Was die aufgeworfene Frage der praxisvorbereitenden Relevanz von Fallarbeit anlangt, so dürfte man üblicher Weise der Realbegegnung größere Wirksamkeit zusprechen. Allerdings würde eine solche Auffassung unterschätzen, dass sich das Wechselspiel von Idealbildung und Realitätsprüfung vermutlich am Besten in einem „intermediären Erfahrungsbereich“ (Winnicott 1973), einem spielerisch-realitätsprüfenden Modus (Kokemohr 1985) oder in Form einer „reflexiv-müßigen Problematisierung“ (Oevermann 1996) zu entwickeln vermag. Der Vorteil eines solchen „kasuistischen Raumes“ (Hörster 1999) ist, dass er die realen alltäglichen Problemlösungszwänge – zumindest zeitweise – außer Kraft setzt. Die Arbeit mit Fällen dient also vornehmlich dazu, ein reflexives Verhältnis zu den eigenen Handlungsgrundlagen aufzubauen. Ohne die vielfältige Institutionalisierung von Arrangements der Kasuistik – sei es in Praxisforschung, Evaluation, Teambesprechungen, Supervision oder hermeneutischen Seminaren – kann der Lehrerberuf nicht zu sich selbst kommen.

5 Forschungsperspektiven

Dass die geschilderten Befunde stark nach Ausbildungsorten differieren, macht erstens deutlich, dass künftig systematisch Evaluationsstudien durchgeführt werden müssen. Dies gilt gleichermaßen für interne wissenschaftlich fundierte Evaluationen, die lokale Weiterentwicklung erlauben können, wie für externe Evaluationen, die auch übergreifend Vergleichsmöglichkeiten bieten, um unterschiedliche Lehrerbildungsformen kontrastiv analysieren zu können – auch hinsichtlich ihrer Rahmenbedingungen. Zweitens gilt es, die zweite Phase der Lehrerbildung über einzelne Standorte hinaus überhaupt erst näher zu erforschen und dies vor allem auch mit qualitativen Methoden auszuführen. Erst so kann der Verdacht entsubjektivierender Qualifizierungsformen durch die Organisation und die Methoden des Referendariats näher geprüft werden. Drittens wird deutlich, dass eine theoriegestützte Wirkungsforschung zur Lehrerbildung erforderlich ist, die ihre Kriterien, wie beispielsweise Standards auszuweisen in der Lage ist. Dies führt schließlich viertens auch zu der Einsicht, dass theoretisch und empirisch sehr komplexe Untersuchungen notwendig sind, um die Kompetenzentwicklung in der Lehrerbildung zu rekonstruieren. Einstellungsuntersuchungen greifen zu kurz. Nur interaktionsanalytisch gestützte Untersuchungen zur Professionalisierung können weiterreichende Erkenntnisse bereitstellen.

Literatur

Arens, B.: Neue Formen Schulpraktischer Studien. Das Pädagogische Einführungspraktikum und das „integrative" Blockpraktikum. In: Höltershinken, D. (Hrsg.): Lehrerbildung im Umbruch. Analysen und Vorschläge zur Neugestaltung. Bochum 1999, S. 68-82

Bastian, J./Combe, A./Reh, S.: Professionalisierung und Schulentwicklung. In: Zeitschrift für Erziehungswissenschaft 5 (2002), S. 417-435

Bastian, J./Helsper, W.: Professionalisierung im Lehrberuf – Bilanzierung und Perspektiven. In: Bastian, J./Helsper, W./Reh, S./Schelle, C. (Hrsg.): Professionalisierung im Lehrberuf. Opladen 2000, S. 167-192

Bayer, M./Bohnsack, F./Koch-Priewe, B./Wildt, J: (Hrsg.): Lehrerin und Lehrer werden ohne Kompetenz? Professionalisierung durch eine andere Lehrerbildung. Bad Heilbrunn 2000

Bayer, M./Carle, U./Wildt, J. (Hrsg.): Brennpunkt: Lehrerbildung. Strukturwandel und Innovationen im europäischen Kontext. Opladen 1997

Beck, Ch./Helsper, W./Heuer, B./Stelmaszyk, B./Ullrich, H.: Fallarbeit in der universitären Lehrerausbildung. Professionalisierung durch fallrekonstruktive Seminare. Eine Evaluation. Opladen 2000

Beckmann, H.-K.: Lehrerseminar-Akademie-Hochschule. Das Verhältnis von Theorie und Praxis in drei Epochen der Volksschullehrerausbildung. Weinheim/Berlin 1968

Blömeke, S.: Reform der Lehrerbildung? Zentren für Lehrerbildung: Bestandsaufnahme, Konzepte, Beispiele. Bad Heilbrunn 1998

Blömeke, S.: Lehrerausbildung und PLAZ im Urteil von Studierenden. In: Rinkens, H.-D./Tulodziecki, G./Blömeke, S. (Hrsg.): Zentren für Lehrerbildung – Fünf Jahre Unterstützung und Weiterentwicklung der Lehrerausbildung. Ergebnisse des Modellversuchs PLAZ. Münster 1999, S. 245-277

Bölling, R.: Sozialgeschichte der deutschen Lehrer: ein Überblick von 1800 bis zur Gegenwart. Göttingen 1983

Cloer, E./Klika, D./Kunert, H. (Hrsg.): Welche Lehrer braucht das Land? Notwendige und mögliche Reformen in der Lehrerbildung. Weinheim/München, 2000

Combe, A.: Fallgeschichten in der Lehrerbildung und Erziehungswissenschaft. In: EWI Report 22, Universität Hamburg 2000/2001, S. 17-19

Combe, A.: Fallgeschichten in der universitären Lehrerbildung und die Rolle der Einbildungskraft. In: Hericks, U./Keuffer, J./Kräft, H.C./Kunze, I. (Hrsg.): Bildungsgangdidaktik. Perspektiven für Fachunterricht und Lehrerbildung. Opladen 2001, S. 19-32

Combe, A./Helsper, W. (Hrsg.): Pädagogische Professionalität. Untersuchungen zum Typus pädagogischen Handelns. Frankfurt a.M. 1996

Czerwenka, K./Nölle, K.: Probleme des Erwerbs professioneller Kompetenz im Kontext universitärer Lehrerausbildung. In: Jaumann-Graumann, O./Köhnlein, W. (Hrsg.): Lehrerprofessionalität – Lehrerprofessionalisierung. Bad Heilbrunn 2000, S. 67-77

Dann, H.-D./Cloetta, B./Müller-Fohrbrodt, G./Helmrich, R.: Umweltbedingungen innovativer Kompetenz. Eine Längsschnittuntersuchung zur Sozialisation von Lehrern in Ausbildung und Beruf. Stuttgart 1978

Dirks, U./Hansmann, W. (Hrsg.): Reflexive Lehrerbildung. Fallstudien und Konzepte im Kontext berufsspezifischer Kernprobleme. Weinheim 1999

Fatke, R.: Fallstudien in der Erziehungswissenschaft. In: Friebertshäuser, B./Prengel, A. (Hrsg.): Handbuch Qualitative Forschungsmethoden in der Erziehungswissenschaft. Weinheim/München 1997, S. 56-70

Fried, L.: Zwischen Wissenschaft und Berufspraxis – Bilanz der Lehrerbildungsforschung. In: Bayer, M./Carle, U./Wildt, J. (Hrsg.): Brennpunkt Lehrerbildung. Opladen 1997, S. 19-54

Fehlhaber, A./Garz. D.: Das nichtbefragte Lehren ist nicht lehrenswert – Analysen zum religionspädagogischen Habitus. In: Ohlhaver, F./Wernet, A. (Hrsg.): Schulforschung, Fallanalyse, Lehrerbildung. Diskussionen am Fall. Opladen 1999, S. 61-90

Flach, H./Lück, J./Preuss, R.: Lehrerausbildung im Urteil ihrer Studenten: zur Reformbedürftigkeit der deutschen Lehrerbildung. Frankfurt a.M. 1995

Flitner, A.: Mißratener Fortschritt. Pädagogische Anmerkungen zur Bildungspolitik. München 1977

Flitner, W.: Allgemeine Pädagogik. Stuttgart 1974

Fried, L.: Zwischen Wissenschaft und Berufspraxis – Bilanz der Lehrerbildungsforschung. In: Bayer, M./Carle, U./Wildt, J. (Hrsg.): Brennpunkt: Lehrerbildung. Strukturwandel und Innovationen im europäischen Kontext Opladen 1997. S. 19-54

Gecks, L.C.: Sozialisationsphase Referendariat – objektive Strukturbedingungen und ihr psychischer Preis. Frankfurt a.M. 1990

Gehrmann, P./Nagode, C./Wintermann, B.: Gemeinsamer Unterricht von Kindern mit und ohne Behinderungen in der Lehramtsausbildung der Universität Dortmund. In: Höltershinken, D. (Hrsg.): Lehrerbildung im Umbruch. Analysen und Vorschläge zur Neugestaltung. Bochum 1999, S. 44-52

Hagemann, W./Rose, F.-J.: Zur Lehrer/innen Erfahrung von Lehramts-Studierenden. In: Zeitschrift für Pädagogik 44 (1998) 1, S. 7-19

Hansmann, W.: Beispiele für Paradoxien des Lehrerhandelns und professionelle Balanceakte (Musik). In: Dirks, U./ Hansmann, W. (Hrsg.): Reflexive Lehrerbildung. Fallstudien und Konzepte im Kontext berufsspezifischer Kernprobleme. Weinheim 1999, S. 43-67

Heil, S./Faust-Siehl, G.: Universitäre Lehrerausbildung und pädagogische Professionalität im Spiegel von Lehrenden. Eine qualitative empirische Untersuchung. Weinheim 2000

Helsper, W.: Antinomien des Lehrerhandelns in modernisierten pädagogischen Kulturen. Paradoxe Verwendungsweisen von Autonomie und Selbstverantwortlichkeit. In: Combe, A/Helspert, W. (Hrsg.): Pädagogische Professionalität. Untersuchungen zum Typus pädagogischen Handelns. Frankfurt a.M. 1996, S. 521-569

Helsper, W: Lehrerprofessionalität als antinomische Handlungsstruktur. In: Kraul, M./Marotziki, W./Schweppe, C. (Hrsg.): Biographie und Profession. Bad Heilbrunn 2002, S. 64-102

Helsper, W.: Antinomien, Widersprüche, Paradoxien – Lehrerarbeit, ein unmögliches Geschäft? In: Kolbe, F.-U./Koch-Priewe, B./Wildt, J. (Hrsg.): Mikrodidaktik der Lehrerbildung. Bad Heilbrunn 2004 (im Erscheinen)

Helsper, W./Kolbe, F.-U.: Lehrerbildung zwischen 1. Staatsexamen und BA-MA. In: Zeitschrift für Erziehungswissenschaft 5 (2002), S. 384-400

Herrlitz, H.-G.: Von Herbart zu Nohl – Göttinger Pädagogik im 19. Jahrhundert. In: Hoffmann, D. (Hrsg.): Pädagogik an der Georg-August-Universität Göttingen. Göttingen 1987, S. 83-107

Herrlitz, H.-G./Hopf, W./Titze, H.: Deutsche Schulgeschichte von 1800 bis zur Gegenwart. Königstein/Ts 1981/1993

Herrmann, U.: Eine Bachelor-/ Master-Struktur für das Universitätsstudium von Gymnasiallehrern. Chancen oder Holzwege? In: Zeitschrift für Pädagogik 47 (2001), H. 4, S. 559-576

Herthramph, H./Herrmann, U.: „Lehrer" – eine Selbstdefinition. Ein Ansatz zur Analyse von „Lehrerpersönlichkeit" und Kompetenzgenese durch das sozial-kognitive Modell der Selbstwirksamkeitsüberzeugung. In: Carle, U./Buchen, S. (Hrsg.): Jahrbuch für Lehrerforschung. Bd. 2, Weinheim/München 1999, S. 49-72

Hess. Ministerium für Wissenschaft und Kunst (Hrsg.): Kommission zur Neuordnung der Lehrerausbildung an hessischen Hochschulen: Neuordnung der Lehrerausbildung. Opladen 1997

Heuer, B.: Schulpraktische Studien im Studiengang Lehramt am Gymnasium: Regelungen, Praxis, Verbesserungsvorschläge. Bericht über ein Projekt der Universität Mainz. Oppenheim 1997

Horst, I.: Lehrerausbildung im Urteil ost- und westdeutscher Studierender. In: Pädagogik und Schulalltag 49 (1994), I., S. 118-125

Höltershinken, D. (Hrsg.): Lehrerbildung im Umbruch. Analysen und Vorschläge zur Neugestaltung. Bochum 1999

Hörster, R.: Der Umgang mit Ungewissheit in pädagogischen Feldern. In: Ecarius, J./Meister, D.M. (Hrsg.): Umgang mit Ungewissheit. Universitätsdruck Halle 1999, S. 31-46

Huber, L.: Das Fach und die Lehrerbildung. In: Bayer, M./Bohnsack, F./Koch-Priewe, B./Wildt, J. (Hrsg.): Lehrerin und Lehrer werden ohne Kompetenz? Professionalisierung durch eine andere Lehrerbildung. Bad Heilbrunn 2000, S. 183-194

Jäger, R.S./Behrens, U.: Weiterentwicklung der Lehrerbildung. Mainz 1994

Jäger, R.S./Milbach, B.: Studierende im Lehramt als Praktikanten – eine empirische Evaluation des Blockpraktikums. In: Empirische Pädagogik 8 (1994), 2, S. 199-234

Keuffer, J./Oelkers, J. (Hrsg.): Reform der Lehrerbildung in Hamburg. Abschlussbericht der von der Senatorin für Schule, Jugend und Berufsbildung und der Senatorin für Wissenschaft und Forschung eingesetzten Hamburger Kommission Lehrerbildung. Weinheim/Basel 2001

Kokemohr, R.: Modalisierung und Validierung in schulischen Lehr- und Lernprozessen. In: Kokemohr, R./Marotzki, W. (Hrsg.): Interaktionsanalysen in pädagogischer Absicht. Frankfurt a.M. 1985, S. 177-235

Kokemohr, R.: Ein Modell reformierter Lehrerbildung in Kamerun. In: EWI Report 21, Hamburg 2000, S. 22-23

Kolbe, F.-U.: Strukturwandel schulischen Handelns. Untersuchungen zur Institutionalisierung von Bildung zwischen dem Anfang des neunzehnten Jahrhunderts und den 1880er Jahren. Weinheim 1994

Kolbe, F.-U.: Fortbildung als Optimierung handlungssteuernden Wissens oder als Reflexivitätssteigerung. Ein Vergleich zweier Konzepte. In: Kolbe, F.-U./Kiesel, D. (Hrsg.): Professionalisierung durch Fortbildung in der Jugendarbeit. Frankfurt a.M. 1997, S. 41-60

Kolbe, F.-U.: Handlungsstruktur und Reflexivität. Untersuchungen zur Vorbereitungstätigkeit Unterrichtender. Unveröffentl. Habilitationsschrift, Heidelberg 1998

Kolbe, F.-U.: Wie soll Lehrerbildung organisiert sein? Eine professionalisierungstheoretische Perspektive. In: Helsper, W. (Hrsg.): Perspektiven der Lehrerbildung. Opladen 2002, S. 175-186

Kommissionen Schulpädagogik/Lehrerausbildung und Schulpädagogik/Didaktik der DGfE 2000: Empfehlungen zur Weiterentwicklung der Ausbildung von Lehrerinnen und Lehrern. In: Bayer, M./Bohnsack, F./Koch-Priewe, B./ Wildt, J: (Hrsg.): Lehrerin und Lehrer werden ohne Kompetenz? Professionalisierung durch eine andere Lehrerbildung. Bad Heilbrunn 2000, S. 17-51

Krummheuer, G: Die Analyse von Unterrichtsepisoden im Rahmen von Grundschullehrerausbildung. In: Ohlhaver, F./ Wernet, A. (Hrsg.): Schulforschung, Fallanalyse, Lehrerbildung. Diskussionen am Fall. Opladen 1999, S. 99-120

Künzel, R.: Konsekutive Lehrerbildung? Ja, aber konsequent! In: Zeitschrift für Pädagogik 47 (2001), H. 4, S. 539-548

Lenhart, V.: Die Heidelberger Universitätspädagogik im 19. Jahrhundert. Diss. Heidelberg 1968

Loo, H. van der/Reijen, W. van: Modernisierung. Projekt und Paradoxon. Frankfurt a.M. 1992

Lorent, H.-P. de: Praxisschock und Supervision. Auswertung einer Umfrage bei neu eingestellten Lehrern. Pädagogik 9 (1992), S. 22-25

Müller, S.F./Tenorth, H.-E: Professionalisierung der Lehrtätigkeit. In: Enzyklopädie Erziehungswissenschaft. Bd. 5, 1985, S. 153-171

Mürmann, M.: Zur Situation der Lehramtsstudiengänge an der Universität-GH Paderborn. Ergebnisse einer Befragung von Lehramtsstudierenden. Paderborn 1996 Univ.

Mürmann, M.: Lehrerausbildung und PLAZ im Urteil von Lehrenden. In: Rinkens, H.-D./Tulodziecki, G./Blömeke, S. (Hrsg.): Zentren für Lehrerbildung – Fünf Jahre Unterstützung und Weiterentwicklung der Lehrerausbildung. Ergebnisse des Modellversuchs PLAZ. Münster 1999, S. 279-302

NRW-Kommission: Baumgart, F./Brüggelmann, H./Brunkhorst-Hasenclever, A./Fend, H./Neumann, G./Oelkers, J./ Terhart, E./Tillmann, K.-J.: Empfehlungen zur Neuordnung des erziehungswissenschaftlichen Studiums in der Lehrerausbildung (NRW). Frechen 1998

Oelkers, J.: Die Rolle der Erziehungswissenschaft in der Lehrerbildung. In: Hänsel, D./Huber, L. (Hrsg.): Lehrerbildung neu denken und gestalten. Weinheim/Basel 1996, S. 39-53

Oevermann, U. 1996: Theoretische Skizze einer revidierten Theorie professionalisierten Handelns. In: Combe, A./Helsper, W. (Hrsg.): Pädagogische Professionalität. Untersuchungen zum Typus pädagogischen Handelns. Frankfurt a.M. 1996, S. 70-182

Oesterreich, D.: Die Berufswahlentscheidung von jungen Lehrern. Stuttgart 1987

Oesterreich, D.: Lehrerkooperation und Lehrersozialisation. Weinheim 1988

Olhaver, F./Wernet, A. (Hrsg.): Schulforschung, Fallanalyse, Lehrerbildung. Opladen 1999

Oser, F.: Standards in der Lehrerbildung. In: Beiträge zur Lehrerbildung, 15 (1997), 1, S. 26-37

Ossner, J.: Das Profil der Fachdidaktik. Grundzüge einer praktischen Disziplin. In: Radtke, F.-O. (Hrsg.): Lehrerbildung an der Universität. Zur Wissensbasis pädagogischer Professionalität. FB Erziehungwissenschaften der J.W. Goethe-Universität 1999, S. 26-49

Plöger, W./Anhalt, E.: Was kann und soll Lehrerbildung leisten? Anspruch und „Realität" des erziehungswissenschaftlichen Studiums in der Lehrerbildung. Weinheim 1999

Pres, U.: 1000 Stunden Lehrerausbildung in der zweiten Phase – genügt das? Neue Wege erfahrungsbezogener Lehrerausbildung für die Bewältigung gegenwärtiger Anforderungen im Berufsfeld Grundschule – Konzeptentwicklung und Evaluation in der zweiten Phase. Landau 2001a

Pres, U.: 1000 Stunden Lehrerausbildung in der zweiten Phase – genügt das? In: Seminar – Lehrerbildung und Schule 7 (2001b) 2, S. 75-83

Radtke, F.-O.: Wissen und Können – Grundlagen der wissenschaftlichen Lehrerbildung. Opladen 1996

Radtke, F.-O. (Hrsg.): Lehrerbildung an der Universität. Zur Wissensbasis pädagogischer Professionalität. FB Erziehungswissenschaften der J.W. Goethe-Universität, Frankfurt a.M. 1999

Radtke, F.-O.: Wissen und Können. In: Kolbe, F.-U./Koch-Priewe, B./Wildt, J. (Hrsg.): Mikrodidaktik der Lehrerbildung. Bad Heilbrunn 2004 (im Erscheinen)

Radtke, F.-O./Webers, H.-E.: Schulpraktische Studien und Zentren für Lehramtsausbildung. Eine Lösung sucht ihr Problem. In: Die Deutsche Schule 90 (1998), H. 2, S. 199-216

Reh, S./Schelle, C.: Arbeit an Fällen in einem „Lehr-Forschungsprojekt". In: Kolbe, F.-U./Koch-Priewe, B./Wildt, J. (Hrsg.): Mikrodidaktik der Lehrerbildung. Bad Heilbrunn 2004 (im Erscheinen)

Rinkens, H.-D./Tulodziecki, G./Blömeke, S.: Zentren für Lehrerbildung – Fünf Jahre Unterstützung und Weiterentwicklung der Lehrerausbildung. Ergebnisse des Modellversuchs PLAZ. Münster 1999

Rosenbusch, H./Sacher, W./Schenk, H.: Schulreif? Die neue bayerische Lehrerbildung im Urteil ihrer Absolventen. Frankfurt a.M. 1988

Rumpf, H./Kranich, E.-M. Welche Art von Wissen braucht der Lehrer? Ein Einspruch gegen landläufige Praxis. Stuttgart 2000

Sander, K.-H. (Hrsg.): Schulpraktische Studien. Erfahrungen mit dem Braunschweiger Modell der Lehrerausbildung. Seminar für Schulpädagogik der TU Braunschweig. Braunschweig 1996

Schaefers, Ch.: Forschung zur Lehrerbildung in Deutschland – eine bilanzierende Übersicht der neueren empirischen Studien. In: Schweizerische Zeitschrift für Bildungswissenschaften 24 (2002), 1, S. 65-90

Schlee, J.: Empirische Forschung zur Lehrerbildung. In: Ingenkamp, K./Jäger, R.S./Petillon, H./Wolf, B. (Hrsg.): Empirische Pädagogik 1970-1990. Eine Bestandsaufnahme der Forschung in der Bundesrepublik Deutschland. Bd. 2, Weinheim 1992, S. 558-565

Schmidt, H.J.: Wie sie waren: Lehramtsstudentinnen und -studenten erinnern sich an ihre Lehrkräfte. Empirische Pädagogik 5 (1991), H. 4, S. 349-375

Schmitz, G.: Entwicklung der Selbstwirksamkeitserwartungen von Lehrern. In: Unterrichtswissenschaft 26 (1998), 2, S. 140-157

Schönknecht, G.: Innovative Lehrerinnen und Lehrer. Berufliche Entwicklung und Berufsalltag. Weinheim 1997

Schütze, F./Bräu, K./Liermann, H./Prokopp, K./Speth, M./Wiesemann, J.: Überlegungen zu Paradoxien des professionellen Lehrerhandelns in den Dimensionen der Schulorganisation. In: Helsper, W./Krüger, H.-H./Wenzel, H. (Hrsg.): Schule und Gesellschaft im Umbruch. Bd. 1, Weinheim 1996, S. 333-377

Seipp, B.: Schulpraktische Studien aus der Sicht von Absolvent(inn)en des Lehramtes für die Primarstufe. In: Höltershinken, D. (Hrsg.): Lehrerbildung im Umbruch. Analysen und Vorschläge zur Neugestaltung. Bochum 1999, S. 53-82

Seipp, B./Wittmann, E.: Grundschullehrer(innen)-Ausbildung zwischen Fachwissenschaft, Fachdidaktik und Praxis. Ergebnisse einer Umfrage bei Absolvent(inn)en der ersten Ausbildungsphase für das Lehramt für die Primarstufe. In: Höltershinken, D. (Hrsg.): Lehrerbildung im Umbruch. Analysen und Vorschläge zur Neugestaltung. Bochum 1999, S. 15-23

Sjuts, J.: Befunde der Selbstevaluation des Studienseminars Leer – Oder: das lernende Seminar?/Studien- und Ausbildungserfahrungen von Lehrerinnen und Lehrern. In: Freisel, L./Sjuts, J. (Hrsg.): Lernende Lehrer für lernende Schulen. Evaluation in Schule und Seminar. Befunde – Methoden – Konzepte. Förderkreis für Bildungsinitiativen des Studienseminars Leer e.V. Leer 2000, S. 8-30/S. 31-37

Spindler, D.: Studien- und Ausbildungserfahrungen von Lehrerinnen und Lehrern. In: Freisel, L./Sjuts, J. (Hrsg.): Lernende Lehrer für lernende Schulen. Evaluation in Schule und Seminar. Leer 2000 (Förderkreis für Bildungsinitiativen des Studienseminars Leer e.V., S. 31-37)

Steltmann, K. 1986: Probleme der Lehrerausbildung. Ergebnisse einer Lehrerbefragung. Pädagogische Rundschau 40 (1986), S. 353-366

Terhart, E./Czerwenka, K./Ehrich, K./Jordan, F./Schmidt, H.J.: Berufsbiographien von Lehrern und Lehrerinnen. Frankfurt a.M. 1994

Terhart, E. (Hrsg.): Perspektiven der Lehrerbildung in Deutschland. Abschlussbericht der von der Kultusministerkonferenz eingesetzten Kommission. Weinheim/Basel 2000

Terhart, E.: Lehrerberuf und Lehrerbildung. Forschungsbefunde, Problemanalysen, Reformkonzepte. Weinheim/Basel 2001a

Terhart, E.: Lehrerbildung – quo vadis? In: Zeitschrift für Pädagogik 47 (2001b), H. 4, S. 549-558

Ulich, K.: Lehrer/innen-Ausbildung im Urteil der Betroffenen. Ergebnisse und Folgerungen. In: Die Deutsche Schule 88 (1996), 1, S. 81-97

Ulich, K.: Traumberuf Lehrer/in? Berufsmotive und die (Un)Sicherheit der Berufsentscheidung. In: Die Deutsche Schule 92 (2000), 1, S. 41-53

Wahl, D.: Handeln unter Druck. Der weite Weg vom Wissen zum Handeln bei Lehrern, Hochschullehrern und Erwachsenenbildnern. Weinheim 1991

Winnicott, D.: Playing and reality. London 1973

9 Schülerforschung

Claudia Dalbert | Joachim Stöber

Forschung zur Schülerpersönlichkeit

Die Forschung zur Schülerpersönlichkeit ist Teil der Pädagogischen Psychologie und der Persönlichkeitspsychologie. „Persönlichkeitspsychologie ist die empirische Wissenschaft von den überdauernden, nichtpathologischen, verhaltensrelevanten individuellen Besonderheiten von Menschen" (Asendorpf 1996, S. 11) und Persönlichkeit wird durch individuelle Muster von mehr oder minder stabilen Eigenschaften beschrieben (vgl. Pekrun 1983). Diese Eigenschaften können unterschiedlich global und unterschiedlich stabil sein. Zu den bereichsunspezifischen Personmerkmalen gehören etwa globale Persönlichkeitseigenschaften wie Neurotizismus oder der Selbstwert. Die globalen Persönlichkeitseigenschaften sind als sehr stabil gedacht. Im Gegensatz dazu kann sich der Selbstwert einer Person unter bestimmten Bedingungen ändern. Ausmaß und zeitlicher Umfang der Stabilität eines Personmerkmals variiert also unabhängig von dem Ausmaß an Globalität eines Personmerkmals. Alle Personmerkmale gemeinsam beschreiben die Persönlichkeit eines Individuums. Die Schülerpersönlichkeit unterscheidet sich nicht von der Persönlichkeit von Kindern und Jugendlichen. Vielmehr wird mit dem Terminus Schülerpersönlichkeit das Wechselspiel zwischen Persönlichkeitsentwicklung und Schulfaktoren angesprochen (Pekrun 1983). Diesen schulbezogenen Persönlichkeitsmerkmalen werden wir in diesem Kapitel nachgehen.

So wird zu fragen sein, wie die Entwicklung der Persönlichkeit im Kindes- und Jugendalter durch die Schule als Sozialisationsinstanz und durch das Erziehungsverhalten der Lehrerinnen und Lehrer beeinflusst wird. Mit dieser Fragestellung ist keinesfalls nahe gelegt, dass nur die Schule Einfluss auf die Persönlichkeitsentwicklung hätte und der Einfluss der Eltern, der Peers und der Erbanlage zu vernachlässigen wäre. Vielmehr ist mit dieser Frage nach dem Einfluss von Schule auf die Persönlichkeitsentwicklung eine Akzentsetzung gemeint, die die besondere Rolle schulischer Faktoren bei der Persönlichkeitsentwicklung hervorheben will. Des Weiteren wird zu fragen sein, welchen Einfluss umgekehrt die Persönlichkeit der Schülerinnen und Schüler auf deren Schulentwicklung hat. In vielen Untersuchungen wird es dabei um die Frage nach dem Zusammenhang zwischen Persönlichkeit und Schulleistung gehen, wobei Schulleistung ganz unterschiedlich gemessen wird. Auch andere Kriterien sind bei der Aufhellung des Zusammenspiels zwischen Persönlichkeit und Schulkarriere denkbar. So können z.B. die potenziell vermittelnden Bedingungen zwischen Persönlichkeit und Schulerfolg in den Blick genommen werden. Hierzu gehört etwa die Frage nach der Erklärung von Erfolg und Misserfolg oder der Einsatz bestimmter Lernstrategien. Aufmerksamkeit finden könnten aber auch weitere Maßstäbe für eine erfolgreiche Schulkarriere, wie die seelische und körperliche Gesundheit oder das Sozialverhalten. Auch bei dieser Frage nach dem Einfluss von Persönlichkeit auf Schulkarriere handelt es sich um eine Schwerpunktsetzung und nicht um ein Ausschlussverfahren. Schulleistung oder allgemeiner Schulkarriere ist natürlich nicht nur durch die Persönlichkeit der Schüler zu erklären. Institutionelle Rahmenbedingungen ebenso wie das Instruktions- und Erziehungsverhalten der Lehrer sowie nicht zuletzt das Erziehungsverhalten der Eltern tragen zum Schulerfolg bei (vgl. den Überblick von Helmke/Weinert 1997). In unserem Beitrag wollen wir die besondere Rolle der Schülerpersönlichkeit zum Schulerfolg aufklären. Schließlich müsste auch nach dem Wechselspiel zwischen Persönlichkeit und schulischen Arbeitsbedingungen gefragt werden. Da hierzu jedoch kaum Untersuchungen aus den letzten Jahren vorliegen (vgl. als Ausnahme z.B. Untersuchungen zu Ungewissheitstoleranz und kooperativem Lernen von Huber/Sorrentino/Davidson/Eppler/Roth 1991), werden wir diese Fragestellung im folgenden Beitrag vernachlässigen.

Bei unserer Literatursuche haben wir uns auf die elektronische Literaturdokumentation von PsycLIT (international) und PSYNDEX (deutschsprachig) gestützt. Dabei haben wir primär die Literatur der letzten 10 Jahre berücksichtigt. Von vornherein ausgeschlossen haben wir Untersuchungen zur Intelligenz, die natürlich auch zu den stabilen Personmerkmalen gehört. Aber eine Untersuchung des Zusammenspiels von Intelligenz und Schulleistung würde ein eigenes Kapitel füllen. Die Mehrzahl der gefundenen Arbeiten ließ sich vier Merkmalsgruppen zuordnen, über die wir im Folgenden berichten werden. Dies sind Untersuchungen (1) zum Selbstkonzept, (2) zur Prüfungsängstlichkeit, (3) zu Zielorientierungen und (4) zu Kontrollerwartungen.

1 Selbstkonzept

Menschen machen sich Vorstellungen über sich selbst und über die Welt in der sie leben (vgl. Epstein 1990). Vorstellungen über sich selbst werden in ihrer Gesamtheit als Selbstkonzept bezeichnet. Das Selbstkonzept ist hierarchisch organisiert (vgl. Cantor 1990) und differenziell (vgl. Helmke 1998). Für den hier interessierenden schulischen Bereich können drei Ebenen des Selbstkonzeptes unterschieden werden, die sich in ihrem Spezifitätsgrad unterscheiden. Der Selbstwert beschreibt die Gesamtheit der auf das Individuum bezogenen Gedanken und Gefühle und wird mit globalen Selbstwertskalen wie der von Rosenberg (1965) oder Deusinger (1986) gemessen, die Aussagen enthalten wie z.B. „Ich bin zufrieden mit mir".

Für den schulischen Bereich ist auf mittlerer Spezifitätsebene das schulische Fähigkeitsselbstkonzept angesiedelt. Skalen zur Erfassung des schulischen Fähigkeitsselbstkonzeptes enthalten Aussagen wie beispielsweise „Ich bin ein guter Schüler" oder „Ich mag meine Schulfächer" (z.B. Pekrun 1983). Noch spezifischer sind schulfachspezifische Fähigkeitsselbstkonzepte wie das Mathematik- oder Deutsch-/Lese-Selbstkonzept mit Aussagen wie „Ich mag Mathematik" oder „Ich bin gut in Mathematik". Im schulischen Kontext wurde vor allem das schulfachspezifische Fähigkeitsselbstkonzept, insbesondere das Mathematik- und Deutsch-Selbstkonzept, untersucht (z.B. Marsh 1990; Helmke 1998) und dessen Wechselbeziehung zur schulischen Leistung beleuchtet. Für den Schulkontext erst am Anfang stehen im Übrigen Untersuchungen zur Bedeutung anderer Schemata, wie solche über die Welt, in der man lebt (vgl. Epstein 1990). Exemplarisch sind hier Untersuchungen über die Bedeutung des Glaubens an eine gerechte Welt für die Schulkarriere zu nennen (vgl. Dalbert 2000).

Zur Regulation des Selbstkonzeptes werden vor allem soziale Vergleiche herangezogen (vgl. Festinger 1954); d.h. Menschen vergleichen sich mit anderen Menschen um zu prüfen, ob sie auf einer bestimmten Dimension besser oder schlechter sind als andere. Manche Messungen machen sich diesen komparativen Aspekt des Selbstkonzeptes zunutze. So gibt es Skalen, die direkt nach dem sozialen Vergleich fragen („Verglichen mit anderen meines Alters bin ich gut in [Schulfach]"; Marsh/Yeung 1997). Oder Helmke (z.B. 1998) lässt Kindergarten- und Grundschulkinder mittels Mensch-Ärgere-Dich-Nicht-Figürchen ihre Position bezüglich ihres schulfachspezifischen Fähigkeitsselbstkonzeptes in einer Rangreihe sehr kompetenter bis überhaupt nicht kompetenter Mitschüler bestimmen.

Orthogonal zu den Spezifitäts-Dimensionen lassen sich affektive Selbstbeschreibungen (z.B. „Ich mag [Schulfach]") von evaluativ-vergleichenden Aussagen (z.B. „Ich bin gut in [Schulfach]") unterscheiden, wobei sich affektive Aussagen gehäuft in allgemeinen Selbstwertskalen finden und evaluativ-vergleichende Aussagen eher zur Messung spezifischer Dimensionen herangezogen werden. Der affektive Anteil des schulfachspezifischen Selbstkonzeptes kann auch als Interesse bezeichnet werden. Befunde eines 3-Jahres-Längsschnitts von Eccles, Wigfield, Harold und Blumenfeld (1993; vgl. auch Wigfield/Eccles/ Yoon/ Harold/Arbreton/Freedman-Doan/Blumenfeld 1997) an Erst-, Zweit- und Viertklässlern zeigen, dass bereits Erstklässler zuverlässig zwischen verschiedenen Dimensionen des Fähigkeitsselbstkonzeptes und dem Interesse an einzelnen Fächern unterscheiden konnten, wobei die Korrelationen zwischen Fähigkeitsselbstkonzept und Interesse jedoch mit dem Alter zunahmen.

Das Selbstkonzept ist also hierarchisch vom allgemeinen Selbstwert über das schulspezifische Fähigkeitsselbstkonzept bis hin zu den schulfachspezifischen Fähigkeitsselbstkonzepten organisiert und umfasst auf den schul(fach)spezifischen Ebenen sowohl eine affektive (Interesse) als auch eine evaluative Dimension. Nur die evaluative Dimension charakterisiert das Fähigkeitsselbstkonzept im engeren Sinne.

1.1 Entwicklung und schulische Sozialisationsbedingungen

Das schulfachspezifische Fähigkeitsselbstkonzept wurde von Helmke (1991, 1998) in einem umfangreichen Längsschnitt mittels der Figürchen-Methode bereits bei Kindergartenkindern erhoben. So konnte der Entwicklungsverlauf des Mathematik- und des Deutsch-Selbstkonzeptes vom Kindergarten bis zur 6. Klasse verfolgt werden. Beide Dimensionen nahmen, verglichen mit der Zeit kurz vor Schuleintritt, nach dem Schuleintritt zu und sanken dann langsam ab, verblieben im Mittel aber auch in der 6. Klasse noch im positiven Bereich. D.h. auch die Sechstklässler gaben im Mittel an, etwas besser als der Durchschnitt der Klasse lesen bzw. rechnen zu können. Bei den Mädchen sank ab der 2. Klasse das Mathematik-Selbstkonzept stärker ab als bei den Jungen; für das Deutsch-Selbstkonzept fand sich ein umgekehrter, aber nicht so deutlicher Trend zu Gunsten der Mädchen. Diese Befunde werden durch die Ergebnisse des 3-Jahres-Längsschnitts von Eccles u.a. (1993; vgl. auch Wigfield u.a. 1997) an Erst-, Zweit- und Viertklässlern untermauert.

Der Umstand, dass in beiden Längsschnittstudien auch bei den älteren Kindern das Fähigkeitsselbstkonzept im Mittel im positiven Bereich bleibt, legt die Frage nahe, ob es sich hier um ein optimistisches Fehlurteil handelt. Streng logisch können Schüler nicht im Mittel besser sein als der Durchschnitt der Klasse, insofern scheint das Fähigkeitsselbstkonzept der Kinder einen optimistischen Anteil zu haben. Andererseits weist Helmke (1991) nicht zu Unrecht darauf hin, dass auch die Schulnoten eine Häufung im positiven Bereich aufweisen.

Unabhängig von einem möglichen illusionären Anteil im Fähigkeitsselbstkonzept zeigte sich in der Untersuchung von Helmke (1991) vom Kindergarten bis zur 6. Klasse eine Zunahme der Genauigkeit („Veridikalität") des Fähigkeitsselbstkonzeptes, gemessen als Übereinstimmung (Korrelation) des Fähigkeitsselbstkonzeptes mit Mütter-, Kindergärtner- oder Lehrerurteil,

Note oder Leistungstest. Auch Wigfield u.a. (1997) beobachteten für diesen Altersabschnitt eine Zunahme der Veridikalität der Fähigkeitsselbsteinschätzungen.

Außer nach dem Niveau des Fähigkeitsselbstkonzeptes, also danach wie gut oder schlecht sich ein Schüler im Vergleich zu anderen einschätzt, stellt sich die Frage nach der Positionsstabilität (gemessen mit Korrelationskoeffizienten über die Zeit), dass also ein Schüler, der mit seinem Fähigkeitsselbstkonzept z.B. in der ersten Klasse am unteren Ende der Rangordnung anzusiedeln ist, auch später wieder am unteren Ende der Rangordnung zu finden ist. Vom Kindergarten bis zur 6. Klasse nahm sowohl für Deutsch als auch für Mathematik die Positionsstabilität des Fähigkeitsselbstkonzeptes zu, obwohl die Positionsstabilität der Leistungsunterschiede nach dem Wechsel von der 4. in die 5. Klasse – also nach dem Schulwechsel – drastisch einbrach (vgl. Helmke 1998).

Selbstkonzept wird konstituiert und reguliert durch den Vergleich der eigenen Person mit Vergleichspersonen. Kinder vergleichen ihre eigenen Leistungen insbesondere mit den Leistungen der anderen Kinder in der eigenen Klasse. Erst im Jugendalter sind auch Vergleiche mit abstrakten Anderen zu beobachten. Da Kinder beim Übertritt von der Grundschule in die Sekundarschule die Vergleichsgruppe wechseln, wird sich auch ihr Fähigkeitsselbstkonzept verändern. So zeigte sich beim Schulwechsel, dass das Fähigkeitsselbstkonzept zukünftiger Hauptschüler in der 3. und 4. Klasse schwächer ausgeprägt war als das zukünftiger Gymnasiasten; aber nach dem Schulwechsel änderte sich die Vergleichsgruppe und damit glichen sich die Fähigkeitsselbstkonzepte der Schüler beider Schulformen im Mittel aneinander an (Helmke 1998).

Eine weitere Vergleichsmöglichkeit bietet sich den Schülerinnen und Schülern, indem sie ihre Leistungen über verschiedene Schulfächer hinweg vergleichen. Köller, Klemmert, Möller und Baumert (1999) gingen in einem Längsschnitt vom Ende der 6. zum Ende der 7. Klassenstufe der Frage nach, ob auch diese intraindividuelle Vergleichsmöglichkeit zur Selbstkonzeptregulation genutzt werden. Erhoben wurde jeweils bei Schülerinnen und Schülern aller Schultypen die Mathematik- und Deutschnote sowie das Mathematik- und Deutsch-Selbstkonzept. Die Ergebnisse belegen neben den reziproken Effekten von Schulleistung und Selbstkonzept innerhalb eines Schulfachs tatsächlich auch die erwarteten Effekte über die Fächer hinweg. So hatte die Leistungsrückmeldung in dem einen Fach jeweils einen negativen Effekt auf die Änderung des Fähigkeitsselbstkonzeptes im anderen Fach zum nächsten Erhebungszeitpunkt, und dies galt für alle Schulformen. Erhielt z.B. ein Schüler eine gute Note in Mathematik, führte dies zu einer Verschlechterung seines Deutsch-Selbstkonzeptes, oder eine schlechte Note in Deutsch hatte ein verbessertes Mathematik-Selbstkonzept zur Folge. Die Schüler benutzten also die intraindividuellen Vergleichsmöglichkeiten um ihr Fähigkeitsselbstkonzept zu differenzieren. Für schlechte Schüler führte dies zur Selbstaufwertung. Eine schlechte Leistungsrückmeldung in einem Fach führte zu einer Aufwertung des Selbstkonzeptes in einem anderen Fach.

Diese Entwicklungsbeschreibungen belegen, dass die Sozialisationsinstanz Schule Auswirkungen auf die Selbstkonzeptentwicklung der Schülerinnen und Schüler hat. Helmke (1998) vermutet, dass der Anstieg des Fähigkeitsselbstkonzeptes bei Schuleintritt darauf zurückzuführen ist, dass in der ersten Klasse ein gewisser leistungsthematischer Schonraum herrscht, in dem es um die Einübung von Verhaltensregeln geht und weniger um individuelle Leistungsrückmeldung, so dass der Schuleintritt zunächst ungehindert zu einer Verbesserung des Fähigkeitsselbstkonzeptes beitragen kann. Der in der Folgezeit zu beobachtende Abfall des Fähigkeitsselbstkonzeptes bei gleichzeitiger Zunahme der Veridikalität dürfte auf die zunehmende Fähigkeit der Kinder zurückzuführen sein, soziale Vergleiche nicht nur anzustellen, sondern auch Konsequenzen aus ihnen zu ziehen. Auch werden von den Lehrern spätestens mit Einführung der Noten in der 3. Klasse sowie den beginnenden Selektionsbemühungen zur Begründung der Schulwahl bei Übertritt in die Sekundarstufe verstärkt leistungsthematische soziale Vergleichsprozesse thematisiert, die zu einem Absinken des Fähigkeitsselbstkonzeptes beitragen können.

Unter einem Erziehungsaspekt lässt sich fragen, welches Lehrerverhalten zu einer positiven Selbstwahrnehmung beiträgt. Jerusalem und Schwarzer (1991) vermuten, dass sich das Lehrerverhalten weniger direkt auf die Entwicklung der Schüler auswirkt als vielmehr vermittelt durch das wahrgenommene Klassenklima. Schüler der 5. bis 7. Klassenstufe in klima-negativen Klassen mit starkem Leistungs- und Konkurrenzdruck sowie einem hohen Maß an Regellosigkeit und Anonymität wiesen einen signifikant schlechteren Selbstwert auf als Schüler aus klima-positiven Klassen. In einem Längsschnitt von der 5. zur 6. Klassenstufe belegten Guay, Boggiano und Vallerand (2001), dass die Autonomieorientierung seitens der Lehrerinnen und Lehrer zu einer Verbesserung des schulischen Selbstkonzeptes beitrug und dies galt besonders für Kinder mit einem geringen Ausmaß an intrinsischer akademischer Motivation.

Insgesamt können wir festhalten, dass das schulfachspezifische Fähigkeitsselbstkonzept bereits vor dem Schuleintritt differenziert ist, nach dem Schuleintritt bis etwa zur 3. Klassenstufe absinkt, um sich dann auf einem immer noch positiven Niveau zu stabilisieren. Geschlechtsdifferenzierung im schulfachspezifischen Fähigkeitsselbstkonzept können ab der 2. Klassenstufe – vor allem zum Nachteil des Mathematik-Selbstkonzeptes der Mädchen – beobachtet werden. Die schulfachspezifischen Fähigkeitsselbstkonzepte scheinen positiv gefärbt zu sein, dennoch nimmt ihre Veridikalität im Verlauf der Kindheit zu. Auch ihre Stabilität nimmt im Laufe der Kindheit zu, insbesondere scheinen sich Veränderungen der Schulumwelten (z.B. Schulwechsel) weniger stark auf die Positionsstabilität des Selbstkonzeptes als auf die Positionsstabilität der Noten auszuwirken. Das Selbstkonzept wird über soziale und intraindividuelle Vergleichsprozesse reguliert. Da die Schüler zunehmend besser in der Lage sind, solche Vergleichsprozesse zu erarbeiten, und da ab der 3. Klassestufe soziale Vergleiche auch verstärkt von den Lehrern thematisiert werden, sinkt das Fähigkeitsselbstkonzept ab. Kommt es z.B. durch den Übergang zur Sekundarstufe zu einem Wechsel der sozialen Vergleichsgruppe, verändert sich in Folge das Fähigkeitsselbstkonzept. Dieser Prozess erklärt die Annäherung sowohl des allgemeinen Selbstwerts als auch der schulfachspezifischen Selbstkonzepte zwischen Schülern verschiedener Sekundarschulen. Mit Unterstützung zur Selbstständigkeit, Interesse an den Schülern und der Aufrechterhaltung einer gewissen Ordnung können Lehrer zur Stärkung des Fähigkeitsselbstkonzeptes ihrer Schüler beitragen.

1.2 Schulische Funktionen

Dem Verhältnis von Fähigkeitsselbstkonzept und Leistung wurde in vielen schulischen Selbstkonzeptuntersuchungen nachgegangen. Das Interesse gilt hier der Frage, ob das Fähigkeitsselbstkonzept eher die Leistung beeinflusst oder ob die Leistung sich eher im Fähigkeitsselbstkonzept niederschlägt. Diese Frage ist insofern praktisch bedeutsam, da Interventionsprogramme zur Förderung des Selbstkonzeptes davon ausgehen, dass dem Fähigkeitsselbstkonzept ein motivationaler Anteil inne wohnt, der dazu führt, dass eine Verbesserung des Fähigkeitsselbstkonzeptes nachfolgend zu einer Verbesserung der Leistung führen wird. Wäre das Fähigkeitsselbstkonzept hingegen nur das Nachbild eigener Leistungen, wären solche Interventionsbemühungen verfehlt.

Die Klärung des kausalen Verhältnisses zwischen Fähigkeitsselbstkonzept und Leistung war das besondere Anliegen einer Untersuchung von Marsh (1990). In einer 2-Jahres-Längsschnittuntersuchung an Schülerinnen und Schülern der Klassenstufen 10 bis 12 fanden sich von einem Schuljahr zum nächsten nur kausale Pfade vom Selbstkonzept auf die Noten ein Jahr später, aber nicht umgekehrt. Für das Mathematik-Selbstkonzept und die Mathematikleistung von der 2. bis zur 4. Klassenstufe fand Helmke (1998) hingegen ein reziprokes Modell, in dem die Beeinflussung des Selbstkonzeptes durch die Leistung etwas stärker ausfiel als die Beeinflussung der Leistung durch das Selbstkonzept. Die Unterschiede in den Ergebnissen von Marsh (1990) und Helmke (1998) sind möglicherweise darauf zurückzuführen, dass das Fähigkeitsselbstkonzept für Jugendliche über eine motivationale Komponente verfügt und dass umgekehrt Grundschüler die Leistungsrückmeldungen stärker für die Realitätsanpassung ihres Selbstkonzeptes benötigen. Diese Hypothese erfährt eine gewisse Bestätigung durch vergleichbare Untersuchungen von Marsh und Yeung (1997), Köller u.a. (1999) sowie Skaalvik und Hagtvet (1990, 1995). Insgesamt legen die vorgelegten Befunde die Annahme nahe, dass sich die Beziehung zwischen dem Fähigkeitsselbstkonzept und den Schulleistungen im Verlauf der Schulzeit verändert. Für Grundschüler ist es vermutlich bedeutsam, die Diskrepanz zwischen einem allzu optimistischen Fähigkeitsselbstkonzept und der Leistungsrückmeldung in Sinne einer zunehmenden Genauigkeit des Fähigkeitsselbstkonzeptes zu überbrücken (vgl. Skaalvik/Hagtvet 1990, 1995; Helmke 1998). Daher wirkt bei ihnen in erster Linie die Leistung auf das Fähigkeitsselbstkonzept. Für Jugendliche (Marsh 1990; Marsh/Yeung 1997; Köller u.a. 1999) scheint ein positives Fähigkeitsselbstkonzept hingegen auch zur Selbstaufwertung beizutragen. Sie versuchen durch gute Leistungen ihr Fähigkeitsselbstkonzept zu bestätigen. Von daher wird in den Untersuchungen an Jugendlichen der Effekt von der Leistung auf das Fähigkeitsselbstkonzept durch einen wenn auch schwächeren reziproken Effekt des Fähigkeitsselbstkonzeptes auf die Leistung begleitet.

2 Prüfungsängstlichkeit

Angst lässt sich definieren als ein „affektiver Zustand des Organismus, der durch erhöhte Aktivität des autonomen Nervensystems sowie durch die Selbstwahrnehmung von Erregung, das Gefühl des Angespanntseins, ein Erlebnis des Bedrohtwerdens und verstärkte Besorgnis gekennzeichnet ist“ (Krohne 1996, S. 8). Dem entsprechend wird Angst in der Regel als quälend und bedrückend empfunden. Für die Betrachtung von Schülerpersönlichkeit ist es dabei nützlich zwischen zwei Begriffen zu unterscheiden (vgl. Stöber/Schwarzer 2000): zum einen Angst als Zustand (auch als Angstreaktion bezeichnet) und zum anderen Ängstlichkeit als Persönlichkeitsmerkmal, was die relativ stabile und überdauernde dispositionelle Eigenschaft bezeichnet mit Angst zu reagieren. In diesem Sinne bezeichnet Prüfungs- oder Leistungsängstlichkeit eine Eigenschaft, speziell in Prüfungssituationen oder bei Leistungsabfragen mit Angst zu reagieren. Prüfungen und Leistungsabfragen sind zentrale Elemente des Schüleralltags – seien sie formaler Art wie Klassenarbeiten oder Klausuren oder informeller Art wie wenn der Lehrer einem Schüler eine lernstoffrelevante Frage stellt oder ihn an die Tafel holt mit der Bitte etwas darzustellen. Dem entsprechend ist Prüfungsängstlichkeit ein zentrales Merkmal der Schülerpersönlichkeit (vgl. Pekrun/Helmke 1991).

Ausgehend von den klassischen Untersuchungen von Liebert und Morris (1967) unterscheidet man bei der Prüfungsängstlichkeit insbesondere zwei Komponenten: eine kognitive Komponente, „Besorgtheit" (engl.: worry) genannt, und eine emotionale Komponente, „Aufgeregtheit" (engl.: emotionality) genannt. Hohe Besorgtheit in Prüfungssituationen drückt sich in Aussagen aus, die negative Erwartungen und Befürchtungen, wie beispielsweise „Ich mache mir Sorgen, ob ich auch alles schaffe" beinhalten, während hohe Aufgeregtheit sich durch Aussagen beschreiben lässt, die die Wahrnehmung von Erregtheit und körperlichem Unwohlsein ausdrücken, wie beispielsweise „Ich spüre ein komisches Gefühl im Magen" (Hodapp 1991). In den letzten Jahren hat sich das Konstrukt noch weiter ausdifferenziert. Zum Beispiel erfasst das von Hodapp (1991) im deutschen Sprachraum entwickelte „Test Anxiety Inventory-German" (TAI-G) neben der Besorgtheits- und Aufgeregtheitskomponente der Prüfungsängstlichkeit auch Interferenz („Mir schießen plötzlich Gedanken durch den Kopf, die mich blockieren") und Mangel an Zuversicht („Ich vertraue auf meine Leistung", umgepolt). Ferner steht im deutschen Sprachraum mit dem Differentiellen Leistungsangst Inventar (DAI) von Rost und Schermer (1997) ein weiteres aktuelles Instrument zur umfassenden Erfassung von Prüfungsängstlichkeit zur Verfügung, welches auch die Erfassung von Unterschieden bezüglich (a) prüfungsangstauslösender Faktoren, (b) Prüfungsangstverarbeitung sowie (c) externaler versus internaler Stabilisierungsformen von Prüfungsängstlichkeit erlaubt.

2.1 Entwicklung und schulische Sozialisationsbedingungen

Bei der Entwicklung der Prüfungsängstlichkeit im Laufe der Schulkarriere spielen die zunehmende Wichtigkeit von Prüfungen, wiederholte Misserfolge in Leistungssituationen und schlechte Prüfungsergebnisse sowie eine damit einhergehende negativere Sicht auf die eigenen Fähigkeiten eine wichtige Rolle. Dem entsprechend zeigen Kinder in der Vorschule und den ersten zwei Jahren der Grundschule in der Regel nur geringe Prüfungsängstlichkeit (vgl. Dusek 1980). Ab der 3. Klasse der Grundschule steigen dann – zusammen mit den steigenden Anforderungen, die die Schule an die Schülerinnen und Schüler stellt und der damit einhergehenden Zunahme von Prüfungen – die Werte für Prüfungsängstlichkeit kontinuierlich bis zur 6. oder 7. Jahrgangsstufe an, von wo an das Niveau der Prüfungsängstlichkeit relativ stabil bleibt und zum Ende der Schulzeit hin sogar leicht abnimmt (vgl. Hembree 1988). Dabei findet sich über alle Studien und Schulstufen hinweg, dass Mädchen ein höheres Niveau von Prüfungsängstlichkeit berichten als Jungen (vgl. Hembree 1988; Zeidner 1998). Dieser generelle Trend kann jedoch von geschlechts- und schultypspezifischen Entwicklungen moderiert sein. So berichtet beispielsweise Fend (1997), dass die im Rahmen des Konstanzer Längsschnitts untersuchten Mädchen über einen Zeitraum von vier Jahren (von der 6. bis 10. Klassenstufe) nicht nur eine höhere Rangstabilität aufwiesen (höhere Test-Retest-Korrelationen) als die Jungen, sondern dass die Prüfungsängstlichkeit der Mädchen auch auf einem höheren Niveau konstant blieb, während die der Jungen abnahm (differenzielle Niveauentwicklung). Ferner fanden sich in schultypvergleichenden Studien von Schwarzer und Schwarzer (1982) sowie Schwarzer und Lange (1983) Hinweise darauf, dass Schüler in Hauptschulen, Realschulen und Gesamtschulen von der 5. bis zur 8. Schulstufe eher eine Abnahme von Prüfungsängstlichkeit verzeichneten, während Gymnasiasten für denselben Zeitraum eher eine Zunahme verzeichneten.

Doch warum entwickeln manche Kinder eine stabile Neigung auf Prüfungssituationen mit Angst zu reagieren und andere nicht? Ein früher erziehungspsychologisch wichtiger Einfluss, gerade in den ersten Schuljahren, ist die Einstellung der Eltern zu Leistung und dabei insbesondere deren Anspruchsniveau betreff der Schulleistungen ihrer Kinder (vgl. Sarason/Davidson/Lighthall/Waite/Ruebush 1960). Dabei ist davon auszugehen, dass hohe Anforderungen an das Kind in Kombination mit elterlicher Strenge, mangelnder Unterstützung oder Inkonsistenz Erziehungsstile sind, die die Entstehung von Prüfungsängstlichkeit fördern (z.B. Krohne/Hock 1994). Diese kann durch Faktoren des schulischen Kontextes dann weiter verstärkt und stabilisiert werden, wie beispielsweise autoritäres Lehrerverhalten, eine strenge an sozialer Bezugsnorm orientierte Schulleistungsbewertung, kompliziert und unverständlich vorgetragener Lehrstoff, unklare oder die Schwierigkeit von Aufgaben betonende Prüfungsankündigungen sowie Rivalität und Konkurrenz im Schüler-Schüler-Verhältnis (vgl. Zeidner 1998; Rost/Schermer 2001).

Wie die oben beschriebenen schulischen Faktoren die Entwicklung von Prüfungsangst und Hilflosigkeit von Schülerinnen und Schülern von der 5. zur 6. Klasse hin beeinflussen können, verdeutlicht eine längsschnittliche Untersuchung von Schwarzer und Schwarzer (1982). Für die Prüfungsängstlichkeit zu Beginn des 5. Schuljahres war vor allem ein geringes Selbstkonzept und hohe Selbstaufmerksamkeit verantwortlich, während eine weitere Zunahme der Prüfungsängstlichkeit zum Ende des 6. Schuljahres hin vor allem durch ein kompetitives Schulklima vorhergesagt wurde. Hinzu kamen verstärkende Effekte einer sozialen Bezugsnormorientierung der Lehrer: Schüler, deren Lehrer eher eine soziale Bezugsnorm bei der Beurteilung anlegten, fühlten sich am Ende der 6. Klasse hilfloser als Schüler, deren Lehrer eher eine individuelle Bezugsnorm verfolgten. Auch in Längsschnittstudien mit älteren Schülern (vgl. z.B. Schwarzer/Lange 1983; Pekrun 1991) fand sich, dass ein kompetitives Klassenklima für die Entwicklung und Stabilisierung von Prüfungsängstlichkeit eine herausragende Rolle spielt, insbesondere in Kombination mit hohen Anforderungen und sozialer Bezugsnormorientierung bei der Leistungsbeurteilung. Unter Leistungsdruck bei sozialer Bezugsnorm können jeweils nur die besten Schüler Erfolge erzielen, wodurch die Chance eines Misserfolges groß ist. Daher können formale Prüfungen und informelle Leistungsabfragen in einem kompetitiven Schulklima mit sozialer Bezugsnormorientierung nicht nur für leistungsschwächere, sondern auch für leistungsstärkere Schüler eine Bedrohung darstellen und somit Prüfungsangst auslösen und stabilisieren (vgl. Zeidner 1998). Zusammenfassend kann also festgehalten werden, dass Prüfungsängstlichkeit in den letzten Schuljahren der Grundschule und den ersten Jahren der weiterführenden Schule (insbesondere im Gymnasium) stark zunimmt und durch ungünstige elterliche Erziehungsstile und schulische Kontextfaktoren (vor allem ein kompetitives Schulklima) gefördert und stabilisiert wird, wobei Mädchen in der Regel eine höhere Prüfungsängstlichkeit berichten als Jungen.

2.2 Schulische Funktionen

Ging man in den 1950er und 1960er Jahren noch davon aus, dass Prüfungsangst eine leistungsfördernde und eine leistungshemmende Komponente habe (z.B. Alpert/Haber 1960), so gilt diese Auffassung inzwischen als überholt (vgl. Hembree 1988). Stattdessen hat sich gezeigt, dass Prüfungsängstlichkeit die (schulischen) Leistungen in der Regel negativ beeinflusst. In welchem Ausmaß dies der Fall ist, zeigen zwei Metaanalysen (vgl. Hembree 1988; Seipp/Schwarzer 1991). Diese fanden für Schüler ab der 4. Klasse einen mittleren Zusammenhang von $r = -.29$ zwischen Prüfungsängstlichkeit und Leistung (Hembree 1988) bzw. einen mittleren Zusammenhang von $r = -.21$, wenn man über Studien mit Schülern und Studenten aggregiert

(Seipp/Schwarzer 1991). Ferner zeigen beide Metaanalysen, dass der mittlere Zusammenhang für die Besorgtheitskomponente der Prüfungsangst mit r = –.31 (Hembree 1988) bzw. –.22 (Seipp/Schwarzer 1991) größer war als der für die Aufgeregtheitskomponente, welche in beiden Analysen ein mittleres r = –.15 aufzeigte.

Wie sind diese Effekte zu bewerten? Zwar würde der von Hembree errechnete mittlere Korrelationskoeffizient zwischen Prüfungsangst und Leistung nahe legen, dass Prüfungsängstlichkeit „nur" 8 bis 9 % der Varianz in den Leistungsmaßen der Schüler aufklärt. Doch können sich Prüfungsangst und schlechte Leistungen gegenseitig aufschaukeln und durch negative Erwartungen stabilisieren, wie Pekrun (1991) an einem Längsschnitt mit Real- und Gymnasialschülern der 5. bis 8. Klassenstufe zeigen konnte: Schlechte Schulleistungen am Ende eines Schuljahres führten zu erhöhten Misserfolgserwartungen im nächsten Schuljahr, welche die Prüfungsangst erhöhten, die wiederum negative Effekte auf die Leistungen der Schüler im folgenden Schuljahr hatte. Wichtig ist also festzuhalten, dass nicht nur Prüfungsängstlichkeit zu schlechteren Leistungen führt, sondern auch schlechtere Leistungen wiederum zu erhöhter Prüfungsängstlichkeit führen. Diese Rückkopplungseffekte verdeutlichen, dass selbst relativ geringe Effekte von Prüfungsängstlichkeit über die Schulkarriere summativ zu bedeutenden Leistungseinbußen führen können, wobei insbesondere negative Erwartungen eine Rolle spielen (vgl. Zohar 1998). Oft hat die Prüfungsängstlichkeit zudem auf die schulischen Leistungen keine direkten Effekte, sondern der negative Effekt von Prüfungsangst wird über Persönlichkeitsvariablen wie das fachspezifische Fähigkeitsselbstkonzept (z.B. Schnabel/Gruehn 1994) oder Selbstwirksamkeitserwartungen (z.B. Wolters/Pintrich 1998) mediiert. Schließlich kann Angst in Lern- und Leistungssituationen die affektive Bindung an die Schule und die Einstellung zu Lernen und Leistung negativ einfärben und daher langfristig demotivierende Effekte haben, worauf unter anderem der enge Zusammenhang zwischen Prüfungsängstlichkeit und Schulunlust hinweist (Wieczerkowski/Nickel/Janowski/Fittkau/Rauer 1974).

3 Zielorientierungen

Die Motivation von Schülerinnen und Schülern, und hier insbesondere die Leistungsmotivation, ist eines der wesentlichen Themen der Pädagogischen Psychologie und kann auf eine lange Forschungstradition verweisen (vgl. den Überblick von Rheinberg 1995). Ein aktuelles Konzept hierzu, das sich Mitte der 1980er Jahre entwickelte und seit Beginn der 1990er Jahre ein wichtiges Gebiet der Forschung zur Schülerpersönlichkeit geworden ist, ist das der „Zielorientierungen" (engl.: „goal orientations"). Fokus der Betrachtung von Zielorientierungen ist, anders als bei der klassischen Leistungsmotivationsforschung, nicht, ob Schüler lern- und leistungsmotiviert sind, sondern warum sie dieses sind (Midgley/Kaplan/Middleton 2001).

Prinzipiell kann man in Bezug auf leistungsthematische Ziele (z.B. gute Leistungen in der Schule erzielen wollen) zwei Orientierungen gegenüber stellen, welche in der internationalen Forschung unter drei verschiedenen Bezeichnungen geführt werden, nämlich als Orientierungen (a) an Aufgaben- versus Ichzielen (engl. „task vs. ego goals"; Nicholls 1984), (b) an Bewältigungs- versus Leistungszielen (engl. „mastery vs. performance goals"; Ames/Ames 1984) und (c) an Lern- versus Leistungszielen (engl. „learning vs. performance goals"; Dweck/Leggett 1988). Da die unterschiedlichen Ansätze in der Forschung inzwischen weitgehend synonym behandelt werden (Turner/Thorpe/Meyer 1998), sollen sie hier der Dweck'schen Terminologie folgend unter den Bezeichnungen „Lernzielorientierung" und „Leistungszielorientierung" zusammenfassend dargestellt werden.

Grundsätzlich lassen sich die beiden Orientierungen wie folgt beschreiben (Maehr/Meyer 1997): Schüler mit Lernzielorientierung streben danach, neue Fähigkeiten zu erlernen und ihre Kompetenzen zu erweitern. Ihrem Streben liegt eher eine intraindividuelle Fähigkeitskonzeption zugrunde: sie wollen ihre Fähigkeiten darauf hin erproben, ob sie bestimmte Aufgaben und Probleme bewältigen können. Dem entsprechend werden Leistungssituationen als Gelegenheit wahrgenommen etwas Neues zu lernen und die eigenen Fähigkeiten zu erweitern. Dabei wird die eigene Leistung an absoluten Kriterien bzw. am eigenen Lernfortschritt gemessen. Rückmeldungen über den gegenwärtigen Leistungsstand sind willkommen und werden aufgesucht. Fehler werden als Teil des Lernprozesses und als informativ angesehen. Dagegen streben Schüler mit einer Leistungszielorientierung danach, ihre Kompetenzen zu beweisen und dafür positive Bewertungen (von anderen) zu erhalten. Ihrem Streben liegt eher eine interindividuelle Fähigkeitskonzeption zugrunde: sie wollen ihre Fähigkeiten dadurch demonstrieren, dass sie bestimmte Aufgaben und Probleme besser als andere bewältigen können. Dem entsprechend werden Leistungssituationen einerseits als Gelegenheit wahrgenommen die eigene Fähigkeiten vor anderen zu beweisen, sind andererseits jedoch mit der Gefahr verbunden sich vor anderen zu blamieren. In diesem Fall ist die primäre Motivation fehlende Kompetenzen zu verbergen und somit negative Bewertungen (von anderen) zu vermeiden. Dabei wird die eigene Leistung an Normen bzw. am Sozialvergleich gemessen. Fehler werden dem entsprechend als Versagen oder als Ausdruck geringerer Fähigkeit oder geringeren Wertes interpretiert.

Zur Erfassung von Zielorientierungen haben zwei Arbeitsgruppen im deutschen Sprachraum Instrumente vorgelegt. Dabei beinhaltet das Instrument von Köller und Baumert (1998), der Nicholls'schen Terminologie folgend, zur Erfassung der Lernzielorientierung die Skala „Aufgabenorientierung" (z.B. „Ich fühle mich in der Schule wirklich zufrieden, wenn ich einen neuen Weg herausfinde, eine Aufgabe oder ein Problem zu lösen") sowie zur Erfassung der Leistungsorientierung die Skala „Ichorientierung" (z.B. „Ich fühle mich in der Schule wirklich zufrieden, wenn ich mehr weiß als die anderen"). Des Weiteren haben Spinath, Stiensmeier-Pelster, Schöne und Dickhäuser (2002) kürzlich Skalen vorgelegt, mit denen sich die von Elliot und Harackiewicz (1996) eingeführte Differenzierung der Leistungszielorientierung in eine Orientierung auf Annäherungs-Leistungsziele (engl. „performance-approach goals"; z.B. „In der Schule geht es mir darum, das, was ich kann und weiß, auch zu zeigen") und eine Orientierung auf Vermeidungs-Leistungsziele (engl. „performance-avoidance goals", z.B. „In der Schule geht es mir darum, dass niemand merkt, wenn ich etwas nicht verstehe") erfassen lässt.

3.1 Entwicklung und schulische Sozialisationsbedingungen

Während zur Entwicklung der Leistungsmotivation bei Kindern eine ausführliche Forschungsliteratur vorhanden ist (vgl. den Überblick von Oerter 1998), liegen zur Entwicklung von Zielorientierungen bisher nur wenige Studien vor, die zudem teilweise widersprüchlich sind. Nach Dweck und Leggett (1988) sind unterschiedliche naive Theorien über die Veränderbarkeit der (eigenen) Intelligenz für die Entwicklung der unterschiedlichen Zielorientierungen verantwortlich. So sollen Kinder, die Intelligenz als etwas Unveränderliches ansehen („entity theory"), eher eine Leistungszielorientierung entwickeln, wohingegen Kinder, die Intelligenz als etwas

Veränderliches und Erweiterbares ansehen („incremental theory"), eher eine Lernzielorientierung entwickeln. Während die Autoren in ihrer Fragebogenstudie empirische Stützung für diese Annahme fanden, konnten Hayamizu und Weiner (1991) nur wenig Bestätigung für die Annahmen von Dweck und Leggett finden. Dagegen sieht Nicholls (1984) den Grund für die Entwicklung unterschiedlicher Zielorientierungen in Annahmen der Kinder darüber, wie sich schulischer Erfolg am besten realisieren lässt. Kinder, die glauben, dass sich dieser vor allem durch Interesse, Anstrengung und kooperatives Lernen realisieren lässt, werden eher eine Lernzielorientierung entwickeln, während Kinder, die glauben, dass sich schulischer Erfolg durch Wettstreit mit anderen Schülern definiert, eher eine Leistungszielorientierung entwickeln (vgl. Köller/Schiefele 2001). Ferner geht Nicholls (1984) davon aus, dass ein sich mit zunehmendem Alter ausdifferenzierendes und mehr am sozialen Vergleich orientiertes Konzept von der eigenen Begabung und Fähigkeiten dazu führt, dass sich Kinder im Laufe ihrer (schulischen) Entwicklung eher in Richtung auf eine stärkere Leistungszielorientierung entwickeln, während Lernzielorientierungen im Laufe der Schulkarriere abnehmen. So berichten Anderman und Midgley (1997) in einer Studie mit US-amerikanischen Schülern, dass diese im Zeitraum des Übergangs von der „elementary school" (5. Schuljahr) zur „middle school" (6. Schuljahr) eine deutliche Abnahme der Lernzielorientierung aufwiesen. Ferner zeigten Köller, Baumert und Rost (1998) in ihrer Längsschnittuntersuchung an Schülern der 7. Jahrgangsstufe, dass sich nach einem Zeitraum von einem Jahr immer mehr Schüler mit mittlerer und hoher Leistungszielorientierung und immer weniger Schüler, die primär lernzielorientiert waren, fanden. Während es für viele Schüler einen Wechsel weg von einer primären Lern- hin zu einer primären Leistungszielorientierung gab, fanden sich kaum Schüler mit einer umgekehrten Entwicklung.

Als Gründe für diesen starken Entwicklungstrend in Richtung Leistungszielorientierung werden neben den Eltern (vgl. Ames/Archer 1987) auch die an der Schule vorherrschenden Zielorientierungen vermutet. So fanden Ames und Archer (1988) in einer Studie mit Schülerinnen und Schülern des 8. bis 11. Schuljahres, dass die wahrgenommene Zielorientierung der Schule einen erheblichen Einfluss auf die Lernstrategien, Einstellungen und das Fähigkeitsselbstkonzept der Schüler hatten. Schüler, die ihren Unterricht als lernzielorientiert wahrnahmen, zeigten mehr selbstregulierte Lernstrategien und eine positivere Einstellung zu ihrer Klasse und fühlten sich durch die Schule stärker herausgefordert. Dagegen zeigten Schüler, die ihren Unterricht als leistungszielorientiert wahrnahmen, eine negativere Einstellung zu ihrer Klasse und ein schlechteres Fähigkeitsselbstkonzept. Ferner konnte Köller (1998) zeigen, dass auch die Schulform für die Ausbildung und Entwicklung von Zielorientierungen eine Rolle spielt. Gymnasiasten zeigten im Vergleich mit Schülern anderer Schulformen im Schnitt eine höhere Lern- und geringere Leistungszielorientierung. Zusammenfassend ist zu sagen, dass im Verlauf der Schulkarriere die Leistungszielorientierung zu- und die Lernzielorientierung abnimmt. Dies scheint durch die Eltern sowie die in den verschiedenen Schulformen möglicherweise unterschiedlich stark betonten Zielorientierungen der Lehrer beeinflusst zu werden. Da es jedoch nur wenige Studien zur Entwicklung und schulischen Sozialisation von Zielorientierungen gibt, besteht hier weiterhin großer Forschungsbedarf.

3.2 Schulische Funktionen

Studien zu Unterschieden zwischen Lern- und Leistungszielorientierung zusammengefasst ergeben, dass Schülerinnen und Schüler mit Lernzielorientierung insgesamt günstigere Werte in allen zentralen schulischen Variablen aufweisen (höhere Leistungsmotivation; höhere intrinsische Motivation; besseres Fähigkeitsselbstkonzept; günstigere Attributionen für Erfolg und Misserfolg; positivere Einstellungen zur Schule, zum Lernen und zum Bearbeiten auch schwieriger Aufgaben; bessere Leistungen und Noten; besseres subjektives Wohlbefinden; vgl. zusammenfassend Maehr/Meyer 1997). So fand Seifert (1995) in einer Studie mit Fünftklässlern, dass Lernzielorientierung – nicht aber Leistungszielorientierung – mit Selbstwirksamkeitserwartung, Präferenz für Herausforderungen, internaler Attribution von Erfolg und tiefen Verarbeitungsstrategien positiv sowie mit negativen Emotionen und externaler Attribution von Misserfolg negativ korrelierte. Ferner berichten Meece, Blumenfeld und Hoyle (1988) für Schüler der 5. und 6. Klassenstufe, dass die Lernzielorientierung der Schüler eine enge positive Korrelation mit auf ein Tiefenverständnis abzielenden Lernstrategien und eine negative Korrelation mit nur auf ein oberflächliches Verständnis abzielenden Lernstrategien aufwies. Dagegen zeigte Leistungszielorientierung positive Korrelationen mit beiden Strategien, wobei die Korrelation mit oberflächlichen Lernstrategien größer war als die mit auf Tiefenverständnis abzielenden Lernstrategien. Zudem fand Köller (1998) in einer umfangreichen Längsschnittstudie mit Erhebungen in der 7. und dann wieder in der 10. Klasse, dass leistungszielorientierte Schüler über den beobachteten Zeitraum geringere Lernraten aufwiesen als lernzielorientierte.

Leistungszielorientierung und Lernzielorientierung sind jedoch keine gegensätzlichen Pole eines Kontinuums, sondern können weitgehend unabhängig voneinander variieren (z.B. Köller/ Baumert 1998; Seifert 1995). Dem entsprechend können bei einigen Schülerinnen und Schülern parallel eine hohe Leistungs- und eine hohe Lernzielorientierung vorliegen. Hier gibt es eine Reihe neuerer Arbeiten, die darauf hinweisen, dass eine hohe Leistungszielorientierung die in der Literatur beschriebenen negativen Effekte dann nicht aufzeigt, wenn gleichzeitig auch eine hohe Lernzielorientierung vorliegt. So fand Pintrich (2000) für Schüler der 8. und 9. Jahrgangsstufe in einer auf das Fach Mathematik bezogenen Längsschnittstudie, dass Schüler mit hoher Lern- und hoher Leistungszielorientierung in den zentralen Variablen ähnlich positive Verläufe zeigten wie Schüler mit hoher Lern- und niedriger Leistungszielorientierung. Beide Gruppen wiesen, verglichen mit Schülern mit niedriger Lern- und hoher/niedriger Leistungszielorientierung, höhere Motivation (höhere Selbstwirksamkeitserwartungen, mehr Interesse an/höhere Nutzeneinschätzung des Mathematikunterrichts), mehr positiven Affekt sowie vorteilhaftere Aufgabenbearbeitungsstrategien (geringere Prokrastination und höhere Bereitschaft, auch schwerere Aufgaben zu bearbeiten) auf. Bei gleichzeitig vorliegender hoher Lernzielorientierung hatte eine hohe Leistungszielorientierung also keine ungünstigen Effekte (siehe auch Seifert 1995; Turner u.a. 1998). Im Gegenteil: Die Schüler mit hoher Lern- und hoher Leistungszielorientierung zeigten am Ende des Untersuchungszeitraums tendenziell größeres Interesse an Mathematik, schätzten den Nutzen von Mathematik höher ein und waren eher bereit auch schwere Aufgaben zu bearbeiten als die Schüler mit hoher Lern- und geringer Leistungszielorientierung (Pintrich 2000).

Das in älteren Studien aufgezeigte ungünstige Befundmuster für Schüler mit hoher Leistungszielorientierung mag zum Teil auch darauf zurückzuführen sein, dass dort die Differenzierung der Leistungszielorientierung in zwei motivational gegensätzlich gerichtete Komponenten, wie zuerst von Elliot und Harackiewicz (1996) beschrieben, noch nicht berücksichtigt wurde. Bei der Annäherungs-Leistungszielorientierung will der Schüler im Vergleich zu anderen möglichst gute bzw. bessere Leistungen erzielen und so erreichen, einen möglichst guten Eindruck zu machen. Bei der Vermeidungs-Leistungszielorientierung dagegen will der Schüler im Vergleich zu anderen möglichst keine schlechteren Leistungen erzielen und so vermeiden, einen schlechten Eindruck zu machen (vgl. Middleton/Midgley 1997). Diese beiden Leistungszielorientierungen haben nun ganz unterschiedliche Funktionen. So konnten Elliot und Harackiewicz (1996) in einer experimentellen Studie mit Puzzle-Aufgaben zeigen, dass Probanden nicht nur unter Lernzielorientierung, sondern auch unter Annäherungs-Leistungszielorientierung länger an dem Puzzle arbeiteten und dabei mehr Freude und Involviertheit zeigten als unter Vermeidungs-Leistungszielorientierung. Dass eine Annäherungs-Leistungszielorientierung positive Effekte haben kann, fanden auch Elliot und Church (1997) in einer Fragebogenstudie an Collegestudenten: In Übereinstimmung mit der allgemeinen Befundlage fanden sich für Lernzielorientierung wieder durchweg positive Effekte (z.B. höhere intrinsische Motivation). In Bezug auf die Leistungszielorientierung zeigten sich jedoch nur für die Vermeidungs-Leistungszielorientierung negative Effekte (verminderte intrinsische Motivation und schlechtere Leistungen), während sich für die Annäherungs-Leistungszielorientierung ebenfalls positive Effekte zeigten (höhere Leistungen). Auch Skaalvik (1997) berichtet, dass nur Vermeidungs-Leistungszielorientierung mit höherer Prüfungsangst, geringerem mathematischen Fähigkeitsselbstkonzept und schlechteren Mathematikleistungen einherging, während Annäherungs-Leistungszielorientierung mit höherer intrinsischer Motivation, einem höheren mathematischen Fähigkeitsselbstkonzept und besseren Mathematikleistungen einherging.

Eine aktuelle Überblicksarbeit von Midgley, Kaplan und Middleton (2001) zeigt jedoch, dass eine hohe Annäherungs-Leistungszielorientierung nicht für alle Schülerinnen und Schüler von Vorteil zu sein scheint, sondern eher für Jungen, ältere Schüler, Schüler in kompetitiven Lernumwelten (d.h. bei Vorhandensein einer Passung der Zielorientierung des schulischen Kontexts und der Zielorientierung des Schülers) sowie Schüler, die parallel eine hohe Lernzielorientierung aufweisen (siehe oben). Ferner scheinen die positiven Effekte der Annäherungs-Leistungszielorientierung eher kurzfristiger Natur zu sein (z.B. Zensuren) wie Befunde von Harackiewicz, Barron, Tauer, Carter und Elliot (2000) nahe legen. Daher sollte nach wie vor davon ausgegangen werden, dass eine hohe Lernzielorientierung bei Schülern in der Regel konsistentere und längerfristige positive Effekte (z.B. intrinsische Motivation, Interesse) bewirkten als hohe (Annäherungs-) Leistungszielorientierung.

4 Kontrollerwartungen

Unter dem Begriff der Kontrollerwartungen fassen wir hier alle Konstrukte zusammen, die eine Erwartung beinhalten, dass die Erreichung eines bestimmten Zielzustandes oder allgemein der Eintritt bestimmter Ereignisse unter dem Einfluss einer bestimmten Kontrollinstanz steht. Zu diesen Konstrukten gehören die durch die Arbeiten von Rotter (1966) prominent gewordenen allgemeinem Kontrollüberzeugungen ebenso wie das spezifischere mit dem Namen Bandura (z.B. 1977) verbundene Konstrukt der Selbstwirksamkeitserwartung.

Kontrollüberzeugungen beinhalten mehr oder weniger generalisierte Erwartungen darüber, in welchem Ausmaß Ereignisse im eigenen Leben entweder vom eigenen Handeln oder dem eigenen Charakter (internale Kontrollüberzeugung) oder vom Einfluss mächtiger anderer Personen oder vom Zufall abhängen (externale Kontrollüberzeugungen). Im Allgemeinen wird eine internale Kontrollüberzeugung als adaptiv angesehen. Die Überzeugung, Kontrolle über sein Leben zu haben, trägt zum subjektiven Wohlbefinden (vgl. Diener 1984) und zur Stressbewältigung (z.B. Langer/Rodin 1976) bei. Zwei Probleme bleiben bei dieser positiven Bewertung internaler Kontrollüberzeugungen allerdings außer Acht. Die Experimente von Langer (1975) belegen, dass Menschen zu illusionären internalen Kontrollüberzeugungen neigen, d.h. Menschen glauben auch, ein Ergebnis beeinflusst zu haben, wenn dies objektiv nicht der Fall ist. Flammer (1999) stellt daher zu Recht die Frage, ob übertriebene Autonomie nicht auch schädlich sein könnte, eine Frage, die bisher nur unzureichend behandelt wurde. Für den uns hier interessierenden Kontext der schulischen Sozialisation und Entwicklung scheint es mit dem Konstrukt der Kontrollüberzeugungen ein weiteres Problem zu geben. Krampen (1997) stellt nach einer Durchsicht der einschlägigen Studien die Hypothese auf, dass Kontrollüberzeugungen bei Kindern bis zum Alter von etwa zehn bis zwölf Jahren nicht reliabel erfasst werden können. Kontrollüberzeugungen sind also möglicherweise Konstrukte, die eher in der Entwicklungspsychologie des Erwachsenen- und des Jugendalters ihren Platz haben.

Offen bleibt bei generalisierten internalen Kontrollüberzeugungen, wodurch die Person Kontrolle über ein bestimmtes Ereignis erlangt. Hat die Person Einfluss auf den Eintritt bestimmter Ereignisse durch ihren Charakter oder dadurch, dass sie bestimmte Handlungen ausführen kann? Nur die Überzeugung über geeignete Handlungen zur Zielerreichung zu verfügen wird die Person zu entsprechenden Handlungen motivieren. Entscheidender als allgemeine Kontrollüberzeugungen sind also vermutlich spezifische, auf bestimmte Handlungen bezogene Erwartungen. Bandura (1977) unterschied hier zwei Erwartungen: Die Handlungs-Ergebniserwartung beschreibt die Erwartung, dass eine bestimmte Handlung zu einem bestimmten Ergebnis führt („Tägliche Rückenübungen verhindern einen Bandscheibenvorfall"). Von dieser Erwartung ist die Selbstwirksamkeitserwartung zu unterscheiden, die die Überzeugung enthält eine bestimmte Handlung auch ausführen zu können („Ich bin in der Lage, täglich meine Rückenübungen auszuführen"). Selbstwirksamkeitserwartungen beziehen sich immer auf bestimmte Handlungen und sind von daher vermutlich realistischer als allgemeine Kontrollüberzeugungen. Schwarzer (1993) bezeichnet die Selbstwirksamkeitserwartungen daher auch als funktionalen Optimismus. Selbstwirksamkeitserwartungen sagen Zielsetzungen, Handlungen, Durchhaltevermögen und Rückfallkontrolle vorher (Bandura 1993).

Innerhalb der Selbstwirksamkeitserwartungen können unterschiedlich spezifische Ebenen differenziert werden. So gibt es die Erfassung der Selbstwirksamkeitserwartung für bestimmte Lebensbereiche, hierzu gehört die schulische Selbstwirksamkeitserwartung (z.B. Bandura/Barbaranelli/Caprara/Pastorelli 1996; Jerusalem/Satow 1999); spezifischer ist die schulfachspezifische Selbstwirksamkeitserwartung (z.B. Zimmerman/Martinez-Pons 1990); am spezifischsten sind schließlich solche Untersuchungsansätze die Schülerinnen und Schülern eine bestimmte Aufgabe vorlegen und sie dann direkt vor der Aufgabenbearbeitung nach ihrer Erwartung befragen, diese Aufgabe erfolgreich bearbeiten zu können (Aufgaben-Selbstwirksamkeitserwartung; z.B. Pajares/Miller 1994). Am häufigsten wurde im schulischen Kontext die Bedeutung der schulischen Selbstwirksamkeitserwartung untersucht.

Kontrollüberzeugungen und Selbstwirksamkeitserwartungen gemeinsam ist eine auf die Zukunft gerichtete Erwartung, dass die Person selbst Einfluss auf ihre Zukunft hat. Im Unterschied dazu beschreibt das Selbstkonzept (vgl. Abs. 1) Bewertungen und affektive Beschreibungen der eigenen Person in bestimmten Lebensbereichen. Hinzu kommt, dass sich das schulische Selbstkonzept durch den sozialen Vergleich speist, hingegen ist die Bewertung der eigenen schulischen Selbstwirksamkeit („Ich kann eine Gleichung mit einer Unbekannten lösen") unabhängig von sozialen Vergleichsprozessen. Natürlich werden Selbstwirksamkeitserwartungen und entsprechende Selbstkonzeptdimensionen miteinander korrelieren – Menschen mögen eher das, was sie gut können –, dennoch sollten beide Konstrukte auseinandergehalten werden.

Hierfür sprechen nicht nur die theoretischen Unterschiede, sondern auch die unterschiedlichen Entwicklungsverläufe. Das Fähigkeitsselbstkonzept nimmt im Laufe der Schulzeit ab, die schulische Selbstwirksamkeitserwartung nimmt im Laufe der Schulzeit zu (siehe unten).

4.1 Entwicklung und schulische Sozialisationsbedingungen

Vorhersagen über den Entwicklungsverlauf der Kontrollüberzeugungen sind paradox. Mit einer kognitiven Entwicklungsperspektive sensu Piaget (z.B. 1932/1990) wird argumentiert, dass internale Kontrollüberzeugungen mit dem Alter abnehmen sollten. Kleine Kinder neigen dazu, ihren Einfluss auf die Ereignisse zu überschätzen. Mit zunehmendem Alter sind Kinder dann in der Lage, die Begrenzungen der eigenen Anstrengungen und Fähigkeiten zu erkennen. Als Folge sollten ihre internale Kontrollüberzeugungen abnehmen. Kontrollüberzeugungstheoretiker (z.B. Nowicki/Strickland 1973) argumentieren hingegen, dass Kinder mit zunehmendem Alter erkennen, dass ihre Fähigkeiten und ihre Unabhängigkeit wachsen, und daher sollten ihre internalen Kontrollüberzeugungen ansteigen. Skinner und Chapman (1987) trugen mit einer Querschnittsstudie an Kindern der 2., 4. und 6. Klassenstufe zur Auflösung dieses Paradoxes bei. Sie zeigten, dass (a) alle Kontrollüberzeugungen über die Klassenstufen hinweg abnahmen, (b) dass die wahrgenommene Externalität signifikant stärker abnahm als die wahrgenommene Internalität, und (c) dass die relative Internalität (wahrgenommene Internalität minus wahrgenommene Externalität) über die Klassenstufen hinweg zunahm. Wie von Piaget postuliert, nimmt das die Geordnetheit des Universums überschätzende Denken ab. Dies spiegelte sich in der generellen Abnahme aller Kontrollüberzeugungen wider. In Übereinstimmung mit den Kontrollüberzeugungstheoretikern entwickelten ältere im Vergleich zu jüngeren Kindern jedoch zunehmend eine Überzeugung über ihre relativen Einflussmöglichkeiten. Dies zeigte sich im Anstieg der relativen Internalität. In Übereinstimmung mit dem Befund zum Anstieg der relativen Internalität steht die Beobachtung eines Anstiegs der schulischen Selbstwirksamkeitserwartung. Die mathematische und verbale Selbstwirksamkeitserwartungen waren in der 10./11. Klassenstufe stärker ausgeprägt als in der 7./8. Klassenstufe, und dort wieder stärker als in der 4./5. Klassenstufe (vgl. Shell/Colvin/Bruning 1995; Zimmerman/Martinez-Pons 1990).

Verschiedene Studien belegen den Zusammenhang zwischen Wissen oder Begabung auf der einen und Selbstwirksamkeitserwartungen auf der anderen Seite (Veridikalität). Verbale und mathematische Selbstwirksamkeitserwartungen waren bei hochbegabten Kindern signifikant stärker ausgeprägt als bei Gleichaltrigen der Regelschule (vgl. Zimmerman/Martinez-Pons 1990) bzw. bei leistungsstärkeren Schülern stärker als bei leistungsschwächeren (vgl. Shell u.a. 1995). Diese Befunde unterstreichen insgesamt den Realitätsgehalt von Selbstwirksamkeitserwartungen.

Selbstwirksamkeitserwartungen können laut Bandura (1977) mindestens auf drei Wegen erworben werden. Eigene Erfolgserfahrungen werden als der zentrale Weg angesehen um Selbstwirksamkeitserwartungen aufzubauen. Wenn ein Schüler ein Lernziel erfolgreich erreicht hat, dann sollte er in der Folge die Selbstwirksamkeitserwartung aufbauen, zukünftig vergleichbare Ziele erreichen zu können. Allerdings fanden Satow und Schwarzer (2000) keinen Effekt von den Schulnoten auf die nachfolgenden Selbstwirksamkeitserwartungen. Dieser Befund macht darauf aufmerksam, dass es vermutlich nicht das reine Leistungsergebnis ist, welches zur Bildung schulischer Selbstwirksamkeitserwartungen beiträgt. Vielmehr muss zum schulischen Erfolg die internale Attribution kommen. Nur schulische Erfolge, die auf eigene Fähigkeiten oder Anstrengungen zurückgeführt werden, können zum Aufbau schulischer Selbstwirksamkeitserwartungen beitragen. Durch Andere herbeigeführte sowie zufällig erzielte positive Leistungsergebnisse können dies nicht. Auch stellvertretende Erfahrungen können zur Entwicklung von Selbstwirksamkeitserwartungen beitragen, dies insbesondere dann, wenn die beobachteten Modelle den Akteuren ähnlich sind und wenn diese Modelle Anfangsschwierigkeiten erfolgreich meistern. Schließlich kann auch die Überredung („Du kannst es") durch Dritte zur Entwicklung von Selbstwirksamkeitserwartungen beitragen. Allerdings ist die Entwicklung der Selbstwirksamkeitserwartungen vermutlich weniger stabil, wenn sie nur auf Beobachtung oder Überredung fußt. Ihre primäre Bedeutung für die Entwicklung der Selbstwirksamkeitserwartung bekommen die Beobachtung von Mitschülern und die Überredung durch Dritte, indem sie mit zur initialen Handlungsausführung beitragen können. Sind die Ziele dann so gewählt, dass sie tatsächlich erreicht werden können, und wird anschließend die Zielerreichung auf eigene Fähigkeiten und Anstrengungen zurückgeführt, dann begünstigen Modelle und Überredung indirekt die Entwicklung einer stabilen schulischen Selbstwirksamkeitserwartung.

Neben den eigenen Erfolgserfahrungen können bestimmte Merkmale des Unterrichts ebenso wie elterliches Verhalten die Entwicklung von Kontrollerwartungen begünstigen. Ein in Maßen offener Unterricht und intraindividuell orientierte Rückmeldungen der Lehrerinnen und Lehrer (vgl. den Überblick von Krampen 1994) sowie konsistentes und engagiertes Verhalten der Lehrer (vgl. Skinner/Wellborn/Connell 1990) fördern internale Kontrollüberzeugung der Schüler. Auch das elterliche Verhalten ist für die Entwicklung der Selbstwirksamkeitserwartungen von Bedeutung. Bandura u.a. (1996) zeigten in einer Querschnittsstudie an Zwölfjährigen und ihren Müttern, dass sowohl die mütterliche Wertschätzung von Bildung als auch die mütterliche Selbstwirksamkeitserwartung, ihrem Kind erfolgreich bei seinen Bildungsbemühungen beizustehen, einen positiven Effekt auf die schulische Selbstwirksamkeitserwartung der Kinder hatte, und dies galt unabhängig von dem sozio-ökonomischen Status der Familien.

Insgesamt lässt sich feststellen, dass schulische Selbstwirksamkeitserwartungen im Laufe der Schulzeit ansteigen und über ein gewisses Ausmaß an Veridikalität verfügen; begabtere und besser ausgebildete Schüler entwickeln eine ausgeprägtere Selbstwirksamkeitserwartung als weniger gut ausgebildete und normal begabte Schüler. Zwei Bedingungen können zur Entwicklung positiver schulischer Selbstwirksamkeitserwartungen beitragen. Schülerinnen und Schüler müssen in die Lage versetzt werden Ziele zu erreichen. Hierzu können eine geschickte Zielwahl, Überredung und Modelllernen beitragen. Darüber hinaus müssen die Schüler ihre Zielerreichungen internal attribuieren. Ein Lehrerverhalten, was die Autonomie der Schüler durch Offenheit und Engagement unterstützt und internale Leistungszuschreibungen durch intraindividuell orientierte Rückmeldungen begünstigt, scheint die Entwicklung positiver Selbstwirksamkeitserwartungen ebenso zu fördern wie mütterliches Engagement hinsichtlich der Bildungsbemühungen ihrer Kinder.

4.2 Schulische Funktionen

Internale Kontrollüberzeugungen scheinen mit besseren Noten einherzugehen (vgl. den Überblick von Krampen 1994), und dies in so unterschiedlichen Kulturen wie Deutschland, Russland und USA (vgl. Little/Oettingen/Stetsenko/Baltes 1995). In einem dreijährigen Längsschnitt an Schülerinnen und Schülern der 7. und 8. Klassenstufen (Satow/Schwarzer 2000) stand auch die Selbstwirksamkeitserwartung jeweils in positiver Beziehung zur Veränderung der Leistung ein Jahr später; jedoch konnte umgekehrt die Veränderung der schulischen Selbstwirksamkeitserwartung nicht durch die zurückliegende Schulleistungen vorhergesagt werden. In einer Querschnittsstudie an Studierenden konnten Pajares und Miller (1994) zeigen, dass die Mathematik-Selbstwirksamkeitserwartung zur Vorhersage der Mathematikleistung wesentlich wichtiger war als das Mathematik-Selbstkonzept oder das Mathematik-Wissen.

Zimmerman und Martinez-Pons (1990) belegten einen Zusammenhang zwischen schulfachspezifischen Selbstwirksamkeitserwartungen und Lernstrategien. Je ausgeprägter die mathematische oder verbale Selbstwirksamkeitserwartung der Schüler war, desto stärker neigten sie bei der Vorbereitung einer Prüfungssituation dazu, ihre Mitschriften durchzugehen, und desto unwahrscheinlicher war es, dass sie Erwachsene um Beistand fragten. Insgesamt zeigt die Untersuchung von Zimmerman und Martinez-Pons (1990), dass die schulfachspezifischen Selbstwirksamkeitserwartungen mit günstigen selbstregulierten Lernstrategien einhergehen. In diese Richtung weist auch eine Querschnittstudie von Skinner u.a. (1990) an Schülerinnen und Schülern der 3. bis 6. Klassenstufen. Schüler mit einer ausgeprägten internalen Kontrollüberzeugung beteiligten sich stärker am Unterricht und dieses Engagement wirkte sich zusätzlich zu den Kontrollüberzeugungen selbst positiv auf die schulischen Leistungen aus.

Schulische Selbstwirksamkeitserwartungen scheinen einen eigenständigen positiven Beitrag zur Vorhersage von Leistungsergebnissen zu leisten. Diese positive Beziehung wird durch unterschiedliches Lern- und Schulverhalten vermittelt. Schüler mit ausgeprägten schulischen Selbstwirksamkeitserwartungen vertrauen beim Lernen stärker auf selbstregulierte Lernstrategien und weniger auf die Unterstützung durch Erwachsene und das Vertrauen auf die eigene Kompetenz erleichtert den Schülern eine aktive Teilnahme am Unterricht, die sich dann selbst wieder positiv auf die Leistungsbilanz auswirkt.

5 Ausblick

Die aktuelle Forschung zur Schülerpersönlichkeit belegt überzeugend und für unterschiedliche Kulturen, dass die Schule als Sozialisationsinstanz Einfluss auf die Entwicklung der Schülerpersönlichkeit nimmt und dass umgekehrt die Persönlichkeitsentwicklung der Schülerinnen und Schüler Auswirkungen auf die Schulkarriere hat. Mit dem Eintritt in die Schule beginnt ein Prozess, in dessen Verlauf das leistungsbezogene Selbstkonzept absinkt (wenngleich es im Mittel im positiven Bereich bleibt). Gleichzeitig nimmt die schulische Selbstwirksamkeitserwartung, aber auch die Prüfungsängstlichkeit zu. Insgesamt scheinen die Selbsteinschätzungen der Schüler im Laufe der Schulkarriere realistischer zu werden. Auch scheint die Sozialisationsinstanz Schule eher die Ausbildung einer Leistungszielorientierung zu begünstigen. Leistungsanforderungen, eigene Leistungserfahrungen und die Stimulation sozialer Vergleichsprozesse scheinen die Hauptwirkmechanismen bei der Persönlichkeitsentwicklung in der Schule zu sein. Eine ausgeprägte schulische Selbstwirksamkeitserwartung, ein positives leistungsbezogenes Selbstkonzept (bei Jugendlichen), eine starke Lernzielorientierung sowie eine geringe Prüfungsängstlichkeit begünstigen die schulischen Leistungen. Diese Erkenntnisse dürfen als gesichert betrachtet werden. Sie bedienen sich differenzierter Konzeptbildungen, beruhen häufig auf Längsschnittstudien, sind in unterschiedlichen Kulturen und Schulsystemen geprüft und mit ausgefeilten Methoden gewonnen worden. Dennoch fallen über alle Konstruktbereiche hinweg zwei Begrenzungen auf, die eine Herausforderung für zukünftige Forschung darstellen.

Die Forschung zu den hier vorgestellten Konstruktbereichen steht relativ unverbunden nebeneinander. Das leistungsbezogene Selbstkonzept und die Selbstwirksamkeitserwartungen sind beides Dimensionen der Selbsttheorien. Dennoch sind uns kaum Untersuchungen bekannt, in denen die differenzielle Wirksamkeit beider Konstrukte konkurrierend geprüft wurde. Leistungsbezogenes Selbstkonzept und Prüfungsängstlichkeit werden beide in starkem Maße durch soziale Vergleichsprozesse reguliert. Dennoch gibt es keine gemeinsame Betrachtung dieser unterschiedlichen Auswirkungen sozialer Vergleichsprozesse. Bei der Betrachtung der Emotionalität von Schülerinnen und Schülern ist eine Erweiterung auf über die Angst hinausgehende Emotionen wie z.B. Ärger oder Stolz zu wünschen (z.B. Pekrun/Hofmann 1999). Die neuere Forschung zur Zielorientierung sollte mit der klassischen Forschung zur Lern- und Leistungsmotivation zusammengeführt werden; hierbei ist insbesondere an die Verknüpfung von Annäherungs- versus Vermeidungs-Leistungszielorientierung mit der klassischen Unterscheidung zwischen Hoffnung auf Erfolg und Furcht vor Misserfolg zu denken (vgl. Elliot 1997). Eine Überprüfung der stabilen Persönlichkeitsmerkmale wie z.B. Neurotizismus auf ihre Bedeutung für die Schulkarriere findet praktisch nicht statt. Insgesamt ist beim zukünftigen Ausleuchten des Wechselspiels zwischen Persönlichkeitsentwicklung und Schulkarriere zu wünschen, dass komplexe Modelle auf den Prüfstand kommen, die die unterschiedlichen Merkmalsbereiche integrieren. Nur dann wird es möglich sein die eigenständige Bedeutung der verschiedenen Persönlichkeitsmerkmale herauszustellen. Schließlich gibt es nur wenige Arbeiten, die schulische oder außerschulische Wirkfaktoren, wie z.B. das Klassenklima (z.B. Jerusalem/Schwarzer 1991) oder das Erziehungsverhalten der Eltern berücksichtigen (z.B. Bandura u.a. 1996). Auch fokussieren die meisten Studien auf den Zusammenhang zwischen Persönlichkeit und Leistungsverhalten, ohne die vermittelnden Bedingungen wie etwa die Lernstrategien der Schülerinnen und Schüler zu berücksichtigen (z.B. Zimmerman/Martinez-Pons 1990). Auch hier wünschen wir uns für die Zukunft komplexere Modellbildungen. Die Forschung der letzten Dekade bietet eine gute Voraussetzung hierfür.

Literatur

Alpert, R./Haber, R.N.: Anxiety in academic achievement situations. In: Journal of Abnormal and Social Psychology 61 (1960), pp. 207-215

Ames, C./Archer, J.: Mothers' beliefs about the role of ability and effort in school learning. In: Journal of Educational Psychology 79 (1987), pp. 409-414

Ames, C./Archer, J.: Achievement goals in the classroom: Students' learning strategies and motivation processes. In: Journal of Educational Psychology 80 (1988), pp. 260-267

Ames, R./Ames, C. (Eds.): Research on motivation in eduction. Student motivation. Bd. 1, Orlando 1984

Anderman, E.M./Midgley, C.: Changes in achievement goal orientations, perceived academic competence, and grades across the transition to middle-level schools. In: Contemporary Educational Psychology 22 (1997), pp. 269-298

Asendorpf, J.B.: Psychologie der Persönlichkeit. Berlin 1996

Bandura, A.: Self-efficacy: Toward a unifying theory of behavioral change. In: Psychological Review 84 (1977), pp. 191-215

Bandura, A.: Perceived self-efficacy in cognitive development and functioning. In: Educational Psychologist 28 (1993), pp. 117-148

Bandura, A./Barbaranelli, C./Caprara, G.V./Pastorelli, C.: Multifaceted impact of self-efficacy beliefs on academic functioning. In: Child Development 67 (1996), pp. 1206-1222

Cantor, N.: From thought to behavior: „Having" and „doing" in the study of personality and cognition. In: American Psychologist 45 (1990), pp. 735-750

Dalbert, C.: Gerechtigkeitskognitionen in der Schule. In: Dalbert, C./Brunner, E.J. (Hrsg.): Handlungsleitende Kognitionen in der pädagogischen Praxis. Baltmannsweiler 2000, S. 3-12

Deusinger, I.M.: Frankfurter Selbstkonzeptskalen (FSKN). Göttingen 1986

Diener, E.: Subjective well-being. In: Psychological Bulletin 95 (1984), pp. 542-575

Dusek, J.B.: The development of test anxiety in children. In: Sarason, I.G. (Ed.): Test anxiety. Hillsdale 1980, pp. 87-101

Dweck, C.S./Leggett, E.L.: A social-cognitive approach to motivation and personality. In: Psychological Review 95 (1988), pp. 256-273

Eccles, J./Wigfield, A./Harold, R.D./Blumenfeld, P.: Age and gender differences in children's self- and task perceptions during elementary school. In: Child Development 64 (1993), pp. 830-847

Elliot, A.J.: Integrating the „classic" and „contemporary" approaches to achievement motivation: A hierarchical model of approach and avoidance achievement motivation. In: Advances in Motivation and Achievement 10 (1997), pp. 143-179

Elliot, A.J./Church, M.A.: A hierarchical model of approach and avoidance achievement motivation. In: Journal of Personality and Social Psychology 22 (1997), pp. 218-232

Elliot, A.J./Harackiewicz, J.M.: Approach and avoidance achievement goals and intrinsic motivation: A mediational analysis. In: Journal of Personality and Social Psychology 70 (1996), pp. 461-475

Epstein, S.: Cognitive-experiential self-theory. In: Pervin, L.A. (Ed.): Handbook of personality. New York, Guilford 1990, pp. 165-192

Fend, H.: Der Umgang mit Schule in der Adoleszenz. Bern 1997

Festinger, L.: A theory of social comparison processes. in: Human Relations 7 (1954), pp. 117-140

Flammer, A.: Probleme mit der Kontrolle. In: Althof, W. /Baeriswyl, F. /Reich, K.H. (Hrsg.): Autonomie und Entwicklung. Freiburg 1999, S. 11-28

Guay, F./Boggiano, A.K./Vallerand, R.J.: Autonomy support, intrinsic motivation, and perceived competence: Conceptual and empirical linkages. In: Personality and Social Psychology Bulletin 27 (2001), pp. 643-650

Harackiewicz, J.M./Barron, K.E./Tauer, J.M/Carter, S.M./Elliot, A.J.: Short-term and long-term consequences of achievement goals: Predicting interest and performance over time. In: Journal of Educational Psychology 92 (2000), pp. 316-330

Hayamizu, T./Weiner, B.: A test of Dweck's model of achievement goals as related to perceptions of ability. In: Journal of Educational Education 59 (1991), pp. 226-234

Helmke, A.: Entwicklung des Fähigkeitsselbstbildes vom Kindergarten bis zur dritten Klasse. In: Pekrun, R./Fend, H. (Hrsg.): Schule und Persönlichkeitsentwicklung. Stuttgart 1991, S. 83-99

Helmke, A.: Vom Optimisten zum Realisten? Zur Entwicklung des Fähigkeitsselbstkonzeptes vom Kindergarten bis zur 6. Klassenstufe. In: Weinert, F.E. (Hrsg.): Entwicklung im Kindesalter. Weinheim 1998, S. 119-132

Helmke, A./Weinert, F.E.: Bedingungsfaktoren schulischer Leistungen. In: Weinert, F.E. (Hrsg.): Psychologie des Unterrichts und der Schule. In: Enzyklopädie für Psychologie. Pädagogische Psychologie, Bd. 3, Göttingen 1997, S. 71-176

Hembree, R.: Correlates, causes, effects, and treatment of test anxiety. In: Review of Educational Research 58 (1988), pp. 47-77

Hodapp, V.: Das Prüfungsängstlichkeitsinventar TAI-G: Eine erweiterte und modifizierte Version mit vier Komponenten. In: Zeitschrift für Pädagogische Psychologie 5 (1991), pp. 121-130

Huber, G.L./Sorrentino, R.M./Davidson, M./Eppler, R./Roth, J.W.H.: Uncertainty orientation and cooperative learning. In: Learning and Individual Differences 4 (1991), pp. 1-24

Jerusalem, M./Satow, L.: Schulbezogene Selbstwirksamkeitserwartung. In: Schwarzer, R./Jerusalem, M. (Hrsg.): Skalen zur Erfassung von Lehrer- und Schülermerkmalen. Berlin 1999, S. 15-16

Jerusalem, M./Schwarzer, R.: Entwicklung des Selbstkonzepts in verschiedenen Lernumwelten. In: Pekrun, R./Fend, H. (Hrsg.): Schule und Persönlichkeitsentwicklung. Stuttgart 1991, S. 115-128

Köller, O.: Zielorientierungen und schulisches Lernen. Münster 1998

Köller, O./Baumert, J.: Ein deutsches Instrument zur Erfassung von Zielorientierungen bei Schülerinnen und Schülern. In: Diagnostica 44 (1998), S. 173-181

Köller, O./Baumert, J./Rost, J.: Zielorientierungen: Ihr typologischer Charakter und ihre Entwicklung im frühen Jugendalter. In: Zeitschrift für Entwicklungspsychologie und Pädagogische Psychologie 30 (1998), S. 128-138

Köller, O./Klemmert, H./Möller, J./Baumert, J.: Eine längsschnittliche Überprüfung des Modells des Internal/External Frame of Reference. In: Zeitschrift für Pädagogische Psychologie 13 (1999), S. 128-134

Köller, O./Schiefele, U.: Zielorientierung. In: Rost, D.H. (Hrsg.): Handwörterbuch Pädagogische Psychologie. Weinheim 2001, S. 811-815

Krampen, G.: Kontrollüberzeugungen in der Erziehung und Sozialisation. In: Schneewind, K.A. (Hrsg.): Psychologie in Erziehung und Sozialisation. Enzyklopädie der Psychologie. Pädagogische Psychologie, Bd. 1, Göttingen 1994, S. 375-402

Krampen, G.: Interne Konsistenz der Kinder oder der Forscher bei der Erfassung von Kontrollüberzeugungen und Attributionsstilen von Kindern? In: Zeitschrift für Entwicklungspsychologie und Pädagogische Psychologie 29 (1997), S. 119-128

Krohne, H.W.: Angst und Angstbewältigung. Stuttgart 1996

Krohne, H.W./Hock, M.: Elterliche Erziehung und Angstentwicklung des Kindes. Bern 1994

Langer, E.J.: The illusion of control. In: Journal of Personality and Social Psychology 32 (1975), pp. 311-328

Langer, E.J./Rodin, J.: The effects of choice and enhanced personal responsibility for the aged: A field experiment in an institutional setting. In: Journal of Personality and Social Psychology 34 (1976), pp. 191-198

Liebert, R.M./Morris, L.W.: Cognitive and emotional components of test anxiety: A distinction and some initial data. In: Psychological Reports 20 (1967), pp. 975-978

Little, T. D./Oettingen, G./Stetsenko, A./Baltes, P.B.: Children's action-control beliefs about school performance: How do American children compare with German and Russian children? In: Journal of Personality and Social Psychology 69 (1995), pp. 686-700

Maehr, M.L./Meyer, H.A.: Understanding motivation in schooling: Where we've been, where we are, and where we need to go. In: Educational Psychology Review 9 (1997), pp. 371-409

Marsh, H.W.: Causal ordering of academic self-concept and academic achievement: A multiwave, longitudinal panel analysis. In: Journal of Educational Psychology 82 (1990), pp. 646-656

Marsh, H.W./Yeung, A.S.: Causal effects of academic self-concept on academic achievement: Structural equation models of longitudinal data. In: Journal of Educational Psychology 89 (1997), pp.41-54

Meece, J.L./Blumenfeld, P.C./Hoyle, R.H.: Students' goal orientations and cognitive engagement in classroom activities. In: Journal of Educational Psychology 80 (1988), pp. 514-523

Middleton, M.J./Midgley, C.: Avoiding the demonstration of lack of ability: An underexplored aspect of goal theory. In: Journal of Educational Psychology 89 (1997), pp. 710-718

Midgley, C./Kaplan, A./Middleton, M.: Performance-approach goals: Good for what, for whom, under what circumstances, and at what cost? In: Journal of Educational Psychology 93 (2001), pp. 77-86

Nicholls, J.G.: Conceptions of ability and achievement motivation. In: Ames, R./Ames, C. (Eds.): Research on motivation in education Bd. 1, San Diego 1984, pp. 39-73

Nowicki, S./Strickland, B.R.: A locus of control scale for children. In: Journal of Consulting and Clinical Psychology 40 (1973), pp. 148-154

Oerter, R.: Motivation und Handlungssteuerung. In: Oerter, R./Montada, L. (Hrsg.): Entwicklungspsychologie. Weinheim 1998, S. 788-822

Pajares, F./Miller, M.D.: Role of self-efficacy and self-concept beliefs in mathematical problem solving: A path analysis. In: Journal of Educational Psychology 86 (1994), pp. 193-203

Pekrun, R.: Schulische Persönlichkeitsentwicklung. Frankfurt a.M. 1983

Pekrun, R.: Prüfungsangst und Schulleistung: Eine Längsschnittanalyse. In: Zeitschrift für Pädagogische Psychologie 5 (1991), S. 99-109

Pekrun, R./Helmke, A.: Schule und Persönlichkeitsentwicklung: Theoretische Perspektiven und Forschungsstand. In: Pekrun, R./Fend, H. (Hrsg.): Schule und Persönlichkeitsentwicklung. Stuttgart 1991, S. 33-56

Pekrun, R./Hofmann, H.: Lern- und Leistungsemotionen: Erste Befunde eines Forschungsprogramms. In: Jerusalem, M./Pekrun, R. (Hrsg.): Emotion, Motivation und Leistung. Göttingen 1999, S. 247-267

Piaget, J.: Das moralische Urteil beim Kinde. München 1932/1990

Pintrich, P.R.: Multiple goals, multiple pathways: The role of goal orientation in learning and achievement. In: Journal of Educational Psychology 92 (2000), pp. 544-555

Rheinberg, F.: Motivation. Stuttgart 1995

Rosenberg, M.: Society and the adolescent self-image. Princeton 1965

Rost, D.H./Schermer, F.J.: Differentielles Leistungsangst Inventar (DAI). Frankfurt a.M. 1997

Rost, D.H./Schermer, F.J.: Leistungsängstlichkeit. In: Rost, D.H. (Hrsg.): Handwörterbuch Pädagogische Psychologie. Weinheim 2001, S. 405-413

Rotter, J.B.: Generalized expectancies for internal versus external control of reinforcement. In: Psychological Monographs 80 (1966), Vol. 609

Sarason, S.B./Davidson, K.S./Lighthall, F.F./Waite, R.R./Ruebush, B.K.: Anxiety in elementary school children. New York, Wiley 1960

Satow, L./Schwarzer, R.: Selbstwirksamkeitserwartung, Besorgtheit und Schulleistung: Eine Längsschnittuntersuchung in der Sekundarstufe I. In: Empirische Pädagogik 14 (2000), S. 131-150

Schnabel, K./Gruehn, S.: Fachspezifische Leistungsangst und ihr Einfluss auf die Leistungsentwicklung. In: Olechowski, R. /Rollet, B. (Hrsg.): Theorie und Praxis: Aspekte empirisch-pädagogischer Forschung – quantitative und qualitative Methoden. Frankfurt a.M. 1994, S. 169-177

Schwarzer, R.: Defensiver und funktionaler Optimismus als Bedingung für Gesundheitsverhalten. In: Zeitschrift für Gesundheitspsychologie 1 (1993), S. 7-13

Schwarzer, R./Lange, B.: Test anxiety development from grade 5 to grade 10: A structural equation approach. In: van der Ploeg, H.M./Schwarzer, R./Spielberger, C.D. (Eds.): Advances in test anxiety research. Vol. 2, Hillsdale, 1983, pp. 147-157

Schwarzer, R./Schwarzer, C.: Test anxiety with respect to school reference groups. In: Schwarzer, R./van der Ploeg, H.M./Spielberger, C.D. (Eds.): Advances in test anxiety research. Vol. 1, Hillsdale, 1982, S. 95-104

Seifert, T.L.: Characteristics of ego- and task-oriented students: A comparison of two methodologies. In: British Journal of Educational Psychology 65 (1995), pp. 125-138

Seipp, B./Schwarzer, C. Angst und Leistung: Eine Meta-Analyse empirischer Befunde. In: Zeitschrift für Pädagogische Psychologie 5 (1991), S. 85-97

Shell, D.F./Colvin, C./Bruning, R.H.: Self-efficacy, attribution, and outcome expectancies mechanism in reading and writing achievement: Grade-level and achievement-level differences. In: Journal of Educational Psychology 87 (1995), pp. 386-398

Skaalvik, E.M.: Self-enhancing and self-defeating ego orientation: Relations with task and avoidance orientation, achievement, self-perceptions, and anxiety. In: Journal of Educational Psychology 89 (1997), pp. 71-81

Skaalvik, E.M./Hagtvet, K.A.. Academic achievement and self-concept: An analysis of causal predominance in a developmental perspective. In: Journal of Personality and Social Psychology 58 (1990), pp. 292-307

Skaalvik, E.M./Hagtvet, K.A.: Academic achievement, self-concept, and conformity to school norms: A developmental analysis. In: Zeitschrift für Pädagogische Psychologie 9 (1995), S. 211-220

Skinner, E.A./Chapman, M.: Resolution of a developmental paradox: How can perceived internality increase, decrease, and remain the same across middle childhood? In: Developmental Psychology 23 (1987), pp. 44-48

Skinner, E.A./Wellborn, J.G./Connell, J.P.: What it takes to do well in school and whether I‘ve got it: A process model of perceived control and children‘s engagement and achievement in school. In: Journal of Educational Psychology 82 (1990), pp. 22-32

Spinath, B./Stiensmeier-Pelster, J./Schöne, C./Dickhäuser, O.: Die Skalen zur Erfassung von Lern- und Leistungsmotivation (SELLMO). Göttingen 2002

Stöber, J./Schwarzer, R.: Angst. In: Otto, J.H./Euler, H.A./Mandl, H. (Hrsg.): Emotionspsychologie. Weinheim 2000, S. 189-198

Turner, J.C./Thorpe, P.K./Meyer, D.K.: Students‘ reports of motivation and negative affect: A theoretical and empirical analysis. In: Journal of Educational Psychology 90 (1998), pp. 758-771

Wieczerkowski, W./Nickel, H./Janowski, A./Fittkau, B./Rauer, W.: Angstfragebogen für Schüler (AFS). Braunschweig 1974

Wigfield, A./Eccles, J.S./Yoon, K.S./Harold, R.D./Arbreton, A.J.A./Freedman-Doan, C./Blumenfeld, P.C.: Change in children‘s competence beliefs and subjective task values across the elementary school years: A 3-year study. In: Journal of Educational Psychology 89 (1997), pp. 451-469

Wolters, C.A./Pintrich, P.R.: Contextual differences in student motivation and self-regulated learning in mathematics, English, and social studies classrooms. In: Instructional Science 26 (1998), pp. 27-47

Zeidner, M.: Test anxiety. New York, Plenum 1998

Zimmerman, B.J./Martinez-Pons, M.: Student differences in self-regulated learning: Relating grade, sex, and giftedness to self-efficacy and strategy use. In: Journal of Educational Psychology 82 (1990), pp. 51-59

Zohar, D.: An additive model of test anxiety: Role of exam-specific expectations. In: Journal of Educational Psychology 90 (1998), pp. 330-340

Werner Helsper

Schülerbiographie und Schulkarriere[1]

Von „Schülerbiographie" und „Schulkarriere" kann erst seit dem Zeitpunkt gesprochen werden, an dem die Schule als Ergebnis funktioneller sozialer Ausdifferenzierung institutionalisiert und universalisiert wurde (vgl. Adick in diesem Band). Die Durchsetzung der Schulpflicht im Laufe des 19. Jahrhunderts trug wesentlich zur Herausbildung moderner Kindheit als einer Unterrichts- und Erziehungskindheit bei und war – in der langfristigen historischen Tendenz der Verlängerung der Schulzeit – wesentlich für die Herausbildung einer verallgemeinerten Lebensphase Jugend (vgl. Fuchs 1985, S. 216ff.; Silbereisen/Vaskovics/Zinnecker 1996, S. 170ff.). Durch diese immer umfassendere Inklusion wurde die Biographie eines jeden Heranwachsenden zur „Schüler"-Biographie, da mit dieser Institutionalisierung die Homogenisierung von Zäsuren des Eintritts und Austritts, der Einrichtung von Übergängen im Verlauf der Schulzeit und zwischen Bildungsinstitutionen einherging, die alle gleichermaßen betrafen.

Mit „Schülerbiographie" und „Schulkarriere" sind nun allerdings zwei unterschiedliche Perspektiven verbunden: Obwohl es Übergänge gibt, ist die Forschungsperspektive Schülerbiographie deutlich durch eine qualitative, die Forschungsperspektive Schullaufbahn eher durch eine quantitative Ausrichtung gekennzeichnet. Daneben ist auf ein mögliches Missverständnis, das mit der Hervorhebung des Schulbezugs in den Begriffen Schülerbiographie oder Schulkarriere verbunden sein kann, aufmerksam zu machen: Die Hervorhebung des Schülerstatus bedeutet nicht, dass die Schule vorab als der zentrale Lebensbereich von Kindern und Jugendlichen bestimmt wird. Vielmehr ist die Jugendbiographie (vgl. etwa Baacke/Sander 1999) im Spannungsfeld unterschiedlicher Lebensbereiche verortet, so dass nicht vorentschieden ist, welche Sphäre Vorrang besitzt. Im Gegenteil: Gerade in der unterschiedlichen „Gewichtung" von Lebensräumen und der Relevanz, die der Schulkarriere im Leben von Kindern und Jugendlichen zukommt, können sich Biographien von Heranwachsenden unterscheiden. Mit „Schüler"-Biographie ist somit lediglich zum Ausdruck gebracht, dass insbesondere die Bedeutung schulischer Lern- und Erfahrungsprozesse, schulisch-interaktiver Prozesse und institutioneller Rahmungen und Vorstrukturierungen für die „Schulkarriere" und die jeweilige Jugendbiographie hier besondere Beachtung findet.

Auf die Vorläufer derartiger Forschungen kann hier nur knapp verwiesen werden (vgl. Helsper/Bertram 1999): Es sind erstens frühe empirische Studien zu autobiographischen Zeugnissen und Dokumenten, etwa Tagebüchern (vgl. Bühler 1975; Winterhager-Schmid 1997). Zweitens die Sammlung und Erhebung von Alltagserfahrungen und -dokumenten von Schülern, etwa Schüleraufsätze, Bankkritzeleien oder in neuerer Zeit Graffity (vgl. Busemann 1926; Hellpach 1954; Bornemann 1980; Zinnecker 1981). Drittens sind Studien im Kontext einer historischen Sozialisationsforschung zu nennen, in denen autobiographische Zeugnisse für eine

1 Dieser Artikel knüpft an einen Handbuchbeitrag von W. Helsper und M. Bertram „Schülerbiographien" an (vgl. Helsper/Bertram 1999). Da der Forschungsstand innerhalb von vier Jahren kein grundlegend anderer geworden ist, sind einige Teile aus diesem Handbuchbeitrag überarbeitet und aktualisiert aufgenommen worden.

auch schulische Aspekte erfassende Geschichte von Kindheit und Jugend analysiert werden (vgl. Schonig 1979; Flecken 1981; Herrmann 1991; Glaser/Schmid 1999). Viertens schließlich psychoanalytische Studien zur Reinszenierung unbewusster emotionaler lebensgeschichtlicher Dynamiken zwischen Schülern und Lehrern (vgl. Freud 1970; Gottschalch 1981; Erdheim 1982). Diese Forschungstraditionen und -anfänge sind allerdings nur sehr begrenzt als Studien zur Schülerbiographie und Schulkarriere zu begreifen.

Im Folgenden werden 1. Forschungsarbeiten zu Schule, Bildung und Lebenslauf sowie zur Schulkarriere und Schullaufbahn im engeren Sinne bilanziert. 2. wird ausführlicher die Entwicklung einer schülerbiographischen Forschung vorgestellt. 3. werden der Stand und die Perspektiven der Forschung zu Schülerbiographie und Schulkarriere skizziert.

1 Forschungen zu Schullaufbahn und Schulkarriere seit den 1960er Jahren

Aus den Forschungen zur Schulkarriere und Schullaufbahn von Schülern sollen drei bedeutsame Richtungen dargestellt werden: 1. Studien zu Typisierungs-, Attribuierungs- und Stigmatisierungsprozessen und ihre Relevanz für schulische Laufbahnen; 2. Lebenslaufstudien zu Schülerkohorten und der Relevanz der schulischen Bildungslaufbahn für den weiteren Lebenslauf; 3. schließlich Studien zu Übergängen, Auf- und Abstiegen innerhalb der Schullaufbahn, Studien, die eng mit der Frage von Bildungsungleichheit verknüpft sind (vgl. Ditton in diesem Band).

1. Aus der Rezeption symbolisch-interaktionistischer Ansätze, insbesondere der Aufnahme von Studien zur Bedeutung sozialer Regeln, Definitions- und Stigmatisierungsprozesse für die Identitätsbildung und die Entwicklung abweichender Karrieren im „Labeling"-Ansatz (vgl. Goffman 1967; Lemert 1967; Cicourel/Kitsuse 1975), ergaben sich wichtige Anstöße für Forschungen zur Schulkarriere. Im Anschluss an diese Ansätze wurde die Bedeutung schulischer Etikettierungsprozesse für kriminelle Karrieren und sekundäre Devianz, die Auswirkung negativer Leistungstypisierungen auf das Selbstbild von Schülern und die Anerkennung durch die Gleichaltrigen untersucht oder der Zusammenhang zwischen schulischen Regeln, Sanktionierungen, der Typisierung abweichenden Verhaltens und deren Auswirkungen auf die Schüler ins Auge gefasst (Brusten/Hurrelmann 1973; Asmus/Peuckert 1979; Glötzl 1979; Hargreaves/Hester/Mellor 1981; Holtappels 1987; Zielke 1993). Diese Studien können die tiefreichenden Auswirkungen schulischer Stigmatisierungs- und Typisierungsprozesse auf das Selbst der Heranwachsenden verdeutlichen, etwa auch die Bedeutung negativer Stigmatisierungen für schulisches Gewalthandeln (Tillmann u.a. 1999). Allerdings ist dies keine „Einbahnstraße", sondern Schüler kategorisieren ihrerseits Lehrer und besitzen Möglichkeiten, Regeln mit Lehrern auszuhandeln (vgl. Hargreaves u.a. 1981) sowie Lehrerurteile und -zuschreibungen zu modifizieren und sich mit diesen auseinanderzusetzen, wie Studien im Anschluss an die These des „Pygmalion-Effektes", also der Modellierung von Schülerleistungen nach Lehrererwartungen, zeigen konnten (vgl. Höhn 1967; Rosenthal/Jacobson 1971; Brophy/Good 1974; Hofer 1986; Ulich/Jerusalem 1996; Helmke 1997; Sander 1997; Ulich 2001). Allerdings werden die meisten dieser Studien

– eine Ausnahme bilden Längsschnittstudien etwa zur Grundschule (Weinert/Helmke 1997) oder zur Sekundarstufe (Fend 1997, 2000) – der Diachronie schulischer Verläufe und der Relevanz der schulischen Zuweisungen für die Schülerbiographie noch nicht umfassend gerecht.

2. Forschungen zu Schullaufbahnen sowie zur Bedeutung der Schule im Lebenslauf sind ein relevanter Forschungsstrang seit den 1960er Jahren. Hier stehen Forschungen zu kindlich-jugendlichen Statuspassagen, teilweise eng verbunden mit der Forschung zu schulischen Selektionsprozessen (vgl. Ditton in diesem Band), zu institutionellen Zäsuren und zeitlichen Strukturierungen der Jugendphase durch schulische Bildungsmarkierer oder den Zeitpunkt des Eintritts in Erwerbstätigkeit im Mittelpunkt (vgl. Fuchs 1981, 1985; Behnken/Zinnecker 1992; Büchner/Fuhs/Krüger 1996, S. 99ff.; Silbereisen/Vaskovics/Zinnecker 1996, S. 145ff., 165ff., 185ff.). So wird deutlich, dass sich auch in den 1990er Jahren der Trend zu einer Ausdehnung der Schulzeit fortsetzt, Jugend damit immer deutlicher als schulische Bildungszeit in Erscheinung tritt. In Ostdeutschland hat sich mit der Expansion höherer Bildungsabschlüsse ein gravierender Anstieg des Verbleibs im allgemein bildenden Schulsystem und damit eine deutliche Veränderung des Lebenslaufs ergeben. Die Gestaltung des jugendlichen Lebenslaufs wird also entscheidend über schulische Zäsuren und den Verbleib in Bildungsinstitutionen strukturiert.
   In Lebenslaufstudien, in denen Schülerkohorten über mehrere Befragungszeitpunkte hinsichtlich ihres Lebensverlaufs untersucht werden (vgl. etwa Friebel 1983, 1985, 1990; Meulemann 1995; Meulemann/Birkelbach/Hellwig 2001; Schumann 2003 a, b) wird die Bedeutung der Schullaufbahn für das weitere Leben in den Mittelpunkt gerückt: In der Studie von Meulemann wird etwa eine Befragung von über 3000 Gymnasiasten des 10. Schuljahres von 1970 Mitte der 1980er Jahre und Ende der 1990er Jahre mit den inzwischen 30-jährigen bzw. 43-jährigen derselben Stichprobe wiederholt und dabei der berufliche und private Lebenslauf erhoben. Zielpunkt der Studie ist die Ermittlung der Zusammenhänge, die im Rahmen des Konzeptes eines sozial institutionalisierten „Normallebenslaufes" zu Erfolg bzw. Misserfolg im privaten und beruflichen Lebenslauf beitragen. Der berufliche „Normallebenslauf" der Gymnasiasten ist – im maximalem Kontrast zu jenem von Hauptschülern – durch die Abfolge der Bildungsinstitutionen der höheren Bildung vorstrukturiert: über das Abitur, zum Studium und über den Studienabschluss in prestigeträchtige berufliche Positionen. Hier werden nun die Verteilungen der ehemaligen Gymnasiasten im Alter von dreißig Jahren nachvollzogen: „So schlagen insgesamt 45% der Gymnasiasten nach dem 10. Schuljahr mit Erfolg den normalen Lebensweg in hohe berufliche Positionen ein. Auf der Strecke bleiben 14% Langzeitstudenten mit oder ohne Examen, aber ohne Berufseintritt und 7% Studienabbrecher mit einem Übergang ins Erwerbsleben. Umgekehrt schaffen 9% der ehemaligen Gymnasiasten einen nachträglichen Aufstieg in das Studium. Schließlich haben 26% der Stichprobe nicht den für Gymnasiasten typischen Weg über ein Studium in höhere berufliche Positionen eingeschlagen" (ebd. S. 88f.). Für diese unterschiedlichen „Lebenslauftypen" werden die Zusammenhänge berechnet, die auf Erfolg und Misserfolg Einfluß nehmen: soziale Herkunft und familiale Ressourcen, Arbeitsmarkt, Schulleistung, eigene Lebenspläne und Leistungsaspirationen, wobei der Einfluss der sozialen Herkunft in dieser bildungsprivilegierten und sozial bereits ausgelesenen Gruppe der ehemaligen Gymnasiasten relativ gering ist und die eigenen Lebenspläne, Aspirationen und die Leistungsbereitschaft bedeutender wird. Dies zeigt sich auch im Alter von 43 Jahren, wo nun alle in der Erwachsenheit angekommen sind, gegenüber ca. 25% die mit 30 Jahren noch nicht berufs-

tätig bzw. familiär gebunden waren und ca. 25%, die sich selbst noch nicht als erwachsen bezeichneten (Meulemann/Birkelbach/Hellwig 2001). Dabei zeigen sich aber gravierende Differenzen zwischen den Geschlechtern: Sowohl was den Grad der Erwerbstätigkeit, die Vollzeitbeschäftigung, den Berufserfolg, das Berufsprestige und das Einkommen angeht, liegen die ehemaligen Gymnasiastinnen deutlich unter den Gymnasiasten. Der durch Bildungsinstitutionen in der Abfolge Gymnasium, Studium, qualifizierte Berufe vorgezeichnete „Normallebenslauf" kann also durchaus sehr unterschiedliche Ausprägungen annehmen.

3. Eine dritte Richtung stellen Studien zum Verlauf der Schullaufbahn, zu Übergängen, „Sitzenbleiben", Schulformwechseln im Sinne von Abstiegen und Aufstiegen dar (vgl. auch Roeder 1997; Baumert/Trautwein/Artelt 2003; S. 308ff.). Ausgehend etwa von der frühen Studie von Dahrendorf und Peisert, die den vorzeitigen Abgang vom Gymnasium untersuchten (vgl. Dahrendorf 1965), war es vor allem die Studie von Kemmler (1976), die in einer Längsschnittstudie über die gesamte Schullaufbahn hinweg über 300 Schüler der Stadt Münster untersuchte. Sie stellte bei über der Hälfte der von ihr untersuchten Schüler fest, dass die Schullaufbahn nicht geradlinig verlief (Zurückstellungen, verspätete Übergänge, Sitzenbleiben etc.) und dass die Zurückgestellten und Sitzengebliebenen sich in der Grundschule zwei Jahre später eher wieder bei den Problemschülern befanden. Zurückstellung und Rückstufung „hat also beim größeren Teil der betroffenen Kinder keineswegs den gewünschten Erfolg" (Kemmler 1975, S. 154). Zudem erreichen nur etwa gut die Hälfte der Schüler, die höhere Bildungsanstalten besuchen, das Abitur. Weitere Studien belegen einerseits, dass in Gymnasien die Selektivität von den 1960er zu den 1980er Jahren zurückgeht, also die Verbleibequote im Gymnasium steigt und somit weniger Gymnasiasten vorzeitig das Gymnasium verlassen (vgl. Hansen/Rolff 1990), andererseits aber, dass das Scheitern im Schulsystem nach wie vor hohe Bedeutung hat und hier insbesondere Kinder aus den unteren und bildungsfernen Sozialschichten eher absteigen, Sitzenbleiben oder keinen Schulabschluss erreichen (vgl. Bofinger 1985). Insbesondere Bellenberg (vgl. 1999; Bellenberg/Klemm 2000) hat in der jüngsten Zeit eine Studie über Schullaufbahnen in Nordrhein-Westfalen vorgelegt, in der sie die Einschulungspraxis, die Klassenwiederholungen und den Schulformwechsel als wesentliche Markierer der Schullaufbahn untersucht. Dabei zeigt sich, dass es vor allem die Hauptschüler (30%), gefolgt von Realschülern (25%) und dann erst Gymnasiasten (11%) sind, die Klassen wiederholen müssen. Von jenen Schülern, die in der Sekundarstufe I Klassen wiederholen mussten und dann in eine gymnasiale oder Gesamtschuloberstufe wechseln, wiederholen fast ein Viertel in der Oberstufe nochmals eine oder mehrere Klassen. Die Durchlässigkeit im deutschen Schulsystem, also die Möglichkeit zwischen den Schulformen zu wechseln, ist vor allem eine Durchlässigkeit „nach unten". So wechselt fast ein Viertel der gymnasialen Schüler zum allergrößten Teil in die Realschule, die insgesamt von allen Schulformen die meisten Schüler zu integrieren hat, während nur 2% der Gymnasiasten in der 10. Klasse aus der Hauptschule, vor allem aber aus der Realschule aufgestiegen sind. Auch aus der Hauptschule ist der vertikale Aufstieg in Realschule und Gymnasium sehr gering. Auch für diejenigen Aufsteiger, die ein Abitur erreichen und aus der Haupt- oder der Realschule auf eine gymnasiale oder Gesamtschuloberstufe aufgestiegen sind, ist die Oberstufenlaufbahn weit störanfälliger, als für die anderen Schüler: Sie wiederholen in der Gesamtschuloberstufe dreimal häufiger und in der gymnasialen Oberstufe sogar fünfmal häufiger als die anderen Schüler eine Klasse. Insgesamt zeigt sich, dass Mädchen durchgängig weniger als Jungen von problematischen Brüchen der Schullaufbahn betroffen werden: Sie werden weniger zurückgestellt, wiederholen

seltener eine Klasse, steigen seltener in Haupt- oder Realschule ab und sind bei den Aufsteigern in höhere Schulformen überrepräsentiert (Bellenberg 1999, S. 197ff. und 213ff.).

Allerdings sagen diese Studien wenig über die mit diesen Umstufungen in der Schulkarriere verbundenen Veränderungen oder Belastungen aus. Hier liegen eine Reihe von Studien vor, die diese Aspekte beleuchten (vgl. zusammenfassend Fend 2000; Ulich 2001). Insbesondere Weinert und Helmke (1997) sowie Fend (vgl. 1997, 2000) haben im deutschsprachigen Raum in Längsschnittstudien diese Veränderungen etwa hinsichtlich des Selbstkonzeptes von Schülern in den Blick genommen. Einerseits zeigt sich, dass die schulischen Bewertungen auch die schulnahen Einschätzungen der eigenen Leistungsfähigkeit im Laufe der Schulzeit immer deutlicher beeinflussen. Andererseits sind die Zusammenhänge zwischen schulischem Erfolg und Misserfolg und dem allgemeinen Selbstwertgefühl weniger eng. Hier gibt es für Jugendliche Möglichkeiten, schulische Misserfolge zu kompensieren (vgl. Fend 1997, S. 258ff.). Allerdings geht andauerndes chronisches Versagen in der Schule mit einer erheblichen Beeinträchtigung des Selbstgefühls einher, während einmalige Auf- und Abstufungen bzw. Schulformwechsel kein konsistentes Bild ergeben, sondern es neben Einbrüchen auch zu „Erholungen" des Selbstbildes und Selbstwertgefühls kommen kann. Dies verweist auf sehr differenzierte Konstellationen bei derartigen Schülern: So zeigen etwa jene Schüler besonders deutliche Beeinträchtigungen, die mit ihren schulischen Leistungen und Schulformzugehörigkeiten hinter den Schulabschlüssen ihrer Eltern zurückbleiben und bei denen schulische Versagenserfahrungen auch in der Familie zu Konflikten und Belastungen beitragen. Umgekehrt können versagende Schüler ihr Selbstwertgefühl dann stabil halten, wenn sie stark in jugendkulturelle, schuloppositionelle Kontexte Gleichaltriger eingebunden sind und sich familiär aufgrund des Schulversagens keine Beeinträchtigung in der Beziehung zu den Eltern zeigt.

2 Forschungen zur Schülerbiographie

Die im vorhergehenden Abschnitt zusammengefassten Studien nehmen die Schulkarriere und die Schullaufbahn von Schülern entweder aus einer institutionellen Perspektive in den Blick, betrachten als Längsschnittstudien Auswirkungen des Schullaufbahnverlaufs auf die Schüler oder verfolgen die Kanalisierung von Schullaufbahnen entlang der entscheidenden Übergänge in der Schulkarriere. Die Übergänge der Schulkarriere und deren Bedeutung werden von außen erschlossen, entweder entlang institutioneller Markierer oder hinsichtlich der Bewältigung von Übergängen für Schülergruppen. Darin aber zeigen sich die Unterschiede gegenüber der biographischen Schülerforschung: Die biographische Perspektive zielt nicht auf die Standardisierung und Normalisierung des Lebensweges, also auf den allen Heranwachsenden gemeinsamen Status „Schüler", sondern die Aufmerksamkeit richtet sich auf das Singuläre des jeweiligen Lebensweges aus der Perspektive des „Biographieträgers" (vgl. Schütze 1983, 1995; Schulze 1993, 1997). In der Forschungsperspektive „Schülerbiographie" geht es darum, wie die institutionellen schulischen Übergänge und Rollenanforderungen individuell erfahren, gedeutet, erzählt und in den lebensgeschichtlichen Gesamtzusammenhang eingebettet werden.

2.1 Qualitative Längsschnittstudien zum Jugendalter mit Schulbezug

Während frühe Studien aus den 1970er Jahren (vgl. Wimmer 1976) kaum methodischen Standards genügen und eher deskriptive Porträts bieten, entstanden seit den 1980er Jahren methodisch anspruchsvollere Studien. Eine erste Gruppe von Untersuchungen, die in Richtung einer biographischen Schülerforschung weisen, besteht aus Interviews mit Jugendlichen zu biographischen Erfahrungen und alltäglichen Lebenszusammenhängen, die zu einem späteren Zeitpunkt wiederholt wurden (vgl. Hurrelmann/Wolf 1986; Sander/Vollbrecht 1985; Baacke/Sander/Vollbrecht 1994; Friebel 1983, 1985; Friebel u.a. 1996). Die Studie von Sander und Vollbrecht (1985) an 13- bis 15jährigen enthält – wenn auch eher randständig – Analysen zur Bedeutung der Schule in den sieben präsentierten Fallstudien. Nahezu allen Jugendlichen gemeinsam sind Erfahrungen von schulischer Sinnlosigkeit, von Langeweile, Gefühle von Zwang und Ohnmacht. Diese gemeinsamen Alltagserfahrungen differenzieren sich aber dann aus, wenn die Jugendlichen unterschiedliche Bildungspläne für die Zukunft verfolgen. So erleben diejenigen Jugendlichen, die keine langfristigen Bildungskarrieren anstreben, die Sinnlosigkeit der Schule besonders drastisch und definieren die Schule besonders deutlich zu einem jugendkulturellen Ort der Hinterbühnenaktivitäten und des Treffens von Freunden um. Dem gegenüber erleben jene Heranwachsende, die längerfristige Bildungsambitionen haben, die Schule zumindest in dieser Perspektive als bedeutsam. Leider werden diese schulisch-bildungsorientierten Linien in der Analyse der biographischen Selbstkonstruktionen, die acht Jahre später bei einem Teil dieser Jugendlichen erhoben wurden, nicht mehr systematisch aufgegriffen, obwohl sich in den Thematisierungen der jungen Erwachsenen Bezüge zur Schulzeit finden (Baacke/Sander/Vollbrecht 1994, S. 14, 27ff., 48ff., 64, 73, 83, 97ff., 111ff.). So könnten zum einen die besonders deutlichen Distanzierungen gegenüber der Schule bei jenen Jugendlichen, die manuelle Arbeiten präferieren und keinen Aufstieg durch Bildung anvisieren, systematischer an andere Studien angeschlossen werden, die diese Haltung im Kontext sozialer Randständigkeit und im Lebenszusammenhang von Arbeitermilieus verorten (vgl. Projektgruppe Jugendbüro 1975, 1977; Willis 1979, Projektgruppe Schule und Subkultur 1983; Bietau 1989; Wexler 1992, 1994; Combe/Helsper 1994; Wiezorek 2003). Zudem wäre der biographische Rückblick auf die Schulzeit mit dem Fazit „verpasste Chancen" und „hättest du (...) mal mehr getan" (Baacke/Sander/Vollbrecht 1994, S.99) als eine langfristige biographische Nachwirkung scheiternder Schulabschlüsse zu deuten, die biographische Optionen reduzieren (vgl. auch Hurrelmann/Wolf 1986).

Auch wenn die Studie von Friebel u.a. (1996) eher als Lebenslauf- und Kohortenstudie zu bezeichnen ist (vgl. Kap. 2), so arbeiten sie doch anhand von sechs Fällen ihres Samples (aus 64 von 252 einbezogenen Jugendlichen) die Entwicklung der Bildungskarriere und der Bildungsidentität zwischen 1979 und 1994 heraus. Im Zentrum steht dabei die Frage, inwiefern es diesen Jugendlichen, die einer Dilemma-Kohorte mit der paradoxen Erfahrung von „mehr Bildung, weniger Ausbildung und Arbeit" (ebd. S. 62) angehören, über die Stationen Schule, Ausbildung, Beruf und Weiterbildung möglich war, eine kontinuierliche Bildungsidentität zu entwickeln, sich entweder als aktive, die eigenen Bildungsverläufe gestaltende oder als von sozialen und institutionellen Zwängen bestimmte Individuen zu entwerfen. Alle entwerfen sich als reflexive und aktive Subjekte ihrer Bildungsgeschichte, obwohl in drei der sechs Fälle eher diskontinuierliche Segmentierungen des Bildungsprozesses vorliegen und obwohl alle vom Ende der Schulzeit an „mehr oder weniger dramatische Entwertungen, Verwerfungen ihrer beruflichen Qualifikationen erfahren (mussten)" (ebd. S. 65). Dies verweist auf biographische Illusionsbildungen (vgl. Bourdieu 1990). Innerhalb der Bildungsgeschichten erscheint die Schule im Vergleich der unterschiedlichen Bildungsräume in allen Fällen im negativsten Licht, als heteronomer Bildungsraum, der für die eigene Bildungsgeschichte wenig sinnstiftende Relevanz besitzt. Einschränkend ist für diese Studie festzustellen, dass die Relevanz der Schulzeit für die Bildungsbiographie nur abkürzungshaft herausgearbeitet und zudem nicht auf den gesamten biographischen Verlauf bezogen wird.

2.2 Die Entwicklung der Forschung zur Schülerbiographie im engeren Sinne seit den 1980er Jahren

In der Studie von Hurrelmann und Wolf (1986) stehen die schulischen Erfahrungen im Mittelpunkt. Von daher kann diese Studie als erste Studie zur Schülerbiographie im engeren Sinne bezeichnet werden. Durch eine teilstrukturierte Befragung von Jugendlichen zu drei Zeitpunkten ihrer Jugendbiographie konnte für versagende und erfolgreiche Schüler an Hauptschulen und Gymnasien verdeutlicht werden, welche Bedeutung Erfolg und Versagen auch noch mehrere Jahre nach dem Ende der Schulzeit besitzt. Die erfolgreichen Schüler – insbesondere die erfolgreichen Gymnasiasten – schreiben sich ihren Erfolg selbst zu und können die Schulzeit als abgeschlossene Phase ihres Lebens „marginalisieren". Die „versagenden" Schüler – insbesondere die mit fehlendem Hauptschulabschluss oder mit „Abstiegserfahrungen" – schreiben sich ihr Versagen selbst zu. Dabei gelingt es ihnen nicht, ihre Schulzeit biographisch „abzuschließen", da sie den „vertanen Chancen" nachtrauern, die in ihrem Leben in Form fehlender Bildungsabschlüsse präsent sind. Die Studie kann zum einen die Problematik für Jugendliche verdeutlichen, der Schule einen nicht instrumentellen biographischen Sinn zu verleihen und zum anderen die gravierende biographische Relevanz schulischer Anerkennungsprozesse, von Erfolg, Versagen, Klassenwiederholung oder „Schulabstieg" für die Jugendbiographie herausarbeiten. Allerdings bleibt anzumerken, dass die Interpretation zumeist an der Oberfläche bleibt und aufgrund der methodischen Vorgehensweise keine umfassende Schülerbiographie erstellt wird, sondern lediglich die Veränderung oder Konstanz von Deutungen gegenüber der Schule zu unterschiedlichen Zeitpunkten der Jugendbiographie ermittelt werden. Zudem werden keine Fallkontrastierungen innerhalb der unterschiedlichen Schülergruppen, vorgenommen, so dass ein Fall exemplarisch für alle steht. Die Interpretation zu den versagenden bzw. erfolgreichen Schülern bleiben darüber hinaus dichotom und berücksichtigt nicht die mögliche biographische Ambivalenz schulischen Erfolgs.

Eine genuin prozessorientierte schulbiographische Perspektive wurde erst im Anschluss an die biographietheoretischen Arbeiten von Schütze seit den 1980er Jahren begangen. Er verortet die Biographie in der Spannung von biographischem Handlungsschema, als einer aktiven, eigenverantwortlichen Gestaltung des Lebens, und der biographischen Verlaufskurve, in der das Individuum sich als fremdbestimmt erfährt, von außen definiert und durch die „Me-Bilder" definitionsmächtiger Anderer in passive Haltungen gedrängt und in Erfahrungen des Getrieben-Werdens verstrickt. Hier knüpft die Studie von Nittel (1992) an. Sie wendet sich der Biographie und Identitätsentwicklung von Gymnasiasten zu und differenziert die Studie von Hurrelmann und Wolf weiter aus. Sie fußt auf dem biographietheoretischen Konzept des „narrativen Interviews" (Schütze 1983) und kann als die erste, anspruchsvollen methodologischen Standards genügende Studie zur Schülerbiographie bezeichnet werden. Die Studie erfolgt auf der Grundlage von 20 biographischen Interviews mit Jugendlichen, die das Abitur abgeschlossen oder einige Zeit das Gymnasium besucht hatten, die aber die Statuspassage zum Erwachsenenalter (Heirat, Beruf) noch nicht durchlaufen hatten. Die Auswahl der Interviewpartner erfolgte nach dem Konzept des „theoretical sampling" und dem Prinzip maximaler und minimaler Kontrastierungen. Dabei wird der gesamte biographische Verlauf rekonstruiert und die institutionellen Ablaufmuster, die Auf- und Abstufungen sowie die daran ansetzenden Bewältigungsformen können damit in ihrer Bedeutsamkeit für die gesamte Biographie bestimmt werden. Nittel kann in diesen Analysen die biographischen Beeinträchtigungen längerdauernden schulischen Scheiterns verdeutlichen: Es kommt zu Verlaufskurven in Form von Erfahrungen des passiven Erleidens und von außen erfolgender Bestimmungen während der Schulzeit, Erfahrungen, die sich auch nach der Schulzeit in Form von psychischen Verletzungsanfälligkeiten, Abbrüchen sowie „Fluchthandlungsschemata" äußern (ebd. S. 286ff. u. 311ff.). Aber auch bei kurzfristigem schulischem Versagen können „wunde Punkte" der Schulzeit zurückbleiben, in denen eine biographische Verletzungsanfälligkeit des Selbst wurzelt und etwa Zweifel über die eigene Kompetenz erhalten bleiben. Gegenüber derartigen im schulischen Rahmen erlittenen Verletzungen des Selbst werden immer wieder Bewältigungsformen des Ausblendens, der Entemotionalisierung, der Abschwächung der Ereignisse, also Mechanismen relevant, die biographischen Verletzungsdispositionen im Sinne „biographischer Verblendungen" zu entthematisieren. Vor allem kann Nittel auch die Ambivalenz des schulischen Erfolgs in Form der „Anpassungs-Verlaufskurve" verdeutlichen (vgl. S. 319ff. u. 333f.). Zum einen zeigen sich in diesen Schülerbiographien, vor allem bei „Aufstiegsbiographien", teilweise schmerzhafte „Entfremdungen" gegenüber dem Herkunftsmilieu. Daneben werden auch Marginalisierungen im Rahmen der Peers kenntlich, etwa in der Stigmatisierung als „Streber". Insgesamt zeigt sich eine Dominanz instrumentell-strategischer Haltungen, somit „biographische Kosten" schulischen Erfolges durch die Subsumtion des Jugendlebens unter schulische Zwänge.

Vor dem Hintergrund dieser biographischen Verläufe kann auch die Bedeutung der Familie, der Peers und der alltäglichen Interaktionen mit den Lehrern für die biographischen Prozesse herausgearbeitet werden: Lehrer können – wenn auch eher selten – als signifikante Andere fungieren, also als biographisch bedeutsame, nicht einfach ersetzbare Bezugspersonen, so dass in diesen Fällen ein Lehrerwechsel für die Schüler dramatische Folgen haben kann (ebd., S. 411ff., 420ff.). Dabei zeigt sich, dass Lehrer als „signifikante Andere" vor allem für jene Schüler bedeutsam werden, die aus problembelasteten Familien stammen und enttäuschte Wünsche aus dem familiären Raum auf schulische Bezugspersonen richten. Dieses Ergebnis kann auch in anderen biographischen Schülerfallstudien bestätigt werden, in denen sich aber auch zeigt, in welche Konflikte Lehrer als „signifikante Andere" in den universalistisch geprägten schulischen Zusammenhängen geraten und dass sich auch grundlegende Enttäuschungen und familialisierte Konfliktdynamiken zwischen Lehrern und Schülern ergeben können (vgl. Combe/Helsper 1994, S. 77ff.; Helsper 2004).

Die jüngste Studie zur Schülerbiographie (vgl. Wiezorek 2003) knüpft unmittelbar an die Studie von Nittel an, indem sie zentral auf die „Rekonstruktion der fallspezifischen Aufschichtung von institutionellen, schulischen Erfahrungen" (ebd. S. 24) fokussiert, aber auch schulferne familiäre Bildungshintergründe von Jugendlichen mit einbezieht. Methodisch arbeitet die Studie mit der „dokumentarischen Analyse" und dem Genogramm zur Rekonstruktion familiärer Hintergründe. An drei Fallstudien – einer gymnasialen Versagensverlaufskurve, einer Aufstiegsgeschichte ins Gymnasium und einer bildungsfernen Schülerbiographie aus dem Arbeitermilieu – wird das Zusammenspiel von schulischen Erfahrungen, Familie und Peers und deren Beitrag zur Entfaltung der Schülerbiographie entwickelt. Im ersten Fall, der Schulversagensverlaufskurve, werden Erkenntnisse von Nittel bestätigt: Im Hintergrund des „Abstiegs“ vom Gymnasium stehen hohe familiäre Bildungs- und Leistungserwartungen, eine Homologie von schulischen und familiären Leistungsansprüchen in Verbindung mit einer familiären Etikettierung als „Familiendummer“ mit schulischen und familiären Wendeerfahrungen (Trennung der Eltern), die zu psychosozialen Destabilisierungen beitragen. In einer weiteren Studie zeigt sich, dass die Schule als Raum der Vergesellschaftung und der Konstituierung biographischer Orientierungsrahmen im Sinne verallgemeinerter Anderer bedeutsam werden kann. Über die Verinnerlichung von Schulpflicht und Leistungsprinzip wird eine schulische Aufstiegsgeschichte zum Gymnasiasten möglich, wobei Lehrer als „kenntnisreiche Erwachsene“ die gesellschaftliche Ordnung als Vertreter der älteren Generation repräsentieren. „Dass die Schule halt einen zum Menschen macht“ (ebd. S. 225) lässt diese anpassungsförmige Aufstiegsbiographie zugleich als elementare Vergesellschaftungsbiographie durch Schule erscheinen. Die dritte Fallstudie kann schließlich eindrucksvoll die Ergebnisse eines Kampfes um Anerkennung zwischen einem Jugendlichen aus einem um Körperlichkeit, manuelle Arbeit und Distanz zur geistigen Arbeit stammenden typischen familiären Arbeitermilieu und der schulischen Lernform verdeutlichen. Die schulischen Anerkennungsverweigerungen können bei diesem Jugendlichen, der im familiären Arbeitermilieu und in einem schuloppositionellen Jugendmilieu eine Anerkennungssicherung erfährt, gerade nicht spezifisch und partikular begrenzt werden, sondern erscheinen als Negation, als emotionale, moralische und soziale Missachtung seiner ganzen Person. Der große theoretische Gewinn dieser Studie liegt sicherlich in der fallkontrastiven Theoretisierung der drei Schülerbiographien im Zusammenhang einer Theorie schulischer Anerkennungsbeziehungen sowie der detaillierten Analyse des zentralen Stellenwertes der familiären Hintergründe und ihres Zusammenspiels mit der Schule für die Entfaltung der Schülerbiographie (vgl. ebd. S. 314ff.). Darin wird deutlich, dass der schulische Raum im umfassenden Sinne ein Ort der Anerkennung bzw. Missachtung ist, mit der die Schüler sich auseinandersetzen und die sie in differenten Formen bewältigen müssen, was tiefreichend in die Entwicklung ihres Selbst eingreift (ebd. S. 351ff.). Dabei kann das Zusammenspiel zwischen den verschiedenen Anerkennungsdimensionen für die Entwicklung des Selbst bestimmt und für pädagogische Institutionen ausdifferenziert werden.

Sowohl die Studie von Nittel und insbesondere die Studie von Wiezorek stellen methodisch, inhaltlich und theoretisch eine wesentliche Weiterentwicklung der Forschung zu Schülerbiographien dar. Allerdings besitzen sie auch Grenzen: So erscheint die typologische Unterscheidung von Nittel zwischen der „Schulversagens-“ und der „Anpassungsverlaufskurve“ für das breite Spektrum gymnasialer Biographien zu dichotom und weiter ausdifferenzierbar. Zudem schließt er von den biographischen Erzählungen auf institutionelle Strukturen. Darin wurzelt das methodische Problem, dass in den aufgeschichteten Erfahrungen Jugendlicher mit der Schule zwar der biographische Niederschlag der Institution sowie die Bewältigungsmuster gegenüber institutionellen Vorgaben „ablesbar“ sind und somit die fallspezifische Bedeutung institutioneller Strukturen rekonstruiert werden kann. Was aber an institutioneller Struktur in den Blick gerät, ist bereits immer durch die fallspezifische Selektivität der jeweiligen Biographie geführt. Ein ähnliches Problem ergibt sich auch, wenn in der Studie von Wiezorek auf institutionelle Zusammenhänge oder das Milieu der Jugendlichen zurückgeschlossen wird. Hier liegt eine Grenze des biographischen Zugangs, der die Rekonstruktion der institutionellen Strukturen und milieuspezifischen Handlungsformen nicht ersetzen kann (vgl. auch Helsper u.a. 1991, S. 261f.). Die Vermittlung von Biographie, Institution und Milieu bedarf somit gerade der zweiseitigen Rekonstruktion.

Derartige Studien, in denen institutionelle Analysen zur Schulkultur mit biographischen Rekonstruktionen vermittelt werden, liegen inzwischen vor (vgl. Böhme 2000; Helsper u.a. 2001; Kramer 2002; Kramer/Helsper 2000; Kramer/Busse 2000). In diesen Studien werden – ausgehend von einer Vorläuferstudie, in der die Schulkultur einer Gesamtschule zu den Biographien der Bewerber um die Position des Schulsprechers vermittelt werden (vgl. Helsper 1995) – an vier deutlich kontrastierenden Gymnasien in Ostdeutschland in einem ersten Schritt die Sinnstrukturen und Regeln der Schulkultur erschlossen. Darin wird auch der dominante Schulmythos rekonstruiert, der über die grundlegenden Antinomien und Strukturprobleme der jeweiligen Schule hinweg einen übergreifenden imaginären pädagogischen Sinnentwurf bietet. Darin wird auch ein ideales Schülerselbst formuliert, das den jeweils anzustrebenden Bildungsentwurf der einzelnen Schule markiert. Die jeweilige Schulkultur bildet den institutionellen Raum für die Anerkennung bzw. Abweisung von Selbstentwürfen und habitualisierten Lebensgeschichten von Schülern. Neben dem Kriterium der Leistung, das zudem in den unterschiedlichen Gymnasien verschieden stark gewichtet wird, ergeben sich einzelschulspezifisch variierende Konstruktionen des idealen Schülerselbst, die bedeutsam dafür sind, welche Schüler mit welchen biographischen Hintergründen und habitualisierter Lebensführung als exzellent, akzeptabel oder nicht tragbar gelten. So können die imaginären Entwürfe eines „gemeinschaftsorientierten Leistungsasketen", eines „leistungsorientierten Bildungskonventionalisten", eines „fürsorgeethisch gezähmten Erfolgsmenschen" und eines „zielstrebigen Erfolgsmenschen mit weltzugewandtem Transzendenzbezug" rekonstruiert werden (vgl. Helsper u.a. 2001; Helsper 2003). Diese Entwürfe besitzen mehr oder weniger enge Bezüge zu milieuspezifischen Habituskonfigurationen: etwa das Schülerideal des „leistungsorientierten Bildungskonventionalisten" eine große Nähe zum „bürgerlich-humanistischen Milieu" und der imaginäre Entwurf des „fürsorgeethisch gezähmten Erfolgsmenschen" bezieht sich auf die aufstiegsorientierten mittleren Milieus, die unter starkem Konkurrenz- und Individualisierungsdruck stehen. Mit den idealen Schülerkonstruktionen sind zugleich Versprechen verbunden die jeweils milieuspezifisch ausgeformten Modernisierungslasten bewältigen und durch Bildung „heilen" zu können (vgl. Böhme 2000; Helsper u.a. 2001).

Indem schließlich für die Schülerbiographien – mit der Kombination von objektiver Hermeneutik und biographischer Analyse – auch die Strukturproblematik der Lebensgeschichte herausgearbeitet werden kann, wird es möglich, die Verschränkung der schulkulturellen Strukturprobleme mit den strukturellen Problemen des Selbst und der Biographie von Jugendlichen zu verdeutlichen. Dabei zeigt sich, dass jene Jugendlichen, deren Biographie durch Selbstspannungen gekennzeichnet ist, die homolog zu den Schulmythen und den zentralen Strukturproblemen der jeweiligen Schulkultur sind, besonders deutlich in die schulkulturellen Widerspruchsverhältnisse zwischen hohen Erwartungen, Hoffnungen, widersprüchlichen Erfahrungen und Enttäuschungen hineingezogen werden: So kann Böhme (2000) in ihrer Studie rekonstruieren, dass gerade jene Jugendlichen, die sich in einer schuloppositionellen Distanz zu einem traditionsreichen Gymnasium situieren, darin als Bürgen für den Schulmythos dieser Schule stehen. Die lebensgeschichtliche Suche nach Vergemeinschaftung und Wiederbeheimatung erhält durch den schulkulturellen Anspruch Nahrung, eine verschworene, auserwählte Bildungsgemeinde zu sein, der allerdings tief enttäuscht wird.

Hier ist insbesondere auf die Studie von Kramer hinzuweisen, der exemplarisch für eine Schule die „Passung" zwischen spezifischer Schulkultur und unterschiedlichen Schülerbiographien rekonstruieren kann (vgl. Kramer/Helsper 2000; Kramer 2002). Im Durchgang durch sechs Schülerbiographien entwickelt Kramer in einem mehrstufigen rekonstruktiven Strukturvergleich zwischen der schulkulturellen Ordnung und den Schülerbiographien ein differenziertes Konzept der „schulbiographischen Passung“: Ausgehend vom Passungsverhältnis zwischen Familie und Schule wird die Passung zwischen Schüler und familiärem Entwurf, die primäre Passung im Übergang zur Grundschule, die Passung beim Übergang auf dieses spezifische Gymnasium sowie die daran ansetzende Auseinandersetzung und Transformation der Passung im Verlauf der Schülerbiographie rekonstruiert. Mit Bezug auf das Konzept von Imaginärem, Symbolischem und Realem der schulkulturellen Ordnung kann Kramer verdeutlichen, wie komplex die Bezüge zwischen institutioneller und biographischer Ordnung sind: Scheinbar harmonische Passungen erweisen sich als durchaus spannungsreich und auf den ersten Blick inkonsistente Passungen können durchaus stimmige und konsistente Bezüge gewinnen. In einem abschließenden Gesamtmodell entwickelt Kramer das Konzept der schulbiographischen Passung aus und kann die Typen der „harmonischen“, der „inkonsistenten“ sowie der „antagonistischen Passung“ mit internen Strukturvarianten ausdifferenzieren. Damit liegt in diesen Arbeiten ein ausformuliertes Modell der Vermittlung von Biographie- und Kulturanalyse für den schulischen Zusammenhang mit besonderer Berücksichtigung der Einzelschule vor. Durch diese Vorgehensweise kann das Zusammenspiel zwischen der einzelschulspezifischen Schulkultur mit ihren Regeln und Bedeutungsstrukturen mit der jeweiligen Lebensgeschichte und der Entfaltung der Schülerbiographie für die Abweisung und die Anerkennung von Schülern verdeutlicht werden.

In der skizzierten Abfolge von Studien lassen sich somit systematische Weiterführungen und methodische Fortschritte, vor allem in der Aufnahme biographieanalytischer und hermeneutisch-rekonstruktiver Verfahren, der Schülerbiographieforschung seit den frühen 1980er Jahren feststellen.

2.3 Forschung zu Bildungsgängen und zu biographischen Lerngeschichten von Schülern

Daneben ist auf eine dritte Forschungslinie hinzuweisen: So liegen einige Studien vor, die sich dem Verlauf von „Bildungsgängen“ und den inhaltlichen und pädagogischen Möglichkeiten von Reformschulen zuwenden: etwa für das Oberstufenkolleg (Gruschka 1985), insbesondere für die Bielefelder Laborschule (vgl. Kleinespel 1990; Döpp/Hansen/Kleinespel 1996) oder die Freie Schule Bochum (vgl. Maas 1999). Es sind damit auch (selbst)evaluative Studien über Bildungsmöglichkeiten von Schülern in reformorientierten Schulen (vgl. auch Idel/Ullrich in diesem Band).

In den biographischen Portraits unterschiedlicher Schüler der Laborschule wird eine Methodenkombination gewählt, die unterschiedliche Perspektiven zur Geltung bringen soll: So werden schulische Dokumente, etwa die Berichte zum Lernprozess herangezogen, ein „biographisches“ Interview mit Fokus auf die Laborschulerfahrungen ausgewertet, Gruppendiskussionen mit Lehrern geführt und die Schülerfallstudien mit den Lehrern kommunikativ validiert (Döpp/Hansen/Kleinespel 1996, S. 24ff.). Es sollen Möglichkeiten und Grenzen der Laborschule aufgezeigt werden, einer heterogenen Schülerschaft im Sinne einer Pädagogik der Vielfalt gerecht zu werden (ebd. S. 201ff.). So zeigt sich anhand eines Mädchens aus der Unterschicht, dass die Laborschule vielfältige Fördermöglichkeiten besitzt und Aufstiegsmöglichkeiten eröffnet, aber die Probleme, die aus der Zugehörigkeit zu den „niederen“ und „höheren“ Kreisen resultieren, nicht aufheben kann. So hat die ermöglichte Förderung und Aufstiegsorientierung bei diesem Mädchen auch die Seite der „Anpassung“, des „Dazwischen“, des „Mädchens mit den zwei Gesichtern“ (ebd. S. 169ff.), ein Ergebnis, das an die „Anpassungs-Verlaufskurve“ aufstiegsorientierter Gymnasiasten aus bildungsfernen Milieus in der Studie von Nittel (1992) erinnert. Schließlich zeigt sich bei einem sehr leistungsstarken Schüler, der pädagogisch ambitionierte Eltern hat und höchste Leistungsansprüche an sich stellt, dass die Laborschule für ihn ein emotionaler und sozialer Stabilisierungsraum ist. Gleichzeitig zeigen sich aber auch kritische Haltungen gegenüber der integrativen Beschulung, wünscht er sich Noten und leistungshomogene Schülergruppen und bezieht sich positiv auf das Gymnasium.

In einer biographisch orientierten Fallstudie zu einem Jungen mit erheblichen Familienproblemen, schulischem Versagen und Schulwechseln, der erst im 9. Jahrgang zur Freien Schule Bochum wechselte, kann Maas (1999) verdeutlichen, welche Möglichkeiten der emotionalen Stabilisierung dieses offene und durch viele Freiräume gekennzeichnete schulische Lernmilieu bietet. Dabei wird vor allem die Bedeutung der Gleichaltrigen als sozialkognitiver Lernraum für die Bearbeitung der sozialen und emotionalen Problematik sichtbar. Zugleich zeigt sich aber auch die Kehrseite des freien pädagogischen Milieus: Die egozentrischen, gemeinsame Vereinbarungen häufig ignorierenden Haltungen dieses Jugendlichen eskalieren zwar in Folge der freiheitlichen Regelungen weniger konflikthaft, führen weniger zu Verweigerung und aggressiver Dynamik. Aber gleichzeitig bleibt die Bildungsproblematik aufgrund mangelnder Strukturbildung teilweise unbearbeitet.

In diesen Studien wird der Zusammenhang von ambitionierten Reformschulen sowie biographischen Bildungsmöglichkeiten von Schülern ins Auge gefasst. Damit sind diese Studien auch als Beitrag zum Verhältnis von pädagogischer Institution, Bildung und Biographie zu lesen. In der methodischen Absicherung dieser komplexen Vermittlung treten allerdings deutliche Probleme auf.

2.4 Erkenntnisse zur biographischen Bedeutung der Schule in Studien zur Jugendbiographie

Daneben ist auf eine vierte Forschungslinie hinzuweisen: So sind seit Anfang der 1980er Jahre methodisch anspruchsvolle biographische Forschungen zu Jugendlichen entstanden (vgl. als Überblick Krüger/Marotzki 1999; Baacke/Sander 1999). Aus diesen Studien – etwa zur Jugendbiographie insgesamt (Lenz 1988; Fuchs-Heinritz/Krüger 1991), zu scheiternden Bildungsverläufen (Alheit/Glaß 1986; Helsper u.a. 1991), zu bildungserfolgreichen Migrantinnen (Hummrich 2002) oder zu jugendlichen Übersiedlern (vgl. Stelmaszyk 1996) – lässt sich die Bedeutsamkeit der Schule für biographische Verläufe herausfiltern.

Dies kann anhand einer Studie verdeutlicht werden, die aus einer kritischen Sichtung des „Altersnormenkonzepts“ der Frage nachgeht, inwiefern die Statuspassage Jugend inzwischen pluralisiert ist (vgl. Fuchs-Heinritz/Krüger 1991). So unterscheiden die Autoren sieben Typen der Jugendbiographie mit nochmaligen Binnendifferenzierungen und konstatieren, dass weitere Varianten denkbar sind (vgl. ebd. S. 220ff. u. 224ff.). Von besonderer Relevanz für den Zusammenhang von Schule und Biographie ist das Ergebnis, dass das Verhältnis Heranwachsender zu schulisch-institutionellen Ablaufmustern für die Ausformung der Jugendbiographie hoch bedeutsam ist. Zwischen den Polen einer Orientierung an institutionellen „Fahrplänen“ – z.B. Jugendzeit gleich Schulzeit (ebd. S. 58ff.) – und eher antiinstitutionellen „Eigenzeiten“, kommt es zu vielfältigen Balancemustern zwischen Schule und familialer Ablösung, Schule und Privatleben bzw. Schule und Clique (vgl. ebd. S. 29-206). Hierzu sind – in der vergleichenden Sichtung stärker schulbiographisch orientierter Studien – Ergänzungen möglich: So weisen die Autoren darauf hin, dass sich in ihrem Sample keine als schulische Bildungsgeschichte konstruierte Jugendbiographie fand. Sie vermuten diese eher in besonders exponierten schulischen Milieus. Sowohl in der Studie von Nittel, dort im Zusammenhang mit Lehrern als signifikanten Anderen, aber auch in Studien im Zusammenhang des Gesamtschulmilieus der 1970er und 80er Jahre (Helsper 1988, S.21ff., Helsper 1997) und im Rahmen eines hoch bildungsambitionierten, gymnasialen Internats mit langer Tradition (vgl. Helsper/Böhme/Kramer/Lingkost 2001) ergeben sich Hinweise auf schulisch dominierte, durch Schule und Lehrer wesentlich geprägte Jugendbiographien. Die Studie kann eindrucksvoll belegen, welche Bedeutung die Gewichtung des Lebensbereichs Schule für die Ausformung der Jugendbiographie besitzt und dass aus der „Scholarisierung" der Jugendphase keinesfalls eindimensional auf die Dominanz der Schule für die Jugendbiographie geschlossen werden darf.

Auch in Studien zu biographischen Verläufen von rechtsorientierten und gewaltaffinen Jugendlichen zeigen sich derartige Möglichkeiten zur Verbindung mit schulbiographischen Aspekten (vgl. Möller 2001). So zeigt sich in nahezu allen Verläufen der frühen Jugendbiographie zwischen 13 und 15 Jahren, die für Distanzierung von Gewaltorientierung stehen, die Bedeutung der Schule: Die Schule erscheint bei diesen Jugendlichen als Sinn stiftender und interessanter Bildungsraum, wird positiv erfahren, mit „Spaß" verbunden und zudem zu einer Quelle der Anerkennung, mit wiederum positiver Bedeutung für die Stabilisierung der Beziehungen zu den Eltern (Möller 2001, S. 253, 325f.). Bei jenen Jugendlichen, deren Gewaltorientierung während der frühen Jugendbiographie hoch bleibt oder ansteigt, hat die Schule lediglich als Treffpunkt mit den Peers und Teil der jugendlichen Lebenswelt eine Sinn stiftende Relevanz. Dem gegenüber sind diese Jugendlichen mit Lehrern in Konflikte um Disziplin und Abweichung verstrickt, erleben die Schule als Kontrollort und geraten in Leistungsschwierigkeiten, so dass die Schule als „Feld sozialer Anerkennung an Wert (verliert)" (ebd., S. 226). Derartige Sichtungen jugendbiographischer Studien – die hier exemplarisch vorgenommen wurden – stehen bislang allerdings aus.

3 Forschungsdesiderate und -perspektiven

In den letzten Jahrzehnten lassen sich deutliche Fortschritte im Bereich der Forschung zu Schullaufbahn und Schülerbiographie feststellen. Aber trotz dieses Aufschwungs sind Studien zum Verhältnis von Jugendbiographie, Schulkarriere und Schule doch eher noch selten. Die vorliegenden Studien geben zwar zunehmend differenzierte Hinweise auf die biographische Bedeutung von schulischem Erfolg und Versagen, die Relevanz der Schule für die Entstehung von Marginalisierung, die deutlich divergierende Bedeutung schulischer Ablaufmuster für die Jugendbiographie, für die biographischen Kosten auch von erfolgreichen schulischen Verläufen sowie die Möglichkeiten und Grenzen reformorientierter schulischer Milieus für biographische Bildungsprozesse. Aber dadurch entsteht noch kein umfassendes Bild des Verhältnisses der Schule und der Schulkarriere zu den biographischen Verläufen Jugendlicher über verschiedene Milieus, Lebensformen und Schulformen hinweg. So ist einerseits die Bilanz zur Schülerbiographieforschung von Tillmann zu relativieren, weil inzwischen einige grundlegende Studien entstanden sind, die die Erkenntnisse über den Zusammenhang von Schule, Schulkarriere und

Schülerbiographie erheblich erweitert haben (vgl. etwa Kramer 2002). Andererseits gilt nach wie vor: „Allerdings ist es noch ein weiter Weg, um von diesen Einzelstudien (die oft sehr spezifische Situationen z.B. in Reformschulen analysieren) zu einer Theorie des Zusammenhangs zwischen Institution und Biographie zu gelangen. Insofern sind weitere biographische Studien zur schulischen Sozialisation dringend erforderlich" (Tillmann 1995, S. 192). Somit lassen sich die folgenden Forschungsdesiderate und Forschungsperspektiven bestimmen:

- Der Stand der Schullaufbahn- und biographischen Analysen ist für unterschiedliche Schülergruppen und über verschiedene Schulformen hinweg keineswegs zufriedenstellend. Am ehesten liegen für das Gymnasium Studien vor, während für Hauptschüler, Realschüler, die neuen Schulformen der neuen Bundesländer, aber auch Gesamtschüler Defizite bestehen. Dies gilt auch für spezifische Schülergruppen: etwa ethnische Schülergruppen, aufstiegsorientierte Schüler, Schulversager, Schulverweigerer oder gewaltorientierte Jugendliche.
- Besonders schwerwiegend ist das weitgehende Fehlen von Studien zur Geschlechtsspezifik im Verhältnis von Schule und biographischen Verläufen. Zwar gibt es in den skizzierten Studien Hinweise auf geschlechtsspezifische Unterschiede (z.B. Fuchs-Heinritz/Krüger 1991, S. 226ff.), aber systematisch vergleichende Studien zur Schülerbiographie – etwa zur Relevanz gymnasialer Aufstiegsorientierung bei Mädchen und Jungen – oder Studien zur Bedeutung schulischer Bildungsprozesse für die Herausbildung der Geschlechtsidentität in der Jugendbiographie liegen kaum vor (vgl. etwa Meulemann 1995; Meulemann u.a. 2001; Brendel 1998; Hummrich 2002).
- Es steht eine systematische Sichtung der Biographieforschung unter der Perspektive aus, was sich daraus „sekundäranalytisch" über das Verhältnis von Biographie und Schule erschließen lässt. Hier ruhen unausgeschöpfte Erkenntnismöglichkeiten.
- Vor allem ist das Verhältnis von Schülerbiographie, Schulkarriere und den institutionellen Bedingungen, den (einzel)schulspezifischen Rahmungen weiter zu klären. Dazu bedarf es – im Sinne einer Vermittlung von Biographieforschung und Institutionsanalyse (vgl. Bohnsack/Marotzki 1998) – einer Ergänzung der biographischen durch die institutionelle Analyse, die zueinander vermittelt werden müssen (vgl. hierzu Böhme 2000; Helsper u.a. 2001; Kramer 2002).
- In ähnlicher Form können auch Milieustudien mit der Analyse der Schülerbiographie verbunden und der Zusammenhang von sozialer Herkunft, Habitus und Lebensführung, Schülerbiographie und Bildungsverlauf erhellt werden (vgl. ansatzweise Wiezorek 2003).
- Schließlich fehlt bislang eine Verbindung zwischen der Lebenslaufforschung bzw. der schulischen Übergangsforschung und qualitativen biographischen Studien (vgl. ansatzweise Friebel u.a. 1996). Hier wären Erkenntnisse über die Lenkung von Schülerströmen und Lebensverläufen in Abhängigkeit von Bildungsprozessen mit Analysen spezifischer Biographien zu verbinden.
- Schließlich stellen methodisch anspruchsvolle historische Studien zur Schülerbiographie ein Desiderat dar: Hinzuweisen ist auf eine methodisch aber wenig elaborierte Studie zu Einschulungserlebnissen (Schneider 1996) oder auf die neue, bahnbrechende Arbeit zu Bildungsbiographien von Gymnasiastengenerationen im 20. Jahrhundert (Stelmaszyk 2002).

Gerade mittels der angedeuteten Verschränkung von Forschungsperspektiven wären wesentliche Erkenntnisgewinne zu erzielen. Dass dies möglich ist, konnte in einigen neuen Studien verdeutlicht werden. Dass bislang aber nur wenige Studien mit derart komplexen Verknüpfungen vorliegen, resultiert wohl nicht zuletzt daraus, dass solche Forschungen sehr komplex, methodisch aufwändig, zeit- und personalintensiv sind. Keine guten Voraussetzungen für Forschungsförderung, der aber – um der möglichen Erkenntnisgewinne – Mut zum Forschungsrisiko zu wünschen wäre.

Literatur

Alheit, P./Glaß, C.: Beschädigtes Leben. Soziale Biographien arbeitsloser Jugendlicher. Frankfurt a.M./New York 1986

Asmus, H.J./Peuckert, E. (Hrsg.): Abweichendes Schülerverhalten. Heidelberg 1979

Baacke, D./Sander, U./Vollbrecht, R.: Spielräume biographischer Selbstkonstruktion. Vier Lebenslinien Jugendlicher. Opladen 1994

Baacke, D./Sander, U.: Biographieforschung und pädagogische Jugendforschung. In: Krüger, H.-H./Marotzki, W. (Hrsg.): Handbuch erziehungswissenschaftliche Biographieforschung. Opladen 1999, S. 243-259

Baumert, J./Trautwein, U./Artelt, C.: Schulumwelten – institutionelle Bedingungen des Lehrens und Lernens. In: Deutsches PISA-Konsortium (Hrsg.): PISA 2000. Ein differenzierter Blick auf die Länder der Bundesrepublik Deutschland. Opladen 2003, S. 261-332

Behnken, I./Zinnecker, J.: Lebenslaufereignisse, Statuspassagen und biographische Muster in Kindheit und Jugend. In: Jugendwerk der Deutschen Shell (Hrsg.): Jugend 92. Lebenslagen, Orientierungen und Entwicklungsperspektiven im vereinigten Deutschland. Bd. 2, Opladen 1992, S. 127-145

Bellenberg, G.: Individuelle Schullaufbahnen. Eine empirische Untersuchung über Bildungsverläufe von der Einschulung bis zum Abschluß. Weinheim/München 1999

Bellenberg, G./Klemm, K.: Scheitern im System – Scheitern des Systems? In: Rolff, H.G./Bos, W./Klemm, K./Pfeiffer, H./Schulz-Zander, R. (Hrsg.): Jahrbuch der Schulentwicklung. Bd. 11, Weinheim/München 2000, S. 51-75

Bietau, A.: Arbeiterjugendliche zwischen Schule und Subkultur – Eine Straßenclique in einer ehemaligen Bergarbeitersiedlung des Ruhrgebietes. In: Breyvogel, W. (Hrsg.): Pädagogische Jugendforschung. Opladen 1989, S. 131-159

Böhme, J.: Schulmythen und ihre imaginäre Verbürgung durch oppositionelle Schüler. Ein Beitrag zur Etablierung erziehungswissenschaftlicher Mythosforschung. Bad Heilbrunn 2000

Bofinger, J.: Tendenzen des Bildungsverhaltens. Schulwahl und Schullaufbahnen im gegliederten Schulwesen Bayerns von 1974/75 bis 1982/83. München 1985

Bohnsack, R./Marotzki, W. (Hrsg.): Biographieforschung und Kulturanalyse. Opladen 1998

Bornemann, E.: Unsere Kinder im Spiegel ihrer Lieder, Reime, Verse und Rätsel. Studien zur Befreiung des Kindes. Bd. 1, Frankfurt a.M./Berlin/Wien 1980

Bourdieu, P.: Die biographische Illusion. In: BIOS (1990), H.1, S. 75-81

Brendel, S.: Arbeitstöchter beißen sich durch. Bildungsbiographien und Sozialisationsbedingungen junger Frauen aus der Arbeiterschicht. Weinheim/München 1998

Brophy, J.E./Good, T.L.: Die Lehrer-Schüler-Interaktion. München 1974

Brusten, M./Hurrelmann, K.: Abweichendes Verhalten in der Schule. Eine Untersuchung zu Prozessen der Stigmatisierung. München 1973

Büchner, P./Fuhs, B./Krüger, H.-H. (Hrsg.): Vom Teddybär zum ersten Kuss. Wege aus der Kindheit in Ost- und Westdeutschland. Opladen 1996

Bühler, C.: Das Seelenleben des Jugendlichen. Frankfurt a.M. 1975

Busemann, A.: Die Jugend im eigenen Urteil. Eine Untersuchung zur Jugendkunde. Langensalza 1926

Cicourel, A.V./Kitsuse, J.I.: Die soziale Organisation der Schule und abweichende jugendliche Karrieren. In: Stallberg, F.W. (Hrsg.): Abweichung und Kriminalität. Hamburg 1975, S. 194-207

Combe, A./Helsper, W.: Was geschieht im Klassenzimmer. Weinheim 1994

Dahrendorf, R.: Bildung ist Bürgerrecht. Hamburg 1965

Diezinger, A.: Biographien im Werden. Qualitative Forschung im Bereich von Jugendbiographieforschung. In: König, E./Zedler, P. (Hrsg.): Bilanz qualitativer Forschung. Band II: Methoden. Weinheim 1995, S. 265-288

Döpp, W./Hansen, S./Kleinespel, K.: Eine Schule für alle Kinder. Die Laborschule im Spiegel von Bildungsbiographien. Opladen 1996

Erdheim, M.: Die gesellschaftliche Produktion von Unbewußtheit. Frankfurt a.M. 1982

Fend, H.: Der Umgang mit Schule in der Adoleszenz. Aufbau und Verlust von Lernmotivation, Selbstachtung und Empathie. Entwicklungspsychologie der Adoleszenz in der Moderne. Bd. IV, Bern/Göttingen/Toronto/Seattle 1997
Fend, H.: Entwicklungspsychologie des Jugendalters. Opladen 2000
Flecken, M.: Arbeiterkinder im 19. Jahrhundert. Weinheim 1981
Freud, S.: Zur Psychologie des Gymnasiasten. In: Freud, S.: Studienausgabe. Psychologische Schriften. Bd. IV, Frankfurt a.M. 1970, S. 235-241
Friebel, H. (Hrsg.): Von der Schule in den Beruf. Alltagserfahrungen Jugendlicher und sozialwissenschaftliche Deutung. Opladen 1983
Friebel, H. (Hrsg.): Berufliche Qualifikation und Persönlichkeitsentwicklung. Opladen 1985
Friebel, H. (Hrsg.): Berufsstart und Familiengründung – Ende der Jugend? Opladen 1990
Friebel, H./Epskamp, H./Friebel, R./Toth, S.: Bildungsidentität. Zwischen Qualifikationschancen und Arbeitsplatzmangel. Eine Längsschnittuntersuchung. Opladen 1996
Fuchs, W.: Jugendbiographie. In: Jugendwerk der Deutschen Shell (Hrsg.): Jugend 81. Lebensentwürfe, Alltagskulturen, Zukunftsbilder. Opladen 1981, S. 124-346
Fuchs, W.: Jugend als Lebenslaufphase. In: Jugendwerk der Deutschen Shell (Hrsg.): Jugendliche + Erwachsene 85. Generationen im Vergleich. Bd. 1: Biographien, Orientierungsmuster, Perspektiven. Opladen 1985, S. 195-265
Fuchs-Heinritz, W./Krüger, H.-H. (Hrsg.): Feste Fahrpläne durch die Jugend? Opladen 1991
Glaser, E./Schmid, P.: Biographieforschung in der historischen Pädagogik. In: Krüger, H.-H./Marotzki, W. (Hrsg.): Handbuch erziehungswissenschaftliche Biographieforschung. Opladen 1999, S. 347-373
Glötzl, H.: „Das habe ich mir gleich gedacht!" Der Einfluß von Lehrerverhalten und Schulsystem auf die Ausprägung und Verfestigung abweichenden Verhaltens. Weinheim/Basel 1979
Goffman, E.: Stigma. Über Techniken der Bewältigung beschädigter Identität. Frankfurt a.M. 1967
Gottschalch, W.: Schülerkrisen. Frankfurt a.M. 1981
Gruschka, A.: Wie Schüler Erzieher werden. Bde. 1 u. 2, Münster 1985
Hansen, R./Rolff, H.G.: Abgeschwächte Auslese und verschärfter Wettbewerb – Neuere Entwicklungen in den Sekundarschulen. In: Rolff, H.G./Bauer, K.-O./Klemm, K./Pfeiffer, H. (Hrsg.): Jahrbuch der Schulentwicklung. Bd. 6, Weinheim/München 1990, S. 45-80
Hargreaves, D.H./Hester, S.K./Mellor F.J.: Abweichendes Verhalten im Unterricht. Weinheim/Basel 1981
Helmke, A.: Das Stereotyp des schlechten Schülers. Ergebnisse aus dem Scholastik-Projekt. In: Weinert, F.E./Helmke, A. (Hrsg.): Entwicklung im Grundschulalter. Weinheim 1997, S. 269-281
Hellpach, W.: Erzogene über Erziehung. Dokumente von Berufenen. Heidelberg 1954
Helsper, W.: Idealität und Lebensgeschichte – zur Wirkung des Imaginären bei der Selbstthematisierung. In: Büttner, C./Ende, A. (Hrsg.): Und wenn sie nicht gestorben sind ... Lebensgeschichten und historische Realität. Jahrbuch der Kindheit. Bd. 5, Weinheim/Basel 1988, S. 11-33
Helsper, W.: Die verordnete Autonomie – Zum Verhältnis von Schulmythos und Schülerbiographie im institutionellen Individualisierungsparadoxon der modernisierten Schulkultur. In: Krüger, H.-H./Marotzki, W. (Hrsg.): Erziehungswissenschaftliche Biographieforschung. Opladen 1995, S. 175-201
Helsper, W.: Das postmoderne Selbst – eine neuer Subjekt- und Jugendmythos? In: Höfer, M./ Keupp, H. (Hrsg.): Identitätsarbeit heute. Frankfurt a.M. 1997
Helsper, W.: Schulmythen und -rituale als „kreative Verkennung" und Schöpfung des Neuen. In: Wulf, C./Zirfas, J. (Hrsg.): Innovation und Ritual. Jugend, Geschlecht und Schule. Zeitschrift für Erziehungswissenschaft. 2. Beiheft. Opladen 2003
Helsper, W./Bertram, M.: Biographieforschung und SchülerInnenforschung. In: Krüger, H.-H./Marotzki, W. (Hrsg.): Handbuch erziehungswissenschaftliche Biographieforschung. Opladen 1999, S. 259-279
Helsper, W./Böhme, J.: Jugend und Schule. In: Krüger, H.-H./Grunert, C. (Hrsg.): Handbuch Kindheits- und Jugendforschung. Opladen 2002, S. 567-597
Helsper, W./Böhme, J./Kramer, R./Lingkost, A.: Schulkultur und Schulmythos. Rekonstruktionen zur Schulkultur I. Weinheim 2001
Helsper, W./Müller, H./Nölke, E./Combe, A.: Jugendliche Außenseiter. Zur Rekonstruktion scheiternder Bildungs- und Ausbildungsverläufe. Opladen 1991, S. 392
Herrmann, U.: Historische Bildungsforschung und Sozialgeschichte der Bildung. Programme, Analysen, Ergebnisse. Weinheim 1991
Höhn, E.: Der schlechte Schüler. Stuttgart 1967
Hofer, M.: Die Schülerpersönlichkeit im Urteil des Lehrers. Weinheim 1974
Hofer, M.: Sozialpsychologie erzieherischen Handelns. Göttingen 1986
Holtappels, H.G.: Schülerprobleme und abweichendes Verhalten aus der Schülerperspektive. Empirische Studie zu Sozialisationseffekten im situationellen und interaktionellen Handlungskontext der Schule. Bochum 1987

Hummrich, M.: Bildungserfolg und Migration. Biographien junger Frauen in der Einwanderungsgesellschaft. Opladen 2002
Hurrelmann, K./Wolf, H.: Schulerfolg und Schulversagen im Jugendalter. Weinheim/München 1986
Kemmler, L.: Erfolg und Versagen in der Grundschule. Göttingen 1975
Kemmler, L.: Schulerfolg und Schulversagen. Göttingen 1976
Kleinespel, K.: Schule als biographische Erfahrung. Weinheim/Basel 1990
Kramer, R.T.: Schulkultur und Schülerbiographien. Rekonstruktionen zur Schulkultur II. Opladen 2002
Kramer, R.T./Busse, S.: „das ist mir eigentlich ziemlich egal ... ich geh trotzdem jeden tag wieder in diese schule hier" – Eine exemplarische Rekonstruktion zum Verhältnis von Schulkultur und Schülerbiographie. In: Combe, A./Helsper, W./Stelmaszyk, B. (Hrsg.): Forum Qualitative Schulforschung 1. Weinheim 1999, S. 363-397
Kramer, R.T./Helsper, W.: SchülerInnen zwischen Familie und Schule – systematische Bestimmungen, methodische Überlegungen und biographische Rekonstruktionen. In: Krüger, H.-H./Wenzel, H. (Hrsg.): Schule zwischen Effektivität und sozialer Verantwortung. Opladen 2000, S. 201-234
Krüger, H.-H./Marotzki, W. (Hrsg.): Handbuch erziehungswissenschaftliche Biographieforschung. Opladen 1999
Lemert, E.M.: The Concept of secondary Deviation. In: Lemert, E.M. (Ed.): Human Deviance, Social Problems and Social Control. Englewood/Cliffs 1967, S. 40-67
Lenz, K.: Die vielen Gesichter der Jugend – Jugendliche Handlungstypen in biographischen Portraits. Frankfurt a.M./ New York 1988
Maas, M.: Selbsterprobung und Widerstand – eine Fallstudie zur emotionalen Bedürfnislage Jugendlicher im schulischen Kontext. In: Combe, A./Helsper, W./Stelmaszyk, B. (Hrsg.): Forum Qualitative Schulforschung. Bd. 1: Schulentwicklung – Partizipation – Biographie. Weinheim 1999, S. 397-429
Meulemann, H.: Die Geschichte einer Jugend. Lebenserfolg und Erfolgsdeutung ehemaliger Gymnasiasten zwischen dem 15. und 30. Lebensjahr. Opladen 1995
Meulemann, H./Birkelbach, K./Hellwig, J.E. (Hrsg.): Ankunft im Erwachsenenleben. Lebenserfolg und Erfolgsdeutung in einer Kohorte ehemaliger Gymnasiasten zwischen 16 und 43. Opladen 2001
Möller, K.: Coole Hauer und brave Engelein. Gewaltakzeptanz und Gewaltdistanzierung im Verlauf des frühen Jugendalters. Opladen 2001
Nittel, D.: Gymnasiale Schullaufbahn und Identitätsentwicklung. Eine biographieanalytische Studie. Weinheim 1992
Projektgruppe Jugendbüro: Die Lebenswelt von Hauptschülern. München 1975
Projektgruppe Jugendbüro: Subkultur und Familie als Orientierungsmuster. Zur Lebenswelt von Hauptschülern. München 1977
Projektgruppe Schule und Subkultur: Subjektive Verarbeitung schulischer Anforderungen und Selbstkrisen Jugendlicher. Schülerfallstudien und deren vergleichende Interpretation. Essen 1983
Reinert B./Zinnecker, J. (Hrsg.): Schüler im Schulbetrieb. Berichte und Bilder vom Lernalltag, von Lernpausen und vom Lernen in den Pausen. Reinbek 1979
Roeder, P.M.: Literaturüberblick über den Einfluß der Grundschulzeit auf die Entwicklung in der Sekundarschule. In: Weinert, F.E./Helmke, A. (Hrsg.): Entwicklung im Grundschulalter. Weinheim 1997, S. 405-423
Rosenthal, R./Jacobson, L.: Pygmalion im Unterricht. Weinheim/Basel 1971
Sander, E.: Das Stereotyp des schlechten Schülers. Literaturüberblick. In. Weinert, F.E./Helmke, A. (Hrsg.): Entwicklung im Grundschulalter. Weinheim 1997, S. 261-269
Sander, U./Vollbrecht, R.: Zwischen Kindheit und Jugend. Weinheim/München 1985
Schneider, I.: Einschulungserlebnisse im 20. Jahrhundert. Biographische Fallstudien. Weinheim 1996
Schonig, B. (Hrsg.): Arbeiterkindheit. Kindheit und Schulzeit in Arbeiterlebenserinnerungen. Bensheim 1979
Schulze, T.: Lebenslauf und Lebensgeschichte. In: Baacke, D./Schulze, T. (Hrsg.): Aus Geschichten lernen. Weinheim/ München 1993, S. 174-229
Schulze, T.: Interpretation von autobiographischen Texten. In: Friebertshäuser, B./Prengel, A. (Hrsg.): Handbuch qualitative Forschungsmethoden in der Erziehungswissenschaft. Weinheim 1997, S. 323-341
Schütze, F.: Biographieforschung und narratives Interview. In: Neue Praxis (1983), H. 3, S. 283-293
Schütze, F.: Verlaufskurven des Erleidens als Forschungsgegenstand der interpretativen Soziologie. In: Krüger, H.-H./ Marotzki, W.(Hrsg.): Erziehungswissenschaftliche Biographieforschung. Opladen 1995, S.116-158
Schumann, K.F.: Berufsbildung, Arbeit und Delinquenz. Bremer Längsschnittstudie vom Übergang von der Schule in den Beruf bei ehemaligen Hauptschülern. Bd. 1, Weinheim/München 2003a
Schumann, K.F.: Delinquenz im Lebensverlauf. Bremer Längsschnittstudie vom Übergang von der Schule in den Beruf bei ehemaligen Hauptschülern. Bd. 2, Weinheim/München 2003b
Silbereisen, R.K./Vaskovics, L.A./Zinnecker, J. (Hrsg.): Jungsein in Deutschland. Jugendliche und junge Erwachsene 1991 und 1996. Opladen 1996

Stelmaszyk, B.: Rekonstruktionen von Bildungsgängen preußischer Gymnasiasten sowie der zugehörigen Lehrergutachten aus Reifeprüfungsverfahren der Jahre 1926 bis 1946. Habilitationsschrift. Mainz 2002

Tillmann, K.J.: Schulische Sozialisationsforschung. In: Rolff, H.G. (Hrsg.): Zukunftsfelder von Schulforschung. Weinheim 1995, S. 181-211

Tillmann, K.J./Holler-Nowitzki, B./Holtappels, H.G./Meier, U./Popp, U.: Schülergewalt als Schulproblem. Weinheim/München 1999

Ulich, D./Jerusalem, M.: Interpersonale Einflüsse auf die Lernleistung. In: Weinert, F.E. (Hrsg.): Psychologie des Lernens und der Instruktion. Enzyklopädie der Psychologie. Bd. 2: Pädagogische Psychologie. Göttingen/Bern/Toronto/Seattle 1996, S. 181-209

Ulich, K.: Einführung in die Sozialpsychologie der Schule. Weinheim/Basel 2001

Weinert, F.E./Helmke, A. (Hrsg.): Entwicklung im Grundschulalter. Weinheim 1997

Wexler, P.: Becoming Somebody. Toward a Social Psychology of School. London/Washington 1992

Wexler, P.: Schichtspezifisches Selbst und soziale Interaktion in der Schule. In: Sünker, H./Timmermann, U./Kolbe, F.U. (Hrsg.): Bildung, Gesellschaft, soziale Ungleichheit. Frankfurt a.M. 1994, S. 287-306

Wiezorek, C.: Zur sozialen Organisation der Biographie durch die Schule. Unveröff. Diss. Jena 2003

Willis, P.: Spaß am Widerstand. Gegenkultur in der Arbeiterschule. Frankfurt a.M. 1979

Wimmer, W.: Nicht allen das Gleiche, sondern jedem das Seine. Sozialbiographien aus einer Hauptschulklasse. Reinbek 1976

Winterhager-Schmid, L.: Jugendtagebuchforschung. In: Friebertshäuser, B./Prengel, A. (Hrsg.): Handbuch qualitative Forschungsmethoden in der Erziehungswissenschaft. Weinheim 1997, S. 354-371

Zielke, B.: Deviante Jugendliche. Individualisierung, Geschlecht und soziale Kontrolle. Opladen 1993

Zinnecker, J. (Hrsg.): Schule gehen Tag für Tag. Schülertexte gesammelt und herausgegeben von Jürgen Zinnecker. München 1981

Georg Breidenstein

Peer-Interaktion und Peer-Kultur

1 Forschungsansätze und -methoden

Die „peers" sind die „Gleichen", diejenigen, die einander an sozialem Rang ebenbürtig sind. Im Zusammenhang von „peer-group" und „peer-culture" ist dann meistens die Altersgleichheit angesprochen, und zwar jene Gleichaltrigkeit, die subjektiv und sozial relevant wird. So hat sich im Kontext von Entwicklungspsychologie und Sozialisationstheorie der Begriff der „peers" etabliert um die sozialisatorische Bedeutung der Gleichaltrigen zu bezeichnen, in Abgrenzung zum Einfluss von Erwachsenen, etwa der Eltern oder der Lehrer. Allerdings wird die sozialisatorische Relevanz nicht der Alterskohorte als solcher zugeschrieben, sondern jenen gleichaltrigen Bezugspersonen, Freunden und Freundinnen, zu denen alltäglicher Umgang besteht (vgl. Berndt/Ladd 1989). Aus dem etwas schillernden Bedeutungsgehalt des „Peer"-Begriffes resultieren Übersetzungsprobleme (die insofern relevant sind, als ein Großteil der einschlägigen Forschung aus dem angloamerikanischen Raum kommt): Die „Altersgleichen" bzw. Gleichaltrigen im Sinne der Alterskohorte wäre zu weit und zu formal, während der Begriff der „Freundschaftsgruppe" zu eng wäre – es sind nicht nur die „Freunde", an denen man sich orientiert. Vor diesem Hintergrund wird im Folgenden der englische Begriff der „Peers" verwendet um genau jenen Aspekt der Altersgleichheit zu bezeichnen, der sozial relevant wird und der die Spezifik von sozialen Beziehungen zwischen „Gleichen" anspricht. Dies erscheint insbesondere mit Blick auf Schülerinnen und Schüler sinnvoll, insofern die Schule einerseits Kinder und Jugendliche nach dem formalen Kriterium der Altersgleichheit zu Lerngruppen zusammenstellt, andererseits sich im Rahmen von Schule intensive soziale Beziehungen und „peer-groups" im Sinne von Freundschaftsgruppen entwickeln. Die Schulklasse kann als Paradefall der ambivalenten Bedeutung von „Peers" angesehen werden: Es handelt sich keineswegs nur um Freunde, aber doch um diejenigen, auf die man sich tagtäglich beziehen muss, zu denen man sich in ein Verhältnis setzen muss und an denen man sich in alltäglicher Interaktion orientiert.

Die folgende Überblicksdarstellung widmet sich jener Forschung, die die schulische Wirklichkeit von Kindern und Jugendlichen wesentlich als Bezug auf die Mitschülerinnen und Mitschüler beschreibt. Es geht also um die Interaktionen und Beziehungen zwischen den Schülerinnen und Schülern und um Schule als alltägliche Lebenswelt. Schule ist in dieser Sicht der Ort der Entstehung, Aufrechterhaltung und Weiterentwicklung einer eigenständigen, von schulischen Zielsetzungen weitgehend unabhängigen Peer-Kultur der Schülerinnen und Schüler untereinander.

Die entwicklungspsychologische Relevanz der sozialen Beziehungen innerhalb der Schulklasse wird in einer großen Längsschnittstudie von Fend u.a. angedeutet. Sowohl die Werte für „Beliebtheit" als auch für „soziale Geltung" weisen eine hohe Stabilität von der fünften bis zur neunten Klassenstufe auf. Fend (1991, S. 235) weist zugleich darauf hin, dass die „Kriterien der sozialen Stellung relativ unabhängig von Faktoren sind, die von ‚Erwachsenen' pädagogisch beeinflussbar sind". „Meinungsführerschaft" in der Phase der Adoleszenz beruht offenbar einerseits auf der Opposition gegenüber schulischen Anforderungen und andererseits auf der Demonstration eines „Entwicklungsvorsprungs". Dabei wird die Einstellung von Schülern gegenüber der Schule entscheidend durch das je spezifische „Klassenklima" moduliert, das durch „Schulkonvergenz", „Konformität", „Opposition" oder auch „Schulentfremdung" gekennzeichnet sein kann (vgl. Specht 1982).

Die sozialpsychologische Forschungstradition beschreibt die Schulklasse als „Bezugsgruppe" neben ihrer normativ orientierenden Funktion auch in ihrer Bedeutung für die Herausbildung des „Selbstkonzeptes" von Schülern (Jerusalem 1997; Ulich 2001). Der Vergleich mit den Mitschülern bildet einen zentralen Maßstab für die Entwicklung von Selbstwertgefühlen und selbstbezogenen Kognitionen. So lassen sich z.B. bei Klassenwechseln deutliche Effekte in der Entwicklung des Selbstkonzeptes beobachten (Jerusalem/Schwarzer 1991). In jüngerer Zeit werden Forschungen zum sozialen Status in der Schule verknüpft mit der Frage nach der „Viktimisierung" einzelner Kinder, wobei der Befund ist, dass jede Schulklasse ein bis zwei Opfer von „Bullying", von ernsthafter Schikane, aufweist (Schuster 1997). Insgesamt werden in dieser Forschungslinie soziale Beziehungen in der Schulklasse allerdings vor allem mit Blick auf die Schülerrolle interpretiert, auf den Umgang mit Leistungsanforderungen und Konkurrenz (Petillon 1987; Fend 1997).

Die alltagsweltliche Dimension und die Eigenständigkeit von Kinder- und Jugendkultur jedoch entziehen sich der Methodologie quantitativer Sozialforschung. Die immanente Logik und spezifische Bedeutungen peer-kultureller Phänomene erschließen sich nur qualitativen, kulturanalytischen Zugängen. Das Konzept der „peer-culture" betont den Charakter wechselseitiger Vergewisserung über ein geteiltes Verständnis von Regeln, Normen und der Wirklichkeit schlechthin. „Peer-culture" ist in der soziologischen Tradition des Symbolischen Interaktionismus eng mit „Interaktion" verknüpft. „Bedeutung" und das eigene Handeln orientierender „Sinn" werden in gemeinsamer Situationsdefinition und Interaktion etabliert und aufrecht erhalten (vgl. Woods 1992). „Kultur" ist nicht gegeben und vorhanden als etwas, das sich die Einzelnen aneignen würden, sondern wird in Interaktion und Interpretation gemeinsam hervorgebracht, bestätigt und modifiziert (vgl. Corsaro 1997, S. 95). Die folgende Darstellung konzentriert sich deshalb auf kulturanalytische Ansätze, die mittels ethnographischer Verfahren die Regeln und Relevanzen der Peer-Kultur zu rekonstruieren trachten. Es geht in dieser Perspektive um die immanente Analyse der Peer-Kultur. Dabei wird in der Ethnographie das Erkenntnispotenzial der Beobachterposition des „Fremden" mobilisiert (vgl. Amann/Hirschauer 1997) und die Peer Kultur von Kindern und Jugendlichen als eine „fremde Welt" konzipiert, deren Eigenarten es zu entdecken gilt.

Das Forschungsfeld zur Peer-Kultur in der Schule stellt sich insgesamt als relativ heterogen und wenig zusammenhängend dar. Es besteht im Wesentlichen aus einzelnen verstreuten Studien, die wenig aufeinander bezogen sind, die je eigene Fragestellungen verfolgen und sich für je spezifische Aspekte der Peer-Kultur von Schülern und Schülerinnen interessieren. Die wenigen Monographien präsentieren sich meist eher als Sammlungen von Aufsätzen denn als geschlossene Darstellungen (z.B. Eder 1995; Krappmann/Oswald 1995; Breidenstein/Kelle 1998; Adler/Adler 1998). Sowohl diese Form der Ergebnispräsentation als auch die Heterogenität des Forschungsfeldes insgesamt sind wesentlich der Forschungsmethode geschuldet: Die ethnographische Analyse mittels teilnehmender Beobachtung ist forschungspraktisch sehr aufwändig und nur in langjährigen Forschungsprojekten zu realisieren. Da die ethnographischen Beschreibungen immer den je spezifischen Kontext einbeziehen, sich auf das jeweilige Feld der

Beobachtungen einlassen müssen, ist der Grad der Verallgemeinerbarkeit von Ergebnissen oft schwer einzuschätzen und die Vergleichbarkeit einzelner Studien oft fraglich. Vor diesem Hintergrund erscheint der folgende Versuch einer kursorischen Zusammenschau inhaltlicher Aspekte der Peer-Kultur-Forschung als riskant. Die wenigen bislang vorliegenden Darstellungen des Forschungsfeldes bewegen sich entsprechend auch eher auf der Ebene konzeptioneller und methodologischer Sortierungen (z.B. Kelle/Breidenstein 1996; Zinnecker 2000) und versuchen sich nur selten an einer Bilanzierung inhaltlich substanzieller Ergebnisse (Corsaro/Eder 1990; LeCompte/Preissle 1992).

Die Alltagskultur von Schülerinnen und Schülern als eine relativ eigenständige, an den Peers orientierte Lebenswelt innerhalb der Institution Schule ist bislang in zwei unterschiedlichen und weitgehend unverbundenen Forschungsperspektiven untersucht worden: der der Schulforschung einerseits und derjenigen der Kindheits- und Jugendforschung andererseits. Erstere fragt vorrangig danach, wie Schüler und Schülerinnen sich im Rahmen ihrer eigenen Schüler(sub)kultur auf die Institution Schule beziehen und dabei schulische Absichten und Arrangements relativieren und konterkarieren. Letztere interessiert sich weniger für die Schule, die hier nur den Rahmen bildet für eine Peer-Kultur, die sich entlang ganz eigener Erfordernisse und Dynamiken entfaltet.

Die folgende Darstellung wendet sich zunächst den angesprochenen Ethnographien von Schüler(sub)kulturen zu (2.). Der Schwerpunkt liegt dann auf der Peer-Kultur-Forschung, die eher im Kontext der neueren Kindheitsforschung entstanden ist, denn diese scheint in der Schulforschung und -pädagogik noch wenig rezipiert, ermöglicht jedoch einen neuen Blick auf Schule als alltägliche Lebenswelt von Kindern und Jugendlichen (3.). Schließlich frage ich in einer Art Zwischenbilanz nach den Perspektiven dieses verhältnismäßig jungen Forschungsfeldes (4.).

2 Schülerkultur in der Schulforschung

Erste empirische Studien zur Peer-Kultur von Schülerinnen und Schülern stammen aus dem Kontext einer sich in den 1970er Jahren herausbildenden soziologischen, am Symbolischen Interaktionismus orientierten qualitativen Schulforschung. International prägend und stilbildend in dieser Hinsicht war die britische „New Sociology of Education", die sich mit Namen wie Woods, Hammersley, Hargreaves, Delamont oder Willis verbindet. Es geht in verschiedenen Varianten um die Frage angepassten oder abweichenden Schülerverhaltens gegenüber den Verhaltensanforderungen von Schule und Unterricht. Dabei gilt die Position der Schüler innerhalb der Institution Schule tendenziell als marginalisiert (vgl. Woods 1980).

Dieser Forschungsansatz versteht sich dezidiert als Sozialisationsforschung und fragt nach den sozialisatorischen Wirkungen alltäglicher schulischer Interaktionen. Diese Effekte werden von Jackson (1975) auf den einflussreichen Begriff des „heimlichen Lehrplans" gebracht. In Deutschland greifen v.a. die empirischen Arbeiten von Zinnecker (1975; 1978) und Heinze (1976; 1980) dieses Konzept auf. In dieser Perspektive ist es die „Zwangssituation" des Unterrichts, die durch „äußerliche Standardisierung", die „Dominanz formaler Leistungsbewertung" und den „Herrschaftscharakter unterrichtlicher Interaktion" (Heinze 1980, S. 19) gekennzeichnet ist, die die Schüler zwingt, „Taktiken der versteckten Abwehr" (Heinze 1976, S. 11) auszubilden. Die „Schülertaktiken" funktionieren im Sinne einer „sekundären Anpassung" an die Institution, die es den Individuen erlaubt, ihre Identität zu bewahren, ohne die Normen der Institution offen zu gefährden (vgl. Heinze 1980, S. 72ff.). Zinnecker (1978) knüpft an die Theatermetaphorik Goffmans an und beschreibt die subversive Subkultur der Schüler als „Hinterbühne" des Unterrichts. Während der Unterricht selbst die „repräsentative Vorderbühne" von Schule bildet, in der Lehrer und Schüler sich „wechselseitig auf Einhaltung der offiziellen Handlungsebene kontrollieren" (ebd., S. 34), werden die Pausen als Hinterbühne genutzt, als Ort der Entlastung und der Vergemeinschaftung innerhalb der beiden Parteien der Schüler und der Lehrer. Auf der Hinterbühne spielen sich ritualisierte Kämpfe zwischen den Lehrern als den „Wächtern" der offiziellen Ordnung und den Schülern als deren Verletzer ab. Die Subversion der Ordnung findet aber auch in der Unterrichtssituation selbst statt, wo die Errichtung von Sicht- und Hörbarrieren den unentwegten Ablauf „verdeckter Nebenhandlungen" parallel zum offiziellen Unterrichtsgeschehen ermöglicht (ebd., S. 96).

Insgesamt gesehen ist mit den Konzepten der „Schülertaktiken" und der „Hinterbühne" des Unterrichts ein reiches Forschungsfeld zum realen Schülerverhalten, das sich mit offiziellen Verhaltensanforderungen auseinandersetzt, eröffnet. Allerdings erscheint die theoretische Figur von Repression und Subversion, die vor allem die Arbeiten von Heinze dominiert, als zu statisch und undifferenziert. Sie wäre aus heutiger Sicht zugunsten einer symmetrischeren Betrachtungsweise, die die Kooperation aller Beteiligten in der Aufrechterhaltung einer bestimmten Ordnung untersucht, zu korrigieren. Die Schüler sind nicht passiv einer „Situation" ausgesetzt, die es „auszuhalten" gilt – das mag im subjektiven Empfinden zwar so sein – interaktionstheoretisch sind sie jederzeit Teilnehmer einer Situation und an deren Definition und Aufrechterhaltung beteiligt. Nur aus dieser Perspektive bekommt man jene Praktiken in den Blick, die die Unterrichtssituation als solche erst möglich machen (vgl. Mehan 1979; Davies 1983; Denscombe 1985; Kalthoff 1997).

Die interaktionistische Perspektive zur Erklärung von Schülerverhalten ist in den 1980er Jahren dann insbesondere für die Beschreibung „abweichenden Verhaltens" mithilfe des Etikettierungsansatzes fruchtbar gemacht worden (vgl. Asmus/Peuckert 1979; Hargreaves/Hester/Mellor 1981; Brumlik/Holtappels 1987). In diesen Arbeiten konnten „abweichendes" Schülerverhalten und bestimmte Schülerkarrieren einer soziologischen Analyse zugänglich gemacht werden, jedoch ist den Einwänden von Hammersley und Turner (1980) wohl zuzustimmen: Die Konzentration auf „abweichendes" Verhalten steht in der Gefahr, die Fixierung der Institution auf „Devianz" zu reproduzieren. Zudem ist das Konformität-Devianz-Schema zu undifferenziert, um die zahlreichen Zwischenstufen tatsächlichen Verhaltens zu erfassen (vgl. auch Lambrich 1987). Vor allem aber ist es unplausibel, die offiziellen Erwartungen und Normen der Schule als die alleinigen Orientierungspunkte für das Verhalten von Schülern anzunehmen. So können z.B. das Herkunftsmilieu oder eben die Peer-Kultur gleichermaßen als Orientierung konkreten Schülerverhaltens dominant werden.

Während das Schülerverhalten in den erwähnten Arbeiten eng auf die Anforderungen der Unterrichtssituation bezogen bleibt, wird in umfassenderen ethnographischen Studien Schülerkultur als komplexe jugendliche Gegenkultur zur Schule herausgearbeitet, die ganz eigenen Regeln und Relevanzen folgt und durch jugendkulturelle Themen wie Sexualität, Beziehungen, Rauchen, Alkohol und Konflikte mit der herrschenden Ordnung bestimmt ist. Zurecht berühmt geworden ist die Studie von Willis (1979) für den Reichtum und die Lebensnähe ihrer ethnographischen Analysen. Willis' Ethnographie der Peer-Kultur von Arbeiterjugendlichen ist motiviert durch die Frage nach der kulturellen Reproduktion von Klassenunterschieden. Er identifiziert in der „schulischen Gegenkultur der Arbeiterklasse" (ebd., S. 13) den entscheidenden

Grund für die Abwendung von formaler Leistung und die Hinwendung zu manueller Arbeit. Die Clique der „lads", die im Zentrum von Willis' Ethnographie steht, konstituiert sich als oppositionelle Haltung gegenüber schulischen Autoritäten und denjenigen Schülern, die sich diesen Autoritäten unterwerfen. Dabei handelt es sich bei den schulischen Widerstandsformen der „lads" überwiegend um „getarnte Auflehnung, die stets vor der offenen Konfrontation halt macht" (ebd., S. 26). Die „informelle Gruppe" bildet die Basis der „Gegen-Kultur": Während angepasstere Verhaltensweisen in der Sicht der „lads" (und Willis') auch individuell möglich sind, bedarf die Ausformung einer Opposition zur Schule der Infrastruktur der Peer-group. Die wichtigsten Elemente und Ausdrucksformen der Gegen-Kultur bestehen im Kleidungsstil, im Rauchen und Alkohol trinken, der entscheidende performative Aspekt verbotenen Tuns ist dabei die Öffentlichkeit zumindest der Gruppe, oft auch weiterer Mitschüler oder Lehrkräfte. Insgesamt spürt man bei Willis die Faszination an der fremden und kraftvollen Kultur der Arbeiterjugendlichen, auch wenn sie nicht zuletzt durch Gewalttätigkeit, Sexismus und Rassismus gekennzeichnet ist. Während einige Analysen zu kulturellen Praktiken nach wie vor Bestand haben dürften, etwa zur Funktion des Lachens (Willis 1979, S. 51ff), ist anderen Beschreibungen deutlich ihre Zeitgebundenheit anzumerken: einerseits spezifische Ausformungen der Jugendkultur, andererseits jene Solidarisierung mit den Unterprivilegierten betreffend, die zu mancher Stilisierung geführt haben dürfte.

Für Deutschland sind die Pionierarbeiten der Projektgruppe Jugendbüro (1975) und das Essener Projekt von Bietau, Breyvogel und Helsper (1983) hervorzuheben. In diesen Studien werden ähnlich wie bei Willis (1979) Differenzierungen innerhalb der Kultur Jugendlicher herausgearbeitet, die weitreichende Folgen haben. Die Arbeiten der Projektgruppe Jugendbüro (1975), die die Lebenswelt 13-15jähriger Hauptschüler und -schülerinnen beschreiben, stellen die „subkulturorientierten" den „familienorientierten" Jugendlichen gegenüber. Die jeweilige jugendkulturelle Orientierung wirkt sich auf das Freizeitverhalten, auf den Kleidungsstil, auf das Verhältnis zum anderen Geschlecht und nicht zuletzt auf die Haltung gegenüber schulischen Anforderungen aus. Helsper (1989) beschreibt eine kritisch-oppositionelle Gesamtschüler-Gruppe, die so genannte „Mensa-Szene". Diese zeichnet sich dadurch aus, dass sie sich zwar in Form „radikaler Schulkritik" von Fremdbestimmung, schulischer Routine, Konkurrenz- und Leistungsorientierung distanziert und demgegenüber eigene Normen wie Authentizität und Erlebnisintensität etabliert. Jedoch bietet die Schule den Jugendlichen der Mensa-Szene Freiräume, die es ihnen auch ihrer eigenen Wahrnehmung nach erlauben, „interne Handlungsspielräume zu bewahren" (ebd., S. 171). Die Gesamtschüler der Mensa-Szene versuchen, anders als Willis' Arbeiterjugendliche, schulischen Ansprüchen soweit zu entsprechen, dass eigene biographische und berufliche Planungen nicht gefährdet werden. Doch letztlich dominiert die lebensweltliche Bedeutung von Schule: „Es sind vor allem gute und intensive Gespräche in Freistunden und Mittagspausen, das Absprechen gemeinsamer Vorhaben, die Schule als ‚so'ne Zentralstelle für Verabredungen', das Planen und Vorbereiten von Aktivitäten oder Aktionen, das Reden über Freundschafts- oder Liebesbeziehungen, teilweise auch einfach nur ‚action', was die Schule erträglich macht und sinnvoll erscheinen lässt" (ebd., S. 179).

In diesen heute schon „klassischen" Ethnographien jugendlicher Subkulturen in der Schule wird die Gestaltungskraft und Wirkungsmacht von Peer-Kultur greifbar. Beschrieben werden komplexe schulische Gegenwelten, die eigenen Regeln folgen und die diverse Formen der Distanzierung von schulischen Ansprüchen ausbilden und diese zu relativieren oder sogar ganz in Frage zu stellen vermögen. Die Peer-Kultur Jugendlicher gestaltet sich in den angesprochenen Studien der 1970er und 1980er Jahre v.a. als Auseinandersetzung mit schulischen Verhaltensanforderungen, die aus den Prinzipien „bürokratischer Rationalität“ (Helsper 1989), die die Schule repräsentiert bzw. dem „Mittelschichtcharakter“ schulischer Kommunikation resultieren. Diese Linien werden in den 1990er Jahren nur ganz punktuell aufgegriffen (vgl. Combe/ Helsper 1994; Kalthoff 1997). Insgesamt scheint eine Forschung zu Schülerkulturen, die sich aus Fragen zu schulischer Sozialisation speist, wenig fortgeführt (vgl. Tillmann 1995). Statt dessen rückt das Problem der Schülergewalt in den Mittelpunkt der Aufmerksamkeit (vgl. Tillmann u.a.1999), das zwar als Peer-group Phänomen identifiziert, aber nicht in eine umfassende kulturanalytische Betrachtung von Peer-Kultur eingebettet wird.

3 Kindheits- und Jugendforschung

Die meisten neueren Studien zur Peer-Kultur von Schülerinnen und Schülern entstammen nicht dem Kontext der Schulforschung, sondern dem der Kindheits- und Jugendforschung. Es handelt sich letztlich um „Kinder-Ethnographie, die in der Schule angesiedelt ist“ (Zinnecker 2000, S. 669). Insofern aber die Schule im 20. Jahrhundert zur entscheidenden Lebenswelt von Kindern und Jugendlichen geworden sein dürfte (vgl. Büchner 1996), erscheint es durchaus folgerichtig, dass ein Großteil der Peer-Kultur-Forschung in Bildungseinrichtungen stattfindet. So berichten z.B. Krappmann und Oswald (1995, S. 22f.): „Die Entscheidung, vom Spielplatz in die Schule umzuziehen, fiel uns leicht, als wir merkten, in welch weitem Umfang das Klassenzimmer ein wichtiger Ort der Kinderwelt geworden ist“. Außerdem werden für die Wahl der Schule als Ort der Beobachtungen pragmatische Motive angegeben: die verhältnismäßig leichte Zugänglichkeit von Kinderwelten und die Unauffälligkeit von Erwachsenen in der Schule.

Die Schule erscheint in diesen Arbeiten als Ort einer Peer-Kultur, die von eigenen Normen und Verhaltensmustern geprägt ist, die wenig mit Schule und ihren spezifischen Anforderungen zu tun haben, sondern vielmehr der sozialen Logik von Gruppenbildungsprozessen und Praktiken interner Vergemeinschaftung und Abgrenzung folgen. Einzelne Studien beschreiben die Haltung der Jugendlichen gegenüber Schule etwa im Zusammenhang der Geschlechterdifferenz (Abraham 1989; Blackman 1998). Doch insgesamt ist in dieser Forschungslinie selten thematisiert, dass die ethnographierte Peer-Kultur in der Schule stattfindet und sich unter den institutionellen Bedingungen von Schule und Unterricht entfaltet: Die Peer-Kultur unterliegt in der Schulklasse ganz anderen Bedingungen als etwa in der Straßenclique oder Geschwisterschaft, die durch Altersheterogenität, kleine Zahl und möglicherweise Geschlechtshomogenität gekennzeichnet sind. Die Institution Schule stellt zwischen 20 und 30 Kinder nach dem Kriterium der Altersgleichheit zu Lerngruppen zusammen. Diese Gruppen (Schulklassen) verbringen in nahezu unveränderter Zusammensetzung über viele Jahre hinweg täglich mehrere Stunden miteinander auf engstem Raum. Diese in institutionellen Vorgaben der Schule begründeten Rahmenbedingungen für die Peer-Kultur sind bislang theoretisch wenig berücksichtigt oder gar vergleichenden Betrachtungen unterzogen worden.

So ist es auch kein Zufall, dass viele der in den kindheitssoziologischen Ethnographien erhobenen Praktiken und Aktivitäten dem Pausenhof entstammen, der zur „symbolischen Schnittstelle für die Verbindung von Schüler- und Kinderethnographie“ (Zinnecker 2000, S. 670) geworden ist, und nicht etwa der Unterrichtssituation. Nichtsdestotrotz dürfte die Schulforschung und -pädagogik aus der Rezeption der Arbeiten aus dem Kontext der Kindheitsforschung erheblichen Gewinn ziehen, insofern die soziale Welt der Kinder und Jugendlichen in der Schule, ihre Peer Kultur, sicher zu den entscheidenden Bedingungen von Schule und Unterricht gehört (vgl. Breidenstein/Kelle 2002). Göhlich und Wagner-Willi (2001) beobachten mikroskopisch genau, wie Kinder den Klassenraum betreten und analysieren anhand dieser Szenen die „Schwellensituation" im Übergang von der Pause zum Unterricht.

Erste Arbeiten zur Ethnographie der Peer-Kultur in der Schule sind in den 1980er Jahren in den USA entstanden (Schofield 1982; Eder 1985; Thorne/Luria 1986). Seit Anfang der 1990er Jahre ordnen sich diese Ansätze dem sich international artikulierenden Paradigma einer neuen „Soziologie der Kindheit" zu (Corsaro/Eder 1990; Thorne 1990). Die kritische Auseinandersetzung gilt v.a. dem Begriff der „Sozialisation" und dessen impliziter Normativität: Indem er die Erforschung von Kindern von dem Ziel einer Entwicklung her konzipiere, entwerfe er Kinder immer als defizitär. Demgegenüber gelte es, Kindheit als je gegenwärtige Erfahrung ernst und in den Blick zu nehmen (vgl. Alanen 1988; Prout/James 1990; Waksler 1991; kritisch: Zinnecker 1996). Die Etablierung der neuen kindheitssoziologischen Perspektive erscheint eng verknüpft mit der Methodologie der Ethnographie, die kompetente Teilnehmer spezifischer Kulturen entwirft (vgl. Kelle/Breidenstein 1996; James 2001)

Eine andere Linie der Peer-Kultur-Forschung ist hingegen durchaus an Sozialisationstheorie interessiert und fragt nach der spezifischen sozialisatorischen Relevanz der Peer-Kultur (vgl. Corsaro/Eder 1990; Krappmann 1993). So knüpfen etwa Krappmann und Oswald (1995) an die Arbeiten Piagets (1923/1973, 1932/1986) und insbesondere Youniss' (1994) an, die davon ausgehen, dass die Interaktion in der Gleichaltrigengruppe eine unersetzbare sozialisatorische Funktion ausübe, insofern nur diese die Chance der Reziprozität enthalte und zu gleichberechtigter Kooperation und Aushandlung von Konflikten auffordere. Auch dieser Ansatz, wiewohl er sozialisationstheoretisch argumentiert, lässt sich im Kontext der angesprochenen neuen Kindheitssoziologie betrachten, denn es sind gerade die spezifischen und in der Sozialwelt der Kinder enthaltenen Bedeutungen von Peer-Interaktionen, deren sozialisatorische Relevanz hier interessiert und die von daher den empirischen Gegenstand bilden.

Die Entwicklung und die Veränderung von Peer-Kultur über verschiedene Altersstufen hinweg ist selten Gegenstand der ethnographischen Forschung. Für die Grundschulzeit liegen mit Beck/Scholz (1995) und Krappmann/Oswald (1995) zwei Studien vor, die auch als Langzeitstudien angelegt sind und die Aspekte des Wandels von Peer-Kultur von der ersten zur vierten bzw. sechsten Klassenstufe thematisieren. Doch in der Regel handelt es sich bei den einzelnen Studien eher um Momentaufnahmen, die die Gegenwärtigkeit der analysierten Kultur betonen und nicht ihre Entwicklungsperspektive. Dennoch soll in der folgenden Darstellung eine erste grobe Sortierung der Arbeiten und ihrer Ergebnisse anhand des Altersstufenbezugs vorgenommen werden. Unterschieden wird zwischen der Kindheit, die die Vorschulzeit und die ersten Grundschuljahre umfasst, der Phase der Präadoleszenz, die mehr und mehr als eigenständige Phase gerade hinsichtlich der Entwicklung von Peer-Kultur verstanden wird und etwa 9- bis 13-jährige in den Blick nimmt, und schließlich der Adoleszenz, die Jugendliche ab 13 oder 14 Jahren beschreibt.

Damit soll allerdings keine Entwicklungslogik oder gar Teleologie in der Abfolge bestimmter Erscheinungsformen von Peer-Kultur suggeriert werden, die nicht nur dem angesprochenen Paradigma der neuen Kindheitsforschung widerspräche, sondern auch der Heuristik der Ethnographie. Es sollte immer berücksichtigt werden, dass spezifische Ausprägungen von Peer-Kultur wohl altersabhängig sein können, aber auch etwa auf das Milieu der Herkunftsfamilie, auf die spezifische Schulkultur, auf nationale Besonderheiten zu beziehen sein könnten – kurz: in vielfacher Weise kontextabhängig sind. In dieser Hinsicht werden auch manche Befunde aus der amerikanischen Peer-Kultur-Forschung, die aufgrund der Literaturlage die folgende Darstellung dominiert, auf ihre Übertragbarkeit etwa auf deutsche schulkulturelle Hintergründe hin zu befragen sein.

3.1 Peer-Kultur in der Kindheit

Für viele Kinder beginnt das Leben in Kindergruppen und Kinderkultur lange vor der Einschulung im Kindergarten oder in der Kindertagesstätte. Einige grundlegende Bestimmungen dessen, was er „initial peer culture" nennt, leitet Corsaro (1997) aus seinen Beobachtungen bei 3-5-jährigen Kindern in der amerikanischen „preschool" ab: Zunächst einmal gehe es für die Kinder in einem ganz basalen Sinn darum, gemeinsame Aktivitäten als solche zu etablieren und aufrecht zu erhalten. Erfolgreich initiierte Aktivitäten schaffen einen „interactive space" (ebd., S. 140) für diese konkrete Aktivität. Dieser wird von den Beteiligten geschützt vor „Störungen" oder z.B. „Eindringlingen". Dem Versuch, die gemeinschaftliche interaktive Situation zu schützen, entsprechen auf der anderen Seite komplexe Strategien um Zugang zu laufenden Aktivitäten zu erhalten. Als eine weitere grundlegende Praxis der Herstellung und Vergewisserung von Gemeinsamkeit arbeitet Corsaro so genannte „sharing rituals" heraus: kollektive, sich wiederholende, oft rhythmisierte Aktivitäten wie etwa Sprechgesänge, Reime oder ritualisierte Spiele, die in ihrem Vollzug Gemeinsamkeit schaffen, indem sich die Ausführenden auf gemeinsame Regeln und Routinen beziehen.

Das Gegenstück zur Vergewisserung von Gemeinsamkeit bilden Prozesse sozialer Differenzierung innerhalb der Peer-Kultur. Diese sind bereits bei jüngeren Kindern zu beobachten, nehmen bei Schulkindern jedoch neue Formen an. Während bei den 3- bis 5-jährigen Kindern v.a. der Zugang bzw. die Verweigerung des Zugangs zu konkreten interaktiven Situationen im Vordergrund stand, geht es bei Kindern im Schulalter stärker um die beteiligten Personen. Es wird ausgehandelt, was man wechselseitig voneinander erwarten kann, „Freundschaft" wird als spezifische Beziehungsform etabliert, „Mitgliedschaften" in mehr oder weniger festen Gruppen werden zum Thema.

Krappmann und Oswald (1995) führen Beziehungsarten und Gruppierungsformen innerhalb der Kinderkultur der Schulklasse einer differenzierteren Betrachtung zu: Sie unterscheiden zwischen „Gruppen", „Geflechten" und „Interaktionsfeldern". Die Autoren fragen „nach den Gruppengrenzen, der Eindeutigkeit der Mitgliedschaft, nach Doppelmitgliedschaft sowie nach peripherer oder ambiguer Mitgliedschaft" (ebd., S. 49). Eine „Gruppe" zeichnet sich durch eine mehr oder weniger klare „Grenze" aus: Alle wissen, wer dazu gehört und wer nicht. Innerhalb von Gruppen finden sich Substrukturen, etwa dyadische Freundschaften, die jedoch z.T. hochdynamisch sind und ständiger Bearbeitung und Veränderung unterliegen. Der Begriff des „Beziehungsgeflechtes" stellt heraus, „dass es Verbindungen von Kindern gibt, die zwar zusammengehören, aber relativ weit von dem Modell einer klaren Außengrenze, der Konzentration auf angebbare Themen, der Interaktion eines jeden Mitglieds mit jedem anderen und einer dauerhaften Binnenstruktur entfernt sind" (ebd., S. 54). Weiterhin gebe es Kinder, deren Verbindung überhaupt keinen Gruppencharakter zeige: Es sind weder Grenzen noch Binnenstruktur oder Thema erkennbar, die Kinder finden sich v.a., weil sie aus bestehenden Gruppierungen ausgegrenzt werden. In diesem Fall sprechen Krappmann und Oswald von „Interaktionsfeldern" (ebd., S. 55).

Die beiden Berliner Forscher konnten interessanterweise den von ihnen identifizierten Gruppierungen innerhalb der Schulklasse weder spezifische Interaktionsformen, etwa „helfen“ oder „ärgern“, noch ausgeprägte Mechanismen sozialer Kontrolle zuordnen. So kommen sie zu dem Schluss: „Kinder stehen in der Systemeinheit Schule andauernd in Situationen, in denen sie unabhängig von Gruppengrenzen interagieren und in denen andere Verhaltensorientierungen die Gruppenorientierung überlagern“ (ebd., S. 64). Krappmann und Oswald vermuten zudem, dass der Verfestigung interaktiver Gebilde zu stabileren Gruppen die normative Orientierung an der „regulativen Idee von Egalität und Offenheit“ in der Peer-Kultur entgegenstehe (ebd., S. 65). Doch insgesamt scheinen hier eher offene Forschungsfragen angedeutet als bereits abschließende Erklärungen formuliert.

Der Befund einer relativ geringen Kohäsion und Strukturiertheit in den Sozialbeziehungen innerhalb der Schulklasse erinnert an eine ältere Arbeit von Furlong (1976), die theoretisch-konzeptionelle Konsequenzen aus ähnlichen Beobachtungen zieht: Die Autorin wendet sich gegen die Annahme stabiler Peer-groups, die von zentralen Gruppen-Normen bestimmt wären, und entwickelt statt dessen den Begriff der „interaction sets“ für die Konzeptualisierung von Sozialbeziehungen in der Schulklasse. Damit sind die in konkreten situierten Interaktionen Beteiligten gemeint, die in diesen Interaktionen gemeinsame Situationsdefinitionen entwickeln (und sich dabei auch über Normen und Werte verständigen). „Norms and values relate to specific definitions of the situation and to typical interaction sets, rather than to a particular group of friends“ (ebd., S. 163). Spezifische situierte Aktivitäten wären in dieser Perspektive der Gegenstand von Beobachtung und Analyse – und nicht Beziehungen zwischen Kindern (oder was der Forscher dafür hält). Ein Hinweis darauf, dass die „Mitgliedschaft“ in einer Gruppe innerhalb der Peer-Kultur durchaus von Bedeutung ist, enthält die Beobachtung Krappmanns und Oswalds, dass diese statusrelevant zu sein scheint. Die beiden relativ fest umrissenen Gebilde der „Mädchen-“ und der „Jungengruppe“ stehen in der Statushierarchie der Klasse ganz oben. Die Frage der Relevanz von Zugehörigkeiten und auch die Beschäftigung mit Statusfragen stellt sich dann aber noch einmal neu und in ganz anderer Zuspitzung mit dem Übergang in die Phase der Präadoleszenz.

3.2 Peer-Kultur in der Präadoleszenz

Die „Präadoleszenz“ ist eine Altersphase, die erst neuerdings als eigenständige Entwicklungsstufe aufgefasst wird (Corsaro 1997; Adler/Adler 1998). Die Benennung ist eher eine Verlegenheitslösung und entspringt dem Eindruck, dass es Phänomene gerade im Bereich der Peer-Kultur gibt, die nicht (mehr) dem Bereich der „Kindheit“ entsprechen und (noch) nicht der „Jugend“ oder „Adoleszenz“ zuzurechnen sind. Gemeint ist etwa die Altersperiode von acht bis dreizehn Jahren oder das dritte bis sechste Schuljahr.

Das Forscherehepaar Patricia und Peter Adler (1998) hat eine wichtige Studie zur Peer Kultur in der Präadoleszenz vorgelegt. Die methodische Besonderheit dieser Arbeit liegt darin, dass Adler und Adler vorwiegend aus der Elternrolle heraus ethnographiert haben. Sie haben ihre eigenen Kinder, eine Tochter und einen Sohn und deren Freunde und Freundinnen beobachtet und auf ihre Erfahrungen in der Peer-Kultur hin befragt. Mit dem exklusiven Zugang über die Elternrolle verbindet sich bei den Adlers eine einfühlsame Deskription und Analyse der intensiven Erfahrungen und subjektiven Nöte, die mit dem alltäglichen Ringen um Akzeptanz und Einfluss in der Peer-Kultur verbunden sein können.

Schließlich werden in der Studie einige Faktoren herausgearbeitet, die die spezifische Relevanz der Peer-Kultur in der Phase der Präadoleszenz begründen: Kinder lösen sich einerseits vom Einfluss der Erwachsenen (Eltern und Lehrer), die Peers werden zur entscheidenden Instanz der Selbstverortung und Positionierung zur Umwelt, andererseits verfügen die Kinder noch nicht über die Räume und Möglichkeiten, die Jugendliche später haben. Die Peer-Kultur der Schulklasse ist (noch) relativ alternativlos: Hinzu kommt der Charakter der Unmittelbarkeit, des unabgefederten Ausagierens von Macht und Dominanz (vgl. ebd., S. 199).

3.2.1 Cliquen und Status

Das beherrschende Thema der Peer-Kultur in der Präadoleszenz besteht Adler und Adler (1998) zufolge in der Zugehörigkeit zu Cliquen und dem damit zusammenhängenden sozialen Status, bzw. der „Beliebtheit". „Clique" wird dabei als Freundschaftszirkel definiert, dessen Mitglieder sich wechselseitig als miteinander verbunden verstehen. Cliquen sind durch eine interne hierarchische Struktur und durch Exklusivität gekennzeichnet. Eine der wesentlichen Aktivitäten der Clique besteht in „careful membership screening" (ebd., S. 57). Potenzielle Mitglieder können von etablierten Mitgliedern mitgebracht werden, über Akzeptanz entscheiden aber allein die Führungspersonen. Innerhalb der Clique werden Freundschaftsbeziehungen an einer Statushierarchie ausgerichtet: Auf- und Abstiege im Status machen Neudefinitionen der Freundschaften notwendig, die immer durch die Nähe zur Zentralposition der Führungsfigur bestimmt sind. Ein Mittel der Inklusion besteht in der Imitation der Interessen und des Stils der Führungspersonen. Die Gefahr, jederzeit zum Opfer von Drangsalierung und Ausschluss werden zu können, sorgt für Loyalität. Die Vertreibung aus der Clique ist oft mit schwerwiegenden Folgen verbunden, denn für die „cast-outs" ist es oft nicht leicht, neue Freundschaften zu etablieren, insofern (ehemalige) Cliquenmitglieder bei dem Rest der Klasse wenig beliebt sind. So besteht die Kohäsion der Cliquen im Wesentlichen aus ihrer Exklusionsdrohung. Und auch die Position der tonangebenden Kinder beruht weniger auf ihren persönlichen Qualitäten oder besonderen Leistungen für die Gruppe als auf ihrer besonderen Fähigkeit, sich der subtilen Dynamiken innerhalb der Gruppe zu bedienen (ebd., S. 72f.).

Außerhalb der „popular clique" sind ganz andere soziale Erfahrungen zu machen (vgl. ebd., S. 81ff.). Der Analyse zufolge findet sich in der Schulklasse ein Statussystem, das aus vier Ebenen besteht: Neben der bereits genannten „popular clique", dem größten Freundschaftszirkel der Klasse, der etwa ein Drittel der Kinder umfasst, wird eine zweite Kategorie der „wannabes" herausgearbeitet, der ca. 10% der Klasse zuzurechnen seien. Diese halten sich im Umfeld der Clique auf, ohne dazu zu gehören. Sie werden in ihren Aspirationen nicht ernst genommen, dürfen aber punktuell mitmachen. Für die Cliquen erfüllen sie die wichtige Funktion der Definition ihrer Grenzen und dienen ihr zudem als „Pufferzone", indem sie Ausgestoßene als Freunde akzeptieren. Der größte Teil der Klasse, etwa die Hälfte, sei in „middle friendship circles" organisiert. Sie akzeptieren zumeist ihren mittleren Status und können Erklärungen dafür nennen, dass sie nicht zur sozialen Elite der Klasse gehören. Dieses große und relativ amorphe Mittelfeld besteht aus Zweier- oder Dreier-Beziehungen, bildet nur schwache Hierarchien aus, und ermöglicht einen verhältnismäßig hohen Grad an sozialer Sicherheit. Die Freundschaftsbeziehungen in diesem sozialen Feld sind intensiver und loyaler als in den ersten beiden Kategorien. Die unterste Ebene des Statussystems bilden die so genannte „social isolates". Diese (auch ca. 10% der Klasse) werden von den anderen klar benannt, außerhalb der sozial akzeptierten

Sphäre angesiedelt und für „anders“ erklärt (vgl. ebd., S. 88). Trotz ihres Stigmas finden die meisten irgendwo (wenn auch nicht in der Klasse) „companionship“, durchleben aber eine harte Zeit und müssen letztlich mit der Abwertung zurecht kommen (ebd., S. 96).

Die Beschreibung der Peer-Kultur wirkt bei Adler und Adler insgesamt sehr schonungslos: Sie ist nicht geprägt durch die Orientierung an Gleichheit und Reziprozität (wie etwa bei Krappmann und Oswald 1995), sondern durch Statuskämpfe und Hierarchie. Nun macht gerade der Verzicht darauf, den Kampf um soziale Anerkennung innerhalb der Peer-Kultur zu beschönigen, einen Teil der Überzeugungskraft dieser Studie aus. Auch erscheint das herausgearbeitete Statussystem der Schulklasse soziologisch plausibel. Auf der anderen Seite wirft die Ethnographie der Adlers aber auch Fragen auf: Liegt das Statussystem in Schulklassen tatsächlich regelmäßig in dieser Form vor oder finden sich andere Versionen und Varianten? Inwieweit ist die Besessenheit, mit der Statusfragen in den Mittelpunkt gerückt werden und die auch in den Zitaten der Kinder zum Ausdruck kommt, ein vor allem für amerikanische Mittelschichtkinder bezeichnendes Phänomen? Ist sie möglicherweise dem methodischen Vorgehen, das weitgehend auf Interviews baut, geschuldet? Adler und Adler rekonstruieren und systematisieren im Wesentlichen die Theorien und Klassifikationen der Kinder selbst, ohne sie durch die eigene Beobachtung des interaktiven Alltags in der Schule zu kontextuieren.

In unserer eigenen Arbeit (Breidenstein/Kelle 1998) kommen wir durchaus zu ähnlichen Befunden, aber auch zu anderen Akzentuierungen hinsichtlich der Statusproblematik und Cliquenbildung in der Peer-Kultur der Schulklasse. Unsere ethnographischen Analysen der Peer-Kultur beruhen auf mehreren Phasen teilnehmender Beobachtung und offenen Interviews in zwei Klassen der Bielefelder Laborschule, die wir vom dritten bis zum sechsten Schuljahr begleitet haben. Ein soziales Ranking, auf dem alle Mitglieder der Schulklasse platziert werden, beschreibt Kelle als „öffentliche Ordnung der Beliebtheit“ (ebd., S. 61ff.). Entgegen der Intuition ist diese Statushierarchie aber nicht einfach ‚bipolar‘ zu verstehen: Bei weitem nicht alle Kinder streben an die Spitze der Statushierarchie. Vielmehr erscheinen die obersten Positionen, die der „beliebtesten“ Kinder, in mancher Hinsicht ähnlich prekär und riskant wie die untersten, die der „Unbeliebten“. Denn beide Gruppen stehen gleichermaßen in der öffentlichen Kritik. Sie fungieren als „öffentliche Personen“, deren Verhalten unter ständiger Beobachtung und Bewertung steht und an denen normative Probleme stellvertretend bearbeitet werden. Eine einheitliche Beliebtheitsordnung, die im Prinzip alle Mitglieder der Schulklasse umfasst, wandelt sich mit dem fünften und sechsten Schuljahr in ein differenziertes System sozialer Beziehungen. Dieses löst ein auf einheitlichen Kriterien beruhendes Ranking zumindest partiell auf, zugunsten der Inszenierung kultureller Differenz, die über keinen gemeinsamen Maßstab mehr verfügt.

3.2.2 Geschlecht

Eine ganze Reihe von Studien zur Peer-Kultur stellen die Geschlechterdifferenz in den Mittelpunkt ihrer Analyse oder behandeln sie zumindest an herausgehobener Stelle (Thorne 1993; Eder 1995; Krappmann/Oswald 1995; Breidenstein/Kelle 1998; Faulstich-Wieland/Güting/Ebsen 2001). Die Geschlechterunterscheidung etabliert die zentrale soziale Differenz schon in der Peer-Kultur der Kinder, erst recht in der Präadoleszenz und Adoleszenz. Alle anderen Formen sozialer Differenzierungen werden von der Geschlechterdifferenz affiziert – die Geschlechtszugehörigkeit liefert den entscheidenden Index für die Wahl von Freundschaften und

Mitgliedschaft in Cliquen, für die Platzierung auf Popularitätsskalen und für die Gestaltung der alltäglichen interaktiven Praxis schlechthin.

Die augenfälligste Bedeutung der Geschlechterdifferenz in der Peer-Kultur der Schulkinder liegt zunächst einmal in der Praxis der Geschlechterseparation. Unterschiedliche Studien berichten übereinstimmend über ein verblüffendes Ausmaß an selbstgewählter Geschlechtertrennung schon ab fünf oder sechs Jahren, das sich noch verstärkt in der Präadoleszenz (vgl. Maccoby 1988; Corsaro 1997). Freundschaften beziehen sich fast ausschließlich auf Kinder des eigenen Geschlechts. Wenn Kinder ihre Sitzordnung in der Klasse frei wählen können, sitzen sie weitgehend nach Geschlechtern getrennt (vgl. Thorne 1993; Krappmann/Oswald 1995).

Die Feststellung der Geschlechterseparation verbindet sich mit der Beobachtung unterschiedlicher Ausprägungen der Peer-Kultur bei Jungen und Mädchen: Während Jungen raumgreifenden, körperbetonten Aktivitäten nachgehen und sich zu größeren Gruppen zusammenschließen, bevorzugen Mädchen Freundschaften zu zweit oder zu dritt und spielen im engeren Umkreis (z.B. Lever 1976; Thorne/Luria 1986). Während Popularität bei den Mädchen auf dem familiären Hintergrund und dem äußeren Erscheinungsbild beruhe, zählten bei den Jungen körperliche Kraft, Geschicklichkeit und Coolness (Kless 1992). In der Peer-Kultur der Jungen rangierten Autonomie und Selbstbewusstsein als oberste Werte und bei den Mädchen Konformität und Emotionalität (Adler/Kless/Adler 1992). Diese Beobachtungen laufen zusammengenommen auf die These hinaus, die Peer-Kultur von Jungen und Mädchen in der Kindheit und Präadoleszenz spiele sich in „getrennten Welten“ ab. In sozialisationstheoretischer Hinsicht ist gefolgert worden, dass die Entwicklung von Geschlechtsidentität vor allem in der eigenen Geschlechtsgruppe und in Auseinandersetzung mit den dort vorfindlichen spezifischen Leitbildern stattfinde (Holland/Eisenhart 1990; Breitenbach 2000).

Eine solcherart dichotomisierende Betrachtung der Peer-Kultur ist in die Kritik geraten. Insbesondere Thorne (1990) hat zu bedenken gegeben, dass eine Peer-Kultur-Forschung, die die beiden Geschlechtsgruppen einander vergleichend gegenüber stellt, die Kohärenz innerhalb derselben übertreibe und große Variationen innerhalb der Jungengruppe oder innerhalb der Mädchengruppe übersehe. Beispielsweise gehe die Charakterisierung der „Jungenwelt“ oft auf die Beobachtung einer bestimmten Clique zurück, die zwar in der Dominanz ihres Verhaltens besonders auffällig sein könne, aber nicht die „Jungen“ insgesamt repräsentieren müsse (vgl. auch Hammersley 1993). Zudem variiert die Ausprägung von Geschlechtsspezifik oder die Bedeutung von Geschlechtszugehörigkeit mit dem Kontext und der Rahmung der Situation. Die Separierung der Geschlechter in der Schule ist zwar auffällig, aber niemals vollständig und oft sind es gerade die Interaktionen über die Geschlechtergrenze hinweg, die dieser Bedeutsamkeit und Relevanz verleihen (vgl. auch Oswald/Krappmann/Chowduri/v.Salisch 1986).

Thornes eigene empirische Studien (1993) gehen auf zwei Phasen der Feldforschung in amerikanischen „elementary schools“ 1977 und 1980 zurück und bieten das Beispiel einer sehr reflexiven und an Theoriebildung interessierten Ethnographie. Thorne prägt den wichtigen Begriff des „borderwork“, der jene Praktiken bezeichnet, die die Unterscheidung der Geschlechter allererst in Szene setzen und ihr Signifikanz verleihen: Im Kontext von Wettbewerben wird oft auch von Lehrerinnen die Kategorie Geschlecht aufgegriffen um zwei Parteien zu bilden (ebd., S. 66); in weit verbreiteten Formen des Fangen-Spielens bezeichnet die Geschlechtszugehörigkeit die Zuordnung zur Gruppe der Jägerinnen bzw. der Gejagten (ebd., S. 68); in ritualisierten Formen des Ärgerns oder Störens wird das Gegenüber der Geschlechter in Szene gesetzt (ebd., S. 76). Zwar bewegen sich diese Situationen des „borderwork“ überwiegend im Rahmen von „Spiel“, doch sind sie von besonderer Intensität – sie sind in ihrer Form oft stilisiert und dramatisiert und ragen in ihrer emotionalen Qualität aus dem schulischen Alltag heraus. Thorne vermag anschaulich zu machen, wie die antagonistische Gegenüberstellung von Mädchen und Jungen in der Peer-Kultur nicht per se und immer gegeben ist, sondern in konkreten situierten Praktiken in Szene gesetzt wird.

In unseren eigenen Studien zur Praxis der Geschlechterunterscheidung weisen wir auf die Bedeutung des Kontextes der Schulklasse hin: Die relative Altersgleichheit der Kinder und ihre große Zahl auf engem Raum gehören zu den Bedingungen einer augenfälligen Kontrastierung der Geschlechter und ihrer wechselseitigen Darstellung aneinander (vgl. Breidenstein/Kelle 1998). Die spezifische Bedeutung der Geschlechtszugehörigkeit innerhalb der Peer-Kultur von Schulkindern zeigt sich im Vergleich mit anderen Formen von Zugehörigkeit. Als entscheidendes Merkmal der Geschlechtszugehörigkeit erweist sich ihr askriptiver Charakter. Die Zugehörigkeit zu einer Clique oder Freundinnengruppe etwa muss herbeigeführt, aufrecht erhalten und gestaltet werden. Dem gegenüber zeichnet sich Geschlechtszugehörigkeit dadurch aus, dass sie als diejenige erlebt wird, für die man nichts „tun" muss. Eine solche Form der Zugehörigkeit, die entlastet ist von der Verantwortlichkeit eigener Wahl, bildet eine spezifische Ressource für Praktiken der Identifikation und Distinktion. Dabei zeigen sich bei der detaillierten Beobachtung der interaktiven Praxis von Kindern durchaus auch Formen des Spielens mit Geschlechterstereotypen, des Rollentauschs und der Karikatur, die jedoch alle, so die These, darauf beruhen, dass die Geschlechtszugehörigkeit als solche nicht in Frage steht.

3.3 Peer-Kultur in der Adoleszenz

Einige der wichtigsten Studien zur Peer-Kultur in der Adoleszenz stammen aus einer Forschungsgruppe um die amerikanische Soziologin Eder. Eder und ihre Kolleginnen haben über drei Jahre hinweg im „lunchroom" einer amerikanischen „middle school" ethnographiert. Sie haben die Mittagszeit mit unterschiedlichen Gruppierungen des 6. bis 8. Jahrgangs verbracht und dabei deren Gespräche aufgezeichnet. Nach einer Reihe von Aufsätzen, die auf unterschiedliche Aspekte der Peer-Kultur von Jugendlichen fokussieren, wie etwa die Etablierung von Normen (Eder/Stanford 1986), die interaktive Bedeutung des Ärgerns (Eder 1991) oder den Prozess sozialer Isolierung (Evans/Eder 1993) hat Eder (1995) eine Monographie vorgelegt, die die Geschlechterungleichheit in der Peer Kultur der Adoleszenz in den Mittelpunkt stellt. Anders als Thorne (1993) fragt Eder weniger nach dem „borderwork" in den Interaktionen zwischen den Geschlechtern als nach der geschlechtsspezifischen Ausprägung der Peer-Kultur innerhalb der weitgehend geschlechtshomogenen Cliquen, die sie beobachtet hat (vgl. Kelle 1997).

3.3.1 Kommunikative Formate

Ihre größten methodischen und theoretischen Stärken entfaltet die Arbeit von Eder (1995) in der detaillierten, an der Ethnomethodologie geschulten Analyse einzelner sprachlicher Aktivitäten der Schülerinnen und Schüler. Eders Ethnographie macht plausibel, dass ein Gutteil der Peer-Kultur gerade in der Adoleszenz in Form alltäglicher, routinisierter und ritualisierter „speech activities" stattfindet (vgl. auch Goodwin 1990). Die „Gespräche" der Schülerinnen und Schüler während der Mittagspause bilden die Grundlage ihrer Vergewisserung über soziale Normen und Zugehörigkeiten. Entscheidend ist dabei, nicht nur die Inhaltsebene dieser Gespräche in den Blick zu nehmen, sondern vor allem Aspekte ihrer Performanz zu analysieren, wobei man auf spezifische kommunikative Formate aufmerksam wird, die den Rahmen für bestimmte Inhalte vorgeben und die Peer-Kultur in starkem Maße prägen (vgl. auch Kelle/Breidenstein 1999). Eder (1995) identifiziert einzelne zum Teil stark ritualisierte kommunikative Praktiken, wie etwa wechselseitiges Beleidigen, Ärgern, Lästern oder Geschichten erzählen.

Am Beispiel des „rituellen Beleidigens" kann gezeigt werden, welche Beachtung die Pragmatik einer solchen Aktivität verdient. Das rituelle Beleidigen ist eine in Jungengruppen gängige Praxis, die als Wettkampf funktioniert. Es geht darum, sich durch eine Beschimpfung nicht aus der Fassung bringen zu lassen, sondern „cool" zu bleiben. Die wichtigste Regel besteht darin, die Beleidigung nicht etwa zurückzuweisen oder zu bestreiten, sondern mit einer Gegenbeleidigung zu beantworten. Dabei gilt es, Fantasie und Schlagfertigkeit unter Beweis zu stellen. Oft ist gerade durch die Drastik oder Obszönität der Beschimpfung markiert, dass diese vom Adressaten nicht ernst genommen werden soll, sondern in ritueller Form zu beantworten ist (vgl. Labov 1980; Eder 1995; Breidenstein/Kelle 1998; Neumann-Braun/Deppermann/Schmidt 2002). Die Analyse der Gesprächsstruktur offenbart, dass eine peer-Aktivität, die auf der Inhaltsebene von harscher Konfrontation geprägt ist, in ihrer Form auf der Kooperation der Beteiligten beruht, auf dem gemeinsamen Befolgen der Regel. Weißköppel (2001) zeigt, wie die Praxis des rituellen Beleidigens auch für die Etablierung von Grenzen innerhalb der Schulklasse genutzt werden kann, für die Unterscheidung zwischen „Mitspielern" und „Nicht-Mitspielern". Eder (1995) interpretiert Peer-Aktivitäten, wie die wechselseitige rituelle Beschimpfung und sexualisiertes Ärgern, die durchaus auch problematische moralische Botschaften implizieren, als die spezifisch männliche Sozialisation in der Peer-group der Jungen (vgl. auch Willis 1979).

In den Mädchengruppen beobachtet Eder andere Praktiken der Vergemeinschaftung. Eine der zentralen Aktivitäten besteht beispielsweise im gemeinsamen Lästern über Abwesende. Das dominierende Thema des Lästerns, wie überhaupt der Peer-Kultur der Mädchen, ist das äußere Erscheinungsbild, die körperliche Attraktivität. Die Beschäftigung der Mädchen mit ihrem eigenen Äußeren und dem anderer Mädchen wird an der „middle school" forciert durch die extrem statusrelevante Auswahl zum „cheerleading", aber auch durch evaluative Kommentare von Jungen und interne „rankings" der Mädchen, die sich allesamt auf das Aussehen, die „attractiveness", beziehen. Geächtet wird alles, was aus der Norm fällt – auch eine zu auffällige Kleidung, ein zu dick aufgetragenes Make up stehen auf dem Index. Dabei sorgt die formale Struktur der Praxis des Lästerns dafür, dass eine diffamierende Bewertung, die am Ausgang steht, im Verlauf noch verstärkt und zur Grundlage kollektiver Bewertung wird (vgl. Eder/Enke 1991).

3.3.2 Status und Beliebtheit

Probleme des Status und der Popularität stellen sich v.a. in der Peer-Kultur der Mädchen in der „middle" oder „junior high school" als besonders kompliziert dar. Gegenüber relativ statischen Beschreibungen von Statussystemen unter Schulkindern, wie sie sich etwa bei Adler und Adler (1998) finden, ist wiederum mit Eder (1985) auf die inhärente Dynamik und Prozesshaftigkeit von Statuserwerb und -verlust aufmerksam zu machen. Eder spricht von einem „Zyklus der Popularität", der regelmäßig zu beobachten sei: Dieser führt von einem Gewinn an Popularität, z.B. aufgrund der Teilnahme am „cheerleading", zu einem höheren Status und zur allgemeinen Begehrtheit als Freundin. Da das beliebte Mädchen aber nicht allen Wünschen nach Freundschaft entsprechen kann, muss sie manche enttäuschen und gilt bald als „hochnäsig", was wiederum ihre Popularitätskurve fallen lässt. In ähnlicher Weise analysiert Merten (1997) das „Paradox der Popularität" in der Peer-Kultur von adoleszenten Mädchen. Auch Merten zufolge sehen sich populäre Mädchen mit dem Problem konfrontiert, ihre Popularität nicht ausagieren zu können, weil sie dann unter das Verdikt der „Hochnäsigkeit" fallen. Aber auch die Option zu allen nett („nice") zu sein, ist letztlich nicht praktikabel, so dass die führenden Mädchen der von ihm beobachteten Clique sich offensiv „gemein" anderen gegenüber verhalten und den eigenen Status nicht mit dem Image der „Nettigkeit", sondern dem der „Bösartigkeit" („meanness") verbinden.

In einen Zirkel anderer Art scheinen Außenseiter und Außenseiterinnen in der Peer-Kultur der 6. bis 8. Klasse zu geraten. Evans und Eder (1993) machen das spezifische „middle school environment" (ebd., S. 147) verantwortlich für Status-Prozesse, die zur sozialen Isolierung einzelner Schülerinnen und Schüler führen. Die Formierung von führenden Cliquen, von Elite-Gruppen, innerhalb der Peer-Kultur u.a. im Zusammenhang mit der Bildung von Teams für Sportwettkämpfe oder „cheerleading", führe zu sozialer Verunsicherung der meisten Jugendlichen, die den Gruppen der „Populären" nicht angehören. Um sich selbst in der eigenen „Normalität" und sozialen Kompetenz zu vergewissern, werden einzelne ausgegrenzt. Dieser Prozess geht bevorzugt mit sexueller Stigmatisierung einher und wird oft mit dem Label der „Homosexualität" verknüpft (ebd., S. 151). Die Ausgegrenzten sind sich in der Regel der geforderten Verhaltensstandards der Peer-Kultur bewusst, schaffen es aber meistens nicht, den Zirkel von Auffälligkeit, besonderer Sichtbarkeit und Stigmatisierung zu durchbrechen.

Das in mancher Hinsicht sehr rigide und unbarmherzige Statussystem, das Eder u.a. für die Klassen 6 bis 8 beschreiben, scheint sich in den nächsten Jahrgängen mit dem Übergang in die amerikanische „high school" zu verändern. Kinney (1993) hat zum Teil dieselben Schüler und Schülerinnen, die Eder u.a. in der „middle school" ethnograpiert haben, in der „high school" beobachtet, was die Betrachtung von Entwicklungsverläufen ermöglicht. Während in der Middle School in Popularität ein klares Kriterium gelegen hatte, das der Peer-Kultur die Trends vorgab und Status hierarchisch verteilte, konstatiert Kinney für die High School ein Abnehmen des Verlangens nach schulweiter Bekanntheit und Popularität und eine zunehmende Variationsbreite an Gruppierungen. Diese eröffnet vor allem für die vorher als „Streber" oder „Langeweiler" („nerds") Ausgegrenzten neue Optionen, sich selber als „normal" zu begreifen. Kinney beschreibt zwei Wege für jene „nerds", auf die seine Analyse fokussiert: Entweder sie finden doch Zugang zu „mainstream activities", z.B. Sportmannschaften, oder sie definieren offensiv eigene Normen, indem sie z.B. bestimmte Haltungen oder Aktivitäten der „trendies" abwerten. Insgesamt seien die neuen Möglichkeiten der Zuordnung, der Etablierung von Freundschaften und die Diversifizierung von Peer Kultur in der High School mit neuen Chancen der Selbstdefinition und Identitätsbildung verbunden. Chang (1992) beschreibt in einer weiteren Ethnographie der Peer-Kultur einer High School z.T. ähnliche Tendenzen: Eine der zentralen Maximen der Peer-Kultur bestehe darin, mit jedermann auszukommen („getting along with everyone"), die Mitgliedschaft in exklusiven Cliquen werde nicht geschätzt, die Offenheit und Erreichbarkeit für andere sei mit Reputation verbunden.

4 Bilanz und Perspektiven der Forschung zur Peer-Kultur von Schülerinnen und Schülern

Die Forschung zur Peer-Kultur erscheint insgesamt, wie schon einleitend erwähnt, eher durch vereinzelte, punktuelle Anstrengungen gekennzeichnet als durch wechselseitige Bezüge und die Kumulation von Ergebnissen. Die einzelnen Studien sind in unterschiedlichen nationalen und disziplinären Traditionen angesiedelt und verfolgen unterschiedliche theoretische Perspektiven und Fragestellungen. Insofern erscheint zunächst einmal eine stärkere, vor allem auch internationale Vernetzung der einzelnen Forschungszusammenhänge und Projekte wünschenswert. Die angesprochenen ethnographischen Studien der 1990er Jahre haben Neuland betreten und vorwiegend explorativ gearbeitet, doch in der Zusammenschau scheint ein Stand erreicht, den auszudifferenzieren und systematisch weiterzuentwickeln sich lohnen würde. Dabei müsste jedoch aus deutscher Sicht nach der Übertragbarkeit der Analysen zur Peer-Kultur aus dem angloamerikanischen Raum auf deutsche Kontexte gefragt werden. Während von einigen jugendkulturellen Phänomen und gruppendynamischen Effekten vermutet werden kann, dass sie von übergreifender Relevanz sind, dürften andere Ausprägungen der Peer-Kultur von Schülerinnen und Schülern mit Spezifika nationaler Schulkulturen verbunden sein. So wurde beispielsweise schon erwähnt, dass die enge Verknüpfung von Sozialstatus und „extracurricular activities", wie sie sich in amerikanischen Middle Schools findet, schwerlich auf deutsche Schulen zu übertragen sein dürfte. Insofern kann auch der international etwas besser ausgebaute Stand der Forschung zur Peer-Kultur eine eigenständige Analyse der Peer-Kultur von Kindern und Jugendlichen in deutschen schulkulturellen Verhältnissen keineswegs ersetzen. Themen und Relevanzen der Peer-Kultur und insbesondere die jeweiligen Ressourcen für Sozialprestige und Popularität innerhalb der Peer-Kultur müssten für unterschiedliche schulkulturelle Kontexte und soziale Milieus spezifiziert werden.

Aus Sicht der Schulforschung und Schulpädagogik fehlt es nicht zuletzt an Reflexion auf die schulisch-institutionellen Bedingungen der Peer-Kultur und auf die Bedingungen, die wiederum aus der Peer-Kultur von Kindern und Jugendlichen für Schule und Unterricht erwachsen. In dieser Hinsicht wäre es wünschenswert, die Forschung zu Peer-Kultur, die sich in den 1990er Jahren überwiegend aus Perspektiven und Fragestellungen der Kindheitsforschung speiste, (wieder) stärker an die Schulforschung heranzuführen.

Nach diesen allgemeinen Hinweisen zu den Perspektiven einer Forschung zur Peer-Kultur von Schülerinnen und Schülern gelten die abschließenden Bemerkungen einigen konzeptionell-methodologischen Überlegungen, wie sie sich aus der Diskussion neuerer Studien zu diesem Gegenstandsbereich ergeben:

- Die Peer-Kultur von Kindern und Jugendlichen kann nach wie vor als ein weitgehend unerschlossenes Feld gelten. Die Annahme einer weitgehenden „Eigenständigkeit" der Peer-Kultur legt qualitative und insbesondere ethnographische Verfahren nahe. Dabei ist aus ethnomethodologischer Perspektive davon auszugehen, dass die Regeln und Strukturen alltäglichen Handelns in der Normalität und selbstverständlichen Gegebenheit der Alltagswirklichkeit ruhen und als solche der Reflexion entzogen sind (z.B. Weingarten/Sack/Schenkein 1976). Insofern die mikrostrukturelle Organisation der Alltagspraxis für die Teilnehmer ein „unproblematisches Problem" (Bergmann 1981, S. 22) bleibt, sind sie darüber wenig auskunftsfähig und das Mittel der Befragung erweist sich nur bedingt als tauglich. Im Zentrum der Kulturanalyse steht daher die Beobachtung und Aufzeichnung der Alltagspraxis selbst. In gegebenen Gruppen initiierte Gruppendiskussionen können diese Alltagspraxis z.T. simulieren (vgl. Bohnsack/Loos/Schäffer 1995; Breitenbach 2000).

- Die Peer-Kultur von Kindern und Jugendlichen kann in grundlegender Weise als interaktive Praxis der Erzeugung sozialer Differenzen aufgefasst werden. Kategorien sozialer Differenzierung, wie Status, Popularität oder auch Geschlecht und Ethnizität, sind untrennbar mit der Praxis ihrer Hervorbringung verknüpft. Die Forschung muss vermeiden diese Kategorien ihrerseits zu reifizieren. „Identitäten" sind als komplexe Konstruktionen einander überlagernder Zugehörigkeiten in ihrer „Performanz" (Weißköppel 2001) in den Blick zu nehmen, das heißt soziale Differenzen sind weniger als Ausgangspunkt und Motiv, denn als Ergebnis und Effekt interaktiver Praxis anzusehen. Soziale Beziehungen zwischen den Schülern und Schülerinnen sind entsprechend in ihrer Prozesshaftigkeit und interaktiven Dynamik zu beschreiben.
- Drittens kann ein Ansatz als vielversprechend gelten, der die Peer-Kultur insbesondere von Jugendlichen als „Kommunikationskultur" auffasst und mit gesprächsanalytischen Mitteln untersucht. Es spricht einiges dafür, Kommunikation als „das zentrale Konstituens sozialer Welten" Jugendlicher aufzufassen (Neumann-Braun/Deppermann 1998, S. 251). Auf dem Wege der technischen Aufzeichnung und Transkription „natürlicher" Gesprächssituationen lassen sich dann spezifische Formate sprachlicher Aktivitäten identifizieren, in deren Rahmen die Themen der Peer-Kultur verhandelt werden. Eine solche Forschung ist bislang weitgehend Desiderat und auch mit Blick auf die wenigen vorliegenden Arbeiten erscheint ungeklärt, wie sich Mikroanalysen, die sich auf situierte Aktivitäten beziehen, wiederum mit der Beschreibung längerfristiger sozialer Prozesse innerhalb der Peer-Kultur verknüpfen lassen.

Es gibt jedoch, das sei abschließend angemerkt, zumindest zwei zentrale Motive, die eine weitere Erforschung der Peer-Kultur von Schülerinnen und Schülern trotz des skizzierten konzeptionellen und methodischen Aufwandes als lohnend und letztlich unverzichtbar erscheinen lassen: Zum einen sind es der Reichtum und die Vielgestaltigkeit der Peer-Kultur und Peer-Aktivitäten selbst, die in bisherigen Arbeiten erst ansatzweise aufscheinen und die jeder Kulturanalyse intrinsischen Lohn versprechen. Zum anderen ist es die kaum zu überschätzende lebensweltliche und sozialisatorische Relevanz der Peer-Kultur für die Schülerinnen und Schüler. Die interaktive Bezugnahme auf die Mitschülerinnen und Mitschüler dürfte zumindest in manchen Phasen und Kontexten des Schulbesuchs alle anderen schulischen Sinngebungen dominieren.

Literatur

Abraham, J.: Gender differences and anti-school boys In: The sociological Review 37 (1989) 1, pp. 65-88

Adler, P./Adler, P.: Peer Power. Preadolescent Culture and Identity. Brunswick 1998

Adler, P./Kless, S./Adler, P.: Socialization to Gender Roles: Popularity anong Elementary School Boys and Girls. In: Sociology of Education 65 (1992), pp. 169-187

Alanen, L.: Rethinking Childhood. In: Acta Sciologica 1 (1988), pp. 53-67

Amann, K./Hirschauer, S.: Die Befremdung der eigenen Kultur. Ein Programm. In: Hirschauer, S./Amann, K. (Hrsg.): Die Befremdung der eigenen Kultur. Frankfurt a.M. 1997, S. 7-52

Asmus, H.-J./Peuckert, R. (Hrsg.): Abweichendes Schülerverhalten. Heidelberg 1979

Baurmann, J. (Hrsg.): Neben-Kommunikation. Beobachtungen und Analysen zum nichtoffiziellen Schülerverhalten innerhalb und außerhalb des Unterrichts. Braunschweig 1981

Beck, G./Scholz, G.: Soziales Lernen-Kinder in der Grundschule. Reinbek 1995

Bergmann, J.: Ethnomethodologische Konversationsanalyse. In: Schröder, P./Steger, H. (Hrsg.): Dialogforschung. Düsseldorf 1981, S. 9-52

Berndt, T.L./Ladd, G. (Eds.): Peer Relationships in Child Development. New York 1989

Bietau, A./Breyvogel, W./Helsper, W.: Projektgruppe Schule und Subkultur. Subjektive Verarbeitung schulischer Anforderungen und Selbstkrisen Jugendlicher. Essen 1983

Blackmann, S.J.: The School: Poxy Cupid! An Ethnographic and Feminist Account of a Resistant Female Youth Culture: The New Wave Girls. In: Skelton, T./Valentine, G. (Eds.): Cool Places. Geographies of Youth Cultures. London/New York 1998, pp. 207-228

Bohnsack, R./Loos, P./Schäffer, B.: Die Suche nach Gemeinsamkeit und die Gewalt der Gruppe. Opladen 1995

Breidenstein, G./Kelle, H.: Geschlechteralltag in der Schulklasse. Ethnographische Studien zur Gleichaltrigenkultur. Weinheim/München 1998

Breidenstein, G./Kelle, H.: Die Schulklasse als Publikum. Zum Verhältnis von peer culture und Unterricht. In: Die Deutsche Schule 94 (2002), H. 3, S. 318-329

Breitenbach, E.: Mädchenfreundschaften in der Adoleszenz. Eine fallrekonstruktive Untersuchung von Gleichaltrigengruppen. Opladen 2000

Brumlik, M./Holtappels, H.G.: Mead und die Handlungsperspektive schulischer
Akteure – interaktionistische Beiträge zur Schultheorie. In: Tillmann, K.-J. (Hrsg.):
Schultheorien. Hamburg 1987, S. 89-104

Büchner, P.: Das Kind als Schülerin oder Schüler. Über die gesellschaftliche Wahrnehmung der Kindheit als Schulkindheit und damit verbundene Forschungsprobleme. In: Zeiher, H./Büchner, P./Zinnecker, J. (Hrsg.): Kinder als Außenseiter? Umbrüche in der gesellschaftlichen Wahrnehmung von Kindern und Kindheit. Weinheim/München 1996

Chang, H.: Adolscent Life and Ethos: An Ethnography of a US High School. London 1992

Combe, A./Helsper, W.: Was geschieht im Klassenzimmer? Weinheim 1994

Corsaro, W.A.: The Sociology of Childhood. Thousand Oaks 1997

Corsaro, W.A./Eder, D.: Children's peer cultures. In: Review of Sociology 16 (1990), pp. 197-220

Davies, B.: The Role Pupils Play in the Social Construction of Classroom Order. In: British Journal of Sociology of Education (1983), Vol. 1, pp. 55- 69

Delamont, S.: Interaction in the classroom. London 1976

Denscombe, M.: Classroom Control. A Sociological Perspective. London 1985

Eder, D.: The cycle of popularity: Interpersonal relations among female adolescents. In: Sociology of education 58 (1985), pp. 154-165

Eder, D.: School Talk. Gender and Adolescent Culture. New Brunswick 1995

Eder, D./Stanford, S.: The Development and Maintenance of Interactional Norms among Early Adolescents. In: Sociological Studies of Child Developement 1 (1986), pp. 283-300

Eder, D./Enke, J.: The Structure of Gossip. In: American Sociological Review 56 (1991), pp. 494-508

Evans, C./Eder, D.: No Exit. Processes of Isolation in the Middle School. In: Journal of Contemporary Ethnography 22 (1993), Vol. 2, pp. 139-170

Faulstich-Wieland, H./Güting, D./Ebsen, S.: Einblicke in "Genderism" im schulischen Verhalten durch subjektive Reflexivität. In: Zeitschrift für Pädagogik 47 (2001), S. 67-80

Fend, H.: "Soziale Erfolge" im Bildungswesen – die Bedeutung der sozialen Stellung in der Schulklasse. In: Pekrun, R./Fend, H. (Hrsg.): Schule und Persönlichkeitsentwicklung. Stuttgart 1991, S. 217-240

Fend, H.: Der Umgang mit Schule in der Adoleszenz. Aufbau und Verlust von Lernmotivation, Selbstachtung und Empathie. Bern 1997

Furlong, V.: Interaction sets in classroom: Toward a study of pupil knowledge. In: Hammersley, M./Woods, P. (Eds.): The process of schooling. London 1976, pp. 160-177

Göhlich, M./Wagner-Willi, M.: Rituelle Übergänge im Schulalltag. In: Wulf, C. (Hrsg.): Das Soziale als Ritual. Zur performativen Bildung von Gemeinschaften. Opladen 2001, S. 119-204

Goodwin, M.H.: He-Said-She-Said: Talk as social Organization among Black Children. Bloomington 1990

Hammersley, M./Woods, P. (Eds.): Life in School. The Sociology of Pupil Culture. Milton/Keynes 1984

Hammersley, M.: Classroom ethnography. Empirical and methodological essays. Ballmoor 1990

Hammersley, M. (Ed.): Conroversies in Classroom Research. Buckingham/Philadelphia 1993

Hammersley, M./Turner, G.: Conformist Pupils? In: Woods, P. (Ed.): Pupil Strategies. London 1980, pp. 29-49

Hammersley, M./Woods, P. (Ed.): The Process of Schooling. A sociological reader. London 1976

Hargreaves, D.H./Hester, S.K./Mellor, F.J.: Abweichendes Verhalten im Unterricht. Weinheim 1981

Heinze, T.: Unterricht als soziale Situation. Zur Interaktion von Schülern und Lehrern. München 1976

Heinze, T.: Schülertaktiken. München 1980

Helsper, W.: Jugendliche Gegenkultur und schulisch-bürokratische Rationalität. In: Breyvogel, W. (Hrsg.): Pädagogische Jugendforschung. Opladen 1989, S. 161-186

Helsper, W.: Jugend und Schule. In: Krüger, H.-H. (Hrsg.): Handbuch der Jugendforschung. Opladen 1993, S. 351-382

Holland, D./Eisenhart, M.: Educated in Romance: Women, Achievement and College Culture. Chicago 1990

Holtappels, H.G.: Schulprobleme und abweichendes Verhalten aus der Schülerperspektive. Bochum 1987

Jackson, P.W.: Einübung in eine bürokratische Gesellschaft. Zur Funktion der sozialen Verkehrsformen im Klassenzimmer. In: Zinnecker, J. (Hrsg.): Der heimliche Lehrplan. Weinheim/Basel 1975, S. 19-34

James, A.: Ethnography in the Study of Children and Childhood. In: Atkinson, P. (Ed.): Handbook of Ethnography. London 2001, pp. 246-257

Jerusalem, M.: Schulklasseneffekte. In: Weinert, F.E. (Hrsg.): Psychologie der Schule und des Unterrichts. Göttingen 1997, S. 253-277

Jerusalem, M./Schwarzer, R.: Entwicklung des Selbstkonzepts in verschiedenen Lernumwelten. In: Pekrun, R./Fend, H. (Hrsg.): Schule und Persönlichkeitsentwicklung. Stuttgart 1991, S. 115-128.

Kalthoff, H.: Wohlerzogenheit. Eine Ethnographie deutscher Internatsschulen. Frankfurt a.M. 1997

Kelle, H.: "Wir und die anderen". Die interaktive Herstellung von Schulklassen durch Kinder. In: Hirschauer, S./Amann, K. (Hrsg.): Die Befremdung der eigenen Kultur. Frankfurt a.M. 1997, S. 138-167

Kelle, H.: Ethnographische Methodologie und Probleme der Triangulation. Am Beispiel der peer culture Forschung bei Kindern. In: Zeitschrift für Soziologie der Erziehung und Sozialisation 21 (2001), 1, S. 192-208

Kelle, H./Breidenstein, G.: Kinder als Akteure. Ethnographische Ansätze in der Kindheitsforschung. In: Zeitschrift für Sozialisationsforschung und Erziehungssoziologie 16 (1996), 1, S. 47-67

Kelle, H./Breidenstein, G.: Alltagspraktiken von Kindern in ethnomethodologischer Sicht. In: Honig, M.-S./Lange, A./Leu, H.R. (Hrsg.): Aus der Perspektive von Kindern? Zur Methodologie der Kindheitsforschung. Weinheim/München 1999

Kinney, D.: From Nerds to Normals: The Recovery of Identity among Adolescents from Middle School to High School. Sociology of Education 66 (1993), pp. 21-40

Kless, S.: The Attainment of Peer Status. Gender and Power Relationships in the Elemantary School. In: Adler, P./Adler, P. (Eds.): Sociological Studies of Child Development. Greenwich/London 1992, pp. 115-148

Krappmann, L.: Kinderkultur als institutionlasierte Entwicklungsaufgabe. In: Markefka, M./Nauck, B. (Hrsg.): Handbuch der Kindheitsforschung. Neuwied/Kriftel/Berlin 1993, S. 365-376.

Krappmann, L./Oswald, H.: Alltag der Schulkinder. Weinheim/München 1995

Labov, W.: Regeln für rituelle Beschimpfungen. In: Dittmar, N./Rieck, B.-O. (Hrsg.): Sprache im sozialen Kontext. Königstein/Ts. 1980, S. 251-286

Lambrich, H.-J.: Schulleistung, Selbstkonzeption und Unterrichtsverhalten. Eine qualitative Untersuchung zur Situation "schlechter" Schüler. Weinheim 1987

Le Compte, M./Preissle, J.: Toward an Ethnology of Student Life in Schools and Classrooms: Synthesizing the Qualitative Research Tradition. In: Le Compte, M./Millroy, W./Preissle, W. (Eds.): The Handbook of Qualitative Research in Education. San Diego/New York 1992, pp. 815-859

Lever, J.: Sex differences in the games children play. Social Problems 23 (1976), pp. 478-487

Maccoby, E.: Gender as a Social Category. Developmental Psychology 24 (1988), pp. 755-765

Mehan, H.: Learning lessons: social organisation in the classroom. Cambridge 1979

Merten, D.E.: The Meaning of Meanness. Popularity, competition and conflict among junior highBraun, K./Deppermann, A.: Ethnographie der Kommunikationskulturen Jugendlicher. Zur Gegenstandskonzeption und Methodik der Untersuchung von Peer-Groups. In: Zeitschrift für Soziologie 27 (1998), 4, S. 239-255

Neumann-Braun, K./Deppermann, A./Schmidt, A.: Identitätswettbewerbe und unernste Konflikte. Interaktionspraktiken in peer groups. In: Merkens, H./Zinnecker, J. (Hrsg.): Jahrbuch Jugendforschung 2. Opladen 2002, S. 241-264

Nittel, D.: Gymnasiale Schullaufbahn und Identitätsentwicklung: eine biographieanalytische Studie. Weinheim 1992

Oswald, H.: Zur sozialisatorischen Bedeutung von Kampf- und Tobespielen. In: Renner, E. (Hrsg.): Spiele der Kinder. Interdisziplinäre Annäherungen. Weinheim 1997, S. 154-167

Projektgruppe Jugendbüro: Die Lebenswelt von Hauptschülern. München 1975

Oswald, H./Krappmann, L./Chowduri, I./v. Salisch, M.: Grenzen und Brücken. Interaktionen zwischen Mädchen und Jungen im Grundschulalter. In: Kölner Zeitschrift für Soziologie und Sozialpsychologie 38 (1986), S. 560-580

Petillon, H.: Der Schüler. Rekonstruktionen der Schule aus der Perspektive von Kindern und Jugendlichen. Darmstadt 1987

Piaget, J.: Sprechen und Denken des Kindes. Düsseldorf 1923/1973

Piaget, J.: Das moralische Urteil beim Kinde. Frankfurt a.M. 1932/1986

Prout, A./James, A.: A New Paradigm for the Sociology of Childhood? Provenance, Promise and Problems. In: Prout, A./James, A. (Eds.): Constructing and Reconstructing Childhood. London 1990, pp. 7-34

Schofield, J.: Black and White in School: Trust, Tension or Tolerance. New York 1982

Schuster, B.: Außenseiter in der Schule: Prävalenz von Viktimisierung und Zusammenhang mit sozialem Status. In: Zeitschrift für Sozialpsychologie 28 (1997), S. 251-264

Specht, W.: Die Schulklasse als soziales Beziehungsfeld altershomogener Gruppen. Konstanz 1982

Thorne, B./Luria, Z.: Sexuality and Gender in Childrens Daily Worlds. In: Social Problems 33 (1986), pp. 176-189

Thorne, B.: Children and Gender. Constructions of difference. In: Rhode, D. (Ed.):

Theoretical Perspectives on Sexual Difference. New Haven 1990, S. 100-113

Thorne, B.: Gender Play. Girls and Boys in School. New Brunswick 1993

Tillmann, K.-J.: Schulische Sozialisationsforschung. In: Rolff, H.-G. (Hrsg.): Zukunftsfelder von Schulforschung. Weinheim 1975, S. 181-210

Tillmann, K.-J.: Schülergewalt als Schulproblem. Weinheim/München 1999

Ulich, K.: Einführung in die Sozialpsychologie der Schule. Weinheim/Basel 2001

Waksler, F.Ch. (Ed.): Studing the Social Worlds of Children: Sociological Readings. London/NewYork 1991

Weingarten, E./Sack, F./Schenkein, J. (Hrsg.): Ethnomethodologie. Beiträge zu einer Soziologie des Alltagshandelns. Frankfurt a.M. 1976

Weißköppel, C.: Ausländer und Kartoffeldeutsche. Identitätsperformanz im Alltag einer ethnisch gemischten Realschulklasse. Weinheim/München 2001

Willis, P.: Spaß am Widerstand. Gegenkultur in der Arbeiterschule. Frankfurt a.M. 1979

Woods, P. (Ed.): Pupil Strategies: Explorations in the sociology of the school. London 1980

Woods, P.: Symbolic Interactionism: Theory and Method. In: Le Compte, M./Millroy, W./Preissle, W. (Eds.): The Handbook of Qualitative Research in Education. San Diego/New York 1992, pp. 337-394

Woods, P./Hammersley, M. (Eds.): Gender and Ethnicity in Schools. Ethnographic Accounts. London/New York 1993

Youniss, J.: Soziale Konstruktion und psychische Entwicklung. Frankfurt 1994

Zinnecker, J. (Hrsg.): Der heimliche Lehrplan-Untersuchungen zum Schulunterricht. Weinheim 1975

Zinnecker, J.: Die Schule als Hinterbühne oder Nachrichten aus dem Unterleben der Schüler. In: Reinert, G.-B./Zinnecker, J. (Hrsg.): Schüler im Schulbetrieb. Reinbek 1978, S. 29-116

Zinnecker, J. (Hrsg.): Schule gehen Tag für Tag. München 1982

Zinnecker, J.: Soziologie der Kindheit oder Sozialisation des Kindes? Überlegungen zu einem aktuellen Paradigmenstreit. In: Honig, M.-S./Lange, A./Lau, H.R. (Hrsg.): Kinder und Kindheit. Weinheim/München 1996, S. 31-54

Zinnecker, J.: Soziale Welten von SchülerInnen. Über populare, pädagogische und szientifische Ethnographien. Zeitschrift für Pädagogik 46 (2000), S. 667-690

Wilfried Schubarth | Karsten Speck

Einstellungen, Wohlbefinden, abweichendes Verhalten von Schülerinnen und Schülern

1 Einleitung: Öffentliche Debatten um die heutige Schülergeneration

Zum Thema „Schüler und Schule" herrschen in der öffentlichen Debatte zwei Annahmen vor, die paradox anmuten: Einerseits wird angenommen, dass die Institution Schule für die Lebensperspektiven Jugendlicher immer wichtiger wird, andererseits scheinen allerdings das Leistungs- und Sozialverhalten der Schüler immer schlechter zu werden. Betrachtet man die öffentliche Berichterstattung, werden solche Annahmen erklärlich: Regelmäßig wird in Negativschlagzeilen über Schule berichtet, wobei die Themen von lustlosen, schulverdrossenen und schwierigen Schülern mit mangelnden Grundfähigkeiten über fernseh- und computergeschädigte Kids oder leistungsgestresste und zunehmend kränker werdende Kinder bis zu Gewalt und Mobbing reichen. Gleichzeitig wird über wachsende Anforderungen auf dem Arbeitsmarkt und über prekäre Übergänge in Ausbildung und Beruf, selbst bei guten Bildungsabschlüssen (z.B. „Generation Praktikum"), berichtet.

Natürlich sind solche Berichte nicht nur reine „Medienkonstrukte", sondern beziehen sich – wenngleich meist sehr vereinfacht – auf Vorgänge in der Realität. Dies trifft auch auf die zwei prägenden Debatten der letzten Jahre um „Schuljugend und Schule" zu: auf die Diskussionen um PISA (ab 2001) und auf die Gewaltdebatte, insbesondere nach dem Amoklauf in Erfurt 2002. PISA und Erfurt stehen für zwei Medienereignisse, die bisher eher unterschwellige Probleme an Schulen öffentlich gemacht haben. Während in Deutschland PISA vor allem für mangelnde Schülerleistungen und ein sozial ungerechtes Schulsystem mit vielen Bildungsverlierern steht, ist Erfurt die Chiffre für Defizite im sozialen Lernen und für mangelnde Erziehungs- und Integrationsleistungen der Institution Schule. Dabei stellen die Diskussionen um PISA und Erfurt, um mangelndes Leistungs- und/oder Sozialverhalten nicht – wie mitunter angenommen – einen Gegensatz im Sinne von entweder mehr Leistung oder mehr soziales Lernen dar, vielmehr sind beide Seiten gleich wichtig und eng miteinander verknüpft (vgl. z.B. Melzer/Schubarth/Ehninger 2004).

Gleichwohl ist die Kritik an der Institution Schule und der jeweiligen Schülergeneration kein neues Phänomen, sondern hat eine lange Tradition. Das Leiden von Kindern und Jugendlichen an Schule ist sowohl in der Erziehungswissenschaft als auch in der belletristischen Literatur vielfach beschrieben worden (vgl. z.B. Baumgart/Lange 1999; Luserke 1999). Auch die Kritik an der jungen Generation stellt bekanntlich ein Dauerthema dar und reicht bis weit in die Antike zurück. Bei der Suche nach Ursachen für den vermeintlichen „Werteverfall" werden heutzutage dann meist „krisenhafte" soziale Entwicklungen wie die nachlassende Erziehungs-

und Bindungskraft der Familie, der zunehmende Medienkonsum oder der Autoritätsverfall in Schule und Gesellschaft ausgemacht und als Antworten mehr „Mut zur Erziehung“, eine neue Wertedebatte oder härtere Gesetze bzw. Strafen gefordert.

Im Gegensatz zu den mediendominierten öffentlichen Bildern der heutigen Schülergeneration hat die neuere Jugend- und Schulforschung ein eher unaufgeregtes, entdramatisierendes Bild gezeichnet. So beschreibt die 15. Shell Jugendstudie, ähnlich wie die Vorgängerstudie, die heranwachsende Generation als eine „pragmatische Generation“, die sich den Herausforderungen von Bildung und Beruf mit Ehrgeiz und erhöhter Leistungsbereitschaft stellt. Der Studie zufolge weist das Wertesystem der Jugendlichen insgesamt eine positive und stabile Ausrichtung auf: Freundschaft und Familie liegen weiter im Trend, begleitet vom Streben nach persönlicher Unabhängigkeit. Die Sekundärtugenden wie Fleiß und Ehrgeiz befinden sich im Aufwind. Ebenso hat das Streben nach einem gesundheitsbewussten Leben zugenommen (vgl. Shell Deutschland Holding 2006, S. 24).

Vor dem Hintergrund der öffentlichen Debatten (erster Abschnitt) will der vorliegende Beitrag der Frage nachgehen, inwieweit die Annahmen von einer (zunehmend) problematischen Schülergeneration einer empirischen Überprüfung standhalten. Dazu werden zunächst einige theoretische Zugänge beschrieben, die den Rahmen für die empirischen Befunde bilden (zweiter Abschnitt). Darauf aufbauend werden Untersuchungsergebnisse zu ausgewählten Bereichen dargestellt: Schulfreude, Schulzufriedenheit, Partizipation, Schulinvolvement, schulisches bzw. gesundheitliches Wohlbefinden, Schulversäumnisse, Schulverweigerung (dritter Abschnitt) sowie abweichendes Verhalten, insbesondere Gewalt an Schulen (vierter Abschnitt). Abschließend wird ein kurzes Fazit gezogen (fünfter Abschnitt).

Die Basis unserer Analysen bilden Ergebnisse der Jugend- und Schulforschung, die sich beide dem Thema „Schüler und Schule“ annehmen. Dabei ist es in den letzten Jahren zu einer Annäherung gekommen: Aus einem eher unverbundenen Nebeneinander von Jugend- und Schulforschung sowie von Jugend- und Bildungsforschung sind – im Zusammenhang mit dem Interesse an Schule und Bildung und der gewachsenen Bedeutung von Bildung für die Lebensphase Jugend – vielfältige gemeinsame Forschungsfragen und -kooperationen entstanden, die das Themenfeld bereichern (vgl. z.B. Helsper/Böhme 2002, Krüger/Grunert 2002).

2 Theoretische Zugänge zum Verhältnis von Schülern und Schule

Im Folgenden soll das Verhältnis von Schülern und Schule aus Sicht der Jugend- und Schultheorie bzw. der Jugend- und Schulforschung näher beleuchtet werden. Konsens ist, dass der Institution Schule für das Aufwachsen von Kindern eine große Bedeutung zukommt, die in den letzten Jahren weiter angewachsen ist (vgl. Krüger 1996). Die Entwicklung intellektueller und sozialer Kompetenzen, der Erwerb schulischer und beruflicher Qualifikationen gehören zu den zentralen Entwicklungsaufgaben im Jugendalter. Schulischer Erfolg bzw. Misserfolg haben erheblichen Einfluss auf die Identitätsbildung der Heranwachsenden. In diesem Sinne wird Bildung zu einer grundlegenden Entwicklungsaufgabe wie – umgekehrt – die Entwicklung der Heranwachsenden insgesamt als schulisch gestalteter Bildungsprozess verstanden werden kann (vgl. Fend 2000, S. 378). Persönlichkeitsentwicklung wird hier aus der Perspektive der Institution Schule mit dem Ziel definiert, die Heranwachsenden durch gemeinsames Lernen und entsprechende Bildungsabschlüsse in die Erwachsenengesellschaft zu integrieren.

Eine Überbetonung dieser gesellschaftlichen Perspektive kann jedoch dazu führen, dass Kinder und Jugendliche allein auf die Schülerrolle bzw. auf „Bildungsjugend" reduziert werden. Trotz der großen Bedeutung von Schule bedeutet „Kind-Sein" und „Jugendlicher-Sein" jedoch mehr. Die eher schulbezogenen Entwicklungsaufgaben für Kinder und Jugendliche stellen nur einen Teil der Anforderungen im Kindes- und Jugendalter dar. Für eine positive Persönlichkeitsentwicklung ist die Kombination von schulischem *und* sozialem Erfolg optimal, Belastungen in beiden Bereichen sind dagegen besonders beeinträchtigend (ebd., S. 367). Nicht nur die Jugendforschung verweist auf solche Aufgaben wie die Entwicklung der psychischen und sozialen Identität, eines stabilen Selbstbildes und der Ich-Identität, den Aufbau der Beziehungen zu Gleichaltrigen, den Erwerb der eigenen Geschlechtsrolle, die Entwicklung eines Norm- und Wertesystems usw. (vgl. z.B. Hurrelmann 1999, Hurrelmann/Bründel 2003). Die Heranwachsenden durchlaufen die „Bildungsinstitution" Schule und haben neben dem schulischen Lernen noch eine Reihe anderer, für sie wichtige, Anforderungen und Rollen zu bewältigen, die sie in ihrer alltäglichen Lebensführung zu managen haben (vgl. Lange 2003). Diese unterschiedlichen Aufgaben hängen z.T. zusammen, können aber auch ein Spannungsfeld bilden. So können z.B. schulische Misserfolge den Aufbau einer stabilen Identität beeinträchtigen. Umgekehrt ist die Institution Schule gegenüber sozialen und jugendkulturellen Bedürfnissen eher blind. Im schulischen Alltag besteht eine fragile Balance zwischen der Institution Schule und der Jugend(-kultur) bzw. zwischen Schülerrolle und Schülersein (vgl. Böhnisch 1995). Die Spannungen resultieren – nach Böhnisch – aus der anomischen Struktur der Schule, da Schule zwar gleichermaßen ein „funktionales" und „soziales" System darstelle, jedoch primär als „funktionales System" konzipiert sei. Die Balance von Schülersein und Schülerrolle konnte bisher nur durch die Arbeitsteilung von Schule und außerschulischer Umwelt gehalten werden. Mittlerweile ginge allerdings die Selbstverständlichkeit der Arbeitsteilung verloren, so dass Schule einer „sozialen Entstrukturierung" ausgesetzt sei, was zu einer sich weiter öffnenden Schere zwischen Schule und Schuljugend führe (vgl. Böhnisch 2001, S. 112).

Die Spannungen zwischen Schülern und Schule werden in der Schultheorie bzw. der Schulforschung aus unterschiedlichen Perspektiven heraus beschrieben. Strukturfunktionalistische und materialistische Ansätze rücken die gesellschaftlichen Funktionen von Schule, insbesondere ihre Reproduktionsfunktion und Selektionsfunktion in den Vordergrund und verengen damit den Blick auf Schuljugend. Interaktionistische Ansätze wiederum stellen das lebensweltliche Alltagshandeln und die interpretativen Deutungen der schulischen Akteure in den Mittelpunkt. Sie können so aktives Schülerhandeln und Schülerstrategien zur „Bewältigung" von Schule, aber auch Probleme aus Schülersicht, wie die leistungs- und konkurrenzdominierte schulische Kommunikation und Interaktion und deren Folgen, z.B. Leistungsversagen, Etikettierung oder psychosoziale Belastungen, beschreiben (vgl. Helsper/Böhme 2002; Tillmann 2003). Modernitätskritische Ansätze schließlich entwerfen ein spannungsreiches Bild von Schülern und Schule, da schulische Sozialisation selbst in die Widersprüche der Modernisierung verstrickt ist. Einerseits erzwingt Schule, z.B. durch Leistungsdifferenzierungen, zunehmend Individualisierung, während sie andererseits kaum Ressourcen für die „Bewältigung" der daraus resultierenden Probleme, z.B. Selbstwertprobleme, bereitstellt. Die individuelle Passungs- und Identitätsarbeit bleibt dem Einzelnen überlassen, was hohe Anforderungen an die Fähigkeit zur Selbstorganisation, zum „Selbsttätigwerden" oder zur „Selbsteinbettung" stellt (vgl. Keupp, 2006, S. 31). Damit wird unter Modernisierungsbedingungen das Dilemma der Heranwachsenden zwischen dem Streben nach Individualität und der Suche nach Eingebundensein, zwischen „Offenheit und Halt" verschärft (vgl. Schubarth 1998). Modernisierungsprozesse fördern individuelle Konsum- und Erlebnismöglichkeiten, jugendkulturelle Vielfalt und kulturelle Verselbstständigungen – die Kehrseite der Medaille ist jedoch, dass sie auch eine individuelle leistungsorientierte Lebensführung einfordern und Jugendliche bei schulischem Scheitern mit dem Exklusionsrisiko konfrontieren (vgl. Helsper/Böhme 2002, S. 568).

Das bildungstheoretische Integrationsmodell von Fend verbindet gesellschaftliche und individuelle Funktionen des Bildungswesens miteinander, wobei die gesellschaftlichen Funktionen mit normativen Leitideen korrespondieren: die kulturelle Reproduktionsfunktion mit den Leitideen Sinn, Rationalität und Wissenschaftlichkeit, die Qualifikationsfunktion mit der Berufsfähigkeit der jüngeren Generation, die Allokationsfunktion mit Leistungsgerechtigkeit und Mobilität und die Integrationsfunktion mit Demokratisierung und Inklusion. Den gesellschaftlichen Funktionsleistungen entsprechen individuelle Handlungschancen, so dass die Sichtweise der Gesellschaft durch eine Perspektive „von unten" ergänzt wird. Die Reproduktionsfunktion entspricht der individuellen Funktion von Handlungsfähigkeit, die sich in Qualifikationserwerb, Lebensplanung, sozialer Orientierung und Identitätsbildung entfaltet (vgl. Fend 2006, S. 53). Das Fendsche Modell verweist auf die großen Potenziale des Bildungswesens für die Entwicklung von Kindern und Jugendlichen, die allerdings von diesen höchst unterschiedlich genutzt werden können. Das Spannungsfeld von „Schülern und Schule" wird dabei sehr stark aus einer gesellschaftlichen Perspektive betrachtet.

Im Unterschied dazu sehen jugendkulturell sowie sozialpädagogisch orientierte Zugänge zur Schule in der Institution Schule vor allem einen Sozialraum für jugendkulturelle Gelegenheiten. Jugendkulturelle Gesellungsformen sind stets sozialräumlich vermittelt und brauchen räumliche Ausdrucks- und Abgrenzungsmöglichkeiten, denn Jugendliche lernen vor allem über sozialräumliches Aneignungsverhalten. In der Art und Weise, in der sie in ihrem Sozialraum etwas bewirken können, entwickeln sich ihr Selbstwertgefühl und ihre soziale Orientierung (vgl. Böhnisch 2001). In diesem Zusammenhang wird auch auf die große Bedeutung der Schüler- bzw. Schulkultur verwiesen, die die Schule für Schülerinnen und Schüler „lebbar" macht. Schülerkultur und Schulkultur können – ähnlich wie „Schülerrolle" und „Schülersein" – ineinander übergehen, indem Schüler ihre Interessen und Bedürfnisse sowie ihre lebensweltlichen Bezüge in die Schule einbringen können und Schule diese produktiv aufgreift. Dabei geht es vor allem um die Ermöglichung sozialer Erfahrungen des solidarischen Miteinanders, fernab von schuldominierten Erfahrungen von Konkurrenz und Leistungsdruck und um die Entwicklung einer „sozialen Schulqualität". Hier setzen moderne Konzepte des sozialen Lernens, von Partizipation, Peer education, Mediation, Öffnung von Schule, Service Learning usw. an.

Angesichts des demografischen Wandels und des weiteren Rückgangs der Schülerzahlen wächst die Bedeutung der Schule für die Herstellung sozialer Kontakte mit Gleichaltrigen. Nicht zuletzt deshalb wird darin eine neue, wachsende gesellschaftliche Funktion von Schule gesehen, schließlich haben soziale Interaktionen zwischen Gleichaltrigen eine große sozialisatorische Bedeutung. Die Chancen dafür stehen recht gut: Im Unterschied zur „Unterrichtsschule" wird Schule als sozial emotionaler Erfahrungsraum, als Ort der sozialen Kontakte und des gemeinsamen Tuns von Jugendlichen, als „a nice place to meet your friends" gut angenommen, so dass die Schule teilweise sogar „sozialräumlich unterwandert" wird (vgl. z.B. Schubarth 1998). Insbesondere in ethnografischen Studien, die sich der Peer-Kultur widmen, wird die komplexe jugendliche Gegenkultur zur Schule herausgearbeitet, die völlig eigenen Regeln folgt und durch jugendkulturelle Themen wie Beziehungen, Sexualität, Alkohol, Drogen oder Konflikte bestimmt sind. Zugleich kann die Peer-Kultur als interaktive Praxis der Erzeugung sozialer Differenzen aufgefasst werden, z.B. nach solchen Kategorien wie Status, Popularität, Geschlecht oder Ethnizität (vgl. z.B. Breidenstein 2004).

Auch Phänomene von Schülergewalt werden mitunter der Peer-Kultur zugerechnet, wenngleich die schulbezogene Gewaltforschung belegt, dass die Institution Schule selbst an der „Gewaltproduktion" beteiligt ist (vgl. z.B. Tillmann u.a. 1999, Schubarth 2000, Melzer/Schubarth/Ehninger 2004). So ist einerseits eine schulformspezifische Gewaltbelastung festzustellen, die aus der Selektion der Schülerschaft resultiert. Andererseits ist die Gewaltbelastung von der jeweiligen Lern- und Schulkultur abhängig. Aus schultheoretischer Sicht verweisen die Befunde darauf, Prozesse der Identitätsbildung stärker in den Vordergrund zu rücken und das Verhältnis von Selektion und sozialer Integration auszubalancieren. Da umgekehrt der Einfluss der Schule auf die Gewaltgenese beschränkt ist, machen die Befunde aus sozialisationstheoretischer Sicht die Grenzen der Instanz Schule deutlich. Daraus ergibt sich die Notwendigkeit, das Verhältnis von Schule und außerschulischen Institutionen neu zu bestimmen und die Kooperation zwischen ihnen auszubauen. Die schulbezogene Gewaltforschung hat darüber hinaus auch Impulse für die Schulentwicklungsdebatte geliefert und die Einsicht gestärkt, dass eine Schule, die pädagogische Schulentwicklung betreibt, zugleich auch gewaltpräventive Arbeit leistet.

Die Gewaltdebatte an Schulen ist ein Beispiel dafür, dass die Beziehungen zwischen Schülern und Schule angespannt sind und sich – in Abhängigkeit von der jeweiligen Beobachterperspektive – möglicherweise verschärfen. So haben sich in den vergangenen Jahren im Zusammenhang mit dem sozialen Wandel und dem Strukturwandel der Jugendphase Veränderungen im Verhältnis von Schuljugend und Schule ergeben (vgl. Tillmann 2003): Der gesellschaftliche Wandel hat zu erhöhten Arbeitsmarktrisiken und zu unsicheren Lebensperspektiven Jugendlicher sowie zu einer Verschulung von Jugend und einer Vervielfältigung des Übergangs in das Erwachsenenalter geführt. Immer mehr Jugendliche gehen länger zur Schule. Jugendzeit und Schulzeit fallen zusammen, so dass von einer lebensgeschichtlichen Parallelisierung von Schul- und Ausbildungszeiten und dem Jugendalter gesprochen werden kann (vgl. Krüger/Grunert 2002, S. 497). Trotz der Bildungsexpansion, von der besonders Mädchen profitiert haben, ist Schule aber eine Institution der Reproduktion sozialer Ungleichheit geblieben. Mehr noch: Die Verschärfung der Konkurrenzsituation auf dem Arbeitsmarkt schlägt sich auch im schulischen und beruflichen Konkurrenzverhalten nieder und hat mittlerweile schon die Grundschule erfasst. Tendenzen von „Entscholarisierung von Schule" und „Scholarisierung von Freizeit" sowie die wachsende Bedeutung von jugendkulturellem Kapital und außerschulischer Bildung verschärfen diesen Prozess noch (vgl. du Bois-Reymond 2000 und 2004, Zinnecker 2000, Otto/Rauschenbach 2004). Der Bedeutungszuwachs des Bildungssystems, die Verlängerung der Schulzeit und erhöhter Leistungsdruck, z.B. infolge von PISA, könnten die schulischen Sinndefizite und jugendliche Identitätsprobleme vergrößern – insbesondere für den Teil der Schülerschaft, der nicht mithalten kann. So wird die Differenz von Schuljugend und Schule durch die soziale Ungleichheitsdifferenz deutlich gebrochen. Die Erkenntnis der Jugendforschung von der Existenz unterschiedlicher „Jugenden" und Jugendkulturen kann auf das Verhältnis von „Schülern und Schule" in dem Sinne übertragen werden, dass sich dieses Verhältnis aus Sicht der Schuljugendlichen ganz unterschiedlich darstellt. Was für den oder die eine/n das Sprungbrett in die Welt darstellt, ist für den oder die andere schon fast die Endstation bzw. die Aussicht in eine eher „blockierte Zukunft".

3 Empirische Befunde zum Verhältnis von Schülern und Schule

Im Folgenden soll anhand von empirischen Befunden untersucht werden, ob sich das Spannungsfeld von Schülern und Schule in den Einstellungen und Befindlichkeiten von Jugendlichen widerspiegelt. Von Bedeutung ist vor allem, inwiefern sich die in der Öffentlichkeit vielfach diskutierten Probleme, wie Schulunlust, Schulbummelei, Partizipationsdefizite, unzureichende Öffnung nach innen und außen für die Lebenswelt der Schüler sowie psychosoziale Belastungen von Schülern, aus dem Blickwinkel der Schuljugendlichen empirisch bestätigen lassen. Hierzu liegt eine Vielzahl von Befunden aus verschiedenen bundesweiten und vor allem länderbezogenen Studien der Schul- und Jugendforschung sowie der sozialpädagogischen Forschung vor, wobei allerdings Trend- bzw. Längsschnittuntersuchungen sehr selten sind.

3.1 Schulfreude und Schulzufriedenheit

Einen ersten Einblick zum Verhältnis von Schülern und Schule ermöglichen Aussagen von Schuljugendlichen zur Funktion der Institution Schule. Es zeigt sich, dass die Schule von Jugendlichen heute nach wie vor in erster Linie als ein zukunftsbezogener, verpflichtender, stark reglementierter und oftmals belastender Ort zum Lernen, aber weniger als ein angenehmer Aufenthalts- und Freizeitort verstanden wird (vgl. Seithe u.a. 1998, S. 106, Grundmann/Kötters/Krüger 2000, S. 22ff., Prüß u.a. 2000, S. 53ff., Elsner 2001, S. 19ff.). Es gelingt der Schule nicht, bei der überwiegenden Mehrheit der Jugendlichen als tatsächlicher Lebensort wahrgenommen zu werden. Ein großer Teil der Jugendlichen ist vielmehr froh, wenn er nicht mehr zur Schule gehen muss. Allerdings kommt der Institution Schule aus Sicht der Jugendlichen auch als Ort für Freundschaftsbeziehungen und soziale Kontakte eine hohe Bedeutung zu.

Die in Untersuchungen oft erhobenen Globalurteile zur Schulfreude bzw. Schulzufriedenheit fallen bei Schülerbefragungen in der Regel gemischt aus (vgl. für relativ positive Befunde: Hurrelmann u.a. 2003, S. 260ff.): So geht nach einer bundesweit repräsentativen Untersuchung von Kanders, Rösner und Rolff ein Drittel der Schüler den eigenen Angaben zufolge gern zur Schule (vgl. 1996, S. 69f. und 1997, S. 48). Ein weiteres Drittel ist unentschieden und ein Viertel verneint eine Schulfreude. Eine überdurchschnittliche Schulfreude weisen Mädchen, Gymnasiasten und Schüler aus den alten Bundesländern auf (vgl. a.a.O.). Tillmann und Meier (vgl. 2001, S. 492) berichten auf der Basis der PISA-Daten von ähnlichen Tendenzen bei allerdings eher geringen geschlechts- und schulformspezifischen Unterschieden. In zahlreichen landesweiten Untersuchungen in Deutschland kristallisiert sich insgesamt eine höhere Schulfreude bei Gymnasiasten und eine sinkende Schulfreude mit zunehmender Klassenstufe heraus; dies gilt besonders für den Übergang von der Grundschule zum Sekundarschulbereich I (vgl. Seithe u.a. 1998, S. 106, Olk/Bathke/Speck 2000, S. 46, Elsner 2001, S. 19ff., Hurrelmann u.a. 2003, S. 260f.). Das Verhältnis von Schülern und Schule wird also offensichtlich mit dem längeren Aufenthalt der Jugendlichen in der Schule sinnanfälliger. Anzunehmen ist, dass die verschiedenen Erwartungshaltungen der Schüler aus den unterschiedlichen Schulformen einen Einfluss auf ihre jeweilige Schulfreude/Schulzufriedenheit haben. Die Befunde sprechen insgesamt für eine problematisch werdende Passung zwischen der Institution Schule und den Erwartungsansprüchen der Schüler und/oder eine kritischere Grundhaltung der Jugendlichen mit zunehmender Schulerfahrung bzw. Klassenstufe.

Die Eltern bejahen erstaunlicherweise öfter als die Kinder selbst, dass diese gern zur Schule gehen (1995: 54% vs. 36%, nach Kanders/Rösner/Rolff 1997). Lediglich ein sehr kleiner Teil der Eltern attestiert ihren Kindern gar keine Schulfreude (1995: 5% vs. 25%). Im Jahre 2004 lehnten 11% der Eltern in Ost- und Westdeutschland explizit die Aussage ab, dass ihr Kind gern zur Schule geht (vgl. Holtappels u.a. 2004). Bei den Eltern zeichnet sich allerdings in den letzten Jahrzehnten tendenziell eine sinkende Zufriedenheit mit der Schule ab: Demzufolge haben im Jahre 2004 seit 1979 noch nie so wenige westdeutsche Eltern angegeben, dass ihr Kind gern zur Schule geht (vgl. Holtappels u.a. 2004, S. 26f.). Äußerten im Jahre 1993 noch 62% der westdeutschen Eltern, dass ihr Kind gern zur Schule geht, waren es im Jahre 2004 lediglich noch 43%. In Ostdeutschland lagen die Werte noch darunter (1993: 54% und 2004: 38%). Während die seitens der Eltern attestierte sinkende Schulfreude unter Umständen mit einer allgemein kritischeren Haltung erklärt werden kann, dürften die Eltern-Kind-Differenzen möglicherweise auf die größere Distanz der Eltern zur Schule und/oder die geringeren lebensweltlichen Erwartungen der Eltern an Schule zurückzuführen sein.

Von den Einschätzungen von Schülern zur Schule müssen offensichtlich die Bewertungen des Lehrer-Schüler-Verhältnisses getrennt werden. Während die allgemeine Schulfreude bei den Schülern – trotz großer Wahrnehmungsunterschiede – in der Tendenz noch relativ positiv ausfällt (vgl. Tillmann/Meier 2001, Fend 1998), wird die unmittelbare Lehrer-Schüler-Beziehung von den Schülern deutlich schlechter beurteilt. Eine positivere Bewertung des Verhältnisses der Lehrer zu den Schülern nehmen Mädchen und Hauptschüler vor, während Jungen sowie Real- und Gymnasialschüler kritischer urteilen (Tillmann/Meier 2001, S. 492). Die gegenläufigen schulformspezifischen Differenzen hinsichtlich der Schulfreude einerseits und der Lehrer-Schüler-Beziehung andererseits verweisen erneut auf unterschiedliche Dimensionen von Schule: zum einen auf Schule als Bildungsinstitution und zum anderen auf Schule als sozialem Beziehungssystem. Analysen zu den Auswirkungen des Schulklimas auf die Leistungen von Schülern können anhand der PISA-Ergebnisse nicht die oftmals aufgestellte Vermutung bestätigen, dass sich ein positiv bewertetes Schulklima auch positiv auf die fachlichen Leistungen von Schülern auswirkt (vgl. Tillmann/Meier 2001, S. 493). Dafür zeigen sich Zusammenhänge zwischen einer positiven Bewertung des Schulklimas einerseits sowie der Regelmäßigkeit des Schulbesuchs und dem Ausmaß an gewalttätigem Verhalten andererseits.

3.2 Partizipationsmöglichkeiten und Öffnung von Schule

Analysiert man vor diesem Hintergrund etwas genauer, inwieweit die Institution Schule als ein wichtiger – und mit seinen Wirkungen über den unmittelbaren schulischen Raum und die reine Schulzeit hinausreichender – Sozialisationsort den Schülern Partizipationsmöglichkeiten im eigenen Lebensraum bietet, wird ein strukturelles Problem erkennbar (vgl. z.B. Oesterreich 2002). Vorliegende Studien verdeutlichen, dass – entgegen anderer programmatischer Äußerungen – gegenwärtig noch nicht von einer umfassenden partizipatorischen Kultur im schulischen Alltag gesprochen werden kann (vgl. Helsper/Böhm-Kasper/Sandring 2006). Eine solche Schulkultur trifft auf Vorbehalte und Umsetzungsschwierigkeiten und bleibt trotz aller Fortschritte weiterhin eine wichtige Gestaltungsaufgabe (vgl. Mauthe/Pfeiffer 1996, Keuffer u.a. 1998). Reale Partizipationsmöglichkeiten für Kinder und Jugendliche im schulischen Raum hängen vor allem davon ab, inwiefern sie den Kernbereich der Lehrertätigkeit tangieren. Schüler erleben häufiger eine Einbeziehung, wenn das Lehrerhandeln nicht direkt betroffen ist. In einer bundesweiten Untersuchung von Fatke und Schneider (vgl. 2005, S. 15) bestätigen etwa drei Viertel der Schüler eine Einbeziehung bei der Sitzordnung, der Ausgestaltung des Klassenzimmers und der Auswahl von Klassenfahrtzielen. Bei unmittelbar unterrichts- und lehrerbezogenen Aspekten existieren geringere Mitgestaltungsspielräume (vgl. Fatke/Schneider 2005, Kanders/Rösner/Rolff 1997). Seltenere Mitwirkungsmöglichkeiten geben Schüler beispielsweise an für die Gestaltung des Unterrichts (54%), die Auswahl von Unterrichtsthemen (51%), die Festlegung von Regeln im Unterricht (51%), die Festlegung von Terminen für Klassenarbeiten (49%), die Leistungsbewertung/Notengebung (36%) und die Festlegung von Hausaufgaben (24%) (vgl. Fatke/Schneider 2005, S. 15). Studien machen ferner auf gravierende Wahrnehmungsunterschiede zwischen Lehrern und Schülern zu den Partizipationsmöglichkeiten in der Schule aufmerksam. Während Lehrer in sehr vielen Bereichen der Meinung sind, Kindern und Jugendlichen Beteiligungsmöglichkeiten einzuräumen, sehen sich die Kinder und Jugendlichen selbst deutlich seltener an Entscheidungen beteiligt (vgl. Fatke/Schneider 2005, Krüger u.a. 2002, Krüger/Grundmann/Kötters 2000). Qualitative Untersuchungen zeigen diesbezüglich, dass selbst vorhandene Partizipationsangebote in Schule nicht selten eine Alibifunktion haben bzw. als Pflichtaufgabe fungieren (vgl. Helsper/Lingkost 2002, Böhme/Kramer 2001, Oevermann 1997, Helsper 1995). Eine internationale Vergleichsstudie verdeutlicht, dass die Mehrheit der deutschen Schüler eine schulische Mitbestimmung für wichtig erachtet und auch bereit ist, sich in der Schule demokratisch zu beteiligen (vgl. Oesterreich 2002, S. 72ff.). Im internationalen Vergleich weisen die deutschen Schüler allerdings eine geringere Partizipationsbereitschaft auf. Deutsche Schüler arbeiten auch seltener in einer Schülervertretung/einem Schülerparlament mit (ebd.). Dies steht in Übereinstimmung zur geringen Bedeutung, die den Schülervertretungen von Schülern selbst zugemessen wird (vgl. z.B. Krüger u.a. 2002).

In Bezug auf eine Förderung der Eigenständigkeit und Selbstbestimmung der Schüler durch eine entsprechende Öffnung des Unterrichts weisen zahlreiche Studien in Deutschland auf einen erheblichen Nachholbedarf der Schulen hin (Kanders/Rösner/Rolff 1997, Krüger/Grundmann/Kötters 2000). So geben deutsche Schüler relativ häufig an, nur selten selbstständig an selbstgewählten Aufgaben zu arbeiten (59%) und eigene Untersuchungen durchzuführen (53%). Sie bejahen dafür relativ oft, dass der Lehrer redet und Fragen stellt und einzelne Schüler antworten (66%) und dass die Schüler sitzen und zuhören, während der Lehrer redet (48%) (vgl. Kanders/Rösner/Rolff 1997, S. 13ff.). Deutlich werden zudem gravierende Wissensdefizite von Jugendlichen im Bereich der politischen Bildung. Im internationalen Vergleich wird allerdings auch erkennbar, dass die deutschen Schüler ihren Lehrern überdurchschnittlich häufig eine Offenheit und vergleichsweise selten einen lehrerzentrierten Unterricht bescheinigen (vgl. Oesterreich 2002). So geben die deutschen Schüler im Vergleich zu allen Befragten öfter an, dazu ermuntert zu werden, eigene Meinungen zu entwickeln (85% vs. 76%) und stimmen deutlich seltener zu, dass ihre Lehrer Vorträge halten und die Schüler mitschreiben (47% vs. 68%). Zusammenfassend betrachtet relativieren die Befunde zu den Themen Partizipation sowie Förderung der Eigenständigkeit und Selbstbestimmung das einseitig schlechte öffentliche Bild der deutschen Schule. Sie machen aber auch darauf aufmerksam, dass die Schule – trotz aller rhetorischen Bemühungen und partizipatorischen Veränderungen – von einem erheblichen Teil der Schüler weder als tatsächliche Stätte der Mitgestaltung erlebt noch als solche genutzt wird. Ein Grund hierfür ist, dass die Einräumung von Partizipationsmöglichkeiten nicht zwangsläufig auch mit einer Achtung der Schülerpersönlichkeit einhergeht (Helsper/Böhm-Kasper/Sandring 2006). Anerkannt werden muss schließlich, dass den Lehrern durch ihren schulischen Auftrag, die institutionelle Rahmung und nicht zuletzt das strukturelle Spannungsverhältnis von Autonomie und Zwang ohne Zweifel auch Grenzen im Handeln gesetzt sind (Oevermann 1997, Mack/Raab/Rademacker 2003). Vor diesem Hintergrund erscheint durchaus offen, inwiefern (allein) größere Mitbestimmungsmöglichkeiten die lebensweltliche Bedeutung von Schule für Schüler nennenswert erhöhen können.

Ein weiteres Kriterium für eine lebensweltliche Ausrichtung von Schule gegenüber den Schülern bzw. Jugendlichen ist in der strukturellen Öffnung nach außen für außerschulische Angebote, Institutionen und Einzelpersonen zu sehen (vgl. Krüger 1996, Bildungskommission NRW 1995, Rolff 1993, Reinhardt 1992). Eine bundesweite Untersuchung des Deutschen Jugendinstituts (vgl. Behr-Heintze/Lipski 2005), die sich in erster Linie auf Selbsteinschätzungen von Schulleitern und Kooperationspartnern stützt, legt nahe, dass Schulen über eine vielfältige Kooperation mit außerschulischen Partnern verfügen. Lediglich zwei Prozent der befragten Schulleiter der allgemein bildenden Schulen gaben keine außerschulische Kooperation an. Als Kooperationspartner wurden allerdings am häufigsten andere Schulen (63%), Fördervereine (63%), der schulpsychologische Dienst (62%), Sportvereine (62%), Kirchen/Glaubensgemeinschaften (61%) sowie kulturelle Einrichtungen (60%) benannt. Eine Zusammenarbeit von Schule besteht auch mit den Eltern der Schüler, ohne dass diese jedoch aktiv bei bestimmten Aufgaben einbezogen werden. Deutlich seltener findet hingegen eine Kooperation mit der Erziehungsberatung (48%), Betrieben (45%), dem Arbeitsamt/Berufsberatung (44%), Sponsoren aus der Wirtschaft (31%), Horten (30%) oder gar Jugendzentren/-clubs (22%) statt. Schulen verfügen offensichtlich über zahlreiche Kooperationspartner; ihnen generell eine Öffnung für die Lebenswelt ihrer Zielgruppe zu bestätigen, erscheint hingegen verfrüht. Für diese Sichtweise sprechen die zahlreichen Untersuchungen zur Kooperation von Jugendhilfe und Schule bzw. Schulsozialarbeit, die in den letzten Jahren im Zuge entsprechender Landesprogramme durchgeführt wurden (vgl. den Überblick bei Olk/Speck 2004, Speck 2006). Die Studien weisen darauf hin, dass eine Kooperation von Schulen mit Eltern, Einzelpersonen und Institutionen im Umfeld der Schule allen (Ganztags-)Debatten, Empfehlungen und Erlassen zum Trotz keinesfalls selbstverständlich ist und selten konfliktfrei verläuft. Zahlreiche Lehrer verfügen demzufolge zwar über eine Kooperation mit außerschulischen Partnern. Die Kooperation ist allerdings nicht selten durch Informationsdefizite und Vorbehalte erschwert, wird oft lediglich durch einzelne Lehrer getragen, erfolgt häufig problembezogen und ist meist institutionell nicht abgesichert (vgl. Olk/Speck 2001).

3.3 Gesundheitliches Wohlbefinden

In der öffentlichen Debatte um Schüler und Schule werden darüber hinaus – häufig im Zusammenhang mit schulischen Belastungen – auch Fragen des gesundheitlichen Wohlbefindens von Schülerinnen und Schülern thematisiert, z.B. mangelnde Konzentrationsfähigkeit, Verhaltensauffälligkeiten, Essstörungen, Gewichtsprobleme oder chronische Krankheiten. Auch die Jugendforschung verweist darauf, dass die Jugendphase keinen „Schonraum" darstellt, sondern mit Stress, emotionalen Belastungen, psychosomatischen Beschwerden und Risikoverhaltensweisen verbunden ist (vgl. z.B. Deutsche Shell 1997, Palentien 1997, Hurrelmann 1999, Raithel 2001). Allerdings gibt es nur wenig belastbares Datenmaterial, insbesondere zu Entwicklungstendenzen. Die wenigen Untersuchungen im Zeitvergleich deuten eher auf eine differenzierte Entwicklung hin: Einerseits ist möglicherweise eine ungünstige Veränderung der subjektiven gesundheitlichen Befindlichkeit der Heranwachsenden zu registrieren, z.B. eine Verschlechterung der subjektiven Einschätzung des eigenen Gesundheitszustandes, ein Anstieg physiologisch-somatischer Belastungen (z.B. Asthma, Allergien) und eine Zunahme des Konsums von Arzneimitteln und Medikamenten. Andererseits sind im Zeitvergleich kaum Veränderungen bei psychosomatischen Belastungen (Kopfschmerzen, Konzentrationsstörungen, Nervosität, Magenschmerzen usw.) sowie bei der emotionalen Befindlichkeit und der Einschätzung des Selbstwertgefühls nachweisbar (vgl. Hurrelmann/Mansel 1998). Ebenso lässt sich die „Stubenhocker-These", wonach die zunehmende Mediennutzung Jugendlicher zu mehr körperlichen und motorischen Defiziten führe, empirisch nicht bestätigen. Im Gegenteil: Intensive Mediennutzung geht nicht mit weniger, sondern mit mehr sportlichen Aktivitäten einher (vgl. Baur/Burrmann/Maaz 2004). Insgesamt ergibt sich aus den neueren Studien eher ein positives Selbstbild der Jugendlichen zum Gesundheitszustand. Die Mehrheit der Jugendlichen (80-90 %) schätzt ihre Gesundheit als gut ein (vgl. Hurrelmann u.a. 2003, Shell Deutschland Holding 2006), wobei geschlechts-, alters- und schichtspezifische Differenzierungen auftreten: Mädchen sind mit ihrem Gesundheitszustand unzufriedener als Jungen. Gleiches gilt für ältere Jugendliche im Vergleich zu jüngeren und für Jugendliche mit einem niedrigen sozialökonomischen Status im Vergleich mit Jugendlichen aus Familien der Mittel- und Oberschicht. Gleichwohl wird in Studien auch auf eine Reihe von Problemen verwiesen, die sowohl die körperliche als auch die psychische Gesundheit betreffen. So berichten z.B. zwei Fünftel der Mädchen und jeder dritte Junge von Allergien und jeder achte Jugendliche leidet nach eigenen Angaben an einer chronischen Erkrankung oder einer Behinderung (vgl. Langness/Richter/Hurrelmann 2003, S. 303f.). Ein Fünftel der Jugendlichen gibt Beeinträchtigungen der psychischen Gesundheit an, wie Kopf-, Rücken-, Bauchschmerzen, Schlafstörungen, Appetitlosigkeit, Müdigkeit, Gereiztheit, Nervosität, Ängstlichkeit usw. Sechs Prozent können als psychisch auffällig eingestuft werden, weitere 13% als „grenzwertig auffällig". Neben psychischen Problemen tritt als relativ neues Phänomen Übergewicht als Gesundheitsproblem bei Jugendlichen in Erscheinung. Je nach Definition werden 10 bis 20% der Schulkinder und Jugendlichen als übergewichtig eingestuft, wobei die Rate übergewichtiger Kinder und Jugendlichen anzusteigen scheint (vgl. Robert Koch Institut 2004, Shell Deutschland Holding 2006). Sozial benachteiligte Jugendliche sind davon aufgrund ungünstiger Ernährungsgewohnheiten und mangelnder körperlicher Betätigung besonders betroffen. Bei den sportlichen Aktivitäten unter Jugendlichen weist Deutschland im internationalen Vergleich nur unterdurchschnittliche Werte auf. Umgekehrt liegen deutsche Jugendliche beim Tabak- und Alkoholkonsum mit an der Spitze (vgl. Currie u.a. 2004). Die Forderung nach mehr Gesundheitsförderung, insbesondere in der Schule, wird somit auch empirisch untermauert.

Für das Wohlbefinden der Schülerschaft hat die Qualität von Schule und Unterricht grundlegende Bedeutung. So belegen Studien den Zusammenhang zwischen wachsender schulischer Leistungserwartung seitens der Eltern, der schulischen Belastungssituation (z.B. Versetzungsgefährdung, Unzufriedenheit mit Schulleistungen u.ä.) und den gesundheitlichen Beeinträchtigungen Schuljugendlicher auf körperlicher, psychosomatischer und emotionaler Ebene (vgl. z.B. Hurrelmann/Mansel 1998). Das schulische Wohlbefinden der Schülerinnen und Schüler ist – dem Jugendgesundheitssurvey zufolge – unzureichend ausgeprägt: „Die Schule wird von Schülern eher als krankmachende und weniger als gesundheitsförderliche Umwelt wahrgenommen. Insbesondere Unterrichtsqualität, Unterstützung durch die Schule und Partizipationsmöglichkeiten werden von den Schülerinnen und Schülern als defizitär bewertet. Insofern ist die Schule auch ein mitverursachender Faktor für das Auftreten gesundheitlicher Störungen von Jugendlichen" (Langness/Richter/Hurrelmann 2003, S. 327). So konnte nachgewiesen werden, dass die Schulkultur (z.B. professionelles Lehrerhandeln, Schülerpartizipation, schulische Unterstützung) im Zusammenhang steht mit dem Gesundheitszustand der Jugendlichen, z.B. der mentalen Gesundheit und den psychosomatischen Beschwerden. Für deutsche Schulen gilt insgesamt ein relativ hoher Erwartungs- und Leistungsdruck, der aber nicht durch notwendige professionelle Unterstützung flankiert wird. Nur ein Viertel der Schülerschaft gibt z.B. an, dass die Lehrer an den einzelnen Schülern interessiert seien. Zudem wird kritisiert, dass nicht auf Fragen und auf das Arbeitstempo der Schüler eingegangen wird (vgl. Bilz/Hähne/Melzer 2003, S. 268). Hoher Leistungsdruck und mangelnde professionelle Unterstützung führen somit nicht nur zu geringeren Fachleistungen bei Schülerinnen und Schülern (vgl. Deutsches PISA-Konsortium 2003), sondern auch zu erhöhten gesundheitlichen Belastungen und – wie nachfolgend zu zeigen ist – ebenso zu höheren Belastungsraten von abweichendem Verhalten.

3.4 Schulversäumnisse und Schulverweigerung

Die fehlende Passung zwischen dem schulischen Angebot und den Erwartungen eines Teils der Schüler spiegelt sich auch in den Erhebungen und Untersuchungen zu Schulunlust, Schuldistanz, Schulverdrossenheit, Schulabsentismus und Schulverweigerung wider, die aufgrund einer erhöhten medialen und politischen Aufmerksamkeit seit den 2000er Jahren spürbar zugenommen haben (vgl. z.B. Thimm 2000, Ehmann/Rademacker 2003, Ricking 2003, Fischer 2005). Landesweite Schulstatistiken (z.B. Berlin und Mecklenburg-Vorpommern), die einen Überblick über das Ausmaß und die Entwicklung von Schulversäumnissen sowie Schlussfolgerungen für geeignete pädagogische Handlungsstrategien ermöglichen würden, haben bis heute dennoch eher Seltenheitswert. Einer aktuellen statistischen Erhebung der Berliner Senatsverwaltung aus dem 1. Schulhalbjahr 2004/05 zufolge versäumten Haupt- und Sonderschüler mit einer Fehlquote von 4,6% bzw. 2,0% am häufigsten unentschuldigt den Unterricht, während die Fehlquote an Schulen insgesamt bei 0,6% lag. Noch deutlich höher lag allerdings die Quote von entschuldigtem Fehlen (4,1%). Zu untersuchen wäre, ob diese relativ hohe Fehlquote auf geduldete Schulversäumnisse z.B. durch Eltern und z.T. Ärzte, aber auch durch Lehrer und Schulverwaltung und damit auf ein erhebliches Dunkelfeld hinweist. Die Wiederholungserhebung der Berliner Senatsverwaltung deutet zumindest darauf hin, dass durch eine erhöhte Sensibilität und entsprechende Handlungsstrategien in den Schulen die Quote der Schulversäumnisse spürbar gesenkt werden kann. Anzunehmen ist auch, dass die „empirische Blindheit" auf der Länderebene mit der starken bildungspolitischen Brisanz des Themas zusammenhängt. Gleichwohl gibt es – wie Ehmann und Rademacker (vgl. 2003) zeigen – im historischen Vergleich bislang keine empirischen Evidenzen, die auf einen dramatischen Anstieg hinweisen. Das Problem und damit auch der Handlungsbedarf existieren bereits seit längerem. Unabhängig von Schulstatistiken gibt es inzwischen eine Vielzahl an Untersuchungen zum Thema unentschuldigte Schulversäumnisse: Hierzu zählen sowohl quantitative Untersuchungen in einzelnen Ländern wie Mecklenburg-Vorpommern, Brandenburg und Sachsen (vgl. z.B. Schulze/Wittrock 2001, Sturzbecher/Hess 2002, Gängler/Wiere 2005) und Regionen (vgl. z.B. Wagner/Dunkake/Weiß 2003), als auch qualitative Untersuchungen (vgl. Reißig 2001, Puhr u.a. o.J., Schreiber-Kittel 2001). Eine Vergleichbarkeit der Einzelbefunde der Studien ist auch bei den quantitativen Untersuchungen durch die äußerst heterogenen Begrifflichkeiten, Erfassungskriterien und -methoden, die regionalen und schulformbezogenen Begrenzungen, die systematischen Ausfälle bei aktiven Schulverweigerern sowie durch fehlende Längsschnittuntersuchungen nur schwer möglich (vgl. Ricking 2003). Dessen ungeachtet weisen die Studien auf gravierende Unterschiede bei den unentschuldigten Schulversäumnissen in Abhängigkeit vom Schultyp (an Sonder-, Haupt- und Berufsbildenden Schulen besonders hoch) und von der Klassenstufe (tendenzielle Zunahme von Klasse 6 bis 9) hin. Darüber hinaus kristallisieren sich verschiedene persönlichkeitsbezogene, familiäre und schulische Einflussfaktoren heraus, z.B. männliches Geschlecht, Migrationshintergrund, schulischer Misserfolg, schulische Überforderung, geringe Lehrerzuwendung, wenig Partizipationsmöglichkeiten, geringe familiäre Unterstützung, fehlende Elternreaktion, Einbindung in antischulische Cliquen u.a. Schulversäumnisse und Schulverweigerung erweisen sich als komplexes Bedingungsgefüge, wobei zwischen relativ häufigen stundenweisen und eher seltenen tageweisen Schulversäumnissen unterschieden werden muss. Pädagogisch hinterfragt werden müssten hier auch Schulverweise und -ausschlüsse. Die empirischen Befunde sprechen letztlich dafür, dass Schulversäumnisse in Schulen oft zu spät erkannt werden, keine angemessenen pädagogischen Reaktionen nach sich ziehen und in einem Zusammenhang zu abweichendem bzw. straffälligen Verhalten stehen.

4 Abweichendes Verhalten

Wohl kaum ein anderer Bereich macht die Spannungen zwischen Schülern und Schule so offensichtlich, wie das Thema „Gewalt an Schulen". Die früher unter dem Etikett von Unterrichtsstörungen und abweichendem schulischen Verhalten diskutierten Phänomene fanden seit den 1990er Jahren unter dem Fokus von „Schule und Gewalt" verstärkte Aufmerksamkeit. Schülergewalt wurde „gläsern" (Zinnecker in diesem Band). Das ohnehin vorhandene Aufmerksamkeitspotenzial von „Gewalt" wird in Verbindung mit Schule noch potenziert, steht doch Schülergewalt den schulischen Erziehungszielen diametral entgegen. Die eingangs angeführten öffentlichen Annahmen von einer immer schwieriger werdenden Schülerschaft treten hier in modifizierter Form derart in Erscheinung, dass z.B. „Schülergewalt" ständig zunähme und die Täter immer jünger und brutaler würden. Diese Annahmen sollen im Folgenden anhand der Entwicklung von „Jugendgewalt" (4.1.) und „Gewalt an Schulen" (4.2.) überprüft werden.

4.1 Jugendgewalt

Zur Einschätzung des Ausmaßes von Jugendgewalt werden – ungeachtet unterschiedlicher Methodenkritik – meist die amtliche Tatverdächtigenstatistik, Opferbefragungen und Studien zu selbstberichteter Gewalt einbezogen. Die Polizeilichen Kriminalstatistiken (PKS) zeigen, dass junge Menschen bei den meisten Delikten, insbesondere bei Gewaltdelikten, am stärksten vertreten sind. Die Alterskurve der Tatverdächtigen steigt ab 14 Jahren stark an und erreicht je nach Deliktart zwischen 16 und 21 Jahren ihren Höhepunkt, bevor sie dann wieder abflaut. Jugendgewalt ist somit überwiegend ein passageres und episodenhaftes Phänomen. Auch die Opferraten weisen für die meisten Gewaltdelikte zwischen 14 und 21 Jahren die höchsten Werte auf, wobei Jugendliche ihre Gewalthandlungen überwiegend zwischen ihresgleichen ausüben (vgl. z.B. Lösel/Bliesener 2003). Neben der erhöhten Gewaltbelastung im Jugendalter ist weiter Konsens, dass „Jugendgewalt" vorwiegend „Jungengewalt" ist. Die Ursachen dafür liegen offensichtlich vor allem in der geschlechtsspezifischen Sozialisation (vgl. z.B. Popp 2002, Bruhns/Wittmann 2006). Laut PKS hat die Zahl der jugendlichen Tatverdächtigen wegen Gewaltdelikten in Deutschland (wie auch in anderen europäischen Ländern) seit den 1990er Jahren um 300 bis 400 % zugenommen, wobei dies offenbar auch auf eine gestiegene Anzeigebereitschaft sowie eine stärkere Erfassungstendenz seitens der Polizei zurückgeführt werden kann (vgl. Eisner/Ribeaud 2003). Die Annahme einer starken Gewaltzunahme unter Schuljugendlichen wird durch andere Befunde und Statistiken relativiert bzw. teilweise widerlegt. Dabei ist zu berücksichtigen, dass auch Dunkelfeldstudien mit methodischen Problemen behaftet sind. Zudem ergeben die wenigen vorliegenden Längsschnittstudien kein klares Bild: Einige Studien verweisen auf (moderate) Steigerungsraten (vgl. z.B. vgl. Mansel/Hurrelmann 1998, Tillmann u.a. 1999, Lösel/Bliesener 2003), andere Studien berichten von einem Rückgang von Gewalttaten (vgl. z.B. Fuchs u.a. 2005). Letztere Annahme wird auch von Daten der Versicherungswirtschaft gestützt (vgl. Bundesverband der Unfallkassen 2005). Ob die Diskrepanz zwischen steigender Kriminalstatistik und eher stagnierenden Dunkelfeldbefunden allein als „erhöhte Sichtbarkeit der Kriminalität junger Menschen" (vgl. Bundesministerium des Inneren 2006, S. 58) interpretiert werden kann, ist eine offene Frage.

Die unterschiedliche Datenlage ist jedoch kein Grund für eine allgemeine Entwarnung: Repräsentative Querschnittsbefragungen belegen vielmehr ein – in Abhängigkeit von der Region sowie vom Geschlecht, Alter, Schultyp und Bildungshintergrund – nicht unbeträchtliches Ausmaß von Gewalt. Sie zeigen z.B., dass je nach Region bis zu 30% der 15/16 Jährigen während eines Jahres Opfer einer Gewalttat werden, wobei nur ca. zehn Prozent der Gewaltdelikte zur Anzeige kommen. Männliche Jugendliche, insbesondere Haupt- und Realschüler, sind dabei überdurchschnittlich häufig betroffen. Bei selbstberichteten Gewalttaten beträgt der Anteil derer, die mindestens einmal eine Gewalthandlung pro Jahr begangen haben, in Großstädten zwischen 14 bis 24%. Während dies für die meisten eher einmalige Gewalthandlungen sind, gibt es eine kleine Minderheit von zwei bis vier Prozent, die Gewalt regelmäßig ausüben. Diese Gruppe der chronischen Täter hat auch ein hohes Risiko einer in das Erwachsenenalter reichenden delinquenten Karriere (vgl. Eisner/Ribeaud 2003, S. 185). Die von der 15. Shell Jugendstudie ermittelten Befunde zum Gewaltausmaß gehen in ähnliche Richtung (vgl. Shell Deutschland Holding 2006; S. 140ff.): So waren 22% der Jugendlichen im zurückliegenden Jahr in Schlägereien verwickelt. Als Prädiktor für eine häufigere Verwicklung in Gewalt erweisen sich neben dem Geschlecht und einer materialistischen Orientierung insbesondere eine geringere Bildung bzw. ein Bildungsrisiko. Im Hinblick auf ethnische Differenzierungen kommen einschlägige Studien zu dem Befund, dass ausländische Jugendliche bzw. Jugendliche mit Migrationserfahrungen – bei größeren Differenzierungen zwischen den Ethnien – höhere Delinquenzraten aufweisen, wobei die Ursachen dafür vor allem in den sozialstrukturell bedingten, z.T. marginalisierten Lebensbedingungen und in den familiären Sozialisationserfahrungen, z.B. im kulturell geprägten Erziehungsstil und den damit verbundenen traditionellen Wertorientierungen von Männlichkeit und Ehre, zu suchen sind (vgl. Baier u.a. 2006).

4.2 Gewalt an Schulen

Auch wenn Jugendliche mehr Gewalterfahrungen außerhalb als innerhalb der Schule machen (vgl. z.B. Shell Deutschland Holding 2006), gerät das Thema „Gewalt an Schulen" – meist als „Schülergewalt" – immer wieder in den Fokus der Öffentlichkeit (vgl. z.B. die öffentlichen Reaktionen nach den Amokläufen von Erfurt 2002 und Emsdetten 2006). Dabei ist zu berücksichtigen, dass schulische und außerschulische Gewalt bzw. Delinquenz eng miteinander gekoppelt sind. Die schulischen Gewalttäter begehen auch sonst erheblich mehr delinquente Handlungen (z.B. Einbruch, Prügelei, unerlaubte „Dinger drehen“) als andere Schülergruppen. Es handelt sich zum großen Teil um die gleichen Schüler, die sowohl innerhalb als auch außerhalb der Schule Gewalthandlungen ausüben. Darüber hinaus hat die schulbezogene Gewaltforschung in den letzten Jahren Ausmaß und Entstehungsbedingungen von Gewalt an Schulen untersucht und ein differenziertes Bild von der Situation an Schulen gezeichnet. Folgende zentrale Untersuchungsergebnisse lassen sich herausstellen (vgl. z.B. Tillmann u.a. 1999, Schubarth 2000, Popp 2002, Melzer/Schubarth/Ehninger 2004, Fuchs u.a. 2005, Pfaff/Fritzsche 2006):

An bundesdeutschen Schulen herrscht nicht – wie mitunter angenommen – die blanke Gewalt. Die Gewaltbelastung ist nicht „dramatisch“ und die meisten Schulen sind nicht von Gewaltproblemen betroffen. Die wenigen Befunde zur Gewaltentwicklung lassen auf einen eher moderaten Gewaltanstieg schließen, insbesondere in Hauptschulen und Förderschulen. Mitunter werden qualitative Veränderungen registriert, z.B. zunehmende Brutalität eines kleinen Teils der (männlichen) Schüler, wobei sich die Altersspanne nach vorne zu verlagern scheint. Die überwiegende Mehrheit der Schüler tritt weder als „Täter“ noch als „Opfer“ in Erscheinung. Für „Täter“ wie für „Opfer“ wurde ein Anteil von ca. 5% ermittelt, wobei Täter- und Opferrollen, z.B. als „provozierendes Opfer“ (Olweus 1996), ineinander übergehen können. „Täter“ weisen eine größere Schuldistanz auf, fühlen sich aber nicht als Außenseiter. Typische Opfermerkmale sind ein Außenseiterstatus und ein geringes Selbstwertgefühl. Qualitative Befunde verweisen auf ein verbreitetes „Sündenbock-Phänomen“, deren Opfer meist körperlich bzw. geistig „auffällige“ oder anderweitig „fremde“ Schüler sind. Jungen und Mädchen unterscheiden sich in Bezug auf Gewalt stark voneinander. Die Unterschiede sind umso deutlicher, je härter die Gewaltformen sind. Körperliche Gewalthandlungen werden von Jungen zwei bis dreimal so oft ausgeführt wie von Mädchen; bei verbalen Aggressionen sind die Unterschiede dagegen eher gering. Mädchen sind auf andere, eher „verdeckte“ Weise in Gewalt verstrickt. Von den Jahrgangsstufen kristallisieren sich die 7. bis 9. Jahrgangsstufe als Schwerpunkt heraus, was die Bedeutung der Entwicklungsbesonderheiten unterstreicht.

„Schülergewalt“ kann verschiedene Facetten haben: Es dominieren verbale Aggressionen (z.B. vulgäre Beschimpfungen), die offenbar zur „Schülerkultur“ gehören. So haben z.B. ca. 30% der Jungen und 15% der Mädchen jemanden des Öfteren gehänselt. Ebenso viele haben Lehrpersonen geärgert (vgl. Schubarth u.a. 1999). Extreme Gewaltformen, wie z.B. Körperverletzung, Erpressung oder sexuelle Belästigung, sind seltener. Häufiger sind dagegen Aggressionen gegenüber Lehrern. Internationale Vergleichsstudien verdeutlichen, dass psychische Gewalt und Mobbing in Deutschland häufiger stattfinden. So kommt Mobbing bei 13- und 15 Jährigen aus Deutschland überdurchschnittlich häufig vor. Jeweils über 20% der Schülerschaft beteiligt sich mindestens mehrmals pro Monat als Täter an Mobbingaktiviäten. Deutschland liegt damit im Vergleich von 35 Ländern auf Platz zwei bzw. drei. Bei den 15-jährigen Jungen liegt die Quote der selbstberichteten Mobbingtäter sogar über 30%. Insgesamt ist die Schulkultur in Deutschland vergleichsweise stärker durch „Leistungsdruck“ und weniger durch soziale und professionelle Unterstützung gekennzeichnet (vgl. Currie u.a. 2004, vgl. auch Schäfer/Frey 1999, Scheithauer/Hayer/Petermann 2003).

„Schülergewalt“ steht in einem engen Zusammenhang mit „Lehrergewalt“ und „institutioneller“ Gewalt: Möglicherweise üben Lehrer nicht weniger „Gewalt“ aus als Schüler: Ein aggressives Verhalten der Lehrer, ob subtil oder manifest, z.B. über Schüler abfällig reden, Schüler bloßstellen oder gegenüber Schülern handgreiflich werden, korreliert mit gewalttätigem Schülerhandeln – ein Beleg, dass Gewalt das Ergebnis eines Interaktions- und Eskalationsprozesses ist. Krumm fand beispielsweise heraus, dass der Mehrzahl der Schüler durch „Machtmissbrauch“ von Lehrern, z.B. durch „ungerechte Behandlungen“ oder „Kränkungen“, ebensoviel Kummer bereitet wird, wie ihn sich Schüler untereinander mit ihren Gewalthandlungen zufügen (vgl. Krumm/Lamberger-Baumann/Haider 1997, Krumm/Weiß 2006). „Schülergewalt“ kann somit auch als Reaktion auf mangelnde Wertschätzung, Fürsorge und Akzeptanz durch die Institution Schule verstanden werden. Umgekehrt vermindern ein positives Lehrer-Schüler-Verhältnis, eine gut entwickelte Lern- und Schulkultur sowie insgesamt die Achtung der Schülerpersönlichkeit im Rahmen schulischer Anerkennungsverhältnisse die Gewaltbelastung an Schulen (vgl. z.B. Tillmann u.a. 1999, Melzer/Schubarth/Ehninger 2004, Pfaff/Fritzsche 2006).

Gewalt an Schulen ist auch ein Problem sozialer Ungleichheit. Nichtgymnasiale Schulformen, insbesondere Förderschulen und Hauptschulen, sind durch Gewalt am stärksten belastetet. Die Schüler dieser Schulformen stammen häufiger aus bildungsfernen bzw. sozial schwachen Elternhäusern, in denen soziale Problemlagen kumulieren. Zugleich müssen sie erfahren, dass ihre persönlichen und beruflichen Perspektiven beeinträchtigt sind. Die Kombination von mangelnden familiären Ressourcen und eigener Perspektivlosigkeit bildet einen fruchtbaren Nährboden für Aggression und Gewalt. Die Brisanz des Zusammenhangs von mangelnder schulischer und gesellschaftlicher Integration einerseits sowie der Gewaltbelastung von Schulen andererseits ist in jüngster Zeit durch die bekannt gewordenen Problemfälle an Schulen mit hohem Migrantenanteil verstärkt in das öffentliche Bewusstsein gerückt.

Abschließend lässt sich festhalten, dass abweichendes Verhalten an Schulen – hier am Beispiel „Jugendgewalt“ und „Schülergewalt“ – weder zu dramatisieren noch zu verharmlosen ist. Vielmehr zeigen sich Tendenzen einer Ausdifferenzierung der Jugend bzw. der Schülerschaft, die vor allem durch sozialstrukturelle Ungleichheiten bedingt sind. Zudem werden innerschulische Risikofaktoren und Gestaltungsmöglichkeiten deutlich, die beim Umgang mit Problemen von Delinquenz und Gewalt zu berücksichtigen sind. Aufbauend auf den Erkenntnissen der schulbezogenen Gewaltforschung wurden in den letzten Jahren eine Vielzahl von Präventions- und Interventionsmodellen entwickelt, deren Evaluation allerdings zumeist noch am Anfang steht (vgl. z.B. Schubarth 2000, Melzer/Schubarth/Ehninger 2004, Melzer/Schwind 2004, Schröder/Merkle 2007).

5 Fazit und Ausblick

Der Überblick über ausgewählte Bereiche des Verhältnisses von Schülern gegenüber der Schule macht deutlich, dass dieses Verhältnis nach wie vor ein strukturelles Dilemma darstellt, das durch die Bedeutungszunahme der Institution Schule in den letzten Jahren offenbar weiter an Brisanz gewinnt. Wenngleich Jungsein heute viel mehr ist als Schüler zu sein, so hängt doch vom Erfolg des Durchlaufens der Schule in hohem Maße die gesamte weitere Lebensperspektive Jugendlicher ab. Zugleich stellt Schule aufgrund ihrer schulischen Interaktions- und Organisationsstruktur für die Heranwachsenden immer auch eine latente Bedrohung, Zumutung und Belastung dar, von denen angenommen werden kann, dass diese angesichts wachsender Bedeutung schulischer Bildung ebenfalls zunehmen. Vorliegende empirische Befunde belegen ein nicht unbeträchtliches Ausmaß an Unzufriedenheit mit der Schule, insbesondere mit dem Unterrichtsgeschehen, und eine gewisse Schuldistanz sowie den Einfluss problematischer schulischer Interaktions- und Organisationsstrukturen auf das schulische und gesundheitliche Wohlbefinden von Schülern und auf die Gewaltbelastung an Schulen. Ein spürbarer Anstieg dieser Belastungen durch Schule, eine Verschlechterung der Haltung ihr gegenüber, eine Verminderung des Wohlbefindens der Schülerschaft oder eine deutliche Gewaltzunahme lassen sich hingegen empirisch (bisher) nicht nachweisen.

Dagegen ist empirisch vielfach belegt, dass Erfolg bzw. Misserfolg in der Schule, die Lernfreude und das Wohlbefinden an personale und soziale Ressourcen gekoppelt sind. Insofern verläuft nicht nur eine Trennlinie zwischen Schülern und Schule, sondern auch zwischen den unterschiedlichen Schuljugendlichen, entsprechend ihrer sozialen Lage bzw. Herkunft. Sozial benachteiligte Jugendliche weisen durchgängig die ungünstigeren Werte auf: Sie haben eine geringere Schulfreude, verweigern die Schule öfter, fühlen sich gesundheitlich schlechter und weisen die höhere Kriminalitäts- und Gewaltbelastung auf. Insofern ist das Thema „Schüler und Schule" auch ein Thema der sozialen Ungleichheit, auf das Schulentwicklungsprozesse sowie Präventions- und Interventionsstrategien zu reagieren haben.

Für die Forschung bedeutet dies, neben der Untersuchung von Entwicklungstrends hinsichtlich von Einstellungen zur und Belastungen durch Schule, etwa der Frage sozialer Ausdifferenzierung innerhalb der Schülerschaft nachzugehen. So wäre z.B. zu fragen, wie unterschiedliche Schülergruppen Schule erleben und mit welchen Strategien sie Schule bewältigen (vgl. z.B. Helsper/Böhme 2002, Tillmann 2003, Maschke/Stecher 2006). Der Blick ist dabei auch zu richten auf die Folgen der bisher sehr eng geführten Schulleistungsdebatte für das Wohlbefinden und die Identitätsbildung, insbesondere unter denjenigen Schülerinnen und Schülern, die die schulischen Anforderungen nicht in gesellschaftlich erwünschter Weise bewältigen können. Darüber hinaus ist zu klären, wie Schule durch Öffnungsprozesse in die Lebenswelt der sozial benachteiligten Schülergruppen das strukturelle Dilemma von „Schüler und Schule" – zumindest teilweise – verringern kann.

Insgesamt betrachtet gibt es zum Spannungsverhältnis von Schüler und Schule eine sehr breite Forschungslage. Von einer systematischen und ganzheitlichen Betrachtung der Thematik kann aufgrund der oftmals sehr engen Fragestellungen, der punktuellen, sporadischen und wenig aufeinander bezogenen Betrachtungen, der z.T. unzureichenden theoretischen Fundierung sowie der begrenzten Blickwinkel innerhalb der Jugend- und Schulforschung allerdings nicht gesprochen werden. Die bislang wenig miteinander verknüpften Analysen müssten hierzu zunächst einmal zusammengeführt und zudem das Spannungsverhältnis von Biographie der einzelnen Schüler und Organisation explizit in den Blick genommen werden (vgl. Zinnecker 2000). Lohnenswert sind auf der Basis des vorliegenden Forschungsstandes und mit Blick auf das Spannungsverhältnis darüber hinaus Studien, die sich mit der subjektiven Bedeutung und dem formellen und informellen (Bildungs-)Ertrag von Schule, Lehrern und peergroup für die Schüler beschäftigen. Ferner sollten die Wechselwirkungen von Schule und Biographie sowie schulischer und außerschulischer Lebenswelt näher betrachtet werden (vgl. Krüger u.a. 2000). Ertragreich erscheinen dabei besonders biographische und ethnographische Zugänge, Protokolle und Analysen authentischer Schulgespräche sowie Gruppendiskussionen.

Literatur

Baier, D. u.a.: Jugendliche mit Migrationshintergrund als Opfer und Täter. In: Heitmeyer, W./Schröttle, M. (Hrsg.): Gewalt. Beschreibungen, Analysen, Prävention. Bonn 2006, S. 240-268

Baumgart, F./Lange, U. (Hrsg.): Theorien der Schule. Bad Heilbrunn 1999

Baur, J./Burrmann, U./Maaz, K.: Verbreitet sich das „Stubenhocker-Phänomen“ In: Zeitschrift für Soziologie der Erziehung und Sozialisation 24 (2004), H. 1, S. 73-89

Bayerisches Staatsministerium für Arbeit und Sozialordnung, Familie und Frauen (STMAS): Ergebnisse der Umfrage bei den Jugendämtern zur Zusammenarbeit von Jugendhilfe und Schule, München 2001

Behr-Heintze, A./Lipski, J.: Schulkooperationen. Stand und Perspektiven der Zusammenarbeit zwischen Schulen und ihren Partnern. Ein Forschungsbericht des DJI. Schwalbach/Ts. 2005

Bildungskommission NRW (Hrsg.): Zukunft der Bildung – Schule der Zukunft. Neuwied/Kriftel/Berlin 1995

Bilz, L./Hähne, C./Melzer, W.: Die Lebenswelt Schule und ihre Auswirkungen auf die Gesundheit von Jugendlichen. In: Hurrelmann, K. u.a. (Hrsg.): Jugendgesundheitssurvey. Weinheim und München 2003, S. 243-299

Böhme, J./Kramer, R.-T. (Hrsg.): Partizipation in der Schule. Opladen 2001

Böhnisch, L.: Die soziale Verlegenheit der Schule. In: Melzer, W./Sandfuch, U. (Hrsg.): Was Schule leistet. Weinheim/München 2001, S. 111-124

Böhnisch, L.: Schule als anomische Struktur. In: Schubarth, W./Melzer, W. (Hrsg.): Schule, Gewalt und Rechtsextremismus. Opladen 1995 (2. Aufl.), S. 141-151

Breidenstein G.: Peer-Interaktion und Peer-Kultur. In: Helsper, W./Böhme, J (Hrsg.): Handbuch der Schulforschung. Wiesbaden 2004, S. 921-940

Bruhns, K./Wittmann, S.: Umstände und Hintergründe der Einstellungen von Mädchen zur Gewalt. In: Heitmeyer, W./Schröttle, M. (Hrsg.): Gewalt. Beschreibungen, Analysen, Prävention. Bonn 2006, S. 294-317

Bundesministerium des Inneren: Zweiter Periodischer Sicherheitsbericht. Kurzfassung. Berlin 2006

Bundesverband der Unfallkassen: Gewalt an Schulen. München 2005

Currie, C. u.a. (Hrsg.): Young People's Health in Context: international report from the HBSC 2001/2002 survey, WHO Policy Series: Health policy for children and adolescents Issue 4, WHO, Regional Office for Europe. Copenhagen 2004

Deutsche Shell (Hrsg.): Jugend `97. Opladen 1997

Deutsches PISA-Konsortium (Hrsg.): PISA 2000 – Die Länder der Bundesrepublik Deutschland im Vergleich. Opladen 2002

Deutsches PISA-Konsortium (Hrsg.): PISA 2000: Ein differenzierter Blick auf die Länder der Bundesrepublik Deutschland. Opladen 2003

Du Bois-Reymond, M.: Jugendkulturelles Kapital in Wissensgesellschaften. In: Krüger, H.-H./Wenzel, H. (Hrsg.): Schule zwischen Effektivität und sozialer Verantwortung. Opladen 2000, S.235-254

Du Bois-Reymond, M: Lernfeld Europa. Wiesbaden 2004

Ehmann, Ch./Rademacker, H.: Schulversäumnisse und sozialer Ausschluss. Vom leichtfertigen Umgang mit der Schulpflicht in Deutschland. Bielefeld 2003

Eisner, M./Ribeaud, D.: Erklärung von Jugendgewalt – eine Übersicht über zentrale Forschungsbefunde. In: Raithel/Mansel 2003, S. 182-206

Elsner, G.: Bericht der wissenschaftlichen Begleitung des Landesprogramms „Schuljugendarbeit in Sachsen“, herausgegeben vom Deutschen Jugendinstitut, DJI-Arbeitspapier J-164. München 2001

Fatke, R./Schneider, H.: Kinder- und Jugendpartizipation in Deutschland. Daten, Fakten, Perspektiven, herausgegeben von der Bertelsmannstiftung. Gütersloh 2005

Fend, H.: Entwicklungspsychologie des Jugendalters. Opladen 2000

Fend, H.: Neue Theorie der Schule. Wiesbaden 2006

Fend, H.: Qualität im Bildungswesen. Schulforschung zu Systembedingungen, Schulprofilen und Lehrerleistung. Weinheim und München 1998

Fischer, S.: Schulmüdigkeit und Schulverweigerung. Eine annotierte Bibliografie für die Praxis. München/Halle 2005 (2. akt. Aufl.)

Fuchs, M. u.a.: Gewalt an Schulen: 1994–1999–2004. Wiesbaden 2005

Gängler, H./Wiere, A.: Bericht über die Datenerhebung von Schulversäumnissen an allgemein bildenden öffentlichen Schulen in Sachsen. Dresden 2005

Grundmann, G./Kötters, C./Krüger, H.-H.: Schule – Lernort oder Lebenswelt? Ergebnisse aus einer repräsentativen Befragung von Schülern und Lehrern, Diskurse zu Schule und Bildung, Werkstatthefte des ZSL, H. 20. Halle 2000

Heitmeyer, W./Schröttle, M. (Hrsg.): Gewalt. Bonn 2006

Helsper, W./Böhme, J.: Jugend und Schule. In: Krüger, H.-H./Grunert, C. (Hrsg.): Handbuch Kindheits- und Jugendforschung. Opladen 2002, S. 567- 596
Helsper, W./Lingkost, A.: Schülerpartizipation in den Antinomien von Autonomie und Zwang sowie Interaktion und Organisation – exemplarische Rekonstruktionen im Horizont einer Theorie schulischer Anerkennung. In: Hafeneger, B./Henkenborg, P/Scherr, A. (Hrsg.): Pädagogik der Anerkennung. Grundlagen, Konzepte, Praxisfelder. Schwalbach 2002, S. 132-156
Helsper, W.: Die verordnete Autonomie – Zum Verhältnis von Schulmythos und Schülerbiographie im institionellen Individualisierungsparadoxon der modernisierten Schulkultur. In: Krüger, H.-H./Marotzki, W. (Hrsg.): Erziehungswissenschaftliche Biographieforschung. Opladen 1995, S. 175-201
Helsper, W./Böhm-Kasper, O./Sandring, S.: Die Ambivalenzen der Schülerpartizipation - Partizipationsmaße und Sinnmuster der Partizipation im Vergleich. In: Helsper u.a.: Unpolitische Jugend? Eine Studie zum Verhältnis von Schule, Anerkennung und Politik. Wiesbaden 2006, S. 319-339
Herz, B./Puhr, K./Ricking, H. (Hrsg.): Problem Schulabsentismus. Wege zurück in die Schule. Bad Heilbrunn 2004
Holtappels, H.-G. u.a: Jahrbuch der Schulentwicklung. Band 13. Daten, Beispiel und Perspektiven. Weinheim und München 2004
Hurrelmann, K./Bründel, H.: Einführung in die Kindheitsforschung. Weinheim/Basel/Berlin 2003
Hurrelmann, K./Klocke, A./Melzer, W./Ravens-Sieberer (Hrsg.): Jugendgesundheitssurvey. Weinheim/München 2003
Hurrelmann, K./Mansel, J.: Gesundheitliche Folgen wachsender schulischer Leistungserwartungen. In: Zeitschrift für Soziologie der Erziehung und Sozialisation 18 (1998), H. 2, S. 168-182
Hurrelmann, K.: Lebensphase Jugend. Weinheim/München 1999 (6.Aufl.)
Kanders, M./Rösner, E./Rolff, H.G.: Das Bild der Schule aus der Sicht von Schülern und Lehrern, Abschlussbericht im Auftrag des Bundesministeriums für Bildung, Wissenschaft, Forschung und Technologie. Bonn 1997
Kantak, K.: Schulsozialarbeit: Sozialarbeit am Ort Schule, herausgegeben von der Landeskooperationsstelle Schule-Jugendhilfe Brandenburg. Berlin 2002
Keuffer, J./Krüger, H.-H./Reinhardt, S./Weise, E./Wenzel, H. (Hrsg.): Schulkultur als Gestaltungsaufgabe. Partizipation-Management-Lebensweltgestaltung. Weinheim 1998
Keupp, H.: Identitätsarbeit durch freiwilliges Engagement. Schlüsselqualifikationen für die Zivilgesellschaft. In: Tully, C.J. (Hrsg.): Lernen in flexibilisierten Welten. Weinheim/München 2006, S. 23-39
Krüger, H.-H./Grunert, C.: Jugend und Bildung. In: Tippelt, R. (Hrsg.): Handbuch Bildungsforschung. Opladen 2002, S. 496-512
Krüger, H.-H.: Strukturwandel des Aufwachsens – Neue Anforderungen für die Schule der Zukunft. In: Helsper, W./ Krüger, H.-H./Wenzel, H. (Hrsg.): Schule und Gesellschaft im Umbruch. Band 1. Weinheim 1996, S. 253-275
Krüger, H.-H/Grundmann, G./Kötters, C.: Jugendliche Lebenswelten und Schulentwicklung. Opladen 2000
Krüger, H.-H/Reinhardt, S./Kötters-König, C. u.a.: Jugend und Demokratie. Politische Bildung auf dem Prüfstand. Opladen 2002
Krumm, S./Lamberger-Baumann, B./Haider, G.: Gewalt in der Schule – auch von Lehrern. In: Empirische Pädagogik 11 (1997), H. 2, S. 257-274
Krumm, V./Weiß, S.: Ungerechte Lehrer. Zu einem Defizit über Gewalt an Schulen. In: Melzer, W. (Hrsg.): Gewalt an Schulen. Gießen 2006, S. 123-146
Lange, A.: Theorieentwicklung in der Jugendforschung durch Konzeptimport. Heuristische Perspektiven des Ansatzes „Alltägliche Lebensführung". In: Mansel, J./Griese, H./Scherr, A. (Hrsg.): Theoriedefizite der Jugendforschung. Weinheim/München 2003, S. 102-118
Langness, A./Richter, M./Hurrelmann, K.: Zusammenfassung der Ergebnisse und Konsequenzen für eine jugendgerechte Prävention und Gesundheitsförderung. In: Hurrelmann, K. u.a. 2003, S. 301-334
Lösel, F./Bliesener, T.: Aggression und Delinquenz unter Jugendlichen. München 2003
Luserke, M.: Schule erzählt. Göttingen 1999
Mack, W./Raab, E./Rademacker, H.: Schule, Stadtteil, Lebenswelt. Eine empirische Untersuchung. Opladen 2003
Mansel, J./Hurrelmann, K.: Aggressives und delinquentes Verhalten Jugendlicher im Zeitvergleich. In: Kölner Zeitschrift für Soziologie und Sozialpsychologie 50 (1998), H.1, S. 78-109
Maschke, S./Stecher, L: Strategie und Struktur oder: Wie kommen SchülerInnen gut durch die Schule? In: Diskurs Kindheits- und Jugendforschung 1 (2006), H. 2, S. 497-517
Mauthe, A./Pfeiffer, H.: Schülerinnen und Schüler gestalten mit – Entwicklungslinien schulischer Partizipation und Vorstellung eines Modellversuchs. In: Rolff, H.-G. u.a.: Jahrbuch der Schulentwicklung. Bd. 9. Daten, Beispiele und Perspektiven. Weinheim und München 1996
Melzer, W./Schubarth, W./Ehninger, F.: Gewaltprävention und Schulentwicklung. Bad Heilbrunn 2004
Melzer, W./Schwind, H.-D. (Hrsg.): Gewaltprävention in der Schule. Baden-Baden 2004

Oesterreich, D.: Politische Bildung von 14-Jährigen in Deutschland. Studien aus dem Projekt Civic Education. Opladen 2002

Oevermann, U.: Theoretische Skizze einer revidierten Theorie professionellen Handelns. In: Combe, A./Helsper, W. (Hrsg.): Pädagogische Professionalität. Untersuchungen zum Typus pädagogischen Handelns. Frankfurt a.M. 1997 (2. Aufl.), S. 70-182

Olk, T./Speck, K.: Kooperation von Jugendhilfe und Schule – das Verhältnis zweier Institutionen auf dem Prüfstand. In: Hartnuß, B./Maykus, S. (Hrsg.): Handbuch Kooperation von Jugendhilfe und Schule. Ein Leitfaden für Praxisreflexionen, theoretische Verortungen und Forschungsfragen. Frankfurt a.M. 2004, S.69-101

Olk, Th./Bathke, G.-W./Speck, K.: 2. Zwischenbericht zur wissenschaftlichen Begleitforschung Schulsozialarbeit in Sachsen-Anhalt. „Zusammenarbeit von Schule und Jugendhilfe – Schulsozialarbeit in Schulen Sachsen-Anhalts". Forschungsbericht im Auftrag des Ministeriums für Arbeit, Soziales und Gesundheit und des Kultusministeriums des Landes Sachsen-Anhalt. Martin-Luther-Universität Halle-Wittenberg 2000

Olk, Th./Speck, K.: LehrerInnen und SchulsozialarbeiterInnen – Institutionelle und berufskulturelle Bedingungen einer „schwierigen" Zusammenarbeit. In: Becker, P./Schirp, J. (Hrsg.): Jugendhilfe und Schule. Zwei Handlungsrationalitäten auf dem Weg zu einer? Münster 2001, S. 46-85

Olweus, D.: Gewalt in der Schule. Bern 1996 (2. Aufl.)

Otto, H.-U./Rauschenbach, T. (Hrsg.): Die andere Seite der Bildung. Wiesbaden 2004

Palentien, Ch.: Jugend und Stress. Neuwied/Kriftel 1997

Pfaff, N./Fritzsche, S.: Gewalt – Erfahrungen, Einstellungen und Verhaltensweisen Jugendlicher in Schule und Gleichaltrigengruppe. In: Helsper u.a.: Unpolitische Jugend? Eine Studie zum Verhältnis von Schule, Anerkennung und Politik. Wiesbaden 2006, S. 97-122

Popp, U.: Geschlechtersozialisation und schulische Gewalt. Weinheim/München 2002

Prüß, F./Bettmer, F./Hartnuß, B./Maykus, S.: Forschungsbericht Entwicklung der Kooperation von Jugendhilfe und Schule in Mecklenburg-Vorpommern. Greifswald 2000

Puhr, K. u.a.: Pädagogisch-psychologische Analysen zum Schulabsentismus. „Ich hab' es angehalten, das Rad, das Schuleschwänzen heißt". Halle o.J.

Raithel, J. (Hrsg.): Risikoverhaltensweisen Jugendlicher. Opladen 2001

Raithel, J./Mansel, J. (Hrsg.): Kriminalität und Gewalt im Jugendalter. Weinheim/München 2003

Reinhardt, K.: Öffnung der Schule. Community Education als Konzept für die Schule der Zukunft? Studien zur Schulpädagogik und Didaktik. Bd. 6. Weinheim/Basel 1992

Reißig, B.: Schulverweigerer in Deutschland. Ergebnisse einer empirischen Untersuchung. In: Deutsches Jugendinstitut (Hrsg.): Das Forschungsjahr 2000. München 2001, S. 89-98

Ricking, H. Schulabsentismus als Forschungsgegenstand. Universität Oldenburg 2003

Ricking, H./Neukäter, H.: Schulabsentismus als Forschungsgegenstand. In: Heilpädagogische Forschung, H.2, 1997, S. 50-70

Robert Koch Institut: Schwerpunktbericht der Gesundheitsberichterstattung des Bundes. Gesundheit von Kindern und Jugendlichen. Berlin 2004

Rolff, H.-G.: Wandel durch Selbstorganisation. Theoretische Grundlagen und praktische Hinweise für eine bessere Schule. Weinheim/München 1993

Schäfer, M./Frey, D. (Hrsg.): Aggression und Gewalt unter Kindern und Jugendlichen. Göttingen/Bern/Toronto/Seattle 1999

Scheithauer, H./Hayer, T./Petermann, F.: Bullying unter Schülern. Göttingen/Bern/Toronto/Seattle 2003

Schreiber-Kittl, M.: Alles Versager? Schulverweigerung im Urteil von Experten, Forschungsbericht, Arbeitspapier 1/2001, Materialien aus dem Forschungsschwerpunkt Übergänge in Arbeit. München 2001

Schröder, A./Merkle, A.: Leitfaden Konfliktbewältigung und Gewaltprävention. Schwalbach/Ts. 2007

Schubarth, W. u.a.: Im Gewaltausmaß vereint. Eine vergleichende Schülerbefragung in Sachsen und Hessen. In: Holtappels, H.G. u.a. (Hrsg.): Forschung über Gewalt an Schulen. Weinheim/München 1999, S. 101-118

Schubarth, W.: Gewaltprävention in Schule und Jugendhilfe. Neuwied 2000

Schubarth, W.: Schule zwischen Offenheit und Halt. In: Böhnisch, L./Rudolph, M./Wolf, B. (Hrsg.): Jugendarbeit als Lebensort. Weinheim/München 1998, S. 235-348

Schulze, G./Wittrock, M.: Schulaversives Verhalten. Abschlussbericht zum Landesforschungsprojekt. Rostock 2001

Seithe, M.: Abschlussbericht der wissenschaftlichen Begleitung des Landesprogramms „Jugendarbeit an Thüringer Schulen", herausgegeben vom Thüringer Ministerium für Soziales und Gesundheit (THMSG), Band 1, Teil A-C. Erfurt 1998

Shell Deutschland Holding (Hrsg.): Jugend 2006. Eine pragmatische Generation unter Druck. Frankfurt a.M. 2006

Speck, K.: Die Kooperation von Jugendhilfe und Schule im ostdeutschen Transformationsprozess – Das Beispiel der SchulsozialarbeiterInnen, In: Bütow, B./Chaseè, K. A., Maurer, S. (Hrsg.): Soziale Arbeit zwischen Aufbau und

Abbau. Transformationsprozesse im Osten Deutschlands und die Kinder- und Jugendhilfe. Wiesbaden 2006, S. 101-116

Speck, K.: Qualität und Evaluation in der Schulsozialarbeit. Konzepte, Rahmenbedingungen und Wirkungen. Wiesbaden 2006

Sturzbecher, D./Hess, M.: Soziale Schulqualität aus Schülersicht. In: Sturzbecher, D. (Hrsg.): Jugendtrends in Ostdeutschland: Bildung, Freizeit, Politik, Risiken. Opladen 2002, S. 155-181

Thimm, K.: Schulverweigerung. Zur Begründung eines neuen Verhältnisses von Sozialpädagogik und Schule. Münster 2000

Tillmann, K.-J. u.a.: Schülergewalt als Schulproblem. Weinheim/München 1999

Tillmann, K.-J./Meier, U.: Schule, Familie und Freunde – Erfahrungen von Schülerinnen und Schülern in Deutschland. In: Deutsches PISA-Konsortium (Hrsg.): PISA 2000. Basiskompetenzen von Schülerinnen und Schülern im internationalen Vergleich. Opladen 2001, S. 468-509

Tillmann, K.-J.: Sozialisationstheorien. Reinbek 2003 (12. Aufl.)

Wagner, M./Dunkake, I./Weiß, B.: Verbreitung und Determinanten der Schulverweigerung in Köln, Dritter Zwischenbericht für die GEW Stiftung. Köln 2003

Warzecha, B. (Hrsg.): Institutionelle und soziale Desintegrationsprozesse bei schulpflichtigen Heranwachsenden. Münster/Hamburg/London 2001

Wetzels, P. u.a.: Jugend und Gewalt. Baden-Baden 1999

Zinnecker, J.: Soziale Welten von Schülern und Schülerinnen. Über populäre, pädagogische und szientifische Ethnographien. In: Zeitschrift für Pädagogik 46 (2000), H. 5, S. 667-690

IV Schulforschung in internationaler Perspektive

Christel Adick

Forschung zur Universalisierung von Schule

1 Entwicklungslinien der Forschung

1.1 Der Forschungsgegenstand

Die Universalisierung von Schule berührt das „Kernproblem" jeglicher Schultheorie: „das Verhältnis zwischen der Institution Schule und dem gesamtgesellschaftlichen System" (Tillmann 1987, S. 8). Forschung zur ‚Universalisierung' von Schule will die Entstehung, Erscheinungsformen, Prozesse, Ursachen und Folgen einer weltweiten Verbreitung von Schule untersuchen. Damit ist ein Feld abgesteckt, das sich auf etwa die letzten 5000 Jahre der Menschheitsgeschichte bezieht. Aus Sicht der Schultheorie ist ein solcher Ansatz als „anthropologische Schulforschung" klassifiziert worden (Diederich/Tenorth 1997, S. 9 und 243f.), wohl auch deshalb, weil er über das, was gemeinhin unter ‚historischer Schulforschung' betrieben wird, weit hinausgeht. Dennoch ist diese Forschung nach Ansicht der Autorin – wenngleich mit anthropologischen Komponenten – historisch-vergleichende Schulforschung, weil ihr primäres Ziel die Aufklärung über Entstehung und Universalisierung von Schule ist und nicht die Bearbeitung von Fragestellungen der Pädagogischen Anthropologie.

Eine solche Forschung betrachtet Schulentwicklungen weltweit nach Art eines großräumigen und im Langzeitmaßstab zu betrachtenden gesamtmenschheitlichen Feldexperiments, das uns Aufschluss darüber geben kann, welche pädagogischen Regelhaftigkeiten, Ziele und Institutionen sich Menschen weltweit unter bestimmten sozio-ökonomischen Kontextbedingungen geschaffen haben – z.B. die Schulpflicht – um Anforderungen aus dem Zusammenspiel gesellschaftlicher Bedingungen mit den Bereichen Erziehung und Wissenstransfer zu bewältigen. Aus den Beobachtungen dieses ‚Feldexperiments' lassen sich dann mit der gebotenen methodischen Vorsicht plausible Hypothesen begründen. So hatte z.B. Ivan Illich (1973) den Tod der Schule für das Ende des vergangenen Jahrhunderts vorausgesagt; dies ist, wie wir wissen, nicht eingetreten und eine historisch-vergleichende Schulforschung hätte diese Prognose wohl von Anfang an für sehr unwahrscheinlich gehalten angesichts der Verfestigung schulischer Systeme und ihrer Bedeutsamkeit für Gesellschaften weltweit in den letzten beiden Jahrhunderten. Jedoch erscheint aus der Entstehungsgeschichte der Schule, in der die Faktoren Erziehung und intergenerationeller Wissenstransfer in einer neuen pädagogischen Institution eine Einheit sui generis gefunden haben, die Annahme sinnvoll, dass der historische Prozess der Verlängerung der Schulpflichtzeit in den letzten etwa 150 Jahren auch trotz der neueren Diskurse um ‚lebenslanges Lernen' wohl kaum ad infinitum so weitergehen wird, weil dies dem Faktor Erziehung (Minderjähriger) widersprechen würde. Statt dessen wird in Zukunft – das wäre die Hypothese – zwar eventuell durchaus mehr gelernt und unterrichtet, auch in organisierter Form, aber eben nicht unter dem Edikt der Schulpflicht. – Diese Beispiele mögen anzeigen, dass Forschung zur Universalisierung von Schule neben der Aufklärungsabsicht auch praktische Bedeutsamkeit haben kann.

Nun haben wir es bei diesem Gegenstand mit einer weit gespannten Thematik zu tun, bezeichnet doch ‚Universalisierung‘ den Prozess, in dem Schule von ihrem ersten Auftreten in der Menschheitsgeschichte vor wahrscheinlich ca. 4100 Jahren (vgl. Kap. 2.1.3) zu einem universalen Phänomen geworden ist. Auch wenn heute noch nicht alle Kinder dieser Welt tatsächlich eingeschult werden (vgl. Hinzen/Müller 2000), so befindet sich die Menschheit dieser Sichtweise zufolge mit der Umsetzung der Deklaration von Bildung als universales Menschenrecht (§ 26 der Allgemeinen Erklärung der Menschenrechte von 1948, Art. 28 und 29 der UN-Kinderrechtskonvention 1989, Weltdeklaration Bildung für alle 1990) in der Phase der (vorläufig) endgültigen ‚Universalisierung‘ von Schule.

1.2 Forschungsstrategien

Das geschilderte Erkenntnisinteresse setzt voraus, dass es hier – im Sinne von Habermas (1976, S. 200ff.) – um theorieorientierte Geschichtsforschung und nicht um narrativ vorgehende Geschichtsschreibung geht. Von Forschung zur Universalisierung der Schule kann demnach erst dann gesprochen werden, wenn sich diese erstens in ihrem Gegenstand auf die Entstehung und weltweite Entwicklung von Schule richtet und sie zweitens diesen Gegenstand mit Hilfe von theoriegeleiteten Hypothesen zu erforschen trachtet. Aus diesem Grunde liefern narrativ vorgehende Betrachtungen, wie sie in Werken zur ‚Geschichte der Pädagogik vorliegen, zwar Erkenntnisse über einzelne Epochen und bestimmte, z.B. institutionen-, ideengeschichtliche oder biographische Zugänge, aber nur begrenzte Forschungen zur Universalisierung von Schule. Legt man die genannten Bedingungen zugrunde, dann scheiden auch eine Reihe allgemeiner Arbeiten zur Evolution menschlicher Erziehung, menschlichen Lernens und neuerlich auch der Didaktik aus, die zwar Bausteine zum Verständnis des Lernens in der Schule liefern, die aber keine eigentlichen Forschungen zur Universalisierung der Institution Schule betreiben (vgl. z.B. Treml 1987, Fichtner 1996, Scheunpflug 2001 sowie einige der Beiträge in Adick/Krebs 1992). Eine gewisse Nähe zu unserem Problemfeld, aber gleichfalls keine direkten Bezüge hat der mit ‚Ethnopädagogik‘ überschriebene Forschungsbereich (vgl. Müller/Treml 1992/1996). Hier werden Erziehungspraxen verschiedener Ethnien oder Kulturen untersucht einschließlich der Fragen von Kulturkontakt, die sicherlich für die weltweite Verbreitung von Schule relevant sind, die aber dennoch keine eigentliche Forschung zur Universalisierung von Schule darstellen.

Angesichts des gewählten Maßstabs bleiben nur recht wenige Arbeiten, die sich mit der Universalisierung von Schule seit ihren geschichtlichen Anfängen beschäftigen: Hierzu zählen die Arbeiten von Liedtke (1972/1991, 1984a, 1984b), unter dessen Mitwirkung auch die Konzeption des Bayrischen Schulmuseums Ichenhausen und etliche Bände der Schriftenreihe zu diesem Museum entstanden sind (vgl. Bayrisches Nationalmuseum 1983ff.). Liedtke hat mit seinem Grundlagenwerk, das sich als Beitrag zur Pädagogischen Anthropologie versteht, den „Versuch einer Deutung der kulturellen Evolution als Geschichte der Erziehung“ (1972/1991, S. 52ff.) vorgelegt und darin auch Aspekte einer makrohistorischen Analyse der Schule integriert, die dann in seinen späteren Veröffentlichungen weiter verfolgt und in seinen museumsdidaktischen Arbeiten manifest geworden sind. Liedtke und den von ihm initiierten Beiträgen in der besagten Schriftenreihe verdanken wir viele Kenntnisse und eine neue Sichtweise auch der frühen Erfindungen von Schule.

Die Entstehung und Entwicklung der Schule als Teil einer evolutionstheoretisch interpretierten Erziehungsgeschichte des Menschen ist auch Gegenstand der Arbeiten von Lenhart (1987, 1992). Lenhart argumentiert mit Theorien der soziokulturellen Evolution vor allem im Anschluss an Habermas (1976, 1981), ergänzt durch systemtheoretische Überlegungen von Parsons und Luhmann. Die Entstehung der Schule wird von ihm als Teil einer menschheitsgeschichtlich rekonstruierbaren stärkeren Ausdifferenzierung erzieherischer Institutionen gesehen. Lenhart zufolge lassen sich demnach erzieherische Institutionen (unter ihnen auch die Schule) nach dem Grad des Hervortretens spezifisch pädagogischer Intentionalität (von ‚vermischt' mit anderen Handlungsbereichen bis ‚vorherrschend') und nach dem Grad ihrer Organisation (von ‚positional-situativen' bis ‚vernetzten' Strukturen) klassifizieren (vgl. Typologie in Lenhart 1987, S. 98).

Während in den Ansätzen von Liedtke und Lenhart die Entstehung und Verbreitung der Schule Teil einer evolutionär betrachteten Erziehungsgeschichte des Menschen ist, gibt es einige Arbeiten, die sich in dieser Hinsicht ausschließlich der Schule widmen. Strobel-Eisele (1992) analysiert die Geschichte der Schule unter Verwendung der evolutions- und systemtheoretischen Kategorien von Luhmann im Anschluss an Treml (1987). Sie sieht die Erfindung der Schule als eine Weiterentwicklung der schon in segmentären (archaischen) Gesellschaften vorfindbaren Initiationen (Strobel-Eisele 1992, S. 62, 68ff.) und unterscheidet dann zwischen Schule in stratifizierten Hochkulturen und in der funktional differenzierten (modernen) Gesellschaft. Letztere erscheint in ihren Ausführungen unhinterfragt als europäische Moderne, da die außereuropäische Expansion gerade dieses Typus von Schule nicht thematisiert wird. Dieses hingegen ist der besondere Ansatzpunkt der Arbeiten von Adick, in denen die weltweite Verbreitung von Schule seit ihrer Erfindung bis zum heutigen Globalisierungsdiskurs unter Bezug auf Theorien zum modernen Weltsystem und zur sozio-kulturellen Evolution im Anschluss an Habermas thematisiert werden (Adick 1988, 1992, 1995a, b, 2000a, b). Die Autorin sieht in ihren Modellannahmen (2000a, S. 126ff.) die Schule mit Bezug auf Lenhart (1987, 1992) als Teil der gesamten evolutionär entfalteten menschlichen Erziehungspraxis, zugleich aber auch als eine Antwort auf die im Zuge der soziokulturellen Evolution des Menschen gewachsene Wissenskumulation, die die Schulgeschichte mit der Geschichte der produktiven Arbeit und der Technologieentwicklung verbindet. In der Schule sind dieser Sichtweise zufolge zwei menschheitsgeschichtlich vorhandene ‚Vorbilder' zu einer neuen Einheit verschmolzen: die Initiation, resultierend aus der Entfaltung des Erziehungsbereichs, und die Meisterlehre als Resultat des neuen Umgangs mit Wissen im Medium – zunächst schrifthandwerklicher – symbolischer Speicherung.

Ungeachtet der Differenzen fällt auf, dass alle genannten Autoren zumindest unter anderem mit dem Evolutionsparadigma arbeiten, wobei allerdings keine Einigkeit darüber herrscht, mit welchem. Für Forschungen großer Reichweite scheint demnach ‚Evolution', ggf. ergänzt um andere Elemente, z.B. Systemtheorie oder Theorien des modernen Weltsystems, die angemessene Perspektive zu sein. Trotz dieser Gemeinsamkeit ergeben sich aber deutliche Unterschiede in der Konzeptualisierung der Schulgeschichte, je nachdem ob diese letztendlich sozusagen als Verlängerung des ‚Brutpflegeverhaltens' gesehen wird, als funktionale systemische Ausdifferenzierung des Erziehungsbereichs oder als Teil der Gattungsgeschichte des Menschen im Habermas'schen Sinne, für den „Produktion und Sozialisation, gesellschaftliche Arbeit und Vorsorge für die Jungen", wie er es nennt, „von gleicher Wichtigkeit für die Reproduktion der Gattung" sind (Habermas 1976, S. 152). Einigkeit herrscht jedoch wiederum in der Einschätzung, dass sich für Analysezwecke eine Unterscheidung in zwei große Etappen anbietet, die deswegen auch den Darstellungen dieses Beitrags zugrunde gelegt werden: erstens die Erfindung der Schule in den frühen Hochkulturen, zweitens die Entstehung strukturell ähnlicher, staatlich gesteuerter Pflichtschulsysteme in der modernen Weltgesellschaft. Schließlich kann noch die Frage angeschlossen werden, ob der derzeitige Globalisierungsdiskurs eine neue Epoche der Schulgeschichte einläutet oder noch zur Universalisierung der modernen Schule zählt. Einige evolutionstheoretisch argumentierende Bildungsforscher legen in dieser Hinsicht nahe, von einer Art Inkompatibilität zwischen anthropologischen Prägungen (auf den ,Nahbereich') und weltgesellschaftlichen Herausforderungen auszugehen (vgl. Kap. 3.2).

Da die Evolutionsperspektive – insbesondere die bioevolutionäre Sichtweise – in der Erziehungswissenschaft sehr umstritten ist (vgl. z.B. Dietrich/Sanides-Kohlrausch 1994; Bühler/Datta/Mergner/Karcher 1996), stellt sich die Frage nach alternativen Theorien sozialen Wandels, die allerdings dem Gegenstand entsprechend Theorien großer Reichweite sein müssen. In dieser Hinsicht mag die weiter entwickelte Diskussion zum (modernen) Weltsystem bedeutsam sein, zumal diese Analyseperspektive vielen sozialwissenschaftlichen Forschungen zugrunde liegt (Hall 1996) und in der hiesigen Erziehungswissenschaft bereits eine gewisse Akzeptanz gefunden hat (vgl. Belege in Adick 2000c, S. 84f.), wenngleich auch gegenteilige Einschätzungen vorliegen, die den Weltsystem-Ansatz erziehungswissenschaftlich nicht für anschlussfähig halten, weil von einem ,Weltbildungssystem' realiter nicht die Rede sein könne (Liegle 2002). Der klassische Weltsystem-Ansatz im Anschluss an Wallerstein (1979, 1983, 1984) fokussiert allerdings das ,moderne', von Europa ausgehende Weltsystem der letzten 500 Jahre überwiegend als ein ökonomisches, so dass Übersetzungsarbeit zwecks Anwendung auf Schulforschung zu leisten ist. Als eine Art ,Relais' zwischen der kapitalistischen Weltökonomie und dem Bildungswesen kann hierfür u.a. die Bourdieu'sche Konzeption von ,Kulturkapital' (Bourdieu 1983) herangezogen werden (Adick 1992a, S. 127ff.; weitere Begründungen in Adick 2003). Ferner bietet die neuere Diskussion um den Weltsystem-Ansatz auch die Möglichkeit, dessen Grundgedanken auf die ganze hier zur Diskussion stehende Zeitspanne anzuwenden. Denn der dem Wallerstein'schen Konzept angelastete Eurozentrismus wird durch eine Rekonstruktion früherer Epochen – nun der letzten 5000 Jahre – und eine Hinwendung auch auf frühe außereuropäische Entwicklungszentren herausgefordert und relativiert (Frank/Gilles 1993; Frank 1998).

Einen Teilbereich der Gesamtfrage, die zweite Etappe der Universalisierung in Gestalt der weltweiten Verbreitung der ,modernen' Schule betreffend, hat die Autorengruppe um Boli, Meyer, Ramirez u.a. seit Ende der 1970er Jahre besonders intensiv erforscht (vgl. Kap. 2.2). Obwohl nicht alle Autoren an der Universität Stanford beheimatet sind (waren), liegt doch dort das Zentrum der Projekte und Ideen, so dass abgekürzt von der ,Stanford-Gruppe' gesprochen werden kann. Einige ihrer empirischen Arbeiten und theoretischen Erklärungen sind in der hiesigen Bildungsforschung inzwischen rezipiert worden (vgl. Adick 1988, 1992a, 1995a, 2003; Hüfner/Meyer/Naumann 1987; Lenhardt 1993; Lenhardt/Stock 1997; Lenhart 2000; Schriewer 1994). Bedeutsam ist, dass die Untersuchungen der Stanford-Gruppe mittlerweile historisch bis weit ins 19. Jh. zurückreichen, dass sie insbesondere zur Typologisierung ,moderner' Schulentwicklungen im Vergleich zu ,vormodernen' beitragen (Boli/Ramirez/Meyer 1985; Boli/Ramirez 1986; Ramirez/Boli-Bennett 1987) und dass sie inzwischen ihren eigenen ,neo-institutionalistischen' Erklärungsansatz prägnant ausformulieren (vgl. Meyer/Ramirez 2000). Forschungen zur Universalisierung von Schule bedienen sich also – zusammenfassend betrachtet – evolutionistischer, Weltsystem-bezogener oder neo-institutionalistischer Theorien, wobei eine Beschäftigung mit der Etappe moderner, staatlich gesteuerter Pflichtschulsysteme überwiegt.

2 Überblick über den Stand der Forschung

2.1 Die Erfindung der Schule in den ersten Hochkulturen

2.1.1 Die pädagogische Relevanz der neolithischen Revolution

Um den Wandel nachvollziehen zu können, der zur Erfindung der ersten Schule führte, muss der Blick auf Erziehung in der präliteraten Menschheitsgeschichte gerichtet werden. Für die Schulforschung ist die Frage insofern relevant, als dass häufig mit einer Gegenüberstellung von sog. oralen Kulturen (teils auch ‚primitiv', ‚naturnah', ‚einfach', archaisch oder summarisch ‚traditionell' genannt) und Schriftkulturen argumentiert wird, womit de facto aber unterschiedliche Gesellschaftstypen wie Wildbeutergesellschaften, Hirtennomaden oder einfache Dorfkulturen als Projektionsfläche oder Modell eines Vorstadiums unserer modernen westlichen Welt interpretiert werden (Gefahr der Gleichsetzung eines präliteraten Zustandes der Menschheit mit heute noch existierenden oralen Kulturen). Über die präliterate Menschheitsgeschichte kann die Interpretation archäologischer Werkzeugfunde Aufschluss geben, indem etwa von einem Werkzeug auf die damit verbundenen kognitiven und sozialen Aktivitäten geschlossen wird und von diesen wiederum auf die Unterweisungsleistungen Kindern gegenüber, die nötig waren um die betreffenden Kenntnisse an die nächste Generation weiterzugeben (vgl. z.B. Smolla 1983, S. 57f.). Ein weiterer Ansatz ist die Untersuchung heute oder jedenfalls in jüngerer Zeit noch existierender Wildbeutergesellschaften, häufig auch unter dem Begriff Jäger- und Sammler-Kulturen bekannt, wobei davon ausgegangen wird, dass diese ihre Lebensweise über die Jahrtausende weitgehend unverändert bewahrt haben und daher ein annähernd richtiges Modell präliterater Kulturen darstellen (vgl. Alt 1956, S. 13ff.).

In den letzten Jahrzehnten wurden vor allem von amerikanischen Kulturanthropologen, aber auch von Ethologen verschiedene Gruppen der wildbeuterischen San im südlichen Afrika untersucht, im Deutschen häufig zusammengefasst unter der despektierlichen Bezeichnung ‚Buschleute' (der auch vorfindliche Name ‚Buschmänner' gerät ohnehin wegen seines Sexismus außer Gebrauch). Diese Forschungen haben auch Faktoren wie Familienstrukturen, Geschlechterverhältnis, kindliche Interaktionen und Erziehungspraxis berücksichtigt, wobei jedoch die Ergebnisse bisher nur selten von der erziehungswissenschaftlichen Diskussion rezipiert wurden (zusammenfassend Michl 1982; Kurzberichte in Grohs 1996 und Krebs 2001, S. 72ff.; zum Geschlechterverhältnis vgl. Shostak 1982). Hervorstechende Merkmale von Erziehung in Wildbeutergesellschaften scheinen demnach folgende zu sein: Erziehung ist nahezu vollständig in das Alltagshandeln in einer weitgehend egalitären Gesellschaft eingebettet. Die Kinder werden nicht zur Arbeit gezwungen und verbringen nach ihrer recht späten Entwöhnung einen großen Teil ihrer Zeit in der alters- und geschlechtsgemischten Kindergesellschaft. Sie werden nur wenig gemaßregelt und lernen durch Nachahmung und Mittun. Die generationenübergreifende Weitergabe von Wissen mit den Mitteln oraler Unterweisung erfolgt mit zunehmendem Alter der Kinder zu einem beträchtlichen Teil geschlechtsspezifisch, wenn z.B. die Mädchen von den Frauen zum Sammeln und die Jungen von den Männern zur Jagd mitgenommen werden. Dies resultiert aus einer entsprechenden Arbeitsteilung nach den biologischen Merkmalen Geschlecht und Alter, die aber weitgehend nicht hierarchisch ausgelegt werden.

Ab welchem Stadium der Menschheitsgeschichte Initiationen im Kindes- und Jugendalter zur Markierung des Übergangs zur Erwachsenenheit, gekoppelt mit Belehrungen, praktiziert wurden, wird sich wohl nicht endgültig klären lassen. Bei verschiedenen Wildbeuter-Gruppen wurden überwiegend individuelle Initiationen für Mädchen und für Jungen beobachtet, teils aber ein Einfluss der umliegenden afrikanischen Völker vermutet (vgl. Michl 1982, S. 109ff.). In den meisten (menschheitsgeschichtlich späteren) bäuerlichen Kulturen sind indessen Initiationen anzutreffen (vgl. Müller 1996). Diese sind teils mit einem geschlechtergetrennten Altersklassen- oder Bundwesen gekoppelt und umfassen mancherorts in Stufen gegliederte mehrjährige ‚Ausbildungsphasen', denen auch ‚Lehrpersonen' zugeordnet werden, – Erscheinungen, die dann häufig schon in der verwendeten Terminologie eine Analogie zur Schule nahe legen (vgl. z.B. Zwernemann 1989), deren Funktionsweise bis in die heutige Schule weiterverfolgt wird (vgl. Wellendorf 1973) oder die evolutionstheoretisch zum Ausgangspunkt für die Erfindung der Schule genommen werden (vgl. Strobel-Eisele 1994, S. 64ff.).

In der neolithischen Revolution änderte sich die Lebensweise der Menschen grundlegend: Aus den Naturbeobachtungen und in der Weiterentwicklung des Grabstocks der Frauen als Sammlerinnen wurde offenbar der planmäßige Anbau von Feldfrüchten mit neuen Ackerbaugeräten entwickelt, aus den Naturbeobachtungen und Jagdinstrumenten der Männer als Jäger gingen planmäßige Viehzucht und veränderter Waffengebrauch hervor (vgl. Mies 1980). Die Domestikation von Pflanzen und Tieren ermöglichte die Anlage von Dauersiedlungen und erzwang Vorratshaltung, – Entwicklungen, die wiederum die Erfindung neuer Arbeitstechniken und Aufgabenzuschreibungen mit sich brachten. Auf diese Weise entstanden immer mehr geschlechtlich und beruflich spezifizierte Wissensbestände, die mit einer neuen sozialen Arbeitsteilung einhergingen. Untersuchungen zum Zusammenhang von Erziehungspraxis und Sesshaftwerdung bei den !Kung, einer Gruppe der San (Draper, referiert in Michl 1982, S. 103ff.), legen nahe davon auszugehen, dass die Folgen der neolithischen Revolution auch mit einem veränderten Kindheitsbild einhergingen: Kinder wurden nun zur Arbeit herangezogen, die Bedeutung der Altersklasse nahm erheblich zu, die Geschlechterdifferenzen wurden betont und veränderten sich zu Ungunsten der Mädchen und Frauen. Dies würde z.B. auch erklären, warum in vielen bäuerlichen Kulturen kollektive Initiationen, Altersklassen- und Bundsysteme offenbar stärker ausgeprägt sind als in Wildbeutergesellschaften.

2.1.2 Die Erfindung von Schrift und Zahl

Laut Eder (1976, S. 16) brachte das Neolithikum drei Gesellschaftstypen hervor: bäuerliche Dorfkulturen, kriegerische Hirtennomaden und ländliche Handwerkerstaaten, wobei letztere mit Formen funktionaler Ausdifferenzierung politischer Rollen die Voraussetzungen für die Entstehung von Hochkulturen schufen (ebd., S. 87). Aus der zunehmenden Urbanisierung und Spezialisierung resultierten neue Herausforderungen für Planung, Vorratshaltung, Handel und Verwaltung, die schließlich zur Erfindung der Schrift und mathematischer Symbolsysteme führten.

Obwohl Lesen, Schreiben und Rechnen auch heute noch als ‚grundlegende Kulturtechniken' gelten, die in der Schule zu vermitteln sind, wird die menschheitsgeschichtliche Revolution der Literalität in der Schulforschung nur selten gewürdigt. Hier ist es häufig die Beschäftigung mit Bildung in der sog. Dritten Welt, die am ehesten dazu nötigt, sich neben der technisch-funktionalen Alphabetisierung auch mit den kognitiven und sozialen Auswirkungen von Schriftlichkeit zu befassen. Grundlegend ist hier das Werk von Goody 1968 (deutschsprachige Teile daraus in Goody/Watt/Gough 1986), während die neuere Arbeit von Sting (1998) zwar in ihrem Untertitel eine „pädagogische Geschichte der Schriftlichkeit" verspricht, aber de facto erst mit dem Umbruch zum Buchdruck einsetzt (vgl. Kap. 2.2.1). Als herausragendes Forschungsprojekt zur Geschichte der Schriftlichkeit ist die Kooperation des Forschungsbereichs Entwicklung und Kognition des Max-Planck-Instituts für Bildungsforschung (Peter Damerow) mit dem Seminar für Vorderasiatische Altertumskunde der Freien Universität Berlin (Hans J. Nissen und Robert K. Englund) zu nennen, die in einer Ausstellung nebst Katalog und weiteren Publikationen mündete. Die Forscher untersuchten 5000 Jahre alte Zeugnisse von Schriftlichkeit und Rechenoperationen in Babylonien, unter anderem unter Zuhilfenahme computergestützter Analysemethoden und kognitionspsychologischer Ansätze zur Erklärung von Denkstrukturen und Wissenssystemen (Damerow/Englund/Nissen 1988a, b; Nissen/Damerow/Englund 1991).

Für die Schulforschung mag die Entstehung und Verbreitung verschiedener Schriften und Zahlensysteme und ihrer Vorformen wie Piktogramme oder Zählsteine und Kerbstöcke zwar interessant sein (vgl. z.B. Faulmann 1880/1985; Ifrah 1992; Damerow/Lefèvre 1981), bedeutsamer ist indessen die Frage nach deren kognitiver und kulturgeschichtlicher Bedeutsamkeit. Schriftlichkeit impliziert eine zweifach codierte Mitteilung: einmal durch Sprache (Versprachlichung des Denkens) und dann wird von dieser mündlichen Sprache noch einmal abstrahiert: Ein einmaliger zeitlicher Vorgang (mündliche Kommunikation) wird in einem Zeichensystem objektiviert oder ‚materialisiert' und kann somit „vor der Vergänglichkeit mündlicher Kommunikation gerettet werden" (Goody in Goody/Watt/Gough 1986, S. 26). Allerdings soll nicht das Interesse an einer symbolischen Reproduktion von Sprache diese Revolution ausgelöst haben, sondern Schrift entstand „als Kontrollinstrument der Wirtschaftsverwaltung" (so das Resümee von Nissen/Damerow/Englund 1991, S. X; vgl. Damerow/Englund/Nissen 1988a). Dieser Umstand erklärt denn auch am ehesten, warum und auf welchen Wegen Schriftlichkeit zur ersten Erfindung von Schule führte. „Das ‚Schreiben macht Schule'" – so fasst Liedtke (1984b, S. 346) anschaulich zusammen – „weil das Schreiben eine wichtige Voraussetzung für die Funktionsfähigkeit der zentralregierten Staaten am Nil und in Mesopotamien war". Lenhart (1987, S. 178) sieht die Erfindung und den Gebrauch der Schrift sowie die Etablierung einer politisch stratifizierten Klassengesellschaft als Voraussetzung für die Erfindung der Schule. Beide Bedingungen waren in Mesopotamien und im Ägypten des 3. Jahrtausends v. Chr. gegeben, und in beiden Gebieten entstanden die ersten Schulen. Möglicherweise ähnliche Bedingungen führten auch andernorts zur Erfindung der Schrift wie z.B. der Indus-Schrift und der chinesischen Schrift, die zwar später als in Ägypten und Mesopotamien, aber weitgehend unabhängig voneinander geschehen sein sollen (vgl. Damerow/Englund/Nissen 1988a, S. 85; Nissen/Damerow/Englund 1991, S. 7).

2.1.3 Die Erfindung der Schule

In der Schulgeschichtsforschung wird, wenn man überhaupt bis in die Antike zurückgeht, meist Erziehung und Bildung im Alten Griechenland und in Rom abgehandelt. In einer universalen Perspektive muss dies jedoch als eurozentrisch bezeichnet werden; denn die ersten Schulen entstanden im Vorderen Orient im Zusammenhang mit der Weitergabe des Schreiberberufs in dem oben von Liedtke vorgebrachten Sinne, dass das Schreiben ‚Schule macht' und daher auch ‚die Schule macht', d.h. die Schule als menschheitsgeschichtlich neue pädagogische Institution hervorgebracht hat.

Forschungsergebnisse zu diesen ersten Schulen werden in die erziehungswissenschaftliche Diskussion überwiegend von Fachleuten anderer Disziplinen (Ägyptologen, Assyrologen, Altertumskundler) eingebracht. Beiträge dieser Art finden sich insbesondere in der „Schriftenreihe zum Bayrischen Schulmuseum Ichenhausen“ (ab 1983 hrsg. vom Bayrischen Nationalmuseum), deren Einzeltitel hier aus Platzgründen nicht aufgeführt werden können. Des Weiteren hat das genannte Projekt zur Schriftlichkeit in Babylonien wichtige Erkenntnisse zur Entstehung des Schreiberberufs und der damit gekoppelten Schreiberausbildung erbracht, die schließlich in die ersten Formen von ‚Schule‘ mündete (Nissen/Damerow/Englund 1991, S. 147ff.). Forschungsmethodologisch stellt sich hier das Problem, unter welchen Kautelen Ergebnisse anderer Disziplinen in die Schulforschung eingeholt werden können. Denn während sich durchaus Schulgeschichtler finden lassen, die mit Kenntnissen des Altgriechischen und des Lateinischen Bildung und Erziehung in der griechischen und römischen Antike an Primärquellen erforschen können, dürften diese Voraussetzungen für die frühen Hochkulturen des Vorderen Orients oder Asiens wohl nur höchst selten gegeben sein. So muss die Schulforschung bei der Rezeption entsprechender Erkenntnisse anderer Disziplinen zu allererst den Begriff von ‚Schule‘ eruieren, den diese ihren Ausführungen explizit oder häufiger implizit zugrunde legen. Während Falkenstein (1953) beispielsweise in seiner Abhandlung zwar eine Vielzahl von Faktoren beschreibt, die auch die Schulforschung unschwer als Merkmale von ‚Schule‘ identifizieren kann, z.B. Schulräume, Bezeichnungen für Lehrpersonal und Schüler, Unterrichtsinhalte und didaktische Arrangements, fehlt bei ihm eine Berücksichtigung des Merkmals ‚Schulklasse‘, welches hingegen von Brunner explizit (1983, S. 65) als Voraussetzung dafür gesehen wird, dass man überhaupt sinnvollerweise von ‚Schule‘ sprechen könne, indem nämlich das zuvor vorhandene persönliche Lehrling-Meister-Verhältnis (Famulatur) in der Weitergabe des Schreiberhandwerks durch Gruppenunterricht zumindest in Anfängerklassen ersetzt wurde. Unter der Prämisse, dass die Erfindung der Schule eine Rationalisierungsleistung im intergenerationellen Wissenstransfer und somit eine pädagogische Institution sui generis darstellt, wäre hier schultheoretisch betrachtet Brunner recht zu geben. Aus diesem Blickwinkel könnten dann auch andere Forschungsbefunde im interdisziplinären Diskurs rezipiert werden: Die Erfindung von aus dem familiären Rahmen herausführenden Lehrer- und Schülerrollen, Regelhaftigkeiten im Schulalltag, didaktisch gestaltetes Unterrichtsmaterial wie z.B. immer wiederkehrende Übungstexte und lexikalische Listen, die sozusagen nach Schwierigkeitsgrad gestaffelt waren, und eben auch die Zusammenfassung von Lernenden in Gruppen (‚Schulklassen‘) bezeugen Spuren solcher Rationalisierungsprozesse, die schließlich zu Definitionsmerkmalen von Schule wurden. Schon bald ging es in diesen ersten Schulen nicht mehr nur um die handwerklich-technische Beherrschung der Literalität, sondern der Wissenstransfer wurde generalisiert und kanonisiert und umfasste neben berufsvorbereitenden Inhalten auch Formen einer „interpretierenden Bewahrung von kodifiziertem Wissen“ (Lenhart 1987, S. 188) in den damals bekannten Gebieten der Astronomie, Technik, Verwaltung, Mathematik, Geographie, Kunst, Musik und Literatur.

Die Erfindung von Schule bezeichnet also das räumlich und zeitlich abgesonderte Lernarrangement in Gruppen von Minderjährigen mit in irgendeiner Art und Weise von der Erwachsenengesellschaft didaktisch vorstrukturierten Inhalten im Medium schriftlicher Unterweisung. Es scheint plausibel anzunehmen, dass Schule zwei bereits bekannte Formen des Wissenstransfers zu einer neuen unlösbaren Einheit verband: Die ‚Meisterlehre‘ als Modell der Weitergabe des spezifischen berufsständischen Wissens des Schrifthandwerks und die ‚Initiation‘ als die pädagogisch gelenkte Einführung in die Erwachsenengesellschaft in raum-zeitlicher Abkoppelung von der produktiven Arbeit und dem Alltagshandeln. Während das eine eher aus der Wissenskumulation resultierte (Weitergabe von Wissen im neuen Speichermedium Schrift und Zahl), verdankte sich das andere eher dem Kontext der Erziehung der nachwachsenden Generation (vgl. Adick 1992a, S. 164ff.; 2000a, S. 129f.).

In diesem Sinne von ‚Schule' sprechen kann man offenbar erstmals in Mesopotamien an der Wende vom 3. zum 2. Jahrtausend v. Chr. (vgl. Nissen/Damerow/Englund 1991, S. 150f.; Waetzold 1989, S. 33); für Ägypten wird die Zeit mit „gegen 2100 v. Chr." angegeben (Brunner 1983, S. 65). Damit wäre die menschheitsgeschichtliche Erfindung der Schule nach heutigem Forschungsstand um die 4100 Jahre alt. Die auf die Anfänge von Schule in Babylonien und Ägypten folgende Schulentwicklung in Griechenland und Rom macht deutlich, dass sich diese Erfindung über ihren Ursprungskontext hinaus ausbreitet (Liedtke 1984a, S. 347). So werden z.B. babylonische Schuleinflüsse in Ägypten, Syrien, im Hethiterreich und auf der Insel Kos, also in Griechenland, nachgewiesen (Falkenstein 1953, S. 136f.). Aber ihre Erfindung fand auch in anderen kulturellen Kontexten, wie z.B. in China und Indien statt, und zwar dort möglicherweise autochthon, d.h. ohne Kulturdiffusion (Schöneberg 1981, S. 23ff.; Kotenkar 1982). Die Frage, ob und wo diese erste Welle der Universalisierung von Schule nun durch Kulturkontakt oder als eigenständige Entwicklung zustande kam, mag letztendlich die Altertumsforschung klären. Sie ist für die erziehungswissenschaftliche Erforschung der ‚Universalisierung' von Schule eher sekundär, da auch die Adaptation einer anderswo gemachten Erfindung eine ‚pädagogische Innovation' darstellt und da die Begegnung mit ‚fremden' Kultureinflüssen auch im Bereich von Erziehung und Bildung jedenfalls im euroasiatischen Raum schon in der Vormoderne eher die Regel als die Ausnahme darstellt (vgl. Beiträge in Lüth/Keck/Wiersing 1997). Demnach ist die europäische Schulentwicklung durch Kulturkontakt mit dem ‚Orient' zustande gekommen und wurde dann entsprechend den historisch-gesellschaftlichen Rahmenbedingungen in der griechischen und römischen Antike weiterentwickelt (vgl. Castle 1965). Unsere deutsche Schulgeschichte begann dann mit Schulen der römischen Kolonialmacht und christlicher Missionare. – Wie die Universalisierung der ersten Formen von Schule in anderen Weltregionen vonstatten ging, muss noch weiter erforscht werden bzw. aus vorliegenden Studien in die Schulforschung importiert werden um in Zukunft konsequent die weltweit vorfindlichen Entstehungs- und Verbreitungsmuster unterschiedlicher Formen von Schule im Blick zu haben und diese auf ihren Zusammenhang mit der Weitergabe von Schriftlichkeit und auf ihre gesellschaftliche Funktion (Schulen zur religiösen Unterweisung – z.B. Tempelschulen, Koranschulen, Klosterschulen – Schulen als Rekrutierungsstätten von Verwaltungspersonal oder als Ausbildungsstätten für Handel und andere säkulare Aktivitäten) zu untersuchen.

Anders als heute war Schule jedoch nicht für alle jungen Menschen weder zugänglich noch verpflichtend, und dies blieb offenbar in den nachfolgenden Jahrtausenden in allen ‚vormodernen' Formen von Schule der Fall, wobei insbesondere Mädchen und ländliche Bevölkerungsschichten gar nicht oder seltener zur Schule gingen. Reichhaltige bildungshistorische Daten für viele Länder liefert hier immer noch Cipolla (1969); über die Bildungssituation der Mädchen seit der Erfindung der Schule informieren die Beiträge in Hohenzollern und Liedtke (1990). Ebenfalls – von heute aus betrachtet – wenig ausgeprägt war das Zertifikatswesen, das die Schule systematisch mit dem gesamten Wirtschaftssystem eines Landes verknüpft hätte (Beispiele in: Hohenzollern/Liedtke 1991). Auch die ‚pädagogische Eigenfunktion' der Schule, die sich in Routinen und Instrumenten zeigt, die eigens nach einer ‚pädagogischen' Logik für und durch das Bildungswesen geschaffen wurden (etwa Didaktiken und Methodiken oder Lehrerbildungskonzepte) und die – neben der gesellschaftlichen Reproduktionsfunktion – Teil der ‚relativen Autonomie des Bildungssystems' darstellt (Bourdieu/Passeron 1974), war in diesem ersten Typus von Schule nur rudimentär vorhanden. Unter dieser entwicklungslogischen Perspektive entstand erst mit den öffentlichen Pflichtschulsystemen eine radikal neue Form und damit eine neue Universalisierungsdynamik von Schule.

2.2 Die weltweite Entstehung staatlich kontrollierter Pflichtschulsysteme in der Moderne

2.2.1 Bedingungsfaktoren für die Entstehung öffentlicher Pflichtschulen

Die Entwicklung moderner Gesellschaften ist nach Parsons (1971) durch die industrielle Revolution als qualitativ neue Art der Naturbeherrschung und Arbeitsteilung, die demokratische Revolution als Bedingung der Möglichkeit individueller politischer Teilhabe und die Bildungsrevolution als Recht und Pflicht zu allgemeiner Bildung für alle gekennzeichnet. Auch in der Schulforschung nimmt dieser Zusammenhang sowie die Wechselwirkung zwischen den einzelnen Prozessen eine prominente Rolle ein. In Bezug auf die ‚Universalisierung der Schule' ist nun spezifisch zu fragen, ob diese Entwicklungen kennzeichnend für Europa sind oder ob sie einen universalen Charakter (erhalten) haben. Nach vorliegenden international vergleichenden Forschungen zu den Entwicklungen – grosso modo – der letzten zwei Jahrhunderte erscheint die These zunehmend plausibler, dass die Entstehung öffentlich kontrollierter Pflichtschulsysteme tatsächlich einen grundsätzlichen Wendepunkt in der Geschichte der Schule weltweit markiert. Mindestens folgende Vorbedingungen lassen sich identifizieren, die entscheidend dazu beitrugen, ein solches neues Modell von Schule überhaupt in Kraft zu setzen:

Es musste zumindest die Idee der Allgemeinbildung geben, in dem doppelten Sinne als allgemeine, d.h. nicht partikulare, also berufsständisch oder religiös verengte Bildung und als Bildung der Allgemeinheit. Gemeinhin gilt hier Comenius als „Künder der modernen Welt" (Blankertz 1982, S. 34), da er die für die Pädagogik der Moderne insgesamt kennzeichnenden Prinzipien der Universalität, Rationalität und Repräsentativität verkörpere (Wulf 1986, S. 17ff.). Dennoch dauerte es noch einige Jahrhunderte, bis sich diese Idee in Gestalt der Proklamation von Schulpflichtgesetzen materialisierte, was wiederum nicht gleichzusetzen ist mit dem Prozess der realgeschichtlichen Umsetzung einer solchen Schulpflicht (vgl. Mangan 1994). Ob Comenius weltweit zu Recht als ‚Künder der Moderne' gelten kann, muss durch Forschungen erhellt werden, die der Frage nachgehen, ob eine solche Idee der Allgemeinbildung in anderen Kulturen und Gesellschaften ebenfalls vorhanden war und falls ja, ob, wann und wie sie dort durchgesetzt wurde oder nicht.

Ferner revolutionierte die Erfindung des Buchdrucks den bisherigen Umgang mit Schrift und Zahl; denn nun konnten Texte in praktisch beliebiger Anzahl vervielfältigt und im Prinzip allen Menschen, sofern sie lesen konnten oder dies lernen wollten, zugänglich gemacht werden. Dennoch löste Sting (1998) zufolge die technische Neuerung des Buchdrucks keinen sofortigen Bildungsboom aus; denn erst ab der zweiten Hälfte des 18. Jh. kann man von dem Beginn einer sich verallgemeinernden Schriftlichkeit in Europa sprechen (vgl. ebd., S. 161ff.). Obwohl also der Erfindung des Buchdrucks keine unmittelbaren Auswirkungen auf eine höhere Bildungsbeteiligung oder eine neue Form von Schule zugeschrieben werden kann, bleibt sie dennoch die technische Voraussetzung preiswerter Schulbuchproduktion, ohne die jedenfalls Schule als „öffentliche Einrichtung für Massenlernprozesse" (Herrlitz/Hopf/Titze 1984, S. 57) weder in Europa noch weltweit (Boli/Ramirez/Meyer 1985, S. 147ff.) denkbar gewesen wäre. Für weitere Schulforschungen dürfte daher der Gedankengang durchaus interessant sein, schulgeschichtliche Entwicklungen mit den drei großen „Technologien des Wortes" – Schrift, Druck, Computer – (Ong 1987, S. 84ff.) in Beziehung zu setzen; denn derzeit stellt sich ja die Frage, ob das Massenlernmittel Schulbuch durch die informationstechnische Revolution der Digitalisierung und internationalen Vernetzung menschlichen Wissens (Internet) abgelöst wird.

Eine weitere Umwälzung betraf die Trägerschaft und Kontrolle des Bildungswesens. Die moderne Schule wurde überall zur „Staatsschule" (so schon die Terminologie von Paulsen 1909/1966, S. 175). Das staatliche Gewaltmonopol – statt partikularer Interessengruppen, z.B. Religions-, Standes- oder Berufsgruppen – konnte am ehesten Schulpflicht verordnen, Schulentwicklung vereinheitlichen und formal gleiche Bedingungen für alle Bürger schaffen. Nicht ohne Grund sehen denn auch die Forschungen der Stanford-Gruppe die weltweite Entstehung strukturell ähnlicher Nationalstaaten in den letzten zwei Jahrhunderten als Hauptursache für die Entstehung ebenfalls weltweit strukturell ähnlicher Bildungssysteme (Meyer 1980; Ramirez/ Boli 1987). Die Bedeutsamkeit eines solchen Nationalstaatsmodells für die Schulentwicklung erschließt sich indessen nur, wenn man ‚Nationalstaaten' in ihrer innerstaatlichen Homogenisierungsleistung wahrnimmt (Herstellung einer ‚nationalen' Kultur vor und trotz aller ethnischen, religiösen, kulturellen und sozialen Diversität; vgl. Wenning 1996) sowie diese in einem kompetitiven internationalen Staatensystem betrachtet, das zu einer Weltökonomie mit einer internationalen Arbeitsteilung zusammenwächst (Adick 1992a, S. 123ff.).

Eine weitere Vorbedingung für die Entstehung eines weltweit radikal neuen Typs von Schule ist in der konsequenten Konzipierung von Bildung als ‚Kulturkapital' zu sehen (Bourdieu 1983). Schulgeschichtlich fand dies seinen Niederschlag im Aufstieg des sog. ‚Berechtigungswesens'. Zwar waren diverse Arten von Schülerbeurteilungen durchaus vorher bekannt (vgl. Hohenzollern/Liedtke 1991), aber erst seit etwa den letzten zwei Jahrhunderten werden Schülerleistungen in einer vorher nie gekannten Art und Weise immer ausgreifender kontrolliert, zensiert und zertifiziert. Dieses schulische Leistungsprinzip verknüpft die Schule systematisch mit dem Wirtschafts- und Sozialsystem moderner Gesellschaften. Als ‚Kulturkapital' im Bourdieu'schen Sinne fungieren nun schulische Titel (institutionalisiertes Kulturkapital) und die erworbenen Kompetenzen ‚Bildung' und ‚Habitus' (inkorporiertes Kulturkapital) als Transmissionsriemen individueller Lebenschancen und als systematisches Bindeglied zu einer auf Kapitalbeziehungen basierenden Gesellschaftsordnung. Der Wettlauf um Schulabschlüsse (‚Diploma Disease', Dore 1976) ist zu einem universalen Merkmal moderner Bildungssysteme weltweit geworden, weil diese in einen internationalen Welt(arbeits)markt eingebunden sind, was wiederum durch die Diskussionen um die internationale Kompatibilität von Bildungsabschlüssen auch auf nationale Schulentwicklungen zurückwirkt. In diesen Zusammenhang gehören auch Untersuchungen zum ‚brain drain' (Cao 1996); denn dieser kann nur auf der Basis im Prinzip weltweit äquivalenter Titel und Kompetenzen funktionieren, die es gestatten in einem bestimmten nationalen Bildungswesen ausgebildete Personen in einem anderen nationalen (oder multinationalen) Kontext einzusetzen.

2.2.2 Die globale Bildungsexpansion

Der erste globale Trend lässt sich unter dem Begriff ‚Bildungsexpansion' zusammenfassen: Immer mehr junge Menschen innerhalb eines Landes, aber auch weltweit, besuchen immer länger die Schule. Dieser Trend umfasst viele Einzelaspekte: Hier ist an Schulpflichtgesetze und die Ausdehnung der Schulpflichtdauer genauso zu denken wie an die Inklusion vormals bildungsferner Bevölkerungsgruppen wie z.B. Mädchen und Kinder in ländlichen Regionen. Aber auch der nicht immer staatlich verordnete Trend zur Höherqualifizierung in einer ausgebauten Sekundarschullandschaft gehört zum Phänomen der Bildungsexpansion. Der Trend bezieht sich ferner auf den ‚Export' bzw. die Adaptation von Schule in Weltregionen, die zuvor keinen (Pflicht-)Schulunterricht kannten.

Um die empirische Erforschung der weltweiten Bildungsexpansion hat sich insbesondere die Stanford-Gruppe verdient gemacht. Bevor auf deren Studien eingegangen wird, sei jedoch an dieser Stelle exemplarisch auf die methodologischen Schwierigkeiten globaler Vergleichsdesigns hingewiesen. Diese betreffen zum einen die Datengrundlage. Idealiter wären die Schulbesuchszahlen aller Länder dieser Welt einzubeziehen und zwar – um Trends berechnen zu können – zu verschiedenen Zeitpunkten. Allein die Menge der (theoretisch) in eine solche Berechnung eingehenden Daten ist hier schon schwer vorstellbar. Wie soll man nun die Daten erheben? Aus vorliegenden Datensammlungen (historische Handbücher wie Mitchell 1980, 1982, 1983 oder Datensätze der UNESCO World Survey of Education Handbooks) oder als eigene Erhebungen, z.B. bei den Bildungsministerien aller Länder? Ferner ist die Datenqualität kritisch zu überprüfen: Datenlücken, Schätzungen, mehr oder weniger absichtlich geschönte Angaben führen zur Gefahr der Verzerrung globaler Stichproben. Ein weiteres Problem stellt sich in der Vergleichbarkeit der Daten: Je nach Schulsystem werden die Kinder in verschiedenem Alter eingeschult und unterliegen unterschiedlich langen Schulpflichtzeiten in anders gestuften und gegliederten Bildungssystemen. Weitere Probleme ergeben sich für die Daten, die man heranziehen möchte um die Zusammenhänge von Bildungsentwicklungen mit ökonomischen (z.B. Bruttosozialprodukt), politischen (z.B. Regierungssystem), sozialen (z.B. ethnische und Schichtenstruktur) und anderen Variablen zu untersuchen. Diese Beispiele mögen genügen um anzuzeigen, welchen grundsätzlichen Schwierigkeiten sich empirische Schulforschungen gegenübersehen, die mit globalen Vergleichsdesigns arbeiten.

Angesichts dieser Problematik sind die Forschungsergebnisse der Stanford-Gruppe zum Faktor ‚weltweite Bildungsexpansion' seit 1870 wohl die bisher umfassendsten ihrer Art (Meyer/Ramirez/Rubinson/Boli-Bennett 1977; Boli-Bennett 1979; Ramirez/Boli-Bennett 1982; Benavot/Riddle 1988; Meyer/Ramirez/Soysal 1992; Bradley/Ramirez 1996). Der Ertrag dieser Studien lässt den Schluss zu (vgl. Adick 1995a, S. 161), dass – einmal initiiert – Schulbildung weltweit zu einer Art ‚Selbstläufer' geworden ist. Denn weder die sozioökonomischen noch die politischen nationalen Spezifika scheinen einen nennenswerten Einfluss auf Bildungsexpansion zu besitzen. Zwar lässt sich zu Beginn des gewählten Analysezeitraums, also im Jahre 1870, noch kein einheitlicher Trend erkennen (z.B. haben nicht einmal alle ‚westlichen' Länder Schulpflicht durchgesetzt), und auch in den Dekaden um die Wende vom 19. zum 20. Jh. findet sich noch kein Expansionsmuster. Die Bildungsentwicklungen konvergieren aber im Laufe der Zeit zusehends, insbesondere nach dem Zweiten Weltkrieg, und produzieren dann sozusagen einen einheitlichen säkularen Trend. Als intervenierende Variable scheint sich einzig die jeweilige Position eines Landes im Weltsystem anzudeuten. Diese zeigt z.B. an, zu welchem Zeitpunkt ein Land in den Prozess der Bildungsexpansion eintritt um dann jedoch ähnliche Trends aufzuweisen wie die vorauseilenden Länder zuvor. An dieser Stelle zeigt sich exemplarisch die mögliche Relevanz des angesprochenen Weltsystem-Ansatzes für Forschungen zur Universalisierung von Schule: Das Expansionsmuster scheint universal zu sein; dennoch ist die Ungleichzeitigkeit der Bildungsexpansion in verschiedenen Weltregionen offenbar durch die Stellung im hierarchischen Weltsystem erklärbar und nicht – das wäre die Gegenthese – durch inhärente gesellschaftliche Variablen ökonomischer, politischer oder kultureller Art, die sich ja ansonsten auch im Expansionsmuster niederschlagen müssten.

2.2.3 Der Weg zu einem neuen globalen Modell von Schule

Neben der innergesellschaftlichen und weltweiten Verbreitung von Schule stellt sich die Frage, ob damit auch ein neues Modell von Schule zustande kam. Auch hier hat die Stanford-Gruppe Konzeptionen entwickelt, die im Folgenden kritisch weitergeführt werden sollen. Die grundsätzliche Prämisse ihrer Forschungen kennzeichneten die Autoren einmal folgendermaßen: "Education as a social institution is a transnational or 'world cultural', phenomenon, in precisely the same sense that science, technology, political theory, economic development, and a host of other phenomena are transnational in nature. By this we mean that what education is (its ontology), how it is organized (its structure), and why it is of value (its legitimacy) are features that evolve primarily at the level of world culture and world economic system, not at the level of individual nation-states or other subunits of the overarching system" (Boli/Ramirez 1986, S. 66). Demnach hätte die moderne Schule im Vergleich zu vorher, wo eher eine Vielfalt verschiedener Formen von Schule vorhanden war, eine transnationale Qualität. Das Neue der modernen Schule wird anhand einer Gegenüberstellung des Verhältnisses von Bildung und Gesellschaft im 15. und im 20. Jh. typologisch erläutert (ebd., Schaubild S. 83). Die Schulentwicklung wird dabei als Teil eines komplexen Wandels in den Weltbildstrukturen, im Konzept des Individuums, in der Sozialstruktur, in den gesellschaftlichen Herrschaftsinstanzen und den Legitimationsprozessen aufgefasst. Der Vergleich charakterisiert modellhaft den Umbruch von ,vormodernen' zu ,modernen' Bildungsentwicklungen anhand von Erfahrungen in europäischen oder westlichen Gesellschaften. In der Typologie unterrepräsentiert sind jedoch die zum Verständnis des Umbruchs relevanten ökonomischen und technischen Wandlungen: Die Industrielle Revolution und der Aufstieg der Naturwissenschaften werden ebenso wenig genannt wie die europäische Expansion nach Übersee und die Herausbildung einer kapitalistischen Weltwirtschaft (eine ähnliche Kritik wäre auch an Ramirez/Boli 1987 angebracht). Ohne das Einbeziehen solcher Faktoren kann aber kaum ein angemessener Begriff des weltweiten epochalen Wandels des Zusammenhangs von Schule und Gesellschaft gelingen (vgl. Adick 2003).

Ein gewisser Eurozentrismus kennzeichnet auch die Darlegung der Entwicklungsverläufe hin zum heutigen Modell von Schule (vgl. Boli/Ramirez/Meyer 1985): In einem historischen Entwicklungsmuster (überschrieben mit ,creating societal members') war die Vorstellung der Sozialisation moderner, gesellschaftsfähiger Subjekte vorherrschend, die in lokalen Schulideen und in gemeindenahen Schulverwaltungsstrukturen manifest wurde; staatliches Engagement und staatliche Schulaufsicht waren dabei zunächst sekundär. Als Beispiele werden hier die Entwicklungen in England und in den USA genannt. In anderen Ländern (hier wird z.B. Preußen als Beispiel hervorgehoben) war die Idee vorherrschend, mittels verallgemeinerter Schulbildung moderne, loyale Bürger heranzuziehen; staatliche Instanzen übernahmen hier eine dominierende Rolle und integrierten lokale und private Schulinitiativen. Diese Entwicklungslinie (überschrieben mit ,creating members of the nation-state') sei der zweite Grundtypus. Mit dieser Typologie werden indessen die Erfahrungen der meisten ,nicht-westlichen' Länder nicht erfasst; denn sie passen weder in das eine noch in das andere Entwicklungsmuster und gehören dennoch zum übergeordneten historischen Gesamtzusammenhang der Universalisierung der modernen Schule. In diesen, von europäischen Missions- und Kolonialschulen dominierten ,nicht-westlichen' Regionen kam es ebenfalls im 19. und 20. Jh. zur Herausbildung neuer Bildungssysteme auf verschiedenen Wegen externer Einflussnahme, indem Schulen europäischen Typs adaptiert und einheimische Unterrichtsformen delegitimiert wurden. Aus diesem Grunde wäre (mindestens) noch eine weitere typische historische Entwicklungslinie hin zum globalen

Modell von Schule zu konzipieren, die in Anlehnung an die Diktion der Stanford-Gruppe mit ‚creating (largely dependent) members of the modern world system' überschrieben werden kann (Adick 1992a, S. 136). Ferner müsste überprüft werden, welche ggf. gesonderten Entwicklungslinien sich in den nicht kolonialisierten außereuropäischen Ländern manifestieren, d.h. welchem Modell z.B. Länder wie China und Japan zuzuordnen sind. Alle Entwicklungswege näherten sich, darin ist den Stanford-Autoren wieder recht zu geben, die dies schon für die zwei von ihnen genannten postuliert hatten, im Laufe der Zeit einander an und führten historisch zum selben Ergebnis: Etablierung öffentlicher Pflichtschulsysteme mit Auswirkungen auf Lehrerbildung, Curricula, Errichtung staatlicher Bildungsbehörden, Reglementierung von Schulabschlüssen usw. Der von Müller (1981) für Preußen nachgezeichnete Prozess der ‚Systembildung' der modernen Schule und die in ähnlichem Sinne von Lenhart (1987, S. 98) verwendete Unterscheidung zwischen ‚Schule' (erste Erfindung) und ‚Bildungssystem' (moderne Etappe) könnten daher auf die Universalisierung der modernen Schule insgesamt angewendet werden, so dass man davon sprechen kann, dass es zu einem ‚Weltmodell' öffentlicher Pflichtschulsysteme gekommen ist, das mit seinen bereits erwähnten strukturellen Ähnlichkeiten zu einem Subsystem in allen heutigen international vernetzten Gesellschaften geworden ist (vgl. Adick 1995b), dass daraus jedoch – jedenfalls bislang – (noch) kein ‚Weltbildungssystem' als funktionales Subsystem des ‚modernen Weltsystems' entstanden ist (vgl. Adick 2003).

3 Bilanz und Perspektiven von Forschungen zur Universalisierung von Schule

3.1 Versuch einer kritischen Bilanz bisheriger Forschungen

Verschiedene Desiderate wurden schon passim benannt, so dass hier nurmehr einige größere Kritiklinien angesprochen werden sollen: Wie schon angedeutet weisen Forschungen zur Universalisierung von Schule trotz aller internationaler Vergleiche und globaler Perspektiven häufig dennoch einen gewissen Eurozentrismus auf. Aus diesem Grunde ist nicht nur zu fordern, die ‚nicht-westlichen' Bildungsentwicklungen der letzten Jahrhunderte als integralen Bestandteil der modernen Schulgeschichte mit zu diskutieren (vgl. Adick 1992b), sondern auch in makrohistorischer Perspektive den Blick auf die Erfindung und Verbreitung von Schulen in allen Kontinenten zu richten. Die lange Schulgeschichte im orientalischen und asiatischen Raum müsste dazu auch von der hiesigen Schulforschung mehr rezipiert werden. Hierzu gehört ebenfalls die Geschichte der Expansion nicht-westlicher Schulformen, z.B. die Verbreitung von Koranschulen über ihren Ursprungskontext hinaus in andere orientalische, europäische, asiatische und afrikanische Gesellschaften, wobei dann auch ihre Stellung in heutigen staatlich organisierten Pflichtschulsystemen unter der Frage erforscht werden könnte, ob hier eine Integration in das ‚Weltmodell Schule' vonstatten geht oder sich parallele Schulsysteme in einem Land etablieren (vgl. z.B. Reichmuth 1998; Wiegelmann 2002).

Kritisch zu betrachten sind kurzschlüssige Folgerungen, die aus Befunden zur Universalisierung von Schule gezogen werden (könnten). Eine deterministische Fehldeutung liegt dann vor, wenn die geschilderten universalen Bildungsentwicklungen teleologisch und nicht historisch interpretiert werden, so als seien sie nach einer Art ‚geheimem Bauplan', womöglich noch der Natur, zustande gekommen. Auch wenn evolutionistische Terminologie verwendet wird, bewegen wir uns bei der Erfindung von Schule immer noch auf dem Terrain der soziokulturellen (und nicht der biologischen) Evolution. Kritik ist ferner an der Interpretation mancher Befunde der Stanford-Studien geboten (vgl. Adick 1995a, S. 167ff.): Institutionalisierungs-, Standardisierungs-, Homogenisierungs- und Masseneffekte mögen eine Uniformität der globalen Schulentwicklung belegen, die jedoch möglicherweise durch den Forschungsansatz selbst zu erklären ist, der – notgedrungen – auf hoch aggregierte Daten wie Schülerströme, Schulpflichtgesetze, Stundentafeln usw. setzen muss und weniger leicht global erforschbare Entwicklungen wie Unterrichtspraxis, pädagogische Intentionalität, interne Vielgestaltigkeit einer Schulform ausblendet; – man denke z.B. an die Bandbreite von Schulpraxis, die sich allein hinter einer Schulform wie ‚Gesamtschule' weltweit verbirgt. Hier zeigt sich die Gefahr einer Artefaktbildung und eines Zirkelschlusses zwischen theoretischen Überlegungen und empirischer Forschung. Neben Uniformitätseffekten sollte die Forschung zur Universalisierung von Schule deswegen auch die Variationsbreite, Alternativen und Handlungsspielräume nicht unterschlagen. Eine universale Herangehensweise an die Schulgeschichte mag ferner zu normativen Fehldeutungen verleiten, wenn von empirisch ermittelten ‚Fakten' auf ‚richtige' oder gar ‚wünschbare' Entwicklungen geschlossen wird: Die Universalisierung der Schule – so sie denn durch die Forschungen als ‚Faktum' beschreibbar geworden ist – ist in einem normativen Sinne nicht schon ‚gut', weil sie ist. Von ‚Universalisierung der Schule' zu reden ist vielmehr in vielerlei Hinsicht sicherlich durchaus plausibel, aber wissenschaftslogisch dennoch (bloß) eine historische Rekonstruktion, die sich gegen andere Interpretationen kraft des besseren Arguments behaupten muss. Aus diesem Grunde sollte auch die Diskussion der konkurrierenden Theorievarianten evolutionistischer, neo-institutionalistischer, Weltsystem-bezogener oder anderer Provenienz in Bezug auf ihre Leistungsfähigkeit zur Erklärung der Universalisierung von Schule vorangetrieben werden (vgl. z.B. die Theoriediskussion in Schriewer 2000).

3.2 Globalisierung: Eine neue Etappe der Universalisierung von Schule?

Aus der von einigen Bildungsforschern verwendeten Evolutionsperspektive erscheint ‚Globalisierung' als eine besondere Herausforderung dergestalt, dass hier die anthropologisch in räumlicher und sozialer Hinsicht auf den Nahbereich ‚programmierte' Menschheit (Muster ist hier die ‚steinzeitliche' Vergesellschaftungsform) mit komplexen Anforderungen konfrontiert wird, der sie (möglicherweise) nicht gewachsen ist. Aus diesem Grunde könnte und sollte gerade das Lernen in der Schule eine Antwort auf diesen Widerspruch oder diese Herausforderung finden (vgl. Treml 1996 und diverse Beiträge in Görgens/Scheunpflug/ Stojanov 2001). Wenngleich erst einmal das Paradoxon zu klären wäre, wie denn dieser auf den ‚Mesokosmos' geprägte Mensch (so die evolutionstheoretische Denkfigur; vgl. kritisch hierzu Engels 1989, S. 298ff.) überhaupt in der Lage war z.B. Techniken wie die Raumfahrt oder das Internet zu erfinden, so stellt sich in schulgeschichtlicher Perspektive die Frage, ob nicht gerade die Schule von Anfang an durch die Reproduktion und Bearbeitung menschlichen Wissens daran beteiligt war, diesen ‚Mesokosmos' zu überwinden und die anthropologisch ebenfalls zu konstatierende ‚Weltoffenheit' des Menschen kulturgeschichtlich zu befördern.

Aus der genannten Weltsystem-Perspektive ist demgegenüber das, was heute unter dem Begriff ‚Globalisierung' diskutiert wird, qualitativ nichts Neues, sondern stellt eine weitere Etappe der historischen Entwicklung dar. Es stellt sich daher die Frage, ob dies auch für die Schulgeschichte zutrifft. Globalisierung im Bildungsbereich bedeutet, das wäre die These, dass die internationale Vernetzung der Bildungssysteme zunimmt: Die in letzter Zeit sich häufenden Vergleiche bezüglich der Schulleistungen in verschiedenen Bildungssystemen (z.B. TIMSS und PISA) unterstreichen deren internationalen Wettbewerbscharakter. Abkommen über die Anerkennung von Diplomen verweisen darauf, dass Bildung als kulturelles Kapital inzwischen auf einem übernationalen Markt gehandelt wird. Weltbildungskonferenzen, internationale Evaluationskommissionen, im pädagogischen Bereich agierende internationale Organisationen (OECD, UNESCO, UNICEF, ILO, Weltbank) üben unterschiedlichen Druck aus auf die Ebene der nationalen Bildungspolitik. Schließlich sind Erziehungswissenschaft und Schulpraxis selbst durch internationale Kontakte und Partnerschaften in den globalen Diskurs um die Weiterentwicklung von Schule verwoben. Neben dieser Internationalisierungstendenz kann die Schulforschung ferner die unter dem Etikett der Globalisierung tatsächlich betriebenen Schulentwicklungen kritisch in Augenschein nehmen; denn Schlagwörter wie ‚mehr Markt', ‚weniger Staat', ‚mehr Autonomie für die Einzelschule' sind in etlichen Ländern zum Bestandteil nationaler Bildungspolitik oder Bildungsrhetorik geworden und es gehört zu den Standardargumenten auf die internationale Wettbewerbsfähigkeit des eigenen Bildungswesens hinzuweisen um damit strukturelle Reformen zu legitimieren (vgl. Brown 1996; Davies/Guppy 1997; Stromquist/Monkman 2000). Neoliberale Bildungspolitik als weltweit neues Leitbild fordert aber kritische Fragen, die die Schulforschung aufwerfen kann, ohne wiederum einem normativen Fehlschluss aufzusitzen, der in einer kurzschlüssigen Panikmache und Verteufelung der Globalisierung münden würde: Wer kontrolliert die Bildungsentwicklung bzw. soll sie kontrollieren, wenn staatliche Mechanismen delegitimiert werden? Partikulare Interessengruppen? Multinationale Konzerne? Internationale Bildungsagenturen? Daraus folgert, dass wir neben der Erforschung der Faktizitäten einen Diskurs brauchen über die Ausgestaltung unserer ‚globalen' Welt. Dazu gehört auch die Reflexion darauf, wie wir diesen normativen Diskurs führen wollen, z.B. unter Bezugnahme auf ethnische, kulturelle, nationale o.a. Partikularitäten oder mit dem Versuch, universale Gemeinsamkeiten zu entwickeln. Die Schulforschung kann hier als eine wissenschaftlich reflexive Instanz z.B. die Vorteile einer universalistischen Orientierung darlegen und begründen; die Entscheidung darüber bleibt aber eine politische.

Wenn von Globalisierung die Rede ist, kommt auch die Auseinandersetzung um die neuen Informationstechnologien und um Bildung in der Wissensgesellschaft (vgl. Rosenbaldt 1999) ins Spiel. Unter der Fragestellung der Universalisierung von Schule lassen sich hier Veränderungen im Faktor ‚Wissenskumulation' diagnostizieren (neues digitales Speichermedium, rasante internationale Verbreitung und Zugänglichkeit von Wissen, ‚Wissen' als neue entscheidende Produktivkraft in Konkurrenz zu Arbeit und Kapital), die möglicherweise, so die These, wie zuvor in der Menschheitsgeschichte zu Veränderungen im Bereich der Schule führen. Theoriestrategisch ergibt sich hieraus die Frage, ob sich damit eine neue Dimension von ‚Universalisierung' abzeichnet oder gar eine neue Form von Schule herausbildet. Ersteres läge vor, wenn Forschungen ergäben, dass alle nationalen Schulsysteme etwa ähnlich auf global wirksame Faktoren wie neoliberale weltwirtschaftliche Imperative, Arbeitskräfte- und Flüchtlingsmigration sowie die informationstechnische Vernetzung reagierten, z.B. durchgängig auf computerisierten Unterricht umstellten und eine interkulturelle Perspektive in ihre Wissensvermittlung (Curricula) aufnähmen. Dadurch entsteht zwar eine stärker internationalisierte Schule, aber noch kein radikal neues Modell von Schule. Die Frage nach einem neuen Modell würde sich hingegen stellen, wenn ein neuer Typus eines ‚transnationalen Schulsystems' oder gar tatsächlich ein ‚Weltbildungssystem' entstünde mit grundlegend neuen Strukturen als da (möglicherweise) wären: Transnationale Bildungsbehörden (statt Staaten) als Träger und Administratoren, vereinheitlichte internationale (statt nationale) Abschlüsse und Curricula. Forschungen zur Universalisierung von Schule könnten – diesem Gedankengang folgend – beispielsweise die Entwicklung der bereits vorhandenen ‚Internationalen Schulen' dahingehend beobachten, ob diese die nationalstaatlich kontrollierten Pflichtschulsysteme nicht nur ergänzen oder herausfordern, sondern tatsächlich ablösen und damit zum dominanten Modell von Schule weltweit würden (zu den Internationalen Schulen vgl. z.B. World Yearbook of Education 1991; Hayden/Thompson 2000). Ein gänzlich neues Modell der Universalisierung von Schule ergäbe sich auch dann, wenn Schule als Dienstleistungsgeschäft auf Weltmarktebene betrieben würde, wie dies bei totaler Durchsetzung neoliberaler Marktprinzipien im GATS (General Agreement on Trades and Services) der Fall wäre (vgl. z.B. Robertson/Bonal/Dale 2002): Demnach wäre die Welthandelsorganisation WTO (World Trade Organisation) dann so etwas wie eine internationale Regulierungsbehörde, der sich einzelstaatliche Entscheidungen qua Vertragsbindung des GATS unterwerfen würden. Leitprinzipien der globalen Schulentwicklung wären dann Liberalisierung, Deregulierung und Privatisierung; Recht auf Bildung, Chancengleichheit und demokratische Steuerung von Bildungsentwicklungen, die historisch ihren Ausdruck in den Versprechungen öffentlich kontrollierter Pflichtschulsysteme gefunden haben, würden durch global wirksame profitorientierte Marktmechanismen ersetzt.

Der eingangs zitierte Schultheoretiker gibt in seinem Essay „Ist die Schule ewig?" (Tillmann 1997) der heutigen Pflichtschule in reformierter und modernisierter Form auch im 21. Jh. noch eine Chance. Dies deckt sich mit Expertenbefragungen zur Zukunft des Schulwesens (vgl. diverse Beiträge in Rosenbladt 1999) und mit den Ansichten der Autorin (vgl. Adick 2000a). Daraus allerdings zu folgern, dass sich in den Schulsystemen weltweit nichts ändern wird, wäre falsch; denn diese Prognose gilt nur für die überschaubare Zukunft und für das Grundmodell öffentlicher Pflichtschulsysteme, das dennoch eine breite Palette von Variationen und damit Reformen und Veränderungen zulässt. Beide Aspekte – schultheoretische Überlegungen zum globalen Modell von Schule wie auch die empirisch erfassbare Veränderbarkeit dieses Modells – in einem international vergleichenden Maßstab kritisch zu beobachten, bleibt die Aufgabe der weiteren Forschung zur Universalisierung von Schule.

Literatur

Adick, C.: Schule im modernen Weltsystem. Ein Versuch zur Entmythologisierung der Vorstellung von Schule als Kolonialerbe. In: Zeitschrift für Kulturaustausch 38 (1988), S. 343-355

Adick, C.: Die Universalisierung der modernen Schule. Paderborn 1992a

Adick, C.: Modern Education in 'Non-Western' Societies in the Light of the World Systems Approach in Comparative Education. In: International Review of Education 38 (1992b), pp. 241-255

Adick, C.: Internationalisierung von Schule und Schulforschung. In: Rolff, H.G. (Hrsg.): Zukunftsfelder der Schulforschung. Weinheim 1995a, S. 157-180

Adick, C.: Formation of a World Educational System. In: Roeder, P.M./Füssel, H.P. (Eds.): Pluralism and Education. Current World Trends in Policy, Law and Administration. Berkeley 1995b, pp. 41-60

Adick, C.: Staatlich kontrollierte Pflichtschulsysteme als evolutionäre Errungenschaften an der Schwelle zum nächsten Jahrtausend. In: Hamburger, F./Kolbe, F.U./Tippelt, R. (Hrsg.): Pädagogische Praxis und erziehungswissenschaftliche Theorie zwischen Lokalität und Globalität. Frankfurt a.M. u.a. 2000a, S. 120-141

Adick, C.: Globalisierung als Herausforderung für nationalstaatliche Pflichtschulsysteme. In: Scheunpflug, A./Hirsch, K. (Hrsg.): Globalisierung als Herausforderung für die Pädagogik. Frankfurt a.M. 2000b, S. 156-168

Adick, C.: Gegenstand und Reflexionsebenen der International und Interkulturell Vergleichenden Erziehungswissenschaft. In: Adick, C./Kraul, M./Wigger, L. (Hrsg.): Was ist Erziehungswissenschaft? Donauwörth 2000c, S. 67-95

Adick, C.: Globale Trends weltweiter Schulentwicklung: Empirische Befunde und theoretische Erklärungen. In: Zeitschrift für Erziehungswissenschaft. 6 (2003), H. 2, S. 173-187

Adick, C./Krebs, U. (Hrsg.): Evolution, Erziehung, Schule. Beiträge aus Anthropologie, Entwicklungspsychologie, Humanethologie und Pädagogik. Erlangen 1992

Alt, R.: Vorlesungen über die Erziehung auf frühen Stufen der Menschheitsentwicklung. Berlin 1956

Bayrisches Nationalmuseum (Hrsg.): Schriftenreihe zum Bayrischen Schulmuseum Ichenhausen. Bad Heilbrunn 1983ff.

Benavot, A./Riddle, P.: National Estimates of the Expansion of Primary Education. 1870-1940: Trends and Issues. In: Sociology of Education 61 (1988), pp. 191-210

Blankertz, H.: Die Geschichte der Pädagogik. Von der Aufklärung bis zur Gegenwart. Wetzlar 1982

Boli-Bennett, J.: The Ideology of Expanding State Authority in National Constitutions 1870-1970. In: Meyer, J.W./ Hannan, M.T. (Eds.): National Development and the World System – Educational, Economic, and Political Change 1950-1970. Chicago et al. 1979, pp. 222-237

Boli, J./Ramirez, F.O./Meyer, J.W.: Explaining the Origins and Expansion of Mass Education. In: Comparative Education Review 29 (1985), Vol. 2, pp. 145-170

Boli, J./Ramirez, F.O.: World Culture and the Institutional Development of Mass Education. In: Richardson, J.G. (Ed.): Handbook of Theory and Research in the Sociology of Education. Westport/Conn 1986, pp. 65-90

Bourdieu, P./Passeron, J.C.: Abhängigkeit in der Unabhängigkeit: die relative gesellschaftliche Unabhängigkeit des Bildungssystems. In: Hurrelmann, K. (Hrsg.): Soziologie der Erziehung. Weinheim 1974, S. 124-158

Bourdieu, P.: Ökonomisches Kapital, kulturelles Kapital, soziales Kapital. In: Kreckel, R. (Hrsg.): Soziale Ungleichheiten. Göttingen 1983, S. 183-198

Bradley, K./Ramirez, F.O.: World Polity and Gender Parity. Women's Share of Higher Education, 1965-1985. In: Research in Sociology of Education and Socialization 11 (1996), pp. 63-91

Brown, P.: Education, Globalization and Economic Development. In: Journal of Education Policy 11 (1996), Vol. 1, pp. 1-25

Brunner, H.: Schreibunterricht und Schule als Fundament der ägyptischen Hochkultur. In: Kriss-Rettenbeck, L./Liedtke, M. (Hrsg.): Schulgeschichte im Zusammenhang der Kulturentwicklung. Bad Heilbrunn 1983, S. 62-75

Brunner, H.: Altägyptische Erziehung. Wiesbaden 1991/1957

Bühler, H./Datta, A./Mergner, G./Karcher, W.: Ist eine Evolutionstheorie erziehungswissenschaftlich brandgefährlich? In: Zeitschrift für internationale Bildungsforschung und Entwicklungspädagogik 19 (1996), H. 2, S. 27-29

Castle, E.B.: Die Erziehung in der Antike und ihre Wirkung in der Gegenwart. Stuttgart 1965

Cao, X.: Debating 'Brain Drain' in the Context of Globalization. In: Compare 26 (1996), Vol. 3, pp. 269-286

Cipolla, C.M.: Literacy and Development in the West. Harmondsworth u.a. 1969

Damerow, P./Lefèvre, W.: Rechenstein, Experiment, Sprache. Historische Fallstudien zur Entstehung der exakten Wissenschaften. Stuttgart 1981

Damerow, P./Englund, R.K./Nissen, H.J.: Die Entstehung der Schrift. In: Spektrum der Wissenschaft 10 (1988a), H. 2, S. 74-85

Damerow, P./Englund, R.K./Nissen, H.J.: Die ersten Zahldarstellungen und die Entwicklung des Zahlbegriffs. In: Spektrum der Wissenschaft 10 (1988b), H. 3, S. 46-55

Davies, S./Guppy, N.: Globalization and Educational Reforms in Anglo-American Democracies. In: Comparative Education Review 41 (1997), Vol. 4, pp. 435-459

Diederich, J./Tenorth, H.E.: Theorie der Schule. Berlin 1997

Dietrich, C./Sanides-Kohlrausch, C.: Erziehung und Evolution. In: Bildung und Erziehung 47 (1994), H. 4, S. 397-410

Dore, R.: The Diploma Disease. Education, Qualifications and Development. Berkeley et al. 1976

Eder, K.: Die Entstehung staatlich organisierter Gesellschaften. Frankfurt a.M. 1976

Engels, E.M.: Erkenntnis als Anpassung? Eine Studie zur Evolutionären Erkenntnistheorie. Frankfurt a.M. 1989

Falkenstein, A.: Die babylonische Schule. In: Saeculum 4 (1953), H. 2, S. 125-137

Faulmann, C.: Das Buch der Schrift. Neuauflage der Wiener Auflage 1880. Nördlingen 1985

Fichtner, B.: Lernen und Lerntätigkeit: ontogenetische, phylogenetische und epistemologische Studien. Marburg 1996

Frank, A./Gilles, B.K. (Eds.): The world system: five hundred years or five thousand? London 1993

Frank, A.G.: ReOrient. Global Economy in the Asian Age. Berkeley et al. 1998

Goody, J. (Ed.): Literacy in Traditional Societies. Cambridge 1968

Goody, J./Watt, I./Gough, K.: Entstehung und Folgen der Schriftkultur. Reinbek 1986

Görgens, S./Scheunpflug, A./Stojanov, K. (Hrsg.): Universalistische Moral und weltbürgerliche Erziehung. Die Herausforderung der Globalisierung im Horizont der modernen Evolutionsforschung. Frankfurt a.M. 2001

Grohs, E.: Frühkindliche Sozialisation in traditionellen Gesellschaften. In: Müller, K.E./Treml, A. (Hrsg.): Ethnopädagogik. Sozialisation und Erziehung in traditionellen Gesellschaften. Berlin 1996, S. 35-67

Hall, T.: The World-System Perspective. A Small Sample from a Large Universe. In: Sociological Inquiry 66 (1996), Vol. 4, pp. 440-454

Habermas, J.: Zur Rekonstruktion des Historischen Materialismus. Frankfurt a.M. 1976

Habermas, J.: Theorie des kommunikativen Handelns. Bd. 2, Frankfurt a.M. 1981

Hauck, G.: Evolution, Entwicklung, Unterentwicklung. Gesellschaftstheoretische Abhandlungen. Frankfurt a.M. 1996

Hayden, M./Thompson, J. (Eds.): International Schools & International Education. London et al. 2000

Herrlitz, H.G./Hopf, W./Titze, H.: Institutionalisierung des öffentlichen Schulsystems. In: Baethge, M./Nevermann, K. (Hrsg.): Organisation, Recht und Ökonomie des Bildungswesens (Enzyklopädie Erziehungswissenschaft, Bd. 5). Stuttgart 1984, S. 55-71

Hohenzollern, Prinz von J. G./Liedtke, M. (Hrsg.): Der weite Schulweg der Mädchen. Bad Heilbrunn 1990

Hohenzollern, Prinz von J.G./Liedtke, M. (Hrsg.): Schülerbeurteilungen und Schulzeugnisse. Historische und systematische Aspekte. Bad Heilbrunn 1991

Hinzen, H./Müller, J. (Hrsg.): Bildung für Alle – lebenslang und lebenswichtig. Die großen internationalen Konferenzen zum Thema Grundbildung: Von Jomtien (Thailand) 1990 bis Dakar (Senegal) 2000. Bonn 2001

Hüfner, K./Meyer, J.W./Naumann, J.: Comparative Education Policy Research: A World Society Perspective. In: Dierkes, M./Weiler, H.N./Antal, A.B. (Eds.): Comparative Policy Research. Aldershot 1987, pp. 188-243

Ifrah, G.: Die Zahlen. Die Geschichte einer großen Erfindung. Frankfurt a.M. 1992

Illich, I.: Entschulung der Gesellschaft. Eine Streitschrift. München 1973

Kotenkar, A.: Grundlagen hinduistischer Erziehung im alten Indien. Frankfurt a.M. 1982

Krebs, U.: Erziehung in Traditionalen Kulturen. Quellen und Befunde aus Afrika, Asien und Australien 1898-1983. Berlin 2001

Lenhardt, G.: Schulwissen für die Massen. Überlegungen zur internationalen Curriculumentwicklung. In: Zeitschrift für internationale erziehungs- und sozialwissenschaftliche Forschung 10 (1993), H. 1, S. 21-30

Lenhardt, G./Stock M.: Bildung, Bürger, Arbeitskraft. Schulentwicklung und Sozialstruktur in der BRD und der DDR. Frankfurt a.M. 1997

Lenhart, V.: Die Evolution erzieherischen Handelns. Frankfurt a.M. 1987

Lenhart, V.: Zur evolutionstheoretischen Fundierung der Erziehungswissenschaft. In: Adick, C./Krebs, U. (Hrsg.): Evolution, Erziehung, Schule. Beiträge aus Anthropologie, Entwicklungspsychologie, Humanethologie und Pädagogik. Erlangen 1992, S. 237-250

Lenhart, V.: Bildung in der Weltgesellschaft. In: Scheunpflug, A./Hirsch, K. (Hrsg.): Globalisierung als Herausforderung für die Pädagogik. Frankfurt a.M. 2000, S. 47-64

Liedtke, M.: Evolution und Erziehung. Göttingen 1972/1991

Liedtke, M.: Das Schulmuseum als geschichtswissenschaftliche und didaktische Aufgabe. In: Zeitschrift für Pädagogik 30 (1984a), S. 343-354

Liedtke, M: Warum Schule Schule gemacht hat. Zum Zusammenhang von Schule, Kultur und Gesellschaft. Universitätsreden 16/3. Folge, Erlangen 1984b

Liegle, L.: ‚Weltsystem'-Ansatz oder ‚Welt'-Perspektive? Globalisierungsprozesse als Probleme der Vergleichenden Erziehungswissenschaft. In: Bildung und Erziehung 55 (2002), S. 365-382

Lüth, C./Keck, R.W./Wiersing, E. (Hrsg.): Der Umgang mit dem Fremden in der Vormoderne. Köln u.a. 1997

Mangan, J.A.: A Significant Social Revolution. Cross-Cultural Aspects of the Evolution of Compulsory Education. London et al. 1994

Meyer, J.W./Ramirez, F.O./Rubinson, R./Boli-Bennett, J.: The World Educational Revolution, 1950-1970. In: Sociology of Education 50 (1977), pp. 242-258

Meyer, J.W.: The world polity and the authority of the nation-state. In: Bergesen, A. (Ed.): Studies in the Modern World System. New York u.a. 1980, pp. 109-137

Meyer, J.W./Ramirez, F.O./Soysal, Y.: World Expansion of Mass Education, 1870-1980. In: Sociology of Education 65 (1992), pp. 128-149

Meyer, J.W./Ramirez, F.O.: The World Institutionalization of Education. In: Schriewer, J. (Ed.): Discourse Formation in Comparative Education. Frankfurt a.M. etc. 2000, pp. 111-132

Michl, M.: Erziehung und Lebenswelt bei den Buschleuten der Kalahari. Saarbrücken u.a. 1982

Mies, M.: Gesellschaftliche Ursprünge der geschlechtlichen Arbeitsteilung. In: Beiträge zur feministischen Theorie und Praxis 3 (1980), S. 61-78
Mitchell, B.: European Historical Statistics 1750-1975. New York 1980
Mitchell, B.: International Historical Statistics: Africa and Asia. New York 1982
Mitchell, B.: International Historical Statistics: The Americas and Australia. Detroit 1983
Müller, D.K.: Der Prozeß der Systembildung im Schulwesen Preußens während der zweiten Hälfte des 19. Jahrhunderts. In: Zeitschrift für Pädagogik 27 (1981), S. 245-269
Müller, K.E.: Initiationen. In: Müller, K.E./Treml, A. (Hrsg.): Ethnopädagogik. Sozialisation und Erziehung in traditionellen Gesellschaften. Berlin 1996, S. 69-91
Müller, K.E./Tremel, A.K. (Hrsg.): Ethnopädagogik. Sozialisation und Erziehung in traditionellen Gesellschaften. Berlin 1996
Nissen, H.J./Damerow, P./Englund, R.K.: Frühe Schrift und Techniken der Wirtschaftsverwaltung im alten Vorderen Orient. Informationsspeicherung und -verarbeitung vor 5000 Jahren. Bad Salzdetfurth 1991
Ong, W.J.: Oralität und Literalität. Die Technologisierung des Wortes. Opladen 1987
Parsons, T.: Evolutionäre Universalien der Gesellschaft. In: Zapf, M. (Hrsg.): Theorien des sozialen Wandels. Köln u.a. 1970, S. 55-74
Parsons, T.: The System of Modern Societies. Englewood Cliffs 1971
Paulsen, F.: Das deutsche Bildungswesen in seiner geschichtlichen Entwicklung. Berlin 1909/1966
Ramirez, F.O./Boli-Bennett, J.: Global Patterns of Educational Institutionalization. In: Altbach, P./Arnove, R./Kelly, G. (Eds.): Comparative Education. New York 1982, pp. 15-36
Ramirez, F.O./Boli, J.: The Political Construction of Mass Schooling. European Origins and worldwide Institutionalization. In: Sociology of Education 60 (1987), pp. 2-17
Reichmuth, S.: Islamische Bildung und soziale Integration in Ilorin (Nigeria) seit ca. 1800. Münster 1998
Robertson, S. L./Bonal, X./Dale, R.: GATS and the Education Service Industry: The Politics of Scale and Global Reterritorialization. In: Comparative Education Review 46 (2002), pp. 472-496
Rosenbaldt, B. von (Hrsg.): Bildung in der Wissensgesellschaft. Münster 1999
Scheunpflug, A.: Evolutionäre Didaktik. Unterricht aus system- und evolutionstheoretischer Perspektive. Weinheim 2001
Schöneberg, H.: Schulen – Geschichte des Unterrichts von der Antike bis zur Neuesten Zeit. Frankfurt a.M. 1981
Schriewer, J.: Welt-System und Interrelationsgefüge. Die Internationalisierung der Pädagogik als Problem Vergleichender Erziehungswissenschaft. Humboldt-Universität zu Berlin: Öffentliche Vorlesungen 34, Berlin 1994
Schriewer, J. (Ed.): Discourse Formation in Comparative Education. Frankfurt a.M. 2000
Shostak, M.: Nisa erzählt. Das Leben einer Nomadenfrau in Afrika. Reinbek 1982
Sting, S.: Schrift, Bildung und Selbst. Eine pädagogische Geschichte der Schriftlichkeit. Weinheim 1998
Smolla, G.: Kommunikation, Wissensvermittlung und Wissenskumulation in der menschlichen Frühzeit. In: Kriss-Rettenbeck, L./Liedtke, M. (Hrsg.): Schulgeschichte im Zusammenhang der Kulturentwicklung. Bad Heilbrunn 1983, S. 56-60
Strobel-Eisele, G.: Schule und soziale Evolution. System- und evolutionstheoretische Untersuchungen zur Entstehung und Entwicklung der Schule. Weinheim 1992
Stromquist, N.P./Monkman, K. (Eds.): Globalization and Education. Integration and Contestation Across Cultures. Lanham et al. 2000
Tillmann, K.J.: Theorie der Schule – eine Einführung. In: Tillmann, K.J. (Hrsg.): Schultheorien. Hamburg 1987, S. 7-18
Tillmann, K.: Ist die Schule ewig? Ein schultheoretisches Essay. In: Pädagogik 49 (1997), H. 6, S. 6-10
Treml, A.K.: Einführung in die Allgemeine Pädagogik. Stuttgart 1987
Treml, A.: Die Erziehung zum Weltbürger. Und was wir dabei von Comenius, Kant und Luhmann lernen können. In: Zeitschrift für internationale Bildungsforschung und Entwicklungspädagogik 19 (1996), H. 1, S. 2-8
UNESCO: World Survey of Education Handbooks, 1955ff.
Wallerstein, I.: The Capitalist World-Economy. Cambridge 1979
Wallerstein, I.: Klassenanalyse und Weltsystemanalyse. In: Kreckel, R. (Hrsg.): Soziale Ungleichheiten. Göttingen 1983, S. 301-320
Wallerstein, I.: Der historische Kapitalismus. Berlin 1984
Wellendorf, F.: Schulische Sozialisation und Identität. Weinheim u.a. 1973
Wenning, N.: Öffentliche Erziehung im Nationalstaat. Münster 1996
World Yearbook of Education 1991: International Schools and International Education, edited. by P.L. Jonietz/ D. Harris. London et al. 1991

Wiegelmann, U. (Hrsg.): Afrikanisch – europäisch – islamisch. Entwicklungsdynamik des Erziehungswesens in Senegal. Frankfurt a.M. 2002

Wulf, C.: Der pädagogische Diskurs der Moderne. In: Jung, T./Scheer, H.D./Schreiber, W. (Hrsg.): Vom Weiterlesen der Moderne – Beiträge der aktuellen Aufklärungsdebatte. Bielefeld 1986

Zwernemann, J.: Lehrer in traditionellen Kulturen Westafrikas. In: Hohenzollern, Prinz von J.G./Liedtke, M. (Hrsg.): Schreiber, Magister, Lehrer. Bad Heilbrunn 1989, S. 327-339

Gero Lenhardt

Vergleichende Bildungsforschung – Bildung, Nationalstaat und Weltgesellschaft

Die vergleichende Bildungsforschung untersucht Wechselwirkungen zwischen der Entwicklung der Bildung und der Globalisierung. Dabei geht es um Dreierlei: um Bildung für interkulturelle Verständigung, um die Bildungsentwicklung in den einzelnen Nationalstaaten, die als eine einmalige und unverwechselbare vorgestellt wird, und schließlich um die Bildungsentwicklung als Ausdruck einer supranationalen Bewegung. Die Entwicklung einer supranationalen Bildung und Kultur wird häufig vom wirtschaftlich-technischen Qualifikationsbedarf abgeleitet und von unterstellten Sachzwängen der Natur, die ihn bestimmten. Diesem bildungsökonomischen Materialismus steht die Vorstellung einer universellen Wertordnung gegenüber, in der Bildung und Kultur aller Nationalstaaten zunehmend übereinstimmen.

1 Einführung: Bildung als supranationale Bewegung

Die Öffentlichkeit ist seit dem Ende des Kalten Krieges von den Möglichkeiten und Risiken fasziniert, die sich aus der Entwicklung der Weltgesellschaft ergeben. Auf die Risiken macht eine weltweite Protestbewegung aufmerksam. Sie richtet sich gegen einen neoliberalen Materialismus, der die normativen Perspektiven und die gesellschaftstheoretische Reichweite seiner klassischen Vorläufer vergessen hat. In den Augen vieler droht er die materiellen und soziokulturellen Grundlagen der Weltordnung zu zerstören. Die Globalisierung geht aber weit über die beschränkte Perspektive des Neoliberalismus hinaus. Historisch reicht der Gedanke einer freien, alle Menschen umfassenden Weltordnung weit zurück. Der Traum einer friedlichen Weltzivilisation stand schon der Arbeiterbewegung und dem liberalen Bürgertum vor Augen; sie folgten der religiösen Tradition des Westens. Wo der christliche Glaube herrscht, so hatte der Apostel Paulus den christlichen Universalismus in seinem Brief an die Galater bündig zusammengefasst, da „ist nicht Jude noch Grieche, da ist nicht Sklave noch Freier, da ist nicht Mann und Weib; denn ihr seid alle einer in Christus Jesus“ (Paulus Galaterbrief 3/28).

So war bereits die mittelalterliche Universität eine supranationale Einrichtung. Sie sollte zur Verbreitung der christlichen Universalethik und des Erbes der Antike in der ganzen bekannten Welt beitragen. Ihre Studenten kamen nicht anders als die Dozenten aus allen Teilen des Abendlandes und waren zur Wanderschaft, zur peregrinatio academica, angehalten (vgl. Stichweh 1994, 1998). Die Mitgliedschaft in der Universität hatte zwar ständischen Charakter, aber sie sollte auf Fähigkeiten beruhen, die man erwerben kann, und nicht wie sonst üblich auf Geburt. Der abendländische Charakter der Universitäten kommt auch in der akademischen Unterrichts- und Verkehrssprache zum Ausdruck. An allen Universitäten wurde so wie in den Kirchen das mittelalterliche Latein gesprochen (vgl. Paulsen 1919/1921; Hofstadter 1955; Stichweh 1994).

Die förmliche Bildung wurde durch den Protestantismus verallgemeinert. Er ließ die allgemeine Volksbildung entstehen. Er stellte der Außenlenkung und der Anstaltskonformität mit der katholischen Kirche die Idee der Innenlenkung des individuellen Verhaltens entgegen. Jeder Einzelne soll danach seine Lebensführung von innen heraus systematisieren, von einem inneren Zentrum aus, das er selbst zu erringen hat (Weber 1972, S. 245 ff.). Die eigenverantwortliche Systematisierung der Lebensführung sollte mit schulischer Bildung und der allgemeinen Schulpflicht unterstützt werden. Mit nur geringer Verzögerung griff diese Idee auch auf die katholischen Staaten über. Ihre Realisierung in Europa und weltweit erstreckte sich freilich über Jahrhunderte und sie ist bis heute nicht abgeschlossen.

Im aufgeklärten Absolutismus wurden die religiösen Grundlagen der wissenschaftlichen Bildung, die bis dahin fraglos gegolten hatten, buchstäblich in Frage gestellt. Zugleich wurde die Wissenschaft im Sachlichen verallgemeinert und auf Gegenstände der irdischen Daseinsbewältigung ausgedehnt. Im Jahr 1694 wurde im preußischen Halle die erste weltliche Universität gegründet. Das geschah auf Betreiben eines Bündnisses zwischen Protestantismus und aufgeklärtem Absolutismus. Den Vertretern des Pietismus ging es um individuelle Autonomie und um die Erneuerung der gesamten Welt aus dem Geist des Christentums, wie August Hermann Francke postuliert hatte (vgl. Lepsius 1996). Damit geriet er aber in einen Gegensatz zum aufgeklärten Absolutismus. Der war zwar ebenfalls auf die Überwindung der alten Verhältnisse aus, zielte dabei jedoch auf die Zentralisierung der Macht um in der internationalen Staatenkonkurrenz bestehen zu können. Frankreich war Vorbild und Bedrohung. In diesem Konflikt war der protestantische Individualismus unterlegen. Bei der Gründung der zweiten modernen Universität 1734 in Göttingen spielte er bereits keine Rolle mehr. Als um 1800 mit der Auflösung der konfessionellen Kleinstaaten auch deren religiöse Universitäten verschwanden, wurde die Universität des aufgeklärten Absolutismus überall in Deutschland zum Standardmodell.

In Kritik daran entwarfen Humboldt und seine Mitstreiter die Idee einer wissenschaftlichen Bildung in weltbürgerlicher Absicht. Sie gehörten zu den preußischen Reformern um Stein und Hardenberg, die sich für die Bildung einer demokratischen Gesellschaft engagierten. Sie verstanden die Bürgerrechte als Menschenrechte und hatten eine freie Weltgesellschaft im Auge. Ihre Vorstellungskraft und demokratische Zuversicht berühren bis heute. Humboldt, der im Anschluss an Adam Smith eine Theorie der bürgerlichen Gesellschaft vorgelegt hatte, entwarf seine wissenschaftliche Bildung als allgemeine Menschenbildung. Sie sollte nationenübergreifend einmal allen Menschen gemeinsam sein. Denn der Sinn des Fortschritts, so Humboldt, liegt in dem Bestreben „die Gränzen, welche Vorurtheile und einseitige Ansichten aller Art feindselig zwischen die Menschen stellen, aufzuheben, und die gesamte Menschheit ohne Rücksicht auf Religion, Nation und Farbe, Einen großen, nahe verbrüderten Stamm, ein zu Erreichung Eines Zweckes, der freien Entwicklung innerlicher Kraft, bestehendes Ganzes zu behandeln" (Humboldt 1903, S. 114). Die Zeit für diese Vision schien günstig, denn die siegreichen Truppen des fortschrittlichen Frankreichs hatten das Ancien Regime in Preußen geschwächt. Fichte, Mitstreiter Humboldts, konzipierte die Universität überhaupt in Begriffen einer bürgerlichen Ordnung. Die Universität sollte eine freie Gesellschaft vorwegnehmen und ihr als Ausgangspunkt dienen: „Unsere Akademie an und für sich betrachtet, gibt in der von uns angegebenen Ausführung das Bild eines vollkommenen Staats; redliches Ineinandergreifen der verschiedensten Kräfte, die zu organischer Einheit und Vollkommenheit verschmolzen sind, zur Beförderung eines gemeinsamen Zwecks (...) Diese Form einer organischen Vereinigung der aus lauter verschiedenen Individuen bestehenden Menschheit vermag in ihrer Sphäre die Wissenschaft zu aller erst, und dem Kreise der übrigen menschlichen Angelegenheiten lange zuvorkommend, zu realisieren (...) In dieser frühern Realisierung der für alle menschlichen Verhältnisse eben also angestrebten Form ist sie an dem einen, das sie gestaltete, Weissagung, Bürge und Unterpfand, dass auch das übrige so gestaltet werde, der strahlende Bogen des Bundes, der in lichten Höhen über den Häuptern der bangenden Völker sich wölbt“ (Fichte 1919).

Nach der Niederlage Napoleons scheiterte die Demokratisierung Preußens an den konservativen Kräften und mit ihr der Plan einer weltbürgerlichen Bildung. Die Berliner Universität wurde nicht zur ersten demokratischen, sondern zu einer der letzten feudal absolutistischen. Humboldts Bildungsideen waren schon bald vergessen und es entwickelte sich eine Symbiose zwischen höherer Bildung und feudal absolutistischem Staat. Auch außerhalb Deutschlands behielt die wissenschaftliche Bildung ständischen Charakter. Das gilt für die Hochschulbildung ebenso wie für die Sekundarbildung. Die Sekundarschulen aller westlichen Länder mit Ausnahme der USA hatten exklusive Zweige, deren Schüler sich auf das Hochschulstudium vorbereiteten. Die allgemeine Volksbildung hatte, soweit sie überhaupt durchgesetzt werden konnte, vorwissenschaftlichen Charakter und diente weniger der Vorbereitung auf eine eigenverantwortliche Lebensführung als der Disziplinierung der Untertanen (Lenhardt 2005).

In Deutschland war die Idee der Universität, wenn auch mit vielen feudal absolutistischen Bornierungen besonders lebendig geblieben. Im moderneren absolutistischen Frankreich hatten sich die Universitäten in der Konkurrenz mit den absolutistischen Fachhochschulen nicht behaupten können. In England war es im Bereich der dominierenden anglikanischen Kultur bei den Colleges in Oxford und Cambridge geblieben, die noch sehr lange ohne Forschungsfunktion waren. Das englische Bürgertum bewerkstelligte die Industrialisierung ohne Akademiker. Die deutschen Universitäten ragten im 19. und frühen 20. Jahrhundert heraus und zogen aus der ganzen Welt Pilgerströme von Gelehrten und Hochschulpolitikern an. Sie wurden zum Vorbild der internationalen Hochschulentwicklung.

Die allgemeine Volksbildung und die wissenschaftliche Bildung machten weltweit Schule. Zu ihrer Ausbreitung trugen die imperialistischen Nationen das Ihre bei. Die Engländer brachten sie nach Amerika, Indien, Afrika und Südostasien, die Franzosen nach Westafrika und Vietnam, die Spanier und Portugiesen nach Lateinamerika, die Holländer nach Indonesien, die USA auf die Philippinen und Russland in weite Teile Asiens (vgl. Altbach 1999, S. 15-37). Ungeachtet ihrer unterschiedlichen nationalstaatlichen Zugehörigkeit erkennen sich Schulen und Hochschulen und ihre Angehörigen in der Regel auch gegenseitig als gleiche an. Ihre Curricula und Abschlüsse entwickeln sich in einem weltweiten Zusammenhang. Es gibt einen lebhaften internationalen Austausch von Studenten und Professoren. Das wissenschaftliche Publikationswesen hat supranationalen Charakter. Die Zahl der supranationalen wissenschaftlichen Vereinigungen nimmt zu. Nachdem das Lateinische im Absolutismus und das Deutsche nach dem Ersten Weltkrieg als Sprache der Wissenschaft ausgeschieden sind, entsteht heute unter Inanspruchnahme des Englischen wieder eine Lingua franca.

2 Schwerpunkte der vergleichenden Bildungsforschung

Die Globalisierung der Lebensverhältnisse und deren Wechselwirkung mit der Bildung sind Thema der vergleichenden Bildungsforschung. In Deutschland gibt es in der Deutschen Gesellschaft für Erziehungswissenschaft (DGfE) eine eigenständige Sektion „Internationale und interkulturell-vergleichende Erziehungswissenschaft“ (SIIVE), die aus Gliederungen mit einer längeren Forschungstradition hervorgegangen ist. Es gibt einschlägige Fachzeitschriften, darunter die „Zeitschrift für internationale erziehungs- und sozialwissenschaftliche Forschung", „Tertium Comparationis – Journal für internationale Bildungsforschung", die „Zeitschrift für Internationale Bildungsforschung und Entwicklungspädagogik für Entwicklungszusammenarbeit", um nur einige zu nennen. Publikationen aus der vergleichenden Bildungsforschung finden sich auch an zahlreichen anderen Orten, vor allem solchen der Erziehungswissenschaft. In anderen Ländern, z.B. in den USA oder Frankreich, wo es die Erziehungswissenschaft als eigenständige Fachdisziplin nicht gibt, ist die Bildungsforschung Sache der Soziologie, der Psychologie, der Volkswirtschaftslehre etc. Man darf die Bedeutung der Erziehungswissenschaft als deutsche Besonderheit aber nicht überschätzen. Ihre Grenzen zu den anderen wissenschaftlichen Disziplinen der Bildungsforschung sind fließend und sie stützt sich im Wesentlichen auf deren Theorien und Methoden.

Die Gegenstände und Fragen, um die es der internationalen und interkulturellen Bildungsforschung geht, kann man in verschiedener Weise abgrenzen (vgl. dazu z.B. Adick 2000). Im Folgenden sollen sie zu drei Gruppen zusammengefasst werden. Eine Vielfalt an Arbeiten versucht, von der Globalisierung Ziele und Strategien für die Bildungspraxis abzuleiten. Besondere Beachtung finden dabei Konsequenzen, die sich aus der Migration und der europäischen Integration für interkulturelle und internationale Bildung ergeben. Da aus der wissenschaftlichen Analyse dessen, was ist, nicht gefolgert werden kann, was sein soll, werden hier je nach Autor unterschiedliche normative Orientierungen eingeführt. So geht es in diesen Arbeiten z.B. um Bildung für internationale Verständigung und für das Zusammenleben von Menschen unterschiedlicher Herkunft, also um die Frage nach Ausländerpädagogik, nach Problemen des Ethnozentrismus, nach der ethnischen Identität, der Multikulturalität etc. (vgl. dazu die Beiträge in Scheunpflug/Hirsch 2000 und die hier genannte Literatur).

Einen zweiten Schwerpunkt bilden die Studien zur Entwicklung nationaler Bildungssysteme, darunter insbesondere solcher der Dritten Welt, in historischer Perspektive aber auch derjenigen anderer Staaten. Die Entwicklung der modernen Bildungssysteme, so wird hier vorausgesetzt, folgt im Wesentlichen den Notwendigkeiten und Traditionen der einzelnen Staaten und unterliegt allein ihrer Souveränität. Geht man von dieser Vorstellung aus, dann sind Fallstudien oder die Gegenüberstellung einer eng begrenzten Zahl nationaler Bildungssysteme als die Methode anzusehen, die der internationalen Bildungsforschung angemessen ist. Die Konzentration auf Einzelfälle ist insbesondere geeignet den Sinn zu rekonstruieren, der in den institutionellen Strukturen des Bildungswesens zum Ausdruck kommt. Tatsächlich sind in Deutschland auch vor allem solche Studien entstanden.

Vergleiche einer größeren Zahl von Fällen, also multivariate Regressionsanalysen z.B., scheinen dagegen problematisch, wenn man von der Vorstellung ausgeht, die nationalen Bildungssysteme seien einmalig und unvergleichlich. Denn sinnvolle Vergleiche kann man nur anstellen, wenn sich die betrachteten Gegenstände in einem bedeutsamen Merkmal gleichen. Nur dann lässt sich ein gemeinsamer Maßstab finden, dessen ein Vergleich bedarf. So erscheint fraglich, ob Länder – in einigen Studien sind es weit über hundert – überhaupt sinnvoll verglichen werden können. Wird dabei nicht willkürlich von ihren Besonderheiten abstrahiert, also gerade davon, was als ihr Wichtigstes anzusehen ist? Enden solche Vergleiche nicht bei Feststellungen, die lediglich Äußerliches und Irrelevantes betreffen und Aufmerksamkeit letztlich nicht verdienen? Ob eine Untersuchung nach nationalen oder supranationalen Charakteristika und Bestimmungsgründen der Bildungsentwicklung fragt, hängt gewiss vom Erkenntnisinteresse ab; bei der Definition ihrer Fragestellung ist die Forschung frei. Sie darf aber nicht willkürlich verfahren; die gewählte Untersuchungsperspektive muss sich am Material auch bewähren. Wenn also die Bildungsentwicklung eines Staates aus lokalen Umständen heraus erklärt werden soll, dann müssen deren Bestimmungsgründe tatsächlich auch Besonderheiten der betreffenden Gesellschaft repräsentieren. Sind sie allgemeineren Charakters, dann greift die Suche nach lokalen Bestimmungsgründen zu kurz. Von diesem Bedenken gehen die Studien aus, deren Gegenstand die supranationale Bildungsentwicklung und deren Methode der systematische Vergleich ist.

Dass die Bildungsentwicklung supranationalen Charakter hat, tritt der Wissenschaft und der Öffentlichkeit heute immer klarer vor Augen. Beispiele aus der jüngsten Zeit sollen das verdeutlichen. Die Öffentlichkeit hat mit Sorge die Ergebnisse der Third International Mathematics and Science Study (TIMSS) diskutiert. In dieser Studie wurden die mathematischen und naturwissenschaftlichen Leistungen von mehr als einer halben Million Schüler in 46 Ländern verglichen. TIMSS steht in einer fast vierzigjährigen Tradition internationaler Schulleistungsvergleiche, die in weltweiter Kooperation im Rahmen der International Association for the Evaluation of Educational Achievement (IEA) durchgeführt wurden. Der IEA gehören vor allem Regierungseinrichtungen der Mitgliedsstaaten an. In den jüngsten Tests schnitten die deutschen Teenager bekanntlich nur mittelmäßig ab (vgl. dazu Bos/Baumert 1999).

Zu nennen ist auch der Schulvergleich des „Programme for International Student Assessment" (PISA) der OECD (Deutsches PISA-Konsortium 2001). Hier haben die Schüler aus Deutschland im Lesen bekanntlich bescheiden abgeschnitten; in Mathematik und Naturwissenschaften erging es ihnen nicht viel besser. Die ermittelte Leistungsschwäche ist nicht dramatisch; sie hat die Öffentlichkeit und die Bildungspolitik aber sehr beunruhigt und den Schulen große Aufmerksamkeit verschafft. Viele Beobachter fürchten um die Zukunft des ‚Wirtschaftsstandorts Deutschland'. Große Aufmerksamkeit hat auch die OECD mit ihrer Veröffentlichung "Education at a Glance" (2001) gefunden. In Deutschland, so ergab sich hier, nehmen weniger junge Leute ein Hochschulstudium auf als in vielen anderen Ländern; zugleich erschien die Zahl der Studienabbrecher ungewöhnlich hoch. In der Besorgnis, die Befunde wie diese auslösen, kommt die Vorstellung zum Ausdruck, dass die nationalen Bildungssysteme überall den selben Bildungsstandards folgen müssten. Länder, die davon abwichen, müssten mit den schwersten Folgen für ihren Bestand rechnen.

Zu fragen ist, worin dieser Weltstandard der Bildung besteht, und wie er sich in den nationalen Bildungssystemen durchsetzt? Diese beiden Fragen bilden ein wichtiges Thema der international vergleichenden Bildungsforschung. Aufmerksamkeit wird hier also nicht den Eigenheiten der nationalen Bildungssysteme zugemessen, sondern dem, worin alle übereinstimmen. Geht man vom supranationalen Charakter der Bildungsentwicklung aus, dann erscheint auch der Vergleich der nationalen Bildungssysteme als geeignete Forschungsmethode. Solche Vergleiche sollen im Folgenden vor allem präsentiert werden. Die Frage nach dem supranationalen Charakter der Bildungsentwicklung hat verschiedene Antworten gefunden; unter ihnen ragen zwei heraus: Der einen zufolge wird die Entwicklung der Bildung von unterstellten Sachzwängen der wirtschaftlich-technischen Entwicklung diktiert, die letztlich auf Naturgesetze zurückgingen. Da die Gesetze der Natur aber in allen Gesellschaften wirksam sind, müsse auch deren Bildung im Wesentlichen übereinstimmen. Man kann diese Auffassung im Begriff des bildungsökonomischen Materialismus zusammenfassen, da sie die Bildungsentwicklung von Sachzwängen der Natur bestimmt sieht und einen engen Zusammenhang zwischen Bildung und Wirtschaft behauptet.

Dem bildungsökonomischen Materialismus steht eine andere Auffassung von der Allgemeinheit der Bildung gegenüber. Ihr zufolge ist der supranationale Bildungsstandard Ausdruck normativer Ordnungsvorstellungen, die heute globale Reichweite erlangt haben. Die Nationalstaaten und ihre Bildungssysteme werden selbst als Manifestationen dieser Ordnungsvorstellungen verstanden. So wie sich der Nationalstaat überall gleichsam wie ein Organisationsmodell durchgesetzt habe, so auch das Bildungssystem und die Bildungsideen, denen seine Entwicklung überall folgt. Darauf zielen die Studien, die mit der Methode des Vergleichs die Bildungsentwicklung als eine supranationale untersuchen. Sie sind vor allem in den USA entstanden, während die Forschung in Deutschland mit wichtigen Ausnahmen eher von der Annahme ausgeht, die Bildung und Kultur der einzelnen Ethnien und Nationalstaaten unterschieden sich in den wesentlichen Hinsichten. Man darf diese Differenz aber nicht überschätzen. Auch in der einschlägigen amerikanischen Forschung liegt der Schwerpunkt bei Einzelfallstudien, die zumindest implizit von der Unabhängigkeit und Einmaligkeit der nationalen Bildungsentwicklung ausgehen.

Wir haben es in der vergleichenden Bildungsforschung also mit drei Vorstellungen von Bildung, Nationalstaat und Weltgesellschaft zu tun:

- mit dem bildungsökonomischen Materialismus, der die Gleichheit der Bildungsentwicklung auf die Wirksamkeit objektiver Sachzwänge zurückführt;
- mit Theorien weltbürgerlicher Bildung, die Bildung als Ausdruck einer universellen Ordnung begreifen,
- und mit Theorien nationaler Bildungsentwicklung, die das Besondere der nationalen Bildungssysteme untersuchen.

Diese drei Perspektiven sollen im Folgenden näher dargestellt und überprüft werden. Zunächst soll die Perspektive des bildungsökonomischen Materialismus erörtert werden, danach Theorien nationaler Bildungsentwicklung und schließlich Theorien weltbürgerlicher Bildung.

3 Bildungsökonomischer Materialismus: Die Welt als wirtschaftlich-technischer Sachzusammenhang

Die Vorstellung, die Entwicklung der Bildung folge der Entwicklung der Wirtschaft, dominiert in Deutschland wie keine andere. In der DDR war sie in der Form des marxistisch-leninistischen Basis-Überbau-Theorems sogar zur Staatsdoktrin geworden, ähnlich wie in den übrigen Ländern der kommunistischen Welt. In der BRD entspricht ihr die Vorstellung des gesellschaftlichen Qualifikationsbedarfs. Ihr liegt ungefähr folgendes Credo zugrunde: Die wissenschaftliche Forschung und Entwicklung entdeckten immer mehr Naturgesetze und verkörperten sie in Technik und Arbeitsorganisation, die den beruflichen Qualifikationsbedarf festlegten. Am so entstehenden Arbeitskräftebedarf der Wirtschaft hätten sich die Bildungspolitik und die Schulen zu orientieren. Die Entwicklung der nationalen Bildungssysteme folgt danach also Sachzwängen, hinter denen letztlich universell wirksame Naturgesetze stünden. Diese Vorstellung dominiert nicht nur in der Öffentlichkeit, sondern auch in der Bildungsforschung. In einer Übersicht über die Hochschulforschung resümiert Teichler: „In der Bundesrepublik Deutschland überwog – ähnlich wie in den osteuropäischen Ländern – das Interesse, den Arbeitskräftebedarf nach der voraussichtlichen Wirtschaftsentwicklung einzuschätzen und in der

Hochschulplanung zu berücksichtigen“ (Teichler/Ulrich 1995, S. 64). Mit den osteuropäischen Ländern sind die staatssozialistischen gemeint. Eine umfassende Darstellung dieser und anderer bildungsökonomischer Theorien findet sich bei Psacharopoulos und Woodhall (1985).

Die These, die Entwicklung der Bildung folge derjenigen der wirtschaftlichen Entwicklung, ist mit den Methoden der vergleichenden Bildungsforschung überprüft worden. Diese Studien haben so viele nationale Bildungssysteme berücksichtigt, wie es die Datenlage erlaubte. Dabei hat man auf eigene Erhebungen zumeist verzichtet und Modelle nach Maßgabe der bereits verfügbaren Daten konstruiert. Die Daten stammen zumeist aus den amtlichen Statistiken der verschiedenen Länder. Als erster Befund ergab sich dabei, dass die Definitionen der Sachverhalte, über die Daten erhoben werden, in den meisten Ländern recht ähnlich sind. Da die Tabellenköpfe der amtlichen Statistiken wiedergeben, was als Realität gelten soll, deutet bereits diese Ähnlichkeit auf den globalen Charakter der Bildungsentwicklung hin.

Träfe die These zu, die Entwicklung der Bildung folge der Entwicklung der Wirtschaft, dann müsste sich Folgendes zeigen: In den Ländern mit fortgeschrittenerer Wirtschaftsentwicklung müsste (1) die Schulpflicht früher eingeführt worden sein als in den rückständigeren; hier müssten (2) die ersten modernen Hochschulen entstanden sein und hier müsste (3) die weiterführende Bildung stärker expandiert sein als in den weniger entwickelten Gesellschaften. Das Ergebnis dieser Überprüfung soll gleich vorweggenommen werden: Die fraglichen Zusammenhänge zwischen Wirtschafts- und Bildungsentwicklung existieren in der Wirklichkeit nicht.

(1) Die Länder, die mit der Einführung der Schulpflicht begannen, ragten wirtschaftlich keineswegs heraus. Weltweit zum ersten Mal wurde der Schulbesuch im Jahr 1619 in dem deutschen Kleinstaat Weimar gesetzlich vorgeschrieben. Ihm folgten Gotha und verschiedene andere deutsche Staaten, Österreich, Dänemark, Griechenland, Spanien, Haiti, Schweden, Argentinien und Norwegen. In den wirtschaftlich entwickelteren Ländern wie den Niederlanden, Belgien und England wurde die Schulpflicht dagegen viel später eingeführt (Meyer/Rubinson 1975). In den USA wurden Primarschulen vor der Industrialisierung gegründet; dabei eilten die ländlichen Gebiete des Nordwestens den städtischen an der Ostküste voraus (Meyer/Tyack/Nagel/Gordon 1979).

(2) So wenig wie sich die Einführung der Schulpflicht als Antwort auf die wirtschaftlich-technische Entwicklung erwies, so wenig die Hochschulbildung. Die ersten Forschungsuniversitäten entstanden nicht im wirtschaftlich fortgeschrittenen England oder Frankreich, sondern in den wirtschaftlich rückständigen Kurfürstentümern Preußen und Hannover. Sie wurden lange vor der Industrialisierung in den Jahren 1694 und 1737 in Halle und Göttingen gegründet (vgl. Paulsen 1919). Danach ragten die Universitäten des deutschen Kaiserreichs international heraus. In der Rückschau hat man Hochschul- und Wirtschaftsentwicklung in einen Zusammenhang gebracht. Tatsächlich hatten sich die deutschen Universitäten damals jedoch sehr erfolgreich geweigert, Personal für Wirtschaft und Technik auszubilden. Das Bildungsbürgertum hielt die Welt des Wirtschaftsbürgertums nicht für standesgemäß. Unter den Absolventen der Universitäten übertraf die Zahl der Theologen oder Philosophen die der Volkswirte um ein Vielfaches (vgl. Titze 1987). Würde man von den Universitätsabsolventen auf den Charakter der wilhelminischen Gesellschaft schließen, dann wäre eher an eine Theokratie oder Philosophenherrschaft zu denken als an eine industrielle Großmacht. In einer eingehenden Untersuchung weltweit aller Hochschulgründungen seit dem Mittelalter zeigt Riddle (1993, 1996), dass die wirtschaftliche Entwicklung hochschulpolitisch ohne Bedeutung ist.

(3) Gegen bildungsökonomische Erklärungen der Hochschulexpansion sprechen auch die Daten des schon genannten Bildungsberichts der OECD. Ein Zusammenhang zwischen dem wirtschaftlichen Rang der dort berücksichtigten Länder und dem Umfang ihrer Hochschulbildung besteht nicht. Unter den Ländern mit fortgeschrittener Hochschulexpansion finden sich sehr reiche und sehr arme, und unter denen mit einer begrenzten Hochschulexpansion auch. Zweifelhaft erscheint auch die Aufregung, die die Ergebnisse der zitierten TIMSS- und PISA-Studie provoziert haben. Die Konstruktion von Zusammenhängen zwischen Schülerleistungen und dem wirtschaftlichen Erfolg eines Landes ist willkürlich. Das zeigt das Beispiel Japan. Die Vertreter des bildungsökonomischen Materialismus haben lange auf Wirtschaftswachstum und die überragenden Rechenkünste japanischer Teenager hingewiesen. Wären sie vom Zusammenhang zwischen beidem ernsthaft überzeugt, dann hätten sie für eine Reduzierung des Mathematikunterrichts plädieren müssen, als die japanische Wirtschaft in eine Krise stürzte. Diese Krise verschärft sich bis heute, aber vor einem Zuviel an Mathematikunterricht warnt niemand.

Systematisch haben Ramirez und Boli-Bennett (1982) mögliche Zusammenhänge zwischen der wirtschaftlichen und der schulischen Entwicklung in 128 Ländern überprüft und entsprechende Korrelationen berechnet. Der bildungsökonomische Materialismus, so ergab sich auch hier, entbehrt empirischer Grundlagen. Zusammenhänge zwischen Bildungs- und Wirtschaftsentwicklung gab es auch nicht in der DDR, obwohl dort der bildungsökonomische Materialismus zur Doktrin der Bildungspolitik geworden war. Die Ergebnisse, die die Bildungs- und Arbeitskräfteplanung tatsächlich hervorbrachten, wichen von dem was intendiert war, in grotesker Weise ab. Man kann für die übrigen staatssozialistischen Länder das Gleiche unterstellen (vgl. Lenhardt/Stock 2000 und die hier genannte Literatur).

Die Vorstellung eines objektiven gesellschaftlichen Arbeitskräftebedarfs ist mythischen Charakters. Technik und Arbeitsorganisation können zwar die Gegebenheiten der Natur nicht ignorieren. Die Arbeitswelt trägt jedoch in allen ihren sachlichen und organisatorischen Elementen stets den Stempel der gesellschaftlichen Verhältnisse, in denen sie entstanden. Sie verkörpert also Natürliches und zugleich die soziokulturellen Verhältnisse mit ihren Wertnormen, Interessen, Machtverhältnissen etc. Der soziokulturelle Charakter von Arbeits- und Bildungsorganisation zeigt sich anschaulich in einer vergleichenden Studie von Heidenreich und Schmidt (1991). In Gesellschaften mit ähnlichem Niveau der technischen Rationalisierung, so haben die Autoren gezeigt, differieren die Systeme der beruflichen Bildung, der beruflichen Hierarchien und der Arbeitsorganisation ganz erheblich und mithin auch die beruflichen Qualifikationsansprüche (ähnlich auch Deppe/Hoss 1984).

Zu den soziokulturellen Imperativen, denen die wirtschaftlich-technische Entwicklung Rechnung tragen muss, gehört auch die Bildung. Das sei hier mit einem naheliegenden Beispiel veranschaulicht. In der BRD hat sich die weiterführende Bildung seit den 1950er Jahren bekanntlich vervielfacht. Das geschah ungeplant, denn eine bildungsökonomische Staatsplanung hätte die Bürgerrechte verletzt und war dem Staat folglich untersagt. Wie die Arbeitsmarkt- und Berufsforschung zeigt, ist ein akademisches Proletariat aber nicht entstanden. Die Arbeitslosenquote der Hochschulabsolventen beträgt nur einen Bruchteil des nationalen Durchschnitts, und ihr Einkommensstatus hat sich gegenüber demjenigen anderer Qualifikationsgruppen eher verbessert als verschlechtert. Offenkundig gestatten es die institutionellen Verhältnisse in der Arbeitswelt den Kontrahenten, sich über Bildung und die damit verbundenen Berufserwartungen flexibler zu arrangieren als es die Vorstellung vom objektiven Qualifikationsbedarf vorsieht. Hier gelten nicht eherne Gesetzmäßigkeiten der Natur, sondern die Bürgerrechte und mit mancherlei Brechungen die Gesetze von Angebot und Nachfrage. Was für die BRD gilt, gilt ähnlich auch für die anderen westlichen Demokratien.

Der bildungsökonomische Materialismus, so zeigen die angesprochenen Studien, kann die Entwicklung der Bildungssysteme nicht erklären. Mit wirtschaftlichen Umständen stehen weder der Beginn der förmlichen Bildung noch ihre Expansion in einem Zusammenhang. Dieses Ergebnis legt es nah, die Erklärungskraft alternativer Untersuchungsansätze zu überprüfen, also derjenigen, die die Bildungsentwicklung als Ausdruck eines soziokulturellen Wandels mit normativem Charakter verstehen. Hier ist zunächst an Theorien zu denken, die von Bestimmungsgründen nationalspezifischen Charakters ausgehen.

4 Bildung als nationalspezifische Entwicklung

Die einzelnen Nationalstaaten, ihre Kultur und Bildung gelten verbreiteten Vorstellungen zufolge jeweils als einzigartig und als Ausdruck einer ganz besonderen „nationalen Identität". Das Einmalige sei aber das Wesentliche an ihnen und verdiene deswegen auch in der Forschung die größte Aufmerksamkeit. Tatsächlich dominieren in der vergleichenden Bildungsforschung Beschreibungen einzelner nationaler Bildungssysteme und Gegenüberstellungen jeweils nur weniger Fälle. Nationale Determinanten der Bildungsentwicklung unterstellen zumeist auch historische Untersuchungen. In dieser Perspektive wurden z.B. Zusammenhänge konstruiert zwischen der Bildungsentwicklung und dem Charakter der Staatsbürokratie in Preußen, dem Status der Bauern in Schweden, der Ausdehnung des Wahlrechts auf die Arbeiter in England und der ethnischen Heterogenität in den USA (vgl. Archer 1979). Die Zahl der einschlägigen Untersuchungen ist groß und verbietet es, hier auch nur die aufschlussreichsten zu nennen. Deswegen sei pauschal auf die Beiträge in den bereits genannten Zeitschriften verwiesen und auf die Zeitschrift der Comparative and International Education Society „Comparative Education Review".

Studien wie diese können nationale Besonderheiten aufdecken und sind insofern höchst interessant; die Forschung verdankt ihnen wichtige Einsichten. Ein vergleichender Blick auf die Schulentwicklung verschiedener Staaten zeigt aber andererseits, dass die so gewonnenen Erklärungen oft nicht sehr weit tragen. Im Gegensatz z.B. zu Archers Argumenten haben sich Schulen nicht nur in Gesellschaften mit einem starken Staat entwickelt, der für Modernisierung eintrat, wie der preußische und schwedische, sondern auch in Gesellschaften mit einem sehr schwachen Staat, wie der amerikanischen. Wir finden sie im vergleichsweise demokratischen England des 19. Jahrhunderts, aber auch im feudal absolutistischen Deutschland und im egalitär absolutistischen Schweden, in Ländern mit religiösen Konflikten ebenso wie in religiös homogenen und auch in solchen mit nicht-christlichen Religionen, gleichviel ob diese missionieren oder nicht. Die Schulen haben sich in Einwanderungsländern mit Integrationsproblemen entwickelt, wie in den USA, aber auch in ethnisch homogeneren Ländern wie Deutschland, Japan oder den skandinavischen. Diese Befunde lassen es fraglich erscheinen, ob die Entwicklung der nationalen Bildungssysteme überhaupt auf länderspezifische Umstände zurückgeführt werden kann.

Diesem Zweifel sind Meyer, Ramirez und Soysal (1992) in einer sehr ambitionierten empirischen Untersuchung nachgegangen. Sie haben die weltweite Durchsetzung der Schulbildung zwischen 1870 und 1980 untersucht und dabei nach der Wirksamkeit nationalspezifischer Bestimmungsgründe gefragt, denen üblicherweise eine große Bedeutung zugesprochen wird. Urbanisierung, Religion, nationale Unabhängigkeit, gesetzliche Schulpflicht sowie ethnische und Rassenkomposition der Bevölkerung der einzelnen Länder bildeten die unabhängigen Variablen, die länderspezifischen Quoten der Schülerpopulationen in Primarschulen die abhängige Variable. Die Zahl der in dieser Untersuchung berücksichtigten Länder variiert mit den verfügbaren Daten; sie war zu Beginn der Untersuchungsperiode aus offenkundigen Gründen sehr viel geringer als an deren Ende. Die Schwierigkeiten, die eine derartige Untersuchung hinsichtlich der Zuverlässigkeit der Daten aufwirft, sind offenkundig erheblich; sie werden in dem Bericht ausführlich erörtert. Zu den wichtigsten der so gewonnenen Ergebnisse gehört: Die genannten Spezifika der untersuchten Länder sind für deren Schulentwicklung kaum von Bedeutung.

5 Bildung, Nationsbildung und Weltgesellschaft

In der Studie von Meyer, Ramirez und Soysal (1992) zeigte sich des Weiteren: Die allgemeine Schulpflicht, die im Westen bereits am Beginn der Untersuchungsperiode durchgesetzt war, dehnte sich bis zum Zweiten Weltkrieg in gleichmäßigem Tempo aus. Danach beschleunigt sich das Expansionstempo dramatisch zusammen mit demjenigen der Nationsbildung. Zwischen Bildungsentwicklung und Nationsbildung besteht demnach ein enger Zusammenhang. „Mass education spreads around the world with the spread of the Western system, with its joined principles of national citizenship and state authority“ (ebd., S. 146).

Die Nationalstaaten und ihre Bildungssysteme unterscheiden sich gewiss in zahlreichen Hinsichten. Man übersieht aber etwas höchst Bedeutsames, wenn man ihre Unterschiedlichkeit überschätzt. Denn im Prozess der Nationsbildung wurden die Traditionen zerstört, in denen sich die verschiedenen Gesellschaften einmal unterschieden haben mögen (Weber 1972; Brubaker 1989; Oberndörfer 1993). Der Nationalismus machte in konfliktreichen Auseinandersetzungen überall in Europa aus der Vielfalt der Standesangehörigen gleiche Bürger. Er machte aus partikularen Traditionen die universellen Bürgerrechte, aus dem Gottesgnadentum die Republik, aus dem paternalistischen christlichen Armenwesen den bürgerlichen Sozialstaat, aus traditionaler naturalwirtschaftlicher Versorgung rationale Erwerbstätigkeit und marktvermittelten Konsum, aus Dialekten künstlich geschaffene Hochsprachen, aus Mythen der kollektiven Vergangenheit die wissenschaftliche Konstruktion einer nationalen Geschichte, aus uniformen, ständischen Trachten Mode, die auch eine individuelle Selbstdarstellung erlaubt usw. Nationsbildung bedeutete also nicht, dass sich seit je existierende Nationen in einer Art Erweckungserlebnis ihrer selbst bewusst geworden wären und sich als Nationalstaaten etablierten. Diese Vorstellung entspricht zwar der Überzeugung vieler nationaler Bewegungen; der sozialen Wirklichkeit wird sie indessen nicht gerecht. „Es ist der Nationalismus, der die Nation hervorbringt, und nicht umgekehrt“ (Gellner 1995, S. 87).

Der Nationalismus ist seinem Selbstverständnis zuwider aber ein supranationales Phänomen. In nichts gleichen sich die Nationalstaaten so sehr wie in ihrem pathetischen Anspruch der Einmaligkeit. Was für Europa galt, gilt heute für alle Gesellschaften der Welt: Ungeachtet der Besonderheiten ihrer jeweiligen Geschichte haben sie sich zu Nationalstaaten entwickelt, in denen die Bürgerrechte mehr oder weniger gelten und wirksam sind. Entsprechend sind die Einzelnen hier zu Bürgern geworden im Gegensatz zu den früher einmal anzutreffenden Sozialkategorien. Wie die Bürgerrechte so sollen auch die Schulen die Einzelnen und die Gesellschaft von den Grenzen der Tradition befreien und ihnen ermöglichen voranzukommen. So gut wie überall wird Schulbildung als das entscheidende Instrument zur Vermehrung der individuellen und kollektiven Wohlfahrt verstanden. Die persönlichen, gesellschaftlichen und materiellen Möglichkeiten autonomen Verhaltens sollen erweitert werden (vgl. Fiala/Gordon-Lanford 1987). Dieser Glaube ist ein weltverbreiteter sozialer Tatbestand. Er übersieht nicht, dass einer autonomen Praxis im Alltag viel entgegensteht, mangelnde individuelle Kompetenz ebenso wie soziokulturelle und materielle Widerstände. Die Bildung soll aber dem Glauben folgen, dass diese Widerstände überwindbar sind; sie soll nicht den empirischen Bornierungen erliegen, die ihrer Realisierung einstweilen Grenzen ziehen. Die nationalen Bildungssysteme verkörpern also vielfach gebrochen eine Utopie.

Das nationale Bildungssystem ist ähnlich wie der Nationalstaat zu einem institutionellen Weltmodell geworden. Das Recht auf Schulbildung und die Schulpflicht finden sich in den Verfassungen der meisten Staaten. Das Recht auf Bildung wurde nach dem Zweiten Weltkrieg als Menschenrecht in die Menschenrechtserklärung der Vereinten Nationen aufgenommen. Bildung ist also zum expliziten Inhalt einer supranationalen Norm geworden (vgl. Donnelly 1986; Thomas et al. 1987; Adick 2000). Diese Norm wird heute nirgends mehr prinzipiell in Frage gestellt. Zwar ist sie nicht überall vollständig realisiert; andererseits geht aber der tatsächliche Schulbesuch in den meisten Ländern weit über jenes Minimum hinaus, das die Schulpflicht vorschreibt. Der Besuch der Primar- und Sekundarschulen, sowie der Hochschulbesuch nahm insbesondere nach dem Zweiten Weltkrieg dramatisch zu. Sein Wachstum ging vor allem auf die Bildungsentwicklung in der Dritten Welt zurück. Wie sich der Schulbesuch in 128 Ländern zwischen 1950 und 1975 entwickelt hat, haben Ramirez und Boli-Bennett (1982) untersucht. Dabei ergab sich: Der Anteil der Kinder, die eine Elementarschule besuchten, stieg im weltweiten Durchschnitt von 59,9% auf 86,5%, der Anteil der Sekundarschüler stieg von 11,5% auf 40,7%. Zugenommen hat auch der Anteil der jungen Leute, die eine Hochschule besuchen. Er stieg zwischen 1950 und 2000 nach Berechnungen der Weltbank weltweit von 2% auf ungefähr 20%. Die Studentenquoten der westlichen Demokratien streuen heute um 50%. Ein Ende der Hochschulexpansion ist nicht abzusehen (vgl. World Bank Publication 2000).

Indem die jungen Leute zu Schülern nationaler Schulen werden, werden sie den traditionalen Familien- oder Stammesverbänden, schichtenspezifischen Sozialmilieus etc. entrückt. Der Schulbesuch vollzieht sich auf der Primar- und der Sekundarstufe heute typischerweise in Einheitsschulen. Diese Schulform entspricht der Idee bürgerlicher Gleichheit. Niveaugliederung nach Leistung gibt es zumeist erst im tertiären Bildungsbereich. In der Schule sind Unterscheidungen nach partikularistischen Kriterien, wie denen des Geschlechts, der sozialen Herkunft, der Religion, der Rasse, der ethnischen Zugehörigkeit etc. in der Regel illegitim, auch wenn sie im Alltag tatsächlich praktiziert werden. Legitimerweise werden die Schüler aussschließlich nach Leistung unterschieden. Die Leistungsgliederung schließt ihre Graduierung nach dem Lebensalter in Jahrgangsklassen und nach ihrer vorherigen Schulerfahrung ein. Die Kinder werden also als Schüler zu den Kindern der Nation und stehen in einem gleichen und direkten Verhältnis zum Staat, so wie ihre Eltern als Bürger. Sie orientieren ihr Verhalten nicht mehr traditionalistisch in Ehrfurcht vor überkommenen Autoritäten, sondern folgen, wenn sie sich nicht spontan äußern, den Anforderungen der Schule aus Interesse oder Gewohnheit, aus der kalkulierenden Sorge um schlechte Noten, um die Anerkennung ihrer Mitschüler und Eltern oder aus anderen Zweckmäßigkeitserwägungen.

Die Schulen gleichen sich weltweit nicht nur hinsichtlich der Rolle der Schüler. Es ist auch sonst kaum möglich von einer Schule auf den Staat zu schließen, in dem sie sich befindet. Typischerweise sind die Bildungssysteme staatlichen Charakters. Sie sind geschmückt mit dem Bild des Staatspräsidenten, der Landkarte des nationalen Territoriums und mit einer Fahnenstange für nationale Beflaggung. Ihre Organisationsformen gehen auf staatliche Entscheidungen zurück; sie werden aus Steuermitteln finanziert. Die Lehrer sind staatliche Bedienstete mit staatlich geregelter Ausbildung und Besoldung. Sie sollen ihr Verhalten wissenschaftlich pädagogisch orientieren, verdrängen also die traditionalen Vorbilder, denen die Jugend einmal folgen sollte. Förmliche Lehrpläne, die von den Schulbehörden und Parlamenten beschlossen werden, traten an die Stelle der kulturellen Überlieferung, die auf traditionalem Autoritätsglauben beruhte. Die Erfahrung, die die Schüler mit den institutionellen Strukturen der Bildungssysteme machen, tragen zu ihrer Selbstdefinition als Bürger Wesentliches bei. Dieser Effekt stellt sich ganz unabhängig von den Inhalten der Curricula her. Die Öffentlichkeit, Schüler und Lehrer gehen überall davon aus, dass die aufgezählten institutionellen Formen für die individuellen Bildungsprozesse bedeutsam sind. Ihre Entwicklung wird deswegen mit großer Anteilnahme verfolgt. Verletzungen dieser Formen gelten so gut wie überall als skandalös.

Die nationalen Bildungssysteme stimmen auch in ihren Curricula weitgehend überein. Die Curricula enthalten normative Begriffe vom Individuum und der Gesellschaft, von ihrer Geschichte und Zukunft, von der Kultur und der Natur. Die Sekundar- und Primarschulen lehren weltweit ein Standardcurriculum, auch wenn darin mancherlei nationale Idiosynkrasien enthalten sind (vgl. Goodson 1989). In Deutschland hatte die Curriculumentwicklung selbst dort supranationalen Charakter, wo man sich gegen internationale Einflüsse mit Mauer und Stacheldraht abgrenzen wollte. „Die Entscheidungen, die zur Konzeption der Allgemeinbildung, zur Stundentafel und zum Inhalt der Unterrichtsfächer getroffen worden sind, sind durch sorgfältige internationale Vergleiche abgestimmt worden“, berichtete der Präsident der Akademie der pädagogischen Wissenschaften in der DDR Neuner (1988). Die internationale Orientierung der Curriculumplaner erklärt, warum die Stundentafeln der DDR jenen der BRD und der übrigen Länder weitgehend glichen. Wie Mitter (1990) gezeigt hat, waren die Differenzen zwischen den Curricula westdeutscher Bundesländer größer als die zwischen Ost und West. Die Herausbildung eines Weltstandardcurriculums für Primarschulen haben Benavot, Cha, Kamens, Meyer und Wong (1992) in einem Vergleich dargelegt, der je nach Zeitpunkt zwischen 30 und 80 Länder einschloss. Kamens, Meyer und Benavot (1996) haben für die Sekundarschulen eine ähnliche Untersuchung für den Zeitraum zwischen 1920 bis 1990 unternommen. In lockerer Anlehnung an diese Studien sei das sich entwickelnde Weltcurriculum im Folgenden grob skizziert:

- An erster Stelle trifft man auf den muttersprachlichen Unterricht. Mit ihm ist festgelegt, was als Nationalsprache gilt. Dialekte oder konkurrierende Sprachen werden damit zurückgedrängt. Da Sprache für die individuelle und nationale Selbstdefinition einen hohen Symbolwert hat, kommt dem muttersprachlichen Unterricht überall eine erhebliche Bedeutung zu.
- Hinzu tritt der Fremdsprachenunterricht. Der Unterricht in den modernen Fremdsprachen spiegelt die Verdichtung der internationalen Beziehungen. Die toten Fremdsprachen mit religiöser oder anderer kultureller Bedeutung, in Europa Latein und Griechisch, verlieren an Bedeutung (vgl. Cha 1992).
- Großes Gewicht wird der Mathematik zugemessen. Sie gilt als Bildungselement in einer als berechenbar verstandenen Welt (vgl. Kamens/Benavot 1992).

- Das gleiche gilt für die Naturwissenschaften, die an die Stelle mythischer Naturvorstellungen getreten sind (ebd.). Hier wird die Natur als eine berechenbare dargestellt, auf die sich jeder rational beziehen kann. Wie wenig selbstverständlich dieser Naturbegriff ist, zeigt das Beispiel der USA. Dort wird hier und da die mythische Schöpfungsgeschichte der Bibel gegen den Darwinismus ins Feld geführt.
- Mit Geschichte und Geographie werden nationale Selbstdefinitionen festgeschrieben. Es finden sich auch chauvinistische, ethnozentrische Menschenbilder; aber selbst darin gibt es internationale Ähnlichkeiten. Rassistische Stereotype z.B. gab es während bestimmter Perioden in den Schulbüchern vieler Länder. Curricula mit partikularistischen Selbstdefinitionen weichen allmählich sozialwissenschaftlichen (vgl. Wong 1992). Der sozialwissenschaftliche Unterricht vermittelt Begriffe, in denen auch die gesellschaftlichen Beziehungen als berechenbare dargestellt werden, und sinnen dem Einzelnen damit ebenfalls rationale Verhaltensorientierungen an.
- Hinzu kommen der Religionsunterricht, Wertunterricht (dazu Cha/Wong/Meyer 1992), Kunstunterricht, Sport, häufig auch Hygiene etc.
- Schließlich ist ein in engerem Sinne praktischer, berufsvorbereitender Unterricht zu nennen. Der berufsvorbereitende Unterricht hat im öffentlichen Schulwesen jedoch nur einen eng begrenzten Umfang; seine Bedeutung scheint international zudem abzunehmen (Benavot 1982).

Die Gleichförmigkeit der institutionellen Schulstrukturen und der Curricula macht es unwahrscheinlich, dass ihre Entwicklung auf nationale Besonderheiten zurückgeht. Schulen sind vielmehr Teil des kulturellen Projekts der Nationsbildung, das supranationalen Charakter hat (zur Nationsbildung vgl. Marshall 1948; Bendix 1964; Anderson 1983). „From our perspective, the nation-state itself is a transnational cultural model within which schooling the masses became a major mechanism for creating the symbolic links between individuals and nation-states" (Meyer/Ramirez/Soysal 1992, S. 131). Als Bestimmungsgründe der Bildungsentwicklung, so die Autoren, wirken nur solche nationalen Verhältnisse, die Ausdruck dieser supranationalen soziokulturellen Entwicklung sind und eben deswegen berücksichtigt werden müssen. Seit dem 19. Jahrhundert haben sich die supranationalen Kräfte vervielfacht, die auf die Entwicklung der Bildung drängen. Ihr Druck erklärt die geringe Bedeutung, die nationalspezifischen Umständen in der Bildungsentwicklung der einzelnen Staaten zukommt. Und die Zunahme dieses Drucks erklärt, warum sich die Bildungsentwicklung nach dem Zweiten Weltkrieg in allen Teilen der Welt beschleunigte, sich zeitlich verdichtet und gleichförmiger wurde. Von den Elementen, die die forcierte supranationale Bildungsentwicklung erklären, seien genannt:

- Der Nationalstaat hat sich immer nachdrücklicher als institutionelles Weltmodell durchgesetzt. Verletzungen seines institutionellen Kerns, also der Bürgerrechte, provozieren weltweite Missbilligung und heute auch internationale Militärinterventionen.
- Die Bildungssysteme gelten immer nachdrücklicher als Grundlage individueller und gesellschaftlicher Wohlfahrt.
- Welteinrichtungen, wie die Weltbank, die UNESCO und andere Gliederungen der Vereinten Nationen sowie supranationale Regionalorganisationen, wie die OECD, vertreten die normativen Vorstellungen des Nationalstaates, der Bürgerschaft, der Menschenrechte und der Bildung als ein individuelles und kollektives Gut.

- Verdichtet hat sich die internationale Kooperation von Verbänden und Organisationen, die professionelle Modelle formaler Bildung vertreten.
- Die Migration hat dramatisch zugenommen.
- Zur Expansion einer Weltkultur tragen auch die international operierenden Massenmedien, der Tourismus, Institutionen wie die Olympischen Spiele, das Nobelpreis-Komitee, Greenpeace, die World Intellectual Property Organization, die multinationalen Firmen, das supranationale Netzwerk der NGOs etc. bei.

Dem Einfluss derartiger Kräfte kann sich die Bildungspolitik heute nirgends mehr auf Dauer entziehen.

6 Ungleichheit

Bildung und Nationsbildung, das darf nicht übersehen werden, materialisieren sich in Verhältnissen, in denen die Ideen der westlichen Demokratie nur sehr gebrochen verwirklicht sind. Die Bildungssysteme sind auch Teil eines Ausbeutungs- und Unterdrückungszusammenhangs, der dem bürgerlichen Versprechen der Freiheit, Gleichheit und Brüderlichkeit widerspricht. Der Kapitalismus begründet nicht nur Verhältnisse wechselseitiger Anerkennung, sondern schafft zugleich auch solche der wechselseitigen Instrumentalisierung und Ausbeutung in nationalem und supranationalem Rahmen. In der vergleichenden Bildungsforschung in Deutschland sind dem vor allem Adick (1992) und Lenhart (1985) nachgegangen. Adick stellt das Spannungsverhältnis heraus zwischen individueller Unabhängigkeit und den Widerständen, die ihm der Kapitalismus und die von ihm beherrschte Weltordnung entgegensetzt. „Die moderne Schule ist daher (...) Bestandteil dieses widersprüchlichen modernen Weltsystems, das durch Universalisierung von Wissen, durch Kapitalakkumulation und internationale Arbeitsteilung einerseits emanzipative Möglichkeiten und Versprechungen freisetzte und noch immer bereithält (Menschenrechte, Erhöhung des Lebensstandards), das aber andererseits auch die mit der Aneignung von Wissen, Kapital und Arbeitsteilung verknüpften inter- und intragesellschaftlichen Herrschaftskonflikte, Ausbeutungs- und Bedrohungspotentiale schuf und bis heute aufrechterhält (Kriege, ökologische Krisen, Abhängigkeitsstrukturen)" (Adick 1992, S. 85).

Die Bildungssysteme tragen zur Konstruktion moderner Herrschaft auf dreifache Weise bei: Mit den Bildungshierarchien werden die Einzelnen kategorisiert und erringen mit ihrem Abschluss bestimmte Berechtigungen. Diese bestimmen ihre Berufs- und Lebenschancen immer nachdrücklicher. So entstehen mit der Bildungsexpansion Sozialkategorien, die sich durch die Chancen auf Macht, Einkommen und soziale Anerkennung unterscheiden. Mit den Bildungssystemen sind zugleich die Kriterien festgelegt, nach denen Einkommen, Macht und Anerkennung verteilt werden. Die Bildungssysteme werden schließlich auch zu einer Determinanten der Arbeitsteilung und des gesellschaftlichen Schichtensystems. Die Regelungen von immer mehr Berufen haben ihren Ursprung in den Hochschulen. Sie werden als „Stand der Wissenschaft", „geltende Kunstlehre", „Berufsethik" etc. festgeschrieben. So bringen die Hochschulen nicht nur Ärzte, Juristen, Lehrer, Ingenieure, Bildungsforscher etc. hervor, sondern verleihen auch dem Beruf des Arztes, des Juristen, des Lehrers, des Ingenieurs, des Bildungsforschers etc. Struktur. Indem die Begriffe der wissenschaftlichen Lehre und Forschung in den individuellen Verhaltensorientierungen wirksam werden, gewinnen sie in der Arbeitswelt sozialstrukturelle Realität.

Die Schulen rekrutieren je nach ihrem Rang in der Schulhierarchie Kinder aus bestimmten sozialen Milieus und befördern ihre Absolventen auf bestimmte Ränge in der gesellschaftlichen Schichtenpyramide. In Wechselwirkung mit den spezifischen Subkulturen, denen die Schüler entstammen, reproduzieren sie mit ihren Lehrplänen und institutionellen Strukturen Wertorientierungen, die zur Stabilisierung sozialer Ungleichheit beitragen. Kapitalismustheoretisch orientierte Autoren wie Bourdieu und Passeron (1971) und Bowles und Gintis (1978) haben entsprechende Befunde in der These zusammengefasst, das Bildungssystem diene überhaupt primär der Sicherung von Privilegien. Gleichheitsnorm und Leistungsprinzip, die mit den Schulen institutionalisiert sind, haben danach vor allem die Wirkung, Ungleichheit und Ausbeutung zu verschleiern. Studien wie diese treffen einen wichtigen Teil der Schulwirklichkeit.

Die These aber, dass Ungleichheit verschleiert werden muss, setzt wie selbstverständlich voraus, dass die Gleichheitsnorm und das Leistungsprinzip gelten. Ohne ihre Geltung würde sich die Verschleierung erübrigen. Zur Autorität und Wirksamkeit der Gleichheitsnorm tragen die Bildungssysteme aber Wesentliches bei. Die schichtenspezifische Gleichheit der Bildungschancen hat sich nicht hergestellt, jedoch unterscheidet sich die Ungleichheit der modernen Gesellschaft wesentlich von derjenigen ständischer oder Kastengesellschaften. Denn die Ungleichheit, die sich in den modernen Bildungssystemen reproduziert, ist nicht intendiert; sie ergibt sich als lediglich materielles Resultat, das als kritikwürdig empfunden wird. Das weltweite Interesse, das die genannten und viele andere Schriften zur Ungleichheit gefunden haben, deutet auf die Gleichheitserwartung hin, die sich auf die Schulen richtet. Tatsächlich ist auf der Primar- und Sekundarstufe die Einheitsschule weltweit zum Standardmodell geworden. Die Hochschulen stehen prinzipiell jedermann offen und die jungen Leute machen vom Recht der Bildungsfreiheit weltweit auch zunehmenden Gebrauch. Die Hochschuldiplome, die man erwerben kann, haben Standesmitgliedschaft und Kapital, die man ererbt, als Grundlage einer hohen gesellschaftlichen Stellung abgelöst.

Ein instruktives Beispiel für die Auflösung ständischer Ungleichheit bilden die Veränderungen des sozialen Status der Mädchen und Frauen. Sie wurden in diesem Prozess zu Schülern und Bürgern. Die Verbürgerlichung der Weiblichkeit und der zunehmende Schulbesuch der Mädchen gehen Hand in Hand. In Ländern mit hohen Anteilen weiblicher Studierender, so zeigen Ramirez und Weiss (1979), ist auch die Erwerbstätigkeit der Frauen weiter verbreitet und es gelingt den Frauen häufiger, in die oberen Ränge der beruflichen Schichtenpyramide aufzusteigen. In diesen Ländern reichen auch die Rechte der Frauen an ihren Kindern und am Familieneigentum weiter und haben sich denjenigen der Männer angeglichen. Mit der Bildungsexpansion wird also die soziale Identität der Mädchen und Frauen als die von modernen Individuen institutionalisiert, d.h. als die von Bürgern.

Die Ungleichheit, die mit Bildung und Nationsbildung verbunden ist, hat eine supranationale Dimension. Die Ausbreitung der westlichen Ordnung war mit kriegerischen Konflikten verbunden, mit Kolonialismus und Imperialismus und dagegen gerichteten Befreiungskriegen (vgl. dazu Adick 1992 und die hier genannte Literatur). Die Macht, auf der Bildung und Nationsbildung beruhen, ist nicht nur in kapitalismustheoretischer Perspektive kritisiert worden, sondern auch in ethnisch-nationaler. So stellt Schriewer (2000) das Übergewicht angelsächsischer Untersuchungen und Publikationen im Bereich der Bildungsforschung heraus. Schätzungen zufolge erscheint weltweit jede zweite Publikation der Bildungsforschung in den USA. Von den 1175 Autoren der International Encyclopedia of Education (vgl. Husen/Postlethwaite 1985) sind 564 Amerikaner, also fast die Hälfte; und 75% beträgt der Anteil derjenigen aus allen englischsprachigen Industrieländern. Da die Sachwalter der Publikationsorgane bei der

Auswahl der Publikationen ihren Vorstellungen von Bildung und Bildungsforschung folgten, so Schriewer, beeinflussten sie die Entwicklung wissenschaftlicher Fragestellungen und Argumentationsstrategien. Die wissenschaftlichen Auseinandersetzungen sind jedoch für die Entwicklung des Bildungssystems durchaus bedeutsam. Vor diesem Hintergrund gewinnen die zitierten Zahlen an Bedeutung. Kritisch resümiert Schriewer im Anschluss an Casanova (1993): „Internationalization, in education as in other fields, may be tantamount only to the ‚universalization of a particular world view'" (Schriewer 2000, S. 316).

Die in den Vereinigten Staaten herrschende Kultur ist tatsächlich expansiv; darin gleicht sie ihrer wirtschaftlichen Kehrseite, dem amerikanischen Kapitalismus. Es ist jedoch eine andere Frage, ob sich deren Dynamik und die Internationalisierung der Bildung in der Verbreitung angelsächsischer Partikularismen erschöpfen. Individualismus, Bildung und Nationsbildung sind nicht amerikanische Projekte, sondern westliche, die in den USA besonderen Rückhalt finden. Die dort dominierenden Vorstellungen von Bildung und Kultur schließen, kurz gesagt, die Überzeugung ein, je gebildeter jeder Einzelne umso zivilisierter das Ganze. Der Begriff des Ganzen ist dabei nicht auf die USA beschränkt, sondern soll alle Menschen umfassen. Der berühmt-berüchtigte American Dream ist im Wesentlichen überhaupt eine weltbürgerliche Bildungsutopie, die im Protestantismus wurzelt. Dass der Alltag der frommen Amerikaner hinter ihrem utopischen Anspruch zurückbleibt, versteht sich von selbst.

Die Ideen der Demokratie und des Menschenrechtsuniversalismus sind in Deutschland Gegenstand gelehrter Abhandlungen gewesen; die schon genannten preußischen Reformer mögen dafür als Beispiel stehen. Heute haben diese Ideen auch durchschlagende praktische Wirksamkeit erlangt. Das Interesse an der weiterführenden Bildung ist unter deutschen Schülern und Eltern in den vergangenen Jahren ähnlich gewachsen wie in den anderen westlichen Demokratien. Andererseits wirken dem aber die Sachwalter der Bildung entgegen. Vom Philologen- und Hochschulverband, den Standesvertretungen der Ober- und Hochschullehrer, bis hin zum Wissenschaftsrat und der Kultusministerkonferenz der Länder, von der christdemokratischen Bildungspolitik zu schweigen, lehnen sie die Expansion der weiterführenden Bildung ab. Das deutsche Bildungsbürgertum ist an der Verallgemeinerung seiner Bildung und Kultur nur wenig interessiert, sondern begreift sich als exklusiver Stand mit Eliteansprüchen (Lenhardt 2002). Diese nationale Eigenart mag erklären, warum man der Bildung und der Bildungsforschung bei uns ein geringeres Interesse und geringere Finanzmittel zumisst als in vielen anderen Ländern. So beobachtet Hornstein: „Gemessen an der Gewalt und an der Dynamik, die in der Programmatik und der Praxis der Globalisierung liegen und der Herausforderung, die für eine an Humanität und Emanzipation orientierte Erziehungskonzeption darin liegt, erscheint das Ausmaß der Befassung mit dieser Thematik in der deutschen Erziehungswissenschaft ausgesprochen gering" (Hornstein 2000, S. 532). Die Vernachlässigung der Bildung steht im Gegensatz zu der internationalen Vorreiterrolle, die die deutschen Schulen und Hochschulen in dem westlichen Projekt der Bildung im 19. Jahrhundert einmal hatten.

7 Europäische Hochschulentwicklung

Die normative Vorstellung einer allen Menschen gemeinsamen Bildung zieht sich wie ein roter Faden durch die Bildungsentwicklung. Heute wird sie durch die europäische Hochschulpolitik befördert, die sich allmählich herausbildet (vgl. Scott 1999; Thiele 1999 und die hier genannte Literatur). Ihre Intentionen manifestieren sich in der Sorbonne-, Bologna- und Prag-Erklärung, auf die sich die Bildungsminister aus 29 europäischen Staaten in den Jahren 1998, 1999 und 2001 einigten (vgl. Seyr 1999). Die Bologna-Erklärung stellt der Hochschulentwicklung folgende Bildungsideen voran: die gesellschaftliche und individuelle Entwicklung, die Festigung und Bereicherung der europäischen Bürgerschaft, das Bewusstsein gemeinsamer Werte, Fortschritt der Wissenschaft, zivilisatorische Vitalität und Effizienz, Wettbewerbsfähigkeit der europäischen Hochschulen. Dabei wird die anvisierte freie wissenschaftliche Kultur als Weltkultur verstanden (vgl. The Bologna Declaration 1999).

Die wissenschaftliche Bildung wird hier als Bildung der Bürger verstanden. Man kann tatsächlich beide in Eins setzen, denn die demokratische und die freie wissenschaftliche Kultur stimmen in zentralen Wertnormen überein. Beide verlangen und ermöglichen die persönliche Disziplin, die Voraussetzung unabhängigen Denkens ist. Dazu gehört etwa Autonomie im Umgang mit den eigenen inneren Impulsen und mit äußeren Mächten, von denen suggestiver Einfluss ausgehen kann. Beide verlangen Toleranz, Kommunikationsfähigkeit, Teamfähigkeit, Verantwortungsbewusstsein, Entscheidungsfähigkeit usw. Die modernen Arbeits- und Organisationswissenschaften fassen diese Kompetenzen im Begriff der prozessunabhängigen Qualifikationen zusammen. Diese Tugenden werden von der wissenschaftlichen Auseinandersetzung mit jeglichem Gegenstand verlangt. Man kann sie sich in jedem Fachstudium aneignen, sofern Lehre, Lernen und Forschung frei sind.

Die verschiedenen Hochschultypen, die sich einmal im Zusammenhang mit nationalen und ständischen Unterscheidungen herausgebildet hatten, sollen vereinheitlicht und zu einer einzigen Hochschulform vereinigt werden. Die anvisierte wissenschaftliche Bildung erfordert nur einen Hochschultyp, nämlich denjenigen, der die Freiheit von Lehre, Lernen und Forschung am besten verbürgt. Die alte Unterscheidung zwischen den unabhängigeren Universitäten und dem obrigkeitsstaatlich reglementierten Fachschulwesen ist ohnehin bereits verwischt. Die Universitäten haben die traditionalen Grenzen der Wissenschaft gesprengt und das Fachhochschulwesen hat an Autonomie gewonnen. Die Hochschulen sollen nur eine stufenförmige Gliederung enthalten. Nach der ersten Phase wird der Grad des Bachelor (B.A.) verliehen, und nach der zweiten derjenige des Master (M.A.). Jeder soll selbst entscheiden, wie viel Hochschulbildung er sich leisten oder zumuten will und auf welcher der beiden Stufen er die Hochschule verlässt.

In die gleiche Richtung wie die stufenförmige Studienorganisation wirken das European-Credit-Transfer-System (ECTS) und das Diplom-Supplement. Das European-Credit-Transfer-System soll den Bildungswert einer erfolgreich besuchten Lehrveranstaltung mit Hilfe eines Punktesystems ausdrücken. Die Studierenden sollen diese Punkte im Lauf der Zeit akkumulieren und dafür europaweite Anerkennung erlangen können. Das Kreditsystem mit seinen Punkten abstrahiert von den spezifischen Gegenständen und nationalen Besonderheiten der Lehre und misst das entscheidende Gewicht dem der allgemeinen intellektuellen Disziplin zu, den jede wissenschaftliche Arbeit stellt. So wie das ECTS soll auch das vorgeschlagene Diplom-Supplement zur Überwindung nationaler Partikularismen in der Bildung beitragen. Es soll den mit dem Zeugnis bescheinigten Studiengang in Begriffen beschreiben, die leichter in die Bildungskategorien anderer nationaler Hochschulsysteme übersetzt und damit von diesen anerkannt werden können.

Die Geistesverwandtschaft der europäischen Hochschulpolitik mit Humboldts Idee der weltbürgerlichen Bildung ist unübersehbar. Nach 200 Jahren, so scheint es, gewinnt der Humboldtsche Hochschulplan Aktualität. Dass er eine Unterstützung von supranationaler Seite erfährt, ist ihm nur angemessen.

Literatur

Adick, Ch.: Die Universalisierung der modernen Schule. Paderborn/München/Wien/Zürich 1992

Adick, Ch.: Gegenstand und Reflexionsebenen der Internationalen und Vergleichenden Erziehungswissenschaft. In: Adick, Ch./Kaul, M./Wigger, L. (Hrsg.): Was ist Erziehungswissenschaft? Festschrift für Peter Menck. Donauwörth 2000, S. 12-42

Altbach, Ph.G.: Patterns in Higher Education Development. In: Altbach, Ph.G./Berdahl, R.O./Gumport P.J. (Eds.): American Higher Education in the Twenty-first Century. Baltimore/London 1999, pp. 15-37

Anderson, B.: Imagined Communities. London 1983

Archer, M.: The Social Origins of Educational Systems. London 1979

Baumert, J./Schümer, G.: Familiäre Lebensverhältnisse, Bildungsbeteiligung und Kompetenzerwerb. In: Deutsches PISA–Konsortium (Hrsg.): PISA 2000. Opladen 2001, S. 323-410

Benavot, A.: The Rise and Decline of Vocational Education. Manuskript 1982

Benavot, A./Cha, Yun-Kyung/Kamens, D./Meyer, J.W./Wong, Suk-Ying: Knowledge for the Masses: World Models and National Curricula, 1920-1986. In: Meyer, J.W./Kamens, D.H./Benavot, A. (Eds.): School Knowledge for the Masses: World Models and National Primary Curricular Categories in the Twentieth Century. Studies in Curriculum History Series. Vol. 19, Washington D.C./London 1992, pp. 40-62

Bendix, R.: Nation Building and Citizenship. New York/London/Sydney 1964

Bos, W./Baumert, J.: Möglichkeiten, Grenzen und Perspektiven internationaler Bildungsforschung: das Beispiel TIMSS III. In: Aus Politik und Zeitgeschichte. Beilage zur Wochenzeitung „Das Parlament". B 35-36/99 (27.8.1999), S. 3-15

Bourdieu, P./Passeron, J.C.: Die Illusion der Chancengleichheit. Stuttgart 1971

Bowles, S./Gintis, H.: Pädagogik und die Widersprüche der Ökonomie. Frankfurt a.M. 1978

Brubaker, W.R. (Ed.): Immigration and the Politics of Citizenship in Europe and North America. Lanham/New York/London 1989

Casanova, P.: La World Fiction: Une fiction critique. Liber – revue europenne des livres (16.12.1993), S. 111-115

Cha, Y.-K.: Language Instruction in National Curricula, 1850-1986: The Effect of the Global System. In: Meyer, J.W./Kamens, D.H./Benavot, A. (Eds.): School Knowledge for the Masses: World Models and National Primary Curricular Categories in the Twentieth Century. Studies in Curriculum History Series. Vol. 19, Washington D.C./London 1992, pp. 84-100

Cha, Y.-K./Wong, S.-Y./Meyer, J.W.: Values Education in the Curriculum: Some Comparative Empirical Data. In: Meyer, J.W./Kamens, D.H./Benavot, A. (Eds.): School Knowledge for the Masses: World Models and National Primary Curricular Categories in the Twentieth Century. Studies in Curriculum History Series. Vol. 19, Washington D.C./London 1992, pp. 139-151

Deppe, R./Hoss, D. (Eds.): Work Organization, Incentive Systems, and Effort Bargaining in Different Social and National Contexts. Institut für Sozialforschung/Frankfurt a.M. 1984

Deutsches PISA-Konsortium (Hrsg.): PISA 2000. Basiskompetenzen von Schülerinnen und Schülern im internationalen Vergleich. Opladen 2001

Donnelly, Jack: International Human Rights: A Regime Analysis. In: International Organization 40 (1986), pp. 599-642

Fiala, R./Gordon-Lanford, A.: Educational Ideology and the World Education Revolution, 1950-1970. Comparative Education Review 31 (1987), pp. 315-333

Fichte, J.G.: Deduzierter Plan einer zu Berlin zu errichtenden höheren Lehranstalt. In: Spranger, E. (Hrsg.): Über das Wesen der Universität. Leipzig 1919

Friedeburg, L.v.: Bildungsreform in Deutschland. Geschichte und gesellschaftlicher Widerspruch. Frankfurt a.M. 1989

Gellner, E.: Nationalismus und Moderne. Berlin 1995

Goodson, I. (Ed.): International Perspectives in Curriculum History. London 1989

Heidenreich, M./Schmidt, G. (Hrsg.): International vergleichende Organisationsforschung. Fragestellungen, Methoden und Ergebnisse ausgewählter Untersuchungen. Opladen 1991

Hofstadter, R.: Academic Freedom in the Age of College. New York 1955

Hornstein, W.: Erziehung und Bildung im Zeitalter der Globalisierung. In: Zeitschrift für Pädagogik 4 (2000), S. 517-538

Humboldt, W. von: Gesammelte Schriften. Hrsg. von der Königlich Preußischen Akademie der Wissenschaften. Bd. VI, Berlin 1903-1936

Husen, T./Postlethwaite, T.N. (Eds.): The International Encyclopedia of Education. Vol. 1-10, Oxford 1985

Kamens, D.H./Benavot, A.: A Comparative and Historical Analysis of Mathematics and Science Curricula, 1800-1986. In: Meyer, J.W./Kamens, D.H./Benavot, A. (Eds.): School Knowledge for the Masses: World Models and National Primary Curricular Categories in the Twentieth Century. Studies in Curriculum History Series. Vol. 19, Washington D.C./London 1992, pp. 101-123

Kamens, D.H./Meyer, J.W./Benavot, A.: World Wide Patterns in Academic Secondary Education Curricula. In: Comparative Education Review 40 (1996), Vol. 2, pp. 116-138

Lenhardt, G./Stock, M.: Bildung, Bürger, Arbeitskraft. Schulentwicklung und Sozialstruktur in der BRD und der DDR. Frankfurt a.M. 1997

Lenhardt, G./Stock, M.: Hochschulentwicklung und Bürgerrechte in der BRD und der DDR. In: Kölner Zeitschrift für Soziologie und Sozialpsychologie 52 (2000), H. 3, S. 520-540

Lenhardt, G.: Die verspätete Entwicklung der deutschen Schule. In: Pädagogische Korrespondenz, 29 (2002), pp. 5-22

Lenhardt, G.: Hochschulen in Deutschland und in den USA. Wiesbaden 2005

Lenhart, V.: Evolution und Entwicklung. Zur Evolutionstheoretischen Fundierung einer Theorie formaler Bildung in der Dritten Welt. In: Wulf, Ch./Schöftaler, Th. (Hrsg.): Im Schatten des Fortschritts. Saarbrücken 1985, S. 61-70

Lepsius, M.R.: Die pietistische Ethik und der ‚Geist' des Wohlfahrtsstaates oder: Der Hallesche Pietismus und die Entstehung des Preußentums. In: Clausen, L. (Hrsg.): Gesellschaften im Umbruch. Verhandlungen des 27. Kongresses der Deutschen Gesellschaft für Soziologie in Halle/Saale 1995. Frankfurt a.M./New York 1996, S. 110-124

Marshall, T. H.: Citizenship and Social Class. In: Seymour, M.L. (Ed.): Class, Citizenship and Social Development. Essays by T.H. Marshall. Garden City/New York 1948, pp. 71-134

Meyer, J.W./Tyack, D./Nagel, J./Gordon, A.: Public Education as Nation-Building in America: Enrollments and Bureaucratization in the American States, 1870-1930. In: American Journal of Sociology 85 (1979), Vol. 3, pp. 591-613

Meyer, J.W./Ramirez, F.O./Soysal, Y.: World Expansion of Mass Education 1870-1980. In: Sociology of Education 65 (1992), pp. 128-149

Meyer, W./Rubinson, R.: Education and Political Development. Review of Research in Education 3 (1975), Vol. 2, pp. 134-162

Mitter, W.: Grundfragen und Überblick. In: Bundesministerium für Innerdeutsche Beziehungen (Hrsg.): Vergleich von Bildung und Erziehung in der BRD und in der DDR. Bericht zur Lage der Nation. Köln 1990, S. 171-200

Neuner, G.: Neue Lehrpläne und schöpferische Unterrichtsgestaltung. Deutsche Lehrerzeitung 35 (1988), H. 11, S. 3-5

Oberndörfer, D.: Der Wahn des Nationalismus. Freiburg/Basel/Wien 1993

OECD: Education at a Glance. OECD Indicators. Paris 1998

Paulsen, F.: Geschichte des gelehrten Unterrichts auf den deutschen Schulen und Universitäten vom Ausgang des Mittelalters bis zur Gegenwart. Mit besonderer Rücksicht auf den klassischen Unterricht. Bd. I/II, Berlin/Leipzig 1919/1921

Paulus: Galaterbrief 3/28. In: Die Heilige Schrift. o.J.

Psacharopoulos, G./Woodhall, M.: Education for Development. Oxford 1985

Ramirez, F.O./Boli-Bennett, J.: Global Patterns of Educational Institutionalization. In: Altbach, Ph.G./Arnov, B.F./Kelly, G.P. (Eds.): Comparative Education. New York/London 1982, pp. 15-38

Ramirez, F.O./Weiss, J.: The Political Incorporation of Women. In: Meyer, J.W./Hannan, M.T. (Eds.): National Development and the World System. Chicago 1979, pp. 238-252

Riddle, Ph.: University and State. Political Competition and the Rise of the Universities. Dissertation Submitted to the Department of Sociology and the Committee on Graduate Studies of Stanford University. Dissertationsdruck. Stanford 1989

Riddle, Ph.: Political Authority and University Formation in Europe, 1200-1800. In: Sociological Perspectives 36 (1993), Vol. 1, pp. 45-62
Riddle, Ph.: The University and Political Authority: Historical Trends and Contemporary Possibilities. In: Research in Sociology of Education & Socialization 11 (1996), pp. 43-62
Scheunpflug, A./Hirsch, K. (Hrsg.): Globalisierung als Herausforderung für die Pädagogik. Frankfurt a.M. 2000
Schriewer, J.: World System and Interrelationship Networks. In: Popkewitz, Th.S. (Ed.): Educational Knowledge. Albany 2000, pp. 305-343
Scott, P.: The Globalization of Higher Education. The Society for Research in Higher Education and Open University Press. Buckingham 1999
Seyr, B. F.: Überblick über neuere Dokumente zur europäischen Hochschul-Bildungspolitik. In: Zeitschrift für internationale erziehungs- und sozialwissenschaftliche Forschung 16 (1999), H. 1/2, S. 229-251
Stichweh, R.: Wissenschaft, Universität, Professionen: Soziologische Analysen. Frankfurt a.M. 1994
Stichweh, R.: From the Peregrinatio Academica to Contemporary International Student Flows. In: Charle, C./Schriewer, J./Wagner, P. (Eds.): Transnational Intellectual Networks and the Cultural Logics of Nations. Providence R.I. Oxford 1998, pp. 19-38
Teichler, U.: Hochschule und Beschäftigungssystem. In: Huber, L. (Hrsg.): Enzyklopädie Erziehungswissenschaft. Ausbildung und Sozialisation in der Hochschule. Bd. 10, Stuttgart 1995, S. 59-77
The Bologna Declaration. The European Higher Education Area. In: The Danish Rectors' Conference Secretariat (Ed.): Trends in Learning Structures in Higher Education. 1999
Thiele, B.: Die Bildungspolitik der Europäischen Gemeinschaft. LIT. Münster/Hamburg/London1999
Thomas, G. M./Meyer, J.W./Ramirez, F.O./Boli, J.: Institutional Structure: Constituting State, Society and the Individual. Beverley Hills/Cal. 1987
Titze, H.: Das Hochschulstudium in Preußen und Deutschland, 1820-1944. Datenhandbuch zur deutschen Bildungsgeschichte. Bd. 1.1, Göttingen 1987
Weber, M.: Die protestantische Ethik und der Geist des Kapitalismus. In: Gesammelte Aufsätze zur Religionssoziologie. Bd. 1, Tübingen 1963, S. 17-206
Weber, M.: Wirtschaft und Gesellschaft. Tübingen 1972
Wong, S.-Y.: The Evolution and Organization of the Social Science Curriculum. In: Meyer, J.W./Kamens, D.H./Benavot, A. (Eds.): School Knowledge for the Masses. World Models and National Primary Curricular Categories in the Twentieth Century. Studies in Curriculum History Series. Vol. 19, Washington D.C./London 1992, pp. 124-138
World Bank Publication. CD-ROM 2000

Verzeichnis der Autorinnen und Autoren

Adick, Christel, geb. 1948, Dr. phil. habil., Professorin für Vergleichende Erziehungswissenschaft an der Ruhr-Universität Bochum; Arbeitsschwerpunkte: International vergleichende Sozialisations- und Bildungsforschung, Interkulturelle Pädagogik, Bildung in den sog. Entwicklungsländern, Globalisierung und Bildungswesen

Altrichter, Herbert, geb. 1954, Dr. phil., Professor für Pädagogik und Pädagogische Psychologie an der Johannes-Kepler-Universität in Linz Österreich; Arbeitsschwerpunkte: Schulforschung, Evaluation, Qualitative Methoden, Lehrerbildung

Bauer, Karl-Oswald, geb. 1949, Dr. paed., Professor für Empirische Bildungsforschung an der Hochschule Vechta; Arbeitsschwerpunkte: Schulforschung, Unterrichtsforschung, Unterrichtsentwicklung, Lehrerprofessionalität, Bildungs-Evaluation und Beratung

Böhme, Jeanette, geb. 1969, Dr. phil., Professorin für Schulpädagogik an der Universität Duisburg-Essen; Arbeitsschwerpunkte: Schulkultur und -entwicklung, medienkulturelle Bildungsforschung, Qualitative Methoden und Methodologie

Böhm-Kasper, Oliver, geb. 1972, Dr. phil., Juniorprofessor für erziehungswissenschaftliche Forschungsmethodik an der Bergischen Universität Wuppertal; Arbeitsschwerpunkte: Quantitative Methoden der Sozialforschung, Schulforschung, Regionale Disparitäten der Bildungsbeteiligung

Brandt, Birgit, geb. 1964, Dr. phil., Juniorprofessorin am Institut für Didaktik der Mathematik und Informatik an der Johann Wolfgang Goethe-Universität Frankfurt a.M.; Arbeitsschwerpunkte: Mathematische Lehr-Lernprozesse in der Primarstufe, Interpretative Unterrichtsforschung, Qualitative Methoden

Breidenstein, Georg, geb. 1964, Dr. phil., Professor für Grundschulpädagogik an der Martin-Luther-Universität Halle-Wittenberg; Arbeitsschwerpunkte: Kindheits- und Jugendforschung, Unterrichtsforschung, Methoden und Methodologie qualitativer Sozialforschung

Bromme, Rainer, geb. 1951, Dr. phil., Professor für Pädagogische Psychologie an der Universität Münster; Arbeitsschwerpunkte: Kognition und Lehr- Lernprozesse, u.a. bei der Kommunikation zwischen Experten und Laien, der Entwicklung professioneller Expertise, dem Lehren und Lernen mit Neuen Medien sowie bei der Entwicklung mathematisch-naturwissenschaftlichen Verständnisses

Budnik, Ines, geb. 1955, Dr. phil., Sonderschullehrerin, Psychotherapeutin, Wissenschaftliche Mitarbeiterin am Institut für Rehabilitationspädagogik der Martin-Luther-Universität Halle-Wittenberg; Arbeitsschwerpunkte: Sonderpädagogik und präventive Arbeit in der Grundschule, Verhaltensgestörtenpädagogik, Professionsentwicklung in der Sonderpädagogik

Busse, Susann, geb. 1971, Dipl. Päd., Wissenschaftliche Mitarbeiterin am Zentrum für Schulforschung und Fragen der Lehrerbildung der Martin-Luther-Universität Halle-Wittenberg; Arbeitsschwerpunkte: hermeneutisch-rekonstruktive Jugend- und Bildungsforschung, Pädagogische Generationsbeziehungen in Familie und Schule

Carle, Ursula, geb. 1951, Dr. paed., Professorin für Grundschulpädagogik an der Universität Bremen; Arbeitsschwerpunkte: Grundschulforschung, Curriculumentwicklung, Evaluation von regionalen pädagogischen Netzwerken, Qualitätssicherung

Combe, Arno, geb. 1940, Dr. phil., Professor für Schulpädagogik an der Universität Hamburg; Arbeitsschwerpunkte: Professiontheorie und Lehrerhandeln, hermeutisch-rekonstruktive Schul- und Unterrichtsforschung, Bildungsgangforschung

Dalbert, Claudia, geb. 1954, Dr. rer.-nat., rer.-soc., Professorin für Pädagogische Psychologie an der Martin-Luther-Universität Halle-Wittenberg; Arbeitsschwerpunkte: Gerechtigkeitspsychologie, Jugendentwicklung, Berufsentwicklung

Diehm, Isabell, geb. 1957, Dr. phil., Professorin für Interkulturelle Bildung an der Universität Bielefeld; Arbeitsschwerpunkte: Erziehung und Migration, Pädagogik und Differenz, Elementar- und Primarpädagogik, Sozialpädagogik, Kindheitsforschung

Ditton, Hartmut, geb., 1956, Dr. phil., Professor für Allgemeine Pädagogik, Erziehungs- und Sozialisationsforschung an der Ludwig-Maximilians-Universität in München; Arbeitsschwerpunkte: Schulische und familiale Sozialisation, Evaluation und Qualitätssicherung im Bildungswesen, Methoden empirisch-pädagogischer Forschung

Drewek, Peter, geb. 1950, Dr. phil., Professor für Allgemeine Erziehungswissenschaft an der Universität Mannheim; Arbeitsschwerpunkte: Bildungsforschung, Geschichte der Erziehungswissenschaft, Vergleichende Erziehungswissenschaft

Faulstich-Wieland, Hannelore, geb. 1948, Dr. phil., Professorin für Erziehungswissenschaft unter besonderer Berücksichtigung der Sozialisationsforschung an der Universität Hamburg; Arbeitsschwerpunkte: Sozialisation, Gender im Bildungssystem, Koedukation

Feindt, Andreas, geb. 1970, Dr. phil., Wissenschaftlicher Mitarbeiter am Comenius Institut Münster; Arbeitsschwerpunkte: Schul- und Unterrichtsentwicklung, LehrerInnenbildung, Pädagogische Professionalität, Handlungs- und Praxisforschung

Fingerle, Michael, geb. 1962, Dr. phil., Professor für Sonderpädagogische Diagnostik an der Johann Wolfgang Goethe-Universität Frankfurt a.M; Arbeitsschwerpunkte: Sonderpädagogische Diagnostik, Forschungsmethoden, Sonderpädagogische Psychologie

Friebertshäuser, Barbara, geb. 1957, Dr. phil., Professorin für Allgemeine Erziehungswissenschaft an der Johann Wolfgang Goethe-Universität Frankfurt am Main; Arbeitsschwerpunkte: Empirisch-pädagogische Geschlechterforschung, Qualitative Forschungsmethoden, Jugendforschung, Hochschulsozialisationsforschung, Lehren und Lernen an der Hochschule

Goy, Martin, geb. 1976, Wissenschaftlicher Mitarbeiter am Institut für Schulentwicklungsforschung, Technische Universität Dortmund; Arbeitsschwerpunkte: Internationale Bildungsforschung, Schulleistungsvergleiche, Entwicklung und Förderung von Lesekompetenz

Haag, Ludwig, geb. 1954, Dr. phil., Professor für Schulpädagogik an der Universität Bayreuth; Arbeitsschwerpunkte: Lehrerprofessionalisierung, Sozialformen des Unterrichts, Erforschung schulbegleitender Maßnahmen wie Hausaufgaben und Nachhilfe, Auswirkungen von Unterrichtsfächern

Harney, Klaus, geb. 1949, Dr. phil., Professur für Berufs- und Wirtschaftspädagogik an der Ruhr-Universität Bochum. Arbeitsschwerpunkte: Struktur der Aus- und Weiterbildung, Empirische Bildungsorganisationsforschung

Heinzel, Friederike, geb. 1962, Dr. phil., Professorin für Erziehungswissenschaft mit dem Schwerpunkt Grundschulpädagogik an der Universität Kassel; Arbeitsschwerpunkte: Grundschulforschung, Kindheitsforschung, Qualitative Forschungsmethoden

Hericks, Uwe, geb. 1961, Dr. phil., Professor für Schulpädagogik an der Pädagogischen Hochschule Heidelberg; Arbeitsschwerpunkte: Allgemeine Didaktik, Schulpädagogik, Empirische Schulforschung, Bildungsgangforschung

Helsper, Werner, geb. 1953, Dr. phil., Professor für Schulforschung und Allgemeine Didaktik an der Martin-Luther-Universität Halle-Wittenberg; Arbeitsschwerpunkte: Schul- und Jugendforschung, Professionstheorie, hermeneutisch-rekonstruktive Methoden

Holtappels, Heinz Günter, geb. 1954, Dr. rer. soc., Professor für Erziehungswissenschaft im Schwerpunkt Bildungsmanagement und Evaluation an der Universität Dortmund; Arbeitsschwerpunkte: Sozialisations- und Schultheorie, Bildungs- und Schulforschung; schulbezogene Beratung, Fortbildung und Organisationsentwicklung

Horstkemper, Marianne, geb. 1949, Dr. phil., Professorin für Schulpädagogik an der Universität Potsdam; Arbeitsschwerpunkte: empirische Schul- und Unterrichtsforschung, Lehrerbildung, Schulentwicklung

Idel, Till-Sebastian, geb. 1968, Dr. phil., Akademischer Rat am Pädagogischen Institut der Johannes Gutenberg-Universität Mainz; Arbeitsschwerpunkte: Qualitative Schulforschung, Schülerbiographien, Reform- und Alternativschulen

Koch, Katja, geb. 1970, Dr. phil., Wissenschaftliche Assistentin für Empirische Schulforschung am Pädagogischen Seminar der Georg-August-Universität Göttingen; Arbeitsschwerpunkte: Empirische Schul- und Bildungsforschung, Kindheitsforschung, Methoden der empirischen Sozialforschung

Kolbe, Fritz-Ulrich, geb. 1955, Dr. phil., Professor für Schulpädagogik an der Universität Mainz; Arbeitsschwerpunkte: Schultheorie, Schulforschung, schulische Sozialisation, schulbezogene Professionalisierungstheorie, Lehrerbildung

Kramer, Rolf-Torsten, geb. 1969, Dr. phil.,Wissenschaftlicher Assistent am Zentrum für Schulforschung und Fragen der Lehrerbildung der Martin-Luther-Universität Halle-Wittenberg; Arbeitsschwerpunkte: hermeneutisch-rekonstruktive Schul- und Bildungsforschung; Schülerbiographie, „schulbiographisches Passungsverhältnis" und soziale Ungleichheit; Pädagogische Generationsbeziehungen in Familie und Schule

Krummheuer, Götz, geb. 1950, Dr. phil., Professor für Mathematikdidaktik der Grundschule, Johann Wolfgang Goethe-Universität Frankfurt am Main; Arbeitsschwerpunkte: Interaktionstheorien des Mathematiklernens und -lehrens

Krüger, Heinz-Hermann, geb. 1947, Dr. phil., Professor für Allgemeine Erziehungswissenschaft an der Martin-Luther-Universität Halle-Wittenberg; Arbeitsschwerpunkte Kindheits- und Jugendforschung, Schul-, Hochschul- und Berufsforschung, Theorien und Methoden der Erziehungswissenschaft

Kunze, Ingrid, geb. 1962, Dr. paed., Professorin für Schulpädagogik mit dem Schwerpunkt Allgemeine Didaktik an der Universität Osnabrück; Arbeitschwerpunkte: Allgemeine Didaktik, Lehrerforschung, Fachdidaktik Deutsch

Kunze, Katharina, geb. 1973, Wissenschaftliche Mitarbeiterin an der Johannes-Gutenberg-Universität Mainz, Arbeitsschwerpunkte: Biographieforschung, qualitative Schulforschung, Reform- und Alternativschulen

Lenhardt, Gero, geb. 1941, Dr. rer. soc., Soziologe, Wissenschaftlicher Mitarbeiter am Max-Planck-Institut für Bildungsforschung in Berlin; Arbeitsschwerpunkte: Schule und Hochschule im Prozess der Nationsbildung und Globalisierung

Leschinsky, Achim, geb. 1944, Dr. phil., Professor für Schultheorie an der Humboldt-Universität Berlin; Arbeitsschwerpunkte: Schul- und Unterrichtsforschung, Moralisch-evaluativer Unterricht, Systementwicklung

Lüders, Manfred, geb. 1958, Dr. phil.; Professor für Schulpädagogik an der Universität Erfurt; Arbeitsschwerpunkte: Unterrichts- und Lehr-Lern-Forschung, Lehrerausbildung, systematische Pädagogik

Meister, Dorothee M., geb. 1960, Dr. phil.; Professorin für Medienpädagogik und empirische Medienforschung an der Universität Paderborn; Arbeitsschwerpunkte: Lernen mit Neuen Medien, Medienkompetenz, Veränderungsprozesse in den Bildungsbereichen, Mediennutzungsforschung

Meyer, Meinert A., geb. 1941, Dr. phil., Professor für Schulpädagogik im Schwerpunkt Allgemeine Didaktik am der Universität Hamburg; Arbeitsschwerpunkte: Didaktik in historischer Perspektive, allgemeine Didaktik und Fachdidaktik, Didaktik für das Gymnasium, Bildungsgangforschung und Unterrichtsforschung

Naujok, Natascha, geb. 1965, Dr. phil., Wissenschaftliche Assistentin am Arbeitsbereich Grundschulpädagogik der Freien Universität Berlin; Arbeitsschwerpunkte: Schülerkooperation, Neue Medien, Interpretative Unterrichtsforschung, Qualitative Methoden

Opp, Günther, geb. 1953, Dr. phil., Professor für Verhaltensgestörtenpädagogik an der Universität Halle-Wittenberg; Arbeitsschwerpunkte: Schulische Integration, Schulentwicklung, Vergleichende Sonderpädagogik

Pätzold, Günter, geb. 1944, Dr. phil., Professor für Berufspädagogik an der Universität Dortmund; Arbeitsschwerpunkte: Theoriebildung in der Berufs- und Wirtschaftspädagogik, Institutionalisierung der Berufsbildung im 19. und 20. Jahrhundert, Didaktik beruflichen Lehrens und Lernens, Lernortkooperation, Professionalisierung des schulischen und betrieblichen Ausbildungspersonals, Berufliche Weiterbildung, Betriebspädagogik/Personal- und Organisationsentwicklung

Pfaff, Nicolle, geb. 1976, Dr. phil., Forschungstipendiatin der DFG an der Universidade de Brasilia; Arbeitsschwerpunkte: Schul- und Jugendforschung, Methoden der empirischen Sozialforschung

Prengel, Annedore, geb. 1944, Dr. phil., Professorin für Erziehungswissenschaft an der Universität Potsdam; Arbeitsschwerpunkte: Anfangsunterricht, Heterogenität in der Bildung, Qualitative Forschungsmethoden in der Erziehungswissenschaft

Radtke, Frank-Olaf, geb. 1945, Dr. phil., Professor für Allgemeine Erziehungswissenschaft an der Johann Wolfgang Goethe-Universität in Frankfurt am Main; Arbeitsschwerpunkte: Erziehung und Migration, Profession und Organisation

Rauin, Udo, geb. 1957, Dr. phil., Professor für Schulpädagogik an der Johann Wolfgang Goethe-Universität Frankfurt a.M; Arbeitsschwerpunkte: Unterrichts- und Lehr-Lern-Forschung, Curriculumforschung

Schwippert, Knut, geb. 1965, Dr. phil., Professor für Internationales Bildungsmonitoring und Bildungsberichterstattung an der Universität Hamburg; Arbeitsschwerpunkte: Methoden in Large-Scale Untersuchungen; Effektive Schulen, Evaluation und Systemmonitoring, Rückmeldeverfahren aus Large-Scale Untersuchungen

Schubarth, Wilfried, geb. 1955, Dr. phil., Professor für Erziehungs- und Sozialisationstheorie an der Universität Potsdam; Arbeitsschwerpunkte: Jugend-, Schul- und Lehrerforschung

Speck, Karsten, geb. 1973, Dr. phil., Wissenschaftlicher Mitarbeiter am Institut für Erziehungswissenschaft der Universität Potsdam, Arbeitsschwerpunkte: Kooperation Jugendhilfe und Schule, schulische Sozialisation, Jugendforschung, Evaluation und Adressatenforschung, Bürgerschaftliches Engagement

Stelmaszyk, Bernhard, geb. 1959, Dr. phil. habil., Hochschuldozent am Pädagogischen Institut der Johannes-Gutenberg-Universität Mainz; Arbeitsschwerpunkte: Hermeneutische Schul- und Jugendforschung, historische Schulforschung, Lehrerbildung

Stöber, Joachim, geb. 1964, Dr. phil., Senior Lecturer in Psychology an der University of Kent; Arbeitsschwerpunkte: Persönliche Ziele von SchülerInnen, Prüfungangst und ihre Bewältigung, Perfektionismus bei SchülerInnen und SportlerInnen

Tillmann, Klaus-Jürgen, geb. 1944, Dr. paed., Professor für Schulpädagogik an der Universität Bielefeld und Wissenschaftlicher Leiter der Laborschule; Arbeitsschwerpunkte: empirische Schul- und Sozialisationsforschung, Reformentwicklung in der Sekundarstufe I

Timmermann, Dieter, geb. 1943, Dr. rer. pol., Professor für Bildungsökonomie und Bildungsplanung; Arbeitsschwerpunkte: Kosten und Finanzierung von Bildung, Steuerungsalternativen im Bildungssystem, Ökonomie der beruflichen Bildung, der Elementarerziehung, der Hochschulen, des lebenslangen Lernens an der Universität Bielefeld

Ullrich, Heiner, geb. 1942, Dr. phil., Professor für Erziehungswissenschaft am Pädagogischen Institut der Johannes-Gutenberg-Universität Mainz; Arbeitsschwerpunkte: Pädagogische Kindheitsforschung, Schulen und Didaktiken der Reformpädagogik

Weishaupt, Horst, geb. 1947, Dr. phil., Professor für Empirische Bildungsforschung an der Bergischen Universität Wuppertal; Arbeitsschwerpunkte: Regionale Bildungsforschung, Schulentwicklungs- und Planungsforschung

Weiß, Manfred, geb., 1942, Dr. rer. oec., Professor für Arbeitsrecht an der Johann Wolfgang Goethe-Universität Frankfurt a.M; Arbeitsschwerpunkte: Ökonomie des Bildungswesens, internationale Bildungspolitik und Schulentwicklung

Wenzel, Hartmut, geb. 1945, Dr. phil., Professor für Schulpädagogik und Allgemeine Didaktik an der Martin-Luther-Universität Halle-Wittenberg; Arbeitsschwerpunkte: Unterrichtsforschung, Schulentwicklungsforschung, Lehreraus- und -fortbildung

Zinnecker, Jürgen, geb., 1941, Dr. phil., Professor für Erziehungswissenschaft an der Universität-Gesamthochschule in Siegen; Arbeitsschwerpunkte: Kindheits-, Jugend- und Biographieforschung

Zymek, Bernd, geb. 1944, Dr. phil., Professor für Allgemeine und Historische Erziehungswissenschaft an der Westfälischen Wilhelms-Universität Münster; Arbeitsschwerpunkte: Sozialgeschichte der Erziehung und des Bildungswesens, Allgemeine Erziehungswissenschaft, Vergleichende Erziehungswissenschaft

Schlagwortregister